宋史

〔元〕脱脱等　撰

中華書局

宋史
中華書局

二十四史

元　脱脱等撰

宋史

第一册

卷一至卷一二（紀）

中華書局

出版說明

宋史修於元末，由丞相脱脱和阿魯圖先後主持修撰，鐵木兒塔識、賀惟一、張起巖、歐陽玄等七人任總裁官。全書本紀四十七卷，志一百六十二卷，表三十二卷，列傳二百五十五卷，共四百九十六卷，是二十四史中最龐大的一部官修史書。

早在元初，元世祖忽必烈就曾詔修宋史，後來，袁桷又奏請購求遼、金、宋遺書，虞集也曾奉命主持修撰遼、金、宋三史。由於元王朝內部對修撰宋史的體例主張不同，一派要「以宋爲世紀，遼、金爲載記」，一派要「以遼、金爲北史，宋太祖至靖康爲宋史，建炎以後爲南宋史」，雙方「持論不決」〔一〕，長期未能成書。元順帝於公元一三四三年（至正三年），又詔修遼、金、宋三史〔二〕，決定宋、遼、金各爲一史。宋史在紀、傳、表、志本已完備的基礎上〔三〕，只用了兩年半的時間，於一三四五年（至正五年）成書。

在二十四史中，宋史以卷帙浩繁著稱。兩千多人的列傳，比舊唐書列傳多一倍，志的份量在二十四史中也是獨一無二的。食貨志十四卷，相當於舊唐書食貨志的七倍。兵志

〔一〕〔三〕趙翼：廿二史劄記卷二三。　〔二〕元史卷四一順帝本紀。

十二卷，是新唐書兵志的十二倍。禮志二十八卷，竟佔二十四史所有禮志的一半。元末修撰的這部宋史，是元人利用舊有宋朝國史編撰而成，基本上保存了宋朝國史的原貌。宋史對於宋代的政治、經濟、軍事、文化、民族關係、典章制度以及活動在這一歷史時期的許多人物都做了較爲詳盡的記載，是研究兩宋三百多年歷史的基本史料。例如，從食貨志中，不僅可以看到兩宋社會經濟發展的概況和我國各民族、各地區之間經濟聯繫的加强，還可以看到勞動人民創造的超越往代的巨大物質財富和他們所遭受的殘酷剝削。天文志、律曆志、五行志等，保存了許多天文氣象資料、科學數據以及關於地震等自然災害的豐富史料。

宋史具有以往封建史書所没有的特點，這就是它始終遵循的基本思想是程朱理學。清代的四庫全書總目提要說，宋史「大旨以表章道學爲宗，餘事皆不甚措意」〔一〕。清代史學家錢大昕也說：「宋史最推崇道學，而尤以朱元晦（熹）爲宗。」〔二〕這是符合實際的。在宋史修撰中起主要作用的那些人物，都是道學的信奉者。例如，對於宋史修撰「多所協贊」的鐵木兒塔識，就對「伊洛諸儒之書，深所研究」〔三〕。張起巖對「宋儒道學源委，尤多究

〔一〕四庫全書總目提要卷四六史部正史類二。　〔二〕錢大昕：廿二史考異卷八〇。
〔三〕元史卷一四〇鐵木兒塔識傳。

中華書局

心」〔一〕。特別是在宋史的修撰中「尤任勞動」〔二〕的歐陽玄，更是一個對「伊洛諸儒源委，尤爲淹貫」〔三〕的道學家。宋史的修撰原則是，遵循「先儒性命之説」，「先理致而後文辭，崇道德而黜功利。書法以之而矜式，彝倫賴是以匡扶」〔四〕。在這個原則下，歐陽玄爲宋史定下的體例和他所撰寫的論、贊、序以及進宋史表〔五〕，都集中地貫徹了道學的思想。

宋史在史料剪裁、史實考訂、全書體例等方面存在許多缺點，使它在二十四史中有繁蕪雜亂之稱。宋史「以宋人國史爲稿本」〔六〕，宋人國史記載北宋特別詳細，南宋中葉以後「罕所記載」，宋史依樣畫葫蘆，顯得前詳後略，頭重脚輕。在宋史中，還有許多自相矛盾的地方。如一人兩傳，無傳而説有傳，一事數見，有目無文，紀與傳、傳與傳、表與傳、傳文與傳論之間互相牴牾等等。

宋史的版本，主要有下列幾種：公元一三四六年（元至正六年）杭州路刻印的至正本；公元一四八〇年（明成化十六年）的成化本（朱英在廣州按元刻本的抄本刻印，後來

〔一〕元史卷一八二張起巖傳。〔二〕歐陽玄：圭齋文集卷一六行狀。〔三〕元史卷一八二歐陽玄傳。〔四〕歐陽玄：圭齋文集卷一三進宋史表。〔五〕元史卷一八二歐陽玄傳、圭齋文集卷一三進宋史表。〔六〕四庫全書總目提要卷四六史部正史類二。

的版本大都以此爲底本）；明嘉靖南京國子監本（南監本）；明萬曆北京國子監本（北監本）；清乾隆四年武英殿本（殿本）；清光緒元年浙江書局本（局本）；一九三四年上海商務印書館百衲本（一九五八年縮印本個別卷帙有抽换）。由於百衲本是用元至正本和明成化本配補影印而成，又同殿本作了對校，修補和改正了某些錯字，是一個較好的版本。因此，這次校點宋史，是以百衲本爲工作本，同時吸收了葉渭清元槧宋史校記和張元濟宋史校勘記稿本的成果，參校了殿本和局本。凡是點不斷、讀不通而又無法從版本上校正的地方，適當地作了本校和他校工作，在卷末校勘記中説明。

本書原由聶崇岐同志負責點校，初點已經完成，並寫出一些校勘記樣稿。聶崇岐同志去世後，從一九六三年起，改由羅繼祖同志點校，其中河渠等十個志由鄧廣銘同志點校，但不久因「文化大革命」開始，工作中輟。一九七一年，宋史和舊唐書、新唐書、舊五代史、新五代史等五史決定由上海人民出版社古籍編輯室組織力量在上海繼續進行工作。本史的點校由上海師範學院、上海社會科學院、復旦大學分擔完成。參加這一階段工作的，上海師範學院擔任初點的有程應鏐、魏建猷、張家駒、徐光烈、董家駿、裴汝誠、陳九思、顔克述、羅君惕、商韜、劉秉彝、吴紹烈同志；定稿小組有程應鏐、徐光烈、顔克述同志；張家駒同志通讀了大部分稿子。上海社會科學院有（按姓氏筆劃爲序）方詩銘、王修齡、佘先鼎、浦增元、徐崙、徐同甫、馬伯煌、湯志鈞、葉芳炎、臧榮炳、劉修明同志。復旦大學有（按姓氏筆劃爲序）王文楚、牟元珪、汪槐齡、周維衍、章左聲、項國茂、楊寬、鄧廷爵、魏嵩山同志。參加本書編輯整理工作的有劉德權、郭羣一、李劍雄、陸楓、馮菊年、周琪生同志（以上名單及排列順序均由各單位提供）。

這次重印，僅就已經發現的問題和可能條件作了少量的修正。

中華書局編輯部

宋史目錄

中華書局

中華書局

中華書局

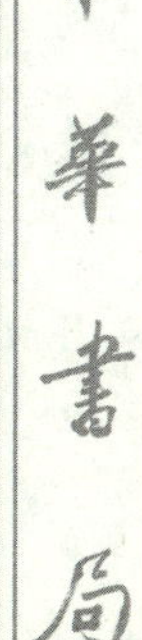

卷三百三十 列傳第八十九

卷三百三十一 列傳第九十

卷三百三十二 列傳第九十一

卷三百三十三 列傳第九十二

卷三百三十四 列傳第九十三

卷三百三十五 列傳第九十四

卷三百三十六 列傳第九十五

卷三百三十七 列傳第九十六

卷三百三十八 列傳第九十七

卷三百五十　列傳第一百九

卷三百五十一　列傳第一百一十

卷三百五十二　列傳第一百一十一

卷三百五十三　列傳第一百一十二

卷三百五十四　列傳第一百一十三

卷三百五十五　列傳第一百一十四

卷三百五十六　列傳第一百一十五

中華書局

中華書局

卷四百四十九 列傳第二百八

卷四百五十 列傳第二百九

卷四百五十一 列傳第二百一十

卷四百五十二 列傳第二百一十一

卷四百五十三　列傳第二百一十二

卷四百五十四　列傳第二百一十三

卷四百五十五　列傳第二百一十四

卷四百五十六　列傳第二百一十五

卷四百五十七　列傳第二百一十六

卷四百五十八　列傳第二百一十七

卷四百五十九　列傳第二百一十八

卷四百六十　列傳第二百一十九

卷四百六十一　列傳第二百二十

卷四百六十二　列傳第二百二十一

卷四百六十三　列傳第二百二十二

卷四百六十四　列傳第二百二十三

卷四百六十五　列傳第二百二十四

卷四百六十六　列傳第二百二十五

卷四百六十七　列傳第二百二十六

卷四百六十八　列傳第二百二十七

卷四百六十九　列傳第二百二十八

卷四百七十　列傳第二百二十九

中華書局

宋史卷一

本紀第一

太祖一

太祖啓運立極英武睿文神德聖功至明大孝皇帝，諱匡胤，姓趙氏，涿郡人也。高祖朓，是爲僖祖，仕唐歷永清、文安、幽都令。朓生珽，是爲順祖，歷藩鎭從事，累官兼御史中丞。珽生敬，是爲翼祖，歷營、薊、涿三州刺史。敬生弘殷，是爲宣祖。周顯德中，宣祖貴，贈敬左驍騎衞上將軍。

宣祖少驍勇，善騎射，事趙王王鎔，爲鎔將五百騎援唐莊宗于河上有功。莊宗愛其勇，留典禁軍。漢乾祐中，討王景於鳳翔，會蜀兵來援，戰于陳倉。始合，矢集左目，氣彌盛，奮擊大敗之，以功遷護聖都指揮使。周廣順末，改鐵騎第一軍都指揮使，轉右廂都指揮，領岳州防禦使。從征淮南，前軍却，吳人來乘，宣祖邀擊，敗之。顯德三年，督軍平揚州，與世

宗會壽春。壽春賣餅家餅薄小，世宗怒，執十餘輩將誅之，宣祖固諫得釋。累官檢校司徒、天水縣男，與太祖分典禁兵，一時榮之。卒，贈武清軍節度使、太尉。

太祖，宣祖仲子也，母杜氏。後唐天成二年，生於洛陽夾馬營，赤光繞室，異香經宿不散。體有金色，三日不變。既長，容貌雄偉，器度豁如，識者知其非常人。學騎射，輒出人上。嘗試惡馬，不施銜勒，馬逸上城斜道，額觸門楣墜地，人以爲首必碎，太祖徐起，更追馬騰上，一無所傷。又嘗與韓令坤博土室中，雀鬭戶外，因競起掩雀，而室隨壞。漢初，漫遊無所遇，舍襄陽僧寺，有老僧善術數，顧曰：「吾厚贐汝，北往則有遇矣。」會周祖以樞密使征李守眞，應募居帳下。廣順初，補東西班行首，拜滑州副指揮。世宗尹京，轉開封府馬直軍使。

世宗卽位，復典禁兵。北漢來寇，世宗率師禦之，戰于高平。將合，指揮樊愛能等先遁，軍危，太祖麾同列馳馬衝其鋒，漢兵大潰。乘勝攻河東城，焚其門，左臂中流矢，世宗止之。還，拜殿前都虞候，領嚴州刺史。

三年春，從征淮南，首敗萬衆于渦口，斬兵馬都監何延錫等〔一〕。南唐節度皇甫暉、姚鳳衆號十五萬，塞淸流關，擊走之。追至城下，暉曰：「人各爲其主，願成列以決勝負。」太祖笑而許之。暉整陣出，太祖擁馬項直入，手刃暉中腦，幷姚鳳禽之。宣祖率兵夜半至城下，傳呼開門，太祖曰：「父子固親，啓閉，王事也。」詰旦，乃得入。韓令坤平揚州，南唐來援，令坤議退，世宗命太祖率兵二千趨六合。太祖下令曰：「揚州兵敢有過六合者，斷其足。」令坤始固守。太祖尋敗齊王景達于六合東，斬首萬餘級。還，拜殿前都指揮使，尋拜定國軍節度使。

四年春，從征壽春，拔連珠砦，遂下壽州。還，拜義成軍節度、檢校太保，仍殿前都指揮使。冬，從征濠、泗，爲前鋒。時南唐砦于十八里灘，世宗方議以橐駝濟師，而太祖獨躍馬截流先渡，麾下騎隨之，遂破其砦。因其戰艦乘勝攻泗州，下之。南唐屯淸口，太祖從世宗翼淮東下，夜追至山陽，俘唐節度使陳承昭以獻，遂拔楚州。進破唐人于迎鑾江口〔二〕，直抵南岸，焚其營栅，又破之于瓜步，淮南平。唐主畏太祖威名，用間於世宗，遣使遺太祖書，餽白金三千兩，太祖悉輸之內府，間乃不行。五年，改忠武軍節度使。

六年，世宗北征，爲水陸都部署。及莫州，先至瓦橋關，降其守將姚內斌，戰却數千騎，關南平。世宗在道，閱四方文書，得韋囊，中有木三尺餘，題云「點檢作天子」，異之。時張永德爲點檢，世宗不豫，還京師，拜太祖檢校太傅、殿前都點檢，以代永德。恭帝卽位，改歸德軍節度、檢校太尉。

七年春，北漢結契丹入寇，命出師禦之。次陳橋驛，軍中知星者苗訓引門吏楚昭輔視

日下復有一日，黑光摩盪者久之。夜五鼓，軍士集驛門，宣言策點檢爲天子，或止之，衆不聽。遲明，逼寢所，太宗入白，太祖起。諸校露刃列于庭，曰：「諸軍無主，願策太尉爲天子。」未及對，有以黃衣加太祖身，衆皆羅拜，呼萬歲，卽掖太祖乘馬。太祖攬轡謂諸將曰：「我有號令，爾能從乎？」皆下馬曰：「唯命。」太祖曰：「太后、主上，吾皆北面事之，汝輩不得驚犯；大臣皆我比肩，不得侵淩；朝廷府庫、士庶之家，不得侵掠。用令有重賞，違卽孥戮汝。」諸將皆載拜，肅隊以入。副都指揮使韓通謀禦之，王彥昇遽殺通於其第。

太祖進登明德門，令甲士歸營，乃退居公署。有頃，諸將擁宰相范質等至，太祖見之，嗚咽流涕曰：「違負天地，今至于此！」質等未及對，列校羅彥瓌按劍厲聲謂質等曰：「我輩無主，今日須得天子。」質等相顧，計無從出，乃降階列拜。召文武百僚，至晡，班定。翰林承旨陶穀出周恭帝禪位制書于袖中，宣徽使引太祖就庭，北面拜受已，乃掖太祖升崇元殿，服袞冕，卽皇帝位。遷恭帝及符后于西宮，易其帝號曰鄭王，而尊符后爲周太后。

建隆元年春正月乙巳，大赦，改元，定有天下之號曰宋。賜內外百官軍士爵賞，貶降者敍復，流配者釋放，父母該恩者封贈。遣使徧告郡國。丙午，詔諭諸鎭將帥。戊申，賜書南唐。贈韓通中書令，命以禮收葬。己酉，遣官告祭天地社稷。復安州、華州、兗州爲節度。

辛亥，論翊戴功，以周義成軍節度使、殿前都指揮使石守信爲歸德軍節度使、侍衞親軍馬步軍副都指揮使，江寧軍節度使〔三〕、侍衞親軍馬軍都指揮使高懷德爲義成軍節度使、殿前副都點檢，武信軍節度使、侍衞親軍步軍都指揮使張令鐸爲鎭安軍節度使、侍衞親軍馬步軍都虞候，殿前都虞候王審琦爲泰寧軍節度使、殿前都指揮使，虎捷右廂都虞候張光翰爲江寧軍節度使、侍衞親軍馬軍都指揮使，龍捷右廂都指揮使趙彥徽爲武信軍節度使〔四〕，餘領軍者並進爵。壬子，賜宰相、樞密、諸軍校襲衣、犀玉帶、鞍馬有差。癸丑，放南唐降將周成等歸國。乙卯，遣使分振諸州。丁巳，命周宗正郭玘祀周陵廟，仍以時祭享。己未，宰相表請以二月十六日爲長春節。癸亥，以周天雄軍節度使、魏王符彥卿守太師，雄武軍節度使王景守太保、太原郡王，定難軍節度使、守太傅、西平王李彝殷守太尉，荆南節度使高保融守太傅，餘領節鎭者並進爵。甲子，賜皇弟殿前都虞候匡義名光義。己巳，立太廟。鎭州郭崇報契丹與北漢軍皆遁。

二月乙亥，尊母南陽郡夫人杜氏爲皇太后。以周宰相范質依前守司徒、兼侍中，王溥守司空、兼門下侍郎、同中書門下平章事，魏仁浦爲尚書右僕射、兼中書侍郎、同中書門下平章事，樞密使吳廷祚同中書門下二品。丙戌，長春節，賜羣臣衣各一襲。

三月乙巳，改天下郡縣之犯御名、廟諱者。丙辰，南唐主李景、吳越王錢俶遣使以御

服、錦綺、金帛來賀。宿州火，遣使恤災。壬戌，定國運以火德王，色尚赤，臘用戌。癸亥，命武勝軍節度使宋延渥等率舟師巡江徼。是春，均、房、商、洛鼠食苗。

夏四月癸酉，竇儼上二舞十二樂曲名、樂章。乙酉，幸玉津園。遣使分詣京城門，賜饑民粥。丙戌，浚蔡河。癸巳，昭義軍節度使李筠叛，遣歸德軍節度使石守信討之。

五月己亥朔，日有食之。庚子，遣昭化軍節度使慕容延釗、彰德軍節度使王全斌將兵出東道，與守信會討李筠。壬寅，竇儼上太廟舞曲名。癸卯，石守信敗李筠于長平。甲辰，命諸道進討。丙午，幸魏仁浦第視疾。己酉，西京作周六廟成，遣官奉遷。丁巳，詔親征，以樞密使吳廷祚留守上都，都虞候光義爲大內都點檢，命天平軍節度使韓令坤屯兵河陽。己未，發京師。丁卯，石守信、高懷德破筠衆于澤州，禽僞節度范守圖，殺北漢援兵之降者數千人，筠遁入澤州。戊辰，王師圍之。

六月癸酉，有星赤色出心。辛未，拔澤州，筠赴火死。命埋胔骼，釋河東相衞融〔五〕，禁剽掠。甲申，免澤州今年租。有星赤色出太微垣，歷上相。乙酉，伐上黨。丁亥，筠子守節以城降，赦之。上如潞。辛卯，大赦，減死罪，免附潞三十里今年租，錄陣歿將校子孫，丁夫給復三年。甲午，永安軍節度使折德扆破北漢沙谷砦。

秋七月戊申，上至自潞。壬子，幸范質第視疾。甲子，遣工部侍郎艾穎拜嵩、慶陵。乙

丑，南唐進白金，賀平澤、潞。丁卯，南唐進乘輿御服物。

八月戊辰朔，御崇元殿，行入閤儀。辛未，遣郭玘饗周廟。壬申，復貝州爲永清軍節度。甲戌，命宰相禱雨。辛巳，以周武勝軍節度使侯章爲太子太師。壬午，以光義領泰寧軍節度，依前殿前都虞候。甲申，立琅琊郡夫人王氏爲皇后。戊子，南唐進賀平澤潞金銀器、羅綺以千計。

九月壬寅，昭義軍節度使李繼勳焚北漢平遙縣。癸卯，三佛齊國遣使貢方物。丙午，奉玉册謚高祖曰文獻皇帝，廟號僖祖，高祖妣崔氏曰文懿皇后；曾祖曰惠元皇帝，廟號順祖，曾祖妣桑氏曰惠明皇后；祖曰簡恭皇帝，廟號翼祖，祖妣劉氏曰簡穆皇后；皇考曰武昭皇帝，廟號宣祖。己酉，幸宜春苑。中書舍人趙逢〔六〕坐從征避難，貶房州司戶參軍。己未，淮南節度李重進以揚州叛，遣石守信等討之。甲子，歸太原俘。

冬十月丁卯朔，賜內外文武官冬衣有差。壬申，定縣爲望、緊、上、中、下，令三年一注。壬午，河決厭次。乙酉，晉州兵馬鈐轄荆罕儒襲北漢汾州，死之；龍捷指揮石進〔七〕二十九人坐不救棄市。丁亥，詔親征揚州，以都虞候光義爲大內都部署，樞密使吳廷祚權上都留守。戊子，詔諸道長貳有異政，衆舉留請立碑者，委參軍驗實以聞。庚寅，發京師。

十一月丁未，師傅揚州城，拔之，重進盡室自焚。戊申，誅重進黨，揚州平。命諸軍習

戰艦于迎鑾，南唐主懼甚。其臣杜著〔八〕、薛良因詭迹來奔，帝疾其不忠，斬著下蜀市，配良廬州牙校。己酉，振揚州城中民人米一斛，十歲以下者半之。脅隸爲軍者，賜衣屨遣還。庚戌，給攻城役夫死者人絹三匹，復三年。乙卯，南唐主遣使來犒師。庚申，遣其子從鎰來朝。

十二月己巳，駕還。丁亥，上至自揚。辛卯，泉州節度使留從效稱藩。

二年春正月丙申朔，上詣太后宮門稱慶。庚子，占城國王遣使來朝。壬寅，幸造船務，觀習水戰。戊申，以揚州行宮爲建隆寺。太僕少卿王承哲坐舉官失實，責授殿中丞。壬子，商州鼠食苗，詔免賦。謂宰臣曰：「比命使度田，多邀功弊民，當愼其選，以見朕意。」丁巳，導蔡水入潁。己未，遣郭玘饗周廟。靈武節度使馮繼業獻馬五百、橐駝百、野馬二。甲子，澤州刺史張崇詁坐黨李重進棄市。

二月丙寅，幸飛山營〔九〕閱礮車。壬申，疏五丈河。癸酉，有司奏進士合格者十一人。荆南高保勗進黃金什器。甲戌，幸城南，觀修水匱。丁丑，南唐進長春節御衣、金帶及金銀器。己卯，賜天雄軍節度符彥卿粟。禁春夏捕魚射鳥。己丑，定竊盜律。

三月丙申，內酒坊火，酒工死者三十餘人，乘火爲盜者五十人，擒斬三十八人，餘以宰

臣諫獲免。酒坊使左承規、副使田處巖以酒工爲盜，坐棄市。

閏月己巳，幸玉津園，謂侍臣曰：「沉湎非令儀，朕宴偶醉，恆悔之。」壬辰，南唐進謝賜生辰金器、羅綺。丁丑，金、商、房三州饑，振之。癸未，幸迎春苑宴射。

夏四月癸巳朔，日有食之。壬寅，詔郡國置前代帝王、賢臣陵冢戶。己酉，無棣男子趙遇詐稱皇弟，伏誅。己未，商河縣令李瑤坐贓杖死，左贊善大夫申文緯坐失覺察除籍。庚申，班私鍊貨易鹽及貨造酒麴律。

五月癸亥朔，以皇太后疾，赦雜犯死罪已下。乙丑，天狗墮西南。丙寅，三佛齊國來獻方物。丁丑，以安邑、解兩池鹽給徐、宿、鄆、濟。庚寅，供奉官李繼昭坐盜賣官船棄市。詔諸道郵傳以軍卒遞。

六月甲午，皇太后崩于滋德殿。己亥，羣臣請聽政，從之。庚子，以太后喪，權停時享。辛丑，見百官於紫宸殿門。壬子，祈雨。庚申，釋服。

秋七月壬戌，以皇太后殯，不受朝。辛未，晉州神山縣谷水泛出鐵，方圓二丈三尺，重七千斤。壬申，以光義爲開封府尹，光美行興元尹。己卯，隴州進黃鸚鵡。

八月壬辰朔，不視朝。壬寅，詔諸大辟送所屬州軍決判。甲辰，南唐主李景死，子煜嗣，遣使請追尊帝號，從之。己酉，執易定節度使、同平章事孫行友，削官勒歸私第。辛亥，

幸崇夏寺，觀修三門。女直國遣使來朝獻。大名府永濟主簿郭顗坐贓棄市。庚申，周世宗實錄成。

九月壬戌朔，不御殿。南唐遣使來進金銀、繒綵。甲子，契丹解利來降。荊南節度使高保勗遣其弟保寅來朝。戊子，遣使南唐賻祭。

冬十月癸巳，南唐遣其臣韓熙載、田霖來會皇太后葬。丙申，遣樞密承旨王仁贍賜南唐禮物。戊戌，禁邊民盜塞外馬。辛丑，丹州大雨雹。丙午，葬明憲皇太后于安陵。

十一月辛酉朔，不視朝。甲子，太后祔廟。己巳，幸相國寺，遂幸國子監。癸酉，沙州節度使曹元忠、瓜州團練使曹延繼等遣使獻玉鞍勒馬。

十二月壬申，回鶻可汗景瓊遣使來獻方物。乙未，李繼勳敗北漢軍，俘遼州刺史傅廷彥、弟勳來獻。辛丑，幸新修河倉。庚戌，畋于近郊。癸丑，遣使賜南唐、吳越馬、羊、橐駝有差。

三年春正月庚申朔，以喪不受朝賀。己巳，淮南饑，振之。庚午，幸迎春苑宴射。甲戌，廣皇城。詔郡國長吏勸民播種。丙子，瓜沙歸義節度使曹元忠獻馬。庚辰，女直國遣使只骨來獻。詔郡國不得役道路居民。癸未，幸國子監。

二月丙辰，復幸國子監，遂如迎春苑宴從官。庚寅，詔文班官舉堪爲賓佐、令錄者各一人，不當者比事連坐。甲午，詔自今百官朝對，須陳時政利病，無以觸諱爲懼。乙未，滑州節度使張建豐坐失火免官。己亥，更定竊盜律。壬午，上謂侍臣曰：「朕欲武臣盡讀書以通治道，何如？」左右不知所對。甲寅，北漢寇潞、晉，守將擊走之。

三月戊午朔，厭次霣霜殺桑。壬戌，三佛齊國遣使來獻。癸亥，禱雨。丁卯，幸太清觀，遂幸開封尹後園宴射。己巳，大雨。詔申律文諭郡國，犯大辟者刑部審覆。乙亥，遣使賜南唐主生辰禮物。丁丑，女直國遣使來獻。丁亥，命徙北漢降人于邢、洺。

夏四月乙未，延州大雨雪，趙、衞二州旱。丙申，寧州大雨雪，溝洫冰。戊戌，幸太清觀。庚子，回鶻阿督等來獻方物。壬寅，丹州雪二尺。乙巳，贈兄光濟爲邕王，弟光贊爲夔王，追册夫人賀氏爲皇后。

五月甲子，幸相國寺禱雨，遂幸迎春苑宴射。乙亥，海州火。開太行運路。癸未，命使檢河北諸州旱〔一〇〕。甲申，詔均戶役，敢蔽占者有罪。復幸相國寺禱雨。乙酉，廣大內。齊、博、德、相、霸五州自春不雨，以旱減膳徹樂。

六月辛卯，振宿州饑。癸巳，吳廷祚以雄武軍節度使罷。乙未，賜酒國子監。丁酉，幸太清觀。己亥，減京畿、河北死罪以下。壬寅，京師雨。壬子，蕃部尙波于等爭採造務，以

兵犯渭北，知秦州高防擊走之。乙卯，幸迎春苑宴射。黃陂縣有象自南來食稼。

秋七月庚申，南唐遣其臣翟如璧謝賜生辰禮，貢金銀、錦綺千萬。壬戌，放南唐降卒弱者數千人歸國。乙丑，免舒州菰蒲新稅。丁卯，潞州大雨雹。索內外軍不律者配沙門島。己卯，北漢捉生指揮使路貴等來降。辛巳，遣從臣十人檢河北旱。癸未，兗、濟、德、磁、洺五州蝝。

八月癸巳，蔡河務綱官王訓等四人坐以糠土雜軍糧，磔于市。乙未，用知制誥高錫言，諸行賂獲薦者許告訐，奴婢鄰親能告者賞。詔注諸道司法參軍皆以律疏試判。詔尙書吏部舉書判拔萃科。

九月庚午，吐蕃尙波于等歸伏羌縣地。壬申，修武成王廟。丙子，占城國來獻。禁伐桑棗。

冬十月乙酉朔，賜百官冬服有差。丙戌，幸太清觀，遂幸造船務，觀習水戰。己亥，幸岳臺，命諸軍習騎射，復幸玉津園。辛丑，以樞密副使趙普爲樞密使。辛亥，畋近郊。

十一月癸亥，禁奉使請托。縣令考課以戶口增減爲黜陟。丙寅，南唐遣其臣顧彝來朝。丙子，三佛齊國遣使李麗林等來獻，高麗國遣李興祐等來朝。己卯，畋于近郊。壬午，賜南唐建隆四年曆。

中華書局

十二月丙戌，詔縣置尉一員，理盜訟；置弓手，視縣戶爲差。戊戌，蒲、晉、慈、隰、相、衞六州饑，振之。庚子，班捕盜令。甲辰，衡州刺史張文表叛。

是歲，周鄭王出居房州。

乾德元年春正月甲寅朔，不御殿。乙卯，發關西鄉兵赴慶州。丁巳，修畿內河隄。己未，遣使賜南唐吳越馬、橐駝、羊有差。庚申，遣山南東道節度使慕容延釗率十州兵以討張文表。乙丑，幸造船務，觀造戰船。甲戌，詔荊南發水卒三千應延釗于潭。己卯，女直國遣使來獻。

二月壬辰，周保權將楊師璠梟文表于朗陵市。甲午，慕容延釗入荊南，高繼沖請歸朝，得州三，縣十七。乙未，克潭州。辛亥，澶、滑、衞、魏、晉、絳、蒲、孟八州饑，命發廩振之。

三月辛未，幸金鳳園習射，七發皆中。符彥卿等進馬稱賀，乃徧賜從臣名馬、銀器有差。壬申，高繼沖籍其錢帛芻粟來上。癸酉，班新定律。戊寅，慕容延釗破三江口，下岳州，克復朗州，湖南平，得州十四，監一，縣六十六。

夏四月，旱。甲申，徧禱京城祠廟，夕雨。減荊南朗州、潭州管內死罪一等，鹵掠者給主。乙酉，遣使祭南岳。丁亥，幸國子監，遂幸武成王廟，宴射玉津園。庚寅，出內錢募諸

軍子弟鑿習戰池。辛卯，建隆應天曆成，御製序。壬辰，賞湖南立功將士。癸巳，幸玉津園。丙申，兵部郎中曹匪躬棄市，海陵、鹽城屯田副使張藹除名，並坐不法。庚子，荊南節度使高繼沖進助宴金銀、羅紈、柱衣、屏風等物。癸卯，辰、錦、敍等州歸順。甲辰，詔疏鑿三門。禁涇、原、邠、慶等州補蕃人爲邊鎮將。乙巳，幸玉津園，閱諸軍騎射。丙午，免湖南茶稅，禁峽州鹽井。夏西平王李彝興獻犛牛一。辛亥，貸澶州民種食。

五月壬子朔，禱雨京城。甲寅，遣使禱雨嶽瀆。乙丑，廣大內。庚午，給荊南管內符印。癸酉，幸玉津園。

六月乙酉，免潭州諸縣無名配斂。壬辰，暑，罷營造，賜工匠衫履。乙未，詔：荊南兵願歸農者聽。丙申，詔歷代帝王三年一饗，立漢光武、唐太宗廟。己亥，澶、濮、曹、絳蝗，命以牢祭。庚子，百官三上表請舉樂，從之。減左右仗千牛員。丙午，雨。詔蜡祀、廟、社皆用戌臘一日。己酉，命習水戰于新池。

秋七月辛亥朔，定州縣所置雜職、承符、廳子等名數。甲寅，以湖湘歿王事靳彥朗男承勳等三十人補殿直。丙辰，幸新池，賜役夫錢，遂幸玉津園。丁巳，安國軍節度使王全斌等率兵入太原境，以俘來獻，給錢米以釋之。己未，詔民有疾而親屬遺去者罪之。癸亥，湖南疫，賜行營將校藥。丁卯，幸武成王廟，遂幸新池，觀習水戰。己巳，朗州賊將汪端寇州城，

都監尹重睿擊走之。詔免荊南管內夏稅之半。甲戌，釋周保權罪。乙亥，詔繕朗州城，免其管內夏稅。丁丑，分命近臣禱雨。己卯，班重定刑統等書。

八月壬午，殿前都虞候張瓊以陵侮軍校史珪、石漢卿等，爲所誣譖，下吏，瓊自殺。丙戌，遣給事中劉載朝拜安陵。丁亥，王全斌攻北漢樂平縣，降之。辛卯，以樂平縣爲平晉軍，降卒千八百人爲效順軍，人賜錢帛。壬辰，詔九經舉人下第者再試。癸巳，女直國遣使獻名馬。蠲登州沙門島民稅，令專治船渡馬。丙申，北漢靜陽十八砦首領來降。泉州陳洪進遣使來朝貢。齊州河決。京師雨。己亥，契丹幽州岐溝關使柴廷翰等來降。癸卯，宰相質率百官上尊號，不允。

九月甲寅，三上表請，從之。丙寅，宴廣政殿，始用樂。丁卯，責宣徽南院使兼樞密副使李處耘爲淄州刺史。戊辰，女直國遣使獻海東青名鷹。丙子，禁朝臣公薦貢舉人。賜南唐羊萬口。磔汪端于朗州。戊寅，北漢引契丹兵攻平晉，遣洺州防禦使郭進等救之。

冬十月庚辰，詔州縣徵科置簿籍。己亥，畋近郊。丁未，吳越國王進郊祀禮金銀、珠器、犀象、香藥皆萬計。

十一月乙卯，荊南節度使高繼沖進郊祀銀萬兩。甲子，有事南郊，大赦，改元乾德。百官奉玉册上尊號曰應天廣運仁聖文武至德皇帝。丙寅，南唐進賀南郊、尊號銀絹萬計。丁

卯，賜近臣襲衣、金帶、器幣、鞍馬有差。乙亥，畋近郊。

十二月庚辰，殿前祗候李璘以父讎殺員僚陳友，璘自首，義而釋之。辛巳，開封府尹光義、興元尹光美各益食邑，賜功臣號；宰相質、溥、仁浦並特進，易封，益食邑；樞密使普加光祿大夫，易功臣號；文武臣僚各進階、勳、爵、邑。甲申，皇后王氏崩。辛卯，罷登州都督。己亥，泉州陳洪進遣使貢白金千兩，乳香、茶藥皆萬計。己巳，南唐主上表乞呼名，詔不允。

閏月己酉朔，校醫官，黜其藝不精者二十二人。甲寅，命近臣祈雪。丁卯，覆試拔萃科，田可封、宋白、譚利用等稱旨，賜與有差。辛未，卜安陵于鞏縣。乙亥，折德扆敗北漢軍于府州城下〔二〕，禽其將楊璘。以太常議，奉赤帝爲感生帝。

二年春正月辛巳，論郡國長吏勸農耕作。有象入南陽，虞人殺之，以齒革來獻。京師雨雪，雷。癸未，幸迎春苑宴射。甲申，詔著四時聽選式。回鶻遣使獻方物。戊子，質以太子太傅、溥以太子太保、仁浦仍尚書左僕射罷。庚寅，以趙普爲門下侍郎、同中書門下平章事，李崇矩樞密使。壬辰，詔親試制舉三科，不限官庶，許直詣閤門進狀。甲辰，詔諸道獄訟令大理、刑部檢詳，或淹留差失致中書門下改正者，重其罪。乙巳，幸玉津園宴射。丁未，詔縣令、簿、尉非公事毋至村落。令、錄、簿、尉諸職官有耄耋篤疾者舉劾之。

中華書局

二月戊申朔，北漢遼州刺史杜延韜以城來降。癸丑，遣使振陝州饑。導溵水入京。丁巳，治安陵，隧壞，役兵壓死者二百人，命有司瘞恤。庚午，府州俘北漢衛州刺史楊璘來獻。甲戌，南唐進改葬安陵銀綾絹各萬計。浚汴河。

三月辛巳，幸教船池，賜水軍將士衣有差，還幸玉津園宴射。乙未，北漢耀州團練使周審玉等來降。丁酉，遣使祈雨于五嶽。禁臣僚往來假官軍部送。辛丑，遣攝太尉光義奉册寶上明憲皇太后謚曰昭憲，皇后賀氏謚曰孝惠，王氏謚曰孝明。

夏四月丁未朔，策賢良方正直言極諫科，博州判官穎贄中第。戊申，振河中饑。己酉，免諸道今年夏稅之無苗者。乙卯，葬昭憲皇太后、孝明皇后于安陵。乙丑，始置參知政事，以兵部侍郎薛居正、呂餘慶爲之。己巳，靈武饑，轉涇粟以饟。壬申，祔二后于別廟。徙永州諸縣民之畜蠱者三百二十六家于縣之僻處，不得復齒於鄉。

五月己卯，知制誥高錫坐受藩鎮賂，貶萊州司馬。辛巳，宗正卿趙礪坐贓杖、除籍。癸未，幸玉津園宴射。

六月己酉，以光義爲中書令，光美同中書門下平章事，子德昭貴州防禦使。庚申，幸相國寺，遂幸教船池、玉津園。辛未，河南北及秦諸州蝗，惟趙州不食稼。

秋七月乙亥，春州暴水溺民。庚辰，郃陽雨雹。辛巳，幸玉津園，還幸新池，觀習水戰。

辛卯，詔翰林學士陶穀、竇儀等舉堪爲藩郡通判者各一人，不當者連坐。

九月甲戌朔，周易博士奚嶼責乾州司戶，庫部員外王貽孫責左贊善大夫，並坐試任子不公。戊子，延州雨雹。乙未，幸北郊觀稼。辛丑，太子太傅質薨。壬寅，潘美等克郴州。

冬十月戊申，周紀王熙謹薨，輟視朝。

十一月甲戌，命忠武軍節度使王全斌爲西川行營前軍兵馬都部署，武信軍節度崔彥進副之，將步騎三萬出鳳州道；江寧軍節度使劉光義爲西川行營前軍兵馬副都部署〔一二〕，樞密承旨曹彬副之，將步騎二萬出歸州道以伐蜀。乙亥，宴西川行營將校于崇德殿，示川峽地圖，授攻取方略，賜金玉帶、衣物各有差。壬辰，畋近郊。

十二月乙巳，釋廣南郴州都監陳玥等二百人。戊申，劉光義拔夔州，蜀節度高彥儔自焚。丁巳，蠲歸、峽秋稅。辛酉，王全斌克萬仞、燕子二砦，下興州，連拔石圖等二十餘砦。甲子，光義拔巫山等砦，斬蜀將南光海等八千級，禽其戰櫂都指揮袁德宏等千二百人。全斌先鋒史進德〔一三〕敗蜀人于三泉砦，禽其節度使韓保正、李進等。南唐進銀二萬兩、金銀器皿數百事。庚午，詔招復山林聚匿。辛未，畋北郊。

校勘記

〔一〕新兵馬都監何延錫等　「都監」二字原脫，據舊五代史卷一一六周世宗紀補。

〔二〕進破唐人于迎鑾江口　「迎鑾江口」，原作「灤江口」，據舊五代史卷一一八周世宗紀改。

〔三〕江寧軍節度使　李燾續資治通鑑長編（以下簡稱長編）卷一，在「高懷德」條作「江寧軍」，在「張光翰」條又作「寧江軍」。畢沅續資治通鑑（以下簡稱續通鑑）卷一考異說：「考其時昇州未入版圖，亦尙無江寧軍之名，當是『寧江』之誤。寧江者，夔州軍號也。懷德易鎮，而以張光翰代之。長編于光翰書『寧江』，懷德書『江寧』，蓋轉寫有誤耳。」

〔四〕龍捷右廂都指揮使趙彥徽爲武信軍節度使　按上文體例，每人都敍述所遷的官和差遣。據長編卷一，「武信軍節度使」下當脫「步軍都指揮使」六字。

〔五〕釋河東相衞融　「衞融」，原作「魏融」，據本書卷四八二北漢世家、長編卷一改。

〔六〕中書舍人趙逢　「趙逢」，原作「趙行逢」，據本書卷二七〇本傳、陳均皇朝編年綱目備要（以下簡稱編年綱目）卷一改。

〔七〕龍捷指揮石進　本書卷二七二荆罕儒傳、長編卷一都作「石進德」。

〔八〕其臣杜著　「杜著」，原作「社著」，據本書卷四七八南唐世家、長編卷一改。

〔九〕幸飛山營閱礮車　「飛山營」，原作「飛山閣」，長編卷一、王應麟玉海卷一四五作「飛山軍營」，編年綱目卷一、玉海卷一三九作「飛山營」，據改。

〔一〇〕命使檢河北諸州旱　「河北」二字原脫，據長編卷三補。

〔一一〕折德扆敗北漢軍于府州城下　「府州」二字原脫，據長編卷四補。

〔一二〕江寧軍節度使劉光義爲西川行營前軍兵馬副都部署　「都部署」上原脫「副」字，據本書卷二五九劉廷讓傳、長編卷五補。

〔一三〕全斌先鋒史進德　「史進德」，本書卷二五五王全斌傳、卷四七九西蜀世家、長編卷五都作「史延德」。

中華書局

宋史卷二

本紀第二

太祖二

三年春正月癸酉朔，以出師不御殿。甲戌，王全斌克劍門，斬首萬餘級，禽蜀樞密使王昭遠、澤州節度趙崇韜。乙亥，詔瘞征蜀戰死士卒，被傷者給繒帛。壬午，全斌取利州。乙酉，蜀主孟昶降。得州四十五、縣一百九十八、戶五十三萬四千三十有九。高麗國王遣使來朝獻。戊子，吏部郎中鄧守中坐試吏不當，責本曹員外郎。癸巳，劉光義取萬、施、開、忠四州，遂州守臣陳愈降。乙未，詔撫西川將吏百姓。丙申，赦蜀，歸俘獲，除管內逋賦，免夏稅及沿徵物色之半。

二月癸卯，南唐、吳越進長春節御衣、金銀器、錦綺以千計。甲辰，遣皇城使竇思儼迎勞孟昶。丁未，全州大水。庚申，王全斌殺蜀降兵二萬七千人於成都。

三月癸酉，詔置義倉。是月，兩川賊羣起，先鋒都指揮使高彥暉死之，詔所在攻討。

夏四月乙巳，回鶻遣使獻方物。癸丑，職方員外郎李岳坐贓棄市。南唐進賀收蜀銀絹以萬計。戊午，遣中使給蜀臣鞍馬、車乘于江陵。癸亥，募諸軍子弟導五丈河，通皇城爲池。

五月辛未朔，詔還諸道幕職、令錄經引對者，以涉途遠近，差減其選。壬申，幸迎春苑宴射。乙亥，遣開封尹光義勞孟昶於玉津園。丙戌，見孟昶於崇元殿，宴昶等於大明殿。丁亥，賜將士衣服錢帛。戊子，大赦，減死罪一等。壬辰，宴孟昶及其子弟於大明殿。

六月甲辰，以孟昶爲中書令、秦國公，昶子弟諸臣錫爵有差。庚戌，孟昶薨。

秋七月，珍州刺史田景遷內附。壬辰，追封孟昶爲楚王。丁酉，幸教船池，遂幸玉津園宴射。

八月戊戌朔，詔籍郡國驍勇兵送闕下。癸卯，河決陽武縣。庚戌，詔王全斌等廩蜀亡命兵士家。乙卯，河溢河陽，壞民居。戊午，殿直成德鈞坐贓棄市。己未，鄆州河水溢，沒田。辛酉，壽星見。

九月己巳，閱諸道兵，以騎軍爲驍雄，步軍爲雄武，並隸親軍。壬申，詔蜀諸郡各置克寧軍五百人。辛巳，河決澶州。戊子，幸西水磑。

十月丁酉朔，大霧。己未，太子中舍王治坐受贓殺人，棄市。丙寅，濟水溢鄒平。

十一月丙子，甘州回鶻可汗遣僧獻佛牙、寶器。乙未，劍州刺史張仁謙坐殺降，貶宋州教練。

十二月丁酉朔，詔婦爲舅姑喪者齊、斬。己亥，詔西川管內監軍、巡檢毋預州縣事。戊午，甘州回鶻可汗、于闐國王等遣使來朝，進馬千匹、橐駝五百頭、玉五百團、琥珀五百斤。

四年春正月丙子，遣使分詣江陵、鳳翔，賜蜀羣臣家錢帛。丁亥，命丁德裕等率兵巡撫西川。己丑，幸迎春苑宴射。

二月癸卯，視皇城役。丙辰，于闐國王遣其子德從來獻。安國軍節度使羅彥瓌等敗北漢於靜陽，擒其將鹿英。辛酉，試下第舉人。甲子，免西川今年夏稅及諸徵之半，田不得耕者盡除之。岳州火。

三月癸酉，罷義倉。甲戌，占城國遣使來獻。癸未，僧行勤等一百五十七人各賜錢三萬，遊西域。

夏四月丁酉，占城遣使來獻。丙午，潭州火。壬子，罷光州貢鷹鷂。丁巳，契丹天德軍節度使于延超與其子來降。進士李藹坐毀釋氏，辭不遜，黥杖，配沙門島。庚申，幸燕國長

公主第視疾。

五月，南唐賀文明殿成，進銀萬兩。甲戌，光祿少卿郭玘坐贓棄市。乙亥，閱蜀法物圖書。丁丑，詔蜀郡敢有不省父母疾者罪之。辛巳，潭州火。壬午，澶州進麥兩岐至六岐者百六十五本。辛卯，熒惑犯軒轅。

六月甲午，東阿河溢。甲辰，河決觀城。月犯心前星。丙午，澧州刺史白全紹坐縱紀綱規財部內，免官。詔：人臣家不得私養宦者，內侍年三十以上方許養一子，士庶敢有閹童男者不赦。己酉，果州貢禾，一莖十三穗。

秋七月丙寅，詔：蜀官將吏及姻屬疾者，所在給醫藥錢帛。戊辰，西南夷首領董嵩等內附。己巳，幸造船務，又幸開封尹北園宴射。癸酉，賜西川行營將士錢帛有差。庚辰，罷劍南米麥征。華州旱，免今年租。給州縣官奉戶。

八月丁酉，詔除蜀倍息。庚子，水壞高苑縣城。壬寅，詔憲臣及吏、刑部官三周歲滿日，即轉授加恩。庚戌，樞密直學士馮瓚、綾錦副使李美、殿中侍御史李檝爲宰相趙普陷，以贓論死；會赦，流沙門島，逢恩不還。辛亥，幸玉津園宴射。京兆府貢野蠶繭。壬子，衡州火。乙卯，錄囚。丙辰，河決滑州，壞靈河大隄。普州兔食稼。

閏月乙丑，河溢入南華縣。己巳，衡州火。乙亥，詔：民能樹藝、開墾者不加征，令佐能

中華書局

勸來者受賞。

九月壬辰朔，水。虎捷指揮使孫進、龍衞指揮使吳瓌等二十七人，坐黨呂翰亂伏誅，夷進族。庚子，占城獻馴象。乙巳，幸教船池，遂幸玉津園觀衞士騎射。丙午，詔吳越立禹廟于會稽。

冬十月辛酉朔，命太常復二舞。癸亥，詔諸郡立古帝王陵廟，置戶有差。己巳，禁吏卒以巡察擾民。

十二月庚辰，妖人張龍兒等二十四人伏誅，夷龍兒、李玉、楊密、聶贇族。

五年春正月戊戌，治河隄。丁未，合州漢初縣上青樛木，中有文曰「大連宋」。甲寅，王全斌等坐伐蜀黷貨殺降，全斌責崇義軍節度使，崔彥進責昭化軍節度使，王仁贍責右衞大將軍。丙辰，詔伐蜀將校有受蜀人錢物者，並即還主。丁巳，賞伐蜀功，曹彬、劉光義等進爵有差。

二月庚申朔，幸造船務，遂幸城西觀衞士騎射。甲子，薛居正、呂餘慶並爲吏部侍郎，依前參知政事。己丑，幸教船池。

三月甲辰，詔翰林學士、常參官於幕職、州縣及京官內各舉堪任常參官者一人，不當

者連坐。乙巳，詔諸道舉部內官吏才德優異者。丙午，以普爲尚書左僕射兼門下侍郎、同中書門下平章事，崇矩檢校太傅。是日，幸教船池，又幸玉津園宴射。丙辰，北漢石盆砦招收指揮使閻章以砦來降。五星聚奎。

夏五月乙巳，賜京城貧民衣。北漢鴻唐砦招收指揮使樊暉以砦來降。甲寅，王溥爲太子太傅。

六月戊午朔，日有食之。辛巳，幸建隆觀，遂幸飛龍院。丁亥，牂牁順化王子等來獻方物。

七月丁酉，禁毀銅佛像。己酉，免水旱災戶今年租。

八月甲申，河溢入衞州城，民溺死者數百。

九月壬辰，倉部員外郎陳鄘坐贓棄市。甲午，西南蕃順化王子部才等遣使獻方物。己酉，畋近郊。

十一月乙酉朔，工部侍郎毋守素坐居喪娶妾免。供奉武仁海坐枉殺人棄市。

十二月丙辰，禁新小鐵鑞等錢、疏惡布帛入粉藥者。癸酉，升麟州爲建寧軍節度。趙普以母憂去位，丙子，起復。

開寶元年春正月甲午，增治京城。陝之集津、絳之垣曲、懷之武陟饑，振之。己亥，北漢偏城砦招收指揮使任恩等來降。

三月庚寅，班縣令、尉捕盜令。癸巳，幸玉津園。乙巳，有馴象自至京師。

夏四月乙卯，幸節度使趙彥徽第視疾。

五月丁未，賜南唐米麥十萬斛。

六月癸丑朔，詔民田爲霖雨、河水壞者，免今年夏稅及沿徵物。癸亥，詔荆蜀民祖父母、父母在者，子孫不得別財異居。丁丑，太白晝見；戊寅，復見。辛巳，龍出單父民家井中，大風雨，漂民舍四百區，死者數十人。

秋七月丙申，幸鐵騎營，賜軍錢羊酒有差。北漢潁州砦〔一〕主胡遇等來降。丙午，幸鐵騎營，遂幸玉津園。戊申，坊州刺史李懷節坐強市部民物，責左衞率府率。北漢主劉鈞卒，養子繼恩立。

八月乙卯，按鶻于近郊，還幸相國寺。戊午，又按鶻于北郊，還幸飛龍院。丙寅，遣客省使盧懷忠等二十二人率禁軍會潞州。戊辰，命昭義軍節度使李繼勳〔二〕等征北漢。

九月辛巳朔，禁錢出塞。癸未，監察御史楊士達坐鞫獄濫殺棄市。庚子，李繼勳敗北漢於銅溫河〔三〕。己酉，北漢供奉官侯霸榮弒其主繼恩，繼元立。

冬十月己未，畋近郊，還幸飛龍院。丙子，吳越王遣其子惟濬來朝貢。

十一月癸卯，日南至，有事南郊，改元開寶，大赦，十惡、殺人、官吏受贓者不原。宰相普等奉玉册、寶，上尊號曰應天廣運大聖神武明道至德仁孝皇帝。

十二月甲子，行慶，自開封興元尹、宰相、樞密使及諸道藩侯，並加勳爵有差。乙丑，大食國遣使獻方物。

二年春正月己卯朔，以出師，不御殿。

二月乙卯，命昭義軍節度使李繼勳爲河東行營前軍都部署，侍衞步軍指揮使党進副之，宣徽南院使曹彬爲都監，棣州防禦使何繼筠爲石嶺關部署，建雄軍節度使趙贊爲汾州路部署，以伐北漢。宴長春殿。命彰德軍節度使韓仲贇爲北面都部署，彰義軍節度使郭延義副之，以防契丹。戊午，詔親征。己酉，以開封尹光義爲上都留守，樞密副使沈義倫爲大內部署、判留司三司事。甲子，發京師。乙亥，雨，駐潞州。

三月壬辰，發潞州。乙未，李繼勳敗北漢軍於太原城下。戊戌，駕傅城下。庚子，觀兵城南，築長連城。辛丑，幸汾河，作新橋。發太原諸縣丁數萬集城下。癸卯，北漢史昭文以憲州來降。乙巳，臨城南，謂汾水可以灌其城，命築長隄壅之，決晉祠水注之。遂砦城四

面，繼勳軍於南，贇軍於西，彬軍於北，進軍於東，乃北引汾水灌城。辛亥，遣海州刺史孫方進率兵圍汾州。

四月戊申，幸城東觀築隄。壬子，復幸城東。己未，何繼筠敗契丹於陽曲，斬首數千級，俘武州刺史王彥符以獻，命陳示所獲首級、鎧甲于城下。壬戌，幸汾河觀造船。戊辰，幸城西上生院。丙子，復幸城西。

五月癸未，韓仲贇敗契丹於定州北。自戊子至庚寅，命水軍載弩環攻，橫州團練使王廷義〔四〕、殿前都虞候石漢卿死之。甲午，北漢趙文度以嵐州來降。甲辰，都虞候趙廷翰奏，諸軍欲登城以死攻，上愍之，不允。

閏月戊申，雉圮，水注城中，上遽登隄觀。己酉，右僕射魏仁浦薨。壬子，以太常博士李光贊言，議班師。己未，命兵士遷河東民萬戶于山東。庚申，分命使臣率兵赴鎮、潞。壬戌，駕還。戊辰，駐蹕於鎮州。

六月丙子朔，發鎮州。癸巳，至自太原。曲赦京城囚。

秋七月丁巳，幸封禪寺。詔鎮、深、趙、邢、洺五州管內鎮、砦、縣悉城之。甲子，大宴。賜宰相、樞密使、翰林學士、節度、觀察使襲衣金帶。戊辰，西南夷順化王子武才等來獻方物。癸酉，幸新水磑。汴決下邑。乙亥，壽星見。

八月丁亥，詔川峽諸州察民有父母在而別籍異財者，論死。

九月乙巳朔，幸武成王廟。壬戌，幸玉津園宴射。

冬十月戊子，畋近郊。庚寅，散指揮都知杜延進等謀反伏誅，夷其族。詔：相、深、趙三州丁夫死太原城下者，復其家。庚子，以王溥爲太子太師，武衡德爲太子太傅。癸卯，西川兵馬都監張延通、內臣張嶼、引進副使王珏〔五〕爲丁德裕所譖，延通坐不遜誅，嶼、珏並杖配。

十一月丙午，幸鎮寧軍節度使張令鐸第視疾。甲寅，畋近郊，還幸金鳳園。庚申，回鶻、于闐遣使來獻方物。

十二月癸未，幸中書視宰相趙普疾。己亥，右贊善大夫王昭坐監大盈倉，其子與倉吏爲姦贓，奪兩任，配隸汝州。丁德裕誣奏西川轉運使李鉉指斥，事既直，猶坐酒失，責授右贊善大夫。

三年春正月癸卯朔，雨雪，不御殿。癸丑，增河堤。辛酉，詔：民五千戶舉孝弟彰聞、德行純茂者一人，奇才異行不拘此限，里閭郡國遞審連署以聞，仍爲治裝詣闕。

二月庚寅，幸西茶庫，遂幸建隆觀。

三月庚戌，詔閣進士十五舉以上司馬浦等百六人，並賜本科出身。辛亥，賜處士王昭素國子博士致仕。丙辰，殿中丞張顒坐先知潁州政不平，免官。己未，幸宰相趙普第視疾。

夏四月辛未朔，日有食之。丁亥，幸寺觀禱雨。辛卯，雨。甲午，幸教船池。己亥，罷河北諸州鹽禁。詔郡國非其土產者勿貢。

五月丁未，禁京城民畜兵器。癸丑，幸城北觀水磑。癸亥，賜諸班營舍爲雨壞者錢有差。

六月乙未，禁諸州長吏親隨人掌廂鎮局務。

秋七月乙巳，立報水旱期式。壬子，詔蜀州縣官以戶口差第省員加祿，尋詔諸路亦如之。

戊辰，幸教船池，又幸玉津園宴射。

八月戊子，幸教船池，又幸玉津園。

九月己亥朔，命潭州防禦使潘美爲賀州道兵馬行營都部署〔六〕，朗州團練使尹崇珂副之。遣使發十州兵會賀州，以伐南漢。甲辰，詔：西京、鳳翔、雄耀等州，周文、成、康三王，秦始皇，漢高、文、景、武、元、成、哀七帝，後魏孝文，西魏文帝，後周太祖，唐高祖、太宗、中宗、肅宗、代宗、德、順、文、武、宣、懿、僖、昭諸帝，凡二十七陵，嘗被盜發者，有司備法服、常服各一襲，具棺槨重葬，所在長吏致祭。己酉，幸開寶寺觀新鐘。丙辰，女直國遣使齎定安

國王烈萬華表，獻方物。丁卯，潘美等敗南漢軍萬衆於富州，下之。

十月庚辰，克賀州。

十一月壬寅，下昭、桂二州。乙巳，減桂陽歲貢白金額。癸丑，右領軍衞將軍石延祚坐監倉與吏爲姦贓棄市。癸亥，定州駐泊都監田欽祚敗契丹於遂城。丙寅，以曹州舉德行孔蟾爲章丘主簿。

十二月壬申，潘美等下連州。辛卯，大敗南漢軍萬餘於韶州，下之。癸巳，增河隄。

四年春正月戊戌朔，以出師，不視朝。丙午，罷諸道州縣攝官。丁未，右千牛衞大將軍桑進興坐贓棄市。癸丑，潘美等取英州、雄州。

二月丁亥，南漢劉鋹遣其左僕射蕭漼〔七〕等以表來上。己丑，潘美克廣州，俘劉鋹，廣南平。得州六十、縣二百十四、戶十七萬二百六十三。辛卯，大赦廣南，免二稅，僞署官仍舊。

三月乙未，幸飛龍院，賜從臣馬。丙申，詔：廣南有買人男女爲奴婢轉傭利者，並放免；僞政有害于民者具以聞，除之。增前代帝王守陵戶二。

夏四月丙寅朔，前左監門衞將軍趙玭訴宰相趙普，坐誣毀大臣，汝州安置。丁卯，三佛

齊國遣使獻方物。己巳，詔禁嶺南商稅、鹽、麴，如荆湖法〔八〕。辛未，幸永興軍節度使吳廷祚第視疾。癸未，幸開寶寺。辛卯，南唐遣其弟從謙來朝貢。發兩軍千人修前代陵寢之在秦者。壬辰，監察御史閭丘舜卿坐前任盜用官錢，棄市。

五月乙未朔，御明德門受劉鋹俘，釋之；斬其柄臣龔澄樞、李托、薛崇譽。大宴於大明殿，鋹預焉。丁酉，賞伐廣南功，潘美、尹崇珂等進爵有差。

六月癸酉，遣使祀南海。丁丑，命翰林試南漢官，取書判稍優者，授令、錄、簿、尉。壬午，以孝子羅居通爲延州主簿。封劉鋹爲恩赦侯。乙酉，罷賀州銀場。賜劉鋹月奉外錢五萬，米麥五十斛。河決原武，汴決穀熟。

秋七月戊戌，賜開封尹光義門戟十四。庚子，幸新修水磑，賜役人錢帛有差。戊午，復著內侍養子令。癸亥，幸建武軍節度使何繼筠第視疾。汴決宋城。

八月壬申，文武百官上尊號，不允。辛卯，景星見。

冬十月癸亥朔，日有食之。己巳，詔僞作黃金者棄市。庚午，太子洗馬王元吉坐贓棄市。辛巳，除廣南舊無名配斂。甲申，詔十月後犯強竊盜者郊赦不原。丙戌，放廣南民驅充軍者。

十一月癸巳朔，南唐遣其弟從善，吳越國王遣其子惟濬，以郊祀來朝貢。南唐主煜表

乞去國號呼名，從之。庚戌，詔諸道所罷攝官三任無遺闕者以聞。河決澶州，通判姚恕坐不即上聞棄市。己未，日南至，有事南郊，大赦，十惡、故劫殺、官吏受贓者不原。詔置諸州幕職官奉戶。壬戌，蜀班內殿直四十人，援御馬直例乞賞，遂撾登聞鼓，命各杖二十；翌日，悉斬于營，都指揮使單斌等皆杖、降。

十二月癸亥朔，賜南郊執事官器幣有差。丁卯，行慶，開封尹光義、興元尹光美、貴州防禦使德昭、宰相趙普並益食邑。己巳，內外文武官遞進勳爵。辛未，賜九經李符本科出身。壬午，畋近郊。

校勘記

〔一〕顯州砦　本書卷四八二北漢世家、長編卷九、李㽦皇宋十朝綱要（以下簡稱十朝綱要）卷一都作「烏玉砦」，疑以「烏玉砦」爲是。

〔二〕昭義軍節度使李繼勳　「昭義軍」，原作「昭化軍」，據本書卷二五四本傳、卷四八二北漢世家、長編卷九改。下文二年二月乙卯條同。

〔三〕銅溫河　按本書卷二五八曹彬傳、卷四八二北漢世家作「洞渦河」，卷二五四李繼勳傳作「渦河」，長編卷九、宋會要輯稿（以下簡稱宋會要）兵七之三一作「洞過河」，長編卷九注引朔記又作「銅鍋河」。此處「溫」字疑誤。

〔四〕王廷義　「廷」，原作「庭」，據本書卷二五二本傳、長編卷一〇改。

〔五〕王珏　本書卷二七四張延通傳、長編卷一〇都作「王班」。

〔六〕賀州道兵馬行營都部署　「賀州」，原作「貴州」，據長編卷一一、宋會要兵七之二八改。

〔七〕蕭漼　「漼」，原作「灌」，據本書卷四八一南漢世家、卷二五八潘美傳、長編卷一一改。

〔八〕詔禁嶺南商稅鹽麴如荆湖法　按長編卷一二作「詔嶺南商稅及鹽法并依荆湖例，酒麴仍勿禁。」宋會要食貨二〇之三載廣南轉運使言，廣州酒麴元無禁法，詔依舊不禁。本文將麴列入禁例，疑誤。

宋史卷三

本紀第三

太祖三

五年春正月壬辰朔，雨雪，不御殿。禁鐵鑄浮屠及佛像。庚子，前盧氏縣尉[一]鄢陵許永年七十有五，自言父瓊年九十九，兩兄皆八十餘，乞一官以便養。因召瓊厚賜之，授永鄢陵令[二]。壬寅，省州縣小吏及直力人。乙巳，罷襄州歲貢魚。

二月丙子，詔沿河十七州各置河隄判官一員。庚辰，以鳳州七房銀冶爲開寶監。庚寅，以兵部侍郎劉熙古參知政事。

閏月壬辰，禮部試進士安守亮等諸科共三十八人，召對講武殿，始放榜。庚戌，升密州爲安化軍節度。

三月庚午，賜潁州龍騎指揮使仇興及兵士錢。辛未，占城國王波美稅遣使來獻方物。

壬申，幸教船池習戰。乙酉，殿中侍御史張穆坐贓棄市。

夏四月庚寅朔，三佛齊國主釋利烏耶遣使來獻方物。丙午，遣使檢視水災田。丙寅，遣使諸州捕虎。

五月庚申，賜恩赦侯劉鋹錢一百五十萬。乙丑，命近臣祈晴。併廣南州十三、縣三十九。丙寅，罷嶺南採珠媚川都卒爲靜江軍。辛未，河決濮陽，命潁州團練使曹翰往塞之。甲戌，以霖雨，出後宮五十餘人，賜予以遣之。丁亥，河南、北淫雨，澶、滑、濟、鄆、曹、濮六州大水。

六月己丑，河決陽武，汴決穀熟。丁酉，詔：淫雨河決，沿河民田有爲水害者，有司具聞除租。戊申，修陽武隄。

秋七月己未，右拾遺張恂坐贓棄市[三]。癸未，邕、容等州獠人作亂。

八月庚寅，高麗國王王昭遣使獻方物[四]。己亥，廣州行營都監朱憲大破獠賊於容州。癸卯，升宿州爲保靜軍節度，罷密州仍爲防禦。

九月丁巳朔，日有食之。癸酉，李崇矩以鎭國軍節度使罷。

冬十月庚子，幸河陽節度使張仁超第視疾。甲辰，試道流，不才者勒歸俗。

十一月己未，李繼明、欒繼清大破獠賊於英州。癸亥，禁僧道習天文地理。己巳，禁舉人寄應。庚辰，命參知政事薛居正、呂餘慶兼淮、湖、嶺、蜀轉運使。

十二月乙酉朔，祈雪。己亥，畋近郊。開封尹光義暴疾，遂如其第視之。甲寅，內班董延諤坐監務盜芻粟，杖殺之。詔合入令錄者引見後方注。乙卯，大雨雪。

是歲，大饑。

六年春正月丙辰朔，不御殿。置蜀水陸轉運計度使。癸酉，修魏縣河。

二月丙戌朔，棣州兵馬監押[五]、殿直傅延翰謀反伏誅。丙申，曹州饑，漕太倉米二萬石振之。己亥，吳越國進銀裝花舫、金香師子。

三月乙卯朔，周鄭王殂于房州，上素服發哀，輟朝十日，謚曰恭帝，命還葬慶陵之側，陵曰順陵。己未，復密州爲安化軍節度。庚申，覆試進士於講武殿，賜宋準及下第徐士廉等諸科百二十七人及第。乙亥，賜宋準等宴錢二十萬。大食國遣使來獻。翰林學士、知貢舉李昉坐試人失當，責授太常少卿。試朝臣死王事者子陸坦等，賜進士出身。丙子，幸相國寺觀新修塔。

夏四月丁亥，召開封尹光義、天平軍節度使石守信等賞花習射於苑中。辛丑，遣盧多遜爲江南國信使。甲辰，占城國王悉利陀盤印茶遣使來獻方物。丙午，黎州保塞蠻來歸。

戊申，詔修五代史。

五月庚申，劉熙古以戶部尙書致仕。詔：中書吏擅權多姦贓，兼用流內州縣官。己巳，交州丁璉遣使貢方物。幸玉津園觀刈麥。辛巳，殺右拾遺馬適。

六月辛卯，閱在京百司吏，黜爲農者四百人。癸巳，占城國遣使獻方物。隰州巡檢使李謙溥拔北漢七砦。癸卯，雷有鄰告宰相趙普黨堂吏胡贊等不法，贊及李可度並杖、籍沒。庚戌，詔參知政事與宰相趙普分知印押班奏事。

秋七月壬子朔，詔諸州府置司寇參軍，以進士、明經者爲之。丙辰，減廣南無名率錢。

八月乙酉，罷成都府僞蜀嫁裝稅。辛卯，賜布衣王澤方同學究出身。丁酉，泗州推官侯濟坐試判假手，杖、除名。甲辰，趙普罷爲河陽三城節度使、同平章事。辛酉，幸都亭驛。

九月丁卯，餘慶以尙書左丞罷。己巳，封光義爲晉王、兼侍中，德昭同中書門下平章事，薛居正爲門下侍郎、同平章事，戶部侍郎、樞密副使沈義倫爲中書侍郎、同平章事，石守信兼侍中，盧多遜中書舍人、參知政事。壬申，詔晉王光義班宰相上。

冬十月甲申，葬周恭帝，不視朝。丁亥，幸玉津園觀稼。戊子，流星出文昌、北斗。甲辰，特赦諸官吏姦贓。

十一月癸丑，詔常參官進士及第者各舉文學一人。

十二月壬午，命近臣祈雪。丙午，前中書舍人、參知政事多遜起復視事。行開寶通禮。限度僧法，諸州僧帳及百人歲許度一人。

七年春正月庚戌，不御殿。庚申，占城國王波美稅遣使獻方物。齊州野蠶成繭。癸亥，左拾遺秦亶、太子中允呂鵠並坐贓，宥死，杖、除名。

二月庚辰朔，日有食之。丙戌，日有二黑子。癸卯，命近臣祈雨。詔：詩、書、易三經學究，依三經、三傳資敍入官。乙巳，太子中舍胡德沖坐隱官錢，棄市。

三月乙丑，三佛齊國王遣使獻方物。

夏四月丙午，遣使檢嶺南民田。

五月戊申朔，殿中侍御史李瑩坐受南唐餽遺，責授右贊善大夫〔六〕。甲寅，以布衣齊得一爲章丘主簿。乙丑，詔市二價者以枉法論。丙寅，幸講武池觀習水戰。丙子，又幸講武池，遂幸玉津園。

六月丙申，河中府饑，發粟三萬石振之。己亥，淮溢入泗州城；壬寅，安陽河溢，皆壞民居。

秋七月壬子，幸講武池觀習水戰，遂幸玉津園。丙辰，南丹州溪洞酋帥莫洪燕內附。

詔滅成都府鹽錢。庚午，太子中允李仁友坐不法，棄市。

八月戊寅，吳越國王遣使來朝貢。丁亥，諭吳越伐江南。戊子，陳州貢芝草，一本四十九莖。己丑，幸講武池，賜習水戰軍士錢。戊戌，殿中丞趙象坐擅稅，除名。甲辰，幸講武池觀習水戰，遂幸玉津園。

九月癸亥，命宣徽南院使、義成軍節度使曹彬爲西南路行營馬步軍戰櫂都部署，山南東道節度使潘美爲都監，潁州團練使曹翰爲先鋒都指揮使，將兵十萬出荆南，以伐江南。將行，召曹彬、潘美戒之曰：「城陷之日，愼無殺戮；設若困鬭，則李煜一門，不可加害。」丁卯，以知制誥李穆爲江南國信使。

冬十月甲申，幸迎春苑，登汴隄觀戰艦東下。丙戌，又幸迎春苑，登汴隄觀諸軍習戰，遂幸東水門，發戰櫂東下。江南進絹數萬，御衣、金帶、器用數百事。壬辰，曹彬等將舟師步騎發江陵，水陸並進。丁酉，命吳越王錢俶爲昇州東南行營招撫制置使。己亥，曹彬收下峽口，獲指揮使王仁震、王宴、錢興。

閏月己酉，克池州。丁巳，敗江南軍于銅陵。庚申，命宰相、參知政事更知日曆。壬戌，彬等拔蕪湖、當塗兩縣，駐軍采石。癸亥，詔滅湖南新製茶。甲子，薛居正等上新編五代史，賜器幣有差。丁卯，彬敗江南軍于采石，擒兵馬部署楊收、都監孫震等千人，爲浮梁以濟。

十一月癸未，黥李從善部下及江南水軍一千三百九十人爲歸化軍。甲申，詔省劍南山南等道屬縣主簿。丁亥，秦、晉旱，免蒲、陜、晉、絳、同、解六州逋賦，關西諸州免其半。己丑，知漢陽軍李恕敗江南水軍于鄂。甲午，曹彬敗江南軍於新林砦〔七〕。辛丑，命知雄州孫全興答涿州修好書。壬寅，大食國遣使獻方物。

十二月己酉，彬敗江南軍於白鷺洲。辛亥，命近臣祈雪。甲子，吳越王帥兵圍常州，獲其人馬，尋拔利城砦。丙寅，彬敗江南軍於新林港。己巳，左拾遺劉祺坐受賂，黥面、杖配沙門島。庚午，北漢寇晉州，守臣武守琦敗之於洪洞。壬申，吳越王敗江南軍於常州北界。

八年春正月甲戌朔，以出師，不御殿。丙子，知池州樊若水敗江南軍於州界；田欽祚敗江南軍於溧水，斬其都統使李雄。乙酉，御長春殿，謂宰相曰：「朕觀爲臣者比多不能有終，豈忠孝薄而無以享厚福耶？」宰相居正等頓首謝。庚寅，曹彬拔昇州城南水砦。

二月癸丑，彬敗江南軍於白鷺洲。乙卯，拔昇州關城。丁巳，太子中允徐昭文坐抑人售物，除籍。甲子，知揚州侯陟敗江南軍於宣化鎮。戊辰，覆試進士於講武殿，賜王嗣宗等三十一人、諸科紀自成等三十四人及第。

三月乙酉，賜王嗣宗等宴錢二十萬。己丑，命祈雨。庚寅，彬敗江南軍於江中。己亥，契丹遣使克沙骨愼思以書來講和。知潞州藥繼能拔北漢鷹澗堡。辛丑，召契丹使於講武殿觀習射。壬寅，遣內侍王繼恩領兵赴昇州。大食國遣使來朝獻。

夏四月乙巳，幸東水磑。癸丑，幸都亭驛閱新戰船。丁巳，吳越王拔常州。壬戌，彬等敗江南軍於秦淮北。戊辰，幸玉津園觀種稻，遂幸講武池觀習水戰。庚午，詔嶺南盜贓滿十貫以上者死。幸西水磑。

五月壬申朔，以吳越國王錢俶守太師、尙書令，益食邑。知桂陽監張侃發前官隱沒羨銀，追罪兵部郎中董樞、右贊善大夫孔璘，殺之，太子洗馬趙瑜杖配海島；侃受賞，遷屯田員外郎。辛巳，祈晴。甲申，江南寧遠軍及沿江砦並降。乙酉，詔武岡、長沙等十縣民爲賊鹵掠者蠲其逋租，仍給復一年。甲午，安南都護丁璉遣使來貢。辛丑，河決濮州〔八〕。

六月壬寅，曹彬等遣使言，敗江南軍於其城下。丁未，宋州觀察判官崔絢、錄事參軍馬德休並坐贓棄市。辛亥，河決澶州頓丘。甲子，彗出柳，長四丈，辰見東方。

秋七月辛未朔，日有食之。庚辰，遣閤門使郝崇信、太常丞呂端使契丹。癸未，西天東印土王子穰結說囉來朝獻。甲申，詔吳越王班師。己亥，山後兩林鬼主、懷化將軍勿尼等來朝獻。

八月乙卯，幸東水磑觀魚，遂幸北園。辛酉，詔權停今年貢舉。壬戌，契丹遣左衞大將軍耶律霸德等致御衣、玉帶、名馬。西南蕃順化王子若廢等來獻名馬。癸亥，丁德裕敗潤州兵於城下。

九月壬申，狩近郊，逐兔，馬蹶墜地，因引佩刀刺馬殺之。既而悔之，曰：「吾爲天下主，輕事畋獵，又何罪馬哉！」自是遂不復獵。戊寅，潤州降。

冬十月己亥朔，江南主遣徐鉉、周惟簡來乞緩師。辛亥，詔郡國令佐察民有孝悌力田、奇材異行或文武可用者遣詣闕。丁巳，修西京宮闕。江南主貢銀五萬兩、絹五萬匹，乞緩師。戊午，改潤州鎮海軍節度爲鎮江軍節度〔九〕。幸晉王北園。己未，曹彬遣都虞候劉遇破江南軍於皖口，擒其將朱令贇、王暉。

十一月辛未，江南主遣徐鉉等再奉表乞緩師，不報。甲申，曹彬夜敗江南軍於城下。丙戌，以校書郎宋準、殿直邢文慶充賀契丹正旦使。乙未，曹彬克昇州，俘其國主煜，江南平，凡得州十九、軍三、縣一百八十、戶六十五萬五千六十。臨視新龍興寺。

十二月庚子，幸惠民河觀築堰。辛丑，赦江南，復一歲；兵戈所經，二歲。戊申，三佛齊遣使來獻方物。己酉，幸龍興寺。辛亥，免開封府諸縣今年秋租十之三。己未，以恩赦侯劉鋹爲彭城郡公。甲子，契丹遣使耶律烏正來賀正旦。丁卯，吳越國王乞以長春節朝覲，

從之。

九年春正月辛未，御明德門，見李煜于樓下，不用獻俘儀。壬申，大赦，減死罪一等。乙亥，封李煜爲違命侯，子弟臣僚班爵有差。己卯，江南昭武軍節度使留後盧絳焚掠州縣。庚辰，詔郊西京。癸巳，晉王率文武上尊號，不允。

二月癸卯，三上表，不允。庚戌，以曹彬爲樞密使。辛亥，命德昭迎勞吳越國王錢俶於宋州。契丹遣使耶律延顭以御衣、玉帶、名馬、散馬、白鶻來賀長春節。乙卯，吳越王奏內客省使丁德裕貪很，貶房州刺史。丁巳，觀禮賢宅。戊午，以盧多遜爲吏部侍郎，仍參知政事。己未，吳越國王錢俶偕子惟濬等朝於崇德殿，進銀絹以萬計。賜俶衣帶鞍馬，遂以禮賢宅居之，宴於長安殿。壬戌，錢俶進賀平昇州銀絹、乳香、吳綾、紬綿、錢茶、犀象、香藥，皆億萬計。甲子，召晉王、吳越國王幷其子等射於苑中，俶進御衣、壽星、通犀帶及金器。丁卯，幸禮賢宅，賜俶金器及銀絹倍萬。

三月己巳，俶進助南郊銀絹、乳香以萬計。庚午，賜俶劍履上殿，詔書不名。癸酉，以皇子德芳爲檢校太保、貴州防禦使，中書侍郎、同平章事沈義倫爲大內都部署，右衞大將軍王仁贍權判留司、三司兼知開封府事。丙子，幸西京。己卯，次鞏縣，拜安陵，號慟隕絕者

久之。庚辰，賜河南府民今年田租之半，奉陵戶復一年。辛巳，至洛陽。庚寅，大雨，分命近臣詣諸祠廟祈晴。辛卯，幸廣化寺，開無畏三藏塔。

夏四月己亥，雨霽。庚子，有事圜丘，迴御五鳳樓大赦，十惡、故殺者不原，貶降責免者量移敍用，諸流配及逋欠悉放，諸官未贈恩者悉覃賞。壬寅，大宴，賜親王、近臣、列校襲衣金帶鞍馬器幣有差。丙午，駕還。辛亥，上至自洛。丁巳，曹翰拔江州，屠之，擒牙校宋德明、胡則等。詔益晉王食邑，光美、德昭並加開府儀同三司，德芳益食邑，薛居正、沈義倫加光祿大夫，樞密使曹彬、宣徽北院使潘美加特進，吳越國王錢俶益食邑，內外文武臣僚咸進階封。己未，著令旬假爲休沐。丙寅，大食國王珂黎拂遣使蒲希密來獻方物。

五月己巳，幸東水磑，遂幸飛龍院，觀漁金水河。甲戌，遣司勳員外郎和峴往江南路採訪。殺盧絳。庚辰，幸講武池，遂幸玉津園觀稼。宋州大風，壞城樓官民舍幾五千間。甲申，以閤門副使田守奇等充賀契丹生辰使。晉州以北漢嵐、石、憲三州巡檢使王洪武等來獻。

六月庚子，步至晉王邸，命作機輪，輓金水河注邸中爲池。癸卯，吳越王進銀、絹、綿以倍萬計。乙卯，熒惑入南斗。

秋七月戊辰，幸晉王第觀新池。丙子，幸京兆尹光美第視疾。戊寅，再幸光美第。泉

州節度使陳洪進乞朝覲。丙戌，命近臣祈晴。丁亥，命修先代帝王及五嶽四瀆祠廟。庚寅，幸光美第。

八月乙未朔，吳越國王進射火箭軍士。己亥，幸新龍興寺。辛丑，太子中允郭思齊坐贓棄市。乙巳，幸等覺院，遂幸東染院，賜工人錢。又幸控鶴營觀習射，賜帛有差。又幸開寶寺觀藏經。丁未，遣侍衞馬軍都指揮使党進、宣徽北院使潘美伐北漢。丙辰，遣使率兵分五道入太原。

九月甲子，幸綾錦院。庚午，權高麗國事王伷遣使來朝獻。党進敗北漢軍於太原城北。辛巳，命忻、代行營都監郭進遷山後諸州民。庚寅，幸城南池亭，遂幸禮賢宅，又幸晉王第。

冬十月甲午朔旦，賜文武百官衣有差。丁酉，兵馬監押馬繼恩率兵入河東界，焚蕩四十餘砦。己亥，幸西教場。庚子，鎭州巡檢郭進焚壽陽縣，俘九千人。辛丑，晉、隰巡檢穆彥璋入河東，俘二千餘人。党進敗北漢軍於太原城北。己酉，吳越王獻馴象。癸丑夕，帝崩於萬歲殿，年五十，殯于殿西階，謚曰英武聖文神德皇帝，廟號太祖。太平興國二年四月乙卯，葬永昌陵。大中祥符元年，加上尊謚曰啓運立極英武睿文神德聖功至明大孝皇帝〔一〇〕。

帝性孝友節儉，質任自然，不事矯飾。受禪之初，頗好微行，或諫其輕出。曰：「帝王之興，自有天命，周世宗見諸將方面大耳者皆殺之，我終日侍側，不能害也。」既而微行愈數，有諫，輒語之曰：「有天命者任自爲之，不汝禁也。」

一日，罷朝，坐便殿，不樂者久之。左右請其故。曰：「爾謂爲天子容易耶？早作乘快誤決一事，故不樂耳。」汴京新宮成，御正殿坐，令洞開諸門，謂左右曰：「此如我心，少有邪曲，人皆見之。」

吳越錢俶來朝，自宰相以下咸請留俶而取其地，帝不聽，遣俶歸國。及辭，取羣臣留俶章疏數十軸，封識遺俶，戒以塗中密觀，俶屆途啓視，皆留己不遣之章也。俶自是感懼，江南平，遂乞納土。南漢劉鋹在其國，好置酖以毒臣下，既歸朝，從幸講武池，帝酌卮酒賜鋹，鋹疑有毒，捧杯泣曰：「臣罪在不赦，陛下既待臣以不死，願爲大梁布衣，觀太平之盛，未敢飲此酒。」帝笑而謂之曰：「朕推赤心於人腹中，寧肯爾耶？」卽取鋹酒自飲，別酌以賜鋹。王彥昇擅殺韓通，雖預佐命，終身不與節鉞。王全斌入蜀，貪恣殺降，雖有大功，卽加貶絀。

宮中葦簾，緣用青布；常服之衣，澣濯至再。魏國長公主襦飾翠羽，戒勿復用，又教之曰：「汝生長富貴，當念惜福。」見孟昶寶裝溺器，搯而碎之，曰：「汝以七寶飾此，當以何器

貯食？所爲如是，不亡何待！」

晚好讀書，嘗讀二典，歎曰：「堯、舜之罪四凶，止從投竄，何近代法網之密乎！」謂宰相曰：「五代諸侯跋扈，有枉法殺人者，朝廷置而不問。人命至重，姑息藩鎭，當若是耶？自今諸州決大辟，錄案聞奏，付刑部覆視之。」遂著爲令。

乾德改元，先諭宰相曰：「年號須擇前代所未有者。」三年，蜀平，蜀宮人入內，帝見其鏡背有志「乾德四年鑄」者，召竇儀等詰之。儀對曰：「此必蜀物，蜀主嘗有此號。」乃大喜曰：「作相須讀書人。」由是大重儒者。

受命杜太后，傳位太宗。太宗嘗病亟，帝往視之，親爲灼艾，太宗覺痛，帝亦取艾自灸。每對近臣言：太宗龍行虎步，生時有異，他日必爲太平天子，福德吾所不及云。

贊曰：昔者堯、舜以禪代，湯、武以征伐，皆南面而有天下。四聖人者往，世道升降，否泰推移。當斯民塗炭之秋，皇天眷求民主，亦惟責其濟斯世而已。使其必得四聖人之才，而後以行其事畀之，則生民平治之期，殆無日也。

五季亂極，宋太祖起介胄之中，踐九五之位，原其得國，視晉、漢、周亦豈甚相絕哉？及其發號施令，名藩大將，俯首聽命，四方列國，次第削平，此非人力所易致也。建隆以來，釋藩鎭兵柄，緄贓吏重法，以塞濁亂之源；州郡司牧，下至令錄、幕職，躬自引對；務農興學，愼罰薄斂，與世休息，迄於丕平；治定功成，制禮作樂。在位十有七年之間，而三百餘載之基，傳之子孫，世有典則。遂使三代而降，考論聲明文物之治，道德仁義之風，宋於漢、唐，蓋無讓焉。嗚呼，創業垂統之君，規模若是，亦可謂遠也已矣！

校勘記

〔一〕前盧氏縣尉　「氏」字原脫。本書卷四五七陳摶傳作「盧氏縣」，按本書地理志有盧氏縣而無盧縣，據補。

〔二〕授永鄢陵令　「鄢陵」，長編卷一三作「鄢城」。按本書卷四五七陳摶傳謂許永欲乞近地一官以就營養，太祖遂授永鄢城令；長編所說授官原由與陳傳同；本書地理志有鄢城而無鄢城，鄢城在許州，與鄢陵近，「鄢」、「郾」形音俱近易訛，疑以「郾城」爲是。

〔三〕七月己未右拾遺張恂坐贓棄市　「己未」下原衍「朔」字。按這年七月戊午朔，長編卷一三記此事，「己未」下無「朔」字，據刪。

〔四〕八月庚寅高麗國王王昭遣使獻方物　原刊「八月」二字舛置下文「己亥」前，按這年七月無庚寅，據宋會要蕃夷七之三改。又「王昭」，原作「王昭遠」，據本書卷四八七高麗傳、宋會要蕃夷七之三改。

〔五〕棣州兵馬監押　「監押」二字原脫，據長編卷一四補。

〔六〕責授右贊善大夫　「右」，原作「左」，據本書卷四五七李瀆傳、長編卷一五改。

〔七〕新林砦　「林」，原作「竹」，據長編卷一五、十朝綱要卷一、宋會要兵七之三〇改。

〔八〕辛丑河決濮州　原刊誤置在下文六月壬寅條後，據本書卷六一五行志、長編卷一六改。

〔九〕改潤州鎭海軍節度爲鎭江軍節度　「海」，原作「江」，「江」，原作「海」，據長編卷一六、宋會要方域五之四改。

〔一〇〕大中祥符元年加上尊謚曰啓運立極英武睿文神德聖功至明大孝皇帝　按本書卷一〇八禮志，大中祥符元年所上謚是「啓運立極英武聖文神德玄功大孝皇帝」，宋會要帝系一之九同。此處所載的謚，一說是大中祥符五年所加，見長編卷七九、宋會要帝系一之一〇；一說是天禧元年所加，見本書卷一〇八禮志、宋會要禮五八之二八、歐陽脩太常因革禮卷九〇。

宋史卷四

本紀第四

太宗一

太宗神功聖德文武皇帝諱炅，初名匡乂，改賜光義，即位之二年，改今諱，宣祖第三子也，母曰昭憲皇后杜氏。初，后夢神人捧日以授，已而有娠，遂生帝於浚儀官舍。是夜，赤光上騰如火，閭巷聞有異香，時晉天福四年十月七日甲辰也[一]。

帝幼不羣，與他兒戲，皆畏服。及長，隆準龍顏，望之知爲大人，儼如也。性嗜學，宣祖總兵淮南，破州縣，財物悉不取，第求古書遺帝，恒飭厲之，帝由是工文業，多藝能。仕周至供奉官都知。太祖即位，以帝爲殿前都虞候，領睦州防禦使。親征澤、潞，帝以大內點檢留鎮，遂領泰寧軍節度使。征李重進，爲大內都部署，加同平章事，行開封尹，再加兼中書令。征太原，改東都留守，別賜門戟，封晉王，序班宰相上。

開寶九年冬十月癸丑，太祖崩，帝遂即皇帝位。乙卯，大赦，常赦所不原者咸除之。丙辰，羣臣表請聽政，不許。丁巳，宰相薛居正等固請，乃許，即日移御長春殿。庚申，以弟廷美爲開封尹兼中書令，封齊王；先帝子德昭爲永興軍節度使兼侍中，封武功郡王；德芳爲山南西道節度使、興元尹、同平章事。薛居正加左僕射，沈倫加右僕射，盧多遜爲中書侍郎，曹彬仍樞密使，並同平章事。楚昭輔爲樞密使，潘美爲宣徽南院使，內外官進秩有差。詔茶、鹽、榷酤用開寶八年額。

十一月癸亥朔，帝不視朝。甲子，追册故尹氏爲淑德皇后，越國夫人符氏爲懿德皇后。戊辰，罷州縣奉戶。庚午，詔諸道轉運使察州縣官吏能否，第爲三等，歲終以聞。命諸州大索知天文術數人送闕下，匿者論死。乙亥，命權知高麗國事王伷爲高麗國王。癸未，幸相國寺。己丑，遣著作郎馮正、佐郎張玘使契丹告哀。詔文武官由譴累不齒者，有司毋得更論前過。

十二月己亥，置直舍人院。甲寅，御乾元殿受朝，樂縣而不作。大赦，改是歲爲太平興國元年。命太祖子及齊王廷美子並稱皇子，女並稱皇女。丁巳，置三司副使。戊午，契丹遣使來賻。己未，幸講武池，遂幸玉津園。庚申，節度使趙普、向拱、張永德、高懷德、馮繼業、張美、劉廷讓來朝。

二年春正月壬戌，以大行殯，不視朝。丙寅，禁居官出使者行商賈事。戊辰，親試禮部舉人。甲戌，上大行皇帝謚曰英武聖文神德，廟號太祖。丙子，幸相國寺，還御東華門觀燈。庚辰，閱禮部貢士十舉至十五舉者百二十人，並賜出身。戊子，命邕州廣源州酋長坦坦綽儂民富爲檢校司空、御史大夫、上柱國。辛卯，幸講武池。置江南榷茶場。

二月甲午，契丹遣使來賀即位及正旦。吳越國遣使來貢。罷南唐鐵錢。庚子，帝改名炅。壬寅，大宴崇德殿，不作樂。乙巳，幸新鑿池，遂幸講武池，宴射玉津園。丁未，占城國遣使來貢。己酉，令江南諸州鹽先通商處悉禁之。戊午，幸太平興國寺，遂幸造船務，還幸建隆觀。

三月壬戌朔，始立試銜官選限。己卯，以河陽節度使趙普爲太子少保。己丑，幸開寶寺。置威勝軍。禁江南諸州銅。許契丹互市。

夏四月辛卯，大食國遣使來貢。丁酉，契丹遣使來會葬。乙卯，葬太祖于永昌陵。

五月壬戌，河南法曹參軍高丕、伊闕縣主簿翟嶠、鄭州滎澤令申廷溫坐不勤事並免。癸亥，向拱、張永德、張美、劉廷讓皆罷節鎮，爲諸衞上將軍。乙丑，幸新水磑，遂幸玉津園

宴射。丙寅，詔繼母殺子及婦者同殺人論。庚午，宴崇德殿，不作樂。遣辛仲甫使契丹。甲戌，以十月七日爲乾明節。己卯，祔太祖神主于廟，以孝明皇后王氏配；又以懿德皇后符氏、淑德皇后尹氏祔別廟。庚辰，詔作北帝宮于終南山。癸未，幸新水磑，遂宴射玉津園。

六月辛卯朔，白龍見邠州要策池中。乙卯，幸開寶寺，遂幸飛龍院，賜從官馬。是月，磁州保安等縣蟲蝗生，食桑葉殆盡。潁州大水。

秋七月庚午，詔諸庫藏敢變權衡以取羨餘者死。癸未，鉅鹿、沙河步屈食桑麥。河決滎澤、頓丘、白馬、溫縣。

閏月己亥，幸白鶻橋，臨金水河。己酉，河溢開封等八縣，害稼。甲寅，詔發潭州兵擊梅山洞賊。丁巳，有司上閏年輿地版籍之圖。令支郡得專奏事。

八月癸亥，黎州兩林蠻來貢。乙丑，平海軍節度使陳洪進來朝。癸酉，以觀燈遂幸相國寺。戊寅，詔作崇聖殿。是月，陝、澶、道、忠、壽諸州大水，鉅鹿步蝻生，景城縣雹。

九月乙未，幸弓箭院，遂幸新修三館。壬寅，幸新水磑，遂幸西御園宴射。丁未，渤尼國遣使來貢，山後兩林蠻來獻馬。辛亥，幸講武臺大閱。容州初貢珠。乙卯，鎮海、鎮東軍節度使錢俶來朝。丙辰，狩近郊。丁巳，吳越王遣使乞呼名，不允。是月，興州江水溢，濮州大水，汴水溢。

中華書局

冬十月戊午朔，賜百官及在外將校、長吏冬服。辛酉，契丹來賀乾明節。己巳，幸京城西北，觀衞士與契丹使騎射，遂宴苑中。己巳，羣臣請舉樂，表三上，從之。丙子，詔禁天文卜相等書，私習者斬。辛巳，畋近郊。初榷酒酤。

十一月丁亥朔，日有食之，既。庚寅，日南至，帝始受朝。甲午，遣李濬等賀契丹正旦。丁酉，禁江南諸州新小錢，私鑄者棄市。癸丑，幸御龍弓箭直營，賜軍士錢帛有差。

十二月丁巳朔，試諸州所送天文術士，隸司天臺，無取者黥配海島。庚午，畋近郊。癸酉，詔定晉州礬法，私煮及私販易者罪有差。辛巳，幸新水磑。高麗國王使其子元輔來賀即位。

三年春正月丙戌朔，不受朝，羣臣詣閤賀。庚寅，殿直霍瓊坐募兵劫民財，腰斬。甲午，浚汾河。雅州西山野川路蠻來朝。戊戌，開襄、漢漕渠，渠成而水不上，卒廢。己亥，光祿丞李之才坐擅入酒遂同列飲殿中，除名。庚子，罷陳州蔡河舟算。辛丑，浚廣濟、惠民及蔡三河。治黃河隄。乙巳，浚汴口。己酉，命修太祖實錄。辛亥，命羣臣禱雨。癸丑，京畿雨足。

二月丙辰，幸鄭國公主第。以三館新修書院爲崇文院。丁巳，詔班諸州錄事、縣令、簿尉曆子合書式。甲子，罷昌州七井虛額鹽。丙寅，泗州錄事參軍徐壁坐監倉受賄出虛券，棄市。辛未，幸西綾錦院，命近臣觀織室機杼，還幸崇文院觀書。詔鑿金明池。甲申，禁沿邊諸郡闌出銅錢。製西京新修殿名。

三月乙酉朔，貝州清河民田祚十世同居，詔旌其門閭，復其家。辛丑，監海門戍、殿直武裕坐姦贓棄市。壬寅，秦州言，戎酋王泥猪寇八狼戍，巡檢劉崇讓擊敗之，梟其首以徇。己酉，吳越國王錢俶來朝。壬子，幸開寶寺。是月，壽州甘露降。

夏四月乙卯朔，命羣臣禱雨。召華山道士丁少微。丙辰，禁民自春及秋毋捕獵。庚午，幸建隆觀，遂幸西染院，又幸造船務。乙亥，置諸道轉運判官。己卯，陳洪進獻漳、泉二州，凡得縣十四、戶十五萬一千九百七十八、兵萬八千七百二十七。庚辰，幸城南觀麥，遂幸玉津園宴射。辛巳，侍御史趙承嗣坐監市征隱官錢，棄市。癸未，以陳洪進爲武寧軍節度使、同平章事。錢俶乞罷所封吳越國王，及解天下兵馬大元帥，并寢書詔不名之命，歸其兵甲，求還，不許。是月，河決獲嘉縣。

五月乙酉，赦漳、泉，仍給復一年。錢俶獻其兩浙諸州，凡得州十三、軍一、縣八十六、戶五十五萬六百八十、兵一十一萬五千三十六。丁亥，封錢俶爲淮海國王，其子惟濬徙淮南軍節度使，惟治徙鎭國軍節度使。戊子，赦兩浙，給復如漳、泉。癸巳，遣李從吉等使契丹。乙未，占城國遣使獻方物。壬寅，定難軍節度使李克叡卒，子繼筠立。乙巳，以繼筠襲定難軍節度使。幸殿前都指揮使楊信第視疾。戊申，以秦州節度判官李若愚子飛雄矯制乘驛至淸水縣，縛都巡檢周承瑨及劉文裕、馬知節等七人，將劫守卒據城爲叛，文裕覺其詐，禽縛飛雄按之，盡得其狀，詔誅飛雄及其父母妻子同產，而哀若愚宗奠無主；申戒中外臣庶，自今子弟有素懷凶險、屢戒不悛者，尊長聞諸州縣，錮送闕下，配隸遠處，隱不以聞，坐及期功以上。

六月戊午，復給乘驛銀牌。壬午，秦州淸水監軍田仁朗擊破西羌，斬獲甚衆。癸未，詔：太平興國元年十月乙卯以來諸職官以贓致罪者，雖會赦不得敍，永爲定制。是月，泗州大水，汴水決寧陵縣。

秋七月乙酉，大雨震電，西窰務藁聚焚。壬辰，右千牛衞上將軍李煜卒，追封吳王。戊戌，金鄉縣民李光襲十世同居，詔旌其門。庚戌，改明德門爲丹鳳門。壬子，中書令史李知古坐受賕擅改刑部所定法，杖殺之。

八月癸丑，幸南造船務，遂幸玉津園宴射。滑州黃河淸。丙辰，詔兩浙發淮海王緦麻以上親及管內官吏赴闕。辛未，夷州蠻任朗政來貢。癸酉，詹事丞徐選坐贓，杖殺之。甲戌，羣臣請上尊號曰應運統天聖明文武皇帝，許之。

九月甲申，親試禮部舉人。壬子，以布衣張遜爲襄邑縣主簿，張文旦濮陽縣主簿。

冬十月癸丑朔，契丹遣使來賀乾明節。高麗國王遣使來貢。庚申，幸武功郡王德昭邸，遂幸齊王邸，賜齊王銀萬兩、絹萬匹，德昭、德芳有差。辛酉，復兗州曲阜縣襲封文宣公家。庚午，畋近郊。是月，河決靈河縣。

十一月丙申，祀天地于圜丘，大赦。御乾元殿受尊號。庚子，幸齊王邸。丙午，以郊祀中外文武加恩。

十二月乙丑，幸講武臺觀機石連弩。庚午，畋近郊。戊寅，契丹遣使來賀正旦。己卯，置三司推官、巡官。

四年春正月丁亥，命太子中允張洎、著作佐郎句中正使高麗，告以北伐。遣官分督諸州軍儲輸太原行營。庚寅，以宣徽南院使潘美爲北路都招討制置使，分命節度使河陽崔彥進、彰德李漢瓊、彰信劉遇、桂州觀察使曹翰，副以衞府將直，四面進討。侍衞馬軍都虞候米信、步軍都虞候田重進並爲行營指揮使，將其軍以從，西上閤門使郭守文、順州團練使梁迥監護之。辛卯，命雲州觀察使郭進爲太原石嶺關都部署，以斷燕薊援師。癸巳，置簽署樞密院事，以石熙載爲之。乙未，宴潘美等于長春殿，賜以襲衣、金帶、鞍馬。癸卯，新渾儀成。

二月壬子，幸國子監，遂幸玉津園宴射。甲寅，以齊王廷美子德恭爲貴州防禦使。內辰，以中書侍郎、尚書右僕射、同平章事沈倫爲東京留守兼判開封府事，宣徽北院使王仁贍爲大內都部署，樞密承旨陳從信副之。癸亥，賜扈從近臣鞍馬、衣服、金玉帶有差。甲子，帝發京師。戊寅，次澶州，觀魚于河。

三月庚辰朔，次鎭州。丁亥，郭進破北漢西龍門砦，禽獲甚衆。乙未，郭進大破契丹于關南。庚子，左飛龍使史業破北漢鷹揚軍，俘百人來獻。乙巳，夏州李繼筠乞帥所部助討北漢。詔泉州發兵護送陳洪進親屬赴闕。

夏四月己酉朔，嵐州行營與北漢軍戰，破之。庚戌，盂縣降。以石熙載爲樞密副使。辛酉，以孟玄喆、劉廷翰爲兵馬都鈐轄，崔翰總馬步軍，並駐泊鎭州〔二〕。壬戌，帝發鎭州。折御卿克嵐軍，獲其軍使折令圖。乙丑，克隆州，獲其招討使李詢等六人。己巳，折御卿克嵐州，殺其憲州刺史郭翊〔三〕，獲孌州節度使馬延忠。庚午，次太原，駐蹕汾東行營。辛未，幸太原城，詔諭北漢主劉繼元使降。壬申夜，帝幸城西，督諸將發機石攻城。甲戌，幸諸砦。乙亥，幸連城，視攻城諸洞。

五月己卯朔，攻城西南，遂陷羊馬城，獲其宣徽使范超，斬纛下。辛巳，攻城西北。壬午，其騎帥郭萬超來降，遂移幸城南，手詔賜繼元。癸未，進攻，將士盡奮，若將屠之。是夜，繼元遣使納款。甲申，繼元降，北漢平，凡得州十、縣四十、戶三萬五千二百二十。命祠部郎中劉保勛知太原府。乙酉，赦河東常赦所不原者，命錄死事將校子孫，瘞戰士。戊子，以楡次縣爲新幷州。優賞歸順將校，盡括僧道隸西京寺觀，官吏及高貲戶授田河南。北漢節度使蔚進盧遂以汾州降。己丑，以繼元爲右衞上將軍、彭城郡公。帝作平晉詩，令從臣和。辛卯，繼元獻官妓百餘，以賜將校。乙未，築新城。送劉繼元緦麻以上親赴闕。丙申，幸城北，御沙河門樓。盡徙餘民于新城，遣使督之，旣出，即命縱火。丁酉，以行宮爲平晉寺，帝作平晉記刻寺中。廢隆州，隳其城。庚子，發太原。丁未，次鎭州。

六月甲寅，以將伐幽薊，遣發京東、河北諸州軍儲赴北面行營。庚申，帝復自將伐契丹。丙寅，次金臺頓，募民爲鄉導者百人。丁卯，次東易州，刺史劉宇以城降，留兵千人守之。戊辰，次涿州，判官劉厚德〔四〕以城降。己巳，次鹽溝頓，民得近界馬來獻，賜以束帛。庚午，次幽州城南，駐蹕寶光寺。契丹軍城北，帝率衆擊走之。壬申，命節度使定國宋偓、河陽崔彥進、彰信劉遇、定武孟玄喆四面分兵攻城。以潘美知幽州行府事。契丹鐵林廂主李札盧存以所部來降。癸酉，移幸城北，督諸將進兵，獲馬三百。幽州神武廳直并鄉兵四百人來降。乙亥，范陽民以牛酒犒師。丁丑，帝乘輦督攻城。

秋七月庚辰，契丹建雄軍節度使、知順州劉廷素來降。壬午，知薊州劉守恩來降。癸未，帝督諸軍及契丹大戰于高梁河，敗績。甲申，班師。庚寅，命孟玄喆屯定州，崔彥進屯關南。乙巳，帝至自范陽。

八月壬子，西京留守石守信坐從征失律，貶崇信軍節度使。甲寅，彰信軍節度使劉遇貶宿州觀察使。癸亥，命潘美屯河東三交口。甲戌，汴水決宋城縣。武功郡王德昭自殺。詔作太淸樓。是月，秦州大水。

九月己卯，河決汲縣。丁亥，置皇子侍讀。己亥，幸新城，觀鐵林軍人射強弩。庚子，華山道士丁少微詣闕獻金丹及巨勝、南芝、玄芝。癸卯，山後兩林蠻以名馬來獻。丙午，鎭州都鈐轄劉廷翰及契丹戰于遂城西，大敗之，斬首萬三百級，獲三將、馬萬匹。

冬十月乙亥，以平北漢功，齊王廷美進封秦王，薛居正加司空，沈倫加左僕射，盧多遜兼兵部尚書，曹彬兼侍中，白進超、崔翰、劉廷翰、田重進、米信並領諸軍節度使，楚昭輔、崔彥進、李漢瓊並加檢校太尉，潘美加檢校太師，王仁贍加檢校太傅，石熙載加刑部侍郎，文武從臣進秩有差。

十一月庚辰，放道士丁少微歸華山。己丑，畋近郊。辛卯，忻州言與契丹戰，破之。關南言破契丹，斬首萬餘級。

十二月丁未，占城國遣使來貢。丁卯，畋近郊。置諸州司理判官。

五年春正月庚辰，詔宣慰河東諸州。壬午，新作天駟左右監，以左右飛龍使爲左右天廐使，閑廐使爲崇儀使。庚寅，改端明殿學士爲文明殿學士。

二月戊辰，斬徐州妖賊李緒等七人。廢順化軍。

三月戊子，會親王、宰相、淮海國王及從臣蹴鞠大明殿。己丑，左監門衞上將軍劉鋹卒，追封南越王。癸巳，代州言，宣徽南院使潘美敗契丹之師于鴈門，殺其駙馬侍中蕭啜李，獲都指揮使李重誨。

閏三月丙午，幸水磑，因觀魚。甲寅，親試禮部舉人。丁巳，親試諸科舉人。庚午，幸講武池觀習樓船。辛未，甘、沙州回鶻遣使以橐駝名馬來獻。

夏四月癸未，親試應百篇舉趙昌國〔五〕，賜及第。壅汾河晉祠水灌太原，隳其故城。是月，壽州風雹，冠氏縣〔六〕雨雹。

五月癸卯朔，大霖雨。辛酉，命宰相祈晴。

六月壬午，高麗國王遣使來貢。是月，潁州大水，徐州白溝溢入城。

秋七月丁未，討交州黎桓，命蘭州團練使孫全興、八作使張璿、左監門衞將軍崔亮、寧州刺史劉澄、軍器庫副使賈湜、閤門祗候王僎並爲部署。全興、濬、亮由邕州，澄、湜、僎由廉州，各以其衆致討。庚申，北海蚄生。

八月甲申，西南蕃主龍瓊琚使其子羅若從并諸州蠻來貢。

九月癸卯，黎桓遣使爲丁璿上表求襲位。甲辰，史館上太祖實錄。壬戌，畋近郊。

冬十月戊寅，大發兵屯關南及鎭、定州。己丑，發京師至雄州民治道。甲午，命侍衞馬軍都指揮使米信護定州屯兵。

十一月庚子朔，安南靜海軍節度行軍司馬、權知州事丁璿上表求襲位，不報。丙午，以秦王廷美爲東京留守，王仁贍爲大內都部署，陳從信副之。己酉，帝伐契丹。壬子，發京師。癸丑，次長垣縣。關南與契丹戰，大破之。以河陽三城節度使崔彥進爲關南都部署。

十二月甲戌，大閱，遂宴幄殿。衞士有盜獲鑾者當坐，詔特釋之。戊寅，以保靜軍節度使劉遇、威塞軍節度使曹翰爲幽州東、西路部署。庚辰，發大名府，因校獵。乙酉，帝至自大名府。交州行營與賊戰，大破之。

六年春正月癸卯，置平塞、靜戎二軍。辛亥，易州破契丹數千衆。丙寅，改靜戎軍爲安靜軍。

二月己卯，命宰臣禱雨。

三月己酉，興元尹德芳薨，追封岐王。癸丑，詔令諸路轉運使察官吏賢否以聞。丙辰，置破虜、平戎二軍。丁巳，高昌國遣使來貢。壬戌，交州行營破賊于白藤江口，獲戰艦二百艘，知邕州侯仁寶〔七〕死之。會炎瘴，軍士多死者，轉運使許仲宣驛聞，詔班師。詔斬劉澄、賈湜于軍中，徵孫全興下獄。令諸州長吏五日一慮囚。

夏四月辛未，幸太平興國寺禱雨。丙戌，高麗國遣使來貢。禁西川諸州白衣巫師。罷湖州織羅，放女工。

五月己未，雨。降死罪囚，流以下釋之。平塞軍與契丹戰，破之。

六月甲戌，司空、平章事薛居正薨。

七月丙午，詔渤海琰府王助討契丹。是月，延州、鄜、寧、河中大水，宋州蝗。

九月乙未朔，日有食之。甲辰，左拾遺田錫上疏極諫，詔嘉獎之。丙午，置京朝官差遣院，初令中書舍人郭贄等考校課績。辛亥，以趙普爲司徒，石熙載爲樞密使。壬子，詔求直言。丙辰，易州言破契丹。斬緜州妖賊王禧等十人。

冬十月癸酉，羣臣三奉表上尊號曰應運統天睿文英武大聖至明廣孝皇帝，許之。甲申，以河陽三城節度使崔彥進爲關南都部署，侍衞馬軍都指揮使米信爲定州都部署。丙戌，校歷代醫書。甲午，詔作蘇州太一宮成。

十一月丁酉，監察御史張白坐知蔡州日假官錢糴糶，棄市。甲辰，改武德司爲皇城司。女眞遣使來貢。辛亥，祀天地于圜丘，大赦。御乾元殿受尊號，內外文武加恩。壬子，令諸州監臨官有所聞見傳聞須面陳者，俟報。丁巳，交州行營部署孫全興棄市。辛酉，以樞密使楚昭輔爲左驍衞上將軍。

十二月癸酉，購求醫書。己卯，畋近郊。己丑，諸道節度州置觀察支使，奉料同掌書記，仍不得並置。辛卯，禁民私市近界部落馬。

七年春正月甲午朔，不受朝，羣臣詣閤稱賀。壬戌，定輿服等差及婚取喪葬儀制。

二月甲申，改關南爲高陽關，徙并州治唐明鎭。乙酉，特貰廣州管內逋米萬七千二百四十石。

三月癸巳朔，日有食之。乙未，以秦王廷美爲西京留守。乙巳，以旱分遣中黃門徧禱方岳。交州以王師致討遣使來謝。壬子，賜秦王襲衣、通犀帶、錢十萬。是月，舒州上玄石，有白文曰「丙子年出趙號二十一帝」。宣州雪霜殺桑害稼。北陽縣蝗，飛鳥數萬食之盡。

夏四月甲子，以樞密直學士竇偁、中書舍人郭贄並參知政事，如京使柴禹錫爲宣徽北院使兼樞密副使。戊辰，中書侍郎兼兵部尚書、平章事盧多遜罷爲兵部尚書。丁丑，西京留守、秦王廷美罷歸第，復其子德恭、德隆名皇姪，女韓氏婦落皇女、雲陽公主之號。盧多遜褫職流崖州，并徙其家，期周以上親悉配遠裔。庚辰，左僕射、平章事沈倫罷爲工部尚書。禁河南諸州私鑄鉛錫惡錢及輕小錢。是月，潤州〔八〕大水。

五月辛丑，崔彥進敗契丹于唐興。戊申，慮囚。己酉，夏州留後李繼捧獻其銀、夏、綏、宥四州。辛亥，三交行營言，潘美敗契丹之師于鴈門，破其壘三十六。丙辰，秦王廷美降封涪陵縣公，房州安置。以崇儀副使〔九〕閻彥進知房州，監察御史袁廓通判軍州事，各賜白金三百兩。己未，府州破契丹于新澤砦，獲其將校以下百人。是月，陝州蝗，蕪湖縣雨雹。

六月乙亥，遣使發李繼捧緦麻已上親赴闕，其弟繼遷奔地斤澤。丙子，置譯經院。是月，河決臨濟縣，漢陽軍大水。

秋七月甲午，以子德崇爲檢校太傅、同平章事，封衞王；德明爲檢校太保、同平章事，封廣平郡王。乙卯，工部尚書沈倫以左僕射致仕。是月，河決范濟口，淮水、漢水、易水皆溢，陽穀縣蝗，關、陝諸州大水。

八月庚申朔，太子太師王溥薨。己卯，詔川峽諸州官織錦綺、鹿胎、透背、六銖、欹正、龜敎等悉罷之，民間勿禁。

九月己丑朔，西京諸道係籍沙彌，令祠部給牒。甲寅，貴妃孫氏薨。邢州蝗。

冬十月癸亥，詔：河南民不得闌出邊關侵撓略奪，違者論罪；有得羊馬生口者還之。戊辰，幸金明池，御龍舟觀習水戰。河決武德縣，蠲臨河民租。己卯，左諫議大夫、參知政事竇偁卒。癸卯，乾元曆成。是月，岳州田鼠食稼。

十一月己酉，以李繼捧爲彰德軍節度使。禁民喪葬作樂。

十二月戊午朔，日有食之。庚午，蠲兩浙諸州太平興國六年以前逋租。戊寅，高麗國王伷卒，其弟治遣使求襲位，詔立治爲高麗國王。

閏月戊子朔，豐州與契丹戰，破之，獲其天德軍節度使蕭太。占城國獻馴象。丙申，狩近郊。辛亥，詔赦銀、夏等州常赦所不原者。諸州置農師。

八年春正月己卯，以東上閤門使王顯爲宣徽南院使，酒坊使弭德超爲北院使，並兼樞密副使。癸未，詔令州縣長吏延問高年耆德。

二月戊子朔，日有食之。丁酉，禁內屬部落私市女口。

三月庚申，以右諫議大夫宋琪爲參知政事。豐州破契丹兵，降三千餘帳。癸亥，分三

司，各置使。癸酉，幸金明池，觀習水戰。丙子，親試禮部舉人。甲申，除福建諸州鹽禁。

夏四月壬寅，班外官戒諭辭。壬子，流樞密副使弭德超于瓊州，幷徙其家。乙卯，幸樞密使石熙載第視疾。

五月丁卯，詔作太一宮于都城南。黎桓自稱三使留後，遣使來貢，幷上丁璿讓表。詔諭桓送璿母子赴闕，不聽。丁亥，流威塞軍節度使曹翰于登州。乙亥，詔長吏誘致關、隴流亡。是月，河決滑州，過澶、濮、曹、濟，東南入于淮。相州風雹。

六月己亥，以王顯爲樞密使，柴禹錫爲宣徽南院使兼樞密副使。己酉，兗州泰山父老及瑕丘等七縣民詣闕請封禪。是月，穀、洛、瀍、澗溢，壞官民舍萬餘區，溺死者以萬計，鞏縣壞殆盡。

秋七月辛未，參知政事郭贄罷爲秘書少監。庚辰，加宋琪刑部尚書，以工部尚書李昉參知政事。是月，河、江、漢、滹沱及祁之資、滄之胡盧、雄之易惡池水，皆溢爲患。

八月壬辰，以大水故，釋死罪以下。丁酉，山後兩林蠻來貢。溪、錦、敘、富四州蠻來附。庚戌，以樞密使石熙載爲右僕射。辛亥，增謚法。詔：軍國政要令參知政事李昉及樞密院副使一人錄送史館。

九月癸丑朔，占城國獻馴象。初置水陸路發運于京師。是月，睢溢，浸田六十里。

冬十月戊戌，改衞王德崇名元佐，廣平郡王德明名元祐，德昌名元休，德嚴名元雋，德和名元傑。己酉，進元佐爲楚王，元祐陳王，封元休韓王，元雋冀王，元傑益王，並檢校太保，同平章事。司徒、兼侍中趙普罷爲武勝軍節度使。

十一月壬子朔，以參知政事宋琪、李昉並平章事。癸丑，除川峽民祖父母父母在別籍異財棄市律。己未，太一宮成。壬申，以翰林學士李穆、呂蒙正、李至並參知政事，樞密直學士張齊賢、王沔並同簽署樞密院事。庚辰，置侍讀官。

十二月壬午朔，詔綏、銀、夏等州官吏招誘沒界外民歸業，仍給復三年。丁亥，賜河北、河東緣邊戍卒襦，京城諸軍米。淮海國王錢俶三上表乞解兵馬大元帥、國王、尚書中書令、太師等官。罷元帥名，餘不許。西人寇宥州，巡檢使李詢擊走之。是月，醴泉縣水中草變爲稻，滑州河決。

雍熙元年春正月壬子朔，不受朝，羣臣詣閤拜表稱賀。戊午，右僕射石熙載薨。壬戌，購逸書。丁卯，涪陵公廷美薨，追封涪陵王。壬申，蠲諸州民去年官所貸粟。癸酉，左諫議大夫、參知政事李穆卒。

三月丁巳，滑州河決旣塞，帝作平河歌賜近臣，蠲水所及州縣今年租。癸未，以涪陵王

子德恭、德隆爲刺史，壻韓崇業爲靜難軍司馬。是月，甘露降太一宮庭。

夏四月乙酉，泰山父老詣闕請封禪。戊子，羣臣表請凡三上，許之。甲午，幸金明池，觀習水戰，因幸講武臺觀射，賜武士帛。

五月庚戌朔，除江南鹽禁。辛亥，幸城南觀麥，賜刈者錢帛。罷諸州農師。壬子，西州回鶻與波斯外道來貢。丁丑，乾元、文明二殿災。己卯，以京官充堂後官。

六月丁亥，詔求直言。己丑，遣使按察兩浙、淮南、西川、廣南獄訟。鎭安軍節度使、守中書令石守信薨。庚子，令諸州長吏十日一慮囚。壬寅，詔罷封泰山。甲辰，禁邊臣境外種蒔。

秋七月壬子，改乾元殿爲朝元殿，文明殿爲文德殿，丹鳳門爲乾元門；改匭院爲登聞鼓院，東延恩匭爲崇仁檢院，南招諫匭爲思諫檢院，西申冤匭爲申明檢院，北通玄匭爲招賢檢院。

八月丁酉，親祠太一宮。壬寅，河水溢。是月，淄州大水。

九月壬戌，羣臣表三上尊號曰應運統天睿文英武大聖至仁明德廣孝皇帝，不許；宰相叩頭固請，終不許。丙寅，幸並河新倉。

冬十月甲申，賜華山隱士陳摶號希夷先生。夏州言，掩擊李繼遷，獲其母妻，俘千四百

中華書局

餘帳，繼遷走。壬辰，禁布帛不中度者。癸巳，嵐州獻牝獸一角。幷瑞物六十三種圖付史館。戊戌，忠州錄事參軍卜元幹坐受賕枉法，杖殺之。

十一月壬子，高麗國王遣使來貢。丁巳，祀天地于圜丘，大赦，改元，中外文武官進秩有差。癸酉，以浦城童子楊億爲秘書省正字。

十二月庚辰，淮海國王錢俶徙封漢南國王。癸未，賜京畿高年帛。丁亥，罷嶺南採珠場。壬辰，立德妃李氏爲皇后。丙申，御乾元門，賜京師大酺三日。戊戌，大雨雪。

校勘記

〔一〕時晉天福四年十月七日甲辰也 「七日」，原作「十七日」，按這年十月戊戌朔，甲辰係七日，據本書卷一一二禮志、宋會要帝系一之四改。下文太平興國二年五月甲戌條「乾明節」原作「十月十七日」，亦據此改正。

〔二〕駐泊鎮州 「駐」，原作「注」，據本書卷四七九西蜀世家、長編卷二〇改。

〔三〕郭翊 本書卷二五三折御卿傳、長編卷二〇作「霍翊」。

〔四〕劉厚德 長編卷二〇、彭百川太平治蹟統類卷三都作「劉原德」。

〔五〕趙昌國 長編卷二一、宋會要選舉一八之二七都作「趙國昌」。

〔六〕冠氏縣 「冠」，原作「寇」，據本書卷六二五行志、卷八六地理志改。

〔七〕侯仁寶 「寶」，原作「貴」，據本書卷二五四本傳、宋會要兵八之三六改。

〔八〕潤州 「潤」，原作「閏」，據本書卷六一五行志、長編卷二三幷參考本書卷八八地理志改。

〔九〕崇儀副使 「儀」，原作「化」。按本書卷二四四魏王廷美傳作「崇儀使」，楊仲良續資治通鑑長編紀事本末（以下簡稱長編紀事本末）卷八秦王事迹條作「崇儀副使」，本書卷一六九職官志有崇儀使、副使而無崇化使、副使，「化」當爲「儀」之訛，據改。

宋史卷五

本紀第五

太宗二

二年春正月丙辰，以德恭爲左武衞大將軍判濟州，封定安侯；德隆爲右武衞大將軍判沂州，封長寧侯。右補闕劉蒙叟通判濟州，起居舍人韓儉通判沂州。乙丑，賜德恭、德隆常奉外支錢三百萬。

二月戊寅，權交州留後黎桓遣使來貢。乙未，夏州李繼遷誘殺汝州團練使曹光實。己亥，占城遣使來貢。

三月己未，親試禮部舉人。江南民饑，許渡江自占。

夏四月乙亥朔，遣使行江南諸州，振饑民及察官吏能否。戊寅，遣忠武軍節度使潘美復屯三交口。己卯，詔以帝所生官舍作啓聖院。己丑，殿前承旨王著坐監資州兵爲姦贓，棄

市。庚子，甘露降後苑。辛丑，夏州行營破西蕃息利族，斬其代州刺史折羅遇幷弟埋乞，又破保、洗兩族，降五十餘族。

五月甲子，幸城南觀麥，賜田夫布帛。天長軍蝝生。

六月甲戌朔，河西行營言，獲岌羅賦等十四族，焚千餘帳。戊子，復禁鹽、榷酤。

秋七月庚申，詔諸道轉運使及長吏，宜乘豐儲廩以防水旱。

八月癸酉朔，遣使按問兩浙、荆湖、福建、江南東西路、淮南諸州刑獄，仍察官吏勤惰以聞。癸巳，西南奉化王子以慈來貢。是月，瀛、莫二州大水。

九月丙午，以歲無兵凶，除十惡、官吏犯贓、謀故劫殺外，死罪減降，流以下釋之，及蠲江、浙諸州民逋租。庚戌，重九，賜近臣飲于李昉第，召諸王、節度使宴射苑中。是夕，楚王宮火。辛亥，廢楚王元佐爲庶人，均州安置。丁巳，羣臣請留元佐養疾京師，許之。己未，西南蕃王遣使來貢。己巳，禁海賈。

閏月癸未，太白入南斗。甲申，幸天駟監，賜從臣馬。乙未，禁邕管殺人祭鬼及僧人置妻孥。己亥，坊州獻一角獸〔一〕。

冬十月辛丑朔，慮囚。丙午，以天竺僧天息災、施護、法天並爲朝請大夫、試鴻臚少卿。己酉，汴河主糧胥吏坐奪漕軍口糧，斷腕徇于河畔三日，斬之。甲寅，黎邛部蠻王子來貢。

二十四史 中華書局

十一月壬午，狩于近郊，以所獲獻太廟，著爲令。戊子，禱雪。辛卯，詔在官丁父母憂者並放離任。

十二月庚子朔，日有食之。癸卯，南康軍言，雪降三尺，大江冰合，可勝重載。丁未，遣中使賜緣邊戍卒襦袴。丙辰，門下侍郎兼刑部尚書、平章事宋琪罷守本官。

三年春正月辛未，右武衞大將軍、長寧侯德隆薨，以其弟德彝嗣侯，仍知沂州。庚辰，夜漏一刻，北方有赤氣如城，至明不散。己丑，知雄州賀令圖等請伐契丹，取燕薊故地。庚寅，北伐，以天平軍節度使曹彬爲幽州道行營前軍馬步水陸都部署，河陽三城節度使崔彥進副之；侍衞馬軍都指揮使、彰化軍節度使米信爲西北道都部署，沙州觀察使杜彥圭副之，以其衆出雄州；侍衞步軍都指揮使、靜難軍節度使田重進爲定州路都部署，出飛狐。戊戌，參知政事李至罷爲禮部侍郎。

二月壬子，以檢校太師、忠武軍節度使潘美爲雲、應、朔等州都部署，雲州觀察使楊業副之，出鴈門。

三月癸酉，曹彬與契丹兵戰固安南，克其城。丁丑，田重進戰飛狐北，又破之。潘美自西陘入，與契丹兵遇，追至寰州，破之，其刺史趙彥辛以城降。辛巳，曹彬克涿州。潘美圍

朔州，其節度副使趙希贊以城降。癸未，田重進戰飛狐北，獲其西南面招安使大鵬翼、康州刺史馬頵、馬軍指揮使何萬通。乙酉，曹彬敗契丹于涿州南，殺其相賀斯〔二〕。丁亥，潘美師至應州，其節度副使艾正、觀察判官宋雄以城降。司門員外郎王延範與祕書丞陸坦、戎城縣主簿田辯、術士劉昴，坐謀不軌棄市。庚寅，武寧軍節度使、同平章事、岐國公陳洪進卒。辛卯，田重進攻飛狐，其守將呂行德、張繼從、劉知進等舉城降，以其縣爲飛狐軍。占城國遣使來貢。丙申，進圍靈丘，其守將穆超以城降。

夏四月辛丑，潘美克雲州。田重進戰飛狐北，破其衆。壬寅，曹彬、米信戰新城東北，又破之。己酉，田重進再戰飛狐北，再破之，殺二將。乙卯，重進至蔚州，其牙校李存璋、許彥欽殺大將蕭啜理，執其監城使、同州節度使耿紹忠，以城降。

五月庚午，曹彬之師大敗于岐溝關，收衆夜渡拒馬河，退屯易州，知幽州行府事劉保勳死之。丙子，召曹彬、崔彥進、米信歸闕，命田重進屯定州，潘美還代州。徙雲、應、寰、朔吏民及吐渾部族，分置河東、京西。會契丹十萬衆復陷寰州，楊業護送遷民遇之，苦戰力盡，爲所禽，守節而死。

六月戊戌朔，日有食之。甲辰，以御史中丞辛仲甫爲參知政事。

秋七月庚午，貶曹彬爲右驍衞上將軍，崔彥進爲右武衞上將軍，米信爲右屯衞上將軍，

杜彥圭爲均州團練使。應羣臣、列校死事及陷敵者，錄其子孫。壬午，徙山後降民至河南府、許汝等州。丁亥，以簽署樞密院事張齊賢爲給事中、知代州。癸巳，階州福津縣有大山飛來，自龍帝峽壅江水逆流，壞民田數百里。甲午，詔改陳王元祐爲元僖，韓王元休爲元俶，冀王元儁爲元份。

八月丁酉朔，以王沔、張宏並爲樞密副使。丁未，大雨，遣使禱岳瀆，至夕雨止。劍州民饑，遣使振之，因督捕諸州盜賊。辛亥，降潘美爲檢校太保，贈楊業太尉、大同軍節度使。

九月丙寅朔，減兩京諸州繫囚流以下一等，杖罪釋之。賜所徙寰、應、蔚等州民米，昇、宣等十四州雍熙二年官所振貸並蠲之。戊寅，賜北征軍士陣亡者家三月糧。

冬十月甲辰，以陳王元僖爲開封尹。壬子，高麗國王遣使來貢。庚申，詔以權靜海軍留後黎桓爲本軍節度。

十一月丙戌，幸建隆觀、相國寺祈雪。

十二月乙未朔，大雨雪，宴羣臣玉華殿。己亥，定州田重進入契丹界，攻下岐溝關。壬寅，契丹敗劉廷讓軍於君子館，執先鋒將賀令圖，高陽關部署楊重進死之。壬子，建房州爲保康軍，以右衞上將軍劉繼元爲節度使。代州副部署盧漢贇敗契丹于土鐙堡，斬獲甚衆，殺監軍舍利二人。

是歲，壽州大水，濮州蝗。

四年春正月甲子朔，不受朝，羣臣詣閤拜表稱賀。己卯，遣使按問西川、嶺南、江、浙等路刑獄。丙戌，詔：「應行營將士戰敗潰散者並釋不問，緣邊城堡備禦有勞可紀者所在以聞。瘞暴骸，死事者廩給其家，錄死事文武官子孫。蠲河北雍熙三年以前逋租，敵所蹂踐者給復三年，軍所過二年，餘一年。」

二月丙申，以漢南國王錢俶爲武勝軍節度使，徙封南陽國王。丁酉，繕治河北諸州、軍城隍。甲寅，錢俶改封許王。

三月庚辰，詔申嚴考績。

夏四月癸巳朔，以御史中丞趙昌言爲右諫議大夫、樞密副使。乙未，詔：「諸州郡暑月五日一滌囹圄，給飲漿，病者令醫治，小罪即決之。」丁未，幸金明池觀水嬉，遂習射瓊林苑，登樓，擲金錢繒綵於樓下，縱民取之。併水陸發運爲一司。

五月丙寅，遣使市諸道民馬。庚辰，改殿前司日騎爲捧日，驍猛爲拱辰，雄勇爲神勇，上鐵林爲殿前司虎翼，腰弩爲神射，侍衞步軍司鐵林爲侍衞司虎翼。丁亥，詔諸州送醫術人校業太醫署。賜諸將陣圖。

六月丁酉，以右驍衞上將軍劉廷讓爲雄州都部署。戊戌，以彰國軍節度使駙馬都尉王承衍爲貝、冀都部署，郭守文及鄚州團練使田欽祚並爲北面排陣使。庚子，定國軍節度使崔翰復爲高陽關兵馬都部署。是月，鄜州獻馬，前足如牛。

秋七月丙寅，幸講武池觀魚。是月，置三班院。

八月庚子，免諸州吏所逋京倉米二十六萬七千石。

九月癸亥，校醫術人，優者爲翰林學生。

冬十月丙午，流雄州都部署劉廷讓于商州。壬子，左僕射致仕沈倫薨。

十一月庚辰，詔以實數給百官奉。

十二月壬寅，幸建隆觀、相國寺祈雪。庚戌，畋近郊。丁巳，大雨雪。

端拱元年春正月己未朔，不受朝，羣臣詣閤拜表稱賀。乙亥，親耕籍田。還御丹鳳樓，大赦，改元，除十惡、官吏犯贓至殺人者不赦外，民年七十以上賜爵一級。癸未，幸玉津園習射。乙酉，禁用酷刑。是月，澶州黃河淸。

二月乙未，改左右補闕爲左右司諫，左右拾遺爲左右正言。丙申，禁諸州獻珍禽奇獸。己亥，詔瀛州民爲敵所侵暴者賜三年租，復其役五年。庚子，以籍田，開封尹、陳王元僖進封

許王，元偓襄王，元份越王，錢俶鄧王，中書門下平章事李昉爲尚書右僕射，參知政事呂蒙正同中書門下平章事，樞密使王顯加檢校太傅，給事中許國公趙普守太保兼侍中〔三〕，參知政事辛仲甫加戶部侍郎，樞密副使趙昌言加工部侍郎，樞密副使王沔爲參知政事，御史中丞張宏爲樞密副使，餘內外並加恩。甲辰，升建州爲建寧軍節度。庚戌，以子元偓爲左衞上將軍、徐國公，元傑爲右衞上將軍、涇國公。

三月甲戌，貶樞密副使趙昌言爲崇信軍行軍司馬。乙亥，鄭州團練使侯莫陳利用坐不法，配商州禁錮，尋賜死。癸未，幸玉津園習射。廢水陸發運司。

夏四月丁亥，賜京城高年帛。己丑，加高麗國王治、靜海軍節度使黎桓並檢校太尉。

五月辛酉，置祕閣于崇文院。辛未，感德軍節度使李繼捧賜姓趙氏，名保忠。壬申，以保忠爲定難軍節度使。

閏五月辛卯，以洺州防禦使劉福爲高陽關兵馬都部署，濮州防禦使楊贇爲貝州兵馬都部署。乙未，賜諸州高年爵公士。丁酉，交州黎桓遣使來貢。壬寅，親試禮部進士及下第舉人。

六月丙辰朔，右領軍衞大將軍陳廷山謀反伏誅。丁丑，改湖南節度爲武安軍節度。親試進士諸科舉人。

秋七月丙午，除西川諸州鹽禁。辛亥，忠武軍節度使潘美知鎭州。

八月乙卯，壽星見丙地。甲子，以宣徽南院使郭守文爲鎭州路都部署。戊寅，太師、鄧王錢俶薨，追封秦國王，謚忠懿。庚辰，幸太學，命博士李覺講易，賜帛；遂幸玉津園習射。是月，鳳凰集廣州淸遠縣廨合歡樹，樹下生芝三莖。

九月乙酉朔，以侍衞馬軍都指揮使李繼隆爲定州都部署。

冬十月壬午，以侍衞步軍都指揮使戴興爲澶州都部署。癸未，詔罷游獵，五方所畜鷹犬並放之，諸州毋以爲獻。

十一月甲申朔，高麗王遣使來貢。己丑，郭守文破契丹于唐河。

十二月辛未，以夏州蕃落使李繼遷爲銀州刺史，充洛苑使。

二年春正月癸未朔，不受朝，羣臣詣閤拜表稱賀。壬辰，以涪州觀察使柴禹錫爲澶州兵馬部署。癸巳，詔議北伐。

二月壬子朔，令河北東、西路招置營田。癸丑，詔錄將校官吏功及死事使臣、官吏子孫，士卒廩給其家三月。平塞、天威、平定、威虜、靜戎、保塞、寧邊等軍，祁、易、保、定、鎭、邢、趙等州民，除雍熙四年正月丙戌詔給復外，更給復二年；霸、代、洺、雄、莫、深等州，平

虜、岢嵐軍，更給復一年。戊午，罷乘傳銀牌，復給樞密院牒。以太倉粟貸京畿饑民。癸亥，作方田。戊辰，以國子監爲國子學。

三月辛卯，命高瓊爲并代都部署。壬寅，親試禮部舉人。

夏四月丁巳，置富順監。辛未，幸趙普第視疾。

五月戊戌，以旱慮囚，遣使決諸道獄。是夕，雨。

秋七月甲申，以知代州張齊賢爲刑部侍郎、樞密副使，鹽鐵使張遜爲宣徽北院使、簽署樞密院事。戊子，有彗出東井，上避正殿，減常膳。辛丑，契丹犯威虜軍，崇儀使尹繼倫擊破之，殺其相皮室，大將于越遁去。

八月丙辰，大赦，是夕彗不見。癸亥，詔作開寶寺舍利塔成。

九月壬午，邛部川、山後百蠻來貢。

冬十月辛未，以定難軍節度使趙保忠同平章事。以歲旱、彗星謫見，詔曰：「朕以身爲犧牲，焚於烈火，亦未足以答謝天譴。當與卿等審刑政之闕失，稼穡之艱難，恤物安人，以祈玄祐。」

十二月辛亥，置三司都磨勘官。丙辰，大雨雪。庚申，詔令四方所上表祗稱皇帝。羣臣請復尊號，不許。辛酉，上法天崇道文武皇帝，詔去「文武」二字，餘許之。三佛齊國遣使

來貢。

淳化元年春正月戊寅朔，減京畿繫囚流罪以下一等。改元，內外文武官並加勳階爵邑，中書舍人、大將軍以上各賜一子官。賜鰥寡孤獨錢，除逋負。受尊號，改乾明節爲壽寧節。戊子，詔作清心殿。

二月丁未朔，除江南、兩浙、淮西、嶺南諸州漁禁。己酉，改大明殿爲含光殿。

三月丙子朔。乙未，幸西京留守趙普第視疾。

夏四月庚戌，遣中使詣五嶽禱雨，慮囚，遣使分決諸道獄。甲寅，詔尚書省四品、兩省五品以上舉轉運使及知州、通判。五溪蠻田漢權來附。戊午，建婺州爲保寧軍節度。丙寅，命殿前副都指揮使戴興爲鎭州都部署。

五月甲午，給致仕官半奉。辛卯，置詳覆、推勘官。

六月丙午，罷中元、下元張燈。庚午，太白晝見。

秋七月丁丑，太白復見。是月，吉、洪、江、蘄、河陽、隴城大水。開封、陳留、封丘、酸棗、鄢陵旱，賜今年田租之半，開封特給復一年。京師貴糴，遣使開廩減價分糶。

八月乙巳，毀左藏庫金銀器皿。己巳，禁川峽、嶺南、湖南殺人祀鬼，州縣察捕，募告者

賞之。庚午，西南蕃主使其子龍漢興來貢。是月，京兆長安八縣旱，賜今年租十之六。蠲舒州宿松等三處魚池稅。

九月辛巳，熒惑入太微垣。大宴崇政殿。禁川峽民父母在出爲贅壻。是月，蠲滄、單、汝三州今年租十之六。

冬十月甲辰，交州黎桓遣使來貢。乙巳，熒惑陵左執法。乙丑，知白州蔣元振、知須城縣姚益恭並以淸幹聞，下詔褒諭，賜粟帛。是月，以乾鄭二州、河南壽安等十四縣旱，州蠲今年租十之四，縣蠲其稅。

十一月戊戌，太白晝見。是月，蠲大名府管內今年租十之七。

十二月乙巳，占城遣使來貢。乙卯，高麗國遣使來貢。辛酉，詔中外所上書疏及面奏制可者，並下中書、樞密、三司中覆頒行。

是歲，洪、吉、江、蘄諸州水，河陽大水。曹、單二州有蝗，不爲災。開封、大名管內及許、滄、單、汝、乾、鄭等州，壽安、長安、天興等二十七縣旱。深冀二州、文登牟平兩縣饑。

二年春正月壬申朔，不受朝，羣臣詣閤拜表稱賀。丙子，遣商州團練使翟守素帥兵援趙保忠于夏州。乙酉，置內殿崇班、左右侍禁，改殿前承旨爲三班奉職。丙戌，熒惑犯房。

己丑，詔陝西諸州長吏設法招誘流亡，復業者計口貸粟，仍給復二年。

二月癸丑，盡易宮殿彩繪以赭堊。監察御史祖吉坐知晉州日爲姦贓，棄市。乙丑，斬夔州亂卒謝榮等百餘人於市。

閏月辛未朔，日有食之。戊寅，禱雨。丁亥，詔內外諸軍，除木槍、弓弩矢外不得蓄他兵器。己丑，詔：京城蒲博者開封府捕之，犯者斬。命近臣兼差遣院流內銓。是月，河水溢，鄄城縣蝗，汴河決。

三月乙卯，幸金明池御龍舟，遂幸瓊林苑宴射。己巳，以歲蝗旱禱雨弗應，手詔宰相呂蒙正等：「朕將自焚，以答天譴。」翌日而雨，蝗盡死。

夏四月庚午，罷端州貢硯。辛巳，以張齊賢、陳恕並參知政事，張遜兼樞密副使，溫仲舒、寇準並爲樞密副使。是月，河水溢，虞鄉等七縣民饑。

五月己亥朔，詔減兩京諸州繫囚流以下一等，杖罪釋之。庚子，置諸路提點刑獄官。丙辰，左正言謝泌以敢言擢右司諫，賜金紫、錢三十萬。

六月甲戌，忠武軍節度使、同平章事潘美卒。命張永德爲并、代都部署。乙酉，以汴水決浚儀縣，帝親督衞士塞之。庚寅，禁陝西緣邊諸州闌出生口。是月，楚丘、鄄城、淄川三縣蝗，河水、汴水溢。

秋七月己亥，詔陝西緣邊諸州，饑民鬻男女入近界部落者官贖之。李繼遷奉表請降，以爲銀州觀察使，賜國姓，改名保吉。是月，乾寧軍蝗，許、雄、嘉三州大水。

八月己卯，置審刑院。己丑，雅州言登遼山崩。

九月丁酉朔，戶部侍郎、參知政事王沔，給事中、參知政事陳恕，並罷守本官。己亥，中書侍郎兼戶部尚書、平章事呂蒙正罷爲吏部尚書，以右僕射李昉、參知政事張齊賢並平章事，翰林學士賈黃中、李沆並爲給事中、參知政事。帝飛白書「玉堂之署」四字，以賜翰林承旨蘇易簡。壬寅，邛部川蠻來貢。癸卯，罷樞密使王顯爲崇信軍節度使。甲辰，以張遜知樞密院事，溫仲舒、寇準同知院事。

十一月丙申朔，復百官次對。乙巳，罷京城內外力役土功。己酉，幸建隆觀、相國寺祈雪。

十二月丙寅朔，行入閤儀。乙亥，賜秦州童子譚孺卿本科出身。癸未，保康軍節度使劉繼元卒，追封彭城郡王。大雨無冰。

是歲，女眞表請伐契丹，詔不許，自是遂屬契丹。大名、河中、絳、濮、陝、曹、濟、同、淄、單、德、徐、晉、輝、磁、博、汝、兗、虢、汾、鄭、亳、慶、許、齊、濱、棣、沂、貝、衞、靑、霸等州旱。

中華書局

三年春正月癸卯，大雨雪。乙巳，詔常參官舉可任升朝官者。丙午，詔宰相、侍從舉可任轉運使者。

二月乙丑朔，日有食之。

三月乙未朔，以趙普爲太師，封魏國公。戊戌，親試禮部舉人。辛丑，親試諸科舉人。戊午，以高麗賓貢進士四十人並爲秘書省秘書郎，遣還。庚申，帝幸金明池觀水戲，縱京城觀者，賜高年白金器皿。

夏四月丁丑，詔江南、兩浙、荆湖吏民之配嶺南者還本郡禁錮。癸未，上作刑政、稼穡詩賜近臣。

五月甲午朔，御文德殿，百官入閤。壬寅，詔御史府所斷徒罪以上獄具，令尚書丞郎、兩省給舍一人慮問。丁未，戶部郎中田錫、通判殿中丞郭渭坐稽留刑獄，並責州團練副使，不簽署州事。戊申，詔：太醫署良醫視京城病者，賜錢五十萬具藥，中黃門一人按視之。己酉，以旱遣使分行諸路決獄。是夕，雨。辛亥，置理檢司。甲寅，詔作秘閣。

六月丁丑，大風晝晦，京師疫解。戊寅，慮囚。甲申，飛蝗自東北來，蔽天，經西南而去。是夕，大雨，蝗盡死。庚寅，以殿前都虞候王昭遠爲幷、代兵馬都部署。辛卯，置常平

倉。

秋七月己酉，太師、魏國公趙普薨，追封眞定王。是月，許、汝、兗、單、滄、蔡、齊、貝八州蝗，洛水溢。

八月戊辰，以秘閣成賜近臣宴。壬申，召終南山隱士种放，不至。庚辰，闍婆國遣使來貢。丁丑，釋嶺南東、西路罰作荷校者。

九月丙申，遣官祈晴京城諸寺觀。甲寅，幸天駟監，賜從臣馬。乙卯，羣臣上尊號曰法天崇道明聖仁孝文武皇帝，凡五表，終不許。

冬十月辛酉朔，折御卿進白花鷹，放之，詔勿復獻。戊寅，始置京朝、幕職、州縣官考課，幷校三班殿最。戊子，高麗、西南蕃皆遣使來貢。

十一月己亥，許王元僖薨。甲申，慮囚，降徒流以下一等，釋杖罪。趙保忠貢鶻，號「海東青」，還之。己未，禁兩浙諸州巫師。置三司主轄收支官。是月，蔡州建安大火。

十二月丁卯，大雨雪。己卯，占城國王楊陀排遣使來貢。是月，雄州言大火。

是歲，潤州丹徒縣饑，死者三百戶。

四年春正月庚寅朔，享太室，羣臣詣齋宮拜表稱賀。辛卯，祀天地于圜丘，以宣祖、太祖配，大赦。乙未，大雨雪。高麗國遣使來貢。乙巳，藏才西族首領羅妹以良馬來獻。

二月己未朔，日有食之。壬戌，召賜京城高年帛，百歲者一人加賜塗金帶。是日，雨雪大寒，再遣中使賜孤老貧窮人千錢、米炭。置昭宣使。癸亥，廢沿江榷貨八務。乙丑，加高麗國王王治檢校太師，靜海軍節度使黎桓封交阯郡王。己卯，詔以江、浙、淮、陝饑，遣使巡撫。詔：分遣近臣巡撫諸道，有可惠民者得便宜行事，吏罷軟、苛刻者上之，詔令有未便者附傳以聞。丙戌，置審官院、考課院。永康軍青城縣民王小波聚徒爲寇，殺眉州彭山縣令齊元振。是月，商州大雨雪。

三月壬子，詔權停貢舉。

四月己卯，諸司奉行公事不得輒稱聖旨。

五月戊申，罷鹽鐵、戶部、度支等使，置三司使。

六月戊午朔，詔中丞已下皆親臨鞫獄。丙寅，吏部侍郎、平章事張齊賢罷爲尚書左丞。壬申，宣徽北院使、知樞密院事張遜貶右領軍衞將軍，右諫議大夫、同知院事寇準罷守本官。以涪州觀察使柴禹錫爲宣徽北院使、知樞密院事，樞密直學士呂端參知政事，劉昌言同知樞密院事。戊寅，初復給事中封駁。

七月丁酉，大雨。戊戌，復沿江務，置諸路茶鹽制置使。

八月丙辰朔，日有食之。癸酉，以向敏中、張詠始同知銀臺、通進司，視章奏案牘以稽出入。

九月丙申，詔：諸雜除禁錮人，州縣有闕得次補以責效，能自新勤幹者具聞再敘。乙巳，以給事中封駁隸銀臺、通進司。丙午，命侍從舉任才堪五千戶以上縣令者二人。自七月雨，至是不止。是月，河水溢，壞澶州；江溢，陷涪州。詔：溺死者給斂具，澶人千錢，涪人鐵錢三千，仍發廩以振。

冬十月壬戌，罷諸路提點刑獄司。庚午，始分天下州縣爲十道，兩京爲左右計，各署判官領之，置三司使二員。辛未，右僕射、平章事李昉，給事中、參知政事賈黃中、李沆，左諫議大夫、同知樞密院事溫仲舒[四]，並罷守本官。以吏部尚書呂蒙正平章事，翰林學士蘇易簡爲給事中、參知政事，樞密都承旨趙鎔爲宣徽北院使，樞密直學士向敏中爲右諫議大夫，並同知樞密院事。丁丑，以右諫議大夫趙昌言爲給事中、參知政事。辛巳，遣使按行畿縣，民田被水者蠲其租。是月，河決澶州，西北流入御河。

閏月辛卯，幸水磑觀魚。己酉，置三司總計度使。

十一月丁巳，萬安州獻六眸龜。癸酉，還隴西州所獻白鷹。

十二月辛丑，大雨雪。戊申，西川都巡檢使張玘與王小波戰江原縣，死之。小波中流矢

死，衆推其黨李順爲帥。

五年春正月甲寅朔，不受朝，羣臣詣閤拜表稱賀。戊午，李順陷漢州，己未，陷彭州。乙丑，慮囚，流罪以下釋之。己巳，李順陷成都，知府郭載奔梓州，順入據之，賊兵四出攻劫州縣。遣使振宋、亳、陳、潁州饑民，別遣決諸路刑獄，應因饑劫藏粟，誅爲首者，餘減死。癸酉，以侍衞馬軍都指揮使李繼隆爲河西行營都部署，討李繼遷。甲戌，命昭宣使王繼恩爲兩川招安使，討李順。詔諸州能出粟貸饑民者賜爵。辛巳，詔除兩京諸州淳化三年逋負。

二月乙未，李順分攻劍州，都監西京作坊副使上官正、成都監軍供奉官宿翰合擊大破之，斬馘殆盡。丙午，幸南御莊觀稼。己酉，以益王元傑爲淮南、鎭江等軍節度使，徙封吳王。辛亥，詔除劍南東西川、峽路諸州主吏民卒淳化五年以前逋負。

三月乙亥，趙保忠爲趙保吉所襲，奔還夏州，指揮使趙光嗣執之以獻。李繼隆帥師入夏州。交阯郡王黎桓遣使來貢。

夏四月壬午朔，詔除天下主吏逋負。甲申，削趙保吉所賜姓名。丙戌，置起居院，初復起居注。以國子學復爲國子監。辛卯，慮囚。大食國王遣使來貢。戊戌，赦諸州，除十惡、

故劫殺、官吏犯正贓外，降死罪以下囚。己亥，王繼恩帥師過綿州，賊潰走，追殺及溺死者甚衆。庚子，復綿州。內殿崇班曹習破賊于老溪，復閬州。綿州巡檢使胡正遠帥兵進擊，復巴州。壬寅，西川行營擊賊于研口砦，破之，復劍州。癸卯，大雨。

五月丁巳，西川行營破賊十萬衆，斬首三萬級，復成都，獲賊李順。其黨張餘復攻陷嘉、戎、瀘、渝、涪、忠、萬、開八州，開州監軍秦傳序死之。丙寅，河西行營送趙保忠至闕下，釋其罪，授右千牛衞上將軍，封宥罪侯。己巳，以知梓州張雍、都巡檢使盧斌嘗堅守却賊，斌進擊解閬州圍，遂平蓬州，雍加給事中，斌領成州刺史。以少府監雷有終爲諫議大夫、知成都府。庚午，賊攻夔州，峽路都大巡檢白繼贇、夔州巡檢使解守顒大敗其衆于西津口，斬首二萬級，獲舟千餘艘。辛未，降成都府爲益州。壬申，右僕射李昉以司空致仕。甲戌，詔利州、興元府、洋州、西縣民並給復一年。丙子，磔李順黨八人于鳳翔市。庚辰，初伏，帝親書綾扇賜近臣。

六月辛卯，詔赦李順脅從詿誤。是月，都城大疫，分遣醫官煮藥給病者。賊攻施州，指揮使黃希遜擊走之。戊戌，峽路行營破賊于廣安軍，又破賊張罕二萬衆于嘉陵江口，又破于合州西方溪，俘斬甚衆。戊申，以侍衞步軍都指揮使高瓊爲鎭州都部署。賊攻陵州，知州張旦擊破之。高麗遣使，以契丹來侵乞師。

秋七月辛亥朔，賊攻眉州，知州李簡等堅守踰月，賊引去。癸亥，置江、淮、兩浙發運使。丙寅，除兩浙諸州民錢俶日逋負。甲戌，置威塞軍。乙亥，李繼遷遣使來貢。

八月甲申，詔有司講求大射儀注。癸巳，以內班爲黃門。甲午，置宣政使，以宦者昭宣使王繼恩爲之。乙未，詔釋劍南、峽路諸州亡命。戊戌，以通遠軍復爲環州，置清遠軍。庚子，大雨。貝州言驍捷卒劫庫兵爲亂，推都虞候趙咸雍爲帥，轉運使王嗣宗率屯兵擊敗之，擒咸雍，磔于市。辛丑，詔遣知益州張詠赴部，得便宜從事。癸卯，以參知政事趙昌言爲西川、峽路招安馬步軍都部署，尋詔昌言駐鳳翔，遣內侍押班衞紹欽往行營指揮軍事。峽路行營破賊帥張餘，復雲安軍。李繼遷使其弟奉表待罪。

九月庚戌朔，戶部尙書辛仲甫以太子少保致仕。甲寅，賜三司錢百萬，募能言司事之利便者，量事賞之，盡則再給以備賞。己未，罷諸州榷酤。改黃門院爲內侍省，以黃門班院爲內侍省內侍班院，入內黃門班院爲內侍省入內侍班院。辛酉，遣使分行宋、亳、陳、潁、泗、壽、鄧、蔡等州按行民田，被水及種蒔不及者並蠲其租。壬申，以襄王元侃爲開封尹，改封壽王。大赦，除十惡、故謀劫鬬殺、官吏犯正贓外，諸官先犯贓罪配隸禁錮者放還。乙亥，以左諫議大夫寇準參知政事。丁丑，以蜀部漸平，下詔罪己。戊寅，西川行營言衞紹欽破賊于學射山，別將楊瓊復蜀州，曹習等又破賊于安國鎭，誅其帥馬太保。

冬十月庚辰，詔釋殿前司逃軍親屬之禁錮者。西川行營指揮使張嶙殺其將王文壽以叛，遣使招撫其衆，遂共斬嶙首以降。乙未，楊瓊等復邛州。乙巳，改青州平盧軍爲鎭海軍，杭州鎭海軍爲寧海軍。

十一月庚戌，遣使諭李繼遷，賜以器幣、茶藥、衣服。丙辰，賜近臣飛白書。庚申，詔：江南西路及荆湖南北路、嶺南溪洞接連，及蕃商、外國使誘子女出境者捕之。癸亥，賊攻眉州，崇儀使宿翰等擊敗之，斬其僞中書令吳蘊。丙寅，幸國子監，賜直講孫奭緋魚，因幸武成王廟，復幸國子監，令奭講尙書，賜以束帛。大寒，賜禁衞諸軍緡錢有差。

十二月戊寅朔，日當食，雲陰不見。辛巳，命樞密直學士張鑑、西京作坊副使馮守規安撫西川。丙戌，命諸王畋近郊。弛忠、靖二州刑徒。庚寅，宿翰等引兵趨嘉州，僞知州王文操以城降。乙未，祕書丞張樞坐知榮州降賊，棄市。辛丑，以三司兩京、十道復歸三部，各置使一員，每部置判官、推官、都監，分勾院爲三。

至道元年正月戊申朔，改元，赦京畿繫囚，流罪以下遞降一等，杖罪釋之。蠲諸州逋租，蠲陝西諸州去年秋稅之半。丙辰，詔作上清宮成。丁巳，涼州吐蕃當尊以良馬來獻。戊午，占城國王楊陀排遣使來貢。辛酉，上御乾元門觀燈。癸亥，契丹大將韓德威誘党項

勒浪、嵬族白振武犯邊，永安節度使折御卿邀擊，敗之于子河汊，勒浪等乘亂反擊德威，遂殺其將突厥太尉、司徒、舍利等，獲吐渾首領一人，德威僅以身免。戊辰，以翰林學士錢若水爲右諫議大夫、同知樞密院事，樞密副使劉昌言罷爲給事中。以宣祖舊第作洞眞宮成。甲戌，李繼遷遣使以良馬、橐駝來貢。

二月甲申，命宰相禱雨。令川峽諸州瘞暴骸。戊戌，以旱慮囚，減流罪以下。丙午，雨。嘉州函賊帥張餘首送西川行營，餘黨悉平。蠲襄、唐、均、汝、隨、鄧、歸、峽等州去年逋租。振亳州、房州、光化軍饑，遣使貸之。

三月庚申，詔求直言。辛酉，以會州觀察使、知清遠軍田紹斌爲靈州兵馬都部署。己巳，廢邵武軍歸化縣金坑。

夏四月癸未，吏部尚書、平章事呂蒙正罷爲右僕射，以參知政事呂端爲戶部侍郎、平章事。宣徽北院使、知樞密院事柴禹錫罷爲鎭寧軍節度使，參知政事蘇易簡爲禮部侍郎，以翰林學士張洎爲給事中、參知政事。甲申，以宣徽北院使、同知樞密院事趙鎔知樞密院事。乙酉，契丹犯雄州，知州何承矩擊敗之，斬其鐵林大將一人。辛丑，遣使分決諸路刑獄，劫賊止誅首惡，降流罪以下一等。壬寅，慮囚。甲辰，大雨，雷電。開寶皇后宋氏崩。

六月乙酉，購求圖書。丙戌，遣使諭李繼遷，授以鄜州節度使，繼遷不奉詔。丁亥，以

銀州左都押衙張浦爲銀靑光祿大夫、檢校工部尙書、鄭州刺史、兼御史大夫，充本州團練使。己亥，許士庶工商服紫。是月，大熱，民有暍死者。

秋七月丙寅，除陳、許等九州及光化軍今年夏稅。

八月壬辰，詔立壽王元侃爲皇太子，改名恆，兼判開封府。大赦，文武常參官子爲父後見任官者，賜勳一轉。癸巳，以尙書左丞李至、禮部侍郎李沆並兼太子賓客。癸卯，禁西北緣邊諸州民與內屬戎人昏娶。

九月丙午，西南蕃牂牁諸蠻來貢，詔封西南蕃主龍漢璓爲歸化王。丁卯，御朝元殿冊皇太子。庚午，淸遠軍言李繼遷入寇，率兵擊走之。

冬十月甲戌朔，皇太子讓宮僚稱臣，許之。乙丑，陝西轉運使鄭文寶坐擾邊，責授藍山縣令。

十一月己未，閱武便殿。是月，以峯州團練使上官正、右諫議大夫雷有終並爲西川招安使，召王繼恩歸闕。

十二月甲戌，羣臣奉表加上尊號曰法天崇道上聖至仁皇帝，凡五上，不許。契丹犯邊，折御卿率兵禦之，卒于師。斬馬步軍都軍頭孫贊于軍中。庚辰，新渾儀成。

二年春正月辛亥，祀天地于圜丘，大赦，中外文武加恩。丁卯，廢諸州司理判官。

二月壬申朔，司空致仕李昉薨。戊寅，以越王元份爲杭州大都督兼領越州，吳王元傑爲揚州大都督兼領壽州。己卯，以徐國公元偓爲洪州都督、鎭南軍節度使，涇國公元偁爲鄂州都督、武淸軍節度使。庚辰，以御史中丞李昌齡爲給事中、參知政事。辛巳，以呂蒙正爲左僕射，宋琪爲右僕射。乙未，定任子官制。

三月丙寅，以京師旱，遣中使禱雨。戊辰，命宰臣祀郊廟、社稷，禱雨。

夏四月甲戌，命侍衞馬軍都指揮使李繼隆爲環、慶等州都部署，殿前都虞候范廷召副之，討李繼遷。癸未，雨。

五月癸卯，李繼遷寇靈州。

六月戊戌，黔州言蠻寇鹽井，巡檢使王惟節戰死。是月，亳州蝗。

秋七月己亥朔，命殿前都指揮使王超爲夏、綏、麟、府州都部署。庚子，詔作壽寧觀成。丙寅，給事中、參知政事寇準罷守本官。戊辰，蠲峽路諸州民去年逋租。是月，汴水決穀熟縣，許、宿、齊三州蝗抱草死。

閏月庚寅，詔江、浙、福建民負人錢沒入男女者還其家，敢匿者有罪。

八月辛丑，密州言蝗不爲災。

九月戊寅，右僕射宋琪薨。詔川峽諸州民家先藏兵器者，限百日悉送官，匿不以聞者斬。己卯，夏州、延州行營言破李繼遷於烏白池，獲未幕軍主、吃囉指揮使等二十七人，繼遷遁。甲申，會州觀察使、環慶副都部署田紹斌貶右監門衞率府副率，虢州安置。丙戌，秦、晉諸州地晝夜十二震。丙申，詔廢衢州治。

冬十月己未，詔以池州新鑄錢監爲永豐監。

十一月丁卯朔，增司天新曆爲一百二十甲子。戊寅，置簽署提點樞密、宣徽院諸房公事。辛卯，許州羣盜劫郾城縣居民，巡檢李昌習鬬死，都巡檢使王正襲擊之，獲賊首宋斌及餘黨，皆斬于市。甲午，禁淮南通行鹽稅。

十二月，命宰相以下百官詣諸寺觀禱雪。甲寅，雨雪。

大有年。是歲，處州稻再熟。

三年春正月丙子，以戶部侍郎溫仲舒、禮部侍郎王化基並參知政事，給事中李惟清同知樞密院事，參知政事張洎罷爲刑部侍郎。乙酉，孝章皇后陪葬永昌陵。辛卯，以侍衞馬步軍都虞候傅潛爲延州路都部署，殿前都虞候王昭遠爲靈州路都部署。

二月丙申朔，靈州行營破李繼遷。辛丑，帝不豫。甲辰，降京畿死罪囚，流以下釋之。

壬戌，大食、賓同隴國並來貢。

三月丁卯，占城國來貢。壬辰，不視朝。癸巳，追班于萬歲殿，宣詔令皇太子柩前卽位。是日崩，年五十九，在位二十二年，殯于殿之西階。羣臣上尊謚曰神功聖德文武皇帝，廟號太宗。十月己酉，葬永熙陵。

贊曰：帝沈謀英斷，慨然有削平天下之志。既卽大位，陳洪進、錢俶相繼納土。未幾，取太原，伐契丹，繼有交州、西夏之役。干戈不息，天災方行，俘馘日至，而民不知兵；水旱螟蝗，殆徧天下，而民不思亂。其故何也？帝以慈儉爲寶，服澣濯之衣，毀奇巧之器，却女樂之獻，悟畋遊之非。絕遠物，抑符瑞，閔農事，考治功。講學以求多聞，不罪狂悖以勸諫士，哀矜惻怛，勤以自勵，日晏忘食。至於欲自焚以答天譴，欲盡除天下之賦以紓民力，卒有五兵不試、禾稼荐登之效。是以青、齊耆耋之叟，願率子弟治道請登禪者，接踵而至。君子曰：「得乎丘民而爲天子」，帝之謂乎。故帝之功德，炳煥史牒，號稱賢君。若夫太祖之崩不踰年而改元，涪陵縣公之貶死，武功王之自殺，宋后之不成喪，則後世不能無議焉。

校勘記

〔一〕坊州獻一角獸　「坊」，原作「均」，據長編卷二六、太宗實錄卷三四改。

〔二〕殺其相賀斯　長編卷二七、太平治蹟統類卷三都作「殺奚宰相賀斯」。「其」疑「奚」字之誤。

〔三〕給事中許國公趙普守太保兼侍中　按長編卷二九記趙普原官職作「山南東道節度使兼侍中」，太宗實錄卷四三、宋大詔令集卷五一趙普昭文相制作「山南東道節度、襄州管內觀察處置等使、檢校太師兼侍中、許國公」，此處「給事中」三字誤。

〔四〕同知樞密院事溫仲舒　「同」字原脫，據上文淳化二年九月甲辰條、本書卷二一〇宰輔表、卷二六六本傳、長編卷三四補。

宋史卷六

本紀第六

眞宗一

眞宗應符稽古神功讓德文明武定章聖元孝皇帝，諱恆，太宗第三子也，母曰元德皇后李氏。初，乾德五年，五星從鎭星聚奎。明年正月，后夢以裾承日有娠，十二月二日生于開封府第，赤光照室，左足指有文成「天」字。

幼英睿，姿表特異，與諸王嬉戲，好作戰陣之狀，自稱元帥。太祖愛之，育於宮中。嘗登萬歲殿，升御榻坐，太祖大奇之，撫而問曰：「天子好作否？」對曰：「由天命耳。」比就學受經，一覽成誦。

初名德昌，太平興國八年，授檢校太保、同中書門下平章事，封韓王，改名元休。端拱元年，封襄王，改元侃。淳化五年九月，進封壽王，加檢校太傅、開封尹。至道元年八月，立

爲皇太子，改今諱，仍判府事。

故事，殿廬幄次在宰相上，宮僚稱臣，皆推讓弗受。見賓客李至、李沆，必先拜，迎送降階及門。開封政務填委，帝留心獄訟，裁決輕重，靡不稱愜，故京獄屢空，太宗屢詔嘉美。

三年三月，太宗崩，奉遺制卽皇帝位於柩前。

夏四月乙未，尊皇后爲皇太后，赦天下，常赦所不原者咸除之。丙申，羣臣請聽政，表三上，從之。戊戌，始見羣臣于崇政殿西序，尋賜器幣。癸卯，門下侍郎兼兵部尚書、平章事呂端加右僕射；弟越王元份進封雍王，吳王元傑進封兗王，並兼中書令；徐國公元偓進封彭城郡王，涇國公元偁進封安定郡王，並同平章事；元儼封曹國公；姪閬州觀察使惟吉爲武信軍節度使；侍衞馬步軍都虞候傅潛、殿前都指揮使王超、侍衞馬軍都指揮使李繼隆、侍衞步軍都指揮使高瓊並領諸軍節度，駙馬都尉王承衍、石保吉、魏咸信並爲諸軍節度使。甲辰，宣徽北院使、知樞密院事趙鎔加南院使，左丞李至、禮部侍郎李沆並參知政事。丁未，中外羣臣進秩一等。罷鹽鐵、度支、戶部副使。癸丑，置鎭戎軍。乙卯，靜海軍節度使、交趾郡王黎桓加兼侍中，進封南平王。

五月丁卯，詔求直言。庚午，命兩制議豐盈之術以聞。甲戌，戶部侍郎、參知政事李昌

中華書局

齡責授忠武行軍司馬。甲申，放宮人給事歲久者。丙戌，以鎭安軍節度使李繼隆同平章事。封姊秦國、晉國二公主並爲長公主，齊國公主改許國長公主，妹宣慈、賢懿、壽昌、萬壽四公主並爲長公主。丁亥，立秦國夫人郭氏爲皇后。

六月乙未，以太宗墨蹟賜天下名山。戊戌，追復涪王廷美西京留守兼中書令、秦王，贈兄魏王德昭太傅，岐王德芳太保。己亥，上大行皇帝謚曰神功聖德文武皇帝，廟號太宗。辛丑，詔罷獻祥瑞。甲辰，復封兄元佐爲楚王。乙巳，追册莒國夫人潘氏爲皇后，謚莊懷。以工部侍郎、同知樞密院事錢若水爲集賢院學士。贈弟元億爲代國公。

秋七月乙丑，詔轉運使更迭赴闕，訪以民事。癸酉，詔訪孔子嫡孫。乙亥，以殿前都虞候范廷召領河西軍節度使，葛霸保順軍節度使，王漢忠威塞軍節度使，康保裔彰國軍節度使，王昭遠保靜軍節度使。甲申，以范廷召、葛霸爲定州、鎭州駐泊都部署，王漢忠爲高陽關行營都部署，康保裔爲幷、代州都部署。

八月丙申，罷鹽井役。己亥，以鎭海軍節度使曹彬爲樞密使，知樞密院事趙鎔爲壽州觀察使，同知樞密院事李惟清爲御史中丞，戶部侍郎向敏中、給事中夏侯嶠並爲樞密副使。庚子，命以十二月二日爲承天節。戊申，太白犯太微。己酉，封乳母齊國夫人劉氏爲秦國延壽保聖夫人。先是，帝以漢、唐封乳母爲夫人、縣君故事付中書，已乃有是命。戊午，熒

惑入東井。庚申，西川廣武卒劉旰逐巡檢使韓景祐，掠蜀、漢等州，招安使上官正、鈐轄馬知節討平之。

九月丁丑，二星隕西南。戊寅，以孔子四十五世孫延世爲曲阜縣令，襲封文宣公。

冬十月，夏人寇靈州，合河都部署楊瓊擊走之。己酉，葬太宗于永熙陵。丁巳，賜山陵使而下銀帛有差。歲星入氐。

十一月甲子，祔太宗神主于太廟，以懿德皇后配，祔莊懷皇后於別廟。丙寅，詔兩京死罪以下遞減一等，緣山陵役民賜租有差。己巳，詔工部侍郎錢若水修太宗實錄。己卯，賜帛西鄙餽餉士卒。閱騎射，擢精銳者十人遷職。乙酉，廢理檢院。

十二月癸巳，承天節，羣臣上壽於崇德殿。丙申，追尊母賢妃李氏爲皇太后。辛丑，詔諸路轉運使申飭令長劭農。甲辰，以銀州觀察使趙保吉爲定難軍節度使。

咸平元年春正月辛酉，詔改元。丙寅，上皇太后李氏謚曰元德。丁丑，召學官崔頤正講書，因命宰臣選明經術者以聞。戊寅，閱御龍直。辛巳，僧你尼尼等自西天來朝，稱七年始達。甲申，彗出營室北。

二月癸巳，呂端等言彗出之應，當在齊、魯分。帝曰：「朕以天下爲憂，豈直一方耶？」

甲午，詔求直言，避殿減膳。乙未，慮囚，老幼疾病，流以下聽贖，杖以下釋之。丁酉，彗滅。

三月己巳，置太平州。壬申，賜進士孫僅等宴瓊林。辛巳，以趙保吉歸順，遣使諭陝西，縱綏、銀流民還鄉，家給米一斛。

夏四月，旱。壬辰，禱白鹿山。壬寅，趙保吉遣弟繼瑗入謝。己酉，遣使按天下吏民逋負悉除之。

五月戊午朔，日有食之。甲子，幸大相國寺祈雨，升殿而雨。

六月辛卯，詔近臣舉常參官才堪轉運使者。丙辰，以旱免開封、二十五州軍田租。

秋七月甲子，詔民供億山陵者賜租什二。己巳，詔沿淮諸州藏瘞遺骸。

八月癸卯，禁新小錢。己酉，幸諸王宮。

九月己巳，詔呂端、錢若水重修太祖實錄。壬申，賜終南隱士种放粟帛緡錢。己卯，以左衞上將軍張永德爲太子太師。

冬十月丙戌朔，日有食之。戊子，呂端爲太子太保，戶部尚書張齊賢、參知政事李沆並平章事，李至爲武勝軍節度使。己丑，參知政事溫仲舒罷爲禮部尚書，樞密副使夏侯嶠罷爲戶部侍郎、翰林侍讀學士〔二〕，以樞密副使向敏中爲兵部侍郎、參知政事，翰林學士楊礪、宋湜並爲樞密副使。丙午，許羣臣著述詣閤獻，令兩制銓簡。

十一月丙辰，龍鉢貢馬二千騎。甲子，詔葺歷代帝王陵廟。

十二月庚寅，幸許國長公主第視疾。癸卯，令三司判官舉才堪知州者各一人。

是歲，溪峒、吐蕃諸族、勒浪十六府大首領、甘州回鶻、西南蕃黎州山後蠻來貢。定州雹傷稼，遣使振恤，除是年租。

二年春正月甲子，詔：尙書丞、郎、給、舍，舉升朝官可守大郡者各一人。丙子，定諸司使以下至三班使臣有罪比品聽贖。

二月丙申，以趙普配饗太祖廟庭。詔羣臣迎養父母，蠲天下逋負，釋繫囚。己酉，戒百官比周奔競，有弗率者御史臺糾之。

三月丙辰，江、浙發廩振饑。戊辰，置荆湖南路轉運使。壬申，王漢忠爲涇、原、邠、寧、靈、環都部署。

閏月丁亥，以久不雨，帝諭宰相曰：「凡政有闕失，宜相規以道，毋惜直言。」詔天下繫囚非十惡、枉法及已殺人者，死以下減一等。幸許國長公主第視疾，又幸北宅視德愿疾。詔兩京諸路收瘞暴骸，營塞破塚。戊子，幸太一宮、天清寺祈雨。己丑，上皇太后宮名曰萬安。庚寅，罷有司營繕之不急者。詔中外臣直言極諫。從弟德愿卒。壬辰，雨。辛丑，江南

轉運使言宜、歛竹生米，民採食之。丙午，詔江、浙饑民入城池漁採勿禁。

夏四月丙寅，許國長公主薨。

五月丁亥，嚴服用之制。乙巳，幸曹彬第視疾。

六月丁巳，宰臣進重修太祖實錄。戊午，曹彬薨。庚辰，大食國遣使來貢。

七月甲申，以傅潛爲鎭、定、高陽關行營都部署，張昭允爲都鈐轄〔二〕。給外任官職田。己丑，以橫海軍節度使王顯爲樞密使。壬寅，製聖教序賜傳法院。甲辰，幸國子監，召學官崔偓佺講尙書大禹謨。還幸崇文院，賜秘書監、祭酒以下器幣。丙午，置翰林侍讀學士，以兵部侍郎楊徽之等爲之；置翰林侍講學士，以國子祭酒邢昺爲之。

八月辛亥，御文德殿，文武百官入閤。乙卯，羣臣上尊號曰崇文廣武聖明仁孝皇帝。丁巳，大宴崇德殿，始作樂。戊午，社宴近臣于中書。丙寅，大閱於東北郊。癸酉，楊礪卒。乙亥，以太師贈濟陽郡王曹彬配饗太祖廟庭，司空贈太尉中書令薛居正、忠武軍節度使贈中書令潘美、右僕射贈侍中石熙載配饗太宗廟庭。

九月庚辰朔，日有食之。戊子，召宗室宴射後苑。甲午，奉安太宗聖容於啓聖院新殿，帝拜而慟，左右皆掩泣。賜修殿內侍緡錢。癸卯，幸騏驥院，賜從官馬，還宴射後苑。鎭定都部署言敗契丹兵於廉良路，殺獲甚衆。

冬十月壬子，宜州執溪峒蠻酋三十餘人詣闕，詔釋其罪，遣還。癸丑，放澧州蠻界歸業民租。戊午，置福建路惠民倉。

十一月壬午，詔親王領大都督府〔三〕節鎭者勿兼長史。乙酉，饗太廟。丙戌，祀天地于圜丘，以太祖、太宗配，大赦天下，錄功臣子孫之無祿者。御朝元殿受尊號册。丁亥，賜羣臣帶服、鞍馬、器幣有差。庚寅，大宴含光殿。壬辰，張齊賢加門下侍郎，李沆加中書侍郎，中外臣悉加恩。甲午，以左神武軍大將軍德恭爲左衞大將軍，左衞大將軍德彝爲左神武軍大將軍。乙未，詔：幸河北，所次頓舍給用，毋泛及州縣。以周瑩爲駕前軍都部署，石保吉爲行營先鋒都部署。己亥，狩近郊。辛丑，賜京城父老衣帛。戊申，以魏咸信爲貝冀行營都部署。己酉，以李沆爲東京留守〔四〕。

十二月辛亥，賜近臣戎服廄馬。甲寅，駕發京師，次陳橋。王昭遠卒。戊午，駐蹕澶州。冀州言敗契丹兵於城南，殺千餘人，奪馬百餘匹。辛酉，宴從臣于行宮。以王超等督先鋒，仍示以陣圖，俾識部分。壬戌，賜近臣甲冑弓劍。幸浮橋，登臨河亭，賜澶州父老錦袍、茶帛。甲子，次大名，躬御鎧甲於中軍。契丹攻威虜軍，本軍擊敗之，殺其酋帥。府州言官軍入契丹五合川〔五〕，拔黃太尉砦，殲其衆，焚其車帳，獲馬牛萬計。丁卯，召見大名府父老，勞賜之。

是歲，沙州蕃族首領、邛部川蠻、西南蕃、占城、大食國來貢。江、浙、廣南、荊湖旱，嵐州春霜害稼，分使發粟振之。

三年春正月己卯朔，駐蹕大名府。詔并代都部署高瓊等分屯冀州、邢州。辛巳，臨視樞密副使宋湜疾。癸未，以葛霸爲貝冀、高陽關前軍行營都部署。萊州防禦使田紹斌凡十人以功進秩。契丹犯河間，高陽關都部署康保裔死之。乙酉，流忠武軍節度使傅潛于房州，都鈐轄張昭允于通州，並削奪官爵。丁亥，幸紫極宮，還登子城閱騎射。高陽關、貝冀路都部署范廷召等追契丹至莫州，斬首萬餘級。庚寅，赦河北及淄、齊州罪人，非持杖劫盜、謀故殺、枉法贓、十惡至死者並釋之。錄將吏死事者子孫，民被焚掠者復其租。罷緣邊二十三州軍榷酤。令諸州舉吏民有武藝及材力過人者。壬辰，宋湜卒。甲午，發大名府。益州軍變，害鈐轄符昭壽，逐知州牛冕等，推都虞候王均爲首作亂。詔戶部使雷有終爲瀘州觀察使〔六〕，帥師會李惠等討之，均閉城門固守。庚子，至自大名府。戊申，幸呂端第視疾。

二月庚申，宴含光殿。辛酉，詔：「近臣并知雜御史、尙書省五品及帶館閣三司職者，各舉升朝官有武幹堪邊任一人。」癸亥，以周瑩爲宣徽南院使，王繼英爲北院使，並知樞密院

事；王旦爲給事中，同知樞密院事。乙丑，以王顯爲定州路行營都部署，王超爲鎭州路行營都部署。丁卯，益州王均開城僞遁，雷有終等入城爲所敗，退保漢州，李惠死之。戊辰，京畿旱，慮囚。癸酉，大雨。甲戌，買靜樂軍。丙子，賞花苑中，召從臣宴射。

三月戊寅朔，日有食之。甲午，御崇政殿試禮部貢舉人。

夏四月戊申朔，賜進士陳堯咨等袍笏。庚戌，呂端薨。甲寅，閱河北防城舉人康克勤等擊射。乙卯，葬元德皇太后。丁巳，以葛霸爲邠寧環慶都部署。壬申，前知益州牛冕、西川轉運使張適並削籍，冕流儋州，適爲連州參軍。

五月丁卯，詔天下死罪減一等，流以下釋之，十惡至死、謀故劫殺、坐贓枉法者論如律。幸玉津園觀刈麥。己丑，幸金明池觀水嬉，遂幸瓊林苑宴射。壬寅，御試河北舉人。河決鄆州，詔徙州城。

六月己未，太白晝見。丁卯，以向敏中爲河北、河東宣撫使，按巡郡國，存慰士民。

秋七月己亥，以翰林侍讀學士夏侯嶠、侍講邢昺爲江、浙巡撫使。

八月辛亥，京東水災，遣使安撫。

九月庚辰〔七〕，賜契丹降人蕭肯頭名懷忠，爲右領軍衞將軍、嚴州刺史；招鶻名從化，爲右監門衞將軍；虫哥名從順，爲千牛衞將軍。壬辰，幸大相國寺，遂宴射玉津園。壬寅，

衞國公張永德薨。

冬十月甲辰，雷有終大敗賊黨，復益州，殺三千餘人。壬子，綿、漢都巡檢、澄州刺史張思鈞削籍流封州。乙卯，幸元份宮視疾。令諸州兼羣牧。己未，濱州防禦使王榮削籍流均州。己丑，雷有終追斬王均于富順監，禽其黨六千餘人。詔原川峽路繫囚雜犯死罪以下。雷有終等以功進秩有差。丙寅，以翰林學士王欽若、知制誥梁顥分爲川、峽安撫使。延州言破大盧、小盧等十族，獲人畜二十萬。

十一月甲戌，環慶副部署徐興削籍配郢州。乙亥，靈州副部署孫進責授復州團練副使。鄆州決河塞。戊寅，均畿內田稅。壬午，詔羣臣盡言無諱，常參官轉對如故事，未預次對者聽封事以聞。辛卯，日南至，御朝元殿受朝。丙申，張齊賢罷爲兵部尚書。

十二月戊申，狩近郊，以親獲禽獻太廟。甲寅，大宴含光殿。乙卯，幸元份宮視疾。丁巳，閱武藝，遂宴射苑中。庚申，罷京畿均田稅。育吾蕃部貢犛牛。甲子，契丹稅木監使黃顛等率屬內附，賜冠帶。丙寅，開封府奏獄空，詔嘉之。丁卯，詔河東、北緣邊吏民斬邊寇首一級支錢五千，禽者倍之，獲馬者給帛二十匹。

是歲，高麗、大食國、高州蠻來貢。畿內、江南、荆湖旱，果、閬州水，並振之。

四年春正月甲戌朔，詔天下繫囚死罪已下減一等，杖罪釋之。辛巳，幸范廷召第視疾。甲申，命樞密直學士馮拯、陳堯叟詳中外封事。詔應益州軍民因城亂殺傷劫盜，除官吏外皆釋不問。乙酉，命收瘞西川遺骸。丁亥，幸開寶寺，還御乾元門觀燈。庚子，謁啓聖院太宗神御殿。

二月丁未，祈雨。戊申，交州黎桓貢馴犀象。癸丑，決天下獄。丁巳，幸大相國寺、上清宮祈雨。戊午，雨，帝方臨軒決事，霑服不御蓋。壬戌，詔羣臣子弟奏補京官者試一經。甲子，釋逋負官物者二千六百餘人，蠲逋負物二百六十餘萬；已納而非理者以內府錢還之，沒者給其家。丙寅，詔學士、兩省御史臺五品、尚書省諸司四品以上，舉賢良方正直言敢諫一人。己巳，置永利監。

三月甲戌，撫水州蠻酋蒙瑛等來納兵器、毒藥箭，誓不復犯邊。乙亥，詔史館韓瑗等舉御史臺推勘官。丁丑，風雪，帝謂宰相曰：「霾曀頗甚，卿等思闕政，以佐予治。」李沆等乞免官，不許。辛巳，分川峽轉運使爲益、利、梓、夔四路。召終南隱士种放，辭疾不至。庚寅，左僕射呂蒙正、兵部侍郎向敏中並平章事，中書侍郎、平章事李沆加門下侍郎；高瓊爲殿前都指揮使，葛霸爲侍衞馬軍都指揮使，王漢忠爲殿前副都指揮使，並領節度。司天監進儀天曆。辛卯，以參知政事王化基爲工部尚書，同知樞密院事王旦爲工部侍郎、參知政事，樞密直學士馮拯、陳堯叟並爲右諫議大夫、同知樞密院事。

夏四月丙午，葛霸爲幷代行營都部署。壬子，詔親老無兼侍者特與近任。回鶻可汗祿勝貢玉勒鞍、名馬、寶器，願以兵助討繼遷。丙辰，審官院引對京朝官，閱殿最而黜陟之。己未，以王欽若爲左諫議大夫、參知政事。庚申，幸元份宮視疾，遂幸諸王宮。辛未，御試制科舉人。

五月壬申朔，御乾元殿受朝。京畿繫囚罪流以下遞減一等，杖罪釋之。癸酉，以元儼爲平海軍節度使。甲申，工部侍郎致仕朱昂對便殿，賜器幣。戊子，亳州貢白兔，還之。乙未，大同軍留後桑贊爲侍衞步軍副都指揮使，領河西軍節度。

六月癸卯，有司言減天下冗吏凡十九萬五千餘人。丁巳，詔東川民田先爲江水所害者除其租。丁卯，詔州縣學校及聚徒講誦之所，並賜九經。戊申，出陣圖示宰相，命督將練士，以備北邊。

秋七月庚午，以河朔饋運勞民，詔轉運使減徭役存恤。己卯，邊臣言契丹謀入寇。以王顯爲鎭、定、高陽關三路都部署，王超爲副都部署，王漢忠爲都排陣使。

八月辛丑，張齊賢爲涇、原等州安撫經略使〔九〕。戊申，出環慶至靈州地圖險要示宰相，議戰守方略。己酉，御試制科舉人。壬子，幸開寶寺。又幸御龍營閱武藝，賜緡錢有差。

遂觀稼北郊，宴射於含芳園。丁卯，遣使巴蜀，廉察風俗、官吏能否。戊辰，社宴宰相於中書。

九月，慶州地震。李繼遷陷清遠軍。

冬十月，曹璨以蕃兵邀李繼遷輜重於唐龍鎭。己未，張斌破契丹於長城口。

十一月壬申，知階州竇玭獻白鷹，還之。王顯奏破契丹，戮二萬人，獲統軍鐵林等。癸未，京城民獲金牌，有「趙爲君萬年」字。庚寅，畋近郊。甲午，龜茲國來貢。

十二月丁未，詔蜀賊王均旣平，除追捕亡命，餘詿誤之民並釋不問。訛言動衆者有司斬以聞。丙寅，太白晝見南斗。丁卯，詔罷三路都部署兼河北轉運使。

閏月己巳，幸大相國寺。丁丑，邠寧副都部署楊瓊等七將流嶺南。戊寅，李繼遷蕃族訛遇等歸順。己卯，以兵部尚書張齊賢爲右僕射。壬午，靈州言河外砦主李瓊等以城降西夏。上念其力屈就禽，特釋其親屬。乙酉，李繼遷部族訛豬等率屬來附。庚寅，河北饑，蠲賦減役，發廩振之。

是歲，龜茲、丹眉流、宜高上溪撫水州蠻來貢。梓州水，遣使振恤。

五年春正月壬寅，李繼遷部將臥浪己等內附，給田宅。壬戌，環慶部署張凝襲諸蕃，焚族帳二百餘，斬首五千級，降九百餘人。

二月乙酉，詔邊士疾病戰沒者，多春衣聽給其家。己丑，幸上清宮。以王漢忠爲邠寧環慶路都部署。

三月丁酉，李繼遷陷靈州，知州裴濟死之。庚戌，比部員外郎洪湛削籍流儋州，工部尚書趙昌言責授安遠軍司馬，知雜御史范正辭滁州團練副使。己未，御試禮部舉人。

夏四月壬申，詔陝西民輓送緣邊芻糧者，賜租之半。壬午，命三司歲較戶口。丙戌，賜深、霸九州民租有差。癸巳，復雄州榷場。

五月庚子，減河北冗官。壬寅，知榮州褚德臻坐盜取官銀棄市。癸卯，置憲州。代州進士李光輔善擊劍，詣闕，帝曰：「若獎用之，民悉好劍矣。」遣還。甲辰，詔申明內侍養一子制。乙巳，蠲天下逋負。丙午，以王顯爲河陽三城節度使。

六月癸酉，繼遷圍麟州，曹璨請濟師，詔發幷、代、石、隰州兵援之。乙亥，以侍衞馬軍都虞候王超爲定州路駐泊行營都部署。己卯，以宣徽南院使、知樞密院事周瑩爲永清軍節度使。己酉，詔益兵八千分屯環慶、涇原。知麟州衞居實言繼遷以衆二萬來攻，城兵出擊走之，殺傷過半。是月，都城大雨，壞廬舍，民有壓死者，振恤其家。

秋七月甲午朔，日有食之。戊戌，幸啓聖院、太平興國寺、上清宮致禱，雨霽，遂幸龍衞

營視所壞垣室，勞賜有差。乙巳，召終南隱士种放。疏丁岡河。癸丑，詔許高州蠻田彥伊子承寶等入朝，賜器帛、冠帶。乙卯，募河北丁壯。壬戌，契丹大林砦使王昭敏等來降。戎人寇洪德砦，守將擊走之。癸亥，增川峽官奉錢。

八月，羣臣三表上尊號，不允。丙子，沙州曹宗壽遣使入貢，以宗壽爲歸義軍節度使。乙酉，石隰部署言河西蕃族拽浪南山等四百人來歸。

九月戊申，种放對于便殿，授左司諫、直昭文館。乙卯，賜种放第宅。

冬十月己巳，遣使齎藥賜鎭戎軍將士。戊寅，詔河西戎人歸順者，給內地閑田處之。又詔諸州長吏與佐職官同錄問大辟罪人。辛巳，涇原部署繫內屬蕃族數叛者九十一人，請誅之，詔釋其罪。丁亥，平章事向敏中罷爲戶部侍郎，右僕射張齊賢爲太常卿。庚寅，修豐州城。

十一月壬辰，詔麟州給復一年。甲午，六谷首領潘羅支等貢馬，第給其直。辛丑，享太廟。壬寅，祀天地于圜丘，大赦。丁未，白州民黃受百餘歲，賜粟帛。己酉，封子玄祐爲信國公。庚戌，呂蒙正加司空，李沆加右僕射，楚王元佐爲右羽林軍上將軍，雍王元份守太傅，兗王元傑守太保，曹國公元儼同平章事。

十二月壬午，賜京城百歲老人祝道嵒爵一級。癸未，遷麟州內屬人於樓煩。

是歲，河北、鄭曹滑州饑，振之。

校勘記

〔一〕樞密副使夏侯嶠罷爲戶部侍郎翰林侍讀學士　「翰林侍讀學士」六字疑衍。按翰林侍讀學士始置于咸平二年，見下文和本書卷一六二職官志、卷二九二本傳。

〔二〕張昭允爲都鈐轄　「都」字原脫，據下文三年正月乙酉條、本書卷二七九傅潛傳、長編卷四五補。

〔三〕大都督府　「督」字原脫，據長編卷四五補。

〔四〕以李沆爲東京留守　「東京」，原作「京東」，據長編卷四五改。

〔五〕五合川　原作「五合州」，據長編卷四五、契丹國志卷二改。

〔六〕瀘州觀察使　「瀘」，原作「廬」，據本書卷二七八雷有終傳、長編卷四六改。

〔七〕九月庚辰　「九月」二字原置下文「壬辰」前。按這年八月無庚辰，這裏的庚辰是九月六日；長編卷四七契丹諸降人授官事繫在九月庚辰，宋會要蕃夷一之二四繫在九月，「九月」二字應移在「庚辰」前。據改。

〔八〕涇原等州安撫經略使　「州」，原作「路」，據長編卷四九改。

宋史卷七

本紀第七

眞宗二

六年春二月戊寅，幸飛山雄武營，觀發機石、連弩，遂宴射潛龍園。己卯，以京東西、淮南水災，遣使振恤貧民，平決獄訟。幸北宅視德潤疾。庚辰，以西涼府六谷首領潘羅支爲朔方軍節度、靈州西面都巡檢使。甲申，封賢懿長公主爲鄭國長公主。蕃部葉市族囉埋等內附。己丑，德潤卒。庚寅，屯田員外郎盛梁坐受賕枉法，流崖州。

三月辛卯朔，欽州言交州八州使黃慶集等來歸。石、隰都巡檢使言綏州東山蕃部軍使拽臼等內屬。己酉，餞种放還山。乙卯，幸惟吉第視疾。戊午，幸元份宮視疾。

四月，李繼遷寇洪德砦，蕃官慶香、咓䟽慶等擊走之。以慶香等領刺史。契丹來侵，戰望都縣，副都部署王繼忠陷於敵，發河東廣銳兵赴援。辛巳，信國公玄祐薨。

五月甲午，太白晝見。辛亥，錄望都戰沒將士子孫。癸丑，鎭州副都部署李福坐望都之戰臨陣退衂，削籍流封州。京城疫，分遣內臣賜藥。

六月丁卯，詔命官流竄沒嶺南者，給緡錢歸葬。豐州瓦窰沒劑、如羅、昧克等族以兵濟河擊李繼遷，敗之。丁丑，隴山西首領禿逋等貢馬，願附大兵擊賊。丁亥，寇準爲三司使。復鹽鐵、度支、戶部副使。

秋七月癸丑，兗王元傑薨。

八月庚午，太白晝見。辛未，原、渭等州言西蕃八部二十五族納質來歸。丙子，詔：環慶秋田經寇踐傷者，頃賜粟十五斛；民被掠者口賜米一斛。蠲棣州民租十之三。

九月己丑，蒲端國獻紅鸚鵡。丙申，出內府緡帛，市穀實邊。甲辰，以呂蒙正爲太子太師、萊國公。

十月丁丑，狐出皇城角樓，獲之。戊寅，給軍中傳信牌。

十一月癸巳，慮囚，雜犯死罪以下遞減一等，杖釋之。苦寒，令諸路休役兵。己亥，閱捧日軍士教三陣于崇政殿。壬寅，幸大相國寺。庚戌，雨木冰。甲寅，有星孛于井、鬼。

十二月庚申，遣使西北，勞賜將士。甲子，詔求直言。西面部署言李繼遷攻西涼，知府丁維清沒焉。庚午，以李繼隆爲山南東道節度使。甲戌，萬安太后不豫，詔求良醫。戊寅，赦天下，死罪減一等，流以下釋之。

是歲，西涼府䀨龍野馬族、三佛齊、大食國來貢。河北、興元府、遂郢州大熟。

景德元年春正月丙戌朔，大赦，改元。丁亥，麟府路言契丹言泥族拔黃三百餘帳內屬。癸巳，幸天駟監，賜從官馬。丙申，京師地震。辛丑，詔：民間天象器物讖候禁書，並納所司焚之，匿不言者死。石、隰州言河西蕃部四十五族首領率屬內附。京師地再震。乙巳，廢高州。丁未，京師地復震。壬子，開定州河通漕。

二月，環慶部署言西涼府潘羅支集六谷蕃部合擊李繼遷敗之，繼遷中流矢死。羅支使來獻捷。戊寅，太常卿張齊賢爲兵部尙書。冀、益、黎、雅州地震。

三月，威虜軍守將破契丹於長城口，追北過陽山，斬獲甚衆。柳谷川蕃部入寇，麟府擊敗之，擒千餘人。己亥，皇太后崩。辛丑，羣臣三上表請聽政，不允。乙巳，李沆等詣宮門，見帝毀瘠過甚，退上五表求見，言西北軍事方殷，力請聽政，從之。麟府路言敗西人於神堆，破其砦柵。己酉，帝始於崇政殿西廡衰服慟哭見羣臣。

夏四月甲寅，上大行皇太后謚曰明德。羣臣三請御正殿，從之。丙辰，邢州地震不止。以溪蠻寧息，民多復業，蠲澧州石門縣租二年。丁卯，以隆暑，休北邊役兵。瀛州地震。

五月甲申，邢州地連震不止，賜民租之半。蒲端國遣使來貢。丁巳，詔：諸路轉運使代還日，在任興除利害、升黜能否，凡所經畫事悉條上以聞。

六月己未，幸北宅視德欽疾。洪德砦言繼遷部將都尾等率屬歸附。甲子，詔罷川峽、閩、廣州軍貢承天節，自今三千里外者罷之。鎭戎軍言敗戎人於石門川。庚午，德欽卒。洪德砦言蕃部羅泥天王本族諸首領各率屬歸附。趙保忠卒。壬午，暑甚，罷京城工役，遣使賜暍者藥。

秋七月癸未，班用兵誅賞格。丙戌，李沆薨。庚寅，以翰林侍讀學士畢士安爲吏部侍郎、參知政事〔一〕。庚子，益都民李仁美、國凝母皆百餘歲，詔賜粟帛。

八月，涇原部署言擊萬子軍主族帳，斬首二百餘級。己未，以畢士安、寇準並平章事，宣徽南院使王繼英爲樞密使，同知樞密院事馮拯、陳堯叟並簽署樞密院事。壬申，詔常參官二人共舉州縣官可任幕職者一人。丙子，以保平軍節度石保吉爲武寧軍節度、同平章事。庚辰，遣使廣南東、西路疏決繫囚，犒勞軍校父老，訪民間便宜。

九月癸未，罷北面齎御劍內臣，以劍屬主將。丙戌，令諸路轉運使考察官吏能否。己丑，詔翰林學士承旨宋白等舉文武官可任藩郡者各一人。丁酉，召宰相議親征。契丹耶律㫖欲來降。宋州汴水決。乙巳，置祁州。河決澶州，遣使具舟濟民，給以糧餉。

中華書局

閏月乙卯，詔河北吏民殺契丹者，所至援之，仍頒賞格。壬申，江南旱，遣使決獄，訪民疾苦，祠境內山川。癸酉，明德皇太后殯沙臺。北平砦、威虜軍合兵大破契丹。乙亥，參知政事王欽若判天雄軍府兼都部署。契丹統軍撻覽率衆攻威虜、順安軍，三路都部署擊敗之，斬偏將，獲其輜重。又攻北平砦及保州，復爲州、砦兵所敗。撻覽與契丹主及其母幷衆攻定州，宋兵拒於唐河，擊其游騎。契丹駐陽城淀，因王繼忠致書于莫州石普〔二〕以講和。丙子，以天雄軍都部署周瑩爲駕前貝冀路都部署，侍衞馬軍都指揮使葛霸爲駕前邢洺路都部署。己卯，高繼勳〔三〕率兵擊敗契丹數萬騎於岢嵐軍。

冬十月壬午，詔修葺歷代聖賢陵墓。癸未，麟府路率部兵入朔州，破大狼水砦。乙酉，令漕運所經州軍長吏兼漕運事。戊子，祔明德皇后于太廟。庚寅，命張齊賢兼青、淄、濰安撫使，丁謂兼鄆、齊、濮安撫使。癸巳，幸故鄭國長公主第。乙未，詔王超等率兵赴行在。丁酉，詔魏能、張凝、田敏屯定州。癸卯，以斷鐸督爲朔方軍節度、靈州西面巡檢、西涼府六谷大首領。保莫州、威虜岢嵐軍及北平砦皆擊敗契丹。既而王繼忠上言契丹請和，命閤門祇候曹利用往答之。丁未，以雍王元份爲東京留守。己酉，置龍圖閣待制。

十一月辛亥，太白晝見。乙卯，遣使撫河北。契丹攻瀛州，知州李延渥率兵敗之，殺傷十餘萬衆，遁去。官吏進秩、賜物有差。己未，遣使安撫河東諸州。契丹逼冀州，知州王嶼

擊走之。甲子，校獵近郊。丙寅，遣使安集河北流民。戊辰，以山南東道節度、同平章事李繼隆〔四〕爲駕前東面排陣使，武寧軍節度、同平章事石保吉爲駕前西面排陣使。石州地震。庚午，車駕北巡。司天言：日抱珥，黃氣充塞，宜不戰而却。癸酉，駐蹕韋城縣。甲戌，寒甚，左右進貂帽毳裘，却之曰：「臣下皆苦寒，朕安用此。」王繼忠數馳奏請和，帝謂宰相曰：「繼忠言契丹請和，雖許之，然河冰已合，且其情多詐，不可不爲之備。」契丹兵至澶州北，直犯前軍西陣，其大帥撻覽耀兵出陣，俄中伏弩死。丙子，帝次澶州。渡河，幸北砦，御城北樓，召諸將撫慰。鄆州得契丹諜者，斬之。戊寅，曹利用使契丹還。

十二月庚辰朔，日有食之。契丹使韓杞來講和。辛巳，遣使安撫河北、京東。壬午，幸城南臨河亭，賜擊凌軍綿襦。癸未，幸北砦，又幸李繼隆營，命從官將校飲，犒賜諸軍有差。詔諭兩京以將班師。甲申，契丹使姚東之來獻御衣食物。乙酉，御行營南樓觀河，遂宴從官及契丹使。丙戌，遣使撫諭懷、孟、澤、潞、鄭、滑等州，放強壯歸農。遣監西京左藏庫李繼昌使契丹定和，戒諸將勿出兵邀其歸路。丁亥，遣使安集河北流民，瘞暴骸。以閤門祇候曹利用爲東上閤門使、忠州刺史。戊子，幸北砦勞軍，召李繼隆、石保吉宴射行宮西亭。壬辰，赦河北諸州死罪以下，民經蹂踐者給復二年，死事官吏追錄子孫。癸巳，雍王元份疾，命參知政事王旦權東京留守。甲午，車駕發澶州，大寒，賜道傍貧民襦袴。乙未，契丹使丁振以誓書來。丁酉，契丹兵出塞。戊戌，至自澶州。己亥，幸雍王元份宮視疾。辛丑，錄契丹誓書頒河北、河東諸州。癸卯，遣使撫問河北東、西路官吏將卒，訪察功狀。甲辰，改威虜諸軍名。戊申，詔恤河北傷殘。

是歲，交州、西涼府、西高豐甘沙州、占城大食蒲端龜茲國來貢。江南東、西路饑，陝、濱、棣州蝗害稼，命使振之。

二年春正月庚戌朔，以契丹講和，大赦天下，非故鬬殺、放火、強盜、僞造符印、犯贓官典、十惡至死者，悉除之。壬子，放河北諸州強壯歸農，令有司市耕牛給之。癸丑，罷諸路行營，合鎭、定兩路都部署爲一。乙卯，罷北面部署、鈐轄、都監、使臣二百九十餘員。振河北饑。遣監察御史朱搏赴德清軍收瘞戰沒遺骸，致祭。罷江、淮、荆、浙增榷酤錢。丙辰，幸雍王元份宮視疾。甲子，詔淮南以上供軍儲振饑民。戊辰，以天平軍節度使王超爲崇信軍節度。省河北戍兵十之五，緣邊三之一。所在量軍儲饋給，勿調民飛輓。癸酉，幸李繼隆第視疾。京西民轉送軍儲者賜租十二。丁丑，詔河北轉運使察官屬不任職者以名聞。戊寅，取淮、楚間踏犂式頒之河朔。

二月嘉、邛州鑄大鐵錢。置霸州、安肅軍榷場。癸未，李繼隆卒。甲申，定入粟實邊授

官等級。乙酉，遣使安撫交州。甲午，詔緣邊得契丹馬牛，悉縱還之；沒蕃漢口歸業者，給資糧。弛邊民鐵禁。環州言戎人入寇，擊走之，俘其軍主。癸卯，遣太子中允孫僅等使契丹。丁未，呂蒙正對便殿。

三月甲寅，御試禮部貢舉人。戊午，鄜州防禦使魏能坐歸師不整，責授右羽林將軍。庚申，禁邊民入外境掠奪。

夏四月，賜進士李迪等瓊林宴。丁酉，樞密直學士劉師道責授忠武軍行軍司馬，右正言知制誥陳堯咨單州團練使，俱坐考試不公。己亥，葺河北城池。癸卯，置資政殿學士，以王欽若爲之。馮拯爲參知政事。甲辰，以寧國軍留後、駙馬都尉吳元扆爲武勝軍節度。戎人寇環州，擊敗之，執其酋慶彭，請戮之，詔釋其罪，配淮南。

五月戊申，幸國子監。丁巳，司天少監史序上乾坤寶典〔五〕。己未，幸元份宮視疾。庚申，御試河北舉人。丁卯，宴近臣于資政殿。餞种放游嵩山。癸酉，詔天下榷利勿增羨爲額。

六月丁丑，詔勸學。幸諸王宮。己卯，命法直官用士人。己丑，曹州民趙諫、趙諤以恐喝贓鉅萬伏誅。辛卯，以趙德明歸款，諭河西諸蕃各守疆界。高瓊求板本經史，詔給之。

秋七月庚戌，劉賀進兵要論，召試中書。甲子，詔復賢良方正能直言極諫等六科。

八月戊寅，雍王元份薨。丙戌，有司上新定權衡法。遣內臣奉安太祖聖容於揚州建隆寺。丁亥，翰林學士晁迥先爲鄆王元份留守官屬，坐輔導無狀，責授右司郎中。辛丑，幸南宮及恭孝太子宮。有星孛于紫微。

九月丁未，以向敏中爲鄜延路都部署。庚戌，淮南旱，詔轉運使疏理繫囚。癸亥，三司上新編敕。羣臣三表上尊號，不允。庚午，幸興國寺傳法院觀新譯經。辛未，命近臣慮開封府繫囚。壬申，詔：荊湖溪峒民爲蠻人所掠而歸者，勿限年月，給還舊產。

冬十月庚辰，丁謂上景德農田編敕。乙酉，畢士安薨。丙戌，遣職方郎中韓國華等使契丹。

十一月戊申，詔翰林侍講學士邢昺等舉堪爲學官者十人。丙辰，享太廟。丁巳，祀天地于圜丘，大赦。庚申，大宴含光殿。癸亥，寇準加中書侍郎兼工部尚書，楚王元佐爲右衞上將軍，彭城郡王元偓進封寧王，安定郡王元偁進封舒王，曹國公元儼進封廣陵郡王，安定郡公惟吉加同平章事。癸酉，契丹使來賀承天節。

十二月辛巳，置資政殿大學士，以王欽若爲之。癸未，以高瓊爲忠武軍節度，葛霸爲昭德軍節度。對京畿父老於長春殿，賜帛有差。契丹遣使賀明年正旦。

是歲，夏州、西涼府、邛部川蠻來貢。淮南、兩浙、荊湖北路饑，京東蝻生，閩颶虱不害

稼，遣使分振。

三年春正月丁巳，親釋逋負繫囚。振畿縣貧民，收瘞遺骸。丁卯，詔緣邊歸業民給復三年。辛未，置常平倉。

二月甲戌，幸北宅省德恭疾。乙亥，詔京東西、淮南、河北振乏食客戶。己卯，謁明德皇后攢宮，賜守奉人緡帛。甲申，禁民開近陵域地。以宋州爲應天府。丁亥，王繼英卒。戊戌，以中書侍郎、兼工部尚書、平章事寇準爲刑部尚書，左丞、參知政事王旦爲工部尚書、平章事。己亥，王欽若、陳堯叟並知樞密院事。翰林學士趙安仁參知政事。樞密都承旨韓崇訓、馬知節並簽署樞密院事。

三月乙巳，客星出東南。辛亥，免隨州光化民貸糧。己未，詔儆諫臣悉心獻替。

夏四月癸酉，幸秦國長公主第。丙子，幸開寶寺，遂幸御龍直班院，觀教閱弓刀。又幸左騏驥院，賜從官馬、羣牧使等器幣。還幸崇文院觀圖籍，賜編修官金帛有差。己卯，置清平、宣化二軍。乙酉，置河北緣邊安撫使副、都監于雄州。壬辰，命使巡撫益、利、梓、夔、福建諸路，決獄及犒設將吏、父老。乙未，种放賜告歸終南山。己亥，遣使巡撫江、浙路。

五月壬寅，日當食不虧。周伯星見。辛亥，置京東五路巡檢。丁巳，幸北宅視德恭疾。

己未，德恭卒。西涼府廝鐸督部落多疾，賜以藥物。渭州妙娥族三千餘帳內附。復置高州。

六月丙子，羣臣固請聽樂，從之。詔三班考較使臣以七年爲限。知廣州凌策請發兵定交阯亂，帝以黎桓素修職貢，不欲伐喪，命邊前詔安撫。戊寅，罷兩川稅課金二分。乙未，汴水暴漲，賜役兵錢。丙申，遣使振應天府水災及瘞溺死者。

秋七月壬寅，減鄜延戍兵。乙巳，太白晝見。庚戌，詔渭州、鎭戎軍收獲蕃部牛送給內地耕民。壬子，賜廣南聖惠方，歲給錢五萬，市藥療病者。邵曄上邕州至交阯水陸路及控制宜州山川等圖，帝曰：「祖宗闢土廣大，唯當愼守，不必貪無用地，苦勞兵力。」甲子，大宴含光殿，始用樂。丙寅，大風，遣中使視稼。

八月甲戌，閱太常新集雅樂。丁丑，幸寶相院。戊寅，詔川峽戍兵二年者代之。庚辰，工部侍郎董儼坐躁競傾狡，責授山南東道行軍司馬。

九月甲寅，宴射含芳園。丙辰，御試賢良方正直言極諫科。壬戌，幸元偓宮視疾。甲子，置諸陵齋宮。乙丑，放西州納質人。夏州趙德明奉表歸款。

冬十月庚午，以趙德明爲定難軍節度兼侍中，封西平王。甲午，兩浙轉運使姚鉉坐不法除名，爲連州文學。丁酉，葬明德皇后。

十一月壬寅，周伯星再見。

十二月癸酉，太白晝見。戊寅，高瓊卒。乙酉，狩近郊，以親獲兔付有司薦廟。戊子，詔牛羊司畜有孳乳者放牧勿殺。辛卯，朝陵，緣路禁樂。壬辰，幸秦國長公主第，又幸北宅視德鈞疾。

是歲，西涼府龕谷十族、高溪州、風琶溪洞諸蠻酋來貢。京東西、河北、陝西饑，振之。博州蝝，不爲災。

四年春正月己亥朔，御朝元殿受朝。詔：京畿繫囚流以下減一等。甲辰，以陳堯叟爲東京留守。德鈞卒。乙巳，契丹使辭歸國。以丁謂爲隨駕三司使。己未，車駕發京師。庚申，次中牟縣，除逋負，釋繫囚，賜父老衣幣，所過如之。壬顥卒。丙寅，次永安鎭。丁卯，帝素服詣諸陵。減西京及諸路繫囚罪，如己亥詔。置永安縣及三陵副使都監。

二月己巳，幸西京，經漢將軍紀信冢、司徒魯恭廟，贈信太尉、恭太師。命吏部尚書張齊賢祭周六廟。詔從官先塋在洛者賜告祭拜。癸酉，詔西京建太祖神御殿。置國子監、武成王廟。甲戌，幸上清宮。詔賜酺三日。辛巳，錄唐白居易孫利用爲河南府助教。壬午，幸呂蒙正第。甲申，御五鳳樓觀酺，召父老五百人，賜飲樓下。丁亥，幸元偓宮。戊子，葺

中華書局

周六廟。加號列子。增封唐孝子潘良瑗及其子季通墓，仍禁樵採。庚寅，詔河南府置五代漢高祖廟。辛卯，車駕發西京。甲午，次鄭州，遣使祀中嶽及周嵩、懿二陵。丁酉，賜隱士楊璞繒帛。

三月己亥，至自西京。甲辰，謁啓聖院太宗神御殿。癸丑，趙德明遣使來謝廩給，因貢駝馬，優賜答之。丁巳，詔天下收瘞遺骸，致祭。庚申，蠲河南府倉庫吏逋負芻糧緡帛四十五萬。

夏四月癸酉，詔嶺南官除赴以時，以避炎瘴。辛巳，皇后郭氏崩。甲午，詔榷酤不得增課。

五月丙申朔，日有食之。辛亥，有司上大行皇后謚曰莊穆。減幷、代戍兵屯河東，以省饋運。戊午，幸元偁宮視疾。兗州增二千戶守孔子墳。

閏月戊辰，減劍、隴等三十九州軍歲貢物，夔、賀等二十七州軍悉罷之。己巳，幸秦國長公主第省疾。壬申，御試制科舉人。丙戌，詔張齊賢等各舉供奉官、侍禁、殿直有謀略武幹知邊事者二人。癸巳，詔：開封府斷獄，雖被旨仍覆奏。

六月，盛暑，減京城役工日課之半。丁未，令翰林講讀、樞密直學士各舉常參官一人充御史。司天監言五星聚而伏於鶉火。乙卯，葬莊穆皇后。

秋七月丁卯，莊穆皇后祔別廟。庚午，置籤臺令〔六〕。壬申，增置開封府判官、推官各一員。甲戌，宜州兵亂，軍校陳進殺知州劉永規等，劫判官盧成均爲首。詔閤門使曹利用等討之。乙亥，交州來貢，賜黎龍廷九經及佛氏書。辛巳，以龍廷爲靜海軍節度、交阯郡王，賜名至忠。癸巳，復置諸路提點刑獄。

八月壬寅，幸大相國寺，遂幸崇文院觀書，賜修書官器幣。又幸內藏庫。丁未，中書門下言莊穆皇后祥除已久，秋宴請舉樂，不允。己酉，頒宜州立功將士賞格。益州地震。辛亥，賜文宣王四十六世孫聖佑同學究出身。壬子，邢昺加工部尚書。中書門下再表請秋宴聽樂，又不允。丙辰，涇原路言瓦亭砦地震。丁巳，詔王旦、楊億等修太祖、太宗史。置龍圖閣直學士，以右諫議大夫杜鎬爲之。丁謂上景德會計錄。

九月己巳，賜交阯郡王印及安南旌節。壬申，賜畿縣聖惠方。丁亥，幸舒王宮視疾。辛卯，賜監修國史王旦宴。壬辰，日上有五色雲。

冬十月甲午朔，日當食，雲陰不見。曹利用破賊於象州，擒盧成均，斬陳進。優賜將士，利用等進秩賜物有差。乙巳，頒考試進士新格。祠祭置監祭使二員，以御史充。詔翰林學士晁迥等舉常參官可知大藩者二人。丁未，升象州爲防禦。甲寅，詔：「宜柳象州、懷遠軍死罪以下，非十惡、謀故鬭殺、官吏犯枉法贓者，並原之。廣南東、西路雜犯死罪以下遞減一等，脅從受署者勿理。蠲宜柳象州、懷遠軍丁錢及夏秋租，桂、昭州秋租。」乙卯，毁諸道官司非法訊囚之具。

十一月戊辰，日南至，御朝元殿受朝。曹利用等言招安賊黨，其饋賊食物者，請追捕減死論，詔釋不問。

十二月己亥，賜近臣、契丹錦綺綾縠等物。癸卯，廢兗州鐵冶。己未，甘州僧翟大秦等獻馬，給其直。

是歲，河西六谷、夏州、沙州、大食、占城、蒲端國、西南蕃溪峒蠻來貢。雄州、安肅、廣信饑。宛丘、東阿、須城縣蝗，不爲災。諸路豐稔，淮、蔡間麥斗十錢，粳米斛二百。

大中祥符元年春正月乙丑，有黄帛曳左承天門南鴟尾上，守門卒塗榮告，有司以聞。上召羣臣拜迎于朝元殿啓封，號稱天書。丁卯，紫雲見，如龍鳳覆宮殿。戊辰，大赦，改元，羣臣加恩，賜京師酺。幽州旱，求市麥種；夏州饑，請易粟：並許之。己巳，詔：黎、雅、維、茂四州官以瘴地二年一代。甲戌，大雪，停汴口、蔡河夫役。戊寅，蠲畿內貸糧。己卯，詔以天書之應，申儆在位。乙酉，制加交阯郡王黎至忠功臣食邑。

二月壬辰，御乾元門觀酺，賜父老千五百人衣服、茶綵。丁酉，分遣中使六人錫邊臣宴。丙午，申明非命服勿服銷金，及不許以金銀爲箔之制。

三月甲戌，兗州父老千二百人詣闕請封禪；丁卯，兗州幷諸路進士等八百四十人詣闕請封禪；壬午，文武官、將校、蠻夷、耆壽、僧道二萬四千三百七十餘人詣闕請封禪：不允。自是表凡五上。

夏四月甲午，詔以十月有事于泰山，遣官告天地、宗廟、嶽瀆諸祠。乙未，以知樞密院事王欽若、參知政事趙安仁爲泰山封禪經度制置使。丙申，以王旦爲封禪大禮使，馮拯、陳堯叟分掌禮儀使。庚子，幸元偁宮視疾。壬寅，御試禮部貢舉人。丙午，作昭應宮。戊申，幸秦國長公主第省疾。又幸晉國、魯國長公主第，並賜白金千兩，綵二千匹。曹濟州、廣濟軍耆老二千二百人詣闕請臨幸。

五月壬戌，王欽若言泰山醴泉出，錫山蒼龍見。丙子，詔瘞汴、蔡、廣濟河流尸暴骸，仍致祭。丁丑，幸南宮視惟能疾。壬午，詔緣路行宮舊屋止加塗塈，毋別創。癸未，置天書儀衞使副、扶侍使都監、夾侍，凡有大禮卽命之。詔離京至封禪以前不舉樂，所經州縣勿以聲伎來迓。甲申，放後宮一百二十人。戊子，詔：除乘輿供帳，存於禮文者如舊，自今宮禁中外進奉物，勿以銷金文繡爲飾。

六月乙未，天書再降于泰山醴泉北。丁酉，詔宮苑皇親臣庶第宅飾以五綵，及用羅製幡勝、繒帛爲假花者，並禁之。壬寅，迎泰山天書於含芳園，雲五色見，俄黃氣如鳳駐殿上。庚戌，曲赦兗州繫囚流罪以下。辛亥，羣臣表上尊號曰崇文廣武儀天尊道寶應章感聖明仁孝皇帝。

秋七月庚申，太白晝見。丙寅，詔：諸州市上供物，非土地所宜者罷之。

八月己丑，上太祖尊謚曰啓運立極英武聖文神德玄功大孝皇帝，太宗曰至仁應道神功聖德文武大明廣孝皇帝。庚寅，詔東封道路軍馬毋犯民稼，開封府毋治道役民。庚子，置河東緣邊安撫司。乙巳，黔州言磨嵯、洛浦蠻首領龔行滿等率族二千三百人內附。己酉，王欽若獻芝草八千餘本。

九月戊午，令有司勿奏大辟案。岳州進三脊茅。庚申，以向敏中權東京留守。甲子，奉天書告太廟，悉陳諸州所上芝草、嘉禾、瑞木於仗內。戊辰，幸元偓宮視疾。壬申，知晉州齊化基坐貪暴削籍，流崖州。乙亥，幸潛龍園宴射。丁丑，幸惟吉宮視疾。戊寅，西京諸州民以車駕東巡貢獻，召對勞賜之。己卯，以馬知節爲行宮都部署〔七〕。庚辰，趙安仁獻五色金玉丹、紫芝八千七百餘本。乙酉，親習封禪儀于崇德殿。

冬十月戊子，上御蔬食。庚寅，以巡幸置考制度使、副，凡巡幸則命之。是夕，五星順行同色。辛卯，車駕發京師，扶侍使奉天書先道。丙申，次澶州，宴周瑩于行宮。戊戌，許、

鄆、齊等州長吏赴泰山陪位。辛丑，駐蹕鄆州，神光起昊天玉册上。甲辰，詔扈從人毋壞民舍、什器、樹木。丁未，法駕入乾封縣〔八〕奉高宮。戊申，王欽若等獻泰山芝草三萬八千餘本。己酉，五色雲起嶽頂。庚戌，法駕臨山門，黃雲覆輦，道經險峻，降輦步進。先夕大風，至是頓息。辛亥，享昊天上帝於圜臺，陳天書於左，以太祖、太宗配。帝衮冕奠獻，慶雲繞壇，月有黃光；命羣臣享五方帝諸神於山下封祀壇，上下傳呼萬歲，振動山谷。降谷口，日有冠戴，黃氣紛郁。壬子，禪社首，如封祀儀。紫氣下覆，黃光如星繞天書匣。縱四方所獻珍禽奇獸。還奉高宮，日重輪，五色雲見。作會眞宮。癸丑，御朝覲壇之壽昌殿，受羣臣朝賀。大赦天下，常赦所不原者咸赦除之。文武並進秩。賜致仕官本品全奉一季，京朝官衣緋綠十五年者改賜服色。令開封府及所過州軍考送服勤詞學、經明行修舉人，其懷材抱器淪於下位，及高年不仕德行可稱者，所在以聞。三班使臣經五年者與考課。兩浙錢氏、泉州陳氏近親，蜀孟氏、湖南馬氏、荆南高氏、廣南河東劉氏子孫未食祿者，聽敍用。賜天下酺三日。改乾封縣爲奉符縣。泰山七里內禁樵採。大宴穆清殿。又宴近臣、泰山父老於殿門，賜父老時服、茶帛。甲寅，復常膳。次太平驛，賜從官辟寒丸、花茸袍。丙辰，次兗州，以州爲大都督府。

十一月戊午，幸曲阜縣，謁文宣王廟，韡袍再拜。幸叔梁紇堂。近臣分奠七十二弟子。遂幸孔林，加謚孔子曰玄聖文宣王，遣官祭以太牢，給近便十戶奉塋廟，賜其家錢三十萬，帛三百匹。以四十六世孫聖佑爲奉禮郎，近屬授官、賜出身者六人。追謚齊太公曰昭烈武成王，令青州立廟；周文公曰文憲王，曲阜縣立廟。辛酉，賜諸蕃使袍笏。壬戌，次中都縣〔九〕，幸廣相寺。癸亥，次鄆州，幸開元寺。丁卯，賜曲阜孔子廟經史。辛未，幸河瀆廟，加封。癸酉，曲宴永清軍節度使周瑩，賜兵士緡錢。丁丑，帝至自泰山，奉天書還宮。壬午，詔以正月三日爲天慶節。甲申，命王旦奉上太祖、太宗謚册，親享太廟。乙酉，大宴含光殿。

十二月辛卯，御乾元殿受尊號。庚子，葛霸卒。辛丑，王旦加中書侍郎兼刑部尚書；楚王元佐加太傅；寧王元偓爲護國軍節度〔一〇〕，舒王元偁爲平江、鎭江軍節度，並兼侍中；廣陵郡王元儼進封榮王；安定郡公惟吉爲威德軍節度，餘進秩有差。癸卯，幸上清宮、景德開寶寺。王欽若加禮部尚書。甲辰，張齊賢爲右僕射，溫仲舒、寇準並爲戶部尚書，王化基、邢昺、郭贄並爲禮部尚書。詔：天下宮觀陵廟，名在地志，功及生民者，並加崇飾。戊申，以德雍、德文、德存、惟正、惟忠、惟敍、惟和、惟憲並領諸州刺史，允升、允言、允成、允寧、允中並爲各衞將軍。庚戌，幸元偁宮視疾。又幸元偓宮。辛亥，交阯郡王黎至忠加同平章事。壬子，幸元偁宮。契丹使上將軍蕭智可等來賀。

是歲，西涼府、甘州、三佛齊、大食國、西南蕃等來賀封禪。諸路言歲稔，米斗七八錢。

二年春正月癸亥，以封禪慶成，賜宗室、輔臣襲衣、金帶、器幣。乙丑，置內殿承制。戊辰，詔：「誘人子弟析家產，或潛舉息錢，輒壞墳域者，令所在擒捕流配。」庚午，詔：「讀非聖之書及屬辭浮靡者，皆嚴譴之。已鏤板文集，令轉運司擇官看詳，可者錄奏。」乙酉，以陝西民饑，遣使巡撫。

二月己丑，改定入內內侍省內侍名職。壬辰，詔立曲阜縣孔子廟學舍。乙未，賜撫州高年黃泰粟帛。甲辰，蠲同、華民租。乙巳，幸大相國等寺、上清宮祈雨。戊申，遣使祠太一，祀玄冥。己酉，雨。癸丑，禁毀金寶塑浮屠像。甲寅，以丁謂爲三司使。

三月丙辰，日當食，陰晦不見。辛未，賜京城酺。己卯，左屯衞將軍允言坐稱疾不朝，降太子左衞率。

夏四月戊子，昇州火，遣御史訪民疾苦，蠲被火屋稅。己丑，錢种放還山。乙未，河北旱，遣使祠北岳。己亥，以丁謂爲修昭應宮使。壬寅，詔禁中外羣臣非休暇無得羣飲廢職。丙午，試服勤詞學、經明行修國監生。丁未，振陝西民饑。

五月乙卯，追封孔子弟子七十二人。罷韶州獻頻婆菓。丁卯，遣使陝西決獄，流罪以下減一等，死罪情可憫者上請。庚辰，陝西旱，遣使禱太平宮、后土、西嶽、河瀆諸祠。代州地震。

六月乙酉，頒幕職、州縣官招集戶口賞條。甲午，幸昭應宮，賜修宮使器幣。辛卯，保州增屯田務兵三百人。戊戌，麟府言社慶族依唐龍鎭爲援，數擾別部，請出兵襲之。帝曰：「均吾民也。」不許。壬寅，詔量留五坊鷹鶻，備諸王從時展禮，餘悉縱之。罷邕、宜州歲貢藥箭。庚戌，御試東封路服勤詞學、經明行修貢舉梁固等九十二人。

秋七月甲寅，詔張齊賢等各舉才堪御史者一人。丁巳，置糾察在京刑獄司。辛酉，復以萬安宮爲滋福殿。己巳，幸惟吉宮視疾。辛未，以昭應宮爲玉淸昭應宮。乙亥，蠲京東徐、濟七州水災田租。戊寅，詔孔子廟配享魯史左丘明等十九人加封爵。庚辰，蠲天下封禪赦前逋負千二百六十六萬緡。

八月丙戌，京東惠民河溢，居民避水所過津渡，戒有司勿算。甲辰，西南蕃龍漢璓來貢，賀東封，加漢璓寧德大將軍。

九月戊午，賜秦州被水民粟人一斛。壬戌，合鎭、定部署爲一。甲子，浚汴口。命工部侍郎馮起爲契丹國信使。乙丑，幸潛龍園宴射。甲戌，遣使賜戎、瀘軍民辟瘴藥。乙亥，無

爲軍言大風拔木，壞城門、營壘、民舍，壓溺者千餘人。詔內臣恤視，蠲來年租，收瘞死者，家賜米一斛。丁丑，發官廩振鳳州水災。

冬十月癸未，優賞寧朔軍士。戊子，詔江、浙運粮兵卒經冬停役兩月。甲午，詔天下置天慶觀。甲辰，兗州霖雨害稼，振恤其民。

十一月丙辰，作文武七條戒官吏。甲子，詔：諸路官吏蠹政害民，轉運使、提點刑獄官不舉察者坐之。癸酉，蕃部阿黎等來朝貢，授阿黎懷化司戈。

十二月辛巳，詔：晉國大長公主喪，罷承天節上壽及明年元旦朝會。交州黎至忠貢馴犀。乙未，幸惟吉宮視疾。辛丑，丁謂上封禪朝覲祥瑞圖，劉承珪上天書儀仗圖。甲辰，幸惟吉宮視疾。契丹國母蕭氏卒，輟視朝。雄州蟲食苗即死，遣使振恤。是歲，于闐、西涼府、西南蕃羅崀州蠻來貢。

三年春正月丁巳，賜建安軍父老江禹錫粟帛。

二月乙酉，丁謂請承天節禁屠宰刑罰，從之。癸巳，交州黎至忠卒，大校李公蘊自稱留後。己亥，禁方春射獵，每歲春夏所在長吏申明之。辛丑，以張齊賢判河陽。

閏月辛亥，帝御文德殿，羣臣入閤。甲寅，冬官正韓顯符上新造銅候儀。乙卯，詔轉運司貸恤黎州夷人。丁卯，幸開封府射堂宴射，賜開封府將吏器幣。戊辰，詔：「東京畿內死罪以下遞減一等。將吏逮事太宗藩府者並賜予。赤縣父老本府宴犒，年九十者授攝官，賜粟帛終身；八十者爵一級。」甲戌，以射堂爲繼照堂。丁丑，召宰臣於宜聖殿，謁太宗聖容、玉皇像。戊寅，幸韓國長公主第視疾。

三月壬辰，以權靜海軍留後李公蘊爲靜海軍節度，封交阯郡王，賜衣帶器幣。丙申，幸石保吉第視疾。辛丑，詔戎、瀘州給復一年，艱食者振之。

夏四月辛亥，左屯衞將軍允言坐狂率責授太子左衞副率。壬子，石保吉卒。乙卯，陝西民疫，遣使齎藥賜之。丁巳，詔中書以五月一日進中外文武升朝官及奉使歲舉官名籍。辛酉，賜泰山隱士秦辨號貞素先生，放還山。甲子，契丹國母葬，廢朝，禁邊城樂。甲戌，加王旦兵部尚書，知樞密院事王欽若戶部尚書，陳堯叟工部尚書。

五月己卯，幸惟吉宮視疾。壬午，以西涼府覓諾族瘴疫，賜藥。丙戌，惟吉卒。辛丑，京師大雨，平地數尺，壞廬舍，民有壓死者，賜布帛。

六月庚戌，邊臣言契丹饑，來市糴，詔雄州糴粟二萬石振之。河中府父老千餘人請祀后土，不許。丙辰，頒天下釋奠先聖廟儀并祭器圖。詔：前歲陝西民飢，有鬻子者，官爲購贖還其家。壬戌，幸邢昺第視疾，賜金帛。乙丑，幸元偓宮視疾。

秋七月丙申，温仲舒卒。己亥，以右丞向敏中爲工部尚書、資政殿大學士。置龍圖閣學士，以直學士杜鎬爲之。詔南宮北宅大將軍以下，各勤講肄，諸子十歲以上並受經學書，勿令廢惰。辛丑，文武官、將校等三上表請祠汾陰后土。

八月丁未朔，詔：明年春有事于汾陰，州府長吏勿以修貢助祭煩民。戊申，陳堯叟爲祀汾陰經度制置使。己酉，王旦爲祀汾陰大禮使，王欽若爲禮儀使。庚戌，詔汾陰路禁弋獵，不得侵占民田，如東封之制。辛亥，以江南旱，詔轉運使決獄。壬子，幸元偓宮視疾。昇、洪、潤州屢火，遣使存撫，祠境內山川。戊午，賜占城國主馬及器甲。庚申，幸天駟監，賜從官馬。解州池鹽不種自生。辛酉，給鄆州牧馬草地還民。甲子，罷江、淮和糴，所在繫囚遞減一等，盜穀食者量行論決。丁卯，羣臣五表上尊號，不許。戊辰，詔昇、洪、揚、廬州長吏兼安撫使。甲戌，以澄州團練使朱能爲左龍武軍大將軍。乙亥，河中府父老千七百人來迎，上勞問之，賜以緡帛。

九月癸未，賜錢三十萬給故盧多遜子葬其父母。丁亥，作宗室座右銘賜諸王。華州言父老二千餘人請幸西嶽。癸巳，杖殺入內高品江守恩於鄭州，知州俞獻卿坐論救削一任。乙未，幸崇眞資聖院視吳國長公主疾。甲辰，內出綏撫十六條頒江、淮南安撫使。

冬十月辛亥，契丹使耶律寧告征高麗。河中民獲靈寶眞文。庚申，丁謂等上大中祥符

封禪記。

十一月庚寅，遣內臣奉安宣祖、太祖聖容於二陵。乙未，甘州回鶻來貢。己亥，幸太一宮。陝州黃河清。

十二月，陝州黃河再清。庚戌，集賢校理晏殊獻河清頌。癸丑，詔天下貧民及漁採者過津渡勿算。乙卯，告太廟。詔自今謁廟入東偏門。以資政殿大學士向敏中權東京留守。丁巳，翰林學士李宗諤等上諸道圖經。辛酉，謁玉淸昭應宮。丙寅，詔沙門島流人特給口糧。己巳，作奉天庇民述示宰相。禁扈從人燔道路草木。辛未，以太宗御書賜交州李公蘊。

是歲，龜茲、占城、交州來貢。陝西飢。江、淮南旱。

校勘記

〔一〕以翰林侍讀學士畢士安爲吏部侍郎參知政事　「侍讀」二字原脫，據本書卷二一〇宰輔表、卷二八一本傳補。

〔二〕莫州石普　「莫州」，原作「漠州」，據本書卷三二四石普傳、長編卷五七改。

〔三〕高繼勳　原作「高繼祖」，據本書卷二八九高繼勳傳、長編卷五七改。

〔四〕李繼隆　原作「李建隆」，據長編卷五八、宋會要兵七之一三改。下文皆作「李繼隆」。

〔五〕乾坤寶典　「坤」，原作「元」，據本書卷二〇六藝文志、長編卷六〇改。

〔六〕靈臺令　長編卷六六、宋會要禮三七之二九都作「陵臺令」。「陵臺令」又見宋會要禮三七之二七、三九之五，當以「陵臺令」爲是。

〔七〕行宮都部署　「行宮」，原作「行營」，據長編卷七〇及下文「宴周瑩于行宮」改。

〔八〕乾封縣　原作「乾符縣」，據本書卷一〇四禮志、長編卷七〇改。

〔九〕中都縣　原作「東都縣」，據本書卷八五地理志、長編卷七〇改。

〔一〇〕護國軍節度　長編卷七〇、宋會要帝系一之三一作「護國鎮國節度使」。

宋史卷八

本紀第八

眞宗三

四年春正月辛巳，詔執事汾陰懈怠者，罪勿原。乙酉，習祀后土儀。丁亥，將祀汾陰，謁啓聖院太宗神御殿、普安院元德皇后聖容。丙申，詔以六月六日天書再降日爲天貺節。丁酉，奉天書發京師。日上有黃氣如匹素，五色雲如蓋，紫氣翼仗。庚子，右僕射、判河陽張齊賢見于汜水頓。陳堯叟獻白鹿。辛丑，陳幄殿於訾村，望拜諸陵。甲辰，至慈澗頓，賜道傍耕民茶荈。

二月戊申，賜扈駕諸軍緡錢。華州獻芝草。東京獄空。壬子，出潼關，渡渭河，遣近臣祠西嶽。癸丑，次河中府。丁巳，黃雲隨天書輦。次寶鼎縣奉祇宮。戊午，登後圃延慶亭。己未，瀵泉〔一〕湧，有光如燭。辛酉，祀后土地祇。是夜，月重輪，還奉祇宮，紫氣四塞，幸開

元寺，作大寧宮。壬戌，甘州回鶻、蒲端、三麻蘭、勿巡、蒲婆、大食國、吐蕃諸族來貢。大赦天下，常赦不原者咸赦除之。文武官並遷秩，該敍封欲回授祖父母者聽；四品以上，追事太祖、太宗潛藩或嘗更邊任家無食祿者，錄其子孫。建寶鼎縣爲慶成軍。建隆佐命及公王將相丘冢，所在致祭。給西京分司官實奉三分之一。令法官愼刑名，有情輕法重者以聞。賜天下酺三日。大宴羣臣於穆清殿，賜父老酒食衣幣。作汾陰配饗銘、河瀆四海贊。召草澤李瀆、劉巽，瀆以疾辭，授巽大理評事。乙丑，觀酺。加號西嶽。詔葺夷、齊祠。丁卯，賜寧王元偓服帶鞍馬有加。乙巳，次華州，幸雲臺觀。庚午，宴宣澤亭，紫雲如龍，起嶽上。召見隱士鄭隱、李寧，賜茶果束帛。辛未，次閿鄉縣，召見道士柴又玄，問以無爲之要。壬申，宴虢州父老于湖城行宮。

三月甲戌，次陝州，召草澤魏野，辭疾不至。乙亥，賜運船卒時服。己卯，次西京。庚辰，罷河北緣邊工役。壬午，幸上清宮。甲申，幸崇法院，移幸呂蒙正第，賜服御金幣。丙戌，大宴大明殿。丁亥，詔葺所經歷代帝王祠廟。己丑，御五鳳樓觀酺。壬辰，詔朝陵自西京至鞏縣不舉樂。癸巳，禁扈從人踐田稼。甲午，發西京。丙申，謁安陵、永昌諸陵。壬寅，幸列子廟，表潘孝子墓。

夏四月甲辰朔，上至自汾陰。壬子，幸元偁宮視疾。駙馬都尉李遵勗責授均州團練副

中華書局

使。峽路鈐轄執爲亂夷人王羣體等，帝憫其異俗，免死配隸。丙辰，大宴含光殿。己未，餞种放歸終南。甲子，王旦加右僕射，元佐爲太尉，元偓進封相王。乙丑，幸元偓宮視疾。葺尚書省。加王欽若吏部尚書，陳堯叟戶部尚書，馮拯工部尚書。丙寅，以張齊賢爲左僕射。丁卯，許國公呂蒙正薨。

五月丙子，加交阯郡王李公蘊同平章事。癸未，廬、宿、泗等州麥自生。辛卯，幸北宅視德存疾。京兆旱，詔振之。癸巳，詔州城置孔子廟。乙未，加上五嶽帝號，作奉神述。丁酉，慮囚，死罪流徒降等，杖以下釋之。辛丑，視德存疾。

六月丙午，太白晝見。亳州二龍見禹祠。德存卒。丙寅，遣使安撫江、淮南水災，許便宜從事。詔授交甘等州、大食、蒲端、三麻蘭、勿巡國奉使官。

秋七月壬申朔，除閩、浙、荆湖、廣南歲丁錢四十五萬。壬午，韓國、吳國、隋國長公主進封衞國、楚國、越國長公主。鎭、眉、昌等州地震。己丑，詔先蠲濱、棣州水災田租十之三，今所輸七分更除其半。丙申，江、洪、筠、袁江漲，沒民田。

八月乙巳，太白晝見。丙午，幸南宮視惟叙疾。詔除畬田租。庚戌，曲宴諸王、宰相。癸丑，賜青州孤老惸獨民帛。惟叙卒。丙辰，錄唐長孫無忌、段秀實等孫，授官。丁巳，詔文武官有言刑政得失、邊防機事者並賜對。癸亥，甘州回紇可汗夜落紇奉表詣闕。乙丑，刻

御製大中祥符頌於左承天祥符門〔二〕。河決通利軍〔三〕，合御河，壞州城及傷田廬，遣使發粟振之。

九月丁丑，涇原鈐轄曹瑋言籠竿川熟戶蕃部以閑田輸官，請於要害地募兵以居，從之。戊子，幸太乙宮祈晴。辛卯，向敏中等爲五嶽奉册使。癸巳，御乾元樓〔四〕觀酺。

冬十月戊申，御朝元殿發五嶽册。丁巳，定江、淮鹽酒價，有司慮失歲課，帝曰：「苟便於民，何顧歲入也。」

十一月庚午，占城國貢獅子。丙子，御試服勤詞學、經明行修貢舉人。

十二月乙巳，詔：楚、泰州潮害稼，復租；沒溺人賜千錢、粟一斛。

是歲，西涼府、夏豐交州、甘州、諸溪峒蠻來貢。畿內蝗。河北、陝西、劍南饑。吉州、臨江軍江水溢，害民田舍。兗州蚜蚄蟲不爲災。

五年正月乙亥，賜處州進士周啓明粟帛。戊寅，雨木冰。壬午，幸元偁宮視疾。河決棣州。

二月庚戌，詔貢舉人公罪聽贖。丙寅，詔官吏安撫濱、棣被水農民。

三月己丑，御試禮部舉人。丁未，峒酋田仕瓊等貢溪布。庚戌，王旦等並加特進、功臣。丁巳，免濱、棣民物入城市者稅一年。

夏四月戊申，以向敏中爲平章事。有司請違法販茶者許同居首告，帝謂以利敗俗非國體，不許。壬子，除通、泰、楚州鹽亭戶積負丁額課鹽。乙丑，樞密直學士邊肅責授岳州團練副使。

五月辛未，江、淮、兩浙旱，給占城稻種，教民種之。戊寅，修儀劉氏進封德妃。丁亥，免棣州租十之三。戊子，賜近臣金華殿所種麥。

六月庚申，賜杭州草澤林逋粟帛。壬戌，詔常參官舉幕職、州縣官充京官。癸亥，賜邵武軍被水者錢粟。

秋七月戊辰，作保康門。

八月丙申朔，日有食之。丁酉，禁周太祖葬冠劍地樵採。戊戌，張齊賢爲司空致仕。甲辰，詔樞密直學士限置六員。庚戌，淮南旱，減運河水灌民田，仍寬租限；州縣不能存恤致民流亡者罪之。己未，作五嶽觀。

九月辛未，張齊賢入對。壬申，觀新作延安橋。幸大相國寺、上清宮。射于宜春苑。癸酉，徙澄海三指揮屯嶺北州郡。戊子，王欽若、陳堯叟並爲樞密使、同平章事，丁謂爲戶部侍郎、參知政事。庚寅，幸故鄆王、兗王宮。

冬十月戊午，延恩殿道場，帝瞻九天司命天尊降。己未，大赦天下，賜致仕官全奉。辛酉，作崇儒術論，刻石國學。

閏月己巳，上聖祖尊號。辛未，謝太廟。壬申，立先天、降聖節，五日休沐，輟刑。乙亥，詔上聖祖母懿號，加太廟六室尊謚。丙子，羣臣上尊號曰崇文廣武感天尊道應眞佑德上聖欽明仁孝皇帝。丁丑，出舒州所獲瑞石，文曰「誌公記」。戊寅，建景靈宮、太極觀於壽丘。辛巳，建安軍鑄聖像。龍見雲中。戊子，御製配享樂章幷二舞名，文曰發祥流慶，武曰降眞觀德。

十一月丙申，親祀玉皇於朝元殿。甲辰，加王旦門下侍郎，向敏中中書侍郎，楚王元佐太師，相王元偓太傅，舒王元偁太保。內外官加恩。置玉清昭應宮使，以王旦爲之。丁未，作汴水發願文。庚戌，詔允言朝參。乙卯，罷獻珍禽異獸。

十二月甲子，置景福殿使。戊辰，作景靈宮。京師大寒，鬻官炭四十萬，減市直之半以濟貧民。壬申，改謚玄聖文宣王曰至聖文宣王。戊寅，溪峒張文喬等八百人來朝。己卯，知天雄軍寇準言獄空〔五〕，詔獎之。乙酉，振泗州饑。丙戌，詔：天慶等節日，民犯罪情輕者釋之。丁亥，立德妃劉氏爲皇后。

是歲，交州、甘州、西涼府、溪峒蠻來貢。京城、河北、淮南饑，減直鬻穀以濟流民。

六年春正月癸巳朔，上御朝元殿受朝。司天監言五星同色。庚子，詔減配隸法十二條。戊申，禁內臣出使預民政。己酉，賜京師酺五日。辛亥，進封衞國、楚國、越國長公主三人爲徐國、邠國、宿國。庚申，置淑儀、淑容、順儀、順容、婉儀、婉容，在昭儀上。置司宮令，在尙宮上〔六〕。以婕妤楊氏爲婉儀，貴人戴氏爲修儀，美人曹氏爲婕妤。辛酉，詔宗正寺以帝籍爲玉牒。

二月戊辰，觀酺。己亥，泰州言海陵草中生聖米，可濟飢。

三月丁未，詔沙門島流人罪輕者徙近地。乙卯，建安軍鑄玉皇、聖祖、太祖、太宗尊像成，以丁謂爲迎奉使。

夏四月庚辰，詔淮南給飢民粥，麥登乃止。壬午，太白晝見。癸未，幸元偁宮視疾。丙戌，詔諸州死罪可疑者詳審以聞。

五月壬辰，詔伎術官未升朝特賜緋紫者勿佩魚。甲辰，聖像至。丙午，詔：聖像所經郡邑減繫囚死罪，流以下釋之。升建安軍爲眞州。乙卯，謁聖像，奉安於玉淸宮。丁巳，遣使奏告諸陵。

六月壬戌，惟和卒。趙州黑龍見。丁卯，壽丘獻紫莖金芝。癸酉，保安軍雨，河溢，兵

民溺死，遣使振之。丙子，詔翰林學士陳彭年等刪定三司編敕。丁丑，崇飾諸州黃帝祠廟。

秋七月癸巳，上淸宮道場獲龍於香合中。己亥，中書門下表請元德皇后祔廟。庚子，行配祔禮。癸卯，詔天下勿稅農器。己酉，亳州官吏父老三千三百人詣闕請謁太淸宮。

八月庚申，詔來春親謁亳州太淸宮。辛酉，以丁謂爲奉祀經度制置使。丙寅，禁太淸宮五里內樵採。庚午，加號太上老君混元上德皇帝。置禮儀院。

九月庚寅，幸元偁宮視疾。丁酉，出玉宸殿種占城稻示百官。

冬十月辛酉，元德皇后祔廟。甲子，亳州太淸宮枯檜再生。眞源縣菽麥再實。癸酉，謁玉淸昭應宮。己卯，作步虛詞付道門。壬午，降聖節賜會如先天節儀。

十一月辛亥，幸元偁宮視疾。癸丑，賜御史臺九經、諸史。甲寅，判亳州丁謂獻芝草三萬七千本。乙卯，龜茲遣使來貢。

十二月戊午朔，日有食之。庚申，涇原鈐轄曹瑋言發兵討原州界撥藏族違命者，捕獲甚衆。回鶻遣使來貢。己巳，天書扶侍使趙安仁等上奉天書車輅、鼓吹、儀仗。壬申，獻天書於朝元殿，遂告玉淸昭應宮及太廟。乙亥，幸開寶寺、上淸宮。己卯，幸太一宮。戎、瀘蠻寇平。

是歲，西蕃、高州蠻、龜茲來貢。

七年春正月辛丑，慮囚。壬寅，車駕奉天書發京師。丙午，次奉元宮。判亳州丁謂獻白鹿一，芝九萬五千本。戊申，王旦上混元上德皇帝册寶。己酉，朝謁太淸宮。天書升輅雨雪倏霽，法駕繼進，佳氣彌望。是夜，月重輪，幸先天觀、廣靈洞霄宮。曲赦亳州及車駕所經流以下罪。升亳州爲集慶軍節度，減歲賦十之二。改奉元宮爲明道宮。太史言含譽星見。庚戌，御均慶樓，賜酺三日。壬子，詔所過頓、遞侵民田者，給復二年。丙辰，建南京歸德殿，赦境內及京畿車駕所過流以下罪。追贈太祖幕府元勳僚舊，錄常參官逮事者並進秩，欲授子孫者聽。作鴻慶宮。

二月戊午，次襄邑縣，皇子來朝。庚申，夏州趙德明遣使詣行闕朝貢。辛酉，至自亳州。丙寅，詔天地壇非執事輒臨者斬。辛未，饗太廟。壬申，恭謝天地，大赦天下。乙亥，益州鑄大鐵錢。

三月，城淯井監。癸巳，雄州甲仗庫火。甲午，制加宰相王旦、向敏中、楚王元佐、相王元偓、舒王元偁、榮王元儼樞密使、同平章事。乙未，宴翔鸞閣。辛丑，發粟振儀州飢。復諸州觀察使兼刺史。甲辰，幸元偁宮視疾。丁未，封皇子慶國公。青州民趙嵩百一十歲，詔存問之。

夏四月丁巳，西涼府廝鐸督遣使來貢。己未，賜淮南諸州民租十之二。癸亥，河南府獄空，有鳩巢其戶，生二雛。甲子，以歸義軍留後曹賢順爲歸義軍節度使。丙子，舒王元偁薨。

五月壬辰，王旦爲兗州景靈宮朝修使，乙未，又爲天書刻玉使。涇原言葉施族大首領豔般率族歸順。

六月乙卯，禁文字斥用黃帝名號故事。丙辰，眉州通判董榮受賕鬻獄，長安知縣王文龜酗酒濫刑，並投荒裔。戊午，戒州縣官吏決罪逾法。壬申，封婉儀楊氏爲淑妃。乙亥，樞密使王欽若罷爲吏部尙書，陳堯叟爲戶部尙書。以寇準爲樞密使、同平章事。丙子，詔：隸州經水，流民歸業者給復三年。

秋七月辛丑，交州李公蘊敗鶴柘蠻，獻捷。癸卯，太白晝見。甲辰，以同州觀察使王嗣宗、內客省使曹利用並爲樞密副使。

八月甲寅，置景靈宮使，以向敏中爲之。乙卯，除江、淮、兩浙被災民租。丁巳，楊光習坐擅領兵出砦，又誣軍中謀殺司馬張從吉，配隸鄧州。乙丑，給河東沿邊將士皮裘氈襪。甲戌，河決澶州。丁丑，命內臣奉安太祖、太宗聖像于鴻慶宮。辛巳，詔嶺南戍兵代還日人給裝錢五百。

九月丙戌，含譽星再見。辛卯，尊上玉皇聖號曰太上開天執符御歷含眞體道玉皇大天帝。戊戌，御試服勤詞學、經明行修舉人。辛丑，幸五嶽觀。

冬十一月乙酉，濱州河溢。玉清昭應宮成，詔減諸路繫囚罪流以下一等。己丑，加王旦司空，修宮使〔七〕。壬辰，御乾元門觀酺。

十二月癸丑朔，日當食不虧。丙辰，詔王欽若等五人各舉京朝、幕職、州縣官詳練刑典、曉時務、任邊寄者二人。丁巳，詔川峽閩廣轉運、提點刑獄官察屬吏貪墨慘刻者。己未，作元符觀。庚申，契丹使蕭延寧等辭歸國。辛酉，加楚王元佐尚書令，相王元偓太尉，榮王元儼兼中書令，忠武軍節度使魏咸信同平章事，餘並進秩。涇原路請築籠竿城。

是歲，夏州、西涼府、高麗、女眞來貢。淮南、江、浙飢，除其租。天下戶九百五萬五千七百二十九，口二千一百九十七萬六千九百六十五。

八年春正月壬午朔，謁玉清昭應宮，奉表告尊上玉皇大天帝聖號，奉安刻玉天書于寶符閣，還御崇德殿受賀，赦天下，非十惡、枉法贓及已殺人者咸除之。文武官滿三歲者有司考課以聞。乙酉，詔環州緣邊卒人賜薪水錢。庚寅，置清衞二指揮奉宮觀。乙未，皇女入道。戊戌，徙棣州城。庚戌，詔王欽若等舉供奉官至殿直有武幹者一人。

二月，泗州周憲百五歲，詔賜束帛。甲寅，宗正寺火。丙辰，嗢廝囉、立遵貢名馬。丙寅，以元佐爲天策上將軍、興元牧，賜劍履上殿，詔書不名。丁卯，遣使巡撫淮、浙路。癸酉，祈雨。丙子，詔進士六舉、諸科九舉者，許奏名。庚辰，大雨。

三月乙酉，幸元偓宮視疾。戊戌，宴宗室，射于苑中。壬寅，御試禮部貢舉人。

夏四月辛酉，賜宰相五臣論。壬戌，以寇準爲武勝軍節度使、同平章事，王欽若、陳堯叟並爲樞密使、同平章事。戊辰，德彝卒。壬申，榮王元儼宮火，延及殿閣內庫。癸酉，詔求直言。命丁謂爲大內修葺使。戊寅，王曙坐準詔言事乖謬貶。

五月壬午，榮王元儼罷武信軍節度使，降封端王。庚寅，熒惑犯軒轅。壬辰，廢內侍省黃門。禁金飾服器。庚子，放宮人一百八十四人。

六月己酉朔，日有食之。辛未，詔諸州以御製七條刻石。乙亥，惟忠卒。

閏月己卯，赦天下。庚辰，王欽若上彤管懿範。

七月丙辰，以諸州牛疫免牛稅一年。戊午，王嗣宗爲大同軍節度使。丙寅，幸相王元偓新宮。以宮城火，詔諸王徙宮于外。丙子，幸瑞聖園觀稼，宴射于水心殿。

八月己卯，大理少卿閻允恭、開封判官韓允坐枉獄除名。戊戌，詔京兆河中府、陝同華虢等州貸貧民麥種。

九月，注輦國貢土物、珍珠衫幘。甲寅，嗢廝囉聚衆數十萬，請討平夏人以自效。丁卯，宴宗室，射于後苑。己巳，賜注輦使袍服、牲酒。

冬十月乙巳，王欽若上聖祖先天紀。戊申，回鶻可羅等來貢。

十一月辛酉，相王元偓加兼中書令，端王元儼進封彭王。癸亥，高麗使同東女眞來貢。

十二月戊寅，皇子冠。丁亥，侍禁楊承吉使西蕃還，以地理圖進。辛卯，皇子〔八〕慶國公封壽春郡王。

是歲，占城、宗哥族及西蕃首領來貢。坊州大雨，河溢。陝西饑。

九年春正月丙辰，置會靈觀使，以丁謂爲之，加刑部尚書。壬申，以張士遜、崔遵度爲壽春郡王友。

二月丁亥，王旦等上兩朝國史。戊子，加旦守司徒，修史官以下進秩賜物有差。甲午，詔以皇子就學之所名資善堂。延州蕃部飢，貸以邊穀。

三月丙午，除雷州無名商稅錢。秦州曹瑋撫捍蕃境得宜，詔嘉之。己酉，王欽若上寶文統錄。辛酉，以西蕃宗哥族李立遵爲保順軍節度使。壬戌，詔舉官必擇廉能。癸亥，置修玉牒官。乙丑，著作佐郎高清以贓賄杖脊，配沙門島。

夏四月庚辰，周伯星見。丙申，賜天下酺。振延州蕃族飢。庚子，幸陳堯叟第視疾。壬寅，以唐相元稹七世孫爲台州司馬。

五月乙巳，邠寧環慶部署王守斌言夏州蕃騎千五百來寇慶州，內屬蕃部擊走之。癸丑，幸南宮視惟憲疾。甲寅，惟憲卒。乙卯，毛尸等三族蕃官馮移埋率屬來歸，詔撫之。丙辰，詔天下繫囚死罪減等，流以下釋之。丁巳，向敏中爲宮觀慶成使。甲子，左天廐草場火。庚午，太白晝見。

六月戊寅，幸會靈觀，宴祝禧殿。癸未，京畿蝗。

秋七月，撫水蠻寇宜州，廣南西路請便宜掩擊，許之。丁未，增築京師新城。丙辰，開封府祥符縣蝗附草死者數里。戊午，停京城工役。癸亥，以畿內蝗下詔戒郡縣。甲子，詔京城禁樂一月。丁卯，幸太乙宮、天清寺。

八月壬申，知秦州曹瑋言伏羌砦蕃部廝鷄波與宗哥族連結爲亂，以兵夷其族帳。丙子，令江、淮發運司留上供米五十萬以備飢年。磁、華、瀛、博等州蝗不爲災。丙戌，製玉皇聖號册文。以陳堯叟爲右僕射。戊子，以旱罷秋宴。壬辰，羣臣請受尊號册寶，表五上，從之。

九月癸卯，雄、霸河溢。甲辰，以丁謂爲平江軍節度使。丙午，陳彭年、王曾、張知白並參知政事。丁未，曹瑋言宗哥唃廝囉、蕃部馬波叱臘魚角蟬等寇伏羌砦〔九〕，擊敗之，斬首千餘級。庚戌，以不雨罷重陽宴。利州水漂棧閣。甲寅，雨。督諸路捕蝗。丁巳，詔以旱蝗得雨，宜務稼省事及罷諸營造。戊午，禁諸路貢瑞物。戊辰，青州飛蝗赴海死，積海岸百餘里。己巳，詔民有出私廩振貧乏者，三千石至八千石第授助教、文學、上佐之秩。

冬十月己卯，王欽若表上翊聖保德眞君傳。壬申，詔馮拯等各舉殿直以上武幹者一人。壬辰，置直龍圖閣。

十一月，會靈觀甘露降。乙巳，詔河、陝諸路州簡禁軍五百人。丁未，河西節度使石普坐妄言災異，除名流賀州。丁卯，以唐裴度孫坦爲鄭州助教。

是歲，西蕃宗哥族、邛部山後蠻、夏州、甘州來貢。諸州有隕霜害稼及水災者，遣使振卹，除其租。

天禧元年春正月辛丑朔，改元。詣玉清昭應宮薦獻，上玉皇大天帝寶册、衮服。壬寅，上聖祖寶册。己酉，上太廟謚册。庚戌，享六室。辛亥，謝天地于南郊，大赦，御天安殿受册號。乙卯，宰相讀天書於天安殿，遂幸玉清昭應宮，作欽承寶訓述示羣臣。壬戌，詔以四月旦日爲天祥節〔一〇〕。丙寅，命王旦爲兗州太極觀奉上册寶使。

二月庚午，詔振災、發州郡常平倉。壬申，御正陽門觀酺。丁丑，置諫官、御史各六員，每月一員奏事，有急務聽非時入對。戊寅，王旦加太保，中書侍郎、平章事，向敏中加吏部尚書。楚王元佐領雍州牧，相王元偓加尚書令兼中書令，進封徐王；彭王元偁加太保；壽春郡王禎兼中書令。王欽若加右僕射，趙德明加太傅，中外官並加恩。辛巳，考課京朝官改秩及考者。壬午，定宗室子授官之制。庚寅，進封李公蘊爲南平王〔一一〕。秦州神武軍破宗哥族、馬波叱臘等於野吳谷，多獲人馬。己亥，陳彭年卒。

三月辛丑，以不雨禱于四海。壬寅，不雨，罷上巳宴。庚申，免潮州逋鹽三百七十萬有奇。辛酉，令作淖糜濟懷、衞流民。

夏四月庚辰，陳堯叟卒。戊子，邵州野竹生實，以食飢。

五月戊戌，詔所在安卹流民。戊申，以王旦爲太尉、侍中，五日一入中書，旦懇辭不拜。己酉，熒惑犯太微。乙卯，縱歲獻鷹犬。己未，奉太祖聖容於西京應天院，向敏中爲禮儀使。諸路蝗食苗，詔遣內臣分捕，仍命使安撫。

六月壬申，赦西京繫囚，死罪減一等，流以下釋之。父老年八十者賜茶帛，除其課役。戊寅，除昇州後湖租錢五十餘萬，聽民溉田。陝西、江淮南蝗，並言自死。庚辰，盜發後漢高祖陵，論如律，并劾守土官吏，遣內侍王克讓以禮治葬，知制誥劉筠祭告。因詔州縣，申前代帝王陵寢樵採之禁。乙酉，免大食國蕃客稅之半。龜茲國使張復延等貢玉勒鞍馬，令給其直。己丑，王旦對于崇政殿。

秋七月丁未，霖雨，放朝。己未，幸魏咸信第視疾。甲子，魏咸信卒。

八月庚午，以王欽若爲左僕射兼中書侍郎、平章事。壬申，向敏中加右僕射兼門下侍郎。王旦對于便殿。丙子，詔京城禁圍草地聽民耕牧。丁丑，禁採捕。戊寅，免牛稅一年。

九月癸卯，以參知政事王曾爲禮部侍郎，李迪爲參知政事，馬知節知樞密院事，曹利用、任中正、周起並同知樞密院事。丙午，幸王旦第視疾。戊申，以蝗罷秋宴。己酉，王旦薨。甲寅，詔能拯救汴渠覆溺者給賞，或溺者貧者以官錢給之。丁未，教衞士騎射。

冬十月辛未，詔閤門，自今審官、三班院、流內銓，後殿日引公事，勿過兩司。壬申，論諸州非時災沴不以聞者論罪。己卯，罷京東上貢物。辛卯，賜壽春郡王及王友張士遜等詩。

十一月己亥，詔曲宴日輟後殿視事。辛丑，曹瑋平鬼留家族。壬寅，詔淮、浙、荆湖治放生池，禁漁採。乙卯，幸太一宮，大雪，帝謂宰相曰：「雪固豐稔之兆，第民力未充，慮失播種。卿等其務振勸，毋遺地利。」壬戌，契丹使耶律準來賀承天節。高麗使徐訥率女眞首領

入對崇政殿，獻方物。

十二月丙寅，京城雪寒，給貧民粥，并瘞死者。乙亥，罷京城工役。丙子，嚴寒，放朝。丁丑，放逋負，釋繫囚。己卯，女眞國人歸，給裝錢。高麗使徐訥賜射瓊林苑。辛卯，詔陝西緣邊鬻榖者勿算。壬辰，遣使緣汴河收瘞流尸。

是歲，三佛齊、龜茲國來貢。諸路蝗，民飢。鎭戎軍風雹害稼，詔發廩振之，蠲租賦，貸其種糧。

二年春正月乙未，眞遊殿芝草生。壬寅，振河北、京東飢。辛亥，賜壽春郡王卹民歌。戊午，王欽若等上天禧大禮記四十卷。己未，遣使諭京東官吏安撫飢民，又命諸路振以淖糜。

二月丙寅，甘州來貢。丁卯，壽春郡王加太保，進封昇王。詔近臣舉常參官堪任御史者。庚午，右正言劉燁請自今言事許升殿，從之。庚辰，振京西饑。乙酉，幸徐王元偓宮視疾。

三月辛丑，修京城。丙辰，先貸貧民糧種止勿收。

夏四月戊子，幸飛山雄武教場，宴賜從臣將士。庚寅，赦天下，死罪減一等，流以下釋

二十四史　中華書局

之。

閏月，辰州討下溪州蠻，斬首六十餘級，降千餘人。己亥，詔戶部尚書馮拯等舉幕職、令錄堪充京官者各二人。癸卯，馬知節爲彰德軍留後。丁未，靈泉出京師，飲者愈疾，作祥源觀。壬子，幸徐王元偓宮視疾。

五月壬戌，詔長吏卹孝弟力田者。甲子，徐王元偓薨。丁卯，釋下溪州蠻彭儒猛罪。丙戌，西京訛言妖如帽，夜蜚，民甚恐。

六月壬辰，詔三班使臣經七年者考課遷秩。己亥，詔諸州上佐、文學、參軍謫降十年者，聽還鄉。乙巳，訛言帽妖至京師，民夜叫譟達曙，詔捕嘗爲邪法人耿槩等棄市。辛亥，彗出北斗魁。

秋七月壬申，以星變赦天下，流以下罪減等，左降官羈管十年以上者放還京師，京朝官丁憂七年未改秩者以聞。丁亥，彗沒。

八月庚寅，羣臣請立皇太子，從之。壬寅，下溪州彭儒猛納所掠漢生口、器甲等，詔賜袍帶。甲辰，立皇子昇王爲皇太子。大赦天下，宗室加恩，羣臣賜勛一轉。戊申，黎州山後兩林百蠻都王李阿善遣使來貢。壬子，彭王元偓進封通王。以李迪兼太子賓客。癸丑，作元良箴賜皇太子。甲寅，楚王元佐加興元牧，徐國長公主進封福國，邠國長公主進封

國，宿國長公主進封鄂國。乙卯，詔畎京河水入金水河。丙辰，以德雍、德文、惟政並爲諸州防禦使，允成、允升、允寧並爲諸州團練使。

九月丁卯，册皇太子。庚午，詔全給外戍諸軍物。庚辰，御乾元門觀酺。

冬十月庚子，御玉宸殿，召近臣觀刈占城稻，遂宴安福殿。

十二月辛丑，以張旻爲武寧軍節度使、同平章事。

是歲，占城國、甘州、溪峒、黎州山後蠻來貢。陝西旱，振之。江陰軍蝻不爲災。

三年春正月癸亥，貢舉人郭稹等見崇政殿。稹冒喪赴舉，命典謁詰之，即引咎，殿三舉。

二月乙未，河南府地震。

三月戊午朔，日有食之。遣呂夷簡體訪陝、亳民訛言。丙寅，御試禮部貢舉人。癸未，翰林學士、工部尚書錢惟演等坐知舉失實，降一官。甲申，潁州石隕出泉，飲之愈疾。

夏四月甲午，西上閤門使高繼勛坐市馬虧直削官。

五月丁巳，大食國來貢。乙丑，左諫議大夫戚綸坐訕上，貶岳州副使。辛未，慮囚。

六月癸未，浚淮南漕渠，廢三堰。甲午，王欽若爲太子太保。河決滑州。戊戌，以寇準爲中書侍郎兼吏部尚書、平章事，丁謂爲吏部尚書、參知政事。滑州決河，泛澶、濮、鄆、齊、徐境，遣使救被溺者，卹其家。

秋七月壬申，曹璨卒。羣臣表上尊號曰體元御極感天尊道應眞寶運文德武功上聖欽明仁孝皇帝。

八月丁亥，大赦天下。普度道釋童行。滑州龍見，河決。辛卯，太白晝見。己亥，慶州亡去熟戶委乞等來歸。庚戌，遣使撫卹京東西、河北水災。

九月乙丑，慶州骨咩、大門等族歸附。辛巳，遣中官存問高麗貢使之被溺者。

冬十一月己巳，謁景靈宮。庚午，饗太廟。辛未，祀天地于圜丘，大赦天下。選兩任五考無責罰者試身、言、書、判。丁丑，御天安殿受尊號册。

十二月丙戌，富州蠻酋向光澤表納土，詔卻之。辛卯，向敏中加左僕射、中書侍郎兼禮部尚書、平章事，寇準加右僕射，通王元偓進封涇王，曹利用、丁謂並爲樞密使，百官加恩。癸巳，以任中正、周起並爲樞密副使。

是歲，高麗、女眞來貢。江、浙及利州路飢，詔振之。

四年春正月乙丑，以華州觀察使曹瑋爲鎮國軍留後、僉署樞密院事(三)。丙寅，開揚州

運河。己巳，幸元符觀。庚午，贈處士魏野著作郎，賜其家粟帛。

二月，帝不豫。癸未，遣使安撫淮南、江、浙、利州飢民。滑州決河塞。辛丑，發唐、鄧、八州常平倉振貧民。

三月戊午，以淄州民飢貸牛糧。甲子，振蕃部粟。庚午，詔：川峽致仕官聽還本貫。

癸酉，川、廣舉人勿拘定額。己亥，振益、梓民飢。己卯，向敏中薨。

夏四月丁亥，大風，晝晦。庚寅，分江南轉運使爲東西路。丙申，杖殺前定陶縣尉麻士瑤於青州。

五月丁巳，發粟振秦、隴。

六月丙申，以寇準爲太子太傅、萊國公。河決滑州。壬寅，御試禮部奏名舉人九十三人。

秋七月丁巳，太白晝見。辛酉，京城大雨，水壞廬舍大半。丙寅，以李迪爲吏部侍郎兼太子少傅、平章事，馮拯爲樞密使、吏部尚書、同平章事。以霖雨壞營舍，賜諸軍緡錢。庚午，以丁謂爲平章事，曹利用同平章事。癸酉，入內副都知周懷政伏誅。丁丑，太子太傅寇準降授太常卿，翰林學士盛度、樞密直學士王曙並罷職。

八月，永興軍都巡檢使朱能殺中使叛。乙酉，以任中正、王曾並參知政事。詔利、夔路

中華書局

置常平倉。丙戌，朱能自殺。壬寅，寇準貶道州司馬。甲辰，賜諸軍器幣。入內押班鄭志誠坐交朱能削兩任，配隸房州。

九月己酉，分遣近臣張知白、晁迥、樂黃目等各舉常參官，諸路轉運及勸農使各舉堪京官、知縣者二人，知制誥、知雜御史、直龍圖閣各舉堪御史者一人。丙辰，始御崇德殿視事，治朱能黨，死、流者數十人。己未，久雨，放朝。壬戌，給事中朱巽、工部郎中梅詢坐不察朱能姦譎官。丁卯，赦天下。己巳，遣使安撫永興軍。壬申，賜京城酺。

冬十月戊寅，命依唐制雙日不視事。壬午，幸正陽門觀酺。帝自不豫，浸少臨行，至是人情大悅。壬辰，以王欽若爲資政殿大學士。甲辰，減水災州縣秋租。丙午，召皇子、宗室、近臣玉宸殿觀稻，賜宴。

十一月戊午，召近臣於龍圖閣觀御製文詞，帝曰：「朕聽覽之暇，以翰墨自娛，雖不足垂範，亦平生游心於此。」宰臣丁謂請鏤板宣布。庚申，內出御製七百二十二卷付宰臣。丙寅，丁謂加門下侍郎兼太子太傅，李迪加中書侍郎兼尚書左丞，依前少傅。迪、謂忿爭於帝前。戊辰，罷謂爲戶部尚書，迪爲戶部侍郎。任中正、王曾、錢惟演並兼太子賓客，張士遜、林特並兼太子詹事，晏殊爲太子左庶子。己巳，詔謂赴中書視事如故。庚午，詔自今除軍國大事仍舊親決，餘皆委皇太子同宰相、樞密使等參議行之。太子上表陳讓，不允。以丁謂兼太子少師，馮拯兼少傅，曹利用兼少保。辛未，詔自今羣臣五日於長春殿起居，餘隻日視朝於承明殿。甲戌，丁謂等請作天章閣奉安御集。

十二月乙酉，皇太子親政，詔內臣傳旨須覆奏。丁亥，龜茲、甘州回鶻遣使來貢。己丑，王欽若加司空。庚寅，議事資善堂，命張景宗侍皇太子。丁酉，以王欽若爲山南東道節度使、同平章事。

閏月丁卯，以唃廝囉爲邊患，詔陳堯咨〔三〕等巡撫。庚午，京城穀貴，減直發常平倉。乙亥，帝不豫，力疾御承明殿，賜手書宰相，諭以輔導儲貳之意。

是歲，京西、陝西、江、淮、荆湖諸州稔。

五年春正月己丑，帝疾愈，出幸啓聖院。癸巳，詔天下死罪降，流以下釋之。乙未，遣使撫京東水災。丁酉，以張士遜爲樞密副使。己亥，宴近臣承明殿。

二月甲寅，審刑院言天下無斷獄。丙寅，賜天下酺。庚午，以孔子四十七世孫聖祐襲封文宣公。

三月辛巳，御正陽門觀酺。辛丑，京東、西水災，賜民租十之五。壬寅，丁謂加司空，馮拯加左僕射，曹利用加右僕射，任中正工部尚書。

夏四月丙辰，客星出軒轅。

五月乙亥，慮囚，降天下死罪。

六月丙午，太白晝見。

秋七月甲戌朔，日有食之。戊寅，新作景靈宮萬壽殿。

八月壬戌，熒惑犯南斗。

九月戊寅，唃廝囉請降。

冬十月癸卯，蠲京東西、淮、浙被災民租。壬子，依漢、唐故事，五日一受朝，遇慶會，皇太子押班。

十一月戊子，王欽若以山南東道節度使坐擅赴闕，降司農卿，分司南京。

是歲，高麗遣使來貢。京東、河北、兩川、荆湖稔。

乾興元年春正月辛未朔，改元。丁亥，御東華門觀燈。戊戌，蠲秀州水災民租。

二月庚子，大赦天下。癸卯，上尊號曰應天尊道欽明仁孝皇帝。詔蘇、湖、秀州民飢，貸以廩粟。甲辰，制封丁謂爲晉國公，馮拯爲魏國公，曹利用爲韓國公。庚戌，詔徐州振貧民。甲寅，對宰相于寢殿。帝不豫增劇，禱于山川神祇。戊午，帝大漸，遣詔皇太子於柩前即皇帝位。尊皇后爲皇太后，權處分軍國事，淑妃爲皇太妃。

帝是日崩于延慶殿，年五十五，在位二十六年。十月己酉，葬永定陵。己未，祔太廟。天聖二年十一月，上尊謚曰文明武定章聖元孝皇帝，廟號眞宗。慶曆七年，加謚膺符稽古神功讓德文明武定章聖元孝皇帝。

贊曰：眞宗英晤之主。其初踐位，相臣李沆慮其聰明必多作爲，數奏災異以杜其侈心，蓋有所見也。及澶淵旣盟，封禪事作，祥瑞沓臻，天書屢降，導迎奠安，一國君臣如病狂然，吁，可怪也。他日修遼史，見契丹故俗而後推求宋史之微言焉。

宋自太宗幽州之敗〔四〕，惡言兵矣。契丹其主稱天，其后稱地，一歲祭天不知其幾，獵而手接飛鴈，鴇自投地，皆稱爲天賜，祭告而誇耀之。意者宋之諸臣，因知契丹之習，又見其君有厭兵之意，遂進神道設教之言，欲假是以動敵人之聽聞，庶幾足以潛消其窺覦之志歟？然不思修本以制敵，又效尤焉，計亦末矣。仁宗以天書殉葬山陵，嗚呼賢哉。

校勘記

〔一〕瀵泉　原作「潘泉」，據長編卷七五改。水經河水注也說：瀵水「平地開源，濆泉上湧」。

〔二〕左承天祥符門　「左」，原作「大」，據本書卷八五地理志、長編卷七六改。

〔三〕河決通利軍　「河」字原脫，據長編卷七六、編年綱目卷七補。

〔四〕乾元樓　「樓」，原作「殿」，據長編卷七六、宋會要禮六〇之四改。

〔五〕寇準言獄空　「言」字原脫，據長編卷七九補。

〔六〕置司宮令在尙宮上　「尙宮」，原作「尙書」，據長編卷八〇、宋會要后妃四之一改。

〔七〕加王旦司空修宮使　此句有脫誤。長編卷八三作「加玉淸昭應宮使王旦司空，修宮使丁謂工部尙書」。

〔八〕皇子　原作「太子」，據長編卷八五、王稱東都事略卷四改。

〔九〕伏羌砦　原作「羌伏砦」，據上文八月壬申條、長編卷八八改。

〔一〇〕天祥節　據長編卷八九應爲「天禎節」，當是仁宗朝後避宋仁宗名而改。

〔一一〕南平王　原作「南平郡王」，據本書卷四八八交阯傳、長編卷八九改。

〔一二〕僉署樞密院事　「署」字原脫，據長編卷九五、編年綱目卷八補。

〔一三〕陳堯咨　原作「陳堯叟」，據本書卷二八四陳堯咨傳、長編卷九六改。

〔一四〕宋自太宗幽州之敗　「太宗」，原作「太祖」。按幽州之敗，乃太宗時事，今改正。

宋史卷九

本紀第九

仁宗一

仁宗體天法道極功全德神文聖武睿哲明孝皇帝，諱禎，初名受益，眞宗第六子，母李宸妃也。大中祥符三年四月十四日生。章獻皇后無子，取爲己子養之。天性仁孝寬裕，喜愠不形於色。七年封慶國公。八年封壽春郡王，講學于資善堂。天禧元年兼中書令，明年進封昇王，九月丁卯，册爲皇太子，以參知政事李迪兼太子賓客。癸酉，謁太廟。四年，詔五日一開資善堂，太子秉笏南鄉立，聽輔臣參決諸司事。

乾興元年二月戊午，眞宗崩，遺詔太子卽皇帝位，尊皇后爲皇太后，權處分軍國事。遣使告哀契丹。己未，大赦，除常赦所不原者。百官進官一等，優賞諸軍。山陵諸費，毋賦於

民。庚申，命丁謂爲山陵使。出遺留物賜近臣、宗室、主兵官。甲子，聽政于崇政殿西廡。乙丑，以生日爲乾元節。丙寅，遣使以先帝遺留物遺契丹。進封涇王元儼爲定王，賜贊拜不名。以丁謂爲司徒兼侍中、尙書左僕射，馮拯爲司空兼侍中、樞密使、尙書右僕射，曹利用爲尙書左僕射兼侍中。戊辰，貶道州司馬寇準爲雷州司戶參軍，尙書戶部侍郎李迪爲衡州團練副使，宣徽南院使曹瑋爲左衞大將軍。

三月乙酉，作受命寶。庚寅，初御崇德殿，太后設幄次于承明殿，垂簾以見輔臣。

夏四月壬子，遣使以卽位告契丹。丙寅，交州來貢。

五月乙亥，錄繫囚，雜犯死罪遞降一等，杖以下釋之。

六月己酉，命參知政事王曾按視山陵皇堂。丁巳，契丹使來祭奠弔慰。庚申，入內內侍省押班雷允恭坐擅移皇堂伏誅。丁謂罷爲太子少保，分司西京。甲子，改命馮拯爲山陵使。丙寅，降參知政事任中正爲太子賓客。

秋七月辛未，馮拯加昭文館大學士，王曾爲中書侍郎、同中書門下平章事，集賢殿大學士，呂夷簡、魯宗道參知政事。乙亥，遣使報謝契丹。丙子，樞密副使錢惟演爲樞密使。戊寅，改翼祖定陵爲靖陵。辛卯，貶丁謂爲崖州司戶參軍。

八月壬寅，遣使賀契丹主及其妻生日、正旦。乙巳，皇太后同御承明殿垂簾決事。

中華書局

九月壬申，告大行皇帝謚于天地、宗廟、社稷。癸酉，上謚册于延慶殿。己卯，命以天書從葬。

冬十月壬寅，契丹使來賀即位。己酉，葬眞宗皇帝于永定陵。詔中外避皇太后父諱。己未，祔眞宗神主于太廟，廟樂曰大明之舞，以莊穆皇后配。辛酉，降東、西京囚罪一等，杖以下釋之。蠲山陵役戶及靈駕所過民田租。

十一月丁卯朔，錢惟演罷。甲戌，唃廝囉、立遵求內附。乙亥，以皇太后生日爲長寧節。辛巳，初御崇政殿西閣講筵，命侍講孫奭、馮元講論語。壬午，以張知白爲樞密副使。

十二月壬戌，契丹使來賀明年正旦。

是歲，蘇州水，滄州海潮溢，詔振卹被水及溺死之家。南平王李公蘊遣使進貢。

天聖元年春正月丙寅朔，改元。庚午，契丹使初來賀長寧節。癸未，命三司節浮費，遂立計置司。戊子，以京東、淮南水災，遣使安撫。辛卯，發卒增築京城。

二月戊戌，許唃廝囉歲一入貢。丁巳，奉安太祖、太宗御容于南京鴻慶宮。壬戌，減諸節齋醮道場。

三月甲戌，奉安眞宗御容于西京應天院。丙子，詔減西京囚罪一等，徒以下釋之。賜

城中民八十以上者茶帛，仍復其家。甲申，詔自今營造，三司度實給用。辛卯，司天監上崇天曆。行淮南十三山場貼射茶法。

夏四月辛丑，罷禮儀院。丁未，乾元節，百官及契丹使初上壽于崇德殿。癸丑，詔文武官奏蔭親屬從本資。丁巳，詔近臣舉諫官、御史各一人。

五月甲子，行陝西、河北入中芻糧見錢法。庚午，詔禮部貢舉。辛未，錄繫囚。甲戌，命魯宗道按視滑州決河。庚寅，議皇太后儀衞制同乘輿。

六月甲辰，罷江寧府溧水縣采丹砂。乙卯，禁毀錢鑄鐘。

秋七月壬申，除戎、瀘州虛估稅錢。詔：職田遇水旱蠲租如例。辛巳，蠲天下逋負。

八月乙未，募民輸芻塞滑州決河。丙申，下德音，減天下囚罪一等，杖以下釋之。廢鄆州東平馬監，以牧地賦民。甲寅，芝生天安殿柱。

九月丙寅，馮拯罷，以王欽若爲門下侍郎、同中書門下平章事、昭文館大學士。辛巳，詔凡舉官未改轉而坐贓者，舉主免劾。庚寅，宴崇德殿。

閏月甲午，詔裁造院女工及營婦配南北作坊者，並釋之。戊戌，寇準卒於雷州。己亥，馮拯卒。丁未，禁彭州九隴縣采金。丁巳，禁伎術官求輔臣、宗室薦舉。

冬十月辛酉朔，徙陝西緣邊軍馬屯內地。

十一月丁酉，詔諸州配囚，錄具獄與地里，上尚書刑部詳覆。禁兩浙、江南、荆湖、福建、廣南路巫覡挾邪術害人者。戊午，置益州交子務。

是歲，甘、沙州來貢，涇原畔迷卞杏家族納質內附。

二年春二月庚午，遣內臣收瘞汴口流尸，仍祭奠之。

三月丁酉，奉安眞宗御容于景靈宮奉眞殿。癸卯，王欽若上眞宗實錄。是月，賜禮部奏名進士、諸科及第出身四百八十五人。

夏四月辛酉，詔三司歲市紬、絹非土產者罷之。乙酉，錄晉石氏後。

五月乙未，錄繫囚。

六月壬申，罷天慶、天祺、天貺、先天、降聖節宮觀然燈。

秋七月癸丑，奉安眞宗御容于玉清昭應宮安聖殿。

八月丙辰朔，宴崇德殿，初用樂之半。詔舉官已遷改而貪汙者，舉主以狀聞；聞而不以實者，坐之。己卯，幸國子監，謁孔子，遂幸武成王廟。甲申，太白入太微垣。

九月辛卯，祠太一宮，賜道左耕者茶帛。

冬十月丙辰，奉安眞宗御容于洪福院。

十一月甲午，加上眞宗謚。乙未，朝饗玉清昭應、景靈宮。丙申，饗太廟。丁酉，祀天地于圜丘，大赦。百官上尊號曰聖文睿武仁明孝德皇帝，上皇太后尊號曰應元崇德仁壽慈聖皇太后。賜百官諸軍加等。乙巳，立皇后郭氏。辛亥，加恩百官。

十二月庚午，詔開封府每歲正旦、冬至禁刑三日。

是歲，龜茲、甘肅來貢〔一〕。

三年春正月辛卯，長寧節，近臣及契丹使初上皇太后壽于崇政殿。

二月戊寅，詔陝西災傷州軍，盜廩穀非傷主者，刺配隣州牢城〔二〕，徒減一等。

夏四月丁丑，詔三館繕書藏太清樓。

五月庚寅，錄繫囚。癸巳，幸御莊觀刈麥，聞民舍機杼聲，賜織婦茶帛。己亥，賜隱士林逋粟帛。己酉，禁臣僚奏薦無服子弟。

六月壬戌，太白晝見。癸酉，環、原州屬羌叛寇邊，環慶都監趙士隆等死之，遣使者安撫陝西。

秋七月戊子，詔諸路轉運使察舉知州、通判不任事者。丙午，詔邊戶爲羌所擾者蠲租，復役二年。

八月戊午，以忠州鹽井歲增課，夔州奉節巫山縣舊籍民爲營田，萬州戶有稅者歲糴其穀，皆爲民害，詔悉除之。辛未，蠲陝西州軍旱災租賦。

九月乙巳，詔司天監奏災異據占書以聞。

冬十月乙卯，太白犯南斗。辛酉，晏殊爲樞密副使。

十一月己卯朔，罷貼射茶法。辛卯，以襄州水蠲民租。晉、絳、陝、解州饑，發粟振之。戊申，王欽若卒。

十二月癸丑，王曾爲門下侍郎、昭文館大學士，張知白同中書門下平章事、集賢殿大學士。乙丑，張旻爲樞密使。戊寅，太白晝見。

是歲，龜茲、甘州、于闐來貢。環慶蕃部鬼逋等內附。補涇原降羌首領潘征爲本族軍主。

四年春正月己亥，命章得象〔三〕與流內銓同試百司人。庚子，涇原兵破康奴族。

二月甲寅，詔吏犯贓至流，按察官失舉者，併劾之。庚午，置西界和市場。

三月甲申，詔轉運使、提點刑獄罷勸農司。己亥，鄜延蕃部首領曹守貴等內附。

夏四月壬子，詔京東西、河北、淮南平穀價。

五月己卯，詔禮部貢舉〔四〕。壬午，詔大辟疑者奏讞，有司毋輒舉駁。戊子，錄繫囚。己亥，詔士有文而行不副者，州郡毋得薦送。

閏月戊申，減江、淮歲漕米五十萬石。除舒州太湖等九茶場民逋錢十三萬緡。己酉，詔補太廟室長、齋郎〔五〕。辛亥，復陝西永豐渠以通解鹽。

六月丁亥，建、劍、邵武等州軍大水，詔賜被災家米二石，溺死者官瘞之。庚寅，大雨震電，京師平地水數尺。辛卯，避正殿，減常膳。丁酉，降天下囚罪一等，徒以下釋之。畿內、京東西、淮南、河北被水民田蠲其租。癸卯，詔官物漂失，主典免償。流徙者，所在撫存之。

秋七月戊申，御長春殿復常膳。辛未，減兩川歲輸錦綺，易綾紗爲絹，以給邊費。壬申，詔諸路轉運使舉所部官通經術者。

八月丁亥，築泰州捍海堰。己丑，詔施州溪峒首領三年一至京師。

九月乙卯，詔孫奭、馮元舉京朝官通經術者。庚申，詔禮部貢院，諸科通三經者薦擢之。錄周世宗從孫柴元亨爲三班奉職。辛未，廢襄、唐州營田務，以田賦民。

冬十月甲戌朔，日有食之。壬辰，詔：郎中以上致仕，賜一子官。甲午，昏霧四塞。丙申，奉安眞宗御容于鴻慶宮。

十二月丁丑，發米六十萬斛貸畿內饑。丁亥，帝白太后，欲元日先上太后壽乃受朝，太后不可。王曾奏曰：「陛下以孝奉母儀，太后以謙全國體，請如太后令。」

五年春正月壬寅朔，初率百官上皇太后壽于會慶殿，遂御天安殿受朝。己未，晏殊罷。戊辰，以夏竦爲樞密副使。

二月癸酉，命呂夷簡、夏竦修先朝國史，王曾提舉。丙子，詔振京東流民。丁丑，西域僧法吉祥等來獻梵書。

三月戊申，賜禮部奏名進士、諸科及第出身一千七十六人。秦州地震。罷瓊州歲貢玳瑁、鼊皮、紫貝。

夏四月壬辰，壽寧觀火。

五月庚子朔，詔武臣子孫習文藝者，聽奏文資。壬寅，太白晝見。丙午，閱諸班騎射。辛亥，錄繫囚。辛酉，命呂夷簡等詳定編敕。癸亥，楚王元佐薨。是月，京畿旱，磁州蟲食桑。

六月甲戌，祈雨于玉清昭應宮、開寶寺。丙子，詔決畿內繫囚。丁丑，雨。癸未，罷諸營造之不急者。

秋七月己亥朔，振秦州水災，賜被溺家錢米。丙辰，發丁夫三萬八千、卒二萬一千、緡

錢五十萬塞滑州決河。詔察京東被災縣吏不職者以聞。

九月庚戌，閱龍衞神勇軍習戰。

冬十月辛未，罷陝西青苗錢。癸酉，奉安眞宗御容于慈孝寺崇眞殿。己丑，頒新定五服敕。甲午，同皇太后幸御書院，觀太宗、眞宗御書。乙未，詔西川、廣南在官物故者，遣人護送其家屬還鄉，官爲給食。丙申，滑州言河平。

十一月丁酉朔，以陝西旱蝗，減其民租賦。庚子，遣使河北體量安撫。壬寅，復作指南車。辛亥，朝饗景靈宮。壬子，饗太廟。癸丑，祀天地于圜丘，大赦。賀皇太后于會慶殿。丁巳，恭謝玉清昭應宮。

十二月辛未，加恩百官。甲戌，詔輔臣南郊恩例外，更改一子官。丁亥，詔：百官宗室受賂，冒爲親屬奏官者，毋赦。

是歲，甘州及南平國王〔六〕李公蘊遣人來貢。京兆府、邢洺州蝗。華州旱，虸蚄蟲食苗。

六年春正月己酉，罷兩川乾元節歲貢織佛。戊午，罷提點刑獄。

二月庚辰，大風晝晦。壬午，張知白薨。

中華書局

三月丙申朔，日有食之。壬子，以張士遜同中書門下平章事、集賢殿大學士。癸丑，以姜遵爲樞密副使。己未，以范雍爲樞密副使。壬戌，作西太一宮。

夏四月戊辰，詔審官、三班院、吏部流內銓、軍頭司各引對所理公事。自帝爲皇太子，輔臣參決諸司事于資善堂，至是始還有司。丁丑，貸河北流民復業者種食，復是年租賦。癸未，命官減三司歲調上供物。甲申旦，有星大如斗，自北流至西南，光燭地，有聲如雷。庚寅，下德音，以星變齋居，不視事五日；降畿內囚死罪，流以下釋之；罷諸土木工；振河北流民過京師者。

五月乙未朔，交阯寇邊。

六月丙寅，罷戎、瀘諸州穀稅錢。

秋七月壬子，江寧府、揚眞潤州江水溢，壞官民廬舍，遣使安撫振卹。

八月乙丑，詔免河北水災州軍秋稅。乙亥，河決澶州王楚埽。丙戌，錄唐張九齡後。

九月己亥，詔：京朝官任內，五人同罪奏舉者，減一任〔七〕。癸卯，祠西太一宮。甲辰，詔：河北災傷，民質桑土與人者悉歸之，候歲豐償所貸。乙巳，遣使修諸路兵械。

冬十月甲申，除福州民逋官莊錢十二萬八千緡。

十一月戊午，京西言穀斗十錢。

十二月癸亥，祠西太一宮。

是歲，甘州、三佛齊來貢。

七年春正月癸卯，曹利用罷。丙辰，降利用爲左千牛衞上將軍。

二月庚申朔，魯宗道卒。甲子，詔：文臣歷邊有材勇、武臣之子有節義者，與換官，三路任使。丙寅，張士遜罷，以呂夷簡同中書門下平章事、集賢殿大學士。丁卯，以夏竦、薛奎參知政事，陳堯佐爲樞密副使。癸酉，貶曹利用爲崇信軍節度副使，房州安置，未至自殺。乙酉，以河北水災，委轉運使察官吏，不任職者易之。

閏月癸巳，募民入粟以振河北〔八〕。戊申，禁京城創造寺觀。壬子，復制舉六科，增高蹈丘園、沉淪草澤、茂才異等科，置書判拔萃科及試武舉。癸酉，置理檢使，以御史中丞爲之。

三月乙丑，詔吏胥受賕毋用蔭。辛巳，詔：契丹飢民，所過給米，分送唐、鄧等州，以閒田處之。癸未，詔百官轉對，極言時政闕失，在外者實封以聞。

夏四月庚寅，赦天下，免河北被水民租賦。辛卯，南平王李公蘊卒，其子德政遣人來告，以爲交阯郡王。

五月乙未朔，詔禮部貢舉。庚申，詔戒文弊。己巳，頒新令。庚午，詔先朝文武官日刺史、少卿監以上，並錄其後。癸酉，錄繫囚。庚辰，御承明殿，臣僚請對者十九人，日昃乃罷。

六月壬辰，置益、梓、廣南路轉運判官。丁未，大雷雨，玉清昭應宮災。甲寅，王曾罷。

秋七月癸亥，以玉淸昭應宮災，遣官告諸陵，詔天下不復繕修。乙亥，詔殿直以上毋得換文資。乙酉，罷諸宮觀使。

八月丁亥朔，日有食之。詔罷天下職田，官收其入，以所直均給之。己丑，以呂夷簡爲昭文館大學士。辛卯，夏竦復爲樞密副使，陳堯佐、王曙並參知政事。己亥，詔命官犯正入贓，毋使親民。

冬十月壬寅，閱虎翼武騎卒習戰。丙午，京師地震。詔知州軍歲舉判、司、簿、尉可縣令者一人。

十一月癸亥，冬至，率百官上皇太后壽于會慶殿，遂御天安殿受朝。庚午，詔天下孤獨疾病者，致醫藥存視。詔：周世宗後，凡經郊祀，錄其子孫一人。

是歲，河北水。遣使決囚，振貧，瘞溺死者，給其家緡錢，察官吏貪暴不恤民者。龜茲、下溪州黔州蠻來貢。

八年春正月甲戌，曹瑋卒。辛巳，作會聖宮于西京永安縣。

二月戊子，詔：五代時官三品以上告身存者，子孫聽用蔭。

三月壬申，幸後苑，遂宴太清樓。乙亥，禁以財冒士族娶宗室女者。詔河北被水州縣毋稅牛。是月，賜禮部奏名進士、諸科及第出身八百二十二人。

五月甲寅，賜信州龍虎山張乾曜號澄素先生。丙辰，大雨雹。辛酉，錄繫囚。

六月癸巳，呂夷簡上新修國史。己亥，詔御史臺獄勿關糾察司。乙巳，親試書判拔萃科及武舉人。

秋七月丙子，策制舉人。

八月丙戌，詔詳定鹽法。丁亥，詔近臣宗室觀祖宗御書于龍圖、天章閣，又觀瑞穀于元眞殿，遂宴蘂珠殿。戊子，詔流配人道死者，其妻子給食送還鄉里。

九月癸丑，復置諸路提點刑獄官。丙辰，罷轉對。乙丑，姜遵卒。己巳，以趙稹爲樞密副使。

冬十月壬辰，奉安太祖御容于太平興國寺開先殿。丙申，弛三京、河中府、潁許汝鄭鄆濟衞晉絳虢亳宿等二十八州軍鹽禁。壬寅，置天章閣待制。

十一月丙寅，朝饗景靈宮。丁卯，饗太廟。戊辰，祀天地于圜丘，大赦。賀皇太后于會慶殿。

十二月癸未，加恩百官。辛丑，西平王趙德明、交阯王李德政並加賜功臣。是歲，高麗、占城、邛部川蠻〔九〕來貢。

九年春正月辛亥，詔諸路轉運判官、員外郎以上遇郊聽任子弟。丙辰，長寧節，百官初上皇太后壽于會慶殿。辛未，減畿內民租。

二月癸巳，詔復郡縣職田。

三月甲寅，奉安太祖、太宗、眞宗御容于會聖宮。

夏四月戊寅，詔以隴州論平民五人爲劫盜抵死，主者雖更赦，並從重罰。乙巳，閱大樂。

五月乙丑，錄繫囚。

六月庚辰，宋綬上皇太后儀制。

秋七月丙午朔，契丹使來告其主隆緒殂，遣使祭奠弔慰，及賀宗眞立。

九月癸亥，祠西太一宮，賜道左耕者茶帛。

冬十月丙戌，詔公卿大夫勵名節。乙未，詔常參官已授外任，毋得奏舉選人。辛丑，罷益、梓、廣南路轉運判官。

閏月戊辰，翰林侍讀學士孫奭請老，命知兗州，曲宴太淸樓餞之。

十一月丁亥，弛兩川礬禁。己丑，祈雪于會靈觀。丁酉，出知雜御史曹修古，御史郭勸、楊偕，推直官段少連。

十二月甲寅，詔吏部銓：選人父母年八十以上者，權注近官。辛酉，大風三日。是歲，契丹主及其國母遣使來致遺留物及謝弔祭。南平王李德政〔一〇〕遣人謝加恩。龜茲、沙州來貢。女眞晏端等百八十四人內附。

校勘記

〔一〕是歲龜茲甘肅來貢　據宋會要蕃夷七之二二、長編卷一〇二所載，是年來貢者只有甘州，沒有肅州。疑當作「甘州」。

〔二〕盜廩穀非傷主者刺配隣州牢城　「非」字原脫，據本書卷二〇〇刑法志、長編卷一〇三補。

〔三〕章得象　原作「張得象」，據長編卷一〇四改。

〔四〕詔禮部貢舉　按長編卷一〇四記此事說：「詔禮部貢舉，進士實應三舉，諸科五舉，幷免取解。」

〔五〕詔補太廟室長齋郎　按長編卷一〇四記此事說：「詔初補太廟齋郎自今並赴宗正寺公參」，宋會要職官二二之二〇作「詔自今所補室長齋郎並依例赴宗正寺公參」。

〔六〕南平國王　「國」字疑衍。按本書卷四八八交阯傳及下文七年四月辛卯條，都作「南平王」。

〔七〕詔京朝官任內五人同罪奏舉者減一任　按長編卷一〇六記此事說：「詔近制京朝官三任知縣入同判，又三任入知州。自今任內嘗有五人同罪奏舉者，減一任。」

〔八〕閏月癸巳募民入粟以振河北　上文云「二月庚申朔」，則二月無癸巳，癸巳當在閏二月。「閏月」二字原錯置在「河北」下，據長編卷一〇七移上。

〔九〕邛部川蠻　「蠻」上原衍「都」字。按本書卷四九六邛部川蠻傳、宋會要蕃夷七之二四都說這年邛部川都蠻王黎在遣使來貢。邛部川蠻的首領稱爲「都蠻王」，但「都」非部族名，今刪。

〔一〇〕南平王李德政　按李德政由交阯郡王進封南平王在寶元元年十二月，並見本書卷四八八交阯傳、長編卷一二二、編年綱目卷一〇。此處「南平王」當爲「交阯郡王」之誤。

中華書局

宋史卷十

本紀第十

仁宗二

明道元年春二月癸卯，呂夷簡上三朝寶訓。丙午，詔仕廣南者毋過兩任，以防貪黷。庚戌，以張士遜同中書門下平章事、集賢殿大學士。戊午，錄故宰臣孫並試將作監主簿。甲子，詔員外郎以上致仕者，錄其子校書郎，三丞以上齋郎。丁卯，以眞宗順容李氏爲宸妃，是日妃薨。

三月戊子，頒天聖編敕。戊戌，以江、淮旱，遣使與長吏錄繫囚，流以下減一等，杖笞釋之。己亥，除婺、秀州丁身錢。

夏四月丙午，錄繫囚。戊午，知棣州王涉坐冒請官地爲職田，配廣南牢城。

五月癸酉，遣使點檢河北城池器甲，密訪官吏能否。壬午，廢杭、秀二州鹽場。

秋七月丙申，詔諸路轉運使舉國子監講官。丁酉，王曙罷。太白晝見，彌月乃滅。

八月辛丑，以晏殊爲樞密副使。丙午，晏殊參知政事。甲寅，以楊崇勳爲樞密副使。辛酉，授唃廝囉爲寧遠大將軍、愛州團練使。壬戌，大內火，延八殿。癸亥，移御延福宮。甲子，以呂夷簡爲修內使。乙丑，詔羣臣直言闕失。丁卯，大赦。

九月庚寅，重作受命寶。丙申，皇太后出金銀器易左藏緡錢二十萬，以助修內。

冬十月庚子，黃白氣五貫紫微垣。丁巳，詔漢陽軍發廩粟以振飢民。

十一月甲戌，以修內成，恭謝天地于天安殿〔一〕，謁太廟，大赦，改元，百官進秩，優賞諸軍。是日還宮。己卯，冬至，率百官賀皇太后于文德殿，御天安殿受朝。壬辰，延州言夏王趙德明卒。癸巳，以德明子元昊爲定難軍節度使、西平王。

十二月壬寅，以楊崇勳爲樞密使。戊午，詔獲劫盜者奏裁，毋擅殺。壬戌，西北有蒼白氣亙天。

是歲，京東、淮南、江東饑。

二年春正月己卯，詔發運使以上供米百萬斛振江、淮飢民，遣使督視。

二月戊戌，含譽星見東北方。庚子，詔江、淮民飢死者，官爲之葬祭。乙巳，皇太后服袞衣、儀天冠饗太廟，皇太妃亞獻，皇后終獻。是日，上皇太后尊號曰應元齊聖顯功崇德慈仁保壽皇太后。丁未，祀先農于東郊，躬耕籍田，大赦。百官上尊號曰睿聖文武體天法道仁明孝德皇帝。

三月庚午，加恩百官。丁亥，祈雨于會靈觀、上淸宮、景德開寶寺。庚寅，以皇太后不豫，大赦，除常赦所不原者；乾興以來貶死者復官，謫者內徙。甲午，皇太后崩，遺詔尊皇太妃爲皇太后。呂夷簡爲山陵使。

夏四月丙申朔，出大行皇太后遺留物賜近臣。壬寅，追尊宸妃李氏爲皇太后，至是帝始知爲宸妃所生。甲辰，以大行皇太后山陵五使〔二〕並兼追尊皇太后園陵使。戊申，聽政于崇政殿西廂。己酉，罷乾元節上壽。壬子，詔臣僚、宗戚、命婦毋得以進獻祈恩澤，及緣親戚通表章。罷創修寺觀。帝始親政，裁抑僥倖，中外大悅。癸丑，召還宋綬、范仲淹。丙辰，內侍江德明等並坐交通請謁黜。己未，呂夷簡、張耆、夏竦、陳堯佐、范雍、趙稹、晏殊皆罷。以張士遜爲昭文館大學士，李迪同中書門下平章事、集賢殿大學士，王隨參知政事，李諮爲樞密副使，王德用簽書樞密院事。壬戌，御紫宸殿，以張士遜爲山陵使兼園陵使。癸亥，上大行太后謚曰莊獻明肅，追尊宸妃李氏爲皇太后謚曰莊懿。

五月戊辰，詔禮部貢舉。癸酉，詔中外勿輒言皇太后垂簾日事。乙亥，罷羣牧制置使。

丙子，命宰臣張士遜撰謝太廟及躬耕籍田記。檢討宋祁言，皇太后謁廟非後世法，乃止撰籍田記。戊寅，錄繫囚。

六月甲午朔，日有食之。壬寅，錄周世宗及高季興、李煜、孟昶、劉繼元、劉鋹後。癸卯，命審刑、大理詳定配隸刑名。戊午，減天下歲貢物。

秋七月丁丑，詔知耀州富平縣事張龜年增秩再任，以其治行風告天下。戊子，詔以蝗旱去尊號「睿聖文武」四字，以告天地宗廟，仍令中外直言闕政。

八月甲午朔，契丹使來弔慰祭奠。壬寅，作奉慈廟。甲辰，詔中外毋避莊獻明肅太后父諱。丁巳，置端明殿學士。

九月甲戌，幸洪福院〔三〕，臨莊懿太后梓宮。丙子、壬午，臨如之。

冬十月癸巳朔，太白犯南斗。甲午，禁登州民采金。丁酉，祔葬莊獻明肅皇太后、莊懿皇太后于永定陵。甲辰，詔以兩川歲貢綾錦羅綺紗，以三之二易爲紬絹，供軍須。己酉，祔莊獻明肅太后、莊懿太后神主于奉慈廟。癸丑，下德音，降東、西京囚罪一等，徒以下釋之；緣二太后陵應奉民戶，免租賦科役有差。丙辰，贈周王祐爲皇太子。戊午，張士遜、楊崇勳罷，以呂夷簡爲門下侍郎、同中書門下平章事、昭文館大學士，王曙爲樞密使，王德用爲樞密副使，宋綬參知政事，蔡齊爲樞密副使。

十一月癸亥朔，薛奎罷。詔增宗室奉。太白犯南斗。乙丑，追册美人張氏爲皇后。甲戌，贈寇準爲中書令。

十二月丙申，復置提點刑獄。丁酉，詔諸路轉運使、副，歲徧歷所部，仍令州軍具所至月日以聞。甲辰，以京東飢，出內藏絹二十萬代其民歲輸。乙巳，詔修周廟。丁未，詔臺官非中丞、知雜保薦者勿任。戊申，出宮人二百。乙卯，廢皇后郭氏爲淨妃、玉京沖妙仙師，居長寧宮。御史中丞孔道輔率諫官、御史，大呼殿門請對，詔宰相告以皇后當廢狀。丙辰，出道輔及諫官范仲淹，仍詔臺諫自今毋相率請對。丁巳，詔明年改元。禁邊臣增置堡砦。

是歲，畿內、京東西、河北、河東、陝西蝗，淮南、江東、兩川飢，遣使安撫，除民租。注輦國來貢。

景祐元年春正月甲子，發江、淮漕米振京東飢民。丙寅，詔開封府界諸縣作糜粥以濟飢民，諸災傷州軍亦如之。戊辰，詔三司鑄景祐元寶錢。甲戌，詔執政大臣議兵農可更制者以聞。詔募民掘蝗種，給菽米。癸未，詔：禮部所試舉人十取其二；進士三舉、諸科五舉嘗經殿試，進士五舉年五十、諸科六舉年六十，及曾經先朝御試者，皆以名聞。甲申，淮南飢，出內藏絹二十萬代其民歲輸。丁亥，置崇政殿說書。庚寅，詔停淮南上供一年。

二月乙未，罷書判拔萃科。辛丑，詔禮部貢院，諸科舉人七舉者，不限年，並許特奏名。甲辰，權減江、淮漕米二百萬石。戊申，詔麟、府州振蕃漢飢民。

三月壬午，免諸路災傷州軍今年夏稅。癸未，詔解州畦戶逋鹽蠲其半。是月，賜禮部奏名進士、諸科及第出身七百八十三人。

夏四月丁酉，開封府判官龐籍言，尚美人遣內侍稱教旨免工人市租。帝爲杖內侍，仍詔有司，自今宮中傳命，毋得輒受。癸丑，詔置殿中侍御史、監察御史裏行。

五月辛酉，出布十萬端易錢糴河北軍儲。丁卯，禁民間織錦刺繡爲服飾。西川歲織錦上供亦罷之。癸酉，詔：臺諫未曾歷郡守者，與郡。壬午，錄繫囚。是月，契丹主宗眞之母還政於子，出居慶陵。

六月壬辰，交州民六百餘人內附。庚子，免畿內被災民稅之半。己酉，策制舉、武舉人。乙卯，詔州縣官非理科決罪人至死者，並奏聽裁。

閏月甲子，泗州淮、汴溢。己巳，常州無錫縣大風發屋。乙亥，毀天下無額寺院。壬午，罷造玳瑁、龜筒器。

秋七月丙申，賜壽州下蔡縣被溺之家錢有差。己亥，樞密使王曙加同平章事。辛丑，詔文武提刑毋得互相薦論。壬子，詔轉運使與長吏，舉所部官專領常平倉粟。甲寅，河決澶州橫隴埽。

八月庚申，薛奎卒。壬戌，有星孛于張、翼。癸亥，王曙卒。甲子，月犯南斗。戊辰，帝不豫。庚午，以王曾爲樞密使。辛未，以星變大赦，避正殿，減常膳，輔臣奏事延和殿閤。壬申，詔淨妃郭氏出居于外，美人尚氏入道，楊氏安置別宅。

九月壬辰，百官請隻日御前殿，如先帝故事，詔可。丁酉，帝康復，御正殿，復常膳。甲辰，詔立皇后曹氏。丙午，熒惑犯南斗。

冬十月庚申，罷淮南、江、浙、荆湖制置發運使，詔淮南轉運兼發運事。乙亥，作郊廟景安、興安、祐安之曲。

十一月己丑，册曹氏爲皇后。癸丑，作大安之曲以饗聖祖。

十二月癸酉，賜西平王趙元昊佛經。

是歲，南平王李德政獻馴象二，詔還之。開封府、淄州蝗。

二年春正月癸丑，置邇英、延義二閣，寫尚書無逸篇于屏。

二月戊午，御延福宮觀大樂。癸亥，舊給事資善堂者皆推恩。戊辰，李迪罷，以王曾爲門下侍郎、同中書門下平章事、集賢殿大學士，王隨、李諮知樞密院事，蔡齊、盛度參知政事，

王德用、韓億同知樞密院事。

三月戊申，出內庫珠賜三司，以助經費。

夏四月庚午，詔天下有知樂者，所在薦聞。

五月甲午，傜、獠寇雷、化州，詔桂、廣會兵討之。丙申，錄繫囚。庚子，議太祖、太宗、眞宗廟並萬世不遷；南郊升侑上帝，以太祖定配，二宗迭配。丙午，降天下繫囚罪一等，杖以下釋之。丁未，廣西言鎭寧州蠻入寇。

六月丁巳，詔幕職官初任未成考，毋薦。乙亥，頒一司一務及在京敕。鎭寧蠻請降。

秋七月戊申，廢西京採柴務，以山林賦民，官取十之一。

八月壬子朔，詔輕強盜法。甲寅，宴紫宸殿，初用樂。甲戌，幸安肅門砲場閱習戰。己卯，置提點銀銅坑冶鑄錢官〔四〕。

九月壬寅，按新樂。己酉，作睦親宅。命中丞杜衍等汰三司胥吏。宋綬上中書總例。

冬十月辛亥朔，復置朝集院。癸亥，復羣牧制置使。丁卯，詔諸路歲輸緡錢福建、二廣易以銀，江東以帛。庚午，熒惑犯左執法。

十一月戊子，廢后郭氏薨。癸巳，朝饗景靈宮。甲午，饗太廟、奉慈廟。乙未，祀天地于圜丘，大赦。錄五代及諸國後。宗室任諸司使以下至殿直者，換西班官。百官上尊號曰

景祐體天法道欽文聰武聖神孝德皇帝。丁未，加恩百官。

十二月壬子，加唃廝囉爲保順軍留後。丙子，詔長吏能導民修水利闢荒田者賞之。

是歲，以鎮戎軍荐飢，貸弓箭手粟麥六萬石。

三年春正月壬辰，追復郭氏爲皇后。丁酉，葬皇后郭氏。

二月丙辰，命官較太常鐘律。壬戌，詔兩制、禮官詳定京師士民服用、居室之制。甲子，以廣南兵民苦瘴毒，爲置醫藥。丁卯，修陝西三白渠。

三月癸巳，復商賈以見錢算請官茶法。乙未，觀新定鐘律。戊戌，詔兩省、卿監、刺史、閤門以上致仕，給奉如分司官，長吏歲時勞賜之。改維州爲威州。

夏五月庚辰，購求館閣逸書。丙申，錄繫囚。丙戌，天章閣待制范仲淹坐譏刺大臣，落職知饒州。集賢校理余靖、館閣校勘尹洙、歐陽修並落職補外。詔戒百官越職言事。

六月壬申，虔、吉州水溢，壞城郭廬舍，賜被溺家錢有差。

秋七月丁亥，禁民間私寫編敕、刑書。乙未，置大宗正司。庚子，大雨震電。太平興國寺災。辛丑，降三京罪囚一等，徒以下釋之。

八月己酉，班民間冠服、居室、車馬、器用犯制之禁。乙卯，月犯南斗。

九月庚辰，幸睦親宅宴宗室。癸巳，熒惑犯南斗。是月，定中心喪解官法。

冬十月丁未，命章得象等考課諸路提刑。甲寅，作朝集院〔五〕。

十一月戊寅，保慶皇太后楊氏崩。辛卯，上保慶太后謚曰莊惠。

十二月丙寅，李諮卒。丁卯，王德用知樞密院事，章得象同知樞密院事。

是歲，南平王李德政、西南蕃來貢。南丹州莫淮戩內附。

四年春正月壬午，詔均諸州解額。

二月己酉，葬莊惠皇太后〔六〕于永定陵。己未，祔神主于奉慈廟。庚申，德音：降東、西京及靈駕所過州縣囚罪一等，徒以下釋之。乙丑，置赤帝像于宮中祈嗣。

三月甲戌，置天章閣侍講。戊寅，詔禮部貢舉。

夏四月乙巳，呂夷簡上景祐法寶新錄。甲子，呂夷簡、王曾、宋綬、蔡齊罷，以王隨爲門下侍郎、同中書門下平章事、昭文館大學士，陳堯佐同中書門下平章事、集賢殿大學士，盛度知樞密院事，韓億、程琳、石中立參知政事，王鬷同知樞密院事。

五月庚戌，皇子生，錄繫囚，降死罪一等，流以下釋之。是日皇子薨。乙卯，以旱遣使決三京繫囚。丙寅，芝生化成殿楹。

六月乙亥，杭州江潮壞隄，遣使致祭。戊子，出神武祕略賜邊臣。己丑，奉安太祖御容于揚州建隆寺。

秋七月丁未，詔河東、河北州郡密嚴邊備。戊申，有星數百西南流至壁東，大者其光燭地，黑氣長丈餘，出畢宿下。

八月甲戌，越州水，賜被溺民家錢有差。甲午，詔三司、轉運司毋借常平錢穀。

冬十一月癸亥，罷登、萊買金場。

十二月甲申，幷、代、忻州並言地震，吏民壓死者三萬二千三百六人，傷五千六百人，畜擾死者五萬餘。遣使撫存其民，賜死傷之家錢有差。

是歲，滑州民竈成被，長二丈五尺。唃廝囉、龜茲、沙州來貢。

寶元元年春正月甲辰，雷。丙辰，以地震及雷發不時，詔轉運使、提點刑獄〔七〕按所部官吏，除幷、代、忻州壓死民家去年秋糧。

二月壬申，詔復日御前殿。甲午，安化蠻寇宜、融州。

三月戊戌朔，王隨、陳堯佐、韓億、石中立罷，以張士遜爲門下侍郎、同中書門下平章事、昭文館大學士，章得象同中書門下平章事、集賢殿大學士，王鬷、李若谷並參知政事，王

博文、陳執中同知樞密院事。己亥，發邵、澧、潭三州駐泊兵討安化州蠻。是月，賜禮部奏名進士、諸科及第出身七百二十四人。

夏四月癸酉，王博文卒。乙亥，以張觀同知樞密院事。壬辰，除宜、融州夏稅。

五月乙巳，錄繫囚。

六月戊寅，罷舉童子。己卯，建州大水，壞民廬舍，賜死傷家錢有差，其無主者官葬祭之。甲申，詔天下諸州月上雨雪狀。

秋七月壬戌，策制舉人。癸亥，策武舉人。

八月丁卯，復淮南、江、浙、荆湖制置發運使。庚辰，熒惑犯南斗。

九月戊申，詔應祀事，已受誓戒而失虔恭者，毋以赦原。賜宜、融州討蠻兵緡錢。

冬十月丙寅，詔戒百官朋黨。

十一月甲辰，詔廣西鈐轄進兵討安化蠻。乙巳，詔宜、融州民嘗從軍役者，免今夏稅，運糧者免其半。戊申，朝饗景靈宮。己酉，饗太廟及奉慈廟。庚戌，祀天地于圜丘，大赦，改元。百官上尊號曰寶元體天法道欽文聰武聖神孝德皇帝。乙卯，復奏舉縣令法。王曾薨。

十二月癸亥朔，加恩百官。甲子，京師地震。丙寅，鄜延路言趙元昊反。甲戌，禁邊人

與元昊互市。己卯，奉寧軍節度使、知永興軍夏竦兼涇原秦鳳路安撫使，振武軍節度使、知延州范雍兼鄜延環慶路安撫使。

是歲，達州大水，黎州蠻來貢。

二年春正月己酉，王隨卒。辛亥，安化蠻平。癸丑，趙元昊表請稱帝改元。

三月丁未，鑄皇宋通寶錢。乙卯，閱試衞士。戊午，賜陝西緣邊軍士緡錢。

夏四月癸亥，授唃廝囉二子瞎氊、磨氊角〔六〕團練使。乙丑，放宮女二百七十人。壬申，免昭州運糧死蠻寇者家徭二年、賦租一年。丁亥，募河東、陝西民入粟實邊。

五月癸巳，詔近臣舉方略材武之士各二人。己亥，禁皇族及諸命婦、女冠、尼等非時入內。癸卯，命近臣同三司議節省浮費。丙午，遣使體量安撫陝西、河東。己酉，錄繫囚。壬子，王德用罷，以夏守贇知樞密院事。

六月壬戌，詔省浮費，自乘輿服御及宮掖所須，宜從簡約，若吏兵祿賜，毋概行裁減。戊辰，詔諸致仕官嘗犯贓者，毋推恩子孫。丁丑，益州火，焚廬舍三千餘區。壬午，削趙元昊官爵，除屬籍。

秋七月丁巳，詔宗室遇南郊及乾元節恩，許官一子，餘五歲授官。戊午，以夏竦知涇州

兼涇原秦鳳路沿邊經略安撫使、涇原路馬步軍都總管，范雍兼鄜延環慶路沿邊經略安撫使、鄜延路馬步軍都總管。

八月丁卯，以箄篥城唃廝波補本族軍主。甲戌，皇子生。丙子，降三京囚罪一等，徒以下釋之。辛巳，命輔臣報祠高禖。

九月壬寅，詔河北轉運使兼都大制置營田屯田事。乙卯，出內庫銀四萬兩，易粟振益、梓、利、夔路飢民。

十月庚午，賜麟、府州及川、陝軍士緡錢。甲申，詔兩川飢民出劍門關者勿禁。

十一月戊子朔，出內庫珠，易緡錢三十萬糴邊儲。丁酉，盛度、程琳罷，出御史中丞孔道輔。壬寅，以王鬷知樞密院事，宋庠參知政事。

十二月庚申，詔審刑院、大理寺、刑部毋通賓客。壬申，詔御史闕員朕自擇舉。

是歲，曹、濮、單州蝗。

康定元年春正月丙辰朔，日有食之。壬戌，賜國子監學田五十頃。是月，元昊寇延州，執鄜延、環慶兩路副都總管劉平，鄜延副都總管石元孫。詔陝西運使明鎬募強壯備邊。

二月丁亥，以夏守贇爲宣徽南院使，陝西馬步軍都總管、經略安撫使。詔潼關設備。辛卯，月、太白俱犯昴。壬辰，夏守贇兼沿邊招討使。出內藏緡錢十萬賜戍邊禁兵之家。知制誥韓琦安撫陝西。白氣如繩貫日。甲午，括畿內、京東西、淮南、陝西馬。丙申，詔諸路轉運使、提刑，訪知邊事者以聞。丁酉，詔樞密院同宰臣議邊事。辛丑，出內藏緡錢八十萬付陝西市糴軍儲〔九〕。丙午，德音：釋延州保安軍流以下罪，寇所攻掠地除今夏稅，戍兵及戰死者賜其家緡錢。是日改元，去尊號「寶元」字，許中外臣庶上封章言事。丁未，詔陝西量民力，蠲所科芻糧。癸丑，降范雍爲尚書吏部侍郎、知安州。甲寅，出內庫珠償民馬直。

三月丙辰，詔大臣條陝西攻守策。癸亥，命韓琦治陝西城池。乙丑，閱虎翼軍習戰。辛未，詔延州錄戰沒軍士子孫，月給糧。丙子，大風，晝暝，是夜有黑氣長數丈，見東南。丁丑，罷大宴。詔中外言闕政。戊寅，王鬷、陳執中、張觀罷，以晏殊、宋綬知樞密院事，王貽永同知樞密院事。詔按察官舉才堪將帥者。庚辰，詔參知政事同議邊事。辛巳，德音：降天下囚罪一等，徒以下釋之。賜京師、河北、陝西、河東諸軍緡錢，蠲陝西夏稅十之二，減河東所科粟。

夏四月丙戌，省陝西沿邊堡砦。癸巳，詔諸戍邊軍月遣內侍存問其家，病致醫藥，死爲斂葬之。甲午，遣使籍陝西強壯軍。乙未，契丹國母復遣使來賀乾元節。乙巳，增補河北

強壯軍。丙午，鄜延路兵馬都監黃德和坐棄軍要斬。丁未，贈劉平、石元孫官，錄其子孫。辛亥，築延州金明栲栳砦。

五月甲寅朔，詔前殿奏事毋過五班，餘對後殿。命大官賜食。壬戌，張士遜致事，呂夷簡爲門下侍郎、同中書門下平章事、昭文館大學士。癸酉，詔夏守贇進屯鄜州。戊寅，以夏竦爲陝西馬步軍都總管兼招討使。是月，元昊陷塞門砦，兵馬監押王繼元死之，又陷安遠砦。

六月丙戌，詔假日御崇政殿視事如前殿。丁亥，以夏守贇同知樞密院事。甲午，降三京囚罪一等，徒以下釋之。乙未，南京鴻慶宮神御殿火。壬寅，遣使體量安撫京東、西。甲辰，增置陝西、河北、河東、京東西弓手。

秋七月乙丑，遣使以討元昊告契丹。庚午，閱諸軍習戰。戊寅，皇子昕爲忠正軍節度使，封壽國公。

八月戊戌，禁以金箔飾佛像。癸卯，遣尚書屯田員外郎劉渙使邈川。戊申，夏守贇罷，以杜衍同知樞密院事。辛亥，詔范仲淹、葛懷敏領兵驅逐塞門等砦蕃騎出境，仍募弓箭手，給地居之。

九月甲寅，滑州河溢。戊午，李若谷罷，以宋綬、晁宗愨參知政事，鄭戩同知樞密院事。

中華書局

戊辰，以晏殊爲樞密使，王貽永、杜衍、鄭戩並樞密副使。甲戌，詔使臣、諸班、諸軍有武藝者自陳。辛巳，閱諸軍習戰。是月，元昊寇三川砦，都巡檢楊保吉死之；又圍師子、定川堡，戰士死者五千餘人，遂陷乾溝、乾河、趙福三堡。環慶路兵馬副都總管任福破白豹城。

冬十月乙未，製銅符、木契〔10〕、傳信牌。甲辰，錄方略士六十一人，授官有差。

十一月壬戌，有大星流西南，聲如雷者三。

十二月癸未，出內藏庫絹一百萬助糴軍儲。詔南京祠大火。丙戌，詔以常平緡錢助糴軍儲。癸卯，宋綬卒。戊申，鑄「當十」錢權助邊費。

校勘記

〔一〕天安殿　原作「大安殿」，據本書卷八五地理志、長編卷一一一、玉海卷一六〇改。下文同。

〔二〕大行皇太后山陵五使　「山陵」二字原脫，據長編卷一一二、宋會要禮三七之五七補。

〔三〕洪福院　原作「法福院」，據本書卷二四二李宸妃傳、長編卷一一三和宋會要禮三二之一七、一八改。

〔四〕置提點銀銅坑冶鑄錢官　「銀銅坑冶」，原作「刑獄」，據長編卷一一七、宋史全文卷七改。

〔五〕作朝集院　長編卷一一九作「新作朝集院成」。按上文及編年綱目卷一〇置朝集院條注，當以長編爲是。

〔六〕莊惠皇太后　「太」字原脫，據長編卷一二〇、宋會要后妃一之二補。

〔七〕提點刑獄　「點」，原作「舉」，據長編卷一二一改。

〔八〕磨氈角　原作「磨角氈」，按本書卷一一、四九二和宋會要蕃夷六之三都作「磨氈角」，長編卷一二三作「默戩覺」，因改。

〔九〕出內藏緡錢八十萬付陝西市糴軍儲　「付」字原脫，據長編卷一二六補。

〔10〕製銅符木契　「符」字原脫，據長編卷一二九及本書下卷慶曆元年十月己亥「罷銅符木契」補。

宋史卷十一

本紀第十一

仁宗三

慶曆元年春正月辛亥朔，御大慶殿受朝。己未，加唃廝囉河西節度使。壬申，詔歲以春分祠高禖。是月，元昊請和。

二月己亥，壽國公昕薨。辛亥，罷大宴。京東西、淮、浙、江南、荊湖置宣毅軍。甲辰，詔：臣僚受外任者，毋得因臨遣祈恩。丙午，京師雨藥。是月，元昊寇渭州，環慶路馬步軍副總管任福敗于好水川，福及將佐軍士死者六千餘人。

三月庚戌朔，修金隄。乙卯，詔止郡國舉人，勿以邊機爲名希求恩澤。

夏四月甲申，以資政殿學士陳執中同陝西馬步軍都總管兼經略安撫沿邊招討等使，知永興軍。詔夏竦仍判永興軍。乙巳，下德音：降陝西囚死罪一等，流以下釋之；特支軍士

緡錢，振撫邊民被鈔略者親屬。

五月丁巳，錄繫囚。甲子，出內藏緡錢一百萬助軍費。乙丑，追封皇長子爲褒王，賜名昉。丁卯，罷陝西經略安撫沿邊招討都監。辛未，宋庠、鄭戩罷，以王舉正參知政事，任中師、任布爲樞密副使。詔夏竦屯軍鄜州，陳執中屯軍涇州。癸酉，閱試衞士。

六月壬辰，詔陝西諸路總管司嚴邊備，毋輒入賊界，賊至則禦之。乙巳，詔近臣舉河北陝西河東知州、通判、縣令。

秋七月丙辰，月掩心後星。戊午，月掩南斗。壬戌，置萬勝軍凡二十指揮。是月，元昊寇麟、府州。

八月戊寅，詔鄜延部署以兵援麟、府。甲申，河北置場括市戰馬，緣邊七州軍免括。乙未，毀潼關新置樓櫓。庚子，月掩歲星。乙巳，募民間材勇者補神捷指揮。是月，元昊寇金明砦，破寧遠砦，砦主王世亶、兵馬監押王顯死之。陷豐州，知州王餘慶、兵馬監押孫吉死之。

九月壬子，命河東鑄大鐵錢。乙亥，復置義倉。

冬十月甲午，詔罷陝西都部署，分四路置使〔一〕。置陝西營田務。己亥，罷銅符、木契。是月，修河北城池。

十一月壬子，置涇原路強壯弓箭手。丙辰，發廩粟，減價以濟京城民。甲子，朝饗景靈

宮。乙丑，饗太廟、奉慈廟。丙寅，祀天地于圜丘，大赦，改元。蠲陝西來年夏稅十之二，及麟、府民二年賦租。臣僚許立家廟，功臣不限品數賜戟。增天下解額。弛京東八州鹽禁。是月，令江、饒、池三州鑄鐵錢。

十二月丙子，加恩百官。丁丑，司天監上崇天萬年曆。戊寅，詔陝西四路總管及轉運使兼營田。甲午，置陝西護塞軍。

是歲，湖南洞蠻知徽州楊通漢貢方物。

二年春正月丁巳，復京師榷鹽法。壬戌，詔以京西閑田處內附蕃族無親屬者。遣使河北募兵，及萬人者賞之。癸亥，詔磨勘院考提點刑獄功罪爲三等，以待黜陟。

二月乙未，詔：河北強壯刺手背爲義勇軍。

三月甲辰朔，詔殿前指揮使、兩省都知舉武臣才堪爲將者。丁巳，杜衍宣撫河東。辛酉，晁宗慤罷。己巳，契丹遣蕭英、劉六符來致書求割地。是月，賜禮部奏名進士、諸科及第出身八百三十九人。

夏四月戊寅，命御史中丞、諫官同較三司用度，罷其不急者。庚辰，知制誥富弼報使契丹。

五月辛亥，錄繫囚。壬子，減皇后及宗室婦郊賜之半。甲寅，詔三館臣僚上封事及聽請對。丙辰，詔醫官毋得換右職。戊午，建大名府爲北京。降河北州軍繫囚罪一等，杖、笞以下釋之。乙丑，罷左藏庫月進錢。戊辰，禁銷金爲服飾。是月，契丹集兵幽州，聲言來侵，河北、京東皆爲邊備。

六月甲戌，出內藏銀、紬、絹三百萬助邊費。癸未，以特奏名武藝人補三班。丙戌，置北平軍。丙申，閱蕃落將士騎射。戊戌，詔減省南郊臣僚賜與。

秋七月丙午，任布罷。丁未，詔：軍校戰沒無子孫者，賜其家緡錢。戊午，大雨雹。以呂夷簡兼判樞密院事，章得象兼樞密使，晏殊加平章事。癸亥，富弼再使契丹。詔：京官告病者，一年方聽朝參。

八月丁丑，策制舉人。戊寅，策武舉人試騎射。甲申，白氣貫北斗。戊子，出內藏庫緡錢十萬修北京行宮。己亥，遣使安撫京東，督捕盜賊。

九月丙午，呂夷簡改兼樞密使。乙丑，契丹遣耶律仁先〔三〕、劉六符持誓書來。

閏月戊戌，罷河北民間科徭。是月，元昊寇定川砦，涇原路馬步軍副都總管葛懷敏戰沒，諸將死者十四人，元昊大掠渭州而去。

冬十月庚戌，刺陝西保捷軍〔三〕。甲寅，遣使安撫涇原路。丙辰，知制誥梁適報使契丹。戊午，發定州禁軍二萬二千人屯涇原。庚申，詔恤將校陣亡，其妻女無依者養之宮中。丙寅，契丹遣使來再致誓書，報徹兵。

十一月壬申，黑氣貫北斗柄。辛巳，復都部署兼招討等使，命韓琦、范仲淹、龐籍分領之。甲申，以泰山處士孫復爲國子監直講。

是歲，占城獻馴象三。

三年春正月庚午朔，封皇子曦爲鄂王。辛未，曦薨。丙子，減陝西歲市木三之一。辛巳，詔輔臣議蠲減天下賦役。戊子，詔錄將校死王事而無子孫者親屬。辛卯，置德順軍。壬辰，錄唐狄仁傑後。癸巳，元昊自名曩霄，遣人來納款，稱夏國。

二月丙午，賜陝西招討韓琦、范仲淹、龐籍錢各百萬。辛酉，立四門學。

三月壬申，閱衞士武技。戊子，呂夷簡罷爲司徒、監修國史，與議軍國大事。以章得象爲昭文館大學士，晏殊爲集賢殿大學士並兼樞密使，夏竦爲樞密使，賈昌朝參知政事。

夏四月戊戌朔，幸瓊林苑閱騎士。癸卯，遣保安軍判官邵良佐使元昊，許封册爲夏國主，歲賜絹十萬匹、茶三萬斤。甲辰，以韓琦、范仲淹爲樞密副使。乙巳，詔夏竦還本鎮，以杜衍爲樞密使。丙辰，以春夏不雨，遣使祠禱于嶽瀆。甲子，呂夷簡罷議軍國大事。

五月丁卯朔，日有食之。庚午，錄繫囚。戊寅，詔諸路轉運使並兼按察使，歲具官吏能否以聞。庚辰，祈雨于相國寺、會靈觀。癸未，置御史六員，罷推直官。丁亥，置武學。戊子，雨。己丑，謝雨。辛卯，築欽天壇于禁中。乙未，近臣薦試方略者六人，授官有差。是月，忻州地大震。虎翼卒王倫叛于沂州〔四〕。

六月甲辰，詔諸路漕臣令所部官吏條茶、鹽、礬及坑冶利害以聞。

秋七月辛未，詔許二府不限奏事常制，得數陳留對。丙子，王舉正罷。壬午，罷陝西管內營田。甲申，命任中師宣撫河東，范仲淹宣撫陝西。乙酉，獲王倫。

八月乙未朔，命官詳定編敕。戊戌，詔諫官日赴內朝。丁未，以范仲淹參知政事，富弼爲樞密副使。壬子，白氣貫北斗魁。癸丑，韓琦代范仲淹宣撫陝西。甲寅，太白晝見。戊午，罷武學。

九月丁卯，詔輔臣對天章閣。戊辰，呂夷簡以太尉致仕。乙亥，任中師罷。丁丑，詔執政大臣非假休不許私第受謁。是月，桂陽洞蠻寇邊，湖南提刑募兵討平之。

冬十月丙午，詔中書、樞密同選諸路轉運使。丁未，詔縣令佐能根括編戶隱僞以增賦入者，量其數賞之。戊申，詔二府同選諸路提刑。甲寅，復諸路轉運判官。乙卯，詔修兵書。壬戌，詔二府頒新定磨勘式。甲子，築水洛城。是月，光化軍亂，討平之。

二十四史

十一月丙寅，上清宮火。癸未，詔館職有闕，以兩府、兩省保舉，然後召試補用。丁亥，更蔭補法。壬辰，限職田。是月，五星皆在東方。

十二月乙巳，桂陽監徭賊復寇邊。丁巳，大雨雪，木冰。河北雨赤雪。交阯獻馴象五。安化州蠻來貢。

四年春正月庚午，京城雪寒，詔三司減價出薪米以濟之。壬申，西蕃磨氊角入貢。乙亥，荆王元儼薨。辛卯，太常禮儀院上新修禮書及慶曆祀儀。

二月丙申，出奉宸庫銀三萬兩振陝西饑民。己酉，白虹貫日。甲寅，罷陝西四路馬步軍都總管、經略安撫招討使，復置隨路都總管、經略安撫招討使。

三月癸亥朔，以旱遣內侍祈雨。辛未，省廣濟河歲漕軍儲二十萬石。乙亥，詔天下州縣立學，更定科舉法，語在選舉志。己卯，出御書治道三十五事賜講讀官。庚辰，錄唐郭子儀後。甲申，免衡道州、桂陽監民經徭賊劫略者賦役一年。

夏四月丙申，詔湖南民誤爲征徭軍所殺者，賜帛存撫其家。丁酉，宜州蠻區希範[5]叛，詔廣西轉運鈐轄司發兵討捕。壬子，以錫慶院爲太學。

五月庚午，錄繫囚。壬申，幸國子監謁孔子，有司言舊儀止肅揖，帝特再拜。賜直講孫

復五品服。遂幸武成王廟，又幸玉津園觀種稻。乙亥，撫州獻生金山。丙子，詔西川知州軍監，罷任未出界而卒者，錄其子孫一人。戊寅，詔募人納粟振淮南饑。乙酉，忻州言地震有聲如雷。丙戌，曩霄遣人來，復稱臣。

六月壬子，降天下繫囚流、徒罪一等，杖、笞釋之。范仲淹宣撫陝西、河東。癸丑，詔諸軍因戰傷廢停不能自存及死事之家孤老，月給米人三斗。

秋七月戊寅，封宗室德文等十人爲郡王、國公。壬午，月犯熒惑。癸未，契丹遣使來告伐夏國。甲申，夷人寇三江砦，淯井監官兵擊走之。丙戌，詔諸路轉運、提刑察舉守令有治狀者。

八月辛卯，命賈昌朝領天下農田，范仲淹領刑法事。甲午，富弼宣撫河北。戊戌，命右正言余靖報使契丹。保州雲翼軍殺官吏據城叛。庚子，命右正言田況度視保州，仍聽便宜行事。丙午，進宗室官有差。戊午，詔輔臣所薦官，毋以爲諫官、御史。

九月辛酉，保州平。壬戌，詔：「保州官吏死亂兵而無親屬者，官爲殯斂，兵官被害及戰沒，並優賜其家。民田遭蹂踐者，蠲其租。」癸亥，以眞宗賢妃沈氏爲德妃，婉儀杜氏爲賢妃。戊辰，呂夷簡薨。庚午，晏殊罷。乙亥，遣使安撫湖南。甲申，以杜衍同中書門下平章事兼樞密使、集賢殿大學士，賈昌朝爲樞密使，陳執中參知政事。丁亥，宴宗室太清樓，射于苑中。

冬十月庚寅，賜曩霄誓詔，歲賜銀、絹、茶、綵凡二十五萬五千。陳堯佐薨。丙申，命范仲淹提舉三館秘閣繕校書籍。癸丑，桂陽蠻降，授蠻酋三人奉職。

十一月壬戌，以西界內附香布爲團練使[6]。己巳，詔戒朋黨相訐，及按察恣爲苛刻、文人肆言行怪者。己卯，改上莊穆皇后謚曰章穆，莊獻明肅皇太后曰章獻明肅，莊懿皇太后曰章懿，莊懷皇后曰章懷，莊惠皇太后曰章惠。庚辰，朝饗景靈宮。辛巳，饗太廟、奉慈廟。壬午，冬至，祀天地于圜丘，大赦。

十二月壬辰，加恩百官。乙未，封曩霄爲夏國主。丁酉，詔州縣以先帝所賜七條相誨敕。辛亥，置保安、鎭戎軍榷場。

是歲，黎州邛部川山前、山後百蠻都鬼主牟黑來貢。

五年春正月甲戌，罷河東、陝西諸路招討使。乙亥，復置言事御史。丙子，契丹遣使來告伐夏國還。庚辰，命知制誥余靖報使契丹。癸未，詔：京朝官因被彈奏，雖不曾責罰，但有改移差遣，並四周年磨勘。乙酉，范仲淹、富弼罷。丙戌，杜衍罷，以賈昌朝同中書門下平章事兼樞密使、集賢殿大學士，王貽永爲樞密使，宋庠參知政事，吳育、龐籍並爲樞密副使。

二月辛卯，詔罷京朝官用保任敍遷法，又罷蔭補限年法。壬辰，曩霄初遣人來賀正旦。癸卯，以久旱，詔州縣毋得淹繫刑獄。辛亥，祈雨于相國天清寺、會靈祥源觀。癸丑，桂陽監言唐和等復內寇。乙卯，謝雨。

三月己未，詔大宗正勵諸宗子授經務學。辛酉，韓琦罷。癸亥，詔禮部貢舉。甲子，宜州蠻賊區希範平。庚午，東方有黃氣如虹貫月。甲戌，詔監司按察屬吏，毋得差官體量。甲申，詔陝西以曩霄稱臣，降繫囚罪一等，笞釋之；邊兵第賜緡錢；民去年逋負皆勿責，蠲其租稅之半，麟、府州嘗爲羌所掠，除逋負租稅如之。丙戌，罷入粟補官。

夏四月丁亥朔，司天言日當食，陰晦不見。錄繫囚，遣官錄三京囚。辛卯，曩霄初遣人來賀乾元節。戊申，章得象罷，以賈昌朝爲昭文館大學士，陳執中同中書門下平章事、集賢殿大學士兼樞密使。庚戌，以吳育參知政事，丁度爲樞密副使。

五月己巳，罷諸路轉運判官。

閏月丙午，曩霄遣人來謝册命。

六月丁卯，減益、梓州上供絹歲三之一，紅錦、鹿胎半之。

秋七月戊申，廣州地震。

八月庚午，荆南府、岳州地震。

中華書局

九月庚寅，詔：文武官已致仕而舉官犯罪當連坐者，除之。辛卯，以重陽曲宴近臣、宗室于太清樓，遂射苑中。

冬十月乙卯，契丹遣使來獻九龍車及所獲夏國羊馬。辛酉，祔章獻明肅皇后、章懿皇后神主于太廟，大赦。罷轉運使兼按察。庚午，幸瓊林苑，遂畋楊村，遣使以所獲馳薦太廟，召父老賜以飲食、茶帛。辛未，頒曆于夏國。庚辰，罷宰臣兼樞密使。

十一月丁亥，冬至，宴宗室于崇政殿。己酉，詔河北長吏舉殿直、供奉官有武才者。

是歲，施州溪洞蠻、西南夷龍以特來貢。

六年春正月戊申，徙廣南戍兵善地，以避瘴毒。

二月戊寅，青州地震。詔陝西經略安撫及轉運司，議裁節諸費及所置官員無用者以聞。

三月辛巳朔，日有食之。錄繫囚。庚寅，登州地震，岠嵎山摧，自是屢震，輒海底有聲如雷。甲午，月犯歲星。是月，賜禮部奏名進士、諸科及第出身八百五十三人。

夏四月甲寅，遣使賜湖南戍兵方藥。

五月甲申，京師雨雹，地震。丙戌，錄繫囚。戊子，減邛州鹽井歲課緡錢一百萬。丙申，詔陝西市蕃部馬。丁酉，京東人劉沯、劉沔、胡信謀反伏誅。

六月庚戌朔，詔夏竦與河北監司察帥臣、長吏之不職者。丁巳，有流星出營室南，其光燭地，隱然有聲。丙寅，以久旱，民多暍死，命京城增鑿井三百九十。丁丑，詔制科隨禮部貢舉。

秋七月丁亥，月犯南斗。庚寅，河東經略司言雨壞忻、代等州城壁。

八月癸亥，策試賢良方正能直言極諫，并試武舉人。癸酉，以吳育爲樞密副使，丁度參知政事。

九月甲辰，登州言有巨木三千餘浮海而出。

冬十月辛未，詔發兵討湖南傜賊。

十一月己卯，遣官議夏國公封界〔七〕。癸未，湖南傜賊寇英、韶州界。辛丑，畋東韓村，乘輿所過及圍內田，蠲其租一年。

是歲，邈川首領唃厮囉、西蕃瞎氈磨氈角、安化州蠻蒙光速等來貢。交阯獻馴象十。道州部瀧酋李石壁等降。

七年春正月丙子朔，御大慶殿受朝。丁亥，詔：河北所括馬死者，限二年償之。己亥，頒慶曆編敕。壬寅，詔減連州民被傜害者來年夏租。

二月己酉，詔取益州交子三十萬，於秦州募人入中糧。丙辰，令內侍二人提舉月給軍糧。

三月壬午，錄繫囚。癸未，詔：「天下有能言寬恤民力之事者，有司驛置以聞，以其副上之轉運司，詳其可行者輒行之。」毀後苑龍船。丁亥，以旱罷大宴。癸巳，詔：避正殿，減常膳；許中外臣僚實封條上三事〔八〕。乙未，賈昌朝罷，以陳執中爲昭文館大學士，夏竦同中書門下平章事、集賢殿大學士，吳育爲給事中歸班，文彥博爲樞密副使。罷出獵。丁酉，以夏竦爲樞密使，文彥博參知政事，高若訥爲樞密副使。辛丑，祈雨于西太一宮，及還遂雨。壬寅，陳執中、宋庠、丁度以旱降官一等。

夏四月丁未，謝雨。己酉，詔：「前京東轉運使薛紳專任文吏伺察郡縣細過，江東轉運使楊紘、判官王綽、提點刑獄王鼎苛刻相尚，並削職知州，自今毋復用爲部使者。」壬子，御正殿，復常膳。乙卯，復執中、庠、度官。己巳，詔諫官非公事毋得私謁。

五月戊寅，詔：武臣非歷知州軍無過者，毋授同提點刑獄。己丑，補降傜唐和等爲峒主。己亥，命翰林學士楊察蠲放天下逋負。辛丑，詔西北二邊有大事，二府與兩制以上雜議之。

六月乙巳，詔禁畜猛獸害人者。辛酉，詔天下知縣非鞫獄毋得差遣。壬戌，詔：臣僚朝見者，留京毋過十日。

秋七月癸未，奉安太祖、太宗、眞宗御容于南京鴻慶宮。甲申，德音：降南京畿內囚罪

一等，徒以下釋之；賜民夏稅之半；除災傷倚閣稅及欠折官物非侵盜者。辛丑，禁貢餘物饋近臣。

八月乙丑，析河北爲四路，各置都總管。

九月丁酉，詔刪定一州一縣敕。

冬十月壬子，李迪薨。甲子，幸廣親宅，謁太祖、太宗神御殿，宴宗室，賜器幣有差。乙丑，河陽、許州地震。

十一月乙未，加上眞宗謚。丙申，朝饗景靈宮。丁酉，饗太廟、奉慈廟。戊戌，冬至，祀天地于圜丘，大赦。貝州宣毅卒王則據城反。

十二月戊申，加恩百官。庚戌，樞密直學士明鎬體量安撫河北。癸丑，詔貝州有能引致官兵獲賊者，授諸衞上將軍。甲寅，遣內侍以敕榜招安貝賊。

是歲，西蕃磨氈角來貢。

八年春正月丁丑，文彥博宣撫河北，明鎬副之。壬午，江寧府火。乙未，日赤無光。

閏月辛丑，貝州平。甲辰，曲赦河北，賜平貝州將士緡錢，戰沒者官爲葬祭，兵所踐民田蠲其稅，改貝州爲恩州。戊申，文彥博同中書門下平章事、集賢殿大學士，官吏將士有功

者遷擢有差。辛酉，親從官顏秀等四人夜入禁中謀爲變，宿衞兵捕殺之。丙寅，磔王則于都市。丁卯，知貝州張得一坐降賊伏誅。

二月癸酉，頒慶曆善救方。夏國來告曩霄卒。己卯，賜瀛、莫、恩、冀州緡錢二萬，贖還饑民鬻子。丁酉，奉安宣祖、太祖、太宗御容于睦親宅。

三月甲辰，詔禮部貢舉。辛亥，遣使體量安撫陝西。甲寅，幸龍圖、天章閣，詔輔臣曰：「西陲備禦，兵冗賞濫，罔知所從，卿等各以所見條奏。」又詔翰林學士、三司使、知開封府、御史中丞曰：「朕躬闕失，左右朋邪，中外險詐，州郡暴虐，法令有不便於民者，朕欲聞之，其悉以陳。」壬戌，以霖雨，錄繫囚。癸亥，以朝政得失、兵農要務、邊防備豫、將帥能否、財賦利害、錢法是非與夫讒人害政、姦盜亂俗及防微杜漸之策，召知制誥、諫官、御史等諭之，使悉對于篇。

夏四月己巳朔，封曩霄子諒祚爲夏國主。壬申，丁度罷，明鎬參知政事。

五月辛酉，夏竦罷，宋庠爲樞密使，龐籍參知政事。

六月戊辰朔，詔近臣舉文武官材堪將帥者。丙子，河決澶州商胡埽。壬辰，以久雨齋禱。甲午，明鎬卒。乙未，詔館閣官須親民一任，方許入省、府及轉運、提點刑獄差遣。丙申，章得象薨。

秋七月戊戌，以河北水，令州縣募饑民爲軍。辛丑，罷鑄鐵錢。

八月己丑，以河北、京東西水災，罷秋宴。

九月戊午，詔三司以今年江、淮漕米轉給河北州軍。

冬十一月己亥，作「皇帝欽崇國祀之寶」。壬戌，出廩米減價以濟畿內貧民。

十二月乙丑朔，以霖雨爲災，頒德音，改明年元，減天下囚罪一等，徒以下釋之。出內藏錢帛賜三司，貿粟以濟河北，流民所過，官爲舍止之，所齎物毋收算。丁卯，册美人張氏爲貴妃。戊子，遣使體量安撫利州路。

是歲，廬州合肥縣稻再實。交州來貢。

皇祐元年春正月甲戌朔，日有食之。以河北水災，罷上元張燈，停作樂。庚戌，張士遜薨。己未，詔以緡錢二十萬市穀種分給河北貧民。辛酉，詔臺諫非朝廷得失、民間利病，毋風聞彈奏。

二月戊辰，以河北疫，遣使頒藥。辛未，發禁軍十指揮赴京東、西路備盜。

三月丁巳，錄繫囚。己未，契丹遣使來告伐夏國。庚申，翰林院學士錢明逸報使契丹。是月，賜禮部奏名進士、諸科及第出身千三百九人。

四月癸未，梓州轉運司言淯井監夷人平。

六月甲子，蠲河北復業民租賦二年。甲戌，始置觀文殿大學士。戊寅，詔中書、樞密非聚議毋通賓客。戊子，詔轉運使、提點刑獄，所部官吏受贓失覺察者，降黜。

秋七月丁酉，詔臣僚毋得保薦要近內臣。己未，詔諸州歲市藥以療民疾。

八月壬戌，陳執中罷。以文彥博爲昭文館大學士，宋庠同中書門下平章事、集賢殿大學士，龐籍爲樞密使，高若訥參知政事，梁適爲樞密副使。甲申，策制舉、武舉人。

九月乙巳，廣源州蠻儂智高寇邕州，詔江南、福建等路發兵以備。戊午，太白犯南斗。己未，罷武舉。

冬十一月丙申，詔：河北被災民八十以上及篤疾不能自存者，人賜米一石、酒一斗。辛丑，詔民有冤、貧不能詣闕者，聽訴於監司以聞。

十二月甲子，遣入內供奉高懷政督捕邕州盜賊。

是歲，大留國來貢。

校勘記

〔一〕詔罷陝西都部署分四路置使　「陝西」二字原缺。按長編卷一三四，這時罷陝西馬步軍都部署兼

經略安撫沿邊招討使，始分陝西爲四路；十朝綱要卷五並說：這時「分緣邊爲秦鳳、涇原、環慶、鄜延四路，命知秦、渭、慶、延州者領之。」據補。

〔二〕耶律仁先　原作「耶律仁起」，據遼史卷一九興宗紀、長編卷一三七改。

〔三〕刺陝西保捷軍　「刺」，原作「敕」，據本書卷一九〇兵志、長編卷一三八改。

〔四〕虎翼卒王倫叛于沂州　「沂州」，原作「忻州」，據長編卷一四一、宋會要兵一〇之一四改。

〔五〕區希範　原作「歐希範」，據本書卷四九五環州蠻傳、卷三〇〇杜杞傳、長編卷一四八、宋會要蕃夷五之八二至八三改。下文五年三月甲子條同。

〔六〕十一月壬戌以西界內附香布爲團練使　此句有誤。據長編卷一五二，這年十月庚戌，西界努瑪族太尉香布以其族十八人內附，詔以香布爲右千牛衞將軍、本族巡檢。香布子團練使瑪爾布爲右班殿直。」注說：「瑪爾布授官乃十一月壬戌，今并書。」

〔七〕遣官議夏國公封界　長編卷一五九載此事云：「遣著作佐郎楚建中往延州同議夏國封界事。」

〔八〕許中外臣僚實封條上三事　此語有誤。長編卷一六〇引詔說：「中外臣僚指當世切務實封條上；三事大夫其協心交儆。」此詔見宋大詔令集卷一五三，作「應中外文武臣僚並許實封言當世切務，三事大夫其協心交儆。」

宋史卷十二

本紀第十二

仁宗四

二年春正月癸卯，以歲饑罷上元觀燈。壬子，命近臣同三司較天下財賦出入之數。

二月甲申，出內庫絹五十萬，下河北、陝西、河東路，以備軍賞。

三月戊子朔，詔：季秋有事于明堂。己丑，以大慶殿爲明堂。甲午，遣官祈雨。丁酉，月犯軒轅大星。戊戌，詔：明堂禮成，羣臣毋上尊號。庚子，契丹遣使以伐夏師還來告。丙午，雨。己酉，詔：兩浙流民聽人收養。翰林學士趙槩報使契丹。

夏五月丁亥朔，新作明堂禮神玉。己亥，旌定州義民李能。

六月己未，出新製明堂樂八曲。丁卯，以自製黃鐘五音五曲，並肄于太常。庚午，定選舉縣令法。壬申，月犯填星。癸未，錄繫囚。

八月庚申〔一〕，熒惑入輿鬼，犯積尸。癸亥，出內藏絹百萬市糴軍儲。壬申，深州大雨，壞廬舍。

九月丁亥，閱雅樂。己酉，朝饗景靈宮。庚戌，饗太廟。辛亥，大饗天地于明堂，以太祖、太宗、眞宗配，如圜丘。大赦，百官進秩一等。詔：「自今內降指揮，百司執奏毋輒行。敢因緣干請者，諫官、御史察舉之。」

冬十月庚午，熒惑犯太微上將。乙亥，宴京畿父老于錫慶院。

閏十一月己未，詔后妃之家毋得除二府職任。丙寅，秀州地震，有聲如雷。丁卯，詔中書門下省、兩制及太常官詳定太樂。河北水，詔蠲民租，出內藏錢四十萬緡、絹四十萬匹付本路，使措置是歲芻糧。

十二月甲申，定三品以上家廟制。唃廝囉、西蕃瞎氊、西南蕃龍光瀧、占城、沙州來貢，涇原路生戶都首領郍龍男阿日丁內附。

三年春正月乙丑，幸魏國大長公主第視疾。

二月丙戌，宰臣文彥博等進皇祐大饗明堂記。己亥，復行河北沿邊州軍入中糧草見錢法。

三月庚申，宋庠罷，以劉沆參知政事。癸酉，儂智高表獻馴象及金銀，卻之。

夏四月癸未，詔：「河北流民相屬，吏不加恤，而乃飾廚傳，交賂使客，以取名譽。自今非犒設兵校，其一切禁之。」丙申，太白晝見。

五月庚戌，以恩、冀州旱，詔長吏決繫囚。壬申，置河渠司。乙亥，頒簡要濟衆方，命州縣長吏按方劑以救民疾。丁丑，錄繫囚。

六月丁亥，無爲軍獻芝草，帝命姑免知軍茹孝標罪，戒州郡自今勿復獻。

秋七月癸丑，詔：「少卿、監以下，年七十不任釐務者，御史臺、審官院以聞。嘗任館閣、臺諫及提刑者，中書裁處。待制以上能自引年，則優加恩禮。」丙辰，以孔氏子孫復知仙源縣事。丁巳，兩制、禮官上大樂，名曰大安。辛酉，河決大名府郭固口。乙丑，罷、徙州縣長吏不任事者十有六人。丙子，減郴永州、桂陽監丁身米歲十萬餘石。

八月丙戌，遣使安撫京東、淮南、兩浙、荆湖、江南饑民。辛卯，詔諸路監司具所部長吏治狀能否以聞。是月，汴河絕流。

冬十月庚子，文彥博罷，以龐籍同中書門下平章事、昭文館大學士，高若訥爲樞密使，梁適參知政事，王堯臣爲樞密副使。

十一月辛亥，減潭州、泉州、興化軍丁米。

十二月庚辰，新作渾儀。庚子，詔文武官七十以上未致仕者，更不考課遷官。甲辰，罷災傷州軍貢物。

是歲，涇原樊家族密厮歌內附。

四年春正月己巳，詔諸路貸民種。乙亥，塞大名府決河。

二月庚子，蠲湖州民所貸官米。

三月己酉，詔禮部貢舉。丙辰，蠲江南路民所貸種數十萬斛。辛酉，錄繫囚。辛未，詔宮禁市物給實直，非所闕者毋市。

夏四月庚辰，詔：修河兵夫逃亡死傷，會其數，以議官吏之罰。廣源州蠻儂智高反。

五月乙巳朔，智高陷邕州，遂陷橫、貴等八州，圍廣州。壬申，命知桂州陳曙率兵討智高。

六月乙亥，起前衞尉卿余靖爲祕書監、湖南安撫使、知潭州，前尙書屯田員外郎、直史館楊畋體量安撫廣南、提舉經制盜賊事。庚辰，改余靖爲廣西安撫使、知桂州，命同提點廣東刑獄李樞與陳曙討智高，廣東轉運鈐轄司發兵援之。丁亥，以狄青爲樞密副使。

秋七月乙巳，出內藏錢絹助河北軍儲。丙午，命余靖經制廣南盜賊事。丁巳，大風拔木。壬戌，智高引衆去廣州，廣東兵馬鈐轄張忠、知英州蘇緘邀擊于白田，忠戰歿。甲子，廣東兵馬鈐轄蔣偕又敗于路田。

八月癸未，詔開封府，比大風雨，民廬摧圮壓死者，官爲祭斂之。辛卯，命樞密直學士孫沔安撫湖南、江西，內侍押班石全斌[二]副之。

九月丁巳，命余靖提舉廣南兵甲經制賊盜事。庚申，廣西兵馬鈐轄王正倫討智高于昭州館門驛，戰歿。智高入昭州。庚午，以狄青爲宣徽南院使、宣撫荆湖路、提舉廣南經制賊盜事。是月，智高襲殺蔣偕于太平場。

冬十月丙子，太白犯南斗。詔鄜延、環慶、涇原路擇蕃落廣鋭軍各五千人[三]赴廣南行營。丁丑，智高入賓州。甲申，復入邕州。丁亥，以諸路飢疫并征徭科調之煩，令轉運使、提點刑獄、親民官條陳救恤之術以聞。

十一月壬寅朔，日有食之。戊午，詔免江西、湖南、廣南民供軍須者今年秋租十之三。

十二月壬申朔，廣西兵馬鈐轄陳曙討智高兵，戰于金城驛。壬辰，觀新樂。乙未，錄唐顏眞卿後。

是歲，河北路及鄜州水，蠲河北民積年逋負、鄜州民稅役。

五年春正月壬寅朔，御大慶殿受朝。庚戌，以廣南用兵，罷上元張燈。白虹貫日。丁

巳，會靈觀火。戊午，狄青敗智高于邕州，斬首五千餘級，智高遁去。甲子，遣使撫問廣南將校，賜軍士緡錢。

二月癸未，狄青復爲樞密副使。甲申，赦廣南。凡戰歿者，給櫬櫝護送還家，無主者葬祭之。賊所過郡縣，免其田租一年，死事家科徭二年。貢舉人免解至禮部，不預奏名者亦以名聞。丙戌，詔廣西都監蕭注等追捕智高。丁亥，下德音：減江西、湖南繫囚罪一等，徒以下釋之。丁壯饋運廣南軍須者，減夏稅之半，仍免差徭一年。戊子，詔：百官遇南郊奏薦，無子孫者聽奏期親一人。乙未，詔：宗室通經者，大宗正司以聞。

三月癸亥，遣使奉安太祖御容于滁州，太宗御容于并州，眞宗御容于澶州。是月，賜禮部奏名進士、諸科及第出身千四十二人。

夏四月甲午，命劉沆、梁適監議大樂。

五月乙巳，詔輔臣凡有大政，許復對後殿。高若訥罷，以狄青爲樞密使。丁未，孫沔爲樞密副使。戊申，詔轉運使毋取羨餘以助三司。庚戌，詔：智高所至州，無城壘，若兵力不敵而棄城者，奏裁。壬子，錄繫囚。丁巳，詔轉運司振邕州貧民，戶貸米一石。甲子，詔諫官、御史毋挾私以中善良，及臣僚言機密事毋得漏泄。

六月乙亥，御紫宸殿按大安樂，觀宗廟祭器。丙戌，作集禧觀成。乙未，詔：「河北荐饑，轉運使察州縣長吏能招輯勞來者，上其狀；不稱職者，舉劾之。」

秋七月乙巳，詔：荆湖北路民因災傷所貸常平倉米免償。己酉，詔：薦舉非其人者，令御史臺彈奏，見任監司以上弗許薦論。戊午，詔太常定謚，毋爲溢美。

閏月戊辰，詔：廣南民逃未還者，限一年歸業，其復三歲。壬申，龐籍罷，以陳執中同中書門下平章事、昭文館大學士，梁適同中書門下平章事、集賢殿大學士。乙亥，詔武臣知州軍，須與僚屬參議公事，毋專決。庚辰，秦鳳路言總管劉煥等破蕃部，斬首二千餘級。

八月丁酉朔，詔：民訴災傷而監司不受者，聽州軍以狀聞。辛酉，策制舉、武舉人。壬戌，詔：南郊以太祖、太宗、眞宗並配。

九月乙酉，觀新樂。

冬十月丙申朔，日有食之。壬子，作「鎮國神寶」。丁巳，詔：以蝗旱，令監司諭親民官上民間利害。

十一月丁卯，朝饗景靈宮。戊辰，饗太廟、奉慈廟。己巳，祀天地于圜丘，大赦。丁丑，加恩百官。戊子，放天下逋負。

十二月戊午，詔轉運官毋得進羨餘。壬戌，以曹、陳、許、鄭、滑州爲輔郡，隸畿內，置京畿轉運使。

是歲，占城國來貢。

至和元年春正月辛未，詔：「京師大寒，民多凍餒死者，有司其瘞埋之。」壬申，碎通天犀和藥以療民疫。癸酉，貴妃張氏薨，輟視朝七日，禁京城樂一月。丁丑，追册爲皇后，賜謚溫成。辛卯，錄繫囚，減三京、輔郡雜犯死罪一等，徒以下釋之。

二月庚子，詔：「治河堤民有疫死者，蠲戶稅一年；無戶稅者，給其家錢三千。」壬戌，孫沔罷，以田況爲樞密副使。

三月己巳，王貽永罷，以王德用爲樞密使。辛未，命曾公亮等同試入內醫官。壬申，賜邊臣攻守圖。置京畿提點刑獄。乙亥，太史言日當食四月朔。庚辰，下德音，改元，減死罪一等，流以下釋之。癸未，易服，避正殿，減常膳。乙酉，詔：京西民飢，宜令所在勸富人納粟以振之。

夏四月甲午朔，日有食之，用牲于社。辛丑，御正殿，復常膳。祥源觀火。

五月戊寅，以河北流民稍復，遣使安撫。壬辰，太白晝見。

秋七月丁卯，以程戡參知政事。立溫成園。戊辰，梁適罷。己巳，出御史馬遵、呂景初、吳中復。

八月丁酉，詔：「前代帝王後嘗仕本朝，官八品以下，其祖父母、父母、妻子犯流以下罪〔四〕，聽贖；未仕而嘗受朝廷賜者，所犯非死惡，亦聽贖。」丙午，以劉沆同中書門下平章事、集賢殿大學士。命修起居注官侍經筵。

九月乙亥，契丹遣使來告夏國平。辛巳，遣三司使王拱辰報使契丹。己丑，太白晝見。

冬十月辛卯朔，太白晝見。壬辰，詔：「士庶家毋得以嘗傭顧之人爲姻，違者離之。」丁酉，葬温成皇后。丙午，温成皇后神主入廟。戊午，幸城北砲場觀發砲，宴從臣，賜衞士緡錢。

十一月甲子，出太廟禘、祫、時饗及温成皇后廟祭饗樂章〔五〕，肄于太常。

十二月丙午，詔司天監天文算術官毋得出入臣僚家。癸丑，詔：內侍傳宣，令都知司銜報，被旨者覆奏。

是歲，融州大丘洞楊光朝內附。

二年春正月丁卯，奉安真宗御容于萬壽觀。減畿內、輔郡囚罪一等，徒以下釋之。賜諸軍緡錢。戊辰，邕州言蘇茂州蠻內寇，詔廣西發兵討之。丁亥，晏殊薨。

二月壬辰，汾州團練推官郭固上車戰法，既試之，授衞尉丞。

三月丁卯，詔修起居注立於講讀官之次。丙子，封孔子後爲衍聖公。是月，以旱除畿

內民逋負及去年秋逋稅，罷營繕諸役。

夏四月己亥，契丹遣使賀乾元節，以其主之命持本國三世畫像來求御容。辛亥，定差衙前法。乙卯，出米京城門，下其價以濟流民。

五月己未，錄繫囚。辛酉，詔中書公事並用祖宗故事。戊寅，詔戒百官務飭官守。

六月戊戌，陳執中罷。以文彥博同中書門下平章事、昭文館大學士，劉沆監修國史，富弼同中書門下平章事、集賢殿大學士。乙巳，儂智高母儂氏、弟智光、子繼宗繼封伏誅。

秋八月戊子，減畿內、輔郡囚罪一等，徒以下釋之。乙未，置臺諫章奏簿。壬子，詔中書、樞密院第宗姓服屬，自明堂覃恩後及十年者，咸與進官。

九月戊午，契丹使來告其國主宗眞殂，帝爲發哀，成服于內東門幕次，遣使祭奠、弔慰及賀其子洪基立。戊辰，詔：試醫官須引醫經、本草以對，每試十道，以六通爲合格。辛巳，罷輔臣、宣徽、節度使乾元節任子恩。

冬十月丙戌，錄唐長孫無忌後。己丑，詔京畿毋領輔郡，罷京畿轉運使、提點刑獄。癸丑，下溪州蠻彭仕義內寇，詔湖北路發兵捕之。

十一月乙卯，交阯來告李德政卒，其子日尊上德政遺留物〔六〕及馴象。己未，行並邊見錢和糴法。

十二月丁亥，修六塔河。丁酉，詔：武臣有贓濫者毋得轉橫行，其立戰功者許之。庚子，契丹遣使致其主宗眞遺留物及謝弔祭。庚戌，太白晝見。壬子，作醴泉觀成。

是歲，西界阿訛等內附，詔遣還。龍賜州彭師黨以其族來歸，大食國、西蕃、安化州蠻來貢。

嘉祐元年春正月甲寅朔，御大慶殿受朝。是日，不豫。辛酉，輔臣禱祠于大慶殿，齋殿廡。近臣禱于寺觀，及遣諸州長吏禱于嶽瀆諸祠。壬戌，御崇政殿。癸亥，賜在京諸軍緡錢。甲子，赦天下，蠲被災田租及倚閣稅。戊辰，罷上元張燈。辛未，命輔臣禱天地、宗廟、社稷。是月，大雨雪，木冰。

二月甲辰，帝疾愈，御延和殿。

三月丁巳，詔禮部貢舉。辛未，司天監言：自至和元年五月，客星晨出東方守天關，至是沒。壬申，遣官謝天地、宗廟、社稷、寺觀、諸祠。癸酉，契丹遣使來謝。

閏月癸未朔，以王堯臣參知政事，程戡爲樞密副使。詔前後殿間日視事。

夏四月壬子朔，六塔河復決。丙辰，裁定補蔭選舉法。甲戌，錄繫囚。是月，大雨，水注安上門，門關折，壞官私廬舍數萬區。諸路言江、河決溢，河北尤甚。

六月辛亥朔，詔：雙日不御殿，伏終如舊。辛未，免畿內、京東西、河北被水民賦租。乙亥，雨壞太社、太稷壇。戊寅，遣使安撫河北。己卯，詔羣臣實封言時政闕失。

秋七月乙酉，命京東西、湖北監司分行水災州軍振飢蠲租。丙戌，賜河北流民米，壓溺死者賜其家錢有差。己丑，出內藏銀絹三十萬振貸河北。月入南斗。乙巳，貸被水災民麥種。是月，彗出紫微垣，長丈餘。環州小遇族叛，知州張揆破降之。

八月庚戌朔，日有食之。癸亥，狄青罷，以韓琦爲樞密使。是夕彗滅。甲子，出恭謝樂章，肄于太常。乙亥，朝謁景靈宮，減京城繫囚徒罪一等，杖笞釋之。戊寅，詔湖北招安彭仕義。

九月庚寅，命宰臣攝事于太廟。辛卯，恭謝天地于大慶殿，大赦，改元。丁酉，加恩百官。庚子，賜致仕卿、監以上及曾任近侍之臣粟帛酒餼。癸卯，舉行御史遷次格。自京至泗州置汴河木岸。

十一月辛巳，王德用罷，賈昌朝爲樞密使。

十二月壬子，劉沆罷，以曾公亮參知政事。甲子，白虹貫日。

是歲，西蕃磨氈角、占城、大食國來貢。融、桂州蠻楊克端等內附。

二年春二月己酉，梓夔路三里村夷人寇淯井監。庚戌，錄繫囚，降罪一等，徒以下釋之。遣使錄三京、輔郡繫囚。壬戌，杜衍薨。澧州羅城洞蠻內寇，發兵擊走之。癸酉，王德用卒。是月，雄、霸州地震。

三月戊寅，振河北被災民。乙未，契丹使耶律防、陳覬來求御容。戊戌，淮水溢。遣張昇報使契丹。癸卯，狄青卒。是月，賜禮部奏名進士、諸科及第出身八百七十七人。親試舉人免黜落始此。

夏四月丁未，以河北地數震，遣使安撫。丙寅，幽州地大震，壞城郭，覆壓死者數萬人。己巳，邕州火峒蠻儂宗旦入寇。癸酉，以彭仕羲未降，遣官安撫湖北。

五月庚辰，管勾麟府軍馬公事郭恩爲夏人所襲，歿于斷道塢。己亥，詔舉行磨勘法。

六月戊午，夏國主諒祚遣人來謝使弔祭。戊辰，以淑妃苗氏爲賢妃。

秋七月辛巳，詔河北諸道總管分遣兵官教閱所部軍。辛卯，命孫抃、張昪磨勘轉運使及提點刑獄課績。丁酉，詔陝西、河北諸路經略安撫舉文武官材堪將領者各一人。

八月己酉，詔：每歲賜諸道節鎭、諸州錢有差，命長吏選官和藥，以救民疾。壬子，命富弼等詳定編敕。庚申，錄繫囚，降罪一等，徒以下釋之。癸亥，策制舉人。丁卯，置廣惠倉。

九月庚子，契丹再使蕭扈、吳湛來求御容。

冬十月乙巳，遣胡宿報使契丹。丙午，班祿令。

十一月丙申，詔三司使體量判官才否以聞。

十二月戊申，詔：「自今間歲貢舉，天下進士、諸科解舊額之半，置明經科，罷說書舉人。」辛亥，立內降關白二府法。

是歲，西蕃瞎氈幷諸族、西平州黔南道王石自品〔七〕、西南蕃鶻州來貢。

三年春正月戊戌，鑿永通河。

二月癸卯，契丹使來告其祖母哀，輟視朝七日，遣使祭奠弔慰。癸丑，錄繫囚，降罪一等，徒以下釋之。

三月甲戌，詔禮部貢舉。

夏四月甲子，吳育卒。乙丑，罷睦親宅祖宗神御殿。丙辰，詔：「守令或貪恣耄昏，以弛爲寬，以苛爲察，以增賦斂爲勞，以出入刑罰爲能，而部使者莫之舉劾。自今其各思率職，毋撓權倖，毋縱有罪，以稱朕意。」

五月壬申，增國子監生員。甲午，契丹遣使致其祖母遺留物。

六月丙午，文彥博、賈昌朝罷，以富弼爲昭文館大學士，韓琦同中書門下平章事、集賢殿大學士，宋庠、田況爲樞密使，張昪爲樞密副使。甲寅，詔學士院編國朝制誥。丁卯，交阯貢異獸。

秋七月丙子，詔：「廣濟河溢，原武縣河決，遣官行視民田，振恤被水害者。」癸巳，以夔州路旱，遣使安撫。

八月己亥朔，日有食之。己未，王堯臣卒。庚申，彭仕羲率衆降。

九月癸酉，議罷榷茶法。己丑，契丹遣使來謝。

冬十月癸亥，除河北坊郭客戶乾食鹽錢。

十一月癸酉，議減冗費。己丑，置都水監，罷三司河渠司。

十二月己巳，詔三司歲上天下稅賦之數，三歲一會虧贏以聞。

閏月丁卯朔，詔：「吏人及伎術官職，毋得任知州軍、提點刑獄，自軍班出至正任者，方得知邊要州軍。」丁丑，詔裁定制科及進士高第人恩數。庚辰，詔：明年正旦日食，其自丁亥避正殿，減常膳。宴契丹使，毋作樂。壬午，錄繫囚，降三京囚罪一等，徒以下釋之。

是歲，安化上中下州、北遐鎭蠻人來貢。

四年春正月丙申朔，日有食之。用牲于社。辛丑，御正殿，復常膳。以自冬雨雪不止，

遣官分行京城，賜孤窮老疾錢，畿縣委令佐爲糜粥濟飢。壬寅，賜在京諸軍班緡錢。頒嘉祐驛令。

二月己巳，罷榷茶。庚午，廣南言交阯寇欽州。乙亥，以廣惠倉隸司農寺。戊子，白虹貫日。

三月戊戌，命近臣同三司減定民間科率。是月，賜進士、諸科及第出身三百三十九人。

夏四月丁卯，詔孟冬大祫于太廟。癸酉，封柴氏後爲崇義公，給田十頃，奉周室祀。丙子，復銀臺司封駮制。癸未，陳執中薨。辛卯，詔：「中外臣庶居室、器用、冠服、妾媵，有違常制，必罰毋貸。」壬辰，錄繫囚，降罪一等，徒以下釋之。大震電，雨雹。

五月戊戌，詔：「兩制臣僚舊制不許詣執政私第，執政嘗所舉薦不得用爲御史〔八〕，今除其法。」庚子，詔：內臣員多，權罷進養子入內。壬子，遣官經界河北牧地，餘募民種藝。

六月己巳，羣臣請加尊號曰「大仁至治」，表五上，不許。癸酉，詔諸路經略安撫、轉運使、提點刑獄，各舉本部官有行實政事者三人，以備升擢。嘗任兩府者，許舉內外官。丁丑，詔轉運司，凡鄰州饑而輒閉糴者，以違制論。辛卯，放宮女二百十四人。

秋七月丁未，放宮女二百三十六人。

八月乙亥，策制舉人。

冬十月壬申，朝饗景靈宮。癸酉，大祫于太廟，大赦。詔諸路監司察士有學行爲鄉里所推者，同長吏以聞。民父母年八十以上，復其一丁。復益州爲成都府，并州爲太原府。戊寅，加恩百官。

十一月庚子，汝南郡王允讓薨。

十二月丁丑，白虹貫日。

是歲，唃廝囉來貢。

五年春正月辛卯朔，白虹貫日，太白犯歲星。己亥，錄劉繼元後。

二月壬戌，錄繫囚。

三月壬辰，詔禮部貢舉。癸巳，劉沆薨。乙未，歲星晝見。壬子，詔以蝗澇相仍，敕轉運使、提點刑獄督州縣振濟，仍察不稱職者。

夏四月癸未，程戡罷，以孫抃爲樞密副使。丙戌，命近臣同三司議均稅。

五月戊子朔，京師民疫，選醫給藥以療之。己丑，京師地震。丁酉，詔三司置寬恤民力司。己酉，王安石召入爲三司度支判官。丁巳，錄繫囚，降罪一等，徒以下釋之。

六月乙丑，詔戒上封告訐人罪或言赦前事，及言事官彈劾小過不關政體者。乙亥，遣官分行天下，訪寬恤民力事。

秋七月癸巳，邕州言交阯與甲峒蠻合兵寇邊，都巡檢宋士堯拒戰死之，詔發諸州兵討捕。丙申，詔待制、臺諫官、正刺史以上各舉諸司使至三班使臣堪將領及行陣戰鬭者三人。戊戌，翰林學士歐陽脩上新修唐書。庚戌，詔中書門下采端實之士明進諸朝，辨激巧僞者放黜之。

八月壬申，詔求逸書。庚辰，置陝西估馬司。乙酉，罷諸路同提點刑獄使臣。丙戌，置江、湖、閩、廣、四川十一路轉運判官。

九月己丑，太白晝見。

冬十月乙酉，深州言野蠶成繭，被于原野。

十一月辛卯，罷內臣寄遷法。辛丑，宋庠罷。以曾公亮爲樞密使，張昪、孫抃爲參知政事，歐陽脩、陳升之、趙槩爲樞密副使。

十二月己卯，蘇茂州蠻寇邕州。辛巳，補諸州父老百歲以上者十二人爲州助敎。

是歲，大食國來貢。

六年春正月乙未，許兩制與臺諫相見。

二月丁巳，詔：宗室賜名授官者，須年及十五方許轉官。乙丑，詔：良民子弟或爲人誘隸軍籍，自今兩月內父母訴官者還之。丙寅，錄繫囚，降罪一等，徒以下釋之。

三月己亥，富弼以母喪去位。庚子，以富弼母喪罷大宴。戊申，給西京周廟祭享器服。是月，賜進士、諸科及第同出身二百九十五人。

夏四月辛酉，詔：嶺南官吏死于儂賊而其家流落未能自歸者，所在給食，護送還鄉。庚辰，陳升之罷，以包拯爲樞密副使。出諫官唐介趙抃、御史范師道呂誨。

五月丙戌，官諸路敦遺行義文學之士七人。庚戌，錄繫囚，降罪一等，徒以下釋之。分命官錄三京繫囚。

六月壬子朔，日有食之。乙丑，太白晝見。壬申，歲星晝見。丙子，以司馬光知諫院，入對。戊寅，以王安石知制誥。

秋七月乙酉，泗州淮水溢。丙戌，詔淮南、江、浙水災，差官體量蠲稅。戊子，錄昭憲皇太后、孝明孝惠孝章淑德皇后家子孫，進秩授官者十有九人。癸巳，詔：「臺諫爲耳目之官，乃聽險陂之人興造飛語，中傷善良，非忠孝之行也。中書門下其申儆百工，務敦行實，循而弗改者紬之。」

八月乙亥，策制舉人。丁丑，詔：「諸路刺舉之官，未有以考其賢否，比令有司詳定厥制，其各務祗新書，以稱朕意。仍令考校轉運、提刑課績院以新定條目施行。」戊寅，詔：州縣長吏有清白不擾而實惠及民者，令本路監司保薦再任，政迹尤異，當加獎擢。

閏月乙酉，復以成都府爲劍南西川節度。庚子，以韓琦爲昭文館大學士，曾公亮同中書門下平章事、集賢殿大學士，張昪爲樞密使。辛丑，以胡宿爲樞密副使。

冬十月壬午，定內侍磨勘法。丙戌，詔京西、淮、浙、荊湖增置都同巡檢。壬辰，起復皇姪前右衞大將軍岳州團練使宗實爲泰州防禦使（九），知宗正寺。辭以喪不拜。

十一月己巳，許夏國用漢衣冠。癸酉，賜昭憲皇太后家信陵坊第。戊寅，許康州刺史李樞以己官封贈父母。

十二月丙戌，復豐州。庚寅，命諸路總管集隨軍功過簿，以備遷補。

是歲，冬無冰。占城國獻馴象，安化州蠻來貢。

七年春正月辛未，復命皇姪宗實爲泰州防禦使，知宗正寺。乙亥，詔南郊以太祖配爲定制。改溫成皇后廟爲祠殿。

二月己卯朔，更江西鹽法。詔開封府市地于四郊，給錢瘞民之不能葬者。癸未，錄繫囚，命官錄被水諸州繫囚。

三月辛亥，詔禮部貢舉。乙卯，孫抃罷，以趙槩參知政事，吳奎爲樞密副使。甲子，以旱罷大宴。乙丑，祈雨于西太一宮。庚午，謝雨。壬申，徐州彭城、濠州鍾離地生麪十餘頃，民皆取食。

夏四月壬午，頒嘉祐編敕。己丑，夏國主諒祚進馬求賜書，詔賜九經，還其馬。

五月戊午，太白晝見。庚午，包拯卒。

六月丙子朔，歲星晝見。

秋七月戊申，太白經天。壬子，詔季秋有事于明堂。

八月乙亥朔，出明堂樂章，肄于太常。己卯，詔以宗實爲皇子。癸未，賜名曙。丁亥，奉安眞宗御容于壽星觀。庚子，以立皇子告天地宗廟諸陵。

九月乙巳朔，以皇子爲齊州防禦使，進封鉅鹿郡公。己酉，朝饗景靈宮。庚戌，饗太廟。辛亥，大饗明堂，奉眞宗配，大赦。己未，加恩百官。

冬十月乙亥，皇子表辭所除官，賜詔不允。丙戌，白虹貫日。乙未，太白晝見。丙申，詔內藏庫、三司共出緡錢一百萬，助糴天下常平倉。

十二月甲午，德妃沈氏爲貴妃，賢妃苗氏爲德妃。丙申，幸龍圖、天章閣，召羣臣宗室

觀祖宗御書。又幸寶文閣，爲飛白書分賜從臣。作觀書詩，命韓琦等屬和，遂宴羣玉殿。庚子，再召從臣于天章閣觀瑞物，復宴羣玉殿。

是歲，多無冰。占城來貢。

八年春正月辛亥，交阯貢馴象九。

二月癸未，帝不豫。甲申，下德音，減天下囚罪一等，徒以下釋之。丙戌，中書、樞密奏事于福寧殿之西閤。

三月戊申，龐籍薨。癸亥，御內東門幄殿，優賜諸軍緡錢。甲子，御延和殿，賜進士、諸科及第同出身三百四十一人。辛未，帝崩于福寧殿，遺制皇子卽皇帝位，皇后爲皇太后，喪服以日易月，山陵制度務從儉約。謚曰神文聖武明孝皇帝，廟號仁宗。十月甲午，葬永昭陵。

贊曰：仁宗恭儉仁恕，出於天性，一遇水旱，或密禱禁廷，或跣立殿下。有司請以玉清舊地爲御苑，帝曰：「吾奉先帝苑囿，猶以爲廣，何以是爲？」燕私常服澣濯，帷帟衾裯，多用繒絁。宮中夜飢，思膳燒羊，戒勿宣索，恐膳夫自此戕賊物命，以備不時之須。大辟疑者，

皆令上讞，歲常活千餘。吏部選人，一坐失入死罪，皆終身不遷。每諭輔臣曰：「朕未嘗詈人以死，況敢濫用辟乎！」

至於夏人犯邊，禦之出境；契丹渝盟，增以歲幣。在位四十二年之間，吏治若媮惰，而任事蔑殘刻之人；刑法似縱弛，而決獄多平允之士。國未嘗無弊倖，而不足以累治世之體；朝未嘗無小人，而不足以勝善類之氣。君臣上下惻怛之心，忠厚之政，有以培壅宋三百餘年之基。子孫一矯其所爲，馴致於亂。傳曰：「爲人君，止於仁。」帝誠無愧焉！

校勘記

〔一〕八月庚申　原脫，據本書卷五五天文志補；以下兩事長編卷一六九也繫在八月。

〔二〕石全斌　卽「石全彬」，見本書卷四六六石知顒傳附傳。

〔三〕五千人　「五千」，原作「五十」，據長編卷一七三、太平治蹟統類卷一〇改。

〔四〕其祖父母父母妻子犯流以下罪　「祖父母」下原脫「父母」二字，據長編卷一七六補。

〔五〕溫成皇后廟祭饗樂章　「廟祭饗」三字原脫，據長編卷一七七、宋會要樂三之一六補。

〔六〕德政遺留物　「遺留物」，原作「遺賣物」，據長編卷一八一、宋會要蕃夷四之三三改。

〔七〕黔南道王自品　本書卷四九六西南諸夷傳云：「又有張玉、石自品者，嘉祐中來貢。」貴陽府志

卷一亦云：「嘉祐二年黔南道張玉、西平州石自品入貢。」疑此文「王」爲「玉」訛，又脫「張」字。

〔八〕執政嘗所舉薦不得用爲御史　「執政嘗」三字原脫，據長編卷一八九、宋史全文卷九補。

〔九〕泰州防御使　「泰州」，原作「秦州」，據長編卷一九五、宋大詔令集卷四一宗實起復制改，下文七年正月辛未條同。

元　脱脱等撰

宋史

第二册

卷一三至卷三二(紀)

中華書局

中華書局

宋史卷十三

本紀第十三

英宗

英宗體乾應曆隆功盛德憲文肅武睿聖宣孝皇帝，諱曙，濮安懿王允讓第十三子，母曰仙遊縣君任氏。明道元年正月三日，生於宣平坊第。初，王夢兩龍與日並墮，以衣承之。及帝生，赤光滿室，或見黃龍游光中。四歲，仁宗養於內。寶元二年，豫王生，乃歸濮邸。

帝天性篤孝，好讀書，不爲燕嬉褻慢，服御儉素如儒者。每以朝服見教授，曰：「師也，敢弗爲禮。」時吳王宮教授吳充進宗室六箴，仁宗付宗正，帝書之屏風以自戒。

景祐三年，賜名宗實，授左監門衞率府副率，累遷右羽林軍大將軍、宜州刺史。皇祐二年，爲右衞大將軍、岳州團練使。

嘉祐中，宰相韓琦等請建儲，仁宗曰：「宗子已有賢知可付者，卿等其勿憂。」時帝方服

濮王喪。六年十月辛卯，起爲秦州防禦使、知宗正寺，帝以終喪辭。奏四上，乃聽。喪終，復授前命，又辭。七年八月，許罷宗正，復爲岳州團練使。戊寅，立爲皇子。癸未，改今名。帝聞詔稱疾，益堅辭。詔同判大宗正事安國公從古等往喻旨，卽臥內起帝以入。甲辰，見清居殿。自是，日再朝，或入侍禁中。九月，遷齊州防禦使，鉅鹿郡公。

八年，仁宗崩。夏四月壬申朔，皇后傳遺詔，命帝嗣皇帝位。百官入，哭盡哀。韓琦宣遺制。帝御東楹見百官。癸酉，大赦，賜百官爵一等，優賞諸軍，如乾興故事。遣王道恭告哀于契丹。帝欲亮陰三年，命韓琦攝冢宰，宰臣不可，乃止。乙亥，帝不豫。遣韓贄等告卽位于契丹。丙子，尊皇后曰皇太后。己卯，詔請皇太后同聽政。壬午，皇太后御小殿垂簾，宰臣覆奏事。乙酉，作受命寶。丁亥，以皇子右千牛衞將軍仲鍼爲安州觀察使、光國公。熒惑自七年八月庚辰不見，命宰臣祈禳，至是月己丑見于東方。

庚子，立京兆郡君高氏爲皇后。五月戊午，以富弼爲樞密使。戊辰，初御延和殿。以疾未平，命宰臣祈福于天地、宗廟、社稷及寺觀，又禱于岳瀆名山。六月辛卯，契丹遣蕭福延等來祭弔。

秋七月壬子，初御紫宸殿。帝自六月癸酉不御殿，至是始見百官。癸亥，歲星晝見。乙丑，星大小數百西流。戊辰，百官請大行皇帝謚于南郊。八月癸巳，以生日爲壽聖節。

九月辛亥，以光國公仲鍼爲忠武軍節度使、同中書門下平章事、淮陽郡王，改名項。戊午，上仁宗謚册于福寧殿。

冬十月甲午，葬仁宗于永昭陵。十一月丙午，祔于太廟。大風霾。己酉，減東西二京罪囚一等，免山陵役戶及靈駕所過民租。辛亥，契丹遣蕭素等來賀卽位。

十二月己巳，初御邇英閣，召侍臣講讀經史。乙亥，淮陽郡王項出閣。

是歲，于闐、西南蕃來貢。

治平元年春正月丁酉朔，改元。戊戌，太白晝見。己亥，壽聖節，百官及契丹使初上壽于紫宸殿。甲寅，賞知唐州趙尙寬修溝堰、增戶口，進一官，賜錢二十萬。

三月壬寅，命修秦悼王冢，置守護官。戊午，錄囚。辛酉，雨土。

夏四月癸未，放宮女百三十五人。甲午，祈雨于相國天淸寺、醴泉觀。賜諸軍錢有差。

五月己亥，濬二股河。戊申，皇太后還政。庚戌，初日御前後殿。壬子，詔："皇太后稱聖旨，出入儀衛如章獻太后故事。其有所須，內侍錄聖旨付有司，覆奏卽行。"丙辰，上皇太后宮殿名曰慈壽。己未，熒惑犯太微上將。壬戌，以病愈，命宰臣謝天地、宗廟、社稷及宮觀。

閏月戊辰，輔臣進爵一等。

六月己亥，以淮陽郡王項爲潁王，祁國公顥爲保寧軍節度使、同中書門下平章事、東陽郡王，鄂國公頵爲左衞上將軍。增宗室教授。丁未，增同知大宗正事一員。辛亥，作睦親、廣親宅。辛酉，太白晝見。壬戌，歲星晝見。

八月甲辰，錄周世宗後。甲寅，太白入太微垣。乙卯，遣兵部員外郎呂誨等四人充賀契丹太后生辰、正旦使，刑部郎中章岷等四人充賀契丹主生辰、正旦使。丙辰，內侍都知任守忠坐不法，貶保信軍節度副使，蘄州安置。丁巳，以上供米三萬石振宿、亳二州水災戶。

九月丁卯，復武舉。庚午，詔夏國精擇使人，戒勵毋紊彝章。

冬十月丙申，詔中外近臣、監司舉治行素著可備升擢者二人。

十一月乙亥，科陝西戶三丁之一，刺以爲義勇軍，凡十三萬八千四百六十五人，各賜錢二千。諫官司馬光累上疏諫之，不允。戊寅，復內侍養子令。

十二月乙巳，雨土。丙辰，契丹遣耶律烈等來賀壽聖節，蕭禧等來賀明年正旦。

是歲，畿內、宋亳陳許汝蔡唐潁曹濮濟單濠泗廬壽楚杭宣洪鄂施渝州、光化高郵軍大水，遣使行視，疏治振恤，蠲其賦租。西蕃瞎氈子瞎欺米征內附。

二年春正月甲戌，振蔡州。

二月甲辰，大風，晝冥。丁未，錄囚。是月，賜禮部奏名進士、明經諸科及第出身三百六十一人。

三月己巳，班明天曆。

夏四月戊戌，詔議崇奉濮安懿王典禮。辛丑，詔監司、知州歲薦吏毋徒充數。丙午，奉安仁宗御容于景靈宮。丁未，白氣起西方。

五月癸亥，詔以綜核名實勵臣下。丙子，詔："自今皇子及宗室屬卑者，勿授以檢校師傅官。"乙酉，詔："宗室封王者子孫襲爵。"

六月壬辰，錄囚。己酉，詔尙書集三省、御史臺議奉濮安懿王典禮。甲寅，罷尙書省集議，令有司博求典故，務在合經。詔遣官與契丹定疆界。

秋七月癸亥，富弼罷。丙寅，詔減乘輿服御。丙子，放宮女百八十人。丁丑，太白晝見。己卯，羣臣五上尊號，不允。庚辰，張昪罷，以文彥博爲樞密使。

八月庚寅，京師大雨，水。癸巳，賜被水諸軍米，遣官視軍民水死者千五百八十人，賜其家緡錢，葬祭其無主者。乙未，以雨災詔責躬乞言。初，學士草詔曰："執政大臣，其惕思天變。"帝書其後曰："雨災專以戒朕不德，可更曰『協德交修』。"己亥，以水災罷開樂宴。壬子，以工部郎中蔡抗等充賀契丹生辰使，侍御史趙鼎等充賀契丹正旦使。乙卯，減衮冕制度。丙辰，陝西置壯城兵。

九月壬戌，雨，罷大宴。己巳，以災異風俗策制舉人。壬午，太白犯南斗。乙酉，以久雨，遣使祈于岳瀆名山大川。

冬十月乙巳，雨木冰。

十一月庚午，朝饗景靈宮。辛未，饗太廟。壬申，有事南郊，大赦。上皇太后册。册皇后。以齊州爲興德軍節度。辛巳，加恩百官。

十二月辛亥，太白晝見。

是歲，蔣、波、繡、雲、龍賜等州來貢。

三年春正月丙辰朔，契丹遣使耶律仲達等來賀正旦。戊午，契丹遣使蕭惟輔等來賀壽聖節。丙寅，幸降聖院，謁神御殿。癸酉，契丹改國號爲遼。己卯，溫州火，燒民屋萬四千間，死者五千人。丁丑，皇太后下書中書門下："封濮安懿王宜如前代故事，王夫人王氏、韓氏、任氏，皇帝可稱親。尊濮安懿王爲皇，夫人爲后。"詔遵慈訓，以塋爲園，置守衞吏，卽園立廟，俾王子孫主祠事，如皇太后旨。辛巳，詔臣民避濮安懿王諱，以王子宗懿爲濮國公。壬午，黜御史呂誨、范純仁、呂大防。

二月乙酉朔，白虹貫日。

三月庚申，彗星晨見于室。辛酉，黜諫官傅堯俞、御史趙鼎趙瞻。戊辰，上親錄囚。庚午，以彗避正殿，減膳。辛未，以黜呂誨等詔內外。癸酉，以災異責躬，詔轉運使察獄訟、調役利病大者以聞。辛巳，彗晨見于昴，如太白，長丈有五尺。壬午，孛于畢，如月。

夏四月丙午，詔有司察所部左道、淫祀及賊殺善良不奉令者，罪毋赦。

五月甲子，罷知雜御史、觀察使以上歲舉人。乙丑，彗至張而沒。戊辰，謂宰相曰：「朕欲與公等日論治道，中書常務有定制者，付有司行之。」

六月己酉，錄囚。

秋七月乙丑，進濮王子孫及魯王孫爵一等。

八月庚子，遣傅卞等賀遼主生辰，張師顏等賀正旦。

九月壬子朔，日有食之。癸亥，定待制、諫官、朝官少卿郎中遷選歲月補員格。庚辰，禁妃嬪、公主以下薦服親之夫。

冬十月壬午朔，以仙遊縣君任氏墳域爲園。乙酉，詔兩日一御邇英閣。丁亥，詔禮部三歲一貢舉。甲午，詔宰臣、參知政事舉才行士可試館職者各五人。

十一月戊午，帝不豫，禱于大慶殿。己未，宰相始奏事。辛酉，降天下囚死罪一等，流以下釋之。

十二月乙未，宰相祈于天地、宗廟、社稷。壬寅，立潁王頊爲皇太子。癸卯，大赦。賜文武官子爲父後者勳一轉。遼遣蕭靖等來賀正旦、壽聖節。

是歲，遣使以違約數寇責夏國，諒祚獻方物謝罪。

四年春正月庚戌朔，羣臣上尊號曰體乾膺曆文武聖孝皇帝。降天下囚罪一等，徒以下釋之。大風霾。辛亥，蠲京師逋麴錢。丁巳，帝崩于福寧殿，壽三十六。謚曰憲文肅武宣孝皇帝，廟號英宗。

帝自居睦親宅，孝德著聞。濮安懿王薨，以所服玩物分諸子，帝所得悉以與王府舊人既葬而辭去者。宗室有假金帶而以銅帶歸，主吏以告，帝曰：「眞吾帶也。」受之。命殿侍鬻犀帶，直錢三十萬，亡之，帝亦不問。

初辭皇子，請濮王宮教授周孟陽作奏，孟陽有所勸戒，即謝而拜之。奏十餘不允，始就召，戒舍人曰：「謹守吾舍，上有適嗣，吾歸矣。」既爲皇子，愼靜恭默，無所猷爲，而天下陰知其有聖德。即位，每命近臣，必以官而不以名，大臣從容以爲言，帝曰：「朕雖宮中命小臣，亦未嘗以名也。」

一日，語神宗曰：「國家舊制，士大夫之子有尙帝女，皆升行以避舅姑之尊，義甚無謂。朕嘗思此，寤寐不平，豈可以富貴之故，屈人倫長幼之序也？可詔有司革之。」會疾不果，神宗述其事焉。

贊曰：昔人有言，天之所命，人不能違，信哉！英宗以明哲之資，膺繼統之命，執心固讓，若將終身，而卒踐帝位，豈非天命乎？及其臨政，臣下有奏，必問朝廷故事與古治所宜，每有裁決，皆出羣臣意表。雖以疾疢不克大有所爲，然使百世之下，欽仰高風，詠歎至德，何其盛也！彼隋晉王廣、唐魏王泰窺覦神器，矯揉奪嫡，遂啓禍原，誠何心哉！誠何心哉！

宋史卷十四

本紀第十四

神宗一

神宗紹天法古運德建功英文烈武欽仁聖孝皇帝，諱頊，英宗長子，母曰宣仁聖烈皇后高氏。慶曆八年四月戊寅，生于濮王宮，祥光照室，羣鼠吐五色氣成雲。八月，賜名仲鍼。授率府副率，三遷至右千牛衞將軍。嘉祐八年，侍英宗入居慶寧宮，嘗夢神人捧之登天。英宗卽位，授安州觀察使，封光國公[一]。是年五月壬戌，受經于東宮。帝隆準龍顏，動止皆有常度。而天性好學，請問至日晏忘食，英宗常遣內侍止之。帝正衣冠拱手，雖大暑未嘗用扇。侍講王陶入侍，帝率弟顥拜之。九月，加忠武軍節度使、同中書門下平章事，封淮陽郡王，改今諱。治平元年六月，進封潁王。三年三月，納故相向敏中孫女爲夫人。十月，英宗不豫，帝引仁宗故事，請兩日一御邇英閣講讀，以安人心。十二

月壬寅，立爲皇太子。

四年正月丁巳，英廟崩，帝卽皇帝位。戊午，赦天下常赦所不原者。遣馮行己告哀于遼。己未，尊皇太后曰太皇太后，皇后曰皇太后。命宰相韓琦爲山陵使。辛酉，遣孫坦等告卽位于遼。以大行皇帝詔賜夏國主及西蕃唃廝囉。丙寅，羣臣表三上，始御迎陽門幄殿聽政。內醫侍先帝疾者，皆坐不謹貶之。詔東平郡王允弼、襄陽郡王允良朔望。以吳奎終喪，復授樞密副使。戊辰，以韓琦守司空兼侍中；曾公亮行門下侍郎兼吏部尚書，進封英國公；文彥博行尚書左僕射、檢校司徒兼中書令；富弼改武寧軍節度使，進封鄭國公；曹佾改昭慶軍節度使、檢校太傅；張昪改河陽三城節度使；宗諤同中書門下平章事，改集慶軍節度使、檢校尚書左僕射；歐陽脩、趙槩並加尚書左丞，仍參知政事；陳升之爲戶部侍郎；呂公弼爲刑部侍郎；允弼、允良並加守太保；弟東陽郡王顥進封昌王，鄠國公頵進封樂安郡王。羣臣進秩有差。

二月乙酉，初御紫宸殿。立向氏爲皇后。丁亥，詔入內內侍省、皇城司合覆奏事並執條覆奏。戊子，進封交阯郡王李日尊爲南平王。加邈川首領董氈檢校太保。詔山陵所須，應委三司、轉運司計置，毋輒擾民。詔提舉醫官院試堪診御脈者六人。庚寅，以四月十日爲同天節。辛卯，白虹貫日。壬辰，詔公主下嫁者行見舅姑禮。甲辰，西蕃首領拽羅鉢、鳩令結二人誘蕃部三百餘帳投夏國，捕獲，斬之以徇。

三月壬子，曹佾加檢校太尉兼侍中。賜禮部進士及第、出身四百六十一人。甲寅，陝西宣撫使郭逵討蕃部党令征等，平之。賜昌王顥公使錢歲萬緡，半給之。丙辰，昌王顥、樂安郡王頵乞解官行服，不許。癸亥，詔入內內侍省官已經壽聖節任子者，同天節權罷奏薦。壬申，歐陽脩罷知亳州。癸酉，吳奎參知政事[二]。乙亥，允良薨。

閏月癸未，太白晝見。甲申，夏國主諒祚遣使謝罪。辛卯，詔：齊、密、登、華、邠、耀、鄜、絳、潤、婺、海、宿、饒、歙、吉、建、汀、潮等十八州知州，慶、渭、秦、延四州通判，其選並從中書，毋以恩例奏授。乙未，張昪以太子太師致仕。庚子，詔求直言。御史中丞王陶乞許舉知縣資序人爲御史裏行，從之。癸卯，王安石出知江寧府。甲辰，詔：諸路帥臣及副總管，或有移易，依慶曆故事。乙巳，詔以孟夏農勞之時，令監司戒飭州縣省事，勸民力田，民有艱食者振之。

夏四月庚戌，請大行皇帝謚于南郊。辛酉，詔內外所上封事，令張方平、司馬光詳定以聞。丙寅，錄囚。御史中丞王陶、侍御史吳申呂景以過毁大臣，陶出知陳州[三]，申、景各罰銅二十斤。吳奎罷知青州。遣使循行陝西、河北、京東、京西路，體量安撫。壬申，奎復

位。罷州郡歲貢飲食果藥。癸酉，詔陝西、河東經略轉運司，察主兵臣僚怯懦老病者以聞。

五月辛巳，以久旱，命宰臣禱雨。乙巳，寶文閣成，置學士、直學士[四]、待制官。

六月己酉，遼遣蕭餘慶等來弔祭。己未，振河北流民。辛未，詔天下官吏有能知徭役利病可議寬減者以聞。乙亥，詔中書、樞密細務歸之有司。

秋七月庚辰，詔察富民與妃嬪家昏因夤緣得官者。甲申，石蕃來貢。己丑，命尚書戶部郎中趙抃、刑部郎中陳薦同詳定中外封事。辛卯，告英宗憲文肅武宣孝皇帝謚于天地、宗廟、社稷。壬辰，上寶册于福寧殿。丙午，文州曲水縣令宇文之邵上書指陳得失。

八月丁未朔，太白晝見。戊午，復西夏和市。己巳，京師地震。癸酉，葬英宗于永厚陵。

九月丁丑，詔減諸路逃田稅額。壬午，祧僖祖及文懿皇后。乙酉，祔英宗神主于太廟，樂曰大英之舞。戊子，減兩京、畿內、鄭孟州囚罪一等，民役山陵者蠲其賦。辛卯，徙封顥爲岐王，頵爲高密郡王。富弼爲尚書左僕射。遣孫思恭等報謝于遼，且賀生辰、正旦。壬辰，錄周世宗從曾孫貽廓爲三班奉職。甲午，遼遣耶律好謀等來賀卽位。戊戌，以王安石爲翰林學士。辛丑，韓琦罷爲司徒、鎭安武勝軍節度使、判相州。吳奎、陳升之罷。樞密副

中華書局

使呂公弼爲樞密使，張方平、趙抃並參知政事，邵亢爲樞密副使。壬寅，以曾公亮爲尚書左僕射，文彥博爲司空。潮州地震。癸卯，以權御史中丞司馬光爲翰林學士。

冬十月丙午，漳、泉諸州地震。丁未，富弼罷判河陽。戊申，建州、邵武興化軍地震。己酉，初御邇英閣，召侍臣講讀經史。以右諫議大夫、權御史中丞滕甫考諸路監司課績。張方平以父憂去位。庚戌，給陝西轉運司度僧牒，令糴穀振霜旱州縣。癸丑，詔翰林學士、御史中丞、侍御史知雜事舉材堪御史者各二人。詔將作監主簿常秩赴闕。甲寅，製資治通鑑序賜司馬光。癸酉，知青澗城种諤復綏州。

十一月丁丑，詔近臣各舉才行可任使者一人。戊寅，詔求直言。丙戌，詔二府各舉所知。丁亥，令考課院詳定諸州所上縣令治狀。戊子，分命宰臣祈雪。置馬監于河東交城縣。庚寅，詔：「近臣以舉官不當，經三劾者，中書別奏取旨。」乙未，詔令內外文武官各舉有材德行能者。

十二月丙辰，西南龍蕃來貢。辛酉，以來歲日食正旦，自乙丑避殿減膳，罷朝賀。壬戌，詔起居日輪轉對官二人。丙寅，詔：州縣吏並緣爲姦，致獄多瘐死，歲終會死者多寡，以制其罪。著爲令。己巳，遼遣蕭傑等來賀正旦。

熙寧元年春正月甲戌朔，日有食之。詔改元。丁丑，以旱，減天下囚罪一等，杖以下釋之。壬午，令州縣掩暴骸。丁亥，命宰臣曾公亮等極言闕失。庚寅，御殿復膳。壬辰，幸寺觀祈雨。丙申，趙槩罷知徐州，三司使唐介參知政事。丁酉，詔修英宗實錄。壬寅，增太學生百人。

二月辛亥，令諸路每季上雨雪。乙卯，孔若蒙襲封衍聖公。壬戌，貸河東饑民粟。

三月庚辰，夏主諒祚卒，遣使來告哀。丙戌，詔恤刑。戊子，作太皇太后慶壽宮、皇太后寶慈宮。丁酉，簡州木連理，潭州雨毛。

夏四月乙巳，詔翰林學士王安石越次入對。戊申，命宰臣禱雨。以樞密直學士李參爲尚書右丞，判西京留守司御史臺。辛亥，同天節，羣臣及遼使初上壽于紫宸殿。

五月甲戌，募饑民補廂軍。庚辰，詔兩制及國子監舉諸王宮學官。戊戌，廢慶成軍。

六月癸卯，錄唐魏徵、狄仁傑後。丁未，占城來貢。辛亥，詔諸路興水利。乙亥，河決棗彊縣。丙寅，命司馬光、滕甫裁定國用。

秋七月癸酉，詔：謀殺已傷，案問欲舉自首者，從謀殺減二等。乙亥，名秦州新築大甘谷口砦曰甘谷城。丁丑，詔諸路帥臣、監司及兩制、知雜御史已上，各舉武勇謀略三班使臣二名。賜布衣王安國進士及第。己卯，羣臣三表請上奉元憲道文武仁孝之號，不許。陳升之知樞密院事。給濮州雷澤縣堯陵守戶。壬午，以恩、冀州河決，賜水死家緡錢及下戶粟。甲申，京師地震。乙酉，又震，大雨。辛卯，以河朔地大震，命沿邊安撫司及雄州刺史偵遼人動息以聞。賜壓死者緡錢。京師地再震。壬辰，遣御史中丞滕甫、知制誥吳充安撫河北。癸巳，疏深州溢水。甲午，減河北路囚罪一等。丁酉，賜河北安撫司空名誥敕，募民入粟。己亥，回鶻來貢。

八月壬寅，詔京東、西路存恤河北流民。京師地震。甲辰，又震。乙卯，賜河東及鄜延路轉運司空名誥敕，募民入粟實邊。甲子，詔中書門下，考屬近行尊者一人，王之。丙寅，罷宗諤平章事。丁卯，遣張宗益等賀遼主生辰、正旦。

九月辛未，太祖曾孫舒國公從式進封安定郡王。丁亥，減后妃臣僚薦奏推恩。戊子，莫州地震，有聲如雷。丁酉，詔三司裁定宗室月料、嫁娶、生日、郊禮給賜。

冬十月辛丑，給天下繫囚衣食薪炭。乙卯，出奉宸庫珠，付河北買馬。戊辰，禁銷金服飾。

十一月癸酉，太白晝見。癸未，命宰臣禱雪。丙戌，朝饗太廟，遂齋于郊宮。廢青城後苑。丁亥，祀天地于圜丘，大赦，羣臣進秩有差。乙未，京師及莫州地震。

十二月己亥朔，命宰臣禱雪。癸卯，瀛州地大震。庚戌，賜夏國主秉常詔，許納塞門、

安遠二砦，歸其綏州。辛亥，錄唐段秀實後。癸丑，禱雪于郊廟、社稷。庚申，以判汝州富弼爲集禧觀使，詔乘驛赴闕。壬戌，雪。甲子，遼遣耶律公質等來賀正旦。

二年春正月甲午，奉安英宗神御于景靈宮英德殿。

二月己亥，以富弼同中書門下平章事。庚子，以王安石參知政事。命翰林學士呂公著修英宗實錄。乙巳，帝以災變避正殿，減膳徹樂。甲子，陳升之、王安石創置三司條例，議行新法。

三月乙酉，詔漕運鹽鐵等官各具財用利害以聞。丙戌，命宰臣禱雨。戊子，秉常上誓表，納塞門、安遠二砦，乞綏州，詔許之。乙未，以旱慮囚。

四月丁酉朔，羣臣再上尊號，不許。戊戌，省內外土木工。壬寅，遼遣耶律昌等來賀同天節。丁未，唐介薨，臨其喪。戊申，宰臣富弼、曾公亮以旱上表待罪，詔不允。癸丑，命曾公亮爲西京奉安仁宗、英宗御容禮儀使。丁巳，遣使諸路，察農田水利賦役。戊午，外任大使臣年七十以上，令監司體量，直除致仕者，更不與子孫推恩。甲子，御殿復膳。免河北歸業流民夏稅。

五月辛未，宴紫宸殿，初用樂。己卯，賜河北役兵特支錢。癸未，翰林學士鄭獬罷知杭

中華書局

州，宣徽北院使王拱辰罷判應天府，知制誥錢公輔罷知江寧府。丁亥，奉安仁宗、英宗御容于會聖宮及應天院。甲午，減西京囚罪一等。台州民延贊等九人，年各百歲以上，並授本州助教。

六月丁巳，右諫議大夫、御史中丞呂誨以論王安石，罷知鄧州。以翰林學士呂公著爲御史中丞。命龍圖閣直學士張掞兼編排錄用勳臣子孫。壬戌，太白晝見。

秋七月乙丑朔，日當食，雲陰不見。庚午，詔御史中丞舉推直官及可兼權御史者。甲戌，東平郡王允弼薨。辛巳，立淮、浙、江、湖六路均輸法。壬午，振恤被水州軍，仍蠲竹木稅及酒課。癸未，詔：「自今文臣換右職者，須實有謀勇，曾著績效，即得取旨。」甲申，日下有五色雲。己丑，韓琦上仁宗實錄，曾公亮上英宗實錄。

八月癸卯，侍御史劉琦貶監處州鹽酒務，御史裏行錢顗貶監衢州鹽稅，亦以論安石故。乙巳，殿中侍御史孫昌齡以論新法，貶通判蘄州。丙午，同修起居注范純仁以言事多忤安石，罷同知諫院。戊申，河徙東行。夏國請從舊蕃儀，詔許之。己酉，范純仁知河中府。甲寅，朝神御殿。辛酉，以祕書省著作佐郎程顥、王子韶並爲太子中允、權監察御史裏行。壬戌，侍御史知雜事劉述、同判刑部丁諷坐受刑名敕不卽下，述貶知江州，諷貶通判復州。審刑院詳議官王師元坐言許遵所議刑名不當，貶監安州稅。

九月甲子朔，交州來貢。乙丑，以古勿峒效順首領儂智會爲右千牛衞大將軍。丁卯，立常平給斂法。戊辰，出內庫緡錢百萬糴河北常平粟。丁丑，遣孫固等賀遼主生辰、正旦。辛卯，廢奉慈廟。壬辰，以祕書省著作佐郎呂惠卿爲太子中允、崇政殿說書。

冬十月丙申，富弼罷爲武寧軍節度使、判亳州。曾公亮、陳升之並同中書門下平章事。夏人渝初城綏州，命郭逵選將置守具。逵遣趙禼交夏人所納安遠、塞門二砦，就定地界。夏人渝盟，禼請城綏州，不以易二砦，因改名綏德城。戊戌，以蕃官禮賓使折繼世爲忠州刺史；左監門衞將軍嵬名山爲供備庫使，仍賜姓名趙懷順。丙辰，詔御史請對並許直由閤門上殿。戊午，宗諤復平章事。己未，夏人來謝封册。辛酉，錄楊承信曾孫立、田重進曾孫章爲三班借職。

十一月乙丑，命韓絳制置三司條例。甲戌，詔：祖宗之後世襲補外官，非袒免親罷賜名授官。丙子，罷諸路提刑武臣。頒農田水利約束。壬午，御邇英閣聽講。賜汴口役兵錢。己丑，減天下囚罪一等，徒以下釋之。

閏月庚子，濬御河。壬子，置交子務。是月，差官提舉諸路常平、廣惠倉，兼管勾農田水利差役事。

十二月癸亥朔，復減后妃公主及臣僚推恩。癸酉，增失入死罪法。丙戌，增三京留司御史臺、國子監及宮觀官，以處卿監、監司、知州之老者。戊子，遼遣蕭惟禧來賀正旦。

是歲，交州來貢。

校勘記

〔一〕光國公　原作「安國公」，據本書卷一三英宗紀、長編卷一九八及一九九、十朝綱要卷八改。

〔二〕歐陽脩罷知亳州癸酉吳奎參知政事　「罷」字原誤置在「參知政事」下，從錢大昕二十二史考異卷六七說改正。

〔三〕陶出知陳州　「知」字原脫，據本書卷三二九本傳、長編紀事本末卷五七、編年綱目卷一七補。

〔四〕直學士　「士」字原脫，據本書卷一六二職官志、編年綱目卷一七補。

宋史卷十五

本紀第十五

神宗二

三年春正月癸丑，錄唐李氏、周柴氏後。乙卯，詔諸路散青苗錢禁抑配。戊午，判尚書省張方平罷知陳州。

二月壬申，以翰林學士司馬光爲樞密副使，凡九辭，詔收還敕誥。甲戌，以河州刺史瞎欺丁木征爲金紫光祿大夫、檢校刑部尚書。乙酉，韓琦罷河北安撫使，爲大名府路安撫使。

三月丙申，孫覺、呂公著、張戩、程顥、李常上疏極言新法，不聽。己亥，始策進士，罷詩、賦、論三題。戊申，李常言青苗斂散不實，有旨具析，翰林學士兼知通進、銀臺司范鎮封還詔書，以爲不當，坐罷職，守本官。壬子，賜禮部奏名進士、明經及第八百二十九人。乙卯，詔諸路毋有留獄。丙辰，立試刑法及詳刑官。右正言孫覺以奉詔反覆貶知廣德軍。

夏四月癸亥，幸金明池觀水嬉，宴射瓊林苑。丙寅，遼遣耶律寬來賀同天節。丁卯，給兩浙轉運司度僧牒，募民入粟。戊辰，御史中丞呂公著貶知潁州。己卯，趙抃罷知杭州，以韓絳參知政事。監察御史裏行程顥罷爲京西路同提點刑獄。壬午，右正言李常貶通判滑州，監察御史裏行張戩貶知公安縣，王子韶貶知上元縣。癸未，侍御史知雜事陳襄罷爲同修起居注，程顥簽書鎭寧軍節度判官公事，前秀州軍事判官李定爲太子中允、監察御史裏行。

五月癸巳，詔並邊州郡毋給青苗錢。太白晝見。壬寅，詔令司馬光詳定轉對封事。甲辰，詔罷制置三司條例歸中書。辛亥，賜進士蘇丕號安退處士。壬子，罷入閤儀。丁巳，詔以審官院爲東院，別置西院。

六月癸酉，日有五色雲。丁丑，封宗室秦、魯、蔡、魏、燕、陳、越七王後爲公。戊寅，詔修武成王廟。丙戌，知諫院胡宗愈貶通判眞州。

秋七月辛卯，歐陽脩徙知蔡州。壬辰，呂公弼罷樞密使，以知太原府馮京爲樞密副使。罷潞州交子務〔一〕。戊戌，雨雹。癸丑，詳定宗室襲封制度。甲寅，置三班院主簿。

八月戊午，罷看詳銀臺司文字所。丙寅，以旱慮囚，死罪以下遞減一等，杖笞者釋之。以衞州旱，令轉運司振恤，仍蠲租賦。戊寅，詔：川峽、福建、廣南七路官令轉運司立格就注，具爲令。遣張景憲等賀遼主生辰、正旦。己卯，夏人犯大順城，知慶州李復圭以方略授環慶路鈐轄李信、慶州東路都巡檢劉甫、監押种詠出戰，兵少取敗。復圭誣信等違其節制，斬信及劉甫，种詠死於獄。是月，慶州巡檢姚兕敗夏人於荔原堡。鈐轄郭慶、都監高敏死之。

九月戊子朔，中書置檢正官。乙未，韓絳罷爲陝西宣撫使。己亥，始試法官。庚子，曾公亮罷爲司空兼侍中、河陽三城節度使。辛丑，以馮京參知政事，翰林學士吳充爲樞密副使。乙巳，親策賢良方正及武舉。壬子，太白晝見。癸丑，作東西府以居執政。司馬光罷知永興軍。詔：環慶陣亡義勇餘丁當刺者，悉免之。

冬十月辛酉，詔延州毋納夏使。甲子，雨木冰。壬申，朝謁神御殿。丙子，知慶州李復圭擅興兵敗績，誣裨將李信、劉甫、种詠以死，御史劾之，貶保靜軍節度副使。戊寅，陳升之以母憂去位。乙酉，詔罷諸場務內侍監當。

十一月戊子，振河北饑民徙京西者。己丑，官節行之士二十一人。壬辰，蠲陝西蕃部貸糧。癸卯，授布衣王存下班殿侍、三班差使、宣撫司指揮使〔二〕。甲辰，夏人寇大順城，都監燕達等擊走之。庚戌，詔：升朝官除南郊赦封贈父母外，不得以加恩轉官。乙卯，以韓絳兼河東宣撫使。梓州路轉運使韓璹等以能興利除害，賜帛有差。

十二月己未，詔立諸路更戍法，舊以他路兵雜戍者遣還。乙丑，立保甲法。丁卯，以韓絳、王安石並同中書門下平章事，王珪參知政事。賜布衣陳知彥進士出身，知縣王輔同進士出身。庚午，夏人寇鎭戎軍三川砦，巡檢趙普伏兵邀擊，敗之。丁丑，增廣南攝官奉。戊寅，初行免役法。賜西蕃董氈詔并衣帶、鞍馬。庚辰，命王安石提舉編修三司令式。壬午，遼遣蕭遼道等來賀正旦。癸未，命宋敏求詳定命官、使臣過犯。

是歲，振河北、陝西旱饑，除民租。交阯入貢，廣源、下溪州蠻來附。

四年春正月丁亥朔，不視朝。己丑，种諤襲夏兵于囉兀北，大敗之，遂城囉兀。自是夏人日聚兵爲報復計，言者以諤爲稔邊患不便。壬辰，王安石請鬻天下廣惠倉田爲三路及京東常平倉本，從之。乙未，渝州夷賊李光吉叛，巡檢李宗閔等戰死，命夔州路轉運使孫構討平之。詔詳定大辟覆讞法。丁酉，朝謁太祖、太宗神御殿。庚子，幸集禧觀宴從臣，又幸大相國寺，御宣德門觀燈。韓絳等言种諤領兵入西界，斬獲甚衆，詔遣使撫問。乙巳，停括牧地。丁未，立京東、河北賊盜重法。庚戌，罷永興軍買鹽鈔場。甲寅，定文德殿朔望視朝儀。

二月丁巳朔，罷詩賦及明經諸科，以經義、論、策試進士。置京東西、陝西、河東、河北

二十四史

路學官，使之教導。辛酉，詔治吏沮青苗法者。戊辰，詔振河北民乏食者。賻恤西界戰死軍人。庚午，于闐國來貢。壬申，進封高密郡王頵爲嘉王。癸酉，詔審官院所定人赴中書，察堪任者引見。甲戌，賜討渝州夷賊兵特支錢。丁丑，禱雨。詔增漳河等役兵。

三月丁亥，夏人陷撫寧堡。戊子，慶州廣鋭卒叛，尋討平之。庚寅，詔給諸路學田，增教官員。辛卯，遣使察奉行新法不職者。癸卯，減河東、陝西路囚罪一等，徒以下釋之。民緣軍事科役者，蠲其租賦。丙午，种諤坐陷撫寧堡，責授汝州團練副使〔三〕，潭州安置。丁未，韓絳坐興師敗衄罷，以本官知鄧州。辛亥，錄唐李氏後。

夏四月丙辰朔，恤刑。辛酉，遼遣蕭廣等來賀同天節。壬戌，遣環慶都鈐轄幵贇〔四〕以兵屯邠涇、河中，以備西夏。癸亥，罷陝西交子法。癸酉，司馬光權判西京留臺。种諤再貶賀州別駕。甲戌，詔司農寺月進諸路所上雨雪狀。丙子，遣使按視宿、亳等州災傷，仍令修飭武備。壬午，定進士考轉官。

五月甲午，右諫議大夫呂晦卒。壬寅，詔許富弼養疾西京。丙午，高麗國來貢。辛亥，詔：宗室率府副率以上，遭父母喪及嫡孫承重，並解官行服。壬子，詔：恩、冀等州災傷，遣使振恤，蠲其稅。

六月丁巳，河北饑民爲盜者，減死刺配。庚申，羣臣三上尊號曰紹天法古文武仁孝皇

帝，不許。甲子，歐陽脩以太子少師致仕。丙寅，慮囚。甲戌，富弼坐格青苗法，徙判汝州。

秋七月戊子，層檀國來貢。甲午，振恤兩浙水災。乙未，錄死事將校崔達子遇爲三班奉職。丁酉，監察御史裏行劉摯罷監衡州鹽倉，御史中丞楊繪貶知鄭州。庚子，詔宗室不得祀祖宗神御。丁未，詔唐、鄧給流民田。

八月癸丑朔，高麗來貢。遣官體量陝西差役新法及民間利害。甲寅，詔郡縣保甲與賊鬭死傷者，給錢有差。庚申，復春秋三傳明經取士。癸酉，遣楚建中等賀遼主生辰、正旦。置洮河安撫司，命王韶主之。

九月丙戌，河決鄆州。辛卯，大饗明堂，以英宗配。赦天下，內外官進秩有差。庚子，夏人入貢。癸卯，增選人奉。

冬十月壬子朔，罷差役法，使民出錢募役。立選人及任子出官試法。丙辰，置樞密院檢詳官。戊辰，立太學生內、外、上舍法。丙子，詔：罪人配流，遇冬者至中春乃遣。

十一月壬午朔，詔：凡賞功罰罪，事可懲勸者，月頒之天下。甲申，詔蠲逋租。丁亥，作中太一宮。壬寅，開洪澤河達于淮。

十二月辛亥朔，詔增賜國子監錢四千緡。戊午，歸夏俘。己未，安定郡王從式薨。甲子，封越國公世清爲會稽郡王。丙寅，省諸路廂軍。乙亥，崇義公柴詠致仕，子若訥襲封。

丙子，遼遣耶律紀等來賀正旦。

五年春正月己丑，詔聽降羌歸國。己亥，詔：太廟時饗，以宗室使相已上攝事。置京城邏卒，察謗議時政者收罪之。

二月壬子，龜茲來貢。以兩浙水，賜穀十萬石振之，仍募民興水利。壬戌，詔罷陝西遞運銅錫。癸亥，太白晝見。丙寅，以知鄭州呂公弼爲宣徽南院使，判秦州；龍圖閣直學士蔡挺爲樞密副使。

三月甲午，李日尊卒，子乾德嗣，遣使弔贈。戊戌，富弼以司空致仕，進封韓國公。立文武換官法。丙午，以內藏庫錢置市易務。

夏四月庚戌朔，立殿前馬步軍春秋校試殿最法。乙卯，遼遣耶律適等來賀同天節。己未，括閑田。置弓箭手。辛未，塞北京決河。

五月辛巳，詔以古渭砦爲通遠軍〔五〕，命王韶兼知軍。行教閱法。宗室非袒免親者許應舉。庚寅，以青唐大首領俞龍珂爲西頭供奉官，賜姓名包順。壬辰，以趙尙寬等前守唐州辟田疏水有功，增秩以勸天下。丙午，太白晝見。行保馬法。

六月壬子，曾公亮以太傅致仕。癸亥，詔以四場試進士。丙寅，作京城門銅魚符。乙亥，置武學。

秋七月壬寅，初以文臣兼樞密都承旨。

閏月庚戌，遣中書檢正官章惇察訪荆湖北路。詔：入內供奉官以下，已有養子，更養次子爲內侍者斬。

八月甲申，太子少師致仕歐陽脩薨。秦鳳路沿邊安撫王韶復武勝軍。丁亥，詔求歐陽脩所撰五代史。壬辰，以武勝軍爲鎮洮軍。癸巳，遣崔台符等賀遼主生辰、正旦。乙未，詔侍從及諸路監司各舉有才行者一人。甲辰，王韶破木征于鞏令城。頒方田均稅法。

九月癸丑，許宗室試換文資。癸亥，始御便殿，旬校諸軍武技。丙寅，少華山崩，詔壓死者賜錢，貧者官爲葬祭。淮南分東西路。

冬十月戊戌，升鎮洮軍爲熙州鎮洮軍節度，置熙河路。減秦鳳囚罪一等。

十一月癸丑，河州首領瞎藥等來降，以爲內殿崇班，賜姓名包約。丁卯，貶權監察御史裏行張商英〔六〕監荆南稅。壬申，分陝西爲永興、秦鳳路，仍置六路經略司。章惇開梅山，置安化縣。

十二月丙子，赦亡命荆湖溪洞者。丁丑，詔太原置弓箭手。戊寅，詔寺觀奉聖祖及祖宗陵寢神御者免役錢。改溫成廟爲祠。壬午，陳升之爲樞密使。癸未，雨土。乙未，築

中華書局

熙州南北關及諸堡砦。己亥，遼遣蕭琰等來賀正旦。

六年春正月辛亥，復僖祖爲太廟始祖，以配感生帝。祧順祖于夾室。

二月辛卯，夏人寇秦州，都巡檢使劉惟吉敗之。丙申，永昌陵上宮東門火。王韶復河州，獲木征妻子。壬寅，以韓絳知大名府。

三月己酉，詔贈熙河死事將田瓊禮賓使，錄其子三人、孫一人。庚戌，親策進士。置經局，命王安石提舉。辛亥，試明經諸科。丙辰，以四月朔日當食，自丁巳避殿減膳，降天下囚罪一等，流以下釋之。己未，置諸路學官。壬戌，賜奏名進士、諸科及第出身五百九十六人。甲子，交州來貢。丁卯，宰相上表請復膳，不許。詔進士、諸科並試明法注官。戊辰，置刑獄檢法官。庚午，封李日尊子乾德爲交阯郡王。

夏四月甲戌朔，日食，不見。乙亥，御殿復膳。西南龍蕃諸夷來貢。置律學。丁丑，遼遣耶律寧等來賀同天節。甲午，定齊、徐等州保甲。戊戌，裁定在京吏祿。

五月癸卯朔，播州楊貴遷遣子光震來貢，以光震爲三班奉職。戊申，禱雨。乙丑，詔京東路察士人有行義者以聞。遣中書檢正官熊本措置瀘夷。西京左藏庫副使景思忠等攻燒遂州夷囤戰歿，錄其子昌符等七人，軍士死者，賜其家錢帛有差。辛未，西南龍蕃來貢。

六月己亥，置軍器監。

秋七月乙巳，詔京西、淮南、兩浙、江西、荆湖等六路各置鑄錢監。丙午，大食陀婆離來貢。己酉，禱雨。甲寅，錄在京囚，死罪以下降一等，杖罪釋之。丁巳，詔：沿邊吏殺熟戶以邀賞者戮之。乙丑，分河北爲東西路。丙寅夜，西北有聲如礮。

八月壬申朔，遣賈昌衡等賀遼主生辰、正旦。甲申，罷簡州歲貢綿紬。甲午，賜熙河、涇原軍士特支錢。戊戌，復比閭族黨之法。

九月壬寅，置兩浙和糴倉，立斂散法。戊申，詔興水利。辛亥，策武舉。戊午，岷州首領本令征以其城降，王韶入岷州。丙寅，太白犯斗。戊辰，詔禱雨，決獄。

冬十月辛未，章惇平懿、洽州蠻。辛巳，以復熙、河、洮、岷、疊、宕等州，御紫宸殿受羣臣賀，解所服玉帶賜安石。甲申，朝獻景靈宮。丙戌，振兩浙、江、淮饑。壬辰，行折二錢。丁酉，遣使瘗熙河戰骨。

十一月癸丑，中太一宮成，減天下囚罪一等，流以下釋之。乙卯，親祀太一宮。丙寅，大雪，詔京畿收養老弱凍餒者。

十二月戊子，詔決開封府囚。丙申，遼遣耶律洞等來賀正旦。

七年春正月辛亥，賞復岷、洮等州功，西京左藏庫使桑湜等遷官有差。壬子，幸中太一宮宴從臣，又幸大相國寺，御宣德門觀燈。乙卯，封皇子俊爲永國公。甲子，熊本平瀘夷。

二月辛未，于闐來貢。發常平米振河陽饑民。癸未，詔三司歲會天下財用出入之數以聞。己丑，禱雨。辛卯，置客省、引進、四方館、閤門使副等員。乙未，知河州景思立等與靑宜結鬼章戰于踏白城，敗死。廢遂州。

三月壬寅，木征、鬼章寇岷州，高遵裕遣包順等擊走之。慮囚，減死罪一等，杖以下釋之。癸卯，以旱避殿減膳。乙巳，白虹貫日。丙午，遣使分行諸路，募武士赴熙河。庚戌，詔熙河死事者家給錢有差。罷兩浙增額預買紬絹〔七〕。令諸路監司察留獄。癸丑，羣臣表請復膳，不許。丙辰，遼遣林牙蕭禧來言河東疆界，命太常少卿劉忱議之。己未，行方田法。甲子，遣使報聘于遼。乙丑，詔以災異求直言。

夏四月癸酉，以旱罷方田。是日，雨。遼遣耶律永寧等來賀同天節。乙亥，王韶破西蕃於結河川。丙子，御殿復膳。己卯，以高遵裕爲岷州團練使。甲申，詔：邊兵死事無子孫者，廩其親屬終身。乙酉，王韶進築珂諸城，與蕃兵連戰破之，斬首七千餘級，焚三萬餘帳，木征率酋長八十餘人詣軍門降。雨雹。丙戌，王安石罷知江寧府。以韓絳同中書門下平章事、監修國史，翰林學士呂惠卿參知政事。置沅州。丁酉，詔王韶發木征及其家赴闕。遼遣樞密副使蕭素議疆界于代州境上。

五月戊戌朔，減熙河路囚罪一等，流以下釋之。辛丑，詔河州瘗蕃部暴骸。壬寅，雨雹。癸卯，大雨雹。辛亥，罷賢良方正等科。乙丑，大雨水，壞陜、平陸二縣。

六月戊寅，賜討洮州將士特支錢。丁亥，作渾儀、浮漏。廣州鳳凰見。以木征爲榮州團練使，賜姓名趙思忠。

秋七月癸卯，羣臣五上尊號曰紹天憲古文武仁孝皇帝，不許。癸亥，詔河北兩路捕蝗。又詔開封淮南提點、提舉司檢覆蝗旱。以米十五萬石振河北西路災傷。

八月丁丑，賜環慶安撫司度僧牒，以募粟振漢蕃饑民。遣張芻等賀遼主生辰、正旦。辛卯，詔免淮南、開封府來年春夫，除放邢、洺等州秋稅。癸巳，置場於南薰、安上門，給流民米。集賢院學士宋敏求上編修閤門儀制。

九月戊戌，以時雨降，詔河北、京西、陜西、淮南等路勸民趣耕，有因事拘繫者釋之。壬子，三司火。癸丑，置京畿、河北、京東西路三十七將。甲寅，詔樞密院議邊防。

冬十月壬申，詔韓琦、富弼、文彥博、曾公亮條代北事宜以聞。戊寅，詔浙西路提舉司出米振常、潤州饑。庚辰，置三司會計司，以韓絳提舉。辛巳，以河北災傷，減州軍文武官員。癸巳，以常平米於淮南西路易饑民所掘蝗種，又振河北東路流民。

中華書局

十一月己未，祀天地于圜丘，赦天下。

十二月丙寅，省熙、河、岷三州官百四十一員。丁卯，文武官加恩。己丑，遼遣耶律寧等來賀正旦。

是歲，高麗入貢，淯井、長寧夷十郡及武都夷內附。

八年春正月庚子，蔡挺罷判南京留司御史臺，馮京罷知亳州。丙午，分京東爲東西路。輟江南東路上供米，均給災傷州軍。丁未，御宣德門觀燈。乙卯，詔出使廷臣，所至采吏治能否以聞。雨木冰。戊午，詔，所在流民願歸業者，州縣齎遣之。己未，洮西安撫司以歲旱請爲粥以食羌戶饑者。

二月甲子，增陝西錢監改鑄大錢。癸酉，以王安石同中書門下平章事。戊寅，詔樞密副都承旨張誠一等，以李靖營陣法教殿前馬步軍。乙酉，初行河北戶馬法。丙戌，停京畿土功七年。

三月丁酉，振潤州饑。戊戌，知河州鮮于師中乞置蕃學，教蕃酋子弟，賜田十頃，歲給錢千緡，增解進士二人，從之。庚子，遼蕭禧再來。遣韓縝往河東會議。癸丑，知制誥沈括報聘。復振常、潤饑民。戊午，太白晝見。

夏四月乙丑，詔減將作監冗官。丁卯，遼遣耶律景熙等來賀同天節。乙亥，正僖祖禘祫東嚮位。戊寅，以吳充爲樞密使。壬午，湖南江水溢。

閏月乙未，陳升之罷爲鎭江軍節度使，判揚州。廣源州劉紀寇邕州，歸化州儂智會敗之。壬寅，沈括上奉元曆。癸卯，以宣徽北院使張方平判永興軍。分秦鳳路兵爲四將。壬子，沂州民朱唐告前餘姚縣主簿李逢謀反，辭連右羽林大將軍世居及河中府觀察推官徐革，命御史中丞鄧綰、知諫院范百祿、御史徐禧雜治之。獄具，世居賜死，逢、革等伏誅。甲寅，錄趙普後。乙卯，詔西南蕃五姓蠻五年一入貢。

五月辛酉朔，慮囚，降死罪一等，杖以下釋之。甲子，分環慶兵爲四將。丁丑，雨土及黃毛。甲申，熙河路蕃官殿直頓埋謀叛伏誅。己丑，遣使振鄜延、環慶饑。

六月乙未，日上有五色雲。丙午，釃汴水入蔡河以通漕。己酉，頒王安石詩、書、周禮義于學官。辛亥，以安石爲尚書左僕射兼門下侍郎。戊午，太師魏國公韓琦薨。己未，以琦配饗英宗廟庭。

秋七月甲子，虔州江水溢〔八〕。戊寅，太白晝見。戊子，分涇原兵爲五將。命韓縝如河東割地。

八月庚寅朔，日當食，雲陰不見。癸巳，募民捕蝗易粟，苗損者償之，仍復其賦。丙申，遣謝景温等賀遼主生辰、正旦。減官戶役錢之半。詔：「發運司體實淮南、江東、兩浙米價，州縣所存上供米毋過百萬石，減直予民，斗錢勿過八十。」庚戌，韓絳罷。發河北、京東兵及監牧卒修都城。丁巳，大閱。

九月庚申朔，王安石兼修國史。立武舉絕倫法。

冬十月庚寅，呂惠卿罷知陳州。乙未，彗出軫。己亥，詔以災異數見，不御前殿，減常膳，求直言。壬寅，赦天下。罷手實法。丁未，彗不見。丙辰，御殿復膳。

十一月戊寅，交阯陷欽州。壬午，立陝西蕃丁法。甲申，交阯陷廉州。丙戌，渝州改南平軍。

十二月丙申，濬河。壬寅，以翰林學士元絳參知政事，龍圖閣直學士曾孝寬簽書樞密院事。辛亥，天章閣待制趙卨爲安南道招討使，嘉州防禦使李憲副之，以討交阯。癸丑，遼遣耶律世通等來賀正旦。甲寅，熙河路木宗城〔九〕首領結彪謀叛，熟羌日脚族青厮扒斬其首來獻，補下班殿侍。

九年春正月乙丑，雨木冰。戊辰，交阯陷邕州，知州蘇緘死之。己卯，下溪州刺史彭師晏及天賜州降。庚辰，遣使祭南嶽、南海，告以南伐。辛巳，贈蘇緘奉國軍節度使，謚忠勇，以其子子元爲西頭供奉官、閤門祗候。

二月戊子，宣徽南院使郭逵爲安南道招討使，罷李憲，以趙卨副之。詔占城、占臘合擊交阯。己丑，宗哥首領鬼章寇五牟谷，蕃官藺氊訥支等邀擊，大破之。己亥，以出師罷春宴。乙卯，雨雹。

三月丙辰朔，進仁宗婉容周氏爲賢妃。辛酉，御集英殿策進士。恤欽、廉、邕三州死事家，瘞戰亡士，賊所蹂踐除其田征。甲戌，賜進士、諸科及第出身五百九十六人。丁丑，以廣西進士徐伯祥爲右侍禁、欽廉白州巡檢。宗哥首領鬼章寇五牟谷，熙河鈐轄韓存寶敗之。庚辰，以种諤知岷州。

夏四月辛卯，遼遣耶律庶幾等來賀同天節。乙未，以遼主母喪，罷同天節上壽。戊戌，復廣濟河漕。癸卯，詔：廣南亡沒士卒及百姓爲賊殘破者，轉運、安撫司具實幷議振恤以聞。甲辰，給空名告身付安南，以招降賞功。詔諸路募武勇赴廣西。贈廣西死事將士官有差。丙午，遣王克臣等弔慰于遼。辛亥，茂州夷寇邊，遣內侍押班王中正〔一〇〕經制。甲寅，遼遣耶律孝淳以國母喪來告，帝發哀成服，輟視朝七日。

五月丙辰朔，詔：邕州沿邊州峒首領來降者周惠之。癸亥，詔試醫學生。丙寅，分兩浙爲東西路。丁卯，城茂州。壬申，詔：安南諸軍過嶺有疾者所至護治。丙子，大理國來貢。

二十四史

中華書局

庚辰，靜州卜首領董整白等來降。

六月丁亥，詔安南將吏，視軍士有疾者月以數聞。己丑，綿州都監王慶、崔昭用、劉珪、左侍禁張乂援戰茂州，死之。詔：慶等子與借職，女出嫁夫與奉職；白丁王禹錫等二人，賜錢其家。辛卯，詔濱海富民得養蕃戶，毋致爲外夷所誘。己亥，慮囚，降死罪一等，杖以下釋之。癸卯，以水源等洞蠻主儂賀等七人爲定遠、寧遠將軍。

秋七月丙辰，朱崖軍黎賊黃婴入寇，詔廣南西路嚴兵備之。庚申，關以西蝗蝻、蝦蚄生。壬戌，築下溪州，改名會溪城。癸亥，靜州將楊文緒結蕃部謀叛，王中正斬之以徇。詔：廣西死事官無子孫者許立後。乙丑，詔：自今遇大禮推恩，官昭憲太后族一人。是月，安南行營次桂州，郭逵遣鈐轄和斌等督水軍涉海自廣東入，諸軍自廣南入〔二〕。

八月甲申朔，齊州監務左班殿直孫紀死賊，錄其一子爲三班借職。戊子，以文彥博守太保兼侍中，行太原尹。己丑，遣程師孟等賀遼主生辰、正旦。罷鬻祠廟錢。丁酉，禁北邊民闌出穀粟。庚子，占城來貢。

九月戊午，濬汴河。丙寅，詔罷都大制置河北河防水利司。己卯，遼遣使回謝。詔恤嶺南死事家，表將士墓。

冬十月乙酉，太白晝見。乙未，詔東南諸路教閱新軍。丙午，王安石罷判江寧府。以

吳充監修國史，王珪爲集賢殿大學士，並同中書門下平章事。資政殿學士馮京知樞密院。辛亥，除放沅州歸明人戶去年倚閣秋稅。

十一月乙卯，賜廣南東路空名告敕，募入錢助軍。辛酉，錄唐相魏徵後同州司士參軍道巖，流內銓特免試注官。乙亥，以安南行營將士疾疫，遣同知太常禮院王存禱南嶽，遣中使建祈福道場。己卯，洮東安撫司言包順等破鬼章兵於多移谷。壬午，鬼章寇岷州，知州种諤等敗之鐵城。

十二月丙戌，安南僞觀察使劉紀降。置司農丞。庚寅，子傭生。丁酉，詔：岷州界經鬼章兵發者賜錢，脅從來歸者釋其罪。癸卯，郭逵敗交阯於富良江，獲其僞太子洪眞，李乾德遣人奉表詣軍門降，逵遂班師。丁未，遼遣耶律運等來賀正旦。庚戌，詔：有得鬼章、冷雞朴首者，賞之。置威戎軍。

十年春正月乙丑，御宣德門觀燈。戊辰，仙韶院火，不視朝。己巳，白虹貫日。

二月甲申，以崇信軍節度使宗旦同中書門下平章事。戊子，以鬼章敗，种諤等賞官有差。辛卯，日中有黑子。甲午，詔：宗室使相雖及十年，更不取旨磨勘。丁酉，詔諸州歲以十一月給老疾貧乏者粟，盡三月乃止。己亥，以王韶知洪州。丙午，以復廣源、蘇茂等州，羣臣表賀，赦廣州囚罪一等，徒以下釋之。賜行營諸軍錢，民緣征役者恤其家。以廣源州爲順州，赦李乾德罪。以郭逵判潭州，趙卨知桂州。己酉，以交阯降，赦廣南東路、荊湖南路繫囚，餘各降一等，徒以下釋之。

三月辛未，慮囚，降死罪一等，杖以下釋之。壬申，詔州縣捕蝗。

夏四月辛巳，復置憲州。乙酉，遼遣蕭儀等來賀同天節。癸巳，文州蕃賊寇邊，州兵擊走之。丁酉，賜熙河路兵特支錢，戰死者賜帛，免夏秋稅。

五月戊午，詔修仁宗、英宗史。甲戌，太白晝見。

六月壬午，注輦國朝貢。癸巳，王安石以使相爲集禧觀使。丁未，置岷州鐵城堡。

秋七月甲寅，禱雨。丁巳，令諸路歲上縣令課績。辛酉，羣臣五上尊號曰奉天憲古文武仁孝皇帝，不許。乙亥，郭逵以安南失律，貶爲左衞將軍。丙子，河決澶州曹村埽。

八月壬寅，詔潭州置將及增武臣一員。遣蘇頌等賀遼主生辰、正旦。甲辰，詔侍從、臺諫、監司各舉文臣有才行者一人。

九月庚戌，詔：「河決害民田，所屬州縣疏淪，仍蠲其稅，老幼疾病者振之。」乙卯，詔：「諸傳宣、內批、面諭，事無法守，並從中書、樞密覆奏。其祈恩澤規免罪者劾之。」辛酉，詔鎭戎、德順軍各置都監一員。癸酉，立義倉。甲戌，宗樸兼侍中，封濮陽郡王。

冬十月戊寅朔，宗樸薨。癸巳，昭化軍節度使宗誼封濮國公。詔濮王子以次襲封奉祀。戊戌，太子太師張昪卒。

十一月庚午，以西蕃邈川首領董氈、都首領青宜結鬼章爲廓州刺史，阿令骨爲松州刺史。甲戌，祀天地于圜丘，赦天下。

十二月丁丑朔，占城國獻馴象。壬午，詔改明年爲元豐。甲申，以郊祀，文武官加恩。丁亥，封子傭爲均國公。辛丑，遼遣耶律孝淳等來賀正旦。

元豐元年春正月乙卯，以王安石爲尙書左僕射、舒國公、集禧觀使。戊午，命詳定郊廟禮儀。詔減陳留捧日、天武等軍剩員。庚申，御宣德門，召從臣觀燈。乙丑，以太皇太后疾，驛召天下醫者。

閏月辛巳，以翰林侍讀學士、寶文閣學士、提點中太一宮呂公著兼端明殿學士。己丑，詔贈尙書令韓琦依趙普故事。壬辰，樞密直學士孫固同知樞密院事。己亥，太傅兼侍中曾公亮薨。庚子，日中有黑子。癸卯，以公亮配饗英宗廟庭。

二月庚戌，濮國公宗誼薨。甲寅，以邕州觀察使宗暉爲淮康軍節度使，封濮國公。戊辰，詔赦安南戰棹都監楊從先等，仍論功行賞。

中華書局

三月辛巳，慮囚，降死罪一等，杖以下釋之。御邇英閣，沈季長進講周禮八法。癸未，詔內外文武官各舉堪應武舉一人。廣南西路經略司乞敎閱峒丁，從之。乙未，御崇政殿閱諸軍。辰、沅猺賊寇邊，州兵擊走之。

夏四月己酉，遼遣耶律永寧等來賀同天節。丙辰，詔增置兩浙路提舉官。庚申，詔除九經外，餘書不得出界。癸亥，太白晝見。乙丑，封虢國公宗諤爲豫章郡王。戊辰，塞曹村決河，名其埽曰靈平。

五月甲戌朔，賜塞河役死家錢。乙亥，詔試中刑法官以次推恩。

六月癸卯朔，日有食之。乙巳，詔以靈平功遷太常博士苗師中等各一官。

秋七月癸酉朔，命西上閤門使、忠州團練使韓存寶經制瀘州納溪夷。己亥，詔齊州預備水災。辛丑，夔州言甘露降。

八月癸卯，西邊將訥兒溫、祿尊謀反伏誅。丁未，詔河北被水者蠲其租。甲寅，遣黃履等賀遼主生辰、正旦。戊午，以韓絳爲建雄軍節度使。己巳，詔：濱、棣、滄三州被水民以常平糧貸之。庚午，詔：靑、齊、淄三州給流民食。

九月癸酉，交阯來貢。癸未，李乾德表乞還廣源等州，詔不許。乙酉，以端明殿學士呂公著、樞密直學士薛向並同知樞密院事。詔祀天地及配帝並用特牲。是月，武康軍嘉禾

生，河中府甘露降。

冬十月庚戌，定秋試諸軍賞格。侍禁仵全死事，錄其弟宣爲三班借職。辛亥，韓存寶破瀘夷後城十有三囤。癸亥，于闐來貢。

十一月己丑，命龍圖閣直學士宋敏求等詳定正旦御殿儀注。癸巳，辰州猺賊叛，詔沅州兵討之。己亥，罷文武功臣號。是月，梁縣嘉禾生。

十二月丙午，日中有黑子，凡十二日。辛亥，錄囚，降死罪一等，杖以下釋之。丙辰，詔：靑州民王贇以復父讎免死，刺配鄰州。戊午，置大理寺獄。己未，詔罷都大提舉在京諸司庫務司。甲子，以婉儀邢氏爲賢妃。詔罷三司推勘公事官；減軍器監勾當公事，審官東院、流內銓及將作監、三班院主簿，左右軍巡判官。丙寅，遼遣耶律隆等來賀正旦。

二年春正月乙亥，罷岢嵐、火山軍市馬。丙子，詔立高麗交易法。壬午，以容州管內觀察使、上柱國、南陽郡開國公楊遂爲寧遠軍節度使。癸未，詔知沅州謝麟督捕猺賊。甲申，御宣德門觀燈。丁亥，詔以經義、論試宗室。甲午，京兆府學教授蔣夔乞以十哲從祀孔子，從之。詔辰州敍浦縣置龍潭堡。是月，潁州、壽州甘露降。

二月甲寅，詔瘞漢州暴骸。日中有黑子。乙卯，以瀘州夷乞弟犯邊，詔王光祖等討之。

丙辰，詔定解鹽歲額。乙丑，滄州饑，發倉粟振之。

三月庚午朔，董氈遣使來貢。辛未，詔給地葬畿內寄菆之喪，無所歸者官瘞之。庚辰，親試禮部進士。壬午，試特奏名進士及武舉。癸未，試諸科明法。賜董氈緡錢、銀帛、對衣、金帶等物。丙戌，詔：雄州兩輸戶南徙者諭令復業。庚寅，疏汴、洛。

夏四月辛丑，幸金明池觀水嬉，宴射瓊林苑。甲辰，遼遣蕭晟等來賀同天節。丁巳，陳升之以檢校太尉依前同中書門下平章事、鎭江軍節度使、上柱國、秀國公致仕。己未，陳升之卒。癸亥，定正旦御殿儀。甲子，詔增審刑院詳議、詳斷官，罷刑部檢法官。是月，南康軍甘露降，眉州生瑞竹。

五月丙子，順州蠻叛，峒兵討平之。庚辰，詔以濮安懿王三夫人並稱王夫人，祔濮園。辛巳，太子太師致仕趙槩上所集諫林。甲申，元絳罷知亳州。乙酉，詔：安南軍死事孤寡廩給之。戊子，御史中丞蔡確參知政事。

六月甲辰，廣西捕斬儂智春，執其妻子以獻。戊申，命蔡確參定編修傳法寶錄。癸丑，詔五路帥臣、副總管軍臣僚各舉任將領及大使臣者二人。甲寅，淸汴成。辛酉，詔鎭寧軍節度使、魏國公宗懿追封舒王。是月，南康軍甘露降，忠州雨豆。

秋七月甲戌，張方平以太子少師致仕。戊寅，詳定朝會儀。己卯，命中書句考四方詔

獄。庚辰，以淮康軍節度使宗暉同中書門下平章事。丁亥，詳定郊廟禮儀。是月，陳州芝草生，南賓縣雨豆，瓊州甘露降。

八月丙申朔，夏人寇綏德城，都監李浦敗之。辛丑，分涇原路兵爲十一將。壬寅，復八作司爲東西兩司，各置監官，文臣一員，武臣二員。遣李淸臣等賀遼主生辰、正旦。甲寅，詔：「增太學生舍爲八十齋，齋三十人，外舍生二千人，內舍生三百人。月一私試，歲一公試，補內舍生。間歲一舍試，補上舍生。」以潁州爲順昌軍節度。是月，曹州生瑞穀，河陽生芝草。

九月癸未，降順昌軍囚罪一等，徒以下釋之。甲申，西南龍蕃來貢。丁亥，大宴集英殿。己丑，進婕妤朱氏爲昭容。壬辰，出馬步射格鬭法頒諸軍。甲午，西南羅蕃、方蕃來貢。

冬十月丙申，西南石蕃來貢。癸卯，置籍田令。詔立水居船戶，五戶至十戶爲一甲。戊申，交阯歸所掠民，詔以順州賜之。己酉，太皇太后疾，上不視事。庚戌，罷朝謁景靈宮，命輔臣禱于天地、宗廟、社稷。減天下囚死罪一等，流以下釋之。乙卯，太皇太后崩。戊午，詔易太皇太后園陵曰山陵。辛酉，以羣臣七上表，始聽政。命王珪爲山陵使。

十一月癸未，始御崇政殿。丁亥，雨土。

十二月乙巳，御史中丞李定上國子監敕式令并學令，凡百四十條。丙午，復置御史六察。庚申，遼遣蕭寧等來賀正旦。是月，全州芝草生，桂州甘露降。

校勘記

〔一〕罷潞州交子務　「罷」，原作「置」，長編卷二一三作「罷」。按本書卷一八一食貨志，潞州交子務置于熙寧二年，「轉運司以其法行則鹽礬不售，有害入中糧草，遂奏罷之」。據此則長編作「罷」爲是，據改。

〔二〕宣撫司指揮使　「指揮使」，長編卷二一七作「指使」。按宋會要選舉一七之九說：「臧昌齡等七人補下班殿侍，并邊上指使。」事例正同。此處「揮」字疑衍。

〔三〕汝州團練副使　「副」字原脫，據本書卷三三五种諤傳、宋會要職官六五之三五、太平治蹟統類卷一五補。

〔四〕亓贇　長編卷一七三作「丌贇」，卷二二二又作「亓贇」。按鄭樵通志卷二九氏族略「亓氏」條說：「古其字，音其」，「宋又有諸司使亓贇」。鄭樵南宋人，所說當較可靠。「亓」、「亓」二字形似，疑此處誤「亓」爲「亓」；長編卷一七三也誤。

〔五〕通遠軍　原作「安遠軍」，據本書卷八七地理志、編年綱目卷一九、王存元豐九域志（以下簡稱九域

志）卷三改。

〔六〕張商英　「商」字原脫，據本書卷三五一本傳、長編卷二四〇補。

〔七〕罷兩浙增額預買紬絹　「預買」，原作「預置」，據長編卷二五一、編年綱目卷一九改。

〔八〕虔州江水溢　「虔」，原作「處」，長編卷二六六說：「江南西路轉運司言：虔州江水漲。」虔州隸江南西路，處州隸兩浙路，作虔州是，據改。

〔九〕木宗城　原作「木宗城」，據長編卷二七一改。

〔一〇〕內侍押班王中正　「侍」，原作「副」，據本書卷四六七本傳、長編卷二七四改。

〔一一〕諸軍自廣南入　長編卷二七七作「諸將九軍自廣西進」。上文既說「水軍涉海自廣東入」，此處「廣南」當是「廣西」之誤。

宋史卷十六

本紀第十六

神宗三

三年春正月乙丑朔，以大行太皇太后在殯，不視朝。癸酉，陞許州爲潁昌府。丙子，降潁昌囚罪一等，徒以下釋之。戊寅，上太皇太后謚曰慈聖光獻。戊子，詔審刑院、刑部斷議官失入者，歲具數罰之。己丑，高麗國遣使來貢。白虹貫日。辛卯，于闐國大首領阿令顛顙溫等來貢。癸巳，白虹貫日。

二月丙午，以翰林學士章惇參知政事。丙辰，始御崇政殿視朝。丁巳，命輔臣禱雨。

三月乙丑，工部侍郎同平章事吳充罷爲觀文殿大學士、西太一宮使。癸酉，葬慈聖光獻皇后于永昭陵。丙子，南丹州入貢，以刺史印賜之。乙酉，祔慈聖光獻皇后神主于太廟。戊子，降兩京、河陽囚罪一等，民緣山陵役者，蠲其賦。己丑，以慈聖光獻皇后弟昭德軍節

度使曹佾爲司徒兼中書令，改護國軍節度使，餘親屬加恩有差。

夏四月乙未，觀文殿大學士吳充薨。丁酉，封宗暉爲濮陽郡王，濮安懿王子孫皆進官一等。己亥，遼遣耶律永芳等來賀同天節。乙巳，以瀘州夷乞弟侵擾，詔邊將討之。戊申，乞弟寇戎州，兵官王宣等戰歿。甲寅，罷羣牧行司，復置提舉買馬監牧司。乙卯，令御史分案諸路監司。庚申，詔御史臺六察以糾劾多寡爲殿最，仼滿取旨升黜。辛酉，增國子監歲賜錢六千緡。

五月乙丑，詔：自今三伏內，五日一御前殿。辛巳，以潁昌進士劉堂上制盜十策，授徐州蕭縣尉。甲申，復命韓存寶經制瀘夷。詔改都大提舉導洛通汴司爲都提舉汴河堤岸司。是月，青州臨朐、益都石化爲麪。

六月甲午，日有五色雲。戊戌，詔省宗室教授，存十三員。丙午，詔中書詳定官制。罷兵部勾當公事官。詔河北、河東、陝西路各選文武官一員提舉義勇保甲。壬子，詔罷中書門下省主判官，歸其事於中書。是月，安州、臨江軍産芝及連理麥。

秋七月庚午，河決澶州。甲戌，詔自今遇大禮罷上尊號。癸未，彗出太微垣。丙戌，避殿減膳，詔求直言。丁亥，罷羣神從祀明堂。戊子，太白晝見。

八月乙巳，罷省、寺、監官領空名者。癸丑，遣王存等賀遼主生辰、正旦。戊午，彗不

中華書局

見。

九月壬戌，增宣祖定州東安墳地二十頃及守園戶。丙寅，御殿復膳。乙亥，正官名。以開府儀同三司易中書令、侍中、同平章事，特進易左右僕射，自是以下至承務郎易祕書省校書郎、正字、將作監主簿有差，檢校僕射以下及階散憲銜並罷，詳在職官志。辛巳，大饗明堂，以英宗配，赦天下。癸未，薛向、孫固並爲樞密副使。乙酉，詔卽景靈宮作十一殿，以時王禮祠祖宗。以王安石爲特進，改封荆國公。丙戌，進封岐王顥爲雍王，嘉王頵爲曹王，並爲司空。文彥博爲太尉。封曹佾爲濟陽郡王，宗旦爲華陰郡王。馮京爲樞密使。薛向罷知潁州。丁亥，以呂公著爲樞密副使。

閏九月乙卯，加文彥博河東、永興軍節度使，以富弼爲司徒。

十一月己丑朔，日當食，雲陰不見。

十二月甲辰，遼遣蕭偉等來賀正旦。

四年春正月乙未，命步軍都虞候林廣代韓存寶經制瀘夷。庚子，詔試進士加律義。辛亥，于闐來貢。馮京罷知河陽。孫固知樞密院，龍圖閣直學士韓縝同知樞密院事。

二月辛未，置秦州鑄錢監。己卯，分東南團結諸軍爲十三將。

三月乙未，詔在京官毋舉辟執政有服親。癸卯，章惇罷知蔡州。甲辰，以翰林學士張璪參知政事。乙巳，命官閱九軍營陣法於京城南。戊申，大閱。丙辰，董氈遣使來貢。

夏四月癸亥，遼遣耶律祐等來賀同天節。御延和殿閱試保甲。己巳，詔罷南郊合祭天地，自今親祀北郊如南郊儀，有故不行則以上公攝事。壬申，慮囚。山陰縣主簿余行之謀反伏誅。乙酉，河決澶州小吳埽。

五月丁酉，詔河東路提點刑獄劉定專振被水民。戊申，封晉程嬰爲成信侯，公孫杵臼爲忠智侯，立廟于絳州。

六月戊午，河北諸郡蝗生。癸未，命提點開封府界諸縣公事楊景略、提舉開封府界常平等事王得臣督諸縣捕蝗。

秋七月己丑，太白晝見。庚寅，西邊守臣言夏人囚其主秉常，詔陝西、河東路討之。甲午，鄜延、涇原、環慶、熙河、麟府路各賜金銀帶、綿襖、銀器、鞍轡、象笏。甲辰，韓存寶坐逗留無功伏誅。丁未，大軍進攻米脂砦。己酉，詔曾鞏充史館修撰，專典史事。詔內外官司舉官悉罷。令大理卿崔台符同尙書吏部，審官東西、三班院議選格。

八月乙卯朔，罷中書堂選，悉歸有司。丙辰，詔蠲河北東路災傷州軍今年夏料役錢。辛酉，夏人寇臨川堡，詔董氈會兵伐之。以金州刺史燕達爲武康軍節度使。己巳，復置滑

州。丁丑，熙河經制李憲敗夏人于西市新城，獲酋首三人、首領二十餘人。庚辰，又襲破于女遮谷，斬獲甚衆。辛巳，司馬光、趙彥若上所修百官公卿年表十卷，宗室世表三卷。

九月乙酉，董氈遣使來貢，且言已遣首領洛施軍篤喬阿公等將兵三萬會擊夏國。李憲復蘭州古城。戊子，蘭州新順首領巴令謁等三族率所部兵攻夏人撒逋宗城，敗之。己亥，王珪上國朝會要。壬寅，閱河北保甲于崇政殿，官其優者三十六人。甲辰，詳定郊廟奉祀禮儀。丙午，詔諭夏主左右并嵬名部族諸部首領，並許自歸。戊申，太白犯斗。庚戌，夏兵救米脂砦，鄜延經略副使种諤率衆擊破之。辛亥，种諤又敗夏人于無定川。

十月丁巳，米脂砦降。己未，拂菻國來貢。庚申，熙河兵至女遮谷，與夏人遇，戰敗之。乙丑，涇原兵至磨哆隘，遇夏人，與其統軍梁大王〔一〕戰，敗之，追奔二十里，斬大首領沒囉臥沙、監軍使梁格嵬等十五級，獲首領統軍姪訛多埋等二十二人。己巳，入銀州。庚午，環慶行營經略使高遵裕復淸遠軍〔二〕。种諤遣曲珍等領兵通黑水安定堡路，遇夏人，與戰破之，斬獲甚衆。癸酉，復韋州。乙亥，李憲敗夏人于屈吳山。丁丑，曲珍與夏人戰于蒲桃山，敗之。戊寅，种諤入夏州〔三〕。詔諸將存撫降人。辛巳，史館修撰曾鞏乞收采名臣高士事迹遺文，詔從之。涇原節制王中正入宥州。

十一月癸未朔，日有食之。丁亥，諸軍合攻靈州，种諤敗夏人于黑水。己丑，李憲敗夏

人于囉逋川。辛卯，种諤降橫河平人戶，破石堡城，斬獲甚衆。辛丑，師還。癸卯，种諤至夏州索家平，兵衆三萬人，以無食而潰。丙午，高遵裕以師還，夏人來追，遂潰。

十二月辛未，林廣破乞弟于納江。乙亥，慈聖光獻皇后禫祭，宰臣王珪等上表請聽樂，不許，自是五表，乃從之。戊寅，遼遣蕭禧全等來賀正旦。

五年春正月癸未朔，不受朝。丙申，御宣德門觀燈。己亥，白虹貫日。庚子，責授高遵裕郢州團練副使，本州安置。乙巳，作新渾儀、浮漏。辛亥，詔再議西討，以熙河經制李憲爲涇原、熙河蘭會安撫制置使，李浩權安撫副使。

二月癸丑朔，頒三省、樞密、六曹條制。詔鄜延軍士病不能歸者，賜其家絹十匹。丙辰，以乞弟平班師。辛酉，詔：董氈首領結隣死，其朝辭物〔四〕給其子董訥支藺氈，增賜絹百匹。癸亥，華陰郡王宗旦薨。丁卯，封武昌軍節度觀察留後宗惠爲江夏郡王。癸酉，以出師赦梓州路，減囚罪一等，民緣軍事役者蠲其賦。封董氈爲武威郡王。丙子，渤泥來貢。

三月壬辰，親策進士。甲午，策武舉。己亥，以日當食，避殿減膳，赦天下，降死罪一等，流以下原之。詔杭州歲修吳越王墳廟。壬寅，鄜延路副總管曲珍敗夏人于金湯。乙巳，賜進士、諸科出身千四百二十八人。丙午，雨土。

中華書局

夏四月壬子朔，日食不見。甲寅，御殿復膳。丁巳，遼遣耶律永端等來賀同天節。己未，沈括奏遣曲珍將兵綏德城，應援討葭蘆寨〔五〕左右見聚羌落，詔從之。乙丑，以直龍圖閣徐禧知制誥、權御史中丞。癸酉，官制成。以王珪爲尚書左僕射兼門下侍郎，蔡確爲尚書右僕射兼中書侍郎。甲戌，太中大夫章惇爲門下侍郎，張璪爲中書侍郎，翰林學士蒲宗孟爲尚書左丞，翰林學士王安禮爲尚書右丞。錄唐段秀實後，復其家。丁丑，同知樞密院呂公著罷知定州。

五月辛巳朔，行官制。丁亥，賞平蠻將士有差。癸巳，豐州卒張世矩等作亂伏誅。其黨王安以母老，詔特原之〔六〕。作尚書省。戊戌，詔兩省官人舉可任御史者各二人。甲辰，遣給事中徐禧治鄜延邊事。

六月辛亥朔，環慶經略司遣將與夏人戰，破之，斬其統軍嵬名妹精嵬、副統軍訛勃遇。甲寅，王珪上兩朝史。戊午，詔修兩朝寶訓。詔以成都路供給瀘州邊事，曲赦，免二稅。甲子，改翰林醫官院爲醫官局。壬申，交阯獻馴犀二。癸酉，豫章郡王宗諤薨。戊寅，曲珍等敗夏人于明堂川。作天源河。

秋七月辛巳，廣西經略司言知宜州王奇與賊戰，敗績。壬午，詔罷大理寺官赴中書省讞案。戊子，詔御史中丞舒亶舉任言事或察官十人。辛卯，詔尚書考功員外郎蔡京編手

詔。庚子，以蔡京爲起居郎，仍同詳定官制。丁未，垂拱殿宴修史官。己酉，始建雩壇祀上帝，以太宗配。

八月庚戌朔，封御侍武氏爲才人。壬子，進封均國公傭爲延安郡王。以昭容朱氏爲賢妃。庚申，帝有疾。詔歲以四孟月朝獻景靈宮。辛未，遣韓忠彥等賀遼主生辰、正旦。鳳州團練使种諤以行軍迂道，降授文州刺史。壬申，詔罷增減幕職、州縣官奉。甲戌，城永樂。戊寅，河決原武。

九月丁亥，夏人三十萬衆寇永樂，曲珍戰不利，裨將寇偉等死之，夏人遂圍城。己丑，帝以疾愈，降京畿囚罪一等，徒以下釋之。壬辰，遣使行視畿縣民被水患者。乙未，詔張世矩等將兵救永樂砦。戊戌，永樂陷，給事中徐禧、內侍李舜舉、陝西轉運判官李稷死之。己亥，詔客省、引進、四方館、東西上閤門各置使、副等職。庚子，安化蠻寇宜州，知州王奇死之，詔贈忠州防禦使。辛丑，賞董氈將士有差。癸卯，滑州河水溢。

冬十月辛亥，洛口、廣武大河溢。甲寅，知延州沈括以措置乖方，責授均州團練副使，隨州安置；鄜延路副都總管曲珍以城陷敗走，降授皇城使。丙辰，修定景靈宮儀。乙丑，詔贈永樂死事臣徐禧金紫光祿大夫、吏部尚書，李舜舉昭化軍節度使，並賜諡忠愍，李稷朝奉大夫、工部侍郎，入內高品張禹勤皇城使，各推恩賜贈有差。癸酉，貶知太原府、資政殿大學士呂惠卿知單州。

十一月戊寅朔，罷御史察諸路。壬午，景靈宮成，告遷祖宗神御。癸未，初行酌獻禮。乙酉，以奉安神御赦天下，官與享大臣子若孫一人。庚寅，紫宸殿宴侍祠官。

十二月丁巳，新樂成。以賢妃周氏爲德妃。辛酉，塞原武決河。丙寅，休日御延和殿，引進對官十人。辛未，西南龍蕃來貢。壬申，遼遣耶律儀等來賀正旦。丙子，錄永樂死事將皇城使寇偉等十三人及東上閤門副使景思誼等九十人，贈賜有差。

六年春正月丁丑朔，御大慶殿受朝，始用新樂。儀鸞司徹幕屋壞，毀玉輅。甲申，白虹貫日。丁亥，朝獻景靈宮。己丑，層檀入貢。庚寅，御宣德門觀燈。癸巳，詔御史六察罷上下半年更易法。乙未，詔修周、漢以來陵廟。乙巳，御崇政殿閱武士。丙午，封楚三閭大夫屈平爲忠潔侯。

二月丁未，夏人數十萬衆攻蘭州，鈐轄王文郁率死士七百餘人擊走之。丙辰，以夏人犯蘭州，貶熙河經略使李憲爲經略安撫都總管，以王文郁爲西上閤門使、知蘭州，副使李浩爲四方館使〔七〕。甲子，詔供備庫使高遵治、西京左藏庫副使張壽各降一官。

三月辛卯，夏人寇蘭州，副總管李浩以衞城有功，復隴州團練使。乙未，休日御延和

殿，引進對官八人。丙申，河東將薛義敗夏人于葭蘆西嶺。戊戌，以檢校太尉、上柱國、太原郡開國公王拱辰爲武安軍節度使。麟、府州將郭忠紹〔八〕等敗夏人于乜離抑部，詔行賞有差。己亥，河東將高永翼敗夏人于眞卿流部。

夏四月己酉，朝獻景靈宮。辛亥，遼遣蕭固等來賀同天節。甲子，禮部郎中林希上兩朝寶訓。李浩敗夏人于巴義谿。辛未，雨土。壬申，御邇英閣，蔡卞進講周禮。

五月丙子朔，于闐入貢。甲申，以時暑趣決開封大理獄。庚寅，以旱慮囚。甲午，夏人寇蘭州，右侍禁韋定死之。癸卯，詔賜資州孝子支漸粟帛。是月，夏人寇麟州，知州訾虎敗之。

六月乙巳朔，詔御史臺六察各置御史一員。癸丑，詔御史中丞、兩省官各舉可任言事或監察御史五人。

閏月乙亥朔，夏主秉常請修貢，許之。戊寅，詔陝西、河東毋輒出兵。丙戌，詔內外文武各舉應武舉一人。汴水溢。丙申，太師、守司徒、韓國公富弼薨，謚文忠。

秋七月乙卯，祔孝惠、孝章、淑德、章懷皇后于廟。丙辰，以四后祔廟，降京畿囚罪一等，流以下原之。孫固罷知河陽。以同知樞密院韓縝知樞密院，戶部尚書安燾同知樞密院。戊午，朝獻景靈宮。

八月丙子，賜升祔陪祠官宴于尙書省。己卯，太白晝見。乙酉，遣蔡京等賀遼主生辰、正旦。辛卯，蒲宗孟罷，王安禮爲尙書左丞，吏部尙書李清臣爲尙書右丞。

九月癸卯朔，日有食之。

冬十月癸酉朔，秉常遣使上表，請復修職貢，乞還舊疆。戊子，封孟軻爲鄒國公。癸巳，會稽郡王世清薨。庚子，尙書省成。辛丑，封馬援爲忠顯王。

十一月癸卯，加上仁宗謚曰體天法道極功全德神文聖武睿哲明孝皇帝，英宗曰體乾應曆隆功盛德憲文肅武睿神宣孝皇帝。甲辰，朝獻景靈宮。乙巳，朝享太廟。丙午，祀昊天上帝于圜丘，赦天下。甲寅，文彥博以太師致仕。乙卯，以觀文殿大學士韓絳爲建雄軍節度使。庚申，幸尙書省，官執政五服內未仕者一人，進尙書以下官一等。

七年春正月丙午，封洛州防禦使世準爲安定郡王。癸丑，夏人寇蘭州，李憲等擊走之。甲寅，以賢妃朱氏爲德妃。

二月甲戌，太師文彥博入覲，置酒垂拱殿。癸未，進封濮陽郡王宗暉爲嗣濮王，封宗晟爲高密郡王，宗綽爲建安郡王，宗隱爲安康郡王，宗瑗爲漢東郡王，宗愈爲華原郡王。

三月辛丑，賜文彥博宴于瓊林苑，帝製詩以賜之。庚申，御崇政殿大閱。壬戌，詔賜鬼

章寫經紙，還其所獻馬。癸亥，白虹貫日。

夏四月辛未，大食國來貢。乙亥，遼遣蕭浹等來賀同天節。丁丑，賜饒州童子朱天錫五經出身。丙戌，景靈宮天元殿門生芝草六本。壬辰，朝獻景靈宮。癸巳，夏人寇延州安塞堡，將官呂眞敗之。

五月壬子，慮囚，降死罪一等，杖以下釋之。辛酉，白虹貫日。壬戌，以孟軻配食文宣王，封荀況、揚雄、韓愈爲伯，並從祀。詔諸路帥臣、監司等舉大使臣爲將領。

六月丙子，夏人寇德順軍，巡檢王友死之。辛卯，江夏郡王宗惠薨。

秋七月甲辰，伊、洛溢，河決元城。丙午，遣使振恤，賜溺死者家錢。壬子，朝獻景靈宮。甲寅，王安禮罷。

八月庚午，詔王光祖遣人招諭乞弟，許出降免罪補官，是歲乞弟死。辛巳，遣陳睦等賀遼主生辰、正旦。

九月壬寅，西南龍蕃來貢。乙巳，三佛齊來貢。乙丑，夏人圍定西城，熙河將秦貴敗之。

冬十月乙亥，夏人寇熙河。庚辰，饒州童子朱天申對于睿思殿，賜五經出身。辛巳，朝獻景靈宮。戊子，詔分畫交阯界，以六縣二峒賜之。乙未，夏人寇靜邊砦，涇原將彭孫敗之。

十一月丁酉朔，寇清邊砦，隊將白玉、李貴死之。甲辰，夏國主秉常遣使來貢。乙卯，太白晝見。

十二月戊辰，端明殿學士司馬光上資治通鑑，以光爲資政殿學士，降詔獎諭。庚寅，詔門下、中書外省官同舉言事御史。辛卯，遼遣耶律襄等來賀正旦。

是歲，河東饑，河北水，壞洛州廬舍，蠲其稅。

八年春正月戊戌，帝不豫。甲辰，赦天下。乙巳，命輔臣代禱景靈宮。乙卯，分遣羣臣禱于天地、宗廟、社稷。

二月辛巳，閱寶寺貢院火。丁亥，命禮部鎖試別所。癸巳，上疾甚，遷御福寧殿，三省、樞密院入見，請立皇太子及請皇太后權同聽政，許之。

三月甲午朔，立延安郡王傭爲皇太子，賜名煦，皇太后權同處分軍國事。乙未，赦天下，遣官告于天地、宗廟、社稷、諸陵。丁酉，皇太后命吏部尙書曾孝寬爲册立皇太子禮儀使。戊戌，上崩于福寧殿，年三十有八。皇太子卽皇帝位，尊皇太后爲太皇太后，皇后爲皇太后，德妃朱氏爲皇太妃。太皇太后權同處分軍國事。

九月己亥，上大行皇帝謚曰英文烈武聖孝皇帝，廟號神宗。

十月乙酉，葬于永裕陵。

贊曰：帝天性孝友，其入事兩宮，必侍立終日，雖寒暑不變。嘗與岐、嘉二王讀書東宮，侍講王陶講論經史，輒相率拜之，由是中外翕然稱賢。其卽位也，小心謙抑，敬畏輔相，求直言，察民隱，恤孤獨，養耆老，振匱乏；不治宮室，不事遊幸，厲精圖治，將大有爲。未幾，王安石入相。安石爲人，悻悻自信，知祖宗志吞幽薊、靈武，而數敗兵，帝奮然將雪數世之恥，未有所當，遂以偏見曲學起而乘之。青苗、保甲、均輸、市易、水利之法既立，而天下洶洶騷動，慟哭流涕者接踵而至。帝終不覺悟，方斷然廢逐元老，擯斥諫士，行之不疑。卒致祖宗之良法美意，變壞幾盡。自是邪佞日進，人心日離，禍亂日起。惜哉！

校勘記

〔一〕梁大王　原作「梁大玉」，據本書卷四八六夏國傳、長編卷三一七、宋會要兵八之二五改。

〔二〕清遠軍　原作「通遠軍」，據本書卷四八六夏國傳、長編卷三一八、宋會要兵八之二六改。按高遵裕從這裏進攻靈州，清遠軍正在靈州之南，而通遠軍離靈州很遠，與戰爭形勢不合。

〔三〕夏州　原作「賀州」，據長編卷三一八、宋會要兵八之二五改。

二十四史

中華書局

〔四〕其朝辭物 「其」，原作「者」，據長編卷三二三、宋會要蕃夷六之一六改。

〔五〕葭蘆寨 「寨」，原作「塞」，據長編卷三二五、太平治蹟統類卷一五改。

〔六〕其黨王安以母老詔特原之 按長編卷三二六載經略司言：「安等已斬，……而安有母年六十二，上特貸之。」據此，當時「詔特原」的是王安母而非王安本人，「王安以母老」當爲「王安母以老」之誤。

〔七〕貶熙河經略使李憲爲經略安撫都總管以王文郁爲西上閤門使知蘭州副使李浩爲四方館使 此文有脫誤。據宋會要職官六六之二二，此時李憲降授宣慶使，經略安撫都總管苗授罰銅三十斤，經略安撫副使知蘭州李浩降授四方館使。長編卷三三三同，并說：「王文郁爲西上閤門使知蘭州，代李浩。」

〔八〕郭忠昭 長編卷三三四、編年綱目卷二一、十朝綱要卷一〇都作「郭忠紹」。

宋史卷十七

本紀第十七

哲宗一

哲宗憲元繼道顯德定功欽文睿武齊聖昭孝皇帝，諱煦，神宗第六子也，母曰欽聖皇后朱氏〔一〕。熙寧九年十二月七日己丑，生于宮中，赤光照室。初名傭，授檢校太尉、天平軍節度使，封均國公。元豐五年，遷開府儀同三司、彰武軍節度使，進封延安郡王。七年三月，神宗宴羣臣于集英殿，王侍立，天表粹溫，進止中度，宰相而下再拜賀。八年二月，神宗寢疾，宰相王珪乞早建儲，爲宗廟社稷計，又奏請皇太后權同聽政，神宗首肯。三月甲午朔，皇太后垂簾于福寧殿，諭珪等曰：「皇子性莊重，從學穎悟，自皇帝服藥，手寫佛書，爲帝祈福。」因出以示珪等，所書字極端謹，珪等稱賀，遂奉制立爲皇太子。初，太子宮中常有赤光，至是光益熾如火。

戊戌，神宗崩，太子卽皇帝位。己亥，大赦天下常赦所不原者。羣臣進秩，賜賚諸軍。遣使告哀于遼。白虹貫日。庚子，尊皇太后曰太皇太后，皇后曰皇太后，德妃朱氏曰皇太妃。命宰臣王珪爲山陵使。甲寅，以羣臣固請，始同太皇太后聽政。

己未，賜叔雍王顥、曹王頵贊拜不名。令中外避太皇太后父遵甫名。詔邊事稍重者，樞密院與三省同議以進。庚申，尚書左僕射、郇國公王珪進封岐國公。顥進封揚王，頵爲荆王，並加太保。弟寧國公佶爲遂寧郡王，儀國公佖爲大寧郡王，成國公俁爲咸寧郡王，和國公似爲普寧郡王。高密郡王宗晟、漢東郡王宗瑗、華原郡王宗愈、安康郡王宗隱、建安郡王宗綽並爲開府儀同三司。太師、潞國公文彥博爲司徒，濟陽郡王曹佾爲太保，特進王安石爲司空，餘進秩，賜致仕、服帶、銀帛有差。辛酉，詔顏子、孟子配享孔子廟庭。

夏四月丙寅，初御紫宸殿。辛未，蠲元豐六年以前逋賦。甲戌，加李乾德同中書門下平章事，董氊檢校太尉。詔曰：「先皇帝臨御十有九年，建立政事以澤天下，而有司奉行失當，幾於煩擾，或苟且文具，不能布宣實惠。其申諭中外，協心奉令，以稱先帝惠安元元之意。」

乙亥，詔以太皇太后生日爲坤成節。丁丑，召呂公著侍讀。諭樞密、中書通，議事都堂。詔遵先帝制，遣官察舉諸路監司之法。庚辰，呂惠卿遣兵入西界，破六砦，斬首六百餘級。辛巳，遣使以先帝遺留物遺遼國及告即位。甲申，水部員外郎王諤非職言事，坐罰金。丙戌，以蕃官高福戰死，錄其子孫。丁亥，復蠲舊年逋賦。

五月丙申，詔百官言朝政闕失。資政殿學士司馬光過闕入見。丁酉，羣臣請以十二月八日爲興龍節[三]。壬寅，城熙、蘭、通遠軍，賜李憲、趙濟銀帛有差。甲辰，作受命寶。丙午，京師地震。復置遼州。庚戌，王珪薨。改命蔡確爲山陵使。丙辰，賜禮部奏名進士、諸科及第出身四百六十一人。戊午，以蔡確爲尚書左僕射兼門下侍郎，韓縝爲尚書右僕射兼中書侍郎，章惇知樞密院，司馬光爲門下侍郎。

六月庚午，賜楚州孝子徐積絹米。丁亥，詔：中外臣庶許直言朝政闕失、民間疾苦。

秋七月戊戌，以資政殿大學士呂公著爲尚書左丞。詔府界、三路保甲罷團教。丙午，遼人來弔祭。丙辰，白虹貫日。吏部侍郎熊本奏歸化僕智會異同，坐罰金。罷沅州增修堡砦。

八月乙丑，詔：按察官所至，有才能顯著者以名聞。己巳，鎮江軍節度使韓絳進開府儀同三司。癸酉，遣使賀遼主生辰、正旦。乙亥，以供奉王英戰死葭蘆，錄其子。

九月戊戌，以神宗英文烈武聖孝皇帝之謚告于天地、宗廟、社稷。己亥，上寶冊于福寧殿。己酉，遣使報謝于遼。

冬十月甲子，夏國遣使進助山陵馬。癸酉，詔倣唐六典置諫官。丁丑，令侍從各舉諫官二人。詔監察御史兼言事，殿中侍御史兼察事。罷義倉。己卯，詔：均寬民力，有司或致廢格者，監司、御史糾劾之。河決大名。乙酉，葬神宗皇帝于永裕陵。丙戌，罷方田。以夏國主母卒，遣使弔祭。

十一月癸巳，詔按問强盜，欲舉自首者毋減。丁酉，祧翼祖，祔神宗于太廟，廟樂曰大明之舞。辛丑，減兩京、河陽囚罪一等，杖已下釋之，民緣山陵役者蠲其賦。己酉，遼遣使賀即位。

十二月壬戌，于闐進獅子，詔卻之。開經筵，講魯論，讀三朝寶訓。罷太學保任同罪法。丙寅，夏人以其母遺留物、馬、白駝來獻。辛未，左僕射蔡確、右僕射韓縝並遷秩加食邑，揚王顥、荆王頵並爲太傅。壬申，章惇、司馬光等進秩有差。甲戌，罷後苑西作院。乙亥，詔執政、侍臣講讀。戊寅，罷增置鑄錢監十有四。乙酉，遼遣蕭睦等來賀正旦。

是歲，日有五色雲者六。高麗、大食入貢。

元祐元年春正月庚寅朔，改元。丙午，錄在京囚，減死罪以下一等，杖罪者釋之。丁未，詔回賜高麗王鞍馬、服帶、器幣有加。罷陝西、河東元豐四年後凡緣軍興添置官局。丙辰，久旱，幸相國寺祈雨。立神宗原廟。戊午，甘露降。

二月辛酉，以河決大名壞民田，民艱食者衆，詔安撫使韓絳振之。乙丑，修神宗實錄。丁卯，詔左右侍從各舉堪任監司者二人，舉非其人有罰。庚午，禁邊民與夏人爲市。辛未，董氊卒，以其子阿里骨襲河西軍節度使、邈川首領。庚辰，夏人入貢。辛巳，刑部侍郎蹇周輔坐變鹽法落職。

閏月庚寅，蔡確罷。以司馬光爲尚書左僕射、門下侍郎。詔韓維、呂大防、孫永、范純仁詳定役法。壬辰，以呂公著爲門下侍郎。丙午，守尚書右丞李清臣爲尚書左丞，試吏部尚書呂大防爲尚書右丞。白虹貫日。丁未，羣臣上太皇太后宮名曰崇慶，殿曰崇慶壽康；皇太后宮曰隆祐，殿曰隆祐慈徽。庚戌，賜于闐國王服帶、器幣。辛亥，章惇罷。甲寅，詔侍從、御史、國子司業各舉經明行修可爲學官者二人。乙卯，以吏部尚書范純仁同知樞密院事。丙辰，掩京城暴骸。罷諸州常平管勾官。

三月辛未，詔毋以堂差衝在選已注官。置訴理所，許熙寧以來得罪者自言。命太學公試，司業、博士主之，如春秋補試法。癸酉，置開封府界提點刑獄一員。乙亥，罷熙河蘭會路經制財用司。己卯，復廣濟河輦運。辛巳，詔民間疾苦當議寬恤者監司具聞。以程頤爲崇政殿說書。乙酉，許職事官帶職。

夏四月己丑，韓縝罷。辛卯，詔諸路旱傷蠲其租。壬辰，以旱慮囚。癸巳，王安石薨。辛丑，詔執政大臣各舉可充館閣者三人。壬寅，以呂公著爲尚書右僕射兼中書侍郎，文彥博平章軍國重事。乙巳，詔戶部裁冗費，著爲令。李憲等以用兵失利爲劉摯所劾，貶秩奉祠。辛亥，揚王顥、荆王頵並特授太尉。詔：遇科舉，令升朝官各舉經明行修之士一人，俟登第日與升甲。罷謁禁之制。知誠州周士隆撫納溪洞民一千三百餘戶，賜士隆銀帛。癸丑，定六曹郎官員數。

五月丁巳朔，以資政殿大學士韓維爲門下侍郎。罷諸路重祿，復熙寧前舊制。庚申，夏人來賀即位。壬戌，詔侍從、臺官、監司各舉縣令一人。戊辰，命程頤同修立國子監條制。己巳，幸揚王、荆王第，官其子九人。癸酉，復左右天廐坊。壬午，詔文彥博班宰相之上。

六月甲辰，置春秋博士。呂惠卿落職，分司南京，蘇州居住。戊申，以富弼配享神宗廟庭。庚戌，太白晝見。甲寅，詔正風俗，修紀綱，勿理隱疵細故。復置通利軍。程頤上疏論輔養君德。

秋七月丁巳，置檢法官。辛酉，設十科舉士法。劉恕同修資治通鑑，未沾恩而卒，詔官其子。乙丑，夏國主秉常卒。庚午，夏國遣使賀坤成節。

八月辛卯，詔常平依舊法，罷青苗錢。壬辰，封弟偲爲祁國公。甲午，占城國遣使入貢。壬子，日傍有五色雲。磁州穀異隴同穗。

九月丙辰朔，司馬光薨。己未，朝獻景靈宮。辛酉，大享明堂，以神宗配，赦天下。丁卯，試中書舍人蘇軾爲翰林學士、知制誥。己卯，張璪罷。

冬十月丙戌，改衍聖公爲奉聖公。庚寅，太白晝見。壬辰，夏人來告哀。庚子，遣使弔祭。

十一月戊午，以尚書左丞呂大防爲中書侍郎，御史中丞劉摯爲尙書右丞。乙亥，于闐國遣使入貢。庚辰，罷鹽井官溪錢。

十二月庚寅，詔：將來服除，依元豐三年故事，羣臣勿上尊號。戊戌，華州鄭縣小敷谷山崩。戊申，詔以多溫無雪，決繫囚。

是歲，河北、楚海諸州水。

二年春正月乙丑，封秉常子乾順爲夏國主。戊辰，詔：舉人程試，主司毋得於老、莊、列子書命題。辛巳，詔蘇轍、劉攽編次神宗御製。白虹貫日。

二月丁亥，遣左司諫朱光庭使河北，振民被災者。詔施、黔、戎、瀘等州保甲監司免歲

閱。丁酉，加賜于闐國金帶、錦袍、器幣。己亥，命吏部選人改官歲以百人爲額。辛丑，詔陝西、河東行策應牽制法。是月，代州地震。

三月壬戌，太皇太后手詔，止就崇政殿受册。戊辰，詔中外侍從歲舉郡守各一人〔三〕。令御史臺察民俗奢僭者。夏人遣使入謝。癸酉，奉安神宗神御于景靈宮宣光殿。庚辰，詔內侍省供奉官以下百人爲額。

夏四月丙戌，交阯入貢。丁亥，鬼章子結呃齪寇洮東。戊子，慮囚。己丑，詔太師文彥博十日一議事都堂。辛卯，詔：多夏旱暵，海內被災者廣，避殿減膳，責躬思過，以圖消復。丁酉，以四方牒訴上尙書者，或冤抑不得直，令御史分察之。己亥，太皇太后以旱權罷受册禮。癸卯，雨。乙丑，以徐州布衣陳師道爲亳州司戶參軍。丁未，復制科。戊申，御殿復膳。李淸臣罷。

五月癸丑，夏人圍南川砦。丁卯，以劉摯爲尙書左丞，兵部尙書王存爲尙書右丞。壬申，于闐入貢。丁丑，詔：御史官闕，御史中丞〔四〕、翰林學士、兩省諫議大夫以上雜舉。

六月辛丑，以安燾知樞密院事。壬寅，有星如瓜出文昌。丙午，邈川首領結藥來降，授三班奉職。

秋七月辛亥，詔戶部修會計錄。韓絳以司空致仕。夏人寇鎮戎軍。詔府界、三路教閱保甲。復課利場務虧額科罰。丙辰，罷諸州數外歲貢。戊午，以遼蕭德崇等賀坤成節，曲宴垂拱殿，始用樂。庚申，進封李乾德爲南平王。辛酉，改誠州爲渠陽軍。辛未，韓維罷。

八月辛巳，程頤罷經筵，權同管勾西京國子監。癸未，以西蕃寇洮、河，民被害者給錢粟，死者賜帛其家。詔復進納人改官舊法。乙酉，命呂大防爲西京安奉神宗御容禮儀使。庚寅，西南蕃遣人入貢。癸巳，以夏國政亂主幼，強臣乙逋等擅權逆命，詔諸路帥臣嚴兵備之。庚子，授西蕃首領心牟欽氈銀州團練使，溫溪心瓜州團練使。辛丑，涇原言夏人寇三川諸砦，官軍敗之。丁未，岷州行營將种誼復洮州，執蕃酋鬼章青宜結。

九月乙卯，發太皇太后册寶于大慶殿。丙辰，發皇太后、皇太妃册寶于文德殿。己未，夏人寇鎮戎軍。丁卯，禁私造金箔。

冬十月壬午，奉安神宗御容于會聖宮及應天院。癸未，日有五色雲。戊子，恭謝景靈宮。辛卯，減西京囚罪一等，杖已下釋之。己亥，西南龍、張蕃遣人入貢。庚子，論復洮州功，种誼等遷秩，賜銀絹有差。

十一月丙辰，復置漣水軍。庚申，獻鬼章于崇政殿，以罪當死，聽招其子及部屬歸以自贖。乙亥，大雪甚，民凍多死，詔加振恤，死無親屬者官瘞之。罷內殿承制試換文資格。丙子，決囚。

十二月乙酉，賜諸軍及貧民錢。丙戌，興龍節，初上壽于紫宸殿。己丑，大寒，罷集英殿宴。壬辰，兀征聲延部族老幼萬人渡河南，遣使廩食之，仍諭聲延勿失河北地。乙未，白虹貫日。壬寅，頒元祐敕令式。

是冬，始閉汴口。

三年春正月己酉朔，不受朝。庚戌，復廣惠倉。己未，朝獻景靈宮。庚申，雪寒，發京西穀五十餘萬石，損其直以紓民。辛酉，詔廣南西路朱崖軍開示恩信，許生黎悔過自新。壬戌，罷上元遊幸。壬申，阿里骨奉表詣闕謝罪，令邊將無出兵，仍罷招納。甲戌，決囚。

二月甲申，罷修金明池橋殿。乙酉，德音：「減囚罪一等，徒以下釋之，工役權放一年，流民饑貧量與應副。」丙戌，詔河東苦寒，量度存恤戍兵。癸巳，罷春宴。乙未，白虹貫日。辛丑，太白晝見。

三月丙辰，韓絳薨。丁巳，御集英殿策進士。戊午，策武舉。己巳，賜禮部奏名進士、諸科及第出身一千一百二十二人。乙亥，夏人寇德靖砦〔五〕，將官張誠等敗之。

夏四月戊寅，令諸路郡邑具役法利害以聞。辛巳，以呂公著爲司空、同平章軍國事，呂大防爲尙書左僕射兼門下侍郎，范純仁爲尙書右僕射兼中書侍郎。壬午，以觀文殿學士孫

固爲門下侍郎，劉摯爲中書侍郎，王存爲尚書左丞，御史中丞胡宗愈爲尚書右丞，戶部侍郎趙瞻簽書樞密院事。癸巳，詔定職事官歲舉升陟人數。丁酉，阿里骨來貢。庚子，詔天下郡城以地里置壯城兵額，禁勿他役。

五月癸亥，漢東郡王宗瑗薨。

六月癸未，詔：司諫、正言、殿中、監察御史，倣故事以升朝官通判資序歷一年者爲之。辛丑，夏人寇塞門砦。甲辰，五色雲見。

秋七月戊申，荆王頵薨。戊辰夜，東北方明如晝，俄成赤氣，中有白氣經天。辛未，太白晝見。癸酉，忠州言臨江縣井鎮雨黑黍。

八月戊寅，阿里骨入貢。己卯，進封揚王顥爲徐王。辛巳，復置荆門軍。丙戌，罷吏試斷刑法。丁酉，渠陽蠻入寇。辛丑，降繫囚罪一等，杖以下釋之。

九月庚申，禁宗室聯姻內臣家。乙丑，阿里骨復遷職，加封邑。詔觀察使以上給永業田。丁卯，御集英殿策賢良方正能直言極諫科。

十月丙戌，詔罷新創諸堡砦，廢渠陽軍。戊戌，復南、北宣徽院。

十一月甲辰，遣吏部侍郎范百祿等行河。丁卯，大食麻囉拔國入貢。詔歲以十月給巡城兵衣裘。

十二月丁酉，渝州獠人寇小溪〔六〕。壬寅，白虹貫日。

閏月癸卯朔，頒元祐式。甲辰，范鎮定鑄律、度量、鐘磬等以進，令禮部、太常參定。戊申，減宰執賜予。庚申，置六曹尚書權官。丙寅，詔吏部詳定六曹重複利害以聞。

是歲，三佛齊、于闐、西南蕃入貢。天下上戶部，主戶二百一十三萬四千七百三十三，丁二千八百五十三萬三千九百三十四；客戶六百一十五萬四千六百五十二，丁三百六十二萬九千八十三。斷大辟二千九百一十五人。

四年春正月壬申朔，不受朝，羣臣及遼使詣東上閤門、內東門拜表賀。丙子，宴遼使于紫宸殿。甲申，以夏人通好，詔邊將毋生事。

二月甲辰，呂公著薨。庚戌，白虹貫日。乙卯，夏人來謝封册。

三月己卯，作渾天儀。胡宗愈罷。丁亥，以不雨罷春宴。己丑，詔自今大禮毋上尊號。辛卯，晝有流星出東方。癸巳，錄囚。乙未，罷幸瓊林苑、金明池。

夏四月乙巳，呂大防等以久旱求罷，不允。丁未，曹佾薨。戊申，罷大禮使及奏告執政加賜。戊午，立試進士四場法。壬戌，弛在京牧地與民。

五月癸酉，詔自今侍讀以三人爲額。中丞李常、侍御史盛陶坐不論蔡確，改官。辛巳，貶觀文殿學士蔡確爲光祿卿。丁亥，復貶確爲英州別駕，安置新州。丁酉，于闐國來貢。

六月甲辰，范純仁、王存罷。丙午，以趙瞻同知樞密院事，戶部尚書韓忠彥爲尚書左丞，翰林學士許將爲尚書右丞。丁未，夏國來貢。癸丑，邈黎國般次冷移、四林栗迷等齎于闐國黑汗王及其國蕃王表章來貢。

秋七月丙子，詔復外都水使者。丁丑，遼國使蕭寅等來賀坤成節，曲宴垂拱殿。庚辰，安燾以母憂去位。

八月壬寅，敕郡守貳以「四善三最」課縣令，吏部歲上監司考察知州狀。辛酉，太皇太后詔：今後明堂大禮，毋令百官拜表稱賀。

九月戊寅，致齋垂拱殿。己卯，朝獻景靈宮。辛巳，大饗明堂，赦天下，百官加恩，賜賚士庶高年九十以上者。乙酉，加賜韓縝、范純仁器幣有差。乙未，檢舉先朝文武七條，戒諭百官遵守。

冬十月辛丑，西南程蕃入貢。丁未，龍蕃入貢。戊申，翰林學士蘇轍上神宗御集，藏寶文閣。癸丑，御邇英殿，講官進講三朝寶訓。

十一月庚午，敕朝請大夫以下進士爲左，餘爲右。溪洞彭儒武等進溪洞布。癸未，以孫固知樞密院事，劉摯爲門下侍郎，吏部尚書傅堯俞爲中書侍郎。乙酉，有星色赤黃，尾跡

燭地。己丑，太皇太后卻元日賀禮，令百官拜表。庚寅，章惇〔七〕買田不法，降官。辛卯，改發運、轉運、提刑預妓樂宴會徒二年法。

十二月庚子，遼使耶律常〔八〕等賀興龍節，曲宴垂拱殿。癸丑，更定朝儀二舞曰威加四海、化成天下。甲寅，減鄜延等路戍兵歸營。戊午，以御史闕，令中丞、兩省各舉二人。

是歲，夏國、邈黎、大食麻囉拔國入貢。

五年春正月丁卯朔，御大慶殿視朝。丁丑，朝獻景靈宮。

二月丁酉，罷諸州軍通判奏舉改官。己亥，夏人歸永樂所掠吏士百四十九人。庚子，加溪洞人田忠進等九十二人檢校官有差。辛丑，以旱罷修黃河。癸卯，禱雨嶽瀆，罷浚京城壕。丁未，減天下囚罪，杖以下釋之。庚戌，文彥博以太師充護國軍、山南西道節度等使致仕，令所司備禮册命。壬子，彥博乞免册禮，從之。甲子，宴餞文彥博于玉津園。

三月丙寅朔，趙瞻薨。丁卯，詔賜故孫覺家緡錢，令給喪事。壬申，以韓忠彥同知樞密院事，翰林學士承旨蘇頌爲尚書左丞。癸未，罷春宴。壬辰，罷幸金明池、瓊林苑。

夏四月癸卯，詔鄭穆、王巖叟等同舉監察御史二員。甲辰，呂大防等以旱求退，不允。丙午，孫固薨。癸丑，詔講讀官御經筵退，留二員奏對邇英閣。丁巳，詔以旱避殿減膳，罷

二十四史

中華書局

五月朔日文德殿視朝。辛酉，以保寧軍節度使馮京爲檢校司空。

五月壬申，詔差役法有未備者，令王巖叟等具利害以聞。乙亥，雨。己卯，御殿復膳。

六月辛丑，錄囚。癸亥，晝有五色雲。

七月壬申，涇原路經略司言：諸人違制典買蕃部田土，許以免罪，自二頃五十畝以下，責其出刺弓箭手及買馬備邊用各有差。乙酉，夏人來議分畫疆界。

九月丁丑，詔復置集賢院學士。

冬十月癸巳，罷提舉修河司。丁酉，詔定州韓琦祠載祀典。

十二月辛卯朔，許將罷。安康郡王宗隱薨。丙辰，禁軍大閱，賜以銀楪、匹帛，罷轉資。

是歲，東北旱，浙西水災。賜宗室子授官者四十四人。斷大辟四千二百六十有一。高麗、于闐、龍蕃、三佛齊、阿里骨入貢。

六年春正月辛酉朔，不受朝，羣臣及遼使詣東上閤門、內東門拜表賀。癸酉，詔祠祭、游幸毋用羔。

二月辛卯，以劉摯爲尙書右僕射兼中書侍郎，龍圖閣待制王巖叟簽書樞密院事。癸巳，以蘇轍爲尙書右丞，宗室士倪追封魏國公。庚子，拂箖國來貢。丁丑，授阿里骨男溪邦

彪籛爲化外庭州團練使。

三月癸亥，呂大防上神宗實錄。己巳，御集英殿策進士。庚午，策武舉。癸酉，詔：御史中丞舉殿中侍御史二人，翰林學士至諫議大夫同舉監察御史二人。丙子，呂大防特授右正議大夫。壬午，賜禮部奏名進士、諸科及第出身九百五十七人。丁亥，罷幸金明池、瓊林苑。

夏四月乙未，復置通禮科。丙申，詔恤刑。辛丑，詔：「大臣堂除差遣，非行能卓異者不可輕授；仍搜訪遺材，以備擢任。」夏人寇熙河蘭岷、鄜延路。壬寅，太白晝見。壬子，賜南平王李乾德袍帶、金帛、鞍馬。

五月己未朔，日有食之，罷文德殿視朝。庚辰，詔：「娶宗室女得官者，毋過朝請大夫、皇城使〔九〕。」丁亥，後省上元祐敕令格。

六月壬辰，錄囚。甲辰，置國史院修撰官。乙卯，詔以田思利爲銀青光祿大夫，充溪洞都巡檢。

秋七月癸亥，復張方平宣徽南院使致仕。乙丑，復制置解鹽使。己卯，振兩浙水災。

八月己丑，三省進納后六禮儀制。辛卯，詔御史臺：臣僚親亡十年不葬，許依條彈奏及令吏部檢察。己亥，改宗正屬籍曰宗藩慶系錄。令文武臣出入京城門書職位、差遣、姓名及所往。己酉，修神宗寶訓。癸丑，詔：「鄜延路都監李儀等以違旨夜出兵入界，與夏人戰死，不贈官，餘官降等。」乙卯，夏人寇懷遠砦。

閏月壬戌，嚴飭陝西、河東諸路邊備。甲子，太白晝見。庚午，詔御史中丞舉殿中侍御史二人，翰林學士、中書舍人、給事中舉監察御史四人。壬申，太子太保致事張方平辭免宣徽使，不允。甲申，刑部侍郎彭汝礪與執政爭獄事，自乞貶逐，詔改禮部侍郎。

九月丁亥，夏人寇麟、府二州。壬辰，詔：州民爲寇所掠，廬舍焚蕩者給錢帛，踐稼者振之，失牛者官貸市之。癸巳，御集英殿策賢良方正能直言極諫科。丁酉，御試方正王普等遷官有差。歲出內庫緡錢五十萬以備邊費。甲辰，幸上清儲祥宮。壬子，宮成，減天下四罪一等，徒以下釋之。癸丑，以執政官行謁禁法非便，詔有利害陳述勿禁。

冬十月丁卯，有流星晝出東北。庚午，朝獻景靈宮，還幸國子監，賜祭酒豐稷三品服，監學官賜帛有差。庚辰，令諸宮院建小學。貴妃苗氏薨。癸未，編修神宗御製官轉秩加賞。詔京西提刑司歲給錢物二十萬緡以奉陵寢。

十一月乙酉朔，劉摯罷。壬辰，作元祐觀天曆。尙書右丞蘇轍罷知絳州〔一〇〕。辛丑，傅堯俞薨。

十二月戊辰，開封府火。壬申，范純仁以前禦敵失策降官。

是歲，兩浙水，定州野蠶成繭。高麗、交阯、三佛齊入貢。

七年春正月甲辰，以遼使耶律迪卒，輟朝一日。乙巳，張誠一以穿父墓取犀帶，責授左武衞將軍，提舉亳州明道宮。

二月丁卯，詔陝西、河東邊要進築守禦城砦。

三月己亥，錄囚。

夏四月己未，立皇后孟氏。甲子，命呂大防爲皇后六禮使。甲戌，立考察縣令課績法。

五月戊戌，御文德殿册皇后。庚子，罷侍從官轉對。丙午，王巖叟罷知鄭州。大食進火浣布。

六月辛酉，以呂大防爲右光祿大夫，蘇頌爲尙書右僕射兼中書侍郎，韓忠彥知樞密院事，蘇轍爲門下侍郎，翰林學士范百祿爲中書侍郎，翰林學士梁燾爲尙書左丞，御史中丞鄭雍爲尙書右丞，戶部尙書劉奉世簽書樞密院事。甲子，置廣文館解額。戊辰，渾天儀象成。甲戌，日旁五色雲見。

七月癸巳，詔修神宗史。復翰林侍講學士。己酉，詔諸路安撫鈐轄司及西京、南京各賜資治通鑑一部。庚戌，宗室緦麻以上者禁析居。

八月丙辰，罷監酒稅務增剩給賞法。己未，詔西邊諸將嚴備，毋輕出兵。乙亥，戒邊將毋掊克軍士。前陷交阯將吏蘇佐等十七人自拔來歸。

九月戊戌，詔：「冬至日南郊宜依故事設皇地祇位〔一〕，禮畢，別議方澤之儀以聞。」己酉，永興軍、蘭州、鎮戎軍地震。

冬十月庚戌朔，環州地震。丁巳，陝西有前代帝王陵廟處，給民五家充守陵戶。丁卯，夏人寇環州。

十一月辛巳，太白晝見。甲申，詔太中大夫以上許占永業田。丙戌，于闐入貢。庚寅，帝齋大慶殿。辛卯，朝獻景靈宮。壬辰，饗太廟。癸巳，祀天地于圜丘，赦天下，羣臣中外加恩。罷南京榷酒。民罹親喪者戶以差等與免徭。辛丑，賜徐王劍履上殿。

十二月辛亥，阿里骨、李乾德加食邑實封。甲子，罷飲福宴。庚午，祈雪。是歲，兗州僊源縣生瑞穀。高麗、占城、西南蕃龍氏羅氏入貢。

八年春正月己卯朔，不受朝。甲申，蔡確卒。丁亥，御邇英閣，召宰臣讀寶訓。庚寅，詔復范純仁太中大夫。壬辰，幸太乙宮。庚子，詔頒高麗所獻黃帝鍼經于天下。

二月己酉，詔西南蕃龍氏遷秩補官。辛亥，禮部尚書蘇軾言：「高麗使乞買歷代史及策

府元龜等書，宜卻其請不許。」省臣許之，軾又疏陳五害，極論其不可。有旨：「書籍曾經買者聽。」壬子，詔刑部不得分禁繫人數，瘐死數多者申尚書省。癸丑，詔大寧郡王以下出就外學。

三月甲申，蘇頌罷。辛卯，范百祿罷。庚子，詔御試舉人復試賦、詩、論三題。

夏四月丁未朔，夏人來謝罪，願以蘭州易塞門砦，不許。癸丑，詔恤刑。甲寅，令范祖禹依先朝故事止兼侍講。丁巳，詔南郊合祭天地，罷禮部集官詳議。

五月癸未，置蘄州羅田縣。丁亥，罷二廣鑄折二錢。己丑，錄囚。辛卯，監察御史董敦逸、黃慶基以論蘇軾、蘇轍，罷爲湖北、福建轉運判官。己亥，祁國公偲爲開府儀同三司。

六月戊午，梁燾罷。壬戌，中書後省〔二〕上元祐在京通用條貫。

秋七月丙子朔，以觀文殿大學士范純仁爲尚書右僕射兼中書侍郎。戊寅，令陝西沿邊鐵錢銅錢悉還近地。

八月丁未，久雨，禱山川。辛酉，以太皇太后疾，帝不視事。壬戌，遣使按視京東西、河南北、淮南水災。癸亥，減京師囚罪一等，徒以下釋之。丁卯，禱于嶽瀆、宮觀、祠廟。戊辰，赦天下。庚午，詔陝西復鑄小銅錢。辛未，禱于天地、宗廟、社稷。乙亥，禱于諸陵。

九月戊寅，太皇太后崩。己卯，詔以太皇太后園陵爲山陵。庚辰，遣使告哀于遼。甲申，命呂大防爲山陵使。壬辰，詔山陵修奉從約，諸道毋妄有進助。

冬十月戊申，羣臣七上表請聽政。戊辰，徐王顥乞解官給喪，詔不允。庚午，復內侍劉瑗等六人。

十一月丙子，始御垂拱殿。乙未，以雪寒振京城民饑。壬寅，賜勞修奉山陵兵士。

十二月乙巳，范純仁乞罷，不允。甲寅，倣唐六典修官制。丁巳，遼人遣使來弔祭。出錢粟十萬振流民。己巳，上太皇太后謚曰宣仁聖烈皇后。

是歲，河入德清軍，決內黃口。

校勘記

〔一〕欽聖皇后朱氏　「聖」，當爲「成」字之誤。「欽聖」乃向皇后之謚，哲宗生母朱氏謚爲「欽成」，見本書卷二四三本傳、宋會要后妃一之四。

〔二〕以十二月八日爲興龍節　「八」，原作「七」，據本書卷一一二禮志、宋會要禮五七之一八改。禮志說：「哲宗本七日生，以避僖祖忌，故後一日。」

〔三〕詔中外侍從歲舉郡守各一人　「守」字原脫，據本書卷一六〇選舉志、長編卷三九六所載呂陶奏文補。

〔四〕御史中丞　原作「中丞御史」，據長編卷四〇一改。

〔五〕德靖砦　原作「德靜砦」，據本書卷八七地理志、卷四八六夏國傳、長編卷四〇九改。

〔六〕渝州獠人寇小溪　「獠」，原作「獵」，據長編卷四一八改。

〔七〕章惇　原作「張惇」，據本書卷四七一本傳、長編卷四三五改。

〔八〕耶律常　「常」字原脫，據長編卷四三六補。

〔九〕册過朝請大夫皇城使　「請」，原作「散」，據長編卷四五八、十朝綱要卷一三改。

〔一〇〕尚書右丞蘇轍罷知汝州　此句有誤。按本書卷二一二宰輔表蘇轍於紹聖元年以尚書右丞罷知汝州，無罷知絳州事。長編卷四六八說：「監察御史安鼎知絳州，……鼎劾蘇轍不當故出。」這時罷知絳州的是安鼎而不是蘇轍。

〔一一〕設皇地祇位　「位」字原脫，據長編卷四七七、通考卷七一補。

〔一二〕中書後省　「後」下原有「從」字。按元豐官制，門下、中書各增建「後省」，沒有「後從省」，「從」字衍，今刪。

中華書局

宋史卷十八

本紀第十八

哲宗二

紹聖元年春正月癸酉朔，羣臣詣西上閤門進名奉慰。丙申，夏人來貢。辛丑，遣中書舍人呂希純等行河。罷河東大鐵錢〔一〕。

二月丁未，以戶部尚書李清臣爲中書侍郎，兵部尚書鄧潤甫爲尚書右丞。己酉，葬宣仁聖烈皇后于永厚陵。己未，祔神主于太廟。癸亥，減兩京、河陽、鄭州囚罪一等，民緣山陵役者蠲其賦。甲子，詔依章獻明肅皇后故事，罷避高遵惠諱〔二〕。

三月壬申朔，日有食之。乙亥，呂大防罷。庚辰，詔大學合格上舍生推恩免省試，附科場春榜。乙酉，御集英殿策進士。丁亥，策武舉。戊子，以徐王顥爲太師，徙封冀王。癸巳，詔振京東、河北流民，貸以穀麥種，諭使還業，蠲是年租稅。丁酉，賜禮部奏名進士、諸

科及第出身九百七十五人。蘇轍罷。

夏四月乙巳朔，阿里骨進獅子。丙午，以旱詔恤刑。己酉，詔中外決獄。庚戌，詔有司具醫藥治京師民疾。壬子，蘇軾坐前掌制命語涉譏訕，落職知英州。癸丑，改元。白虹貫日。甲寅，以王安石配饗神宗廟庭。蔡確追復右正議大夫。戊午，復新城兩廂。庚申，減四京囚罪一等，杖以下釋之。壬戌，以資政殿學士章惇爲尚書左僕射兼門下侍郎。范純仁罷。丙寅，罷五路經、律、通禮科。丁卯，詔諸路復元豐免役法。戊辰，同修國史蔡卞請重修神宗實錄。

閏月壬申，復提舉常平官。癸酉，罷十科舉士法。甲申，以觀文殿學士安燾爲門下侍郎。丙戌，復義倉。丁亥，詔神宗隨龍人趙世長等遷秩賜賚有差。戊子，詔在京諸司，所受傳宣中批，並候朝廷覆奏以行。乙未，西南張蕃遣人入貢。丙申，命左僕射章惇提舉修神宗國史。丁酉，詔添差徐州兵馬都監。

五月壬寅，罷修官制局。甲辰，罷進士習試詩賦，令專二經，立宏詞科。己酉，修國史曾布請以王安石日錄載之神宗實錄。太白晝見。辛亥，劉奉世罷。癸丑，詔中外學官，非制科、進士、上舍生入官者並罷。編類元祐群臣章疏及更改事條。甲寅，右正言張商英言先帝謂天地合祭非古，詔禮部、太常詳議以聞。乙丑，鄧潤甫卒。丁卯，嗣濮王宗暉薨。

六月甲戌，來之邵等疏蘇軾詆斥先朝，詔謫惠州。丙子，罷制置解鹽使〔三〕。壬午，封高密郡王宗晟爲嗣濮王。癸未，以翰林學士承旨曾布同知樞密院事。甲申，除進士引用王安石字說之禁。

秋七月丁巳，以御史黃履周秩、諫官張商英言，奪司馬光、呂公著贈謚，王巖叟贈官；貶呂大防爲秘書監，劉摯爲光祿卿，蘇轍爲少府監，並分司南京；梁燾提舉舒州靈仙觀。戊午，詔：「大臣朋黨，司馬光以下各輕重議罰，布告天下。餘悉不問，議者亦勿復言。」

八月丙戌，召輔臣觀稼後苑。日有五色雲。壬辰，應制科趙天啓以累上書狂妄黜。

九月癸卯，遣御史劉拯按河北水災，振饑民。丙午，御集英殿，策賢良方正能直言極諫科。庚戌，罷制科。罷廣惠倉。癸丑，令監司歲察守臣課績優者以聞。甲寅，知廣州唐義問坐棄渠陽砦，責授舒州團練副使。庚申，太白晝見。丁卯，詔京東西、河北振恤流民。戊辰，流星出紫微垣。

冬十月丙申，三佛齊遣使入貢。丁酉，河北流斷絕〔四〕。

十一月己亥朔，復八路差官法。壬子，以冬溫無雪，決繫囚。蔡確特追復觀文殿大學士。甲寅，開封男子呂安斥乘輿當斬，貸之。丁巳，詔河北振饑，諸路恤流亡，官吏有善狀才能顯著者以聞。

十二月辛未，申嚴銅錢出外界法。庚辰，命諸路祈雪。丙戌，滑州浮橋火。己丑，漳河決溢，浸洺、磁等州，令計置堙塞。甲午，范祖禹、趙彥若、黃庭堅坐史事責授散官，永、澧〔五〕、黔州安置。

是歲，京師疫，洛水溢，太原地震，河北水，發京東粟振之。

二年春正月甲辰，詔國史院增補先帝御集。丙午，立宏詞科。己未，遷奉太平興國寺三朝御容于天章閣。乙丑，殿前司奏獄空，詔賜緡錢。

二月乙亥，呂大防以監修史事貶秩，分司南京，安州居住。辛巳，出內庫錢帛二十萬助河北振饑。甲午，罷廣文館解額。

三月己亥，宗晟薨。己未，試宏詞黃符等五人各循一資。

夏四月戊辰，詔職事官罷帶職，朝請大夫以下勿分左右，易集賢院學士爲集賢殿修撰，直集賢院爲直秘閣，集賢校理爲秘閣校理。壬申，封華容郡王宗愈爲嗣濮王。詔許將等七人，不限資格，各舉才行堪備任使者二人。丁亥，詔依元豐條置律學博士二員。

五月乙巳，命蔡卞詳定國子監三學及外州州學制。乙卯，上皇太妃宮名曰聖瑞。

六月壬辰，禁京城士人輿轎。

二十四史

秋七月丙辰，詔大理寺復置右治獄，仍依元豐例添置官屬。

八月壬申，命彰信軍節度使宗景爲開府儀同三司，封濟陰郡王。甲申，宗愈薨。乙酉，錄趙普後希莊爲閤門祗候。

九月甲午，以安定郡王宗綽爲嗣濮王。壬寅，告遷神宗神御于景靈宮顯承殿。癸卯，詣景靈宮行奉安禮。戊申，加上神宗謚曰紹天法古運德建功英文烈武欽仁聖孝皇帝。己酉，朝獻景靈宮。庚戌，朝饗太廟。辛亥，大饗明堂，赦天下。

冬十月甲子，鄭雍罷。癸酉，告遷宣仁聖烈皇后神御于景靈宮徽音殿。甲戌，詣宮行奉安禮。以吏部尙書許將爲尙書左丞，翰林學士蔡卞爲尙書右丞。辛巳，進封冀王顥爲楚王。辛卯，河南府地震。

十一月乙未，安燾罷知河南府。丙申，太白晝見。戊戌，范鍔自轉運使入對，言有捕盜功，乞賜章服。帝曰：「捕盜常職也，何足言功。」黜知壽州。甲寅，梁惟簡除名，全州安置。丙辰，贈蔡確爲太師，賜謚忠懷。

十二月乙丑，復置監察御史三人，分領六察，不言事。令翰林學士蔡京、御史中丞黃履各舉御史二人。壬申，白虹貫日。戊子，詔如元豐例孟月朝獻景靈宮。

是歲，蘇州夏秋地震。桂陽監慶雲見。出宮女九十一人。交阯、三佛齊、韋蕃、阿里骨

入貢。

三年春正月庚子，韓忠彥罷知眞定府。甲辰，酌獻景靈宮，遍詣諸殿如元豐禮。庚戌，引見蕃官包順、包誠等，賜賚有差。詔：鞫獄非本章所指而蔓求他罪者論如律。乙卯，詔戶部尙書勿領右曹。戊午，詔罷合祭，間因大禮之歲，夏至日躬祭地祇於北郊。

二月癸亥，出元豐庫緡錢四百萬于陝西、河東糴邊儲。辛未，復元豐恤孤幼令。癸酉，罷富弼配饗神宗廟庭。癸未，詔封濮王子未王者三人：宗楚爲南陽郡王，宗祐爲景城郡王，並開府儀同三司；宗漢爲東陽郡王。乙酉，宗綽薨。丙戌，詔三歲一取旨，遣郎官、御史按察監司職事。丁亥，夏人寇義合砦。

三月壬辰，以禁中屢火，罷春宴及幸池苑，不御垂拱殿三日。癸巳，夏人圍塞門砦。丁酉，尙書省火。戊午，劍南東川地震。己亥，封宗楚爲嗣濮王。辛亥，封大寧郡王佖爲申王，遂寧郡王佶爲端王。丁巳，幸申王、端王府。

夏四月辛酉，罷宣徽使。丙子，詔：自今景靈宮四孟朝獻，分爲二日。

五月壬子，太白晝見。丙辰，錄囚。

六月癸亥，令眞定立趙普廟。乙酉，立北郊齋宮於瑞聖園。

秋七月庚戌，依元豐職事官以行、守、試三等定祿秩。罷元祐所增聚議錢。甲寅，令熙河立王韶廟。

八月辛酉，夏人寇寧順砦。壬戌，日上有五色暈，下有五色氣。己卯，復置檢法官。庚辰，以范祖禹、劉安世在元祐中構造誣謗，祖禹責授昭州別駕，賀州安置；安世新州別駕，英州安置。

九月己亥，邈川首領阿里骨卒。己酉，滁、沂二州地震。壬子，楚王顥薨。乙卯，廢皇后孟氏爲華陽教主、玉清妙靜仙師，賜名冲眞。

冬十月丁巳朔，以楚王薨，罷文德殿視朝。壬戌，夏人寇鄜、延，陷金明砦。戊辰，詔被邊諸路相度城砦要害，增嚴守備。辛未，西南方雷聲，雨雹。癸酉，鍾傳言築汝遮，詔以爲安西城。

十一月丁未，章惇上神宗實錄。庚戌，宴修實錄官。

十二月辛酉，宗景坐以立妾罔上，罷開府儀同三司，判大宗正司事。癸酉，置施州鑄錢廣積監。甲戌，蔡京上新修太學敕令式、詳定重修敕令。遺棄饑貧小兒三歲以下，聽收養爲眞子孫。

是歲，于闐、大食、龜茲師王國、西南蕃龍氏羅氏入貢。宗室子授官者四十六人。

四年春正月丙戌朔，不受朝。羣臣及遼使詣東上閤門拜表賀。班內外學制。庚寅，以阿里骨子瞎征襲河西軍節度使、邈川首領。甲午，涇原路鈐轄王文振敗夏人于沒煙峽。庚戌，李清臣罷。

二月己未，以三省言，追貶呂公著爲建武軍節度副使，司馬光爲清遠軍節度副使，王巖叟爲雷州別駕，奪趙瞻、傅堯俞贈謚，追韓維致仕〔六〕及孫固、范百祿、胡宗愈遺表恩。詔江、淮巡檢依舊法招置士兵。癸亥，于闐來貢，黑汗王攻夏人三州，遣其子以聞。丙寅，夏人寇綏德城。庚午，詔國信使毋得以非例之物遺人使，仍著條禁。癸酉，詔申王佖、端王佶歲賜錢各六千五百緡。丙子，進神宗婉儀宋氏爲賢妃。己卯，復元豐榷茶法。庚辰，罷春秋科。癸未，以三省言，追貶呂大防爲舒州團練副使〔七〕，劉摯爲鼎州團練副使，蘇轍爲化州別駕，梁燾爲雷州別駕，范純仁爲武安軍節度副使〔八〕，安置于循、新、雷、化、永五州；劉奉世爲光祿少卿，分司南京；黜韓維以下三十人輕重有差。甲申，降文彥博爲太子少保。

閏月丙戌朔，張天說坐上書詆訕先朝處死。壬寅，以曾布知樞密院事，許將爲中書侍郎，蔡卞爲尙書左丞，吏部尙書黃履爲尙書右丞，翰林學士林希同知樞密院事。癸卯，大雨雹。甲辰，蘇軾責授瓊州別駕，移昌化軍安置。范祖禹移賓州安置，劉安世移高州安置。

中華書局

己酉，御集英殿策進士。庚戌，策武舉。

三月壬戌，夏人犯麟州神堂堡，出兵討之，及進築胡山砦。癸亥，賜禮部奏名進士、諸科及第出身六百九人。甲子，詔武舉謝師古等以遠人賜帛，李惟岳以高年賜帛。丁卯，詔瀘南安撫司、南平軍毋擅誘楊光榮獻納播州疆土。庚午，夏人大至葭蘆城下，知石州張構等擊走之。甲戌，幸金明池。丙子，剋胡山新砦成，賜名平羌砦。辛巳，西上閤門使折克行破夏人于長波川，斬首二千餘級，獲牛馬倍之。壬午，命官編類司馬光等改廢法度論奏事狀。

夏四月丁亥，令諸獄置氣樓涼窗，設漿飲薦席，杻械五日一浣，繫囚以時沐浴，遇寒給薪炭。甲午，熙河築金城關。丙申，詔發解省試添策一道。丁酉，進編臣僚章疏一百四十三帙。己亥，呂大防卒于虔州。庚子，知保安軍李沂伐夏國，破洪州。壬寅，環慶鈐轄張存入鹽州，俘戮甚衆，及還，夏人追襲之，復多亡失。甲辰，置克戎砦、平夏城，置靈平砦。丁未，以西邊板築有勞，曲赦陝西、河東路。追貶王珪爲萬安軍司戶參軍。己酉，復文德殿侍從轉對。

五月丁巳，文彥博薨。辛酉，以皇太妃服藥及亢旱，決四京囚。壬戌，詔陝西添置蕃落馬軍十指揮。丁卯，廢衞州淇水第二馬監、潁昌府單鎮馬監。辛未，韓縝薨。丁丑，貶韓維

爲崇信軍節度副使。

六月癸未朔，日有食之。丁亥，太白犯太微垣。戊子，宗楚薨。丙申，詔翰林學士、吏部尚書各舉監察御史二人。丁酉，環慶路安疆砦成，詔防托蕃漢官賜帛有差。甲辰，熙河進築青石峽畢工，賜名西平。乙巳，保寧軍觀察留後宗漢爲開府儀同三司，徙封安康郡王。己酉，太原地震。太白晝見。

秋七月壬子朔，太白晝見。

八月乙酉，封湖州觀察使世開爲安定郡王。丙戌，鄜延將王愍復宥州。戊戌，封宗祐爲嗣濮王。築威戎城。己酉，彗出西方。

九月壬子，以星變避殿減膳，罷秋宴，詔公卿悉心修政，以輔不逮，求中外直言。乙卯，赦天下，出元豐庫緡錢四百萬付陝西廣糴，詔歸明人未給田者舍以官屋。戊辰，彗滅。癸酉，謁中太一宮爲民祈福。丙子，御殿復膳。命宗景爲開府儀同三司。己卯，封婉儀劉氏爲賢妃。

冬十月戊戌，宗景薨。壬寅，廢安國、安陽、淇水監及洛陽、原武監。

十一月丁卯，詔諫議大夫以上各舉監察御史一人。癸酉，貶劉奉世爲隰州團練副使，郴州安置〔九〕。丁丑，詔放歸田里程頤涪州編管。

十二月癸未，劉摯卒。甲申，曲宴遼使于垂拱殿。乙酉，侍御史董敦逸坐奏對不實貶秩，知興國軍。

是歲，兩浙旱饑，詔行荒政，移粟振貸。出宮女二十四人。宣城民妻一產四男子。汀閬、西南蕃羅氏入貢。播州夷楊光榮等內附。戶部主戶一千三百六萬八千七百四十一，丁三千三十四萬四千二百七十四；客戶六百三十六萬六千八百二十九，丁三百六萬七千三百三十二。大辟三千一百九十二人。

元符元年春正月庚戌朔，不視朝。丙寅，咸陽民段義得玉印一紐。甲戌，幸瑞聖園，觀北郊齋宮。

二月丙戌，白虹貫日。庚寅，詔建五王外第。壬辰，復罷翰林侍讀、侍講學士。丁酉，宗祐薨。戊申，知蘭州王舜臣討夏人于塞外。築興平城。

三月壬子，令三省、樞密吏三歲一試刑法。甲寅，開楚州通漣河。丙辰，米脂砦成。丁巳，五王外第成，賜名懿親宅。戊午，封宗漢爲嗣濮王。殺朱崖流人陳衍。壬戌，申王佖、端王佶並爲司空。令太常寺與閤門修定刈麥儀。乙丑，詔翰林學士承旨蔡京等辯驗段義所獻玉璽，定議以聞。戊辰，吏部郎中方澤等坐私謁后族宴聚，罰金補外。庚午，幸申王

府。辛未，幸端王府。甲戌，進封咸寧郡王俁爲莘王，普寧郡王似爲簡王，祁國公偲爲永寧郡王。丙子，築熙河通會關。

夏四月庚辰，世開薨。甲申，幸睿成宮及莘王、簡王府。丙戌，章惇等進神宗帝紀。梁燾卒于化州。壬辰，林希罷。丙申，建顯謨閣，藏神宗御集。庚子，幸睿成宮。壬寅，學士院上寶璽、靈光、翔鶴樂章。癸卯，詔學官增習兩經。丁未，曾布上刪修軍馬敕例。

五月戊申朔，御大慶殿，受天授傳國受命寶，行朝會禮。己酉，班德音于天下，減囚罪一等，徒以下釋之。癸丑，受寶〔一〇〕，恭謝景靈宮。戊午，宴紫宸殿。庚申，詔獻寶人段義爲右班殿直，賜絹二百匹。

六月戊寅朔，改元。丙戌，遣官分詣鄜延、涇原、河東、熙河按驗所築城砦。甲午，蔡京等上常平免役敕令。

秋七月乙卯，詔增置大府丞一員。乙丑，赦：大禮五使，自今並差執政官，定爲令。丁卯，令學官試三經。庚午，詔范祖禹移化州安置，劉安世梅州安置，王巖叟、朱光庭諸子並勒停不敍。壬申，京師地震。

八月丙子朔，熙河蘭岷路復爲熙河蘭會路。庚辰，詔：「自今三省、樞密院進擬在京文臣、開封推判官、武臣橫班使副及諸路監司、帥守，並取旨召對。」丁亥，詔：「侍從中書舍人

中華書局

以上各舉所知二人，權侍郎以上舉一人，仍指言所堪職任。」

九月丁未，以霖雨罷秋宴。庚戌，秦觀除名，移雷州編管。癸亥，賜王安石第于京師。

冬十月乙未，詔武官試換文資〔二〕。丁酉，以河北、京東河溢，遣官振恤。己亥，夏人寇平夏城。癸卯，駙馬都尉張敦禮坐元祐初上疏譽司馬光，奪留後，授環衞官。

十一月壬戌，朝獻景靈宮。癸亥，朝饗太廟。甲子，祀昊天上帝于圜丘，赦天下。

是歲，澶州河溢，振恤河北、京東被水者。眞定府、祁州野蠶成繭。涇原路禽夏國統軍嵬名阿埋等。高麗、瞎征、西南蕃張氏羅氏程氏入貢。西蕃首領李訛哆、巴訛支、呂承信〔三〕等內附。

二年春正月甲辰朔，御大慶殿，以雪罷朝，羣臣及遼使詣東上閤門拜表賀。羣臣又詣內東門，賀如儀。丁卯，出內金帛二百萬，備陝西邊儲。

二月甲戌朔，令監司舉本路學行優異者各二人。韋蕃入貢。己卯，詔許高麗國王遣士賓貢。辛巳，增置神臂弓。詔：「自今應被旨舉官，所舉不當，具舉主姓名以聞。」甲申，夏人以國母卒，遣使告哀，且謝罪，卻其使不納。戊子，鄜延鈐轄劉安敗夏人于神堆。甲午，大食入貢。乙未，詔吏部：守令課績，從御史臺考察，黜其不實者。

三月丙辰，遼人遣簽書樞密院事蕭德崇來爲夏人請緩師，仍獻玉帶。築環慶路定邊城。丁巳，秦鳳經略司言吳名革率部族、孳畜歸順。詔名革補內殿承制，首領李哆補右侍禁及賜錢帛有差。庚申，知府州折克行獲夏國鈐轄令王皆保。乙丑，祈雨。己巳，莘王俁爲司空。

夏四月庚辰，幸莘王府。令廣西提點刑獄司兼領鹽事。丙戌，築鄜延、河東路暖泉，烏龍砦。丁亥，以旱，減四京囚罪一等，杖以下釋之。辛卯，詔鞫獄，徒以上須結案及審錄覆奏，然後斷遣，不如令者坐之。癸巳，封永嘉郡王偲爲睦王。遣中書舍人郭知章報聘于遼。丁酉，築威羌城。

五月甲辰，太白晝見。庚戌，築鄜延路金湯城。癸亥，奉遷眞宗神御于萬壽觀延聖殿。曲赦陝西、河東路，減囚罪一等，流以下釋之。建西安州及天都等砦。乙丑，進章惇官五等，曾布三等，許將、蔡卞、黃履皆二等。辛未，詔莘王俁、睦王偲母進封婕妤。

六月庚辰，賜蘭、會州新砦名會川城。甲午，賜環慶路之字平曰清平關。戊戌，築定邊、白豹城訖工，閤門使張存等轉官，賜金帛有差。

秋七月乙巳，盛暑，中外決繫囚。丁未，放在京工役。庚戌，河北河漲，沒民田廬，遣官振之。甲子，知環州种朴獲夏國監軍訛勃囉。丙寅，洮西安撫使王贍復邈川城，西蕃首領欽彪阿成以城降。

八月癸酉，章惇等進新修敕令式。惇讀於帝前，其間有元豐所無而用元祐敕令修立者，帝曰：「元祐亦有可取乎？」惇等對曰：「取其善者。」甲戌，太原地震。戊寅，皇子生〔四〕。辛巳，降德音于諸路，減囚罪一等，流以下釋之。乙酉，賜熙河路緡錢百萬撫納部族。丁亥，修復會州。癸巳，太白晝見。瞎征降。甲午，建葭蘆戍爲晉寧軍。丙申，保寧軍節度呂惠卿特授檢校司空。

九月庚子朔，夏人來謝罪。癸卯，命御史點檢三省、樞密院，並依元豐舊制。甲辰，幸儲祥宮。乙巳，幸醴泉觀。丁未，立賢妃劉氏爲皇后。己未，青唐酋隴拶以城降。壬戌，雨，罷秋宴。甲子，右正言鄒浩論劉氏不當立，特除名勒停，新州羈管。丙寅，御文德殿册皇后。

閏月癸酉，置律學博士員。詔詳議廟制。以青唐爲鄯州，隴右節度；邈川爲湟州，宗哥城爲龍支城，俱隸隴右。戊寅，以廓州爲寧砦城。丙戌，果州團練使仲忽進古方鼎，誌曰「魯公作文王尊彝」。甲午，熒惑犯太微垣左執法。己未，越王茂薨。

冬十月壬子，詔河北大名二十二州軍置馬步軍指揮，以廣威、保捷爲名。甲寅，日有食之，既。

十一月丁亥，詔綏德城爲綏德軍。壬辰，詔河北黃河退灘地聽民耕墾，免租稅三年。

乙未，詔諸州置教授者，依太學三舍法考選生徒升補。是月，河中猗氏縣民妻一產四男子。

三年春正月辛未，帝有疾不視朝。丁丑，奉安太宗皇帝御容于景靈宮大定殿。戊寅，大赦天下，蠲民租。己卯，帝崩。皇太后諭遺制，立弟端王即位于柩前，皇太后權同處分軍國事。

四月己未，上謚曰欽文睿武昭孝皇帝，廟號曰哲宗。七月丁卯，以謚號册寶奏告天地、宗廟、社稷。八月壬寅，葬于永泰陵。癸亥，祔太廟。崇寧三年七月，加謚曰憲元繼道世德揚功欽文睿武齊聖昭孝皇帝。政和三年，改謚憲元繼道顯德定功欽文睿武齊聖昭孝皇帝。

贊曰：哲宗以冲幼踐阼，宣仁同政。初年召用馬、呂諸賢，罷青苗，復常平，登俊良，闢言路，天下人心，翕然向治。而元祐之政，庶幾仁宗。奈何熙、豐舊姦枿去未盡，已而媒蘖復用，卒假紹述之言，務反前政，報復善良，馴致黨籍禍興，君子盡斥，而宋政益敝矣。吁，可惜哉！

校勘記

〔一〕罷河東大銅錢　按編年綱目卷二四："「除河東大銅錢禁。」十朝綱要卷一三："「罷河東大銅錢之禁。」此處疑脫「禁」字。

〔二〕罷避高遵惠諱　「高遵惠」，據本書卷一七哲宗紀，當作「高遵甫」。遵甫乃宣仁后之父，哲宗時加贈陳王。宋會要儀制一三之一三說："紹聖元年二月二十三日，三省、樞密院言：宣仁聖烈皇后同聽政之日，天下章奏皆避高陳王名諱。按國朝會要，章獻明肅皇后上仙，中外不復避彭城郡王名。詔依章獻明肅皇后故事。」即此事。

〔三〕制置解鹽使　「制置」，原作「置制」，據本書卷一七哲宗紀、宋會要職官四四之四〇改。

〔四〕丁酉河北流斷絕　「流」字下原爲墨丁。按長編紀事本末卷一一二載丁酉都水使者王宗望言："「凡經九月，上稟成算，遂斷北流，以除河患。」編年綱目卷二四載王宗望奏言："「河悉已東還故道，北流斷絕。」據此，「流」下墨丁當爲「斷」字或「斷絕」二字。今補「斷絕」二字。

〔五〕永澧　「澧」，原作「豐」，據東都事略卷六〇趙彥若傳、長編紀事本末卷一〇一改。

〔六〕追韓維致仕　「致仕」，原作「到任」，據本書卷三一五本傳、編年綱目卷二四改。

〔七〕舒州團練副使　「副」字原脫，據本書卷三四〇本傳、宋史全文卷一三補。

〔八〕武安軍節度副使　「武安」，原作「安武」，據本書卷三一四本傳、長編紀事本末卷一〇二改。

〔九〕郴州安置　「郴」，原作「柳」，據長編卷四九三、宋會要職官六七之一九改。

〔一〇〕受寶　長編卷四九八作「以受寶畢」。

〔一一〕詔武官試換文資　長編卷五〇三作「詔武官試換文資，吏部依元豐試法重修以聞」。

〔一二〕呂承信　宋會要蕃夷六之三二、長編卷五〇三都作「呂永信」。

〔一三〕皇子生　「皇」下原衍「太」字，據長編卷五一四刪。

宋史卷十九

本紀第十九

徽宗一

徽宗體神合道駿烈遜功聖文仁德憲慈顯孝皇帝，諱佶，神宗第十一子也，母曰欽慈皇后陳氏。元豐五年十月丁巳，生於宮中。明年正月賜名，十月授鎮寧軍節度使，封寧國公。哲宗即位，封遂寧郡王。紹聖三年，以平江、鎮江軍節度使封端王，出就傅。五年，加司空，改昭德、彰信軍節度。元符三年正月己卯，哲宗崩，皇太后垂簾，哭謂宰臣曰："「家國不幸，大行皇帝無子，天下事須早定。」章惇厲聲對曰："「在禮律當立母弟簡王。」皇太后曰："「神宗諸子，申王長而有目疾，次則端王當立。」惇又曰："「以年則申王長，以禮律則同母之弟簡王當立。」皇太后曰："「皆神宗子，莫難如此分別，於次端王當立。」知樞密院曾布曰："「章惇未嘗與臣等商議，如皇太后聖諭極當。」尚書左丞蔡卞、中書門下侍郎許將相繼曰："「合依聖

旨。」皇太后又曰："「先帝嘗言，端王有福壽，且仁孝，不同諸王。」於是惇爲之默然。乃召端王入，卽皇帝位，皇太后權同處分軍國事。庚辰，赦天下常赦所不原者，百官進秩一等，賞諸軍。遣宋淵告哀于遼。辛巳，尊先帝后爲元符皇后。癸未，追尊母貴儀陳氏爲皇太妃。甲申，命章惇爲山陵使。乙酉，出先帝遺留物賜近臣。丙戌，以申王佖爲太傅，進封陳王，賜贊拜不名。丁亥，進仁宗淑妃周氏、神宗淑妃邢氏並爲貴妃，賢妃宋氏爲德妃。戊子，以章惇爲特進，封申國公。己丑，進封莘王俁爲衞王，守太保；簡王似爲蔡王，睦王偲爲定王，並守司徒。罷增八廂邏卒。

二月己亥，始聽政。尊先帝妃朱氏爲聖瑞皇太妃。壬寅，以南平王李乾德爲檢校太師。丁未，立順國夫人王氏爲皇后。庚戌，向宗回、宗良遷節度使，太后弟姪未仕者俱授以官。癸丑，初御紫宸殿。庚申，以吏部尚書韓忠彥爲門下侍郎，資政殿大學士黃履爲尚書右丞。辛酉，名懿親宅潛邸曰龍德宮。甲子，毀承極殿。丙寅，遣吳安憲、朱孝孫以遺留物遺遼國主。

三月戊辰朔，詔宰臣、執政、侍從官各舉可任臺諫者。庚午，遣韓治、曹譜告卽位于遼。辛未，詔追封祖宗諸子光濟等三十三人爲王，女四十八人爲公主。甲申，以西蕃王隴拶爲河西軍節度使，尋賜姓名曰趙懷德，邈川首領瞎征爲懷遠軍節度使。己丑，以日當食降德

音于四京，減囚罪一等，流以下釋之。庚寅，錄趙普後。辛卯，詔求直言。癸巳，以寧遠軍節度觀察留後世雄爲崇信軍節度使，封安定郡王。乙未，却永興民王懷所進玉器。

夏四月丁酉朔，日有食之。己亥，令監司分部決獄。甲辰，以韓忠彥爲尚書右僕射兼中書侍郎，禮部尚書李清臣爲門下侍郎，翰林學士蔣之奇同知樞密院事。乙巳，錄曹佾後。丁未，以帝生日爲天寧節。己酉，長子亶生。辛亥，大赦天下，應元符二年已前係官逋負悉蠲之。癸丑，鹿敏求等以應詔上書遷秩。乙卯，請大行皇帝謚于南郊。丁巳，詔范純仁等復官宮觀，蘇軾等徙內郡居住。癸亥，罷編類臣僚章疏局。乙丑，賜禮部奏名進士及第、出身五百五十八人。

五月丁卯朔，罷理官失出之罰。丙子，詔復廢后孟氏爲元祐皇后。乙酉，蔡卞罷。己丑，詔追復文彥博、王珪、司馬光、呂公著、呂大防、劉摯等三十三人官。辛卯，還司馬光等致仕遺表恩。癸巳，河北、河東、陝西饑，詔帥臣計度振恤。

六月丙申朔，遼主遣蕭進忠、蕭安世等來弔祭。

秋七月丙寅朔，奉皇太后詔，罷同聽政。丁卯，告哲宗欽文睿武昭孝皇帝謚于天地、宗廟、社稷。戊辰，上寶册于福寧殿。癸酉，以皇太后還政，減天下囚罪一等，流以下釋之。癸未，遣陸佃、李嗣徽報謝于遼。罷管句陝西、京西、川路坑冶及江西、廣東、湖北、夔、梓、成都路管句措置鹽事官。辛卯，封子亶爲韓國公。

八月戊戌，詔諸路遇民有疾，委官監醫往視疾給藥。庚子，作景靈西宮，奉安神宗神御，建哲宗神御殿於其西。辛丑，出內庫金帛二百萬羅陝西軍儲。壬寅，葬哲宗皇帝于永泰陵。丙午，遣董敦逸賀遼主生辰，呂仲甫賀正旦。戊申，高麗王王熙遣使奉表來慰。庚戌，詔以仁宗、神宗廟永世不祧。戊午，以蔡王似爲太保。癸亥，祔哲宗神主于太廟，廟樂曰大成之舞。

九月甲子，詔修哲宗實錄。丙寅，遼遣蕭穆來賀即位。丁卯，減兩京、河陽、鄭州四罪一等，民緣山陵役者蠲其賦。己巳，幸龍德宮。辛未，章惇罷。丙子，以陳王佖爲太尉。丁丑，詔修神宗史。己丑，復均給職田。

冬十月乙未，夏國入貢。丙申，蔡京出知永興軍，貶章惇爲武昌軍節度副使。丁酉，以韓忠彥爲尚書左僕射兼門下侍郎。壬寅，以曾布爲尚書右僕射兼中書侍郎。乙卯，升端州爲興慶軍。己未，詔禁曲學偏見、妄意改作以害國事者。辛酉，罷平準務。

十一月丁卯，詔修六朝寶訓。降德音于端州，減囚罪一等，徒以下釋之。庚午，詔改明年元。戊寅，以觀文殿學士安燾知樞密院事。庚辰，黃履罷。己丑，置春秋博士。辛卯，令陝西兼行銅鐵錢。以禮部尚書范純禮爲尚書右丞〔一〕。

十二月甲午，以皇太后不豫，禱于宮觀、祠廟、嶽瀆。戊戌，出麇粟減價以濟民。辛丑，慮囚。甲辰，詔修國朝會要。戊申，降德音于諸路，減囚罪一等，流以下釋之。戊午，遼人來賀正旦。

是歲，出宮女六十九人。

建中靖國元年春正月壬戌朔，有赤氣起東北，亙西南，中函白氣；將散，復有黑祲在旁。癸亥，有星自西南入尾，其光燭地。癸酉，范純仁薨。甲戌，皇太后崩，遺誥追尊皇太妃陳氏爲皇太后。丁丑，易大行皇太后園陵爲山陵，命曾布爲山陵使。己卯，令河、陝募人入粟，免試注官。

二月丙申，雨雹。己亥，汰秦鳳路士兵。甲辰，始聽政。乙巳，出內庫及諸路常平錢各百萬，備河北邊儲。丁巳，貶章惇爲雷州司戶參軍。

三月甲子，始御紫宸殿。乙丑，遼使蕭恭來告其主洪基殂，遣謝文瓘、上官均等往弔祭，黃寔賀其孫延禧立〔二〕。丁丑，詔以河西軍節度使趙懷德知湟州。壬午，以日當食避殿減膳，降天下囚罪一等，流以下釋之。

夏四月辛卯朔，日食不見。甲午，上大行皇太后謚曰欽聖憲肅。乙未，上追尊皇太后謚曰欽慈。丁酉，御殿復膳。壬寅，詔：「諸路疑獄當奏而不奏者科罪，不當奏而輒奏者勿坐，著爲令。」

五月辛酉朔，大雨雹。詔三省減吏員節冗費。丙寅，葬欽聖憲肅皇后、欽慈皇后于永裕陵。庚辰，蘇頌薨。丙戌，祔欽聖憲肅皇后、欽慈皇后神主于太廟。戊子，減兩京、河陽、鄭州囚罪一等，民緣山陵役者蠲其賦。

六月庚寅朔，以韓國公亶爲開府儀同三司，封京兆郡王。戊申，封向宗回爲永陽郡王，向宗良爲永嘉郡王。甲寅，封吳王顥子孝騫爲廣陵郡王，頵子孝參爲信都郡王。戊午，范純禮罷。己未，詔班鬭殺情理輕重格。

秋七月辛巳，內郡置添差宗室闕。丙戌，安燾罷。丁亥，以蔣之奇知樞密院事，吏部尚書陸佃爲尚書右丞，端明殿學士章楶同知樞密院事。

九月己巳，詔諸路轉運、提舉司及諸州軍，有遺利可以講求及冗員浮費當裁損者，詳議以聞。丙戌，子檉薨。

冬十月乙未，李清臣罷。丁酉，天寧節，羣臣及遼使初上壽于垂拱殿。

十一月庚申，以陸佃爲尚書左丞，吏部尚書溫益爲尚書右丞。壬戌，以西蕃隴拶爲西平軍節度使、邈川首領。辛未，出御製南郊親祀樂章。戊寅，朝獻景靈宮。己卯，饗太廟」。庚辰，祀天地于圜丘，赦天下。改彰信軍爲興仁軍，昭德軍爲隆德軍。改明年元。

十二月壬辰，賜陳王佖詔書不名。癸卯，進神宗昭儀武氏爲賢妃。丙午，奉安神宗神御于景靈西宮大明殿。丁未，詣宮行禮。己酉，降德音于四京，減囚罪一等，徒以下釋之。是歲，遼人來獻遺留物。河東地震，京畿蝗，江、淮、兩浙、湖南、福建旱。

崇寧元年春正月丁丑，太原等十一郡地震，詔死者家賜錢有差。

二月丙戌朔，以聖瑞皇太妃疾，慮囚。甲午，子亶改名烜。以蔡確配饗哲宗廟庭。戊戌，詔：「士有懷抱道德久沈下僚及學行兼備可厲風俗者，待制以上各舉所知二人。」奉議郎趙諗謀反伏誅。庚子，封子煥爲魏國公。辛丑，聖瑞皇太妃薨，追尊爲皇太后。庚戌，追封孔鯉爲泗水侯，孔伋爲沂水侯。

三月丁巳，奉安哲宗神御于景靈西宮寶慶殿。戊午，詣宮行禮。壬戌，以定王偲爲太保。壬申，幸定王第。

夏四月己亥，上皇太后謚曰欽成。

五月丁巳，熒惑入斗。庚申，韓忠彥罷。己巳，瞎征卒。庚午，降復太子太保司馬光爲正議大夫，太師〔三〕文彥博爲太子太保，餘各以差奪官。辛未，詔待制以上舉能吏各二人。

乙亥，黜後苑內侍請以涂金飾宮殿者。丙子，詔：「元祐諸臣各已削秩，自今無所復問，言者亦勿輒言。」戊寅，葬欽成皇后于永裕陵。己卯，陸佃罷。庚辰，以許將爲門下侍郎，溫益爲中書侍郎，翰林學士承旨蔡京爲尚書左丞，吏部尚書趙挺之爲尚書右丞。

六月己丑，祔欽成皇后神主于太廟。壬辰，減西京、河陽、鄭州囚罪一等，民緣山陵役者蠲其賦。癸卯，詔：「六曹尚書有事奏陳，許獨員上殿。」己酉，太白晝見。壬子，改渝州爲恭州。癸丑，詔倣唐六典修神宗所定官制。封伯夷爲清惠侯，叔齊爲仁惠侯。

閏月甲寅朔，更名哲宗神御殿曰重光。辛酉，慮囚。壬戌，曾布罷。甲子，詔：「諸路州縣官有治績最著者，許監司、帥臣各舉一人。」壬午，追貶李清臣爲武安軍節度副使。癸未，詔監司、帥臣於本路小使臣以上及親民官內，有智謀勇果可備將帥者，各舉一人。

秋七月甲申朔，建長生宮以祠熒惑。丙戌，詔：「省、臺、寺、監及監司、郡守，並以三年成任。」戊子，以蔡京爲尚書右僕射兼中書侍郎。己丑，焚元祐法。甲午，詔於都省置講議司。詔杭州、明州置市舶司。庚子，章楶罷。甲辰，以雨水壞民廬舍，詔開封府振恤壓溺者。辛亥，罷春秋博士。

八月乙卯，子烜改名桓，煥改名楷。乙丑，罷權侍郎官。辛未，置安濟坊養民之貧病者，仍令諸郡縣並置。甲戌，詔天下興學貢士，建外學于國南。丙子，詔司馬光等二十一人

子弟毋得官京師。己卯，以趙挺之爲尚書左丞，翰林學士張商英爲尚書右丞。

九月戊子，京師置居養院以處鰥寡孤獨，仍以戶絕財產給養。乙未，詔中書籍元符三年臣僚章疏姓名爲正上、正中、正下三等，邪上、邪中、邪下三等。丁酉，治臣僚議復元祐皇后及謀廢元符皇后者罪，降韓忠彥、曾布官，追貶李清臣爲雷州司戶參軍，黃履爲祁州團練副使，竄曾肇以下十七人。己亥，籍元祐及元符末宰相文彥博等、侍從蘇軾等、餘官秦觀等、內臣張士良等、武臣王獻可等凡百有二十人，御書刻石端禮門。庚子，以元符末上書人鍾世美以下四十一人爲正等，悉加旌擢；范柔中以下五百餘人爲邪等，降責有差。時世美已卒，詔贈官，仍官其子一人。壬寅，貶曾布爲武泰軍節度副使〔四〕。甲辰，詔：「元符三年、建中靖國元年責降臣僚已經牽復者，其元責告命並繳納尚書省。」

冬十月癸亥，蔣之奇罷。戊辰，詔：「責降宮觀人不得同一州居住。」甲戌，以御史錢遹、石豫、左膚及輔臣蔡京、許將、溫益、趙挺之、張商英等言，罷元祐皇后之號，復居瑤華宮。丙子，劉奉世等二十七人坐元符末黨與變法，並罷祠祿。戊寅，以資政殿學士蔡卞知樞密院事。

十一月乙酉，邵州言知溪洞徽州楊光衒內附。戊子，以婉儀鄭氏爲賢妃。辛卯，置河北安濟坊。癸巳，置西、南兩京宗正司及敦宗院。戊戌，置顯謨閣學士、待制官。戊申，子

楷爲開府儀同三司，封高密郡王。己酉，立卿監、郎官三歲黜陟法。

十二月癸丑，論棄湟州罪，貶韓忠彥爲崇信軍節度副使，曾布爲賀州別駕，安燾爲寧國軍節度副使，范純禮分司南京。庚申，鑄當五錢。辛酉，贈哲宗子鄧王茂爲皇太子，謚獻愍。丁丑，詔：「諸邪說詖行非先聖賢之書，及元祐學術政事，並勿施用。」是歲，京畿、京東、河北、淮南蝗。江、浙、熙河漳泉潭衡郴州、興化軍旱。辰、沅州徭入寇。出宮女七十六人。

二年春正月辛巳朔。乙酉，竄任伯雨、陳瓘、龔夬、鄒浩于嶺南，馬涓等九人分貶諸州。知荊南舒亶平辰、沅州徭賊，復誠、徽州，改誠州爲靖州，徽州爲蒔竹縣。壬辰，溫益卒。乙巳，以復荊湖疆土曲赦兩路。丙午，以冱寒令監司分部決獄。丁未，以蔡京爲尚書左僕射兼門下侍郎。

二月辛亥，安化蠻入寇，廣西經略使程節敗之。壬子，遣官相度湖南、北徭地，取其材植入供在京營造。甲寅，進元符皇后爲太后，宮名崇恩。辛酉，置殿中監。癸亥，奉安哲宗御容于西京會聖宮及應天院。丙子，置諸路茶場。

三月壬午，進仁宗充儀張氏爲賢妃。乙酉，減西京囚罪一等。詔：「黨人子弟毋得擅到

闕下，其應緣趨附黨人罷任在外指射差遣及得罪停替臣僚，亦如之。」丁亥，御集英殿策進士。癸卯，賜禮部奏名進士及第、出身五百三十八人，其嘗上書在正等者升甲，邪等者黜之。

夏四月甲寅，詔侍從官各舉所知二人。乙卯，于闐入貢。丁卯，詔毀呂公著、司馬光、呂大防、范純仁、劉摯、范百祿、梁燾、王巖叟景靈西宮〔五〕繪像。己巳，以初謁景靈宮赦天下。乙亥，詔毀刊行唐鑑并三蘇、秦、黃等文集。戊寅，以趙挺之爲中書侍郎，張商英爲尚書左丞，戶部尚書吳居厚爲尚書右丞，兵部尚書安惇同知樞密院事。奪王珪贈謚，追毀程頤出身文字，其所著書令監司覺察。

五月辛巳，以賢妃鄭氏爲淑妃。癸未，以陳王佖爲太師。丙戌，貶曾布爲廉州司戶參軍。己亥，封子楫爲楚國公。丙午，册元符皇后劉氏爲太后。

六月壬子，册王氏爲皇后。庚申，詔：「元符末上書進士，類多詆訕，令州郡遣入新學，依太學自訟齋法，候及一年，能革心自新者許將來應舉，其不變者當屏之遠方。」壬戌，慮囚。是月，中太一宮火。復湟州。

秋七月己卯，學士院火。辛巳，以復湟州進蔡京官三等，蔡卞以下二等。壬午，白虹貫日。甲申，降德音于熙河蘭會路，減囚罪一等，流以下釋之。庚寅，曾肇責授濮州團練副使。辛卯，詔上書進士見充三舍生者罷歸。丁酉，詔：「自今戚里宗屬勿復爲執政官，著爲令。」乙巳，詔：責降人子弟毋得任在京及府界差遣。

八月丁未朔，再論棄湟州罪，貶韓忠彥爲磁州團練副使，安燾爲祁州團練副使，范純禮爲靜江軍節度副使，削蔣之奇秩三等。戊申，張商英罷。辛酉，詔張商英入元祐黨籍。

九月辛巳，詔宗室不得與元祐姦黨子孫爲婚姻。庚寅，封子樞爲吳國公。詔：「上書邪等人，知縣以上資序並與外祠，選人不得改官及爲縣令。」壬辰，置醫學。癸巳，令天下郡皆建崇寧寺。辛丑，改吏部選人自承直郎至將仕郎七階。令天下監司長吏廳各立元祐姦黨碑。甲辰，詔郡縣謹祀社稷。

冬十一月庚辰，以元祐學術政事聚徒傳授者，委監司察舉，必罰無赦。

十二月癸亥，祧宣祖皇帝、昭憲皇后。丙寅，詔六曹長貳歲考郎官治狀，分三等以聞。

是歲，諸路蝗。纂府蠻楊晟銅、融州楊晟天、邵州黃聰內附。

三年春正月己卯，安化蠻降。辛巳，詔：上書邪等人毋得至京師。戊子，鑄當十大錢。壬辰，增縣學弟子員。甲午，賜蔡京子攸進士出身。癸卯，太白晝見。甲辰，鑄九鼎。

二月丙午，以淑妃鄭氏爲貴妃。以刊定元豐役法不當，黜錢遹以下九人。丁未，置漏

澤園。己酉，詔：王珪、章惇別爲一籍，如元祐黨。詔：自今御後殿，許起居郎、舍人侍立。壬子，以楚國公楫爲開府儀同三司，封南陽郡王。庚申，令天下坑冶金銀復盡輸內藏。辛未，雨雹。

三月辛巳，置文繡院。丁亥，作圜土以居強盜貸死者。甲午，躋欽成皇后神主於欽慈皇后之上。辛丑，大內災。

夏四月乙巳，以火災降德音于四京，減囚罪一等，流以下原之。乙卯，復鄯州，建爲隴右都護府。辛酉，徙封楫爲樂安郡王。復廓州。乙丑，罷講議司。己巳，曲赦陝西。壬申，楫薨。

五月戊寅，罷開封權知府，置牧、尹、少尹。改定六曹，以士、戶、儀、兵、刑、工爲序，增其員數，倣唐六典易胥吏之稱。己卯，以復鄯、廓，蔡京爲守司空，封嘉國公。庚辰，許將、趙挺之、吳居厚、安惇、蔡卞各轉三官。甲申，改鄯州爲西寧州，仍爲隴右節度。辛丑，詔黜守臣進金助修宮庭者。

六月壬寅朔，圖熙寧、元豐功臣於顯謨閣。癸卯，以王安石配饗孔子廟。丙午，增諸州學未立者。壬子，置書、畫、算學。占城入貢。戊午，詔重定元祐、元符黨人及上書邪等者合爲一籍，通三百九人，刻石朝堂，餘並出籍，自今毋得復彈奏。辛酉，復置太醫局。癸亥，慮囚。乙丑，詔：「內外官毋得越職論事僥倖奔競，違者御史臺彈奏。」

秋七月癸酉，以婉儀王氏爲德妃。庚辰，詔：自今大禮不受尊號，羣臣毋上表。辛卯，行方田法。

八月庚子，詔諸路知州、通判增入「主管學事」四字。壬寅，大雨，壞民廬舍，令收瘞死者。甲辰，蔡京上神宗史。丙午，許將罷。

九月乙亥，以趙挺之爲門下侍郎，吳居厚爲中書侍郎，翰林學士承旨張康國爲尚書左丞，刑部尚書鄧洵武爲尚書右丞。壬辰，詔諸路州學別置齋舍，以養材武之士。

冬十月辛丑朔，大雨雹。丁未，賢妃張氏薨。丙辰，命官編類六朝勳臣。戊午，夏人入涇原，圍平夏城，寇鎮戎軍。庚申，熙河蘭會路經略安撫使王厚言，河西軍節度使趙懷德等出降。己巳，立九廟，復翼祖、宣祖。庚午，貴妃邢氏薨。

十一月甲戌，幸太學，官論定之士十六人，遂幸辟雍，賜國子司業吳絪、蔣靜四品服，學官推恩有差。丙戌，封子杞爲冀國公。丁亥，詔：取士並繇學校，罷發解及省試法，科場如故事。癸巳，更上神宗謚曰體元顯道帝德王功英文烈武欽仁聖孝皇帝，加上哲宗謚曰憲元繼道顯德定功欽文睿武齊聖昭孝皇帝。甲午，朝獻景靈宮。乙未，饗太廟。丙申，祀昊天上帝于圜丘，赦天下。升興仁、隆德軍爲府，還彰信、昭德舊節。

十二月乙巳，升通遠軍爲鞏州。戊午，賜陳王佖入朝不趨。

是歲，諸路蝗。出宮女六十二人。廣西黎洞楊晟免等內附。

校勘記

〔一〕尚書右丞　「右」，原作「左」，據本書卷二一二宰輔表、卷三一四本傳改。

〔二〕黃寔賀其孫延禧立　「孫」，原作「子」，據遼史卷二七天祚紀、編年綱目卷二六改。

〔三〕太師　原作「太保」，據宋會要職官六七之三四、宋大詔令集卷二一〇梁燾等降官制改。

〔四〕武泰軍節度副使　「副」字原脫，據宋會要職官六八之四、宋大詔令集卷二一二曾布責授武泰軍節度副使衡州安置制、杜大珪宋名臣碑傳琬琰之集（以下簡稱琬琰集）下編卷二〇曾文肅公布傳補。

〔五〕景靈西宮　「宮」，原作「京」，據上文元年三月丁巳條、編年綱目卷二六改。

宋史卷二十

本紀第二十

徽宗二

四年春正月庚午朔，改熙河蘭會路爲熙河蘭湟路。丙戌，築溪哥城。壬辰，詔察諸路監司貪虐者論其罪。丙申，詔京畿路改置轉運使、提點刑獄官。蔡卞罷。立武學法。丁酉，秦鳳蕃落獻邦、潘、疊三州。以內侍童貫爲熙河蘭湟、秦鳳路經略安撫制置使。

二月乙巳，築御謀城。己酉，置親衞勳衞翊衞郎、中郎等官，以勳戚近臣之兄弟子孫有官者試充。甲寅，以張康國知樞密院事，兵部尚書劉逵同知樞密院事，吏部尚書何執中爲尚書左丞。乙卯，班方田法。庚申，詔西邊用兵能招納羌人者與斬級同賞。壬戌，升趙州爲慶源軍。甲子，雨雹。乙丑，改三衞郎爲侍郎。

閏月壬申，復元豐銓試斷按法。令州縣倣尚書六曹分六案。甲申，置陝西、河東、河

北、京西監，鑄當二夾錫鐵錢。己丑，御端門，受趙懷德降，授感德軍節度使，封安化郡王。壬辰，曲赦熙河蘭湟路。

三月壬寅，置青海馬監。甲辰，以趙挺之爲尚書右僕射兼中書侍郎。丙午，詔建王口砦〔一〕爲懷遠軍。庚戌，令呂惠卿致仕。戊午，復銀州。乙丑，詔州縣屬鄉聚徒教授者，非經書、子、史毋習。丁卯，牂牁、夜郎首領以地降。是月，夏人攻塞門砦。

夏四月辛未，遼遣蕭良來，爲夏人求還侵地及退兵。戊寅，夏人攻臨宗砦。辛巳，詔諸路走馬承受毋得預軍政及邊事。己丑，夏人寇順寧砦，鄜延第二副將劉延慶擊破之；復攻湟州北蕃市城，知州辛叔獻等擊却之。

五月戊申，除黨人父兄子弟之禁。壬子，遣林攄報聘于遼。賜張繼先號虛靖先生。癸丑，罷轉運司檢察鈎考法。辛酉，命官分部決獄。

六月丙子，復解池鹽。占城入貢。丁丑，慮囚。辛巳，罷陝西、河東力役。甲申，曲赦熙河、陝西、河東、京西路。戊子，趙挺之罷。

秋七月丙申朔，罷三京國子監官，各置司業一員。辛丑，置熒惑壇。置四輔郡，以潁昌府爲南輔，襄邑縣爲東輔，鄭州爲西輔，澶州爲北輔。甲寅，詔舉元祐輔臣墳寺。丁巳，還上書流人。戶部尚書曾孝廣坐錢帛皆闕，出知杭州。

八月戊辰，以德妃王氏爲淑妃。庚午，以王、江、古州歸順，置提舉溪洞官二員，改懷遠軍爲平州。丙子，以東輔爲拱州。甲申，奠九鼎于九成宮。乙酉，詣宮酌獻。辛卯，賜新樂名大晟，置府建官。壬辰，遣劉正夫使遼。

九月己亥，赦天下。乙巳，詔元祐人貶謫者以次徙近地，惟不得至畿輔。詔京畿、三路保甲並於農隙時教閱。乙卯，賜上舍生三十五人及第。丙辰，詔自今非宰臣毋得除特進。

冬十月，自七月雨，至是月不止。甲申，以左右司所編紹聖、元符以來申明斷例班天下，刑名例班刑部、大理寺。丁亥，升武岡縣爲軍。戊子，詔上書進士未獲者限百日自陳免罪。壬辰，日中有黑子。

十一月戊戌，安定郡王世雄薨。丙辰，置諸路提舉學事官。己未，章惇卒。

十二月癸酉，升拱州爲保慶軍。甲申，分平州置允州、格州。

是歲，蘇、湖、秀三州水，賜乏食者粟。泰州禾生稽。

五年春正月戊戌，彗出西方，其長竟天。庚子，復置江、湖、淮、浙常平都倉。甲辰，以吳居厚爲門下侍郎，劉逵爲中書侍郎。乙巳，以星變避殿損膳，詔求直言闕政。毀元祐黨人碑。復謫者仕籍，自今言者勿復彈糾。丁未，太白晝見，赦天下，除黨人一切之禁。權罷

方田。戊申，詔侍從官奏封事。己酉，罷諸州歲貢供奉物。庚戌，詔：崇寧以來左降者，各以存歿稍復其官，盡還諸徙者。辛亥，御殿復膳。壬子，罷圜土法。丁巳，罷書、畫、算、醫四學。壬戌，復書、畫、算學。

二月甲子朔，詔監司條奏民間疾苦。丙寅，蔡京罷爲開府儀同三司、中太一宮使。以觀文殿大學士趙挺之爲特進、尚書右僕射兼中書侍郎。庚午，詔翰林學士、兩省官及館閣自今並除進士出身人。壬申，省內外冗官，罷醫官兼宮觀者。蒲甘國入貢。丁丑，以前後所降御筆手詔模印成册，班之中外。州縣不遵奉者監司按劾，監司推行不盡者諸司互察之。

三月丙申，詔星變已消，罷求直言。辛丑，改威德軍爲石堡砦。封眉州防禦使世福爲安定郡王。癸卯，御集英殿策進士。丁未，罷諸州武學。乙卯，廢銀州爲銀川城。丙辰，蔡王似薨。己未，賜禮部奏名進士及第、出身六百七十一人。

夏四月丁丑，停免兩浙水災州郡夏稅。

五月丁未，班紀元曆。辛亥，封子栩爲魯國公。乙卯，罷辟舉，盡復元豐選法。

六月癸亥，立諸路監司互察法，庇匿不舉者罪之，仍令御史臺糾劾。改格州爲從州。甲子，詔求隱逸之士，令監司審覈保奏，其緣私者御史察之。丁卯，詔輔臣條具東南守備策。壬申，慮囚。

秋七月庚寅朔，日當食不虧。壬寅，詔改明年元。

九月辛丑，河南府嘉禾與芝草同本生。

冬十月己卯，升澶州爲開德府。庚辰，降德音于開德府，減囚罪一等，徒以下釋之。

十一月辛卯，陳王佖薨。乙巳，詔立武士貢法。辛亥，併京畿提刑入轉運司。

十二月戊午朔，日當食不虧，羣臣稱賀。己未，劉逵罷。壬戌，詔臣僚休日請對，特御便殿。己巳，詔：監司按事，有懷姦挾情不盡實者，流竄不赦。

是歲，廣西黎洞韋晏鬧等內附。

大觀元年春正月戊子朔，赦天下。甲午，以蔡京爲尚書左僕射兼門下侍郎。戊戌，幸興德禪院。復廢官。庚子，復置議禮局於尚書省。甘露降于帝鼐內，羣臣稱賀。壬寅，吳居厚罷。戊申，進封衞王俁爲魏王，定王偲爲鄧王。壬子，以何執中爲中書侍郎，鄧洵武爲尚書左丞，戶部尚書梁子美爲尚書右丞。乙卯，封仲損爲南康郡王，仲御爲汝南郡王。

二月壬戌，以向宗回爲開府儀同三司，徙封安康郡王。甲子，以黎洞納土，曲赦廣西。乙亥，復醫學。己卯，復行方田。丙戌，以平昌郡君韋氏爲才人。

三月丁酉，趙挺之罷。以何執中爲門下侍郎，鄧洵武爲中書侍郎，梁子美爲尚書左丞，

吏部尚書朱諤爲右丞。甲辰，立八行取士科。癸丑，趙挺之卒。

夏四月乙丑，以淑妃王氏爲貴妃。

五月己丑，封子棫爲揚國公。朝散郎吳儲、承議郎吳侔坐與妖人張懷素謀反，伏誅。貶呂惠卿爲祁州團練副使。庚寅，鄧洵武罷。甲午，詔班新樂于天下。癸卯，詔：自今凡總一路及監司之任，勿以元祐學術及異意人充選。以安化蠻犯邊，益兵赴廣西討之。乙巳，子構生。

六月己未，以梁子美爲中書侍郎。壬戌，詔景靈宮建僖祖殿室。甲子，以黎人地爲庭、孚二州。癸酉，賜上舍生二十九人及第。乙亥，朱諤卒。丁丑，慮囚。甲申，以才人韋氏爲婕妤。

秋七月乙酉朔，伊、洛溢。戊子，詔括天下漏丁。壬寅，班祭服于州郡。乙巳，賢妃武氏薨。

八月乙卯，曾布卒。丁巳，封子構爲蜀國公。庚申，以戶部尚書徐處仁爲尚書右丞，吏部尚書林攄同知樞密院事。己巳，降德音于淮、海、吳、楚二十六州，減囚罪一等，流以下釋之。

九月庚寅，建顯烈觀於陳橋。己酉，加上僖祖謚曰立道肇基積德起功懿文憲武睿和至

二十四史　中華書局

孝皇帝，朝獻景靈宮。庚戌，饗太廟。辛亥，大饗明堂，赦天下。升永興軍爲大都督府。章縡坐冒法竄海島。李景直等四人以上書觀望罪，並編管嶺南。

冬十月己未，詔：士有才武絕倫者，歲貢準文士上舍上等法。辛酉，蘇州地震。乙丑，貶張商英爲安化軍節度副使。己巳，大雨雹。

閏月丙戌，以林攄爲尙書左丞，資政殿學士鄭居中同知樞密院事。乙未，詔守令以戶口爲殿最。升桂州爲大都督府，鎭州爲靖海軍節度。壬寅，禁用翡翠。乙巳，升太原府、鄆州並爲大都督府。

十一月壬子朔，日有食之，蔡京等以不及所當食分，率羣臣稱賀。乙丑，置符寶郎。己巳，升瀛州爲河間府、瀛海軍節度。戊寅，南丹州刺史莫公佞降。徐處仁以母憂去位。

十二月庚寅，以蔡京爲太尉，進何執中以下官二等。癸巳，以江寧、荊南、揚、杭、越、洪、福、潭、廣、桂並爲帥府。置黔南路。丁酉，置開封府府學。己亥，以婉容喬氏爲賢妃。開濮河。

是歲，秦鳳旱。京東水，河溢，遣官振濟，貸被水戶租。廬州雨豆。汀、懷二州慶雲見。乾寧軍、同州黃河淸。于闐、夏國入貢。涪州夷駱世華、駱文貴內附。

二年春正月壬子朔，受八寶于大慶殿，赦天下，文武進位一等。蔡京表賀符瑞。乙卯，以婉儀劉氏爲德妃。己未，蔡京進太師；加童貫節度使，仍宣撫。庚申，進封魏王俁爲燕王，鄆王偲爲越王，並爲太尉；京兆郡王桓爲定王，高密郡王楷爲嘉王，並爲司空；吳國公樞爲建安郡王，冀國公杞爲文安郡王，楚國公栩爲安康郡王，揚國公棫爲濟陽郡王，蜀國公構爲廣平郡王，並爲開府儀同三司。甲子，以神宗德妃宋氏、劉氏爲淑妃，賢妃喬氏爲德妃。庚午，徙封仲損爲齊安郡王，仲御爲華陽郡王，孝騫爲晉康郡王，孝參爲豫章郡王，並開府儀同三司；封仲增爲信安郡王，仲忽爲普安郡王，仲癸爲咸安郡王，仲僕爲同安郡王，仲糜爲淮安郡王。戊寅，徙封向宗回爲漢東郡王，向宗良爲開府儀同三司。仲損薨。河東、北盜起。

二月甲申，置諸州曹掾官。甲午，詔建徽猷閣，藏哲宗御集，置學士、直學士、待制官。己亥，以安德軍節度使錢景臻爲開府儀同三司。庚戌，以婕妤韋氏爲修容。

三月庚申，班金籙靈寶道場儀範于天下。甲子，封子材爲魏國公。乙亥，封子模爲鎭國公。戊寅，賜上舍生十三人及第。升乾寧軍爲淸州。詔監司歲舉所部郡守二人，縣令四人，赴三省審察。

夏四月甲辰，復洮州。

五月庚戌朔，日有食之。辛亥，慮囚。以復洮州功，賜蔡京玉帶，加童貫檢校司空，仍宣撫。甲寅，復諸路歲貢供奉物。壬戌，溪哥王子臧征撲哥降，復積石軍。戊辰，詔官蔡京子孫一人，進執政官一等。

六月乙酉，以涪夷地爲珍州。甲午，以平夏城爲懷德軍。乙未，以殿中六尙、算學、太官局、翰林儀鸞司皆隸六察。

秋七月庚戌，罷建僖祖殿室。乙卯，以婉容王氏爲賢妃。

八月辛巳，邢州河水溢，壞民廬舍，復被水者家。丙申，中書侍郎梁子美罷知鄆州。己亥，置保州敦宗院。

九月辛亥，以林攄爲中書侍郎，吏部尙書余深爲尙書左丞。壬戌，貶向宗回爲太子少保致仕。壬申，封子植爲吳國公。癸酉，皇后王氏崩。削向宗回官爵。丙子，曲赦熙河蘭湟、秦鳳、永興軍路。

冬十一月丁未朔，太白晝見。乙丑，上大行皇后謚曰靖和。

十二月壬寅，陪葬靖和皇后于永裕陵。

是歲，同州黃河淸。出宮女七十有七人。于闐、夏國入貢。涪夷任應舉、楊文貴，湖南徭楊再光內附。

三年春正月乙卯，祔靖和皇后神主于別廟。己未，減兩京、河陽、鄭州四罪一等，民緣園陵役者蠲其賦。丁卯，以涪夷地爲承州。甲戌，升湟州爲嚮德軍節度。

二月丙子朔，播州楊文貴納土，以其地置遵義軍。丁丑，韓忠彥致仕。

三月丙午，立海商越界法。庚戌，御集英殿策進士。辛酉，詔：四川郡守並選內地人任之。壬戌，併黔南入廣西路。乙丑，賜禮部奏名進士及第、出身六百八十五人。壬申，張康國卒。

夏四月戊寅，林攄罷。戊子，以淑妃劉氏爲貴妃。癸巳，以鄭居中知樞密院事，吏部尙書管師仁同知樞密院事。癸卯，以余深爲中書侍郎，兵部尙書薛昂爲尙書左丞，工部尙書劉正夫爲尙書右丞。

五月乙巳朔，孟翊獻所畫卦象，謂宋將中微，宜更年號，改官名，變庶事以厭之。帝不樂，詔竄遠方。丙辰，令辟雍宴用雅樂。丁巳，慮囚。戊辰，大雨雹。辛未，以德妃喬氏爲貴妃。

六月甲戌朔，詔修樂書。管師仁罷。丁丑，蔡京罷。辛巳，以何執中爲特進、尙書左僕射兼門下侍郎。以瀘夷地爲純、滋二州。庚寅，冀州河水溢。

中華書局

二十四史

秋七月丁未，詔：謫籍人除元祐姦黨及得罪宗廟外，餘並錄用。丙辰，詔罷都提舉茶事司，在京令戶部、在外令轉運司主之。

八月乙酉，封子朴爲雍國公。己丑，嗣濮王宗漢薨。甲午，以仲增爲開府儀同三司，封嗣濮王。丙申，升融州爲清遠軍節度。己亥，韓忠彥薨。

九月癸丑，封子棣爲徐國公。己未，賜天下州學藏書閣名「稽古」。

冬十月癸巳，減六尚局供奉物。

十一月丁未，詔算學以黃帝爲先師，風后等八人配饗，巫咸等七十人從祀。己巳，蔡京進封楚國公致仕，仍提舉哲宗實錄，朝朔望。

十二月己亥，罷東南鑄夾錫錢。

是歲，江、淮、荊、浙、福建旱。秦、鳳、階、成饑，發粟振之，蠲其賦。陝州、同州黃河清。闍婆、占城、夏國入貢。瀘州夷王募弱內附。

四年春正月癸卯，罷改鑄當十錢。辛酉，詔：士庶拜僧者，論以大不恭。丁卯，夏國入貢。

二月庚午朔，禁然頂、煉臂、刺血、斷指。庚辰，罷京西錢監。甲申，詔自今以賞進秩者

毋過中奉大夫。己丑，以余深爲門下侍郎，資政殿學士張商英爲中書侍郎，戶部尚書侯蒙同知樞密院事。壬辰，罷河東、河北、京東鑄夾錫鐵錢。

三月庚子，募飢民補禁卒。詔：醫學生併入太醫局，算入太史局，書入翰林書藝局，畫入翰林圖畫局〔二〕，學官等並罷。甲寅，敕所在振恤流民。癸亥，詔：罪廢人稍加甄敍，能安分守者，不俟滿歲各與敍進，以責來效。丙寅，賜上舍生十五人及第。戊辰，詔：上書邪下等人可依無過人例，今後改官升任並免檢舉。

夏四月己卯，班樂尺于天下。癸未，蔡京上哲宗實錄。丙申，立感生帝壇。丁酉，詔修哲宗史。

五月壬寅，停僧牒三年。丁未，彗出奎、婁。甲寅，立詞學兼茂科。丙辰，詔以彗見避殿減膳，令侍從官直言指陳闕失。戊午，赦天下。壬戌，改廣西黔南路爲廣南西路。癸亥，治廣西妄言拓地罪，追貶帥臣王祖道爲昭信軍節度副使。甲子，貶蔡京爲太子少保。丙寅，余深罷。

六月庚午，御殿復膳。乙亥，以張商英爲尚書右僕射兼中書侍郎。壬辰，復向宗回爲開府儀同三司、漢東郡王。乙未，慮囚。丙申，薛昂罷。

秋七月辛丑，復罷方田。戊申，封子樗爲冀國公。

八月乙亥，以劉正夫爲中書侍郎，侯蒙爲尚書左丞，翰林學士承旨鄧洵仁爲尚書右丞。戊寅，省內外冗官。庚辰，以資政殿學士吳居厚爲門下侍郎。丁亥，行內外學官選試法。

閏月辛丑，詔：諸路事有不便於民者，監司條奏之。癸卯，改陵井監爲仙井監。辛酉，詔戒朋黨。以張閣知杭州，兼領花石綱。

九月丙寅朔，日有食之。

冬十月丁酉，立貴妃鄭氏爲皇后。鄭居中罷。戊戌，太白晝見。以吳居厚知樞密院事。

十一月乙丑朔，朝景靈宮。丙寅，饗太廟。丁卯，祀昊天上帝于圜丘，赦天下，改明年元。丙戌，罷拱州爲襄邑縣。

十二月庚戌，改謚靖和皇后爲惠恭。

是歲，夔州江水溢。海水清。出宮女四百八十六人。南丹州首領莫公晟內附。

政和元年春正月己巳，以賢妃王氏爲德妃。壬申，毀京師淫祠一千三十八區。戊寅，封子栱爲定國公。丙戌，廢白、龔二州。壬辰，詔百官厲名節。

二月壬寅，册皇后。乙巳，詔陝西、河東復鑄夾錫錢。丙午，以太子少師鄭紳爲開府儀同三司。

三月己巳，詔監司督州縣長吏勸民增植桑柘，課其多寡爲賞罰。癸酉，以吏部尚書王襄同知樞密院事。

夏四月乙卯，罷陝西、河東鑄夾錫錢。丙辰，慮囚。立守令勸農黜陟法。丁巳，以淮南旱，降囚罪一等，徒以下釋之。

五月癸亥，詔四川羨餘錢物歸左藏庫。戊辰，改當十錢爲當三。己卯，東南有星晝隕。丁亥，解池生紅鹽。

六月甲寅，復蔡京爲太子少師。

秋七月壬申，以疾愈赦天下。癸未，廢平、從二州爲砦。

八月乙未，復蔡京爲太子太師。丁巳，張商英罷。戊午，詔：「監司部內官吏，一歲中有犯罪至三人以上，雖不及三人而或有曾薦舉者，罪及監司。」

九月戊寅，王襄罷。丁亥，封子棫爲廣國公。是月，鄭允中、童貫使遼，以李良嗣來，良嗣獻取燕之策，詔賜姓趙。

冬十月辛卯，以用事之臣多險躁朋比，下詔申儆。庚戌，封昭化軍節度使宗粹爲信安郡王。辛亥，貶張商英爲崇信軍節度副使。

中華書局

十一月壬戌，以上書邪等及曾經入籍人並不許試學官。丙子，封子榛爲福國公。

十二月己酉，詔臺諫以直道覈是非，毋憚大吏，毋比近習。辛亥，廢鎮州，升瓊州爲靖海軍。

是歲，虔州芝草生。蔡州瑞麥連野。河南府嘉禾生，野蠶成繭。出宮女八十人。交阯、夏國入貢。

校勘記

〔一〕王口砦　「口」，原作「古」，據本書卷九〇地理志、十朝綱要卷一六改。

〔二〕翰林圖畫局　「圖畫」，原作「畫圖」，據宋會要職官三六之九五、長編紀事本末卷一三五、通考卷三五改。

宋史卷二十一

本紀第二十一

徽宗三

二年春正月甲子，制：上書邪等人並不除監司。

二月戊子朔，蔡京復太師致仕，賜第京師。庚子，以婉容崔氏爲賢妃。

三月戊午朔，定國公桋薨。己巳，御集英殿策進士。己卯，賜禮部奏名進士及第、出身七百十三人。

夏四月己丑，詔縣令以十二事勸農於境內，躬行阡陌，程督勤惰。辛卯，復行方田。日中有黑子。甲午，宴蔡京等于太清樓。乙巳，以定國軍節度使仲忽爲開府儀同三司。庚戌，以何執中爲司空。壬子，賜張商英自便。

五月癸亥，慮囚。丁卯，封子椿爲慶國公。己巳，蔡京落致仕，三日一至都堂議事。

六月己丑，以資政殿學士余深爲門下侍郎。乙卯，白虹貫日。

秋七月壬申，訪天下遺書。丙子，置禮制局。

九月壬午，改太尉以冠武階。癸未，正三公、三孤官。改侍中爲左輔，中書令爲右弼，左右僕射爲太宰、少宰，罷尚書令。

冬十月乙巳，得玉圭於民間。

十一月己未，置知客省、引進、四方館、東西上閤門事。戊寅，日南至，受元圭于大慶殿，赦天下。辛巳，蔡京進封魯國公。以何執中爲少傅、太宰兼門下侍郎。執政皆進秩。

十二月甲申，行給地牧馬法。乙酉，以鄭居中爲特進。丙戌，以武信軍節度使童貫爲太尉。乙巳，定命婦名爲九等。丙午，燕輔臣于延福宮。辛亥，封子楃爲衞國公。

是歲，成都府、蘇州火。出宮女三百八十三人。高麗入貢。成都路夷人董舜咨、董彥博內附，置祺、亨二州。

三年春正月己未，以定王桓、嘉王楷並爲太保。庚申，以廣平郡王構爲檢校太保。甲子，詔以天錫元圭，遣官册告永裕、永泰陵。丙寅，以燕王俁爲太傅。癸酉，追封王安石爲舒王，子雱爲臨川伯，配饗文宣王廟。丁丑，吳居厚罷，以觀文殿學士鄭居中知樞密院事。

中華書局

己卯，以越王偲爲太傅，封子檝爲韓國公。

二月甲申，以德妃王氏爲淑妃。庚寅，罷文臣勳官。辛卯，崇恩太后暴崩。甲午，以遼、女眞相持，詔河北治邊防〔一〕。丁酉，詔百官奉祠祿者並以三年爲任。乙巳，增定六朝勳臣一百一十六人。

三月壬子朔，日有食之。戊辰，進神宗淑妃宋氏爲貴妃。升永安縣爲永安軍。癸酉，賜上舍生十九人及第。

夏四月戊子，作保和殿。庚寅，以復溱、播等州降德音于梓夔路。癸巳，鄧洵仁罷。乙巳，以福寧殿東建玉清和陽宮。丙午，升定州爲中山府。己酉，以資政殿學士薛昂爲尚書右丞。庚戌，班五禮新儀。

閏月丙辰，改公主爲帝姬。戊午，復置醫學。辛酉，上崇恩太后謚曰昭懷。庚午，慶國公椿薨。

五月乙酉，慮囚。丙申，升蘇州爲平江府。庚子，大盈倉火。壬寅，以築溱、播進執政官一等。丙午，葬昭懷皇后于永泰陵。丁未，詔尚書內省分六司，以掌外省六曹所上之事；置內宰、副宰、內史、治中等官及都事以下吏員。己酉，班新燕樂。

六月癸亥，祔昭懷皇后神主于太廟。戊辰，降兩京、河陽、鄭州囚罪一等，民緣園陵役者蠲其賦。

秋七月癸未，升趙城縣爲慶祚軍。甲申，還王珪、孫固贈謚，追復韓忠彥、曾布、安燾、李淸臣、黃履等官職。庚子，貴妃劉氏薨。壬寅，復置白州。

八月甲戌，以燕樂成進執政官一等。丙子，以何執中爲少師。丁丑，升潤州爲鎭江府。戊寅，封四鎭山爲王。

九月庚寅，詔大理寺、開封府不得奏獄空，其推恩支賜並罷。戊戌，追册貴妃劉氏爲皇后，謚曰明達。

冬十月乙丑，閱新樂器于崇政殿〔二〕，出古器以示百官。戊辰，詔冬祀大禮及朝景靈宮，並以道士百人執威儀前導。

冬十一月辛巳，朝獻景靈宮。壬午，饗太廟，加上神宗謚曰體元顯道法古立憲帝德王功英文烈武欽仁聖孝皇帝，改上哲宗謚曰憲元繼道世德揚功欽文睿武齊聖昭孝皇帝。癸未，祀昊天上帝于圜丘，大赦天下。升端州爲興慶府。乙酉，以天神降，詔告在位，作天眞降臨示現記。己丑，以賢妃崔氏爲德妃。壬辰，築祥州。己亥，詔有官人許舉八行。

十二月癸丑，詔天下訪求道教仙經。乙卯，詔天下貢醫士。辛酉，太白晝見。

是歲，江東旱，溫、封、滋三州火。出宮女二百七十有九人。

四年春正月戊寅朔，置道階，凡二十六等。辛丑，追封濮王子宗誼爲祁王，宗詠爲萊王，宗師爲溫王，宗輔爲楚王，宗博爲蕭王，宗沔爲霍王，宗藎爲建王，宗勝爲袁王。

二月丁巳，賜上舍生十七人及第。癸亥，改淯井監爲長寧軍。癸酉，長子桓冠。

三月丙子朔，以淑妃王氏爲貴妃。

夏四月庚戌，幸尙書省，以手詔訓誡蔡京、何執中，各官遷秩，吏賜帛有差。癸丑，閱太學、辟雍諸生雅樂。甲子，改戎州爲敍州。

五月丙戌，始祭地于方澤，以太祖配。降德音于天下。子機薨。

六月戊午，慮囚。壬申，以廣西溪洞地置隆、兌二州。

秋七月丁丑，置保壽粹和館以養宮人有疾者。戊寅，焚苑東門所儲毒藥可以殺人者，仍禁勿得復貢。甲午，祔明達皇后神主于別廟。

八月乙巳，改端明殿學士爲延康殿學士，樞密直學士爲述古殿直學士。癸亥，定武臣橫班，以五十員爲額。

九月己卯，以安靜軍節度使王憲爲開府儀同三司。己亥，詔諸路兵應役京師者並以十月朔遣歸。

冬十月乙巳，復置拱州。

十一月丁丑，封子梴爲相國公。

十二月己酉，以禁中神御殿成，減天下囚罪一等。癸丑，定朝議、奉直大夫以八十員爲額。己未，詔廣南市舶司歲貢眞珠、犀角、象齒。

是歲，相州野蠶成繭。出宮女六十八人。

五年春正月庚辰，瀘南晏州夷反，尋詔梓州路轉運使趙遹等督兵討平之。己丑，令諸州縣置醫學，立貢額。甲午，改龍州爲政州。

二月乙巳，立定王桓爲皇太子。甲寅，册皇太子，赦天下。庚午，以童貫領六路邊事。

三月辛未朔，太白晝見。己卯，御集英殿策進士。甲申，追論至和、嘉祐定策功，封韓琦爲魏郡王，復文彥博官。丁亥，詔以立皇太子，見責降文武臣僚並與牽復甄敍，凡千五百人。壬辰，升舒州爲德慶軍。癸巳，賜禮部奏名進士出身六百七十人。

夏四月甲辰，作葆眞宮。丁未，詣景靈宮，還幸祕書省，進館職官一等。庚戌，改集賢殿爲右文殿。癸亥，置宣和殿學士。詔東宮講讀官罷讀史。

五月壬辰，慮囚。

六月癸丑，以修三山河橋，降德音于河北、京東、京西路。

秋七月戊辰朔，日有食之。乙亥，升汝州爲陸海軍。丁丑，詔建明堂于寢殿之南。甲申，昭慶軍節度使蔡卞爲開府儀同三司。丁亥，封子樾爲瀛國公。

八月己酉，以祕書省地爲明堂。辛亥，升通利軍爲濬州平川軍節度。嗣濮王仲增薨。

九月己卯，封仲御爲嗣濮王。丙戌，封子楧爲惠國公。

冬十月癸卯，以嵩山道人王仔昔爲沖隱處士。戊午，夏國入貢。

十一月癸酉，錄昭憲皇后杜氏之裔。庚寅，高麗遣子弟入學。

十二月己亥，升遂州爲遂寧府。庚申，以平晏夷曲赦四川。癸亥，置緣邊安撫司于瀘州。

是歲，平江府、常湖秀州水。出宮女五十人。

六年春正月戊子，以瀘南獻捷轉宰執一官。以童貫宣撫陝西、河北。

閏月壬寅，升潁州爲順昌府。丁未，置道學。

二月丁亥，詔增廣天下學舍。庚寅，詔廣京城。

三月癸丑，賜上舍生十一人及第。

夏四月乙丑，會道士于上清寶籙宮。辛未，以何執中爲太傅致仕，朝朔望。丁丑，詔：「天寧諸節及壬戌日，杖已下罪聽贖。」丙戌，郤監司、守臣進獻。庚寅，詔蔡京三日一朝，正公相位，總治三省事。

五月丁酉，廢錫錢。庚子，以鄭居中爲少保、太宰兼門下侍郎，劉正夫爲特進、少宰兼中書侍郎。壬寅，以保大軍節度使鄧洵武知樞密院事。

六月丙寅，班中書官制格。庚午，慮囚。甲戌，詔堂吏遷官至奉直大夫止。癸未，皇太子納妃朱氏。

秋七月壬辰朔，以震武城爲震武軍。甲午，以德妃崔氏爲貴妃。辛亥，以河陽三城節度使王薦爲開府儀同三司。諸盜晏州卜漏、沅州黄安俊、定邊軍李吡哆伏誅，詔函首于甲庫。壬子，曲赦湖北。己未，解池生紅鹽。辛酉，改走馬承受公事爲廉訪使者。

八月壬戌朔，戒北邊帥臣毋生事。壬午，詔天下監司、郡守搜訪巖谷之士，雖恢詭譎怪自晦者悉以名聞。丁亥，幸蔡京第。己丑，升晉州爲平陽、壽州爲壽春、齊州爲濟南府。

九月辛卯朔，詣玉清和陽宮，上太上開天執符御曆含眞體道昊天玉皇上帝徽號寶册。丙申，赦天下。令洞天福地修建宮觀，塑造聖像。以西內成曲赦京西。己未，以童貫爲開府儀同三司。

冬十月乙丑，太白晝見。

十一月丁酉，朝獻景靈宮。戊戌，饗太廟。己亥，祀昊天上帝于圜丘，赦天下。庚子，以禮部尚書白時中爲尚書右丞。辛丑，魏國公材薨〔三〕。戊申，以侯蒙爲中書侍郎，薛昂爲尚書左丞。己未，徙封衞國公楃爲鄆國公。增横班爲十三階。

十二月己巳，以婉儀劉氏爲賢妃。戊寅，以熙河進築功成，進執政一官。乙酉，奠九鼎于圜像徽調閣。劉正夫爲開府儀同三司致仕。戊子，以宗粹爲開府儀同三司。

是歲，冀州三山黄河清。出宮女六百人。高麗、占城、大食、眞臘、大理、夏國入貢，茂州夷郅永壽內附〔四〕。

七年春正月丁酉，于闐入貢。庚子，以殿前都指揮使高俅爲太尉。

二月癸亥，以大理國主段和譽爲雲南節度使、大理國王。甲子，會道士二千餘人于上清寶籙宮，詔通眞先生林靈素諭以帝君降臨事。丁卯，御集英殿策高麗進士。辛未，改天下天寧萬壽觀爲神霄玉清萬壽宮。乙亥，幸上清寶籙宮，命林靈素講道經。

三月庚寅，賜高麗祭器。高麗進士權適等四人賜上舍及第。乙未，以童貫權領樞密院。丙申，升鼎州爲常德軍。

夏四月庚申，帝諷道籙院上章，册己爲教主道君皇帝，止於教門章疏內用。辛酉，升温州爲應道軍。

五月戊子朔，升慶州爲慶陽軍、渭州爲平涼軍。己丑，如玉清和陽宮，上承天效法厚德光大后土皇地祇徽號寶册。辛卯，命蔡攸提舉秘書省并左右街道籙院。乙未，詔權罷宮室修造。辛丑，祭地于方澤，降德音于諸路。以監司州縣共爲姦贓，令廉訪使者察奏，仍許民徑赴尚書省陳訴。癸卯，改玉清和陽宮爲玉清神霄宮。

六月戊午朔，以明堂成，進封蔡京爲陳、魯國公。戊辰，以嘉王楷爲太傅。改節度觀察留後爲承宣使。己巳，蔡京辭兩國不拜，詔官其親屬二人。壬午，詔禁巫覡。丙戌，貴妃宋氏薨。

秋七月壬辰，熙河、環慶、涇原地震。庚子，詔八寶增定命寶。

八月癸亥，詔明堂并祠五帝。鄭居中以母憂去位。

九月戊子，詔湖北民力未紓，胡耳西道可罷進築。辛卯，大饗明堂，赦天下。乙未，劉正夫卒。丁酉，西蕃王子益麻党征降，見于紫宸殿。壬寅，進宰執官一等。甲辰，以薛昂爲特進。癸丑，貴妃王氏薨。

冬十月乙卯朔，初御明堂，班朔布政。戊寅，侯蒙罷。

中華書局

十一月庚寅，命蔡京五日一赴都堂治事。辛卯，鄭居中起復。以余深爲特進、少宰兼中書侍郎，白時中爲中書侍郎。壬辰，復置醴州。丙申，何執中卒。升石泉縣爲軍。

十二月戊申朔，有星如月。丁巳，以薛昂爲門下侍郎。戊辰，詔天神降于坤寧殿，刻石以紀之。庚午，以童貫領樞密院。命戶部侍郎孟揆作萬歲山。

是歲，三山河水清。出宮女六十八人。

重和元年春正月甲申朔，受定命寶于大慶殿。戊子，封孫諶爲崇國公。己丑，赦天下。應元符末上書邪中等人，依無過人例。乙巳，封姪有奕爲和義郡王。庚戌，以翰林學士承旨王黼爲尚書左丞。

二月戊辰，增諸路酒價。庚午，遣武義大夫馬政由海道使女眞，約夾攻遼。甲戌，升六安縣爲六安軍。丁丑，詔：監司輒以禁錢買物爲苞苴饋獻，論以大不恭。

三月丙戌，詔：監司、郡守自今須滿三歲乃得代，仍毋得通理。癸巳，令嘉王楷赴廷對。丙申，以茂州蕃族平，曲赦四川。丁酉，知建昌陳并等改建神霄宮不虔及科決道士，詔並勒停。戊戌，御集英殿策進士。戊申，賜禮部奏名進士及第、出身七百八十三人。有司以嘉王楷第一，帝不欲楷先多士，遂以王昂爲榜首。

夏四月癸丑朔，築靖夏城、制戎城。錄呂餘慶後。癸亥，減捶刑。己卯，詔：每歲以季秋親祠明堂，如孟月朝獻禮。以太上混元上德皇帝二月十五日生辰爲貞元節。

五月壬午朔，日有食之。乙酉，詔諸路選漕臣一員，提舉本路神霄宮。丁亥，以林靈素爲通眞達靈元妙先生，張虛白爲通元沖妙先生。壬辰，班御製聖濟經。以青華帝君八月九日生辰爲元成節。庚戌，手敕兩浙漕司，以權添酒錢盡給御前工作。

六月乙卯，以賢妃劉氏爲淑妃。己巳，以淮西盜平曲赦。庚午，慮囚。甲戌，以西邊獻捷，曲赦陝西、河東路。

秋七月壬午，以西師有功，加蔡京恩，官其一子，鄭居中爲少傅，余深爲少保，鄧洵武爲特進，進執政官一等。己酉，遣廉訪使者六人振濟東南諸路水災。

八月甲寅，以童貫爲太保。辛酉，詔班御注道德經。壬申，詔執政非入謝及丐去，毋得獨留奏事。癸酉，封子棣爲嘉國公。乙亥，升兗州爲襲慶府。

九月辛巳，大饗明堂。壬午，詔罷拘白地、禁榷貨、增方田稅、添酒價、取醋息、河北加折耗米、東南水災強糴等事。丙戌，詔太學、辟雍各置內經、道德經、莊子、列子博士二員。己丑，以歲當戌、月當壬爲元命，降德音于天下。庚寅，薛昂罷。以白時中爲門下侍郎，王黼爲中書侍郎，翰林學士承旨馮熙載爲尚書左丞，刑部尚書范致虛爲尚書右丞。壬辰，禁州郡遏糴及邊將殺降以倖功賞者。癸巳，禁羣臣朋黨。丁酉，用蔡京言，集古今道教事爲紀志，賜名道史。辛丑，鄭居中罷，乞持餘服，詔從之。詔察縣令治行、諸路監司能改正州縣事者，較爲殿最。詔：視中大夫林靈素，視中奉大夫張虛白，並特授本品眞官。

閏月庚申，詔江、淮、荊、浙、閩、廣監司督責州縣還集流民。丁卯，進封楷爲鄆王。丙子，詔：周柴氏後已封崇義公，復立恭帝後以爲宣義郎，監周陵廟，世世爲國三恪。

冬十月己卯朔，太白晝見。己亥，改興慶軍爲肇慶府〔五〕。甲辰，置道官二十六等，道職八等。

十一月己酉朔，改元，大赦天下。辛亥，日中有黑子。丙辰，以婉容王氏爲賢妃。辛酉，補上書人安堯臣官。己巳，升梓州爲潼川府。

十二月戊寅朔，復京西錢監。己丑，置裕民局。

是歲，江、淮、荊、浙、梓州水。出宮女百七十八人。黃巖民妻一產四男子。于闐、高麗入貢。

校勘記

〔一〕詔河北治邊防　「治」，原作「沿」，據十朝綱要卷一七改。

〔二〕閱新樂器于崇政殿　「樂器」，疑是「禮器」之誤。長編紀事本末卷一三四說：「乙丑，御崇政殿閱舉制造禮器所之禮器，並出古器宣示百官。」

〔三〕魏國公材蕤　「國」字原脫，據十朝綱要卷一五補。

〔四〕茂州夷鄧永壽內附　「鄧永壽」，原作「王永壽」，據本書卷四九六威茂渝州蠻傳改。十朝綱要卷一七也說：這年三月辛丑「知成都府許光凝言：茂州夷將鄧永壽納土乞建置軍城，詔賜名壽寧軍。」

〔五〕改興慶軍爲肇慶府　按上文政和三年十一月「升端州爲興慶府」，宋會要方域七之一四也說：政和八年十月二十一日，詔令興慶府「仍賜名肇慶府」。此處「興慶軍」，疑爲「興慶府」之誤。

二十四史

中華書局

宋史卷二十二

本紀第二十二

徽宗四

宣和元年春正月戊申朔，日下有五色雲。壬子，進建安郡王樞爲肅王，文安郡王杞爲景王，並爲太保。乙卯，詔：「佛改號大覺金仙，餘爲仙人、大士。僧爲德士，易服飾，稱姓氏。寺爲宮，院爲觀。」改女冠爲女道，尼爲女德。丁巳，金人使李善慶來，遣趙有開報聘，至登州而還。戊午，以余深爲太宰兼門下侍郎，王黼爲特進、少宰兼中書侍郎。乙丑，改湟州爲樂州。癸酉，封子棟爲溫國公，姪有恭爲永寧郡王。乙亥，躬耕籍田。罷裕民局。

二月庚辰，改元。易宣和殿爲保和殿。戊戌，以鄧洵武爲少保。

三月庚戌，蔡京等進安州所得商六鼎。己未，以馮熙載爲中書侍郎，范致虛爲尚書左丞，翰林學士張邦昌爲尚書右丞。詔天下知宮觀道士與監司、郡縣官以客禮相見。童貫遣

知熙州劉法出師攻統安城，夏人伏兵擊之，法敗歿，震武軍受圍。甲子，知登州宗澤坐建神霄宮不虔，除名編管。辛未，賜上舍生五十四人及第。甲戌，皇后親蠶。

夏四月丙子朔，日有食之。庚寅，童貫以鄜延、環慶兵大破夏人，平其三城。己亥，曲赦陝西、河東路。辛丑，進輔臣官一等。

五月丙午朔，有物如龍形，見京師民家。丁未，詔德士並許入道學，依道士法。丙辰，敗夏人于震武。壬申，班御製九星二十八宿朝元冠服圖。甲戌，慮囚。是月，大水犯都城，西北有赤氣亙天。

六月壬午，詔西邊武臣爲經略使者改用文臣。甲申，詔封莊周爲微妙元通眞君，列禦寇爲致虛觀妙眞君，仍行册命，配享混元皇帝。己亥，夏國遣使納款，詔六路罷兵。

秋七月甲寅，以童貫爲太傅。

八月戊寅，詔諸路未方田處並令方量，均定租課。丁酉，以神霄宮成降德音于天下。

九月甲辰朔，燕蔡京於保和新殿。辛亥，大饗明堂。癸亥，幸道德院觀金芝，遂幸蔡京第。丁卯，以淮康軍節度使蔡攸爲開府儀同三司。

冬十月甲戌朔，以紹述熙豐政事書布告天下。

十一月癸丑，朝獻景靈宮。甲寅，饗太廟。乙卯，祀昊天上帝于圜丘，赦天下。甲子，詔：東南諸路水災，令監司、郡守悉心振救。戊辰，以淮甸旱，飢民失業，遣監察御史察訪。張邦昌爲尚書左丞，翰林學士王安中爲尚書右丞。時朱勔以花石綱媚上，東南騷動，太學生鄧肅進詩諷諫，詔放歸田里。

十二月甲戌，詔：京東東路盜賊竊發，令東、西路提刑督捕之。辛卯，大雨雹。丙申，帝數微行，正字曹輔上書極論之，編管郴州。

是歲，京西饑，淮東大旱，遣官振濟。嵐州黃河清。升邢州爲信德，陳州爲淮寧，襄州爲襄陽，慶州爲慶陽，安州爲德安，鄆州爲東平，趙州爲慶源府；瀘州爲瀘川，睦州爲建德，岳州爲岳陽，寧州爲興寧，宜州爲慶遠，光州爲光山，均州爲武當軍。

二年春正月癸亥，追封蔡確爲汝南郡王。甲子，罷道學。

二月乙亥，遣趙良嗣使金國。唐恪罷。庚辰，以寧遠軍節度使梁子美爲開府儀同三司。戊子，令所在贍給淮南流民，諭還之。甲午，詔別修哲宗史。

三月壬寅，賜上舍生二十一人及第。乙卯，改熙河蘭湟路爲熙河蘭廓路。

夏四月丙子，詔：江西、廣東兩界，羣盜嘯聚，添置武臣提刑、路分都監各一員。

五月庚子朔，以淑妃劉氏爲貴妃。己酉，日中有黑子。丁巳，祭地于方澤，降德音于諸路。布衣朱夢說上書論宦寺權太重，編管池州。戊辰，詔宗室有文行才術者，令大宗正司以聞。

六月癸酉，詔開封府振濟飢民。丁丑，太白晝見。戊寅，蔡京致仕，仍朝朔望。辛巳，詔：自今衙改元豐法制，論以大不恭。丙戌，詔：「三省、樞密院額外吏職，並從裁汰。及有妄言惑衆，稽違詔令者，重論之。」詔：「諸司總轄、提點之類，非元豐法並罷。」丁亥，復寺院額。甲午，罷禮制局并修書五十八所。

秋七月壬子，罷文臣起復。己未，罷醫、算學。丙寅，封子楒爲英國公。

八月庚辰，詔減定醫官額。乙未，詔：監司所舉守令非其人，或廢法不舉，令廉訪使者劾之。

九月壬寅，金人遣勃堇等來〔一〕。乙巳，復德士爲僧。辛亥，大饗明堂。丙辰，遣馬政使金國。癸亥，余深加少傅。宴童貫第。

冬十月戊辰朔，日有食之。以河東節度使梁師成爲太尉。建德軍青溪〔二〕妖賊方臘反，命譚稹討之。

十一月己亥，余深罷，仍少傅，授鎭西軍節度使、知福州。庚戌，以王黼爲少保、太宰兼

門下侍郎。己未，兩浙都監蔡遵、顏坦擊方臘，死之。

十二月丁亥，改譚稹爲兩浙制置使，以童貫爲江、淮、荆、浙宣撫使，討方臘。己丑，以少傅鄭居中權領樞密院。庚寅，詔訪兩浙民疾苦。是月，方臘陷建德，又陷歙州，東南將郭師中戰死；陷杭州，知州趙霆遁，廉訪使者趙約詬賊死。

是歲，淮南旱。夏國、眞臘人貢。

三年春正月壬寅，鄧洵武卒。戊午，以安康郡王栩爲太保，進封濟王；鎭國公模爲開府儀同三司，進封樂安郡王。己未，詔淮南、江東、福建各權添置武臣提刑一員。辛酉，罷蘇、杭州造作局及御前綱運。乙丑，罷西北兵更戍。罷木石彩色等場務。是月，方臘陷婺州，又陷衢州，守臣彭汝方死之。

二月庚午，趙霆坐棄杭州〔三〕，貶吉陽軍。罷方田。甲戌，降詔招撫方臘。乙酉，罷天下三舍及宗學、辟雍、諸路提舉學事官。癸巳，赦天下。是月，方臘陷處州。淮南盜宋江等犯淮陽軍，遣將討捕，又犯京東、河北〔四〕，入楚、海州界，命知州張叔夜招降之。

三月丁未，御集英殿策進士。庚申，賜禮部奏名進士及第、出身六百三十人。

夏四月丙寅，貴妃劉氏薨。甲戌，青溪令陳光以盜發縣内棄城，伏誅。庚寅，忠州防禦

使辛興宗擒方臘于青溪。詔二浙、江東被賊州縣給復三年。癸巳，汝州牛生麒麟。

五月戊戌，以鄭居中領樞密院。己亥，詔杭、越、江寧守臣並帶安撫使。甲辰，追册貴妃劉氏爲皇后，謚曰明節。改睦州建德軍爲嚴州遂安軍，歙州爲徽州。丙午，金人再遣曷魯等來。戊申，以興寧軍節度使劉宗元爲開府儀同三司。癸亥，詔三省覺察臺諫罔上背公者，取旨譴責。陳過庭、張汝霖以乞罷御前使喚及歲進花果，爲王黼所劾，並竄貶。

閏月丙寅，減諸州曹掾官。辛未，立醫官額。甲戌，復應奉司，命王黼及内侍梁師成領之。戊寅，慮囚。

六月，河決恩州清河埽。

秋七月丁卯，振温、處等八州。丁亥，廢純、滋等十二州。戊子，童貫等俘方臘以獻。是月，洛陽、京畿訛言有黑眚如人，或如犬，夜出掠小兒食之，二歲乃息。

八月甲辰，曲赦兩浙、江東、福建、淮南路。乙巳，以童貫爲太師，譚稹加節度。丁未，祔明節皇后神主于別廟。丙辰，方臘伏誅。

九月丙寅，以王黼爲少傅，鄭居中爲少師。庚午，進執政官一等。辛未，大饗明堂。

冬十月甲寅，詔自今贓吏獄具，論決勿貸。童貫復領陝西、兩河宣撫。

十一月丁丑，馮熙載罷。以張邦昌爲中書侍郎，王安中爲尚書左丞，翰林學士承旨李邦彥爲尚書右丞。辛巳，封子桐爲儀國公。壬午，張商英卒。

十二月辛卯朔，日中有黑子。壬子，進封廣平郡王構爲康王，樂安郡王模爲祁王，並爲太保。

是歲，諸路蝗。

四年春正月丁卯，以蔡攸爲少保，梁師成爲開府儀同三司。癸酉，金人破遼中京，遼主北走。

二月丙申，以旱禱于廣聖宮，卽日雨。癸卯，雨雹。丙午，以吳國公植爲開府儀同三司，進封信都郡王。

三月辛酉，幸祕書省，遂幸太學，賜祕書少監翁彥深王時雍、國子祭酒韋壽隆、司業權邦彥章服，館職、學官、諸生恩錫有差。丙子，遼人立燕王淳爲帝。金人來約夾攻，命童貫爲河北、河東路宣撫使，屯兵于邊以應之，且招諭幽燕。

夏四月丙午，詔置補完校正文籍局，錄三館書置宣和殿及太清樓、祕閣。又令郡縣訪遺書。

五月壬戌，以高俅爲開府儀同三司。丁卯，封子柄爲昌國公。甲戌，嗣濮王仲御薨。

乙亥，以蔡攸爲河北、河東宣撫副使。庚辰，以常德軍節度使譚稹爲太尉。童貫至雄州，令都統制种師道等分道進兵。癸未，遼人擊敗前軍統制楊可世于蘭溝甸。乙酉，封開府儀同三司、江夏郡王仲爰爲嗣濮王。丙戌，慮囚。楊可世與遼將蕭幹戰于白溝，敗績。丁亥，辛興宗敗于范村。

六月己丑，种師道退保雄州，遼人追擊至城下。帝聞兵敗懼甚，遂詔班師。壬寅，以王黼爲少師。是月，遼燕王淳死，蕭幹等立其妻蕭氏〔五〕。

秋七月己未，廢貴妃崔氏爲庶人。壬午，王黼以耶律淳死，復命童貫、蔡攸治兵，以河陽三城節度使劉延慶爲都統制。甲申，种師道責授右衞將軍致仕，和詵散官安置。

九月戊午，朝散郎宋昭上書諫北伐，王黼大惡之，詔除名、勒停，廣南編管。己未，金人遣徒孤且烏歇等來議師期。辛酉，大饗明堂。己巳，高麗國王王俁薨，遣路允迪弔祭。甲戌，遣趙良嗣報聘于金國。己卯，遼將郭藥師等以涿、易二州來降。

冬十月庚寅，改燕京爲燕山府，涿、易八州並賜名。癸巳，劉延慶與郭藥師等統兵出雄州。戊戌，曲赦所復州縣。己亥，耶律淳妻蕭氏上表稱臣納款。甲辰，師次涿州。己酉，郭藥師與高世宣、楊可世等襲燕，蕭幹以兵入援，戰于城中，藥師等屢敗，皆棄馬縋城而出，死傷過半。癸丑，以蔡攸爲少傅、判燕山府。甲寅，劉延慶自盧溝河燒營夜遁，衆軍遂潰，蕭

中華書局

斡追至涿水上乃還。

十一月丙辰朔，行新璽。戊辰，朝獻景靈宮。己巳，饗太廟。庚午，祀昊天上帝于圜丘，赦天下。東南官吏昨緣寇盜貶責者並次第移放，上書邪上等人特與磨勘。戊寅，金人遣李靖等來許山前六州。以彰德軍節度使鄭詳爲太尉。

十二月丁亥，郭藥師敗蕭幹于永清縣。戊子，遣趙良嗣報聘于金國。庚寅，以郭藥師爲武泰軍節度使。辛卯，金人入燕，蕭氏出奔。壬辰，使來獻捷。乙未，詔監司未經陛對毋得之任。丙申，貶劉延慶爲率府率，安置筠州。壬寅，進封植爲莘王。

五年春正月戊午，金人遣李靖來議所許六州代租錢。己未，遣趙良嗣報聘，求西京等州。辛酉，以王安中爲慶遠軍節度使、河北河東燕山府路宣撫使、知燕山府。甲申，錄富弼後。

二月乙酉朔，以李邦彥爲尚書左丞，翰林學士趙野爲尚書右丞。丙戌，金人以議未合，斷橋梁，焚次舍。丁酉，進封雍國公朴爲華原郡王，徐國公棣爲高平郡王，並爲開府儀同三司。

三月乙卯，金人再遣寧朮割等來。己未，遣盧益報聘，皆如其約。

夏四月癸巳，金人遣楊璞以誓書及燕京、涿易檀順景薊州來歸。庚子，童貫、蔡攸入燕，時燕之職官、富民、金帛、子女先爲金人盡掠而去。乙巳，童貫表奏撫定燕城。庚戌，曲赦河北、河東、燕、雲路。是日，班師。

五月己未，以收復燕雲，賜王黼玉帶。庚申，以王黼爲太傅，鄭居中爲太保，進宰執官二等。辛酉，王黼總治三省事。癸亥，童貫落節鉞，進封徐、豫國公。蔡攸爲少師。乙丑，詔正位三公立本班，帶節鉞若領他職者仍舊班，著爲令。癸酉，祭地于方澤。是月，金人許朔、武、蔚三州。金主阿骨打殂，弟吳乞買立。

六月乙酉，郭藥師加檢校少傅。丙戌，遼人張覺以平州來附。己丑，仲爰薨。乙未，詔今後內外宗室並不稱姓。丁酉，以安國軍節度使仲理爲開府儀同三司，進封嗣濮王。己亥，慮囚。戊申，鄭居中卒。辛亥，以蔡攸領樞密院。

秋七月戊午，以梁師成爲少保。己未，童貫致仕。起復譚稹爲河北、河東、燕山府路宣撫使。庚午，太傅、楚國公王黼等上尊號曰繼天興道敷文成武睿明皇帝，不允。禁元祐學術。

八月辛巳朔，日當食不見。辛丑，命王安中作復燕雲碑。壬寅，太白晝見。是月，蕭幹破景州、薊州，寇掠燕山，郭藥師敗之。幹尋爲其下所殺，傳首京師。

九月辛酉，大饗明堂。

冬十月乙酉，雨木冰。壬寅，罷諸路提舉常平之不職者。

十一月乙卯，以鄭紳爲太師。丙寅，莘王植第覲之。諸路漕臣坐上供錢物不足，貶秩者二十二人。丁卯，王安中、譚稹並加檢校少傅，郭藥師爲太尉。華原郡王朴薨。壬申，王黼子弟親屬推恩有差。是月，金人取平州，張覺走燕山，金人索之甚急，命王安中縊殺，函其首送之。

十二月乙巳，金人遣高居慶等來賀正旦。戊申，以高平郡王棣爲太保，進封徐王。

是歲，秦鳳旱，河北、京東、淮南饑，遣官振濟。

六年春正月乙卯，爲金主輟朝。戊午，置書藝所。癸亥，藏蕭幹首于大社。戊寅，遣連南夫弔祭金國。

二月丁亥，以冀國公楞爲開府儀同三司，進封河間郡王；韶州防禦使令盪爲婺州觀察使，封安定郡王。己亥，躬耕藉田。丙午，詔：「自今非歷臺閣、寺監、監司、郡守、開封府曹官者，不得爲郎官、卿監，著爲令。」李邦彥以父憂去位。

三月己酉朔，以錢景臻爲少師。金人來匄糧，不與。

閏月辛巳，皇后親蠶。庚子，御集英殿策進士。

夏四月癸丑，賜禮部奏名進士及第、出身八百五人。丁巳，李邦彥起復。

五月壬寅，慮囚。癸卯，金人遣使來告嗣位。

六月壬子，詔以收復燕雲以來，京東、兩河之民困於調度，令京西、淮、浙、江、湖、四川、閩、廣並納免夫錢，期以兩月納足，違者從軍法。

秋七月戊子，遣許亢宗賀金國嗣位。丁酉，詔：應係御筆斷罪，不許詣尚書省陳訴改正。壬寅，詔宗室、后妃戚里、宰執之家槪斂免夫錢。甲辰，置璣衡所。

八月乙卯，譚稹落太尉，罷宣撫使，童貫落致仕，領樞密院代之。丁巳，以溢機堡爲安羌城。壬戌，以復燕雲赦天下。

九月乙亥，以白時中爲特進、太宰兼門下侍郎，李邦彥爲少宰兼中書侍郎。蔡攸落節鉞。辛巳，大饗明堂。丁亥，以趙野爲尚書左丞，翰林學士承旨宇文粹中爲尚書右丞，開封尹蔡懋同知樞密院。庚寅，以金芝產于艮嶽萬壽峯，改名壽岳。庚子，金人遣富謨弼（六）等以遺留物來獻。

冬十月庚午，詔：有收藏習用蘇、黃之文者，並令焚毀，犯者以大不恭論。癸酉，詔內外官並以三年爲任，治績著聞者再任，永爲式。

十一月丙子，王黼致仕。太白晝見。乙酉，罷應奉司。丙戌，令尚書省置講議司[七]。壬辰，詔：「監司擇縣令有治績者保奏，召赴都堂審察錄用，毋過三人。」

十二月甲辰朔，蔡京領講議司。詔百官遵行元豐法制。丁未，詔內外侍從以上各舉所知二人。癸亥，蔡京落致仕，領三省事。

是歲，河北、山東盜起，命內侍梁方平討之。京師、河東、陝西地大震，兩河、京東西、浙西水，環慶、邠寧、涇原流徙，令所在振恤。夏國、高麗、于闐、羅殿入貢。

七年春正月癸酉朔，詔赦兩河、京西流民爲盜者，仍給復一年。癸巳，詔罷諸路提舉常平官屬，有罪當黜者以名聞；仍令三省修已廢之法。

二月甲辰，復置鑄錢監。詔御史察贓吏。己酉，雨木冰。庚戌，詔京師運米五十萬斛至燕山，令工部侍郎孟揆親往措置。己巳，進封廣國公栻爲南康郡王、福國公榛爲平陽郡王，並開府儀同三司。壬申，京東轉運副使李孝昌言招安羣盜張萬仙等五萬餘人，詔補官犒賜有差。

三月癸酉朔，雨雹。甲申，知海州錢伯言奏招降山東寇賈進等十萬人，詔補官有差。丙戌，以惠國公楧爲開府儀同三司，進封建安郡王。

夏四月丙辰，降德音于京東、河北路。庚申，蔡京復致仕。復州縣免行錢。戊辰，詔行元豐官制。復尚書令之名，虛而勿授；三公但爲階官，毋領三省事。

五月壬午，封子樅爲潤國公。丁亥，詔諸路帥臣舉將校有才略者，監司舉守令有政績者，歲各三人。

六月辛丑朔，詔宗室復著姓。丙午，封童貫爲廣陽郡王。戊申，詔臣僚輒與內侍來往者論罪。辛亥，慮囚。己未，以蔡攸爲太保。癸亥，詔吏職雜流出身人，毋得陳請改換。乙丑，罷減六尙歲貢物。

秋七月庚午朔，詔士庶毋以「天」、「王」、「君」、「聖」爲名字[九]，及以壬戌日輔臣焚香。甲戌，以河間郡王楞爲太保，進封沂王。是月，河東義勝軍叛。熙河、河東路地震。

九月辛巳，大饗明堂。壬辰，金人以擒遼主遣李孝和等來告慶。是月，河東言粘罕至雲中，詔童貫復宣撫。有狐升御榻而坐。

冬十月辛亥，賜曾布謚曰文肅。戊午，罷京畿和糴。

十一月庚午，詔：無出身待制以上，年及三十通歷任滿十歲，乃許任子。乙亥，遣使回慶金國。甲申，朝獻景靈宮。乙酉，饗太廟。丙戌，祀昊天上帝于圜丘，赦天下。庚寅，以保靜軍節度使种師道爲河東、河北路制置使。

十二月乙巳，童貫自太原遁歸京師。己酉，中山奏金人斡離不、粘罕分兩道入攻。郭藥師以燕山叛，北邊諸郡皆陷。又陷忻、代等州，圍太原府。太常少卿傅察奉使不屈，死之。丙辰，罷浙江諸路花石綱、延福宮、西城租課及內外製造局。金兵犯中山府，詹度禦之。戊午，皇太子桓爲開封牧。罷修蕃衍北宅，令諸皇子分居十位。己未，下詔罪己。令中外直言極諫，郡邑率師勤王；募草澤異才有能出奇計及使疆外者；罷道官，罷大晟府、行幸局；西城及諸局所管緡錢，盡付有司。以保和殿大學士宇文虛中爲河北、河東路宣諭使。庚申，詔內禪，皇太子卽皇帝位。尊帝爲教主道君太上皇帝，居于龍德宮；尊皇后爲太上皇后。

靖康元年正月己巳，詣亳州太清宮，行恭謝禮，遂幸鎭江府。四月己亥還京師。明年二月丁卯，金人脅帝北行。紹興五年四月甲子，崩于五國城，年五十有四。七年九月甲子，凶問至江南，遙上尊謚曰聖文仁德顯孝皇帝，廟號徽宗。十二年八月乙酉，梓宮還臨安。十月丙寅，權欑于永祐陵。十二月丁卯，祔太廟第十一室。十三年正月己亥，加上尊謚曰體神合道駿烈遜功聖文仁德憲慈顯孝皇帝。

贊曰：宋中葉之禍，章、蔡首惡，趙良嗣厲階。然哲宗之崩，徽宗未立，惇謂其輕佻不可

以君天下；遼天祚之亡，張覺舉平州來歸，良嗣以爲納之失信於金，必啓外侮。使二人之計行，宋不立徽宗，不納張覺，金雖強，何釁以伐宋哉？以是知事變之來，雖小人亦能知之，而君子有所不能制也。

跡徽宗失國之由，非若晉惠之愚、孫皓之暴，亦非有曹、馬之篡奪，特恃其私智小慧，用心一偏，疎斥正士，狎近姦諛。於是蔡京以獧薄巧佞之資，濟其驕奢淫佚之志。溺信虛無，崇飾游觀，困竭民力。君臣逸豫，相爲誕謾，怠棄國政，日行無稽。及童貫用事，又佳兵勤遠，稔禍速亂。他日國破身辱，遂與石晉重貴同科，豈得諉諸數哉。

昔西周新造之邦，召公猶告武王以不作無益害有益，不貴異物賤用物，況宣、政之爲宋，承熙、豐、紹聖椓喪之餘，而徽宗又躬蹈二事之弊乎？自古人君玩物而喪志，縱欲而敗度，鮮不亡者，徽宗甚焉，故特著以爲戒。

校勘記

〔一〕金人遣勃堇等來　據長編紀事本末卷一四二、金史卷二太祖紀及下文「金人再遣曷魯等來」，「勃堇」下疑脫「曷魯」二字。

〔三〕青溪　原作「淸溪」，據本書卷四六八童貫傳、宋會要兵一〇之一六、編年綱目卷二九改。下同。

二十四史

中華書局

〔一三〕趙霆坐棄杭州　「趙霆」，原作「趙震」，據編年綱目卷二九及上文二年十二月「陷杭州，知州趙霆遁」改。

〔一四〕河北　原作「江北」，據東都事略卷一一徽宗紀、十朝綱要卷一八改。

〔一五〕遼燕王淳死蕭幹等立其妻蕭氏　此句不完整，「蕭氏」下疑脫「爲太后」三字。編年綱目卷二九作「耶律淳死，遼人立其妻蕭氏爲太后」。

〔一六〕富謨弼　長編紀事本末卷一四四作「富謨古」，金史卷六〇交聘表天會二年作「僕古」。

〔一七〕講議司　原作「講議局」，據宋會要職官五之一五、十朝綱要卷一八及下文「蔡京領講議司」改。

〔一八〕詔士庶毋以天王君聖爲名字　此句有誤。李心傳舊聞證誤卷三說：「宣和七年七月庚午，禁士民名字有犯『天』、『王』、『君』、『聖』及『主』字者。按此五字，皆宣和以前所禁，至此始罷之，今乃以爲禁，非也。重和元年九月禁『天』字，二月禁『君』字，五月禁『聖』字，政和三年六月禁『王』字，政和八年七月禁『主』字。」參考宋會要刑法二之九三。

宋史卷二十三

本紀第二十三

欽宗

欽宗恭文順德仁孝皇帝，諱桓，徽宗皇帝長子，母曰恭顯皇后王氏。元符三年四月己酉，生于坤寧殿。初名亶，封韓國公，明年六月進封京兆郡王。崇寧元年二月甲午，更名烜，十一月丁亥，又改今名。大觀二年正月，進封定王。政和元年三月，講學于資善堂。三年正月，加太保。四年二月癸酉，冠于文德殿。五年二月乙巳，立爲皇太子，大赦天下。丁巳，謁太廟。詔乘金輅，設鹵簿，如至道、天禧故事，及宮僚參謁並稱臣，皆辭之。六年六月癸未，納妃朱氏。

宣和七年十二月戊午，除開封牧。庚申，徽宗詔皇太子嗣位，自稱曰道君皇帝，趣太子入禁中，被以御服。泣涕固辭，因得疾。又固辭，不許。辛酉，卽皇帝位，御垂拱殿見羣臣。

是日，日有五色暈，挾赤黃珥，重日相盪摩久之。乃引道君皇帝出居龍德宮，皇后出居擷景園。以少宰李邦彥爲龍德宮使，太保領樞密院事蔡攸、門下侍郎吳敏副之。是時，金人已分道犯境。壬戌，赦大逆、反叛以下罪，進百官秩一等，賞諸軍，立妃朱氏爲皇后　以太子詹事耿南仲簽書樞密院事。癸亥，詔太傅燕王、越王入朝不趨，贊拜不名。詔非三省、樞密院所得旨，有司勿行。甲子，斡離不陷信德府，粘罕圍太原。詔京東、淮西、浙募兵入衞。太學生陳東等上書，數蔡京、童貫、王黼、梁師成、李彥、朱勔罪，謂之六賊，請誅之。丙寅，上道君皇帝尊號曰教主道君太上皇帝，皇后曰道君太上皇后。詔改元。

靖康元年春正月丁卯朔，受羣臣朝賀，退詣龍德宮，賀道君皇帝。詔中外臣庶實封言得失。金人破相州。戊辰，破濬州。威武軍節度使梁方平師潰，河北、河東路制置副使何灌退保滑州。己巳，灌奔還，金人濟河，詔親征。道君皇帝東巡，以領樞密院事蔡攸爲行宮使，尚書右丞宇文粹中〔一〕副之。詔自今除授、黜陟及恩數等事，並參酌祖宗舊制。罷內外官司、局、所一百五處，止留後苑，以奉龍德宮。以門下侍郎吳敏知樞密院事，吏部尚書李梲同知樞密院事。貶太傅致仕王黼爲崇信軍節度副使，安置永州。賜翊衞大夫、安德軍承宣使李彥死，並籍其家。放寧遠軍節度使朱勔歸田里。帝欲親征，以李綱爲留守，以李梲爲副。給事中王寓諫親征，罷之。庚午，道君皇帝如亳州，百官多潛遁。宰相欲奉帝出襄、鄧，李綱諫止之。以綱爲尚書右丞。辛未，以李綱爲親征行營使，侍衞親軍馬軍都指揮使曹曚副之。太宰兼門下侍郎白時中罷，李邦彥爲太宰兼門下侍郎，守中書侍郎張邦昌爲少宰兼中書侍郎，尚書左丞趙野爲門下侍郎，翰林學士承旨王孝迪爲中書侍郎，同知樞密院事蔡懋爲尚書左丞。壬申，金人渡河，遣使督諸道兵入援。癸酉，詔兩省、樞密院官制一遵元豐故事。金人犯京師，命尚書駕部員外郎鄭望之、親衞大夫康州防禦使高世則使其軍。詔從官舉文武臣僚堪充將帥有膽勇者。是夜，金人攻宣澤門，李綱禦之，斬獲百餘人，至旦始退。甲戌，金人遣吳孝民來議和，命李棁使金軍。金人又使蕭三寶奴、耶律忠、張愿恭來。以吏部尚書唐恪同知樞密院事。乙亥，金人攻通津、景陽等門，李綱督戰，自卯至酉，斬首數千級，何灌戰死。李棁與蕭三寶奴、耶律忠、王汭來索金帛數千萬，且求割太原、中山、河間三鎭，幷宰相親王爲質，乃退師。丙子，避正殿，減常膳。括借金銀，籍倡優家財。庚辰，命張邦昌副康王構使金軍，詔稱金國加「大」字。辛巳，道君皇帝幸鎭江。以兵部尚書路允迪簽書樞密院事。金人陷陽武，知縣事蔣興祖死之。壬午，大風走石，竟日乃止。封子諶爲大寧郡王。甲申，省廉訪使者官，罷鈔旁定貼錢及諸州免行錢，以諸路贍學戶絕田產歸常平司。統制官馬忠以京西募兵至，擊金人于順天門外，敗之。乙酉，路允迪使粘罕軍于河東。平

陽府將劉嗣初以城叛。丁亥，靜難軍節度使〔二〕、河北河東路制置使种師道督涇原、秦鳳兵入援，以師道同知樞密院事，爲京畿、河北、河東宣撫使，統四方勤王兵及前後軍。庚寅，盜殺王黼于雍丘。癸巳，大霧四塞。乙未，貶少保、淮南節度使梁師成爲彰化軍節度副使，行及八角鎭，賜死。

二月丁酉朔，命都統制姚平仲〔三〕將兵夜襲金人軍，不克而奔。戊戌，罷李綱以謝金人，廢親征行營司。金人復來議和。庚子，命駙馬都尉曹晟使金軍。辛丑，又命資政殿大學士宇文虛中、知東上閤門事王球使之，許割三鎭地。太學諸生陳東等及都民數萬人伏闕上書，請復用李綱及种師道，且言李邦彥等疾綱，恐其成功，罷綱正墮金人之計。會邦彥入朝，衆數其罪而罵。吳敏傳宣，衆不退，遂撾登聞鼓，山呼動地。殿帥王宗濋恐生變，奏上勉從之。遣耿南仲號於衆曰：「已得旨宣綱矣。」內侍朱拱之宣綱後期，衆臠而磔之，幷殺內侍數十人。乃復綱右丞，充京城防禦使。壬寅，追封范仲淹魏國公，贈司馬光太師，張商英太保，除元祐黨籍學術之禁。詔誅士民殺內侍爲首者，禁伏闕上書，廢苑囿宮觀可以與民者。金人使王汭來。癸卯，命肅王樞使金軍。以觀文殿學士、大名尹徐處仁爲中書侍郎，宇文虛中簽書樞密院事。蔡懋罷。乙巳，宇文虛中、王球復使金軍。康王至自金軍。金人遣韓光裔來告辭，遂退師，京師解嚴。丙午，康王構爲太傅、靜江奉寧軍節度使。省明

堂班朔布政官。丁未，日有兩珥。戊申，赦天下。詔諭士民，自今庶事並遵用祖宗舊制，凡蠹國害民之事一切寢罷。己酉，罷宰執兼神霄玉清萬壽宮使及殿中監、符寶郎。詔用祖宗故事，擇武臣得軍心者爲同知、簽書樞密院，邊將有威望者爲三衙。以金人請和，詔官民昔嘗附金而復歸本朝者，各還其鄉國。庚戌，李邦彥罷，以張邦昌爲太宰兼門下侍郎，吳敏爲少宰兼中書侍郎，李綱知樞密院事，耿南仲爲尚書左丞，李棁爲尚書右丞。辛亥，詔監察御史言事如祖宗法。宇文粹中罷知江寧府。癸丑，种師道罷爲中太一宮使。贈右正言陳瓘爲右諫議大夫。甲寅，貶太師致仕蔡京爲祕書監、分司南京，太師、廣陽郡王童貫爲左衞上將軍，太保、領樞密院事蔡攸爲太中大夫、提舉亳州明道宮。先是，粘罕遣人來求賂，大臣以勤王兵大集，拘其使人，且結約余覩以圖之。至是，粘罕怒，及攻太原不克，分兵趣京師，過南、北關，權威勝軍李植以城降。乙卯，陷隆德府，知府張確、通判趙伯臻、司錄張彥遹死之。丙辰，有二流星，一出張宿入濁沒，一出北河入軫。己未，詔遙郡承宣使有功應除正任者，自今除正任刺史。辛酉，梁方平坐棄河津伏誅。王孝迪罷。命給事中王雲、侍衞親軍馬軍都指揮使曹曚使金國，鎭洮軍節度使、中太乙宮使种師道爲河北、河東路宣撫使〔四〕，保靜軍節度使、殿前副都指揮使姚古〔五〕爲制置使。乙丑，御殿復膳。丙寅，下哀痛之詔于陝西、河東。是月，金人犯澤州之高平，知州高世由往犒之，乃去。

三月丁卯朔，遣徽猷閣待制宋煥〔六〕奉表道君皇帝行宮。詔侍從言事。詔非三省、樞密院所奉旨，諸司不許奉行。罷川路歲所遣使。募人掩軍民遺骸，遣使分就四郊致祭。戊辰，李棁罷爲鴻慶宮使。己巳，張邦昌罷爲中太一宮使。徐處仁爲太宰兼門下侍郎，唐恪爲中書侍郎，翰林學士何㮚爲尚書右丞，御史中丞許翰同知樞密院事。庚午，宇文虛中罷知青州。癸酉，詣景靈東宮行恭謝禮。命趙野爲道君皇帝行宮奉迎使。甲戌，恭謝景靈西宮及建隆觀。乙亥，詣陽德觀、凝祥池、中太一宮、佑神觀、相國寺。丙子，改擷景園爲寧德宮。錄司馬光後。己卯，燕王俁、越王偲爲太師。壬午，詔：金人叛盟深入，其元主和議李邦彥、奉使許地李棁李鄴鄭望之悉行罷黜。又詔种師道、姚古、种師中往援三鎭，保塞陵寢所在，誓當固守。癸未，遣李綱迎道君皇帝于南京，以徐處仁爲禮儀使。殿中侍御史李擢、左司諫李會罷。乙酉，迎道君皇帝于宜春苑，太后入居寧德宮。丙戌，知中山府詹度爲資政殿大學士，知太原府張孝純、知河間府陳遘並爲資政殿學士，知澤州高世由直龍圖閣，賞城守之勞也。丁亥，朝于寧德宮。詔：「扈從行宮官吏，候還京日優加賞典；除有罪之人迫於公議已行遣外，餘令臺諫勿復用前事糾言。」庚寅，肅王樞爲太傅。姚古復隆德府。辛卯，復威勝軍。壬辰，太保景王杞、濟王栩爲太傅。有流星出紫微垣。甲午，康王構爲集慶、建雄軍節度使，尚書戶部侍郎錢蓋爲陝西制置使。命陳東初品官，賜同進士出身，辭不拜。

籍朱勔家。乙未，詔：金歸朝官民未發遣者，止之。丙申，貶蔡京爲崇信軍節度副使。是春，夏人取天德、雲內、武州及河東八館。

夏四月戊戌，夏人陷震威城（七），攝知城事朱昭死之。己亥，迎太上皇帝入都門。壬寅，朝于龍德宮。癸卯，立子諶爲皇太子。耿南仲爲門下侍郎。乙巳，置春秋博士。戊申，置詳議司於尚書省，討論祖宗法。己酉，乾龍節，羣臣上壽于紫宸殿。庚戌，趙野罷。壬子，金人使賈霆、冉企弓來。癸丑，封太師、沂國公鄭紳爲樂平郡王。貶童貫爲昭化軍節度副使，安置郴州。減宰執俸給三之一及支賜之半。詔開經筵。令吏部稽考庶官，凡由楊戩、李彥之公田，王黼、朱勔之應奉，童貫西北之師，孟昌齡河防之役，夔蜀、湖南之開疆，關陝、河東之改幣，及近習所引，獻頌可采，特赴殿試之流，所得爵賞，悉奪之。甲寅，种師道加太尉、同知樞密院事、河北河東路宣撫使。乙卯，詔：自今假日特坐，百司毋得休務。以平涼軍節度使范訥爲右金吾衞上將軍。丙辰，詔：有告姦人妄言金人復至以恐動居民者，賞之。戊午，進封南康郡王栻爲和王，平陽郡王榛爲信王。己未，復以詩賦取士，禁用莊、老及王安石字說。壬戌，詔：親擢臺諫官，宰執勿得薦舉，著爲令。追政和以來道官、處士、先生封贈奏補等敕書。甲子，令在京監察御史，在外監司、郡守及路分鈐轄已上，舉曾經邊任或有武勇可以統衆出戰者，人二員。東兵正將古沇與金人戰于交城縣，死之。乙丑，詔三衙并諸

路帥司各舉諳練邊事、智勇過人幷豪俊奇傑衆所推服堪充統制將領者各五名。貶蔡攸節度副使，安置朱勔于循州。

五月丙寅朔，朝于龍德宮，令提舉官日具太上皇帝起居平安以聞。丁卯，詔天下有能以財穀佐軍者，有司以名聞，推恩有差。以少傅、鎭西軍節度余深爲特進、觀文殿大學士。戊辰，罷王安石配享孔子廟庭。庚午，少傅、安武軍節度使錢景臻，鎭安軍節度使、開府儀同三司劉宗元，並爲左金吾衞上將軍。保信軍節度使劉敷、武成軍節度使劉敏、寧德軍節度使張琳、岳陽軍節度使王舜臣、應道軍節度使宋孝孫、瀘川軍節度使錢忱並爲右金吾衞上將軍。是日，寒。辛未，申銅禁。詔：無出身待制已上，年及三十而通歷任實及十年者，乃得任子。監察御史余應求坐言事迎合大臣，罷知衢州。甲戌，曲赦河北路。乙亥，申銷金禁。丁丑，詔以儉約先天下，澄冗汰貪，爲民除害，授監司、郡縣奉行所未及者，凡十有六事。姚古將兵至威勝，聞粘罕將至，衆驚潰，河東大振。河北、河東路制置副使种師中與金人戰于榆次，死之。己卯，借外任官職田一年。開府儀同三司高俅卒。辛巳，損太官日進膳。追削高俅官。甲申，罷詳議司。己丑，以河東經略安撫使張孝純爲檢校少保、武當軍節度使。壬辰，詔天下舉習武藝、兵書者。乙未，詔姚古援太原。

六月丙申朔，以道君皇帝還朝，御紫宸殿，受群臣朝賀。詔諫官極論闕失。戊戌，令中外舉文武官才堪將帥者。時太原圍急，羣臣欲割三鎭地，李綱沮之，乃以李綱代种師道爲宣撫使援太原。辛丑，以資政殿學士劉韐爲宣撫副使，陝西制置司都統制解潛爲制置副使。太白犯歲星。壬寅，封鄆國公楃爲安康郡王，韓國公檟爲廣平郡王，幷開府儀同三司。詔：「今日政令，惟遵奉上皇詔書，修復祖宗故事。羣臣庶士亦當講孔、孟之正道，察安石舊說之不當者，羽翼朕志，以濟中興。」癸卯，以侍衞親軍馬軍副都指揮使、鎭西軍承宣使王稟爲建武軍節度使，錄堅守太原之功也。甲辰，路允迪罷爲醴泉觀使。乙巳，左司諫陳公輔以言事責監合州酒務。壬子，天狗墜地，有聲如雷。癸丑，慮囚。丙辰，太白、熒惑、歲、鎭四星合於張。辛酉，罷都水、將作監承受內侍官（八）。熙河都統制焦安節坐不法，李綱斬之。壬戌，姚古坐擁兵逗遛，貶爲節度副使，安置廣州。彗出紫微垣。

秋七月乙丑朔，除元符上書邪等之禁。宋昭政和中上書諫攻遼，貶連州；庚午，詔赴都堂。乙亥，安置蔡京于儋州，攸，雷州，童貫，吉陽軍。己卯，免借河北、河東、陝西路職田。乙酉，詔：蔡京子孫二十三人已分竄遠地，遇赦不許量移。是日，京死于潭州。丁亥，令侍從官共議改修宣仁聖烈皇后謗史。辛卯，遣監察御史張澂誅童貫，廣西轉運副使李昇之誅趙良嗣，並竄其子孫于海南。壬辰，侍御史李光（九）坐言事貶監當。是月，解潛與金人戰于南關，敗績。劉韐自遼州引兵與金人戰，敗績。

八月甲午朔，錄陳瓘後。丙申，復命种師道以宣撫使巡邊，召李綱還。庚子，詔以彗星避殿減膳，令從臣具民間疾苦以聞。河東察訪使張灝與金人戰于文水，敗績。辛丑，詔求民之疾苦者十七事，悉除之。丁未，斡離不復攻廣信軍、保州，不克，遂犯眞定。戊申，都統制張思正等夜襲金人于文水縣，敗之。己酉，復戰，師潰，死者數萬人，思正奔汾州。都統制折可求師潰于子夏山。威勝、隆德、汾、晉、澤、絳民皆渡河南奔，州縣皆空。金人乘勝攻太原。錄張庭堅後。乙卯，遣徽猷閣待制王雲、閤門宣贊舍人馬識遠使于金國，祕書著作佐郎劉岑、太常博士李若水分使其軍議和。戊午，許翰罷知亳州。己未，太宰徐處仁罷知東平，少宰吳敏罷知揚州。以唐恪爲少宰兼中書侍郎，何㮚爲中書侍郎，禮部尚書陳過庭爲尚書右丞，開封尹聶昌同知樞密院事，御史中丞李回簽書樞密院事。庚申，遣王雲使金軍，許以三鎭賦稅。是月，福州軍亂，殺其知州事柳庭俊。

九月丙寅，金人陷太原，執安撫使張孝純，副都總管王稟、通判方笈皆死之。辛未，貶吳敏爲崇信軍節度副使，安置涪州。移蔡攸于萬安軍，尋與弟翛及朱勔皆賜死。乙亥，詔編修敕令所取靖康以前蔡京所乞御筆手詔，參祖宗法及今所行者，删修成書。丁丑，禮部尚書王寓爲尚書左丞。戊寅，有赤氣隨日出。李綱罷知揚州。壬午，梟童貫首于都市。癸未，賜布衣尹焞爲和靖處士。甲申，日有兩珥、背氣。丙戌，建三京及鄧州爲都總管府，分

總四道兵。庚寅，以知大名府趙野爲北道都總管，知河南府王襄爲西道都總管，知鄧州張叔夜爲南道都總管，知應天府胡直孺爲東道都總管。又罷李綱提舉洞霄宮。辛卯，遣給事中黄鍔由海道使金國議和。是月，夏人陷西安州。

冬十月癸巳朔，御殿復膳。貶李綱爲保靜軍節度副使，安置建昌軍。丁酉，金人陷眞定，都鈐轄劉竧[一〇]死之。有流星如杯。戊戌，金人使楊天吉、王汭來。庚子，日有青、赤、黄戴氣。金人陷汾州，知州張克戩、兵馬都監賈亶死之；又攻平定軍。辛丑，下哀痛詔，命河北、河東諸路帥臣傳檄所部，得便宜行事。壬寅，天寧節，率羣臣詣龍德宮上壽。甲辰，詔用蔡京、王黼、童貫所薦人。丙午，集從官于尚書省，議割三鎮。召种師道還。丁未，以禮部尚書馮澥知樞密院事。己酉，閱砲飛山營。庚戌，以范訥爲寧武軍節度使、河北河東路宣撫使。遼故將小鞠轆攻陷麟州建寧砦，知砦楊震死之。壬子，詔太常禮官集議金主尊號。命尚書左丞王㝢副康王使斡離不軍，㝢辭。乙卯，雨木冰。丙辰，金人陷平陽府，又陷威勝、隆德、澤州。丁巳，高麗入貢，令明州遞表以進，遣其使還。戊午，貶王㝢爲單州團練副使，命馮澥代行。庚申，日有兩珥及背氣。侍御史胡舜陟請援中山，不省。辛酉，种師道薨。

十一月丙寅，夏人陷懷德軍，知軍事劉銓、通判杜翊世死之。籍譚稹家。戊辰，康王未

至金軍而還。馮澥罷。己巳，集百官議三鎮棄守。庚午，詔河北、河東、京畿清野，令流民得占官舍寺觀以居。辛未，有流星如杯。壬申，禁京師民以浮言相動者。癸酉，右諫議大夫范宗尹以首議棄地罷。金人至河外，宣撫副使折彥質領師十二萬拒之。甲戌，師潰。金人濟河，知河陽燕瑛、西京留守王襄棄城遁。乙亥，命刑部尚書王雲副康王使斡離不軍，許割三鎮，奉袞冕、車輅，尊其主爲皇叔，且上尊號。丙子，金人渡河，折彥質兵盡潰，提刑許高兵潰于洛口。金人來言，欲盡得河北地。京師戒嚴。遣資政殿學士馮澥及李若水使粘罕軍。丁丑，何㮚罷。以尚書左丞陳過庭爲中書侍郎[一一]，兵部尚書孫傅爲尚書右丞。命成忠郎郭京領選六甲正兵所。簽書樞密院事李回以萬騎防河，衆潰而歸。是日，塞京城門。戊寅，進龍德宮婉容韋氏爲賢妃，康王構爲安國、安武軍節度使。罷淸野。辛巳，以知懷州霍安國爲徽猷閣待制，通判林淵直徽猷閣，賞守禦之功也。壬午，斡離不使楊天吉、王汭、勃堇撒離栂來。命耿南仲使斡離不軍，聶昌使粘罕軍，許畫河爲界。康王至磁州，州人殺王雲，止王勿行，王復還相州。甲申，以尚書右丞孫傅同知樞密院事，御史中丞曹輔簽書樞密院事。以京兆府路安撫使范致虛爲陝西五路宣撫使，令督勤王兵入援。乙酉，斡離不軍至城下。遣蠟書間行出關召兵，又約康王及河北守將來援，多爲邏兵所獲。丁亥，大風發屋折木。李回罷。戊子，金人攻通津門，范瓊出兵焚其砦。己丑，南道總管張叔夜將兵勤王，至玉津園，以叔夜爲延康殿學士。斡離不遣劉晏來。庚寅，幸東壁勞軍。詔三省長官名悉依元豐舊制。領開封府何㮚爲門下侍郎。

閏月壬辰朔，金人攻善利門，統制姚仲友禦之[一二]。奇兵作亂，殺使臣，王宗濋斬數十人乃定。唐恪出都，人欲擊之，因求去，罷爲中太一宮使。以門下侍郎何㮚爲尚書右僕射[一三]兼中書侍郎。劉韐坐棄軍，降五官予祠。癸巳，京師苦寒，用日者言，借土牛迎春。朱伯友坐棄鄭州，降三官罷。西道總管王襄棄西京去。知澤州高世由以城降于金。燕瑛欲棄河陽，爲亂兵所殺。河東諸郡，或降或破殆盡。都民殺東壁統制官辛亢宗。罷民乘城，代以保甲。粘罕軍至城下。甲午，時雨雪交作，帝被甲登城，以御膳賜士卒，易火飯以進，人皆感激流涕。金人攻通津門，數百人縋城禦之，焚其砲架五、鵝車二。驛召李綱爲資政殿大學士，領開封府。金人陷懷州，霍安國、林淵及其鈐轄張彭年、都監趙士詝、張諶皆死之。乙未，金人入青城，攻朝陽門。馮澥與金人蕭慶、楊眞誥來。丙申，帝幸宣化門，以障泥乘馬，行泥淖中，民皆感泣。張叔夜數戰有功，帝如安上門召見，拜資政殿學士。金人執胡直孺，又陷拱州。丁酉，赤氣亙天。以馮澥爲尚書左丞。戊戌，殿前副都指揮使王宗濋與金人戰于城下，統制官高師旦死之。庚子，以資政殿學士張叔夜簽書樞密院事。金人攻宣化門，姚仲友禦之。辛丑，金人攻南壁，殺傷相當。壬寅，詔河北守臣盡起軍民兵，倍道入援。

癸卯，金人攻南壁，張叔夜、范瓊分兵襲之，遙見金兵，奔還，自相蹈藉，溺隍死者以千數。甲辰，大雨雪。金人陷亳州。遣間使召諸道兵勤王。乙巳，大寒，士卒噤戰不能執兵，有僵仆者。帝在禁中徒跣祈晴。時勤王兵不至，城中兵可用者惟衞士三萬，然亦十失五六。金人攻城急。丙午，雨木冰。丁未，始避正殿。己酉，遣馮澥、曹輔與宗室仲温、士諭使金軍請和。命康王爲天下兵馬大元帥，速領兵入衞。辛亥，金人來議和，要親王出盟。壬子，金人攻通津、宣化門，范瓊以千人出戰，渡河冰裂，沒者五百餘人，自是士氣益挫。甲寅，大風自北起，俄大雨雪，連日夜不止。乙卯，金人復使劉晏來，趣親王、宰相出盟。丙辰，妖人郭京用六甲法，盡令守禦人下城，大啓宣化門出攻金人，兵大敗。京託言下城作法，引餘兵遁去。金兵登城，衆皆披靡。金人焚南薰諸門。姚仲友死于亂兵，宦者黄經國[一四]赴火死，統制官何慶言、陳克禮、中書舍人高振力戰，與其家人皆被害。秦元領保甲斬關遁，京城陷。衞士入都亭驛，執劉晏殺之。丁巳，奉道君皇帝、寧德皇后入居延福宮。命何㮚及濟王栩使金軍。戊午，何㮚入言，金人邀上皇出郊。帝曰：「上皇驚憂而疾，必欲之出，朕當親往。」自乙卯雪不止，是日霽。夜有白氣出太微，彗星見。庚申，日赤如火無光。辛酉，帝如靑城。

十二月壬戌朔，帝在靑城。蕭慶入居尚書省。是日，康王開大元帥府于相州。癸亥，

帝至自青城。甲子，大索金帛。丙寅，遣陳過庭、劉韐使兩河割地。辛未，定京師米價，勸糶以振民。癸酉，斬行門指揮使蔣宣、李福。乙亥，康王如北京。丙子，尚書省火。庚辰，雨雹。癸未，大雪寒。縱民伐紫筠館花木爲薪。庚寅，康王如東平。

二年春正月辛卯朔，命濟王栩、景王杞出賀金軍，金人亦遣使入賀。壬辰，金人趣召康王還。遣聶昌、耿南仲、陳過庭出割兩河地，民堅守不奉詔，凡累月，止得石州。甲午，詔兩河民開門出降。乙未，有大星出建星，西南流入于濁沒。丁酉，雨木冰。己亥，陰曀，風迅發；夜，西北陰雲中有如火光。庚子，金人索金銀急。何㮚、李若水勸帝親至軍中，從之，以太子監國而行。乙巳，籍梁師成家。丙午，劉韐自經于金軍。太學生徐揆上書，乞守門請帝還闕。金人取至軍中，揆抗論爲所殺。至夜，金人劫神衞營。丁未，大霧四塞。金人下含輝門剽掠，焚五岳觀。

二月辛酉朔，帝在青城，自如金軍，都人出迎駕。丙寅，金人塹南薰門路，人心大恐。已而金人令推立異姓，孫傅方號慟〔一五〕，乞立趙氏，不允。丁卯，金人要上皇如青城。以內侍鄧述所具諸王孫名，盡取入軍中。辛未，金人偪上皇召皇后、皇太子入青城。庚辰，康王如濟州。癸未，觀文殿大學士唐恪仰藥自殺。乙酉，金人以括金未足，殺戶部尚書梅執禮、

侍郎陳知質、刑部侍郎程振、給事中安扶。

三月辛卯朔，帝在青城。丁酉，金人立張邦昌爲楚帝。庚子，金人來取宗室，開封尹徐秉哲令民結保，毋藏匿。丁巳，金人脅上皇北行。

夏四月庚申朔，大風吹石折木。金人以帝及皇后、皇太子北歸。凡法駕、鹵簿，皇后以下車輅、鹵簿，冠服、禮器、法物，大樂、教坊樂器，祭器、八寶、九鼎、圭璧，渾天儀、銅人、刻漏，古器、景靈宮供器，太淸樓祕閣三館書、天下州府圖及官吏、內人、內侍、技藝、工匠、娼優，府庫畜積，爲之一空。辛酉，北風大起，苦寒。

五月庚寅朔，康王卽位于南京，遙上尊號曰孝慈淵聖皇帝。紹興三十一年五月辛卯，帝崩問至。七月己丑，上尊謚曰恭文順德仁孝皇帝，廟號欽宗。三十二年閏二月戊寅，祔于太廟。

贊曰：帝在東宮，不見失德。及其踐阼，聲技音樂一無所好。靖康初政，能正王黼、朱勔等罪而竄殛之，故金人聞帝內禪，將有卷甲北旆之意矣。惜其亂勢已成，不可救藥；君臣相視，又不能同力協謀，以濟斯難，惴惴然講和之不暇。卒致父子淪胥，社稷蕪茀。帝至於是，蓋亦巽懦而不知義者歟！享國日淺，而受禍至深，考其所自，眞可悼也夫！眞可悼也夫！

校勘記

〔一〕尚書右丞宇文粹中　「右丞」，原作「左丞」，據靖康要錄卷一、十朝綱要卷一九改。

〔二〕靜難軍節度使　「靜難」，原作「靖難」，據本書卷三三五种師道傳、徐夢莘三朝北盟會編（以下簡稱北盟會編）卷二六改。

〔三〕都統制姚平仲　「統」，原作「總」，據本書卷三四九姚古傳、靖康要錄卷二改。

〔四〕种師道爲河北河東路宣撫使　「河北」，原作「河南」；「宣撫使」，原作「宣諭使」。據本書卷三三五本傳、靖康要錄卷三改。按北盟會編卷三〇，种師道兼宣諭使在靖康元年正月二十日，爲河東、河北宣撫使在二月十六日，可見這時已是宣撫使而不是宣諭使。

〔五〕殿前副都指揮使姚古　「殿」字原脫，據十朝綱要卷一九補。

〔六〕宋煥　十朝綱要卷一九、北盟會編卷四三都作「宋喚」。

〔七〕震威城　「震威」，原作「鎭威」。據本書卷四八六夏國傳、十朝綱要卷一九、東都事略卷一二欽宗紀改。

〔八〕承受內侍官　「承受」，原作「承授」，據靖康要錄卷八改。十朝綱要卷一九作「丞受」，「丞」與「承」通。

〔九〕侍御史李光　「李光」下原衍「遠」字。據本書卷三六三本傳、靖康要錄卷一〇刪。

〔一〇〕劉竧　編年綱目卷三〇同。本書卷四四七本傳、北盟會編卷五七作「劉翊」，十朝綱要卷一九作「劉靖」。

〔一一〕陳過庭爲中書侍郎　「中書」，原作「尚書」，按宋代官制，尚書省不設侍郎官，據本書卷三五三本傳、靖康要錄卷一二改。

〔一二〕姚仲友　靖康要錄卷一三、北盟會編卷六六都作「姚友仲」。

〔一三〕何㮚爲尚書右僕射　「右」，原作「左」，據本書卷三五三本傳、東都事略卷一二欽宗紀改。

〔一四〕黃經國　靖康要錄卷一三、北盟會編卷六九都作「黃經臣」。

〔一五〕孫傅方號慟　「方」，疑是「等」字之誤。靖康要錄卷一五說：「孫傅等數人讀之，號絕欲死。」十朝綱要卷一九說：「孫傅等讀詔號慟。」

宋史卷二十四

本紀第二十四

高宗一

高宗受命中興全功至德聖神武文昭仁憲孝皇帝，諱構，字德基，徽宗第九子，母曰顯仁皇后韋氏。大觀元年五月乙巳，生東京之大內，赤光照室。八月丁丑，賜名，授定武軍節度使、檢校太尉，封蜀國公。二年正月庚申，封廣平郡王。宣和三年十二月壬子，進封康王。資性朗悟，博學彊記，讀書日誦千餘言，挽弓至一石五斗。宣和四年，始冠，出就外第。

靖康元年春正月，金人犯京師，軍于城西北，遣使入城，邀親王、宰臣議和軍中。朝廷方遣同知樞密院事李梲等使金，議割太原、中山、河間三鎭，遣宰臣授地，親王送大軍過河。欽宗召帝諭指，帝慷慨請行。遂命少宰張邦昌爲計議使，與帝俱。金帥斡離不留之軍中旬日，帝意氣閒暇。二月，會京畿宣撫司都統制姚平仲夜襲金人砦不克，金人見責，邦昌恐懼涕

泣，帝不爲動，斡離不異之，更請肅王。癸卯，肅王至軍中，許割三鎭地。進邦昌爲太宰，留質軍中，帝始得還。金兵退，復遣給事中王雲使金，以租賦贖三鎭地。又以蠟書結遼降將耶律余覩，爲金人所得。八月，金帥粘罕復引兵深入，陷太原。斡離不破眞定。冬十月，王雲從吏自金先還，言金人須帝再至乃議和。雲歸，言金人堅欲得地，不然，進兵取汴都。十一月，詔帝使河北，奉衮冕、玉輅，尊金主爲伯，上尊號十八字。被命，卽發京師。以門下侍郎耿南仲主和議，請與俱，乃以其子中書舍人延禧爲參議官偕行。帝由滑、濬至磁州，守臣宗澤請曰：「肅王去不返，金兵已迫，復去何益？請留磁。」磁人以雲將挾帝入金，遂殺雲。時粘罕、斡離不已率兵渡河，相繼圍京師。從者以磁不可留，知相州汪伯彥亦以蠟書請帝還相州。

閏月，耿南仲馳至相，見帝致辭，以面受欽宗之旨，盡起河北兵入衞，帝乃同南仲募兵勤王。初，朝廷聞金兵渡河，欲拜帝爲元帥。至是，殿中侍御史胡唐老復申元帥之議，尙書右僕射何㮚擬詔書以進，欽宗遣閤門祗候秦仔持蠟詔至相，拜帝爲河北兵馬大元帥，知中山府陳亨伯爲元帥，汪伯彥、宗澤爲副元帥。仔於頂髮中出詔，帝讀之嗚咽，兵民感動。

十二月壬戌朔，帝開大元帥府，有兵萬人，分爲五軍，命武顯大夫陳淬都統制軍馬。閤門祗候侯章齎蠟書至自京師，詔帝盡發河北兵，命守臣自將。帝乃下令諸郡守與諸將，議引兵渡河。乙亥，帝率兵離相州。丙子，履冰渡河。丁丑，次大名府。宗澤以二千人先諸軍

至，知信德府梁揚祖以三千人繼至，張俊、苗傅、楊沂中、田師中皆在麾下，兵威稍振。汪會簽書樞密院事曹輔齎蠟詔至，云金人登城不下，方議和好，可屯兵近甸，毋輕動。汪伯彥等皆信和議，惟宗澤請直趨澶淵爲壘，次第解京城之圍。伯彥、南仲請移軍東平。帝遂遣澤以萬人進屯澶淵，揚言帝在軍中。自是澤不復預府中謀議。帝決意趨東平。庚寅，帝發大名。

建炎元年春正月癸巳，帝至東平。初，帝軍在相州，京城圍久，中外莫知帝處。及是，陳請四集，取決帥府。壬寅，高陽關路安撫使黃潛善、總管楊惟忠亦部兵數千至東平。命潛善進屯興仁，留惟忠爲元帥都統制。金人聞帝在澶淵，遣甲士及中書舍人張澂來召。宗澤命壯士射之，澂乃遁。伯彥等請帝如濟州。二月庚辰，發東平。癸未，次濟州。時帥府官軍及羣盜來歸者，號百萬人，分屯濟、濮諸州府，而諸路勤王兵不得進。二帝已在金人軍中。三月丁酉，金人立張邦昌爲帝，稱大楚。黃潛善以告，帝慟哭，僚屬欲奉帝駐軍宿州，謀渡江左，帝聞三軍籍籍遂輒〔一〕。承制以宗澤爲徽猷閣待制。丁巳，斡離不退師，徽宗北遷。戊午，承制以汪伯彥爲顯謨閣待制，充元帥；潛善爲徽猷閣待制，充副元帥。夏四月，粘罕退師，欽宗北遷。癸亥，邦昌尊元祐皇后爲宋太后，遣人至濟州訪帝，又遣吏部尙書

謝克家來迎。耿南仲率幕僚勸進，帝避席流涕，遜辭不受。伯彥等引天命人心爲請，且謂靖康紀元，爲十二月立康之兆。帝曰：「當更思之。」以知淮寧府趙子崧爲寶文閣學士、元帥府參議官、東南道總管，統東南勤王兵。邦昌遣閤門宣贊舍人蔣師愈等持書詣帝，自言從權濟事，及將歸寶避位之意。帝亦貽諸帥書，以未得至京，已至者毋輒入。聞資政殿大學士、領開封府事李綱在湖北，遣劉默持書訪之。又諭宗澤等，以受僞命之人義當誅討，然慮事出權宜，未可輕動。澤復書，謂邦昌篡亂蹤跡，已無可疑，宜早正天位，興復社稷，不可不斷。門下侍郎呂好問亦以蠟書來，言帝不自立，恐有不當立而立者。丁卯，謝克家以「大宋受命之寶」至濟州，帝慟哭跪受，命克家還京師，趣辦儀物。戊辰，濟州父老詣軍門，言州四旁望見城中火光屬天，請帝卽位于濟。會宗澤來言，南京乃藝祖興王之地，取四方中，漕運尤易。遂決意趨應天。是夕，邦昌手書上延福宮太后尊號曰元祐皇后，入居禁中，以尙書左丞馮澥爲奉迎使。皇后又遣兄子衞尉少卿孟忠厚持手書遺帝。皇后垂簾聽政。邦昌權尙書左僕射，率在京百官上表勸進，不許。甲戌，皇后手書告中外，俾帝嗣統。乙亥，百官再上表，又不許。丁丑，馮澥等至濟州，百官三上表，許以權聽國事。戊寅，命宗澤先勒兵分駐長垣、韋城等縣，以備非常。東道副總管朱勝非至濟州，宣撫司統制官韓世忠以兵來會。庚辰，帝發濟州，鄜延副總管劉光世自陝州來會，以光世爲五軍都提舉。辛巳，次單州。壬

午，次虞城縣。西道都總管王襄〔二〕自襄陽來會。癸未，至應天府。皇后詔有司備法駕儀仗。乙酉，張邦昌至，伏地慟哭請死，帝慰撫之。承制以汪伯彥爲顯謨閣直學士，黃潛善爲徽猷閣直學士。權吏部尚書王時雍等奉乘輿服御至，羣臣勸進者益衆，命有司築壇府門之左。

五月庚寅朔，帝登壇受命，禮畢慟哭，遙謝二帝，即位于府治。改元建炎。大赦，常赦所不原者咸赦除之。張邦昌及應干供奉金國之人，一切不問。命西京留守司修奉祖宗陵寢。罷天下神霄宮。住散青苗錢。應死節及歿于王事者並推恩。奉使未還者，祿其家一年。應選人並循資，已係承直郎者，改次等京官。臣僚因亂去官者，限一月還任。潰兵、羣盜咸許自新。免係官欠負，蠲南京及元帥府常駐軍一月以上州縣夏稅。應天府特奏名舉人並與同進士出身，免解人與免省試〔三〕。諸路特奏名三舉以上及宗室嘗預貢者，並推恩。應募兵勤王人以兵付州縣主兵官，聽赴行在。中外臣庶許言民間疾苦，雖詆訐亦不加罪。命官犯罪，更不取特旨裁斷。蔡京、童貫、朱勔、李彥、孟昌齡、梁師成、譚稹及其子孫，更不收敍。內外大臣，限十日各舉布衣有材略者一人。餘如故事。以黃潛善爲中書侍郎，汪伯彥同知樞密院事。元祐皇后在東京，是日徹簾。辛卯，遙尊乾龍皇帝爲孝慈淵聖皇帝，元祐皇后爲元祐太后。詔史官辨宣仁聖烈皇后誣謗。築景靈宮于江寧府。壬辰，以張邦昌

爲太保、奉國軍節度使、同安郡王，五日一赴都堂參決大事。以河東、北宣撫使范訥爲京城留守。癸巳，遙尊帝母韋賢妃爲宣和皇后，遙立嘉國夫人邢氏爲皇后。耿南仲罷。甲午，以李綱爲尚書右僕射兼中書侍郎，趣赴行在；楊惟忠爲建武軍節度使，主管殿前司公事。罷諸盜及民兵之爲統制者，簡其士馬隸五軍。乙未，以生辰爲天申節。馮澥罷，以兵部尚書呂好問爲尚書右丞。命中軍統制馬忠、後軍統制張換率兵萬人，趣河間府追襲金人。丙申，以呂好問兼門下侍郎。丁酉，以黃潛善兼御營使，汪伯彥副之，眞定府路副總管王淵爲都統制，鄜延路副總管劉光世提舉一行事務。王時雍黃州安置。命統制官薛廣、張瓊率兵六千人會河北山水砦義兵，共復磁、相。戊戌，以資政殿學士路允迪爲京城撫諭使，龍圖閣學士耿延禧副之。贈吏部侍郎李若水觀文殿學士，謚忠愍。己亥，召太學生陳東赴行在。李綱至江寧，誅叛卒周德等。庚子，詔：以靖康大臣主和誤國，責李邦彥爲建寧軍節度副使，潯州安置；徙吳敏柳州，蔡懋英州；李棁、宇文虛中、鄭望之、李鄴皆以使金請割地，責廣南諸州並安置。辛丑，詔：張邦昌知幾達變，勳在社稷，如文彥博例，月兩赴都堂。壬寅，封後宮潘氏爲賢妃。以江、淮發運使梁揚祖提領東南茶鹽事。癸卯，天申節，罷百官上壽。乙巳，賜諸路勤王兵還營者錢，人三千。丙午，以誣謗宣仁聖烈皇后，追貶蔡確、蔡卞、邢恕、蔡懋官。以保靜軍節度使姚古知河南府。金人陷河中府，權府事郝仲連死之。丁未，

徽宗至燕山府。庚戌，以宗澤爲龍圖閣學士、知襄陽府。壬子，進張邦昌太傅。丙辰，罷監察御史張所，尋責江州安置。丁巳，詔成都京兆襄陽荆南江寧府、鄧揚二州儲資糧，修城壘，以備巡幸。以簽書樞密院事張叔夜嘗援京城力戰，從徽宗北行，遙命爲觀文殿大學士、醴泉觀使。戊午，右諫議大夫范宗尹罷。遣太常少卿周望使河北軍前通問二帝。西道總管王襄、北道總管趙野坐勤王稽緩，並分司，襄陽府、青州居住。尋責襄永州，野邵州，並安置。

六月己未朔，李綱入見，上十議，曰國是、巡幸、赦令、僭逆、僞命、戰、守、本政、責成、修德。以前殿前副都指揮使王宗濋引衞兵遁逃，致都城失守，責官邵州安置。徽猷閣直學士徐秉哲假資政殿學士，爲大金通問使，秉哲辭。庚申，封靖康軍節度使仲湜嗣濮王。粘罕還屯雲中。辛酉，命新任郎官未經上殿者並引對。御史中丞顏岐罷。徐秉哲責官梅州安置。詔河北、京、陝、淮、湖、江、浙州軍縣鎭募人修築城壁。壬戌，置登聞檢鼓院。癸亥，以黃潛善爲門下侍郎兼權中書侍郎。張邦昌坐僭逆，責降昭化軍節度副使，潭州安置。及受僞命臣僚王時雍，高州；吳幵，永州；莫儔，全州；李擢，柳州；孫覿，歸州：並安置。顏博文、王紹以下，論罪有差。以知懷州霍安國、河東宣撫使劉韐死節，贈安國延康殿學士，韐資政殿大學士。甲子，命李綱兼御營使。乙丑，以龍、神衞四廂都指揮使馬忠爲河北

經制使，措置民兵。洪芻罷左諫議大夫，下臺獄。丁卯，以祠部員外郎喻汝礪爲四川撫諭，督漕計羨緡及常平錢物。罷開封諸州、軍、府司錄曹掾官。州軍通判二員者省其一。權減宰執奉賜三之一。省諸路提舉常平司，兩浙、福建提舉市舶司。賊李孝忠寇襄陽，守臣黃叔敖棄城遁。立格買馬。辛未，以子旉生，大赦。籍天下神霄宮錢穀充經費。拘天下職田錢隸提刑司。還元祐黨籍及上書人恩數。癸酉，詔陝西、山東諸路帥臣團結軍民，互相應援。乙亥，增諸縣弓手，置武尉領之。宗室叔向以所募勤王兵屯京師，或言爲變，命劉光世捕誅之。戊寅，以汪伯彥知樞密院事。遣宣義郎傅雱使河東軍前，通問二帝。己卯，置沿河、沿淮、沿江帥府十有九，要郡三十九，次要郡三十八，帥守兼都總管，守臣兼鈐轄、都監，總置軍九十六萬七千五百人。別置水軍七十七將，造舟江、淮諸路。置三省、樞密院賞功司。東京留守范訥落節鉞，淄州居住。庚辰，以二帝未還，禁州縣用樂。辛巳，置沿河巡察六使。壬午，以戶部尚書張慤同知樞密院事兼提舉措置戶部財用。癸未，呂好問罷。甲申，併尚書戶部右曹所掌歸左曹，命尚書總領。乙酉，以宗澤爲東京留守，杜充爲北京留守。罷監司州郡職田。丙戌，詔陝西、河北、京東西路募兵合十萬人，更番入衞行在。命京東、西路造戰車。丁亥，以張所爲河北西路招撫使。括買官民馬，勸出財助國。戊子，以錢蓋爲陝西經制使，封趙懷恩爲安化郡王〔四〕，因召五路兵赴行在。

中華書局

秋七月己丑朔，以樞密副都承旨王𤫊〔五〕爲河東經制使。庚寅，詔王淵、劉光世、統制官張俊、喬仲福、韓世忠分討陝州軍賊杜用、京東賊李昱及黎驛、魚臺潰兵，皆平之。辛卯，籍東南諸州神霄宮及贍學錢助國用。叔右監門衞大將軍、貴州團練使士㻋〔六〕以磁、洺義兵復洺州。乙未，以溫州觀察使范瓊爲定武軍承宣使、御營司同都統制。丙申，賜諸路彊壯巡社名爲「忠義巡社」，專隸安撫司。戊戌，欽宗至燕山府。以忻州觀察使張換爲河北制置使。東都宣武卒杜林謀據城叛，伏誅。己亥，詔臺省、寺監繁簡相兼，學官、館職減舊制之半。辛丑，復議吳幵、莫儔等十一人罪，並廣南、江、湖諸州安置，餘遞貶有差。壬寅，詔：「奉元祐太后如東南，六宮及衞士家屬從行，朕當獨留中原，與金人決戰。」以延康殿學士許翰爲尚書右丞。甲辰，以右諫議大夫宋齊愈當金人謀立異姓，書張邦昌姓名，斬于都市。乙巳，手詔：「京師未可往，當巡幸東南。」丙午，詔定議巡幸南陽。以觀文殿學士范致虛知鄧州，修城池，繕宮室，輸錢穀以實之。丁未，遣官詣京師迎奉太廟神主赴行在。己酉，罷四道都總管。以尚書虞部員外郎張浚爲殿中侍御史。庚戌，徵諸道兵，期八月會行在。丙辰，徽宗自燕山密遣閤門宣贊舍人曹勛至，賜帝絹半臂，書其領曰：「便可卽眞，來援父母。」帝泣以示輔臣。張所、傅亮軍發行在。是月，關中賊史斌犯興州，僭號稱帝。

八月戊午朔，洪芻等坐圍城日括金銀自盜，及私納宮人，芻及余大均、陳沖貸死，流沙

門島，餘五人罪有差。勝捷軍校陳通作亂于杭州，執帥臣葉夢得，殺漕臣吳昉。己未，元祐太后發京師。庚申，以劉光世爲奉國軍節度使，韓世忠、張俊皆進一官。辛酉，右司諫潘良貴罷。壬戌，以李綱爲尚書左僕射兼門下侍郎，黃潛善爲右僕射兼中書侍郎，張慤兼御營副使。癸亥，命御營使、副大閱五軍。庚午，更號元祐太后爲隆祐太后。辛未，罷傅亮經制副使，召赴行在。壬申，召布衣譙定赴行在。命御營統制辛道宗討陳通。是夕，東北方有赤氣。癸酉，以耿南仲主和誤國，南雄州安置。乙亥，用張浚言，罷李綱左僕射。丙子，隆祐太后發南京，命侍衞馬軍都指揮使郭仲荀護衞如江寧，兼節制江、淮、荆、浙、閩、廣諸州，制置東南盜賊。丁丑，以龍圖閣直學士錢伯言知杭州，節制兩浙、淮東將兵及福建槍杖手，討陳通。庚辰，降勝捷招諭杭州亂兵。壬午，用黃潛善議，殺上書太學生陳東、崇仁布衣歐陽澈。乙酉，遣兵部員外郎江端友等撫諭閩、浙、湖、廣、江、淮、京東西諸路，及體訪官吏貪廉、軍民利病。許翰罷。丁亥，博州卒宮儀作亂，犯萊州。

九月己丑，建州軍校張員等作亂，執守臣張動，轉運副使毛奎、判官曹仔爲所殺，嬰城自守〔七〕。范瓊捕斬李孝忠于復州。壬辰，以金人犯河陽、氾水〔八〕，詔擇日巡幸淮甸。鑄建炎通寶錢。命淮、浙沿海諸州增修城壁，招訓民兵，以備海道。甲午，命揚州守臣呂頤浩繕修城池。宗澤往河北視師，七日還〔九〕。是夜，辛道宗兵潰于嘉興縣。丁酉，詔荆襄、關

陝、江淮皆備巡幸。戊戌，罷買馬。己亥，以子旉爲檢校少保、集慶軍節度使，封魏國公。詔內外官司參用嘉祐、元豐敕，以俟新書。庚子，二帝徙居霫郡。辛丑，陳通劫提點刑獄周格營，殺格，執提點刑獄高士曈。壬寅，遣徽猷閣待制孟忠厚迎奉太廟神主赴揚州。以直祕閣王圭爲招撫判官代張所，尋責所廣南安置。乙巳，宗澤表請車駕還闕。戊申，河北招撫司都統制王彥渡河擊金人破之，復新鄉縣〔一〇〕。己酉，以諜報金人欲犯江、浙，詔暫駐淮甸捍禦，稍定卽還京闕。募民入貲授官。軍賊趙萬入常州，執守臣何袞。罷諸路經制招撫使。庚戌，始通當三大錢于淮、浙、荆湖諸路。壬子，命湖南撫諭官馬伸持詔賜張邦昌死于潭州，併誅王時雍。癸丑，詔：有敢妄議惑衆沮巡幸者，許告而罪之，不告者斬。乙卯，王彥及金人戰，敗績，奔太行山聚衆，其裨將岳飛引其部曲自爲一軍。趙萬陷鎭江府，守臣趙子崧棄城渡江保瓜洲。

是秋，金人分兵據兩河州縣，惟中山、慶源府，保、莫、邢、洺、冀、磁、絳、相州久之乃陷。

冬十月丁巳朔，帝登舟幸淮甸。戊午，太后至揚州。己未，罷諸路勸誘獻納錢物。庚申，罷諸路召募潰兵忠義等人，及寄居官擅集勤王兵者。癸亥，募羣盜能併滅賊衆者官之。甲子，以張浚論李綱不已，落綱觀文殿大學士，止奉宮祠。知秀州兼權浙西提點刑獄趙叔近入杭州招撫陳通。乙丑，罷帥府、要郡、次要郡新軍及水軍〔一一〕。丁卯，以王淵爲杭州制置

盜賊使，統制官張俊從行。庚午，次泗州，幸普照寺。甲戌，太白晝見。己卯，次楚州寶應縣。後軍將孫琦等作亂，逼左正言盧臣中墮水死。庚辰，命劉光世討鎭江叛兵。辛巳，以光世爲滁和濠州、江寧府界招捉盜賊制置使，御營統制官苗傅爲使司都統制。朝請郎李棫提舉廣西左、右兩江峒丁公事。癸未，至揚州，禁內侍統兵官相見。丙戌，王淵、張俊誘趙萬等悉誅之。

十一月戊子，李綱鄂州居住。眞定軍賊張遇入池州，守臣滕祐棄城遁。己丑，詔：雜犯死罪有疑及情理可憫者，撫諭官同提刑司酌情減降，先斷後聞。壬辰，遣王倫等爲金國通問使。乙未，以張慤爲尚書左丞，工部尚書顏岐同知樞密院事。丙申，曲赦應天府、亳宿揚泗楚州、高郵軍。丙午，以張慤爲中書侍郎。戊申，以顏岐爲尚書左丞兼權門下侍郎，御史中丞許景衡爲右丞，刑部尚書郭三益同知樞密院事。權密州趙野棄城遁，軍校杜彥據州，追野殺之。辛亥，命福建路增招弓手。金人陷河間府。是月，軍賊丁進圍壽春府，守臣康允之拒卻之。

十二月丙辰朔，命從臣四員充講讀官，就內殿講讀。丁巳，詔諸路提刑司選官，卽轉運司所在州類省試進士，以待親策。辛酉，王淵入杭州，執陳通等誅之。壬戌，青州敗將王定以兵作亂，殺帥臣曾孝序。癸亥，粘罕犯氾水關，西京留守孫昭遠遣將拒之，戰歿，昭遠引

兵南遁，尋命部將王仔奉啓運宮神御赴行在。甲子，改授后父徽猷閣待制邢煥爲光州觀察使。乙丑，詔：凡刑賞大政並經三省，其干請墨敕行下者罪之。丙寅，張遇犯江州。戊辰，金人圍棣州，守臣姜剛之固守，金兵解去。甲戌，金人陷同州，守臣鄭驤死之。張遇犯黃州。己卯，金人陷汝州，入西京。庚辰，金人陷華州。辛巳，破潼關。河東經制使王擭自同州引兵遁入蜀。丁進詣宗澤降。乙酉，增置廣西弓手以備邊。以戶部尚書黃潛厚爲延康殿學士、同提舉措置財用。

校勘記

〔一〕帝聞三軍籍籍遂輒　按李心傳建炎以來繫年要錄（以下簡稱繫年要錄）卷三記此事說：「王聞其語，遂罷行。」「輒」當爲「輟」之譌。

〔二〕西道都總管王襄　「總」，原作「統」，據本書卷三五二本傳、繫年要錄卷四、北盟會編卷九五改。

〔三〕免解人與免省試　「試」字原脫，據繫年要錄卷五、北盟會編卷一〇一補。

〔四〕封趙懷恩爲安化郡王　「安化」，當爲「隴右」之誤。按繫年要錄卷六，趙懷恩爲土蕃董氈從孫安化郡王懷德弟益麻黨征，此時特封隴右郡王。

〔五〕以樞密副都承旨王擭　繫年要錄卷七、北盟會編卷一〇九、皇宋中興兩朝聖政（以下簡稱中興聖政）卷二都無「副」字，「副」字疑衍。

〔六〕叔右監門衞大將軍貴州團練使士珸　「叔」，原作「敍」，據繫年要錄卷七改。

〔七〕建州軍校張員等作亂執守臣張動轉運副使毛奎判官曹仔爲所殺嬰城自守　「爲所殺」三字原置「判官」上，據繫年要錄卷九、十朝綱要卷二一乙正。「張動」，繫年要錄、十朝綱要都作「張勤」。「曹仔」，繫年要錄作「曾仔」，十朝綱要作「曾仔」。

〔八〕以金人犯河陽汜水　「汜水」下原有「軍」字。按繫年要錄卷九、北盟會編卷一一三，「汜水」下都無「軍」字；本書卷八五地理志，汜水爲縣，屬孟州，未嘗升軍。據刪。

〔九〕七日還　「七日」，原作「七月」，按繫年要錄卷九，建炎元年九月甲午，宗澤引兵至河北視師，庚子還京師。中興聖政卷二同。往還恰爲七日，據改。

〔一〇〕復新鄉縣　「新鄉」，原作「新興」，據北盟會編卷一一三改。繫年要錄卷九于九月乙卯也說：「彥既得新鄉。」本書卷三六五岳飛傳也說：「至新鄉，金兵盛，彥不敢進，飛獨引所部鏖戰，奪纛而舞，諸軍爭奮，遂拔新鄉。」

〔一一〕新軍及水軍　「及」，原置「新軍」上，據繫年要錄卷一〇乙正。

宋史卷二十五

本紀第二十五

高宗二

二年春正月丙戌朔，帝在揚州。丁亥，錄兩河流亡吏士。沿河給流民官田、牛、種。戊子，金人陷鄧州，安撫劉汲死之。辛卯，置行在榷貨務。壬辰，金人犯東京，宗澤遣將擊卻之。癸巳，復明法新科。甲午，詣壽寧寺謁祖宗神主。乙未，金人破永興軍，前河東經制副使傅亮以兵降，經略使唐重、副總管楊宗閔、提舉軍馬陳迪、轉運副使桑景詢、判官曾謂、提點刑獄郭忠孝、經略司主管機宜文字王尙及其子建中俱死之。東平府兵馬鈐轄孔彥舟叛，渡淮犯黃州，守臣趙令㠙拒之。丙申，詔：「自今犯枉法自盜贓者，中書籍其姓名，罪至徒者，永不錄用。」金人陷均州，守臣楊彥明遁去。丁酉，金人陷房州。己亥，張遇焚眞州。祕閣修撰孫昭遠爲亂兵所害〔一〕。庚子，遣主客員外郎謝亮爲陝西撫諭使兼宣諭使，持詔賜夏國。張遇陷鎭江府，守臣錢伯言棄城走。辛丑，內侍邵成章坐輒言大臣除名，南雄州編管。金人陷鄭州，通判趙伯振死之。癸卯，金帥窩里嗢陷濰州，又陷青州，尋棄去。丁未，詔諭流民、潰兵之爲盜賊者，釋其罪。己酉，禁諸將引潰兵入蜀，置大散關使以審驗之。庚戌，遣考功員外郎傅雱爲淮東京東西撫諭使。辛亥，王淵招降張遇，以所部萬人隸韓世忠。改授顯謨閣直學士孟忠厚爲常德軍承宣使。詔：凡后族毋任侍從官，著爲令。金人焚鄧州。是月，以中奉大夫劉豫知濟南府。金人陷潁昌府，守臣孫默爲所殺。經制司僚屬王擇仁復永興軍。金人陷秦州，經略使李復降；又犯熙河，經略使張深遣兵馬都監劉惟輔與戰于新店，敗之，斬其帥黑鋒。

二月丙辰，金人再犯東京，宗澤遣統制閻中立等拒之，中立戰死。戊午，移耿南仲于臨江軍。金人陷唐州。壬戌，安化軍節度副使宇文虛中應詔使絕域，復中大夫，召赴行在。癸亥，罷市易務。甲子，金人犯滑州，宗澤遣張撝救之，戰死。乙丑，澤遣判官范世延〔二〕等表請帝還闕。河北賊楊進等詣澤降。丁卯，復延康、述古殿直學士爲端明、樞密直學士。辛未，詔：自今犯枉法自盜贓罪至死者，籍其貲。壬申，赦福州叛卒張員等。癸酉，金人陷蔡州，執守臣閻孝忠。丙子，金人陷淮寧府，守臣向子韶死之。丁丑，遣王貺等充金國軍前通問使。戊寅，責降知鎭江府趙子崧爲單州團練副使，南雄州安置。己卯，奪祕書正字胡理官，迄梧州編管。朝奉大夫劉正彥應詔使絕域，授武德大夫、威州刺史，尋爲御營右軍副統制。庚申，以王淵爲嚮德軍節度使。辛巳，武功大夫、和州防禦使馬擴奔眞定五馬山砦聚兵，得皇弟信王榛于民間，奉之總制諸砦。壬午，詔京畿、京東西、河北、淮南路，置振華軍八萬人。是月，成都守臣盧法原修城成。

三月辛卯，金人陷中山府。壬辰，詔諸路安撫使許便宜節制官吏。丁酉，初立大小使臣呈試弓馬出官格，先閱試然後奏補。粘罕焚西京去。庚子，河南統制官翟進復西京，宗澤奏進爲京西北路安撫制置使。丙午，遙授尙書右僕射何㮚爲觀文殿大學士，中書侍郎陳過庭爲資政殿大學士，同知樞密院事聶昌爲資政殿大學士，並主管宮觀。時㮚已卒于金，昌爲人所殺，朝廷未之知；過庭亦在金軍中。丁未，罷內外權局官之不應法者。遣楊應誠爲大金、高麗國信使。己酉，張員等復作亂，擁衆突城出，命本路提點刑獄李芘討捕之。辛亥，以范瓊權同主管侍衞步軍司公事，屯眞州。是月，金人陷鳳翔府，守臣劉清臣棄城去；又犯涇原，經略使統制官曲端〔三〕遣將拒戰敗之，金兵走同、華。石壕尉李彥仙舉兵復陝州。

夏四月丙辰，詔文臣從官至牧守、武臣管軍至遙郡，各舉所知二人。戊午，禁州縣責鄰保代輸逃戶稅役。宗澤遣將趙世興復滑州。乙丑，翟進以兵襲金帥兀室于河南，兵敗，其

子亮死之。進又率御營統制韓世忠、京城都巡檢使丁進等兵戰于文家寺，又敗，世忠收餘兵南歸。兀室復入西京，尋棄去。隴右都護張嚴及金人戰于五里坡，敗績，死之。丁卯，金人入洛州〔四〕。壬辰，軍賊孫琦焚隨州。癸未，入唐州。信王榛遣馬擴來奏事。是月，以榛爲河外兵馬都元帥，擴爲元帥府馬步軍都總管。

五月乙酉，許景衡罷。孫琦犯德安府。丙戌，命參酌元祐科舉條制，立詩賦、經義分試法。戊子，以翰林學士朱勝非爲尙書右丞。辛卯，以金兵渡河，遣韓世忠、宗澤等逆戰。甲午，曲赦河北、陝西、京東路。福建轉運判官謝如意執張員等六人誅之。丙申，復命宇文虛中爲資政殿大學士，充金國祈請使。賊靳賽寇光山縣。戊戌，河北制置使王彥部兵渡河，屯滑州之沙店。癸卯，張慤薨。甲辰，金帥婁宿陷絳州。丁未，復置兩浙、福建提舉市舶司。己酉，秀州卒徐明等作亂，執守臣朱芾，迎前守趙叔近復領州事。命御營中軍統制張俊討之。癸丑，罷借諸路職田。

六月乙卯，權罷邛州鑄錢〔五〕，增印錢引。癸亥，建州卒葉濃等作亂，寇福州。甲子，親慮囚。乙丑，張俊至秀州，殺趙叔近，執徐明斬之。甲戌，葉濃陷福州。丁丑，詔江、浙沿流州軍練水軍，造戰艦。京畿、淮甸蝗。是月，以知延安府王庶節制陝西六路軍馬，涇原經略使統制官曲端爲節制司都統制。永興軍經略使郭琰逐王擇仁，擇仁奔興元。

秋七月甲申，葉濃入寧德縣，復還建州，命張俊同兩浙提點刑獄趙哲率兵討之。丙戌，詔吏部審量京官，非政和以後進書頌及直赴殿試人，乃聽參選。宗澤薨。丁亥，詔：百官坐蔡京、王黼擬授而廢者，許自新復用。戊子，禁軍中抉目剜心之刑。壬辰，選江、浙州軍正兵、土兵六之一赴行在。乙未，以郭仲荀爲京城副留守。戊戌，錄內外諸軍將士功。辛丑，以春霖夏旱蝗，詔監司、郡守條上闕政，州郡災甚者蠲田賦。甲辰，以降授北京留守杜充復樞密直學士，爲開封尹、東京留守。

八月甲寅，初鑄御寶三。甲戌，御集英殿策試禮部進士。罷殿中侍御史馬仲，尋責濮州。河北、京東捉殺使李成叛；辛巳，犯宿州。是月，二帝徙居韓州。

九月甲申，丁進叛，復寇淮西。庚寅，賜禮部進士李易以下四百五十一人及第、出身，特奏名進士皆許調官。壬辰，召侍從所舉褚宗諤等二十一人驛赴行在。癸巳，金人陷冀州，將官李政死之。甲午，金人再犯永興軍，經略使郭琰棄城，退保義谷。辛丑，陝西節制司兵官賀師範及金人戰于八公原，敗績，死之。丙午，復所減京官奉。丁未，東京留守統制官薛廣及金人戰于相州，敗死。己酉，郭三益薨。

是秋，窩里嗢、撻懶破五馬山砦，信王榛不知所終。馬擴軍敗于北京之清平。

冬十月甲寅，命揚州濬隍修城。閱江、淮州郡水軍。楊應誠還自高麗。戊午，遣劉光

世討李成。壬戌，禁江、浙閉糴。癸亥，粘罕圍濮州，遣韓世忠、范瓊領兵至東平、開德府，分道拒戰，又命馬擴援之。甲子，命孟忠厚奉隆祐太后幸杭州。楊進復叛，攻汝、洛，命翟進擊于鳴皋山，翟進戰死。丙子，罷吏部審量崇寧、大觀以來濫賞，止令自陳。是月，劉正彥擊丁進降之。

十一月辛巳朔，提舉嵩山崇福宮李綱責授單州團練副使，萬安軍安置。劉光世及李成戰于新息縣，成敗走。高麗國王王楷遣其臣尹彥頤入見。金人圍陝州，守臣李彥仙拒戰卻之。壬辰，金人陷延安府，權知府劉選、總管馬忠皆遁，通判府事魏彥明死之。癸巳，趙哲大破葉濃于建州城下，濃遁而降，復謀爲變，張俊禽斬之。乙未，金人陷濮州，執守臣楊粹中；又陷開德府，守臣王棣死之。以魏行可充金國軍前通問使。庚子，詣壽寧寺朝饗祖宗神主。壬寅，冬至，祀昊天上帝于圜丘，以太祖配，大赦。金人陷相州，守臣趙不試死之。甲辰，陷德州，兵馬都監趙叔皎〔六〕死之。庚戌，立士庶子弟習射補官法。是月，節制陝西軍馬王庶爲都統制曲端所拘，奪其印。四川茶馬趙開罷官買賣茶，給引通商如政和法。金人犯晉寧軍，守臣徐徽言拒卻之，知府州折可求以城降。金人陷淄州。涇原兵馬都監吳玠襲斬史斌。濱州賊蓋進〔七〕陷棣州，守臣姜剛之死之。京東賊李民詣行在請降，王淵殲其衆，留民爲將。

十二月乙卯，太后至杭州，扈從統制苗傅以其軍八千人駐奉國寺。庚申，金人犯東平府，京東西路制置使權邦彥〔八〕棄城去；又犯濟南府，守臣劉豫以城降。甲子，金人陷大名府，提點刑獄郭永罵敵不屈，死之，轉運判官裴億降；又陷襲慶府。乙丑，陷虢州。丙寅，初命修國史。己巳，以黃潛善爲尚書左僕射兼門下侍郎，汪伯彥右僕射兼中書侍郎，顏岐門下侍郎，朱勝非中書侍郎，兵部尚書盧益同知樞密院事。辛未，金人犯青州。丁丑，特進致仕余深、金紫光祿大夫致仕薛昂並分司，進昌軍、徽州居住〔九〕。耿南仲再責單州別駕，唐恪追落觀文殿大學士。戊寅，以禮部侍郎張浚兼御營參贊軍事，教習長兵。

是冬，杜充決黃河，自泗入淮以阻金兵。

三年春正月庚辰朔，帝在揚州。以京西北路兵馬鈐轄翟興爲河南尹、京西北路安撫制置兼招討使。京西賊貴仲正陷岳州。甲申，以資政殿學士路允迪簽書樞密院事。丁亥，金人再陷青州，又陷濰州，焚城而去。京東安撫劉洪道入青州守之。己丑，奉安西京會聖宮累朝御容于壽寧寺。占城國入貢。趣大金通問使李鄴、周望、宋彥通、吳德休等往軍前。辛卯，陝州都統邵興及金人戰于潼關敗之，復虢州。乙未，杜充遣岳飛、桑仲討其叛將張用于城南，其徒王善救之，官軍敗績。庚子，張用、王善寇淮寧府，守臣馮長寧却之。詔：「百

官閫嚮遺家屬避兵，致物情動搖者，流。」丙午，粘罕陷徐州，守臣王復及子倚死之，軍校趙立結鄉兵爲興復計。御營平寇左將軍韓世忠軍潰于沭陽，其將張遇死，世忠奔鹽城。金兵執淮陽守臣李寬，殺轉運副使李跋〔一〇〕，以騎兵三千取彭城，間道趣淮甸。戊申，至泗州。

二月庚戌朔，始聽士民從便避兵。命劉正彥部兵衞皇子、六宮如杭州。江、淮制置使劉光世阻淮拒金人，敵未至自潰。金人犯楚州，守臣朱琳降。辛亥，金人陷天長軍。壬子，內侍鄺詢報金兵至，帝被甲馳幸鎭江府。是日，金兵過楊子橋。癸丑，游騎至瓜洲，太常少卿季陵奉太廟神主行，金兵追之，失太祖神主。王淵請幸杭州。命留朱勝非守鎭江；以吏部尚書呂頤浩爲資政殿大學士、江淮制置使；都巡檢使劉光世爲殿前都指揮使，充行在五軍制置使，駐鎭江府，控扼江口；主管馬軍司楊惟忠節制江東軍馬，駐江寧府。是夕，發鎭江，次呂城鎭。金人入眞州。甲寅，次常州。御營統制王亦謀據江寧，不克而遁。御營平寇前將軍范瓊自東平引兵至壽春，其部兵殺守臣鄧紹密。丙辰，次平江府。丁巳，金人犯泰州，守臣曾班以城降。丁進縱兵剽掠，王淵誘誅之。戊午，次吳江縣，命朱勝非節制平江府、秀州控扼軍馬，禮部侍郎張浚副之。又命勝非兼御營副使。留王淵守平江。以忠訓郎劉俊民爲閤門祗候，齎書使金軍。詔錄用張邦昌親屬，仍命俊民持邦昌貽金人約和書稿以行。金人陷滄州，守臣劉錫棄城走。己未，次秀州。命呂頤浩往來經制長江，以龍圖閣

待制、知江州陳彥文爲沿江措置使。庚申，次崇德縣。呂頤浩從行，即拜同簽書樞密院事、江淮兩浙制置使，以兵二千還屯京口。又命御營中軍統制張俊以兵八千守吳江，吏部員外郎鄭資之爲沿江防托，監察御史林之平爲沿海防托，募海舟守隘。壬戌，駐蹕杭州。金人陷晉寧軍，守臣徐徽言死之。癸亥，下詔罪己，求直言。令有司具舟常、潤，迎濟衣冠、軍民家屬；省儀物、膳羞，出宮人之無職掌者。乙丑，降德音，赦雜犯死罪以下囚，放還士大夫被竄斥者，惟李綱罪在不赦，更不放還。蓋用黃潛善計，罪綱以謝金人。置江寧府榷貨務都茶場。丁卯，百官入見，應迪功郎以上並赴朝參。戊辰，出米十萬斛，即杭秀常湖州、平江府損直以糶，濟東北流寓之人。金人焚揚州。己巳，用御史中丞張澂言，罷黃潛善、汪伯彥，以戶部尚書葉夢得爲尚書左丞，澂爲右丞。庚午，詔平江鎭江府、常湖杭越州，具寓居京朝官已上姓名以備簡拔。分命浙西監司等官，募土豪守千秋、垂脚、襄陽諸嶺，以扼宣、常諸州險要。金人去揚州。辛未，詔御營使司唯掌行在五軍，凡邊防經制並歸三省、樞密。金人過高郵軍，守臣趙士瑗棄城走。潰兵宋進犯泰州，守臣曾班遁。壬申，罷軍期司掊斂民財者。呂頤浩遣將陳彥渡江襲金餘兵，復揚州。癸酉，靳賽犯通州。韓世忠小校李在叛據高郵。甲戌，黃潛善、汪伯彥並落職。乙亥，召朱勝非赴行在，留張浚駐平江。贈陳東、歐陽澈承事郎，官有服親一人，恤其家。召馬伸赴行在，卒，贈直龍圖閣。丙子，詔士民直言

時政得失。是月，以王庶爲陝西節制使、知京兆府，節制司都統制曲端爲鄜延經略使、知延安府。張用據確山，號「張莽蕩」。

三月己卯朔，日中有黑子。庚辰，以朱勝非爲尚書右僕射兼中書侍郎。辛巳，葉夢得罷，以盧益爲尚書左丞，未拜，復罷爲資政殿學士。御營都統制王淵同簽書樞密院事，呂頤浩爲江南東路安撫制置使、知江寧府。壬午，詔王淵免進呈書押本院文字。扈從統制苗傅忿王淵驟得君，劉正彥怨招降劇盜而賞薄。帝在揚州，閹宦用事恣橫，諸將多疾之。癸未，傅、正彥等叛，勒兵向闕，殺王淵及內侍康履以下百餘人。帝登樓，以傅爲慶遠軍承宣使、御營使司都統制，正彥渭州觀察使、副都統制。傅等迫帝遜位于皇子魏國公，請隆祐太后垂簾同聽政。是夕，帝移御顯寧寺〔一一〕。甲申，尊帝爲睿聖仁孝皇帝，以顯寧寺爲睿聖宮，大赦。以張澂兼中書侍郎，韓世忠爲御營使司提舉一行事務，前軍統制張俊爲秦鳳副總管，分其衆隸諸軍。丁亥，以東京留守杜充爲資政殿大學士，節制京東西路。殿前副都指揮使、東京副留守郭仲荀進昭化軍節度使。分竄內侍藍珪、高邈、張去爲、張旦、曾擇、陳永錫于嶺南諸州。擇已行，傅追還殺之。呂頤浩至江寧。戊子，以端明殿學士王孝迪爲中書侍郎、盧益爲尚書左丞。張俊部衆八千至平江，張浚諭以決策起兵問罪，約呂頤浩、劉光世招韓世忠來會。己丑，改元明受。張浚奏乞睿聖皇帝親總要務。庚寅，百官始朝睿聖宮，

中華書局

以苗傅爲武當軍節度使，劉正彥爲武成軍節度使，劉光世爲太尉、淮南制置使，范瓊爲慶遠軍節度、湖北制置使，楊惟忠加少保，張浚爲禮部尚書，及呂頤浩並赴行在。傅等以御營中軍統制吳湛主管步軍司；黃潛善、汪伯彥並分司，衡、永州居住；王孝迪、盧益爲大金國信使；進士黃大本〔二〕、吳時敏爲先期告請使。置行在都茶場。呂頤浩奏請睿聖皇帝復大位。甲金人陷鄜州。癸巳，張浚命節制司參議官辛道宗措置海船，遣布衣馮轓持書說傅、正彥。甲午，有司請尊太后爲太皇太后，不許。呂頤浩率勤王兵萬人發江寧。乙未，再貶黃潛善鎮東軍節度副使，英州安置。劉光世部兵會呂頤浩于丹陽。丙申，韓世忠自鹽城收散卒至平江，張俊假兵二千；戊戌，赴行在。辛丑，傅等以世忠爲定國軍節度使，張俊爲武寧軍節度使、知鳳翔府，張浚責黃州團練副使，郴州安置。俊等皆不受。傅等遣軍駐臨平，拒勤王兵。壬寅，日中黑子沒。盧益罷。呂頤浩至平江。水賊邵青入泗州。癸卯，太后詔：睿聖皇帝宜稱皇太弟、天下兵馬大元帥、康王，皇帝稱皇太姪、監國。賜傅、正彥鐵券。呂頤浩、張浚傳檄中外討傅、正彥，執黃大本下獄。乙巳，太后降旨睿聖皇帝處分兵馬重事。張俊率兵發平江，劉光世繼之。丙午，張浚同知樞密院事，翰林學士李邴、御史中丞鄭瑴並同簽書樞密院事。呂頤浩、張浚發平江；丁未，次吳江，奏乞建炎皇帝還卽尊位。朱勝非召傅、正彥至都堂議復辟，傅等遂朝睿聖宮。金人陷京東諸郡，劉洪道棄青州去。撻懶以劉豫知東平府，節制河南州郡。趙立復徐州。

夏四月戊申朔，太后下詔還政，皇帝復大位。帝還宮，與太后御前殿垂簾，詔尊太后爲隆祐皇太后。己酉，詔訪求太祖神主。以苗傅爲淮西制置使，劉正彥副之。庚戌，復紀年建炎。命張浚知樞密院事，苗傅、劉正彥並檢校少保。呂頤浩、張浚軍次臨平，苗翊、馬柔吉拒戰不勝，傅、正彥引兵二千夜遁。辛亥，皇太后撤簾。呂頤浩等入見。傅犯富陽、新城二縣，遣統制王德、喬仲福追擊之。癸未，朱勝非、顏岐、王孝迪、張澂、路允迪俱罷。以呂頤浩爲尚書右僕射兼中書侍郎，李邴尚書右丞，鄭瑴簽書樞密院事。甲寅，以劉光世爲太尉、御營副使，韓世忠爲武勝軍節度使、御前左軍都統制，張俊爲鎮西軍節度使、御前右軍都統制，勤王所僚屬將佐進官有差。主管殿前司王元、左言並責官英、賀州安置。樞密都承旨馬瑗〔三〕停官，永州居住。吏部員外郎范仲熊、浙西安撫司主管機宜文字時希孟並除名，柳州、吉陽軍編管。斬中軍統制吳湛、工部侍郎王世修于市。贈王淵開府儀同三司。乙卯，大赦。舉行仁宗法度，應嘉祐條制與今不同者，自官制役法外，賞格從重，條約從寬。罷上供不急之物。元祐石刻黨人官職、恩數追復未盡者，令其家自陳。許中外直言。丁巳，禁內侍交通主兵官及饋遺假貸、借役禁兵、干預朝政。庚申，詔尚書左右僕射並帶同中書門下平章事，改門下、中書侍郎爲參知政事，省尚書左右丞。以李邴參知政事。詔行在職事官各舉所知，併省館學、寺監等官。苗傅犯衢州。癸亥，以給事中周望爲江、浙制置使。丁卯，帝發杭州，留鄭瑴衞皇太后，以韓世忠爲江、浙制置使，及劉光世追討傅、正彥。己巳，詔：傅、正彥、苗瑀、苗翊、張逵不赦〔四〕，餘黨並原。壬申，立子魏國公旉爲皇太子。赦傅黨王鈞甫、馬柔吉罪，許其自歸。丙子，范瓊自光、蘄引兵屯洪州。是月，劉文舜寇濠州。西北賊薛慶襲據高郵軍。

五月戊寅朔，帝次常州，以張浚爲宣撫處置使，以川、陝、京西、湖南北路隸之，聽便宜黜陟。庚辰，苗傅統領官張翼斬王鈞甫、馬柔吉降。辛巳，次鎮江府，遣祭張慤、陳東墓，詔恤其家。癸未，以翰林學士滕康同簽書樞密院事。乙酉，至江寧府，駐蹕神霄宮，改府名建康。起復朝散郎洪皓爲大金通問使。丁亥，以徽猷閣直學士陳彥文提領水軍，措置江、浙防托。召藍珪等速還朝。己丑，韓世忠追討傅、正彥于浦城縣，獲正彥，傅遁走。張浚撫諭薛慶于高郵，爲慶所留。乙未，浚罷。以御營前軍統制王𤫊爲淮南招撫使。己亥，復置中書門下省檢正官，省左右司郎中二員。苗傅裨將江池殺苗翊降于周望。傅走建陽縣，土豪詹標執之以獻。辛丑，張浚還自高郵，復命知樞密院事。是月，翟興擊殺楊進餘黨，復推其徒劉可拒官軍。

六月戊申朔，以東京留守杜充引兵赴行在，命兼宣撫處置副使，節制淮南、京東西路。

己酉，以久雨召郎官已上言闕政，呂頤浩請令實封以聞。遂用司勳員外郎趙鼎言，罷王安石配享神宗廟庭，以司馬光配。王善攻淮寧府不克，轉寇宿州，統領王冠戰敗之。甲寅，罷賞功司。乙卯，命恤死事者家，且錄其後。升浙西安撫使康允之爲制置使。丙辰，劉光世招安苗傅將韓雋。戊午，命江、浙、淮南引塘濼、開畎澮，以阻金兵。庚申，皇太后至建康府。辛酉，以久陰，下詔以四失罪己：一曰昧經邦之大略，二曰昧戡難之遠圖，三曰無綏人之德，四曰失馭臣之柄。仍榜朝堂，徧諭天下，使知朕悔過之意。以帶御器械李質權同主管殿前司。乙丑，以建康府路安撫使連南夫〔五〕兼建康府宣徽太平等州制置使。丁卯，右司諫袁植請誅黃潛善及失守者權邦彥等九人。詔：「朕方念咎責己，豈可盡以過失歸於臣下？」遂罷植知池州，以趙鼎爲右司諫。癸酉，置樞密院檢詳官。以右司郎中劉寧止爲沿江措置副使。甲戌，移御行宮。乙亥，詔諭中外：「以迫近防秋，請太后率宗室迎奉神主如江表，百司庶府非軍旅之事者，並令從行。朕與輔臣宿將備禦寇敵，應接中原。官吏士民家屬南去者，有司毋禁。」金人陷磁州。

是夏，賊貴仲正降〔六〕。

秋七月戊寅，贈王復爲資政殿學士。己卯，親慮囚。辛巳，苗傅、劉正彥伏誅。癸未，進韓世忠檢校少保、武勝昭慶軍節度使、御營使司都統制。范瓊自洪州入朝，以瓊爲御營使司提舉一行事務，後軍統制辛企宗爲都統制。命學士院草夏國書、大金國表本付張浚。甲申，詔以苗、劉之變，當軸大臣不能身衞社稷，朱勝非、顏岐、路允迪並落職，張澂衡州居住。以知廬州胡舜陟爲淮西制置使，知江州權邦彥兼本路制置使。金人犯山東，安撫使劉洪道棄濰州遁，萊州守將張成舉城降。丁亥，以范瓊跋扈無狀收下大理獄，分其兵隸神武五軍。皇太子旉，謚元懿。戊子，鄭瑴薨。己丑，以資政殿大學士王綯參知政事，兵部尚書周望同簽書樞密院事。庚寅，仙井監鄉貢進士李時雨上書，乞選立宗子係屬人心。帝怒，斥還鄉里。辛卯，升杭州爲臨安府。壬辰，言者又論范瓊逼遷徽宗及迎立張邦昌，瓊辭伏，賜死，子弟皆流嶺南。劉洪道復青州，執金守向大猷。乙未，遣謝亮使夏國。丁酉，遣崔縱使金軍前。庚子，張浚發行在。辛丑，王𤫉與靳賽遇，合戰敗績。壬寅，命李邴、滕康權知三省、樞密院事，扈從太后如洪州，楊惟忠將兵萬人以衞。以杜充同知樞密院事兼宣撫處置副使。乙巳，詔江西、閩、廣、荆湖諸路團教峒丁、槍杖手。山東賊郭仲威陷淮陽軍。翟興引兵入汝州與賊王俊戰，敗之。

八月己酉，移浙西安撫司于鎭江府。庚戌，李邴罷。壬子，以吏部尚書劉珏爲端明殿學士、權同知三省樞密院事。甲寅，王庶罷。以徽猷閣直學士、知慶陽府王似爲陝西節制使。劉文舜入舒州。己未，太后發建康。丁卯，遣杜時亮使金軍前。

閏八月丁丑朔，以胡舜陟爲沿江都制置使，集英殿修撰王羲叔副之。丁亥，輔逵掠漣水軍，殺軍使郝璘，率衆降于王𤫉。己丑，以呂頤浩守尚書左僕射，杜充守右僕射，並同中書門下平章事。庚寅，起居郎胡寅上書言二十事，呂頤浩不悅，罷之。辛卯，命杜充兼江、淮宣撫使守建康，前軍統制王𤫉隸之，韓世忠爲浙西制置使守鎭江，劉光世爲江東宣撫使守太平、池州，並受充節制。丁酉，太后至洪州。己亥，減福建、廣南歲上供銀三之一。詔制置使唯用兵聽便宜，餘事悉禁。壬寅，帝發建康，復還浙西，張俊、辛企宗以其軍從。甲辰，次鎭江府。賜陳東家金。張浚次襄陽，招官軍、義兵分屯襄、郢、唐、鄧，以程千秋、李允文節制。是月，知濟南府宮儀及金人數戰于密州，兵潰，儀及劉洪道俱奔淮南，守將李逵以密州降金。靳賽詣劉光世降。

九月丙午朔，日有食之。諜報金人治舟師，將由海道窺江、浙，遣韓世忠控守圌山、福山。辛亥，次平江府。壬子，金人陷單州、興仁府，遂陷南京，執守臣凌唐佐降之。癸丑，以周望爲兩浙、荆湖等路宣撫使，總兵守平江。翰林學士張守同簽書樞密院事。命劉光世移屯江州。丙辰，遣張邵等充金國軍前通問使。金人陷沂州。卻高麗入貢使。張浚承制罷知潭州辛炳，起復直龍圖閣向子諲代之。丁巳，蠲諸路青苗積欠錢。辛酉，知鼎州邢倞坐結耶律余覩，再責汝州團練副使，英州安置。癸亥，賜宿、泗州都大提舉使李成軍絹二萬匹，成尋復叛。己巳，以胡舜陟爲兩浙宣撫司參謀官〔一七〕，知鎭江府陳邦光爲沿江都制置使。庚午，以工部侍郎湯東野知平江府兼浙西制置使。辛未，追復鄒浩龍圖閣待制。壬申夜，潭州禁卒作亂，謀竄不果，向子諲隨招安之。甲戌，金帥婁宿犯長安，經略使郭琰棄城遁，河北賊酈瓊圍光州。

冬十月丙子朔，詔按察官歲上所發擿贓吏姓名以爲殿最。庚辰，禁諸軍擅入川、陝。癸未，帝至杭州，復如浙東。庚寅，渡浙江。郭仲威詣周望降，望以仲威爲本司統制。辛卯，李成陷滁州，殺守臣向子伋。壬辰，帝至越州。癸巳，命提舉廣西峒丁李棫市馬，邕州置牧養務。戊戌，初命東南八路歲收經制五項錢輸行在。張浚治兵于興元府。金人陷壽春府。庚子，陷黃州，守臣趙令峸死之。辛丑，張浚以同主管川、陝茶馬趙開爲隨軍轉運使，專總四川財賦。金人自黃州濟江，劉光世引軍遁，知江州韓梠棄城去。金人自大冶縣趨洪州。是月，京西賊劉滿陷信陽軍，殺守臣趙士負〔一八〕。盜入宿州，殺通判盛脩己。

十一月乙巳朔，金人犯廬州，守臣李會以城降。王善叛降金，金人執之。丁未，詔降雜犯死罪，釋流以下囚，聽李綱自便，追復宋齊愈官。貴仲正犯荆南，兵馬鈐轄渠成與戰，斬之。戊申，金帥兀朮犯和州，守臣李儔以城降，通判唐璟死之。己酉，張浚出行關、陝。兀朮陷無爲軍，守臣李知幾棄城走。壬子，太后退保虔州。江西制置使王子獻棄洪州走。丁

巳，金人陷臨江軍，守臣吳將之遁。戊午，遣孫悟等充金國軍前致書使。金人陷洪州，權知州事李積中以城降；撫、袁二州守臣王仲山、王仲嶷皆降。淮賊劉忠犯蘄州，韓世清逆戰破之，忠入舒州，殺通判孫知微。庚申，金人陷眞州，守臣向子忞棄城去。辛酉，太后至吉州。壬戌，金人犯建康府，陷溧水，縣尉潘振死之。癸亥，金人陷太平州。主管步軍司閭勍自西京奉累朝御容至行在，詔奉安于天慶觀，尋命勍節制淮西軍馬以拒金人。甲子，杜充遣都統制陳淬、岳飛等及金人戰于馬家渡，王𤫉以軍先遁，淬敗績，死之。乙丑，以檢正諸房公事傅崧卿爲浙東防遏使。太后發吉州，次太和縣。護衞統制杜彥及後軍楊世雄率衆叛，犯永豐縣，知縣事趙訓之死之。金人至太和縣，太后自萬安陸行如虔州。丁卯，下詔回浙西迎敵。金人犯吉州，守臣楊淵棄城走，又陷六安軍。己巳，帝發越州，次錢清鎭。庚午，復還越州。以周望同知樞密院事，仍兼兩浙宣撫使守平江，殿前都指揮使郭仲荀爲副使守越州，右軍都統制張俊爲浙東制置使從行。御史中丞范宗尹參知政事。辛未，兀朮入建康府，守臣陳邦光、戶部尚書李棁迎拜，通判楊邦乂拒之。癸酉，帝如明州。金人犯建昌軍，兵馬監押蔡延世擊却之。甲戌，兀朮殺楊邦乂。韓世忠自鎭江引兵之江陰軍。江、淮宣撫司潰卒李選攻陷鎭江。淮西兵馬都監王宗望以濠州降于金。是月，張浚至秦州。桑仲自唐州犯襄陽，京西制置使程千秋敗走，仲遂據襄陽。

十二月乙亥朔，張浚承制廢積石軍。丙子，帝至明州。丁丑，江、淮宣撫司準備將戚方擁衆叛，犯鎮江府，殺守臣胡唐老；辛巳，陷常州，守臣周杞遣赤心隊官劉晏擊走之。金人陷廣德軍，殺守臣周烈〔一九〕。劉光世引兵趨南康軍。壬午，定議航海避兵，禁卒張寶等悍行謀亂，命呂頤浩等伏兵執寶等十七人斬之。甲申，張浚承制拜涇原經略使曲端爲威武大將軍、宣撫處置使司都統制。乙酉，兀朮犯臨安府，守臣康允之棄城走，錢塘縣令朱蹕死之。己丑，帝乘樓船次定海縣，給行在諸軍雪寒錢。辛卯，留范宗尹、趙鼎于明州以候金使。癸巳，帝次昌國縣。乙未，杜彥犯潭州，殺通判孟彥卿、趙民彥。金人屠洪州。戊戌，金人犯越州，安撫使李鄴以城降，衞士唐琦袖巨石要擊金帥琶八不克，死之。郭仲荀棄軍奔溫州。庚子，移幸溫、台。癸卯，黃潛善卒于英州。李成自滁州引兵之淮西。

校勘記

〔一〕祕閣修撰孫昭遠爲亂兵所害 按繫年要錄卷一二，孫昭遠係因金攻西京，率麾下南去行至陳、蔡間爲叛兵所殺，與張遇焚眞州事無關。

〔二〕范世延 繫年要錄卷一三、中興聖政卷三都作「范延世」。

〔三〕經略使統制官曲端 「統制官」三字原脫，據本書卷三六九本傳、繫年要錄卷一六補。下文六月

「涇原經略使曲端爲節制司都統制」，「經略使」下亦補「統制官」三字。

〔四〕金人入洛州 「洛州」，原作「洺州」，據繫年要錄卷一五改。

〔五〕權罷邛州鑄錢 「權罷」二字原脫。繫年要錄卷一六、中興聖政卷三都說：六月乙卯，「成都府路轉運判官靳博文權罷邛州鑄鐵錢。」據補。

〔六〕趙叔皎 「皎」，原作「昄」，據本書卷四五二本傳、繫年要錄卷一八改。

〔七〕葢進 十朝綱要卷二一同。繫年要錄卷一八、北盟會編卷一二〇、中興聖政卷三都作「葛進」。

〔八〕京東西路制置使權邦彥 「東」字原脫，據繫年要錄卷一八補。

〔九〕進昌軍徽州居住 按「進昌軍」他書未見，本書卷三五二余深傳、繫年要錄卷一八都作「臨江軍」，「進昌軍」當誤。

〔一〇〕李跋 繫年要錄卷一九、宋史全文卷一七都作「李祓」。

〔一一〕顯寧寺 本書卷四七五苗傅傳、繫年要錄卷二一都作「顯忠寺」。

〔一二〕黃大本 原作「黃太本」，據下文及繫年要錄卷二一、王明清揮麈錄三錄卷三改。

〔一三〕馬瑗 繫年要錄卷二二、中興小紀卷六都作「馬擴」。

〔一四〕傅正彥苗瑀苗翊張逵不赦 「苗瑀」，原作「苗堣」；「張逵」，原作「張達」。據本書卷四七五苗傅傳、繫年要錄卷二二、中興聖政卷五改。

〔一五〕建康府路安撫使連南夫 「連南夫」，原作「連南天」，據繫年要錄卷二二、二四和中興聖政卷五改。連南夫事蹟，詳韓元吉南澗甲乙稿卷一九連公墓碑和陸心源宋詩紀事小傳補正卷二「連南夫」條。

〔一六〕是夏賊貴仲正降 「是夏」，原作「是夜」，按繫年要錄卷二四在建炎三年六月下說：「是夏，賊貴仲正破岳州，詔遣兵討捕，既而起復奉議郎、通判襄陽府程千秋招降之。」據改。

〔一七〕以胡舜陟爲兩浙宣撫司參謀官 「兩浙」二字原脫，據繫年要錄卷二八補。

〔一八〕殺守臣趙士負 「趙士負」，本書卷四五二作「趙士眞」，繫年要錄卷二八作「趙士員」，未知孰是。

〔一九〕辛巳陷常州守臣周杞遣赤心隊官劉晏擊走之金人陷廣德軍殺守臣周烈 「金人」兩字原置「陷常州」上，據本書卷四五三劉晏傳、繫年要錄卷三〇乙正。

宋史卷二十六

本紀第二十六

高宗三

四年春正月甲辰朔，御舟碇海中。乙巳，金人犯明州，張俊及守臣劉洪道擊卻之。丙午，帝次台州章安鎭。己酉，遣小校自海道如虔州〔一〕問安太后。庚戌，金人再犯明州，張俊引兵去，浙東副總管張思政及劉洪道繼遁。癸丑，貶郭仲荀汝州團練副使，廣州安置。丙辰，詔原兩浙州郡降金官吏。丁巳，婁宿陷陝州，守臣李彥仙死之。己未，金人陷明州，夜，大雨震電，乘勝破定海，以舟師來襲御舟，張公裕以大舶擊退之。辛酉，發章安鎭。壬戌，雷雨又作。甲子，泊溫州港口。乙丑，以中書舍人李正民爲兩浙、湖南、江西撫諭使，詣太后問安。丁卯，台州守臣晁公爲棄城遁。虔州衞兵及鄉兵相殺，縱火肆掠三日。劉可轉寇京西，屢爲桑仲所敗，至是爲其黨所殺，復推劉超據荊門軍。戊辰，滕康、劉珏罷，仍奪

職。己巳　換給僧道度牒，人輸錢十千。辛未，命臣僚條具兵退之後措置之策、駐蹕之所。是月，金人攻楚州，守臣趙立拒之。金人犯邠州，曲端遣涇原路副總管吳玠拒戰，敗之于彭原；又陷同州。張浚遣謝亮使夏國，至則其主乾順已稱制，遂還。

二月甲戌朔，酈瓊率衆降于劉光世。叛將傅選詣虔州乞降。乙亥，奉安祖宗神御于福州。詔復以盧益爲資政殿學士，李回端明殿學士，並權知三省、樞密院事。金人陷潭州，將吏王暕、劉价〔二〕、趙聿之戰死，向子諲率兵奪門亡去，金兵大掠，屠其城。丙子，金人自明州引兵還臨安。癸未，虔州鄉兵首領陳新率衆數萬圍城，叛將胡友亦犯虔州，與新戰，破之；新乃去。甲申，禁逃卒投刺別軍。丙戌，金人自臨安退兵，命劉光世率兵追之。丁亥，金人陷汴京，權留守上官悟出奔，爲盜所殺。庚寅，帝次溫州。浙東防遏使傅崧卿入越州。辛卯，金人陷秀州。甲午，知蔡州程昌寓棄城南歸。鼎州民鍾相作亂，自稱楚王。乙未，杜充罷。丙申，以金兵退，肆赦。張浚承制以陝西制置使王似知成都府。罷諸路武臣提點刑獄。李成入舒州。金游騎至平江，周望奔太湖，守臣湯東野亦遁。茶陵縣軍賊二千餘人犯郴州永興縣。戊戌，金人入平江，縱兵焚掠。辛丑，白虹貫日。鍾相陷澧州，殺守臣黃琮〔三〕。權湖北制置使傅雱招諭孔彥舟，彥舟聽命，因以爲湖南、北捉殺使。荊南守臣唐慤棄城去。金人陷醴州，守臣王淑棄城去。是月，張浚自秦州引兵入援。

三月癸卯朔，孔彥舟入鼎州。金人去平江，統制陳思恭以舟師邀敗其後軍于太湖。呂頤浩請幸浙西。丙午，趙鼎言金兵去未遠，遂緩其行。丁未，命發運司說諭兩浙富民助米，以備巡幸。辛亥，遣兵部員外郎馮康國等撫諭荊湖南北、廣南諸路。壬子，金人入常州，守臣周杞棄城去。甲寅，遣盧益及御營都統制辛企宗奉迎太后東還。丙辰，金人犯終南縣，經略使鄭恩戰敗死之。丁巳，金人至鎭江府，韓世忠屯焦山寺邀擊之。詔侍從官各舉可充監司者一二人。辛酉，御舟發溫州。宣撫司節制軍馬李允文部兵至鄂州。御營前軍將楊勍叛。甲子，張浚請便宜辟官不許衝改。戊辰，孔彥舟擊敗鍾相，禽相及其子子昂，檻送行在。己巳，戚方陷廣德軍，殺權通判王儔。

夏四月癸酉，蠲江西州縣兵盜殘破民家夏稅。戊寅，吳玠及金人戰于邠州彭原店，敗績，部將楊晟死之。己卯，以觀文殿學士朱勝非爲江西、湖南北宣撫使。是日，張浚引兵至房州，知金兵退，乃還。癸未，帝駐越州。甲申，下詔親征，巡幸浙西。韓世忠駐軍揚子江，要金人歸路，屢敗之；兀朮引軍走建康。乙酉，以御史中丞趙鼎爲翰林學士，鼎固辭不拜。戚方圍宣州。劉光世遣統制王德誘誅劉文舜于饒州。丙申，用趙鼎劾奏，呂頤浩罷爲鎭南軍節度使、醴泉觀使。命三省、樞密院同班奏事。韓世忠及兀朮再戰江中，金人乘風縱火，世忠敗績。兀朮渡江，屯六合縣。丁酉，復以趙鼎爲御史中丞。戊戌，振明州被兵民家。

己亥，以張俊爲浙西、江東制置使。辛丑，王德破妖賊王宗石于信州貴溪縣，執其渠帥，諸縣悉平。是月，金人犯江西者自荊門軍北歸，留守司同統制牛皐潛軍寶豐擊敗之。

五月甲辰，以范宗尹爲尙書右僕射兼御營使。辛亥，統領赤心隊軍馬劉晏及戚方戰于宣州，敗死。壬子，金人焚建康府，執李梲、陳邦光而去；淮南宣撫司統制岳飛邀擊于靜安鎭，敗之。是夜，紫微垣內有赤雲亙天，白氣貫其中。癸丑，詔臺諫等官各舉所知二人。以張守參知政事、趙鼎簽書樞密院事。以白金三萬兩賜韓世忠軍，贈戰歿將孫世詢、嚴永吉、張淵等官。甲寅，金人陷定遠縣，執閭勍去，勍不屈死之。巨師古擊戚方于宣州，數敗之，方引去。乙卯，王綯罷。丁巳，命劉光世移軍捕戚方。楊勍犯婺州。戊午，復置權尙書六部侍郎。癸亥，詔中原、淮南流寓士人，聽所在州郡附試。甲子，周望罷，尋分司，衡州居住。置京畿、淮南、湖北、京東西路鎭撫使。乙丑，升高郵軍爲承州。以翟興、趙立、劉位、趙霖、李成、吳翊、李彥先、薛慶並爲鎭撫使：興，河南府、孟汝唐州〔四〕；立，楚泗州、漣水軍；位，滁、濠州；霖，和州、無爲軍；成，舒、蘄；翊，光、黃州；彥先，海州、淮陽軍；慶，承州、天長軍。丁卯，慶及金人戰于承州城下，累敗之。戊辰，命江、浙州縣祭戰死兵民。分江東、西爲鄂州、江州、池州三路，置安撫使。罷諸路帥臣兼制置使、諸州守臣兼管內安撫使。是月，劉超據荊南，分兵犯峽州，又合叛將彭筠犯復州。淮西敗將崔增陷焦湖水砦。

中華書局

河東、北經制使王俊舉兵及金人戰于襄城縣，敗之，復穎昌府。張浚承制以金、房州隸利路。

六月辛未朔，蠲紹興府三縣湖田米。詔侍從、臺諫、諸將集議駐蹕事宜。楊勍犯處州。癸酉，遣統制陳思恭討勍。合江南兩路轉運爲都轉運使。再貶周望昭化軍節度副使，連州安置。甲戌，罷御營司。以范宗尹兼知樞密院事。乙亥，王𤫊遣統領林閭等追襲楊勍于東陽縣，軍敗，裨將李在死之。丁丑，以劉光世部兵爲御前巡衞軍，光世爲都統制。楊勍等焚建州。戚方犯湖州安吉縣，詔張俊捕之。戊寅，更御前五軍爲神武軍，御營五軍爲神武副軍。以知建康府權邦彥爲淮南等路制置發運使。滁、濠鎭撫使劉位爲賊張文孝所殺，命其子綱襲職。庚辰，置鎭撫使六人：陳規，德安府、復州、漢陽軍；解潛，荊南府、歸峽州、荊門公安軍；程昌寓，鼎、澧州；陳求道，襄陽府、鄧隨郢州；范之才，金、均、房州；馮長寧，淮寧順昌府、蔡州。辛巳，慮囚。申命有司，討論釐正崇寧以來濫賞。罷諸州添差通判職官。癸未，召劉光世赴行在。甲申，岳飛破戚方于廣德軍。乙酉，鍾相僞將胡源引兵入慈利縣，執其黨陳誠來降。丙戌，以呂頤浩爲建康路安撫大使，劉光世爲兩浙路安撫大使，朱勝非爲江州路安撫大使，郭仲威爲眞、揚州鎭撫使。戚方詣張俊降。庚寅，召韓世忠率兵赴行在。辛卯，妖賊王宗石等伏誅。壬辰，權密州都巡檢徐文率部兵泛海來歸。甲午，

置樞密院幹辦官四員。乙未，郭仲威犯鎭江府，遣岳飛擊之。是月，兀朮聞張浚在秦州，將舉兵北伐，自六合引兵趨陝西。

秋七月癸卯，劉光世援宣撫使例，乞便宜行事，不許。詔：軍興以來諸州得便宜指揮者，並罷。乙巳，馮長寧復順昌府。張浚罷曲端都統制。丁未，以劉光世爲集慶軍節度使、開府儀同三司。戊申，以孔彥舟爲辰、沅、靖州鎭撫使。張浚獻黃金萬兩助軍用。宣撫司遣統制官呂世存、王俊復鄜州，其餘州縣多迎降。後軍將王關叛，陷歸州，鈐轄田祐恭擊敗之。己酉，王關犯房州，守臣韋知幾棄城走。庚戌，楊勍受劉光世招安，尋復叛去，迫泉州。癸丑，崔增犯太平州，守臣郭偉拒卻之。乙卯，金人徙二帝自韓州之五國城。劉光世乞移司平江，不許。丙辰，張俊合諸將戚方等兵萬餘赴行在。丁巳，申命元祐黨人子孫于州郡自陳，盡還當得恩數。韓世忠、張俊並罷。己未，禁閩、廣、淮、浙海舶商販山東，慮爲金人鄉導。詔江、浙、福建州縣，諭豪右募民兵據險立柵，防遏外寇。庚申，以岳飛爲通、泰州鎭撫使。辛酉，建州民范汝爲作亂，命統制李捧捕之。乙丑，復李邦彥以下十九人官職，聽自便。復李綱銀青光祿大夫，許翰、顏岐端明殿學士。張浚貶曲端階州居住。丁卯，金人立劉豫爲帝，國號齊。戊辰，罷提領措置茶鹽司。己巳，詔王𤫊部兵屯信州。程昌寓遣將杜湛禽李合戎于松滋縣。是月，張用據漢陽軍，沿江措置副使李允文招降之，以便宜徙鄂州

路副總管，以右軍統制馬友知漢陽軍。

八月辛未朔，以禮部尚書謝克家參知政事。壬申，李成請降于江州，詔撫納之。張浚停程千秋官，文州編管。癸酉，選神武中軍親兵六百人番直禁中。甲戌，詔侍從官日一員輪直，進故事關治體者。丁丑，以韓世忠爲檢校少師、武成感德軍節度使，張俊檢校少保、寧武昭慶軍節度使。贈監察御史常安民、左司諫江公望爲左諫議大夫〔五〕，錄其後二人。庚辰，太后至自虔州。薛慶及金人戰于揚州城下，死之。郭仲威奔興化縣。辛巳，侍御史沈與求、戶部侍郎季陵以論宰相范宗尹皆黜，宗尹復視事。癸未，盧益罷。張浚復永興軍，再貶曲端海州團練副使〔六〕，萬州安置。甲申，陳萬信餘黨雷進作亂。乙酉，焚慈利、石門二縣。以御營司參議官王擇仁權河東制置使，山砦首領韋忠佺爲都統制，宋用臣、馮賽同都統制。丙戌，命李成、吳翊捍禦上流，翊棄城去；以成爲四州鎭撫使。命李捧便道過信州招捕靳賽。戊子，以饒、信妖賊平，赦二州徒以下囚，蠲民今年役錢。貶滕康永州、劉玨衡州，並居住。己丑，詔岳飛救楚州，仍命劉光世遣兵往援。辛卯，杜湛渡江討羣賊，復石首等五縣。壬辰，盜入梅州，殺守臣沈同之，大掠而去。癸巳，命福建安撫使程邁會兵討范汝爲。甲午，知虢州邵興遣統制閻興及金人戰于解州東，屢破之。金人陷承州。命陳思恭屯兵明州，以防海道。劉光世遣王德、酈瓊以輕兵渡江。乙未，遇金游騎于召伯埭，敗之。

戊戌，以桑仲爲襄陽、鄧隨郢州鎭撫使。是月，罷提舉廣西峒丁。孔彥舟入潭州，宣撫司參議官王以寧率兵拒之，以寧敗遁去。宣撫司主管機宜文字傅雱在彥舟軍中，承制以彥舟權湖南副總管。劉綱以乏食率兵奔溧陽。

九月辛丑，呂頤浩入見，請益兵，命王𤫊、巨師古、顏孝恭兵隸之，分屯境內。壬寅，詔諸路決囚。甲辰，徽宗皇后鄭氏崩于五國城。戊申，命秦鳳將關師古領兵赴行在。劉豫僭位于北京。庚戌，禁宣撫司僚屬便宜行事，及京西、湖南北路勿隸川、陝宣撫司節制。癸丑，涇原同統制李彥琦及金人戰于洛河車渡，敗之。乙卯，罷中書門下省檢正官。桑仲陷均、房州，進犯白土關。丙辰，復增左右司郎官爲四員。金人攻楚州，趙立死之。丁巳，趙霖復和州。李成遣馬進犯興國軍。戊午，荊、襄賊趙延壽犯德安府，陳規拒卻之。己未，金、均、房安撫使王彥及桑仲戰于平麗縣，敗之。王關詣彥降。辛酉，李捧擊范汝爲于建州，官軍皆潰，捧遁去。金人犯揚州，統制靳賽逆戰于港河，敗之。金人陷延安府，執呂世存，又陷保安軍。癸亥，張浚遣都統制劉錫統五路兵及金將婁宿戰于富平縣，浚駐邠州督戰，官軍敗績。丙寅，給劉光世犒軍銀二萬兩、絹二萬匹。戊辰，趙延壽焚郢州。金人陷楚州，鎭撫使李彥先來救，兵敗死之。

冬十月庚午朔，張浚斬環慶經略使趙哲于邠州，貶劉錫合州安置，命諸將各領兵歸本

路。浚退保秦州，陝西大震。辛未，秦檜自楚州金將撻懶軍中歸于漣水軍丁禩水砦。壬申，命楊惟忠、王𤫉討李成。丙子，以孔彥舟爲鼎、澧、辰、沅、靖州鎮撫使。戊寅，鍾相餘黨楊華舉兵圍桃源縣。己卯，馬進犯江州。癸未，程昌寓入鼎州，擊楊華破之。甲申，趣劉光世救楚州。丁亥，以李回同知樞密院事。庚寅，遣前御史臺檢法官謝嚮招范汝爲。召張浚以兵入援。追復李邦彥觀文殿大學士。辛卯，虔州賊李敦仁及弟世雄舉兵破虔州石城縣。甲午，命楊惟忠率兵屯江州。乙未，岳飛破金人于承州。丙申，詔劉光世節制諸鎮，守禦通、泰州，伺便襲金人過淮。是月，馮長寧棄城去，尋以淮寧附劉豫。江東賊張琪犯建康府，劉洪道招降之。環慶路統制慕洧叛附于夏國。涇原統制張中彥、經略司幹辦趙彬叛降金人。劉忠據岳州平江縣白面山。王善餘黨祝友擁衆爲亂，屯滁州龔家城。

十一月癸卯，慕洧遂引金人圍環州。呂頤浩復南康軍。甲辰，趙鼎罷。乙巳，秦檜入見。丙午，岳飛棄泰州渡江。丁未，金人犯泰州，飛退保江陰軍沙上。以御史中丞富直柔簽書樞密院事，秦檜爲禮部尚書。李允文殺岳州守臣袁植。呂頤浩會楊惟忠與馬進戰南康軍，不利。戊申，頤浩遣巨師古救江州，爲進所敗，師古奔洪州。金人陷涇原，經略使劉錡退屯瓦亭。己酉，以孔彥舟爲湖南副總管，部兵屯潭州。庚戌，命神武副軍都統制辛企宗討范汝爲。壬子，日南至，率百官遙拜二帝。乙卯，改樞密院幹辦官爲計議官。丙辰，

金人陷泰州。丁巳，通州守臣呂伸棄城去。王彥攻桑仲于黃水，破之，房州平。張浚以彥爲金、均、房州鎮撫使。崔增犯池州，劉洪道遣統制李貴擊走之，增以兵萬餘詣呂頤浩降。甲子，詔諸路守臣節制管內軍馬。丙寅，金、房州賊郭希犯歸州，田祐恭擊卻之。命王𤫉部兵萬人速援呂頤浩。祝友渡江大掠。是月，張浚退軍興州，秦鳳副總管吳玠收餘兵保大散關東和尚原。詔諸路轉運司括借寺觀田租蘆場三年。

十二月庚午，安南請入貢，卻之。辛未，遣度支員外郎韓球括饒、信諸州錢糧，凡江、湖、川、廣上供皆拘之。壬申，命孔彥舟援江州。丙子，禁節制軍馬守臣便宜行事。丁丑，馬進分兵犯洪州。乙丑，李敦仁犯撫州崇仁縣，命李山、張忠彥〔七〕討之。壬辰，金人犯熙州，總管劉惟輔戰敗之，殺五千餘人。甲午，再犯熙州，惟輔軍潰，被執死之。乙未，以張俊爲江南招討使，討李成。丁酉，范汝爲降，詔補民兵統領。是月，張浚承制復海州團練副使曲端左武大夫，興州居住。

是歲，宣撫處置司始令四川民歲輸激賞絹三十三萬匹有奇。

紹興元年春正月己亥朔，帝在越州，帥百官遙拜二帝，不受朝賀。下詔改元，釋流以下囚，復賢良方正直言極諫科，蠲兩浙夏稅、和買紬絹絲綿，減閩中上供銀三分之一。戊申，

改命張俊爲江淮路招討使。復江、池路爲江東、西路，分荆湖江南諸州爲荆湖東、西路，置安撫司，治池、江、鄂、鼎州。江南東、西路各置轉運司，荆湖東、西路轉運司通掌兩路財賦。以呂頤浩爲江東路安撫大使，朱勝非江西路安撫大使。馬進陷江州，守臣姚舜明棄城走，端明殿學士王易簡等二百人皆遇害。己酉，岳飛引兵之洪州。金人犯揚州。謝嚮率范汝爲討平建陽賊劉時舉。金人犯秦州，吳玠擊敗之。庚戌，又犯西寧州，守臣俱重迎降。辛亥，謝克家罷。壬子，詔京官、知縣並堂除，內外侍從各舉可任縣令者二人，犯贓連坐。自今不歷縣令者勿除監司、郎官，不歷外任者勿除侍從，著爲令。張中孚以原州叛降于金。癸丑，李敦仁圍建昌軍，蔡延世率鄉兵擊退之。賊曹成入漢陽軍，李允文招之，成入鄂州，復趨江西。丁巳，呂頤浩遣王𤫉、崔增擊賊于湖口，大敗之。頤浩及楊惟忠引兵趨江州。辛酉，詔：「太祖創業垂統，德被萬世。神宗詔封子孫一人爲安定郡王，世世勿絕。自宣和末至今未舉。有司其上應襲封人名，依故事舉行。」金人再圍環州。是月，張浚復曲端榮州刺史、提舉江州太平觀，閬州居住，尋移恭州。

二月戊辰朔，宜章縣民李冬至二作亂，犯英、連、韶、郴諸州。祝友降，劉光世分其軍，以友知楚州。庚午，改行宮禁衞所爲行在皇城司。李成黨邵友犯筠州，守臣王庭秀棄城去。辛未，犯臨江軍，守臣康倬遁。壬申，初定歲祀天地、社稷，如奏告之禮。癸酉，桑仲自

棗陽引兵還襄陽。丁丑，鄜延將李永琦叛，犯慶陽府。戊寅，禁州郡統兵官擅招安亂軍盜賊。己卯，日中有黑子，四日乃沒。以辛企宗爲福建制置使。辛巳，以秦檜參知政事。壬午，水賊張榮入通州。癸未，詔辛企宗及謝嚮罷遣范汝爲兵，汝爲不聽命。甲申，詔王𤫉、張俊掎角討捕馬進等賊。丙戌，復置秘書省。己丑，命孔彥舟、呂頤浩、張俊會兵討李成。壬辰，雨雹。癸巳，邵青寇宣州。丙申，詔諸路提刑司以八月類省試。張浚亦以便宜合川、陝舉人即置司類省試。丁酉，宣教郎范燾坐誣訟孟忠厚，且及太后，除名，潮州編管。是月，李敦仁犯汀州。馬友遣其黨犯鄂州，總管張用拒卻之。李允文以友權湖南招捉公事，友大掠漢陽而去，過岳州，守臣吳錫遁，友據之。

三月戊戌朔，以嚴、衢二州守臣柳約、李處勵有治効，各進職一等。呂頤浩遣崔增、王𤫉合兵擊李成于湖口，大敗之。庚子，張浚以富平之敗上疏待罪，詔免。壬寅，禁諸路遏糴。丙午，張俊、楊沂中、岳飛渡江擊馬進，大敗之。孔彥舟焚掠潭州，趨衡州。己酉，李成犯饒州。庚戌，張俊、楊沂中復擊馬進于筠河，敗之，復筠州，進奔江州。男子崔紹祖詐稱越王中子，受上皇詔爲天下兵馬大元帥，趙霖以聞。辛亥，詔赴行在。命劉光世兼淮南、京東路宣撫使，治揚州，經畫屯田。光世迄不行。甲寅，罷諸州免行錢。乙卯，金人破階州。庚申，劉超犯澧州，統制杜湛率兵拒之。甲子，始下詔罪李成，募人禽斬，赦脅從者。張俊

追馬進至江州，進戰敗遁去。乙丑，俊復江州[八]，楊沂中、趙密引兵追擊進，又大敗之。成奔蘄州。振淮南、京東西流民。荆湖東路安撫使向子諲說降馬友，與共討李冬至二，平之。是月，金人攻張榮縮頭湖水砦，榮擊敗之，來告捷，劉光世以榮知泰州。金人迫興州，張浚退保閬州，以端明殿學士張深爲四川制置使，及參議軍事劉子羽趨益昌；參謀官王庶爲龍圖閣待制、知興元府兼利夔兩路制置使，節制陝西諸路。桑仲以其黨李道知隨州。

夏四月己巳，張浚承制分利、閬、劍、文、政五州爲利州路，置經略安撫使。庚午，張琪復叛，犯當塗縣。金將撻懶渡淮，屯宿遷縣馬樂湖。壬申，太白晝見。乙亥，劉光世復楚州。階州統領杜肇復階州。馬友引兵入潭州。戊寅，杜琪棄澧州，劉超入據之。己卯，金涇原帥趙彬犯耀州，守臣趙澄擊走之。淮賊寇宏犯濠州。庚辰，隆祐皇太后崩。癸未，桑仲陷鄧州，守將譚兗棄城走，河東招捉使王俊引兵來援，仲執斬之，以其黨李橫知州事。乙酉，爲太后制期年服。辛卯，羣臣三上表始聽政。癸巳，命向子諲發兵及廣西安撫許中同扼險要，防孔彥舟入廣，仍許脅從自新以招諭之。是月，京西賊李忠陷商州，守臣楊伯孫棄城走。呂頤浩遣統制閻皋、通判建昌軍蔡延世襲擊李敦仁，禽其弟世雄、世臣。

五月丙申朔[九]，蠲江西路被賊州縣賦稅。丁酉，詔呂頤浩、朱勝非、劉光世並兼淮南諸州宣撫使。始奪李成官。戊戌，以張用爲舒、蘄鎮撫使。癸卯，作「大宋中興寶」成。金

人犯和尚原，吳玠擊敗之。丙午，初復召試館職之制。劉光世遣統制王德襲揚州，執郭仲威以獻，伏誅。辛亥，水軍統制邵青叛，圍太平州。趙彬及金人合兵圍慶陽府，守臣楊可昇擊敗之。甲寅，命知南外宗正事令懬選年幼宗子，將育于宮中。詔收耆戶長役錢。己未，詔州縣因軍期徵取民財物者，立式榜示，禁過數催擾。庚申，孔彥舟引衆過潭州，馬友迎擊大敗之。彥舟趨岳州，犯鄂州。李允文以彥舟爲湖東副總管屯漢陽。辛酉，以直秘閣宗綱爲荆南鎮撫司措置營田官，樊賓爲副。壬戌，劉光世招降邵青。趙延壽據分寧縣，呂頤浩招降之。是月，張俊及李成戰于黃梅縣，殺馬進，成敗，遁歸劉豫。李忠、譚兗各率兵歸張浚，浚命王庶分其兵。張用復叛，寇江西，岳飛招降之。湖州進士吳木上書論宰執，送徽州編管。

六月己巳，始罷承直、修武郎以下官。壬申，册謚皇太后曰昭慈獻烈。甲戌，張琪犯餘杭[一〇]，又犯宣州。乙亥，月犯心。庚辰，湖賊楊華、楊廣犯鼎州，程昌寓拒卻之。上虞縣丞婁寅亮上書，請選立繼嗣。壬午，權欑昭慈獻烈皇后于越州。張琪犯徽州，守臣郭東棄城去，琪入據之。癸未，張俊引大兵至瑞昌縣之丁家洲，李允文自鄂部兵歸俊，俊并其兵，護允文赴行在。邵青率舟師至鎮江，甲申，復叛去。丁亥，崇安民廖公昭合范汝爲餘黨熊志寧作亂，衆既散，志寧復與建陽民丁朝佐合兵陷二縣。戊子，慮囚。己丑，邵青犯江陰軍之

福山，遣海州鎮撫使李進彥、中軍統制耿進率舟師會劉光世討之。南安賊吳忠、宋破壇、劉洞天作亂。庚寅，江西提刑司遣官討之，破壇、洞天皆伏誅，忠遁去。癸巳，熙河統制關師古、洮東安撫郭玠同討熙州叛兵，連敗之。甲午，虔賊鄧慶、龔富圍南雄州，守臣鄭成之率兵民以拒。蠲建劍汀州、邵武軍租。是月，知虢州邵興屯盧氏縣，爲河南統制董先所破，走興元，先遂取商、虢二州。張浚承制以吳玠爲陝西諸路都統制。時關隴六路盡陷，止餘階成岷鳳洮五郡、鳳翔之和尚原、隴州之方山原。粘罕既得陝西地，悉與僞齊。

秋七月乙未朔，以馬友權荆湖東路副總管，趣討孔彥舟。統制潘逵、後軍將胡江等叛，破玉山、弋陽、永豐三縣，遣樞密院準備將領徐文討之。戊戌，吳錫復入邵州。庚子，以岳飛爲神武右副軍統制，留軍洪州，彈壓盜賊。辛丑，封伯右武衞大將軍令話爲安定郡王。壬寅，虔州賊陳顒作亂，命趣捕之。甲辰，詔秘書省長貳通修日曆。丙午，劉光世遣將喬仲福擊邵青于常熟，爲所敗。撻懶自宿遷北歸。戊申，韓世清追襲張琪，復祁門縣。庚戌，張俊執傅雱赴行在。張浚以曲端屬吏，以武臣康隨提點夔路刑獄，與王庶雜治之。辛酉，召呂頤浩赴行在。張琪犯饒州，頤浩遣閻皋擊敗之。琪黨姚興降，琪走徽州。癸亥，范宗尹罷。是月，濠州守臣李玠棄城去[一一]。王彥數擊敗李忠。趙彬來歸，張浚承制以彬爲陝西轉運使；又以涇原兵馬都監李彥琪爲本路副總管，彥琪尋叛去。

八月丙寅，以孔彥舟爲蘄、黃鎮撫使。丁卯，以知潭州吳敏爲荆湖東西、廣南路宣撫使。張用部兵至瑞昌歸張俊，俊以用爲本軍統制。戊辰，張守等上紹興重修敕令格式。癸酉，復以汪伯彥爲江東安撫大使。乙亥，呂頤浩遣將李鑄復舒州。丁丑，祔昭慈獻烈皇后神主于溫州太廟。戊寅，張守罷。以李回參知政事，富直柔同知樞密院事。庚辰，杜湛及劉超戰于彭山，爲所敗。辛巳，超及楊華、楊廣合兵復寇鼎州，程昌寓遣湛率舟師擊敗之。遣辛企宗移軍福州，討熊志寧、胡江等諸賊。韓世清及張琪戰，世清敗，琪復入祁門縣。壬午，命張俊遣兵捕之。鑄紹興錢。癸未，詔許邵青、張琪脅從徒黨自新。乙酉，以李成在順昌，恐復謀亂，遣使齎蠟書諭淮寧、蔡州將士，立賞格，募人禽斬成。丁亥，以秦檜爲尚書右僕射、同中書門下平章事兼知樞密院事。庚寅，復李綱資政殿大學士。募人往京東、河南伺察金、齊動止，仍齎詔慰撫忠義保聚之人。蔡州鎮撫使范福棄城去，以土豪李祐代之。辛卯，蠲徽州被賊民家夏稅。壬辰，置三省、樞密院賞功房。是月，知郢州曹成掠湖西[一二]，犯沅州，與知復州李宏合屯瀏陽，既而攻宏，宏奔潭州。

九月甲午朔，張琪黨李捧犯宣州，守臣李彥卿及韓世清擊卻之。詔江東、西路安撫使復治建康府、洪州。以王瓊知池州，楊惟忠知江州，並兼管內安撫使，率部兵赴官。丙申，斬李世臣。己亥，以資政殿學士葉夢得爲江南東路安撫大使，兼壽春等六州宣撫使。庚

子，張珙復陷宣州，已乃遁去。辛丑，命王𤫉討珙。丁未，詔歲再遣使省謁諸陵，因撫問河南將士。命馬友移屯鄂州。庚戌，命宗室右監門衞大將軍士芭朝饗溫州太廟。辛亥，合祭天地于明堂，太祖、太宗並配，大赦。罷諸州守臣節制軍馬。錄用元符末上書人子孫。癸丑，復以呂頤浩爲尚書左僕射、同中書門下平章事兼知樞密院事。丁巳，王彥破李忠于秦郊店，忠奔歸劉豫。戊午，禁福建轉運司抑民出助軍錢。落范宗尹觀文殿學士。己未，初措置河南諸鎭屯田。以戶部尚書孟庾爲江東西、湖東等路宣諭制置使。辛酉，詔：四方有建策能還兩宮者，實封以聞；有效者賞以王爵。壬戌，遣御史胡世將督捕福建盜賊。是月，長星見。

冬十月乙丑，詔：蔡京、王黼門人實有才能者，公舉敍擢。李回罷。丙寅，朱勝非分司，江州居住。丁卯，以李允文恣睢專殺，賜死大理獄。己巳，王德招邵青，降之。庚午，以孟庾參知政事，徽猷閣直學士湯東野爲江、淮發運使。劉洪道招降李捧、華旺〔一三〕。壬申，置行在大宗正司。癸酉，兀朮攻和尙原，吳玠及弟璘力戰，大敗之，兀朮僅以身免。丁丑，增置諸路武尉。戊寅，以張俊爲太尉，移屯婺州。壬午，初置見錢關子，招人入中，以給軍食。范汝爲復叛，入建州，守臣王浚明棄城走，辛企宗退屯福州。甲申，劉超請降，以超守光州。戊子，崔紹祖伏誅。詔邵青以舟師赴行在。己丑，升越州爲紹興府。李成軍正李雱伏誅。

知承州王林禽張珙于楚州，檻送行在。壬辰，錄程頤孫易爲分寧令。癸巳，范汝爲犯邵武軍，守臣吳必明、統制李山率兵拒之，衆潰，退保光澤縣。關師古復秦州，獲郭振。是月，劉豫遣將王世冲寇廬州，守臣王亨大破之，斬世冲。曹成及馬友戰于潭州，成敗還攸縣。王才遣將丁順圍濠州，劉光世遣兵攻橫澗山，順解圍去。

十一月乙未，葉夢得至建康，以詔招王才，降之。丙申，遣內侍撫問孔彥舟、桑仲。丁酉，榜諭福建、江東羣盜，赦其脅從者。戊戌，詔移蹕臨安。以孟庾爲福建、江西、荆湖宣撫使，神武左軍都統制韓世忠副之，仍命械謝嚮、陸棠赴行在。己亥，以婁寅亮爲監察御史。范汝爲犯光澤縣，李山走信州。辛丑，續編紹興太常因革禮。桑仲請正劉豫惡逆之罪，詔進幸荆南。乙巳，以右司諫韓璜黨富直柔，責監潯州稅。張珙伏誅。庚戌，富直柔罷。荆湖、廣西宣撫使吳敏始受命置司柳州。辛亥，升康州爲德慶府。壬子，詔內外侍從各舉所知三人。丙辰，程昌寓遣杜湛擊楊華，敗之。命張俊遣使持詔招曹成，以所部赴行在。己未，楊華請降。辛酉，命吏部侍郎李光節制臨安府內外諸軍。壬戌，曹成犯安仁縣，執安撫使向子諲，進攻道州。是月，前知鄜州李惟德以岷州來歸。吳玠始遣人通書夏國。

十二月乙丑，吳敏罷。丙寅，復置樞密院都承旨。范汝爲遣葉徹寇南劍州，守臣張觷拒戰，大破之。己巳，遣吏部侍郎傅崧卿爲淮東宣諭使。甲戌，遣江東安撫司統制郝晸、顏孝恭討建昌軍賊。乙亥，辛企宗罷，仍追三官，率兵赴軍前自效。丁丑，蠲諸路在官積欠。詔官戶名田過制者與民均科。以岳飛爲神武副軍都統制，部兵屯洪州。曹成陷道州，守臣向子忞棄城走。戊寅，以彗出，求直言。增行在職事官職錢。遣駕部員外郎李愿撫諭川、陝。己卯，詔兩浙分東、西路置提點刑獄。庚辰，桑仲遣兵寇復州，守臣俎遹棄城去。辛巳，復置廣西提舉茶鹽司。知海州薛安靖殺僞都巡檢使王企中，率軍民以城來歸。增諸路酒錢，以備軍費。甲申，知龍州范綜、統制雷仲舉兵復水洛城。己丑，起復陝西都統制吳玠爲鎭西軍節度使。詔江西安撫司趣兵討捕吳忠。是月，劉豫遣將王彥充攻壽春府。桑仲遣李橫復寇金州，王彥拒戰于馬郎嶺，大破之，均州平。蔡州褒信縣弓手許約叛，據光州。階州安撫孫注復洮州。龔富等圍南劍州。

校勘記

〔一〕虔州　原作「處州」，據繫年要錄卷三一、北盟會編卷一三六及卷一三七改。下文丁卯、二月甲戌各條「虔州」同。

〔二〕劉价　本書卷四五二趙聿之傳、繫年要錄卷三一都作「劉玠」，「价」疑「玠」字之誤。

〔三〕黃宗　繫年要錄卷三一、中興聖政卷七都作「黃琮」。

〔四〕以翟興趙立劉位趙霖李成吳翊李彥先薛慶並爲鎭撫使與河南府孟汝唐州　「翟興」下原衍「孟汝」二字，「河南府」下原脫「孟」字，據繫年要錄卷三三、中興小紀卷八改。

〔五〕贈監察御史常安民左司諫江公望爲左諫議大夫　「爲」字原置「安民」二字下，據本書卷三四六江、常本傳改。「左諫議大夫」，本傳作「右諫議大夫」。

〔六〕海州團練副使　「副」字原脫，據下文和繫年要錄卷三六補。

〔七〕張忠彥　原作「張中彥」，據繫年要錄卷三八、中興聖政卷八改。

〔八〕俊復江州　「俊」，原作「進」，據繫年要錄卷四三、北盟會編卷一四五改。

〔九〕五月丙申朔　「申」，原作「辰」。查紹興元年五月朔日是丙申，繫年要錄卷四四是日雖不載蠲江西路賦稅事，但干支仍作「丙申」，據改。

〔一〇〕餘杭　「餘杭」下衍「州」字。按本書卷八八地理志，餘杭只是臨安府的一個屬縣，繫年要錄卷四五說：「珙自安吉引兵至臨安境上。」不說至「餘杭州」，據刪。

〔一一〕濠州守臣李玠棄城去　「濠州」，原作「珍州」，據繫年要錄卷四六、北盟會編卷一四七改。

〔一二〕知郢州曹成掠湖西　「郢州」，原作「鄂州」，據繫年要錄卷四六、汪藻浮溪集卷一六武功大夫榮州團練使知郢州曹成等獎諭敕書改。

〔一三〕華旺　原作「董旺」，據繫年要錄卷四八、北盟會編卷一四八改。

宋史卷二十七

本紀第二十七

高宗四

二年春正月癸巳朔，帝在紹興府，率百官遥拜二帝，不受朝賀。甲午，詔復置賢良方正直言極諫科。丙申，賜楊邦乂謚曰忠襄。韓世忠圍建州。丁酉，蠲諸路元年逋稅。庚子，陝西叛將白常圍岷州，關師古率兵破之。辛丑，韓世忠拔建州，范汝爲自焚死，斬其二弟，餘黨悉平。壬寅，帝發紹興。曹成釋向子諲。丙午，帝至臨安府。壬子，遣韓世淸捕石陂賊。癸丑，以張浚〔一〕檢校少保、定國軍節度使。劉豫遣兵犯伊陽縣，翟興及其將李恭合擊敗之。曹成犯郴州永興縣。己未，修臨安城。辛酉，遣內侍任源撫問張浚。江西副總管楊惟忠以楊勍雖就招安，復謀作亂，誘誅之。

二月甲子，楊華復叛，擾鼎、澧、潭三州。詔立賞禽捕首領，赦貸脅從。丙寅，命劉光世

將銳卒萬人屯揚州，經理淮東。庚午，以李綱爲觀文殿學士、湖廣宣撫使。仍命岳飛率馬友、李宏、韓京、吳錫等共討曹成諸盜。甲戌，以吏部尚書李光爲淮西招撫使，王瓔副之。乙亥，雨雹。丙子，以施逵、謝嚮、陸棠黨范汝爲，逵除名，婺州編管；嚮、棠械赴行在，俱道死。丁丑，分崔增、李捧、邵青、趙延壽、李振、單德忠、徐文所部兵爲七將，名御前忠銳軍，隸步軍司，非樞密奉旨，不許調遣。減淮南營田歲租三之二，俟三年復舊。己卯，劉光世入見，同執政對內殿，諭以進屯揚州，光世迄不行。庚辰，詔監司避本貫。壬午，程昌寓遣杜湛募兵攻賊周倫，破之。甲申，以工部員外郎滕茂實死節于代州，贈龍圖閣直學士。丙戌，初置著作官二員修日曆。己丑，復荆湖東、西爲荆湖南、北路，南路治潭，北路仍治鄂。申禁福建路私有、私造兵器。是月，知商州董先叛入劉豫。金人陷慶陽府，執楊可昇降之。

三月壬辰朔，命襄、鄧鎮撫使桑仲收復陷沒諸郡，仍命諸鎮撫使互相應援。再貶徐秉哲惠州，吳幵南雄州，莫儔韶州，並居住。水賊翟進襲漢陽軍，殺守臣趙令戣。李光執韓世淸于宣州以歸。虔化縣賊李敦仁及其徒皆授官，隸諸軍。乙未，復置江陰軍。罷福建路武尉。戊戌，葉夢得罷。以李光爲江東安撫大使，兼滁、濠等六州宣撫使。罷江、淮發運司。桑仲如郢州調兵，守將霍明以仲將謀逆殺之，以其事聞。庚子，金人攻方山原，陝西統制楊政援之，金兵引去。辛丑，又犯隴安縣，吳璘等擊走之。淮南營田副使王實括閑田三萬頃

給六軍耕種。丙午，復置中書門下省檢正官，省樞密院檢詳官。己酉，以神武右軍中部統制楊沂中爲神武中軍統制。癸丑，河南鎮撫使翟興爲部將楊偉所殺。甲寅，金人復自水洛城來攻，楊政等又敗之。庚申，曹成寇賀州淸水砦，守臣劉全棄城去。是月，知壽春府陳卞及鈐轄陳寶等舉兵復順昌府，尋引兵歸，爲僞齊所逐，幷壽春失之。

夏四月甲子，曹成陷賀州。陳顒圍循州，焚龍川縣，命江西安撫司遣將捕之。丙寅，賜禮部進士張九成以下二百五十九人及第、出身。庚午，以翰林學士承旨翟汝文參知政事。壬申，釋福建諸州雜犯死罪以下囚。江西軍賊趙進寇瑞昌縣，楊惟忠討降之。戊寅，僞齊統領王資率兵來歸。富順監男子李勃僞稱徐王，召赴行在。壬午，詔內外侍從、監司、守臣各舉中原流寓士大夫三二人，以備任使。癸未，詔曰：「朕登庸二相，倚遇惟均。其所薦用之人，不得偏私離間，朋比害政。」謚孫傅曰忠定。乙酉，李綱始拜命，置司福州。是夜，太平州軍士陸德據城叛，囚守臣張錞，殺當塗縣令鍾大猷。戊子，命呂頤浩都督江、淮、荆、浙諸軍事。庚寅，劉豫徙居汴京。是月，王彥大破董先于馬嶺關，復商州。

閏月癸巳，高麗遣使入貢。乙未，知池州王進討陸德，誅之。丙申，岳飛擊破曹成于賀州。置都督府隨軍轉運司。丁酉，左朝奉郎孫覿坐前知臨安府贓汚，貸死除名，象州羈管。罷後苑工作〔二〕。辛丑，韓世淸以狂悖伏誅。丙午，岳飛敗曹成于桂嶺縣，成走連州，遣統

制張憲追擊，破之，又走郴州，入邵州。丁未，賜福建宣撫司賞軍錢十萬緡。聽朱勝非自便。乙卯，詔諸鎮撫使非奉朝旨毋擅出兵。劉光世聞父喪去官，特命起復。己未，詔自今明堂專祀昊天上帝，以太宗配。是月，張浚命利、夔制置使王庶與知成都府王似兩易其職。襄、鄧副都統制李橫、同副都統制李道合兵圍郢州，霍明遁去。

五月辛酉，以兵部尙書權邦彥簽書樞密院事，以樞密將領趙琦所部兵爲忠銳第八將。癸亥，呂頤浩出師，以神武後軍及忠銳兩將從行，百官班送。甲子，以霍明權襄、鄧、隨、郢州鎮撫使。詔觀察使已上各薦可備將帥者二人。丁卯，罷兩浙轉運司回易庫。己巳，廢紹興府餘姚、上虞縣湖田爲湖，溉民田。庚午，詔修建康行宮。辛未，選宗室子偁之子伯琮育于禁中。丙子，呂頤浩總師至常州，前軍將趙延壽兵叛于呂城鎮。丁丑，延壽犯金壇縣，殺知縣胡思忠。頤浩稱疾不進。戊寅，海州賊王山犯漣水軍，總領蘇復、副統制劉靖會兵擊敗之。庚辰，臨安府火。癸未，置御前軍器所。甲申，親慮囚，自是歲如之。罷行在權官。乙酉，劉光世遣王德追趙延壽叛兵至建平縣，悉誅之。丙戌，置修政局，命秦檜提舉。詔侍從、臺省寺監官、監司、守令，條具省費裕國強兵息民之策。丁亥，以中書門下省檢正官仇悆爲沿海制置使。戊子，手詔用建隆故事，命百官日輪一人轉對。兩浙轉運副使徐康國獻銷金屛障，詔有司毁之，奪康國二官。蠲太平州被賊之家夏稅。是月，張浚以參贊軍事劉

二十四史

中華書局

子羽知興元府，黜王庶，復以王似知成都府。韓世忠至洪州，遣董旼招曹成，成聽命赴行在。

六月庚寅朔，李宏引兵入潭州，執馬友殺之。甲午，李綱領兵三千發福州。戊戌，詔孟庾、韓世忠班師。岳飛屯駐江州。庚子，以劉光世爲寧武、寧國軍節度使，韓世忠爲太尉，移屯建康府。辛丑，以李橫爲襄、郢鎮撫使，李道鄧、隨鎮撫使。壬寅，翟汝文罷。孔彥舟叛降僞齊。乙巳，以權邦彥兼權參知政事。戊申，仇悆兼制置福建路。辛亥，免臺諫官輪對。甲寅，召呂頤浩赴行在，令參謀官傅崧卿權主管都督府事。詔兩浙、江、淮守臣，令存撫東北流寓人。乙卯，韓世忠遣統制解元、巨振入潭州，執李宏以歸。

秋七月辛酉，悉蠲福建諸州被兵之家田稅。壬戌，復置湖北提舉茶鹽司。甲子，罷福建提舉市舶司。己巳，起復翟琮爲河南府、孟汝唐州鎮撫使。甲戌，罷淮東路提點刑獄司。丙子，馬友黨郝通率兵五萬歸宣撫司。戊寅，知廬州王亨復安豐、壽春縣。己卯，呂頤浩入見。庚辰，韓世忠討劉忠，駐兵于岳州之長樂渡，大破之，忠走淮西。丁亥，詔編次建炎以來譜牒。

八月壬辰，以孟庾兼權同都督江、淮、荆、浙諸軍事。癸巳，順昌縣賊余勝等作亂，通判南劍州王元鼎捕殺之。甲午，安定郡王令話薨。丙申，詔：郡守除罷赴闕，皆得引對。臨安府

火。以知江州劉紹先爲沿淮防遏使。戊戌，命朱勝非提舉醴泉觀兼侍讀，日赴朝堂議事。沿海州縣籍民海舶，每歲一更，守海道險要。振福建饑民。己亥，停傅雱官，英州羈管。庚子，詔孟庾、韓世忠總大兵至建康，進赴行在。戊申，給事中胡安國以論朱勝非罷，宰執、臺諫上疏留之，皆不報。江西統制傅樞討平南雄賊吳忠、鄧慶、劉軍一等。己酉，賜吳玠田。甲寅，秦檜罷。給事中程瑀等坐論駁朱勝非，疑其黨檜，並落職主宮觀。彗出胃。乙卯，減膳，戒輔臣修闕政，罷修建康行宮。

九月戊午朔，落秦檜職。己未，罷修政局。辛酉，以彗出大赦，許中外臣民直言時政，陝西諸叛將許令自新。壬戌，王倫自金國使還入見。遣潘致堯等爲金國軍前通問使，附茶藥金幣進兩宮。甲子，以直徽猷閣郭偉爲淮西巡撫使。乙丑，復以朱勝非爲尚書右僕射、同中書門下平章事兼知樞密院事。戊辰，司空山賊李通出降，以爲都督府親軍統領。癸酉，以右朝請大夫呂源爲浙東、福建沿海制置使，治定海縣。知建昌軍朱芾擊石陂賊余照，禽斬之。甲戌，彗沒。丙子，復以郭仲荀爲武泰軍節度使。詔：「墨敕有不當者，許三省、樞密院奏稟，給事中、中書舍人繳駁，臺諫論列，有司申審。」庚辰，命福建提舉茶鹽官兼領市舶司。辛巳，以韓世忠爲江南東、西路宣撫使，他帥臣稱宣撫使者並罷。壬午，遣監察御史明橐等五人宣諭江、浙、湖、廣、福建諸路，仍降詔諭官吏以遣使按察、勸懲、誅賞之意。

癸未，新作行宮南門成。甲申，提轄榷貨務張純峻立淮、浙鹽法〔三〕，增其算。總領四川財賦趙開初變四川鹽法，盡榷之。乙酉，太白晝見。丙戌，以知興元府王似爲川、陝宣撫處置副使。丁亥，封右監門衞大將軍、榮州防禦使令畤爲安定郡王。是月，韓世忠遣統制解元襲擊劉忠于蘄陽，大破之。忠奔劉豫。

冬十月戊子朔，置牧馬監于饒州。庚寅，李勃伏誅。丙申，初置江、浙、荆湖、廣南、福建路都轉運使。甲辰，潘致堯至楚州，通判州事劉晏劫其禮幣奔劉豫，守臣柴春戰死。戊申，以知平江府趙鼎爲江東安撫大使。丙辰，禁温、台二州民結集社會。班度量權衡于諸路，禁私造者。是月，顏孝恭招降石陂餘賊李寶等。

十一月辛酉，陳顒陷汀州武平縣，犯梅、循二州。乙丑，初榷明州鹵田鹽。辛未，議將撫師江上，召侍從官條具利害。甲戌，命李綱、劉洪道、程昌寓、解潛會兵捕討湖寇楊太。戊寅，范汝爲餘黨范忠掠龍泉縣。庚辰，詔宣諭五使，焚所至州縣建炎以前已蠲稅籍。癸未，臨安大火。是月，關師古敗僞齊兵于抹邦山。馬友黨步諒詒李綱降，綱入潭州，其黨郝最降王進〔四〕，吳錫禽王浚〔五〕。湖南盜賊悉平。

十二月丁亥朔，命神武前軍統領申世景等討捕范忠。己丑，僞稱榮德帝姬易氏伏誅。范忠犯處州。巨師古引兵入廬州，執王亨送行在。甲午，李綱罷。臨安府火。丙申，振被

火家。罷浙東沿海制置司。丁酉，岳飛遣統領徐慶、王貴討禽莽鄉賊高聚。己亥，以胡舜陟爲廬、壽等州鎮撫使。金人侵熙、秦，關師古擊敗之。庚子，遣駕部員外郎李愿撫諭川、陝。江西兵馬副鈐轄張忠彥坐縱暴不法〔六〕，斬于潭州。辛丑，程昌寓遣杜湛討楊欽等敗之，殺三千餘人。癸卯，川、陝宣撫司類試陝西發解進士，得周謨等十三人，以便宜賜進士出身。甲辰，罷張浚宣撫處置使，仍知樞密院。以知夔州盧法原爲川、陝宣撫處置副使，及王似同治司事。己酉，遣司封員外郎周隨亨同撫諭川、陝。庚戌，孟庾自建康來朝。辛亥，金人犯商州，守將邵隆退屯上津。李橫敗僞齊兵，復汝州。甲寅，命孟庾同都督江、淮、荆、浙諸軍事。詔都督府總治江東西、湖北、浙西帥臣經畫屯田。張浚承制以歸州隸夔州路。

是冬，金人犯和尚原，將士乏食自潰，吳璘拔砦棄去。虔賊謝達犯惠州。

三年春正月丁巳朔，帝在臨安，率百官遙拜二帝，不受朝賀。江西將李宗諒誘戍兵叛，寇筠州，統領趙進擊卻之。翟琮入西京，禽僞齊留守孟邦雄。命諸路憲臣兼提舉常平司。庚申，金人犯上津。李橫破潁順軍，僞齊知軍蘭和降。壬戌，金人犯金州洵陽縣。以仇悆爲福建、兩浙、淮東路沿海制置使。癸亥，陳顒圍潮州不下，引兵趨江西。甲子，李橫復潁昌府。乙丑，詔中外刑官各務仁平，臺憲檢察，月具所平反以聞，歲終考察殿最。金人陷金

州，鎮撫使王彥焚積聚，退保西鄉。庚午，罷行在宗正司，命嗣濮王仲湜兼判大宗正事。辛未，震電雨雹。造渾天儀。李通爲其徒王全所殺。壬申，命西外宗正移司福州。癸酉，復祭大火。以湯東野爲淮東安撫使。乙亥，以李橫爲襄陽府、鄧隨郢州鎮撫使。丁丑，登、萊山砦統制范温率部兵泛海來歸。庚辰，詔春秋望祭諸陵。張浚論奏王似不可爲副，因引罪求罷，不報。癸未，詔：民復業者，視墾田多寡定租額賦役。乙酉，減淮、浙鬻鹽錢。

二月丁亥朔，升桂州爲靜江府。己丑，權邦彥薨。浙東賊彭友犯龍泉縣。辛卯，李通餘黨劉德圍舒州。吳玠遇金人于饒風關，王彥自西鄉來會，金人分兵攻關，統制郭仲敗走。丁酉，饒風關破，玠趣西縣，彥奔達州，四川大震。張浚被罷職之命，以諸軍方潰，因秘不行，復具奏審。己亥，金帥撤離曷入興元府，經略使劉子羽焚其城走三泉縣，吳玠退屯仙人關。庚子，以宗子伯琮爲和州防禦使，賜名瑗，尋改貴州。辛丑，蠲廣東諸州被賊民家稅。壬寅，鄭州兵馬鈐轄牛皋、彭玘率兵與李橫會，橫以便宜命皋爲蔡、唐州鎮撫使，玘知汝州。乙巳，翟琮遣統制李吉敗僞齊兵于伊陽，又殲其將梁進之衆。丁未，王似始受宣撫副使之命。戊申，虔賊周十隆犯循、梅、汀州，詔統制趙祥等合兵捕之。庚戌，以李橫爲神武左軍副統制、京西招撫使。改胡舜陟爲淮西安撫使。辛亥，以工部尚書席益參知政事，翰林學士徐俯簽書樞密院事。壬子，王全犯廬州。甲寅，詔守臣至官半年，具上民間利害或邊防

五事。李橫遣人奏潁昌之捷，詔許橫便宜行事。乙卯，劉光世遣酈瓊等屯兵泗州爲李橫聲援。是月，張浚復以王庶爲參謀官，往巴州措置。時金兵深入至金牛鎮，疑有伏，由褒斜谷引兵還興元，吳玠、劉子羽追擊其後，殺獲甚衆。

三月己未，詔岳飛捕虔賊。壬戌，申命統制巨師古部兵萬人屯揚州。胡舜陟至廬州，王全降。甲子，以趙鼎爲江西安撫大使。李橫傳檄諸軍收復東京。己巳，金人遣兵援劉豫，李橫敗走，潁昌復陷。壬午，以韓世忠爲淮南東路宣撫使。李綱遣兵擊降李宗諒，詔戮于市。

夏四月丁亥，朱勝非以母喪去位。僞齊知虢州董震及其統制董先來歸，以震權商、虢、陝州鎮撫使。己丑，詔江東西、湖北、浙西募民佃荒田，蠲三年租。辛卯，以劉光世爲檢校太傅、江南東路宣撫使。金人去興元。壬辰，徙都督府于鎮江。岳飛軍次虔州。甲午，僞齊知唐州胡安中來歸。丙申，僞齊李成攻陷虢州，董先、牛皋奔襄陽。己亥，改謚昭慈獻烈皇后爲昭慈聖獻。復舉五帝日月之祀。庚子，增文武小官奉。辛丑，荆南統制羅廣率兵至鼎州。楊太衆益盛，自號大聖天王，立鍾相少子子義爲太子，廣等不克討而還。丁未，岳飛遣統領張憲、王貴擊彭友，禽斬之。劉忠爲部下王林所殺，傳首行在。戊申，以浙西兵馬鈐轄史康民所部兵爲忠銳第九將。己酉，張浚奏王庶、王似、盧法原威望素輕，乞命劉子羽、吳玠並爲判官，不報。辛亥，徐文叛奔僞齊。

五月丙辰，以翟琮爲河南府、孟汝鄭州鎮撫使，董先爲副使。丁巳，遣樞密計議官任直淸撫諭襄陽、商、虢、河南諸鎮。己未，命楊沂中招捕嚴州盜賊。辛酉，建睦親宅。以董先爲商、虢、陝州鎮撫使。徵河南布衣王忠民爲宣教郎，至行在，辭不受。壬戌，潘致堯還，言金人欲重臣通使以取信，遂寢出師之議。乙丑，罷諸州在任守臣所辟通判。丁卯，以韓肖冑等充金國軍前通問使。安化蠻犯邊，廣西經略使許中發兵擊之。戊辰，楊沂中招降嚴州賊繆羅等，捕斬其徒百人，魔賊平。庚午，以岳州數被兵，免今年稅役。壬申，詔守、令、尉、佐，境內妖民聚集不能覺察致亂者，並坐罪。知建昌軍朱芾討南豐縣賊，禽誅其魁黃琛。乙亥，以方與金國議和，禁邊兵犯齊境。丙子，王彥復金州，金兵棄均、房去。韓世忠請以大軍還鎮江。己卯，詔淮南統制解元戍泗州，餘屯江北。周隨亭、李愿宣押王似、盧法原至閬州，張浚始解使事。時已論金牛之功，以吳玠爲利州路、階成鳳州制置使，劉子羽爲寶文閣直學士，王彥爲保大軍承宣使，僚屬將帥第賞有差。庚辰，浚及子羽、王庶、劉錫等赴行在。詔李橫等收軍還鎮。辛巳，罷宣撫司便宜黜陟。

六月甲申朔，統制巨師古坐違韓世忠節制，除名，廣州編管。丙戌，復置六部架閣庫。丁亥，禁諸路招納淮北人及中原軍來歸者。戊子，復元祐宰相呂大防官職，贈謚。庚寅，詔

降川、陝死罪囚，釋流以下。賞吳玠、關師古將士。壬辰，張浚至綿州，復奏王似不可任。甲午，命王𤫉率諸軍討楊太。己亥，罷沿海制置司。丁未，置國子監及博士弟子員。戊申，以王林所部兵爲忠銳第十將。己酉，岳飛自虔州班師。辛亥，發兵屯駐虔、廣二州，彈壓盜賊，州各三千人。是月，金人圍方山原，王似命吳玠發兵救之。

秋七月己未，復置博學宏詞科。初許任子就試。甲子，以久旱，償州縣和市民物之直。丁卯，詔訪求累朝勳臣曹彬等三百人子孫，以備錄用。戊辰，王𤫉以舟師發行在。己巳，詔減膳，禁屠，弛工役，罷苛嬈，命兩浙及諸路憲臣親按部錄囚。辛未，蠲紹興二年和市紬帛。癸酉，呂頤浩等以旱乞罷政，帝賜詔曰：「與其去位，曷若同寅協恭，交修不逮，思所以克厭天心者。」頤浩等乃復視事。乙亥，朱勝非起復。丙子，泉州水溢壞城。丁丑，遣中使逆趣張浚于道。是月，四川霖雨，地震。

八月己丑，詔岳飛赴行在，留精兵萬人戍江州。翟琮率兵突圍奔襄陽，詔屯駐其地。癸卯，罷諸路輸禁軍闕額錢。甲辰，以雨暘不時，蘇、湖地震，求直言。乙巳，復置史館修撰、直館檢討官，命郎官兼領著作郎及佐郎。戊申，罷都轉運司。己酉，詔：湖南丁米三分之二均取于民田，其一取之丁口。辛亥，孟庾自軍中來朝。

九月戊午，呂頤浩罷。詔：凡遇水旱災異，監司、郡守卽具奏毋隱。庚申，岳飛自江州來

朝。川、陝統領官吳勝敗僞齊兵于黃堆砦。丙寅，以趙鼎爲江西安撫制置大使。壬申，詔中書舍人、給事中，凡制敕非軍期機速，必先書押而後報行。甲戌，僞齊王彥先寇徐、宿二州。乙亥，以劉光世爲江東、淮西宣撫使，置司池州；韓世忠爲鎭江建康府、淮南東路宣撫使，置司鎭江府；王𤫉爲荆南府、岳鄂潭鼎澧黃州、漢陽軍制置使，置司鄂州；岳飛爲江南西路、舒蘄州制置使，置司江州；主管殿前司郭仲荀知明州，兼沿海制置使；神武中軍統制楊沂中兼權殿前司。己卯，吳勝克蓮花城。

冬十月癸未，朱勝非上重修吏部七司敕令格式。庚寅，加吳玠檢校少保。壬辰，趣王𤫉進兵。詔寬私鹽重法。甲午，卻大理國入貢。丁酉，殘破州縣視戶口增損立守令考課法。己亥，禁州縣擅增置稅場。僞齊李成陷鄧州。辛丑，南丹蠻莫公晟圍觀州，焚寶積監，殺知監陳烈。壬寅，僞齊兵逼襄陽，李橫以糧盡棄城奔荆南，知隨州李道亦棄城去。甲辰，王𤫉討湖賊，戰于鼎口，不利。僞齊陷郢州，守臣李簡棄城去。申禁私役戰士。丁未，命三省除銓曹姦弊。戊辰，罷諸路類省試。統制石世達及杜湛合兵大破湖賊黃誠于龍陽洲。庚戌，復置宗正少卿及寺監諸丞。是月，王彥先引兵至北壽春，將渡淮。劉光世駐軍建康，扼馬家渡；又遣酈瓊駐無爲軍，爲廬、濠聲援。賊乃還。

十一月己未，以右文殿修撰王倫爲都督府參議官。癸亥，詔監司、帥守察內外宗子病

民害政者以聞。崔增、吳全遇湖賊于陽武口，死之。甲子，韓肖胄等使還。乙丑，禁沿淮諸砦兵擅侵齊境。庚午，臨安府火。甲戌，禁掠賣生口入蠻夷峽峒及以銅錢出中國。乙亥，復元祐十科舉士法。丁丑，命賓、橫、宜、觀四州市戰馬。戊寅，王𤫉自鼎州引兵還鄂，留統領王渥等四軍聽程昌寓節制。己卯，蠲南劍州所負民間獻納錢十六萬緡。省淮南州縣文武官。

十二月辛巳朔，降敕書撫諭吳玠及川、陝將士。乙酉，臨安府火。戊子，又火。朱勝非以屢火求罷，不允。丙申，王似承制廢通遠軍。己酉，金國元帥府遣李永壽、王翊來見。

是歲，海寇黎盛犯潮州，焚民居毀城去。

四年春正月辛亥朔，帝在臨安，率百官遙拜二帝。乙卯，增淮、浙路鹽鈔貼納錢。遣章誼等爲金國通問使。己未，程昌寓遣杜湛、王渥攻楊太皮眞砦，破之。己巳，詔諭王似、盧法原、吳玠，使之協和。金人犯宕昌、臨江砦及花石峽，關師古遣統領劉戬分兵拒卻之。庚午，詔諸路將帥毋以兩國通使輒弛邊備，淮南州郡津渡尤愼譏察。甲戌，罷州縣新置弓手。乙亥，蠲循、梅、潮、惠四州被兵家租賦。丙子，申敕三省、樞密院，除官並遵舊制，毋相侵紊，除拜、罷免皆明示黜陟之由。戊寅，金人犯神坌砦，沿北嶺至大散關。臨安府火。己卯，韓肖胄罷。

二月壬午，詔：贓罪至死者仍籍其貲。癸未，作建康府行宮。席益罷。乙酉，以徐俯兼參知政事。丙戌，禁川、陝諸將招納北軍。湖北軍賊檀成犯長陽縣，解潛遣統領胡勉捕斬之。羣盜田政自襄陽犯峽州。己丑，解潛遣統制王恪擊政，斬之。庚寅，金人犯兩當縣。乙未，詔孟庾赴行在。己亥，詔三衙管軍及將帥觀察使以上，舉忠勇智略可自代者一人。辛丑，金人犯仙人關。癸卯，詔權以射殿爲景靈宮，四時設位朝獻。丙午，張浚入見。

三月辛亥朔，吳玠率楊政、吳璘、田晟、王喜諸將與兀朮戰于仙人關，大敗之。兀朮遁去。戊午，雨雹。以趙鼎參知政事。壬戌，孟庾至行在，罷都督府，以其兵屬張俊。乙丑，張浚以資政殿大學士罷，尋落職奉祠，福州居住。己巳，蠲淮南州縣民租一年。辛未，日有靑赤黃氣。編次建炎以來詔旨，頒諸路。癸酉，蠲興元府、洋州被兵家稅役二年。丙子，以王似爲資政殿學士、川陝宣撫使，盧法原爲端明殿學士與吳玠並充副使，關師古爲熙河蘭鄜路安撫制置使。

夏四月庚辰朔，命趙開再任總領四川財賦。詔諭川、陝官吏兵民，以張浚失措當示遠竄，猶嘉其所用吳玠等能禦大敵，許國一心，止從薄責。仍令宣撫司講求諮訪，凡擾民咈衆之事，速蠲革之。癸未，劉子羽白州安置。乙酉，詔明堂用皇祐典禮，兼祀天皇大帝、神州

地祇以下諸神。丙戌，吳玠敗金兵，復鳳、秦、隴州。詔：特旨處死情法不相當者，許大理奏審。蠲淮南州軍上供錢一年。庚寅，置孳生牧馬監于臨安府。甲午，罷廣西提舉茶鹽司。關師古叛，以洮、岷二州降僞齊，吳玠併將師古軍。乙未，詔諸路歲上戶口。丁酉，罷諸州回易庫。庚子，命劉光世遣兵巡邊。辛丑，保靜州夷人入貢。丙午，徐俯罷。是月，王似承制廢符陽軍。知壽春府羅興叛降僞齊。

五月庚戌朔，以岳飛兼黃復二州、漢陽軍、德安府制置使。癸丑，以范冲爲宗正少卿兼直史館，重修神宗哲宗正史、實錄。甲寅，詔淮南帥臣兼營田使，守令以下兼管營田。岳飛復郢州，斬僞齊守荆超。甲子，以孟庾兼權樞密院事。乙丑，賜李橫軍絹萬匹。丙寅，李成棄襄陽去，岳飛復取之。金人攻金州，鎭撫使王彥遣統制許青等與戰于漢陰，敗之。罷諸縣武尉。壬申，裁省三省、樞密細務，責六曹長貳專決。癸酉，以國史日曆所爲史館。僞齊收李成餘衆，益兵駐新野，岳飛與別將王萬夾擊，復大敗之。乙亥，王彥數敗金兵于洵陽縣。丙子，復選宗室子彥之子伯玖育于禁中。

六月壬申，復命川、陝類試。乙未，太白晝見經天。戊戌，詔神武軍、神武副軍統制、統領官並隸樞密院。庚子，以霖雨罷不急之役。壬寅，詔三省、樞密院，凡奉干請墨敕，許執奏不行。置史館校勘官。作明堂行禮殿于教場。甲辰，禁諸軍彊刺平人爲兵，已刺者皆釋之。

吳玠乞宮觀，不允。是月，熒惑犯南斗。岳飛將牛皋復隨州，執僞齊守王嵩磔之。

秋七月戊申朔，曲赦虔州。以吏部尚書胡松年簽書樞密院事。庚戌，以湖南安撫席益爲安撫制置大使。建昌軍軍卒修達等作亂，殺守臣劉滂，江西制置使胡世將遣參謀侯懋、統制丘贇討之。壬子，命吳玠通信夏國。癸丑，湖賊楊欽等破社木砦，官軍敗卻，小將許筌戰歿。丙辰，賞仙人關之功，以吳玠爲檢校少師、奉寧保靜軍節度使，吳璘、楊政以下論賞有差。丁巳，命左右司歲考郎官功過治狀以爲賞罰。庚申，復曲端、趙哲官。壬戌，岳飛遣統制王貴、張憲擊敗李成及金兵于鄧州之西，復鄧州，禽其將高仲。丙寅，侯懋引兵入建昌軍，執修達等十三人斬之。罷建州臘茶綱。詔江東安撫司招水軍千五百人。己巳，湖賊萬餘人詣鼎、澧二州降。劉光世來朝。庚午，王貴、張憲破金、齊兵，復唐州及信陽軍，襄漢悉平。辛未，章誼、孫近使還入見，粘罕致書約淮南毋得屯兵。

八月庚辰，以趙鼎知樞密院事，充川、陝宣撫處置使。湖賊夏誠等犯枝江縣，解潛遣將蔣定舟與戰，敗之。辛巳，吳玠遣統領姚仲攻隴城縣，克之。壬午，王𤫊以討賊無功，降光州觀察使。戊子，改命趙鼎都督川、陝、荆、襄諸軍事。乙未，遣魏良臣等充金國通問使。丙申，毀王安石舒王告。己亥，周十隆出降，爲官軍所掠，復遁去，犯汀、循州。壬寅，王似罷。以岳飛爲清遠軍節度使、湖北荆襄潭州制置使，代王𤫊討湖賊。癸卯，以襄陽府、隨郢唐鄧州、信陽軍六郡爲襄陽府路。

九月戊申，減淮、浙路鹽鈔所增貼納錢。壬子，夏誠遣將李全功犯公安軍，解潛遣統制林聞等擊斬之。安定郡王令時薨。辛酉，合祭天地于明堂，大赦，蠲襄陽等六郡三年租稅。庚午，朱勝非罷。金、齊合兵自淮陽分道來犯。壬申，渡淮，楚州守臣樊敘棄城去。韓世忠自承州退保鎭江府。癸酉，以趙鼎爲尚書右僕射、同中書門下平章事兼知樞密院事，吏部尚書沈與求參知政事。

冬十月丙子朔，與趙鼎定策親征，命張俊以軍援淮東〔七〕，劉光世移軍建康，車駕擇日進發。丁丑，以孟庾爲行宮留守，留統制王進一軍及神武中軍五百人隸之。百司不預軍旅之務者聽從便避兵。己卯，韓世忠自鎭江率兵復如揚州。金人犯滁州。以張俊爲浙西、江東宣撫使〔八〕。金人圍亳州。席益遣統制吳錫率兵討徭賊楊再興，大破之。壬午，僞齊兵犯安豐縣。癸未，復以張浚爲資政殿學士、提舉萬壽觀兼侍讀。甲申，復以王𤫊爲建武軍承宣使、江西沿江制置使。丙戌，命胡松年詣江上會諸將議進兵。戊子，韓世忠邀擊金人于大儀鎭，敗之，又遣將董旼敗之于天長縣鴉口橋。己丑，金人攻承州，韓世忠遣將成閔、解元合兵擊于北門，敗之。金人圍濠州。甲午，遣秘書正字楊晨持詔撫諭四川。遣侍御史魏矼、監察御史田如鼇詣劉光世、張俊軍中計事，光世始移軍太平州。丙申，命後宮自溫州泛

海如泉州。金人陷濠州，守臣寇宏棄城走。丁酉，詔州縣團教弓手、土兵。戊戌，帝御舟發臨安，劉錫、楊沂中以禁兵扈從。己亥，韓世忠捷奏至，命收瘞戰死將士，仍令胡松年致祭。庚子，張俊率兵發鎭江〔九〕，如建康。壬寅，帝次平江。加贈陳東、歐陽澈秘閣修撰官，其子孫二人各賜田十頃，且追咎汪伯彥落觀文殿學士，黃潛善更不追復。命韓世忠、楊沂中分兵控扼沿海要地。癸卯，焚決淮東閘堰。賜扈從諸軍錢。乙巳，仇悆遣將孫暉擊金人于壽春，敗之，復霍丘、安豐二縣。是月，借江、浙坊場錢一界，以備軍費。

十一月戊申，太白晝見。庚戌，賞承州水砦首領徐康等要擊金兵之功，轉官有差，仍蠲承、楚、泰州水砦民兵賦役十年。置沿江烽火，放浙東諸郡防城丁夫。壬子，始下詔聲劉豫逆罪，諭親討之旨，以厲六師。吳玠遣統制楊從儀等率兵敗金人于臘家城。癸丑，玠乞納節贖劉子羽罪，遂聽子羽自便。金人入光州。甲寅，僞齊知光州許約破石額山砦，遂據之。乙卯，韓世忠遣兵夜劫金人營于承州，破之。金人犯六合縣；丙辰，掠全椒縣三城湖。丁巳，戒諸路大小臣僚借貸催科縱吏姦擾民，及務絕盜賊之伺隙者。命董旼、趙康直總領淮東水砦。戊午，以胡松年兼權參知政事。金人陷滁州。劉光世移軍建康，韓世忠移軍鎭江，張俊移軍常州〔一〇〕。己未，復命張浚知樞密院事，以其盡忠竭節詔諭中外。庚申，宴犒守江將士。癸亥，劉光世遣統制王德擊金人于滁州之桑根，敗之。揭黃牓招諭湖賊。甲子，命滁、和諸州移治保聚。乙丑，金人犯滁口。己巳，劉光世遣統制王師晟等率兵夜入南壽春府襲金人，敗之，執僞齊知府王靖。廣賊區稠圍韶州樂昌縣，鈐轄韓京遣兵擊斬之。詔張浚視師江上。

十二月乙亥朔，魏良臣、王繪還自泗州軍前入見。戊寅，命都督府右軍統制李貴部兵屯扼福山鎭。辛巳，命中軍統制王進屯兵泰州，防拓通、泰。壬午，以樞密都承旨馬擴爲江西沿江制置副使。丙戌，吳倫遣兵攻臘家城，破之。丁亥，聽兩淮避兵民耕種所在閑田。壬辰，金、齊兵逼廬州，仇悆嬰城固守，岳飛所遣統制徐慶、牛皋援兵適至，敗走之。劉光世亦遣統制靳賽戰于愼縣。張俊遣統制張宗顏擊敗金人于六合〔一一〕。詔江、浙、荆湖十四郡各募水軍五百人，名橫江軍。兩浙十郡沿江海州縣招捕巡檢土軍。甲午，程昌寓遣杜湛、彭筠合擊楊欽，破之。己亥，以來年正旦日食，下詔修闕政，求直言。庚子，金人退師。辛丑，詔葬祭浙西、江東二軍之死事者。壬寅，省淮南轉運司。遣胡松年往常熟縣、江陰軍沿江計議軍事。癸卯，金人去滁州。

校勘記

〔一〕張浚　原作「張俊」，據本書卷三六一張浚傳、繫年要錄卷五一改。

二十四史

中華書局

〔二〕罷後苑工作　繫年要錄卷五三、中興聖政卷一一都作「罷後苑作」。「工」字疑衍。據宋會要職官三六之七二，後苑造作所于「咸平三年併于後苑作，改今名」。「後苑造作所」後來亦稱「後苑作」。

〔三〕提轄權貨務張純峻立淮浙鹽法　「峻」，原作「浚」，義不可通，繫年要錄卷五八、中興聖政卷一二都作用張純議「峻更鹽法」，可見「浚」乃「峻」字之訛，據改。

〔四〕綱入潭州其黨郝晸降王進　據繫年要錄卷六〇，李綱入潭州，「又遣統制官郝晸降潰將王進於湘鄉」。宋史全文卷一八同。此句「黨」字疑「將」字之誤。

〔五〕吳錫禽王浚　「王浚」，繫年要錄卷六〇、中興聖政卷一二、宋史全文卷一八都作「王俊」。

〔六〕江西兵馬副鈐轄張忠彥坐縱暴不法　「張忠彥」，原作「張中彥」。按張中彥建炎末年已于陝西降金，這時不在宋朝，此處應是張忠彥。據中興小紀卷一三改。

〔七〕命張俊以軍援淮東　「張俊」，原作「張浚」，按本卷上文張浚已於三月落職奉祠，福州居住，此時不可能再出援淮東。據繫年要錄卷八一、宋史全文卷一九改。

〔八〕以張俊爲浙西江東宣撫使　「張俊」，原作「張浚」，據本書卷三六九本傳、繫年要錄卷八一改。下文甲午條「張俊」同。

〔九〕張俊率兵發鎭江　「張俊」，原作「張浚」，按北盟會編卷一六四：「金人在淮甸，張俊軍鎭江府。」據改。

〔一〇〕張俊移軍常州　「張俊」，原作「張浚」，據繫年要錄卷八二、北盟會編卷一六五改。

〔一一〕張俊遣統制張宗顏擊敗金人于六合　「張俊」，原作「張浚」，據繫年要錄卷八三、北盟會編卷一六五改。

宋史卷二十八

本紀第二十八

高宗五

五年春正月乙巳朔，日有食之。帝在平江府。金人去濠州。丁未，戒諸軍戰陳毋殺中原民籍充金兵者。命鬻官田宅輸錢專充軍費。戊申，進廬、泰二州守禦官屬各一官。己酉，詔前宰執呂頤浩等十九人及行在職事官各條上攻戰備禦措置綏懷之策。免淮南官吏去職之罪，仍令還任。承州水砦統領仲諒復入楚州。庚戌，張俊〔一〕遣統領楊忠閔、王進夾擊金人于淮南岸，敗之，降其將程師回、張延壽。辛亥，淮東統制崔德明襲敗金兵于盱眙。召張浚赴行在。乙卯，浚入見。賞沿江監司、帥臣供億之勞，各進官一等。戊午，趣修建康行宫。己未，詔減淮南諸州雜犯死罪，釋流以下囚。庚申，置諸州軍教場，選兵專習弓弩，立格按試。辛酉，蹭殿中侍御史馬伸左諫議大夫。韓世忠、劉光世、張俊入見。壬戌，以世

忠爲少保、淮東宣撫使，駐鎭江；光世少保、淮西宣撫使，駐太平；俊開府儀同三司、江東宣撫使，駐建康。甲子，酈瓊復光州，降其守許約。乙丑，罷淮南茶鹽提刑司，置提點兩路公事官一員，兼領刑獄、茶鹽、漕運、市易事。淮西要會州軍並置市易務。戊辰，詔川、陝宣撫司招諭陷賊官民。庚午，命王進合江西、廣東諸將兵討周十隆。海賊朱聰犯廣州，又犯泉州。壬申，劉光世、韓世忠、張俊入辭，命升殿，以光世、世忠有隙，賜酒諭釋之，皆感激奉詔。癸酉，僞齊知亳州馬秦〔二〕犯光州，權州事王莘率兵拒之。是月，金主晟殂，旻之孫亶立。岳飛自池州入朝。

二月丙子，以飛爲鎭寧、崇信軍節度使。命常州布衣陳得一造新曆。丁丑，帝發平江。戊寅，遣權太常少卿張銖奉迎太廟神主于溫州。壬午，帝至臨安，進扈從官吏秩一等。丙戌，以趙鼎爲左僕射，張浚右僕射，並同中書門下平章事兼知樞密院事，都督諸路軍馬。岳飛爲荆湖南北、襄陽府路制置使，將兵平湖賊楊太。丁亥，吳璘、楊政攻拔秦州，執僞齊守胡宣，金帥撒離曷來援，政復擊敗之。己丑，詔建太廟。壬辰，命張浚詣江上措置邊防，詔諭諸路宣撫制置司，示以專任之旨。以右司諫趙霈論奏得體，賜三品服。丁酉，進執政官秩一等，以賞防秋之功。戊戌，詔淮南宣撫司撫存淮北來歸官吏軍民。己亥，直史館范沖上神宗實錄考異。庚子，詔翰林學士孫近、胡交修類編臣僚條具利害章疏以聞。甲辰，蠲

中華書局

湖南路上供三年。是月,僞齊商元寇信陽軍,守臣舒繼明被禽,死之。

閏月乙巳朔,雨雹。丁未,胡松年罷。戊申,雪。己酉,留四川上供銀帛就充軍費。乙卯,以孟庾、沈與求並兼權樞密院事。丙辰,併諸路提舉常平入茶鹽司。罷福建鑄錢,令轉運坑冶司辦集。丁巳,撒離曷欲犯秦州,吳玠遣部將牛皓伺之,遇于瓦吾谷,戰死。癸亥,海賊陳感犯雷州,官軍屢敗。丁卯,王𤫊罷。命戶部尚書章誼措置財用,孟庾提領,號總制司。命川、陝宣撫司幕僚攝司事,仍權節制軍馬。戊辰,置路分總管,以處閑退武臣。辛未,復置宗正丞,掌修屬籍。再蠲荆南府、歸峽二州、荆門公安二軍歲貢上供二年。

三月甲戌朔,以王𤫊貪縱不武,敗師誤國,責授濠州團練使。丙子,遣樞密計議官呂用中等分使兩浙、江東西路檢察經、總制司財用。丁丑,詔侍從至監察御史、館職已上,在內館職、在外侍從官、監司、帥守,各舉所知充監司、守令,尋命館職專舉縣令。己卯,以韓世忠兼鎭江府宣撫使,劉光世兼太平州宣撫使。壬午,以都督府參議軍事邵溥兼權川、陝宣撫副使。罷御前軍器所提舉官,併隸工部。壬辰,命廣東、福建路招捕朱聰。乙未,初榷鉛、錫。張浚親討湖賊。丁酉,復移浙西安撫司于臨安府。庚子,罷饒州牧馬監。

夏四月丙午,貴池縣丞黃大本坐枉法贓,杖脊刺配南雄州。丁未,遣司農丞蓋諒持詔撫諭川、陝。召解潛赴行在,王彥知荆南府,諸鎭撫使至是盡罷。戊申,太廟神主至自溫

州。己酉,以審量濫賞,追左銀青光祿大夫王序八官及職名,仍改正出身。庚戌,詔:內侍遇特恩轉官,止武功郎。壬子,訪得周後柴叔夏襲封崇義公。戊午,奉安太廟神主。己未,更免役保正長法。甲子,太上皇帝崩于五國城。丙寅,帝卽射殿,行朝獻景靈宮之禮,始以惠恭皇后祔祭。募民耕營田,官給牛、種。庚午,省四川添差官。辛未,以諸路稅賦畸零增收錢專充上供。是月,龍圖閣直學士致仕楊時卒。

五月乙亥,初謁太廟。庚辰,命邵溥、吳玠裁省四川冗官浮費。辛巳,名行宮新作書院爲資善堂。遣何蘚[三]等奉使金國,通問二帝。中書舍人胡寅言,國家與金世讎,無通使之義。張浚奏:「使事兵家機權,後將闢地復土,終歸於和,未可遽絕。」乃遣行。丁亥,立殘破州縣守令勸民墾田及抛荒殿最格。己丑,以孟庾知樞密院事。壬辰,召張浚還行在。丁酉,詔浚提舉詳定一司敕令。戊戌,以貴州防禦使瑗爲保慶軍節度使,封建國公。徽猷閣待制范沖兼資善堂翊善,起居郎朱震兼贊讀。以盛暑命監司行部慮囚。己亥,岳飛軍次鼎州。庚子,周十隆降。辛丑,命川、陝訪求元祐黨人子孫。

六月甲辰,封武經大夫令𥑮爲安定郡王。湖賊楊欽、全琮、劉詵相繼率衆詣岳飛降。乙巳,名新曆曰統元。丁未,併饒州鑄錢司于虔州。己酉,命建國公瑗出就資善堂聽讀,拜范沖、朱震。出內帑錢賜宗室貧者。壬子,復省淮南州縣冗官。癸丑,以久旱減膳、祈禱;禁諸路科率,自租稅、和市、軍須外皆罷。岳飛急攻湖賊水砦,賊將陳瑫降,楊太赴水死,餘黨劉衡等皆降。飛急擊夏誠,斬之。丁巳,湖賊黃誠斬楊太首,挾鍾子儀、周倫詣都督府降,湖湘悉平,得戶二萬七千,悉遣歸業。戊午,減福建貢茶歲額之半。庚申,以旱罷諸路檢察財用官。丁卯,以賊平,免沿湖民前二年逋租。己巳,罷福建諸州槍仗手。

秋七月壬申朔,以仇悆爲沿海制置使。甲戌,免蘄州上供及租稅三年。戊寅,獎諭岳飛,撫勞將士,趣張浚還朝。己卯,孟庾罷,以沈與求兼權樞密院事及措置財用。壬午,以金、均、房州隸襄陽府路。僞齊兵寇湖陽縣,執唐州守臣高青,復釋之。丁亥,賜宇文虛中家福建田十頃。甲午,詔殘破州縣親民官,計到、罷之日戶口考殿最。韓世忠復鎭淮軍,禽僞齊守王拱。丙申,蠲湖南路上供米三年及秋租之半。丁酉,置高峯、王口二砦都巡檢使,益兵戍之。

八月壬寅朔,罷荆南營田司,令安撫司措置官兵耕種。甲辰,定館職額爲十八員。壬子,詔淮南山水砦都巡檢各聽守令節制。癸丑,蠲福建州軍借撥常平錢米。己未,下詔示章惇、蔡卞誣宣仁聖烈皇后之罪,追貶惇昭化軍節度副使,卞單州團練副使,子孫不許在朝。命廣宮學,教內外宗子。辛酉,詔淮南、襄陽府等路團結民社。丙寅,以諸盜平,減湖廣、江西二十二州雜犯死罪,釋徒、杖以下囚。海賊朱聰降,命補水軍統領。是月,僞齊陷

光州。

九月辛未朔,罷總制司所增收頭子等諸色錢。乙亥,賜禮部進士汪洋以下二百二十人及第、出身。唱名始遵故典,令館職侍立殿上。壬午,加岳飛檢校少保。僞齊兵寇固始縣,統領華旺[四]拒戰卻之,尋復光州。甲申,命沿海州軍籍海船,分守要害。乙酉,趙鼎上重修神宗實錄。壬辰,詔元符上書邪等范柔中等二十七人各官一子。以解潛部兵三千隸馬軍司。甲午,周十隆復叛,犯汀州。戊戌,遣統領王進、李貴討之。

冬十月庚戌,張浚入見。乙卯,以席益爲四川制置大使,位宣撫副使上,州軍兵馬並隸大使司,邊防重事仍令宣撫司處置。李綱爲江西制置大使[五],呂頤浩爲湖南制置大使。戊午,詔川、陝類試合格第一人依殿試第三人例推恩,餘並同賜進士出身;特奏名進士命宣撫選官試時務策。澧州賊雷德進[六]降。乙丑,僞齊兵寇漣水軍,韓世忠遣統制呼延通等逆擊,敗之。

十一月庚午朔,初置節度使以下金字牙符,命都督府掌之,給將帥立戰功者。命州縣賣戶帖以助軍費。癸酉,詔:守臣死節昭著者,毋限品秩,並賜謚。乙亥,徵和靖處士尹焞于涪州,命爲崇政殿說書。戊寅,郊。辛巳,復置淮南提舉鹽事官。壬午,出宮女三十人。甲申,權減宰執及行在官吏奉。乙酉,以趙開爲四川都轉運使。丙戌,命張浚視師荆、襄、

川、陝。戊子，知衡州裴廩坐調夫築城凍死二千餘人，除名，嶺南高州編管。乙未，出內帑綿絹賜宗室。丁酉，罷催稅戶長。

十二月己亥朔，以岳飛爲荊湖南北、襄陽府路、蘄黃州招討使。楊沂中權主管殿前司，併統神武中軍。庚子，改神武四軍及巡衞軍號行營五護軍。辛丑，以都督府兵隸三衙。命左右司、樞密院檢詳官參考中興已行條例，修爲定法。乙巳，禁服用翠羽。己酉，免侍從官輪對。庚戌，汰橫江水軍三之一。癸丑，命兩淮、川陝、荊襄、荊南諸帥府參謀官各一員提點屯田。癸亥，禁川陝州縣官悉用川陝人。丙寅，都督府遣參議軍事劉子羽、主管機宜文字熊彥詩撫諭川陝，且察邊備虛實。戊辰，夜雨雹。

六年春正月辛未，蠲貧民戶帖錢之半，無物產者悉除之。癸酉，命給事中、中書舍人甄別元祐黨籍。乙亥，以內重外輕，命省臺、寺監及監司、守令居職及二年者，許更迭出入除擢。丁丑，詔：凡入粟補官者，毋授親民刑法之職。壬午，賜宗子伯玖名璩，爲和州防禦使。罷綿州宣撫副使，命吳玠專治兵事。罷御史平反刑獄賞。丙戌，張浚視師荊襄，入辭。己丑，安定郡王令衎薨。庚寅，還預借坊場錢。辛卯，詔：監司、帥臣慢令失職者，令張浚黜陟以聞。甲午，振江、湖、福建、浙東饑民，命監司、帥臣分選僚屬及提舉常平官躬行檢察。戊戌，命

鬻通直郎、閤門宣贊舍人以下官。

二月庚子，以諸路宣撫制置大使並兼營田大使，宣撫副使、招討安撫使並兼營田使。壬寅，雨雪。改江、淮屯田爲營田。甲辰，置行在交子務，印交子錢引給諸路，令公私同見錢行用。戊申，岳飛入見。復以襄陽府路爲京西南路。辛亥，詔張浚暫赴行在奏事。甲寅，以兵部尚書、都督府參謀折彥質簽書樞密院事。乙卯，韓世忠引兵攻宿遷縣，統制呼延通與金兵戰，敗之，禽其將孛堇牙合。澧州賊徒伍俊殺雷德進，持其首詣鼎州降。丙辰，韓世忠圍淮陽軍。復置諸路市易務。戊午，命楊沂中以兵萬人聽都督行府調遣。己未，遣戶部侍郎劉寧止如鎭江府，總領三宣撫司錢糧。辛酉，兀朮救淮陽，韓世忠引兵歸楚州。壬戌，以折彥質兼權參知政事。癸亥，沈與求罷。李綱入見。是月，張浚至江上會諸將議事，命張俊進屯盱眙。

三月戊辰朔，初收官告綾紙錢。名金、均、房州民兵曰保勝〔七〕，又命招刺三千人賜名必勝軍。己巳，以韓世忠爲京東、淮東路宣撫處置使，岳飛爲京西、湖北路宣撫副使。辛未，蠲旱傷州縣民積欠錢帛租稅。己卯，趣岳飛如鄂州措置軍事。辛巳，以樞密副都承旨馬擴爲沿海制置副使。壬午，金、齊兵犯漣水軍，韓世忠擊敗之。壬辰，寬四川災傷州縣戶帖錢之半。

夏四月戊戌朔，湖南賊黃旺犯桂陽監。甲辰，僞齊兵陷唐州，團練判官扈舉臣、推官張從之等皆死。岳飛以母喪去官。丙午，詔飛起復。己酉，詔：「文武臣僚能決勝強敵恢復境土者，賜功臣號。」庚戌，始訓諸宗子名。甲寅，賞淮陽功，呼延通等進官有差，餘受賞者凡萬七千人。劉光世遣副統制王師晟、酈瓊襲僞齊兵于劉龍城，破之，禽其統制華知剛。己未，命福建安撫司發水軍討海賊鄭慶。辛酉，禁四川伐並邊山林。甲子，以韓世忠爲橫海、武寧、安化軍節度使，號揚武翊運功臣。除商旅緡錢稅。丙寅，復行在官吏奉。蠲東京民渡淮南商販之稅。

五月戊辰朔〔八〕，禁以鹿胎爲冠。癸酉，詔：「未經上殿臣僚，先令三省審察，然後引對。」戊寅，以四川監司地遠玩法，應有違戾，令制置大使按劾。壬午，詔大理寺議獄不合，即詣刑部關決，刑部不能定，同赴都堂稟議。賜吳玠四川戶帖錢十萬緡犒軍。癸未，禁淮南州縣收額外雜色租。乙酉，改交子爲關子，罷交子務。庚寅，以劉光世爲保靜、寧武、寧國軍節度使。壬辰，以張俊進屯盱眙，改崇信、奉寧軍節度使。甲午，禁銷錢及私鑄銅器。丙申，詔監司慮囚不能徧及者，聽遣官，著爲令。

六月乙巳夜〔九〕，地震。己酉，求直言。甲寅，張浚渡江撫淮上諸屯。命劉光世自當塗進屯廬州，岳飛自九江進屯襄陽，楊沂中屯泗州。戊午，詔兩淮沿江守臣並以三年爲任。

辛酉，封集英殿修撰令懬爲安定郡王。

秋七月壬申，以司農少卿樊賓提領營田公事。癸未，詔張浚暫赴行在。癸巳，罷川陝便宜差遣監司、守貳。以金州隸川陝路，均、房二州隸京西南路。郭浩爲永興軍路經略安撫使兼知金州，閤門宣贊舍人邵隆知商州，聽浩節制，經理商、虢。是月，劉光世復壽春府。

八月己亥，范宗尹薨。庚子，賜左司諫陳公輔三品服。癸卯，以徽猷閣直學士李迨爲四川都轉運使。甲辰，詔諭將士將親征。岳飛遣統制牛皋破僞齊鎭汝軍，禽其守薛亨。乙巳，命權殿前司解潛等帥精兵扈從，主管步軍司邊順留兵守臨安，知臨安府梁汝嘉爲巡幸隨軍都轉運使。丁未，以秦檜爲醴泉觀使兼侍讀、行宮留守，孟庾提舉萬壽觀兼侍讀、同留守。戊申，岳飛遣將楊再興復西京長水縣。己酉，命秦檜、孟庾權參決尚書省、樞密院事。庚戌，蠲虔州殘破諸縣逋負、梅州夏秋兩稅。聽廣東經略安撫司便宜措置盜賊。辛亥，奉神主發臨安。丁巳，權罷經筵進講。己未，預借江、浙民來年夏稅紬帛，折米輸官。庚申，增給職事官米月三斛。是月，張俊城盱眙，進屯泗州。岳飛及僞齊李成、孔彥舟迹戰至蔡州，克之，僞守劉永壽舉城降。

九月丙寅朔，帝發臨安。岳飛遣統制王貴、郝晸、董先復虢州盧氏縣。癸酉，帝次平

江。戊寅，命職事官日一員輪對。壬午，岳飛以孤軍無援，復還鄂州。癸未，權奉安神主于平江能仁寺。戊子，以戶部郎官霍蠡總領岳飛軍錢糧。庚寅，張浚入奏，復如鎭江。辛卯，立賊徒相招首罪賞格。賞鎭淮軍功，進統制王德等官。是月，劉豫聞親征，告急于金主亶求援，亶不許，豫自起兵三十萬，命子麟趣合肥，姪猊出渦口，引兵分道入寇。

冬十月丙申，招西北流寓人補闕額禁軍。丁酉，裁定淮南路租額。劉麟寇淮西，張俊遣楊沂中、張宗顏等分兵禦之。戊戌，沂中至濠州，劉光世已棄廬州而南，浚遣人督還，光世不得已駐兵應沂中，遣統制王德、酈瓊及賊將崔皋、賈澤、王遇戰，皆敗之。賊兵攻壽春府芍陂砦，守臣孫暉拒戰，又敗之。辛丑，罷四川監酒官百餘員。壬寅，以梁汝嘉兼浙西、淮東沿海制置使，前護副軍都統制王彥副之。癸卯，趙鼎請降敕諭張浚，令光世、沂中及張俊全軍引還，爲防江之計。甲辰，又詔浚督將士僇力破賊，皆未達。劉猊犯定遠縣，沂中進戰，大敗之于藕塘，猊挺身遁，麟在順昌聞之，拔砦去。劉光世遣王德及沂中追麟至南壽春而還。孔彥舟亦解光州圍而去。戊申，命解潛遣兵千人守青龍港口。癸丑，張俊、楊沂中引兵攻壽春府，不克而還。乙卯，詔諸軍所俘人民給錢米遣歸。丁巳，惠州軍賊曾袞作亂。庚申，摧鋒軍統制韓京募敢死士，夜襲破之，袞尋出降。壬戌，日中有黑子沒。

十二月甲午朔，詔降廬、光、濠等州死罪，釋流以下囚。召秦檜赴行在。張浚入見，請

幸建康；趙鼎請還臨安。戊戌，韓世忠攻淮陽軍，及金人戰，敗之。辛丑，城南壽春府。壬寅，趙鼎罷。遣右司員外郎范直方宣諭川陜，撫問吳玠將士。甲辰，命都督府參議軍事呂祉如建康，措置移蹕。丙午，折彥質罷。丁未，賞淮西功，加張俊少保，改鎭洮、崇信、奉寧軍節度使；楊沂中保成軍節度使、殿前都虞候。戊申，命秦檜赴講筵供職，孟庾爲行宮留守。辛亥，以資政殿學士張守參知政事，兼權樞密院事。丙辰，以呂頤浩爲浙西安撫制置大使，判臨安府。丁巳，以劉光世爲護國、鎭安、保靜軍節度使。戊午，詔：凡因民事被罪者，不許親民。己未，命辰、沅、靖、澧四州，以閑田募刀弩手三千五百人爲額。右司諫陳公輔乞禁程氏學。詔：「士大夫之學宜以孔、孟爲師，庶幾言行相稱，可濟時用。」庚申，以安化郡王王稟死節太原，賜其家田十頃。辛酉，以山陰、諸暨等四十縣爲大邑，並命堂除。

七年春正月癸亥朔，帝在平江，下詔移蹕建康。蠲無爲軍稅役一年。置建康御前軍器局。丁卯，賞張浚以破敵功，遷特進。己巳，發米萬石濟京東、陝西來歸之民。張浚入見。甲戌，罷都督府諸州市易官。丁丑，解潛罷，以劉錡權主管馬軍司，并殿前步軍司公事。庚辰，築采石、宣化渡二城。癸未，以翰林學士陳與義參知政事，資政殿學士沈與求同知樞密院事。詔廣西帥臣訓練土丁、保丁。乙酉，復置樞密使、副，知院以下仍舊，張浚改兼

樞密使。丙戌，禁諸軍互納亡卒。西蕃三十八族首領趙繼忠等來歸。丁亥，以秦檜爲樞密使。何蘚、范寧之至自金國，始聞上皇及寧德皇后崩。己丑，帝成服，下詔降徒囚，釋杖以下。辛卯夜，東北有赤氣如火。

二月癸巳朔，日有食之。百官七上表請遵以日易月之制。徽猷閣待制、知嚴州胡寅請服喪三年，衣墨臨戎，以化天下。帝欲遂終服，而張浚連疏論喪服不可即戎，遂詔外朝勉從所請，宮中仍行三年之喪。丙申，太平州火。丁酉，鎭江府火。庚子，遣王倫等使金國迎奉梓宮。岳飛入見。辛丑，以日食求直言，以久旱命諸州慮囚。乙巳，詔：凡辟舉官犯贓罪，罪及所舉官。丙午，吳玠置銀會子于河池。丁未，詔席益募陝西、河東、河北兵二千，部送行在充扈衞。癸丑，雨雹。丙辰，始御便殿。果州守臣宇文彬等進禾登九穗圖，俱奪一官，罷之。丁巳，以岳飛爲太尉、湖北京西宣撫使。己未，帝發平江。

三月癸亥朔，次丹陽，韓世忠入見，命世忠扈從，岳飛次之。甲子，次鎭江，楊沂中入見，命沂中總領彈壓巡幸事務。乙丑，蠲駐蹕及經從州縣積年逋賦。丁卯，以吏部侍郎呂祉爲兵部尚書、都督府參謀軍事。辛未，帝至建康。壬申，詔尚書省常程事從參知政事分治。癸酉，減建康流罪以下囚，蠲建康府、太平宣州逋賦及下戶今年身丁錢。岳飛乞幷統淮西兵以復京畿、陝右，許之，命飛盡護王德等諸將軍。既而秦檜等以合兵爲疑，事遂寢。戊寅，手

詔撫勞將士。進沈與求知樞密院事。己卯，尊宣和皇后爲皇太后。庚辰，以王彥兵隸侍衞馬軍司。呂頤浩爲少保兼行宮留守。孟庾罷。甲申，以劉光世爲少師、萬壽觀使，以其兵隸都督府，張浚〔10〕因分爲六軍，命呂祉節制。乙酉，賜光世第于建康府。丁亥，命虔、吉、南安軍諸縣各募土兵百人，責知縣訓練，防禦盜賊。是春，廣西大饑，李實變爲桃。

夏四月癸巳，築太廟于建康，以臨安府太廟爲聖祖殿。戊戌，修濬建康城池。丁未，岳飛乞解官持餘服，遂棄軍去，詔不許。戊申，日中有黑子。庚戌，以張浚累陳岳飛積慮專在幷兵，奏牘求去，意在要君，遂命兵部侍郎兼都督府參議軍事張宗元權湖北、京西宣撫判官，實監其軍。壬子，張浚如太平州、淮西視師。庚申，以信陽軍隸京西路。罷淮南提點司，東西兩路各置轉運兼提點刑獄、提舉茶鹽常平事。

五月丁卯，詔李綱趣捕虔、吉諸盜。壬申，命禮官舉文宣王、武成王、熒惑、壽星、嶽、鎭、海、瀆、農、蠶、風、雷、雨師之祀。甲戌，以胡安國提舉萬壽觀兼侍讀，趣赴行在，未至而罷。癸未，以酈瓊爲行營左護軍副都統制。甲申，初試樞密院都督府效士。乙酉，命侍從官通舉材堪知縣者二十人。丙戌，僞齊陷隨州。己丑，禁四川增印錢引。

六月辛卯朔，改上惠恭皇后謚曰顯恭皇后。岳飛入見。壬辰，命歲辰戌月祀大火，配以閼伯。乙未，罷江、淮營田司，令諸路安撫、轉運司兼領其事。丙申，以重修神宗實錄去

中華書局

取未當，命史館復加考訂。丁酉，岳飛引過自劾，詔放罪，慰諭之。戊戌，命劉錡兼都督府咨議軍事，率兵戍廬州。乙巳，沈與求薨。召王德以所部兵赴行在。遣呂祉如淮西撫諭諸軍。丙辰，詔吳玠、李迨共議四川經費，贍軍恤民。岳飛復職。

秋七月戊辰，詔侍從各舉可任監司、郡守者一二人。癸酉，以旱禱於天地、宗廟、社稷。甲戌，嗣濮王仲湜薨。癸未，以久旱命中外臣庶實封言事。甲申，蠲諸路民積年逋租。以建康疫盛，遣醫行視，貧民給錢，葬其死者。命疎決滯獄。乙酉，詔即建康權正社稷之位。戊子，詔戶部長貳迭出巡按諸路，考究財賦利病，違者劾之。己丑，詔諸路歸業民墾田，及八年始輸全稅。

八月乙未，以張俊爲淮西宣撫使，駐盱眙；楊沂中爲淮西制置使，主管侍衞馬軍司劉錡副之，並駐廬州。命酈瓊率兵赴行在。戊戌，瓊叛，殺中軍統制張景等，執呂祉及趙康直、趙不羣，以兵四萬人奔劉豫。辛丑，手詔赦廬州屯駐行營左護軍。壬寅，酈瓊引兵至淮，殺祉及康直，釋不羣使還。劉錡、吳錫至廬州，以兵追之不及，命張宗元往招之。張浚乞去位。甲辰，以趙鼎爲萬壽觀使兼侍讀。甲寅，詔，命官犯贓，刑部不得擅黥配，聽朝廷裁斷。乙卯，賜岳飛軍錢十萬緡。招歸正復業人耕湖北、京西閑田。

九月甲子，上太上皇帝謚曰聖文仁德顯孝皇帝，廟號徽宗，皇后曰顯肅皇后。丁卯，韓

世忠、張俊入見，乃命俊自盱眙移屯廬州。壬申，張浚罷。癸酉，命參知政事輪日當筆，權三省事，更不分治常程。罷都督府。甲戌，以臺諫累疏，落張浚觀文殿大學士，仍領宮祠。丙子，復以趙鼎爲尚書左僕射、同中書門下平章事兼樞密使。戊寅，以廬州、壽春府民遭酈瓊虜掠，蠲租稅一年。己卯，朝獻聖祖于常朝殿。庚辰，朝饗太廟。辛巳，合祭天地于明堂，大赦。召劉光世赴行在。戊子，禁諸路進羨餘。以劉錡知廬州兼淮西制置副使。

冬十月庚寅朔，詔仍舊開經筵。辛卯，命後省官看詳上書有可采者，條上行之。丁酉夜，敕張浚安置嶺表。戊戌，趙鼎累請浚母老，改永州居住。僞齊犯泗州，守臣劉綱擊走之。丙午，命戶部郎官薛弼、霍蠡同總領江西、湖、廣五路財賦。壬子，統制呼延通、王權等襲擊金人于淮陽軍，敗之。丁巳，詔：六參日輪行在百官一員轉對。

閏月癸亥，贈趙康直徽猷閣待制。乙丑，蠲江東路月樁錢萬緡。發米二萬石振京西、湖北饑民。丙寅，尹焞入見，命爲祕書郎兼崇政殿說書。甲戌，始作徽宗皇帝、顯肅皇后神主。庚辰，韓世忠引兵渡淮，逆擊金人于劉冷莊，敗之。辛巳，李綱罷。癸未，復漢陽軍。是月，張俊棄盱眙，引兵還建康。

十一月丙申，賜吳玠犒軍錢百五十萬緡。丁酉，以知溫州李光爲江西安撫制置大使。丁未，金帥撻懶、兀朮入汴京執僞齊劉豫，廢爲蜀王。癸丑，詔來春復幸浙西。是月，僞齊知臨汝軍崔虎詣岳飛降。

十二月庚辰，復置都大提舉四川茶馬監牧官。丁卯，祔徽宗皇帝、顯肅皇后神主于太廟。庚午，以解潛權主管馬步軍司，命韓世忠留屯楚州，屏蔽江、淮。己卯，詔內外大將及侍從官，舉武臣智略器局堪帥守謀議官者。癸未，王倫等使還，入見，言金國許還梓宮及皇太后，又許還河南諸州。甲申，城泗州。丁亥，復遣王倫等奉迎梓宮。是冬，吳玠遣裨將馬希仲攻熙州，鄭宗、李進攻鞏州，不克，宗死于城下，希仲遁還，玠斬以徇。

校勘記

(一) 張俊　原作「張浚」，據北盟會編卷一六五、中興小紀卷一八改。

(二) 馬秦　原作「馬泰」，據本書卷二九高宗紀紹興十年閏月丙戌條、繫年要錄卷八四改。

(三) 何蘚　原作「何鮮」，據本書卷三五七何灌傳、繫年要錄卷八九改。下文七年正月丁亥條「何蘚」同。

(四) 統領華旺　「統領」，當爲「統制」之誤。中興聖政卷一八、宋史全文卷一九都作「淮西宣撫司統制官」。

(五) 李綱爲江西制置大使　「江西」，原作「浙西」，據繫年要錄卷九四、劉時舉續宋編年資治通鑑卷

四、宋史全文卷一九改。

(六) 雷德進　繫年要錄卷九八、中興聖政卷一九、宋史全文卷一九都作「雷進」。下文六年二月乙卯條「雷德進」同。

(七) 名金均房州民兵曰保勝　「金」字原脫，據本書卷一九二兵志、繫年要錄卷九九補。

(八) 戊辰朔　「辰」，原作「戌」。査本年四月是戊戌朔，則五月不當又爲戊戌朔；繫年要錄卷一〇一作「五月戊辰朔」，據改。

(九) 六月乙巳夜　「乙巳」下原衍「朔」字，據中興聖政卷一九，是年六月是丁酉朔；本書卷六七五行志說：「六年六月乙巳夜，地震。」「乙巳」下沒有「朔」字，是，據刪。

(一〇) 張浚　原作「張俊」，據繫年要錄卷一〇九、北盟會編卷一七七改。

中華書局

宋史卷二十九

本紀第二十九

高宗六

八年春正月戊子朔，帝在建康。丙申，減臨安府夏稅折輸錢。戊戌，張守罷。辛丑，僞齊知壽州宋超率兵民來歸。蔡州提轄白安時殺金將兀魯，執其守劉永壽來降。詔以方議和好，禁沿海州郡遣人過淮招納。丁未，大閱張俊軍。戊申，以兵部侍郎胡世將爲四川安撫制置使。

二月戊午，劉錡入見。減建康府夏稅折輸錢，蠲民戶逋租、和市、科調。庚申，日中有黑子。以呂頤浩爲江東安撫制置大使兼行宮留守。壬戌，岳飛乞增兵，不許。癸亥，帝發建康。丙寅，以胡安國春秋傳成書，進寶文閣直學士。戊寅，帝至臨安。己卯，以戶部尚書章誼爲江東安撫制置大使兼行宮留守，呂頤浩爲醴泉觀使。甲申，減紹興府和市絹萬匹。

三月己丑，以知南外宗正事仲偶嗣濮王。庚寅，以禮部尚書劉大中參知政事，兵部尚書王庶爲樞密副使。壬辰，復以秦檜爲尚書右僕射、同中書門下平章事兼樞密使。甲午，陳與義罷。戊戌，增夔州路路分都監一員，修治關隘，練義兵。己亥，蠲農器及牛稅。以李天祚爲靜海軍節度使、交趾郡王。壬寅，定以故相韓忠彥配享徽宗廟廷。丁未，蠲所過州縣民積欠稅賦。戊申，蠲江西、湖南諸州月樁錢各萬緡。己酉，命考覈川、陝宣撫司便宜所授官，冒濫尤甚者悉與裁減。

夏四月庚申，初置戶部和糴場于臨安。壬戌，遣王庶巡視江、淮邊防。丁丑，復置六路發運司。癸未，詔三衙管軍輪宿禁中。

五月庚戌，詔鎭江府募橫江軍千人。竄內侍羅亶于海島。庚子，禁貧民不舉子，其不能育者給錢養之。壬寅，貶劉子羽爲單州團練副使，漳州安置。丁未，金國使烏陵思謀、石慶充與王倫等偕來。戊申，以資政殿學士葉夢得爲江東安撫制置大使。己酉，王庶至淮南，檄張宗顏將兵七千屯廬州，巨師古三千屯太平州，分韓世忠軍屯泗州及天長縣。

六月壬戌，賜衍聖公孔玠衢州田五頃，奉先聖祠事。癸亥，趙鼎上重修哲宗實錄。壬申，賜禮部進士黃公度以下三百九十五人及第、出身。王庶自淮南還入見。乙亥，以中護軍統制張宗顏知廬州，命劉錡率兵移屯鎭江府。丁丑，烏陵思謀、石慶充入見。

秋七月乙酉朔，復命王倫及藍公佐奉迎梓宮。錄司馬光曾孫伋補承務郎。辛亥，彗出東方。

八月戊午，詔：「日者遣使報聘鄰國，期還梓宮。尙慮邊臣未諭，遂弛戎備，以疑衆心。其各嚴飭屬城，明告部曲，臨事必戒，無忘扞禦。」甲子，蠲江東路月樁錢萬三千緡有奇。丁丑，彗滅。遣監察御史李寀宣諭江西，措置盜賊。

冬十月丁巳，劉大中罷。甲戌，趙鼎罷。乙亥，日中有黑子。丁丑，金國使張通古、蕭哲與王倫偕來。韓世忠乞奏事行在，不許。戊寅，樞密副使王庶乞免簽書和議文字，累疏求去，不許。

十一月甲申，以翰林學士承旨孫近參知政事。丙戌，遣大理寺丞薛徽、朱斐詣廣南路決滯獄。戊戌，王倫入見。己亥，復以倫爲國信計議使，中書舍人蘇符副之，符辭以疾。庚子，以孫近兼權同知樞密院事。辛丑，詔：「金國遣使入境，欲朕屈己就和，命侍從、臺諫詳思條奏。」從官張燾、晏敦復、魏矼、曾開、李彌遜、尹焞、梁汝嘉、樓炤、蘇符、薛徽言、御史方廷實皆言不可。甲辰，王庶罷。辛亥，以樞密院編修官胡銓上書直諫，斥和議，除名，昭州編管；壬子，改差監廣州都鹽倉。

十二月甲寅，以趙鼎爲醴泉觀使。乙卯，以宗正少卿馮檝爲國信計議副使。己未，以吏

部尚書李光參知政事。戊辰，王倫言金使稱「詔諭江南」，其名不正。秦檜以未見國書，疑爲封册。帝曰：「朕嗣守祖宗基業，豈受金人封册。」癸酉，館職胡珵、朱松、張擴、凌景夏、常明、范如圭上書，極論不可和。甲戌，以端明殿學士韓肖胄簽書樞密院事。乙亥，命肖胄等爲金國奉表報謝使。丙子，張通古、蕭哲至行在，言先歸河南地，徐議餘事。以監察御史施廷臣爲侍御史，權吏部尚書張燾、侍郎晏敦復以廷臣主和議而升用，執奏不行。御史中丞勾龍如淵、右諫議大夫李誼、殿中侍御史鄭剛中凡再至都堂，及宰執議取國書。丁丑，詔：「金國使來，盡割河南、陝西故地，通好于我，許還梓宮及母兄親族，餘無需索。令尙書省榜諭。」庚辰，帝不御殿。以方居諒陰，難行吉禮，命秦檜攝冢宰，受書以進。是月，虛恨蠻犯嘉州忠鎭砦。

是歲，始定都于杭。

九年春正月壬午朔，帝在臨安。丙戌，以金國通和，大赦。河南新復州軍官吏並不易置，蠲其民租稅三年，徭役五年。以王倫同簽書樞密院事，充奉護梓宮、迎請皇太后、交割地界使。戊子，遣判大宗正事士㒟、兵部侍郎張燾詣河南修奉陵寢。庚寅，賜劉光世號和衆輔國功臣，張俊加少傅、安民靖難功臣，韓世忠爲少師，張浚復左宣奉大夫。辛卯，以尹焞

二十四史

中華書局

爲徽猷閣待制，提舉萬壽觀兼侍讀，焞力辭不拜。壬辰，加岳飛、吳玠並開府儀同三司，楊沂中太尉。癸巳，建皇太后宮。甲午，金宿州守臣趙榮來歸。丙申，金主詔諭河南諸州以割地歸我之意。改發運經制司爲經制司，命戶部長貳一人領使，仍置副或判官。戊戌，以王倫爲東京留守，郭仲荀爲副，戶部侍郎梁汝嘉兼江、淮、荆、浙、閩、廣路經制使，司農卿霍蠡爲判官。己亥，以吳玠爲四川宣撫使。

二月癸丑，以徽猷閣待制周聿爲陝西宣諭使，監察御史方廷實宣諭三京、淮北。丁巳，以郭仲荀爲太尉、東京同留守。慕洧寇環州。戊午，以知金州郭浩爲陝西宣撫判官。壬戌，以李綱爲湖南路安撫大使，張浚知福州，尋復資政殿大學士，爲福建路安撫大使。命周聿、方廷實蒐訪隱士。甲子，均定諸州縣月椿錢。己巳，以郭浩爲陝西宣諭使。壬申，命修徽宗實錄。癸酉，詔：盜賊已經招安而復嘯聚者，發兵加誅，毋赦。是月，日中有黑子，月餘乃沒。江西統制官李貴以其軍歸楊沂中。

三月丁亥，以和州防禦使璩爲保大軍節度使，封崇國公。丙申，王倫受地于金，得東西南三京、壽春、宿亳曹單州及陝西、京西之地。兀朮還祁州。己亥，分河南爲三路，廢拱州。辛丑，以翰林學士樓炤簽書樞密院事。甲辰，僞齊知開封府鄭億年上表待罪，召赴行在。丁未，正僞齊所改州縣名。

是春，夏人陷府州。

夏四月庚戌朔，呂頤浩薨。辛亥，命樓炤宣諭陝西諸路。壬午，金鄜延路經略使關師古上表待罪，命知延安府。癸丑，落趙鼎奉國軍節度使爲特進，仍知泉州。金陝西諸路節制使張中孚上表待罪，命爲檢校少保、寧國軍節度使、知永興軍，節制陝西諸路軍馬。甲子，以觀文殿學士孟庾爲西京留守，資政殿學士路允迪南京留守。丙寅，金秦鳳經略使張中彥上表待罪，命知渭州。以孫近兼權同知樞密院事(一)。壬申，移壽春府治淮北舊城。癸酉，詔新復諸路監司、帥臣按劾官吏之殘民者。韓世忠、張俊入見。

五月庚寅，奉迎東京欽先、孝思殿累朝御容赴臨安。辛卯，復命江、淮守臣二年爲任。乙未，復置淮東提舉茶鹽司。癸卯，復召募耆長法。丙午，鄜延副將李世輔部兵三千自鳳翔來歸，賜名顯忠。

六月庚戌，皇后邢氏崩于五國城。辛亥，夏國主乾順卒。壬子，樓炤以東京見卒四千四百人爲忠銳三將。庚申，盜入邵武軍。壬戌，以新復州縣官吏懷不自安，降詔開諭。己巳，吳玠薨。壬申，樓炤承制以李顯忠爲護國軍承宣使、樞密行府前軍都統制，率部兵及夏國招撫使王樞赴行在。癸酉，灃州軍事推官韓紃坐上書論講和非計，送循州編管。乙亥，以孟庾兼東京留守。王倫自東京赴金國議事。樓炤承制以楊政爲熙河經略使，吳璘爲秦鳳經略使，仍並聽四川宣撫司節制；郭浩爲鄜延經略使，同節制陝西軍馬。丙子，分宣撫司兵四萬人出屯熙、秦，六千人隸郭浩，留吳玠精兵二萬人屯興元府、興洋二州。戊寅，置錢引務于永興軍。是月，撫州鈐轄伍俊謀據桃源復叛，湖北安撫薛弼召誅之。

秋七月甲申，以文臣爲新復諸縣令。丙戌，東京耆老李茂松、寇瑋等二百人奉表稱賀，皆引見補官遣還。復置都水南北丞各一員。丁亥，金人拘王倫于中山。丙申，命詳驗劉豫僞官，換給告身。乙巳，給還僞齊所沒民間資產。以胡世將兼權主管四川宣撫司。

八月己酉，復淮南諸州學官。庚戌，賜陝西諸軍冬衣，絹十五萬匹。命前川、陝宣撫司便宜所補官，限一年自陳，換給告身。丙辰，金國以撻懶主和割地，疑其二心，殺之。壬戌，蠲成都、潼川路歲輸對糴等米五十四萬石、水運錢七十九萬緡。乙丑，給新法度牒、紫衣師號錢二百萬緡付陝西市軍儲。己巳，命陝西復行鐵錢。庚午，遣蘇符等使金賀正旦。乙亥，遣前知宿州趙榮、知壽州王威俱還金國。以關師古爲行營中護軍前軍統制。

九月己卯，命鄜延、秦鳳、熙河路招納蕃部熟戶及陷沒夏國軍民。丙戌，封叔士㒟爲齊安郡王。庚寅，罷經制司，令提刑兼領常平事。甲午，名皇太后殿曰慈寧。丙申，以威州防禦使溫濟告韓世忠陰事勒停，南劍州編管(二)。世忠又奏欲殺之，詔移萬安軍。己亥，郭仲荀率東京兵五千至鎮江。

冬十月辛亥，詔侍從官各舉所知二人。王倫見金主于御林子，被拘于河間，遣其副藍公佐先歸。甲寅，王樞入見，併其俘百九十人皆縱遣還夏國。己未，蠲階、成、岷、鳳四州民稅之半。戊辰，慈寧宮成。甲戌，日中有黑子。丙子，賜李顯忠軍錢十萬緡。是月，岳飛入見。

十一月戊寅朔，賜吳玠家錢三萬緡，以其弟璘爲龍、神衛四廂都指揮使。申命刑部大理官編次刑名斷例。癸未，嗣濮王仲偁薨。己丑，詔三省官屬詳覆在京通用令。追復張所爲直龍圖閣。

十二月甲寅，命續編紹興因革禮。甲子，李光罷。戊辰，命續修元豐會要。兀朮留蘇符等于東京，謀復取河南。

十年春正月丙戌，遣莫將等充迎護梓宮、奉迎兩宮使。辛卯，李綱薨。甲辰，以顯謨閣直學士、提舉醴泉觀鄭億年復資政殿學士，奉朝請。

二月戊申，命陝西復募蕃漢弓箭手。詔：贓吏罪抵死，情犯甚者，奏取旨。辛亥，雨雹。以劉錡爲東京副留守，李顯忠南京副留守。壬子，命兩宗正官各舉所知宗室二人。癸丑，展省試期一年。壬戌，詔新復州軍蒐舉隱逸，諸路經理屯田。丁卯，罷史館，以日曆歸秘書省，置監修國史官。以孟庾知開封府，爲東京留守；仇悆知河南府、西京留守。癸酉，罷吏部審量宣和濫賞。

三月甲申，封閼伯爲商丘宣明王。戊子，增印錢引五百萬緡，付宣撫司市軍儲。川、陝宣撫副使胡世將屢言金人必渝盟，宜爲備。己丑，罷諸路增置稅場。韓世忠、張俊入見。始罷內教。復營建康行宮。丙申，蘇符自東京還。丁酉，命川、陝宣撫司軍事不及待報者，聽隨宜措置。己亥，以郭浩知永興軍兼節制陝西諸路軍馬，楊政徙知興元府。是月，命胡世將與夏人議入貢，夏人不報。

夏四月丙午，訪求亡逸曆書及精於星曆者。辛酉，以張中孚爲醴泉觀使，中彥提舉祐聖觀〔三〕，趙彬爲兵部侍郎。癸亥，命部使者歲舉廉吏一人。庚午，復四川諸州學官。壬申，韓肖胄罷。

五月己卯，金人叛盟，兀朮等分四道來攻。甲申，名徽宗御制閣曰敷文。乙酉，兀朮入東京，留守孟庾以城降，知興仁府李師雄、知淮寧府李正民及河南諸州繼降。丙戌，金人陷拱州，守臣王慥死之。撒離曷自河中趨永興軍，陝西州縣官皆降。丁亥，金人陷南京，留守路允迪降。劉錡引兵至順昌府。己丑，金人陷西京，留守李利用、副總管孫暉皆棄城走，鈐轄李興率兵拒戰，不克。辛卯，胡世將自河池遣涇原經略使田晟以兵三千人迎敵金人。京、湖宣撫司忠義統領李寶敗金人于興仁府境上。癸巳，知亳州王彥先叛降于金。金人陷永

興軍，趨鳳翔。丁酉，命胡世將移陝西之右護軍還屯蜀口。以福建、廣東盜起，命兩路監司出境共討。己亥，命劉光世爲三京招撫處置使，以援劉錡。庚子，以吳璘同節制陝西諸路軍馬，聽胡世將便宜黜陟、處置軍事。辛丑，金人犯鳳翔府之石壁砦，吳璘遣統制姚仲等拒卻之。金人圍耀州，郭浩遣兵救之，金兵解去。壬寅，金人圍順昌府，三路都統葛王褎以大軍繼至，劉錡力戰，敗之。

六月甲辰朔，以韓世忠太保，張俊少師，岳飛少保並兼河南、北諸路招討使。乙巳，劉錡遣將閻充〔四〕戰敗金人于順昌之李村。丙午，命兩浙、江東、福建諸州團結弓弩手。以仇悆爲沿海制置使。詔：將佐士卒能立奇功者，賞以使相節鉞官告，臨軍給受。丁未，罷建康府行宮營繕。戊申，以劉錡爲沿淮制置使〔五〕。己酉，吳璘遣統制李師顏等戰敗金人于扶風，拔之。壬子，兀朮及宋叛將孔彥舟、酈瓊、趙榮等帥衆十餘萬攻順昌府，劉錡率將士殊死戰，大敗之。初，秦檜奏命錡擇利班師，錡不奉詔，戰益力，遂能以寡勝衆。乙卯，順昌圍解，兀朮還。以知平江府梁汝嘉兼浙西沿海制置使。丙辰，岳飛將牛皋及金人戰于京西，敗之。己未，劉光世進軍和州。郭浩遣統制鄭建充攻破金人于醴州，復其城。壬戌，詔諸司錢物量留經費外，悉發以贍軍。樓炤以父喪去位。甲子，撒離曷攻青谿嶺，鄜延經略使王彥率兵戰敗之，撒離曷還屯鳳翔。命士㒟主奉濮王祠事。張俊遣左護軍都統制王德援劉錡，德暫

至順昌，値圍已解，復還廬州。遣司農少卿李若虛詣岳飛軍諭指班師，飛不聽。丙寅，下詔撫諭順昌府官吏兵民。庚午，以劉錡爲武泰軍節度使、侍衞馬軍都虞候。韓世忠遣統制王勝、背嵬將成閔率兵至淮陽軍南，與金人遇，擊敗之。是月，金人圍慶陽府，權守臣宋萬年固守，金人不能下。岳飛領兵援劉錡，與金人戰于蔡州，敗之，復蔡州。

閏月癸酉朔，張俊遣統制宋超敗金人于永城縣朱家村。甲戌，追孟庾、路允迪官，徙家屬遠郡。丙子，詔三衙管軍及觀察使已上，各舉智略勇猛材堪將帥者二人。金人犯涇州，守臣曲汲棄城去，經略使田晟率兵來救，金人敗走。甲申，晟及金人再戰于涇州，敗之，金人引歸鳳翔。乙酉，降陝西雜犯死罪，釋流以下囚。丙戌，以胡世將爲端明殿學士，吳璘爲鎭西節度使，楊政武當節度使，郭浩奉國節度使。王德攻金人于宿州，夜破之，降其守馬秦。丁亥，詔釋順昌府流以下囚，再復租稅二年，守禦官吏進官一等。己丑，永興軍鈐轄傅忠信等與金人戰于華陰縣，敗之。壬辰，岳飛遣統制張憲擊金將韓常于潁昌府，敗之，復潁昌。丙申，張憲復淮寧府。丁酉，趙鼎分司，興化軍居住。岳飛遣統制郝晸等與金人戰于鄭州北，復鄭州。李興復汝州，與金人戰于河清縣，敗之，復伊陽等八縣，李成遁去。韓世忠遣統制王勝、王權攻海州，克之，執其守王山。戊戌，張俊率統制宋超〔六〕等及王德兵會于城父縣，酈瓊及葛王褎遁去，遂復亳州。己亥，金人救海州，王權等逆戰，敗之，復懷仁縣。庚

子，張俊棄亳州，引軍還壽春。再貶趙鼎潭州居住，又貶清遠軍節度副使，潮州安置。

秋七月癸卯，岳飛遣將張應、韓清入西京，會李興復永安軍。丙午，以御史中丞王次翁參知政事。己酉，岳飛及兀朮戰于郾城縣，敗之。庚戌，曲赦海州。永興軍統領辛鎭及金人戰于長安城下，敗之。癸丑，以楊沂中爲淮北宣撫副使，劉錡爲判官。甲寅，岳飛遣統制楊再興、王蘭等擊金人于小商橋，皆戰死。乙卯，金人攻潁昌，岳飛遣將王貴、姚政合兵力戰，敗之。壬戌，飛以累奉詔班師，遂自郾城還，軍皆潰，金人追之不及。潁昌、蔡鄭諸州皆復爲金有。甲子，以釋奠文宣王爲大祀。乙丑，增收州縣頭子錢爲激賞費。金人圍淮寧府，趙秉淵棄城南歸。辛未，金人犯盩厔縣，王俊逆戰于東洛谷，卻之。

八月壬申朔，以張九成、喻樗、陳剛中、凌景夏、樊光遠、毛叔度、元盥等七人嘗不主和議，皆降黜之。乙亥，韓世忠圍淮陽軍，不克。庚辰，金人及酈瓊合兵駐于千秋湖陵，韓世忠遣統制劉寶等夜襲破之。壬午，李成犯西京，李興擊卻之。楊沂中軍于宿州。丙戌，以郭浩知夔州。丁亥，楊沂中自宿州夜襲柳子鎭，軍潰，遂自壽春府渡淮歸，金人屠宿州。甲午，川、陝宣撫司統領王喜等遇金人于汧陽縣，敗之。

九月壬寅朔，遣起居舍人李易諭韓世忠罷兵。時秦檜專主和議，諸大帥皆還鎭。丁未，楊政遣統制楊從儀夜襲金人于鳳翔府，敗之。戊申，金人復入西京，李興棄城去。庚

戌，合祀天地于明堂，大赦。辛酉，臨安火。戊辰，以郭浩知金州，節制陝西、河東軍馬兼措置河東忠義軍。

是秋，知代州王忠植舉兵復石、代等十一州。

冬十月癸酉，復張浚觀文殿大學士。甲戌，以王忠植爲建寧軍承宣使、河東路經略安撫使。戊寅，秦檜上重修紹興在京通用敕令格式。庚辰，金人犯慶陽府，守臣宋萬年以城降。辛卯，金人犯陝州，吳琦率兵迎擊敗之。庚子，金人襲洮州，攻鐵城堡，統制孔文清、惠逢擊敗之。是月，劉錡入見。胡世將命王忠植救慶陽，叛將趙惟清執之降于金，忠植不屈而死。

十一月丁未，金將合喜復犯陝州，吳琦擊卻之；又犯寶鷄縣，統制楊從儀敗之。壬子，以令應爲保寧軍節度使。是月，宜章洞民駱科叛，犯桂陽、郴道連賀諸州，命發大兵討之。

十二月壬午，上皇太后册寶于慈寧殿。丁亥，贈王忠植奉國軍節度使，謚義節。辛卯，起諸路耆長役錢隸總制司，專給軍用。是月，楊沂中引兵還行在。

十一年春正月癸卯，鳳翔統制楊從儀敗金人于渭南。庚戌，張俊入見（七）。乙卯，金人

犯壽春府，守臣孫暉、統制雷仲合兵拒之。丁巳，壽春陷，暉、仲棄城去。己未，劉錡自太平州率兵二萬援淮西。庚申，金人渡淮。辛酉，雨雹。乙丑，劉錡至廬州還。丙寅，兀朮陷廬州。戊辰，金人陷商州，守臣邵隆棄城去。己巳，命楊沂中引兵赴淮西，岳飛進兵江州。

二月癸酉，張俊遣王德渡江，屯和州，金人退屯昭關。邵隆破金人于洪門，復商州（八）。乙亥，金人復來爭和州，張俊敗之。命韓世忠以兵援淮西。丙子，趣岳飛會兵蘄、黃。王德等敗金人于含山縣東。己卯，統制關師古、李横擊敗金人于巢縣，復之。庚辰，岳飛發鄂州。辛巳，知泰州王喚兼通、泰二州制置使。癸未，王德、田師中等擊破金人，復含山縣，奪昭關；劉錡自東關擊敗金人于青谿。甲申，金人復犯昭關，王德等又敗之。李顯忠遣統領崔臯（九）擊敗金人于舒城縣。丁亥，楊沂中、劉錡等大敗兀朮軍于柘臯。己丑，兀朮親率兵逆戰于店步，沂中等又敗之，乘勝逐北，遂復廬州。是月，虔、吉州盜賊悉平。

三月庚子朔，張浚（一〇）進糴田及賣度牒錢六十三萬緡助軍用。壬寅，韓世忠引兵趣壽春。癸卯，復張浚特進（一一）。金人圍濠州。岳飛發舒州。甲辰，張俊、楊沂中、劉錡議班師。乙巳，沂中、錡先行，俊以輕兵留後。丙午，詔釋淮西雜犯死罪以下囚。丁未，金人陷濠州，執守臣王進，夷其城，鈐轄邵青死之。戊申，張俊遣楊沂中、王德入濠州，遇金伏兵，敗還。己酉，韓世忠至濠州，不利而退。辛亥，岳飛次定遠縣，聞金兵退，還屯舒州。楊沂中歸行在。壬子，金人渡淮北歸。癸丑，張俊歸建康府（一二）。丁巳，劉錡歸太平州。甲子，行營統制張彥及金人遇于汧陽之劉坊砦，第八將張宏戰沒。

夏四月丙子，復收免行錢。己卯，孫近罷。辛巳，以王次翁兼權同知樞密院事。韓世忠、張俊、岳飛相繼入覲（一三）。壬辰，以世忠、俊並爲樞密使，飛樞密副使，命三省、樞密院官復分班奏事。乙未，張俊請以所部兵隸御前（一四）。罷三宣撫司，改統制官爲御前統制官，各屯駐舊所。丙申，以廣西經略使胡舜陟節制廣東、湖南兵，趣討駱科。慕容洧破新泉砦，又攻會州，將官朱勇破之。

五月辛丑，置兩淮、江東西、湖廣京西三道總領軍馬錢糧官，仍掌報發御前軍馬文字。癸卯，賻恤戰沒將士。丁未，遣張俊、岳飛于楚州巡視邊防。召劉光世赴行在。甲寅，命樞密行府置司鎮江，令偏行巡歷措置。

六月乙亥，造尅敵弓。加秦檜特進，進尚書左僕射、同中書門下平章事兼樞密使。癸未，張俊、岳飛至楚州。俊以海州城不可守，毀之，遷其民，統韓世忠軍還鎮江，惟背嵬一軍赴行在。甲申，知河南府李興部兵至鄂州，以興爲左軍統制。乙丑，明州僧王法恩等謀反伏誅。壬辰，劉光世罷爲萬壽觀使。

秋七月戊戌，秦檜上徽宗實錄，進修撰以下各一官。庚子，以翰林學士范同參知政事。

以旱減膳祈禱，遣官決滯獄，出繫囚。丁未，加秦檜少保。甲寅，罷劉錡兵，命知荆南府。乙卯，詔優獎永興、鳳翔、秦隴等州縣官，到任半年減磨勘，任滿遷一官。己未，加張俊太傅。癸亥，大雨。是月，命張俊復如鎮江措置軍務，留岳飛行在。

八月戊辰，立祚德廟于臨安，祀韓厥。甲戌，罷岳飛。乙亥，命諸王後各推年長一人權主祀事。癸巳，胡世將起復。

九月癸卯，命軍器少監鮑琚如鄂州根括宣撫司錢穀。鄂州前軍副統制王俊告副都統制張憲謀據襄陽爲變，張俊收憲屬吏以聞。丁未，坐監司不按贓吏罪。辛亥，吳璘拔秦州，州將武諠降。壬子，璘率姚仲及金人戰于丁劉圈，敗之。楊政克隴州，破岐下諸屯。郭浩復華州，入陝州。甲寅，建康大火。丙申，遣劉光遠等充金國通問使。吳璘及金人戰于剡家灣，大敗之，遂圍臘家城。癸亥，璘自臘家城受詔班師，楊政、郭浩皆引軍還。乙丑，邵隆復虢州，郝晸討禽駱科斬之。

冬十月丙寅朔，金人陷泗州，遂陷楚州。丁卯，命樞密都承旨鄭剛中宣諭川、陝。戊辰，楊政及金人戰于寶鷄縣，敗之，禽通檢孛堇。乙亥，兀朮遣劉光遠等還。戊寅，詔修玉牒。下岳飛、張憲大理獄，命御史中丞何鑄、大理卿周三畏鞫之。壬午，遣魏良臣、王公亮爲金國稟議使。乙酉，虛恨蠻主歷階詣嘉州降。癸巳，韓世忠罷爲醴泉觀使，封福國公。

中華書局

是月，金人陷濠州，邵隆復陝州。

十一月己亥，范同罷。責降李光爲建寧軍節度副使，藤州安置。辛丑，兀朮遣審議使蕭毅、邢具瞻與魏良臣等偕來。丁未，范同分司，筠州居住。罷判大宗正事士㒟、同知宗正事士㒟，申嚴戚里宗室謁禁。己酉，雷。壬子，蕭毅等入見，始定議和盟誓。乙卯，以何鑄簽書樞密院事，充金國報謝進誓表使。庚申，命宰執及議誓撰文官告祭天地、宗廟、社稷。辛酉，以張浚爲檢校少傅、崇信軍節度使、萬壽觀使。是月，與金國和議成，立盟書，約以淮水中流畫疆，割唐、鄧二州畀之，歲奉銀二十五萬兩、絹二十五萬匹，休兵息民，各守境土。詔川、陝宣撫司毋出兵生事，招納叛亡。駱科餘黨歐幻四等復叛桂陽藍山，犯平陽縣，遣江西兵馬都監程師回討平之。

十二月丁卯，責降徽猷閣待制劉洪道爲濠州團練副使，柳州安置。癸酉，命尚書省置籍勾考諸路滯獄。甲戌，罷川、陝宣撫司便宜行事。乙亥，兀朮遣何鑄等如會寧見金主，且趣割陝西餘地。遂命周聿、莫將、鄭剛中分畫京西唐鄧、陝西地界。壬午，命州縣三歲一置產業簿〔一五〕，籍民貲財田宅以定賦役，禁受賕蔽隱舊額。丁亥，立譏察海舶條法。癸巳，賜岳飛死于大理寺，斬其子雲及張憲于市，家屬徙廣南，官屬于鵬等論罪有差。

校勘記

〔一〕以孫近兼權同知樞密院事　按此事已見上文八年十一月庚子，中興聖政卷二四、繫年要錄卷一二三也繫于八年十一月。本句史文重出。

〔二〕南劍州編管　「南劍州」，原作「南建州」。按宋無「南建州」，據繫年要錄卷一三二改。

〔三〕祐聖觀　繫年要錄卷一三五、北盟會編卷二〇〇都作「祐神觀」。按朝野雜記甲集卷二，佑聖觀「淳熙三年建，以奉佑聖眞武靈應眞君。」此處記高宗時事，當以「祐神觀」爲是。

〔四〕閭充　本書卷三六六劉錡傳同。中興戰功錄、中興聖政卷二六、繫年要錄卷一三六都作「閭亢」。

〔五〕劉錡爲沿淮制置使　「沿淮」，原作「沿海」，據本書卷三六六本傳、繫年要錄卷一三六改。

〔六〕宋超　原作「宋紹」，據上文閏月癸酉條、繫年要錄卷一三六改。

〔七〕張俊入見　「張俊」，原作「張浚」，據繫年要錄卷一三九、北盟會編卷二〇五改。

〔八〕商州　原作「南商」，據繫年要錄卷一三九、北盟會編卷二〇五改。

〔九〕統領崔皐　「統領」，當爲「統制」之誤。繫年要錄卷一三九、中興聖政卷二七、十朝綱要卷二三都作「統制」。

〔一〇〕張浚　「張浚」，原作「張俊」，據繫年要錄卷一三九、中興聖政卷二七改。

〔一一〕復張浚特進　「張浚」，原作「張俊」，據中興聖政卷二七、宋史全文卷二一改。

〔一二〕張俊歸建康府　「張俊」，原作「張浚」，據繫年要錄卷一三九、中興聖政卷二七改。

〔一三〕韓世忠張俊岳飛相繼入覲　「張俊」，原作「張浚」，據繫年要錄卷一四〇、北盟會編卷二〇六改。

〔一四〕張俊請以所部兵隸御前　「張俊」，原作「張浚」，據繫年要錄卷一四〇、中興聖政卷二七改。

〔一五〕命州縣三歲一置産業簿　「簿」，原作「部」，據宋會要食貨一一之一七改。

宋史卷三十

本紀第三十

高宗七

十二年春正月癸卯，罷樞密行府。庚申，孫近分司，漳州居住。

二月丁丑，加建國公瑗爲檢校少保，進封普安郡王。己卯，賜楊沂中名存中。丙戌，詔諸州修學宫。辛卯，蠲廣南東、西路駱科殘擾州縣今年租。鎭江、太平池州、蕪湖大火。癸巳，金主許歸梓宫及皇太后，遣何鑄等還。

三月丙申，臨安府火。壬寅，命普安郡王出就第，朝朔望。辛亥，以士㒟嘗營護岳飛爲朋比，責建州居住。丙辰，胡世將卒。

夏四月甲子朔，遣孟忠厚爲迎護梓宫禮儀使，王次翁爲奉迎兩宫禮儀使。丁卯，皇太后偕梓宫發五國城，金遣完顏宗賢、劉祹護送梓宫，高居安護送皇太后。庚午，賜禮部進士

陳誠之以下二百五十四人及第、出身。戊寅，封韋淵平樂郡王。辛巳，皇后邢氏崩訃初至。甲申，增修臨安府學爲太學。

五月甲午，以鄭剛中爲川、陝宣撫副使。乙未，遣沈昭遠〔一〕等賀金主生辰。罷淮西、京西、陝西諸路榷場。丙午，增築慈寧殿。停給度僧牒。乙卯，復試教官法。

六月甲子，命侍從、臺諫、禮官雜議權攢攢宫。戊辰，以万俟卨爲攢宫按行使。辛未，責降王庶爲嚮德軍節度副使，道州安置。壬午，金國歸孟庾、李正民。甲申，以吳璘爲檢校少師、階成岷鳳四州經略使。

秋七月壬辰朔，福州簽判胡銓除名，新州編管。丁酉，上皇后謚曰懿節，祔神主于別廟。己亥，以何鑄權參知政事。己酉，始製常行儀仗及造玉輅。乙卯，蠲廣南、湖北沿邊州軍免行錢。

八月辛酉朔，兀朮使來求商州及和尚、方山二原。丙寅，何鑄罷。甲戌，以万俟卨參知政事，充金國報謝使。壬午，皇太后至，入居慈寧宫。己丑，帝易緦服，奉迎徽宗及顯肅、懿節二后梓宫至，奉安于龍德別宫。是月，鄭剛中分畫陝西地界，割商、秦之半畀金國，存上津、豐陽、天水三縣及隴西成紀餘地，棄和尚、方山二原，以大散關爲界。

九月乙未，以孟忠厚爲樞密使，充攢宫總護使。壬寅，大赦。乙巳，加秦檜太師，封魏國公。丙午，金使劉筈、完顏宗表等九人入見。戊申，以王次翁等充金國報謝使。藏金國誓書于内侍省。辛亥，加張中孚開府儀同三司，中彥靖海軍節度使。甲寅，杖殺僞福國長公主李善靜。以知金州郭浩〔二〕爲金、房、開、達四州經略安撫使。始遣楊愿使金賀正旦。

冬十月乙丑，始聽中外用樂。丙寅，權攢徽宗皇帝及顯肅皇后于會稽永固陵，懿節皇后祔。乙亥，以翰林學士程克俊〔三〕簽書樞密院事、權參知政事。丁丑，以皇太后回鑾，推恩進封秦檜爲秦、魏兩國公，辭不拜。庚辰，以何鑄黨援岳飛，不主和議，責授祕書少監，徽州居住。甲申，皇太后生辰，上壽于慈寧宫。丁亥，置福建路提舉茶事司〔四〕。

十一月癸巳，樞密使張俊〔五〕罷，進封清河郡王。以左司郎中李椿年爲兩浙轉運副使〔六〕，專治經界。乙未，加楊存中少保。己亥，禁貶謫人私至行在。庚子，作崇政、垂拱二殿。辛丑，劉光世薨。壬寅，曾祖姑秦、魯國大長公主薨。丙午，尹焞卒。庚戌，孟忠厚罷。左承事郎張戒坐黨趙鼎、岳飛停官。辛亥，遣張中孚、中彥還金國。

十二月甲子，詔侍從、監察御史已上、監司、郡守各舉所知宗室。丙寅，幸秦、魯國大長公主第臨奠，又幸劉光世第臨奠。庚午，命太學弟子員以三百人爲額。壬申，秦檜上六曹寺監通用敕令格式。癸酉，以李顯忠爲保信軍節度使、御前選鋒軍統制，王進爲御前諸軍都統制。

是歲，斷大辟二十四人。

十三年春正月戊戌，加上徽宗謚曰體神合道駿烈遜功聖文仁德憲慈顯孝皇帝。己亥，親饗太廟，奉上册寶。癸卯，增建國子監太學。乙巳，復兼試進士經義、詩賦。

二月壬戌，初御前殿，特引四參官起居。甲子，製郊廟社稷祭器。乙丑，更永固陵曰永祐。丙寅，封韓世忠咸安郡王。乙亥，蠲雷、化等十州免行錢。丙子，造金、象、革、木四輅。庚辰，立太學及科舉試法。辛巳，祕書少監秦熺修建炎以來日曆成。乙酉，建景靈宫，奉安累朝神御。

三月己亥，造鹵簿儀仗。乙巳，建社稷壇。丙午，築圜丘。振淮南饑民。仍禁遏糴。

夏四月癸亥，頒鄉飲酒儀于郡國。甲戌，毁獄吏訊囚非法之具。

閏月己丑，立貴妃吳氏爲皇后。戊申，命史館編靖康建炎忠義錄。庚戌，楊政入見，加檢校少保，賜田五十頃。壬子，蠲諸路無名月樁錢。乙卯，王次翁罷。

五月甲子，張九成坐黨趙鼎，南安軍居住。壬申，置國子博士、正、錄。乙亥，命諸路置放生池。丁丑，天申節，始上壽錫宴如故事。

六月壬戌，禁三衙及諸軍市易，月增將官供給錢有差。壬寅，程克俊罷，以万俟卨兼權

中華書局

簽書樞密院事。戊申，詔諸路提刑歲舉部內廉明平恕獄官。庚戌，金遣洪皓、張邵、朱弁來歸。

秋七月甲子，詔求遺書。罷捕賊補官格。丙寅，處州兵士楊興等謀作亂，事覺伏誅。戊辰，置諸州銅作務。壬申，雨雹。蠲浙西貧民逋負丁鹽錢。

八月丙戌，遣吏部侍郎江邈奉迎累朝神御于溫州。丁亥，命諸路有出身監司一員提舉學事。戊戌，洪皓至自金國，入見。己亥，遣鄭朴等使金賀正旦，王師心等賀金主生辰。鄭剛中獻黃金萬兩。辛丑，復昌化、萬安、吉陽軍〔七〕。知階州田晟將所部三千人赴行在。丁未，以晟主管侍衞馬軍司公事，其衆隸焉。己酉，加錢忱太尉。庚戌，詔監司、守臣講求恤民事宜。

九月丁巳，宗室子偁卒于秀州〔八〕。甲子，洪皓出知饒州。戊辰，命諸路置敦宗院。己巳，詔淮東、京西監司歲終上州縣所增戶口，爲守令殿最。庚午，以兵部侍郎司馬朴死節，贈兵部尚書，賜其家銀絹。癸酉，詔諸州守、貳提舉學事，縣令、佐主管學事。戊寅，蠲淮南逋欠坊場錢及上供帛。

冬十月己丑，秦檜上監學敕令格式。庚寅，製渾天儀。乙未，奉安累朝帝后神御于景靈宮。

十一月庚申，日南至，合祀天地于圜丘，太祖、太宗並配，大赦。

十二月癸未朔，日食，雲陰不見。辛卯，毀私鑄毛錢。癸巳，建祕書省。丁酉，增太學弟子員二百。己亥，郭浩入見。丁未，命行在宗子入宮學。己酉，金遣完顏曄等來賀明年正旦。是月，始頒來歲曆于諸路監司、守臣。

是歲，關外初行營田。

十四年春正月丁巳，遣羅汝楫等報謝金國。甲子，臨安府火。戊寅，命普安郡王爲子偁解官持服。

二月丁亥，復置靖州新民學。癸巳，蠲江、浙諸路逋欠錢帛。戊戌，初命四川都轉運司歲撥總制司錢百七十三萬緡，市紬絹綿輸于鄂州總領所。丙午，罷万俟卨。定宗學生額爲百員。己酉，以資政殿學士樓炤簽書樞密院事兼權參知政事。加郭浩檢校少保。

三月乙卯，蠲江、浙、京、湖積欠上供錢米。丁卯，避金太祖嫌名，改岷州爲西和州，川、陝宣撫司爲四川宣撫司。己巳，幸太學。蠲汀、漳、泉、建四州經賊殘蹂民戶賦役一年。壬申，解潛坐黨趙鼎，責授濠州團練副使，南安軍安置。己卯，詔舉賢良。

夏四月甲申，詔刑部及監司決絕滯訟。丁亥，初禁野史。虔州民析其屋，朽柱中有文曰「天下太平年」。甲午，金人來求淮北人之在南者，詔願者聽還。遣馬軍司統領張守忠討海賊朱明。

五月丙辰，詔階、成、西和、鳳四州募兵赴行在。甲子，樓炤罷。乙丑，以御史中丞李文會簽書樞密院事兼權參知政事。丙寅，婺州大水。己巳，金始遣烏延和等來賀天申節。辛未，楚州鹽城縣海水清。是月，嚴、信、衢、建四州水。

六月甲申，蠲江、浙州縣酒稅、坊場、綱運、倉庫積年逋負。孫近再奪三官，移南安軍居住。丁亥，加高世則少保。戊子，安南國入貢。癸巳，宣州涇縣妖賊俞一作亂，守臣捕滅之。乙未，振江、浙、福建被水之民。丙申，內侍白鄂坐誹謗，及其客張伯麟俱黥配吉陽軍〔九〕。特贈子偁太子少師，官給葬事。庚子，奪万俟卨三官，歸州居住。乙巳，置國子監小學。

秋七月戊午，金人殺王倫于河間府。丙寅，立明法科兼經法。丙子，幸祕書省。

八月癸未，撫州獻瑞禾。庚寅，以李椿年權戶部侍郎，仍治經界。乙未，遣林保使金賀正旦，宋之才賀金主生辰。

九月辛酉，分利州爲東、西路，以吳璘爲利州西路安撫使，楊政利州東路安撫使。甲子，命郡守終更入見，各舉所部縣令一人。壬申，趙鼎移吉陽軍安置。癸酉，命臨安府索蔡京子孫逮赴貶所，遇赦永不量移。

冬十月甲午，從右正言何若言，請戒內外師儒之官，黜伊川程氏之學。乙未，加韋淵少師。己亥，以永道郴三州、桂陽監及茶陵縣民多不舉子，永蠲其身丁錢絹米麥。

十一月甲子，復內教，即禁中閱試三衙將士。癸酉，李光移瓊州安置。乙亥，朱勝非薨。

十二月丁丑朔，潼川府路轉運判官宋蒼舒獻嘉禾一莖九穗。己卯，命諸郡收養老疾貧乏之民，復置漏澤園，葬死而無歸者。丁酉，李文會罷，尋責筠州居住。庚子，以御史中丞楊愿簽書樞密院事兼權參知政事。癸卯，金遣孛散温等來賀明年正旦。是月，汀賊華齊寇漳州長泰縣，安撫司遣兵捕之，爲所敗，將佐趙成等死之。

是歲，四川宣撫司始取民戶稱提錢歲四十萬緡，以備軍費。

十五年春正月丁未朔，御大慶殿，初行大朝會禮。戊申，瀘南安撫使馮楫獻嘉禾。己未，分經義、詩賦爲兩科取士。辛酉，初置籍田。丁卯，減成都府路對糴米三之一、宣撫司激賞錢三十萬緡。戊辰，命戶部侍郎王鈇措置兩浙經界。辛未，初命僧道納免丁錢。

二月戊寅，增太學弟子員百人。乙未，詔州縣科折之數，第五等戶毋或均配。己亥，封崇國公璩爲恩平郡王，出就第。

三月甲子，遣敷文閣待制周襟馬觀國史愿、諸將程師回馬欽白常皆還金國。

夏四月丙子朔，賜秦檜第一區。戊寅，彗星出東方。癸未，避殿減膳，命監司、郡守條上便民事宜，提刑巡行決獄。賜禮部進士劉章以下三百人及第、出身。丁亥，以彗出大赦。癸巳，彗沒。甲午，遣後軍統制張淵討捕福建盜賊。庚子，罷四川都轉運司。

五月丙辰，客星見。戊午，命貧民產子賜義倉米一斛。甲子，金遣完顏宗尹等來賀天申節。

六月乙亥朔，日有食之。丁丑，幸秦檜第。乙酉，加檜妻婦子孫官封。丁亥，客星沒。

秋七月戊申，復置利州鑄錢監。戊午，命監司審察縣令治狀顯著及老懦不職者，上其名以爲黜陟。蠲廬、光二州上供錢米一年。丁卯，免汀、漳二州秋稅及處州三縣被水民家紬絹，鄂州舊額絹各一年。己巳，蠲四川轉運司積貸常平錢十三萬緡。

八月甲戌朔，禁收折帛合零錢，止輸實數。乙亥，蠲京西路請佃田租及州縣場務稅錢二年。己亥，改諸路提舉茶鹽官爲提舉常平茶鹽公事，川、廣以憲臣兼領。辛丑，復增太學弟子員二百。

九月辛酉，遣錢周材使金賀正旦，嚴抑賀金主生辰。

冬十月乙亥，帝書「一德格天之閣」賜秦檜，仍就第賜宴。丙子，楊愿罷。癸未，以樞密

都承旨李若谷簽書樞密院事兼權參知政事。武岡軍猺人楊再興降。庚寅，以翰林學士承旨秦熺爲資政殿學士、提舉萬壽觀兼侍讀，恩數視執政。辛卯夜，雷。癸巳，蠲安豐軍上供錢米二年。甲午，以汪勃言折彥質黨趙鼎，郴州安置〔一〇〕。庚子，置四川宣撫司總領錢糧官。辛丑，命秦熺班簽書樞密之下。

十一月甲辰，加錢忱少保，錢愐開府儀同三司。丙辰，郭浩卒。丙寅，全給秦檜歲賜公使錢萬緡。

閏月己卯，罷明法新科。

十二月戊午，置江陰軍市舶務。甲子，命右司員外郎李朝正同措置經界。丁卯，金遣蒲察說等來賀明年正旦。

十六年春正月戊子，增太學外舍生額至千人。壬辰，親饗先農于東郊，行籍田禮，執耒耜九推，詔告郡縣。

二月辛丑，割金州豐陽縣、洋州乾祐縣畀金人。壬寅，毀諸路淫祠。癸丑，建秦檜家廟。

三月庚午朔，建武學，置弟子員百人。辛卯，造秦檜家廟祭器。乙未，增建太廟。己亥，立淮東、江東、兩浙、湖北州縣歲較營田賞罰格。

夏四月壬子，禁州縣預借民稅及和買錢。戊午，定選試武士弓馬去留格。

五月壬申，濬運河。命諸路漕臣兼提舉學事。癸未，初作太廟祏室。丙戌，作景鐘。丁亥，金遣烏古論海等來賀天申節。

六月，安南獻馴象十。

秋七月壬申，以張浚上疏論時事，落節鉞，連州居住。壬辰，立祕書省獻書賞格。丙申，復何鑄爲端明殿學士兼侍讀。

八月辛丑，築高禖壇。壬子，遣邊知白使金賀正旦，周執羔賀金主生辰。

九月甲戌，命何鑄等爲金國祈請使，請國族。甲午，賞統制張淵、韓京等討捕福建、廣東諸盜功，各進官有差。

冬十月戊戌，帝觀新作禮器于射殿，撞景鐘，奏新樂。

十一月丙子，合祀天地于圜丘，大赦。庚辰，罷州縣新創稅場。癸未，復置御書院。己丑，加潘正夫少保。

十二月戊戌，彗見西南方，乙巳，滅。辛酉，金遣盧彥倫等來賀明年正旦。

十七年春正月己巳，命諸路收試中原流寓士人。己卯，禁監司、郡守進羨餘。辛卯，以舉人多冒貫，命州縣每三歲行鄉飲酒禮以貢士。壬辰，以李若谷參知政事，御史中丞何若簽書樞密院事。癸巳，進秦熺爲資政殿大學士。

二月乙巳，親祠高禖。辛酉，李若谷罷。

三月乙亥，何若罷。己卯，以翰林學士段拂參知政事。乙酉，改封秦檜爲益國公。戊子，改命張俊爲靜江、寧武、靖海軍節度使，韓世忠鎮南、武安、寧國軍節度使。落李若谷資政殿學士，江州居住。

夏四月丙申，蠲諸路免行錢三之一。己亥，以御史中丞汪勃簽書樞密院事。己未，詔：趙鼎遇赦永不檢舉；以前貶所潮州錄事參軍石恮待遇鼎厚，除名，潯州編管。

五月甲子，詔舉賢良。乙丑，雨雹。己巳，洪皓責濠州團練副使，英州安置。辛巳，金遣完顏卞等來賀天申節。

六月乙卯，禁招安盜賊。戊午，改命普安郡王瑗爲常德軍節度使，恩平郡王璩武康軍節度使。

秋七月庚辰，召鄭剛中赴行在。辛巳，太白晝見。以徽猷閣待制、知成都府李璆權四川宣撫使。癸未，命李璆同總領四川財賦符行中參酌減放四川重斂。戊子，以吳璘充御前

二十四史

諸軍都統制兼知興州。

八月庚子，罷建州創置賣鹽坊。癸卯，趙鼎薨于吉陽軍。戊申，遣沈該使金賀正旦，詹大方賀金主生辰。丁巳，以諸路羨餘錢充月樁之數。加邢孝揚太尉。

九月己巳，減四川科率虛額錢歲二百八十五萬緡。癸酉，詔：以四川宣撫司降賜庫米一百萬石，均減對糴。乙亥，蠲江南東、西道諸州月樁錢。丙子，鄭剛中罷。丙戌，減江、浙諸州折帛錢。

冬十月辛卯朔，日有食之。癸卯，建太一宮。丁未，命太常歲以春秋二仲薦獻欑宮，季秋遣御史按視。己酉，進楊存中爲少傅。己未，臨安府甘露降。

十一月丙寅，秦檜上重修免役敕令格式。丁卯，復賜進士聞喜宴。

十二月辛卯朔，禁諸州擅釋放流配命官及事干邊防切要之人。甲寅，鄭剛中落職，桂陽監居住。丙辰，金遣完顏宗藩等來賀明年正旦。

十八年春正月己巳，幸天竺寺，遂幸玉津園。

二月乙未，段拂罷，尋落職，興國軍居住。以汪勃兼權參知政事。辛亥，聽趙鼎歸葬。

三月丁丑，命楊政、吳璘招關、陝流民補殿前軍。戊寅，罷汀州諸縣上供銀，蠲茶鉛本

錢之半。庚辰，幸新太一宮。壬午，以秦熺知樞密院事。乙酉，禁民私渡淮及招納叛亡。

夏四月戊子朔，日有食之。庚子，秦熺乞避父子共政，以爲觀文殿學士、提舉萬壽觀、兼侍讀、提舉祕書省。壬寅，命熺恩禮視宰臣班次，亞右僕射。甲辰，賜禮部進士王佐以下三百三十人及第、出身。丙辰，加士㒟開府儀同三司。

五月戊辰，加吳益太尉。乙亥，裁損奉使賞給。丙子，金遣蕭秉温等來賀天申節。癸未，以李顯忠私取故妻于金，降爲平海軍承宣使，台州居住。甲申，罷四川宣撫司，以李璆爲四川安撫制置使。是月，徽州慶雲見。

六月甲辰，築九宮貴神壇于東郊。戊申，士民曹溥等上尊號，不許。是月，遣太府寺丞宋仲堪詣江州，置獄鞫鄭剛中欺隱官錢。福州候官縣有竹實如米，飢民採食之。

是夏，浙東西、淮南、江東旱。

八月丙申，汪勃罷。丁酉，以工部尙書詹大方簽書樞密院事兼權參知政事。禁州縣士民飾詞舉留官吏。

閏月庚申，免江、浙、湖南今歲和糴。甲子，命臨安平江二府、淮東西、湖北三總領所，歲糴米百二十萬石，以廣儲蓄。壬申，遣王墨卿使金賀正旦，陳誠之賀金主生辰。甲申，辛道宗降官，房州羈管。乙酉，禁奉使三節人出境博易。福建諸州賊平，以所創招奇兵爲殿前司左翼軍。

九月丙午，詹大方薨。

冬十月丙辰，以御史中丞余堯弼簽書樞密院事兼權參知政事。

十一月乙酉朔，升感生帝爲上祀。己亥，胡銓移吉陽軍編管。壬寅，鄭剛中責濠州團練副使，復州安置。戊申，禁四川買馬官吏私市蠻馬。辛亥，振紹興府饑。

十二月乙卯朔，振明、越、秀、潤、徽、婺、饒、信諸州流民。丙寅，借給被災農民春耕費。丁卯，命利路三都統措置營田，以其租充減免對糴之數。戊辰，蠲被災下戶積欠租稅。庚辰，金遣召守忠等來賀明年正旦。

十九年春正月甲申朔，以皇太后年七十，帝詣慈寧殿行慶壽禮。甲午，罷國信所回易北貨。癸卯，幸天竺寺，遂幸玉津園。

二月丁丑，禁湖北溪洞用人祭鬼及造蠱毒，犯者保甲同坐。

三月癸未朔，日有食之。甲辰，鄭剛中移封州安置，子良嗣等亦除名編管。

夏四月丁巳，立孳生牧馬監賞罰格。丙寅，祕閣修撰張邵上秦檜在金國代徽宗與粘罕書稿，詔付史館，以邵爲徽猷閣待制[二]。戊寅，湖廣江西路、建康府並甘露降。

五月壬午朔，汀、漳、泉三州民田被賊蹂踐，蠲其二稅。戊戌，賞平福建羣盜功，以選鋒軍統制劉寶爲武泰軍承宣使，餘將士遷秩有差。庚子，金遣唐括德温等來賀天申節。丁未，減連、英、循、惠、新、恩六州免行錢。

六月丁巳，茶陵縣丞王庭珪作詩送胡銓，坐謗訕停官，辰州編管。戊午，秦檜上吏部續降七司通用法。

秋七月壬寅，頒諸農書于郡邑。

八月辛未，刺浙東諸州強盜當配者充沿海諸軍。

九月戊申，命繪秦檜像，仍作贊賜之。

冬十月己未，湖南副總管辛永宗停官，肇慶府編管。

十一月壬辰，合祀天地于圜丘，大赦。辛丑，李椿年以經界不均罷。丁未，立州縣墾田增虧賞罰格。是月，命復蜡祭。

十二月丁巳，金岐王亮弒其主亶自立。己未，詔無子女戶、得解舉人、太學生之獨居者並免役。己巳，命四川制置司歲募層衞三百人赴行在。丁丑，金遣完顏兗等來賀明年正旦。

中華書局

二十年春正月丁亥，秦檜入朝，殿前司軍士施全道刺之，不中。壬辰，磔全于市。癸卯，趣諸路轉運司及守臣畢經界事。丙午，兩浙轉運副使曹泳言，李孟堅誦其父光所撰私史，語涉譏謗，詔送大理寺。

二月戊申朔，立守貳、令尉營田增虧賞罰格。庚戌，禁民春月捕鳥獸。蠲靜江府、昭州上供折布錢三之一。壬子，罷經界所覆實官吏。庚申，免海外四州及瀘敍二州、長寧軍經界。

三月庚辰，金遣完顏思恭等來報即位。癸未，以余堯弼參知政事，給事中巫伋簽書樞密院事。丙戌，遣堯弼等賀金主即位。戊子，以秦熺爲觀文殿大學士、萬壽觀使。丙申，李孟堅獄具。詔李光遇赦永不檢舉；孟堅除名，峽州編管；胡寅、程瑀、潘良貴、張燾等八人緣坐，黜降有差。戊戌，詔改正經界法之厲民者。庚子，以巫伋兼權參知政事。壬寅，胡寅責果州團練副使，新州安置。

夏四月壬子，以沒入官田悉歸常平司，禁募民佃種。癸酉，置力田科，募江、浙、福建民耕兩淮閒田。是月，信州妖賊黄曾等作亂，陷貴溪縣，江西兵馬鈐轄李横等討平之。

五月庚辰，申禁諸軍差承接文字使臣伺察朝政。癸未，秦檜上中興聖統。甲午，金就遣完顏思恭等來賀天申節。

六月癸亥，加秦熺少保。詔大理寺鞫前太常主簿吳元美譏謗獄。丙寅，禁民結集經社。是月，建州民張大一作亂。

秋七月丙子，罷招刺禁軍。庚寅，罷泉、漳、汀三州經界。

八月甲辰朔，量移張浚永州，孫近虔州，万俟卨沅州，李若谷饒州，李文會江州，段拂南康軍，並居住。雷州守臣王趯坐交通趙鼎、李光停官。戊申，改建大理寺。辛酉，遣陳誠之使金賀正旦，王曮賀金主生辰。

九月甲申，以吳元美譏毀大臣，除名，容州編管。丙申，侍御史曹筠以附下罔上罷。

冬十月戊辰，右廸功郎安誠坐文字謗訕，送惠州編管。秦檜有疾。庚午，命執政赴檜第議事。

十二月甲子，檜始朝，命肩輿入宮門，二孫扶掖升殿，不拜。己巳，金遣蕭頤等來賀明年正旦。

二十一年春正月癸未，以兩淮民復業未久，寬其租賦。庚子，蠲平江府折帛錢三年。

二月甲寅夜，雨雹。乙卯，詔諸州置惠民局，官給醫書。壬戌，遣巫伋等爲金國祈請使，請歸淵聖皇帝及皇族，增加帝號等事。癸亥，以余堯弼兼簽書樞密院事。

三月丁丑，雨雹。丁亥，蠲江、浙、荆湖等路中戶以下積年逋負。

夏閏四月己卯，禁三衙掊剋諸軍。丁亥，賜禮部進士趙逵以下四百四人及第、出身。

五月辛亥，罷利州路選刺義士。戊午，金遣劉長言等來賀天申節。以吳璘、楊政、田師中並爲太尉。

六月甲戌，括淮南佃田所隱頃畝，以理租稅。辛巳，命歲給大理寺、三衙及州縣錢，和藥劑療病囚。

秋七月壬寅，以集英殿修撰、知衢州曹筠爲四川安撫制置使。辛亥，罷柴米稅。癸亥，詔州縣官嘗被科率害民重罪者，不得任守令親民官。

八月辛未，秦檜上重修諸路茶鹽法。壬申，韓世忠薨，詔進太師致仕。癸酉，追封通義郡王。禁郡守特斷。乙亥，加岳陽軍節度使士㒟開府儀同三司，充萬壽觀使。甲申，遣陳夔使金賀正旦，陳相賀金主生辰。

九月戊戌朔，籍寺觀絕產以贍學。乙巳，均科處州丁鹽錢。丁巳，增築景靈宮。是月，巫伋使還，所請皆不許。

冬十月甲戌，幸張俊第。壬午，進俊爲太師，升從子子蓋爲安德軍節度使。甲申，夜有赤氣。

十一月庚戌，余堯弼罷。乙卯，命提舉常平官修復陂湖。丁巳，進義副尉劉允中坐指斥謗訕棄市。

十二月壬申，雷。癸巳，金遣兀朮魯定方等來賀明年正旦。

二十二年春正月丁未，加韋淵太保。

三月丁酉，以王庶二子之奇、之荀謗毀朝政，並除名，之奇梅州、之荀容州編管。甲辰，以直龍圖閣葉三省、監都作院王遠通書趙鼎、王庶，力詆和議，言涉謗訕，三省落職，筠州居住，遠除名，高州編管。丁巳，遣司農丞鍾世明詣福建路籍寺觀絕產田宅入官，其後歲入錢三十四萬緡。

夏四月丙子，巫伋罷。辛巳，以御史中丞章复簽書樞密院事兼權參知政事。

五月癸丑，金遣田秀穎等來賀天申節。是月，襄陽大水，容州野蠶成繭。

秋七月甲午朔，加封程嬰、公孫杵臼、韓厥爲公，升中祀。丁巳，虔州軍卒齊述殺殿前司統制吳進，江西同統領馬晟，據州叛。

八月己亥，遣鄂州都統制田師中發兵同江西安撫使張澄、殿前司遊奕軍統制李耕討述。

二十四史

九月乙未，又遣左翼軍統制陳敏相繼討之。癸丑，章复罷。

冬十月甲戌，以御史中丞宋樸簽書樞密院事兼權參知政事。就命李耕知虔州。庚辰，以黃岩縣令楊煒誹謗，除名，萬安軍編管。知台州蕭振落職，池州居住。

十一月戊申，合祀天地于圜丘，大赦。丁巳，立薦舉受財刑名。李耕入虔州，盡誅叛兵，虔州平。

十二月辛酉朔，減夔州路及蒲江、淯井兩監鹽錢歲八萬二千緡有奇。戊子，金遣張利用等來賀明年正旦。

校勘記

〔一〕沈昭遠　原作「審昭遠」，據宋會要職官五一之一四、繫年要錄卷一四五改。

〔二〕知金州郭浩　「知」字原脫，據本書卷二八高宗紀、繫年要錄卷一四六補。「浩」，繫年要錄作「皓」。

〔三〕程克俊　原作「陳克俊」，據下文及繫年要錄卷一四七、中興聖政卷二八改。

〔四〕提舉茶事司　「事司」二字原倒，按此職名屢見本書卷一八四食貨志，據改。

〔五〕張俊　原作「張浚」，據本書卷二一三宰輔表、繫年要錄卷一四七、北盟會編卷二一二改。

〔六〕兩浙轉運副使　「兩浙」，原作「兩淮」，據本書卷一七三食貨志、繫年要錄卷一四七及卷一五二改。按李椿年治經界係自平江始，平江卽隸兩浙，非兩淮。

〔七〕復昌化萬安吉陽軍　「復」，原作「廢」，據本書卷九〇地理志、十朝綱要卷二〇改。

〔八〕九月丁巳宗室子偁卒于秀州　本條史文疑有誤。按本書卷三三孝宗紀、兩朝綱目卷二都說子偁死於十三年。但據繫年要錄卷一五〇記載，後於丁巳八月的九月乙丑，子偁才奉命守本官致仕，可見子偁這時尚未死。同書卷一五一又載，十四年正月戊寅，南宋朝廷集百官討論為子偁服喪的制度，子偁之死約相當於此時。查本書卷二四四秀王子偁傳明載：「紹興十三年秋致仕，明年春，卒于秀州。」通考卷二七七封建考也說：「紹興十四年，子偁卒。」疑史文誤以致仕之月為子偁死月。

〔九〕內侍白鄂坐誹謗及其客張伯麟俱黥配吉陽軍　「白鄂」，本書卷四七三秦檜傳、繫年要錄卷一五一都作「白鍔」。又兩書都說白鍔刺配萬安軍，張伯麟刺配吉陽軍，二人並非刺配一地。此處疑誤。

〔一〇〕郴州安置　「郴州」，原作「柳州」，據十朝綱要卷二四、宋史全文卷二一改。

〔一一〕以邵為徽猷閣待制　「徽猷閣」，本書卷三七三張邵傳、繫年要錄卷一五九都作「敷文閣」。

宋史卷三十一

本紀第三十一

高宗八

二十三年春正月癸卯，進韋淵太傅。己酉，復以李顯忠為寧國軍節度使。

二月癸亥，幸玉津園，遂幸延祥觀。庚午，斬虔州軍賊黃明等八人于都市。辛未，改虔州為贛州。壬申，申嚴冒貫請舉法。癸未，賞平贛盜功，以李耕為金州觀察使，將士進秩給賞有差。

三月丙午，齊安郡王士㒟薨于建州，追封循王。詔凡民認復軍莊營田者，償開耕錢。丁未，禁州縣都監、巡尉擅置刑獄。戊申，以前太府丞范彥輝謗訕，除名，荆門軍編管。是春，金主亮徙都燕京。

夏四月辛巳，詔諸州編管、羈管人，遵舊法，長吏月一驗視，不許囚禁。乙酉，減利州歲

鑄錢為九萬緡。

五月庚寅，禁州縣以私意籍罪人貲產。乙巳，復以蕭振為四川制置使。辛亥，金遣紇石烈大雅等來賀天申節。乙卯，立淮南諸州舉人解額。

六月己卯，潼川大水。

秋七月壬辰，寬理平江府、湖秀二州被水民夏稅。戊戌，從秦檜所請，命台州取綦崇禮草檜罷相制所受墨敕。庚戌，禁諸軍瀕太湖擅作壩田。

八月乙丑，士㒟薨，追封韶王。丙寅，左宣教郎王孝廉謀據成都叛，事覺伏誅。己卯，賜秦檜建康府永豐圩田。乙酉，命敕令所編輯中興以後寬恤詔令。

九月甲午，振潼川被水州縣，仍蠲其賦。庚子，禁採鹿胎。

冬十月丁巳，詔郡守年七十者聽自陳，命主宮觀。戊午，遣吳㮚使金賀正旦，施鉅賀金主生辰〔一〕。戊辰，宋樸罷。壬申，以右諫議大夫史才簽書樞密院事兼權參知政事。丁丑，遣戶部郎官鍾世明修築宣州、太平州圩田。是月，命大理鞫妖人孫士道獄。

十一月壬寅，詔立張叔夜廟于信州。甲辰，班大宗正司條令。乙巳，以經筵終帙，賜宰執、講讀等官宴于祕書省，為故事。

十二月丁巳，詔州縣稅額少者，罷其監官。癸亥，韋淵薨。癸未，禁民車服踰制。

中華書局

閏月丙申，命檢正都司官詳定郡守所上利病以聞。辛丑，命諸軍保任統制官在職十年無過者，進秩。庚戌，金遣蔡松年等來賀明年正旦。

是歲，減池州青陽縣田租萬七千石。

二十四年春正月辛未，幸延祥觀。癸酉，初詔郡國同以八月十五日試舉人。丙子，封婉容劉氏爲貴妃。戊寅，地震。

二月丁亥，前左從政郎楊炬坐其弟煒嘗上書誹謗〔二〕，送邕州編管。丙午，加吳益太尉。

三月壬申，楊再興復寇邊，前軍統制李道討平之，禽再興及其子正脩、正拱，檻送行在。乙亥，賜禮部進士張孝祥以下三百五十六人及第、出身。庚辰，秦檜以私憾捃摭知建康府王循友，詔大理鞫之。是春，始榷夔州路茶。

夏四月丙戌，詔諸路招補三衙諸軍，期三年課其殿最。辛丑，西南小張蕃貢方物。己酉，羅殿國貢名馬。

五月癸丑朔，日有食之。衢州民俞八作亂，圍州城，通判州事汪召錫拒卻之，遂掠嚴州壽昌縣，遣殿前司正將辛立討平之。辛未，金遣耶律安禮等來賀天申節。

六月癸巳，史才罷。甲午，以御史中丞魏師遜簽書樞密院事兼權參知政事。辛丑，王循友貸死，藤州安置。癸卯，詔：「嘗命四川州縣減免財物，以寬民力，尚慮未周，令制置司、總領所同共措置，務在不妨軍食，可以裕民。」尋遣鍾世明如四川同議。以主管侍衞馬軍司成閔爲慶遠軍節度使。

秋七月癸丑，張俊薨。勒停人王趯坐交通李光，下大理獄。乙卯，鬻豨人楊正脩、正拱于市。己未，復置黎、雅二州博易場三所。壬戌，詔捐四川茶馬司羨餘錢給軍費，以寬民力。甲子，復落蕭振職，池州居住。乙丑，以總領財賦符行中爲四川制置使。乙亥，南丹州莫公晟及宜州界外諸蠻納土內附。戊寅，幸張俊第臨奠。

八月壬辰，禁百官避免輪對。甲午，罷溫州市黃柑、福州貢荔枝。丙午，追封張俊爲循王。以湘潭縣丞鄭杞、主簿賈子展嘲毀朝政，除名，杞容州、子展德慶府編管。

九月辛亥朔，李道如衡州措置盜賊。丁巳，賞平衢賊功，升辛立領忠州團練使，將士遷職、給錢有差。

冬十月壬午，蠲旱傷州縣租賦。戊子，遣沈虛中使金賀正旦，張士襄賀金主生辰。

十一月乙丑，魏師遜罷。丁卯，以權吏部侍郎施鉅參知政事，鄭仲熊簽書樞密院事。戊辰，進秦熺少傅，封嘉國公。是月，以通判武岡軍方疇通書胡銓及他罪，除名，永州編管。

十二月丙戌，以故龍圖閣學士程瑀有論語講解，秦檜疑其譏己，知饒州洪興祖嘗爲序，京西轉運副使魏安行鋟版，至是命毀之。興祖昭州、安行欽州編管，瑀子孫亦論罪。丁亥，王趯除名，辰州編管。丁酉，知鄞縣程緯爲其丞王肇所告，慢上無人臣禮，除名，貴州編管，籍其貲。壬寅，刺諸路編管人充廂軍。乙巳，金遣白彥恭等來賀明年正旦。

二十五年春正月辛未，賞討楊再興功，保寧軍承宣使李道落階官，加龍神衞四廂都指揮使，將士進官、賜錢有差。

二月乙酉，以鎮江都統制劉寶爲安慶軍節度使，建康都統制王權爲清遠軍節度使。壬寅，以通判常州沈長卿、仁和縣尉芮煒作詩譏訕，除名，長卿化州、煒武岡軍編管。

三月己酉，右司郎中張士襄自金國使還，坐奉使不肅罷官。壬申，地震。

夏四月乙酉，施鉅罷，以鄭仲熊兼權參知政事。戊子，命四川制置司許就類省試院校試刑法。己亥，減廣西路折米錢。

五月丁未朔，日有食之。太廟仁宗室柱生芝九莖。戊申，罷諸路免行錢歲百八萬緡。癸丑，以前知泉州宗室令衿譏訕秦檜，遂坐交結罪人，汀州居住。乙丑，金遣李通等來賀天申節。壬申，賜劉錡湖南田百頃。

六月庚辰，鄭仲熊罷。辛巳，以禮部侍郎湯思退簽書樞密院事兼權參知政事。癸卯，以言者追譖岳飛，改岳州爲純州，岳陽軍爲華容軍。是月，安南入貢。

秋七月丙辰，減四川絹估、稅斛、鹽酒等錢歲百六十餘萬緡，蠲州縣積欠二百九十餘萬緡。詔四川營田有占民田者，常平司按驗給還。甲戌，封李天祚爲南平王。

八月丁丑，申嚴誣告加等法。辛巳，命大理鞫趙汾及令衿交通獄。丙戌，以吏部侍郎董德元參知政事。蠲諸路身丁、免丁錢一年。壬辰，建執政府。

九月丁巳，秦檜上紹興寬恤詔令。

冬十月庚辰，復置鴻臚寺。壬午，遣王岷使金賀正旦，鄭柟賀金主生辰。乙酉，命大理鞫張祁〔三〕附麗胡寅獄。乙未，幸秦檜第問疾。夜，檜諷右司員外郎林一飛、臺諫徐嘉張扶等請拜熺爲相。丙申，進封檜建康郡王，熺爲少師，並致仕。命湯思退兼權參知政事。是夕，檜薨。丁酉，檜姻黨戶部侍郎兼知臨安府曹泳停官，新州安置。朱敦儒、薛仲邕、王彥傅、杜思旦皆罷。命有司具上執政、侍從官居外任及主宮觀與在謫籍者職位、姓名。辛丑，徙殿中侍御史徐嘉、右正言張扶皆出爲他官。

十一月乙巳朔，追封檜申王，謚忠獻，賜神道碑，額爲「決策元功，精忠全德」。戊申，奪趙汾二官。壬子，以敷文閣直學士魏良臣參知政事。癸亥，合祀天地于圜丘，大赦。甲子，幸秦檜第臨奠。乙丑，復洪皓官，釋張祁獄。丁卯，罷大理寺官旬白。庚午，詔：「監司、郡守，事無巨細，皆須奏聞裁決，毋得止上尙書省。臣僚薦舉人才，必三人以上同薦。」封叔和州防禦使、右監門衞大將軍士俴爲崇慶軍節度使、嗣濮王，福建路提刑令詪爲利州觀察使、安定郡王。辛未，知建康府王會及列郡守臣王晌、王鑄、鄭僑年、鄭震、方滋俱以諂附貪冒罷。眞臘、羅斛國貢馴象。

十二月甲戌朔，詔曰：「臺諫風憲之地，比用非其人，黨於大臣，濟其喜怒，殊非耳目之寄。朕今親除公正之士，以革前弊。繼此者宜盡心乃職，毋合黨締交，敗亂成法，當謹茲戒，毋自貽咎。」詔張浚、折彥質、万俟禼、段拂聽自便。量移李光郴州安置。乙亥，復以禼爲資政殿學士，提舉萬壽觀兼侍讀。戊寅，鄭億年責建武軍節度副使，南安軍安置。壬午，詔監司、守臣，禁羨餘，罷權攝，戢苞苴，節宴飲。詔前後告訐者莫汲、汪召錫、陸升之等九人除名，廣南諸州編管。甲申，召孟忠厚奉朝請。命胡寅、張九成等二十八人並令自便，仍復其官。乙酉，董德元罷。丙戌，以劉錡知潭州。辛卯，命三省、六部條具續降敕旨來上，審詳施行。甲午，以敷文閣待制沈該參知政事。乙未，以王會恃權貪橫，停官，循州編管。丙申，復以蕭振爲四川制置使。復張浚、折彥質、趙汾、葉三省、王趯、劉岑官。移胡銓衡州。丁酉，禁閩、浙、川、廣貢眞珠、文犀。戒州縣加收耗糧。己亥，金遣耶律歸一等來賀明年

正旦。

二十六年春正月壬子，省諸州稅場，以寬商賈。甲子，追復趙鼎、孫近、鄭剛中、汪藻舊職。乙丑，詔選擇監司，須七品以上清望官，或經朝擢及治郡著績者。丙寅，曹泳吉陽軍編管。封伯令衿明州觀察使、安定郡王，以其從弟令詪讓也。戊辰，除民事律。蠲諸路積負及黃河竹索錢。

二月乙亥，命四川州縣，凡預借民賦稅分限理折〔四〕。己卯，定諸州流寓士人解額。庚辰，罷進奏院定本朝報。乙酉，進士林東追詣秦檜，上書狂妄，英州編管。右朝奉郎林一飛坐指使林東，責監高州鹽稅。庚寅，三佛齊國入貢。辛卯，魏良臣罷。庚子，以左朝散大夫王曮爲秦檜親黨，直徽猷閣呂愿中貪虐附檜，曮建昌軍居住，愿中責果州團練副使，封州安置。

三月甲寅，以邊事已定，罷宰相兼領樞密使。丁巳，詔兩淮邊民未復業者，復其租十年。己未，以万俟禼參知政事。癸亥，加吳璘開府儀同三司。乙丑，以東平府進士梁勛伏闕上書言北事，送千里外州軍編管。丙寅，詔曰：「講和之策，斷自朕志，秦檜但能贊朕而已，豈以其存亡而渝定議耶？近者無知之輩，鼓倡浮言，以惑衆聽，至有僞撰詔命，召用舊臣，抗章公車，妄議邊事，朕甚駭之。自今有此，當重置典憲。」丁卯，蠲閩、浙諸州歲供軍器所物料三之一，減諸州工匠千人。己巳，募四川民佃淮南、京西閑田，並邊復租稅十年，次邊五年。

夏四月戊子，增温、台等十六州解額。命湖北路以增戶、墾田爲守令殿最。庚寅，遣陳誠之等賀金主尊號禮成。癸巳，置武學官及弟子員百人。甲午，禁州郡進祥瑞。戊戌，立六科以舉士。加韋謙太尉。詔大辟情犯無可矜憫者，禁刑、寺妄引例奏裁貸減。罷鄉飲酒舉士法。詔淮南、京西，占射官田踰二年未盡墾者，募人更佃。

五月壬寅，以沈該爲尙書左僕射，万俟禼爲右僕射，並同中書門下平章事。湯思退知樞密院事。丁未，詔州軍教授毋兼他職。丙辰，蠲楚州、盱眙軍民租十年。己未，金遣敬嗣暉等來賀天申節。

六月辛未朔，罷諸路鬻戶絕田。丁丑，以端明殿學士程克俊參知政事。戊寅，復權要親族中第覆試法。乙酉，詔取士毋拘程頤、王安石一家之說。丁亥，流星晝隕。辛卯，以秦檜既死，命史館重修日曆。

秋七月辛丑，詔三衙主帥舉武臣堪知州者。壬寅，蠲諸路丁絹一年爲二十四萬匹。丙午，右奉議郎薛仲邕連州編管。丁未，彗出井，避殿減膳。辛亥，詔諸州守貳考各縣丁籍，

依年格收除；民間市物，官戶、勢家與編氓均科。丙辰，彗滅。詔進士因事送諸州軍聽讀，特放逐便，仍許取應。辛酉，雨水銀。

八月戊寅，班元豐、崇寧學制于諸路。革正前舉登第秦塤、曹冠等九人出身。以淮南提舉常平朱冠卿言，秦檜挾私廢法，塤等皆其子孫、親戚、門下憸人，於是有官應試者，所授階官易左爲右，白身者駁放。占用省額，復還後科。庚辰，裁州縣吏額。己丑，蠲建康府積欠內帑錢帛。庚寅，安南國遣使入貢。辛卯，程克俊罷。甲子，以吏部侍郎張綱參知政事。

九月乙巳，以翰林學士陳誠之同知樞密院事。丙午，立互易薦舉坐罪法。壬子，詔成都、潼川兩路漕臣同制置、總領、茶馬司審度四川財賦利害，其實惠得以及民、調度可以經久者，條具以聞。甲寅，以天聖、紹興眞決贓吏指揮班示諸路。丙寅，增大理寺吏祿。戊辰，命吏、刑二部修條例爲成法。

冬十月己巳朔，詔許秦檜在位之日，無辜被罪者自陳釐正。罷浙東常平司平準務。乙亥，詔四川監司、帥臣、制置、總領、茶馬司，各舉可守郡者。甲午，蠲郴道永三州、桂陽軍民身丁米。乙未，王會移瓊州編管。以宋貺黨附秦檜，責梅州安置。丁酉，以張浚上書論用兵，依舊永州居住。辛丑，遣李琳使金賀正旦，葛立方賀金主生辰。

閏月丙午，罷廉州貢珠，縱蜑丁自便。己酉，命離軍人願歸農者，人給江、淮、湖、廣荒

田百畝，復其租稅十年。乙卯，初置臨安府左右廂官，分掌訟牒。

十一月甲戌，命吏部侍郎陳康伯、戶部侍郎王俁稽考國用歲中出納之數。丙戌，裁定六曹、寺監百司吏額。

十二月辛丑，命三省錄臺諫所言事，報樞密院。癸丑，万俟卨上重修貢舉敕令格式。甲寅，罷諸路鑄錢司。庚申，賞應詔論事切當者。壬戌，三佛齊國入貢。甲子，金遣梁球等來賀明年正旦。

二十七年春正月乙酉，幸延祥觀。戊子，命侍從各薦宗室京朝官才識、治行者二人。

二月丁酉朔，復兼習經義、詩賦法。庚子，楊政卒。壬寅，太廟仁宗、英宗兩室柱芝草生。戊午，以御史中丞湯鵬舉參知政事。庚申，更定福建路鹽法。癸亥，加劉錡太尉。

三月己巳，命京局改官人先除知縣。乙酉，赤氣出紫微垣。丙戌，賜禮部進士王十朋以下四百二十六人及第、出身。丁亥，詔焚交趾所貢翠羽于通衢，仍禁宮人服用銷金翠羽。己丑，減三川對糴米歲十六萬九千石，䕫路激賞絹五萬匹，兩川絹估錢二十八萬緡及茶司引息虛額錢歲九十五萬緡。辛卯，万俟卨卒。壬辰，以符行中前在蜀恣橫，南雄州安置。甲午，除耕牛稅。

五月癸未，金遣耶律守素等來賀天申節。辛卯，復以五帝、神州地祇等十三祭爲大祀。

六月甲辰，命臣僚轉對，盡忠開陳，毋撫細微以應故事。戊申，以湯思退爲尚書右僕射、同中書門下平章事。庚戌，復余深、黃潛善並觀文殿大學士。乙卯，裁定離軍將士諸州添差數。戊午，初命太廟冬饗祭功臣，臘饗祭七祀，祫饗兼之。己未，進錢忱少傅。增命官捕獲私茶鹽賞典。

秋七月己巳，復饒、贛、韶三州鑄錢監。癸酉，戒監司、郡守舉劾守令觀望徇私。乙亥，以龍圖閣學士李文會爲四川安撫制置使。丙子，詔凡出命，先經兩省書讀，如舊制。

八月乙未，以湯鵬舉知樞密院事。庚申，復置提領諸路鑄錢司于行在，以戶部侍郎榮嶷領之。

九月癸酉，張綱罷。戊寅，以吏部尚書陳康伯參知政事。蠲淮南、京西、湖北積欠內藏錢帛。丁亥，校書郎葉謙亨言：「祀典散逸，隆殺不當，名稱或舛，請敕禮官、祕書酌景德故事，取祭祀之式，定爲一書，名曰紹興正祠錄，以爲恆制。」詔從之。

冬十月壬寅，有赤氣隨日入。癸卯，築通、泰、楚三州捍海堰。辛酉，詔四川諸司察旱傷州縣，捐其稅，振其飢民。

十一月癸亥朔，減福建鹽鈔錢歲八萬緡。乙丑，遣孫道夫使金賀正旦。辛巳，遣劉章賀金主生辰。丁亥，湯鵬舉罷。戊子，蠲廬州二稅及上供錢米一年。

十二月甲午，詔廣南經略、市舶司察蕃商假託入貢。丙辰，初命州縣置禁曆。戊午，金遣高思廉等來賀明年正旦。

二十八年春正月己巳，申禁三衙遷刺平民爲兵。己卯，幸延祥觀，遂幸玉津園。壬午，禁諸路二稅折納增價。癸未，遣戶部郎中莫濛等檢視淮南、浙西、江東沙田蘆場。甲申，命臺諫、侍從三人以上公薦監司治狀。

二月癸巳，命史館重修徽宗大觀以前實錄。丙申，以陳誠之知樞密院。戊戌，禁沿海州軍博買。乙巳，以工部侍郎王綸同知樞密院事。己酉，命六曹長貳詳定差役舊法。癸丑，加楊存中少師，謚張俊曰忠烈。

三月辛酉朔，日有食之。丙寅，雪。丁丑，加田師中開府儀同三司。戊寅，詔：「自今用人，選帥臣、監司曾任郎官已上者爲侍從，監司、郡守有政績者爲卿監、郎官，朝官二年乃遷，卿監、郎官未歷監司者更迭補外。」（五）戊子，責秦檜黨宋樸徽州居住，沈虛中筠州居住。

夏四月丙申，復詔文武官非犯贓罪，並許以致仕恩任子。辛亥，雨雹。嚴州遂安賊江大明寇衢州，官軍捕斬之。

五月，金遣蕭恭等來賀天申節。

六月壬辰，太白晝見。癸巳，流星晝隕。甲寅，增浙西、江東、淮東沙田蘆場租課，置提領官田所掌之。

秋七月庚申，立江西上供米綱賞格。戊辰，詔：「監司按發官吏，不得送置司州軍推鞫。所犯涉重，即以奏聞，命鄰路監司選官就鞫。」己卯，命取公私銅器悉付鑄錢司，民間不輸者罪之。庚辰，親製郊廟樂章。乙酉，復鬻沒官田。

八月戊子朔，置國史院，修神、哲、徽三朝正史。己丑，檢放風水災傷州縣苗稅，仍振貸饑民。乙未，增四川十七州舉人解額。戊戌，湯思退等上徽宗實錄。壬寅，命戶部侍郎令譓提領諸路鑄錢。甲寅，地震。

九月辛未，定銅錢出界罪賞。甲戌，詔以吏部七司舊制與續降參訂異同，立爲定法。丁丑，置殿前司虎翼水軍千人。庚辰，以中書舍人王剛中爲四川安撫制置使。辛巳，封叔建州觀察使士輵爲昭化軍節度使，嗣濮王。癸未，蠲平江、紹興、湖州被水民逋賦。

冬十月丁亥朔，遣沈介使金賀正旦，黃中賀金主生辰。辛丑，禁監司、帥、守私役軍匠。

十一月己卯，合祀天地于圜丘，大赦。壬午，復命檢舉諸人因赦移放者，告訐得罪者不預。

十二月庚寅，安定郡王令衿薨。辛丑，修睦親宅，建宮學。丁未，復李光官，放自便，戊申，蠲楚州歸附民賦役五年。壬子，金遣蘇保衡等來賀明年正旦。

是歲，興元都統制姚仲復籍興元府等五州義士，得二萬餘人。

二十九年春正月丙辰朔，以皇太后年八十，詣慈寧殿行慶壽禮。庚申，濬平江三十六浦以泄水。庚午，振湖、秀諸州饑民。癸酉，幸延祥觀，遂幸玉津園。庚辰，禁諸州科賣倉鹽。癸未，蠲沙田蘆場爲風水所侵者租之半。是月，金國罷沿邊榷場，惟泗州如舊。

二月丙戌朔，亦罷沿邊榷場，存其在盱眙者。加吳璘少保。己丑，禁海商假託風潮私往北界。壬辰，除臨安府歲供修內司錢三萬六千緡。丁酉，蠲四川折估糴本積欠錢三百四十萬緡。戊戌，大雪，雨雹。己亥，禁貿易廣南羈縻州物貨。命廣西敎閱峒丁。庚戌，罷諸路斥候遞卒。甲寅，取具貶死臣僚姓名，議加恩典。

三月丙子，除州縣積欠錢三百九十七萬緡有奇及中下戶所欠入官錢物。丁丑，詔侍從、臺諫、帥臣、監司歲舉可任將帥者二人。限命官子孫制田減父祖之半，併其詭名寄產者，格外田畝同編戶科役。己卯，除湖州、平江、紹興流民公私逋負。

夏四月壬辰，國子司業黃中自金國使還，言金人將徙居汴京以見逼，望早飭邊備。宰相怒，不聽。己亥，修三省法。庚子，增置帶御器械四員。丙午，禁內外將佐營造、回易，掊斂軍士。辛亥，命縣令有政績者諸司同薦，不次升擢，以風厲之。

五月甲寅朔，罷鬻福建閔生沙田。丁巳，詔殿前司選統制官部兵千人戍江州，彈壓盜賊，每歲一易。己未，椿頓江、浙四路折帛錢于三總領所及浙西提刑司，以備軍用。辛酉，禁權要、豪民舉錢軍中取息。丁卯，命印給三總領所見錢公據、關子，許商人入納。己巳，立監司、守臣舉劾八條。金遣王可道等來賀天申節。

六月甲辰朔，遣王綸等爲金國奉表稱謝使。丁亥，禁江、淮私渡北人。丙申，陳誠之罷。禁積錢民戶過萬緡，官戶過二萬緡，滿二年不易他物者沒入之。丁酉，申禁包苴請託。己亥，以陳康伯兼權樞密院事。辛丑，李光卒。壬寅，以主管步軍司趙密爲太尉。己酉，沈該以貪冒罷。

閏月甲寅，益荆南戍卒千人，守臣劉錡亦募效用三千人。丁巳，命江、湖、浙西五漕司增價糴米二百二十萬石赴沿江十郡，自荆至常州，以備振貸。戊午，罷成都府路隔槽酒務監官七十一員，令民承買。己未，罷江、浙、淮東沙田蘆場所增租課。甲子，落沈該觀文殿大學士，致仕。罷福建安撫司官賣鹽。戊辰，大省淮西冗官。辛未，復置江、淮、荆、浙、福建、廣南路提點坑冶鑄錢官。

秋七月丁亥，以權吏部尚書賀允中參知政事。癸巳，封權戶部侍郎令詪爲安定郡王。戊戌，福州大水。己酉，禁諸路抑買官田。庚戌，以四川經、總制及田晟錢糧錢共百三十四萬緡充增招軍校費。

八月甲子，募商人輸米行在諸倉，願以茶、鹽、礬鈔等償直者聽。丁卯，除南雄、英、連三州經界，復丁米舊額。甲戌，併史館歸秘書省，玉牒所歸宗正寺。

九月甲申，詔建炎以來使未還而後嗣無祿者，與一子官。乙酉，王綸使還入見，言金國和好無他。丙戌，湯思退等稱賀。甲午，以湯思退爲尚書左僕射，陳康伯爲右僕射，並同中書門下平章事。乙未，以皇太后不豫大赦，不視朝。丙申，爲太后祈福。蠲中下戶所欠稅賦及江、浙蝗潦州縣租。丁酉，減僧道免丁錢。己亥，蠲見監贓罰賞錢。庚子，皇太后韋氏崩。癸卯，遣周麟之等爲金國奉表哀謝使。

冬十月甲寅，以羣臣五上表，始聽政。命保康軍節度使吳益爲攢宮總護使。乙亥，立諸路和糴募民運米賞格。戊寅，册謚皇太后曰顯仁。

十一月丁亥，遣賀允中等爲金國遺留國信使。丙午，權攢顯仁皇后于永祐陵。

十二月甲寅，諜言北界禁民妄傳起兵，帝諭大臣當自治，爲安邊息民之計。甲子，祔顯仁皇后神主于太廟。辛未，以王綸知樞密院事。壬申，減三省、樞密院激賞庫及諸書局歲用錢二十萬緡，鼎州程昌寓所增蔡州官兵衣糧錢四之一，西和州官賣鹽直之半，蔣州上供經、總制司無額錢如之。丙子，金遣施宜生等來賀明年正旦。

三十年春正月戊子，給劉錡軍費錢六十萬緡。丙申，以吏部侍郎葉義問同知樞密院事。廢御書院。丁酉，罷鈞容班樂工及甲庫酒局。壬寅，募人墾淮南荒田。甲辰，定御輦院三營兵額爲九百人。

二月甲寅，罷夔州路榷茶。乙卯，金遣大懷忠等來弔祭。戊午，遣葉義問爲金國報謝使。癸酉，詔立普安郡王瑗爲皇子，更名瑋。丙子，進封建王。

三月辛巳，復館職召試，然後除擢。免湖北、京西宣撫司諸庫未輸錢八十九萬緡。癸未，以淮東茶鹽司錢十萬緡充募民墾田費。乙酉，加吳益少保，趙密開府儀同三司，以賞攢宮之勞。丁酉，初置金州御前諸軍都統制，以知金州王彥爲之。癸卯，賜禮部進士梁克家以下四百一十二人及第、出身。甲辰，置牧馬監于潮、惠二州。丙午，加恩平郡王璩開府儀同三司、判大宗正事，始稱皇姪。

夏四月己酉朔，以孫愭爲蘄州防禦使，愷貴州團練使，惇榮州刺史。丙辰，以賀允中兼權同知樞密院事。

五月辛巳，刺海賊罪不至死者爲龍猛、龍騎軍。初置荆南府御前諸軍都統制，以劉錡兼領之。乙酉，初置江州御前諸軍都統制，以步軍司前軍都統制戚方爲之。詔諸路刺強盜貸死少壯者爲兵。丙戌，定鑄錢司歲鑄五十萬緡。辛卯，臨安、於潛、安吉三縣大水。海賊陳演添作亂，掠高、雷二州境上，南恩州民林觀禽殺之，命觀以官。丙申，金遣蕭榮等來賀天申節。壬寅，落沈該致仕，復觀文殿大學士，知明州。丙午，加吳蓋〔六〕太尉。

六月庚戌，復出諸軍見錢關子三百萬緡，聽商賈以錢銀請買。庚午，王綸罷。辛未，以江西廣東湖南折帛、經總制錢合六十萬緡，江西米六萬石充江州軍費。後益以四川利路經總制、江西茶引合二十萬緡。

秋七月戊寅，遣明州水軍三百戍崑山黄魚垛，巡捕槽船之爲盜者。甲申，詔諸路帥司，春秋教閱禁兵弓弩手。戊戌，以葉義問知樞密院，翰林學士周麟之同知院事，御史中丞朱倬參知政事。

八月丙午朔，日有食之。壬子，賀允中使還，言金人必畔盟，宜爲之備。癸丑，允中致仕。甲寅，復以四川經、總制錢五十萬緡給總領所，增招兵士。壬申，淮東總管許世安奏，金主亮至汴京，起重兵五十餘萬，屯宿、泗州謀來攻。

九月庚寅，以帶御器械李寶爲浙西副總管，提督海船，駐平江。丙申，命劉寶招制勝軍千人。丁酉，罷内侍省。

冬十月丙午，罷内侍官承受諸軍奏報文字。丁未，遣虞允文使金賀正旦，徐度賀金主生辰。庚戌，雷。辛酉，鎮江都統制劉寶以專悍貪横罷。壬戌，以劉錡爲鎮江都統制，荆南右軍統制李道爲都統制。癸亥，日中無雲而雷。癸酉，蠲舒、和、蘄、黄四州民附種田租。

十一月庚辰，禁諸路折輸職田錢。癸巳夜，有白氣出入危、昴間。

十二月乙巳朔，湯思退罷。初行會子于東南。戊申夜，白氣亙天。海南黎賊王文滿平。己酉，罷招刺三衙及江上諸軍。庚戌，禁掠賣生口入溪峒。癸丑，命戸部立經、總制錢十年中數爲定額。丁卯，金遣僕散權等來賀明年正旦。

校勘記

〔一〕遣吳㮚使金賀正旦施鉅賀金主生辰　繫年要錄卷一六五、北盟會編卷二一九都作：遣施鉅使金賀正旦，吳㮚賀金主生辰。

〔二〕煒嘗上書誹謗　「煒」，原作「煜」，據本書卷四七三秦檜傳、繫年要錄卷一六六改。

〔三〕張祁　原作「張祈」，據本書卷三七三張邵傳、繫年要錄卷一六九改。張祁爲張邵之弟，當以作「祁」爲是。下文十一月乙丑條「張祁」同。

〔四〕凡預借民賦税分限理折　「理折」，原作「理析」，據繫年要錄卷一七一、宋會要食貨一〇之三至四改。

〔五〕卿監郎官未歷監司者更迭補外　據繫年要錄卷一七九、續宋編年通鑑卷六，「監司」下當脱「郡守」兩字。

〔六〕吳蓋　原作「吳益」，據本書卷四六五本傳、繫年要錄卷一八五改。

中華書局

宋史卷三十二

本紀第三十二

高宗九

三十一年春正月甲戌朔，以日食不受朝。丁丑，雷。丁亥，免湖州增丁所輸絹。夜，風雷雨雪交作。辛卯，詔江、浙官民戶均輸和市絁帛。壬辰，劉寶落節鉞，福建路居住。丙申，大雨雪，給三衙衞士、行在貧民錢及薪炭，命常平振給輔郡細民，諸路監司決獄。己亥，放張浚、胡銓自便。庚子，禁淮南拘籍戶馬。

二月戊申，復置邛州惠民監。癸丑，以趙密領殿前都指揮使。甲寅，罷楊存中殿前都指揮使，進太傅，爲醴泉觀使，封同安郡王。丙辰，置行在會子務。乙丑，復鬻僧道度牒。詔分經義、詩賦爲兩科。丙寅，詔通進司承受內降文字，並囊封送三省、樞密院。辛未，秦熺卒，贈太傅。

三月甲戌朔，命破敵軍統制陳敏部兵屯太平州。己卯，官勳臣魏仁浦、馬知節、余靖、寇瑊諸孫各一人。選文臣宗室主西、南外兩宗司。庚辰，禁兩淮抑民附種。以利州西路御前諸軍都統制吳拱知襄陽府，部兵三千戍之。壬午，以兵部尚書楊椿參知政事。丁亥，奪秦熺贈官及遺表恩賞。庚寅，以陳康伯爲尚書左僕射，朱倬右僕射，並同中書門下平章事。辛卯，復李光左中大夫，官其子孫二人。壬辰，地震。庚子，以前徽猷閣待制張宇發死節，贈四官，錄其子孫。

夏四月丁巳，以久雨傷蠶麥，盜賊間發，命侍從、臺諫條上弭災除盜之策。出天申節銀十萬兩加充戶部糴本。辛未，遣周麟之使金賀遷都。壬申，權減荊南上供錢銀絹絲米之半，用招塡禁軍。是月，金主亮率文武羣臣如汝、洛。

五月癸酉朔，給兩淮民兵荒田。乙亥，增築禁城。戊寅，詔吳拱視緩急退守荊南。己丑，命沿淮州郡毋納北人。辛卯，金遣高景山、王全來賀天申節。全揚言無禮，致其主亮語，求淮、漢地及指取將相近臣計事，且以欽宗皇帝訃聞。壬辰，選兩浙、江東、福建諸州禁軍弓弩手之半，部送樞密院按試。甲午，宰執召同安郡王楊存中及三衙帥趙密等至都堂議舉兵。詔以王全語諭諸路統制、帥守、監司，隨宜應變，毋失機會。是日，爲欽宗皇帝發喪，特詔持斬衰三年。乙未，以吳璘爲四川宣撫使，仍命制置使王剛中同處置軍事。丙申，命主管馬軍司成閔部兵三萬人戍鄂州。庚子，命兩浙、江、湖、福建諸州起禁軍弓弩手，部送明州、平江府、江池太平三州、荊南府軍前。殿中侍御史陳俊卿言，內侍張去爲竊權撓政，乞斬之以作士氣。

六月乙巳，以羣臣三上表始聽政。丙午，劉錡乞即日移軍渡江，詔錡進發，騎兵屯揚州。丁未，出宮女三百九十人。蠲臨安府禁軍闕額錢五年。己酉，以御史中丞汪澈爲湖北、京西宣諭使。辛亥，金主亮遣大懷正至盱眙，語送伴使呂廣問云，將以六月遷汴京，令其歸奏。癸丑，罷教坊，併敕令所歸刑部。乙卯，以劉錡爲淮南、江東西、浙西制置使。戊午，命帶御器械劉炎同提舉措置沿淮盜賊。庚申，彗出角。遣步軍司都統制戚方提總江上諸軍策應軍馬，聽劉錡節制。諭吳拱嚴備襄陽，視緩急合田師中、成閔兵以援之。甲子，始御正殿。乙丑，放女樂二百餘人。丙寅，聽淮南諸州移治清野。戊辰，以周麟之辭使北，命樞密都承旨徐嚞代行。淮北民兵崔唯夫、董臻等率衆萬餘來歸。

秋七月丙子，命兩浙、江東濱海諸州預備敵兵。詔諸路帥臣教閱士兵、弓手。戊寅，命雷州守臣節制高、容、廉、化四州軍馬。時雷州軍賊凌鐵作亂，東南第十二將高居弁會五州巡尉官兵討平之。戊子，周麟之分司，筠州居住。辛卯，振給淮南歸正人。壬辰，徐嚞等至盱眙，金主亮以非所指取之人，諭遣亟還。癸巳，詔：「四川財賦，自當專任總領所。如遇警急

調發不及申奏，則令宣、制司隨宜措置，先舉後聞。」乙未，行新造會子于淮、浙、湖北、京西諸州。是月，金主亮徙都汴京，命其臣劉萼由唐、鄧趣荊、襄，張中彥、王彥章據秦、鳳窺巴、蜀，蘇保衡、完顏鄭家奴由海道趣兩浙。

八月辛丑朔，忠義人魏勝復海州，李寶承制以勝知州事。丙午，蠲諸路逋欠經總制錢、江浙等路上供米。丁未，以婉容劉氏〔一〕妄預國政，廢于家。蠲淮南、京西、湖北民秋稅之半。辛亥，以劉婉容事連坐，昭慶軍承宣使王繼先福州居住，停子孫官，籍其貲。甲寅，李寶率舟師三千發江陰，大風，退泊明州關澳，聚兵復進。乙卯，劉錡引兵屯揚州，遣統制王剛以兵五千屯寶應。丁巳，召田師中赴行在。尋以吳拱爲鄂州諸軍都統制。壬戌，復用資政殿學士張燾，落致仕，知建康府。癸亥，分處歸正人於淮南諸州，能自存者從便，願爲兵者籍之。乙丑，詔便宜選補戰功人，後勿遞減。丙寅，出內帑錢七萬緡，犒戍兵之家，仍悉除軍債。己巳，起復成閔爲湖北、京西制置使，節制兩路軍馬。

九月庚午朔，命大臣朝饗太廟。辛未，宗祀徽宗于明堂，以配上帝，大赦。甲戌，金人犯黃牛堡，守將李彥堅拒卻之，金兵遂扼大散關，吳璘駐靑野原，遣將高松等援之。庚辰，以給事中黃祖舜同知樞密院事。壬午，流星晝隕。乙酉，詔劉錡、王權、李顯忠、戚方嚴備清河、潁河、渦河口。丁亥，成閔渡江，屯應城縣，遣吳拱戍郢州。博州民王友直聚兵大名，

自稱河北安撫制置使，以其徒王任爲副；遣軍師馮轂入朝奏事。吳璘遣將彭青至寶鷄渭河，夜劫金人橋頭砦，破之。庚寅，成閔遣統制趙撙部兵五千駐德安。辛卯，金國趣使臣書至楚州，守臣以聞，其辭多悖慢。壬辰，監盱眙軍淮河渡夏俊復泗州。癸巳，金人犯通化軍，守將張超拒卻之。甲午，册謚大行皇帝曰恭文順德仁孝皇帝，廟號欽宗。吳璘遣將劉海復秦州，金守將蕭濟降。乙未，金人犯信陽軍。丙申，吳璘遣將曹洣復洮州。戊戌，劉錡發揚州。詔以金人背盟，降敕榜招諭中原軍民。己亥，蘭州漢軍千戶王宏殺其刺史溫敦烏也來降。吳璘遣將彭青〔二〕復隴州。是月，金主亮以尚書右丞李通爲大都督，造浮梁于淮水之上，遂自將來攻，兵號百萬，遠近大震。

冬十月庚子朔，詔將親征。魏勝攻沂州，敗還海州，金人圍之，李寶以舟師至東海縣，金人解圍去，寶遂入海州。辛丑，金人自渦口渡淮。癸卯，以吳璘兼陝西、河東招討使，劉錡兼京東、河北東路招討使，成閔兼京西、河北西路招討使。金人陷蔣州。李顯忠遣統制孔福與金人戰于大人洲，敗之。乙巳，金人復犯海州，魏勝、李寶擊卻之。劉錡引兵次淮陰，金人將自淸河口入淮，錡列兵于運河岸以扼之。丁未，命宣撫制置司傳檄契丹、西夏、高麗、渤海諸國及河北、河東、陝西、京東、河南諸路，諭出師共討金人。是日，金人立其東京留守葛王褎爲皇帝，改元大定。戊申，王權聞金兵大至，自廬州引兵遁，屯昭關。己酉，知

均州武鉅招納北界杜海等二萬人來歸。庚戌，復置機速房。知廬州龔濤聞金兵將至，棄城走。辛亥，金將蕭琦陷滁州，守臣陸廉棄城走。壬子，改建王瑋爲鎭南軍節度使。劉錡遣統制王剛等擊敗金人于淸河口，金人復來戰，剛失利。吳拱遣將侯俊、郝敦書復唐州。癸丑，借江、浙、荊湖等路坊場淨利錢三百八十萬緡以備賞軍。金人圍廬州，都監權州事楊春〔三〕率兵突陣出，守水砦。金人又攻海州，李寶力戰敗之，解圍去。甲寅，金人攻樊城，吳拱遣守將翟貴、王進與戰，貴、進俱戰死，金兵亦退。劉錡遣兵渡淮及金人戰，死者十七八。金主亮以大軍至廬州城北之五里，築土城以居。戚方遣將張寶復蔣州。乙卯，以金人渝盟告于天地、宗廟、社稷。命州縣諭富民捐貲助國。劉錡聞王權遁，自淮陰引兵歸揚州。丙辰，金主亮入廬州，王權自昭關遁，金人追至尉子橋，破敵軍統制姚興戰死，權退保和州。金州都統制王彥遣統制任天錫出洵陽，復豐陽縣。丁巳，帝聞王權敗，召楊存中同宰執議于內殿，陳康伯贊帝定議親征。武鉅遣將荀琛復鄧州。戊午，任天錫復商洛縣。命吳璘趣出兵漢中，葉義問督視江、淮軍馬，中書舍人虞允文參謀軍事。金人犯眞州，步軍司統制邵宏淵逆戰于胥浦橋，兵敗，眞州陷，金人不入城，遂犯揚州。己未，任天錫復商州，執其守完顏守能。趙撙引兵渡淮。庚申，以楊存中爲御營宿衞使。趙撙復褒信縣。王權自和州遁歸，屯于東采石。辛酉，復湯思退觀文殿大學士，充醴泉觀使兼侍讀。分行在官吏三之一

扈從，餘留行遣常事。金人陷和州。壬戌，以將士勞於征討，避殿減膳。劉錡退軍瓜州鎭，金人陷揚州，淮東安撫使劉澤棄城奔泰州。以戶部侍郎劉岑爲御營隨軍都轉運使；李顯忠爲御營先鋒都統制屯蕪湖，主管步軍司李捧爲前軍都統制。趙撙復新蔡縣。癸亥，募諸州豪民招槍仗、弓箭手赴行在。金人入揚州。王權自采石夜還建康，尋復如采石。甲子，復張浚觀文殿大學士，判潭州。吳璘遣統制吳挺、向起等及金人戰于德順軍之治平砦，敗之。趙撙復平興縣。乙丑，金人趨瓜州，劉錡遣統領員琦拒之于皂角林，大敗之，斬其統軍高景山。丙寅，李寶遇金舟師于膠西縣陳家島，大敗之，斬完顏鄭家奴等五人。劉錡還鎭江府。趙撙復蔡州，斬其總管楊寓。分御營宿衞爲五軍。金人攻秦州，向起、吳挺擊卻之。丁卯，葉義問至鎭江。詔起江、浙、福建諸州彊丁赴江上諸軍。武鉅復虢州盧氏縣，任天錫復朱陽縣。戊辰，殿中侍御史杜莘老劾內侍張去爲，帝不悅，去爲致仕，出莘老知遂寧府。

十一月己巳朔，邵宏淵遣統領崔皐及金人戰于定山，敗之。任天錫復虢州，守將蕭信遁去。庚午，通州守臣崔邦弼棄城去。辛未，成閔引兵發應城縣，援淮西。遣權吏部侍郎汪應辰詣浙東措置海道。壬申，以張浚判建康府。召王權赴行在，以李顯忠代將。邵宏淵爲池州都統制。金人犯瓜州，鎭江中軍統制劉汜戰敗走，權都統制李橫亦遁。金人鐵騎奄至江上，統制魏俊、王方死之。葉義問惶怖欲退走，復趨建康。金人游騎至無爲軍，守

臣韓髦棄城走。癸酉，淮寧府民陳亨祖執同知完顏耶魯，以其城來歸。趙撙引兵去，蔡州復陷。甲戌，池州統制官崔定等復入無爲軍。乙亥，金主亮臨江築壇，刑馬祭天，期以翌日南渡。丙子，虞允文督建康諸軍統制官張振、王琪、時俊、戴皐等以舟師拒金主亮于東采石，戰勝，卻之。崔定復巢縣，任天錫復上津、商洛二縣。丁丑，虞允文遣水軍統制盛新以舟師擊金人于楊林河口，又敗之。金主亮焚其舟而去。戊寅，王彥遣將楊堅復欒川縣。己卯，以湯思退爲行宮留守。虛恨蠻犯嘉州籠蓬堡，官軍大敗，副將鄭祥等爲所殺。庚辰，金主亮引軍趨淮東。癸未，吳璘病，自仙人原還興州，留姚仲節制軍事。虞允文自采石率李捧一軍及戈船如鎭江備敵。甲申，贈姚興、魏俊、王方官。金主亮至揚州。乙酉，貸劉汜死，英州編管。江州統制李貴、忠義首領孟俊復順昌府，金州將邢進復華州。丙戌，賜戰士帛，給其家薪炭。任天錫復陝州。丁亥，劉錡以疾罷，以御營宿衞中軍統制劉銳權鎭江都統制。成閔自京西還建康，遂如鎭江。戊子，吳璘復力疾上仙人原。己丑，王權貸死，瓊州編管。李寶泛海南歸。金人復攻陝州，任天錫破走之，復犯襄陽，統制官李勝等拒卻之，復通化軍。王彥遣將楊堅、党清至西京長水縣及金人戰，敗之。庚寅，復長水縣。癸巳，以成閔爲鎭江都統制、淮東制置使、京東西路河北東路淮北泗宿州招討使；李顯忠爲淮西制置使、京畿河北西路淮北壽亳州招討使，吳拱爲湖北京西制置使、京西北路招討使。甲午，武

中華書局

鉅遣鄉兵總轄杜隱等復嵩州。乙未，金人陷泰州。是日，金人弑其主亮于揚州龜山寺。戊戌，金都督府遣人持檄詣鎮江軍中議和。

十二月己亥朔，趙撙夜襲蔡州，復入其城。王彥遣兵復福昌縣。庚子，楊存中及虞允文渡江至瓜州察金兵。金人犯漢南之茨湖，鄂州軍士史俊登其舟，殪一將，諸軍繼進，遂擊卻之。楊春夜攻金人，殺其帥高定山，復廬州。辛丑，以李寶爲靖海軍節度使、浙西通泰海州沿海制置使、京東東路招討使。金統軍劉蕚聞茨湖敗，亦退師。王彥遣將閻玘復澠池縣。壬寅，天有白氣。以趙密爲行宮在城都總管。成閔渡江之揚州。癸卯，命諸路招討司率兵進討，互相應援；沿江諸大帥條陳恢復事宜。復岳州舊名。右軍統領沙世堅入泰州。甲辰，虞允文自鎮江入見。均州統領昝朝復鄧州。乙巳，張浚至慈湖，命李顯忠引兵渡江。丙午，淮東統制王選復楚州。丁未，杜隱等入河南府。吳拱遣統領牛宏入汝州。戊申，帝發臨安，建王從行。庚戌，金人渡淮北去。壬子，次平江。罷督視府。虞允文還至鎮江。癸丑，淮東統制劉銳、陳敏引兵入泗州。鄂州統制楊欽以舟師追敗金人于洪澤鎮。乙卯，江北金兵盡去，李顯忠復入和州。吳璘遣將復水洛城。金人復破汝州，牛宏敗走。戊午，次鎮江府。庚申，吳璘遣將拔金人治平砦。壬戌，曲赦新復州軍。甲子，降淮南、京西、湖北雜犯死罪以下囚。賞采石功，進統制張振、時俊等官。金穎、壽二州巡檢高顯以壽春府

來降。丁卯，命諸道籍鄉兵。初，王友直、王任聚兵，嘗命友直爲天雄軍節度使，任爲天平軍節度使。金主褎既立，下令散其衆，友直等自壽春來歸。是月，金主知亮已死，遂趨燕京。

三十二年春正月戊辰朔，日有食之。帝在鎮江。己巳，金人犯壽春府，忠義將劉泰戰死，金兵引去。庚午，發鎮江府。壬申，至建康府，張浚入見。丙子，祧翼祖主于夾室。己卯，李顯忠引兵還建康。庚辰，罷郡守年七十者。壬午，金人復犯蔡州，趙撙力戰卻之。乙酉，權知東平府耿京遣其將賈瑞、掌書記辛棄疾來奏事。己丑，金主遣其臣高忠建等來告嗣位。以耿京爲天平軍節度使、知東平府。庚寅，詔新復州縣搜訪仗節死義之士。丙申，以楊存中爲江、淮、荆、襄路宣撫使，虞允文副之。給事中金安節、中書舍人劉珙繳奏再上，乃改命存中措置兩淮。

二月戊戌朔，罷借兩浙、江、淮坊場淨利錢。以虞允文爲兵部尚書、川陝宣諭使，措置招軍市馬及與吳璘議事。庚子，興州統領惠逢等復河州。振兩淮饑民。壬寅，金人犯汝州，守將王宣逆戰敗之。癸卯，帝發建康。惠逢復積石軍，又克來羌城。丁未，劉錡薨。己酉，王宣及金人再戰于汝州。庚戌，金人全師來攻，宣敗績棄去。辛亥，金人復犯順昌府，

孟新拒卻之，尋亦棄去。壬子，賞蔡州功，趙撙等進官有差。乙卯，至臨安府。興元都統制姚仲攻鞏州不下，退守甘谷城，遂引兵圍德順軍。丙辰，金人犯蔡州，趙撙擊卻之。戊午，復引兵來攻，撙又敗之，金兵遁去。王彥遣將馬貴斷河中南橋，金兵來攻，貴戰敗之。壬戌，詔軍士戰死者祿其家一年，傷重而死於營者半之。乙丑，王宣及右軍副將汲靖敗金人于蔡州確山縣。趙撙棄蔡州。丙寅，金人復取之。姚仲遣副將趙銓攻下鎮戎軍，金同知渭州秦弼及其子嵩來歸。王彥遣兵救陝州，遇金人于虢州東，敗之，金兵引去。丁卯，吳珙遣將復永安軍、永寧福昌長水三縣。

閏月癸酉，金人破河州，屠其城。乙亥，命楊存中、李顯忠固守新復州軍，量度進討。丙子，姚仲遣將復原州。戊寅，祔欽宗主于太廟。癸未，振淮南歸正人。金人犯虢州。吳璘遣楊從儀等攻拔大散關，分兵據和尙原，金人走寶鷄。丙戌，給張浚錢十九萬緡造沿江諸軍戰艦。庚寅，王剛破金人于海州。辛卯，楊椿罷。壬辰，姚仲攻德順軍，敗金人于瓦亭砦、新店。是月，張安國等攻殺耿京，李寶將王世隆攻破安國，執之以獻。

三月壬寅，更定金使入境接伴、館伴舊儀。癸卯，成閔遣統制杜彥救淮寧，擊敗金人于項城縣。甲辰，罷扈從官吏賞典。乙巳，錄商、虢之功，加吳璘少傅，王彥爲保平軍節度使。戊申，吳璘復德順軍，又遣將嚴忠取環州。辛亥，命兵部侍郎陳俊卿、工部侍郎許尹經畫兩

淮堡砦屯田。癸丑，金人圍淮寧府，守臣陳亨祖死之。甲寅，吳璘自德順軍復還河池。金人犯鎮戎軍。丁巳，遣洪邁等賀金主卽位。戊午，忠義軍統制、知蘭州王宏拔會州。金人陷淮寧府，統領戴規戰死。成閔歸自淮東。辛酉，金人攻原州。丙寅，詔舉賢良。

夏四月丁卯朔，姚仲遣兵救原州。己巳，命侍從、臺諫條上防秋足食足民策。遣左武大夫都飛虎結約河東。壬申，賞御營宿衞將士四萬餘人，進官有差。癸酉，蠲淮東殘破州軍上供銀絹、米麥及經、總制錢一年。蒙城縣〔四〕民倪震率丁口數千來歸。甲戌，募民耕淮東荒田，蠲其徭役及租稅七年。戊寅，以御史中丞汪澈參知政事。金人圍海州。戊子，洪邁等辭行，報聘書用敵國禮。是月，大雨，淮水暴溢數百里，漂沒廬舍，人畜死者甚衆。

五月戊戌，吳璘自河池如鳳翔巡邊，姚仲遣兵救原州，數敗金人。庚子，復置提舉秦州買馬監，命四川總領官兼權其職。壬寅，姚仲及金人戰于原州北嶺，敗績。戊申，復以楊存中爲醴泉觀使，奉朝請；罷御營宿衞司。辛亥，鎮江都統制張子蓋救海州，遇金人于石湫堰，大敗之，金人解去。甲寅，命張浚專一措置兩淮事務兼節制淮東西、沿江州郡軍馬。乙卯，知順昌軍孟昭率部曲來歸。己未，吳璘遣將復熙州。壬戌，禁諸軍互招逃亡。加鄭藻太尉。振東北流民。命張浚置御前萬弩營，募淮民爲之。甲子，詔立建王瑋爲皇太子，更

名㽦。加成閔太尉，主管殿前司；李顯忠爲太尉，主管馬軍司。籍諸州歸正人，願爲農者給官田，復租十年；願爲兵者赴軍中。

六月丙寅朔，吳璘次大幽嶺，檄召姚仲至軍前，下河池獄，命夔路安撫使李師顏代將其兵。戊辰，名新宮曰德壽。庚午，以吳珙主管步軍司。罷三招討司。甲戌，加贈兄子偁爲太師、中書令，追封秀王，謚安僖；妻張氏封王夫人。乙亥，朱倬罷。丙子，詔皇太子卽皇帝位。帝稱太上皇帝，退處德壽宮，皇后稱太上皇后。孝宗卽位，累上尊號曰光堯壽聖憲天體道性仁誠德經武緯文紹業興統明謨盛烈太上皇帝。

淳熙十四年十月乙亥，崩于德壽殿，年八十一。謚曰聖神武文憲孝皇帝，廟號高宗。十六年三月丙寅，攢于會稽之永思陵。光宗紹熙二年，加謚受命中興全功至德聖神武文昭仁憲孝皇帝。

贊曰：昔夏后氏傳五世而后羿篡，少康復立而祀夏；周傳九世而厲王死于彘，宣王復立而繼周；漢傳十有一世而新莽竊位，光武復立而興漢；晉傳四世有懷、愍之禍，元帝正位於建鄴；唐傳六世有安、史之難，肅宗卽位于靈武；宋傳九世而徽、欽陷于金，高宗纘圖于南京：六君者，史皆稱爲中興而有異同焉。

夏經羿、浞，周歷共和，漢間新室、更始，晉、唐、宋則歲月相續者也。蕭王、琅琊皆出疏屬，少康、宣王、肅宗、高宗則父子相承者也。至於克復舊物，則晉元與宋高宗視四君者有餘責焉。

高宗恭儉仁厚，以之繼體守文則有餘，以之撥亂反正則非其才也。況時危勢逼，兵弱財匱，而事之難處又有甚於數君者乎？君子於此，蓋亦有憫高宗之心，而重傷其所遭之不幸也。

然當其初立，因四方勤王之師，內相李綱，外任宗澤，天下之事宜無不可爲者。顧乃播遷窮僻，重以苗、劉羣盜之亂，權宜立國，確虖艱哉。其始惑於汪、黃，其終制於姦檜，恬墮猥懦，坐失事機。甚而趙鼎、張浚相繼竄斥，岳飛父子竟死於大功垂成之秋。一時有志之士，爲之扼腕切齒。帝方偷安忍恥，匿怨忘親，卒不免於來世之誚，悲夫！

校勘記

〔一〕婉容劉氏　據本書卷二四三劉婉儀傳，「婉容」當爲「婉儀」之誤。下文「以劉婉容事連坐」，亦誤。

〔二〕彭青　原作「潘青」，據上文同月丁亥條改。「青」字，繫年要錄卷一九二、宋會要兵一四之三六都作「清」，北盟會編卷二三一、二三三都作「青」，卷二三二又作「清」。

〔三〕都監權州事楊春　「楊春」，原作「楊椿」，據繫年要錄卷一九三、北盟會編卷二三五改。下文十二月庚子條「楊春」同。

〔四〕蒙城縣　「城」字原脫，據繫年要錄卷一九九補。本書卷八八地理志淮南路亳州有蒙城縣。

宋史

元　脱脱　等撰

第三册

卷三三至卷四七（紀）

中華書局

宋史卷三十三

本紀第三十三

孝宗一

孝宗紹統同道冠德昭功哲文神武明聖成孝皇帝，諱昚，字元永，太祖七世孫也。初，太祖少子秦王德芳生英國公惟憲，惟憲生新興侯從郁，從郁生華陰侯世將，世將生慶國公令譮，令譮生子偁，是爲秀王。王夫人張氏夢人擁一羊遺之曰：「以此爲識。」已而有娠，以建炎元年十月戊寅生帝于秀州青杉牐之官舍，紅光滿室，如日正中。少長，命名伯琮。

及元懿太子薨，高宗未有後，而昭慈聖獻皇后亦自江西還行在，后嘗感異夢，密爲高宗言之，高宗大寤。會右僕射范宗尹亦造膝以請，高宗曰：「太祖以神武定天下，子孫不得享之，遭時多艱，零落可憫。朕若不法仁宗，爲天下計，何以慰在天之靈。」於是詔選太祖之後。同知樞密院事李回曰：「藝祖不以大位私其子，發於至誠。陛下爲天下遠慮，合於藝

祖，可以昭格天命。」參知政事張守曰：「藝祖諸子，不聞失德，而傳位太宗，過堯、舜遠甚。」高宗曰：「此事不難行，朕於『伯』字行中選擇，庶幾昭穆順序。」而上虞丞婁寅亮亦上書言：「昌陵之後，寂寥無聞，僅同民庶。藝祖在上，莫肯顧歆，此金人所以未悔禍也。望陛下於『伯』字行內選太祖諸孫有賢德者。」高宗讀之，大感歎。

紹興二年五月，選帝育于禁中。三年二月，除和州防禦使，賜名瑗。壬寅，改貴州。五年五月，用左僕射趙鼎議，立書院宮中教之，既成，遂以爲資善堂。帝讀書彊記，天資特異。己亥，制授保慶軍節度使，封建國公。六月己酉，聽讀資善堂，以徽猷閣待制范沖兼翊善，起居郎朱震兼贊讀，高宗命帝見沖、震皆拜。十二年正月丁酉，加檢校少保，封普安郡王。

三月壬寅，出閤就外第。十三年九月，秀王殁于秀州〔一〕。十四年正月庚辰，用廷臣議，聽解官行服。十六年四月乙巳，免喪還舊官。十七年六月戊午，改常德軍節度使。

二十四年，衢州盜起，秦檜遣殿前司將官辛立將千人捕之，不以聞。帝入侍言之，高宗大驚。明日以問檜，檜謂不足煩聖慮，故不敢聞，俟朝夕盜平則奏矣。檜退，知爲帝言，忌之。及檜疾篤，其家祕不以聞，謀以子熺代相，帝又密啓高宗破其奸。

三十年二月癸酉，立爲皇子，更名瑋。甲戌，詔下。丙子，制授寧國軍節度使、開府儀同三司，進封建王。制出，中外大悅。四月，賜字元瓌。

中華書局

三十一年十月壬子，以明堂恩，改鎭南軍節度使。先是，金人犯邊，高宗下詔親征，而兩淮失守，朝臣多陳退避之計，帝不勝其憤，請率師爲前驅。直講史浩以疾在告，聞之，亟入爲帝言，太子不宜將兵，乃爲草奏，因中宮以進，請衞從以共子職。高宗因亦欲帝徧識諸將，十二月遂扈蹕如金陵。

三十二年五月甲子，立爲皇太子，改名眘。初，高宗久有禪位之意，嘗以諭帝，帝流涕固辭，會有邊事不果。及歸自金陵，陳康伯求去，高宗復以倦勤諭之。中書舍人唐文若聞而請對，言不宜急遽，故先下建儲之詔，賜名煒。監察御史周必大密與康伯言，與唐昭宗名同音，不可。詔別擬進，乃定今名。既又命學士承旨洪遵爲太子擇字，遵擬四字以進，皆不稱旨。六月甲戌〔二〕，御筆賜字元永。

乙亥，內降御札：「皇太子可卽皇帝位。朕稱太上皇帝，退處德壽宮，皇后稱太上皇后。」丙子，遣中使召帝入禁中面諭之，帝又推遜不受，卽趨側殿門，欲還東宮，高宗勉諭再三，乃止。於是高宗出御紫宸殿，輔臣奏事畢，高宗還宮。百官移班殿門外，拜詔畢，復入班殿庭。頃之，內侍掖帝至御榻前，側立不坐，內侍扶掖至七八，乃略就坐。宰相率百僚稱賀，帝遽興。輔臣升殿固請，帝愀然曰：「君父之命，出於獨斷。然此大位，懼不克當。」班退，太上皇帝卽駕之德壽宮，帝服袍履，步出祥曦殿門，冒雨掖輦以行，及宮門弗止。上皇

麾謝再三，且令左右扶掖以還，顧曰：「吾付託得人，吾無憾矣。」左右皆呼萬歲。是日，詔有司議太上皇帝、太上皇后尊號以聞，在內諸司日輪官吏應奉德壽宮，增置德壽宮提點、幹辦等官，德壽宮宿衞依皇城及宮門法。

丁丑，朝德壽宮。戊寅，大赦。詔宰相率百官月兩朝德壽宮。己卯，以卽位告于天地、宗廟、社稷。庚辰，詔五日一朝德壽宮。以左武大夫龍大淵爲樞密副都承旨，武翼郎曾覿帶御器械。癸未，始御後殿。甲申，詔中外士庶陳時政闕失。丙戌，詔進宰執官二等。丁亥，詔以太上皇不許五日一朝，自今月四朝。復除名勒停人胡銓官，知饒州。己丑，詔有司月奉德壽宮緡錢十萬。辛卯，詔罷四川市馬。壬辰，詔百官日一人入對。癸巳，蝗。甲午，上太上皇帝尊號曰光堯壽聖太上皇帝，太上皇后曰壽聖太上皇后。乙未晦，金人屠原州。

秋七月戊戌，興州中軍統制吳挺復鞏州。庚子，判建康府張浚入見。以雨水、飛蝗，令侍從、臺諫條上民間利害。壬寅，詔戒飭諸郡守臣。癸卯，以張浚爲少傅、江淮宣撫使，封魏國公。甲辰，以參知政事汪澈視師湖北、京西。遣劉珙等使金告卽位。戊申，以四川宣撫使吳璘兼陝西河東路宣撫、招討使。追復岳飛元官，以禮改葬。是夜，地震，大風拔木。己酉，有事于太廟、別廟。癸丑，馬軍司中軍統制趙撙、忠義軍統領皇甫倜復光州。甲寅，朝獻景靈宮。詔淮南諸州存恤淮北來歸之民，權免稅役。丙辰，以少保、保康軍節度使吳益爲少傅，太尉，寧武軍節度使吳蓋爲開府儀同三司。丁巳，罷李寶措置海道。戊午，恩平郡王璩入見。庚申，以御前軍器所仍隸工部。辛酉，詔後省看詳中外上書，有可采者以聞。壬戌，以黃祖舜兼權參知政事。罷諸路聖節進奉。詔李顯忠軍馬聽張浚節制。癸亥，增將士戰傷死者推恩格。詔蠲四川積年逋負。

八月乙丑朔，四川馬軍統制高師中與金人戰于摧沙，敗死。丙寅，吳璘與金人戰于德順軍。己巳，以翰林學士史浩爲參知政事。戊寅，率羣臣詣德壽宮，奉上太上皇帝、太上皇后尊號册寶。丁亥，班寬恤事十八條。起居舍人洪邁、知閤門事張掄坐奉使辱命罷。甲申，吳璘敗金人于北山。戊子，追復李光資政殿學士，趙鼎、范沖並還合得恩數。庚寅，以生日爲會慶節。追册故妃郭氏爲皇后。

九月甲午，以子愭爲少保、永興軍節度使，進封鄧王；愷爲雄武軍節度使、開府儀同三司，進封慶王；惇爲鎭洮軍節度使、開府儀同三司，進封恭王。甲午，金人攻德順軍東山堡〔三〕，中軍將李庠戰死。丁酉，詔開講日召輔臣觀講。川、陝宣諭使虞允文以論邊事不合罷。己亥，詔侍從、臺諫各陳應敵定論以聞。辛丑，詔吳璘審度措置，保全川蜀。乙巳，詔纂錄勳臣名次。丙午，轉補朱震、范沖子孫官。庚戌，謚皇后郭氏曰恭懷。辛亥，振淮東義兵及歸正人。

以總領四川財賦軍馬錢糧王之望爲戶部侍郎、川陝宣諭使，仍命將調兵同防守興州川口。乙卯，詔虞允文赴吳璘軍議事。辛酉，以吳璘爲少師。

冬十月丙寅，詔朝臣舉堪監司、郡守者。戊辰，以岳陽軍節度使居廣開府儀同三司，史浩兼權知樞密院事。己巳，葉義問罷。詔登聞鼓院毋沮抑進狀。庚午，以恩平郡王璩爲少保。詔會慶節權免上壽。戊寅，詔張浚、陳俊卿覆實諸將所陳功賞。改謚皇后郭氏曰安穆。壬午，官岳飛孫六人。甲申，契丹招討蕭鷓巴來奔。金人攻德順城，吳璘擊走之，復遣兵追襲，遂爲所敗。乙酉，升建州爲建寧府。戊子，以資政殿學士張燾同知樞密院事。己丑，安南都護南平王李天祚、闍婆國王悉里地茶蘭固野、占城國王鄒時巴蘭並加食邑實封。

十一月庚子，以蕭鷓巴爲忠州團練使。乙巳，金人攻水洛城。丙午，賜忠義軍統制皇甫倜軍帛五千匹、綿萬兩。戊申，詔改明年爲隆興元年。辛亥，免楊存中所獻酒坊逋負錢四十萬緡。甲寅，定內侍官額。辛酉，史浩免權知樞密院事。裁定文武臣宮觀、嶽廟員數。立措置京西營田司。

十二月乙丑，詔宰臣復兼樞密使。金人攻隴城縣，官軍拒卻之。丙寅，詔帥臣、監司具部內知州治行臧否以聞。詔棄德順城，徙兵民于秦州以裏屯住。丁卯，以陳康伯兼樞密使。令江、淮宣撫司增招武勇效用軍。戊辰，詔侍從、臺諫集議當今弊事，仍命盡率其屬，

使極言無隱。辛未，劉珙、張說還自盱眙。戊寅，蠲四川登極赦前帶白契稅錢〔四〕。丙戌，詔觀察使已上各舉所知三人，三省、樞密院詳議立格以聞。庚寅，罷建康、鎮江營田官兵。辛卯，廣西賊王宣破藤州，守臣廖顒棄城遁。

是歲，諸路斷大辟四十一人。

隆興元年春正月壬辰朔，羣臣朝于文德殿。帝朝德壽宮。立武臣薦舉格。甲午，四川宣撫司奉詔班師。庚子，以史浩爲尙書右僕射、同中書門下平章事兼樞密使，張浚進樞密使、都督江淮東西路軍馬。丙午，誅殿前司後軍謀變者。戊申，詔禮部貢院試額增一百人。丁巳，詔吳璘軍進退可從便宜。璘已棄德順，道爲金人所邀，將士死者數萬計。

二月壬戌朔，用史浩策，以布衣李信甫爲兵部員外郞，齎蠟書間道往中原，招豪傑之據有州郡者，許以封王世襲。安慶軍節度使士錢乞減奉賜之半，以助軍用。自是，諸宗室有請，悉從之。戊辰，宰執陳康伯等乞再減奉，止存舊格之半，許之。己卯，振兩淮流民及山東歸正忠義軍。癸未，黃祖舜罷。庚寅，逐秦檜黨人，仍禁輒至行在。

三月壬辰朔，金左副元帥紇石烈志寧〔五〕以書取侵地。癸巳，以張燾爲參知政事，御史中丞辛次膺同知樞密院事，葉義問落端明殿學士，饒州居住。丙申，雨雹。丁酉，詔戶部置

局，議節浮費。己亥，楊存中等乞減半奉如宰執例，許之。庚子，以龍大淵知閤門事，曾覿同知閤門事。壬寅，陳康伯上欽宗陵名曰永獻。乙巳，詔求遺逸。丁未，詔修太上皇帝聖政。罷龍大淵，別與差遣。曾覿復帶御器械。召張浚。己酉，張燾罷。立選人減舉主法。甲寅，復以龍大淵知閤門事，曾覿同知閤門事，給事中、中書舍人留黃不行。乙卯，詔飭郡縣吏。庚申，以久雨，命有司振災傷，察刑禁。

夏四月乙丑，定選人改官歲額。戊辰，張浚入見，議出師渡淮，三省、樞密院不預聞。壬申，賜禮部進士木待問以下五百三十八人及第、出身。乙亥，王之望罷。壬午，詔戶部、臺諫議節浮費。癸未，詔以白金二十五萬兩給江、淮都督府軍費。戊子，張浚命邵宏淵師次盱眙。己丑，又命李顯忠帥師次定遠。是月，金人拔環州，守臣強霓及其弟震死之。

五月壬辰，申嚴鋪翠銷金及神祠僭擬之禁。丁酉，李顯忠復靈壁縣。邵宏淵次虹縣，金人拒之。戊戌，顯忠東趨虹縣。庚子，復虹縣，金知泗州蒲察徒穆及同知泗州大周仁降。辛丑，命左右史日更立前殿。壬寅，張浚渡江視師。癸卯，金右翼軍都統蕭琦降于李顯忠。甲辰，顯忠及宏淵敗金人于宿州。乙巳，史浩罷。追復司馬康右諫議大夫。丙午，復宿州，戮金兵數千人。建康前軍統領官王珙巷戰，死之。丁未，以辛次膺爲參知政事，翰林學士承旨洪遵同知樞密院事。督諸路開營田。辛亥，詣德壽宮賀天申節。金紇石烈志寧自睢陽

引兵至宿州，李顯忠擊卻之。壬子，欽宗大祥，帝服衰服詣几筵，易祥服行祥祭禮。顯忠與金人戰于宿州，邵宏淵不援，顯忠失利。是夜，建康中軍統制周宏及邵宏淵之子世雄、殿前司統制官左士淵逃歸。癸丑，進李顯忠開府儀同三司、淮南京畿京東河北招討使，邵宏淵檢校少保、寧遠軍節度使、招討副使。金人攻宿州城，顯忠大敗之。殿前司統制官張訓通等七人、統領官十二人，以二將不叶而遁。甲寅，李顯忠、邵宏淵軍大潰于符離。乙卯，下詔親征。丙辰，召汪澈。以張浚兼都督荊、襄軍馬。李顯忠、邵宏淵至濠州。張浚以劉寶爲鎮江諸軍都統制。丁巳，以蒲察徒穆、大周仁、蕭琦並爲節度使，徒穆大同軍，周仁彰國軍，琦威塞軍。遣御前忠勇軍赴都督府。是月，成都地震三。

六月庚申朔，日有食之。遣內侍趣上淮東將士功賞。癸亥，汪澈罷。張浚乞致仕，且請通好，皆不許。丁卯，以觀文殿大學士湯思退爲醴泉觀使兼侍讀。戊辰，召虞允文。以兵部侍郞周葵爲參知政事。汪澈落資政殿學士，台州居住。庚午，張浚自盱眙還揚州。辛未，李顯忠落軍職。壬申，以太傅、同安郡王楊存中爲御營使，節制殿前司軍馬。癸酉，下詔罪己。張浚降授特進，仍前樞密使、江淮東西路宣撫使，官屬各奪二官。邵宏淵降武義大夫，職仍舊。詔楊存中先詣建康措置營砦，檢視沿江守備。戊寅，詔展巡幸之期。辛次膺罷。己卯，李顯忠責授淸遠軍節度副使，筠州安置。辛巳，命浙西副都總管李寶兼御營

統制官，措置浙西海道。甲申，右諫議大夫王大寶入對，論移蹕。以敷文閣學士虞允文爲兵部尙書兼湖北、京西宣諭使。戊子，放宮人三十人。以蕭琦爲檢校少保、河北招撫使。

秋七月庚寅朔，以虞允文爲湖北、京西制置使。癸巳，以湯思退爲尙書右僕射、同中書門下平章事兼樞密使。李顯忠再責授果州團練副使，潭州安置。乙未，詔宿州棄軍將佐奪官貶竄有差。丙申，太白晝見，經天。罷江、淮宣撫司便宜行事。乙巳，以旱蝗、星變，詔侍從、臺諫、兩省官條上時政闕失。丁未，詔徵李顯忠侵欺官錢金銀，免籍其家。乙卯，裁減省、部、寺、監官吏。戊午，給還岳飛田宅。

八月丙寅，張浚復都督江、淮軍馬。庚午，以劉寶兼淮東招撫使。丙子，以飛蝗、風水爲災，避殿減膳。罷借諸路職田之令。戊寅，金紇石烈志寧又以書求海、泗、唐、鄧四州地及歲幣。癸未，復以龍大淵知閤門事，曾覿同知閤門事。丙戌，遣淮西安撫司幹辦公事盧仲賢等齎書至金帥府，戒勿許四州，差減歲幣。仍命諸將毋遣兵人出境。

九月己酉，楊存中罷。

冬十月戊午朔，大臣奏金帥書言四事，帝曰：「四州地、歲幣可與，名分、歸正人不可從。」辛酉，御殿復膳。己巳，遣護聖軍戍江南。丙子，詔太上皇后教旨改稱聖旨。立賢妃夏氏爲皇后。丁丑，地震。辛巳，升洪州爲隆興府。詔：「江、淮軍馬調發應援，從都督府取

旨,餘事悉以聞。」

十一月己丑,盧仲賢自宿州以金都元帥僕散忠義遺三省、樞密院書來。庚子,遣王之望等爲金國通問使。辛丑,詔侍從、臺諫於後省集議講和、遣使、禮數、土貢四事,仍各薦可備小使者。丙午,盧仲賢擅許四州,下大理寺,奪三官。召張浚。癸丑,以胡昉、楊由義爲使金通問國信所審議官。

十二月己未,陳康伯罷。乙丑,張浚入見。丁丑,以湯思退爲尙書左僕射,張浚爲右僕射,並同中書門下平章事兼樞密使。浚仍都督江、淮東西路軍馬。壬午,西南方有白氣。

是歲,以兩浙大水、旱蝗,江東大水,悉蠲其租。

二年春正月辛卯,詔增德壽宮車輦儀衞。壬辰,御文德殿,册皇后。癸巳,修三省法。乙未,及皇后朝德壽宮。丙申,命虞允文調兵討廣西諸盜。庚子,罷諸州招軍。丙午,金僕散忠義復以書來。庚戌,申嚴卿監、郎官更出迭入之制。壬子,振歸正人。甲寅,白氣亙天。是月,福建諸州地震。

二月辛未,蠲秀州貧民逋租。壬申,容州妖賊李雲作亂。癸酉,復王權武義大夫,命權廣西路都鈐轄,專一措置盜賊。丙子,詔飭將帥減文武官及百司吏郊賜之半。罷兩浙、福

建、江西、湖南、夔州路參議官。丁丑,雨雹及雪。獲李雲,其黨悉平。乙酉,胡昉自宿州還。初,金帥以昉等不許四郡,械繫之,昉等不屈,金主命歸之。

三月丙戌朔,詔張浚視師于淮。又詔王之望等以幣還。丁亥,詔荊襄、川陝帥臣嚴邊備,毋先事妄舉。盧仲賢除名,械送郴州編管。壬寅,詔知光州皇甫倜毋招納歸正人。丙午,王宣等降。詔三衙戍兵歸司,建康、鎭江大軍更番歸砦。庚戌,芝生德壽宮。以戶部侍郎錢端禮爲淮東宣諭使,吏部侍郎王之望爲淮西宣諭使。詔撫諭兩淮軍民。壬子,以廣西賊平,詔減高、藤、雷、容四州雜犯死罪囚,釋杖以下,蠲夏秋稅賦。以忠勇軍隸步軍司,神勁右軍隸鎭江都統司。癸丑,以王彥爲建康諸軍都統制兼淮西招撫使。

夏四月庚申,召張浚還朝。甲子,以李顯忠侵欺官錢給還諸軍。丁卯,以建康歸正人爲忠毅軍,鎭江爲忠順軍,命蕭琦、蕭鷓巴分領之。戊辰,罷江、淮都督府。高麗入貢。丁丑,張浚罷。癸未,言者論宰相、執政徇欺之弊,命書置政事堂。

五月壬辰,復置環衞官。丙申,詔吳璘毋招納歸正人。辛丑,詔劉寶量度泗州輕重取舍事宜以聞。江西總管邵宏淵責授靖州團練副使,南安軍安置,仍徵其盜用庫錢。乙巳,率羣臣詣德壽宮賀天申節,始用樂。丁未,蝗。詔內外贓私不法官吏,尙書省置籍檢劾。庚戌,罷招神勁效用軍。辛亥,罷兩淮所括戶馬。

六月甲寅朔,日有食之。辛酉,以淫雨,詔州縣理滯囚。戊辰,太白晝見。壬申,命虞允文棄唐、鄧,允文不奉詔。丁丑,振江東、兩淮被水貧民。

秋七月乙酉,召虞允文。以戶部尙書韓仲通爲湖北、京西制置使。丁亥,洪遵罷。己丑,以周葵兼權知樞密院事。遣主管馬軍司公事張守忠以兵詣淮西,措置邊備。庚子,太白經天。詔內外文武官年七十不請致仕者,遇郊毋得蔭補。乙巳,命海、泗州徹戍。丁未,雨雹。戊申,蠲淮東內庫坊場錢一年。庚戌,洪遵落端明殿學士。癸丑,以江東、浙西大水,詔侍從、臺諫、卿監、郎官、館職陳闕失及當今急務。是月,罷內侍押班梁珂爲在外宮觀。移廣西提刑司于容州。

八月甲寅朔,以災異,避殿減膳。戊午,南丹州莫延廪爲諸蠻所逐來歸,詔補脩武郎。命江東、浙西守臣措置開決圍田。甲子,秦國大長公主薨。以久雨決繫囚。庚辰,以資政殿大學士賀允中爲知樞密院事兼參知政事。辛巳,詔振淮東被水州縣。張浚薨。壬午,遣魏杞等爲金國通問使。

九月甲申,罷內侍李珂賜謚。甲午,詔江東浙西監司、守臣講明措置田事。乙未,交阯入貢。丁酉,嚴贓吏法。辛丑,以王之望爲參知政事,權刑部侍郎,吳芾爲給事中兼淮西宣諭使。金人犯邊。以久雨,出內庫白金四十萬兩,糴米賑貧民。壬寅,王彥帥師濟江,軍昭

關。癸卯,命湯思退都督江、淮東西路軍馬,辭不行。乙巳,復命楊存中爲同都督,錢端禮、吳芾並爲都督府參贊軍事。罷宣諭司。仍易國書以付魏杞。少保、崇信軍節度使趙密落致仕,權領殿前司職事。

冬十月甲寅,魏杞至盱眙,金帥以國書未如式弗受,欲得商、秦地及俘獲人,且邀歲幣二十萬,杞未得進。丁卯,賀允中罷爲資政殿大學士,致仕。己巳,以周葵兼權知樞密院事,王之望兼同知樞密院事。庚午,詔輔臣夕對便殿。丙子,大風。庚辰,蠲京西、湖北運糧所經州縣秋稅之半。以靖海軍節度使李寶爲沿海駐箚御前水軍都統制。辛巳,金人分道渡淮,劉寶棄楚州遁。

十一月乙酉,知楚州魏勝與金人戰,死之,州遂陷,濠州亦陷。王彥棄昭關遁,滁州又陷。丙戌,詔諭沿邊將士。丁亥,詔魏杞等以所齎禮幣犒軍,杞弗從命,留鎭江俟旨。復命王之望督視江、淮軍馬。戊子,以金人侵擾,詔郊祀改用明年。又詔諭歸正官民軍士。命王之望同都督江、淮軍馬。湯思退罷都督。召陳康伯。己丑,王之望罷同都督。庚寅,命楊存中都督江、淮軍馬。辛卯,湯思退罷,尋以尹穡、晁公武論之,落觀文殿大學士,永州居住,未至而卒。甲午,以黃榜禁太學生伏闕。是日,太學生張觀等七十二人上書,請斬湯思退、王之望、尹穡,竄其黨洪适、晁公武而用陳康伯、胡銓等,以濟大計。丙申,遣國信所大

通事王抃持周葵書如金帥府，請正皇帝號，爲叔姪之國；易歲貢爲歲幣，減十萬；割商、秦地；歸被俘人，惟叛亡者不與；誓目大略與紹興同。以金人犯淮南，詔避殿減膳。丁酉，詔擇日視師。戊戌，以少保、觀文殿大學士陳康伯爲尚書左僕射、同中書門下平章事兼樞密使。庚子，遣兵部侍郎胡銓、右諫議大夫尹穡分詣兩浙措置海道。贈魏勝寧國軍節度使，謚忠壯。辛丑，兵部尚書錢端禮賜出身，簽書樞密院事兼提領德壽宮。壬寅，詔侍從、兩省官日一至都堂議事，有關臺諫者亦聽會議。以顯謨閣學士虞允文同簽書樞密院事。癸卯，遣王之望勞師江上。甲辰，金人犯六合縣，步軍司統制崔皋擊卻之。乙巳，以錢端禮兼權參知政事。丁未，以顯謨閣直學士沈介爲沿江制置使。命沿江諸州調保甲分守渡口。己酉，劉寶落節鉞，爲武泰軍承宣使；王彥落龍、神衞四廂都指揮使。

閏月甲寅，陳康伯入見，詔康伯間日一朝，肩輿至殿門，給扶升殿。丙辰，周葵罷。王抃見金二帥，皆得其報書以歸。戊午，蕭琦卒。壬戌，詔罷胡銓、尹穡。丙寅，召韓仲通。以沈介爲兵部尚書、湖北京西制置使。戊辰，以金人且退，詔督府擇利擊之，王之望執不可。乙亥，之望罷。丙子，以王抃爲奉使金國通問國信所參議官，持陳康伯報書以行。丁丑，金遣張恭愈來逐使者。詔臺諫、侍從、兩省官舉楚、廬、滁、濠四州守臣。

十二月甲申，罷陝西路轉運司。戊子，魏杞始渡淮。詔郊祀大禮遵至道典故，改用來

年正月一日上辛。辛卯，以錢端禮爲參知政事兼知樞密院事，虞允文同知樞密院事兼權參知政事，禮部尚書王剛中簽書樞密院事。丙申，制曰：「比遣王抃，遠抵潁濱，得其要約。尋瀆淵盟誓之信，倣大遼書題之儀，正皇帝之稱，爲叔姪之國，歲幣減十萬之數，地界如紹興之時。憐彼此之無辜，約叛亡之不遣，可使歸正之士咸起寧居之心。重念數州之民，罹此一時之難，老稚有蕩析之戚，丁壯有係累之苦，宜推蕩滌之宥，少慰彫殘之情。應沿邊被兵州軍，除逃遁官吏不赦外，雜犯死罪情輕者減一等，餘並放遣。」遣洪适等賀金主生辰。詔吳挺市馬赴行在。己亥，雨雹。壬寅，罷三衙、江上、荆襄諸軍招軍。甲辰，遣沿海水軍還屯。己酉，朝獻景靈宮。庚戌，朝饗太廟。

乾道元年春正月辛亥朔，合祀天地于圜丘，大赦，改元。丁巳，淮西安撫韓璡勒停，賀州編管。庚申，以錢端禮兼德壽宮使。辛酉，召楊存中。通問使魏杞至燕山。丁卯，以王抃使金有勞，進五官。庚午，西北方有白氣。詔館職更迭補外。辛未，立兩淮守令勸民種桑賞。壬申，詔兩浙振流民。以紹興流民多死，罷守臣徐嘉及兩縣令。癸酉，蠲沿邊殘破州軍官賦一年。甲戌，劉寶責果州團練副使，瓊州安置。乙亥，罷兩淮招撫司及陝西河東宣撫、招討司。丙子，淮西守將孔福以遇敵棄城伏誅；頓遇奪官，刺面配吉陽軍牢城。

二月庚辰朔，朝德壽宮，從太上皇、太上皇后幸四聖觀。乙酉，罷江、淮都督府。遣官檢察兩浙州縣，振濟飢民。庚寅，雨雹。癸巳，移濠州戍兵于藕塘。庚子，以楊存中爲寧遠、昭慶軍節度使。甲辰，以久雨避殿減膳，蠲兩浙災傷州縣身丁錢絹，決繫囚。丁未，陳康伯薨，謚文恭。

三月甲寅，太白晝見。己未，御殿復膳。庚申，以虞允文爲參知政事兼同知樞密院事，王剛中同知樞密院事。命淮西、湖北、荆襄帥臣措置屯田，復置榷場。癸亥，黃祖舜薨。戊辰，白氣亙天。己巳，罷諸軍額外制領將佐。乙亥，太白經天。是春，湖南盜起，入廣東焚掠州縣，官軍討平之。

夏四月庚子，金報問使完顏仲等入見。乙巳，吳璘入見。

五月庚戌，以璘爲太傅，封新安郡王。丙辰，詔有司治皇后家廟。壬戌，詔監司、帥守講究弊事以聞。合廣南東、西路鹽事爲一司。癸亥，詔總領、帥漕臣、諸軍都統制並兼提領措置屯田，沿邊守臣兼管屯田事。丁卯，詔吳璘措置馬綱、水路。壬申，蠲四川州縣虛額錢。吳璘改判興元府。乙亥，詔未銓試人毋得堂除。丙子，遣李若川等使金賀上尊號。增置諸路鈐轄、都監。郴州盜李金等復作亂，遣兵討捕之。

六月癸未，王剛中薨。乙酉，詔恭王府直講王淮傾邪不正，有違禮經，可與外任。丙

戌，以翰林學士洪适簽書樞密院事。戊子，步軍司統制官崔皋坐奏功冒濫，奪所遷觀察使，止進橫行三官，令本軍自效。辛卯，以武經郎令德爲安定郡王。壬辰，以淮南轉運判官姚岳言境內飛蝗自死，奪一官罷之。丙申，以兩淮守令勞徠安集無效，下詔戒飭之，仍以詔置守令治所。壬寅，蠲廣東殘破郡縣稅賦。甲辰，罷湖北、京西制置司。

秋七月辛亥，詔知州年七十以上者與宮觀。癸丑，輔臣晚對選德殿，御坐後有大屏，記注諸道監司、郡守姓名，因命都堂視此書之。甲寅，借職田租二年，以裨經費。己未，鑄當二錢。己巳，蠲關外四州民今年租賦及湖南賊蹂郡縣夏稅。

八月己卯，以永豐圩田賜建康都統司。癸未，獲李金。乙酉，詔立子愭爲皇太子。丁亥，虞允文罷。戊子，大赦。己丑，以洪适爲參知政事兼權知樞密院事，吏部侍郎葉顒簽書樞密院事兼權參知政事。庚寅，立知州軍、諸路總管鈐轄都監辭見法。癸巳，錢端禮以避東宮親嫌，罷爲資政殿大學士、提舉萬壽觀。戊戌，吏部侍郎章服以論虞允文阿附罷，謫居汀州。

九月乙卯，立廣國夫人錢氏爲皇太子妃。丁巳，申嚴百司官出入局之制。丁卯，升鼎州爲常德府。甲戌，以端明殿學士汪澈知樞密院事，洪适兼同知樞密院事。乙亥，置沿淮諸州都巡檢。

冬十月己卯，遣方滋等使金賀正旦。戊子，增頭子錢。歸正人右通直郎劉藴古坐以軍

器法式逐北境，伏誅。壬辰，御大慶殿，册皇太子。癸巳，詣德壽宮稱謝。乙未，詔侍從各舉所知宗室一二人。丁酉，金遣高衎等來賀會慶節。乙巳，淮北紅巾賊踰淮劫掠，立賞討捕之。已而知楚州胡明遣巡尉擊殺其首蕭榮。

十一月辛亥，招收兩淮流散忠義人。丙寅，白氣亙天。辛未，遣龍大淵撫諭兩淮，措置屯田，督捕盜賊。

十二月戊寅，以洪适爲尚書右僕射、同中書門下平章事兼樞密使，汪澈爲樞密使。命廣東提刑司招安李金餘黨。癸未，遣王曮等賀金主生辰。庚寅，以葉顒爲參知政事兼同知樞密院事。辛卯，詔侍從、臺諫、兩省舉堪監司、郡守者各一人，三衙、知閤舉材武可守邊者一人。庚子，罷兩淮諸州權攝官。壬寅，金遣烏古論忠弼等來賀明年正旦。癸卯，詔樞密院文書依三省式，經中書門下畫黄書讀。

二年春正月辛酉，省六合戍兵，以所墾田給還復業之民。辛未，命湖南監司存恤寇盜殘破郡縣。

二月丁丑，罷盱眙屯田，振兩浙、江東饑。戊寅，幸玉津園宴射，遂幸龍井。

三月乙巳，禁京西、利州路科役保勝義士。壬子，詔戒飭刑獄官。戊午，殿中侍御史王

伯庠請裁定奏薦，詔三省、臺諫集議，具條式以聞。詔：「縣令非兩任，毋除監察御史；非任守臣，毋除郎官。著爲令。」丁卯，賜禮部進士蕭國梁以下四百九十有三人及第、出身。戊辰，再增諸州軍離軍添差員闕。辛未，罷洪适右僕射。癸酉，以給事中、權吏部尚書魏杞同知樞密院事兼權參知政事。丁丑，罷和糴。

夏四月戊寅，以久雨，命侍從、臺諫議刑政所宜以聞。減大理、三衙、臨安府及浙西州縣雜犯死罪以下囚一等，釋杖以下。庚辰，詔兩浙漕臣王炎開平江、湖、秀圍田。辛巳，避殿減膳。甲申，太白晝見。癸巳，御殿復膳。乙未，汪澈罷。丁酉，以知荆南府李道憑恃戚里妄作，罷之。

五月戊申，張燾〔六〕薨。己酉，罷權借職田。庚戌，葉顒罷。以魏杞爲參知政事，右諫議大夫林安宅同知樞密院事兼權參知政事，中書舍人蔣芾簽書樞密院事。癸丑，太白晝見，經天。禁浙西修築圍田。罷修建康行宮。丁卯，命監司、守臣預備水旱。

六月甲戌，罷兩浙路提舉市舶司。詔諸路監司、帥臣各察守令臧否以聞。丙子，刑部上乾道新編特旨斷例。戊寅，詔制科權罷注疏出題，守臣、監司亦許解送。庚辰，封孫挺爲福州觀察使、榮國公，挺爲左千牛衞大將軍。癸未，詔使相毋奏補文資，七色補官人毋任子，堂吏遷朝議大夫以五員爲額。乙酉，申嚴內外牒式法，裁其額。丙戌，廢永豐圩。戊戌，詔：「改官人實歷知縣一任，方許關升。著爲定式。」

秋七月己酉，調泉州左翼軍二千人屯許浦鎮。甲寅，以鎮江都統制戚方爲武當軍節度使。

八月辛未朔，詔兩淮行鐵錢，銅錢毋過江北。癸酉，以武鋒軍隸步軍司。甲戌，罷任子年三十得免試參選之令。丁丑，蠲淮南放歸萬弩手差役二年。壬午，詔諸州守臣兼訓練禁軍。癸未，降會子、交子于鎮江、建康務場，令江、淮之人對換。丙戌，林安宅劾葉顒之子受金失實，罷之。丁亥，詔安宅筠州居住。温州大水。戊子，以魏杞兼同知樞密院事，蔣芾權參知政事。召葉顒。庚寅，少保、新興郡王吳蓋薨。甲午，立中興以來十三處戰功格目。乙未，詔吳璘復判興州。丙申，升宣州爲寧國府。罷戶部諸路歲糴一年。

九月甲辰，知上元縣李允升犯贓貸死，杖脊刺面，配惠州牢城，籍其貲。丙午，建康守臣王佐坐縱允升去官，奪三官勒停，建昌軍居住。餘失按官吏及薦舉官奪官有差。辛亥，遣官按視温州水災，振貧民，決繫囚。乙卯，詔改造大曆。辛酉，追封子愭爲鄧王，謚曰悼肅。甲子，詔監司各舉部內知縣、縣令二三人，守臣各舉屬縣一二人。己巳，魏杞等上神宗哲宗徽宗三朝帝紀、太上皇聖政。太白晝見。是月，詔舉將帥，置章奏簿。

冬十月癸酉，上太上皇聖政于德壽宮。乙亥，遣薛良朋等使金賀正旦。己卯，減饒州

歲貢金三之一，蠲諸路酒坊逋賦。戊子，知峽州呂令問坐縱贓吏知夷陵縣韓贇冑去官，奪二官，鄂州居住。辛卯，雨雹。金遣魏子平等來賀會慶節。

十一月丙午，楊存中薨。己酉，盡出內藏及南庫銀以易會子，官司並以錢銀支遣，民間從便。兩淮總領所許自造會子。罷諸路營田。壬子，詔修祥曦殿記注。乙卯，密詔四川制置使汪應辰，如吳璘不起，收其宣撫使牌印，權行主管職事。甲子，大閱。戊辰，築郢州城。是月，詔汰冗兵。

十二月庚午朔，白氣亙天。癸酉，詔三省、侍從、臺諫、兩淮漕臣、郡守，條具兩淮鐵錢、交子利害以聞。乙亥，遣梁克家等賀金主生辰。己卯，以資政殿學士葉顒知樞密院事。辛巳，詔免進呈欽宗日曆，送國史院修纂實錄。壬午，追封楊存中爲和王。甲申，以葉顒爲尚書左僕射，魏杞右僕射，並同中書門下平章事兼樞密使。蔣芾參知政事，吏部尚書陳俊卿同知樞密院事兼權參知政事。庚寅，詔宰相領兼制國用使，參知政事同知國用事。癸巳，詔監司、守臣舉廉吏。丙申，金遣烏古論元忠等來賀明年正旦。以江東兵馬鈐轄王抃爲帶御器械。

是歲，裁定內外軍額。

校勘記

〔一〕十三年九月秀王殁于秀州　「十三年九月」，疑應作「十四年正月」，參見本書卷三〇高宗紀校勘記〔九〕。

〔二〕六月甲戌　「六月」二字原脫。按紹興三十二年六月丙寅朔，甲戌是六月九日。繫年要錄卷二〇〇從本條以下至「秋七月」各條，所有事迹都繫于六月。考異卷六七說「史失書六月」，是。今補。

〔三〕甲午金人攻德順軍東山堡　「甲午」二字，與上文重複，疑有舛誤。

〔四〕蠲四川登極赦前帶白契稅錢　「登」字原置「赦前」下，「極」字原脫。按李心傳建炎以來朝野雜記（以下簡稱朝野雜記）甲集卷一五載此事說：「自登極赦前有帶白契者悉蠲之。」據改。

〔五〕金左副元帥紇石烈志寧　「左」原作「右」，據金史卷六世宗紀、卷八七紇石烈志寧傳改。

〔六〕張燾　原作「張壽」，按此即上文隆興元年所載的張燾，據周益國文忠公集卷六一張燾神道碑改，參見本書卷三八二張燾傳校勘記。

宋史卷三十四

本紀第三十四

孝宗二

三年春正月甲辰，詔廷尉大理官毋以獄情白宰執，探刺旨意爲輕重。庚戌，置三省戶房國用司。初，以國用匱乏，罷江州屯駐軍馬，至是復留之。癸亥，罷銅錢過江之禁。裁定利州西路諸軍額。

二月壬申，詔國用司月上宮禁及百司官吏、三衙將士請給之數。癸酉，出龍大淵爲江東總管，曾覿爲淮西總管。甲戌，大淵改浙東，覿改福建。乙亥，罷成都、潼川路〔一〕轉運司輪年銓試，以其事付制置司。辛巳，以端明殿學士虞允文知樞密院事。癸未，雨雹。甲申，爲知陳州陳亨祖立廟于光州，賜名愍忠。丙戌，以武經龜鑑、孫子賜鎭江都統戚方、建康都統劉源。癸巳，措置淮東山水砦。丙申，從太上皇、太上皇后幸玉津園。戊戌，直秘閣前廣

東提刑石斅義犯贓，刺面配柳州，籍其家。

三月甲辰〔二〕，從太上皇、太上皇后幸聚景園。辛亥，詔德壽宮恭請裁定醫官員額。丁巳，詔四川宣撫司創招千人，置司所在屯駐。壬戌，伯母秀王夫人張氏薨。

夏四月辛未，蠲諸路州軍逋負。癸酉，爲秀王王夫人成服于後苑，百官進名奉慰。丁丑，合利州東、西路爲一。戊寅，以吳璘知興元府，充利州路安撫使、四川宣撫使。

五月癸卯，葉顒等上三祖下仙源積慶圖及太宗眞宗玉牒、哲宗寶訓。甲寅，吳璘薨。庚申，命四川制置使汪應辰主管宣撫司事，移司利州。修揚州城。壬戌，大減三衙官屬。

六月己巳，命汪應辰權節制利州路屯駐御前軍馬。辛未，復分利州東、西路爲二。甲戌，以虞允文爲資政殿大學士、四川宣撫使。乙亥，金遣使來取被俘人。詔實俘在民間者還之，軍中人及叛亡者不預。戊寅，復以虞允文爲知樞密院事，充宣撫使，帝親書九事戒之。罷淮西、江東總領所營田，募人耕佃，壯丁各還本屯，癃老存留，減半請給。甲申，詔鎭江都統制戚方、武鋒軍都統制陳敏各上清河口戰守之策。追封吳璘爲信王。丁亥，詔後省參攷理檢院典故。辛卯，皇后夏氏崩。振泉州水災。

秋七月己亥，立薦舉改官額。壬寅，以皇太子疾，減雜犯死罪囚，釋流以下。乙巳，皇太子薨，謚曰莊文。己酉，東宮醫官杜楫除名，昭州編管，尋改瓊州。

閏月辛未，詔：「諸軍復置副都統制，文字與都統制連書，軍馬調發從都統制，違者奏劾。」戚方罷。癸酉，權欑安恭皇后于臨安修吉寺。丁亥，戚方落節鉞，信州居住。

八月丁酉，內侍陳瑜[三]、李宗回坐交結戚方受賂：瑜除名，決杖，黥面配循州；宗回除名，筠州編管；方責授果州團練副使，潭州安置，籍所盜庫金以犒軍。甲寅，以久雨，命臨安府決繫囚。丁巳，葉顒等請罷，不許。蠲光、濠、廬三州、壽春府賦一年。戊午，遣官分決滯獄。壬戌，以知建康府史正志兼沿江水軍制置使，自鹽官至鄂州沿江南北及沿海十五州水軍悉隸之。癸亥，詔給、舍討論考課舊法。四川旱，賜制置司度牒四百，備振濟。

九月戊子，太白晝見。

冬十月乙未朔，占城入貢。丁酉，遣唐瑑等使金賀正旦。戊戌，修眞州城。以嗣濮王士輵爲開府儀同三司。庚子，定內外薦舉改官人歲額。癸卯，詔歸正借補官資人充樞密院効士，於指定州軍以官庫酒息贍之者，毋罷其給。乙卯，金遣蒲察莎魯窩等來賀會慶節。

十一月丙寅，合祀天地于圜丘，大赦。戊辰，雷。己巳，詔戒飭武臣及百官。癸酉，以郊祀雷，葉顒、魏杞並罷，命陳俊卿爲參知政事，翰林學士劉珙同知樞密院事。甲戌，蔣芾、陳俊卿請罷，不許。丁丑，以雷發非時，詔臺諫、侍從、兩省官指陳闕失。辛巳，詔侍從、兩省、臺諫、卿監、郎官，舉堪郎官、寺監丞、監司、郡守者。癸巳，罷川路馬船。

十二月丙申，增修六合城。己亥，遣王掄賀金主生辰。乙巳，置豐儲倉。增印會子。辛亥，以吳益爲太傅。庚申，金遣徒單忠衞等來賀明年正旦。

是歲，兩浙水，四川旱，江東西、湖南北路蝗，振之。

四年春正月戊辰，籍荆南義勇民兵，增給衣甲，遇農隙日番教。壬午，奪秦塤、秦堪郊恩蔭補。癸未，雨雹。甲申，幸天竺寺，遂幸玉津園。辛卯，罷吳益郊恩蔭補。壬辰，葉顒薨。

二月甲午朔，罷福建路賣鈔鹽，蠲轉運司歲發鈔鹽錢十五萬緡。詔四川宣撫使虞允文集四路漕臣，會計財賦所入，對立兵額。丁酉，命湖北安撫司給田募辰、沅、靖三州刀弩手。戊戌，置和州鑄錢監。己亥，以蔣芾爲尚書右僕射、同中書門下平章事兼樞密使兼制國用使，觀文殿大學士史浩爲四川制置使，浩辭不行。庚子，詔蔣芾常朝，贊拜不名。芾辭，許之。乙巳，賜王炎出身，簽書樞密院事。癸丑，五星皆見。乙卯，雪，雨雹。

三月庚午，以敷文閣待制晁公武爲四川安撫制置使。戊寅，詔贈果州團練使韓崇岳立廟，賜名忠勇；宣州觀察使朱勇立廟，賜名忠節。己丑，四方霧下若塵。庚寅，蠲楚州壯丁、社民稅役。謚陳亨伯曰愍節。

夏四月乙未，置漢陽軍收發馬監。詔公吏非犯公罪，毋得引用併計案問法。己亥，置鄂州轉般倉。癸卯，遣使撫邛、蜀二州饑民爲亂者。己酉，追封韓世忠爲蘄王。甲寅，蔣芾等上欽宗帝紀、實錄。丙辰，禮部員外郎李燾上所著續通鑑長編，自建隆至治平一百八卷。丁巳，詔太史局參用新舊曆。戊午，詔販牛過淮者，論如興販軍須之罪。是月，振綿、漢等州饑。

五月癸亥，出度牒千道，續減四川科調。乙丑，太白晝見。以邛州安仁縣荒旱，失于蠲放，致饑民擾亂，守貳、縣令降罷追停有差。甲申，謚趙鼎曰忠簡。丙戌，行乾道新曆。丁亥，以饒信二州、建寧府饑民嘯聚，遣官措置振濟。是月，西夏任敬德[四]遣使至四川宣撫司，約發兵攻西番。

六月辛卯朔，太白晝見，經天。甲午，詔罷廣西鈔鹽，復官般官賣法，歲減轉運司鈔錢十九萬緡，其秋苗毋得科折。戊戌，蠲諸路逋負乾道元年二月和市、折帛、雜色錢。辛丑，龍大淵卒，詔以爲寧武軍節度使致仕。五星皆見。癸卯，詔四川宣撫司增印錢引一百萬，對償民間預借錢。蠲邛、蜀二州夏稅。丁巳，召興化軍布衣林豪赴行在。戊午，蔣芾以母喪去位。

秋七月壬戌，以劉珙兼參知政事。召建寧府布衣魏掞之赴行在。申禁異服異樂。癸

亥，徽州大水。己巳，罷沿江水軍制置司。辛未，衢州大水。戊寅，知衢州王悅以盛暑禱雨、蔬食減膳、憂勤致疾而死，贈直龍圖閣。丁亥，以經、總制餘剩錢二十一萬緡樁留邛、蜀州，以備振濟。己丑，以久雨，御延和殿慮囚，減臨安府、三衙死罪以下囚，釋杖以下。是月，西夏遣間使來。

八月乙未，班祈雨雪之法于諸路。己亥，五星皆見。丁未，主管殿前司公事王琪傳旨不實，擅興工役，降三官放罷。庚戌，劉珙罷。辛亥，陳俊卿請罷政，不許。

九月庚申，立內外將佐升差審察法。庚午，從太上皇幸天竺寺。限品官子孫名田。是秋，罷關外四州營田官兵，募民耕佃。

冬十月壬辰，遣鄭聞等使金賀正旦。甲午，禁歸正人藏匿金人者。乙未，臣僚言：「天下之事，必歷而後知，試而後見。爲縣令者必爲丞簿，爲郡守者必爲通判，爲監司者必爲郡守，皆有等差。自今職事官及局務官，必任滿方許求外，未歷親民任使，卽未得擬州郡，且授通判。」詔從之。庚子，蔣芾起復尚書左僕射，陳俊卿右僕射，並同中書門下平章事兼樞密使兼制國用使。甲辰，大閱。己酉，金遣移剌神獨斡等來賀會慶節。庚戌，大風。

十一月壬戌，遣知無爲軍徐子寅措置楚州官田，招集歸正忠義人以耕。甲戌，嚴盜賊法。乙亥，詔峽州布衣郭雍赴行在。壬申，兩淮歸正忠義有田產者，蠲役五年。癸未，岳陽

中華書局

軍節度使居廣封永陽郡王。

十二月丙申，遣胡元質等賀金主生辰。甲辰，賜魏掞之同進士出身，爲太學錄。蔣芾辭起復，許之。減兩浙、江東西路明年夏稅、和市之半。甲寅，金遣完顏仲仁等來賀明年正旦。

五年春正月甲戌，措置兩淮屯田。

二月己丑，申嚴太廟季點法。乙未，命楚州兵馬鈐轄羊滋專一措置沿淮、海盜賊。先是，海州人時旺聚衆數千來請命，旺尋爲金人所獲，其徒渡淮而南者甚衆，故命滋彈壓之。戊戌，贈張浚太師，謚忠獻。壬寅，以給事中梁克家簽書樞密院事。癸卯，大風。甲辰，以王炎參知政事兼同知樞密院事。丙午，雨雹。辛亥，詔：「自今詔令未經兩省書讀者毋輒行，給、舍駁正毋連銜同奏。」

三月丁巳朔，詔趣修廬、和二州城。己巳，蠲成都府路民戶歲輸對糴米脚錢三十五萬緡。乙亥，以王炎爲四川宣撫使，仍參知政事。召虞允文赴行在。丙子，賜禮部進士鄭僑以下三百九十有二人及第、出身。壬午，賜郭雍號沖晦處士。癸未，罷利州路諸州營田官兵，募民耕佃。詔侍從、監司、帥臣、管軍薦武舉出身人可將佐者。

夏四月己丑，復置將作軍器少監。壬辰，以梁克家兼參知政事。辛丑，詔：福建路貧民生子官給錢米。庚戌，修襄陽府城。辛亥，振恤衢、婺、饒、信四州流民。

五月己巳，帝以射弩弦斷傷目，不視朝。金牒取俘獲人，王抃議盡遣時旺餘黨，陳俊卿持不可，帝然之。

六月庚寅，太白晝見。戊戌，始視朝。己酉，以虞允文爲樞密使。

秋七月乙丑，召曾覿入見，陳俊卿及虞允文請罷之，不許。覿至行在，俊卿、允文復言其不可留，詔以覿爲浙東總管。

八月甲申朔，日有食之。己丑，以陳俊卿爲尚書左僕射，虞允文爲尚書右僕射，並同中書門下平章事、兼樞密使兼制國用使。辛亥，命淮西路鑄小鐵錢。

九月己未，罷淮東屯田官兵，募民耕佃。辛酉，詔淮東諸州，農隙教閱民丁。甲子，詔侍從、臺諫集議欽宗配饗功臣。壬申，大風。命淮西安撫司參議官許子中措置淮西山水砦，招集歸正忠義人耕墾官田。

冬十月乙酉，遣汪大猷等使金賀正旦。戊子，振溫、台二州被水貧民，以守臣、監司失職，降責有差。戊戌，大風。己亥，命饒、信二州歲各留上供米三萬石，以備振糶。癸卯，金遣高德基等來賀會慶節。

十一月癸丑朔，復置淮東萬弩手，名神勁軍。庚申，增置廣東水軍。乙丑，以孫擴爲右千牛衞大將軍。以明州定海縣水軍爲御前水軍。丙寅，爲岳飛立廟于鄂州。己巳，太白晝見。辛未，詔侍從、臺諫、兩省官，各舉京朝官以上才堪監司、郡守者三人。壬申，復成閔慶遠軍節度使、鎮江諸軍都統制。

十二月己丑，遣司馬伋等賀金主生辰。辛卯，大風。丁酉，置應城縣馬監。復李顯忠威武軍節度使。乙巳，復置成都府廣惠倉。戊申，金遣完顏毅等來賀明年正旦。

六年春正月癸丑，雅州沙平蠻寇邊，焚碉門砦。四川制置使晁公武調兵討之，失利。乙卯，修楚州城。丁巳，復強盜舊法，其四年十一月指揮勿行。癸亥，初降金字牌下四川宣撫司，備邊奏。乙丑，增築豐儲倉。庚午，以奉國軍承宣使、知廬州郭振爲武泰軍節度使。

二月乙酉，詔戶部侍郎二人分領諸路財賦。丁亥，復置舒州同安監，鑄鐵錢。辛卯，王炎遣人約沙平蠻歸部，稍捐邊稅與之。丙申，廣西路復行鈔鹽法，仍增收通貨錢四十萬緡，以備漕計。壬寅，詔諭大臣：均役法，嚴限田，抑游手，務農桑。己酉，置應城縣孳生監。庚戌，以曾覿爲福州觀察使。遣司農寺丞許子中詣淮西，措置鐵錢。

三月癸丑，用三省言，兩淮守帥宜久其任，二年後察其能否，以行賞罰。乙卯，裁減樞

密院吏額一百十有四人。丁巳，詔步軍司權以三萬五千人爲額。起復王抃知閤門事，專一措置三衙揀選官兵。贈彰國軍節度使大周仁爲太尉。庚申，從太上皇、太上皇后幸聚景園。乙丑，以晁公武、王炎不協，罷四川制置司歸宣撫司。辛未，從太上皇、太上皇后幸聚景園。甲戌，裁減三省吏額七十人。戊寅，以知紹興府史浩爲檢校少傅、保寧軍節度使。己卯，詔兩淮州縣官以繁簡易其任。復置江、浙、京湖〔五〕、淮、廣、福建等路都大發運使，以新知成都府史正志爲之。

夏四月辛巳朔，罷鑄錢司歸發運司。併淮東總領所歸淮西總領所。以敷文閣直學士張震知成都府，充本路安撫使。乙未，賜發運使史正志緡錢二百萬爲均輸、和糴之用。吏部尚書汪應辰三上疏論發運司。戊戌，以應辰知平江府。

五月甲寅，裁減六部吏額百五十人，其餘百司、三衙以是爲差。己未，陳俊卿、虞允文等上神宗哲宗徽宗欽宗四朝會要、太上皇玉牒。己巳，陳俊卿以議遣使不合，罷爲觀文殿大學士、知福州。罷行在至鎮江征稅所比近者十有三。甲戌，詔戒飭百官。丁丑，知潮州曾造犯贓，貸命，南雄州編管，籍其家。戊寅，詔給舍、臺諫言事。

閏月壬午，詔監司、帥臣舉守令臧否失實，依舉清要官法定罪。甲申，印給諸州上供綱目，季申而歲校之，以爲殿最。戊子，遣范成大等使金求陵寢地，且請更定受書禮。辛卯，

吏部侍郎陳良祐論祈請使不當遣，恐生邊釁。詔以良祐妄興異論，不忠不孝，放罷，送筠州居住。癸巳，增環衞官奉。以梁克家爲參知政事兼同知樞密院事。壬寅，以江東漕臣黃石不親按行水災州郡，降二官。甲辰，辛次膺薨。戊申，復置武臣提刑。

六月壬子，申嚴卿監、郎官更迭補外之制。壬申，增武學生爲百人。癸酉，置蘄州蘄春監、黃州齊安監，鑄鐵錢。是月，榮國公挺(六)自東宮出居外第。

秋七月癸未，詔以沙田、蘆場歲收租稅六十餘萬緡入左藏南庫。丙戌，詔川廣監司、郡守任滿奏事訖方調。己丑，置興國軍興國監。甲午，詔除郎官並引對畢供職。辛丑，復置御前弓馬子弟所，命吳挺兼提舉。賜岳飛廟曰忠烈。

八月庚戌，虞允文請蚤建太子。癸丑，復置詳定一司敕令所。丙寅，置閤門舍人十員。是月，虞允文上乾道敕令格式。

九月壬辰，賜蘇軾謚曰文忠。辛丑，沅州徭人相讐殺，守臣孫叔傑出兵擊之，失利。徭人進迫州城，安撫司諭解之，叔傑尋抵罪。是月，范成大至自金，金許以遷奉及歸欽廟梓宮而不易受書禮。

冬十月己酉，以孫據爲左千牛衞大將軍。丙辰，詔發運使置司行在。謚司馬朴曰忠潔。辛酉，遣呂正己等使金賀正旦。丁卯，金遣耶律子敬等來賀會慶節。甲戌，起居舍人

趙雄請置局議恢復，詔以雄爲中書舍人。

十一月丁丑朔，復置軍器監一員。壬午，合祀天地于圜丘，大赦。乙未，復置神武中軍，以吳挺爲都統制。召曾覿提舉佑神觀。丁酉，加上光堯壽聖太上皇帝尊號曰光堯壽聖憲天體道太上皇帝，壽聖太上皇后尊號曰壽聖明慈太上皇后。是月，遣趙雄等賀金主生辰，別函書請更受書之禮。置左藏南上庫。

十二月戊申，大閱。甲子，罷江州廣寧監、臨江軍豐餘監、撫州裕國監，鑄鐵錢。壬申，金遣蒲察愿等來賀明年正旦。癸酉，罷發運司。以史正志奏課不實，責爲楚州團練副使，永州安置。

是歲，兩浙、江東西、福建水旱。

七年春正月丙子，率羣臣奉上太上皇、太上皇后册寶于德壽宮。庚辰，虞允文復請建太子，帝命允文擬詔以進。壬寅，命三省旬錄宣諭聖語及時政記同進。是月，復鑄錢司。

二月癸丑，詔立子惇爲皇太子，大赦。以慶王愷爲雄武、保寧軍節度使，判寧國府，進封魏王。丁巳，增置皇太子宮講讀官。庚申，罷會子庫，仍賜戶部內藏南庫緡錢二百萬、銀九十萬兩以增給官兵之奉。甲子，詔寺觀毋免稅役。丁卯，太傅大寧郡王吳益薨。壬申，大風。

三月乙亥朔，趙雄至金，金拒其請。詔訓習水軍。丙子，立恭王夫人李氏爲皇太子妃。戊寅，徙侍衞馬軍司戍建康。己卯，起復劉珙同知樞密院事。以明州觀察使、知閤門事兼樞密都承旨張說簽書樞密院事。左司員外郎兼侍講張栻言說不宜執政。乙酉，立沿海州軍私齎銅錢下海船法。丙戌，復置將作監。殿中侍御史李衡乞遣張說按行邊戍，以息衆論，中書舍人范成大乞不草詞。戊子，說罷爲安慶軍節度使、提舉萬壽觀。庚寅，遣使覈兩淮種麥。丙申，御大慶殿册皇太子。禮部侍郎鄭聞、工部侍郎胡銓、樞密院檢詳文字李衡、祕書丞潘慈明並罷。虞允文乞留銓，乃以爲寶文閣待制兼侍講。己亥，皇太子謝于紫宸殿，宰相率百官赴東宮賀。

夏四月戊申，以曾覿爲安德軍承宣使。庚申，詔諸路增收無額錢物，並輸南上庫。壬戌，從太上皇、太上皇后幸聚景園。甲子，詔皇太子判臨安府。己巳，詔侍從、臺諫、兩省官舉任刑獄、錢穀及有智略吏能者各二人。辛未，詔皇太子領臨安尹。

五月戊寅，復置淮東總領所。丁亥，劉珙起復同知樞密院事、爲荆、襄宣撫使，珙辭不拜。庚寅，金人葬欽宗于鞏原。丁酉，詔廣西帥臣措置南丹州市馬。是月，遣知閤門事王抃點閱荆、襄軍馬。

六月丙午，復主管馬軍司公事李顯忠爲太尉。己巳，賜吳璘謚曰武順。壬申，詔兩淮墾田毋創增稅賦。

秋七月庚子，以王炎爲樞密使、四川宣撫使。

八月丙辰，詔兩淮民丁充民兵者，本名丁錢勿輸。辛酉，復修襄陽城。

九月壬申朔，以江西、湖南旱，命募民爲兵。甲申，從太上皇、太上皇后幸東園。戊子，安定郡王令德薨。

冬十月丁未，罷紹興宗正行司，改恩平郡王璩判西外宗正。己酉，遣莫濛等使金賀正旦。壬戌，金遣烏林答天錫等來賀會慶節，天錫要帝降榻問金主起居，虞允文請帝還內，命知閤門事王抃論天錫以明日見，天錫沮退。癸亥，會慶節，金使隨班入見。

十一月甲戌，御集英殿策試應賢良方正能直言極諫科李垕。戊寅，錫垕制科出身。

十二月丁未，遣翟紱等賀金主生辰。庚申，詔閤門舍人依文臣館閣以次輪對。癸亥，罷太醫局。丙寅，金遣完顏宗寧等來賀明年正旦。

是歲，湖南、江東西路旱，振之。

八年春正月庚午朔，班乾道敕令格式。丁酉，朝獻景靈宮，遂幸天竺寺、玉津園。

二月乙巳，詔改尚書左右僕射、同中書門下平章事爲左右丞相。丙午，詔六察分隸，事有違戾，許監察御史隨事具實狀糾劾以聞。戊申，遣姚憲等使金賀上尊號，附請受書之事。辛亥，以虞允文爲左丞相，梁克家爲右丞相，並兼樞密使。癸丑，以安慶軍節度使張說、吏部侍郎王之奇並簽書樞密院事。侍御史李衡、右正言王希呂交章論說不可爲執政，不報。丙辰，禮部侍郎兼直學士院周必大不草答詔，權給事中莫濟封還錄黃，詔並與在外宮觀。詔罷王希呂與遠小監當，尋詔與宮觀。丁巳，李衡罷爲起居郎。丙寅，戶部尚書曾懷賜出身，參知政事。

三月戊子，詔省侍中、中書尚書令員，以左右丞相充其位。

夏四月庚子，賜禮部進士黃定以下三百八十有九人及第、出身。己酉，殿中侍御史蕭之敏劾虞允文擅權不公，允文請罷政，許之；翼日復留，出之敏提點江東刑獄。甲子，措置兩淮官田徐子寅等坐授田歸正人逃亡，奪官有差。乙丑，詔再蠲兩淮二稅一年。

五月戊子，福建鹽行鈔法。丙申，立宗室銓試法。

六月庚子，以武德郎令檀爲金州觀察使，封安定郡王。壬寅，蠲兩淮歸正人撮收課子。淮東巡尉有縱逸歸正戶口過淮者，奪官有差。壬子，省監司薦舉員。

秋七月辛巳，罷淮西屯田官兵，募歸正人耕佃。姚憲、曾覿至自金，金人拒其請。癸未，

以覿爲武泰軍節度使。壬辰，雨雹。

九月戊辰，定江西四監鐵錢額。乙亥，詔王炎赴都堂治事。戊寅，以虞允文爲少保、武安軍節度使、四川宣撫使，封雍國公。己丑，賜允文家廟祭器。壬辰，允文入辭，帝諭以決策親征，令允文治兵俟報。

冬十月丁未，遣馮撙等使金賀正旦。丙辰，金遣夾谷清臣等來賀會慶節。罷借諸路職田。

十一月辛未，遣官覈江、浙、福建、二廣、湖南八路官田。辛巳，復四川諸州教授員。庚寅，進檢校少傅、知福州史浩開府儀同三司。

十二月戊戌，蠲兩淮明年租賦。甲辰，詔京西招集歸正人，授田如兩淮。甲寅，命四川試武舉。丙辰，追封劉光世爲安成郡王。丁巳，遣韓元吉等賀金主生辰。庚申，復置鑄錢司提點官二員。辛酉，金遣曹望之等來賀明年正旦。

是歲，隆興府、江筠州、臨江興國軍大旱，四川水。

九年春正月辛未，王之奇罷爲淮南安撫使，王炎罷爲觀文殿大學士、提舉洞霄宮。乙亥，以張說同知樞密院事，戶部侍郎沈夏簽書樞密院事。戊寅，遣官覈兩浙營田及沒官田，次及江東、西，四川如之。以刑部尚書鄭聞簽書樞密院事。乙酉，福建鹽復官賣法。是月，以措置兩淮、荊襄十六事敕安撫、轉運使督諸州守臣，月具所行事奏，仍審擇臧否，以議黜陟。

閏月戊申，以久雨，命大理、三衙、臨安府及兩浙州縣決繫囚，減雜犯死罪以下一等，釋杖以下。乙卯，修廬州城。辛酉，大風。幸天竺寺、玉津園。

二月壬申，蠲江西旱傷五州逋負米。乙亥，青羌奴兒結寇安靜砦，黎州推官黎商老戰死。乙酉，孫榮國公挺薨，追封豫國公。丁亥，特贈蘇軾爲太師。

三月甲午，禁北界博易銀絹。戊申，從太上皇、太上皇后幸聚景園。癸丑，復以進奏院隸門下後省。丙辰，復分淮南安撫司爲東西路。

夏四月丁丑，裁定武鋒軍軍額。己丑，皇太子解臨安尹事。

五月壬辰朔，日有食之。己未，以迪功郎朱熹屢詔不起，特改宣教郎，主管台州崇道觀。

六月甲戌，禁兩淮、荊襄、四川諸州籍民戶馬。己丑，戒飭監司、守令勸農。

秋七月壬寅，青羌奴兒結降。辛亥，吐蕃彌羌畜列陷安靜砦，引兵深入，黎州守臣誘邛部川蠻擊卻之。

八月丙子，詔興修水利。癸未，合荊、鄂二軍爲一，以吳挺充都統制。

九月丙申，梁克家等上中興會要、太上皇及皇帝玉牒。庚子，命盱眙軍以受書禮移牒泗州，示金生辰使，金使不從。

冬十月甲子，遣留正等使金賀正旦。右丞相梁克家與同知樞密院張說議使事不合，乃求去。辛未，克家罷爲觀文殿大學士、知建寧府。壬申，喬雲見。甲戌，以曾懷爲右丞相，張說知樞密院事，鄭聞參知政事，沈夏同知樞密院事。庚辰，金遣完顏襄等來賀會慶節。丁亥，襄等入辭，別函中議受書之禮，仍示虞允文速爲邊備。

十一月辛卯，詔樞密院，除授及財賦，事關中書、門下省，其邊機軍政吏不錄送。戊戌，合祀天地于圜丘，大赦，改明年爲淳熙元年。

十二月己未朔，戒敕沿邊諸軍，毋輒遣間探、招納叛亡。甲子，沈夏罷。乙丑，以御史中丞姚憲簽書樞密院事。遣韓彥直等賀金主生辰。辛未，交阯入貢。癸酉，罷廣西客鈔鹽，復官般官賣法。甲戌，遣使措置宜州市馬。乙亥，以嗣濮王士輵、永陽郡王居廣並爲少保。乙酉，金遣完顏璋等來賀明年正旦，以議受書禮不合，詔俟改日。以太上皇有旨，姑聽仍舊。丁亥，璋等入見。

是歲，浙東、江東西、湖北旱。

中華書局

淳熙元年春正月乙未，禁淮西諸關採伐林木。戊戌，罷坐倉糴米賞。庚子，罷兩淮將帥權攝官。丙午，禁兩淮耕牛出境。以交阯入貢，詔賜國名安南，封南平王李天祚爲安南國王。

二月癸酉，虞允文薨。辛巳，爲郭浩立廟于金州。

三月戊子朔，詔寄祿官及選人並去左右字。丙申，以鄭聞爲資政殿大學士、四川宣撫使。戊申，幸玉津園。癸丑，金遣梁肅等來計事。

夏四月戊辰，從太上皇幸聚景園。壬申，許桂陽軍谿洞子弟入州學聽讀。乙亥，詔四川宣撫司教閱諸州將兵。戊寅，遣張子顏等使金報聘。己卯，以姚憲參知政事，戶部尚書葉衡簽書樞密院事。

五月壬寅，班鄭興裔所創檢驗格目。

六月丙辰朔，詔禮官討論別建四祖廟，正太祖東嚮位。戊午，以興州都統制吳挺爲定江軍節度使。癸酉，改江陵府爲荆南府。戊寅，曾懷罷。癸未，姚憲罷。甲申，落憲端明殿學士，罷宮觀。以葉衡參知政事。

秋七月丁亥，以鄭聞參知政事。罷四川宣撫司。以成都府路安撫使薛良朋爲四川安

撫制置使。戊子，詔舉廉吏。壬辰，以曾懷爲右丞相。己酉，姚憲南康軍居住。

八月己未，張說罷爲太尉，提舉隆興府玉隆觀。以徽猷閣學士楊倓爲昭慶軍節度使，簽書樞密院事。

九月乙酉朔，以曾覿開府儀同三司。壬寅，幸玉津園宴射。乙巳，罷宜州市馬。

冬十月辛酉，立金銀出界罪賞。壬戌，遣蔡洸使金賀正旦。癸亥，以積雨，命中外決繫囚。丙寅，鄭聞薨。乙亥，金遣完顏讓等來賀會慶節。戊寅，占城入貢。辛巳，再蠲臨安府民身丁錢三年。壬午，以魏王愷判明州。蠲郴州、桂陽軍借貸常平米。

十一月甲申朔，日有食之。戊戌，以禮部侍郎龔茂良參知政事。楊倓罷，以葉衡兼權知樞密院事。丙午，曾懷罷。戊申，以葉衡爲右丞相兼樞密使。

十二月丁巳，以吏部尚書李彥穎簽書樞密院事。壬戌，遣吳琚等賀金主生辰。丙寅，罷鐵錢，改鑄銅錢。庚午，詔禮官論復魏悼王襄封。壬申，葉衡等上眞宗玉牒。金遣劉仲誨等來賀明年正旦。以資政殿學士、知江陵府沈夏升大學士，爲四川宣撫使，仍命升差從主帥，場務還軍中。新四川制置使范成大改管內制置使。

二年春正月癸巳，前宰相梁克家、曾懷坐擅改堂除，克家落觀文殿學士，懷降爲觀文殿學士。甲午，廢同安蘄春監。丁未，以兩淮諸莊歸正人安業，徐子寅等行賞有差。庚戌，詔籍諸軍子弟爲背嵬軍。

三月丙申，以太上皇壽七十，詔禮官討論慶壽典禮。乙巳，詔武舉第一人補秉義郎，堂除諸軍計議官。

夏四月乙卯，賜禮部進士詹騤以下四百二十有六人及第、出身。己巳，幸玉津園。是月，茶寇賴文政起湖北，轉入湖南、江西，官軍數爲所敗，命江州都統皇甫倜招之。

五月辛卯，諭宰相以朝政闕失，士民皆得獻言。庚子，命鄂州都統李川調兵捕茶寇。乙巳，詔知縣三年爲任。

六月庚戌朔，詔自今宰執、侍從以下除外任，非有功績者不除職名，外任人非有勞效亦不除職。以沈夏同知樞密院事。辛酉，罷四川宣撫司。以倉部郎中辛棄疾爲江西提刑，節制諸軍，討捕茶寇。丁卯，用左司諫湯邦彥言，落蔣芾、王炎觀文殿大學士，張說落節度使，芾建昌軍、炎袁州、說撫州並居住。戊辰，振濟湖南、江西被寇州縣。是月，茶寇自湖南犯廣東。

秋七月辛丑，有星孛于西方。

八月丙辰，江西總管賈和仲以捕茶寇失律除名，賀州編管。甲子，賜安南國王印。丁

卯，蠲湖南、江西被寇州縣租稅。丁丑，遣左司諫湯邦彥等使金申議。

九月乙卯朔，湯邦彥請分揚廬州、荆南襄陽府、金州、興元府、興州爲七路，每路文臣一人，充安撫使以治民，武臣一人，充都總管以治兵，三載視其成以議誅賞。從之。乙酉，振恤淮南水旱州縣。乙未，葉衡罷。丁未，沈夏罷。贈趙鼎爲太傅，還其爵邑，追封豐國公。

閏月丁巳，以李彥穎參知政事，翰林學士王淮簽書樞密院事。甲子，詔武臣從軍毋帶內職。是月，辛棄疾誘賴文政殺之，茶寇平。

冬十月戊寅朔，賞平茶寇功，湖南、江西、廣東監帥黜陟有差。庚辰，大風。壬午，詣德壽宮，加上光堯壽聖憲天體道太上皇帝尊號曰光堯壽聖憲天體道性仁誠德經武緯文太上皇帝，壽聖明慈太上皇后尊號曰壽聖齊明廣慈太上皇后。乙酉，遣謝廓然等使金賀正旦。戊戌，金遣完顏禧等來賀會慶節。

十一月戊申朔，奉上太上皇、太上皇后冊寶于德壽宮。庚戌，麗正門內火。癸丑，大風。戊午，提點坑冶王揖進羨餘十萬緡，詔却之。

十二月辛巳，班淳熙吏部七司法。遣張宗元等賀金主生辰。甲午，朝德壽宮，行慶壽禮，大赦，文武官封父母，賞諸軍。議放天下苗稅三之一，大臣言國用不足，迺止。丙申，更定強盜贓法。甲辰，金遣完顏迨等來賀明年正旦。

中華書局

二十四史

三年春正月甲寅，以常州旱，寬其逋負之半。刪犯贓蔭補法。振淮東饑，仍命貸貧民種。乙丑，振恤歸正人。

二月壬午，蠲兩淮教閱民兵夏稅。癸未，以伯圭爲安德軍節度使。甲申，詔四川監司、帥守，聞命之官毋候告敕。賜韓世忠謚曰忠武。是月，罷諸路鬻沒官田。

三月丙午朔，日有食之，露雲不見。辛亥，上太上皇日曆于德壽宮。己未，置六部編敕司。癸亥，幸報恩寺，遂幸聚景園。己巳，併左藏四庫爲二。辛未，詔四川制置司歲擇梁、洋義士材武者二人，遣赴樞密院。壬申，立任子參選覆試法。

夏四月戊寅，詔侍從、臺諫、兩省官歲舉監司、郡守各五人。辛巳，靖州徭人寇邊，遣兵討捕之。丁亥，雨雹。己丑，責授葉衡安德軍節度副使，郴州安置。丁酉，湯邦彥、陳雷奉使無狀，除名，邦彥新州、雷永州編管。己亥，詔諸路提刑歲五月理囚。

五月癸丑，合利州東、西路爲一。安南國王李天祚卒。戊午，遣使弔祭。壬申，太白晝見。

六月乙酉，減四川酒課四十七萬餘緡。甲午，以朱熹屢詔不起，特命爲秘書郎，熹不就。

秋七月乙丑，禁浙西圍田。

八月乙亥，以王淮同知樞密院事，禮部尚書趙雄簽書樞密院事。詔六察官糾察庶務，臺綱益振，各進二官。庚辰，太上皇詔立貴妃謝氏爲皇后。壬午，以久雨，命中外決繫囚。戊戌，靖州徭寇平。

九月癸亥，詔：「自今犯公罪至死者，其蔭補具所犯奏裁，著爲令。」

冬十月甲戌，以久雨，命中外決繫囚。丙子，御文德殿，册皇后。丁丑，命臨安守臣嚴禁踰侈。庚辰，詔自今非歉歲不許鬻爵。癸未，遣閻蒼舒等使金賀正旦。壬辰，金遣蒲察通等來賀會慶節。

十一月癸丑，合祀天地于圜丘，大赦。庚午，遣張子正等賀金主生辰。

十二月己丑，黎州蠻寇邊，官軍失利，蠻亦遁去。甲午，詔職事官補外者，復除職如故事。追封吳玠爲涪王。丁酉，定鑄錢司歲鑄額爲十五萬緡。戊戌，金遣劉琬等來賀明年正旦。

是歲，京西湖北諸州、興元府、金洋州旱，紹興府、台婺州水，並振之。

四年春正月戊申，詔自今內外諸軍歲一閱試。庚申，詔沿江諸軍歲再習水戰。丙寅，雨雹。丁卯，班淳熙曆。

二月乙亥，幸太學，祗謁先聖，退御敦化堂，命國子祭酒林光朝講中庸。下詔。遂幸武學，謁武成王廟。監、學官進秩一等，諸生推恩賜帛有差。己卯，詔諸軍毋以未補官人任軍職。戊子，立邊人逃入溪洞及告捕法。癸巳，立武臣授環衞官法。戊戌，以新知荆南府胡元質爲四川安撫制置使兼知成都府。

三月乙巳，以史浩爲少保、觀文殿大學士、醴泉觀使兼侍讀，進封永國公。己酉，龔茂良等上仁宗玉牒、徽宗實錄、皇帝玉牒。庚戌，幸玉津園宴射。壬子，貸隨、郢二州饑民米。詔李龍翰襲封安南國王。甲寅，修韶州城。丙寅，幸聚景園。

夏四月甲戌，以魏王愷爲荆南、集慶軍節度使，行江陵尹，判明州如故。乙亥，參知政事龔茂良以曾覿從騎不避道，杖之。戊寅，上奏乞罷政，不許。甲午，給歸正官子孫田屋。

五月庚子朔，幸佑聖觀。罷四川和糴。

六月丁丑，龔茂良罷。己卯，以王淮參知政事。辛巳，班幸學詔。癸未，升蜀州爲崇慶府。甲申，詔自今宰執劄殿得旨，事須覆奏乃行。

秋七月辛丑，禁江上諸軍盜易戰馬。振襄陽饑民。壬寅，立待補太學試法。戊申，班御史臺彈奏格。乙酉，罷臨川伯王雱從祀。癸丑，龔茂良責授寧遠軍節度副使，英州安置。

甲寅，申嚴四川入蕃茶禁。甲子，班淳熙重修敕令格式。

八月辛巳，禁耕牛過淮。

九月丁酉朔，日有食之。己亥，命修築海潮所壞塘岸。辛丑，免宰執以下會慶節進奉。庚戌，命禮官定開寶、政和祀禮。戊午，閱蹴踘于選德殿。

冬十月丙子，以久陰，命中外決繫囚。遣錢良臣等使金賀正旦。丁丑，詔監司、守臣歲舉武臣堪知縣者各二人。己卯，詔將士智勇傑出者，躐等升差。丁亥，金遣完顏忠等來賀會慶節。

十一月丁酉，詔兩淮歸正人爲強勇軍。庚子，以趙雄同知樞密院事。壬戌，太白晝見。癸亥，遣趙思等賀金主生辰。

十二月丁卯，試四川所上義士二人，官而遣之。己巳，詔行薦舉事實格法。乙亥，大閱。辛巳，蠲太平州民貸常平錢米。壬辰，金遣完顏炳等來賀明年正旦。

是歲，福州、建寧府、南劍州水，並振之。

校勘記

〔一〕潼川路　原作「潼州路」，按宋代無潼州路，而有潼川府路，見宋史卷八九地理志，今據改。

中華書局

〔二〕三月甲辰　「三月」，原作「正月」。按這年正月庚子朔，三月己亥朔，甲辰及下文辛亥、丁巳、壬戌都在這兩月內，但上文爲二月事，下文爲四月事，此處不應重出「正月」；又其中如秀王夫人張氏死期，據朝野雜記甲集卷一所載，正在本年三月，當以作「三月」爲是。今改正。

〔三〕陳瑜　中興聖政卷四六、宋史全文卷二四都作「陳瑤」，下文「瑜除名」句同。

〔四〕西夏任敬德　按本書卷四八六夏國傳、金史卷一三四西夏傳都說這時任得敬爲夏國相而專權，「任敬德」疑爲「任得敬」之誤。

〔五〕京湖　原作「荆湖」，據本書卷一六七職官志、中興聖政卷四八改。

〔六〕榮國公挺　「挺」，原作「挺」，據本書卷三三孝宗紀一、朝野雜記甲集卷一、兩朝綱目備要（以下簡稱兩朝綱目）卷一改。下文九年二月乙酉條同。

宋史卷三十五

本紀第三十五

孝宗三

五年春正月辛丑，侍御史謝廓然乞戒有司，毋以程頤、王安石之說取士。從之。癸卯，罷特旨免臣僚及寺觀科徭。

二月己巳，置州縣丁稅司。庚戌，大風。己未，詔侍從、臺諫、兩省官集議考課法。辛未，申嚴武臣呈試法。詔二廣毋以攝官人治獄。丁丑，禁解鹽入京西界。甲申，雨土。庚寅，威州蠻寇邊，討降之。

三月丁未，李彥穎罷。給辰、沅、澧、靖四州刀弩手田。壬子，以史浩爲右丞相。丁巳，幸玉津園。己未，以王淮知樞密院事，趙雄參知政事。是春，黎州蠻出降。

夏四月乙丑朔，詔葉衡任便居住。丙寅，以禮部尚書范成大參知政事。辛未，知紹興府張津進羨餘四十萬緡，詔以代民輸和買、身丁之半。賜禮部進士姚穎以下四百十有七人

及第、出身。丁丑，雨土。己卯，以趙忠奉使不如禮，罷起居舍人，仍降二官。丁亥，命後省擇中外所言利病不戾成法者以聞。

五月庚子，置武學國子員。丁未，修臨安府城。禁諸路州軍責屬縣進羨餘。

六月庚午，飭百官及諸監司毋得請托。乙亥，范成大罷。癸未，詔京西、湖北商人以牛馬負茶出境者罪死。甲申，詔翰林學士、諫議大夫、給事中、中書舍人、侍御史各舉堪御史者二人。以給事中錢良臣簽書樞密院事。己丑，罷諸州私置稅場。減四川茶課十五萬餘緡。庚寅，蠲大理寺贓錢三萬九千餘緡。

閏月丙申，贈強霓、強震官，立廟西和州，賜名旌忠。丁酉，限四川總領會子額。戊戌，罷興州都統司營田官兵，募民耕佃。己亥，復分利州東、西路爲二。壬寅，置鎮江、建康府轉般倉。襲茂良卒于英州。乙巳，以魏王愷爲永興、成德軍節度使、雍州牧，判明州如故。庚戌，蠲秀州民折帛錢。

秋七月甲子，太尉、提舉萬壽觀李顯忠薨。癸未，禁砂毛錢。丁亥，以歲豐，命沿江糴米百六十萬石，以廣邊儲。

八月甲午，詔諸路監司戒所部，民稅毋以重價強折輸錢。復制科舊法。丁酉，詔關外四州增募民兵爲忠勇軍。戊午，增銓試爲五場，呈試爲四場。

九月甲子，定廣西賣鹽賞罰。壬申，幸秘書省。戊寅，賜岳飛謚曰武穆。

冬十月戊戌，史浩等上三祖下第六世仙源類譜、仁宗玉牒。庚子，遣宇文价等使金賀正旦。辛亥，金遣張九思等來賀會慶節。乙卯，奉國軍節度使、殿前都指揮使王友直以募兵擾民，降爲武寧軍承宣使，罷軍職，統制以下奪官有差。軍民讙呶者，執送大理寺鞫之。戊午，以孫右千牛衞大將軍擴爲明州觀察使，封英國公。

十一月丙寅，詔：軍民喧鬨者，並從軍法。史浩言民不宜律以軍法，不聽。王友直再降爲宜州觀察使，信州居住。浩請罷政。甲戌，浩罷爲少傅，還舊節，充醴泉觀使兼侍讀。乙亥，以錢良臣參知政事。丁丑，以趙雄爲右丞相，王淮爲樞密使。戊寅，以兩川禁卒千人爲成都府雄邊軍。庚辰，復監司互察法。

十二月庚寅朔，班新定薦舉式。辛卯，遣錢沖之等賀金主生辰。丁酉，罷興元都統司營田官兵，募民耕佃。辛丑，復同安、蘄春監。丙午，禁兩淮銅錢，復行鐵錢。丙辰，金遣烏延察等來賀明年正旦。

是歲，階、福建興化軍水，通泰楚州、高郵軍田鼠傷禾。三佛齊國入貢。

六年春正月戊辰，振淮東饑民。庚午，復置內侍省合同憑由司。壬申，蠲夔州路上供

金銀。丁丑，雨雹。辛巳，復置光州中渡榷場。

二月己丑朔，幸佑聖觀，召史浩、曾覿賜酒。壬辰，錢良臣以失舉贓吏，奪三官。丙申，詔前宰執、侍從有已見利便，聽不時以聞。辛丑，立武臣關升蔭補法。丙午，詔逃軍犯強盜者毋擬貸。癸丑，命州縣毋撓義役。乙卯，詔自今歸正官親赴部授官，以革冒濫。丁巳，裁特奏名試法。

三月庚申，幸聚景園。丙寅，錄趙鼎、岳飛子孫，賜以京秩。己巳，郴州賊陳峒等破連道州、桂陽軍諸縣，命湖南帥臣討捕之。置廣西義倉。辛未，再振淮東饑民。壬申，雨雹。丁丑，詔戒勵諸道轉運使。庚辰，幸玉津園。

夏五月壬戌，裁宗室換官法。庚午，蠲四川鹽課十萬緡。乙亥，郴寇平。癸未，給襄陽歸正忠義人田。

六月甲午，建豐儲倉。丙申，詔特奏名毋授知縣、縣令。戊戌，蠲郴州運糧丁夫今年役錢之半。辛亥，廣西妖賊李接破鬱林州，守臣李端卿棄城遁，遂圍化州。命經略司討捕之。端卿除名勒停，梅州編管。

秋七月癸亥，籍郴州降寇，隸荆、鄂軍。戊辰，班隆興以來寬恤詔令于諸路。趙雄等上會要。乙亥，詔諸軍五口以上增給緡錢。癸未，太白晝見，經天。

八月庚寅，罷諸路監司、帥守便宜行事。壬寅，以知楚州翟畋過淮生事，奪五官，筠州居住。

九月辛未，合祭天地于明堂，大赦。癸未，詔福建、二廣賣鹽毋擅增舊額。

冬十月乙酉朔，蠲連州被寇民租稅。辛卯，遣陳峴等使金賀正旦。丙申，詔太學兩優釋褐，與殿試第二人恩例。庚子，四川行「當三」大錢。再蠲四川鹽課十七萬餘緡。辛丑，除紹興府民逋賦五萬餘緡。乙巳，金遣蒲察鼎壽等來賀會慶節。戊申，廣西妖賊平。

十一月乙卯朔，帝著論數百言，深原用人之弊，因及誅賞之法，命宰執示從臣于都堂。辛酉，裁宗子試法。戊寅，罷金州管內安撫司。壬午，詔宗室有出身人得考試及注教授官。癸未，遣傅淇等賀金主生辰。

十二月丙戌，班重修淳熙敕令格式。丙申，修百司省記法。己亥，詔：自今鞫贓吏，後雖原貸者，毋以失入坐獄官。庚戌，金遣耶律慥等來賀明年正旦。辛亥，蠲臨安府征稅一年。

是歲，溫、台州水，和州旱。

七年春正月甲子，減廣西諸州歲賣鹽數。乙丑，劉焞以平李接功，擢集英殿修撰，將佐幕屬吏士進官、減磨勘年有差。己卯，詔京西州軍並用鐵錢及會子；民戶銅錢以鐵錢或

會子償之，滿二月不輸官，許告賞。庚辰，蠲淮東民貸常平錢米。

二月癸未朔，初置廣南煙瘴諸州醫官。丙戌，復置皇太子宮小學教授。辛卯，魏王愷薨。乙未，詔撥廣西兵校五百人隸提刑司。戊戌，罷瓜洲孳生馬監。己亥，出湖南椿積米十萬石，振糶永、邵、郴三州。甲辰，命利州路守貳、縣令兼領營田。乙巳，限改官員歲毋過八十人。封子棟爲宜州觀察使、安定郡王。

三月壬戌，詔舉賢良方正能直言極諫者。庚午，迎太上皇、太上皇后宴翠寒堂。乙亥，減內外官薦舉員。丁丑，再蠲臨安府民身丁錢三年。詔諸州招補軍籍之闕，自今歲以爲常。

夏四月甲申，幸聚景園。丙戌，趙雄等上仁宗、哲宗玉牒。戊子，除明州積欠諸司錢十五萬緡。辛卯，再免沿邊歸正人請占官田賦役三年。甲辰，黎州五部落犯盤陀砦，兵馬都監高晃以綿、潼大軍三千人與戰敗走，蠻人深入，大掠而去。己酉，命蔭補、武舉、宗室、小使臣行三年喪。

五月戊辰，以吏部尚書周必大參知政事，刑部尚書謝廓然簽書樞密院事。袁州分宜縣大水，捐其稅。戊寅，詔舒、蘄二州鑄錢歲以四十五萬貫爲額。己卯，申飭書坊擅刻書籍之禁。庚辰，詔特奏名年六十人毋注縣尉。

六月丙戌，以特進、觀文殿大學士、判建康府陳俊卿爲少保。壬辰，五部落再犯黎州，

制置司鈐轄成光延戰敗，官軍死者甚衆，提點刑獄、權州事折知常棄城遁。甲午，制置司益兵，遣都大提舉茶馬吳總往平之。壬寅，詔試刑法官增試經義。

秋七月癸丑，詔二廣帥臣、監司察所部守臣臧否以聞。丁卯，以旱決繫囚，分命羣臣禱雨于山川。壬申，移廣西提刑司于鬱林州。

八月癸未，禁黎州官吏市蕃商物。甲申，以禱雨未應，諭輔臣欲令職事官以上各實封言事。是夕雨。丁酉，置湖南飛虎軍。戊戌，雨。甲辰，五部落犯黎州塞，興州左軍統領王去惡拒却之，折知常重賂蠻，使之納款。

九月癸亥，詔自今常朝毋稱丞相名。甲子，命樞密使亦如之。乙丑，詔宰執、使相給使、減年恩數，身後三年者毋收使。丙寅，詔知縣成資始聽監司薦舉。壬申，禁諸路遏糴。癸酉，名省記法爲淳熙重修百司法。

冬十月丙戌，詔：「限田太寬，民役煩重，其令臺諫、給舍同戶部長貳詳議以聞。」戊子，遣葉宏等使金賀正旦。乙未，黎州五部落進馬乞降，詔却獻馬，許其互市。庚子，金遣李佾等來賀會慶節。

十一月癸丑，詔邊吏存恤江西過淮饑民。丁巳，禁淮南諸司、州郡抑配民酒。辛酉，蠲兩淮州軍二稅一年。癸亥，黎州戍軍伍進等作亂，折知常遁去，王去惡誘進等誅之。壬申，

南康軍旱，詔出檢放所餘苗米萬石充軍糧。癸酉，遣蓋經等賀金主生辰。

十二月庚寅，趙雄等上神宗、哲宗、徽宗、欽宗四朝國史志。壬辰，以四川制置使胡元質不備蕃部，致其猖獗，奪兩官罷之。丙申，嗣濮王士輵薨。戊戌，以新除成都府路提點刑獄蘇東之權四川制置司，應黎州邊事，隨宜措置。癸卯，詔臨安府承宣旨審奏如故事。甲辰，金遣徒單守素等來賀明年正旦。是月，詔以太上皇明年七十有五，議行慶壽禮，太上皇不允，帝進黃金二千兩爲壽。

是歲，江、浙、淮西、湖北旱，蠲租，發廩貸給，趣州縣決獄，募富民振濟補官。故歲雖凶，民無流殍。安南入貢。

八年春正月甲寅，停折知常官，汀州居住。丙辰，詔：內侍見帶兵官並與在京宮觀，著爲令。乙亥，詔福建歲擬鹽于邵武軍，市軍糧。

二月壬午，詔去歲旱傷郡縣，以義倉米日給貧民，至閏三月半止。黎州土丁張百祥等不堪科役爲亂，統領官劉大年引兵逆擊之，土丁潰去，大年坐誅。戊子，禁浙西民因旱置圍田者。裁童子試法。己丑，禁廣西諸州科賣亭戶食鹽。庚寅，詔三省、樞密、六部置籍，稽考興利除害等事。戊戌，以保康軍節度使士歆爲嗣濮王。

三月丁未朔，幸佑聖觀。戊午，以潮州賊沈師爲亂，趣帥、憲捕之。辛未，幸聚景園。

閏月辛巳，命諸路帥臣、監司分州郡臧否爲三等，歲終來上。戊子，賜禮部進士黃由以下三百七十有九人及第、出身。庚寅，修揚州城。甲午，幸玉津園。壬寅，減在京及諸路房廊錢什之三，德壽宮所減，月以南庫錢貼進。禁潭、道等州官賣鹽。甲辰，立宗室命繼法。

夏四月癸丑，修湖南諸州城。丙辰，以臨安疫，分命醫官診視軍民。庚申，復以強盜配隸諸軍重役。丁卯，安定郡王子棟薨。癸酉，立郴州宜章、桂陽軍臨武縣學，以教養峒民子弟。

五月戊寅，詔監司、守令勸課農桑，以奉行勤怠爲賞罰。壬午，詔諸路轉運司趣民間補葺經界簿籍。辛卯，以久雨，減京畿及兩浙囚罪一等，釋杖以下，貸貧民稻種錢。壬寅，以史浩爲少師。

六月己酉，詔放殿前司平江府牧馬草蕩二萬畝，聽民漁採。戊午，除淳熙七年諸路旱傷檢放米一百三十七萬石，錢二十六萬緡。辛酉，罷諸路坊場監官，聽民承買。戊辰，史浩薦薛叔似、楊簡、陸九淵、陳謙、葉適、袁燮、趙善譽等十六人，詔並赴都堂審察。

七月癸未，復以許浦水軍隸殿前司。永陽郡王居廣薨，追封永王。辛卯，賞監司、守臣修舉荒政者十六人。以不雨決繫囚。壬辰，紹興大水，出秀、婺州、平江府米振糶。丁酉，嚴州水，詔被災之家蠲其和買，三等以上戶減半。辛丑，錄范質後。

八月丙午，以旱罷招軍。庚戌，趙雄罷。壬子，詔紹興府諸縣夏稅、和市、折帛、身丁錢絹之類，不以名色，截日並令住催。癸丑，以王淮爲右丞相兼樞密使。甲寅，以謝廓然同知樞密院事。丙辰，更後殿幄次爲延和殿。己未，以觀文殿大學士、新四川制置使趙雄知瀘州。戊辰，言者請自今歉歲蠲減，經費有虧，令戶部據實以聞，毋得督趣已蠲閣之數。從之。罷諸路補葺經界簿籍。

九月庚辰，命諸路提舉司貸民麥種。辛巳，錢良臣罷。庚寅，以謝廓然兼權參知政事。

冬十月己酉，遣施師點等使金賀正旦。辛酉，錄黎州戰歿將士四百三人。甲子，金遣完顏寔等來賀會慶節。詔災傷州縣諭民振糶。

十一月甲戌，以旱傷罷喜雪宴。戊寅，蠲富陽、新城、錢塘夏稅。庚寅，前池州守趙粹中誤斬遞卒汪青，落職，仍詔給青家衣粮十五年。辛卯，詔兩省、侍從、臺諫各舉所知。浚行在至鎮江府運河。丁酉，遣燕世良賀金主生辰。己亥，振臨安府及嚴州饑民。庚子，再詔臨安府爲粥食饑民。辛丑，以淳熙元年減半推賞法募民振糶。

十二月癸卯朔，以徽、饒二州民流者衆，罷守臣。官出南庫錢三十萬緡，付新浙東提舉常平朱熹振糶。丁未，禁諸州營造。戊申，謚劉安世曰忠定。辛亥，蠲諸路旱傷州軍明年身丁錢物。甲寅，雨雹。以度僧牒募閩、廣民入米。丙辰，詔縣令有能舉荒政者、監司、郡守

中華書局

以名聞。甲子，下朱熹社倉法于諸路。戊辰，金遣魏貞吉等來賀明年正旦。以爭執進書儀，帝還內，遣王抃往諭旨。己巳，貞吉奉書入見。是月，廣東安撫鞏湘誘潮賊沈師出降，誅之。

是歲，江、浙、兩淮、京西、湖北、潼川、夔州等路水旱相繼，發廩蠲租，遣使按視，民有流入江北者，命所在振業之。

九年春正月甲戌，詔四孟朝獻，分用三日，如在京故事。丁丑，命兩淮戍兵歲一更。癸未，罷樞密都承旨王抃爲在外宮觀，因罷諸軍承受，復密院文書關錄兩省舊法，以文臣爲都承旨。戊子，糴廣南米赴行在。庚寅，詔江、浙、兩淮旱傷州縣貸民稻種，計度不足者貸以樁積錢。

二月庚戌，遣使訪問二廣鹽法利害。戊辰，四川制置司言獲敘州賊大波浪。

三月辛未朔，幸佑聖觀。詔振濟忠、萬、恭、涪四州。癸未，振濟鎮江。壬辰，遣使按視淮南、江、浙振濟。甲午，罷諸路寄招軍兵三年，就揀軍子弟補其闕。

夏四月甲辰，詔自今盜發所在，親臨帥守、監司論罰，平定有勞者議賞。乙卯，詔諸路提刑，文武臣通置一員。癸亥，帝覽陸贄奏議，諭講讀官曰：「今日之政，恐有如德宗之弊者，卿等條陳來上，無有所隱。」

五月癸酉，以孫柄爲右千牛衞大將軍。丙子，詔輔臣擇監司、郡守，必先才行。

六月壬寅，詔侍從、臺諫各舉操修端亮、風力彊明、可充監司者一二人。甲寅，蠲犒賞庫酒課二十二萬餘緡。汀、漳二州民爲沈師蹂踐者除其賦。丁巳，給臨安府貧民棺瘞錢。戊午，謝廓然薨。庚申，太白晝見。臨安府蝗，詔守臣亟加焚瘞。甲子，太白晝見，經天。

秋七月甲戌，以江西常平、義倉及樁管米四十萬石付諸司，預備振糶。辛巳，出南庫錢三十萬緡付浙東提舉朱熹，以備振糶。壬辰，以資政殿學士李彥穎參知政事。詔發所儲和糴米百四十萬石，補淳熙八年振濟之數，于沿江屯駐諸州樁管。

八月己亥朔，詔紹興民戶去歲已納夏稅應減者三十萬緡，理爲今年之數。庚子，減皇后內命婦蔭補數，立文武臣遇郊奏薦員，限致仕、遺表恩澤，視舊法損三之一。淮東、浙西蝗。壬子，定諸州官捕蝗之罰。乙卯，復置修舉荒政監司、守臣。

九月己巳朔，罷諸路科買軍器物料三年。庚午，以王淮爲左丞相，梁克家爲右丞相。丙子，以子彤爲容州觀察使，封安定郡王。辛巳，大享明堂，大赦。乙酉，以錢引十萬緡賜瀘州，備振糶。辛卯，封伯圭爲滎陽郡王。以旱減恭、合、渠、昌州今年酒課。癸巳，太白晝見。乙未，禁蕃舶販易金銀，著爲令。

十月戊戌朔，遣王藺等使金賀正旦。丙午，罷軍器所招軍。辛亥，塞四川沿邊支徑。戊午，金遣完顏宗回等來賀會慶節。甲子，蠲諸路旱傷州軍淳熙七年八年逋賦，出縣官緡錢以償戶部。

十一月戊辰朔，禁臣庶之家婦飾僭擬。庚午，振夔路飢。乙酉，進奏院火。丙戌，遣賈選等賀金主生辰。戊子，大風。

十二月己亥，更二廣官賣鹽法，復行客鈔，仍出緡錢四十萬以備漕計之闕。癸亥，金遣孛朮魯正等來賀明年正旦。

十年春正月丁丑，以給事中施師點簽書樞密院事。命州縣捕蝗。甲申，李彥穎罷。乙酉，命二廣提舉鹽事官互措置鹽事。丙戌，以施師點兼權參知政事。丁亥，詔終身任宮觀人毋得奏子。己丑，詔罷廣南官鬻鹽法。壬辰，罷江東、浙西寄招鎮江諸軍三年。

二月癸卯，提舉德壽宮陳源有罪，竄建寧府，尋移郴州，仍籍其家貲，進納德壽宮。

三月戊辰，李燾上續資治通鑑長編六百八十七卷。辛未，有司請造第七界會子。辛巳，免四川和糴三年。癸未，幸玉津園。戊子，詔四川類試，自今十六人取一人。己丑，除詐稱災傷籍產法。癸巳，復銓試舊法，罷試雜文。

夏四月丙申，再蠲臨安府民丁身錢三年。己亥，命湖南、廣西堙塞溪洞徑路。

五月丙寅，增皇太子宮小學教授一員。甲戌，以潭州飛虎軍隸江陵都統司。戊寅，幸聚景園。辛卯，詔疏襄陽木渠，以渠傍地爲屯田，尋詔民間侵耕者就給之。廢舒州宿松監。

六月戊戌，監察御史陳賈請禁僞學。乙巳，罷昭州歲貢金。己未，詔諸路監司、帥臣歲舉廉吏。庚申，嚴贓吏禁。

秋七月乙丑，以不雨決繫囚。丙寅，幸明慶寺禱雨。甲戌，以夏秋旱暵，避殿減膳，令侍從、臺諫、兩省、卿監、郎官、館職各陳朝政闕失，分命羣臣禱雨于天地、宗廟、社稷、山川。左丞相王淮等以旱乞罷，不許。丁丑，詔除災傷州縣淳熙八年欠稅。甲申，雨。己丑，御殿復膳。

八月戊申，以施師點參知政事兼同知樞密院事，御史中丞黃洽參知政事。庚戌，以史浩爲太保，魏國公，致仕。庚申，以左藏南庫隸戶部。

九月乙丑，長溪、寧德縣大水。丙寅，嚴盜販解鹽法。丁丑，幸佑聖觀。壬午，蠲諸州逋負內藏庫錢六十萬緡。乙酉，遣余端禮等使金賀正旦。丁亥，禁內郡行鐵錢。

冬十月乙未，詔兩浙義役從民便。壬子，金遣完顏方等來賀會慶節。

十一月壬戌朔，日有食之。乙丑，降會子，收兩淮銅錢。甲戌，幸龍山大閱，遂幸玉津園。

閏月壬寅，詔却安南獻象。丁巳，遣陳居仁等賀金主生辰。

十二月丙子，朝德壽宮，行太上皇后慶壽禮，推恩如太上皇故事。丁亥，金遣完顏婆盧

中華書局

火等來賀明年正旦。

是歲，福、潭、台、信、吉州水，京西、金澧州、南平荆門興國廣德軍、江陵建康鎮江紹興寧國府旱。

十一年春正月辛卯朔，雨土。辛丑，安化蠻蒙光漸等犯宜州思立砦，廣西兵馬鈐轄沙世堅出兵討之，獲光漸。丙午，詔江東、西路諸監司，義役、差役從民便。甲寅，雨土。

二月甲申，詔：兩淮、京西、湖北萬弩手令在家閱習，每州許歲上材武者一二人，試授以官，如四川義士之制。

三月辛卯，詔刑部、御史臺每季以仲月錄囚徒。癸巳，命利路三都統吳挺、郭鈞、彭杲密陳出師進取利害，以備金人。復金州管內安撫司。甲午，以上津、洵陽旱，蠲其稅。辛丑，罷秀州御馬院莊，歸其侵地于民。丁未，禁淮民招温、處州戶口。除職田、官田八年逋租。庚戌，詔御試策有及軍民利害者，考官裒類以聞。辛亥，史浩入謝，賜宴于內殿。

夏四月甲子，以興元義勝軍移戍襄陽。戊辰，賜禮部進士衞涇以下三百九十四人及第、出身。癸未，重班紹興申明刑統。

五月戊子朔，蠲崇德等十六縣小民淳熙十年欠稅十四萬緡。癸卯，命刑部、大理寺議減

刺配法。甲寅，出緡錢三十萬犒給四川久戍將士。乙卯，太白晝見。

六月戊午朔，詔諸道總領舉偏裨可將帥者。庚申，以周必大爲樞密使。壬戌，詔在內尚書、侍郎、兩省諫議大夫以上、御史中丞、學士、待制，在外守臣、監司，不限科舉年分，各舉賢良方正能直言極諫一人。己卯，詔諸州歲買稻種，備農民之闕。

秋七月癸卯，蠲減浙東敗闕坊場酒課。癸丑，以浙西、江東水，禁諸州遏糴。甲寅，築黎州要衝城。

八月庚申，遣章森使金賀正旦。

九月丁亥，詔諸路添差官自今毋創置。乙巳，詔殿前軍子弟許權收刺一次。甲寅，再減四川酒課六十八萬餘緡。

冬十月甲子，初命舉改官人犯贓者，舉主降二官。乙丑，遣王信等賀金主生辰。庚午，禁諸州增收稅錢。丙子，金遣張大節等來賀會慶節。盱眙軍言得金人牒，以上京地寒，來歲正旦、生辰人使權止一年。壬午，詔諸以忠義立廟者，兩淮漕臣繕治之。

十一月壬寅，禁福建民私有兵器。癸卯，助廣西諸州歲計十萬緡。甲寅，令峽州歲時存問處士郭雍。

十二月丁巳，修湖南府城。己卯，詔戒監司、州縣毋得於常賦外追取於民。

是歲，江東、浙西諸州水，福建、廣東、吉贛州、建昌軍、興元府、金洋西和州旱。

十二年春正月己丑，禁交阯鹽入省地。壬辰，四川制置使留正遣人誘青羌奴兒結殺之。戊戌，日中有黑子。戊申，賜任伯雨謚曰忠敏。庚戌，日中復有黑子。

二月辛酉，雨雹。乙亥，罷諸軍額外制領將佐。庚辰，置黎州防邊義勇。

三月乙酉，進孫擴爲安慶軍節度使，封平陽郡王。辛卯，禁習渤海樂。辛亥，命侍從、臺諫、兩省、總領、管軍官各舉堪都副統制者一二人。癸丑，除稅場高等累賞法。

夏四月甲子，幸聚景園。戊辰，班淳熙寬恤詔令。丙子，諜言故遼大石林牙假道夏人以伐金，密詔吳挺與留正議之。己卯，幸玉津園。

五月庚寅，地震。辛卯，福州地震。詔帥臣趙汝愚察守令、擇兵官、防盜賊。

六月乙卯，立淮東彊勇軍效用效士法。壬戌，除諸軍逋欠營運錢。丁丑，詔浙東帥臣、監司不以時上諸州臧否，奪一官。戊寅，太白晝見。

秋七月丁酉，太白晝見，經天。壬寅，詔二廣試攝官如銓試例，取其半。甲辰，以淮西屯田鹵莽，總領、軍帥、漕臣、守臣奪官有差。

八月癸亥，詔太上皇壽八十，令有司議慶壽禮。乙丑，詔戶部、給舍、臺諫詳議官民戶

役法以聞。

九月甲申，復二廣監司以下到罷酬賞法。丙戌，詔恤湖州、台州被水之家。庚寅，遣王信等使金賀正旦。丁丑，詔諸路總領、軍帥、漕臣、守臣歲上屯田所收之數。

冬十月辛亥，加上太上皇尊號曰光堯壽聖憲天體道性仁誠德經武緯文紹業興統明謨盛烈太上皇帝、太上皇后曰聖壽齊明廣慈備德太上皇后。甲寅，蠲施、黔州經制無額錢。命侍從各舉宗室一二人。癸亥，詔諸路臧否以三月終、四川二廣以五月終來上。

十一月丁亥，鄂州大火。戊子，雷。壬辰，遣章森等賀金主生辰。辛丑，合祀天地于圜丘，大赦。

十二月庚戌朔，帥羣臣奉上太上皇、太上皇后册寶于德壽宮，推恩如紹興三十二年故事。甲子，以知福州趙汝愚爲四川制置使。丙子，金遣僕散守忠等來賀明年正旦。

十三年春正月庚辰朔，率羣臣詣德壽宮行慶壽禮。大赦，文武臣僚並理三年磨勘，免貧民丁身錢之半爲一百一十餘萬緡，內外諸軍犒賜共一百六十萬緡。癸巳，以史浩爲太傅，陳俊卿爲少師，嗣濮王士歆爲少保。庚子，以昭慶軍節度使士岏爲開府儀同三司。

二月甲寅，詔強盜兩次以上，雖爲從，論死。庚申，詔舉歸正、添差、任滿人才藝堪從

軍者。

三月丁酉，詔職事官改官，許在歲額八十員之外。合提舉廣南東、西鹽事司爲一。甲辰，幸玉津園。

夏四月辛亥，詔吳挺結約夏人。戊辰，再蠲四川和糴軍糧三年。辛未，幸聚景園。

五月癸未，日中有黑子。甲申，詔非泛補官及七色補官人、非曾任在朝侍從者，品秩雖高，毋得免役。丙申，賜冲晦處士郭雍號曰頤正先生，仍遣官就問雍所欲言，備錄來上。

秋七月壬辰，詔內外諸軍主帥各舉堪統制者二三人。壬寅，謚胡銓曰忠簡。

閏月丙午朔，雨雹。戊申，以敷文閣學士留正簽書樞密院事。己酉，施師點乞免兼同知樞密院事，許之。己未，五星皆伏。

八月乙亥朔，日、月、五星聚于軫。丙子，以故相曾懷嘗奏補恩，追落觀文殿大學士。壬午，新築江陵城成。

九月乙巳，詔僞造會子凡經行用，並處死。是月，遣李獻等使金賀正旦〔一〕。

冬十月甲戌朔，福州火。甲午，金遣完顏老等來賀會慶節。

十一月戊午，詔四川制置司通知馬政，量收木渠民包占荒田租。庚申，遣張叔椿等賀金主生辰。甲子，王淮等上仁宗英宗玉牒、神宗哲宗徽宗欽宗四朝國史列傳、皇帝會要。

丙寅，梁克家罷爲觀文殿大學士、醴泉觀使兼侍讀。辛未，裁定百司吏額。

十二月丙子，思州田氏獻納所買黔州民省地，詔償其直。辛巳，減汀州鹽價歲萬緡。甲午，陳俊卿薨。乙未，振臨安府城內外貧乏老疾之民。戊戌，大理寺獄空。己亥，金遣耶律子元等來賀明年正旦。辛丑，再賜軍士雪寒錢。

是歲，利州路饑，江西諸州旱。

十四年春正月癸亥，出四川樁積米貸濟金、洋州及關外四州饑民。

二月丁亥，以周必大爲右丞相。戊子，以施師點知樞密院事。

三月甲子，幸玉津園。

夏四月己卯，置籍考諸路上供殿最，以爲賞罰。戊子，賜禮部進士王容以下四百三十五人及第、出身。

五月乙巳，成都火。己酉，遣官措置汀州經界。

六月戊寅，以久旱，班畫龍祈雨法。甲申，幸太一宮、明慶寺禱雨。丁亥，梁克家薨。庚寅，臨安府火。辛卯，太白晝見。癸巳，王淮等以旱求罷，不許。詔衡州葺炎帝陵廟。己亥，減兩浙路囚罪一等，釋杖以下。

秋七月辛丑，罷戶部上供殿最。丙午，詔羣臣陳時政闕失及當今急務。丁未，以旱罷汀州經界。己酉，詔監司條上州縣弊事、民間疾苦。辛亥，避殿減膳徹樂。癸丑，命檢正都司看詳羣臣封事，有可行者以聞。詔省部、漕臣催理已蠲逋欠者，令臺諫覺察。權減秀州經、總制糴本錢半年。丙辰，命臨安府捕蝗，募民輸米振濟。除紹興新科下戶今年和市布帛二萬八千匹。辛酉，江西、湖南饑，給度僧牒，鬻以糴米備振糶。戊辰，雨。命給、舍看詳監司所條弊事。

八月辛未，賜度牒一百道、米四萬五千石，備振紹興府饑。甲戌，御殿復膳。癸未，以留正參知政事兼同知樞密院事。丙戌，復夔路酬賞法。

九月癸卯，太上皇不豫。乙巳，詣德壽宮問疾。丙午，遣萬鍾等使金賀正旦。己未，詣德壽宮問疾。乙丑，罷增收木渠民田租。丙寅，除官軍私負。

冬十月辛未，以太上皇不豫，赦。壬申，詣德壽宮問疾。癸酉，分遣羣臣禱于天地、宗廟、社稷。甲戌，以太上皇未御常膳，自來日不視朝，宰執奏事內殿。乙亥，詣德壽宮侍疾，太上皇崩于德壽殿，遺誥太上皇后改稱皇太后。奉皇太后旨，以奉國軍承宣使甘昪主管太上皇喪事。丙子，以韋璞等爲金告哀使。戊寅，以榮陽郡王伯圭爲欑宮總護使。翰林學士洪邁言大行皇帝廟號當稱「祖」，詔有司集議以聞。己卯，詔尊皇太后。辛巳，詔曰：「大行太上

皇帝奄棄至養，朕當衰服三年，羣臣自遵易月之令，可令有司討論儀制以聞。」甲申，用禮官顏師魯等言，大行太上皇帝上繼徽宗正統，廟號稱「宗」。乙酉，百官五上表請帝還內聽政。丙戌，詔俟過小祥，勉從所請。戊子，帝衰絰御素輦還內。以顏師魯等充金國遺留國信使。己丑，金遣田彥皐等來賀會慶節，詔免入見，却其書幣。甲午，詣德壽宮，自是七日皆如之。

十一月戊戌朔，詣德壽宮，自是朔望皆如之。己亥，大行太上皇帝大祥，自是帝以白布巾袍御延和殿；詣德壽宮，衰絰而杖如初。詔皇太子惇參決庶務。庚子，皇太子三辭參決庶務，不許。辛丑，詣德壽宮禫祭，百官釋服。甲辰，羣臣三上表請御殿聽政，詔俟過祔廟。戊申，遣胡晉臣等賀金主生辰。辛亥，冬至，詣德壽宮。甲寅，西南方有赤氣隨日入。乙卯，雷。戊午，詔皇太子參決庶務于議事堂，在內寺監、在外守臣以下，與宰執同除授訖乃奏。己未，詔五日一朝德壽宮。

十二月庚午，大理寺獄空。壬午，東北方有赤氣隨日出。癸巳，金遣完顏崇安等來賀明年正旦，見于垂拱殿之東楹素幄，詔禮物毋入殿，付之有司。

是歲，兩浙、江西、淮西、福建旱，振之。

十五年春正月丁酉朔，詣德壽宮几筵行禮。戊戌，皇太子初決庶務于議事堂。辛丑，復

置左右補闕、拾遺。乙巳，詔免諸州軍會慶節進奉二年。詔自今御內殿，令皇太子侍立。庚申，施師點罷。甲子，以黃洽知樞密院事，吏部尚書蕭燧參知政事。

二月丁亥，金遣蒲察克忠等來弔祭，行禮于德壽殿，次見帝于東楹之素幄。癸巳，遣京鏜等使金報謝。

三月庚子，王淮等上大行太上皇謚曰聖神武文憲孝皇帝，廟號高宗。乙巳，上高宗謚册寶于德壽殿，又上懿節皇后改謚憲節册寶于別廟本室。丁未，右丞相周必大攝太傅，持節導梓宮。癸丑，用洪邁議，以呂頤浩、趙鼎、韓世忠、張俊配饗高宗廟庭，吏部侍郎章森乞用張浚、岳飛，祕書少監楊萬里乞用浚，皆不報。丙寅，權欑高宗于永思陵。

夏四月壬申，帝親行奉迎虞主之禮，自是七虞、八虞、九虞、卒哭、奉辭皆如之。乙亥，詔洪邁、楊萬里並予郡。甲申，用禮官尤袤請，詔羣臣再集議配享臣僚。丙戌，祔高宗神主于太廟，詔曰：「朕比下令欲衰絰三年，羣臣屢請御殿易服，故以布素視事內殿。雖詔俟過祔廟，勉從所請，然稽諸典禮，心實未安，行之終制，乃爲近古。宜體至意，勿復有請。」己丑，詔減臨安、紹興府囚罪一等，釋杖以下；民緣欑宮役者蠲其賦。庚寅，用御史冷世光言，罷再議配享。皇太后有旨，車駕一月四詣德壽宮，如舊禮。

五月己亥，王淮罷。乙巳，帝既用薛叔似言，罷王淮，詔諭叔似等曰：「卿等官以拾遺、補

闕爲名，不任糾劾。今所奏乃類彈擊，甚非設官命名之意，宜思自警。」丁巳，詔修高宗實錄。己未，祁門縣大水。壬戌，始御後殿。詔歲出錢五萬六千餘緡，減廣東十二州折納米價錢。

六月丁卯，雨雹。戊辰，罷敕令所。己巳，以伯圭爲少傅，帶御器械夏執中爲奉國軍節度使。癸酉，以新江西提點刑獄朱熹爲兵部郎官，熹以疾未就職。侍郎林栗劾熹慢命，熹乞奉祠。太常博士葉適論栗襲王淮、鄭丙、陳賈之說，爲「道學」之目，妄廢正人。詔熹仍赴江西，熹力辭不赴。庚寅，熒惑犯太微。

秋七月戊戌，上高宗廟樂曰大勳，舞曰大德。己未，出兵部侍郎林栗。壬戌，恩平郡王璩薨，追封信王。

八月甲子朔，日有食之。

九月庚子夜，南方有赤黃氣覆大內。辛丑，大饗明堂，以太祖、太宗配，大赦。癸卯，更試補醫官法。己酉，遣鄭僑等使金賀正旦。甲寅，上皇太后宮名慈福。

冬十月癸未，金遣王克温等來賀會慶節，見于垂拱殿東楹。甲申，會慶節，詔北使、百官詣東上閤門拜表起居，免入賀。己丑，再罷諸州科買軍器物料三年。

十一月庚子，建煥章閣，藏高宗御集。遣何澹賀金主生辰。甲辰，詔百官輪對，毋過三奏。

十二月丙寅，追復龔茂良資政殿學士。壬午，命朱熹主管西太一宮兼崇政殿說書，辭不至。戊子，金遣田彥皐等來賀明年正旦。

是歲，江西、湖北、兩淮、建寧府、徽州水。

十六年春正月癸巳，金主雍殂，孫璟立。甲午，封孫抦爲嘉國公。丙申，黃洽罷。己亥，以周必大爲左丞相，留正爲右丞相，蕭燧兼權知樞密院事，禮部尚書王藺參知政事，刑部尚書葛邲同知樞密院事。乙巳，蕭燧罷。丙午，皇太后移御慈福宮。戊申，以昭慶軍承宣使郭師禹爲保大軍節度使。辛亥，罷淮西屯田。是日，帝始諭二府，以旬日當內禪，命周必大留身呈詔草。丙辰，罷拘催錢物所。復二廣官般官賣鹽法。己未，更德壽宮爲重華宮。謚李綱曰忠定。

二月辛酉朔，日有食之。壬戌，下詔傳位皇太子。是日，皇太子卽皇帝位。帝素服駕之重華宮。辛未，上尊號曰至尊壽皇聖帝，皇后曰壽成皇后。

紹熙五年五月壬戌，壽皇聖帝不豫。六月戊戌，崩于重華殿，年六十有八。十月丙辰，謚曰哲文神武成孝皇帝，廟號孝宗。十一月乙卯，權欑于永阜陵。十二月甲戌，祔于太廟。慶元三年十一月辛丑，加謚紹統同道冠德昭功哲文神武明聖成孝皇帝。

贊曰：高宗以公天下之心，擇太祖之後而立之，乃得孝宗之賢，聰明英毅，卓然爲南渡諸帝之稱首，可謂難矣哉。

卽位之初，銳志恢復，符離邂逅失利，重違高宗之命，不輕出師，又值金世宗之立，金國平治，無釁可乘。然易表稱書，改臣稱姪，減去歲幣，以定鄰好，金人易宋之心，至是亦寖異於前日矣。故世宗每戒羣臣積錢穀，謹邊備，必曰：「吾恐宋人之和，終不可恃。」蓋亦忌帝之將有爲也。天厭南北之兵，欲休民生，故帝用兵之意弗遂而終焉。

然自古人君起自外藩，入繼大統，而能盡宮庭之孝，未有若帝；其間父子怡愉，同享高壽，亦無有及之者。終喪三年，又能却羣臣之請而力行之。宋之廟號，若仁宗之爲「仁」，孝宗之爲「孝」，其無愧焉，其無愧焉！

校勘記

〔一〕李獻　當爲「李巘」之誤，金史卷六一交聘表、宋中興學士院題名錄、南宋館閣續錄卷五都作「李巘」。

宋史卷三十六

本紀第三十六

光宗

光宗循道憲仁明功茂德温文順武聖哲慈孝皇帝，諱惇，孝宗第三子也。母曰成穆皇后郭氏。紹興十七年九月乙丑，生于藩邸。二十年，賜今名，授右監門衞率府副率，轉榮州刺史。孝宗卽位，拜鎮洮軍節度使、開府儀同三司，封恭王。

及莊文太子薨，孝宗以帝英武類己，欲立爲太子，而以其非次，遲之。乾道六年七月，太史奏：木、火合宿，主册太子，當有赦。是時，虞允文相，因請蚤建儲貳。孝宗曰：「朕久有此意，事亦素定。但恐儲位既正，人性易驕，卽自縱逸，不勤於學，浸有失德。朕所以未建者，更欲其練歷庶務，通知古今，庶無後悔爾。」

七年正月丙子朔，孝宗上兩宮尊號册、寶，禮成。丞相允文復以請，孝宗曰：「朕既立太

子，卽令親王出鎮外藩，卿宜討論前代典禮。」允文尋以聞。二月癸丑，乃立帝爲皇太子；慶王愷爲雄武、保寧軍節度使，判寧國府，進封魏王。三月丁酉，受皇太子册。四月甲子，命判臨安府，尋領尹事。帝之爲恭王，與講官商較前代，時出意表，講官自以爲不及。逮尹臨安，究心民政，周知情僞。孝宗數稱之，且語丞相趙雄曰：「太子資質甚美，每遣人來問安，朕必戒以留意問學。」

淳熙十四年十月乙亥，高宗崩。十一月己亥，百官大祥畢，孝宗手詔：「皇太子可令參決庶務，以內東門司爲議事堂。」十五年二月戊戌，帝始赴議事堂。自是，間日與輔臣公裳繫鞋相見，內外除擢，自館職、部刺史以上乃以聞。九月乙巳，又詔：「每遇朝殿，令皇太子侍立。」

十一月，丞相周必大乞去，孝宗諭曰：「朕比年病倦，欲傳位太子，卿須少留。」會陳康伯家以紹興傳位御箚來上，十二月壬申，孝宗遣中使密持賜必大，因令討論典禮，既又密以禪意諭參知政事留正。十六年正月辛亥，兩府奏事，孝宗諭以倦勤，欲禪位皇太子，退就休養，以畢高宗三年之制。因令必大進呈詔草。

二月壬戌，孝宗吉服御紫宸殿，行內禪禮，應奉官以次稱賀。內侍固請帝坐，帝固辭。內侍扶掖至七八，乃徵坐復興。次丞相率百僚稱賀，禮畢，樞密院官升殿奏事，帝立聽。班退，孝宗反喪服，御後殿，帝侍立，尋登輦，同詣重華宮。

帝還內，卽上尊號曰至尊壽皇聖帝，皇后曰壽成皇后。壽皇聖帝詔立帝元妃李氏爲皇后。甲子，帝率羣臣朝重華宮。大赦，百官進秩一級，優賞諸軍，蠲公私逋負及郡縣淳熙十四年以前稅役。丙寅，帝率羣臣詣重華宮，上尊號册、寶。以閤門舍人譙熙載、姜特立並知閤門事。庚午，詔五日一朝重華宮。辛未，尊皇太后曰壽聖皇太后。壬申，詔內外臣僚陳時政闕失，四方獻歌頌者勿受。遣羅點等使金告卽位。癸酉，詔戒敕將帥。賜前宰執、從官詔，訪以得失。乙亥，詔兩省官詳定內外封章，具要切者以聞。遣諸葛廷瑞等使金弔祭。丙子，詔戒敕官吏。己卯，詔官吏贓罪顯著者，重罰毋貸。辛巳，以生日爲重明節。丁亥，詔百官輪對。己丑，詔編壽皇聖政。庚寅，詔中書舍人羅點具可爲臺諫者，點以葉適、吳鎰、孫逢吉、張體仁、馮震武、鄭湜、劉崇之、沈清臣八人上之。

三月壬辰，以周必大爲少保，留正轉正奉大夫。丙申，遣沈揆等使金賀卽位。詔侍從、兩省、臺諫，各舉可任湖廣及四川總領者一人。己亥，子擴進封嘉王。癸卯，金遣王元德等來告哀。戊申，以壽皇却五日之朝，詔自今月四朝重華宮。甲寅，以史浩爲太師，伯圭爲少師，少保士歆爲少傅，昭慶軍節度使士峴爲少保。戊午，金遣張萬公等來致遺留物。己未，

以左補闕薛叔似爲將作監，右拾遺許及之爲軍器監。拾遺、補闕官自此罷。詔東宮書籍並賜嘉王。

夏四月丙寅，有事于太廟。丁卯，四川應起經、總制錢存留三年，代輸鹽酒重額。癸酉，姪抦進封許國公。乙亥，以兩浙犒賞酒庫隸諸州，歲入六十五萬，尋減三十萬。戊寅，金遣徒單鎰等來告卽位。以權兵部侍郎何澹爲右諫議大夫。丙戌，有事于景靈宮。

五月甲午，以王藺知樞密院事兼參知政事。丙申，周必大罷爲觀文殿大學士、判潭州。丁酉，詔丞相以下，月一朝重華宮。戊戌，罷周必大判潭州之命，許以舊官爲醴泉觀使。戊申，以和義郡夫人黃氏爲貴妃。右丞相留正論知閤門事姜特立，罷之。

閏月庚申朔，詔內侍陳源，許在外任便居住。免郡縣淳熙十四年以前私負，十五年以後輸息及本者亦蠲之。壬戌，以趙雄爲寧武軍節度使、開府儀同三司，進封衞國公，仍判江陵府。庚午，詔罷賣浙西常平官田。癸酉，詔季秋有事于明堂，以高宗配。丙子，趙雄疾甚，改判資州。戊寅，蠲郡縣第五等戶身丁錢及臨安第五等戶和買絹各一年，仍出錢二十三萬緡振臨安貧民。己卯，階州大水入其郛。壬午，大理獄空。乙酉，御後殿慮囚。

六月庚寅，鎮江大水入其郛。癸卯，詔：自今臣僚奏請事涉改法者，三省、樞密院詳具

中華書局

以聞。

秋七月辛酉，儒林郎倪恕等以封事可采，遷官、免文解有差。戊辰，遣謝深甫等賀金主生辰。庚辰，下詔恤刑。

八月甲午，升恭州爲重慶府。丙申，減兩浙月樁等錢歲二十五萬五千緡。己亥，王淮薨。癸丑，金遣溫迪罕肅等來賀卽位。

九月癸亥，金遣完顏守眞等來賀重明節。減紹興和買絹歲額四萬四千餘匹。乙丑，戒執政、侍從、臺諫，毋移書以薦舉、請託。南劍州火，降其守臣一官，仍令優加振濟。戊辰，詔侍從各舉公正強敏之士，嘗任守令及職事官、材堪御史者一人。甲戌，詔監司、帥守，秩滿到闕，薦所部廉吏一二人。遣郭德麟等使金賀正旦。

冬十月庚子，罷樞密院審察諸軍之制。壬寅，蠲楚州、高郵盱眙軍民負常平米一萬四千餘石。甲寅，大閱。

十一月庚午，詔改明年爲紹熙元年。復置嘉王府翊善，以祕書郎黃裳爲之。乙亥，詔陳源毋得輒入國門。丁丑，減江、浙月樁錢額十六萬五千餘緡。

十二月壬子，金遣裴滿餘慶等來賀明年正旦。

紹熙元年春正月丙辰朔，帝率羣臣詣重華宮，奉上壽聖皇太后、至尊壽皇聖帝、壽成皇后冊、寶。壬申，再蠲臨安府民身丁錢三年。壬午，何澹請置紹熙會計錄。詔何澹同戶部長貳、檢正、都司稽考財賦出入之數以聞。

二月丁酉，雨雹。辛亥，殿中侍御史劉光祖言：道學非程氏私言，乞定是非，別邪正。從之。

三月丁卯，詔秀王襲封，置園廟。班安僖王諱。錄趙普後一人。庚午，以久雨釋杖以下囚。

夏四月乙酉，詔兩淮措置流民。己丑，以伯圭爲太保、嗣秀王。丁未，殿中侍御史劉光祖以論帶御器械吳端罷。戊申，賜禮部進士余復以下五百三十有七人及第，出身。

五月乙卯，趙雄坐所舉以賄敗，降封益川郡公，削食邑一千戶。己未，出吳端爲浙西馬步軍副總管。丙寅，修楚州城。丙子，太白晝見。

六月丁亥，遣丘崈等賀金主生辰。丙申，以上供等錢償廣州放免身丁錢數。甲午，御後殿慮囚。

秋七月癸丑，詔秀王諸孫並授南班。甲寅，以葛邲參知政事，給事中胡晉臣簽書樞密院事。乙卯，以留正爲左丞相，王藺樞密院使。癸酉，建秀王祠堂于行在。

八月辛卯，立任子中銓人吏部簾試法。己亥，帝率羣臣上壽皇聖帝玉牒、日曆于重華宮。己酉，詔造新曆。

九月丁巳，金遣王倫等來賀重明節。己未，升劍州爲隆慶府。辛酉，雷。庚午，遣蘇山等使金賀正旦。

冬十月丁酉，詔內外諸軍自今毋置額外制、領以下官。丙午，詔內外軍帥各薦所部有將才者。庚戌，詔諭郡縣吏奉法愛民。

十一月甲寅，安南入貢。壬戌，潼川轉運判官王溉撙節漕計，代輸井戶重額錢十六萬緡，詔獎之。

十二月辛巳朔，贈左千牛衛大將軍挺爲保寧軍節度使。壬午，賜王倫謚曰節愍。丙戌，罷王藺樞密使。戊子，以葛邲知樞密院事，胡晉臣參知政事兼同知樞密院事。癸卯，詔歲減廣東官賣鹽。丙午，金遣把德固等來賀明年正旦。戊申，浦城盜張海作亂，詔提點刑獄豐誼捕之。

二年春正月庚戌朔，命兩淮行義倉法。壬子，詔尊高宗爲萬世不祧之廟。庚申，修六合城。辛酉，金主母徒單氏殂。戊寅，雷電，雨雹。

二月庚辰朔，大雨雪。壬午，遣宋之瑞等使金弔祭。癸未，名新曆曰會元。甲申，福建安撫使趙汝愚等以盜發所部，與守臣、監司各降秩一等，縣令追停。乙酉，詔以陰陽失時，雷雪交作，令侍從、臺諫、兩省、卿監、郎官、館職，各具時政闕失以聞。出米五萬石賑京城貧民。權罷修皇后家廟。辛卯，布衣余古上書極諫，帝怒，詔送筠州學聽讀。丁未，金遣完顏匡〔一〕等來告哀。

三月丙辰，詔監司、郡守互送以贓論。丁巳，詔自今邊事令宰相與樞密院議，仍同簽書。丙寅，詔福建提點刑獄陳公亮、知漳州朱熹同措置漳、泉、汀三州經界。丁卯，增廣州摧鋒軍三百人。癸酉，建寧府雨雹，大如桃李，壞民居五千餘家。溫州大風雨，雷雹，田桑果蕩盡。丙子，出右司諫鄧馹。

夏四月乙酉，從壽皇聖帝、壽成皇后幸聚景園。丙申，詔侍從、兩省、臺諫及在外侍從之臣，各舉所知嘗任監司、郡守可充郎官、卿監及資歷未深可充諸職事官者，各三人。辛丑，徽州火，二日乃滅。

五月己酉朔，福州水。辛亥，詔六院官許輪對，仍入雜壓。庚申，詔侍從、經筵、翰苑官，自今並不時宣對，庶廣咨詢，以補治道。戊辰，金州大火。己巳，潼川崇慶二府、大安石泉淮安三軍、興利果合綿漢六州大水。

六月戊寅，詔：監司到任半年，條上裕民事，如郡守。庚辰，遣趙𢊇等賀金主生辰。丁亥，以伯圭判大宗正事。癸巳，詔宰臣、執政，自今不時內殿宣引奏事。

秋七月丁未朔，詔故容州編管人高登追復元官，仍贈承務郎。己未，出會子百萬緡，收兩淮私鑄鐵錢。乙丑，復置太醫局。己巳，興州大水，漂沒數千家。

八月戊寅，何澹以本生繼母喪去官。甲申，寬兩浙榷鐵之禁。

九月壬子，金遣完顏兗等來賀重明節。召知福州趙汝愚爲吏部尚書。壬戌，禁職田折變。癸亥，遣黃申等使金賀正旦。乙丑，以久雨，命大理、三衙、臨安府及兩浙決繫囚，釋杖以下。己巳，詔侍從於嘗任卿監、郎官內，選堪斷刑長貳一二人以聞。

冬十月丙子朔，詔罷經界。丁丑，築福州外城。庚辰，減百官大禮賜物三之一。甲申，復吳端帶御器械。辛卯，詔守令毋征斂病民。庚子，下詔撫諭四川被水州軍。

十一月戊申，安定郡王子肜薨。己巳，冊加高宗徽號曰受命中興全功至德聖神武文昭仁憲孝皇帝。辛未，有事于太廟。皇后李氏殺黃貴妃[二]，以暴卒聞。壬申，合祭天地于圜丘，以太祖、太宗配，大風雨，不成禮而罷。帝既聞貴妃薨，又值此變，震懼感疾，罷稱賀，肆赦不御樓。壽皇聖帝及壽成皇后來視疾，帝自是不視朝。

十二月庚辰，築荊門軍城。丁亥，帝始對輔臣于內殿。乙未，增楚州更戍兵一千五百

人。庚子，復出會子百萬緡，收兩淮鐵錢。辛丑，金遣完顏宗璧等來賀明年正旦。壬寅，資、簡、普、榮四州及富順監旱。甲辰，詔：慶遠軍承宣使、內侍省都知楊皓懷姦兇恣，刺面杖脊，配吉州；和州防禦使、內侍省押班黃邁私相朋附，決杖，編管撫州。尋送皓撫州、邁常州居住。

是歲，建寧府、汀州水，階、成、西和、鳳四州及淮東旱，振之。

三年春正月乙巳朔，帝有疾，不視朝。庚戌，蠲秀州上供米四萬四千石。歲蠲四川鹽酒重額錢九十萬緡。出度僧牒二百，收淮東鐵錢。丁巳，命夔路轉運使通融漕計糴米，以備凶荒。壬戌，罷文州民雜役。詔輔臣代行恭謝之禮。

二月甲戌朔，復以兩浙犒賞酒庫隸戶部。丁酉，申嚴錢銀過淮之禁。

閏月丙午，禁郡縣新作寺觀。甲寅，以王藺爲端明殿學士、四川安撫制置使，藺辭不行。壬戌，詔：州縣未斷之訟，監司毋得移獄，違者許執奏。甲子，成都府路轉運判官王溉以代民輸激賞等絹錢三十三萬緡，詔進一官，仍令再任。詔賣郡縣沒官田屋及營田。

三月甲戌，修天長縣城。辛巳，帝疾稍愈，始御延和殿聽政。以子濤爲安定郡王。甲申，罷雅州稅場五。築峽州城。乙酉，留正乞去位，不許。庚寅，宜州蠻寇邊，改知鬱林州[三]沙世堅知宜州以討之。辛卯，復監司列薦法。丁酉，罷廣東增收鹽斤錢。己亥，詔技藝補授之人，毋得奏補，著爲令。庚子，監察御史郭德麟以察事失體，出爲湖北提舉常平茶鹽。

夏四月癸卯，補童子吳鋼[四]官。甲寅，振四川旱傷郡縣。乙卯，以戶部侍郎丘崈爲煥章閣直學士、四川安撫制置使。戊午，帝朝重華宮。丁卯，蠲臨安民元年、二年逋賦。

五月，帝有疾，不視朝。乙未，命漢陽、荊門軍、復州行鐵錢。己亥，蠲四川水旱郡縣租賦。仍以兩浙犒賞酒庫隸諸州，令戶部郎官提領，歲以四十五萬緡爲額。庚子晦，常德府大水入其郛。

六月辛丑朔，下詔戒飭風俗，禁民奢侈與士爲文浮靡、吏苟且飾僞者。以權禮部尚書陳騤同知樞密院事。甲辰，遣錢之望等賀金主生辰。丁未，罷四川諸軍歲起西兵。廢光州定城監。壬子，慮囚。戊午，以伯圭爲太師。甲子，增捕獲私鑄銅錢賞格。丙寅，以太尉郭師禹爲少保。

秋七月己巳，刺沿邊盜萬人爲諸州禁軍。壬申，監文思院常良孫坐贓配海外。益國公周必大坐繆舉良孫，降榮陽郡公。省廣西郡縣官。甲戌，台州水。壬午，瀘州騎射卒張信等作亂，殺其帥臣張孝芳。甲申，軍士卞進、張昌擊殺信。增嘉王府講讀官二員。壬辰，修揚州城。

八月甲寅，詔兩淮行鐵錢交子。戊午，總領四川財賦楊輔奏：已蠲東、西兩川畸零絹錢四十七萬緡、激賞絹六萬六千匹。詔獎之。自是歲以爲例。

九月甲戌，修德安府外城。乙亥，金遣僕散端等來賀重明節。戊子，遣鄭汝諧等使金賀正旦。丙申，勸兩淮民種桑。

冬十月壬寅，修大禹陵廟。丙午，修潭州城。辛亥，帝詣重華宮進香。庚申，會慶節，丞相率百官詣重華宮拜表稱賀。

十一月壬申，振襄陽府被水貧民。癸酉，減蘄州歲鑄錢二十萬緡。丙戌，日南至，丞相率百官詣重華宮拜表稱賀。兵部尚書羅點、給事中尤袤、中書舍人黃裳皆上疏請帝朝重華宮，吏部尚書趙汝愚亦因面對以請，帝開納。辛卯，帝朝重華宮，皇后繼至，都人大悅。癸巳，蠲湖南北、京西、江西郡縣月椿、經總制錢，歲二十三萬餘緡。戊戌，詔：李純乃皇后親姪，可特除閤門宣贊舍人。

十二月癸卯，帝率羣臣上壽皇聖帝玉牒、聖政、會要于重華宮。丙午，蠲歸正人賦役三年。辛亥，以留正爲少保。乙丑，金遣温敦忠等來賀明年正旦。

是歲，江東、京西、湖北水。

中華書局

四年春正月己巳朔，帝朝重華宮。辛卯，蠲臨安府民身丁錢三年。

二月戊戌朔，詔陳源特與在京宮觀。丙寅，貸淮西民市牛錢。出米七萬石振江陵饑民。甲戌，皇孫生。

三月丙子，帝朝重華宮，皇后從。辛巳，以葛邲爲右丞相，胡晉臣知樞密院事，陳騤參知政事，趙汝愚同知樞密院事。甲申，監察御史汪義端奏：汝愚執政，非祖宗故事，請罷之。疏三上，不報。辛卯，義端罷。癸巳，帝從壽皇聖帝、壽成皇后幸聚景園。乙未，修巢縣城。

夏四月己酉，罷括賣四川沿邊郡縣官田。

五月丙寅朔，復永州義保。己巳，賜禮部進士陳亮以下三百九十有六人及第、出身。進士李僑年五十四，調成都司戶參軍，自以祿不及養，乞以一官回贈父母。帝嘉其志，特詔以本官致仕，父母皆與初品官封。丙子，淮西大水。丙戌，紹興大水。召浙東總管姜特立。丞相留正以論特立不行，乞罷相，不報。壬辰，太尉、利州安撫使吳挺卒。四川制置使丘崈承制以總領財賦楊輔權安撫使，命統制官李世廣權管其軍。

六月丙申朔，留正出城待罪。振江浙、兩淮、荆湖被水貧民。戊戌，祕書省著作郎沈有開，著作佐郎李唐卿，祕書郎范黼、彭龜年，校書郎王奭，正字蔡幼學、顏棫、吳獵、項安世上疏，乞寢姜特立召命。己亥，遣許及之等賀金主生辰。壬寅，詔市淮馬充沿江諸軍戰騎。

戊申，胡晉臣薨。己酉，御後殿慮囚。癸丑，蠲臨安增民稅錢八萬餘緡。甲寅，太白晝見。甲子，雨雹。

秋七月乙丑朔，太白晝見。丙寅，大雨雹。己巳，留正復論姜特立，繳納出身以來文字，待罪于范村。丙子，以不雨命諸路提刑審斷滯獄。戊寅，命臨安府及三衙決繫囚，釋杖以下。壬午，以趙汝愚知樞密院事，吏部尚書余端禮同知樞密院事，陳源爲內侍省押班。癸未，禁邕州左、右兩江販鬻生口。乙酉，敘州夷賊沒該落無等寇邊，遣兵討平之。

八月丙申，蠲紹興丁鹽、茶租錢八萬二千餘緡。丁酉，罷郡縣賣沒官田。癸丑，詔三省議振恤郡縣水旱。丁巳，贈吳挺少保；其子曦落階官，起復濠州團練使、帶御器械。戊午，振江東、浙西、淮西旱傷貧民。

九月己巳，金遣董師中等來賀重明節。庚午，重明節，百官上壽。侍從、兩省請帝朝重華宮，不聽。己卯，上壽聖皇太后尊號曰壽聖隆慈備福皇太后。壬午，遣倪思等使金賀正旦。甲申，帝將朝重華宮，皇后止帝，中書舍人陳傅良引裾力諫，不聽。戊子，著作郎沈有開、祕書郎彭龜年、禮部侍郎倪思等咸上疏，請朝重華宮。

冬十月丙午，內教三衙諸軍。己酉，朝獻于景靈宮。夜，地震。庚戌，朝獻于景靈宮。夜，地又震。壬子，祕書省官請朝重華宮，疏三上，不報。甲寅，雨土。工部尚書趙彥逾等上疏重華宮，乞會慶聖節勿降旨免朝。壽皇曰：「朕自秋涼以來，思與皇帝相見，卿等奏疏，已令進御前矣。」明日會慶節，帝以疾不果朝，丞相葛邲率百官賀于重華宮。侍從上章，居家待罪，詔不許。嘉王府翊善黃裳上疏，請誅內侍楊舜卿；臺諫張叔椿、章穎上疏，乞罷黜；戊午，太學生汪安仁等二百一十八人上書，請朝重華，皆不報。己未，丞相以下奏事重華宮。庚申，帝將朝重華宮，復以疾不果。丞相以下上疏自劾，請罷政；彭龜年請逐陳源以謝天下，皆不報。

十一月辛未，日中有黑子。壬申，侍從、兩省趙彥逾等十一人同班奏事。癸酉，太白晝見，地生毛，夜有赤雲白氣。戊寅，帝朝重華宮，都人大悅。遣右司郎官徐誼召留正于城外。庚辰，正始入朝，復赴都堂視事。命姜特立還故官。日中黑子滅。癸未，帝率羣臣奉上皇太后册、寶于慈福宮。

十二月戊戌，帝朝重華宮。壬寅，右司諫章穎以地震請罷葛邲，疏十餘上，不報。甲辰，命沿邊守臣三年爲任。己酉，詔監司、帥守毋獨員薦士。庚戌，趙雄薨。甲寅，復四川鹽合同場舊法。丁巳，振江、浙流民。己未，金遣完顏弼等來賀明年正旦。

五年春正月癸亥朔，帝御大慶殿，受羣臣朝，遂朝重華宮，次詣慈福宮，行慶壽禮。推

恩如淳熙十年故事。癸酉，壽皇聖帝不豫。丙子，大理獄空。癸未，葛邲罷。丙戌，寬紹興民租稅。

二月乙未，趙汝愚、余端禮以奏除西帥不行，居家待罪。戊戌，荆、鄂諸軍都統制張詔爲成州團練使、興州諸軍都統制。庚戌，禁湖南、江西遏糴。

三月癸亥，合利州東、西爲一路。己巳，壽成皇后生辰，免過宮上壽。

夏四月甲午，帝幸玉津園，皇后及後宮皆從。乙未，壽皇聖帝幸東園。丙申，史浩薨。癸卯，雨土。甲辰，侍從入對，請朝重華宮。己酉，太學生程肖說等以帝未朝，移書大臣，事聞，帝將以癸丑日朝。至期，丞相以下入宮門以俟，日昃，帝復以疾不果出。侍從、館學官上疏，乞罷黜，居家待罪；職事官請去待罪者百餘人，詔不許。丙辰，侍講黃裳、祕書少監孫逢吉等再上疏以請。丁巳，起居郎兼權中書舍人陳傅良請以親王、執政或近上宗戚一人充重華宮使。臺諫交章劾內侍陳源、楊舜卿、林億年離間兩宮，請罷逐之。

五月辛酉朔，辰州猺賊寇邊。甲子，侍從入對，未得見。宰執詣重華宮問疾，不及引。陳傅良繳上告敕，出城待罪。丁卯，以壽皇聖帝疾棘，命丞相以下分禱天地、宗廟、社稷。戊辰，丞相留正等請帝侍疾，正引裾隨帝至福寧殿，久之，乃泣而出。辛未，丞相以下以所

中華書局

請不從，求退，帝命皆退，於是丞相以下遂出城待罪。知閤門事韓侂胄請宣押入城，許之。追封史浩爲會稽郡王。乙亥，帝將朝重華宮，復不果。戊寅，以壽皇聖帝疾，赦。權刑部尚書京鏜入對，請朝重華宮。庚辰，丞相以下詣重華宮問疾。癸未，起居舍人彭龜年叩頭請奏事，詔令上殿，乃請朝重華宮。甲申，從官列奏以請，嘉王府翊善黄裳、講讀官沈有開、彭龜年奏，乞令嘉王詣重華宮問疾，許之。王至重華宮，壽皇爲之感動。丙戌，權戶部侍郎袁說友入對，請朝重華宮。

六月，遣梁總等賀金主生辰。戊戌夜，壽皇聖帝崩，遺誥改重華宮爲慈福宮，建壽成皇后殿於宮後，以便定省。以重華宮錢銀一百萬緡賜內外軍。先是，丞相留正、知樞密院事趙汝愚、參知政事陳騤、同知樞密院事余端禮聞壽皇聖帝大漸，見帝于後殿，力請帝朝重華宮，皇子嘉王亦泣以請，不聽。至是，丞相正等聞壽皇聖帝崩，乃率百官聽遺誥于重華宮。己亥，丞相以下上疏，請詣重華成禮。庚子，遣薛叔似等使金告哀。辛丑，丞相率百官拜表，請就喪次成服。壬寅，壽皇大斂。皇子嘉王復入奏事，詔俟疾愈，過宮行禮。丞相以下請皇太后垂簾聽政，不許；請代行祭奠禮，許之。仍有旨：皇帝有疾，聽就內中成服。乙巳，尊壽聖隆慈備福皇太后爲太皇太后，壽成皇后爲皇太后。己酉，白氣亙天。乙卯，遣林湜等使金致遺留物。

秋七月辛酉，丞相留正稱疾，乞罷政，遂逃歸。初，正等屢請立嘉王爲皇太子，帝許之。正擬指揮以進，奉御筆：「歷事歲久，念欲退閑。」正得之，大懼，乃謀退焉。甲子，太皇太后以皇帝疾未能執喪，命皇子嘉王即皇帝位于重華宮之素幄，尊皇帝爲太上皇帝，皇后爲壽仁太上皇后，移御泰安宮。

慶元元年十一月戊戌，上尊號曰聖安壽仁太上皇帝。六年八月庚寅，太上皇帝不豫。辛卯，崩于壽康宮，年五十有四。十一月丙寅，謚曰憲仁聖哲慈孝皇帝，廟號光宗。嘉泰三年十一月壬申，加謚循道憲仁明功茂德温文順武聖哲慈孝皇帝。

贊曰：光宗幼有令聞，嚮用儒雅。逮其即位，總權綱，屏嬖幸，薄賦緩刑，見於紹熙初政，宜若可取。及夫宮闈妒悍，內不能制，驚憂致疾。自是政治日昏，孝養日怠，而乾、淳之業衰焉。

校勘記

〔一〕完顔㐭　「㐭」，原作「亶」，按完顔亶是金熙宗，金國使者不應與之同名，今據金史卷六二交聘表、卷九章宗紀改。

〔二〕黄貴妃　「黄」，原作「皇」，據本書卷二四三光宗慈懿李皇后傳、黄貴妃傳改。

〔三〕鬱林州　原作「鬱州」，據本書卷九〇地理志、宋會要蕃夷五之一〇二補。

〔四〕吳鋼　兩朝綱目卷二、朝野雜記甲集卷一三、宋史全文卷二八上都作「吳綱」。

二十四史

中華書局

宋史卷三十七

本紀第三十七

寧宗一

寧宗法天備道純德茂功仁文哲武聖睿恭孝皇帝，諱擴，光宗第二子也，母曰慈懿皇后李氏。光宗爲恭王，慈懿夢日墜于庭，以手承之，已而有娠。乾道四年十月丙午，生于王邸。五年五月，賜今名。十一月乙丑，授右千牛衞大將軍。七年，光宗爲皇太子。淳熙五年十月戊午，遷明州觀察使，封英國公。七年二月，初就傅。

九年正月，始冠。十年九月己巳，始預朝參。十一年，當出閤，兩宮愛之，不欲令居外，乃建第東宮之側，以十月甲戌遷焉。十二年三月乙酉，遷安慶軍節度使，封平陽郡王。八月辛酉，納夫人韓氏。十六年二月壬戌，光宗受禪。三月己亥，拜少保、武寧軍節度使，進封嘉王。帝自弱齡，尊師重傅，至

是，始置翊善，以沈清臣爲之。

紹熙元年春，宰相留正請立帝爲儲嗣。

五年六月戊戌，孝宗崩，光宗以疾不能出。壬寅，宰臣請太皇太后垂簾聽政，不許；請代行祭奠之禮，從之。丁未，宰臣奏云：「皇子嘉王，仁孝夙成。宜正儲位，以安人心。」越六日，奏三上，從之。明日，遂擬旨以進。是夕，御批付丞相云：「歷事歲久，念欲退閑。」

七月辛酉，留正以疾辭去。知樞密院事趙汝愚見正去，乃遣韓侂冑因內侍張宗尹以禪位嘉王之意，請于太皇太后，不獲。遇提舉重華宮關禮，侂冑因其問，告之。禮繼入內，泣請于太皇太后，太皇太后乃悟，令諭侂冑曰：「好爲之！」侂冑出，告汝愚，命殿帥郭杲夜分兵衞南北內〔一〕。

翌日禫祭，汝愚率百官詣大行柩前，太皇太后垂簾，汝愚率同列再拜，奏：「皇帝疾，不能執喪，臣等乞立皇子嘉王爲太子，以安人心。」乃奉御批八字以奏。太皇太后曰：「既有御筆，卿當奉行。」汝愚曰：「內禪事重，須議一指揮。」太皇太后允諾。汝愚袖出所擬以進，云：「皇帝以疾，未能執喪，曾有御筆，欲自退閑，皇子嘉王擴可即皇帝位。尊皇帝爲太上皇，皇后爲太上皇后。」太皇太后覽畢，曰：「甚善。」

汝愚出，以旨諭帝，帝固辭曰：「恐負不孝名。」汝愚曰：「天子當以安社稷、定國家爲孝，今中外憂亂，萬一變生，置太上皇何地。」衆扶入素幄，披黄袍，方却立未坐，汝愚率同列再拜。帝詣几筵殿，哭盡哀。須臾立仗訖，催百官班，帝衰服出，就重華殿東廡素幄立，內侍扶掖，乃坐。百官起居訖，乃入行禫祭禮。詔建泰安宮，以奉太上皇、太上皇后。汝愚即喪次請召還留正。乙丑，太皇太后命立崇國夫人韓氏爲皇后。丙寅，大赦。百官進秩一級，賞諸軍。詔車駕五日一朝泰安宮，百官月兩朝。以即位告于天地、宗廟、社稷。

丁卯，侍御史張叔椿劾留正擅去相位，詔以叔椿爲吏部侍郎。戊辰，詔求直言。遣鄭湜使金告禪位。己巳，以趙汝愚兼參知政事。庚午，召祕閣修撰、知潭州朱熹詣行在。壬申，建泰安宮。乙亥，以趙汝愚爲右丞相，參知政事陳騤知樞密院事，余端禮參知政事，仍兼同知樞密院事。汝愚辭不拜。賜前宰執、侍從詔，訪以得失。丙子，大風。戊寅，詔：秋暑，太上皇帝未須移御，即以寢殿爲泰安宮。辛巳，以趙汝愚爲樞密使，以殿前都指揮使郭杲爲武康軍節度使。庚辰，率羣臣拜表于泰安宮。辛巳，以趙汝愚爲樞密使，保大軍節度使郭師禹爲攢宮總護使。壬午，侍御史章穎等劾內侍林億年、陳源、楊舜卿，詔億年、源與在外宮觀，舜卿在京宮觀。韓侂冑落階官，爲汝州防禦使。癸未，余端禮辭兼同知樞密院事。甲申，以兵部尚書羅點

簽書樞密院事。詔兩省官詳定應詔封事，具要切者以聞。戊子，詔百官輪對。罷楊舜卿在京宮觀，林億年常州居住，陳源撫州居住。

八月己丑朔，安定郡王子濤薨。辛卯，初御行宮便殿聽政。癸巳，以朱熹爲煥章閣待制兼侍講。甲午，增置講讀官，以給事中黃裳、中書舍人陳傅良彭龜年等爲之。丁酉，以生日爲天祐節。己亥，率羣臣朝泰安宮。辛丑，詔諸道舉廉吏、糾汚吏。壬寅，詔經筵官開陳經旨，救正闕失。進封弟許國公抦爲徐國公。癸卯，加嗣濮王士歆少師，郭師禹少傅，夏執中少保。乙巳，詔晚講官坐講。丁未，復罷經筵坐講。命三省議振恤諸路郡縣水旱。乙卯，加安南國王李龍幹思忠功臣。詔歲減廣西鹽額十萬緡。丙辰，留正罷，以觀文殿大學士判建康府。以趙汝愚爲右丞相。丁巳，詔侍從、兩省、臺諫各舉通亮公淸、不植黨與、曾任知縣者二人。

九月己巳，命趙汝愚朝獻景靈宮。庚子，命嗣秀王伯圭朝饗太廟。是日，羅點薨。辛未，合祭天地于明堂，大赦。壬申，以刑部尚書京鏜簽書樞密院事。甲戌，下詔撫諭諸將。改天祐節爲瑞慶節。

冬十月己丑，右諫議大夫張叔椿再劾留正擅去相位，詔落正觀文殿大學士。庚寅，更泰安宮爲壽康宮。辛卯，命四川制置司銓量諸州守臣。癸巳，雷。乙未，詔以陰陽謬盭，雷

中華書局

電非時，令臺諫、侍從，各疏朝政闕失以聞。戊戌，復許武舉人試換文資。庚子，以久雨命大理、三衙、臨安府、兩浙州縣決繫囚，釋杖以下。辛丑，減兩浙、江東西路和市折帛錢，蠲兩浙路丁鹽、身丁錢一年。雅州蠻寇邊，士丁拒退之，尋出降。甲辰，以朱熹言，趣後省看詳應詔封事。乙巳，上大行至尊壽皇聖帝謚曰哲文神武成孝皇帝，廟號孝宗。丙午，復以朱熹奏請，卻瑞慶節賀表。庚戌，改上安穆皇后謚曰成穆皇后，安恭皇后謚曰成恭皇后。壬子，遣曾三復使金賀正旦。丙辰，上孝宗皇帝册寶于重華殿，成穆皇后、成恭皇后册寶于本室。是月，建福寧殿。

閏月庚申，以吏部尚書鄭僑等奏請祧僖、宣二祖，正太祖東嚮之位，尋立僖祖別廟，以藏順、翼、宣三祖之主。乙丑，遣林季友使金報謝。戊辰，金遣使來弔祭。戊寅，侍講朱熹以上疏忤韓侂胄罷，趙汝愚力諫，不聽；臺諫、給舍交章請留朱熹，亦不聽。詔兩省、臺諫、侍從各舉宗室有文學器識者二人。壬午，詔改明年爲慶元元年。

十一月甲午，復加安南國王李龍翰濟美功臣。丙午，帝自重華宮還大內。庚戌，以宜州觀察使韓侂胄兼樞密都承旨。辛亥，雨木冰。詔行孝宗三年喪制，命禮官條具典禮以聞。升明州爲慶元府。乙卯，權欑孝宗皇帝于永阜陵。

十二月丁巳朔，禁民間妄言宮禁事。乙丑，吏部侍郎彭龜年上疏，言韓侂胄假託聲勢，

竊弄威福，乞黜之以解天下之疑。詔罷龜年；進侂胄一官，與在京宮觀。趙汝愚請留龜年，不聽。御史中丞謝深甫劾陳傅良，罷之。戊辰，以陳康伯配饗孝宗廟庭。己巳，陳騤罷。庚午，以余端禮知樞密院事，京鏜參知政事，鄭僑同知樞密院事。辛未，監察御史劉德秀劾起居舍人劉光祖，罷之。癸酉，金遣使來賀登位。上孝宗廟樂曰大倫之舞。甲戌，祔孝宗神主于太廟。丁丑，減臨安、紹興二府死罪以下囚，釋杖以下。蠲民緣欑宮役者賦。戊寅，加郭師禹少師，進封永寧郡王。癸未，金遣使來賀明年正旦。

是歲，兩浙、淮南、江東西路水旱，振之，仍蠲其賦。

慶元元年春正月丁巳朔，蠲兩淮租稅。壬寅，黎州蠻寇邊，官軍戰卻之。乙巳，蠲台、嚴、湖三州貧民身丁、折帛錢一年。詔兩浙、淮南、江東路荒歉諸州收養遺棄小兒。辛亥，以久雨振給臨安貧民。丙辰，白虹貫日。

二月丁巳朔，詔兩淮諸州勸民墾闢荒田。壬戌，詔嗣秀王伯圭贊拜不名。癸亥，以久雨釋大理、三衙、臨安府、兩浙路杖以下囚。丁卯，詔帥臣、監司歲終考察郡守臧否以聞。戊寅，以右正言李沐言，罷趙汝愚爲觀文殿大學士、知福州。己卯，雨土。以余端禮兼參知政事。庚辰，兵部侍郎章穎以黨趙汝愚罷。甲申，謝深甫等再劾汝愚，詔與宮觀。

三月丙戌朔，日有食之。庚寅，太白經天。辛亥，詔四川歲發西兵詣行在，如舊制。癸丑，命侍從、臺諫、兩省集議江南沿江諸州行鐵錢利害。甲寅，國子祭酒李祥、博士楊簡以黨趙汝愚罷。

夏四月丁巳，太府寺丞呂祖儉坐上疏留趙汝愚及論不當黜朱熹、彭龜年等，忤韓侂胄，送韶州安置。己未，以余端禮爲右丞相，京鏜知樞密院事，鄭僑參知政事，謝深甫簽書樞密院事。庚申，太學生楊宏中等六人以上書留趙汝愚、章穎、李祥、楊簡，請黜李沐，詔宏中等各送五百里外編管。中書舍人鄧馹上疏救之，不聽。戊辰，臨安大疫，出內帑錢爲貧民醫藥、棺斂費及賜諸軍疫死者家。

五月戊子，呂祖儉改送吉州安置。戊戌，詔戒百官朋比。丙午，詔諸路提舉司置廣惠倉，修胎養令。辛亥，減大理、三衙、臨安府雜犯死罪以下囚，釋杖以下。

六月丁巳，復留正觀文殿大學士，充醴泉觀使。右正言劉德秀請考核眞僞，以辨邪正。己未，遣汪義端賀金主生辰。庚午，詔三衙、江上諸軍主帥、將佐，初除舉自代一人，歲薦所知二人。癸酉，以韓侂胄爲保寧軍節度使、提舉萬壽觀。

秋七月壬辰，加周必大少傅。丁酉，落趙汝愚觀文殿大學士，罷宮觀。己亥，太白晝見。

八月己巳，詔內外諸軍主帥條奏武備邊防之策以聞。

九月壬午朔，蠲臨安府水災貧民賦。乙酉，以久雨決繫囚。丙戌，熒惑入太微。甲辰，遣黃艾使金賀正旦。己酉，蠲台、嚴、湖三州被災民丁絹。

冬十月己卯，詔三省、樞密院條上合敎諸軍例。乙丑，升秀州爲嘉興府，舒州爲安慶府，嘉州爲嘉定府，英州爲英德府。戊辰，金遣吳鼎樞來賀瑞慶節。壬申，封子恭爲安定郡王。

十一月己丑，雨土。庚寅，以弟徐國公抦爲昭慶軍節度使。戊戌，加上壽聖隆慈備福太皇太后尊號曰壽聖隆慈備福光佑太皇太后，壽成皇太后曰壽成惠慈皇太后，太上皇曰聖安壽仁太上皇，太上皇后曰壽仁太上皇后。丙午，以監察御史胡紘言，責授趙汝愚寧遠軍節度副使，永州安置。丁未，命宰執大閱。

十二月癸亥，置楚州弩手効用軍。丙子，命朱熹爲煥章閣待制，辭。丁丑，金遣紇石烈正來賀明年正旦。

二年春正月庚寅，以余端禮爲左丞相，京鏜爲右丞相，鄭僑知樞密院事，謝深甫參知政事，御史中丞何澹同知樞密院事。庚子，趙汝愚卒于永州。甲辰，右諫議大夫劉德秀劾留正引用僞學之黨，詔落正觀文殿大學士，罷宮觀。

二月辛酉，詔追復趙汝愚官，許歸葬，以中書舍人吳宗旦言，罷之。辛未，再蠲臨安府

民身丁錢三年。

三月丙申，命諸軍射鐵簾。己亥，進封弟柄爲吳興郡王。丙午，有司上慶元會計錄。

夏四月甲子，余端禮罷。壬申，以何澹參知政事，吏部尚書葉翥簽書樞密院事。乙亥，增置監察御史一員。

五月辛巳，以旱禱于天地、宗廟、社稷。詔大理、三衙、臨安府、兩浙州縣決繫囚。乙酉，申嚴獄囚瘐死之罰。辛卯，賜禮部進士鄒應龍以下四百九十有九人及第、出身。甲午，減諸路和市折帛錢三年。建華文閣，以藏孝宗御集。甲辰，更慈福宮爲壽慈宮。

六月庚戌，遣吳宗旦賀金主生辰。乙丑，命監司、帥守臧否縣令，分三等。丙子，子埈生。

秋七月癸未，饗于太廟。丙戌，減諸路死罪囚，釋流以下。戊子，量徙流人呂祖儉等于內郡。詔檢正、都司考覈諸路守臣便民五事以聞。戊戌，以韓侂冑爲開府儀同三司、萬壽觀使。

八月癸丑，奉安孝宗皇帝、成穆皇后、成恭皇后神御于景靈宮。丙辰，以太常少卿胡紘請，權住進擬僞學之黨。壬戌，子埈薨，追封兗王，謚沖惠。

九月丁亥，復分利州爲東西路。癸巳，嗣濮王士歆薨，追封韶王。甲午，流星晝隕。丁酉，遣張貴謨使金賀正旦。

冬十月戊申，率羣臣奉上壽聖隆慈備福光佑太皇太后、壽成惠慈皇太后、聖安壽仁太上皇、壽仁太上皇后册寶于慈福、壽康宮。辛亥，册皇后。壬戌，金遣張嗣來賀瑞慶節。甲戌，大閱。

十一月庚寅，詣壽康宮，上太上皇帝寬恤詔令。壬辰，京鏜等上孝宗皇帝寬恤詔令。

十二月辛未，金遣完顏崇道來賀明年正旦。是月，監察御史沈繼祖劾朱熹，詔落熹祕閣修撰，罷宮觀。竄處士蔡元定于道州。癸卯，賞宜州捕降峒寇功。

三年春正月壬寅，鄭僑罷。癸卯，以謝深甫兼知樞密院事。

二月己酉，京鏜等上神宗玉牒、高宗實錄。丁巳，以大理司直邵褒然請詔大臣自今權臣、僞學之黨，勿除在內差遣，詔下其章。

三月乙未，建東華門。庚子，禁浙西州軍圍田。壬寅，詔：「自今有司奏讞死罪不當者，論如律。」

夏四月丙午，雨土。命不祛爲嗣濮王。壬子，以旱禱于天地、宗廟、社稷。乙丑，雨雹。

六月戊辰，頒淳熙寬恤詔令。

閏月甲戌，內出銅器付尚書省毀之，命申嚴私鑄銅器之禁。乙亥，遣衞涇賀金主生辰。甲午，詔留正分司西京，邵州居住。是夏，廣東提舉茶鹽徐安國遣人捕私鹽于大奚山，島民遂作亂。

秋七月庚午，監察御史沈繼祖錄淹囚四百餘條來上，詔進二官。

八月戊子，復置嚴州神泉監。辛卯，知廣州錢之望遣兵入大奚山，盡殺島民。甲午，均諸路職田。

九月壬寅，以四川旱詔蠲民賦。辛酉，遣曾炎使金賀正旦。乙丑，申嚴帥臣、監司臧否郡守之制。是月，詔監司、帥守薦舉改官，勿用僞學之人。

冬十月癸酉，雷。丙戌，金遣完顏愈來賀瑞慶節。丙申，以太皇太后違豫，赦。

十一月辛丑，加孝宗皇帝謚曰紹統同道冠德昭功哲文神武明聖成孝皇帝。太皇太后吳氏崩。壬寅，朝獻于景靈宮。癸卯，朝饗于太廟。甲辰，祀天地于圜丘，大赦。乙巳，詔爲大行太皇太后服期。丁未，遣趙介使金告哀。

十二月丙子，始御正殿。丁丑，以大行太皇太后欑宮，蠲紹興府貧民明年身丁、折帛綿絹。庚辰，罷文武官納官告綾紙錢。甲申，雷，雨土。乙未，金遣奧屯忠孝來賀明年正旦。丁酉，以知綿州王沇請，詔省部籍僞學姓名。

四年春正月己卯，上欽宗皇后謚曰仁懷皇后。丙寅，以葉翥同知樞密院事。丁卯，詔有司寬恤兩浙、江淮、荊湖、四川流民。

二月辛未，詔兩省、侍從、臺諫各舉所知一二人，毋薦宰執親黨。丙子，上大行太皇太后謚曰憲聖慈烈皇后。

三月甲子，權欑憲聖慈烈皇后于永思陵。乙丑，金遣烏林荅天益來弔祭。

夏四月丙戌，祔仁懷皇后、憲聖慈烈皇后神主于太廟。己丑，蠲臨安、紹興二府租稅有差。丙申，始御正殿。是月，右諫議大夫張釜請下詔禁僞學。

五月己亥，加韓侂冑少傅，賜玉帶。己酉，詔禁僞學。遣湯碩使金報謝。

六月己巳，遣楊王休賀金主生辰。癸酉，以弟吳興郡王柄爲開府儀同三司。

秋七月辛酉，葉翥罷。

八月丁卯朔，以久雨決繫囚。丙子，以謝深甫知樞密院事兼參知政事，吏部尚書許及之同知樞密院事。庚辰，白氣亙天。丙戌，詔以太上聖躬清復，率羣臣上壽。壽不克行。

九月壬寅，太白晝見。癸卯，太白經天。丁未，頒慶元重修敕令格式。庚申，遣馬覺使金賀正旦。是月，詔造新曆。

冬十月戊子，金遣孫鐸來賀瑞慶節。

十二月丙戌，再蠲臨安府民身丁錢三年。己丑，金遣楊庭筠來賀明年正旦。

五年春正月庚子，樞密院直省官蔡璉訴趙汝愚定策時有異謀，詔下大理捕鞫彭龜年、曾三聘等以實其事。中書舍人范仲藝力爭之于韓侂胄，事遂寢。張釜等復請窮治，詔停龜年、三聘官。壬戌，建玉堂。

二月癸酉，白氣亙天。乙酉，張釜劾劉光祖附和僞學，詔房州居住。

三月甲午，罷監司臧否郡守之制。

夏五月壬辰朔，新曆成，賜名曰統天。戊戌，賜禮部進士曾從龍以下四百十有二人及第、出身。戊申，以久雨，民多疫，命臨安府振恤之。壬子，詔諸路州學置武士齋，選官按其武藝。

六月癸亥，遣李大性賀金主生辰。

秋七月甲寅，禁高麗、日本商人博易銅錢。

八月乙亥，白氣亙天。辛巳，太祖廟楹生芝，率羣臣詣壽康宮上壽，始見太上皇，成禮而還。甲申，以過宮上壽禮成，中外奉表稱賀。丙戌，詔減諸路流囚，釋杖以下，推恩如慶

壽故事。丁亥，進京鏜等官一級。戊子，立沿邊諸州武舉取士法。

九月庚寅朔，加韓侂胄少師，封平原郡王。丙辰，遣朱致知使金賀正旦。

冬十月庚申朔，封郭師禹爲廣陵郡王。丙子，金遣僕散琦來賀瑞慶節。

十一月己丑朔，詔復右司一員。

十二月辛酉，嗣濮王不袪薨。庚午，命廣東水土惡弱諸州建安仁宅、惠濟倉庫，給士大夫死不能歸者。乙亥，奉安仁懷皇后、憲聖慈烈皇后神御于景靈宮。甲申，金遣范楫來賀明年正旦。

是歲，饒信江撫嚴衢台七州、建昌興國軍、廣東諸州皆水，振之。

六年春正月己亥，子坦生。

二月戊辰，減諸路雜犯死罪囚，釋徒以下。己巳，雨土。己卯，率羣臣奉上聖安壽仁太上皇玉牒、聖政、日曆、會要于壽康宮。甲申，封婕妤楊氏爲貴妃。

閏月庚寅，以京鏜爲左丞相，謝深甫爲右丞相，何澹知樞密院事兼參知政事。乙巳，復留正少保、觀文殿大學士致仕。丁未，雨土。辛亥，以殿前副都指揮使吳曦爲昭信軍節度使。

三月甲子，朱熹卒。辛未，從壽成惠慈皇太后幸聚景園。己卯，安定郡王子恭薨。

夏四月己酉，命不璺爲嗣濮王。

五月丙辰，以旱決中外繫囚。除茶鹽賞錢。有司上慶元寬恤詔令、役法撮要。癸亥，避正殿，減膳。丙寅，詔大理、三衙、臨安府及諸路闕雨州縣釋杖以下囚。戊辰，詔侍從、臺諫、兩省、卿監、郎官、館職疏陳闕失及當今急務。辛未，以久不雨詔中外陳朝廷過失及時政利害。壬申，雨。丁丑，詔三省、樞密院擇臣僚封事可行者以聞。

六月乙酉朔，日有食之。丁亥，以太上皇后違豫，赦。戊子，太上皇后李氏崩。壬辰，遣趙善義賀金主生辰，吳旴使金告哀。戊申，許及之以母憂去位。

秋七月己未，初御後殿。丁卯，以御史中丞陳自強簽書樞密院事。

八月庚寅，以太上皇違豫，赦。辛卯，太上皇崩。甲午，遣李寅仲使金告哀。乙未，日中有黑子。丙申，上大行太上皇后謚曰慈懿皇后。丁酉，京鏜薨。壬寅，子坦薨，追封邠王，謚沖溫。癸卯，權攢慈懿皇后于臨安府南山之修吉寺。

九月乙卯，祔慈懿皇后神主于太廟。甲子，婺州布衣呂祖泰上書，請誅韓侂胄、蘇師旦，逐陳自強等，以周必大代之。詔杖祖泰，配欽州牢城。己巳，命謝深甫朝獻景靈宮。庚午，命嗣濮王不璺朝饗太廟。辛未，合祭天地于明堂。大赦。丙子，遣丁常任爲金國遺留國信使。

冬十月丙戌，加韓侂胄太傅。戊子，遣林桷使金賀正旦。庚子，復加安南國王李龍翰保節功臣。辛丑，雨土。

十一月癸丑朔，詔宗子與愿更名曮，爲福州觀察使。己未，皇后韓氏崩。癸亥，子增生。丙寅，東北地震。上大行太上皇謚曰憲仁聖哲慈孝皇帝，廟號光宗。乙亥　上大行皇后謚曰恭淑皇后。

十二月癸未朔，子增薨，追封郢王，謚沖英。乙酉，日中有黑子。辛卯，雨土。權攢憲仁聖哲慈孝皇帝于永崇陵。己亥，金遣烏古論誼來弔祭。壬寅，權攢恭淑皇后于臨安府南山之廣教寺。癸卯，祔光宗皇帝神主于太廟。遣虞儔使金報謝。詔改明年爲嘉泰元年。乙巳，日中黑子滅。蠲臨安、紹興二府民緣攢宮役者賦。戊申，金遣紇石烈忠定來賀明年正旦。己酉，加吳曦太尉。庚戌，祔恭淑皇后神主于太廟。詔罷四川總領所所增關外四州營田租。

是歲，建寧府、徽嚴衢婺饒信南劍七州水，建康府、常潤楊楚通泰和七州、江陰軍旱，振之。

校勘記

〔一〕分兵衞南北內　「內」字原脫，據本書卷三九二趙汝愚傳、卷四七四韓侂胄傳補。

中華書局

宋史卷三十八

本紀第三十八

寧宗二

嘉泰元年春正月戊午，申嚴福建科鹽之禁。壬戌，謝深甫等薦士三十有五人，詔籍名中書，以待選擢。丁卯，命路鈐按閱諸州兵士，毋受饋遺及擅招軍，違者置諸法。庚午，以葛邲配饗光宗廟庭。丙子，金遣完顏充來弔祭。

二月戊子，詔求明曆之士。壬辰，開資善堂。遣俞烈使金報謝。癸巳，監察御史施康年劾少傅、觀文殿大學士致仕周必大首倡僞學，私植黨與，詔降爲少保。修光宗實錄。乙未，續修吏部七司法。己亥，初置教官試于四川。辛丑，雨土。

三月丙寅，雨雹。戊辰，復雨雹。頒慶元寬恤詔令、役法撮要。己巳，雨雹。戊寅，臨安大火，四日乃滅。

夏四月辛巳，詔有司振恤被災居民，死者給錢瘞之。壬午，下詔自責。詔樞密院覈禁衞班直及諸軍營柵焚燬之數。癸未，避正殿，減膳。甲申，命臨安府察姦民縱火者，治以軍法。內降錢十六萬緡、米六萬五千餘石，振被災死亡之家。辛卯，龍州蕃部寇邊，遣官軍討之。詔以風俗侈靡，災後官軍營造(一)，務遵法制。內出銷金鋪翠，焚之通衢，禁民無或服用。丁酉，御正殿，復膳。戊戌，以潛邸爲開元宮。丙午，詔文武臣無寓居州任監務官，著爲令。

五月戊午，以旱禱于天地、宗廟、社稷，詔大理、三衙、臨安府、兩浙州縣決繫囚。癸亥，釋諸路杖以下囚。除茶鹽賞錢。丁卯，命有司舉行寬恤之政十有六條。乙亥，監太平惠民局夏允中請用文彥博故事，以韓侂胄平章軍國重事。韓侂胄上疏請致仕，不許。免允中官。丙子，雨。丁丑，雨雹。

六月辛巳，遣陳宗召賀金主生辰。丙午，太白經天。

秋七月乙卯，何澹罷。丁巳，以旱復禱于天地、宗廟、社稷。壬戌，釋大理、三衙、臨安府及諸路闕雨州縣杖以下囚。癸亥，雨雹。甲子，以陳自強參知政事兼同知樞密院事，張釜簽書樞密院事。丁卯，復振被火貧民。己巳，以吳曦爲興州都統制兼知興州。

八月己卯，減奏薦恩。甲申，張釜罷，以陳自強兼知樞密院事，給事中張巖參知政事，右諫議大夫程松同知樞密院事。丙戌，復詔侍從、臺諫、兩省集議沿江八州行鐵錢利害。

九月辛亥，遣朝臣二人決浙西圍田。己未，雨土。辛未，遣李景和使金賀正旦。甲戌，令禮官纂集孝宗一朝典禮。

冬十月甲申，詔免瑞慶節諸道入貢。丙戌，起居郎王容請以韓侂胄定策事迹付史館，從之。甲午，金遣徒單懷忠來賀瑞慶節。甲辰，編光宗御集。

十一月庚申，蠲潭州民舊輸黄河鐵纜錢。丙寅，太白晝見。

十二月己卯，太白經天。庚寅，復免臨安府民身丁錢三年。辛丑，雨土。癸卯，金遣紇石烈眞來賀明年正旦。

是歲，浙西、江東、兩淮、利州路旱，振之，仍蠲其賦。眞里富國獻馴象二。

二年春正月癸亥，以知閤門事蘇師旦兼樞密都承旨。丁卯，陳自強等上高宗實錄。

二月甲申，追復趙汝愚資政殿學士。丁亥，修高宗正史、寶訓。戊子，頒治縣十二事以風厲縣令。癸巳，禁行私史。

三月辛亥，詔宰執各舉可守邊郡者二三人。己未，初命諸路提刑以五月按部理囚。己巳，詔諸路帥臣、總領、監司舉任將帥者與本軍主帥列上之。

夏四月庚寅，雨雹。

五月甲辰朔，日有食之。己巳，賜禮部進士傅行簡以下四百九十有七人及第、出身。

六月丙子，遣趙不艱賀金主生辰。己卯，臨安火。壬午，濬浙西運河。辛卯，禁都民以火說相驚者(二)。庚子，大雨雹。

秋七月辛亥，封子曮爲安定郡王。癸亥，以旱釋諸路杖以下囚。己巳，命有司舉行寬恤之政七條。庚午，禱于天地、宗廟、社稷。復行寬恤四事。

八月丙子，以吏部尚書袁說友同知樞密院事。癸未，建寶謨閣以藏光宗御集。己丑，詔作壽慈宮，請太皇太后還內。甲午，謝深甫等上慶元條法事類。

九月己酉，朝壽慈宮。甲寅，修皇帝會要。壬戌，奉安光宗皇帝、慈懿皇后神御于景靈宮、萬壽觀。丙寅，嗣秀王伯圭薨，追封崇王，謚曰憲靖。庚午，臨安府野蠶成繭。

冬十月乙亥，上壽成惠慈太皇太后尊號曰壽成惠聖慈祐太皇太后。戊子，金遣完顏瑭來賀瑞慶節。乙未，遣魯頲使金賀正旦。

十一月甲辰，始御正殿。乙巳，重修吏部七司法。是月，追復朱熹煥章閣待制致仕。庚戌，以陳自強知樞密院事，前同知樞密院事許及之參知政事。丁巳，右文殿楹生芝。

十二月甲戌，日中有黑子。率羣臣奉上壽成惠聖慈祐太皇太后册、寶于壽慈宮。甲申，

中華書局

立貴妃楊氏爲皇后。加韓侂胄太師。庚寅，大閱。

閏月丁未，詔講官有當開釋者，隨事開陳。乙卯，以福州觀察使曮爲威武軍節度使，封衞國公。丁卯，金遣徒單公弼來賀明年正旦。是月，復周必大少傅、觀文殿大學士。是冬，子垧生，未踰月薨，追封華王，謚沖穆。

是歲，建寧府、福汀南劍瀘四州水，邵州旱，振之。

三年春正月庚辰，謝深甫罷。壬午，置湖南谿洞總首。戊子，龍州蕃部復寇邊，遣官軍討之。甲午，張巖罷。丙申，以陳自強兼參知政事。戊戌，幸太學，謁大成殿，御化原堂，命國子祭酒李寅仲講尚書周官篇。遂幸武學，謁武成殿。監學官進秩一級，諸生推恩賜帛有差。以袁說友參知政事，權翰林學士、知制誥傅伯壽簽書樞密院事，伯壽辭不拜。

二月乙巳，御文德殿册皇后。以吏部尚書費士寅簽書樞密院事。

三月丁丑，以久雨詔大理、三衙、臨安府決繫囚。乙酉，幸聚景園。

夏四月己亥朔，日有食之。壬寅，福州瑞麥生。丙午，出封樁庫兩淮交子一百萬，命轉運司收民間鐵錢。乙卯，陳自強等上徽宗玉牒、孝宗光宗實錄。辛酉，詔宰執、臺諫子孫毋就試。

五月戊寅，以陳自強爲右丞相，許及之知樞密院事，仍兼參知政事。庚辰，以旱詔大

理、三衙、臨安府釋杖以下囚。癸未，命有司搜訪舊聞，修三朝正史，以書來上者賞之。是月，以蘇師旦爲定江軍承宣使。

六月壬寅，遣劉甲賀金主生辰。己酉，減大理、三衙、臨安府囚罪一等，釋杖以下。癸亥，太白經天。

秋七月辛未，頒慶元條法事類。命殿前司造戰艦。壬午，權罷同安、漢陽、蘄春三監鑄錢。白虹貫日。癸未，禁江、浙州縣抑納逃賦。乙未，加光宗皇帝謚曰循道憲仁明功茂德温文順武聖哲慈孝皇帝。

八月壬寅，增置襄陽騎軍。戊申，置四川提舉茶馬二員，分治茶馬事。丙辰，陳自強等上皇帝會要。甲子，詔刑部歲終比較諸路瘐死之數，以爲殿最。

九月庚午，袁說友罷。壬申，以宗子希瑊爲莊文太子嗣，更名搢，授右千牛衞將軍。癸酉，命阬冶鐵冶司毋得毀私錢改鑄〔三〕。己丑，詔南郊加祀感生帝，太子、庶子星，宋星。遣張孝曾使金賀正旦。

冬十月庚子，詔宥呂祖泰。癸卯，以費士寅參知政事，華文閣學士、知鎮江府張孝伯同知樞密院事。丙午，命兩淮諸州以仲冬教閱民兵萬弩手。丁未，大風。戊申，龍州蕃部出降。壬子，金遣完顏奕來賀瑞慶節。

十一月壬申，上光宗册、寶于太廟。癸酉，朝獻于景靈宮。甲戌，朝饗于太廟。乙亥，祀天地于圜丘，大赦。癸未，大風。己丑，安定郡王子觀薨。更定選人薦舉改官法。庚寅，復置福田、居養院，命諸路提舉常平司主之。

十二月丙辰，命四川提舉茶馬通治茶馬事。辛酉，下詔戒敕將帥掊克。金遣獨吉思忠來賀明年正旦。是冬，金國多難，懼朝廷乘其隙，沿邊聚粮增戍，且禁襄陽榷場。邊釁之開，蓋自此始。

四年春正月乙亥，大風。溍天長縣濠。癸未，日中有黑子。壬辰，雨雹。瓊州西浮洞逃軍作亂，寇掠文昌縣，遣兵討平之。

二月丁酉，置莊文太子府小學教授。辛亥，命內外諸軍射鐵帖轉資。壬子，蠲臨安府逋負酒稅。己未，立試刑法避親格。庚申，夜有赤氣亙天。

三月丁卯，臨安大火，迫太廟，權奉神主于景靈宮。己巳，避正殿。庚午，命臨安府振焚室。辛未，詔修太廟。甲戌，下詔罪己。乙亥，詔百官疏陳時政闕失。庚寅，復御正殿。

夏四月甲午朔，立韓世忠廟于鎮江府。命內外諸軍詳度純隊法。甲辰，許及之罷。振恤江西水旱州縣。乙巳，以費士寅兼知樞密院事，張孝伯參知政事，吏部尚書錢象祖賜出

身，同知樞密院事。丙辰，詔革選舉之弊。

五月乙亥，詔諸軍主帥各舉部內將材三人，不如所舉者坐之。癸未，追封岳飛爲鄂王。

六月癸巳，遣張嗣古賀金主生辰。丙申，置諸軍帳前雄効，以軍官子孫補之。壬寅，詔侍從、臺諫、兩省集議裁抑濫賞。壬子，詔諸路監司覈實諸州樁積錢米，沿江、四川軍帥簡練軍實。丁巳，增廬州強勇軍爲千人。

秋七月甲子，以旱詔大理、三衙、臨安府、兩浙及諸路決繫囚。戊辰，禱于天地、宗廟、社稷。己巳，命諸路提刑從宜斷疑獄。蠲內外諸軍逋負營運息錢。辛未，蠲兩浙闕雨州縣逋租。戊子，命諸路提刑、提舉司措置保伍法。

八月己亥，陳自強等上皇帝玉牒。癸丑，詔自今以恩賞進秩，歲毋過二官。蠲紹興府攢宮所在民身丁錢絹綿鹽。丙辰，除靜江府、昭州折布錢。戊午，張孝伯罷。

九月乙丑，得四圭，有邸玉一，詔藏于太常。壬午，遣鄧友龍使金賀正旦。丙戌，戒飭兩淮州縣遵守寬恤舊法。

冬十月庚子，以資政殿大學士、淮東安撫使張巖參知政事。壬寅，金遣完顏昌來賀瑞慶節。

十一月己未朔，詔兩淮、荆襄諸州值荒歉奏請不及者，聽先發廩以聞。庚午，封伯栩爲

安定郡王。壬申，白氣亙天。庚辰，修六合縣城。

十二月癸巳，詔總覈內外財賦，以陳自強兼國用使，費士寅、張巖同知國用事。己亥，詔改明年爲開禧元年。壬寅，禁州縣挾私籍沒民產。甲辰，再蠲臨安府民身丁錢三年。乙卯，金遣烏林答毅來賀明年正旦。

開禧元年春正月癸酉，初置澉浦水軍。壬午，雨雹。

二月癸巳，奪徐安國三官。癸卯，詔國用司立考覈財賦之法。丙午，蠲臨安府逋負酒稅。

三月庚申，太白晝見。辛未，申嚴民間生子棄殺之禁，仍令有司月給錢米收養。辛巳，以淮西安撫司所招軍爲強勇軍。癸未，費士寅罷。

夏四月戊子朔，以錢象祖參知政事兼同知樞密院事，吏部尚書劉德秀簽書樞密院事。辛卯，以江陵副都統李奕爲鎭江都統，皇甫斌爲江陵副都統兼知襄陽府。戊戌，修憲聖慈烈皇后聖德事迹。辛丑，日中有黑子。甲寅，武學生華岳上書，諫朝廷不宜用兵，恐啓邊釁，以忤韓侂冑，送建寧府編管。乙卯，大風。

五月己巳，賜禮部進士毛自知以下四百三十有三人及第、出身。復淳熙薦舉改官法。

乙亥，詔以衞國公曮爲皇子，進封榮王。甲申，鎭江都統戚拱遣忠義人朱裕結弓手李全焚漣水縣。是月，金國以邊民侵掠及增邊戍來責渝盟。

六月戊子，罷廣東稅場八十一墟。辛卯，詔內外諸軍密爲行軍之計。戊戌，命諸路安撫司教閱禁軍。己亥，遣李壁賀金主生辰。庚子，進程松資政殿大學士，爲四川制置使。辛丑，淮東安撫鄧挺坐擅納北人牛眞及劫漣水軍事敗，奪二官罷。壬寅，天鳴有聲。復同安、漢陽、蘄春三監。己巳，熒惑犯太微右執法。陳自強等上新修淳熙以後吏部七司法。壬子，陳自強及侍御史鄧友龍等請用本朝故事，以韓侂冑平章軍國事。減大理、三衙、臨安府囚罪一等，釋杖以下。

秋七月庚申，詔韓侂冑平章軍國事，立班丞相上，三日一朝，赴都堂治事。命興元都統司增招戰兵。丙寅，以蘇師旦爲安遠軍節度使領閤門事。丁卯，詔侍從、兩省、臺諫、在外待制學士已上及內外文武官，各舉將帥邊守一二人。戊辰，贈趙汝愚少保。己卯，韓侂冑等上高宗御集。壬午，詔諸路提刑、提舉司措置保甲。癸未，以韓侂冑兼國用使。以旱詔大理、三衙、臨安府、兩浙州縣及諸路決繫囚。

八月丙戌朔，蠲兩浙闕雨州縣贓賞錢。丁亥，命湖北安撫司增招神勁軍。癸巳，雨。乙巳，以殿前副都指揮使郭倪爲鎭江都統兼知揚州。是月，贈宇文虛中少保，追封劉光世爲鄜王。

閏月戊寅，韓侂冑等上欽宗玉牒、憲聖慈烈皇后聖德事迹。

九月丁亥，劉德秀罷。庚子，詔官吏犯贓追還所受，如舊法。丁未，遣陳景俊使金賀正旦。庚戌，大風。

冬十月甲子，江州守臣陳鑄[三]以歲旱圖獻瑞禾，詔奪一官。丙寅，升嘉定府爲嘉慶軍。庚午，金遣紇石烈子仁來賀瑞慶節。復置和州馬監。

十一月乙酉，置殿前司神武軍五千人屯揚州。乙未，申嚴告訐之禁。

十二月癸丑朔，修孝宗、光宗御集。庚午，詔兩淮京西監司、帥守講行寬恤之政。增刺馬軍司弩手。癸酉，詔永除兩浙身丁錢絹。戊寅，金遣趙之傑來賀明年正旦，入見，禮甚倨。韓侂冑請帝還內，詔使人更以正旦朝見。著作郎朱質上書請斬金使，不報。

是歲，眞里富國獻瑞象。江浙、福建、二廣諸州旱，兩淮、京西、湖北諸州水，振之。

二年春正月癸未朔，蠲兩浙路身丁紬綿。癸巳，再給軍士雪寒錢。發米振給貧民。以金使悖慢，館伴使、副以下奪官有差。乙未，增太學內舍生爲百二十人。辛丑，更名國用司曰國用參計所。己酉，雷，雨雹。辛亥，詔坑戶毀錢爲銅者不赦，仍籍其家，著爲令。是月，

雅州蠻高吟師寇邊，遣官軍討之。

二月癸丑，壽慈宮火。甲寅，太皇太后移居大內，車駕月四朝。乙卯，以火災避正殿，徹樂。丁巳，以久雨詔大理、三衙、臨安府及諸路決繫囚。己卯，復御正殿。

三月癸巳，以程松爲四川宣撫使，吳曦爲宣撫副使。甲午，頒開禧重修七司法。丁酉，詔諸路監司歲十一月按部理囚，如五月之制。己亥，從太皇太后幸聚景園。乙巳，錢象祖罷，以張巖兼知樞密院事。丙午，以錢象祖懷姦避事，奪二官，信州居住。己酉，知處州徐邦憲入見，請立太子，因以肆赦弭兵，侍御史徐柟劾罷之。

夏四月己未，雅州蠻作亂，焚碉門砦，官軍失利。庚申，四川宣撫司復調御前大軍往討之。甲子，以薛叔似爲兵部尚書、湖北京西宣撫使，鄧友龍爲御史中丞、兩淮宣撫使。下納粟補官之令。戊辰，以吳曦兼陝西、河東路招撫使。己巳，詔三衙兵增戍淮東。庚午，追奪秦檜王爵，命禮官改諡。乙亥，以郭倪兼山東、京東路招撫使，鄂州都統趙淳兼京西北路招撫使，皇甫斌兼京西北路招撫副使。丁丑，吳曦遣其客姚淮源獻關外四州于金，求封蜀王。鎭江都統制陳孝慶復泗州，江州統制許進復新息縣。戊寅，光州忠義人孫成復褒信縣。

五月辛巳朔，陳孝慶復虹縣。吳興郡王抦薨，追封沂王，諡曰靖惠。癸未，禁邊郡官吏擅離職守。丙戌，江州都統王大節引兵攻蔡州不克，軍大潰。丁亥，下詔伐金。癸巳，以伐

中華書局

金告于天地、宗廟、社稷。皇甫斌引兵攻唐州，敗績。興元都統秦世輔出師至城固縣，軍大亂。甲午，賜宗室希瞿子名均，命爲沂王抦後，補千牛衞將軍。以池州副都統郭倬、主管馬軍行司公事李汝翼會兵攻宿州，敗績。壬寅，太白晝見。簡荆襄、兩淮田卒以備戰兵。癸卯，郭倬等還至蘄縣，金人追而圍之，倬執馬軍司統制田俊邁以與金人，乃得免。

六月壬子，王大節除名，袁州安置，尋徙封州。癸丑，建康都統李爽攻壽州，敗績。甲寅，鄧友龍罷。以江南東路安撫使丘崈爲刑部尚書、兩淮宣撫使。乙卯，雅州蠻高吟師出降，官軍殺之。丁巳，減大理、三衙、臨安府囚罪一等，釋杖以下。奪郭倬、李汝翼三官〔五〕。辛酉，奪皇甫斌三官。甲子，李爽罷。丁卯，曲赦泗州，減雜犯死罪囚，餘皆除之，蠲其租稅三年。建康副都統田琳復壽春府。戊辰，雅州蠻復寇邊。甲戌，奪李爽三官，汀州居住。再奪皇甫斌五官，南安軍安置。丙子，奪鄧友龍三官，興化軍居住。戊寅，蘇師旦罷。是月，命丘崈至揚州部署諸將，悉三衙江上軍分守江、淮要害。金人封吳曦爲蜀王。

秋七月辛巳，復紹興邊郡賞。奪蘇師旦三官，衡州居住，仍籍其家。罷旱傷州軍比較租賦一年。詔侍從、臺諫、兩省、卿監、郎官、監司、郡守、前宰執侍從，各舉人材二三人。壬午，雅州蠻出降。庚子，蘇師旦除名，韶州安置。癸卯，以張巖知樞密院事，禮部尚書李壁參知政事。乙巳，置沂王府小學教授。

八月丙寅，有司上開禧刑名斷例。斬郭倬于鎭江。戊辰，再奪李爽三官，南雄州安置。辛未，詔諸州無證有佐之獄毋奏裁。壬申，以淮東安撫司所招軍爲御前強勇軍。

九月壬午，金兵攻奪和尙原。己丑，朝獻于景靈宮。庚寅，朝饗于太廟。辛卯，合祭天地于明堂，大赦。乙巳，賞復泗州功。

冬十月戊申朔，詔內外軍帥各舉智勇可將帥者二人。辛酉，以將士暴露，罷瑞慶節宴。丙子，金人自清河口渡淮，遂圍楚州。

十一月庚辰，命主管殿前司公事郭杲領兵駐眞州以援兩淮。辛巳，金人破棗陽軍。甲申，以丘崈簽書樞密院事，督視江、淮軍馬。金人犯神馬坡，江陵副都統魏友諒突圍趨襄陽。乙酉，趙淳焚樊城。戊子，金人犯廬州，田琳拒退之。癸巳，以金人犯淮告于天地、宗廟、社稷。乙未，避正殿，減膳。以湖廣總領陳謙爲湖北、京西宣撫副使。丙申，金人去廬州。丁酉，金人犯舊岷州，守將王喜遁去。戊戌，金人圍和州，守將周虎拒之。金人破信陽軍。辛丑，金人圍襄陽。壬寅，金人破隨州。癸丑，太皇太后賜錢一百萬緡犒賞軍士。詔諸路招塡禁軍以待調遣。甲辰，金人犯眞州。乙巳，金人破西和州。是月，濠州、安豐軍及邊屯皆爲金人所破。

十二月戊申，金人圍德安府，守將李師尹拒之。庚戌，金人破成州，守臣辛㯷之遁去。

吳曦焚河池縣，退屯青野原。辛亥，釋大理、三衙、臨安府杖以下囚。癸丑，金人去和州。甲寅，金人攻六合縣，郭倪遣前軍統制郭僎救之，遇于胥浦橋，大敗，倪棄揚州走。丁巳，金人破大散關。戊午，熒惑守太微。癸亥，魏友諒軍潰于花泉，走江陵。丁卯，金人犯七方關，興州中軍正將李好義拒卻之。戊辰，吳曦還興州。金人自淮南退師，留一軍據濠州。己巳，罷郭倪，奪三官，責授果州團練副使，南康軍安置。庚午，薛叔似、陳謙罷。以荆湖北路安撫使吳獵爲湖北、京西宣撫使〔六〕。復兩浙圍田，募兩淮流民耕種。癸酉，吳曦始自稱蜀王。甲戌，以鎭江副都統畢再遇爲鎭江都統、權山東京東路招撫司公事。乙亥，四川宣撫使程松遁。

三年春正月丁丑朔，丘崈罷。己卯，命知樞密院事張巖督視江、淮軍馬。庚辰，以陳自強兼樞密使。癸未，金人破階州。丁亥，子圻生。庚寅，詔建康府給淮民裝錢，遣歸業。辛卯，吳曦招通判興元府、權大安軍事楊震仲，震仲不屈，死之。癸巳，命兩淮帥守、監司招集流民。甲午，吳曦僭位于興州。甲辰，奪池州都統陳孝慶三官罷。

二月壬子，以金師退，御正殿，復膳。甲寅，削奪福建路總管兼延祥水軍統制商榮官爵，柳州安置。己未，罷程松四川宣撫使，以成都府路安撫使楊輔爲四川制置使，沿江制置

使葉適兼江、淮制置使。庚申，以旱詔大理、三衙、臨安府決繫囚。癸亥，子圻薨，追封順王，謚沖懷。甲子，振給旱傷州縣貧民。命諸路提刑司從宜斷疑獄。丁卯，罷江、浙、荆湖、福建招軍。戊辰，子墌生。庚午，金人去襄陽。辛未，以旱禱于天地、宗廟、社稷。命有司舉行寬恤之政八條，蠲兩淮被兵諸州今年租賦。乙亥，釋兩浙路杖以下囚。四川宣撫副使司隨軍轉運安丙及興州中軍正將李好義、監四川總領所興州合江倉楊巨源等共誅吳曦，傳首詣行在，獻于廟社，梟三日，四川平。併誅曦妻子，家屬徙嶺南，奪其父挺官。遷吳璘子孫出蜀，存其廟祀，玠子孫免連坐。

三月丙子朔，蠲兩淮被兵州郡役錢。丁丑，斬僞四川都轉運使徐景望于利州。壬辰，興州將劉昌國引兵至階州，金人退去。癸巳，李好義復西和州。丁酉，金人去成州。庚子，詔以楊輔爲四川宣撫使，安丙爲端明殿學士、四川宣撫副使，起居舍人許奕爲四川宣諭使。落程松資政殿大學士，奪六官，筠州安置。忠義統領張翼復鳳州。辛丑，曲赦四川，減雜犯死罪囚，釋杖以下。壬寅，責授程松順昌軍節度副使，澧州安置。

夏四月戊申，以吳獵兼四川宣諭使。子墌薨，追封申王，謚沖懿。癸丑，赦兩淮、湖北、京西被兵諸州，減雜犯死罪囚，釋流以下。蠲湖北、京西諸郡今年租賦。四川忠義人復大散關。己未，奉使金國通謝、國信所參議官方信孺發行在。庚申，以兵部尙書宇文紹節知江

二十四史

中華書局

陵府，權湖北、京西宣撫使。壬戌，詔吳獵與宣撫司議，分興州都統司軍之半屯利州。丁卯，召楊輔詣行在，以吳獵爲四川制置使。戊辰，以資政殿學士錢象祖參知政事。己巳，改興州爲沔州。庚午，贈楊震仲官，仍官其子一人。癸酉，金人復破大散關。甲戌，赦西和、階、成、鳳四州。

五月丁丑，賞誅吳曦功。戊寅，用四川宣撫司奏，吳曦黨人張仲之等一十六人除名，編配兩廣及湖南諸州。己丑，以旱禱于天地、宗廟、社稷。辛卯，以太皇太后謝氏有疾，赦，是日崩。四川宣撫副使司參贊軍事楊巨源與金人戰于長橋，敗績。戊戌，詔四川宣撫、制置司〔七〕分治兵民。庚子，復置沔州副都統制，以李好義爲之。辛丑，李好義襲秦州，敗還。

六月甲寅，賞守襄陽功。己未，李好義遇毒死。癸亥，以林拱辰爲金國通謝使，遣富琯使金告哀，劉彌正賀金主生辰。癸酉，安丙殺其參議官楊巨源。

秋七月己卯，命不儔爲嗣濮王。乙酉，以災傷下詔罪己。

八月己巳，上大行太皇太后謚曰成肅皇后。

九月丁丑，詔諸路帥臣申儆邊備。辛巳，召張巖詣行在。壬午，方信孺以忤韓侂胄，坐用私覿物擅作大臣饋遺金將，奪三官，臨江軍居住。甲申，減極邊官吏舉主員。乙酉，權欑成肅皇后于永阜陵〔九〕。丙戌，命淮西轉運司措置摊淮軍。辛卯，以趙淳爲殿前副都指

揮使兼江、淮制置使。乙未，張巖罷。辛丑，遣王柟持書赴金國都副元帥府。壬寅，祔成肅皇后神主于太廟。

冬十月乙巳，減臨安、紹興二府囚罪一等，蠲民緣欑宮役者賦。丙午，更殿前司純隊法。乙卯，復珍州遵義軍。丙辰，詔以邊事諭軍民。

十一月甲戌，詔：韓侂胄輕啓兵端，罷平章軍國事；陳自強阿附充位，罷右丞相。乙亥，禮部侍郎史彌遠等以密旨命權主管殿前司公事夏震誅韓侂胄于玉津園。以錢象祖兼知樞密院事，李壁兼同知樞密院事。以誅韓侂胄詔天下。丁丑，以夏震爲福州觀察使、主管殿前司公事，將士行賞有差。奪陳自強三官，永州居住。戊寅，責授蘇師旦武泰軍節度副使，韶州安置；己卯，斬之。詔：「姦臣竄殛，當首開言路，以來忠讜。中外臣僚，各具所見以聞。」辛巳，再奪鄧友龍五官，南雄州安置，尋除名徙循州。乙酉，置御前忠銳軍。丙戌，以御史中丞衞涇簽書樞密院事兼參知政事。丁亥，詔立皇子榮王曮爲皇太子，更名幬。戊子，郭倪除名，梅州安置；郭僎除名，連州安置：仍籍其家。奪李壁二官，撫州居住。癸巳，奪張巖二官，徽州居住。己亥，以立皇太子大赦。

十二月癸卯，以丘崈爲江、淮制置大使。罷山東、京東招撫司。以許奕爲金國通問使。乙巳，太白晝見。丁未，罷京西北路招撫司。己酉，落葉適寶文閣待制。蠲兩淮州軍稅一年。庚戌，奪許及之二官，泉州居住。奪薛叔似二官，福州居住。再奪皇甫斌五官，英德府安置。癸丑，金人復破隨州。辛酉，以錢象祖爲右丞相兼樞密使，衞涇及給事中雷孝友並參知政事，吏部尚書林大中簽書樞密院事。乙丑，以禮部尚書史彌遠同知樞密院事。丙寅，贈呂祖儉朝奉郎、直祕閣，官其子一人。丁卯，詔改明年爲嘉定元年。

是歲，浙西旱蝗，沿江諸州水。

校勘記

〔一〕災後官軍營造　「官軍」，兩朝綱目卷七、宋史全文卷二九都作「官民」，似以「官民」爲是。

〔二〕禁都民以火說相驚者　「說」，兩朝綱目卷七、宋史全文卷二九都作「訛」。

〔三〕命阬冶鉄冶司毋得毀私錢改鑄　「毋得」二字原脫。按兩朝綱目卷八作「命坑冶鉄冶司毋得毀私錢爲銅」，續宋編年通鑑卷一三也作「命鐵冶司毋得毀私錢爲銅」。據補。

〔四〕江州守臣陳鑄　「江州」，宋會要職官七四之一九、兩朝綱目卷八都作「汀州」。

〔五〕奪郭倬李汝翼三官　「三」，原作「二」，據宋會要職官七四之二一、兩朝綱目卷九改。

〔六〕以荆湖北路安撫使吳獵爲湖北京西宣撫使　「荆」，原作「京」，據本書卷三九七本傳、兩朝綱目卷九改。

〔七〕四川宣撫制置司　「制置司」原作「置制司」。按宋代官制，有「制置司」而無「置制司」。據宋會要職官四〇之一七、朝野雜記甲集卷一一改。

〔九〕永阜陵　「永」字原脫，據本書卷二四三本傳、宋史全文卷二九下、兩朝綱目卷一〇補。

宋史卷三十九

本紀第三十九

寧宗三

嘉定元年春正月戊寅，右諫議大夫葉時等請梟韓侂冑首于兩淮以謝天下，不報。辛巳，下詔求言。壬午，王柟還自河南，持金人牒，求韓侂冑首。丙戌，葉時等復請梟侂冑首于兩淮。戊子，安定郡王伯栩薨。壬辰，以史彌遠知樞密院事，以許奕爲金國通謝使。

二月戊申，追復趙汝愚觀文殿大學士，謚忠定。詔史官改紹熙以來韓侂冑事迹。壬子，詔臨安府振給流民。戊午，責授程松果州團練副使，賓州安置。是月，郴州黑風峒寇羅世傳作亂，招降之。

三月癸酉，以毛自知首論用兵，奪進士第一人恩例。戊子，下詔戒飭內外羣臣。復秦檜王爵、贈謚。己丑，王柟自軍前再還行在，議以韓侂冑函首易淮、陝侵地。辛卯，詔梟侂冑

首于兩淮。是春，子垍生。

夏四月丙辰，詔後省科別羣臣奏疏可行者以聞。贈彭龜年寶謨閣直學士，落李沐寶文閣學士。戊午，再責授陳自強復州團練副使，雷州安置，仍籍其家。

閏月辛未，置拘榷安邊錢物所〔一〕。壬申，雨雹。癸未，子垍薨，追封肅王，謚冲靖。詔大理、三衙、臨安府及諸路闕雨州縣決繫囚，釋杖以下。甲申，詔自今視事令皇太子侍立。乙酉，以錢象祖兼太子少傅，衞涇、雷孝友、林大中並兼太子賓客。辛卯，以旱禱于天地、宗廟、社稷。癸巳，減常膳。乙未，蠲兩浙闕雨州縣貧民逋賦。命大理、三衙、臨安府、兩浙州縣決繫囚。丙申，幸太乙宮、明慶寺禱雨。丁酉，以旱詔求言。

五月辛酉，賜禮部進士鄭自成以下四百二十有六人及第、出身。甲子，太白經天。乙丑，以飛蝗爲災，減常膳。丁卯，詔侍從、臺諫疏奏闕政，監司、守令條上民間利害。

六月庚午，金人歸大散關。辛未，金人歸濠州。乙亥，衞涇罷。丙子，遣鄒應龍賀金主生辰。甲申，林大中薨。乙酉，以蝗禱于天地、社稷。丙戌，詔侍從、兩省、臺諫舉沿邊守臣。辛卯，以史彌遠兼參知政事。

秋七月辛丑，詔呂祖泰特補上州文學。癸丑，以丘崈同知樞密院事。壬戌，以飛蝗爲災，詔三省疏奏寬恤未盡之事。

八月戊辰朔，發米振貧民。辛未，丘崈卒。甲戌，命侍從、臺諫、兩省詳議會子折閱利害。辛巳，以禮部尚書婁機同知樞密院事，吏部尚書樓鑰簽書樞密院事。丙戌，詔禮部侍郎許奕、起居舍人曾從龍攷訂監司、守令所陳民間利害，擇可行者以聞，其未上者趣之。甲午，發米二十萬，振糶江、淮流民。

九月辛丑，金使完顏侃、喬宇入見。壬子，出安邊所錢一百萬緡，命江、淮制置大使司糴米振饑民。己未，詔以和議成諭天下。甲子，遣曾從龍使金賀正旦。乙丑，大風。赦沿邊諸州。

冬十月丙子，以錢象祖爲左丞相，史彌遠爲右丞相。雷孝友知樞密院事仍兼參知政事，婁機參知政事，樓鑰同知樞密院事。己卯，褒錄慶元上書楊宏中等六人。庚辰，封伯柷爲安定郡王。辛巳，蔡璉除名，配贛州牢城。癸未，金遣使來賀瑞慶節。

十一月丙辰，金主璟殂。戊午，史彌遠以母憂去位。

十二月戊辰，錢象祖罷。庚午，四川初行當五大錢。升嘉興府爲嘉興軍。再奪李沐三官，信州居住。戊寅，改命曾從龍使金弔祭。己卯，黎州蠻畜卜寇邊。己丑，遣宇文紹彭使金賀卽位。辛卯，蠲兩淮州軍二稅一年。

是歲，江、淮制置司汰雄淮軍歸農，淮東揀刺八千餘人以補鎭江大軍及武鋒軍之闕，淮西揀刺二萬六千餘人以爲御前定武軍〔二〕。

二年春正月庚子，詔內外有司疏陳節用之事。辛丑，金遣裴滿正來告哀。丁巳，以樓鑰參知政事，御史中丞章良能同知樞密院事，吏部尚書宇文紹節簽書樞密院事。庚申，金遣蒲察知剛來獻遺留物。詔侍從、兩省、臺諫各舉監司、郡守治行尤異者二三人。

二月己巳，金遣使來告卽位。庚午，黎州蠻寇邊。壬午，以會子折閱日甚，詔侍從、兩省以下各疏奏所見。丁亥，罷法科試經義，復六場舊法。戊子，大風。

三月丙申，雨雹。己酉，詔：民以減會子之直籍沒家財者，有司立還之。戊午，禁兩淮官吏私買民田。庚申，命浙西及沿江諸州給流民病者藥。辛酉，罷漳泉福三州、興化軍賣廢寺田。壬戌，出內庫錢十萬緡爲臨安貧民棺櫬費。

夏四月乙丑，詔諸路監司督州縣捕蝗。戊辰，江、淮制置司言，放廬、濠二州忠義軍歸農。甲申，賜臨安諸軍死者棺錢。戊子，賜楊震仲謚曰節毅。

五月丙申，史彌遠起復。丁酉，以旱詔諸路監司決繫囚，劾守令之貪殘者。戊戌，借補訓武郎〔三〕羅日愿謀爲變，伏誅。庚子，詔侍從、兩省、臺諫各舉監司、郡守有政績才望者二人，以補郎官之闕。辛丑，申命州縣捕蝗。癸卯，詔兩淮、荊襄守令以戶口多寡爲殿最。乙卯，釋大理、三衙、臨安府、兩浙州縣杖以下囚。除茶鹽賞錢。己未，以旱詔羣臣上封事。庚

申，禱于天地、宗廟、社稷。

六月癸亥朔，命浙西諸州諭民種麻豆，毋督其租。詔臺省及諸路監司速決滯獄。戊辰，奉安成肅皇后神御于景靈宮。己巳，遣俞應符賀金主生辰。乙酉，復禱雨于天地、宗廟、社稷。己丑，命江西、福建、二廣豐稔諸州糴運以給臨安，仍償其費。辛卯，京湖制置司言，放諸州新軍及忠義人歸農。

秋七月癸巳，命有司舉行寬恤之政五條。乙未，詔荒歉州縣七歲以下男女聽異姓收養，著爲令。己亥，蠲信陽、荆門、漢陽軍民賦。壬寅，命兩淮轉運司給諸州民麥種。癸卯，募民以振饑免役。

八月甲子，聽兩淮諸州民行鐵錢于沿江八州。乙丑，以安丙爲四川制置大使，罷宣撫司。甲戌，册皇太子。丁丑，皇太子謁于太廟。戊寅，詔皇太子更名詢。己卯，黎州蠻復寇邊。丙戌，發米十萬石振兩淮飢民。

九月己亥，朝獻于景靈宮。庚子，朝饗于太廟。辛丑，合祭天地于明堂，大赦。丙午，增太學內舍生十員。癸丑，命吏部郎官劉爚等審定中外所陳會子利害，上于朝。己未，遣費培使金賀正旦。

冬十月丁卯，命京湖制置司募逃卒及放散忠義以補廂、禁軍闕。丁丑，金遣使來賀瑞慶節。己丑，命兩淮轉運司給諸州民稻種。減公私房廊白地錢什之三。

十一月辛卯朔，沔州統制張林等謀作亂，事覺，貸死除名，廣南羈管。甲午，詔浙西監司募飢民修水利。乙未，以歲饑罷雪宴。是月，郴州黑風峒寇李元礪作亂，衆數萬，連破吉、郴諸縣，詔遣荆、鄂、江、池四州軍討之。

十二月甲子，四川制置大使司調官軍討黎州蠻，敗績。己巳，賜朱熹謚曰文。乙亥，詔諸州毋糴職田租。丙戌，金遣使來賀明年正旦。

是歲，諸路旱蝗，揚楚衡郴吉五州、南安軍盜起。

三年春正月甲辰，下詔招諭羣盜。又詔戒飭監司、郡守。丙午，雨土。

二月辛酉，黎州蠻復寇邊。庚午，詔楚州武鋒軍歲給累重錢，如大軍例。壬午，以工部侍郎王居安知隆興府，督捕峒寇。

三月丁酉，蠲都城及荒歉諸州民間逋負。己亥，以湖南轉運判官曹彥約知潭州，督捕峒寇。庚子，賜彭龜年謚曰忠肅。甲寅，誅楚州渠賊胡海。丙辰，以久雨釋兩浙州縣繫囚。

夏四月癸亥，李元礪犯南雄州，官軍大敗。乙丑，決臨安繫囚，釋杖以下。丙寅，詔監司、守臣安集泰、吉二州民經賊蹂踐者。戊辰，出內庫錢二十三萬緡賜臨安軍民。己巳，詔臨安府給細民病死者棺櫬。

五月乙未，淮東賊悉平，詔寬恤殘破州縣。甲辰，以去歲旱蝗百官應詔封事，命兩省擇可行者以聞。乙巳，命沿海諸州督捕海寇。戊申，經理兩淮屯田。庚戌，以江陵忠勇軍爲御前忠勇軍。癸丑，以久雨發米振貧民。

六月丁巳朔，日有食之。壬戌，命有司舉行寬恤之政十有九條。癸亥，遣黃中賀金主生辰。己卯，加楊次山少保，封永陽郡王。詔三衙、江上、四川諸軍主帥核實軍籍，欺冒者以贓論。是月，池州副都統許俊、江州副都統劉元鼎與李元礪戰于江西，皆不利；知潭州曹彥約又與賊戰，亦爲所敗，賊勢愈熾。

秋七月辛卯，申嚴圍田增廣之禁。癸卯，定南班爲三十員。

八月乙亥，大風拔木。是月，臨安府蝗。

九月丙戌朔，詔三衙、江上諸軍，升差將校必以材藝年勞；其徇私者，臺諫及制置、總領劾之。癸丑，遣錢仲彪使金賀正旦。

冬十月壬申，雷。金遣使來賀瑞慶節。丁丑，推南雄州戰歿將士恩。

十一月癸巳，賞楚州平賊功。乙巳，遣朝臣二人往兩浙路與提舉官議收浮鹽。是月，李元礪迫贛州、南安軍，詔以重賞募人討之。

十二月丙辰，詔江、淮諸司嚴飭守令安集流民。戊午，婁機罷。丙寅，湖南賊羅世傳縛李元礪以降，峒寇悉平。辛巳，金遣使來賀明年正旦。黎州蠻請降。

是歲，臨安紹興二府、嚴衢二州大水，振之，仍蠲其賦。

四年春正月己丑，敍州蠻攻嘉定府利店砦，陷之。甲辰，以四川鹽擔錢對減激賞絹一年。丙午，詔：湖南、江西諸州經賊蹂踐者，監司、守臣攷縣令安集之實，第其能否以聞。

二月乙卯，李元礪伏誅。壬戌，羅世傳補官，尋復叛。辛巳，罷廣西諸州牛稅。

閏月丁未，大風。辛亥，詔：諸路帥臣、監司、守令格朝廷振恤之令及盜發不即捕者，重罪之。

三月己未，臨安府振給病民，死者賜棺錢。丙子，沔州將劉世雄等謀據仙人原作亂，伏誅。

夏四月甲申，禁兩浙、福建州縣科折鹽酒。己丑，以吳曦沒官田租代輸關外四州旱傷秋稅。丙午，賜黑風峒名曰效忠。戊申，出內庫錢瘞疫死者貧民。是月，四川制置大使司置安邊司以經制蠻事，命成都路提刑李埴、潼川路安撫許奕共領之。

五月乙亥，賜禮部進士趙建大以下四百六十有五人及第、出身。

六月丁亥，遣余嶸賀金主生辰，會金國有難，不至而還。減京畿囚罪一等，釋杖以下。辛丑，更定四川諸軍軍額。

秋七月壬戌，太白晝見。丙寅，詔四川官吏嘗受僞命者自今毋得敍用。丁丑，詔：軍興以來僭賞冒濫者聽自陳，除其罪。

九月辛酉，敍州蠻寇邊。乙亥，羅世傳爲其黨所殺。丁丑，遣程卓使金賀正旦。詔：附會開邊得罪之人，自今毋得敍用。

冬十月甲辰，以金國有難，命江淮、京湖、四川制置司謹邊備。

十一月己酉朔，日有食之。癸丑，賞平峒寇功。甲戌，申嚴諸軍升差之制。

十二月辛巳，奉議郎張鎡坐扇搖國本除名，象州羈管。癸未，以會子折閱不行，遣官體訪江、浙諸州。乙巳，金遣使來賀明年正旦。

是歲，金國有難，賀生辰使不至。

五年春正月己巳，詔諸路通行兩浙倍役法，著爲令。壬申，賜李好義謚曰忠壯。

二月壬午，罷兩淮軍興以來借補官。

三月庚戌，四川制置司遣兵分道討敍州蠻，其酋米在請降。戊辰，以久雨詔大理、三

衙、臨安府、兩浙州縣決繫囚。甲戌，以廣東、湖南、京西盜平，監司、帥臣進職有差。

夏五月癸酉，安南國王李龍翰卒，以其子昊旵爲安南國王。詔：州縣見役人毋納免役錢，役滿復輸。

六月癸未，遣傅誠賀金主生辰。乙酉，禁銅錢過江。

秋七月庚申，賞降敍州蠻功。戊辰，以雷雨毀太廟屋，避正殿減膳。

八月甲戌朔，御後殿，復膳。

九月丙午，太白晝見。己酉，有司上續編中興禮書。庚戌，邀義呰夷楊煥來獻馬。辛未，罷沿海諸州海船錢。

冬十月辛巳，詔諸路總領官歲舉堪將帥者二三人，安撫、提刑舉可備將材者各二人。戊子，金遣使來賀瑞慶節。戊戌，雷。遣使弔祭安南。

十一月庚申，朝獻于景靈宮。辛酉，朝饗于太廟。壬戌，祀天地于圜丘，大赦。

十二月丁丑，再蠲濠州租稅一年。壬午，詔蠲州縣橫增稅額。己亥，金遣使來賀明年正旦。

六年春正月庚申，宇文紹節卒。詔侍從、臺諫、兩省官、帥守、監司各舉實才二三人。

二月丁丑，太白晝見。丙戌，有司上嘉定編修吏部條法總類。乙未，詔宗室毋與胥吏通姻，著爲令。

三月癸亥，樓鑰罷。

夏四月丙子，以章良能參知政事。甲午，復法科試經義法，雜流進納人不預。

五月丁卯，以旱命大理、三衙、臨安府決繫囚。戊辰，修慶元六年以來寬恤詔令。

六月乙亥，詔刑部歲終上諸州未決之獄于尚書省，擇其最久者罪之。丁丑，遣董居誼賀金主生辰，會金國亂，不至而還。丁亥，復監司臧否守令及監司、郡守舉廉吏所知法。丙申，詔三衙、江上諸軍主帥各舉堪將帥者二三人。

八月己巳朔，詔諸路監司、帥臣舉所部官吏之才行卓絕、績用章著者。庚午，知思州田宗範謀作亂，夔州路安撫司遣兵討平之。是月，金人弑其主允濟。

九月甲辰，蠲京、湖諸州逋負二十八萬餘緡。

閏月戊辰朔，詔御史臺置考課監司簿。丙戌，以金主新立，命四川謹邊備。己丑，詔湖北監司、守令振恤旱傷。癸巳，雷。甲午，史彌遠等上三祖下七世仙源類譜、高宗寶訓、皇帝玉牒、會要。乙未，大雷。丙申，以雷發非時下罪己詔。

冬十月丁酉朔，申嚴互送之禁。戊申，遣眞德秀賀金主即位，會金國亂，不至而還。庚

戌，遣李壼使金賀正旦，亦不至而還。甲子，金遣使來告即位。

十一月癸未，虛恨蠻寇嘉定府之中鎭砦。

十二月壬寅，蠲瓊州丁鹽錢。癸亥，金遣使來賀明年正旦。

是歲，兩浙諸州大水，振之。

七年春正月丁卯朔，四川制置司遣提舉皂郊博馬務何九齡率諸將及金人戰于秦州城下，敗還。丁丑，章良能薨。壬午，沔州都統王大才斬何九齡，梟首境上，以其事聞。

三月丁卯，以安丙同知樞密院事，成都府路安撫使董居誼爲四川制置使。庚辰，金國來督二年歲幣。戊子，金人來止賀正旦使。

夏四月癸卯，蠲福建沿海諸州貧民納鹽。

五月丁丑，太白經天。乙酉，賜禮部進士袁甫以下五百四人及第、出身。

六月辛丑，以旱命諸路州軍禱雨。甲辰，詔諸路監司、守臣速決滯訟。丙午，蠲兩浙路諸州贓賞錢。壬子，釋大理、三衙及兩浙路杖以下囚。丁巳，置嘉定府邊丁二千人以備蠻。

秋七月甲子朔，以左諫議大夫鄭昭先簽書樞密院事兼權參知政事。戊辰，詔省吏毋授參議官。乙亥，金人來告遷于南京。庚寅，以起居舍人眞德秀奏，罷金國歲幣。是月，夏人以

書來四川，議夾攻金人，不報。

八月癸巳朔，罷關外四州所增方田稅。乙未，罷四川宣制司所補官。癸卯，復建宗學，置博士、諭各一人，弟子員百人。金國復來督歲幣。乙巳，太白經天。禁州縣沮壞義役。戊申，詔以安丙爲觀文殿學士、知潭州。

九月壬戌朔，日有食之，太白晝見。乙丑，史彌遠等上高宗中興經武要略。戊寅，調殿前司兵增戍天長縣。丙戌，以久雨釋大理、三衙、臨安府杖以下囚。庚寅，釋兩浙路杖以下囚。除茶鹽賞錢。

冬十月壬辰朔，出內帑錢振臨安府貧民。

十一月辛酉朔，遣聶子述使金賀正旦，刑部侍郎劉爚〔四〕等及太學諸生上章言其不可，不報。丙戌，命浙東監司發常平米振災傷州縣。罷四川制置大使司所開鹽井。

十二月甲午，復罷同安監鑄錢。丁巳，金遣使來賀明年正旦。

是歲，黎州蠻畜卜始降。

八年春正月辛未，命師禹嗣秀王。詔侍從、兩省、臺諫各舉將材三人。己卯，遣丁焴賀金主生辰。戊子，申嚴銷金鋪翠之禁。

二月丙午，雷孝友罷。壬子，蠲平江等五郡逋負米，釋其繫囚。己未，雨土。

三月辛酉，詔大郡歲舉廉吏二人，小郡一人。乙亥，以旱命諸路州縣禱雨。丙子，蠲臨安府茶鹽賞錢。釋兩浙諸州繫囚。辛巳，應賢良方正能直言極諫科何致，坐妄造事端、營惑衆聽，配廣州牢城。癸未，安定郡王伯柷薨。丙戌，釋江、淮闕雨州郡杖以下囚。

夏四月乙未，幸太一宮、明慶寺禱雨。辛丑，避正殿，減膳。壬寅，禱雨于天地、宗廟、社稷。癸卯，詔中外臣民直言時政得失。乙巳，減臨安及諸路雜犯死罪以下囚，釋杖以下。

五月辛未，雨。己卯，命利州路安撫司招刺忠義人。辛巳，御正殿，復膳。癸未，復命有司禱雨。甲申，詔贓吏毋得減年參選，著爲令。乙酉，發米振糶臨安府貧民。

六月丙辰，詔兩浙、江、淮路諭民雜種粟麥麻豆，有司毋收其賦，田主毋責其租。

秋七月辛酉，以鄭昭先參知政事，禮部尚書曾從龍簽書樞密院事。壬戌，詔四川立楊巨源廟，名曰褒忠。戊辰，蠲兩淮諸州今年秋稅併極邊五州明年夏稅。癸酉，蠲臨安、紹興二府貧民夏稅。丙子，發米三十萬石振糶江東飢民。庚辰，詔弟㨨更名思正，姪均更名貴和。甲申，詔職田蠲放如民田，違者坐之。

八月己丑，賜張栻謚曰宣。庚子，申嚴宗子訓名法。丁未，權罷旱傷州縣比較賞罰。己酉，禁州縣遏糴。是月，蘭州盜程彥暉求內附，四川制置使董居誼卻之。

九月己巳，朝獻于景靈宮。庚午，朝饗于太廟。辛未，合祭天地于明堂，大赦。乙亥，申嚴兩浙圍田之禁。甲申，罷四川法科試。

冬十月乙未，命六部各類赦書寬恤事，下諸路監司推行。壬寅，金遣使來賀瑞慶節。

十一月丙辰朔，封伯澤爲安定郡王。癸亥，遣施累使金賀正旦。

十二月己丑，詔楊巨源、李好義子孫各進一官。辛亥，金遣使來賀明年正旦。

是歲，兩浙、江東西路旱蝗。

九年春正月乙丑，賜呂祖謙謚曰成。置馬軍司水軍。乙亥，遣留筠賀金主生辰。丙子，命諸州招塡軍籍。

二月甲申朔，日有食之。辛巳，罷諸路旱蝗州縣和糴及四川關外科糴。

三月乙卯，又震。甲子，又震，馬湖夷界山崩八十里，江水不通。丁卯，又震。壬申，又震。丁丑，詔侍從、臺諫、兩省舉堪監司者各二人。

夏四月戊戌，秦州人唐進與其徒何進等引衆十萬來歸，四川制置使董居誼拒卻之。

五月癸酉，太白晝見。

六月辛卯，西川地震。壬辰，又震。乙未，又震，黎州山崩。戊申，振恤浙西被水州縣，寬其租稅。

秋七月戊辰，詔邊縣擇才不拘常法，其餘並遵三年之制〔五〕。

九月甲申，詔兩浙、江東監司覈州縣被水最甚者，蠲其租。

冬十月癸亥，西川地震。甲子，又震。丙寅，金遣使來賀瑞慶節。

十一月庚寅，遣陳伯震使金賀正旦。癸卯，以程彥暉攻圍鞏州，迫及川界，命利州副都統劉昌祖移駐西和州以備之。

十二月丁巳，再給諸軍雪寒錢。乙亥，金遣使來賀明年正旦。

校勘記

〔一〕拘榷安邊錢物所　按朝野雜記乙集卷一三作「拘催安邊錢物所」，其官屬有拘催官兩名；本書卷四一五黃疇若傳、後村先生大全集卷一四二黃公神道碑記置安邊所事，又有黃疇若和沈詵「條具合節省、拘催者」之文，疑「拘榷」爲「拘催」之誤。

〔二〕定武軍　本書卷一九二兵志、兩朝綱目卷一一同。本書卷三九八丘崈傳、朝野雜記乙集卷一七「丘宗卿創淮西武定軍」條、岳珂愧郯錄卷一三「武定軍」條都作「武定軍」。

〔三〕訓武郎　原作「武訓郎」，按本書卷一六九職官志，有訓武郎而無武訓郎，據兩朝綱目卷一二、宋

中華書局

史全文卷三〇改。

〔四〕劉爚　原作「劉鑰」，據本書卷四〇一本傳、兩朝綱目卷一四改。

〔五〕邊縣擇才不拘常法其餘並遵三年之制　按兩朝綱目卷一五，此事係「邊縣官許起復」一詔的內容。

宋史卷四十

本紀第四十

寧宗四

十年春正月癸巳，雨土。乙未，大風。庚子，遣錢撫賀金主生辰。

二月庚申，地震。

夏四月丁未朔，金人犯光州中渡鎮，執榷場官盛允升殺之，遂分兵犯樊城。戊申，鄂州、江陵府副都統王守中引兵拒之，金人遂分兵圍棗陽、光化軍。丙辰，詔江淮制置使李珏、京湖制置使趙方措置調遣，仍聽便宜行事。辛酉，廬州鈐轄王辛敗金人于光山縣之安昌砦，殺其統軍完顏掩。壬戌，金兵遁去，隨州、光化皆以捷聞〔一〕。丁卯，詔出戍官兵全給其家。

五月辛巳，以久雨釋大理、三衙、臨安府杖以下囚，蠲茶鹽賞錢。甲申，賜禮部進士吳

潛以下五百二十有三人及第、出身。癸卯，趙方請下詔伐金，遂傳檄招諭中原官吏軍民。

六月庚戌，太白晝見。戊午，詔厲將士，募京西忠義人進討。辛未，東川大水。癸酉，太白經天。

秋七月丙子朔，日有食之。戊寅，以旱釋諸路杖以下囚。甲申，雅州蠻寇邊，焚碉門砦，遣兵討之。丁亥，嗣濮王不儔薨。庚子，詔諸軍將佐有罪者送屯駐州鞫之，罷軍士涅刑。

八月乙丑，詔監司、郡守各舉威勇才略可將帥者二人。

冬十月乙巳朔，以久雨釋大理、三衙、臨安府及兩浙諸州杖以下囚。癸酉，蠲三衙、江上諸軍公私逋負錢。

十一月丁丑，大風。庚辰，太白晝見。甲申，詔浙東提舉司發米十萬石振給貧民。戊戌，太白經天。

十二月戊申，以軍興募民納粟補官。乙卯，詔武舉人毋復應文舉。癸亥，金鳳翔副統軍完顏贇以步騎萬人犯四川。戊辰，迫湫池堡。己巳，破天水軍，守臣黃炎孫遁。金人攻白環堡，破之。庚午，迫黃牛堡，統制劉雄棄大散關遁，金人據之。

十一年春正月壬午，京東路忠義李全率衆來歸，詔以全爲京東路總管。戊子，金人圍皂郊堡。壬辰，利州將麻仲率忠義人焚秦州永寧砦。乙未，以度僧牒千給四川軍費。丁酉，詔四川忠義人立功，賞視官軍。金人犯隔芽關，興元都統李貴遁，官軍大潰。

二月甲辰，金人焚大散關而去。乙巳，沔州都統王大才馬蹶，死于河池。丙午，金人破皂郊，死者五萬人。丁未，金人破湫池堡。戊申，金人圍隨州、棗陽軍，游騎至漢上，均州守臣應謙之棄城走。丙辰，白虹貫日。楚州鈐轄梁昭祖焚金人糧舟于大清河，京東忠義副都統沈鐸遣兵助之。

三月丁丑，金人焚湫池堡而去。戊子，利州統制王逸等率忠義人復皂郊，金副統軍完顏贇、包長壽遁去，沔州軍士郭雄追斬贇首，長壽僅以身免。己丑，沔州都統劉昌祖至皂郊。辛卯，忠義人十萬餘出攻秦州，官軍繼進，至赤谷口，王逸傳昌祖之命退師，且放散忠義人，軍大潰。癸巳，包長壽合長安、鳳翔之衆，復攻皂郊，遂趨西和州。是日，鎮江忠義統制彭惟誠等敗于泗州。丙申，劉昌祖焚西和州遁，守臣楊克家棄城去。戊戌，金人破西和州。

夏四月甲辰，劉昌祖焚成州遁，守臣羅仲甲棄城去。是日，金人去西和州。戊申，命四川增印錢引五百萬以給軍費。階州守臣侯頤棄城去。是日，金人去成州。戊午，金人復犯

大散關，守將王立遁。己未，金人犯黃牛堡，興元都統吳政拒退之。癸亥，政至大散關，執王立斬之。

五月乙亥，命四川制置司招集忠義人。癸未，蚩尤旗見，其長竟天。丁亥，詔侍從、臺諫、兩省官集議平戎、禦戎、和戎三策。壬辰，申嚴試法官七等之制。

六月辛酉，詔湖州振恤被水貧民。

秋七月癸酉，奪知天水軍黃炎孫三官，辰州居住。乙酉，修孝宗寶訓。辛卯，蠲四川關外諸州稅役。甲午，蠲光州民兵戰死之家稅役。

九月己卯，朝獻于景靈宮。庚辰，朝饗于太廟。辛巳，合祭天地于明堂，大赦。辛卯，安定郡王伯澤薨。丙申，興元都統吳政、利州副都統張威各進三官。劉昌祖奪五官，韶州安置。

冬十月丙午，羅仲甲、楊克家、侯頤並奪三官，仲甲常德府、克家道州、頤撫州居住。戊午，大風。壬戌，修盱眙軍城。

十一月壬申，金人攻安豐軍之黃口灘。是月，陝西人張羽來歸。

十二年春正月戊辰朔，召董居誼詣行在。以新利州路安撫使聶子述爲四川制置使。

庚辰，金人犯湫池堡，守將石宣拒退之。甲申，金人攻白環堡，守將董炤拒退之。戊子，金人犯成州，沔州都統張威自西和州退守仙人原。庚寅，金人犯隨州、棗陽軍，又破信陽軍之二砦，京西諸將引兵拒之。辛卯，金人犯西和州，守臣趙彥吶設伏以待之，殲其衆乃還。金人犯安豐軍，建康都統許俊遣將却之。金人焚成州，犯河池，守將張斌遁去。癸巳，金人圍安豐軍及光州，攻光化軍，破鄖山縣，進逼均州。甲午，破鳳州，守臣雷雲棄城去，金人夷其城。乙未，興元都統吳政及金人戰于黃牛堡，死之。金人乘勝攻武休關。

二月戊戌朔，金人破光山縣。太白晝見。壬寅，金人圍棗陽軍，京湖制置使趙方遣統制扈再興救之，不克進而還。癸卯，金人破武休關，興元都統李貴遁還，利州路提刑、權興元府事趙希昔棄城去。丁未，金人破興元府。戊申，金人攻棗陽軍。己酉，遣殿前司軍八千人防捍江面。庚戌，以曾從龍同知樞密院事兼江、淮宣撫使，權吏部尚書任希夷簽書樞密院事。辛亥，金人破大安軍，守臣李文子棄城去。金人犯洋州，守臣蔡晉卿遣兵拒之，不克，洋州破。壬子，四川制置使董居誼自利州遁。沔州都統張威遣統制石宣等邀擊金人于大安軍，大破之，獲其將巴土魯安，金人遂去興元府。丙辰，金人去洋州。丁巳，京湖制置使趙方遣統制扈再興等引兵三萬餘人出攻唐、鄧二州，隨州忠義統領劉世興等引兵攻唐州。甲子，金人去棗陽軍。乙丑，夏人復以書來四川，議夾攻金人，利州路安撫丁焴許之。

三月己巳，以鄭昭先知樞密院事，曾從龍參知政事。癸酉，金人復入洋州，焚其城而去。乙亥，興元軍士權興等作亂，犯巴州，守臣秦季檟棄城去。鄂州統制劉世榮會兵攻唐州。丁亥，太白晝見。權興等降。癸巳，雨土。甲午，金人自盱眙退師。

閏月己未，追雷雲三官，梅州安置。辛酉，贈吳政爲右武大夫、忠州刺史。壬戌，詔撫諭四川官軍、忠義人。癸亥，興元軍士張福、莫簡等作亂，以紅巾爲號。是春，金人圍安豐軍、滁濠光三州。江、淮制置使李珏命池州都統武師道、忠義軍統制陳孝忠救之，皆不克進。金人遂分兵自光州犯黃州之麻城，自濠州犯和州之石磧，自盱眙軍犯滁州之全椒、來安及揚州之天長、眞州之六合。淮南流民渡江避亂，諸城悉閉。金人游騎數百至東采石、楊林渡，建康大震。京東總管李全自楚州、忠義總轄季先自漣水軍各引兵來援，金人乃解去。全追擊，敗之于曹家莊，獲其貴將。

夏四月庚午，張福入利州，四川制置使聶子述遁，殺總領財賦楊九鼎。丁丑，張福掠閬州，丁亥，掠果州。癸巳，曾從龍罷。以鄭昭先兼參知政事，崇信軍節度使、開府儀同三司、萬壽觀使安丙爲四川宣撫使。董居誼落職，奪三官。

五月乙未朔，召聶子述詣行在。張福薄遂寧府，潼川府路轉運判官、權府事程遇孫棄城遁。丁酉，減兩淮、荆襄、湖北、利州路沿邊諸州雜犯死罪囚，釋流以下，仍蠲今年租稅。

己亥，太學生何處恬等伏闕上書，以工部尚書胡榘欲和金人，請誅之以謝天下。張福入遂寧府，焚其城。甲寅，四川宣撫司命沔州都統張威引兵捕福。戊午，福入普州，守臣張已之棄城遁。癸亥，詔侍從、兩省、臺諫各舉文武可用之才二三人。

六月戊辰，張福屯普州之茗山。庚午，張威引兵至。丙子，太白晝見。辛巳，西川地震。太白晝見。癸未，張福請降，乙酉，張威執之，歸于宣撫司。丁亥，嗣濮王不嫖薨。金國招諭李全等，不聽。辛卯，太白經天。癸巳，丁焴復以書約夏國攻金人。

秋七月丙申，張福伏誅。復奪董居誼二官，永州居住。庚子，張威捕賊衆一千三百餘人誅之，莫簡自殺，紅巾賊悉平。癸亥，李全引兵至齊州，知州王贇以城降。

八月戊辰，復合利州東、西路爲一。

九月丙午，罷江、淮制置司，置沿江、淮東西制置司。以寶文閣待制李大東爲沿江制置使，淮南轉運判官趙善湘爲主管淮西制置司公事，淮東提刑賈涉爲主管淮東制置司公事兼節制京東、河北路軍馬。

十一月辛亥，進封楊次山爲會稽郡王。

十二月壬申，京東節制司言復京東、河北二府九州四十縣。乙亥，築興元府城。丁丑，雅州蠻入盧山縣。己卯，四川宣撫司遣兵取洮州，召諸將議出師，招諭中原豪傑。辛巳，蠻

焚碉門砦，邊丁大敗。乙酉，金人犯鳳州之長橋。丁亥，四川宣撫司命罷洮州之師。己丑，京湖制置司遣統制扈再興等引兵六萬人，分三道出境。庚寅，賞茗山捕賊功。

十三年春正月丁酉，扈再興引兵攻鄧州，鄂州都統許國攻唐州，不克而還。金人追之，遂攻樊城，趙方督諸將拒退之。己亥，雅州蠻復掠盧山縣，遣兵討之。己酉，命不凌爲嗣濮王。戊午，夏人復以書來四川，議夾攻金人。

三月辛卯朔，雨土。丁巳，黎州土丁叛，遣兵討之。

夏四月庚申朔，淮東制置賈涉招諭山東、兩河豪傑。

五月庚寅朔，雅州蠻降。戊戌，史彌遠等上玉牒及三祖下第七世宗藩慶系錄。

六月癸酉，賜禮部進士劉渭以下四百七十有五人及第、出身。加安丙少保。丙子，以李全爲左武衞大將軍。壬午，以季先爲果州團練使、漣水軍忠義副都統，命赴樞密院議事，未至，殺之。

秋七月戊戌，以京東、河北諸州守臣空名官告付京東、河北節制司，以待豪傑之來歸者。丙午，以任希夷兼參知政事。丙辰，四川宣撫司招黎人土丁，降之。

八月癸亥，皇太子詢薨，謚曰景獻。壬申，安丙遺夏人書，定議夾攻金人。癸未，四川宣撫司命利州統制王仕信引兵赴熙、鞏州會夏人，遂傳檄招諭陝西五路官吏軍民。甲申，復海州，以將作監丞徐晞稷知州事。盱眙將石珪叛入漣水軍，詔以珪爲漣水忠義軍統轄。

九月辛卯，夏人引兵圍鞏州，且來趣師。甲午，太白晝見。王仕信引兵發宕昌。乙未，四川宣撫司統制質俊、李寔引兵發下城。戊戌，四川宣撫司命諸將分道進兵，沔州都統張威出天水，利州副都統程信出長道，興元副都統陳立出大散關，興元統制田冐爲宣撫司帳前都統出子午谷，金州副都統陳昱出上津。己亥，張威下令所部諸將毋得擅進兵。庚子，質俊等克來遠鎭。辛丑，王仕信克鹽川鎭。壬寅，質俊等自來遠鎭進攻定邊城，金人來救，俊等擊破之。乙巳，程信、王仕信引兵與夏人會于鞏州城下。丁未，攻城不克。庚戌，金人犯皂郊堡，沔州統制董炤等與戰大敗。壬子，程信及夏人攻鞏州不克，信引兵趨秦州。丙辰，夏人自安遠砦退師。

冬十月丁巳朔，程信邀夏人共攻秦州，夏人不從，信遂自伏羌城引軍還，諸將皆罷兵。戊寅，程信以四川宣撫司之命，斬王仕信于西和州。四川宣撫司以張威不進兵，罷其軍職。

十一月庚戌，大風。壬子，臨安府火。

十二月戊午，大風。壬申，漣水忠義軍統轄石珪叛。癸未，鎭江副都統翟朝宗以「皇帝

恭膺天命之寶」來獻。

十四年春正月丙戌朔，以雪寒釋大理、三衙、臨安、兩浙諸州杖以下囚。乙未，地震。以李全還自山東，賜緡錢六萬。庚子，立四川運米賞格。

二月戊辰，金人圍光州。己巳，金人犯五關。壬申，金人治舟于團風，弗克濟，遂圍黄州，分兵破諸縣，又遣別將犯漢陽軍。丁丑，李全棄泗州遁還。甲申，詔淮東、京湖諸路應援淮西，沿江制置司防守江面，權殿前司職事馮榯將兵駐鄂州，京東忠義都統李全將兵救蘄、黄，榯不果行。

三月丙戌朔，鄂州副都統扈再興引兵攻唐州。丁亥，金人破黄州，淮西提刑、知州事何大節棄城遁死。庚寅，長星見。李全自楚州引兵援淮西。癸巳，扈再興引所部趨蘄州。甲午，太白晝見。乙未，詔京湖制置司趣援蘄、黄。己亥，金人陷蘄州，知州事李誠之及其家人、官屬皆死之。癸丑，金人退師，扈再興邀擊，敗之于天長鎭，甲寅晦，又敗之。

夏四月乙卯，復置諸王宮大小學教授。乙丑，命任子籠試于御史臺。戊辰，金人渡淮而北，李全遣兵追擊，敗之。

五月甲申朔，日有食之。壬辰，史彌遠等上孝宗寶訓、皇帝會要。丙申，西川地震。乙

巳，頒慶元寬恤詔令。

六月甲寅朔，初置沿江制置副使司于鄂州。丙寅，詔以姪福州觀察使貴和爲皇子，更名竑，進封祁國公。丁卯，以立皇子告于天地、宗廟、社稷。乙亥，以太祖十世孫與莒補秉義郎。丙子，減京畿囚罪一等，釋杖以下。辛巳，大風。

秋七月辛丑，以趙方爲京湖制置大使，賈涉爲淮東制置使兼京東、河北路節制使。丁未，修光宗寶訓。

八月乙卯，賜史彌遠家廟。任希夷罷。壬戌，以兵部尚書宣繒同知樞密院事，給事中俞應符簽書樞密院事。甲子，以秉義郎與莒爲右監門衞大將軍，賜名貴誠。乙丑，追封史浩爲越王，改謚忠定，配享孝宗廟庭。

九月癸未，立貴誠爲沂靖惠王後。己丑，朝獻于景靈宮。庚寅，朝饗于太廟。辛卯，合祭天地于明堂，大赦。

冬十月癸丑，京東、河北節制司言復滄州，詔以趙澤爲河北東路鈐轄、知州事。甲寅，復以齊州爲濟南府，兗州爲襲慶府。丙寅，夏人復以書來四川趣會兵。庚午，雷。

十一月己亥，安丙薨。是月，京東安撫張林叛。

十二月庚申，鄭昭先罷。

閏月辛巳朔，以宣繒兼參知政事，俞應符兼權參知政事。戊申，以殿前司同正將華岳等謀爲變，殺之。

是歲，浙東、江西、福建諸路旱，沔、成、階、利四州水，振之。

十五年春正月庚戌朔，御大慶殿，受恭膺天命之寶。癸丑，立李誠之廟于蘄州。甲寅，褒贈蘄州死事官吏，錄其子孫有差。丁巳，詔撫諭山東河北軍民、將帥、官吏。己未，以受寶大赦，文武官各進秩一級，大犒諸軍。

二月庚子，罷御史臺簾試任子法。

三月丁巳，詔江西提舉司振恤旱傷州縣。

夏四月壬午，詔蠲蘄州今年租賦。

五月庚戌，太白晝見。甲寅，詔監司慮囚，察州縣匿囚者劾之。丁巳，進封子祁國公竑爲濟國公。己未，以姪果州團練使貴誠爲邵州防禦使。壬戌，知濟南府种贇等攻張林于青州，林遁去。己巳，修孝宗經武要略。

六月辛卯，俞應符薨。

秋七月甲子，詔江淮、荆襄、四川制置監司條畫營田來上。

八月己卯，命戶部詳議義役。辛卯，詔文武官毋得歸宗，著爲令。甲午，有彗星出于氐。

九月辛亥，以宣繒參知政事，給事中程卓同知樞密院事，吏部尚書薛極賜出身，簽書樞密院事。癸丑，雷，大雨雹。丁巳，復以隨州三關隸德安府，置關使。壬戌，彗星沒。辛未，太白晝見。

冬十月丙子，以收復京東州軍，犒賞忠義有差。

十一月戊午，赦京東、河北路。

十二月乙亥朔，發米振給臨安府貧民。丙子，以雪寒釋京畿及兩浙諸州杖以下囚。丁亥，以李全爲保寧軍節度使、右金吾衞上將軍、京東路鎭撫副使。

十六年春正月戊申，詔命官犯贓毋免約法。己酉，子坻生。辛酉，命淮東制置司振給山東流民。

二月戊子，雨土。己丑，嗣秀王師禹薨，追封和王。戊戌，子坻薨，追封邳王，謚沖美。

三月戊申，張林所部邢德來歸，詔進二官，復以爲京東東路副總管。丁卯，以道州民饑，詔發米振之。

夏五月甲辰，詔右選試注官如左選之制。戊申，賜禮部進士蔣重珍以下五百四十有九

人及第、出身。戊辰，詔復潭州稅酒法。

六月丁酉，程卓薨。

秋八月辛巳，詔州縣經界毋增紹興稅額。癸未，申嚴舶船銅錢之禁。

九月庚子朔，日有食之。乙巳，詔江、淮諸司振恤被水貧民。乙卯，雷。

冬十一月辛亥，以太平州大水，詔振恤之。

十二月辛巳，命淮東、西總領及沿江被水州募江西、湖南民入米補官。癸未，嗣濮王不凌薨。壬辰，雷。

十七年春正月戊戌朔，詔補先聖裔孔元用爲通直郎，錄程頤後。癸亥，命淮東西、湖北路轉運司提督營屯田。

二月癸巳，蠲台州逋賦十萬餘緡。甲午，命臨安府振糶貧民。

三月癸丑，雪。是月，金人迫西和州，尋引兵還。

夏四月辛卯，詔廬州振糶饑民。乙未，賜李全、彭義斌錢三十萬緡爲犒賞戰士費。

五月戊戌，詔覈實兩淮、京湖、四川、江上諸軍之數。

六月丁卯朔，太白經天，晝見。癸酉，知西和州倘震午坐金兵至謀遁〔三〕，奪三官，岳州

居住。壬辰，大名府蘇椿等舉城來歸，詔悉補官，即以其州授之。

秋七月丁酉朔，命福建路監司振恤被水貧民。辛亥，命師嵒嗣秀王。

八月乙亥，罷通州天賜鹽場。丙戌，帝不豫。

閏八月乙未朔，申嚴兩浙諸州輸苗過取之禁。丁酉，皇帝崩于福寧殿，年五十七。史彌遠傳遺詔，立姪貴誠爲皇子，更名昀，卽皇帝位。尊皇后爲皇太后，垂簾聽政。進封皇子竑爲濟陽郡王，出居湖州。

寶慶元年正月己丑，謚曰仁文哲武恭孝皇帝，廟號寧宗。三月癸酉，葬于會稽之永茂陵。三年九月，加謚法天備道純德茂功仁文哲武聖睿恭孝皇帝。

贊曰：宋世內禪者四，寧宗之禪，獨當事勢之難，能不失禮節焉，斯可謂善處矣。初年以舊學輔導之功，召用宿儒，引拔善類，一時守文繼體之政，煒然可觀。中更侂胄用事，內蓄羣姦，至指正人爲邪，正學爲僞，外挑強鄰，流毒淮甸。頻歲兵敗，乃函侂胄之首，行成于金，國體虧矣。旣而彌遠擅權，幸帝耄荒，竊弄威福。至於皇儲國統，乘機伺間，亦得遂其廢立之私，他可知也。雖然，宋東都至于仁宗，四傳而享國百年，邵雍稱爲前代所無，南渡至寧宗，亦四傳而享國九十有八年，是亦豈偶然哉。惜乎神器授受之際，寧、理之視仁、英，其跡雖同，其情相去遠矣。

校勘記

〔一〕隨州光化皆以捷聞　「隨州」，原作「徐州」，據兩朝綱目卷一五、宋史全文卷三〇改。

〔二〕知西和州尙震午坐金兵至謀遁　「西」字原脫，據兩朝綱目卷一六、續宋編年通鑑卷一五補。按本書卷六三五行志：「四月丁卯，西和州焚軍壘及居民二千餘家，人火之也，守臣尙震午謨以爲金人至而遁」，卽指此事。兩朝綱目注說：「前所謂金人迫西和州者，蓋卽震午掩飾之詞，史官承而書之，未經刊削耳。」

宋史卷四十一

本紀第四十一

理宗一

理宗建道備德大功復興烈文仁武聖明安孝皇帝，諱昀，太祖十世孫。父希瓐，追封榮王，家于紹興府山陰縣，母全氏。以開禧元年正月癸亥生于邑中虹橋里第。前一夕，榮王夢一紫衣金帽人來謁，比寤，夜漏未盡十刻，室中五采爛然，赤光屬天，如日正中。旣誕三日，家人聞戶外車馬聲，亟出，無所睹。幼嘗晝寢，人忽見身隱隱如龍鱗。是時，寧宗弟沂靖惠王𢙍，無嗣，以宗室希瞿子賜名均爲沂王後，尋改賜名貴和。嘉定十三年八月，景獻太子𢙍，寧宗以國本未立，選太祖十世孫年十五以上者教育，如高宗擇普安、恩平故事，遂以十四年六月丙寅立貴和爲皇子，改賜名竑，而以帝嗣沂王。六月乙亥，補秉義郎。八月甲子，授右監門衞大將軍，賜名貴誠。十五年五月丁巳，以竑爲檢校少保，進封濟國公。己未，以帝爲邵州防禦使。帝性凝重寡言，潔修好學，每朝參待漏，或多笑語，帝獨儼然。出入殿庭，矩度有常，見者斂容。會濟國公竑與丞相史彌遠有違言，彌遠日謀媒蘖其失於寧宗，屬意於帝而未遂。

十七年八月丙戌，寧宗違豫，自是不視朝。壬辰，疾篤，彌遠稱詔以貴誠爲皇子，改賜名昀，授武泰軍節度使，封成國公。

閏月丙申，寧宗疾甚，丁酉，崩于福寧殿。彌遠使楊谷、楊石入白楊皇后，稱遺旨以皇子竑開府儀同三司，進封濟陽郡王，判寧國府，命子昀嗣皇帝位。大赦。尊楊皇后曰皇太后，同聽政。封竑爲濟王，賜第湖州，以醴泉觀使就第。癸亥，詔宮中自服三年喪。

九月乙亥，詔褒表老儒，以傅伯成爲顯謨閣學士，楊簡寶謨閣直學士，並提舉南京鴻慶宮；柴中行敍復元職，授右文殿修撰，主管南京鴻慶宮。戊寅，詔兄濟王妻衞國夫人吳氏封許國夫人。己卯，皇太后、皇帝御便殿垂簾。詔以先聖四十九代孫行可爲迪功郎，授判、司、簿、尉；以禮部侍郎程珌、吏部侍郎朱著、中書舍人眞德秀兼侍讀；工部侍郎葛洪、起居郎喬行簡、宗正少卿陳貴誼、軍器監王塈兼侍講。壬午，葛洪權工部尙書，升兼侍讀。辛卯，祀明堂，大赦。

二十四史

中華書局

冬十月戊戌，詔諸路提點刑獄以十一月按理囚徒。己亥，嗣秀王師嵒薨。壬子，詔百官奉按月給。

十一月甲子，右正言龐渠〔一〕請承順東朝，繼志述事，壹以孝宗爲法，而新政之切者，曰畏天、悅親、講學、仁民。上嘉納焉。癸未，以五月十六日爲皇太后壽慶節。丁亥，詔改明年爲寶慶元年。戊子，以葛洪爲端明殿學士、同簽書樞密院事〔二〕。己丑，詔以生日爲天基節。

十二月甲午，雪寒，免京城官私房賃地、門稅等錢。自是祥慶、災異、寒暑皆免。癸丑，開經筵，詔輔臣觀講。詔太后所居殿號曰慈明。辛酉，請大行皇帝謚號于南郊，謚曰仁文哲武恭孝皇帝，廟號曰寧宗。

寶慶元年春正月壬戌朔，詔舉賢良。庚午，湖州盜潘壬、潘丙、潘甫謀立濟王竑，竑聞變，匿水竇中，盜得之，擁至州治，以黃袍加其身，守臣謝周卿率官屬入賀。初，壬等僞稱李全以精兵二十萬助討史彌遠擅廢立之罪，比明視之，皆太湖漁人及巡尉兵卒，竑乃遣王元春告于朝而率州兵誅賊。彌遠奏遣殿司將彭任討之，至則盜平。又遣其客秦天錫託宣醫治竑疾，諭旨逼竑死，尋詔貶爲巴陵郡公。辛未，詔保寧軍節度使師彌爲檢校少保。詔以皇太后弟奉國軍節度使楊谷、保寧節度楊石並開府儀同三司。丙戌，濟王竑訃聞，特輟視

朝。己丑，上寧宗謚册、寶。

二月甲午，詔故太師、武勝定國軍節度使、鄂王岳飛謚忠武。丙申，詔師彌檢校少師嗣秀王。丙辰，楚州火。戊午，發廩振在京細民，給犒馬步軍、皇城司守衞軍有差。

三月癸酉，葬寧宗于會稽永茂陵。

夏四月辛卯朔，寧宗祔廟。壬辰，詔皇兄竑贈少師、保靜鎭潼軍節度使，直舍人院王塈等繳奏命，遂寢。丁酉，皇太后手書：「多病，自今免垂簾聽政。」壬寅，帝兩請皇太后垂簾，不允。辛亥，發廩振在京細民。

五月甲子，詔：「內外文武大小之臣，於國政有所見聞，封章來上，毋或有隱。」丙寅，詔不熄爲保康軍承宣使、嗣濮王。

六月辛卯，太白晝見。丁未，詔史彌遠爲太師，依前右丞相兼樞密使，進封魏國公。彌遠辭免太師。

秋七月丁丑，滁州大水，詔振恤之。乙酉，詔行大宋元寶錢。

八月壬寅，以司農丞姚子才封事切直，詔進一秩，授秘書郎。癸卯，詔知袁州趙鈇夫直秘閣，福建提點刑獄，以旌廉吏。丙午，詔侍從、給諫、卿監、郎官，幷在外前執政、侍從、帥臣、監司，各舉廉吏三人。戊申，詔侍從、兩省、臺諫、三衙、知閤、御帶、環衞官，在外前執

政、侍從、帥臣、監司、都副都統制及屯戍主將，其各舉堪充將帥三人。己酉，地震。壬子，張九成贈太師，追封崇國公，謚文忠。甲寅，以程頤四世孫源爲籍田令。乙卯，莫澤言眞德秀舛論綱常，簡節上語，曲爲濟王地。詔德秀煥章閣待制、提舉玉隆萬壽宮。丁巳，詔戒貪吏。

九月丙寅，著作佐郎陶崇上保業、愼獨、謹微、持久四事，帝嘉納之。

冬十月癸巳〔三〕，有流星大如太白。甲寅，詔：「會稽櫕宮所在，稅賦盡免折科，山陰縣櫕免三年。」

十一月癸亥，宣繒兼同知樞密院事，薛極參知政事，葛洪簽書樞密院事。詔：「邵州潛藩可升爲寶慶府。筠州與御名音相近，改爲瑞州。」壬午，雪寒，在京諸軍給緡錢有差，出戍之家倍之。自是祥慶、災異、霧雨、雪寒咸給。甲申，朱端常言魏了翁封章謗訕，眞德秀奏箚誣詆。詔魏了翁落職，奪三秩，靖州居住；眞德秀落職罷祠。

十二月甲辰，詔刪修敕令。

是歲，兩浙路戶一百九十七萬五千九百九十六，口二百八十二萬二千三十二。福建路戶一百七十萬四千一百八十六，口三百五十五萬三千七十九。

二年春正月癸亥，詔贈沈煥、陸九齡官，煥謚端憲，九齡謚文達。錄張九成、呂祖謙、張栻、陸九淵子孫官各有差。癸酉，召布衣李心傳赴闕。戊寅，熒惑入氐。壬午，太白、歲星、塡星合于女。

二月辛卯，監察御史梁成大言眞德秀有大惡五，僅褫職罷祠，罰輕。詔削二秩。

三月癸酉，以久雨詔大理寺、三衙、兩浙運司、臨安府諸屬縣榷酒所，凡贓賞等錢，罪已決者，一切勿徵，毋錮留妻子。自是霖潦、寒暑皆免。戊寅，詔太常寺建功臣閣，以「昭勳崇德」爲名。己卯，蘄州火。

夏四月己丑，詔輔臣奉薄，其以隆興格爲制。辛亥，有流星大如太白。

六月丙申，御後殿，賜進士王會龍以下九百八十九人及第、出身有差。壬寅，詔以孔子五十二代孫萬春襲封衍聖公。

秋七月戊辰，雷電雨，晝晦，大風。遂安、休寧兩縣界山裂，洪水壞公宇、民居、田疇。

八月乙巳，濟王竑追降巴陵縣公。辛亥，衞涇薨。

九月庚申，雷。

冬十月甲申，詔寧宗御集閣以「寶章」爲名，仍置學士、待制員。辛丑，又雷。辛亥，熒惑、歲星、塡星合于女，熒惑犯塡星。改湖州爲安吉州。

中華書局

十一月甲寅，修祚德廟，以嚴程嬰、公孫杵臼之祀。丙辰，始御紫宸殿。辛酉，熒惑犯歲星。丙子，日南至，上詣慈明殿。

十二月癸卯，親享太廟。

三年春正月辛亥朔，上壽明皇太后尊號册、寶于慈明殿。壬子，史彌遠進二秩。辛酉，以楊谷、楊石並爲少傅。知楚州姚翀朝辭，奏淮楚忠義軍事，上曰：「南北皆吾赤子，何分彼此，卿其爲朕撫定之。」己巳，詔：「朕觀朱熹集註大學、論語、孟子、中庸，發揮聖賢蘊奧，有補治道。朕勵志講學，緬懷典刑，可特贈熹太師，追封信國公。」

三月庚戌朔，詔郡縣長吏勸農桑，抑末作，戒苛擾。工部侍郎朱在進對，奏人主學問之要，上曰：「先卿中庸序言之甚詳，朕讀之不釋手，恨不與同時。」辛亥，以皇太后尊號册、寶禮成，姪孫楊鳳孫以下推恩有差。

夏四月戊戌，宣引前丞相謝深甫孫女謝氏詣慈明殿進見。

五月壬子，詔岳珂戶部侍郎，依前淮東總領兼制置使。

閏月己卯朔，詔：郡縣繫囚不實書曆〔四〕，未經結錄，守臣輒行特判，憲司其詳覆所部獄案，歲月淹延者重置于憲。

六月戊申朔，日有食之。

秋七月乙酉，太陰犯心。丁酉，詔振贍被水郡縣，其竹木等稅勿徵。丙午，史彌遠乞歸田里，詔不允。

八月庚戌，詔謝氏特封通義郡夫人。癸亥，詔：凡試邑兩經罷黜，更勿授知縣、縣令。甲戌，太白、熒惑合于翼。丙子，城太平州，詔知州綦奎進中奉大夫，餘推恩有差。

九月癸未，故觀文殿大學士、魏國公、贈太師留正謚忠宣。丙午，追上寧宗徽號曰法天備道純德茂功仁文哲武聖睿恭孝皇帝。

冬十月甲子，右監門衛大將軍與爽改賜名貴謙，授宜州觀察使，繼沂王後。右千牛衛將軍孟杓改賜名乃裕，授和州防禦使，繼景獻太子後。甲戌，趙范江東提刑兼知池州，節制防江水步軍、池州都統司軍馬。

十一月戊寅，奉上寧宗徽號册、寶于太廟。辛巳，日南至，郊，大赦。改明年爲紹定元年。

十二月己酉，日旁有氣如珥。壬申，發廩振贍京城細民。大元兵破關外諸隘，四川制置鄭損棄三關。

紹定元年春正月丙子朔，上壽明慈睿皇太后尊號册、寶于慈明殿。楊谷、楊石並升少師。

六月壬寅朔，日有食之。己酉，流星晝隕。

秋七月戊戌，熒惑犯南斗。

冬十月戊申，熒惑犯壁壘陣星。丁巳，熒惑、塡星合于危。甲子，熒惑犯塡星。

十一月癸酉，熒惑入羽林。庚辰，雷。丁酉，詔中嚴皇城司給符之制，照闌入法。

十二月辛亥，以薛極知樞密院事兼參知政事，葛洪參知政事，袁韶同知樞密院事，鄭清之端明殿學士、簽書樞密院事。

二年春正月庚辰，大理司直張衍上檢驗、推鞫四事。詔：刑獄人命所關，其令有司究行之。丁亥，熒惑、歲星合于婁。

二月庚戌，詔：歲舉廉吏或犯姦贓，保任同坐，監司守臣其申嚴覺察。

三月辛卯，詔：郡縣繫囚多瘐死獄中，憲司其具獄官姓名以聞，黜罷之。

夏四月庚申，詔：郡縣官闕，毋令藝術人、豪民、罷吏借補權攝。

五月，詔：成都、潼川路歲旱民歉，制司、監司其亟振恤，仍察郡縣奉令勤惰以聞。辛巳，賜進士黃朴以下五百五十七人及第、出身有差。詔：戶絕者許立嗣，毋妄籍沒。

六月丁巳，詔通義郡夫人謝氏進封美人。

九月丁卯，台州大水。壬辰，有流星大如太白。

冬十月壬戌，詔：台州水災，除民田租及茶、鹽、酒酤諸雜稅，郡縣抑納者監司察之。

十一月己丑，熒惑入氐。

三年春正月甲申，詔故皇子緝贈保信、奉國軍節度使，開府儀同三司，追封永王，謚沖安。壬辰，知棗陽軍史嵩之創置屯田，以勞賞官兩轉。

二月丙申，日有背氣。戊戌，詔：汀、贛、吉、建昌蠻獠竊發，經擾郡縣復賦稅一年。庚戌，詔趙范起復，依前知鎭江府、節制防江水步并本州在砦軍馬；趙葵起復，依前知滁州、節制本州屯戍軍馬。壬子，詔：故皇子繹賜忠正、保寧軍節度使，開府儀同三司，追封昭王，謚沖純。

閏月癸酉，逃卒穆椿夜竊入皇城，燒毀甲仗，衞士捕得之，詔磔于市。乙酉，太白、歲星合于畢。

三月丁酉，雨土。戊申，奉國軍節度使不忮薨，贈少傅，追封樂平郡王。

夏四月己卯，漳州、連城盜起，知龍巖縣莊夢說、尉鍾自強不能效死守土，詔各削二秩罷。

五月甲寅，檢校少保李全授彰化保康軍節度使，開府儀同三司、京東鎭撫使，依舊京東忠義諸軍都統制〔五〕。戊午，李全左右金吾衞上將軍，職任仍舊。

六月乙酉，歲星入井。

秋七月丁酉，汀州寧化縣曾氏寡婦晏給軍糧禦潭寇有功，又全活鄉民數萬人，詔封恭人，賜冠帔，官其子承信郎。

九月辛丑，祀明堂，大赦。丙午，美人謝氏進封貴妃。

冬十月己巳，熒惑、塡星合于室。

十一月丁酉，有星孛于天市垣。丁未，流星晝隕。

十二月庚申，詔錄用孔子四十九代孫㴲補官。李全叛。壬戌，淮東官兵王青力戰，死之，贈右武大夫、蘄州防禦使。甲子，詔：「逆賊李全，反形日著，今乃肆爲不道，已敕江、淮制臣率兵進討，有能擒斬全以降者，加以不次之賞。」乙丑，詔免明年元會禮。以鄭清之參知政事兼簽書樞密院事，喬行簡端明殿學士、同簽書樞密院事。詔：「史彌遠敷奏精敏，氣體向安，朕未欲勞以朝謁，可十日一赴都堂治事。」丁卯，册命貴妃謝氏爲皇后。己卯，慈明殿出緡錢百五十萬犒諸軍，振贍在京細民。癸未，上壽明仁福慈睿皇太后尊號册、寶。

四年春正月戊子，皇太后年七十有五，上詣慈明殿行慶壽禮，大赦，史彌遠以下進秩有差。賜李心傳同進士出身。壬寅，趙范、趙葵等誅李全於新塘，詔各進兩秩；餘推恩有差。

二月戊午朔，詔：雄邊軍統制、總轄范勝谷汝礪等誅逆著勞，各官五轉，將士立功者，趣具等第、姓名來上。丙子，詔起復孟珙從義郎、京西路分，棗陽軍駐箚。

夏四月戊辰　趙范、趙葵並進中大夫、右文殿修撰，賜紫章服、金帶。丁丑，以鄭清之兼同知樞密院事；喬行簡簽書樞密院事；趙善湘兵部尚書、江淮制置大使、知建康府，依舊安撫使；趙范權兵部侍郎、淮東安撫副使、知揚州兼江淮制司參謀官；趙葵換福州觀察使、右曉衞大將軍〔六〕、淮東提刑、知滁州兼大使司參議官。

五月丙午，宗室司正〔七〕檢校少傅、安德軍節度使、天水郡公，加食邑五百戶；貴謙承宣使；乃裕觀察使。

六月己未，詔魏了翁、眞德秀、尤焴、尤爚並敍復元官職祠祿。

七月己丑，日生承氣。丁酉，賈涉女侍後宮，詔封文安郡夫人。庚戌　葛洪資政殿學士、知紹興府。有流星大如太白。

八月己未，大元兵破武休，入興元，攻仙人關。辛酉，洪咨夔敍復元官祠祿。辛未，文安郡夫人賈氏封才人。

九月丙戌夜，臨安火，延及太廟，統制徐儀、統領馬振遠坐救焚不力，貶削有差。上素服視朝，減膳徹樂。庚子，建昌軍火。甲辰，流星晝隕。

冬十月戊午，太常少卿度正、國史院編修官李心傳各疏言：宗廟之制，未合於古，茲緣災異，宜舉行之。詔兩省、侍從、臺諫集議以聞。甲子，以余天錫爲戶部侍郎兼知臨安府、浙西安撫使。癸酉，大元兵破蜀口諸郡，御前中軍統制張宣戰青野原有功，詔授沔州都統。戊寅，以李𡌴爲煥章閣直學士、四川制置使、知成都府，趙彥吶直龍圖閣、四川安撫制置副使、知興元府、利路安撫使，安癸仲戶部郎中、總領四川財賦。

十一月乙酉，詔：忠義總管田遂力戰而歿，贈武節大夫、忠州刺史，加封立廟。

十二月乙亥，以史嵩之爲大理少卿兼京湖制置副使。

五年春正月己丑，以孟珙爲京西路兵馬鈐轄，棗陽軍駐箚。庚寅，詔：「李全之叛，淮東提刑司檢法吳澄等出泰州城諭賊，各追官勒停。其不出見賊者高夢月、劉賓雲循升二資。駡賊而死者海陵簿吳嘉，特贈朝奉郎，官其一子將仕郎。」壬辰，史嵩之進大理卿、權刑部侍郎、京湖安撫制置使、知襄陽府。壬寅，新作太廟成。

二月癸丑，帝謁太廟。

三月乙酉，詔京城內外免征商三月。丁酉，日生抱氣、承氣。

夏四月癸亥，以寶章閣直學士桂如淵頃帥蜀日，北兵攻城，不能合謀死守而遁，致軍民罹殃，反以捷聞，詔褫職罷祠。丁卯，起魏了翁，以集英殿修撰知遂寧府。

五月己丑，詔：「昨鬱攸爲災，延及太室，罪在朕躬，而二三執政，引咎去職。今宗廟崇成，神御妥安，薛極、鄭清之、喬行簡並復元官。」辛卯，臣僚言：「積陰霖霪，歷夏徂秋，疑必有致咎之徵。比聞蘄州進士馮杰，本儒家，都大坑冶司抑爲鑪戶，誅求日增，杰妻以憂死，其女繼之，弟大聲因赴愬死于道路，杰知不免，毒其二子一妾，舉火自經而死。民冤至此，豈不上干陰陽之和？」詔都大坑冶魏峴罷職。癸巳，太白經天，晝見。戊戌，詔：「今後齊民有罪，監司、守臣毋輒籍沒其家，必具聞俟命。」

六月乙丑，熒惑、塡星合于婁，熒惑順行犯塡星。丙子，詔諸獄官不理他務。

秋七月甲申，詔：「近歲北兵再入利、閬，迫近順慶，承奉郎胡元琰攝郡事，能收散卒，定居民，諭叛將，以全闔郡，以功特轉官三資。」太白入井。丙戌，監楚州大軍倉富起宗軍變死難，詔贈宣教郎，官一子文林郎。張煥同時被創，害及其家，詔轉官一資。丁酉，以吳潛爲太府少卿、總領淮西財賦，陳貴誼端明殿學士、同簽書樞密院事。

八月乙卯，起眞德秀爲徽猷閣待制、知泉州。丁巳，泗州路分劉虎、副都統董琳焚斷盱泗橋遏金兵。己未，魏了翁以寶章閣待制、潼川安撫使知瀘州。乙丑，賜進士徐元杰等四百九十三人及第、出身有差。壬申，太白、歲星合于張。甲戌，新作玉牒殿，奉安累朝玉牒。

九月乙巳，雨雹，雷。

閏月己酉，有流星大如太白。庚戌，彗星出于角。戊辰，史彌遠乞歸田里，詔不允。

多十月戊子，以星變大赦。金將以盱眙軍來降，赦盱眙，改爲招信軍。

十一月己巳，喬行簡累疏乞歸田，詔不允。

十二月丙子朔，進封才人賈氏爲貴妃。辛巳，皇太后不豫。壬午，大赦。皇太后崩。癸卯，羣臣凡七表請聽政，從之。詔：外朝大典，不敢輕改，宮中自服三年喪。時宋與大元兵合圍汴京，金主奔歸德府，尋奔蔡州，大元再遣使議攻金，史嵩之以鄒伸之報謝。

六年春正月己酉，以少傅、保寧軍節度使、嗣秀王師彌判大宗正事，趙善湘光祿大夫、江淮制置大使兼知建康府、行宮留守，加食邑四百戶。戊辰，史彌遠加食邑千戶。

二月丁丑，上大行皇太后謚曰恭聖仁烈皇后。以趙范爲工部侍郎兼中書門下省檢正公事，趙葵祕書監兼侍講，余天錫禮部侍郎兼侍讀。癸卯，熒惑犯東井。

三月丙辰，大雨雹。

夏四月壬寅，葬恭聖仁烈皇后于永茂陵。

五月庚戌，太白、熒惑合于柳。鄧州移剌以城來降。

六月丁酉，史嵩之刑部侍郎、兼京湖安撫制置使兼知襄陽府。

秋七月，敗武仙于浙江〔八〕。

八月，拔唐州。

九月壬寅朔，日有食之。辛亥，祀明堂，大赦。辛酉，經筵官請以御制敬天、法祖、事親、齊家四十八條及緝熙殿榜、殿記宣付史館。

多十月，江海領襄軍從大元兵合圍金主於蔡州。甲申，史宅之太府少卿，史宇之將作少監，並賜同進士出身。丙戌，史彌遠進太師、左丞相兼樞密使、魯國公，加食邑一千戶；鄭淸之光祿大夫、右丞相兼樞密使，加食邑一千戶。丁亥，史彌遠保寧、昭信軍節度使，充醴泉觀使，進封會稽郡王，仍奉朝請，加食邑封。以薛極爲樞密使，喬行簡參知政事兼同知樞密院事，陳貴誼參知政事兼簽書樞密院事。詔：「史彌遠有定策大功，勤勞王室，今以疾解政，宜加優禮。長子宅之權戶部侍郎兼崇政殿說書，次子宇之直華文閣、樞密院副都承旨，長孫同卿直寶章閣，次孫紹卿、良卿、會卿、晉卿並承事郎，女夫趙汝禖軍器少監，孫女夫趙崇梓官一轉。」己丑，詔崔與之、李𡌴、鄭性之赴闕。庚寅，以顯謨閣待制、知福州眞德秀兼福建安撫使。乙未，史彌遠薨，贈中書令，追封衞王，謚忠獻。詔戒貪吏。

十一月乙巳，給事中莫澤等言，差提舉千秋鴻禧觀梁成大暴狠貪婪，苟賤無恥，詔奪成大祠祿。丙午，詔改明年爲端平元年。己未，以魏了翁爲華文閣待制、知瀘州、潼川安撫使，賜金帶。癸亥，進趙葵兵部侍郎、淮東制置使兼知揚州。甲子，臺臣劾刑部尚書莫澤貪淫枝害，罷之。丙寅，權工部尚書趙范言：「宣和海上之盟，厥初甚堅，迄以取禍，其事不可不鑑。」帝嘉納之。丁卯，詔趙葵任責防禦。戊辰，禮部郎中洪咨夔進對：今日急務，進君子，退小人，如眞德秀、魏了翁當聚之于朝。帝是其言，命咨夔洎王遂同爲監察御史。己巳，趙葵入見，帝問以金事，對曰：「今國家兵力未贍，姑從和議〔九〕，俟根本既壯，雪二帝之恥，以復中原。」

十二月戊寅，史宅之繳納賜第，詔給賜本家，仍奉家廟。庚辰，以薛極爲觀文殿大學士、知紹興府兼浙東安撫使。甲申，吳潛太府卿，仍淮西總領財賦，暫兼沿江制置、知建康府。戊申，洪咨夔言：「資政殿學士、提舉洞霄宮袁韶，仇視善類，諂附彌遠，險忮傾危。」詔袁韶奪職罷祠祿。壬辰，臺臣言：「趙善湘、陳晐、鄭損納賂彌遠，怙勢肆姦，失江淮、荆襄、蜀漢人心，罪狀顯著。」詔趙善湘有討李全功，特寢免；陳晐與祠，鄭損落職與祠。

端平元年春正月庚子朔，詔求直言；侍從、卿監、郎官，在外執政、從官，舉堪爲監司、守令者各二人；三衙、統帥、知閤、御帶、環衞官，在外總管、軍帥，舉堪爲將帥者各二人。鍾震、陳公益、李性傳、張慮並兼侍讀。徐淸叟、黃朴、李大同、葉味道並兼崇政殿說書。辛丑，趙范依前沿江制置副使，權移司知黃州，史嵩之權京湖安撫制置使兼知襄陽府，陳韡華文閣待制，仍知隆興府、江西安撫使。詔：德安三關使彭哲，去年十月北兵至，棄關遁，削二秩勒停。乙巳，賜故少傅、權參知政事任希夷謚宣憲。丙午，詔趙范兼淮西制置副使，任責防禦。太白、熒惑合在斗。戊申，金主完顏守緒傳位于宗室承麟。己酉，城破，守緒自經死，承麟爲亂兵所殺，執其參知政事張天綱。丙寅，詔：「太師、中書令榮王已進王爵，宜封三代，曾祖子奭贈太師、吳國公，祖伯旿贈太師、益國公，父師意贈太師、越國公。」戊辰，以樞密院言，詔：「京西忠順統制江海、棗陽同統制郭勝，向因所部兵行刼，坐不發覺除名，廣州拘管。遇赦還軍前自効有功，並敍復元受軍職。」史嵩之露布告金亡，謹遣郭春按循故壞，詣奉先縣汎掃祖宗諸陵。還師屯信陽。命王旻守隨州，王安國守棗陽，蔣成守光化，楊恢守均，並益兵飭備，經理唐、鄧屯田。

二月辛未，監察御史洪咨夔言：「上親政之始，斥逐李知孝、梁成大；其諂事權姦，黨私罔上，倡淫黷貨，罪大罰輕。」詔李知孝削一秩，罷祠；梁成大削兩秩。壬申，以趙彥呐爲四川安撫制置使兼知興元府。丁亥，詔：端平元年正月以前諸命官貶竄物故者，許令歸葬。

三月己酉，以賈涉子似道爲籍田令。辛酉，詔遣太常寺主簿朱揚祖、閤門祗候林拓詣洛陽省謁八陵。

四月辛未，詔遣朱復之詣八陵，相度修奉。丁丑，詔：「比年宗親貧窶，或致失所，甚非國家睦族之意。大宗正司、南外西外宗正司，其申嚴州郡，以時贍給，違者有刑。」監察御史王遂言：「史嵩之本不知兵，矜功自侈，謀身詭祕，欺君誤國，留之襄陽一日，則有一日之憂。」不報。戊寅，歲星守太微垣上相星。壬午，監察御史洪咨夔言：「今殘金雖滅，鄰國方彊，益嚴守備猶恐不逮，豈可動色相賀，渙然解體，以重方來之憂？」上嘉納。甲申，日生赤暈。丙戌，以滅金獲其主完顏守緒遺骨告太廟，其玉寶、法物并俘囚張天綱、完顏好海等命有司審實以聞。庚寅，詔授孟珙帶御器械，京、襄部押官屬陳一薦、江海官兩轉，餘論功行賞。金降人夾谷奴婢改姓同名鼎，王閏顯、呼延實、來伯友、石天瑞、白華各授官有差。丁酉，臣僚言：「江淮、荊襄諸路都大提點坑冶吳淵，恃才貪虐，籍人家貲以數百萬計，掩爲己有，其弟潛違道干譽，任用非類。」詔吳淵落右文殿修撰，吳潛落祕閣修撰，並放罷。

五月庚子，薛極卒，贈少師。戊申，太平州螟。己酉，太陰入氐。乙卯，詔李知孝瑞州

居住，梁成大潮州居住，莫澤南康軍居住，並再降授官，尋盡追爵秩。詔魏了翁赴闕。丙辰，以趙范爲兩淮制置使、節制軍馬兼沿江制置副使。壬戌，以崔與之爲端明殿學士、提舉西京嵩山崇福宮，陳韡權工部尚書、知隆興府、江西安撫使。丙寅，詔：「黃幹、李燔、李道傳、陳宓、樓昉、徐宣、胡夢昱皆阨於權姦，而各行其志，沒齒無怨，其賜謚、復官、優贈、存恤，仍各錄用其子，以旌忠義。戴埜，其復元資，以勵士風。」建陽縣盜發，衆數千人，焚劫邵武、廡沙、長平。

六月戊辰朔，鄭清之等進奏選德殿柱有金書六字曰：「毋不敬，思無邪。」上曰：「此坐右銘也。」庚午，熒惑、塡星合于胃。壬申，詔蠲漳、泉、興化三州丁米錢。丙子，以李鳴復爲侍御史兼侍講。戊寅，以喬行簡知樞密院事，曾從龍參知政事，鄭性之簽書樞密院事，陳貴誼兼同知樞密院事。己卯，詔：「故巴陵縣公竑可盡復本身官爵，有司其檢視墓域，以時致祭。妻吳，昨自請爲尼，特賜慧淨法空大師，紹興府月給衣資緡錢。」詔殿司選精銳千人，命統制妻拱、統領楊辛討捕建陽縣盜。辛巳，詔故端明殿學士、開府儀同三司史彌遠贈資政殿大學士，謚忠宣〔一〇〕。熒惑犯塡星。丙戌，有流星大如太白。戊子，日暈不匝，生格氣。癸巳，史嵩之進兵部尚書。

秋七月乙巳，詔嘉興縣王臨年百二歲，補迪功郎致仕。禁毀銅錢作器用并貿易下海。

八月癸酉，詔：「河南新復郡縣，久廢播種，民甚艱食，江、淮制司其發米麥百萬石往濟歸附軍民，仍榜諭開封、應天、河南三京。」甲戌，朱揚祖、林拓朝謁八陵回，以圖進，上問諸陵相去幾何及陵前澗水新復，揚祖悉以對，上忍涕太息。乙亥，以趙范爲京河關陝宣撫使、知開封府、東京留守，趙葵京河制置使、知應天府、南京留守，全子才關陝制置使、知河南府、西京留守。甲午，權邵武軍王埜以平建陽寇有功，官兩轉，餘推賞有差。

九月庚子，趙范依舊京西、湖北安撫制置大使、知襄陽府。辛丑，熒惑入井。壬寅，趙范言：「趙葵、全子才輕遣偏師復西京，趙楷、劉子澄參贊失計，師退無律，致後陣敗覆。」詔：趙葵削一秩，措置河南、京東營田邊備；全子才削一秩，措置唐、鄧、息營田邊備；劉子澄、趙楷並削三秩放罷。又言：「楊義一軍之敗，皆由徐敏子、范用吉怠於赴援，致不能支。」詔范用吉降武翼郎，徐敏子削三秩放罷，楊義削四秩，勒停自效。己酉，眞德秀言：「權臣罔上，講筵官亦傅會其言，今承其弊，有當慮者五事，并及泉潭寇盜、鹽法之弊。」帝嘉納之。詔：進士何霆編類朱熹解注文字，有補經筵，授上文學。

冬十月己卯，眞德秀進大學衍義。辛卯，陳貴誼薨，贈少保。

十一月壬子，京、湖制司創鎭北軍，詔以襄陽府駐箚御前忠衞軍爲名。壬戌，太白經天。

十二月己卯，大元遣王檝來。戊子，王檝辭于後殿。辛卯，遣鄒伸之、李復禮、喬仕安、劉溥報謝，各進二秩。

校勘記

〔一〕廩溧　原作「廩漂」，據宋史全文卷三二、陸心源宋史翼卷二二本傳改。

〔二〕以葛洪爲端明殿學士同簽書樞密院事　「密」字原脫，據本書卷四一五本傳補。

〔三〕冬十月癸巳　「十」下原有「一」字。按此處「十一月」重出，而癸巳、甲寅兩日都應在十月，「一」字當衍，今刪。

〔四〕郡縣繫囚不實書曆　「不」原作「干」，據宋史全文卷三二改。

〔五〕依舊京東忠義諸軍都統制　「依舊」下原重出「舊」字。按周密齊東野語卷九，嘉定十一年宋朝曾以李全爲京東忠義軍都統制，此處所謂依舊者當卽指此，不應重出「舊」字，今刪。

〔六〕趙葵換福州觀察使右驍衞大將軍　「驍」下原衍「騎」字，據本書卷一六六職官志刪。本書卷四一七本傳作「左驍衞上將軍」。

〔七〕宗室司正　按本書卷四五理宗紀、卷二四六莊文太子傳都載有思正，卒于理宗景定元年。思正本名希瑾，因寧宗命爲太子後賜名搢，後改思正。「司正」疑爲「思正」之誤。

中華書局

〔八〕敗武仙于淅江　按本書卷四一二孟珙傳載擊敗武仙的地點，馬蹬山、石穴山、鮎魚砦都在淅川縣境。又金史卷一一八武仙傳載有「分軍新野、順陽、淅川」，「徙淅川之石穴」等語。此處「淅江」當爲「淅川」之誤。

〔九〕趙葵入見帝問以金事對曰今國家兵力未贍姑從和議　「帝問以金事」疑誤。按宋史全文卷三二作「上曰：金韃交爭，和好如何？」續通鑑卷一六七考異說：「趙葵所言暫與之和，指蒙古而言。宋史作『帝問以金事』而葵對以和，轉似與金和矣。此時宋方助蒙古攻金，何故反欲議和耶？宋史係刪削之誤。」

〔一〇〕史彌遠贈資政殿大學士諡忠宣　按上文，史彌遠已于紹定六年諡忠獻，本書卷四一四史彌遠傳同。考異卷六七說，「此別是一人」。袁桷延祐四明志卷五史彌堅傳說，史彌堅爲資政殿學士諡忠宣。鄭眞四明文獻卷上同。「史彌遠」當爲「史彌堅」之誤。

宋史卷四十二

本紀第四十二

理宗二

端平二年正月丁酉，太陰行犯太白。甲寅，詔議胡瑗、孫明復、邵雍、歐陽脩、周敦頤、司馬光、蘇軾、張載、程顥、程頤等十人從祀孔子廟庭，升孔伋十哲。丙辰，詔主管侍衞馬軍孟珙黃州駐劄，措置邊防。丁巳，孟珙入見。辛酉，以御前寧淮軍統制、借和州防禦使程芾爲大元通好使，從義郎王全副之，尋以武功郎杜顯爲添差通好副使。

二月甲子朔，日當虧不虧。癸酉，歲星守氐。壬午，太白、塡星合于胃。

三月乙未，詔：太學生陳均編宋長編綱目，進士陳文蔚著尙書解，並補迪功郎。丁酉，楊谷、楊石並升太師，尋辭免。乙巳，曾從龍兼同知樞密院事，眞德秀參知政事，兼給事中、兼侍讀陳卓〔一〕同簽書樞密院事。

夏四月甲子，詔：「前四川制置鄭損，城池失守，且盜陜西五路府庫財鉅萬，削官二秩，謫居溫州，簿錄其家。」丁卯，都城火。丁亥，太白晝見。戊子，大閱。有流星大如太白。

五月乙未，雨雹。軍民交鬬，御前諸軍都統制趙勝削三秩，罷，命韓昱代之。丙申，大雨雹。甲辰，眞德秀薨，贈銀靑光祿大夫，諡文忠。庚戌，以喬行簡兼參知政事。

六月壬申，太陰入氐。戊寅，以鄭淸之爲特進、左丞相兼樞密使，喬行簡金紫光祿大夫、右丞相兼樞密使。己卯，葛洪資政殿大學士，予祠祿。庚辰，流星晝隕。祈雨。壬午，以曾從龍知樞密院事兼參知政事，崔與之參知政事，鄭性之同知樞密院事，陳卓簽書樞密院事。賜進士吳叔告以下四百五十四人及第、出身有差。己丑，熒惑入太微垣。庚寅，詔鄭損更削兩秩，竄南劍州。

秋七月丁酉，有流星大如太白。戊戌，太白經天。辛丑，流星晝隕。丙午，太白入東井。庚申，禮部尙書魏了翁上十事，不報。

閏七月戊寅，詔錄開禧蜀難死事之臣，大安知軍楊震仲孫忠孫補下州文學；利州路常平幹官劉當可母王氏義不降曦，投江而死，追贈和義郡夫人，當可與升官差除。乙酉，賜少師、特進、銀靑光祿大夫趙方諡忠肅。丙戌，故保寧軍節度使魯國公安丙諡忠定。丁亥，全子才、劉子澄坐唐州之役棄兵宵遁，子才削二秩，謫居衡州，子澄削二秩，謫居瑞州。

八月癸巳，歲星入氐。乙卯，以太師趙汝愚配享寧宗廟庭，仍圖像于昭勳崇德之閣。丁巳，太白犯太微垣右執法。

九月癸未，崇國公主薨。

冬十月辛卯，有流星大如太白。己未，填星犯畢，歲星、太白合于心。

十一月乙丑，以曾從龍爲樞密使、督視江淮軍馬，魏了翁同簽書樞密院事、督視京湖軍馬，鄭性之兼權參知政事。戊辰，詔兩督府各給金千兩、銀五萬兩、度牒千、緡錢五百萬，爲隨軍資。臺臣李鳴復論曾從龍、魏了翁督府事，不允。戊子，安南國貢方物。

十二月庚寅，曾從龍六疏乞寢樞密使命，依舊知樞密院事、督視江淮軍馬。詔許辭樞密使。以魏了翁兼督視江淮軍馬。癸巳，四川制置司遣將斬叛軍首賊蒲世興於萬州。己亥，填星守天街星。庚子，詔官告院製修武郎以下告身給督視府。太陰入井。壬寅，魏了翁陛辭，詔事干機速，許便宜行之。吳潛樞密都承旨，督府參謀官，趙善瀚、馬光祖督府參議官。甲辰，曾從龍薨，贈少師。余嶸同簽書樞密院事。庚戌，故參知政事李壁謚文懿。辛亥，雷。

三年春正月己未朔，以星行失度，雷發非時，罷天基節宴。詔勸農桑。賜安南國王封爵、襲衣、金帶。丁卯，填星犯畢。壬申，大元兵連攻洪山，張順、翁大成等以兵捍禦之。

二月甲午，詔以大元兵攻江陵，統制李復明奮勇戰沒，其贈三秩，仍官其二子，死傷士卒，趣具姓名來上。壬寅，詔侍從、臺諫、給舍條具邊防事宜。甲辰，起居郎吳泳上疏論淮、蜀、京、襄捍禦十事，不報。詔魏了翁依舊端明殿學士、簽書樞密院事，其速赴闕。詔史嵩之淮西制置使兼副使。辛亥，日暈周匝。甲寅，左曹郎官趙以夫上備邊十策。

三月乙亥，吳潛赴闕。是月，襄陽北軍主將王旻、李伯淵焚城郭倉庫，相繼降北。時城中官民兵四萬七千有奇，其財粟三十萬，軍器二十四庫皆亡，金銀鹽鈔不與焉。南軍主將李虎乘火縱掠，襄陽爲空。制置使趙范坐失撫御，致南北軍交爭造亂，詔削官三秩，落龍圖閣學士，姑仍制置職任。階、岷、疊、宕十八族降。有諜者以檄招曹友聞軍降，友聞斬之以聞。

夏四月丙申，太陰入太微垣。己酉，魏了翁乞歸田里，詔不允，以資政殿學士知潭州。癸丑，詔悔開邊，責己，其京湖、興沔州軍縣鎮見繫囚情理輕者釋之。

五月戊寅，提舉萬壽觀洪咨夔依舊兼侍讀。己卯，有流星出心，大如太白。辛巳，太陰入畢。甲申，趙葵華文閣直學士、淮東安撫制置使兼知揚州。

六月丁亥，流星夕隕。己亥，洪咨夔卒，詔與執政恩例，贈二秩，謚忠文。癸卯，熒惑、填星合于畢。丙午，熒惑犯填星。庚戌，大雨雹。

秋七月丁巳，祈晴。詔：「權徐州國安用力戰而歿，已贈順昌軍節度使，仍官其子國興承節郎。」庚申，以趙范失襄城，罪重罰輕，詔罷職奉祠。辛酉，太陰入氐。丁卯，以鄭性之參知政事，李鳴復簽書樞密院事。戊辰，監察御史杜範、吳昌裔以言事不報，上疏乞罷官，詔改授範太常少卿，昌裔太常卿。庚午，熒惑入井。戊寅，太陰入東井。甲申，雨血。

八月丙戌，詔趙范更削兩秩，謫居建寧府，李虎削三秩，落刺史，罷御器械，各令任責捍禦自效。癸卯，詔前龍圖閣學士、光祿大夫，贈開府儀同三司傅伯成謚忠簡。

九月庚申，太白、歲星合于尾。庚午，雷。辛未，祀明堂，大赦。雷雨。乙亥，左丞相兼樞密使鄭清之罷爲觀文殿大學士、醴泉觀使兼侍讀，右丞相兼樞密使喬行簡罷爲觀文殿大學士、醴泉觀使兼侍讀。以崔與之爲右丞相兼樞密使。壬午，驍衞大將軍、利州駐劄御前諸軍統制曹友聞與大元兵大戰于大安軍陽平關，兵敗，死之，詔贈龍圖閣學士、大中大夫，謚毅節，立廟曰襃忠，官其二子承務郎。

冬十月乙酉，詔：「殿前司將胡斌，戰死邵武之寇，贈武節大夫，有司爲立後授官，因舊廟賜額。宗室師櫝死尤溪之戰，贈武節郎，官其一子進義校尉，立廟林嶺。」甲午，詔：「沿江制置使陳韡應援淮東，授淮西制置使兼沿江制置副使史嵩之應援江陵、峽州江面上流。」壬寅，大元兵破固始縣，淮西將呂文信、杜林率潰兵數萬叛，六安、霍丘皆爲羣盜所據。丙午，

安南國貢方物，詔授金紫光祿大夫、靜海軍節度、觀察等使，賜襲衣、金銀帶。大元太子闊端兵離成都，大元兵破文州，守臣劉銳、通判趙汝鄉死之。

十一月戊午，詔嗣秀王師彌授少師。丙寅，以喬行簡爲特進、左丞相兼樞密使，封肅國公。大元兵圍光州，詔史嵩之援光，趙葵援合肥，陳韡遏和州，爲淮西聲援。戊辰，魏了翁依舊資政殿學士，知紹興府、浙東安撫使，吳潛、袁甫、徐清叟赴闕。壬申，詔侍從、兩省、臺諫、卿監、宰掾、樞屬、郎官、鈐轄，各陳防邊方略。甲戌，太陰入太微垣。戊寅，復成都府。

十二月戊戌，以吳淵戶部侍郎、淮東總領財賦兼知鎮江府。壬寅，詔改明年爲嘉熙元年。癸卯，鄭清之辭免觀文殿大學士、醴泉觀使兼侍讀，詔仍舊觀文殿大學士、提舉洞霄宮。丁未，宣繒薨，以定策功，贈太師，謚忠靖。甲寅，池州都統趙邦永以援滁州功，詔邦永轉左武大夫，其餘立功將士，具等第、姓名推賞。

嘉熙元年春正月乙卯，以魏了翁知福州兼福建安撫使。丁巳，詔京西兵馬都監、隨州駐劄程再遇官三轉，帶行閤門宣贊舍人，京西鈐轄兼知隨州，賞其洪山戰功，餘有功將士趣以名上。辛酉，以李𡌴同知樞密院事、四川宣撫使。甲子，詔：「兩淮、荆襄之民，避地江南，沿江州縣，間有招集振卹，尚慮恩惠不周，流離失所。江陰、鎮江、建寧〔二〕、太平、池、江、興國、

中華書局

鄂、岳、江陵境內流民，其計口給米，期十日竣事以聞。」癸酉，熒惑守鬼宿。壬午，流星大如太白。

二月癸未朔，以鄭性之知樞密院事兼參知政事，鄒應龍端明殿學士、簽書樞密院事，李宗勉同簽書樞密院事。李鳴復罷，以資政殿學士知紹興府。乙酉，葛洪薨。壬寅，雨雹。丙申，詔：「忠義選鋒張順、屈仲等，以舟師戰公安縣之巴芒有功，各官一轉，餘推恩有差。」癸卯，詔以朱熹通鑑綱目下國子監，并進經筵。己酉，太白晝見，日暈周匝。

三月癸亥，日生背氣。己巳，詔陳韡、史嵩之、趙葵各官兩轉。乙亥，魏了翁薨，贈少師，賜謚文靖。以孟珙爲忠州團練使、知江陵府、京西湖北安撫副使，別之傑寶章閣待制、知太平州。

夏四月壬午朔，以李𡌴同知樞密院事、四川宣撫使、知成都府。壬辰，弟貴謙保康軍節度使，仍奉朝請，進封天水郡開國侯，加食邑；與芮武康軍節度使、提舉萬壽觀，仍奉朝請，進封開國子。丙申，詔：「兩淮策應軍戰宣化，兩軍殺傷相當，陣亡將校李仙、王海、李雄、廖雷各贈武翼大夫，餘贈官有差。」庚子，熒惑犯權星。丙午，詔：「沔州諸鎭將帥，昨以大元兵壓境，皆棄官遁。夔路鈐轄、知恩州田興隆，獨自大安德勝堡至潼川，逆戰數合，雖兵寡不敵，而忠節可尙，特與官一轉。」

五月丙辰，袁韶薨。太陰犯熒惑。壬申，京城大火。丙子，熒惑犯將星。

六月壬辰，詔賞蘄州都統制萬文勝、知州徐㮚守城之功，將士在行間者，論功補官有差。癸巳，以鄒應龍爲資政殿學士、知慶元府、沿海制置使。乙未，太白、塡星合于井。甲辰，祈雨。丙午，以吳潛爲工部侍郎、知慶元府兼沿海制置使。知黃州兼淮西安撫使、本路提刑李壽朋，被命三月，不卽便途之官，遂還私舍，詔削三秩，送建昌軍居住。詔建內小學，擇宗子十歲以下資質美者二三人，置師教之。

秋七月壬子，湖北提舉董槐朝辭，奏楮幣物價重輕之弊。己未，樞密院言：「大元兵自光州、信陽抵合肥，制司參議官李曾伯、廬州守臣趙勝、都統王福戰守，俱有勞效。」詔曾伯等十一人各官一轉。辛酉，太陰犯歲星、塡星入井。庚午，歲星守建星。壬申，日生背氣。癸酉，太陰入井。

八月甲申，太師、秦國公汝愚追封福王。乙酉，塡星犯井。癸巳，以李鳴復參知政事，李宗勉簽書樞密院事。甲辰，詔：蜀雞冠隘都統王宣戰歿，其總管吳桂棄所守走，又縱部伍剽刼，削三官勒停。

九月壬子，塡星留于井。癸丑，有流星出七公西星，至濁沒。丁巳，雷。

冬十月戊戌，有流星大如桃。

十一月戊辰，詔陳韡、史嵩之、趙葵於沿江、淮、漢州軍，備舟師戰具，防遏衝要堡隘。辛未，太史言十二月朔日食將既，日與金、木、水、火四星俱纏于斗。詔損膳避朝，庶圖消弭，其令有司檢會故實以聞。

十二月戊寅朔，日有食之。

二年春正月戊申朔，詔令侍從、臺諫、卿監、郎官、帥臣、監司、前宰執侍從舉曉暢兵財各二人，三衙、諸軍統制舉將材二人。己未，詔史嵩之、趙葵應援黃州、安豐，其立功將士等第，亟具名以聞；光州、信陽二城，共圖克復。辛酉，詔：史嵩之進端明殿學士，視執政恩數；趙葵刑部尙書，制置並如舊，余玠知招信軍兼淮東制置司參議官，進三秩，孟珙寧遠軍承宣使，依舊帶御器械。史嵩之端明殿學士，依舊京湖安撫制置使兼沿江制置副使、兼知鄂州，召赴闕。甲子，兩浙轉運判官王埜察訪江面還，進對，劾吳潛知平江府不法厲民數事。詔埜直華文閣、知建寧府。

二月甲申，大理少卿朱揚祖充押伴使，借章服、金魚。庚寅，詔史嵩之以參知政事督視京西、荊湖南北路、江西軍馬，置司鄂州。癸巳，大宗正丞賈似道奏言：「北使將至，地界、名稱、歲例，宜有成說。」又奏：「裕財之道，莫急於去贓吏，藝祖治贓吏，杖殺朝堂，孝宗眞決刺

面，今日行之，則財自裕。」戊戌，詔：「近覽李𡌴奏，知蜀漸次收復，然創殘之餘，綏撫爲急，宜施蕩宥之澤。淮西被兵，恩澤亦如之。其降德音，諭朕軫恤之意。」大元再遣王檝來。辛丑，檝還，以朱揚祖充送伴使。癸卯，以孟珙爲京湖安撫制置副使，置司松滋縣。

三月己丑，命將作監周次說爲大元通好使。壬子，以李心傳爲祕書少監、史館修撰，修高宗、孝宗、光宗、寧宗四朝國史、實錄。癸丑，以高定子爲中書舍人、京湖江西督視參贊軍事。庚申，詔史嵩之兼督視光、蘄、黃、夔、施州軍馬。戊辰，發行都會子二百萬、并湖廣九百萬。下都督參政行府犒師。乙亥，詔四川被兵州、軍、府、縣、鎭并轉輸勞役之所，見禁囚人情理輕者釋之。詔四川帥臣招集流民復業，給種與牛，優與振贍。

夏四月癸未，以李𡌴同簽書樞密院事，督視江淮、京湖軍馬。己酉，雨土。太陰入太微垣。

閏月丁未，太陰入井。甲子，有流星大如太白。壬申，賜禮部進士周坦以下四百二十二人及第、出身有差。

五月辛巳，太白晝見。癸未，以李鳴復知樞密院事，李宗勉參知政事，余天錫簽書樞密院事。甲申，喬行簡請「以兵事委李鳴復，財用委李宗勉，楮幣委余天錫，當會議者，臣則參酌行之」。詔允所請。詔：嚴州布衣錢時、成忠郎吳如愚以隱居著書，並選爲祕閣校勘。丙戌

詔崔與之提舉洞霄宮，任便居住，李鳴復復參知政事。壬寅，歲星犯壘壁陣。

六月甲辰朔，流星晝隕。戊申，吳淵知太平州，措置采石江防。以吳潛爲淮東總領財賦、知鎮江府。丙寅，李埴薨，特贈資政殿大學士。

秋七月壬午，以霖雨不止，烈風大作，詔避殿、減膳、徹樂，令中外之臣極言闕失。辛卯，有流星大如太白。壬寅，熒惑犯鬼，積尸氣。

八月辛酉，太白晝見經天。癸亥，流星晝隕。

九月壬午，熒惑犯權星。子維生。甲申，封宮人謝氏爲永寧郡夫人。乙未，有流星大如太白。

冬十月庚戌，雷。丁卯，吳潛言：「宗子趙時哽集眞、滁、豐、濠四郡流民十餘萬，團結十七砦。其強壯二萬可籍爲兵，近調五百援合肥，宜補時哽官。又沙上蘆場田可得二十餘萬畝，賣之以贍流民，以佐砦兵。」從之。熒惑入太微垣。戊辰，太白入氐。己巳，日生黑子。辛未，復光州。

十一月甲申，子維薨，追封祁王，謚沖昭。

十二月丙午，光州守臣董垚臣伏誅，司戶柳臣舉配雷州。乙卯，詔：四川諸州縣鹽酒榷額，自明年始更減免三年，其四路合發總所綱運者亦免。戊辰，詔：諸路和糴給時直，平概量，毋科抑，申嚴收租苛取之禁。己巳，出祠牒、會子共七百萬紙，給四川制司爲三年生券。

三年春正月癸酉，以喬行簡爲少傅、平章軍國重事，封益國公；李宗勉爲左丞相兼樞密使；史嵩之右丞相兼樞密使，督視兩淮、四川、京湖軍馬；余天錫參知政事；游侶同簽書樞密院事。

二月丙午，詔史嵩之依舊兼都督江西、湖南軍馬。丁卯，又命嵩之都督江淮、京湖、四川軍馬。己巳，竄趙邦永，坐救滁不進兵。

三月辛未朔，以吳潛爲敷文閣直學士、沿海制置使兼知慶元府。甲戌，以別之傑權兵部尚書，依舊沿江制置安撫使兼都督行府參贊軍事，李曾伯兼都督行府參議官，孟珙兼都督行府參謀官。流星晝隕。辛卯，雨土。

夏四月壬寅，祈雨。癸卯，以吳淵權工部尚書、沿江制置副使、知江州。

五月辛未，熒惑犯太微垣執法星。戊寅，以吳潛爲兵部尚書、浙西制置使、知鎮江府。辛卯，喬行簡五疏乞罷機政，詔不允。

秋七月庚午，以董槐知江州兼都督行府參議官。甲申，以吳淵兼都督行府參贊軍事。

八月戊戌朔，以浙江潮患，告天地、宗廟、社稷。以游侶參知政事，許應龍簽書樞密院事，林略同簽書樞密院事。己亥，熒惑入氐。辛丑，太陰入氐。有流星大如太白。丁亥，熒惑犯房宿。

九月辛巳，祀明堂，大赦。壬午，淮西敢勇將官陸旺、李威特與官三轉，同出戰二百人官兩轉，以賞廬州磨店北之功，其陣沒者優與撫恤。

冬十月丁未，故太師魯王謝深甫賜謚惠正。己未，出祠牒百給濟處州。秉義郎李良守鄂州長壽縣，沒於戰陣，詔贈官三轉。癸亥，熒惑、太白合于斗。乙丑，虹見。

十一月丙子，以范鍾簽書樞密院事。

十二月己未，觀文殿大學士崔與之薨，贈少師，謚清獻。辛酉，太白晝見。甲子，復夔州，錄荊鄂都統張順、孟璋等將士戰功。

四年春正月辛未，彗星出營室。庚辰，以星變下詔罪己。辛巳，有流星大如太白。甲午，彗星犯王良第二星。

二月丙申朔，日生背氣。戊戌，大赦。辛丑，流星晝隕。白虹貫日。丁未，太白晝見。癸丑，以孟珙爲四川宣撫使兼知夔州，節制歸、峽、鼎、澧州軍馬。丙辰，白氣亘天。

三月辛未，詔四川安撫制置副使彭大雅削三秩。彗星消伏。乙酉，流星晝隕。

夏四月壬寅，前潼川運判吳申進對，因論蜀事，爲上言：「鄭損棄邊郡不守，桂如淵啓潰卒爲亂，趙彥吶忌忠勇不救，彭大雅險譎變詐，殊費關防。宜進孟珙於夔門。夔事力固乏，東南能助之，則夔足以自立。」又言：「張祥有保全趙彥吶、楊恢兩制置之功，敵人憚其果毅，宜見錄用。」上嘉納之。乙巳，詔史嵩之進三秩，依前右丞相兼樞密使，即日徹都督局。

五月庚午，太陰入太微垣，歲星、太白合于婁。甲戌，太陰入氐。乙亥，子壽國公薨。戊子，命吳潛兼侍讀，李性傳兼侍講。

六月甲午朔，江、浙、福建大旱，蝗。乙未，祈雨。己亥，太白犯畢。辛丑，追封閬州簽廳陳承己妻彭氏爲恭人，賜廟閬州，以強寇入奉國縣市，承己爲賊所創，彭罵賊死之。辛亥，追贈儒林郎王翚爲通直郎，官其一子爲文學，以丙申蜀破，翚闔門死於兵。癸丑，太白犯天關星。戊午，有流星大如太白。

秋七月乙丑，詔：「今夏六月恒陽，飛蝗爲孽，朕德未修，民瘼尤甚，中外臣僚其直言闕失毋隱。」又詔有司振災恤刑。太白入井。甲戌，太白、熒惑合于井。己丑，熒惑、太白合于鬼。

八月己酉，熒惑、塡星合于柳，太白犯權星大星。癸丑，熒惑犯塡星。

九月乙丑，詔余玠進三秩，直華文閣、淮東提刑、節制招信軍屯戍軍馬。以玠昨帥舟師溯淮入河抵汴，所向有功，全師而還。至是，論功定賞，是役將士趣以名上所司議推恩。

冬十月癸巳，詔改明年爲淳祐元年。丁巳，命余玠兼節制應天府、泗、宿、永、海、邳、徐、漣水屯戍軍馬。

十一月甲子，熒惑入太微垣。己巳，熒惑犯太微垣左執法星。癸酉，詔：武功大夫、荆鄂都統制張順，以私錢招襄、漢潰卒，創忠義、虎翼兩軍及援安慶、池州有功，特與官兩轉。丙子，與芮妻錢氏封安康郡夫人。辛巳，熒惑犯太微上相垣。

十二月甲辰，奉國軍節度使、提舉萬壽觀多譔薨。丙辰，地震。己未，詔求直言。

閏十二月丙寅，李宗勉薨，贈少師，賜諡文清。以游佀知樞密院事兼參知政事，范鍾參知政事，徐榮叟簽書樞密院事。庚午，詔繫囚情理輕者釋之。乙亥，詔民間賦輸仍用錢會中半，其會半以十八界直納，半以十七界紐納。戊寅，以吳潛爲福建安撫使，史宅之爲浙東安撫使。

淳祐元年春正月庚寅朔，詔舉文武才。庚子，雷。甲辰，詔：「朕惟孔子之道，自孟軻後不得其傳，至我朝周惇頤、張載、程顥、程頤，眞見實踐，深探聖域，千載絕學，始有指歸。中興以來，又得朱熹精思明辨，表裏混融，使大學、論、孟、中庸之書，本末洞徹，孔子之道，益以大明于世。朕每觀五臣論著，啓沃良多，今視學有日，其令學官列諸從祀，以示崇獎之意。」

尋以王安石謂「天命不足畏，祖宗不足法，人言不足恤」，爲萬世罪人，豈宜從祀孔子廟庭，黜之。丙午，封周惇頤爲汝南伯，張載郿伯，程顥河南伯，程頤伊陽伯。丁未，太陰入氐。戊申，幸太學謁孔子，遂御崇化堂，命祭酒曹觱講禮記大學篇，監學官各進一秩，諸生推恩錫帛有差。製道統十三贊，就賜國子監宣示諸生。

二月戊寅，日生暈。壬午，喬行簡薨，諡文惠。

夏四月丁丑，詔以與芮爲開府儀同三司、萬壽觀使、嗣榮王，貴謙開府儀同三司、嗣沂王。辛巳，以賈似道爲太府少卿、湖廣總領財賦。

五月庚寅，以少師、保寧軍節度使、判大宗正事、嗣秀王師彌爲太子少保，奉國軍節度使、充萬壽觀使師貢爲少師。己亥，詔沿江淮西制置使別之傑任責邊防。戊申，賜禮部進士徐儼夫以下三百六十七人及第、出身有差。

六月庚申，太白晝見。螟。癸酉，有流星大如太白。己卯，流星晝隕。丙戌，熒惑入氐。

秋七月壬辰，祈雨。

八月辛巳，楊石薨，贈太師。

冬十月庚辰，太白入氐。

十一月戊戌，太白晝見。己亥，淮東提刑余玠以舟師解安豐之圍。己巳，太白經天晝見。

十二月丁卯，余天錫薨，贈太師，賜諡忠惠。丁丑，侍御史金淵言：彭大雅貪黷殘忍，蜀人銜怨，罪重罰輕，乞更竄責。詔除名，贛州居住。

二年春正月甲申朔，詔作新吏治。戊戌，右丞相史嵩之等進玉牒及中興四朝國史、孝宗經武要略、寧宗玉牒日曆會要實錄。

二月甲戌，以游佀知紹興府、浙東安撫使，請祠祿，詔提舉洞霄宮。范鍾知樞密院事兼參知政事，徐榮叟參知政事，趙葵賜進士出身、同知樞密院事，別之傑簽書樞密院事。

三月戊子，詔和州、無爲軍、安慶府，並聽沿江制置司節制。詔今後州縣官有罪，諸帥司毋輒加杖責。

夏四月甲寅，白氣亘天。壬申，雨雹。

五月己亥，淮東制置副使余玠進對。戊申，臺臣言知建寧府吳潛有三罪，詔奪職，罷新任。己酉，以趙葵爲湖南安撫使、知潭州。

六月壬子朔，徐榮叟乞歸田里，從之。丁巳，詔以余玠爲四川宣諭使，事干機速，許同

制臣共議措置，先行後奏，仍給金字符、黃榜各十，以備招撫。丙寅，以別之傑同知樞密院事兼權參知政事，高定子簽書樞密院事，杜範同簽書樞密院事。是月盛夏積雨，浙右大水。丁丑，歲星犯井。

秋七月辛巳朔，常、潤、建康大水，兩淮尤甚。

八月丁卯，詔：淮東先鋒馬軍鄧淳、李海等揚州撻扒店之戰，宣勞居多，各官兩轉，餘推恩有差。

九月庚辰朔，日有食之。己丑，雷。辛卯，祀明堂，大赦。癸巳，詔：「淮東忠勇軍統領王溫等二十四人戰天長縣東，衆寡不敵，皆沒於陣。贈溫武翼大夫、吉州刺史，其子興國補保義郎，更官其一子承信郎，厚賜其家。餘人恤典有差。」

冬十月甲寅，史嵩之進封永國公。乙丑，大元兵大入通州。

十一月辛卯，詔諭兩淮節制李曾伯，毋以通州被兵之故，不安厥職，其督勵諸將，勉圖後功。己亥，日南至，雷電交作，詔避殿減膳，求直言。癸卯，詔決中外繫囚。

十二月己未，詔：「通州守臣杜霆，兵至棄城弗守，載其私帑渡江以遁，遂致民被屠戮，雖已奪三秩，厥罰猶輕。其追毀出身以來文字，竄南雄州。」壬戌，太白晝見。癸亥，大元兵進攻敘州，帳前都統楊大全等水陸並進，自卯至午戰十數合，歿于行伍。詔贈武節大夫、眉

州防禦使，官其二子承節郎。丙寅，以孟珙爲檢校少保，依舊寧武軍節度使、京湖安撫制置大使、夔路策應大使，余玠權賁政殿學士、湖南安撫大使兼知潭州〔三〕，趙葵資政殿大學士、福建安撫使、知福州。

三年春正月戊寅朔，以高定子兼參知政事。庚辰，熒惑入氐。乙未，以李曾伯爲華文閣待制，依舊淮東西制置使、知揚州；杜杲敷文閣學士，依舊沿江制置使、知建康府；董槐祕閣修撰，依舊沿江制置副使、知江州、主管江西安撫司事。辛丑，詔安南國王陳日煚元賜功臣號，特增「守義」二字〔四〕。

二月乙丑，以呂文德爲福州觀察使、侍衞馬軍副都指揮使，總統兩淮出戰軍馬，捍禦邊陲。庚午，以郢州推官黃從龍死節，詔贈通直郎，一子補下州文學。

三月丁丑朔，日有食之。

夏四月癸丑，左武衞中郎將、濠州措置捍禦王烈，閤門宣贊、淮西路鈐王杰，閤門祗候、江東路鈐李季實，往馬帥王鑑軍前議事，遇大元兵戰死，贈官，仍各官其二子。乙卯，嘉定守臣程立之固守，詔官一轉。丙辰，安豐軍統領陳友直以王家堈戰功，與官兩轉。壬申，布衣王與之進所著周禮訂議，補下州文學。

五月庚子，詔施州創築郡城及關隘六十餘所，本州將士及忠州戍卒執役三年者，各補轉一官。

六月甲戌，有流星大如太白出于氐。

秋七月丁亥，詔海州屯駐借補保義郎申政，密州之役先登陷陣，後以戰沒，特贈保義郎，官其子進勇副尉。太白入井。壬辰，四川制司言：大元兵破大安軍，忠義副總管楊世威堅守魚孔隘，孤壘不降，有特立之操，可任責邊防。詔以世威就知大安軍。甲午，日生格氣。己亥，太白經天晝見。

八月乙卯，流星晝隕。癸亥，詔福州延祥、荻蘆兩砦，併置武濟水軍，摘本州廂禁習水者充，千五百人爲額。

閏月丁丑，四川總領余玠言，知巴州向佺、鈐轄譚淵，白土坪等戰有功。詔佺等十八人各官三轉，餘轉官有差；其中創人各給緡錢百，陣沒者趣上姓名，贈恤其家。太白犯權星。壬寅，太白塡星合于翼。

九月壬申，詔蠲高郵民耕荒田租。

冬十月丙戌，太白入于氐。

十二月己丑，史嵩之五請祠，不允。

校勘記

〔一〕兼給事中兼侍讀陳卓　按宋史全文卷三二作「守吏部尚書兼給事中兼侍讀陳卓」。

〔二〕建寧　這句列舉沿江州縣，但是建寧并不沿江，疑是「建康」之誤。

〔三〕余玠權賁政殿學士湖南安撫大使兼知潭州　此處史有脫文。按宋史全文卷三三說：「余玠權兵部侍郎、四川安撫制置使兼知重慶府」，「別之傑爲資政殿大學士、湖南安撫大使兼知潭州」。本書卷四一六本傳，卷二一四宰輔表淳祐二年十二月丙寅條、卷四一九別之傑傳，與宋史全文同，據此，「權」下疑脫「兵部侍郎四川安撫制置使兼知重慶府別之傑爲」之文。

〔四〕特增守義二字　「增」，原作「贈」，據本書卷四八八交阯傳改。

中華書局

宋史卷四十三

本紀第四十三

理宗三

四年春正月壬寅朔，詔邊將毋擅興暴掠，虐殺無辜，以慰中原遺黎之望。帝製訓廉、謹刑二銘，戒飭中外。以李鳴復參知政事；杜範同知樞密院事；劉伯正簽書樞密院事；余玠華文閣待制，依舊四川安撫制置使、知重慶府兼四川總領財賦；李曾伯寶章閣直學士，依舊淮東安撫制置使、知揚州兼淮西制置使。戊午，樞密院言：「四川帥臣余玠，大小三十六戰，多有勞效，宜第功行賞。」詔玠趣上立功將士姓名等第，即與推恩。庚申，以余玠兼四川屯田使。

二月癸酉，出封樁庫緡錢各十萬，命兩淮、京湖、四川制司收瘞頻年交兵遺骸，立爲義塜。

夏四月丁丑，有流星大如太白，出于尾。癸未，塡星守太微垣。乙未，祈雨。

五月庚戌，余玠言：「利閬城大獲山、蓬州城營山，渠州城大良平，嘉定城舊治，瀘州城神臂山，諸城工役，次第就緒。神臂山城成，知瀘州曹致大厥功可嘉，乞推賞以勸其餘。」詔致大帶行遙郡刺史。丁巳，武功大夫、雄威軍都統制楊价世守南邊，連年調戍播州，捍禦勤瘁，詔价轉右武大夫、文州刺史。戊午，大元兵圍壽春府，呂文德節制水陸諸軍解圍有功，詔赴樞密院稟議，發緡錢百萬，詣兩淮制司犒師。庚申，守闕進勇副尉桂虎、進義副尉楚富、吐渾將虞候鄭蔡，捍禦壽春，俱有勞效，詔各官資兩轉，給緡錢千。乙丑，前簽書樞密院事鄭應龍薨，贈少保、監察御史。胡清獻劾淮西提刑徐敏子三罪，詔削兩秩，送江州居住。

六月庚午朔，呂文德依舊侍衛馬軍副都指揮使兼淮西招撫使、知濠州。乙亥，賜禮部進士留夢炎以下四百二十四人及第、出身有差。壬午，詔：安豐軍策應解壽春圍將士補轉官資有差。詔：壽春一軍先涉大海，擣山東膠、密諸州有功，今大元兵圍城，能守城不褫，其立功將士皆補轉有差。乙未，有流星大如太白出于畢。丙申，吳潛提舉隆興府玉隆萬壽宮，任便居住。

秋七月己亥朔，祈雨。乙卯，招收沿淮失業壯丁爲武勝軍，以五千人爲額。辛酉，盜發永州東安縣，飛虎軍正將吳龍、統制鄭存等討捕有功，詔補轉官資有差。甲子，詔：「故直龍圖閣項安世正學直節，先朝名儒，可特贈集英殿修撰。」

八月壬辰，太白晝見。

九月癸卯，右丞相史嵩之以父病謁告，許之，詔范鍾、劉伯正暫領相事。甲辰，史彌忠卒，贈少師，封鄭國公，賜謚文靖。詔史嵩之起復右丞相兼樞密使。癸丑，熒惑、塡星合于軫。甲寅，京湖制司言，諸將李福等破申州、蔡州西平縣城壁及馬家等砦，詔將士各補官推賞有差。己未，將作監徐元杰上疏論史嵩之起復，宜許其舉執政自代。帝不允，遂求去，帝曰：「經筵賴卿規益，何事引去耶？」癸亥，太白犯斗宿距星。乙丑，雷。丁卯，雷。臺臣言嚴州及紹興、蕭山等縣，征商煩苛，詔亟罷之。

冬十月甲戌，詔慶元府守臣敦諭史嵩之赴闕，嵩之控辭，不允。壬辰，杜範、游侶提舉萬壽觀兼侍讀〔一〕。

十一月辛丑，詔趣游侶、杜範赴闕。戊申，雷。庚戌，詔陳韡、李性傳赴闕。

十二月庚午，以范鍾爲左丞相兼樞密使，杜範爲右丞相兼樞密使，游侶知樞密院事，劉伯正參知政事兼簽書樞密院事。詔戒飭百官。許右丞相史嵩之終喪。甲戌，以趙葵同知樞密院事。乙亥，鄭清之授少保，依舊觀文殿大學士、醴泉觀使兼侍讀，仍奉朝請，進封衞國公。

五年春正月丁酉朔，詔更新庶政，綏撫中原遺民。丙午，杜範辭免右丞相，不允。己酉，雷。乙卯，以李性傳簽書樞密院事兼權參知政事。

二月丙寅朔，雨土。甲戌，復五河，詔：呂文德進三秩，羊洪進二秩，餘有戰功者推賞，其陣沒人，具姓名贈恤。丁丑，范鍾等上玉牒、日曆及孝宗光宗御集、經武要略、寧宗實錄。壬辰，太白晝見經天。

三月庚子，詔嚴贓吏法，仍命有司舉行彭大雅、程以升、吳淇、徐敏子納賄之罪。準淳熙故事，戒吏貪虐、預借、抑配、重催、取贏。以緡錢百萬犒淮東師。

夏四月甲申，塡星犯上相星。丙戌，杜範薨，贈少傅，謚清獻。戊子，余玠言權巴州何震之守城死於兵，詔進贈官三秩，一子與下州文學。京湖制司言：「鈐轄王雲等襲鄧州鎭平縣靈山，戰順陽鐵撅峪，皆有勞效，野戰數十合，雲等六人被重創死，路鈐于江一軍力戰。」詔：「王雲贈三秩，仍官其二子爲承信郎，王寬、王立、田秀、董亮、董玉各加贈恤，于江等各轉一官資。」詔李曾伯、余玠、董槐、孟珙、王鑑職事修舉，曾伯、玠升閣職，槐、珙、鑑轉官，並因其任。

五月丁酉，呂文福、夏貴上戰功，詔貴官兩轉，文福帶行閤職。丁未，詔：「沿江、湖南、江

中華書局

西、湖廣、兩浙制帥漕司及許浦水軍司，共造輕捷戰船千艘，置遊擊軍壯士三萬人，分備捍禦。」戊申，日生赤黃背氣。辛亥，詔董槐赴闕。丁巳，淮東制置使李曾伯辭免煥章閣學士，從之。

六月甲申，祈雨。丙戌，工部侍郎徐元杰暴卒，贈四秩。置詔獄。

秋七月癸巳朔，日有食之。旱。辛丑，鎮江、常州亢旱，詔監司、守臣及沿江諸郡安集流民。甲辰，祈雨。乙卯，詔給徐元杰、劉漢弼官田五百畝、緡錢五千，恤其家。丁巳，京湖制司言總制亢國用師衆戰裕州拐河〔二〕，戰黑山，戰大神山，皆有勞効。詔國用官兩轉，李山等四十七人官一轉。呂文德言與大元兵戰五河隘口，又戰于濠州，大元兵還。詔文德：屯駐諸軍戰守將士，推恩有差。

八月庚辰，范鍾再乞歸田，不允。

九月甲辰，京湖制置司言：「劉整等率精銳以雲梯四面登鎮平縣城，入城巷戰，焚城中倉庫、糗糧、器甲，路將武勝等四人死之；略廣陽，焚列屯、砦柵、廬舍凡二十餘所；還抵靈山，又力戰有功。」詔整官兩轉，同行蔡貴等二百二十人各官一轉。辛亥，祀明堂，奉太祖、太宗、寧宗並侑，大赦。

冬十一月乙未，鄭清之乞歸田，不允。丙申，詔：師彌典司屬籍，職事修舉，授太傅，加食

邑，依前判大宗正事、嗣秀王。壬子，詔：大元兵入蜀，權成都府馮有碩、權漢州王驤、權成都縣楊兌、權資州劉永、權潼川府魏鑈死于官守，其各贈官三轉，仍官其一子。癸丑，詔：將領關貴、統制白傅才率衆復洋州，還遇大元兵交戰，將士百五十三人皆陣沒，已祔饗閔忠廟，贈恤其家。關貴、白傅才各贈承節郎，官其一子進勇副尉。

十二月甲戌，詔壽春守臣劉雄飛等以大元兵圍城捍禦有功，雄飛及呂文福、林子窋等十一人各官三轉，劉用等補轉官資有差。己卯，以游侶爲右丞相兼樞密使；鄭清之爲少師、奉國軍節度使，依前醴泉觀使兼侍讀，仍奉朝請，賜玉帶及賜第行在。兄與懽換授安德軍節度使、開府儀同三司、萬壽觀使，仍奉朝請；弟嗣沂王貴謙、嗣榮王與芮並加授少保。以趙葵知樞密院事兼參知政事，李性傳同知樞密院事，陳韡兼參知政事。壬午，太史奏來歲正旦日當食，詔以是月二十一日避殿減膳，命百司講行闕政，凡可以消弭災變者，直言毋隱。

六年春正月辛卯朔，日有食之。置國用所，命趙與𥲤爲提領官。

二月戊辰，范鍾再乞歸田里，詔官三轉，觀文殿大學士、醴泉觀使兼侍讀。己巳，范鍾再辭，詔提舉洞霄宮，任便居住。庚午，以劉雄飛知壽春府，節制屯田軍馬。

三月癸巳，日暈周匝，珥氣。

夏四月辛酉，太白晝見。壬戌，太陰犯太白。甲戌，以丘岳兼兩淮屯田副使，賈似道兼蘄、黃屯田副使。丁丑，日暈周匝。戊寅，詔：「朱熹門人胡安之、呂燾、蔡模並迪功郎、本州州學教授。給札錄其著述，并條具所欲言者以聞。」

閏四月辛卯，李曾伯以臺諫論，詔落職予祠，尋罷祠祿。戊戌，呂文德言：「今春北兵攻兩淮，統制汪懷忠等逆戰趙家園，拔還俘獲人民；路鈐夏貴、知州王威、倪政等，帥舟師援安豐軍，所至數戰，將士陣亡者衆。」詔：「倪政贈官三轉，官一子承信郎；許通、夏珪、孫才、江德仙各贈官兩轉，官其一子下班祗應，給緡錢恤其家；餘立功將士恩賞有差。」辛丑，月暈五重。癸卯，余玠言：北兵分四道入蜀，將士捍禦有功者，輒以便宜推賞，具立功等第補轉官資以聞。詔從之。

五月庚申，詔賈似道措置淮西山砦城築。壬戌，太白犯權星。己卯，詔諸鎮募兵、造舟、置馬，帥臣共務獎激將士，以嚴邊防。

六月甲午，保信軍節度使希烝薨。丙午，祈雨。壬子，以陳韡參知政事兼同知樞密院事。乙卯，臺臣言李鳴復、劉伯正進則害善類，退則蠹州里。詔鳴復落職罷宮觀，伯正削一秩。

秋七月壬戌，泉州歲饑，其民謝應瑞非因有司勸分，自出私錢四十餘萬糴米以振鄉井，所全活甚衆，詔補進義校尉。丁卯，太陰犯斗。己巳，呂文德言：「北兵圍壽春城，州師至黃

家穴，總管孫琦、呂文信、夏貴等戰龍堽，有功。」詔文德官一轉，餘依等第轉補；其陣沒董先等二十二人，傷者四百三十七人，贈恤恩賞有差。癸酉，有流星出自室，大如太白。

八月辛卯，太陰犯房。己酉，賜文士劉克莊進士出身，以爲秘書少監兼國史院編修官、實錄院檢討官。壬子，太白晝見。癸丑，以劉克莊兼崇政殿說書。樞密院言：「前知普州何叔丁、簽書判官楊仁舉，淳祐元年冬北兵攻城，兩家二十餘人死于難，叔丁孫嗣祖、仁舉幼子省翁被俘逃歸。」詔叔丁等贈官恤後有差。

九月甲子，有流星出于斗，大如太白。戊辰，以賈似道爲敷文閣直學士、京湖制置使、知江陵府兼夔路策應使。太白晝見。癸酉，孟珙薨，贈少師。

冬十月己丑，少保、嗣榮王與芮之子賜名孟啓，授貴州刺史。乙未，填星、歲星、熒惑合于亢。己酉，太白入氐。

十一月癸亥，歲星入氐。甲戌，右丞相游侶五請歸田里，詔不允。辛巳，詔：「北兵入蜀，前四川制置使陳隆之闔家數百口罹害，死不易節，其特賜徽猷閣待制，官其二子，賜謚立廟。死事史季儉、楊戩子各賜官兩轉，官一子。」

十二月乙未，詔史嵩之依所乞守金紫光祿大夫、觀文殿大學士、永國公致仕〔三〕。臺諫論史嵩之無父無君，醜聲穢行，律以無將之法，罪有餘誅，乞褫宮祠，削官遠竄。

中華書局

七年春正月乙卯朔，詔：「間者紬逐非才，收召衆正，史嵩之已令致事，示不復用。咨爾二三大臣，其一乃心，務舉實政，以輯寧我邦家。若辭浮于實，玩愒歲月，朕何賴焉。」建資善堂，授孟啓宜州觀察使，就內小學。

二月庚寅，詔：「淮安主簿周子鎔，久俘于北，數遣蠟書諜報邊事，今遂生還，可改朝奉郎，優與升擢。」己亥，貴妃賈氏薨。戊申，日暈周匝。壬子，詔改潛邸爲龍翔宮。

三月庚午，祈雨。

夏四月丁亥，塡星犯亢。庚子，以王伯大簽書樞密院事，吳潛同簽書樞密院事。辛丑，以鄭清之爲太傅、右丞相兼樞密使，封越國公；游侶罷爲觀文殿大學士、醴泉觀使兼侍讀；趙葵爲樞密使兼參知政事，督視江淮、京西、湖北軍馬；陳韡知樞密院事、湖南安撫大使、知潭州。甲辰，趙葵兼知建康府、行宮留守、江東安撫使，應軍行調度並聽便宜行事；趙希塈禮部尚書、督視行府參贊軍事。庚戌，出緡錢千萬、銀十五萬兩、祠牒千、絹萬，并戶部銀五千萬兩，付督視行府趙葵調用。

五月甲寅，寧淮軍統制張忠戍浮山，手搏北將，俱溺水死，贈武略大夫，官一子承信郎，緡錢五千給其家。祈雨。壬申，以吳潛兼權參知政事。乙亥，御集英殿策士，詔求直言弭旱。

六月癸巳，賜禮部進士張淵微以下五百二十七人及第、出身有差。丙申，以旱避殿減膳。詔中外臣僚士民直陳過失，毋有所諱。戊申，詔：「旱勢未釋，兩淮、襄、蜀及江、閩內地，曾經兵州縣，遺骼暴露，感傷和氣，所屬有司收瘞之。」

秋七月己未，太陰犯心。乙丑，吳潛罷。丁卯，以別之傑參知政事，鄭寀同簽書樞密院事。己卯，吳潛依舊端明殿學士、知福州、福建安撫使。

八月甲申，鄭寀罷。辛卯，雨。辛丑，前彭州守臣宇文景訥死事，詔贈官、進三秩，官一子下州文學。壬寅，詔監司、守臣議荒政以振乏絕，租稅合蠲減者具實來上。甲辰，高定子薨，贈少保。丙午，蔡抗進其父沈尙書解。

九月丙辰，有流星出于室。癸酉，雷。

冬十月辛巳，太白晝見。己酉，臺臣言添差、抽差、攝局、須入、奏辟、改任、薦舉、借補、曠職、匿過十弊〔四〕。

十一月丁巳，詔：「茶陵知縣事黃端卿爲郴寇所害，進官三秩，官一子將仕郎，立廟衡州。」

十二月辛巳，李鳴復卒。壬辰，詔：「太學生程九萬自北脫身來歸，且條上邊事，賜迪功郎。」

八年春二月丁亥，趙葵言呂文德洎諸將解泗州之圍有功，詔補轉推賞有差。戊子，太陰生黃白暈。癸巳，雨雹。乙未，福州福安縣民羅母年過百歲，特封孺人，復其家，敕有司歲時存問，以厚風化。辛丑，趙葵表：「招、泗斷橋，將士用命，兵退。陳奕、譚涓玉、王成等戰渦河、龜山有勞，聞其步兵多山東人，遂調史用政等襲膠州，復襲高密縣，以牽制侵淮之師。」詔趣上立功將士等第、姓名推賞。乙丑，雨雹。甲戌，詔：「先鋒軍統制田智潤泗州潮河壩之戰，父子俱死於兵，贈智潤修武郎，子承節郎，更官其一子承信郎，給緡錢五千恤其家。」

夏四月庚辰，詔淮東制置司於泗州立廟，祠夏臯及張忠、田智潤父子，賜額以旌忠節。丁亥，贈朝奉郎程克已妻王氏同沒王事，進贈安人。

五月癸亥，趙葵進三秩。

六月乙酉，日生赤黃暈周匝。戊戌，以徐鹿卿爲樞密使兼參知政事兼侍講〔五〕。甲辰，有流星出河鼓，大如太白。

秋七月戊申，太白入井。辛亥，以王伯大參知政事，應䌹同知樞密院事，謝方叔簽書樞密院事，史宅之同簽書樞密院事，趙與懃資政殿學士，依舊知臨安府、浙西安撫使。癸酉，王伯大罷爲資政殿學士、知建寧府。

九月辛酉，祀明堂，大赦。雷。

冬十月甲戌朔，別之傑三疏乞歸田里，詔以資政殿大學士知紹興府。乙亥，應䌹、謝方叔並兼參知政事。己卯，余玠言：「都統制張實等以戰功，承制便宜與官三轉，給刺史象符、金銀器二百兩、銀三百兩、緡錢一萬，餘將士依等第轉官，給金銀符、錢帛有差。」詔命詞，給告身付之。

九年春正月乙巳，孟啓授慶遠軍節度使，進封益國公。庚申，詔周世宗八世孫柴彥穎補承務郎，襲封崇義公。辛酉，詔：「兩淮、京湖沿江曠土，軍民從便耕種，秋成日官不分收，制帥嚴勸諭覺察。」癸亥，詔給官田五百畝，命臨安府創慈幼局，收養道路遺棄初生嬰兒，仍置藥局療貧民疾病。乙丑，雨雹。丁卯，許應龍薨。己巳，范鍾薨，贈少保，謚文肅。辛未，詔以官田三百畝給表忠觀，旌錢氏功德，仍禁樵採。

閏二月甲辰，以鄭清之爲太師、左丞相兼樞密使，進封魏國公；趙葵爲右丞相兼樞密使；應䌹、謝方叔並參知政事；史宅之同知樞密院事。乙卯，鄭清之五辭免太師，許之。

三月癸未，以賈似道爲寶文閣學士、京湖安撫制置大使。乙酉，程元鳳江、淮等路都大

二十四史

中華書局

提點坑冶鑄錢公事兼知饒州。丁亥，詔以四月朔日食，自二十一日避殿減膳徹樂。

夏四月壬寅朔，日有食之。庚戌，趙葵四辭免右丞相兼樞密使，詔不允。

五月己丑，趙葵乞歸田里，又不允。甲午，鄭寀薨。

六月壬戌晝，南方有星，急流至濁沒，大如太白。丙寅，詔邊郡各立廟一，賜額曰「褒忠」，凡沒于王事忠節顯著者，並祠焉，守臣春秋致祀。

秋七月壬辰，詔知吉州李義山更削三秩，監贓錢銀納安邊所。癸酉，太白犯進賢星。

八月己酉，以吳潛爲資政殿學士、知紹興府、浙東安撫使。辛亥，詔趣趙葵治事，命吳淵宣諭赴闕。

九月丙子，詔趙與𥲅提領戶部財用，置新倉，積貯百二十萬，名淳祐倉，許辟官四人。乙未，册命婉容閻氏爲貴妃。

冬十月辛丑，太白入氐。丁卯，諫臣周坦言：知建寧府楊棟任成都制幕時，盡載激賞庫珍寶先遁，陷丁黼于死，致全蜀生靈塗炭。詔褫棟閣職，罷新任。

十一月辛未，太白入氐。壬申，有流星出自織女星。丙子，趙與𥲅資政殿學士、提領國用、浙西安撫使。癸未，應繇乞歸田里，詔以資政殿學士知平江府。

十二月己亥，以董槐兼侍讀。乙巳，以吳潛同知樞密院事兼參知政事，徐淸叟簽書樞

密院事。戊申，太白晝見。戊午，史宅之薨，贈少師。

十年春正月甲午，應繇三乞歸田里，與祠祿。

二月乙卯，雨土。

三月癸未，趙葵辭，以爲觀文殿大學士、醴泉觀使兼侍讀，奉朝請。庚寅，以賈似道爲端明殿學士、兩淮制置大使、淮東安撫使、知揚州；余玠龍圖閣學士，職任依舊；李曾伯徽猷閣學士、京湖安撫制置使、知江陵府。丙申，有流星夕隕。

夏四月己酉，幸龍翔宮。

五月丙寅朔，以福州觀察使、提舉佑神觀善珚爲保康軍節度使、提舉萬壽觀、嗣濮王；吳淵資政殿學士，依舊職任，與執政恩數。癸未，賈似道言王登浚築江陵城濠有勞，詔登初官選人，減舉主三員。

八月甲寅，台州大水。

九月甲子朔，賈似道兼淮西安撫使。己巳，賜禮部進士方夢魁以下五百一十三人及第、出身有差。甲戌，進士第一名方夢魁改賜名逢辰。戊寅，以嚴州水，復民田租。

冬十月丁酉，詔郡邑間有水患，其被災細民，隨處發義倉振之。辛酉，詔諸主兵官，今後行罰，毋杖脊以傷人命。

十一月壬申，趙葵授特進，依舊觀文殿大學士、判潭州、湖南安撫大使。壬午，雷。癸未，以雷震非時，自二十四日避殿減膳。詔：「公卿大夫百執事各揚乃職，神朕不逮。」參知政事謝方叔、吳潛，簽書樞密院事徐淸叟並乞解機政，詔不允。

十二月壬辰朔，鄭淸之乞歸田里，詔不允。戊戌，太白、歲星合于危。丁巳，虹見。

十一年春正月丁卯，詔孟啓改賜名孜，依前慶遠軍節度使，進封建安郡王。己丑，詔沿海沿江州郡，申嚴水軍之制。監察御史程元鳳言，資善堂宜選用重厚篤實之士，上嘉納之。

二月乙未，左丞相鄭淸之等上玉牒、日曆、會要及光宗寧宗寶訓、寧宗經武要略。丁酉，詔淸之等各進秩有差。庚子，游侶乞致仕，詔依舊觀文殿大學士，進二秩。甲寅，太白犯昴。乙卯，太白晝見。

三月丁卯，少保、保寧軍節度使、嗣濮王不攙薨，贈少師，追封新興郡王。乙亥，雨土。戊寅，以謝方叔知樞密院、參知政事，吳潛參知政事，徐淸叟同知樞密院事。辛巳，城寶應，詔移一軍戍守，李庭芝進一秩，將士推恩有差。俞興升成都安撫副使、知嘉定府，任責威、茂、黎、雅邊防。

夏四月戊戌，潭州民林符三世孝行，一門義居，福州陳氏，笄年守志，壽逾九袠，詔皆旌表其門。丁未，進淳祐條法事類凡四百三十篇，鄭淸之等各進二秩。

六月甲午，四川余玠奏進北馬五百，詔立功將士趣上姓名推恩。丙申，高達帶行遙郡刺史、權知襄陽府、管內安撫，節制屯戍軍馬。

秋七月癸亥，太白晝見。丙寅，太陰入氐。壬申，太白入井。丁丑，有流星出于畢，大如太白。庚辰，前簽書樞密院事陳卓薨，贈少師。

八月己丑朔，流星夕隕。癸巳，太陰入氐。乙巳，詔求遺書并山林之士有著述者，許上進。丁酉，熒惑入井。丁未，命呂文福廬州駐劄御前諸軍都統制。庚戌，詔以故直龍圖閣樓昉所著中興小傳百篇、宋十朝綱目并撮要二書，付史館謄寫，昉追贈龍圖閣待制。辛亥，詔：「比覽林光世易範，明易推星配象演義，有司其以禮津遣赴闕。」

九月辛未，祀明堂，大赦。

閏十月癸亥，太白入氐。癸酉，吳潛五疏乞罷機政，不允。

十一月丙申，京湖制司表都統高達等復襄、樊，詔立功將士三萬二千七百有二人各官一轉，以緡錢三百五十萬犒師。甲辰，鄭淸之乞解機政，詔依前太傅、保寧軍節度使充醴泉觀使，封齊國公，仍奉朝請。己酉，詔：承信郎陳思獻書籍，賜官一轉。庚戌，太師鄭淸之薨，

贈尚書令，追封魏郡王，謚忠定。甲寅，以謝方叔爲左丞相，吳潛爲右丞相。乙卯，以徐清叟參知政事兼同知樞密院事，董槐端明殿學士、簽書樞密院事。

十二月戊辰，詔以八事訓飭在廷，曰肅紀綱、用正人、救楮幣、固邊陲、清吏道、淑士氣、定軍制、結人心。己卯，游侶薨，贈少師，謚清獻。

十二年春正月癸巳，武功大夫王堅以復興元功，轉遙郡團練使。辛丑，太學錄楊懋卿以孝行卓異，詔表其門，以其事宣付史館。癸丑，詔宰執議立方田，開溝澮，自近圻始。創置遊擊軍，水步各半。

二月乙卯朔，日有食之。己未，詔陳顯伯資善堂翊善，蔡抗資善堂贊讀，翁甫資善堂直講。壬午，詔襄、郢新復州縣，賦稅復三年。大元兵數萬攻隨、郢、安、復，京西馬步軍副總管馬榮率將士戰嚴竇山。癸未，再戰銅冶坪。

三月丁亥，又戰子陵大脊山。詔：榮兵不滿千，能禦大難，賞官兩轉，進州鈐，帶行閤門祗候，賜金帶。諸將王成、楊進各官兩轉升遷，餘推恩有差。丁未，守三汊口諸將焚北屯積蓄，斷其浮梁。

夏四月庚申，有流星出自角、亢，大如太白。戊辰，詔襄、郢新復州郡，耕屯爲急，以緡錢百萬，命京閫措置，給種與牛。壬申，熒惑犯權星。乙亥，蔡抗兼侍立修注官。丙子，置池州遊擊水軍。

五月甲申朔，祈雨。壬辰，詔申儆江防，每歲以葺戰艦、練舟師勤惰爲殿最賞罰。乙巳，盜起信州玉山縣。罷諸郡經界。戊申，太陰犯畢。

六月癸亥，發米三萬石振衢、信飢。玉山寇平。丙寅，嚴、衢、婺、台、處、上饒、建寧、南劍、邵武大水，遣使分行振恤存問，除今年田租。

秋七月庚寅，太白、熒惑合于軫。

八月己未，詔來年省試仍舊用二月一日，殿試用四月十五日以前，庶免滯留遠方士子。己巳，詔以緡錢四十萬振恤在京軍民。丁丑，詔行會天曆。辛巳，詔改明年爲寶祐元年。

九月丁亥，少師、保康軍節度使、嗣沂王貴謙薨，贈太傅，追封申王。戊戌，太白、塡星合于箕。丙午，太白犯斗。

冬十月癸丑，以徐清叟參知政事，董槐同知樞密院事。嗣濮王善瑚薨，贈少師、追封咸寧郡王。戊午，濮安懿王長孫善奐授福州觀察使、提舉佑神觀，嗣濮王。壬申，詔襄、樊已復，其務措置屯田，修渠堰。

十一月庚寅，吳潛罷。丙申夜，臨安火；丁酉夜，火乃熄。戊戌，詔避殿減膳。壬寅，詔求直言。

十二月乙卯，以吳潛爲觀文殿大學士、提舉江州太平興國宮。己未，詔追錄彭大雅創城渝州功，復承議郎，官其子。癸亥，詔海神爲大祀，春秋遣從臣奉命往祠，奉常其條具典禮來上。壬申，太陰入氐。丁丑，立春，雷。

寶祐元年春正月庚寅朔，詔以藝祖嫡系十一世孫嗣榮王與芮之子建安郡王孜爲皇子，改賜名禥，授崇慶軍節度使，進封永嘉郡王。製資善堂記賜皇子。戊戌，日生戴氣。癸卯，大元兵渡漢江，屯萬州，入西柳關。高達調將士扼河關，上山大戰，至鱉坑、石碑港而還。詔高達、程大元、李和各官兩轉，餘恩賞有差。

二月己酉朔，日有食之。戊辰，陳垓貪贓不法，竄潮州。辛未，罷尚書省，創置呈白房。

三月戊子，與芮授少師，加食邑七百戶；希邏檢校少傅，加食邑五百戶；與權授少保，加食邑七百戶；乃裕保康軍節度使，加食邑五百戶。丙申，別之傑薨，贈少師。

夏四月丁巳，有流星大如太白。

五月甲午，詔余玠赴闕。乙未，詔侍從、臺諫、給舍、制司各舉帥才二人。丁酉，熒惑、歲星合在昴。己亥，賜禮部進士姚勉以下及第、出身有差。

六月戊申朔，江、湖、閩、廣旱。庚戌，四川制司言余玠疾革，詔玠資政殿學士，與執政恩數。辛亥，以賈似道爲資政殿大學士，李曾伯端明殿學士，職任依舊。庚申，以余晦爲司農卿、四川宣諭使。祈雨。

秋七月壬午，王伯大薨。丙戌，蔡抗兼資善堂翊善，施退翁兼資善堂直講。庚寅，溫、台、處三郡大水，詔發豐儲倉米幷各州義廩振之。癸巳，詔余玠以興元歸附之兵，分隸本路諸州都統，務撫存之，仍各給良田，制司濟以錢粟。甲午，余玠卒，贈官五轉。庚子，以董槐兼參知政事。癸卯，詔撫諭四川官吏軍民。

八月丁未朔，以馬光祖爲司農卿、淮西總領財賦。甲寅，起居郎蕭泰來出知隆興府。先是，起居舍人牟子才與泰來並除，子才四疏辭，極陳泰來姦險汙穢，恥與爲伍，泰來不得已請祠，遂予郡。丙辰，以余晦權刑部侍郎、四川安撫制置使、知重慶府兼四川總領財賦。乙丑，行皇宋元寶錢。

九月壬午，程元鳳升兼侍讀，牟子才升兼侍講。壬辰，城蘷門。太陰入畢。

冬十月丙午朔，詔出緡錢二百萬，振恤京城軍民。

十一月丙子朔，詔獎諭襄陽守臣高達。己丑，賈似道獻所獲良馬，賜詔褒嘉，其將士增

中華書局

秩賞賚有差。

十二月乙卯，册瑞國公主。庚申，劉伯正薨，贈五秩。

校勘記

〔一〕杜範游侶提舉萬壽觀兼侍讀 「侍讀」，原作「侍講」，據本書卷二一四宰輔表、卷四一七游侶傳改。

〔二〕總制元國用師乘戰裕州拐河 「師」疑「帥」字之誤。

〔三〕詔史嵩之依所乞守金紫光祿大夫觀文殿大學士永國公致仕 按本書卷二一四宰輔表只記此時史嵩之「守本官致仕」，本書卷四一四本傳、宋季三朝政要卷二都說嵩之除觀文殿大學士在寶祐四年，本書卷四四也在寶祐四年載「詔史嵩之觀文殿大學士」。後村先生大全集卷六一史嵩之守金紫光祿大夫永國公致仕制也沒有「觀文殿大學士」六字。此六字當是衍文。

〔四〕臺臣言添差抽差攝局須入奏辟改任薦舉借補職匿過十弊 「抽差」二字原脫，據本書卷一五八選舉志補。

〔五〕以徐鹿卿爲樞密使兼參知政事兼侍講 按本書卷二一四宰輔表、卷四二四本傳都不載徐參政事，勞格讀書雜識卷一二說：「徐清正公年譜：六月戊戌，自權禮部侍郎除兼侍講。『樞密使』以下八字係衍文，蓋因上文『趙葵進三秩』而誤衍耳。」

宋史卷四十四

本紀第四十四

理宗四

二年春正月乙亥朔，大元城利州、閬州。詔湘潭縣民陳克良孝行，表其門。

二月甲辰朔，詔太常釐正秦檜謚，因諭輔臣曰：「謚『繆狠』可也。」熒惑犯權星。乙巳，詔：利州統制呂達戰沒，贈官四轉，官一子承信郎，一子下班祗應。己酉，余晦兼四川屯田使。庚申，詔：饒州布衣饒魯，不事科舉，一意經學，補迪功郎、饒州教授。辛酉，日暈周匝。戊辰，故直華文閣李燔，先儒朱熹門人，賜謚文定。

三月壬午，王元善使大元，留七年來歸。戊子，雪。詔蠲江、淮今年二稅。己丑，詔錄襄城功，高達帶行環衞官、遙郡團練使，職任依舊；王登行軍器監丞、制司參議官；程大元、李和以下將士六千六百一十三人補轉官資有差。甲午，城東海，賈似道以圖來上。

夏四月辛亥，詔：邊兵貧困可閔，閒田甚多，擇其近便者分給耕種，制司守臣治之。乙丑，以徐清叟知樞密院兼參知政事，董槐參知政事。

六月壬寅朔，罷臨安府臨平鎮稅場。甲辰，四川制司言：合州、廣安軍北兵入境，王堅、曹世雄等戰禦有功。詔堅官兩轉，餘各補轉官資。甲寅，侍御史吳燧等論故蜀帥余玠聚斂罔利七罪，玠死，其子如孫盡竊帑庾之積以歸。詔簿錄玠家財。以李曾伯爲資政殿學士，依舊節制四川。丙辰，利州王佐堅守孤壘，降將南永忠以兵薄城下，佐罵之，永忠流涕而退。初，隆慶教授鄭炳孫不從南永忠降，先縊殺其妻女，亦朝服自縊。詔獎諭：佐進官一秩；炳孫贈朝奉郎、直秘閣，仍訪其子官以文資。王伯大乞致仕，詔進一秩，允所請。丁巳，以賈似道同知樞密院事，職任依舊。庚午，詔余晦赴闕。

閏六月壬申，董槐疏：蜀事孔棘，願假臣宣撫之名，置司夔門，以通荆、蜀。上優詔答曰：「士大夫以事功自勉者鮮，卿請帥蜀，足見忠壯；然經理西事，當在廟堂，宜竭謀猷，以副委任。」詔蒲擇之暫權四川制置司事。甲戌，錄嘉定戰功。先是，大元兵圍城五旬，帥守俞興、元用等夜開關力戰而圍解。詔俞興等十六人各官五轉，將士補轉有差。以包恢提點浙西刑獄，招捕荻浦鹽寇。乙亥，台州海寇積年，民罹其害，路分董橅泊進士周自中等擒獲，詔橅官一轉，餘推賞有差。壬午，以李曾伯爲四川宣撫使兼京湖制置大使，進司夔路，詔

中華書局

賜曾伯同進士出身。罷江灣浮鹽局。戊戌，大元使離揚州北歸。

秋七月己酉，詔：「前蜀帥余玠，鎮撫無狀，兵苦於征戍，民困於徵求，茲俾其家輸所取蜀財，犒師振民；並邊諸郡田租，其復三年。」詔：思、播兩州，連年扞禦，其守臣田應庚、楊文各官一轉，餘推恩。詔賈似道開閫，以樞密行府爲名。庚戌，有流星大如太白。甲寅，故光祿大夫賈涉謚忠肅。壬戌，復安西堡。己巳，荻浦海寇平，包恢進直龍圖閣，劉達授橫行帶遙郡。李性傳赴闕，以王堅爲興元都統兼知合州。

八月乙亥，詔以前知閬州兼利西安撫王惟忠付大理獄，尋命臺臣監鞫。辛巳，徐清叟乞罷機務，詔不允。癸巳，謝方叔等上玉牒、日曆、會要及七朝經武要略、中興四朝志傳，詔方叔、徐清叟、董槐等各進秩。戊戌，籍王惟忠家財。

九月辛亥，祀明堂，大赦。辛酉，詔詣西太一宮，爲國祈祥，起居郎牟子才再疏諫而止。丙寅，詔戒外戚毋干請。詔：山陰、蕭山、諸暨、會稽四縣水，其除今年田租。丁卯，太白晝見。

冬十月庚午朔，謝方叔等進寶祐編吏部七司續降條令。癸酉，皇子禥進封忠王。甲午，斬王惟忠于都市。丁酉，追削余玠資政殿學士，奪余晦刑部侍郎告身[一]。戊戌，段元鑑上隆慶堡戰功。

十一月壬寅，日南至。忠王冠。丁未，大元城光化舊治。

十二月庚午，排保甲，行自實法。癸未，雷。四川苦竹隘捷至。甲午，隆慶部兵周榮被獲歸北，密約段元鑑入隘解圍，事覺就禽，不屈而死，馬徽、白端戰歿。詔四川宣撫司爲之立廟。安西堡受攻五月，將士力戰解圍，居民以資糧助軍實。詔四川宣撫司具名推恩，在城人普賞一資[二]，復租賦五年。余玠男如孫徵所認錢三千萬將足，詔如孫削三秩，勒停。

三年春正月己未，迅雷。巴州捷至。庚申，城均州龍山。起居郎牟子才上疏言：「元夜張燈侈靡，倡優下賤，奇技獻笑，媟汙清禁，上累聖德。今因震霆示威，臣願聖明覺悟，天意可回。」帝納其言。壬戌，詔宗正寺所擬宗子名，以用、宜、季、次、紹五字，續大、由、友、嗣、甫之下。

二月乙亥，詔右千牛衞上將軍乃猷授蘄州防禦使，奉沂靖惠王祠事。兼給事中王埜言：「國家與大元本無深仇，而兵連禍結，皆原於入洛之師輕啟兵端。二三狂妄如趙楷、全子才、劉子澄輩，輕而無謀，遂致隻輪不返。全子才誕妄慘毒，今乃援劉子澄例，自陳改正，乞寢二人之命，罷其祠祿，以爲喪師誤國之戒。」從之。己卯，復廣陵堡城，賈似道以圖來上。壬午，詔發緡錢二百萬，給四川調度。乙酉，詔以告身、祠牒、新會、香、鹽，命臨安府守臣馬光祖收換兩界舊敝會子。

三月己酉，詔：沿邊耕屯，課入登羨，管屯田官推賞，荊襄、兩淮及山砦如之。庚戌，邵武寇平。癸丑，詔自實法宜寬期限，監司守臣其嚴戢吏姦，毋煩擾民。以吳淵爲觀文殿學士、京湖制置使、知江陵府。己未，雨土。

夏四月乙酉，以江萬里知福州、福建安撫使。

五月，久雨。丁未，以監司、州郡辟書冗濫，詔申嚴禁止。己酉，李性傳薨。辛酉，太陰入畢。嘉定大雨雹，與敘南同日地震；浙西大水。

六月辛未，大風。甲戌，太陰入氐。丙戌，李全子松壽葺舊海城，窺海道，賈似道調兵敗之，敕書獎諭，趣上立功等第、姓名推賞。戊子，洪天錫劾內官盧允叔[三]、董宋臣，疏不報，竟去，詔還太常少卿。辛卯，王埜以御史胡大昌言罷給事中，依舊端明殿學士、提舉洞霄宮。

秋七月辛丑，太陰入氐。癸丑，以呂文德知鄂州，節制鼎、澧、辰、沅、靖五州。丙辰，謝方叔、徐清叟以御史朱應元言罷。辛酉，有流星大如太白。詔三省樞府機政，令董槐、程元鳳輪日判事取旨。壬戌，以謝方叔爲觀文殿大學士、提舉臨安府洞霄宮。

八月乙丑朔，以董槐爲右丞相兼樞密使，程元鳳簽書樞密院事、權參知政事，蔡抗爲端

明殿學士、同簽書樞密院事，徐清叟資政殿學士[四]、提舉玉隆萬壽宮，任便居住。丁卯，歲星、熒惑在柳。己巳，太陰在氐。馬光祖兼節制和州、無爲、安慶三郡屯田使。丙子，鄭性之薨。庚寅，福建安撫江萬里，以臺臣李衢言罷新命，提舉武夷山沖佑觀。辛卯，應繇薨。

九月甲午朔，雷。丙午，以徐清叟爲資政殿學士、提舉洞霄宮。丙辰，陳顯伯兼資善堂翊善，皮龍榮兼資善堂贊讀。壬戌，權中書舍人陳大方言：「劉子澄端平入洛之師，賈勇贊決，北兵方入唐州界，子澄已率先遁逃，一敗塗地，二十年來，爲國家患者，皆原於此，宜投之四裔。」詔罷子澄祠祿。

冬十月甲戌，太白晝見。丁丑，有流星出自畢。

十一月丁巳，熒惑犯太微垣、上相星。

十二月乙丑，嗣濮王善奐薨。丙子，少傅、節度使與懽薨，贈少師，追封奉化郡王。

四年春正月乙未，詔謝方叔奪職罷祠，謝脩削三秩勒停。乙巳，太陰犯歲星。己酉，太陰犯熒惑。辛亥，以吳淵爲京湖制置使兼夔路策應使，軍馬急切，便宜行事。庚申，蜀閫奏捷。辛酉，詔史嵩之觀文殿大學士，依前金紫光祿大夫、永國公致仕。

二月戊辰，雨雹。丙子，詔襲封衍聖公孫孔洙添差通判吉州，不釐務。

三月壬寅，以少師、嗣榮王與芮爲太傅。乙卯，日暈周匝。丙辰，帝製字民訓，賜改秩親民官。

夏四月庚午，月暈周匝。癸未，以程元鳳參知政事；蔡抗同知樞密院事；賈似道參知政事，職任依舊；李曾伯資政殿大學士、福建安撫使；吳淵進二秩，職任依舊；吳潛沿海制置使、判慶元府；馬光祖煥章閣直學士，職任依舊。

五月甲午，孫夢觀兼資善堂贊讀，章鑑兼資善堂直講。先聖五十代孫孔元龍賜迪功郎，授初品官。甲辰，羅氏鬼國遣報思、播言：大元兵屯大理國，取道西南，將大入邊。詔以銀萬兩，使思、播結約羅鬼爲援。徐清叟奪資政殿大學士罷祠祿，王埜奪端明殿學士罷祠，仍襯執政恩數。丁未，太白晝見。詔申嚴老鼠隘防戍。襄、樊閫臣奏捷。甲寅，賜禮部進士文天祥以下六百一人及第、出身有差。

六月甲戌，朱禩孫太府寺簿、知瀘州兼潼川路安撫，任責瀘、敍、長寧邊防。浙江堤成。癸未，董槐罷。臺臣丁大全既累疏擊之，辭極詆毀，且以臺牒役隅兵夜半迫槐出關，物論殊駭；三學生屢上書以爲言，詔以槐爲觀文殿大學士、提舉臨安府洞霄宮。詔程元鳳、蔡抗可輪日判事，軍國重務取旨。丁亥，太白入井。

秋七月甲寅，知敍州史俊調舟師與大元兵戰，凡十三合，詔俊官三轉，仍帶閤門行宣贊

舍人。乙卯，以程元鳳爲右丞相兼樞密使，蔡抗參知政事，張磻端明殿學士、簽書樞密院事。

八月甲子，程元鳳上疏言正心、待臣、進賢、愛民、備邊〔五〕、守法、謹微、審令八事。

九月壬辰，西南蕃呂告蠻目寧名天兄弟慕義與烏蘇蠻合力爲國禦難，詔各補承信郎。丙申，知邕州程芾，以貪暴詔削二秩，罷之。甲寅，監察御史朱熠言：「境土蹙而賦斂日繁，官吏增而調度日廣，景德、慶曆時以三百二十餘郡之財賦，供一萬餘員之奉祿；今日以一百餘郡之事力，贍二萬四千餘員之冗官，邊郡則有科降支移，內地則欠經常納解。欲寬民力，必汰冗員。」帝納焉。

冬十月壬戌，太陰犯斗。

十一月戊子朔，荆、襄閫臣以功狀來上，詔推賞將士。戊戌，京湖繼上戰功。詔：「蜀罹兵革，吾民重困，所當勞來撫摩，使之樂業。比聞官吏乃肆誅求，殊失培植邦本之意。自今四川制司戒飭屬郡，違者罪無赦，御史臺其嚴覺察。」乙巳，以監察御史吳衍、翁應弼劾太學武學生劉黻等八人不率，詔拘管江西、湖南州軍，宗學生與倜等七人並削籍，拘管外宗正司。癸丑，以張磻同知樞密院事，丁大全端明殿學士、簽書樞密院事，馬天驥端明殿學士、同簽書樞密院事。詔戒羣臣洗心飭行，毋縱于貨賄，其或不悛，舉行淳熙成法。又開國以來勳臣之裔，有能世濟其美而不世其祿者，所在州郡以聞。參知政事蔡抗輒擅去國，勉留不返，詔授職予祠，尋以林存言，寢其命。

十二月戊午朔，熒惑犯填星。庚申，大元城棗陽。乙丑，以張磻兼參知政事。甲戌，獎諭荆閫吳淵，其有功將士，趣上姓名、等第推賞。

五年春正月丁亥朔，以趙葵爲少保、寧遠軍節度使、京湖宣撫使、判江陵府兼夔路策應大使，進封衞國公；賈似道進知樞密院事、職任依舊；吳淵參知政事；李曾伯荆湖南路安撫使兼知潭州；吳潛、趙與𥲅各官一轉。乙巳，雷。丙午，禁姦民作白衣會，監司、郡縣官等失覺察者坐罪。辛亥，吳淵薨，贈少師，謚莊敏。

二月戊午，四川嘉定上戰功。以賈似道爲兩淮安撫使。辛酉，命趙葵兼湖廣總領財賦，余晦淮西總領財賦。壬戌，築思州三隘。丁丑，布衣余一飛、高杞陳襄陽備禦策，詔命趙葵行之。

夏四月丁卯，詔襄陽安撫高達以白河戰功，轉行右武大夫帶遙郡防禦使；王登以沮河督戰官一轉，升直秘閣，並職任依舊。己卯，大元兵攻苦竹隘，詔京湖調兵應援。

閏四月己丑，程元鳳等進玉牒、日曆、會要、經武要略及中興四朝志傳。甲午，詔徐敏

子嚴防邕、宜。己酉，以呂文德知靖州，職任依舊。祈雨。

五月庚申，雨。丁卯，城荆山，置懷遠軍荆山縣。詔賈似道官兩轉。戊寅，詔京湖、沿江、海道，嚴備舟師防遏。辛巳，復劍門壘，賞蒲擇之官兩轉，朱禩孫、蒲黼、楊大淵、韓勇各官四轉。壬午，夏貴正任吉州刺史、帶御器械、鎮江駐箚都統制、知懷遠軍。

六月丙戌，太白、歲星合于翼。辛卯，太陰入氐。丁酉，祈雨。馬天驥以臺臣言罷，詔依舊端明殿學士、提舉臨安洞霄宮。

秋七月丙辰，祈雨。戊午，雨。己未，太白晝見。丁卯，有流星大如桃。丙子，太陰入井。

八月丙戌，光化軍奏捷。台州火。癸巳，詔謝方叔仍舊職，蔡抗以資政殿學士並領祠在京。甲午，給事中邵澤等言謝方叔罪狀，詔寢祠命。丙申，京城火。庚子，以張磻參知政事，丁大全同知樞密院事兼權參知政事。己酉，史嵩之薨，贈少師，謚莊肅。

九月壬子朔，詔今後臺臣遷他職，輒出關，以違制論，仍著爲令。辛酉，祀明堂，大赦。

冬十月庚寅，張磻薨，贈少師。癸巳，雷。甲午，虹見。丁酉，以林存簽書樞密院事。庚子，詔皇子忠王禥授鎮南、遂安軍節度使，皇女進封昇國公主。

十一月丙辰，李曾伯兼節制廣南，任責邊防。乙丑，獎諭安南國，賜金器幣、香茗。乙亥，詔京湖帥臣，黃平、清浪、平溪分置屯戍。庚辰，詔三邊郡縣官毋擅離職守，諸制帥臣

其嚴糾察。

十二月壬午，李曾伯依舊資政殿學士、湖南安撫使兼廣南制置使，移司靜江府。丁未，熒惑入氐。

六年春正月辛亥朔，以丁大全參知政事兼同知樞密院事，林存兼權參知政事。癸亥，詔出封樁庫銀萬兩付蜀閫。辛未，詔授成穆皇后弟太師郭師禹孫善庸承務郎，仍免銓注差。癸酉，罷李曾伯廣西經略，以廣南制置大使兼知靜江府，其經略司官屬，改充制司官屬。甲戌，詔樞密院編修官呂逢年詣蜀閫，趣辦關隘、屯柵、糧餉，相度黃平、思、播諸處險要緩急事宜，具工役以聞。戊寅，雷。

二月辛巳朔，以馬光祖爲端明殿學士、京湖制置使、知江陵府，兼夔路策應、湖廣總領財賦幷屯田事。壬辰，雨土。

三月辛亥朔，祈雨。丙辰，馬光祖請以呂文德、王鑑、王登、汪立信等充制司參議官及辟制司準備差使等官，詔光祖開闔之初，姑從所請。戊辰，以馬光祖兼荊湖北路安撫使。庚午，熒惑退入氐。甲戌，詔湖北提點刑獄文復之移司江陵，兼京湖制司參議官。

夏四月庚辰朔，詔：自冬徂春，天久不雨，民失東作，自四月一日始，避殿減膳，仰答譴

告。癸未，程元鳳等以久旱乞解機務，詔不允。甲申，大雨。丙申，羣臣三表請御正殿，從之。丁酉，詔田應己思州駐劄御前忠勝軍副都統制，往播州共築關隘防禦。己亥，臺臣朱熠劾沿江制置副使呂好問，黃州之役貪酷誤事，詔褫職。乙巳，程元鳳罷，以觀文殿學士判福州，尋提舉洞霄宮。丙午，趙葵三辭免福建安撫使，詔授醴泉觀使兼侍讀。丁未，以丁大全爲右丞相兼樞密使，林存同知樞密院事兼權參知政事，朱熠端明殿學士、簽書樞密院事。

五月庚戌朔，詔：「襄、樊解圍，高達、程大元應援，李和城守，皆有勞績，將士用命，深可嘉尚，其亟議行賞激。」癸丑，詔懷遠、漣水相繼奏功，夏貴官兩轉，兼河南招撫使(六)，毛興轉右武大夫，並依舊任。丁巳，李曾伯言：「廣西多荒田，民懼增賦不耕，乞許耕者復三年租，後兩年減其租之半，守令勸墾闢多者賞之。」奏可。丙寅，命嗣榮王與芮判大宗正事。丁卯，嗣秀王師彌薨。

六月癸巳，臺臣戴慶炣劾淮東總領趙與訔，奪職鐫秩。

秋七月庚戌，城凌霄山，詔朱禩孫進一秩，易士英帶行閤門宣贊，餘轉官有差。癸丑，熒惑犯房宿。戊午，趙葵四辭免醴泉觀使兼侍讀，乞外祠，從之。戊辰，蜀郡劉整上捷，詔推恩賞。癸酉，知平江府余晦，以臺臣戴慶炣言，曩敗績于蜀，誤國欺君，詔奪寶章閣待制，罷任，追冒支官錢。甲戌，詔前福建漕臣高斯得已奪職鐫官，其贓百餘萬嚴限徵償，以懲貪吏。乙亥，呂文德入播州，詔京湖給銀萬兩。

八月癸未，太陰行犯熒惑。戊戌，詔上流鎮江防禦。癸卯，詔申嚴倭船入界之禁。

九月壬子，詔蜀、廣、海道申嚴防遏。甲寅，詔安南情狀叵測，申飭邊防。戊辰，安豐上戰功。有流星透霞。

冬十月丙子朔，詔：「蜀中將帥雖未克復成都，而暴露日久，戰功亦多，宜與序升，其亟條具以聞。」丁丑，以俞興爲四川制置副使、知嘉定府兼成都安撫副使。乙酉，詔知隆慶府楊禮守安西堡有功，官兩轉。戊子，大元兵攻通、泰州。庚寅，廣南劉雄飛奏橫山之功，詔雄飛官三轉，部兵將校官兩轉。辛卯，詔常州、江陰、鎮江發米振贍淮民。

十一月己酉，林存罷，以資政殿學士知建寧府。癸丑，潁州上戰功，詔亟推賞，以示激厲。詔追復余玠官職。甲寅，築黃平，賜名鎮遠州，呂逢年進一秩。詔撫諭沿邊將士。丙辰，給事中張鎮言：徐敏子曩帥廣右，嗜殺黷貨，流毒桂府。詔仍舊羈管隆興府。丁巳，葉夢鼎依舊職知隆興府。壬戌，以朱熠同知樞密院事兼權參知政事，饒虎臣端明殿學士、同簽書樞密院事，賈似道樞密使、兩淮宣撫使。甲子，太陰犯權星。丁卯，東海失守，賈似道抗章引咎，詔令以功自贖，特與放罪。甲戌，淮東帥臣奏大元兵退。塡星、熒惑在危。

十二月戊寅，詔改來年爲開慶元年。庚辰，大元兵渡馬湖入蜀，詔馬光祖時暫移司峽

州，六郡鎮撫向士璧移司紹慶府，以便策應。癸未，房州上戰功。丙戌，詔置橫山屯。丁亥，向士璧不俟朝命進師歸州，捐貲百萬以供軍費；馬光祖不待奏請招兵萬人，捐奉銀萬兩以募壯士，遂有房州之功。詔士璧、光祖各進一秩。辛丑，詔李曾伯城築關隘，訓練民兵峒丁，申嚴防遏。塡星、太白、熒惑合于室。

開慶元年春正月乙巳朔，詔飭中外奉公法，圖實政。馬光祖與執政恩數。李曾伯進觀文殿學士。己酉，大元兵攻忠、涪，漸薄夔境，詔蒲擇之、馬光祖，戰守調遣，便宜行事。辛亥，詔：「戍蜀將士，頻年戰禦，暴露可閔。今申命蒲擇之從優犒師，春防畢日卽與更戍，其輒逃歸者從軍令。」癸丑，詔：呂文德城黃平，深入蠻地，撫輯有方，與官三轉。庚申，詔：「知賓州呂振龍，知象州奚必勝，兵至聞風先遁，兵退乃返，並追毀出身文字，竄遠郡。橫州守臣劉清卿設險堅守，與官一轉。」壬戌，監察御史章士元言謝方叔帥蜀誤國，詔方叔更與鐫秩，其子脩竄廣南。癸亥，左司諫沈炎言余晦壞蜀，幕屬李卓、王克己濟惡斂怨，詔晦、卓、克己各奪兩官。丙寅，印應飛依舊職知鄂州兼湖北轉運使。丁卯，賈似道以樞密使爲京西湖南北四川宣撫大使、都大提舉兩淮兵甲、湖廣總領、知江陵府。蜀帥蒲擇之以重兵攻成都，不克。大元兵破利州、隆慶、順慶諸郡，閬、蓬、廣安守將相繼納降。又造浮梁于涪州之藺

市。戊辰，以李庭芝權知揚州。

二月乙亥朔，詔：「京西提刑王登提兵援蜀，功未及成，賫志以歿，贈官五轉，致仕恩外，仍官一子。」庚辰，以趙與憃爲觀文殿學士、兩淮安撫制置使兼知揚州。乙酉，出內庫緡錢三千萬助邊用。丙戌，以馬光祖爲資政殿學士、沿江制置使、江東安撫、知建康府、行宮留守。己丑，詔蠲建康、太平、寧國、池州、廣德等處沙田租。壬辰，詔蠲漣水軍制司所收屯田租。乙未，發平糶倉米三萬，減直振在京民。辛丑，涪州報大元兵退。

三月庚戌，詔印應雷、黃夢桂赴都堂稟議。命有司縣重賞募將士，毀薾市浮梁。癸丑，詔：蜀死節臣、雲頂山諸處將士，咸褒錄其後。丁巳，以呂文德爲保康軍節度使、四川制置副使兼知重慶府。庚申，馬光祖奏大元兵自烏江還北。辛酉，雨土。

夏四月甲戌朔，以段元鑑、楊禮堅守城壘，歿于王事，詔各贈奉國軍節度使，封「二字」侯，立廟賜額，致仕恩外，更官一子成忠郎。丁丑，以向士璧爲湖北安撫副使、知峽州，兼歸、峽、施、珍、南平軍、紹慶府鎮撫使。甲申，詔：守合州王堅嬰城固守，百戰彌厲，節義爲蜀列城之冠，詔賞典加厚。乙酉，知施州謝昌元自備緡錢百萬，米麥千石，築郡城有功，詔官一轉。乙未，詔賜夏貴溧陽田三十頃。丙申，以呂文德兼四川總領財賦。

五月甲辰朔，城金州、閞州。辛亥，雨雹。乙卯，達州上呂文德等戰功，詔遷補有功將

士。丁巳，詔：湖北諸郡，去年旱潦飢疫，令江陵、常、澧、岳、壽諸州，發義倉米振糶，仍嚴戢吏弊，務令惠及細民。乙丑，行開慶通寶錢。辛未，賜禮部進士周震炎(七)以下四百四十二人及第、出身有差。婺州大水，發義倉米振之。

六月甲戌，呂文德兵入重慶。詔諭四川軍民共奮忠勇，效死勿去，有功行賞，靡間遐邇，有能效順來歸，悉當宥過加卹。仍獎呂文德斷橋通道之功，命兼領馬軍行司。辛巳，以朱熠參知政事，饒虎臣同知樞密院事。丙戌，南平來報戰功。戊戌，詔申嚴海道防禦。己亥，詔獎諭賈似道。壬寅，以李庭芝直寶謨閣、湖北安撫副使兼知峽州。太白晝見。

秋七月辛亥，太白入井。癸亥，蔡抗薨，贈少保，謚文肅。以知播州楊文、知思州田應庚守禦勤勞，詔各官一轉。

八月甲申，以濠州統制張斌柘塘之戰，歿于王事，贈官三轉，仍與一子下班祗應。乙酉，降人來言：大元憲宗皇帝崩于軍中。戊子，詔吳潛開閫海道，勤勞三年，屢疏求退，依舊觀文殿大學士、判寧國府、特進、崇國公。辛卯，命呂文德兼湖北安撫使。庚子，太白犯權星，熒惑。

九月壬子，賈似道表言大元兵自黃州沙武口渡江，中外震動。己未，嗣濮王善騰薨。庚申，以吳潛兼侍讀、奉朝請，戴慶炣端明殿學士、簽書樞密院事。下詔責己，勉諭諸閫進兵。壬戌，詔出內府緡錢千萬、銀五萬兩、帛五萬匹給宣司，緡錢五百萬、銀三萬兩、帛三萬匹給沿江副司犒師。詔：已命御史陳寅趣淮東調兵五萬，應援上流。癸亥，趙葵特進、觀文殿大學士，封衞國公，判慶元府，沿海制置使。命侍御史沈炎往沿江制置副司趣兵援鄂渚。再出內庫緡錢五百萬、銀二萬兩、帛二萬匹給兩淮制司，緡錢二百萬、銀萬兩、帛萬匹給沿江制司，以備軍賞。戊辰，太白犯熒惑。己巳，詔賈似道兼節制江西、二廣人馬，通融應援上流。庚午，合州解圍，詔王堅寧遠軍節度使，依前左領軍衞上將軍、興元府駐劄御前諸軍都統制兼知合州，節制軍馬，進封清水縣開國伯。

冬十月辛未朔，丁大全罷，以觀文殿大學士判鎮江府。壬申，以吳潛爲左丞相兼樞密使，進封相國公；賈似道爲右丞相兼樞密使，進封茂國公，宣撫大使等如舊。癸酉，命趙葵爲江東宣撫使，馬光祖移司江州應援鄂州，史巖之沿江制置副使移司壽昌軍應援鄂州。丙子，改封吳潛爲慶國公。丁丑，詔給還浙西提舉常平司歲收上亭戶沙地租二百萬，永勿復徵。庚辰，詔：合州圍解，宣閫制臣及二三大將之功，宜加優賞。呂文德授檢校少師，李遇龍進三秩、權刑部侍郎，各賜金幣；將佐以下，進秩、賜金有差。詔自今月十一日始，避殿減膳徹樂。又詔：「比者蜀道稍寧，然干戈之餘，瘡痍未復，流離蕩析，生聚何資。咨爾仴宣之寄，牧守之臣，輕徭薄賦，一意撫摩，恤軍勞民，庶底興復。其被兵百姓，遷入城郭，無以自存

者，三省下各郡以財粟振之。」壬午，御史陳寅言：知江州袁玠貪贓不悛，殘賊州邑。詔削玠五秩，竄南雄州。癸未，丁大全落職，罷新任。乙酉，雷。丙戌，以趙葵爲沿江、江東宣撫使，置司建康，任責捍禦。癸巳，向士璧權兵部侍郎、湖南安撫使兼知潭州，任責廣西邊防。

十一月壬寅，以朱熠權知樞密院事，饒虎臣、戴慶炣並權參知政事。癸卯，呂文福帶遙郡防禦使、河南招撫使、知淮安軍。詔追毀袁玠出身以來文字，除名不敍，移萬安軍。戊申，詔求直言。辛亥，舟師戰滸黃洲。乙卯，詔趙葵授少保、觀文殿大學士、江東西宣撫使，進封益國公，其饒、信、袁、臨、撫、吉、隆興官軍民兵，並聽節制調遣，諮訪、罷行、黜陟皆得便宜行事。以緡錢五百萬、銀五萬兩給其用。丙辰，詔選精銳招信、泗州千人，揚州拱衞軍千人，安豐、濠州各千五百人，赴京聽調遣。庚申，夏貴入見，帝撫勞甚至。

閏十一月甲戌，詔出內帑緡錢五千萬犒內外諸軍。丁丑，以向士璧爲湖南制置副使，餘職仍舊，賜金帶。己卯，熒惑入氐。癸未，諸將陶林、文通進兵有功，詔林帶行遙郡刺史，文通轉武功大夫，賜銀有差。甲申，以印應雷爲軍器監、淮西總領財賦兼江東轉運判官，呂文德檢校少傅、京西湖北安撫使兼制置使、知鄂州兼侍衞馬軍都指揮使。己丑，皮龍榮兼資善堂翊善。庚寅，陶林奏沼山寺戰功。癸巳，向士璧連以功狀來上。乙未，詔降周震炎第四甲出身。丙申，賈似道表：大戰數合皆有功。

十二月己亥朔，賈似道言鄂州圍解，詔論功行賞。丁未，熒惑犯房宿、鈎鈐星。辛亥，詔改來年爲景定元年。壬子，改封吳潛爲許國公，賈似道爲肅國公。

校勘記

〔一〕奪余晦刑部侍郎告身　「余晦」，原作「其子晦」。按余玠蘄州人，有子名如孫，改名師忠，歷大理寺丞，見本書卷四一六本傳；余晦浙東人，曾任四川制置使，見宋季三朝政要卷二。此處「其子」二字當誤，據宋史全文卷三五改。

〔二〕在城人普賞一資　「一資」，宋史全文卷三五作「一次」。

〔三〕盧允叔　本書卷四二四洪天錫傳、宋季三朝政要卷二都作「盧允升」。

〔四〕資政殿學士　本書卷二一四宰輔表、宋史全文卷三五都作「資政殿大學士」，下文四年五月甲辰條也說「徐清叟奪資政殿大學士」，此處和九月丙午條的「資政殿學士」都脫「大」字。

〔五〕備邊　原作「備選」，據本書卷四一八程元鳳傳、宋史全文卷三五改。

〔六〕兼河南招撫使　「招」，原作「安」，據宋史全文卷三五、新元史卷一七七夏貴傳改。

〔七〕周震炎　原作「周應炎」，據下文閏十一月乙未條、宋季三朝政要卷三、宋史全文卷三六改。

宋史卷四十五

本紀第四十五

理宗五

景定元年春正月丙子，詔獎賈似道功。庚辰，歲星、熒惑合在尾。壬辰，詔：「知涪州趙峸，聚糧不運餉兵士，遂爲北有，已削一秩，罰輕，再削兩秩。」乙未，潼川城仙侶山。賈似道言：「高達守鄂州城，凡三月，大元師北還。」

二月丙午，詔賈似道以緡錢三千萬犒師，并示賞功之典。己酉，以高達爲寧江軍承宣使、右金吾衞上將軍，賜緡錢五十萬；呂文德賜緡錢百萬，浙西良田百頃；鄂州戰守將士，賜緡錢三千萬；王鑑、孫虎臣、蘇劉義等各官十轉。高達遷湖北安撫副使、知江陵府兼夔路策應使，陳奕、阮思聰並正任防禦使。江西、湖南帥司言：大元兵破瑞州、臨江軍城，興國壽昌、洪撫全永衡諸郡民皆被兵，存者奔竄它所。甲寅，詔：「臨江守臣陳元桂死節，官

五轉，贈寶章閣待制；與一子京官，一子選人恩澤；給緡錢十萬治葬，立廟死所，謚曰正節。瑞州守臣陳昌世治郡雖有善政，兵至民擁之以逃，以棄城失守，削三秩勒停。」乙卯，詔孫虎臣和州防禦使，張世傑以下十三人各官五轉；立功將士並補兩官資，賜銀絹。庚申，雨雹。辛酉，大元遣偏師自大理由廣南抵衡州，向士壁會合劉雄飛逆戰于道，俘民獲還者甚衆。詔雄飛升保康軍承宣使，餘轉官，賜銀錢。賈似道賜金器千兩、幣千匹，命國子監主簿劉錫趣召赴闕。向士壁遷兵部侍郎，職任依舊。呂文德、高達、陳奕等各賜金、幣有差。丙寅，大元軍過分寧、武寧二縣，河湖砦都監權巡檢張興宗死之，詔贈武翼郎，官一子承信郎，以緡錢三萬給其家。湖南諸將溫和轉左武大夫、帶行遂郡刺史，李虎官三轉、帶行閤門宣贊，鄭進帶行復州團練使，各賜銀絹，旌其守禦之功。

三月戊辰朔，日有食之。庚午，命夏貴兼黃、蘄策應使，總舟師。癸酉，以橫山之戰將士效節，多死行陣，總管張世雄、沈彥雄、陳喜、秦安、李孝信、鄭俊、李安國各贈十官資，賜緡錢萬恤其家。甲戌，賞夏貴鴻宿州、白鹿磯戰功，遷福州觀察使，職任仍舊。將士推賞。乙亥，詔：全、岳、永、衡、柳、象、瑞、興國、南康、隆興、江州、臨江、潭州諸縣經兵，農民失業，應開慶元年以前二稅盡除之。癸未，賈似道奏蘋草坪大戰，進至黃州。乙酉，詔范文虎轉左武大夫、環衞官、黃州武定諸軍都統制，張世傑環衞官、職任依舊。鄂州統制張勝，死于漢陽

戰陣，贈官五轉，官其子煥進武校尉。丙戌，賈似道言，自鄂趨黃，與北朝回軍相遇，諸將用命捍禦。詔孫虎臣、范文虎、張世傑以下各賜金帛。

夏四月戊戌朔，侍御史沈炎疏吳潛過失，以「忠王之立，人心所屬，潛獨不然。章汝鈞對館職策，乞爲濟邸立後，潛樂聞其論，授汝鈞正字，奸謀叵測。請速詔賈似道正位鼎軸」。詔朱熠、戴慶炣輪日判事，大政則共議以聞。己亥，賈似道表言夏貴等戰新生洲，進至白鹿磯，皆身自督戰有功。詔赴闕。庚子，以王堅爲侍衞步軍司都指揮使。戊申，以劉整知瀘州兼潼川安撫副使。己酉，揚州大火。吳潛以觀文殿大學士提舉臨安府洞霄宮。癸丑，進賈似道少師，依前右丞相兼樞密使，進封衞國公；朱熠知樞密院事兼參知政事；饒虎臣參知政事；戴慶炣同知樞密院事兼參知政事；皮龍榮端明殿學士簽書樞密院事〔一〕。己未，以夏貴爲保康軍承宣使、左金吾衞上將軍、知淮安州兼淮東安撫副使、京東招撫使，賜金器幣、溧陽田三十頃。壬戌，進馬光祖資政殿大學士，職任依舊。癸亥，以呂文德兼夔路策應使。丙寅，命馬光祖兼淮西總領財賦。

五月戊辰朔，詔趙葵依舊少保、兩淮宣撫使、判揚州，進封魯國公；徐清叟觀文殿大學士、知建寧府。饒虎臣罷。壬申，李曾伯、史岩之並落職解官：曾伯坐嶺南閉城自守，不能備禦；岩之坐鄂州圍解，大元兵已渡江北還，然後出兵，又命程芾任事，以致敗績。甲戌，

詔贈呂文信寧遠軍承宣使，立廟賜額，子師憲帶行閤職，更與兩子承信郎；輔周和州防禦使，錄其白鹿磯死事。乙亥，詔李虎馭軍無律，貸命追奪，竄鬱林州。丁丑，賜賈似道玉帶。庚辰，戴慶炣卒，贈資政殿大學士。壬午，熒惑犯斗。癸未，以皮龍榮兼權參知政事；沈炎端明殿學士、同簽書樞密院事；馬埜鄂州都統制，駐箚江陵府。甲申，祈雨。戊子，詔饒虎臣以資政殿學士提舉臨安府洞霄宮，任便居住。楊棟，召赴闕。壬辰，以姚希得爲敷文閣待制、知慶元府兼沿海制置使。乙未，詔李庭芝起復祕閣修撰、主管兩淮安撫制置司公事兼知揚州。

六月丁酉朔，夏貴奏淮安戰功。庚子，竄丁大全于南康軍。壬寅，詔立皇子忠王禥爲皇太子，賜字長源。戊申，王埜卒。壬子，賜李遇龍金帶。陳奕帶御器械，依舊鎮江駐箚御前諸軍都統制，賜田三十頃。詔升巢縣爲鎭巢軍。甲寅，楊棟、葉夢鼎並太子詹事。乙卯，陳韡進一秩，福建安撫使知福州；徐清叟觀文殿學士、知泉州。

秋七月丁卯朔，皇太子入東宮，行册禮，大赦。壬申，貴妃閻氏薨，賜謚惠昭。東南有星如太白。丁亥，命皇太子昕朝侍立。戊子，上謂宰執曰：「北朝使來，事體當議。」賈似道奏：「和出彼謀，豈容一切輕徇？倘以交鄰國之道來，當令入見。」己丑，侍御史何夢然劾丁大全、吳潛欺君無君之罪。庚寅，賈似道兼太子少師，朱熠、皮龍榮、沈炎並兼賓客。辛卯，詔丁大全削三秩，諭居南安軍；吳潛奪觀文殿大學士，罷祠，削二秩，諭居建昌軍。癸巳，詔舉孝廉。

八月壬寅，以程元鳳爲淮、浙發運使、判平江府。己酉，太陰犯填星。詔：皇太子受册畢，賈似道、朱熠、皮龍榮、沈炎各進一秩，東宮官吏諸軍兵等官一轉，餘皆推恩。壬子，與籌薨，贈少師，謚忠憲。太白犯房。壬戌，李曾伯、史岩之各削二秩。甲子，饒虎臣削二秩，奪資政殿學士，罷祠。

九月癸酉，守瀘州劉整以功來上。丁丑，知潭州節制屯戍軍馬洪天錫言，援例創辟幹官一員，報行軍機密文字，奏可。辛巳，祀明堂，大赦。丙戌，熒惑犯壘。戊子，李松壽犯淮安。

冬十月乙未朔，詔申嚴邊防。甲辰，詔：「黨丁大全、吳潛者，臺諫其嚴覺察舉劾以聞，當置于罪，以爲同惡相濟者之戒。」時似道專政，臺諫何夢然、孫附鳳、桂錫孫、劉應龍承順風指，凡爲似道所惡者無賢否皆斥，帝弗悟其奸，爲下是詔。戊申，李松壽修南城，詔趣淮閫調兵毀之。壬子，破李松壽兵于漣水城下，夷南城舊址。乙卯，有星自東北急流向太陰。壬戌，竄吳潛于潮州。

十一月丙寅，詔內侍何時修削二秩，永罷不敍。洪燾知臨安府兼浙西安撫使。壬午、

以中軍統制、知簡州馬千權興州都統兼知合州。戊子，熒惑與填星順行，太陰犯房。

十二月甲午朔，詔：華亭奉宸莊，其隸外廷助軍餉。包恢敍復元官職，知常州。辛丑，建陽縣嘉禾生，一本十五穗，詔改建陽爲嘉禾縣。甲寅，呂文德上夔路戰功。乙卯，少師、廬陵郡王思正薨，謚簡惠。印應雷直徽猷閣、知江州、主管江西安撫司公事，節制蘄、黃、興國三郡。庚申，以監察御史桂錫孫言，追寢全子才敍復之命。

二年春正月癸亥朔，詔：「監司率半歲具劾去贓吏之數來上，視多寡爲殿最，行賞罰。守臣助監司所不及，以一歲爲殿最，定賞罰。本路、州無所劾，而臺諫論列，則監司守臣皆以殿定罰。有治狀廉聲者，摭實以聞。」乙丑，城安慶。詔馬光祖進二秩。丁丑，命皇太子謁拜孔子于太學。己卯，福建安撫使陳韡累疏請老，詔進一秩，守觀文殿學士致仕。以董槐判福州、福建安撫使。

二月丙申，孫虎臣戰邳州，全師而歸。癸卯，詔諸路監司申嚴僞會賞罰之令。甲寅，進封周國公主。乙酉，詔封張栻爲華陽伯，呂祖謙開封伯，從祀孔子廟庭。

三月壬戌朔，日有食之。乙亥，故寧遠軍承宣使張祥、都統制閻忠進，以援蜀之功，祥贈節度使，忠進贈復州團練，除恩澤外，各更官一子承信郎，賜緡錢二萬。戊寅，賈似道等上

中華書局

玉牒、日曆、會要、經武要略及孝宗、光宗、寧宗實錄，詔似道、皮龍榮、朱熠、沈炎各進二秩。

夏四月癸巳朔，余思忠追毀出身文字，除名勒停，竄新州。乙未，以皮龍榮參知政事，沈炎同知樞密院事兼權參知政事，何夢然簽書樞密院事，俞興保康軍承宣使、四川安撫制置使。丙申，呂文德超授太尉、京湖安撫制置屯田使、夔路策應使兼知鄂州，李庭芝右文殿修撰、樞密都承旨、兩淮安撫制置副使、知揚州。己亥，詔申嚴江防。壬寅，呂文德兼湖廣總領財賦。乙巳，馬天驥資政殿學士、知福州、福建安撫使，呂文福帶御器械、淮西安撫副使兼知廬州，官一轉。戊申，馬光祖進觀文殿學士，職任依舊。乙卯，竄吳潛于循州。丙辰，竄丁大全于貴州，追削二秩。丁巳，楊鎭授左領軍衞將軍、駙馬都尉，高達知廬州、淮西安撫副使。

五月癸亥，賈似道請祠祿，詔不允。庚午，謝方叔敍復觀文殿大學士致仕。戊寅，以劉雄飛知夔州、夔路安撫使。乙酉，王堅遷左金吾衞上將軍、湖北安撫使兼知江陵府。

六月乙未，詔霖雨爲沴，避殿減膳徹樂。乙巳，詔近畿水災，安吉爲甚，亟講行荒政。辛亥，以范文虎爲左領軍衞大將軍，主管侍衞步軍司兼馬軍司。

秋七月甲子，蜀帥俞興奏守瀘州劉整率所部兵北降，由興構隙致變也。至是，興移檄討整。辛未，制置使蒲擇之坐密通蠻書叛賊羅顯，詔竄萬安軍。太陰犯斗。乙亥，以厲文

翁爲資政殿學士、沿海制置使、知慶元府。戊寅，王惟忠家訟冤，詔奪謝方叔合得恩數。丁大全責授新州團練使，貴州安置〔三〕。臺臣吳燧奪職罷祠，陳大方、胡大昌皆鐫官。壬午，陳韡卒，贈少師，謚忠肅。丙戌，吳潛責授化州團練使，循州安置。

八月壬辰，命韓宣兼常德、辰、沅、澧、靖五郡鎭撫使，呂文德兼四川宣撫使，范文虎以白鹿磯之功賞七官，以五官轉行遙郡防禦使，餘官給憑。丁酉，詔奪向士壁從官恩數，窮竟侵盜掩匿之罪。時以兵退，遣官會計邊費，似道忌功，欲以汙衊一時閫臣，士壁及趙葵、史岩之、杜庶皆責徵償。信州謝枋得，以趙葵檄給錢粟募民兵守禦，至是，自償萬緡。壬寅，築周國公主館于安濟橋。乙巳，以江萬里爲端明殿學士、同簽書樞密院事，依執政恩數。

九月辛酉，詔湖、秀二郡水災，守令其亟勸分，監司申嚴荒政。乙亥，李庭芝言李松壽已遁。大元使郝經久留眞州，帝趣興錫賚。經之留，謀出賈似道，帝惑其言不悟。蓋似道在鄂時，値我世祖皇帝歸正大位撤兵，似道自詭有再造之功，諱言歲幣及講和之事，故不使經入見。

冬十月癸巳，呂文德言已復瀘州外堡，擬卽對江壘石爲城，以示持久之計，從之。戊戌，雷電。甲申，詔申獎賈似道鄂州之功。丙午，以何夢然同知樞密院事兼參知政事。癸丑，程元鳳授特進、觀文殿大學士、醴泉觀使兼侍讀。甲寅，皇太子擇配，帝詔其母族全昭

孫之女擇日入見。寶祐中，昭孫沒于王事，全氏見上，上曰：「爾父死可念。」對曰：「臣妾父固可念，淮、湖百姓尤可念。」上曰：「卽此語可母天下。」迨開慶丁大全用事，以京尹顧嵒女爲議，大全敗，故有是命。丙辰，沈炎資政殿學士、提舉臨安府洞霄宮，任便居住。

十一月己未朔，劉雄飛和州防禦使、樞密副都承旨、四川安撫制置副使兼知重慶府、四川總領、夔路轉運使。庚申，周國公主館成，詔董宋臣、李忠輔各官一轉。甲戌，資政殿學士致仕汝騰卒，贈官四轉，謚忠淸。安南國貢象二。丁丑，馬光祖提領戶部財用兼知臨安府、浙西安撫使。下嫁周國公主于楊鎭。己卯，以鎭爲宜州觀察使，賜玉帶，尋升慶遠軍承宣使。詔：「駙馬都尉楊鎭家合有賞典，楊蕃孫官兩轉，楊鐸、楊鑑官一轉，並直祕閣，餘轉官進封有差。」癸未，封全氏永嘉郡夫人。

十二月庚寅，改竄蒲擇之于南康軍。辛卯，宰臣奏：「太子語臣等言：『近奉聖訓，夫婦之道，王化之基，男女正位，天地大義。平日所講修身齊家之道，當眞履實踐，勿爲口耳之學。』請宣付史館，永爲世程法。」從之。甲午，以皮龍榮兼權知樞密院事，何夢然參知政事兼太子賓客，馬光祖同知樞密院事兼太子賓客、知臨安府。己亥，太陰犯五車。壬寅，江萬里依舊端明殿學士、提舉臨安府洞霄宮，任便居住。癸卯，冊永嘉郡夫人全氏爲皇太子妃。

三年春正月戊子朔，詔中飭百官盡言。詔量移丁大全、吳潛黨人，並永不錄用。壬戌，詔：「陳塏等耆年奉祠，宜示崇獎。陳塏端明殿學士，林彬之寶章閣待制，史季溫直華文閣，丁仁直寶謨閣，仍並予祠祿。」甲子，福建路安撫使馬天驥進資政殿大學士，職任依舊。乙丑，詔諭西蜀郡縣等官，已授遇闕，毋遙受虛批月日，違期不赴。丁卯，以善譖嗣濮王。戊辰，周國公主進封周、漢國公主。庚午，賜賈似道第宅于集芳園，給緡錢百萬，就建家廟。甲戌，詔權知梁山軍李鑑守城有功，帶行閤門宣贊舍人，就知梁山軍。復瀘州，改爲江安軍，呂文德進開府儀同三司。

二月丁亥朔，臨安、安吉、嘉興屬邑水，民溺死者衆，詔守臣給槥瘞之。詔獎諭制置司，其立功參贊將士，進秩、升職、犒給有差。乃裕授檢校少保。以皮龍榮爲資政殿大學士、知潭州、湖南安撫使。乙巳，太陰入氐。戊申，詔省試中選士人覆試于御史臺，爲定制。庚戌，李璮以漣、海三城叛大元來歸，獻山東郡縣。詔改漣水爲安東州，授璮保信寧武軍節度使、督視京東河北等路軍馬、齊郡王，復其父李全官爵。璮卽松壽。

三月乙丑，以孫附鳳爲端明殿學士、簽書樞密院事兼太子賓客。辛未，詔升海州東海縣爲東海軍。丁丑，汪立信升直華文閣、知江州、主管江西安撫司公事，節制蘄、黃、興國三郡軍馬。庚辰，呂文福依舊職差知濠州兼淮西招撫使。

夏四月庚寅，太白晝見。庚子，熒惑與歲星合在危。甲辰，有流星大如杯。

五月壬戌，熒惑犯壁壘陣。丙寅，雨雹。己巳，詔：「廣西靜江屯田，小試有效，其邕、欽、宜、融、柳、象、潯諸州守臣任責措置，經略、安撫以課殿最，仍條具來上。」辛未，馬光祖以病請祠，詔知福州兼福建安撫使。丁丑，賜禮部進士方山京以下六百三十七人及第、出身。庚辰，夏貴上蘄縣戰功。

六月戊子，詔：李壇受圍，給銀五萬兩，下益都府犒師，遣青陽夢炎率師援之。庚寅，以孫附鳳兼權參知政事，楊棟端明殿學士、同簽書樞密院事兼太子賓客。壬辰，吳潛沒于循州，詔許歸葬。己亥，董槐乞致仕，詔授特進。戊申，詔：青陽夢炎授李壇，不俟解圍，輒提援兵南歸，諭制置司劾之。己酉，有流星大如熒惑。庚戌，安南國王日煚上表乞世襲，詔授檢校太師、安南國王，加食邑，男威晃授靜海軍節度觀察處置使、檢校太尉兼御史大夫、上柱國、安南國王、効忠順化功臣，仍賜金帶、器幣、鞍馬。癸丑，詔應謫臣僚終於貶所者，許令歸葬。

秋七月丙辰，詔州縣官廩祿不時給者，御史臺覺察，或以他物折支，計贓論罪。壬戌，董槐薨，贈少師，謚文清。庚午，周、漢國公主薨，賜謚端孝。壬申，江州都統聶世興調遣入蜀，託疾憚行，詔奪二秩，押往京湖制司自效。戊寅，侍御史范純父言：「前四川制置使俞

興，妬功啓戎，罷任鐫秩，罰輕，乞更褫奪，以紓衆怒。」奏可。辛巳，詔重修吏部七司條法。

癸未，詔申嚴諸路郡縣苛取苗米之禁。甲申，夜有白氣亘天。

八月甲午，海州石湫堰成，詔知州張漢英帶行遙郡刺史、馬步軍副總管、帶行環衞官。丁酉，築蘄州城。知州王益落階官，正任高州刺史；制置使汪立信上新城圖，詔獎諭。戊戌，李壇兵敗爲大元所誅，事聞，詔沿邊諸郡嚴邊防。汪立信升直敷文閣、主管沿江制置司公事、知江州、主管江西安撫司公事。癸卯，太陰犯昴。乙巳，沿江制置使姚希得進寶章閣學士，職任依舊。

九月壬申，召陳奕赴樞密院稟議。丙子，有流星大如太白。丁丑，溫州布衣李元老，讀書安貧，不事科舉，今已百四歲，詔補迪功郎致仕，本郡給奉。

閏九月甲申朔，太白晝見。丙戌，流星透霞，大如太白。戊戌，詔刑部長貳、大理卿、少卿，歲終無評事可舉，卽舉在京三獄官。庚子，有流星大如太白。丙午，詔應知縣罪罷，雖經赦，毋注緊、望闕，著爲令。戊申，詔：「紹興府火，給貸居民錢，今及二載，民貧可憫，悉除勿徵。」

冬十月乙卯，詔蠲四川制總、州縣鹽酒榷額。己未，太陰犯歲星。甲子，以楊棟簽書樞密院事、兼權參知政事兼太子賓客，葉夢鼎端明殿學士、同簽書樞密院事兼太子賓客。丁卯，呂文德言遣將校禦敵，多逗遛不進，且奏功失實，具姓名上聞。詔：呂文煥、王達、趙眞削兩秩，馬堃、王甫削一秩，餘貶降有差。太陰犯五車星。庚午，太白入氐。甲戌，歸化州岑從毅納土輸賦，獻丁壯爲王臣。詔改歸化爲來安州，從毅進秩修武郎、知州事，令世襲。丙子，詔安豐六安縣升軍使。

十一月壬辰，丁大全竄貴州，招游手，立將校，置弓矢舟楫，縱僕隸淫虐軍民，詔奪大全貴州團練使，移置新州。癸巳，馬光祖乞祠祿，詔提舉臨安府洞霄宮，任便居住。丙申，徐淸叟薨，贈少師，謚忠簡。丁酉，資陽砦主萬戶小哥及其子衆家奴叛來降，詔小哥賜姓王，名永堅，補武翼大夫、夔路副總管，重慶府駐箚。戊戌，以夏貴知廬州、淮西安撫副使。丁未，皇孫容州觀察使封資國公焯薨，贈保靜軍節度使、廣國公。熒惑、塡星合在婁。

十二月辛巳，呂文德累疏辭兼四川宣撫，詔仍兼四川策應使。

四年春正月壬午朔，詔侍從、臺諫、給舍、卿監、郎官以上及制總、監司各舉所知，不拘員限，不如所舉，行連坐法。戊子，林希逸言莆陽布衣林亦之、陳藻有道之士，林公遇幼承父澤，奉親不仕。詔林亦之、陳藻贈迪功郎，林公遇元官上進贈一官。詔董宋臣同提舉奉

安符寶所，仍奉祠祿。己亥，嚴州火。丙午，詔革詞訴改送之弊。

二月癸丑，詔：吳潛、丁大全黨人遷謫已久，遠者量移，近者還本貫，並不復用。丁大全溺死藤州，詔許歸葬。詔俞興往歲失陷瀘城，更削一秩。丁巳，置官田所，以劉良貴爲提領，陳訔爲檢閱。戊午，日暈周匝。乙亥，呂文德浚築鄂州、常、澧城池訖事〔三〕，詔獎之，守臣韓宣轉遙郡承宣使，蘇劉義吉州刺史。

三月丁亥，以呂文德爲寧武、保康軍節度使，職任依舊；劉雄飛樞密都承旨、四川安撫制置使兼知重慶府、四川總領財賦、夔路轉運使。加授姚希得刑部尙書，李庭芝兵部侍郎，朱禩孫太府卿，汪立信太府少卿，並依舊任。壬辰，太陽赤黃暈。丁酉，以王堅知和州兼管內安撫使，呂思望知濠州兼淮西招撫使。庚子，以何夢然兼權知樞密院事。丁未，詔知寧國府趙汝楳推行經界，不擾而辦，職事修舉，升直華文閣，依舊任。戊申，忠州防禦使貴傑授福州觀察使。

夏四月乙卯，太陰犯權星。丙寅，官田所言，知嘉興縣段浚、知宜興縣葉哲佐買公田不遵元制，詔罷之。戊辰，太陽赤黃暈，不匝。

五月庚寅，太陰入氐。丁酉，婺州布衣何基，建寧府布衣徐幾，皆得理學之傳。詔各補迪功郎，何基婺州教授兼麗澤書院山長，徐幾建寧府教授兼建安書院山長。戊戌，四川制

司言：二月甲寅，大元兵攻嘉定城，馬塈出戰禦之。詔馬塈援夔還延削一秩，令以所轉四官理作敍復。流星出自角宿距星。

六月壬子，祈雨。乙卯，京城火。丙辰，詔饒虎臣敍復元官，依舊提舉太平興國宮。庚申，詔：平江、江陰、安吉、嘉興、常州、鎮江六郡已買公田三百五十餘萬畝，今秋成在邇，其荆湖、江西諸道，仍舊和糴。丙寅，詔公田竣事，劉良貴官兩轉，陳訔、廖邦傑洎六郡官進秩有差。丁卯，流星出自河鼓。庚午，宰執進玉牒、日曆、會要、經武要略及徽宗長編、寧宗實錄，詔賈似道以下官兩轉。

秋七月壬辰，敕令所進寧宗以來寬恤詔令。戊戌，以董宋臣爲入內內侍省押班。

八月甲寅，董宋臣以病乞收回恩命，請祠，詔賜告五月。乙卯，流星出自天倉星。

九月甲申，詔趙汝楳爲太府少卿、淮東總領財賦。辛卯，祀明堂，大赦。甲午，以何夢然知樞密院事兼參知政事，楊棟同知樞密院事兼權參知政事，葉夢鼎簽書樞密院事。

冬十月己未，詔發緡錢百四十萬，命浙西六郡置公田莊。甲子，命張珏興元府駐劄御前諸軍都統制兼知合州。

十一月己亥，福州火。

十二月丁未朔，詔皇太子宮講官詹事以下，日輪一員，辰入酉出，專講讀，備咨問，以稱

輔導之實。己未，詔：在京置窠棚、私縶囚并非法獄具，臺憲其嚴禁戢，違者有刑。辛未，太白、歲星順行。

五年春正月丁丑朔，詔崇經術，考德行。癸巳，出奉宸庫珠、香、象、犀等貨下務場貨易，助收幣楮。庚子，太子右諭德湯漢三乞休致，授祕閣修撰、知福州、福建安撫使。

二月壬戌，流星出自畢。甲子，太陰犯房。丁卯，太陰犯斗。辛未，雨土。

三月辛巳，王堅卒，賜謚忠壯。馬光祖依舊觀文殿學士、沿江制置使、知建康府、江東安撫使、行宮留守。己丑，日暈周匝。

夏四月丙午，詔：管景模妻孥陷沒，效忠愈堅，平時所得奉入，率以撫恤將士，遂至空乏，特賜緡錢三十萬。尋賜金帶。丁未，以夏貴爲樞密都承旨、四川安撫制置使，兼知重慶府、四川總領、夔路轉運使。辛亥，詔郡邑行鄉飲酒禮。癸丑，太陰入太微垣。乙卯，信陽軍將領余元友等提兵防護春耕有功，補轉兩官資。戊午，太白晝見。乙丑，何夢然、馬天驥以臺臣劾罷。己巳，江萬里以資政殿學士知建寧府，李曾伯以觀文殿學士知慶元府、沿海制置使。庚午，太白、歲星合于婁。

五月庚辰，何夢然以資政殿大學士知建寧府。辛卯，以楊棟參知政事，葉夢鼎同知樞密院事兼權參知政事，姚希得端明殿學士、同簽書樞密院事，馬天驥提舉洞霄宮。甲午，流星出自河鼓，大如太白。乙未，安南國奉表謝恩，進方物，詔却之，仍賜金帛，以獎恭順。己亥，太白經天晝見。

六月甲辰朔，知衢州謝堅，因寇焚掠常山縣，弃城遁，詔削三秩，褫職不敍。臺臣言衢州詹沔之變，乃謝堅任都吏徐信苛取激之，堅罪重罰輕。詔斬信，籍其家，堅再削兩秩勒停。丁未，詔饒虎臣敍復資政殿學士，依前通奉大夫，差遣如故。甲寅，加授李庭芝寶章閣直學士，依舊任，朱禩孫右文殿修撰、知靜江府、廣西經略使，汪立信祕閣修撰、樞密副都承旨、沿江制置副使兼知江州、江西安撫使。詔呂文德職事修舉，與官一轉。太陰犯心。戊午，祈雨。太白犯天關星。乙丑，命董宋臣兼主管御前馬院、御前酒庫。戊辰，熒惑、歲星並行。己巳，太白、太陰並行入井。庚午，太陽赤黃暈。

秋七月甲戌，彗星出柳。丁丑，詔避殿減膳，應中外臣僚許直言朝政闕失。己卯，流星出自右攝提星，彗星退于鬼。辛巳，彗星退于井。甲戌，京城大火。癸巳，謝奕昌卒，贈少保，追封臨海郡王，謚莊憲。甲午，塡星守畢。乙未，馬天驥以臺臣劾其貪贓，奪職罷祠，其子時槲削一秩，罷新任。丙申，知嘉定府洪濤言：「新繁縣御容殿前枯木再榮，殿有晝太祖像；又順化人楊嗣光等奉太宗、眞宗、仁宗、英宗、神宗像來歸，令櫝藏府中天慶觀。」詔本

府選差武臣迎奉赴行在所，嗣光補武階兩資。祈雨。臺臣言太子賓客楊棟指彗爲蚩尤旗，欺天罔君，詔棟罷職予祠。戊戌，彗星退于參。

八月壬寅朔，熒惑與塡星合。丙午，以楊棟知建寧府。戊午，彗星消伏。甲子，彗星復見于參。辛未，彗星化爲霞氣。

九月己丑，日生格氣。癸巳，內侍李忠輔以臺臣劾其貪肆欺罔，削兩秩放罷。乙未，建寧府教授謝枋得校文宣城及建康漕闈，發策十餘問，言權奸誤國，趙氏必亡。左司諫舒有開劾其怨望騰謗，大不敬，竄興國軍。

冬十月丙午，太陰犯斗。辛亥，詔十七界會浸輕，並以十八界會易之，限一月止。乙丑，詔行關子銅錢法，每百作七十七文足，以一準十八界會之三。帝有疾不視朝。丙寅，大赦。丁卯，帝崩。遺詔皇太子禥卽皇帝位。咸淳元年三月甲申，葬于會稽之永穆陵。二年十二月丙戌，謚曰建道備德大功復興烈文仁武聖明安孝皇帝，廟號理宗。

贊曰：「理宗享國久長，與仁宗同。然仁宗之世，賢相相繼，理宗四十年之間，若李宗勉、崔與之、吳潛之賢，皆弗究于用；而史彌遠、丁大全、賈似道竊弄威福，與相始終。治效之不及慶曆、嘉祐，宜也。

中華書局

蔡州之役，幸依大朝以定夾攻之策，及函守緒遺骨，俘宰臣天綱，歸獻廟社，亦可以刷會稽之恥，復齊襄之讐矣；顧乃貪地棄盟，入洛之師，事釁隨起，兵連禍結，境土日蹙。郝經來使，似道諱言其納幣請和，蒙蔽抑塞，拘留不報，自速滅亡，吁，可惜哉！由其中年嗜慾既多，怠於政事，權移奸臣，經筵性命之講，徒資虛談，固無益也。

雖然，宋嘉定以來，正邪貿亂，國是靡定，自帝繼統，首黜王安石孔廟從祀，升濂、洛九儒，表章朱熹四書，丕變士習，視前朝奸黨之碑、僞學之禁，豈不大有徑庭也哉！身當季運，弗獲大效，後世有以理學復古帝王之治者，考論匡直輔翼之功，實自帝始焉。廟號曰「理」，其殆庶乎！

校勘記

〔一〕皮龍榮端明殿學士簽書樞密院事 「事」，原作「使」，據本書卷二一四宰輔表、宋史全文卷三六改。

〔二〕丁大全責授新州團練使貴州安置 按此處上下文和本書卷四七四本傳，大全先責貴州，後移新州；宋史全文卷三六同，惟所責授的官職是貴州團練副使。

〔三〕呂文德浚築鄂州常澧城池 按宋史全文卷三六：「呂文德浚築鄂、岳、常德、澧州城池」，宋季三朝政要卷三：「詔褒呂文德浚築四州城池」。此處「州」字疑是「岳」字之誤。

宋史卷四十六

本紀第四十六

度宗

度宗端文明武景孝皇帝，諱禥，太祖十一世孫。父嗣榮王與芮，理宗母弟也。嘉熙四年四月九日生于紹興府榮邸。初，榮文恭王夫人全氏夢神言：「帝命汝孫，然非汝家所有。」嗣榮王夫人錢氏夢日光照東室，是夕，齊國夫人黃氏亦夢神人采衣擁一龍納懷中，已而有娠。及生，室有赤光。資識內慧，七歲始言，言必合度，理宗奇之。及在位歲久，無子，乃屬意託神器焉。

淳祐六年十月己丑，賜名孟啓，以皇姪授貴州刺史，入內小學。七年正月乙卯，授宜州觀察使，就王邸訓習。九年正月乙巳，授慶遠軍節度使，封益國公。十一年正月壬戌，改賜名孜，進封建安郡王。寶祐元年正月庚辰，詔立爲皇子〔一〕，改賜今名。癸未，授崇慶軍節

度使、開府儀同三司，進封永嘉郡王。二年七月，以宗正少卿蔡抗兼翊善。時資善堂初建，理宗製堂記，書以賜王。十月癸酉，進封忠王。十一月壬寅，加元服，賜字邦壽。五年十月庚子，授鎭南、遂安軍節度使。

景定元年六月壬寅，立爲皇太子，賜字長源，命楊棟、葉夢鼎爲太子詹事。七月丁卯，太子入東宮；癸未，行册禮。時理宗家教甚嚴，雞初鳴問安，再鳴回宮，三鳴往會議所參決庶事。退入講堂，講官講經，次講史，終日手不釋卷。將晡，復至榻前起居，率爲常。理宗問今日講何經，答之是，則賜坐賜茶；否則爲之反覆剖析；又不通，則繼以怒，明日須更覆講。二年正月丁丑，謁孔子于太學，請以張栻、呂祖謙列從祀。十二月癸卯，册永嘉郡夫人全氏爲皇太子妃。

五年十月丁卯，理宗崩，受遺詔，太子卽皇帝位。戊辰，尊皇后謝氏曰皇太后，生日爲壽崇節。庚午，宰執、文武百官詣祥曦殿表請聽政，不允。辛未，大赦。

十一月壬申，宰執以下日表請視朝，不允。丁丑，凡七表始從。丙戌，帝初聽政，御後殿，命馬廷鸞、留夢炎兼侍讀，李伯玉、陳宗禮、范東叟兼侍講，何基、徐幾兼崇政殿說書。詔求直言。又詔先朝舊臣趙葵、謝方叔、程元鳳、馬光祖、李曾伯各上言以匡不逮。召江萬里、王爚、洪天錫、湯漢等赴闕。詔躬行三年喪。復濟王竑元贈少師、節度使，追封鎭王，謚

中華書局

昭肅，有司討論墳制增修之。加封嗣榮王與芮武康、寧江軍節度使，依前太師、判宗正事。詔撫勞邊防將士。監察御史劾官官李忠輔、何舜卿等贓罪，並竄遠方。戊戌，詔儒臣日侍經筵，輔臣觀講。乙未，命洪天錫以侍御史兼侍讀。

十二月辛丑，詔改明年爲咸淳元年，行銅錢關子，率貫以七百七十文足。壬寅，戒贓吏絕貢羨餘。甲辰，詔以生日爲乾會節。初開經筵，講殿以熙明爲名。禮部尚書馬廷鸞進讀大學衍義序，陳心法之要。

是歲，兩浙、江東西、湖南北、廣東西、福建、成都、京西、潼川、夔、利路戶五百六十九萬六千九百八十九，口一千三百二萬六千五百三十二。大理寺奏大辟三十三人。

咸淳元年春正月辛未朔，日有食之。丞相賈似道請爲總護山陵使，不允，尋下詔獎諭。癸酉，直學士院留夢炎疏留似道。甲戌，諫議大夫朱貔孫等亦請改命，不報。詔臨安免征商三月。丙子，京湖制置使呂文德辭免，不允。

二月庚申，置籍中書，記諫官、御史言事，歲終以考成績。

三月癸酉，似道乞解機政，不允。壬午，京湖制司創招鎮邊軍。甲申，葬理宗于永穆陵。

夏四月壬寅，賞四川都統昝萬壽雲頂山、金堂峽之功，及其將士。丁未，壽崇節，免徵臨安官私房僦地錢。戊申，乾會節，如上免徵，再免在京征商三月。自是祥慶、災異、寒暑皆免。戊午，賈似道特授太師。己未，幸景靈宮，發米八萬石贍京城民。夔路都統王勝，以李市、沙平之戰獲功，轉官兩資；將士效力者，上其名推賞。

五月己巳，追命史彌遠爲公忠翊運定策元勳。

閏月乙巳，久雨，京城減直糶米三萬石。自是米價高即發廩平糶，以爲常。丁未，發錢二十萬贍在京小民，錢二十萬賜殿、步、馬司軍人，錢二萬三千賜宿衞。自是行慶、恤災、或遇霪雨雪寒，咸賜如上數。以江萬里參知政事，王爚同知樞密院事、權參知政事，馬廷鸞端明殿學士、簽書樞密院事。丁巳，以錢三十萬命臨安府通變平物賈。丁卯，故成都馬步軍總管張順歿于王事，詔特贈官五轉，其子與八官恩澤。

六月乙酉，名理宗御製之閣曰顯文，置學士、直學士、待制、直閣等官。戊子，沿海制置使葉夢鼎三辭免，不允。己丑，名理宗原廟殿曰章熙。

秋七月丁酉，太白晝見。初命迪功郎鄧道爲韶州相江書院山長，主祀先儒周惇頤。壬寅，參知政事江萬里乞歸田里，不允。戊申，夔路安撫徐宗武城開、達石城，乞推恩，從之。壬戌，督州縣嚴錢法，禁民間用牌帖。癸亥，以諒陰，命宰執類試，阮登炳以下，依廷試例出身。禁在京置窠柵，私繫囚。

八月庚辰，命陳奕沿江按閱軍防，賜錢二十萬給用。丁亥，詔：「有司收民田租，或掊克無藝，監司其嚴禁戢，違者有刑。」甲午，大元元帥阿朮帥大軍至廬州及安慶，諸路統制范勝、統領張林、正將高興、副將孟興逆戰，沒于陣，詔勝等各官其一子進勇副尉。

九月己酉，以洪天錫爲工部侍郎兼侍讀。壬子，命宰執訪司馬光、蘇軾、朱熹後人，賢者能者，各上其名錄用。癸丑，呂文德言京湖制、帥、策應三司官屬，乞推恩，詔各進一秩。庚申，吏部侍郎李常上七事，曰崇廉恥、嚴鄉舉、擇守令、黜貪汚、讞疑獄、任儒師、修役法。

冬十月壬申，減四川州縣鹽酒課，始自景定四年正月一日，再免徵三年。乙亥，減田契稅錢什四。庚辰，江安州、潼川安撫司以攻懷、簡小富砦戰圖來上，詔優答以賞。

十一月乙未，兄少保、保寧軍節度使致仕乃裕薨，贈少傅，追封臨川郡王。

二年春正月癸丑，江萬里四請歸田、乞祠祿，不允，以爲湖南安撫使兼知潭州。

二月乙巳，侍講范東叟奏正心之要有三：曰進德，曰立政，曰事天。上嘉納焉。戊寅，詔免湖南漕司積年運上峽米耗折逋直。辛卯，詔左、右史循舊制立侍御坐前。

三月庚子，賞夔路總管張喜等防護開、達軍功，將士進官有差。乙巳，詔郡守兩年爲任，方別授官。戊申，賜敕書獎諭呂文德。

夏四月乙丑，洪天錫三請祠，不允，以顯文閣待制、知潭州兼湖南安撫使。甲申，侍御史程元岳上言：「帝王致壽之道在修德，後世怵邪說以求之，往轍可鑒。修德之目有三，曰清心，曰寡欲，曰崇儉，皆致壽之原。」上嘉納之。丁亥，授信州布衣徐直方史館編校。

五月癸丑，詔諸節制將帥討軍實，節浮費，毋占役兵士，致妨訓練。

六月丁丑，給羅鬼國化州印。壬午，以衢州饑，命守、令勸分諸藩邸發廩助之。

秋七月壬辰，祈雨。詔以來年正月一日郊。壬寅，禮部侍郎李伯玉言：「人材貴乎善養，不貴速成，請罷童子科，息奔競，以保幼稚良心。」詔自咸淳三年爲始罷之。

八月甲申，安南國遣使賀登位，獻方物。

九月丙辰，浙西安撫使李芾以臺臣黃萬石等言，削兩秩免。

冬十一月辛丑，兩淮制置使李庭芝立城，屯駐武銳一軍，以工役費用及圖來上。詔獎勞之。乙卯，少師致仕趙葵薨，贈太傅，賜謚忠靖。丁巳，利東安撫使、知合州張珏調統制史炤、監軍王世昌等復廣安大梁城，詔推爵賞有差。

十二月丁丑，申嚴戢貪之令。甲申，以請先帝謚祭告天地、宗廟、社稷。丙戌，奉册、寶請于南郊，上謚曰建道備德大功復興烈文仁武聖明安孝皇帝，廟號理宗。大理寺奏歲終大辟三十五人。

三年春正月己丑朔，郊，大赦。丁酉，奉皇太后寶，上尊號曰壽和。辛丑，壽和太后册、寶禮成，謝堂等二十七人各進一秩，高平郡夫人謝氏等二十二人各進封特封有差。癸卯，册命妃全氏爲皇后。戊申，帝詣太學謁孔子，行舍菜禮，以顏淵、曾參、孔伋、孟軻配享，顓孫師升十哲，邵雍、司馬光升列從祀，雍封新安伯。禮部尚書陳宗禮、國子祭酒陳宜中〔三〕進讀中庸。己酉，執經官宗禮、講經官宜中各進一秩，宜中賜紫章服。太學、武學、宗學、國子學、宗正寺官若醫官、監書庫、門、庖等，各進一秩，諸齋長諭及起居學生，推恩有差。乙卯，壽和太后親屬謝奕脩、郭自中、黃興在等二十八人各升補一秩。

二月己未，克復廣安軍，詔改爲寧西軍。庚申，馬光祖再乞致仕，不允。乙丑，詔賈似道太師、平章軍國重事，一月三赴經筵，三日一朝，治事都堂。丙子，樞密院言：知夔州、夔路安撫徐宗武創立臥龍山堡囤，詔宗武帶行遙郡團練使，以旌其勞。

三月癸卯，知房州李鑑及將校杜汝隆、夏喜以戰龍光砦有功，優與旌賞。

夏四月庚申，壽和太后兩次册、寶，族兄弟謝奕實等十五人、族姪謝在達等四十七人、族姪孫謝鏞等十四人，各錫銀十兩、帛十疋。詔：太中大夫全清夫儒科發身，懇陳換班，靖

退可尚，特授清遠軍承宣使、提舉佑神觀，仍奉朝請。乙酉，張珏護合州春耕，戰款龍溪，以狀言功，詔趣上立功將士姓名。

五月丁亥朔，日有食之。戊申，詔曰：「比嘗命有司按月給百官奉，惟官愈卑，去民愈親，仍聞過期弗予，是吏奉吾命不虔也，諸路監司其嚴糾劾。」

六月壬戌，加授呂文德少傅，馬光祖參知政事，李庭芝兵部尚書，並職任仍舊。皇后受册推恩，弟全清夫以下十五人官一轉，全必樞以下十七人補承信郎。癸酉，美人楊氏進封淑妃。戊寅，詔榮王族姻與萊等三十四人各轉官有差。

秋七月丁亥，張珏授正任團練使、帶行左領軍衞大將軍，賜金帶。壬辰，樞密院言：「右武大夫權鄂州都統汪政鄂城戰禦，又焚光化城外積聚，及攻眞陽城，皆有功，該轉十二官。」詔轉橫行遙郡。甲午，四川都統昝萬壽調統制趙寶、楊立等率舟師護糧達渠城，以功推賞。己酉，權黎州張午招諭大青羌主歸義，乞用兩林西蕃瑜林例，賜予加優，從之。

八月辛酉，遣步帥陳奕率馬軍舟師巡邏江防。壬戌，邊報警急，詔諭呂文德等申嚴防遏。乙丑，太師、武康寧江軍節度使、判大宗正事嗣榮王與芮進封福王，主榮王祀事。壬申，久雨，命在京三獄、赤縣、直司、簽廳擇官審決獄訟，毋滯。

九月乙未，詔郡縣折收民田租，毋厚直取贏，違者論罪。癸卯，知邕州總統譚淵、李旺、周勝等繇特磨行大理界，率兵攻建水州，禽其知州阿孱以下三百餘人，獲馬二百餘，焚穀米、器甲、廬舍。師還論功，各轉官三資，軍校補轉有差。

冬十月庚申，復開州，賜四川策應司錢百萬勞軍。甲戌，大雷電。

十一月丙申，故左丞相吳潛追復光祿大夫。壬寅，賞知房州李鑑調遣路將夏喜、統領馮興等均州武陽垻戰功。

十二月丙辰，呂文煥依舊帶行御器械，改知襄陽府兼京西安撫副使。丁卯，臺臣言敘復元官觀文殿學士、提舉洞霄宮皮龍榮貪私傾險，嘗朋附丁大全，乞寢新命。詔予祠祿。

四年春正月癸未，賜呂師夔紫章服、金帶。己丑，呂文德言知襄陽府兼京西安撫副使呂文煥、荆鄂都統制唐永堅蠟書報白河口、萬山、鹿門山北帥興築城堡，檄知郢州翟貴、兩淮都統張世傑申嚴備禦。癸巳，故守合州王堅，賜廟額曰報忠。癸卯，沔州駐箚潼川安撫副使昝萬壽，特升右武大夫、帶行左驍衞大將軍，賜金帶。己酉，印應雷改知慶元府兼沿海制置使。庚戌，詔曰：「邇年近臣無謂引去以爲高，勉留再三，弗近益遠，往往相尚，不知其非義也。亦由一二大臣嘗勇去以爲衆望，相踵至今。孟子於齊王不遇，故去，是未嘗有君臣之情也，然猶三宿出晝，庶幾改之。儒者家法，無亦取此乎。朕於諸賢，允謂無負，其弗

高尚，使人疑於負朕。」

閏月庚午，賜夏貴金帶。

夏四月壬午，湯漢三辭免刑部侍郎、福建安撫使。庚寅，乾會節，帝御紫宸殿，羣臣稱賀。上曰：「謝方叔託名進香，擅進金器諸物，且以先帝手澤，每繫之跋，率多包藏，至以先帝行事爲己功，殊失大臣體，宜鐫一秩。」於是盧鉞等相繼論列方叔昨蜀、廣敗事，誤國殄民，今又違制擅進，削一秩罰輕。詔削四秩，奪觀文殿大學士、惠國公，罷宰臣恩數，仍追寶奎錄并繫跋眞本來上。丙申，右正言黃鏞言：「今守邊急務，非兵農合一不可。一曰屯田，二曰民兵。川蜀屯田爲先，民兵次之，淮、襄民兵爲先，屯田次之，此足食足兵良策也。」不報。丁酉，詔故修武郎姚濟死節，立廟，賜額曰忠壯。

五月辛酉，樞密都承旨高達再辭侍衞都虞候，乞歸田里，命孫虎臣代之。壬申，賜陳文龍以下六百六十四人進士及第、出身。丙子，賈似道乞骸骨，不允。

六月辛巳，葉夢鼎再乞歸田里，不允。詔罷浙西諸州公田莊官，募民自耕輸租，租減什三，毋私相易田，違制以盜賣官田論。

秋七月戊午，有星出氐宿，西北急流入騎官星沒。己未，淑妃楊氏親屬楊幼節以下百三十四人推恩進秩。

八月壬寅，奉安寧宗實錄、理宗實錄御集日曆會要玉牒經武要略、咸淳日曆玉牒，賈似道、葉夢鼎、馬廷鸞各轉兩官，諸局官若吏推恩有差。

九月癸未，太白晝見。大元兵築白河城，始圍襄、樊。

冬十月戊寅朔，日有食之。子憲生。參知政事常挺六乞歸田里，詔予郡。己亥，已減四川州縣鹽酒課，詔自咸淳四年始，再免徵三年。

十一月癸丑，樞密院言：「南平、紹慶六郡鎭撫使韓宣城渝、嘉、開、達、常、武諸州有勞，繇峽州至江陵水陸措置，盡瘁以死，宜視沒於王事加恩。」詔宣守本官致仕，任一子承節郎，仍贈正任承宣使。丁巳，詔：知江陵府陳奕，裨將周全、王德等戰西山、南谷口、田家山有功，各以等第推賞。戊午，子鍠生。丙寅，福建安撫使湯漢再辭免，乞祠祿，詔別授職。辛未，以文武官在選，困於部吏，隆寒旅瑣可閔，詔吏部長貳、郎官日趣銓注，小有未備，特與放行，違者有刑。自是隆寒盛暑，申嚴誡飭。常挺卒，贈少保。壬申，行義役法。

十二月辛卯，以夏貴爲沿江制置副使兼知黃州。癸巳，史館狀理宗實錄接續起修。張九成孫象先力學飭行，不墜家聲，其免一解示表厲。命建康府建南軒書院，祠先儒張栻。戊戌，汪立信知潭州兼湖南安撫使，職任依舊。乙巳，詔賞京湖總管張喜、趙萬等石門坂堰戰功。

五年春正月丁未，以李庭芝爲兩淮安撫制置大使兼知揚州。壬子，京湖策應司參謀呼延德領諸將張喜等，遇北兵戰于蠻河。癸亥，葉夢鼎累章請老，留之，固辭，依前少保、判福州、福建安撫使，封信國公。以馬廷鸞參知政事兼同知樞密院事。甲戌，以江萬里參知政事。

二月戊子，江萬里辭免參知政事，不允。

三月丙午，北帥阿朮自白河以兵圍樊城。甲寅，葉夢鼎辭免判福州、福建安撫使，詔不允。乙卯，皇后歸寧，族姻推恩，保信軍節度使全淸夫以下五十六人各進一秩，咸安郡夫人全氏以下三十二人各特封有差。大元兵城鹿門。己未，詔浙西六郡公田設官督租有差。辛酉，京湖都統張世傑率馬步舟師援襄、樊，戰于赤灘圃。戊辰，以江萬里爲左丞相，馬廷鸞爲右丞相兼樞密使。己巳，以馬光祖知樞密院事兼參知政事，吳革沿江制置使。

夏四月丙子，賞張世傑戰功。辛巳，江萬里、馬廷鸞辭免，詔不允。壬午，知渠州張賚上蓬州界白土、神山、蒲渡等處今年春戰功。丙戌，以安西都統張朝寶、利東路安撫張珏領兵護錢粟餉寧西軍，還至水磑頭，戰有功，詔推賞。己丑，劉雄飛依舊樞密都承旨、知沅州兼常德、澧、辰、沅、靖五郡鎭撫使。癸巳，李庭芝特進一秩。高郵縣夏世賢七世義居，詔署其門。

五月己酉，馬光祖依舊觀文殿學士、提舉洞霄宮。乙卯，程元鳳薨，贈少師。庚申，有星自斗宿距星東北急流向牛宿，至濁沒。壬戌，詔：信陽諸將婁安邦、朱興戰千石畈，呂文煥、呼延德戰福山，楊青、李忠戰石湫，俱有勞效，推賞有差。壬申，京湖制司言：故夔路安撫徐宗武沒于王事，乞優加贈恤。詔致仕恩外，特官其一子承節郎。

六月庚辰，以呂文福爲復州團練使、知濠州兼淮西安撫副使。甲申，皇子㫤生。辛卯，家鉉翁辭免新命，詔別授職。庚子，李庭芝辭免兼淮東提舉，不允。

秋七月己酉，觀文殿學士馬光祖乞守本官致仕，詔允所請。庚申，祈雨。壬戌，東南有星自河鼓距星西北急流，至濁沒。

八月戊寅，詔郡縣收民田租，毋巧計取贏，毋厚直折納，轉運司申嚴按劾。詔襄、樊將士戰禦宣力，以錢二百萬犒師，趣上其立功姓名補轉官資。

九月丙午，祈晴。辛酉，祀明堂，大赦。丙寅，明堂禮成，加上壽和聖福皇太后尊號册、寶，太師、判大宗正事、福王、主榮王祀事與芮加食邑一千戶。

冬十月甲申，子憲授檢校太尉、武安軍節度使，封益國公。己丑，呂文德進封崇國公，加食邑七百戶。以湯漢爲顯文閣直學士、提舉玉隆萬壽宮兼象山書院山長。

十一月戊辰，少傅文德乞致仕，詔特授少師，進封衞國公，依所請致仕。

十二月癸酉，文德卒，贈太傅，賜謚武忠。己卯，以范文虎爲殿前副都指揮使。壽和聖福皇太后尊號册、寶禮成，姪謝堂、姪孫光孫等二十八人各轉一官，餘姻推恩有差。甲申，以錢二百萬命京湖帥臣給犒襄、郢等處水陸戍士。戊子，詔安南國王父陳日煚、國王陳威晃竝加食邑一千戶。大元兵築南新城。

六年春正月壬寅，以李庭芝爲京湖安撫制置使兼夔路策應使，印應雷兩淮安撫制置使。己酉，以錢二百萬賜夔路策應司備禦賞給。庚戌，以高達爲湖北安撫使、知鄂州，孫虎臣起復淮東安撫副使、知淮安州。辛酉，行成天曆。丁卯，上製字民、牧民二訓，以戒百官。戊辰，以江萬里爲福建安撫使。

二月辛未，檢校少保、安德軍節度使與萊加食邑五百戶。丁亥，陳宜中經筵進講春秋終篇，賜象簡、金御仙花帶、鞍馬。丁酉，以呂文福爲淮西安撫副使兼知廬州。己亥，朱禩孫權兵部尙書，仍四川安撫制置、總領夔路轉運、知重慶府。

三月庚子朔，日有食之。癸丑，詔曰：「吏以廉稱，自古有之，今絕不聞，豈不自章顯而壅於上聞歟？其令侍從、卿監、郎官，各舉廉吏，將顯擢焉。」癸亥，詔：「贛、吉、南安境數被

中華書局

寇，雖有砦卒，寇出沒無時，莫能相救。宜即要衝立四砦，砦屯兵百，使地勢聯絡，禦寇爲便，從三郡擇將官領之。」

夏四月戊寅，以文天祥兼崇政殿說書。

五月辛丑，以吳革爲沿江制置宣撫使。

六月庚午，詔太極圖說、西銘、易傳序、春秋傳序，天下士子宜肄其文。戊寅，賈似道託疾辭退，疏十數上，上留益堅，禮異之，曰師相而不名。馬廷鸞洎省、部、臺諫、學、館、諸司連章請留似道。庚辰，子憲薨。庚寅，詔以襄、郢水陸屯戍將士隆暑露處，出錢二百萬，命京湖制司給賜。

秋七月，復開州，己亥，更鑄印給之。

八月甲申，瑞安府樂淸縣嘉禾生，詔薦士增四名。壬辰，詔：郡縣行推排法，虛加寡弱戶田租，害民爲甚，其令各路監司詢訪，亟除其弊。詔精擇監司、守令，監司察郡守，郡守察縣令，置籍考覈，歲終第其治狀來上。癸巳，以夏貴能舉職事，進一秩。詔似道十日一朝。

九月庚戌，以黃萬石爲沿海制置使。壬子，台州大水。

冬十月丁丑，遣范文虎總統殿司、兩淮諸軍，往襄、樊會合備禦，賜錢百五十萬犒師。己卯，詔台州發義倉米四千石并發豐儲倉米三萬石，振遭水家。甲申，以陳宗禮、趙順孫兼

權參知政事，依舊同提舉編修敕令、經武要略。

閏十月己酉，安吉州水，免公田租四萬四千八十石。戊午，詔：殿、步、馬諸軍貧乏陣沒孤遺者多，方此隆寒，其賜錢二十萬、米萬石振之。

十一月丁丑，嘉興、華亭兩縣水，免公田租五萬一千石，民田租四千八百一十石。庚辰，詔：襄、郢屯戍將士隆寒可閔，其賜錢二百萬犒師。己丑，都統張世傑領兵江防。乙未，詔陳宗禮進一秩，爲資政殿學士，依所請守兼參知政事致仕。

十二月戊戌，陳宗禮卒，贈七秩。己亥，詔：唐全、張興祖等齎蠟書入襄陽，往復甚艱，各補轉三官，賜錢二千緡。大元兵築萬山城。

七年春正月乙丑，子昰授左衞上將軍，進封建國公。詔湯漢、洪天錫赴闕。詔戒貪吏。辛未，紹興府諸暨縣湖田水，免租二千八百有奇。

三月戊寅，發屯田租穀十萬石，振和州、無爲、鎭巢、安慶諸州饑。辛巳，日暈，赤黃周匝。乙酉，平江府饑，發官倉米六萬石，吉州饑，發和糴米十萬石，皆減直振糶。丙戌，詔減內外百司吏額。戊子，發米一萬石，往建德府濟糶。詔臨江軍宜聖四十七代孫延之子孫，與放國子監試。

夏四月辛亥，免廣東提舉司鹽籮銀叁萬兩。甲寅，禮部侍郎陳宜中再乞補外，以顯文閣待制出知福州兼福建路安撫使。

五月乙酉，賜禮部進士張鎭孫以下五百二人及第、出身。壬辰，發米二萬石，詣衢州振糶。

六月癸巳，以錢百萬、銀五千兩命知嘉定府昝萬壽修城浚壕，繕甲兵，備禦遏。以韓震帶行御器械、知江安州兼潼川東路安撫副使，馬堃帶行御器械、知咸淳府，節制涪、萬州。臺臣劾朱善孫督綱運受贓四萬五千，詔特貸死，配三千里，禁錮不赦。乙未，詔以蜀閫調度浩繁，賜錢二百萬給用。丙申，諸暨縣大雨，暴風，雷電，發米振遭水家。瑞州民及流徙者飢乏食，發義倉米一萬八千石，減直振糶。己亥，詔以陸九淵孫溥補上州文學。己酉，鎭江府轉輸米十萬石於五河新城積貯。癸丑，以隆暑給錢二百萬賜襄、郢屯戍將士。丙辰，撫州黃震言：「本州振荒勸分，前觀城縣尉饒立積米二百萬，靳不發廩，雖嘗監貸，宜正遏糴之罪。」詔饒立削兩秩，武岡軍居住。洪天錫三辭召命，詔守臣勉諭赴闕。戊午，紹興府饑，振糶萬石。己未，兩淮五河築城具完，賜名安淮軍。大元會兵圍襄陽。

秋七月辛未，樞密院言吳信、周旺齎蠟書入襄城，往復效勞，詔各補官三轉。丁丑，湖南轉運司訪求先儒張栻後人義倫以聞，詔補將仕郞。壬午，四川制置使朱禩孫言：「夏五以

來，江水凡三泛溢，自嘉而渝，漂蕩城壁，樓櫓圮壞；又嘉定地震者再，被災害爲甚，乞賜黜罷，上答天譴。」詔不允。癸未，詔：城五河，淮東制置印應雷具有勞績，進一秩，宣勞官屬將士皆推恩。

八月壬辰朔，日有食之。甲午，以錢三百萬，遣京湖制置李庭芝詣郢州調遣犒師。丁未，命沿江制置副使夏貴會合策應，以錢二百萬隨軍給用。

九月乙亥，顯文閣直學士湯漢、顯文閣直學士洪天錫各五辭召命，詔並升華文閣學士，仍予祠祿。己丑，子㬎生。

冬十月丙申，少傅、嗣秀王與澤薨，詔贈少師，追封臨海郡王。癸丑，從政郞朱鑒孫進肇經要略。己未，詔殿、步、馬諸軍貧乏陣沒孤遺者，方此隆寒，其賜錢二十萬、米萬石振之。

十一月癸亥，詔民有以孝弟聞于鄉者，守、令其具名上聞，將旌異勞賜焉。己巳，詔湯漢官一轉，端明殿學士，依所請致仕。

十二月甲午，詔：諸路監司循按刑獄，俾從擾民，御史臺申嚴覺察。丙午，以錢三十萬命四川制司下渠洋開州、寧西鎭撫使張朝寶創司犒師。己亥，淮東統領兼知鎭江府趙溍乞祠祿，不允。謝方叔特敘復元官職，惠國公致仕。辛亥，初置士籍。戊午，詔舉廉能材堪縣

中華書局

令者，侍從、臺諫、給舍各舉十人，卿監、郎官各舉五人，制帥、監司各舉六人，知州、軍、監各舉二人。

八年春正月庚申，詔：「朕惟崇儉必自宮禁始，自今宮禁敢以珠翠銷金爲首飾服用，必罰無貸。臣庶之家，咸宜體悉。工匠犯者，亦如景祐制，必從重典。」又詔：「有虞之世，三載考績，三考黜陟幽明。漢之爲吏者長子孫，則其遺意也。比年吏習媮薄，人懷一切，計日待遷，事未克究，又望而之他。吏胥狎玩，竊弄官政，吾民奚賴焉。繼自今內之郎曹，外之牧守以上，更不數易，其有治狀昭著，自宜獎異。」辛未，子㬎生。己丑，湯漢卒，賜謚文淸。

二月癸巳，謝方叔卒，贈少師。前知台州趙子寅歿，無所歸，特贈直祕閣，給沒官宅一區、田三百畝，養其孤遺，以旌廉吏。丙午，以錢二百萬給犒襄、郢水陸戰戍將士。

三月丙子，同知樞密院事兼權參知政事趙順孫授中大夫。

夏四月戊子，知合州、利路安撫張珏創築宜勝山城。

五月己巳，王爚除觀文殿學士，提舉萬壽觀兼侍讀。大元兵久圍襄、樊，援兵阨關險不克進，詔荆、襄將帥移駐新郢，遣部轄張順、張貴將死士三千人自上流夜半輕舟轉戰。比明達襄城，收軍閱視，失張順。

六月丙申，皮龍榮徙衡州。丁酉，以章鑑爲端明殿學士、同簽書樞密院事、同提舉經武要略。以錢千萬命京湖制司糴米百萬石，轉輸襄陽府積貯。乙巳，以家鉉翁兼權知紹興府、浙東安撫提舉司事，以唐震爲浙西提點刑獄。王爚乞寢新命，不允，勉諭赴闕。辛亥，臺臣言江西推排田結局已久，舊設都官、團長等虛名尙在，占恡常役，爲害無窮；又言廣東運司銀場病民。詔俱罷之。癸丑，以錢五百萬緡命四川制司詣湖北糴運上峽入夔米五十萬石。

秋七月辛未，知靜江府、廣西經略安撫使兼計度轉運使胡穎乞祠祿，詔勳一轉，依所乞宮觀。

八月丙戌朔，日有食之。辛丑，詔家鉉翁赴闕。丁未，紹興府六邑水，發米振遭水家。壬子，王爚辭免明堂大禮陪祠。乙卯，詔：福建安撫陳宜中克舉厥職，升寶謨閣待制。

九月丁卯，詔洪天錫轉端明殿學士，允所請致仕。辛未，明堂禮成，祀景靈宮，還遇大雨，改乘逍遙輦入和寧門，肆赦。庚辰，詔以朱禩孫兼四川屯田使。乙酉，洪天錫卒，贈五官，謚文毅。

冬十月己亥，紹興府言八月一日會稽、餘姚、上虞、諸暨、蕭山五縣大水，詔減田租有差。丁未，以章鑑兼權參知政事。右丞相馬廷鸞十疏乞骸骨，詔不允。庚戌，以秋雨水溢，

詔減錢塘、仁和兩縣民田租什二，會稽湖田租什三，諸暨湖田租盡除之。辛亥，陳宜中兼給事中。

十一月乙卯，右丞相馬廷鸞累疏乞骸骨，授觀文殿學士、知饒州。詔以隆寒，殿、步、馬司諸軍貧窶并陣沒孤遺者，振以錢粟。丙辰，陳奕以殿前都指揮使攝侍衞步軍司、馬軍司。己未，馬廷鸞辭免知饒州，乞祠祿，詔允所請，以觀文殿大學士、鄱陽郡公提舉洞霄宮。壬戌，命阮思聰赴樞密院稟議。己巳，詔明堂禮成，安南國王陳日煚、陳威晃各加食邑一千戶，賜鞭、鞍、馬等物。

十二月甲寅，以葉夢鼎爲少傅、右丞相兼樞密使。

九年春正月乙丑，樊城破，范天順、牛富死之。癸未，詔定安豐統制金文彪、朱文廣、王文顯、盛全淢河、古河、泉河、珉河等處戰功行賞。

二月甲申，詔：鄂州左水軍統制張順，沒身戰陣，贈寧遠軍承宣使，官其二子承信郎，立廟京湖，賜額曰忠顯。甲午，朱禩孫撫綏備禦，義不辭難，敕書獎諭。丁未，以夏貴檢校少保。庚戌，呂文煥以襄陽府歸大元。癸丑，以朱潤寺戰功推賞來歸人馬宣、沿江都統王喜等將士千五百七十餘人。

三月庚申，賈似道言邊遽日聞，請身督師以勵將帥。詔不允。四川制司言：「近出師成都，劉整故吏羅鑑自北復還，上整書稾一帙，有取江南二策：其一曰先取全蜀，蜀平，江南可定；其二曰淸口、桃源，河、淮要衝，宜先城其地，屯山東軍以圖進取。」帝覽奏，亟詔淮東制司往淸口，擇利城築以備之。葉夢鼎辭免右丞相，詔不允。庚午，遣金吾衞上將軍阮思聰由平江、鎭江及黃州行視城池，凡合繕修增易者亟條奏。丙子，來歸人方德秀補成忠郎，栗勇、楊林、胡巨川補保義郎，劉全補承信郎。戊寅，賈似道始奏李庭芝表言襄帥呂文煥以城降大元。己卯，加昝萬壽寧遠軍承宣使，職任仍舊。庚辰，夏貴辭免檢校少保，不允。壬午，詔建機速房，以革樞密院漏泄兵事、稽違邊報之弊。賈似道累疏請身督師，詔勉留。

夏四月，詔褒襄城死節，右領衞將軍范天順贈靜江軍[三]承宣使，右武大夫、馬司統制牛富贈金州觀察使，各官其二子承信郎，賜土田、金幣恤其家。甲申，汪立信權兵部尙書、京湖安撫制置使、知江陵府、夔路策應使、湖廣總領，不許辭免，以錢二百萬給立信開閫犒師。葉夢鼎乞致仕，遣官勉諭赴都堂治事。辛卯，以趙溍爲淮西總領兼沿江制置、建康留守。詔黃萬石赴闕。壬辰，詔：「襄陽六年之守，一旦而失，軍民離散，痛切朕心。今年乾會節，其免集英殿宴，以錢六十萬給沿江制置趙溍江防捍禦。」癸巳，知招信軍陳巖乞祠祿。詔曰：「迺者邊吏弗戒，致有襄難，將士頻歲暴露，邊民蕩析離居，蠹傷朕心。爾閫臣專征方面，宜

身率諸將，宣揚國威，以賞戮用命不用命。爾守臣有土有民，宜申儆國人，保固封守。爾諸將尚迪果毅，一乃心力，各以其兵，敵王所愾。今朕多誥，爾其悉聽明訓，毋懈毋惰，習于故常，功多有厚賞，爾不克用勸，罰固不得私也。又如中外小大臣僚，有材識超卓、明控御之宜、懷攻守之略者，密具以聞，一如端拱二年制書，朕當虛心以聽。」李庭芝乞解罷，詔赴闕。壬寅，詔復置樞密院都統制、副都統制各一員。丁未，以高達爲寧江軍節度使、湖北安撫使、知峽州。詔忠州潛藩已升咸淳府，刺史王達改授高州刺史。李庭芝辭召赴闕，詔與祠。己酉，詔：「南歸人復有戰功者予優賞，楊春、薛聚成、陳君謨、周海、周興各補成忠郎，蕭成、侯喜、丁甫、劉鑄、鄭歸各補承信郎。」以夏貴兼侍衞馬軍都指揮使。庚戌，詔汪立信賞罰調用悉聽便宜行事。辛亥，呂師夔言：「比賈似道得李庭芝書，報臣叔父文煥以襄城降，臣聞之隕越無地，不能頃刻自安。請以經略安撫、轉運、靜江府印委次官護之，席藳俟命，容臣歸省偏親，誓當趣事赴功，毀家紓難，以贖門戶之愆，以報君父之造。」詔不允。

五月乙卯，以黃萬石權戶部尚書兼知臨安府、浙西安撫使。四川制司朱禩孫言：「所部諸縣除正辟文臣外，諸郡屬邑，許令本司不拘外縣一體選辟文臣，以幸蜀之士民。」奏可。丙辰，知廬州呂文福言：「從兄文煥以襄陽降，爲其玷辱，何顏以任邊寄，乞放罷歸田里。」詔不允。呂師夔五疏乞罷任，詔赴闕。丁卯，申禁奸民妄立經會，私創庵舍，以避征徭，保伍

容芘不覺察坐之。辛未，劉雄飛乞致仕。戊寅，孝感縣丞關應庚上書言邊防二十事，詔授武當軍節度推官兼司法，京湖制司量材任使。庚辰，馬軍司統制王仙昔在襄、樊繇戰陷陣，今復來歸，特與官五轉，充殿前司正額統制，賜錢一萬。布衣林椿年等上書言邊防十數事，詔諸人上書凡言請以丞相似道督視者不允，餘付機速房。

六月，刑部尚書兼給事中陳宜中言，樊城之潰，牛富死節尤著，以職卑贈恤下范天順一階，未愜輿情。詔加贈富寧遠軍〔四〕承宣使，仍賜土田、金幣恤其家。前四川宣撫司參議官張夢發詣賈似道上書陳危急三策，曰鎭漢江口岸，曰城荆門軍當陽界之玉泉山，曰峽州宜都而下聯置堡砦，以保聚流民，且守且耕，并圖上城築形勢。賈似道不以上聞，下京湖制司審度可否，事竟不行。成都安撫使昝萬壽去冬調將士攻毀成都大城，今春戰碉門，五月遣統制楊國寶領兵至雅州，統領趙忠領兵至眉州，兩路捍禦有勞，詔具將士宣力等第、姓名以聞。呂文福言文煥爲人扶擁，以襄陽降非由己心。詔與李庭芝元陳異同，其審覈以聞。庭芝表：「向在京湖，來歸人吳旺等備言文煥父子降狀，先納筦鑰，旋獻襄城，且陳策攻郢州，請自爲先鋒，言人人同，制司案辭可徵，非敢加誣人罪。」詔文福勉力捍禦，毋墜家聲。京湖制司言：「去年冬間，探司總管劉儀、盛聽，總制趙鐸，領精銳至均州文龍崖立砦。呂文煥既降，均城受敵，知郡劉懋偕劉儀等扞禦宜勞。」詔懋升右武大夫、帶行左衞大將軍，仍舊

職，儀添差荆湖北路兵馬鈐轄，聽添差鄂州兵馬鈐轄，各官三轉，將士官兩轉。左藏東庫秦材望上書言邊事大可憂者七，急當爲者五。不報。丙戌，劉雄飛卒，特贈一官。戊子，京湖制司請給器械，詔內軍器庫選犀利者賜之，仍贈錢百萬備修繕。四川制置朱禩孫言月奉銀計萬兩，願以犒師，向後月免請。詔常祿勿辭。己丑，給事中陳宜中言，乞正范文虎不力援襄之罰，詔文虎降一官，依舊知安慶府。安南國進方物，特賜金五百兩、帛百疋。癸卯，汪立信言：「臣奉命分閫，延見吏民，皆痛哭流涕而言襄、樊之禍，皆由范文虎及俞興父子。文虎以三衙長聞難怯戰，僅從薄罰，猶子天順守節不屈，猶或可以少贖其愆。興奴僕庸材，器量褊淺，務復私讎，激成劉整之禍，流毒至今，其子大忠挾多貲爲父行賄，且自希榮進，今雖寸斬，未足以快天下之忿，乞置重典，則人心興起，事功可圖。」詔俞大忠追毀出身文字，除名，循州拘管。又言守闕進義副尉〔五〕童明，襄陽破拔身來歸，且嘗立功開州，乞補轉四官。詔特與官兩轉。

閏月辛亥，命殿前指揮使陳奕總統舟師備鄂州、黃州江防。癸丑，來歸人郭珍補成忠郎，張進、張春、張德林、向德成、王全、婁德、王興各補承信郎。丙辰，朝散郎師顯行進注皇朝文鑑。前臨安府司法梁炎午陳攻守之要五事，不報。命大理寺丞鍾蜚英點視沿江堡隘兵舡。戊辰，知敍州郭漢傑言，馬湖蠻王汝作、鹿巫蠻王沐丘，帥蠻兵五百餘助官軍民義阻

險馬湖，捍禦有功。詔賞汝作、沐丘金帛及其部兵有差，敍州總管曹順一軍，凡在戰陣者，趣具立功等第來上。

秋七月丁亥，權紹興府節制紫城軍義文榮鼎及將校趙居敬、丁福、孟青、蒲祥、白貴、史用、羅宜、王繁等九人，成都之役沒于兵，各追贈官秩，仍官其子。癸巳，知達州趙章、知開州鮮汝忠、知渠州張資等復洋州。戊戌，張珏等復馬騣山。

八月癸丑，權知均州徐鼎、總管盛聽，戰房州胡師峪、板倉。乙卯，知房州李鑑調權竹山縣王國材、統制熊權、總轄馬宗明，戰落馬坪、白羊山，詔有司各以勞效論賞。

九月辛巳，以章鑑簽書樞密院事兼參知政事，陳宜中同簽書樞密院事。成都安撫使昝萬壽城嘉定烏尤山。乙未，以洪燾爲浙東安撫使。丙申，以黃萬石爲湖南安撫使。

冬十月己酉，來歸人汪福、許文政各官五轉。癸丑，鎭巢軍、和州、太平州諸將查文、李文用、孟浩等十一人，以射湖岡、萬歲嶺、後港及焦湖北岸戰功，咸賜爵賞。癸亥，雷。四川制司言何炎向失洋州，調知達州趙章等率諸部軍義復之；七月又復洋州、吳勝堡兩城，權檄統轄謝益知洋州，總制趙桂楫知巴州，俾任責吳勝堡戰守之事。至是以功來上，且以二州攝事守臣請命于朝，詔與正授。丁丑，兩淮制置使印應雷告老，進二秩致仕。李庭芝兩淮安撫制置使，賜錢二百萬激犒備禦。

中華書局

十一月壬午，子㬎授左衞上將軍，封嘉國公。戊子，知泰州龔濬[六]遣其將王大顯等捍禦水砦有功，又獲俘民以還，詔水步兩軍將校凡用命者賞激有差。甲午，以夏貴爲淮西制置使兼知廬州，陳奕沿江制置使兼知黃州，呂文福知閤門事。詔從李庭芝請分淮東、西制置爲兩司，就命庭芝交割淮東，仍兼淮西策應使。乙未，以夏貴爲淮西安撫制置使，賜錢百萬激犒備禦。李庭芝辭免淮西策應使，不允。知安豐軍陳萬以舟師自城西大澗口抵正陽城，遇北兵力戰，詔旌其勞。

十二月甲子，以馬廷鸞爲浙東安撫使、知紹興府。丙寅，權參知政事章鑑再乞解機政，不允。丁丑，沿江制置使所轄四郡夏秋旱澇，免屯田租二十五萬石。

十年春正月壬午，城鄂州漢口堡。權總制施忠、部將熊伯明、知泰州龔濬以天長縣東橫山、秦潼湖、青蒲口等處戰功推賞。戊子，江萬里以疾辭職任，詔依舊觀文殿大學士、提舉洞霄宮。乙丑，以留夢炎知潭州兼湖南安撫使。庚寅，城鄂州沌口西岸堡。京湖制司言襄陽勇信中軍鈐轄吳信隨呂文煥北往，今并妻子冒險來歸。詔吳信赴闕，制司仍存恤其家。丙申，江東沙圩租米，以咸淳九年水災，詔減什四。乙巳，雨土。

二月己酉，以趙順孫爲福建安撫使。辛酉，詔諸制閫就任升除恩數，其告命、衣帶、鞍

馬，閤門勿差人給賜，往要厚賂，以失優寵制臣之意，違者有刑。

三月己卯，免郡縣侵負義倉米七十四萬八千餘石。

夏四月乙卯，子㬎授左衞上將軍，進封永國公。詔賞沿江都統王達、黃俁戰黃連寺之功。戊午，以呂文福爲常德、辰、沅、澧、靖五郡鎭撫使，知沅州。辛酉，詔賞光州守陳岩、路分李全、許彥德、總管何成、路鈐仰子虎等牛市畈、丁家莊戰功。烏蘇蠻王詣雲南軍前納款大元。

五月丁亥，以高世傑爲湖北安撫副使兼知岳州，總統出戍軍馬。辛丑，馬廷鸞辭免觀文殿大學士、知紹興府、浙東安撫使，詔不允。壬寅，張珏表請城馬騣、虎頭兩山，或先築其一，以據險要。

六月戊午，以銀二萬兩命壽春府措置邊防。

秋七月壬午，汪立信乞致仕，不允。癸未，帝崩于福寧殿，遺詔太子㬎即皇帝位。甲申，臺臣劾內醫蔡幼習，詔奪五秩，送五百里州軍居住，二子並罷閤門職。

八月己酉，上大行皇帝謚曰端文明武景孝皇帝，廟號度宗。德祐元年正月壬午，葬于永紹陵。

贊曰：宋至理宗，疆宇日蹙，賈似道執國命。度宗繼統，雖無大失德，而拱手權奸，衰敝寖甚。考其當時事勢，非有雄才睿略之主，豈能振起其墜緒哉！曆數有歸，宋祚尋訖，亡國不于其身，幸矣。

校勘記

〔一〕詔立爲皇子　「皇子」，原作「皇太子」，據本書卷四三理宗紀、宋史全文卷三四寶祐元年正月庚寅條改。

〔二〕國子祭酒陳宜中　「陳宜中」，宋史全文附錄宋季朝事實作「雷宜中」。

〔三〕靜江軍　本書卷四五〇、昭忠錄范天順傳都作「定江軍」。

〔四〕寧遠軍　本書卷四五〇、昭忠錄牛富傳都作「靜江軍」。

〔五〕守闕進義副尉　「闕」，原作「關」，按本書卷一六三職官志，兵部有守闕進義副尉，「關」當爲「闕」字之誤，今改正。

〔六〕知泰州龔濬　「泰州」，原作「秦州」，據下文十年正月壬午條改。這時秦州已入元，不屬宋。

宋史卷四十七

本紀第四十七

瀛國公 二王附

瀛國公名㬎，度宗皇帝子也，母曰全皇后，咸淳七年九月己丑〔一〕，生於臨安府之大內。

九年十一月授左衞上將軍，封嘉國公。

十年七月癸未，度宗崩，奉遺詔卽皇帝位于柩前，年四歲，謝太后臨朝稱詔。甲申，兄是保康軍節度使、開府儀同三司，進封吉王，加食邑一千戶；弟昺保寧軍節度使、開府儀同三司，進封信王，加食邑一千戶。命平章賈似道依文彥博故事，獨班起居。丙戌，上皇太后尊號曰壽和聖福太皇太后，皇后曰皇太后。又詔以生日爲天瑞節。戊子，命臨安府振贍細民。辛卯，以朱禩孫爲京湖、四川宣撫使兼知江陵府。壬寅，詔撫三邊將士。命州郡舉遺逸。除浙西安撫司、兩浙轉運司、臨安府見追贓賞錢。詔求言。

八月甲辰，詔乞言於老臣江萬里、葉夢鼎、馬廷鸞、留夢炎、趙順孫、王爚。李庭芝築清河城，以圖來上，詔庭芝進一秩，宣勞將士，具名推賞。加知鄂州李雷應守軍器監，知太平州孟之縉尙書兵部員外郞，知江州錢眞孫直寶章閣，知鎭江軍洪起畏直敷文閣。癸丑，大霖雨，天目山崩，水涌流，安吉、臨安、餘杭民溺死者亡算。甲寅，太皇太后以老不能御正衙，命暫以慈元殿爲後殿。辛酉，作度宗廟。戊辰，以全淸夫爲昭信軍節度使，謝堂檢校少保，謝垕保康軍節度使。馬廷鸞乞骸骨歸田里，詔趣之任。

九月丁丑，資政殿大學士、光祿大夫王爚乞致仕，詔不允。戊寅，發米振餘杭、臨安兩縣水災。餘杭災甚，再給米二千石。己卯，似道乞免答拜，從之。辛巳，覆試文武舉士人。壬午，覆試文武舉士人。癸未，大元兵大會于襄陽。丙戌，丞相伯顏將一軍趣郢州，元帥唆都將一軍入淮，翟招討將一軍徇荆南。丁亥，大元軍薄郢州。戊子，免被水州縣今年田租。甲午，初開經筵。丁酉，天瑞節，免徵臨安府公私房賃錢十日。以金符十三、銀符百給夏貴激賞奇功。己亥，試正奏名進士，賜王龍澤以下出身有差。壬寅，有星見西方，委曲如蚓。復州副將翟國榮遇大元兵，戰爛泥湖死之。閩中旱。

冬十月丙午，知達州趙章復洋州，加右驍騎尉中郞將。大元兵破渠州禮義城，知州張資自殺。丁未，饒州布衣董聲應進諸史纂約、兵鑑、刑鑑，詔聲應充史館編校文字。癸丑，

上度宗謚。廣西經略司權參議官邢友龍擊潮州、漳州寇，破之。乙卯，令州縣行義田、義役。丁巳，友龍以下諸將各轉官有差。大元兵攻郢州，都統制張世傑力戰禦之，遂去，由藤湖入漢。戊午，郢州副都統趙文義追戰全子湖死，恤其家。庚申，贈翟國榮復州團練使，官其二子，立廟復州。壬戌，以錢百萬給郢城屯戍將士。甲子，詔以明年爲德祐元年。乙丑，以章鑑同知樞密院事兼權參知政事，陳宜中簽書樞密院事兼權參知政事。大元兵徇沙洋城，京湖宣撫司遣總管王虎臣援之。丙寅，城破，虎臣與守隘官王大用皆被執。熒惑犯鎭星。大元兵至新城。戊辰，總制黃順出降。己巳，副總制仁寧出降〔二〕。都統制邊居誼力戰，城破赴火死。知復州翟貴以城降。閩中地震。

十一月癸酉，以朱禩孫爲京湖、四川宣撫使。丁丑，命沿江制置使趙溍巡江策應，賜錢百萬激賞戰功。戊寅，馬廷鸞力辭浙東安撫使、知紹興府，詔依舊觀文殿大學士、提舉洞霄宮。贈趙文義淸遠軍節度使，與其兄威武軍節度使文亮共立廟揚州，賜名傳忠。庚辰，以陸秀夫爲淮東安撫制置司參議官。壬午，削諸班直溢額人。癸未至乙酉，覆試特奏名士人。丙戌，以王爚爲左丞相，章鑑爲右丞相，並兼樞密使。似道自九月乞命左右丞相，至是從之。以張晏然兼京湖、四川宣撫司參議官。己丑至庚寅，覆試特奏名士人。壬辰至癸巳，如上覆試。甲午，括邸第戚畹及御前寺觀田，令輸租。丁酉，加安南國王陳日煚寧遠功臣，其子威晃奉正功臣。

十二月癸卯朔，命建康府、太平州、池州振避兵淮民。以隆寒，勞賜京湖及沿江戍守將士。甲辰，詔：淮西四郡水旱，去年屯田未輸之租其勿徵。丁未，提舉興國宮呂師夔請募兵江州，詔知州錢眞孫同募，尙書省以錢米給之。癸丑，大元兵攻陽邏堡，夏貴以兵力守，武定軍都統制王達戰死。乙卯，大元兵夜以偏師乘雪渡靑山磯。丙辰，都統程鵬飛鏖戰，被重創歸鄂州，都統高邦憲屯馬家渡，棄舟走被執。大元兵復攻夏貴于陽邏堡，都統制劉成以定海水軍戰死，貴敗，沿江縱兵大掠，歸廬州。朱禩孫將兵至鄂州，聞鄂兵敗，夜奔江陵府。己未，權知漢陽軍王儀以城降。呂文煥以北兵攻鄂州。庚申，程鵬飛及權守張晏然以城降。幕僚張山翁不屈，諸將欲殺之，丞相伯顏曰：「義士也。」釋之。詔錢塘、仁和兩縣民年七十至九十已上者，賜帛及酒米。癸亥，詔似道都督諸路軍馬，以步軍指揮使孫虎臣總統諸軍，所辟官屬皆先命後奏。詔天下勤王。甲子，起李芾爲湖南提刑。乙丑，以高達爲湖北制置使兼安撫、知江陵府。詔：「邊費浩繁，吾民重困，貴戚釋道，田連阡陌，安居暇食，有司覈其租稅收之」。贈王達淸遠軍承宣使。庚午，度宗梓宮發引至浙江上，俟潮漲絕江，潮失期，日晡不至。程鵬飛以北兵徇黃州，知州陳奕遣人請降于壽昌軍。李庭芝以兵勤王。辛未，命州郡節制駐戍經從兵。

中華書局

德祐元年春正月癸酉朔，大元兵入黄州。甲戌，陳奕遣人下蘄州并招其子巖于安東州。丁丑，知蘄州管景模遣人請降于黄州。戊寅，詔浙東邸第出米，減價糶民。壬午，葬度宗于永紹陵。大元兵入蘄州。癸未，似道以呂師夔權刑部尚書、都督府參贊軍事，任中流調遣。乙酉，以陳宜中同知樞密院事兼參知政事。呂師夔、錢眞孫遣人請降于蘄州。丙戌，大元兵徇江州。知安東州陳巖夜遁。邳州降。知壽昌軍胡夢麟寓治于江州，丁亥，自殺。戊子，知南康軍葉閶遣人請降于江州。似道出師。知德安府來興國以城降。夔路安撫張起巖與其將弋德攻開州，復取之。己丑，知安慶府范文虎遣人以酒饌如江州迎師。乙未，附度宗神主于新宮。以孫虎臣爲寧武軍節度使。戊戌，赦京畿罪。池州都統張林遣人請降于江州。大元兵入安慶，范文虎降，通判夏椅仰藥死。是月，知達州鮮汝忠以城降。

二月癸卯，似道以宋京爲都督府計議官，使大元軍中。甲辰，以黄萬石爲江南西路制置使，加湖北制置副使高達檢校少保。庚戌，大元兵入池州，權守趙卯發自經死。宋京如軍中，請稱臣、奉歲幣，不得請而還。辛亥，贈劉成清遠軍承宣使。乙卯，五郡鎭撫呂文福遣所部淮兵入衞，降詔褒之。丙辰，詔勞賈似道，命都督府歲舉改官如史嵩之故事。己未，加張起巖福州觀察使，弋德以下各轉五官。庚申，虎臣與大元兵戰于丁家洲敗績，奔魯港，

夏貴不戰而去。似道、虎臣以單舸奔揚州，諸軍盡潰，翁應龍以都督府印奔臨安。壬戌，大元兵徇饒州，知州唐震死之，故相江萬里赴水死，通判萬道同以城降。沿江制置大使趙溍、知鎭江府洪起畏、知寧國府趙與可、知隆興府吳益皆棄城遁。知和州王喜以城降。建康都統翁福出迎大元兵。甲子，大元兵至臨江軍，民盡去，知軍鮑廉死之。似道上書請遷都。乙丑，下公卿雜議，王爚言己不能與大計，遂去。張世傑將兵入衞臨安，道饒州，復取之，其將謝元、王海、李旺、袁恩、呂再興皆戰死。江西提刑文天祥起兵勤王。丙寅，以天祥爲江西安撫副使、知贛州，趣入衞。詔募兵。以謝堂爲兩浙鎭撫使，謝至保寧軍節度使，全永堅、謝垕並檢校少保。戊辰，徵兩浙、福建諸郡廂禁兵之半入衞。湖南提刑李芾以兵勤王。知江陰軍鄭嶲棄城遁，知無爲軍劉權、知太平州孟之縉皆以城降。己巳，大元兵攻嘉定九頂山，都統侯興戰死。以陳宜中知樞密院事兼參知政事，曾淵子同知樞密院事、兩浙安撫制置大使兼知臨安府，文及翁簽書樞密院事，倪普同簽書樞密院事。召王爚爲浙西、江東宣撫招撫大使，使居京師，以備咨訪。遣大元國信使郝經等歸。庚午，加夏貴開府儀同三司，令以所部兵入衞。令長吏給經過兵民錢米，一切勿征稅。應編配、拘鎖人，除僞造關會、强刼盜放火者，餘悉縱之。放免浙西公田逋米及諸處見監贓，諸文武官在謫籍者，並放自便與敍復改正，放參親氏。加張珏寧遠軍節度使，昝萬壽保康軍節度使，張世傑和州防禦使，令將兵

入衞。陳宜中乞誅似道，詔罷似道平章、都督，予祠。趙與可除名，令臨安府捕案之。招似道潰兵。辛未，右丞相章鑑遁。

三月壬申朔，詔復茶鹽市舶法。似道諸不恤民之政，次第除之，以公田給佃主，令率其租戶爲兵。殿前指揮使韓震請遷都，陳宜中殺之。震所部兵叛，攻嘉會門，射火箭至大內，急發兵捕之，皆散走。癸酉，都統徐旺榮迎大元兵入建康府，鎭江統制石祖忠請降于建康。命浙西提刑司準備差遣劉經戍吳江，兩浙轉運司準備差遣羅林、浙西安撫司參議官張濡戍獨松關，山陰縣丞徐垓、正將郁天興戍四安鎭，起趙淮爲太府寺丞，戍銀樹東壩。湖北安撫司計議官吳繼明攻通城縣，復取之，執縣令以歸。遣使召章鑑還朝。甲戌，以似道爲醴泉觀使。大元兵至無錫縣，知縣阮應得出戰，一軍皆沒，應得赴水死。詔發兵戍吳江。乙亥，發兵戍獨松嶺、銅嶺。詔諭呂文煥、陳奕、范文虎使通和議息兵。以王爚爲左丞相兼樞密使。閩中地復大震。丙子，下詔罪己。以陳宜中爲特進、右丞相兼樞密使。罷章鑑官，予祠。侍御史陳過請竄賈似道併治其黨人翁應龍等，不俟報而去。監察御史潘文卿、季可乞從過所請，乃命捕應龍下臨安府獄。罷廖瑩中、王庭、劉良貴、游汶、朱浚、陳伯大、董樸。責洪起畏鎭江自效〔三〕。丁丑，知滁州王應龍以城降。己卯，杖翁應龍，刺配吉陽軍。命王爚、陳宜中並都督諸路軍馬。加呂文福福州觀察使。庚申，贈唐震華文閣待制。削萬道同

三官，罷之。壬午，復吳潛、向士璧官。知常州趙與鑒聞兵至遁，常民錢旹以城降。甲申，大元兵至西海州，安撫丁順降。乙酉，知東海州施居文乞降于西海州。知平江府潛說友、通判胡玉、林鏜以城降。加張世傑保康軍承宣使，總都督府諸軍。丙戌，知廣德軍令狐槩以城降。徙浙西提點刑獄司于平江府。張世傑遣其將閻順、李存進軍廣德，謝洪永進軍平江，李山進軍常州。丁亥，張德以下各轉官有差。謝元等贈十官。有星二鬭於中天，頃之，一星隕。己丑，滁人執王應龍歸於揚州，殺之。加呂文福保康軍承宣使，趣入衞。文福至饒州，殺使者，入江州降大元。庚寅，左司諫潘文卿、右正言季可、同知樞密院曾淵子、兩浙轉運副使許自、浙東安撫王霖龍相繼皆遁。簽書樞密院文及翁、同簽書樞密院倪普諷臺臣劾己，章未上，亟出關遁。知安東州孫嗣武以城降。雨土。辛卯，命在京文武官並轉兩官，其畔官而遁者，令御史臺覺察以聞。閻順戰安吉縣，復取鳳平。張濡部曲害大元行人嚴忠範于獨松關，執廉希賢至臨安，重創死。壬辰，岳州安撫高世傑軍洞庭中，大元兵攻之，世傑降。癸巳，攻岳州，總制孟之紹以城降。甲午，詔褒諭張世傑、閻順，諸將各轉官有差。乙未，免安吉縣今年夏田租，有戰沒者，縣令、丞恤之。丙申，顧順攻廣德軍，復取之。以陳合同簽書樞密院事。丁酉，贈邊居誼利州觀察使。戊戌，赦邊城降將罪，能自拔而歸者，錄之，復一州者予知州，復一縣者予知縣，所部僚吏將卒及士豪立功者同賞。罷章鑑祠官并

中華書局

奪宰輔恩數，曾淵子削兩官，奪執政恩數，陳過、陳堅、徐卿孫各削兩官，奪侍從恩數。趙與鑒追兩官罷之，遇赦永不收敍。罷許自、王霖龍。令淮東制置司用標由。庚子，徙淮東總領所于江陰軍。加吳繼明閤門宣贊舍人。

四月壬寅朔，贈趙卯發華文閣待制。貶陳過平江府。雄江軍統制洪福率衆復鎮巢軍。甲辰，贈江萬里太師，謚文忠，輟視朝二日。乙巳，大元兵入廣德縣，知縣王汝翼與寓居官趙時晦率義兵戰斗山，路分孟唐老與其二子皆死，汝翼被執至建康死之。王大用贈三官，王虎臣贈兩官，官其二子。丙午，大元兵破沙市城，都統孟紀死之，監鎮司馬夢求自經死。戊申，京湖宣撫朱禩孫、湖北制置副使高達以江陵降，京湖北路相繼皆下[四]。張起巖提兵保飛山。己酉，命劉師勇戍平江府。辛亥，顧順諸將各轉三官，孟唐老贈三官。壬子，以高斯得簽書樞密院事兼權參知政事。總統張敏與大元兵戰豐城死之，癸丑，贈五官，官其一子。阮應得贈十官。乙卯，以福王與芮爲武康、寧江軍節度使、判紹興府。丙辰，王爚來，令如文彥博故事，自朝參起居外並免拜。以樞密副使召夏貴提兵入衞。丁巳，總制霍祖勝攻溧陽縣，復取之。戊午，贈張資眉州防禦使，侯興復州團練使。乙未，文及翁、倪普並削一官，奪執政恩數；潛說友削三官，奪侍從恩數。庚申，令狐槩除名，配鬱林州牢城，籍其家。知金壇縣李成大率義局官含山縣尉胡傳心、陽春主簿潘大同、濠梁主簿潘大畜、進士

潘文孫潘應奎攻金壇縣取之。鎮江統制侯岩、縣尉趙嗣濱復助大元兵來戰，成大二子及大同等皆死，執成大以歸。壬戌，大元兵攻眞州，知州苗再成、宗子趙孟錦率兵大戰于老鸛觜。癸亥，加知思州田謹賢、知播州楊邦憲並復州團練使，趣兵入衞。有大星自心東北流入濁沒。乙丑，熒惑犯天江。提舉太平興國宮常楙請立濟王後。丁卯，加李庭芝參知政事。戊辰，詔宜興、溧陽民兵助戰有功，特免今年田租；江陰民被兵，其租亦勿收責。庚午，大元兵至揚子橋，揚州都撥發官雷大震出戰死。是月，常德、鼎、澧皆降。

五月辛未朔，命宰執日赴朝堂治事。旌德縣城守有功，免其民今年田租。癸酉，大元兵至寧國縣，知縣趙與糖出戰死。甲戌，淮安總制李宗榮、知慶遠府仇子眞將兵來勤王。乙亥，加苗再成濠州團練使，趙孟錦揚州都統司計議官。以洪福知鎮巢軍。丁丑，詔趙溍統軍民舡屯江陰。劉師勇攻常州，復取之，執安撫戴之泰，司戶趙必佮、總管陸春戰死。戊寅，淮東兵馬鈐轄阮克己將兵來勤王，加左驍騎中郎將。己卯，賜婺州處士何基謚文定，王柏承事郎。加張珏檢校少保、四川制置副使、知重慶府。庚辰，贈雷大震保康軍節度使。辛巳，加劉師勇濠州團練使，其將劉圭以下各轉官有差。戊子，贈潘大同等官，餘有功人並轉兩官。辛卯，貶潛說友南安軍，吳益汀州，並籍其家。罷李珏，送婺州。籍呂文煥、孟之縉、陳奕、范文虎家。甲午，饒、信州饑，令民入粟補官。罷市舶分司，令通判任舶事。淮

東、西官民兵各轉一官。丙申，詔張世傑、張彥、阮克己、仇子眞四道出兵，遣使告天地、宗廟、社稷、諸陵、宮觀。己亥，勞軍。吳繼明復蒲圻、通城、崇陽三縣，加帶行帶御器械、權知鄂州，令擇險爲寓治。贈鮑廉直華文閣，官其一子；趙與糖直華文閣。

六月庚子朔，日有食之，既，晝晦如夜。昝萬壽以嘉定及三龜、九頂、紫雲城降。知敘州李演將兵援嘉定府，遂解歸，戰羊雅江，兵敗被執。辛丑，太皇太后詔削尊號「聖福」字以應天戒。復魏克愚官，太學生蕭規、唐棣並補承信郎。知嘉興府余安裕坐聞兵求去，貽書朝中，語涉不道，削一官送徽州。徐卿孫削一官貶吉州。命侍從官已上各舉才堪文武者五人，餘廷臣各舉三人，雖在謫籍，亦聽舉之。丙午，王應麟言：「開慶之禍，始於丁大全，請凡大全之黨，在謫籍者皆勿宥。」從之。己酉，免廣德軍今年田租及諸郡縣未納綱解。王應麟繳還章鑑、曾淵子錄黃，言韓震爲逆，二人實芘之；且淵子芘翁應龍致有逸罰，又嘗竊府庫金以遁。庚戌，命削鑑一官，放歸田里，淵子再削一官，徙吉州，誅翁應龍，籍其家。辛亥，銓試。甲寅，留夢炎入朝，王爚請相夢炎，乞祠，詔二相毋藉此求閑。以爚爲平章軍國重事，一月兩赴經筵，五日一朝；宜中左丞相兼樞密使，都督諸路兵；夢炎右丞相兼樞密使，都督諸路兵。乙卯，詔求言。知敍州郭漢傑以城降。丙辰，疏決在京罪人。免引見。戊午，知瀘州梅應春以城降。己未，以李庭芝知樞密院事兼

參知政事。庚申，知富順監王宗義以城降。王應麟復繳還曾淵子貶吉州錄黃，癸亥，貶留州。丙寅，吳繼明諸將各轉官有差。丁卯，朱禩孫除名，籍其家。

秋七月庚午朔，江西制置黃萬石移治撫州，詔還隆興府。辛未，張世傑諸軍戰焦山下，敗績。甲戌，徙似道居婺州，廖瑩中除名貶昭州，王庭除名貶梅州，徙曾淵子雷州。寧國吏楊義忠率義兵出戰死，乙亥，贈武功大夫。丁丑，徙似道建寧府。太白入東井。庚申，加知高郵軍褚一正[五]閤門宣贊舍人，知懷遠軍金之才帶御器械，知安淮軍高福閤門祗候，知泗州譚興閤門宣贊舍人，知濠州孫立右衞大將軍，賞守邊功。壬午，太白晝見。詔饒州被兵，令免今年田租。路鈐劉用調兵入靖州，知州康玉刼之，通判張起岩入殺玉，復靖州。癸未，拘內司局錢餉兵。丙戌，令權罷公田今年租，每石以錢十貫給佃主，十貫給種戶，其鎮江、常州、江陰被兵者勿糴。庚寅，謫似道爲高州團練副使[六]，貶循州，籍其家。糴浙西邸第、寺觀田米十之三。追復皮龍榮官。監司、郡守避事不卽到官者，令御史臺覺察以聞。辛卯，王爚子嵘京學生劉九皐等伏闕上書言：宜中擅權，黨似道，芘趙溍、潛說友，使門客子弟交通關節，其誤國將甚於似道。宜中去，遣使四輩召之，皆不至。謝堂乞罷兩浙鎮撫司，不從。張世傑乞濟師，不報。壬辰，下劉九皐等臨安獄，罷王爚爲醴泉觀使。癸巳，以夏貴知揚州，朱煥知廬州。甲午，遣使召宜中還朝。乙未，以陳文龍同簽書樞密院事兼權參知政

事。通判婺州張鎭孫聞兵遁，罷其官。貶胡玉連州、林鐘韶州，並除名。沿江招討大使汪立信卒。丙申，削李珏兩官，貶潮州。以開慶兵禍，追罪史嵩之，奪其謚。戊戌，遣使召宜中還朝。

八月己亥朔，總制毛獻忠將衢州兵入衞。辛丑，疏決臨安府罪人。壬寅，右正言徐直方遁。加夏貴樞密副使、兩淮宣撫大使，李芾湖南鎭撫大使。總制戴虎破大南砦，轉三官。加張起岩太府寺丞、知靖州，劉用以下立功人各轉官有差。大元兵駐巴陵縣黃沙。乙巳，吳繼明復平江縣。戊申，試太學上舍生。己酉，拘閻貴妃集慶寺、賈貴妃演福寺田，還安邊所。庚戌，劉師勇攻呂城，破之。癸丑，復嘉定七司法。丁巳，遣使召宜中還朝。加張世傑神龍衞四廂都指揮使，總都督府諸兵。戊午，加劉師勇和州防禦使。熒惑犯南斗。趙淇除大理少卿，王應麟封還錄黃，言昔內外以寶玉獻似道，淇兄弟爲甚，己未，遂罷之。甲子，以文天祥爲浙西、江東制置使兼知平江府。乙丑，揚州文武官轉兩官。加吳繼明湖北招討使，朱旺諸將各轉三官。

九月己巳，陳宜中授觀文殿大學士、醴泉觀使兼侍讀。左司諫陳景行請令講官坐講陪宿直，從之。辛未，加田謹賢福州觀察使，楊邦憲利州觀察使，趣入衞。己卯，陳宜中乞任海防，不允。辛巳，有事于明堂，赦。李成大被執，不屈死，壬午，贈五官。丙戌，命文天祥爲都督府參贊官，總三路兵。會稽縣尉鄭虎臣部送似道之貶所，至漳州殺之。大元兵至泰

州，知州孫虎臣自殺，庚寅，贈太尉。免靖州今年田租。辛卯，徙李珏梧州。乙未，劉良貴再削兩官，貶信州。張彥與大兵戰敗被執，以城降。

冬十月己亥，加張世傑沿江招討使，劉師勇福州觀察使，總統出戍兵。壬寅，宜中來。癸卯，玉牒殿災。丁未，以夢炎爲左丞相，宜中爲右丞相，並兼樞密使、都督。城臨安。辛亥，以張世傑爲沿江制置副使、兼知江陰軍兼浙西策應使。丁巳，太白會塡星。戊午，領戶部財用常楙〔七〕、中書舍人王應麟請立濟王後。贈夏椅直祕閣。徵紹興府處士陸應月爲史館編校文字。壬戌，大元兵發建康，參政阿剌罕、四萬戶總管奧魯赤將右軍出四安鎭趣獨松關，參政董文炳、范文虎將左軍出江入江陰軍，丞相伯顏將中軍入常州。熒惑犯壘壁陣。癸亥，張全、尹玉、麻士龍援常州，士龍戰虞橋死，全奔五牧。朱煥至廬州，貴不內，煥歸，復以爲淮東制置副使。陳合坐匿廖瑩中家貲，奪執政恩數。甲子，尹玉戰五牧死之，張全不戰遁。丙寅，趣趙溍、趙與可、鄭壖所募兵。詔中外官有習兵略者，各以書來上。是月，李世脩以江陰降。

十一月丁卯朔，銅關將貝寶、胡岩起攻溧水死，贈寶武翼郞，岩起朝奉郞。庚午，以陳文龍同知樞密院事兼權參知政事，黃鏞同簽書樞密院。命諸制司各舉才堪將帥者十人，不限偏裨士卒，如不隸軍中者，許投匭自薦。辛未，起居舍人曾唯辭官不允，去。癸酉，贈尹玉

瀛州團練使、麻士龍高州刺史，免張全、朱華臨陣退師罪。丁丑，詔被俘將士能率衆來歸者，以人數補官，能立功者予節鉞；諸閫以下官，以所招人多寡行賞。戊寅，大元兵破廣德軍。己卯，破四安鎭，正將胡明等死之。召文天祥入衞。辛巳，曾唯削一官免。太白犯房。壬午，大元兵至隆興府，黃萬石棄撫州遁，轉運判官劉槃以隆興降。癸未，大元兵破興化縣，知縣胡拱辰自殺。甲申，中書舍人王應麟辭免兼給事中，不允。大元兵至常州，招降不聽，攻二日，破之，屠其城。知州姚訔、通判陳炤、都統王安節皆死，劉師勇潰圍奔平江。乙酉，改宜興縣爲南興軍。禮部侍郞陳景行辭官不允，去。丙戌，贈濟王太師、尙書令，進封鎭王，謚昭肅，令福王與芮擇後奉祀，賜田萬畝。丁亥，獨松關告急，趣文天祥入衞。戊子，調民兵出守餘杭、錢塘。己丑，獨松關破，馮驥死之，張濡遁，鄰邑望風皆遁。通判平江府鄭疇遁，庚寅，通判王矩之、都統制王邦傑遣人迎降于常州。辛卯，大元兵趨撫州，都統密佑逆戰于璧邪，兵敗死之。癸巳，以張世傑爲浙西制置副使兼知平江府。甲午，權禮部尙書王應麟遁，黃萬石提兵走建昌軍。乙未，左丞相夢炎遁。丙申，遣使召夢炎還朝。賜餘杭、武康、長興縣民錢，并免今年田租。鄭疇降一官，罷通判。撫州施至道以城降。

十二月丁酉朔，詔許似道歸葬，以其祖田廬還之。戊戌，復趙與可爲都督府參議官，放李珏自便。己亥，贈王汝翼朝奉郞。庚子，以吳堅簽書樞密院事，黃鏞兼權參知政事。遣

柳岳奉書詣大元軍中，稱盜殺廉尙書，乞班師修好。癸卯，以陳文龍爲參知政事兼權知樞密院事，賜謝堂同進士出身，同知樞密院事。甲辰，贈姚訔龍圖閣待制，其父希得贈太師，陳炤直寶章閣，馮驥集英殿修撰。嘉興府告急，給封椿庫錢爲兵備。命趙與俍戍縉雲縣。復季可官，令如龍泉縣募兵。乙巳，以陳景行爲浙東安撫副使，戍處州。起方逢辰戍淳安縣。丙午，追封呂文德和義郡王。丁未，出安邊封椿庫金付浙東諸郡爲兵備。大元兵入平江府。起吳君擢爲太府少卿，提點臨平民兵。遣使召夢炎、應麟，皆不至。戊申，張世傑入衞，加檢校少保，降詔獎諭。王爚薨，輟視朝二日。乙酉，括臨安府州縣馬。庚戌，柳岳還。癸丑，遣宗正少卿陸秀夫、刑部尙書夏士林、兵部侍郞呂師孟使軍前。詔呂文煥、趙孟桂通好。己未，方興、丁廣、趙文禮兵皆敗歸。庚申，以柳岳爲工部侍郞，洪雷震爲右正言，使燕祈請。大元兵破大洪山，知隨州朱端履降。權吏部尙書丁應奎、左侍郞徐宗仁遁。癸亥，遣使召夢炎不至。

德祐二年春正月丁卯朔，大元兵自元年十月圍潭州，湖南安撫兼知州李芾拒守三月，大小戰數十合，力盡將破，芾闔門死，郡人知衡州尹穀亦舉家自焚，帥司參議楊霆及幕屬陳億孫、顏應焱等皆從芾死。守將吳繼明、劉孝忠以城降。寶慶降，通判曾如驥死之。陸秀

夫等至大元軍中，求稱姪納幣，不從，稱姪孫，不從。戊辰，還，太皇太后命用臣禮。己巳，嘉興守劉漢傑以城降。庚午，同簽書樞密院事黃鏞、參知政事陳文龍遁。以謝堂爲兩浙鎭撫大使，文天祥知臨安府，全永堅浙東撫諭使。辛未，命吳堅爲左丞相兼樞密使，常楙參知政事。日午宣麻慈元殿，文班止六人。諸關兵盡潰。遣監察御史劉岊奉表稱臣，上大元皇帝尊號曰仁明神武皇帝，歲奉銀絹二十五萬，乞存境土以奉蒸嘗。癸酉，左司諫陳孟虎、監察御史孔應得遁。熒惑犯木星。甲戌，大元兵至瑞州，知州姚岩棄城去。乙亥，以賈餘慶知臨安府。丙子，命吉王昰、信王昺出鎭。丁丑，以夏士林簽書樞密院事。己卯，加全永堅太尉。參知政事常楙遁。三學生誓死不去，特與放釋褐出身。以楊亮節爲福州觀察使，提舉吉王府行事；俞如珪爲環衞官、提舉信王府行事。大元兵入安吉州，知州趙良淳自經死。月暈東井。庚辰，簽書樞密院夏士林遁。辛巳，祀太乙宮。癸未，升封吉王昰爲益王，判福州、福建安撫大使；信王昺爲廣王，判泉州兼判南外宗正事。以留夢炎爲江東西、湖南北宣撫大使。甲申，大元兵至皐亭山，遣監察御史楊應奎上傳國璽降，其表曰：「宋國主臣㬎謹百拜奉表言，臣眇然幼沖，遭家多難，權奸似道背盟誤國，至勤興師問罪。臣非不能遷避，以求茍全，今天命有歸，臣將焉往。謹奉太皇太后命，削去帝號，以兩浙、福建、江東西、湖南、二廣、兩淮、四川見存州郡，悉上聖朝，爲宗社生靈祈哀請命。伏望聖慈垂念，不忍臣

三百餘年宗社遽至隕絕，曲賜存全，則趙氏子孫，世世有賴，不敢弭忘。」是夜，丞相陳宜中遁，張世傑、蘇劉義、劉師勇各以所部兵去。乙酉，以文天祥爲右丞相兼樞密使，都督。丙戌，命天祥同吳堅使大元軍。賜家鉉翁進士出身，簽書樞密院事，賈餘慶同簽書樞密院事、知臨安府。戊子，知建德軍方回、知婺州劉怡、知處州梁椅、知台州楊必大皆降。是月，知臨江軍滕岩瞻遁。

二月丁酉朔，日中有黑子相盪，如鵝卵。辛丑，率百官拜表祥曦殿，詔諭郡縣使降。大元使者入臨安府，封府庫，收史館、禮寺圖書及百司符印、告敕，罷官府及侍衞軍。壬寅，猶遣賈餘慶、吳堅、謝堂、劉岊、家鉉翁充祈請使。是日，大元軍錢塘江沙上，潮三日不至。

三月丁丑，入朝。

五月丙申，朝于上都。降封開府儀同三司、瀛國公。是月，陳宜中等立昰于福州，後二年四月昰殂于碙洲，陸秀夫等復立衞王昺，後三年始平之。

贊曰：司馬遷論秦、趙世系同出伯益。夫稷、契、伯益其子孫皆有天下，至於運祚短長，亦係其功德之厚薄焉。趙宋雖起於用武，功成治定之後，以仁傳家，視秦宜有間矣。然仁之敝失於弱，卽文之敝失於僿也。中世有欲自強，以革其敝，用乖其方，馴致棼擾。建炎

而後，土宇分裂，猶能六主百五十年而後亡，豈非禮義足以維持君子之志，恩惠足以固結黎庶之心歟？瀛國四歲卽位，而天兵渡江，六歲而羣臣奉之入朝。漢劉向言：「孔子論詩至『殷士膚敏，祼將于京』，喟然嘆曰：大哉天命，善不可不傳於後嗣，是以富貴無常。」至哉言乎！我皇元之平宋也，吳越之民，市不易肆。世祖皇帝命征南之帥，輒以宋祖戒曹彬勿殺之言訓之。書曰：「大哉王言，一哉王心。」我元一天下之本，其在于茲。

二王者，度宗庶子也。長建國公昰，母淑妃楊氏；季永國公昺，母修容俞氏。度宗崩，謝太后召賈似道等入宮議所立，衆以爲昰長當立，似道主立嫡，乃立㬎而封昰爲吉王，昺信王。德祐二年正月，文天祥尹臨安，請以二王鎭閩、廣，不從，始命二王出閤。大元兵迫臨安，宗親復以請，乃徙封昰爲益王，判福州、福建安撫大使，昺爲廣王，判泉州兼判南外宗正，以駙馬都尉楊鎭及楊亮節、俞如珪爲提舉。

大元兵至高亭山(八)，鎭等奉之走婺州。丞相伯顏入臨安，遣范文虎將兵趣婺，召鎭以王還，鎭得報卽去，曰：「我將就死於彼，以緩追兵。」亮節等遂負王徒步匿山中七日，其將張全以兵數十人始追及之，遂同走溫州，陸秀夫、蘇劉義繼追及於道。遣人召陳宜中于清澳，宜中來謁，復召張世傑于定海，世傑亦以所部兵來溫之江心寺。高宗南奔時嘗至是，有御

座在寺中，衆相率哭座下，奉昰爲天下兵馬都元帥，昺副之。乃發兵除吏，以秀王與擇(九)爲福建察訪使兼安撫、知西外宗正，趙吉甫知南外宗正兼福建同提刑，先入閩中撫吏民，諭同姓。太皇太后尋遣二宦者以兵八人召王于溫，宜中等沉其兵江中，遂入閩。時汀、建諸州方欲從黃萬石降，聞昰將至，卽閉城，却使者，萬石將劉俊、宋彰、周文英輩亦多來歸。

五月乙未朔，宜中等乃立昰于福州，以爲宋主，改元景炎，册楊淑妃爲太后，同聽政。封信王昺爲衞王。宜中爲左丞相兼都督，李庭芝爲右丞相，陳文龍、劉黻爲參知政事，張世傑爲樞密副使，陸秀夫爲簽書樞密院事。命吳浚、趙溍、傅卓、李珏、翟國秀等分道出兵。改福州爲福安府(一〇)，溫州爲瑞安府。郊赦。是日黎明，有大聲出府中，衆皆驚仆。文天祥自鎭江亡歸，庚辰，以爲右丞相兼知樞密院事。遣其將呂武入江、淮招豪傑，杜滸如溫州募兵。廣東經略使徐直諒遣梁雄飛請降于隆興帥府，乃假雄飛招討使，使徇廣州。旣而直諒聞昰立，命權通判李性道、摧鋒軍將黃俊等拒雄飛于石門，性道不戰，俊戰敗奔廣州，直諒棄城遁。

六月丙子，雄飛入廣州，諸降將皆授以官，俊獨不受，遂爲衆所殺。吳浚聚兵于廣昌，取南豐、宜黃、寧都三縣。翟國秀取秀山，傅卓至衢、信諸縣，民多應之者。命文天祥爲同都督。

中華書局

七月丁酉，進兵南劍州，欲取江西。是月，吳浚兵敗於南豐，翟國秀聞兵至，遂引還。傅卓兵敗，詣江西元帥府降。平章阿里海牙破嚴關，馬曁退保靜江府。

八月，漳州亂，命陳文龍爲閩、廣宣撫使以討之。甲戌，秀王與睪圍婺州。丙子，聞大兵至，遂解歸。以王積翁爲福建提刑、招捕使，知南劍州，備禦上三郡；黃恮爲同提刑、招捕使，知漳州，備禦下三郡。張世傑遣兵助吳浚與元帥李恒戰兜零，兵敗奔寧都。興化石手軍亂。

九月，復以陳文龍知興化軍。東莞人熊飛爲黃世傑守潮、惠二州，聞趙溍至，即以兵應之，攻雄飛于廣州。壬寅，雄飛遁，熊飛遂復韶州。新會令曾逢龍亦帥兵至廣州，李性道出迎謁，飛與逢龍執而殺之。衢州守將魏福興出戰福星橋死。壬子，趙溍入廣州。是月，招討也的迷失會東省兵于福州。元帥呂師夔、張榮實將兵入梅嶺。

十月壬戌朔，文天祥入汀州。趙溍遣曾逢龍就熊飛禦大軍于南雄，逢龍戰死，熊飛奔韶州。大軍圍韶州，守將劉自立以城降，飛率兵巷戰，兵敗赴水死。

十有一月，參政阿剌罕、董文炳將兵至處州，李珏以城降。甲辰，秀王與睪逆戰于瑞安，觀察使李世達死之。與睪及其弟與慮、子孟備、監軍趙由𤩽、察訪使林溫被執皆死。阿剌罕兵至建寧府，執守臣趙崇鐵，知邵武軍趙時賞、知南劍州王積翁皆棄城去。乙巳，昰入

海。癸丑，大軍至福安府，知府王剛中以城降[二]。昰欲入泉州，招撫蒲壽庚有異志。初，壽庚提舉泉州舶司，擅蕃舶利者三十年。昰舟至泉，壽庚來謁，請駐蹕，張世傑不可。或勸世傑留壽庚，則凡海舶不令自隨，世傑不從，縱之歸。繼而舟不足，乃掠其舟并沒其貲，壽庚乃怒殺諸宗室及士大夫與淮兵之在泉者。昰移潮州。是月，福、興化皆降[三]。英德守臣凌彌堅、徐夢得等亦降。

十二月辛酉朔，趙溍棄廣州遁。乙丑，制置方興亦遁，吳浚退走入瑞金。戊辰，蒲壽庚及知泉州田眞子以城降。知興化軍陳文龍嬰城不下，乙酉，通判曹澄孫以城降，文龍被執，不屈死。昰次甲子門。

至元十四年正月，大軍破汀關。癸巳，知循州劉興降。壬寅，吳浚棄瑞金遁，鎭撫孔遵入瑞金，文天祥走漳州，浚尋還汀州降。戊申，知潮州馬發及其通判戚繼祖降，癸丑，復來歸。丁巳，權知梅州錢榮之以城降。

二月，大軍至廣州，縣人趙若岡以城降。廣東諸郡皆降。

三月，文天祥取梅州，陳文龍從子瓚舉兵殺守將林華，據興化軍。

四月，文天祥取興國縣，廣東制置使張鎭孫襲廣州取之，梁雄飛等棄城走韶州。

五月，張世傑將兵取潮州，文天祥提兵自梅州出江西入會昌縣，淮民張德興亦起兵殺太湖縣丞王德顒，據司空山，攻下黃州、壽昌軍。丁巳，遇宣慰鄭鼎戰樊口，鼎墜水死。

六月辛酉，文天祥取雩都。己卯，入興國縣。

七月，遣兵取吉、贛諸縣，圍贛州。衡山人趙璠、撫州人何時皆起兵應之。乙巳，張世傑圍泉州，遣將高日新復邵武。淮兵在福州者，欲殺王積翁以應世傑，皆爲積翁所戮。江西宣慰李恒遣兵援贛州，而自將兵入興國。

八月，文天祥諸將兵皆敗，乃引兵卽鄒渢于永豐，渢兵亦潰。己巳，熒惑掩月，天色赤。壬申，文天祥兵敗于興國。己卯，大軍破司空山，張德興敗，亡走。甲申，天祥至空坑，兵盡潰，遂挺身走循州，諸將皆被執。

九月，元帥唆都援泉州。戊申，張世傑歸淺灣。左丞塔出將兵入大庾嶺，參政也的迷失將兵復取邵武入福州。

十月甲辰，唆都破興化軍，陳瓚死之。進攻潮州，馬發拒之，乃去攻惠州。

十一月，塔出圍廣州[四]。庚寅，張鎭孫以城降。元帥劉深以舟師攻昰于淺灣，昰走秀山。陳宜中入占城，遂不反。

十二月丙子，昰至井澳，颶風壞舟幾溺死，遂成疾。旬餘，諸兵士始稍稍來集，死者十

四五。丁丑，劉深追昰至七州洋，執俞如珪以歸。

十五年正月，大軍夷廣州城。張世傑遣兵攻雷州，不克。己酉，大軍克涪州，執守將王明。

二月，大軍破潮州，馬發死之。

三月，文天祥取惠州，廣州都統凌震、轉運判官王道夫取廣州。昰欲往居占城不果，遂駐碙洲。遣兵取雷州。曾淵子自雷州來，以爲參知政事、廣西宣諭使。

四月戊辰，昰殂于碙洲，其臣號之曰端宗。庚午，衆又立衞王昺爲主，以陸秀夫爲左丞相。是月，有黃龍見海中。

五月癸未朔，改元祥興。乙酉，升碙洲爲翔龍縣。遣張應科、王用取雷州，應科三戰皆不利，用因降。

六月丁巳，應科再戰雷州，遂死之。知高州李象祖降。己未，昺徙居厓山，升廣州爲翔龍府。己巳，有大星東南流，墜海中，小星千餘隨之，聲如雷，數刻乃已。己卯，都元帥張弘範、李恒征厓山。

十月，趙與珞與謝明、謝富守瓊州，阿里海牙遣馬成旺招之，與珞率兵拒于白沙口。

十一月癸巳，州民執與珞以降。

閏月庚戌，王道夫棄廣州遁。壬戌，凌震遁。癸亥，大軍入廣州。

十二月壬午，王道夫攻廣州，兵敗被執。凌震兵繼至亦敗。文天祥走海豐，壬寅，被執于五坡嶺。震兵又敗于茭塘。大軍破南安縣，守將李梓發死之。

十六年正月壬戌，張弘範兵至厓山。庚午，李恆兵亦來會。世傑以舟師碇海中，棊結巨艦千餘艘，中艫外舳，貫以大索，四周起樓棚如城堞，居昺其中。大軍攻之，艦堅不動。又以舟載茅，沃以膏脂，乘風縱火焚之。艦皆塗泥，縛長木以拒火舟，火不能爇。

二月戊寅朔，世傑部將陳寶降。己卯，都統張達以夜襲大軍營，亡失甚衆。癸未，有黑氣出山西。李恆乘早潮退攻其北，世傑以淮兵殊死戰。至午潮上，張弘範攻其南，南北受敵，兵士皆疲不能戰。俄有一舟檣旗仆，諸舟之檣旗遂皆仆。世傑知事去，乃抽精兵入中軍。諸軍潰，翟國秀及團練使劉俊等解甲降。大軍至中軍，會暮且風雨，昏霧四塞，咫尺不相辨。世傑乃與蘇劉義斷維，以十餘舟奪港而去，陸秀夫走衞王舟，王舟大，且諸舟環結，度不得出走，乃負昺投海中，後宮及諸臣多從死者，七日，浮尸出于海十餘萬人。楊太后聞昺死，撫膺大慟曰：「我忍死艱關至此者，正爲趙氏一塊肉爾，今無望矣！」遂赴海死，世傑葬之海濱，已而世傑亦自溺死。宋遂亡。

贊曰：宋之亡徵，已非一日。曆數有歸，眞主御世，而宋之遺臣，區區奉二王爲海上之謀，可謂不知天命也已。然人臣忠於所事而至於斯，其亦可悲也夫！

校勘記

〔一〕咸淳七年九月己丑　「七年」，原作「六年」。按本書卷四六度宗紀載咸淳七年九月己丑「子㬎生」，宋史全文附錄宋季朝事實也載咸淳七年九月己丑「皇后誕生皇子」，本卷下文又說咸淳十年即皇帝位，「年四歲」，可見趙㬎實生于咸淳七年，據改。

〔二〕副總制仁寧出降　「仁寧」，平宋錄卷上、元史卷一二七伯顏傳都作「任寧」。

〔三〕責洪起畏鎮江自效　「責」，原作「貴」。按南宋對黜降的武官有責令其在某處自效的制度，「貴」當爲「責」的形訛，因改。

〔四〕京湖北路相繼皆下　按宋無「京湖北路」，京湖宣撫原轄湖北和京西部分地區，「京」下疑脫「西」字。

〔五〕褚一正　原作「楮一正」，據本書卷四二一李庭芝傳、卷四五四本傳改。

〔六〕謫似道爲高州團練副使　「副」字原脫，據宋季三朝政要卷五、宋史全文後附宋季朝事實補。

〔七〕領戶部財用常楙　「財」，原作「材」。本書卷二四六鎮王竑傳作「提領戶部財用兼修國史常楙」。按本書卷一六三職官志、朝野雜記甲集卷一七，都說建炎初年開始設置「提領措置戶部財用」。據改。

〔八〕高亭山　宋季三朝政要卷五、宋史全文後附宋季朝事實同，上文德祐二年正月甲申條、本書卷四五一徐道隆傳、平宋錄卷中都作「皐亭山」。按咸淳臨安志卷二四有皐亭山，并說見唐書地理志，宋寧宗御書三字爲扁。疑作「皐亭山」是。

〔九〕秀王與檡　「檡」，據本書卷四五〇、昭忠錄本傳作「檡」，宋季三朝政要附錄廣王本末作「擇」。

〔一〇〕改福州爲福安府　「福安府」，原作「安福府」。按宋季三朝政要附錄廣王本末：「五月一日廣王登極於福州，升福州爲福安府。」宋史全文後附宋季朝事實：「升福州爲福安府，以司馬王剛中知府事。」本卷下文十一月癸丑條，亦作「福安」。據改。

〔一一〕大軍至福安府知府王剛中以城降　「福安府」原作「福安州」，「知府」原作「知州」，據宋季三朝政要附錄廣王本末、宋史全文後附宋季朝事實改。

〔一二〕是月福興化皆降　此句有誤。據下文，興化降在下月，宋季三朝政要附錄廣王本末、宋史全文後附宋季朝事實同。

〔一三〕十一月塔出圍廣州　「十一月」原作「十月」，與上文「十月」重複。按宋季三朝政要附錄廣王本末所載，元兵圍攻廣州乃十一月事，據改。

二十四史

元 脫脫等撰

宋史

第四册

卷四八至卷六〇（志）

中華書局

中華書局

宋史卷四十八

志第一

天文一

儀象　極度　黃赤道　中星　土圭

夫不言而信，天之道也。天於人君有告戒之道焉，示之以象而已。故自上古以來，天文有世掌之官，唐虞羲、和，夏昆吾，商巫咸，周史佚、甘德、石申之流。居是官者，專察天象之常變，而述天心告戒之意，進言於其君，以致交脩之儆焉。易曰「天垂象，見吉凶，聖人則之」，又曰「觀乎天文，以察時變」是也。然考堯典，中星不過正人時以興民事。夏仲康之世，胤征之篇：「乃季秋月朔，辰弗集于房。」然後日食之變昉見於書。觀其數羲、和以「俶擾天紀」、「昏迷天象」之罪而討之，則知先王克謹天戒，所以責成於司天之官者，豈輕任哉！

箕子洪範論休咎之徵曰：「王省惟歲，卿士惟月，師尹惟日。」「庶民惟星，星有好風，星有好雨。」禮記言體信達順之效，則以天降膏露先之。至於周詩，屢言天變，所謂「旻天疾威，敷于下土」，又所謂「雨無其極，傷我稼穡」，「正月繁霜，我心憂傷」，以及「彼月而微，此日而微」，「爗爗震電，不寧不令」。孔子删詩而存之，以示戒也。他日約魯史而作春秋，則日食、星變屢書而不爲煩。聖人以天道戒謹後世之旨，昭然可覩矣。於是司馬遷史記而下，歷代皆志天文。第以羲、和既遠，官乏世掌，賴世以有專門之學焉。然其說三家：曰周髀，曰宣夜，曰渾天。宣夜先絕，周髀多差，渾天之學遭秦而滅，洛下閎、耿壽昌晚出，始物色得之。故自魏、晉以至隋、唐，精天文之學者犖犖名世，豈非難得其人歟！

宋之初興，近臣如楚昭輔，文臣如竇儀，號知天文。太宗之世，召天下伎術有能明天文者，試隸司天臺；匿不以聞者，罪論死。既而張思訓、韓顯符輩以推步進。其後學士大夫如沈括之議，蘇頌之作，亦皆底於幼眇。靖康之變，測驗之器盡歸金人。高宗南渡，至紹興十三年，始因祕書丞嚴抑之請，命太史局重創渾儀。自是厥後，窺測占候蓋不廢焉爾。寧宗慶元四年九月，太史言月食於晝，草澤上書言食于夜。及驗視，如草澤言。乃更造統天曆，命祕書正字馮履參定。以是推之，民間天文之學蓋有精於太史者，則太宗召試之法亦豈徒哉！

今東都舊史所書天文禎祥、日月薄蝕、五緯淩犯、彗孛飛流、暈珥虹霓、精祲雲氣等事，其言時日災祥之應，分野休咎之別，視南渡後史有詳略焉。蓋東都之日，海內爲一人，君遇變脩德，無或他誘。南渡土宇分裂，太史所上必謹星野之書，且君臣恐懼脩省之餘，故於天文休咎之應有不容不縷述而申言之者，是亦時勢使然，未可以言星翁、日官之術有精觕敬怠之不同也。今合累朝史臣所錄爲一志，而取歐陽脩新唐書、五代史記爲法，凡徵驗之說有涉於傅會，咸削而不書，歸於傳信而已矣。

儀象

曆象以授四時，璣衡以齊七政，二者本相因而成。故璣衡之設，史謂起於帝嚳，或謂作於宓犧。又云璿璣玉衡乃羲、和舊器，非舜創爲也。漢馬融有云：「上天之體不可得知，測天之事見於經者，惟有璣衡一事。璣衡者，即今之渾儀也。」吳王蕃〔一〕之論亦云：「渾儀之制，置天梁、地平以定天體，爲四游儀以綴赤道者，此謂璣也；置望筩橫簫於游儀中，以窺七曜之行，而知其躔離之次者，此謂衡也。」若六合儀、三辰儀與四游儀並列爲三重者，唐李淳風所作。而黃道儀者，一行所增也。如張衡祖洛下閎、耿壽昌之法，別爲渾象，寘諸密室，以漏水轉之，以合璿璣所加星度，則渾象本別爲一器。唐李淳風、梁令瓚祖之，始與渾儀並

用。

太平興國四年正月，巴中人張思訓創作以獻。太宗召工造於禁中，踰年而成，詔置於文明殿東鼓樓下。其制：起樓高丈餘，機隱於內，規天矩地。下設地輪、地足；又爲橫輪、側輪、斜輪、定身關、中關、小關、天柱；七直神，左搖鈴，右扣鍾，中擊鼓，以定刻數，每一晝夜，周而復始；又以木爲十二神，各直一時，至其時則自執辰牌，循環而出，隨刻數以定晝夜短長；上有天頂、天牙、天關、天指、天抱〔二〕、天束、天條，布三百六十五度，爲日、月、五星、紫微宮、列宿〔三〕、斗建、黃赤道，以日行度定寒暑進退。開元遺法，運轉以水，至冬中凝凍遲澀，遂爲疎略，寒暑無準。今以水銀代之，則無差失。冬至之日，日在黃道表，去北極最遠，爲小寒，晝短夜長。夏至之日，日在赤道裏，去北極最近，爲小暑，晝長夜短。春秋二分，日在兩交，春和秋涼，晝夜平分。寒暑進退，皆由於此。并著日月象，皆取仰視。按舊法，日月晝夜行度皆人所運行。新制成於自然，尤爲精妙。以思訓爲司天渾儀丞。

銅候儀，司天冬官正韓顯符所造，其要本淳風及僧一行之遺法。顯符自著經十卷上之書府。銅儀之制有九：

一曰雙規，皆徑六尺一寸三分，圍一丈八尺三寸九分，廣四寸五分，上刻周天三百六十五度，南北並立，置水臬以爲準，得出地三十五度，乃北極出地之度也。以釭貫之，四面皆七十二度，屬紫微宮，星凡三十七坐，一百七十有五星，四時常見，謂之上規。中一百一十度，四面二百二十度，屬黃赤道內外官，星二百四十六坐，一千二百八十九星，近日而隱，遠而見，謂之中規。置臬之下，繞南極七十二度，除老人星外，四時常隱，謂之下規。

二曰游規，徑五尺二寸，圍一丈五尺六寸，廣一寸二分，厚四分，上亦刻周天，以釭貫於雙規巔軸之上，令得左右運轉。凡置管測驗之法，衆星遠近，隨天周徧。

三曰直規二，各長四尺八寸，闊一寸二分，厚四分，於兩極之間用夾窺管〔四〕，中置關軸，令其游規運轉〔五〕。

四曰窺管一，長四尺八寸，廣一寸二分，關軸在直規中。

五曰平準輪，在水臬之上，徑六尺一寸三分，圍一丈八尺三寸九分，上刻八卦、十干、十二辰、二十四氣、七十二候於其中，定四維日辰，正晝夜百刻。

六曰黃道，南北各去赤道二十四度，東西交於卯酉，以爲日行盈縮、月行九道之限。凡冬至日行南極，去北極一百一十五度，故景長而寒；夏至日在赤道北二十四度，去北極六十七度，故景短而暑。月有九道之行，歲匝十二辰，正交出入黃道，遠不過六度。五星順、留、伏、逆行度之常數也。

七曰赤道，與黃道等，帶天之紘〔六〕以隔黃道，去兩極各九十一度強。黃道之交也，按經東交角宿五度少，西交奎宿一十四度強。日出於赤道外，遠不過二十四度，冬至之日行斗宿；日入於赤道內，亦不過二十四度，夏至之日行井宿；及晝夜分，炎涼等。日、月、五星陰陽進退盈縮之常數也。

八曰龍柱四，各高五尺五寸，立於平準輪下。

九曰水臬，十字爲之，其水平滿，北辰正。以置四隅，各長七尺五寸，高三寸半，深一寸。四隅水平，則天地準。

唐貞觀初，李淳風於浚儀縣古岳臺測北極出地高三十四度八分，差陽城四分〔七〕。今測定北極高三十五度以爲常準。

熙寧七年七月，沈括上渾儀、浮漏、景表三議。渾儀議曰：

五星之行有疾舒，日月之交有見匿，求其次舍經劘之會，其法一寓於日。冬至之日，日之端南者也。日行周天而復集於表鋭，凡三百六十有五日四分日之幾一，而謂之歲。周天之體，日別之謂之度。度之離，其數有二：日行則舒則疾，會而均，別之曰赤道之度；日行自南而北，升降四十有八度而迤，別之曰黃道之度。度不可見，其可見

者星也。日、月、五星之所由，有星焉。當度之畫者凡二十有八，而謂之舍。舍所以絜度，度所以生數也。度在天者也，爲之璣衡，則度在器。度在器，則日月五星可摶乎器中，而天無所豫也。天無所豫，則在天者不爲難知也。

自漢以前，爲曆者必有璣衡以自驗跡。其後雖有璣衡，而不爲曆作；爲曆者亦不復以器自考，氣朔星緯，皆莫能知其必當之數。至唐僧一行改大衍曆法，始復用渾儀參實，故其術所得，比諸家爲多。

臣嘗歷考古今儀象之法，虞書所謂璿璣玉衡，唯鄭康成粗記其法；至洛下閎製圓儀，賈逵又加黃道，其詳皆不存于書。其後張衡爲銅儀於密室中，以水轉之，蓋所謂渾象，非古之璣衡也。吳孫氏時王蕃、陸績皆嘗爲儀及象，其說以謂舊以二分爲一度，而患星辰稠穊；張衡改用四分，而復椎重難運〔八〕。故蕃以三分爲度，周丈有九寸五分寸之三，而具黃赤道焉。績之說以天形如鳥卵小橢，而黃赤道短長相害，不能應法。至劉曜時，南陽孔定〔九〕製銅儀，有雙規，規正距子午以象天；有橫規，判儀之中以象地；有時規〔一〇〕，斜絡天腹以候赤道；南北植幹，以法二極；其中乃爲游規、窺管，劉曜太史令晁崇、斛蘭〔一一〕皆嘗爲鐵儀，其規有六，四常定，一象地〔一二〕，一象赤道，其二象二極，乃是定所謂雙規者也。其制與定法大同，唯南北柱曲抱雙規，下有縱衡水平，以銀

錯星度，小變舊法。而皆不言有黃道，疑其失傳也。唐李淳風爲圓儀三重：其外曰六合，有天經雙規、金渾緯規、金常規；次曰三辰，轉於六合之內，圓徑八尺，有璿璣規、月游規，所謂璿璣者，黃、赤道屬焉；又次曰四游，南北爲天樞，中爲游筩可以升降游轉，別爲月道，傍列二百四十九交以攜月游。一行以爲難用，而其法亦亡。其後率府兵曹梁令瓚更以木爲游儀，因淳風之法而稍附新意，詔與一行雜校得失，改鑄銅儀，古今稱其詳確。至道中，初鑄渾天儀于司天監，多因斛蘭、晁崇之法。皇祐中，改鑄銅儀于天文院，姑用令瓚、一行之論，而去取交有失得。

臣今輯古今之說以求數象，有不合者十有三事：

其一，舊說以謂今中國於地爲東南，當令西北望極星，置天極不當中北。又曰：「天常傾西北，極星不得居中。」臣謂以中國規觀之，天常北倚可也，謂極星偏西則不然。所謂東西南北者，何從而得之？豈不以日之所出者爲東，日之所入者爲西乎？臣觀古之候天者，自安南都護府至浚儀大岳臺纔六千里，而北極之差凡十五度，稍北不已，庸詎知極星之不直人上也？臣嘗讀黃帝素書：「立於午而面子，立於子而面午，至於自卯而望酉，自酉而望卯，皆曰北面。立於卯而負酉，立於酉而負卯，至于自午而望南，自子而望北，則皆曰南面。」臣始不諭其理，逮今思之，乃常以天中爲北也。常以天

中爲北，則蓋以極星常居天中也。素問尤爲善言天者。今南北纔五百里，則北極輒差一度以上；而東西南北數千里間，日分之時候之，日未嘗不出於卯半而入於酉半，則又知天樞既中，則日之所出者定爲東，日之所入者定爲西，天樞則常爲北無疑矣。以衡窺之，日分之時，以渾儀抵極星以候日之出沒，則常在卯酉之半少北。此殆放乎四海而同者，何從而知中國之爲東南也？彼徒見中國東南皆際海而爲是說也。臣以謂極星之果中，果非中，皆無足論者。彼北極之出地六千里之間所差者已如是，又安知其茫昧幾千萬里之外邪？今直當據建邦之地，人目之所及者，裁以爲法；不足爲法者，宜置而勿議可也。

其二曰：紘平設以象地體，今渾儀置于崇臺之上，下瞰日月之所出，則紘不與地際相當者。臣詳此說雖粗有理，然天地之廣大，不爲一臺之高下有所推遷。蓋渾儀考天地之體，有實數，有準數。所謂實者，此數即彼數也，此移赤彼亦移赤之謂也。所謂準者，以此準彼，此之一分，則準彼之幾千里之謂也。今臺之高下乃所謂實數，一臺之高不過數丈，彼之所差者亦不過此，天地之大豈數丈足累其高下？若衡之低昂，則所謂準數者也。衡移一分，則彼不知其幾千里，則衡之低昂當審，而臺之高下非所當卹也。

其三曰：月行之道，過交則入黃道六度而稍却，復交則出於黃道之南亦如之。月行周於黃道，如繩之繞木，故月交而行日之陰，則日爲之虧；入蝕法而不虧者，行日之陽也。每月退交，二百四十九周有奇然後復會。今月道既不能環繞黃道，又退交之漸當每日差池，今必候月終而頓移，亦終不能符會天度，當省去月環。其候月之出入，專以曆法步之。

其四，衡上下二端皆徑一度有半，用日之徑也。若衡端不能全容日月之體，則無由審日月定次。欲日月正滿上衡之端，不可動移，此其所以用一度有半爲法也。下端亦一度有半，則不然。若人目迫下端之東以窺上端之西，則差幾三度。凡求星之法，必令所求之星正當穿之中心。今兩端既等，則人目游動，無因知其正中。今以鉤股法求之，下徑三分，上徑一度有半，則兩竅相覆，大小略等。人目不搖，則所察自正。

其五，前世皆以極星爲天中，自祖暅以璣衡窺考天極不動處，乃在極星之末猶一度有餘。今銅儀天樞內徑一度有半，乃謬以衡端之度爲率。若璣衡端平，則極星常游天樞之外；璣衡小偏，則極星乍出乍入。令瓚舊法，天樞乃徑二度有半，蓋欲使極星游於樞中也。臣考驗極星更三月，而後知天中不動處遠極星乃三度有餘，則祖暅窺考猶爲未審。今當爲天樞徑七度，使人目切南樞望之，星正循北極樞裏周，常見不隱，

二十四史
中華書局

天體方正。

其六，令𤩰以辰刻、十干、八卦皆刻於紘，然紘平正而黃道斜運，當子午之間，則日徑度而道促；卯酉之際，則日迆行而道舒。如此，辰刻不能無謬。新銅儀則移刻於緯，四游均平，辰刻不失。然令𤩰天中單環，直中國人頂之上，而新銅儀緯斜絡南北極之中，與赤道相直。舊法設之無用，新儀移之爲是。然當側窺如車輪之牙〔三〕，而不當衡規如鼓陶，其旁迫狹，難賦辰刻，而又蔽映星度。

其七，司天銅儀，黃赤道與紘合鑄，不可轉移，雖與天運不符，至於窺測之時，先以距度星考定三辰所舍，復運游儀抵本宿度，乃求出入黃道與去極度，所得無以異於令𤩰之術。其法本於晁崇、斛蘭之舊制，雖不甚精縟，而頗爲簡易。李淳風嘗謂斛蘭所作鐵儀，赤道不動，乃如膠柱，以考月行，差或至十七度，少不減十度。此正謂直以赤道候月行，其差如此。今黃赤道度，再運游儀抵所舍宿度求之，而月行則以月曆每日去極度算率之，不可謂之膠也。新法定宿而變黃道，此定黃道而變宿，但可賦三百六十五度而不能具餘分，此其爲略也。

其八，令𤩰舊法，黃道設於月道之上，赤道又次月道，而璣最處其下。每月移一交，則黃赤道輒變。今當省去月道，徙璣於赤道之上，而黃道居赤道之下，則二道與衡端

相迫，而星度易審。

其九，舊法規環一面刻周天度，一面加銀丁。所以施銀丁者，夜候天晦，不可目察，則以手切之也。古之人以璿爲之，璿者珠之屬也。今司天監三辰儀，設齒于環背，不與橫簫會，當移列兩旁，以便參察。

其十，舊法重璣皆廣四寸，厚四分。其他規軸，椎重樸拙，不可旋運。今小損其制，使之輕利。

其十一，古之人知黃道歲易，不知赤道之因變也。黃道之度，與赤道之度相偶者也。黃道徙而西，則赤道不得獨膠。今當變赤道與黃道同法。

其十二，舊法黃赤道平設，正當天度，掩蔽人目，不可占察。其後乃別加鑽孔，尤爲拙謬。今當側置少偏，使天度出北際之外，自不凌蔽。

其十三，舊法地紘正絡天經之半，凡候三辰出入，則地際正爲地紘所伏。今當徙紘稍下，使地際與紘之上際相直。候三辰伏見，專以紘際爲率，自當默與天合。

又言渾儀製器：

渾儀之爲器，其屬有三〔四〕，相因爲用。其在外者曰體，以立四方上下之定位；其次曰象，以法天之運行，常與天隨；其在內璣衡，璣以察緯，衡以察經。求天地端極三明匿見者，體爲之用；察黃道降陟辰刻運徙者，象爲之用；四方上下無所不屬者，璣衡爲之用。

體之爲器，爲圓規者四。其規之別：一曰經，經之規二並峙，正抵子午，若車輪之植。二規相距四寸，夾規爲齒，以別去極之度。北極出紘之上三十有四度十分度之八強，南極下紘亦如之。對衡二釭，聯二規以爲一，釭中容樞。二曰緯，緯之規一，與經交於二極之中，若車輪之倚，南北距極皆九十一度強。夾規爲齒，以別周天之度。三曰紘，紘之規一，上際當經之半，若車輪之仆，以考地際，周賦十二辰，以定八方。紘之下有趺，從一衡一，刻溝受水以爲平。中溝爲地，以受注水。四末建趺，爲升龍四以負紘。凡渾儀之屬皆屬焉。龍吭爲綱維之四揵以爲固。

象之爲器，爲圓規者四。其規之別：一曰璣，璣之規二並峙，相距如經之度。夾規爲齒，對衡二釭，釭中容樞，皆如經之率。設之亦如經，其異者經膠而璣可旋。二曰赤道，赤道之規一，刻璣十分寸之三以銜赤道。赤道設之如緯，其異者緯膠於經，而赤道銜於璣，有時而移，度穿一竅，以移歲差。三曰黃道，黃道之規一，刻赤道十分寸之二以銜黃道，其南出赤道之北際二十有四度，其北入赤道亦如之。交於奎、角，度穿一竅，以銅編屬於赤道。歲差盈度，則并赤道徙而西。黃赤道夾規爲齒，以別均迆之度。

璣衡之爲器，爲圓規二，曰璣，對峙，相距如象璣之度，夾規爲齒，皆如象璣。其異者，象璣對衡二釭，而璣對衡二樞，貫于象璣天經之釭中。三物相重，而不相膠，爲間十分寸之三，無使相切，所以利旋也。爲橫簫二，兩端夾樞，屬于璣，其中挾衡爲橫一，棲於橫簫之間。中衡爲轊，以貫橫簫，兩末入于璣之罅而可旋。璣可以左右，以察四方之祥；衡可以低昂，以察上下之祥。

浮漏議曰：

播水之壺三，而受水之壺一。曰求壺、廢壺，方中皆圓尺有八寸〔五〕，尺有四寸五分以深，其食二斛，爲積分四百六十六萬六千四百六十。曰復壺，如求壺之度，中離以爲二，元一斛介八斗，而中有達。曰建壺，方尺植三尺有五寸，其食斛有半。求壺之水，復壺之所求也。壺盈則水馳，壺虛則水凝。復壺之脇爲枝渠，以爲水節。求壺進水暴，則流怒以搖，復以壺，又折以爲介〔六〕。復爲枝渠，達其濫溢。枝渠之委，所謂廢壺也，以受廢水。三壺皆所以播水，爲水制也。自復壺之介，以玉權釃于建壺，建壺所以受水爲刻者也。建壺一易箭，則發土室以瀉之。求、復、建壺之泄，皆欲迫下，水所趣也。玉權下水之槩寸，矯而上之然後發，則水撓而不躁也。復壺之達半求壺之注，玉權半復壺之達。枝渠博皆分，高如其博，平方如砥，以爲水槩。壺皆爲之幂，無使穢

遊，則水道不慧〔一七〕。求壺之冪龍紐，以其出水不窮也。複壺士紐，士所以生法者，複壺制法之器也。廢壺鯢紐，止水之瀋，鯢所伏也。銅史令刻，執漏政也。多設熀燎，以澤凝也。注水以龍噣直頸附于壺體，直則易浚，附于壺體則難敗。複壺玉爲之喙，銜于龍噣，謂之權，所以權其盈虛也。建壺之執窒，瓬瑬而彌之以重帛，窒則不吐也。管之善利者，水所洩也，非玉則不能堅良以久。權之所出高則源輕，源輕則其委不悍而洩物不利。箭不效於璣衡，則易權、洗箭而改畫，覆以璣衡，謂之常不弊之術。今之下漏者，始嘗甚密，久復先大者管沕也。管沕而器皆弊者，無權也。弊而不可復壽者，術固也。察日之晷以璣衡，而制箭以日之晷跡，一刻之度，以賦餘刻，刻有不均者，建壺有眚也。贅者磨之，創者補之，百刻一度，其壺乃善。晝夜已復，而箭有餘才者，權鄙也。晝夜未復，而壺吐者，權沃也。如是，則調其權，此制器之法也。

下漏必用甘泉，惡其沍之爲壺眚也。必用一源，泉之冽者，權之而重，重則敏於行，而爲箭之情慓；泉之鹵者，權之而輕，輕則椎於行，而爲箭之情鶩。一井不可他汲，數汲則泉濁。陳水不可再注，再注則行利。此下漏之法也。

箭一如建壺之長，廣寸有五分，三分去二以爲之厚，其陽爲百刻，爲十二辰。博牘二十有一，如箭之長，廣五分，去半以爲之厚〔一八〕。陽爲五更，爲二十有五籌；陰刻消長之衰。三分箭之廣，其中刻契以容牘。夜算差一刻，則因箭而易牘。鐐匏，箭舟也。其虛五升，重一鎰有半。鍛而赤柔者金之美者也，然後漬而不墨，墨者其久必蝕。銀之有銅則墨，銅之有錫則屑，特銅久溜則腹敗而飲，皆工之所不材也。

景表議曰：

步景之法，惟定南北爲難。古法置槷爲規，識日出之景，與日入之景。晝參諸日中之景，夜考之極星。極星不當天中，而候景之法取晨夕景之最長者規之，兩表相去中折以參驗，最短之景爲日中。然測景之地，百里之間，地之高下東西不能無偏；其間又有邑屋山林之蔽，倘在人目之外，則與濁氛相雜；莫能知其所蔽；而濁氛又繫其日之明晦風雨，人間烟氣塵坌變作不常。臣在本局候景，入濁出濁之節，日日不同，此又不足以考見出沒之實，則晨夕景之短長未能得其極數。

參考舊聞，別立新術。候景之表三，其崇八尺，博三寸三分，殺一以爲厚者。圭首剡其南使偏銳。其趺方厚各二尺，環趺刻渠受水以爲準。以銅爲之。表四方志墨以爲中刻之；綴四繩，垂以銅丸；各當一方之墨。先約定四方，以三表南北相重，令趺相切；表別相去二尺，各使端直。四繩皆附墨；三表相去左右上下以度量之，令相重如一。自日初出，則量西景三表相去之度，又量三表之端景之所至，各別記之。至日欲入，候東景亦如之。長短同，相去之疎密又同，則以東西景端隨表景規之，半折以求最短之景。五者皆合，則半折最短之景爲北，表南墨之下爲南，東西景端爲東西。五候一有不合，未足以爲正。既得四方，則惟設一表，方首，表下爲石席，以水平之，植表于席之南端。席廣三尺，長如九服冬至之景，自表趺刻以爲分，分積爲寸，寸積爲尺。爲密室以棲表，當極爲霤，以下午景使當表端。副表幷趺崇四寸，趺博二寸，厚五分，方首，剡其南，以銅爲之。凡景表景薄不可辨，即以小表副之，則景墨而易度。

元祐間蘇頌更作者，上置渾儀，中設渾象，旁設昏曉更籌，激水以運之。三器一機，脗合躔度，最爲奇巧。宣和間，又嘗更作之。而此五儀者悉歸于金。

中興更謀制作，紹興三年正月，工部員外郎袁正功獻渾儀木樣，太史局令丁師仁始請募工鑄造，且言：「東京舊儀用銅二萬斤，今請折半用八千斤有奇。」已而不就，蓋在廷諸臣罕通其制度者。乃召蘇頌子携取頌遺書，考質舊法，而携亦不能通也。至十四年，乃命宰臣秦檜提舉鑄渾儀，而以內侍邵諤專領其事，久而儀成。三十二年，始出其二置太史局。而高宗先自爲一儀置諸宮中，以測天象，其制差小，而邵諤所鑄蓋祖是焉，後在鍾鼓院者是也。

淸臺之儀，後其一在祕書省。按儀制度，表裏凡三重：其第一重曰六合儀，陽經徑四尺九寸六分，闊三寸二分，厚五分。南北正位，兩面各列周天度數，南北極出入地皆三十一度少，度闊三分。陰緯單環大小如陽經，闊三寸二分，厚一寸八分。上置水平池，闊九分，深四分，沿環通流，亦如舊制。內外八幹、十二枝，畫艮、巽、坤、乾卦於四維。第二重曰三辰儀，徑四尺三分，闊二寸二分，厚五分。釭釧刻畫如陽經。赤道單環，徑四尺一寸四分，闊一寸二分〔一九〕，厚五分。上列二十八宿，均天度數，闊二分七氂。黃道單環，徑四尺一寸四分，闊一寸二分，厚五分，上列七十二候，均分卦策，與赤道相交，出入各二十四度弱。百刻單環，徑四尺五寸六分，闊一寸二分，厚五分，上列晝夜刻數。第三重曰四游儀，徑三尺九寸，闊一寸九分，厚五分。釭釧刻畫如璿璣，度闊二分半。望筩長三尺六寸五分，內圓外方，中通孔竅，四面闊一寸四分七氂，窺眼闊三分，夾窺徑五尺三分。鼇雲以負龍柱，龍柱各高五尺二寸。十字平水臺高一尺一寸七分，長五尺七寸，闊五寸二分。水槽闊七分，深一寸二分。若水運之法與夫渾象，則不復設。

其後朱熹家有渾儀，頗考水運制度，卒不可得。蘇頌之書雖在，大抵於渾象以爲詳，而其尺寸多不載，是以難遽復云。舊制有白道儀以考月行，在望筩之旁。自熙寧沈括以爲無益而去之，南渡更造，亦不復設焉。

極度

極度　極星之在紫垣，爲七曜、三垣、二十八宿衆星所拱，是謂北極，爲天之正中。而自唐以來，曆家以儀象考測，則中國南北極之正，實去極星之北一度有半，此蓋中原地勢之度數也。中興更造渾儀，而太史令丁師仁乃言：「臨安府地勢向南，於北極高下當量行移易。」局官呂璨言：「渾天無量行更易之制，若用於臨安與天參合，移之他往必有差忒。」遂罷議。後十餘年邵諤鑄儀，則果用臨安北極高下爲之。以清臺儀校之，實去極星四度有奇也。

黃赤道

黃赤道　占天之法，以二十八宿爲綱維，分列四方，南北去極各九十有一度有奇，南低而北昂，去地各三十有六度，一定不易者，名之曰赤道。以日躔半在赤道內，半在赤道外，出入內外極遠者皆二十有四度，以其行赤道之中者名之曰黃道。凡五緯皆隨日由黃道行，惟月之行有九道，四時交會歸於黃道而轉變焉，故有青、黑、白、赤四者之異名。

夫赤道終古不移，則星舍宜無盈縮矣。然自唐一行作大衍曆，以儀揆測之，得畢、觜、參、鬼四宿，分度與古不同。皇祐初，日官周琮以新儀測候，與唐一行尤異。紹聖二年，清臺以赤道度數有差，復命考正。惟牛、尾、室、柳四宿與舊法合，其他二十四宿躔度或多或

寡。蓋天度之不齊，古人特紀其大綱，後世漸極於精密也。

若夫黃道橫絡天體，列宿躔度自隨歲差而增減。中興以來，用統元、紀元及乾道、淳熙、開禧、統天、會元，每一曆更一黃道，其多寡之異有不可勝載者，而步占家亦隨各曆之躔度焉。

中星

中星　四時中星見於堯典，蓋聖人南面而治天下，即日行而定四時，虛、鳥、火、昴之度在天，夷隩析因之候在人，故書首載之，以見授時爲政之大也。而後世考驗多至之日，堯時躔虛，至於三代則躔于女，春秋時在牛，至後漢永元已在斗矣。大略六十餘年輒差一度。開禧占測已在箕宿，校之堯時幾退四十餘度。蓋自漢太初至今，已差一氣有餘。而太陽之躔十二次，大約中氣前後，乃得本月宮次。蓋太陽日行一度，近歲紀元曆定歲差，約退一分四十餘秒。蓋太陽日行一度而微遲緩，一年周天而微差，積累分秒而躔度見焉。曆家考之，萬五千年之後，所差半周天，寒暑將易位，世未有知其說者焉。

土圭

土圭　周官大司徒以土圭之法正日景，以求地中。而馮相氏春夏致日，秋冬致月，以辨四時之敍。漢之造曆必先定東西，立晷儀，唐詔太史測天下之晷，蓋校定日景，推驗氣節，必先乎此也。宋朝測景在浚儀之岳臺，崇寧間姚舜輔造紀元曆，求岳臺晷景，冬至後初限六十二日二十二分。蓋立八尺之表，俟圭尺上正八尺之景去冬至多寡日辰，立爲初限，用減二至，得一百二十日四十二分爲夏至後初限，以爲後法。蓋冬至之景，長短實與歲差相應，而地里遠近古今亦不同焉。中興後，清臺亦立晷圭，如汴京之制，冬至必測驗焉。統天曆、開禧曆亦皆以六十二日數分爲冬至初限，而議者謂臨安之晷景當與岳臺異。或謂當立八尺之表，俟圭景上八尺之景在四十九日有奇，當用四十九日五分爲臨安冬至後初限，用減二至限，得一百三十三日有奇爲夏至後初限。參合天道，其法爲密焉。然土圭之法本以致日景，求地中，而表景不應，災祥繫焉。占家知之，而亦不能知其所以然也。

校勘記

〔一〕吳王蕃　「吳」，原作「宋」，據後文沈括渾儀議、三國志卷六五吳書本傳及殿本考證改。

〔二〕天抱　玉海卷四作「天托」。

〔三〕列宿　原作「別宿」。參照玉海卷四、宋會要運曆二之二一、蘇頌新儀象法要進儀象表所記，當

爲「列宿」之訛，據改。

〔四〕於兩極之間用夾窺管　「間」字原脫，據玉海卷四補。

〔五〕令其游規運轉　「轉」字原脫，據玉海卷四補。

〔六〕帶天之紘　「紘」，原作「紘」，殿本考證：「紘當爲紘。」按晉書卷一一天文志、新唐書卷三一天文志及玉海卷一都作「紘」，殿本考證是，據改。

〔七〕差陽城四分　「四分」，原作「九」。按舊唐書卷三五天文志、新唐書卷三一天文志都說：以覆矩斜視，陽城北極出地三十四度四分；自浚儀表視之，高三十四度八分。兩者相差應爲四分。據改。

〔八〕椎重難運　「椎」，原作「推」，據宋會要運曆二之四、玉海卷四、張元濟宋史校勘記稿本改。

〔九〕孔定　按本書卷七六律曆志、隋書卷一九天文志及新儀象法要卷上都作「孔挺」，宋會要運曆二之四、玉海卷四都同原刊。

〔一〇〕時規　原作「特規」，據宋會要運曆二之四改。

〔一一〕劉曜太史令晁崇斛蘭　按魏書卷九一晁崇傳，崇爲魏（後魏）太史令；新唐書卷三一天文志僧一行說：「靈臺鐵儀後魏斛蘭作。」二人都不是劉曜的太史令。

〔一二〕一象地　「一」，原作「以」，據宋會要運曆二之四、隋書卷一九天文志改。

中華書局

〔一三〕當側窺如車輪之牙　殿本考證：「側窺當作側規。」玉海卷四亦作「側規」。疑作「側規」是。

〔一四〕其屬有三　「三」，原作「二」，據玉海卷四改。

〔一五〕方中皆圓尺有八寸　此句疑有訛誤。宋會要運曆二之一〇，「圓」作「圜」。

〔一六〕求壺進水暴則流怒以搖復以壺又折以爲介　按宋會要運曆二之一〇，無「複以壺」之「以」字。

〔一七〕無使穢遊則水道不慧　按宋會要運曆二之一〇，「則」上重「穢遊」二字，疑爲脫文。

〔一八〕去半以爲之厚　「厚」，原作「後」，據宋會要運曆二之一一改。

〔一九〕闊一寸二分　「寸」下原衍「徑」字，據宋會要運曆二之一六刪。

宋史卷四十九

志第二

天文二

紫微垣　太微垣　天市垣

紫微垣

紫微垣東蕃八星，西蕃七星，在北斗北，左右環列，翊衞之象也。一曰大帝之坐，天子之常居也，主命、主度也。東蕃近閶闔門第一星爲左樞，第二星爲上宰〔一〕，三星曰少宰，四星曰上弼，一曰上輔。五星爲少弼，一曰少輔。六星爲上衞，七星爲少衞，八星爲少丞。或曰上丞。其西蕃近閶闔門第一星爲右樞，第二星爲少尉，第三星爲上輔，第四星爲少輔，第五星爲上衞，第六星爲少衞，第七星爲上丞。其占，欲均明，大小有常，則內輔盛；垣直，天子自將

出征；門開，兵起宮垣。兩蕃正南開如門，曰閶闔。有流星自門出四野者，當有中使御命，視其所往分野論之；不依門出入者，外蕃國使也。太陰、歲星犯紫微垣，有喪。太白、辰星犯之，改世。熒惑守宮，君失位。客星守，有不臣，國易政。國皇星，兵。彗星犯，有異王立。流星犯之，爲兵、喪，水旱不調。使星入北方，兵起。石氏云：東西兩蕃總十六星，西蕃亦八星，一右樞，二上尉，三少尉，四上輔，五少輔，六上衞，七少衞，八少丞。上宰一星，上輔二星，三公也。少宰一星，少輔二星，三孤也。此三公、三孤在朝者也。左右樞、上少丞，疑丞輔弼，四鄰之謂也。尉二星，衞四星，六軍大副尉，四衞將軍也。

北極五星在紫微宮中，北辰最尊者也，其紐星爲天樞，天運無窮，三光迭耀，而極星不移，故曰「居其所而衆星共之。」樞星在天心，四方去極各九十一度。賈逵、張衡、蔡邕、王蕃、陸績皆以北極紐星之樞，是不動處。在紐星末猶一度有餘〔二〕。今清臺則去極四度半。第一星主月，太子也；二星主日，帝王也，亦太一之坐，謂最赤明者也；第三星主五行，庶子也。乾象新星書曰：「第三星主五行，第四星主諸王，第五星爲後宮。」　悶云：「北極五星，初一曰帝，次二曰后，次三曰妃，次四曰太子，次五曰庶子。」四曰太子者，最赤明者也。後四星勾曲以抱之者，帝星也。太公望以爲北辰，以爲耀魄寶，以爲帝極者是也。或以勾陳口中一星爲耀魄寶者，非是。北極中星不明，主不用事；右星不明，太子憂；左星不明，庶子憂；明大動搖，主好出游；色青微者，凶。客星入，爲兵、喪。彗入，爲易位。流星入，兵起地動。

北斗七星在太微北，杓攜龍角，衡殷南斗，魁枕參首，是爲帝車，運於中央，臨制四海，以建四時、均五行、移節度、定諸紀，乃七政之樞機，陰陽之元本也。魁第一星曰天樞，正星，主天，又曰樞爲天，主陽德，天子象。其分爲秦，漢志主徐州。天象占曰：「天子不恭宗廟，不敬鬼神，則不明，變色。」二曰璇，法星，主地，又曰璇爲地，主陰刑，女主象。其分爲楚，漢志主益州。天象占曰：「若廣營宮室，妄鑿山陵，則不明，變色。」三曰璣，爲人，主火，爲令星，主中禍。其分爲梁，漢志主冀州。若王者不恤民，驟征役，則不明，變色。四曰權，爲時，主水，爲伐星，主天理，伐無道。其分爲吳，漢志主荆州。若號令不順四時，則不明，變色。五曰玉衡，爲音，主土，爲殺星，主中央，助四方，殺有罪。其分爲燕，漢志主兗州。若廢正樂，務淫聲，則不明，變色。六曰闓陽，爲律，主木，爲危星，主天倉、五穀。其分爲趙，漢志主揚州。若不勸農桑，峻刑法，退賢能，則不明，變色。七曰搖光，爲星，主金，爲部星，爲應星，主兵。其分爲齊，漢志主豫州。王者聚金寶，不修德，則不明，變色。又曰一至四爲魁，魁爲璇璣；五至七爲杓，杓爲玉衡：是爲七政，星明其國昌。第八曰弼星，在第七星右，不見，漢志主幽州。第九曰輔星，在第六星左，常見，漢志主幷州。晉志，輔星傅乎闓陽，所以佐斗成功，丞相之象也。其色在春青黃，在夏赤黃，秋爲白黃，冬爲黑黃。變常則國有兵殃，明則臣強。斗旁欲多星則安，斗中星少則人恐。太陰犯之，爲兵、喪、大赦。白暈貫三

星，王者惡之。星孛于北斗，主危。彗星犯，爲易主。流星犯，主客兵。客星犯，爲兵。五星犯之，國亂易主。

按北斗與輔星爲八，而漢志云九星，武密及楊維德皆采用之。史記索隱云：「北斗星間相去各九千里。其二陰星不見者，相去八千里。」而丹元子步天歌亦云九星，漢書必有所本矣。

勾陳六星，在紫宮中，五帝之後宮也，太帝之正妃也，大帝之帝居也。樂緯曰：「主後宮。」巫咸曰：「主天子護軍。」荆州占：「主大司馬。」或曰主六軍將軍。或曰主三公、三師，爲萬物之母。六星比陳，象六宮之化，其端大星曰元始，餘星乘之曰庶妾，在北極配六輔。甘氏曰：勾陳在辰極左，是爲鉤陳衞六軍將軍。或以爲後宮，非是。勾陳口中一星爲陽德，天皇大帝內坐。或即以爲天皇大帝，非是。其占，色不欲甚明，明卽女主惡之。星盛，則輔強；主不用諫，佞人在側，則不見。客星入之，色蒼白，將有憂；白，爲立將；赤黑，將死。客星出而色赤，戰有功；守之，後宮有女使欲謀。彗星犯之，后宮有謀，近臣憂。流星入，爲迫主。青氣入，大將憂。

天皇大帝一星，在勾陳口中，其神曰耀魄寶，主御羣靈，執萬神圖，大人之象也。客星犯之，爲除舊布新。彗、孛犯，大臣叛。流星犯，國有憂。雲氣入之，潤澤，吉。黃白氣入，連大帝坐，臣獻美女；出天皇上者，改立王。

四輔四星，又名四弼，在極星側，是曰帝之四鄰，所以輔佐北極，而出度授政也。去極星各四度。閔云：「四輔一名中斗。」或以爲後宮，非是。武密曰：「光浮而動，凶；明小，吉；暗，則不理。」客星犯之，大臣憂。彗、孛犯，權臣死。流星犯，大臣黜。黃白氣入，四輔有喜。白氣入，相失位。

五帝內坐五星，在華蓋下，設敘順，帝所居也。色正，吉；變色，爲災。客星犯紫宮中坐，占爲大臣犯主。彗、孛犯之，民饑，大臣憂，三年有兵起。流星犯，爲兵起、臣叛；出，爲有誅戮。雲氣入，色黃，太子卽位，期六十日；赤黃，人君有異。

六甲六星，在華蓋杠旁，主分陰陽，配節候，故在帝旁，所以布政教、授農時也。明，則陰陽和；不明，則寒暑易節；星亡，水旱不時。客星犯之，色赤，爲旱；黑，爲水；白，則人多疫。彗、孛犯，女主出政令。流星犯，爲水旱，術士誅。雲氣犯，色黃，術士興。蒼白，史官受爵。

柱史一星，在北極東，主記過，左右史之象。一云在天柱前，司上帝之言動。星明，爲史官得人；不明，反是。客星犯之，史官有黜者。彗、孛犯，太子憂，若百官黜。流星犯，君有咎。雲氣犯，色黃，史有爵祿。蒼白氣入，左右史死。

女史一星，在柱史北，婦人之微者，主傳漏。

天柱五星，在東垣下，一云在五帝左稍前，主建政教。一曰法五行，主晦朔、晝夜之職。明正，則吉，人安，陰陽調；不然，則司曆過。客星犯之，國中有賊。彗、孛犯，宗廟不安，君憂，一曰三公當之。雲氣赤黃，君喜；黑，三公死。

女御四星，在大帝北，一云在勾陳腹，一云在帝坐東北，御妻之象也。星明，多內寵。客星犯之，後宮有謀，一云自戮。孛、彗犯，後宮有誅。流星犯，後宮有出者，一云外國進美女。雲氣化黃，爲後宮有子喜；蒼白，多病。

尙書五星，在紫微東蕃內，大理東北，晉志在東南維，一云在天柱右稍前，主納言，夙夜咨謀，龍作納言之象。彗、孛犯之，官有叛，或太子憂。流星若出，則尙書出使；犯之，誅官黜，八坐憂。雲氣入，黃，爲喜；黃而赤，尙書出鎭；黑，尙書有坐罪者。

大理二星，在宮門左，一云在尙書前，主平刑斷獄。明，則刑憲平；不明，則獄有冤酷。客星犯之，貴臣下獄；色黃，赦；白，受戮；赤黃，無罪；守之，則刑獄冤滯，或刑官有黜。彗犯，獄官憂；流星，占同。雲氣入，黃白，爲赦；黑，法官黜。

陰德二星，巫咸圖有之，在尙書西，甘氏云：「陰德外坐在尙書右，陽德外坐在陰德右，太陰太陽入垣翊衞也。」天官書則以「前列直斗口三星，隨北耑銳，若見若不見，曰陰德。」謂施德不欲人知也。主周急振撫。明，則立太子，或女主治天下。客星犯之，爲旱、饑；守

中華書局

之，發粟振給。彗、孛犯，後宮有逆謀。流星犯，君令不行。雲氣入，黃，爲喜；青黑，爲憂。

天牀六星，在紫微垣南門外，主寢舍解息燕休。一曰在二樞之間，備幸之所也。陶隱居云：「傾則天王失位。」客星入宮中，有刺客，或內侍憂。彗、孛犯之，主憂；大臣失位。流星犯，后妃叛，女主立，或人君易位。雲氣入，色黃，天子得美女，後宮喜有子；蒼白，主不安，青黑，憂；白，凶。

華蓋七星，杠九星如蓋有柄下垂，以覆大帝之坐也，在紫微宮臨勾陳之上。正，吉；傾，則凶。客星犯之，王室有憂，兵起。彗、孛犯，兵起，國易政。流星犯，兵起宮內，以赦解之；貫華蓋，三公災。雲氣入，黃白，主喜；赤黃，侯王喜。

傳舍九星，在華蓋上，近河，賓客之館，主北使入中國。客星犯，邦有憂；一曰客星守之，備姦使；亦曰北地兵起。彗、孛犯，守之，亦爲北兵。黑雲氣入，北兵侵中國。

八穀八星，在華蓋西，五車北，一曰在諸王西。武密曰：「主候歲豐儉，一稻、二黍、三大麥、四小麥、五大豆、六小豆、七粟、八麻。」甘氏曰：「八穀在宮北門之右，司親耕，司候歲，司尚食。」星明，吉；一星亡，一穀不登；八星不見，大饑。客星入，穀貴。彗星入，爲水。黑雲氣犯之，八穀不收。

內階六星，在文昌東北，天皇之階也。一曰上帝幸文館之內階也。明，吉；傾動，憂。

彗、孛、客、流星犯之，人君遜避之象。

文昌六星，在北斗魁前，紫微垣西，天之六府也，主集計天道。一曰上將、大將軍，建威武；二曰次將、尚書，正左右；三曰貴相、大常，理文緒；四曰司祿、司中、司隸，賞功進；五曰司命、司怪、太史，主滅咎；六曰司寇、大理，佐理寶。所謂一者，起北斗魁前近內階者也。明潤色黃，大小齊，天瑞臻，四海安；青黑微細，則多所殘害；動搖，三公黜。月暈其宿，大赦。歲星守之，兵起。熒惑守之，將凶。太白守入，兵興。塡星守，國安。客星守，大臣叛。彗、孛犯，大亂。流星犯，宮內亂。

三公三星，在北斗杓南，及魁第一星西，一云在斗柄東，爲太尉、司徒、司空之象。在魁西者名三師，占與三公同，皆主宣德化，調七政，和陰陽之官也。移徙，不吉；居常，則安；一星亡，天下危；二星亡，天下亂；三星不見，天下不治。客星犯，三公憂。彗、孛及流星犯之，三公死。

天牢六星，在北斗魁下，貴人之牢也，主繩愆禁暴。甘氏云：「賤人之牢也。」月暈入，多盜。熒惑犯之，民相食，國有敗兵。太白、歲星守，國多犯法。客星、彗星犯之，三公下獄，或將相憂。流星犯之，有赦宥之令。

勢四星，在太陽守西北，一曰在璣星北。勢，腐形人也，主助宣王命，內常侍官也。以不明爲吉，明則閹人擅權。

天理四星，在北斗魁中，貴人之牢也。星不欲明，其中有星則貴人下獄。客星犯，多獄。彗、孛犯之，國危。赤雲氣犯之，兵大起，將相行兵。

相一星，在北斗第四星南，總百司，集衆事，掌邦典，以佐帝王。一曰在中斗文昌之南，在朝少師行大宰者。明，吉；暗，凶；亡，則相黜。

太陽守一星，在相星西北，斗第三星西南，大將大臣之象，主設武備以戒不虞。一曰在下台北，太尉官也，在朝少傅行大司馬者。明，吉；暗，凶。客、彗、孛犯之，爲易政，將相憂，兵亂。雲氣入，黃，爲喜；蒼白，將死；赤，大臣憂。

內廚二星，在紫微垣西南外，主六宮之內飲食，及后妃夫人與太子燕飲。彗、孛或流星犯之，飲食有毒。

天廚六星，在扶筐北，一曰在東北維外，主盛饌，今光祿廚也。星亡，則饑；不見，爲凶。客星、流星犯之，亦爲饑。

天一一星，在紫微宮門右星南，天帝之神也，主戰鬭，知吉凶。明，則陰陽和，萬物盛，人君吉；亡，則天下亂。客星犯，五穀貴。彗、孛犯之，臣叛。流星犯，兵起，民流。雲氣犯，黃，君臣和；黑，宰相黜。

太一一星，在天一南相近一度，亦天帝神也，主使十六神，知風雨、水旱、兵革、饑饉、疾疫、災害所在之國也。明，吉；暗，凶；離位，有水旱。客星犯，兵起，民流，火災，水旱，饑饉。彗、孛犯，兵、喪。流星犯，宰相、史官黜。雲氣犯，黃白，百官受賜；赤爲旱、兵；蒼白，民多疫。

天槍三星，在北斗杓東。一曰天鉞，天之武備也，故在紫微宮左右，所以禦難也。明，吉；暗、小，兵敗；芒角動，兵起。客星、彗星、流星犯，皆爲兵、饑。

天棓五星，在女牀北，天子先驅也，主分爭與刑罰藏兵，亦所以禦難，備非常也。一星不具，其國兵起；明，有憂；細微，吉。客星入，兵、喪。彗星守，兵起。流星犯，諸侯多爭。雲氣犯，蒼白、黑，爲凶。

天戈一星，又名玄戈，在招搖北，主北方。芒角、動搖，則北兵起。客星守之，北兵敗。彗、孛、流星犯之，占同。雲氣犯，黑，爲北兵退；蒼白，北人病。

太尊一星，在中台北，貴戚也。不見，爲憂。客、彗、流星犯之，並爲貴戚將敗之徵。

按步天歌載，中宮紫微垣經星常宿可名者三十五坐，積數一百六十有四。而晉志所載太尊、天戈、天槍、天棓皆屬太微垣，八穀八星在天市垣，與步天歌不同。

出，物賤；黃白，物賤；黑，爲啬夫死。

帝坐一星，在天市中，天皇大帝外坐也。光而潤澤，主吉，威令行；微小，大人憂。月犯之，人主憂。五星犯，臣謀主，下有叛；熒惑，尤甚。客星入，色赤，有兵；守之，大臣爲亂。彗、孛犯，人民亂，宮廟徙。流星犯，諸侯兵起，臣謀主，貴人更令。

候一星，在帝坐東北，候，一作后。主伺陰陽也。明大，輔臣強；細微，國安；亡，則主失位；移，則不安居。太陰犯之，輔臣憂。客、彗守之，輔臣黜。孛犯，臣謀叛。

宦者四星，在帝坐西南侍，主刑餘之臣也。星微，吉；失常，宦者有憂。

斗五星，在宦者南，主平量。乾象新書：在帝坐西，覆則歲熟，仰則荒。客、彗犯，爲饑。

斛四星，在斗南，主度量、分銖、算數。其星不明，凶；亡，則年饑。一曰在市樓北，名天斛。

列肆二星在斛西北，主貨金、玉、珠、璣。

屠肆二星，在帛度東北，主屠宰、烹殺。乾象新書：在天市垣內十五度。

車肆二星，在天市門中，主百貨。星不明，則車蓋盡行；明，則吉。客星、彗星守之，天下兵車盡發。乾象新書：在天市垣南門偏東。

宗正二星，在帝坐東南，宗大夫也。武密曰：主□司宗得失之官。乾象新書：在宗人西。彗星守之，若失色，宗正有事。客星守之，更號令也；犯之，主不親宗廟。星孛，其分宗正黜。

宗人四星，在宗正東，主錄親疏享祀。宗族有序，則星如綺文而明正；動，則天子親屬有變。客星守之，貴人死。

宗星二星，在候星東，宗室之象，帝輔血脈之臣。乾象新書：在宗人北。客星守之，宗支不和；暗，則宗支弱。

帛度二星，在宗星東北，主度量買賣平貨易者。乾象新書：在屠肆南。星明大，尺量平，商人不欺。客星、彗星守之，絲綿大貴。

市樓六星，在天市中，臨箕星之上，市府也，主市賈律度。其陽爲金錢，陰爲珠玉，變見各以其所占之。乾象新書：主闤闠，度律制令，在天市中。星明，吉；暗，則市吏不理。彗星、客星守之，市門多閉。

七公七星，在招搖東，爲天相，三公之象也，主七政。明，則輔佐強；大而動，爲兵；齊政，則國法平；戾，則獄多囚；連貫索，則世亂；入河中，糴貴，民饑。太白守之，天下亂，兵起。客星守，歲饑，主危。流星出，其分主將黜。

貫索九星，在七公星前，賤人之牢也。一曰連索，一曰連營，一曰天牢，主法律，禁強暴。牢口一星爲門，欲其開也。星在天市垣北。星皆明，天下獄繁；七星見，小赦；五星、六星，大赦；動，則斧鑕用；中空，改元。石申曰：一星亡，則有賜爵；三星亡，大赦，遠期八十日；入河中，爲饑；中星衆，則囚多。辰星犯之，主水，米貴。彗星出，其分中外豪傑起。客星入，有枉死者；色黃，諸侯獻地；青，爲憂；赤，爲兵；白，乃爲吉。流星入，女主憂，或赦；出，則貴女死。雲氣入，色蒼白，天子亡地；青，兵起；黑，獄多枉死；白，天子喜。

天紀九星，在貫索東，九卿之象，萬事綱紀，主獄訟。星明，則天下多訟；亡，則政理壞，國紀亂；散絕，則地震山崩；與女牀合，則君失禮，女謁行。客星守之，主危，民饑。客星犯，諸侯舉兵。彗、孛犯之，地震。客星、彗星合守，天下獄訟不理。

女牀三星，在天紀北，後宮御女侍從官也，主女事。明，則宮人恣；舒，則妾代女主；不動，則吉；不見，女子多疾。客星、彗星守之，宮人謀上。客星入，女子憂，後宮恣動，女謁行。雲氣出，色黃，後宮有福；白，爲喪；黑，凶；青，女多疾。

右天市垣常星可名者一十七坐，積數八十有八。而市樓、天斛、列肆、車肆、斗、帛度、屠肆等星，晉志皆不載，隋志有之，屬天市垣，與步天歌合。又貫索、七公、女牀、天紀，晉志屬太微垣。按乾象新書：天紀在天市垣北，女牀屬箕宿，貫索屬房宿，七公屬氐宿。武密以七公屬房，又屬尾；貫索屬房，又屬氐、屬心；女牀屬於尾、箕。說皆不同。

校勘記

〔一〕第二星爲上宰 「宰」，原作「帝」，據新儀象法要卷中、通志卷三九天文二、觀象玩占卷二五改。

〔二〕在紐星末猶一度有餘 按隋書卷一九天文志：「賈逵、張衡、蔡邕、王蕃、陸績皆以北極紐星爲樞，是不動處也。祖暅以儀準候不動處，在紐星之末猶一度有餘。」又本志上卷引沈括渾儀議：「臣考驗極星更三月，而後知天中不動處遠極星乃三度有餘，則祖暅窺考猶爲未審。」殿本考證認爲「在紐星末」上脫「祖暅以儀準候不動處」九字，「猶一度有餘」下脫「熙寧中沈括測去極三度有餘」等字。

〔三〕塡星熒惑犯之 按自此至「犯上相，大臣死」一段與開元占經卷三六、觀象玩占卷一四所記熒惑犯入太微情況略同；下文「塡星犯入太微」情況與開元占經卷四三、觀象玩占卷二四所記塡星犯入太微情況略同；又上文記歲星，下文記太白、辰星犯太微情況皆分別記述，疑「塡星」二字爲衍文。

宋史卷五十

志第三

天文三

二十八舍上

二十八舍

東方

角宿二星，爲天關，其間天門也，其內天庭也。故黃道經其中，七曜之所行也。左角爲天田，爲理，主刑。其南爲太陽道。右角爲將，主兵。其北爲太陰道。蓋天之三門，猶房之四表。星明大，吉，王道太平，賢者在朝；動搖、移徙，王者行；左角赤明，獄平；暗而微小，王道失。陶隱居曰：「左角天津，右角天門，中爲天關。」日食角宿，王者惡之；暈于角

內，有陰謀，陰國用兵得地，又主大赦。月犯角，大臣憂獄事，法官憂黜，又占憂在宮中。月暈，其分兵起；右角，右將災；左，亦然，或曰主水；色黃，有大赦。月暈三重，入天門及兩角，兵起，將失利。歲星犯，爲饑。熒惑犯之，國衰，兵敗；犯左角，有赦；右角，兵起；守之，讒臣進，政事急；居陽，有喜。塡星犯角爲喪，一曰兵起。太白犯角，羣臣有異謀。辰星犯，爲小兵；守之，大水。客星犯，兵起，五穀傷；守左角，色赤，爲旱；守右角，大水。彗星犯之，色白，爲兵；赤，所指破軍；出角，天下兵亂。星孛于角，白，爲兵；赤，軍敗；入天市，兵、喪。流星犯之，外國使來；入犯左角，兵起。雲氣黃白入右角，得地；赤入左，有兵；入右，戰勝；黑白氣入于右，兵將敗。

按漢永元銅儀，以角爲十三度；而唐開元游儀，角二星十二度。舊經去極九十一度，今測九十三度半。距星正當赤道，其黃道在赤道南，不經角中；今測角在赤道南二度半，黃道復經角中，卽與天象合。景祐測驗，角二星十二度，距南星去極九十七度，在赤道外六度，與乾象新書合，今從新書爲正。

南門二星，在庫樓南，天之外門也，主守兵禁。星明，則遠方來貢；暗，則夷叛；中有小星，兵動。客、彗守之，兵起。

庫樓十星，六大星庫也，南四星樓也，在角宿南。一曰天庫，兵車之府也。旁十五星，

三三而聚者柱也，中央四小星衡也。芒角，兵起；星亡，臣下逆；動，則將行；實，爲吉；虛，乃凶。歲星犯之，主兵。熒惑犯之，爲兵、旱。月入庫樓，爲兵。彗、孛入，兵，饑。客星入，夷兵起。流星入，兵盡出。赤雲氣入，內外不安。天庫生角，有兵。

平星二星，在庫樓北，角南，主平天下法獄，廷尉之象。正，則獄訟平；月暈，獄官憂。熒惑犯之，兵起，有赦。彗星犯，政不行，執法者黜。

平道二星，在角宿間，主平道之官。武密曰：「天子八達之衢，主轍軾。」明正，吉；動搖，法駕有虞。歲星守之，天下治。熒惑、太白守，爲亂。客星守，車駕出行。流星守，去賢用姦。

天田二星，在角北，主畿內封域。武密曰：「天子籍田也。」歲星守之，穀稔。熒惑守之，爲旱。太白守，穀傷。辰星守，爲水災。客星守，旱，蝗。

天門二星，在平星北。武密云：「在左角南，朝聘待客之所。」星明，萬方歸化；暗，則外兵至。月暈其外，兵起。熒惑入，關梁不通；守之，失禮。太白守，有伏兵。客星犯，有謀上者。

進賢一星，在平道西，主卿相舉逸材。明，則賢人用；暗，則邪臣進。太陰、歲星犯之，大臣死。熒惑犯，爲喪，賢人隱。太白犯之，賢者退。歲星、太白、塡星、辰星合守之，其占

爲天子求賢。黃白紫氣貫之，草澤賢人出。

周鼎三星，在角宿上，主流亡。星明，國安；不見，則運不昌；動搖，國將移。乾象新書引郟鄏定鼎事，以周衰秦無道鼎淪泗水，其精上爲星。李太異曰：「商巫咸星圖已有周鼎，蓋在秦前數百年矣。」

按步天歌，庫樓十星，柱十五星，衡四星，平星、平道、天田、天門各二星，進賢一星，周鼎三星，俱屬角宿。而晉志以左角爲天田，別不載天田二星，隋志有之。平道、進賢、周鼎晉志皆屬太微垣，庫樓幷衡星、柱星、南門、天門、平星皆在二十八宿之外。唐武密及景祐書乃與步天歌合。

亢宿四星，爲天子內朝，總攝天下奏事。聽訟、理獄、錄功。一曰疏廟，主疾疫。星明大，輔忠民安；動，則多疾。爲天子正坐，爲天符。秋分不見，則穀傷糴貴。太陽犯之，諸侯謀國，君憂。日暈，其分大臣凶，多雨，民饑，疫。月犯之，君憂或大臣當之；左爲水，右爲兵。月暈，其分先起兵者勝；在冬，大人憂。歲星犯之，有赦，穀有成；守之，有兵，人多病；留三十日以上，有赦；又曰：「犯則逆臣爲亂。」熒惑犯，居陽，爲喜；陰，爲憂；有芒角，大人惡之；守之久，民憂，多雨水，又爲兵。塡星犯，穀傷，民亡；逆行，女專政，逆臣爲謀；守之，有兵。太白犯之，國亡，民災；逆行，爲兵亂；有芒角，貴臣戮；守之，有水旱

災，或爲喪。辰星犯之，爲水，又爲大兵；守之，米貴，民疾，歲旱，盜起，民相惡。客星犯，國不安；色赤爲兵、旱，黃爲土功；青黑，使者憂；守之穀傷，一云有赦令；黑，民流。彗犯，國災；出，則有水、兵、疫、臣叛；白，爲喪。孛星犯，國危，爲水，爲兵；入，則民流；出，則其國饑。流星入，外國使來，穀熟；出，爲天子遣使，赦令出。李淳風曰：「流星入亢，幸臣死。」雲氣犯之，色蒼，民疫；白，爲土功；黑，水；赤，兵。一云白，民虐疾；黃，土功。

右亢宿四星，漢永元銅儀十度，唐開元游儀九度。舊去極八十九度，今九十一度半。景祐測驗，亢九度，距南第二星去極九十五度。

大角一星，在攝提間，天王坐也。又爲天棟，正經紀也。光明潤澤，爲吉；青，爲憂；赤，爲兵；白，爲喪；黑，爲疾；色黃而靜，民安；動，則人主好游。月犯之，大臣憂，王者惡之。月暈，其分人主有服。五星犯之，臣謀主，有兵。太白守之，爲兵。彗星出，其分主更改，或爲兵。天子失仁則守之。孛星犯，爲兵；守之，主憂。客星犯守，臣謀上；出，則人主受制。流星入，王者惡之；犯之，邊兵起。雲氣青，主憂；白，爲喪；黃氣出，有喜。

折威七星，在亢南，主斬殺，斷軍獄。月犯之，天子憂。五星犯，將軍叛。彗、孛犯，邊將死。雲氣犯，蒼白，兵亂；赤，臣叛主；黃白，爲和親；出，則有赦；黑氣入，人主惡之。

攝提六星，左右各三，直斗杓南，主建時節，伺禨祥。其星爲楯，以夾擁帝坐，主九卿。

星明大，三公恣，主弱；色溫不明，天下安；近大角，近戚有謀。太陰入，主受制。月食，其分主惡之。熒惑、太白守，兵起，天下更主。彗、孛入，主自將兵；出，主受制。流星入，有兵；出，有使者出；犯之，公卿不安。雲氣入，赤，爲兵，九卿憂；色黃，喜；黑，大臣戮。

陽門二星，在庫樓東北，主守隘塞，禦外寇。五星入，五兵藏。彗星守之，外夷犯塞，兵起。赤雲氣入，主用兵。

頓頑二星，在折威東南，主考囚情狀，察詐僞也。星明，無咎；暗，則刑濫。彗星犯之，貴人下獄。

按步天歌，大角一星，折威七星，左右攝提總六星，頓頑、陽門各二星，俱屬角宿。而晉志以大角、攝提屬太微垣，折威、頓頑在二十八宿之外。陽門則見於隋志，而晉史不載。武密書以攝提、折威、陽門皆屬角、亢。乾象新書以右攝提屬角，左攝提屬亢，餘與武密書同。景祐測驗，乃以大角、攝提、頓頑、陽門皆屬於亢，其說不同。

氐宿四星，爲天子舍室，后妃之府，休解之房。前二星適也，後二星妾也。又爲天根，主疫。後二星大，則臣奉度，主安；小，則臣失勢；動，則徭役起。日食，其分卿相有讒諛，一曰王者后妃惡之，大臣憂。日暈，女主恣，一曰國有憂，日下興師。月食其宿，大臣凶，后妃惡之，一曰糴貴。月暈，大將凶，人疫；在多，爲水，主危，以赦解之。月犯，左右郎將有誅，一曰有兵、盜。犯右星，主水；掩之，有陰謀，將軍當之。歲星犯，有赦，或立后；守之，地動，年豐；逆行，爲兵。熒惑犯之，臣僭上，一云將軍憂；守，有赦。塡星犯，左右郎將有誅；守之，有赦；色黃，后喜，或册太子；留舍，天下有兵；齊明，赦。太白犯之，郎將誅；入，其分疾疫；或云犯之，拜將；乘右星，水災。辰星犯，貴臣暴憂；守之，爲水，爲旱，爲兵；入守，貴人有獄；乘左星，天子自將。客星犯，牛馬貴；色黃白，爲喜，有赦，或曰邊兵起，後宮亂；五十日不去，有刺客。彗星犯，有大赦，糴貴；滅之，大疫；入，有小兵，一云主不安。孛星犯，糴貴；出，則有赦；入，爲小兵；或云犯之，臣干主。流星犯，秘閣官有事；在多夏，爲水、旱；乙巳占，後宮有喜；色赤黑，後宮不安。雲氣入，黃爲土功；黑主水；赤爲兵；蒼白爲疾疫；白，後宮憂。

按漢永元銅儀，唐開元游儀，氐宿十六度，去極九十四度。景祐測驗與乾象新書皆九十八度。

天乳一星，在氐東北，當赤道中。明，則甘露降。彗、客入，天雨。

將軍一星，騎將也，在騎官東南，總領車騎軍將、部陣行列。色動搖，兵外行。太白、熒惑、客星犯之，大兵出，天下亂。

招搖一星，在梗河北，主北兵。芒角、變動，則兵大行；明，則兵起；若與棟星、梗河、北

斗相直，則北方當來受命中國。又占：動，則近臣恣；離次，則庫兵發；色青，爲憂；白，爲君怒；赤，爲兵；黑，爲軍破；黃，則天下安。彗星犯，北邊兵動；出，其分夷兵大起。孛犯，蠻夷亂。客星出，蠻夷來貢，一云北地有兵、喪。流星出，有兵。雲氣犯，色黃白，相死；赤，爲內兵亂；色黃，兵罷；白，大人憂。

帝席三星，在大角北，主宴獻酬酢。星明，王公災；暗，天下安；星亡，大人失位；動搖，主危。彗犯，主憂，有亂兵。客星犯，主危。

亢池六星，在亢宿北。亢，舟也；池，水也。主渡水，往來送迎。微細，凶；散，則天下不通；移徙不居其度中，則宗廟有怪。五星犯之，川溢。客星犯，水，蟲多死。武密云：「主斷軍獄，掌棄市殺戮。」與舊史異說。

騎官二十七星，在氐南，天子虎賁也，主宿衞。星衆，天下安；稀，則騎士叛；不見，兵起。五星犯，爲兵。客星守之，將出有憂，士卒發。流星入，兵起；色蒼白，將死。

梗河三星，在帝席北，天矛也，一曰天鋒，主北邊兵，又主喪，故其變動應以兵、喪。星亡，國有兵謀。彗星犯之，北兵敗。客星入，兵出，陰陽不和；一云北兵侵中國。流星出，爲兵。赤雲氣犯，兵敗；蒼白，將死。

車騎三星，在騎官南，總車騎將，主部陣行列。變色動搖，則兵行。太白、熒惑、客星犯

之，大兵出，天下亂。

陣車三星，在氐南，一云在騎官東北，革車也。太白、熒惑守之，主車騎滿野，內兵無禁。

天輻二星，在房西斜列，主乘輿，若周官巾車官也。近尾，天下有福。五星、客、彗犯之，則輦轂有變。一作天福。

按步天歌，已上諸星俱屬氐宿。乾象新書以帝席屬角，亢池屬亢；武密與步天歌合，皆屬氐，而以梗河屬亢。占天錄又以陣車屬於亢，乾象新書屬氐，餘皆與步天歌合。

房宿四星，爲明堂，天子布政之官也，亦四輔也。下第一星，上將也；次，次將也；次，次相也；上星，上相也。南二星君位，北二星夫人位。又爲四表，中爲天衢，爲天關，黃道之所經也。南間曰陽環，其南曰太陽；北間曰陰環，其北曰太陰。七曜由乎天衢，則天下和平；由陽道，則旱、喪；由陰道，則水、兵。亦曰天駟，爲天馬，主車駕。南星曰左驂，次左服，次右服，次右驂。亦曰天廐，又主開閉，爲畜藏之所由。星明，則王者明；驂大，則兵起；星離，則民流；左驂、服亡，則東南方不可舉兵；右亡，則西北不可舉兵。日食，其分爲兵，大臣專權。日暈，亦爲兵，君臣失政，女主憂。月食其宿，大臣憂，又爲王者昏，大臣專政。月暈，爲兵；三宿，主赦，及五舍不出百日赦。太陰犯陽道，爲旱；陰道，爲雨；中道，歲稔，又

占上將誅。當天門、天駟，穀熟。歲星犯之，更政令，又爲兵，爲饑，民流；守之，大赦，天下和平，一云良馬出。熒惑犯，馬貴，人主憂；色青，爲喪；赤，爲兵；黑，將相災；白芒，火災；守之，有赦令；十日勾已者，臣叛。塡星犯之，女主憂；勾已，相有誅；守之，土功興，一曰旱、兵，一曰有赦。太白犯，四邊合從；守之，爲土功；出入，霜雨不時。辰星犯，有殃；守之，水災，一云北兵起，將軍爲亂。客星犯，歷陽道，爲旱；陰道，爲水，國空，民饑；色白，有攻戰；入，爲糴貴。彗星犯，國危，人亂，其分惡之。孛星犯，有兵，民饑，國災。流星犯之，在春夏，爲土功；秋多，相憂；入，有喪。乙巳占：出，其分天子恤民，下德令。雲氣入，赤黃，吉；如人形，后有子；色赤，宮亂；蒼白氣出，將相憂。

按漢永元銅儀，唐開元游儀，房宿五度。舊去極百八度，今百十度半。景祐測驗，房距南第二星去極百十五度，在赤道外二十三度。乾象新書在赤道外二十四度。

鍵閉一星，在房東北，主關籥。明，吉；暗，則宮門不禁。月犯之，大臣憂，火災。歲星守之，王不宜出。塡星占同。太白犯，將相憂。熒惑犯，主憂。彗星、客星守之，道路阻，兵起，一云兵滿野。

鉤鈐二星，在房北，房之鈐鍵，天之管籥。王者至孝則明；又曰明而近房，天下同心。房、鉤鈐間有星及疎拆，則地動，河清。月犯之，大人憂，車駕行。月食，其分將軍死。歲星守之，爲饑；去其宿三寸，王失政，近臣起亂。熒惑守之，有德令。太白守，喉舌憂。塡星守，王失土。彗星犯，宮庭失業。客星、流星犯，王有奔馬之敗。

東咸西咸各四星，東咸在心北，西咸在房西北，日、月、五星之道也。爲房之戶，以防淫泆也。明，則信吉。東咸近鉤鈐，有讒臣入。西咸近上及動，有知星者入。月、五星犯之，有陰謀，又爲女主失禮，民饑。熒惑犯之，臣謀上。與太白同犯，兵起。歲星、塡星犯之，有陰謀。流星犯，后妃恣，王有憂。客星犯，主失禮，后妃恣。

罰三星，在東、西咸正南，主受金罰贖。曲而斜列，則刑罰不中。彗星、客星犯之，國無政令，憂多，枉法。

日一星，在房宿南，太陽之精，主昭明令德。明大，則君有德令。月犯之，下謀上。歲星守，王得忠臣，陰陽和，四夷賓，五穀豐。太白、熒惑犯之，主有憂。客星、彗星犯之，主失位。

從官二星，在房宿西南，主疾病巫醫。明大，則巫者擅權。彗、孛犯之，巫臣作亂。雲氣犯，黑，爲巫臣戮；黃，則受爵。

按步天歌，以上諸星俱屬在房。日一星，晉、隋志皆不載，以他書考之，雖在房宿南，實入氐十二度半。武密書及乾象新書惟以東咸屬心，西咸屬房，與步天歌不同，餘

皆脗合。

心宿三星，天王正位也。中星曰明堂，天子位，爲大辰，主天下之賞罰；前星爲太子；後星爲庶子。星直，則王失勢。明大，天下同心；天下變動，心星見祥；搖動，則兵離民流。日食，其分刑罰不中，將相疑，民饑，兵、喪。日暈，王者憂之。月食其宿，王者惡之，三公憂，下有喪。月暈，爲旱，穀貴，蟲生，將凶。與五星合，大凶。太陰犯之，大臣憂；犯中央及前後星，主惡之；出心大星北，國旱；出南，君憂，兵起。歲星犯之，有慶賀事，穀豐，華夷奉化；色不明，有喪，旱。熒惑犯之，大臣憂；貫心，爲饑；與太白俱守，爲喪。又曰熒惑居其陽，爲喜；陰，爲憂。又曰守之，主易政；犯，爲民流，大臣惡之；守星南，爲水；北，爲旱；逆行，大臣亂。塡星犯之，大臣喜，穀豐；守之，有土功；留舍三十日有赦；居久，人主賢；中犯明堂，火災；逆行，女主干政。太白犯，糴貴，將軍憂，有水災，不出一年有大兵；舍之，色不明，爲喪；逆行環繞，大人惡之。辰星犯明堂，則大臣當之，在陽爲燕，在陰爲塞北，不則地動、大雨；守之，爲水，爲盜。客星犯之，爲旱；守之，爲火災；舍之，則糴貴，民饑。彗星犯之，大臣相疑；守之而出，爲蝗、饑，又曰爲兵。星孛，其分有兵、喪，民流。流星犯，臣叛；入之，外國使來；色青，爲兵，爲憂；黃，有土功；黑，爲凶。雲氣入，色黃，子孫喜；白，亂臣在側；黑，太子有罪。

按漢永元銅儀，唐開元游儀，心三星皆五度，去極百八度。景祐測驗，心三星五度，距西第一星去極百十四度。

積卒十二星，在房西南，五營軍士之象，主衞士掃除不祥。星小，爲吉；明，則有兵；一星亡，兵少出；二星亡，兵半出；三星亡，兵盡出。五星守之，兵起；不則近臣誅。彗星、客星守之，禁兵大出，天子自將。雲氣犯之，青赤，爲大臣持政，欲謀兵事。

按步天歌，積卒十二星屬心，晉志在二十八宿之外，唐武密書與步天歌合。乾象新書乃以積卒屬房宿爲不同，今兩存其說。

尾宿九星，爲天子後宮，亦主后妃之位。上第一星，后也；次三星，夫人；次星，嬪妾也。亦爲九子。均明，大小相承，則後宮有序，子孫蕃昌。明，則后有喜，穀熟；不明，則后有憂，穀荒。日食，其分將有疾，在燕風沙，兵、喪，後宮有憂，人君戒出。日暈，女主喪，將相憂。月食，其分貴臣犯刑，後宮有憂。月暈，有疫，大赦，將相憂，其分有水災，后妃憂。太陰犯之，臣不和，將有憂。歲星犯，穀貴；入之，妾爲嫡，臣專政；守之，旱，火災。熒惑犯之，有兵；留二十日，水災；留三月，客兵聚；入之，人相食，又云宮內亂。塡星犯之，色黃，后妃喜；入，爲兵、饑、盜賊；逆行，妾爲女主；守之而有芒角，更姓易政。太白犯入，大臣起兵；久留，爲水災；出、入、舍、守，糴貴，兵起，後宮憂；失行，軍破城亡。辰星犯守，爲水

災，民疾，後宮有罪者，兵起；入，則萬物不成，民疫。客星犯入，宮人惡之；守之，賤女暴貴；出，則爲風，爲水，後宮惡之，兵罷，民饑多死。彗星犯，后惑主，宮人出，兵起，宮門多土功；出入，貴臣誅，有水災。孛犯，多土功，大臣誅；守之，宮人出；出，爲大水，民饑。流星入犯，色青，舊臣歸；在春夏，後宮有口舌；秋冬，賢良用事；出，則後宮喜，有子孫；色白，後宮妾死；出入，風雨時，穀熟；入，后族進祿；青黑，則后妃喪。雲氣入，色青，外國來降；出，則臣有亂。赤氣入，有使來言兵。黑氣入，有諸侯客來。

按漢永元銅儀，尾宿十八度，唐開元游儀同。舊去極百二十度，一云百四十度；今百二十四度。景祐測驗，亦十八度，距西行從西第二星去極百二十八度，在赤道外二十二度。乾象新書二十七度。

神宮一星，在尾宿第三星旁，解衣之內室也。

天江四星，在尾宿北，主太陰。明動，爲水，兵起；星不具，則津梁不通；參差，馬貴。月犯，爲兵，爲臣彊，河津不通。熒惑犯，大旱；守之，有立主。太白犯，暴水。彗星犯，爲大兵。客星入，河津不通。流星犯，爲水，爲饑。赤雲氣犯，車騎出；青，爲多水；黃白，天子用事，兵起；入，則兵罷。

傅說一星，在尾後河中，主章祝官也，一曰後宮女巫也，司天王之內祭祀，以祈子孫。明大，則吉，王者多子孫，輔佐出；不明，則天下多禱祠；亡，則社稷無主；入尾下，多祝詛。左氏傳「天策焞焞」，卽此星也。彗星、客星守之，天子不享宗廟。赤雲氣入，巫祝官有誅者。

魚一星，在尾後河中，主陰事，知雲雨之期。明大，則河海水出；不明，則陰陽和，多魚；亡，則魚少；動搖，則大水暴出；出，則河大魚多死。月暈或犯之，則旱，魚死。熒惑犯其陽，爲旱；陰，爲水。塡星守之，爲旱。赤雲氣犯出，兵起，將憂；入，兵罷；黃白氣出，兵起。

龜五星，在尾南，主卜，以占吉凶。星明，君臣和；不明，則上下乖。熒惑犯，爲旱；守，爲火。客星入，爲水憂。流星出，色赤黃，爲兵；青黑，爲水，各以其國言之。赤雲氣出，卜祝官憂。

按神宮、傅說、魚各一星，天江四星，龜五星，步天歌與他書皆屬尾。而晉志列天江於天市垣，以傅說、魚、龜在二十八宿之外，其說不同。

箕宿四星，爲後宮妃后之府，亦曰天津，一曰天鷄，主八風，又主口舌，主蠻夷。星明大，穀熟；不正，爲兵；離徙，天下不安；中星衆亦然，糴貴。凡日月宿在箕、壁、翼、軫者，皆爲風起；舌動，三日有大風。日犯或食其宿，將疾，佞臣害忠良，皇后憂，大風沙。日暈，國有妖言。月食，爲風，爲水、旱，爲饑，后惡之。月暈，爲風，穀貴，大將易，又王者納后。月

犯，多風，糴貴，爲旱，女主憂，君將死，后宮干政。歲星入，宮內口舌，歲熟；在箕南，爲旱；在北，爲有年；守之，多惡風，穀貴，民饑死。熒惑犯，地動；入，爲旱；出，則有赦；久守，爲水；逆行，諸侯相謀，人主惡之。塡星犯，女主憂；久留，有赦；守之，后喜，有土功；色黃光潤，則太后喜；又占：守，有水；守九十日，人流，兵起，蝗。太白犯，女主喜；入，則有赦；出，爲土功，糴貴；守之，爲旱，爲風，民疾；出入留箕，五穀不登，多蝗。辰星犯，有赦；守，則爲旱；動搖，色青，臣自戮；又占爲水溢、旱、火災、穀不成。客星入犯，有土功，宮女不安，民流；守之，爲饑；色赤，爲兵；守其北，小熟；東，大熟；南，小饑；西，大饑；出，其分民饑，大臣有棄者；一云守之，秋多水災。彗星犯守，東夷自滅；出，則爲旱，爲兵，北方亂。孛犯，爲外夷亂，糴貴；守之，外夷災；出，爲穀貴，民死，流亡；春夏犯之，金玉貴；秋冬，土功興；入，則多風雨；色黃，外夷來貢。雲氣出，色蒼白，國災除；入，則蠻夷來見；出而色黃，有使者；出箕口，斂，爲雨；開，爲多風少雨。

按漢永元銅儀，箕宿十度，唐開元游儀十一度。舊去極百十八度，今百二十度。景祐測驗，箕四星十度，距西北第一星去極百二十三度。

糠一星，在箕舌前，杵西北。明，則豐熟；暗，則民饑，流亡。杵三星在箕南，主給庖舂。動，則人失釜甑；縱，則豐；橫，則大饑；亡，則歲荒；移徙，則人失業。熒惑守，民

中華書局

二十四史

流。客星犯守，歲饑。彗、孛犯，天下有急兵。

按晉志，糠一星、杵三星在二十八宿之外。乾象新書與步天歌皆屬箕宿。

北方

南斗六星，天之賞祿府，主天子壽算，爲宰相爵祿之位，傳曰天廟也。丞相太宰之位，褒賢進士，稟受爵祿，又主兵。一曰天機。南二星魁，天梁也。中央二星，天相也。北二星，天府廷也。又謂南星者，魁星也；北星，杓也，第一星曰北亭，一曰天開，一曰鈇鑕。石申曰：「魁第一主吳，二會稽，三丹陽，四豫章，五廬江，六九江。」星明盛，則王道和平，帝王長齡，將相同心；不明，則大小失次；芒角、動搖，國失忠臣，兵起，民愁。日食在斗，將相憂，兵起，皇后災，吳分有兵。日暈，宰相憂，宗廟不安。月食，其分國饑，小兵，后、夫人憂。月暈，大將死，穀不生。月犯，將臣黜，風雨不時，大臣誅；一歲三入，大赦；又占：入，爲女主憂，趙、魏有兵；色惡，相死。歲星犯，有赦；久守，水災，穀貴；守及百日，兵用，大臣死。熒惑犯，有赦，破軍殺將，火災；入二十日，糴貴；四十日，有德令；守之，爲兵、盜；久守，災甚；出斗上行，天下憂；不行，臣憂；入，內外有謀；守七日，太子疾。塡星犯，爲亂；入，則失地；逆行，地動；出、入、留二十日，有大喪；守之，大臣叛；又占：逆

行，先水後旱；守之，國多義士。太白犯之，有兵，臣叛；留守之，破軍殺將；與火俱入，白爍，臣子爲逆；久，則禍大。辰星犯，水，穀不成，有兵；守之，兵、喪。客星犯，兵起，國亂；入，則諸侯相攻，多盜，大旱，宮廟火，穀貴；七日不去，有赦。彗星犯，國主憂；出，則其分有謀，又爲水災，宮中火，下謀上，有亂兵；入，則爲火，大臣叛。孛犯入，下謀上，有亂兵；出，則爲兵，爲疾，國憂。流星入，蠻夷來貢；犯之，宰相憂，在春天子壽，夏爲水，秋則相黜，多大臣逆；色赤而出斗者，大臣死。雲氣入，蒼白，多風；赤，旱；出，有兵起，宮廟火；入，有兩赤氣，兵；黑，主病。

按漢永元銅儀，斗二十四度四分度之一；唐開元游儀，二十六度。去極百十六度，今百十九度。景祐測驗，亦二十六度，距魁第四星去極百二十二度。

鼈十四星，在南斗南，主水族，不居漢中，川有易者。熒惑守之，爲旱。辰星守，爲火。客星守，爲水。流星出，色青黑，爲水；黃，爲旱。雲氣占同。一曰有星守之，白衣會，主有水。

天淵十星，一曰天池，一曰天泉，一曰天海，在鼈星東南九坎間，又名太陰，主灌溉溝渠。五星守之，大水，河決。熒惑入，爲旱。客星入，海魚出。彗星守之，川溢傷人。

狗二星，在南斗魁前，主吠守，以不居常處爲災。熒惑犯之，爲旱。客星入，多土功，北邊饑；守之，守禦之臣作亂。

建六星，在南斗魁東北，臨黃道，一曰天旗，天之都關。爲謀事，爲天鼓，爲天馬。南二星，天庫也。中二星，市也，鈇鑕也。上二星，爲旗跗。斗建之間，三光道也，主司七曜行度得失，十一月甲子天正冬至，大曆所起宿也。星動，人勞役。月犯之，臣更天子法；掩之，有降兵。月食，其分皇后娣姪當黜。月暈，大將死，五穀不成，蛟龍見，牛馬疫。月與五星犯之，大臣相譖有謀，亦爲關梁不通，大水。歲星守，爲旱，糴貴，死者衆，諸侯有謀；入，則有兵。熒惑守之，臣有黜者，諸侯有謀，糴貴；入，則關梁不通，馬貴；守旗跗三十日，有兵。塡星守之，王者有謀。太白守，外國使來。辰星守，爲水災，米貴，多病。彗、孛、客星犯之，王失道，忠臣黜。客星守之，道路不通，多盜。流星入，下有謀；色赤，昌。

天弁九星，弁一作辯。在建星北，市官之長，主列肆、闤闠、市籍之事，以知市珍也。明盛，則萬物昌；不明及彗、客犯之，糴貴；久守之，囚徒起兵。

天鷄二星，在牛西，一在狗國北，主異鳥，一曰主候時。熒惑舍之，爲旱，鷄多夜鳴。太白、熒惑犯之，爲兵。塡星犯之，民流亡。客星犯，水旱失時；入，爲大水。

狗國四星，在建星東南，主三韓、鮮卑、烏桓、玁狁、沃且之屬。星不具，天下有盜；不明，則安；明，則邊寇起。月犯之，烏桓、鮮卑國亂。熒惑守之，外夷兵起。太白守之，鮮卑受攻。客星守，其王來中國。

天籥八星，在南斗杓第二星西，主開閉門戶。明，則吉；不備，則關籥無禁。客星、彗星守之，關梁閉塞。

農丈人一星，在南斗西南，老農主稼穡者，又主先農、農正官。星明，歲豐；暗，則民失業；移徙，歲饑。客星、彗星守之，民失耕，歲荒。

按步天歌，已上諸星皆屬南斗。晉志以狗國、天鷄、天弁、天籥、建星皆屬天市垣，餘在二十八宿之外。乾象新書以天籥、農丈人屬箕，武密又以天籥屬尾，互有不同。

牛宿六星，天之關梁，主犧牲事。其北二星，一曰卽路，一曰聚火。又曰上一星主道路，次二星主關梁，次三星主南越。明大，則王道昌，關梁通，牛貴；怒，則馬貴；動，則牛災，多死；始出而色黃，大豆賤；赤，則豆有蟲；青，則大豆貴；星直，糴賤；曲，則貴。日食，其分兵起；暈，爲陰國憂，兵起。月食，有兵；暈，爲水災，女子貴，五穀不成，牛多暴死，小兒多疾。月暈在冬三月，百四十日外有赦；暈中央大星，大將被戮。月犯之，有水，牛多死，其國有憂。歲星入犯，則諸侯失期；留守，則牛多疫，五穀傷；在牛東，不利小兒；西，主風雪；北，爲民流；逆行，宮中有火；居三十日至九十日，天下和平，道德明。熒惑犯之，諸侯多疾，臣謀主；守，則穀不成，兵起；入或出守斗南，赦。塡星犯之，有土功；守之，雨雪，民人、牛馬病。太白犯之，諸侯不通；守，則國有兵起；入，則爲兵謀，人多死。辰

中華書局

星犯，敗軍移將，臣謀主。客星犯守之，牛馬貴，越地起兵；出，牛多死，地動，馬貴。彗星犯之，吳分兵起；出，爲糴貴，牛死。孛犯，改元易號，糴貴，牛多死，吳、越兵起，下當有自立者。流星犯之，王欲改事；春夏，穀熟；秋冬，穀貴；色黑，牛馬昌，關梁入貢。雲氣蒼白横貫，有兵、喪；赤，亦爲兵；黄白氣入，牛蕃息；黑，則牛死。

按漢永元銅儀，以牽牛爲七度；唐開元游儀，八度。舊去極百六度，今百四度。景祐測驗，牛六星八度，距中央大星去極百十度半。

天田九星，在斗南，一曰在牛東南，天子畿內之田。其占與角北天田同。客星犯之，天下憂。彗、孛犯守之，農夫失業。

河鼓三星，在牽牛西北，主天鼓，蓋天子及將軍鼓也。一曰三武，主天子三將軍〔一〕，中央大星爲大將軍，左星爲左將軍，右星爲右將軍。左星南星也，所以備關梁而拒難也，設守險阻，知謀徵也。鼓欲正直而明，色黄光澤，將吉；不正，爲兵、憂；星怒，則馬貴；動，則兵起；曲，則將失計奪勢；有芒角，將軍凶猛象也；動搖，差度亂，兵起。月犯之，軍敗亡。五星犯之，兵起。彗星、客星犯，將軍被戮。流星犯，諸侯作亂。黄白雲氣入之，天子喜；赤，爲兵起；出，則戰勝；黑，爲將死。青氣入之，將憂；出，則禍除。

左旗九星，在河鼓左旁，右旗九星在牽牛北、河鼓西南，天之鼓旗旌表也。主聲音、設

險、知敵謀。旗星明大，將吉。五星犯守，兵起。

織女三星，在天市垣東北，一曰在天紀東，天女也，主果蓏、絲帛、珍寶。王者至孝，神祇咸喜，則星俱明，天下和平；星怒而角，布帛貴。陶隱居曰：「常以十月朔至六七日晨見東方。」色赤精明者，女工善；星亡，兵起，女子爲候。織女足常向扶筐，則吉；不向，則絲綿大貴。月暈，其分兵起。熒惑守之，公主憂，絲帛貴，兵起。彗星犯，后族憂。星孛，則有女喪。客星入，色青，爲饑；赤，爲兵；黄，爲旱；白，爲喪；黑，爲水。流星入，有水、盜，女主憂。雲氣入，蒼白，女子憂；赤，則爲女子兵死；色黄，女有進者。

漸臺四星，在織女東南，臨水之臺也，主晷漏、律呂事。明，則陰陽調，而律呂和；不明，則常漏不定。客星、彗星犯之，陰陽反戾。

輦道五星，在織女西，主王者游嬉之道。漢輦道通南北宮，其象也。太白、熒惑守之，御路兵起。

九坎九星，在牽牛南，主溝渠、導引泉源、疏瀉盈溢，又主水旱。星明，爲水災；微小，吉。月暈，爲水；五星犯之，水溢。客星入，天下憂。雲氣入，青，爲旱；黑，爲水溢。

羅堰三星，在牽牛東，拒馬也，主隄塘，壅蓄水源以灌溉也。星明大，則水泛溢。

天桴四星，在牽牛東北横列，一曰在左旗端，鼓桴也，主漏刻。暗，則刻漏失時。武密

曰：「主桴鼓之用。」動搖，則軍鼓用；前近河鼓，若桴鼓相直，皆爲桴鼓用。太白、熒惑守之，兵鼓起。客星犯之，主刻漏失時。

按步天歌，已上諸星俱屬牛宿。晉志以織女、漸臺、輦道皆屬太微垣，以河鼓、左旗、右旗、天桴屬天市垣，餘在二十八宿之外。武密以左旗屬箕屬斗，右旗亦屬斗，漸臺屬斗，又屬牛，餘與步天歌同。乾象新書則又以左旗、織女、漸臺、輦道、九坎皆屬於斗。

須女四星，天之少府，賤妾之稱，婦職之卑者也，主布帛裁製、嫁娶。星明，天下豐，女巧，國富；小而不明，反是。日食在女，戒在巫祝、后妃禱祠，又占越分饑，后妃疾。日暈，後宮及女主憂。月食，爲兵、旱，國有憂。月暈，有兵謀不成；兩重三重，女主死。月犯之，有女惑，有兵不戰而降，又曰將軍死。歲星犯之，后妃喜，外國進女；守之，多水，國饑，喪，糴貴，民大災。熒惑犯之，大臣、皇后憂，布帛貴，民大災；守之，土人不安，五穀不熟，民疾，有女喪，又爲兵；入，則糴貴；逆行犯守，大臣憂；居陽，喜；陰，爲憂。塡星犯守，有苛政，山水出，壞民舍，女謁行，后專政，多妖女；留五十日，民流亡。太白犯之，布帛貴，兵起，天下多寡女；留守，有女喪，軍發。辰星犯，國饑，民疾；守之，天下水，有赦，南地火，北地水，又兵起，布帛貴。客星犯，兵起，女人爲亂；守之，宮人憂，諸侯有兵，江淮不通，糴貴。

彗星犯，兵起，女爲亂；出，爲兵亂，有水災，米鹽貴。星孛，其分兵起，女爲亂，有奇女來進；出入，國有憂，王者惡之。流星犯，天子納美女，又曰有貴女下獄；抵須女，女主死。乙巳占：出入而色黄潤，立妃后；白，爲後宮妾死。雲氣入，黄白，有嫁女事；白，爲女多病；黑，爲女多死；赤，則婦人多兵死者。

按漢永元銅儀，以須女爲十一度。景祐測驗，十二度，距西南星去極百五度，在赤道外十四度。

十二國十六星，在牛女南，近九坎，各分土居列國之象。九坎之東一星曰齊，齊北二星曰趙，趙北一星曰鄭，鄭北一星曰越，越東二星曰周，周東南北列二星曰秦，秦南二星曰代，代西一星曰晉，晉北一星曰韓，韓北一星曰魏，魏西一星曰楚，楚南一星曰燕，有變動各以其國占之。陶隱居曰：「越星在婺女南，鄭一星在越北，趙二星在鄭南，周二星在越東，楚一星在魏西南，燕一星在楚南，韓一星在晉北，晉一星在代北，代二星在秦南，齊一星在燕東。」

離珠五星，在須女北，須女之藏府，女子之星也。又曰主天子旒珠，后、夫人環珮。去陽，旱；去陰，潦。客星犯之，後宮有憂。

奚仲四星，在天津北，主帝車之官。凡太白、熒惑守之，爲兵祥。

天津九星，在虛宿北，橫河中，一曰天漢，一曰天江，主四瀆津梁，所以度神通四方也。一星不備，津梁不通；明，則兵起；參差，馬貴；大，則水災；移，則水溢。彗、孛犯之，津敗，道路有賊。客星犯，橋梁不修；守之，水道不通，船貴。流星出，必有使出，隨分野占之。赤雲氣入，爲旱；黃白，天子有德令；黑，爲大水；色蒼，爲水，爲憂；出，則禍除。

敗瓜五星，在匏瓜星南，主修瓜果之職，與匏瓜同占。

匏瓜五星一作瓠瓜。在離珠北，天子果園也，其西觜星主後宮。不明，則后失勢；不具或動搖，爲盜；光明，則歲豐；暗，則果實不登。彗、孛犯之，近臣僭，有戮死者。客星守之，魚鹽貴，山谷多水；犯之，有游兵不戰。蒼白雲氣入之，果不可食；青，爲天子攻城邑；黃，則天子賜諸侯果；黑，爲天子食果而致疾。

扶筐七星，爲盛桑之器，主勸蠶也，一曰供奉后與夫人之親蠶。明，吉；暗，凶；移徙，則女工失業。彗星犯，將叛。流星犯，絲綿大貴。

按步天歌，已上諸星俱屬須女，而十二國及奚仲、匏瓜、敗瓜等星，晉志不載，隋志有之。晉志又以離珠、天津屬天市垣，扶筐屬太微垣。乾象新書以周、越、齊、趙屬牛，秦、代、韓、魏、燕、晉、楚、鄭屬女。武密以離珠、匏瓜屬牛又屬女，以奚仲屬危。乾象新書以離珠、匏瓜屬牛，敗瓜屬斗又屬牛，以天津西一星屬斗，中屬牛，東五星屬女。

虛宿二星，爲虛堂，冢宰之官也，主死喪哭泣，又主北方邑居、廟堂祭祀祝禱事。宋均曰：「危上一星高，旁兩星下，似蓋屋也。」蓋屋之下，中無人，但空虛似乎殯宮，主哭泣也。明，則天下安；不明，爲旱；欹斜上下不正，享祀不恭；動，將有喪。日食其分，其邦有喪。日暈，民饑，后妃多喪。月食，主刀劍官有憂，國有喪。月暈，有兵謀，風起則不成，又爲民饑。月犯之，宗廟兵動，又國憂，將死。歲星犯，民饑；守之，失色，天王改服；與填星同守，水旱不時。熒惑犯之，流血滿野；守之，爲旱，民饑，軍叛；入，爲火災，功成見逐；或勾已，大人戰不利。填星犯之，有急令；行疾，有客兵；入，則有赦，穀不成，人不安；守之，風雨不時，爲旱，米貴，大人欲危宗廟，有客兵。太白犯，下多孤寡，兵，喪；出，則政急；守之，臣叛君；入，則大臣下獄。辰星犯，春秋有水；守之，亦爲水災，在東爲春水，南爲夏水，西爲秋水，北冬有雷雨、水。客星犯，糴貴；守之，兵起，近期一年，遠則二年，有哭泣事；出，爲兵、喪。彗星犯之，國凶，有叛臣；出，爲野戰流血；出入，有兵起，芒燄所指國必亡。星孛其宿，有哭泣事；出，則爲野戰流血，國有叛臣。流星犯，光潤出入，則冢宰受賞，有赦令；色黑，大臣死；入而色青，有哭泣事；黃白，有受賜者；出，則貴人求醫藥。雲氣黃入，爲喜；蒼，爲哭；赤，火；黑，水；白，有幣客來。

按漢永元銅儀，以虛爲十度，唐開元游儀同。舊去極百四度，今百一度。景祐測驗，距南星去極百三度，在赤道外十二度。

司命二星，在虛北，主舉過、行罰、滅不祥，又主死亡。逢星出司命，王者憂疾，一曰宜防祆惑。

司祿二星，在司命北，主增年延德，又主掌功賞、食料、官爵。

司危二星，在司祿北，主矯失正下，又主樓閣臺榭、死喪、流亡。

司非二星，在司危北，主司候內外，察愆尤，主過失。乾象新書：命、祿、危、非八星主天子已下壽命、爵祿、安危、是非之事。明大，爲災；居常，爲吉。

哭二星，在虛南，主哭泣、死喪。月、五星、彗、孛犯之，爲喪。

泣二星在哭星東，與哭同占。

天壘城十三星，在泣南，圜如大錢，形若貫索，主鬼方、北邊丁零類，所以候興敗存亡。熒惑入守，夷人犯塞。客星入，北方侵。赤雲氣掩之，北方驚滅，有疾疫。

離瑜三星，在十二國東，乾象新書在天壘城南。離，圭衣也；瑜，玉飾：皆婦人見舅姑衣服也。微，則後宮儉約；明，則婦人奢縱。客星、彗星入之，後宮無禁。

敗臼四星，在虛、危南，兩兩相對，主敗亡、災害。石申曰：「一星不具，民賣甑釜；不見，民去其鄉。」五星入，除舊布新。客星、彗星犯之，民饑，流亡。黑氣入，主憂。

按步天歌，已上諸星俱屬虛宿。司命、司祿、司危、司非、離瑜、敗臼，晉志不載，隋志有之。乾象新書以司命、司祿、司危、司非屬須女；泣星、敗臼屬危。武密書與步天歌合。

危宿三星，在天津東南，爲天子宗廟祭祀，又爲天子土功，又主天府、天市、架屋、受藏之事。不明，客有誅，土功興；動或暗，營宮室，有兵事。日食，陵廟摧，有大喪，有叛臣。日暈，有喪。月食，大臣憂，有喪，宮殿圮。月暈，有兵、喪，先用兵者敗。月犯之，宮殿陷，臣叛主，來歲糴貴，有大喪。歲星犯守，爲兵、役徭，多土功，有哭泣事，又多盜。熒惑犯之，有赦；守之，人多疾，兵動，諸侯謀叛，宮中火災；守上星人民死，中星諸侯死，下星大臣死，各期百日十日；守三十日，東兵起，歲旱，近臣叛；入，爲兵，有變更之令。填星守之，爲旱，民疾，土功興，國大戰；犯之，皇后憂，兵，喪；出、入、留、舍，國亡地，有流血；入，則大亂，賊臣起。太白犯之，爲兵，一曰無兵兵起，有兵兵罷，五穀不成，多火災；守之，將憂，又爲旱，爲火；舍之，有急事。辰星犯之，大臣誅，法官憂，國多災；守之，臣下叛，一云皇后疾，兵、喪起。客星犯，有哭泣，一曰多雨水，穀不收；入之，有土功，或三日有赦；出，則多雨水，五穀不登；守之，國敗，民饑。彗星犯之，下有叛臣兵起；出，則將軍出國，易政，大水，民饑。孛犯，國有叛者兵起。流星犯之，春夏爲水災，秋冬爲口舌；入，則下謀上；抵危，北地交兵。乙巳占：流星出入色黃潤，人民安，穀熟，土功興；色黑，爲水，大臣災。雲氣入，蒼白，爲土功；青，爲國憂；黑，爲水，爲喪；赤，爲火；白，爲憂，爲兵；黃出入，爲喜。

按漢永元銅儀，以危爲十六度；唐開元游儀，十七度。舊去極九十七度，距南星去極九十八度，在赤道外七度。

虛梁四星，在危宿南，主園陵寢廟、禱祝。非人所處，故曰虛梁。一曰宮宅屋幃帳寢。太白、熒惑犯之，爲兵。彗、孛犯，兵起，宗廟改易。

天錢十星，在北落師門西北，主錢帛所聚，爲軍府藏。明，則庫盈；暗，爲虛。太白、熒惑守之，盜起。彗、孛犯之，庫藏有賊。

墳墓四星，在危南，主山陵、悲慘、死喪、哭泣。大曰墳，小曰墓。五星守犯，爲人主哭泣之事。

杵三星，在人星東，一云臼星北，主舂軍糧。不具，則民賣甑釜。

臼四星，在杵星下，一云危東。杵臼不明，則民饑；星衆，則歲樂；疏，爲饑；動搖，亦爲饑；杵直下對臼，則吉；不相當，則軍糧絕；縱，則吉；橫，則荒；又曰星覆，歲饑；仰，則歲熟。彗星犯之，民饑，兵起，天下急。客星守之，天下聚會米粟。

蓋屋二星，在危宿南九度，主治宮室。五星犯之，兵起。彗、孛犯守，兵災尤甚。

造父五星，在傳舍南，一曰在螣蛇北，御官也。一曰司馬，或曰伯樂，主御營馬廄、馬乘、轡勒。移處，兵起，馬貴；星亡，馬大貴。彗、客入之，僕御謀主，有斬死者，一曰兵起；守之，兵動，廄馬出。

人五星，在虛北，車府東，如人形，一曰主萬民，柔遠能邇；又曰臥星，主夜行，以防淫人。星亡，則有詐作詔者，又爲婦人之亂；星不具，王子有憂。客、彗守犯，人多疾疫。

車府七星，在天津東，近河，東西列，主車府之官，又主賓客之館。星光明，潤澤，必有外賓，車駕華潔。熒惑守之，兵動。彗、客犯之，兵車出。

鉤九星，在造父西河中，如鉤狀。星直，則地動；他星守，占同。一曰主輦輿、服飾。明，則服飾正。

按步天歌，已上諸星俱屬危宿。晉志不載人星、車府，隋志有之。杵、臼星，晉、隋志皆無。造父、鉤星，晉志屬紫薇垣，蓋屋、虛梁、天錢在二十八宿外。乾象新書以車府西四星屬虛，東三星屬危。武密書以造父屬危又屬室，餘皆與步天歌合。按乾象新書又有天綱一星在危宿南，入危八度，去極百三十二度，在赤道外四十一度。晉、隋志及諸家星書皆不載，止載危、室二宿間與北落師門相近者。近世天文乃載此一星，在鬼、柳間，與外廚、天紀相近。然新書兩天綱雖同在危度，其說不同，今姑附于此。

營室二星，天子之宮，一曰玄宮，一曰清廟，又爲軍糧之府，主土功事。一曰室一星爲天子宮，一星爲太廟，爲王者三軍之廩，故置羽林以衞；又爲離宮閣道，故有離宮六星在其側。一曰定室，詩曰「定之方中」也。星明，國昌；不明而小，祠祀鬼神不享；動，則有土功事；不具，憂子孫；無芒、不動，天下安。日食在室，國君憂，王者將兵，一曰軍絕糧，士卒亡。日暈，國憂，女主憂黜。月食，其分有土功，歲饑。月暈，爲水，爲火，爲風。月犯之，爲土功，有哭泣事。歲星犯之，有急而爲兵；入，天子有赦，爵祿及下；舍室東，民多死；舍北，民憂；又曰守之，宮中多火災，主不安，民疫。熒惑犯，歲不登；守之，有小災，爲旱，爲火，糴貴；逆行守之，臣謀叛；入，則創改宮室；成勾巳者，主失宮。填星犯，爲兵；守之，天下不安，人主徙宮，后、夫人憂，關梁不通，貴人多死；久守，大人惡之，以赦解，吉；逆行，女主出入恣；留六十日，土功興。太白犯五寸許，天子政令不行；守，則兵大忌之，以赦令解；一曰太子、后妃有謀；若乘守勾巳、逆行往來，主廢后妃，有大喪，宮人恣；去室一尺，威令不行；留六十日，將死；入，則有暴兵。辰星犯之，爲水；入，則后有憂，諸侯發動於西北。客星犯入，天子有兵事，軍饑，將離，外兵來；出於室，兵先起者敗。彗星出，占同；或犯之，則弱不能戰；出入犯之，則先起兵者勝，一曰出室爲大水。孛犯或出入，先起兵者勝；出，有小災，後宮亂。武密曰：「孛出，其分有兵、喪；道藏所載，室專主兵。」流星犯，軍

乏糧，在春夏將軍貶，秋冬水溢。乙巳占曰：「流星出入色黃潤，軍糧豐，五穀成，國安民樂。」雲氣入，黃，爲土功；蒼白，大人惡之；赤，爲兵，民疫；黑，則大人憂。

按漢永元銅儀，營室十八度；唐開元游儀，十六度。舊去極八十五度。景祐測驗，室十六度，距南星去極八十五度，在赤道外六度。

雷電六星，在室南，明動，則雷電作。

離宮六星，兩兩相對爲一坐，夾附室宿上星，天子之別宮也，主隱藏止息之所。動搖，爲土功；不具，天子憂。太白、熒惑入，兵起；犯或勾巳環繞，爲后妃咎。彗星犯之，有修除之事。

壘壁陣十二星，一作壁壘。在羽林北，羽林之垣壘，主天軍營。星明，國安；移動，兵起；不見，兵盡出，將死。五星入犯，皆主兵。太白、辰星，尤甚。客星入，兵大起，將吏憂。流星入南，色青，后憂；入北，諸侯憂；色赤黑，入東，后有謀；入西，太子憂；黃白，爲吉。

螣蛇二十二星，在室宿北，主水蟲，居河濱。明而微，國安；移向南，則旱；向北，大水。彗、孛犯之，水道不通。客星犯，水物不成。

土功吏二星，在壁宿南，一曰在危東北，主營造宮室，起土之官。動搖，則版築事起。

北落師門一星，在羽林軍南，北宿在北方，落者天軍之藩落也，師門猶軍門。長安城北

門曰「北落門」，象此也。主非常以候兵。星明大，安；微小、芒角，有大兵起。歲星犯之，吉。熒惑入，兵弱不可用。客星犯之，光芒相及，爲兵，大將死；守之，邊人入塞。流星出而色黃，天子使出；入，則天子喜；出而色赤，或犯之，皆爲兵起。雲氣入，蒼白，爲疾疫；赤，爲兵；黃白，喜；黑雲氣入，邊將死。

八魁九星，在北落東南，主捕張禽獸之官也。客、彗入，多盜賊，兵起。太白、熒惑入守，占同。

天綱一星，在北落西南，一曰在危南，主武帳宮舍，天子游獵所會。客、彗入，爲兵起，一云義兵。

羽林軍四十五星，三三而聚散，出壘壁之南，一曰在營室之南，東西布列，北第一行主天軍，軍騎翼衞之象。星衆，則國安；稀，則兵動；羽林中無星，則兵盡出，天下亂。月犯之，兵起。歲星入，諸侯悉發兵，臣下謀叛，必敗伏誅。太白入，兵起。塡星入，大水。五星入，爲兵。熒惑、太白經過，天子以兵自守。熒惑入而芒赤，興兵者亡。客星入，色黃白，爲喜；赤，爲臣叛。流星入南，色青，后有疾；入北，諸侯憂；入東而赤黑，后有謀；入西，太子憂。雲氣蒼白入南，后有憂；北，諸侯憂；黑，太子、諸侯忌之；出，則禍除；黃白，吉。

斧鉞三星，在北落師門東，芟刈之具也，主斬芻稾以飼牛馬。明，則牛馬肥腯；動搖而

暗，或不見，牛馬死。隋志、通志皆在八魁西北，主行誅、拒難、斬伐姦謀。明大，用兵將憂；暗，則不用；移動，兵起。月入，大臣誅。歲星犯，相誅。熒惑犯，大臣戮。塡星入，大臣憂。太白入，將誅。客、彗犯，斧鉞用；又占：客犯，外兵被擒，士卒死傷，外國降；色青，憂；赤，兵；黃白，吉。

按步天歌，已上諸星皆屬營室。雷電、土功吏、斧鉞，晉志皆不載，隋志有之。壘壁陣、北落師門、天綱、羽林軍，晉志在二十八宿外，螣蛇屬天市垣。武密書以螣蛇屬營室，又屬壁宿。乾象新書以西十六星屬尾、屬危，東六星屬室；羽林軍西六星屬危，東三十九星屬室；以天綱屬危，斧鉞屬奎。通占錄又以斧鉞屬壁、屬奎，說皆不同。

壁宿二星，主文章，天下圖書之秘府。明大，則王者興，道術行，國多君子；星失色，大小不同，王者好武，經術不用，圖書廢；星動，則有土功。日食于壁，陽消陰壞，男女多傷，國不用賢。日暈，名士憂。月食，其分大臣憂，文章士廢，民多疫。月暈，爲風、水，其分有憂。月犯之，國有憂，爲饑，衞地有兵。歲星犯之，水傷五穀；久守或淩犯、勾巳，有兵起。熒惑犯之，衞地憂；守之，國旱，民饑，賢不用；一占：王有大災。塡星犯守，圖書興，國王壽，天下豐，國用賢；一占：物不成，民多病；逆行成勾巳者，有土功；六十日，天下立王。太白犯之一二寸許，則諸侯用命；守之，文武並用，一曰有軍不戰，一曰有兵喪，一曰水災，

多風雨；一曰犯之，多火災。辰星犯，國有蓄藏保守之事，王者刑法急；守之，近臣憂；一曰其分有喪，有兵，姦臣有謀；逆行守之，橋梁不通。客星犯之，文章士死，一曰有喪；入，爲土功，有水；守之，歲多風雨；舍，則牛馬多死。彗星犯之，爲兵，爲火，一曰大水，民流。孛犯，爲兵，有火水災。流星犯，文章廢；乙巳占曰：「若色黃白，天下文章士用。」赤雲氣入之，爲兵；黑，其下國破；黃，則外國貢獻，一曰天下有烈士立。

按漢永元銅儀，東壁二星九度。舊去極八十六度。景祐測驗，壁二星九度，距南星去極八十五度。

天廄十星，在東壁之北，主馬之官，若今驛亭也，主傳令置驛，逐漏馳鶩，謂其急疾與漏競馳也。月犯之，兵馬歸。彗星入，馬廄火。客星入，馬出行。流星入，天下有驚。

霹靂五星，在雲雨北，一曰在雷電南，一曰在土功西，主陽氣大盛，擊碎萬物。與五星合，有霹靂之應。

雲雨四星在雷電東，一云在霹靂南，主雨澤，成萬物。星明，則多雨水。辰星守之，有大水；一占：主陰謀殺事，孳生萬物。

鈇鑕五星，在天倉西南，刈具也，主斬芻飼牛馬。明，則牛馬肥；微暗，則牛馬饑餓。

按步天歌，壁宿下有鈇鑕五星，晉、隋志皆不載。隋志八魁西北三星曰鈇鑕，又曰

鈇鉞，其占與步天歌室宿內斧鉞略同，恐卽是此誤重出之。霹靂五星、雲雨四星，晉志無之，隋志有之。武密書以雲雨屬室宿，天廄十星晉志屬天市垣，其說皆不同。

校勘記

〔一〕主天子三將軍　「三」下原脫「將」字，據史記卷二七天官書、晉書卷一一天文志、隋書卷一九天文志、太平御覽卷六引天文錄改。

宋史卷五十一

志第四

天文四

二十八舍下

西方

奎宿十六星，天之武庫，一曰天豕，一曰封豕，主以兵禁暴，又主溝瀆。西南大星曰天豕目，亦曰大將。明動，則兵、水大出。日食，魯國凶，邊兵起及水旱。日暈，爲兵，爲火。月食，聚斂之臣有憂。月暈，兵敗，糴貴，將戮，人疾疫。月犯之，其分亂。歲星犯之，近臣爲逆；守之，蟲爲災，人飢，盜起，多獄訟；久守，北兵降；色潤澤，大熟；守二十日以上，兵起魯地；逆行守之，君好兵，民流亡。熒惑犯之，環繞三十日以上，將相凶，大水，民流；

守二十日以上，魯地有兵；動搖、進退，有赦；舍，歲大熟；留，臣下專權，多獄訟；守百日以上，多盜。填星入犯，吳、越有兵，一曰齊、魯，一曰兵、喪；守之，有貴女執政；出入，水泉溢。太白犯之，大水，有兵，霜殺物；入，則外兵入國；晝見，將相死。辰星犯之，江河決，有兵，爲旱，爲火。守之，王者憂，兵、旱。客星犯之，有溝瀆事；守，則王者有憂，軍敗，賊臣在側；入之，破軍殺將；舍留不去，人飢；出，則爲謀臣惑天子。彗犯，爲飢，爲兵、喪；出，則有水災。星孛之，其下兵出，民飢，國無繼嗣；出，則西北有兵起。流星入犯之，有溝瀆事，破軍殺將。乙巳占：流星出入，色黃白光潤，文昌武偃；赤如火光作聲，爲弓弩用；一曰入則有聚衆事。赤雲氣入犯，爲兵；黃，爲天子喜；黑，則大人有憂。

按漢永元銅儀，以奎爲十七度；唐開元游儀，十六度。舊去極七十六度，景祐測驗同。

天溷七星，在外屏南，主天廁養豬之所，一曰天之廁溷也。暗，則人不安；移徙，則憂。

土司空一星，在奎南，一曰天倉，主土事。凡營城邑、浚溝洫、修隄防，則議其利，建其功，四方小大功課，歲盡則奏其殿最而行賞罰。星大、色黃，則天下安。五星犯之，男女不得耕織。彗、客犯之，水旱，民流，兵大起，土功興。客星守之，有土功、哭泣事。黃雲氣入，土功興，移京邑。

策一星，在王良北，天子僕也，主執策御。流星、彗、孛、客星犯之，皆爲大兵起，天子自將于野；近之，下有謀亂者。

附路一星，附一作傅。在閣道南旁，別道也。一曰在王良東，主太僕，主禦風雨。芒角，則車騎在野；星亡，有道路之變；不具，則兵起。太白、熒惑入，兵起。彗、孛犯之，道路不通。客星入，馬賤。蒼白雲氣入，太僕有憂；赤，爲太僕誅；黃白，太僕受賜；黑，爲太僕死。

閣道六星，在王良前，飛道也，從紫宮至河神所乘也。一曰主輦閣之道，天子游別宮之道也。星不見，則輦閣不通；動搖，則宮掖有兵。彗、孛、客星犯之，主不安國，有喪。白雲氣入，有急事；黑，主有疾；黃，則天子有喜。

王良五星，在奎北，居河中，天子奉車御官也。其四星曰天駟，旁一星曰王良，亦曰天馬星，動則車騎滿野。一曰爲天橋，主禦風雨、水道。星不具，或客星守之，津梁不通。與閣道近，有江河之變。星明，馬賤；暗，則馬災。太白、熒惑入守，爲兵。彗、客犯之，爲兵、喪，天下橋梁不通。流星犯，大兵將出。青雲氣入犯之，王良奉車憂墜車。雲氣赤，王良有斧鑕憂。

外屏七星，在奎南，主障蔽臭穢。

軍南門，在天大將軍南，天大將軍之南門也。主誰何出入。星不明，外國叛；動搖，則兵起；明，則遠方來貢。

按步天歌，以上諸星俱屬奎宿。以晉志考之，王良、附路、閣道、軍南門、策星，俱在天市垣，別無外屏、天溷、土司空等星，隋志有之。而武密以王良、外屏、天溷皆屬于壁，或以外屏又屬奎。乾象新書以王良西一星屬壁，東四星屬奎，外屏西一星屬壁，東六星屬奎，與步天歌各有不合。

婁三星，爲天獄，主苑牧犧牲，供給郊祀，亦爲興兵聚衆。明大，則賦斂以時。星直，則有執主命者；就聚，國不安。日食于婁，宰相、大人當之，郊祀神不享。日暈，有兵，大人多死。月食，其分后妃憂，民飢。月暈，在春百八十日有赦，又爲糴貴，三日內雨解之。月犯，多畋獵，其分憂，將死，民流，一曰多寃獄。歲星犯之，牛多死，米賤，有赦；守之，國安，一曰民多疫，六畜貴，有兵自罷。熒惑犯守，爲旱，爲火，穀貴；又曰守二十日以上，大臣死。星動，人多死；若逆行入成勾已者，國庫災。填星犯之，天子戒邊境，不可遠行，將兵凶；守之，穀豐，民樂；若逆行，女謁行；留舍于婁，外國兵來。太白犯之，有聚衆事；守之，期三十日有兵，民飢。辰星犯之，刑罰急，多水旱，大臣憂，王者以赦除之；守而芒角、動搖、色赤黑者，臣下起兵。客星犯，爲大兵；守之，五穀不成，又曰臣惑主，專政，歲多獄訟；環繞三日，大赦。彗星犯之，民飢死；出，則先旱後水，穀大貴，六畜疾，倉庫空，又曰國有大兵。星孛，其分爲兵，爲饑。流星出犯之，有法令清獄。青赤雲氣入，爲兵、喪；黑，爲大水。

按漢永元銅儀，以婁爲十二度；唐開元游儀，十三度。舊去極八十度。景祐測驗，婁宿十二度，距中央大星去極八十度，在赤道內十一度。

天倉六星，在婁宿南，倉穀所藏也，待邦之用。星近而數，則歲熟粟聚；遠而疏，則反是。月犯之，主發粟。五星犯，兵起，歲饑，倉粟出。熒惑、太白合守，軍破將死。熒惑入，軍轉粟千里；近之，天下旱。太白犯之，外國人相食，兵起西北。辰星守之，大水。客、彗犯之，五穀不成。客星入，歲饑糴貴。流星入，色赤，爲兵；犯之，粟以兵出；色黃白，歲大稔。蒼白雲氣入，歲饑；赤，爲兵、旱，倉廩災；黃白，歲大熟。

右更五星，在婁西，秦爵名，主牧師官，亦主禮義。星不具，天下道不通。太白、熒惑犯守，山澤兵起。

左更五星，在婁東，亦秦爵名，山虞之官，主山澤林藪竹木蔬菜之屬，亦主仁智。占同右更。

天大將軍十一星，在婁北，主武兵。中央大星，天之大將也；外小星，吏士也。動搖，則兵起，大將出；小星動搖，或不具，亦爲兵；旗直揚者，隨所擊勝。五星犯守，大將憂。客星守之，大將不安，軍吏以飢敗。流星入，大將憂。蒼白雲氣犯之，兵多疾；赤，爲軍出。

天廩四星，在天倉東南，主露積。占與天倉同。

按晉志，天倉、天庾在二十八宿之外，天大將軍屬天市垣，左更、右更惟隋志有之。乾象新書以天倉屬奎。武密亦以屬奎，又屬婁。步天歌皆屬婁宿。

胃宿三星，天之廚藏，主倉廩，五穀府也。明，則天下和平，倉廩實，民安；動，則輸運；暗，則倉空；就聚，則穀貴、民流；中星衆，穀聚；星小，穀散；芒，則有兵。日食，大臣誅，一曰乏食，其分多疾，穀不實，又曰有委輸事。日暈，穀不熟。月食，王后有憂〔一〕，將亡，亦爲饑，郊祀有咎。月暈，兵先動者敗，妊婦多死，又曰國主死，天多雨，或山崩，有破軍。歲星在暈內，天子有德令。月暈在四孟之月，有赦。熒惑在暈中，爲兵。月犯之，鄰國有暴兵，天下饑，外國憂，穀不實，民多疾；變色，將軍凶。歲星犯之，大人憂，兵起；守，則國昌；入，則國令變更，天下獄空；若逆行，五穀不成，國無積蓄。熒惑犯之，兵亂，倉粟出，貴人憂；守之，旱饑，民疫，客軍大敗；入，則改法令，牢獄空；進退環繞勾巳、淩犯及百日以上，天下倉庫並空，兵起。塡星犯之，大臣爲亂；守之，無蓄積，有德令，歲穀大貴；若逆行守勾巳者，有兵；色赤，兵起流血；青，則有德令。辰星犯，其分不寧；守之，有兵，國有立侯，巫咸曰：「爲旱，穀不成，有急兵」；又逆行守之，倉空，水災。客星犯之，王者憂，倉廩用；退行入，則有赦；守之，強臣淩國，穀不熟；乘之，爲火；舍而不去，人飢；出，其分君有憂。彗星犯之，兵動，臣叛，有水災，穀不登。星孛，其分兵起，王者惡之。流星犯之，倉庫空；色赤，爲火災。蒼白雲氣出入犯之，以喪糴粟事；黑，爲倉穀敗腐；青黑，爲兵；黃白，倉實。

按漢永元銅儀，胃宿十五度；景祐測驗，十四度。

天囷十三星，如乙形，在胃南，倉廩之屬，主給御廩粢盛。星明，則豐稔；暗，則饑。月犯之，有移粟事。五星犯之，倉庫空虛。客、彗入，倉庫憂，水火焚溺。青白雲氣入，歲饑，民流亡。

大陵八星，在胃北，亦曰積京，主大喪也。中星繁，諸侯喪，民疫，兵起。月犯之，爲兵，爲水、旱，天下有喪。月暈前足，大赦。五星入，爲水、旱、兵、喪。熒惑守之，天下有喪。客、彗入，民疫。流星出犯之，其下有積尸。蒼白雲氣犯之，天下兵、喪；赤，則人多戰死。

積尸一星，在大陵中。明，則有大喪，死人如山。月犯之，有叛臣。五星犯之，天下大疾。客、彗犯，有大喪。蒼色雲氣入犯之，人多死；黑，爲疫。

天船九星，在大陵北，河之中，天之船也，主通濟利涉。石申曰：「不在漢中，津河不通。」明，則天下安；不明及移徙，天下兵、喪。月犯之〔二〕，百川流溢，津梁不通。五星犯之，水溢，民移居。彗星犯之，爲大水。客星犯，爲水，爲兵。靑雲氣入，天子憂，不可御船；赤，爲兵，船用；黃白，天子喜。

天廩四星，在昴宿南，一曰天廥，主蓄黍稷，以供享祀。春秋所謂御廩，此之象也。又主賞功，掌九穀之要。明，則國實歲豐；移，則國虛；黑而希，則粟腐敗。月犯之，穀貴。五星犯之，歲饑。客星犯，倉庫空虛。流星入，色青爲憂；赤，爲旱，爲火；黃白，天下熟。青雲氣入，蝗，饑，民流；赤，爲旱；黑，爲水；黃，則歲稔。

積水一星，在天船中，候水災也。明動上行，舟船用。熒惑犯，有水。

按晉志，大陵、積尸、天船、積水俱屬天市垣，天囷、天廩在二十八宿之外。武密以天囷、大陵屬婁，又屬胃；天船屬胃，又屬昴。乾象新書，天囷五星屬婁，餘星屬胃，大陵西三星屬婁，東五星屬胃，與步天歌互有不同。

昴宿七星，天之耳目也〔三〕，主西方及獄事。又爲旄頭，北星也，又主喪。昴、畢間爲天街，天子出，旄頭、罕畢以前驅，此其義也。黃道所經。明，則天下牢獄平；六星皆明與大星等，爲大水。七星皆黃，兵大起。一星亡，爲兵、喪。搖動，有大臣下獄及有白衣之會。大而數盡動，若跳躍者，北兵大起。一星獨跳躍而動，北兵欲犯邊。日食，王者疾，宗姓自立，又占邊兵起。日暈，陰國失地，北主憂，趙地凶，又云大饑。月食，大臣誅，女主憂，爲饑，邊兵起，將死，北地叛。月歲三暈，弓弩貴，民饑；暈在正月上旬，有赦；犯之，爲饑，北主憂，天子破北兵；變色，民流，國亡，下有暴兵，有赦；出昴北，天下有福；乘之，法令峻，

二十四史

中華書局

觜觿三星，爲三軍之候，行軍之藏府，葆旅收，斂萬物。明，則軍糧足，將得勢；動，則盜賊行，葆旅起；暗，則不可用兵。日食，臣犯主，戒在將臣。暈及三重，其下穀不登，民疫；五重，大赦，期六十日。月食，爲旱，大將憂，有叛主者。正月月暈，有赦，外軍不勝，大將憂，偏裨有死者。歲星犯之，其分兵起；守，則農夫失業，后有憂，丁壯多暴死，下有叛者，民多疾疫；入，則多盜，天時不和；國君誅伐不當，則逆行。熒惑犯之，其分有叛者，爲旱，爲火，爲兵起，爲糴貴；與觜觿合，趙分相憂；入，則其下有兵。塡星入犯，爲兵，爲土功，其分失地；女主恣，則塡星逆行而色黃。太白犯之，兵起；守之，其分易令，大臣叛，物不成，民疫。辰星犯之，不可舉兵；一曰趙地水，有叛者；守之，趙分饑。客星出入其宿，青爲憂，赤爲兵，黑爲水，白爲喪，黃白爲吉。彗星犯之，兵起；出入其分，失地，民流。星孛之，爲兵亂，軍破，其色與客星同占。流星入犯之，有叛者，有破軍。雲氣犯之，赤，爲兵；蒼白，爲兵、憂；黑，趙地大人有憂；色黃，有神寶入。

按漢永元銅儀、唐開元游儀，皆以觜觿爲三度。舊去極八十四度。景祐測驗，觜宿三星一度，距西南星去極八十四度，在赤道內七度。

坐旗九星，在司怪西北，君臣設位之表也。星明，則國有禮。司怪四星，在井鉞星前，主候天地、日月、星辰變異，鳥獸、草木之妖，明主聞災，修德保福。星不成行列，宮中及天

下多怪。

按步天歌，坐旗、司怪俱屬觜宿，武密書及乾象新書皆屬于參。

參宿十星，一曰參伐，一曰天市，一曰大辰，一曰鈇鉞，主斬刈萬物，以助陰氣；又爲天獄，主殺，秉威行罰也；又主權衡，所以平理也；又主邊城，爲九譯，故不欲其動。參爲白虎之體，其中三星橫列者，三將也；東北曰左肩，主左將；西北曰右肩，主右將；東南曰左足，主後將軍；西南曰右足，主偏將軍。參應七將，中央三小星曰伐，天之都尉，主鮮卑外國，不欲其明。七將皆明大，天下兵精；王道缺，則芒角張；伐星明與參等，大臣有謀，兵起；失色，軍散敗；芒角、動，邊有急，兵起，有斬伐之事；星移，客伐主；肩細微，天下兵弱；左足入玉井中，兵起，秦有大水，有喪，山石爲怪；星差戾，王臣貳；左股星亡，東南不可舉兵；右股，則主西北。又曰參足移北爲進，將出有功；徙南爲退，將軍失勢。三星疏，法令急。日食，大臣憂，臣下相殘，陰國強。日暈，有來和親者，一曰大饑。月食其度，爲兵，臣下有謀，貴臣誅，其分大饑，外兵大將死，天下更令。月暈，將死，人殃亂，戰不利。月犯，貴臣憂，兵起，民飢：犯參伐，偏將死。歲星犯之，水旱不時，大疫，爲饑；守之，兵起，民疫；入，則天下更政。熒惑犯之，爲兵，爲內亂，秦、燕地凶；守之，爲旱，爲兵，四方不寧；逆行入，則大饑。塡星犯之，有叛臣；守之，其下國亡，姦臣謀逆，一云有喪，后、夫人當之；逆行留守，兵起。太白犯之，天下發兵；守之，大人爲亂，國易政，邊民大戰。辰星犯之，爲水；爲兵，貴臣黜。辰星與參出西方，爲旱，大臣誅；逆守之，兵起。客星入犯之，國內有斬刈事；守之，邊州失地；環繞者，邊將有斬刈事。彗星犯之，邊兵敗，君亡，遠期三年；貫之，色白，爲兵、喪。星孛于參，君臣俱憂，國兵敗。流星入犯之，先起兵者亡。乙巳占曰：「流星出而光潤，邊安，有赦，獄空。」青雲氣入犯之，天子起邊城；蒼白，爲臣亂；赤，爲內兵；黃色潤澤，大將受賜；黑，爲水災，大臣憂。白雲氣出貫之，將死，天子疾。

按漢永元銅儀，參八度。舊去極九十四度。景祐測驗，參宿十星十度，右足入畢十三度。

玉井四星，在參左足下，主水泉，以給庖廚。動搖，爲憂。客星入，爲水，爲喪國失地；出，則國得地，一云將出。流星入，爲大水。雲氣入而色青，井水不可食。

屏二星，一作天屏，在玉井南，一云在參右足。星不具，人多疾。不明，大人寢疾。星亡，王多病。月、五星犯之，爲水。客星出于屏，亦爲大人有疾。彗星犯之，水旱不時。

軍井四星，在玉井東南，軍營之井，主給師，濟疲乏。月犯，芻槀財寶出。熒惑入，爲水，兵多死。太白入，兵動，民不安。客星入，憂水害。

廁四星，在屏星東，一曰在參右脚南，主溷。色黃，爲吉，歲豐；青黑，人主腰下有疾。

星不具，則貴人多病。客星入，爲穀貴。彗、孛入，歲饑。青雲氣入，爲兵；黑，爲憂；黃，則天子有喜。

天屎一星，在天廁南。色黃，則年豐。凡變色，爲蝗，爲水旱，爲霜殺物。常以秋分候之。星亡不見，天下荒；星微，民多流。

按步天歌，玉井、軍井、廁各四星，屏二星，天屎一星，俱屬參宿。晉志玉井在參左足，武密書屬觜，乾象新書屬畢；軍井，晉志在玉井南，武密亦屬觜，乾象新書亦屬畢；唐開元游儀在玉井東南；屏、廁、天屎，晉志皆不載，隋志屏在玉井南，開元游儀在觜；隋志廁在屏東，屎在廁南，乾象新書皆屬參，與步天歌互有不合。

南方

東井八星，天之南門，黃道所經，七曜常行其中，爲天之亭候，主水衡事，法令所取平也。武密占曰：井中爲三光正道，五緯留守若經之，皆爲天下無道。不欲明，明則大水。又占曰：用法平，井宿明。鉞一星，附井宿前，主伺奢淫而斬之；明大與井宿齊，則用鉞於大臣。月宿，其分有風雨。日食，秦地旱，民流，有不臣者；暈，則多風雨；有青赤氣在日，爲冠，天子立侯王。月食，有內亂，大臣黜，后不安，五穀不登，分有兵、喪。月暈，爲旱，爲兵，

爲民流，國有憂，一曰有赦；陰陽不和則暈，暈及三重，在三月爲大水，在十二月日壬癸爲大赦。月犯之，將死于兵，水官黜，刑不平；犯井鉞，大臣誅，有水事。歲星犯之，王急法，多獄訟，水溢，將軍惡之；犯井鉞，近臣爲亂，兵起；逆行入井，川流壅塞。熒惑犯之，兵先起者殃，又曰天子以水敗；入守經旬，下有兵，貴人不安；守三十日，成勾巳，角動，色赤黑，貴人當之，百川溢，兵起。塡星入犯之，兵起東北，大臣憂；入井鉞，王者惡之；在鶩而去東井，其下亡地。太白犯之，咎在將；久守，其分君失政，臣爲亂。辰星犯之，星進則兵進，退則兵退，刑法平，又曰北兵起，歲惡。芒角、動搖，色赤黑，爲水，爲兵起。客星犯之，穀不登，大臣誅，有土功，小兒妖言。彗星犯之，民訛言，國失政，一曰大臣誅，其分兵災。流星犯之，在春夏則秦地謀叛，在秋冬則宮中有憂。乙巳占：流星色黃潤，國安；赤黑，秦分民流，水災。蒼黑雲氣入犯之，民有疾疫；黃白潤澤，有客來言水澤事。黑氣入，爲大水。常以正月朔日入時候之。井宿上有雲，歲多水潦。

按漢永元銅儀，井宿三十度；唐開元游儀，三十三度，去極七十度。景祐測驗，亦三十三度，距西北星去極六十九度。

五諸侯五星，在東井北，主斷疑、刺舉、戒不虞、理陰陽、察得失，亦曰主帝心。一曰帝師，二曰帝友，三曰三公，四曰博士，五曰太史，五者常爲帝定疑議。星明大、潤澤，則天下

治。五禮備，則光明，不相侵陵；暗，則貴人謀上；芒角，禍在中。歲星犯之，兵起三年。熒惑犯之，大臣叛不成。太白犯之，諸侯興兵亡國；經天晝見，則諸侯受誅。客星犯，王室亂，諸侯亡地，秦國殃；守之，諸侯親屬失位。彗、孛犯之，執法臣誅，又曰貴臣當之，期一年。雲氣犯之，色蒼白，諸侯有喪；不，則臣有誅戮。

積水一星，在北河西北，所以供酒食之正也。不見，爲災。歲星犯之，水物不成，魚鹽貴，民飢。熒惑犯之，爲兵，爲水。辰星犯之，爲水、旱。客星犯之，兵起，大水，大臣憂，期一年。蒼白雲氣入犯之，天下有水。

積薪一星，在積水東北，供庖廚之正也。星不明，五穀不登。熒惑犯之，爲旱，爲兵，爲火災。客星守之，薪貴。赤雲氣入犯之，爲火災。

南河三星，與北河夾東井，一曰天之關門也，主關梁。南河曰南戍，一曰南宮，一曰陽門，一曰越門，一曰權星，主火。兩河戍間，日、月、五星之常道也。河戍動搖，中國兵起。河星不具，則路不通，水泛溢。月出入兩河間中道，民安，歲美；無兵；出中道之南，君惡之，大臣不附。星明，爲吉；昏昧動搖，則邊兵起，遠人叛，主憂。月犯之，爲中邦憂，一曰爲兵，爲喪，爲旱，爲疫；行西南，爲兵、旱；入南戍，則民疫；暈，則爲土功；乘之，四方兵起；經南戍南，則爲刑罰失。歲星犯之，北主憂。熒惑犯兩河，爲兵；守三十日以上，川

溢；守南河，穀不登，女主憂；守南戍西，果不成；在東，則有攻戰。塡星乘南河，爲旱，民憂；守之，爲兵，道不通。太白舍三十日，川溢；一曰有姦謀；守兩河，爲兵起。客星守之，爲旱，爲疫。彗、孛出，爲兵；守，爲旱。流星出，爲兵、喪，邊戍有憂。蒼白雲氣入之，河道不通；出而色赤，天子兵向諸侯。黃氣入之，有德令；出，爲災。

北河亦三星，北河曰北戍，一曰北宮，一曰陰門，一曰胡門，一曰衡星，主水。五星出、入、留、守之，爲兵起；犯之，爲女喪；乘之，爲北主憂。歲星入北戍，大臣誅。熒惑從西入北戍，六十日有喪；從東入，九十日有兵；一曰出北戍北守之，邊將有不請于上，而用兵外國者勝。塡星守之，兵起，六十日內有赦，一曰有土功；若守戍西，五穀不實。太白舍北戍，三十日爲女喪，有內謀；守陰門，不出百日天下兵悉起。辰星守之，外兵起，邊臣有謀；留止，則兵起四方。客星入犯之，有喪於外，姦人在中；入自東，兵起，期九十日；入自西，有喪，期六十日；守之，爲大水。流星經兩河間，天下有難；入，爲北兵入中國，關梁不通。雲氣蒼白入犯之，邊有兵，疾疫，又爲北主憂。

四瀆四星，在東井南垣之東，江、河、淮、濟之精也。明大，則百川決。

水位四星，在積薪東，一曰在東井東北，主水衡。歲星犯之，爲大水；一曰出南，爲旱。熒惑守之，田不治。客星犯之，水道不通，伏兵在水中；一曰客星若水、火，守犯之，百川流

溢。彗、孛出，爲大水，爲兵，穀不成。流星入之，天下有水，穀敗民飢。赤雲氣入，爲旱、饑。

天罇三星，在五諸侯南，一曰在東井北，罇器也，主盛饘粥，以給貧餒。明，爲豐；暗，則歲惡。

闕丘二星，在南河南，天子雙闕，諸侯兩觀也。太白、熒惑守之，兵戰闕下。

軍市十三星，狀如天錢，天軍貿易之市，有無相通也。中星衆，則軍餘糧；小，則軍飢。月入，爲兵起，主不安。五星守之，軍糧絕。客星入，有刺客起，將離卒亡。流星出，爲大將出。

野雞一星，在軍市中，主變怪。出市外，天下有兵。守靜，爲吉；芒角，爲凶。

狼一星，在東井東南，爲野將，主侵掠。色有常，不欲動也。芒角、動搖，則兵起；明盛，兵器貴；移位，人相食；色黃白，爲凶；赤，爲兵。月犯之，有兵不戰，一曰有水事。月食在狼，外國有謀。五星犯之，兵大起，多盜。彗、孛犯之，盜起。客星守之，色黃潤，爲喜；黑，則有憂。赤雲氣入，有兵。

弧矢九星，在狼星東南，天弓也，主行陰謀以備盜，常屬矢以向狼。武密曰：「天弓張，則北兵起。」又曰：「天下盡兵。」動搖明大，則多盜；矢不直狼，爲多盜；引滿，則天下盡爲盜。月入弧矢，臣踰主。月暈其宿，兵大起。客星入，南夷來降；若舍，其分秋雨雪，穀不

二十四史　中華書局

成；守之，外夷飢；出入之，爲兵出入。流星入，北兵起，屠城殺將。赤雲氣入之，民驚，一曰北兵入中國。

老人一星，在弧矢南，一名南極。常以秋分之旦見于丙，候之南郊，春分之夕沒于丁。見，則治平，天子壽昌；不見，則兵起，歲荒，君憂。客星入，爲民疫，一曰兵起，老者憂。流星犯之，老人多疾，一曰兵起。白雲氣入之，國當絕。

丈人二星，在軍市西南，主壽考，悼耄矜寡，以哀窮人。星亡，人臣不得自通。

子二星，在丈人東，主侍丈人側。不見，爲災。

孫二星，在子星東，以天孫侍丈人側，相扶而居以孝愛。不見，爲災；居常，爲無咎。

水府四星，在東井西南，水官也，主隄塘、道路、梁溝，以設隄防之備。熒惑入之，有謀臣。辰星入，爲水。客星入，天下大水。流星入，色青，主所之邑大水；赤，爲旱。

按步天歌，自五諸侯至水府常星一十八坐，俱屬東井。武密書以丈人二星，子、孫各一星屬牛宿。乾象新書以丈人與子屬參，孫屬井；又以水府四星亦屬參。武密以水府屬井。餘皆與步天歌合。

輿鬼五星，主觀察姦謀，天目也。東北星主積馬，東南星主積兵，西南星主積布帛，西北星主積金玉，隨變占之。中央星爲積尸，主死喪祠祀；一曰鈇鑕，主誅斬。星明大，穀不

成；不明，民散。鑕欲其忽忽不明，明則兵起，大臣誅；動而光，賦重役煩，民懷嗟怨。日食，國不安，有大喪，貴人憂。暈，則其分有兵，大臣有誅廢者。月食，貴臣、皇后憂，期一年。暈，爲旱，爲赦。月犯之，秦分君憂，一曰軍將死，貴臣、女主憂，民疫。歲星犯之，穀傷民飢，君不聽事；犯鬼鑕，執法臣誅。熒惑犯之，忠臣誅，一曰兵起，后失勢；入，則后及相憂，一曰賊在君側，有兵、喪；勾巳，國有赦；留守十日，諸侯當之；二十日，太子當之；勾巳環繞，天子失廟。填星犯之，大臣、女主憂；守之，憂在後宮，爲旱，爲土功；入鑕，王者惡之；犯積尸，在陽爲君，在陰爲后，左爲太子，右爲貴臣，隨所守惡之。太白入犯之，爲兵，亂臣在內，一曰將有誅；貫之而怒，下有叛臣；久守之，下有兵，爲旱，爲火；萬物不成。辰星犯之，五穀不登；守，爲有喪，憂在貴人。客星犯之，國有自立者敗，一曰多土功；入之，有詛盟祠鬼事。彗星犯之，兵起，國不安。星孛，其下有喪，兵起，宜修德禳之。流星犯鬼鑕，有戮死者；入，則四國來貢。白雲氣入，有疾疫；黑，后有憂；赤，爲旱；黃，爲土功；入犯積尸，貴臣有憂；青，爲病。

按漢永元銅儀，輿鬼四度。舊去極六十八度。景祐測驗，輿鬼三度，距西南星去極六十八度。

爟四星，在鬼宿西北，一曰在軒轅西，主烽火，備邊亭之警急。以不明爲安，明大則邊

有警。赤雲氣入，天下烽火皆動。

天狗七星，在狼星北，主守財。動移，爲兵，爲饑，多寇盜，有亂兵。填星守之，人相食。客、彗守之，則羣盜起。

外廚六星，爲天子之外廚，主烹宰，以供宗廟。占與天廚同。

積尸氣一星，在鬼宿中，孛孛然入鬼一度半，去極六十九度，在赤道內二十二度，主死喪祠祀。

天紀一星，在外廚南，主禽獸之齒。太白、熒惑守犯之，禽獸死，民不安。客星守之，則政隳。

天社六星，在弧矢南。昔共工氏之勾龍能平水土，故祀之以配社，其精上爲星。明，則社稷安；不明、動搖，則下謀上。太白、熒惑犯之，社稷不安。客星入，有祀事于國內；出，則有祀事于國外。

按晉志，爟四星屬天市垣，天狗七星在七星北。武密以天狗屬牛宿，又屬輿鬼，乾象新書屬井。外廚六星，晉志在柳宿南，武密書亦屬柳，乾象新書與步天歌皆屬輿鬼。天紀一星，武密書及乾象新書皆屬柳，惟步天歌屬鬼宿。天社六星，武密書屬井，又屬鬼。乾象新書以西一星屬井，中一星屬鬼，末一星屬柳。今從步天歌以諸星

俱屬輿鬼，而備存衆說。

柳宿八星，天之廚宰也，主尚食，和滋味，又主雷雨。爾雅曰：「咮，謂之柳；柳，鶉火也。」又主木功。一曰天庫，又爲鳥喙，主草木。明，則大臣謹重，國家廚食具；開張，則人飢死；亡，則都邑振動；直，則爲兵。日食，宮室不安，王者惡之，廚官、橋道、隄防有憂。日暈，飛鳥多死，五穀不成；三抱而戴者，君有喜。月食，宮室不安，大臣憂。月暈，林苑有兵，天下有土功，廚獄官憂，又爲兵，爲饑，爲旱、疫。歲星犯之，國多義兵。熒惑犯之，色赤而芒角，其下君死，一曰宮中憂火災；守之，有兵，逆臣在側；逆行守之，王不寧。填星犯守，君臣和，天下喜；石申曰：「天子戒飲食之官。」出、入、留、舍，有急令。太白犯之，有急兵。逆行勾巳，臣謀主；晝見，爲兵。辰星犯之，民相仇，歲旱，君戒在酒食。客星犯之，咎在周國；守，則布帛、魚鹽貴。色蒼白，殺邊地諸侯。彗星犯之，大臣誅，爲兵，爲喪。星孛于柳，南夷叛，甘德曰：「爲兵，爲喪。」流星出犯之，周分憂；色黃，爲喜；入，則王者內有火災；乙巳占：「出，則宗廟有喜，賢人用；入，爲天廚官有憂，木功廢。」赤雲氣入，爲火；黃，爲赦；黃白，爲天子有喜，起宮室。

按漢永元銅儀，以柳爲十四度；唐開元游儀十五度。舊去極七十七度。景祐測驗，柳八星一十五度，距西頭第三星去極八十三度。

酒旗三星，在軒轅右角南，酒官之旗也，主宴享飲食。星不具，則天下有大喪，帝王宴飲，沉昏非禮，以酒亡國；明，則宴樂謹。五星守之，天下大酺，有酒肉賜宗室。熒惑犯之，飲食失度。太白犯之，三公九卿有謀。客、彗犯，主以酒過爲相所害。赤雲氣入，君以酒失。

按晉志，酒旗在天市垣。步天歌，以酒旗屬柳宿。以通占鏡考之，亦屬柳，又屬七星。乾象新書亦屬七星，與步天歌不同，今並存之。

七星七星，一名天都，主衣裳文繡，又主急兵。故星明，王道昌；暗，則賢良去，天下空；動，則兵起；離，則易政。蓋天曰：七星爲朱雀頸。頸者，文明之粹，羽儀所承。日食其宿，主不安，刑在門戶之神，又曰文章士受誅，其分兵起，臣爲亂。日暈，周邦君憂；青色抱而順，在兵爲東軍吉。月食，后及大臣有憂，又爲歲饑，民流，其國更政。暈，其地旱，獄官凶。歲星犯之，王憂兵，五穀多傷。熒惑犯之，橋梁不通；逆行，則地動爲火災；出、入、留、舍，其國失地，水決。塡星犯守，世治平，王道興，后、夫人喜。太白犯之，兵暴起，大臣爲亂；經天，防詐僞。辰星犯之，賊臣在側；守，則其分有憂，萬物不成，兵從中起，貴臣有罪，民疫流亡。客星犯之，爲兵，荊州占云：「河水決，民流。」彗犯，有亂兵起；貴臣戮；武密曰：「彗星出七星，狀如杵，爲兵。」星孛于星，有亂兵起宮殿，貴臣戮，大臣相譖。流星犯之，爲兵、憂；又曰：入，則有急使來，乙巳占：「流星入，庫官有喜，錦繡進，女工用。」蒼白

雲氣入，賞人憂；出，則天子用急使。赤入，爲兵；黑，爲賢士死；黃，則遠人來貢；白，爲天子遣使賜諸侯帛。

按景祐測驗，七星七度，距大星去極九十七度。

軒轅十七星，在七星北，后妃之主，士職也。一曰東陵，一曰權星，主雷雨之神。南大星，女主也；次北一星，夫人也，屏也，上將也；次北一星，妃也，次將也；其次諸星，皆次妃之屬也。女主南小星，女御也；左一星少民，后宗也；右一星大民，太后宗也。欲其色黃小而明。武密曰：「后妃後宮之象，陰陽交合，感爲雷，激爲電，和爲雨，怒爲風，亂爲霧，凝爲霜，散爲露，聚爲雲氣，立爲虹蜺，離爲背璚，分爲抱珥，此二十四變皆權主之。」微細，則皇后不安；黑，則憂在大人；移徙，則民流；東西角大張而振，后族敗。月入之，女主失勢，或火災；犯左右角，大臣以罪免；中犯乘守大民，爲饑，太后宗有罪；守少民，小有饑，女主失勢；守御女，有憂。月暈，女主有喪。月、五星淩犯、環繞、乘守，皆爲女主有禍。月食，女主憂。歲星犯之，女主失勢，一曰大臣當之；乘守大民，爲大饑，太后宗黜；中犯乘守少民，爲小饑，後宮有黜者。熒惑犯守勾巳，后妃離德；犯御女，天子僕妾憂；犯大民、少民，憂在后宗；守之，宮中有戮者。塡星行其中，女主失勢，有喪。太白犯之，皇后失勢。客星犯之，近臣謀滅宗族。彗、孛犯，女主爲寇，一曰兵起。流星入之，後宮多讒亂；

乙巳占：「流星出之，后有中使出。」一曰天子有子孫喜。

天稷五星，在七星南，農正也，取百穀之長以爲號。明，則歲豐；暗，或不具爲饑；移徙，天下荒歉。客星入之，有祠事于內；出，有祠事于國外。

天相三星，在七星北，一曰在酒旗南，丞相大臣之象。武密曰：「占與相星同。」五星犯守之，后妃、將相憂。彗、客犯之，大臣誅。雲氣入，黃，爲大臣喜；黑，爲將疾。

內平四星，在三台南，一曰在中台南，執法平罪之官。明，則刑罰平。

按軒轅十七星，晉志在七星北，而列于天市垣；武密以軒轅屬七星，又屬柳；乾象新書以西八星屬柳，中屬七星，末屬張。天稷五星，晉志在七星南，武密亦以天稷屬七星，又屬柳；乾象新書以西二星屬柳，餘屬七星。天相三星，晉志在天市垣，武密書屬七星，乾象新書屬軫宿。內平四星，晉志在天市垣，武密書屬柳，乾象新書屬張，步天歌屬七星。諸說皆不同，今並存之。

張宿六星，主珍寶、宗廟所用及衣服，又主天廚飲食、賞賚之事。明，則王行五禮，得天之中；動，則賞賚不明，王者子孫多疾；移徙，則天下有逆；就聚，則有兵。日食，爲王者失禮，掌御饌者憂，甘德曰：「后失勢，貴臣憂，期七十日。」暈及有黃氣抱日，主功臣效忠，又曰：「財寶大臣黜，將相憂。」月食，其分饑，臣失勢，皇后有憂。暈，爲水災，陳卓曰：「五

穀、魚鹽貴。」巫咸曰：「后妃惡之，宮中疫。」月犯之，將相死，其國憂。歲星入犯之，天子有慶賀事；守之，國大豐，君臣同心；三十日不出，天下安寧，其國升平。熒惑犯之，功臣當封；入，則爲兵起；又曰色如四時休王，其分貴人安，社稷無虞；又曰熒惑春守，諸侯叛；逆行守之，爲地動，爲火災，又曰將軍驚，土功作，又曰會則不可用兵。塡星犯之，爲女主飲宴過度，或宮女失禮；入，爲兵；出，則其分失地；守之，有土功。太白犯之，國憂；守之，其國兵謀不成，石申曰：「國易政」；舍留，其國兵起。辰星犯守，五穀不成，兵起，大水，貴臣負國，民疫，多訟；芒角，臣傷其君；入，爲火災；出，則有叛臣。客星犯之，天子以酒爲憂；守之，周、楚之國有隱士出；入于張，兵起國饑；舍留不去，前將軍有謀，又曰利先起兵。彗星犯之，國用兵，民亡；守，爲兵；出，爲旱；又曰犯守，君欲移徙宮殿。星孛于張，爲民流，爲兵大起。乙巳占：「流星出入，宗社昌，有赦令，下臣入賀。」蒼白雲氣入之，庭中觴客有憂；黃白，天子因喜賜客；黑，爲其分水災；色赤，天子將用兵。

按漢永元銅儀，張宿十七度；唐開元游儀，十八度。舊去極九十七度。景祐測驗，張十八度，距西第二星去極一百三度。

天廟十四星，在張宿南，天子祖廟也。明，則吉；微細，其所有兵，軍食不通。客星中犯之，有白衣會，兵起，又曰祠官有憂。武密曰：「與虛梁同占。」

中華書局

按天廟十四星，晉志雖列于二十八宿之外，而亦曰在張宿南，與隋志所載同，兼與步天歌合。

翼宿二十二星，天之樂府，主俳倡戲樂，又主外夷遠客、負海之賓。星明大，禮樂興，四國賓；動搖，則蠻夷使來；離徙，天子將舉兵。日食，王者失禮，忠臣見譖，爲旱災。暈，爲樂官黜；上有抱氣三，敵心欲和。月食，亦爲忠臣見譖，飛蟲多死，北方有兵，女主惡之；石申曰：「大臣有謀。」月犯之，國憂，其分有兵，大將亡，女主惡之。歲星犯，五穀爲風所傷；守之，王道具，將相忠，文術用；逆行入之，君好畋獵。熒惑犯之，其分民饑，臣下不從命，邊兵起；出、入、留、舍，爲兵；守之，佞臣爲亂。塡星犯之，大臣憂；守之，主聖臣賢，歲豐，后有喜；出、入、留、舍，兵起；逆行，則女主失政。太白入，或犯之，皆爲兵起；出、入、留、舍，大風水災，其分君不安；舍左，爲旱；守犯、勾巳、淩突，則大臣專君令。辰星淩抵，下臣爲亂伏誅；守之，旱，饑，民流，龍蛇見；守其中，兵大起；同見西方，大臣憂。客星入犯之，國有兵，大臣憂，一曰負海國有使來；守之，爲兵起。彗星犯之，大臣憂，國有兵、喪。星孛于翼，亦爲大臣憂，其分失禮樂；出，則其地有謀，下有兵、喪；芒所指，有降人。流星犯之，亦爲憂在大臣；出，則其下有兵；入，爲貴臣囚繫，乙巳占曰：「流星入，天下賢士入見，南夷來貢，國有賢臣。」赤雲氣出入，有暴兵；黄而潤澤，諸侯來貢；黑，爲國憂。

按漢永元銅儀，翼宿十九度；唐開元游儀，十八度。舊去極九十七度。景祐測驗，翼宿一十八度，距中行西第二星去極百四度。

東甌五星，在翼南，蠻夷星也。天文錄曰：「東甌，東越也，今永嘉郡永寧縣是也。」芒角、動搖，則蠻夷叛。太白、熒惑守之，其地有兵。

按東甌五星，晉志在二十八宿之外，乾象新書屬張宿；武密書屬翼宿，與步天歌合。

軫宿四星，主冢宰、輔臣，主車騎，主載任。有軍出入，皆占于軫。又主風，占死喪。明大，則車駕備；移徙，天子有憂；就聚，則兵起。轄二星，傅軫兩旁，主王侯，左轄爲王者同姓，右轄爲異姓。星明，兵大起；遠軫，凶；轄舉，南蠻侵；車無轄，國有憂。日食，憂在將相，戒車駕之官，一曰后不安。暈而生背氣，其下兵起，城拔，視背所向擊之勝，又曰王者惡之。月食，后及大臣憂。月暈，有兵，歲旱，多大風。歲星犯之，爲火災，爲民疫，大臣憂，主庫者有罪；入，則其國將死；守之，國有喪；七日不移，有赦，又曰君有憂。熒惑犯之，有亂兵；入軫，將軍爲亂，水傷稼，民多妖言；逆行，爲火，爲兵。塡星犯之，爲兵，爲土功；入，則兵敗；逆行，女主憂；出、入、舍、留，六十日兵起，大旱。太白犯之，爲兵起，得地；入，爲兵；守之，亡地，將憂；起左角，逆行至軫，失地；經天，則兵滿野。辰星犯之，民疫，大臣憂，中國有貴喪；守之，大水；入，則天下以火爲憂，一曰國有喪。客星犯之，爲兵，爲喪；入，則有土功，糴貴，諸侯使來；出，則君使諸侯；守之，邊兵起，民飢；守轄，軍吏憂。彗星犯之，爲兵，爲喪；色赤，爲君失道，又曰天子起兵，王公廢黜。星孛于軫，亦爲兵、喪，又曰下謀上，主憂。流星犯之，有兵起，亦有喪，不出一年，庫藏空；春夏犯之，爲皮革用；秋冬，爲水旱不調。

按漢永元銅儀，以軫宿爲十八度。舊去極九十八度。景祐測驗，亦十八度，去極一百度。

長沙一星，在軫宿中，入軫二度，去極百五度，主壽命。明，則君壽長，子孫昌。

青丘七星，在軫東南，蠻夷之國號。星明，則夷兵盛；動搖，夷兵爲亂；守常，則吉。

軍門二星，在青丘西，一曰在土司空北，天子六宮之門，主營候，設豹尾旗，與南門同占。星非其故，及客星犯之，皆爲道不通。

器府三十二星，在軫宿南，樂器之府也。明，則八音和，君臣平；不明，則反是。客、彗犯之，樂官誅。赤雲氣掩之，天下音樂廢。

土司空四星，在青丘西，主界域，亦曰司徒。均明，則天下豐；徵暗，則稼穡不登。太白、熒惑犯之，男女廢耕桑。客、彗犯之，爲兵起，民流。

按步天歌，以左轄右轄二星、長沙一星、軍門二星、土司空四星、青丘七星、器府三十二星俱屬軫宿；晉志惟轄星、長沙附于軫，餘在二十八宿之外；乾象新書以軍門、器府、土司空屬翼，青丘屬軫；武密書以軍門屬翼，餘皆屬軫。今從步天歌，而附見諸家之說。

校勘記

〔一〕王后有憂　「王后」，原作「后王」，據開元占經卷一七、觀象玩占卷一八改。

〔二〕月犯之　「月」，原作「日」，據觀象玩占卷三三改。

〔三〕天之耳目也　「目」字原脫，據開元占經卷六二、觀象玩占卷一九補。

二十四史

宋史卷五十二

志第五

天文五

七曜　景星　彗孛　客星　流星　妖星　星變　雲氣　日食

日變　日煇氣　月食　月變　月煇氣

七曜

日為太陽之精，君之象，日行一度，一年一周天。日月行有道之國，則光明。君道至大，則日色光明；動不失時，則日揚光。至德之萌，日月如連璧。君臣有道，則日含「王」字；君亮天工，則日備五色；有聖人起，則日再中。人君有德，日有四彗，光芒四出；日有二彗，一年再赦。

周禮視祲掌十煇之法：一曰祲，陰陽五色之氣，浸淫相侵；二曰象，雲氣成形象；三曰鑴，日旁氣刺日；四曰監，雲氣臨日上；五曰闇，謂蝕及日光脫；六曰瞢，不光明；七曰彌，白虹貫日；八曰序，謂氣若山而在日上，及冠珥背璚重疊次序在于日旁；九曰隮，謂暈及虹也；十曰想，五色有形想。

凡黃氣環在日左右為抱氣；居日上為戴氣，為冠氣；居日下為承氣，為履氣；居日下左右為紐氣，為纓氣。抱氣則輔臣忠，餘皆為喜，為得地，吉。

一珥在日西則西軍勝，在東則東軍勝，南北亦然；無兵，亦有拜將。兩珥氣圜而小在日左右，主民壽考。三珥色黃白，女主喜；純白，為喪；赤，為兵；青，為疾；黑，為水。四珥主立侯王，有子孫喜。

日有黃芒，君福昌；多黃輝，王政太平。日無光，為兵、喪，又為臣有陰謀。日旁雲氣白如席，兵衆戰死；黑，有叛臣；如蛇貫之而青，穀多傷；白，為兵；赤，其下有叛；黃，臣下交兵；黑，為水。日始出，黑雲氣貫之，三日有暴雨。青雲在上下，可出兵。有赤氣如死蛇，為饑，為疫。雜氣刺日皆為兵。

日暈，七日內無風雨，亦為兵；甲乙，憂火；丙丁，臣下忠；戊己，后族盛；庚辛，將利；壬癸，臣專政。半暈，相有謀；黃，則吉；黑，為災。暈再重，歲豐；色青，為兵，穀貴；赤，蝗為災。三重，兵起。四重，臣叛。五重，兵、饑。六重，兵、喪。七重，天下亡。

日並出，諸侯有謀，無道用兵者亡。日鬬，為兵寇。日隕，下失政。日中見飛燕，下有廢主。日中黑子，臣蔽主明。日晝昏，臣蔽君之明，有篡弒。赤如血，君喪臣叛。日夜出，兵起，下陵上，大水。日光四散，君失明。白虹貫日，近臣亂，諸侯叛。日赤如火，君亡。日生牙，下有賊臣。

日食為陰蔽陽，食既則大臣憂，臣叛主，兵起。日食在正旦，王者惡之。日珥，甲乙，日有二珥四珥而食，白雲中出，主兵；丙丁，黑雲，天下疫；戊己，青雲，兵、喪；庚辛，赤雲，天下有少主；壬癸，黃雲，有土功。

日食在甲乙日，主四海之外，不占；丙丁，江、淮、海、岱也；戊己，中州〔一〕河、濟也；庚辛，華山以西；壬癸，常山以北。各以其下所主當之。寅卯辰木，招謀者司徒也。巳午未火，招謀者太子也。申酉戌金，司馬也。亥子丑水，司空也。

月為太陰之精，女主之象，一月一周天。君明，則依度；臣專，則失道。或大臣用事，兵刑失理，則乍南乍北；或女主外戚專權，則或進或退。月變色，為殃；青，饑；赤，兵、旱；黃，喜；黑，水。晝明，則姦邪作。月旁瑞氣，一珥，五穀登；兩珥，外兵勝；四珥及生戴氣，君喜國安。終歲不暈，天下偃兵。

晦而明見西方，曰朏；朔而明見東方，曰仄慝。朏則政緩，仄慝則政急。六日而弦，臣專政。七日而弦，主勝客。八日而弦，天下安。十日不弦，將死，戰不勝。

兩月並見，兵起，國亂，水溢。星入月中，亡國破將。白暈貫之，下有廢主。白虹貫之，為大兵起。生齒，則下有叛臣。生足，則后族專政。

月珥背璚，暈而珥，六十日兵起；珥青，憂；赤，兵；白，喪；黑，國亡；黃，喜。有背璚，臣下弛縱，欲相殘賊，不和之氣。暈三重，兵起；四重，國亡；五重，女主憂；六重，國失政；七重，下易主；八重，亡國；九重，兵起亡地；十重，天下更始。

月食，從上始則君失道，從旁始為相失令，從下始為將失法。歲星犯之，兵、饑、民流。熒惑犯之，大將死，有叛臣，民饑。填星犯之，人臣弒主；合，國饑。月食填星，民流；一曰月犯填，女主憂，民流。太白犯，出月右為陰國有謀，左為陽國有謀；出月下君死、民流。月戴太白，起兵；入月，將死；與太白會，太子危。辰星犯之，天下水。月食辰，水，饑。辰入月，臣叛主。彗星入，或犯之，兵期十二年，大饑；貫月，臣叛主。流星犯之，有兵；入無光，有亡國；在月上下，國將亂。月犯列星，其國受兵。星食月，國相死。星見月中，主憂。

凡月之行，歷二十有九日五十三分而與日相會，是謂合朔。當朔日之交，月行黃

中華書局

道而日爲月所揜，則日食，是爲陰勝陽，其變重，自古聖人畏之。若日月同度于朔，月行不入黃道，則雖會而不食。月之行在望與日對衝，月入于闇虛之內，則月爲之食，是爲陽勝陰，其變輕。昔朱熹謂月食終亦爲災，陰若退避，則不至相敵而食。所謂闇虛，蓋日火外明，其對必有闇氣，大小與日體同。此日月交會薄食之大略也。日食修德，月食修刑，自昔人主遇災而懼，側身修行者，此也。

歲星爲東方，爲春，爲木。於人五常，仁也；五事，貌也。超舍而前爲贏，退舍爲縮。色光明潤，君壽民富。又主福，主大司農，主五穀。石申曰：歲星所在，國不可伐，如歲在卯，不可東征。甘德曰：所去，國凶；所之，國吉；退行，爲凶災。主泰山、徐青兗及角、亢、氐、房、心、尾、箕。君令不順，則歲星退行；入陰爲內事，入陽爲外事；行陰道爲水，行陽道爲旱。星大，則喜；小，則牛馬多死，疾疫。初見小而日益大，所居國利。初出大而日小，國耗。荊州占：歲星色黑，爲喪；黃，則歲豐；白，爲兵；青，多獄；君暴，則色赤。熒惑相犯，爲大戰；相去方寸爲犯，戰，客勝。食火，國亡。邊侵曰食。守之爲賊。居之不去爲守。觸火，則國亂。兩體俱動而直曰觸。合鬭，爲饑、旱。離復合，合復離曰鬭。塡星相犯，退，犯塡，太子叛。當東反西曰退。與塡星合，爲內亂，民饑。芒角相及同光曰合。守塡星，其下城敗。太白相犯，大臣黜，女主喪。觸太白，則四邊來侵。守太白，爲四序不調。合鬭，則大將死。辰

星相犯，太子憂。觸辰，主憂；守，憂賊。合，則君臣和。晝見，則臣強。他星犯之，主不安。客星犯守，主憂。流星犯之，色蒼黑，大農死；赤，爲饑疫；黃，則歲豐。抵之，臣叛主。

熒惑爲南方，爲夏，爲火。於人五常，禮也；五事，視也。晉灼曰：「常以十月入太微，受制而出，行列宿，司無道〔二〕，出入無常。」二歲一周天。出，則有兵；入，則兵散。逆行一舍二舍，爲不祥，所舍國爲亂、賊、疾、喪、饑、兵。或環遶勾巳，芒角、動搖、變色，乍前乍後，爲殃愈甚。退行一舍，天下有火災；五舍，大臣叛。星經曰：「主霍山、揚荊交州，又主輿鬼、柳、七星〔三〕。」又主大鴻臚，又曰主司空，爲司馬，主楚、吳、越以南，司天下羣臣之過失。東行，則兵聚東方；西行，則兵聚西方。天下安，則行疾。與歲星相犯，主冊太子，有赦。觸歲星，有子；守之，太子危。塡星相犯，兵大起。入塡星，將爲亂；觸之，有刀兵；守之，有內賊，太子危。與太白相犯，主亡，兵起；守北，太子憂；南，庶子憂。環遶，偏將死。與辰星相犯，兵敗。與辰星相會，爲旱，秋爲兵，冬爲喪；守之，太子憂，有赦。他星相犯，兵起。祅星犯之，爲兵，爲火。

塡星爲中央，爲季夏，爲土。於人五常，信也；五事，思也。常以甲辰元始之歲塡行一宿，二十八歲而一周天。四星皆失，塡爲之動。所居，國吉，女子有福，不可伐。去之，失地。天子失信，則塡大動。盈則超舍，以德盈則加福，刑盈則不復；縮則退舍不及常，德縮則迫慝，刑縮則不育。星經曰：「主嵩山、豫州，又主東井。」行中道，則陰陽和調。退行一舍，爲水；二舍，海溢河決。經天退行，天下更政，地動。巫咸曰：光明，歲熟。大明，主昌。小暗，主憂。春青，夏赤，女主喜。春色蒼，歲大熟；色赤，饑。有芒，兵。與歲星相犯相鬭，爲內亂；合，則野有兵。熒惑相犯，爲兵、喪；合，則爲兵，爲內亂，大人忌之。太白相犯，爲內兵，有大戰，一曰王者失地。合於太微，國有大兵，一曰國亡。辰星犯，爲兵，爲旱。祅星犯，下臣謀上。流星犯，則民多事。與月相犯，有兵。

太白爲西方，爲秋，爲金。於人五常，義也；五事，言也。常以正月甲寅與火晨出東方，二百四十日而入。入四十日又出西方，二百四十日而入。入三十五日而復出東方。出以寅戌，入以丑未也。一年一周天。日方南太白居其南，日方北太白居其北，爲贏，侯王不寧，用兵進吉退凶。日方南太白居其北，日方北太白居其南，爲縮，侯王有憂，用兵退吉進凶。星經曰：「主華陰山、梁雍益州〔四〕，又主奎、婁、胃、昴、畢、觜、參。」出西方，失行，外國敗。出東方，失行，中國敗。若經天，天下革，民更主，是謂亂紀，人衆流亡。晝見，與日爭明，強國弱，女主昌，又曰主大臣。巫咸曰：光明見影，戰勝，歲熟。狀炎然而上，兵起。光如張蓋，下有立王。凡與歲星相犯，兵敗失地。犯熒惑，客敗主勝。犯塡星，太子不安，失地。犯辰星，主兵。入月，主死，其下兵。犯月角，兵起，在左則中國勝，在右則外國勝。

當見不見，失地破軍。他星犯，其事急。祅星犯，邊城有戰。客星犯，主兵將死。凡太白至午位，避日而伏，若行至未，即爲經天，其災異重也。

辰星爲北方，爲冬，爲水。於人五常，智也；五事，聽也。常以二月春分見奎、婁，五月夏至見東井，八月秋分見角、亢，十一月冬至見牽牛。出以辰戌，入以丑未，二旬而入。晨候之東方，夕候之西方也。一年一周天。出早爲月食，晚爲彗星及天祅。一時不出，其時不和。四時不出，天下大饑。星經曰：「主常山、冀幷幽州，又主斗、牛、女、虛、危、室、壁。」又曰主燕、趙、代，主廷尉，以比宰相之象。石申曰：色黃，五穀熟；黑，爲水；蒼白，爲喪。凡與歲星相犯，皇后有謀。熒惑犯，妨太子。塡星犯，兵敗；太白亦然。芒角相及同光曰合，他星光曜相逮爲害。客星、太陰、流星相犯，主內患。

凡五星：歲星色青，比參左肩；熒惑色赤，比心大星；塡星色黃，比參右肩；太白色白，比狼星；辰星色黑，比奎大星。得其常色而應四時則吉，變常爲凶。

木與土合爲內亂，饑；與水合爲變謀而更事；與火合爲饑，爲旱；與金合爲白衣之會，合鬭，國有內亂，野有破軍，爲水。太白在南，歲星在北，名曰牝牡，年穀大熟。太白在北，歲星在南，其年或有或無。火與金合爲爍，爲喪，不可舉事用兵，從軍爲軍憂；離之，軍却。出太白陰，分地；出其陽，偏將戰。與土合爲憂，主孽卿。與水合爲北

二十四史

軍，用兵舉事大敗。一曰：火與水合爲焠，不可舉事用兵。土與水合爲壅沮，不可舉事用兵，有覆軍[五]。一曰，爲變謀更事，必爲旱。與金合爲疾；爲白衣會，爲內兵；國亡地。與木合國饑。水與金合爲變謀，爲兵、憂。

木、火、土、金與水鬬，皆爲戰，兵不在外，皆爲內亂。

三星合，是謂驚立絕行，其國外內有兵與喪，百姓饑乏，改立侯王。四星合，是謂大湯，其國兵、喪並起，君子憂，小人流。五星若合，是謂易行，有德受慶，改立王者，奄有四方，子孫蕃昌；亡德受殃，離其國家，滅其宗廟，百姓離去，被滿四方。五星皆大，其事亦大；皆小，事亦小。五星俱見，其年必惡。

凡五星與列宿相去方寸爲犯，居之不去爲守，兩體俱動而直曰觸，離復合、合復離曰鬬，當東反西曰退，芒角相及同舍曰合。

凡五星東行爲順，西行曰逆，順則疾，逆則遲，通而率之，終於東行。不東不西曰留，與日相近而不見曰伏，伏與日同度曰合。

凡金、水二星，行速而不經天，自始與日合後，行速而先日，夕見西方。去日前稍遠，夕時欲近南方則漸遲，遲極則留，留而近日，則逆行而合日；在于日後，晨見東方。逆極則留，留而後遲，遲極去日稍遠，且時欲近南方，則速行以追日，晨伏于東

方，復與日合度。此五星合見、遲疾、順逆、留行[六]之大端也。

凡五星之行，古法周天之數，如歲星謂十二年一周天，乃約數耳。晉灼謂太歲在四仲則行三宿，在四孟、四季則行二宿，故十二年而行周二十八宿。其說亦非。夫二十八宿，度有廣狹，而歲星之行自有盈縮，豈得以十二年一周無差忒乎？唐一行始言歲星自商、周迄春秋季年，率百二十餘年而超一次，因以爲常。以春秋亂世則其行速，時平則其行遲，其說尤迂。既乃爲後率前率之術以求之，則其說自悖矣。今紹興曆法，歲星每年行一百四十五分，是每年行一次之外有餘一分，積一百四十四年剩一次矣[七]。然則先儒之說，安可信乎？餘四星之行，固無逆順，中間亦豈無差忒？一行不復詳言，蓋亦知之矣。

景星

景星，德星也，一曰瑞星，如半月，生於晦朔，大而中空，其名各異。曰周伯，其色黃，煌煌然，所見之國大昌。曰含譽，光耀似彗，喜則含譽射。曰格澤，狀如炎火，下大上銳，色黃白，起地上，見則不種而穫。曰歸邪，兩赤彗向上，有蓋。曰天保星，有音，如炬火下地，野雞鳴。皆五行冲和之氣所生也。其王蓬芮、玄保、昭明、昏昌、旬始、司危、茀昌、地維臧光之類，亦皆爲瑞星。然前志以王蓬芮已下星爲妖星。又奇星，古無所考，見於仁宗、英宗之時，故附於景星之末云。

彗孛

彗星，小者數寸，長者或竟天。見則兵起，大水，除舊布新之兆也。其體無光，傅日而爲光。故夕見則東指，晨見則西指。光芒所及則爲災。有五色，各依五行本精所生。

孛星，彗屬。偏指曰彗，芒氣四出曰孛。孛者，孛孛然，非常惡氣之所生也。主大亂，主大兵，災甚於彗。旄頭星，玉册云亦彗屬也。

客星

客星有五：周伯、老子、王蓬絮、國皇、温星是也。周伯，大而黃，煌煌然，所見之國，兵喪，饑饉，民庶流亡。老子，明大純白，出則爲饑，爲凶，爲善，爲惡，爲喜，爲怒。王蓬絮，狀如粉絮，拂拂然，見則其國兵起，有白衣之會。國皇，大而黃白，有芒角，主兵起，水災，人主惡之。温星，色白，狀如風動搖，常出四隅。皆主兵。此五星錯出乎五緯之間，其見無期，其行無度，各以其所在分野而占之。又四隅各有三星：東南曰盜星，主大盜；西南曰種

陵，出則穀貴；西北曰天狗，見則天下大饑；東北曰女帛，主有大喪。

流星

流星，天使也。自上而降曰流，東西横行亦曰流。流星有八，曰天使，曰天暉，曰天鴈，曰天保，曰地鴈，曰梁星，曰營頭[八]，曰天狗。流星之爲天使者有祥有妖，爲天暉、天鴈，夜隕而爲天保，則祥；若夜隕而爲地鴈、梁星，晝隕而爲營頭，則妖。流星之大者爲奔星，夜隕而爲天狗，厥妖大。自下而升曰飛。飛星有五，亦有妖祥之分，飛星化而爲天刑則祥；爲降石，爲頓頑，爲解銜，爲大滑，則爲妖。

妖星

妖星，五行乖戾之氣也。五星之精，散而爲妖星，形狀不同，爲殃則一。各以其所見日期、分野、形色，占爲兵、饑、水、旱、亂、亡。星長三尺至五尺，期百日；等而上之，至一丈期一年，三丈期三年，五丈期五年，十丈期七年，十丈已上，不出九年。蓋妖星長大則期遠而殃深，短小則期近而殃淺。

天棓星乃歲之精，主奮爭。天槍如彗，出西方，長二三尺，名天槍，主破國。天猾主招亂。

中華書局

天欃出西方，長數丈，主國亂。蚩尤旗類彗而後曲，主兵。天衡狀如人，蒼衣赤首，不動，主下謀上，滅國。國皇大而赤，去地三丈，如炬火，主內寇。及登主夷分[九]，主恣虐，且見則主弱。昭明如太白，光芒不行，主兵、喪。司危，天官書如太白[一〇]，有目，去地可六丈，大而白，其下有兵，主擊強。五殘如辰星，去地六七丈，其下有兵，主奔亡。六賊去地六丈，大而赤，有光，出非其方，下有兵、喪。獄漢青中赤表，下有三彗，去地可六丈，大而赤，數動。大賁主滅邪暴兵。燭星主滅邪。紬流主伏逃。茀星、昴、孛星主災。旬始出北斗旁，如雄雞，見則更主。擊咎主大兵，有反者，大亂。天杵主犇羊。天柎主擊殃。伏靈見則世亂。天敗主鬬衡。司姦主見怪。天狗有毛，旁有短彗，下如狗形，見則兵饑。天殘主貪殘。卒起有謀反，主驚亡。枉矢色黑，蛇行，望之如有毛目，長數匹者，見則兵起，破女君臣憂，上下亂。拂樞主制時。滅寶主伐亂。繞綎主亂孳。驚理主相屠。大奮祀主招邪。

天鋒彗象，形似矛鋒，見則兵起，有亂臣。昭星有三彗，兵出，有大盜不成，又主滅邪。蓬星大如二斗器，色白，出東南方，東北主旱，或大水。長庚星如一匹布著天，見則兵起。四塡大而赤，可二丈，爲兵。地維臧光星如月，始出，大而赤，去地二丈，東南，旱；西北，兵；出東北，大水。老子星色白，爲善爲惡，爲饑爲凶，爲喜爲怒。營頭星有雲如壞山墜，所墜下有覆軍流血。積陵出西南，長三丈，主兵，小饑。昏昌出西北，氣青赤色，中赤外青，主國易

政。孛星出西北，狀如環，大則諸侯失地。白星如削瓜，主男喪。菟昌有赤青環之，主水，天下改易。濛星赤如牙旗，長短四面，西南最多，亂之象。長星出西方。

歲星之精，化爲天棓、天槍、天滑、天衡、國皇、及登，蒼彗。火星之精，化爲昭旦、蚩尤之旗、昭明、司危、天欃，赤彗。土星之精，化爲五殘、六賊、獄漢、大賁、昭星、紬流、茀星、旬始、蚩尤、虹蜺、擊咎，黃彗。太白之精，化爲天杵、天柎、伏靈、天敗、司姦、天狗、天殘、卒起，白彗。辰星之精，化爲枉矢、破女、拂樞、滅寶、繞綎、驚理、大奮祀，黑彗。

而月旁祆星，亦各有所生。天槍、天荊、眞若、天攙[一一]、天樓、天垣，歲星所生也，見以甲寅日，有兩青方在其旁。天陰、晉若、官張、天惑、天雀、赤若、蚩尤，熒惑所生也，出在丙寅日，有兩赤方在其旁。天上、天伐、從星、天樞、天翟、天沸、荊彗，塡星所生也，出在戊寅日，有兩黃方在其旁。若星、帚星、若彗、竹彗、牆星、權星[一二]、白藿，太白所生也，出在庚寅日，有兩白方在其旁。天美、天毚、天社、天林、天麻[一三]、天蒿、端下，辰星所生也，出以壬寅日，有兩黑方在其旁，見則爲水、旱、兵、喪、饑、亂。

雲氣

周禮保章氏：「以五雲之物辨吉凶，水旱降豐荒之祲象」。故魯僖公日南至登觀臺以望，

漢明帝升靈臺以望元氣，吹時律，觀物變。蓋古者分至啓閉必書，雲物爲備故也。迨乎後世，其法寖備。瑞氣則有慶雲、昌光之屬，妖氣則有虹蜺、牂雲之類，以候天子之符應，驗歲事之豐凶，明賢者之出處，占戰陣之勝負焉。

日食

建隆元年五月己亥朔，日有食之。二年四月癸巳朔，日有食之。

乾德三年二月壬寅朔，日當食，不食。五年六月戊午朔，日有食之。

開寶元年十二月己酉朔，日有食之。三年四月辛酉朔[一四]，日有食之。四年十月癸亥朔，日有食之。五年九月丁巳朔，日有食之。七年二月庚辰朔，日有食之。八年七月辛未朔，日有食之。

太平興國二年十一月丁亥朔，日有食之，既。六年九月乙未朔，日有食之。七年三月癸巳朔，日有食之。八年二月戊子朔，日有食之。

雍熙二年十二月庚子朔，日有食之。三年六月戊戌朔，日有食之。

淳化二年閏二月辛未朔，日有食之。三年二月乙丑朔，日有食之。四年二月己未朔，日有食之。八月丙辰朔，日有食之。五年十二月戊寅朔，日有食之，雲陰不見。

咸平元年五月戊午朔，日有食之。十月丙戌朔，日有食之。二年九月庚辰朔，日有食之。三年三月戊寅朔，日有食之。五年七月甲午朔，日有食之。

景德元年十二月庚辰朔，日有食之。三年五月壬寅朔，日有食之，雲陰不見。四年五月丙申朔，日有食之，陰雨不見。

大中祥符二年三月丙辰朔，日有食之，陰雨不見。五年八月丙申朔，日有食之。六年十二月戊午朔，日有食之。七年十二月癸丑朔，日當食，不食。八年六月己酉朔，日有食之。

天禧三年三月戊午朔，日有食之。五年七月甲戌朔，日有食之。

乾興元年七月甲子朔[一五]，日食幾盡。

天聖二年五月丁亥朔，日當食不食。四年十月甲戌朔，日有食之[一六]。六年三月丙申朔，日有食之。七年八月丁亥朔，日有食之。

明道二年六月甲午朔，日有食之。

景祐三年四月己酉朔，日當食不食。

寶元元年正月戊戌朔，日有食之。

康定元年正月丙辰朔，日有食之。

慶曆二年六月癸酉朔，日有食之[一七]。三年五月丁卯朔，日有食之。四年十一月戊午

朔，日當食不食。五年四月丁亥朔，日有食之，雲陰不見。六年三月辛巳朔，日有食之。

皇祐元年正月甲午朔，日有食之。四年十一月壬寅朔，日有食之。五年十月丙申朔，日有食之。

至和元年四月甲午朔，日有食之。

嘉祐元年八月庚戌朔，日有食之。三年八月己亥朔，日有食之。四年正月丙申朔，日有食之。六年六月壬子朔，日有食之，雲陰不見。

熙寧元年正月甲戌朔，日有食之。二年七月乙丑朔，日有食之，雲陰不見。六年四月甲戌朔，日有食之，雲陰不見。八年八月庚寅朔，日有食之，雲陰不見。

元豐元年六月癸卯朔，日當食不食。三年十一月己丑朔，日有食之。四年十一月癸未朔，日當食不食。五年四月壬子朔，日有食之，雲陰不見。六年九月癸卯朔，日有食之。

元祐二年七月庚戌朔，日有食之，陰雨不見。六年五月己未朔，日有食之。

紹聖元年三月壬申朔，日有食之。二年二月丁卯朔，日當食不食。四年六月癸未朔，日有食之，雲陰不見。

元符三年四月丁酉朔，日有食之。

建中靖國元年四月辛卯朔，日有食之，雲陰不見。

大觀元年十一月壬子朔，日有食之。二年五月庚戌朔，日有食之。四年九月丙寅朔，日有食之。

政和三年三月壬子朔，日有食之。五年七月戊辰朔，日有食之。

重和元年五月壬午朔，日有食之。

宣和元年四月丙子朔，日有食之。五年八月辛巳朔，日有食之，陰雲不見。

建炎三年九月丙午朔，日食于亢。

紹興五年正月乙巳朔，日食于女。七年二月癸巳朔，日食于室。是年，當金之天會十五年，金史不書日食。八年至十二年，日食多在夜，史蒙蔽不書。十三年十二月癸未朔，日食于牛，霧雲不見。十五年六月乙亥朔，日食于井。十七年十月辛卯朔，日食于氐。是年，乃金之皇統七年，金史不書日食。十八年四月戊子朔，日有食之，霧雲不見。十九年三月癸未朔，日有食之，霧雲不見。二十四年五月癸丑朔，日有食之，霧雲不見。二十五年五月丁未朔，日有食之，霧雲不見。二十八年三月辛酉朔，日有食之，霧雲不見。三十年八月丙午朔，日食于翼。三十一年正月甲戌朔，太史言日當食而不食。三十二年正月戊辰朔，日食于女。

隆興元年六月庚申朔，日食于井。二年六月甲寅朔，日有食之，霧雲不見。

乾道五年八月甲申朔，日食在翼，霧雲不見。九年五月壬辰朔，日食在井，霧雲不見。

淳熙元年十一月甲申朔，日食在尾，霧雲不見。三年三月丙午朔，日有食之，霧雲不見。四年九月丁酉朔，日有食之，霧雲不見。十年十一月壬戌朔，日食于心。十五年八月甲子朔，日食于翼。十六年二月辛酉朔，日有食之，霧雲不見。

慶元元年三月丙戌朔，日食于婁。四年正月己亥朔，日有食之，霧雲不見。五年正月癸巳朔，日有食之，霧雲不見。六年六月乙酉朔，日有食之，霧雲不見。是年，乃金承安五年，金史不書日食。

嘉泰二年五月甲辰朔，日食于畢。三年四月己亥朔，日有食之。金史不書。

開禧二年二月壬子朔，日當食，太史言不見虧分。

嘉定三年六月丁巳朔，日有食之。四年十一月己酉朔，日當食，太史言不見虧分。金史不書。七年九月壬戌朔，日食于角。九年二月甲申朔，日食于室。十年七月丙子朔，日食于張。十一年七月庚午朔，日有食之。十四年五月甲申朔，日食于畢。十六年九月庚子朔，日食于軫。

寶慶三年六月戊申朔，日有食之。

紹定元年六月壬寅朔，日有食之。六年九月壬寅朔，日有食之，霧雲不見。

端平二年二月甲子朔，日當食不虧。

嘉熙元年十二月戊寅朔，日有食之。

淳祐二年九月庚辰朔，日有食之。三年三月丁丑朔，日有食之。五年七月癸巳朔，日有食之。六年正月辛卯朔，日有食之。九年四月壬寅朔，日有食之。十二年二月乙卯朔，日有食之。

寶祐元年二月己酉朔，日有食之。

景定元年三月戊辰朔，日有食之。二年三月壬戌朔，日有食之。

咸淳元年正月辛未朔，日有食之。三年五月丁亥朔，日有食之。四年十月戊寅朔，日有食之。六年三月庚子朔，日有食之。七年八月壬辰朔，日有食之。八年八月丙戌朔，日有食之。

德祐元年六月庚子朔，日食，既，星見，雞鶩皆歸。明年，宋亡。

日變

周顯德七年正月癸卯，日既出，其下復有一日相掩，黑光摩盪者久之。

開寶七年正月丙戌，日中有黑子二。

景德元年十二月甲辰，日有二影，如三日狀。三年九月戊申，日赤如赭。四年四月甲申，日無光。

寶元二年十二月庚申，日赤如朱，踰二刻復。

慶曆八年正月乙未，日赤無光。

熙寧十年二月辛卯，日中有黑子如李，至乙巳散。

元豐元年閏正月庚子，日中有黑子如李，至二月戊午散。十二月丙午，日中有黑子如李大，至丁巳散。二年二月甲寅，日中有黑子如李，至癸亥散。

崇寧二年五月癸卯，日淡赤無光。三年十月壬辰，日中有黑子如棗大。

政和二年四月辛卯，日中有黑子，乍二乍三，如栗大。八年十一月辛亥，日中有黑子如李大。

宣和二年正月己未，日蒙蒙無光。五月己酉，日中有黑子如棗大。三年十二月辛卯，日中有黑子，如李大。四年二月癸巳，日蒙蒙無光。

靖康元年閏十一月庚申，日赤如火，無光。

建炎三年三月己卯，日中有黑子，至壬寅始消。

紹興元年二月己卯，日中有黑子如李大，三日乃伏。六年十月壬戌，日中有黑子如李大，至十一月丙寅始消。七年二月庚子，日中有黑子如李大，旬日始消。四月戊申，日中

有黑子，至五月乃消。八年二月辛酉，日中有黑子。十月乙亥，日中有黑子。十五年六月丙午，日中有黑氣往來。丁未，日中有黑子，日無光。

乾道五年正月甲申，日色黃白，昏霧四塞。

淳熙十二年正月癸巳，日中生黑子，大如棗。戊戌至庚戌，日中皆有黑子。十三年五月庚辰，日中生黑子，大如棗。

紹熙四年十一月辛未，日中有黑子，至庚辰始消。

慶元六年八月乙未，日中有黑子如棗大，至庚子始消。十二月乙酉，又生，至乙巳始消。

嘉泰二年十二月甲戌，日中生黑子，大如棗。丙戌，始消。四年正月癸未，開禧元年四月辛丑，日中皆有黑子大如棗。

嘉熙二年十月己巳，日中有黑子。

德祐二年二月丁酉朔，日中有黑子，如鵝卵相盪。

日煇氣

建隆元年迄開寶末，凡冠氣七，珥百，抱氣七，承氣六，赤黃氣三，黃白氣三，青氣一，緌一，暈一百五十六，半暈四十五，重暈五十九，重半暈七，交暈一十八，背氣二百三十一，紐氣戴氣三。

太平興國迄至道末，凡冠氣一十八，戴氣三，抱氣一十三，珥七十七，承氣三，赤黃氣璚氣一，青氣三，暈五十九，半暈二十三，重暈一十二，交暈三，背氣四十四，紐氣三，戟氣一，直氣一十五。

咸平元年迄乾興末，凡重輪二十四，彗一，五色氣一，冠氣二百六十六，珥四十一，戴氣一百九十七，抱氣一百七，承氣一百八十四，直氣七十七，光氣一，黃氣九，赤黃氣四，紫氣五，赤黃交氣二，赤黃綠碧氣二，青赤氣二十一，黃白氣一，黑氣二，白氣五，緌三，戟氣一，紐氣二，背氣二百九十九，暈一千二百三十一，半暈六百五十三，重暈二十七，交暈一十三。

天聖元年迄嘉祐末，凡日黃曜有光一，煇氣一十九，龍鳳雲一，慶雲二，五色雲八，紫黃雲五，赤黃雲一，紫雲二，青黃紫暈八百五十五，周暈二十六，重暈一十六，交暈五，連環暈一，珥八百四十七，冠氣一百四十，戴氣二百五十六，承氣一百，重承氣一，抱氣一十八，負氣一，背氣一百七，格氣二，直氣五，白虹貫日四，白氣如繩貫日并暈一。

治平元年訖四年，凡五色雲八，煇氣一，暈一百二十八，周暈三，重暈十二，交暈二，珥八十九，冠氣一十一，戴氣三十九，承氣五，背氣三十三，白虹貫日一，白虹貫珥一。

治平以後訖元豐末，凡日暈一千三百五十六，周暈二百七十七，重暈七十四，交暈四十九，連環暈一，珥八百八十二，冠氣四十二，戴氣二百七十一，承氣五十，抱氣二，背氣二百四十六，直氣二，戟氣一，緌氣五，璚氣一，白虹貫日九，貫珥三，五色雲二十六。

自元豐八年三月五日訖元符三年正月十二日，暈五百二十八，周暈二百五十七，重暈六十八，交暈六十七，五色氣暈二，珥五百五十六，冠氣六十一，戴氣一百五十，承氣三十三，背氣一百七十四，直氣三，戟氣四，緌氣一，格氣五，白虹貫日一十六，貫珥一，五色雲十二。

自元符三年正月訖靖康二年四月(五)，凡日暈九，暈戴三，半暈一，暈珥背一，半暈重背一，暈緌一，珥背三，珥十三，暈珥七，冠氣七，暈背四，戴氣六，承氣二，抱氣四，背氣一十七，五色氣暈一，直氣四，環氣戴氣二，戟氣一，履氣二，半暈重履一，半暈再重一。

建炎三年春，明年二月辛丑，白虹貫日。四年十一月癸卯，日生背氣。

紹興元年正月壬戌，日生背氣。二年四月壬申，五月戊寅，日皆生戴氣。閏四月丙申，日生背氣。三年二月乙卯，日生戴氣。六月甲申朔，日生背氣。四年正月壬子，日生承氣。三月壬戌，日暈于軫。甲子，又暈于婁。辛未，又暈于胃，是日，日生抱氣。五月甲戌，日生背氣。六月壬辰，日暈于井。五年正月庚申，日有戴氣。六年二月丙寅，日暈于婁。三月戊寅，日暈于張。丁亥，又暈于胃。四月己亥，日生戴氣。庚子，復生，仍有承氣。十一月

庚寅，日左右生珥并背氣。癸巳，日又生背氣。七年二月辛丑，氛氣翳日。八年二月辛巳，白虹貫日。二十一年閏四月壬申，日生赤黃暈周匝。二十七年二月壬寅，白虹貫日。二十八年二月戊申，日生赤黃暈周匝。二十九年正月癸酉，日連暈，上生青赤黃色戴氣，日左右生珥。三十一年四月戊辰，日生赤黃暈周匝。六月辛酉，日上暈外生赤黃色，有背氣。七月辛卯，日上暈外生背氣。

隆興二年二月壬申，日生赤黃色暈，日左右生青赤黃珥。癸未，日生赤黃色暈周匝。三月庚戌，日生赤黃色暈周匝。六月甲子，日有戟氣。七月甲申朔，日生赤黃暈不匝，上生重暈，又生背氣及青珥。丁亥，日生重暈，上生青赤黃色背氣。癸卯，日生赤黃暈不匝，暈外生背氣，赤黃，兩頭向外曲。

乾道元年六月丁未，日暈周匝，下暈外生格氣，橫在日下。二年二月庚辰，日左生赤黃色直氣長丈餘，及半暈背氣。三年三月丁巳，日暈于婁，外生赤黃承氣。四月辛卯，日暈，赤黃色周匝。五月戊戌朔，日赤黃暈周匝。甲辰，日下暈外有青赤黃承氣。六月丙子，日赤黃暈周匝。四年六月丁巳，日赤黃暈周匝。五年正月己巳，日生黃色戴氣承氣。六年三月丁丑，日暈不匝，下生承氣。閏五月壬辰，日半暈再重，生戴氣承氣。丁酉，日左生珥。八年六月辛丑，日暈不匝，左右生珥。壬寅，日暈周匝。丁未，日暈不匝，外生承氣，日下

暈。九年二月丙子，日暈于奎。

淳熙元年三月辛丑，日暈于胃。二年七月甲辰，日生背氣。三年二月庚子，日暈不匝，外日半暈再重。四年二月戊子，日暈不匝，日上連暈生戴氣，日下暈外生承氣。五年三月癸卯，四月乙酉，六月庚辰，皆日暈周匝。十二月乙未，日生兩珥，一戴氣。六年二月癸丑，日半暈再重。六月己丑，日暈周匝。十二月辛亥，日暈外生戴氣。八年正月己酉，日生戴氣，後日左生青赤黃珥。閏三月丙申，日暈周匝。七月己卯，日半暈外生背氣。十一年正月戊申，日半暈再重。十三年五月己卯，日暈周匝。十五年二月己卯，日赤黃暈周匝。六月丙申，日上生青赤黃色背氣。十六年三月壬寅，日半暈再重。

紹熙元年五月庚辰，日半暈再重。六月甲申，日生赤黃暈周匝。二年二月壬寅，日生戴氣，青赤黃色。三月辛未，日生青赤黃暈周匝。四月癸未，日生戴氣。七月庚申，日暈外生背氣。壬戌，日有背氣。四年二月癸亥，日暈周匝。十一月辛巳，日暈外生背氣。五年四月乙卯，日暈周匝。六月丙午，日上暈外生背氣。

慶元元年正月丙辰，白虹貫日。二月辛巳，日上暈外生青赤黃背氣。四月己未，日生赤黃色格氣。二年五月己丑，日生背氣，其色青黃。

嘉泰元年六月辛卯，日暈周匝。

嘉定四年七月己卯，巳初刻，日有赤黃暈不匝，至酉初後，日上暈外生青赤黃背氣。六年四月己卯，日赤黃暈周匝。七年三月壬申，日生赤黃暈，外有青赤黃承氣，後暈周匝。十一年二月丙辰，日有赤黃暈，白虹貫日。丙寅，日有戴氣。十五年二月己亥，日暈于婁，周匝，有承氣。十七年六月辛卯，日生背氣。

寶慶三年十二月己酉，日旁有氣如珥。

紹定三年二月丙申，日有背氣。四年七月己丑，日生承氣。五年三月丁酉，日生抱氣承氣。

端平元年四月甲申，日生赤暈。六月戊子，日生赤黃暈，上下有格氣。二年六月戊寅，日有承氣。三年二月辛亥，日暈周匝。

嘉熙元年二月己酉，日暈周匝。三月癸亥，七月壬申，日有背氣。四年二月丙申朔，日生背氣。辛丑，白虹貫日。

淳祐元年二月戊寅，午後日暈。三年七月甲午，日生格氣。五年五月戊申，日生赤黃暈，外有背氣。六月甲子，日暈周匝。六年三月癸巳，日暈周匝，生珥氣。四月丁丑，日暈周匝。七年二月戊申，日暈周匝。八年六月己酉，日暈于井，赤黃，周匝。

寶祐元年正月戊戌，日生戴氣。二年二月辛酉，日暈周匝。四年三月乙卯，日暈周匝。

景定四年四月戊辰，日生赤黃暈。五年三月己丑，日暈于婁，周匝，赤黃，自午至申。六月庚午，日生赤黃暈。九月己丑，日生格氣。

咸淳元年六月壬午，日生承氣。七年春三月辛巳，日暈，赤黃，周匝。

月食

開寶元年十一月庚寅，月食。二年十月戊子，月食。三年四月乙酉，月食。五年八月壬寅，月食。七年八月庚寅，月當食不食。

太平興國二年六月甲辰，月食，既。十一月壬寅，月食。三年十月丙寅，月食，雲陰不見。五年八月乙卯，月食，既。

雍熙元年正月丙寅，月食。二年七月戊午，月當食不食。四年五月丁丑，月食。

端拱二年三月丁酉，月當食不食。

淳化元年正月庚寅，月食。二年八月壬午，月食，既。三年正月癸卯，月食。八月丙子，月食，雲陰不見。五年六月乙未，月食。十二月癸巳，月食，既。

至道元年六月己丑，月食，雲陰不見。十二月丁亥，月食。二年十月辛亥，月食。

咸平元年十月庚子，月食。二年九月乙未，月食。三年二月壬戌，月食。八月庚申，月

食。四年八月甲寅，月食。五年正月辛亥，月食。七月戊申，月食。六年正月甲辰，月食。七月壬寅，月食。

景德元年十一月乙丑，月食。二年五月壬戌，月食。十月庚寅，月食。三年十一月癸丑，月食。四年五月辛亥，月食，雲陰不見。九月戊寅，月當食不食。

大中祥符元年九月癸酉，月食。二年九月丁卯，月當食不食。三年閏二月甲子，月食。五年正月甲申，月食，陰翳不見。七月庚辰，月食。十二月丁丑，月食。八年十月辛卯，月食。九年四月己丑，月食，雲陰不見。

天禧元年四月壬午，月食。十月庚辰，月食。三年二月壬寅，月食。四年八月癸巳，月食。

天聖二年五月壬寅，月當食不食。四年五月戊午，月食。

慶曆二年六月丁亥，月食。五年四月庚子，月食。九月戊戌，月食。六年九月壬辰，月食。

皇祐二年七月庚子，月食。四年十一月丙辰，月食。五年十月辛亥，月食。

至和二年九月庚午，月食。

嘉祐元年八月甲子，月食，既。二年二月壬戌，月食。八月戊午，月食。三年閏十二月辛巳，月食。四年六月戊寅，月食。十二月乙亥，月食，既。五年十二月己巳，月食。七年十月己丑，月食。八年十月癸未，月食，既。

治平元年四月庚辰，月食。四年二月甲午，月食。

熙寧元年七月乙酉，月食。二年閏十一月丁未，月食。三年五月乙巳，月當食，雲陰不見。四年五月己亥，月食。十一月丙戌，月食。六年三月戊午，月食。九月乙卯，月食。七年九月己酉，月食，既。九年正月壬申，月食，雲陰不見。十年正月丙寅，月食。七月癸亥，月食，雲陰不見。

元豐元年正月庚申，月當食，有雲障之。六月戊午，月食。二年六月壬子，月當食，雲陰不見。三年十月甲戌，月食，雲陰不見。四年四月辛未，月食，既。十月己巳，月食。五年十月癸亥，月食。六年八月丁亥，月當食不食。七年二月乙酉，月食，雲陰不見。八月辛巳，月食，雲陰不見。八年八月丙子，月食，既。

元祐元年十二月戊戌，月當食，雲陰不見。三年六月庚寅，月食，既。十二月丁亥，月當食，雲陰不見。四年五月甲申，月食，雲陰不見。五年五月戊寅，月食，雲陰不見。六年四月癸卯，月食，雲陰不見。七年三月戊戌，月食，既。八年九月己丑，月食，雲陰不見。

紹聖三年七月癸卯，月食，雲陰不見。四年正月庚子，月食，雲陰不見。

元符元年五月壬戌，月當食不食。二年五月丙辰，月食，既。十月甲寅，月食，既。三年十月戊申，月食。

崇寧二年二月甲子，月食，既。八月辛酉，月食，既。三年二月己未，月食。八月丙辰，月食。四年十二月戊寅，月食。五年六月乙亥，月食。十二月壬申，月食，既。

大觀三年十月丙戌，月食。四年四月甲申，月食，既。九月庚辰，月食，既。

政和元年三月戊寅，月食。九月甲戌，月食。三年二月丁酉，月食。十月甲午，月食〔二四〕。四年正月辛卯，月食，既。六年十一月乙巳，月食。七年十一月己亥，月食。

重和元年五月丙申，月食。

宣和二年三月丙辰，月食。六年正月癸亥，月食。十二月戊午，月食，既。

建炎三年二月壬午，月食于軫。

紹興元年八月己卯，月當食，雲陰不見。二年二月丙子，月未當闕而闕，體如食，色黃白。七月甲戌，月食于室，既。三年七月戊辰，月食于危。四年十二月庚寅，月食于井。五年十一月乙酉，月食于井，既。六年五月辛巳，月食于南斗。十一月己卯，月當食，雲陰不見。八年三月辛丑，月當食，雲陰不見。九月丁酉，月當食，雲陰不見。九年九月壬辰，月食于胃，既。十二年七月丙午，月食，雲陰不見。十三年六月庚子，月食，既。十二月戊戌，月當食，陰雲不見。十四年六月甲午，月食于女。十五年五月己未，月當食，陰雲不見。十六年四月甲寅，月食。二十一年二月丙辰望，月當食，陰雲不見。二十五年五月壬戌望，

月當食，以山色遮映不見虧分。二十七年九月丁丑，月食。三十年正月甲午望，月當食，陰雲蔽之。

隆興二年五月己亥，月當食，陰雲蔽之。

乾道元年四月甲午，月當食，陰雲蔽之。四年二月丁未，月食，既。五年二月辛丑，月當食，陰雲不見。六年十一月辛酉，月當食，陰雲不見。八年六月壬子，月當食，陰雲不見。

淳熙元年四月壬申，月當食，陰雲不見。二年四月丙寅，月食于房，既。九月癸亥，月當食，雲陰不見。三年三月庚申，月當食，雲陰不見。五年二月己卯，月當食，雲陰不見。六年正月甲戌，月食，既。八年十一月丁亥，月食。九年十一月辛巳，月食。十年五月己卯，月食。十二年三月戊戌，月食。九月乙未，月當食，雲陰不見。十三年三月壬辰，月當食，陰雲不見。八月庚寅，月食，既。十四年八月甲申，月當食，陰雲不見。十六年十二月辛丑，月當食，陰雲不見。

紹熙元年六月丁酉，月當食，陰雲不見。十一月乙未，月當食，陰雲不見。二年六月壬辰，月當食，陰雲不見。三年四月乙巳，月當食，陰雲不見。五年九月癸卯，月當食，陰雲不見。

慶元二年八月壬戌，月食。三年七月己未，月食，既。四年七月庚戌，月食。六年五月庚午，月當食，陰雲不見。

嘉泰二年五月己未，月當食，陰雲不見。三年三月癸未，月當食，陰雲不見。

開禧元年三月壬申，月當食，陰雲不見。閏八月己巳，月當食，陰雲不見。三年正月壬辰，月食。七月戊子，月食。

嘉定元年二月丙戌，月當食，陰雨不見。十二月庚辰，月食。二年六月丁丑，月食。三年十一月己亥，月食。五年十月戊子，月食。七年二月庚戌，月食。八月丁未，月食。八年八月辛丑，月食，既。九年二月己亥，月當食，雲陰不見。閏七月乙未，月當食，雲陰不見。十年十二月戊午，月食。十一年六月乙卯，月食。十二月壬子，月食，既。十二年五月庚戌，月當食，既，雲陰不見。十一月丙午，月食。十三年五月甲辰，月當食，雲陰不見。十四年十月丙寅，月食。十五年三月癸亥，月當食于氐，既，雲陰不見。十六年三月丁巳，月當食，雲陰不見。

寶慶元年正月丁丑，月食。七月癸酉，月食，陰雨不見。二年七月戊辰，月食，陰雨不見。

紹定元年十一月甲申，月食。二年十一月己卯，月食。四年四月庚午，月食。五年三月乙未，月食。六年二月庚寅，月食。

端平二年十二月癸卯，月食。三年十二月丁酉，月食。

嘉熙元年六月乙未，月食。三年四月甲寅，月食。四年四月戊申，月食。

淳祐元年九月庚子，月食。四年七月癸丑，月食。五年七月戊申，月食。七年五月丁卯，月食。八年十月己丑，月食。十一年三月乙亥，月食。九月壬申，月食。十二年八月丙寅，月食。

寶祐二年閏六月丙戌，月食。三年十二月丁丑，月食。五年十月丁酉，月食。六年四月癸巳，月食。十月辛卯，月食。

開慶元年四月戊子，月食。十月乙酉，月食。

景定二年七月甲戌，月食。

咸淳二年六月丁丑，月食。十一月甲辰，月食。四年七月癸亥，月食。五年九月丁巳，月食。六年三月乙卯，月食。九月辛亥，月食。九年正月戊辰，月食。十二月壬戌，月食。

月變

天禧四年四月乙酉，西南方兩月重見。

月煇氣

建隆元年迄開寶末，凡珥一十九，煇氣一十三，暈二十九，重暈一，半暈一十四，交暈二，紐氣一。

太平興國元年迄至道末，凡冠氣一，珥六，煇氣五，赤氣二，抱氣一，暈八，半暈三，背氣一。

咸平元年迄乾興末，凡重輪三，珥一百二十，冠氣十二，暈氣十二，承氣八，抱氣三，戴氣九，赤黃氣十七，五色氣十一，青赤氣二，黃紅氣一，暈三百九十四，五色重暈二十，背氣一。

天聖元年訖嘉祐末，凡揚光一，光芒氣一，紅光煇氣一，煇氣五，五色煇氣一，暈二百五十七，周暈三十三，交暈四，連環暈一，珥七十二，冠氣五，戴氣一十三，承氣五，背氣一，白虹貫月一，黃虹貫月二。

治平元年訖四年，凡五色煇氣一，五色暈氣一，暈五十一，珥一十五，冠氣一，戴氣四，背氣二。四年訖元豐末，凡五色煇氣十一，五色暈氣六，暈四百二十三，周暈二百四十七，交暈二，珥一百三十四，冠氣七，戴氣五十，承氣五，背氣一十，白虹貫月五，貫珥一。

自元豐八年三月五日至元符三年正月十二日，凡五色暈氣九，暈八十九，周暈二百五十一，重暈一，交暈三，珥一百三，冠氣七，戴氣二十七，背氣八，白虹貫月二，貫珥一。

自元符三年正月迄靖康二年四月，凡暈五，暈珥二，五色暈五，珥二，暈冠一，交暈一，重暈一，白虹貫月一，五色雲一。

建炎四年十月己卯，暈生五色。

紹興二年四月壬申，暈於軫。五月乙亥，暈生五色。四年六月壬午，暈生珥。五年正月戊午，暈於東井。

乾道元年三月丁巳，暈周匝，著太微西扇星。三年五月壬午，生黃白暈，左右珥。四年三月壬寅，生黃白暈周匝。五年二月庚子，黃白暈周匝。

嘉泰三年七月壬午，白虹如半暈貫月中。

淳祐六年閏四月辛丑，暈五重。十月辛丑，生珥。八年二月戊子，暈生黃白。

寶祐四年三月乙卯，四月庚午，景定三年十月甲子，十二月辛酉，四年二月戊午，暈皆周匝。

德祐二年正月己卯，暈東井。

校勘記

〔一〕中州　原作「中川」，據漢書卷二六天文志改。

〔二〕司無道　「無」，原作「天」，據漢書卷二六天文志注引晉灼文、通考卷二八〇象緯考改。

〔三〕又主輿鬼柳七星　「主」字原脫，據後漢書天文上注引星經和殿本考證補。

〔四〕梁雍益州　「梁」，後漢書天文上注引星經文作「涼」。

中華書局

〔五〕覆軍　漢書卷二六天文志、晉書卷一二天文志、隋書卷二〇天文志、通考卷二八〇象緯考此處下都有「下師」二字。

〔六〕留行　原作「流行」，據晉書卷一二天文志、隋書卷二〇天文志、通考卷二八〇象緯考改。

〔七〕今紹興曆法歲星每年行一百四十五分是每年行一次之外有餘一分積一百四十四年剩一次矣　考異卷六八說：「歲星百四十四年而超一次，此漢三統術也。志以爲紹興術，誤。」

〔八〕營頭　原作「營頭」，據後漢書天文上、晉書卷一二天文志、隋書卷二〇天文志、通考卷二八一象緯考引中興天文志改。

〔九〕及登主夷分　「及登」，晉書卷一二天文志同；隋書卷二〇天文志、通考卷二八一象緯考作「反登」。

〔一〇〕天官書如太白　按此處係引用史記天官書「類太白」一語，而改「類」爲「如」。

〔一一〕天𤜱　隋書卷二〇天文志同。晉書卷一二天文志、通考卷二八一象緯考作「天猿」，開元占經卷八七作「天𧲂」。

〔一二〕權星　晉書卷一二天文志、隋書卷二〇天文志作「𧝹星」，通考卷二八一象緯考作「𤜱星」。

〔一三〕天麻　同上書同卷及開元占經卷八七均作「天㾓」。

〔一四〕三年四月辛酉朔　「辛酉」，本書卷二太祖紀、通考卷二八三象緯考、朱文鑫歷代日食考宋代日

食表均作「辛未」。按是年四月辛未朔，作「辛未」是。

〔一五〕乾興元年七月甲子朔　按是年七月己巳朔，歷代日食考宋代日食表說：「甲子」當作「己巳」。

〔一六〕四年十月甲戌朔日有食之　本書卷九仁宗紀所載同。按是年十月癸酉朔，歷代日食考宋代日食表說：「甲戌」當作「癸酉」。

〔一七〕慶曆二年六月癸酉朔日有食之　「癸酉」，通考卷二八三象緯考、歷代日食考宋代日食表均作「壬申」。按是年六月壬申朔，作「壬申」是。

〔一八〕靖康二年四月　「二」，原作「五」。按靖康無五年，靖康二年五月高宗即位，即改元。據通考卷二八四象緯考改。

〔一九〕十月甲午月食　「十」，通考卷二八五象緯考作「七」。按政和三年十月戊申朔，無甲午日；七月己卯朔，十六日甲午。疑作「七月」是。

宋史卷五十三

志第六

天文六

月犯五緯　月犯列舍上

月犯五緯

建隆二年十一月癸未，月犯歲星。三年二月乙巳，又犯。

開寶三年九月乙卯，犯填星。

太平興國三年七月己亥，掩熒惑。八月甲戌，與太白合。八年七月辛巳，淩歲星。

端拱元年二月戊申，犯填星。辛亥，犯歲星。六月丁卯，掩填星。

淳化元年十一月丙申，與熒惑合。二年六月己丑，犯歲星。三年三月癸亥，與太白合。

九月戊午，掩熒惑。十二月甲申，與熒惑合。四年十月癸未，與辰星合。五年二月己亥，犯歲星。

至道元年三月乙卯，又犯。三年八月戊申，犯填星。十二月癸丑，犯歲星。

咸平元年三月乙丑，犯熒惑。五月己巳，掩歲星。七月甲子，又犯。十二月甲午，犯填星。二年二月戊子，犯太白。十一月乙未，犯熒惑。三年二月壬子，犯太白。九月辛丑，又犯。四年十月辛酉，掩熒惑。十一月己丑，又犯。五年二月癸巳，犯歲星。六年十一月癸卯，犯填星。十二月庚午，又犯。

景德元年八月壬申，犯填星。二年五月辛卯，犯填星。七月庚午，犯歲星。

大中祥符二年十一月丙子，犯歲星。三年十月丙辰，犯熒惑。四年正月丁丑，犯太白。二月壬辰，犯填星。八月丙寅，犯太白。五年三月癸未，犯填星。六月乙巳，又犯。六年正月壬子，犯填星。二月丙戌，犯歲星。四月辛巳，又犯。七月癸卯，又犯。十月甲申，犯太白。七年十二月丁丑，犯填星。八年三月己亥，犯填星。四月丙辰，掩熒惑。八月癸未，犯填星。九年五月己巳，犯歲星。十月戊戌，犯太白。十二月丙戌，犯熒惑。

天禧元年正月戊申，犯歲星。三年四月乙未，犯熒惑。五月癸亥，又犯。九月己卯，犯歲星。四年二月乙未，又犯。三月癸亥，又犯。七月辛亥，犯太白。八月庚子，犯熒惑。五

年五月辛卯，犯填星。九月己卯，又犯。

天聖三年正月丁未，犯熒惑。五年七月己未，犯歲星。八月丁亥，犯熒惑。十一月戊申，掩歲星。六年九月己酉，犯填星。

明道元年九月戊子，犯填星。

景祐二年四月丁巳，掩太白。

寶元元年三月己酉，犯填星。四月庚寅，犯歲星。

慶曆元年八月庚子，掩歲星。十月丙申，犯填星。四年七月壬午，犯熒惑。六年三月丙申，犯歲星。七月乙酉，又犯。

皇祐元年七月丙午，犯歲星。二年六月壬申，犯填星。四年十月己丑，犯歲星。

至和二年五月庚辰，犯填星。十一月己酉，犯歲星。十二月辛丑，犯填星，甲辰，掩歲星。

嘉祐元年三月丙寅，掩填星。閏三月癸巳，掩歲星。五月戊子，犯填星。二年四月庚申，犯熒惑。六月戊申，犯太白。乙卯，犯熒惑。四年五月丁酉，犯太白。十月甲戌，犯熒惑。十二月甲戌，又犯；庚午，掩之。五年三月甲午，掩熒惑。六年閏八月辛丑，犯填星。十一月癸亥，又犯。八年七月壬戌，掩歲星。

治平四年正月辛亥，犯辰星。八月辛未，犯太白。癸酉，犯歲星。九月壬寅，犯太白。十月戊辰，掩填星，又犯熒惑。

熙寧元年二月丁巳，犯填星。四月壬子，犯歲星。五年四月癸亥，犯填星。閏七月庚申，犯熒惑。六年九月甲辰，掩太白。十年九月庚午，犯歲星。十二月壬辰，犯歲星。

元豐七年十月甲午，犯辰星。八年八月戊寅，犯填星。十一月戊戌，犯歲星。庚子，犯填星。

元祐三年七月庚午，犯太白。十月壬辰，犯歲星。四年三月丙子，又犯。七月辛卯，犯填星。十月癸丑，掩填星。六年九月癸卯，犯熒惑。十二月甲戌，掩歲星。八年十二月丁巳，犯熒惑。

紹聖元年六月甲戌，犯太白。九月辛酉，犯填星。十二月癸未，又犯。二年正月庚戌，又犯。三月壬申，又犯。三年九月戊戌，犯歲星。四年七月丁丑，犯熒惑。

元符二年八月壬辰，犯歲星。十一月辛巳，十二月戊申，皆犯。三年六月癸卯，犯熒惑。

建中靖國元年五月辛未，犯填星。

崇寧元年七月丁亥，犯太白。五年二月戊子，犯熒惑。

大觀二年十二月戊子，犯熒惑。四年七月戊午，犯歲星。

政和元年正月己巳，犯歲星。

宣和元年正月乙卯，犯填星。三年八月戊申，犯熒惑。四年八月庚戌，犯填星。七年十一月乙酉，犯熒惑。

建炎四年六月戊寅，犯熒惑。

紹興元年九月己未，犯太白。六年五月壬午，犯填星。十六年六月庚申，掩填星。二十年二月己未，犯歲星。二十四年八月戊子，犯歲星。二十七年六月甲辰，犯太白。三十年六月壬子，犯熒惑。三十二年正月癸巳，犯太白。二月己亥，犯歲星。

隆興元年三月丙申，四月丙子，七月戊戌，皆犯填星。

乾道元年十一月庚午，犯熒惑。四年十月庚子、十一月戊申，皆掩犯熒惑。七年三月辛巳，又犯。

淳熙三年五月庚午，掩犯太白。六年十一月己未，犯歲星。九年十一月癸巳，犯太白。

慶元四年七月己亥，宿于歲星。

嘉泰三年四月，犯太白。四年十月辛丑，掩犯歲星。十二月丙申，又掩犯。

嘉定二年六月甲申，掩食填星，不見。乙丑，掩食熒惑。五年九月丁未，犯歲星。十二年八月甲申，犯熒惑。十三年十月辛酉，犯太白。十五年三月壬子，掩食太白。

端平二年正月丁酉，犯太白。

嘉熙元年四月丁亥，犯熒惑。五月丙辰，又犯。七月辛酉，犯歲星、填星。

淳祐元年二月癸酉，掩食熒惑。六年四月壬戌，犯太白。

寶祐四年正月乙巳，掩歲星。己酉，犯熒惑。六年八月癸未，又犯。

景定元年八月己酉，掩填星。三年十月己未，犯歲星。

月犯列舍

建隆三年四月壬辰，月犯輿鬼。庚子，犯氐。五月甲子，犯左執法。六月丙申，犯房第一星。十二月庚戌，入南斗魁。

乾德四年二月癸卯，犯五車。五年正月壬子，犯南斗魁。七月丁未，犯昴。十月己巳，掩昴。

開寶元年正月辛卯，犯昴。二年正月丙戌，犯昴。三年六月乙未，犯東井。十月癸未，犯天關。五年七月庚辰，犯東井。六年三月丁巳，犯畢大星。

太平興國五年七月乙丑，掩五諸侯。七年二月丙子，犯輿鬼。三月丙申，犯昴。八年三月癸未，入南斗魁。八月戊寅，犯昴。壬午，犯輿鬼。庚寅，犯角。十月癸未，犯東井。

中華書局

乙巳，犯心後星。九年正月庚申，掩五車東南。甲戌，入南斗魁。二月壬辰，犯七星。丁巳，犯五諸侯。丙午，犯輿鬼。五月甲寅，掩星第三星。六月壬寅，犯昴。七月甲子，又犯。癸酉，犯五諸侯第三星。九月丁未，犯南斗魁。甲子，犯昴。己巳，入輿鬼，掩積尸。十二月丙戌，掩昴。

雍熙二年正月庚午，入南斗魁。二月丙戌，犯輿鬼西北星。三月戊申，犯昴。四月己丑，掩心後星。五月丙辰，犯房第二星。閏九月丁亥，掩昴。十月辛酉，犯軒轅，掩御女。

端拱元年八月壬戌，掩建第一星。甲戌，掩建星。十二月乙亥，犯房。二年四月辛酉，犯角左星。

淳化元年四月丙辰，犯角大星。七月甲午，犯畢。丙申，掩畢左股第二星。九月辛巳，犯牽牛。十一月乙未，犯角大星。二年四月庚辰，犯氐東南星。六月乙亥，入氐。十二月乙亥，犯畢。丙戌，入氐。三年十一月癸卯，入畢，掩大星。乙卯，入氐。四年九月癸巳，掩牽牛。閏十月丁未，入太微端門。五年正月丙寅，犯軒轅大星。五月丁未，入畢。十月庚子，淩軒轅大星。丙午，入氐，犯東北星。

至道元年六月辛巳，入太微。十一月乙卯，犯畢大星。甲子，入太微。三年九月癸未，入軒轅。

咸平元年六月壬辰，入太微。二年八月戊午，入南斗魁。九月癸巳，犯右執法。辛巳，犯軒轅。十月癸亥，犯昴。庚午，又犯太微屏星。三年二月乙丑，犯心中星。五月壬午，犯右執法。戊子，犯心中星。丙申，犯太微上相。六月丁未，與熒惑犯右執法。辛未，入畢。九月庚子，入太微。十月己巳，犯角右星。十二月丙寅，掩心。四年正月戊子，犯太微上將。丁酉，犯南斗魁。四月丁未，又犯。六月癸丑，掩房次相。八月乙巳，犯心後星。丙寅，犯軒轅大星。九月乙亥，犯南斗魁。丁酉，犯角大星。十月乙丑，犯五車。十一月乙未，犯心後星。十二月庚戌，犯五車。己未，犯角。壬戌，犯心前星。五年四月庚辰，犯心後星。五月戊申，犯南斗魁。七月壬寅，掩箕。甲寅，犯昴。八月庚午，犯南斗魁。辛丑，掩昴。丙戌，犯五諸侯。九月丙辰，犯軒轅大星。十月壬午，犯軒轅小星。甲申，犯右執法。十二月甲申，掩心前星。六年正月戊戌，犯昴。辛亥，犯房上將次將、心小星。三月丁未，犯心後星。五月甲午，犯軒轅大星。七月甲寅，犯五諸侯東南星。八月甲申，犯軒轅大星。九月癸卯，犯昴。己巳，犯五車。十月庚申，犯南斗魁。丙子，犯輿鬼。十一月戊戌，犯畢。

景德元年三月庚戌，犯輿鬼。四月辛未，入南斗魁。五月乙丑，入太微端門，犯屏星。六月甲子，掩心後星。丙子，犯昴。戊寅，犯五車東南星。九月戊子，犯南斗魁。十二月辛丑，犯房。二年正月乙卯，犯昴。七月甲寅，掩心中星。庚午，犯東井北轅。十一月庚申，

犯輿鬼。辛未，犯心前星。三年二月己卯，犯昴。十一月己酉，又犯。四年六月壬午，掩南斗。戊午，犯天關。七月庚午，掩氐。辛未，犯房次相。八月甲寅，犯東井。九月己巳，犯建星。十一月丙戌，犯氐。

大中祥符元年六月壬寅，犯建星。八月丁未，犯畢。戊申，犯天門。己酉，掩東井。九月癸亥，掩南斗杓。十一月甲午，犯牽牛。十二月丁酉，犯畢。丙午，掩角左星。己酉，犯房上相。二年八月丁亥，在氐。戊子，犯房。乙巳，入東井。九月壬申，又入東井。乙亥，犯軒轅。十月丙戌，犯建星。丁酉，犯畢。十一月丁卯，入東井。丙子，入氐。三年正月壬戌，入東井。丁卯，在執法南。庚午，犯氐距星。丙子，犯牽牛。二月丁亥，犯畢。閏二月辛未，犯牽牛。三月庚辰，入太微端門。甲申，犯東井。四月甲寅，在軒轅西南。五月丁亥，在氐西北。七月戊戌，犯畢大星。八月乙丑，犯畢。戊辰，犯東井。十月庚申，犯畢。乙丑，在軒轅西南。戊辰，犯左執法。庚午，入亢距星。十一月丙申，犯進賢。十二月丁巳，犯東井。四年正月壬午，犯畢。三月乙酉，入太微。五月癸未，在氐。戊子，犯牽牛。六月庚戌，入氐。戊辰，在東井。七月戊寅，犯西咸。癸未，犯牽牛。癸巳，掩畢大星。八月乙巳，在氐。己酉，犯建。庚戌，犯牽牛。十月乙卯，犯畢。辛酉，犯軒轅御女。十一月乙酉，犯東井。十二月戊午，入太微，掩左執法。己未，在進賢西南。辛酉，入氐。五年二

月戊申，入東井。壬子，入太微。癸丑，犯執法。三月庚辰，入太微，犯屏星。五月甲戌，犯太微上將。壬午，犯建。癸未，犯右執法，六月壬寅，又犯。丙午，入氐。七月丁丑，犯建星。戊寅，犯牽牛。八月己酉，犯建星。乙卯，犯畢。九月乙酉，入東井。十月庚子，犯牽牛。庚戌，犯畢。戊午，入太微。閏十月丁丑，犯畢。丙戌，入太微端門。十一月丁未，入東井。丁巳，入氐。十二月庚辰，入太微。六年正月壬寅，入東井。二月己巳，又入。癸酉，犯軒轅大星。乙亥，入太微。三月壬寅，又入。四月甲子，在東井。戊辰，犯軒轅大星。庚午，入太微。犯右執法。甲戌，入氐。五月丁未，入太微。甲辰，昏度犯南斗。七月己亥，犯牽牛。庚戌，犯畢。癸丑，掩東井。八月丙戌，入太微端門。九月丁未，犯東井。甲寅，入太微。十月辛未，入畢。庚辰，入太微。乙酉，入氐。十一月己亥，犯畢。壬寅，入東井。甲辰，犯輿鬼。辛亥，入氐。十二月己巳，犯東井。七年二月甲子，又入。三月庚寅，犯天關。丁酉，入太微。四月己巳，入氐。六月庚申，入太微。甲子，入氐。丁卯，犯南斗杓。庚辰，入東井。七月丁未，九月壬寅，又入。十一月癸卯，入太微。癸亥，掩天關。八年正月己丑，犯畢。二月己未，掩東井。乙丑，入太微。三月乙酉，掩天關，又入太微。閏六月壬寅，掩東井。七月乙卯，犯罰星。壬申，犯輿鬼。八月辛巳，入氐。壬午，犯鉞。癸卯，入太微。十月壬辰，入東井。辛丑，入氐。十二月丁酉，又入。戊戌，犯房上相。九

中華書局

年正月甲寅，在東井。庚申，犯太微右執法。二月戊子，在太微。三月甲寅，又入。四月丙子，在東井。戊寅，犯輿鬼。癸未，入太微。己丑，掩天江第二星。五月甲寅，在氐。七月乙丑，掩東井。八月丙申，犯軒轅第五星。戊戌，犯太微屏星。九月丁未，犯南斗。十月戊子，犯五諸侯。壬辰，犯太微。十一月甲子，在氐。丁卯，犯天江。十二月丁亥，入太微。

天禧元年三月丙午，犯輿鬼。戊午，犯南斗杓。四月丁丑，入太微。辛巳，入氐。五月甲辰，犯太微。六月丙子，入氐。七月庚子，入太微，犯上相。九月庚申，入太微。十月甲申，犯輿鬼。戊子，入太微端門。十一月丙辰，犯太微上相。十二月壬午，犯右執法。二年正月甲寅，入氐。戊午，犯南斗距星。二月丁丑，犯太微屏星。三月乙巳，入太微。六月壬辰，入太微西垣。己亥，犯房。八月乙卯，入太微。九月癸未，入太微，犯屏星。十月庚戌，入太微。三年五月壬戌，又入。八月壬辰，入南斗魁。癸卯，犯昴。九月己卯，入太微。十月癸卯，犯軒轅次星。乙巳，犯右執法。丙午，犯角大星。十一月癸酉，入太微。戊寅，犯房。四年正月庚辰，掩昴。二月壬寅，犯箕。癸卯，犯南斗。三月癸亥，犯右執法。乙丑，掩角右星。戊辰，掩心後星。庚午，入南斗魁。四月乙未，掩房次將。丙申，犯天江。丁酉，犯箕。戊戌，掩南斗魁。五月癸亥，掩心後星。乙丑，入南斗魁。六月丁亥，犯角南星。十一月庚申，掩昴。丁卯，犯軒轅大星。辛未，掩角距星。閏十二月庚申，犯輿鬼。戊辰，犯房。辛未，犯南斗魁。五年正月壬午，掩昴。甲申，掩五車東南星。壬辰，犯房上相。丙申，掩心後星。戊戌，入南斗魁。二月己未，入太微端門。三月丙午，犯太微屏星。癸巳，犯南斗。五月庚子，犯五車東南星。六月庚午，犯五諸侯。七月辛巳，掩昴。八月壬戌，犯五車東南星。九月戊子，犯昴。壬辰，犯五諸侯。乙未，掩軒轅大星。十月乙卯，掩昴。丁巳，犯五車。戊午，掩東井。

乾興元年正月丁丑，犯昴〔一〕。己卯，又犯五車東南星。辛卯，犯房。四月丙辰，犯南斗魁第二星。五月癸未，犯南斗。七月戊寅，又犯。辛卯，犯東井。癸巳，犯輿鬼。十一月己卯，犯五車。

天聖元年正月壬申，犯昴。丁亥，掩心大星。五月丙子，掩房。六月丙午，犯南斗魁。閏九月乙巳，犯昴。二年二月丁卯，犯鬼，因掩積尸。四月辛未，掩房南星。六月丁卯，犯天江。戊寅，犯昴下三星。八月己卯，掩軒轅大民星。十月庚午，犯井鉞。辛巳，犯氐。三年六月甲子，犯建。丙子，犯東井。七月戊子，犯房。八月丙子，又犯。九月丁亥，犯建。十二月辛酉，犯東井。四年正月戊子，犯東井。十月己丑，犯東井。十二月丁亥，犯畢距星。五年九月癸卯，犯建。丁巳，犯東井。十月壬申，犯牽牛中星。甲申，犯東井。辛卯，掩角南星。壬辰，入氐。十一月庚申，犯氐。六年正月癸丑，犯角南星。二月甲戌，犯東井。戊子，犯牽牛。六月壬申，又犯氐。七月丙辰，犯畢。己卯，犯東井。七年四月庚子，犯氐。六月庚戌，掩畢。九月壬申，犯畢距星。八年六月乙巳，犯畢。十月甲午，掩畢柄第二星。九年八月辛丑，犯軒轅大星。九月壬戌，犯畢。十月戊戌，犯右執法。十一月甲申，掩畢大星。丁酉，犯氐。

明道元年二月丙午，犯畢大星。六月壬戌，又犯。七月壬辰，犯東井。九月癸巳，入太微。十月乙卯，犯鬼西南星。十一月戊子，犯謁者。二年二月辛丑，入畢口。八月己亥，入氐。九月戊子，入太微。十二月丁未，犯積尸。

景祐元年閏六月丁卯，掩東咸。庚辰，犯畢。八月甲子，犯南斗。十一月庚戌，犯房。十二月壬申，入太微。二年二月丙寅，又入。四月己未，犯鬼。六月丙辰，入太微。九月乙巳，又入。三年六月己卯，犯氐。八月乙卯，犯南斗。四年六月壬午，犯南斗魁。

寶元元年三月戊申，入太微。四月丁丑，犯角。庚辰，犯心前星。六月乙亥，犯心。八月辛未，犯箕。二年五月癸卯，犯心大星。十月壬戌，犯南斗。

康定元年四月辛卯，犯軒轅大星。七月癸亥，犯南斗。十一月己巳，犯軒轅御女。十二月己丑，犯昴。

慶曆元年正月辛未，犯房次將。六月庚子，犯昴。癸卯，犯東井。七月丙辰，掩心後星。戊午，掩南斗天相。八月庚子，犯積尸。九月己巳，犯軒轅御女。二年二月甲申，犯輿鬼。四月戊子，犯房次將。三年七月戊子，犯東井。九月癸未，入東井。丙戌，犯軒轅右角。四年七月甲申，犯東井。八月癸丑，十月丙午，又犯。五年十二月癸酉，犯房上相。六年七月壬午，犯左角。丁亥，犯斗天府。九月甲申，犯牛。十一月己丑，犯畢距星。辛卯，犯東井。庚子，犯氐距星。七年七月己卯，犯氐。八月壬戌，犯畢大星。乙丑，犯東井。八年二月癸酉，犯畢，六月己丑，又犯。十一月丙午，掩畢。

皇祐元年二月戊辰，又掩。五月庚子，犯太微上相。癸卯，入氐。七月戊戌，犯氐。九月丙午，犯畢。十一月辛丑，掩畢。十二月戊辰，犯畢。二年三月丁酉，犯軒轅大星。八月庚申，入氐。壬申，入東井。十一月丙申，犯畢。己酉，入氐。十二月辛卯，犯畢大星。三年三月癸丑，犯畢。四月己丑，入太微。癸巳，入氐。六月壬寅，犯畢。九月甲子，犯畢距星。四年正月丙辰，犯東井。八月丙申，犯輿鬼。五年八月丁巳，犯東井。

至和二年二月辛丑，犯氐。壬寅，犯心前星。閏三月癸巳，犯太微左執法。丙申，犯氐。五月壬辰，掩心前星。七月己丑，犯南斗。壬辰，犯壘壁陣。八月甲戌，犯軒轅大星上第二星。

嘉祐元年十一月己丑，犯昴。庚子，犯角左星。癸卯，犯心。十二月，犯房。二年四月

中華書局

北，犯昴距星。己卯，犯司怪。庚辰，入東井。辛巳，犯水位。十二月戊申，犯天罇東北星。庚戌，犯軒轅大民，又犯酒旗。三年正月壬申，掩昴宿東北星。甲戌，犯司怪。乙酉，犯心距星。二月壬寅，入東井。乙巳，犯軒轅大民。三月庚午，犯天罇南星。丁丑，犯天門。庚辰，犯心大星。壬午，犯南斗。四月丁未，犯心距星。壬子，犯牽牛南星及羅堰。五月己巳，犯明堂西第二星。甲戌，犯日星，又犯房。己卯，犯牽牛。壬午，犯虛梁西第一星。六月己亥，犯泣西星。戊午，犯東井距星。七月己巳，犯心距星。戊寅，入雲雨。癸未，犯昴。八月丙申，犯日星。甲辰，犯虛梁。九月辛未，犯泣西星。戊寅，犯天街東北星。庚辰，犯東井距星。辛巳，犯天罇南星。閏九月丙申，犯牽牛南星。庚子，犯雲雨西北星。乙巳，犯昴。丁未，犯司怪南第二星。戊申，入犯東井東北第三星。辛未，犯酒旗。十月辛酉，犯氐。壬申，犯天陰西北星。十一月乙未，犯雲雨。庚子，犯昴。庚戌，犯天門。十二月壬戌，犯雲雨西北星。庚午，入東井。癸酉，犯軒轅右角。乙亥，犯明堂。辛巳，犯天江。癸未，犯建西第二星。四年三月壬辰，入東井。五月辛亥，犯月星。六月己巳，犯羅堰南第二星。己卯，犯諸王西第二星。辛巳，入東井。七月戊申，犯東井鉞星。八月庚申，犯天江西南第三星。壬戌，犯建西第三星。癸酉，犯月星。己卯，犯軒轅大民。九月己丑，犯建西第一星。庚寅，犯天雞東南星。辛卯，犯羅堰北第二星。十月辛酉，掩犯虛梁西第三

星。壬戌，犯雲雨西北星。戊辰，犯天街西南星。庚午，犯東井西北第二星。十一月甲午，犯天陰西南星。乙未，犯月星。戊戌，入東井。癸卯，犯明堂西第二星。戊申，犯東咸西南第二星。己酉，犯天江東北第二星。十二月癸亥，犯天街西南星。乙丑，犯東井西北第二星。五年正月辛卯，犯諸王東第二星。癸巳，犯東井東南第二星。二月庚申，入東井。辛酉，犯水位星西第一星。三月戊子，入東井。庚子，犯建西第一星。五月乙酉，犯酒旗南第二星。甲午，犯天籥西北星。己亥，犯虛梁西第二星。六月丙子，入東井。七月丁亥，犯東咸西第二星。辛卯，犯牽牛距星。甲午，犯虛梁西第三星。甲辰，入東井。八月甲寅，犯鉤鈐西星。甲子，犯外屏西第一星。辛未，入東井，九月戊戌，又入。十月壬子，犯建西第五星。癸丑，犯牽牛距星。丁巳，犯雲雨西南星。甲子，犯諸王西第五星。十一月癸未，犯虛梁西第三星。丙戌，犯外屏西第一星。癸巳，入東井。甲午，犯水位星西第一星。十二月己未，犯天關。庚申，入犯東井。六年正月己卯，犯雲雨西星。乙酉，犯畢距星。丁亥，犯司怪南第一星。戊子，入東井。二月乙卯，又入。壬申，犯虛梁西第三星。三月癸未，入東井。四月庚戌，又入。己未，犯氐距星。五月乙未，入雲雨。七月丙辰，犯虛梁西第一星。八月丁丑，犯鍵閉。辛巳，犯牽牛距星。乙酉，入犯雲雨東北星。癸巳，犯東井西北第二星。九月辛亥，犯虛梁西第三星。戊午，掩畢距星。辛酉，入東井。甲子，犯酒旗南第二

星。十月戊子，入東井。十一月乙卯，又入。乙丑，入氐。丙寅，犯房北第一星。十二月庚辰，掩犯畢距第二星。七年正月辛亥，犯水位星西第一星。丙辰，犯明堂。二月戊寅，入東井。丁亥，入氐。辛卯，犯建。三月壬寅，犯畢距星。乙巳，入東井。戊申，犯酒旗。四月戊寅，犯明堂東北第一星。壬午，入氐。丁亥，犯羅堰。壬辰，犯外屏西第二星。六月壬午，犯羅堰南第二星。七月辛酉，入東井。八月戊子，入犯東井。九月丙辰，入犯東井東南第一星。十月壬午，犯司怪南第一星。癸未，入東井。己丑，犯明堂。甲午，犯心大星。十一月庚戌，入東井。十二月辛未，犯外屏西第二星。乙亥，入犯畢。辛巳，犯酒旗。戊子，入氐。己丑，犯罰。八年正月壬寅，犯畢西第二星。乙巳，入東井。乙卯，入氐。二月壬申，入東井。甲申，犯東咸東第一星。三月庚戌，入氐。辛亥，犯罰。甲寅，犯建星西第五星。乙卯，犯牛距星。庚午，犯畢。四月丁卯，入井。五月己酉，犯天雞西北星。六月壬申，入氐。丙子，犯建星西第四星。七月甲辰，犯天雞。癸丑，犯畢，又行入畢。丙辰，入井。八月丁卯，入氐。辛未，犯建星西第四星。壬申，犯牛距星。甲戌，犯泣東星。九月辛亥，入井，犯東南第一星。十月丁卯，犯羅堰北一星。乙亥，犯畢西第二星。戊子，入氐。十一月甲午，犯牛距星。癸卯，入畢，又犯畢大星。乙巳，入井。己酉，犯軒轅御女。癸丑，犯進賢。十二月丁卯，犯外屏。庚午，掩畢距星。

校勘記

〔一〕乾興元年正月丁丑犯昴 「元年」，原作「二年」。按乾興只有一年，是年二月眞宗死，仁宗卽位，次年正月改元天聖；乾興元年正月辛未朔，七日丁丑，因改。

中華書局

宋史卷五十四

志第七

天文七

月犯列舍下

元祐元年正月丁酉，犯畢。庚子，入井。乙巳，犯靈臺。丙午，犯右執法。己酉，犯亢。丁卯，入東井。戊辰，犯水位。甲戌，犯左執法。乙亥，犯進賢。戊寅，犯氐。閏二月壬辰，掩畢。乙未，入東井。乙巳，入氐。三月壬申，又入。戊辰，犯右執法。戊寅，犯羅堰。四月癸巳，犯軒轅御女。辛丑，犯罰。甲辰，犯建。五月癸亥，入太微。丁卯，入氐。辛巳，犯畢。六月庚寅，入太微。辛亥，入井。七月戊午，入太微。壬戌，入氐。八月癸卯，入畢，犯畢大星。九月辛酉，犯建星。丁丑，犯軒轅少民。戊寅，犯上將，又入太微。己卯，入太微。十

月丁酉，犯天廩。戊戌，犯畢，入畢內。庚子，犯井。乙巳，犯靈臺。丙午，入太微垣，犯右執法。丁未，犯太微垣東扇上相星。十一月戊辰，入井。癸酉，行入太微。甲戌，犯左執法。戊寅，入氐。十二月癸巳，犯天高，又犯附耳。乙巳，犯井。丙申，犯水位。己亥，犯軒轅左角。辛丑，入太微。壬寅，犯太微東扇上相。乙巳，入氐。二年正月壬戌，犯井。戊辰，入太微。癸酉，入氐，犯東北星。甲戌，犯罰。二月庚寅，入井。乙未，犯太微上將。庚子，入氐。三月丁巳，入井。戊午，犯水位。辛酉，犯軒轅左角。乙丑，犯平道。丁卯，入氐。壬申，犯建。四月戊子，犯軒轅大星，掩御女。己丑，犯靈臺。庚寅，入太微。甲午，入氐。丙申，犯罰星。五月戊辰，犯羅堰。辛未，犯壁壘陣。六月乙酉，入太微。己丑，入氐。己亥，犯壁壘陣。甲辰，犯附耳。丙午，入井。七月丁巳，犯氐。庚午，犯天廩。辛未，入犯畢。癸酉，犯井。丁丑，犯軒轅大星。八月甲申，入氐。庚寅，犯牛。甲午，犯壁壘陣。乙丑，犯天廩。丙寅，掩犯畢大星。戊辰，入井。壬申，犯軒轅左角少民。癸酉，犯上將。甲戌，入太微。十月乙酉，犯羅堰。戊子，犯壁壘陣。辛丑，入太微。乙巳，入氐。十一月甲寅，犯壁壘陣。甲戌，犯罰星。十二月戊子，犯畢。乙未，犯靈臺，又犯上將，入太微。三年正月戊午，入東井。己未，犯水位。甲子，入太微。二月乙未，入犯氐西北星。三月壬子，犯東井西扇北第二星。丁巳，犯靈臺南第三星。庚申，犯平道。四月乙酉，入太

微，犯內屏。辛卯，犯東咸。甲午，犯建。丁酉，犯壁壘陣。五月壬子，入太微垣。辛酉，犯建。辛未，犯天廩。六月甲申，入氐。壬辰，犯壁壘陣。七月癸丑，犯東咸。己未，犯壁壘陣。丁卯，犯天高。己巳，入東井。庚午，犯水位。八月己卯，入氐。己丑，犯壁壘陣。庚寅，犯天淵。癸巳，犯天廩。甲午，入畢。乙未，犯天關。丙申，犯東井北第二星。戊戌，犯鬼距星。九月辛酉，犯畢。癸亥，犯司怪。甲子，犯天罇。十月甲申，犯壁壘陣。己丑，犯天高。辛卯，入東井，犯東扇北第三星。壬辰，犯水位。丙申，入太微。十一月戊午，入東井，犯西扇北第二星，己未，犯天罇西北星。庚申，入鬼，犯積尸氣。癸亥，入太微。十二月辛卯，又入之。閏十二月辛未，入畢。癸丑，犯東井西扇北第一星。甲寅，犯天罇。戊午，入太微，犯內屏。己未，犯太微三公。庚申，犯平道。四年正月丙戌，入太微。庚寅，犯氐。辛卯，犯罰。二月戊申，入井。壬子，犯長垣。癸丑，入太微，犯內屏。甲寅，犯三公。乙卯，犯平道東星。丁巳，入氐。三月丙子，犯天罇。丁丑，入鬼，犯積尸氣。庚辰，入太微。乙酉，入氐。丁亥，犯天江。四月戊申，入太微。壬子，入犯氐。乙卯，犯天籥。壬戌，犯壁壘陣。五月乙亥，入太微。丁丑，犯平道。己卯，入氐。六月癸卯，入太微。丙午，入氐。己未，犯外屏。壬戌，犯畢。甲子，犯井。乙丑，犯天罇。七月甲戌，入氐。乙亥，犯罰。癸未，入羽林軍。甲申，犯壁壘陣。八月辛丑，入氐。己未，入井。九月甲申，犯畢。丙戌，入

犯井。戊子，犯鬼。辛卯，入太微。十月癸丑，犯井鉞。乙卯，犯水位。己未，入太微。十一月己卯，犯畢。辛巳，入井。丙戌，入太微，犯內屏。十二月丙辰，犯亢。丁巳，入氐。五年正月丙子，犯東井。戊寅，犯輿鬼。辛巳，入太微，犯內屏。乙酉，入氐。丙戌，犯東咸。丁亥，犯天江。二月癸卯，犯鉞，又犯東井。戊申，入太微。辛亥，犯亢。癸丑，犯鍵閉。乙卯，犯天籥。三月己巳，犯諸王。庚午，犯司怪。丙子，入太微，犯內屏。四月甲辰，入太微，犯三公。乙巳，犯平道。庚戌，犯天籥。丙辰，入羽林軍。五月庚午，入太微。庚寅，掩畢。六月癸卯，犯東咸。乙巳，犯南斗。庚戌，入犯羽林軍。七月乙丑，入太微。丁卯，犯平道。己巳，入氐，犯壁壘陣。丁亥，入東井。己丑，犯輿鬼東北星。八月丙申，入氐。癸卯，犯壁壘陣。壬子，犯畢。九月壬申，犯羽林軍。辛巳，犯司怪。丁亥，入太微。十月乙未，犯南斗。庚子，入犯羽林軍。辛丑，犯壁壘陣。己酉，入東井。庚戌，犯五諸侯。六年正月丙子，入太微。戊寅，犯平道。二月甲辰，入太微，犯內屏。辛亥，犯斗。四月壬寅，入氐。五月丙寅，入太微。戊辰，犯平道。庚午，入氐。戊寅，入羽林軍。戊戌，犯鍵閉。乙巳，入羽林軍。七月戊辰，犯斗。癸酉，入羽林軍。甲戌，犯壁壘陣。八月庚子，入羽林軍。閏八月戊辰，又入。辛未，犯外屏。丙子，犯司怪。丁丑，犯東井。戊寅，犯五諸侯。壬午，入太微。九月甲午，入羽林軍。丙申，犯壁壘陣。戊戌，犯外屏。壬寅，犯諸王。庚戌，入太微。

十月壬戌，入羽林軍。己巳，犯天街。乙亥，犯軒轅大星。丁丑，入太微，犯內屏。庚辰，犯亢。辛巳，入氐。十一月己丑，入犯羽林軍。戊戌，犯司怪。庚子，犯五諸侯。甲辰，犯太微次將。丙午，犯進賢。戊申，入氐。十二月甲子，犯諸王。壬申，入太微。七年正月己亥，入太微。壬寅，犯亢。二月戊午，犯月星。壬戌，犯五諸侯。丁卯，入太微。戊辰，犯進賢。戊寅，入羽林軍。三月壬辰，犯軒轅大星。甲午，入太微，犯內屏。乙未，犯太微上相。丁酉，犯亢。戊戌，入氐。四月壬戌，入太微。癸亥，犯進賢。乙丑，犯氐距星。癸酉，入羽林軍內。甲戌，犯壁壘陣。丙子，犯外屏。五月己丑，入太微。六月丙辰，入太微，犯內屏。庚申，入氐，犯東南星。壬戌，犯天江。戊辰，入羽林軍。甲戌，犯月星。七月辛卯，入南斗。壬寅，犯諸王。八月壬戌，入羽林軍。九月甲申，犯天江。戊子，犯哭、泣。辛卯，犯壁壘陣。乙未，犯天陰。丙申，犯月星。戊戌，犯司怪。庚子，犯五諸侯。癸卯，犯軒轅次北星。乙巳，入太微，犯內屏。十月丁巳，入羽林軍。甲子，犯天街，又犯諸王。癸酉，入太微。丙子，犯氐距星。十一月甲申，入羽林軍。庚寅，犯天陰。癸巳，犯司怪。庚子，入太微。十二月癸丑，犯壁壘陣。戊午，犯月星。壬戌，犯五諸侯。乙丑，犯軒轅次北星。丁卯，入太微，犯內屏。庚午，犯亢。壬申，犯房。八年正月甲午，入太微。丙申，犯進賢。己亥，犯日星。二月癸亥，犯太微上相。丁卯，犯心大星。三月甲申，犯五諸侯。丁亥，犯軒轅大

星北第一星。己丑，入太微，犯內屏。庚寅，犯左執法。乙未，犯天江。丙申，犯箕。辛丑，入羽林軍。壬寅，犯壁壘陣東北星。四月丙辰，入太微。五月丁亥，犯亢。甲午，犯壁壘陣西南星。六月乙酉，犯軒轅。甲子，犯壁壘陣。七月己卯，入太微。甲申，犯心距星。庚寅，犯五諸侯西第三星。九月壬午，犯狗國。庚寅，犯天陰。壬辰，犯司怪。乙未，犯五諸侯。庚子，入太微。十月辛亥，犯壁壘陣。乙卯，犯外屏。戊午，犯天陰。壬子，入羽林軍。壬戌，犯五諸侯。丁卯，入太微，犯上將。十一月庚辰，入羽林軍。乙酉，犯天陰。己亥，犯氐。十二月壬子，犯天陰。乙卯，犯司怪。丁巳，犯五諸侯。壬戌，入太微。癸亥，犯左執法。

紹聖元年正月丁亥，犯長垣。己丑，犯太微上將。二月庚戌，犯坐旗。庚申，犯角距星。甲子，犯箕距星。乙丑，犯斗。三月己卯，犯五諸侯東第二星。四月丙午，犯五諸侯西第三星。閏四月己卯，入太微，犯右執法。甲申，犯房距星。丁亥，入斗，犯東第二星。五月壬子，犯心距星。六月己卯，犯房距星。辛巳，犯箕。八月丙子，犯箕東北星。九月戊申，入羽林軍。丁巳，犯五諸侯東第二星。癸亥，犯太微左執法。十月甲戌，入羽林軍。壬辰，犯角距星。乙未，犯房距星。十一月壬寅，入羽林軍。乙巳，犯外屏西第二星。戊申，犯昴西北星。壬子，犯五諸侯西第四星。癸丑，犯鬼東北星。癸亥，犯心大星。十二月庚午，入羽林軍。己卯，犯五諸侯西第三星。甲申，犯太微上將。二年正月乙巳，犯坐旗南第一星。辛亥，犯靈臺。甲寅，犯角距星。丁巳，犯日星。二月庚午，犯昴。己卯，入太微，犯右執法。乙酉，犯心東星。三月乙卯，入斗。己未，入羽林軍。四月癸酉，犯太微西扇上將。乙亥，犯角南星。己卯，犯房南第二星。五月甲辰，犯天門東星。己酉，犯箕東北星。六月甲戌，犯房距星。辛巳，入羽林軍。戊子，犯五車東南星。七月壬寅，犯心東星。戊申，入羽林軍，犯壁壘陣西第六星。丙辰，犯坐旗南星。八月辛未，犯箕北第一星。戊寅，犯外屏西第一星。丙戌，犯鬼東北星。九月癸卯，入羽林軍。甲辰，犯壁壘陣西第八星。十月庚午，犯屏西第一星。丙子，犯昴西北星。乙巳，犯五車東南星。丁未，犯五諸侯西第五星。戊申，犯輿鬼東北星。辛亥，犯靈臺南第二星。戊午，掩心宿後星。三年正月乙未，犯外屏。戊戌，犯昴。乙巳，犯軒轅左角。二月庚午，犯鬼西北星。壬申，掩軒轅大星。癸酉，犯靈臺。四月丁卯，犯軒轅左角。甲戌，犯日星，又犯房距星。庚辰，犯代星。辛巳，犯壁壘陣。五月乙未，犯靈臺。壬寅，犯心宿東星。乙巳，犯南斗。六月壬午，犯昴。七月丙午，犯外屏。癸丑，犯五諸侯。八月丁卯，入犯南斗。戊寅，犯五車。辛巳，犯輿鬼。甲申，犯靈臺。九月甲午，犯南斗。辛丑，犯外屏。甲辰，犯昴。丙午，犯司怪。戊申，犯水位。壬子，犯明堂。十月壬戌，犯狗星。十一月己亥，犯昴。癸卯，犯輿鬼。壬子，犯日星。十二

月壬戌，入犯雲雨。庚午，犯五諸侯。辛未，入輿鬼，掩積尸氣。四年正月戊戌，犯鬼西北星，入鬼。辛丑，犯靈臺南第一星。二月乙亥，犯心東星。閏二月辛卯，犯井東扇北第一星。壬辰，犯五諸侯西第五星。癸巳，入鬼，又犯輿鬼。乙未，犯軒轅左角。己亥，犯天門東星。乙巳，入斗，犯斗西第四星。三月癸亥，犯靈臺南第一星。己巳，犯日星，又犯房距星。壬申，犯斗距星。戊辰，掩雲雨西南星。四月己丑，犯軒轅御女星。丁酉，犯心東星。庚子，犯狗西星。庚戌，犯昴西北星。五月丁卯，掩斗西第四星。癸酉，入犯雲雨。六月甲午，入斗。乙未，犯狗東星。庚子，犯雲雨西南星。七月壬戌，犯狗西星。壬申，掩犯昴西北星。乙亥，犯司怪北第二星。丙子，犯積薪。八月己丑，犯斗西第四星。癸巳，犯哭、泣東星。乙未，掩犯雲雨東北星。甲辰，入犯鬼及犯積尸氣。九月丙辰，犯北距星。己未，犯秦西星。十月甲午，犯昴西北星。丁酉，入井，犯東扇北第一星。戊戌，犯積薪，又犯水位東第一星。庚子，犯軒轅御女星。壬寅，犯明堂南第三星。十一月丁巳，入犯雲雨星。十二月辛卯，犯司怪北第二星。壬辰，犯井東扇北第一星。乙未，犯軒轅太民。丙申，犯靈臺南第一星。丁酉，犯明堂。壬寅，犯心距星。癸卯，犯天江南第一星。

元符元年正月庚申，犯天罇。辛酉，入犯鬼。己巳，犯日星，又犯房距星。二月丁亥，犯天罇。辛卯，犯靈臺。甲辰，犯哭、泣。三月癸丑，犯司怪。己巳，犯羅堰，又犯牛。癸酉，

犯雲雨。四月癸未，犯鬼距星。甲申，犯酒旗。甲午，犯斗。五月己未，犯心距星。庚申，犯天江。戊辰，犯雲雨。六月乙未，又犯。庚子，犯昴西北星。八月壬午，犯天江。九月丙辰，犯虛梁。壬戌，犯昴。甲子，犯司怪。乙丑，入井。十月戊寅，犯斗。癸未，犯虛梁西第二星。己丑，犯天陰。癸巳，犯天罇。甲午，犯鬼距星。庚子，犯天門。十一月戊申，犯羅堰。壬子，犯雲雨。丁巳，犯昴距星。庚申，入井。庚午，犯心大星。十二月戊寅，犯虛梁。丁亥，入井。戊子，犯水位。庚寅，犯酒旗，又犯軒轅右角。壬辰，犯明堂。戊戌，犯天江。二年正月甲寅，犯司怪北第三星。丙辰，犯水位西第三星。壬戌，犯天門東星。甲子，犯日星，又犯房距星。己巳，掩牛南第一星。二月己卯，犯昴距星。壬午，入井。乙酉，犯酒旗南第三星，又犯軒轅右角。丁亥，犯明堂西南第二星。壬辰，犯心距星。癸巳，犯天江西南第二星。己亥，犯虛梁西第一星。三月己酉，犯井距星。庚戌，犯天罇南星。丁巳，犯天門東星。庚申，犯天江西南第一星。甲子，犯羅堰南星。戊辰，犯雲雨東北星。四月丙子，犯司怪北第三星。丁丑，入井，又犯井東扇北第三星。丁亥，犯心距星。辛卯，犯牛南星。甲午，犯虛梁西第三星。乙未，犯雲雨西北星。庚子，犯天陰北星。五月乙巳，犯水位西第二星。丙辰，犯天籥下東星。丁巳，犯建星西第二星。辛酉，犯虛梁西南第一星。六月辛巳，犯日星。丙戌，犯牛南星，又犯羅堰南第二星。庚寅，犯雲雨東北星。丙寅，犯天街東北

星。戊戌，入井。七月庚戌，犯天江西南第四星。壬子，犯建星西第三星。丙辰，犯虛梁西第三星。丁巳，犯雲雨西北星。壬戌，犯天陰西北星。乙丑，犯司怪北第三星。丙寅，入井，犯東扇北第三星。八月癸未，犯虛梁西第一星。庚寅，犯昴東南星。辛巳，犯諸王西第二星。癸巳，入井。丙申，犯酒旗南第三星。九月丁巳，犯天陰北星。閏九月甲申，犯天陰西北星。辛卯，犯軒轅右角。十月辛丑，犯建西第一星。壬寅，犯天雞東南星。乙巳，犯虛梁西第一星。壬子，犯月星。癸丑，犯諸王西第二星。乙卯，入犯井東扇北第二星。丙辰，犯水位西第二星。戊午，犯酒旗南第二星。庚申，犯明堂西第二星。十一月壬午，犯井鉞星，又犯井距星，又入井。十二月庚子，犯虛梁西第二星。丙午，犯天陰西北星。丁未，又犯月星。庚戌，入井，犯東扇北第二星。辛亥，犯水位西第二星。癸丑，犯酒旗南第二星，又犯軒轅右角太民。乙卯，犯明堂西第二星。三年正月乙亥，犯諸王西第一星。丁丑，入東井。四月庚戌，犯東咸西第三星。五月辛卯，犯昴。七月乙酉，犯天陰西南星。九月癸未，入東井。十二月甲辰，犯司怪北第二星。丙辰，入氐。

建中靖國元年正月己巳，犯月星。二月己亥，犯井鉞。癸卯，犯軒轅右角太民。四月乙巳，犯罰星。五月丙子，犯牛大星。六月己酉，犯外屏西第二星。七月己巳，犯南斗。八月丁酉，犯建西第二星。九月丁丑，犯司怪北第四星。十一月癸酉，入東井。十二月丁酉，

犯天街西南星。

崇寧元年正月丁卯，入東井。己巳，犯水位西第一星。二月癸卯，入氐。三月庚午，犯角距星。六月丁亥，犯軒轅大星。九月癸巳，犯壁壘陣。十月乙丑，入畢口。二年二月乙卯，犯天高。四月壬戌，入氐。五月己亥，犯雲雨東北星。七月戊子，犯建星西二星。九月丙戌，犯泣。十一月庚寅，入井。三年正月乙未，入氐。丙申，犯鍵閉。二月辛酉，犯亢距星。四月戊午，犯房北第一星。七月癸未，犯建星西第二星。甲申，犯牛大星。九月辛卯，犯井西扇北第二星。十一月己丑，入太微。四年正月戊寅，犯諸王西第二星。閏二月甲戌，犯井距星。癸卯，犯水位。五月乙巳，犯亢距星。丙午，入氐。七月丙辰，入畢口。八月癸酉，犯建星西第三星。十月庚辰，入井。十二月丁丑，犯鬼東南星。五年正月戊申，入太微。三月辛亥，犯建距星。五月辛丑，入氐。七月壬寅，犯牛大星。甲辰，犯壁壘陣西五星。九月戊申，犯井距星。十一月丁未，犯長垣南一星。戊申，入太微。

大觀元年正月甲辰，入太微。五月甲午，犯進賢。六月甲子，入氐。八月乙亥，入畢。九月己丑，犯天籥。癸巳，犯壁壘陣。十二月丁未，犯建。二年正月庚申，犯井鉞。甲子，犯軒轅。二月癸巳，入太微，犯內屏。四月庚子，入羽林軍。五月己未，入氐。六月癸巳，犯壁壘陣。九月壬申，入太微。十一月辛酉，犯井。三年正月辛酉，犯太微西扇次將。二

月己丑，入太微，犯內屏。三月癸亥，犯南斗。四月己卯，犯五諸侯。六月庚辰，犯平道。七月庚戌，犯房。八月甲午，犯井。九月壬子，入羽林軍。十月甲午，犯太微西扇次將。乙未，犯謁者。十二月壬辰，掩亢。四年正月戊申，犯天街。二月辛卯，犯南斗。三月甲寅，犯亢。六月乙亥，犯進賢。七月戊申，犯南斗。八月甲戌，犯天江。十一月己卯，犯五諸侯。

政和元年二月乙卯，犯南斗。三月庚辰，犯東咸。六月己酉，入羽林軍。七月壬申，犯狗。八月丙申，犯心距星。二年三月甲子，犯五諸侯。三年三月壬戌，犯長垣。甲子，入太微。四月丙戌，犯五諸侯西第四星。五月甲午，入南斗。丁酉，犯壁壘陣。七月庚寅，犯狗國。九月癸巳，犯昴。十月壬戌，犯五車。乙丑，犯鬼。己巳，犯右執法。四年二月庚戌，犯昴。五月己丑，入南斗。六月甲寅，犯心東星。八月癸亥，犯司怪。五年正月壬辰，犯心大星。三月丙戌，犯房。五月庚寅，犯雲雨。六月壬子，犯狗。九月甲申，犯昴星。十月丙辰，入鬼星。十二月甲寅，犯明堂。六年閏正月癸卯，犯司怪。二月辛巳，犯房。四月己卯，犯南斗。六月辛未，犯心大星。八月乙丑，犯日星。九月庚戌，犯天罇。十月乙丑，犯羅堰。七年正月己酉，犯心。甲戌，犯天門。四月辛未，犯日星。七月庚子，犯哭、泣。八月乙丑，犯牛。十月壬申，入井。十一月丁酉，犯天街。

重和元年二月乙丑，犯酒旗。六月己巳，犯雲雨。八月丙辰，犯房。

宣和元年十一月己未，犯鬼。二年正月己酉，犯畢。七月辛亥，犯牛。九月丁巳，入井。十二月辛卯，犯東咸。三年二月壬申，掩角。五月丙午，入氐。十一月丙戌，犯罰。四年七月戊辰，犯建。十月壬寅，入井。十一月癸酉，犯軒轅御女。五年正月壬戌，犯畢。三月己巳，入氐。七月甲子，犯牛。六年正月己巳，入氐。六月辛酉，犯壁壘陣。十月丁巳，犯畢。七年正月甲申，犯鬼。六月丁巳，入羽林軍。十二月丙辰，入太微。

靖康元年二月庚戌，入太微。甲寅，入氐。三月戊寅，入太微。庚辰，入氐。四月丁未，犯平道。己酉，入氐。辛亥，犯天江。五月己巳，犯鬼。壬申，入太微。六月己未，犯畢。七月戊辰，入太微。壬申，入氐。癸酉，犯罰。己卯，入羽林軍。己丑，入井。八月戊戌，入氐。丙午，入羽林軍。乙卯，犯天關。丙辰，入東井。九月癸未，犯井鉞。十月辛丑，入羽林軍。丙辰，入太微。十一月丁丑，犯天關。戊寅，入井。庚辰，犯鬼積尸氣。十二月癸酉，入井。乙亥，犯鬼積尸氣。二年三月乙未，入井。辛丑，入太微。四月壬戌，犯天關。

建炎三年三月乙未，入氐。四年六月辛巳，犯心。七月辛亥，入南斗魁中。八月辛卯，犯五諸侯。十二月壬辰，掩心大星。

紹興元年三月癸卯，犯五諸侯西第五星。四月癸酉，犯軒轅大星。辛巳，犯心。戊子，

入羽林軍。六月丙子，犯心。癸未，犯昴。八月辛未，犯心宿東星。癸未，犯昴。九月辛丑，入南斗。乙巳，入羽林軍。辛巳，犯五諸侯。十一月己酉，犯五諸侯東第一星。十二月癸未，犯角。二年二月辛未，犯五諸侯西第四星。乙亥，入太微。三月己酉，犯心大星。五月戊寅，入羽林軍。六月乙巳，七月癸酉，又入。辛丑，入南斗魁中。七月乙丑，犯房距星。八月戊申，犯司怪。三年四月辛丑，入南斗魁中。五月丙寅，掩心第三星。七月癸亥，入南斗魁中。九月戊午，入南斗，犯西第五星。十月壬寅，犯軒轅大星。十一月丁巳，犯壁壘陣西第六星。乙丑，犯五車。丁卯，犯五諸侯西第四星。己卯，犯斗。十二月辛卯，犯昴。丙申，犯鬼。丁酉，犯軒轅御女。甲辰，掩心前星。四年正月壬戌，犯五諸侯東第一星。癸亥，犯鬼西北星。三月乙卯，犯司怪。四月癸巳，犯房。八月癸未，犯心後星。十二月丙戌，犯昴西北星。五年四月癸未，犯房。十月庚辰，犯南斗。壬戌，入井。十一月甲申，又入。甲午，入氐。六年正月己卯，入井。三月甲申，犯心大星。四月辛丑，入井。六月己未，犯昴。九月戊子，犯軒轅右角大民。十月辛亥，犯司怪北第二星。十二月丙午，入井。七年正月辛未，犯天街。二月辛丑，入井。三月戊辰，犯井鉞。六月丁巳，犯井。七月甲申，又犯。九月己卯，又犯。十月丁未，閏十月甲戌，十二月己巳，皆犯井。三月辛巳，犯斗宿西第一星。四月乙未，犯司怪。閏十月癸酉，又犯之。五月丁丑，犯建。八月己亥，又犯。丙午，犯房北第二星。八年三月癸亥，犯井。四月戊午，七月丁未，八月甲戌，九月辛丑，十月己巳，十二月甲子，皆犯井。乙亥，犯房北第一星。九年正月辛卯，入犯東井。四月癸丑，六月乙亥，八月己巳，九月丙申，十月甲子，十二月己未，皆入犯東井。二月己巳，入氐。四月癸亥，六月戊午，八月癸丑，皆入氐。六月乙未，犯建西第四星。九月丙辰，掩角距星。壬戌，犯天高。十二月丁巳，又犯。十年正月丙戌，犯入井。三月辛巳，四月戊申，閏六月丁酉，八月辛巳，十月丁亥，皆犯入井。三月辛卯，入氐。六月癸丑，七月戊申，八月乙亥，十二月辛卯，皆入氐。閏六月乙未，犯畢。九月丁巳，犯畢距星。十二月壬子，又犯畢。十一年正月戊午，犯氐。二月甲戌，犯畢。八月乙酉，皆犯畢。三月甲辰，入井。六月乙亥，入氐。十一月乙卯，入太微垣，犯左執法。丙辰，犯進賢。己未，犯氐東北星。十二月乙亥，入畢，掩大星。十二年正月壬寅，犯畢距星。四月辛未，入太微。十一月，行犯權大星，并掩御女。十三年正月癸卯，犯權星幷御女。八月己酉，復掩權大星。十四年正月庚申，入畢，掩大星。六月丁亥，犯亢距星。十六年八月壬寅，犯鉤鈐。十七年二月己未，入羽林軍，是歲，凡六。三月己卯入氐，五月甲戌，六月壬寅，十一月乙酉，皆入氐。七月癸酉，入南斗。十月乙未，又入。十一月甲戌，犯司怪。十八年三月乙丑，犯五諸侯。壬午，入羽林軍，是歲，凡八。四月壬寅，入氐。五月丙寅，入太微，犯東上相。六月丁酉，入

氐。七月乙丑，犯房。戊辰，入南斗。閏八月癸亥，又入。十九年正月辛丑，犯亢。二月甲戌，入南斗。丁丑，入羽林軍，是歲，凡八。六月庚申，犯房。癸亥，入南斗。八月戊午，又入。二十年四月丁巳，犯角。六月戊午，入南斗，是歲，凡三。壬戌，入羽林軍，是歲，凡五。七月己卯，犯角距星。壬午，犯房。八月癸亥，犯昴距星。十一月乙未，犯角距星。二十一年正月丙申，入南斗。二月辛酉，犯心東星。三月丙申，入羽林軍，是歲，凡七。閏四月己丑，犯壁壘陣。八月乙亥，入南斗。十月癸未，犯壁壘陣。十一月戊申，犯昴。二十二年正月丙辰，犯心東星。二月庚午，犯昴，是歲，凡三。乙亥，犯鬼。三月癸丑，入南斗，是歲，凡四。二十三年正月癸卯，二月庚午，犯輿鬼。壬申，犯權御女星。三月戊申，犯南斗。七月乙未，犯房距星。十月癸酉，犯司怪。十一月辛丑，入東井。二十四年正月庚申，犯昴。六月丙午，十二月庚寅，皆犯司怪。戊戌，犯昴距星。九月己巳，十二月辛卯，皆入東井。二十五年四月庚辰，七月己巳，又入東井，是歲，凡六。六月辛丑，犯鉞。十月庚寅，犯天關。十二月乙酉，犯司怪。二十六年正月壬子，十月乙酉，十一月庚辰，皆犯司怪。癸丑，入東井，是歲，凡八。八月丙子，犯房。十月乙亥，犯牛。二十七年正月甲戌，犯天關。庚寅，犯建。二月癸卯，三月庚午，皆入東井，是歲，凡七。四月己酉，犯房鉤鈐，又犯鍵閉。六月甲辰，犯罰，又犯東井。七月庚午，入氐。丙子，犯羅堰。乙酉，犯天關。十一月乙丑，犯牛。

中華書局

十二月辛亥，犯角宿距星。二十八年正月辛未，入東井，是歲，凡五。二月甲寅，犯牛。三月庚辰，犯建。四月己酉，犯羅堰。五月丙子，犯牛。六月丁酉，犯氐。壬寅，掩建。八月丁酉，又掩。八月辛卯，犯亢。壬辰，入氐。丁未，入畢口內，犯大星。九月甲戌，掩犯畢。十月癸巳，掩牛宿距星。癸丑，犯氐距星。十一月辛巳，十二月戊申，入氐。丁未，犯亢。二十九年正月丙寅，犯入東井，是歲，凡六。乙亥，犯氐距星。二月癸卯，入氐方口內，是歲，凡四。甲辰，犯西咸。三月己未，犯天高。壬申，犯東咸。乙亥，犯建星。四月辛卯，犯權右角大民。甲辰，犯羅堰。五月甲子，犯亢。六月戊申，犯附耳。庚申，入氐。丙寅，犯羅堰。七月癸巳，掩牛宿距星。九月丁酉，入畢口，犯大星。十一月壬辰，犯畢。十二月己巳，犯亢距星。壬申，犯東咸。三十年正月戊戌，入氐。二月乙丑，又入，是歲，凡五。三月甲申，入東井，是歲，凡三。七月戊子，犯牛。八月乙卯，又犯。九月庚辰，犯南斗。十月庚申，掩入畢。十一月庚寅，入犯東井。三十一年正月甲申，犯東井，是歲，凡五。二月乙卯，犯權星御女。庚申，入氐。三月戊子，又入，是歲，凡五。四月辛亥，犯太微垣西上將星。辛巳，犯平道星。戊子，犯牛距星。戊戌，犯畢距星。七月丁丑，犯西咸。癸未，犯牛。癸巳，入畢大星。九月丙申，犯太微東左執法星。十一月壬午，掩畢。辛卯，掩太微東上相星。十二月壬子、甲寅，犯輿鬼，掩積尸。三十二年正月丁丑，掩畢宿大星，犯附耳。庚辰，

犯東井，是歲，凡七。戊子，入氐，是歲，凡二。己丑，犯西咸。二月庚戌，犯酒旗。壬子，入太微西，掩右執法星。乙卯，犯亢。己亥，犯太微西上將。庚辰，入太微。辛巳，犯進賢。四月癸未，犯牛。五月庚午，犯太微東上相星。庚辰，入羽林軍。九月壬寅，十一月、十二月，皆入。戊子，入畢，掩犯大星及附耳。七月甲辰，掩建。十月丙寅，又掩。九月庚戌，入畢。十二月壬申，又入。十月己卯，犯司怪。

隆興元年二月己巳，入東井，是歲，凡六。癸酉，犯權大星。七月丙申，十月壬子，皆入氐。壬寅，犯壁壘陣西勝星。十月甲子，又犯。癸卯，入羽林軍，是歲，凡三。十月丙午，犯權。十二月丁卯，掩天高。戊辰，犯天關。二年正月戊子，入羽林軍，是歲，凡六。甲午，掩入畢。二月甲子，入東井，是歲，凡五。己巳，犯長垣。辛未，入太微，掩犯左執法幷上相星。三月辛卯，犯東咸。四月丙申，入氐。七月丁亥，入太微，犯內屏星。八月乙丑，犯壁壘陣。十月丁卯，犯畢。庚辰，入氐。十一月丁亥，入羽林軍。丙辰，掩司怪。己亥，犯輿鬼，掩積尸。丁未，入氐。戊申，犯西咸。閏十一月壬戌，犯天高。己巳，犯長垣。

乾道元年二月甲申，五月癸酉，十月庚寅，皆掩犯諸王星。戊戌，犯東咸。庚申，入太微，犯內屏。六月壬午，又如之。甲子，入氐。六月丙戌，又入。辛未，入羽林軍，是歲，凡八。五月辛酉，掩天江。七月丁巳，犯南斗。八月壬午，掩犯鈎鈐。十二月戊戌，

又掩。甲申，犯天鑰。乙酉，掩南斗。九月壬子，又掩。九月庚午，入太微。十月丁酉，十二月壬辰，皆入太微。十月庚辰，犯狗。十一月丁巳，犯天街，掩諸王。二年正月壬子，犯諸王。二月己卯，又犯。乙卯，掩犯五諸侯。二月乙酉，犯權。己亥，入羽林軍。五月辛酉，又入。五月甲寅，犯鍵閉。六月辛巳，入氐。八月丙子，又入。壬子，犯房。乙酉，犯南斗，入魁。八月庚辰，又入。乙未，犯月。八月辛巳，掩犯狗國。九月庚戌，犯哭。十一月戊午，犯權。十二月壬辰，入氐。三年二月戊子，掩犯東咸。辛卯，入南斗。三月甲寅，入氐。四月辛巳，又入。四月壬申，犯五諸侯。九月癸未，十一月戊寅，皆犯。五月乙巳，入太微。癸丑，掩犯南斗。丁丑，犯房。庚辰，入南斗魁。七月乙巳，犯心大星。閏七月丁丑，犯周星。戊寅，犯哭，又入羽林軍。八月乙巳，犯代。九月庚辰，犯月星。十月戊午，犯亢。十二月壬寅，犯昴。甲寅，入氐，掩東南星。四年正月辛未，犯五車。二月丁巳，入羽林軍，是歲，凡九。三月庚午，犯權。四月庚子，犯左執法。乙巳，犯心前星。五月乙亥，入南斗。十月壬辰，又入。六月丙申，犯角。七月壬午，犯五車。丙辰，入太微。八月丁未，掩天陰。十月乙未，犯壁壘陣。戊戌，又犯。丙午，犯五諸侯。庚午，犯昴。壬申，犯司怪。癸未，犯心。十二月乙巳，入太微，犯左執法。丁未，掩犯角。五年正月癸酉，入太微，犯左執法。戊寅，掩心東星。二月壬辰，八月癸卯，十一月乙丑，皆犯昴。乙亥，犯長垣。三月

癸亥，六月壬子，九月甲戌，十一月己巳，皆掩犯五諸侯。戊辰，犯左執法。己卯，入羽林軍，是歲，凡七。四月庚子，犯心。五月甲子，犯角距星。庚午，入南斗。六月辛亥，犯五車。九月壬申，又犯。七月甲子，犯箕。十月丁亥，入南斗魁，又掩第五星。六年正月庚申，犯昴。戊辰，犯右執法。癸酉，犯心東星。二月辛卯，犯五諸侯。癸酉，入犯南斗。丁未，入羽林軍，是歲，凡三。三月壬戌，犯靈臺。庚午，入南斗魁。五月乙丑，七月丁亥，皆如之。五月壬戌，掩日星，又犯房。閏五月庚寅，犯心東星。七月戊戌，犯昴。庚子，犯五車。九月壬午，犯狗。十月壬戌，犯五車東南星。七年正月甲申，犯五車。三月甲申，犯權星御女。四月戊午，犯心大星。六月癸丑，掩心東星。乙卯，掩犯南斗。九月丁丑，十二月丙寅，皆如之。十月乙卯，犯昴。十一月乙未，犯房宿日星。八年正月辛卯，犯心距星。三月丁丑，犯鬼。丙戌，犯心大星。四月癸丑，犯房。九月戊子，犯鬼宿距星。九年四月丙子，犯心。六月辛未，掩犯心大星。

淳熙元年七月戊申，入東井。十一月戊戌，十二月乙丑，皆入。八月乙亥，犯井鉞。十二月癸亥，犯天街。二年正月壬辰，犯井鉞。二月庚申，入東井。四月乙卯，九月戊戌，十月癸巳，皆入。六月癸亥，犯南斗。七月戊子，犯房。閏九月乙卯，犯牛。十月癸卯，入氐。三年正月乙丑，七月己酉，又入氐。三月庚戌，九月辛酉，皆入東井。四月乙酉，犯角宿距

二十四史

中華書局

星。七月丁未，犯角。十一月甲寅，犯畢。四年正月庚申，入氐。二月戊寅，入東井。七月壬戌，十月甲申，十二月己卯，皆入。七月庚戌，犯牛宿距星。八月丁亥，入畢宿方口內。九月甲寅，犯畢。五年正月乙卯，入氐。閏六月己亥，十二月庚戌，皆如之。三月辛丑，入東井，是歲，凡四。閏六月乙卯，入畢宿方口內。十一月壬申，掩畢宿附耳星。六年正月甲戌，犯太微右執法星。二月甲午，犯畢。四月辛卯，入東井，是歲，凡三。五月丁卯，入氐。十月戊申，犯左執法，又行入太微垣。乙亥，又入。十二月丁未，犯壁壘陣西七星。七年正月庚午，入太微，犯左執法。癸酉，入氐。三月戊辰，四月乙未，六月庚寅，十一月甲戌，十二月辛丑，皆如之。四月壬辰，入太微。六月丁亥，十二月丁酉，皆如之。六月乙巳，掩畢大星。七月乙亥，入東井，是歲，凡三。八月丙午，犯權大星。十一月戊辰，又犯。十月甲午，犯畢。十二月己丑，又犯。十一月甲戌，入氐。八年正月己未，入東井，是歲，凡六。二月丙申，入氐。四月戊午，六月癸丑，皆入。三月己未，入太微。閏三月丁亥，八月庚午，十月癸巳，又入。六月丁卯，入畢。八月壬戌，九月己丑，皆入。九年六月壬戌，又入。八月己未，入東井。十二月己未，入氐。十年正月丙子，入東井，是歲，凡二。二月己酉，入太微。三月丁丑，六月庚子，七月丙寅，十一月壬午，閏十一月庚戌，皆入。三月辛巳，入氐。六月癸卯，七月辛未，皆入。九月癸酉，入羽林軍。十二月乙亥，犯權大星。十一年正月己酉，入

氐。七月癸巳，八月庚申，皆如之。二月甲子，犯諸王。七月丁酉，犯南斗。十一月辛卯，入羽林軍。十二年正月戊申，入南斗。八月癸酉，犯五諸侯。十三年四月己巳，入羽林軍。五月甲申，入太微。七月甲申，犯心大星。八月己卯，亦如之。丁亥，犯南斗。十四年三月戊申，犯心距星。四月甲申，行犯房北第三星。辛卯，入羽林軍，是歲，凡二。五月壬子，犯心大星。六月庚寅，行入斗。七月丙午，掩犯房。九月乙丑，掩犯角宿距星。十五年正月庚申，入南斗魁。六月丁丑，九月己亥，十二月戊子，皆如之。二月乙酉，掩心後星。六月己丑，犯昴。丁巳，犯五車東南星。十月己卯，又犯五車。十六年三月庚戌，入南斗魁。

紹熙元年六月乙未，宿斗距星西北。四年七月乙亥，犯天關。十月庚戌，入東井。十二月乙巳，又入。五年三月丁卯，閏十月癸酉，皆入。十二月丁丑，入氐。

慶元元年六月辛酉，十二月壬申，皆入。己卯，入東井。三年二月辛亥，入畢。四年六月庚寅，犯畢西第二星。壬申，入井。壬寅，入氐宿方口內。九月乙巳，犯壁壘陣西第八星。甲寅，入東井。戊午，行入太微垣內。十月癸酉，犯壁壘陣。十一月乙卯，十二月壬午，亦如之。五年三月戊戌，入東井。七月甲寅，十二月辛未，亦如之。四月壬申，行入太微。六年二月壬申，又入。

嘉泰元年七月乙卯，入氐。二年四月甲申，入太微。戊子，入氐。九月己酉，犯斗。三

年四月辛丑，又犯。丙午，入太微。十月癸卯，入羽林軍。辛酉，入氐。四年三月壬申，犯權。六月戊申，入羽林軍。七月丙子，又入羽林軍。十月壬子，入太微。癸丑，犯天江。

開禧元年正月庚午，犯五諸侯。三月乙丑，又犯。三月己巳，入太微。四月戊申，入羽林軍。二年六月丙寅，又入。七月己丑，入斗。十月辛亥，又入。三年二月癸丑，犯五車東南星。乙丑，犯心東星。六月丁巳，入南斗魁。丁卯，犯昴。十二月癸丑，犯五車。

嘉定元年二月丙午，犯昴。三月乙亥，犯五車。六月丁丑，犯房。二年十月乙丑，犯斗。三年九月庚寅，犯心中星。四年閏二月己丑，入東井。五年正月丁巳，又入。己酉，犯南斗。六年二月庚辰，入東井。十月辛亥，犯畢。庚申，犯角宿距星。七年六月辛丑，入氐。八年正月戊辰，犯畢。七月己卯，又犯。辛未，入東井。十一月辛未，又如之。九年正月丙寅，入東井。乙亥，入氐。十二月戊子，犯畢。十年三月庚辰，入畢。五月丁亥，入氐。十二月丙寅，又入。十一月壬辰，犯權大星。十一年二月庚戌，入東井。九月戊子，十二月庚戌，皆如之。四月辛亥，入太微。六月庚戌，入氐。九月丙戌，入畢。十二年四月癸酉，入太微。九月丙辰，又如之。八月癸未，入東井。十月庚午，入羽林軍。十三年正月戊戌，犯畢。九月甲辰，又犯。二月癸酉，入太微。九月癸巳，犯南斗。丙午，入東井。十四年正月乙巳，入氐。七月己丑，又入。三月丙申，入太微。四月辛未，犯南斗。八月丙寅，入羽林

軍。十五年五月丁巳，入氐。八月癸未，入南斗。十六年六月辛巳，犯心前星，又犯中星。十一月庚申，入太微。

寶慶三年七月乙酉，犯心後星。

端平元年五月己酉，入氐。二年六月壬申，又入。十二月庚子，入井。三年四月丙申，入太微。十一月甲戌，又入。五月辛巳，入畢。七月壬戌，入氐宿。戊寅，入東井。

嘉熙元年七月癸酉，入井。二年四月乙酉，入太微。閏四月丁未，入井。三年八月辛丑，入氐。四年正月辛巳，入太微。五月庚午，又入。甲戌，入氐宿方口內。

淳祐元年正月丁未，入氐。六年七月丁卯，犯斗西第五星。八月辛卯，犯房宿距星。七年七月己未，犯心宿中央星。十一年七月乙丑，入氐宿方口內。八月癸巳，又入。十二年五月戊申，犯畢宿大星。十二月壬申，入氐宿方口內。

寶祐元年九月壬辰，入畢。三年五月辛酉，又入。六月甲戌，入氐。七月辛丑，八月己巳，皆入。四年十月壬戌，犯斗。五年六月辛卯，入氐宿方口內。七月丙子，入井。六年十一月甲子，犯權。

景定元年十一月戊子，犯房。二年七月辛未，犯斗。三年二月乙巳，入氐。六月乙未，入氐宿方口內。八月癸卯，犯昴宿距星。十月丁卯，犯五車。四年四月乙卯，犯權。五月

庚寅，入氐宿方口內。五年二月甲子，犯房。丁卯，犯斗。四月癸丑，入太微。六月甲寅，犯心。十月丙午，犯斗。

咸淳十年二月壬子，犯畢。

宋史卷五十五

志第八

天文八

五緯犯列舍

歲星

建隆二年四月乙巳，犯左執法。五月己丑，犯東井。十月乙巳，犯亢。

太平興國八年七月丙寅，入張。

雍熙元年正月辛巳，犯靈臺第一星。

至道元年十一月庚戌，犯右執法。三年十月丁巳，入氐。

咸平元年三月乙酉，退行入氐。六月庚戌，入亢。

景德二年八月壬子，入太微。十二月壬辰，犯天罇。三年十月戊寅，犯軒轅大星。四年閏五月己巳，犯軒轅大星。九月乙亥，入太微。

大中祥符元年正月甲子，犯右執法。四月丁未，入太微。七月己未，又在太微。二年十月庚戌，入氐。三年四月庚申，退行入氐。丙子，守氐。四年六月己巳，犯天江。五年三月丁丑，犯牽牛。六年四月乙丑，犯壘壁陣。九年五月辛未，失度。

天禧三年九月壬戌，入太微。丙寅，犯右執法。十一月乙丑，犯右執法。四年二月己酉，犯右執法。三月庚申，犯輿鬼、積薪，又犯哭星〔一〕。五月乙丑，七月乙卯，犯右執法。五年十二月丁未，犯房。

乾興元年正月丁丑，犯鍵閉。二月庚午，犯房。

天聖元年八月戊午，犯天籥。三年五月辛卯，犯壘壁陣。七月乙未，又犯。六年八月庚午，犯鉞。十月丙寅，又犯。七年八月己亥，犯輿鬼。九月己未，犯積尸。八年九月丁未，犯軒轅。九年十月戊戌，犯左執法。

明道元年正月辛巳，掩左執法。五月戊戌，犯太微左執法。

景祐元年正月己巳，犯東咸。四月丙申，犯鉤鈐。戊申，犯房。甲寅，掩房上相。七月戊子，又犯房。二年五月丁未，犯天籥。

二十四史　中華書局

康定元年六月丁未，犯井鉞。七月戊午，犯東井。十月庚子，又犯。

慶曆元年八月庚辰，犯鬼。丙戌，犯積尸。十一月癸酉，退犯輿鬼。二年四月乙酉，犯輿鬼。庚寅，犯積尸。三年九月庚寅，犯左執法。四年二月戊午，犯左執法。

嘉祐二年八月乙巳，犯氐。三年五月乙酉，退犯東咸第二星。七月辛卯，順行，又犯。四年正月丙申，犯建。五年七月己亥，退犯十二諸國代星。

治平元年閏五月癸未，入東井。八月丁未，犯天罇。二年四月癸巳，犯天罇。七月丙辰，犯輿鬼。三年九月庚午，犯靈臺。十月甲午，犯太微上將。四年正月壬子，犯西上將。二月戊子，犯靈臺。四月甲子，又犯。五月丙申，犯西上將。六月乙丑，入太微。十月丁卯，犯進賢。

熙寧元年七月壬申，犯進賢。十一月丙戌，入氐。二年七月辛巳，犯氐。丁亥，入氐。八年六月己未，犯諸王。八月庚戌，又犯。九年六月辛卯，入東井。七月丁丑，犯天罇西星。十月戊戌，犯天罇東北星。十年三月戊寅，犯天罇西星。

元豐元年八月丁巳，犯靈臺北第一星。九月乙亥，犯西上將。十月戊申，入太微。二年正月己丑，又犯。三月辛未，犯靈臺北星。三年十月辛酉，犯氐距星。庚午，入氐。四年二月壬午，退入氐。五年九月癸未，犯天江北第一星。七年四月壬午，犯壁壘陣西第六星。

七月癸卯，又犯西第五星。十一月丙辰，又犯。十二月庚午，犯天罇。

元祐四年二月壬子，犯天罇。五年五月壬辰，犯軒轅大星。十月癸巳，入太微。庚戌、犯右執法。七年十月庚申，入氐。八年四月癸亥，退入氐。十二月丁卯，犯天江。

紹聖元年三月乙巳，犯天籥。三年三月丁未，犯壁壘陣。四月戊子，入羽林軍。七月辛丑，又犯壁壘陣。十一月甲辰，又犯。

元符元年正月己未，犯外屏。二年六月甲申，犯諸王東第一星。十一月丁亥，又犯。

建中靖國元年十二月己酉，犯軒轅大星。

崇寧元年六月甲辰，犯軒轅左角少民。二年正月戊戌，退行入端門。三年八月乙卯，犯亢距星。四年正月辛巳，犯房北第一星。閏二月庚辰，犯房鈎鈐。五年十月辛未，犯南斗西第二星。

大觀元年二月庚午，犯斗。二年十月庚辰，犯壁壘陣。三年十二月丙申，犯外屏。四年六月癸未，犯天陰。

政和元年八月甲寅，犯鉞。二年三月乙亥，犯司怪。八月丁酉，犯積薪。九月丁卯，犯鬼。三年三月戊寅，犯積薪。閏四月壬戌，犯鬼，入犯積尸氣。八月甲辰，犯軒轅。四年正月丁亥，犯軒轅大星。八月己巳，入太微垣。十月辛酉，犯左執法。五年正月丁丑，又犯。

二月辛酉，入太微。六年閏正月己酉，犯亢。七月辛亥，又犯。十一月丙辰，犯房。七年三月丙辰，又犯。

重和元年五月甲午，犯斗。

宣和元年五月乙亥，犯牛。二年二月甲戌，犯壁壘陣。四年三月甲戌，犯昴。五年八月壬午，犯井。

靖康元年十月癸卯，犯左執法。二年二月壬戌，又犯。丁卯，入太微。六月甲申，犯諸王東第一星。

建炎三年五月丙午，逆行犯房。七月癸未，犯鈎鈐。

紹興二年八月庚寅，逆行犯壁壘陣。五年四月壬子，犯井鉞。七月丁丑，十月丙午，十一月庚午朔至戊子，逆行入井。六年三月庚午，入井。壬辰，復入，留二十日。七月壬辰，犯鬼。癸巳，犯積尸氣。十二月壬戌，又如之。十二月庚申，逆行犯鬼東南星。辛酉，入鬼宿內。七年正月癸亥，三月壬午，逆行入鬼，犯積尸氣。八年九月己丑，犯太微垣東左執法。十年正月戊子，七月辛未，入氐。十一年七月戊午，犯東咸西第二星。十七年七月壬戌，順行入東井，不犯星。十一月丙戌，退行入井。二十一年十一月辛丑，順行犯氐。戊申，又入氐。二十二年七月辛亥，入氐。二十八年七月丁丑，順行犯諸王。二十九年六月己酉，閏六月辛酉，順行入犯東井。七月戊戌，順行犯天罇。十二月己巳，入犯東井。三十二年正月戊寅，退行入太微。二月戊戌朔，退行犯太微垣西上將星。乙巳，退行逆出太微西門。五月庚子，順行犯太微垣西上將星。乙巳，復順行犯太微。乙酉，順行犯右執法。十月庚午，順行犯進賢。

隆興元年十月戊子，順行犯氐。十一月庚寅，又入氐。二年二月己卯，退行入氐。六月壬申、癸未，犯氐。

乾道三年十月乙巳，犯壁壘陣。四年九月丙戌，留守壁壘陣。六年六月癸丑，十一月丁丑，犯諸王。七年六月癸酉，犯天罇。十一月癸巳，又如之。八年三月丁丑，犯天罇。十一月癸未，留守權大星。九年五月乙卯，犯權大星。十月庚午，十二月庚午，犯太微右執法。

淳熙元年二月壬午，犯太微垣西上將星。二年四月庚申，犯進賢。十月丁亥，入氐。三年五月己未，留守氐。五年四月壬午，留守牛。六年五月癸亥，留入羽林軍。六月乙巳，十一月壬戌，犯壁壘陣西第六星。八月丁未，留守壁壘陣西第五星。九年十一月庚申，守諸王星。十年七月己巳，犯天罇。十一年九月癸卯，十月辛巳，皆犯守權大星。十二年十月辛亥，犯太微右執法。十五年正月壬子，犯房北第一星。二月己巳，留守房。五月癸亥，

二十四史

留守氐。十六年六月乙未，留守天江。

紹熙五年八月壬辰，犯司怪。十一月庚戌，犯諸王。

慶元二年八月乙亥，犯權大星。四年三月乙巳，入太微，犯右執法。五年十二月己卯，犯房。六年三月丙寅，犯房。

嘉泰二年八月丙戌，留守牛。三年七月戊午，行入羽林軍。

開禧二年七月乙未，犯井鉞。八月庚戌，犯東井。三年九月甲戌，順行入鬼，在積尸氣、鑕星西南。

嘉定元年閏四月壬申，順行入鬼，犯積尸氣、鑕星。七月辛酉，順行犯權大星。二年二月丙戌，犯守權大星。三年二月己巳，退行入太微，犯左執法。四月乙亥，留守太微。四年十一月甲子，犯房。五年四月乙巳，退行犯房宿。七月丙辰，順行犯房。辛酉，順行犯鉤鈐。六年三月丙寅，留守建星。八年八月甲午，犯壘壁陣，入羽林軍。十年七月壬寅，留守畢。十一年七月甲戌，順行犯井鉞。八月丙午，順行入東井。九月己丑，留守東井。十二年七月辛酉，順行犯鬼。十三年二月庚寅，順行犯鬼。十四年二月乙丑，退行犯權左角少民星。十五年三月甲子，退行犯太微左執法。十六年正月戊申，留守氐距星。

紹定三年六月乙酉，順行入井。十一月丁未，退行入井。

端平元年四月戊寅，退守太微東上相。二年二月癸酉，留氐。八月癸巳，順行入氐宿。

嘉熙元年五月庚午朔，留守建星。二年五月壬寅，退行壘壁陣。

淳祐二年六月丁丑，順行犯井宿。六年十一月癸亥，入氐。

咸淳三年十月甲寅，順行犯權大星。

熒惑

建隆元年十月癸酉，犯進賢。十一月乙卯，犯氐。二年八月戊申，犯哭星。九月乙酉，犯壁壘陣。三年十月甲辰，犯氐。十二月庚戌，入天籥。

乾德三年九月乙亥，犯司怪。四年四月壬子，入輿鬼，犯積尸。五月辛卯，犯軒轅。五年九月戊申，犯輿鬼。十二月戊辰，犯五諸侯。

開寶元年五月壬子，犯太微上將。六月壬戌，掩心大星。二年七月乙亥，犯輿鬼。八月戊寅，掩積尸。三年八月壬辰，犯房。五年二月己卯，退入太微，犯上相。七月甲子，入氐。

太平興國八年七月癸亥，入輿鬼。

雍熙元年七月乙卯，入東井。十二月辛巳，逆犯軒轅第二星。三年七月癸巳，入輿鬼。九月乙亥，犯軒轅大星。

端拱元年六月己丑，入輿鬼，犯積尸。八月戊午，又犯軒轅大星。九月甲申，犯靈臺。壬辰，犯太微上將。乙巳，犯右執法。十月癸亥，又犯左執法。十一月甲申，犯進賢。二年二月辛未，退行犯亢。六月壬申，犯氐東南星。八月丙寅，犯天江。十一月庚辰，犯哭星。十二月己巳，犯房，又犯鉤鈐。

淳化元年八月戊申，犯軒轅大星。壬申，犯靈臺。九月庚辰，犯太微上將。壬辰，犯右執法。癸巳，犯左執法。二年正月丙戌，犯房第一星。四月丁亥，犯天江。三年十月乙巳，犯左執法。十一月己亥，入氐。四年四月戊辰，入羽林。丙子，犯氐。五年三月甲戌，犯東井西垣第一星。十月己未，入氐。十一月癸丑，犯房第一星。

至道二年正月丁卯，守昴。三月，守東井。閏七月丁亥，犯畢北小星。十月己未，入太微。甲子，入氐。十一月丁亥，又入太微。三年五月庚午，入太微端門。八月庚子，掩南斗魁。己未，入東井。

咸平元年四月癸巳，入輿鬼。二年十一月戊申，退行犯輿鬼。三年二月癸酉，又犯。四月辛酉，犯軒轅大星。六月丁未，犯右執法。四年八月甲子，犯輿鬼。十月庚子，犯軒轅。十一月庚寅，犯太微上將。五年四月庚辰，又犯。甲申，犯太微西垣。壬辰，犯右執

法。七月丁巳，犯氐。八月丙子，犯房。六年七月壬寅，犯輿鬼。八月庚申，犯軒轅大星。九月戊申，犯靈臺。十月己未，入太微，犯上將。十一月庚寅，犯左執法。壬辰，犯進賢。甲辰，犯太微上相。十二月甲子，又犯進賢。

景德元年三月丙申，犯太微上將。戊戌，犯次相。己酉，犯執法。七月乙巳，犯氐。閏九月庚戌，犯南斗。二年八月丁丑，犯軒轅大星。甲戌，犯左執法。十二月乙酉，犯氐。三年正月己巳，犯房上相。庚午，犯次相。二月甲戌，犯鉤鈐。丙寅，犯房次相。三月丁未，守心。乙丑，犯鉤鈐。丙寅，又退行犯房次相。七月丁酉，犯天江。四年八月丙申，與歲星犯太微上將。己酉，犯右執法。十一月丙寅，犯氐。丙戌，犯西咸。

大中祥符元年九月戊辰，犯壁壘陣。二年十一月乙卯，犯氐。十二月庚寅，犯東井。三年四月辛卯，犯右執法。四年三月庚寅，犯東井。五月乙亥，入輿鬼。五年七月辛卯，犯畢。閏十月丁卯，在諸王北。六年正月己亥，犯畢。丁巳，犯司怪。二月甲戌，掩犯東井。三月己未，犯輿鬼。五月辛丑，犯軒轅大星。七年七月己酉，犯井鉞，又犯東井。八月己卯，犯天罇。八年二月乙亥，犯五諸侯。三月辛丑，犯輿鬼。四月癸丑，掩井鉞。五月丁亥，入太微。庚寅，犯軒轅大星。辛丑，犯太微上將。丙子，犯右執法。九年七月丁巳，犯天罇。八月丙戌，犯輿鬼。己丑，犯積尸。十月丁丑，犯軒轅大星。十二月丁酉，又犯

中華書局

軒轅。

天禧元年五月戊戌，犯靈臺。己酉，掩太微上相。丁酉，犯右執法。六月丙子，犯左執法。二年五月庚寅，入東井。七月癸酉，犯輿鬼。九月辛巳，犯靈臺。十月壬辰，犯太微上將。十一月丙寅，犯左執法。甲申，又犯太微上將。十二月壬辰，又犯。乙巳，入太微。己酉，犯氐。三年三月戊辰，入太微。四月己丑，又入太微，犯右執法。四年九月丁卯，犯靈臺。庚午，犯五諸侯。十月辛巳，入太微。丁亥，犯右執法。辛丑，犯左執法。十一月丙寅，掩進賢。閏十二月辛未，入氐。五年三月辛卯，退行犯亢。六月甲寅，入氐。壬申，犯房。七月庚子，犯天江。八月庚戌，掩南斗魁第二星。壬戌，犯南斗。

乾興元年七月甲午，犯軒轅大星。九月辛未，入太微。己丑，出太微端門，犯左執法。十一月庚辰，犯亢。

天聖元年正月丙寅，犯房。丁卯，犯鉤鈐、鍵閉。癸酉，犯罰。二月庚申，犯天籥。四月戊午，犯南斗魁。八月癸巳，又犯南斗距星。閏九月乙巳，犯壁壘陣。二年十一月戊申，犯房。三年正月辛卯，犯天籥。三月庚戌，又犯壁壘陣。五月辛卯，犯羽林。六月壬戌，又犯壁壘陣。七月戊子，又犯。十一月乙巳，犯外屏。四年正月己亥，犯天陰。二月癸酉，犯天高。八月甲午，犯東井。九月壬申，犯氐。十二月戊寅，犯天街。六年三月甲辰，犯東井。

七年七月壬午，犯井鉞。丙戌，又犯井距星。八年正月己卯，犯東井。九年九月丁巳，犯輿鬼。壬戌，犯積尸。

明道元年正月庚子，犯輿鬼東北星。二月甲辰，掩鬼。二年八月癸卯，犯積尸。

景祐元年四月辛亥，犯太微上將。五月壬申，犯右執法。丁亥，犯左執法。八月戊午，犯房。丁卯，犯東咸。甲申，犯天江。九月丙午，犯南斗。二年七月甲午，入鬼。九月丁亥，犯牽牛。甲午，犯靈臺。己亥，入太微。十月庚午，犯左執法。十二月辛亥，犯平道。戊辰，犯太微上相。三年正月壬辰，犯亢。三月己亥，犯進賢。七月甲辰，犯房次將。九月癸巳，犯南斗。

寶元元年正月辛丑，犯房。三月丙午，犯軒轅。六月庚午，犯心前星。七月癸卯，犯天江。八月辛未，犯南斗。九月丙申，犯天雞。

康定元年正月乙酉，犯建星。

慶曆五年二月甲寅，犯東井。四月丙午，犯鬼積尸。五月乙酉，犯軒轅大星。六年七月乙巳，犯東井。九月甲午，犯輿鬼。七年正月壬寅，犯五諸侯(二)。三月丁亥，犯鬼積尸。六月庚申，犯左執法。八年八月辛未，犯鬼積尸。

皇祐元年五月甲辰，犯右執法。二年八月庚申，入鬼，犯積尸。十月庚午，犯太微上將。閏十一月丙辰，犯太微東上相。三年四月丙戌，犯左執法。七月戊午，犯氐。八月辛丑，犯天江。四年十月乙酉，犯太微左執法。五年六月丙戌，犯氐。閏七月壬午，犯天江。八月乙巳，犯南斗。

至和元年十一月，犯亢。丁丑，犯氐距星。二年九月甲申，犯壁壘陣。

嘉祐元年十月甲子，犯氐。二年三月戊子，犯壁壘陣。五月戊子，又犯壁壘陣東星。三年三月庚子，入東井。十一月癸未，犯鉤鈐。十二月丁未，犯天江。四年二月丁酉，犯羽林。七月己酉，犯畢距星。九月戊午，退犯天街。十月癸酉，犯月星。五年二月丙戌，犯東井。四月庚午，犯輿鬼。癸酉，掩積尸。六月壬戌，犯軒轅左角，光相接。六年八月丁巳，犯司怪。己巳，入東井。閏八月癸巳，犯天罇。十月乙亥，退犯五諸侯東一星。七年三月乙卯，犯輿鬼西北星。辛酉，犯鬼積尸。五月丙寅，犯靈臺。六月壬午，入太微，不犯。八年六月癸酉，犯諸王。八月戊戌，犯輿鬼。辛丑，犯積尸。十二月甲申，犯軒轅。

治平元年五月己未，犯太微西垣上將。閏五月癸酉，犯右執法。七月癸巳，入氐。二年六月辛丑，入東井。七月乙酉，犯鬼鑕。十月壬辰，犯靈臺。三年三月辛巳，犯太微西上將。四月己酉，犯右執法。七月壬午，入氐。四年六月辛酉，犯積薪。七月丁丑，犯輿鬼，又犯積尸。八月辛亥，犯軒轅大星。癸亥，又犯少民。九月甲申，犯西上將。戊戌，犯右執

法。十月壬子，犯左執法。壬戌，犯上相。十一月丙子，犯進賢。十二月乙卯，犯亢。

熙寧元年六月丙寅，犯氐東南星。丁卯，又入氐。七月丙戌，犯房北第二星。乙未，犯東咸南第一星。八月甲寅，犯天江南第二星。二年九月甲戌，犯西上將。丙戌，入太微。閏十一月乙巳，犯氐距星。己酉，入氐。十二月戊寅，犯房。戊子，犯罰。三年正月癸巳，犯東咸第二星。二月辛卯，入天籥。五月癸巳，正月乙巳，犯罰。八月戊午，犯南斗。十月戊午，犯壁壘陣西北星。四年三月乙未，犯諸王西第二星。十月戊寅，犯亢南第一星。十一月辛卯，犯氐距星。乙未，入氐。十二月戊辰，犯罰。五年正月己丑，犯天江東第一星。癸卯，入天籥。五月丙午，入羽林軍。十二月戊午，犯外屏西第二星。六年正月庚戌，犯天陰西南第一星。庚午，犯月星。二月丁丑，犯天街西南星。甲申，犯諸王西第二星。三月戊辰，入東井。四月庚子，犯積薪。十月辛巳，犯氐距星。癸未，入氐。十一月戊申，犯鉤鈐西第一星。七年四月壬申，犯壁壘陣西第八星。十二月辛巳，犯天陰西南第一星。八年正月辛亥，犯月星。二月甲子，犯諸王西第一星。三月丁酉，犯司怪北第二星。丙辰，入犯東井東北第一星。四月己丑，犯積薪。閏四月辛丑，入輿鬼。九年七月壬戌，犯諸王東第三星。八月戊戌，犯井鉞。壬寅，犯東井距星。丁未，入東井。十月戊戌，犯東井東北第一星。十一月丁卯，犯司怪。十年正月丙寅，犯司怪第二星。四月丙戌，又犯輿鬼東北

星。戊子，入輿鬼。

元豐元年六月己巳，犯司怪南二星。七月庚辰，入井。戊戌，犯天罇西北星。八月戊午，犯積薪。九月壬申，犯輿鬼西北星。丁丑，入輿鬼，犯積尸。二年二月壬戌，入犯輿鬼東北星。三年七月丁卯，入東井。甲申，犯天罇西北星。八月辛丑，犯積薪。乙卯，犯輿鬼積尸。閏九月丁巳，犯長垣。十月戊辰，犯靈臺北星。癸未，入太微。四年四月甲申，犯右執法。七月庚戌，入氐。五年七月辛丑，犯輿鬼西北星。乙巳，入輿鬼。十月癸丑，犯西上將。丁巳，入太微。十一月壬午，犯左執法。甲午，犯西上將。六年三月戊寅，犯進賢。己亥，犯東上相。閏六月戊戌，入犯氐東南星。七月丙辰，犯房北第二星。甲子，犯東咸西第一星。八月癸未，犯天江南第二星。七年八月己未，犯靈臺。九月己亥，犯西上相。丁未，入太微。乙丑，犯左執法。十月己丑，犯進賢。十一月戊午，犯亢距星。十二月辛巳，入氐。八年正月戊午，犯房北第一星。二月乙丑，犯鍵閉。癸酉，犯罰北第一星。乙酉，犯東咸。三月壬戌，犯壁壘陣。七月己未，犯天江。十月戊寅，犯秦星。十一月丙午，犯壁壘陣西第六星。十二月壬戌，順行犯壁壘陣。

元祐元年閏二月丙辰，犯天街。八月甲寅，入太微。十月丙午，犯亢。十一月己未，犯氐距星，入氐。十二月丁亥，犯房。己丑，犯鉤鈐。辛卯，犯鍵閉。三年二月乙巳，犯天街。

三月壬子，犯諸王。四月丙申，入犯東井。十月丁未，犯亢南第一星。十一月戊申，犯氐距星，己酉，入氐。十二月甲辰，犯天江。甲寅，犯天籥。四年二月丁未，犯壁壘陣。三月丁丑，又犯壁壘陣。六月甲寅，犯外屏。八月己未，退行，又犯外屏。十二己未，犯天陰西南星。五年二月戊戌，犯諸王。三月癸未，入東井。甲申，犯之。六年八月乙巳，犯諸王。七年二月戊辰，犯東井。四月乙卯，犯輿鬼。丙辰，又入輿鬼。五月辛亥，犯長垣。八年四月乙卯，犯外屏。八月庚戌，入東井。庚午，犯天罇。九月乙未，犯積薪。十月辛酉，犯輿鬼。

紹聖元年二月丙寅，犯五諸侯東第一星。三月丁酉，犯鬼西北星。五月戊申，犯靈臺北第一星。二年七月乙未，入井。八月丙戌，入鬼。三年正月戊戌，退犯軒轅。五月癸巳，犯靈臺。辛丑，犯太微上將。丙辰，犯太微右執法。八月丁丑，入氐。四年六月丙戌，入犯井。己亥，犯天罇西北星。七月丁巳，掩犯積薪。丁卯，犯鬼西北星。庚午，入鬼，犯積尸氣。八月丁未，犯軒轅大星。十月癸未，犯太微西垣上將。甲申，入太微。十一月甲戌，犯太微東垣上相。丁丑，掩之。

元符元年正月壬戌，犯太微東垣上相。乙丑，入太微垣，行軌道。四月丙午，犯太微左執法。六月丙午，犯亢。七月乙丑，入氐。己巳，又犯之。八月乙酉，犯房南第三星。辛卯，犯東咸。十一月壬戌，犯代星。十二月戊寅，犯壁壘陣。乙未，又犯壁壘陣。二年七月

庚申，入鬼，犯積尸氣。八月丙申，犯軒轅大星。九月丁卯，犯太微西垣上相。閏九月壬申，入太微。甲午，犯太微左執法。十月甲辰，犯太微東垣上相。己未，犯進賢。十一月庚寅，犯亢距星。十二月壬戌，入氐。三年正月辛未，犯氐東南星。四月壬寅，退行犯亢南第一星。八月丁巳，犯南斗西第二星。

建中靖國元年九月己未，入太微。十月甲辰，犯平道西第一星。

崇寧元年五月丁巳，退行入南斗魁。戊辰，又犯南斗西第二星。二年二月壬戌，犯昴西南星。丙子，犯天街北星。十月甲子，犯亢南第一星。三年四月壬子，犯壁壘陣西五星。四年三月壬寅，犯井鉞。甲寅，犯井距星。乙巳，又入井。五年八月乙卯，犯天街南星。十月乙丑，犯昴東南星。甲申，犯天陰東北星。

大觀元年正月辛丑，犯畢。三月癸巳，入井。四月癸未，犯鬼及犯積尸氣。五月己酉，犯酒旗。六月壬戌，犯軒轅大星。七月乙酉，犯靈臺。二年六月辛卯，犯天街。七月癸酉，犯司怪。八月己丑，入井。三年正月庚午，又犯井。三月丙寅，犯鬼。六月癸未，入太微。七月己酉，犯太微左執法。己巳，犯進賢。四年六月庚午，犯月星。七月辛酉，入井。閏八月丙辰，犯鬼，又犯積尸氣。

政和元年五月乙酉，犯右執法。二年六月辛亥，入井。三年正月乙亥，犯太微垣內屏。

四月丙午，犯太微上將。閏四月乙丑，犯太微右執法。七月癸巳，入氐。九月庚辰，犯天江。四年九月乙未，犯上將。十月甲子，又犯左執法。十一月庚寅，犯進賢。五年正月乙亥，犯亢。七月庚辰，犯氐。八月乙丑，犯天江。六年八月丁丑，犯靈臺。九月癸巳，入太微。庚戌，又犯太微左執法。十二月癸亥，入氐。七年正月丁酉，犯鍵閉。七月乙未，犯天江。

重和元年正月丁亥，犯外屏。閏九月癸亥，犯進賢。十月戊申，又入氐。

宣和元年九月癸亥，犯壁壘陣。二年十月庚辰，犯亢。三年正月戊申，犯南斗。丙辰，又入南斗。四年正月辛未，犯天街。五年六月乙未，犯天陰。九月己未，犯司怪。六年閏三月庚辰，犯五諸侯。七年九月壬辰，犯鬼。

靖康元年正月乙酉，又犯五諸侯。丁亥，又守五諸侯。三月戊寅，又入鬼。己卯，又犯鬼積尸氣。

建炎三年八月癸丑，入鬼，犯積尸。甲子，犯太微垣西上將星。丙寅，又入太微。十月乙巳，出太微垣東左掖門。己酉，犯垣東上相，徘徊不去。四年三月乙亥，犯左執法。七月戊辰，犯房。八月丁丑，犯東咸。乙未，犯天江。十一月乙卯，入壁壘陣。

紹興元年正月己亥朔，入羽林。九月丙辰，入太微。十月丁丑，犯左執法。庚辰，順行

出太微垣內左掖門。十一月辛丑，犯進賢。二年正月丙申，入氐。五月乙亥，犯氐東南星。七月乙丑，犯天江。八月戊戌，犯斗西第二星。三年九月壬子，順行入太微。甲寅，犯右執法。乙丑，出端門。丙寅，犯左執法。十月癸巳，犯進賢。十一月丁巳，犯亢南第一星。辛未，犯氐。甲戌，入氐。十二月辛丑，犯房北第一星。壬寅，犯鈎鈐。癸卯，犯鍵閉。四年正月辛亥朔，犯東咸。十月丙子，犯壁壘陣。戊戌，又犯西第六星。己亥，入羽林軍。五年四月甲辰，入井。十月乙丑，入氐。十一月丙戌，犯房。丁亥，犯鈎鈐。乙未，犯東咸。十二月乙卯，犯天江。六年五月戊寅，犯壁壘陣。七年二月己酉，犯諸王西第二星。四月甲午，入井。五月庚辰，入鬼，犯積尸。九年四月己巳，入鬼，犯積尸。十年十月庚子，犯五諸侯。十一年三月乙卯，入鬼。十二年七月乙未，犯司怪。丁未，入井。八月，入鬼，犯積尸。十二月丙戌，逆行犯權大星北第一星。十四年八月庚辰，犯積尸。十五年九月辛酉，犯天江南第一星。十六年十月丙午，犯左執法。甲寅，出太微左掖門。十七年七月己卯，順行犯房宿。己丑，順行犯東咸。八月戊申，順行犯天江。十月乙酉，順行犯壁壘陣。庚寅，晦，順行入羽林軍。十八年閏八月戊辰，順行犯太微西上將。九月癸巳，犯太微左執法。十一月甲辰，順行入氐。十二月壬申，順行犯房。十九年七月戊申，犯南斗。十月辛未順行犯壁壘陣，入羽林。二十年十一月丙戌，順行犯氐。二十一年四月戊辰，入羽林。

庚午，行犯壁壘陣。二十二年二月壬申，順行犯天街。三月丙午，順行犯司怪。十一月癸卯，順行犯房宿鈎鈐。十二月癸酉，順行犯天江。二十三年三月戊午，順行入羽林。二十五年八月壬寅，順行入東井。十月壬寅，退行犯東井。十一月癸酉，退行犯司怪。二十六年二月丁亥，順行犯東井、鈎鈐。六月甲午，順行犯太微垣西上將。七月庚申，順行犯太微左執法。二十七年六月癸亥，順行犯司怪。七月癸酉，又入東井。癸巳，順行犯天罇。九月乙丑，順行犯輿鬼，又犯積尸。二十八年二月癸丑，順行犯輿鬼。乙卯，又如之。六月乙未，順行犯太微垣西右執法。二十九年六月壬子，順行犯司怪。閏六月壬戌，順行入東井。是月戊辰，又如之。庚辰，順行犯天罇。七月戊申，順行犯輿鬼。辛亥，入鬼，犯積尸氣。十月辛未，順行犯太微垣西上將。十二月辛酉，留太微垣內屏西南星十日。三十一年四月庚申，犯太微垣西上將。八月戊申，順行入氐。九月庚寅，犯天江。十一月乙酉，犯牛。三十二年閏二月壬午，退行犯進賢。五月癸巳，順行入犯氐。

隆興元年八月壬午，犯長垣。九月乙未，犯太微垣西上將。十月庚申，入太微垣東，犯左執法。癸未，犯進賢。十二月甲戌，入氐。二年正月辛亥，犯房。甲寅，犯鍵閉。二月辛未，順行犯東咸。三月辛亥，退行犯東咸。四月戊寅，退行犯房。七月壬子，犯天江。己卯，順行犯南斗。十月乙丑，順行犯周星。己巳，犯秦星。乙亥，犯代星。十一月庚子，犯壁壘陣。癸卯，順行入羽林軍。

乾道元年三月甲寅，犯諸王星。八月乙酉，順行犯太微垣西上將星。辛丑，入太微。九月庚戌，犯太微垣左執法。壬申，犯進賢。十一月丙辰，順行入氐。十二月癸未，順行犯房，又犯鈎鈐。二年正月乙卯，順行犯天江。九月庚戌，順行犯壁壘陣西勝星。辛亥，入壁壘陣。丙辰，入羽林軍。甲子，犯壁壘陣。十月乙未，犯壁壘陣西第八星。三年二月壬辰，犯月星。四月乙亥，犯司怪。九月庚寅，犯亢。十月乙巳，入氐。十一月庚午，犯鈎鈐。十二月己亥，犯天江。四年三月甲子，犯壁壘陣。辛巳，犯壁壘陣及入羽林軍。七月丙戌，留守天囷。十二月乙卯，犯天陰。五年正月乙亥，犯月星。甲申，犯天街。三月丁丑，犯東井。十一月戊子，犯天江。六年二月甲申，犯牛。七月己亥，犯諸王。七年二月壬戌，犯東井。四月癸丑，入鬼，犯積尸。五月己丑，犯權大星。八年八月丙午，入東井。癸亥，犯天罇。十月癸卯，犯鬼。辛亥，又犯。戊午，犯積尸氣。十一月己巳，又犯鬼。九年四月丁丑，犯權。五月庚戌，犯太微垣西上將星。六月癸亥，犯太微垣西右執法。

淳熙元年七月辛卯，入東井。丙午，入天罇。八月乙亥，犯鬼。二年正月庚子，犯權大星。五月甲午，犯太微西上將。八月乙亥，入氐。三年十月乙亥，犯太微西上將。十一月丙寅，犯太微東上將。四年正月己巳，入太微。七月庚申，入氐。辛酉，犯氐。八月己卯，

犯房。五年九月乙亥，犯太微右執法。十月壬辰，出左掖門。十二月壬子，入氐。六年二月己酉，入氐。三月辛未，犯氐宿距星。四月丙午，守亢。六月丙申，犯氐。七月己未，犯房。八月己丑，犯天江。十一月乙亥，入羽林軍。丁丑，犯壁壘陣西第七星。七年九月乙丑，入太微。庚午，出。十二月壬午，犯氐。甲申，又入。八年五月己卯，入南斗。六月庚戌，守箕。癸酉，犯南斗。七月戊寅，入南斗。庚寅，犯狗。九月戊寅，犯秦星。壬辰，犯壁壘陣。十月辛酉，入羽林軍。九年十一月庚午，犯氐距星。辛未，入氐。十二月戊戌，犯鈎鈐。十年五月甲子，入羽林軍。六月庚子，入壁壘陣。八月癸丑，又犯。九月戊辰，退入羽林軍。十一年二月壬戌，犯諸王星。十二年三月丁未，入羽林軍。十三年四月丙子，犯輿鬼。十四年七月壬寅，犯諸王星。甲子，犯司怪。癸未，入井。十月庚辰，留守五諸侯。十五年六月庚寅，犯右執法。十六年閏五月丙戌，犯諸王。六月丙辰，入東井。八月乙巳，犯輿鬼。乙卯，順行入鬼，犯積尸氣。

紹熙元年五月丙辰，犯靈臺。二年七月丁未，入東井。庚寅，入鬼，犯積尸氣。十一月庚戌，入太微。三年正月己酉，入太微垣內留守。三月乙未，入太微垣西，犯上將星。四月丁巳，犯太微右執法。七月乙酉，入氐。八月丁未，犯房北第二星。四年十月丁酉，入太微垣內，徘徊內屏者凡四閱月。十一月己巳，犯上相。五年七月癸酉，犯氐。八月壬辰，犯

房。十一月庚寅，犯壁壘陣。

慶元元年九月丙戌，入太微垣內。戊申，始出。二年三月癸卯，退犯天江。五月甲辰，守犯心大星。十月戊戌，犯氐宿距星。四年五月庚子，入羽林軍。五年十一月癸巳，入氐。

嘉泰元年五月丁丑，失行不由黃道。三年二月壬寅，犯井宿。

開禧元年正月庚辰，留守五諸侯西第四星。四月丁巳，犯權大星。六月丙午，犯太微西右執法。甲戌，入東井。十一月甲辰，入太微。十二月戊午，留守太微垣。三年二月己未，退留守權星。

嘉定元年九月辛酉，入太微順行。二年二月乙酉，退行犯太微上相。三月癸卯，退行犯左執法。己酉，留守太微垣。六月壬戌，順行入房。己丑，順行犯天江。九月己酉，順行犯南斗。三年十月己未，入太微垣，犯右執法。四年正月辛卯，入氐宿方口內。二月丁丑，犯房。四月丙戌，退行入氐。五月丙寅，犯氐。六月乙巳，犯東咸。八月壬辰，犯南斗。十一月壬子，犯壁壘陣。五年八月癸卯，入太微。九月戊申，又犯右執法。十一月丙寅，入氐。六年閏九月庚午，犯壁壘陣。十月戊戌，入羽林。七年十月甲寅，順行犯氐。八年四月戊午，入羽林軍。十年九月丁亥，留守天關。十一月壬午，退行犯月星。辛卯，留守昴宿月星。十一年四月壬戌，順行入鬼，犯積尸氣。十二年七月壬戌，順行入井。十四年七月

己丑 順行犯司怪。十六年十月丁酉，入太微。十七年正月戊申，留守太微垣東上相星。

寶慶二年正月戊寅，入氐。

紹定元年七月戊戌，犯南斗。十月戊申，犯壁壘陣。十一月癸酉，順行入羽林軍。二年十一月己丑，順行入氐。三年七月丁巳，退行入羽林軍。六年二月癸卯，犯東井。

端平元年九月辛丑，入井。十二月，犯司怪。二年六月己丑，入太微。三年七月庚午，入井。

嘉熙元年正月癸酉，守鬼宿。四月庚子，犯權。五月丙子，犯將星。二年七月壬寅，順行入鬼，犯積尸氣。九月壬午，犯權大星。十月丁卯，入太微。三年五月辛未，犯太微垣執法星。八月己亥，入氐。丁巳，犯房。四年八月乙巳，犯太微垣左執法。十一月辛巳，犯太微垣東上相。甲子，順行入太微垣。

淳祐元年六月乙酉，犯氐宿東南星。丙戌，入氐宿方口內。三年正月庚辰，順行入氐。十一年八月丁酉，順行入井。十二年四月壬申，犯權。

寶祐二年二月甲辰，又犯。三年十一月丁巳，犯太微垣上相星。五年十二月丁未，入氐。六年三月庚午，退行入氐。

開慶元年閏十一月己卯，入氐。十二月丁未，入房宿鈎鈐星。

景定元年五月壬午，退行斗宿。三年五月壬戌，犯壁壘陣西方勝星。

德祐元年四月乙丑，犯天江。八月戊午，犯南斗。十月壬戌，犯壁壘陣。

塡星

開寶五年七月乙丑，犯東井。

端拱元年閏五月庚寅，退行犯建星，相去五寸許。

咸平二年七月辛巳，犯畢。四年六月丙申，犯東井。十月辛丑，犯井鉞。己未，犯東井。五年三月戊戌，犯鉞。六年九月戊戌，守輿鬼。

景德二年十月丙子，守軒轅。三年五月癸亥，犯軒轅。九月戊辰，犯靈臺。四年八月辛亥，入太微右掖。乙卯，又入太微。

大中祥符二年正月辛巳，入太微。十月癸巳，犯進賢。十一月乙卯，犯平道。三年三月辛卯，犯進賢。五月癸卯，又犯。十一月戊寅，犯亢。四年十二月壬寅，入氐。五年正月甲戌，守氐。九月戊辰，入氐。十月己巳，又入。六年四月癸未，入氐。十二月丙戌，犯東井。七年三月丁未，犯罰。五月乙酉，犯鍵閉。丙戌，犯輿鬼。六月辛酉，犯房上將。

天禧元年二月癸酉，犯建星。三年五月丁卯，犯牽牛。

天聖四年十月庚寅，犯右更。

明道二年七月癸巳，犯鬼。十二月壬子，又犯。

景祐元年正月丁卯，犯南斗，又犯鬼。三月戊子，又犯。三年九月辛巳，犯太微上相。四年十月己卯〔三〕，犯左執法。

康定元年三月戊寅，犯平道。

慶曆七年六月庚申，犯建。

嘉祐三年六月丙寅，犯畢。九月庚辰，犯畢。五年六月己巳，犯井鉞。甲申，犯東井。十月甲申，退犯東井距星。六年七月己亥，犯天罇。七年八月己丑，入鬼。十一月乙巳，退犯輿鬼距星。

治平元年七月壬辰，犯軒轅大星。二年九月戊辰，犯靈臺。四年九月癸卯，犯東上相。

熙寧元年正月庚辰，退犯上相。二月乙巳，入太微。十月乙亥，犯東上相。二年十一月丙子，犯亢距星。三年正月丁巳，犯亢。十一月壬寅，入氐。五年五月丙午，又入。十一月己酉，犯罰南星。六年四月戊寅，犯罰南第一星。五月庚申，又退犯鍵閉。八月甲申，犯罰。七年正月丁未，犯天江東北第一星。八年八月丁巳，犯天籥西北星。九年正月壬午，犯建西第二星。

元豐二年二月丙午，犯十二國代東星。三年七月丙寅，犯壁壘陣西第五星。十月丁亥，又犯之。七年六月乙未，犯外屏。

元祐三年七月己未，犯諸王。五年六月乙巳，入東井。七月甲子，十一月丁亥，皆犯東井。六年三月庚辰，犯東井。四月己亥，入太微垣，行軌道。十一月癸巳，犯水位。七年七月己丑，入輿鬼。十二月丁丑，犯輿鬼。八年正月甲申，犯輿鬼。壬辰，退入輿鬼。丁酉，入鬼，犯積尸。

紹聖二年八月己丑，入太微垣上將。九月庚申，入太微垣軌道。三年二月己卯，入太微，犯上將。是月庚戌，四月庚辰，五月丙申，俱犯。甲辰，入太微垣，行軌道。九月乙巳，又入太微。十月甲戌，犯太微左執法。四年正月丁未，又犯。十月癸巳，犯進賢。

元符元年正月丙辰，又犯。七月癸亥，又犯。

建中靖國元年五月辛酉，犯氐東南星。

崇寧元年四月庚戌，犯房北第一星。四年十二月己卯，犯建西第二星。五年六月戊辰，又犯。

大觀元年閏八月丙午，犯泣星。

政和七年十月丙辰，犯畢。

重和元年二月甲戌，犯天街。

宣和七年十月庚子，入太微。

靖康二年正月丁巳，犯上相。

建炎三年三月乙未，犯亢。

紹興二年三月己未，犯東咸第三星。八月戊申，復犯第三星。五年閏二月庚戌，三月癸卯，五月丁丑，皆犯建星。七年六月己未，犯牛宿南星。十一年八月甲午，入羽林軍。十八年八月辛丑，順行犯東井鉞星。二十年正月辛卯，退留守東井。二十四年八月庚戌，順行入太微。二十五年三月戊午，退行犯太微垣西上將。二十六年十一月庚辰，犯平道。二十七年正月癸巳，退行犯進賢。三十年十一月辛巳，順行犯房。壬寅，順行犯鍵閉。三十一年三月己亥，退行犯鍵閉。八月庚戌，順行犯房。

乾道元年七月丙寅，留守建星。二年二月甲午，犯牛。三月庚申，留守牛宿。五月己未，掩狗國星。三年七月乙丑，犯周星。四年八月乙卯，守壁壘陣。五年四月戊子，入羽林軍。五月丙辰，留守羽林軍。七月丙戌，犯壁壘陣。九月甲戌，守壁壘陣。六年六月戊午，退入羽林軍。九月庚寅，又入守之。七年八月丁卯，退行犯壁壘陣東勝星。十月乙卯，十一月庚寅，又犯守之。

淳熙三年十月己丑，犯畢。四年六月丁丑，十月甲申，犯天關。五年正月壬戌，留守諸王。五月辛卯，入井。八月丙辰，留守東井。十一月辛巳，又犯。六年正月壬申，留守井鉞星。是月戊子，二月戊申，皆犯入東井。九月庚午，留守水位。十二月戊戌，犯天罇。七年八月壬辰，入鬼，犯積尸氣。戊申，犯鬼。十一月丙辰，又如之。八年四月戊午，入鬼。九年十一月己丑，留守權左角。十年三月辛巳，留守權大星。十月癸卯，犯太微上將。癸丑，入太微。十二月壬戌，犯上將。十一年九月甲辰，入太微。十一月己亥，留守太微垣。十二年四月庚午，守太微垣右執法。十三年三月壬午，犯太微東上相星。四月乙丑，入太微。乙巳，留守太微垣。十五年三月丁巳，五月癸亥，犯亢。十月辛卯，入氐。十六年正月辛丑，留守氐。

紹熙三年二月辛丑，留守天江。

慶元四年七月乙丑，犯壁壘陣西第五星。

嘉泰四年七月己卯，留守天廩。

開禧元年八月甲辰，留守畢。二年八月壬子，留守諸王。三年七月辛卯，犯井鉞。九月甲戌，留守井。

嘉定元年四月辛亥，犯井。二年正月癸亥，犯守井。六年三月壬戌，留守權左角少民

星。閏九月己丑，順行入太微。十一月丙子，留太微垣，守右執法。七年十二月戊戌，留守太微垣東上相星。十一年正月辛巳，守氐距星。六月辛亥，留守亢。十一月丙子，入氐。十二年四月壬申，退行入氐。五月乙卯，留守氐。十三年七月乙巳，犯房。

端平二年十月己未，退行犯畢宿距星。十二月己亥，留守天街。三年正月丁卯，順行犯畢距星。

嘉熙元年八月乙酉，順行犯井東第二星。

淳祐四年四月癸未，留守太微垣，守右執法。五年四月甲申，退守上相。七年四月丁亥，犯亢。

景定元年正月庚辰，入尾。五年七月甲午，留守于畢。

咸淳二年八月庚午，入井。

太白

建隆二年九月丁丑，犯南斗。

乾德三年八月庚申，犯太微上將。四年六月辛丑，犯右執法。五年八月辛酉，又犯。

開寶元年十一月庚寅，犯房。四年四月己巳，犯東井。五年十一月己未，犯哭星。

太平興國六年八月戊子，入太微，犯右執法。

雍熙元年二月壬辰，犯昴。八月壬寅，掩軒轅第一星。十一月戊戌，入氐。戊午，又犯心前星。己未，又犯大星。二年閏九月癸未，入南斗魁。四年十月癸卯，犯進賢。

端拱元年十月辛巳，犯哭星。癸未，犯天壘。二年五月己亥，犯畢右股第一星。六月乙卯，犯天關。七月壬申，犯輿鬼東南星。八月壬子，犯軒轅大星。九月庚辰，犯左執法。

淳化元年六月庚申，犯太微垣，入端門。三年九月辛丑，犯右執法。癸卯，犯太微端門。十月壬午，入氐。四年十月乙丑，犯南斗魁第二星。

至道元年三月癸巳，淩東井第一星。五月壬戌，犯軒轅大星，相去一尺許。十一月庚戌，入氐。三年八月戊申，犯太微上將。

咸平元年七月癸酉，犯角左星。八月，犯軒轅。九月癸亥，犯南斗魁。庚辰，犯太微次將。十一月癸酉，又入軒轅。乙亥，入太微。二年正月己卯，入南斗魁。四月己未，入太微，犯次將，守屏星。甲子，又入。六月丁丑，入東井。三年二月甲寅，犯昴。八月己未，犯軒轅大星。九月壬午，犯右執法。四年九月乙亥，犯房、心。十月丙午，入南斗。閏十二月丙戌，犯角大星。己酉，犯房。辛卯，犯箕。壬辰，犯南斗魁。五年正月丁巳，犯心後星。二月庚申，掩昴。壬申，掩五車。六年四月庚辰，犯輿鬼。五月乙巳，犯軒轅。九月戊申，犯左執

法。十一月癸巳，入氐。

景德元年閏九月丙寅，犯南斗。十月丙午，犯哭。二年五月己未，掩心前星。六月己丑，犯南斗。七月甲寅，犯輿鬼積尸。八月己丑，犯太微上相。三年十一月甲子，犯西咸。

大中祥符元年七月丁卯，犯水位。庚辰，犯輿鬼。丁亥，犯權。八月辛丑，犯軒轅大星。丁未，犯軒轅少民。二年八月壬寅，入氐。九月戊午，在心。戊辰，犯天江。三年正月戊辰，犯牽牛。四年四月甲子，犯輿鬼。五月戊子，犯軒轅大星。丙申，犯軒轅少民。九月己丑，犯右執法。乙未，犯左執法。十月戊申，在進賢西南。十一月丁亥，犯房上相。十二月壬戌，犯建星。五年十月戊申，犯箕。十一月甲辰，犯壁壘陣。六年正月丁酉，犯右更。五月戊午，犯天關。六月乙丑，犯罰星。辛未，犯東井。己卯，犯天罇。七月乙未，犯輿鬼。甲寅，犯軒轅大星。八月，犯建。丁丑，掩畢，又犯右執法。七年四月甲子，犯東井。六月甲子，犯太微上將。辛未，犯執法。七月丁酉，犯角南星。十一月戊子，入氐。九年二月己卯，犯昴。甲辰，犯五車。八月癸未，犯軒轅大星。己丑，犯軒轅東南。丙申，在靈臺南，相去一尺。九月丙午，犯右執法。壬子，犯左執法。

天禧元年七月戊戌，犯右執法。八月甲午，犯房次相。十月己巳，入南斗。三年九月己巳，犯左執法。十月庚寅，犯進賢。甲辰，犯亢。十一月乙卯，入氐。四年七月丁巳，掩房。己未，犯箕。庚申，入南斗魁。辛未，犯昴。八月乙酉，犯心後星。丁亥，入南斗魁。戊戌，犯昴。庚子，掩五車。五年六月甲寅，入東井。七月戊寅，犯輿鬼。壬午，犯五諸侯、箕。丙申，犯軒轅大星。八月壬子，犯太微上相。戊午，犯右執法。

乾興元年五月庚午，犯鬼及積尸。七月己卯，犯角。

天聖元年正月庚午，犯建。二年二月丙戌，犯五車。八月庚午，犯軒轅東星。甲申，自右掖門行入太微。辛巳，犯太微上將。九月戊子，犯右執法。甲午，犯左執法。三年六月己卯，犯太微上將。十月乙卯，犯南斗。五年九月辛丑，犯靈臺。乙巳，犯明堂。庚申，犯左執法。七年五月己巳，犯畢距星。八年四月辛亥，犯輿鬼。

明道元年二月庚午，犯五車。六月乙丑，犯東井。八月壬子，掩軒轅左角。九月丙子，犯左執法。二年八月戊午，犯房。十月癸巳，犯南斗。十一月癸亥，又犯。

景祐二年三月壬寅，犯東井。四月乙卯，犯五諸侯。己巳，入鬼。九月甲午，犯右執法。十一月甲申，入氐。四年六月癸酉，犯東井。七月辛丑，犯鬼。己未，犯軒轅大星。

寶元元年四月己巳，犯東井。癸巳，犯輿鬼。七月甲辰，犯角南星。

康定元年正月乙酉，犯昴。六月丁未，犯東井。

慶曆三年五月己卯，犯軒轅大星。九月甲申，犯左執法。五年六月辛酉，犯東井。六

年七月丙戌，犯左執法。八年閏正月丙寅，犯昴。二月丁酉，犯五車東南星。六月庚辰，犯東井。八月庚午，犯軒轅大星。

皇祐元年九月戊午，犯斗天相。四年十月丙子，犯南斗。五年六月癸酉，犯畢。乙未，犯井鉞。

至和二年三月壬午〔四〕，犯五車。四月辛巳，犯畢。七月癸巳，犯輿鬼。八月庚申，犯軒轅大星。九月庚辰，犯太微左執法。

嘉祐元年十月丁巳，入氐。戊辰，犯房。二年九月庚子，犯南斗。四年八月甲子，犯軒轅右角。九月丁未，犯太微左執法。十月癸酉，犯亢。癸未，入氐。十月庚子，犯罰南星。癸卯，犯東咸。十二月辛未，犯建。五年九月庚寅，犯房。乙巳，犯天江。十一月戊戌，犯壁壘陣。丁未，退犯井鉞。六年六月乙卯，犯畢距星。七月甲申，犯東井。庚寅，犯天罇。甲辰，犯輿鬼距星。八月甲子，犯軒轅大星。戊午，犯靈臺北星。七年三月癸酉，入東井。十一月乙巳，入氐。己未，犯西咸南星。癸亥，犯罰。

治平元年二月辛卯，犯昴。閏五月丙寅，入畢，不犯。六月甲子，犯東井。七月壬申，犯輿鬼。癸巳，犯軒轅大星。八月己酉，犯靈臺。甲寅，入太微。丙寅，犯右執法。十月丙申，入氐。壬子，犯心前星。二年八月乙未，犯氐。己酉，入太微。庚戌，犯右執法。九月

中華書局

壬午，犯斗距星　十月庚寅，入氐。丙午，犯心距星。四年閏三月庚寅，犯東井東第一星。癸卯，犯五諸侯東第一星。四月丁巳，犯輿鬼東北星。八月丁未，犯軒轅大民。甲寅，犯軒轅御女。庚午，犯靈臺。九月辛巳，犯右執法。壬午，掩之。戊子，入太微。十月乙卯，犯亢。丙寅，入氐。十一月丁丑，犯房。己卯，犯鍵閉。丁酉，犯天江。

熙寧元年八月己未，入氐。十一月辛巳，犯壁壘陣西第二星。二年六月辛亥，犯天關。庚申，犯東井距星。辛酉，入東井。七月辛未，犯天罇，犯輿鬼東南星。八月丙午，犯軒轅大星。三年五月壬子，犯靈臺。六月乙丑，犯右執法。十月癸酉，犯亢距星。十一月庚寅，入氐。丁未，犯罰。四年十一月辛丑，犯十二國代星。庚戌，犯壁壘陣西第五星。五年二月甲戌，犯昴東北第二星。六月己酉，犯畢距星。七月丁亥，入東井。十月戊寅，入氐。十一月己酉，犯罰。六年六月癸未，犯東上相。丁酉，犯左執法。八月丁丑，掩氐東南星。九月甲辰，犯天江南第二星。丙寅，犯南斗距星。丁卯，入南斗。七年二月乙未，犯壁壘陣西第七星。八年二月庚寅，犯天陰中星。三月戊戌，犯月星。癸卯，犯天街北星。辛酉，犯司怪北第二星。閏四月戊戌，犯輿鬼西北星。八月丁酉，犯軒轅御女。九月癸亥，犯右執法。辛未，犯左執法。十月丁酉，犯亢距星。丙午，入氐。九年九月丁巳，犯東咸西第一星。辛巳，犯南斗西第二星。十月庚寅，犯狗國西北星。十一月辛酉，犯壁壘陣

西北星。十年六月壬寅，犯東距星。癸卯，入東井。九月己酉，入太微。

元豐元年十月丙辰，犯亢距星。庚午，入氐。十一月己丑，犯罰南第二星。十二月壬戌，犯建西第二星。二年十一月壬辰，犯壁壘陣西第五星。十二月戊戌，犯壁壘陣。三年正月甲戌，又犯外屏西第二星。二月甲寅，犯昴距星。六月癸巳，犯畢距第二星。乙未，入畢口。七月戊辰，犯東井西北第二星。己巳，入東井。戊子，犯水位西第三星。八月丙申，犯輿鬼。九月戊寅，入太微。乙酉，犯左執法。閏九月丙申，犯進賢。丁巳，犯氐距星。十月己未，入氐。四年八月甲戌，犯心距星。九月戊申，犯南斗距星。庚戌，入南斗。六年二月壬申，犯天陰東北星。三月癸未，犯司怪北第二星。四月丁卯，犯五諸侯。八月己卯，犯軒轅御女。九月乙巳，犯右執法。丁巳，犯東上相。甲子，犯進賢。十月戊寅，犯亢距星。戊子，入氐。七年十一月己酉，犯壁壘陣西第五星。十二月辛巳，犯雲雨。八年六月甲戌，順行犯天關。癸未，順行犯井距星。甲申，順行入井。七月乙未，犯天罇。八月甲戌，犯軒轅少民。辛巳，犯靈臺。

元祐元年閏二月丙辰，犯諸王。十月戊戌，犯亢。壬子，入氐。二年十二月己丑，犯壁壘陣。三年二月己亥，犯昴。六月癸未，犯天高。七月辛亥，入東井。壬戌，犯天罇。庚午，犯水位。八月丁丑，犯鬼。戊戌，犯軒轅大星。九月甲寅，犯太微垣上將。庚申，入太微，犯右執法。丁卯，犯左執法。十月丁未，犯亢南第一星。十一月甲辰，入氐。丁巳，犯罰。四年六月丙午，犯太微垣西上將。戊申，入太微。九月壬辰，入斗。五年正月丁亥，犯羅堰。十一月戊戌，犯壁壘陣。六年正月乙酉，犯外屏。二月甲寅，犯天陰。三月癸酉，犯平道。丁丑，犯天江。四月己酉，犯五諸侯。閏八月辛酉，犯軒轅御女。丁卯，犯軒轅左角。九月丁亥，犯右執法。己丑，入太微。十月庚午，入氐。十一月丙戌，犯罰。七年八月丙寅，入氐。己巳，犯月星。辛未，犯司怪。丁丑，犯房，又犯鈎鈐。十月庚戌，犯南斗。十一月庚辰，犯伐。甲申，犯壁壘陣。十二月壬戌〔五〕，犯雲雨。八年六月乙酉，犯諸王東第二星。丙辰，犯天關。丙寅，入東井。庚午，犯東井。八月庚戌，犯軒轅大星。甲戌，入太微。

紹聖元年五月戊午，犯靈臺北第一星。十月甲午，入氐。十一月丙午，犯西咸南第一星。癸丑，犯罰南第二星。二年正月乙巳，犯羅堰南第一星。十一月辛亥，犯壁壘陣西星〔六〕。庚申，犯壁壘陣西第六星。三年二月庚戌，犯昴。庚辰，入昴。五月戊午，犯畢。六月庚申，又入。戊辰，入犯天高。庚辰，犯天關。丙戌，犯司怪。七月壬辰，犯東井。癸巳，入東井。八月庚申，犯輿鬼。庚辰，犯軒轅大星。九月乙酉，犯軒轅左角。乙未，犯太微上將。己亥，入太微垣，行執道。己酉，犯太微左執法。甲寅，犯太微上相。癸未，入氐。十一月辛丑，犯東咸。四年四月壬寅，犯五諸侯西第五星。五月己卯，犯長垣南第一星。

六月乙酉，犯靈臺北第一星。丁亥，犯太微垣西上將星。戊子，入太微。壬寅，犯太微左執法。八月壬午，犯氐東南星。壬辰，犯房南第三星。庚子，犯心大星。己酉，犯天江南第一星。十二月戊申，入建。

元符元年正月庚戌，犯建。丙辰，犯天雞。己巳，犯羅堰。二月乙未，犯壁壘陣。十二月乙亥，犯代星。己亥，犯壁壘陣。二年正月己酉，犯壁壘陣東北星。二月乙未，犯天陰東南星。三月甲辰，犯月星。庚戌，犯諸王西第一星。丁卯，犯司怪北第二星。四月辛卯，犯五諸侯西第五星。五月乙巳，入犯鬼西北星。九月癸卯，犯軒轅御女。丁巳，犯靈臺南第二星。戊辰，入太微。己巳，犯太微右執法。閏九月丙子，犯左執法。十月壬子，入氐。壬戌，犯西咸南第一星。戊辰，犯罰星南第一星。十二月乙亥，犯建西第二星。三年七月己巳，犯角南星。八月丙申，犯亢南第一星。九月丁亥，犯南斗西第二星。

建中靖國元年四月丁酉，犯外屏西第二星。六月辛亥，入東井。

崇寧元年三月壬申，犯月星。四月戊戌，犯井鉞。六月庚辰，犯進賢。十月甲戌，犯亢距星。二年正月乙巳，犯壁壘陣西第五星。八月丙子，入氐。九月戊子，犯房鈎鈐。三年二月癸亥，犯昴距星。七月戊戌，犯積薪。八月壬寅，犯鬼積尸氣。四年五月甲寅，犯軒轅大星。八月庚辰，犯罰。十二月庚辰，犯建西三星。五年正月丁未，犯靈臺，犯牛東南星。

大觀元年正月丁未，犯外屏。二月丙戌，犯月星。三月庚寅，犯天街。壬辰，犯畢。四月戊午，入井。十月辛酉，犯左執法。丙子，犯角大星。閏十月丙戌，犯亢。丁未，犯房。十一月壬子，犯心。三年七月丁丑，犯亢。八月丙戌，入氐。庚子，犯房鈎鈐。三年二月癸卯，犯壁壘陣。五月辛亥，犯天陰。六月壬辰，入井。四年四月己卯，犯井鉞。庚辰，犯井。辛巳，入井。十月戊午，入氐。十一月庚寅，犯天江。

政和元年十一月甲戌，犯天江。三年六月戊午，入太微垣，犯右執法。四年十二月乙卯，入羽林軍。五年三月辛未，犯天街。四月乙卯，犯五諸侯。十一月壬辰，犯罰。六年九月庚戌，犯南斗。十一月庚寅，犯壁壘陣。七年八月癸酉，入太微。

重和元年六月庚午，犯上將。十一月壬申，犯天江。

宣和二年五月丁丑，犯天陰。三年八月己亥，犯鈎鈐。十月丁未，入井。四年二月辛丑，犯壁壘陣。五年五月甲寅，犯鬼。十一月庚午，犯房。六年七月庚子，犯亢。七年五月壬辰，犯畢。

靖康元年四月丁未，犯井東扇北第一星。五月壬申，入鬼，犯積尸氣。十一月庚午，犯亢。壬午，入氐。閏十一月戊戌，犯鍵閉。

建炎三年七月辛巳，入太微。閏八月丙戌，犯心前星。四年正月癸亥，犯建星。

紹興元年九月丁酉，犯軒轅左角。乙卯，入太微。丙辰，犯右執法。癸亥，復犯。十月戊辰，入太微。己丑，犯亢南第二星。十一月己亥，入氐。二年九月庚申，犯天江。三年六月甲午，入井。八月乙酉，犯軒轅左角少民星。四年四月庚辰，犯司怪。五月辛亥，犯輿鬼。十一月甲子，入氐。五年正月乙卯，犯建。十一月己丑，犯壁壘陣。庚寅，入羽林。六年五月辛卯，犯畢。六月辛酉，入井。七月己巳，復犯井東北第二星。己卯，犯水位。八月戊申，犯軒轅大星。九月戊辰，順行入太微垣，乙酉，始出。丁亥，犯進賢。十月辛丑，入亢。己酉，入氐。辛亥，又如之。七年五月辛巳，犯鬼宿西北。六月丙辰，犯太微垣西上將。八年十二月戊午，入羽林軍。乙亥，經行壁壘陣，入羽林軍。九年二月壬申，犯月星。四月癸亥，犯五諸侯西第五星。五月甲申，入鬼，犯積尸氣。九月乙巳，入太微垣，犯左執法，丁未，始出。十年四月丙子，入氐。十一年六月乙亥，犯井距星。十二年五月甲午，犯鬼西北星。乙未，犯積尸氣。十七年四月丙午，順行犯五諸侯。九月己卯，順行入太微垣。庚辰，順行犯右執法。十一月乙丑，順行入氐。十九年六月乙卯，犯井鉞。丙辰，犯東井。丁巳，入東井。二十一年十一月己酉，順行入羽林軍。二十二年六月甲子，犯東井。乙酉，入東井。七月辛亥，順行入鬼，犯積尸氣。九月壬辰，順行入太微垣。庚子，犯左執法。十月甲戌，入氐。二十三年八月辛酉，順行犯亢。二十五年四月戊子，順行犯五諸侯。八月癸卯，順行犯權左角少民。十月癸卯，順行入氐。二十六年七月壬戌，順行犯太微左執法。八月丁亥，順行犯亢距星。戊戌，順行入氐。九月乙丑，順行犯天江。十月甲申，順行犯南斗。閏十月辛酉，順行犯壁壘陣。二十七年六月丙申，順行犯井鉞。己亥、甲辰，皆入東井。七月戊子，順行犯權左角少民星。二十八年三月甲申，犯司怪。十一月庚午，順行入氐。二十九年十一月癸未，順行犯壁壘陣西勝星。戊戌，順行入羽林軍。三十年六月丙辰，順行犯天關。壬申，入東井。八月癸亥，順行犯權大星。丁巳，犯權左角少民星。十月庚申，順行入氐。三十一年六月戊辰，掩犯太微右執法。七月壬辰，順行犯角宿距星。三十二年正月丁亥，順行犯建。二月己亥，順行犯牛。

隆興元年六月丙子，入東井。八月乙酉，犯權左角少民星。九月辛丑，入太微。庚戌，犯左執法，入守垣內，壬子，始出。十月辛酉，順行犯進賢。十一月戊戌，犯房。庚子，犯鍵閉。十二月庚申，順行犯天籥。辛未，犯建。二年八月庚辰，順行入氐。辛巳，犯氐。十月己卯，犯天籥。丙寅，順行犯南斗。己巳，順行犯狗。十一月甲申，順行入天田。甲辰，順行犯壁壘陣。

乾道元年五月戊午，順行犯諸王。六月辛巳，入東井。丁未，順行犯鬼。八月癸未，入太微。十二月庚子，順行入羽林軍。二年三月己酉，順行犯天街。己亥，順行入鬼。九月己酉，犯明堂。十一月辛亥，順行入氐。十二月壬辰，順行犯南斗。三年十一月丁丑，犯羽

林軍。四年五月己卯，犯畢。辛巳，入畢口內。六月丁酉，犯天關。癸卯，犯司怪。辛亥，入東井。七月庚申，犯天罇。甲戌，犯鬼。八月己亥，犯權。丙辰，入太微，九月丙寅，出。十月丁酉，入氐。五年九月庚申，犯心宿大星。七年八月丁卯，犯權左角少民星。九月甲申，犯右執法，入太微垣，甲午，出。十月丁卯，入氐。十一月己卯，犯房。丙戌，犯東咸。八年八月壬戌，入氐。甲子，犯氐東南星。九月癸酉，犯房。甲戌，犯鈎鈐。戊子，犯天江。十一月丁亥，犯壁壘陣。

淳熙元年十一月甲午，入氐。辛亥，犯罰。十二月壬午，犯建。二年十一月丁卯，入羽林軍。三年五月癸亥，犯畢。六月己卯，犯天關。丁亥，犯井鉞。辛卯，入東井。八月戊戌，入太微，犯右執法。四年七月乙卯，犯角宿距星。九月辛丑，犯心前星。六年六月乙未，入東井。八月癸卯，犯權、御女星。十月戊申，入氐。七年八月乙巳，入氐。八年五月甲辰，入東井。九年十一月乙亥，入氐。十年閏十一月己亥，犯壁壘陣。十一年七月壬申，入東井。八月丁巳，犯權大星。十二年六月癸酉，犯太微右執法。十四年六月甲戌，入井。九月丁未，入太微。戊申，順行犯太微右執法。丙寅，犯進賢。十五年九月丙申，犯房。十月辛未，犯南斗魁。十六年閏五月丙戌，入井。

紹熙元年十一月戊午，入氐。三年七月己卯，犯天江。八月甲辰，犯權左角少民星。

中華書局

四年九月甲戌，犯心東星。

慶元元年六月丁卯，入東井。九月戊子，入太微，戊戌，始出。

嘉泰三年六月甲寅，入井。十月甲寅，入氐。四年六月乙未，犯斗。

開禧元年六月壬子，入井。二年五月辛卯，犯權大星。十一月壬戌，入氐。三年十一月癸巳，順行入壘壁陣。

嘉定元年六月甲戌，犯井鉞。四年六月庚子，入井。八月庚寅，犯權大星。七年十一月丙寅，順行入氐。十年七月乙酉，犯角。十二年六月庚辰，順行入井。八月壬申，順行犯權星、御女。丁丑，犯權左角少民星。十三年十月丁巳，順行犯南斗。十五年十一月丙午，順行入氐宿方口內。

紹定五年七月甲申，順行入井。

端平二年七月丙午，順行入井。八月丁巳，犯太微右執法。

嘉熙二年十月戊辰，順行入氐。四年六月己亥，順行犯畢距星。癸丑，犯天關。七月乙丑，順行入井。八月己酉，順行犯權大星。

淳祐元年十月庚辰，順行入氐。三年閏八月丁丑，順行犯權大星。十月丙戌，順行入氐。四年九月癸亥，順行犯斗。六年五月壬戌，順行犯權大星。十月己酉，順行入氐。八

年七月戊申，入井。九年七月癸酉，犯進賢。十月辛丑，十一月辛未，順行入氐。十一年二月甲寅，順行犯昴。七月壬申，順行入井。閏十月癸亥，順行入氐。十二年九月丙午，順行犯斗宿距星。

寶祐四年六月丁亥，順行入井。

開慶元年七月辛亥，順行入井。八月庚子，順行犯權。

景定元年八月壬子，犯房。三年十月庚午，順行入氐。五年六月戊午，順行犯天關。己巳，與太陰並行入井。

咸淳四年七月庚午，順行入斗。

德祐元年七月丙子，入東井。十一月辛巳，犯房。

辰星

景德四年九月戊子，見東方，在亢。

大中祥符四年六月己巳，犯軒轅大星。六年十月壬戌，入氐。

天聖八年四月壬寅，犯鬼積尸。

熙寧四年十一月丁亥，犯罰南第一星。五年九月癸酉，入氐。

元豐八年十月癸未，入氐。

元祐五年七月丁亥，犯軒轅大星。六年十月庚午，犯鍵閉。

元符元年五月戊午，入輿鬼，犯積尸氣。十月辛丑，犯西咸。二年閏九月壬辰，入氐。

紹興二十一年十月庚午，二十八年十月癸卯，俱入氐。

隆興二年十月壬申，入氐，至戊寅出，凡七日。

校勘記

〔一〕三月庚申犯輿鬼積薪又犯哭星　殿本考證說：「按此文有誤，積薪當作積尸。木星行遲，不能於一日間既犯輿鬼，復越數度而犯其西之積薪也。至哭星在虛，懸隔七次，必無既犯輿鬼，而又犯對衝之理。疑哭星當作鑕星。」

〔二〕七年正月壬寅犯五諸侯　「五」字原脫，據通考卷二八九象緯考補。

〔三〕四年十月己卯　「四年」，原作「二年」。按上文已有三年，此「二年」當係「四年」之誤。通考卷二八九象緯考正作「四年」，據改。

〔四〕至和二年三月壬午　「至和」，原作「政和」。按前有皇祐，後有嘉祐，均爲仁宗年號，「政和」當爲「至和」之誤。永樂大典卷七八五六作「至和」，據改。

〔五〕十二月壬戌　「十二月」，原作「十一月」，據通考卷二九〇象緯考、永樂大典卷七八五六改。

〔六〕十一月辛亥犯壁壘陣西星　「亥」字下原有「二年」二字。按上文已有二年，下文亦有三年，此「二年」當衍。永樂大典卷七八五六無此二字，據刪。

宋史卷五十六

志第九

天文九

歲星晝見　太白晝見經天　五緯相犯　老人星　景星　彗星
客星

歲星晝見

嘉祐五年三月乙未，歲星晝見。六年六月壬申，晝見。七年六月丙子，晝見。八年七月癸亥，晝見。

治平元年六月壬戌，晝見。

元符二年八月癸未，晝見。

太白晝見經天

開寶元年六月丁丑，太白晝見。戊寅，復見。

淳化元年六月庚午，七月丁丑，十一月戊戌，皆晝見。

咸平三年六月己未，晝見。四年十二月丙寅，晝見在南斗。六年五月甲午，八月庚午，皆晝見。

景德元年十一月辛亥，晝見。二年四月甲辰，晝見。三年七月乙巳，晝見。庚申，又見。十二月癸酉，又見。

大中祥符元年七月庚申，晝見。四年六月丙午，八月乙巳，皆晝見。六年四月壬午，晝見。七年七月癸卯，晝見。九年五月庚午，晝見。

天禧三年六月辛卯，復見。四年七月丁巳，晝見。五年六月丙午，晝見。

乾興元年十一月壬辰，又見。

天聖三年六月壬戌，十二月戊寅，皆晝見。五年五月壬寅，晝見。

明道元年七月，晝見三十日。

慶曆三年八月甲寅，晝見。

皇祐三年四月丙午，晝見。

至和元年五月壬辰，九月己丑，十月辛卯，皆晝見。三年四月己丑，晝見。

嘉祐二年六月己未，晝見。四年正月庚寅，晝見。七月辛丑，晝見。五年九月庚寅，晝見。六年六月乙丑，晝見。七年五月戊午，晝見。七月己酉，經天，復見。十月乙未，晝見。

治平元年正月戊戌，晝見。六月辛酉，晝見。二年七月丁丑，晝見。十二月辛亥，又見。四年二月丁酉，晝見。閏三月癸未，晝見。五月辛巳，晝見。七月癸卯，八月丁未，晝見。

熙寧元年十一月癸酉，晝見。二年六月壬戌，晝見。三年五月癸巳，九月壬子，五年二月癸亥，五月丙午，八年三月戊午，七月戊寅，皆晝見。九年十月乙酉，晝見。十年五月甲戌，晝見。

元豐元年四月癸亥，晝見。三年七月戊子，晝見。四年七月己丑，晝見。六年八月己卯，晝見。七年十月乙卯，晝見。

元祐元年六月庚戌，晝見。十月庚寅，晝見。三年〔二〕二月辛丑，晝見。七月辛未，又見。六年四月壬寅，晝見。閏八月乙丑，又見。七年十一月辛巳，晝見。八年四月己未，晝見。

紹聖元年五月己酉，晝見。九月庚申，又見。二年十一月丙申，晝見。三年五月壬子，

晝見。四年六月己酉，晝見。

元符二年五月甲辰，晝見。八月癸巳，又見。

崇寧元年六月己酉，晝見。三年正月癸卯，晝見。

大觀二年十一月丁未，晝見。四年十月戊戌，又見。

政和三年十二月辛酉，晝見。六年十月乙丑，晝見。七年三月辛未，晝見。

重和元年十月己卯，晝見。

宣和二年六月丁丑，晝見。六年十一月丙子，晝見。

建炎元年十月甲戌，紹興元年四月壬申，晝見。四年六月庚子，十一月戊申，晝見經天。六年正月壬辰，晝見經天。十七年七月辛巳，晝見。二十八年六月壬辰，晝見。

隆興元年七月丙申，經天晝見。二年六月戊辰，晝見。七月庚子，經天晝見。

乾道元年三月甲寅，晝見。乙亥，晝見經天。二年四月甲申，晝見。五月甲寅，經天晝見。庚午，晝見。三年九月戊子，四年五月乙丑，晝見，與日爭明。六月辛卯，經天。五年六月庚寅，晝見。十一月甲子，晝見。庚午，晝見。

淳熙三年五月癸酉，經天晝見。四年十一月壬戌，又見。六年七月乙丑，晝見。癸未，經天。九年六月庚申，晝見。甲子，經天。九月癸巳，十一年五月乙卯，十二年六月戊寅，

晝見。七月丁酉，經天晝見，至八月壬申始滅。十四年六月辛卯，晝見。七月辛丑，經天。

紹熙元年五月丙子，晝見，與日爭明。四年七月乙丑，十一月甲戌，晝見。

慶元元年三月庚寅，經天晝見。七月己亥，晝見。四年九月壬寅，晝見。癸卯，經天。

嘉泰元年六月丙午，經天晝見。十一月己巳，晝見。十二月己卯，經天晝見。三年六月癸亥，經天晝見。

開禧元年三月庚申，二年五月壬寅，三年十二月乙巳，晝見，與日爭明。

嘉定元年五月甲子，四年七月壬戌，五年九月丙午，六年二月丁丑，晝見。七年五月丁丑，八月乙巳，九月壬戌，晝見。九年五月癸酉，十年五月乙丑，晝見。癸酉，經天。十一月庚辰，晝見。戊戌，經天。十二年二月庚子，晝見。三月丁亥，經天晝見。六月辛未，晝見。辛亥，經天，晝見。十三年九月甲午，十四年三月甲午，十五年五月庚戌，九月辛未，晝見。十七年六月丁卯，晝見經天。

寶慶元年六月辛卯，晝見。

紹定五年四月丁丑，晝見。五月癸巳，經天。

端平元年十一月壬戌，經天。二年四月丁亥，七月戊戌，晝見經天。

嘉熙元年二月己酉，二年五月辛巳，八月辛酉，晝見經天。三年十二月辛酉，四年二

月丁未，淳祐元年六月庚寅，晝見。十月戊戌，晝見。乙巳，經天。二年十二月壬戌，晝見。三年七月己亥，四年八月壬辰，五年二月辛卯，晝見經天。六年四月辛酉，八月壬子，晝見。九月戊辰，晝見經天。七年十月辛巳，九年十二月戊申，十一年二月乙卯，七月癸亥，寶祐二年九月丁卯，三年十月甲戌，四年五月丁未，五年七月己未，開慶元年六月壬寅，景定三年四月庚寅，閏九月甲申，五年四月戊午，晝見。五月乙亥，咸淳元年七月丁酉，四年九月癸酉，德祐元年七月丙子，晝見。

五緯相犯

建隆元年正月甲子，太白犯熒惑于婁。十月壬申，又相犯于軫。三年十一月甲戌，熒惑犯歲星于房。

乾德四年六月甲辰，太白犯熒惑于張。

開寶四年十月甲辰，太白犯熒惑于牽牛。

太平興國八年三月乙巳，熒惑犯歲星。

端拱二年正月丁亥，辰星犯歲星于須女。十一日壬辰，熒惑犯歲星。

淳化二年三月癸丑，太白犯歲星于婁。五年六月丙午，太白、歲星相犯于柳。十一月丙子，太白犯辰星于虛。

至道元年五月戊午，熒惑犯填星于奎。

咸平元年二月甲寅，太白犯填星。三年四月癸亥，辰星掩太白。六年正月庚戌，太白犯填星。

景德二年六月己亥，太白犯歲星。三年七月戊辰，辰星犯歲星。己酉，太白犯歲星。四年七月癸巳，熒惑犯歲星。八月乙未，熒惑又犯歲星。

大中祥符元年九月壬申，太白犯填星。二年十一月癸亥，熒惑犯歲星。四年十一月庚午，太白犯填星。辛未，辰星犯填星。五年正月壬午，熒惑犯歲星。七年三月乙巳，熒惑犯歲星。九年六月甲戌，熒惑犯歲星。

天禧元年四月壬辰，太白犯歲星。二年六月戊午，太白犯歲星。七月癸酉，辰星犯太白。五年九月庚子，太白犯歲星。十月己巳，熒惑犯填星。

天聖元年三月丁丑，熒惑犯歲星。二年九月戊申，太白犯熒惑，十一月壬子，辰星犯太白。三年五月癸未，太白、辰星相犯于井。五年六月辛卯，熒惑犯填星。壬辰，掩填星。七年五月辛未，太白犯填星，在畢宿一度半。八年六月乙酉，太白犯熒惑。

景祐元年閏六月庚辰，太白犯填星。十一月甲寅，又犯熒惑。二年五月丁亥，又犯填

星。九月辛巳，熒惑犯填星，在張六度。四年七月己未，太白犯熒惑。九月辛亥，熒惑犯填星，在翼十五度。

康定元年九月壬申，辰星犯填星。

慶曆三年九月甲申，太白犯歲星。

皇祐三年十一月丁丑，熒惑犯填星。

嘉祐元年九月乙巳，太白犯歲星。三年閏十二月甲戌，熒惑犯歲星，躔斗四度。五年正月壬辰，太白犯歲星。六年三月癸巳，熒惑犯歲星，在營室。七月己丑，太白犯填星，躔井十二度。閏八月己亥，太白犯辰星，在軫四度。七年正月庚申，太白犯歲星，在營室。六月丁丑，太白犯熒惑，在翼一度半。八年四月己丑，太白犯歲星，在胃。是日，熒惑晨見東方。五月庚辰，熒惑犯歲星，在昴四度。

治平元年十一月庚午，辰星犯太白，在尾十六度。二年四月丁巳，太白犯歲星。五月癸亥，辰星犯太白。戊子，太白犯填星，在張五度。八月己亥，熒惑犯歲星，躔柳七度半。十月丙申，又犯填星，在翼二度。三年十二月癸卯，太白犯熒惑，躔危四度。四年九月癸巳，太白犯填星。丙申，犯歲星。十月甲子，熒惑犯填星。十一月己卯，又犯歲星。十二月丁卯，太白犯熒惑。

熙寧元年十一月己丑，太白犯熒惑。三年正月己未，熒惑犯歲星。十月乙酉，太白犯填星。八年三月庚寅，太白犯填星。十年七月癸酉，太白犯歲星。

元豐二年五月庚寅，熒惑犯歲星。四年十月乙亥，熒惑犯太白。五年三月丙戌，太白犯填星。十二月丙寅，辰星犯歲星。七年十一月甲寅，太白犯歲星。

元祐元年閏二月戊申，太白犯熒惑。八年四月乙卯，太白犯熒惑。

紹聖元年閏四月庚午，熒惑犯填星。三年九月丙午，太白犯填星。

元符元年十二月乙未，太白犯熒惑。二年閏九月癸未，辰星犯填星。十月乙巳，太白犯填星。十二月辛亥，熒惑犯填星。三年四月丙辰，熒惑犯填星。

崇寧元年十一月壬寅，太白犯填星。三年十一月庚寅，太白犯辰星。

大觀元年十二月乙酉，太白犯熒惑。二年正月甲寅，太白犯歲星。二月壬午，熒惑犯歲星。十月丁酉，太白犯填星。十一月壬申，太白犯歲星。三年三月辛未，太白犯歲星。四年二月辛未，太白犯歲星。五月甲辰，熒惑犯歲星。

政和元年二月辛丑，太白犯填星。十二月乙未，又犯。三年七月乙丑，熒惑犯太白。四年十月甲子，熒惑犯歲星。七年正月癸卯，熒惑犯歲星。

宣和二年十月己卯，太白犯熒惑。三年閏五月壬午，熒惑犯歲星。六年二月己卯，熒惑犯歲星。七年七月乙未，太白犯歲星。

靖康元年六月辛丑，太白犯歲星。

紹興十九年六月壬戌，太白犯填星。二十年九月戊子，熒惑犯歲星。二十一年閏四月甲午，辰星犯填星。二十六年七月癸亥，太白犯熒惑。二十七年四月壬寅，太白犯歲星。二十八年十月乙未，辰星犯填星。三十年七月己亥，太白犯歲星。

隆興元年九月丁酉，太白犯熒惑。十二月甲子，太白犯填星。二年正月丁亥至己丑，熒惑犯守歲星。十一月甲午，辰星犯歲星。

乾道三年十一月乙亥，太白犯歲星。四年三月丁卯，熒惑犯填星。六年七月乙巳，熒惑犯歲星於畢。八年五月癸巳，太白犯歲星。九年二月庚申，熒惑犯歲星。七月丁巳，太白犯歲星。

淳熙二年閏九月丁巳，太白犯熒惑。八年七月丁丑，太白犯填星。十一年七月庚戌，太白犯歲星。十四年十月庚辰，填星犯太白。十六年五月乙未，太白犯熒惑。

紹熙二年十二月戊子，太白犯歲星。

慶元元年九月戊子，太白犯熒惑。四年十月壬午，太白犯歲星。五年十一月辛丑，熒惑犯歲星。十二月辛未，太白犯填星。六年四月癸巳，熒惑犯填星。

嘉泰二年五月庚戌，熒惑犯填星。

開禧二年六月甲寅，熒惑犯歲星。三年十月丁未，太白犯熒惑。

嘉定十年七月戊子，熒惑觸歲星。

寶慶二年十月辛亥，熒惑犯填星。十一月辛酉，熒惑犯歲星。

紹定元年十月甲子，五年六月乙丑，端平元年六月辛巳，三年六月丁未，嘉熙四年八月癸丑，寶祐四年十二月戊午，熒惑俱犯填星。

開慶元年九月戊辰，太白犯熒惑。

咸淳十年十月丙寅，熒惑犯填星。

德祐二年正月癸酉，熒惑犯歲星。

五緯相合

歲星

建隆三年十一月壬申，與熒惑合于房。

開寶元年正月壬寅，與填星、太白合于婁。

淳化五年六月丙午，與太白合于柳。

至道元年五月庚戌，與太白、太陰同度不相犯。

景德四年九月戊子，與填星合于翼。

天禧二年八月癸丑，與熒惑合于張。

紹興十六年三月乙丑，與填星、太白合于昴。十月戊戌，與填星合于畢。十七年七月壬戌，與太白合。二十二年十二月乙丑，與熒惑合于尾。三十一年六月甲寅，與太白合于張。

隆興元年十一月庚寅，與太白合。

乾道元年十二月庚子，與填星合于南斗。二年十一月丁巳，與填星合于牛。六年五月戊寅，與太白合于畢。七年六月庚戌，與太白合于井。

淳熙十四年四月癸未，與填星合于軫。十月己丑，與太白合于氐。

慶元元年四月辛酉，與太白合于井。

開禧元年七月癸未，與填星合。二年二月甲子，與填星合于昴。

端平二年十月己未，與太白合于心。

嘉熙四年五月甲子，與太白合于婁。

寶祐三年八月丁卯，歲星、熒惑在柳。

景定元年正月庚辰，與熒惑行入尾。

熒惑

雍熙二年七月丙戌，與歲星合于軫。

建炎四年六月戊子，與塡星合于亢。九月壬戌，與歲星合于斗。

紹興二年六月丙午，與塡星合于房。十一月乙亥，與歲星合于室。三年八月戊子，與太白合于張。四年二月戊子，與塡星合于箕。五年閏二月丙午，與歲星合于昴。六年正月丁亥，與塡星合于斗。七年五月甲申，與歲星、太白合于柳。閏十一月丁卯，與辰星合于氐。八年二月己未，與塡星合于女。十三年九月辛未，與太白合于尾。十五年八月庚寅，與太白合于氐。二十年三月甲午，與太白合于畢。九月戊子，又合于軫。十一月戊子，與太白行入氐。二十二年十月己卯，與太白合于氐。十一月壬子，與歲星合于心。二十六年七月庚申，與塡星合于軫。二十九年閏六月己未，與歲星合于井。三十年七月庚子，與塡星合于氐。三十一年十一月丁未，與歲星合于翼。三十二年八月辛未，與塡星合于尾。十一月壬戌，與太白合于羽林軍。

隆興元年七月壬寅，與辰星合于柳。十二月壬申，與歲星合于氐。二年四月癸未，與歲星合于氐。八月癸酉，與塡星合于箕。

乾道元年八月辛巳，與太白合于翼。二年二月乙酉，與歲星合于斗。三月癸酉，與塡星合于牛。四年二月庚申，與塡星合。五月壬戌，與歲星合。五年十一月甲子，與太白合于房。戊辰，與辰星合于心。辛巳，又合于尾。六年二月甲申，與太白合。辛卯，合于女。三月戊午，合于危。乙丑，與塡星合于室。七月辛巳，與歲星合于土。九月癸卯，合于畢。八年四月辛丑，與塡星合于奎。九年三月辛丑，與歲星合于柳。四月乙丑，又合于星。

淳熙二年六月丙寅，合于軫。四年九月己亥，合于尾。六年十一月甲子，合于危。九年二月壬寅，合于胃。十一年三月甲寅，合于井。

紹熙三年九月乙亥，與塡星合于尾。

慶元四年五月庚子，又合。八月甲戌合于虛。六年四月癸巳，合于室。

嘉泰四年五月乙亥，合于胃。

開禧三年十月丙辰，與太白合于箕。

嘉定元年五月戊辰，與塡星合于井。八月庚寅，與歲星合于張。六年三月癸卯，合于斗。七年三月辛巳，與太白合于參。八年四月戊午，與歲星合于室。九年十月庚午，與辰星合于房。十年七月戊寅，與歲星合于昴。十五年五月丁丑，合于軫。

寶慶二年十月辛亥，與歲星、塡星合于女。

紹定元年十月丁巳，與塡星合于危。二年正月丁亥，與歲星合于婁。三年十月己巳，與塡星合于室。五年六月乙丑，與塡星合于婁。

端平元年六月庚午，與塡星合于胃。三年六月癸卯，合于畢。

嘉熙三年八月癸亥，與太白合于斗。四年七月己丑，與太白合于鬼。八月己酉，與塡星合于柳。

淳祐四年九月癸丑，合于軫。

寶祐元年五月丁酉，與歲星合于昴。

景定三年四月庚子，合于危。十一月丁未，與塡星合于婁。五年六月戊辰，與歲星合。八月壬寅，與塡星合。

咸淳十年十月丙寅，與塡星行在軫。

塡星

端拱二年九月乙巳，與熒惑合于危。

淳化二年正月癸丑，與太白合于須女。

至道元年五月乙卯，與熒惑合于東壁。

紹興十年十二月戊子，十一年三月庚子，與太白合于室。

隆興二年十月辛巳，合于斗。

乾道二年五月己未，與歲星合于南斗。

淳熙五年閏六月己酉，與熒惑合于井。

淳祐六年十月乙未，與歲星、熒惑合于亢。

寶祐六年十一月甲戌，與熒惑順行在危。十二月辛丑，與太白、熒惑合于室。

太白

乾德四年六月己亥，與熒惑合于張。

開寶三年五月庚戌，與塡星合于畢。六月乙未，與歲星合于東井。五年十月甲辰，與熒惑合于牽牛。

雍熙四年十二月丁巳，與塡星、歲星合于南斗魁。

淳化二年三月癸丑，與歲星合于婁，太白在南。三年正月丙辰，與熒惑合于婁，歲星在胃。

至道元年五月丙辰，與歲星合于七星，不相犯。

大中祥符元年九月乙酉，與歲星合于角、亢。

建炎四年十一月辛丑，與歲星合于南斗。十二月壬午，與熒惑合于危。

紹興元年九月丁酉，與熒惑合于張。十一月乙卯，與塡星合于心。二年十一月甲子，與熒惑合于危。癸未，與歲星、熒惑合于室。三年四月戊子，與歲星合于奎。四年二月丁酉，合于婁。五年正月乙卯，十月戊申，與塡星合于斗。六年七月癸酉，與歲星合于井。七年四月丁巳，與熒惑合于東井。五月乙亥，與熒惑、辰星合于井。十一月癸巳，與熒惑合于尾。八年正月乙巳，與塡星合于女。十一月丙午，合于虛。九年三月癸卯，與熒惑合于井。十一月壬申，與歲星合于角。十年十一月丁未，與塡星合于危。十三年十二月乙巳，合于奎。十四年六月癸卯，與熒惑合于井。十七年二月庚戌，與塡星合。庚申，與歲星合。十二月庚戌，與辰星合于南斗。十九年六月戊午，與塡星合于井。七月丁未，與歲星、辰星合于張。二十年三月戊寅，與熒惑合于昴。四月庚戌，與塡星合于東井。六月甲寅，與歲星合于翼。十月丙午，與歲星、熒惑合于軫。己巳，與熒惑合于角。二十二年九月庚申，與熒惑、辰星合于角。十月庚午，與熒惑合于亢。二十三年六月甲子，與塡星合于張。九月癸卯，與歲星合于尾。閏十二月癸卯，合于南斗。二十五年九月壬申，與塡星合于軫。十一月壬申，與辰星合于尾。二十六年七月丙辰，與熒惑合。壬戌，與熒惑、塡星合于軫。二十七年

三月辛卯，與熒惑、歲星合于奎。二十八年二月丁未，與歲星合于胃。六月乙未，與熒惑合。十一月己未，與塡星合于亢。三十年七月丙申，與歲星合于柳。三十一年六月壬寅，合于星。九月庚午，與塡星合于房。十二月甲辰，合于尾。

隆興元年八月庚辰，與熒惑合于張。十月丁丑，與歲星合于亢。十二月辛酉，與塡星合于箕。二年八月己卯，與歲星合于氐。十月丙辰，與塡星合于箕。

乾道元年七月乙亥，與熒惑合于張。三年正月癸亥，與塡星、歲星合。十一月壬申，與歲星合。五年四月乙巳，與熒惑合于井。十一月甲子，合于房。十二月癸巳，合于尾。六年正月甲子，合于斗。三月壬戌，與塡星合。五月乙丑，與歲星合于昴。七年二月丙寅，與歲星合于畢。三月甲午，與熒惑合于井。八年五月癸未，與歲星合于井。九年三月辛酉，與塡星合于奎。七月甲寅，與歲星合于張。

淳熙元年正月丁未，與塡星合于奎。十月乙丑，與歲星合于軫。二年閏九月甲寅，與熒惑合于尾。三年二月庚辰，與塡星合于胃。五月乙丑，合于畢。六月癸巳，與熒惑合于井。四年九月壬子，與熒惑、歲星合于尾。五年正月庚戌，與歲星合于斗。十一月壬戌，合于牛。六年三月丁丑，六月丁酉，與塡星皆合于井。八年六月壬申，合于柳。九年二月丙寅，與熒惑合于昴。五月乙亥，與塡星合于柳。十一月乙亥，又與熒惑合于氐。十一年七月壬寅，與歲星合于柳。八月己卯，與塡星合于翼。九月乙卯，與辰星、熒惑合于亢。十二年六月癸酉，與塡星合于翼。十五年六月丙子，與塡星合于亢。甲申，與歲星合于氐。

紹熙元年十一月丁丑，與塡星合。五年十一月庚戌，與熒惑合于危。

慶元元年三月庚寅，與歲星合于參。六月庚午，合于井。八月癸酉，與熒惑合于張。二年十一月丙子，與塡星合于牛。三年八月甲戌，與熒惑、歲星合于翼。四年十月戊寅，與歲星合于角。五年十二月辛未，與塡星合于危。

嘉泰元年五月戊午，與熒惑合于柳。二年正月丁巳，與熒惑、歲星合于南斗。十二月癸酉，與歲星合于女。

開禧二年二月壬申，與塡星、歲星合于昴。

嘉定元年六月戊寅，與塡星、熒惑合于井。二年四月丁丑，與塡星合于井。四年八月乙酉，與塡星合于室。五年九月丁未，與歲星合于心。七年六月庚子，與塡星合于翼。十一月丁卯，與熒惑合于氐。九年九月庚寅，與塡星合于角。十二年閏三月甲寅，七月壬寅，與歲星合于井。十三年八月丙戌，與塡星合于房。

寶慶二年正月壬午，與歲星、塡星合于女。三年八月甲申，與熒惑合于星、翼。

紹定三年閏二月乙酉，與歲星合于畢。五年八月壬申，合于張。六年五月庚戌，與熒

惑合在柳。

端平元年正月丁未，合于斗。二年二月壬午，與塡星合于胃。三年九月庚申，與歲星合在尾。

嘉熙元年六月乙未，與塡星合于井。四年七月甲戌，與熒惑合于井。

淳祐三年閏八月壬寅，與塡星合于翼。六年三月戊午，與熒惑合于畢。十年十二月戊戌，與歲星合于危。十二年七月庚寅，與熒惑合于軫。九月戊戌，與塡星合于箕。

寶祐五年六月丙戌，與歲星合于翼。

景定五年四月庚午，與歲星合于婁。

咸熙〔三〕三年七月己亥，與塡星合于井。

德祐元年十月丁巳，與塡星合。

辰星

景德三年七月己酉，與歲星、太白合于柳。

紹興四年三月乙亥，與太白合于畢。七年五月戊子，與熒惑、太白合于柳。九年九月乙巳，與歲星合于角。十七年三月乙卯，與塡星合。二十一年閏四月壬辰，與塡星合于東

井。二十三年四月丙寅，與太白合于畢。二十八年十月丙申，與塡星合于亢。

隆興二年十一月庚寅，與歲星合。十二月丁亥，與太白合。

乾道元年三月甲戌，與熒惑合于畢。四年二月壬子，與太白合于胃。五年六月庚寅，與歲星合。七年四月丙寅，淳熙四年五月乙巳，與太白合于井。十五年六月庚寅，與太白合于張。十二月壬戌，與歲星合于尾。

紹熙四年三月辛巳，與太白會于昴。

五緯俱見

乾德五年三月，五星如連珠，聚於奎、婁之次。

景德四年七月，五星當聚鶉火而近太陽，同時伏。

慶曆三年十一月壬辰，五星皆見東方。

靖康元年六月丙辰，塡星、熒惑、太白、歲星聚。

乾道四年二月壬子，六月辛丑，八月己亥，六年五月乙亥，十月庚申，八年十月癸卯，五星俱見。

淳熙十三年閏七月戊午，五星皆伏。八月乙亥，七曜俱聚於軫。

老人星

乾德三年八月辛酉，四年八月乙卯，六年正月戊申，開寶二年七月丁亥〔三〕，太平興國四年八月乙亥，五年八月己卯，六年八月己卯，八年八月辛卯，雍熙三年八月己酉，四年八月辛亥，端拱元年八月乙卯，二年八月己亥〔四〕，淳化元年八月丁卯，二年八月辛未，三年八月戊寅，四年九月己亥，五年八月乙丑〔五〕，至道元年八月己亥，二年閏七月己亥，三年八月辛丑，咸平元年八月癸丑，二年八月癸亥，三年八月丁卯，四年八月甲子，五年八月乙丑，六年八月丙子，景德元年八月癸酉，二年八月庚辰，三年八月庚寅，四年二月己卯，八月甲午，大中祥符元年正月丁亥，八月丙申，二年二月壬辰，八月乙巳，三年二月辛巳，八月己酉，四年正月戊寅，八月丙寅，七年正月癸丑，八月己巳，八年七月癸酉，九年正月甲寅，八月壬午，天禧元年八月癸巳，二年正月丁巳，八月辛卯，三年八月己亥，四年八月己亥，五年二月丙午，八月乙巳，老人星皆出丙。

治平四年二月癸巳，八月戊申，熙寧元年正月乙未，八月己卯，二年二月乙卯，八月壬戌，三年正月甲寅，八月癸酉，四年二月己未，八月丁丑，五年二月己未，閏七月己亥，六年正月庚午，八月丁酉，七年二月甲申，八月庚寅，八年二月己丑，八月庚戌，九年二月丁酉，

八月庚子，十年正月己卯，九月戊申，元豐元年二月乙酉，八月丙午，二年二月壬戌，八月乙卯，三年二月甲寅，八月己未，四年八月丁卯，五年二月甲戌，八月己巳，六年二月己未，八月丁丑，七年二月辛巳，八月己卯，八年二月庚辰，八月辛巳，元祐元年二月戊寅，八月庚子，二年二月庚寅，九月辛亥，三年二月癸巳，八月己亥，四年二月壬子，八月丁未，五年正月甲午，八月辛亥，六年二月己亥，閏八月壬戌，七年正月壬子，八月壬戌，八年二月丙寅，八月己巳，九年二月乙丑，紹聖元年八月丙子，二年二月壬午，八月丁丑，三年二月庚午，八月癸未，四年二月甲申，八月甲申，五年二月庚辰，元符元年八月辛卯，二年二月乙未，九月壬辰，崇寧元年二月壬寅，八月癸未，二年二月甲寅，八月庚戌，三年二月戊午，八月辛酉，四年二月庚申，八月丙寅，五年二月戊辰，八月甲戌，大觀元年二月乙亥，八月丁丑，二年二月甲午，八月壬午，三年二月戊子，八月癸巳，四年二月乙未，閏八月丁酉，政和元年二月癸卯，八月己亥，二年二月乙巳，八月己酉，三年二月甲午，八月己未，四年二月己酉，八月辛未，五年二月庚申，八月甲子，六年閏正月壬戌，八月丁卯，七年正月戊午，八月丙子，重和元年二月壬申，八月乙亥，宣和元年二月癸未，八月癸未，二年二月辛巳，八月己丑，三年二月丙戌，八月癸巳，四年二月己亥，八月辛丑，五年二月庚子，八月丙午，六年二月戊申，八月辛亥，七年二月癸丑，八月庚申，建炎四年七月戊辰，皆見於丙。

景星

開寶四年八月癸卯，景星見。

景德三年四月戊寅，周伯星見，出氐南騎官西一度，狀如半月，有芒角，煌煌然可以鑒物，歷庫樓東，八月，隨天輪入濁，十一月，復見在氐。自是常以十一月辰見東方，八月西南入濁。

大中祥符七年正月己酉，含譽星見。其年九月丙戌，又見，似彗有尾而不長。

天聖元年二月己亥，奇星見。二年八月丙子，四年七月壬申，又見。

明道二年二月戊戌，含譽星見東北方，其色黃白，光芒長二尺許。

景祐二年正月己丑，奇星又見。

至和〔六〕三年二月辛卯，八月己未，嘉祐二年八月庚午，三年八月丙辰，四年正月庚戌，八月癸未，五年八月庚午，六年正月癸丑，八月壬辰，七年正月辛亥，八年正月辛酉，治平元年二月己丑，七月癸巳，二年二月癸巳，八月己亥，三年正月庚辰，八月庚戌，奇星皆見。

彗孛

彗星

開寶八年六月甲子，出柳，長四丈，辰見東方，西南指，歷輿鬼至東壁，凡十一舍，八十三日而滅。

端拱二年七月戊子，又出東井積水西，青白色，光芒漸長，辰見東北，旬日夕見西北，歷右攝提，凡三十日至亢沒。

咸平元年正月甲申，又出營室北，光芒尺餘，至丁酉，凡十四日滅。六年十一月辛亥，旄頭犯輿鬼。甲寅，有彗孛于井、鬼，大如杯，色青白，光芒四尺餘，歷五諸侯及五車入參，凡三十餘日沒。

天禧二年〔七〕六月辛亥，彗出北斗魁第二星東北，長三尺許，與北斗第一星齊，北行經天牢，拂文昌，長三丈餘，歷紫微、三台、軒轅速行而西，至七星，凡三十七日沒。

景祐元年八月壬戌夜，有星孛于張、翼，長七尺，闊五寸，十二日而沒。十二月己未夜，有星出外屏，有芒氣。

皇祐元年二月丁卯，彗出虛，晨見東方，西南指，歷紫微至婁，凡一百一十四日而沒。

嘉祐元年七月，彗出紫微，歷七星，其色白，長丈餘，至八月癸亥滅。

治平三年三月己未，彗出營室，晨見東方，長七尺許，西南指危泊墳墓，漸東速行近日

而伏；至辛巳，夕見西南，北有星無芒彗，益東方，別有白氣一，闊三尺許，貫紫微極星并房宿，首尾入濁，益東行，歷文昌、北斗貫尾；至壬午，星復有芒彗，長丈餘，闊三尺餘，東北指，歷五車，白氣爲岐橫天，貫北河、五諸侯、軒轅、太微五帝坐內五諸侯及角、亢、氐、房宿；癸未，彗長丈五尺，星有彗氣如一升器，歷營宿至張，凡一十四舍，積六十七日，星氣孛皆滅。

熙寧八年十月乙未，星出軫度中，如塡，青白，丙申，西北生光芒，長三尺，斜指軫，若彗，丁酉，光芒長五尺，戊戌，長七尺，斜指左轄，至丁未入濁不見。

元豐三年七月癸未，彗出西北太微垣郎位南，白氣長一丈，斜指東南，在軫度中，丙戌，向西北行，在翼度中，戊子，長三尺，斜穿郎位，癸卯，犯軒轅，至丁酉入濁不見，庚子晨，復出於張度中，至戊子，凡三十有六日，沒不見。

紹聖四年八月己酉，彗出氐度中，如塡，有光，色白，氣長三丈〔八〕，斜指天市左星，九月壬子，光芒長五尺，入天市垣，己未，犯天市垣宦者，庚申，犯天市垣帝坐，戊辰，沒不見。

崇寧五年正月戊戌，彗出西方，如杯口大，光芒散出如碎星，長六丈，闊三尺，斜指東北，自奎宿貫婁、胃、昴、畢，後入濁不見。

大觀四年五月丁未，彗出奎、婁，光芒長六尺，北行入紫微垣，至西北入濁不見。

靖康元年六月壬戌，彗出紫微垣。

紹興元年九月，彗星見。十二月戊寅，二年八月甲寅，見于胃，丙辰，行犯土司空，至九月甲戌始滅。十五年四月戊寅，彗星見東方，丙申，復見于參度，五月丁巳，化爲客星，其色青白，壬戌，留守張，至六月丁亥乃消。十六年十一月庚寅，彗星見西南危宿。二十六年七月丙午，彗星見東井，約長一丈，光芒二尺，癸丑，又犯五諸侯。三十一年六月己巳，彗星見北斗天權星東北，太史妄稱爲含譽。

淳熙二年七月辛丑，有星孛于西北方，當紫微垣外七公之上，小如熒惑，森然蓬孛，至丙午始消。

嘉定十五年八月甲午，彗星見右攝提，光芒三尺餘，體類歲星，凡兩月，歷氐、房、心乃沒。

紹定三年十一月丁酉，有星孛于天市垣屠肆星之下，明年二月壬午乃消。五年閏九月，彗星見東方，十月己未始消。

嘉熙四年正月辛未，彗星見于室，至三月辛未乃消。

景定五年七月甲戌，彗星見于柳，芒角燭天，長十餘丈，日高方斂，凡月餘，己卯，退行見于輿鬼，辛巳，在井，丙申，見于參，戊戌，在參宿度內，八月末，光芒稍減，凡四月乃滅。

客星

建隆二年十二月己酉，出天市垣宗人星東，微有芒彗，三年正月辛未，西南行入氐宿，二月癸丑至七星沒〔九〕。

太平興國八年二月甲辰，出太微垣端門東，近屏星北行。

端拱二年七月丁亥，出北河星西北，稍暗，微有芒彗，指西南。

淳化元年正月辛巳，出軫宿，逆至張，七十日，經四十度乃不見。

景德二年八月甲辰，出紫微天棓側，孛孛然如粉絮，稍入垣內，歷御女、華蓋，凡十一日沒。

三年三月乙巳，出東南方。

大中祥符四年正月丁丑，見南斗魁前。

天禧五年四月丙辰，出軒轅前星西北，大如桃，速行，經軒轅大星入太微垣，掩右執法，犯次將，歷屏星西北，凡七十五日入濁沒。

明道元年六月乙巳，出東北方，近濁，有芒彗，至丁巳，凡十三日沒。

至和元年五月己丑，出天關東南，可數寸，歲餘稍沒。

熙寧二年六月丙辰，出箕度中，至七月丁卯，犯箕乃散。三年十一月丁未，出天囷。

元祐六年十一月辛亥，出參度中，犯掩廁星，壬子，犯九斿星，十二月癸酉入奎，至七年三月辛亥乃散。

紹興八年五月，守婁，魯分也。九年二月壬申，守亢，陳分也。

乾道二年三月癸酉，出太微垣內五帝坐大星西，微小，色青白。

淳熙八年六月己巳，出奎宿，犯傳舍星，至明年正月癸酉，凡一百八十五日始滅。

嘉泰三年六月乙卯，出東南尾宿間，色青白，大如塡星。甲子，守尾。

嘉定十七年六月己丑，守犯尾宿。

嘉熙四年七月庚寅，出尾宿。

校勘記

〔一〕三年　原作「十三年」，據本書卷十七哲宗紀、通考卷二九三上象緯考刪「十」字。

〔二〕咸熙　按宋無「咸熙」年號，此在景定之後，疑爲「咸淳」之誤。

〔三〕七月丁亥　本書卷二太祖紀、宋會要瑞異一之一、通考卷二九四象緯考均作「七月乙亥」。是月丙午朔，三十日乙亥，無丁亥日。

〔四〕八月己亥　宋會要瑞異一之一、通考卷二九四象緯考均作「八月癸亥」。是月己酉朔，十五日癸

亥，無己亥日。

〔五〕八月乙丑　宋會要瑞異一之一、通考卷二九四象緯考均作「八月己丑」。是月庚辰朔，十日己丑，無乙丑日。

〔六〕至和　原作「政和」，據宋會要瑞異一之一、通考卷二九四象緯考改。

〔七〕二年　原作「三年」，據本書卷八眞宗紀、長編卷九二、編年綱目卷八改。

〔八〕氣長三丈　通考卷二八六象緯考、長編卷四九〇引天文志均作「氣長三尺」。

〔九〕至七星沒　「七星」，原作「七月」，據通考卷二九四象緯考改。

宋史卷五十七

志第十

天文十

流隕一

流隕

建隆元年正月戊午，有星出東北方，青赤色，北行，初小後大，尾跡斷續，光燭地。四月，有星出天市垣。六月癸酉，有大星赤色，出心大星。甲申，有星色赤，出太微垣，歷上相。乙未，有大星色赤，流虛東北。九月癸亥，有星出昴。甲子，有星如缶出卯，光明燭地。十二月戊辰，有星青赤色，出參旗西南，慢行而沒，蒼光燭地。三年六月丁酉，有星出天市，入南斗魁。

乾德元年二月丙午，有星如桃，色赤，出弧矢東南沒，有光明。二年二月乙丑，有星黃白色，出太微五帝坐南，速行至外廚沒，其體散落，光燭地。三年六月丁巳，有星如桃，色黃赤，出北斗魁，經太微垣北，過角宿西，漸大，行五尺餘，沒，尾跡凝天有光明。十二月丁巳，有星出天河，青白色，南行至天倉沒，初小後大，光燭地。四年正月乙未，有星出天社，青白色，速行，尾跡三丈餘，初小後大，沒，有光明。四月甲寅，有星出天乳，青赤色，東南行，貫房沒，光燭地。閏八月己丑，有星出天船，青白色，西北速行，沒於文昌。

開寶元年七月戊子，有星出大角，青白色，北行沒，明燭地。九月戊子，有星出文昌，赤黃色，東北速行而沒。二年六月己卯，有星出河鼓，慢行，明燭地。三年九月庚午，廣州民見衆星皆北流。四年八月辛卯，有星出織女，西北行，尾跡三丈餘，沒，久有聲。五年八月乙巳，有星出王良，西北行，四丈餘，有聲而散。七年九月甲午，有星出室，西北行，星體散落有聲，明燭地。

太平興國三年十月甲寅，有星出天船，赤黃色，至天棓，星體散落，明燭地。八年三月丙寅，有星晝出西南，當未地，青白色，尾跡二丈餘，沒于東南，有光明。七月辛巳，有星如稱權，沒于婁。八月壬寅，有星出紫微鉤陳東，赤黃色，向北速行，近北極沒。

雍熙元年十月丁酉，有星出昴，赤色，東南蛇行二丈餘，沒。二年正月壬戌，有星出東

中華書局

二十四史

井，其大倍於金星，入輿鬼沒。四年六月庚戌酉初，有星出西北，色青白，入濁，當戌地，有聲如雷。八月乙亥，有星出天關東，色赤黃，尾貫月。

端拱元年四月辛亥，有星出天津，赤黃色，蛇行，有聲，明燭地，犯天津東北。閏五月辛亥丑時，有星出奎，如半月，北行而沒。乙卯，有星出紫微鉤陳西，色青，尾跡短，赤光照地，北行而沒。九月癸丑，有星出西南，如太白，有尾跡，至中天，旁出一小星，行丈餘，又出一小星，相隨至五車沒。二年四月辛亥戌時，有星出東南，色白，墜于氐、房間。壬申，有星出漸臺，血色赤〔一〕，東南急行，掩左旗，過河鼓沒。

淳化元年九月辛巳，有星出羽林，色青，南行，光奪月。十一月壬午，流星出天關，南行，歷東井、郎位、攝提，至大角東北墜於地，光芒四照，聲如隤牆。二年正月丙申，有星出水府西，色赤黃，經參旗分爲三星，相從至天苑東沒，光燭地。七月癸酉，有星出雲雨側，色青白，緩行三尺餘，沒。三年三月己酉未時，西北方有星西北速行，色青白，有尾跡。四月己卯，有星出文昌，西南速行至柳分爲二星而沒。六月己丑，有星出天市垣屠肆東，色青白，西北慢行丈餘，分爲三星，從而沒。四年五月乙未平明，有星東南出南斗，色青白，西北行而沒。五年八月己酉，常星未見，有星出東方，色青白，東北慢行，至濁沒，大約出奎、婁間。九月庚午，有星出昴北，緩行，過卷舌，至礪石沒。

至道元年四月乙巳，常星未見，有星出心北，色青赤，急行而墜。七月癸丑，有星出危，色青白，入羽林沒。二年五月辛丑，有星出紫微北，尾跡丈餘如彗而有聲，墜于壁、室間。五月己未，日未及地五尺間，有星出中天，色赤黃，有尾跡，東行速行二丈餘，沒。六月己卯，有星出牽牛西，歷狗國，光芒丈餘，墜東南，及地無聲。又有星出翼，貫天廟，墜于稷星東，光燭地。九月丁酉平明，有星出北方，東行三丈餘，分爲三星，從而沒。三年九月丁丑，有星二，隕于西南，一出南斗，一出牽牛，有光三丈許。

咸平五年三月丙午，有星晝出心，至南斗沒，赤光丈餘。八月辛巳，有星出營室，色白。丙申，有星流出東方，西南行，大如斗，有聲若牛吼，小星數十隨之而隕。戊戌，又有星千數入輿鬼〔二〕，至中台，凡一大星偕小星數十隨之，其間兩星，一至狼星，一至南斗沒。丁未，有星晝出紫微垣，貫北斗沒。壬子，有星出中天，尾跡數道如迸火，西流至狼、弧沒。六年五月乙未，有星出王良西，又出北極稍東北，至垣外沒，有聲如雷。六月庚午，有星晝出東北方，色黃白，有尾跡。七月壬辰，有星出昴，尾跡丈餘，色白，隱隱有聲，至狼星沒。十一月癸丑，有星出畢，至屏星北沒，尾跡蛇行，屈曲三丈餘，久方沒。十二月乙酉，威虜軍有星歷城西北，尾跡長數里，光照地，落蕃帳，有聲如雷者三。

景德元年六月戊午，有星晝出西南方，赤黃，有尾跡，速流丈餘，沒。十月戊申，天雄軍

有星出北方，隕于西北，光丈餘。十二月庚辰，有星出文昌，慢行西北，分爲數星，至紫微垣東北沒。戊子，有星出昴，至參旗迸爲數星沒。二年正月丙子，日未沒，有星速流西南。二月己亥，有星出太微上將，光燭地。四月癸卯，有星北流入天倉，尾跡丈餘。十月戊寅，有星出太微垣內屏北，至翼分爲三星，隨而沒，尾跡青白色。十一月壬子，有星出南晝〔三〕，聲如雷，光燭地。三年五月乙卯，有星出天津東北，紫微垣北〔四〕，分爲四星，隨而沒，赤黃，有尾跡。六月乙亥，有星出雲雨星北，至羽林天軍南，迸爲三星沒。丁酉，有星出胃北，入天囷迸爲數星，光燭地。七月庚申，有星出靈臺，有烜彗，聲如雷，至南北沒〔五〕，赤光照地。十一月辛丑，有星出中台東北，速流，有聲，光燭地。四年三月庚申，有星晝出南方。六月丙辰，有星出北方，慢流至八穀，迸爲數星沒，光燭地。己未，有星出天市，分爲三星，至尾沒。七月辛卯，有星出敗瓜南，慢流，歷河鼓，入天市，至宗人東北，迸爲二星沒，色赤黃，有尾跡。十二月癸巳，有星出弧矢，赤黃色，尾跡丈餘，光燭地，速流入濁。

大中祥符元年二月戊申，有星十餘，急流入濁，色赤黃，有尾跡。五月辛未，有星如太白，出天市垣宗人東南，尾跡丈餘，闊三寸，向北慢流，至女牀西，分爲數星沒。六月戊申，有星出北斗魁內，赤黃，有尾跡，稍北速行，迸爲數星沒。八月己丑，有星晝出中天，如太白，有尾跡，急流東南，近日沒。九月乙丑，有星出天倉，急流東南，星體散落。二年三月己

未，有星出天津南，至離珠沒，尾跡五丈餘，照地明。四月丙申，有星出八穀，有尾跡，速流而西，至五車東，迸爲數星沒。五月乙亥，有星晝出東方，如太白，尾跡赤黃，流至日北沒。八月丙申，有星出北斗杓，西南急行，至郎將西，分爲數點。九月乙丑，有星出南河，如桃，色赤，至中台沒。三年三月丁未，有星出天市宗人東北，尾跡二丈，至左旗，迸爲數星沒，光燭地。五月丁亥，有星出北斗魁，如桃，色青白，尾跡二丈餘。六月丁巳，有星出文昌，至上台沒。乙卯，有星出傳舍，如桃，色赤黃，至紫微沒。壬申，有星出建星，入南斗沒，赤黃，有尾跡。七月庚辰，有星出宗人西，北流入濁，光照地。八月丁未，有星出貫索，至帝座沒，尾跡光明。壬戌，有星出文昌，至北極沒，尾跡丈餘。九月庚辰，有星出軒轅左，入太微垣沒。十月庚戌，有星出東方，赤黃，無尾跡，分爲數星，稍南沒。四年二月辛亥，有星出東方，尾跡赤黃，二丈餘。四月乙丑，有星出柳，色赤黃，至翼沒。五月戊子，有星出東方，赤黃色。六月壬戌，有星出觜東北，流入濁。七月壬申，有星出紫微宮，速流至天皇沒。戊寅，有星自內階流經文昌，至上台，迸爲數星，隨而沒。十月戊午，有星出東北，入濁。又星出七星南，至天稷沒，尾跡丈餘。五年二月戊申，有星出貫索，經庫樓，迸爲數星沒。八月戊午，有星大小二十餘，皆有尾跡，北流。又一星光燭地，出紫微垣外，尾丈餘，闊三寸許，東北流，至傳舍沒。庚申，星出天耗北，尾跡十丈餘，明燭地，至文昌沒。六年乙巳，有星晝

中華書局

出南方，赤光迸逸，照地明。十一月丁巳，有星出太微郎位東，色赤黃，有尾跡，至軫北，迸爲數星沒。十二月癸亥，有星出西南，色青白，入東北沒。七年三月丙戌，有星出南河，大如杯，至玉井沒。四月辛酉，星出鉤陳，尾跡赤黃。七月丁未，有星晝出東南方，色黃，急流而北。九月辛亥，有星出軍市，至柳迸爲三星沒。十一月癸未，有星晝出日西南，尾跡二丈餘，闊三寸許，青白色，西流而沒。己丑，有星出南河，至弧矢沒，光燭地。八年二月丁卯，有星出郎將北，迸爲三星。四月癸丑，有星出亢西，至右攝提，迸爲數星，隨而沒。五月乙酉，有星青白色，出人星，至騰蛇沒，光燭地。丙申，有星西南流，迸爲數星沒，明照地。八月己亥，有星出參，南流入濁。九年四月庚子，有星晝出，赤黃色，急流西北沒。

天禧元年四月己巳，有星出軫，至器府北沒，光照地。六月，有星出河鼓，速流至天田，迸爲數星沒。十二月癸巳，有星出東北，尾跡赤黃，急流西南沒。二年八月乙卯，有星二，有尾跡，赤黃，一出五車，一出狼北，入濁。戊午，有星出酒旗，至明堂沒，光燭地。九月戊子，有星出西南，至天園沒。十一月辛酉，有星出南河，色赤黃，至柳沒。三年六月乙巳，有星出昴，急流至天倉沒。十二月壬寅，有星出軒轅，尾跡黃，慢流至太微垣，久之，有聲如雷。四年正月丁丑，有星出王良，明照地，至騰蛇沒。五年四月丙辰，有星出軒轅前星，大如桃，狀若粉絮，犯次將，入太微垣，歷屏星，凡七十五日，入濁沒。己未，有星出南方，如二

升器，色青赤，北流入濁，尾跡三丈許。七月辛巳，有星出文昌，光明燭地。十月乙巳，有星出天津西。

乾興元年三月庚寅，夜漏未上，星出七星，曳尾緩行，至翼沒。五月己巳，星出天棓，速行入紫微極星西沒。癸酉，星出張，西北入濁。壬午，星出危，赤黃，有尾跡，速行而東，炸烈如迸火，隨至羽林軍南沒，明燭地。己丑，星出北河，至軒轅沒。九月己巳，星出羽林，流至芻藁沒。己丑，星出天市垣旁，緩行經天，過天市垣，至營室沒。壬辰，星出營室，行至天倉沒。十月丁酉，星出右旗，如太白，西南速行，至天弁沒，明燭地。十一月壬辰，常星未見，有星出五車，南行至奎沒。

天聖元年正月丙戌，星出北斗魁西，至八穀沒。三月戊辰，星出貫索，至五車沒。六月戊戌，星出天弁，至建星沒。己丑，星出北斗星，東北入濁沒。庚寅，星出五車，至五諸侯沒。閏九月癸巳，星出五車，至參沒。丙申，星出東壁，至天倉沒。甲辰，常星未見，星出營室，至外屏沒。己酉，星出翼，南行入濁。二年辛丑，星出五車，至畢沒。六月丁卯，晝漏上，星出中天，赤黃色，有尾跡，西南緩行入濁。辛巳，星出牽牛，南入濁。九月辛卯，星出太微，沒于右執法。四年正月壬午，星出亢，東南流入濁。丁巳，星出靈臺，至翼沒。丙午，星出北斗魁，近文昌沒。其夜，又有星出箕，南行入濁。四月丙寅，星出太微從官側，南行

入濁。五月辛巳，星出天市垣市樓側，東北流入濁。閏五月丙辰，星出天船，沒于紫微鉤陳側。六月乙亥，星出土司空，東南入濁。八月乙未，星出天棓，近天倉沒。九月丁未，星出王良，西北入濁。十一月丙辰，星出東井，沒于南河側。十二月丁丑，星出鉤陳，沒于天棓側。戊戌，星出太微，至文昌沒。五年正月壬寅，星出天社，西南入濁。九月癸卯，星出天廚，北流入濁。丁未，星出北辰，沒于天牀側。甲子，有星出北河，沒于東井。六年四月甲申，夜漏欲盡，有星大如斗器，自北方至於西南，光照地，有聲如雷，曳尾跡長數丈，久之，散爲蒼白雲。七年二月乙丑，星出天乳，貫天市，入濁。八年二月丁酉，星出軒轅大星側，如杯，速行至器府沒。

明道元年三月癸巳，星出中台，貫北河，入東井沒，炸烈有聲，明燭地。食頃，又有星出天市垣宗人側，東流入濁。四月乙巳，星出貫索，大如杯，沒于鉤陳側，光照地。八月癸亥，星出天船，近鉤陳沒，明燭地。乙丑，星出胃，大如杯，有尾跡，西北緩行，迸爲六七小星，相隨沒于大陵，明燭地。丙寅，星出營室，西南速行，至危沒。良久，又有星出天園，至天社沒，光燭地。九月丙子，星出婁，沒于雲雨側，尾跡久方散。食頃，又有星出天大將軍，近奎沒，尾跡久方散，明燭地。續又星出北辰，西北速行，至內階沒。又有星出天苑，沒于天園，明燭地。

景祐元年八月己卯，星出東井，行至廁星沒，尾跡久方散，明燭地。乙酉，星出北斗魁，西北速行，入紫微東南垣沒。又有星出文昌，西北速行，至紫微鉤陳沒，尾跡久方散，明燭地。九月丁亥，星出天津，如太白，青色，有尾跡，沒于危。良久，星出五車，沒天廩。己丑，星出東井，如太白，赤黃色，有尾跡，向東速行，至柳沒，光照地。其夜，星出婁，至奎沒，明燭地。十一月乙卯，星出軒轅大星側，如太白，赤黃，向東速行，入濁，明照地。二年八月庚申，星出大陵，如太白，赤黃色，東南緩行，沒于昴，尾跡久方散，明燭地。九月丙午，常星未見，星出婺女，緩行，近南斗沒。十一月辛丑，星出五車，至觜觿沒，明燭地。四年閏四月癸未，夜漏未上，星出天津，大如杯，東北行入濁。己亥，星出上台，至軒轅沒。五月辛亥，星出華蓋，至北辰沒。六月壬申，星出天津，入天市垣，至宗人沒。是夜，星出王良，如太白，青白色，有尾跡，東南速行，至婁沒，明燭地。己卯，星出梗河，沒于亢。七月戊申，有星數百皆西南流，其最大者一星至東壁沒，光燭地，久之不散。九月庚子，星出南河，東南速行，近狼星沒，青白色，有尾跡如太白，明燭地。己酉，星出牽牛，如太白，青白色，西南入濁。丁卯，星出紫宮，沒天棓，有尾跡，明燭地。

寶元元年正月戊戌，星出左攝提，如太白，赤黃色，至天市西垣沒，明燭地。二月甲午，星出河鼓，至七公沒。三月辛丑，星出東井，沒參側。庚戌，星出大角，至氐沒。辛亥，星出

北斗魁，如太白，青白色，有尾跡，東北速行入濁，光照地。四月壬申，有星出中台，如太白，青白色，有尾跡，向北速行入濁，明燭地。又星出天江，如太白，有尾跡，西南速行，至房沒。八月壬申，星出東井，如太白，東北速行，沒輿鬼，明燭地。十月壬午，星出天津，至營室沒。己丑，星出東井，如太白，赤黃，有尾跡，至狠側沒，明燭地。十一月癸丑，星出中台，至軒轅沒。二年正月庚申，星出翼，如太白，行至角沒。三月癸丑，星出右旗，赤黃，有尾跡，向南速行，沒于建星，明燭地。五月庚戌，星出房，至積卒沒。閏十二月甲寅，星出文昌，如太白，有尾跡，西北速行，至五車沒，明燭地。

康定元年三月戊寅，有星出文昌，如太白，青白色，北行入濁。四月丁未，有星出紫宮東垣上衞側，至北辰沒。癸丑，星出北斗，北行入濁。六月庚戌，星出天弁，西北入濁，明燭地。九月戊寅，星出天船，東行，入五車沒。十月壬辰，星出天津，速行至紫宮西垣沒。壬戌，中天有星大如盌，赤黃，有尾跡，西南速行，沒于濁，光照地，良久有聲如雷。十一月乙亥，星出文昌，北行，明燭地，入濁。

慶曆元年八月癸未，星出天船，如太白，東北速行入濁，青白色，明燭地。己亥，星出奚仲，大如杯，色青白，西南緩行，沒于天津側，明燭地。辛丑，有星經天廩，東南緩行入濁。乙巳，夜漏未上，星出營室，如太白，東行入濁，青白色。九月己酉，星出奎，如太白，有尾

跡，西行，沒于東壁，明燭地。丙辰，星出畢，如太白，有尾跡，西北速行，至王良沒。丁卯，星出北辰，如太白，北行入濁，明燭地。戊辰，星出壁壘陣，如太白，赤黃，有尾跡，西南入濁，明燭地。二年二月庚子，星出房，如太白，赤黃，有尾跡，西南速行，入濁沒，明燭地。三月戊寅，星出鉤陳側，如太白，赤黃，有尾跡，西行緩行，至天棓沒，明燭地。四月丁丑，星出貫索，大如醆，青白色，有尾跡，東北慢行，至閣道沒，明燭地。丙申，星出貫索，如太白，赤黃色，西北速行，沒于中台側，明燭地。七月壬寅，星出河鼓，大如杯，青白色，西速行，至牽牛沒，明燭地。己酉，星出婺女，如太白，青白色，有尾跡，東南慢行入濁，明燭地。乙丑，星出天津，如太白，赤黃，向西速行，至貫索沒，尾跡久方散，明燭地。八月壬申，星出北斗杓，如太白，青白色，西北行，沒于濁。乙亥，夜漏未上，星出箕，南行入濁。又有星出天倉，如太白，東南入濁沒。壬午，星出危，東南行，至濁沒。九月辛亥，星出天船，如太白，東行入濁，青白色，有尾跡。庚申，星出婁，至東壁沒。乙丑，星出婁，至天倉沒。丁卯，星出五車，東北流，沒于文昌側。閏九月辛未，星出羽林軍，如太白，赤黃色，西南行入濁。乙亥，星出婁，西行入濁。十二月庚申，有星出弧矢，南行入濁，赤黃，有尾跡，燭地。三年二月壬寅，星出上台，至軒轅沒，有尾跡，明燭地。四月戊申，夜漏未上，中天星出大角，如太白，西行至軒轅沒。辛亥，星出女牀，至天市西垣沒。丙辰，星出牽牛、如太白，西南緩行，至天

淵沒。七月己卯，星出北斗魁，西北行入濁。甲申，星出貫索，如太白，速行至北斗柄沒。甲寅，星出閣道，如太白，東北速行入濁，有尾跡，明燭地。十月戊申，星出柳，如太白，西南速行，至弧矢沒，尾跡久方散。五年五月辛巳，星出紫宮鉤陳側，北行入濁。六月辛酉，星出奎，如太白，西行，至天倉沒，有尾跡，明燭地。壬戌，星出營室，如太白，赤黃色，東南速行，過危，至虛沒，有尾跡，明燭地。七月甲午，星出建星，如太白，向南速行，至濁沒。乙巳，星出牽牛，如太白，南行，至濁沒。八月甲寅，星出八穀，東北入濁。少頃，又星出天將軍，如太白，西北速行，至王良沒，有尾跡，其色赤黃。己卯，星出文昌，大如醆，直北速行入濁，有尾跡，明燭地。壬午，星出北河，至柳沒。十月甲寅，星出畢，東南速行，至天苑沒，赤黃，有尾跡。丙辰，星出張，東南速行，至濁沒。丙寅，星出天津，大如杯，東南速行，至危沒，赤黃，有尾跡，明燭地。六年三月乙未，星出大角，如太白，西南速行，至濁沒。庚戌，星出文昌，如太白，向北速行入濁，青白色，有尾跡，明燭地。六月丁巳，星出營室，大如杯，光燭地，有聲，北行，至王良沒。七月癸巳，星出昴，至參沒。九月辛巳，星出王良，如太白，東北速行入濁。乙巳，星出南河，如太白，東北速行，沒于輿鬼側。七年四月己酉，星出營室，東北速行入濁。戊辰，星出郎位，如太白，至梗河沒，有尾跡，明燭地。六月己巳，星出天田，赤黃色，有尾跡，西南緩行，至折威沒。戊辰，星出尾，西南速行入濁。九月乙亥，星出

河鼓，入天市垣，至宗人沒。戊寅，星出天苑，如太白，南行，至天園沒，有尾跡，明燭地。庚辰，星出東井，沒于狠。丙戌，星出北落師門，西南緩行，至濁沒。十二月癸亥，星出五車，赤黃色，西北速行，至天船沒。八年正月乙酉，星出天廁側，西南速行入濁，有尾跡，明燭地。丁酉，星出柳，直南速行入濁。二月乙酉，星出文昌，青白色，東北速行，至濁沒。四月己巳，星出奎，如太白，東北速行，至婁沒。五月壬寅，星出氐，如太白，向西南速行，入濁沒。戊午，星出房，色赤黃，東南入濁。六月戊寅，星出北落師門，西南速行，沒于濁。己卯，星出北斗，至郎位沒，有尾跡，明燭地。癸巳，星出天津，至紫宮西垣沒。七月庚申，星出七公，如太白，西北速行，入濁沒。八月乙亥，星出天市，西南速行入濁，有尾跡，色赤黃。是夜，星出東壁，赤黃色，東北速行，至濁沒。九月壬寅，星出天倉，如太白，東北速行，至胃沒。甲子，星出天苑，西南速行，入濁沒。十月乙酉，星出匏瓜，如太白，向東速行，至天津沒。十二月乙丑，星出南河，如太白，東南行，至弧矢沒。己丑，星出天市垣，東南行，至濁沒。

皇祐元年三月庚子，星出軫，西南速行，沒于翼。四月辛巳，星出織女，向南速行，入天市垣，至宗人沒，明燭地。甲申，星出心，如太白，東南速行入濁。六月丙寅，星出紫宮鉤陳側，如太白，北行入濁。己巳，星出匏瓜，赤黃，有尾跡，向南速行，至建星沒。丁丑，星出造

父，如太白，向西南速行，至天棓沒，有尾跡，明燭地。九月壬子，星出閣道，東南速行，至婁沒，有尾跡，明燭地。十一月癸巳，星出文昌，向東速行，至五車沒，有尾跡，明燭地。十二月乙丑，星出亢，赤黃色，向東北緩行，至天市垣西沒。丁酉，星出文昌，向北速行，沒于北辰側。二年四月癸未，星出氐，赤黃色，東南速行，至心沒，有尾跡，明燭地。五月乙巳，星出貫索，向東速行，至女牀沒。七月己丑，星出奎，赤黃色，西南緩行，沒于營室側。九月辛卯，星出織女，如太白，向西速行，入濁沒。十二月丁未，星出庫樓，如太白，赤黃色，至翼沒。三年七月丙辰，星出南斗，赤黃色，尾跡凝天，向南緩行，至濁沒。八月庚辰，星出奎，如太白，西北速行，沒于濁。九月癸丑，星出上台，東北入濁。十月乙巳，星出天槍，如太白，西北速行入濁。四年三月庚申，星出郎將，東行，至貫索沒。壬申，星出文昌，沒于五車側。四月辛巳，星出天市垣市樓側，至南斗沒。癸卯，星出東壁，沒于天船側。六月庚子，星出危，如太白，東南速行入濁。壬寅，星出天船，如太白，東北入濁。八月丁酉，星出天倉，如太白，西南速行，至濁沒。戊戌，星出參旗，如太白，西南速行，至天苑沒。九月丙午，星出婁，西南速行入濁。戊申，星出紫宮北辰側，赤黃色，西南速行，至貫索沒，尾跡凝天，明燭地。己酉，星出營室，如太白，東南速行入濁。是夜，星出參，如太白，東南速行入濁，尾跡赤黃。甲子，有星出南河，如太白，東北入濁。十月丁丑，星出天棓，西北速行入濁，有

尾跡，明燭地。丙申，星出天倉，如太白，西南速行入濁。十一月丙申，星出北河，沒于北斗璇星側。五年正月壬寅，夜漏未上，星出東井，如太白，東北速行，至濁沒，有尾跡，明燭地。五月庚戌，星出北斗魁側，西北速行入濁，尾跡赤黃。庚申，星出大角，如太白，西北行，至中台沒，青白色，有尾跡。六月癸酉，星出紫宮北辰側，赤黃色，北行，至濁沒。七月癸卯，星出王良，至天津沒。甲辰，星出奎，如太白，速行沒于危。是夜，星出紫宮北辰側，色赤黃，西南速行，至天市垣東沒，有尾跡，明燭地。乙巳，星出王良，速行至營室沒。戊午，星出貫索，西南速行，入天市垣至宦者沒。八月丙戌，星出紫宮北辰側，至王良沒。是夜，又星出危，沒婺女側。癸亥，星出大陵，至營室沒，有尾跡，明燭地。九月乙亥，星出參，如太白，西北速行，至昴沒，有尾跡，明燭地。

至和元年七月壬戌，星出王良，色赤黃，向北速行，至天船沒，有尾跡，明燭地。八月壬寅，星出上台，東北行入濁。二年七月甲申，星出牽牛，如太白，赤黃色，南行入濁，有尾跡，明燭地。九月己卯，星出弧矢，如太白，西南速行，至丈人沒，尾跡青白。又有星出軒轅，向北速行，至中台沒。庚辰，星出天廩，東南緩行，至天苑沒。十一月戊辰，星出南河，向南行，至弧矢沒。辛酉，星出弧矢，色赤黃，南行入濁。十二月甲申，星出太微東垣，如太白，赤黃色，東南速行，至軫沒。辛卯，星出柳，如太白，赤黃色，直北速行入濁。

嘉祐元年三月辛酉，星出庫樓，沒于尾。乙亥，星出紫微北辰東，如太白，色赤黃，西南速行，至右攝提沒。壬午，星出張，至東甌沒。九月壬午，星出東井，如太白，赤黃色，向北速行，至文昌沒。二年正月丁酉，星出文昌，如太白，速行入紫宮北辰沒。辛丑，星出華蓋，緩行至北辰沒。甲辰，星出觜觿，緩行至畢沒。二月甲子，星出紫宮東垣，大如杯，東北行入濁。七月乙亥，星出北斗魁西，如太白，西北速行入濁。丁丑，星出王良，如太白，赤黃色，西南緩行，至亢沒，有尾跡，明燭地。九月丙子，星出王良，如太白，赤黃色，向西速行，至騰蛇沒，有尾跡，明燭地。丁亥，星出南河子星側。戊戌，晝漏上，中天有星出狼，大如杯，東南速行，至濁沒，尾跡青白。三年正月乙未，星出參，赤黃色，向西速行，至天廩沒。五月甲午，星出河鼓，如太白，赤黃色，東北緩行，至虛沒。七月辛未，星出天船，東北行，至濁沒。乙酉，星出北河，如太白，赤黃色，東南緩行，散爲數道，至狼沒，尾跡凝天。丁酉，有星出危，西南速行入濁。其夜，又有星出天苑，緩行入濁。八月丙午，星出天綱，東南速行入濁，尾跡赤黃。戊申，星出危，西南速行入濁，有尾跡，明燭地。己未，星出牽牛西，速行至牽牛北沒。癸亥，星出王良，向南速行，至天津沒。夜漏盡，有星出柳，如太白，赤黃色，西北行，至北斗沒。乙丑，星出文昌，向西速行，至北極沒。九月庚午，星出婁，向南速行，至土司空沒。甲申，出天將軍，如太白，青白色，向西速行，至濁沒。庚寅，星出五車，如太白，赤

黃色，東北速行，至北河沒，有尾跡，明燭地。辛卯，星出王良，北行至鉤陳沒。四年二月己亥，星出翼，入濁。夜漏盡，又有星出營室，沒于鉤陳。癸卯，星出天槍，至郎將沒。乙卯，星出角，西行，至翼沒。五月辛丑，星出右攝提，西行入濁。己酉，星出大角，至軫沒。癸丑，星出營室，大如杯，赤黃色，西南速行，至羽林軍沒，炸烈有聲。六月癸亥，星出天倉，至天苑沒，有尾跡，明燭地。甲子，星出天津，至北辰沒。辛未，星出胃，沒于鉤陳。又星出天船，至王良沒。乙亥，星出墳墓，至北落師門沒。又有星出天船，東南速行，至昴沒。癸未，星出氐宿，西南行入濁。己丑，星出畢，速行至五車沒。八月乙亥，夜漏盡，星出輿鬼，速行至五車沒。又星出輿鬼，速行至太微北落。癸未，星出軍市，速行至弧矢沒。己丑，星出天囷，至天倉沒。九月己亥，星出紫宮鉤陳側，大如盌，東北速行，曳尾長五尺，初直後曲，流至北辰東沒，後尾跡凝結如盤，食頃散。又有星出太微西，東北速行入濁。辛丑，星出天津，速行至織女沒。癸丑，星四，皆如太白，赤黃色，有尾跡，明燭地：一出天棓，西南速行，至天市垣候星沒；一出危，西南速行，至女沒；一出畢，南行沒于天苑側；一出五車北，速行至鉤陳沒。十月乙丑，晝漏上，星出天大將軍，西南行，至濁沒，色青白，尾跡凝天，良久散。其夜，星出參，至弧矢沒。丁卯，星出婺女，東南至濁沒。戊辰，星出東井，東行，至柳沒。戊寅，星出狼，南行，至濁沒。丁亥，星出天倉。乙未，星出上台南，速行至北河沒。十二月甲

中華書局

子，星出貫索，至女牀沒。五年正月辛卯，星出畢，大如盌，赤黃色，速行至天倉沒，明燭地，尾跡炸烈而散，有聲如雷。四月辛未，星出氐，緩行，東南入濁沒。癸酉，星出婺女，至羽林軍沒。庚辰，夜漏盡，星出大角，西南行，至濁沒，尾跡青白。癸未，星出女牀，東行，至河鼓沒。乙酉，星出騎官，西南行，至濁沒。甲午，星出天市東，如太白，向東速行，至河鼓沒，尾跡赤黃。丙申，星出貫索，東北行，至北斗柄沒。辛亥，星出天棓，西南行，入天市至宦者沒。六月己未，星出婁，東北行，至濁沒。壬戌，星出天倉，東南行，至濁沒。辛巳，星出天津，西南行，至天市垣宦者沒。又有星出王良，至土司空沒。癸酉，星出南斗，大如杯，行入濁。八月庚申，星出東壁，東行入濁。丙寅，夜漏未上，星出虛，大如杯，東南入濁。甲午，星出五車，至文昌沒。乙卯，星出天苑，南行入濁。十月乙亥，星出軒轅星北斗魁旁，沒，尾跡赤黃。十一月壬辰，星出五車，至畢沒。十二月壬申，有星出北河，至輿鬼沒。戊寅，星出弧矢，至南河沒。己卯，夜漏未上，星出軫，至氐側沒。六年六月丁巳，星出天市垣宦者側，沒于氐。己巳，星出天市垣車肆側，西南行，至尾沒。七月乙酉，星出騰蛇，至危沒。其夜，又有星出婁，大如杯，赤黃色，速行入羽林沒。丙戌，星出天津，至危沒，尾跡赤黃。庚寅，星出文昌，北行，至濁沒。八月丁巳，星出婁，東北速行，至昴沒。戊辰，星出鉤陳，北行入濁。己卯，星出天市垣北，東行，入濁沒。丁卯，星出狼，大如杯，至天社沒，明燭地，尾跡

凝天，良久散。九月甲寅，星出營室，西南行入濁。癸亥，星出柳，東行，至翼沒。十一月癸丑，星出東北維，去地五丈許，大如盌，向東北緩行入濁，尾跡青白。壬申，星出參旗，至濁沒。丙子，星出狼，大如杯而赤黃，緩行至弧矢沒，有尾跡，明燭地。十二月辛丑，星出貫索，如太白，東北速行，入天市，至候星沒，尾跡青白。七年正月乙亥，星出下台，至上台沒。二月己卯，星出北河，大如杯，色赤黃，速行，沒于閣道側，有尾跡，明燭地。壬辰，星出東井，如太白，至畢沒。四月庚子，星出太微郎位，如太白，西南緩行，至張沒，尾跡赤黃。六月丁丑，星出北落師門，南行入濁。七月丁未，星出牽牛，至南斗沒。又有星出羽林軍，至北落師門沒。己酉，星出壘壁陣，如太白，向西速行，至敗臼沒，尾跡赤黃。辛酉，星出天紀，西北速行入濁。八月己卯，星出文昌，至下台沒。乙未，星出天苑，南行入濁，尾跡赤黃。己亥，星出天津，西南入濁。九月丙辰，星出土司空，東南入濁。丁卯，星出東壁，大如杯，西行，至虛沒，有尾跡，赤黃，明燭地。十月丙子，星出昴，如太白，西北速行，至天大將軍沒，尾跡赤黃。丁丑，星出大陵，如太白，南行，至天倉沒。庚寅，星出南河，至天社沒，明燭地。丁酉，星出天廟，南入濁。己亥，星出參，如太白，西南行，至天園沒，尾跡青白。八年正月辛酉，星出軫，赤黃色，東南速行，入庫樓沒。三月癸卯，星出匏瓜，東南至危沒，赤黃色，有尾跡，明燭地。癸亥，星出文昌，北行入濁，有尾跡，明燭地。又有星出傳舍，速行至北辰

沒。五月癸卯，星出天市垣宗人側，東南速行，至黿星沒。己亥，星出招搖，赤黃色，行南向，入氐沒。七月乙丑，星數百，縱橫西流。八月庚寅，星出閣道，東南速行，入濁沒。甲子，星出上台，大如杯，赤黃色，向東速行，至下台沒。

治平元年二月丁卯，星出紫宮鉤陳側，西北入濁沒，明燭地，尾跡炸烈有聲。六月辛酉，夜漏未上，星出河鼓，東南速行，至危沒。七月癸未，星出危，西南速行，入天市垣沒。八月辛亥，星出北辰，大如杯，速行至鉤陳沒，尾跡青黃。丁巳，星出奎，大如盌，速行至五車沒。壬戌，夜漏盡，星出奎，西南行，至濁沒。九月癸酉，星出北斗魁，大如醆，東北速行，至濁沒，尾跡赤黃。十二月癸丑，星出軍市，東南速行，至濁沒。二年二月丁酉，星出太廟，色青白，西南入濁。乙卯，星出中台，色赤黃，西北慢行，至內階沒。五月壬戌，星出北斗魁，如杯，色青白，北行，至濁沒。六月己丑晝，有星出中天，大如盌，西速行，至濁沒，尾跡赤黃。八月己未，星出河鼓，大如醆，色赤黃，速行至天市垣內宗星沒。丁巳，星出危，至濁沒。九月癸酉，星出北斗魁，東北速行，至濁沒。三年四月癸巳，星出房，至濁沒，明燭地，尾跡炸而散。七月庚申，晝漏未上，星出紫宮，西行，曳尾長二丈，沒，尾跡青白。九月丁丑，有星出參，至天倉沒。十一月己卯，星出王良，西北速行，至濁沒，尾跡青黃。

校勘記

〔一〕血色赤　通考卷二九一象緯考作「大如盌色赤」。

〔二〕又有星千數入輿鬼　「千」，通考卷二九一象緯考作「十」。

〔三〕有星出南畫　通考卷二九一象緯考作「有星出胃南」。殿本考證認爲「畫」字當在「出」字上，「南」字下脫「方」字。局本作「有星畫出南方」。

〔四〕紫微垣北　按通考卷二九一象緯考此四字上有「至」字，疑脫。

〔五〕有星出靈臺有烜彗……至南北沒　同上書同卷作「有星出虛旁有烜彗……至東北沒」。

宋史卷五十八

志第十一

天文十一

流隕二

熙寧元年正月辛卯，星出張西南，如太白，速行入濁沒，赤黃。乙未，星出左攝提西，如太白，東南急行，至庫樓北沒，赤黃，有尾跡。二月戊午，星出常陳南，如太白，西慢行至軒轅東沒，赤黃，有尾跡。辛酉，星出北斗魁東，如太白，南急行，至軒轅大星南沒，赤黃，有尾跡。壬戌，星出角東，如太白，西急行，至翼沒，赤黃，有尾跡。戊辰，星出大角南，如太白，東南急行，至氐沒，赤黃，有尾跡。己巳，星出天市垣內宦者，如太白，西南急流，至氐沒，青白，有尾跡。四月壬寅，星出軒轅南，如太白，東南慢行，至軫沒，赤黃，有尾跡。已

西，星出天市垣內宦者西，如太白，西南慢流，至織女沒，青白，有尾跡。壬戌，星出天棓東，如太白，東北慢行，至天津沒，赤黃，有尾跡。五月乙亥，星出天棓，如太白，東北急行，至天津沒，青白，有尾跡，照地明。六月癸卯，星出天槍南，如太白，西南速行，至角沒，赤黃，有尾跡。又星出平星南，如太白，西南急行，入濁沒，青白，有尾跡。乙巳，星出軫東，如太白，緩行入濁沒，青白，有尾跡，照地明。丁未，星出牽牛西，如太白，東南速行，入濁沒，赤黃。戊申，星出騎官北，如太白，南緩行，入濁沒，青白。又星出壘壁陣，如太白，東南速行，至濁沒。戊午，星出閣道北，如歲星，東北緩行，入濁沒，青白。庚申，星透雲出天棓西，如太白，北急行，至天市垣西牆沒，赤黃，有尾跡。壬戌，星出王良南，如歲星，東北急行，至天大將軍沒，赤黃，有尾跡。有星出紫微垣內，至鉤陳沒，赤黃，有尾跡。又星出紫微垣內北極南，如太白，西北速行，至西咸北沒，赤黃，有尾跡。甲子，星出尾北，如杯口，西緩行，至平星沒，赤黃，有尾跡。丙寅，星出氐北，如歲星，西南急流，入濁沒，赤黃，有尾跡。七月乙亥，星出虛南，如歲星，西急行，至天市垣西牆沒，赤黃色，有尾跡。丙子，星出東壁東，如太白，東南急行，入濁沒，赤黃，有尾跡。丙戌，星出天大將軍北，如歲星，東北慢行，入濁沒，青白。乙未，星出九坎北，如太白，西北緩行，至牽牛分迸而沒，赤黃。又星出右旗，如太白，西緩行，入濁沒，青白，有尾跡，照地明。己亥，星出天廩北，如太白，南急行，至天苑沒，赤黃，有

尾跡，照地明。八月癸卯，星出天棓東，如太白，北速行，入濁沒，赤黃，有尾跡，照地明。甲辰，星透雲出虛北，如歲星，北緩行，至奎沒，赤黃。乙巳，星出女牀東，如杯口，西北急流，至天市垣牆河中北沒，赤黃，有尾跡，照地明。又星出參北，如太白，東速行，入濁沒，赤黃，有尾跡，照地明。又星出王良南，如太白，西南急行，至天津沒，赤黃，有尾跡，照地明。丙午，星出左攝提南，如太白，西北慢行，至濁沒，赤黃，有尾跡。丁未，星出牽牛，如杯口，東南緩行，入濁沒，青白，有尾跡。癸亥，星出壘壁陣，如太白，西南緩行，至狗國沒，赤黃，有尾跡，照地明。乙丑，星出壘壁陣北，如太白，西南速行，至十二國沒，赤黃，有尾跡。九月甲戌，星出上台南，如太白，東北急行，至內平星沒，赤黃，有尾跡，照地明。庚辰，星出北斗魁中，如歲星，西北緩行，入濁沒，青白。又星出弧矢西，如太白，西南急行，至天社沒，青白，有尾跡，照地明。辛巳，星出紫微垣內北極星北，如太白，北急行，入濁沒，赤黃，有尾跡，照地明。癸未，星出紫微垣南，如太白，北急行，至北斗沒，赤黃，有尾跡。戊子，星出畢南，如太白，東南慢行，入濁沒，青白，有尾跡，照地明。癸巳，星出織女西，如太白，西南慢流，入天市垣內沒，赤黃，有尾跡，照地明。甲午，星出中台北，如太白，東南急流，至下台沒，青白，照地明。丙申，星出天津北，如歲星，西北急流，至女牀沒，赤黃。丁酉，星出軒轅，如太白，西北慢流，至紫微垣內北極沒，赤黃，有尾跡，照地明。十月庚子，星出羽林軍

東，如太白，東急行，入濁沒，赤黃，有尾跡，照地明。又星出壘壁陣西，如杯口，西南速行，入濁沒，青白，照地明。壬寅，星出鈎陳西，如太白，北急行，至北斗沒，赤黃，有尾跡。又星出東井北，如歲星，東北急行，至柳沒，赤黃，有尾跡。又星出扶筐，如太白，西北急行，至濁沒，赤黃，有尾跡，照地明。甲辰，星出壘壁陣東，如太白，南急行，入濁沒，赤黃，有尾跡，照地明。又星出天津西，如太白，西北緩行，入濁沒，青白，照地明。又星出昴南，如太白，西南緩行，至天囷沒，赤黃，有尾跡，明燭地。又星出郎位東，如太白，東北速行，至右攝提沒，赤黃，明燭地。庚戌，星出婁南，如歲星，西南速行，至昴沒，青白，有尾跡。乙卯，星出天市垣南牆西，如太白，西急行，入濁沒，青白。壬戌，星出軒轅西，如太白，東南急行，至張沒，赤黃，有尾跡。癸亥，星出婁北，如太白，西急流，至濁沒，赤黃，有尾跡。十一月庚午，星出鈎陳東，如太白，東北急流，至北斗魁沒，青白，有尾跡，照地明。癸未，星出營室東，如太白，西南急行，至羽林軍沒，赤黃，有尾跡。十二月己亥，星出王良北，如太白，東慢行，至五車沒，赤黃，有尾跡，照地明。庚子，星出天倉東，如太白，東南急行，至濁沒，青白，有尾跡。辛酉，星出太微垣東牆，如太白，速行至柳沒，黃白，有尾跡。

二年正月庚寅，星透雲出紫微垣內鈎陳西，如太白，西慢行，入濁沒，青白。二月甲辰，星出平星南，如太白，南急行，入濁沒，赤黃，有尾跡。三月壬辰，星出天市垣西牆東，如太

白，北急行，至天紀沒，赤黃，有尾跡。癸巳，星出貫索南：如太白，東南慢行，至濁沒。四月庚戌，星出軒轅東，如杯口，北慢行，至北斗沒，赤黃，有尾跡。辛酉，星出閣道西，如太白、東南速行，至東壁沒，青白，有尾跡。五月己丑，星出太微垣內五帝坐，如杯口，東行至角宿沒，青白，有尾跡，照地明。六月己亥，星出心西，如歲星，西南急行，至庫樓沒，赤黃，有尾跡。乙巳，星出氐南，如太白，南緩行，入濁沒，赤黃，有尾跡。壬子，星出天津，如太白，西北速行，至天槍沒，青白，有尾跡。辛酉，晝有流星；夕有星透雲出織女，西南急行，入濁沒，赤黃，有尾跡。癸亥，星出太微垣東牆，如太白，西急行，入濁沒，青白，有尾跡。甲子，星出尾北，如太白，南急行，入濁沒，青白。七月丁卯，星出危南，如太白，西南急行，至壘壁陣沒，赤黃，有尾跡。辛未，星出梗河東，如太白，西北速行，至天槍沒，赤黃，有尾跡。丁亥，星出天船西，如太白，東北速行，入濁沒，赤黃，有尾跡。甲午，星出天津西，如太白，西南緩行，至心沒，赤黃，有尾跡。八月丁酉，星透雲出鉤陳西，如太白，西南急流，至天棓沒，赤黃，有尾跡。癸亥，星出北斗魁北，如太白，北急流，入濁沒，青白，有尾跡。九月甲子，星出婁北，如歲星，西北急行，至王良沒，青白，有尾跡。甲戌，星出右旗，如太白，西南急行，至天市垣西牆沒，赤白，有尾跡。丁丑，星出五車東，如歲星，東北速行，至北河沒，青白，有尾跡。十月乙未，星出天苑南，如太白，速行入濁沒，赤黃，有尾跡。甲辰，星出畢東，如太白，

南急行，至濁沒，赤黃，有尾跡。癸丑，星出胃東，如太白，西南急流，至天苑沒，青白，有尾跡。甲寅，星出卷舌西，如歲星，西南急行，至婁沒，青白，有尾跡。十一月丙寅，星出織女北，如太白，西南急行，至河鼓沒，青白，有尾跡，照地明。壬申，星出羽林軍內，如歲星，西南急行，至濁沒，青白。己卯，星透雲出大陵北，如太白，西南急行，至東壁沒，青白，有尾跡。閏十一月辛酉，星出天倉，如歲星，西南緩行，至濁沒，青白。

三年正月丙申，星出右攝提，如太白，東北速行，入濁沒，赤黃，有尾跡。己未，星出畢，如杯，西南緩行，至濁沒，青白，有尾跡。二月丁卯，星出七星南，如太白，西南急行，至濁沒，青白。己丑，星出太微西扇上將南，如盂，西急行，入濁沒，赤黃，有尾跡，明燭地。又星出文昌中，如杯，西北急行，入濁沒，赤黃，有尾跡，明燭地。又星出北斗魁南，如盂，西北急行，入濁沒，赤黃，有尾跡，明燭地。庚寅，星出紫微垣西牆東，如杯，北慢流，至濁沒，赤黃，有尾跡，明燭地。三月戊戌，星出七公，如杯，速行入紫微垣中鉤陳沒，青白，有尾跡，明燭地。壬寅，星出天市垣西牆東，如杯，東南急流，至騎官沒，青白，有尾跡。己未，星出軫北，如太白，西北慢行，至明堂沒，赤黃，有尾跡。四月壬戌，星出紫微垣內帝星南，如太白，北急行，至鉤陳沒，赤黃，有尾跡。癸未，星出文昌南，如杯，西北慢行，至濁沒，青白，有尾跡，照地明。甲申，星出軒轅東，如太白，東南慢行，至太微垣左執法，赤黃。六月己巳，星出牽

牛東，如太白，東急流，至濁沒，赤黃，有尾跡。壬申，星出紫微垣西牆北，如太白，東北慢流，至濁沒，赤黃。庚辰，星出羽林軍東，如杯，東南急流，入濁沒，青白，有尾跡。七月庚子，星透雲出紫微垣西牆，如太白，南慢行，至天市垣西牆沒，青白，有尾跡。八月丙戌，星出紫微垣西牆，如杯，北急行，至濁沒，赤黃，有尾跡。九月己亥，星出紫微垣西牆，如太白，西北慢流，至濁沒，青白，有尾跡。丁未，星透雲出天船，如太白，西慢流，至內階沒，赤黃，有尾跡。庚戌，星出紫微垣東牆，如太白，東北急流，至鉤陳沒，青白，有尾跡。十月己未，星出奎西，如太白，南慢行，至天倉南沒，青白，有尾跡。戊辰，星出天囷西，如太白，西南速行，至土司空沒，赤黃，有尾跡。十一月戊戌，星出五車，如太白，西南緩行，入濁沒，赤黃，有尾跡。十二月甲子，星出外屏，如太白，西南速行，入濁沒，赤黃，有尾跡。

四年正月丙午，星出五車西，如杯，南速行，入濁沒，赤黃，照地明。二月甲子，星出昴西，如杯，西緩行，入濁沒，青白。三月癸巳，星出天市垣內斗星西，如太白，西北速行，至貫索西沒，赤黃，有尾跡。五月己亥，星出左攝提，如太白，東北急行，至濁沒，赤黃，有尾跡。六月丁丑，星出營室西，如太白，西南急流，至壘壁陣沒，赤黃，有尾跡。辛巳，星出造父西，如太白，東南慢流，至天棓沒，青白，有尾跡。七月戊申，星出天津東，如太白，西慢流，至天棓沒，赤黃，有尾跡。八月己未，星出五諸侯西，如太白，東南慢流，入濁沒，青白，有尾跡，照

地明。辛酉，星出天市垣西牆西，如太白，西急行，入濁沒，赤黃，有尾跡。癸亥，星出北河西，如太白，西北急行，至上台沒，赤黃。乙丑，星出南斗北，如太白，西南緩行，入濁沒，赤黃。九月甲午，星出紫微垣西牆東，如太白，東北速行，入濁沒，赤黃，有尾跡。乙巳，星出天廩，如太白，南緩行，至天苑沒，青白，有尾跡，照地明。丙午，星出北落師門南，如太白，南緩行，至天苑沒，青白，有尾跡，照地明。又星出北落師門南，如太白，南緩行，入濁沒，青白，有尾跡。十月壬子，星出紫微垣內北極北，如太白，東北緩行，至紫微垣西牆沒，青白，有尾跡。癸丑，星出外屏北，如太白，東緩行，至天囷沒，赤黃，有尾跡。甲寅，星出文昌西，如杯，北速行，至紫微垣右樞沒，青白，有尾跡，照地明。乙卯，星出牽牛，如太白，南速行，入濁沒，赤黃，有尾跡。庚申，星出天苑南，如太白，東南慢行，至濁沒，赤黃，有尾跡。戊辰，星出天囷東，如杯，東緩行，至濁沒，青白，有尾跡。癸酉，星出五車東，如太白，東北急行，至濁沒，赤黃，有尾跡，照地明。十一月壬辰，星出天棓西，如杯，西北緩行，至濁沒，赤黃，有尾跡。庚子，星出太微垣左執法南，如太白，東南慢行，至角沒，赤黃，有尾跡。

五年七月己丑，星出七公南，如太白，西南急行，至天市垣西牆沒，赤黃。癸巳，星出太微垣東，如杯，西急行，入濁沒，青白，有尾跡如鉤，南行。十月戊寅，星出紫微垣內後宮東，如杯，北慢行，入濁沒，赤黃，照地明。又星出文昌西，如杯，急行至卷舌沒，赤黃，有尾跡，照

中華書局

地明。甲申，星出天鷄南，如杯，西慢行，至濁沒，赤黃。丁亥，星出紫微垣東，如杯，北慢行，至濁沒，青白。戊子，星出羽林軍，如太白，西南急行，至濁沒，赤黃，有尾跡。乙巳，星出婁南，如杯，西北急行，至七公沒，赤黃，有尾跡，照地明。十一月甲寅，星出七星南，如杯，西慢行，至參旗沒，青白，有尾跡。十二月辛卯，星透雲出五車東，如太白，東北急行，至文昌沒，赤黃，有尾跡。壬辰，星出招搖東，如太白，西北急行，至濁沒，青白。丙申，星出角南，如太白，南慢行，至庫樓沒，赤黃，有尾跡。

六年正月庚申，星出天市垣東，如杯，東南急行，至濁沒，青白。三月庚午，星出氐東，如盂，西慢行，入濁沒，赤黃，照地明。四月丙子，星出貫索西，如杯，北慢行，至紫微垣牆上宰沒，青白，照地明。戊寅，星出貫索西，如太白，西南急行，至亢沒，赤黃，有尾跡。己卯，星出柳北，如太白，西南急行，至南河沒，赤黃，有尾跡。五月癸卯，星出騰蛇西，如杯，西北慢行，至濁沒，青白，照地明。六月辛卯，星出營室北，如杯，東南急行，至壘壁陣沒，赤黃，有尾跡，照地明。庚子，星出天市垣吳越東，如杯，東南急行，至牽牛沒，青白，有尾跡，照地明。七月丙寅，星出壘壁陣西，如杯，南緩行，至濁沒，青白，有尾跡。戊辰，星出天關，如杯，東南緩行，至東井內沒，青白，有尾跡，照地明。己巳，星出天倉東，如太白，南速行，至天園沒，赤黃，有尾跡，照地明。八月庚辰，星出天市垣內宗正南，如太白，西南速行，入濁沒，赤黃，

有尾跡。壬辰，星出羽林軍西，如杯，南緩行，入濁沒，青白，有尾跡，分迸，照地明。乙未，星出河鼓，如杯，南速行，至建沒，青白，有尾跡，照地明。九月甲辰，星出鉤陳東，如杯，北速行，入濁沒，赤黃，有尾跡，照地明。丙午，星出天苑南，如杯，南速行，入濁沒，青白，有尾跡，照地明。辛亥，星出天船西，如杯，西速行，穿北斗沒，赤黃，有尾跡，照地明。辛酉，星出鉤陳東，如杯，西南速行，至天紀沒，赤黃，有尾跡，照地明。丁卯，星出文昌西，如杯，西北速行，至王良沒，赤黃，有尾跡，照地明。十一月甲辰，出弧矢東，如盂，西南緩行，至天社沒，青白，有尾跡，照地明。辛酉，出軒轅南，如杯，南緩行，入濁沒，赤黃，有尾跡，照地明。

七年正月丁未，出角南，如太白，東南速行，至濁沒，青白。丁巳，出張南，如杯，西南緩行，至濁沒，赤黃，有尾跡。二月壬申，出天棓北，如杯，東北緩行，至造父沒，青白，有尾跡，照地明。辛卯，出軫北，如杯，東慢行，至角沒，青白，有尾跡，照地明。三月甲子，出西咸北，如杯，南急行，至氐沒，赤黃，有尾跡，照地明。四月壬申，出軒轅西，如太白，西北慢行，至五車沒，青白，有尾跡。又出漸臺南，如杯，東北急行，至天津沒，青白，有尾跡，照地明。丙戌，星出天市垣蜀星西，如杯，東北慢行，至候星沒，青白，有尾跡，照地明。六月辛未，星出輦道東，如太白，北急行，至鉤陳沒，赤黃，有尾跡。又星出狗國南，如太白，東北慢行，至天田南，曲尺東行，至天壘城沒，赤黃。己卯，星出天市垣內列肆西，如太白，西南慢行，入濁

沒，赤黃色，有尾跡。庚辰，星出華蓋北，如杯，東北慢行，至天船沒，赤黃，有尾跡。乙酉，星出壘壁陣北，如太白，東南急行，入濁沒，赤黃，有尾跡。庚寅，星出梗河西，如太白，西南急行，至氐沒，赤黃，有尾跡。又星出五車北，如太白，東北急行，至北河沒，青黃，有尾跡，照地明。辛卯，星出危西，如太白，西南急行，至南斗沒，赤黃，有尾跡。壬辰，星出紫微垣牆內鉤陳北，如太白，西北急行，至北斗魁內沒，赤黃，有尾跡，照地明。七月甲寅，星出王良北，如盂，北慢行，至文昌沒，赤黃，有尾跡。丁巳，星出天津北，如太白，北急行，至紫微垣牆內沒，赤黃，有尾跡，照地明。戊午，星出大陵北，如太白，東北慢行，至濁沒，赤黃，有尾跡。壬戌，星出羽林軍東，如太白，東南急行，入濁沒，赤黃，有尾跡。癸亥，星出天倉，如杯，南急行，入濁沒，青白，有尾跡。八月戊寅，星出北斗天樞南，如太白，東北慢行，至文昌沒，青白，有尾跡。癸未，星出羽林軍內，如杯，北慢行，至大陵沒，赤黃，有尾跡。乙酉，星出天紀西，如太白，東慢流，至奚仲沒，赤黃，有尾跡。九月丁酉，星出羽林軍南，如太白，南慢流，至濁沒，赤黃，有尾跡。辛丑，星出王良西，如太白，西北急流，至濁沒，有尾跡。丙午，星出天囷東，如太白，東急流，至九斿沒，青白，有尾跡，照地明。戊申，星出天倉北，如杯，東北慢流，至濁沒，青黃。甲子，星透雲出營室東，如太白，西南急流，至左旗沒，赤黃。十月丙子，星出天倉西，如杯，西南慢流，至敗臼沒，赤黃，尾跡分裂，照地明。又星出軫東，如杯，東南

急流，至濁沒，赤黃，有尾跡，照地明。丙戌，星出五車，如杯，東北慢流，至濁沒，赤黃，有尾跡，照地明。戊子，星出天苑南，如太白，西南急流，至濁沒，赤黃，有尾跡。又星出右樞星東，如太白，東北慢流，至濁沒，青白。

八年正月壬子，星出貫索西，如杯，東北急流，至濁沒，赤黃，有尾跡，照地明。二月乙亥，星出七星，如太白，西緩行，至弧矢沒，赤黃，有尾跡。三月丁酉，星出積水東，如太白，西北速行，至五車東沒，赤黃，有尾跡。戊戌，星出貫索東，如太白，東北速行，至織女沒，赤黃，有尾跡。四月癸亥，星出北斗天樞北，如杯，北速行，至鉤陳沒，赤黃。閏四月癸巳，未昏，星出土司空南，如太白，西南速行，至天廟沒，赤黃，有尾跡，照地明。又星出心東，如杯，南速行，至濁沒，赤黃，照地明。五月壬戌，星出尾東，如太白，西南速行，至濁沒，赤黃，有尾跡。戊寅，星出文昌西，如太白，西北緩行，至濁沒，赤黃。六月癸巳，星出天市垣西牆西，如太白，西南緩行，入氐沒，赤黃。戊戌，星出天市垣齊星東，如太白，西南緩行，至濁沒，赤黃，有尾跡。又星出齊星北，如太白，西南速行，至天市垣內列肆沒，赤黃，有尾跡。又星出文昌東，如太白，北行至濁沒，赤黃，有尾跡，照地明。乙巳，星出北落師門南，如太白，南速行，至濁沒，赤黃。壬子，星出北斗魁東，如杯，北緩行，至濁沒，青白，有尾跡，照地明。七月辛酉，星出天津北，如太白，東北緩行，至天船沒，赤黃，有尾跡，照地明。庚午，星出北斗搖

光西，如杯，北速行，至濁沒，赤黃。癸未，星出奎北，如太白，東北速行，至大將軍沒，赤黃，有尾跡。甲申，星出天市垣東，如太白，西南速行，至濁沒，赤黃。八月癸巳，星出壘壁陣南，如太白，南緩行，至濁沒，赤黃。九月壬戌，星出織女南，如太白，西南緩行，至濁沒，赤黃。乙丑，星出織女南，如太白，西北速行，至濁沒，赤黃，有尾跡。丙寅，星透雲出河鼓北，如太白，東南緩行，至危沒，赤黃。又星出天倉南，如太白，西南速行，至濁沒，赤黃，有尾跡。又星出中台東，如太白，東北速行，至濁沒，青白，有尾跡。十月壬辰，星出軍市西，如太白，西南速行，至濁沒，赤黃，有尾跡，照地明。乙未，星出弧矢西北，如杯，東南緩行，至濁沒，青白，有尾跡，照地明。丙申，星出大陵西，如杯，西北緩行，至閣道沒，青白。又星出五車西，如太白，北速行，至天船沒，青白，有尾跡。

九年正月丙子，星出七公北，如太白，東北急行，至濁沒，赤黃，有尾跡。己卯，星出天船東，如杯，西北急行，至天大將軍沒，赤黃，有尾跡，照地明。三月甲子，星透雲出天市垣內宗正西，如太白，西北慢行，至太微垣內五帝坐沒，赤黃，有尾跡。又星透雲出紫微垣西，如杯，西北急行，至濁沒，赤黃，有尾跡，照地明。丙子，星出卷舌東，如太白，南慢行，至濁沒，赤黃，有尾跡。四月庚寅，星出天市垣，如杯，北急行，至紫微垣沒，青白，有尾跡，照地明。辛亥，星出心南，如太白，南急行，入濁沒，赤黃，有尾跡。五月庚申，星出天津，如杯，東南慢行，入

濁沒，赤黃，有尾跡，照地明。丁丑，星出尾北，如太白，東南急行，入濁沒，赤黃，有尾跡。戊寅，星出心南，如太白，南急行，入濁沒，赤黃。壬午，星出天津北，如太白，西南急行，至天江沒，赤黃，有尾跡。六月丙戌，星出華蓋西，如太白，西北急行，至濁沒，赤黃，有尾跡。戊子，星出車府東，如太白，東南急行，至濁沒，赤黃，有尾跡。壬辰，星出牽牛東，如太白，南慢行，至濁沒，赤黃，有尾跡，照地明。甲辰，星出閣道北，如杯，西南急行，至鉤陳沒，赤黃，有尾跡，照地明。乙巳，星透雲出虛南，如太白，南急行，入濁沒，赤黃，有尾跡。丙午，星出東壁北，如杯，南急流，至羽林軍沒，赤黃，有尾跡。己酉，星出閣道南，如太白，西急行，至車府沒，赤黃，有尾跡。辛亥，星出天市垣內斛星南，如太白，東南急流，至建沒，赤黃，有尾跡。又星出北斗內大理北，如太白，東北急行，至濁沒，赤黃，有尾跡。又星出天槍南，如太白，西南急行，至濁沒，赤黃，有尾跡，照地明。癸丑，星出天棓南，如太白，東南慢行，至天津沒，赤黃，有尾跡。七月乙卯，星出羽林軍西，如太白，西南急行，至濁沒，赤黃，有尾跡。戊寅，星出外屏西，如太白，東北急行，至天囷沒，赤黃，有尾跡。壬午，星出王良西，如杯，東北慢行，至濁沒，青白，有尾跡。八月戊子，星出大角東，如太白，南緩行，至氐沒，赤黃，有尾跡。又星出王良北，如太白，西北急流，至天津沒，青白，有尾跡。壬寅，星出危北，如杯，西南急流，至濁沒，赤黃，有尾跡，照地明。甲辰，星出梗河南，如太白，西急流，至濁沒，青白，有尾跡，照地明。戊申，星出外屏北，如太白，南急流，至土司空沒，赤黃，有尾跡。辛亥，星出營室西，如太白，南急流，至墳墓沒，赤黃。壬子，星出參西，如太白，東南急流，至狼星沒，赤黃，有尾跡，照地明。又星出紫微垣內後宮東，如杯，北急流，至濁沒，赤黃，有尾跡，照地明。癸丑，星出天大將軍，如太白，急流至造父沒，赤黃，有尾跡，照地明。九月丁巳，星出昴北，如杯，東北急流，至五車沒，赤黃，有尾跡。又星出紫微垣少輔東，如杯，西北急流，至濁沒，赤黃，有尾跡，照地明。戊午，星出南河東，如歲星，東慢流，至七星沒，赤黃，有尾跡。辛酉，星出牽牛西，如太白，東慢流，至危沒，赤黃，有尾跡。戊辰，星出王良西，如太白，西北慢流，至北斗沒，青白，有尾跡。丁丑，星出危西，如太白，南慢流，至牽牛沒，青白，有尾跡。庚辰，星出紫微垣牆右樞北，如太白，北急流，至濁沒，赤黃，有尾跡，照地明。十月己酉，星出天囷西，如太白，東南緩行，至天苑沒，赤黃，有尾跡。己丑，星出昴南，如太白，西北緩行，至內階沒，赤黃，有尾跡，照地明。庚子，星出五車西，如杯，緩行至鉤陳沒，赤黃。辛丑，星出屏星，如盂，向東速行，入濁沒，赤黃，有尾跡，照地明。癸卯，星出天倉北，如太白，東北緩行，至天囷沒，赤黃，有尾跡。丁未，星出柳東，如太白，東速行，入濁沒，青白，有尾跡。十一月甲寅，星出參旗西，如太白，南緩行，至天苑內沒，赤黃，有尾跡。庚午，星出弧矢東，如太白，東南緩行，入濁沒，赤黃，有尾跡。十二月癸未，星出天苑東，如太白，西南緩行，至濁沒，赤

黃，有尾跡。庚子，星出婁東，如杯，西南緩行，至濁沒，青白，有尾跡，照地明。甲辰，星出軍井西，如太白，南緩行，至天囷沒，赤黃，有尾跡。

十年正月丁丑，星出紫微垣內相南，如太白，南緩行，至太微垣右執法沒，赤黃，有尾跡。辛巳，星出參西，如太白，西南速行，至天苑沒，赤黃，有尾跡。二月丙戌，星出五車大星西，如太白，赤黃色，北急流，至大陵沒，有尾跡。癸巳，星透雲出北斗北，如太白，速行入濁沒，青白，有尾跡。戊申，星出天弁東南，如杯，東速行，入濁沒，赤黃，有尾跡，明燭地。三月丁巳，星出右樞東，如太白，東北速行，至濁沒，赤黃，有尾跡。四月甲申，星出河鼓北，如太白，東速行，至濁沒，青白，有尾跡。甲辰，星出郎位北，如太白，西急流，至下台南沒，赤黃，明燭地。己酉，星出積卒北，如杯，南急流，至濁沒，青白，有尾跡，明燭地。又星出太微垣內屏南，如太白，西南慢流，至翼南沒，赤黃，有尾跡，照地明。五月甲戌，星出庫樓北，如太白，西南慢流，至濁沒，赤黃。乙亥，星出五車西南，如太白，西北急流，至文昌沒，赤黃，有尾跡。丁丑，星出天市垣內候北，如太白，東北急流，至左旗沒，赤黃，有尾跡。六月辛丑，星出天市垣西，如杯，西北急流，至右攝提沒，赤黃，有尾跡，照地明。乙巳，星出王良東，如太白，西北急行，至紫微垣內鉤陳沒，赤黃，有尾跡。丙午，星出天雞南，如太白，南慢流，至濁沒，青白，有尾跡。戊申，星出南斗南，如太白，東南急流，至濁沒，赤黃，有尾跡。七月庚戌，星透

中華書局

雲出北斗南，如太白，西南急流，至氐宿沒，赤黃，有尾跡。又星出天市垣內宗人東，如太白，南急流，至尾沒，赤黃，有尾跡。甲寅，星透雲出氐，如太白，西北急流，至濁沒，赤黃，有尾跡。乙亥，星出人星西南，如太白，西北急流，至織女沒，赤黃，有尾跡。八月己卯，星出左攝提東，如杯，東慢流，至天大將軍沒，赤黃，有尾跡，照地明。壬午，星出鉤陳東，如太白，東北慢流，至濁沒，青白，有尾跡，照地明。壬辰，星出天船西，如太白，西慢流，至紫微垣沒，赤黃，有尾跡。甲辰，星出軍市西，如太白，東南慢流，至濁沒，青白，有尾跡，照地明。九月庚戌，星出內階北，如杯，北慢流，至文昌沒，青白，有尾跡，照地明。戊辰，星透雲出織女，如太白，西北急流，至紫微垣內北極沒，赤黃，有尾跡，照地明。又星出紫微垣內北極東，如太白，北急流，至濁沒，青白，有尾跡。己巳，星出司怪西，如太白，東北急流，至濁沒，赤黃，有尾跡，照地明。庚午，星出天船北，如太白，西北急流，至紫微垣內階沒，青白，有尾跡。壬申，星出紫微垣少尉東，如杯，北急流，至濁沒，青白，有尾跡，照地明。丙子，星出河鼓北，如太白，西急行，至濁沒，青白，有尾跡。十月己卯，星出七星北，如太白，東急行，至濁沒，赤黃。乙酉，星出天紀北，如杯，西慢行，至濁沒，赤黃，有尾跡，照地明。丁亥，星出昴南，如杯，西急行，至營室北沒，赤黃，有尾跡，照地明。又星出東井北，如杯，東急行至軒轅沒，赤黃，有尾跡，照地明。辛卯，星出天棓北，如太白，北急流，至濁沒，赤黃，有尾跡。己亥，星出霹靂

北，如太白，西北急行，至濁沒，赤黃，有尾跡，照地明。庚子，星出紫微垣內，如太白，北急流，至濁沒，青白，照地明。辛丑，星出軒轅西第三星北，如杯，東南慢流，至天狗沒，赤黃，有尾跡，照地明。乙巳，星出紫微垣內鉤陳東，如太白，東北慢行，至濁沒，青白。十一月癸丑，星出天廟西，如太白，西南急行，至濁沒，赤黃，有尾跡，照地明。甲寅，星出天廚北，如杯，西行至天棓沒，赤黃。又星出天船北，如太白，西北急行，至騰蛇沒，赤黃，有尾跡，照地明。乙卯，星出紫微垣內五帝坐南，如太白，東北急行，至角沒，青白，有尾跡。十二月甲申，星出天廟東南，如杯，南急行，至濁沒，赤黃，有尾跡。

宋史卷五十九

志第十二

天文十二

流隕三

元豐元年正月丁卯，星出天紀，向南速行，至天社北沒，赤黃。庚午，星出天紀南，如太白，西南慢行，至天社沒，赤黃，有尾跡。閏正月壬寅，星出紫微垣內鉤陳北，如杯，北慢行，至濁沒，青白，有尾跡。甲辰，星出柳北，如杯，西急行，至天廩沒，赤黃，有尾跡，照地明。二月己酉，星出太微垣內，如杯，西南急行，至翼沒，有尾跡，照地明。癸亥，星出角南，如杯，西南急行，至土司空沒，青白。三月丁酉，星出箕東，如杯，西南急行，至濁沒，赤黃，有尾跡，照地明。四月丙寅，星出閣道東，如杯，北急行，入濁沒，赤黃，有尾跡，照地明。六月甲辰，

東南方光燭地，有星如盂，出瓠瓜，至內階沒，分裂，有聲如雷。己巳，星出左攝提西，如太白，西南急行，至太微垣內五諸侯沒，赤黃，有尾跡，照地明。辛未，星出外屏北，如太白，東北慢行，至濁沒，青白，有尾跡。七月甲申夕，星出大角南，如太白，北慢行，至北斗沒，赤黃，有尾跡。庚子，星出天市垣內列肆東，如杯，西慢行，至亢沒，青白，有尾跡。八月己酉，星出紫微垣內陰德南，如杯，北急行，至濁沒，赤黃，有尾跡，照地明。乙卯，星出營室北，如盂，西北慢行，至濁沒，赤黃，有尾跡，照地明。丙辰，星出貫索西北，如太白，西慢行，至濁沒，青白，有尾跡。甲子，星隔雲照地明，東北急行，至濁沒。九月庚辰，星出鉤陳北，如杯，西北急行，至濁沒，赤黃，有尾跡。甲申，星出七公北，如太白，西北慢行，至濁沒，青白，有尾跡。己亥，星出天囷南，如杯，東南慢行，至濁沒，青白，有尾跡，照地明。十月乙巳，星出天津北，如太白，西北急行，至天棓沒，赤黃，有尾跡，照地明。又星出東井西，如杯，東北急行，至濁沒，赤黃，有尾跡，照地明。十二月丙寅，星出北河北，如杯，東南急行，至弧矢沒，赤黃，有尾跡，照地明。

二年三月戊子，星出氐內，如太白，東北緩行，至天市垣內候星沒，赤黃，有尾跡，照地明。五月戊辰，星出軫中，如太白，西速行，至濁沒，赤黃，有尾跡，照地明。庚午，星出天廚東，如太白，東北速行，至天津沒，赤黃，有尾跡，照地明。甲午，星出氐南，如太白，南速行，

至濁沒，青白。丙申，星出織女北，如杯，北速行，至紫微垣內太子沒，赤黃，有尾跡，照地明。丁酉，星出紫微垣上宰北，如杯，北速行，至右樞沒，青白，照地明。六月戊戌，星出尾東，如杯，南速行，至濁沒，青白，照地明。庚子，星出危東，如杯，東緩行，至濁沒，青白，有尾跡，照地明。七月乙巳，星出雷電北，如太白，東速行，至霹靂，赤黃，有尾跡。庚子，星出氐北，如杯，西速行，至濁沒，青白，照地明。庚寅，星出天津西，如杯，南急行，至河鼓沒，赤黃，有尾跡，照地明。八月癸卯，星出天囷西，如太白，東南速行，至濁沒，赤黃，有尾跡。九月戊辰，星出天弁，如太白，西南速行，至天市垣沒，青白，有尾跡，照地明。十月丁未，星出天船北，如太白，西南速行，至營室沒，青白，有尾跡。乙卯，星出北斗西，如太白，東北速行，至濁沒，赤黃，有尾跡。十二月壬子，星出輿鬼東，如太白，東北速行，至軒轅沒，赤黃，有尾跡，照地明。

三年正月癸未，星出右攝提西，如太白，青白色，東北速行，至濁沒，有尾跡。二月辛丑，星出弧矢南，如太白，東南速行，至濁沒，青白，有尾跡。五月庚午，星出尾南，如太白，南速行，至濁沒，青白，有尾跡。辛未，星出中台北，如太白，東南緩行，至天江沒，赤黃。丁丑，星出織女西，如杯，東北速行，至濁沒，青白，有尾跡。六月己亥，星出南斗南，如杯，南速行，至鼈星沒，青白，有尾跡，照地明。壬子，星出天津東，如杯，東速行，至濁沒，青白，有尾跡，照

地明。七月甲子，星出天棓，如杯，北急行，至濁沒，赤黃，有尾跡。丙寅，星出天棓北，如杯，西南急流，至濁沒，赤黃，有尾跡，照地明。己丑，星出北斗西，如太白，東北急流，至濁沒，赤黃，有尾跡，照地明。八月乙卯，星出天囷北，如太白，東南慢流，至弧矢沒，赤黃，有尾跡，照地明。戊午，星出紫微垣內大理西，如太白，北慢流，至濁沒，青白，有尾跡。閏九月辛卯，星出輿鬼南，如杯，急流至軒轅沒，赤黃，有尾跡，照地明。庚戌，星出紫微垣內鉤陳北，如太白，北急流，至天棓沒，青白，照地明。十月庚申，星出狼東，如太白，東南急流，至濁沒，青白，有尾跡，照地明。十一月丙辰，星出廁星東，如太白，東南慢流，至濁沒，青白。

四年正月戊戌，星出五車北，如杯，西南急流，至天囷沒，赤黃，有尾跡，分裂。六月戊寅，星出紫微垣內廚南，如太白，南慢流，至大角沒，赤黃，有尾跡。八月丁巳，星出壁壘陣南，如杯，西南慢流，至濁沒，青白，有尾跡，照地明。癸亥，星出文昌北，如太白，東北慢流，至濁沒，青白，有尾跡。癸酉，星出貫索南，如太白，東南至天市垣秦星沒，赤黃色，有尾跡，照地明。戊寅，星出婁，大如太白，東急流，至濁沒，青白。己卯，星出文昌西，如太白，北慢流，至紫微垣內鉤陳沒，赤黃，有尾跡。九月己酉，星出天街，如杯，北急行，穿五車北沒，赤黃，有尾跡，照地明。庚戌，星出天倉南，如太白，南急行，至濁沒，赤黃，有尾跡，照地明。十一月己丑，星出紫微垣內六甲，如太白，東北慢行，入濁沒，赤黃，有尾跡，照地明。乙未，星出

鉤陳北，如太白，東北慢行，至濁沒，赤黃，有尾跡，照地明。

五年四月庚申，星出角東，如太白，東南急行，至濁沒，赤黃。辛未，星出紫微垣內鉤陳北，如太白，急行至濁沒，青白。五月己丑，星出天津西，如太白，西北急行，至紫微垣內鉤陳沒，赤黃，有尾跡。六月丁卯，星出天槍東，如太白，西急行，至天罇沒，赤黃，有尾跡，照地明。己卯，星出郎位，如太白，東南急行，至濁沒，赤黃，有尾跡，照地明。七月辛巳，星出天市垣內列肆西北，如杯，西急行，至濁沒，赤黃，有尾跡，照地明。十月庚戌，星出參南，如太白，東南急行，至濁沒，青白。辛亥，星出參旗南，如杯，東急行，至軍井沒，青白，有尾跡。甲寅，星出騰蛇西，如太白，南速行，入虛沒，赤黃，有尾跡，照地明。甲子，星出中台南，如太白，東北速行，至濁沒，赤黃，有尾跡。十一月辛巳，星出五車西南，如太白，西北速行，入雲沒，赤黃，有尾跡，照地明。甲申，星出天津北，如太白，東北速行，至紫微垣內鉤陳沒，赤黃，有尾跡。十二月庚申，星出東壁西，如太白，西南速行，至濁沒，赤黃，有尾跡。戊辰，星出畢南，如太白，西南速行，至濁沒，赤黃。壬申，星出中台北，如太白，東北速行，至濁沒，赤黃。

六年四月辛酉，星出軒轅西南，如杯，西緩行，至天罇沒，青白，有尾跡，照地明。閏六月丙子，星出貫索東北，如杯，西南急行，至濁沒，青白，有尾跡，照地明。戊寅，星出貫索西，如

盂，西緩行，至濁沒，赤黃，有尾跡，照地明。己卯，星出天槍東，如太白，西南急行，至濁沒赤黃，有尾跡。癸卯，星出壁壘陣西南，如太白，西南慢行，至濁沒，青白，有尾跡，照地明。八月癸巳，星透雲出王良南，如太白，西南急行，至室沒，青白，有尾跡。甲午，星出騰蛇北，如太白，西北急行，至濁沒，青白，有尾跡。丙申，星出天船北，如太白，西北急流，至文昌沒，赤黃，有尾跡，照地明。九月癸卯，星出五車東，如杯，北急行，至濁沒，赤黃，照地明。乙巳，星出輿鬼東北，如太白，西北速行，至紫微垣內文昌沒，赤黃，有尾跡，照地明。庚申，星出危北，如太白，西南急行，至牽牛沒，赤黃，有尾跡。乙丑，星出織女西南，如太白，西北急行，至濁沒，青白，有尾跡。十月辛丑，星出大角西，如太白，南慢行，至角距星沒，青白，有尾跡，照地明。

七年四月辛未，星出牛星東，如杯，西南慢行，至濁沒，赤黃，有尾跡。丙子，星出亢，如太白，西南急行，至角沒，赤黃，有尾跡，照地明。六月庚辰，星出天棓南，如太白，西南急行，入天市垣內候星沒，青白，有尾跡。癸巳，星出紫微垣東，如杯，東北流行，至濁沒，赤黃，有尾跡。戊子，星出王良西，如杯，西北速行，至女牀沒，赤黃，有尾跡，照地明。丁酉，星出鼈星南，如太白，東南急行，至濁沒，赤黃，有尾跡，照地明。七月丙午，星出閣道北，如杯，北慢行，至濁沒，青白。己未，星出胃東，如太白，東急行，至濁沒，青白，有尾跡。八月辛未，星出

中華書局

文昌東，如太白，西北速行，至濁沒，青白，有尾跡，照地明。癸巳，星出天津東，如太白，西南急流，至河鼓沒，青白，有尾跡。十一月乙卯，星出虛南，如杯，西南急行，至濁沒，赤黃，有尾跡，照地明。丁巳，星出七星東，如太白，東南急行，入濁沒，赤黃，有尾跡，照地明。

八年正月丙午，星透雲出角南，如杯，東南速行，至濁沒，赤黃，有尾跡，照地明。二月丙寅，星出婁南，如太白，西速行，至濁沒，赤黃，有尾跡。庚辰，星出太微垣左執法北，如太白，東南速行，至濁沒，赤黃，有尾跡。癸巳，星出紫微垣內鉤陳東，如盂，西北速行，至濁沒，青白，有尾跡，照地明。六月己丑，星出右旗西，如杯，向南急流，至濁沒，青白，有尾跡，明燭地。七月庚申，星出胃宿，如杯，急流至天囷沒，青白，有尾跡，明燭地。十月壬申，透雲星出王良西，如太白，急流至織女北沒，赤黃，有尾跡，明燭地。丁丑，透雲星出天囷南，如太白，東南慢流，至濁沒，青白，有尾跡。戊子，透雲星出奎東，如太白，西北急流，至濁沒，赤黃，有尾跡，明燭地。庚寅，星出昴南，如太白，急流至濁沒，青白，有尾跡，明燭地。十二月乙巳，星出紫微垣鉤陳東，如太白，向北速行，至太子沒，黃赤，有尾跡，明燭地。

元祐元年正月癸巳，星出狼星南，向東南急流，至濁沒，赤黃，有尾跡，明燭地。癸丑，透雲星出近軫南，如太白，東南急流，至濁沒，青白，有尾跡，明燭地。二月丙戌，透雲星出近紫微垣文昌西，向西北急流，至王良北沒，赤黃，有尾跡，明燭地。又星出上台北，向西北急流，至王良南沒，赤黃，有尾跡，明燭地。閏二月庚戌，星出五車南，向西北慢流，至濁沒，青白。五月壬申，星出女北，向東急流，至虛東沒，青白，有尾跡，明燭地。六月甲辰，星出天津西，如太白，西南急流，至尾北沒，赤黃，有尾跡，明燭地。七月丁巳，星出墳墓東，如太白，慢流至壁南沒，青白，有尾跡，明燭地。九月庚申，星出天苑南，如太白，向南急流，入濁沒，赤黃，有尾跡，明燭地。壬戌，星出天津北，如太白，西北急流，至濁沒，赤黃，有尾跡，明燭地。十月庚寅，星出羽林軍南，如太白，西南急流，至濁沒，赤黃，有尾跡。辛丑，透雲星出近五車西，如太白，西南急流，至天囷北沒，青白，有尾跡。丙午，星出室南，如太白，西南急流，至濁沒，赤黃，有尾跡。戊申，星出紫微垣北，如太白，西北急流，至濁沒，青白，有尾跡。十二月庚寅，星出天苑南，如太白，東北急流，至濁沒，赤黃，有尾跡。

二年正月癸酉，星出柳南，如杯，東南急流，至濁沒，赤黃，有尾跡，照地明。辛巳，星出軫南，如杯，向南急流，至濁沒，赤黃，有尾跡，照地明。壬子，星出柱史西，如盂，西北急流，至鉤陳東沒，赤黃，有尾跡。四月丙午，星出天棓南，如太白，東北急流，至天津沒，赤黃，有尾跡，照地明。六月壬寅，星出文昌東，如杯，向北急流，至濁沒，赤黃，有尾跡，照地明。九月甲寅，星出天市垣中山北，如太白，向西急流，至天紀西沒，赤黃，有尾跡，照地明。丁丑，星出雷電南，如太白，向西急流，入天市垣內至宗正東沒，赤黃，有尾跡，照地明。

三年三月己酉，星出亢南，如杯，向南慢行，至濁沒，赤黃，有尾跡，照地明。六月壬午晝酉時八刻後，星出西南甲位，如盂，向東急流，至卯位沒，青白，有尾跡。庚子，星出壁南，如杯，東南急流，入羽林軍內沒，赤黃，有尾跡，照地明。甲辰，星出天市垣魏星西，如太白，西北急流，至梗河西沒，赤黃，有尾跡。又有星出霹靂南，如杯，東南急流，至羽林軍東沒，赤黃，有尾跡，照地明。八月癸巳夕，有星自中天向東急流，至濁沒，青白，有尾跡，照地明。十一月戊申，星出北斗天璇，如杯，流至南河沒，赤黃，有尾跡，照地明。閏十二月甲子，星出天廚北，如太白，向北急流，至濁沒，赤黃，有尾跡。

四年二月己酉，星出五諸侯西，如太白，急流至五車北沒，赤黃，有尾跡，明燭地。三月戊戌，星透雲出織女東，如太白，速行至天津西沒，赤黃，明燭地。己亥，星透雲出氐西，如太白，速行至濁沒，赤黃，有尾跡，明燭地。四月壬寅，星出車肆南，如太白，速行至濁沒，青白，有尾跡，明燭地。五月癸巳，星出天弁南，如太白，速行至尾北沒，赤黃，有尾跡，明燭地。八月甲辰，星出天津東，如太白，慢流至霹靂東沒，青白，有尾跡。九月己巳，星出天津東南，如太白，速行至女牀西北沒，赤黃，有尾跡，明燭地。壬午，星透雲出天棓北，如太白，速行至濁沒，赤黃，有尾跡。十月丁巳，星出天津東南，如太白，速行至濁沒，赤黃，有尾跡，明燭地。十一月乙酉，星出司怪西南，如杯，慢流至參旗沒，赤黃，有尾跡。

五年正月己酉，星出右攝提，如杯，西北緩行，至濁沒，青白，有尾跡，明燭地。四月癸丑，星出天廚，如太白，急流北至濁沒，赤黃，有尾跡，明燭地。又星出天棓，如杯，急流北至濁沒，青白，有尾跡，明燭地。又星出天市垣斗星西北，如杯，急流至北斗西沒，青白，有尾跡，明燭地。五月癸酉，星出文昌，如太白，急流北至濁沒，赤黃，有尾跡，明燭地。六月庚申，星出室北，如太白，東北緩行，至濁沒，青白，有尾跡。辛酉，星出氐，如太白，西北急流，至濁沒，青白，有尾跡。又星出紫微垣少尉，如太白，西北急流，至濁沒，赤黃，有尾跡，明燭地。七月辛未，星出危，如太白，東南急流，至濁沒，青白，有尾跡，明燭地。癸未，星出天市垣屠肆西，如太白，急流西至貫索南沒，赤黃，有尾跡，明燭地。丁亥，星出自天市垣市西，如太白，西南急流，至心沒，赤黃，有尾跡，明燭地。八月甲午，星出房西，如太白，東南急流，至心沒，赤黃，有尾跡，明燭地。庚子，星出內廚，如太白，急流至文昌北沒，赤黃，有尾跡，明燭地。癸卯，星出八穀西，如太白，東北急流，至濁沒，青白，有尾跡。九月辛巳，星出軍市西，如太白，東南急流，至濁沒，赤黃，有尾跡。乙酉，星出漸臺西，如太白，急流至濁沒，青白，有尾跡。辛卯，星出羽林軍內，如太白，西南急流，至濁沒，赤黃，有尾跡，明燭地。十月甲午，星出柳，如杯，緩北行，至濁沒，有尾跡，明燭地。己未，星出車府西，如太白，急流北至天津西南沒，青白，有尾跡，明燭地。又星出紫微垣柱史南，如杯，西南緩行，至天津東沒，赤黃，

中華書局

有尾跡，明燭地。十一月壬戌，星出紫微垣內極星北，如太白，急流北，至濁沒，青白，有尾跡。十二月己亥，星出柳，如太白，西北流，至北河沒，赤黃，有尾跡，明燭地。丙辰，星出卷舌西，如太白，急流西，至濁沒，青白，有尾跡。

六年二月辛丑，星出翼東，如杯，東南急流，至濁沒，赤黃，有尾跡，明燭地。丙辰，星透雲出郎將西，如太白，東北速行，至紫微垣內少尉沒，赤黃，有尾跡，明燭地。五月乙酉，星出天市垣內宗人南，如杯，西北急流，至宋星南沒，赤黃，有尾跡，明燭地。丁亥，星出貫索東，如太白，東南急流，至候東沒，赤黃，有尾跡。六月丙辰，星透雲出太微垣內郎位北，如太白，西南急流，至濁沒，赤黃，有尾跡。七月癸亥，透雲星二，皆如太白：一出天槍東，西南急流，至亢東沒；一出奎東，西南急流，至壁壘陣東沒　赤黃，有尾跡。九月甲寅，星出天津北，如太白，東北慢流，至內階沒，赤黃，有尾跡，明燭地。十月壬戌，星出婁南，如太白，東南慢流，至天苑沒，赤黃，有尾跡，明燭地。丁卯，星出東北方，如杯，急流至濁沒，赤黃，有尾跡。又星出王良南，如太白，東南急流，至濁沒，赤黃，有尾跡，明燭地。

七年二月戊午，星出敗瓜東南，如太白，急流至虛東沒，赤黃，有尾跡，明燭地。甲戌，星出平星西，如太白，急流至濁沒，赤黃，有尾跡。己卯，星出紫微垣帝星西北，如杯，急流至濁沒，青白，有尾跡，明燭地。癸未，星出心東，如太白，急流至尾南沒，青白，有尾跡，明

燭地。三月辛亥，星出北極天樞北，如太白，急流至濁沒，青白，有尾跡，明燭地。四月癸亥，星出輦道東，如太白，急流至濁沒，青白，有尾跡，明燭地。甲子，透雲星出天市垣燕星南，如太白，急流至濁沒，赤黃，有尾跡。辛巳，星出牛西北，如杯，急流至壁壘陣西沒，青白，有尾跡，明燭地。六月庚午，星出騰蛇南，如太白，急流至匏瓜東北沒，赤黃，有尾跡，明燭地。乙亥，星出閣道東，如太白，急流至天船北沒，赤黃，有尾跡，明燭地。八月辛未，星出奎距星西南，如太白，急流至濁沒，青白，有尾跡，明燭地。九月甲辰，星出參旗西，如太白，急流至參東南沒，青白，有尾跡，明燭地。

八年正月甲申，星出天市垣內候南，如杯，東南急流，至箕南沒，赤黃，有尾跡，明燭地。三月庚寅，透雲星出左攝提東南，如太白，東北慢流，至濁沒，青白，有尾跡。又星出天市垣內，如太白，東北急流，至漸臺南沒，赤黃，有尾跡，明燭地。五月辛丑，透雲星出紫微垣天廚西，如太白，向北急流，至濁沒，青白，有尾跡，明燭地。六月庚申，星出氐北，如太白，慢流至角西沒，赤黃，有尾跡，明燭地。八月壬戌，星出中天，如太白，東南急流，至濁沒，青白，有尾跡。庚午，星出五車北，如太白，東北急流，至濁沒，赤黃，有尾跡，明燭地。九月辛卯，星出紫微垣，如杯，向南急流，青白，有尾跡，明燭地，至五車內沒。乙未，透雲星出羽林軍南，如太白，東南急流，至濁沒，赤黃，有尾跡，明燭地。丁酉，星出敗瓜西，如太白，西南急流，至天弁北沒，赤黃，有尾跡，明燭地。又星出王良北，如太白，向北急流，至上輔西北沒，青白，有尾跡。己亥，透雲星出天苑南，如太白，東南急流，至濁沒，赤黃，有尾跡，明燭地。癸卯，星出天苑西南，如太白，西南急流，至濁沒，赤黃，有尾跡，明燭地。十月乙巳，星出營室北，如太白，西南急流，至左旗北沒，赤黃，有尾跡，明燭地。戊申，星出天棓東南，如杯，北流，至濁沒，赤黃，有尾跡，明燭地。又星出壁西，如太白，向南慢流，至羽林軍沒，青白，有尾跡，明燭地。

紹聖元年正月壬午晝，星出中天，如太白，西南急流，入濁沒，赤黃。丙戌，星出鈎陳北，如杯，東北急流，至北斗沒，赤黃，有尾跡，明燭地。丁酉，透雲星出北斗搖光西，如太白，西北速行，至鈎陳沒，赤黃，有尾跡，明燭地。二月丙午，透雲星出壁東，如杯，西南慢流，入濁沒，青白，有尾跡。庚午，星出紫微垣內天槍西南，如杯，急流入濁沒，赤黃，有尾跡，明燭地。四月辛酉，星出北斗搖光南，如太白，向南急流，至大角沒，赤黃，有尾跡，明燭地。六月癸酉，星出人星南，如太白，急流至牛沒，赤黃，有尾跡，明燭地。丁丑晝，有飛星出東南，如太白，西北急流，至中天沒，青白，有尾跡，明燭地。乙未，星出牛東南，如太白，西南速行，入濁沒，赤黃，有尾跡，明燭地。丙申，透雲星出室北，如太白，西南速行，入天市垣，至宗正西沒，赤黃，有尾跡。八月戊戌，星出奎南，如太白，東南速行，至天囷沒，赤黃，有尾跡，明燭地。九月庚子，星出天囷南，如太白，急流至九州殊口沒，赤黃，有尾跡，明燭地。丁巳，透

雲星出羽林軍南，如太白，西南急流，入濁沒，赤黃，有尾跡，明燭地。辛酉，星出天弁西，如太白，慢行至濁沒，赤黃，有尾跡，明燭地。丙寅，星出室東，如太白，急流至濁沒，青白。戊辰，星出紫微垣內鈎陳南，如杯，急流至濁沒，赤黃，有尾跡，明燭地。十月己巳，星出紫微垣內，如太白，慢行至濁沒，青白，有尾跡。癸酉，星出軒轅，如太白，急流至濁沒，赤黃，有尾跡，明燭地。甲申，星出天倉〔二〕南，如太白，慢行至上台沒，赤黃，有尾跡，明燭地。辛卯，星出鬼東，如太白，急流至濁沒，赤黃，有尾跡，明燭地。十一月庚子，星出北斗天樞西北，如杯，急流至濁沒，赤黃，有尾跡，明燭地。壬戌，星出星宿，如太白，急流至天稷西沒，赤黃，有尾跡，明燭地。又星出天廟南，如杯，慢行至濁沒，青白，照地明。十二月辛未，透雲星出柳西，如太白，東南速行，至張沒，赤黃，有尾跡，明燭地。壬申，星出天廚，如太白，急流至濁沒，青白，有尾跡。

二年三月丁未，星出危西，如杯，西急流，至敗瓜南沒，赤黃，有尾跡，明燭地。丙辰，星出天津東北，如杯，向東慢流，至室北沒，青白，有尾跡，明燭地。四月甲申，透雲星出上台南，如太白，西北慢流，至濁沒，赤黃，有尾跡，明燭地。五月癸卯，星出漸臺東，如太白，東北急流，至人星南沒，赤黃，有尾跡，明燭地。甲寅，星出閣道東北，如太白，東北急流，至濁沒，青白，有尾跡，明燭地。辛酉，透雲星出建西北，如太白，西南急流，至箕宿南沒，赤黃，有尾

跡，明燭地。六月壬午，透雲星出壁壘陣北，如太白，東南急流，至濁沒，青白，有尾跡，明燭地。七月辛丑，星出九州殊口東，如太白，東南慢流，至濁沒，赤黃，有尾跡，明燭地。乙巳，星出天棓北，如杯，東北急流，至內階東沒，赤黃，有尾跡，明燭地。庚申，星出天槍西南，如太白，西南急流，至濁沒，青白，有尾跡，明燭地。九月乙未，星出北斗天樞西南，如太白，東北急流，至濁沒，青白，有尾跡，明燭地。丁酉，星出左更東，如杯，東北急流，至上台西沒，赤黃，有尾跡，明燭地。庚戌，星出外廚西南，如太白，西北急流，至濁沒，赤黃，有尾跡，明燭地。十月癸亥，星出廁星東，如太白，東南急流，至濁沒，青白，有尾跡，明燭地。甲子，星出輦道東，如太白，西南慢流，至漸臺南沒，赤黃，有尾跡。又星出螣蛇西北，如太白，西北急流，至濁沒，青白，有尾跡，明燭地。丙寅，星出天倉南，如太白，向南急流，至濁沒，赤黃，有尾跡，明燭地。戊辰，星出昴東南，如太白，向西急流，至天陰西沒，青白，有尾跡，明燭地。甲戌，星出壁南，如太白，向東南急流，至天倉南沒，赤黃，有尾跡，明燭地。丙戌，透雲星出參旗北，如太白，向東慢流，至觜北沒，赤黃，有尾跡。丁亥，透雲星出婁東，如杯，向東急流，至胃北沒，青白，有尾跡，明燭地。庚寅，透雲星出張南，如太白，東南急流，至濁沒，赤黃，有尾跡，明燭地。十一月癸巳，星出外屏西，如太白，西南急流，至羽林軍西沒，赤黃，有尾跡，明燭地。庚申，星出外屏西南，如太白，西北慢流，至濁沒，赤黃，有尾跡。十二月甲

子，透雲星出中天，如杯，西南急流，至濁沒，赤黃，有尾跡，明燭地。戊辰，透雲星出五車北，如太白，西北急流，至濁沒，青白，有尾跡，明燭地。

三年二月丙子，透雲星出太微垣，如太白，慢流至濁沒，赤黃，有尾跡。四月庚申，星出貫索西南，如太白，急流至女牀東沒，赤黃，有尾跡，明燭地。五月乙未，星出平星西，如杯，急流至濁沒，青白，有尾跡，明燭地。辛丑，星出天棓南，如太白，急流至漸臺東南沒，赤黃，有尾跡。六月壬戌，星出女牀南，如太白，急流至織女西沒，赤黃，有尾跡，明燭地。七月癸丑，星出室北，如太白，急流至天倉東北沒，赤黃，有尾跡，明燭地。乙卯，透雲星出危南，如太白，急流至濁沒，赤黃，有尾跡，明燭地。丁巳，星出左更東，如太白，慢流至觜北沒，青白，有尾跡，明燭地。八月癸亥，星出天津南，如太白，急流至天棓北沒，赤黃，有尾跡。乙酉，星出天倉南，如太白，慢流至濁沒，青白，有尾跡，明燭地。九月乙未，星出七公北，如太白，慢流至角北沒，青白，有尾跡，明燭地。丁未，星出五車西北，如太白，急流至文昌南沒，青白，有尾跡，明燭地。辛亥，星出右更西，如太白，急流至壁東沒，赤黃，有尾跡，明燭地。壬子，星出天倉南，如太白，急流至濁沒，赤黃，有尾跡，明燭地。又星出昴南，如杯，慢流至諸王沒，青白。癸丑，星出北斗天璇東，如太白，慢流至輦道西南沒，赤黃，有尾跡，明燭地。又星出閣道西北，如太白，急流至大將軍西沒，赤黃，有尾跡，明燭地。甲寅，星出柳西南，如

太白，急流至屏星沒，赤黃，有尾跡，明燭地。又星出文昌西北，如杯，急流至鉤陳西沒，赤黃，有尾跡，明燭地。十月己未，星出天市垣吳越星西，如太白，急流至濁沒，赤黃，有尾跡，明燭地。丁丑，透雲星出織女西南，如太白，急流至濁沒，青白，有尾跡，明燭地。壬午，星出亢池東南，如太白，急流至濁沒，青白，有尾跡，明燭地。十一月癸巳，星出五車東南，如太白，東北慢流，至濁沒，青白，有尾跡，明燭地。甲午，星出太微垣郎位西北，如太白，急流至周鼎北沒，赤黃，有尾跡，明燭地。戊戌，星出柳北，如太白，急流至軒轅西沒，赤黃，有尾跡，明燭地。壬子，星出紫微垣太一西，如太白，慢流至鈇鑕南沒，赤黃，有尾跡，明燭地。十二月丁巳，星出南河北，如太白，急流至濁沒，赤黃，有尾跡，明燭地。

四年正月甲辰，星出北斗開陽南，如太白，東北急流，至鉤陳沒，青白，有尾跡，明燭地。二月戊午，星出井南，如太白，東南急流，至弧矢西北沒，赤黃，有尾跡，明燭地。丙子，星出星宿北，如太白，向北急流，至紫微垣右樞西沒，赤黃，有尾跡，明燭地。三月己未晝，星出東南丙位，如太白，西南急流，至西南未位沒，赤黃，有尾跡。四月壬辰，星出天淵東南，如太白，南慢流，至濁沒，青白，有尾跡，明燭地。五月甲戌，星出人星東，如太白，向東急流，至濁沒，青白，有尾跡，明燭地。庚辰，星出紫微垣鉤陳西南，如太白，向北慢流，至濁沒，赤黃，有尾跡，明燭地。六月甲申，星出亢西南，向西急流，至濁沒，色赤黃，又星出室西南，急流至女

西沒，色青黃：皆如太白，有尾跡，明燭地。乙未，星出紫微垣少輔東，如太白，西北急流，至北斗天權西沒，赤黃，有尾跡，明燭地。丙午，透雲星出王良西北，如太白，東北急流，至濁沒，青白，有尾跡，明燭地。戊申，星透雲出室西北，如太白，西北急流，至紫微垣內鉤陳南沒，赤黃，有尾跡，明燭地。七月丙辰，星出天津北，如太白，東北急流，至天棓西沒，色赤黃。戊午，透雲星出匏瓜南，如太白，向東急流，至人星西南沒，赤黃，有尾跡，明燭地。丙子，星出匏瓜南，如太白，西南速行，至牛西沒，赤黃，有尾跡，明燭地。八月己酉，星出天市垣南海，向西南慢流，至濁沒，色青白；又星出天大將軍西，西北急流，至室東沒，色赤黃：皆如太白，有尾跡，明燭地。九月壬子，星出女牀西北，如太白，西南急流，至天市垣內斗星北沒，赤黃，有尾跡，明燭地。乙卯，星出河鼓西，西南急流，入天市垣東海西沒，色赤黃，又星出天園東，東南急流，入濁沒，色青白 皆如太白，有尾跡，明燭地。戊午，透雲星出牛西，大如杯，西南急流，至建北沒，赤黃，有尾跡，明燭地。丁卯，星出天棓西，如太白，西北急流，入濁沒，青白，有尾跡，明燭地。十月丁酉，星出天關東北，如太白，東南慢流，至濁沒，青白，有尾跡。辛丑，透雲星出文昌北，如太白，向北急流，入紫微垣內鉤陳北沒，赤黃，有尾跡，明燭地。十二月甲申，星出太微垣內五諸侯西，如太白，西南急流，至明堂南沒，赤黃，有尾跡，明燭地。癸巳，透雲星出天廟東，如太白，東南慢流，至濁沒，青白，有尾跡，明燭

中華書局

地。乙巳，星出中台南，如太白，西南慢流，至八穀北沒，赤黃，有尾跡，明燭地。丁未，星出天倉北，西南急流，至壓壘陣北沒，赤黃，又星出天倉西北，西南急流，至濁沒，青白：皆如太白，有尾跡，明燭地。

元符元年二月丁亥，星出井北，如太白，急流至參沒，赤黃，有尾跡，明燭地。戊申，星出宗正東，如太白，急流至天江南沒，赤黃，有尾跡，明燭地。三月甲戌，星出明堂南，急流至土司空西沒；又星出天乳北，急流至角沒：皆如太白，赤黃，有尾跡，明燭地。四月乙酉，透雲星出卷舌，如杯，慢流至濁沒，青白，有尾跡。戊子，星出氐西，如太白，慢流至濁沒，赤黃，有尾跡，明燭地。丙午，星出文昌南，慢行至濁沒，又星出平星東南，急流至濁沒：皆如杯，青白，有尾跡。五月庚戌，星出斗宿南，如太白，急流至濁沒，赤黃，有尾跡，明燭地。戊辰，星出左旗東南，如太白，急流至下台東沒，赤黃，有尾跡，明燭地。癸酉，星出文昌東，如太白，急流至濁沒，青白，有尾跡，明燭地。六月癸巳，星出天津東南，如杯，至室東沒，青白，有尾跡。又星出室，如杯，至壁東沒，青白，有尾跡。辛丑，星出箕，如太白，急流至尾沒，赤黃，有尾跡，明燭地。壬寅，星出文昌西，如太白，慢行至濁沒，赤黃，有尾跡，明燭地。七月丁未，星出天津西北，如太白，急流至建東沒，赤黃，有尾跡，明燭地。甲寅，星出騰蛇東北，如太白，急流至閣道東沒，赤黃，有尾跡，明燭地。乙卯，星出大角東北，如

太白，急流至濁沒，青白，有尾跡。丁巳戌時初刻，星出東方，如杯，急流至濁沒，赤黃，有尾跡。癸亥，星出鈎陳南，如太白，慢行至文昌北沒，赤黃，有尾跡，明燭地。八月壬辰，西南方有星自濁出，如太白，慢行經天，至紫微垣北斗天樞西北沒，赤黃，有尾跡，明燭地。九月癸亥，星出天囷東南，如太白，急流至濁沒，青白，有尾跡。丙寅，星出井西，如太白，急流至室西北沒，赤黃，有尾跡，明燭地。十月丁酉，星出壁南，如太白，急流至女西沒，赤黃，有尾跡，明燭地。十一月辛未，星出胃南，如太白，慢行至婁西南沒，赤黃，有尾跡，明燭地。

二年正月辛酉，星出太陽守東南，如太白，慢流至濁沒，青白，有尾跡，明燭地。二月丙申，星出鈎陳東，如太白，西北慢流，至濁沒，青白。壬寅，星出天市垣趙星西南，如太白，急流至吳越星沒，赤黃，有尾跡，明燭地。癸卯，星出靈臺北，如太白，向西慢行，至軒轅沒，赤黃，有尾跡，明燭地。五月戊辰，星出氐西南，如太白，西南速行，至濁沒，青白，有尾跡，明燭地。六月丁酉，星出亢池東，如太白，西北急流，至太微垣東扇上將沒，赤黃，有尾跡，明燭地。戊戌，透雲星出壁壘陣南，如太白，東南速行，至羽林軍沒，赤黃，有尾跡。八月乙未，透雲星出閣道東，如太白，東北急流，至濁沒，赤黃，有尾跡，明燭地。九月己巳，星出昴東南，如太白，向南慢流，至天苑沒，青白，有尾跡，明燭地。閏九月乙亥，星出河鼓西，如太白，西南急流，入天市垣內沒，青白，有尾跡，明燭地。又星出天苑東南，如太白，向南急流，至濁沒，青黃，有尾跡，明燭地。十月辛丑，星出女西北，如太白，西南急流，至牛西北沒，青白，有尾跡，明燭地。癸卯，星出上台東，如太白，西北急流，至文昌沒，青白，有尾跡，明燭地。壬戌，星出壁南，如太白，向南急流，入羽林軍沒，赤白，有尾跡，明燭地。十一月丙子，星出陰德東，如太白，東北慢行，至北斗魁內大理西沒，赤黃，有尾跡。庚寅，星出中台東，如太白，向北急流，至濁沒，赤黃，有尾跡，明燭地。

三年五月癸巳，星出織女，如杯，西北慢流，至北斗搖光沒，青白，有尾跡，明燭地。

校勘記

〔一〕天倉　通考卷二九二象緯考作「天槍」。

宋史卷六十

志第十三

天文十三

流隕四

建中靖國元年正月癸亥，星出西南，如盂，東北急流，入尾距星沒，青黑，無尾跡，明燭地。

崇寧元年三月庚辰，星出張，如金星，西南急流，至濁沒，赤黃，有尾跡，明燭地。五月丁卯，星出尾，如杯，西南慢流，入濁沒，青白，有尾跡，明燭地。閏六月癸酉，星出斗，向西南慢流，至建沒，青白，有尾跡，數小星從之。八月己未，星出羽林軍，如杯，急流至濁沒，青白，有尾跡，明燭地。十月壬子，星出天船，如盂，急流至五車沒，青黑，有尾跡，聲隆隆然。十二

月己卯，星出婁，如金星，西南慢流，至外屏沒，赤黃，有尾跡，明燭地。二年正月戊申，星出未位，如金星，急流至北河沒，青白，有尾跡，明燭地。六月戊午，星出亢，如金星，西南急流，入濁沒，赤黃，有尾跡，明燭地。九月辛巳，星出牛，如杯，西南慢流，至狗國沒，青白，有尾跡，明燭地。十一月甲辰，星出參，如金星，西南急流，至濁沒，青白，有尾跡，明燭地。十二月丁未，星出大陵，如金星，至騰蛇沒，赤黃，有尾跡，明燭地。三年四月戊申，星出軫，如杯，西北慢流，入太微垣內屏星沒，赤黃，有尾跡，明燭地；又入太微；又入屏星。六月丙午，星出氐，如金星，東北慢流，入天市垣，赤黃，有尾跡，明燭地。八月己酉，星出建，如杯，西南急流，至鼈沒，青白，有尾跡，明燭地。十二月甲子，星出天大將軍，如盂，西北急流，入王良沒，赤黃，無尾跡，明燭地。四年正月甲申，星出角，如盂，西南慢流，入濁沒，青白，無尾跡。閏二月壬申，星出井，如金星，西北急流，入五車沒，青白，有尾跡，明燭地。三月庚子，星出紫微垣華蓋，如杯，至鉤陳大星沒，赤黃，有尾跡，明燭地。五月庚申，星出河鼓，如盂，西北急流，入濁沒，青白，無尾跡。十二月甲午，星出參，如杯，東南慢流，入軍市沒，赤黃，有尾跡，明燭地。五年六月庚午，星出西咸，如金星，東北急流，入天市垣內沒，青白，有尾跡，明燭地。六月乙酉，星出庫樓，如杯，向西急流，入濁沒，赤黃，有尾跡，明燭地。九月癸卯，星出天船，如杯，慢流至諸王沒，青白，有尾跡，明燭地。十二月壬戌，星出奎，向南急流，入天倉沒，青白，有尾跡及三丈，明燭地，聲散如裂帛。

大觀元年二月丁卯，星出參，如杯，西南急流，入濁沒，赤黃，無尾跡，明燭地。四月辛未，星出軫，如盂，向南慢流，入濁沒，青白，有尾跡，明燭地。六月乙亥，星出尾西南，如杯，西南慢流，入濁沒，青白，有尾跡，明燭地。七月庚戌，星出箕，如杯，西南急流，入濁沒，赤黃，無尾跡，照地明。二年十二月癸卯，星出奎，如盂，西北急流，入造父沒，青白，有尾跡，照地明，有聲。

政和元年四月丙辰，星出亢，如盂，西北急流，至右攝提沒，赤黃，有尾跡，照地明。五月辛巳，日未中，星隕東南。二年九月乙卯，星出斗，如杯，西南急流，入濁沒，赤黃，有尾跡，照地明。三年四月丙申，星出心，如盂，西南急流，至積卒沒，青白，有尾跡，照地明。四年九月庚子，星出墳墓，如盂，東南急流，入羽林軍沒，青白，有尾跡，照地明。七年十二月甲子，星出胃東南，如盂，西北急流，至天大將軍沒，赤黃，有尾跡，照地明。

重和元年九月庚辰，星出斗魁南，如盂，東南急流，至天淵沒，赤黃，有尾跡，照地明。

宣和元年三月丁卯，星出柳，如盂，東北急流，入太微垣，赤黃，有尾跡，照地明。十月戊子，星出雲雨，如盂，西南慢流，入羽林軍內沒，青白，照地明。二年六月庚寅，星出氐南，如太白，東北急流，入天市垣，無尾跡。十二月辛巳，星出奎西南，如杯，西南慢流，至北沒〔一〕，

赤黃，有尾跡，照地明。三年七月癸未，星出斗，如太白，東南急流，入濁沒，青白，有尾跡，照地明。四年十一月丙寅，星出王良北，如杯，急流至紫微垣內上輔北沒，赤黃，有尾跡，照地明。五年二月丙午，星出北河東北，如杯，東南慢流，至軫沒，赤黃，有尾跡，照地明。六年七月丁酉，星出太陽守，如盂，東北急流，入濁沒，赤黃，有尾跡，照地明。七年十一月戊子，星出王良北，如杯，急流入紫微垣上輔北，赤黃，有尾跡，照地明。

靖康元年二月丙辰，星出張，如太白，東南急流，至濁沒，青白，有尾跡，照地明。又星出北河，如太白，東南慢流，至軫東沒，赤黃，有尾跡，照地。三月壬辰，星出紫微垣內鉤陳東南，如金星，東北慢流，至濁沒，赤黃，有尾跡，照地。五月乙未，星出權東北，如桃，西北急流，至濁沒，青白，有尾跡，照地。六月癸丑，星流大如五斗器，衆光隨之，明照地，起東南，墜西北，有聲如雷。庚申，星出紫微垣內華蓋東南，如金星，向北急流，至左樞沒。二年正月乙未，大星出建，向西南急流，至濁沒，赤黃，有尾跡，照地。

建炎四年六月乙酉，星出紫微垣鉤陳。十月辛未，星出壁。

紹興元年四月甲戌，星出東方，晝隕。七月乙未朔，星出河鼓。八月辛未，星出羽林軍。十一月庚戌，星出婁宿西南。丁巳，星出天槍北。十二月甲子朔，星出大陵西北。二年三月甲午，星出紫微垣華蓋西南。乙卯，星出角。丁巳，星出紫微垣右樞星。戊午，星出

中華書局

二十四史

軒轅大星西南。閏四月乙巳，星出太微垣西右執法北。五月癸未，星出河鼓。五年十月壬戌，星出室東南，赤黃而大。六年十月壬子，星出壁西北。七年八月壬寅，星隕于汴。八年十一月乙巳，星出天囷東北。九年五月癸未，星出房宿東南。十七年八月己未，星出危宿，慢流至貫索沒，青白色，有尾跡，照地明，大如太白。二十六年六月丁亥，星出東北方，光明照地。二十八年六月戊戌，星晝隕，有尾長三丈，至西北沒。二十九年八月戊寅，星出紫微垣西南，約長三尺，赤黃色，西南急流，至鈎陳大星東北沒。三十一年六月乙卯，星出右攝提，赤白色，急流向東南沒，有尾跡，大如歲星。丁巳，星出，青白色，自東北急流向東南沒，有尾跡，大如盞口。甲子，星出氐，赤黃色，慢流至角宿天田沒，初小後大，如太白，後有小星隨之。九月壬午，星晝隕，約長三丈。

隆興元年六月丁丑，星出尾宿，青白色，向東南慢流沒。七月壬寅，星出天市垣內，赤色，向西北慢流，至右攝提西南沒，炸散小星二十餘顆，有聲，尾跡大如太白。丙午，又出天市垣，慢流至氐宿沒，青白色，微有尾跡，小如填星。癸丑，星出織女，急流向貫索西北沒，青白色，明大如土星，照地。丙辰，星出輦道，急流入天棓西南沒，赤黃色，有尾跡，小如土星。八月庚申，星出羽林軍，赤黃色，向東南急流，至濁沒。戊辰，星出虛宿，赤黃色，急流至牛宿西南沒。壬申，星出天市垣，赤青色，慢流至西咸西北沒。癸酉，星出壁宿，赤黃色，急

流犯王良星沒，如太白。丙子，星出羽林軍門，青白色，慢流委曲行，至東南濁沒。辛巳，星出南斗，赤黃色，慢流入羽林軍沒，有尾跡，大如金星；次有星一，赤黃色，有尾跡，亦如金星，出雲雨星，慢流向西南，至女宿之下沒。戊子，星出羽林軍門東南，慢流至濁沒，青白色，有尾跡，大如土星。又星一，青白色，出天倉，向東南急流，有尾跡，小如木星，至濁沒。九月庚戌，星出紫微垣外坐，赤黃色，向西北急流，抵紫微垣內坐尙書星沒。十一月庚寅，星出軫宿，急流向東南騎官星沒，赤黃色，有尾跡，大如木星。丁未，飛星出天船，急流向紫微垣外坐內廚西北沒，炸出二小星，青白色，有尾跡，照地，大如木星。二年二月辛酉，飛星出權星，慢流至太微垣內五帝坐大星西南沒，青白色，微有尾跡，大如歲星。六月丁丑，星出王良，青白色，急流犯天津西南沒。己卯，飛星出造父，急流入紫微垣內鈎陳大星東南沒，青白色，大如填星。辛亥，星出天關，急流貫入畢口西北沒，有尾跡，照地明，大如太白，赤黃色。十月丙辰，星出趙國，向西南慢流，犯趙東星沒，有尾跡，大如填星，赤黃色。十一月壬午朔，星出卯位，慢流至西南沒，有尾跡，照地明，大如太白，青白色。癸未，星出，犯弧矢，急流至天廟東南沒，有尾跡，大如太白，青白色。丁亥，星出天苑，向西南慢流，至濁沒，微有尾跡，大如太白，色赤黃。癸卯，星出羽林軍，慢流向西南濁沒，大如太白，色赤黃。辛亥，星出南河，向東南慢流，至翼宿沒，微有尾跡，大如太白，色赤黃。十二月壬午，星出弧

矢，向東南至濁沒，有尾跡，照地明，大如太白，色青白。

乾道元年三月丙辰，星出周國，急流至天雞沒，微有尾跡，大如歲星，色黃白。甲子，星出張宿，慢流向西南，至濁沒，有尾跡，照地明，大如太白，色赤黃。五月丁丑，星出河鼓，白色，向東北慢流，至濁沒，有尾跡，照地明，大如太白。六月甲辰，星出東北，慢流向西南沒，有尾跡，音聲，大如太白，色赤黃。七月壬戌，星出西南，慢流至東南沒，大如歲星，色赤黃。庚午，星出代國，慢流至趙國沒，大如歲星，色青白。九月戊申，星出王良，慢流至尾宿沒。十月癸未，星出權星東南，急流至太微垣沒，有尾跡，照地明，如太白，色青白。二年二月庚子，星出西北方，急流至濁沒，明大如歲星，色青白。六月丙子，星出角宿，急流至軫宿沒，有尾跡，大如太白，色赤黃。七月己巳，星出織女，急流至天市垣內宗星沒，有尾跡，大如歲星，青白色。十一月己未，星出，急流東南蒼黑雲間沒，大如歲星，色青白。十二月，星出天關，急流至外屏星沒，有二小星隨之，赤黃色，微有尾跡，大如歲星。三年九月甲午，星出卷舌，急流至婁宿沒，有尾跡，大如歲星，黃白色。又有星青白色，出北斗，急流至少宰西北沒，大如歲星。五年七月甲子，星出宗正，赤色，慢流至女宿沒，有尾跡，照地明，大如歲星。九月丙辰，星出，赤黃色，如蛇，入天棓沒。六年九月辛巳，星出狼星，入弧矢，至濁沒，微有尾跡，大如填星，赤黃色。十月庚戌，星出天囷，急流至濁沒，有尾跡，大如歲星，赤黃色。

七年七月戊戌，星大如拳，急流向西北方，至濁沒，有尾跡，照地如電。九月甲午，透雲星出，急流向西南方，至濁沒，高丈餘，有尾跡，照地明，大如太白，色青白。

淳熙三年正月辛未，星出狼星，急流至濁沒，尾跡照地明，大如太白。四月戊戌，星出角宿，青白色。五年八月乙巳，星出狼星，急流向東南沒，微有尾跡，大如太白，青白色。六年八月壬辰，星出紫微垣鈎陳大星，慢流至濁沒，有尾跡，大如盞口，青白色。七年五月乙亥，星出天市垣內東海星，慢流，炸作三小星，有尾跡，照地，大如盞口，青白色。八月丁未，星出貫索大星西北，急流至濁沒，有尾跡，照地明，大如太白，色青白。十一年四月乙丑，星出自中天，慢流向東北方沒，微有尾跡，炸作小星相從，有聲，明大如太白，色青白。十五年二月辛未，星出太尊，大如盞口，急流至濁沒，色青白。

慶元二年九月甲午，四年六月甲午，星皆晝隕。七月壬寅，星出羽林軍下，青白色，大如椀。九月丁巳，星出奎宿，向壁壘陣沒，赤白色，大如太白。五年六月丁丑，星出東北，慢流至西南方沒，大如歲星，青白色。九月壬子，星出西南，慢流向東北沒，大如太白，青白色。

嘉泰二年四月辛巳，星出西北，急流東北至濁沒，色赤。十月乙酉，星出五車，大如歲星。四年十一月庚午，星出天津，急流入天市垣沒。

中華書局

開禧元年正月庚子，星出中天，赤色，大如太白，向濁沒。七月癸亥，星出天津，入斗宿東南沒，色赤，大如太白。二年六月癸丑，星出招搖，入庫樓，色赤，大如太白。

嘉定元年六月辛未，星出天津東北，慢流向天市垣沒。二年六月壬午，星出織女東南，慢流入天市垣沒，色赤，有尾跡，照地明，大如太白。庚寅，星出中天，急流向東北，至濁沒。三年九月己酉，星夕隕。五年七月乙巳，星出中天，慢流向西南方，至濁沒。六年五月癸亥，星晝隕。九月癸卯，星夕隕。丁巳，星晝隕。十月戊戌，星出昴宿西南，慢流向天廩東南沒。壬戌，星出西南，慢流至濁沒，青白色。十二月壬寅，星晝隕。七年三月壬午，星出軫宿距星東南，慢流至濁沒。五月辛卯，星出天津西南，慢流向心宿西北沒。八年七月癸未，星出室宿距星東北，急流向天倉星西北沒。乙酉，星出織女東南，慢流向牛宿西北沒，有尾跡，照地明，大如太白，青白色。八月甲辰，星出天津西南，慢流向河鼓東北沒。十二月丙申，星出五諸侯東北，慢流向天關西南沒，有聲及尾跡，明照地，赤黃色。九年六月乙巳，星出牛宿距星東北，慢流至濁沒。十年五月壬申，星出尾宿距星西北，慢流向牛宿距星東南沒。十一年六月乙卯，星出河鼓距星西南，急流向正西，至濁沒。十二年十一月己亥，星出昴宿東南，急流至濁沒。十三年十二月丁巳，星出參旗東北，慢流至濁沒，赤黃色。十四年二月壬午，星出南河距星東南，慢流向西南，至濁沒，赤黃色。八月戊午，星出房宿距

星，急流至濁沒，有尾跡，照地明，大如太白，赤黃色。十一月甲申，星出天倉距星西北，慢流向東南方，至濁沒，赤黃色。十六年十一月壬戌，星出五諸侯東北，急流向西北，至濁沒，色赤黃，隆隆有聲，及尾跡照地，大如盞。

寶慶二年四月辛亥，星出，大如太白。

紹定元年六月己酉，星晝隕。二年正月庚辰，九月壬辰，星出，大如太白。三年十一月丁未，星晝隕。四年七月庚戌，星出，大如太白。九月甲辰，星晝隕。五年八月甲寅，星夕隕。閏九月己酉，星出，大如太白。

端平元年六月丙戌，星西南行，大如太白，有尾跡，照地明。二年四月戊子，星出，大如太白。六月庚辰，星晝隕。七月丁酉，星出，大如太白。辛丑，星晝隕。十月辛卯，星出，大如太白。三年五月庚辰，星出心宿，大如太白。六月癸巳，星夕隕。

嘉熙元年正月壬午，星出，大如太白。二月己丑，星夕隕。九月癸丑，星出七公西，至濁沒。十月戊戌，星出，大如桃。二年四月甲子，七月辛卯，九月乙未，星出，大如太白。六月甲辰，八月癸亥，星晝隕。三年三月甲戌，星晝隕。八月辛丑，星出，大如太白。四年正月辛巳，六月戊午，星出，大如太白。二月辛丑，三月癸未，星晝隕。

淳祐元年六月癸酉，星出，大如太白。己卯，星晝隕。三年六月甲戌，星出氐宿距星，大如太白。八月乙卯，星晝隕。四年四月丙子，星出尾宿距星下，大如太白。六月乙未，星出畢宿，大如太白。六年七月癸酉，星出室宿，大如太白。九月甲子，星出斗宿，尾跡青白照地，大如太白。七年九月丙辰，星出室宿。八年六月甲辰，星出河鼓，大如太白。十月丙戌，星出角宿距星。九年六月壬戌，其日，星自南方急流，至濁沒，赤黃色，大如太白。十月壬申，星出織女。十年四月丁酉朔，星夕隕。十一年七月丁丑，星出畢宿距星，赤黃色，大如太白。八月己丑朔，星夕隕。十二年四月庚申，星出角宿　亢星，大如太白。八月癸丑，星出角，色赤照地。

寶祐元年四月丁巳，星出，大如太白。二年七月庚戌，星出，大如太白。三年七月辛酉，星出，大如太白。十月丁丑，星出畢宿距星。五年七月丁卯，星出，大如桃。六年九月戊辰，透霞星出。

開慶元年六月己亥，星出斗宿河鼓，急流向東南，至濁沒，赤黃色，有音聲，尾跡照地明，大如太白。

景定元年七月丙子，星出東南，大如太白。十月乙卯，星出東北，急流向太陰，有音聲，尾跡照地明，大如桃。三年四月甲辰，星出，大如盞。六月己酉，星出，大如熒惑。九月丙子，星出，大如太白。閏九月丙戌，透霞星出，大如太白。庚子，星出，大如太白。四年五月

戊戌，星出角宿距星。六月丁卯，星出河鼓。八月乙卯，星出天倉。五年二月壬戌，星出畢宿。五月甲午，星出河鼓大星東南，急流向西北，至濁沒，赤黃，有尾跡，照地明，大如太白。七月己卯，星出右攝提。

咸淳二年六月甲戌，星出左攝提。三年七月庚寅，星出昴宿東南，急流至濁沒，赤黃，有尾跡，照地明，大如太白。四年七月戊午，星出氐宿距星西北，急流入騎官星沒，赤黃，有尾跡，照地明，大如桃。五年五月庚申，星出斗宿距星東北，急流向牛，至濁沒。六月庚寅，星出斗宿。七月壬戌，星出東南河鼓距星西北，急流至濁沒。

德祐元年四月癸亥，有大星自心東北流入濁沒。

妖星

建隆二年五月己丑，天狗墮西南。

紹興十七年正月乙亥，妖星出東北方女宿內，小如歲星，光芒長五丈，二月丙寅始消。

淳熙十三年九月辛亥，星出，大如太白，色先赤後黃白，尾跡約二尺，委曲如蛇行，類枉矢。十四年五月，有星出濁際，大如日，與日相摩盪而入。

嘉定十一年五月癸未，蚩尤旗竟天。

中華書局

端平二年春，天狗墜懷安金堂縣，聲如雷，三州之人皆聞之，化爲碎石，其色紅。
咸淳十年九月壬寅，有星見西方，曲如蚓。
德祐元年二月丁亥，有星二鬬于中天，頃之，一星墜。

星變

紹興三十一年六月戊午，大角星東北生角。
隆興二年九月戊戌，大角光體搖動。十月丙子，弧矢九星內矢一星偏西不向狼星。
乾道元年八月乙巳，大角光體搖動。
淳熙元年七月辛亥，奎宿生芒。

雲氣

乾德三年七月己卯夜，西方起蒼白氣，長五十丈，貫天船、五車，亘井宿。
開寶元年十月己未旦，西北起蒼白氣三道，長二十丈，趨東散。
太平興國四年四月己巳夜，西北有白氣壓北斗。
雍熙三年正月己未夜，赤氣如城。四年正月癸酉夜，白氣起角、亢，經太微垣，歷軒轅

大星，至月傍散。
端拱元年十月壬申遲明，巽上有雲過中天，連地，濃濁，前赤黃，後蒼黑色，先廣後大，行勢如截。十一月戊午夜，西北方有氣如日脚，高二丈。
至道二年二月丙子夜，西方蒼白色氣長短八道，如彗掃，稍經天漢，參錯如交蛇。
咸平三年十月辛亥，黑氣貫北斗。十二月庚午，黑氣長三丈餘，貫心宿，入天市垣抵帝坐，久方散。四年三月丙申，白氣二，亘天。十月辛亥，黑氣貫北斗。五年正月，白氣如虹貫日，久而散。七月戊戌，白氣如陣貫東井。六年四月己巳，白氣東西亘天。丁丑，白氣貫日。五月辛亥，白氣出昴，至東壁沒。六月辛未，赤氣出貫天。丙子，白氣出河鼓左右旗，分爲數道沒。七月癸卯，白氣如彗起西南。
景德元年三月，白氣貫軒轅，蒼白氣十餘如布亘天。五月乙巳，白氣數道如芒帚，長七尺許。七月辛亥，黃氣出壁，長五丈餘。十一月癸丑，黑氣十餘道衝日。二年正月丙寅，黃白氣貫月，黑氣環之。二月丁丑，白氣五道貫北斗。十月丙子，白氣出閣道東西，孛孛有光。三年三月丙辰，北方赤氣亘天，白氣貫月。四月癸卯，黃氣如柱貫月。十月甲午，黑氣貫北斗魁。四年三月己未，白氣東西亘天。庚申，白氣出南方，長二丈許，久而不散。四月庚午，白氣貫北斗，長十丈。庚寅，白氣如布襲月，三丈許。甲午，南方有黑氣貫心宿，長五

丈許。十一月己巳，中天有赤氣如掃，長七尺，在輿鬼南。
大中祥符元年〔二〕正月癸亥朔，黃氣出於艮。丁丑，白氣二，東西亘天。七月，西北方白雲氣如彗箒三十餘條。二年九月戊午，黃氣如柱起東南方，長五丈許。三年四月丁巳，中天黑氣東西亘天。十二月癸亥，青赤氣貫太微。五年二月壬寅，白氣長五丈，出東井，貫北斗魁及軒轅。七年五月，有氣出紫微爲宮闕狀，光燭地。
天禧三年四月，黃氣如柱貫月。
天聖七年二月己卯夜，蒼黑雲長三十丈，貫弧矢、翼、軫。
明道元年十月庚子夜，黃白氣五，貫紫微垣。十二月壬戌，西北有蒼白氣亘天。
景祐元年八月壬戌，青黃白氣如彗〔三〕，長七尺餘，出張、翼之上，凡三十三日不見。四年七月戊申夜，黑氣長丈餘出畢宿下。
寶元二年正月壬子夜，蒼黑雲起西北方，長三十尺，漸東南行，歷婁、胃、昴、畢及火木，相次中天而散。三月甲寅夜，細黑雲起西北方，長三十丈，貫王良及營室。
康定元年三月丙子夜，東南方近濁，黑色橫亘數丈，闊尺許，良久散。六月壬子，黑氣起心宿西，長五十丈，首尾侵濁，久之散。
慶曆元年八月庚辰夜，東方有白氣，長十尺許，在星宿度中，至十日，長丈餘，衡天相，

居星宿大星南九十餘日沒。壬午夜，黑氣起西南，長七丈，貫危宿　羽林，入濁，至天津，良久散。癸卯夜，蒼白雲起西北，闊二尺許，首尾至濁，良久沒。二年十一月壬申，黑氣貫北斗柄。八月甲申，白雲貫北斗。三年正月戊戌，中天有白氣，長二十丈，向西南行，貫日。四月癸卯，白氣二，生西北隅，上中天，首尾至濁，東南行，良久散。七月戊辰，西南生黑氣，長三丈許，經天而散。八月壬子夜，白氣貫北斗魁。四年五月甲子夜，黑氣起東北方，近濁，長五丈許，良久散。九月辛巳夜，中天有氣長二丈許，貫卷舌、南河東北，少頃散。十一月甲子夜，蒼白雲起，南近濁，久方散。八年正月丁酉夜，黑氣生，首尾至濁，漸東行，久之乃散。二月辛卯夜，西方近濁生黑氣，長三丈，良久散。
皇祐四年十一月壬寅夜，黑氣生東方，南北至濁，貫參宿、軒轅。辛酉夜，白氣起北方，近濁，長五丈許，歷北斗，久之散。
治平元年六月戊午夜，蒼白雲起東北方，長一丈許，貫畢。二年二月乙未夜，蒼黑雲起西北方，長五丈許，貫東井及北斗，良久散。四月癸巳夜，蒼黑雲起西北方，長三十尺，西至軒轅大民，北抵鉤陳。丙午夜，西北方有白氣，漸東南行，首尾至濁，貫角宿，移西北，久方散。九月庚申夜，西北蒼黑雲長三丈許，貫營室壁壘陣及天河。三年六月丁未夜，東方有蒼白雲，長一丈許，貫畢。四年二月癸巳夜，蒼白雲起南方，長三丈，闊尺，貫南門星。三月甲

中華書局

寅夜，西南方起蒼白雲二，長三丈，闊尺，相距二尺，貫東井南河，久之乃散。閏三月辛巳夜，蒼黑雲起南方，兩首至濁，闊尺，貫尾、箕、斗、牛、庫樓、騎官。五月戊寅夜，蒼黑雲起北方，長三丈，闊尺，貫紫微垣、王良。壬寅夜，蒼黑雲起北方，長三丈，闊尺，貫紫微垣。甲辰夜，蒼黑雲起東方，長丈，闊尺，貫天苑、五車、參旗。六月癸亥夜，白雲起東北方，長五丈，上闊下狹，貫天船、閣道、傳舍、紫微垣、天棓。戊辰夜，黑雲起北方，長三丈，闊尺，貫北斗、紫微垣、王良。八月乙亥夜，黑氣起西北方，長丈，闊尺，貫北斗。十月庚申夜，黃氣一，上下貫月中。十一月丙子夜，蒼黑氣起南方，長五丈，闊二尺，東至庫樓，北至南河，橫貫翼。十二月庚戌夜，蒼黑雲起南方，長三丈，闊二尺，貫五車、東井、五諸侯。

熙寧元年正月乙酉夜，蒼白雲起西南方，長四丈，闊尺，貫月及南河、輿鬼、軒轅。六月己酉夜，蒼黑雲起北方，長二丈，闊尺，貫北斗魁，東貫文昌。十月庚申夜，蒼黑雲起北方，東西兩首至濁，貫織女、天棓、紫微垣、北斗魁。二年四月甲辰夜，蒼白雲起東南方，長三丈，闊尺，貫天市垣。六月辛酉夜，蒼黑雲起西南方，長四丈，闊二尺，貫大角、左右攝提、天市垣、斗、女、牛。七月甲申，日下有五色雲。十一月，每夕有赤氣見西北隅，如火，至人定乃滅。三年二月庚申夜，蒼黑雲起西北方，長三丈，闊二尺，貫王良、扶箱、天廚。六月己未夜〔四〕，蒼黑雲起西北方，長丈，闊尺，貫五車；又起西北，長丈餘，貫北斗魁、文昌。五年七月丁亥夜，白雲起南方，長丈，貫氐、房、心。六年五月庚申夜，蒼黑雲起東北方，長五丈，闊二尺，貫雲雨、閣道。七年三月壬子，蒼白雲起西南方，長二丈，闊尺，貫日，經中天過，白氣如帶。四月壬申夜，蒼白雲起北方，長五丈，闊二尺，貫北斗魁、鉤陳、王良、閣道，東至奎。丙戌夜，蒼白雲起西北方，長三丈，闊尺，貫東井、紫微垣鉤陳。六月辛未夜，蒼黑雲起天河中，長五丈，南北兩首至濁，貫尾、箕，又蒼黑雲起東方，長五丈，貫羽林、外屏。甲戌，蒼白雲起西方，長三丈，貫軫、角、太微。丙戌夜，蒼白雲起南方，長二丈，貫危、室、壁及八魁。丁亥夜，蒼白雲起東方，長二丈，貫月及畢、奎、婁、外屏，又起南方，長二丈，貫危、室、壁及八魁。壬辰夜，蒼白雲起西南方，長二丈，貫天棓、紫微垣。癸巳夜，蒼黑雲起東方，長五丈，貫牛、天倉、歲、太白、卷舌。七月庚戌夜，蒼白雲起東方，長丈餘，貫參旗及參。八年二月己巳夜，蒼黑雲起西方，長丈，貫軫、軒轅。乙酉夜，蒼黑雲起東方，長三丈，貫心、天市垣列肆宗人。五月壬戌夜，蒼黑雲起西南方，長二丈，貫氐、房、心。癸亥，蒼黑雲起西方，長三丈，貫軒轅、太微垣五帝坐。十月庚子夜，黑雲起西北方，長三丈，貫畢、大陵、鉤星。九年四月庚寅夜，白氣起東北方天棓，入天市垣。辛亥夜，蒼黑雲起南方，長二丈，貫庫樓、騎官、積卒、心、尾。六月乙未夜，蒼白雲起東北方，長四丈，貫室、壁、閣道。七月己亥夜，蒼黑雲起南方，長四丈，貫軍市、天園。十月乙酉夜，蒼黑雲起西北方，長四丈，貫北斗、鉤、車

府。十年六月癸未夜，蒼黑雲起南方，長三丈，闊尺，貫龜、鼈、天淵。乙巳夜，蒼白雲起東北方，長三丈，闊尺，貫五車及畢。七月丙子夜，蒼黑雲起北方，長丈，貫北斗魁。八月庚辰，蒼黑雲起東北方，長二丈，貫參、井、北河、五諸侯。九月庚申夜，蒼黑雲起北方，由北斗魁杓貫紫微垣，至天棓。十月辛丑夜，蒼黑雲起南方，長二丈，貫斧鉞、鈇鑕。

元豐二年四月戊申夜，白雲起南方，長三丈，貫庫樓、積卒、龍尾。辛亥夜，蒼白雲起南方，長三丈，貫房。五年四月壬申夜，蒼白雲起北方，長二丈，出太微垣，貫五帝坐、常陳。八年十月庚申夜，蒼黑雲生北方，長二丈，闊尺，貫北斗、文昌、天槍。

元祐三年七月戊辰夜，東北方近濁，天明照地，如月將出，偏西北有白氣經天。九月己酉夜，赤氣起北方，漸生白氣數道。

紹聖二年十一月，桂陽監慶雲見。

元符二年九月戊辰夜，赤氣起北方，紫微垣北斗星東南；次有白氣十道，各長五尺。

崇寧元年十一月己酉，赤氣隨日沒。二年五月戊子夜，蒼白氣起東南方，長三丈，貫尾、箕、斗。

政和元年十一月甲戌夜，蒼白氣起紫微垣，貫四輔。五年四月庚子，有白雲自北直徹中天，漸成五色，如華蓋。七年五月乙卯夜，赤雲、白氣起東北方。

宣和元年六月辛巳夜，赤氣起北方，半天如火。七月戊午夜，赤雲起東北方，貫白氣三十餘道。二年二月戊戌夜，赤雲起東北，漸向西北，入紫微垣。三年九月壬午夜，蒼白氣長三丈，貫月。四年九月丁丑，西方日下有赤氣。七年四月壬子夜，有赤雲入紫微垣。

靖康元年正月丁丑夜，赤白氣起西方。九月戊寅，有赤氣隨日出。九月乙未，西方日下有赤氣。十一月乙丑，日下有赤氣。閏十一月丁酉，赤氣亙天。二年正月己亥夜，西北陰雲中有火光，長二丈餘，闊數尺，時時見。二月壬午夜，白氣如虹，自南亙北，漸移西南至東北。三月戊子夜，白氣貫斗。

建炎元年八月壬申，東北有赤氣。四年五月壬子，赤雲亙天中，有白氣十餘道貫之如練，起於紫微，犯北斗及文昌，由東南而散。

紹興元年二月己巳，白氣亙天。七年正月辛未夜，東北赤氣如火，出紫微宮；二月癸卯，又如之。十一月癸卯，有赤雲如火，隨日入。八年九月甲申朔夜，有赤氣如火，出紫微垣內。十八年八月丁亥，西北方赤氣如火。二十七年二月乙酉，赤氣出紫微垣。十月壬寅，赤氣隨日出。三十年正月壬申，東北方赤氣一帶五處如火影。十一月甲午，西南方白氣自尾歷壁、婁、昴宿。十二月戊申，其夜白氣出尾宿，歷心、房、氐、亢、角，入天市，貫太微，至郎位止，有類天漢。三十一年十二月辛丑，其夜，白氣出斗宿，歷牛、女、危，至婁止，

中華書局

約廣六丈，類天漢，東西亘天。

隆興元年十二月壬午，其夜，白氣出危宿，歷室、壁、奎、胃、婁至昴止。二年十一月庚寅，其日，赤雲氣徧天，隨日入。

乾道元年正月庚午，其夜，白氣出奎宿，漸上，經婁、胃、昴，貫畢，入參宿內止。三月戊辰，其夜，白氣自參宿至角宿止，與天漢相接，約廣七丈。四月丁酉，其夜，蒼白氣自西北漸上，東北入天市垣〔三〕；辛丑，入北斗魁中及入文昌星；乙巳，入紫微垣內至北極、天樞中。十月己丑，蒼白雲氣長二丈，穿入翼宿。十一月丙寅，白氣出女宿，歷虛、危、室、壁、奎、婁、胃宿，入昴宿止。二年十二月庚子，白氣亘天。六年十月庚午，赤氣隨日出。十一月丁丑，赤氣隨日入。七年七月壬寅，赤氣隨日入。十月己未，赤氣隨日出。八年十月乙巳，赤氣隨日入；丙午，隨日出。九年十月壬申，其日，矞雲見。

淳熙元年十月戊寅，東北方生曲虹。三年八月丁酉，赤氣隨日入；戊戌，隨日出。五年十月丁巳，生曲虹。十年正月戊子，西南有白氣，如天漢而明，南北廣六丈，東西亘天。十四年十一月甲寅，赤氣隨日入。

紹熙〔五〕四年十一月甲戌夜，赤雲、白氣見。五年六月壬寅，白氣如帶亘天；己酉，又如之。

慶元四年八月庚辰，白氣如帶亘天。五年二月癸酉夜，白氣如帶亘天，八月癸亥，又如之。

嘉泰四年二月庚申，赤氣亘天。十一月壬申，其日，白氣如帶亘天。癸酉，虹見。

嘉定六年十月乙卯，赤氣隨日出；十一月辛卯，隨日入。

嘉熙四年二月丙辰，白氣亘天。

淳祐二年二月癸丑朔，白氣亘天。十年十一月丁丑，虹見。

景定三年七月甲申夜，白氣亘天，如匹布。

校勘記

〔一〕至北沒　通考卷二九二象緯考作「至壁沒」。

〔二〕元年　原作「九年」，據通考卷二九四象緯考及下文改。

〔三〕青黃白氣如彗　「青」，通考卷二九四象緯考作「有」。

〔四〕六月己未夜　通考卷二九四象緯考作「四年六月己未」。按熙寧三年六月庚申朔，無己未日；四年六月甲寅朔，六日己未。疑通考是。

〔五〕紹熙　原作「紹興」，據同上書同卷及上下文改。

元　脱脱等撰

宋史

第五册

卷六一至卷七三（志）

中華書局

宋史卷六十一

志第十四

五行一上

水上

天以陰陽五行化生萬物，盈天地之間，無非五行之妙用。人得陰陽五行之氣以爲形，形生神知而五性動，五性動而萬事出，萬事出而休咎生。和氣致祥，乖氣致異，莫不於五行見之。中庸：「至誠之道，可以前知。國家將興，必有禎祥；國家將亡，必有妖孽。見乎蓍龜，動乎四體。禍福將至，善必先知之，不善必先知之。」人之一身，動作威儀，猶見休咎，人君以天地萬物爲體，禎祥妖孽之致，豈無所本乎？故由漢以來，作史者皆志五行，所以示人君之戒深矣。自宋儒周惇頤太極圖說行世，儒者之言五行，原於理而究於誠；其於洪範

五行五事之學，雖非所取，然班固、范曄志五行已推本之，及歐陽脩唐志，亦采其說，且於庶徵惟述災眚，而休祥闕焉，亦豈無所見歟？

舊史自太祖而嘉禾、瑞麥、甘露、醴泉、芝草之屬，不絕於書，意者諸福畢至，在治世爲宜。祥符、宣和之代，人君方務以符瑞文飾一時，而丁謂、蔡京之姦，相與傅會而爲欺，其應果安在哉？高宗渡南，心知其非，故宋史自建炎而後，郡縣絕無以符瑞聞者，而水旱、札瘥一切咎徵，前史所罕見，皆屢書而無隱。於是六主百五十年，兢兢自保，足以圖存。易震之彖曰：「震來虩虩，恐致福也。」人君致福之道，有大於恐懼修省者乎？昔禹致羣臣於會稽，黃龍負舟，而執玉帛者萬國。孔甲好鬼神，二龍降自天，而諸侯相繼畔夏。桑穀共生于朝，雉升鼎耳而雊，而大戊、武丁復修成湯之政。穆王得白狼、白鹿，而文、武之業衰焉。徐偃得朱弓矢，宋湣有雀生鸇，二國以霸，亦以之亡。大概徵之休咎，猶卦之吉凶，占者有德以勝之則凶可爲吉，無德以當之則吉乃爲凶。故德足勝妖，則妖不足慮；匪德致瑞，則物之反常者皆足爲妖。妖不自作，人實興之哉！今因先後史氏所紀休咎之徵，彙而輯之，作五行志。

潤下，水之性也。水失其性，則爲災沴。舊說以恆寒、鼓妖、魚孽、豕禍、雷電、霜雪、雨雹、黑眚、黑祥皆屬之水，今從之。醴泉、河清雖爲瑞應，苟非其時，未必不爲異，故雜附于編。他如甘露、嘉禾、芝草一切祥瑞之物，見于後者，因其事而考其時，則休咎自見，故亦各以類相從云。

建隆元年十月，棣州河決，壞厭次、商河二縣居民廬舍、田疇。二年，宋州汴河溢。孟州壞堤。襄州漢水漲溢數丈。四年八月，齊州河決。九月，徐州水損田。

乾德二年四月，廣陵、揚子等縣潮水害民田。七月，泰山水，壞民廬舍數百區，牛畜死者甚衆。三年二月，全州大雨水。七月，蘄州大雨水，壞民廬舍。開封府河決，溢陽武。河中府、孟州並河水漲，孟州壞中潬軍營、民舍數百區。河壞堤岸石，又溢于鄆州，壞民田。泰州潮水損鹽城縣民田。淄州、濟州並河溢，害鄒平、高苑縣民田。四年，東阿縣河溢，損民田。觀城縣河決，壞居民廬舍，注大名。又靈河縣隄壞，水東注衞南縣境及南華縣城。七月，滎澤縣河南北隄壞。八月，宿州汴水溢，壞堤。淄州清河水溢，壞高苑縣城，溺數百家及鄒平縣田舍。泗洲淮溢。衡州大雨水月餘。五年，衞州河溢，毀州城，沒溺者甚衆。

開寶元年六月，州府二十三大雨水，江河汎溢，壞民田、廬舍。七月，泰州潮水害稼。

八月，集州霖雨河漲，壞民廬舍及城壁、公署。二年七月，下邑縣河決。是歲，青、蔡、宿、淄、宋諸州水，眞定、澶滑博洛齊潁蔡陳亳宿許州水，害秋苗。三年，鄭、澶、鄆、淄、濟、虢、蔡、解、徐、岳州水災，害民田。四年六月，汴水決宋州穀熟縣濟陽鎭。又鄆州河及汶、清河皆溢，注東阿縣及陳空鎭，壞倉庫、民舍。鄭州河決原武縣。蔡州淮及白露、舒、汝、廬、潁五水並漲，壞廬舍、民田。七月，青、齊州水傷田。五年，河決澶州濮陽。絳、和、廬、壽諸州大水。六月，河又決開封府陽武縣之小劉村。宋州、鄭州並汴水決。忠州江水漲二百尺。六年，鄆州河決楊劉口。懷州河決獲嘉縣。潁州〔二〕淮、渒水溢，淹民舍、田疇甚衆。七月，歷亭縣御河決。單州、濮州並大雨水，壞州廨、倉庫、軍營、民舍。是秋，大名府、宋亳淄青汝澶滑諸州並水傷田。七年四月，衞、亳州水。泗州淮水暴漲入城，壞民舍五百家。安陽縣河漲，壞居民廬舍百區。八年五月，京師大雨水。濮州河決郭龍村。六月，澶州河決頓丘縣。沂州大雨，水入城，壞居舍、田苗。九年三月，京師大雨水。淄州水害田。

太平興國二年六月，孟州河溢，壞温縣堤七十餘步，鄭州壞滎澤縣寧王村堤三十餘步；又漲于澶州，壞英公村堤三十步。開封府汴水溢，壞大寧堤，浸害民田。忠州江漲二十五丈。興州江漲，毀棧道四百餘間。管城縣焦肇水暴漲，踰京水。濮州大水，害民田凡

五千七百四十三頃。潁州潁水漲，壞城門、軍營、民舍。七月，復州蜀、漢江漲，壞城及民田、廬舍。集州江漲，汎嘉川縣。三年五月，懷州河決獲嘉縣北注。又汴水決宋州寧陵縣境。六月，泗州淮漲入南城，汴水又漲一丈，塞州北門。十月，滑州靈河已塞復決。四年三月，河南府洛水漲七尺〔二〕，壞民舍。泰州雨水害稼。宋州河決宋城縣。衞州河決汲縣，壞新場堤。八月，梓州江漲，壞閣道、營舍。九月，澶州河漲。鄆州清、汶二水漲，壞東阿縣民田〔三〕。復州沔陽縣湖晶漲，壞民舍、田稼。五年五月，潁州潁水溢，壞堤及民舍。徐州白溝河溢入州城。七月，復州江水漲，毀民舍，堤塘皆壞。六年，河中府河漲，陷連堤，溢入城，壞軍營七所、民舍百餘區。鄜、延、寧州並三河水漲，溢入州城；鄜州壞軍營，建武指揮使李海及老幼六十三人溺死；延州壞倉庫、軍民廬舍千六百區；寧州壞州城五百餘步，諸軍營、軍民舍五百二十區。七年三月，京兆府渭水漲，壞浮梁，溺死五十四人。四月，耀、密、博、衞、常、潤諸州水害稼。六月，均州溳水、均水、漢江並漲，壞民舍，人畜死者甚衆。又河決臨邑縣。漢陽軍江水漲五丈。七月，大名府御河漲，壞范濟口〔四〕。南劍州江水漲，壞居民舍一百四十餘區。京兆府咸陽渭水漲，壞浮梁，工人溺死五十四人。九月，梧州江水漲三丈，入城，壞倉庫及民舍。十月，河決懷州武陟縣，害民田。八年五月，河大決滑州房村，徑澶、濮、曹、濟諸州，浸民田，壞居民廬舍，東南流入淮。六月，陝州河漲，壞浮梁；又永定

澗水漲，壞民舍、軍營千餘區。河南府澍雨，洛水漲五丈餘，壞鞏縣官署、軍營、民舍殆盡。穀、洛、伊、瀍四水暴漲，壞京城官署、軍營、寺觀、祠廟、民舍萬餘區，溺死者以萬計。又壞河清縣豐饒務倉庫、軍營、民舍百餘區。雄州易水漲，壞民廬舍。鄜州河水漲，溢入城，壞官寺、民舍四百餘區。荆門軍長林縣山水暴漲，壞民舍五十一區，溺死五十六人。八月，徐州清河漲丈七尺，溢出，塞州三面門以禦之。九月，宿州睢水漲，汎民舍六十里。是夏及秋，開封、浚儀、酸棗、陽武、封丘、長垣、中牟、尉氏、襄邑、雍丘等縣河水害民田。九年七月，嘉州江水暴漲，壞官署、民舍，溺者千餘人。八月，延州南北兩河漲，溢入東西兩城，壞官寺、民舍。淄州霖雨，孝婦河漲溢，壞官寺、民田。孟州河漲，壞浮梁，損民田。雅州江水漲九丈，壞民廬舍。新州江漲，入南砦，壞軍營。

雍熙二年七月，朗江溢，害稼。八月，瀛、莫州大水，損民田。三年六月，壽州大水。

端拱元年二月，博州水害民田。五月，英州江水漲五丈，壞民田及廬舍數百區。七月，磁州漳、滏二水漲。

淳化元年六月，吉州大雨，江漲，漂壞民田、廬舍。黃梅縣堀口湖水漲，壞民田、廬舍皆盡，江水漲二丈八尺。洪州漲壞州城三十堵，民廬舍二千餘區，漂二千餘戶。孟州河漲。二年四月，京兆府河漲，陝州河漲，壞大堤及五龍祠。六月乙酉，汴水溢于浚儀縣〔五〕，壞連

堤，浸民田；上親臨視，督衞士塞之。辛卯，又決于宋城縣。博州大霖雨，河漲，壞民廬舍八百七十區。亳州河溢，東流汎民田、廬舍。七月，齊州明水漲，壞黎濟砦城百餘堵。許州沙河溢。雄州塘水溢，害民田殆盡。嘉州江漲，溢入州城，毀民舍。復州蜀、漢二江水漲，壞民田、廬舍。泗州招信縣大雨，山河漲，漂浸民田、廬舍，死者二十一人。八月，藤州江水漲十餘丈，入州城，壞官署、民田。九月，邛州蒲江等縣山水暴漲，壞民舍七十區，死者七十九人。是秋，荆湖北路江水注溢，浸田畝甚衆。三年七月，河南府洛水漲，壞七里、鎮國二橋；又山水暴漲，壞豐饒務官舍、民廬，死者二百四十人。十月，上津縣大雨，河水溢，壞民舍，溺者三十七人。四年六月，隴城縣大雨，牛頭河漲二十丈，沒溺居人、廬舍。九月，澶州河漲，衝陷北城，壞居人廬舍、官署、倉庫殆盡，民溺死者甚衆。梓州玄武縣涪河漲二丈五尺，壅下流入州城，壞官私廬舍萬餘區，溺死者甚衆。十月，澶州河決，水西北流入御河，浸大名府城，知府趙昌言壅城門禦之。

至道元年四月甲辰，京師大雨雷電，道上水數尺。五月，虔州江水漲二丈九尺，壞城，流入深八尺，毀城門。二年六月，河南瀍、澗、洛三水漲，壞鎮國橋。七月，建州溪水漲，溢入州城，壞倉庫、民舍萬餘區。鄆州河漲，壞連堤四處。宋州汴河決穀熟縣。閏七月，陝州河漲。是月，廣南諸州並大雨水。

咸平元年七月，侍禁、閤門祗候王壽永使彭州回，至鳳翔府境，山水暴漲，家屬八人溺死。齊州清、黃河泛溢，壞田廬。二年十月，漳州山水泛溢，壞民舍千餘區，民黃擎等十家溺死。三年三月，梓州江水漲，壞民田。五月，河決鄆州王陵埽。七月，洋州漢水溢，民有溺死者。四年七月，同州洿谷水溢夏陽縣，溺死者數十人。五年二月，雄、霸、瀛、莫、深、滄諸州、乾寧軍水，壞民田。六月，京師大雨，漂壞廬舍，民有壓死者，積潦浸道路，自朱雀門東抵宣化門尤甚，皆注惠民河，河復漲，溢軍營。

景德元年九月，宋州汴水決，浸民田，壞廬舍。河決澶州橫隴埽。二年六月，寧州山水泛溢，壞民舍、軍營，多溺死者。三年七月，應天府汴水決，南注亳州，合浪宕渠東入于淮。八月，青州山水壞石橋。四年六月，鄭州索水漲，高四丈許，漂滎陽縣居民四十二戶，有溺死者。鄧州江水暴漲。南劍州山水泛溢，漂溺居人。七月，河溢澶州，壞王八埽。八月，橫州江漲，壞營舍。

大中祥符元年六月，開封府尉氏縣惠民河決。二年七月，徐、濟、青、淄大水。八月，鳳州大水，漂溺民居。十月，京畿惠民河決，壞民田。三年六月，吉州、臨江軍並江水泛溢，害民田。九月，河決河中府白浮梁村。四年七月，洪、江、筠、袁州江漲，害民田，壞州城。八月，河決通利軍，大名府御河溢，合流壞府城，害田，人多溺死。九月，河溢于孟州溫縣。蘇

州吳江汎溢，壞廬舍。十一月，楚、泰州潮水害田，人多溺者。五年正月，河決棣州聶家口。七月，慶州淮安鎮山水暴漲〔六〕，漂溺居民。六年六月，保安軍積雨河溢，浸城壘，壞廬舍，判官趙震溺死，又兵民溺死凡六百五十人。七年六月，泗州水害民田。河南府洛水漲。秦州定西砦有溺死者。八月，河決澶州。十月，濱州河溢于安定鎮〔七〕。八年七月，坊州大雨河溢，民有溺死者。九年六月，秦州獨孤谷水壞長道縣鹽官鎮城橋及官廨、民舍二百九十五區，溺死六十七人。七月，延州洎定平、安遠、塞門、栲栳四砦〔八〕山水泛溢，壞堤、城。九月，雄、霸州界河泛溢。利州水漂棧閣萬二千八百間。

天禧三年六月，河決滑州城西南，漂沒公私廬舍，死者甚衆，歷澶州、濮、鄆、濟、單至徐州，與清河合，浸城壁，不沒者四板。明年既塞，六月，復決于西北隅。

乾興元年正月，秀州水災，民多艱食。十月己酉夜，滄州鹽山、無棣二縣海潮溢，壞公私廬舍，溺死者甚衆。是歲，京東、淮南路水災。

天聖初，徐州仍歲水災。三年十一月辛卯，襄州漢水壞民田。四年六月丁亥，劍州、邵武軍大水，壞官私廬舍七千九百餘區，溺死者百五十餘人。是月，河南府、鄭州大水。十月乙酉，京山縣山水暴漲，漂死者衆，縣令唐用之溺焉。是歲，汴水溢，決陳留堤，又決京城西賈陂入護龍河，以殺其勢。五年三月，襄、潁、許、汝等州水。七月辛丑，泰州鹽官鎮大

水，民多溺死。六年七月壬子，江寧府、揚眞潤三州江水溢，壞官私廬舍。是月，雄、霸州大水。八月甲戌，臨潼縣山水暴漲，民溺死者甚衆。是月，河決楚王埽。七年六月，河北大水，壞澶州浮橋。

明道元年四月壬子，大名府冠氏等八縣水浸民田。

景祐元年閏六月甲子，泗州淮、汴溢。七月，澶州河決橫隴埽。八月庚午，洪州分寧縣山水暴發，漂溺居民二百餘家，死者三百七十餘口。三年六月，虔、吉諸州久雨，江溢，壞城廬，人多溺死。四年六月乙亥，杭州大風雨，江潮溢岸，高六尺，壞堤千餘丈。八月甲戌，越州大水，漂溺居民。

寶元元年，建州自正月雨，至四月不止，谿水大漲，入州城，壞民廬舍，溺死者甚衆。

康定元年九月甲寅，滑州大河泛溢，壞民廬舍。

慶曆元年三月，汴流不通。八年六月乙亥，河決澶州商胡埽。是月，恆雨。七月癸丑，衞州大雨水，諸軍走避，數日絕食。是歲，河北大水。

皇祐元年二月甲戌，河北黃、御二河決，並注于乾寧軍。河朔頻年水災。二年，鎮定復大水，並邊尤被其害。三年七月辛酉，河決館陶縣郭固口。八月，汴河絕流。四年八月，鄜州大水，壞軍民廬舍。

嘉祐二年六月，開封府界及京東西、河北水潦害民田。自五月大雨不止，水冒安上門，門關折，壞官私廬舍數萬區，城中繫栰渡人。七月，京東西、荊湖北路水災。淮水自夏秋暴漲，環浸泗州城。是歲，諸路江河決溢，河北尤甚，民多流亡。三年七月，京、宋、廣濟河溢，浸民田。五年七月，蘇、湖二州水災。六年七月乙酉，泗州淮水溢。七年六月，代州大雨，山水暴入城。七月，竇州山水壞城。河決北京第五埽。

治平元年，慶許蔡潁唐泗濠楚廬壽杭宣鄂洪施渝州、光化軍水。九月，陳州水災。二年八月庚寅，京師大雨〔九〕，地上涌水，壞官私廬舍，漂人民畜產不可勝數。是日，御崇政殿，宰相而下朝參者十數人而已。詔開西華門以洩宮中積水，水奔激，殿侍班屋皆摧沒，人畜多溺死，官爲葬祭其無主者千五百八十人。

熙寧元年秋，霸州山水漲溢，保定軍大水，害稼，壞官私廬舍、城壁，漂溺居民。河決恩、冀州，漂溺居民。二年八月，河決滄州饒安，漂溺居民，移縣治於張爲村。泉州大風雨，水與潮相衝泛溢，損田稼，漂官私廬舍。四年八月，金州大水，毀城，壞官私廬舍。七年六月，熙州大雨，洮河泛溢。八年四月，潭、衡、邵、道諸州江水溢，壞官私廬舍。九年七月，太原府汾河夏秋霖雨，水大漲。十月，海陽、潮陽二縣海潮溢，壞廬舍，溺居民。十年七月，河決曹村下埽，澶淵絕流，河南徙，又東匯于梁山、張澤濼，凡壞郡縣四十五，官亭、民舍數萬，田

三十萬頃。洺州漳河決，注城。大雨水，二丈河、陽河水湍漲，壞南倉，溺居民。滄、衞霖雨不止，河濼暴漲，敗廬舍，損田苗。

元豐元年，章丘河水溢，壞公私廬舍、城壁，漂溺民居。舒州山水暴漲，浸官私廬舍，損田稼，溺居民。四年四月，澶州臨河縣小吳河溢北流，漂溺居民。五月，淮水泛漲。五年秋，陽武、原武二縣河決，壞田廬。七年六月，靑田縣大水，損田稼。七月，河北東、西路水。北京館陶水，河溢入府城，壞官私廬舍。八月，趙、邢、洺、磁、相諸州河水汎溢，壞城郭、軍營。是年，相州漳河決，溺臨漳縣居民。懷州黃、沁河泛溢，大雨水，損稼，壞廬舍、城壁。磁州諸縣鎮，夏秋漳、滏河水泛溢，臨漳縣斛律口決，壞官私廬舍，傷田稼，損居民。

元祐四年，夏秋霖雨，河流泛漲。八年，自四月雨至八月，晝夜不息，畿內、京東西、淮南、河北諸路大水。詔開京師宮觀五日，所在州令長吏祈禱，宰臣呂大防等待罪。

紹聖元年七月，京畿久雨，曹、濮、陳、蔡諸州水，害稼。

元符元年，河北、京東等路大水。二年六月，久雨，陝西、京西、河北大水，河溢，漂人民，壞廬舍。是歲，兩浙蘇、湖、秀等州尤罹水患。

大觀元年夏，京畿大水。詔工部都水監疏導，至于八角鎮。河北、京西河溢，漂溺民戶。十月，蘇、湖水災。二年秋，黃河決，陷沒邢州鉅鹿縣。三年七月，階州久雨，江溢。四年

中華書局

夏，鄧州大水，漂沒順陽縣。

政和五年六月，江寧府〔10〕、太平宣州水災。八月，蘇、湖、常、秀諸郡水災。七年，瀛、滄州河決，滄州城不沒者三版，民死者百餘萬。

重和元年夏，江、淮、荆、浙諸路大水，民流移、溺者衆，分遣使者振濟。發運使任諒坐不奏泗州壞官私廬舍等勒停。

宣和元年五月，大雨，水驟高十餘丈，犯都城，自西北牟駝岡連萬勝門外馬監，居民盡沒。前數日，城中井皆渾，宣和殿後井水溢，蓋水信也。至是，詔都水使者決西城索河堤殺其勢，城南居民冢墓俱被浸，遂壞藉田親耕之稼。水至溢猛，直冒安上、南薰門，城守凡半月。已而入汴，汴渠將溢，於是募人決下流，由城北入五丈河，下通梁山濼，乃平。十一月，東南州縣水災。四年十二月戊戌，詔：「訪聞德州有京東、西來流民不少，本州振濟有方，令保奏推恩。餘路遇有流移，不即存恤，按劾以聞。」六年秋，京畿恆雨。河北、京東、兩浙水災，民多流移。

建炎二年春，東南郡國水。

紹興二年閏月，徽、嚴州水，害稼。三年七月丙子，泉州水三日，壞城郭、廬舍。五年秋，西川郡國水。六年冬，饒州雨水壞城四百餘丈。十四年五月丙寅，婺州水。乙丑，蘭溪

縣水侵縣市，丙寅中夜，水暴至，死者萬餘人。十六年，潼川府東、南江溢，水入城，浸民廬。十八年八月，紹興府、明婺州水。二十二年，淮甸水。二十三年，金堂縣大水。潼川府江溢，浸城內外民廬。宣州大水，其流泛溢至太平州。七月，光澤縣大雨，溪流暴漲，平地高十餘丈，人避不及者皆溺，半時卽平。二十七年，鎭江建康紹興府、眞太平池江洪鄂州漢陽軍大水。二十八年六月丙申，興、利二州及大安軍大雨水，流民廬，壞橋棧，死者甚衆。九月，江東、淮南數郡水。浙東、西沿江海郡縣大風水，平江紹興府、湖常秀潤爲甚。二十九年七月戊戌，福州水入城，閩、候官、懷安三縣壞田廬，官吏不以聞，憲臣樊光遠坐黜。三十年五月辛卯夜，於潛、臨安、安吉三縣山水暴出，壞民廬、田桑，溺死者甚衆。三十一年八月，建始縣大水，流民廬，死者甚衆。三十二年四月，淮溢數百里，漂民田廬，死者尤衆。六月，浙西郡縣山涌暴水，漂民舍，壞田覆舟。

隆興元年八月，浙東、西州縣大風水，紹興平江府、湖州及崇德縣爲甚。二年七月，平江鎭江建康寧國府、湖常秀池太平廬和光州、江陰廣德壽春無爲軍、淮東郡皆大水，浸城郭，壞廬舍、圩田、軍壘，操舟行市者累日，人溺死甚衆。越月，積陰苦雨，水患益甚，淮東有流民。

乾道元年六月，常、湖州水壞圩田。二年八月丁亥，溫州大風，海溢，漂民廬、鹽場、龍朔寺，覆舟溺死二萬餘人，江濱胔骼尚七千餘。三年六月，廬、舒、蘄州水，壞苗稼，漂人畜。七月己酉，臨安府天目山湧暴水，決臨安縣五鄉民廬二百八十餘家，人多溺死。八月，湖秀州、上虞縣水，壞民田廬。時積潦至于九月，禾稼皆腐。江東山水溢，江西諸郡水，隆興府四縣爲甚。四年七月壬戌，衢州大水，敗城三百餘丈，漂民廬、孳牧，壞禾稼。諸暨縣大水害稼。江寧、建康府水。是歲，饒、信亦水。五年七月丁巳，建寧府瑞應場大漈、山棗等山暴水湧出，漂民廬，溺死甚衆。是歲夏秋，溫、台州凡三大風，水漂民廬，壞田稼，人畜溺死者甚衆，黃巖縣爲甚，郡守王之望、陳巖肖不以聞，皆黜削。六年五月，平江建康寧國府、溫湖秀太平州、廣德軍及江西郡大水，江東城市有深丈餘者，漂民廬，湮田稼，潰圩隄，人多流徙。八年五月，贛州、南安軍山水暴出，及隆興府、吉筠州、臨江軍皆大雨水，漂民廬，壞城郭，潰田害稼。六月壬寅，四川郡縣大雨水，嘉眉邛蜀州、永康軍及金堂縣尤甚，漂民廬，決田畝。九年五月戊午，建康隆興府、嚴吉饒信池太平州、廣德軍水，漂民居，壞圩湮田，分水縣沙塞四百餘畝，采石流民多渡江。六月，湖北郡縣水。

淳熙元年七月壬寅、癸卯，錢塘大風濤，決臨安府江隄一千六百六十餘丈，漂居民六百三十餘家，仁和縣瀕江二鄉壞田圃。三年八月辛巳，台州大風雨，至于壬午，海濤、溪流合激爲大水，決江岸，壞民廬，溺死者甚衆。癸未，行都大雨水，壞德勝、江漲、北新三橋及錢塘、餘杭、仁和縣田，流入湖、秀州，害稼。浙東西、江東郡縣多水，婺州、會稽嵊廣德軍

建平三縣尤甚。四年五月庚子，建寧府、福南劍州大雨水，至于壬寅，漂民廬數千家。己亥夜，錢塘江濤大溢，敗臨安府隄八十餘丈；庚子，又敗隄百餘丈。明州瀕海大風，海濤敗定海縣隄二千五百餘丈、鄞縣隄五千一百餘丈，漂沒民田。九月丁酉、戊戌，大風雨駕海濤，敗錢塘縣隄三百餘丈；餘姚縣溺死四十餘人，敗隄二千五百六十餘丈；敗上虞縣隄及梁湖堰及運河岸；定海縣敗隄二千五百餘丈；鄞縣敗隄五千一百餘丈。五年六月戊辰，古田縣大水，漂民廬，圮縣治市橋。閏月己亥，階州水，壞城郭。乙巳，興化軍及福清縣及海口鎭大水，漂民廬、官舍、倉庫，溺死者甚衆。六年夏，衢州水。秋，寧國府、溫台湖秀太平州水，壞圩田，樂清縣溺死者百餘人。七年五月戊戌，分宜縣大水，決田害稼。八年五月壬辰，嚴州大水，漂浸民居萬九千五百四十餘家、壘舍六百八十餘區。紹興府大水，五縣漂浸民居八萬三千餘家，田稼盡腐；漁浦敗隄五百餘丈，新林敗隄通運河。是歲，徽、江二州亦水。十年五月辛巳，信州大水入城，沈廬舍、市井。襄陽府大水，漂民廬，蓋藏爲空。江東、浙東數郡亦水。八月辛酉，雷州大風激海濤，沒瀕海民舍，死者甚衆。九月乙丑，福漳州〔11〕大風雨，水暴至，長溪、寧德縣瀕海聚落、廬舍、人舟皆漂入海，漳城半沒，浸八百九十餘家。丁卯，吉州龍泉縣大水，漂民廬，壞田畝，溺死者衆。十一年四月，和州水，湮民廬，壞圩田。五月丙申，階州白江水溢，決隄圮城，浸民廬、壘舍、祠廟、寺觀甚多。建康府、太平州水。

六月甲申，處州龍泉縣大雨，水浸民舍，壞杠梁，漂田害稼。七月壬辰，明州大風雨，山水暴出，浸民市，圮民廬，覆舟殺人。十二年六月，婺州及富陽縣皆水，浸民廬，害田稼。八月戊寅，安吉縣暴水發罙園村，漂廬舍、寺觀，壞田稼殆盡，溺死千餘人，郡守劉藻不以聞，坐黜。是歲，鄂州自夏徂冬，水浸民廬。九月，台州水。十四年三月辛未，汀州水，漂百餘家、軍壘六十餘區。十五年五月，淮甸大雨水，淮水溢，廬、濠、楚州、無爲安豐高郵盱眙軍皆漂廬舍、田稼，廬州城圮。荆江溢，鄂州大水，漂軍民壘舍三千餘。江陵常德德安府、復岳澧州、漢陽軍水。戊午，祁門縣羣山暴漲爲大水，漂田禾、廬舍、冢墓、桑麻，人畜什六七，浮胔甚衆，餘害及浮梁縣。六月，建寧隆興府、袁撫州、臨江軍水圮民廬。七月，黃巖縣水敗田廬。番易湖溢，漂民舍、田稼，有流徙者。十六年四月甲戌，紹興府新昌縣山水暴作，害稼湮田，漂民廬。五月丙辰，沅、靖州山水暴溢至辰州，常德府城没一丈五尺，漂民廬舍。汀州大水，浸民廬千五百餘家，溺死三千人。分宜縣水。丁巳，階州白江水溢，浸城市民廬。六月庚寅，鎮江府大雨水五日，浸軍民壘舍三千餘。辛卯，潼川府東南二江溢，決隄，毀橋，浸民廬，涪城、中江、射洪、通泉、郪縣没田廬。

紹熙二年三月，寧化縣連水漂廬舍、田畝，溺死二十餘人。五月戊申，建寧州水。己酉，福州水，浸附郭民廬，懷安、候官縣漂千三百餘家，古田、閩清縣亦壞田廬。庚午，利州

東江溢，壞隄、田、廬舍。辛未，潼川府東、南江溢；六月戊寅，又溢，再壞隄橋，水入城，没廬舍七百四十餘家，郪、涪、射洪、通泉縣匯田爲江者千餘畝。七月癸亥，嘉陵江暴溢，興州圮城門、郡獄、官舍凡十七所，漂民居三千四百九十餘，潼川崇慶府、緜果合金龍漢州、懷安石泉大安軍、魚關皆水。時上流西蕃界古松州江水暴溢，龍州敗橋閣五百餘區，江油縣溺死者衆。三年五月壬辰，常德府大雨水，浸民田廬。乙未，潼川府東、南江溢，後六日又溢，浸城外民廬，人徙於山。己亥，池州大雨水連夕，青陽縣山水暴湧，漂田殺人，蓋藏無遺；貴池縣亦水。庚子，涇縣大雨水，敗隄，圮縣治、廬舍。六月辛丑，建平縣水，敗隄入城，漂浸民廬。甲戌，祁門縣水。七月壬申，天台、仙居縣大水連夕，漂浸民居五百六十餘，壞田傷稼。襄陽、江陵府大雨水，漢江溢，敗隄防，圮民廬，没田稼者逾旬；復州、荆門軍水，亦如之。鎮江府三縣水，損下地之稼。四年四月，上高縣水，浸三百餘家。五月壬申、癸酉，奉新縣大雷雨水，漂浸八百二十餘家。五月辛未、丙子，鎮江府大雨水，浸營壘六千餘區。戊寅，安豐軍大水，平地三丈餘，漂田廬，絲麥皆空。是月，諸暨、蕭山、宣城、寧國縣大水，壞田稼。廣德軍屬縣水害稼。筠州水浸民廬。戊寅，進賢縣水，圮百二十餘家。六月丙申，興國軍水，池口鎮及大冶縣漂民廬，有溺死者。戊戌，靖安縣水，漂三百二十餘家。是夏，江贛州、江陵府亦水。七月乙酉，豐城縣水，壬午，臨江軍水，皆圮民廬。丁亥，

新淦縣漂浸二千三百餘家。八月辛丑，隆興府水，圮千二百七十餘家。吉州水，漂浸民廬及泰和縣官舍。自夏及秋，江西九州三十七縣皆水。是歲，興化軍大風激海濤，漂没田廬尤多。五年五月辛未，石埭、貴池、涇縣皆水，圮民廬，溺死者衆。是月，泰州大水。七月壬申，慈溪縣水，漂民廬，決田害稼，人多溺死。乙亥，會稽、山陰、蕭山、餘姚、上虞縣大風駕海濤，壞隄，傷田稼。八月辛丑，錢塘、臨安、新城、富陽、於潛縣大雨水，餘杭縣尤甚，漂没田廬，死者無算。安吉縣水，平地丈餘。平江鎮江寧國府、明台温嚴常州、江陰軍皆水。是秋，武陵縣江溢，圮田廬甚衆。

慶元元年六月壬申，台州及屬縣大風雨，山洪、海濤並作，漂没田廬無算，死者蔽川，漂沉旬日；至于七月甲寅，黃巖縣水尤甚。常平使者莫漳以緩於振恤坐免。七月，臨安府水。二年秋，浙東郡國大水。三年九月，紹興府屬縣二、婺州屬縣二，水害稼。五年秋，台、温、衢、婺水，漂民廬，人多溺死，衢守張經以匿災恡振坐黜。六年五月，建寧府、嚴衢婺饒信徽南劍州及江西郡縣皆大水，自庚午至于甲戌，漂民廬，害稼。

嘉泰二年七月丙午，上杭縣水，圮田廬，壞稼，民多溺死。建安縣漂軍民廬舍百二十餘，山摧，覆民廬七十七家，溺壓死者六十餘。丁未，長溪縣漂民廬二百八十餘家。古田縣漂官舍、民廬甚衆，溺死者二百七十。劍浦縣圮三百五十餘家，死者亦衆。三年四月，江

南郡邑水害稼。

開禧元年九月丙戌，漢、淮水溢，荆襄、淮東郡國水，楚州、盱眙軍爲甚，圮民廬，害稼。二年五月庚寅，東陽縣大水，山千七百三十餘所同夕崩洪，漂聚落五百四十餘所，湮田二萬餘畝，溺死者甚衆。三年，江、浙、淮郡邑水，鄂州、漢陽軍尤甚。

嘉定二年五月己亥，連州大水，敗城郭百餘丈，没官舍、郡庠、民廬，壞田畝聚落甚多。六月辛酉，西和州水，没長道縣治、倉庫。丙子，昭化縣水，没縣治，漂民廬。成州水，入城，圮壘舍。同谷縣及遂寧府、閬州皆水。七月壬辰，台州大風雨激海濤，漂圮二千二百八十餘家，溺死尤衆。三年四月甲子，新城縣大水。五月，嚴衢婺徽州、富陽餘杭鹽官新城諸暨淳安大雨水，溺死者衆，圮田廬、市郭，首種皆腐。行都大水，浸廬舍五千三百，禁旅壘舍之在城外者半没，西湖溢。四年七月辛酉，慈溪縣大水，圮田廬，人多溺者。八月，山陰縣海敗堤，漂民田數十里，斥地十萬畝。五年五月庚戌，嚴州水。六月丁丑，台州及建德、諸暨、會稽縣水，壞田廬。六年六月丁丑，淳安縣山涌暴水，陷清泉寺，漂五鄉田廬百八十里，溺死者無算，巨木皆拔。丁亥，於潛縣大水。戊子，諸暨縣風雷大雨，山涌暴作，漂十鄉田廬，溺死者尤多。錢塘縣、臨安餘杭於潛安吉縣皆水。九年五月，行都及紹興府、嚴衢婺台處信饒福漳泉州、興化軍大水，漂田廬，害稼。十年冬，浙江濤溢，圮廬舍，覆舟，溺死甚衆。蜀、漢

二州江沒城郭。十一年六月戊申，武康、吉安縣大水，漂官舍、民廬，壞田稼，人畜死者甚衆。十二年，鹽官縣海失故道，潮汐衝平野三十餘里，至是侵縣治，廬州〔一二〕、港瀆及上下管、黃灣岡等場皆圮；蜀山淪入海中，聚落、田疇失其半，壞四郡田，後六年始平。十四年，建康府大水。十五年七月，蕭山縣大水。時久雨，衢、婺、徽、嚴暴流與江濤合，圮田廬，害稼。十六年五月，江、浙、淮、荆、蜀郡縣水，平江府、湖常秀池鄂楚太平州、廣德軍爲甚，漂民廬，害稼，圮城郭、隄防，溺死者衆。鄂州江湖合漲，城市沈沒，累月不泄。是秋，江溢，圮民廬。餘杭、錢塘、仁和縣大水。福漳泉州、興化軍水壞稼十五六。十七年五月，福建大水，漂水口鎮民廬皆盡，候官縣甘蔗砦漂數百家，人多溺死；建寧府沒平政橋，入城；南劍州圮郡治、城樓、郡獄、官舍，城壞，民避水樓上者皆死。乙卯，建昌軍大水，城不沒者三板，漂民廬，圮官舍、城郭、橋梁，害稼。

紹定二年，天台、仙居縣大水。四年，沿江水災。

端平三年三月辛酉，蘄州大雨水，漂民居。是年，英德府、昭州及襄、漢江皆大水。

嘉熙元年，饒、信州水。二年，浙江溢。

淳祐二年，紹興府、處婺州水。七年，福建水。十年，嚴州水。十一年八月甲辰，汀州山水暴至，漂人民。九月，江陵水。是年，江、浙多水，饒州亦水。十二年六月，建寧府、嚴

衢婺信台處南劍州、邵武軍大水，冒城郭，漂室廬，死者以萬數。

寶祐元年七月，温、台、處、信、饒州大水。

開慶元年五月己未，婺州水，漂民廬。是歲，滁、嚴州水。

景定二年，浙東水。

咸淳六年五月，大雨水。七年五月甲申，諸暨縣大水，漂廬舍。是月，重慶府江水泛溢者三，漂城壁，壞樓櫓。十年三月，廬州水。四月，紹興府大雨水。八月，臨安府水，安吉、武康縣水。

太平興國四年八月，滑州黎陽縣河清。

端拱元年二月，澶、濮二州河清二百餘里。

大中祥符三年十一月丁酉，陝西河清。十二月乙巳，河再清，當汾水合流處清如汾水。

元豐四年十月，環州河水變甘。

大觀元年八月，乾寧軍河清。二年十二月，陝州河清，同州韓城縣、郃陽縣〔一三〕至淸及百里，涉春不變。自是迄政和、宣和，諸路數奏河清，輒遣郎官致祭，宰臣等率百官拜表賀，歲以爲常。

大中祥符元年二月，醴泉出蔡州汝陽鳳原鄉，有疾者飲之皆愈。八年十一月，通州軍言醴泉出汶山下，有疾者飲之皆愈。

熙寧元年五月，京師開化坊醴泉出。

政和五年正月，河陽臺觀醴泉出。

校勘記

〔一〕穎州　原作「穎川」。按宋無「穎川」，通考卷二九六物異考作「穎州」，是，據改。

〔二〕河南府洛水漲七尺　「洛」字原脫。按通考卷二九六物異考說：「四年三月，河南府洛水漲七尺五寸。」下文太平興國八年六月、淳化三年七月條都提到河南府洛水漲，通考作「洛水」是。據補。

〔三〕壞東阿縣民田　「東阿」，原作「東陽」。按東陽縣屬兩浙路，不在鄆州。通考卷二九六物異考說：「鄆州淸、汶二水漲，壞東阿縣民田。」本卷上文開寶四年六月條也說：「鄆州河及汶、淸河皆溢，注東阿縣及陳空鎮。」「陽」字顯爲「阿」字之訛，據改。

〔四〕范濟口　「范」字原脫，據長編卷二三、通考卷二九六物異考補。

〔五〕汴水溢于浚儀縣　「汴水」二字原脫，據本書卷五太宗紀、通考卷二九六物異考補。

〔六〕山水暴漲　原脫「水」字，義不可通，據通考卷二九六物異考補。

〔七〕安定鎮　「安」字原脫，據長編卷八三、通考卷二九六物異考補。

〔八〕定平安遠塞門栲栳四砦　「遠」字原脫，據長編卷八七、通考卷二九六物異考補。

〔九〕京師大雨　「京師」二字原脫，據本書卷一三英宗紀、通考卷二九七物異考補。

〔一〇〕江寧府　原作「江寧州」，按江寧南唐時爲府，開寶八年改爲昇州，天禧二年又改江寧府，見本書卷八八地理志、九域志卷六，未嘗爲「江寧州」。通考卷二九七物異考作「江寧府」，據改。

〔一一〕漳州　原作「潭州」，據本條下文「漳城半沒」句及通考卷二九七物異考改。

〔一二〕廬州　按本書卷九七河渠志記此事說：海水泛漲，橫衝沙岸，「侵入鹵地，蘆洲、港瀆蕩爲一壑」。宋會要食貨六一之一四所記同。此處「廬州」疑是「蘆洲」之誤。

〔一三〕郃陽縣　原作「邰陽縣」，據本書卷八七地理志、通考卷二九七物異考改。

宋史卷六十二

志第十五

五行一下

水下

建隆三年春，延、寧二州雪盈尺，溝洫復冰，草木不華。丹州雪二尺。

太平興國七年三月，宣州霜雪害桑稼。

雍熙二年冬，南康軍大雨雪，江水冰，勝重載。

端拱元年閏五月，鄆州風雪傷麥。

淳化三年九月，京兆府大雪殺苗稼。四年二月，商州大雪，民多凍死。

咸平四年三月丁丑，京師及近畿諸州雪損桑。

天禧元年十二月，京師大雪，苦寒，人多凍死，路有僵尸，遣中使埋之四郊。二年正月，永州大雪，六晝夜方止，江、溪魚皆凍死(一)。

慶曆三年十二月丁巳，大雨雪。

皇祐四年十二月己丑，雪。初，帝以愆亢，責躬減膳，每見輔臣，憂形於色。龐籍等因言：「臣等不能燮理陰陽，而上煩陛下責躬引咎，願守散秩以避賢路。」帝曰：「是朕誠不能感天而惠不能及民，非卿等之過也。」是夕，乃得雪。

至和元年正月，京師大雪，貧弱之民凍死者甚衆。

嘉祐元年正月甲寅朔，御大慶殿受朝。前一夕，殿庭設仗衞既具，而大雨雪折宮架。是日，帝因感風眩，促禮行而罷。壬午，大雨雪，泥塗盡冰。都民寒餓，死者甚衆。

元祐二年冬，京師大雪連月，至春不止。久陰恆寒，罷上元節遊幸，降德音諸道。八年十一月，京師大雪，多流民。

元符二年正月甲辰朔，御大慶殿受朝賀，以雪罷。

政和三年十一月，大雨雪，連十餘日不止，平地八尺餘。冰滑，人馬不能行，詔百官乘轎入朝。飛鳥多死。七年十二月，大雪。詔收養內外乞丐老幼。

靖康元年閏十一月，大雪，盈三尺不止。天地晦冥，或雪未下時，陰雲中有雪絲長數寸墮地。二年正月丁酉，大雪，天寒甚，地冰如鏡，行者不能定立。是月乙卯，車駕在青城，大雪數尺，人多凍死。

建炎三年六月，寒。

紹興元年二月寒食日，雪。五年二月乙巳，雨雪。六年二月癸卯，雪。十三年三月癸丑，雨雪。十七年二月丙申，雪。十八年二月癸卯，雪。二十八年三月丙寅，雨雪。二十九年二月戊戌，大雪。三十一年正月戊子，大雨雪，至于己亥，禁旅壘舍有壓者，寒甚。

乾道元年二月，大雪。三月，暴寒，損苗稼。二年春，大雨，寒，至于三月，損蠶麥。二月丙申，雪。四年二月癸丑，大雪。五年二月戊子，雪。六年五月，大風雨，寒，傷稼。七年二月丙辰，雨雪。

淳熙十二年，淮水冰，斷流。是冬，大雪。自十二月至明年正月，或雪，或霰，或雹，或雨水，冰冱尺餘，連日不解。台州雪深丈餘，凍死者甚衆。十六年四月戊子，天水縣大雨雪傷麥。

紹熙元年三月，留寒至立夏不退。十二月，建寧府大雪深數尺。查源洞寇張海起，民避入山者多凍死。二年正月，行都大雪積冱，河冰厚尺餘，寒甚。是春，雷雪相繼，凍雨彌月。四年二月己未，雪。

慶元五年二月庚午，雪。六年二月乙酉，雪。五月，亡暑，氣凜如秋。

開禧三年二月戊申，雪。

嘉定元年二月甲寅，雪。四年二月丙子，雪。六年二月丁亥，雪。六月，亡暑，夜寒。九年二月乙酉、丙申，雪。十年二月庚申、壬戌，雪。十七年三月癸丑，雪。

紹定四年二月己巳，雨雪。六年三月壬子，雨雪。

寶慶元年四月辛卯，雪。

端平元年二月癸酉，雨雪。二年三月乙未，雨雪。

嘉熙二年二月乙未，雨雪。

淳祐六年二月壬申，雨雪。

寶祐元年二月壬子，雨雪。二年三月戊子，雨雪。六年二月，雨雪。

開慶元年二月庚辰，雨雪。

景定五年二月辛亥，雨雪。

建隆三年春，猒次縣隕霜殺桑，民不蠶。

淳化三年三月，商州霜，花皆死。

景德四年七月，渭州瓦亭砦早霜傷稼。

大中祥符九年十二月，大名、澶相州並霜害稼。

至和二年，河東自春隕霜殺桑。

紹興七年二月庚申，霜殺桑稼。

淳熙十六年七月，階、成、鳳、西和州〔二〕霜，殺稼幾盡。

紹熙三年九月丁未，和州隕霜連三日，殺稼。是月，淮西郡國稼皆傷。

嘉熙元年三月，霜。

建隆元年十月，臨清縣雨雹傷稼。二年七月，義川、雲岩二縣大雨雹。四年七月，海州風雹。

乾德二年四月，陽武縣雨雹。宋州寧陵縣風雨雹傷民田。六月，潞州風雹。七月，同州郃陽縣雨雹害稼。八月，膚施縣風雹霜害民田。三年四月，尉氏、扶溝二縣風雹，害民田，桑棗十損七八。

開寶二年，風雹害夏苗。

太平興國二年六月，景城縣雨雹。七月，永定縣大風雹害稼。五年四月，冠氏、安豐二縣風雹。七年五月，蕪湖縣雨雹傷稼。八年五月，相州風雹害民田。

端拱元年三月，霸州大雨雹殺麥苗。閏五月，潤州雨雹傷麥。

淳化元年六月，許州大風雹，壞軍營、民舍千一百五十六區。魚臺縣風雹害稼。

至道二年十一月，代州風雹傷田稼。

咸平元年九月，定州北平等縣風雹傷稼。三年四月丁巳，京師雨雹，飛禽有隕者。六年四月甲申，京師暴雨雹，如彈丸。

大中祥符三年丙申〔三〕，京師雨雹。五年八月丙辰，京師雨雹。

天禧元年九月，鎮戎軍彭城砦風雹，害民田八百餘畝。

天聖元年五月丙辰，大雨雹。二年七月壬午，大雨雹。六年，京師雨雹。

嘉祐四年四月丙戌，震雷雨雹。

熙寧元年秋，鄜州雨雹。三年七月、七年四月五月，京師雨雹。八年夏，鄜州、涇州雨雹。九年二月，京師雨雹。十年夏，鄜州雨雹。秦州大雨雹。

紹聖二年十月辛未，西南方有雷聲，次大雨雹。四年閏二月癸卯，京師雨雹，自辰至申。

建中靖國元年二月丙申，京師雨雹。五月辛酉，京師大雨雹。

崇寧三年十月辛丑，京師雨雹。

大觀元年十月己巳、三年五月戊申，京師大雨雹。

政和七年六月，京師大雨雹，皆如拳，或如一升器，幾兩時而止。

宣和四年二月癸卯，京師雨雹。四年三月朔，雨雹。

靖康元年十二月己卯、庚辰，京師雨雹。

建炎三年八月甲戌，大雨雹。

紹興元年二月壬辰，高宗在越州，雨雹震雷。二年二月丙子，臨安府大雨雹。三年正月，雨雹震雷。四年三月己未，大雨雹傷稼。五年閏月乙巳朔，雨雹而雪。十月丁未夜，秀州華亭縣大風雹，雨雹，大如荔枝實，壞舟覆屋。十二月戊辰，雨雹。七年二月癸丑，雨雹。先一夕雷，後一日雪，癸丑又雹。八年六月丙辰，大雨雹。九年二月甲戌，雨雹傷麥。十二月辛未，雨雹。十年二月辛亥，大雨雹。十二月庚辰，雨雹。十一年正月辛酉，雨雹。十三年二月甲子，雨雹傷麥。五月戊午夜，雹。七月庚午、壬申，雹害稼。十一月己未，雨雹。十七年正月庚辰，雨雹；五月丙寅，又雹。二十一年三月己卯，雹傷禾麥。二十八年四月辛亥，雨雹。二十九年二月戊戌，雹損麥。

隆興元年三月丙申夜，雨雹。二年二月丁丑，雹與霰俱。四月庚午，雹。六月，雨雹。七月丁未，雨雹。十月辛卯，雨雹。十二月己亥，雨雪而雹。閏月，雨雹。

乾道元年二月庚寅夜，雹。二年十月辛卯，雨雹。三年二月壬午，雪；癸未，雹。四年正月癸未夜，雹，有霰。二月丁酉、癸丑，雨雹；乙卯，雹而雪。五年二月丙午，雹損麥；六年二月壬午，亦如之。八年七月壬辰，雨雹。

淳熙三年四月丁亥，雨雹。癸巳，天台、臨海二縣大風雹，傷麥。四年正月，建康府雨雹。五月丙寅，雨雹。五年，建康府雨雹者再。六年正月丁丑，雹傷麥。三月壬申夜，大雨雹。八年十二月甲寅，雨雹。十二年二月辛酉夜，雨雹。十三年閏月丙午，雨雹。十五年二月丁亥，雨雪而雹。六月丁卯，雨雹。十六年二月己卯，雹而雨。

紹熙元年二月丙申，雪；丁酉，雹。二年正月戊寅，大雨雹，震雷電以雨，至二月庚辰，大雪連數日。是月庚寅朔，建寧府大風雨雹，仆屋殺人。三月癸酉，大風雨雹，大如桃李實，平地盈尺，壞廬舍五千餘家，禾麻、蔬果皆損；瑞安縣亦如之，壞屋殺人尤衆。秋，祐川縣大風雹，壞粟麥。

慶元三年二月戊辰，雪；己巳，雹。四月乙丑，雨雹，大如桮，破瓦，殺燕爵。

嘉泰元年三月丙寅，雨雹三日。五月丁丑，雨雹。七月癸亥，大雨而雹。二年四月庚寅，雨雹傷稼。六月庚子，大風雹而寒。四年正月壬辰，雪而雹。

開禧二年正月己酉，雹而雷。

嘉定元年閏月壬申，雨雹害稼。二年三月乙未，雨雹。六年夏，江、浙郡縣多雨雹害稼。十五年九月癸丑，大震雨雹。十六年秋，雨雹。

紹定元年五月丁酉，雨雹。五年九月壬寅，雨雹。六年三月丙辰，大雨雹。

端平二年五月乙未，雹。三年六月庚戌，雨雹。

嘉熙元年二月壬辰，雨雹。

淳祐二年四月壬申，雨雹。八年二月壬辰，雨雹。三月乙丑，雨雹。九年正月，雨雹。

寶祐三年五月，嘉定府大雨雹。

開慶元年五月辛亥，雨雹。

景定元年二月庚申，雨雹。

建隆四年四月癸巳，宿州晝日無雨，雷霆暴作，軍校傅韜震死。是夜夜半，雷起于京

師。開封縣署役夫劉延嗣、萬進震死，頃之復蘇，有煙焰自牖入室，因駭仆，徧體焦灼。

乾德二年正月辛巳，雷起京師西南，東行有電。五月戊寅，大名府大雨，雷震焚藁聚。四年七月，海州雷震長吏廳，傷刺史梁彥超。

開寶七年六月，易州雷震，死耀武軍士八人。八年八月，邛州延貴鎮震死民費貴及其子四人。

太平興國二年七月，景城縣震死牛商馮異。

端拱二年八月，興化軍民劉政震死，有文在胸曰「大不孝」。

淳化三年七月，泗州大風雨，震僧伽塔柱。

至道元年三月甲戌，雷未發聲，召司天監寺趙昭問之〔四〕，答云：「按占書，雷不發聲，寬政之應也。」七月，泗州大風雨，雷震僧伽塔及壞鍾樓。

咸平元年正月戊寅，京師西北有雷電。十一月，瀛州、順安軍並東北有雷。三年冬，黃州西北雷震，似盛夏時。十二月，眞定府東南雷。四年十月乙巳，京師西南雷電。閏十二月，大名府雷。六年十一月甲午，京師暴雷震，司天言：「國家發號布德，未及黎庶。」時議改元肆赦，詔宰相增廣條目，采民病悉除之。

景德三年九月丙寅夕，京師大震雷。

大中祥符元年正月癸未，京師西北方雷。五年十二月己巳，京師西北雷電。九年五月，殿侍張信〔五〕奉南海祝版乘驛至唐州，震死。

嘉祐四年四月丙戌，大震雷，雨雹。

慶曆六年五月，雷雹地震〔六〕。

紹聖三年十月十五日，西南方有雷聲，次雨雹。

大觀三年十月戊子，大雷雹而雨。

建炎四年正月己未，雷。時御舟次温州章安鎮，高宗謂宰臣曰：「雷聲甚厲，前史以爲君弱臣強，四夷兵不制。」是夕，金人破明州。壬戌，又雷。

紹興五年九月戊寅，雷。十月丁巳，雷。六年十月丙午，雷。九年九月甲午、十月丁卯，雷。十一年十一月己酉，雷。十五年十月辛卯、十二月甲寅，雷。十六年，温州大雷電，震死六人於龍翔寺。十八年閏月甲戌，雷。十九年十月甲寅，雷。二十一年二月辛未，南安軍大雷電，大庾縣震死四人。十一月辛未夜，震雷。十二月癸酉，雷。二十二年十二月戊寅、己卯，雷。二十六年十二月甲子，雷。二十七年九月癸未，雷。三十一年正月丁丑，雷。

乾道三年十一月丙寅，雷雨，不克郊。戊辰，日南至，大震雷。八年九月乙酉，雷。九

年閏月癸卯，雷。

淳熙九年九月壬午，雷。十二年十一月戊子，雷。十二月丁丑，雷。十三年正月己丑，雷；後三十五日雪。十四年十一月乙卯，雷。十六年七月乙丑，大雷震太室齋殿東鴟吻。

紹熙元年九月辛酉，雷。十一月壬午，日南至。郊祀，風雨大至，帝震恐，因致疾。四年十一月己卯，日南至；辛巳，雷。五年十月癸巳，大雷電。

慶元二年正月戊子，雷。十一月，雷。三年十月癸亥，雷。六年九月己未，雷。

嘉泰二年正月己巳，雷。三年正月，雷。四年正月辛卯，雷。

開禧二年正月，雪雷。九月，雷。三年十月辛未、癸酉，雷。

嘉定二年九月戊子，雷。三年正月，雷。十月壬申，雷。八月辛丑、九月辛酉，雷〔七〕。四年九月，雷。五年七月戊辰，雷雨震太室之鴟吻。十月丁酉，雷。六年閏月壬辰，雷震電；乙未昧爽，洊雷。七年九月癸亥，雷。八年九月丙寅，雷。十一年九月辛巳，祀明堂，肆赦，震雷。十四年十月庚午，雷。十五年九月癸丑，雷。十六年九月乙卯、十二月壬辰，雷。十七年九月丁亥，雷。

寶慶二年九月庚申、十月辛丑，雷。

紹定二年九月庚辰，雷。五年九月壬寅，雷。

中華書局

二十四史

端平二年十二月辛亥，雷。三年九月庚午，雷。是月，祀明堂，大雨震電。十月戊戌，雷。

嘉熙元年九月丁巳，雷。二年九月己酉、十月庚戌，雷。

淳祐元年十二月丙寅，雷。二年九月己丑，雷。三年三月丙辰，雷。十年十一月壬午，雷。十二年十二月丁丑，雷。

寶祐三年九月，雷。

開慶元年十月乙酉，雷。

景定二年十月戊戌，雷電；己亥，雷電。

咸淳四年閏月丁巳、九月庚申，雷。九年十月癸亥、十二月丙辰、壬戌，雷。

建炎七年五月〔八〕，汴京無雲而雷。

紹興三十年十月壬戌，晝漏半，無雲而雷；癸亥，日過中，無雲而雷。

淳熙十四年六月甲申昧爽，禱雨太乙宮，乘輿未駕，有大聲自內發，及和寧門，人馬辟易相踐，有失巾屨者。

至道元年十二月，廣州大魚擊海水而出。魚死，長六丈三尺，高丈餘。

政和七年夏中，有二魚落殿中省廳屋上。

宣和二年三月，內出魚，純赤色，蔡京等乞付史館，拜表賀。

紹興十八年，漳浦縣崇照鹽場海岸連有巨魚，高數丈。割其肉數百車，剜目乃覺，轉鬣而傍艦皆覆。又漁人獲魚，長二丈餘，重數千斤，剖之，腹藏人骼，膚髮如生。二十四年四月，海鹽縣海洋有巨鰍，羣鰕從之，聲若謳歌。抵岸偃沙上，猶揚鬣撥刺，其高齊縣門。

乾道六年，行都北關有鮎魚，色黑，腹下出人手於兩傍，各具五指。七年十一月丁亥，洞庭湖巨黿走沙擁舟，身廣長皆丈餘，升舟，以首足壓重艦沒水。

淳熙十三年二月庚申，錢塘龍山江岸有大魚如象，隨潮汐復逝。十六年六月甲辰，錢塘旁江居民得魚，備五色，鯽首鯉身。民詭言夢得魚，覺而在手猶躍。事聞，有司令縱之。

慶元三年二月，饒州景德鎮漁人得魚，頳尾鯉鱗而首異常魚。鎮之老人言其不祥。紹興二年嘗出，後爲水災。蓋是歲五月，鎮果大水，皆魚孽也。

嘉定十七年，海壞畿縣鹽官地數十里。先是，有巨魚橫海岸，民臠食之，海患共六年而平。

建隆元年七月，澶州蝗。二年五月，范縣蝗。三年七月，深州蝻蟲生。四年六月，澶、濮、曹、絳等州有蝗。七月，懷州蝗生。

乾德二年四月，相州蝻蟲食桑。五月，昭慶縣有蝗，東西四十里，南北二十里。是時，河北、河南、陝西諸州有蝗。三年七月，諸路有蝗。

開寶二年八月，冀、磁二州蝗。

太平興國二年閏七月，衞州蝻蟲生。六年七月，河南府、宋州蝗。七年四月，北陽縣蝻蟲生，有飛鳥食之盡。滑州蝻蟲生。是月，大名府、陝州、陳州蝗。七月，陽穀縣蝻蟲生。

雍熙三年七月，鄄城縣有蛾，蝗自死。

淳化元年七月，淄、澶、濮州、乾寧軍有蝗；滄州蝗蝻蟲食苗；棣州飛蝗自北來，害稼。三年六月甲申，京師有蝗起東北，趣至西南，蔽空如雲翳日。七月，貝、許、滄、沂、蔡、汝、商、兗、單等州，淮陽軍、平定彭城軍〔九〕，蝗、蛾抱草自死。

至道二年六月，亳州、宿密州蝗生，食苗。七月，長葛、陽翟二縣有蝻蟲食苗。歷城、長清等縣有蝗。三年七月，單州蝻蟲生。

景德二年六月，京東諸州蝻蟲生。三年八月，德、博蝝生。四年九月，宛丘、東阿、須城三縣蝗。

大中祥符二年五月，雄州蝻蟲食苗。三年六月，開封府尉氏縣蝻蟲生。四年六月，祥符縣蝗。七月，河南府及京東蝗生，食苗葉。八月，開封府祥符、咸平、中牟、陳留、雍丘、封丘六縣蝗。九年六月，京畿、京東西、河北路蝗蝻繼生，彌覆郊野，食民田殆盡，入公私廬舍；七月辛亥，過京師，羣飛翳空，延至江、淮南，趣河東，及霜寒始斃。

天禧元年二月，開封府、京東西、河北、河東、陝西、兩浙、荆湖百三十州軍，蝗蝻復生，多去歲蟄者。和州蝗生卵，如稻粒而細。六月，江、淮大風，多吹蝗入江海，或抱草木僵死。二年四月，江陰軍蝻蟲生。

天聖五年七月丙午，邢、洺州蝗。甲寅，趙州蝗。十一月丁酉朔，京兆府旱蝗。六年五月乙卯，河北、京東蝗。

景祐元年六月，開封府、淄州蝗。諸路募民掘蝗種萬餘石。

寶元二年六月癸酉，曹、濮、單三州蝗。四年，淮南旱蝗。是歲，京師飛蝗蔽天。

皇祐五年，建康府蝗。

熙寧元年，秀州蝗。五年，河北大蝗。六年四月，河北諸路蝗。是歲，江寧府飛蝗自江

中華書局

北來。七年夏，開封府界及河北路蝗。七月，咸平縣鸛谷食蝗。八年八月，淮西蝗，陳、潁州蔽野。九年夏，開封府畿、京東、河北、陝西蝗。

元豐四年六月，河北蝗。秋，開封府界蝗；五年夏，又蝗；六年夏，又蝗。五月，沂州蝗。

元符元年八月，高郵軍蝗抱草死。

崇寧元年夏，開封府界、京東、河北、淮南等路蝗。二年，諸路蝗，令有司酺祭。三年、四年，連歲大蝗，其飛蔽日，來自山東及府界，河北尤甚。

宣和三年，諸路蝗。五年，蝗。

建炎二年六月，京師、淮甸大蝗。八月庚午，令長吏修酺祭。

紹興二十九年七月，盱眙軍、楚州金界三十里，蝗爲風所墮，風止，復飛還淮北。三十二年六月，江東、淮南北郡縣蝗，飛入湖州境，聲如風雨；自癸巳至于七月丙申，徧于畿縣，餘杭、仁和、錢塘皆蝗。丙午，蝗入京城。八月，山東大蝗。癸丑，頒祭酺禮式。

隆興元年七月，大蝗。八月壬申、癸酉，飛蝗過都，蔽天日；徽、宣、湖三州及浙東郡縣，害稼。京東大蝗，襄、隨尤甚，民爲乏食。二年夏，餘杭縣蝗。

乾道元年六月，淮西蝗，憲臣姚岳貢死蝗爲瑞，以佞坐黜。

淳熙三年八月，淮北飛蝗入楚州、盱眙軍界，如風雷者逾時，遇大雨皆死，稼用不害。九年六月，全椒、歷陽、烏江縣蝗。乙卯，飛蝗過都，遇大雨，墮仁和縣界。七月，淮甸大蝗，眞、揚、泰州窖撲蝗五千斛，餘郡或日捕數十車，羣飛絕江，墮鎭江府，皆害稼。十年六月，蝗遺種于淮、浙，害稼。十四年七月，仁和縣蝗。

紹熙二年七月，高郵縣蝗，至于泰州。五年八月，楚、和州蝗。

嘉泰二年〔10〕，浙西諸縣大蝗，自丹陽入武進，若煙霧蔽天，其墮亘十餘里，常之三縣捕八千餘石，湖之長興捕數百石。時浙東近郡亦蝗。

開禧三年，夏秋久旱，大蝗羣飛蔽天，浙西豆粟皆旣于蝗。

嘉定元年五月，江、浙大蝗。六月乙酉，有事于圜丘、方澤，且祭酺。七月又酺，頒酺式于郡縣。二年四月，又蝗，五月丁酉，令諸郡修酺祀。六月辛未，飛蝗入畿縣。三年，臨安府蝗。七年六月，浙郡蝗。八年四月，飛蝗越淮而南，江、淮郡蝗，食禾苗、山林草木皆盡。乙卯，飛蝗入畿縣。己亥，祭酺，令郡有蝗者如式以祭。自夏徂秋，諸道捕蝗者以千百石計，饑民競捕，官出粟易之。九年五月，浙東蝗。丁巳，令郡國酺祭。是歲，荐饑，官以粟易蝗者千百斛。十年四月，楚州蝗。

紹定三年，福建蝗。

端平元年五月，當塗縣蝗。

嘉熙四年，建康府蝗。

淳祐二年五月，兩淮蝗。

景定三年八月，兩浙蝗。

紹興十年春，有野豕入海州，市民刺殺之。時州已陷，夏，鎭江軍帥王勝攻取之；明年，以其郡屬金，悉空其民。

乾道六年，南雄州民家豕生數豚，首各具他獸形，有類人者。

慶元初，樂平縣民家豕生豚，與南雄同而更具他獸蹄。三年四月，餘干縣民家豕生八豚，其二爲鹿。古田縣豕食嬰兒。

淳化三年六月，黑風晝晦。

景祐四年七月，黑氣長丈餘，出畢宿下。

康定元年，黑風晝晦。

元豐末，嘗有物大如席，夜見寢殿上，而神宗崩。元符末，又數見，而哲宗崩。至大觀間，漸晝見。政和元年以後，大作，每得人語聲則出。先若列屋摧倒之聲，其形厪丈餘，髣髴如龜，金眼，行動磔磔有聲。黑氣蒙之，不大了了，氣之所及，腥血四灑，兵刃皆不能施。又或變人形，亦或爲驢，自春歷夏，晝夜出無時，遇冬則罕見。多在掖庭宮人所居之地，亦嘗及內殿，後習以爲常，人亦不大怖。宣和末，寖少，而亂遂作。

政和三年夏至，宰臣何執中奉祀北郊。有黑氣長數丈，出自齋宮，行一里許，入壇壝，繞祭所，皆近人穿燈燭而過。俄又及於壇，禮將畢，不見。

宣和中，洛陽府畿間，忽有物如人，或蹲踞如犬。其色正黑，不辨眉目。始，夜則掠小兒食之；後雖白晝，入人家爲患，所至喧然不安，謂之「黑漢」。有力者夜執槍棒自衞，亦有託以作過者，如此二歲乃息。已而北征事起，卒成金人之禍。三年春，日有眚，忽青黑無光，其中洶洶而動，若銶金而湧沸狀。日旁有黑正如水波，周迴旋繞，將暮而稍止。

建炎三年二月甲寅，日初出，兩黑氣如人形，夾日旁，至巳時乃散。

乾道四年春，舒州雨黑米，堅如鐵，破之，米心通黑。

淳熙十一年二月，臨安府新城縣深浦天雨黑水終夕。十六年六月，行都錢塘門啓，黑風入，揚沙石。

慶元元年，徽州黃山民家古井，風雨夜出黑氣，波浪噴湧。

咸平元年五月，撫州王羲之墨池水色變黑如雲。

大中祥符元年五月丁丑，泰山王母池水變紅紫色。四年二月己未，河中府寶鼎縣瀵泉有光，如燭焰四五炬，其聲如雷。三年八月，解州鹽池紫泉場水次二十里許不種自生〔三〕，其味特嘉，命屯田員外郎何敏中往祭池廟。八月，東池水自成鹽，僅半池，潔白成塊，晶瑩異常。祀汾陰經度制置使陳堯叟繼獻，凡四千七百斤，分賜近臣及諸列校。

紹興十四年，樂平縣河衝里田隴數十百頃，田中水類爲物所吸，聚爲一直行，高平地數尺，不假隄防而水自行；里南程氏家井水溢，亦高數尺，夭矯如長虹，聲如雷，穿牆毀樓。二水鬬于杉墩，且前且卻，約十刻乃解，各復故。

天聖四年十月甲午，昏霧四塞。

靖康元年正月丁未，霧氣四塞，對面不見。

建炎二年十一月甲子，北京大霧四塞，是夕，城陷。三年三月，車駕發溫州航海，乙丑，次松門，海中白霧，晝晦。六月，久陰。四年三月乙丑，四方昏塞下如塵。

紹興三年，自正月陰晦，陽光不舒者四十餘日。五年正月甲申，霧氣昏塞。七月，劉豫毀明堂，天地晦冥者累日。七年，氛氣翳日。八年三月甲寅，晝晦，日無光，陰霧四塞。乙卯，晝夜雲氣昧濁。四月，積雨方止，氛霧四塞，晝日無光。

隆興元年五月丙午，朝霧四塞。二年六月，積陰彌月。

乾道二年十一月，久陰。五年正月甲申，晝蒙。六年五月，連陰。六月，日青無光。

淳熙六年十一月乙丑，晝蒙；十三年正月丁亥，亦如之。

慶元二年二月己卯，晝暝，四方昏塞。三年二月丁卯，晝晦，昏霧四塞。六年十二月辛卯、嘉定三年正月丙午、十年正月乙未、十三年三月壬辰，皆晝蒙。

建炎四年三月辛亥，白虹貫日。

紹興八年三月辛巳，白虹亘天。二十七年二月壬寅，白虹貫日。三十年十二月辛酉，曲虹見日之西。

乾道三年十月丙申，虹見。

淳熙元年十月戊寅，曲虹見日東。二年十月庚辰，虹見。五年十月丁巳，曲虹見日東。

慶元元年正月丙辰，白虹貫日。四年十一月，虹見。

嘉泰三年七月壬午，亦如之。

嘉定十一年二月丙辰，白虹貫日。

嘉熙三年十月乙丑，虹見。四年二月辛丑，白虹貫日。

淳祐十年十二月丁巳，虹見。

寶祐五年十月，虹見。

太祖從周世宗征淮南，戰于江亭，有龍自水中向太祖奮躍。

乾德五年夏，京師雨，有黑龍見尾于雲際，自西北趨東南。占主大水。明年，州府二十四水壞田廬。

開寶六年四月，單父縣民王美家龍起井中，暴雨飄廬舍，失族屬，及壞舊鎮廨舍三百五

十餘區，大木皆折。七年六月，棣州有火自空墮于城北門樓，有物抱東柱，龍形金色，足三尺許，其氣甚腥。旦視之，壁上有煙痕，爪跡三十六。

大中祥符二年八月，青蛇出無爲軍廨，長數尺。

宣和元年夏，雨，晝夜凡數日。及霽，開封縣前茶肆中有異物如犬大，蹲踞臥榻下。細視之，身僅六七尺，色蒼黑，其首類驢，兩頰作魚頷而色正綠，頂有角，生極長，於其際始分兩歧，聲如牛鳴，與世所繪龍無異。茶肆近軍器作坊，兵卒來觀，共殺食之。已而京城大水，訛言龍復讐云。

紹興初，朱勝非出守江州，過梁山，龍入其舟，纔長數寸，赤背綠腹，白尾黑爪甲，目有光；近龍孽也。行都柴垛橋旌忠廟三蛇出沒庭廡，大者盈尺，方鱗金色，首脊有金錢，遇霽，或變化數百于蕉卉間。廟徙而蛇孽亦絕。十一年四月，衡山縣淨居巖有蛇長二丈，身圍數尺，黑色而方文，震死，山水大至。先是，山氣遇夜輒昏昧，蛇鱗始明。二十五年六月，湖口縣赤龍橫水中如山，寒風怒濤，覆舟數十艘，士卒溺者數十人。三十年春，宜黃縣大蛇見于丞治，長二丈。捕之縱數里外，俄復至者數四。

乾道五年七月乙亥，武寧縣龍鬬于復塘村，大雷雨，二龍奔逃，珠墜，大如車輪，牧童得之。自是連歲有水災。

太平興國三年，靈州獻官馬駒，足有二距。

雍熙二年，虔州吏李祚家馬生駒，足有距。四年，鄜州直羅縣民高英家馬生前兩足如牛。

端拱二年，夏州民程眞家馬生二駒。

大中祥符九年十二月，大名監馬生駒，赤色，肉尾無騣。

宣和五年，馬生兩角，長三寸，四足皆生距。時北方正用兵。

紹興八年，廣西海壖有海獸如馬，蹄鬣皆丹，夜入民舍，聚衆殺之。明日海溢，環村百餘家皆溺死，近馬禍也。五年，廣西市馬，全綱疫死。

淳熙六年十二月，宕昌西馬、金州馬皆大疫。十二年，黎、雅州獻馬，有角長二寸。京房易傳曰：「臣易上，政不順，厥妖馬生角〔二二〕，茲謂賢士不足。」

紹熙元年二月丙申〔二三〕，右丞相留正乘馬早朝，入禁扉，馬斃，近馬禍也。

嘉定五年正月，史彌遠入賀于東宮，馬驚墮地，衣幘皆敗，其額微損，事與上同。

建隆元年，雄州歸義軍民劉進妻產三男。二年，孟州民孟福、定州民孟公禮等妻各產三男。三年，齊州、晉州大旱，民家多生魃。龍岡縣民林嗣妻、京師龍捷軍卒宜超妻產三男。

乾德三年，江陵府民劉暉妻產三男。四年，安州驍健軍卒趙遠妻產三男。五年，光州民高興、德州民趙嗣、乾寧軍卒王進妻產三男。

開寶元年，沂州民王政、澶州民謝興妻產三男。二年，閬州民孫延廣、開州民董遠妻產三男。七年，青城縣王宥妻產三男。河南府民劉元妻產三男。

太平興國二年，邢州招收軍卒李遇、汝州歸化軍卒魚霸、常州民謝祚妻產三男。晉原縣民楊萬妻產三男。七年，澶州龍衞軍卒靳興、普州民鄭彥福妻產三男。汾州民鄭訓妻產三女。鴈門縣民劉習妻產四男。滑州歸化軍卒安旺妻產二男一女。八年，揚州順化軍卒俞釗、温州民李遇、榮州民李祚妻產三男。九年，揚子縣民妻生男，毛被體半寸餘，面長、頂高、烏肩、眉毛粗密，近髮際有毛兩道，軟長眉，紫脣、紅耳、厚鼻，大類西域僧。至三歲，畫圖以獻。

雍熙二年，奉新縣民何靖妻產三男。三年，魯山縣民張美、相州林慮縣民張欽妻產三男。四年，晉原縣民周承暉、固始縣民楊昇妻產三男。

端拱元年，祁州民馮遇妻產三男。二年，齊州民徐美、幷州民侯遠、常州卒徐流妻產三男。

淳化元年正月，河陽縣民王斌、新息縣民李珪妻產三男。八月，汾州悉達院僧智嚴頭生角三寸。二年，晉陵縣民黃釗、南充縣民彭公霸、龍陽縣民周信、王屋縣民李淸、臨淸縣民國忠、鄰水縣吏謝元昇、奉化縣卒朱旺妻產三男。瀛州民胡立、邢州民高德妻產三男。四年，邯鄲縣民鄭安、河間縣民王希鞏、安州民宋和妻產三男。五年，雍丘縣營卒盛泰妻產三男。

至道元年，保州敵軍校〔二四〕李深、宋城縣民王洽、臨淮縣民賀用、永淸縣民董美、鄄城縣民馬方妻產三男。二年，安豐縣民王構、伊陽縣民張壽、成都縣民彭操妻產三男。三年，汾州民趙演、沂州民李嗣、南劍州民劉相、饒安縣民睦黨、衞州宣武軍卒李鍔妻產三男。

咸平元年，台州永安縣王旺、澶州靜戎軍卒鄭穗妻產三男。莘縣民懷梁、獲嘉縣民王貴、永康縣民羅彥瑫、温縣民楊榮、毗陵縣民魏吉妻產三男。三年，睢縣民朱進、鄆州武威軍卒徐遶、深州民彭遠妻產三男。四年，望都縣民郭瑩、邕州澄海軍卒梁濟妻產三男。五年，夏津縣民趙替妻產三男。六年，石城縣民劉詵、堂邑縣民戴興妻產三男。平鄉縣民郭讓妻產四男。

景德元年，南昌縣民李聰妻產三男。二年，奉新縣民魏勇妻產三男。四年，八作司匠趙榮、南頓縣民任登老、棗強縣民張緒妻各產三男。

大中祥符元年，高郵軍民王言妻產四男。二年，崞縣民張留、淸平軍民楊泉妻產三男。三年，獲嘉縣民馮可妻產三男。宋城縣民李悔妻產二男二女。四年，河池縣民馮守欽妻產三男。五年，大名府宣勇軍卒徐璘、贊皇縣民李釗妻產三男。七年，銅鞮縣民李謙、宋城縣民白德、霍丘縣民朱璘、平涼縣民焦思順妻產三男。八年，河南府民宋再興、眞陽縣民周元、歷亭縣民田用侯言、霍丘縣民王忠杜戩、濮陽縣民衞志聰、定州驍武軍卒張吉、雍丘縣懷勇軍卒黃進妻產三男。永嘉縣民張保妻產四男。九年，曹州雄勇軍卒聶德、瀛州民劉元、澧州民張貴、廣州民劉吉妻產三男。

天禧元年，連江縣民陳霸妻產三男。三年，錢塘縣民謝文信、遂安縣民李承遇妻產三男。四年，孝感縣民杜明、平恩縣民劉順妻產三男。七月，耒陽縣民張中妻產三男，其額有白誌方寸餘，上生白髮。

自天聖迄治平，婦人生四男者二，生三男者四十四，生二男一女者一；熙寧元年距元豐七年，郡邑民家生三男者八十四，而四男者一，三男一女者一；元豐八年至元符二年，生三男者十八，而四男者二，三男一女者一；元符三年至靖康，生三男者十九，而四男者一。

中華書局

前志以爲人民蕃息之驗。

宣和六年，都城有賣青果男子，孕而生子，蓐母不能收，易七人，始免而逃去。豐樂樓酒保朱氏子之妻，可四十餘，楚州人，忽生髭，長僅六七寸，疏秀而美，宛然一男子，特詔度爲女道士。

紹興三年，建康府桐林灣婦產子，肉角有齒。是歲，人多產鱗毛。二十年八月，眞符縣民家一產三男。

隆興元年，建康民流寓行都而婦產子，二首具羽毛之形。

乾道五年，衡、湘間人有化爲虎者。餘杭縣婦產子，青而毛，二肉角，又有二家婦產子亦如之，皆連體兩面相鄉。三家才相距一二里。潮州城西婦孕過期產子，如指大，五體皆具者百餘，蠕蠕能動。

淳熙十年，番易南鄉婦產子，肘各有二臂，及長，鬥則六臂並運。十三年，行都有人死十有四日復生。十一月辛未，鄧家巷婦產肉塊三，其一直目而横口。十四年六月，臨安府浦頭婦產子，生而能言，四日，暴長四尺。

紹熙元年三月癸酉，行都市人夜以殺相驚，奔迸者良久乃定。是歲，岷山縣工采石而山壓〔二〕；三年六月，它工采石鄰山，聞其聲呼，相應答如平生。其家鑿石出之，見其妻，喜曰：

「久閉乍風，肌膚如裂。」俄頃，聲微噤不語，化爲石人，貌如生。

慶元元年，樂平縣民婦產子有尾。永州民產子首有角，腋有肉翅；二年七月，進賢縣婦產子亦如之，而面有三目。

嘉定四年四月，鎭江府後軍妻生子，一身二首而四臂。

淳化五年六月，京師疫，遣太醫和藥救之。

至道三年，江南頻年多疾疫。

大觀三年，江東疫。

建炎元年三月，金人圍汴京，城中疫死者幾半。

紹興元年六月，浙西大疫，平江府以北，流屍無算。秋冬，紹興府連年大疫，官募人能服粥藥之勞者，活及百人者度爲僧。三年二月，永州疫。六年，四川疫。十六年夏，行都疫。二十六年夏，行都又疫，高宗出柴胡製藥，活者甚衆。

隆興二年冬，淮甸流民二三十萬避亂江南，結草舍偏山谷，暴露凍餒，疫死者半，僅有還者亦死。是歲，浙之飢民疫者尤衆。

乾道元年，行都及紹興府飢，民大疫，浙東、西亦如之。六年春，民以多瘼疫作。八年夏，行都民疫，及秋未息。江西飢民大疫，隆興府民疫，遭水患，多死。

淳熙四年，眞州大疫。八年，行都大疫，禁旅多死。寧國府民疫死者尤衆。十四年春，都民、禁旅大疫，浙西郡國亦疫。十六年，潭州疫。

紹興二年春〔三〕，涪州疫死數千人。三年，資、榮二州大疫。

慶元元年，行都疫。二年五月，行都疫。三年三月，行都及淮、浙郡縣疫。

嘉泰三年五月，行都疫。

嘉定元年夏，淮甸大疫，官募掩骼及二百人者度爲僧。是歲，浙民亦疫。二年夏，都民疫死甚衆。淮民流江南者飢與暑并，多疫死。三年四月，都民多疫死；四年三月，亦如之。十五年，贛州疫。十六年，永、道二州疫。

德祐元年六月庚子，是日，四城遷徙，流民患疫而死者不可勝計，天寧寺死者尤多。二年閏三月，數月間，城中疫氣薰蒸，人之病死者不可以數計。

熙寧元年七月戊子夜，西南雲間有聲鳴，如風水相激，寖周四方。主民勞，兵革歲動。

六年七月丙寅夜，西北雲間有聲如磨物，主百姓勞。七年七月庚子夜，西北天鳴，主驚憂之事。

紹興二十一年八月乙亥，天有聲如雷，水響于東南，四日乃止。

開禧元年六月壬寅，天鳴有聲。

天禧三年正月晦，沈丘縣民駱新田聞震，頃之，隕石入地七尺許。

淳熙十六年三月壬寅，隕石于楚州寶應縣，散如火，甚臭腥。

慶元二年六月辛未，黃巖縣大石自隕，雷雨甚至，山水瀵湧。

校勘記

〔一〕江溪魚皆凍死　「江」下原有「陵」字。按本條所敘是永州事，永州在荊湖南路，江陵在北路，於地理上不合；通考卷三〇五物異考無此「陵」字，「陵」字當衍，據刪。

〔二〕階成鳳西和州　「成」，原作「城」；「西」，原作「泗」。按通考卷三〇五物異考作「階、成、鳳、西和四州」，此四州同在秦鳳路，「城」和「成」、「泗」和「西」又都音近、形近易訛，當以通考爲是。據改。

〔三〕大中祥符三年丙申　按大中祥符三年歲次庚戌，不是丙申。通考卷三〇五物異考作「大中祥符三年八月丙辰」，此處當有脫誤。

〔四〕召司天監寺趙昭問之　此處「寺」字有誤，通考卷三〇七物異考「寺」作「丞」，疑是。

〔五〕殿侍張信　「殿侍」，原作「殿中」，據長編卷八七、通考卷三〇七物異考改。

〔六〕慶曆六年五月雷雹地震　按編年順序，本條應移置上文「嘉祐四年」之前。

〔七〕八月辛丑九月辛酉雷　按是年八月無辛丑，九月無辛酉；且此條不應繫於十月之後，疑有誤。

〔八〕建炎七年五月　按建炎無七年，繫年要錄卷一一一紹興七年五月：「是月，汴京無雲而雷，有龍起摵宣德門，滅『宣德』二字。」當即此條所記之事。疑「建炎」爲「紹興」之誤。

〔九〕彭城軍　按本書卷八五地理志，彭城，縣名，屬徐州，不是軍；通考卷三一四物異考作「鎭戎軍」，疑此處有誤。

〔一〇〕嘉泰二年　「泰」，原作「定」，據宋會要瑞異三之四六、通考卷三一四物異考改。

〔一一〕三年八月解州鹽池紫泉場水次二十里許不種自生　「水」，原作「也」；「十」，原作「年」，文理難通。據通考卷二九七物異考改。按編年順序，本條應移至「四年二月」條之前。

〔一二〕厥妖馬生角　「生」字原脫，據漢書卷二七下之上五行志所引京房易傳、通考卷三一一物異考補。

〔一三〕紹熙元年二月丙申　「紹熙」，原作「紹興」。按本條所記是留正充右丞相時事，據本書卷二一三

宰輔表，留正於淳熙十六年正月任右丞相，紹熙元年七月乙卯除左丞相，通考卷三一一物異考作「紹熙元年」，是，據改。

〔一四〕保州敵軍校　文義不可通。按本書卷一八七兵志載河北保州有無敵軍，疑「保州」下脫「無」字。

〔一五〕紹興二年春　按上文是淳熙十六年，下文是慶元元年，其間的年號是紹熙，不得有紹興紀年。此處「紹興」疑爲「紹熙」之誤。

宋史卷六十三

志第十六

五行二上

火

炎上，火之性也。火失其性，則爲災眚。舊說以恆燠、草妖、羽蟲之孽，羊禍、赤眚、赤祥之類，皆屬之火，今從之。

建隆元年，宿州火，燔民舍萬餘區。二年三月，內酒坊火，燔舍百八十區，酒工死者三十餘〔一〕。三年正月，滑州甲仗庫火，燔儀門及軍資庫一百九十區，兵器、錢帛並盡。開封府通許鎮民家火，燔廬舍三百四十餘區。二月，安州牙吏施延業家火，燔民舍并顯義軍營

六百餘區。五月，京師相國寺火，燔舍數百區。海州火，燔數百家，死者十八人。

乾德四年二月，岳州衙署、廩庫火，燔市肆、民舍殆盡，官吏踰城僅免。三月，陳州火，燔民舍數十區。潭州火，燔民舍五百餘區；踰月，民周澤家火，又燔倉廩、民舍數百區，死者三十六人。是春，諸州言火者甚衆。八月，衡州火，燔公署、倉庫、民舍僅千餘區。五年，京師建隆觀火。

開寶三年八月，辰州廨火，燔軍資庫。五年七月，忠州火，倉庫殆盡。七年九月，永城縣火，燔民舍一千八百餘區。八年四月，洋州火，燔州廨、民舍千七百區。永城縣火，燔軍營、民舍千九百八十區，死者九人。

太平興國七年八月，益州西倉災。

雍熙元年五月丁丑，乾元、文明二殿災。初夕，陰雲雷震，火起月華門，翌日辰、巳方止。二年九月庚寅夜，楚王元佐宮火，燔舍數百區，王自是以疾廢于家。三年，光化軍民郤勳家火，延燔軍廨、舍、庫。

端拱元年二月，雲安軍威棹營火。二年三月，衡州火，燔州縣官舍、倉庫、軍營三百餘區。又崇賢坊有烏燔數十處〔二〕，七日不滅。

淳化三年十月，蔡州懷慶軍營火，燔汝河橋民居、官舍三千餘區，死者數人。十一月，

中華書局

建安軍城西火，燔民舍、官廨等殆盡。四年二月，永州保安津舍火，飛焰過江，燒州門及民屋三百餘家。

咸平二年四月，池州倉火，燔米八萬七千斛。

景德元年正月，平虜軍營火，焚民居廬舍甚衆。四年十一月，鄧州火，燔倉庫並盡。

大中祥符元年正月，桂州甲仗庫災。二年四月，昇州火，燔軍營、民舍殆盡。四年八月，徐州草場火。十月，鎮州城樓、戰棚火。七月，雄州甲仗庫火。八年二月甲寅，宗正寺火。四月壬申夜，榮王元儼宮火，自三鼓北風甚，癸酉亭午乃止，延燔左承天祥符門、內藏庫、朝元殿〔三〕、乾元門、崇文院、祕閣、天書法物內香藏庫。九年五月甲子，左天廐坊草場火。

天禧二年二月戊寅，北宅蔡州團練使德雍院〔四〕火，延燔數百區。三年春，京師多火。六月，永州軍營火，延民舍數百餘區。五年四月丁巳，事材場火。

天聖三年二月丁卯，蘄州榷貨務火。五年四月壬辰，壽寧觀火。七年六月丁未，玉清昭應宮災。初，大中祥符元年，詔建宮以藏天書。七年，宮始成，凡二千六百一十楹。至是，火發夜中，大雷雨，至曉而盡。

明道元年八月壬戌，修文德殿成。是夜，禁中火，延燔崇德、長春、滋福、會慶、延慶〔五〕、崇徽、天和、承明八殿。

景祐三年七月庚子，太平興國寺火起閣中，延燔開先殿及寺舍數百楹。是夕，大雨雹。十月己酉，澶州橫龍水口西岸料物場火，焚薪芻一百九十餘萬。

寶元二年六月丁丑，益州火，焚民廬舍二千餘區。

康定元年六月乙未，南京鴻慶宮神御殿火。

慶曆元年五月癸亥，慶州草場火，延燔州城樓櫓。三年十一月丙寅，上清宮火。四年三月丙戌夜，代州五臺山寺火。六月丁未，開寶寺靈感塔災。七月甲子，燕王宮火。六年七月辛丑，洪福禪院火。八年正月壬午，江寧府火。初，李景江南大建宮室、府寺，其制多倣帝室，至是一夕而焚，唯玉燭殿〔六〕獨存。

皇祐五年正月丁巳，會靈觀火。

至和元年四月辛丑，祥元觀火。二年，幷州太宗神御殿火。

嘉祐三年正月，溫州火，燔屋萬四千間，死者五十人。

治平四年十二月壬子夜，睦親宮火，焚九百餘間；甲寅，廣親宮又火。

熙寧六年二月丙申，永昌陵上宮火，燔東城門。七年九月壬子，三司火，自巳至戌，焚屋千八百楹，案牘殆盡。十一月，洞眞宮火。九年十月，魯王、濮王宮火。十年正月，仙韶院火，撤屋二百五十楹。三月丙子，開封府火。

元豐元年八月，邕州火，焚官舍千三百四十六區，諸軍衣萬餘襲，穀帛軍器百五十萬。四年六月，衡州火，燒官舍、民居七千二百楹。欽州大雷震，火焚城屋。五年二月，洞眞宮火。八年二月辛巳，開寶寺火。時寓禮部貢院於寺，點校試卷官翟曼、陳之方、馬希孟焚死，吏卒死者十四人。

元祐元年三月，宗室宮院火。六年十二月，開封府火。

紹聖三年三月七日，內尙書省火，尋撲滅。上諭執政：禁中屢火，方醮禳，已罷春宴，仍不御垂拱殿三日。四年七月甲子，禁中火。

元符元年四月，宗室宮院火。

建中靖國元年六月壬寅，集禧觀火，大雨中久而後滅。

崇寧二年六月，中太乙宮火。三年三月辛丑，大內火。

政和三年四月，蘇州火，延燒公私屋一百七十餘間。五月，封州火，延燒公私屋六百八十二間。五月辛丑，京師大盈倉火。是歲，成都府大慈寺、溫州絳州皆火。

重和元年九月，掖庭大火，自甲夜達曉，大雨如傾，火益熾，凡爇五千餘間，後苑廣聖宮及宮人所居幾盡，焚死者甚衆。

靖康元年十二月丙子夜，尙書省火，延燒禮、祠、工、刑、吏部，拆尙書省牌擲火中禳之

乃息。二年三月戊戌，天漢橋火，焚百餘家。頃之，都亭驛又火。己酉，保康門〔七〕火。

紹興元年十月乙酉，臨安府、越州大火，民多露處。十二月辛未，越州火，焚吏部文書，乙酉，移蹕錢塘。二年正月丁巳，宣州火，燔民居幾半。五月庚辰，臨安府大火，亙六七里，燔萬數千家。十二月甲午，行都大火，燔吏刑工部、御史臺、官府、民居、軍壘盡，乙未旦乃熄。三年九月庚申，行都闕門外火，多燔民居。四年正月戊寅，行都火，燔數千家。六年二月，行都屢火，燔千餘家。十二月，行都大火，燔萬餘家，人有死者。時高宗親征劉豫，都民之暴露者多凍死。七年正月辛未，平江府火。二月辛丑，鎮江府、楚眞揚太平州火。是歲，臨安府火。八年二月丁酉，太平州〔八〕大火，宣撫司及官舍、民居、帑藏、文書皆盡，死者甚衆，錄事參軍呂應中、當塗縣丞李致虛死焉。九年二月己卯，行都火。七月壬寅，又火。十年十月，行都火，燔民居，延及省部。十一月丁巳，溫州大火，燔州學、酤征舶等務、永嘉縣治及民居千餘。十一年七月癸亥，婺州大火，燔州獄、倉場、寺觀暨民居幾半。九月甲寅，建康府火，燔府治三十餘區，民居三千餘家。十二年二月辛巳，鎮江府火，燔倉米數萬石，芻六萬束，民居尤衆。是月，太平、池州及蕪湖縣皆火。三月丙申，行都火。四月，行都又火。十四年正月甲子，行都火。十五年，大寧監火，燔官舍、帑藏、文書。九月甲子，行都火，經夕，漸近太室而滅。十七年八月，建康府火。十二月辛亥，靜江府火，燔民舍甚衆。二十年正

月壬午，行都火，燔吏部文書皆盡。二十五年，汴京宮室悉焚。二十六年，潭州南嶽廟火。二十九年四月，鎭江府火，焚軍壘、民居。十二月丙子，夔州大火，燔官舍、民居、寺觀，人有死者。

乾道元年正月，泰州火，燔民舍幾盡。是年春，德安府應城縣㕔驛火。二年冬，眞州六合縣武鋒軍壘火。十二月，婺州火。自是火患不息，人火之也。三年五月，泉州火。五年十二月壬申，太室東北垣外民舍火。七年十一月丁亥，禁垣外閹人私舍火，延及民居。九年九月，台州火，經夕，至于翌日晝漏半，燔州獄、縣治、酒務及居民七千餘家。

淳熙元年十二月丁巳，泉州火，燔城樓及五十餘家。二年六月戊午，潭州南嶽廟火。八月，嚴州火。十一月癸亥，麗正門內東廡災。是歲，瀘州火，坐上焚民居不實，守臣貶秩。三年九月，大內射殿災，延及東宮門。四年十一月辛酉，鄂州南市火，暴風通夕，燔千餘家。五年四月庚寅，興州沙市火，燔三百四十餘家，有死者。十一月，和州牧營火，燔一百六十區。七年二月，江陵府沙市大火，燔數千家，延及船艦，死者甚衆。八月，溫州試士，火作于貢闈。八年正月，揚州火。九月乙亥，行都火。九年九月，合州大火，燔民居幾盡，官舍僅有存者。十一年二月辛酉，興元府義勝軍壘舍火。十二年八月，溫州火，燔城樓及四百餘家。十月，鄂州大火，燔萬餘家。江風暴作，結廬隄上、泊舟岸下者，焚溺無遺。十四年五

月，大內武庫災，戎器不害。六月庚寅，行都寶蓮山民居火，延燒七百餘家，救焚將校有死者。五月，成都府市火，燔萬餘家。十六年九月，南劍州大火，民居存者無幾。

紹熙元年八月壬寅[九]，處州火，燔數百家。十二月戊申，建寧府浦城縣火。時査洞寇張海作亂[一〇]，焚五百餘家。二年四月，行都傳法寺火，延及民居。言者以戚里土木爲孽火數起之應。是月，徽州大火，夜燔州治、譙樓、官舍、獄宇、錢帑庫務，凡十有九所，五百二十餘區，延燒千五百家，自庚子至于壬寅，乃熄。五月己巳，金州火，燔州治、官舍、帑藏、保勝軍器庫、城內外民居甚衆。三年正月己巳，行都火，通夕，至于翌日，闤闠焚者半。十一月，又火，燔五百餘家。十二月甲辰，鄂州火，至于翌日，燔八百家。

慶元二年八月己酉，永州火，燔三百家。三年閏月甲申[一一]，金州都統司中軍壘舍火，焚千三百餘區。閏六月乙酉[一二]，又火，燔二千餘區。是冬，紹興府僧寺火，延燒數百家。六年八月戊戌，徽州火，燔州獄、官舍，延及八百餘家。

嘉定元年三月戊寅，行都大火，至于四月辛巳，燔御史臺、司農寺、將作軍器監、進奏文思御輦院、太史局、軍頭皇城司、法物庫、御廚、班直諸軍壘，延燒五萬八千九十七家。城內外亙十餘里，死者五十有九人，踐死者不可計。城中廬舍九燬其七，百官多僦舟以居。火作於寶蓮山御史臺胥楊浩家，諫議大夫程松請戮浩以謝都民。疏再上，始黥配萬安軍，猶免

決。自是民訛言相驚，亡賴因縱火爲姦利。二年六月己卯，臨安府火。三年正月丁酉，襄陽府火作而風暴，選鋒軍校于友直死於救焚，止延燒六十餘家。帥、漕臣上其功，贈二秩，官其子二。十一月甲午，福州火，燔四百餘家。四年三月丁卯，行都大火，燔尙書中書省、樞密院、六部、右丞相府、制勑粮料院、親兵營、修內司，延及學士院、內酒庫、內宮門廡，夜召禁旅救撲。太室撤廟廡，遷神主幷册、寶於壽慈宮。翼日戊辰旦，火及和寧門鴟吻，禁卒張隆飛梯斧之，門以不焚。火作時，分數道，燔二千七十餘家。又翌日己巳，神主還太室。時省部皆寓治驛、寺。四月丙申，臨安府梵天寺火。六月，盱眙軍天長縣禁軍營火，鎧械爲盡。八月壬辰，鄂州外南市火，燔五百餘家。

開禧二年二月癸丑，壽慈宮災。四月壬子，行都火，燔數百家。

嘉定二年八月己巳，信州火，燔二百家。九月丁酉，吉州火，燔五百餘家。是歲，瀘州火，燔千餘家。十一月丁亥，建寧府政和縣火，燔百餘家。四年閏二月己卯，紹興府嵊縣浦橋火，燔百餘家。三月，滁州火[一三]，燔民居甚多。十月，撫州火。辛卯，福州一夕再火，燔城門、僧寺，延燒千餘家，死者數人。五年五月己未，和州火，燔二千家。八年八月辛丑，湖州火，燔寺觀，延燒三百家。九年七月甲戌，南劍州沙縣火，燔縣門、官舍及千一百餘家，民有死者。十一年二月，行都火，燔數百家。九月己巳，禁垣外萬松嶺民舍火，燔四百八十

餘家。十三年二月庚寅，安豐軍故步鎭火，燔千餘家，死者五十餘人。八月庚午，慶元府火，燔官舍、第宅、寺觀、民居甚衆。十一月壬子，行都火，燔城內外數萬家、禁壘百二十區。十七年四月丁卯，西和州焚軍壘及居民二千餘家，人火之也。守臣尙震午誤以爲金人至而遁。六月丁亥，岳州火，燔岳陽樓、州獄、帑庫，延及八十餘家。

紹定元年三月，行都火，燔六百餘家。

嘉熙元年六月，臨安府火，燔三萬家。

淳祐元年，徽州火。十二年十一月丙申，行都火，至丁酉夜始熄。

景定四年，紹興火。五年，臨安府大火。

德祐元年，玉牒所災。

乾德二年冬，無雪。五年冬，無雪。

開寶元年冬，京師無雪。二年冬，無雪。

淳化二年冬，京師無冰。

至道元年冬，無雪。二年冬，無雪。

大中祥符二年，京師多溫，無冰。

天聖五年，夏秋大暑，毒氣中人。

嘉祐六年冬，京師無冰。

治平四年冬，無雪。

元豐八年冬，無雪。

元祐元年冬，無雪。四年冬，京師無雪。五年冬，無冰雪。

紹興五年五月，大燠四十餘日，草木焦槁，山石灼人，暍死者甚衆。三十一年冬，無雪。

乾道三年，冬溫，少雪無冰。五年，冬溫，無雪。六年，冬溫，無雪冰。

紹熙三年冬，潼川路不雨，氣燠如仲夏，日月皆赤，榮州尤甚。

慶元元年冬，無雪。二年冬，無雪。四年冬，無雪。越歲，春燠而雷。六年，冬燠無雪，桃李華，蟲不蟄。

開禧三年冬，少雪。

嘉定元年，春燠如夏。六年冬，燠而雷，無冰，蟲不蟄。八年夏五月，大燠，草木枯槁，百泉皆竭，行都斛水百錢，江、淮杯水數十錢，暍死者甚衆。九年冬，無雪。十三年冬，無冰

雪。越歲，春暴燠，土燥泉竭。

建隆二年九月，亳州獻芝一株。

乾德四年閏八月，黃岡縣民段贇屋柱生紫芝一本二莖，知州鄧守忠以獻。十二月，登州獻芝五莖。

開寶四年，成都府民羅達家生芝。六年正月，知梓州趙延通獻芝一本。河中府大明觀殿芝草生，節度使陳思讓以聞。七年七月，陳州節度党進獻控鶴營卒孫洪家芝二本。八月，又獻芝一本，四十九莖。九月，鄜城縣廨芝生柱上，刺史王明以獻。十月，梓州獻芝草。

太平興國二年八月，青城縣民家竹一本，上分雙莖。三年六月，項城縣令王元正獻芝草。七月，廣州獻芝草。八月，功臣堂柱生芝二本，知州范旻畫圖以獻。四年八月，廣州獻芝草。九月，華山道士丁少微獻白芝、黝芝各一器。五年五月，眉山縣竹一莖十四節，上分二枝，長丈四尺。九月，眞定府行宮殿梁生芝，如荷花，知府趙賢進以圖來上。十月，龍水縣華嚴寺舊栽竹爲筒引水，忽生枝葉，長二丈許，知州姜宣以聞。六年三月，廣州獻黃芝一本九莖。七月，新津縣趙豐村竹一莖十二節，上分兩岐，知州崔憲以聞。七年六月，知黃州婁仁鳳獻芝草。七月，知羅江縣陳覃，於羅璝山獲芝四本以獻。湘陰縣萬壽寺松根，芝草二本生，轉運副使趙昌獻芝。八月，再生四本，昌又獻。潭州民歐陽進、夏侯敏園中芝三本。宜興縣民長孫裕家生芝，紫莖黃蓋。十月，雄州實信院竹叢生芝草，僧致仁采之復生，悉以上獻。八年二月，知福州何允昭獻芝二本。五月，漢州獻芝。十月乙酉，蜀州獻瑞竹一本十六節，上分兩枝。知連州史昭文獻芝二莖。十一月，婺源縣民王化於王陵山石上，得紫芝一本，叢生五莖。金州監軍廨生芝三本。九年十月，金州獻芝三本，永康軍獻芝九莖，同日至闕下。十一月，知梓州沈護獲芝三莖。

雍熙二年七月，靈州芝草生，知州侯贇刻木爲其狀來獻。三年三月，殿前承旨張思能使楚、泗，獻所得芝草五本。四月，眉山縣獻異竹圖。八月，刑部尚書宋琪家牡丹三華。

端拱元年五月，知襄州郝正獻芝五本。八月，廣州鳳集合歡樹下，得芝三本。二年七月，彭山縣民家生異竹。舒州芝草生，知州趙孚以獻。十月，密州獻芝草。

淳化元年四月，永州監軍廨芝草生，知州克憲以聞。八月，黃州刺史魏丕獻芝草。二年二月，射洪縣安國寺竹二莖同本。六月，舒州竹連理，知州欒史以聞。十一月，陵州民趙崇家慈竹二莖，長六尺許，其上別有根柢，莖分十枝，長丈餘；又一本三莖並聳。三年十月，朗州異竹生。京師太平興國寺牡丹生華，占云：「有喪。」是月，恭孝太子薨。四年正月，知興化

軍馮亮獻芝草。十月，彭門芝草生。十二月，榮州獻異竹圖。五年正月，密州獻芝草四本，枝葉扶疎。二月，知溫州何士宗獻芝草五本；十月，又獻十本。

至道元年十一月，潭州監軍廨生竹一本，長二尺許，枝葉萬餘，尤爲殊異。二年六月，虔州龍泉縣合龍院一竿分兩枝。河南縣民張知遠家芝草生，判府呂蒙正表上之。閏七月，密州獻芝二本。三年二月，廣東轉運使康戩獻紫芝。

咸平元年十二月，宣化縣保聖山瑞竹生一本二枝。二年閏二月，宣、池、歙、杭、越、睦、衢、婺諸州箭竹生米如稻。時民飢，采之充食。九月，劍州驛廳梁上生芝草，一枝三朵，其色黃白，知州李仁衡圖以獻。四年正月，濰州獻芝草一本，如佛狀。十二月，知淮陽軍王礪獻芝草三本。六年五月，導江縣民潘矩田生芝，三層，黃紫色，高五寸許。九月，相州牧龍坊生芝一莖，色紫黃，長尺餘，分七枝，枝如手五指狀。其最上枝類鳳者，知州張鑑以獻。

景德三年八月，蔡州獻芝草。四年十月，知廣安軍王奇上芝草圖。十二月，蓬州上瑞竹圖。

大中祥符元年四月，溫州獻瑞竹圖。五月辛未，以東封，遣經度制置使王欽若祭文宣王廟，於孔林得芝五株，色黃紫，如雲色及人戴冠冕之狀。詔內侍楊懷玉祭謝。復得芝四本，輕黃，如雲氣之狀。癸未，內侍江德明於白龍潭石上，得紫黃芝一本以獻。六月，瑕

丘縣民宋固於堯祠前得黃紫芝九本，連理者四；又縣民蔡珍得芝一本：王欽若以獻。欽若又於岱嶽及堯祠前，再得芝二十二本，連理者二，及有貫草石者。七月，欽若親獲芝十一本，又州長及民所得二十六本，有重臺連理及外白內紫之狀，且言：「泰山至日生芝草，軍民競采，請給繒帛。」從之。兗州獄空，司理參軍郭保讓掃除其間，得芝四本。八月，須城縣民家芝草生。乾封縣民家屋柱生芝，滋長連袤，色鮮潔，如繪畫。欽若獻芝草八千一百三十九本，有貫草木、附石、連理及飾爲寶山者。黃州獻異竹一本雙莖。九月，趙安仁來獻五色金玉丹紫芝八千七百十一本。鞏縣柴務牡丹華。十月，泰山芝草再生者甚衆。辛丑，車駕次鄆州，知州馬元方獻芝草五本。甲辰，欽若等又獻泰山芝草三萬八千五十本，有並五連、三連理者，五色重暈如寶蓋，下相連帶，凡草木五穀如寶山、靈禽、瑞獸之象者六百四十二。詔令封禪日列天書輦前，又迻諸路名山勝景及賜宰相。是月，復州獻芝草，類神仙佛像。又民李釗屋柱生芝三本。霍丘縣河亭及聖惠坊並有紫芝生。十二月，福州懷安縣龍眼樹上紫芝連理。溫州獻靈芝圖。二年正月，福州荔枝樹生連理芝二本。二月，饒州獻芝草四本。七月，遂州皇澤寺芝草生，凡五十本。九月，榮州廨庭中生芝二本。十月，果州青居山獻金暈連理芝草。十一月，華山張超谷石上生紫芝二本。嵩岳生芝草五十本。石首縣文宣王廟殿

柱芝草生。又龍蓋山萬福里民宗永昌園藤上芝草生一本雙莖。十二月，漢州芝草生。黔州芝草一莖十二枝，若山峰狀。三年正月，井研縣三惠寺生芝草十本。二月，昌州廨廳柱芝生四本。閏二月，饒州芝草生。三月，西充縣青蓮塔院、太平觀並生芝草。四月，京師竹有華，占云：「歲不豐。」六月，緜、邵、鄂州並芝草生。七月，虢州聖女觀生芝草三本。八月，穎縣〔四〕民得田芝十二本。蜀州生芝草，一莖九葉。江陵縣民張仲家竹自根上分幹，其一幹又分三莖。九月，江陵府永泰寺竹出地七節，分爲兩莖，長丈餘，知府陳堯咨以聞。華州敷水民侯元則入華陽川石罅，得芝一本，知州顧端以獻。十月，內侍任文慶詣茅山，設醮洞中，獲芝草二十八木，有如人手者。十一月，安鄉縣謝山獲芝二十二本，其七狀如珊瑚而色紫。十二月，神泉縣獲芝四本。四年正月，知華州崔端獻芝草，狀如仙人掌。須城縣民李道安於黃仙公洞臺上得芝草一本以獻。二月，崔端又獻芝草十本。知益州任中正獻芝草二十二本。知遂州毋賓古獻芝草。四月，古田縣僧舍竹一本，上分三莖。端昌縣〔五〕民李讓家筀竹一本，去地五尺許，分爲二莖，知州范應辰以聞。六月，夔州芝草生廩舍中。七月，知亳州徐泌、知江州王文震並獻芝草。知郴州袁延慶獻芝草十本。八月，邕州雲封寺柏樹生芝五本，知州劉知詰以獻。西充縣廣川王廟生芝十本，其三連理。八月，知信州李放獻瑞竹圖三本。十一月，河中府獻芝草。眞源縣民王順慈、司徒撻家生芝各一本。岳州、道州並獻芝草。南嶽奉冊使薛映、副使錢惟演過荆門軍神林石上，獲芝草以獻。十二月，鉛山縣仁壽僧舍生芝草一本，雙枝，長尺八寸。五年六月，潯州六祖院法堂紫芝雙秀，知州高志寧以聞。八月，亳州獻芝草。十月，澤州廳事梁上，生白莖紫蓋芝二十四本。閏十月，常州芝草生。又蕭山縣芝生李樹上十一本。十一月，廣州獻芝草二百三十七本。晉原縣僧舍芝草一本。十二月，隨州芝草生。亳州獻鹿邑縣民所獲芝草四本。候官縣山上生芝草五十四本。閬縣望泉寺生芝草十本。寧德縣支提山石上生芝草十五本。六年二月，江州廬山崇聖院生芝九本，知州王文震以獻。四月，饒州承天院東山生芝四本，連葉。六月，壽丘縣獲紫莖金芝一本。景陵縣管陽山林中獲芝三十本。七月，內侍石延福登兗州壽丘，獲芝一本，貫草而生，又旁得三十本。亳州團練使高漢英獻芝八本。鼎州城門柱下生芝一本。八月，繼照堂生芝一本，紫莖黃蓋。奉祀經度制置使丁謂至眞源縣，太淸宮道士、瀨陽鄉民繼獲芝八十本以獻。乙丑，又獲二百五十本，有一本三莖，一莖如雲氣佛像者。九月，又得宋城縣民所獲芝五十本獻之。十月，丁謂來朝，獻芝草三萬七千一百八本，飾以仙人、寶禽、異獸之狀；十一月，又獻九萬五千一百本。明年，車駕至眞源，民有詣行闕獻者，又一萬八千本。是冬，兗州景靈宮芝草生。慶成軍大寧廟聖製碑閣生金芝二本。昭州龍嶽山資壽寺芝草生。潯州廳廨柱芝生二本，上分爲二，其上又生二本，凡三重。無錫縣民曹詵家食案生芝，赤黃

有光，長尺許。又知南安軍章得一獻芝草。七年正月，明州獻茹侯山石上芝草一本四莖。二月，知信州歐陽陟獻芝草七本，忠州獻芝五本。四月，福州獻芝草二本。五月，鄞縣西上石崖生紫芝十五本。七月，華州民入華山，得白石上芝草，雙莖連蓋。八月，均州、獻州獻芝千二百二十七本。十月，慶成軍大寧廟石雙莖芝生，其上合幹。明、英二州芝草生。十一月，蜀州芝草二本生竹根。八年二月，青州武成王廟柱生芝一本，知州張知白以圖獻。三月，榮州應靈縣彌陀佛舍生紫芝三本，其一雙幹，上如蓋。四月，昌州有芝生石上，一本四莖，其色黃白。四月，彰明縣民家竹一根，上分二本、十三節。又開元寺桃竹一莖，上分十八節，皆相對。五月，道州舜祠旁生芝二十一本。六月，盩厔縣民家芝草三莖，共成一葉，又石芝一本。十月，晉原縣民柏晨家生芝三根，合爲一本。九年七月，知信州董溫獻芝十二本。八月，知廬州余獻卿獻芝二本。九月，涪城縣石壁生芝二本。十一月，武岡縣民何文化園竹生兩株同本，上分四莖。十二月，晉原縣民李彥滔家竹一本，雙莖對節，知州王世昌圖以獻。

天禧元年三月，新津縣平蓋下玉皇案下芝草生。鄂州天慶觀聖祖殿芝草生。四月，邵陽等縣竹生穗如米，民饑食之。又浮梁縣竹生穗如米。七月，漢陽軍太平興國寺異竹一本，生二莖，節皆相對。十二月庚午，內出芝草如眞武像。二年正月庚子，內出眞遊、崇徽二殿梁上芝草圖示宰相。五月，兗州景靈宮昭慶殿生金芝二本。三年六月，漢陽軍芝草

中華書局

生，一百五十餘本。七月，嵩山崇福宮獲芝草一百本，有重臺連理、貫草者，知河南府馮拯以獻。四年四月，梁山軍民王崇扆竹園，生金暈紫芝五本。十一月，上饒縣民王壽園中生芝草三本，皆金暈，其二連理。

乾興元年六月，蘇、秀二州湖田生聖米，居民取以食。興州竹有實，如大麥，民取以食，占曰：「大饑。」八月，洋州民李永負土成母墳，芝生墳上。

天聖元年五月，興州竹有實如大麥，民取以食之，占曰：「竹有實，大饑。」八月甲寅，有芝生于天安殿柱，召輔臣觀之。九月戊午，城西下木場芝草生。三年七月，梓州城門生芝二本。四年正月，梓州民家生芝四本。九月，榮州芝生。

明道元年七月，榮州、連州並芝生。

景祐二年九月，嘉州芝草生。四年五月丙寅，有芝生于化成殿楹。

慶曆元年二月丙午，京師雨櫱。二年八月，梓州芝草生。五年八月，洪州章江禪院堂柱芝草生，高一尺三寸，葉二十一層，色白黃，有紫暈；旁生小芝，葉九層，上有氣如煙。

皇祐元年七月，福州生芝一十二本。十月，湖州芝草生。三年六月丁亥，無爲軍獻芝草，凡三百五十本。上曰：「朕以豐年爲上瑞，賢臣爲寶，至於草木、魚蟲之異，焉足尚哉！」五年閏七月，榮州芝草生。

嘉祐三年十一月，河南府芝草生。六年正月，清川縣漢光武祠生芝草，一本三岐。八月，施州歌羅砦生芝四本。十月，汝州新砦巡檢廨舍生芝五本。

熙寧元年，益陽縣雷震山裂，出米可數十萬斛，賫至京師，信米也，但色黑如炭。八年七月，鼎州產芝三本，其一類珊瑚，枝葉摎結。鹽官縣自三月地產物如珠，可食；水產菜如菌，可爲葅，饑民賴之。九年五月，流江縣產芝二十一本。

元豐二年四月，眉州生瑞竹。六月，忠州雨豆。七月甲午，南賓縣雨豆。十一月，全州芝生十二本。三年六月，安州芝生二十九本，其一連理。臨江軍芝生四十三本。四年十月，鄞縣天慶觀生瑞竹一本，自第九節分莖雙起。五年七月，永康縣生紫芝九本。十一月，閬中縣生紫芝六、金芝七。永康縣生紫芝九。六年八月，吉州芝生三十三本。十二月，滕縣官舍生異草，經月不腐。七年四月，景靈宮芝生六本於天元殿門。五月，開化縣芝生九本，黃白紫色。八月，永安陵下宮芝生一本。十月，青州芝生二十一本。

元祐元年七月，武安軍言：「前祕書省正字鄧忠臣母墳前生芝草一本，紫莖黃蓋。」三年六月，臨江縣塗井鎮雨白黍；七月，又雨黑黍。四年九月，江津縣石上生芝草二本六莖。五年二月，晉原縣生芝草四十二本。七年十一月，滁州生芝二百餘本。

紹聖三年九月，淄川縣生芝草，有穀十科穿芝草生二枝。十月，河南府大內地生芝草，

元符二年正月，處州民田生瑞竹。二月，瀘州生芝草一本，同根駢幹，至蓋復合爲一。又衡州郡廳生紫芝一根十六葉。

崇寧元年八月，盤石縣芝草連理。三年十月，復州、澤州芝草生。四年正月，戎州、宿州芝草生。七月，瀘州芝草、瑞竹生。五年冬，澧州、安州芝草生。

大觀元年三月，宣、鄆、湖、潤州皆芝草生。廬州雨大豆。九月，崇天臺及兗州孔林芝草生。二年，陳兗鄧州、廣德軍芝草生。三年秋，西京、湖海普渠州、南安軍芝草生。

政和元年正月，萊州芝草生。十一月，虔州聖祖殿芝草生。二年二月戊子，河南府新安縣蟾蜍背生芝草。自是而後，祥瑞日聞。玉芝產禁中殆無虛歲，凡殿宇、園苑及妃嬪位皆有之，外則中書尚書二省、太學、醫學亦產紫芝。四年八月，建州境內竹生米數千萬石。五年十一月癸酉，越州承天寺瑞竹一竿七枝，幹相似，其葉圓細，生花結實。詔送祕書省，仍拜表賀。五年五月，禁中芭蕉連理。八月甲子，蘄州進芝草一萬一千六百枝，內一枝紫色，九幹。十二月己未，汝州進六萬本，其間連理、雙枝者一千八百八十，有司不勝其紀。初猶表賀，後以爲常，不皆賀也。時朱勝非爲京東提舉學事，行部至密州界，見縣令部數百夫入山採芝。彌漫山谷，皆芝菌也。或附木石，或出平地，有一本數十葉，層疊高大，衆色咸備。郡守李文仲採及三十萬本，每萬本作一綱入貢。文仲尋進職，授本道轉運使。

建炎二年九月癸卯，權知密州杜彥獻芝草，五葉，如人指掌，色赤而澤。宰臣黃潛善奏：「色符火德，形像股肱之瑞。」高宗不啓視，却之。

紹興元年七月乙未，浙西安撫大使劉光世，以枯稭生穗奏瑞。高宗曰：「朕在潛邸，梁間生芝草，官僚皆欲上聞，朕手碎之，不欲寶此奇怪。」乃却之。十六年正月辛未，瀘州天雨豆，近草妖也。十六年〔六〕，梅州孔子廟生芝。二十一年，紹興府學御書下生芝。番陽縣石門民家籬竹生重萼牡丹，又民家竈鼎生金色蓮華。房州治所綵山下生蕙。萬州、虔州放生池生蓮，皆同蔕異萼。二十三年六月，汀州生蓮，同蔕異萼者十有二。二十五年五月，太室楹生芝九莖，秦檜帥百官觀之，稱賀。勾龍廱、沈中立以獻頌遷擢，周麟之請繪之鹵簿行旗。檜孫禮部侍郎塤請以黎州甘露降草木、道州連理木、鎮江府瑞瓜、南安軍瑞蓮、嚴信州瑞芝，悉圖之旗。是冬，檜薨，高宗曰：「比年四方奏瑞，文飾取悅，若信州林機奏秦檜父祠堂生芝，佞諛尤甚。」明年四月甲午，詔郡國無獻瑞。

乾道元年七月，池州竹生穗，實如米，飢民采之以食，守臣魯訔爲野穀生竹圖以獻。御史劾訔不以民食草木爲病，坐佞免官。

慶元五年八月，太室西北夾室楹生白芝，四葉，前史以白芝爲喪祥。明年八月，國連有大喪。

二十四史

中華書局

嘉泰二年十一月，祕書省右文殿楹生芝二莖。

校勘記

〔一〕酒工死者三十餘　「三十」，原作「三千」，據本書卷一太祖紀、宋會要瑞異二之三二改。

〔二〕有烏燔數十處　原刊文義不明，通考卷二九八物異考作「有烏銜火燔數十處」，疑本句「烏」下當有「銜火」二字。

〔三〕朝元殿　原作「朝天殿」，據玉海卷一六〇、宋會要瑞異二之三二改。

〔四〕德雍院　「院」字原脫，據宋會要瑞異二之三三、通考卷二九八物異考補。

〔五〕延慶　原缺，據本書卷八五地理志、宋會要瑞異二之三三、長編卷一一一補。

〔六〕玉燭殿　「玉」字原脫，據長編卷一六二、通考卷二九八物異考補。

〔七〕保康門　原作「康門」，通考卷二九八物異考作「保康門」。按本書卷八五地理志，東京舊城南有三門，中曰保康；又見孟元老東京夢華錄卷一。此處當脫「保」字，據補。

〔八〕太平州　原作「太平府」。按宋無「太平府」，據繫年要錄卷一〇九、通考卷二九八物異考改。

〔九〕紹熙元年八月壬寅　「紹熙」原作「紹興」。按上文已敍至淳熙十六年，下文紀元爲慶元二年，中間不得有紹興紀年；且是年下所記處州火見通考卷二九八物異考，張海事見本書卷三六光宗

紀，都繫於紹熙元年，據改。

〔一〇〕査洞寇張海　本書卷六二五行志作「査源洞寇張海」。

〔一一〕閏月甲申　通考卷二九八物異考作「五月甲申」。

〔一二〕閏六月乙酉　同上書同卷同篇作「閏六月乙酉」。

〔一三〕滁州　原作「除州」。按宋無「除州」，據通考卷二九八物異考改。

〔一四〕潁縣　按宋無此縣，疑誤。

〔一五〕端昌縣　疑爲「瑞昌縣」之訛。

〔一六〕十六年　此三字重出，當有衍誤。通考卷二九九物異考作「十八年」，疑是。

宋史卷六十四

志第十七

五行二下

火

乾德二年十月，眉州獻禾生九穗圖。四年四月，府州、尉氏縣、雲陽縣並有麥兩岐。五月，魚臺縣麥秀三岐。六月，南充縣民何約田禾一莖十三穗，一莖十一穗；七月，又生一莖九穗。

開寶二年五月，梓、蜀二州；六年四月，東明縣；八年五月，鄭州、梓州、合州巴川縣：並獻瑞麥。

太平興國元年九月，隰州獻合穗禾，長尺餘。十月，渝州獻九穗禾。三年四月，夏縣；

五月，舒州；六月，閬州：麥並秀兩岐。四年七月，洛州獻嘉禾。邛、資二州禾並九穗。八月，涇州民田並有嘉禾。九月，知溫州何士宗獻嘉禾九穗圖。五年七月，蓬萊縣民王明田穀隔壠合穗，相去一尺許。八月，知慈州張愈獻合穗禾。九月，流溪縣；六年五月，汝陰縣；九年五月，施州：麥並秀兩岐。

端拱元年五月，陳州；淳化元年四月，魏城縣；七月，閬州；二年四月，蔡州；五月，陳州、陵州仁壽縣；四年五月，達州；五年四月，永城縣：並獻瑞麥。

至道元年六月，嘉禾生眉山縣蕭德純田，一本二十四穗。七月，金水縣胥羅翊田禾生九穗。舒州監軍吳光謙廨粟畦兩本，歧分十穗。臨渙縣民侯正家二禾合成一穗。八月，綿竹縣禾生九穗。夏州團練使趙光嗣獻嘉禾一函。十月，濠州獻瑞穀圖。二年五月，泗州獻瑞麥。三年二月，洋州嘉禾合穗，知州施翊以聞。四月，唐州、遂州、磐石縣並獻瑞麥。五月，黃州、建昌軍麥秀二三穟。八月，雅州禾一莖十四穗。雄州嘉禾生。九月，知代州李允正獻嘉禾穗一匣。

咸平元年五月，曲水縣麥秀二三穗。七月，嘉禾生後苑，一莖二十四穗。百丈縣民李文寶禾生一莖十七穗。八月，蘇州廨後園、邠州民田並禾生合穗。平夷縣民王羲田禾兩穗合爲一。化城縣民張美田禾九穗。二年五月，華州麥秀二三穗。七月，資官縣吏董昭美禾

二十四史

一莖九穗者各一。棣、洺二州嘉禾合穗。彭城縣民張福先田粟一莖分四穗。八月，鄠縣趙範粟一莖九穗。玄武縣民李知進田粟一莖，上分五苗，成二十一穗。榆次縣民周貴田禾三莖共穗。三年五月，鄭縣、海陵縣並麥秀二三穗。七月，眞定府禾三莖一穗。達州民李國清田禾一苗九穗。八月，辰州公田禾生一莖三穗者四。隰州嘉禾合穗，圖以獻。四年八月，舒州嘉禾生。九月，知河中府郭堯卿獻嘉禾合穗圖。五年八月，臨汾縣民吉遇、洪洞縣民范思安田並禾生隔二隴上合爲一。六年七月，涉縣民連罕田隔四壠同穎。銅梁縣民楊彥魯禾一莖九穗。

景德元年正月，寧晉縣民耿待問田禾合穗者三本，知州王用和圖以獻。二年七月，獲鹿縣禾合穗。八月，滎陽縣及相州嘉禾異畝同穎。九月，幷州貢嘉禾圖。三年八月，大名府、滄州並嘉禾生。眞定府禾異畝同穎。九月，榮州禾一莖十八穗。四年六月，南雄州保昌民田禾一本九穗，以圖來獻。七月，神泉縣民張篆田禾一苗九穗。貝、兗二州嘉禾合穗。九月，衞德二州、廣安軍並上嘉禾圖。

大中祥符元年，曲水縣、南鄭縣並麥秀二三穗。七月，乾封縣奉高鄉民田禾異壠同穎，判州王欽若以聞。八月，鄆州獻嘉禾。淳化縣民賀行滿田禾隔四壠，相去四尺許，合爲一穗。新平縣民尹遇田禾合穗者二本。眞定府粟生二穗。九月，澧州嘉禾一莖十穗。虢州

團練使綦興獻合穗禾。嘉州民潘德麟田禾二莖各九穗。麟州嘉禾生。二年六月，簡州民集若寧家禾九穗。七月，黔州嘉禾異畝合穗。八月，嘉州廨有一莖十四穗生庭中，岐山縣禾異畝同穎，知州施護以聞。三年四月，同州麥秀二三穗。七月，冀、淄、昭三州嘉禾多穗，異畝同穎。八月，寧化軍嘉禾合穗；寶鼎縣民張知友田禾隔四壠，相去二尺許合穗，判府陳堯叟以聞。樓煩縣民田禾異本同穎。劍州嘉禾生，一莖九穗。四年三月辛巳，帝至西京，福昌縣民朱懿文嘉禾一本七穗。昌元縣民舒元晃田禾一莖九穗，知州柴德方以聞。金水縣民田禾一莖三十六穗。四月，六安縣麥秀二三穗。五月，唐、汝、廬、宿、泗、濠州麥自生。八月，蜀州禾一莖九穗。長壽縣民常自天田禾合穗者二。蒲縣禾異畝同穎。九月，知虢州李昭獻合穗禾。五年四月，遂州麥秀兩穗或三穗。七月，華州禾一莖兩穗。眞定府四縣嘉禾合穗。八月，京兆府嘉禾生。九月，巴州禾一莖二十二穗，一莖十七穗。六年三月，邕州麥秀兩穗或三穗。七月，益州嘉禾九穗至十穗。朝邑縣民田禾八莖同穎。己未，召近臣觀嘉穀于後苑，有七穗至四十八穗，繪以示百官。八月，龍門縣、永寧軍博野縣〔二〕民田並嘉禾生合穗。瀛州嘉禾生，知州馮守信以聞。忻州秀容、定襄二縣民田禾合穗。保定軍公田、大通監並嘉禾生。九月，京兆府獻長安縣嘉禾圖，一枝雙穗。七年，通泉縣尉劉定辭官廨禾一本六穗。邯鄲縣民馬乂田禾隔壠合穗者二本。滁州榷酒署內禾一莖二穗。晉原、平原二縣民田禾並一本十二穗。三月，鄜城縣麥秀兩穗、三穗。八月，知亳州李迪獻禾一莖三穗至十穗。府谷縣民劉善田禾隔三壠合成一穗。嵐州牙吏燕清田禾一莖八穗，一莖五穗。遼州平城民田禾隔二壠合穗，有十三本或二十一本合爲一者。九月，施州禾一莖九穗至十二穗。眞定、貝州並嘉禾合穗。八年，湖陽縣麥秀兩穗、三穗。四月，旭川縣民任慶和田禾一莖九穗。閏六月，眉山縣民楊文繼、邛州李義田禾並一莖九穗。七月，永靜軍禾隔壠合穗者二，軍使仲甫以聞。八月，桂陽監民何文勝田粟一本二穗。九年四月，建初縣麥秀兩穗或三穗。八月，判大名府魏咸信獻合穗禾。永靜軍阜城縣民田穀隔三壠合穗者二本。廣州嘉禾生。安化縣民吳景延田禾穗長尺五寸。九月，知鳳翔府趙湘、知邠州王守斌並獻嘉禾圖。

天禧元年七月，流江縣禾一莖九穗。二年九月，河北安撫副使張昭遠獻穀穗三，各長尺餘。資州禾一莖九穗。三年七月，饒陽縣民楊宣田禾二壠，相去二尺許，合爲一穗。益州嘉禾一莖九穗。四年八月，內出玉宸殿瑞穀圖示近臣，每本有九穗、十穗者。九月，鄢縣民岑貫田禾一莖九穗，知州蘇維甫以聞。五年四月，河南府民田嘉禾合穗，知府王欽若以聞。七月，導江縣民趙元賞、青城縣民王偉田禾並一莖九穗。

乾興元年五月，南劍州麥一本五穗。綿州麥秀兩岐。八月，洋州嘉禾合穗。十一月，高

陵縣嘉禾合穗。

天聖二年八月乙酉，寧化軍嘉禾異畝同穎。四年九月，榮州禾一本九穗。五年，資州禾一本九穗。六年，忻州禾異本同穎。五月乙未，陳州瑞麥一莖二十穗。六月，陳州獻瑞麥圖。七年七月，河南府嘉禾合穗。八年八月壬午，召近臣觀瑞穀於元眞殿。九年，膚施縣禾異畝同穎。

景祐元年七月，磁州嘉禾合穗。八月，大名府嘉禾合穗。九月，涇州、磁州、保德軍並嘉禾合穗。十月，孝感、應城二縣稻再熟。成德軍禾一本九穗。三年九月，榮州禾一莖九穗。四年七月己巳，臨清縣穀異畝同穎者六十本。

康定元年六月，蜀州、懷安軍並禾九穗。

慶曆二年，壽安縣嘉禾合穗。六年五月，昭化縣禾一莖兩岐。八月，趙州、懷州並嘉禾異畝同穎。九月，定襄縣嘉禾隔二壠合穗。長江縣禾一莖十穗。十二月，石照諸縣野穀穭生。七年九月，邢州、榮州、德州並嘉禾合穗。

皇祐元年，密州禾合穗者五本。永康軍禾一莖九穗。二年九月，延州、石州並嘉禾異畝合穗。永康軍嘉禾一莖九穗。十二月，密州禾十莖合一穗。石州四莖合一穗。三年五月，彭山縣上瑞麥圖，凡一莖五穗者數本。帝曰：「朕嘗禁四方獻瑞，今得西川麥秀圖，可謂

中華書局

眞瑞矣！其賜田夫束帛以勸之。」是月，滁州麥一莖五穗。四年八月，嘉州、蜀州並嘉禾一莖九穗。九月，南劍州有禾一本，雙莖二十穗。五年三月，資州嘉禾一莖九穗。閏六月，資州麥秀兩歧。七月，鄆州、祁州禾異畝同穎。九月，成德軍嘉禾異畝同穎。綿州禾一莖九穗。

至和元年十二月，蜀州嘉禾一莖九穗。二年五月，亳州麥秀兩歧。六月，應天府貢大麥一本七十穗，小麥一本二百穗。八月，邛州嘉禾一莖九穗。

嘉祐三年六月，綿州麥一穗兩歧。七月，泰山上瑞麥圖，凡五本五百一穗。四年六月，彰明縣有麥兩歧百餘本。五年三月，崇安縣嘉禾一本九十莖。七年，陵州禾一莖九穗。九月，平遙縣禾異畝合穗。

熙寧元年，永興軍禾一莖四穗。眉州禾一莖九穗。四年，乾寧軍禾合穗。成德軍、晉州、汾州禾異壟同穗。六年，南溪縣禾一苗九穗。八年，懷安軍、瀘州、渠州各麥秀兩歧。安喜縣禾二本間五壟合穗。平山縣禾合穗者二。保塞縣禾七本間二壟或兩壟合穗。潞城縣禾合穗者二。九年，火山軍禾間五壟，束鹿、秀容二縣間四壟，渤海縣皆異壟同穎。流江縣禾一苗九穗。譙縣麥一本三穗。尉氏縣、湖陽縣、彭城縣麥一本兩穗。渠州大麥一穗兩歧，或三歧、四歧者。陽翟縣麥秀兩歧。天興、寶雞二縣皆麥秀兩歧，仍一本有三四穗或六穗者。石州、安州麥秀兩歧。十年，磁州禾合穗。眉州禾生九穗。亳州禾生二穗。

元豐元年，武康軍禾一莖十一穗。汝州禾合穗。寧江軍禾一莖十穗。邢州麥秀兩歧。夔州麥一本三穗。二年，簡州、安德軍麥秀兩歧。曹州生瑞禾。北京、安武軍、懷州、鎭戎軍禾合穗。鎭戎軍、懷州禾皆異畝同穎。袁州禾一莖八穗至十一穗，皆層出，長者尺餘。府州禾異畝同穗。三年，眉州禾一本九穗。齊州禾一莖五穗。趙州禾二本合穗。安州麥一本三穗至五穗，凡十四莖。深州麥秀兩歧，或三四穗，凡四十畝。眉州麥秀兩歧。四年，徐州麥一本百七十二穗。代州禾合穗。襄邑縣禾一本九穗。五年，高邑縣禾一莖五穗。青州、安肅軍、憲州禾皆異畝同穎。六年，洪州七縣稻已穫再生，皆實。威勝軍武鄉縣禾二本間五壟合穗。歷城縣禾二本合穗。趙州禾間三壟合穗。唐州禾二穗者四。瀘州禾九穗。懷、衞、濰三州禾皆異壟同穗。府州、陝州保平軍禾皆合穗。七年，蜀州禾生九穗。青州禾異畝同穎者十一。同州禾異畝同穎。合州麥秀兩歧。八年，亳州麥一莖二穗，一莖三穗，一莖四穗。鎭潼軍秫禾苗異壟同穗。岷州禾皆四穗。泰寧軍禾異本同穎者三。是歲秋、冬，保澤趙鄜隰滄濰密簡饒諸州，威勝軍禾合穗，或異畝同穎。

元祐元年，簡州禾合穗。石州禾異畝同穎。二年，忻、隰、磁、濰、懷州禾異畝同穎。趙、忻州禾合穗。三年，祁、保、彭州禾異畝同穎。瀛、磁、代、豐州、安國軍禾合穗。劍州、安國軍麥秀兩歧。夔州麥一本十二穗。四年，泰寧軍麥異畝同穎。流江縣禾一本二穗。榮德縣禾一本九穗。青、鄆、濟、趙州禾合穗及有一本三穗。峨嵋縣禾異畝同穎，又禾登一百五十三穗。五年，冀州、安武軍、大名府、成德軍禾合穗。永寧軍禾二本隔五壟合穗。平定軍禾異畝同穗。汀州禾生三十六穗。劍州禾一本八穗。普州麥一莖雙穗。夔州麥秀五歧。六年，汝陽縣、美原縣、兗州鄒縣麥一莖數穗。南劍州粟一本三十九穗。瀛定懷汝晉昌州、平定永康軍禾合穗。七年，均、兗、祁、滄、資、華、柳州禾合穗。鄂州禾一本一枝兩穗，三本三枝兩穗。仙源縣禾異壟合穗。耀州粟二莖隔兩壟合爲一穗。梁山軍禾一莖九穗。固始縣麥有雙穗。定陶縣、丹陽縣麥秀兩歧。

紹聖元年，博野縣麥一本五穗。漢陽軍麥秀兩歧。樂壽縣麥一本兩穗或三穗。懷安軍禾一本九穗。二年，青、濰、果、冀、德、濱、嵐、濮、澶州禾合穗。三年，安武軍禾合穗。嵐州禾兩根合穗者二。普相青齊嵐州、永康軍禾異畝同穎，合秀至九穗。泉州粟一本五穗、八穗。瑕丘縣、武陟縣、陝城、小溪四縣麥合穗。良原縣、沈丘縣、長子縣麥秀兩歧。四年，河中府麥秀三穗。虹縣、雲安縣麥秀兩歧。茂州一枝兩穗。汶山縣一枝三穗至六穗。西京、鄆齊陽州禾合穗。穎昌府禾一莖四穗至五穗。

元符元年，慶州禾異本同穎。靑晉潞州、荆南府、永寧鎭戎軍等一十一處禾合穗。邢州禾異壟合穗。南劍州、嘉州禾一莖九穗。內鄉縣麥一莖兩穗。符離、靈璧、臨渙、蘄、虹五縣麥

秀兩穗。兩當縣麥秀三穗。安平縣生瑞麥。二年，漣水軍麥合穗。鄧岷州、鎭戎軍禾合穗。十一月，岷州宕昌砦生瑞麥。

建中靖國元年，沛縣、晉州禾合穗。崇寧元年，淄州禾合穗。二年，晉寧軍、忻州禾合穗。五年，河南府、保德軍、慶蘭潭冀府州、岢嵐軍禾合穗。淮西路民田既刈復生實。

大觀元年，蜀州粟一莖九穗。二年，鞏州粟一莖六穗。鎭潼軍、隆德府、保德軍、慶蘭州禾合穗。武信軍禾一莖九穗。簡州麥秀兩歧。三年，武信軍、瀘遂普州麥秀兩歧。四年，蔡州麥一莖兩歧至七八歧者九十畝。九月，尙書左僕射張商英表上袁州瑞禾圖及宋大雅彼修者禾十有三章，賜詔褒答。商英請幷寫置中書省右僕射廳壁，許之，仍許三省、樞密院同觀。

政和元年，知河南府鄧洵武言：「秋禾大稔，自雙穗至十穗以上，嘉禾無雙。」榮州粟一莖九穗。蔡州麥一莖兩歧或三五歧，至八九畝近約十畝，遠或連野。二年，知定州梁子野奏嘉禾合穗，一科相隔五壟，計六尺三寸，生爲一穗，并中間壟內一科三莖，上生粟三穗。五年，鄧州、仙井監嘉禾合穗。是冬，台州進寧海縣早禾一稃二米者凡三石。時方修明堂，遂協成典禮，詔許拜表賀。自是史官多記奇祥異瑞，謂麥禾爲常事不書。惟宣和末，郭藥師言嘉禾合穗，以新收復特書之。

建隆二年七月，南唐李景獻鳳卵。

雍熙四年十月，知潤州程文慶獻鶴，頸毛如垂纓。

端拱元年八月，清遠縣廨舍有鳳集柏樹，高六尺，衆禽隨之東北去，知州李昌齡圖以獻。

至道元年九月，京師自旦至酉，羣鳥百餘萬，飛翔有聲，識者云「突厥雀」。

景德元年五月庚寅午時，白州有三鳳自東來，入城中，衆禽圍繞至萬歲寺，棲百尺木上。身長九尺，高五尺，文五色，冠如金盃。申時北向而去。畫圖以聞。

大中祥符元年春，昇州見黃雀羣飛蔽日，有從空墜者，占主民有役事。是歲火。

寶元二年，長舉縣有白鵲，觜脚紅，不類常鵲。

治平四年五月，太子右贊善大夫陳世脩獻白烏。

熙寧七年六月乙未，增城縣鳳凰見。

元豐三年八月戊寅，平棘縣獲白鵲。九月丙午，趙州獲白烏。六年七月壬申，丹州生白雀。

政和三年九月〔三〕，大饗明堂，有鶴回翔堂上，明日，又翔于上清宮。是時，所在言瑞鶴，宰臣等表賀不可勝紀。

宣和元年九月戊午，蔡京等表賀赤烏，又賀白鵲。政和後，禁苑多爲村居野店，又聚珍禽、野獸、麀鹿、鴛鵝、禽鳥數百實其中。至宣和間，每秋風夜靜，禽獸之音四徹，宛若深山大澤陂野之間，識者以爲不祥。宣和末，南郊禮畢，御郊宮端誠殿。天未明，百辟方稱賀，忽有鴞正鳴于殿屋，若與贊拜聲相應和，聞者駭之。時已報女眞背盟，未踰月，內禪。明年有青城之難。

建炎三年，高宗在揚州，二月辛亥，早朝，有禽翠羽，飛鳴行殿三匝，一再止于宰臣汪伯彥朝冠。冠，尊服，飛鳥踐之不祥；翠羽，又青祥也。劉向以爲「野鳥入宮，宮室將空」。一曰敗亡之應。是月，金人入揚州，有倉卒度江之變。未幾，伯彥罷相，尋坐貶。四年正月丁巳，金人圍陝州，有鳶鴉數萬飛噪城上，與戰聲相亂。金將婁宿曰：「城當陷，急攻之。」遂失守，近羽孽也。七年〔三〕，梟鳴于劉豫後苑，又羣鳥鳴于內庭，如曰「休也」。豫惡之，募人獲一梟者予錢五千。是歲，僞齊亡。十七年二月，有白鳥六集于高禖壇上，府尹沈該以瑞奏。二十七年，饒州番陽縣有妖烏，鳧身鷄尾，長喙方足赤目，止于民屋數日，彈矢不能中。

乾道六年，邵武軍泰寧縣有雀飛鳴，立死于瑞寧佛刹香爐。先是紹興初，是邑有雀立死于丹霞佛刹香爐，皆羽孽也，而浮圖氏因謂之雀化。

慶元三年春，池州銅陵縣鵞鶩雄化爲雌。

紹興五年，江東、西羊大疫。十七年，汀州羊無角。

嘉定九年，信州玉山縣羊生駢首。

端拱元年十一月戊午夜，西北方有赤氣如日脚，高二丈。

咸平六年六月辛未，赤氣出婁貫天庾〔四〕，占曰：「倉廩有火災。」

景德三年三月丙辰，北方赤氣亙天。

大中祥符三年十二月癸亥，青赤氣貫紫微。

慶曆三年十二月二十六日，天雄軍、德博州天降紅雪，晝，血雨。

熙寧二年十一月，每夕有赤氣見西北隅如火，至人定乃滅。

元祐三年七月丁卯夜，東北方明如晝，俄成赤氣，內有白氣經天。

建中靖國元年正月朔夕，有赤氣起東北，彌亙西方，久之，中出白氣二，及赤氣將散，復有黑氣在其傍。

宣和元年四月丙子夜，西北赤氣數十道亙天，犯紫宮北斗。仰視，星皆若隔絳紗，拆裂有聲，間以白黑二氣。自西北俄入東北，延及東南，迨曉乃止。

靖康元年九月戊寅，有赤氣隨日出。

建炎元年八月庚午，東北方有赤氣，占曰：「血祥。」四年五月，洞庭湖夜赤光如火見東北，亙天，俄轉東南，此血祥也。壬子夜，西北方有赤氣彌天，貫以白氣如練者十數，犯北斗、文昌、紫微，由東南而散。

紹興七年正月乙酉夜，北方有赤氣達旦。辛卯，斗牛間赤氣如火。十一月癸卯，南方有赤氣，東北皆赤雲，自日入至于甲夜。八年九月甲申，赤氣出紫微垣。十八年八月丁亥、九月甲寅，皆有赤氣如火。二十年十一月，建昌軍新城縣永安村大風雪，夜半若數百千人行聲，語笑歌哭，雜擾匆遽，而凝寒陰黑，咫尺莫辨。明旦，雪中有人、畜、鳥、獸蹄迹，流血汙染十餘里，入山乃絕。二十七年三月乙酉，赤氣出紫微垣。七月壬申，赤氣隨日入。十月壬寅，赤氣如火；三十年二月壬申，亦如之。三十二年春，淮水溢，中有赤氣如凝血。

隆興二年十一月庚寅，日入後，赤雲隨之。

二十四史　中華書局

乾道元年八月壬午，赤氣中天，自日入至于甲夜。六年十月庚午，赤氣隨日出。十一月丁丑，赤雲隨日入，至于甲夜。七年七月壬寅，十月乙巳、丙午，淳熙三年八月丁酉、戊戌，皆有赤氣隨日入出。十三年，行都民家有血自地中出，濺染汙人衣。十四年十一月癸丑、甲寅，有赤氣隨日入出。

紹熙三年春，潼川路久旱，日、月、星皆有赤氣。四年十一月甲戌，赤雲夜見，白氣間之。

慶元六年十月，赤氣夜發橫天。

嘉泰四年二月庚辰夜，有赤雲間以白氣，東北亙天，後八日國有大火，占者以爲火祥。

嘉定六年十月乙卯，赤氣隨日出。十一月辛卯，赤氣隨日入。

端平三年七月甲申，天雨血。

寶祐二年，蜀雨血。

開寶七年六月，棣州有火自空墜于城北，有物如龍。

端拱元年九月，瀘州鹽井竭，遣匠劉晚入視，忽有聲如雷，火焰突出，晚被傷。

建炎元年正月辛卯夜，西北陰雺中有如火光。

紹興三十二年，建昌軍新城縣有亙室，篋中時有火光，燔衣帛過半而篋不焚，近火孽也。

校勘記

〔一〕永寧軍博野縣　「寧」，原作「定」。按博野縣屬永寧軍，據本書卷八六地理志、九域志卷二改。

〔二〕政和三年　「政和」，原作「至和」。按至和無三年，且上文作元豐，下文作宣和，中間不得爲至和；通考卷三一二物異考作「政和」，據改。

〔三〕七年　按上文紀元爲建炎，建炎無七年，顯誤。本條所記是劉豫亡時事，金廢劉豫在紹興七年，見本書卷二八高宗紀。志文失書「紹興」紀元。

〔四〕天庾　原作「天庚」。按本書卷五一天文志，有「天庾」而無「天庚」；通考卷二九四象緯考作「天庾」，據改。

宋史卷六十五

志第十八

五行三

木

曲直，木之性也。木失其性，則爲妖祥。舊說以狂咎、木冰、恒雨、服妖、龜孽、雞禍、青眚、青祥之類，皆屬之木，今從之。

太平興國六年正月，瑞安縣民張度解木五片，皆有「天下太平」字。

至道六年，修昭應宮〔一〕，有木斷之，文如點漆，貫徹上下，體若梵書。十一月，襄州民劉士〔二〕家生木，有文如龍、魚、鳳、鶴之狀。七年五月〔三〕，撫州修天慶觀，解木有文如墨書

雲氣、峯巒、人物、衣冠之狀。七月，彰明縣崇仙觀柱有文爲道士形及北斗七星象。

大中祥符八年，晉州慶唐觀古柏中別生槐，長丈餘。

天聖元年二月，河陽柳二本連理。六月，河陽槐、棗各連理。五年正月，綿谷縣松柏同本異幹。九年十月，公井縣冬青木連理。

明道元年八月，黃州橘木及柿木連枝。

康定元年十月，始興縣柑兩本連理。

慶曆三年十二月，澧州獻瑞木，有文曰「太平之道」。六年九月甲辰，登州有巨木浮海而出者三千餘。

治平四年六月，汀州進桐木板二，有文曰「天下太平」。

熙寧元年三月，簡州木連理。是歲，英州因雷震，一山梓樹盡枯而爲龍腦，價爲之賤，至京師一兩纔直錢一千四百。二年，建州民楊緯言：「元年三月，大雷雨，所居之西有黃龍見，下獲一木如龍，而形未具。七月，大雷雨，復有龍飛其下。及霽，木龍尾、翼、足皆具，歸合舊木，宛然一體。」圖象以進。十年八月乙巳，惠州柚木有文曰「王帝萬年，天下太平」。

元豐元年五月，劍州木連理。三年六月己未，饒州長山雨木子數畝，狀類山芋子，味香而辛，土人以爲桂子，又曰「菩提子」，明道中嘗有之。是歲大稔。十二月，泌陽縣甘棠木連

中華書局

理。六年五月，衛眞縣洞霄宮枯槐生枝葉。

元祐元年八月己丑，杭州民俞舉慶七世同居，家園木連理。五年四月，德州木連理。

元符元年八月，施州李木連理。二年九月，眉山縣檉木二株，異根同榦，木枝相附。

崇寧四年正月，襄城縣李、梨木連理。

大觀元年三月，湟州欄木生葉。八月，瑞州〔四〕、永興軍並木連理。二年十二月，岢嵐軍園池生瑞木。

政和三年七月，玉華殿萬年枝木連理。南雄州楓木連理。十月，武義縣木根有「萬宋年歲」四字。四年，建州木連理。六月，沅陵縣江漲，流出楠木二十七，可爲明堂梁柱，蔡京等拜表賀。九月丙申，彭城縣柏開華。十二月辛丑，元氏縣民王寳屋柱槐木再生枝葉，高四十餘尺。是歲，邵州海棠木連理，澤州、台州槐木連理，荆門軍紫薇木連理。六年，坊、兗、洪、明、夔、徐、新、全、隰、太平州並木連理。梅州枯木生枝。

宣和二年四月，永州民劉思析薪，有「天下太平」字。

紹興十四年四月，虔州民毀欹屋析柱，木理有文曰「天下太平」，時守臣薛弼上之，方大亂，近木妖也。二十年八月，福州沖虛觀皁莢木翠葉再實。二十一年，建德縣定林寺桑生李實，栗生桃實，占曰：「木生異實，國主殃」。二十五年十月，贛州獻太平木。時秦檜擅朝，喜飾太平，郡國多上草木之妖以爲瑞。紹興間，漢陽軍有插榴枝於石罅，秀茂成陰，歲有華實者。初，郡獄有誣服孝婦殺姑，婦不能自明，屬行刑者插髻上華於石隙，曰：「生則可以驗吾寃。」行刑者如其言，後果生。

淳熙十六年三月，揚州桑生瓜，櫻桃生茄，此草木互爲妖也。七月，晉陵縣民析薪，中有木字曰「紹熙五年」，如是者二。是時，紹熙猶未改元，其後果止五年，此近木妖也。

紹熙四年，富陽縣栗生來禽實。五年，行都雨木，與唐志貞元陳留雨木同占，木生于下而自上隕者，將有上下易位之象。

嘉定六年五月己巳，嚴州淳安、遂安、桐廬三縣大木自拔，占曰：「木自拔，國將亂。」

景定四年五月，成都太祖廟側大木仆，忽起立，生三芽。

德祐二年正月戊辰，寳應縣民析薪，中有「天太下趙」四字，獻之，制置使李庭芝賞以錢百千。

咸平六年十一月庚戌，雨木冰。

大中祥符五年正月戊寅，京師雨木冰。

天禧五年正月戊寅，京師雨木冰。

慶曆三年十二月丁巳，雪木冰，占曰：「兵象也。」

嘉祐元年正月，雨木冰。

治平二年十月乙巳，雨木冰。

熙寧三年十月、八年正月、九年正月，京師雨木冰。

元祐八年二月，京師大寒，霰、雪，雨木冰。

宣和五年十月乙酉，雨木冰。

靖康元年十月乙卯，雨木冰。二年正月丁酉，雨木冰。

紹熙五年十一月辛亥，雨木冰。

宣和六年，御樓觀燈，時開封尹設次以彈壓於西觀下〔五〕，帝從六宮於其上，以觀天府之斷決者，簾幕深密，下無由知。衆中忽有人躍出，墨色布衣，若寺僧童行狀，以手畫簾，出指斥語。執于觀下，帝怒甚，令中使傳旨治之。箠掠亂下，又加炮烙，詢其誰何，略不一語，亦無痛楚之狀。又斷其足筋，俄施刀臠，血肉狼籍。帝大不悅，爲罷一夕之懽，竟不得其何人，付獄盡之。七年八月，都城東門外鬻菜夫至宣德門下，忽若迷罔，釋荷檐向門戟手，出悖詈語。且曰：「太祖皇帝、神宗皇帝使我來道，尙宜速改也。」邏卒捕之，下開封獄，一夕方省，則不知向之所爲者，乃於獄中盡之。

建炎二年十一月，高宗在揚州，郊祀後數日，有狂人具衣冠，執香爐，攜絳囊，拜于行宮門外。自言：「天遣我爲官家兒。」書于囊紙，刻於右臂，皆是語。鞫之不得姓名，高宗以其狂，釋不問。明年二月，金人犯維揚。三月，有明受之變。

紹興元年四月庚辰，閩州有狂僧衰絰哭于郡譙門曰：「今日佛下世。」且言且哭，實隆祐太后上仙日云。閩距行都萬里，逾月而遺詔至。

淳熙十四年正月，紹興府有狂人突入恩平郡王第，升堂踐王坐曰：「我太上皇孫，來赴。」郡鞫訊，終不語，亦狂咎也。是冬，高宗崩。明年八月，王薨。

紹熙二年十二月庚辰昧爽，成都府有人衰服入帳門，大呼閫帥京鏜姓名，亦狂咎也。

建隆元年十月，蔡州大霖雨，道路行舟。

開寳二年八月，帝駐潞州，積雨累日未止。九月，京師大雨霖。五年，京師雨，連旬不止。河南、河北諸州皆大霖雨。九年秋，大霖雨。

太平興國二年，道州春夏霖雨不止，平地二丈餘。五年五月，京師連旬雨不止。七年六月，齊州逮捕臨邑尉王坦等六人，繫獄未具，一夕，大風雨壞獄戶，王坦等六人並壓死。

雍熙二年八月，京師大霖雨。

淳化元年六月，隴城縣大雨，壞官私廬舍殆盡，溺死者百三十七人。三年九月，京師霖雨。四年七月，京師大雨，十晝夜不止，朱雀、崇明門外積水尤甚，軍營、廬舍多壞。是秋，陳、潁、宋、亳、許、蔡、徐、濮、澶、博諸州霖雨，秋稼多敗。五年秋，開封府宋亳陳潁泗壽鄧蔡潤諸州雨水害稼。

咸平元年五月，昭州大雨霖，害民田，溺死者百五十七人。

景德三年八月，青州大雨，壞鼓角樓門，壓死者四人。

大中祥符二年八月，無爲軍大風雨，折木，壞城門、軍營、民舍，壓溺千餘人。十月，兗州霖雨害稼。三年四月，昇州霖雨。五月辛丑，京師大雨，平地數尺，壞軍營、民舍，多壓者，近畿積潦。五年九月，建安軍大霖雨，害農事。

天禧四年七月，京師連雨彌月。甲子夜大雨，流潦汎溢，民舍、軍營圮壞太半，多壓死者。自是頻雨，及冬方止。

乾興元年二月，蘇、湖、秀州雨，壞民田。

天聖四年六月戊寅，莫州大雨，壞城壁。七年，自春涉夏，雨不止。

明道二年六月癸丑，京師雨，壞軍營、府庫。

景祐三年七月庚子，大雨震電。

慶曆六年七月丁亥，河東大雨，壞忻、代等州城壁。

皇祐二年八月，深州大雨，壞民廬舍。四年八月癸未，京城大風雨，民廬摧圮，至有壓死者。

嘉祐二年八月，河北緣邊久雨，瀕河之民多流移。五月丁未，晝夜大雨。六月乙亥，雨壞太社、太稷壇。三年八月，霖雨害稼。六年七月，河北、京西、淮南、兩浙、江南東西霖雨爲災。閏八月，京師久雨。是歲頻雨，及冬方止。

治平元年，京師自夏歷秋，久雨不止，摧眞宗及穆、獻、懿三后陵臺。

熙寧元年八月，冀州大雨，壞官私廬舍、城壁。七年六月，陝州大雨，漂溺陝、平陸二縣。

元豐四年七月，泰州海風駕大雨，漂浸州城，壞公私舍數千楹。

元祐二年七月丁卯，以雨罷集英殿宴。

元符二年九月，以久雨罷秋宴。三年七月，久雨，哲宗大昇轝在道陷泥中。

建中靖國元年二月，久雨，時欽聖憲肅皇后、欽慈皇后二陵方用工，詔京西祈晴。

崇寧元年七月，久雨，壞京城廬舍，民多壓溺而死者。三年六月，久雨。四年五月，京師久雨。又自七月至九月，所在霖雨傷稼；十月，始霽。

靖康元年四月，京師大雨，天氣清寒。又自五月甲申至六月，暴雨傷麥，夏行秋令。

建炎二年春，淫雨。三年二月癸亥，高宗初至杭州，久霖雨，占曰：「陰盛，下有陰謀。」時苗傅、劉正彥爲亂。五月，霖雨，夏寒。

紹興元年，行都雨，壞城三百八十丈。是歲，婺州雨，城壞。三年，雨，自正月朔至于二月。七月，四川霖雨，至于明年正月。四年六月，淫雨害稼，蘇、湖二州爲甚。九月，久雨，時劉豫連金人入寇，十月，高宗親征而霽。五年三月，霖雨，傷蠶麥，行都雨甚。九月，雨，至于明年正月。六年五月，久雨不止。七年十月，高宗如建康，久雨。八年三月，積雨，至于四月，傷蠶麥，害稼。二十一年夏，襄陽府大雨十餘日。二十三年六月，大雨，壞軍壘、民田。三十年五月，久雨，傷蠶麥，害稼。八月，施州大風雨。三十二年六月，浙西大霖雨。

隆興元年三月，霖雨，行都壞城三百三十餘丈。二年六月，陰雨。七月，浙西、江東大雨害稼。八月，風雨踰月。

乾道元年二月，行都及越、湖、常、潤、溫、台、明、處九郡寒，敗首種，損蠶麥。二年正月，淫雨，至于四月。夏寒，江、浙諸郡損稼，蠶麥不登。三年五月丙午，泉州大雨，晝夜不止者旬日。八月，淫雨，江浙淮閩禾、麻、菽、麥、粟多腐。四年四月，陰雨彌月。六年五月，連雨六十餘日。十一月，連雨。辛巳，郊祀，雲開于圜丘，百步外有雨。八年四月，四川陰雨七十餘日。六月壬寅，大雨徹晝夜，至于己酉。九年閏正月，淫雨。

淳熙二年夏，建康府霖雨，壞城郭。三年五月，淮、浙積雨損禾麥。八月，浙東西、江東連雨。癸未，甲申，行都大風雨。九月，久雨；十月癸酉，孝宗出手詔決獄，援筆而風起開霽。四年九月丁酉、戊戌，紹興府餘姚、上虞二縣大風雨。五年閏六月己亥，階州暴雨，至于戊申。乙巳，興化軍、福州福清縣暴風雨夜作。六年四月，衢州霖雨。九月，連雨；己巳，將郊而霽。八年四月，雨腐禾麥。五月，久雨，敗首種。十年五月，信州霖雨，自甲戌至于辛巳。八月，福州大雨霖，自己未至于九月乙丑，吉州亦如之。十一年四月，淫雨。戊寅，建康府、太平州大雨霖。六月甲申，處州龍泉縣暴雨。十二年五月、六月，皆霖雨。十三年秋，利州路霖雨，敗禾稼穜稑，金、洋、階、成、岷、鳳六州亦如之。十五年五月，荆、淮郡國連雨。戊午，祁門縣霖雨。十六年四月，西和州霖雨，害禾麥。五月，浙西、湖北、福建、淮東、利西諸道霖雨。

中華書局

紹熙元年春，久陰連雨，至于三月。夏，階、成、岷、鳳四州霖雨傷麥。二年二月，贛州霖雨，連春夏不止，壞城四百九十丈，圮城樓、敵樓凡十五所。四月，福建路霖雨，至于五月。七月，利路久雨，傷種麥。癸亥，興州暴雨連日。八月，行都久雨。三年五月，江東、湖北路連雨。常德府大雨徹晝夜，自壬辰至于庚子。寧國府、池州、廣德軍自己亥至于六月辛丑朔，雨甚，祁門縣至于庚戌。七月壬申，天台、仙居二縣大雨連旬。淮西路、鎭江襄陽府皆害禾麥。八月，普州雨害稼。四年四月，霖雨，至于五月，浙東西、江東、湖北郡縣壞圩田，害蠶、麥、蔬、稑，紹興、寧國府尤甚。鎭江府大雨，自辛未至于丙子，淮西郡縣自丙子至于戊寅。五年八月，霖雨，畿縣、浙東西皆害稼。九月，雨，至于十月癸巳，大雨三晝夜不止，江東西、福建郡縣皆苦雨。

慶元元年正月，霖雨。甲辰，帝蔬食露禱，丙午霽。二月，又雨，至于三月，傷麥。五月，霖雨。七月，雨，至于八月。二年六月壬申，台州焱風暴雨連夕。八月，行都霖雨五十餘日。三年七月，雨連月。四年八月，久雨。五年五月，行都雨壞城，夜壓附城民廬，多死者。六月，浙東、西霖雨，至于八月。六年五月庚午，嚴州霖雨，連五晝夜不止。

嘉泰二年六月，福建路連雨，至于七月丁未，大風雨爲災。三年八月，久雨。

開禧元年七月，利路郡縣霖雨害稼。閏月，盱眙軍陰雨，至于九月，敗禾稑。十月，行

都淫雨，至于明年春。二年春，淫雨，至于三月。

嘉定二年五月戊戌，連州大雨連晝夜。六月，利、閬、成、西和四州霖雨。七月壬辰，台州大風雨夜作。三年三月，陰雨六十餘日。五月，淫雨，至于六月，首種多敗，蠶麥不登。四年八月，霖雨，至于九月。五年春，淫雨，至于三月，傷蠶麥。十一月，雨雪積陰，至于明年春。六年春，淫雨，至于二月。丁亥，雨雪集霰。五月，陰雨經日。辛酉，嚴州霖雨。六月戊子，紹興府大風雨，浙東、西雨，至于七月。七年九月，陰雨，至于十月，害禾麥。九年四月、六月，大霖雨，浙東、西郡縣尤甚。十年三月，連雨，至于四月。十月，霖雨害稼。十一年六月，霖雨，浙西郡縣尤甚。十二年六月，霖雨彌月。十五年七月，浙東、西霖雨爲災。十六年五月，霖雨，浙西、湖北、江東、淮東尤甚。八月，大風雨害稼。十七年八月，霖雨。

乾德四年二月長春節，甘露降江寧府報恩院。五年二月，甘露降江陵府玉泉寺松樹。

開寶元年十二月，甘露降蔡州僧院柏樹。

太平興國三年正月，甘露降壽州廨。四年五月，甘露降河東縣廨叢竹，凡三夜。七年四月丙戌，知漢州安守亮獻柏葉上甘露一器。九年三月丙子，甘露降西京南太一宮新城。

雍熙三年四月庚子，甘露降後院草木。四年十二月，甘露降興化軍羅漢峯前五松。

端拱二年二月，甘露降壽州廨園柏及資聖寺檜。

淳化二年十二月，資州廨及延壽觀、德純寺甘露降松柏，凡六日。三年正月，舒州；二月，衢州；四月，舒州；四年六月，舒州：並甘露降。

至道二年四月，蘄州；三年五月，泉州；六月，蘇州：甘露降。

咸平元年四月，甘露降平戎軍廨果樹，凡九十餘本。十一月，甘露降亳州眞觀靈寶柏樹〔六〕。二年五月，太平州、潯州；三年二月，泉州；十一月，潯州；四年二月，龔州；五年正月，桂州；十一月，許州：並甘露降。

景德元年，義寧縣；二年正月，鬱林州；二月，晉州及神山縣；三年正月，梓州；四月，遂州；十二月，榮州、懷安軍：甘露降。

大中祥符元年十二月，上饒縣、信陽軍；二年正月，信陽軍、陳鄂二州；三月，陵、昇、梓三州；三年二月，柳州、懷安軍；閏二月，富順監；五月，澤、耀、晉、益四州；四年正月，梓州；三月，澤州；四月，常州；五年四月，遂州；五月，無爲軍；六月，梓州；七月，眞定府；十一月，榮州開元寺；六年三月，梓州；六月，鄜州；八月，遂州；九月，信州；十月，亳州太清宮；十一月，潯州；十二月，榮州、南儀州；七年二月，鳳翔府天慶觀；五月，

鄆州；十月，亳州太清宮；十一月，彭州天慶觀；八年正月，中江縣；二月，果州；十月，衢州；九年十一月，玉清昭應宮：並甘露降。

天禧元年正月，貴州天慶觀；二月，玉清昭應宮；三月，後苑；四月，會靈觀；五月，廬州通判廳及后土祠；十二月，昭州天慶觀；二年十二月，榮州開元寺、懷安軍天慶觀；三年四月，舒州；五月，益州；四年三月，邵武軍；十二月，平泉縣；五年三月，泉州；十一月，韶州：並甘露降。

天聖元年正月，柳州；十一月，河南府；二年五月，鳳州；十月，涇州；四年，榮州、懷安軍；六年，太平州；七年正月，益州；九年正月，榮州：並甘露降。

明道元年十一月，韶州、梓州甘露降。

景祐四年十二月，成德軍；慶曆四年正月，桂州；皇祐三年十二月，吉州；嘉祐七年三月，眉州、蓬州；九月，陵州：並甘露降。

熙寧元年距元豐八年，甘露降凡二十餘處。

元祐元年距元符三年，亦如之。

大觀初，甘露降于九成宮帝鼐室。三年冬，降于尙書省及六曹，御製七言四韻詩賜執政已下。其後內自禁中及宣和殿、延福宮、神霄宮，下至三學、開封府、大理寺、宰臣私第，皆有

之，歲歲拜表稱賀。

建隆初，蜀孟昶末年，婦女競治髮爲高髻，號「朝天髻」。未幾，昶入朝京師。江南李煜末年，有衞士秦友登壽昌堂榻，覆其鞵而坐，訊之，風狂不痦。識者云：「鞵，履也，李氏將覆於此地而爲秦所有乎？『履』與『李』、『友』與『有』同音，趙與秦同祖也。」又煜宮中盛雨水染淺碧爲衣，號「天水碧」。未幾，爲王師所克，士女至京師猶有服之者。天水，國之姓望也。

淳化三年，京師里巷婦人競剪黑光紙團靨，又裝鏤魚腮中骨，號「魚媚子」以飾面。黑，北方色；魚，水族：皆陰類也。面爲六陽之首，陰侵於陽，將有水災。明年，京師秋冬積雨，衢路水深數尺。

景德四年春，京城小兒裂裳爲小兒旗，繫竿首，相對揮颭，兵鬥之象也。是歲，宜州卒陳進爲亂，出師討平之。

紹興二十一年，行都豪貴競爲小青蓋，飾赤油火珠於蓋之頂，出都門外，傳呼于道。珠者，乘輿服御飾升龍用焉，臣庶以加于小蓋，近服妖，亦僭咎也。二十三年，士庶家競以胎鹿皮製婦人冠，山民採捕胎鹿無遺。時去宣和未遠，婦人服飾猶集翠羽爲之，近服妖也。二十

七年，交阯貢翠羽數百，命焚之通衢，立法以禁。

紹熙元年，里巷婦女以琉璃爲首飾。唐志琉璃釵釧有流離之兆，亦服妖也，後連年有流徙之厄。

理宗朝，宮妃繫前後掩裙而長窣地，名「趕上裙」；梳高髻於頂曰「不走落」；束足纖直名「快上馬」；粉點眼角名「淚妝」；剃削童髮，必留大錢許於頂左名「偏頂」，或留之頂前，束以綵繒，宛若博焦之狀，或曰「鵓角」。

咸淳五年，都人以碾玉爲首飾。有詩云：「京師禁珠翠，天下盡琉璃。」

太平興國三年二月，鑿金明池，既掘地，有龜出，殆踰萬數。

大中祥符二年四月，有黑龜甚衆，沿汴水而下。

至和元年二月，信州貢綠毛龜。

大觀元年閏十月丙戌，都水使者趙霆行河，得兩首龜以爲瑞，蔡京信之，曰：「此齊小白所謂象罔見之而霸者也。」鄭居中曰：「首豈容有二，而京主之，意殆不可測。」帝命棄龜金明池。

政和四年，瑞州進六目龜。五年，博州進白龜。

紹興八年五月，汴京太康縣大雷雨，下冰龜數十里，隨大小皆龜形，具首足卦文。

乾道五年，舒州民獻龜，駢生二首，不能伸縮。郡守張棟縱之灊山，近龜孽也。

嘉定十四年春，楚州境上龜大小死者蔽野。

咸平三年八月，黃州羣雞夜鳴，至冬不止。

紹興初，陳州民家雞忽人言，近雞禍也。松陽縣民家雞生三足，縣治有雞伏卵，毛生彀外，近雞禍，亦毛孽也。

乾道六年，西安縣官塘有物，雞首人身，高丈餘，晝見于野。

慶元三年，饒州軍營雞卵出蛇，近雞孽，亦蛇孽也。婺源縣張村民家雌雞化爲雄，烹之，形冠距而腹卵孕。同里洪氏家雄雞伏子，中一雛三足。

咸淳五年，常州雞羽生距。

建隆元年夏，相、金、均、房、商五州鼠食苗。二年五月，商州鼠食苗。

乾德五年九月，金州鼠食苗。

太平興國七年十月，岳州鼠害稼。

紹興十六年，清遠、翁源、眞陽三縣鼠食稼，千萬爲羣。時廣東久旱，凡羽鱗皆化爲鼠。有獲鼠於田者，腹猶蛇文，漁者夜設網，旦視皆鼠。自夏徂秋，爲患數月方息，歲爲饑，近鼠妖也。

乾道九年，隆興府鼠千萬爲羣，害稼。

淳熙五年八月，淮東通、泰、楚、高郵黑鼠食禾既，歲大饑。時江陵府郭外，羣鼠多至塞路，其色黑、白、青、黃各異，爲車馬踐死者不可勝計，踰三月乃息。

紹熙四年，饒州民家二小鼠食牛角，三徙牛牢不免，角穿肉瘠以斃，近鼠妖也。

慶元元年六月，番易縣民家一猫帶數十鼠，行止食息皆同，如母子相哺者，民殺猫而鼠舐其血。鼠象盜，猫職捕，而反相與同處，司盜廢職之象也，與唐龍朔洛州猫鼠同占（七）。

紹興三年八月辛亥，尚書省之樓無故自壞。

中華書局

慶元元年夏，建昌軍民居木柱有聲如牛鳴者，三日乃止。

咸淳九年，丞相賈似道起復之日，在越上私第，方拜家廟，忽聞內有裂帛聲，衆賓愕然，密詢左右，知家廟棟裂，皆逡巡而退。

校勘記

〔一〕至道六年修昭應宮　本條年份有誤。按至道無六年；昭應宮修建於大中祥符元年至七年，分別見本書卷七、八眞宗紀及卷六三五行志。玉海卷一九七繫此事於大中祥符二年正月丁巳朔，疑是。

〔二〕十一月襄州民劉士　本條上文紀年作「至道六年」，誤。玉海卷一九七繫於祥符五年；通考卷二九九物異考，「劉士」作「劉七」。

〔三〕七年五月　本條上文紀元作「至道」，通考卷二九九作「咸平」，均誤。按大中祥符元年頒布天慶節，二年詔天下置天慶觀，見十朝綱要卷三；宋大詔令集卷一七九有大中祥符二年令州府軍監關縣無宮觀處建天慶觀詔，本條所記之事，當在此時以後。

〔四〕瑞州　按本書卷八八地理志，瑞州，本爲筠州，寶慶元年避理宗諱改。大觀時不得有瑞州。通考卷二九九物異考本條作「端州」，疑是。

〔五〕開封尹設次以彈壓於西觀下　「西」字原脫，蔡條鐵圍山叢談卷五、通考卷三一〇物異考都有「西」字，據補。

〔六〕甘露降亳州眞觀靈寶柏樹　按長編卷八二大中祥符七年正月，記有眞宗在亳州「遣宰相等薦獻眞源觀之三清靈寶天尊」事，疑此處「眞」下脫一「源」字。

〔七〕與唐龍朔洛州猫鼠同占　「鼠」，原作「虎」。按新唐書卷三四五行志說：「龍朔元年十一月，洛州貓鼠同處。」通考卷三一四物異考本句正作「猫鼠」，據改。

宋史卷六十六

志第十九

五行四

金

從革，金性也。金失其性，則爲變怪。舊說以僭咎、恆暘、詩妖、民訛、毛蟲之孽，白眚、白祥之類，皆屬之金，今從之。

建隆二年七月，晉州神山縣北谷中，有鐵隨水流出，方二丈三尺，其重七千斤。

太平興國四年九月，夾江縣民王詣得黑石二，皆丹文，其一云「君王萬歲」，其二云「趙二十一帝」，緘其石來獻。

至道二年二月，桂陽監鎔銀自涌成山峯狀。

咸平四年十二月，亳州太清宮鍾自鳴。

乾興元年四月甲戌，修奉山陵總管言：皇堂隧道穿得銅鍋，有兩耳；又於寢宮三門下穿得銅盂一、鐵甕一、鐵甲葉三。

天聖元年三月庚辰，涪陵縣相思寺夜有光出阿育王塔之舊址，發之，得金銅像三百二十七。五年七月壬寅，遼山縣舊河凌地摧塔，獲古錢一百四十六千五百四十三文。

明道元年五月壬午，漢州江岸獲古鍾一。

慶曆四年五月乙亥，金谿縣得生金山，重三百二十四兩。

皇祐四年，乾寧軍漁人得小鍾二於河濱。五年二月己亥，乾寧軍又進古鍾一。

至和二年四月甲午，瀏陽縣得古鍾一。

熙寧元年至元豐元年，橫州共獲古銅鼓一十七。

元豐三年八月，岳州永慶寺獲銅鍾一、銅磬二。六年，南溪縣穿土得銅錢五萬四千有奇。七年三月，筠州獲古銅鍾一。十一月，賓州獲銅鼓一。八年，昌元縣通鹽井，得銅鍋九、銅盆一、銅盤一。

崇寧五年十月，荊南獲古銅鼎。

政和二年，玄圭始出。晉州上一石，綠色，方三尺餘，當中有文曰「堯天正」，其字如掌大而端楷類手畫者，「堯」字居右，「天正」字綴行于左。都堂驗視，鑿石三分而字畫愈明，又於「堯」字之下隱約出一「瑞」字，位置始均，蓋曰「天正堯瑞」云。或謂晉陽，堯都也，方玄圭出，乃有此瑞。四年，府畿、汝蔡之間，連山大小石皆變爲瑪瑙，尙方取爲寶帶、器玩甚富。五年正月，湖南提舉常平劉欽言：蘆荻衝出生金，重九斤八兩，狀類靈芝祥雲；又淘得碎金四百七兩有奇。十一月，越州民拾生金。湟州丁羊谷金坑僅千餘眼得鑛，成金共四等，計一百三十四兩有奇。

重和元年十二月，孝感縣楚令尹子文廟獲周鼎六。

宣和四年後，御府所藏，往往復變爲石，而色類白骨，此與周寶圭占略同。五年〔二〕，滎陽縣賈谷山麒麟谷采石修明堂，得一石有文曰「明」，百官表賀。五年四月，又獲甗鼎三。

崇寧四年三月〔三〕，鑄九鼎，用金甚厚，取九州水土內鼎中。既奉安於九成宮，車駕臨幸，徧禮焉，至北方之寶鼎，忽漏水溢于外。劉炳謬曰：「正北在燕山，今寶鼎但取水七於雄州境，宜不可用。」其後竟以北方致亂。

建炎元年，南京留守朱勝非夜防城，見南門外火光燭地，掘之得銅印，有文曰「朱勝私印」。火鑠金，金所畏也。後拜相，有明受之變，卒坐貶。三年，吉州修城，役夫得髑髏棄水

中，俄浮一鍾，有銘五十六字，大略云：「唐興元，吾子沒，瘞廬陵西壘，後當火德五九之際，世衰道敗，浙、梁相繼喪亂，章、貢康昌之日，吾亦復出是邦，東平鳩工，復使吾子同河伯聽命水官。」郡守命錄其辭，錄畢而鍾自碎。

紹興十一年三月庚申，長安兵刃皆生火光。二十六年，郫縣地出銅馬，高三尺，制作精好，風雨夜嘶。紹興中，耕者得金甕重二十四鈞於秦檜別業。

乾道二年三月丙午夜，福清縣石竹山大石自移，聲如雷。石方可九丈，所過成蹊，才四尺，而山之木石如故。

慶元二年十二月，吳縣金鵝鄉銅錢萬百自飛。

建隆二年，京師夏旱，冬又旱。三年，京師春夏旱。河北大旱，霸州苗皆焦仆。又河南河中府、孟澤濮鄆齊濟滑延隰宿等州，並春夏不雨。四年，京師夏秋旱。又懷州旱。

乾德元年冬，京師旱。二年正月，京師旱。夏，不雨。是歲，河南府、陝虢麟博靈州旱，河中府旱甚。四年春，京師不雨。江陵府、華州、漣水軍旱。五年正月，京師旱，秋，復旱。

開寶二年夏至七月，京師不雨。三年春夏，京師旱。邠州夏旱。五年春，京師旱；冬，又旱。六年冬，京師旱。七年，京師春夏旱；冬，又旱。河南府、晉解州夏旱。滑州秋旱。八年春，京師旱。是歲，關中饑旱甚。

太平興國二年正月，京師旱。三年春夏，京師旱。四年冬，京師旱。五年夏，京師旱；秋，又旱。六年春夏，京師旱。七年春，京師旱。孟、虢、絳、密、瀛、衞、曹、淄州旱。九年夏，京師旱。秋，江南大旱。

雍熙二年冬，京師旱。三年冬，京師旱。四年冬，京師旱。

端拱二年五月，京師旱，秋七月至十一月，旱；上憂形於色，蔬食致禱。是歲，河南、萊登深冀旱甚，民多饑死，詔發倉粟貸之。

淳化元年正月至四月，不雨，帝蔬食祈雨。河南鳳翔大名京兆府、許滄單汝乾鄭同等州旱。二年春，京師大旱。三年春，京師大旱；冬，復大旱。是歲，河南府、京東西河北河東陝西及亳建淮陽等三十六州軍旱。四年夏，京師不雨，河南府、許汝亳滑商州旱。五年六月，京師旱。

至道元年，京師春旱。二年春夏，京師旱。

咸平元年春夏，京畿旱。又江浙、淮南、荊湖四十六軍州旱。二年春，京師旱甚。又廣南西路、江、浙、荊湖及曹單鳳州、淮陽軍旱。三年春，京師旱。江南頻年旱。四年，京畿正月至四月不雨。

景德元年，京師夏旱，人多暍死。三年夏，京師旱。

大中祥符二年春夏，京師旱。河南府及陝西路、潭邢州旱。三年夏，京師旱。江南諸路、宿州、潤州旱。八年，京師旱。九年秋，京師旱。大名府、澶州、相州旱。

天禧元年，京師春旱，秋又旱。夏，陝西旱。四年春，利州路旱。夏，京師旱。五年冬，京師旱。

天聖二年春，不雨。五年夏秋，大旱。六年四月，不雨。

明道元年五月，畿縣久旱傷苗。二年，南方大旱。景祐三年六月，河北久旱，遣使詣北嶽祈雨。

慶曆元年九月丁未朔，遣官祈雨。二年六月戊寅，祈雨。三年，遣使詣嶽、瀆祈雨。四年三月丙寅，遣內侍兩浙、淮南、江南祠廟祈雨。五年二月，詔：天久不雨，令州縣決淹獄，又幸大相國寺、會靈觀、天清寺、祥源觀祈雨。六年四月壬申，遣使祈雨。七年正月，京師不雨。二月丙寅，遣官嶽、瀆祈雨。三月辛丑，西太乙宮祈雨。

中華書局

皇祐元年五月丁未，遣官祈雨。三年，恩、冀諸州旱。三月，分遣朝臣詣天下名山大川祠廟祈雨。

至和二年四月甲午，遣官祈雨。

嘉祐五年，梓州路夏秋不雨。七年三月甲子，罷春燕，以久旱故也。辛丑，西太乙宮祈雨。

治平元年春，京師踰時不雨。鄭滑蔡汝潁曹濮洛磁晉耀登等州、河中府、慶成軍旱。二年春，不雨。

熙寧二年三月，旱甚。三年，諸路旱。六月，畿內旱。八月，衞州旱。五年五月，北京自春至夏不雨。七年，自春及夏河北、河東、陝西、京東西、淮南諸路久旱；九月，諸路復旱。時新復洮河亦旱，羌戶多殍死。八年四月，眞定府大旱。八月，淮南、兩浙、江南、荆湖等路旱。九年八月，河北、京東、京西、河東、陝西旱。十年春，諸路旱。

元豐二年春，河北、陝西、京東西諸郡旱。三年春，西北諸路旱。五年，亢旱。六年夏，畿內旱。

元祐元年春，諸路旱。正月，帝及太皇太后車駕分日詣寺觀禱雨。是冬，復旱。二年春，旱。三年秋，諸路旱，京西、陝西尤甚。四年春，京師及東北旱，罷春燕。八年秋，旱。

紹聖元年春，旱，疎決四京畿縣囚。三年，江東大旱，溪河涸竭。四年夏，兩浙旱。

元符元年，東南旱。二年春，京畿旱。

建中靖國元年，衢、信等州旱。

大觀二年，淮南、江東西諸路大旱，自六月不雨，至于十月。

政和元年，淮南旱。三年，江東旱。四年旱，詔振德州流民。

宣和元年二月，詔汝、潁、陳、蔡州飢民流移，常平官勸停。秋，淮南旱。四年，東平府旱。五年夏，秦鳳路旱。是歲，燕山府路旱。

建炎二年夏，旱。

紹興二年，常州大旱。帝問致旱之由，中書舍人胡交修奏守臣周杞殘酷所致 尋以屬吏坐贓及殺不辜，竄嶺南。三年四月，旱，至于七月；帝蔬食露禱，乃雨。五年五月，浙東、西旱五十餘日。六月，江東、湖南旱。秋，四川郡國旱甚。六年，夔、潼、成都郡縣及湖南衡州皆旱。七年春，旱七十餘日。時帝將如建業，隨所在分遣從臣，有事于名山大川。六月，又旱，江南尤甚。八年冬，不雨。九年六月，旱六十餘日，有事于山川。十一年七月，旱。戊申，有事于嶽、瀆。乙卯，禱雨于圜丘、方澤、宗廟。十二年三月，旱六十餘日。秋，京西、淮東旱。十二月，陝西旱。十八年，浙東、西旱，紹興府大旱。十九年，常州、鎭江府旱。二十四年，浙東、西旱。二十九年二月，旱七十餘日。秋，江、浙郡國旱。三十年春，階、成、鳳、西和州旱。秋，江、浙郡國旱，浙東尤甚。

隆興元年，江、浙郡國旱，京西大旱。二年，台州春旱。興化軍、漳福州大旱，首種不入，自春至于八月。

乾道三年春，四川郡縣旱，至于秋七月，綿劍漢州、石泉軍尤甚。四年夏六月，旱，帝將撤蓋親禱于太乙宮而雨。時襄陽、隆興、建寧亦旱。八月，詔頒皇祐祀龍法于郡縣。五年夏秋，淮東旱，盱眙、淮陰爲甚。六年夏，浙東、福建路旱，溫、台、福、漳、建爲甚。七年春，江西東、湖南北、淮南、浙婺秀州皆旱；夏秋，江洪筠潭饒州、南康興國臨江軍尤甚，首種不入。冬，不雨。九年，婺處溫台吉贛州、臨江南安諸軍〔三〕、江陵府皆久旱，無麥苗。

淳熙元年，浙東、湖南郡國旱，台、處、郴、桂爲甚。蜀關外四州旱。二年秋，江、淮、浙皆旱，紹興鎭江寧國建康府、常和滁眞揚州、盱眙廣德軍爲甚。三年夏，常昭復隨郢金洋州、江陵德安興元府、荆門漢陽軍皆旱。四年春，襄陽府旱，首種不入。五年，常綿州、鎭江府及淮南、江東西郡國旱，有事于山川羣望。六年，衡永楚州、高郵軍旱。七年，湖南春旱，諸道自四月不雨，行都自七月不雨，皆至于九月。紹興隆興建康江陵府、台婺常潤江筠撫吉饒信徽池舒蘄黃和潯衡永州、興國臨江南康無爲軍皆大旱，江筠徽婺州、廣德軍、無錫縣尤甚，禱雨于天地、宗廟、社稷、山川羣望。八年正月甲戌，積旱始雨。七月，不雨，至于十一

月，臨安鎭江建康江陵德安府、越婺衢嚴湖常饒信徽楚鄂復昌州、江陰南康廣德興國漢陽信陽荆門長寧軍及京西、淮郡皆旱。九年夏五月，不雨，至于秋七月，江陵德安襄陽府、潤婺溫處洪吉撫筠袁潭鄂復恭合昌普資渠利閬忠涪萬州、臨江建昌漢陽荆門信陽南平廣安梁山軍、江山定海象山上虞嵊縣皆旱。十年六月旱，至于七月，江淮、建康府、和州、興國軍、恭涪瀘合金州、南平軍旱。十一年四月，不雨，至于八月，興元府、吉贛福泉汀漳潮梅循邕賓象金洋西和州、建昌軍皆旱，興元、吉尤甚。冬，不雨，至于明年二月。十四年五月，旱。六月戊寅，有事于山川羣望。甲申，帝親禱于太乙宮。七月己酉，大雩于圜丘，望于北郊，有事于嶽、瀆、海凡山川之神。時臨安鎭江紹興隆興府、嚴常湖秀衢婺處明台饒信江吉撫筠袁州、臨江興國建昌軍皆旱，越婺台處江州、興國軍尤甚，至于九月，乃雨。十五年，舒州旱。

紹熙元年，重慶府、蘄池州旱。二年五月，眞揚通泰楚滁和普隆涪渝遂、高郵盱眙軍、富順監皆旱，簡、資、榮州大旱。三年夏，郢、揚、和州大旱；秋，簡資普榮敍隆、富順監亦大旱。四年，綿州大旱，亡麥。簡資普渠合州、廣安軍旱。江、浙自六月不雨，至于八月，鎭江江陵府、婺台信州、江西淮東旱。五年春，浙東、西自去冬不雨，至于夏秋，鎭江府、常秀州、江陰軍大旱，廬、和、濠、楚州爲甚，江西七郡亦旱。

慶元二年五月，不雨。三年，潼、利、夔路十五郡旱，自四月至于九月，金、蓬、普州大旱；四月壬子，禱于天地、宗廟、社稷。六年四月，旱；五月辛未，禱于郊丘、宗社。鎭江府、常州大旱，水竭，淮郡自春無雨，首種不入，及京、襄皆旱。

嘉泰元年五月，旱。丙辰，禱于郊丘、宗社。戊辰，大雩于圜丘。浙西郡縣及蜀十五郡皆大旱。二年春，旱，至于夏秋。七月庚午，大雩于圜丘，祈于宗社。浙西、湖南、江東旱，鎭江建康府、常秀潭永州爲甚。四年五月，不雨，至于七月。浙東西、江西郡國旱。

開禧元年夏，浙東、西不雨百餘日，衢、婺、嚴、越、鼎、澧、忠、涪州大旱。二年，南康軍、江西湖南北郡縣旱。三年二月，不雨；五月己丑，禱于郊丘、宗社。

嘉定元年夏，旱，閏月辛卯，禱于郊丘、宗社。二年夏四月，旱，首種不入，庚申，禱于郊丘、宗社。六月乙酉，又禱，至于七月乃雨。浙西大旱，常、潤爲甚。淮東西、江東、湖北皆旱。四年，資、普、昌、合州旱。六年五月，不雨，至于七月，江陵德安、漢陽軍旱。八年春，旱，首種不入。四月乙未，禱于太乙宮。庚子，命輔臣分禱郊丘、宗社。五月庚申，大雩于圜丘，有事于嶽、瀆、海，至于八月乃雨。江、浙、淮、閩皆旱，建康寧國府、衢婺溫台明徽池眞太平州、廣德興國南康盱眙安豐軍爲甚，行都百泉皆竭，淮甸亦然。十年七月，不雨，帝日午曝立，禱于宮中。十一年秋，不雨，至于冬，淮郡及鎭江建寧府、常州、江陰廣德軍旱。十

四年，浙、閩、廣、江西旱，明台衢婺溫福贛吉州、建昌軍爲甚。十五年五月，不雨，岳州旱。

嘉熙元年夏，建康府旱。三年，旱。四年，江、浙、福建旱。

淳祐七年，旱。十一年，閩、廣及饒州旱。

咸淳六年，江南大旱。十年，廬州旱，長樂、福清二縣大旱。

建隆中，京師士庶及樂工、少年競唱歌曰五來子。自建隆、開寶，凡平荆、湖、川、廣、江南，五國皆來朝。時西川孟昶賦斂無度，射利之家配率尤甚，既乏緡錢，唯仰在質物。乃競書簡札揭於門曰：「今召主收贖。」又每歲除日，命翰林爲詞題桃符，正旦置寢門左右。末年，學士幸寅遜撰詞，昶以其非工，自命筆題云：「新年納餘慶，嘉節號長春。」昶以其年正月降王師，即命呂餘慶知成都府，而「長春」乃太祖誕聖節名也，「召」與「趙」、「贖」與「蜀」同音。

開寶初，廣南劉鋹令民家置貯水桶，號「防火大桶」。又鋹末年，童謡曰：「羊頭二四，白天雨至。」後王師以辛未年二月四日擒鋹。議者以爲國家以火德王，房爲宋分；羊，未神也；雨者，王師如時雨之義也；「防」與「房」、「桶」與「宋」同音。

周廣順初，江南伏龜山圮，得石函，長二尺，廣八寸，中有鐵銘，云：「維天監十四年秋八月，葬寶公于是。」銘有引曰：「寶公嘗爲偈，大事書于版，帛冪之。人欲讀之者，必施數錢乃得，讀訖即冪之。是時，名士陸倕、王筠〔四〕、姚察而下皆莫知其旨。或問之，云在五百年後。至卒，乃歸其銘同葬焉。」銘曰：「莫問江南事，江南自有馮。乘鷄登寶位，跨犬出金陵。子建司南位，安仁秉夜燈。東隣家道闕，隨虎遇明興。」其字皆小篆，體勢完具，徐鉉、徐鍇、韓熙載皆不能解。及煜歸朝，好事者云：煜丁酉年襲位，即乘鷄也；開寶八年甲戌，江南國滅，是跨犬也；當王師圍其城而曹彬營其南，是子建司南位；潘美營其北，是安仁秉夜燈也；其後太平興國三年，淮海王錢俶舉國入覲，即東隣也；家道闕，意無錢也；隨虎遇，戊寅年也。

皇祐五年正月戊午，狄青敗儂智高于歸仁鋪。初，謡言「農家種，糴家收」。至是，智高果爲青所破。

建炎三年四月，鼎州桃源洞大水，巨石隨流而下，有文曰：「無爲大道，天知人情；無爲窈冥，神見人形。心言意語，鬼聞人聲；犯禁滿盈，地收人魂。」金石同類，類金爲變怪者也。

紹興二年，李綱帥長沙，道過建寧，僧宗本題邑治之壁曰：「東燒西燒，日月七七。」後數日，江西盜李敦仁〔五〕入境，焚其邑，七月七日也。

淳熙中，淮西競歌汪秀才曲曰：「騎驢度江，過江不得。」又爲鞞舞以和之。後舒城狂生汪格謀不軌，州兵入其家，縛之。其子拒殺，聚惡少數千爲亂，聲言渡江。事平，格亦伏誅。七年正月，餘杭門外牆壁有詩，其言頗涉怪，後廉得主名，杖遣之。主管城北廂劉君暨以失察異言，坐削秩，其詩不錄。十四年，都城市井歌曰：「汝亦不來我家，我亦不來汝家。」至紹熙二三年，其事始應于兩宮。

嘉定三年〔六〕，都城市井作歌詞，末句皆曰「東君去後花無主」，朝廷惡而禁之。未幾，太子詢薨。

慶元四年三月甲辰，有鄞甯置詩達御前者，詔宰臣究其詩，不錄。

嘉泰四年，越人盛歌鐵彈子白塔湖曲。俄有盜金十一者自號「鐵彈子」，繆傳其門死于白塔湖中，後獲於諸暨縣。

漢乾祐中，荆南高從誨鑿池於山亭下，得石匣，長尺餘，扃鐍甚固。從誨神之，屏左右焚香以啓匣，中得石，有文云：「此去遇龍即歇。」及建隆中，從誨孫繼沖入朝，改鎭徐州。「龍」、「隆」音相近。

中華書局

太平興國中，京師兒童以木雕合子，中有竅，藏腋下有聲，號云「腋底鬧」。後盧多遜投荒，人以爲讖，其在肘腋而司國典也。

天禧二年五月，西京訛言有物如烏帽，夜飛入人家，又變爲犬狼狀。人民多恐駭，每夕重閉深處，至持兵器驅逐者。六月乙巳，傳及京師，云能食人。里巷聚族環坐，叫譟達曙，軍營中尤甚，而實無狀，意其妖人所爲。有詔嚴捕，得數輩，訊之皆非。

政和七年，詔修神保觀。俗所謂「二郎神」者，京師人素畏之，自春及夏，傾城男女負土以獻，揭榜通衢，云某人獻土；又有飾形作鬼使，巡門催納土者。或以爲不祥，禁絕之。後金人斡离不圍京師，其國謂之「二郎君」云。

紹興元年十二月，越州連火，民訛言相驚，月幾望當再火。樞密院以軍法禁之，乃定。

嘉泰二年六月，故循王張俊家火。後旬日，市井訛言相驚，絳衣婦人爲火殃下墜。都民徙避，晝夜弗寧，禁之，後亦不火。

慶元六年十月〔七〕，瓊州訛言妖星流墮民鄭七家，聲如雷。通判曾丰暨瓊山縣令移文驚擾，後皆坐絀。簽書樞密院事林存爲似道所擯，道死于潭。潭有富民蓄油䊶木甚佳，林氏子弟求之，價高不可得，因撫其木曰：「收取收取，待賈丞相用。」德祐元年，似道謫死，郡守與之經營，竟得此木以殮。

宋初，陳摶有紙錢使不行之說，時天下惟用銅錢，莫喻此旨。其後用交子、會子，其後會價愈低，故有「使到十八九，紙錢飛上天」之謠。似道惡十九界之名，乃名關子，然終爲十九界矣，而關子價益低，是紙錢使不行也。

宋以周顯德七年庚申得天下。圖讖謂「過唐不及漢，一汴、二杭、三閩、四廣」，又有「寒在五更頭」之謠，故宮漏有六更。按漢四百二十餘年，唐二百八十九年。開慶元年，宋祚過唐十一年，滿五庚申之數；至德祐二年正月降附，得三百一十七年，而見六庚申，如宮漏之數。

建隆三年，有象至黃陂縣匿林中，食民苗稼，又至安、復、襄、唐州踐民田，遣使捕之；明年十二月，於南陽縣獲之，獻其齒革。乾德二年五月，有象至澧陽、安鄉等縣；又有象涉江入華容縣，直過闤闠門；又有象至澧州澧陽縣城北。

乾德四年八月，普州兔食禾。五年，有象自至京師。

雍熙四年〔八〕，有犀自黔南入萬州，民捕殺之，獲其皮角。

開寶八年四月，平陸縣鷙獸傷人，遣使捕之，生獻十頭。十月，江陵府白晝虎入市，傷二人。

太平興國三年，果、閬、蓬、集諸州虎爲害，遣殿直張延鈞捕之，獲百獸。俄而七盤縣虎傷人，延鈞又殺虎七以爲獻。七年，虎入蕭山縣民趙馴家，害八口。

淳化元年十月，桂州虎傷人，詔遣使捕之。

至道元年六月，梁泉縣虎傷人。二年九月，蘇州虎夜入福山砦，食卒四人。

咸平二年十二月，黃州長析村二虎夜鬥，一死，食之殆半，占云：「守臣災。」明年，知州王禹偁卒。咸平六年十月乙酉，有狐出皇城東北角樓，歷軍器庫至夾道，獲之。

大中祥符九年三月，杭州浙江側，晝有虎入稅場，巡檢俞仁祐揮戈殺之。

天聖九年五月，宿州獲白兔。六月，廬州獲白兔。

明道二年六月，唐州獲白兔。

皇祐三年十二月，泰州獲白兔。

嘉祐三年六月丁卯，交阯貢異獸二。初，本國稱貢麒麟，狀如牛身，被肉甲，鼻端有角，食生芻果，必先以杖擊其角，然後食。既至，而樞密使田況辨其非麟，詔止稱異獸。

熙寧元年九月，撫州獲白兔。十二月，嵐州獲白鹿。四年九月，廬州獲白兔。

政和五年十二月，安化軍獲白兔。六年二月，泰州軍獲白兔。七年二月，達州獲白兔。

宣和元年十月，淄州獲黑兔。宣和七年秋，有狐由艮嶽直入禁中，據御榻而坐，詔毀狐王廟。

紹興十一年，海州屬金，悉空其民安江〔九〕。後二十年，有二虎入城，人射殺之，虎亦搏人。明年，魏勝畢州來歸，亦空其民。漢襲遂曰：「野獸入宮室，宮室將空。」虎豕皆毛孽也。十三年，南康縣雷雨，羣狸震死于巖穴中，巖石皆爲碎。二十二年，劉彭老家猫產數子，皆三足。

乾道七年，潮州野象數百食稼，農設穽田間，象不得食，率其羣圍行道車馬，斂穀食之，乃去。

淳熙二年，江州馬當山羣狐掠人。十年，滁州有熊虎同入樵民舍，夜，自相搏死。

紹熙元年三月，臨安府民家猫生子一，有八足二尾。四年，鄂州武昌縣虎爲人患。五年八月，揚州獻白兔。侍御史章穎劾守臣錢之望以孽爲瑞。占曰：「國有憂。」白，喪祥也。是歲，光宗崩。

慶元三年，德興縣羣狐入民舍。

咸淳九年十一月辛卯黎明，有虎出于揚州市，毛色微黑，都撥發官曹安國率良家子數十人射之。制置使李庭芝占曰：「千日之內，殺一大將。」於是斲其肉於城外而厭之。

紹興六年四月，中京大雪雷震，犬數十爭赴土河而死，可救者才二三。

淳熙元年六月，饒州大雷震犬于市之旅舍。

慶元二年，撫州有犬若人，坐于郡守之坐。未幾，郡守林廷彥卒于官。

德祐元年五月壬申，揚州禁軍民毋得畜犬，城中殺犬數萬，輸皮納官。

乾德三年七月己卯夜，西方起蒼白氣，長五十尺，貫天船、五車，亙井宿，占曰：「主兵動。」六年十月己未旦，西北起蒼白氣三道，長二十尺，趨東散，占曰：「游兵之象。」

太平興國四年四月己未夜，西北有白氣壓北斗。

雍熙四年正月癸酉，白氣起角、亢，經太微垣，歷軒轅大星，至月傍散。

至道二年二月丙子夜，西方有蒼白氣，長短八道如彗掃稍，經天漢，參錯如交蛇，占曰：「所見之方主兵勝。」

咸平四年三月丙申，白氣二亙天。五年正月，白氣如虹貫日，久而散。七月戊戌，白氣如陣貫東井。六年四月己巳，白氣東西亙天。丁丑，白氣貫日。五月辛亥，白氣出昴至壁

沒。六月丙子，白氣出河鼓左右旗，分爲數道沒。七月癸卯，白氣如彗起西南方，占曰：「有兵喪。」

景德元年五月，白氣貫軒轅，蒼白氣十餘如布亙天。二年二月丁亥，白氣五道貫北斗，占爲大風，宰臣憂。十月丙子，白氣出閣道西，孛孛有光，占曰：「宮中憂。」三年三月，白氣貫月。四年三月己未，白氣東西亙天。庚申，白氣出南方，長二丈許，久而不散。四月庚午，白氣貫北斗，長十丈，占爲大風。庚寅，白氣如布襲月，三丈許。

大中祥符元年正月丁丑，白氣二，東西亙天。五年二月壬寅，白氣長五丈，出東井，貫北斗魁及軒轅，占爲兵，爲雷雨。

明道元年十二月壬戌，西北有蒼白氣亙天。

康定二年八月庚辰夜，東方有白氣長十尺許，在星宿度中，至十日，長丈餘衝天相〔一〇〕，九十餘日沒。

慶曆八年甲申，白氣貫北斗〔一一〕。三年正月戊戌，中天有白氣長二十尺，向西南行貫日，占曰：「邊兵憂。」四月癸卯，白氣二，生西北隅，上中天，首尾至濁，東南行，良久散，占曰：「其下有兵寇。」八月壬子夜，白氣貫北斗魁。九月辛巳夜，中天有白氣長二丈許〔一二〕，貫卷舌、南河〔一三〕，東北行，少頃散，占曰：「風雨之候。」

皇祐四年十一月辛酉夜，白氣起北方近濁，長五丈許，歷北斗，久之散，占曰：「多大風。」

嘉祐七年三月，彭城縣白鶴鄉地生麪，占曰：「地生麪，民將飢。」五月，鍾離縣地生麪。

治平二年四月丙午夜，西北方有白氣漸東南行，首尾至濁，貫角宿，移西北，久方散，占曰：「有兵戰疾疫事。」

熙寧九年四月庚寅夜，白氣長丈，起東北方天市垣。

元祐三年七月戊辰夜，西北有白氣經天，主兵，宜防西、北二鄙。

元符二年九月戊辰夜，有白氣十道，各長五尺，主兵及大臣黜。

崇寧二年五月戊子夜，蒼白氣起東南方，長三丈，貫尾、箕、斗，主蠻夷入貢，舊臣來歸。

宣和三年九月壬午夜，蒼白氣長三丈，貫月，主其下有亂者。

靖康元年十二月丙辰，白氣出太微垣。二年二月壬午夜，白氣如虹，自南亙北，須臾移西南至東北，天明而沒。三月戊子，白氣貫斗。

建炎二年，杜充爲北京留守，天雨紙錢于營中，厚盈寸。明日，與金人戰城下，敗績。紙，白祥也。三年三月，白氣貫日。四年五月壬子夜，北方有白氣十餘道如練。二十六年〔一四〕七月辛酉夜，天雨水銀。

紹興元年，潭州得白玉于州城蓮花池中，孔彥舟以獻，詔却之。前史以爲玉變近白祥，後

彥舟爲劇盜。二月己巳夜，東南有白氣。十一年三月庚申，金人居長安，油、酒皆變白色。三十年十一月甲午夜，西南有白氣出危入昴。十二月戊申，白氣出尾入軫，貫天市垣。三十一年十二月辛丑，白氣如帶，東西亙天，出斗歷牛。

隆興元年十二月壬午夜，白氣見西南方，出危入昴。二年正月甲寅夜，西南有白氣亙天如帶。

乾道元年正月庚午，白氣見西北方，出奎入參。三月戊辰，白氣如帶，自參及角，東西亙天。四月丁酉夜，白氣見西北方，入天市垣。辛丑夜，白氣入北斗。乙巳夜，白氣入紫微垣。十月己丑夜，蒼白氣見南方，入翼。十一月丙寅，白氣如帶，出女入昴，東西亙天。十二月庚午夜，白氣如帶，東西亙天，出女入昴。

淳熙十年正月戊子夜，西南有白氣如天漢而明，南北廣可六丈，東西亙天，歷壁至畢。

紹熙五年六月壬寅夜，白氣亙天，自紫微至亢、角，己酉日入後，白氣亙天，頃刻而散。

慶元四年八月庚辰，白氣亙天。五年二月癸酉夜，東北方白氣如帶，自角至參。八月癸亥，東北方有白氣如帶，亙天。

嘉泰四年十一月辛未，晝有白氣分數道，亙天。

嘉熙四年二月丙辰，白氣亙天。

中華書局

淳祐二年四月甲寅，白氣亙天。

景定三年七月甲申，白氣如匹布，亙天。

咸淳九年，襄陽城中白氣自西而出。

紹興二年，宣州有鐵佛象，坐高丈餘，自動迭前迭卻，若傴而就人者數日，既而郡有火。火氣盛，金失其性而爲變怪也。七月，天雨錢，或從石甃中涌出，有輪郭，肉好不分明，穿之碎若沙土。二月〔一五〕，溫州戒福寺銅佛象頂珠自動，光彩激射，經日不少停，數日火作，寺焚。

淳熙九年春，德興縣民家鏡自飛舞，與日光相射。

慶元二年正月，泰寧縣耕夫得鏡，厚三寸，徑尺有二寸，照見水底，與日爭輝，病熱者對之，心骨生寒，後爲雷震而碎。

校勘記

〔一〕五年　本條上文紀元是宣和，但所記的是修明堂時事。據本書卷二一徽宗紀，徽宗修明堂在政和五年至七年，本條的五年當是政和五年。

〔二〕崇寧四年三月　按編年順序及本書卷二〇徽宗紀、卷一〇四禮志，本條當移置「崇寧五年十月」條之前。

〔三〕臨江南安諸軍　「安」字原脫，與上下文義不協，據通考卷三〇四物異考補。

〔四〕名士陸倕王筠　「王筠」，原作「王鈞」。按本條記梁朝函銘事，梁朝文人與陸倕等齊名的是王筠，梁書卷三三有傳，并說：「昭明太子愛文學士，常與筠及劉孝綽、陸倕、到洽、殷芸等遊宴玄圃。」此處「鈞」字誤，通考卷三一〇物異考作「王筠」，據改。

〔五〕李敦仁　「敦」字原脫，據本書卷二六高宗紀、繫年要錄卷五二、通考卷三〇九物異考補。

〔六〕嘉定三年　「嘉定」，原作「紹定」。按本書卷四〇寧宗紀，卷四一理宗紀都記嘉定十三年皇太子詢薨，本條所記歌謠事，當發生在前此不遠。通考卷三〇九物異考繫此事於嘉定三年，紀元與本紀合，據改。又按編年順序，本條當移置下文慶元、嘉泰條之後。

〔七〕慶元六年十月　按本條所記妖星隨郭七家事，通考卷三一〇物異考繫於嘉泰二年條前；林存罷官事，本書卷四四理宗紀繫於寶祐六年十一月，卷二一四宰輔表繫於次年開慶元年正月。此處年代有誤。

〔八〕雍熙四年　按編年順序及通考卷三一一物異考，本條當移置下文太平興國三年條之後。

〔九〕悉空其民安江　按本條所記之事，繫年要錄卷一四〇、北盟會編卷二〇六都作：「（張）俊以海州在淮北，恐爲金人所得，因命毀其城，遷其民於鎮江府。」通考卷三一一物異考作：「悉空其民渡江。」此處「安江」疑爲「渡江」之誤。

〔一〇〕長丈餘衡天相　「相」字原脫，據本書卷六〇天文志、通考卷二九四象緯考補。

〔一一〕慶曆八年甲申白氣貫北斗　按本書卷六〇天文志作慶曆二年八月甲申「白雲貫北斗」；通考卷二九四象緯考繫此事於慶曆二年十一月甲申。疑此處紀年誤，「甲申」前又失載月份。

〔一二〕中天有白氣長二丈許　「天」字原脫，據本書卷六〇天文志、通考卷二九四象緯考補。據同上資料，本條當繫於慶曆四年。

〔一三〕貫卷宿南河　按星宿名無「卷宿」，疑誤。本書卷六〇天文志作「卷舌」，通考卷二九四象緯考作「參宿」。

〔一四〕二十六年　上文紀元爲建炎，但建炎無二十六年，顯誤。按繫年要錄卷一七三、通考卷三〇三物異考此事都繫於紹興二十六年，疑當移置下文紹興十一年三月條之後。

〔一五〕二月　通考卷三〇七物異考作「二十年二月」。

月戊辰，京師大風，揚沙礫。是日，百官習儀恭謝壇，有隨仆者。八年六月辛亥，京師風起巳位，吹沙揚塵。

天禧二年正月，永州大風，發屋拔木，數日止。三年五月，徐州利國監大風起西南，壞廬舍二百餘區，壓死十二人。四年四月丁亥，大風起西北，飛沙折木，晝晦數刻。五月乙卯，暴風起西北有聲，折木吹沙，黃塵蔽天，占並主陰謀姦邪。是秋，內侍周懷政坐妖亂伏誅。

天聖九年十二月辛酉，大風三日止。

景祐元年六月己巳，無錫縣大風發屋，民被壓死者衆。九月甲寅夜漏上，風自丑起有聲，擺木鳴條。二年六月戊寅平明，風自未來，占者以爲百穀豐衍之候。

皇祐四年七月丁巳，大風起西北方，拔木。

嘉祐二年正月元日平旦，有風從東北來，徧天有蒼黑雲，占云：「大熟多雨。」

熙寧四年二月辛巳，京東自濮州至河北旁邊，大風異常，百姓驚恐。六年四月，館陶縣黑風。九年十一月，海陽潮陽二縣颶風、潮，害民居田稼。十年六月，武城縣大風，壞縣廨，知縣李愈妻、主簿寇宗奭妻之母壓死。七月，溫州大風雨，漂城樓、官舍。

元豐四年六月，邕州颶風，壞城樓、官私廬舍。七月甲午夜，泰州海風作，繼以大雨，浸

州城，壞公私廬舍數千間。靜海縣大風雨，毀官私廬舍二千七百六十三楹。丹陽縣大風雨，溺民居，毀廬舍。丹徒縣大風潮，飄蕩沿江廬舍，損田稼。六月，邕州颶風，壞城樓、官私廬舍。五年八月，朱崖軍颶風，毀廬舍。

元祐八年，福建、兩浙海風駕潮，害民田。

紹聖元年秋，蘇、湖、秀等州海風害民田。

靖康元年正月望夜，大風起西北有聲，吹沙走石，盡明日乃止。二月戊申，大風起東北，揚塵翳空。三月己巳夜五更，大風乍緩乍急，聲如叫怒。十一月丁亥，大風發屋折木。閏十一月甲寅，大風起北方，雪作盈數尺，連夜不止。二年正月己亥，天氣昏曀，狂風迅發，竟日夜，西北陰雲中如有火光，長二丈餘，闊數尺，民時時見之。庚戌，大風雨。二月乙酉，大風折木，晚尤甚。三月己亥，大風。四月庚申朔，大風吹石折木；辛酉，北風益甚，苦寒。

建炎元年正月丁酉，大風吹石折木。十二月乙酉，大風拔木。

紹興二十八年七月壬戌，平江府大風雨駕潮，漂溺數百里，壞田廬。三十二年七月戊申，大風拔木。溫州大風，壞屋覆舟。

隆興元年，浙東、西郡國風水傷稼。二年八月，大風雨，漂蕩田廬。

乾道二年八月丁亥，溫州大風雨駕海潮，殺人覆舟，壞廬舍。五年十月，台州大風

水，壞田廬。八年六月丙辰，惠州颶風，壞海艦三十餘。時樞密院調廣東經略司水軍，四艦覆其三，死者百三十餘人。

淳熙三年六月，大風連日。四年九月，明州大風駕海潮，壞定海、鄞縣海岸七千六百餘丈及田廬、軍壘。六月乙巳夜，福清縣、興化軍大風雨，壞官舍、民居、倉庫及海口鎮，人多死者。五年正月庚戌，大風。六年十一月，鄂州大風覆舟，溺人甚衆。七年二月，江陵府大風，火及舟，焚溺死者尤衆。十年八月辛酉，雷州颶風大作，駕海潮傷人，禾稼、林木皆折。

紹熙二年三月癸酉，瑞安縣大風，壞屋拔木殺人。四年七月，興化軍海風害稼。五年六月丙子，大風。七月乙亥，行都大風拔木，壞舟甚衆。紹興府、秀州大風駕海潮，害稼。秋，明州颶風駕海潮，害稼。十月甲戌，行都大風拔木。

慶元二年六月壬申，台州暴風雨駕海潮，壞田廬。六年三月甲子，大風拔木。

嘉泰三年十月丁未，暴風。十一月癸未，大風；四年正月乙亥，亦如之。

開禧元年四月乙卯、九月庚戌，大風。

嘉定元年九月乙丑，大風。二年二月戊子，大風。七月壬辰，台州大風雨駕海潮，壞屋殺人。三年八月癸酉，大風拔木，折禾穗，墮果實；寧宗露禱，至于丙子乃息。後御史朝陵于紹興府，歸奏風壞陵殿宮牆六十餘所、陵木二千餘章。四年閏月丁未，大風。六年十二

月，餘姚縣風潮壞海隄，亘八鄉。七年正月庚辰，江州放鐙，黑雲暴風忽作，遊人相踐，死者二十餘。十年正月乙未，大風拔木。十一月丁丑，大風。十一年二月甲寅，大風。十月戊午，大風。十三年十一月庚戌、壬子，大風。十二月戊午，大風。十四年六月辛巳，大風。十六年秋，大風拔木害稼。十七年秋，福州颶風大作，壞田損稼。冬，鄂州暴風，壞戰艦二百餘，壽昌軍壞戰艦六十餘；江州、興國亦如之。

嘉熙二年，風雹。三年，風雹。

淳祐十一年，泰州風。

景定四年十一月，福州颶風。

咸淳四年閏月丁巳，大風雷雨，居民屋瓦皆動。七年五月甲申，紹興府大風。十年四月，紹興府大風拔木。

端拱二年，京師暴風起東北，塵沙曀日，人不相辨。

淳化三年六月丁丑，黑風自西北起，天地晦冥，雷震，有頃乃止。

大中祥符二年九月，無爲軍城北暴風，晝晦不可辨，拔木，壞城門、營壘、民舍。

中華書局

天聖六年二月庚辰，大風晝瞑。

康定元年三月丙子，大風晝瞑，經刻乃復。

嘉祐八年十一月丙午，大風霾。

治平二年二月乙巳，大風晝晦。四年正月庚辰朔，大風霾。是日，上尊號，廷中仗衞皆不能整。時帝已不豫，後七日崩。

熙寧四年四月癸亥，京師大風霾。

元祐八年二月，京師風霾。

靖康二年正月己亥，天氣昏曀，風迅發竟日。三月丁酉，風霾。

建炎元年正月辛卯朔，大風霾。丁酉，風霾，日色薄而有暈。三月丁酉，汴京風霾，日無光。是日，張邦昌僭位。二年七月癸未，風雨晝晦。是日，東京留守宗澤薨。

紹興十一年三月庚申，金人居長安，晝晦。

乾道五年正月甲申，晝霾四塞。

淳熙五年四月丁丑，塵霾晝晦，日無光。

慶元九年〔二〕十二月乙未，天雨霾。

開禧元年正月壬午，雨霾。

嘉定十年正月乙未，晝霾。二月癸巳，日無光。

德祐元年六月庚子朔，日有食之，既，天地晦冥，咫尺不辨人，雞鶩歸棲，自巳至午，其明始復。

至道二年秋九月，環、慶州梨生花，占有兵。明年，契丹擾北邊。

景德元年二月，保順軍城壕冰，陷起〔三〕文爲桃李華、雜樹、人物之狀。

大中祥符九年正月，霸州渠冰有如華葩狀。

大觀二年十月乙巳，襄丘縣檜生花，蕚如蓮實。

紹興七年十二月，中書、門下省檢正官張宗元出撫淮西軍，寓建康。槃冰有文如畫，佳卉茂木，華葉相敷，日易以水，變態奇出，春暄乃止。二十七年四月，徽州祁門縣園桃已實復華。

淳熙初，秀州呂氏家冰瓦有文，樓觀、車馬、人物、芙蓉、牡丹、萱草、藤蘿之屬，經日不釋。淳熙中，興化軍仙遊縣九坐山古木末生花，臭如蘭。

建隆二年九月，渭南縣虸蚄蟲傷稼。三年七月，兗州、濟、德、磁、洺蝝生。

乾德六年七月，階州虸蚄蟲生。

太平興國二年六月，磁州有黑蟲羣飛食桑，夜出晝隱，食葉殆盡。七月，邢州鉅鹿、沙河〔四〕二縣步屈蟲食桑麥殆盡。五年七月，濰州虸蚄蟲生，食稼殆盡。七年九月，邠州虸蚄蟲生，食稼。九年七月，泗州蠓蟲食桑。

雍熙二年四月，天長軍蠓蟲食苗。

端拱二年七月，施州虸蚄蟲生，害稼。

淳化元年四月，中都縣蝪蟲生。七月，單州蝪蟲生，遇雨死。

景德元年八月，陝、濱、棣州蟲螟害稼。

大中祥符四年八月，兗州虸蚄蟲生，有蟲青色隨齧之，化爲水。六年九月，陝西同、華等州虸蚄蟲食苗。

天聖五年五月戊辰，磁州蟲食桑。

景祐四年五月，滑州靈河縣民黃慶家蠶自成被，長二丈五尺，闊四尺。

嘉祐五年，深州野蠶成繭，被于原野。

熙寧九年五月，荆湖南路地生黑蟲，化蛾飛去。全州生黑蟲食苗，黃雀來食之皆盡。

元祐六年閏八月，定州七縣野蠶成繭。七年五月，北海縣蠶自織如絹，成領帶。

元符元年七月，藁城縣野蠶成繭。八月，行唐縣野蠶成繭。九月，深澤縣野蠶成繭，織紝成萬匹。二年六月，房陵縣野蠶成繭。

政和元年九月，河南府野蠶成繭。四年，相州野蠶成繭。五年，南京野蠶成繭，織紬五匹，綿四十兩，聖寶十五兩。

紹興二十九年秋，浙東、江東西郡縣螟。三十年十月，江、浙郡國螟蝝。

隆興元年秋，浙東西郡國螟，害穀，紹興府、湖州爲甚。二年，台州螟。

乾道三年八月，江東郡縣螟螣。淮、浙諸路多言青蟲食穀穗。六年秋，浙西、江東螟爲害。九年秋，吉贛州、臨江南安軍螟。

淳熙二年秋，浙、江、淮郡縣螟。四年秋，昭州螟。五年，昭州荐有螟螣。七年秋，永州螟。八年秋，江州螟。十二年八月，平江府有蟲聚于禾穗，油灑之即墮，一夕，大雨盡滌之。十四年秋，江州、興國軍螟。十六年秋，溫州螟。

慶元三年秋，浙東蕭山山陰縣、婺州，浙西富陽鹽官淳安永興縣、嘉興府皆螟。四年秋，鉛山縣蟲食穀，無遺穗。

嘉定十四年，明、台、温、婺、衢蝱螣爲災。十五年秋，贛州螟。十六年，永、道州螟。

紹定三年，福建螟。

端平元年五月，當塗縣螟。

淳祐二年五月，兩淮螟。

景定三年八月，浙東、西螟。

乾德三年，眉州民王進牛生二犢。四年，南充縣民馬全信及相如縣民彭秀等家牛生二犢。

開寶二年，九隴縣民王達牛生二犢。

太平興國三年，流溪縣民白延進牛生二犢。五年，温江縣民趙進牛生二犢。六年，廣都縣趙全牛生二犢。七年，什邡縣民王信、華陽縣民袁武等牛生二犢。八年，彭州民彭延、閬州民陳則、安樂縣民王公泰牛生二犢。九年七月，知乾州衞昇獻三角牛。

雍熙三年，果州民李昭牛生二犢。四年鄭縣民鮮于志鮮于臯、眉山縣海羅參、仁壽縣民陰饒、成都縣民李本、成紀縣民王和敏牛生二犢。

端拱元年，眉州民陳希簡、晉原縣民張昭郁、魏城縣民鮮于郜、羅江縣民袁族、河陽縣民李美、曲水縣民曾虔、梓潼縣民文光懿、永泰縣民羅德、緜竹縣民陳洪牛生二犢。

淳化元年，緜竹縣民李昌遠簿逸、閬州民和中、忠州民王欽、眉州王圖、九隴縣民楊臯、玄武縣民羊邁達牛生二犢。二年，永川縣民梁行良、仁壽縣民梁仁超牛生二犢。三年，成都府民彭齊卿、洪雅縣民程讓、永昌縣民田昭、巴州民杜文宥、廬山縣民白闓牛生二犢。四年，成都府民任順、曲水縣民張思方、彭山縣民李承遠牛生二犢。

至道二年，新都縣民蹇成美牛生二犢。潁陽縣民馮延密牛生三犢，其二額有白。三年，新津縣民文承富、赤水縣民蘇福、廣安軍吏胥仁迪牛生二犢。

咸平元年，眉山縣民向瓊玖陳元竇、丹稜縣〔五〕民劉承鶚、通泉縣民王居中、曲水縣民楊漢成楊景歡王師讓、眉山縣民陳彥宥牛生二犢。二年，濛陽縣民杜撃、九隴縣民楊太、眉山縣民蘇仁義、洪雅縣吏陸文贊牛生二犢。三年，敍浦縣民戴昌蘊牛生二犢。四年，流溪縣民何承添、晉原縣民頗全、永昌縣民曾嗣、犀浦縣民何福、彰明縣民王玘牛生二犢。六年，渠江縣民王德進、魏城民蒲諫王信、石照縣民仲漢宗、大足縣民劉武牛生二犢。

景德元年，魏城縣民閻明、彭州濛陽縣民郭琮牛生三犢。二年，三泉縣民李景順、東海縣民時祜、小溪縣劉可、赤水縣民羅永並牛生二犢。三年，長江縣民于承琛牛生二犢。四年，相如縣民楊漢暉、邛州安仁縣民羅瑩、九隴縣民白彥成、渠江縣民王繼豐家及順安軍屯田務牛生二犢。

大中祥符元年，龔丘縣民李起牛生四犢，判州王欽若圖以獻。二年，立山縣民盧仁依、銅山縣民勾熙正、什邡縣民杜族、南康縣陳邦並牛生二犢。三年，犍爲縣民陳知進牛生二犢。四年，東關縣民陳知進牛生二犢。五年，富順監些井場官楊守忠、曲水縣民向平、蓬溪縣民蹇知密牛生二犢。六年，廣安軍依政縣民李福、貴溪縣民徐志元牛生二犢。七年，雙流縣民姚彥信、涪城縣民張禮、嘉州龍遊縣民張正、夾江縣民郭昇、天水縣民王吉牛生二犢。八年，仁壽縣民何志、通泉縣民羅永泰、成都縣民張進、華陽民楊承珂牛生二犢。九年，平定軍平定縣民范訓、臨邛縣民楊暉牛生二犢。

天禧元年，開江縣民冉津及澧州石門縣層山院牛生二犢。二年，臨邛縣民王道進、臨溪縣民王勝、西縣民韓光緒牛生二犢。四年，貴溪縣民葉政牛生二犢。五年，巴西縣民向知道牛生二犢。

自天聖迄治平，牛生二犢者三十二，生三犢者一。

自熙寧二年距元豐八年，郡國言民家牛生二犢者三十有五，生三角者一。

元祐元年距元符三年，郡國言民家牛生二犢者十有五。

大觀元年，閬州、達州言牛生二犢。四年三月，帝謂起居舍人宇文粹中曰：「牛產二犢，亦載之起居注中，豈若野蠶成繭之類，民賴其利，乃爲瑞邪？」自是史官不復盡書。

政和五年七月，安武軍言，郡縣民范濟家牛生麒麟。

重和元年三月，陝州言牛生麒麟。

宣和二年十月，尚書省言，歙州歙縣民鮑珙家牛生麒麟。三年五月，梁縣民邢喜家牛生麒麟。

紹興元年，紹興府有牛戴刃突入城市，觸馬，裂腹出腸。時衞卒多犯禁屠牛，牛受刃而逸，近牛禍也。十六年，靜江府城北二十里，有奔犢以角觸人於壁，腸胃出，牛狂走，兩日不可執，卒以射死。十八年五月，依政縣牛生二犢。二十一年七月，遂寧府牛生二犢者三。二十五年八月，漢中牛生二犢。

淳熙十二年，仁和縣良渚有牛生二首，七日而死。餘杭縣有犢二首。十六年三月，池州池口鎮軍屯牛狂走，觸人死。

慶元三年，樂平縣田家牛生犢如馬，一角，鱗身肉尾，農以不祥殺之，或惜其爲麐；同縣萬山牛生犢，人首。

中華書局

淳化三年正月乙卯，京師雨土，占曰：「小人叛。」自後李順盜據益州。

景德元年七月辛亥，黃氣出壁，長五尺餘，占曰：「兵出。」二年正月丙寅，黃白氣環之。

大中祥符元年正月癸亥朔，黃氣出於艮，占曰：「主五穀熟。」二年九月戊午，黃氣如柱起東南方，長五丈許。

天禧五年，襄州鳳林鎭道側地涌起，高三尺，闊八尺，知州夏竦以聞。

明道元年十月庚子夜，黃白氣五，貫紫微垣。

景祐元年八月壬戌夜，有黃白氣如彗，長七尺餘，出張、翼之上，凡三十有三日不見。

治平元年三月壬戌，雨土。十二月己亥，雨黃土。

熙寧五年十二月癸未、七年三月戊午，並雨黃土。八年五月丁丑，雨黃土兼細毛。

元豐二年十一月丁亥、五年三月乙巳、六年四月辛未，雨土。

元祐七年正月戊午，天雨塵土，主民勞苦。

宣和元年三月庚午，雨土蒼衣，主不肖者食祿。

紹興十一年三月庚申，涇州雨黃沙。十八年十一月壬辰，肆赦，天有雲赤黃，近黃祥

也，太史附秦檜旨奏瑞。

乾道四年三月己丑，雨土若塵。

淳熙四年二月戊戌，雨土；五年二月壬午、甲申，四月丁丑，六年十一月乙丑，十一年正月辛卯、甲寅，十三年正月壬寅，亦如之。十五年九月庚子，南方有赤黃氣。

紹熙四年十月甲寅，雨土；五年四月癸卯，亦如之。十月乙未，天有赤黃色，占曰：「是爲天變。」色先赤後黃，近黃赤祥也。十一月辛亥，雨土。

慶元元年二月己卯、十一月己丑，天雨塵土。三年正月丙子、四月丙午、十二月甲申，天雨塵土。六年正月己巳、閏月丁未、十月己丑，雨土。九月辛丑、十一月辛卯，天雨塵土。

嘉泰元年六月己卯、九月己未、十二月辛丑，天雨塵土。

嘉定三年正月丙午，天雨塵土。八年二月己未、五月辛未，天雨塵土。九年十二月癸巳，天雨土。十年二月癸巳，雨土。十二年二月癸巳，天雨塵土。十三年三月辛卯，天雨塵土。十六年二月戊子，天雨塵土。

紹定三年三月丁酉，雨土。

嘉熙二年四月甲申，雨土。三年三月辛卯，天雨塵土。

淳祐五年二月丙寅朔，天雨塵土。十一年三月乙亥，天雨塵。

寶祐三年三月己未，雨土。六年二月壬辰，天雨塵土。

開慶元年三月辛酉，雨土。

景定五年二月辛未，雨土。

德祐元年三月辛巳，終日黃沙蔽天，或曰「喪氣」。

乾德三年，京師地震。史失日月。五年十一月，許州開元觀老君像自動，知州宋偓以聞。六年正月，簡州普通院毗盧佛像自動。

至道二年十月，潼關西至靈州、夏州、環慶等州地震，城郭廬舍多壞，占云：「兵饑。」是時，西夏寇靈州，明年，遣將率兵援糧以救之。關西民饑。

咸平二年九月，常州地震，壞鼓角樓、羅務、軍民廬舍甚衆。四年九月，慶州地震者再。六年正月，益州地震。

景德元年正月丙申夜，京師地震，癸卯夜，復震；丁未夜，又震，屋皆動，有聲，移時方止。癸丑，冀州地震，占云：「土工興，有急令，兵革興。」是年，契丹犯塞。二月，益、黎、雅州地震。三月，邢州地震不止。四月己卯夜，瀛州地震。五月，邢州地復震不止。十一月壬

子，日南至，京師地震。癸丑，石州地震。四年七月丙戌，益州地震。己丑，渭州瓦亭砦地震者四。

大中祥符二年三月，代州地震。四年六月，昌、眉州並地震。七月，眞定府地震，壞城壘。

天聖五年三月，秦州地震。七年，京師地震。

景祐四年十二月甲子，京師地震。甲申，忻、代、并三州地震，壞廬舍，覆壓吏民。忻州死者萬九千七百四十二人，傷者五千六百五十五人，畜擾死者五萬餘；代州死者七百五十九人；并州千八百九十人。

寶元元年正月庚申，并、忻、代三州地震。十二月甲子，京師地震。

慶曆三年五月九日，忻州地大震，說者曰：「地道貴靜，今數震搖，兵興民勞之象也。」四年五月庚午，忻州地震，西北有聲如雷。五年七月十四日，廣州地震。六年二月戊寅，青州地震。三月庚寅，登州地震，岠嵎山摧。自是震不已，每震，則海底有聲如雷。五月甲申，京師地震。七年十月乙丑，河陽、許州地震。

皇祐二年十一月丁酉夜，秀州地震，有聲自北起如雷。

嘉祐二年，雄州北界幽州地大震，大壞城郭，覆壓者數萬人。五年五月己丑，京師地震。

治平四年秋，漳泉建州、邵武興化軍等處皆地震，潮州尤甚，拆裂泉涌，壓覆州郭及兩

縣屋宇，士民、軍兵死者甚衆。八月己巳，京師地震。

熙寧元年七月甲申，地震；乙酉、辛卯，再震；八月壬寅、甲辰，又震。是月，須城、東阿二縣地震終日，滄州清池、莫州亦震，壞官私廬舍、城壁。是時，河北復大震，或數刻不止，有聲如雷，樓櫓、民居多摧覆，壓死者甚衆。九月戊子，莫州地震，有聲如雷。十一月乙未，京師及莫州地震。十二月癸卯，瀛州地大震。丁巳，冀州地震。辛酉，滄州地震，湧出沙泥、船板、胡桃、螺蚌之屬。是月，潮州地再震。是歲，數路地震，有一日十數震，有踰半年震不止者。二年十月庚戌，南郊，東壝門內地陷，有天寶十三年古墓。

元豐元年，邕州佛像動搖。初，像動而夏人入寇，又動而州大火，其後儂智高叛，復動，於是知州錢師孟投其像于江中。八年二月甲戌，賓州嶺方縣地陷。五月丙午，京師地震。

元祐二年二月辛亥，代州地震有聲。四年春，陝西、河北地震。七年九月己酉，蘭州、鎮戎軍、永興軍地震，十月庚戌朔，環州地再震。

紹聖元年十一月丙戌，太原府地震。二年十月、十一月，河南府地震。是歲，蘇州自夏迄秋地震。三年(六)三月戊戌夜，劍南東川地震。九月己酉，滁州、沂州地震。四年六月己酉，太原府地震有聲。

元符元年七月壬申夜，雲霧蔽天，地震良久。二年正月壬申，恩州地震。八月甲戌，太

原府地震；三年五月己巳，太原府又震。

建中靖國元年十二月辛亥，太原府、潞晉隰代石嵐等州、岢嵐威勝保化寧化軍地震彌旬，晝夜不止，壞城壁、屋宇，人畜多死。自後有司方言祥瑞，郡國地震多抑而不奏。

政和七年六月，詔曰：「熙河、環慶、涇原路地震經旬，城砦、關堡、城壁、樓櫓、官私廬舍並皆摧塌，居民覆壓死傷甚衆，而有司不以聞，其遣官按視之。」

宣和四年，北方用兵，雄州地大震。玄武見於州之正寢，有龜大如錢，蛇若朱漆筯，相逐而行，宣撫使焚香再拜，以銀奩貯二物。俄俱死。六年正月，京師連日地震，宮殿門皆動有聲。七年七月己亥，熙河路地震，有裂數十丈者，蘭州尤甚。陷數百家，倉庫俱沒。河東諸郡或震裂。

建炎二年正月戊戌，長安地大震，金將婁宿圍城，彌旬無外援，乘地震而入，城遂陷。

紹興三年八月甲申，地震，平江府、湖州尤甚。是歲，劉豫陷鄧、隨等州，金人犯蜀。四年，四川地震。五年五月，行都地震。六年六月乙巳夜，地震自西北，有聲如雷，餘杭縣爲甚。是冬，劉麟、猊犯順，寇濠、壽州。七年，地震。二十四年正月戊寅，地震。二十五年三月壬申，地震。二十八年八月甲寅夜，震。三十一年三月壬辰，地震。三十二年七月戊申，地震。

隆興元年十月丁丑，地震；六月甲寅，又震。

乾道二年九月丙午，地震自西北方。四年十二月壬子，石泉軍地震三日，有聲如雷，屋瓦皆落，時縣竹有冤獄云。

淳熙元年十二月戊辰，地震自東北方。九年十二月壬寅夜，地震。十年十二月丙寅，地震。十二年五月庚寅，地震。

慶元六年九月，東北地震。十一月甲子，地震東北方。

嘉定六年四月，行都地震。六月丙子，淳安縣地震。九年二月辛亥，東、西川地大震四日。十年二月庚申，地震自東南。十二年五月，地震。六月，西川地震。十四年正月乙未夜，地震，大雷。五月丙申，西川地震。

寶慶元年八月己酉，地震。

嘉熙四年十二月丙辰，地震。

淳祐元年十二月庚辰夜，地震。

寶祐三年，蜀地震。

咸淳七年，嘉定府城震者三。

雍熙三年，階州福津縣常峽山圮，壅白江水，逆流高十許丈，壞民田數百里。

淳化二年五月，名山縣大風雨，登遼山圮，壅江水逆流入民田，害稼。

咸平元年七月庚午，寧化軍汾水漲，壞北水門，山石摧圮，軍士有壓死者。二年七月庚寅，靈寶縣暴雨崖圮，壓居民，死者二十二戶。三年三月辛丑夜，大澤縣三陽砦大雨崖摧，壓死者六十二人。四年正月，成紀縣山摧，壓死者六十餘人。

景德四年七月，成紀縣崖圮，壓死居民。

熙寧(七)五年九月丙寅，華州少華山前阜頭峯越八盤嶺及谷，摧陷於石子坡。東西五里，南北十里，潰散墳裂，湧起堆阜，各高數丈，長若隄岸。至陷居民六社，凡數百戶，林木、廬舍亦無存者。並山之民言：「數年以來，峯上常有雲，每遇風雨，即隱隱有聲。」是夜初昏，略無風雨，山上忽霧起，有聲漸大，地遂震動，不及食頃而山摧。」

元祐元年十二月，鄜縣界小覆谷山頹，傷居民。

紹興十二年十二月，陝西不雨，五穀焦枯，涇、渭、灞、滻皆竭。時秦民以饑離散，壯者爲北人所買，郡邑遂空。

紹熙四年秋，南岳祝融峯山自摧。劍門關山摧。五年十二月，臨安府南高峯山自摧。

中華書局

慶元二年六月辛未，台州黃巖縣大雨水，有山自徙五十餘里，其聲如雷，草木、冢墓皆不動，而故址潰爲淵潭。時臨海縣清潭山亦自移。

嘉泰二年七月丁未，閩建安縣山摧，民廬之壓者六十餘家。

嘉定六年六月丙子，嚴州淳安縣長樂鄉山摧水湧。九年，黎州山崩。

咸淳十年，天目山崩。

熙寧元年，荆、襄間天雨白氂如馬尾，長者尺餘，彌漫山谷。三月丁酉，潭州雨毛。八年五月丁丑，雨黃毛。

紹熙四年十一月癸酉，地生毛。

咸淳九年，江南平地產白毛，臨安尤多。

校勘記

〔一〕民流光濠安豐間　「民」字原脫，據通考卷三〇一物異考補。

〔二〕慶元九年　按慶元無九年，此處有誤。

〔三〕陷起　「陷」，通考卷三〇五物異考作「隱」。

〔四〕沙河　原作「沙門」，按本書卷八六地理志，邢州無「沙門縣」，有沙河縣，通考卷三一四物異考作「沙河」，和地理志合。據改。

〔五〕丹稜縣　原作「丹陵縣」，按本書卷八九地理志，眉州丹稜縣，「稜」字從「禾」不從「阜」；別無「丹陵」縣名，故改。

〔六〕三年　「三」上原有「十」字，按紹聖無十三年，通考卷三〇一物異考作「三年」，「十」字當衍，據刪。

〔七〕熙寧　原作「天熙」，按宋無「天熙」紀元，宋會要瑞異三之三九知華州呂大防奏、通考卷三〇二物異考都作「熙寧」。據改。

宋史卷六十八

志第二十一

律曆一

應天　乾元　儀天曆

古者，帝王之治天下，以律曆爲先；儒者之通天人，至律曆而止。曆以數始，數自律生，故律曆既正，寒暑以節，歲功以成，民事以序，庶績以凝，萬事根本由茲立焉。古人自入小學，知樂知數，已曉其原。後世老師宿儒猶或弗習律曆，而律曆之家未必知道，各師其師，岐而二之。雖有巧思，豈能究造化之統會，以識天人之蘊奥哉！是以審律造曆，更易不常，卒無一定之說。治效之不古若，亦此之由，而世豈察及是乎！

宋初，承五代之季王朴制律曆、作律準，以宣其聲，太祖以雅樂聲高，詔有司考正。

和峴等以影表銅臬暨羊頭秬黍累尺制律，而度量權衡因以取正。然累代尺度與望臬殊，黍有巨細，縱横容積，諸儒異議，卒無成說。至崇寧中，徽宗任蔡京，信方士「聲爲律、身爲度」之說，始大盭乎古矣。

顯德欽天曆亦朴所制也，宋初用之。建隆二年，以推驗稍疏，詔王處訥等別造新曆。四年，曆成，賜名應天，未幾，氣候漸差。太平興國四年，行乾元曆，未幾，氣候又差。繼作者曰儀天，曰崇天，曰明天，曰奉元，曰觀天，曰紀元，迨靖康丙午，百六十餘年，而八改曆。南渡之後，曰統元，曰乾道，曰淳熙，曰會元，曰統天，曰開禧，曰會天，曰成天，至德祐丙子，又百五十年，復八改曆。使其初而立法脗合天道，則千歲日至可坐而致，奚必數數更法，以求幸合玄象哉！蓋必有任其責者矣。

雖然，天步惟艱，古今通患，天運日行，左右既分，不能無忒。謂七十九年差一度，雖視古差密，亦僅得其槩耳。又況黃、赤道度有斜正闊狹之殊，日月運行有盈縮、朏朒、表裏之異。測北極者，率以千里差三度有奇，晷景稱是。古今測驗，止於岳臺，而岳臺豈必天地之中？餘杭則東南，相距二千餘里，華夏幅員東西萬里，發斂晷刻豈能盡諧？又造曆者追求曆元，踰越曠古，抑不知二帝授時齊政之法，畢殫於是否乎？是亦儒者所當討論之大者，謗曰星翁曆生之責可哉？至於儀象推測之具，雖亦數改，若熙寧沈括之議、宣和璣衡之制，其詳密精緻，有出於淳風、令瓚之表者，蓋亦未始乏人也。今其遺法具在方册，惟奉元、會天二法不存。舊史以乾元、儀天附應天，今亦以乾道、淳熙、會元附統元，開禧、成天附統天。大抵數異術同，因仍增損，以追合乾象，俱無以大相過，備載其法，俾來者有考焉。

昔黃帝作律呂，以調陰陽之聲，以候天地之氣。堯則欽若曆象，以授人時，以成歲功，用能綜三才之道，極萬物之情，以成其政化者也。至司馬遷、班固敍其指要，著之簡策。自漢至隋，歷代祖述，益加詳悉。曁唐貞觀迄周顯德，五代隆替，踰三百年，博達之士頗亦詳緝廢墜，而律志皆闕。宋初混一寓內，能士畢舉，國經王制，悉復古道。漢志有備數、和聲、審度、嘉量、權衡之目，後代因之，今亦用次序以志于篇：

曰備數。周禮，保氏敎國子以六藝，其六曰九數，謂方田、粟米、差分、少廣、商功、均輸、方程、贏朒、旁要，是爲九章。其後又有海島、孫子、五曹、張丘建、夏侯陽、周髀、綴術、緝古等法相因而起，歷代傳習，謂之小學。唐試右千牛衞胄曹參軍陳從運著得一算經，其術以因折而成，取損益之道，且變而通之，皆合於數。復有徐仁美者，作增成玄一法，設九十三問，以立新術，大則測於天地，細則極於微妙，雖粗述其事，亦適用於時。古者命官屬於太史，漢、魏之世，皆在史官。隋氏始置算學博士於國庠，唐增其員，宋因而不改。

曰和聲。周禮，典同掌六律六同之和，凡爲樂器，以十有二律爲之數度。古之聖人推律以制器，因器以宣聲，和聲以成音，比音而爲樂。然則律呂之用，其樂之本歟！以其相生損益，數極精微，非聰明博達，則罕能詳究。故歷代而下，其法或存或闕，前史言之備矣。周顯德中，王朴始依周法，以秬黍校正尺度，長九寸，虛徑三分，爲黃鐘之管，作律準，以宣其聲。宋乾德中，太祖以雅樂聲高，詔有司重加考正。時判太常寺和峴上言曰：「古聖設法，先立尺寸，作爲律呂，三分損益，上下相生，取合眞音，謂之形器。但以尺寸長短非書可傳，故累秬黍求爲準的，後代試之，或不符會。西京銅望臬可校古法，卽今司天臺影表銅臬下石尺是也。及以朴所定尺比校，短於石尺四分，則聲樂之高，蓋由於此。況影表測於天地，則管律可以準繩。」上乃令依古法，以造新尺幷黃鐘九寸之管，命工人校其聲，果下於朴所定管一律。又內出上黨羊頭山秬黍，累尺校律，亦相符合。遂下尚書省集官詳定，衆議僉同。由是重造十二律管，自此雅音和暢。

曰審度者，本起於黃鐘之律，以秬黍中者度之，九十黍爲黃鐘之長，而分、寸、尺、丈、引之制生焉。宋既平定四方，凡新邦悉頒度量於其境，其僞俗尺度踰於法制者去之。乾德中，又禁民間造者。由是尺度之制盡復古焉。

曰嘉量。周禮，㮚氏爲量。漢志云，物有多少受以量，本起於黃鐘之管容秬黍千二百，

而龠、合、升、斗、斛五量之法備矣。太祖受禪，詔有司精考古式，作爲嘉量，以頒天下。其後定西蜀，平嶺南，復江表，泉、浙納土，幷、汾歸命，凡四方斗、斛不中式者皆去之。嘉量之器，悉復升平之制焉。

曰權衡之用，所以平物一民、知輕重也。權有五，曰銖、兩、斤、鈞、石，前史言之詳矣。及平荆湖，卽頒量、衡於其境。建隆元年八月，詔有司按前代舊式作新權衡，以頒天下，禁私造者。淳化三年三月三日，詔曰：「書云：『協時、月，正日，同律、度、量、衡。』所以建國經而立民極也。國家萬邦咸乂，九賦是均，顧出納於有司，繫權衡之定式。如聞秬黍之制，或差毫釐，錘鉤爲姦，害及黎庶。宜令詳定稱法，著爲通規。」事下有司，監內藏庫、崇儀使劉承珪言：「太府寺舊銅式自一錢至十斤，凡五十一，輕重無準。外府歲受黃金，必自毫釐計之，式自錢始，則傷於重。」遂尋究本末，別制法物。至景德中，承珪重加參定，而權衡之制益爲精備。其法蓋取漢志子穀秬黍爲則，廣十黍以爲寸，從其大樂之尺，秬黍，黑黍也。樂尺，自黃鐘之管而生也。謂以秬黍中者爲分寸、輕重之制。就成二術，二術謂以尺、黍而求氂、絫。因度尺而求氂，度者，丈、尺之總名焉。因樂尺之源，起於黍而成於寸，析寸爲分，析分爲氂，析氂爲毫，析毫爲絲，析絲爲忽。十忽爲絲，十絲爲毫，十毫爲氂，十氂爲分。自積黍而取絫。從積黍而取絫，則十黍爲絫，十絫爲銖，二十四銖爲兩。錘皆以銅爲之。以氂、絫造一錢半及一兩等二稱，各懸三毫，以星準之。等一錢半者，以取一稱之法。其衡合

樂尺一尺二寸，重一錢，錘重六分，盤重五分。初毫星準半錢，至稍總一錢半，析成十五分，分列十氂；第一毫下等半錢，當五十氂，若十五斤稱等五斤也。中毫至稍一錢，析成十分，分列十氂；末毫至稍半錢，析成五分，分列十氂。等一兩者，亦爲一稱之則。其衡合樂分尺一尺四寸〔一〕，重一錢半，錘重六錢，盤重四錢。初毫至稍，布二十四銖，下別出一星，等五絫；每銖之下，復出一星，等五絫，則四十八星等二百四十絫，計二千四百絫爲十兩。中毫至稍五錢，布十二銖，列五星，星等二絫；布十二銖爲五錢之數，則一銖等十絫，都等一百二十絫爲半兩。末毫至稍六銖，銖列十星，星等絫。每星等一絫，都等六十絫爲二錢半。以御書眞、草、行三體淳化錢，較定實重二銖四絫爲一錢者，以二千四百得十有五斤爲一稱之則。其法，初以積黍爲準，然後以分而推忽，爲定數之端。故自忽、絲、毫、氂、黍、絫、銖各定一錢之則。謂皆定一錢之則，然後制取等稱也。忽萬爲分，以一萬忽爲一分之則，以十萬忽定爲一錢之則。忽者，吐絲爲忽；分者，始微而著，言可分別也。絲則千，一千絲爲一分，以一萬絲定爲一錢之則。毫則百，一百毫爲一分，以一千毫定爲一錢之則。毫者，毫毛也。自忽、絲、毫三者皆斷驪尾爲之。氂則十，一十氂爲一分，以一百氂定爲一錢之則。氂者，氂牛尾毛也，曳赤金成絲爲之也。轉以十倍倍之，則爲一錢。轉以十倍，謂自一萬忽至十萬忽之類定爲則也。黍以二千四百枚爲一兩，一龠容千二百黍爲十二銖，則以二千四百黍定爲一兩之則。兩者，以二龠爲兩。絫以二百四十，謂以二百四十絫定爲一兩之則。銖以二十四，轉相因成絫爲銖，則以二百四十絫定成二十四銖爲一兩之則。銖者，言殊異。遂成其稱。稱合

黍數，則一錢半者，計三百六十黍之重。列爲五分，則每分計二十四黍。又每分析爲一十氂，則每氂計二黍十分黍之四。以十氂分二十四黍，則每氂先得二黍。都分成四十分，則一氂又得四分，是每氂得二黍十分黍之四。每四毫一絲六忽有差爲一黍，則氂、絫之數極矣。一兩者，合二十四銖爲二千四百黍之重。每百黍爲銖，二百四十黍爲絫〔三〕，二銖四絫爲錢，二絫四黍爲分。一絫二黍重五氂，六黍重二氂五毫，三黍重一氂二毫五絲，則黍、絫之數成矣。其則，用銅而鏤文，以識其輕重。新法既成，詔以新式留禁中，取太府舊稱四十、舊式六十，以新式校之，乃見舊式所謂一斤而輕者有十，謂五斤而重者有一。式既若是，權衡可知矣。又比用大稱如百斤者，皆懸鉤於架，植鐶於衡，鐶或偃，手或抑按，則輕重之際，殊爲懸絕。至是，更鑄新式，悉由黍、絫而齊其斤、石，不可得而增損也。又令每用大稱，必懸以絲繩。既置其物，則却立以視，不可得而抑按。復鑄銅式，以御書淳化三體錢二千四百暨新式三十有三、銅牌二十授於太府。又置新式於內府、外府，復頒于四方大都，凡十有一副。先是，守藏吏受天下歲貢金帛，而太府權衡舊式失準，得因之爲姦，故諸道主者坐逋負而破產者甚衆。又守藏更代，校計爭訟，動必數載。至是，新制既定，奸弊無所指，中外以爲便。度、量、權、衡皆太府掌造，以給內外官司及民間之用。凡遇改元，卽差變法，各以年號印而識之。其印面有方印、長印、八角印，明制度而防僞濫也。

宋初，用周顯德欽天曆，建隆二年五月，以其曆推驗稍疏，乃詔司天少監王處訥等別造曆法。四年四月，新法成，賜號應天曆。太平興國間，有上言應天曆氣候漸差，詔處訥等重加詳定。六年，表上新曆，詔付本監集官詳定。會冬官正吳昭素、徐瑩、董昭吉等各獻新曆，處訥所上曆遂不行。詔以昭素、瑩、昭吉所獻新曆，遣內臣沈元應集本監官屬、學生參校測驗，考其疏密。秋官正史端等言：「昭吉曆差。昭素、瑩二曆以建隆癸亥以來二十四年氣朔驗之，頗爲切準。復對驗二曆，唯昭素曆氣朔稍均，可以行用。」又詔衞尉少卿元象宗與元應等，再集明曆術吳昭素、劉內眞、苗守信、徐瑩、王熙元、董昭吉、魏序及在監官屬史端等精加詳定。象宗等言：「昭素曆法考驗無差，可以施之永久。」遂賜號爲乾元曆。應天、乾元二曆皆御製序焉。

眞宗嗣位，命判司天監史序〔三〕等考驗前法，研覈舊文，取其樞要，編爲新曆。至咸平四年三月，曆成來上，賜號儀天曆。凡天道運行，皆有常度，曆象之術，古今所同。蓋變法以從天，隨時而推數，故法有疏密，數有繁簡，雖條例稍殊，而綱目一也。今以三曆參相考校，以應天爲本，乾元、儀天附而注之，法同者不復重出，法殊者備列于後。

建隆應天曆

演紀上元木星甲子，距建隆三年壬戌，歲積四百八十二萬五千五百五十八。乾元上元甲子距太平興國六年辛巳，積三千五十四萬三千九百七十七。儀天自上元土星甲子至咸平四年辛丑，積七十一萬六千四百九十七。

步氣朔

元法：一萬二。乾元元率九百四十〔四〕。儀天宗法一萬一百。又總謂之日法。

歲盈：二十六萬九千三百六十五〔五〕。乾元歲周二十一萬四千七百六十四。儀天歲周三十六萬八千八百九十七。儀天有周天三百六十五、餘二千四百七十，約餘二千四百四十五；歲餘五萬二千九百七十、餘二千四百七十。應天、乾元無此法，後皆倣此。

月率：五萬九千七十三。乾元不置此法。儀天合率二十九萬八千二百五十九。又儀天有歲閏一萬九千八百六十二，月閏九千一百一十五、秒六。

會日：二十九、小餘五千三百七。乾元朔策二十九、小餘一千五百六十。儀天會日二十九、小餘五千三百五十七。

弦策：七、小餘三千八百二十七、秒六。乾元小餘一千一百二十五。儀天小餘三千八百六十四、秒二十七。策並同。

望策：十四、小餘七千六百五十四、秒一十二。乾元小餘二千二百五十七〔六〕。儀天小餘七千七百二十七、秒一十八。策並同。

氣策：十五、小餘二千一百八十五、秒二十四〔七〕。乾元小餘六百四十二半。儀天小餘二千二百七秒三。策並同。又儀天有氣盈四千四百一十四、秒六。

朔虛分：四千六百九十五。乾元一千三百八十。儀天四千七百四十一。

沒限：七千八百一十六、秒九。乾元二千二百九十七半。儀天七千八百九十二。又儀天有紀實六十萬六千。

秒法：二十四。乾元一百。儀天秒母三十六。

紀法：六十。二曆同。

推元積：乾元、儀天皆謂之求歲積分。置所求年，以歲盈展之爲元積。

求天正所盈之日及分并冬至大小餘：以八十四萬一百六十八去元積，不盡者，半而進位，以元法收爲所盈日，不滿爲小餘。日滿六十去之，不滿者，命從甲子，算外，卽冬至日辰、大小餘也。乾元以歲周乘積年爲歲積分，以七萬五百六十去之，不盡，以五因，滿元率收爲日，不滿爲餘日。儀天以歲周乘積年，進一位，爲歲積分；盈宗法而一爲積日，不滿爲餘日。去命並同應天。

中華書局

求次氣：以天正冬至大、小餘偏加諸常數，盈六十去之，不盈者，命如前，卽得諸氣日辰、大小餘秒也。乾元置中氣大、小餘，以氣策加之，命如前[九]，卽次氣日辰也。儀天置冬至大、小餘，加氣策及餘秒[九]，秒盈秒母從小餘，盈紀法去之，皆命如前法，各得次氣常日辰及餘秒。

求天正十一月朔中日：乾元謂之經朔。儀天謂之天正合朔。以月率去元積，不盡者，爲天正十一月通餘；以通餘減七十三萬六百三十五，餘，半而進位，以元法收爲日，不滿爲分，卽得所求天正十一月朔中日及餘秒。乾元以一萬七千三百六十四去歲積分，不盡爲朔餘；以歲積分爲朔積分，又倍五萬二千九百二十，除之，餘以五因，滿元率爲日，不滿爲分。儀天以合率去歲積分，不盡爲閏餘；滿宗法爲閏日，不滿爲餘，以閏日及餘減天正冬至大、小餘，爲天正合朔大、小餘；去命如前，卽得合朔日辰、大小餘。

求次朔望中日：乾元謂之求弦望經朔。儀天謂之求次朔。置朔中日，累加弦策餘秒，卽得弦、望及次朔中日。乾元以弦策加經朔大、小餘，卽得次朔經日；以弦策及餘秒加經朔，得上弦；再加，得望；三之，得下弦。

求望中月：置朔中月，加半交，盈交正去之，餘爲望中月。二曆不立此法。

求朔弦望入氣：置朔、望中日，各以盈縮準去，不盡者，爲入氣日及分。二曆不立此法。

推沒日：置有沒之氣小餘，其小餘七千八百一十六、秒九以上者求之也。返減元法，餘以八因之，一千九十二、秒一十九半除爲沒日，命起氣初，卽得沒日辰。其秒不足者，退一分，加二十四秒，然後除之，四分之三以上者進。乾元置有沒之氣小餘，在二千二百九十七半以上者，以十五乘之，用減四萬四千七百四十二半，餘以六百四十二半除爲沒日。儀天以秒母通常氣小餘及秒，而從之以減歲周，餘滿五千二百九十七爲沒日，去命如前。

推滅日：以多至大、小餘，偏加朔日中[十]爲上位，有分爲下位，在四千六百九十五以下者，爲有滅之分也。置有滅之分，進位，以一千五百六十五除爲滅日，以滅日加上位，命從甲子，算外，卽得月內滅日。乾元置有滅之經朔小餘，在一千二百八十以下者，以八因之，滿三百六十八除爲滅日。儀天經朔小餘在朔虛法[一一]以下者，三因，進位，以朔虛分除爲滅日。

求發斂

候策：五、小餘七百二十八、秒二、母二十四[一二]。乾元候數五、小餘一百一十四、秒十二[一三]，秒母七十二。儀天候率五、小餘七百三十五、秒二十五，秒母三十六。

卦策：六、小餘八百七十四、秒六。乾元卦位六、小餘二百五十七，秒母六十。儀天卦率六、小餘八百八十三、秒二十。

土王策：十二、小餘一千七百四十八、秒一十二。乾元策三、小餘一百二十八半，秒母一百一十。儀天土王率三、小餘四百四十、秒五，秒母同上。

辰數：八百三十三半。乾元辰法二百四十五，辰率千五百二十。

刻法：一百。乾元一百四十七。儀天刻三百[一四]。

求七十二候：各因諸氣大、小餘秒命之，卽初候日也；各以候策加之，得次候日；又加之，得末候日。二曆同法。

求六十四卦：各置諸中氣大、小餘秒命之，卽公卦用事日；以卦策加之，得次卦用事日；又加之，得終卦用事日。十有二節之初，皆諸侯外卦用事日。二曆同法。

求五行用事：各因四立大、小餘秒命之，卽春木、夏火、秋金、冬水首用事日；以土王策加四季之節大、小餘秒，命從甲子，算外，卽其月土王用事日。乾元以土王策減四季中氣大、小餘。儀天以土王率加四季大、小餘。

求二十四氣加時辰刻：乾元謂之辰刻。儀天謂之求時。各置小餘，以辰數除之爲時數，不滿，百收爲刻分，命起子正，算外，卽所在。乾元時數同，其不盡，以五因之，以刻法除爲刻分。儀天以三因小餘，以辰率除之爲時數，不盡者，滿刻率除爲刻，餘爲分。

常氣	月中節四正卦	初候	中候	末候	始卦	中卦	末卦
冬至	十一月中坎初六	蚯蚓結	麋角解	水泉動	公　中孚	辟　復	侯　屯內
小寒	十二月節坎九二	鴈北鄉	鵲始巢	雉始雊	侯　屯外	大夫　謙	卿　睽
大寒	十二月中坎六三	鷄始乳	鷙鳥厲疾	水澤腹堅	公　升	辟　臨	侯　小過內
立春	正月節坎六四	東風解凍	蟄蟲始振	魚上冰	侯　小過外	大夫　蒙	卿　益
雨水	正月中坎九五	獺祭魚	鴻鴈來	草木萌動	公　漸	辟　泰	侯　需內
驚蟄	二月節坎上六	桃始華	倉庚鳴	鷹化爲鳩	侯　需外	大夫　隨	卿　晉
春分	二月中震初九	玄鳥至	雷乃發聲	始電	公　解	辟　大壯	侯　豫內
清明	三月節震六二	桐始華	田鼠化鴽	虹始見	侯　豫外	大夫　訟	卿　蠱
穀雨	三月中震六三	萍始生	鳴鳩拂羽	戴勝降桑	公　革	辟　夬	侯　旅內
立夏	四月節震九四	螻蟈鳴	蚯蚓出	王瓜生	侯　旅外	大夫　師	卿　比
小滿	四月中震六五	苦菜秀	靡草死	小暑至	公　小畜	辟　乾	侯　大有內
芒種	五月節震上六	螗蜋生	鵙始鳴	反舌無聲	侯　大有外	大夫　家人	卿　井
夏至	五月中離初九	鹿角解	蜩始鳴	半夏生	公　咸	辟　姤	侯　鼎內

中華書局

小暑	六月節 離六二	溫風至	蟋蟀居壁	鷹乃學習	侯　鼎外	大夫　豐	卿　渙
大暑	六月中 離九三	腐草爲螢	土潤溽暑	大雨時行	公　履	辟　遯	侯　恆內
立秋	七月節 離九四	涼風至	白露降	寒蟬鳴	侯　恆外	大夫　節	卿　同人
處暑	七月中 離六五	鷹乃祭鳥	天地始肅	禾乃登	公　損	辟　否	侯　巽內
白露	八月節 離上九	鴻鴈來	玄鳥歸	羣鳥養羞	侯　巽外	大夫　萃	卿　大畜
秋分	八月中 兌初九	雷乃收聲	蟄蟲壞戶	水始涸	公　賁	辟　觀	侯　歸妹內
寒露	九月節 兌九二	鴻鴈來賓	雀入水爲蛤	菊有黃花	侯　歸妹外	大夫　無妄	卿　明夷
霜降	九月中 兌六三	豺乃祭獸	草木黃落	蟄蟲咸俯	公　困	辟　剝	侯　艮內
立冬	十月節 兌九四	水始冰	地始凍	雉入大水爲蜃	侯　艮外	大夫　既濟	卿　噬嗑
小雪	十月中 兌九三	虹藏不見	天氣上騰地氣下降	閉塞成冬	公　大過	辟　坤	侯　未濟內
大雪	十一月節 兌上六	鶡鳥不鳴	虎始交	荔挺出	侯　未濟外	大夫　蹇	卿　頤二曆同

求日躔

天總：七十三萬六百五十八、秒六十四。乾元軌率二十一萬四千七十七、秒七千五百一十、小分七十。儀天乾元數三百六十八萬九千八十八、秒九十九。

天度：三百六十五、小餘二千五百六十三、微八十八。乾元周天三百六十五度、小餘二千五百六十三。儀天乾則三百六十五度、小餘二千五百八十八、秒九十九。應天諸法皆在天總數中。乾元、儀天各立其法。乾元周天策一百七萬三千八百五十三、秒七千五百五十三半，會周一萬七千三百六十四，會餘二十一萬四千七百六十四，天中一百八十二、六千二百八十一半。儀天歲差一百一十八、秒九十九，一象度九十一、餘三千一百四十二、秒五十，盈初縮末限分八十九萬七千六百九十九、秒五十，限日八十八、餘八千八百九十九、秒五十，縮初盈末限分九十四萬六千七百八十五、秒十五，限日九十三、餘七千四百八十五、秒五十，盈縮積二萬四千五百四十三，進退率一千八百三十六，秒母一百。

常氣	盈縮準〔二五〕	常數	定日	損益準	先後積
冬至	十四五千四十五 秒十五	十五二千一百八十五秒十五	十四五千四十五 秒十五	損六十四	後二十
小寒	一十九一千二百八十六	三十四千三百七十一	十四六千二百三十六秒十五	損六十九	先五百二十九
大寒	四十三八千七百五 秒二十一	四十五六千五百五十六秒二十一	十四七千四百二十五秒十五	損七十六	先九百七十五
立春	五十八七千三百二十半	六十八千七百四十二半	十四八千六百一十六秒十五	損八十二	先一千三百三十五

雨水	七十三七千三百六十三	七十六九百二十六	十五四十二 秒十五	損八十九	先一千六百六
驚蟄	八十八八千八百三十四太	九十一三千一百一十一太	十五一千四百七十 秒十五	損九十七	先一千七百七十一
春分	一百四一千三百三十三九	一百六五千二百九十七秒九	十五二千八百九十九秒十五	益九十七	先一千八百一十九
清明	一百十九六千六十一空	一百二十一七千四百八十三空	十五四千三百二十八秒十五	益八十九	先一千七百八十
穀雨	一百三十五一千八百一十五十五	一百三十六六千六百六十八秒十五	十五五千七百五十七秒十五	益八十三	先一千六百五
立夏	一百五十八千七百六十五 六	一百五十二一千八百五十二秒六	十五六千九百四十七秒十五	益七十八	先一千三百五十
小滿	一百六十六六千八百九十七二十一	一百六十七四千三十一 秒二十	十五八千一百三十六秒十五	益七十二	先九百九十五
芒種	一百八十二六千二百二十三半	一百八十二六千二百二十三半	十五九千三百七十二秒十五	益六十六	先五百四十一
夏至	一百九十八五千五百四十九三	一百九十七八千四百九 秒三	十五九千三百二十七秒十五	損六十五	先五
小暑	二百十四三千六百八十三十八	二百十三五百九十二太	十五八千一百三十六秒十五	損七十二	後五百四十九
大暑	二百三十六百二十九九	二百二十八二千七百七十八秒九	十五八千一百三十六秒十五	損七十七	後九百八十五
立秋	二百四十五六千三百八十六空	二百四十三四千九百六十四空	十五五千七百五十六秒十五	損八十三	後一千三百四十六

處暑	二百六十一七百一十二 十五	二百五十八七千二百四十九秒十五	十五四千三百二十八秒十五	損八十九	後一千六百一十一
白露	二百七十六三千六百一十二六	二百五十八七千一百四十九秒十五	十五四千三百二十八秒十五	損九十七	後一千七百八十
秋分	二百九十一五千八十三 二十一	二百八十九七千五百一十八秒五十一	十五	益九十七	後一千八百三十一
寒露	三百六五千一百二十六十二	二百四三千七百四半	十五四十二 秒十五	益八十九	後一千七百八十六
霜降	二百二十一三千四百四十一三	三百一十九五千八百九十秒三	十四八千六百一十六秒三	益八十二	後一千六百二十一
立冬	三百三十六一千六百六十四十六	三百三十四八千七十五太	十四七千四百二十五秒十五	益七十五	後一千三百五十七
小雪	三百五十七千四百十九	三百五十三百九十九秒十五	十四六千二百三十六秒十五	益七十	後九百八十八
大雪	三百六十五二千四百四十五	三百六十五二千四百四十五	十四五千四十五 秒十五	益六十四	後五百五十

乾元二十四氣日躔陰陽度

陰陽分	陰陽度	損益率	陰陽差
冬至　陽分二千二百七十六	陽度空	益一百七十	陽差空
小寒　陽分一千七百八十四	陽初度二千二百七十六	益一百三十三	陽差一百七十

四則小餘當進一而無秒數矣，此二十四必後人妄改。今從李生校改作一十五。」按考異說是。

〔八〕命如前　「如」原作「以」，誤，今改。

〔九〕加氣策及餘秒　「策」字原脫。據曆法常例補。

〔一〇〕朔日中　按應天步氣朔推步用語有「朔中日」而無「朔日中」，疑「日中」二字應倒。

〔一一〕朔虛法　按儀天用數有「朔虛分」而無「朔虛法」，據下文「以朔虛分除爲滅日」，「法」字應作「分」字。

〔一二〕候策五小餘七百二十八秒二母二十四　考異卷六八說：「此秒數亦誤。置歲餘五萬二千四百五十五，以七十二候除之，得七百二十八，不盡三十九，以秒法通之，得九百三十六，以七十二除之，當爲秒十三也。」按考異說是。又「母二十四」上脫「秒」字。

〔一三〕乾元候數五小餘一百一十四秒十二　以乾元氣策推算，「小餘一百一十四」應作「小餘二百一十四」。

〔一四〕儀天刻三百　「刻」字在此無義，疑衍。

〔一五〕盈縮準　據應天氣策推算，表內小寒日數應作「二十九」，霜降日數應作「三百二十一」。

〔一六〕以除合差爲日差　按求日差應以元法除之，疑「以」字下脫「元法」二字。

〔一七〕後少者日損初率後多者日益初率　據文義，疑應作正文。

〔一八〕爲末限平率　據上下文，「爲」下脫「初」字。

〔一九〕爲末定率　據上下文，「爲」下脫「初」字。

〔二〇〕乃以日差累加減限初定率　據上下文，「初」下脫「末」字。

〔二一〕昇平積　「平」字原脫，據上句補。

〔二二〕以元法爲分　以元法除得數，方爲分數，「元法」下脫「收」字。

〔二三〕如宗法而一　「一」字原脫，據本條推步內容補。

〔二四〕以進退其日下昇平積即各爲定數　「積」字和「數」字原脫，據上文和上條求日躔損益盈縮度補。

〔二五〕翌十八　「翼」、「翌」二字雖通，然據史記卷二七天官書、漢書卷二六天文志，南方朱鳥七星「翼爲羽翮，主遠客」，皆不作「翌」，本書律曆志其他各卷亦皆作「翼」，習慣上二十八宿不見以「翌」代「翼」者，應以「翼」爲是。下文同。

〔二六〕東方七宿七十五度少　七宿度數相加，只得七十二度。按七宿中除氐宿外，其他各宿度數，三曆相同或相近，疑應天氐宿度數有誤。

〔二七〕每日加時黃道日度　按本卷體例，句首應有「求」字。

宋史卷六十九

志第二十二

律曆二

應天　乾元　儀天曆

步月離入先後曆乾元謂之月離。儀天謂之步月離。

離總：五萬五千一百二十、秒一千二百四十二。乾元轉分一萬六千二百、秒一千二百四。儀天曆終分二十七萬八千三百一、秒一百六十五。

轉日：二十七、五千五百四十六、秒六千二百一十。乾元轉曆二十七、一千六百三十、秒六千二十〔一〕。儀天曆周二十七、五千六百一、秒一百六十五。

曆中日：一十三、七千七百七十四、秒三千一百五。乾元不立此法。儀天曆中十三日、七千八百五

十、秒五千八十二半。儀天有象限六日、八千九百七十五、秒二千五百四十一少。

朔差日：一、九千七百六十二、秒三千七百九十。乾元轉差一、三千八百六十九、秒三千九百八十〔二〕。儀天會差日一、九千八百五十七、秒九千八百三十五。

儀天又有象差日空、四千九百八十、秒四千九百五十八太；望一百八十二度六千三百四十四、秒四千九百五十。

度母：一萬一百〔三〕。

秒法：一萬。二曆同。

求天正十一月朔入先後曆：乾元謂之求月離入曆，求弦、望入曆。儀天謂之推天正經朔入曆。以通餘減元積，餘以離總去之爲總數；不盡者，半而進位，以元法收爲日，不滿爲分。如曆中日以下爲入先曆；以上者去之，爲入後曆。命日，算外，卽得天正十一月朔入先後曆日分。累加七日、三千八百二十七分、秒六，盈曆中日及分秒去之，各得次朔、望入先後曆日分。乾元以朔餘減歲積分，以轉分去之，餘以五因之，滿元率收之爲度；以弦策加之，卽弦、望所入。以轉差加之，得後朔曆；累加之，卽得弦、望入曆及分。儀天以閏餘減歲積分，餘以曆終分去之，不滿，以宗法除之爲日；在象限以下爲初限，以上去之，餘爲末限，各爲入遲疾曆初、末限。

二十四史

先後 乾元謂之入轉	離分 乾元謂之離度	積度 乾元謂之離差	損益率 乾元同	先後積 乾元謂之陰陽差
先一日	一千二百一十 乾元十二度六分	初度 乾元三百五十五	損十二 乾元益二百八十七	後空 乾元陽差空
先二日	一千二百二十七 乾元十二度二十二	十二度一十 乾元三百六十一	損一百三十六 乾元益二百五十	先九百八十八 乾元陽差二百八十七
先三日	一千二百四十五 乾元十二度三十九	二十四度三十七 乾元三百六十四	損二百八十八 乾元益二百一十三	先一千八百五十二 乾元陽差五百三十七
先四日	一千二百六十二 乾元十二度五十六	三十六度八十二 乾元三百六十九	損四百三十九 乾元益一百七十三	先二千五百七十四 乾元陽差七百五十
先五日	一千二百八十一 乾元十二度七十七	四十九度四十四 乾元三百七十五	損五百九十九 乾元益一百三十四	先三千一百三十五 乾元陽差九百二十三
先六日	一千三百一 乾元十二度九十六	六十二度二十五 乾元三百八十一	損七百六十 乾元益九十三	先三千一百二十六 乾元陽差一千五十七
先七日	一千三百二十一 乾元十二度十七	七十五度二十六 乾元三百八十七	初損九百三十七 末益九百九十二 乾元初益四十六 末損六	先三千七百七十六 乾元陽差一千一百五十

先後 乾元謂之入轉	離分 乾元謂之離度	積度 乾元謂之離差	損益率 乾元同	先後積 乾元謂之陰陽差
先八日	一千三百四十五 乾元十三度四十	八十八度四十七 乾元三百九十四	益九百 乾元損六十二	先三千八百三十一 乾元陽差一千一百九十
先九日	一千三百六十九 乾元十三度六十六	一百一度九十二 乾元四百一	益七百三十三 乾元損一百二	先三千七百三十二 乾元陽差一千一百二十八
先十日	一千三百九十 乾元十三度八十一	一百一十五度六十一 乾元四百十七	益五百六十五 乾元損一百四十一	先三千四百六十五 乾元陽差一千二十六
先十一日	一千四百一十五 乾元十四度三	一百一十九度五十 乾元四百一十三	益三百九十四 乾元損一百九十三	先三千三百 乾元陽差八百八十五
先十二日	一千四百三十五 乾元十四度二十	一百四十三度六十六 乾元四百一十七	益二百三十五 乾元損百二十一	先二千四百二十四 乾元陽差七十二
先十三日	一千四百五十六 乾元十四度三十五	一百五十八度一 乾元四百一十七	益一百一十 乾元損一百五十六	先一千六百五十九 乾元陽差四百八十一
先十四日	一千四百七十 乾元十四度五十九	一百七十二度 乾元四百二十七	初益三百三十一 末損七百八十一 乾元初損二百二十五 末益六十三	先七百六十九 乾元陽差二百二十五
後一日 乾元十五日	一千四百七十 乾元十四度六十四	一百八十七度二十七 乾元四百三十	損十二 乾元益二百八十	初先空 末後空 乾元陰差六十三

先後 乾元謂之入轉	離分 乾元謂之離度	積度 乾元謂之離差	損益率 乾元同	先後積 乾元謂之陰陽差
後二日 乾元十六日	一千四百五十三 乾元十四度四十五	二百一度九十七 乾元四百二十五	損一百三十六 乾元益二百四十二	後九百八十八 乾元陰差二百四十三
後三日 乾元十七日	一千一百三十二 乾元十四度三十	二百十六度五十 乾元四百二十	損二百八十八 乾元益二百五	後一千八百五十二 乾元陰差五百八十五
後四日 乾元十八日	一千四百六 乾元十四度一十	二百三十度八十二 乾元四百一十五	損四百四十八 乾元益一百六十五	後二千五百六十四 乾元陰差七百五十
後五日 乾元十九日	一千三百八十 乾元十三度九十一	二百四十四度八十八 乾元四百一十	損六百八 乾元益一百四十六	後三千一百一十六 乾元陰差九百九十五
後六日 乾元二十日	一千三百五十八 乾元十三度七十四	二百五十八度六十八 乾元四百四	損七百六十八 乾元八十四	後三千五百八 乾元陰差一千八十一
後七日 乾元二十一日	一千三百三十七 乾元十三度五十一	二百七十二度二十六 乾元三百九十七	初損九百三十七 末益九百九十二 乾元初益三十五 末損十七	後三千七百四十 乾元陰差一千一百六十五
後八日 乾元二十二日	一千三百二十五 乾元十三度二十八	二百八十五度六十三 乾元三百九十	益九百 乾元損七十一	後三千七百九十五 乾元陰差一千一百八十三
後九日 乾元二十三日	一千二百九十四 乾元十三度七	二百九十八度七十八 乾元三百八十四	益七百三十二 乾元損一百一十二	後三千六百九十七 乾元陰差一千一百一十二

先後 乾元謂之入轉	離分 乾元謂之離度	積度 乾元謂之離差	損益率 乾元同	先後積 乾元謂之陰陽差
後十日 乾元二十四日	一千二百七十四 乾元十二度八十九	三百一十一度七十二 乾元三百七十八	益五百六十四 乾元損一百五十	後三千四百二十九 乾元陰差一千
後十一日 乾元二十五日	一千二百五十六 乾元十二度十七	三百二十四度四十六 乾元三百七十二	益四百四 乾元損一百九十一	後二千九百九十二 乾元陰差八百四十三
後十二日 乾元二十六日	一千二百四十 乾元十二度五十二	三百三十七度二 乾元三百六十七	益二百五十二 乾元損二百二十九	後二千三百九十七 乾元陰差六百五十七
後十三日 乾元二十七日	一千二百二十五 乾元十二度三十五	三百四十九度四十二 乾元三百六十三	益一百二十 乾元損二百六十六	後一千六百四十九 乾元陰差四百二十八
後十四日 乾元二十八日	一千二百一十 乾元十二度一十七	三百六十一度六十五 乾元三百五十八	初益二百三十一 末損七百八十一 乾元損一百六十一	後七百六十九 乾元陰差一百六十一

七日：初數八千八百八十八，乾元初二千六百一十二，末數一千一百一十四。末三百二十八。

十四日：初數七千七百七十四，乾元初二千二百八十五，末數二千二百二十八。末六百五十五。

乾元又有二十一日：初一千九百五十八，末九百八十二；二十八日：初一千六百三十二，末一千三百九。

又儀天法

中華書局

遲疾限日	曆衰	曆定分	曆定度	曆積度	損益率	昇平積
疾初初日	疾十五	一千二百一十五	十二度三分	初度	益一千八十六	昇初
一日	疾十九	一千二百三十	十二度十八分	十二度三分	益九百一十六	昇一千八十六
二日	疾二十二	一千二百四十九	十二度三十七	二十四度二十二	益七百四十六	昇二千二
三日	疾二十二	一千二百七十一	十二度五十九	三十六度五十八	益五百七十六	昇二千七百四十八
四日	疾二十二	一千二百九十三	十二度八十一	四十九度一十六	益四百六	昇三千三百二十四
五日	疾二十三	一千三百一十五	十二度二分	六十一度九十七	益二百三十六	昇三千七百三十
六日	疾二十四	一千三百三十八	十二度七十二	七十四度九十九	益六十五	昇三千九百六十六
疾末初日	疾二十三	一千三百六十二	十三度四十九	八十八度二十三	損八十六	昇四千三十一
一日	疾二十二	一千三百八十三	十三度七十二	一百一度七十二	損三百五十六	昇三千九百四十六
二日	疾二十二	一千四百七	十三度九十四	一百一十五度四十三	損四百六	昇二千七百一十
三日	疾二十二	一千四百二十九	十四度一十五	一百二十九度五十六	損五百七十六	昇三千三百四

遲疾限日	曆衰	曆定分	曆定度	曆積度	損益率	昇平積
四日	疾十九	一千四百五十一	十四度三十七	一百四十三度五十一	損七百四十六	昇二千七百二十八
五日	疾十五	一千四百七十	十四度五十六	一百五十七度八十八	損七百二十六	昇一千九百八十二
六日	疾空	一千四百八十五	十四度七十一	一百七十二度四十三	損一千二百	昇一千六十六
遲初初日	遲十五	一千四百八十五	十四度七十一	一百八十七度一十三	益一千八十六	平初
一日	遲十九	一千四百七十	十四度五十六	二百一度八十四	益九百一十六	平一千八十六
二日	遲二十三	一千四百五十一	十四度三十七	二百一十六度三十九	益七百四十六	平二千二
三日	遲二十二	一千四百二十九	十四度十五	二百三十度七十六	益五百七十六	平二千七百四十八
四日	遲二十二	一千四百七	十三度九十四	二百四十四度九十一	益四百六	平三千三百二十四
五日	遲二十三	一千三百八十五	十三度七十二	二百五十八度八十四	益三百三十六	平三千七百三十
六日	遲二十四	一千三百六十二	十三度四十九	二百七十二度五十五	益七十五	平三千九百六十四
遲末初日	遲二十三	一千三百三十八	十三度二十五	二百八十六度三	損八十六	平四千三十一
一日	遲二十二	一千三百一十五	十三度二	二百九十九度二十八	損二百三十六	平三千九百四十六

遲疾限日	曆衰	曆定分	曆定度	曆積度	損益率	昇平積
二日	遲二十二	一千二百九十三	十二度八十一	三百一十二度三十	損四百六	平三千七百一十
三日	遲二十二	一千二百七十一	十二度一十	三百二十五度一十	損五百七十六	平三千三百四
四日	遲十九	一千二百四十九	十二度三十七	三百三十七度六十九	損七百四十六	平二千七百二十八
五日	遲十五	一千二百三十	十二度一十八	三百五十度五	損九百一十六	平一千九百八十二
六日	遲空	一千二百一十五	十二度三	三百六十二度二十三	損一千二	平一千六十六

月離先後度數：乾元謂之月離陰陽差。儀天謂之求朔弦望昇平定數。以月朔、弦、望入曆先後分通減元法，餘進位，下以其日損益率展之，以元法收爲分，所得，損益次日下先後積爲定數。其七日、十四日，如初數以下者，返減之，以上者去之，餘，返減末數，皆進位，下以損益率展之，各滿末數爲分，損益次日下先後積爲定數。乾元置入曆分，以其日損益率乘之，元率收爲分，損益其下陰陽差爲定數。四七術，如初數已下者，以初率乘之，如初數而一，以損益陰陽差爲定數；若初數以上者，以初數減之，餘乘末率，末數除之，用減初率，餘加陰陽差，各爲定數。

朔弦望定日：以日躔、月離先後定數，先加後減朔、弦、望中日，爲定日。二曆法同。

推定朔弦望日辰七直：以天正所盈之日加定積，視朔、弦、望中日，如入大、小雪氣，即加去年天正所盈之日分；若入冬至氣者，即加今年天正所盈之日分。日滿七十六去之，不滿者，命從金星甲子，算

外，即得定朔、弦、望日辰星直也。視朔干名與後朔同者大，不同者小，其月無中氣者爲閏。又視朔所入辰分皆與二分相減，餘二收，用減八分之六，其朔定小餘如此；以上者進一日；朔或有交正見者，其朔不進。定望小餘在日出分以下者，退一日，若有虧初在辰分以下亦如之。二曆法同。

儀天又有求朔弦望加時月度，置弦、望加時日度，其合朔加時月與太陽同度，其日、度便爲月離所次；餘加弦、望象度及餘秒，滿黃道宿次去之，即定朔、弦、望加時日、度也。

九道宿度：乾元、儀天皆謂之月行九道。凡合朔所交，冬在陰曆，夏在陽曆，月行青道；冬至、夏至後，青道半交在春分之宿，出黃道東；立夏、立冬後，青道半交在立春之宿，出黃道東南；至所衝之宿亦如之。冬在陽曆，夏在陰曆，月行白道；冬至、夏至後，白道半交在秋分之宿，出黃道西；立冬、立夏後，白道半交在立秋之宿，出黃道西北；至所衝之宿亦如之。春在陽曆，秋在陰曆，月行朱道；春分、秋分後，朱道半交在夏至之宿，出黃道南；立春、立秋後，朱道半交在立夏之宿，出黃道西南；至所衝之宿亦如之。春在陰曆，秋在陽曆，月行黑道。春分、秋分後，黑道半交在冬至之宿，出黃道北；立春、立秋後，黑道半交在立冬之宿，出黃道東北；至所衝之宿亦如之。四序月離爲八節，九道斜正不同，所入七十二候，皆與黃道相會。各距交初黃道宿度，每五度爲限。初限十二，每限減半，終九限又減盡，距二立之宿減一度少強，却從減盡起，每限減半，九限終十二而至半交，乃去黃道六度；又自十二，每限減半，終九限又減一度少強，

更從減盡起，每限增半，九限終十二復與日軌相會。交初、交中、半交，各以限數，遇半倍使，乘限度爲汎差。其交中前後各九限，以距二至之宿前後候數乘之，半交前後各九限，各至二分之宿前後候數乘之，皆滿百而一爲黃道差。在冬至之宿後，交初前後各九限爲減，交中前後各九限爲加；夏至之宿後，交初前後各九限爲加，交中前後各九限爲減。大凡月交後爲出黃道外，交中後爲入黃道內。半交前後各九限，在春分之宿後出黃道外，秋分之宿後入黃道內，皆以差爲加；在春分之宿後入黃道內，秋分之宿後出黃道外，皆以差爲減。倍汎差，退一位，遇減，身外除三；遇加，身外除一。又以黃道差減，爲赤道差。交初、交中前後各九限，以差加；半交前後各九限，皆以差減。以黃赤道差減黃道宿度爲九道宿度，有餘分就近收爲太、半、少之數。乾元初數九，每限減一，終於一，限數並同，卽八十四除之。儀天初數一百一十七，每限減一十，終於二十七，以一百一除。二曆皆不身外爲法。初中正交、春秋二分、冬夏二至前後各九限，加減並同應天。又儀天卽除法是九十乘黃道汎差，一百一收爲度，乃得月與黃、赤道定差。以上入交定月出入各六度相較之差，黃道隨其日行所向，斜正各異，餘皆同應天。儀天有求定朔望加時入遲疾曆初末限，置經朔、望入遲疾初末限日及餘秒，如求定朔、弦、望法入之，卽各得所求。又求初中正交入曆，置其朔、望加時入遲疾曆初末限日及餘秒，如近前交者卽加，近後交者卽返減交中日餘，乃如之，各得初、中、正交入遲疾曆初末限日及餘秒也。其加減滿或不足，卽進退象限及餘秒，各得所求。又求朔望加時及初、中、正交入遲疾限日入曆積度，各置小餘，以其日曆定分乘之，

宗法收之爲分，一百一除之爲度，以加其日下曆積度，各得所求。又乾元、儀天有求正交黃道月度，乾元元率通定交度及分，以一百二十七乘之，滿九十五而一，進一等，復收爲入交度，用減其朔加時日度，卽朔前月離正交黃道宿度。儀天置朔、望及正交曆積度，以少減多，餘爲月行去交度及分；乃視其朔望在交前者加、交後者減朔望加時黃道月度，爲初、中、正交黃道月度也。

九道交初月度：乾元謂之月離入交九道正交月度、九道朔度。儀天謂之求月離正交九道宿度。置月離交初黃道宿度，各以所入限數乘之，遇半倍使。如百而一，爲汎差；用求黃赤二道差，依前法加減之，卽月離交初九道宿度。乾元以日躔陰陽差陽加陰減，爲朔、望常分；又以所入限率乘，正交黃道宿度相從之，以求黃赤二道差，如前加減，爲月離正交九道宿度；以入交定度加而命之，卽朔月離宿度。儀天置正交月離黃道，以距度下月九道差，宗法乘之，以距度所入限數乘度，餘從之，爲總差；半而退位，一百一收之，又計冬、夏二至以求度數乘，滿九十而一爲度差，依前法加減，爲正交月離九道。

求九道朔月度：百約月離先後定數，後加先減四十二，用減中盈而從朔日，迺加交初九道宿次，卽得所求。乾元置九道正交之度及分，以入交定度加之，命以九道宿次，卽其朔加時月離宿度及分也。儀天法見下。乾元又有定交度，置月離陰陽定數，以七十一乘之，滿九百一除之爲分，用陰減陽加常分爲度及分。

求九道望月度：儀天謂之求定朔、望加時日月度。以象積加朔九道月度，命以其道，卽得所求。乾元置朔、望加時日相距之度，以天中度及分加之，爲加時象積；用加九道朔月度，命以其道宿次去之，卽望日月度及分也。自望推朔亦如之。儀天求定朔望加時九道日度，以其朔、望去交度，交前者減之，交後者加之，滿九道宿度去之，卽定朔、望加時九道日度也。求定朔望加時九道月度，置其日加時九道日度，其合朔者非正交，卽日在黃道、月在九道各入宿度，多少不同，考其去極，若應繩準。故云月與太陽同度也。如求黃道月度法，盈九道宿次去之，各得其日加時九道宿度，自此以後，皆如求黃道月度法入之，依九道宿度行之，各得所求也。

求晨昏月：乾元謂之月離晨昏度。儀天謂之求晨昏月度。置後曆七日下離分，與其日離分相比較，取多者乘朔、望定分，取少者乘晨昏分，皆滿元法爲分，百除爲度分，仍相減之，朔、望度多者爲後，少者爲前。各得晨昏前後度分；前加後減朔、望九道月度爲晨昏月。乾元置其月離差，在三百九十三以上者，用乘朔、望定分，以下者，只用三百九十三乘，爲加時分；元率除之，進一位，二百九十四收爲度；又以離差乘晨昏分，亦如前收之爲度，與加時度相減之，加時度多爲後、少爲前，卽得晨昏前後度及分〔四〕，加減如應天。儀天以晨昏分減定朔、弦、望小餘爲後，不足者，返減之爲前，以乘入曆定分，宗法除之，一百一約之爲度，乃以前加後減加時月度爲晨昏月度。

晨昏象積：儀天謂之求晨昏程積度。置加時象積，以前象前後度前減後加，又以後象前後度前加後減，卽得所求。乾元法同。儀天以所求朔、弦、望加時日度減後朔、弦、望加時日度，餘加弦、望度及餘，爲加時程積；以所求前後分返其加減，又以後朔、弦、望前後度分依其加減，各爲晨昏程積度及餘也。

求每日晨昏月：儀天謂之求每日入曆定度。累計距後象離分，百除爲度分，用減晨昏象積爲

加，不足，返減，以距後象日數除之，爲日差；用加減每日離分，百除爲度分，累加晨昏月，命以九道宿次，卽得所求。乾元法同。儀天從所求日累計距後曆每日曆度及分，以減程積爲進，不足，返減之，餘爲退，以距後朔、弦、望日數均之，進加退減每日曆定度及分，各爲每日曆定度及分也〔五〕。

步晷漏

二十四氣午中晷景乾元同	去極度	黃道乾元謂之距中度	晨分乾元同
冬至一丈二尺七寸一分乾元同	一百一十五	二十乾元八十二十二	二千七百四十八乾元八百八
小寒一丈二尺三寸一分乾元一丈一尺三寸	一百一十四	五十八乾元八十二五十九	二千七百三十五乾元八百二
大寒一丈一尺二寸一分乾元同	一百一十二乾元〔六〕	三十二乾元八十四八十四	二千六百八十八乾元七百八十六
立春九尺七寸一分乾元九尺七寸三分	一百八	六十七乾元八十七九十四	二千六百一十二乾元七百六十一
雨水八尺二寸一分乾元同	一百三	八十一乾元九十一六十七	二千五百八乾元七百三十二
驚蟄六尺七寸四分乾元六尺七寸三分	九十七	九十三乾元九十六一十四	二千三百八十八乾元六百九十九
春分五尺四寸三分乾元同	九十一	三十一乾元一百度二十四	二千三百五十乾元六百六十六
清明四尺三寸一分乾元同	八十四	七十七乾元一百五二十四	二千二百一十二乾元六百二十四

穀雨三尺三寸一分乾元三尺三寸	七十八	七十九乾元一百九五十六	一千九百九十二乾元五百八十九
立夏二尺五寸三分乾元二尺五寸	七十三	九十二乾元一百一十三二十九	一千八百八十八乾元五百五十八
小滿一尺九寸六分乾元一尺九寸三分	七十度	二十七乾元一百一十六一十五	一千八百一十二乾元五百三十四
芒種一尺六寸乾元同	六十八	二乾元一百一十八一十四	一千七百六十五乾元五百一十九
夏至一尺四寸八分乾元一尺四寸七分	六十七	三十九乾元一百一十八五十八	一千七百五十二乾元五百一十五
小暑一尺六寸乾元同	六十八	二乾元一百一十八一十四	一千七百六十五乾元五百一十九
大暑一尺九寸二分乾元一尺九寸五分	七十度	二十七乾元一百一十六一十五	一千八百一十二乾元五百三十四
立秋二尺五寸三分乾元同	七十三	九十二乾元一百一十三三十	一千八百八十八乾元五百五十八
處暑三尺三寸一分乾元三尺三寸	七十八	七十九乾元一百九五十六	一千九百九十二乾元五百八十五
白露四尺三寸一分乾元同	八十四	七十七乾元一百五十六九	二千一百一十二乾元六百二十四
秋分五尺四寸三分乾元同	九十一	三十一乾元一百度二十四	二千二百五十乾元六百六十六
寒露六尺七寸四分乾元六尺七寸三分	九十七	九十一乾元九十六十六	二千三百八十八乾元六百九十九

霜降八尺二寸一分乾元同	一百三	八十二乾元九十一六十九	二千五百八乾元六百三十
立冬九尺七寸一分乾元九尺七寸三分	一百八	六十七乾元八十七九十五	二千六百一十二乾元七百六十二
小雪一丈一尺二寸一分乾元同	一百一十二	三十二乾元八十四八十四	二千六百八十八乾元七百八十六
大雪一丈二尺三寸一分乾元同	一百一十四	五十八乾元八十一五十九	二千七百三十五乾元八百三。儀天不置六成法〔七〕

求每日晷景去極度晨分：乾元謂之晷景距中度晨分。儀天別立法，具後。各以氣數相減爲分，自雨水後法十六，霜降後法十五，除分爲中率，二率相減，爲合差；半之，加減中率爲初、末率。前多者，加爲初、減爲末；前少者，減爲初、加爲末。又以元法除合差〔八〕，爲日差；後多者累益初率，後少者累減初率〔九〕。爲每日損益率；以其數累積之，各得諸氣初數也。乾元法同。

求昏分：以晨分減元法爲昏分。乾元謂之元率。儀天謂之宗法。

求每日距中度：乾元同。儀天謂之求每日距子度。以百乘晨分，如二千七百三十八爲度，不盡，退除爲距子度，用減半周天度，餘爲距中星度分；倍距子度分，五等除，爲每更度分。乾元百約晨分，進一位，以三千六百五十三乘，如元率收爲度，餘同應天。儀天置晷漏母，五因，進一位，以一千三百八十二、小分五十五、微分三十五除爲度，不盡，以一千三百六十八、小分八十六退除，皆爲距子度，餘同應天。

求每日昏明中星：乾元謂之昏曉率星。置其日赤道日躔宿次，以距南度分加而命之，即其日昏中星；以距子度分加之，爲夜半中星；又加之，爲曉中星。二曆法同。

求五更中星：置昏中星爲初更中星；以每更度分加之，得二更初中星；又加之，得三更初中星；累加之，各得五更初中星所臨。二曆法同。

求日出入時刻：乾元謂之求晝夜出入辰刻。儀天謂之求日出入晨刻及分。以二百五十加晨減昏爲出入分，以八百三十三半除爲時，不滿，百除爲刻分，命如前〔一〇〕，即得所求。乾元以七十三半加晨減昏爲出入分，各以辰法除之，爲辰數；不盡，以五因之，滿刻法爲刻，命辰數起子正，算外，即日出入辰刻也。儀天置其日晷漏母，以加昏明，餘以三因，滿辰法除爲辰數，餘以刻法除爲刻，不滿爲分，辰數命子正，算外，即日出辰刻及分，以加晝刻及分，滿辰法及分除爲辰數，不滿，爲入時之刻及分。乃置其辰數，命子正，算外，即得日入辰刻及分。

晝夜分：乾元謂之晝夜刻。儀天謂之求每日夜半定漏、求每日晝夜刻。倍日出分，爲夜分；減元法，爲晝分；百約，爲晝夜分。乾元置日入分，以日出分減之爲晝分，以減元率爲夜分，以五因之，以刻法除爲晝夜刻分。儀天先求夜半定漏，置其日晷漏母，以刻法除之爲刻，不滿，三因爲分，爲夜半定漏及分。置夜半定漏刻及分，倍之，其分滿刻法爲刻，不滿爲分，即得夜刻及分。以夜刻減一百刻，餘者爲晝刻及分，減晝五刻，加夜刻，爲日出沒刻之數。

更籌：乾元謂之更點差分。倍晨分，以五收，爲更差；又五收，爲籌差。乾元法同。儀天不立此法。

步晷漏

多至後初夏至後次象：八十八日、小餘八千八百九十九半，約餘八千八百一十一分。

夏至後初多至後次象：九十三日、小餘七千四百八十五半，約餘七千四百一十二分。

前限：一百八十八十一日、小餘六千二百八十五〔一一〕，約餘六千二百二十二太。

辰法：八百四十一分三分之二。

刻法：一百一分。

辰：八刻三十三分三分之二。

昏明：二百五十二分半。

多至後上限五十九日，下限一百二十三日、小餘六千二百八十五，約餘六千二百二十二太。

中晷：一丈二尺七寸一分半。

多至後上差、夏至後下差：二千一百三十分。

昇法：一十五萬六千四百二十八分。

多至後下差、夏至後上差：四千八百一十二分。

中華書局

平法：一十七萬四千三分。

夏至後上限同冬至後下限，夏至後下限同冬至後上限。

中晷：一尺四寸七分、小分八十四。

儀天求每日陽城晷景常數：置入冬、夏二至後來日數及分，以所入象日數下盈縮分盈縮加之，爲其日定積；又以減其象小餘，爲夜半定積及分；以隔位除一，用若夜半定積及分在二至上限以下者，爲入上限之數；以上者，以返減前限日及約餘，爲入下限日及分。若冬至後上限、夏至後下限，以十四乘之，所得，以減上下限差分，爲定差法；以所入上下限日數再乘之，所得，滿一百萬爲尺，不滿爲寸及分，以減冬至晷影，餘爲其日中晷景常數也〔二〕。若夏至後上限、冬至後下限，以三十五乘之，以上下差分爲定法；以入上下限日數再乘之，退一等，滿一百萬爲尺，不滿尺爲寸及分，用加夏至晷景，即得其日中晷景常數。

儀天求晷景每日損益差：以其日晷景與次日晷景相減，其日景長於次日晷影爲損，短於次日晷景爲益。

儀天求陽城中晷景定數：置五千分，以其日晷景定數損益差乘之，所得，以萬約之爲分，冬至後用減，夏至後用加。冬至一日有減無加，夏至一日有加無減。

儀天求晷漏損益度入前後限數：置入冬至後來日數，在前限以下者爲損；以上者，減去前限，餘爲入後限日數者爲益。若算立成，自冬至後一日，日加滿初象，即加象下約餘，爲一象之數。

儀天求每日晷漏損益數：置入前後限損益日數及分，如初象以下爲在上限；以上者，返減前限，餘爲下限；皆自相乘之，其分半以下乘，半以上收之；以一百通日，內其分，乃乘之；所得，在冬至後初象、夏至後次象，以昇法除之；若冬至後次象、夏至後初象，以平法除之；皆爲分，不滿，退除爲小分；所得，置於上位，又別置五百五分於下，以上減下，以下乘上；用在昇法者，以二千八百五十除之；用在平法者，以五千五百五十二除之；皆爲分，不滿，退除爲小分；所得，以加上位，爲其日損益數。

儀天求每日黃道去極度及赤道內外度分：若春分後，置損益差，以五十乘之，以一千五十二除之爲度，不滿，以一千四十二除之爲分，以加六十七度三千八百四十五。若秋分後，置損益差，以五十乘之，以一千六十除之爲度，不滿，以一千五十退除爲分，以減一百一十五度二千二百二十二分，即得黃道去極度。置去極度分，與九十一度三千八百四十五相減，餘者爲赤道內外度分。若黃道去極度分在九十一度三千八百四十五以下者爲內，若在以上者爲外度及分。

儀天求每日晷漏母：各以其日損益差，自春分初日以後加一千七百六十八，自秋分初日以後減二千七百七十七，各得其日晷漏母，又曰晨分。

儀天求每日昏分及距午分：置日元分，以其日晷漏母減之，餘者爲昏分；又以其日晷漏母減五千五十分，餘者爲其日距午分。

月離九道交會乾元謂之交會。儀天謂之步交會。

交總：七十一萬七千八百一、秒八十二〔三〕。

正交：三百六十三度、八千二百八十三、秒七。

半交：一百八十一度、九千一百四十二、秒五十三半。

少交：九十度、九千五百二十一、秒二十六太〔四〕。

平朔：一度、四千六百三十二。

平望：空、七千三百一十六。

朔差：二度、八千八百四十一。

望差：一度、一千五百二十五。

初準：一萬六千六百四十一。

中準：一萬八千一百九十一。

末準：一千五百五十。

乾元交會

交率：一萬六千、秒七千八百九十一。

交策：二十七、餘六百二十三、秒九千四百五十五。

朔準：二、九百三十六、秒五百四十五。

望準：十四、二千二百五十。

初限：三萬六千五百九十四。

中限：四萬二。

末限：三千四百八。

儀天步交會

交終分：二十七萬四千八百四十三、秒二千二百七十九。

交終日：二十七、餘二千一百四十三、秒二千二百七十九。

交中日：一十三、餘六千一百二十一、秒六千一百二十一〔五〕。

交朔日：二，餘三千二百一十五，秒七千七百二十一(二六)。

交望日：一十四，餘七千七百二十九，秒五千(二七)。

前限日：一十二，餘四千五百一十三，秒七千二百七十九(二八)。

後限日：一，餘一千六百七，秒八千八百六十半(二九)。

交差：四十五。

交數：五百七十二。

秒母：一萬。

陰限：七千二百八十六。

交日：空，小餘六千一百四十六，秒三百七十三。

陽限：三千一百七十四。

月食既限：二千五百八十二。

月食分法：九百一十二半。

中盈度：乾元謂之求平交朔日。儀天謂之求天正朔入交。以通餘減元積，七十五展之，以四百六十七除為分，滿交總去之，為總數；不盡，半而進位，倍總數，百收為分，用減之，餘以元法收為度，不滿為分，命曰中盈度及分。乾元置朔分，以交率去之，餘以五因之，滿元率收為日，即得平交朔日及

分；次朔、望，以朔、望準加之，即得所求。儀天置天正朔積分，以交終分去之，滿宗法為日，即得所求。

求次朔望中盈：儀天謂之求次朔入交。各置天正經朔中盈度分，視十一月望，十二月朔、望中日，如二十九日五千三百七以下者，即加朔、望差度分秒，餘月即加平朔、望度分秒，即得所求。乾元法見上。儀天置天正朔入交汎日餘秒，如交朔及交望餘秒皆滿交終日及餘秒即去之，各得朔、望入交汎日及餘秒。

月離朔交初度分：乾元謂之求朔望交分。儀天謂之求入交常日。置其朔中盈度分，常與其朔常日度分合之，如正交以下者減半法，以上者倍而加之。加減訖為定，用減天正加時黃道宿度分，餘命起天正之宿初算，即得所求。乾元置平交朔、望日及分，以元率通之，以日躔陰陽差陽加陰減，為朔、望交分。儀天以其日入盈朔限昇平定數(三〇)，昇加平減入交汎日，即為其朔、望入交常日也。儀天又有求朔、望入定交日，置其日入遲疾限昇平定數，以交差乘之，如交數而一，昇加平減入交常日，即為入定交日。

月入陰陽曆：乾元謂之求朔望陰陽定分。儀天謂之求月行陰陽曆。以月離先後定數，先加後減朔、望中盈，用加朔、望常日月分，分即百除，度即百通。如中準以下者為月出黃道外；以上者去之，餘為月入黃道內。乾元以一百四十二乘陰陽差，一千八百二除，陽加陰減朔、望交分，為度定分；中限以上為陽，以下為陰。儀天視入交定日及餘秒，在交中日以下為陽，以上者去之，餘為月入陰曆。

求食甚定餘：置朔定分，如半法以下者返減半法，餘為午前分；前以上者(三一)減去半法，餘為午後分；以乘三百，如半晝分而一，為差；午後加之，午前半而減之。加減定朔分，為食定餘；以差皆加午前、後分，為距中分。其望定分，便為食定餘(三二)。乾元以半晝刻約刻法為時差，乃視定朔小餘，在半法以下為用減半法為午前分；以上者去之，為午後分；以時差乘，五因之，如刻法而一，午前減，午後加，又皆加午前、後分，為距日分；刻法而一，為距午刻分。月只以定朔小餘為食定餘。儀天置月行去交黃赤道差，視月道差，如黃赤道交者，依其加減；不如黃赤道交者，返其加減；定朔、望小餘為食甚餘，亦返其加減去交定分。其日食，則又以其日晝刻，其三百五十四為時差，乃視食甚餘，如半法以下，返減半法，餘為初率；半法以上者，半法去之，餘為末率；滿一百一收之，為初率；以減末率，倍之，以加食甚餘，為食定餘；亦加減初、末率，為距午退分；置之，皆如求發斂加時術入之，即日、月食甚辰刻及分也。

入食限：置黃道內、外分，如初準已上、末準已下為入食限。望入食限則月食，朔入食限則日食。月在黃道內則日食，在外則不食，望則無問內、外皆食。末準已下為交後分；初準以上者，返減中準，為交前分。乾元置陰陽定分，在初限以上、末限以下，為入食限，餘同應天。儀天置朔、望入交月行陰陽曆日及餘秒，如前限以上、後限以下者，為入食限。望入食限則月食，朔入食限，月入陰曆則日食。如後限以下為交後限，以上以減交中日及餘秒為交前限，各得所求。

入盈縮曆：乾元、儀天不立此法。置朔定積，如一百八十二日、六千二百二十三以下為入盈日分；以上者去之，餘為入縮日分。

黃道差：乾元謂之求晷差。儀天謂之求黃道食差。置其朔入曆盈、縮日及分，如四十五日以上、一百三十七日以下，皆以一千五百乘，為汎差；如四十五日以下，返減之，餘為初限日，一百三十七日以上者減去之，餘為末限日及分，以六十七乘，半之，用減汎差，以乘距午分，以元法收為黃道定分；入盈，以定分午前內減外加、午後內加外減；入縮，以定分午前內加外減，午後內減外加。乾元置入氣日，以距冬至之氣，以十五乘之，以所入氣日通之，以一百八十二日以下為入陽曆(三三)，以上者去之，為入陰曆。置入曆分，在四十五日以下，以三十七乘，五除，退一等，為汎差；在四十五日以上、一百三十七日以下，只用三十三、秒三十為汎差；一百三十七以上者去之，餘以三十七乘，五除，退一位，用減三十三、秒三十，為汎差，皆以距午分乘為晷差。儀天二至後日益差至立春、立秋，得一百一十三、小分六十二半，立夏、立冬每日損，以宗法乘之；冬至、立冬後三氣用四十四萬二千三百八十四，夏至、立夏後各三氣用二十七萬九千八百五十八除，為食差；以食甚距午正刻乘其日食差，為定差；冬至後，甚在午正東，陰減陽加；甚在午正西，陰加陽減；夏至後即返此；立冬初日後，每氣益差二十、秒四十四，至冬至初日加六十二、秒三十二；自後每氣損差二十、秒四十四，終於大寒，甚在午正西，即每刻累益其差，陰曆加，陽曆減。

赤道差：乾元謂之求離差。儀天謂之求赤道食差。置入盈縮曆日及分，如九十一日以下，返減之，為初限日；以上者，用減一百八十二日半，餘為末限日及分；四因之，用減三百七十四，為汎差；以乘距中分，如半晝分而一，用減汎差，為赤道定分；盈初縮末內減外加、縮

初盈末內加外減。乾元計春、秋二分後日加入氣日，以十五乘，在九十以下，以九十一乘，退爲汎差；九十一以上去之，餘以九十一乘，退一等，以減八百一十九，爲汎差；二分氣內置入氣日，以九十一乘，退爲汎差；以半晝刻而一，以乘距午分，用加減汎差，爲離差；食甚在出沒以前者，不用求離差，只用汎差，春分後陰加陽減，秋分後陰減陽加。儀天二分後益差至二至，積差皆二千八百二十六，自後累減至二分空，冬至後日損三十一、小分八十，夏至後日益三十、小分十五，又以宗法乘積差，各以盈縮初末限分除之，爲日差；乃以末限累增、初限累損，各爲每日食差；又以半晝刻數約其日食差，以乘食甚距午正刻，所得以減食差，餘爲定數。餘同乾元。

日食差：依黃、赤二差，同名相從，異名相消，爲食差。二曆法同。

距交分：乾元謂之去交分。儀天謂之去交定分。置交前後分，以黃、赤二差加減之，爲距交分。如月在內道不足減者，返減入外道，不食；如月在外道不足減，返減食差，爲返減入內道，卽有食。乾元置陰陽曆去交前後分，以食差合加減者，依其加減，所得爲去交前後定分。月在陰曆，去交前後分不足減者，卽返減食差，交前減之，餘者爲得陽曆交後得減之〔三四〕，餘者爲陽曆交前定分，並不入食限；月在陽曆，去交前後分不足減者，亦返減食差，交前減之，餘者爲陰曆交後定分，交後減之，餘者爲陰曆交前定分，並入食限。儀天應食差，同名相從，異名相消，餘同乾元法。

日食分：置距交分，如四百二十以下者類同陽曆分；以上者去之，爲陰曆分；又以食定餘減四分之三，午前倍之，午後半之。皆退一等，用減陰陽曆分，爲食定分；如不足減，卽返減

之，餘進一位，加陰曆分，爲食定分；陽以四十二除，爲食之大分；陰九百六十以下返減之，如九十六而一，爲食之大分，命十爲限。乾元置交前後分，以食差加減之，爲定交分〔三五〕；在九百二十以下爲陽，以上去之爲陰；在陽以九十四、在陰以二百一十三除爲大分，餘同應天。儀天置入限去交定分，減七百二十八，陽限以上爲陰曆食，以陽限去之，餘減陰限爲陰曆食分，以下者爲陽曆食分，亦減三百一十七，如限除之，皆進一位，各命十爲限，餘同應天。

月食分：置黃道內外前後分，如食限三百四十以下者，食既；以上者，返減末準，餘以一百二十一除爲月食之大分。其食五分以下，在子正前後八刻內，以二百四十二除爲食之大分，命十爲限。其前後分，以九百以上入或食或不食之限，乾元交定分在七百五十二以下，食既；以上，返減末限，以二百六十四除之爲大分。儀天陽減陰加前後定分九百一十二半，在既限以下、食既以上，以去交分減之，以月食法除之爲大分。

日月食虧初復末：乾元謂之求定用刻。儀天謂之求日月汎用分、求虧初復末。百通日月食之大小分，以一千三百三十七乘之，各如其日離分，爲定用分；加食定餘，爲復末定分；減之，爲虧初定分。其月食，以食限減定用分，用減食甚，爲虧初定分；如不足減者，卽以食限分如望定餘爲食定分，餘却依日食加減，各得月食虧初、復末定分也。乾元月以五百八十八，日以五百二十九、秒二十乘所食分，退一等，半之，爲定用刻。儀天日以五百四十五、秒四十，月以六百六，皆乘所食分，其小分以本母除，從之，爲

汎用分；其食又視去交定分在一千七百二十六以下增半刻，八百五十六以下又增半刻，以一千三百五十乘，以辰定分除，爲定用刻；皆減定朔、望小餘爲虧初，加之爲復末。

日食起虧：儀天謂之求日食初起。視距交分如四百二十以上者，初起西北，甚於正北，復於東北；如以下者，初起西南，甚於正南，復於東南。凡食八分以上者，皆初起正西，復於正東。儀天、乾元日在陰曆，初起西北；在陽曆，初起西南，餘並同應天。

月食起虧：乾元謂之月食初定。儀天謂之月食初起。月在內道，初起東南，甚於正南，復於西南；月在外道，初起東北，甚於正北，復於西北。凡食八分以上者，初起正東，復於正西。乾元、儀天以內道爲陰曆，外道爲陽曆，餘皆同應天。而儀天又法云，此法據古經所載，以究天體，食在午中前後一辰之內，其餘方若要的驗，當視日月食時所在方位高下，審詳黃道斜正、月行所向，起虧、復滿皆可知也。

帶食出入：儀天謂之求帶食出入見食分數。視其日出入分，如在虧初定分以上、復末定分以下，卽帶食出入。食甚在出入分以下，以出入分減復末定分，爲帶食差；食甚在出入分以上者，以虧初定分減出入分，爲帶食差；以乘食定分，滿定用而一，日陽以四十二、陰以九十六、月一百二十一除之，爲帶食之大分，餘爲小分。乾元各以食甚餘與其日晨昏分相減，餘爲帶食差；其帶食差在定用刻以下者，卽帶食出入；以上者，卽不帶食出入也。以帶食差乘所食之分，滿定用刻而一，所得以減所食之分，卽帶食出入所見之分也。其朔日食甚在晝者，晨爲已食之分，昏爲所殘之分；若食甚在夜，昏爲已食之分，晨爲

所殘之分。其月食，見此可以知之也。儀天以食甚餘減晨昏分，餘爲出入前分，不足者，返減食甚，餘爲出入後分，以乘所食之分，其食分以本母通之，從其小分，滿定用分除之，所得以本母約之，不滿者，半以上爲半強，半以下爲半弱，卽得帶食出入之分數也。其日月食甚在出入前者，爲所殘之分，在出入後者，爲已退之分。

更點：乾元、儀天謂之月食入定點。各置虧初、食甚、復末定分，如晨分以下者加晨分，昏分以上者減去昏分，皆以更分除爲更數，不盡，以點分除之爲點數。命初更，算外，卽得所求。乾元法同。儀天倍其日晨分，以五除之爲更分，又以五除之爲點分。乃視所求小餘，如晨分以下加晨分，昏分以上減去昏分，求更點並同應天。

日月食宿分：乾元謂之日月食宿。以天正冬至黃道日度加朔望常日月度，命起斗初，算外，卽日月食在宿分也。乾元以距日沒辰至食甚辰之數，約其日離差，用加昏度。儀天用加時定月度也。

校勘記

〔一〕乾元轉曆二十七一千六百三十秒六千二十　五因乾元轉分，得八萬一千、秒六千二十，再以乾元元率二千九百四十除之，得乾元轉曆二十七、小餘一千六百二十、秒六千二十。此處「一千六百三十」應作「一千六百二十」。

〔二〕乾元轉差一三千八百六十九秒三千九百八十　乾元朔策減乾元轉曆，得乾元轉差日一、二千八

百七十九、秒三千九百八十。此處「三千八百六十九」應作「二千八百七十九」。

〔三〕度母一萬一百　應作「度母：一萬」，注「儀天一萬一百」。二除應天轉日，以一萬爲度母，得十三、七千七百七十三、秒三千一百五，和應天曆中日數相較，雖相差一分，但可知度母應是一萬而非一萬一百。又二除儀天曆周，得數和儀天曆中全同，可知儀天度母是一萬一百。

〔四〕即得晨昏前後度及分　「後」字原脫，據本條推步內容補。

〔五〕各爲每日曆定度及分也　按本條儀天推步內容爲求每日入曆定度，疑「每日」下脫「入」字。

〔六〕乾元　按二十四氣所在去極度，乾元、儀天和應天同，此二字誤衍。

〔七〕儀天不置六成法　按本立成無儀天法，此處「六」爲「立」之誤。

〔八〕又以元法除合差　「元」字原脫。按以元法除合差爲日差，故補。

〔九〕後多者累益初率後少者累減初率　據文義，疑應作正文。

〔一〇〕百除爲刻分命如前　「命」字原脫。按此言求日出入時刻命取之法，「刻分」下應有「命」字，故補。

〔一一〕前限一百八十八十一日小餘六千二百八十五　據下文冬至後上限五十九日，下限一百二十三日、小餘六千二百八十五，此處「八十一日」應作「二日」。

〔一二〕餘爲其日中晷景常數也　「晷」字原脫。按本條爲求每日陽城晷景常數，「日中」下應有「晷」字，

故補。

〔一三〕交總七十一萬七千八百一秒八十二　以應天元法乘正交三百六十三度，加小餘八千二百八十三，得三百六十三萬九千九，以五除之，得七十二萬七千八百一，餘四分；再以四分化爲四百秒，加秒七，得四百七秒，以五除之，得秒八十一又十分之四秒。此處「七十一萬七千八百一」應作「七十二萬七千八百一」。

〔一四〕少交九十度九千五百二十一秒二十六太　二除半交，得九十度、餘九千五百七十二、秒二十六太。此處「九千五百二十一」應作「九千五百七十二」。

〔一五〕交中日一十三餘六千一百二十一秒六千一百二十一　二除交終日，得交中日一十三、餘六千一百二十一、秒六千一百三十九半，疑原秒數誤。

〔一六〕交朔日二餘三千二百一十五秒七千七百二十一　以儀天會日減儀天交終日，得交朔日二、餘三千二百一十三、秒七千七百二十一，疑原小餘數誤。

〔一七〕交望日一十四餘七千七百二十九秒五千　二除儀天會日，得交望日一十四、餘七千七百二十八、秒五千，疑原小餘數誤。

〔一八〕前限日一十二餘四千五百一十三秒七千二百七十九　以交望日減交朔日，得前限日一十二、餘四千五百一十四、秒七千二百七十九，疑原小餘數誤。

〔一九〕後限日一餘一千六百七秒八千八百六十半　二除交朔日，得後限日一、餘一千六百六、秒八千八百六十半，疑原小餘數誤。

〔二〇〕儀天以其日入盈朔限昇平定數　按日有盈縮而無「盈朔」，疑「朔」爲「縮」之誤。

〔二一〕前以上者　「前」字在此無義，疑衍。

〔二二〕便爲食定餘　按本條爲求食甚定餘，疑「食」下脫「甚」字。

〔二三〕以一百八十二日以下爲入陽曆　「入」字原脫。按本條爲求入盈縮曆，「爲」下應有「入」字，故補。

〔二四〕餘者爲得陽曆交後得減之　據本條推步內容，疑「得陽曆交後得」六字應作「陽曆交後定分，交後」。

〔二五〕定交分　據上下文，疑「定交」二字應倒。

二十四史

宋史卷七十

志第二十三

律曆三

應天 乾元 儀天曆

步五星

歲星總：七十九萬七千九百三十一、秒五。乾元率二十三萬四千五百三十五、秒五千七百二十五。儀天木星周率四百二萬八千五百八十七、秒七千五百六十。

平合：三百九十八日、八千八百五十七、秒二十八〔一〕。乾元餘二千五百五十五、秒八千六百二十五〔二〕，約分八十七。儀天餘八千七百八十七、秒七千五百六十。二曆平合皆謂之周日，數同應天。

變差：空、秒一十六。乾元差二十八、秒九千四百二十三半，秒母一萬。儀天歲差九十八、秒九千五百，上限二百五度，下限一百六十度、二十五分、秒六十三。

熒惑總：一百五十六萬一百五十二、秒三。乾元率四十五萬八千五百九十二、秒九千一百八十三、十四。儀天火星周率七百八十七萬七千一百九十一、秒一千一百。

平合：七百七十九日、九千二百二、秒一十八。乾元餘二千七百四、秒五千九百一十七，約分九十二。儀天餘九千二百九十一、秒一千一百。二曆平合皆謂之周日，數同應天。

變差：三、秒空。乾元差二十九、秒一千一百三十五。儀天歲差九十八、餘三千八百，上限一百九十六度八十，下限一百六十八度四十五、秒六十三。

鎮星總：七十五萬六千三百一十一、秒八十五。乾元率二十二萬二千三百一十一、秒二千一百六十四，二十。儀天土星周率三百八十一萬八千六百八、秒三千五百。

平合：三百七十八日、八百六、秒五十一。乾元餘二百三十六、秒八百三十一，約分八。儀天餘八百八、秒三千五百。二曆平合皆謂之周日，數同應天。

變差：五、秒七十九。乾元差二十八、秒九千五百三。儀天歲差一百、秒一千一百，上限一百八十二度、六十三分、秒八十一，下限同上限。

太白總：一百一十六萬八千三十二、秒四十二。乾元率三十四萬三千三百三十九、秒一千五百四十七。儀天金星周率五百八十九萬七千四百八十九、秒五千四百。

平合：五百八十三日、八千九百九十六、秒一十。乾元餘二千六百七十六、秒一千七百三十五，約分九十一。儀天餘九千一百八十九、秒五千四百。二曆平合皆謂之周日，數同應天。

再合：二百九十一日、九千四百九十九、秒五。乾元、儀天不立此法。

變差：二、秒三十六。乾元差二十九、秒一千七百九十八。儀天歲差一百二十、餘八千三百九，上限一百九十七度一十六，下限一百六十八度、秒六十三。

辰星總：二十三萬一千八百六、秒四十二、八十。乾元率八萬八千一百三十七、秒四千四百一十、八十。儀天水星周率一百一十七萬三百八十七、秒二千八百。

平合：一百一十五日、八千八百二、秒三十。乾元餘二千五百八十七、秒二千九十四，約分八十八。儀天餘八千八百八十七、秒二千八百。二曆平合皆謂之周日，數同應天。

再合：五十七日、九千四百二、秒一十五。乾元、儀天不立此法。

變差：三、秒七十八。乾元差二十九、秒一千一百三十八。儀天歲差九十八、秒三十，上限一百八十三度、六十二分，下限一百八十二度、六十二分、秒六十三。

求五星天正冬至後加時平合日度分秒：乾元謂之五星平合變日。儀天謂之常合中日中度。各以星總除元積爲總數，不盡者，返減星總，餘，半而進位；又置總數，木、火三之，土如其數，皆百而從之，以元法收之，爲天正冬至後平合日度及分。乾元置歲積分，各以星率去之，不盡，用減星率，餘以五因之，滿元率收爲日，不滿，退除爲分。儀天各以其星周率去歲積分，不滿者，返減其周率，餘以宗法收爲日，不盡，退除爲分。

求平合入曆分：乾元謂之入曆。儀天謂之推五星常合入曆度分。各以其星變差展所求積年，滿三百六十五萬三千二百九十三、秒一十九去之，不盡，以元法收爲度，不滿爲分，以減平合日，爲入曆度分。乾元以積年乘星差，以周天策去之，不盡，以元率收爲度，不滿，退除爲分，用減平合變日，爲入曆分。儀天各置其星歲差，以積年乘之，滿三百六十八萬九千八百八、秒九千九百去之，不盡，以宗法收爲度，不滿，退收爲分。

求入陰陽變分：在陽末變分以下爲入陽曆；以上去之，餘爲入陰曆。置入陰陽曆分，以陰、陽變數去之，不盡，爲入陰、陽數及變分。

乾元歲星前限二萬五百五，中限一萬二百四十八，後限一萬六千二十；熒惑前限一萬九千六百八十二，中限六千五百六十四，後限一萬六千八百四十四；鎭星前限一萬八千二百六十二，中限九千一百二十六，後限同前限，前、後、中皆半周天；太白前限一萬九千七百一十六，中限九千八百五十八，後限一萬六千八百九；辰星前、中、後與鎭星同。又歲星前法一千七百八，後法一千三百三十四，熒惑前法一千六百四十一，後法一千四百三；鎭星、辰星、前後法皆一千五百二十二；太白前法一千六百四十三，後法一千四百二。儀天各置常合入曆度分，如在上限末數已下者爲增數；以上者，減去上限末數下度分，餘爲入下限減數。又，各置所入上、下限度分，以上、下限度分相近者減之，餘爲入次限、下限度及分。

中華書局

	歲星陽變分	損益率	陽積	陰變分	損益率	陰積
初	一千七百九	損八十九	陽六	一千三百三十五	損九十三	陰一
二	一千四百一十七	損八十九	陽一百八十八	二千六百七十	損八十七	陰九十三
三	五千一百二十六	損九十二	陽三百七十六	四千六	損八十五	陰一百六十七
四	六千八百三十四	損九十一	陽五百一十三	五千三百四十一	損八十八	陰四百六十七
五	八千五百四十三	損九十六	陽六百六十七	六千六百七十六	損九十四	陰六百二十七
六	一萬二百五十二	損九十八	陽七百三十五	八千一十一	損九十四	陰七百七
七	一萬一千九百六十	益九十八	陽七百六十九	九千三百四十六	損九十九	陰七百五十四
八	一萬三千六百六十九	益九十一	陽七百三十五	一萬六百八十二	損九十九	陰七百六十七
九	一萬五千三百七十七	益九十五	陽五百八十一	一萬二千一十七	益八十九	陰七百八十
十	一萬七千八十六	益八十九	陽四百九十六	一萬三千三百五十三	益八十	陰七百六十七
十一	一萬八千七百九十四	益九十	陽三百八	一萬四千六百八十七	益八十一	陰五百
末	二萬五百三	益九十二	陽一百三十七	一萬六千二十二	益八十二	陰二百四十六

	熒惑陽變分	損益率	陽積	陰變分	損益率	陰積
初度變	一千五百二十二	損二十一	陽一	一千五百二十一	損七十三	陰二
二	三千四十四	損四十七	陽一千二百二	三千四十四	損七十二	陰四百四十四
三	四千五百六十六	損六十九	陽二千	四千五百六十六	損七十二	陰八百一十七
四	六千八十七	損八十五	陽二千四百七十七	六千八十七	損六十九	陰一千二百四十七
五	七千六百九	益九十八	陽二千六百九十九	七千六百九	損七十四	陰一千七百一十四
六	九千一百三十一	益八十八	陽二千六百六十八	九千一百三十一	損七十九	陰二千一百一十五
七	一萬六百五十三	益八十	陽二千四百八十六	一萬六百五十三	損八十六	陰二千四百三十九
八	一萬二千一百七十五	益七十四	陽二千二百八十	一萬二千一百七十五	損九十七	陰二千六百四十七
九	一萬三千六百九十七	益七十二	陽一千七百九十	一萬三千六百九十七	益八十九	陰二千七百
十	一萬五千二百一十九	益七十	陽一千五百六十	一萬五千二百一十九	益七十三	陰二千五百三十一
十一	一萬六千七百四十	益七十一	陽九百二	一萬六千七百四十	益五十一	陰二千一百六
末	一萬八千二百六十三	益六十九	陽四百六十五	一萬八千二百六十三	益十	陰一千三百六十一

	鎮星陽變分	損益率	陽積	陰變分	損益率	陰積
初	一千五百二十二	損八十四	陽空	一千五百二十五	損八十六	陰一
二	三千四十四	損八十五	陽二百八十九	三千四十四	損八十七	陰二百一十三
三	四千五百六十六	損八十九	陽五百一十七	四千五百六十六	損九十	陰四百一十一
四	六千八十七	損九十三	陽六百八十四	六千八十七	損九十一	陰五百六十三
五	七千六百九	損九十七	陽七百九十一	七千六百九	損九十四	陰七百
六	九千一百三十一	損九十九	陽八百三十七	九千一百三十一	損九十七	陰七百九十一
七	一萬六百五十三	益九十七	陽八百五十二	一萬六百五十三	損九十九	陰八百三十七
八	一萬二千一百七十五	益九十四	陽八百六	一萬二千一百七十七	益九十七	陰八百五十二
九	一萬三千六百九十七	益九十二	陽七百一十五	一萬三千六百九十七	益九十四	陰八百六
十	一萬五千二百一十九	益九十	陽五百九十三	一萬五千二百一十九	益九十	陰七百一十五
十一	一萬六千七百四十	益八十八	陽四百四十一	一萬六千七百四十	益八十五	陰五百六十三
末	一萬八千二百六十三	益八十三	陽二百五十	一萬八千六百二十三	益七十八	陰三百三十五

	太白陽變分	損益率	陽積	陰變分	損益率	陰積
初	一千六百四十四	損九十一	陽空	一千四百	損九十五	陰二
二	三千二百八十七	損九十三	陽一百八十一	二千八百	損九十二	陰七十
三	四千九百三十一	損九十五	陽三百二十九	四千二百	損九十三	陰一百八十三
四	六千五百七十四	損九十七	陽四百四十四	五千六百一	損九十三	陰二百八十
五	八千二百一十八	損九十八	陽五百二十六	七千一	損九十三	陰三百七十八
六	九千八百六十一	損九十八	陽五百七十五	八千四百一	損九十五	陰四百七十六
七	一萬一千五百五	益九十八	陽六百八	九千八百一	損九十七	陰五百四十六
八	一萬三千一百四十八	益九十七	陽五百七十五	一萬一千二百一	損九十九	陰五百八十八

九	一萬四千七百九十二	益九十五	陽五百二十六	一萬二千六百二	益九十七	陰六百二
十	一萬六千四百三十五	益九十三	陽四百四十四	一萬四千二	益九十二	陰五百六十
十一	一萬八千七十九	益九十一	陽三百二十九	一萬五千四百二	益八十七	陰四百四十八
末	一萬九千七百廿二	益八十九	陽一百八十三	一萬六千八百三	益八十一	陰二百六十六

辰星	陰陽變分	損益率	陰陽積
初	一千五百二十二	損九十四	空
二	三千四十四	損九十五	九十一
三	四千五百六十六	損九十六	一百六十八
四	六千八十七	損九十七	二百二十五
五	七千六百九	損九十八	二百七十一
六	九千一百三十一	損九十九	三百
七	一萬六百五十三	益九十九	三百一十四

八	一萬二千一百七十五	益九十八	三百
九	一萬三千六百九十七	益九十七	二百七十一
十	一萬五千二百一十九	益九十六	二百二十五
十一	一萬六千七百四十	益九十五	一百六十八
末	一萬八千三百六十三	益九十四	九十二

乾元五星

	歲星		熒惑		鎮星		太白	
	差分	差度	差分	差度	差分	差度	差分	差度
前限初	九空	一少	空	十五少	空	九	空	
一	九半	一度八十八	二	十二度十五	十一太	一度二	十一	一度八十
二	十一半	三度六十八	三半	二十度二十二	九	二度二十八	十四	三度五十一
三	十二少	五度一十九	八	二十四度九十一	七	四度二	十九太	四度四十八

四	二十四半	六度五十八	四十九太	二十七度三	十二半	六度一十九	三十二太	五度三十一
五	三十八	七度二十八	八少	二十六度六十四	四十三少	七度三十八	九十六半	五度八十一
末限初	三十八	七度七十三	五	二十四度七十二	六十太	七度七十三	九十六半	六度二
一	十二	七度二十九	四	二十一度四十五	十二半	七度三十七	三十二太	五度七十九
二	二十	五度八十三	三太	十七度四十	七	六度一十八	十九太	五度三十
三	八半	五度二	三半	十三度一	九	四度二	十四	四度四十七
四	十太	三度二	三半	八度四十	十一太	二度三十一	十一	三度三十
五	十二少	一度三十八	四	三度九十八	十五少	一度三	九	一度七十九
後初	十四太	限度空	三半	初空	五	空	二十一半	空
一	七太	空八十八	三少	三度九十八	四太	三度	十一太	一度
二	八少	二度五十九	三	八度四十	七半	五度二十四	十三太	一度八十一
三	八少	四度六十八	三	十三度一	三十半	七度二十三	十四	二度八十三

四	十六半	六度二十九	三半	十七度四十	末四十三半	七度七十三	十五半	三度八十六
五	三十三半	七度八	四少	二十一度四十五	七十六	七度三十九	十九半	四度七十三
六	八十九	七度八十四	六半	二十四度七十一	一百一半	七度十七	三十一少	五度四十
七	一百三十三半	七度六十三	八十七半	二十六度六十四	三百四	七度三	九十三少	五度八十七
末限初	一百三十三半	七度七十二	七	二十七度三	九半	七度一	末初九十三半	六度三
一	五	七度六十六	三	二十四度九十	九	五度三十七	十三少	五度五十一
二	五少	五度三	一太	二十度二十三	八半	三度六十八	七太	四度半
三	五半	二度三十八	一少	十二度十五	八	一度八十八	五	二度七十

辰星陰、陽差分并陰、陽差度並同初、末。

前限初後限同	差分	差度	末限末後限同	差分	差度
初	一十六半	空	初	一百六十九	三度二
一	二十少	九十八九十	一	六十太	二度八十九

二十四史

二	三十六半	一度六十五	二	三十七	二度六十一
三	三十七	二度六十一	三	二十六半	二度二十五
四	六十太	二度八十九	四	二十少	一度六十三
五	一百六十九	二度	五	十六半	空度九十

儀天五星

木星限數	上限度分	損益率	增定度	下限度分	損益率	減定度
一	十七度八少	益一百一十一	空	十三度三十五半	益六十八	空
二	三十四度十六半	益一百六	一度八十九半	二十六度七十一	益一百二十七	空九十一
三	五十一度二十五	益八十八	三度十七半	四十度六少	益一百三十八	二度六十
四	六十八度三十三少	益八十二	五度二十半	五十三度四十一太	益一百二十	四度十二
五	八十五度四十一半	益四十一	六度六十半	六十六度七十七半	益六十	六度三十一
六	一百二度半	益二十六	七度三十半	八十度十二太	益三十	七度一十一

木星限數	上限度分	損益率	增定度	下限度分	損益率	減定度
七	一百十九度五十八少	損二十六	七度太	九十三度四十一八半	益一十一	七度五十一
八	一百三十六度六十六半	損八十四	七度三十半	一百六度八十三半	益七	七度六十五半
九	一百五十三度太	損五十	五度八十七	一百二十度十九	損七	七度一十四半
十	一百七十度八十三少	損一百二十八	五度一半	一百三十三度五十四半	損一百九十九	七度六十五
十一	一百八十七度九十半	損八十一	一度三十八	一百四十六度九十	損一百九十五	四度九十九半
末	二百五度	損八十一	一度三十八	一百六十度六十三三十五分	損一百七十九	二度五十九

火星	上限度分	損益率	增定度	下限度分	損益率	減定度
一	一十六度四十	益七百四十一	空	十四度四	益二百八十三	空
二	三十二度八十	益四百九十五	十二度一十七	二十八度七十	益三百十五	三度九十三
三	四十九度二十	益二百八十七	二十一度二十七	四十二度十一少	益三百二十七	八度三十九
四	六十五度六十	益一百二十二	二十四度九十八	五十六度十五	益三百一十六	十二度九十八
五	八十二度	損二十一	二十六度九十八	七十度十八太	益二百八十七	十七度四十二

火星	上限度分	損益率	增定度	下限度分	損益率	減定度
六	九十八度四十	損一百十九	二十六度六十四	八十四度二十一半	益二百三十二	二十一度四十五
七	一百十四度八十	損一百九十六	二十四度六十九	九十八度二十六少	益一百四十五	二十四度七十一
八	一百三十一度二十	損二百四十八	二十一度四十八	一百一十一度十三	益十九	二十六度七十五
九	一百四十七度六十	損二百六十八	一十七度四十一	一百二十六度三十四	損一百四十六	二十七度二
十	一百六十四度	損二百八十一	一十三度二	一百四十度三十七太	損三百三十七	二十四度九十七
十一	一百八十度四十	損二百七十一	八度四十七	一百五十四度四十一半	損五百七十八	二十度二十四
末	一百九十六度八十	損二百四十二	三度九十七	一百六十八度六十三四十五秒	損八百六十四	一十二度一十三

土星	上限度分下限同	損益率	增定度	損益率	減定度
一	十五度二十二	益六十七	增空	益一百九十八	減空
二	三十度二十二太	益八十五	一度二	益一百四十八	三度一
三	四十五度六十五太	益一百一十一	二度三十一	益一百三十	五度二十六
四	六十度八十七半	益一百四十四	四度	益三十三	七度二十四

土星	上限度分下限同	損益率	增定度	損益率	減定度
五	七十六度九十	益七十九	六度十九	損二十三	七度七十四
六	九十一度三十一半	益二十三	七度三十九	損十三	七度三十九
七	一百六度五十三少	損二十三	七度七十四	損十	七度十九
八	一百二十一度十五五少	損七十九	七度三十九	損四	七度四
九	一百三十六度九十七	損一百四十四	六度十九	損一百五	六度九十八
十	一百五十二度一十九	損一百一十一	四度	損一百一十一	五度三十八
十一	一百六十七度四十一	損八十五	二度三十一	損一百一十八	三度六十九
末	一百八十二度六十二八十一分	損六十七	一度二	損一百二十五	一度

金星	上限度	損益率	增定度	下限度	損益率	減定度
一	十六度四十三	益一百五十一	增空	十四度一	益一百四十	減空
二	三十二度八十六	益一百三十二	二度四十八	二十八度一	益一百三十	二度三十八
三	四十九度二十九	益五十	四度六十五	四十二度二	益八十	四度二十

中華書局

四	六十五度七十二	益十九	五度四十七	五十六度三	益三十	五度三十一
五	八十二度十五	益九	五度七十八	七十度四	益十六	五度七十四
六	九十八度五十八	益五	五度九十三	八十四度五	益五	五度九十四
七	一百一十五度一	損五	六度一	九十八度五	損五	六度一
八	一百三十一度四十四	損九	五度九十三	一百十二度六	損十六	五度九十四
九	一百四十七度七十八	損十九	五度九十八	一百二十六度七	損三十	五度七十四
十	一百六十四度三十	損五十	五度四十七	一百四十度八	損八十	五度三十二
十一	一百八十度七十三	損一百三十二	四度六十五	一百五十四度九	損一百三十	四度二十
末	一百九十七度十太	損一百五十一	二度四十八	一百六十八度三九秒六十	損一百七十	二度三十八

水星	上下限	損益率	增減度
一	十五度二十一	益六十	增減空
二	三十度四十四	益五十	九十一
三	四十五度六十六	益三十八	一度六十七
四	六十度八十八	益二十七	二度二十五
五	七十六度十一	益十六	二度六十六
六	九十一度三十一	益六	二度九十
七	一百六度五十四	損六	二度九十九
八	一百二十一度七十六	損十六	二度九十
九	一百三十六度九十八	損二十七	二度六十六
十	一百五十二度二十	損三十八	二度二十五
十一	一百六十七度四十二	損五十	一度六十七
末	一百八十二度六十三	損六十	九十一

入陰陽定分：乾元謂之入諸曆變分。儀天謂之求五星常合入增減定數。以入變分各減初變分，餘却以其變下損益率展之，百而一爲分；損益次變下陰、陽積，爲定分。乾元置平合入曆分，以其星入段前、後限分加減之，如不足，加周天以減之，餘却依入曆分入初末限；各置其段入曆分，前限以下爲在前，以上者去之，爲

後限分；在中限以下爲初限，以上去之，爲末限分；置初、末，以前、後限星分除之爲限數，不滿，爲初末限日；各以其限差分約之，爲差；初限以加、末限以減，用加減前、後限度，爲定度。儀天各置常合所入限下度數及分，以其限下損益率乘之，退一等，以百約之爲度，不滿爲分，以損益其限下增、減積度及分。若求諸變增、減定度者，置其變入上下限，準此求之。

定合積日：乾元謂之求定日。儀天謂之求五星定合積日。百除陰、陽定分，爲日；陽加陰減平合日，爲定積日及分。乾元置變日，以前、後限度前加後減，爲定日。儀天各置其星常合中日及餘，以入曆增減度增者增之、減者減之；金、水返而加減之；以日躔定差先減後加之；金、水則先加後減，即得定合積日及分。又儀天求入盈縮初末限，皆以半周天爲準。

入氣盈縮度分：乾元謂之入氣。儀天謂之求入盈縮初末限。置定積，以常數去之，不盡者，爲入氣日分；置入氣日分，如求朔望盈縮術入之，即得入氣盈縮度分。乾元置定日，以氣策去之爲氣數，不盡，爲入氣日；命以冬至，算外，即得入氣日及分。儀天各置定合積日，在半周天以下者去之，餘爲在縮，乃視在盈縮初限日及約餘以下者，便爲在盈縮初限；以上者，減去盈縮初限日約餘，爲在盈縮末限日及餘。

定合日辰：乾元謂之日辰。儀天同應天。以其大、小餘加入氣日，命從甲子，算外，即得所求。乾元、儀天以冬至大、小餘加定日，各滿紀法去之，餘並同應天。乾元冬至小餘以元率退收，百爲母；又有日躔陰陽度，置其氣陰陽分，如求朔日度分術入之，即得所求。

求入月日數〔三〕：儀天謂之求定合在何月日。置定合日辰大餘，以定朔大餘減之，餘命算外，即得所求。二曆法同。

定合定星：乾元同。儀天謂之求日躔先後定數、求五星定合定度及分。各以其星入氣盈縮度分盈加縮減之，又以百除陰、陽定分，爲度分；陽加陰減，皆加減平合，爲定星；用加天正黃道日度，滿宿去之，不滿宿，即得所求。乾元各置其星平合中星，以日躔陰陽度陰減陽加之；又以其星入曆限度前加後減之，即爲其星定合定星。餘同應天。儀天置所入限日下小餘，以其日盈縮率乘，以宗法除爲分，以盈縮其日下先後定分，爲日躔先後定度及分；又各置其星常合中度及分，以入限增定度及分增減之。金、水二星增者減，減者增；又以日躔先後定度及分，木、火、土即先減後加，金、水先加後減其日躔差，木星二因，退位，火星除二，土星退位，從下加三；金、水倍，用即得定度及分。餘同應天。

歲星入段亦名入變

段名	平日乾元謂之變日 儀天謂之常日	平度乾元謂之變度 儀天謂之常度	陰陽曆分乾元謂之前後限分 儀天謂之上下限
晨見	十七半 二曆同	三半 二曆同	三百五十二 乾元三度五十四，用陰陽度，用盈縮度。儀天二度半，用躔差。

前疾	九十八 乾元八十一半 儀天八十一	十八半 乾元儀天並十五	一千八百五十一 乾元十四度九十八 儀天十五度
前遲	一百三十一半 乾元儀天並三十三半	二十二半 乾元儀天各四度	二千二百四十九 乾元三度九十八 儀天三度
前留	一百五十八 乾元二十六半 儀天二十七	空 乾元儀天同	空 乾元儀天同
前退	一百九十九半 乾元四十一半 儀天四十一	十六太 乾元儀天各五度太減	二千二百 乾元空四十九減 儀天一度半
後退	二百四十 乾元儀天各四十半	十一 乾元儀天五度太減	二千二百五十五 乾元空五十五 儀天一度四十六
後留	二百六十七半 乾元儀天各二十七	空 乾元儀天同	空 乾元儀天同

後遲	三百一 乾元三十三半 儀天二十三半	十四半 乾元儀天各三度半	一千四百五十 乾元八度五分減 儀天二度六十三
後疾	三百八十一 乾元八十三半 儀天八十半	三十二半 乾元十五度六十二半 儀天十五度六十三	三千一十二 乾元十五度六十，用陰陽，不用盈縮。 儀天十一，用朓差。
夕合	三百九十八 八十九 乾元十七 三十七半 儀天十七 三十七分 秒一	三十三 六十四 乾元三度五十半 儀天二度四十九 小分五十六	三千六百六十四 乾元三度五十一半，用陰陽度。 儀天二度五十二、小分五十八，用朓差

熒惑入段

段名	平日 乾元謂之變日 儀天謂之常日	平度 乾元謂之變度 儀天謂之常度	陽曆分 乾元謂之前限分 儀天謂之上限分〔四〕	陰曆分 乾元謂之後限度 儀天謂之下限度〔五〕
晨見	七十二 乾元儀天並同	五十五 乾元儀天並同	五千五百 乾元五千五百八 儀天五十五度六	四千一百三 乾元四千一百五，用盈縮度。 儀天四十一，用朓差。
前疾	一百八十 乾元一百十三 儀天一百十二	一百三十 乾元七十七半 儀天七十六度二十一	一萬二千一百五十 乾元六千七百四十九 儀天六十七度半	一萬二千二百五十 乾元八千一百四十九 儀天八十一半

前次	二百八十六 乾元儀天各一百二	六百九十太 乾元六十 儀天六十半	一萬七千一百 乾元四千八百四十九 儀天四十八半	一萬七千一百 乾元四千八百五十 儀天四十八半
前遲	三百五十 乾元六十四 儀天六十四半	二百一十六太 乾元二十四 儀天二十三	二萬四千五十 乾元三千三百五十 儀天三十三半	二萬五百 乾元三千四百 儀天三十三度九十六
前留	三百五十九 乾元儀天各九	空	空	空 二曆同
前退	三百八十九 九十六 乾元儀天並三十四 十六	二百七十三 乾元儀天各減九度少	二萬七百三十二 乾元二百八十二 儀天二度十二	二萬七百三十二 乾元二百三十 儀天二百三十二
後退	四百二十 九十六 乾元三十四 十六 儀天二十四 十五	一百九十七 九十一 乾元儀天各減九度半	二萬一千一百 乾元三百六十 儀天三度五十九	一萬一千二百一十六 乾元四百八十三 儀天四度八十三
後留	四百二十九 九十二 乾元儀天各九	空	空	空 二曆同

後遲	四百九十四 九十二 乾元六十五 儀天六十四半	二百十九 九十 乾元二十三 儀天二十三	二萬三千七百九十一 乾元二千六百九十一 儀天二十六 九十二	二萬四千三百六十六 乾元三千一百五十 儀天三十一度四十九
後次	五百九十七 九十二 乾元一百三 儀天一百二	三百八十四 六十四 乾元儀天各六十四半	一萬八千九百六十六 乾元五千一百七十五 儀天五十一 七十六	二萬八千九百六十六 乾元四千六百 儀天四十六
後疾	七百七 九十二 乾元一百一十 儀天一百一十二	三百五十九 六十六 乾元七十五 十六半 儀天七十六 二十一	三萬六千一百六十六 乾元七千二百二 儀天七十二度一	三萬六千一百六十六 乾元七千二百三，用盈縮度。 儀天七十二度，用朓差。
夕合	七百七十九 九十二 乾元七十二 儀天七十二 小分九十六	四百一十四 六十六 乾元五十五 二十六 儀天五十五 小分五十一	四千九百四十一 乾元三萬一千五百二十五減 儀天五十三 小分六十八	四千九百四十一 乾元三萬一千二百二十五 儀天五十三、小分六十八，用朓差。

鎮星入段

段名	平日	平度	陽分	陰分
晨見	十九 二曆同	三十 乾元二度十九 儀天二度五分半	一百二十 乾元一度十九 儀天一度一十	一百二十五 乾元一度三十七，用陰陽度，用盈縮度。 儀天一度十六，用朓差。

中華書局

前疾	八十四 乾元儀天各六十五半	八 六十二 乾元儀天各六度五十六	四百五十 乾元三度六十八 儀天三度六十五	四百八十八 乾元三度六十五 儀天二度六十八
前遲	一百三 乾元儀天各十九	九半 乾元空八十七 儀天空八十八	五百三十九 乾元空五十七 儀天空五十八	五百四十 乾元空五十四 儀天空五十五
前留	一百四十 乾元儀天各三十七	空	空	空 二曆同
前退	一百八十九 四 乾元四十九 四分半 儀天四十九 四分半	六 四十一 乾元三度八分減 儀天減三度七分	六百四十二 乾元一百七 儀天一度十四	六百四十 乾元一百 儀天二度六分
後退	二百三十八 八 乾元儀天各四十九 四分	三 三十四 乾元減三度八分 儀天減三度七分	七百四十五 乾元一百七 儀天一度十四	七百五十 乾元一百八 儀天一度十五
後留	二百七十五 八 乾元儀天各三十七	空	空	空 二曆並同

後遲	二百九十四 八 乾元儀天各十九	四 二十一 乾元空八十七 儀天空八十八	七百九十四 乾元空四十七 儀天空四十八	七百八十 乾元空三十二 儀天空二十三
後疾	三百五十九 八 乾元儀天各六十四半	十七 十四 乾元儀天各六度五十六	一千一百六十四 乾元三度六十八 儀天三度六十五	一千一百五十 乾元三百七十四，用陰陽度，用盈縮度。儀天三度太，用躔差。
夕合	三百七十八 八 乾元儀天各十九	十二 八十四 乾元二度七分 儀天一度四分 小分五	一千二百八十四 乾元一度十九 儀天一度十分 五十九	一千二百四十八 乾元一百二十五，用陰陽度。儀天一度十四分 五十分，用躔差。

太白入段

段名	平日乾元謂之變日 儀天謂之常日	平度乾元謂之變度 儀天謂之常度	陰陽曆分
夕見	四十二 二曆同	五十三 乾元五十三 一分 儀天五十三 二分	五千三百二十 乾元五千三百一十，用盈縮度。儀天四十六，用躔差。

夕疾	一百四十五 乾元一百二 儀天一百三	一百八十半 乾元一百二十七半 儀天一百二十七 四十八	一萬八千五百五十一 乾元一萬二千七百四十，用盈縮度。儀天一百一十三。
夕次	二百一十九 乾元儀天各七十四	二百六十五 乾元儀天各八十四半	二萬六千五百二 乾元八千四百五十，用盈縮度。儀天七十八。
夕遲	二百六十九 乾元儀天各四十九	三百二十半 乾元三十七半 儀天三十七	二萬一百五十 乾元三千七百一十 儀天四十六 九十六
夕留	二百七十五 乾元儀天各七	空	空
夕退	二百八十五 乾元儀天各〔六〕	二百九十六 乾元六度半 儀天減六度	二萬九千六百二 乾元減五百八十八，用盈縮度。儀天四，用躔差。
再合	乾元謂之夕合 儀天無此法〔七〕		

	二百九十六 九十五 乾元六 九十五半	二百九十一 九十五 乾元四度五分減	二萬九千一百九十四 乾元減四百七分，用盈縮度。儀天六十，用躔差。
晨見	二百九十八 十九 乾元六 九十五半 儀天十三 九十一	二百八十七 九十 乾元四度五分減 儀天減八度一十	二萬八千七百九十一 乾元減四百七，用盈縮度。儀天六十，用躔差。
晨退	三百八十 九十 乾元儀天各十	二百八十一 乾元儀天各六度半	二萬八千一百九十一 乾元減六百 儀天四
晨留	三百一十五 九十 乾元儀天各七	空	空 二曆並同
晨遲	三百六十四 九十 乾元儀天各四十九	三百一十八 九十 乾元儀天各三十七	三萬一千八百九十一 乾元三千七百 儀天四十七 九十八
晨次	四百三十八 九十 乾元七十五 儀天七十四	四百三十四 乾元儀天各八十四半	三千八百一十五 乾元減二萬八千六 十六 儀天七十八

二十四史
中華書局

晨疾	五百四十一九十 乾元儀天各一百三	五百三十九十 乾元一百二十七半 儀天一百二十七 四十八	一萬六千五百六十五 乾元一萬二千七百四十三，用盈縮度。儀天一百一十三，用躔差。
晨合	五百八十三九十 乾元儀天各四十二	五百八十三九十 乾元五十三 一分 儀天五十三 三分	二萬一千八百六十五 乾元五千三百一，用盈縮度。儀天四十五、九千五百，用躔度。

辰星入段

段名	平日 乾元變度 儀天常度	陰陽曆分〔八〕 乾元前後限分 儀天上下限	陰陽曆分 乾元前後限分 儀天上下限
夕見	十七 二曆同	三十四 二曆同	三千四百一 乾元三千四百一，不用盈度〔九〕。儀天二十七、九十四，用躔差。
夕疾	二十九 乾元十七 儀天二十七	五十一 乾元二十二 儀天三十二	五千一百三 乾元二千二百三，用躔差，用盈縮度。儀天二十九。
夕遲	四十四 乾元十 儀天無此法	六十四 乾元八	六千三百九十八 乾元八百，用躔差，用盈縮度。
夕留	四十七 乾元儀天各三	空	空 二曆並同
再合	五十七九十四 乾元十一 謂之夕合〔一〇〕	五十七九十四 乾元減六度	五千七百九十四 乾元減六百二，用躔差，用盈縮度。
晨見	六十八八十八 乾元十一 儀天一十二	五十一八十八 乾元減六度 儀天減十二度	五千一百八十八 乾元減六百四，用躔差，不用盈縮度。儀天二，用躔差。
晨留	七十一八十八 乾元儀天各三	空 二曆並同	空
晨遲	八十六八十八 乾元十 儀天無此法	六十四八十八 乾元加八	六千四百八十八 乾元八百一，用躔差，不用盈縮度。
晨疾	九十八八十八 乾元十七 儀天二十七	八十一八十八 乾元二十三 儀天三十	八千一百八十七 乾元二千二百五，用躔差，用盈縮度。儀天二十七度九十四，用躔差。
晨合	一百一十五八十八 乾元十六 八十八 儀天十六 八千七百九十九	一百一十五八十八 乾元三十三 八十三 儀天三十 八千七百九十九	一萬一千五百一十五 乾元二千三百八十四，用躔差，用盈縮度。儀天二十七度九十四，用躔差。

諸段平日平度：乾元謂之諸星變定積。儀天謂之五星諸變中日中度。置平合日度，以諸段下平日平度加之，即得所求。乾元各置其星變日，以所求入曆前後度前加後減之。其太白、辰星夕見變及晨疾變，皆以返用加減。熒惑晨見變定，置定差，以進一位滿十一除之爲定差，各依加減，即得所求；在留變者，置其變定積，以前變前後度前加後減之。其火星三因之，後退者倍之。儀天各置其星常合中日中度及分，以其星諸變段下常加合中日〔一一〕變度加減中星，即得諸變中日中度及分。

諸段入曆：儀天謂之求五星諸變入限及增減定度。置平合入陰陽曆分，各以逐段陰陽曆分加之，爲諸段入曆分。乾元以在諸變曆分中入曆名曰限變度。儀天各置其星常合入曆度分，以其星諸變段下上下限度分累加之，滿周天去之，餘依常合術入之，各得增減定度。其金星在晨疾、晨合、夕見變者，置增減定度及分，以四乘三除，爲金星變定差。其火星在晨見變者，以九乘，增減定度及分，退一位，爲晨星變定差。

諸段入變分：置入曆分，各以變分去之，餘爲入變分。求陰陽定分，依平合術入之。乾元諸段變分在入變前逃。儀天即同應天。

五星諸段定積日：乾元謂之求五星諸變定日。置其入陰陽定分，百除，爲日分；陽減陰減諸段平日〔一二〕。其金水夕見、晨疾返爲之定積。其金星晨次、晨遲，更用盈縮度縮加盈減定積爲定。求其入氣月日，如平合術入之。又熒惑前遲定積，置平合入陰陽曆分，加二萬一千六百七十五，盈三萬六千五百二十五半去之。餘與見求入陰陽曆同者，更不求之，如不同

曆者，即依平合術入，所得，用加前遲留退、後退留平日爲定積，入氣月日如前。又五星定用盈縮差及陰陽定分〔一三〕：歲熒惑鎭星晨見、夕疾、定合，太白定合、夕見、夕退、再合、晨見及後、晨疾，皆用盈縮定差，太白定合晨、夕見及後疾，皆用盈縮定差〔一四〕。內歲星後疾不用盈縮定差，辰星諸段總用盈縮定差盈加縮減。熒惑晨見陰陽定分身外加一，前疾陽定分再析，各爲定分。乾元諸變定日在入變前。儀天各置其星入變中日，以其星所入變限增減定度及分，增者增之，減者減之。其金星定合、夕見、夕順疾、夕次疾、晨次疾，水星定合、夕見、晨疾變，皆以增減定度及分，增者減之，減者增之，各得定日。合用日躔差者，乃以日躔先後定差先減後加，乃爲定日及分。其日躔差，金水定合、夕見、晨疾，以日躔差先加後減，乃爲定日及分天之度數。

定星：乾元謂之求五星諸變定星。儀天謂之求五星諸變定度。以合用盈縮定差加減平度分，又以陰陽定分陽加陰減。其金水夕見、晨疾返用爲定星，求宿度，加平合入之。熒惑前遲、後退差度以二百三十六度加前遲定星，二百五十七度加後退定星，如半周天以下爲陽度；以上者去之，餘爲陰度；前遲陰陽度在一百一十度以上者，返減半周天，餘以五因之，後退入陰陽度在七十四度以下者，亦五因之，皆滿百爲度分，陽減陰加定星，爲前遲、後退定星；求宿度，加平合入之。乾元置其星其變中星，以入曆前後度前加後減之，又合用陰陽度者，陰減陽加之，爲定星；以冬至黃道日度加之，命從斗宿，算外，即其變所入宿次也。若在留變者，更不求定星也，只用前變定星爲留變定星。又熒

感留差，以一百一十九度減前遲定星，以一百三十四度減後退定星，在一百八十二度半以下爲前，以上者去之爲後；置前後度，在七十三度以下爲在前，以上者返減一百八十三度半，餘爲後度，皆倍之，百除爲度，命曰留差度及分也。又前退定星度，以一百二十三度減前退定星，又以一百三十一度減後退定星，在一百八十二度半以下者爲前，以上者去之爲後，視前後度在七十三度以下爲前，以上者返減一百八十二度半爲後：皆以倍之，百除爲度，即得前後退差度及分也；用前減後加其段定星爲定星。又五星用陰陽度：歲星熒惑鎭星晨見，後疾，夕合；太白夕見、退，夕合，晨見，後疾，平合皆用日躔、陰陽度〔二五〕，其辰星諸段皆用之。儀天各置其星其變中度及分，以其變入限增減定度及分，增者增之，減者減之。其金星定合、夕見、夕定度及分〔二六〕，增者減之，減者增之，各得定日、次定日，各加減訖後，合用日躔先後定差者，以日躔先後定差及分先減後加之，即各得定度及分。其日躔差，木星定合，五因，半而退位，晨見先二因，退位，後五因，半而退位；後定疾先差五因，半而退位，定差二因退位；火星定合，身外除二，晨見先差七因，退位，後差身外除二，後差七因退位；土星定合，退位從下加三，晨見先差退位，後差從下加三，退位，後差退位；金星定合，二因之，夕見先差伏倍用，後差從下加二；後差二因，夕退伏、晨退見六因，先後退位；水星夕見後差從下加三，先差二因，晨疾先差從下加三，後差倍用，定合乃用加減次定度爲定度，置定度及分，以加天正冬至加時黃道日度及分，命從斗宿初度起算，至不滿宿，算外，即得其變加時宿度；其火星前、後退及前遲變皆爲次定星，又置之，以留退定差度及分，增者增之，減者減之，得爲前、後退定度，前遲，置前留定差，以三除之，乃用增減前遲定度也。又火星留差，以一百二十四半減前遲次定度，又以二百四十六度少加後退定度，若在一百八十二度六十二分以下爲入在增；以上者，以減去一百

八十二度六十二分爲入在減。置入在增、減度及分，如在七十二度以下者爲上限；以上者，返減一百八十二度六十二分，餘爲下限。各置所入上、下限增減度及分，在上限四因之，在下限倍，身外加三，皆以一百約之爲度及分，若在後留者，三因之爲定差度及分。又，儀天有火星退定差度及分，以二百四十一度少加前退後次定度，又以一百一十九度減退次定度及分〔二七〕，餘，在一百八十二度六十二分以下者爲入在增；以上者，減去一百八十二度六十二分，餘爲入在減。又置入上、下限度分，若在七十二度以下者爲上限，如在七十二度以上者爲減一百八十二度六十二分，餘爲下限。又置上下限增減度分，在上爲度，不滿爲分，即各得退定差度及分，其定差，如在後退者，倍之爲定差。又有火星留定日，各置前、後留常中日，前留以前遲變入限增減定度及分，增者增之，減者減之，各以前、後留定差度及分，增者加之，減者損之，即得前、後留定日，其增減差通入曆用之。又有火星前、後退定度，各置前、後變次定度及分，以前、後退定差度及分，如在增者加之，在減者損之，即得定度及分；置定度及分，以加天正冬至黃道日度及分，命從斗宿初度去之，至不滿宿，算外，即得退行所在宿度及分也，其增減定度，三除乃用之。

日率度率：以本段定積減後段定積，爲泛日率；以本段定星減後段定星，爲定度率。又置後段甲子，以前段甲子減之，餘爲距後實日率。乾元以前段定積減後段定積爲日率，以其段定星減後段定星爲度率。儀天各置其段定日定度，以前段定日定度減之，餘者爲其段日率、度率。其退行段，置前段定度減之，餘爲退行度率。

平行分：儀天謂之求每日平行度及分。以距後日率除度率，爲平行分。乾元以日率除度率爲行分。

儀天各置其段度率及分，以其段日率除之，即得其星平行分。

初末行分：儀天謂之求每段初末日度及分。置其段平行分，與後段平行分相減，爲合差；半之，加減平行分，爲初、末行分；後多者減平行分爲初，加平行分爲末；後少者加平行分爲初，減平行分爲末。乾元法同。儀天各以其段平行分與後段平行分相減，餘爲會差，半會差，以加減其段平行分〔二八〕；餘同應天。又五星前留一段及後退段，皆加爲初、減爲末；後留一段及前退段，皆以半總差減爲初、加爲末。其總差消息前後段初、末分，令衰殺等以用總差，即得前後段初、末行分相應也。

求日差：以距後日除合差爲日差。乾元以日率除合差爲日差。儀天置其段總差，以減其日率，一百除之，即爲每日差行之分。

求每日行分：以日差後多者益、後少者損初日行分，爲每日行分。乾元、儀天法同。

求每日星所在：以每日行分順加逆減其星，命如前，即得所求。其木火土水前、後遲段平行分倍之，前爲初，後爲末分，各以距後日除，爲日差；前遲日損、後遲日益，爲每日行分〔二九〕。乾元以日差累損益初日行分，累加其段宿次，即得每日星行宿次及分。儀天求每日差行度及分，各置其段總差，以減其日率一日以除之〔三〇〕，即爲每日差行之分。以每日差分累損益初日行分，爲每日行度及分。初日行分多於末日行分，累損初日行分；少於末日行分，累益初日行分。將其每日行度及分累加其星初日所在宿次，各得每日所在宿次及分。如是退行段，將每日行分累減其初日宿次及分，即得退行所在宿度及分。又儀天有直求其日星所在宿次，置其所求

日，減一，以乘每日差分，所得，爲積差，以積差加減初日行分，初日多於末日減之；末日多於初日加之，即得其日行分；以初日行分併之，乃半之，爲平行分；置平行分，以求日數乘之，爲積度及分；以其積度及分加其星初日星度，命去之，即其星其日所在宿次及分、如是退行段，以其積度及分減其星初日宿度，餘，爲其星所在宿度及分。

漏刻，周禮挈壺氏主挈壺水以爲漏，以水火守之，分以日夜，所以視漏刻之盈縮，辨昏旦之短長。自秦、漢至五代，典其事者，雖立法不同，而皆本於周禮。惟後漢、隋、五代著于史志，其法甚詳，而歷載既久，傳用漸差。國朝復挈壺之職，專司辰刻，署置於文德殿門內之東偏，設鼓樓、鐘樓於殿庭之左右。其制有銅壺、水稱、渴烏、漏箭、時牌、契之屬：壺以貯水，烏以引注，稱以平其漏，箭以識其刻，牌以告時於晝，牌有七，自卯至酉用之，制以牙，刻字塡金。契以發鼓於夜，契有二：一曰放鼓，二曰止鼓。制以木，刻字於上。常以卯正後一刻爲禁門開鑰之節，盈八刻後以爲辰時，每時皆然，以至於酉。每一時，直官進牌奏時正，雞人引唱，擊鼓一十五聲，惟午正擊鼓一百五十聲。至昏夜雞唱，放鼓契出，發鼓、擊鐘一百聲，然後下漏。每夜分爲五更，更分爲五點，更以擊鼓爲節，點以擊鐘爲節。每更初皆雞唱，轉點即移水稱，以至五更二點，止鼓契出，凡放鼓契出，禁門外擊鼓，然後衙鼓作，止鼓契出亦然，而更鼓止焉。五點擊鐘一百聲。雞唱、擊鼓，是謂攢點，至八刻後爲卯時正，四時皆用此法。禁中又別有更點在長春殿門之外，玉

中華書局

清昭應宮、景靈宮、會靈觀、祥源觀及宗廟陵寢，亦皆置焉，而更以鼓爲節，點以鉦爲節。大中祥符三年，春官正韓顯符上銅渾儀法要，其中有二十四氣晝夜進退、日出沒刻數立成之法，合於宋朝曆象，今取其氣節之初，載之于左：

二十四氣	日出	日沒	晝刻	夜刻
冬至	卯四刻一百四十四半	申三刻五十一半	四十刻五	五十九刻一百四十二
小寒	卯四刻一百一十九半	申三刻七十六半	四十刻五十五	五十九刻九十二
大寒	卯四刻三十四半	申四刻十四半	四十一刻七十八	五十八刻六十九
立春	卯三刻五十六半	申四刻一百三十九半	四十三刻三十四	五十六刻一百一十三
雨水	卯二刻五十八半	申五刻一百三十七半	四十五刻三十	五十四刻一百一十七
驚蟄	卯一刻四十半	申七刻八半	四十七刻六十六	五十二刻八十一
春分	卯初空	酉初空	五十刻空	五十刻空
清明	寅七刻八〔二〕	酉一刻四十半	五十二刻八十一	四十七刻六十六
穀雨	寅五刻一百二十七半	酉二刻六十八半	五十四刻一百三十七	四十五刻十
立夏	寅四刻一百四十九半〔三〕	酉三刻七十六半	五十七刻六	四十二刻一百四十一
小滿	寅三刻一百四十六半	酉四刻四十九半	五十八刻九十九	四十一刻四十八
芒種	寅三刻七十一半	酉四刻一百二十四半	五十九刻一百二	四十刻四十五
夏至	寅三刻五十一半	酉四刻一百四十四半	五十九刻一百四十二	四十刻五
小暑	寅三刻七十一半	酉四刻一百二十四半	五十九刻一百二	四十刻四十五
大暑	寅三刻一百四十六半	酉四刻四十九半	五十八刻九十九	四十一刻四十八
立秋	寅四刻一百一十九半	酉三刻七十六半	五十七刻六	四十二刻一百四十一
處暑	寅五刻一百二十七半	酉二刻六十八半	五十四刻一百三十七	四十五刻十
白露	寅七刻八半	酉一刻四十半	五十二刻八十一	四十七刻六十六
秋分	卯初空	酉初空	五十刻空	五十刻空
寒露	卯一刻四十半	申七刻八半	四十七刻六十六	五十二刻八十一
霜降	卯二刻五十八半	申五刻一百三十七半	四十五刻三十	五十四刻一百一十七
立冬	卯三刻五十六半	申四刻六十九半〔四〕	四十三刻三十四	五十六刻一百一十三
小雪	卯四刻三十四半	申四刻十四半	四十一刻七十八	五十八刻六十九
大雪	卯四刻一百十九半	申三刻七十六半	四十刻五十五	五十九刻九十二

殿前報時雞唱，唐朝舊有詞，朱梁以來，因而廢棄，止唱和音。景德四年，司天監請復用舊詞，遂詔兩制詳定，付之習唱。每大禮、御殿、登樓、入閤、內宴、晝改時、夜改更則用之，常時改刻改點則不用。

五更五點後發鼓曰：朝光發，萬戶開，羣臣謁。平旦寅，朝辨色，泰時昕。日出卯，瑞露晞，祥光繞。食時辰，登六樂，薦八珍。禺中巳，少陽時，大繩紀。日南午，天下明，萬物覩。日昳未，飛夕陽，清晚氣。晡時申，聽朝暇，湛凝神。日入酉，羣動息，嚴扃守。

初夜發鼓曰：日欲暮，魚鑰下，龍韜布。甲夜已，設鉤陳，備蘭錡。乙夜庚，杓位易，太階平。丙夜辛，清鶴唳，夢良臣。丁夜壬，丹禁靜，漏更深。戊夜癸，曉奏聞，求衣始。

端拱中，翰林天文鄭昭晏上言：「唐貞觀二年三月朔，日有食之，前志不書分數、宿度、分野、虧初復末時刻。臣以乾元曆法推之，得其歲戊子，其朔戊申，日所食五分，一分在未出時前，四分出後，其時出在寅六刻，虧在三刻，食甚在八刻，復在卯四刻，當降婁九度。」又言：

按曆書云，凡欲取驗將來，必在考之既往。謹按春秋交食及漢氏以來五星守犯，以新曆及唐麟德、開元二曆覆驗三十事，以究其疏密。

日食：

春秋，魯僖公十二年春三月庚午朔，日有食之。其年五月庚午朔，去交入食限誤爲三也。文公元年春二月癸亥朔，日有食之。其年三月癸巳朔，去交入食限誤爲二也。文公十五年夏六月辛丑朔，日有食之。是月汛交分入食限前。漢元光元年七月癸未晦，日有食之。今按曆法，當以癸未爲八月朔，蓋日食朔、月食望，自爲常理，今云晦日食者，蓋司曆之失也。征和四年八月辛酉晦，日有食之。辛酉亦當爲九月朔，又失之。

五星守犯：

後漢永元五年七月壬午，歲星犯軒轅大星。麟德星五度。開元張五度。乾元張八度。

元初三年七月甲寅，歲星入輿鬼。麟德井二十九度。開元鬼一度。乾元柳五度。

後魏太延二年八月丁亥，歲星入鬼。麟德井二十八度。開元鬼二度。乾元柳三度。

正始二年六月己未，歲星犯昴。麟德昴二度。開元昴三度。乾元昴四度。

宋大明三年五月戊辰，歲星犯東井鉞。麟德參四度。開元參六度。乾元井初度。

後漢永和四年七月壬午，熒惑入南斗，犯第三星。麟德箕七度。開元斗一度。乾元斗十二度。

魏嘉平三年十月癸未，熒惑犯亢南星。麟德角六度。開元亢五度。乾元亢三度。

晉永和七年五月乙未，熒惑犯軒轅大星。麟德星七度。開元張二度。乾元張二度。

後魏太常二年五月癸巳，熒惑犯右執法。麟德翼六度。開元翼十二度。乾元翼十三度。

陳天嘉四年八月甲午，熒惑犯軒轅大星。麟德張二度。開元張五度。乾元張四度。

後漢延光三年九月壬寅，鎮星犯左執法。麟德翼十九度。開元軫二度。乾元翼五度。

晉永和十年正月癸酉，鎮星掩鉞星。麟德參六度。開元參七度。乾元井三度。

後魏神瑞二年三月己卯，鎮星再犯輿鬼積尸。麟德井二十八度。開元井三十度。乾元柳初度。

齊永明九年七月庚戌，鎮星逆在泣星東北。麟德危二度。開元虛九度。乾元危四度。

陳永定三年六月庚子，鎮星入參。麟德參七度。開元參八度。乾元井二度。

後漢永初四年六月癸酉，太白入鬼。麟德參五度。開元井三十度。乾元鬼初度。

延光三年二月辛未，太白入昴。麟德晨伏。開元昴六度。乾元昴一度。

魏黃初三年閏六月丁丑，太白晨伏。麟德丁亥晨伏，後十日。開元同，丁丑晨伏。乾元十月晨閏，七月丁丑晨伏。

晉咸康七年四月己丑，太白入輿鬼。麟德柳三度。開元鬼一度。乾元柳一度。

晉永和十一年九月己未，太白犯天江。麟德尾四度。開元尾九度。乾元尾十二度。

漢太始二年七月辛亥，辰星夕見。麟德伏末見。開元夕見軫九度。乾元夕見軫九度。

後漢元初五年五月庚午，辰星犯輿鬼。麟德井二十七度。開元井二十八度。乾元井二十九度。

漢安二年五月丁亥，辰星犯輿鬼。麟德夕見井二十二度。開元夕見鬼二度。乾元夕見鬼一度。

晉隆安三年五月辛未，辰星犯軒轅大星。麟德夕見星五度。開元夕見星三度。乾元夕見星五度。

後魏太和十五年六月丙子，辰星隨太白於西方。麟德張二度。開元星五度。乾元張初度。

端拱二年四月己未，翰林祗候張玭夜直禁中，太宗手詔曰：「覽乾元曆細行，此夕熒惑當退軫宿乃順行，今止到角宿卽順行，得非曆差否？」奏曰：「今夕一鼓，占熒惑在軫末、角初，順行也。據曆法，今月甲寅至軫十六度，乙卯順行，驗天差二度。臣占熒惑明潤軌道，兼前歲逆出太微垣，按曆法差疾者八日，此皆上天祐德之應，非曆法之可測也。」至道元年，昭晏又上言：「承詔考驗司天監丞王睿雍熙四年所上曆[三]，以十八事按驗，所得者六，所失者十二。」太宗嘉之，謂宰相曰：「昭晏曆術用功，考驗否臧，昭然無隱。」由是賜昭晏金紫，令兼知曆算。二年，屯田員外郎呂奉天上言：

按經史年曆，自漢、魏以降，雖有編聯，周、秦以前，多無甲子。太史公司馬遷雖言歲次，詳求朔閏，則與經傳都不符合，乃言周武王元年歲在乙酉。唐兵部尚書王起撰五位圖，言周桓王十年，歲在甲子，四月八日佛生，常星不見；又言孔子生於周靈王庚戌之歲，卒於周悼王四十一年壬戌之歲，皆非是也。馬遷乃古之良史，王起又近世名儒，後人因循莫敢改易。臣竊以史氏凡編一年，則有一十二月，月有晦朔、氣閏，則須與歲次合同，苟不合同，何名歲次。本朝文教聿興，禮樂咸備，惟此一事，久未刊詳。臣探索百家，用心十載，乃知唐堯卽位之年，歲在丙子，迄太平興國元年，亦在丙子，凡三千三百一年矣。虞、夏之間，未有甲子可證，成湯既沒，太甲元年始有二月乙丑朔旦冬至，伊尹祀于先王，至武王伐商之年正月辛卯朔，二十有八日戊午，二月五日甲子昧爽。又，康王十二年六月戊辰朔，三日庚午朏，王命作册畢。自堯卽位年，距春秋魯隱公元年，凡一千六百七年；從隱公元年，距今至道二年，凡一千七百一十五年；從太甲元年，距今至道二年，凡二千七百三十二年；從魯莊公七年四月辛卯夜常星不見，距今

至道二年，凡一千六百八十一年；從周靈王二十年孔子生，其年九月庚戌、十月庚辰兩朔頻食，距今至道二年，凡一千五百四十五年；從魯哀公十六年四月乙丑孔子卒，距今至道二年，凡一千四百七十二年。以上並據經傳正文，用古曆推校，無不符合，乃知史記及五位圖所編之年，殊爲闊略。諸如此事，觸類甚多，若盡披陳，恐煩聖覽。臣耽研既久，引證尤明，起商王小甲七年二月甲申朔旦冬至，自此之後，每七十六年一得朔旦冬至，此乃古曆一蔀；每蔀積月九百四十、積日二萬七千七百五十九，率以爲常，直至春秋魯僖公五年正月辛亥朔旦冬至，了無差爽。用此爲法，以推經傳，縱小有增減，抑又經傳之誤，皆可以發明也。古曆到齊、梁以來，或差一日，更用近曆校課，亦得符合。伏望聖慈，許臣撰集，不出百日，其書必成。儻有可觀，願藏祕府。

詔許之。書終不就。

又司天冬官正楊文鎰上言：「新曆甲子，請以百二十年。」事下有司，以其無所依據，議寢不行。太宗曰：「支干相承，雖止於六十，儻再周甲子，成上壽之數，使期頤之人得見所生之年，不亦善乎？」遂詔新曆甲子所紀百二十歲。

國初，有司上言：「國家受周禪，周木德，木生火，則本朝運膺火德，色當尚赤。臘以戌

曰。」詔從之。

雍熙元年四月，布衣趙垂慶上書言：「本朝當越五代而上承唐統爲金德，若梁繼唐，傳後唐，至本朝亦合爲金德。矧自國初符瑞色白者不可勝紀，皆金德之應也。望改正朔，易車旗服色，以承天統。」事下尙書省集議，常侍徐鉉與百官奏議曰：「五運相承，國家大事，著於前載，具有明文。頃以唐末喪亂，朱梁簒弒，莊宗早編屬籍，親雪國讎，中興唐祚，重新土運，以梁室比羿、浞、王莽，不爲正統。自後數姓相傳，晉以金，漢以水，周以木，天造有宋，運膺火德。況國初祀赤帝爲感生帝，于今二十五年，豈可輕議改易？」又云：「梁至周不合迭居五運，欲國家繼唐統爲金德，且五運迭遷，親承曆數，質文相次，間不容髮，豈可越數姓之上，繼百年之運？此不可之甚也。按唐書天寶九載，崔昌獻議自魏、晉至周、隋，皆不得爲正統，欲唐遠繼漢統，立周、漢子孫爲王者後，備三恪之禮。是時，朝議是非相半，集賢院學士衞包上言符同，李林甫遂行其事。至十二載，林甫卒，復以魏、周、隋之後爲三恪，崔昌、衞包由是遠貶，此又前載之甚明也。伏請祗守舊章，以承天祐。」從之。

大中祥符三年，開封府功曹參軍張君房上言：「自唐室下衰，土德隤圮，朱梁氏彊稱金統，而莊宗旋復舊邦，則朱梁氏不入正統明矣。晉氏又復稱金，蓋謂乘于唐氏，殊不知李昪建國于江南耳。漢家二主，共止三年，紹晉而興，是爲水德。洎廣順革命，二主九年，終于顯

德。以上三朝七主，共止二十四年，行運之間，陰隱而難賾。伏自太祖承周木德而王，當於火行，上繫于商，開國在宋，自是三朝迄今以爲然矣。愚臣詳而辨之，若可疑者。太祖禪周之歲，歲在庚申。夫庚者，金也，申亦金位，納音是木，蓋周氏稱木，爲二金所勝之象也。太宗登極之後，詔開金明池於金方之上，此誰啓之，乃天之靈符也。陛下履極當彊圉之歲，握符在作噩之春，適宋道之隆興，得金天之正氣。臣試以瑞應言之，則當年丹徒貢白鹿，姑蘇進白龜，條支之雀來，潁川之雉至；臣又聞當封禪之時，魯郊貢白兎，鄆上得金龜，皆金符之至驗也。願以臣章下三事大臣，參定其事。」疏奏，不報。

天禧四年，光祿寺丞謝絳上書曰：

臣按古誌，凡帝王之興，必推五行之盛德，所以配天地而符陰陽也。故神農氏以火德，聖祖以土德，夏以木德，商以金德，周以火德。自漢之興，王火德者，以謂承堯之後。且漢，堯之裔也。五帝之大，莫大於堯，漢能因之，是不墜其緒而善繼其盛德也。國家膺開光之慶，執敦厚之德，宜以土瑞而王天下。然其推終始傳，承周之木德而火當其次。且朱梁不預正統者，謂莊宗復興于後。自石晉、漢氏以及于周，則李昪建國于江左而唐祚未絕，是三代者亦不得正其統矣。昔者，秦祚促而德暴，不入正統，考諸五代之際，亦是類矣。國家誠能下黜五代，紹唐之土德，以繼聖祖，亦猶漢之黜秦，興

周之火德以繼堯者也。

夫五行定位，土德居中，國家飛運于宋，作京于汴，誠萬國之中區矣。傳曰：「土爲羣物主，故曰后土。」洪範曰：「土爰稼穡，稼穡作甘。」方今四海給足，嘉生蕃衍，邇年京師甘露下，泰山醴泉湧，作甘之兆，斯亦見矣。矧靈木異卉，資生於土，千品萬類，不可勝道，非土德之驗乎？

臣又聞之，太祖生于洛邑，而胞絡惟黃；鴻圖既建，五緯聚於奎躔，而鎭星是主。及陛下升中之次，日抱黃珥；朝祀于太清宮，有星曰含譽，其色黃而潤澤。斯皆凝命有表，盛德攸屬，天意人事響效之大者，則土德之符在矣。是故天心之在茲，陛下拒而罔受；民意之若是，陛下謙而弗答。氣運未宜，河決遂潰，豈不神哉！然則天淵之勃流，水德之浸患，考六府之厭鎭，驗五行之勝剋，亦宜興土之運，禦時之災。伏望順考符應，詳習法度，惟陛下時而行之。

大理寺丞董行父又上言曰：「在昔泰皇以萬物生於東，至仁體乎木，故德始於木。木以生火，神農受之爲火德；火以生土，黃帝受之爲土德；土以生金，少昊受之爲金德；金以生水，顓頊受之爲水德；水以生木，高辛受之爲木德；木以生火，唐堯受之爲火德；火以生土，虞舜傳之爲土德。土以生金，夏爲金德；金以生水，商爲水德；水以生木，周爲木

德；木以生火，漢應圖讖爲火德；火以生土，唐受曆運爲土德。陛下紹天之統，受天之命，固當上繼唐祚，以金爲德，顯黃帝之嫡緒，彰聖祖之丕烈。臣又按聖祖先降於癸酉，太祖受禪於庚申，陛下即位於丁酉，天書下降於戊申。庚，金也，申、酉皆金也，天之體也。陛下紹唐、漢之運，繼黃帝之後，三世變道，應天之統，正金之德，斯又順也。」詔兩制詳議。既而獻議曰：「竊詳謝絳所述，以聖祖得瑞，宜承土德，且引漢承堯緒爲火德之比，雖班彪敍漢祖之興有五，其一曰帝堯之苗裔，及序承正統，乃越秦而繼周，非用堯之行。今國家或用土德，即當越唐上承於隋，彌以非順，失其五德傳襲之序。又據董行父請越五代紹唐爲金德，若其度越累世，上承百代之統，則晉、漢洎周，咸帝中夏，太祖實受終於周室而陟于元后，豈可弗遵傳繼之序，續於遐邈之統？三聖臨御六十餘載，登封告成，昭姓紀號，率循火行之運，以輝炎靈之曜。茲事體大，非容輕議，矧雍熙中徐鉉等議之詳矣。其謝絳、董行父等所請，難以施行。」詔可。

校勘記

〔一〕平合三百九十八日八千八百五十七秒二十八　五因歲星總，元法而一，得三百九十八日、餘八千八百五十九、秒二十五。疑原小餘數和秒數誤。

〔二〕乾元餘二千五百五十五秒八千六百二十五　五因乾元率，元率而一，得三百九十八日、餘二千五百五十七、秒八千六百二十五。疑原小餘數誤。

〔三〕求入月日數　本條只注「儀天罰之求定合在何月日」，未注乾元名稱，但據下文所注「二曆法同」，知乾元有此法，史有脫文。

〔四〕乾元謂之前限分儀天謂之上限分　按本立成本項乾元所用單位爲分，儀天所用單位爲度，疑「上限分」應作「上限度」。

〔五〕乾元謂之後限度儀天謂之下限度　疑「後限度」應作「後限分」，理由同前。

〔六〕乾元儀天各　按本項其他各段皆有乾元、儀天數字而此處獨無，史有脫文。

〔七〕儀天無此法　據本段「陰陽曆分」項「儀天六十，用朓差」，疑本段有誤。

〔八〕陰陽曆分　據其他諸星入段立成，應作「平度」。

〔九〕不用盈度　按其他各段皆作「用盈縮度」或「不用盈縮度」，疑盈字下脫「縮」字。

〔一〇〕乾元十一謂之夕合　據本立成其他各段皆并列乾元、儀天度數，或注「儀天無此法」，本段既無儀天度數，亦未注明緣故，疑史有脫文。

〔一一〕常加合中日　疑「加」字下有脫文。

〔一二〕陽減陰減諸段平日　疑「陽減」應作「陽加」。

〔一三〕又五星定用盈縮差及陰陽定分　疑上「定」字衍。

〔一四〕太白定合晨夕見及後疾皆用盈縮定差　據上下文，疑本句有誤。

〔一五〕皆用日躔陰陽度　按此說和太白入段立成所載不同。該立成只有「用躔差」和「用盈縮度」而無「陰陽度」字樣。

〔一六〕夕定度及分　「夕」下有脫文。

〔一七〕減退次定度及分　據上文，疑「減」下脫「前」字，「次」上脫「後」字。

〔一八〕以加減其段平行分　「行」字原脫，據上文補。又「分」下疑有脫文。

〔一九〕其木火土水前後遲段平行分倍之前爲初後爲末分各以距後日除爲日差前遲日損後遲日益爲每日行分　按本節爲求每日星所在，不應以求每日行分爲其內容，疑本段應屬求每日行分條。

〔二〇〕以減其日率一日以餘之　本句費解，疑「餘」爲「除」之誤。

〔二一〕寅七刻八　按淸明和白露日出分同，「八」應作「八半」。

〔二二〕寅四刻一百四十九半　按立夏和立秋日出分同，「一百四十九半」應作「一百一十九半」。

〔二三〕申四刻六十九半　按立冬和立春日沒分同，「六十九半」應作「一百三十九半」。

〔二四〕雍熙四年所上曆　「雍熙」，宋會要運曆一之五、玉海卷一〇都作「淳化」。

宋史卷七十一

志第二十四

律曆四

崇天曆

道體爲一，天地之元，萬物之祖也。散而爲氣，則有陰有陽；動而爲數，則有奇有偶；凝而爲形，則有剛有柔；發而爲聲，則有淸有濁。其著見而爲器，則有律、有呂。凡禮樂、刑法、權衡、度量皆出于是。自周衰樂壞，而律呂候氣之法不傳。西漢劉歆、揚雄之徒，僅存其說。京房作準以代律，分六十聲，始於南事，終於去滅。然聲細而難分，世不能用。歷晉及隋、唐，律法微隱。宋史止載律呂大數，不獲其詳。今掇仁宗論律及諸儒言鐘律者記于篇，以補續舊學之闕。

仁宗著景祐樂髓新經，凡六篇，述七宗二變及管分陰陽、剖析淸濁，歸之于本律。次及間聲，合古今之樂，參之以六壬遁甲。

其一、釋十二均，曰：「黃鐘之宮爲子、爲神后、爲土、爲雞緩、爲正宮調，太簇商爲寅、爲功曹、爲金、爲般贍、爲大石調，姑洗角爲辰、爲天剛、爲木、爲嗢沒斯、爲小石角，林鐘徵爲未、爲小吉、爲火、爲雲漢、爲黃鐘徵，南呂羽爲酉、爲從魁、爲水、爲滴、爲般涉調，應鐘變宮爲亥、爲登明、爲日、爲密、爲中管黃鐘宮，蕤賓變徵爲午、爲勝先、爲月、爲莫、爲應鐘徵。大呂之宮爲大吉、爲高宮，夾鐘商爲大衝、爲高大石，仲呂角爲太一、爲中管小石調，夷則徵爲傳送、爲大呂徵，無射羽爲河魁、爲高般涉，黃鐘變宮爲正宮調，林鐘變徵爲黃鐘徵。太簇之宮爲中管高宮，姑洗商爲高大石，蕤賓角爲歇指角，南呂徵爲太簇徵，應鐘羽爲中管高般涉，大呂變宮爲高宮，夷則變徵爲大呂徵。夾鐘之宮爲中呂宮，仲呂商爲雙調，林鐘角在今樂亦爲林鐘角，無射徵爲夾鐘徵，黃鐘羽爲中呂調，太簇變宮爲中管高宮，南呂變徵爲太簇徵。姑洗之宮爲中管中呂宮，蕤賓商爲中管商調，夷則角爲中管林鐘角，應鐘徵爲姑洗徵，大呂羽爲中管中呂調，夾鐘變宮爲中呂宮，無射變徵爲夾鐘徵。仲呂之宮爲道調宮，林鐘商爲小石調，南呂角爲越調，黃鐘徵爲中呂徵，太簇羽爲平調，姑洗變宮爲中管中呂宮，應鐘變徵爲姑洗徵。蕤賓之宮爲中管道調宮，夷則商爲中管小石調，無射角爲中管越調，大呂徵爲蕤賓徵，夾鍾羽爲中管平調，中呂變宮爲道調宮，黃鍾變徵爲仲呂徵。林鍾之宮爲南呂宮，南呂商爲歇指調，應鍾角爲大石調，太簇徵爲林鍾徵，姑洗羽爲高平調，蕤賓變宮爲中管道調宮，大呂變徵爲蕤賓徵。夷則之宮爲仙呂，無射商爲林鍾商，黃鍾角爲高大石調，夾鍾徵爲夷則徵，仲呂羽爲仙呂調，林鍾變宮爲南呂宮，太簇變徵爲林鍾徵。南呂之宮爲中管仙呂宮，應鍾商爲中管林鍾商，大呂角爲中管高大石角，姑洗徵爲南呂徵，蕤賓羽爲中管仙呂調，夷則變宮爲仙呂宮，夾鍾變徵爲夷則徵。無射之宮爲黃鍾宮，黃鍾商爲越調，太簇角爲變角，仲呂徵爲無射徵，林鍾羽爲黃鍾羽，南呂變宮爲中管仙呂宮，姑洗變徵爲南呂徵。應鍾之宮爲中管黃鍾宮，大呂商爲中管越調，夾鍾角爲中管變角，蕤賓徵爲應鍾徵，夷則羽爲中管黃鍾羽，無射變宮爲黃鍾宮，仲呂變徵爲無射徵。」

二、明所主事，調五聲爲五行、五事、四時、五帝、五神、五嶽、五味、五色，爲生數一二三四五、成數六七八九十，爲五藏、五官及五星。

三、辯音聲，曰：「宮聲沈厚麤大而下，爲君，聲調則國安，亂則荒而危。合口通音謂之宮，其聲雄洪，屬平聲，西域言『婆陁力』。一曰娑陁力〔一〕。商聲勁凝明達，上而下歸

於中，爲臣，聲調則刑法不作，威令行，亂則其宮壞。開口吐聲謂之商，音將將、倉倉然，西域言『稽識』，『稽識』猶長聲也。角聲長而通徹，中平而正，爲民，聲調則四民安，亂則人怨。聲出齒間謂之角，喔喔、確確然，西域言『沙識』，猶質直聲也。徵聲抑揚流利，從下而上歸於中，爲事，聲調則百事理，亂則事隳。齒合而唇啓謂之徵，倚倚、皚皚然，西域言『沙臘』，『沙臘』，和也。羽聲喓喓而遠徹，細小而高，爲物，聲調則倉廩實、庶物備，亂則匱竭。齒開唇聚謂之羽，詡、雨、酗、芋然。西域言『般贍』。變宮，西域言『侯利箑』，猶言『斛律』聲也。變徵聲，西域言『沙侯加濫』，猶應聲也。」

其四、明律呂相生，祭天地宗廟，配律陽之數，曰：「太空，育五太：太易、太初、太始、太素、太極也。分爲七政，陽數七，所以齊律呂、均節度，不可加減也。以育六甲，六甲，天之使，行風雹，筴鬼神。爲歲日時有善惡，故爲九宮。九者，陽數變化之道也。爲四正卦、五行、十幹，陰陽錯綜，律呂相叶，命宮而商者應，修下而高者降，下生隔八，上生隔六，皆圖于左。」

其五、著十二管短長。

其六、出度量衡，辯古今尺龠。律呂眞聲，本陰陽之氣，可以感格天地，在於符合尺寸短長，宜因聲以定之。因聲定律，則庶幾爲得；以尺定聲，則乖隔甚矣。

初，馮元等上新修景祐廣樂記時，鄧保信、阮逸、胡瑗等奏造鍾律，詔翰林學士丁度、知制誥胥偃、右司諫高若訥、韓琦，取保信、逸、瑗等鍾律詳考得失。度等上議曰：「保信所製尺，用上黨秬黍圓者一黍之長，累而成尺。律管一，據尺裁九十黍之長，空徑三分，空圍九分，容秬黍千二百。遂用黍長爲分，再累成尺，校保信尺、律不同。其龠、合、升、斗深闊，推以算法，類皆差舛，不合周、漢量法。逸、瑗所製，亦上黨秬黍中者累廣求尺，製黃鍾之律。今用再累成尺，比逸、瑗所製，又復不同。至於律管、龠、合、升、斗、斛、豆、區、鬴亦率類是。蓋黍有圓長、大小，而保信所用者圓黍，又首尾相銜，逸等止用大者，故再攷之卽不同。尺既有差，故難以定鍾、磬。謹詳古今之製，自晉至隋，累黍之法，但求尺裁管，不以權量參校〔二〕，故歷代黃鍾之管容黍之數不同。惟後周掘地得古玉斗，據斗造律，兼制權量，亦不同周、漢制度。故漢志有備數、和聲、審度、嘉量〔三〕、權衡之說，悉起於黃鍾。今欲數器之制參互無失，則班志積分之法爲近。逸等以大黍累尺、小黍實龠，自戾本法。保信黍尺以長爲分，雖合後魏公孫崇所說，然當時已不施用。況保信今尺以圓黍累之，及首尾相銜，有與實龠之黍再累成尺不同。其量器，分寸既不合古，卽權衡之法不可獨用。」詔悉罷之。

又詔度等詳定太府寺并保信、逸、瑗所制尺，度等言：

尺度之興尚矣，周官璧羨以起度，廣徑八寸，袤一尺。禮記布手爲尺，淮南子十二粟爲一寸，孫子十氂爲分，十分爲寸，雖存異說，莫可適從。漢志，元始中，召天下通知鍾律者百餘人，使劉歆典領之。是時，周滅二百餘年，古之律度當有考者。以歆之博貫藝文，曉達曆算，有所制作，宜不凡近。其審度之法云：「一黍之廣爲分，十分爲寸，十寸爲尺。」先儒訓解經籍，多引以爲義，歷世祖襲，著之定法。然而歲有豐儉，地有磽肥，就令一歲之中，一境之內，取以校驗，亦復不齊。是蓋天物之生，理難均一，古之立法，存其大概爾。故前代制尺，非特累黍，必求古雅之器以雜校焉。晉泰始十年，荀勗等校定尺度，以調鍾律，是爲晉之前尺。勗等以古物七品勘之，一曰姑洗玉律，二曰小呂玉律，三曰西京銅望臬，四曰金錯望臬，五曰銅斛，六曰古錢，七曰建武銅尺。當時以勗尺揆校古器，與本銘尺寸無差，前史稱其用意精密。隋志所載諸代尺度，十有五等，然以晉之前尺爲本，以其與姬周之尺、劉歆銅斛尺、建武銅尺相合。

竊惟周、漢二代，享年永久，聖賢制作，可取則焉。而隋氏銷毀金石，典正之物，罕復存者。夫古物之有分寸，明著史籍，可以酬驗者，惟有法錢而已。周之圜法，歷載曠遠，莫得而詳。秦之半兩，實重八銖；漢初四銖，其文亦曰半兩。孝武之世始行五銖，

二十四史

下曁隋朝，多以五銖爲號。旣歷代尺度屢改，故大小輕重鮮有同者，惟劉歆置銅斛，世之所鑄錯刀并大泉五十，王莽天鳳元年改鑄貨布、貨泉之類，不聞後世復有兩者。臣等檢詳漢志、通典、唐六典云：「大泉五十，重十二銖，徑一寸二分。錯刀環如大泉，身形如刀，長二寸。貨布重二十五銖，長二寸五分，廣一寸，首長八分有奇，廣八分，足股長八分，間廣二分，圍好徑二分半。貨泉重五銖，徑一寸。」今以大泉、錯刀、貨布、貨泉四物相參校，分寸正同。或有大小輕重與本志微差者，蓋當時盜鑄旣多，不必皆中法度，但當較其首足、肉好、長廣、分寸，皆合正史者用之，則銅斛之尺從可知矣。況經籍制度皆起周世，以劉歆術業之博，祖沖之算數之妙，荀勗揆較之詳密，校之旣合周尺，則最爲可法。兼詳隋牛弘等議，稱後周太祖敕蘇綽造鐵尺，與宋尺同，以調中律，以均田度地。唐祖孝孫云，隋平陳之後，廢周玉尺，用此鐵尺律，然比晉前尺長六分四釐。今司天監影表尺，和峴所謂西京銅望臬者，蓋以其洛都舊物也。晉荀勗所用西京銅望臬者，蓋西漢之物，和峴謂洛陽爲西京，乃唐東都爾。今以貨布、錯刀、貨泉、大泉等校之，則景表尺長六分有奇，略合宋、周、隋之尺。由此論之，銅斛、貨布等尺寸昭然可驗。有唐享國三百年，其間制作法度，雖未逮周、漢，然亦可謂治安之世矣。

今朝廷必求尺之中，當依漢錢分寸。若以爲太祖膺圖受禪，創制垂法，嘗詔和峴等用影表尺與典修金石，七十年間，薦之郊廟，稽合唐制，以示詒謀，則可且依影表舊尺，俟有妙達鐘律之學者，俾考正之，以從周、漢之制。王朴律準尺比漢錢尺寸長二分有奇，比影表尺短四分，旣前代未嘗施用，復經太祖朝更易。其逸、瑗、保信及照所用太府寺等尺，其制彌長，出古遠甚。又逸進周禮度量法議，欲且鑄嘉量，然後取尺度權衡，其說疏舛，不可依用。謹考舊文，再造影表尺一、校漢錢尺二并大泉、錯刀、貨布、貨泉總十七枚上進。

詔度等以錢尺、影表尺各造律管，比驗逸、瑗并太常新舊鐘磬，考定音之高下以聞。

度等言：「前承詔考太常等四尺，定可用者，止按典故及以漢志古錢分寸參校影表尺，略合宋、周、隋之尺，謂宜準影表尺施用。今被旨造律管驗音高下，非素所習，乞別詔曉音者總領校定。」詔乃罷之。而若訥卒用漢貨泉度尺寸，依隋書定尺十五種上之，藏于太常寺：一、周尺，與漢志劉歆銅斛尺、後漢建武中銅尺、晉前尺同；二、晉田父玉尺，與梁法尺同，比晉前尺爲一尺七釐；三、梁表尺，比晉前尺爲一尺二分二釐一毫有奇；四、漢官尺，比晉前尺爲一尺三分七毫；五、魏尺，杜夔之所用也，比晉前尺爲一尺四分七釐；六、晉後尺，晉江東用之，比晉前尺爲一尺六分二釐；七、魏前尺，比晉前尺爲一尺一寸七釐；八、中尺，比晉前尺爲一尺二寸一分一釐；九、後尺，同隋開皇尺、周市尺，比晉前尺爲一尺二寸八分一釐；十、東魏後尺，比晉前尺爲一尺三寸八毫；十一、蔡邕銅龠尺，同後周玉尺，比晉前尺爲一尺一寸五分八釐；十二、宋氏尺，與錢樂之渾天儀尺、後周鐵尺同，比晉前尺爲一尺六分四釐；十三、太府寺鐵尺，制大樂所裁造尺也；十四、雜尺，劉曜渾儀土圭尺也，比晉前尺爲一尺五分；十五、梁朝俗尺，比晉前尺爲一尺七分一釐。太常所掌，又有後周王朴律準尺，比晉前尺長二分一釐，比梁表尺短一釐；有司天監影表尺，比晉前尺長六分三釐，同晉後尺；有中黍尺，亦制樂所新造也。

其後宋祁、田況薦益州進士房庶曉音，祁上其樂書補亡三卷，召詣闕。庶自言：「嘗得古本漢志，云：『度起於黃鐘之長，以子穀秬黍中者〔四〕一黍之起，積一千二百黍之廣，度之九十分，黃鐘之長，一爲一分。』今文脫『之起積一千二百黍』八字，故自前世以來，累黍爲尺以製律，是律生於尺，尺非起於黃鐘也。且漢志『一爲一分』者，蓋九十分之一，後儒誤以一黍爲分，其法非是。當以秬黍中者一千二百實管中，黍盡，得九十分，爲黃鐘之長，九寸加一以爲尺，則律定矣。」直祕閣范鎭是之，乃爲言曰：「照以縱黍累尺，管空徑三分，容黍千七百三十；瑗以橫黍累尺，管容黍一千二百，而空徑三分四釐六毫：是皆以尺生律，不合古法。今庶所言，實千二百黍於管，以爲黃鐘之長，就取三分以爲空徑，則無容受不合之差，校前二說爲是。蓋累黍爲尺，始失之於隋書，當時議者以其容受不合，棄而不用。及隋平陳，得古樂器，高祖聞而歎曰：『華夏舊聲也！』遂傳用之。至唐祖孝孫、張文收，號稱知音，亦不能更造尺律，止沿隋之古樂，制定聲器。朝廷久以鐘律未正，屢下詔書，博訪羣議，冀有所獲。今庶所言，以律生尺，誠衆論所不及，請如其法，試造尺律，更以古器參考，當得其眞。」乃詔王洙與鎭同於修制所如庶說造律、尺、龠：律徑三分，圍九分，長九十分；龠徑九分，深一寸；尺起黃鐘之長加十分，而律容千二百黍。初，庶言太常樂高古樂五律，比律成，才下三律，以爲今所用黍，非古所謂一稃二米黍也。尺比橫黍所累者，長一寸四分。

庶又言：「古有五音，而今無正徵音。國家以火德王，徵屬火，不宜闕。今以五行旋相生法，得徵音。」又言：「尙書『同律、度、量、衡』，所以齊一風俗。今太常、敎坊、鈞容及天下州縣，各自爲律，非書同律之義。且古者帝王巡狩方岳，必考禮樂同異，以行誅賞。謂宜頒格律，自京師及州縣，毋容輒異，有擅高下者論之。」帝召輔臣觀庶所進律、尺、龠，又令庶自陳其法，因問律呂旋相爲宮事，令撰圖以進。其說以五正、二變配五音，迭相爲主，衍之成八十四調。舊以宮、徵、商、羽、角五音，次第配七聲，然後加變宮、變徵二聲，以足其數。推以旋相生之法，謂五行相戾非是，當改變徵爲變羽，易變爲閏，隨音加之，則十二月各以其律爲宮，而五行相生，終始無窮。詔以其圖送詳定所。庶又論吹律以聽軍聲者，謂以五行逆順，可以知吉凶，先儒之說略矣。

中華書局

是時瑗、逸制樂有定議，乃補庶試祕書省校書郎，遣之。鎭爲論於執政曰：

今律之與尺所以不得其眞，累黍爲之也。累黍爲之者，史之脫文也。古人豈以難曉不合之法，書之於史，以爲後世惑乎？殆不然也。易曉而必合也，房庶之法是矣。今庶自言其法，依古以律而起尺，其長與空徑、與容受、與一千二百黍之數，無不合之差。誠如庶言，此至眞之法也。

且黃鐘之實一千二百黍，積實分八百一十，於算法圓積之，則空徑三分，圍九分，長九十分，積實八百一十分，此古律也。律體本圓，圓積之是也。今律方積之，則空徑三分四氂六毫，比古大矣。故圍十分三氂八毫，而其長止七十六分二氂，積實亦八百一十分。律體本不方，方積之，非也。其空徑三分，圍九分，長九十分，積實八百一十分，非外來者也，皆起於律也。以一黍而起於尺，與一千二百黍之起於律，皆取於黍。今議者獨於律則謂之素虛而求分，亦非也。其空徑三分，圍九分，長九十分之起於律，與空徑三分四氂六毫，圍十分三氂八毫，長七十六分二氂之起於尺，古今之法，疏密之課，其不同較然可見，何所疑哉？

若以謂工作既久而復改爲，則淹引歲月，計費益廣，又非朝廷制作之意也。其淹久而計費廣者，爲之不敏也。今庶言太常樂無姑洗、夾鐘、太簇等數律，就令其律與其說

相應，鐘磬每編才易數三，因舊而新，敏而爲之，則旬月功可也，又何淹久而廣費哉？

執政不聽。

四年，鎭又上書曰：

陛下制樂，以事天地、宗廟，以揚祖宗之休，茲盛德之事也。然自下詔以來，及今三年，有司之論紛然未決，蓋由不議其本而爭其末也。竊惟樂者，和氣也。發和氣者，聲音也。聲音之生，生於無形，故古人以有形之物傳其法，俾後人參考之，然後無形之聲音得而和氣可道也。有形者，秬黍也，律也，尺也，龠也，鬴也，斛也，算數也，權衡也，鐘也，磬也，是十者必相合而不相戾，然後爲得，今皆相戾而不相合，則爲非是矣。有形之物非是，而欲求無形之聲音和，安可得哉？謹條十者非是之驗，惟裁擇焉！

按詩「誕降嘉種，維秬維秠。」誕降者，天降之也。許愼云：「秬，一稃二米。」又云：「一秬二米[五]。」後漢任城縣產秬黍二斛八斗，實皆二米，史官載之，以爲嘉瑞。又古人以秬黍爲酒者，謂之秬鬯。宗廟降神，惟用一尊；諸侯有功，惟賜一卣，以明天降之物，世不常有而可貴也。今秬黍取之民間者，動至數百斛，秬皆一米，河東之人謂之黑米。設有眞黍，以爲取數至多，不敢送官，此秬黍爲非是，一也。

又按先儒皆言律空徑三分，圍九分，長九十分，容千二百黍，積實八百一十分。今律空徑三分四氂六毫[六]，圍十分二氂八毫，是爲九分外大其一分三氂八毫，而后容千二百黍，除其圍廣，則其長止七十六分二氂矣。說者謂四氂六毫爲方分，古者以竹爲律[七]，竹形本圓，今以方分置算，此律之爲非是，二也。

又按漢書，分、寸、尺、丈、引本起黃鐘之長，又云九十分黃鐘之長者，據千二百黍而言也。千二百黍之施於量，則曰黃鐘之龠；施於權衡，則曰黃鐘之重；施於尺，則曰黃鐘之長。今遺千二百之數，而以百黍爲尺，又不起於黃鐘，此尺之爲非是，三也。

又按漢書言龠，其狀似爵，爵謂爵琖[八]，其體正圓。故龠當圓徑九分，深十分，容千二百黍，積實八百一十分，與律分正同。今龠乃方一寸，深八分一氂，容千二百黍，是亦以方分置算者，此龠之非是，四也。

又按周禮鬴法：方尺，圓其外；深尺，容六斗四升。方尺者，八寸之尺也；深尺者，十寸之尺也。何以知尺有八寸、十寸之別？按周禮：「璧羨度尺，好三寸以爲度[九]。」璧羨之制，長十寸，廣八寸，同謂之度尺。以爲尺，則八寸、十寸俱爲尺矣。又王制云：「古者以周尺八尺爲步，今以六尺四寸爲步[一〇]。」八尺者，八寸之尺也；六尺四寸者，十寸之尺也。同謂之周尺者，是周用八寸、十寸尺明矣。故知八寸尺爲鬴之方，十寸尺爲鬴之深，而容六斗四升，千二百八十龠也。積實一百三萬六千八百分。今鬴方

尺，積千寸，此鬴之非是，五也。

又按漢書斛法：方尺，圓其外，容十斗，旁有庣焉。當隋時，漢斛尙在，故隋書載其銘曰：「律嘉量斛[一一]，方尺圓其外，庣旁九釐五毫，冪百六十二寸，深尺，容一斛。」今斛方尺，深一尺六寸二分，此斛之非是，六也。

又按算法，圓分謂之徑圍[一二]，方分謂之方斜，所謂「徑三、圍九、方五、斜七」，是也。今圓分而以方法算之，此算數非是，七也。

又按權衡者，起千二百黍而立法也。周之鬴，其重一鈞，聲中黃鐘；漢之斛，其重二鈞，聲中黃鐘。鬴、斛之制，有容受，有尺寸，又取其輕重者，欲見薄厚之法，以考其聲也。今黍之輕重未眞，此權衡爲非是，八也。

又按：「鳧氏爲鐘：大鐘十分，其鼓間之，以其一爲之厚；小鐘十分，其鉦間之，以其一爲之厚[一三]。」今無大小薄厚，而一以黃鐘爲率，此鐘之非是，九也。

又按：「磬氏爲磬，倨句一矩有半，其博爲一，股爲二，鼓爲三。」蓋各以其律之長短爲法也。今亦以黃鐘爲率[一四]，而無長短厚薄之別，此磬之非是，十也。

前此者，皆有形之物也，可見者也。使其一不合，則未可以爲法，況十者之皆相戾乎？臣固知其無形之聲音不可得而和也。請以臣章下有司，問黍之二米與一米孰是？

中華書局

律之空徑三分與三分四釐六毫孰是？律之起尺與尺之起律孰是？龠之圓制與方制孰是？斛之方尺圓其外，深尺與方尺孰是？斛之方尺圓其外，庣旁九釐五毫與方尺深尺六寸二分孰是[二五]？算數之以圓分與方分孰是？權衡之重以二米秬黍與一米孰是？鐘磬依古法有大小、輕重、長短、薄厚而中律孰是[二六]？是不是定，然後制龠、合、升、斗、斛，以校其容受；容受合，然後下詔以求眞黍；眞黍至，然後可以爲量、爲鐘磬；量與鐘磬合於律，然後可以爲樂也。今尺律本末未定[二七]，而詳定、修制二局工作之費無慮千萬計矣，此議者所以云云也。然議者不言有司論議依違不決，而顧謂作樂爲過舉，又言當今宜先政令而禮樂非所急，此臣之所大惑也。儻使有司合禮樂之論，是其所是，非其所非，陛下親臨決之，顧於政令不已大乎。

昔漢儒議鹽鐵，後世傳鹽鐵論。方今定雅樂以求廢墜之法，而有司論議不著盛德之事，後世將何考焉？願令有司，人人各以經史論議條上，合爲一書，則孰敢不自竭盡，以副陛下之意？如以臣議爲然，伏請權罷詳定、修制二局，俟眞黍至，然後爲樂，則必得至當[二八]而無事於浮費也。

詔送詳定所。鎭說自謂得古法，後司馬光數與之論難，以爲弗合。世鮮鐘律之學，卒莫辯其是非焉。

宋興百餘年，司天數改曆，其說曰：「曆者歲之積，歲者月之積，月者日之積，日者分之積，又推餘分置閏，以定四時，非博學妙思弗能考也。夫天體之運，星辰之動，未始有窮，而度以一法，是以久則差，差則敝而不可用，曆之所以數改造也。物銖銖而較之，至石必差，況於無形之數哉？」乾興初，議改曆，命司天役人張奎運算，其術以八千爲日法，一千九百五十八爲斗分，四千二百九十九爲朔，距乾興元年壬戌，歲三千九百萬六千六百五十八爲積年。詔以奎補保章正。又推擇學者楚衍與曆官宋行古集天章閣，詔內侍金克隆監造曆，至天聖元年八月成，率以一萬五百九十爲樞法，得九鉅萬數。既上奏，詔翰林學士晏殊制序而施行焉，命曰崇天曆。曆法曰演紀上元甲子，距天聖二年甲子，歲積九千七百五十五萬六千三百四十。上考往古，歲減一算；下驗將來，歲加一算。

步氣朔

崇天樞法：一萬五百九十。

歲周：三百八十六萬七千九百四十。

歲餘：五萬五千五百四十。

氣策：一十五、餘五千三百一十四、秒六[二九]。

朔實：三十一萬二千七百二十九。

歲閏：一十一萬五千一百九十二。

朔策：二十九、餘五千六百一十九。

望策：一十四、餘八千一百四、秒一十八。

弦策：七、餘四千五十二、秒九。

中盈分：四千六百二十八、秒一十二。

朔虛分：四千九百七十一。

閏限：三十萬三千一百二十九、秒二十四。

秒法：三十六。

旬周：六十三萬五千四百。

紀法：六十。

推天正冬至：置距所求積年，以歲周乘之，爲氣積分；滿旬周去之，不盡，以樞法約之爲大餘，不滿爲小餘。大餘命甲子，算外，卽所求年天正冬至日辰及餘。若以後合用約分，卽以氣法退除爲分秒，各以一百爲母。

求次氣：置天正冬至大、小餘，以氣策秒累加之，秒盈秒法從小餘，小餘滿樞法從大餘，滿紀法去之，不盡，命甲子，算外，卽各得次氣日辰及餘秒。

推天正十一月經朔：置天正冬至氣積分，朔實去之，不盡爲閏餘；以減天正冬至氣積分，爲天正十一月經朔加時積分[三〇]；滿旬周去之，不盡，以樞法約之爲大餘，不滿爲小餘。大餘命甲子，算外，卽所求年天正十一月經朔日辰及餘。

求弦望及次朔經日：置天正十一月經朔大、小餘，以弦策累加之，去命如前，卽各弦、望及次朔經日及餘秒。

求沒日：置有沒之氣小餘，三百六十乘之，其秒進一位，從之，用減歲周，餘滿歲餘爲日，不滿爲餘。命其氣初日，算外，卽其氣沒日日辰。凡二十四氣小餘滿八千二百六十五、秒三十以上爲有沒之氣。

求滅日[三一]：置有滅經朔小餘，三十乘之，滿朔虛分爲日，不滿爲餘。命經朔初日，算外，卽爲其朔滅日日辰。凡經朔小餘不滿朔虛分爲有滅之朔。

步發斂

候策：五、餘七百七十一、秒一十四。

中華書局

白露	二百五十八 七千五百七十 三十	降七百五十七	縮二萬三千五百三十	益六十	朓一千八百六十四
秋分	二百七十三 九千八百八十五 空	昇七百五十七	縮二萬四千二百八十七	損六十	朓一千九百廿四
寒露	二百八十九 一千六百九 六	昇二千七十	縮二萬三千五百三十	損一百六十四	朓一千八百六十四
霜降	三百四 三千九百廿三 一十二	昇三千三百九十六	縮二萬一千四百六十	損二百六十九	朓一千七百
立冬	三百一十九 六千二百三十七 一十八	昇四千六百九十六	縮一萬八千六十四	損三百七十二	朓一千四百三十一
小雪	三百三十四 八千五百五十一 廿四	昇六千廿一	縮一萬二千三百六十八	損四百七十七	朓一千五十九
大雪	三百五十 二百七十五 三十	昇七千三百四十七	縮七千三百四十七	損五百八十二	朓五百八十二

求每日盈縮定數：以乘法乘所入氣昇降分，如除法而一，爲其氣中平率；與後氣中平率相減，爲差率；半差率，加減其氣中平率，爲其氣初、末汎率。至後加爲初，減爲末；分後減爲初，加爲末。又以乘法乘差率，除法而一，爲日差；半之，加減初、末汎率，爲初、末定率。至後減初加末，分後加初減末。以日差累加減氣之定率，爲每日昇降定率，至後減，分後加。以每日昇降定率，冬至後昇加降減，夏至後昇減降加其氣初日盈縮分，爲每日盈縮定數；其分、至前一氣先後率相減，以前末汎率爲其氣初汎率，以半日差，至前加之，分前減之。爲其氣初日定率。餘依本術〔三〕。求朓朒準此。

求經朔弦望入氣：置天正閏日及餘，如氣策及餘秒以下者，以減氣策及餘秒，爲入大雪氣；已上者去之，餘以減氣策及餘秒，爲入小雪氣：卽得天正十一月經朔入大、小雪氣日及餘秒。求弦、望及後朔入氣，以弦策累加之，滿氣策及餘秒去之，卽得。

求定氣日：冬、夏二至以常氣爲定。餘卽以其氣下盈縮分縮加盈減常氣約餘爲定氣，滿若不足，進退大餘，命甲子，算外，卽定氣日及分。

求經朔弦望入氣朓朒定數：各以所入氣小餘乘其日損益率，如樞法而一，卽得。

求赤道宿度

斗：二十六度。　牛：八度。　女：十二度。　虛：十度。及分。

危：十七度。　室：十六度。　壁：九度。

北方七宿九十八度。虛分二千七百一十五、秒二，約分二十五、秒六十四。

奎：十六度。　婁：十二度。　胃：十四度。　昴：十一度。

畢：十七度。　觜：一度。　參：十度。

西方七宿八十一度。

井：三十三度。　鬼：三度。　柳：十五度。　星：七度。

張：十八度。　翼：十八度。　軫：十七度。

南方七宿一百一十二度。

角：十二度。　亢：九度。　氐：十五度。　房：五度。

心：五度。　尾：十八度。　箕：十一度。

東方七宿七十五度。

前皆赤道度，其畢、觜、參及輿鬼四宿度數與古度不同，自大衍曆依渾天儀以測定，爲用紘帶天中，儀極是憑，以格黃道。

推天正冬至赤道日度：以歲差乘距所求積年，滿周天分去之，不盡，用減周天分，餘以樞法除之爲度，不盡爲餘秒。其度，命以赤道虛宿七度外起算，依宿次去之，不滿者，卽得天正冬至加時赤道日躔所距宿度及餘秒。其餘以樞法退除爲分及秒，各以一百爲度。

求二十四氣赤道日度：置天正冬至加時赤道日度及餘秒，以氣策及餘秒累加之，先以三十六乘赤道秒，以一百乘氣策秒，然後加之，卽秒母皆同三千六百。滿赤道宿次去之，卽各得二十四氣加時赤道日躔宿度及餘秒。

求二十四氣昏後夜半赤道日度〔三〕：各以其氣小餘減樞法，其秒亦以一百乘，然乃減之〔四〕。餘加其氣加時赤道日躔宿度及餘秒，卽其氣初日昏後夜半赤道日度及餘秒。求次日累加一度，滿宿次去之，各得所求。

求赤道宿積度：置冬至加時日躔赤道宿全度，以冬至加時日躔赤道宿度及約分秒減之，餘爲距後度及分秒；以赤道宿度累加距後度，卽得各赤道宿積度及分秒。

求赤道宿積度入初末限：各置赤道宿積度及分秒，滿九十一度三十一分、秒一十一去之，餘四十五度六十六分以下爲入初之限；已上者，用減九十一度三十一分，餘爲入末限度及分秒。

求二十八宿黃道度：各置赤道宿入初、末限度及分，用減一百二十五，餘以初、末限度

中華書局

及分乘之，十二除爲分，分滿百爲度，命爲黃赤道差度及分；至後分前以減、分後至前以加赤道宿積度，爲其宿黃道積度；以前宿黃道積度減其宿黃道積度，爲其宿黃道度及分。其分就近約爲太、半、少。

黃道宿度

斗：二十三太。　牛：七半。　女：十一半。　虛：十、秒六十四。

危：十七太。　室：十七。　壁：九少。

北方七宿九十七度半、秒六十四

奎：十七半。　婁：十二太。　胃：十四太。　昴：十一。

畢：十六。　觜：一。　參：九少。

西方七宿八十二度。

井：三十。　鬼：二。　柳：十四。　星：七。

張：十八太。　翼：十九少。　軫：十八。

南方七宿一百一十度。

角：十三。　亢：九半。　氐：十五半。　房：五。

心：四。　尾：十七。　箕：十。

東方七宿七十四度。

求冬至加時黃道日躔宿次：以冬至加時赤道日躔宿度，用減一百二十五，餘以冬至加時赤道度及分乘之，十二除爲分，分滿百爲度，用減冬至加時赤道日度及分，卽冬至加時黃道日躔宿度及分。

求二十四氣初日加時黃道日躔宿次：置所求年冬至日躔黃道赤道差，以次年黃赤道差減之，餘以所氣數乘之〔五〕，二十四而一，所得，以加其氣下中積及約分，又以其氣初日盈縮分盈加縮減之，用加冬時黃道日度〔六〕，依宿次命之，卽各得其氣初日加時黃道日躔所在宿度及分。若其年冬至加時赤道日躔度空，分、秒在歲差已下者，卽如前宿全度，乃求黃赤道差，以次年冬至加時黃赤道差減之，餘依本術，各得所求。此術以究算理之微，亟求其當，止以盈縮分加減中積，以天正冬至加時黃道日度加而命之。

求二十四氣初日晨前夜半黃道日躔宿次：置一百分，分以一百約其氣初日昇降分〔七〕，昇加降減之，一日所行之分乘其初日約分，所得，滿百爲分，分滿百爲度，不滿百分爲秒，以減其初日黃道加時日躔宿次，卽其日晨前夜半黃道日躔宿次。

求每日晨前夜半黃道日躔宿次：各因二十四氣初日晨前夜半黃道日躔宿次，日加一度，以一百約每日昇降爲分秒，昇加降減之，以黃道宿次命之，卽每日晨前夜半黃道日躔所距宿度及分。

步月離

轉周分：二十九萬一千八百三、秒五百九十四。

轉周日：二十七、餘五千八百七十三、秒五百九十四。

朔差日：一、餘一萬三百三十五、秒九千四百六。

望差：一十四、餘八千一百四、秒五千。

弦策：七、餘四千五十二、秒二千五百。

七日：初數九千四百四十一，初約分八十九；末數一千一百七十九，末約分一十一。

十四日：初數八千二百三十二，初約分七十八；末數二千三百五十八，末約分二十二。

二十一日：初數七千五十二，初約分六十九；末數三千五百三十八，末約分二十三。

二十八日：初數五千八百七十三，初約分五十六。

上弦：九十一度三十一分、秒四十一。

望：一百八十二度六十二分、秒八十二。

下弦：二百七十三度九十四分、秒二十三。

已上秒法一萬。

平行：一十三度三十六分、秒八十七半。

已上秒母一百。

推天正十一月經朔入轉：置天正十一月經朔積分，以轉周分秒去之，不盡，以樞法除之爲日，不滿爲餘秒，命日，算外，卽所求天正十一月經朔加時入轉日及餘秒。若以朔差日及餘秒加之，滿轉周日及餘秒去之，卽次日加時入轉〔八〕。

求弦望入轉：因天正十一月經朔加時入轉日及餘秒，以弦策累加之，去命如前，卽上弦、望及下弦加時入轉日及餘秒。若以經朔、弦、望小餘減之，各得其日夜半入轉日及餘秒。

轉日	進退差	轉定分	轉積度	增減差	遲疾度	損益率	朓朒積
一日	進十二	一千二百五	空	增一百三十	遲空	益一千四十三	朒空
二日	進十九	一千二百十七	一十二度五	增一百廿	遲一度三十一	益九百四十六	朒一千四十三
三日	進二十三	一千二百三十六	廿四度廿二	增一百一	遲二度五十一	益八百二	朒一千九百八十九
四日	進廿二	一千二百五十八	三十六度五十八	增七十九	遲三度五十二	益六百三十	朒二千七百九十一

中華書局

五日	進廿三	一千二百八十	四十九度一十六	增五十七	遲四度三十一	益四百五十	朒三千四百廿一
六日	進廿四	一千三百三	六十一度九十六	增三十三	遲四度八十八	益二百六十二	朒三千八百三十一
七日	進廿五	一千三百廿七	七十四度九十九	初增一十一 末減一	遲五度二十一	初益八十三 末損一十	朒四千百二十四
八日	進廿四	一千三百五十二	八十八度二十六	減一十五	遲五度三十一	損一百一十七	朒四千二百七
九日	進廿三	一千三百七十六	一百一度七十八	減三十九	遲五度十六	損三百七	朒四千九十
十日	進廿三	一千三百九十九	一百一十五度五十四	減六十二	遲四度七十七	損四百九十三	朒三千七百八十三
十一日	進廿	一千四百廿二	一百廿九度五十六	減八十五	遲四度一十五	損六百七十二	朒三千二百九十
十二日	進十八	一千四百四十二	一百四十三度七十五	減一百五	遲三度三十	損八百三十六	朒二千六百十八

十三日	進八	一千四百六十	一百五十八度一十七	減一百廿三	遲二度二十五	損九百七十一	朒一千七百八十二
十四日	退二	一千四百六十八	一百七十二度七十七	初減二百二 末增二十九	遲一度二	初損八百十一 末益二百廿三	朒八百一十一
十五日	退一十四	一千四百六十六	一百八十七度四十五	增一百廿九	疾空廿九	益一千廿三	朏三百三十二
十六日	退一十九	一千四百五十二	二百二度一十一	增一百一十五	疾一度五十八	益九百一十四	朏二千二百五十六
十七日	退廿一	一千四百三十三	二百一十六度六十三	增九十七	疾二度七十三	益七百六十四	朏二千一百七十
十八日	退廿三	一千四百一十三	二百三十度九十六	增七十五	疾三度七十	益三百九十一	朏二千九百廿四
十九日	退廿四	一千三百八十九	二百四十五度八	增五十一	疾四度四十五	益四百九	朏三千五百廿五
二十日	退廿四	一千三百六十五	二百五十八度九十七	增廿八	疾四度九十六	益二百廿	朏三千九百三十四

二十一日	退廿四	一千五百四十一	二百七十二度九十六	初增八 末減四	疾五度廿四	初益六十三 末減三十一	朏四千一百五十四
二十二日	退廿四	一千三百七十七	二百八十六度三	減廿	疾五度廿八	損一百五十九	朏四千一百八十六
二十三日	退廿四	一千二百九十三	二百九十九度二十	減四十四	疾五度八	損三百四十九	朏四千廿七
二十四日	退廿三	一千二百六十九	三百一十二度十三	減六十七	疾四度六十四	損五百三十一	朏三千六百七十八
二十五日	退一十八	一千二百四十六	三百廿四度八十二	減九十	疾三度九十七	損七百一十	朏三千一百四十七
二十六日	退一十七	一千二百廿八	三百三十七度廿八	減一百九	疾三度七	損八百六十七	朏二千四百三十七
二十七日	退四	一千二百一十一	三百四十九度五十六	減一百廿六	疾一度九十六	初損九百九十二	朏一千五百七十
二十八日	退三	一千二百七	三百六十一度六十七	初減七十二	疾空七十二	初損五百七十八	朏五百七十八

求朔弦望入轉朏朒定數：置所入轉餘，乘其日損益率，樞法而一，所得，以損益其下朏朒積爲定數。其四七日下餘如初數下，以初率乘之，初數而一，以損益朏朒爲定數。若初數已上者，以初數減之，餘乘末率，末數而一，用減初率，餘加朏朒，各爲定數。其十四日下餘若在初數已上者，初數減之，餘乘末率，末數而一，爲朏定數。

求朔望定日：各以入氣、入轉朏朒定數朏減朒加經朔、弦、望小餘，滿若不足，進退大餘，命甲子，算外，各得定日及餘。若定朔干名與後朔同名者大，不同者小，其月無中氣者爲閏月。凡注曆，觀朔小餘，如日入分已上者，進一日，朔或當定，有食應見者，其朔不進。弦、望定小餘不滿日出分，退一日，其望定小餘雖滿此數，若有交食虧初起在日出已前者，亦如之。有月行九道遲疾，曆有三大二小；若行盈縮累增損之〔九〕，則有四大三小，理數然也。若俯循常儀，當察加時早晚，隨其所近而進退之，不過三大二小。若正朔有加交，時虧在晦、二正見者，消息前後一兩月，以定大小〔一〇〕。

求定朔弦望加時日所在度：置定朔、弦、望約分，副之，以乘其日昇降分，一萬約之，所得，昇加降減其副，以加其日夜半日度，命如前，各得其日加時日躔黃道宿次。

推月行九道：凡合朔所交，冬在陰曆，夏在陽曆，月行青道；冬、夏至後，青道半交在春分之宿，當黃道東；立冬、立夏後，青道半交在立春之宿，當黃道東南；至所衝之宿亦如之。冬在陽曆，夏在陰曆，月行白道；冬、夏至後，白道半交在秋分之宿，當黃道西；立冬、立夏後，白道半交在立秋之宿，當黃道西北；至所衝之宿亦如之。春在陽曆，秋在陰曆，月行朱道；春、秋分後，朱道半交在夏至之宿，當黃道南；立春、立秋後，朱道半交在立夏之宿，當黃道西南；至所衝之宿亦如之。春在陰曆，秋在陽曆，月行黑道。春、秋分後，黑道半交在冬至之宿，當黃道北；立春、立秋後，黑道半交在立冬之宿，當黃道東北；至所衝之宿亦如之。四序月離雖爲八節〔一〕，至陰陽之所交，皆與黃道相會，故月行有九道。各視月所入正交積度，滿象度及分去之，入交積度及象度並在交會術中。若在半象以下者爲入初限；已上者，復減象度，餘爲入末限；用減一百二十五，餘以所入初、末限度及分乘之，滿二十四而一爲分，分滿百爲度，所得，爲月行與黃道差數。距半交後、正交前，以差數爲減；距正交後、半交前，以差數爲加。此加減出入六度，單與黃道相較之數，若較赤道，則隨氣遷變不常。計去冬、夏至以來度數，乘黃道所差，九十而一，爲月行與赤道差數。凡日以赤道內爲陰，外爲陽；月以黃道內爲陰，外爲陽。故月行宿度，入春分交後行陰曆，秋分交後行陽曆，皆爲同名；春分交後行陽曆，秋分交後行陰曆，皆爲異名。其在同名，以差數加者加之，減者減之；其在異名，以差數加者減之，減者加之。皆以增損黃道宿積度，爲九道宿積度；以前宿九道積度減之，爲其九道宿度及分。其分就近約爲少、半、太之數。

推月行九道平交入氣：各以其月閏日及餘，加經朔加時入交汎日及餘秒，盈交終日去之，乃減交終日及餘秒，卽各平交入其月中氣日及餘秒。滿氣策及餘秒去之，餘卽平交入

後月節氣日及餘秒。因求次交者，以交終日及餘秒加之，滿氣策及餘秒去之，餘爲平交入其氣日及餘秒，若求其氣朏朒定數，如求朔、弦、望經日術入之，各得所求也。

求平交入轉朏朒定數〔二〕：置所入氣餘，加其日夜半入轉餘，以乘其日損益率，樞法而一，所得，以損益其下朏朒積，乃以交率乘之，交數而一，爲定數。

求正交入氣：以平交入氣、入轉朏朒定數，朏減朒加平交入氣餘，滿若不足，進退其日，卽正交入氣日及餘秒。

求正交加時黃道宿度：置正交入氣餘，副之，以乘其日昇降分，一百約之，昇加降減其副，乃一百乘之，樞法而一，以加其日夜半日度，卽正交加時黃道日度及分秒。

求正交加時月離九道宿度：以正交度及分減一百二十五，餘以正交度及分乘之，滿二十四，餘爲定差。以差加黃道宿度，仍計去冬、夏至以來度數乘差，九十而一，所得，依名同異而加減之，滿若不足，進退其度，命如前，卽正交加時月離九道宿度及分。

推定朔弦望加時月所在度：各置其日加時日躔所在，變從九道，循次相當。凡合朔加時，月行潛在日下，與太陽同度，是爲加時月離宿次；先置朔、弦、望加時黃道日度，以正交加時黃道宿度減之，餘以加其正交加時九道宿度，命起正交宿度，算外，卽朔、弦、望加時所當九道宿度。其合朔加時若非正交，則日在黃道、月在九道各入宿度，雖多少不同，考其去極，若應繩準，故云月行潛在日下，與太陽同度。各以弦、望度及分秒加其所當九道宿度，滿宿次去之，命如前，卽各得加時九道月離宿次。

求定朔夜半入轉：各視經朔夜半入轉，若定朔大餘有進退者，亦加減轉日，不則因經爲定。

求次定朔夜半入轉：因定朔夜半入轉，大月加二，小月加一，餘皆四千七百一十六、秒九千四百六，滿轉周日及餘秒去之，卽次定朔夜半入轉；累加一日，去命如前，各得次日夜半轉日及餘秒。

求月晨昏度：以晨分〔三〕乘其日轉定分，樞法而一，爲晨轉分；減轉定分，餘爲昏轉分；乃以朔、弦、望定小餘乘轉定分，樞法而一，爲加時分；以減晨昏轉分，餘爲前；不足，覆減，餘爲後；仍前加後減加時月，卽晨、昏月所在度。

求朔弦望晨昏定程：各以其朔昏定月減上弦昏定月，爲朔後定程；以上弦昏定月減望日昏定月，爲上弦後定程；以望日晨定月減下弦晨定月，爲望後定程；以下弦晨定月減後朔晨定月，爲下弦後定程。

求每日轉定度：累計每程相距日轉定分，以減定程爲盈；不足，覆減爲縮；以相距日均其盈縮，盈加縮減每日轉定分，爲每日轉定度及分。

求每日晨昏月：因朔、弦、望晨昏月，加每日轉定度及分，盈宿次去之，爲每日晨昏月。

凡注曆，自朔日注昏，望後次日注晨。已前月度並依九道所推，以究算理之精微。如求其速要，卽依後術求之。

推天正經朔加時平行月：置歲周，以天正閏餘減之，餘以樞法除之爲度，不盡，退除爲分秒，卽天正經朔加時平行月積度。

求天正十一月定朔夜半平行月：置天正經朔小餘，以平行分乘之，樞法而一爲度，不盡，退除爲分秒，所得，爲加時度；用減天正經朔加時平行月，卽經朔晨前夜半平行月，其定朔有進退者，卽以平行度分加減之〔四〕。卽天正十一月定朔晨前夜半平行月積度。

求次定朔夜半平行月：置天正定朔夜半平行月，大月加三十五度八十分、秒六十一，小月加二十二度四十三分、秒七十三半，滿周天度分去之，卽每月定朔晨前夜半平行月積度及分。

求定望夜半平行月：計定朔距定望日數，以乘平行度及分秒，所得，加其定朔夜半平行月積度及分，卽定望夜半平行月積度及分。

求天正定朔夜半入轉：因天正經朔夜半入轉，若定朔大餘有進退者，亦進退之，不則因經而定，卽所求年天正定朔晨前夜半入轉及其餘；以樞法退除爲約分及秒，皆一百爲母。

求定望及次定朔夜半入轉：因天正定朔夜半入轉及分秒，以朔望相距日累加之，滿轉

中華書局

周日二十七及分五十五、秒四十六去之，即各得定望及次定朔晨前夜半入轉日及分秒。

求定朔望夜半定月：置定朔、望夜半入轉分，乘其日增減差，一百約之爲分，分滿百爲度，增減其下遲疾度，爲遲疾定度；遲減疾加夜半平行月，爲朔望夜半定月；以冬至加時黃道日度加而命之，即朔望夜半月離宿次。其入轉若在四七日下，如求朏朒術入之，即得所求。

求朔望定程：以朔定月減望定月，爲朔後定程；以望定月減次朔定月，即望後定程。

求朔望轉積：計朔至望轉定分，爲朔後轉積；自望至次朔，亦如之，爲望後轉積。

求每日夜半月離宿次：各以其朔、望定程與轉積相減，餘爲程差；以距後程日數除之，爲日差；加減轉定分，爲每日行度及分；定程多，加之；定程少，減之。以每日行度及分累加朔、望夜半宿次，命之，即每日晨前夜半月離宿次。若求晨昏月，以其日晨昏分乘其日轉定度及分，樞法而一，以加夜半月，即晨昏月所在度及分。若以四象爲程，兼求弦日平行積餘，各依次入之。若以九終轉定分累加之，依宿次命之，亦得所求。

步晷漏

二至限：一百八十二、六十二分。

一象：九十一、三十一分。

消息法：七千八百七十三。

辰法：八百八十二半，八刻三百五十三。

昏明刻：二百二十九半。

昏明餘數：二百六十四太。

冬至陽城晷景：一丈二尺七寸一分半；初限六十二，末限一百二十六、十二分。

夏至陽城晷景：一尺四寸七分，小分八十；初限一百二十六、十二分，末限六十二。

求陽城晷景入二至後日數：各計入二至後日數，乃如半日之分五十，又以二至約分減之，即入二至後來午中日數及分。

求陽城晷景入初末限定日及分：置其日中入二至後求日數及分〔一五〕，以其日午中入氣盈縮分盈加縮減之，各如初限已下爲在初限；已上，覆減二至限，餘爲入末限定日及分。求盈縮分，置入二至後來午中日數及分，以氣策及約分除之〔一六〕爲氣數，不盡，爲入氣以來日數及分；加其氣數，命以冬至，算外，即其日午中所入氣日及分。置所入氣日約分，如出朏朒術入之，即得所求。

求陽城每日中晷定數：置入二至初、末限定日及分，如冬至後初限、夏至後末限者，以初、末限日及分減一百四十六，餘退一等，爲定差。又以初、末限日及分自相乘，以乘定差，滿六千六百四十五爲尺，不滿，退除爲寸分，命曰晷差；以晷差減冬至晷數，即其日陽城午中晷景定數。如冬至後末限、夏至後初限者，以初、末限日及分減一千二百一十七，餘再退，爲定差；亦以初、末限日及分自相乘，以乘定差，滿二萬四千九百三十，餘爲尺，不滿，退除爲寸分，命曰晷差；以晷差加夏至晷數，即其日陽城中晷定數。若以中積求之，即得每日晷影常數。

求每日消息定數：以所入氣日及加其氣下中積〔一七〕，一象已下，自相乘；已上者，用減二至限，餘亦自相乘，皆五因之，進二位，以消息法除之，爲消息常數；副置常數，用減五百二十九半，餘乘其副，以二千三百五十除之，加於常數，爲消息定數。冬至後爲消，夏至後爲息。

求每日黃道去極度及赤道內外度：置其日消息數，十六乘之，以三百五十三除爲度，不滿，退除爲分，所得，在春分後加六十七度三十一分，秋分後減一百一十五度三十一分，即每日黃道去極度分度。又以每日黃道去極度及分，與一象度相減，餘爲赤道內、外度。若去極度少，爲日在赤道內；去極度多，爲日在赤道外，即各得所求。其赤道內外度，爲黃、赤道相去度分。

求每日晨昏分日出入分及半晝分：以每日消息定數，春分後加一千八百五十三少，秋分後減二千九百一十二少，各爲每日晨分；用減樞法，爲昏分。以昏明餘數加晨分，爲日出分；減昏分，爲日入分；以日出分減半法，爲晝分。

求每日距中度：置每日晨分，三因，進二位，以八千六百九十八除爲度，不滿，退除爲分，即距子度；用減半周天，餘爲距中度；又倍距子度，五除，爲每更差度及分。

求夜半定漏：置晨分，進一位，以刻法除爲刻，不滿爲分，即每日夜半定漏。

求晝夜刻及日出入辰刻：倍夜半定漏，加五刻，爲夜刻；減一百刻，餘爲晝刻。以昏明刻加夜半定漏，命子正，算外，即日出辰刻；以晝刻加之，命如前，即日入辰刻。

求更籌辰刻：倍夜半定漏，二十五而一，爲籌差刻；五乘之，爲更差刻。以昏明刻加日入辰刻，即甲夜辰刻；以更籌差刻累加之，滿辰刻及分去之，各得每更籌所入辰刻及分。

求每日昏明度：置距中度，以其日昏後夜半赤道日度加而命之，即昏中星所格宿次；又倍距子度，加昏中星命之，即曉中星所格宿次。

求五更中星：皆以昏中星爲初更中星，以每更差加而命之，即乙夜所格宿次，累加之，各得五更中星所格宿次。

求九服距差日：各於所在立表候之，若地在陽城北，測冬至後與陽城冬至晷景同者，累冬至後其日，爲距差日；若地在陽城南，測夏至後與陽城夏至晷景同者，累夏至後其日，爲距差日。

中華書局

求九服晷景：若地在陽城北冬至前後者，置冬至前後日數，用減距差日，爲餘日；以餘日減一百四十六，餘退一等，爲定差；以餘日自相乘而乘之，滿六千六百四十五除之爲尺，不滿，退除爲寸分，加陽城冬至晷景，爲其地其日中晷常數。若冬至前後日多於距差日，卽減去距差日，餘依陽城法求之，各其地其日中晷常數。若地在陽城南夏至前後者，以夏至前後日數減距差日，爲餘日；以減一千二百一十七，餘再退，爲定差；以餘日自相乘而乘之，滿一萬四千九百三十爲尺，不滿，退除爲寸分，以減陽城夏至晷數，卽其地其日中晷常數；如不及減，乃減去陽城夏至日晷景，餘卽晷在表南也。若夏至前後日多於距差日，卽減去距差日，餘依陽城法求之，各其地其日中晷常數。若求中晷定數，先以盈縮分加減之，乃用法求之，卽各得其地其日中晷定數。

求九服所在晝夜漏刻：冬、夏至各於所在下水漏，以定其處二至夜刻數，相減爲冬、夏至差刻。乃置陽城其日消息定數，以其處二至差刻乘之，如陽城二至差刻二十而一，所得，爲其地其日消息定數。乃倍消息定數，進一位，滿刻法約之爲刻，不滿爲分，乃加減其處二至夜刻，秋分後、春分前，減冬至夜刻；春分後、秋分前，加夏至夜刻。爲其地其日夜刻；用減一百刻，餘爲晝刻。求日出入辰刻及距中度五更中星，皆依陽城法。

校勘記

〔一〕中積　據崇天氣策推算，表內立夏日數應作「一百三十六」，餘秒應作「一萬二百三十七、十八」。

〔二〕爲其氣初日定率餘依本術　疑應作注文。

〔三〕求二十四氣昏後夜半赤道日度　「夜」字原脫，據本條推步內容補。

〔四〕然乃減之　疑「乃」爲「後」之誤。

〔五〕餘以所氣數乘之　按本條爲求二十四氣初日加時黃道日躔宿次，「所」下脫「求」字。

〔六〕用加冬時黃道日度　據上下文，「冬時」爲「冬至」之誤。

〔七〕分以一百約其氣初日昇降分　疑上「分」字衍。

〔八〕卽交日加時入轉　按本條推步所得爲交朔加時入轉，「日」應作「朔」。

〔九〕若行盈縮累增損之　「若」下應有「日」字。

〔一〇〕若正朔有加交時虧在晦二正見者消息前後一兩月以定大小　按新唐書卷二八上曆志作「其正月朔有交，加時正見者，消息前後一兩月以定大小，令虧在晦、二」。「加交」二字應倒，「虧在晦二」應移作末句，幷在「虧」字上加「令」字。

〔一一〕四序月離雖爲八節　本書卷六九律曆志作「四序月離爲八節」，是。「雖」和「離」因形近而誤衍。

〔一二〕求平交入轉朏朒定數　「交」原作「加」，據本條推步內容改。

〔一三〕晨分　「分」原作「昏」。按以晨分乘其日轉定分，稱法而一，爲晨轉分，「昏」爲「分」之誤，故改。

〔一四〕其定朔有進退者卽以平行度分加減之　據上下文，疑應作正文。

〔一五〕置其日中入二至後求日數及分　據宋朝諸曆推步用語，「求」爲「來」之誤。

〔一六〕以氣策及約分除之　「及」原作「入」，按以氣策及約分除入二至後來午中日數及分爲氣數，「入」應作「及」，故改。

〔一七〕以所入氣日及加其氣下中積　疑「及」下脫「餘秒」二字。

二十四史

中華書局

二十四史

宋史卷七十三

志第二十六

律曆六

崇天曆

步交會

交終分：二十八萬八千一百七十七、秒四千二百七十七。

交終日：二十七、餘二千二百四十七、秒四千二百七十七。

交中日：一十三、餘六千四百一十八、秒七百三十八半〔一〕。

朔差日：二、餘三千三百七十一、秒五千七百二十三。

後限日：一、餘一千六百八十五、秒七千八百六十一半。

望策：十四、餘八千一百四、秒五十〔二〕。

前限日：十二、餘四千七百三十二、秒九千二百七十七。

交率：一百四十一。

交數：一千七百九十六。

交終度：三百六十三度七十六分。

交象：九十度九十四。

半交：一百八十一度八十八。

陽曆食限：四千二百。

陽曆定法：四百二十。

陰曆食限：七千。

陰曆定法：七百。

推天正十一月經朔加時入交：置天正十一月朔積分，以交終分秒去之，不盡，滿樞法爲日，不滿爲餘秒，卽天正經朔加時入交汎日及餘秒。

求次朔及望入交：因天正經朔加時入交汎日及餘秒，求次朔，以朔差日及餘秒加之；求望，以望策及餘秒加之；滿交終日及餘秒皆去之，卽次朔及望加時所入。若以經朔、望小餘減之，卽各得朔、望夜半入交汎日及餘秒。

求定朔夜半入交：因經朔、望夜半入交，若定朔、望大餘有進退者，亦進退交日，不則因經爲定，各得所求。

求次定朔夜半入交：各因前定朔夜半入交〔三〕，大月加日二，小月加日一，餘皆加八千三百四十二、秒五千七百二十三；若求次日，累加一日：滿交終日及餘秒皆去之，卽得次定朔及每日夜半入交汎日及餘秒。

求朔望加時入交常日：置經朔、望入交汎日及餘秒，以其朔、望入氣朏朒定數朏減朒加之，卽朔、望入交常日及餘秒。

求朔望加時入交定日：置其朔、望入轉朏朒定數，以交率乘之，如交數而一，所得，以朏減朒加入交常日餘，滿若不足，進退其日，卽朔、望加時入交定日及餘秒。

求月行入陰陽曆：視其朔、望入交定日及餘秒，在中日及餘秒以下者爲月在陽曆；如中日及餘秒已上者，減去之，爲月在陰曆。凡入交定日，陽初陰末爲交初，陰初陽末爲交中。

求朔望加時月入陰陽曆積度：置其月入陰陽曆日及餘，其餘，先以一百乘之，樞法除爲約分。以九百九乘之，六十八除爲度，不盡，退除爲分，卽朔、望加時月入陰陽曆積度及分。其月在陽曆，卽爲入陽曆積度；月在陰曆，卽爲入陰曆積度。

求朔望加時月去黃道度：置入陰陽曆積度及分，如交象以下爲在少象；已上，覆減半交，餘爲入老象。置所入老少象度及分，以五因之，用減一千一十，餘，以老少象度及分乘之，八十四而一，列於上位；又置所入老少象度及分，如半象以下爲在初限；已上，減去半象，餘爲入末限。置初、末限度及分於上，列半象度及分於下，以上減下，餘以乘上，四十而一，所得，初限以減，末限以加，上位滿百爲度，不滿爲分，卽朔、望加時月去黃道度數及分。

求食定餘：置定朔小餘，如半法以下覆加半法，餘爲午前分；已上，減去半法，餘爲午後分。置午前、後分於上，列半法於下，以上減下，以下乘上，午前以三萬一千七百七十除〔四〕，午後以一萬三千八百八十五除之，各爲時差。午前以減、午後以加定朔小餘，各爲食定小餘。其月食，直以定望小餘便爲食定小餘。

求日月食甚辰刻：置食定小餘，以辰法除之爲辰數，不滿，進一位，刻法除之爲刻，不滿爲刻分。其辰數命子正，算外，卽食甚辰、刻及分。

求氣差：置其朔中積，滿二至限去之，餘在一象以下爲在初；已上，覆減二至限，餘爲在末；皆自相乘，進二位，滿二百三十六除之，用減三千五百三十三，爲氣差；以乘距午定分，半晝分而一，所得，以減氣差，爲定數。春分後，交初以減，交中以加；秋分後，交初以加，交中以減。

求刻差：置其朔中積，滿二至限去之，餘，列二至限於下，以上減下，餘以乘上，進二位，

中華書局

滿二百三十六除之，爲刻差；以乘距午定分，四因之，樞法而一，爲定數。多至後食甚在午前，夏至後食甚在午後。交初以加，交中以減。多至後食甚在午後，夏至後食甚在午前。交初以減，交中以加。

求日入食限：置入交定日及餘秒，以氣、刻、時三差定數各加減之，如中日及餘秒以下爲不食；已上者，減去中日及餘秒，如後限以下、前限已上爲入食限；後限以下爲交後分；前限以上覆減中日，餘爲交前分〔五〕。

求日食分：置入交前後分，如陽曆食限以下者爲陽曆食定分；已上者，覆減一萬一千二百，餘爲陰曆食定分；不足減者，不食。各如陰陽曆定法而一，爲食之大分，不盡，退除爲小分，半已上爲半強，半以下爲半弱。命大分以十爲限，得日食之分。

求日食汎用分〔六〕：置朔入陰陽曆食定分，一百約之，在陽曆者列八十四於下，在陰曆者列一百四十於下，各以上減下，餘以乘上，進二位，陽曆以一百八十五除，陰曆以五百一十四除，各爲日食汎用分。

求月入食限：視月入陰陽曆日及餘，如後限以下爲交後分〔七〕；前限已上覆減中日，爲交前分。

求月食分：置交前後分，如三千二百以下者，食既；已上，用減一萬二百，不足減者不

食；餘以七百除之爲大分，不盡，退除爲小分，小分半已上爲半強，半已下爲半弱。命大分以十爲限，得月食之分。

求月食汎用分：置望入交前後分，退一等，自相乘，交初以九百三十五除，交中以一千一百五十六除之，得數用減刻率，交初以一千一百一十二爲刻率，交中以九百爲刻率。各得所求。

求日月食定用分：置日月食汎用分，以一千三百三十七乘之，以所食日轉定分除之，即得所求。

求日月食虧初復滿小餘：各以定用分減食甚小餘，爲虧初；加食甚小餘，爲復滿：即各得虧初、復滿小餘。若求時刻者，依食甚術入之。

求月食更籌定法：置其望晨分，四因之，退一等，爲更法；倍之，退一等，爲籌法。

求月食入更籌：置虧初、食甚、復滿小餘，在晨分以下加晨分，昏分已上減去昏分，餘以更法除之爲更數，不滿，以籌法除之爲籌數。其更數命初更，算外，即各得所入更、籌。

求朔、望食甚宿次：置其經朔、望入氣小餘，以入氣、入轉朏朒定數朏減朒加之，乘其日升降分，樞法而一，加減其日盈縮分，至後、分前以加，分後、至前以減。一百約之爲分，分滿百爲度，以盈加縮減其定朔、望加時中積，以天正多至加時黃道日度及分加而命之，即定朔、望

加時日躔宿次。其望加半周天，命如前，即朔、望食甚宿次。

求月食既內外刻分：置月食交前、後分，覆減三千二百，不及減者，爲食下既。一百約之，列六十四於下，以上減下，餘以乘上，進二位，交初以□百九十三除〔八〕，交中以三百六十五除，所得，以定用分乘之，如汎用分而一，爲月食既內刻分；覆減定用分，即既外刻分。

求日月帶食出入分數：各以食定小餘與日出、入分相減，餘爲帶食差；其帶食差滿定用分已上者，不帶食出入也。以帶食差乘所食分，滿定用分而一，若月食既者，以既內刻分減帶食差，餘所食分〔九〕，以既外刻分而一，不及減者，爲帶食既出入也。各以減所食分，即帶出、入所見之分。其朔日食甚在晝者，晨爲漸進之分，昏爲已退之分；若食甚在夜者，晨爲已退之分，昏爲漸進之分。其月食者，見此可知也。

求日食所起：日在陰曆，初起西北，甚於正北，復於東北；日在陽曆，初起西南，甚於正南，復於東南。其食八分已上者，皆起正西，復於正東。此據午地而論之，其餘方位，審黃道斜正、月行所向，可知方向。

求月食所起：月在陰曆，初起東南，甚於正南，復於西南；月在陽曆，初起東北，甚於正北，復於西北。其食八分已上，皆起正東，復於正西。此亦據午地而論之，其餘方位，依日食所向，即知既虧、復滿。

步五星

五星會策：十五度二十一分、秒九十。

木星周率：四百二十二萬四千五十八、秒三十二。

周日：三百九十八、餘九千二百三十八、秒三十二。

歲差：一百三、秒六。

伏見度：一十三。

變目	變日	變度	限度	初行率
前伏	一十六日八十	三度八十	二度八十五	二十二
前疾初	二十八日	六度六十	四度五十五	二十二
前疾末	二十八日	五度五十二	四度一十五	二十二
前遲初	二十八日	四度四十一	三度三十三	一十八
前遲末	二十八日	二度二十二	一度六十五	一十三
前留	二十四日			

變目	變日	變度	限度	初行率
前退	四十六日六十四	五度一十八	空度二十九	空
後退	四十六日六十四	五度一十八	空度二十九	一十六
後留	二十四日			
後遲初	二十八日	二度二十一	一度六十六	空
後遲末	二十八日	四度四十一	三度三十二	一十三
後疾初	二十八日	五度五十二	四度一十五	一十八
後疾末	二十八日	六度六十	四度五十五	二十
後伏	一十六日八十	三度八十	二度八十五	二十二

木星盈縮曆

會數	損益率	盈積度	會數	損益率	縮積度
初	益一百六十三	盈空	初	益二百	縮空
一	益一百四十九	盈一度	一	益一百八十四	縮空一
二	益一百二十六	盈三度一十三	二	益一百五十九	縮三度八十五
三	益九十五	盈四度三十八	三	益一百二十七	縮五度四十五
四	益五十五	盈五度三十三	四	益八十八	縮六度七十一
五	益二十二	盈五度八十八	五	益三十八	縮七度五十七
六	損三十九	盈六度一十	六	損一十五	縮七度九十五
七	損六十五	盈五度七十一	七	損七十三	縮七度八十
八	損九十六	盈五度六	八	損一百二十六	縮七度七
九	損一百二十	盈四度一十	九	損一百六十七	縮五度八十一
十	損一百三十九	盈二度九十	十	損一百九十八	縮四度一十四
十一	損一百五十一	盈一度五十一	十一	損二百一十六	縮二度一十六

火星周率：八百二十五萬九千三百六十六、秒五十九。

周日：七百七十九、餘九千七百五十六、秒五十三。

歲差：一百三、秒五十三。

伏見度：二十。

變目	變日	變度	限度	初行率
前伏	六十九日	四十九度空	四十六度四十六	七十一
前疾初	六十一日	四十二度五十	四十一度二十三	七十一
前疾末	四十三日五十	三十度一十	二十八度五十六	七十
前次疾初	四十三日五十	二十九度三	二十七度五十二	六十八
前次疾末	四十三日五十	二十六度九十二	二十五度五十四	六十三
前遲初	四十三日五十	二十二度七十二	二十一度五十四	五十七
前遲末	四十三日五十	一十四度二十八	一十三度五十五	四十三
前留	一十三日			
前退	二十八日九十六	八度二十一	二度九十二	空
後退	二十八日九十六	八度二十一	二度九十二	二十九
後留	一十三日			
後遲初	四十三日五十	一十四度二十八	一十三度五十五	空
後遲末	四十三日五十	二十二度七十二	二十一度五十四	四十三
後次疾初	四十三日五十	二十六度九十二	二十五度五十四	五十七
後次疾末	四十三日五十	二十九度三	二十七度五十二	六十三
後疾初	四十三日五十	三十度一十	二十八度五十六	六十八
後疾末	六十一日五十	四十三度五十	四十三度二十五	七十
後伏	六十九日	四十九度空	四十六度四十六	七十一

火星盈縮曆

會數	損益率	盈積度	會數	損益率	縮積度
初	益一千一百三十五	盈空	初	益四百一十二	縮空
一	益八百七十六	盈一十一度	一	益四百三十三	縮四度一十二
二	益四百一十七	盈二十度十一	二	益四百五十五	縮八度四十五

中華書局

三	益一百四十五	盈二十四度二十八	三	益四百六十七	縮十三度空
四	損二十四	盈二十五度七十三	四	益四百一	縮十七度六十七
五	損一百四十六	盈二十五度四十九	五	益三百四	縮二十一度六十八
六	損二百九十六	盈二十四度三	六	益一百五十二	縮二十四度七十二
七	損三百八十八	盈二十一度七	七	益二十六	縮二十六度卄四
八	損四百五十八	盈一十一度一十九	八	損一百五十二	縮二十六度五十
九	損四百四十五	盈一十二度六十一	九	損四百三十八	縮二十四度九十八
十	損四百二十	盈八度一十六	十	損九百	縮二十度六十
十一	損三百九十六	盈三度九十六	十一	損一千一百六十	縮一十一度六十

土星周率：四百萬三千八百七十二、秒三十九。

周日：三百七十八、餘八百五十二、秒三十九。

歲差：一百三、秒七十八。

伏見度：一十六。

變目	變日	變度	限度	初行率
前伏	一十八日三十四	二度三十四	一度四十六	一十二
前疾	二十八日	三度二十九	二度五	一十二
前次疾	二十八日	二度七十三	一度七十一	一十一
前遲	二十八日	一度六十四	一度二	八
前留	三十六日			
前退	五十日七十	三度五十八	度空一十八	空
後退	五十日七十	三度五十八	度空一十八	一十
後留	三十六日			
後遲	二十八日	一度六十四	一度二	空
後次疾	二十八日	二度七十三	一度七十一	八
後疾	二十八日	三度二十九	二度五	一十一
後伏	一十八日三十四	二度三十四	一度四十六	一十二

土星盈縮曆

會數	損益率	盈積度	會數	損益率	縮積度
初	益一百八十七	盈空	初	益一百九十一	縮空
一	益一百七十一	盈一度八十七	一	益一百七十六	縮一度九十一
二	益一百四十四	盈三度五十八	二	益一百五十二	縮三度六十八
三	益一百一十二	盈五度二	三	益一百二十	縮五度二十
四	益六十七	盈六度一十四	四	益七十九	縮六度四十
五	益二十	盈六度八十一	五	益三十一	縮七度一十九
六	損二十九	盈七度一	六	損二十一	縮七度五十
七	損七十四	盈六度七十一	七	損七十二	縮七度二十九
八	損一百一十二	盈五度九十八	八	損一百一十九	縮六度五十七
九	損一百四十三	盈四度八十六	九	損一百五十五	縮五度三十八
十	損一百六十四	盈三度四十三	十	損一百八十三	縮三度八十三
十一	損一百七十九	盈一度九十七	十一	損二百	縮二度

金星周率：六百一十八萬三千五百九十九、秒一十六。

周日：五百八十三、餘九千六百二十九、秒一十六。

歲差：一百三十、秒八十。

夕見晨伏度：一十一。

晨見夕伏度：十。

變目	變日	變度	限度	初行率
前伏合	三十八日五十	四十九度五十	四十七度六十	一度二十七
夕疾初	六十二日	七十八度四十六	七十五度四十三	一度二十七
夕疾末	三十三日五十	四十一度七十	四十度一十	一度二十五
夕次疾初	三十三日五十	四十度三十六	三十八度八十	一度二十二

二十四史　中華書局

夕次疾末	三十三日五十	三十七度六十七	三十六度二十二	一度一十六
夕遲初	三十三日五十	二十二度二十九	三十一度四	一度五
夕遲末	三十三日五十	二十七度五十二	二十度六十九	八十五
夕留	八日			
夕退	十日九十五	五度五十五	一度二十二	
夕伏退	五日	四度	度空八十六	七十三
再合退	五日	四度	度空八十六	八十三
晨退	十日九十五	五度五十五	一度二十一	七十三
晨留	八日			
晨遲初	三十三日五十	二十七度五十三	二十度六十九	
晨遲末	三十三日五十	三十二度二十九	三十一度四	八十五
晨次疾初	三十三日五十	三十七度六十七	三十六度二十五	一度五

晨次疾末	三十三日五十	四十度三十六	三十八度八十	一度十五
晨疾初	三十三日五十	四十一度七十	四十度一十	一度十五
晨疾末	六十二日	七十八度四十六	七十五度四十二	一度二十五
後伏	三十八日	四十九度五十	四十七度六十	一度二十五

金星盈縮曆

會數	損益率	盈積度	會數	損益率	縮積度
初	益五十二	盈空	初	益五十二	縮空
一	益四十八	盈空五十二	一	益四十八	縮空五十二
二	益四十一	盈一度	二	益四十一	縮一度
三	益三十一	盈一度四十一	三	益三十一	縮一度四十一
四	益二十一	盈一度七十二	四	益二十一	縮一度七十二
五	益七	盈一度九十三	五	益七	縮一度九十三
六	損七	盈二度	六	損七	縮二度
七	損二十一	盈一度九十三	七	損二十一	縮一度
八	損三十一	盈一度七十二	八	損三十一	縮一度七十二
九	損四十一	盈一度四十一	九	損四十一	縮一度四十一
十	損四十八	盈一度	十	損四十八	縮一度
十一	損五十二	盈空	十一	損五十二	縮五十二

水星周率：一百二十二萬七千一百七十、秒二十八。

周日：一百一十五、餘九千三百二十、秒二十八。

歲差：一百三、秒九十四。

夕見晨伏度：一十四。

晨見夕伏度：二十一。

變目	變日	變度	限度	初行率
前伏合	一十六日	三十度	二十六度八	一度九十五
夕疾	一十三日	二十一度一十五	一十八度三十八	一度七十九
夕遲	一十三日	一十四度八十五	一十二度一十六	一度四十七
夕留	三日			
夕伏退	一十二日九十四	八度六	一度三十二	
再合退	一十二日九十四	八度六	一度三十二	九十三
晨留	三日			
晨遲	一十三日	一十四度八十五	一十二度一十六	
晨疾	一十三日	二十一度一十五	一十八度三十八	一度四十七
後伏	一十六日	三十度	二十六度八	一度七十九

水星盈縮曆

會數	損益率	盈積度	會數	損益率	縮積度
初	益五十七	盈空	初	益五十七	縮空

一	益五十三	盈空五十七	一	益五十三	縮空五十七
二	益四十五	盈一度一十	二	益四十五	縮一度一十
三	益三十五	盈一度五十五	三	益三十五	縮一度五十五
四	益二十二	盈一度九十	四	益二十二	縮一度九十
五	益八	盈二度一十二	五	益八	縮二度一十二
六	損八	盈二度二十	六	損八	縮二度二十
七	損二十二	盈二度一十二	七	損二十二	縮二度一十二
八	損三十五	盈一度九十	八	損三十五	縮一度九十
九	損四十五	盈一度五十五	九	損四十五	縮一度五十五
十	損五十三	盈一度一十	十	損五十三	縮一度一十
十一	損五十七	盈空五十七	十一	損五十七	縮空五十七

推五星天正冬至後諸變中積中星：置氣積分，各以其星周率去之，不盡，覆減周率，餘滿樞法除之爲日，不滿，退除爲分，卽天正冬至後平合中積；命之，積平合中星，以諸段變日、變度累加之，卽諸變中積中星。其經退行者，卽其變度，累減之，卽其星其變中星。

求五星諸變入曆：以其星歲差乘積年，滿周天分去之，不盡，以樞法除之爲度，不滿，退除爲分，以減其星平合中星，卽平合入曆；以其星其變限度依次加之，各得其星諸變入曆度分。

求五星諸變盈縮定差：各置其星其變入曆度分，半周天以下爲在盈；以上，減去半周天，餘爲在縮。置盈縮限度及分，以五星會策除之爲會數，不盡，爲入會度及分；以其會下損益率乘之，會策除之爲分，分滿百爲度，以損益其下盈縮積度，卽其星其變盈縮定差。若用立成者，以其所入會度下差而用之。其木火土三星後退、後留者，置盈縮差，各列其星盈縮極度於下，皆以上減下，餘以乘上，八十七除之，所得，木、土三因，火直用之；在盈益減損加、在縮益加損減其段盈縮差，爲後退、後留定差，因爲後遲初段定差。各須類會前留定差，觀其盈縮初末，審察降殺，皆裒多益少而用之。

求五星諸變定積：各置其星其變中積，以其變盈縮定差盈加縮減之，卽其星其變定積及分；以天正冬至大餘及分加之，卽其星其變定日及分；以紀法去定日，不盡，命甲子，算外，卽得日辰。

求五星諸變在何月日：各置諸變定日，以其年天正經朔大餘及分減之，若冬至大餘少，加經朔大餘者，加紀法乃減之。餘以朔策及分除之爲月數，不滿，爲入月日數及分。其月數命以天正十一月，算外，卽其星其變入其月經朔日數及分。若置定積，以天正閏月及分加之，朔策除爲月數，亦得所求。

求五星諸變入何氣日：置定積，以氣策及約分除之爲氣數，不盡，爲入氣已來日數及分。其氣數命起天正冬至，算外，卽五星諸變入其氣日及分。其定積滿歲周日及分卽去之，餘在來年天正冬至後。

求五星諸變定星：各置其變中星〔一〇〕，以其變盈縮定差盈加縮減之，其金、水二星，金以倍之，水以三之，乃可加減。卽五星諸變定星；以天正冬至加時黃道日度加而命之，卽其星其變加時定星宿次及分。五星皆以前留爲前退初日定星，後留爲後遲初日定星。

求五星諸變初日晨前夜半定星：以其星其變盈縮所入會度下盈縮積度與次度下盈縮積度相減，餘爲其度損益分；乘其變初行率，一百約之，所得，以加減其日初行率，在盈，益加損減；在縮，益減損加。爲初行積率；又置一百分，亦依其數加減之，以除初行積率，爲初日定行率；以乘其率初日約分，一百約之，順減退加其日加時定星，爲其變晨前夜半定星；加冬至時日度命之，卽所在宿次。

求諸變日度率：置後變定日，以其變定日減之，餘爲其變日率；又置後變夜半定星，以其變夜半定星及分減之，餘爲其變度率及分。

求諸變平行分：各置其變度率及分，以其變日率除之爲平行分，不滿，退除爲秒，卽各得平行度及分秒。

求諸變總差：各以其段平行分與後段平行分相減，餘爲汎差；併前段汎差，四因之，九而一，爲總差。若前段無平行分相減爲汎差者，各因後段初日行分與其段平行分相減，爲半總差；倍之，爲總差。若後段無平行分相減爲汎差者，各因前段末日行分與其段平行分相減，爲半總差〔一一〕。其前後退行者，各置本段平行分，十四乘，十五除，爲總差。其金星夕退、夕伏、再合、晨退，各依順段術入之，卽得所求。

求諸段初末日行分：各半其段總差，加減其段平行分，後段行分多者，減之爲初，加之爲末；後段行分少者，加之爲初，減之爲末。卽各得其星其段初、末日行度及分秒。凡前後段平行分俱多或俱少，乃平注之；及本段總差不滿大分者，亦平注之。其退行段，各以半總差前變減之爲初，加之爲末；後變加之爲初，減之爲末。

求每日晨前夜半星行宿次：置其段總差，減其段日率一，以除之，爲日差；以日差累損益初日行分，後段行分少，日損之；後段行分多，日益之。爲每日行度及分；以每日行度及分累加其星其段初日晨前夜半宿次，命之，卽每日星行宿次。遇退行者，以每日行分累減之，卽得所求。

徑求其日宿次：置所求日，減一，日差乘之，加減初日行分，後行分少，卽減之；後行分多，卽加

之。爲所求日行分；加日行分而半之，以所求日乘之，爲徑求積度；加減其星初日宿次〔三二〕，命之，即其日星行宿次。

求五星定合日定星〔三三〕：以其星平合初日行分減一百分，餘以約其日太陽盈縮分爲分，分滿百爲日，不滿爲分，命爲距合差日；以盈縮分減之，爲距合差度；以差日、差度縮加盈減平合定積、定星，爲其星定合日定積、定星。其金、水二星，以一百分減初日行分，餘以除其日太陽盈縮分，爲距合差日；以盈縮分加之，爲距合差度；以差日、差度盈加縮減之。金、水二星退合者，以初日行分加一百分，以除太陽盈縮分，爲距合差日；以距合差日減盈縮分，爲距合差度；以差日、差度盈減縮加再合定積定星爲其星再合定日定積定星。其金、水二星定積，各依見伏術，先以盈縮差求其加減訖，然後以距合差日、差度加減之。

求木火土三星晨見夕伏定日：各置其星其段定積，乃加減一象度，晨見加之，夕伏減之。半周天已下自相乘，半周天已上，覆減周天度及分，餘亦自相乘，一百約爲分，以其星伏見度乘之，十五除之，爲差；乃以其段初日行分覆減一百分，餘以除其差爲日，不滿，退除爲分，所得，以加減定積，晨見加之，夕伏減之。各得晨見、夕伏定積；加天正冬至大餘及分，命甲子，算外，即得日辰。

求金水二星夕見晨伏定日：各置其星其段定積，其定積先倍其段盈縮差，縮加盈減之，

然加減一象度，夕見減之，晨伏加之。半周天已下自相乘，已上，覆減周天度，餘亦自相乘，一百約爲分，以其星伏見度乘之，十五除，爲差；乃置其段初日行分，減去一百分，餘以除其差爲日，不滿，退除爲分，所得，以加減定積，夕見加之，晨伏減之。各得夕見、晨伏定積。

求金水二星晨見夕伏定日：置其星其段定積，其定積先以一百乘其段盈縮差，乃以一百分加其日行分，以除其差，所得，盈加縮減，然加減一象度，晨見加之，夕伏減之。半周天已下自相乘，已上，覆減周天度，餘亦自相乘，一百約爲分，以其星伏見度乘之，十五除，爲差；乃置其段初日行分，如一百，以除其差爲日，不滿，退除爲分，所得，以加減定積，晨見加之，夕伏減之。各爲其星晨見、夕伏定積。

曆既成，以來年甲子歲用之，是年五月丁亥朔，日食不效，算食二分半，候之不食。詔候驗。至七年，命入內都知江德明集曆官用渾儀較測。時周琮言：「古之造曆，必使千百年間星度交食，若應繩準，今曆成而不驗，則曆法爲未密。」又有楊皡、于淵者，與琮求較驗，而皡術於木爲得，淵於金爲得，琮於月、土爲得，詔增入崇天曆，其改用率數如後：

周天分：三百八十六萬八千六十六、秒一十七。

周天：三百六十五度。虛分二千七百一十六、秒十七，約分二十五、秒六十一。

歲差：一百二十六、秒一十七。

木星

會數	損益率	盈積度
初	益一百五十	盈空
一	益一百三十六	盈一度五十
二	益一百一十六	盈二度八十六
三	益八十七	盈四度二
四	益五十一	盈四度八十九
五	益二十	盈五度四十
六	損三十六	盈五度六十
七	損六十	盈五度二十四
八	損八十八	盈四度六十四
九	損一百一十	盈三度七十六
十	損一百二十八	盈二度六十六
十一	損一百三十八	盈一度三十八

求諸變總差：各以其段平行分與後段平行分相減，餘爲汎差；併前段汎差，四因之，退一等，爲總差。若前段無平行分相減爲汎差者〔三四〕，各因後段初日行分與其段平行分相減，爲半總差；倍之，爲總差。若後段無平行分相減爲汎差者，各因前段末日行分與其段平行分相減，爲半總差；倍之，爲總差。其前後退行者，各置本段平行分，十四乘，十五除〔三五〕，爲總差。其金星夕退、夕伏、再合、晨退，各依順段術入之，即得所求。

求五星定合及見伏汎用積：其木、火、土三星，各以平合及前疾、後伏定積爲汎用積，金、水二星平合及夕見、晨伏者，置其星其段盈縮差，金以倍之，水以三之，列於上位；又置盈縮差，以其段初行率乘之，退二等，以減上位；又置初行率，減去一百分，餘以除之爲日，不滿，退除爲分，乃盈減縮加中積，爲其星其變汎用積。金、水二星再合及夕伏、晨見者，其星其段盈縮差，金星直用，水以倍之，進一位，以其段初行率加一百分以除之，所得，并盈縮差，以盈加縮減中積，爲其星其段汎用積。

求五星定合定積定星：其木、火、土三星平合者，以平合初日行分減一百分，餘以約其日太陽盈縮分爲分，滿百爲日，不滿爲分，命爲距合差日；以盈縮分減之，爲距合差度；以差日、差度縮加盈減其星平合汎用積，爲其星定合日定積定星。金、水二星平合者，以一百分減初日行分，餘以除其日太陽盈縮分，爲距合差日；以盈縮分

加之，爲距合差度；以差日、差度盈加縮減平合汎用積，爲其星定合日定積定星也。金、水二星退合者，以初日行分一百分，以除太陽盈縮分，爲距合差日；以距合差日減盈縮分，爲距合差度；以差日盈減縮加再合汎用積，爲其星再合定日定積差度；盈加縮減再合汎用積，爲其星再合日定星；各加冬至大、小餘及黄道加時日躔宿次命之，卽得其日日辰及宿次。

求木火土星晨見夕伏定用積：各置其星其段汎用積，乃加減一象度，晨見加之，夕伏減之。半周天已下自相乘，已上，覆減周天度，餘亦自相乘，各二因百約之，在一百六十七已上，以一百約其日太陽盈縮分減之，不滿一百六十七者卽加之，以其星本伏見度乘之，十五除，爲差；乃置其段初日行分，覆減一百分，餘以除其差爲日，不滿，退除爲分，所得，以加減汎用積，晨見加之，夕伏減之。各得其星晨見、夕伏定用積；加天正冬至大餘，命甲子，算外，卽得日辰。

求金水二星夕見晨伏定用積：各置其星其段汎用積，乃加減一象度，夕見減之，晨伏加之。半周天已下自相乘，已上，覆減周天度，餘亦自相乘，二因百約之，滿一百六十七已上，以一百約太陽盈縮分減之，不滿一百六十七者卽加之，以其星本伏見度乘之，十五除，爲差；乃置其段初日行分，減去一百分，餘以除其差爲日，不滿，退除爲分，所得，以加減汎用積，晨見加之，夕伏減之。各得夕見、晨伏定用積；加命如前，卽得日辰。

求金水二星晨見夕伏定用積：各置其星其段汎用積，乃加減一象度，晨見加之，夕伏減之。半周天以下自相乘，已上，覆減周天度，餘亦自相乘，二因百約之，在一百六十七已上，以百約太陽盈縮分減之，不滿一百六十七者卽加之，以其星本伏見度乘之，十五除，爲差；金星者，直以一百除其差爲日，不滿，退除爲分，所得，以加減汎用積，晨見加之，夕伏減之。各爲其星晨見、夕伏定用積；加命如前，卽得日辰。

景祐元年七月，日官張奎言：「自今月朔或遇節首，勿避。」詔中書集曆官參議，而丁愼言請如舊制。有詔，卒從奎議。

校勘記

〔一〕交中日一十三餘六千四百一十八秒七百三十八半　二除交終日，得十三日、餘六千四百一十八、秒七千一百三十八半。「七」下脫「千一」二字。

〔二〕望策十四餘八千一百四秒五十　二除朔策，得十四日、餘八千一百四、秒五千。下「十」字應作「千」。

〔三〕各因前定朔夜半入交　「半」下原衍「二」字，據本條推步內容刪。

〔四〕午前以三萬一千七百七十除　「除」原作「餘」，據本條推步內容改。

〔五〕餘爲交前分　「前」原作「後」。按前限以上覆減中日，餘爲交前分，故改。

〔六〕求日食汎用分　「分」原作「法」，據本條推步內容改。

〔七〕爲交後分　原脫。按視月入陰陽曆日及餘，如後限以下，爲交後分，故補。

〔八〕交初以□百九十三除　空格處殿、局本皆作「二」字。

〔九〕餘所食分　「餘」下疑脫「乘」字。

〔一〇〕各置其變中星　「置」下疑脫「其星」二字。

〔一一〕各因前段末日行分與其段平行分相減爲半總差　句下疑脫「倍之，爲總差」五字。

〔一二〕加減其星初日宿次　「減」字原脫，據曆法常例補。

〔一三〕求五星定合日定星　據本條推步內容，「日」下疑脫「定積」二字。

〔一四〕若前段無平行分相減爲汎差者　「者」字原脫，據曆法常例補。

〔一五〕十五除　「除」字原脫，據本條推步內容補。

二十四史

宋史

元 脫脫等撰

第六册

卷七四至卷八四（志）

中華書局

宋史卷七十四

志第二十七

律曆七

明天曆

崇天曆行之至于嘉祐之末，英宗即位，命殿中丞、判司天監周琮及司天冬官正王炳、丞王棟、主簿周應祥周安世馬傑、靈臺郎楊得言作新曆，三年而成。琮言：「舊曆氣節加時，後天半日；五星之行，差半次；日食之候，差十刻。」既而司天中官正舒易簡與監生石道、李遘更陳家學。於是詔翰林學士范鎮、諸王府侍講孫思恭、國子監直講劉攽考定是非，上推尚書「辰弗集于房」與春秋之日食，參今曆之所候，而易簡、道、遘等所學疏闊，不可用，新書爲密。遂賜名明天曆，詔翰林學士王珪序之，而琮亦爲義略冠其首。今紀其曆法于後：

調日法朔餘、周天分、斗分、歲差、日度母附。

造曆之法，必先立元，元正然後定日法，法定然後度周天以定分、至，三者有程，則曆可成矣。日者，積餘成之；度者，積分成之。蓋日月始離，初行生分，積分成日。自四分曆洎古之六曆，皆以九百四十爲日法。率由日行一度，經三百六十五日四分之一，是爲周天；月行十三度十九分之七，經二十九日有餘，與日相會，是爲朔策。史官當會集日月之行，以求合朔。

自漢太初至于今，冬至差十日，如劉歆三統復強於古，故先儒謂之最疏。後漢劉洪考驗四分，於天不合，乃減朔餘，苟合時用。自是已降，率意加減，以造日法。宋世何承天更以四十九分之二十六爲強率，十七分之九爲弱率，於強弱之際以求日法。承天日法七百五十二，得一十五強，一弱。自後治曆者，莫不因承天法，累強弱之數，皆不悟日月有自然合會之數。

今稍悟其失，定新曆以三萬九千爲日法，六百二十四萬爲度母，九千五百爲斗分，二萬六百九十三爲朔餘，可以上稽於古，下驗於今，反覆推求，若應繩準。又以二百三十萬一千爲月行之餘，月行十三度之餘。以一百六十萬四百四十七爲日行之餘。日行周天之餘。乃會日月之行，以盈不足平之，并盈不足，是爲一朔之法。日法也，名元法。今乃以大月乘不足之數，以小月乘盈行之分，平而并之，是爲一朔之實。周天分也。以法約實，得日月相會之數，皆以等數約之，悉得今有之數。盈爲朔虛，不足爲朔餘。又二法相乘爲本母，各母互乘，以減周天，餘則歲差生焉，亦以等數約之，卽得歲差、度母、周天實用之數。此之一法，理極幽眇，所謂反覆相求，潛遁相通，數有冥符，法有偶會，古曆家皆所未達。以等數約之，得三萬九千爲元法，九千五百爲斗分，二萬六百九十三爲朔餘，六百二十四萬爲日度母，二十二億七千九百二十萬四百四十七爲周天分，八萬四百四十七爲歲差。

歲餘：九千五百。古曆曰斗分。

古者以周天三百六十五度四分度之一，是爲斗分。夫舉正於中，上稽往古，下驗當時，反覆參求，合符應準，然後施行于百代，爲不易之術。自後治曆者，測今冬至日晷，用校古法，過盈，以萬爲母，課諸氣分，率二千五百以下、二千四百二十八已上爲中平之率。新曆斗分九千五百，以萬平之，得二千四百二十五半盈[一]，得中平之數也。而三萬九千年冬至小餘成九千五百日，滿朔實一百一十五萬一千六百九十三，年齊于日分，而氣朔相會。

歲周：一千四百二十四萬四千五百。以元法乘三百六十五度，內斗分九千五百，得之，卽爲一歲之日分，故曰歲周。若以二十四均之，得一十五日、餘八千五百二十、秒一十五，爲一氣之策也。

朔實：一百一十五萬一千六百九十三。本會日月之行，以盈不足平而得二萬六百九十三，是爲朔餘，備在調日法術中。是則四象全策之餘也。今以元法乘四象全策二十九，總而并之，是爲一朔之實也。古曆以一百萬平朔餘之分，得五十三萬六百以下、五百七十已上，是爲中平之率。新曆以一百萬平之，得五十三萬五百八十九，得中平之數也。若以四象均之，得七日、餘一萬四千九百二十三、秒，是爲弦策也[二]。

中盈、朔虛分：閏餘附。日月以會朔爲正，氣序以斗建爲中，是故氣進而盈分存焉。置中節兩氣之策，以一月之全策三十減之，每至中氣，卽一萬七千四十、秒十二，是爲中盈分[三]。朔退而虛分列焉，置一月之全策三十，以朔策及餘減之，餘一萬八千三百七，是爲朔虛分。綜中盈、朔虛分，而閏餘章焉。閏餘三萬五千三百四十五、秒一十三[四]。從消息而自致，以盈虛名焉。

紀法：六十。易乾象之爻九，坤象之爻六，震、坎、艮象之爻皆七，巽、離、兌象之爻皆八。綜八卦之數凡六十，又六旬之數也。紀者，終也，數終八卦，故以紀名焉。

天正冬至：大餘五十七，小餘一萬七千。先測立冬晷景，次取測立春晷景，取近者通計，半之，爲距至汎日；乃以晷數相減，餘者以法乘之，滿其日晷差而一，爲差刻；乃以差刻求冬至，視其前晷多則爲減，少則爲加，求夏至者反之。加減距至汎日，爲定日；仍加半日之刻，命從前距日辰，算外，卽二至加時日辰及刻分所在。如此推求，則加時與日晷相協。今須積歲四百一年，治平元年甲辰歲，氣積年也。則冬至大、小餘與今適會。

天正經朔：大餘三十四，小餘三萬一千。閏餘八十八萬三千九百九十[五]。此乃檢括日月交食加時早晚而定之，損益在夜半後，得戊戌之日，以方程約而齊之。今須積歲七十一萬一千七百六十一，治平元年甲辰歲，朔積年也。則經朔大、小餘與今有之數，偕閏餘而相會。

日度歲差：八萬四百四十七。書舉正南之星以正四方，蓋先王以明時授人，奉天育物。然先儒所述，互有同異。虞喜云：「堯時冬至日短星昴，今二千七百餘年，乃東壁中，則知每歲漸差之所至。」又何承天云：「堯典：『日永星火，以正仲夏；宵中星虛，以正仲秋。』今以中星校之，所差二十七八度，卽堯時冬至，日在須女十度。」故祖沖之修大明曆，始立歲差，率四十五年九月却一度。虞鄺[六]、劉孝孫等因之，各有增損，以創新法。若從虞喜之驗，昴中則五十餘年，日退一度；若依承天之驗，火中又不及百年，日退一度。後皇極綜兩曆之率而要取其中，故七十五年而退一度，此乃通其意未盡其微。今則別調新率，改立歲差，大率七十七年七月，日退一度，上元命於虛九，可以上覆往古，下逮於今。自帝堯以來，循環考驗，新曆歲差，皆得其中，最爲親近。

周天分：二十二億七千九百二十萬四百四十七。本齊日月之行，會合朔而得之。在調日

法。使上考仲康房宿之交，下驗姜岌月食之衡，三十年間，若應準繩，則新曆周天，有自然冥符之數，最爲密近。

日躔盈縮定差：張冑玄名損益率曰盈縮數，劉孝孫以盈縮數爲朏朒積，皇極有陟降率、遲疾數，麟德曰先後、盈縮數，大衍曰損益、朏朒積，崇天曰損益、盈縮積。所謂古曆平朔之日，而月或朝覿東方，夕見西方，則史官謂之朏朒。今以日行之所盈縮、月行之所遲疾，皆損益之，或進退其日，以爲定朔，則舒亟之度，乃勢數使然，非失政之致也。新曆以七千一爲盈縮之極，其數與月離相錯，而損益、盈縮爲名，則文約而義見。

升降分：皇極躔衰有陟降率，麟德以日景差、陟降率、日晷景消息爲之，義通軌漏。夫南至之後，日行漸升，去極近，故晷短而萬物皆盛；北至之後，日行漸降，去極遠，故晷長而萬物寖衰。自大衍以下，皆從麟德。今曆消息日行之升降，積而爲盈縮焉。

赤道宿：漢百二年議造曆，乃定東西，立晷儀，下漏刻，以追二十八宿相距於四方，赤道宿度，則其法也。其赤道，斗二十六度及分，牛八度，女十二度，虛十度，危十七度，室十六度，壁九度，奎十六度，婁十二度，胃十四度，昴十一度，畢十六度，觜二度，參九度，井三十三度，鬼四度，柳十五度，星七度，張十八度，翼十八度，軫十七度，角十二度，亢九度，氐十五度，房五度，心五度，尾十八度，箕十一度，自後相承用之。至唐初，李淳風造渾儀，亦無

所改。開元中，浮屠一行作大衍曆，詔梁令瓚作黃道游儀，測知畢、觜、參及輿鬼四宿赤道宿度，與舊不同。畢十七度，觜一度，參十度，鬼三度。自一行之後，因相沿襲，下更五代，無所增損。至仁宗皇祐初，始有詔造黃道渾儀，鑄銅爲之。自後測驗赤道宿度，又一十四宿與一行所測不同。斗二十五度，牛七度，女十一度，危十六度，室十七度，胃十五度，畢十八度，井三十四度，鬼二度，柳十四度，氐十六度，心六度，尾十九度，箕十度。蓋古今之人，以八尺圓器，欲以盡天體，決知其難矣。又況圖本所指距星，傳習有差，故今赤道宿度與古不同。自漢太初後至唐開元治曆之初，凡八百年間，悉無更易。今雖測驗與舊不同，亦歲月未久。新曆兩備其數，如淳風從舊之意。

月度轉分：洪範傳曰：「晦而月見西方謂之朓。月未合朔，在日後；今在日前，太疾也。朓者，人君舒緩、臣下驕盈專權之象。朔而月見東方謂之側匿。合朔則月與日合，今在日後，太遲也。側匿者，人君嚴急、臣下危殆恐懼之象。」盈則進，縮則退，躔離九道，周合三旬，考其變行，自有常數。傳稱，人君有舒疾之變，未達月有遲速之常也。後漢劉洪粗通其旨。爾後治曆者，多循舊法，皆考遲疾之分，增損平會之朔，得月後定追及日之際而生定朔焉。至於加時早晚，或速或遲，皆由轉分強弱所致。舊曆課轉分，以九分之五爲強率，一百一分之五十六爲弱率，乃於強弱之際而求秒焉。新曆轉分二百九十八億八千二百二十四萬二千二百五十一，以一百萬平之，得二十七日五十五萬四千六百二十六，最得中平之數。

舊曆置日餘而求朓朒之數，衰次不倫。今從其度而遲疾有漸，用之課驗，稍符天度。

轉度母：轉法、會周附。本以朔分并周天，是爲會周。一朔之月常度也，各用本母。去其朔差爲轉終，朔差乃終外之數也。各以等數約之，卽得實用之數。乃以等數約本母爲轉度母，齊數也。又以等數約月分爲轉法，亦名轉日法也。以轉法約轉終，得轉日及餘。本曆創立此數，皆古曆所未有。約得八千一百一十二萬爲轉度母，二百九十八億八千二百二十四萬二千二百五十一爲轉終分，三百二十億二千五百一十二萬九千二百五十一爲會周，一十億八千四百四十七萬三千爲轉法，二十一億四千二百八十八萬七千爲朔差。

月離遲疾定差：皇極有加減限、朓朒積，麟德曰增減率、遲疾積，大衍曰損益率、朓朒積，崇天亦曰損益率、朓朒積。所謂日不及平行則損之，過平行則益之，從陽之義也；月不及平行則益之，過平行則損之，御陰之道也。陰陽相錯而以損益、遲疾爲名。新曆以一萬四千八百一十九爲遲疾之極，而得五度八分，其數與躔相錯，可以知合食加時之早晚也。

進朔：進朔之法，興于麟德。自後諸曆，因而立法，互有不同。假令仲夏月朔月行極疾之時，合朔當於亥正，若不進朔，則晨而月見東方；若從大衍，當戌初進朔，則朔日之夕，月生於西方。新曆案朔日之餘，驗月行徐疾，變立法率，參驗加時，常視定朔小餘：秋分後四分法之三已上者，進一日；春分後定朔晨分差如春分之日者，三約之，以減四分之三；定朔小餘如此數已上者，亦進，以來日爲朔。俾循環合度，月不見於朔晨；交會無差，明必藏

於朔夕。加時在於午中，則晦日之晨同二日之夕，皆合月見；加時在於酉中，則晦日之晨尚見，二日之夕未生；加時在於子中，則晦日之晨不見，二日之夕以生。定晦朔，乃月見之晨夕可知；課小餘，則加時之早晏無失。使坦然不惑，觸類而明之。

消息數：因漏刻立名，義通晷景。麟德曆差曰屈伸率。天晝夜者〔七〕，易進退之象也。冬至一陽爻生而晷道漸升，夜漏益減，象君子之道長，故曰息；夏至一陰爻生，而晷道漸降，夜漏益增，象君子之道消，故曰消。表景與陽爲衝，從晦者也，故與夜漏長短。今以屈伸象太陰之行，而刻差曰消息數。黃道去極，日行有南北，故晷漏有長短。然景差徐疾不同者，句股使之然也。景直晷中則差遲，與句股數齊則差急，隨北極高下，所遇不同。其黃道去極度數與日景、漏刻、昏晚中星反覆相求，消息用率，步日景而稽黃道，因黃道而生漏刻，而正中星，四術旋相爲中，以合九服之變，約而易知，簡而易從。

六十四卦：十二月卦出於孟氏，七十二候原於周書。後宋景業因劉洪傳卦，李淳風據舊曆元圖，皆未覩陰陽之賾。至開元中，浮屠一行考揚子雲太玄經，錯綜其數，究隱周公三統，糾正時訓，參其變通，著在爻象，非深達易象，孰能造於此乎！今之所修，循一行舊義，至於周策分率，隨數遷變。夫六十卦直常度全次之交者，諸侯卦也；竟六日三千四百八十六秒〔八〕而大夫受之；次，九卿受之；次，三公受之；次，天子受之。五六相錯，復協常

月之次。凡九三應上九，則天微然以靜；六三應上六，則地鬱然而定。九三應上六卽溫，六三應上九卽寒。上爻陽者風，陰者雨。各視所直之爻，察不刊之象，而知五等與君辟之得失、過與不及焉。七十二候，李業興以來，迄于麟德，凡七家曆，皆以雞始乳爲立春初候，東風解凍爲次候，其餘以次承之。與周書相校，二十餘日〔九〕，舛訛益甚。而一行改從古義，今亦以周書爲正。

岳臺日晷：岳臺者，今京師岳臺坊，地曰浚儀，近古候景之所。尚書洛誥稱東土是也。禮玉人職：「土圭長尺有五寸以致日。」此卽日有常數也。司徒職以圭正日晷，「日至之景，尺有五寸，謂之地中。」此卽是地土中致日景與土圭等。然表長八尺，見於周髀。夫天有常運，地有常中，曆有正象，表有定數。言日至者，明其日至此也。景尺有五寸與圭等者，是其景晷之眞效。然夏至之日尺有五寸之景，不因八尺之表將何以得，故經見夏至日景者，明表有定數也。新曆周歲中晷長短，皆以八尺之表測候，所得名中晷常數。交會日月，成象於天，以辨尊卑之序。日，君道也；月，臣道也。謫食之變，皆與人事相應。若人君修德以禳之，則或當食而不食。故太陰有變行以避日，則不食；五星潛在日下，爲太陰禦侮而扶救，則不食；涉交數淺，或在陽曆，日光著盛，陰氣衰微，則不食；德之休明而有小眚焉，天爲之隱，是以光微蔽之，雖交而不見食。此四者，皆德感之所繇致也。按大衍曆議，開元

十二年七月戊午朔，當食。時自交趾至朔方，同日度景測候之際，晶明無雲而不食。以曆推之，其日入交七百八十四分，當食八分半。十三年，天正南至，東封禮畢，還次梁、宋，史官言：「十二月庚戌朔，當食。」帝曰：「予方修先后之職，譴見于天，是朕之不敏，無以對揚上帝之休也。」於是徹膳素服以俟之，而卒不食。在位之臣莫不稱慶，以謂德之動天，不俟終日。以曆推之，是月入交二度弱，當食十五分之十三，而陽光自若，無纖毫之變，雖算術乖舛，不宜若是。凡治曆之道，定分最微，故損益毫釐，未得其正，則上考春秋以來日月交食之載，必有所差。假令治曆者，因開元二食變交限以從之，則所協甚少，而差失過多。由此明之，詩云：「此日而微」，乃非天之常數也。舊曆直求月行入交，今則先課交初所在，然後與月行更相表裏，務通精數。

四正食差：正交如累璧，漸減則有差。在內食分多，在外食分少；交淺則間遙，交深則相薄；所觀之地又偏，所食之時亦別。苟非地中，皆隨所在而漸異。縱交分正等同在南方，冬食則多，夏食乃少。假均冬夏，早晚又殊，處南北則高，居東西則下。視有斜正，理不可均。月在陽曆，校驗古今交食，所虧不過其半。合置四正食差，則斜正於卯酉之間，損益於子午之位，務從親密，以考精微。

五星立率：五星之行，亦因日而立率，以示尊卑之義。日周四時，無所不照，君道也；

星分行列宿，臣道也。陰陽進退，于此取儀刑焉。是以當陽而進，當陰而退，皆得其常，故加減之。古之推步，悉皆順行，至秦方有金、火逆數。

大衍曰：「木星之行與諸星稍異：商、周之際，率一百二十年而超一次；至戰國之時，其行寖急；逮中平之後，八十四年而超一次，自此之後，以爲常率。」其行也，初與日合，一十八日行四度，乃晨見東方。而順行一百八日，計行二十二度強，而留二十七日。乃退行四十六日半，退行五度強，與日相望。旋日而退，又四十六日半，退五度強，復留二十七日。而順行一百八日，行十八度強，乃夕伏西方。又十八日行四度，復與日合。

火星之行：初與日合，七十日行五十二度，乃晨見東方。而順行二百八十日，計行一百一十六度半弱，而留十一日。乃退行二十九日，退九度，與日相望。旋日而退，又二十九日，退九度，復留十一日。而順行二百八十日，行一百六十四度半弱，而夕伏西方。又七十日，行五十二度，復與日合。

土星之行：初與日合，二十一日行二度半，乃晨見東方。順行八十四日，計行九度半強，而留三十五日。乃退行四十九日，退三度半，與日相望。乃旋日而退，又四十九日，退三度少，復留三十五日。又順行八十四日，行七度強，而夕伏西方。又二十一日，行二度半，復與日合。

金星之行：初與日合，三十八日半行四十九度太，而夕見西方。乃順行二百三十一日，計行二百五十一度半，而留七日。乃退行九日，退四度半，而夕伏西方。又六日半，退四度太，與日再合。又六日半，退四度太，而晨見東方。又退九日，逆行四度半，而復留七日。而復順行二百三十一日，行二百五十一度半，乃晨伏東方。又三十八日半，行四十九度太，復與日會。

水星之行：初與日合，十五日行三十三度，乃夕見西方。而順行三十日，計行六十六度，而留三日，乃夕伏西方。而退十日，退八度，與日再合。又退十日，退八度，乃晨見東方，而復留三日。又順行三十三日，行三十三度，而晨伏東方。又十五日，行三十三度，與日復會。

一行云：「五星伏、見、留、逆之效，表、裏、盈、縮之行，皆係之於時，驗之於政。小失則小變，大失則大變；事微而象微，事章而象章。蓋皇天降譴以警悟人主。又或算者昧於象，占者迷於數，覩五星失行，悉謂之曆舛，以數象相參，兩喪其實。大凡校驗之道，必稽古今注記，使上下相距，反覆相求，苟獨異常，則失行可知矣。」

星行盈縮：五星差行，惟火尤甚。乃有南侵狼坐，北入匏瓜，變化超越，獨異於常，是以日行之分，自有盈縮。此乃天度廣狹不等，氣序升降有差，致今升降之分，積爲盈縮之數。

凡五星入氣加減，興于張子信，以後方士，各自增損，以求親密。而開元曆別爲四象六爻，均以進退，今則別立盈縮，與舊異。

五星見伏：五星見伏，皆以日度爲規。日度之運，既進退不常；星行之差，亦隨而增損。是以五星見伏，先考日度之行，今則審日行盈縮，究星躔進退，五星見伏，率皆密近。舊說，水星晨應見不見在雨水後、穀雨前，夕應見不見在處暑後、霜降前。又云，五星在卯酉南則見遲、伏早，在卯酉北則見早、伏遲，蓋天勢使之然也。

步氣朔術

演紀上元甲子歲，距治平元年甲辰，歲積七十一萬一千七百六十，算外。上驗往古，每年減一算；下算將來，每年加一算。

元法：三萬九千。

歲周：一千四百二十四萬四千五百。

朔實：一百一十五萬一千六百九十三。

歲周：三百六十五日、餘九千五百。

朔策：二十九、餘二萬六百九十三。

中華書局

望策：一十四、餘二萬九千八百四十六半。

弦策：七、餘一萬四千九百二十三、秒四半〔一〇〕。

氣策：一十五、餘八千五百二十、秒一十五。

中盈分：一萬七千四十一、秒一十二。

朔虛分：一萬八千三百七。

閏限：一百一十一萬六千三百四十四、秒六。

歲閏：四十二萬四千一百八十四。

月閏：三萬五千三百四十八、秒一十二。

沒限：三萬四百七十九、秒三。

紀法：六十。

秒母：一十八。

求天正冬至：置所求積年，以歲周乘之，爲天正冬至氣積分；滿元法除之爲積日，不滿爲小餘。日盈紀法去之，不盡，命甲子，算外，即得所求年前天正冬至日辰及餘。

求次氣：置天正冬至大、小餘，以氣策加之　即得次氣大、小餘。若秒盈秒母從小餘，小餘滿元法從大餘，大餘滿紀法即去之。命大餘甲子，算外，即次氣日辰及餘。餘氣累而求之。

求天正經朔：置天正冬至氣積分，滿朔實去之爲積月，不盡爲閏餘；盈元法爲日，不盈爲餘；以減天正冬至大、小餘，爲天正經朔大、小餘。大餘不足減，加紀法；小餘不足減，退大餘，加元法以減之。命大餘甲子，算外，即得所求年前天正經朔日辰及餘。

求弦望及次朔經日：置天正經朔大、小餘，以弦策累加之，命如前，即得弦、望及次朔經日日辰及餘。

求沒日：置有沒之氣小餘，二十四氣小餘在沒限已上者，爲有沒之氣。以秒母乘之，其秒從之。用減七十一萬二千二百二十五，餘以一萬二千二百二十五除之爲沒日，不滿爲餘。以沒日加其氣大餘，命甲子，算外，即其氣沒日日辰。

求滅日〔一一〕：置有滅經朔小餘，經朔小餘不滿朔虛分者，爲有滅之朔。以三十乘之，滿朔虛分爲滅日，不滿爲餘。以滅日加經朔大餘，命甲子，算外，即其月滅日日辰。

步發斂術

候策：五、餘二千八百四十、秒五。

土王策：三、餘一千七百四、秒三。

辰法：三千二百五十。

刻法：三百九十。

半辰法：一千六百二十五。

秒母：一十八。

求七十二候：各置中節大、小餘命之，爲初候；以候策加之，爲次候；又加之，爲末候。各命甲子，算外，即得其候日辰。

求六十四卦：各因中氣大、小餘命之，爲公卦用事日；以卦策加之，即次卦用事日；以土王策加諸侯之卦，得十有二節之初外卦用事日。

求五行用事日：各因四立之節大、小餘命之，即春木、夏火、秋金、冬水首用事日；以土王策減四季中氣大、小餘，命甲子，算外，即其月土始用事日也。

求發斂加時：各置小餘，滿辰法除之爲辰數，不滿者，刻法而一爲刻，又不滿爲分。命辰數從子正，算外，即得所求加時辰時。若以半辰之數加而命之，即得辰初後所入刻數。

求發斂去經朔：置天正經朔閏餘，以月閏累加之，即每月閏餘；滿元法除之爲閏日，不盡爲小餘，即得其月中氣去經朔日及餘秒。其閏餘滿閏限，即爲置閏，以月內無中氣爲定。

求卦候去經朔：各以卦、候策及餘秒累加減之，中氣前，減；中氣後，加。即各得卦、候去經朔

日及餘秒。

步日躔術

日度母：六百二十四萬。

周天分：二十二億七千九百二十萬四百四十七。

周天：三百六十五度。餘一百六十四萬四百四十七〔一二〕，約分二千五百六十四、秒八十二。

歲差：八萬四百四十七。

二至限：一百八十二度。餘二萬四千二百五十，約分六千二百一十八。

一象度：九十一。餘一萬二千一百二十五，約分三千一百九。

求朔弦望入盈縮度：置二至限度及餘，以天正閏日及餘減之，餘爲天正經朔入縮度及餘；以弦策累加之，滿二至限度及餘去之，則盈入縮，縮入盈而互得之。即得弦、望及次經朔日所入盈縮度及餘。其餘以一萬乘之，元法除之，即得約分。

求朔弦望盈縮差及定差：各置朔、弦、望所入盈縮度及約分，如在象度分以下者爲在初；已上者，覆減二至限，餘爲在末。置初、末度分於上，列二至於下，以上減下，餘以下乘上，爲積數，滿四千一百三十五除之爲度，不滿，退除爲分，命曰盈縮差度及分。若以四

百乘積數，滿五百六十七除之，爲盈縮定差。若用立成者，以其度損益率乘度除，滿元法而一，所得，以損益其度下盈縮積，爲定差度；其損益初、末分爲二日者，各隨其初、末以乘除。其後皆如此例。

求定氣日：冬、夏二至，盈縮之端，以常爲定。餘者以其氣所得盈縮差度及分盈減縮加常氣日及約分，即爲其氣定日及分。

赤道宿度

斗：二十六。　牛：八。　女：十二。　虛：十及分。

危：十七。　室：十六。　壁：九。

北方七宿九十八度。餘一百六十萬四百四十七，約分二千五百六十四。

奎：十六。　婁：十二。　胃：十四。　昴：十一。

畢：十七。　觜：一。　參：十。

西方七宿八十一度。

井：三十三。　鬼：三。　柳：十五。　星：七。

張：十八。　翼：十八。　軫：十七。

南方七宿一百一十一度。

角：十二。　亢：九。　氐：十五。　房：五。

心：五。　尾：十八。　箕：十一。

東方七宿七十五度。

前皆赤道度，自大衍以下，以儀測定，用爲常數。赤道者，常道也，紘於天半，以格黃道。

求天正冬至赤道日度：以歲差乘所求積年，滿周天分去之，不盡，用減周天分，餘以度母除之，一度爲度，不滿爲餘。餘以一萬乘之，度母退除爲約分。命起赤道虛宿六度去之，至不滿宿，即所求年天正冬至加時赤道日躔所在宿度及分。

求夏至赤道加時日度：置天正冬至加時赤道日度，以二至限度及分加之，滿赤道宿度去之，即得夏至加時赤道日度。若求二至昏後夜半赤道日度者，各以二至之日約餘減一萬分，餘以加二至加時赤道日度，即爲二至初日昏後夜半赤道日度，每日加一度，滿赤道宿度去之，即得每日昏後夜半赤道日度。

求赤道宿積度：置冬至加時赤道宿全度，以冬至赤道加時日度減之，餘爲距後度及分；以赤道宿度累加之，即各得赤道其宿積度及分。

求赤道宿積度入初末限：各置赤道宿積度及分，滿九十一度三十一分去之，餘在四十五度六十五分半以下分以日爲母。爲在初限；以上者，用減九十一度三十一分，餘爲入末限度及分。

求二十八宿黃道度：各置赤道宿入初、末限度及分，用減一百一十一度三十七分，餘以乘初、末限度及分，進一位，以一萬約之，所得，命曰黃赤道差度及分；在至後、分前減，在分後、至前加，皆加減赤道宿積度及分，爲其宿黃道積度及分；以前宿黃道積度減其宿黃道積度，爲其宿黃道度及分。其分就近爲太、半、少。

黃道宿度

斗：二十三半。　牛：七半。　女：十一半。　虛：十少、秒六十四。

危：十七太。　室：十七少。　壁：九太。

北方七宿九十七度半、秒六十四。

奎：十七太。　婁：十二太。　胃：十四半。　昴：十太。

畢：十六。　觜：一。　參：九少。

西方七宿八十二度〔二三〕。

井：三十。　鬼：二太。　柳：十四少。　星：七。

張：十八太。　翼：十九半。　軫：十八太。

南方七宿一百一十一度。

角：十三。　亢：九半。　氐：十五半。　房：五。

心：四。　尾：十七。　箕：十。

東方七宿七十四度太。

七曜循此黃道宿度，準今曆變定。若上考往古，下驗將來，當據歲差，每移一度，乃依法變從當時宿度，然後可步日、月、五星，知其守犯。

求天正冬至加時黃道日度：以冬至加時赤道日度及分，減一百一十一度三十七分，餘以冬至加時赤道日度及分乘之，進一位，滿一萬約之爲度；不滿爲分，命曰黃赤道差〔二四〕；用減冬至赤道日度及分，即爲所求年天正冬至加時黃道日度及分。

求冬至之日晨前夜半日度：置一萬分，以其日升分加之，以乘冬至約餘，以一萬約之；所得，以減冬至加時黃道日度，即爲冬至之日晨前夜半黃道日度及分。

求逐月定朔之日晨前夜半黃道日度：置其朔距冬至日數，以其度下盈縮積度盈加縮減之，餘以加天正冬至晨前夜半日度〔二五〕，命之，即其月定朔之日晨前夜半日躔所在宿次。

求每日晨前夜半黃道日度：各置其定朔之日晨前夜半黃道日度，每日加一度，以其日升降分升加降減之，滿黃道宿度去之，即各得每日晨前夜半黃道日躔所在宿度及分。若次年冬至小餘滿法者〔二六〕，以昇分損數加之。

校勘記

〔一〕新曆斗分九千五百以萬平之得二千四百二十五半盈　考異卷六八：「置斗分九千五百，以萬通之，如日法而一，得二千四百三十五又百分之八十九強，故云半盈也。『二十五』當作『三十五』。」按考異說是。

〔二〕若以四象均之得七日餘一萬四千九百二十三秒是爲弦策也　四除朔策，得七日、餘一萬四千九百二十三、秒四半。「秒」字下脫「四半」二字。

〔三〕卽一萬七千四十秒十二是爲中盈分　二倍氣策，減去三十日，餘一萬七千四十一分、秒十二。上「十」字下脫「一」字。

〔四〕閏餘三萬五千三百四十五秒一十三　中盈分加朔虛分，得閏餘三萬五千三百四十八、秒一十二。下「五」字應作「八」，下「三」字應作「二」。

〔五〕小餘三萬一千閏餘八十八萬三千九百九十　據本條內容，應作正文。

〔六〕虞鄺　「鄺」，新唐書卷二七上曆志、羣書考索卷五五作「劚」。

〔七〕天晝夜者　據文義，「天」應作「夫」。

〔八〕竟六日三千四百八十六秒　考異卷六八：「蓋三萬九千分之三千四百八又十八分秒之六也。『十』字衍」。據下文「卦策：六、餘三千四百八、秒六。」考異說是。

〔九〕與周眘相校二十餘日　文義不明。疑「校」下有脫文。

〔一〇〕弦策七餘一萬四千九百二十三秒四半　「四半」二字原脫。二除望策，得七日、餘一萬四千九百二十三、秒四半，故補。

〔一一〕減日　舊唐書卷三四曆志、新唐書卷二八上曆志和新五代史卷五八，「減」都作「滅」。下文同。

〔一二〕餘一百六十四萬四百四十七　以日度母除周天分，得周天三百六十五度，餘一百六十萬四百四十七。上「四」字衍。

〔一三〕西方七宿八十二度　「二」原作「一」。累計西方各宿度數，得八十二度，故改。

〔一四〕命曰黃赤道差　「黃」字原脫，據本條推步內容補。

〔一五〕餘以加天正冬至晨前夜半日度　「晨前」二字原脫，據曆法常例補。

〔一六〕若次年冬至小餘滿法者　據本條推步內容，「滿」下脫「元」字。

宋史卷七十五

志第二十八

律曆八

明天曆

步晷漏術

二至限：一百八十二日六十二分

一象度：九十一度三十一分。

消息法：一萬六百八十九。

辰法：三千二百五十。

刻法：三百九十。

半辰法：一千六百二十五。

昏明刻分：九百七十五。

昏明：二刻一百九十五分。

冬至岳臺晷景常數：一丈二尺八寸五分。

夏至岳臺晷景常數：一尺五寸七分。

冬至後初限、夏至後末限：四十五日六十二分。

夏至後初限、冬至後末限：一百三十七日。

求岳臺晷景入二至後日數：計入二至後來日數，以二至約餘減之，仍加半日之分，郎爲入二至後來日午中積數及分。

求岳臺晷景午中定數：置所求午中積數，如初限以下者〔一〕爲在初；已上者，覆減二至限，餘爲在末。其在冬至後初限、夏至後末限者，以入限日減一千九百三十七半，爲汎差；仍以入限日分乘其日盈縮積，盈縮積在日度術中。五因百約之，用減汎差，爲定差；乃以入限日分自相乘，以乘定差，滿一百萬爲尺，不滿爲寸、爲分及小分，以減冬至常晷，餘爲其日午中晷景定數。若所求入冬至後末限、夏至後初限者，乃三約入限日分，以減四百八十五少，餘爲汎差；仍以盈縮差減極數，餘者若在春分後、秋分前者，直以四約之，以加汎差，爲定差；若春分前、秋分後者，以去二分日數及分乘之，滿六百而一，以減汎差，餘爲定差；乃以入限日分自相乘，以乘定差，滿一百萬爲尺，不滿爲寸、爲分及小分，以加夏至常晷，即爲其日午中晷定數。

求每日消息定數：置所求日中日度分，如在二至限以下者爲在息；以上者去之，餘爲在消。又視入消息度加一象以下者爲在初〔二〕；以上者，覆減二至限，餘爲在末。其初、末度自相乘，以一萬乘而再折之，滿消息法除之，爲常數；乃副之，用減一千九百五十，餘以乘其副，滿八千六百五十除之，所得，以加常數，爲所求消息定數。

求每日黃道去極度及赤道內外度：置其日消息定數，以四因之，滿三百二十五除之爲度，不滿，退除爲分，所得，在春分後加六十七度三十一分，在秋分後減一百一十五度三十一分，即爲所求日黃道去極度及分。以黃道去極度與一象度相減，餘爲赤道內、外度。若去極度少，爲日在赤道內；若去極度多，爲日在赤道外。

求每日晨昏分及日出入分：以其日消息定數，春分後加六千八百二十五，秋分後減一萬七百二十五，餘爲所求日晨分；用減元法，餘爲昏分。以昏明分加晨分，爲日出分；減昏分，爲日入分。

求每日距中距子度及每更差度：置其日晨分，以七百乘之，滿七萬四千七百四十二除

爲度，不滿，退除爲分，命曰距子度；用減半周天，餘爲距中度。若倍距子度，五除之，即爲每更差度。若依司辰星漏曆，則倍距子度，減去待旦三十六度五十二分半，餘以五約之，即每更差度。

求每日夜半定漏：置其日晨分，以刻法除之爲刻，不滿爲分，即所求日夜半定漏。

求每日晝夜刻及日出入辰刻：倍夜半定漏，加五刻，爲夜刻〔三〕；用減一百刻，餘爲晝刻。以昏明刻加夜半定漏，滿辰法除之爲辰數，不滿，刻法除之爲刻，又不滿，爲刻分。命辰數從子正，算外，即日出辰刻；以晝刻加之，命如前，即日入辰刻。若以半辰刻加之，即命從辰初也。

求更點辰刻：倍夜半定漏，二十五而一，爲點差刻；五因之，爲更差刻。以昏明刻加日入辰刻，即甲夜辰刻；以更點差刻累加之，滿辰刻及分去之，各得更點所入辰刻及分。若同司辰星漏曆者，倍夜半定漏，減去待旦一十刻，餘依術求之，即同內中更點。

求昏曉及五更中星：置距中度，以其日昏後夜半赤道日度加而命之，即其日昏中星所格宿次，其昏中星便爲初更中星；以每更差度加而命之，即乙夜所格中星；累加之，得逐更中星所格宿次。又倍距子度，加昏中星命之，即曉中星所格宿次。若同司辰星漏曆中星，則倍距子度，減去待旦十刻之度三十六度五十二分半，餘約之爲五更，即同內中更點中星。

求九服距差日：各於所在立表候之，若地在岳臺北，測冬至後與岳臺冬至晷景同者，累

冬至後至其日，爲距差日；若地在岳臺南，測夏至後與岳臺晷景同者，累夏至後至其日，爲距差日。

求九服晷景：若地在岳臺北冬至前後者，以冬至前後日數減距差日，爲餘日；以餘日減一千九百三十七半，爲汎差；依前術求之，以加岳臺冬至晷景常數，爲其地其日中晷常數。若冬至前後日多於距差日，乃減去距差日，餘依前術求之，即得其地其日中晷常數。若地在岳臺南夏至前後者，以夏至前後日數減距差日，爲餘日；乃三約之，以減四百八十五少，爲汎差；依前術求之，以減岳臺夏至晷景常數，即其地其日中晷常數。如夏至前後日數多於距差日，乃減岳臺夏至常晷，餘即晷在表南也。若夏至前後日多於距差日，即減去距差日，餘依前術求之，各得其地其日中晷常數。若求定數，依立成以求午中晷景定數。

求九服所在晝夜漏刻：冬、夏二至各於所在下水漏，以定其地二至夜刻，乃相減，餘爲冬、夏至差刻。置岳臺其日消息定數，以其地二至差刻乘之，如岳臺二至差刻二十而一，所得，爲其地其日消息定數。乃倍消息定數，滿刻法約之爲刻，不滿爲分，乃加減其地二至夜刻，秋分後、春分前，減冬至夜刻；春分後、秋分前，加夏至夜刻。爲其地其日夜刻；用減一百刻，餘爲晝刻。其日出入辰刻及距中度五更中星，並依前術求之。

步月離術

轉度母：八千一百一十二萬。

轉終分〔四〕：二百九十八億八千二百二十四萬二千二百五十一。

朔差：二十一億四千二百八十八萬七千。

朔差：二十六度。餘三千三百七十六萬七千，約餘四千一百六十二半。

轉法：一十億八千四百四十七萬三千。

會周：三百二十億二千五百一十二萬九千二百五十一。

轉終：三百六十八度。餘三十八萬二千二百五十一，約餘三千七百八。

轉終：二十七日。餘六億一百四十七萬一千二百五十一，約餘五千五百四十六。

中度：一百八十四度。餘一千五百四萬一千一百二十五半，約餘一千八百五十四。

象度：九十二度。餘七百五十二萬五百六十二太，約分九百二十七。

月平行：十三度。餘二千九百九十一萬三千，約分三千六百八十七半。

望差：一百九十七度。餘三千一百九十二萬四千六百二十五半，約分三千九百三十四。

弦差：九十八度。餘五千六百五十二萬二千三百一十二太，約分六千九百六十七。

日衰：一十八、小分九

者，退大餘一，加元法以減之；若加之滿元法者〔七〕，但積其數。以一千三百三十七乘之，滿其度所直月行定分除之，爲月行差數；乃以日躔盈定差盈加縮減之，餘爲其朔、望食甚小餘。凡加減滿若不足，進退其日，此朔望加時以究月行遲疾之數，若非有交會，直以經定小餘爲定〔八〕。置之，如前發斂加時術入之，即各得日、月食甚所在晨刻。視食甚小餘，如半法以下者，覆減半法，餘爲午前分；半法已上者，減去半法，餘爲午後分。

求朔望加時日月度：以其朔、望加時小餘與經朔望小餘相減，餘以元法退收之，以加減其朔、望中日及約分，經朔望少，加；經朔望多，減。爲其朔、望加時中日。乃以所入日昇降分乘所入日約分，以一萬約之，所得，隨以損益其日下盈縮積，爲盈縮定度；以盈加縮減加時中日，爲其朔、望加時定日；望則更加半周天，爲加時定月；以天正冬至加時黃道日度加而命之，即得所求朔、望加時日月所在宿度及分。

求朔望日月加時去交度分：置朔望日月加時定度與交初、交中度相減，餘爲去交度分，交初後、交中前，爲月行外道陽曆；交中後、交初前，爲月行內道陰曆。就近者相減之，其度以百通之爲分。加時度多爲後，少爲前，即得其朔望去交前、後分。

求日食四正食差定數：置其朔加時定日，如半周天以下者爲在盈；以上者去之，餘爲在縮。視之：如在初限以下者爲在初；以上者，覆減二至限，餘爲在末。置初、末限度

及分，盈初限、縮末限者倍之。置於上位，列二百四十三度半於下，以上減下，餘以下乘上，以一百六乘之，滿三千九十三除之，爲東西食差汎數；用減五百八，餘爲南北食差汎數。其求南北食差定數者，乃視午前、後分，如四分法之一以下者覆減之，餘以乘汎數；若以上者即去之，餘以乘汎數，皆滿九千七百五十除之，爲南北食差定數。盈初縮末限者，食甚在卯酉以南，內減外加；食甚在卯酉以北，內加外減。縮初盈末限者，食甚在卯酉以南，內加外減；食甚在卯酉以北，內減外加。其求東西食差定數者，乃視午前、後分，如四分法之一以下者以乘汎數；以上者，覆減半法，餘乘汎數，皆滿九千七百五十除之，爲東西食差定數。盈初縮末限者，食甚在子午以東，內減外加；食甚在子午以西，內加外減。縮初盈末限者，食甚在子午以東，內加外減；食甚在子午以西，內減外加。即得其朔四正食差加減定數。

求日月食去交定分：視其朔四正食差，加減定數，同名相從，異名相消，餘爲食差加減總數；以加減去交分，餘爲日食去交定分。其去交定分不足減、乃覆減食差總數、若陽曆覆減入陰曆，爲入食限；若陰曆覆減入陽曆，爲不入食限。凡加之滿食限以上者，亦不入食限。其望食者，以其望去交分便爲其望月食去交定分。

求日月食分：日食者，視去交定分，如食限三之一以下者倍之，類同陽曆食分；以上者，覆減食限，餘爲陰曆食分；皆進一位，滿九百七十六除爲大分，不滿，退除爲小分，命十爲限，即日食之大、小分。月食者，視去交定分，如食限三之一以下者，食既；以上者，覆減食限，餘進一位，滿八百九十二除之爲大分，不滿，退除爲小分，命十爲限，即月食之大、小分。其食不滿大分者，雖交而數淺，或不見食也。

求日食汎用刻分：置陰、陽曆食分於上，列一千九百五十二於下，以上減下，餘以乘上，滿二百七十一除之，爲日食汎用刻、分。

求月食汎用刻分：置去交定分，自相乘，交初以四百五十九除，交中以五百四十除之，所得，交初以減三千九百，交中以減三千三百一十五，餘爲月食汎用刻、分。

求日月食定用刻分：置日月食汎用刻、分，以一千三百三十七乘之，以所直度下月行定分除之，所得爲日月食定用刻、分。

求日月食虧初復滿時刻：以定用刻分減食甚小餘，爲虧初小餘；加食甚，爲復滿小餘；各滿辰法爲辰數，不盡，滿刻法除之爲刻數，不滿爲分。命辰數從子正，算外，即得虧初、復末辰、刻及分。若以半辰數加之，即命從時初也。

求日月食初虧復滿方位：其日食在陽曆者，初食西南，甚於正南，復於東南；日在陰曆者，初食西北，甚於正北，復於東北。其食過八分者，皆初食正西，復於正東。其月食者，月在陰曆，初食東南，甚於正南，復於西南；月在陽曆，初食東北，甚於正北，復於西北。其食

八分已上者，皆初食正東，復於正西。此皆審其食甚所向，據午正而論之，其食餘方察其斜正，則初虧、復滿乃可知矣。

求月食更點定法：倍其望晨分，五而一，爲更法；又五而一，爲點法。若依司辰星注曆，同內中更點，則倍晨分，減去待旦十刻之分，餘，五而一，爲更法；又五而一，爲點法。

求月食入更點：各置初虧、食甚、復滿小餘，如在晨分以下者加晨分，如在昏分以上者減去昏分，餘以更法除之爲更數，不滿，以點法除之爲點數。其更數命初更，算外，即各得所入更、點。

求月食既內外刻分：置月食去交分，覆減食限三之一，不及減者爲食不既。餘列於上位；乃列三之二於下，以上減下，餘以下乘上，以一百七十除之，所得，以定用刻分乘之，滿汎用刻分除之，爲月食既內刻分；用減定用刻分，餘爲既外刻、分。

求日月帶食出入所見分數：視食甚小餘在日出分以下者，爲月見食甚、日不見食甚；以日出分減復滿小餘，若食甚小餘在日出分已上者，爲日見食甚、月不見食甚；以初虧小餘減日出分，各爲帶食差；若月食既者，以既內刻分減帶食差，餘乘所食分，既外刻分而一，不及減者，即帶食既出入也。以乘所食之分，滿定用刻分而一，即各爲日帶食出、月帶食入所見之分。凡虧初小餘多如日出分爲在晝，復滿小餘多如日出分爲在夜，不帶食出入也。若食甚小餘在日入分以下者，爲日見食

甚，月不見食甚；以日入分減復滿小餘，若食甚小餘在日入分已上者，爲月見食甚、日不見食甚；以初虧小餘減日入分，各爲帶食差；若月食既者，以既內刻分減帶食差，餘乘所差分，既外刻分而一，不及減者，即帶食既出入也。以乘所食之分，滿定用刻分而一，即各爲日帶食入、月帶食出所見之分。凡虧初小餘多如日入分爲在夜，復滿小餘少如日入分爲在晝，並不帶食出入也。

步五星術

木星終率：一千五百五十五萬六千五百四。

終日：三百九十八日。餘三萬四千五百四，約分八千八百四十七。

曆差：六萬一千七百五十。

見伏常度：一十四度。

變段	變日	變度	曆度	初行率
前一	一十八日	四度	二度九十二	二十二六十四
前二	三十六日	七度四十七	五度四十六	二十一六十四
前三	三十六日	六度四十	四度六十八	一十九五十五
前四	三十六日	四度二十七	三度一十二	一十五四十二
前留	二十七日			
前退	四十六日四十四	五度三十二	空度六十四	
後退	四十六日四十四	五度三十二	空度六十四	一十四八十九
後留	二十七日			
後四	三十六日	四度二十七	三度一十二	
後三	三十六日	六度四十	四度六十八	一十五九十九
後二	三十六日	七度四十七	五度四十六	一十九八十六
後一	一十八日	四度	二度九十二	二十一八十

火星終率：三千四十一萬七千五百三十六。

終日：七百七十九日。餘三萬六千五百三十六，約分九千三百六十八。

曆差：六萬一千二百四十。

見伏常度：一十八度。

變段	變日	變度	曆度	初行率
前一	七十日	五十二度三十三	四十九度二十九	七十五空
前二	七十日	五十度三十三	四十七度七十	七十三三十三
前三	七十日	四十六度九十七	四十四度五十二	六十九九十八
前四	七十日	四十度二十六	三十八度一十六	六十三六十六
前五	七十日	二十六度八十四	二十五度四十四	四十七二十四
前留	一十一日			
前退	二十八日九十七	九度五	二度二十四	
後退	二十八日九十七	九度五	二度二十四	四十六十四
後留	一十一日			
後五	七十日	二十六度八十四	二十五度四十四	
後四	七十日	四十度二十六	三十八度一十六	五十一度三十六
後三	七十日	四十六度九十七	四十四度五十二	六十四二十二
後二	七十日	五十度三十三	四十七度七十	七十四十六
後一	七十日	五十二度	四十九度二十九	七十三五十六

土星終率：一千四百七十四萬五千四百四十六。

終日：三百七十八日。餘三千四百四十六，約分八百八十三。

曆差：六萬二千三百五十。

見伏常度：一十八度半。

變段	變日	變度	曆度	初行率
前一	二十一日	二度五十	一度五十四	一十二四十一
前二	四十二日	四度三十九	二度六十四	一十一二十三
前三	四十二日	二度八十六	一度七十六	八八十五
前留	三十五日			
前退	四十九日四	三度二十三	空度四十八	

後退	四十九日四	三度二十三	空度四十八	八五十七
後留	三十五日			
後三	四十二日	二度八十六	一度七十六	
後二	四十二日	四度二十九	二度六十四	九一十九
後一	二十一日	二度五十	一度五十四	一十一三十九

金星終率：二千二百七十七萬二千一百九十六。

終日：五百八十三日。餘三萬五千一百九十六，約分九千二十四。

見伏常度：二十一度少。

變段	變日	變度	初行率	
前一	三十八日五十	四十九度七十五	一百二十九五十二	
前二	三十八日五十	四十九度三十七	一百二十八八十三	
前三	三十八日五十	四十八度五十九	一百二十六四十三	
前四	三十八日五十	四十七度二	一百二十四五十七	
前五	三十八日五十	四十三度九十九	一百一十八八十八	
前六	三十八日五十	三十七度六十二	一百七四十八	
前七	三十八日五十	三十五度八	八十四六十八	
夕留	七日			
夕退	八日九十五	四度六十二		
夕伏退	六日五十	四度七十五	六十二二十	
晨伏退	六日五十	四度七十五	八十三九十四	
晨退	八日九十五	四度六十二	六十二二十	
晨留	七日			
後七	三十八日五十	三十五度八		
後六	三十八日五十	三十七度六十二	八十七九十四	
後五	三十八日五十	四十三度八十九	一百九一十二	

後四	三十八日五十	四十七度二	一百一十九九十九	
後三	三十八日五十	四十八度五十九	一百二十四九十九	
後二	三十八日五十	四十九度三十七	一百二十七六十三	
後一	三十八日五十	四十九度七十五	一百二十八九十二	

水星終率：四百五十一萬九千一百八十四。改九千一百九十四。

終日：一百一十五日。餘三萬四千一百八十四，約分八千七百六十五。

見伏常度：一十八度。

變段	變日	變度	初行率	
前一	一十五日	三十三度	二百四十七五十	
前二	三十日	三十三度	一百七十六	
前留	三日			
夕伏退	九日九十四	八度六		
晨伏退	九日九十四	八度六	一百三十六七十二	

後留	三日			
後二	三十日	三十三度		
後一	一十五日	三十三度	一百九十二五十	

求五星天正冬至後諸段中積中星：置氣積分，各以其星終率去之，不盡，覆減終率，餘滿元法爲日，不滿，退除爲分，卽天正冬至後其星平合中積；重列之爲中星，因命爲前一段之初，以諸段變日、變度累加減之，卽爲諸段中星。變日加減中積，變度加減中星。

求木火土三星入曆：以其星曆差乘積年，滿周天分去之，不盡，以度母除之爲度，不滿，退除爲分，命曰差度；以減其星平合中星，卽爲平合入曆度分；以其星其段曆度加之，滿周天度分卽去之，各得其星其段入曆度分。金、水附日而行，更不求曆差。其木、火、土三星前變爲晨，後變爲夕。金、水二星前變爲夕，後變爲晨。

求木火土三星諸段盈縮定差：木、土二星，置其星其段入曆度分，如半周天以下者爲在盈；以上者，減去半周天，餘爲在縮。置盈縮度分，如在一象以下者爲在初限；以上者，覆減半周天，餘爲在末限。置初、末限度及分於上，列半周天於下，以上減下，以下乘上，木進一位，土九因之。皆滿百爲分，分滿百爲度，命曰盈縮定差。其火星，置盈縮度分，如在初限以下者爲在初；以上者，覆減半周天，餘爲在末。以四十五度六十五分半爲盈初、縮末限度，以一百三十六度九十六分半爲縮初、盈末限度分。置初、末限度於上，盈初、縮末三因之。列二百七十三度九十三分於下，以上減下，餘以下乘上，以一十二乘之，滿萬爲度，不滿，百約爲分，命曰盈縮定差。若用立成法，以其度下損益率乘度下約分，滿百者，以損益其度下盈縮差度爲盈縮定差，若在留退段者，即在盈縮汎差。

求木火土三星留退差：置後退、後留盈縮汎差，各列其星盈縮極度於下，木極度，八度三十三分；火極度，二十二度五十一分；土極度，七度五十分。以上減下，餘以下乘上，水、土三因之，火倍之。皆滿百爲度，命曰留退差。後退初半之，後留全用。其留退差，在盈益減損加、在縮損減益加其段盈縮汎差，爲後退、後留定差。因爲後遲初段定差，各須類會前留定差，觀其盈縮，察其降差也。

求五星諸段定積：各置其星其段中積，以其段盈縮定差盈加縮減之，即其星其段定積及分；以天正冬至大餘及約分加之，滿紀法去之，不盡，命甲子，算外，即得日辰。其五星合見、伏，即爲推算段定日；後求見、伏合定日，即曆注其日。

求五星諸段所在月日：各置諸段定積，以天正閏日及約分加之，滿朔策及分去之，爲月數；不滿，爲入月以來日數及分。其月數命從天正十一月，算外，即其星其段入其月經朔日數及分。定朔有進退者，亦進退其日，以日辰爲定。若以氣策及約分去定積，命從冬至，算外，即得其段入氣日及

分。

求五星諸段加時定星：各置其星其段中星，以其段盈縮定差盈加縮減之，即五星諸段定星；若以天正冬至加時黃道日度加而命之，即其段加時定星所在宿次。五星皆以前留爲前退初定星，後留爲後順初定星。

求五星諸段初日晨前夜半定星：木、火、土三星，以其星其段盈縮定差與次度下盈縮定差相減，餘爲其度損益差；以乘其段初行率，一百約之，所得，以加減其段初行率，在盈，益加損減；在縮，益減損加。以一百乘之，爲初行積分；又置一百分，亦依其數加減之，以除初行積分，爲初日定行分；以乘其段初日約分，以一百約之，順減退加其段定星，爲其段初日晨前夜半定星；以天正冬至加時黃道日度加而命之，即得所求。金、水二星，直以初行率便爲初日定行分。

求太陽盈縮度：各置其段定積，如二至限以下爲在盈；以上者去之，餘爲在縮。又視入盈縮度，如一象以下者爲在初；以上者，覆減二至限，餘爲在末。置初、末限度及分，如前日度術求之，即得所求。若用立成者，直以其度下損益分乘度餘，百約之，所得，損益其度下盈縮差，亦得所求。

求諸段日度率：以二段日辰相距爲日率，又以二段夜半定星相減，餘爲其段度率及分。

求諸段平行分：各置其段度率及分，以其段日率除之，爲其段平行分。

求諸段汎差：各以其段平行分與後段平行分相減，餘爲汎差；併前段汎差，四因之，退一等，爲其段總差。五星前留前、後留後一段，皆以六因平行分，退一等，爲其段總差，水星爲半總差。其在退行者，木、火、土以十二乘其段平行分，退一等，爲其段總差。金星退行者，以其段汎差爲總差，後變則反用初、末。水星退行者，以其段平行分爲總差，若在前後順第一段者，乃半次段總差，爲其段總差。

求諸段初末日行分：各半其段總差，加減其段平行分，爲其段初、末日行分。前變加爲初，減爲末；後變減爲初，加爲末。其在退段者，前則減爲初，加爲末；後則加爲初，減爲末。若前後段行分多少不倫者，乃平注之；或總差不滿大分者，亦平注之：皆類會前後初、末，不可失其衰殺。

求諸段日差：減其段日率一，以除其段總差，爲其段日差。後行分少爲損，後行分多爲益。

求每日晨前夜半星行宿次：置其段初日行分，以日差累損益之，爲每日行分；以每日行分累加減其段初日晨前夜半宿次，命之，即每日星行宿次。

徑求其日宿次：置所求日，減一，以乘日差，以加減初日行分，後少，減之；後多，加之。爲所求日行分；乃加初日行分而半之，以所求日數乘之，爲徑求積度；以加減其段初日宿次，命之，即徑求其日星宿次。

求五星定合定日：木、火、土三星，以其段初日行分減一百分，餘以除其日太陽盈縮分

爲日，不滿，退除爲分，命曰距合差日及分；以差日及分減太陽盈縮分，餘爲距合差度；以差日、差度盈減縮加。金、水二星平合者，以一百分減初日行分，餘以除其日太陽盈縮分爲日，不滿，退除爲分，命曰距合差日及分；以減太陽盈縮分，餘爲距合差度；以差日、差度盈加縮減。金、水星再合者，以初日行分加一百分，以除其日太陽盈縮分爲日，不滿，退除爲分，命曰再合差日；以減太陽盈縮分，餘爲再合差度；以差日、差度盈加縮減。差度則反其加減。皆以加減定積，爲再合定日。以天正冬至大餘及約分加而命之，即得定合日辰。

求五星定見伏：木、火、土三星，各以其段初日行分減一百分，餘以除其日太陽盈縮分爲日，不滿，退除爲分，以盈減縮加。金水二星夕見、晨伏者，以一百分減初日行分，餘以除其日太陽盈縮分爲日，不滿，退除爲分，以盈加縮減。其在晨見、夕伏者，以一百分加其段初日行分，以除其日太陽盈縮分爲日，不滿，退除爲分，以盈減縮加。皆加減其段定積，爲見、伏定日。以加冬至大餘及約分，滿紀法去之，命從甲子，算外，即得五星見、伏定日日辰。

琮又論曆曰：「古今之曆，必有術過於前人，而可以爲萬世之法者，乃爲勝也。若一行

二十四史

中華書局

爲大衍曆議及略例，校正歷世，以求曆法強弱，爲曆家體要，得中平之數。劉焯悟日行有盈縮之差，舊曆推日行平行一度，至此方悟日行有盈縮，冬至前後定日八十八日八十九分，夏至前後定日九十三日七十四分，冬至前後日行一度有餘，夏至前後日行不及一度。李淳風悟定朔之法，并氣朔、閏餘，皆同一術。舊曆定朔平注一大一小，至此以日行盈縮、月行遲疾加減朔餘，餘爲定朔、望加時，以定大小，不過三數。自此後日食在朔，月食在望，更無晦、二之差。舊曆皆須用章歲、章月之數，使閏餘有差，淳風造麟德曆，以氣朔、閏餘同歸一母。張子信悟月行有交道表裏，五星有入氣加減。北齊學士張子信因葛榮亂，隱居海島三十餘年，專以圓儀揆測天道，始悟月行有交道表裏，在表爲外道陽曆，在裏爲內道陰曆。月行在內道，則日有食之，月行在外道則無食。若月外之人北戶向日之地，則反覩有食。又舊曆五星率無盈縮，至是始悟五星皆有盈縮、加減之數。宋何承天始悟測景以定氣序。景極長，冬至；景極短，夏至。始立八尺之表，連測十餘年，即知舊景初曆冬至常遲天三日。乃造元嘉曆，冬至加時比舊退減三日。晉姜岌始悟以月食所衝之宿，爲日所在之度。日所在不知宿度，至此以月食之宿所衝，爲日所在宿度。後漢劉洪作乾象曆，始悟月行有遲疾數。舊曆，月平行十三度十九分度之七，至是始悟月行有遲疾之差，極遲則日行十二度強，極疾則日行十四度太，其遲疾極差五度有餘。宋祖沖之始悟歲差。書堯典曰：「日短星昴，以正仲冬；宵中星虛，以殷仲秋。」至今三千餘年，中星所差三十餘度，則知每歲有漸差之數，造大明曆率四十五年九月而退差一度。唐徐昇作宣明曆，悟日食有氣、刻差數。舊曆推日食皆平求食分，多不允合，至是推日食，以氣刻差數增損之，測日食分數，稍近天驗。明天曆悟日月會合爲朔，所立日法，積年有自然之

數，及立法推求晷景，知氣節加時所在。自元嘉曆後所立日法，以四十九分之二十六爲強率、以十七分之九爲弱率，併強弱之數爲日法、朔餘，自後諸曆効之。殊不知日月會合爲朔，併朔餘虛分爲日法，蓋自然之理。其氣節加時，晉、漢以來約而要取，有差半日，今立法推求，得盡其數。後之造曆者，莫不遵用焉。其疏謬之甚者，即苗守信之乾元曆、馬重績之調元曆、郭紹之五紀曆也。大概無出於此矣。然造曆者，皆須會日月之行，以爲晦朔之數，驗春秋日食，以明強弱。其於氣序，則取驗於傳之南至；其日行盈縮、月行遲疾、五星加減、二曜食差、日宿月離、中星晷景、立數立法，悉本之於前語。然後較驗，上自夏仲康五年九月『辰弗集于房』，以至於今，其星辰氣朔、日月交食等，使三千年間若應準繩。而有前有後、有親有疏者，即爲中平之數，乃可施於後世。其較驗則依一行、孫思恭，取數多而不以少，得爲親密。較日月交食，若一分二刻以下爲親，二分四刻以下爲近，三分五刻以上爲遠。以曆注有食而天驗無食，或天驗有食而曆注無食者爲失。其較星度，則以差天二度以下爲親，三度以下爲近，四度以上爲遠；其較晷景尺寸，以二分以下爲親，三分以下爲近，四分以上爲遠。若較古而得數多，又近於今，兼立法、立數，得其理而通於本者爲最也。」琮自謂善曆，嘗曰：「世之知曆者尠，近世獨孫思恭爲妙。」而思恭又嘗推劉羲叟爲知曆焉。

校勘記

〔一〕如初限以下者　「如」原作「加」，據曆法常例改。

〔二〕又視入消息度加一象以下者爲在初　據曆法常例，「加」字誤，當作「如」。

〔三〕爲夜刻　「夜」原作「定」。按本條爲求每日晝夜刻及日出入辰刻，「定」應作「夜」，故改。

〔四〕轉終分　「終」原作「中」。據本書卷七四律曆志，明天曆「二百九十八億八千二百二十四萬二千二百五十一爲轉終分」。原「中」字誤，故改。

〔五〕求定朔弦望加時日度　「定朔」二字原倒，據本條推步內容改。

〔六〕以晨分乘其日月行定分　上「分」字原作「昏」，據曆法常例改。

〔七〕若加之滿元法者　「元」字原脫，據曆法常例補。

〔八〕直以經定小餘爲定　上「定」字當作「朔望」二字。

中華書局

宋史卷七十六

志第二十九

律曆九

皇祐渾儀

堯敕羲、和制橫簫以考察星度，其機衡用玉，欲其燥濕不變，運動有常，堅久而不能廢也。至于後世，鑄銅爲圓儀，以法天體。自洛下閎造太初曆，用渾儀，及東漢孝和帝時，太史惟有赤道儀，歲時測候，頗有進退。帝以問典星待詔姚崇等，皆曰：「星圖有規法，日月實從黃道，今無其器，是以失之。」至永元十五年，賈逵始設黃道儀。桓帝延熹七年，張衡更制之，以四分爲度。其後，陸績、王蕃、孔挺、斛蘭、梁令瓚、李淳風並嘗制作。五代亂亡，遺法蕩然矣。眞宗祥符初，韓顯符作渾儀，但遊儀雙環夾望筩旋轉，而黃、赤道相固不動。皇

祐初，又命日官舒易簡、于淵、周琮等參用淳風、令瓚之制，改鑄黃道渾儀，又爲漏刻、圭表，詔翰林學士錢明逸詳其法，內侍麥允言總其工。既成，置渾儀於翰林天文院之候臺，漏刻於文德殿之鐘鼓樓，圭表於司天監。帝爲製渾儀總要十卷，論前代得失，已而留中不出。今具黃道遊儀之法，著于此焉。

第一重，名六合儀。

陽經雙環：外圍二丈三尺二寸八分，直徑七尺七寸六分，闊六寸，厚六分。南北並立，兩面各列周天三百六十五度少強，北極出地三十五度少強。

陰緯單環：外圍、徑、闊與陽經雙環等，外厚二寸五分，內厚一寸九分。上列十幹、十二支、八卦方位，以正地形。上有池沿環流轉，以定平準。

天常單環：外圍二丈四寸六分，直徑六尺八寸二分，闊、厚一寸二分。上列十幹、十二支、四維時刻之數，以測辰刻，與陽經、陰緯環相固，如卵之殼幕然。

第二重，名三辰儀。

璇璣雙環：外圍一丈九尺五寸六分，直徑六尺五寸二分，闊一寸四分，厚一寸。兩面各均周天三百六十五度少強，作二樞對兩極。

赤道單環：外圍一丈九尺六寸八分，直徑六尺五寸六分，闊一寸一分，厚六分。上列二

十八宿距度、周天三百六十五度少強，附於璇璣之上。

黃道單環：外圍一丈九尺二分，直徑六尺三寸四分，闊一寸二分，厚一寸。上列周天三百六十五度少強，均分二十四氣、七十二候、六十四卦、三百六十策。出入赤道二十四度，與赤道相交，每歲退差一分有餘。

白道單環：外圍一丈八尺六寸三分，直徑六尺二寸一分，闊一寸一分，厚五分。上列交度，置於黃道環中，入黃道六度，每一交終，退行黃道一度半弱，皆旋轉於六合之內。

第三重，名四遊儀。

璇樞雙環：外圍一丈八尺二寸一分，直徑六尺七分，闊二寸，厚七分。兩面各列周天三百六十五度少強，挾直距以對樞軸，東西運轉於三辰儀內，以格星度。

橫簫望筩：長五尺七寸，外方內圓，中通望孔，其徑六分，周於日輪，在璇樞直距之中，使南北遊仰，以窺辰宿，無所不至。

十字水平槽：長九尺四寸八分，首闊一尺二寸七分，身闊九寸二分、高七尺。水槽闊一寸，深八分，四柱各長六尺七寸八分，植於水槽之末，以輔天體，皆以銅爲之。乃格七曜遠近盈縮，以知晝夜長短之効。其所測二十八舍距度，著于後；其周天星入宿去極所主吉凶，則具在天文志。

角十二度，亢九度，氐十六度，房五度，心四度，尾十九度，箕十度，斗二十五度，牛七度，女十一度，虛十度，危十六度，室十七度，壁九度，奎十六度，婁十二度，胃十五度，昴十一度，畢十八度，觜一度，參十度，井三十四度，鬼二度，柳十四度，星七度，張十八度，翼十八度，軫十七度。

皇祐漏刻

自黃帝觀漏水，制器取則，三代因以命官，則挈壺氏其職也。後之作者，或下漏，或浮漏，或輪漏，或權衡，制作不一。宋舊有刻漏及以水爲權衡，置文德殿之東廡。景祐三年，再加考定，而水有遲疾，用有司之請，增平水壺一、渴烏二、晝夜箭二十一。然常以四時日出傳卯正一刻，又每時正已傳一刻，至八刻已傳次時，卽二時初末相侵殆半。皇祐初，詔舒易簡、于淵、周琮更造其法，用平水重壺均調水勢，使無遲疾。分百刻於晝夜；冬至晝漏四十刻，夜漏六十刻；夏至晝漏六十刻，夜漏四十刻；春秋二分晝夜各五十刻。日未出前二刻半爲曉，日沒後二刻半爲昏，減夜五刻以益晝漏，謂之昏旦漏刻。皆隨氣增損焉。冬至、夏至之間，晝夜長短凡差二十刻，每差一刻，別爲一箭，冬至互起其首，凡有四十一箭。晝有朝、有禺、有中、有晡、有夕，夜有甲、乙、丙、丁、戊，昏旦有星中〔一〕，每箭各異其數。凡

黃道升降差二度四十分，則隨曆增減改箭。每時初行一刻至四刻六分之一爲時正，終八刻六分之二則交次時。今列二十四氣、晝夜日出入辰刻、昏曉中星，以備參合。

氣	刻	分	增減	日出入	分	中星
冬至	晝四十刻	分空		日出卯正五刻	分空	昏中星壁初度
	夜六十刻	分空		日入申正三刻	二十分	曉中星角初度
小寒	晝四十刻	一十九分	三日後晝四十一刻	日出卯正四刻	五十分	昏中星奎六度
	夜五十九刻	四十一分		日入申正三刻	三十分	曉中星亢二度
大寒	晝四十一刻	十九分	二日後晝四十二刻	日出卯正四刻	二十分	昏中星婁八度
	夜五十八刻	四十一分	十一日後晝四十三刻	日入申正四刻	分空	曉中星氐七度
立春	晝四十二刻	五十四分	三日後晝四十四刻	日出卯正三刻	二十二分〔二〕	昏中星昴初度
	夜五十七刻	六分	十一日後晝四十五刻	日入申正四刻	四十八分	曉中星房四度
雨水	晝四十四刻	五十八分	昏中星畢八度	日出卯正二刻	三十分	昏中星畢八度
	夜五十五刻	五十分〔三〕	曉中星尾五度	日入申正五刻	五十分	曉中星尾五度

氣	刻	分	增減	日出入	分	中星
驚蟄	晝四十七刻	二十四分	五日後晝四十九刻	日出卯正一刻	十七分	昏中星參九度
	夜五十二刻	三十六分	十一日後晝五十刻	日入申正七刻	三分	曉中星尾十六度
春分	晝五十刻	分空	三日後晝五十一刻 九日後晝五十二刻	日出卯正初刻	分空	昏中星井十九度
	夜五十刻	分空	十五日後晝五十三刻	日入酉正初刻	分空	曉中星箕九度
清明	晝五十二刻	三十五分	六日後晝五十四刻	日出寅正七刻	三分	昏中星柳三度
	夜四十七刻	二十五分	十二日後晝五十五刻	日入酉正一刻	十七分	曉中星斗八度
穀雨	晝五十五刻	三分	四日後晝五十六刻	日出寅正五刻	五十分	昏中星張一度
	夜四十四刻	五十七分	十一日後晝五十七刻	日入酉正二刻	二十分〔四〕	曉中星斗一十九度
立夏	晝五十七刻	五分	四日後晝五十八刻	日出寅正四刻	四十八分	昏中星翼二度
	夜四十二刻	五十五分	十四日後晝五十九刻	日入酉正三刻	三十二分	曉中星牛四度
小滿	晝五十八刻	四十分	十四日後晝六十刻	日出寅正四刻	分空	昏中星軫二度
	夜四十一刻	二十分		日入酉正四刻	二十分	曉中星女九度

氣	刻	分	增減	日出入	分	中星
芒種	晝五十九刻	四十分		日出寅正三刻	三十分	昏中星角二度
	夜四十刻	二十分		日入酉正四刻	五十分	曉中星危初度
夏至	晝六十刻	分空		日出寅正三刻	二十分	昏中星亢六度
	夜四十刻	分空		日入酉正五刻	分空	曉中星危十四度
小暑	晝五十九刻	四十分		日出寅正三刻	三十分	昏中星氐十二度
	夜四十刻	二十分		日入酉正四刻	五十分	曉中星室十三度
大暑	晝五十八刻	四十分	四日後晝五十八刻	日出寅正四刻	分空	昏中星尾初度
	夜四十一刻	二十分	十一日後晝五十七刻	日入酉正四刻	二十分	曉中星奎五度
立秋	晝五十七刻	五分	八日後晝五十六刻	日出寅正四刻	四十分〔五〕	昏中星尾十二度
	夜四十二刻	五十五分	十五日後晝五十五刻	日入酉正三刻	三十六分〔六〕	曉中星婁七度
處暑	晝五十五刻	三分	七日後晝五十四刻	日出寅正五刻	五十分	昏中星箕六度
	夜四十四刻	五十七分	十三日後晝五十三刻	日入酉正二刻	三十分	曉中星昴初度

氣	刻	分	增減	日出入	分	中星
白露	晝五十二刻	三十五分	五日後晝五十二刻	日出寅正七刻	三分	昏中星斗五度
	夜四十七刻	二十五分	十一日後晝五十一刻	日入酉正一刻	十七分	曉中星畢九度
秋分	晝五十刻	分空	初日後晝五十刻 七日後晝四十九刻	日出卯正初刻	分空	昏中星斗六度
	夜五十刻	分空	十三日後晝四十八刻	日入酉正初刻	分空	曉中星井一度
寒露	晝四十七刻	二十四分	四日後晝四十七刻	日出卯正一刻	十七分	昏中星牛初度
	夜五十二刻	三十六分	十日後晝四十六刻	日入申正七刻	三分	曉中星井二十一度
霜降	晝四十四刻	五十八分	初日後晝四十五刻 八日後晝四十四刻	日出卯正二刻	三十分	昏中星女三度
	夜五十五刻	二分	十四日後晝四十三刻	日入申正五刻	五十分	曉中星柳五度
立冬	晝四十二刻	五十四分	八日後晝四十二刻	日出卯正三刻	三十二分	昏中星虛三度
	夜五十七刻	六分		日入申正四刻	四十八分	曉中星張二度
小雪	晝四十一刻	十九分	三日後晝四十一刻	日出卯正四刻	二十分	昏中星危五度
	夜五十八刻	四十八分〔七〕	十五日後晝四十刻	日入申正四刻	分空	曉中星翼二度

中華書局

大雪	晝四十刻　十九分 夜五十九刻　四十一分	日出卯正四刻　五十分 日入申正三刻　三十分	昏中星室一度 曉中星軫一度

皇祐圭表

觀天地陰陽之體，以正位辨方、定時考閏，莫近乎圭表。宋何承天始立表候日景，十年間，知冬至比舊用景初曆常後天三日。又唐一行造大衍曆，用圭表測知舊曆氣節常後天一日。今司天監圭表乃石晉時天文參謀趙延乂所建，表既欹傾，圭亦墊陷，其於天度無所取正。皇祐初，詔周琮、于淵、舒易簡改製之，乃考古法，立八尺銅表，厚二寸，博四寸，下連石圭一丈三尺，以盡冬至景長之數，面有雙水溝爲平準，於溝雙刻尺寸分數，又刻二十四氣岳臺晷景所得尺寸，置於司天監。候之三年，知氣節比舊曆後天半日。因而成書三卷，命曰岳臺晷景新書，論前代測候是非、步算之法頗詳。既上奏，詔翰林學士范鎮爲序以議。琮以謂二十四氣所得尺寸，比顯德欽天曆王朴算爲密。今載氣之盈縮，備採用焉。

小雪，皇祐元年己丑十月十九日戊寅。

新表測景長一丈一尺三寸五分，王朴算景長一丈一尺三寸九分，新法算景長一丈

一尺三寸四分小分四十八。

二年庚寅十月二十九日癸未。雲霧不測。

三年辛卯十月十日戊子。

新表測景長一丈一尺三寸，王朴算景長一丈一尺四寸七分，新法算景長一丈一尺二寸九分小分九十八。

大雪，元年己丑十一月四日癸巳。雲霧不測。

二年庚寅十一月十五日戊戌。

新表測景長一丈二尺四寸五分半，王朴算景長一丈二尺四寸五分，新法算景長一丈二尺四寸四分小分二十五。

冬至，元年己丑十一月十九日戊申。

新表測景長一丈二尺八寸五分，王朴算景長一丈二尺八寸六分，新法算景長一丈二尺八寸五分。

二年庚寅十一月三十日癸丑。

新表測景長一丈二尺八寸四分，王朴算景長一丈二尺八寸六分，新法算景長一丈二尺八寸五分。

三年辛卯十一月十二日己未。雲霧不測。

小寒，元年己丑十二月四日癸亥。

新表測景長一丈二尺四寸，王朴算景長一丈二尺四寸八分，新法算景長一丈二尺四寸小分十五。

二年庚寅閏十一月十五日戊辰。雲霧不測。

三年辛卯十一月二十七日甲戌。

新表測景長一丈二尺三寸七分，王朴算景長一丈二尺四寸八分小分二十六。

大寒，元年己丑十二月十九日戊寅。雲霧不測。

二年庚寅十二月一日甲申。

新表測景長一丈一尺一寸七分，王朴算景長一丈一尺四寸四分，新法算景長一丈一尺一寸八分小分四十。

三年辛卯十二月十二日己丑。雲霧不測。

立春，二年庚寅正月六日甲午。雲霧不測。

二年庚寅十二月十六日己亥。雲霧不測。

三年辛卯十二月二十七日甲辰。

新表測景長九尺六寸七分半，王朴算景長一丈一寸五分，新法算景長一丈六寸八分小分七。

雨水，二年庚寅正月二十一日己酉。雲霧不測。

三年辛卯正月二日甲寅。

新表測景長八尺一寸半分，王朴算景長八尺五寸，新法算景長八尺九寸小分七十六。

四年壬辰正月十二日己未。

新表測景長八尺一寸二分半，王朴算景長八尺六寸一分，新法算景長八尺一寸二分小分一十八。

驚蟄，二年庚寅二月七日甲子。

新表測景長六尺六寸三分，王朴算景長六尺八寸五分，新法算景長六尺六寸三分小分三十九。

三年辛卯正月十七日己巳。

新表測景長六尺六寸五分，王朴算景長六尺八寸五分，新法算景長六尺六寸五分小分六十八。

四年壬辰正月二十八日乙亥。雲霧不測。

春分，二年庚寅二月二十三日己卯。

新表測景長五尺三寸五分，王朴算景長五尺二寸七分，新法算景長五尺三寸四分小分七十七。

三年辛卯二月四日乙酉。雲霧不測。

四年壬辰二月十四日庚寅。

新表測景長五尺三寸一分，王朴算景長五尺二寸七分，新法算景長五尺三寸小分七十三。

清明，二年庚寅三月八日乙未。

新表測景長四尺二寸，王朴算景長三尺八寸九分，新法算景長四尺一寸八分小分六十一。

三年辛卯二月十九日庚子。雲霧不測。

四年壬辰二月二十九日乙巳。

新表測景長四尺二寸二分，王朴算景長三尺九寸六分，新法算景長四尺二寸一分小分八十五。

穀雨，二年庚寅三月二十三日庚戌。雲霧不測。

三年辛卯三月四日乙卯。

新表測景長三尺三寸，王朴算景長二尺九寸六分，新法算景長三尺二寸九分小分八十六。

四年壬辰三月十五日庚申。

新表測景長三尺三寸一分半，王朴算景長三尺一寸，新法算景長三尺三寸一分小分一十六。

立夏，二年庚寅四月九日乙丑。

新表測景長二尺五寸七分，王朴算景長二尺三寸，新法算景長二尺五寸六分小分二十八。

三年辛卯三月十九日庚午。

新表測景長二尺五寸七分半，王朴算景長二尺三寸，新法算景長二尺五寸七分小分四十二。

四年壬辰三月三十日乙亥。

新表測景長二尺五寸八分半，王朴算景長二尺三寸四分，新法算景長二尺五寸八分小分四十四。

小滿，二年庚寅四月二十四日庚辰。

新表測景長二尺三分，王朴算景長一尺八寸六分，新法算景長二尺三分小分五十一。

三年辛卯四月五日乙酉。

新表測景長二尺三分半，王朴算景長一尺八寸六分，新法算景長二尺三分小分五十一。

四年壬辰四月十六日辛卯。雲霧不測。

芒種，二年庚寅五月九日乙未。

新表測景長一尺六寸九分，王朴算景長一尺六寸，新法算景長一尺六寸半分小分九十七。

三年辛卯四月二十一日辛丑。

新表測景長一尺六寸七分，王朴算景長一尺五寸九分，新法算景長一尺六寸七分小分八十四。

四年壬辰五月二日丙午。

新表測景長一尺六寸八分半，王朴算景長一尺六寸，新法算景長一尺六寸八分小分二十。

夏至，二年庚寅五月二十五日辛亥。

新表測景長一尺五寸七分半，王朴算景長一尺五寸一分，新法算景長一尺五寸七分。

三年辛卯五月七日丙辰。雲霧不測。

四年壬辰五月十七日辛酉。

新表測景長一尺五寸七分，王朴算景長一尺五寸一分，新法算景長一尺五寸七分。

小暑，二年庚寅六月十一日丙寅。雲霧不測。

三年辛卯五月二十二日辛未。

新表測景長一尺六寸九分半，王朴算景長一尺六寸，新法算景長一尺六寸九分小分七十五。

四年壬辰六月三日丙子。雲霧不測。

大暑，二年庚寅六月二十六日辛巳。

新表測景長二尺四寸，王朴算景長一尺八寸五分，新法算景長二尺四分小分九十七。

三年辛卯六月七日丙戌。

新表測景長二尺二分太，王朴算景長一尺八寸五分，新法算景長二尺四分小分二十四。

四年壬辰六月十九日壬辰。

新表測景長二尺五分，王朴算景長一尺八寸七分，新法算景長二尺六分小分五十三。

立秋，二年庚寅七月十一日丙申。

新表測景長二尺五寸九分，王朴算景長二尺二寸九分，新法算景長二尺五寸九分小分五十一。

三年辛卯六月二十三日壬寅。

新表測景長二尺六寸一分半，王朴算景長二尺三寸三分，新法算景長二尺六寸二分小分七十三。

處暑，二年庚寅七月二十七日壬子。雲霧不測。

三年辛卯七月九日丁巳。

新表測景長三尺三寸六分，王朴算景長三尺，新法算景長三尺三寸六分小分六十五。

四年壬辰七月十九日壬戌。雲霧不測。

白露，二年庚寅八月十三日丁卯。雲霧不測。

三年辛卯七月二十四日壬申。雲霧不測。

四年壬辰八月五日丁丑。雲霧不測。

秋分，二年庚寅八月二十八日壬午。雲霧不測。

三年辛卯八月九日丁亥。

新表測景長五尺三寸八分，王朴算景長五尺二寸一分，新法算景長五尺三寸八分小分六十九。

四年壬辰八月二十日壬辰。雲霧不測。

寒露，二年庚寅九月十三日丁酉。雲霧不測。

三年辛卯九月二十四日壬寅。

新表測景長六尺六寸七分，王朴算景長六尺八分，新法算景長六尺六寸七分小分八十八。

四年壬辰九月六日戊申。

新表測景長六尺七寸三分半，王朴算景長六尺九寸一分，新法算景長六尺七寸四分小分八十四。

霜降，二年庚寅九月二十八日壬子。

新表測景長八尺一寸六分，王朴算景長八尺四寸五分，新法算景長八尺一寸四分小分七十。

三年辛卯九月十日戊午。雲霧不測。

四年壬辰九月二十一日癸亥。

新表測景長八尺二寸，王朴算景長八尺五寸六分，新法算景長八尺一寸九分小分六十六。

立冬，二年庚寅十月十四日戊辰。

新表測景長九尺八寸半分，王朴算景長一丈一寸，新法算景長九尺八寸一分小分二十五。

三年辛卯九月二十五日癸酉。

新表測景長九尺七寸九分，王朴算景長一丈一寸，新法算景長九尺七寸八分小分六十三。

四年壬辰十月六日戊寅。

新表測景長九尺七寸六分，王朴算景長一丈一寸，新法算景長九尺七寸六分小分一十。

測景正加時早晚

後漢熹平三年，四分曆志立冬中景長一丈，立春中景長九尺六寸。尋冬至南極，日晷最長，二氣去至日數既同，則中景應等，而前長後短，頓差四寸。此曆景冬至後天之驗也。二氣中景日差九分半弱，進退均調，略無盈縮，以率計之，二氣各退二日十二刻，則晷景之數，立冬更短，立春更長，並差二寸，二氣中景俱長九尺八寸矣，卽立冬、立春之正日也。以此推之，曆置冬至後天亦二日十二刻也。熹平三年，時曆丁丑冬至，加時正在日中；以二日十二刻減之，定以乙亥冬至，加時在夜半後三十八刻。宋志大明五年十月十日，景一丈七寸七分半；十一月二十五日，景一丈八寸一分太；二十六日，一丈七寸五分強。折取其中，則中天冬至應在十一月三日求其早晚。令後二日景相減，則一日差率也，倍之爲法；

前二日減，以百刻乘之，爲實；以法除實，得冬至加時在夜半後三十一刻，在元嘉曆後一日，天數之正也。量檢彌年，則加減均同；異歲相課，則遠近應率。觀二家之說，略而未通。蓋平乃要取其中，而失於至前、至後之餘；大明則左右率，而失於爲實、爲法之數。若夫較景、定氣，曆家最爲急務。觀古較驗，止以冬至前後數日之間，以定加時早晚。且景之差行，當二至前後，進退在微芒之間。又日有變行，盈縮稍異，若以爲準，則加時相背。又晉、漢曆術，多以前後所測晷要取其中，此亦差過半日。今比歲較驗，在立冬、立春景移過寸，若較取加時，則宜以其相近者通計，半之爲距至汎日；乃以其晷數相減，餘者以法乘之，滿其日晷差而一，爲刻；乃以差刻求冬至，視其前晷，多則爲減，少則爲加，求夏至反之。加減距至汎日，爲定日；仍加半日之刻，命從前距日辰，算外，即二至加時日辰及刻分。如此推求，則二至加時早晚可驗矣。

皇祐岳臺晷景法

按大衍載日及崇天定差之率，雖號通密，然未能盡上下交應之理，則晷度無由合契。今立新法，使上符盈縮之行，下參句股之數，所算尺寸與天測驗，無有先後。其術曰：計二至後日數，乃減去二至約餘，仍加半日之分，即所求日午中積數，而置之以求進退差分。求進退差分者，置中積之數，如一象九十一日三十一分以下爲在前；如一象以上，返減二至限一百八十二日六十二分，餘爲在後。置前後度於上，列二百於下，以上減下，餘以下乘上，滿四千一百三十五除之爲分，不滿，退除爲小分。在冬至後即爲進差，在夏至後即爲退差。

仍列初、末二限，求入初、末限者，置所求日午中積數，日在冬至後初限、夏至後末限之數四十五日六十二分以下，即爲所求在初限；如在已上者，乃返減二至限，餘即爲所求入末限。其冬至後末限、夏至後初限，以一百三十七日爲率。用求午中晷數。求午中晷數者，視所求。如入冬至後初限、夏至後末限者，以入限日減一千九百三十七半，餘爲汎差；仍以限日分乘其進退差，五因百約之，用減汎差，爲定差；乃以入限日分自相乘，以乘定差，滿一百萬爲尺，不滿爲寸、爲分及小分，以減冬至常晷一丈二尺八寸五分，餘爲其日午中晷數。若所求入冬至後末限、夏至後初限者，乃三約入限日分，以減四百八十五少，餘爲汎差；仍以進退差減極數，餘者若在春分後、秋分前者，直以四約之，以加汎差，爲定差；若在春分前、秋分後者，乃以去二分日數及分乘之，滿六百而一，以減汎差，餘爲定差；乃以入限日分自相乘，以乘定差，滿一百萬爲尺，不滿爲寸、爲分及小分，以加夏至常晷一尺五寸七分，即爲其日午中晷數。若用周歲曆，直以其日晷景損益差分乘其日午中之餘，滿法約之，乃損益其下晷數，即其日午中定晷。如此推求，則上下通應之理，句股斜射之原，皆可覘驗，乃具岳臺晷景周歲算數。

冬至後	每日損差〔八〕	每日午中晷景常數〔九〕
初日	空分小分一十九	一丈二尺八寸五分
一日	空分小分五十八	一丈二尺八寸四分小分八十一
二日	空分小分九十六	一丈二尺八寸四分小分二十三
三日	一分小分三十五	一丈二尺八寸三分小分二十七
四日	一分小分七十二	一丈二尺八寸一分小分九十二
五日	二分小分一十一	一丈二尺八寸小分一十九
六日	二分小分四十八	一丈二尺七寸八分小分八
七日	二分小分八十五	一丈二尺七寸五分小分六十
八日	三分小分二十一	一丈二尺七寸七分小分七十五
九日	三分小分五十八	一丈二尺六寸九分小分五十四
十日	三分小分九十二	一丈二尺六寸五分小分九十六
十一日	四分小分二十八	一丈二尺六寸二分小分三
十二日	四分小分六十二	一丈二尺五寸七分小分七十五
十三日	四分小分九十六	一丈二尺五寸三分小分一十三
十四日	五分小分二十九	一丈二尺四寸八分小分一十七
十五日	五分小分六十一	一丈二尺四寸二分小分八十八
十六日	五分小分九十一	一丈二尺三寸七分小分二十七
十七日	六分小分二十三	一丈二尺三寸一分小分三十五
十八日	六分小分五十二	一丈二尺二寸五分小分一十二
十九日	六分小分八十一	一丈二尺一寸八分小分六十
二十日	七分小分九	一丈二尺一寸一分小分七十九
二十一日	七分小分三十六	一丈二尺四分小分七十
二十二日	七分小分六十二	一丈一尺九寸七分小分三十四
二十三日	七分小分八十七	一丈一尺八寸九分小分七十二
二十四日	八分小分一十一	一丈一尺八寸一分小分八十五

中華書局

二十五日	八分小分三十四	一丈一尺七寸三分小分七十四
二十六日	八分小分五十五	一丈一尺六寸五分小分四十
二十七日	八分小分七十三	一丈一尺五寸六分小分八十五
二十八日	九分小分空	一丈一尺四寸八分小分一十三
二十九日	九分小分一十四	一丈一尺三寸九分小分一十二
三十日	九分小分三十二	一丈一尺二寸九分小分九十八
三十一日	九分小分四十八	一丈一尺二寸小分六十六
三十二日	九分小分六十二	一丈一尺一寸一分小分一十八
三十三日	九分小分七十六	一丈一尺一分小分五十五
三十四日	九分小分八十九	一丈九寸一分小分七十八
三十五日	一寸小分一	一丈八尺一寸小分六十九
三十六日	一寸小分一十二	一丈七寸一分小分八十八

三十七日	一寸小分二十	一丈六寸一分小分七十六
三十八日	一寸小分二十八	一丈五寸一分小分五十六
三十九日	一寸小分三十五	一丈四寸一分小分二十八
四十日	一寸小分四十	一丈三寸小分九十三
四十一日	一寸小分四十四	一丈二寸小分五十三
四十二日	一寸小分四十八	一丈一寸小分九
四十三日	一寸小分四十九	九尺九寸九分小分六十一
四十四日	一寸小分五十	九尺八寸九分小分一十二
四十五日	一寸小分五十七	九尺七寸八分小分六十二
四十六日	一寸小分六十七	九尺六寸八分小分五
四十七日	一寸小分六十一	九尺五寸七分小分三十八
四十八日	一寸小分六十	九尺四寸六分小分七十七

四十九日	一寸小分五十六	九尺三寸六分小分一十七
五十日	一寸小分五十二	九尺二寸五分小分六十一
五十一日	一寸小分四十九	九尺一寸五分小分九
五十二日	一寸小分四十五	九尺一寸五分小分九
五十三日	一寸小分四十一	八尺九寸四分小分一十八
五十四日	一寸小分三十八	八尺八寸三分小分七十七
五十五日	一寸小分三十二	八尺七寸三分小分三十九
五十六日	一寸小分二十七	八尺六寸三分小分七
五十七日	一寸小分二十三	八尺五寸二分小分八十
五十八日	一寸小分一十九	八尺四寸二分小分五十七
五十九日	一寸小分一十二	八尺三寸二分小分三十八
六十日	一寸小分八	八尺二寸小分二十六

六十一日	一寸小分三	八尺一寸二分小分一十八
六十二日	九分小分九十七	八尺二分小分一十五
六十三日	九分小分九十一	七尺九寸二分小分一十八
六十四日	九分小分八十六	七尺八寸二分小分二十五
六十五日	九分小分八十一	七尺七寸二分小分三十九
六十六日	九分小分七十五	七尺六寸二分小分五十八
六十七日	九分小分六十九	七尺五寸二分小分八十三
六十八日	九分小分六十二	七尺四寸三分小分一十四
六十九日	九分小分五十七	七尺三寸三分小分五十二
七十日	九分小分五十一	七尺二寸三分小分九十五
七十一日	九分小分四十九	七尺一寸四分小分四十四
七十二日	九分小分三十八	七尺四分小分九十七

七十三日	九分小分三十一	六尺九寸五分小分六十一
七十四日	九分小分二十五	六尺八寸六分小分三十
七十五日	九分小分一十七	六尺七寸七分小分五
七十六日	九分小分一十三	六尺六寸七分小分八十八
七十七日	九分小分六	六尺五寸八分小分七十五
七十八日	八分小分九十七	六尺四寸九分小分六十九
七十九日	八分小分九十	六尺四寸小分七十三
八十日	八分小分八十三	六尺三寸一分小分八十三
八十一日	八分小分七十七	六尺二寸三分小分空
八十二日	八分小分六十八	六尺一寸四分小分二十三
八十三日	八分小分六十二	六尺五分小分五十五
八十四日	八分小分五十五	五尺九寸六分小分九十三

八十五日	八分小分四十七	五尺八寸八分小分三十八
八十六日	八分小分三十九	五尺七寸九分小分九十一
八十七日	八分小分三十三	五尺七寸一分小分五十二
八十八日	八分小分二十五	五尺六寸三分小分二十
八十九日	八分小分一十七	五尺五寸四分小分九十五
九十日	八分小分九	五尺四寸六分小分七十八
九十一日	七分小分九十六	五尺三寸八分小分六十九
九十二日	七分小分八十三	五尺三寸小分七十三
九十三日	七分小分七十六	五尺二寸二分小分九十
九十四日	七分小分六十七	五尺一寸五分小分一十四
九十五日	七分小分五十九	五尺七分小分四十七
九十六日	七分小分五十	四尺九寸九分小分八十八

九十七日	七分小分四十二	四尺九寸二分小分三十八
九十八日	七分小分三十四	四尺八寸四分小分九十六
九十九日	七分小分二十六	四尺七寸七分小分六十二
一百日	七分小分一十七	四尺七寸小分三十六
一百一日	七分小分九	四尺六寸三分小分一十九
一百二日	七分小分一	四尺五寸六分小分一十
一百三日	六分小分九十三	四尺四寸九分小分九
一百四日	六分小分八十五	四尺四寸二分小分一十六
一百五日	六分小分七十七	四尺三寸五分小分三十一
一百六日	六分小分六十九	四尺二寸八分小分五十四
一百七日	六分小分六十	四尺二寸一分小分八十五
一百八日	六分小分五十	四尺一寸五分小分二十五

一百九日	六分小分四十五	四尺八分小分七十四
一百一十日	六分小分三十七	四尺二分小分二十九
一百一十一日	六分小分二十九	三尺九寸五分小分九十二
一百一十二日	六分小分二十一	三尺八寸九分小分六十三
一百一十三日	六分小分一十二	三尺八寸三分小分四十二
一百一十四日	六分小分四	三尺七寸七分小分三十
一百一十五日	五分小分九十七	三尺七寸一分小分二十六
一百一十六日	五分小分八十九	三尺六寸五分小分二十九
一百一十七日	五分小分八十	三尺五寸九分小分四十
一百一十八日	五分小分七十三	三尺五寸三分小分六十
一百一十九日	五分小分六十五	三尺四寸七分小分八十七
一百二十日	五分小分五十七	三尺四寸二分小分二十三

中華書局

一百二十一日	五分小分四十九	三尺三寸六分小分六十五
一百二十二日	五分小分四十	三尺三寸一分小分一十六
一百二十三日	五分小分三十二	三尺二寸五分小分七十六
一百二十四日	五分小分二十六	三尺二寸小分四十四
一百二十五日	五分小分一十七	三尺一寸五分小分一十八
一百二十六日	五分小分九	三尺一寸小分二
一百二十七日	五分小分一	三尺四分小分九十二
一百二十八日	四分小分九十三	二尺九寸九分小分九十一
一百二十九日	四分小分八十五	二尺九寸四分小分九十八
一百三十日	四分小分七十七	二尺九寸小分一十三
一百三十一日	四分小分六十九	二尺八寸五分小分三十六
一百三十二日	四分小分六十一	二尺八寸小分六十七

一百三十三日	四分小分五十二	二尺七寸六分小分六
一百三十四日	四分小分四十五	二尺七寸一分小分五十四
一百三十五日	四分小分三十六	二尺六寸七分小分九
一百三十六日	四分小分二十九	二尺六寸二分小分七十三
一百三十七日	四分小分二十	二尺五寸八分小分四十四
一百三十八日	四分小分一十一	二尺五寸四分小分二十四
一百三十九日	四分小分四	二尺五寸小分一十三
一百四十日	三分小分九十五	二尺四寸六分小分九
一百四十一日	三分小分八十七	二尺四寸二分小分一十四
一百四十二日	三分小分七十九	二尺三寸八分小分二十七
一百四十三日	三分小分七十	二尺三寸四分小分四十八
一百四十四日	三分小分六十二	二尺三寸小分七十八

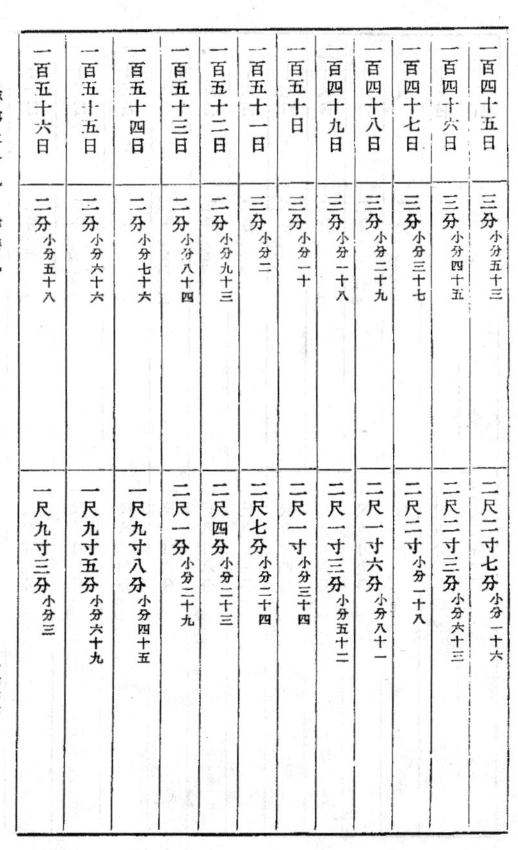

一百四十五日	三分小分五十三	二尺二寸七分小分一十六
一百四十六日	三分小分四十五	二尺二寸三分小分六十三
一百四十七日	三分小分三十七	二尺二寸小分一十八
一百四十八日	三分小分二十九	二尺一寸六分小分八十一
一百四十九日	三分小分一十八	二尺一寸三分小分五十二
一百五十日	三分小分一十	二尺一寸小分三十四
一百五十一日	三分小分二	二尺七分小分二十四
一百五十二日	二分小分九十三	二尺四分小分二十三
一百五十三日	二分小分八十四	二尺一分小分二十九
一百五十四日	二分小分七十六	一尺九寸八分小分四十五
一百五十五日	二分小分六十六	一尺九寸五分小分六十九
一百五十六日	二分小分五十八	一尺九寸三分小分三

一百五十七日	二分小分四十九	一尺九寸小分四十五
一百五十八日	二分小分三十九	一尺八寸七分小分九十六
一百五十九日	二分小分三十	一尺八寸五分小分五十七
一百六十日	二分小分二十二	一尺八寸三分小分二十七
一百六十一日	二分小分一十一	一尺八寸一分小分五
一百六十二日	二分小分三	一尺七寸八分小分九十四
一百六十三日	一分小分九十三	一尺七寸六分小分九十一
一百六十四日	一分小分八十四	一尺七寸四分小分九十八
一百六十五日	一分小分七十五	一尺七寸三分小分一十四
一百六十六日	一分小分六十四	一尺七寸一分小分三十九
一百六十七日	一分小分五十五	一尺六寸九分小分七十五
一百六十八日	一分小分四十六	一尺六寸八分小分二十

一百六十九日	一分小分三十六	一尺六寸六分小分四十七
一百七十日	一分小分三十五	一尺六寸五分小分三十八
一百七十一日	一分小分一十六	一尺六寸四分小分一十三
一百七十二日	一分小分六	一尺六寸三分小分九十七
一百七十三日	空分小分九十六	一尺六寸二分小分九十一
一百七十四日	空分小分八十六	一尺六寸一分小分九十五
一百七十五日	空分小分七十五	一尺六寸小分九
一百七十六日	空分小分六十五	一尺五寸九分小分三十四
一百七十七日	空分小分五十五	一尺五寸八分小分六十九
一百七十八日	空分小分四十四	一尺五寸八分小分一十四
一百七十九日	空分小分三十三	一尺五寸七分小分七十
一百八十日	空分小分二十三	一尺五寸七分小分三十七

一百八十一日	空分小分一十二	一尺五寸七分小分一十四
一百八十二日	空分小分三	一尺五寸七分小分二
夏至後	每日盈差〔一〇〕	每日午中晷景常數〔一一〕
初日	空分小分五	一尺五寸七分小分空
一日	空分小分一十六	一尺五寸七分小分五
二日	空分小分二十七	一尺五寸七分小分二十一
三日	空分小分三十八	一尺五寸七分小分四十九
四日	空分小分四十八	一尺五寸七分小分八十六
五日	空分小分五十九	一尺五寸八分小分三十四
六日	空分小分六十九	一尺五寸八分小分九十三
七日	空分小分七十九	一尺五寸九分小分六十二
八日	空分小分八十九	一尺六寸小分四十一

九日	一分小分空	一尺六寸一分小分三十
十日	一分小分一十	一尺六寸二分小分三十
十一日	一分小分一十九	一尺六寸三分小分四十
十二日	一分小分三十	一尺六寸四分小分五十九
十三日	一分小分三十九	一尺六寸五分小分八十九
十四日	一分小分四十九	一尺六寸七分小分二十八
十五日	一分小分五十九	一尺六寸八分小分七十七
十六日	一分小分六十九	一尺七寸小分三十六
十七日	一分小分七十八	一尺七寸二分小分五
十八日	一分小分八十七	一尺七寸三分小分八十五
十九日	一分小分九十八	一尺七寸五分小分七十
二十日	二分小分六	一尺七寸七分小分六十七

二十一日	二分小分一十五	一尺七寸九分小分七十三
二十二日	二分小分二十五	一尺八寸一分小分八十八
二十三日	二分小分三十四	一尺八寸四分小分一十三
二十四日	二分小分四十三	一尺八寸六分小分四十七
二十五日	二分小分五十二	一尺八寸八分小分九十
二十六日	二分小分六十一	一尺九寸一分小分四十二
二十七日	二分小分七十	一尺九寸四分小分三
二十八日	二分小分七十九	一尺九寸六分小分七十三
二十九日	二分小分八十七	一尺九寸九分小分五十二
三十日	二分小分九十七	二尺二分小分三十九
三十一日	三分小分五	二尺五分小分三十六
三十二日	三分小分一十四	二尺八分小分四十一

中華書局

二十四史

三十三日	三分小分二十二	二尺一寸一分小分五十五
三十四日	三分小分三十一	二尺一寸八分小分七十七
三十五日	三分小分四十	二尺一寸八分小分八
三十六日	三分小分四十八	二尺二寸一分小分四十八
三十七日	三分小分五十七	二尺二寸四分小分九十六
三十八日	三分小分六十五	二尺二寸八分小分五十三
三十九日	三分小分七十三	二尺三寸二分小分一十八
四十日	三分小分八十二	二尺三寸五分小分九十一
四十一日	三分小分九十	二尺三寸九分小分七十三
四十二日	三分小分九十九	二尺四寸三分小分六十三
四十三日	四分小分六	二尺四寸七分小分六十二
四十四日	四分小分一十五	二尺五寸一分小分六十八

四十五日	四分小分二十三	二尺五寸五分小分八十三
四十六日	四分小分三十三	二尺六寸小分六
四十七日	四分小分三十九	二尺六寸四分小分三十八
四十八日	四分小分四十八	二尺六寸八分小分七十七
四十九日	四分小分五十五	二尺七寸三分小分二十五
五十日	四分小分六十四	二尺七寸七分小分八十
五十一日	四分小分七十二	二尺八寸二分小分四十四
五十二日	四分小分七十九	二尺八寸七分小分一十六
五十三日	四分小分八十九	二尺九寸一分小分六十五
五十四日	四分小分九十六	二尺九寸六分小分八十四
五十五日	五分小分四	三尺一分小分八十
五十六日	五分小分一十二	三尺六分小分八十四

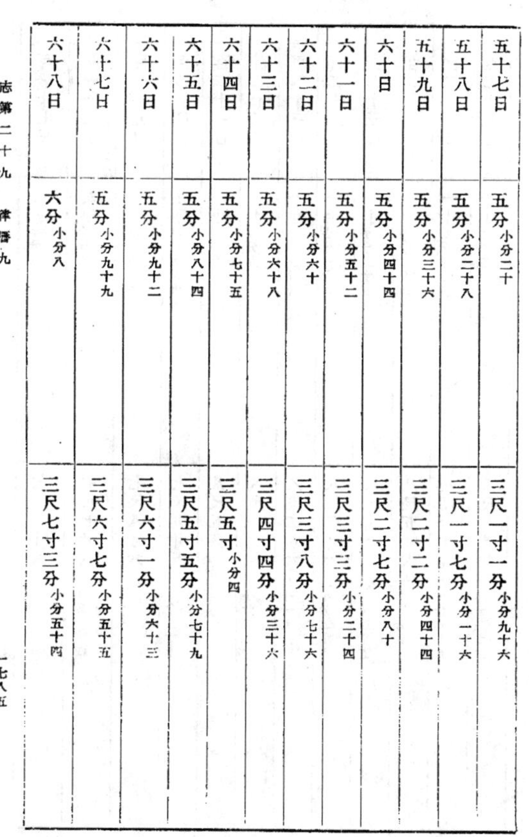

五十七日	五分小分二十	三尺一寸一分小分九十六
五十八日	五分小分二十八	三尺一寸七分小分一十六
五十九日	五分小分三十六	三尺二寸二分小分四十四
六十日	五分小分四十四	三尺二寸七分小分八十
六十一日	五分小分五十二	三尺三寸三分小分二十四
六十二日	五分小分六十	三尺三寸八分小分七十六
六十三日	五分小分六十八	三尺四寸四分小分三十六
六十四日	五分小分七十五	三尺五寸小分四
六十五日	五分小分八十四	三尺五寸五分小分七十九
六十六日	五分小分九十二	三尺六寸一分小分六十三
六十七日	五分小分九十九	三尺六寸七分小分五十五
六十八日	六分小分八	三尺七寸三分小分五十四

六十九日	六分小分一十六	三尺七寸九分小分六十二
七十日	六分小分二十三	三尺八寸五分小分七十八
七十一日	六分小分三十二	三尺九寸二分小分一
七十二日	六分小分三十九	三尺九寸八分小分三十三
七十三日	六分小分四十八	四尺四分小分七十二
七十四日	六分小分四十五	四尺一寸七分小分七十五
七十五日	六分小分六十四	四尺一寸七分小分七十五
七十六日	六分小分七十一	四尺二寸四分小分三十九
七十七日	六分小分八十	四尺三寸一分小分一十
七十八日	六分小分八十八	四尺三寸七分小分九十
七十九日	六分小分九十七	四尺四寸四分小分七十八
八十日	七分小分三	四尺五寸一分小分七十五

中華書局

八十一日	七分小分一十三	四尺五寸八分小分七十八
八十二日	七分小分二十	四尺六寸五分小分九十一
八十三日	七分小分二十九	四尺七寸三分小分一十一
八十四日	七分小分三十七	四尺八寸小分四十
八十五日	七分小分四十四	四尺八寸七分小分七十七
八十六日	七分小分五十四	四尺九寸五分小分二十一
八十七日	七分小分六十三	五尺二分小分七十五
八十八日	七分小分六十九	五尺一寸小分三十八
八十九日	七分小分七十七	五尺一寸八分小分七
九十日	七分小分九十	五尺二寸五分小分八十四
九十一日	八分小分一	五尺三寸三分小分七十四
九十二日	八分小分一十三	五尺四寸一分小分七十五

九十三日	八分小分二十	五尺四寸九分小分八十八
九十四日	八分小分二十七	五尺五寸八分小分八
九十五日	八分小分三十五	五尺六寸六分小分三十五
九十六日	八分小分四十四	五尺七寸四分小分七十
九十七日	八分小分四十七	五尺八寸三分小分一十四
九十八日	八分小分五十八	五尺九寸一分小分六十一
九十九日	八分小分六十六	六尺小分一十九
一百日	八分小分七十	六尺八分小分八十五
一百一日	八分小分八十	六尺一寸七分小分五十五
一百二日	八分小分八十六	六尺二寸六分小分三十五
一百三日	八分小分九十三	六尺三寸五分小分二十一
一百四日	九分小分空	六尺四寸四分小分一十四

一百五日	九分小分八	六尺五寸三分小分一十四
一百六日	九分小分一十三	六尺六寸二分小分二十二
一百七日	九分小分二十一	六尺七寸一分小分三十五
一百八日	九分小分二十七	六尺八寸小分五十六
一百九日	九分小分三十五	六尺八寸九分小分八十三
一百十日	九分小分四十	六尺九寸九分小分一十八
一百一十一日	九分小分四十七	七尺八分小分五十八
一百一十二日	九分小分五十四	七尺一寸八分小分五
一百一十三日	九分小分六十	七尺二寸七分小分五十九
一百一十四日	九分小分六十四	七尺三寸七分小分一十九
一百一十五日	九分小分七十	七尺四寸六分小分八十三
一百一十六日	九分小分七十八	七尺五寸六分小分五十三

一百一十七日	九分小分八十三	七尺六寸六分小分三十一
一百一十八日	九分小分八十七	七尺七寸六分小分一十四
一百一十九日	九分小分九十六	七尺八寸六分小分一
一百二十日	九分小分九十九	七尺九寸五分小分九十七
一百二十一日	一寸小分四	八尺五分小分九十六
一百二十二日	一寸小分九	八尺一寸六分小分空
一百二十三日	一寸小分一十七	八尺二寸六分小分九
一百二十四日	一寸小分一十九	八尺三寸六分小分二十六
一百二十五日	一寸小分二十五	八尺四寸六分小分四十五
一百二十六日	一寸小分二十九	八尺五寸六分小分七十
一百二十七日	一寸小分三十三	八尺六寸六分小分九十九
一百二十八日	一寸小分三十八	八尺七寸七分小分三十二

一百二十九日	一寸小分四十三	八尺八寸七分小分七十
一百三十日	一寸小分四十五	八尺九寸八分小分一十三
一百三十一日	一寸小分五十一	九尺八分小分五十八
一百三十二日	一寸小分五十四	九尺一寸九分小分九
一百三十三日	一寸小分五十五	九尺二寸九分小分六十二
一百三十四日	一寸小分六十二	九尺四寸小分一十八
一百三十五日	一寸小分六十四	九尺五寸小分八十
一百三十六日	一寸小分六十六	九尺六寸一分小分四十四
一百三十七日	一寸小分五十二	九尺七寸二分小分一十
一百三十八日	一寸小分五十	九尺八寸二分小分六十二
一百三十九日	一寸小分四十八	九尺九寸三分小分一十二
一百四十日	一寸小分四十六	一丈三分小分六十

一百四十一日	一寸小分四十三	一丈一寸四分小分六
一百四十二日	一寸小分三十九	一丈二寸四分小分四十九
一百四十三日	一寸小分三十二	一丈三寸四分小分八十八
一百四十四日	一寸小分二十五	一丈四寸五分小分二十
一百四十五日	一寸小分一十七	一丈五寸五分小分四十五
一百四十六日	一寸小分八	一丈六寸五分小分六十二
一百四十七日	九分小分九十六	一丈七寸五分小分七十
一百四十八日	九分小分八十五	一丈八寸五分小分六十六
一百四十九日	九分小分七十二	一丈九寸五分小分五十一
一百五十日	九分小分五十七	一丈一尺五分小分二十三
一百五十一日	九分小分四十三	一丈一尺一寸四分小分八十
一百五十二日	九分小分二十五	一丈一尺二寸四分小分二十二

一百五十三日	九分小分七	一丈一尺三寸三分小分四十七
一百五十四日	八分小分九十	一丈一尺四寸二分小分五十四
一百五十五日	八分小分六十八	一丈一尺五寸一分小分四十四
一百五十六日	八分小分四十八	一丈一尺六寸小分一十二
一百五十七日	八分小分二十五	一丈一尺六寸八分小分六十
一百五十八日	八分小分二	一丈一尺七寸六分小分八十五
一百五十九日	七分小分七十七	一丈一尺八寸四分小分八十七
一百六十日	七分小分五十二	一丈一尺九寸二分小分六十四
一百六十一日	七分小分二十七	一丈二尺小分一十六
一百六十二日	六分小分九十八	一丈二尺七分小分四十三
一百六十三日	六分小分六十七	一丈二尺一寸四分小分四十二
一百六十四日	六分小分四十五	一丈二尺二寸一分小分二

一百六十五日	六分小分一十一	一丈二尺二寸七分小分五十三
一百六十六日	五分小分八十	一丈二尺三寸三分小分六十四
一百六十七日	五分小分四十九	一丈二尺三寸九分小分四十四
一百六十八日	五分小分一十六	一丈二尺四寸四分小分九十三
一百六十九日	四分小分八十三	一丈二尺五寸小分九
一百七十日	四分小分五十	一丈二尺五寸四分小分九十二
一百七十一日	四分小分一十四	一丈二尺五寸九分小分四十二
一百七十二日	三分小分八十	一丈二尺六寸三分小分五十六
一百七十三日	三分小分四十五	一丈二尺六寸七分小分三十六
一百七十四日	三分小分七	一丈二尺七寸小分八十一
一百七十五日	二分小分七十一	一丈二尺七寸三分小分八十八
一百七十六日	二分小分三十四	一丈二尺七寸六分小分五十九

二十四史　中華書局

一百七十七日	二分小分三	一丈二尺七寸八分小分九十三
一百七十八日	一分小分五十二	一丈二尺八寸小分九十六
一百七十九日	一分小分二十	一丈二尺八寸二分小分四十八
一百八十日	空分小分八十二	一丈二尺八寸三分小分六十八
一百八十一日	空分小分四十三	一丈二尺八寸四分小分五十
一百八十二日	空分小分七	一丈二尺八寸四分小分九十三

校勘記

〔一〕昏旦有星中　「星中」二字應倒。

〔二〕日出卯正三刻二十二分　據節氣對應關係和日出入刻分關係,「二十二分」應作「三十二分」。

〔三〕夜五十五刻五十分　據節氣對應關係和晝夜刻分關係,「五十分」應作「二分」。

〔四〕日入酉正二刻二十分　據節氣對應關係和日出入刻分關係,「二十分」應作「三十分」。

〔五〕日出寅正四刻四十分　「四十分」應作「四十八分」,理由同前。

〔六〕日入酉正三刻三十六分　「三十六分」應作「三十二分」,理由同前。

〔七〕夜五十八刻四十八分　據節氣對應關係和晝夜刻分關係,「四十八分」應作「四十一分」。

〔八〕每日損差　以每日午中晷景常數和每日損差關係計算,四日,應作「一分小分七十三」。十日,應作「三分小分九十三」。十六日,應作「五分小分九十二」。五十二日,應作「一寸小分四十二」。六十三日,應作「九分小分九十三」。七十一日,應作「九分小分四十五」。七十八日,應作「八分小分九十六」。八十七日,應作「八分小分三十二」。一百八日,應作「六分小分五十二」。一百七十日,應作「一分小分二十五」。

〔九〕每日午中晷景常數　以每日損差和每日午中晷景常數關係計算,二十八日,應作「一丈一尺四寸八分小分一十二」。三十三日,應作「一丈一尺一分小分五十四」。三十五日,應作「一丈八寸一分小分八十九」。五十二日,應作「九尺四分小分六十」。七十二日,應作「七尺四分小分九十九」。一百二十六日,應作「三尺一寸小分二」。一百五十二日,應作「二尺四分小分二十三」。一百六十九日,應作「一尺六寸六分小分七十四」。

〔10〕每日盈差　以每日午中晷景常數和每日盈差關係計算,十九日,應作「一分小分九十七」。一百五十一日,應作「九分小分四十二」。

〔11〕每日午中晷景常數　以每日盈差和每日午中晷景常數關係計算,三日,應作「一尺五寸七分小分四十八」。十八日,應作「一尺七寸三分小分八十三」。五十三日,應作「二尺九寸一分小分九十五」。七十四日,應作「四尺一寸一分小分二十」。一百六十三日,應作「一丈二尺一寸四分小分四十二」。一百六十四日,應作「一丈二尺二寸一分小分八」。

宋史卷七十七

志第三十

律曆十

觀天曆

元祐觀天曆演紀上元甲子,距元祐七年壬申,歲積五百九十四萬四千八百八算。上考往古,每年減一;下驗將來,每年加一。

步氣朔

統法:一萬二千三十。

歲周:四百三十九萬三千八百八十。

歲餘:六萬三千八十。

氣策:一十五、餘二千六百二十八、秒一十二。

朔實:三十五萬五千二百五十三。

朔策:二十九、餘六千三百八十三。

望策:一十四、餘九千二百六、秒一十八。

弦策:七、餘四千六百三、秒九。

歲閏:一十三萬八百四十四。

中盈分:五千二百五十六、秒二十四。

朔虛分:五千六百四十七。

沒限分:九千四百二〔一〕。

閏限:三十四萬四千三百四十九、秒一十二。

旬周:七十二萬一千八百。

紀法:六十。

以上秒母同三十六。

推天正冬至：置距所求積年，以歲周乘之，爲氣積分；滿旬周去之，不盡，以統法約之爲大餘，不滿爲小餘。其大餘命甲子，算外，卽所求年天正冬至日辰及餘。

求次氣：置天正冬至大、小餘，以氣策及餘秒累加之，秒盈秒法從小餘一，小餘盈統法從大餘一，大餘盈紀法去之。命甲子，算外，卽各得次氣日辰及餘秒。

推天正經朔：置天正冬至氣積分，以朔實去之，不盡爲閏餘；以減天正冬至氣積分，餘爲天正十一月經朔加時積分；滿旬周去之，不盡，以統法約之爲大餘，不滿爲小餘。其大餘命甲子，算外，卽所求年天正十一月經朔日辰及餘。

求弦望及次朔經日：置天正十一月經朔大、小餘，以弦策累加之，去命如前，卽各得弦、望及次朔經日及餘秒。

求沒日：置有沒之氣小餘，以三百六十乘之，其秒進一位，從之，用減歲周，餘滿歲餘除之爲日，不滿爲餘。其日，命其氣初日日辰，算外，卽爲其氣沒日日辰。凡氣小餘在沒限以上者，爲有沒之氣。

求滅日：置有滅之朔小餘，以三十乘之，滿朔虛分除之爲日，不滿爲餘。其日，命其月經朔初日日辰，算外，卽爲其月滅日日辰。凡經朔小餘不滿朔虛分者，爲有滅之朔。

步發斂

候策：五、餘八百七十六、秒四。

卦策：六、餘一千五十一、秒一十二。

土王策：三、餘五百二十五、秒二十四。

月閏：一萬九百三、秒二十四。

辰法：二千五。

半辰法：一千二半。

刻法：一千三百三。

秒母：三十六。

推七十二候：各因中節大、小餘命之，爲初候；以候策加之，爲次候；又加之，爲末候。

求六十四卦：各因中氣大、小餘命之，爲初卦用事日；以卦策加之，爲中卦用事日；又加之，得終卦用事日。以土王策加諸侯內卦，得十有二節之初外卦用事日；又加之，得大夫卦用事日；復以卦策加之，得卿卦用事日。

推五行用事：各因四立之節大、小餘命之，卽春木、夏火、秋金、冬水首用事日；以土王策減四季中氣大、小餘，命甲子，算外，爲其月土始用事日

求中氣去經朔：置天正冬至閏餘，以月閏累加之，滿統法約之爲日，不盡爲餘，卽各得每月中氣去經朔日及餘秒。其閏餘滿閏限者，爲月內有閏也；仍定其朔內無中氣者，爲閏月。

求卦候去經朔：以卦、候策累加減中氣，去經朔日及餘，中氣前，減；中氣後，加。卽各得卦、候去經朔日及餘秒。

求發斂加時：倍所求小餘，以辰法除之爲辰數，不滿，五因之，滿刻法爲刻，不滿爲餘。其辰數命子正，算外，卽各得所求加時辰、刻及分。

步日躔

周天分：四百三十九萬四千三十四、秒五十七。

周天度：三百六十五、餘三千八十四、秒五十七。

歲差：一百五十四、秒五十七。

二至限日：一百八十二、餘七千四百八十。

冬至後盈初夏至後縮末限日：八十八、餘一萬九百五十八。

夏至後縮初冬至後盈末限日：九十三、餘八千五百五十二。

求每日盈縮分：置入二至後全日，各在初限已下爲初限；已上，用減二至限，餘爲末

限。列初、末限日及分於上，倍初、末限日及約分於下，相減相乘。求盈縮分者，在盈初、縮末，以三千二百九十四除之；在盈末、縮初，以三千六百五十九除之，皆爲度，不滿，退除爲分秒。求朓朒積者，各進二位，在盈初縮末，以三百六十六而一；在盈末縮初，以四百七而一，各得所求。以盈縮相減，餘爲升降分；盈初縮末爲升，縮初盈末爲降。以朓朒積相減，餘爲損益率。在初爲益，在末爲損。

求經朔弦望入盈縮限：置天正閏日及餘，減縮末限日及餘，爲天正十一月經朔入縮末限日及餘；以弦策累加之，滿盈縮限日去之，卽各得弦望及次朔入盈縮限日及餘秒。

求經朔弦望朓朒定數：各置所入盈縮限日小餘，以其日下損益率乘之，如統法而一，所得，損益其下朓朒積爲定數。

求定氣：冬夏二至以常氣爲定氣。自後，以其氣限日下盈縮分盈加縮減常氣約餘，卽爲所求之氣定日及分秒。

赤道宿度〔三〕

斗：二十六。　牛：八。　女：十二。　虛：十少、秒六十四。

危：十七。　室：十六。　壁：九。

北方七宿九十八度少、秒六十四。

二十四史　中華書局

奎：十六。 婁：十二。 胃：十四。 昴：十一。
畢：十七。 觜：一。 參：十。
西方七宿八十一度。
井：三十三。 鬼：三。 柳：十五。 星：七。
張：十八。 翼：十八。 軫：十七。
南方七宿一百一十一度。
角：十二。 亢：九。 氐：十五。 房：五。
心：五。 尾：十八。 箕：十一。
東方七宿七十五度。

前皆赤道宿度，與古不同。自大衍曆依渾儀測爲定，用紘帶天中，儀極攸憑，以格黃道。

推天正冬至加時赤道日度：以歲差乘所求積年，滿周天分去之，不盡，用減周天分，餘以統法除之爲度，不滿爲餘。命起赤道虛宿四度外去之，至不滿宿，卽爲所求年天正冬至加時赤道日度及餘秒。

求夏至赤道日度：置天正冬至加時赤道日度，以二至限及餘加之，滿赤道宿次去之，卽

得夏至加時赤道日度及餘秒。因求後昏後夜半赤道日度者，以二至小餘減統法，餘以加二至赤道日度之餘，卽二至初日昏後夜半赤道日度，以每日累加一度，去命如前，各得所求。

求二十八宿赤道積度：置二至加時日躔赤道全度，以二至加時赤道日度及約分減之，餘爲距後度；以赤道宿次累加之，卽得二十八宿赤道積度及分秒。

求二十八宿赤道積度入初末限：各置赤道積度及分秒，滿象限九十一度三十一分、秒九卽去之，若在四十五度六十五分、秒五十四半已下爲初限；已上，用減象限，餘爲末限。

求二十八宿黃道度：各置赤道宿入初、末限度及分，三之，爲限分；用減四百，餘以限分乘之，一萬二千而一爲度，命曰黃赤道差；至後以減、分後以加赤道宿積度，爲黃道積度；以前宿黃道積度減之，餘爲二十八宿黃道度及分。其分就近約爲太、半、少，若二至之宿不足減者，卽加二至限，然後減之，餘依術算。

黃道宿度

斗：二十三半。 牛：七半。 女：十一半。 虛：十少、秒六十四。
危：十七太。 室：十七少。 壁：九太。
北方七宿九十七度半、秒六十四。
奎：十七太。 婁：十二太。 胃：十四半。 昴：十一太。
畢：十六。 觜：一。 參：九少。
西方七宿八十二度。
井：三十。 鬼：二太。 柳：十四少。 星：七。
張：十八太。 翼：十九半。 軫：十八太。
南方七宿一百一十一度。
角：十三。 亢：九半。 氐：十五半。 房：五。
心：四太。 尾：十七。 箕：十。
東方七宿七十四度太。

前黃道宿度，乃依今曆歲差變定。若上考往古，下驗將來，當據歲差，每移一度，依曆推變，然後可步七曜，知其所在。

求天正冬至加時黃道日度：置天正冬至加時赤道日度及約分，三之，爲限分；用減四百，餘以限分乘之，一萬二千而一爲度，命曰黃赤道差；用減天正冬至加時赤道日度及分，卽爲所求年天正冬至加時黃道日度及分。夏至日度，準此求之。

求二至初日晨前夜半黃道日度：置一萬分，以其日升降分升加降減之，以乘二至小餘，如統法而一，所得，以減二至加時黃道日度，餘爲二至初日晨前夜半黃道日度及分。

求每日晨前夜半黃道日度：置二至初日晨前夜半黃道日度及分，每日加一度，以約其日下升降分，升加降減之，滿黃道宿次去之，卽各得二至後每日晨前夜半黃道日度及分。

求太陽過宮日時刻：置黃道過宮宿度，以其日晨前夜半黃道宿度及分減之，餘以統法乘之，如其太陽行分而一，爲加時小餘；如發斂求之，卽得太陽過宮日、時、刻及分。

黃道過宮太史局吳澤等補治有此一段，開封進士吳時舉、國學進士程憲、常州百姓張文進本並無之。

危宿十五度少，入衞之分，亥。 奎宿三度半，入魯之分，戌。
胃宿五度半，入趙之分，酉。 畢宿十度半，入晉之分，申。
井宿十二度，入秦之分，未。 柳宿七度半，入周之分，午。
張宿十七度少，入楚之分，巳。 軫宿十二度，入鄭之分，辰。
氐宿三度少，入宋之分，卯。 尾宿八度，入燕之分，寅。
斗宿九度，入吳之分，丑。 女宿六度少，入齊之分，子。

步月離

轉周分：三十三萬一千四百八十二、秒三百八十九。

轉周日：二十七、餘六千六百七十二、秒三百八十九。

朔差日：一，餘一萬一千七百四十，秒九千六百一十一。

弦策：七，餘四千六百三，秒二千五百。

望策：一十四，餘九千二百六，秒五千。

以上秒母同一萬。

七日：初數一萬六百九十，初約八十九；末數一千三百四十，末約一十一。

十四日：初數九千三百五十一，初約七十八；末數二千六百七十九，末約二十二。

二十一日：初數八千一十一，初約六十七；末數四千一十九，末約三十三。

二十八日：初數六千六百七十二，初約五十五。

上弦：九十一度三十一分，秒四十一。

望：一百八十二度六十二分，秒八十二。

下弦：二百七十三度九十四分，秒二十三。

平行：一十三度三十六分，秒八十七半。

以上秒母同一百。

求天正十一月經朔加時入轉：置天正十一月經朔加時積分，以轉周分秒去之，不盡，以統法約之爲日，不滿爲餘。命日，算外，即得所求年天正十一月經朔加時入轉日及餘秒。

若以朔差日及餘秒加之，滿轉周日及餘秒去之，即次朔加時入轉日及餘秒〔三〕。各以其月經朔小餘減之，餘爲其月經朔夜半入轉。

求弦望入轉：因天正十一月經朔加時入轉日及餘秒，以弦策累加之，去命如前，即得弦、望入轉日及餘秒。

轉日	轉定分	增減差	遲疾度	損益率	朏朒積
一日	一千二百六	增一百三十一	遲空度	益一千一百八十七	朒空
二日	一千二百一十五	增一百二十二	遲一度三十一	益一千八十九	朒一千一百八十七
三日	一千二百三十二	增一百四	遲二度五十三	益九百四十五	朒二千二百七十六
四日	一千二百五十一	增八十六	遲三度五十七	益七百六十五	朒三千二百二十一
五日	一千二百七十五	增六十二	遲四度四十三	益五百六十	朒三千九百八十六
六日	一千三百一	增三十六	遲五度五	益三百二十二	朒四千五百四十六
七日	一千三百二十七	初增一十 末減	遲五度四十一	初益九十九 末損九	朒四千八百六十九
八日	一千三百五十四	減一十七	遲五度五十一	損一百五十四	朒四千九百五十九
九日	一千三百七十八	減四十一	遲五度三十四	損三百六十九	朒四千八百五
十日	一千四百三	減六十一	遲四度九十三	損五百九十四	朒四千四百三十六
十一日	一千四百二十七	減九十	遲四度二十七	損八百一十	朒三千八百四十二
十二日	一千四百四十六	減一百九	遲三度三十七	損九百七十九	朒三千三十二
十三日	一千四百五十七	減一百二十二	遲二度二十八	損一千九十九	朒二千五十三
十四日	一千四百七十三	初減一百六 末增三十	遲一度六	初損九百五十四 末益二百七十	朒九百五十四
十五日	一千四百六十六	增一百二十九	疾空度三十	益一千一百六十一	朏二百七十
十六日	一千四百五十四	增一百一十七	疾一度五十九	益一千五十二	朏一千四百三十一
十七日	一千四百三十七	增一百	疾二度七十六	益九百	朏二千四百八十三
十八日	一千四百一十六	增七十九	疾三度七十六	益七百一十一	朏三千三百八十三
十九日	一千三百九十四	增五十七	疾四度五十五	益五百一十二	朏四千九十四
二十日	一千三百六十八	增三十一	疾五度一十二	益二百七十九	朏四千六百六
二十一日	一千三百四十一	初增九 末減五	疾五度四十三	初益八十二 末損四十五	朏四千八百八十五
二十二日	一千三百一十五	減二十二	疾五度四十七	損一百九十八	朏四千九百二十二
二十三日	一千二百九十	減四十七	疾五度二十五	損四百二十三	朏四千七百二十四
二十四日	一千二百六十五	減七十三	疾四度七十八	損六百五十七	朏四千三百一
二十五日	一千二百四十三	減九十四	疾四度五	損八百四十六	朏三千六百四十四
二十六日	一千二百三十五	減一百一十二	疾三度一十一	損一千八	朏二千七百九十八
二十七日	一千二百一十三	減一百二十四	疾一度九十九	損一千一百一十六	朏一千一百一十六
二十八日	一千二百六	初減七十五	疾空度七十五	損六百七十四	朏六百七十四

求朔弦望入轉朏朒定數：置入轉餘，乘其日算外損益率，如統法而一，所得，以損益其下朒朏積爲定數。其在四七日下餘如初數已下，初率乘之，初數而一，以損益其下朏朒積爲定數。若初數已上者，以初數減之，餘乘末率，末數而一，用減初率，餘加其日下朏朒積爲定數。其十四日下餘若在初數已上者，初數減之，餘乘末率，末數而一，便爲朏定數。

求朔弦望定日：各以入限、入轉朏朒定數，朏減朒加經朔、弦、望小餘，滿若不足，進退大餘，命甲子，算外，各得定日及餘。若定朔干名與後朔干名同者月大，不同者月小，其月內無中氣者爲閏月。凡注曆，觀定朔小餘，秋分後在統法四分之三已上者，進一日；若春分後定朔晨昏差如春分之日者，三約之，用減四分之三；定朔小餘在此數已上者，亦進一日；或當交虧初在日入已前者，其朔不進。弦、望定小餘不滿日出分者，退一日；望若有交，虧初在日出分已前者，其定望小餘雖滿日出分，亦退一日。又有月行九道遲疾，曆有三大二小者；依盈縮累增損之，則有四大三小，理數然也。若俯循常儀，當察加時早晚，隨其所近而進退之，使不過三大二小。

求定朔弦望加時日度：置定朔、弦、望約分，副之，以乘其日升降分，一萬約之，所得，升加降減其副，以加其日夜半日度，命如前，各得定朔、弦、望加時日躔黃道宿度及分秒。

求月行九道：凡合朔初交，冬入陰曆，夏入陽曆，月行青道；冬至、夏至後，青道半交在春分之宿，出黃道東；立冬、立夏後，青道半交在立春之宿，出黃道東南：至所衝之宿亦如之。冬入陽曆，夏入陰曆，月行白道；冬至、夏至後，白道半交在秋分之宿，出黃道西；立冬、立夏後，白道半交在立秋之宿，出黃道西北：至所衝之宿亦如之。春入陽曆，秋入陰曆，月行朱道；春分、秋分後，朱道半交在夏至之宿，出黃道南；立夏、立秋後，朱道半交在立夏之宿，出黃道西南：至所衝之宿亦如之。春入陰曆，秋入陽曆，月行黑道。春分、秋分後，黑道半交在冬至之宿，出黃道北；立春、立秋後，黑道半交在立冬之宿，出黃道東北：至所衝之宿亦如之。四序離爲八節，至陰陽之所交，皆與黃道相會，故月行有九道。各視月行所入正交積度，滿交象去

之，入交積度及交象度，並在交會術中。若在半交象已下爲初限；已上，覆減交象，餘爲末限。置初、末限度及分，三之，爲限分；用減四百，餘以限分乘之，二萬四十而一爲度，命曰月道與黃道差數。距正交後、半交前，以差數加；距半交後、正交前，以差數減。此加減出入黃道六度，單與黃道相校之數，若校赤道，則隨氣遷變不常。仍計去冬、夏二至已來度數，乘差數，如九十而一，爲月道與赤道差數。凡日以赤道內爲陰，外爲陽；月以黃道內爲陰，外爲陽。故月行宿度，入春分交後行陰曆，秋分交後行陽曆，皆爲同名；入春分交後行陽曆，秋分交後行陰曆，皆爲異名。其在同名者，以差數加者加之，減者減之；其在異名者，以差數加者減之，減者加之。二差皆增益黃道宿積度，爲九道宿積度；以前宿九道積度減之，爲其宿九道度及分秒。其分就近約之爲太、半、少。

求月行九道平交入氣：各以其月閏日及餘，加經朔加時入交汎日及餘秒，盈交終日及餘秒去之，乃減交終日及餘秒，卽各得平交入其月中氣日及餘秒；若滿氣策卽去之，餘爲平交入後月節氣日及餘秒。若求朏朒定數，如求朔、望朏朒術入之，卽得所求。

求平交入轉朏朒定數：置所入氣餘，加其日夜半入轉餘，乘其日算外損益率，如統法而一，所得，以損益其下朏朒積，乃以交率乘之，交數而一，爲定數。

求正交入氣：以平交入氣、入轉朏朒定數，朏減朒加平交入氣餘，滿若不足，進退其日，卽正交入氣日及餘秒。

求正交加時黃道日度：置正交入氣餘，副之，以乘其日升降分，一萬約之，升加降減其副，乃以一百乘之，如統法而一，以加其日夜半日度，卽正交加時黃道日度及分秒。

求正交加時月離九道宿度：置正交度加時黃道日及分，三之，爲限分；用減四百，餘以限分乘之，二萬四千而一，命曰月道與黃道差數；以加黃道宿度，仍計去冬、夏二至已來度數，以乘差數，如九十而一，爲月道與赤道差數；同名以加，異名以減，二差皆增損正交度，卽正交加時月離九道宿度及分秒。

求定朔弦望加時月離黃道宿度：置定朔、弦、望加時日躔黃道宿度及分，凡合朔加時，月行潛在日下，與太陽同度，是爲加時月度；各以弦、望度加其所當日度，滿黃道宿次去之，卽各得定朔、弦、望加時月離黃道宿度及分秒。

求定朔弦望加時月離九道宿度：置定朔、弦、望加時月離黃道宿度及分秒，加前宿正交後黃道積度，如前求九道術入之，以前定宿正交後九道積度減之，餘爲定朔、弦、望加時月離九道宿度及分秒。凡合朔加時若非正交，卽日在黃道、月在九道所入宿度。雖多少不同，考其去極，若應繩準，故曰加時九道。

求定朔午中入轉：各視經朔夜半入轉日及餘秒，以半法加之，若定朔大餘有進退者，亦進退轉日，否則因經爲定。因求次日，累加一日，滿轉周日及餘秒去之，卽每日午中入轉。

求晨昏月度：以晨分乘其日算外轉定分，如統法而一，爲晨轉分；用減轉定分，餘爲昏轉分。乃以朔、弦、望小餘乘其日算外轉定分，如統法而一，爲加時分；以減晨昏轉分，餘爲前；不足減者，覆減之，餘爲後；以前加後減定朔、弦、望月度，卽晨、昏月所在度。

求朔弦望晨昏定程：各以其朔昏定月減上弦昏定月，餘爲朔後昏定程；以上弦昏定月減望昏定月，餘爲上弦後昏定程；以望晨定月減下弦晨定月，餘爲望後晨定程；以下弦晨定月減後朔晨定月，餘爲下弦後晨定程。

求每日轉定度數：累計每程相距日轉定分，以減定程，餘爲盈；不足減者，覆減之，餘爲縮；以相距日除之，所得，盈加縮減每日轉定分，爲每日轉定度及分秒。

求每月晨昏月：置朔、弦、望晨昏月，以每日轉定度及分加之，滿宿次去之，爲每日晨昏月。凡注曆，自朔日注昏月，望後一日注晨月。已前月度並依九道所推，以究算術之精微，如求速要，卽依後術求之。

求天正十一月經朔加時平行月：置歲周，以天正閏餘減之，餘以統法約之爲度，不滿，退除爲分秒，卽天正十一月經朔加時平行月積度及分秒。

求天正十一月定朔夜半平行月：置天正經朔小餘，以平行月度分秒乘之，如統法而一爲度，不滿，退除爲分秒，以減天正十一月經朔加時平行月積度，卽天正十一月經朔晨前

中華書局

夜半平行月。其定朔大餘有進退者，亦進退平行度，否則因經爲定，即天正十一月定朔晨前夜半平行月積度及分秒。

求次定朔夜半平行月：置天正十一月定朔晨前夜半平行月積度及分秒，大月加三十五度八十分、秒六十一，小月加二十二度四十三分、秒七十三半，滿周天度及約分、秒去之，即得次定朔晨前夜半平行月積度及分秒。

求弦望定日夜半平行月：各計朔、弦、望相距之日，乘平行度及分秒，以加其月定朔晨前夜半平行月積度及分秒，即其月弦望定日晨前夜半平行月積度及分秒。

求定朔晨前夜半入轉：置其月經朔晨前夜半入轉日及餘秒，若定朔大餘有進退者，亦進退轉日，否則因經爲定，其餘如統法退除爲分秒，即得其月定朔晨前夜半入轉日及分秒。因求次日，累加一日，滿轉周二十七日五十五分、秒四十六去之，即每日晨前夜半入轉。

求定朔弦望晨前夜半定月：置定朔、弦、望晨前夜半入轉分，乘其日算外增減差，百約爲分，分滿百爲度，增減其下遲疾度，爲遲疾定度；遲減疾加定朔、弦、望晨前夜半平行月積度及分秒，以天正冬至加時黃道日度加而命之，即各得定朔、弦、望晨前夜半月離宿度及分秒。如求每日晨、昏月，依前術入之，即得所求。

步晷漏

二至限：一百八十二日六十二分。

一象：九十一日三十一分。

消息法：九千七百三。

半法：六千一十五。

辰法：二十五。

半辰法：一十二半。

刻法：一千二百三。

辰刻：八、餘四百一。

昏明分：三百太。

昏明刻：二、餘六百一半。

冬至岳臺晷影常數：一丈二尺八寸五分。

夏至岳臺晷影常數：一尺五寸七分。

冬至後初限夏至後末限：四十五日、六十二分。

冬至後末限夏至後初限：一百三十七日、空分。

求岳臺晷影入二至後日數：計入二至以來日數，以二至約分減之，乃加半日之分五十，即入二至後來午中日數及分。

求岳臺午中晷影定數：置入二至後日及分，如初限已下者爲初；已上，覆減二至限，餘爲末。其在冬至後初限、夏至後末限者，以入限日及分減一千九百三十七半，爲汎差；仍以入限日及分乘其日盈縮積，其盈縮積者，以入盈縮限日及分與二百相減相乘，爲盈縮積也。五因百約，用減汎差，爲定差；乃以入限日及分自相乘，以定差乘之，滿一百萬爲尺，不滿爲寸分，以減冬至岳臺晷影常數，餘爲其日午中晷影定數。其在冬至後末限、夏至後初限者，以三約入限日及分，減四百八十五少，爲汎差；仍以盈縮差度減去極度，餘者春分後、秋分前，四約，以加汎差，爲定差；春分前、秋分後，以去二分日數乘之，六百而一，以減汎差，爲定差；乃以入限日及分自相乘，以定差乘之，滿一百萬爲尺，不滿爲寸分，以加夏至岳臺晷影常數，爲其日午中晷影定數。

求每日午中定積日：置其日午中入二至後來日數及分，以其日盈縮分盈加縮減之，即每日午中定積日及分。

求每日午中消息定數：置定積日及分，在一象已下自相乘，已上，用減二至限，餘亦自相乘，七因，進二位，以消息法除之，爲消息常數；副置之，用減六百一半，餘以乘其副，

以二千六百七十除之，以加常數，爲消息定數。冬至後爲息，夏至後爲消。

求每日黃道去極度：置其日消息定數，十六乘之，滿四百一除之爲度，不滿，退除爲分，春分後加六十七度三十一分，秋分後減一百一十五度三十一分，即每日午中黃道去極度及分。

求每日太陽去赤道內外度：置其日黃道去極度及分，與一象度相減，餘爲太陽去赤道內、外度及分。去極多，爲日在赤道外；去極少，爲日在赤道內。

求每日晨昏分及日出入分半晝分：置其日消息定數，春分後加二千一百少，秋分後減三千三百八少，各爲其日晨分；用減統法，餘爲昏分。以昏明分加晨分，爲日出分；減昏分，爲日入分；以日出分減半法，餘爲半晝分。

求每日距中度：置其日晨分，進位，十四因之，以四千六百一十一除之爲度，不滿，退除爲分，即距子度；用減半周天，餘爲距中度；五而一，爲每更差數。

求每日夜半定漏：置晨分，進一位，如刻法而一爲刻，不滿爲刻分，即每日夜半定漏。

求每日晝夜刻及日出入辰刻：置夜半定漏，倍之，加五刻，爲夜刻；減百刻，爲晝刻。以昏明刻加夜半定漏，命子正，算外，得日出辰刻；以晝刻加之，命如前，即日入辰刻。其辰數，依發斂術求之。

求更點辰刻：置其日夜半定漏，倍之，二十五而一，爲籌差；半之，進位，爲更差。以昏明刻加日入辰刻，即甲夜辰刻；以更籌差累加之，滿辰刻及分去之，各得每更籌所在辰刻及分。若用司辰漏者，倍夜半定漏，減去待旦十刻，餘依術算，即得內中更籌也。

求每日昏曉中星及五更中星：置距中度，以其日昏後夜半赤道日度加而命之，即得其日昏中星所格宿次，命之曰初更中星；以每更差度加而命之，即乙夜中星；以更差度累加之，去命如前，即五更及曉中星。若依司辰星漏，倍距子度，減去待旦三十六度五十二分半，餘依術求更點差度，即內中昏曉五更及攢點中星也。

求九服距差日：各於所在立表候之，若地在岳臺北，測冬至後與岳臺冬至晷影同者，累冬至後至其日，爲距差日；若地在岳臺南，測夏至後與岳臺晷影同者，累夏至後至其日，爲距差日。

求九服晷影：若地在岳臺北冬至前後者，以冬至前後日數減距差日，爲餘日；以餘日減一千九百三十七半，爲汎差；依前術求之，以加岳臺冬至晷影常數，爲其地其日午中晷影定數。冬至前後日多於距差日者，乃減去距差日，餘依法求之，即得其地其日午中晷影定數。若地在岳臺南夏至前後者，以夏至前後日數減距差日，爲餘日；乃三約之，以減四百八十五少，爲汎差；依前術求之，以減岳臺夏至晷影常數，即其地其日午中晷影定數。

如夏至前後日數多於距差日，乃減去距差日，餘依法求之，即得其地其日午中晷影定數，即晷在表南也。

求九服所在晝夜漏刻：各於所在下水漏，以定二至夜刻，乃相減，餘爲二至差刻。乃置岳臺其日消息定數，以其處二至差刻乘之，如岳臺二至差刻二十除之，所得，爲其地其日消息定數。乃倍消息定數，進位，滿刻法約之爲刻，不滿爲分，以加減其處二至夜刻，春分後、秋分前，以加夏至夜刻；秋分後、春分前，以減冬至夜刻。爲其地其日夜刻；以減百刻，餘爲晝刻。求日出入差刻及五更中星，並依岳臺法求之。

校勘記

〔一〕沒限分九千四百二　以統法減氣盈，得沒限分九千四百一、秒二十四。疑「二」應作「一」，其下並脫「秒二十四」四字。

〔二〕赤道宿度　「宿」原作「入」，據曆法常例改。

〔三〕即次朔加時入轉日及餘秒　「次」原作「其」，據本條推步內容改。

宋史卷七十八

志第三十一

律曆十一

觀天曆

步交會

交終分：三十二萬七千三百六十一、秒九千九百四十四。

交終日：二十七、餘二千五百五十一、秒九千九百四十四。

交中日〔一〕：一十三、餘七千二百九十、秒九千九百七十二。

朔差日：二、餘三千八百三十一、秒五十六。

望策：一十四、餘九千二百六、秒五千。

後限日：一、餘一千九百一十五、秒五千二十八。

前限日：一十二、餘五千三百七十五、秒四千九百四十四。

以上秒母同一萬。

交率：一百八十三。

交數：二千三百三十一。

交終度：三百六十三分七十六。

交中度：一百八十一分八十八。

交象度：九十分九十四。

半交象度：四十五分四十七。

陽曆食限：四千九百，定法四百九十。

陰曆食限：七千九百，定法七百九十。

求天正十一月經朔加時入交汎日：置天正十一月經朔加時積分，以交終分及秒去之，不盡，滿統法爲日，不滿爲餘秒，即天正十一月經朔加時入交汎日及餘秒。

求次朔及望加時入交汎日：置天正經朔加時入交汎日及餘秒，求次朔〔二〕，以朔差加之；求望，以望策加之，滿交終日及餘秒去之，即次朔及望加時入交汎日及餘秒。若以經

中華書局

朔小餘減之，餘爲夜半入交汎日。

求定朔望夜半入交汎日：置經朔、望夜半入交汎日，若定朔、望大餘有進退者，亦進退交日，否則因經爲定，即定朔望夜半入交汎日及餘秒。

求次朔夜半入交汎日：置定朔夜半入交汎日及餘秒，大月加二日，小月加一日，餘皆加九千四百七十八、秒五十六，求次日，累加一日，滿交終日及餘秒去之，即次定朔及每日夜半入交汎日及餘秒。

求朔望加時入交常日：置經朔、望入交汎日及餘秒，以其朔、望入盈縮限朏朒定數朏減朒加之，即朔、望加時入交常日及餘秒。

求朔望加時入交定日：置其朔、望入轉朏朒定數，以交率乘之，交數而一，所得，以朏減朒加入交常日及餘秒，滿與不足，進退其日，即朔、望加時入交定日及餘秒。

求月行入陰陽曆：置其朔、望入交定日及餘秒，在交中已下爲月行陽曆；已上去之，餘爲月行陰曆。

求朔望加時月行入陰陽曆積度：置月行入陰陽曆日及餘秒，以統法通日，內餘，九而一爲分，分滿百爲度，即朔望加時月行入陰陽曆積度及分。

求朔望加時月去黃道度：置入陰陽曆積度及分，如交象已下爲入少象；已上，覆減交

中度，餘爲入老象。皆列於上，下列交中度，相減相乘，進位，如一百二十八而一，爲汎差。又視入老、少象度，如半交象已下爲初；已上去之，餘爲末。皆二因，退位，初減末加汎差，滿百爲度，即朔、望加時月去黃道度及分。

求日月食甚定餘：置定朔小餘，如半統法已下，與半統法相減相乘，如三萬六千九十而一爲時差，以減；如半統法已上減去半統法，餘亦與半統法相減相乘，如一萬八千四十五而一爲時差，午前以減，午後以加：皆加、減定朔小餘，爲日食甚小餘；與半法相減，餘爲午前、後分。其月食者，以定望小餘爲月食甚小餘。

求日月食甚辰刻：各置食甚小餘，倍之，以辰法除之爲辰數，不滿，五因，滿刻法而一爲刻，不滿爲分。其辰數命子正，算外，即食甚辰刻及分。若加半辰，即命起子初。

求氣差：置其朔盈、縮限度及分，自相乘，進二位，盈初縮末一百九十七而一，盈末縮初二百一十九而一，皆用減四千一十，爲氣汎差；以乘午前、後分，如半晝分而一，所得，以減汎差，爲定差。春分後，交初以減，交中以加；秋分後，交初以加，交中以減。如食在夜，反用之。

求刻差：置其朔盈、縮限度及分，與半周天相減相乘，進二位，二百九而一，爲刻汎差；以乘午前、後分，如三千七百半而一，爲定差。冬至後午前、夏至後午後，交初以加，交中以減；冬至後午後、夏至後午前，交初以減，交中以加。

求日入食限交前後分：置朔入交定日及餘秒，以氣、刻、時三差各加減之，如交中日已下爲不食；已上去之，如後限已下爲交後分；前限已上覆減交中日，餘爲交前分。

求日食分：置交前後分，如陽曆食限已下爲陽曆食定分；已上，用減一萬二千八百，餘爲陰曆食定分；如不足減者，日不食。各如定法而一爲大分，不盡，退除爲小分。小分半已上爲半彊，已下爲半弱。命大分以十爲限，即得日食之分。

求日食汎用分：置日食定分，退二位，列於上，在陽曆列九十八於下，在陰曆列一百五十八於下，各相減相乘，陽以二百五十而一，陰以六百五十而一，各爲日食汎用分。

求月入食限交前後分：置望月行入陰陽曆日及餘秒，如後限已下爲交後分；前限已上覆減交中日，餘爲交前分。

求月食分：置交前後分，如三千七百已下，爲食既；已上，覆減一萬一千七百，不足減者爲不食。餘以八百而一爲大分，不盡，退除爲小分。小分半已上爲半強，已下爲半弱。命大分以十爲限，即得月食之分。

求月食汎用分：置望交前、後分，自相乘，退二位，交初以一千一百三十八而一，用減

一千二百三，交中以一千二百六十四而一，用減一千八十三，各爲月食汎用分。

求日月食定用分：置日月食汎用分，以一千三百三十七乘之，以定朔、望入轉算外轉定分而一，所得，爲日月食定用分。

求日月食虧初復滿小餘：置日月食甚小餘，以定用分減之，爲虧初；加之，爲復滿：即各得所求小餘。若求辰刻，依食甚術入之。

求月食更籌法：置望辰分，四因，退位，爲更法；五除之，爲籌法。

求月食入更籌：置虧初、食甚、復滿小餘，在晨分已下加晨分，昏分已上減去昏分，皆以更法除之爲更數，不盡，以籌法除之爲籌數。其更、籌數命初更，算外，即各得所入更、籌。

求日月食甚宿次：置朔望之日晨前夜半黃道日度及分，以統法約日月食甚小餘，加之，內月食更加半周天，各依宿次去之，即日月食甚所在宿次。

求月食既內外刻分：置月食交前、後分，覆減三千七百，如不足減者，爲食不既。退二位，列於上，下列七十四，相減相乘，進位，如三十七而一，所得，以定用分乘之，如汎用分而一，爲既內分；以減定用分，餘爲既外分。

求日月帶食出入所見之分：各以食甚小餘與日出、入分相減，餘爲帶食差；其帶食差在定

用分已上，爲不帶食出入。以乘所食之分，滿定用分而一，若月食既者，以既內分減帶食差，餘乘所食之分，如既外分而一，所得，以減既分，如不足減者，爲帶食既出入。以減所食之分，餘爲帶食出、入所見之分。

求日食所起：日在陽曆，初起西南，甚於正南，復滿東南；日在陰曆，初起西北，甚於正北，復滿東北。其食八分已上者，皆起正西，復滿正東。此據午地而論之，當審黃道斜正可知。

求月食所起：月在陽曆，初起東北，甚於正北，復滿西北；月在陰曆，初起東南，甚於正南，復滿西南。其食八分已上者，皆起正東，復滿正西。此據午地而論之，當審黃道斜正可知。

步五星

五星曆策：一十五度，約分二十一、秒九十。

木星周率：四百七十九萬八千五百二十六、秒九十二。

周日：三百九十八、餘一萬五百八十六、秒九十二。

歲差：一百一十六、秒七十二。

伏見度：一十三半。

變目	變日	變度	限度	初行率
晨伏	一十七日	三度七十五	二度七十三	二十三
晨疾初	二十八日	六度二	四度三十九	二十三
晨疾末	二十八日	五度六十	四度八	二十二
晨遲初	二十八日	四度六十二	三度三十七	一十九
晨遲末	二十八日	一度九十	一度三十八	一十四
晨留	二十四日			
晨退	四十六日四十四	五度七	空度八十七	空
夕退	四十六日四十四	五度七	空度八十七	一十六
夕留	二十四日			
夕遲初	二十八日	一度九十	一度三十八	空
夕遲末	二十八日	四度六十二	三度三十七	一十四
夕疾初	二十八日	五度六十	四度八	一十九
夕疾末	二十八日	六度二	四度三十九	二十一
夕伏	一十七日	三度七十五	二度七十五	二十二

木星盈縮曆

策數	損益率	盈積度	損益率	縮積度
初	益一百七十二	空	益一百七十二	空
一	益一百四十三	一度七十二	益一百四十三	一度七十二
二	益一百一十四	三度一十五	益一百一十四	三度一十五
三	益八十五	四度二十九	益八十五	四度二十九
四	益五十四	五度一十四	益五十四	五度一十四
五	益二十二	五度六十八	益二十二	五度六十八
六	損二十二	五度九十	損二十二	五度九十
七	損五十四	五度六十八	損五十四	五度六十八
八	損八十五	五度一十四	損八十五	五度一十四
九	損一百一十四	四度二十九	損一百一十四	四度二十九
十	損一百四十三	三度一十五	損一百四十三	三度一十五
十一	損一百七十二	一度七十二	損一百七十二	一度七十二

火星周率：九百三十八萬二千五百六十、秒七十六。

周日：七百七十九、餘一萬一千一百九十、秒七十六。

歲差：一百一十六、秒一十三。

伏見度：一十八。

變目	變日	變度	限度	初行率
晨伏	六十八日	五十度空分	四十七度五十	七十四
晨疾初	五十五日	三十九度五	三十七度九	七十二
晨疾末	五十五日	三十八度九十四	三十七度空	七十

晨次疾初	四十七日	三十一度二	三十九度四十六	六十八
晨次疾末	四十七日	二十八度二十	一十六度七十九	六十四
晨遲初	三十九日	一十八度七十二	一十七度七十八	五十六
晨遲末	三十九日	一十度空分	九度五十	四十
晨留	一十一日			
晨退	二十八日九十六	八度五十九	二度二十二	空
夕退	二十八日九十六	八度五十九	二度二十二	四十五
夕留	一十一日			
夕遲初	三十九日	一十度空分	九度五十	空
夕遲末	三十九日	一十八度七十二	一十七度七十八	四十
夕次疾初	四十七日	二十八度二十	二十六度七十九	五十六
夕次疾末	四十七日	三十一度二	二十九度四十六	六十四
夕疾初	五十五日	三十八度九十四	三十七度空分	六十八
夕疾末	五十五日	三十九度五	三十七度九	七十
夕伏	六十八日			

火星盈縮曆

策數	損益率	盈積度	損益率	縮積度
初	益千一百六十	空	益四百四	空
一	益八百八十	一十一度六十	益四百二十六	四度四
二	益四百三十	二十度四十	益四百五十	八度三十
三	益一百五十五	二十四度七十	益四百八十五	一十二度八十
四	損五十	二十六度二十五	益三百八十五	一十七度六十五
五	損一百二十	二十五度七十五	益三百五	二十一度五十
六	損三百五	二十四度五十五	益一百二十	二十四度五十五
七	損三百八十五	二十一度五十	益五十	二十五度七十五
八	損四百八十五	一十七度六十五	損一百五十五	二十六度二十五
九	損四百五十	一十二度八十	損四百三十	二十四度七十
十	損四百二十六	八度三十	損八百八十	二十度四十
十一	損四百四	四度四	損一千一百六十	一十一度六十

土星周率：四百五十四萬八千四百三十一、秒八十五。

周日：三百七十八、餘一千九十一、秒八十五。

歲差：一百一十六、秒三十。

伏見度：一十六半。

段目	段日	平度	限度	初行率
晨伏	十九日	二度五十	一度五十	一十四
晨疾初	二十八日	三度二十二	一度九十三	一十二
晨疾末	二十八日	二度八十	一度六十八	一十一
晨遲	二十八日	一度四十	空度八十四	九
晨留	三十六日			
晨退	五十日四	三度五十	空度四十七	空
夕退	五十日四	三度五十	空度四十七	一十
夕留	三十六日			
夕遲	二十八日	一度四十	空度八十五	空
夕疾初	二十八日	二度八十	一度六十八	九
夕疾末	二十八日	三度二十二	一度九十三	一十一
夕伏	一十九日	二度五十	一度五十	一十二

土星盈縮曆

策數	損益率	盈積度	損益率	縮積度
初	益二百二十	空二度	益二百二十	空

一	益一百八十	二度二十	益一百八十	二度二十
二	益一百四十	四度	益一百四十	四度
三	益一百	五度四十	益一百	五度四十
四	益六十	六度四十	益六十	六度四十
五	益二十	七度	益二十	七度
六	損二十	七度二十	損二十	七度二十
七	損六十	七度	損六十	七度
八	損一百	六度四十	損一百	六度四十
九	損一百四十	五度四十	損一百四十	五度四十
十	損一百八十	四度	損一百八十	四度
十一	損二百二十	二度二十	損二百二十	二度二十

金星周率：七百二萬四千三百二十一、秒三十四。

周日：五百八十三、餘一萬八百三十一、秒三十四。

歲差：二百一十六、秒六十九。

伏見度：一十一半。

變目	變日	變度	限度	初行率
夕伏	三十八日五十	五十度空分	四十八度空分	一百三十
夕疾初	五十日	六十三度七十五	六十一度二十	一百三十
夕疾末	五十日	六十一度二十五	五十八度八十	一百二十五
夕次疾初	四十日	四十六度空分	四十四度一十八	一百二十
夕次疾末	四十日	四十二度空分	四十度三十二	一百一十
夕遲初	三十日	二十六度二十五	二十五度二十	一百
夕遲末	二十日	一十二度空分	一十一度五十一	七十五
夕留	七日			
夕退	九日九十五	四度三十一	一度二十二	空
夕伏退	六日五十	五度空分	一度五十	七十三
伏合退	六日五十	五度空分	一度五十	八十一
晨退	九日九十五	四度三十一	一度二十三	七十三
晨留	七日			
晨遲初	二十日	一十二度空分	一十一度五十二	空
晨遲末	三十日	二十六度二十五	二十五度二十	七十五
晨次疾初	四十日	四十二度空分	四十度三十二	一百
晨次疾末	四十日	四十六度空分	四十四度一十八	一百一十
晨疾初	五十日	六十一度二十五	五十八度八十	一百二十
晨疾末	五十日	六十三度七十五	六十一度二十	一百二十五
晨伏	三十八日五十	五十度空分	四十八度空分	一百三十

金星盈縮曆

策數	損益率	盈積度	損益率	縮積度
初	益五十三	空	益五十三	空
一	益四十九	空度五十三	益四十九	空度五十三
二	益四十二	一度二	益四十二	一度二
三	益三十二	一度四十四	益三十二	一度四十四
四	益二十二	一度七十六	益二十二	一度七十六
五	益七	一度九十八	益七	一度九十八
六	損七	二度五	損七	二度五
七	損二十二	一度九十八	損二十二	一度九十八
八	損三十二	一度七十六	損三十二	一度七十六
九	損四十二	一度四十四	損四十二	一度四十四
十	損四十九	一度二	損四十九	一度二
十一	損五十三	空度五十三	損五十三	空度五十三

水星周率：一百三十九萬四千二、秒七。

周日：一百一十五、餘一萬五百五十二、秒七。

歲差：一百一十六、秒四十。

夕見晨伏度：一十五。

晨見夕伏度：二十一。

變目	變日	變度	限度	初行率
夕伏	一十五日	三十度空分	二十五度二十	二百二十二
夕疾	一十四日	二十三度空分	一十九度五十五	一百七十八
夕遲	一十三日	一十三度空分	十度九十二	一百五十一
夕留	三日			
夕伏退	十二日九十三	八度七	二度二十六	
晨伏退	十二日九十三	八度七	二度二十六	一百五
晨留	三日			
晨遲	一十三日	一十三度空分	十度九十二	空
晨疾	一十四日	二十三度空分	一十九度五十五	一百五十一
晨伏	一十五日	三十度空分	二十五度二十	一百七十九

水星盈縮曆

策數	損益率	盈積度	損益率	縮積度
初	益五十九	空	益五十九	空
一	益五十四	空度五十九	益五十四	空度五十九
二	益四十六	一度一十二	益四十六	一度一十二
三	益三十六	一度五十九	益三十六	一度五十九
四	益二十四	一度九十五	益二十四	一度九十五
五	益八	二度一十九	益八	二度一十九
六	損八	二度二十七	損八	二度二十七
七	損二十四	二度一十九	損二十四	二度一十九
八	損三十六	一度九十五	損三十六	一度九十五
九	損四十六	一度五十九	損四十六	一度五十九
十	損五十四	一度一十五	損五十四	一度一十三
十一	損五十九	空度五十九	損五十九	空度五十九

求五星天正冬至後平合中積中星：置天正冬至氣積分，各以其星周率去之，不盡，用減周率，餘滿統法約之爲度，不滿，退除爲分秒，命之爲平合中積；因而重列之爲平合中星，各以前段變日加平合中積，又以前段變度加平合中星，其經退行者卽減之，各得五星諸變中積中星。

求五星入曆：各以其星歲差乘所求積年，滿周天分去之，不盡，以統法約之爲度，不滿，退除爲分秒，以減平合中星，爲平合入曆度及分秒。求諸變者，各以前段限度累加之，爲五星諸變入曆度及分秒。

求五星諸變盈縮定差：各置其星其變入曆度及分秒，如半周天已下爲盈；已上去之，爲縮；以五星曆策度除之爲策數，不盡，爲入策度及分秒；以其策下損益率乘之，如曆策而一爲分，分滿百爲度，以損益其下盈縮積度，卽五星諸段盈縮定差。

求五星平合及諸變定積：各置其星其變中積，以其段盈縮定差盈加縮減之，卽其段定積日及分；以天正冬至大餘及約分加之，滿統法去之，不盡，命甲子，算外，卽定日辰及分。

求五星諸變入所在月日：各置其星其變定積，以天正閏日及約分加之，滿朔策及約分除之爲月數，不盡，爲入月已來日數。命月數起天正十一月，算外，卽其星其段入其月經朔日數及分。乃以其朔日、辰相距，卽所在月、日。

求五星平合及諸變加時定星：各置其星其變中星，以盈縮定差盈加縮減之，內金倍之，水三之，然後加減，卽五星諸段定星；以天正冬至加時黃道日度加而命之〔三〕，卽其星其段加時所在宿度及分秒。五星皆因留爲後段初日定星，餘依術算。

求五星諸變初日晨前夜半定星：各以其段初行率乘其段加時分，百約之，以順減退加其日加時定星，卽爲其星其段初日晨前夜半定星。加命如前，卽得所求。

求諸變日率度率：各以其段日辰距至後段日辰，爲其段日率；以其段夜半定星與後段夜半定星相減，餘爲其段度率。

求諸變平行分：各置其段度率，以其段日率除之，爲其段平行度及分秒。

求諸變總差：各以其段平行分與後段平行分相減，餘爲汎差；併前段汎差，四因，退一位，爲總差。若前段無平行分相減爲汎差者，因後段初日行分與其段平行分相減，爲半總差，倍之，爲總差。若後段無平行分相減爲汎差者，因前段末日行分與其段平行分相減，爲

半總差，倍之，爲總差。其在再行者，以本段平行分十四乘之，十五而一，爲總差。內金星依順段術求之。

求初末日行分：各半其段總差，加減其段平行分，後行分少，加之爲初，減之爲末；後行分多，減之爲初，加之爲末。退行者，前段減之爲初，加之爲末；後段加之爲初，減之爲末。爲其星其段初、末日行分。

求每日晨前夜半星行宿次：置其段總差，減日率一，以除之，爲日差；累損益初日行分，後行分少，損之；後行分多，益之。爲每日行度及分秒；乃順加退減其星其段初日晨前夜半定星，命之，卽每日夜半星行所在宿次。

徑求其日宿次：置所求日，減一，半之，以日差乘而加減初日行分，後行分少，減之；後行分多，加之。以所求日乘之，爲積度；以順加退減其星其段初日夜半宿次，卽所求日夜半宿次。

求五星合見伏行差：木、火、土三星，以其段初日星行分減太陽行分，爲行差。金、水二星順行者，以其段初日太陽行分減星行分，爲行差。金、水二星退行者，以其段初日星行分并太陽行分，爲行差。內水星夕伏、晨見，直以太陽行分爲行差。

求五星定合見伏汎用積：木、火、土三星，各以平合晨疾、夕伏定積，便爲定合見、伏汎用積。金、水二星各置其段盈縮定差，內水星倍之，以其段行差除之爲日，不滿，退除爲

分，在平合夕見、晨伏者，盈減縮加定積，爲定合見、伏汎用積；在退合夕伏、晨見者，盈加縮減定積，爲定合見、伏汎用積。

求五星定合定積定星：木、火、土三星，以平合行差除其日盈縮分，爲距合差日；以盈縮分減之，爲距合差度；以差日、差度盈減縮加其星定合汎用積，爲其星定合定積、定星〔四〕。金、水二星順合者，以平合行差除其日盈縮分，爲距合差日；以盈縮分加之，爲距合差度；以差日、差度盈加縮減其星定合汎用積，爲其星定合定積、定星。金、水二星退合者，以平合行差除其日盈縮分，爲距合差日；以減盈縮減之分〔五〕，爲距合差度；以差日盈減縮加，以差度盈加縮減再定合汎用積，爲其星再定合定積、定星。各以天正冬至大餘及約分加定積，滿統法去之，命甲子，算外，卽得定合日辰；以天正冬至加時黃道日度加定星，依宿次去之，卽得定合所在宿次。

求五星定見伏定積：木、火、土三星以汎用積晨加、夕減一象，如半周天已下自相乘，已上，覆減一周天，餘亦自相乘，七十五而一，所得，以其星伏見度乘之，十五而一爲差，如其段行差除之爲日，不滿，退除爲分，見加伏減汎用積，爲其星定見、伏定積。金、水二星以行差除其日盈縮分爲日，在夕見、晨伏，盈加縮減汎用積，爲常用積；夕伏、晨見，盈減縮加汎用積，爲常用積；如常用積在半周天已下爲冬至後；已上去之，餘爲夏至後。

各在一象已下自相乘，已上，覆減一周天，餘亦自相乘，冬至後晨、夏至後夕，以十八而一；冬至後夕、夏至後晨，以七十五而一，所得，以其星伏見度乘之，十五而一爲差，如其段行差除之爲日，不滿，退除爲分，冬至後晨見、夕伏，夏至後夕見、晨伏，以加常用積，爲其星定見、伏定積；冬至後夕見、晨伏，夏至後晨見、夕伏，以減常用積，爲其星定見、伏定積；加命如前，卽得定見、伏日辰。

校勘記

〔一〕交中日　「中」原作「終」。按交終日之半爲交中日，「終」爲「中」之誤，故改。

〔二〕求次朔　「次」字原脫。按以朔差加天正經朔加時入交汎日及餘秒，得次朔，故補。

〔三〕以天正冬至加時黃道日度加而命之　「而」原作「時」，據本條推步內容改。

〔四〕爲其星定合定積定星　「積」上原脫「定」字。按本條爲求五星定合定積定星，「積」上應有「定」字，故補。

〔五〕以減盈縮減之分　據本條推步內容，本句應作「以盈縮分減之」。

中華書局

二十四史

宋史卷七十九

志第三十二

律曆十二

紀元曆

崇寧紀元曆

演紀上元上章執徐之歲，距元符三年庚辰，歲積二千八百六十一萬三千四百六十算；至崇寧五年丙戌，歲積二千八百六十一萬三千四百六十六算。

步氣朔第一

日法：七千二百九十。

朞實：二百六十六萬二千六百二十六。

朔實：二十一萬五千二百七十八。

歲周：三百六十五日，餘一千七百七十六。

氣策：一十五，餘一千五百九十二太。

朔策：二十九，餘三千八百六十八。

望策：一十四，餘五千五百七十九。

弦策：七，餘二千七百八十九半。

中盈分：三千一百八十五半。

朔虛分：三千四百二十二。

沒限：五千六百九十七少。

旬周：四十三萬七千四百。

紀法：六十。

求天正冬至：置上元距所求積年，以朞實乘之，爲天正冬至氣積分；滿旬周去之，不滿，如日法而一爲大餘，不盡爲小餘。其大餘命己卯，算外，卽所求年天正冬至日辰及餘。

求次氣：置天正冬至大、小餘，以氣策加之，四分之一爲少，之二爲半，之三爲太。如滿秒母，收從小餘，小餘滿日法從大餘，大餘盈紀法乃去之。去命如前，卽次氣日辰及餘。

求天正經朔：置天正冬至氣積分，以朔實去之，不盡，爲天正閏餘；用減氣積分，餘爲天正十一月經朔加時積分，滿旬周去之，不滿，如日法而一爲大餘，不盡爲小餘。其大餘命己卯，算外，卽所求年天正十一月經朔日辰及餘。

求弦望及次朔經日：置天正經朔大、小餘，以弦策累加之，去命如前，卽各得弦、望及次朔經日辰及餘。

求沒日：置有沒常氣小餘，凡常氣小餘在沒限已上者，爲有沒之氣。六十乘之，用減四十四萬三千七百七十一，餘滿六千三百七十一而一爲日，不滿爲餘。命日起其氣初日辰，算外，卽爲氣內沒日辰。

求滅日：置有滅經朔小餘，凡經朔小餘不滿朔虛分者，爲有滅之朔。三十乘之，滿朔虛分而一爲日，不滿爲餘。命日起其月經朔日辰，算外，卽爲月內滅日辰。

步發斂

候策：五，餘五百三十、秒五十五。

卦策：六，餘六百三十七、秒六。

土王策：三，餘三百一十八、秒三十三。

歲閏：七萬九千二百九十。

月閏：六千六百七半。

閏限：二十萬八千六百七十半。

辰法：一千二百一十五。

半辰法：六百七半。

刻法：七百二十九。

秒法：六十。

求七十二候：各置中節大、小餘命之，爲初候；以候策加之，爲次候；又加之，爲末候。各命己卯，算外，卽得所求日辰。

求六十四卦：各置中氣大、小餘命之，爲公卦用事日；以卦策加之，得辟卦用事日；又加之，得諸侯內卦用事日；以土王策加之，得十有二節之初諸侯外卦用事日；又加之，得大夫卦用事日；復以卦策加之，得卿卦用事日。各命己卯，算外，卽得所求日辰。

求五行用事：各因四立之節大、小餘命之，卽春木、夏火、秋金、冬水首用事日；以土王

中華書局

策減四季中氣大、小餘，即其季土始用事之日。各命己卯，算外，即得所求日辰。

七十二候及卦目與前曆同。

求中氣去經朔：置天正閏餘，以月閏累加之，滿日法爲閏日，不滿爲餘，即其月中氣去經朔日算。因求卦候者，各以卦、候策依次累加減之，中氣前減，中氣後加。各得其月卦、候去經朔日算。

求發斂加時：置所求小餘，倍之，如辰法而一爲辰數，不滿，五因之，如刻法而一爲刻，不盡爲分。命辰數起子正，算外，即各得加時所在辰、刻及分。如半辰數，即命起子初。

步日躔

周天分：二億一千三百一萬八千一十七。

歲差：七千九百三十七。

周天度：三百六十五、約分二十五、秒七十二。

象限：九十一、約分三十一、秒九。

乘法：一百一十九。

除法：一千八百一十一。

秒法：一百。

常氣	中積日	盈縮分	先後數	損益率	朓朒積
冬至	空	盈七千六十	先初	益三百八十五	朒積空
小寒	一十五 一千五百九十二太 二十一 八十四	盈五千九百二十	先七千六十	益三百二十三	朒三百八十五
大寒	三十 三千一百八十五半 四十三 六十九	盈四千七百一十七	先一萬二千九百八十	益二百五十七	朒七百八
立春	四十五 四千七百七十八少 六十五 五十四	盈三千四百五十一	先一萬七千六百九十七	益一百八十七	朒九百六十五
雨水	六十 六千三百七十一 八十七 三十九	盈二千一百二十二	先二萬一千一百四十八	益一百一十六	朒一千一百五十三
驚蟄	七十六 六百七十三太 九 二十四	盈七百三十	先二萬三千二百七十	益四十	朒一千二百六十九

常氣	中積日	盈縮分	先後數	損益率	朓朒積
春分	九十一 二千二百六十六半 三十一 九	縮七百三十	先二萬四千	損四十	朒一千三百九
清明	一百六 三千八百五十九少 五十二 九十三	縮二千一百二十二	先二萬三千二百七十	損一百一十六	朒一千三百六十九
穀雨	一百二十一 五千四百五十二 七十四 七十八	縮三千四百五十一	先二萬一千一百四十八	損一百八十八	朒一千一百五十三
立夏	一百三十六 七千四十四太 九十六 六十三	縮四千七百一十七	先一萬七千六百九十七	損二百五十七	朒九百六十五
小滿	一百五十二 一千三百四十七半 一十八 四十八	縮五千九百二十	先一萬二千九百八十	損三百二十三	朒七百八
芒種	一百六十七 二千九百四十少 四十 三十三	縮七千六十	先七千六十	損三百八十五	朒三百八十五

常氣	中積日	盈縮分	先後數	損益率	朓朒積
夏至	一百八十二 四千五百三十三 六十二 一十八	縮七千六十	後初	益三百八十五	朓空
小暑	一百九十七 六千一百二十五太 八十四 三	縮五千九百二十	後七千六十	益三百二十三	朓三百八十五
大暑	二百一十三 四百二十八半 五 八十七	縮四千七百一十七	後一萬二千九百八十	益二百五十七	朓七百八
立秋	二百二十八 二千二十少 二十七 七十二	縮三千四百五十一	後一萬七千六百九十七	益一百八十八	朓九百六十五
處暑	二百四十三 三千一百六十四 四十九 五十七	縮二千一百二十二	後二萬一千一百四十八	益一百一十六	朓一千一百五十三
白露	二百五十八 五千二百六太 七十一 四十二	縮七百三十	後二萬三千二百七十	益四十	朓一千二百六十九

中華書局

秋分	二百七十二 六千七百九十九半 九十三 二十七	盈七百三十	後二萬四千	損四十	朓一千三百九
寒露	二百八十九 一千一百二少 一十五 一十二	盈二千一百二十二	後二萬三千二百七十	損一百一十六	朓一千二百六十九
霜降	三百四 二千六百九十五 三十六 九十六	盈三千四百五十一	後二萬一千一百四十八	損一百八十八	朓一千一百五十三
立冬	三百一十九 四千二百八十七太 五十八 八十一	盈四千七百一十七	後一萬七千六百九十七	損二百五十七	朓九百六十五
小雪	三百二十四 五千八百八十半 八十 六十六	盈五千九百二十	後一萬二千九百八十	損三百二十三	朓七百八
大雪	三百五十 一百八十三少 二 五十一	盈七千六十	後七千六十	損三百八十五	朓三百八十五

求每日盈縮分先後數：置所求盈縮分，以乘法乘之，如除法而一，爲其氣中平率；與後氣中平率相減，爲合差；半合差，加減其氣中平率，爲初、末汎率。至後加爲初，減爲末；分後減爲初，加爲末。又以乘法乘合差，如除法而一，爲日差；半日差，加減初、末汎率，爲初、末定率。至後減初加末，分後加初減末。以日差累加減其氣初定率，爲每日盈縮分；至後減，分後加。各以每日盈縮分加減氣下先後數〔一〕。冬至後，積盈爲先，在縮減之；夏至後，積縮爲後，在盈減之。其分、至前一氣，無後氣相減，皆因前氣合差爲其氣合差。餘依前術，求朓朒倣此。

求經朔弦望入氣：置天正閏日及餘，如氣策以下者，以減氣策，爲入大雪氣；以上者去之，餘以減氣策，爲入小雪氣：即天正十一月經朔入氣日及餘。求弦、望及後朔入氣，以弦策累加之，滿氣策去之，卽各得弦、望及次朔入氣日及餘。

求經朔弦望入氣朓朒定數：各以所入氣小餘乘其日損益率，如日法而一，所得，以損益其日下朓朒積，各爲定數。

赤道宿度

斗：二十五。　牛：七少。　女：十一少。　虛：九少、秒七十二。

危：十五半。　室：十七。　壁：八太。

北方七宿九十四度、秒七十二。

奎：十六半。　婁：十二。　胃：十五。　昴：十一少。

畢：十七少。　觜：半。　參：十半。

西方七宿八十三度。

井：三十三少。　鬼：二半。　柳：十三太。　星：六太。

張：十七少。　翼：十八太。　軫：十七。

南方七宿一百九度少。

角：十二。　亢：九少。　氐：十六。　房：五太。

心：六少。　尾：十九少。　箕：十半。

東方七宿七十九度。

按諸曆赤道宿次，就立全度，頗失眞數。今依宋朝渾儀校測距度，分定太、半、少，用爲常數，校之天道，最爲密近。如考唐，用唐所測；考古，用古所測：卽各得當時宿度。

求冬至赤道日度：以歲差乘所求積年，滿周天分去之，不滿，覆減周天分，餘如五千八百三十二而一爲分，不盡，退除爲秒。其分，滿百爲度，命起赤道虛宿七度外去之，至不滿宿，卽所求年天正冬至加時日躔赤道宿度及分秒。

求春分夏至秋分赤道日度：置天正冬至加時赤道日度，累加象限，滿赤道宿次去之，卽各得春分、夏至、秋分加時日在宿度及分秒。

求四正後赤道宿積度：置四正赤道宿全度，以四正赤道日度及分減之，餘爲距後度；以赤道宿度累加之，各得四正後赤道宿積度及分。

求赤道宿積度入初末限：視四正後赤道宿積度及分，在四十五度六十五分、秒五十四半已下爲入初限；已上，用減象限，餘爲入末限。

求二十八宿黃道度：以四正後赤道宿入初、末限度及分，減一百一度，餘以初、末限度及分乘之，進位，滿百爲分，分滿百爲度，至後以減、分後以加赤道宿積度，爲其宿黃道積度；以前宿黃道積度減之，其四正之宿，先加象限，然後以前宿減之。爲其宿黃道度分。其分就近約爲太、半、少。

黃道宿度

斗：二十三。　牛：七。　女：十一。　虛：九少、秒七十二。

危：十六。　室：十八。　壁：九半。

北方七宿九十三度太、秒七十二。

奎：十八。　婁：十二太。　胃：十五半。　昴：十一。

畢：十六半。　觜：半。　參：九太。

西方七宿八十四度。

井：三十半。　鬼：二半。　柳：十三少。　星：六太。

張：十七太。　翼：二十。　軫：十八半。

南方七宿一百九度〔三〕。

角：十二太。　亢：九太。　氐：十六少。　房：五太。

心：六。　尾：十八少。　箕：九半。

東方七宿七十八度少。

前黃道宿度，依今曆歲差所在算定。如上考往古，下驗將來，當據歲差，每移一度，依術推變當時宿度，然後可步七曜，知其所在。如徑求七曜所在，置所在積度，以前黃道宿積度減之，爲所在黃道宿度及分。

求天正冬至加時黃道日度：以冬至加時赤道日度及分秒，減一百一度，餘以冬至加時赤道日度及分秒乘之，進位，滿百爲分，分滿百爲度，命曰黃赤道差；用減冬至赤道日度及分秒，即所求年天正冬至加時黃道日度及分秒。

求二十四氣加時黃道日度：置所求年冬至日躔黃赤道差〔三〕，以次年黃赤道差減之，餘以所求氣數乘之，二十四而一，所得，以加其氣中積及約分，又以其氣初日先後數先加後減

之，用加冬至加時黃道日度，依宿次命之〔四〕，即各得其氣加時黃道日躔宿度及分秒。如其年冬至加時赤道宿度空，分秒在歲差已下者，即加前宿全度。然求黃赤道差〔五〕，餘依術算。

求二十四氣晨前夜半黃道日度：置日法，以其氣小餘減之，餘副置之；以其氣初日盈縮分乘之，如萬約之，所得，盈加縮減其副，滿日法爲度，不滿，退除爲分秒，以加其氣加時黃道日度，即各得其氣一日晨前夜半黃道日度及分秒；每日加一度，以百約每日盈縮分爲分秒，盈加縮減之，滿黃道宿次去之，即每日晨前夜半黃道日躔宿度及分秒。其二十四氣初日晨前夜半黃道日度，係屬前氣，自前氣攤算，即各得所求。

求每日午中黃道日度：置一萬分，以所入氣日盈縮分盈加縮減而半之，滿百爲分，不滿爲秒，以加其日晨前夜半黃道日度，即其日午中日躔黃道宿度及分〔六〕。

求夏至加時黃道日度：置天正冬至加時黃道日度及分秒，以二至限及分秒加之，滿黃道宿次去之，不滿，爲夏至加時黃道日度及分秒。

求每日午中黃道積度：以二至加時黃道日度距至所求日午中黃道日度，爲入二至後黃道積度及分。

求每日午中黃道入初末限：視二至後黃道積度，在四十三度一十二分、秒八十七以下爲初限；以上，用減象限，餘爲入末限。其積度滿象限去之，爲二分後黃道積度，在四十八度一十八分、秒二十二以下爲初限；以上，用減象限，餘爲入末限。

求每日午中赤道日度：以所求日午中黃道積度，入至後初限、分後末限度及分秒，進三位，加二十萬二千五十少，開平方除之，所得，減去四百四十九半，餘在初限者，直以二至赤道日度加而命之；在末限者，以減象限，餘以二分赤道日度加而命之；即每日午中赤道日度。以所求日午中黃道積度，入至後末限、分後初限度及分秒，進三位，用減三十萬三千五十少，開平方除之，所得，以減五百五十半，餘在初限者，直以二分赤道日度加而命之；在末限者，以減象限，餘以二至赤道日度加而命之：即每日午中赤道日度。

求太陽入宮日時刻及分：各置入宮宿度及分秒，以其日晨前夜半日度減之，餘以二十四乘，爲時實；以其日太陽行度及分秒爲法實，如法而一，爲半時數；不滿，進二位，爲刻實；以二十四乘，前法除之爲刻，不滿，退除爲分。其半時命起子正，算外，即得太陽入宮初正時、刻及分。其逐刻日、時及分，舊曆均其日數，從其簡略，未盡其詳。今但依入宮正術求之，即允協天道。

步晷漏

二至限：一百八十二、分六十二、秒一十八。

象限：九十一、分三十一、秒九。

一象度：九十一、分二十一、秒四十三。

冬至後初限夏至後末限：六十二日、分二十。

夏至後初限冬至後末限：一百二十日、分四十二。

已上分秒母各同一百。

冬至岳臺晷影常數：一丈二尺八寸三分。

夏至岳臺晷影常數：一尺五寸六分。

昏明分：一百八十二少。

昏明刻：二分三百六十四半。

辰刻：八分二百四十三。

半辰刻：四分一百二十一半。

刻法：七百二十九。

求午中入氣：置所求日大餘及半法，以所入氣大、小餘減之，爲其日午中入氣日及餘。

求午中中積：置其氣中積，以午中入氣日及餘加之，其餘以日法退除爲分秒。爲所求日午中中積及分秒。

求午中入二至後初末限：置午中中積及分，爲入冬至後；滿二至限去之，爲入夏至後。

其二至後，如在初限已下爲入初限；已上，覆減二至限，餘爲入末限。

求岳臺晷影午中定數：冬至後初限、夏至後末限，以百通日，內分，自相乘爲實，置之；以七百二十五除之，所得，加一十萬六百一十七，併入限分，折半爲法，實如法而一爲分，不滿，退除爲小分，其分滿十爲寸，寸滿十爲尺，用減冬至岳臺晷影常數，卽得所求午中晷影定數。夏至後初限、冬至後末限，以百通日，內分，自相乘，爲實，乃置入限分，九因，再折，加一十九萬八千七十五爲法，其夏至前後，日如在半限以上者，減去半限，餘置於上，列半限於下，以上減下，餘以乘上，進二位，七十七除之，所得加法爲定法，然後除之。實如法而一爲分，不滿，退除爲小分，其分滿十爲寸，寸滿十爲尺，以加夏至岳臺晷影常數，卽得所求日午中晷影定數。

求每日日行積度：以午中入氣餘乘其日盈縮分，日法而一，冬至後盈加縮減、夏至後縮加盈減先後數，以先加後減中積日及分秒，滿與不足，進退其日，爲所求日行積度及分秒。

求每日赤道內外度：置所求日午中日行積度及分，如不滿二至限，在象限已下爲冬至後度；象限已上，用減二至限，爲夏至前度。如滿二至限去之，餘在象限以下爲夏至後度；象限以上，用減二至限，爲冬至前度。並置之於上，列象限於下，以上減下，餘以乘上；冬至前後五百一十七而一，夏至前後四百而一爲度，不滿，退除爲分，以加二至前後度，所得，用減象限，餘置於上，列二至限於下，以上減下，餘以乘上，其度分秒皆以百通，然後乘之。退一位，如三十四萬八千八百五十六而一爲秒，滿百爲分，分滿百爲度，卽所求日黃道去赤道內外度及分。冬至前後爲外，夏至前後爲內。

求每日午中太陽去極度：以每日午中黃道去赤道內、外度及分，內減外加一象度及分，爲每日午中太陽去極度及分。

求每日日出入分晨昏分半晝分：置所求日黃道去赤道內外度及分，以三百六十三乘之，進一位，如二百三十九而一，所得，以加減一千八百二十二半，赤道內以減，赤道外以加。爲所求日日出分；用減日法，爲日入分〔七〕。以昏明分減日出分，爲晨分；加日入分，爲昏分；以日出分減半法，爲半晝分。

求每日晝夜刻日出入辰刻：置日出分，倍之，進一位，滿刻法爲刻，不滿爲分，卽所求日夜刻；以減百刻，餘爲晝刻；半夜刻，滿辰刻爲辰數；命子正，算外，卽日出辰刻；以半辰刻加之，卽命起時初。以晝刻加之，滿辰刻爲辰數；命日出，算外，卽日入辰刻及分。

求每更點差刻及逐更點辰刻：置夜刻，減去十五刻，五而一，爲更差；又五而一，爲點差。以昏明刻加日入辰刻，卽初更辰刻；以更點差刻累加之，滿辰刻及分去之，各得更點所入辰刻及分。

求每日距中度及每更差度：置所求日黃道去赤道內、外度及分，以四千四百三十五乘之，如五千八百一十二而一爲度，不滿，退除爲分，以內加外減一百度七十二分、秒七爲距中度；用減一百六十四度八十一分、秒五十七，餘四因，退一位，爲每更差度。

求昏曉五更及攢點中星：置距中度，以其日午中赤道日度加而命之，卽昏中星所格宿次，命爲初更中星；以每更差度加而命之，卽二更中星；以每更差度累加之，滿赤道宿度去之，卽逐更及攢點中星；加三十六度六十二分、秒五十七，滿赤道宿度去之，卽曉中星。

求九服晷景：各於所在測冬夏二至晷數，乃相減之，餘爲二至差數。如地在岳臺南測夏至晷景在表南者，併冬夏二至晷數爲二至差數。其所求日在冬至後初限、夏至後末限者，置岳臺冬至晷景常數，以所求日岳臺午中晷景定數減之，餘以其處二至差數乘之，如岳臺二至差數一丈一尺二寸七分而一，所得，以減其處冬至晷數，卽其地其日中晷定數。所求日在夏至後初限、冬至後末限者，置所求日岳臺午中晷景定數，以岳臺夏至晷景常數減之，餘以其處二至差數乘之，如岳臺二至差數而一，所得，以加其處夏至晷數，卽其地其日中晷定數。如其處夏至景在表南者，以所得之數減其處夏至晷數，餘爲其地其日中晷定數，亦在表南也。其所得之數多於其處夏至晷數，卽減去夏至晷數，餘爲其地其日中晷定數，在表北也。

求九服所在晝夜漏刻：各於所在下水漏，以定其處冬夏二至夜刻，但得一至可矣，不必須要冬夏二至。乃與五十刻相減，餘爲至差刻。置所求日黃道去赤道內外度及分，以至差刻乘之，進一位，如二百三十九而一爲刻，不盡，以刻法乘之，復八而一爲分，內減外加五十刻，卽所求日夜刻；減百刻，餘爲晝刻。其日日出入辰刻及更點差刻、每更點辰刻，並依岳臺術求之。

步月離

轉周分：二十萬八百七十三、秒九百九十。

轉周日：二十七、餘四千四十三、秒九百九十。

朔差日：一、餘七千一百一十四、秒九千一十。

望策：一十四、餘五千五百七十九。

弦策：七、餘二千七百八十九半。

已上秒母一萬。

七日：初數六千四百七十八，初約分八十九；末數八百一十二，末約分一十一。

十四日：初數五千六百六十六，初約分七十八；末數一千六百二十四，末約分二十二。

二十一日：初數四千八百五十四，初約分六十七；末數二千四百三十六，末約分三十三。

二十八日：初數四千四十三，初約分五十五。

上弦：九十一度、分三十一、秒四十三。

望：一百八十二度、分六十二、秒八十六。

下弦：二百七十三度、分九十四、秒二十九。

月平行：十三度、分三十六、秒八十七太。

已上分、秒母皆同一百。

求天正十一月經朔入轉：置天正十一月經朔加時積分，以轉周分及秒去之，不盡，滿日法除之爲日，不滿爲餘秒，命日，算外，卽所求年天正十一月經朔加時入轉日及餘秒。若以朔差日及餘秒加之，滿轉周日及餘秒去之，卽次朔加時入轉日。

求弦望入轉：各因其月經朔加時入轉日及餘秒，以弦策累加之，去命如前，卽上弦、望及下弦經日加時入轉日及餘秒。

轉日	進退衰	轉定分	加減差	遲疾度	損益率	朓朒積
一日	退一十	一千四百六十八	加一百三十一	疾初	益七百一十四	朓初
二日	退十五	一千四百五十七	加一百二十	疾一度三十一	益六百五十四	朓七百一十四

轉日	進退衰	轉定分	加減差	遲疾度	損益率	朓朒積
三日	退二十	一千四百四十二	加一百五	疾二度五十一	益五百七十三	朓一千三百六十八
四日	退二十三	一千四百二十二	加八十五	疾三度五十六	益四百六十四	朓一千九百四十一
五日	退二十六	一千三百九十九	加六十二	疾四度四十一	益三百三十八	朓二千四百五
六日	退二十六	一千三百七十三	加三十六	疾五度三	益一百九十六	朓二千七百四十三
七日	退二十六	一千三百四十七	初加一十一 末減一	疾五度三十九	初益六十 末損五	朓二千九百三十九
八日	退二十六	一千三百二十一	減一十六	疾五度四十九	損八十八	朓二千九百九十四
九日	退二十四	一千二百九十五	減四十二	疾五度三十三	損二百二十九	朓二千九百六
十日	退二十四	一千二百七十一	減六十六	疾四度九十一	損三百六十	朓二千六百七十七
十一日	退十九	一千二百四十七	減九十	疾四度二十五	損四百九十	朓二千三百十七
十二日	退十四	一千二百二十八	減一百九	疾三度三十五	損五百九十五	朓一千八百二十七
十三日	退十	一千二百一十四	減一百二十二	疾二度二十六	損六百七十	朓一千二百三十二
十四日	進四	一千二百四	初減一百三 末加三十	疾一度三	初損五百六十二 末益一百六十四	朓五百六十二

轉日	進退衰	轉定分	加減差	遲疾度	損益率	朓朒積
十五日	進十一	一千二百八	加一百二十九	遲空度三十	益七百三	朒一百六十四
十六日	進十七	一千二百一十九	加一百一十八	遲一度五十九	益六百四十三	朒八百六十七
十七日	進二十二	一千二百三十六	加一百一	遲二度七十七	益五百五十一	朒一千五百一十
十八日	進二十三	一千二百五十八	加七十九	遲三度七十八	益四百三十一	朒二千六十一
十九日	進二十六	一千二百八十一	加五十六	遲四度五十七	益三百五	朒二千四百九十
二十日	進二十六	一千三百七	加三十	遲五度一十三	益一百六十四	朒二千七百九十七
二十一日	進二十六	一千三百三十三	初加七 末減三	遲五度四十三	初益三十八 末損一十六	朒二千九百六十一
二十二日	進二十五	一千三百五十九	減二十二	遲五度四十七	損一百二十	朒二千九百八十三
二十三日	進二十四	一千三百八十四	減四十七	遲五度二十五	損二百五十六	朒二千八百六十三
二十四日	進二十三	一千四百八	減七十一	遲四度七十八	損三百八十八	朒二千六百七
二十五日	進十八	一千四百三十一	減九十四	遲四度七	損五百一十二	朒二千二百一十九
二十六日	進十四	一千四百四十九	減一百一十二	遲三度一十三	損六百一十一	朒一千七百七

轉日	進退衰	轉定分	加減差	遲疾度	損益率	朓朒積
二十七日	進九	一千四百六十三	減一百二十六	遲二度一	損六百八十七	朒一千九十六
二十八日	退四	一千四百七十二	初減七十五	遲空度七十五	初損四百九	朒四百九

求朔弦望入轉朓朒定數：置入轉餘，以其日算外損益率乘之，如日法而一，所得，以損益其下朓朒積爲定數。其四七日下餘如初數已下者，初率乘之，初數而一，以損益朓朒爲定數。如初數已上者，以初數減之，餘乘末率，末數而一，用減初率，餘加朓朒爲定數。其十四日下餘如初數已上者，初數減之，餘乘末率，末數而一，爲朓朒定數。

求朔弦望定日：各置經朔、弦、望小餘，以入氣、入轉朓朒定數朓減朒加之，滿與不足，進退大餘，命己卯，算外，各得定日日辰及餘。定朔幹名與後朔幹名同者月大，不同者月小，其月內無中氣者爲閏月。凡注曆，觀定朔小餘，秋分後在日法四分之三已上者，進一日；春分後定朔日出分差如春秋之日者，三約之，用減四分之三；定朔小餘及此數已上者，亦進一日；或當交虧初在日入已前者，其朔不進。弦、望定小餘不滿日出分者，退一日；望若有食虧初在日出已前者，定望小餘進滿日出分，亦退一日。又月行九道遲疾，有三大二小〔八〕；日行盈縮累增損之，則有四大三小，理數然也。若俯循常儀，當察加時早晚，隨其所近而進退之，使不過三大二小。

求定朔弦望加時日所在度：置定朔、弦、望約餘，副之，以乘其日盈縮分，萬約之，所得，盈加縮減其副，滿百爲分，分滿百爲度，以加其日夜半日度，命之，各得其日加時日躔黃道宿次。

求平交日辰：置交終日及餘秒，以其月經朔加時入交汎日及餘秒減之，餘爲平交入其月經朔加時後日算及餘秒，以加減其月經朔大、小餘，其大餘命己卯，算外，卽平交日辰及餘秒。求次交者，以交終日及餘秒加之，大餘滿紀法去之，命如前，卽次平交日辰及餘秒。

求平交入轉朓朒定數：置平交小餘，加其日夜半入轉餘，以乘其日損益率，日法而一，所得，以損益其下朓朒積爲定數。

求正交日辰：置平交小餘，以平交入轉朓朒定數朓減朒加之，滿與不足，進退日辰，卽正交日辰及餘秒；與定朔日辰相距，卽所在月日。

求經朔加時中積：各以其月經朔加時入氣日及餘，加其氣中積及餘，其日命爲度，其餘以日法退除爲分秒，卽其月經朔加時中積度及分秒。

求正交加時黃道月度：置平交入經朔加時後日算及約餘秒，以日法通日，內餘，進一位，如五千四百五十三而一爲度，不滿，退除爲分秒，以加其月經朔加時中積，然後以冬至加時黃道日度加而命之，卽得其月正加時月離黃道宿度及分秒。如求次交者，以交終度及分秒加而命之，卽得所求。

求黃道宿積度：置正交加時黃道宿全度，以正交加時月離黃道宿度及分秒減之，餘爲距後度及分秒，以黃道宿度累加之，卽各得正交後黃道宿積度及分秒。

求黃道宿積度入初末限：各置黃道宿積度及分秒，滿交象度及分去之，在半交象已下爲初限；已上者，以減交象度，餘爲入末限。入交積度、交象度並在交會術中。

求月行九道宿度：凡月行所交，冬入陰曆，夏入陽曆，月行青道；冬至、夏至後，青道半交在春分之宿，當黃道東；立冬、立夏後，青道半交在立春之宿，當黃道東南：至所衝之宿亦如之。冬入陽曆，夏入陰曆，月行白道；冬至、夏至後，白道半交在秋分之宿，當黃道西；立冬、立夏後，白道半交在立秋之宿，當黃道西北：至所衝之宿亦如之。春入陽曆，秋入陰曆，月行朱道；春分、秋分後，朱道半交在夏至之宿，當黃道南；立春、立秋後，朱道半交在立夏之宿，當黃道西南：至所衝之宿亦如之。春入陰曆，秋入陽曆，月行黑道。春分、秋分後，黑道半交在冬至之宿，當黃道北；立春、立秋後，黑道半交在立冬之宿，當黃道東北：至所衝之宿亦如之。四序離爲八節，至陰陽之所交，皆與黃道相會，故月行有九道。各以所入初、末限度及分減一百一度，餘以所入初、末限度及分乘之，半而退位爲分，分滿百爲度，命爲月道與黃道汎差。凡日以赤道內爲陰，外爲陽；月以黃道內爲陰、外爲陽。故月行正交，入夏至後宿度內爲同名，入冬至後宿度內爲異名。其在同名者，置月行與黃道汎差，九因八約之，爲定差；半交後、正交前以差減，正交後、半交前以差加。此加減出入六度，正如黃、赤道相交同名之差。若較之漸異，則隨

交所在，遷變不常。仍以正交度距秋分度數乘定差，如象限而一，所得，爲月道與赤道定差，前加者爲減，減者爲加。其在異名者，置月行與黃道汎差，七因八約之，爲定差；半交後、正交前以差加，正交後、半交前以差減。此加減出入六度，異如黃赤道相交異名之差，若較之漸同，則隨交所在，遷變不常。仍以正交度距春分度數乘定差，如象限而一，所得，爲月行與赤道定差，前加者爲減，減者爲加；皆加減黃道宿積度，爲九道宿積度；以前宿九道積度減之，爲其宿九道度及分。其分就近約爲太、半、少。論春、夏、秋、冬，以四時日所在宿度爲正。

求正交加時月離九道宿度：以正交加時黃道日度及分減一百一度，餘以正交度及分乘之，半而退位爲分，分滿百爲度，命爲月道與黃道汎差。其在同名者，置月行與黃道汎差，九因八約之，爲定差，以加；仍以正交度距秋分度數乘定差，如象限而一，所得，爲月道與赤道定差，以減。其在異名者，置月行與黃道汎差，七因八約之，爲定差，以減；仍以正交度距春分度數乘定差，如象限而一，所得，爲月道與赤道定差，以加。置正交加時黃道月度及分，以二差加減之，卽正交加時月離九道宿度及分。

求定朔弦望加時月所在度：置定朔加時日躔黃道宿次，凡合朔加時，月行潛在日下，與太陽同度，是爲加時月離宿次；各以弦、望度及分秒加其所當弦、望加時日躔黃道宿度，滿宿次去之，命如前，各得定朔、弦、望加時月所在黃道宿度及分秒。

求定朔弦望加時九道月度：各以定朔、弦、望加時月離黃道宿度及分秒，加前宿正交後黃道積度〔九〕，爲定朔、弦、望加時正交後黃道積度。如前求九道積度，以前宿九道積度減之，餘爲定朔、弦、望加時九道月離宿度及分秒。其合朔加時若非正交〔一〇〕，則日在黃道、月在九道。所入宿度雖多少不同，考其兩極，若應繩準，故云月行潛在日下，與太陽同度。

求定朔午中入轉：以經朔小餘與半法相減，餘以加減經朔加時入轉，經朔小餘少，如半法加之；多，如半法減之。爲經朔午中入轉。若定朔大餘有進退，亦加減轉日，否則因經爲定，命日，算外，卽得所求。次月倣此求之。

求每日午中入轉：因定朔午中入轉日及餘秒，每日累加一日，滿轉周日及餘秒去之，命如前，卽得每日午中入轉日及餘秒。

求晨昏月度：置其日晨分，乘其日算外轉定分，日法而一，爲晨轉分；用減轉定分，餘爲昏轉分；又以朔、弦、望定小餘乘轉定分，日法而一，爲加時分；以減晨昏轉分，爲前；不足，覆減之，餘爲後；乃前加後減加時月度，卽晨、昏月所在宿度及分秒。

求朔弦望晨昏定程：各以其朔昏定月減上弦昏定月，餘爲朔後昏定程；以上弦昏定月減望昏定月，餘爲上弦後昏定程；以望晨定月減下弦晨定月，餘爲望後晨定程；以下弦晨定月減後朔晨定月，餘爲下弦後晨定程。

求每日轉定度：累計每程相距日轉定分，與晨昏定程相減，餘以相距日數除之，爲日差；定程多爲加，定程少爲減。以加減每日轉定分，爲每日轉定度及分秒。

求每日晨昏月：因朔、弦、望晨昏月，加每日轉定度及分秒，滿宿次去之，爲每日晨昏月。凡注曆，目朔日注昏月〔一一〕，望後次日注晨月。已前月度以究算術之精微，如求其速要，即依後術徑求。

求經朔加時平行月：各以其月經朔入氣日及餘秒，其餘以日法退除爲分秒。加其氣中積日及約分，命日爲度，即爲經朔加時平行月積度及分秒。

求所求日加時平行月：置所求日大餘及加時小餘，以其月經朔大、小餘減之，餘爲入經朔加時後日數及餘；以其日乘月平行度及分秒，列於上位，又以其餘乘月平行度及分秒，滿日法除之爲度，不滿，退除爲分秒，併上位；用加經朔加時平行月，滿周天度及分秒去之，即得所求日加時平行月積度及分秒。

求所求日加時入轉：以所求日加時入經朔加時後日數及餘，加經朔加時入轉日及餘秒，滿轉周日及餘秒去之，命日，算外，即得所求。其餘先以日法退除爲分秒。

求所求日加時定月：置所求日加時入轉分，以其日算外加減差乘之，百約爲分，分滿百爲度，加減其下遲疾度，爲遲疾定度；乃以遲減疾加所求日加時平行月，爲定月；各以天正冬至加時黃道日度加而命之，即得所求日加時月離黃道宿度及分秒。其入轉若在四、七日者，

如求朏朒術入之。

校勘記

〔一〕各以每日盈縮分加減氣下先後數　疑「減」下脫「爲」字。

〔二〕南方七宿一百九度　累計南方各宿度數，得一百九度少。此處脫「少」字。

〔三〕置所求年冬至日躔黃赤道差　「赤」字原脫，據本條推步內容補。

〔四〕依宿次命之　「命」原作「去」，據曆法常例改。

〔五〕然求黃赤道差　據文義，此處下有脫文。

〔六〕卽其日午中日躔黃道宿度及分　據上文「滿百爲分，不滿爲秒」，「分」下脫「秒」字。

〔七〕爲日入分　「日入」二字原倒，據下文乙轉。

〔八〕有三大二小　按此言注曆，句首應有「曆」字。

〔九〕加前宿正交後黃道積度　「加」原作「如」，據本條推步內容改。

〔一〇〕其合朔加時若非正交　「交」原作「加」，據同前理由改。

〔一一〕目朔日注昏月　據本書卷七二「凡注曆，自朔日注昏，望後次日注晨」，本書卷七七「凡注曆，自朔日註昏月，望後一日注晨月」，疑「目」字爲「自」字之誤。

宋史卷八十

志第三十三

律曆十三

紀元曆

步交會

交終分：一十九萬八千三百七十七、秒八百八十。

交終日：二十七、餘一千五百四十七、秒八百八十。

交中日：一十三、餘四千四百一十八、秒五千四百四十。

朔差日：二、餘二千三百二十、秒九千一百二十。

望策：一十四、餘五千五百七十九。

已上秒母一萬。

交率：三百二十四。

交數：四千一百二十七。

交終度：三百六十三、約分七十九、秒四十四。

交中度：一百八十一、約分八十九、秒七十二。

交象度：九十、約分九十四、秒八十六。

半交象度：四十五、約分四十七、秒四十三。

日食陽曆限：三千四百，定法三百四十。

陰曆限：四千三百，定法四百三十。

月食限：六千八百，定法四百四十。

已上分秒母各同一百。

推天正十一月經朔加時入交：置天正十一月經朔加時積分，以交終分及秒去之，不盡，滿日法爲日，不滿爲餘秒，卽天正十一月經朔加時入交汎日及餘秒。

求次朔及望入交：置天正十一月經朔加時入交汎日及餘秒，求次朔，以朔差加之；求望，以望策加之：滿交終日及餘秒去之，卽各得次朔及望加時入交汎日及餘秒。若以經朔、望

小餘減之，各得朔、望夜半入交汎日及餘秒。

求定朔望夜半入交：因經朔、望夜半入交汎日及餘秒，視定朔、望日辰有進退者，亦進退交日，否則因經爲定，各得所求。

求次定朔夜半入交：各因定朔夜半入交汎日及餘秒，大月加二日，小月加一日，餘皆加五千七百四十二、秒九千一百二十，卽次朔夜半入交；若求次日，累加一日；滿交終日及餘秒皆去之，卽每日夜半入交汎日及餘秒。

求定朔望加時入交：置經朔、望加時入交汎日及餘秒，以入氣、入轉朏朒定數朏減朒加之，卽得定朔、望加時入交汎日及餘秒。

求定朔望加時月行入交積度：置定朔、望加時入交汎日及餘秒，以日法通日，內餘，進一位，如五千四百五十三而一爲度，不滿，退除爲分，卽定朔、望加時月行入交積度及分。每日夜半，準此求之。

求定朔望加時月行入交定積度：置定朔、望加時月行入交積度及分，以定朔、望加時入轉遲疾度遲減疾加之，滿與不足，進退交終度及分。卽定朔、望加時月行入交定積度及分。每日夜半，準此求之。

求定朔望加時月行入陰陽曆積度：置定朔、望加時月行入交定積度及分，如在交中度

及分已下爲入陽曆積度；已上者去之，餘爲入陰曆積度。每日夜半，準此求之。

求定朔望加時月去黃道度：視月入陰陽曆積度及分，如交象已下爲在少象；已上，覆減交中度，餘爲入老象。置所入老、少象度及分於上，列交象度於下，以上減下，餘以乘上，滿一五百而一，所得，用減所入老、少象度及分，餘，列交中度於下，以上減下，餘以乘上，滿一千三百七十五而一，所得爲度，不滿，退除爲分，卽爲定朔、望加時月去黃道度及分。每日夜半，準此求之。

求朔望加時入交常日：置其月經朔、望加時入交汎日及餘秒，以其月入氣朏朒定數朏減朒加之，滿與不足，進退其日，卽得朔、望加時入交常日及餘秒。近交初爲交初，在二十六日、二十七日爲交初；近交中爲交中，在十三日、十四日爲交中。

求日月食甚定數：以其朔望入氣、入轉朏朒定數，同名相從，異名相消，副置之；以定朔、望加時入轉算外損益率乘之，如日法而一，其定朔、望如算外在四七日者，視其餘在初數已下，初率乘之，初數而一；初數已上，以末率乘之，末數而一。所得，視入轉，應朒者依其損益，應朏者益減損加其副；以朏減朒加經朔望小餘，爲汎餘。滿與不足，進退大餘。日食者視汎餘，如半法已下，爲中前；列半法於下，以上減下，餘以乘上，如一萬九百三十五而一，所得，爲差；以減汎餘，爲食甚定餘；用減半法，爲午前分。如汎餘在半法已上，減去半法，爲中後；列半法於下，以上減下，餘以乘上，如日法而一，所得，爲差；以加汎餘，爲食甚定餘；乃減去半法，爲午後分。月食者視汎餘，如半法已上減去半法，餘在一千八百二十二半已下自相乘，已上者，覆減半法，餘亦自相乘，如三萬而一，所得，以減汎餘，爲食甚定餘；如汎餘不滿半法，在日出分三分之二已下，列於上位，已上者，用減日出分，餘倍之，亦列於上位，乃四因三約日出分，列之於下，以上減下，餘以乘上，如一萬五千而一，所得，以加汎餘，爲食甚定餘。

求日月食甚辰刻：倍食甚定餘，以辰法除之爲辰數，不盡，五因之，滿刻法除之爲刻，不滿爲分。命辰數起子正，算外，卽食甚辰刻及分。若加半辰，命起子初。

求日月食甚入氣：食甚大、小餘及食定小餘，并定朔、望大餘，以此與經朔望大、小餘相減。置其朔望食甚大、小餘，與經朔望大、小餘相減之，餘以加減經朔望入氣日餘，經朔望少卽加之，多卽減之。爲日、月食甚入氣日及餘秒。各置食甚入氣及餘秒，加其氣中積，其餘，以日法退除爲分，卽爲日、月食甚中積及分。

求日月食甚日行積度：置食甚入氣餘，以所入氣日盈縮分乘之，日法而一，加減其日先後數，至後加，分後減。先加後減日、月食甚中積，卽爲日、月食甚日行積度及分。

求氣差：置日食甚日行積度及分，滿二至限去之，餘在象限已下爲在初；已上，覆減二至限，餘爲在末。皆自相乘，進二位，滿三百四十三而一，所得，用減二千四百三十，餘

爲氣差；以午前、後分乘之，如半晝分而一，以減氣差，爲氣差定數。在冬至後末限、夏至後初限，交初以減，交中以加。夏至後末限、冬至後初限，交初以加，交中以減。如半晝分而一，所得，在氣差已上者，卽以氣差覆減之，餘，應加者爲減，減者爲加。

求刻差：置日食甚日行積度及分，滿二至限去之，餘，列二至限於下，以上減下，餘以乘上，進二位，滿三百四十三而一，所得，爲刻差；以午前、後分乘而倍之，如半法而一，爲刻差定數。冬至後食甚在午前，夏至後食甚在午後，交初以加，交中以減。冬至後食甚在午後，夏至後食甚在午前，交初以減，交中以加。如半法而一，所得，在刻差已上者，卽倍刻差，以所得之數減之，餘爲刻差定數，依其加減。

求朔入交定日：置朔入交常日及餘秒，以氣、刻差定數各加減之，交初加三千一百，交中減三千，爲朔入交定日及餘秒。

求望入交定日：置望入轉朏朒定數，以交率乘之，如交數而一，所得，以朏減朒加入交常日之餘，滿與不足，進退其日，卽望入交定日及餘秒。

求月行入陰陽曆：視其朔、望入交定日及餘秒，如在中日及餘秒已下爲月在陽曆；如中日及餘秒已上，減去中日，爲月在陰曆。

求入食限交前後分：視其朔、望月行入陰陽曆，不滿日者爲交後分；在十三日上下

中華書局

者覆減交中日，爲交前分；視交前、後分各在食限已下者爲入食限。

求日食分：以交前、後分各減陰陽曆食限，餘如定法而一，爲日食之大分；不盡，退除爲小分。命大分以十爲限，卽得日食之分。其食不及大分者，行勢稍近交道，光氣微有映蔽，其日或食或不食。

求月食分：視其望交前、後分，如二千四百已下者，食既；已上，用減食限，餘如定法而一，爲月食之大分；不盡，退除爲小分。命大分以十爲限，得月食之分。

求日食汎用分：置交前、後分，自相乘，退二位，陽曆一百九十八而一，陰曆三百一十七而一，所得，用減五百八十三，餘爲日食汎用分。

求月食汎用分：置交前、後分，自相乘，退二位，如七百四而一，所得，用減六百五十六，餘爲月食汎用分。

求日月食定用分：置日、月食汎用分，副之，以食甚加時入轉算外損益率乘之，如日法而一，如算外在四、七日者，依食定餘求之。所得，應朒者依其損益，應朓者益減損加其副，卽爲日月食定用分。

求月食既內外分：置月食交前、後分，自相乘，退二位，如二百四十九而一，所得，用減二百三十一，餘以定用分乘之，如汎用分而一，爲月食既內分；用減定用分，餘爲既外分。

求日月食虧初復滿小餘：置日、月食甚小餘，各以定用分減之，爲虧初；加之，爲復滿；其月食既者，以既內分減之，爲初既；加之，爲生光：卽各得所求小餘。如求時刻，依食甚術入之。

求月食更點法：置月食甚所入日晨分，倍之，減去七百二十九，餘五約之，爲更法；又五除之，爲點法。

求月食入更點：置虧初、食甚、復末小餘，在晨分已下加晨分，昏分已上減去昏分，餘以更法除之爲更數，不滿，以點法除之爲點數。其更數命初更，算外，卽各得所入更、點。

求日食所起：日在陽曆，初起西南，甚於正南，復於東南；日在陰曆，初起西北，甚於正北，復於東北。其食八分已上，皆起正西，復於正東。此據午地而論之。

求月食所起：月在陽曆，初起東北，甚於正北，復於西北；月在陰曆，初起東南，甚於正南，復於西南。其食八分已上，皆起正東，復於正西。此亦據午地而論之。

求日月出入帶食所見分數：各以食甚小餘與日出、入分相減，餘爲帶食差；以乘所食之分，滿定用分而一，如月食既者，以既內分減帶食差，餘進一位，如既外分而一，所得，以減既分，卽月帶食出入所見之分，不及減者，爲帶食既出入。以減所食分，卽日月出、入帶食所見之分。其食甚在晝，晨爲漸進，昏爲已退；其食甚在夜，晨爲已退，昏爲漸進。

求日月食甚宿次：置食甚日行積度，望卽更加半周天。以天正冬至加時黃道日度加而命

之，卽各得日、月食甚宿度及分。

步五星

木星周率：二百九十萬七千八百七十九、秒六十四。

周差：二十四萬五千二百五十三、秒六十四。

曆率：二百六十六萬二千六百三十六、秒二十二。

周日：三百九十八、約分八十八、秒六十。

曆度：三百六十五、約分二十四、秒五十。

曆中度：一百八十二〔二〕、約分六十二、秒二十五。

曆策度：一十五、約分二十一、秒八十五。

伏見度：一十三。

段目	常日	常度	限度	初行率
合伏	十六日八十六	三度八十六	二度九十三	二十三二十五
晨疾初	二十八日	六度一十一	四度六十四	二十二五十四
晨疾末	二十八日	五度五十一	四度一十九	二十一一十一
晨遲初	二十八日	四度三十一	三度三十八	一十八二十五
晨遲末	二十八日	一度九十一	一度四十五	一十二五十三
晨留	二十四日			
晨退	四十六日五十八三十	四度八十七八十八	度空三十三一十二	一十五
夕退	四十六日五十八三十	四度八十七八十八	度空三十三一十二	一十五七十五
夕留	二十四日			
夕遲初	二十八日	一度九十一	一度四十五	
夕遲末	二十八日	四度三十八	三度二十八	一十二五十三
夕疾初	二十八日	五度五十一	四度一十九	一十八二十五
夕疾末	二十八日	六度一十一	四度六十四	二十一一十一
夕伏	十六日八十六	三度八十六	二度九十三	二十二五十四

木星盈縮曆

策數	損益率	盈積度	損益率	縮積度
一	益一百五十九	初	益一百五十九	初
二	益一百四十二	一度五十九	益一百四十二	一度五十九
三	益一百二十	三度一	益一百二十	三度一
四	益九十三	四度二十一	益九十三	四度二十一
五	益六十一	五度一十四	益六十一	五度一十四
六	益二十四	五度七十五	益二十四	五度七十五
七	損二十四	五度九十九	損二十四	五度九十九
八	損六十一	五度七十五	損六十一	五度七十五
九	損九十三	五度一十四	損九十三	五度一十四
十	損一百二十	四度二十一	損一百二十	四度二十一
十一	損一百四十二	三度一	損一百四十二	三度一
十二	損一百五十九	一度五十九	損一百五十九	一度五十九

火星周率：五百六十八萬五千六百八十七、秒六十四。

周差：三十六萬四百一十四、秒四十四。

曆率：二百六十六萬二千六百四十七、秒二十。

周日：七百七十九、約分九十二、秒九十七。

曆度：三百六十五、約分二十四、秒六十五。

曆中度：一百八十二、約分六十二、秒三十二半。

曆策度：一十五〔三〕、約分二十一、秒八十六。

伏見度：一十九。

段目	常日	常度	限度	初行率
合伏	六十七日	四十八度	四十五度四十八	七十一九十二
晨疾初	六十三日	四十四度六十	四十二度二十六	七十一三十六
晨疾末	五十八日	四十度九	三十七度九十九	七十二十四
晨次疾初	五十二日	三十四度六	三十二度三十二	六十八
晨次疾末	四十五日	二十六度三十二	二十四度九十九	六十三
晨遲初	三十七日	十六度六十八	十五度八十	五十四
晨遲末	二十八日	五度七十五	五度四十五	三十七二十六
晨留	十一日			
晨退	二十八日九十六四十八半	八度一十五六十九半	三度五三十半	
夕退	二十八日九十六四十八半	八度一十五六十九半	三度五三十半	四十一三十
夕留	十一日			
夕遲初	二十八日	五度七十五	五度四十五	
夕遲末	二十七日	十六度六十八	十五度八十	三十七二十六
夕次疾初	四十五日	二十六度三十二	二十四度九十九	五十四
夕次疾末	五十二日	三十四度六	三十二度三十二	六十三
夕疾初	五十八日	四十度九	三十七度九十九	六十八
夕疾末	六十三日	四十四度六十	四十二度二十六	七十二十四
夕伏	六十七日	四十八度	四十五度四十八	七十一三十六

火星盈縮曆

策數	損益率	盈積度	損益率	縮積度
一	益一千一百六十	初	益四百五十八	初
二	益八百	十一度六十	益四百五十三	四度五十八
三	益四百六十四	十九度六十	益四百三十三	九度一十一
四	益一百五十二	二十四度二十四	益三百九十六	十三度四十
五	損五十七	二十五度七十九	益三百四十一	十七度四十
六	損一百七十二	二十五度一十九	益二百六十六	二十度八十一
七	損二百六十六	二十三度二十七	益一百七十二	二十三度四十七

中華書局

二十四史

八	損三百四十一	二十度八十一	益五十七	二十五度一十九
九	損三百九十六	十七度四十	損一百五十二	二十五度七十六
十	損四百三十三	十三度四十四	損四百六十四	二十四度二十四
十一	損四百五十三	九度一十一	損八百	一十九度六十
十二	損四百五十八	四度五十八	損一千一百六十	一十一度六十

土星周率：二百七十五萬六千二百八十八、秒七十八。

周差：九萬三千六百六十二、秒七十八。

曆率：二百六十六萬九千九百二十五、秒九十。

周日：三百七十八、約分九、秒一十七。

曆度：三百六十六、約分二十四、秒四十九。

曆中度：一百八十三、約分一十二、秒二十四半。

曆策度：一十五、約分二十六、秒二。

伏見度：一十七。

段目	常日	常度	限度	初行率
合伏	十九日四十八	二度四十八	一度五十六	一十三十
晨疾	二十七日五十	三度二十二	二度二	一十二四十
晨次疾	二十七日五十	二度六十四	一度六十五	一十一
晨遲	二十七日五十	一度四十八	空度九十一	八二十
晨留	三十六日			
晨退	五十一日六五十八	三度三十九六十	空度二十八四十	
夕退	五十一日六五十八	三度三十九六十	空度二十八四十	九七十五
夕留	三十六日			
夕遲	二十七日五十	一度四十八	空度九十一	
夕次疾	二十七日五十	二度六十四	一度六十五	八二十
夕疾	二十七日五十	三度二十二	二度二	一十一
夕伏	十九日四十八	二度四十八	一度五十六	一十二四十

土星盈縮曆

策數	損益率	盈積度	損益率	縮積度
一	益二百一十三	初	益一百六十三	初
二	益一百九十七	二度一十三	益一百四十九	一度六十三
三	益一百六十八	四度一十	益一百二十八	三度一十二
四	益一百二十八	五度七十八	益一百	四度四十
五	益八十一	七度六	益六十五	五度四十
六	益三十三	七度八十七	益二十三	六度五
七	損三十三	八度二十	損二十三	六度二十八
八	損八十一	七度八十七	損六十五	六度五
九	損一百二十八	七度六	損一百	五度四十
十	損一百六十八	五度七十八	損一百二十八	四度四十
十一	損一百九十七	四度一十	損一百四十九	三度一十二
十二	損二百一十三	二度一十三	損一百六十三	一度六十三

金星周率：四百二十五萬六千六百五十一、秒四十三半。

合日：二百九十一、約分九十五、秒一十四。

曆率：二百六十六萬二千六百九十六、秒一十六。

周日：五百八十三、約分九十、秒二十八。

曆度：三百六十五、約分二十五、秒三十二。

曆中度：一百八十二、約分六十二、秒六十六。

曆策度：一十五、約分二十一、秒八十九。

伏見度：一十半。

段目	常日	常度	限度	初行率
合伏	三十九日二十五	四十九度七十五	四十七度七十六	一百二十七
夕疾初	四十七日七十五	六十度一十六五十	五十七度七十六	一百二十六五十
夕疾末	四十七日七十五	五十九度三十九	五十七度一	一百二十五五十

中華書局

二十四史

夕次疾初	四十七日七十五	五十七度空	五十四度七十二	一百二十三二十五
夕次疾末	二十九日二十五	四十二度二十九	四十度六十	一百一十五五十
夕遲初	二十九日二十五	二十四度七十二	二十三度七十三	一百
夕遲末	一十八日二十五	六度九十三五十	六度六十六	六十九
夕留	七日			
夕退	九日七十一十四	三度七十九八十六	一度六十九一十四	
夕伏退	六日	四度五十	二度二	六十八
合伏退	六日	四度五十	二度二	八十二
晨退	九日七十一十四	三度七十九八十六	一度六十九一十四	六十八
晨留	七日			
晨遲初	一十八日二十五	六度九十三五十	六度六十六	空
晨遲末	二十九日二十五	二十四度七十二	二十三度七十三	六十九

晨次疾初	三十九日二十五	四十二度二十九	四十度六十	一百
晨次疾末	四十七日七十五	五十七度空	五十四度七十二	一百一十五五十
晨疾初	四十七日七十五	五十九度三十九	五十七度一	一百二十三二十五
晨疾末	四十七日七十五	六十度一十六五十	五十七度七十六	一百二十五五十
晨伏	三十九日二十二	四十度七十五	四十七度	一百二十六五十

金星盈縮曆

策數	損益率	盈積度	損益率	縮積度
一	益五十二	初	益五十二	初
二	益四十八	空度五十二	益四十八	空度五十二
三	益四十一半	一度	益四十一半	一度
四	益三十二半	一度四十一半	益三十二半	一度四十一半
五	益二十一	一度七十四	益二十一	一度七十四

六	益七	一度九十五	益七	一度九十五
七	損七	二度二	損七	二度二
八	損二十一	一度九十五	損二十一	一度九十五
九	損三十二半	一度七十四	損三十二半	一度七十四
十	損四十一半	一度四十一半	損四十一半	一度四十一半
十一	損四十八	一度	損四十八	一度
十二	損五十二	空度五十二	損五十二	空度五十二

水星周率：八十四萬四千七百三十八、秒五。

合日：五十七、約分九十三、秒八十一。

曆率：二百六十六萬二千七百九十四、秒九十五。

周日：一百一十五、約分八十七、秒六十二。

曆度：三百六十五、約分二十六、秒六十八。

曆中度：一百八十二、約分六十三、秒三十四。

曆策度：一十五、約分二十一、秒九十四半。

晨伏夕見：一十四。

夕伏晨見：一十九。

段日	常日	常度	限度	初行率
合伏	十五日	二十九度	二十四度三十六	二百五
夕疾	十五日	二十三度七十五	一十九度九十五	一百八十一六十六
夕遲	十五日	一十三度二十五	一十一度一十三	一百三十五
夕留	二日			
夕伏退	一十日	八度	二度	
合伏退	一十日	八度	二度	一百八
晨留	二日			
晨遲	一十五日	一十三度二十五	一十一度一十三	
晨疾	一十五日	二十三度七十五	一十九度九十五	一百三十五

中華書局

晨伏	二十五日	二十九度	二十四度三十四	一百八十一

水星盈縮曆

策數	損益率	盈積度	損益率	縮積度
一	益五十七	空度	益五十七	空度
二	益五十三	空度五十七	益五十三	空度五十七
三	益四十五	一度一十	益四十五	一度一十
四	益三十五	一度五十五	益三十五	一度五十五
五	益二十二	一度九十	益二十二	一度九十
六	益八	二度一十二	益八	二度一十二
七	損八	二度二十	損八	二度二十
八	損二十二	二度一十二	損二十二	二度一十二
九	損三十五	一度九十	損三十五	一度九十
十	損四十五	一度五十五	損四十五	一度五十五
十一	損五十三	一度一十	損五十三	一度一十
十二	損五十七	空度五十七	損五十七	空度五十七

推五星天正冬至後平合及諸段中積中星：置氣積分，各以其星周率除之，所得，周數；不盡者，爲前合；以減周率，餘滿日法爲日，不滿，退除爲分秒，卽其星天正冬至後平合中積；命之爲平合中星，以諸段常日、常度累加之，卽諸段中積、中星；其段退行者，以常度減之，卽其段中星。

求木火土三星平合諸段入曆：置其星周數，求冬至後合，皆加一數置之。以周差乘之，滿其星曆率去之，不盡，滿日法爲度，不滿，退除爲分秒，卽爲其星平合入曆度及分秒。以其段限度依次累加之，卽得諸段入曆。

求金水二星平合及諸段入曆：置氣積分，各以其星曆率去之，不盡，滿日法除之爲度，不滿，退除爲分秒，以加平合中星，卽爲其星天正冬至後平合入曆度及分秒；以其星其段限度依次累加之，卽得諸段入曆。

求五星平合及諸段盈縮定差：各置其星其段入曆度及分，如曆中已下爲在盈；已上，

減去曆中，餘爲在縮；以其星曆策除之爲策數，不盡，爲入策度及分；命策數，算外，以其策損益率乘之，如曆策而一爲分，分滿百爲度；以損益其下盈縮積，卽其星其段盈縮定差。

求五星平合及諸段定積：各置其星其段中積，以其段盈縮定差盈加縮減之，卽其段定積日及分；以天正冬至大餘及約分加之，卽爲定日及分；盈紀法六十去之，不盡，命己卯，算外，卽得日辰。

求五星平合諸段所在月日：各置其段定積，以天正閏日及約分加之，滿朔策及約分除之爲月數，不盡，爲入月已來日數及分。其月數命天正十一月，算外，卽其星其段入其月經朔日數及分，乃以日辰相距爲定朔月、日。

求五星平合及諸段加時定星：各置其段中星，以其段盈縮定差盈加縮減之，金星倍之，水星三之，乃可加減。卽五星諸段定星；以天正冬至加時黃道日度加而命之，卽其星其段加時所在宿度及分秒。五星皆因前留爲前段初日定星，後留爲後段初日定星，餘依術算。

求五星諸段初日晨前夜半定星：各以其段初行率乘其段加時分，百約之，乃以順減退加其日加時定星，卽爲其段初日晨前夜半定星；加命如前，卽得所求。

求諸段日率度率：各以其段日辰距至後段日辰，爲其段日率；以其段夜半定星與後段

夜半定星相減，爲其段度率及分秒。

求諸段平行度：各置其段度率及分秒，以其段日率除之，爲其段平行度及分秒。

求諸段總差：各以其段平行分與後段平行分相減，餘爲汎差；併前段汎差，四因，退一位，爲總差。若前段無平行分相減爲汎差者，因後段初日行分與其段平行分相減，餘爲半總差；倍之，爲總差。若後段無平行分相減爲汎差者，因前段末日行分與其段平行分相減，餘爲半總差，倍之，爲總差。晨遲末段，視段無平行分，因前初段末日行分與晨遲末段平行分相減，爲半總差；其退行者，各置本段平行分，十四乘之，十五而一，爲總差。內金星依順段術入之，卽得所求。夕遲初段，視前段無平行分，因後末段初日行分與夕遲初段平行分相減，爲半總差。

求諸段初末日行分：各半其段總差，加減其段平行分，後段平行分多者，減之爲初，加之爲末；後段平行分少者，加之爲初，減之爲末。其在退行者，前減之爲初，加之爲末；後加之爲初，減之爲末。各爲其星其段初、末日行度及分秒。如前後段平行分俱多、俱少者，平注之；本段總差不滿大分者，亦平注之。

求每日晨前夜半星行宿次：置其段總差，減日率一，以除之，爲日差；累損益初日行分，後行分少，損之；後行分多，益之。爲每日行度及分秒；乃順加退減其段初日晨前夜半宿次命之，卽每日晨前夜半星行所在宿次。

中華書局

徑求其日宿次：置所求日，減一，半之，以日差乘而加減初行日分，後行分少，減之；後行分多，加之。以所求日乘之，爲積度；乃順加退減其段初日宿次，卽得所求日宿次。

求五星平合及見伏入氣：置定積，以氣策及約分除之爲氣數，不盡，爲入氣已來日數及分秒。其氣數命天正冬至，算外，卽五星平合及見、伏入氣日及分秒。其定積滿歲周日及分，去之，餘，在來年冬至後。

求五星合見伏行差：木、火、土三星，以其段初日星行分減太陽行分，餘爲行差。金、水二星順行者，以其段初日太陽行分減星行分，餘爲行差。金、水二星退行者，以其段初日星行分併太陽行分，爲行差。

求五星定合及見伏汎積：木、火、土三星，各以平合晨疾、夕伏定積，便爲定合定見、定伏汎積。金、水二星，各置其段盈縮定差，內水星倍之，以其段行差除之爲日，不滿，退除爲分秒，在平合夕疾、晨伏者，乃盈減縮加定積，爲定合定見、定伏汎積；在退合夕伏、晨見者，乃盈加縮減定積，爲定合定見、定伏汎積。

求五星定合定積定星：木、火、土三星，以平合行差除其日先後數，爲距合差日；以先後數減之，爲距合差度；以差日、差度後加先減其星定合汎積，爲其星定合日定積、定星。金、水二星順合者，以平合行差除其日先後數，爲距合差日；以先後數加之，爲距合差度；

以差日、差度先加後減其星定合汎積，爲其星定合日定積、定星。金、水二星退合者，以退合行差除其日先後數，爲距合差日；以減先後數，爲距合差度；以差日先減後加，以差度先加後減再定合汎積，爲其星再定合積星[三]。各以冬至大餘及約分加定積，滿紀法去之，命己卯，算外，卽得定合日辰；以冬至加時黃道日度加定星，依宿次去之，卽得定合所在宿次。

求木火土三星定見伏定積日：各置其星定見、伏汎積，晨加夕減象限日及分秒，如二至限已下自相乘，已上，覆減歲周，餘亦自相乘，百約爲分，以其星伏見度乘之，十五除之，爲差；其差如其段行差而一爲日，不滿，退除爲分秒，見加伏減汎積，爲定積；如前加命，卽得日辰。

求金水二星定見伏定日：夕見、晨伏，以行差除其日先後數，爲日；先加後減汎用積，爲常用積。晨見、夕伏，以行差除其日先後數，爲日；先減後加汎用積，爲常用積。如常用積在二至限已下爲冬至後；已上去之，餘爲夏至後。其二至後日及分在象限已下自相乘，已上，用減二至限，餘亦自相乘，如法而一，所得爲分；冬至後晨、夏至後夕，以十八爲法；冬至後夕、夏至後晨，以七十五爲法。以伏見度乘之、十五除之，爲差；滿行差而一爲日，不滿，退除爲分秒，加減常用積，爲定用積；加命如前，卽得定見、伏日辰。冬至後，晨見、夕伏加之，夕見、晨伏減之；夏至後，晨見、夕伏減之，夕見、晨伏加之。其水星，夕疾在大暑氣初日至立冬氣九日三十五分已下者，不見；晨留在大寒氣初日至立夏氣九日三十五分已下者，春不晨見，秋不夕見。

熙寧六年六月，提舉司天監陳繹言：「渾儀尺度與法要不合，二極、赤道四分不均，規、環左右距度不對，游儀重澀難運，黃道映蔽橫簫，遊規璺裂，黃道不合天體，天樞內極星不見。天文院渾儀尺度及二極、赤道四分各不均，黃道、天常環、月道映蔽橫簫，及月道不與天合，天常環相攻難轉，天樞內極星不見。皆當因舊修整，新定渾儀，改用古尺，均賦辰度，規、環輕利，黃赤道、天常環並側置，以北際當天度，省去月道，令不蔽橫簫，增天樞爲二度半，以納極星，規、環、二極，各設環樞，以便遊運。」詔依新式製造，置於司天監測驗，以較疏密。七年六月，司天監呈新製渾儀、浮漏於迎陽門，帝召輔臣觀之，數問同提舉官沈括，具對所以改更之理。尋又言：「準詔，集監官較其疏密，無可比較。」詔置於翰林天文院。七月，以括爲右正言，司天秋官正皇甫愈等賞有差。初，括上渾儀、浮漏、景表三議，見天文志，朝廷用其說，令改造法物、曆書。至是，渾儀、浮漏成，故賞之。

元豐五年正月，翰林學士王安禮言：「詳定渾儀官歐陽發所上渾儀、浮漏木樣，具新器之宜，變舊器之失，臣等竊詳司天監浮漏，疏謬不可用，請依新式改造。其至道皇祐渾儀、景

表亦各差舛，請如法條奏修正。」從之。元祐四年三月，翰林學士許將等言：「詳定元祐渾天儀象所先奉詔製造水運渾儀木樣，如試驗候天不差，卽別造銅器，今校驗皆與天合。」詔以銅造，仍以元祐渾天儀象爲名。將等又言：「前所謂渾天儀者，其外形圓，可偏布星度；其內有璣、有衡，可仰窺天象。今所建渾儀象，別爲二器，而渾儀占測天度之眞數，又以渾象置之密室，自爲天運，與儀參合。若幷爲一器，卽象爲儀，以同正天度，則渾天儀象兩得之矣。請更作渾天儀。」從之。七年四月，詔尚書左丞蘇頌撰渾天儀象銘。六月，元祐渾天儀象成，詔三省、樞密院官閱之。紹聖元年十月，詔禮部、祕書省，卽詳定製造渾天儀象所，以新舊渾儀集局官同測驗，擇其精密可用者以聞。

宣和六年七月，宰臣王黼言：

臣崇寧元年邂逅方外之士于京師，自云王其姓，面出素書一，道璣衡之制甚詳。比嘗請令應奉司造小樣驗之，踰二月，乃成璿璣，其圓如丸，具三百六十五度四分度之一，置南北極、崑崙山及黃、赤二道，列二十四氣、七十二候、六十四卦、十干、十二支、晝夜百刻，列二十八宿、幷內外三垣、周天星。日月循黃道天行，每天左旋一周，日右旋一度，冬至南出赤道二十四度，夏至北入赤道二十四度，春秋二分黃、赤道交而出卯入酉。月行十三度有餘，生明于西，其形如鉤，下環，西見半規，及望而圓；既望，西缺

下環，東見半規，及晦而隱。某星始見，某星已中，某星將入，或左或右，或遲或速，皆與天象脗合，無纖毫差。玉衡植於屏外，持扼樞斗，注水激輪，其下爲機輪四十有三，鈎鍵交錯相持，次第運轉，不假人力，多者日行二千九百二十八齒，少者五日行一齒，疾徐相遠如此，而同發于一機，其密殆與造物者侔焉。自餘悉如唐一行之制。然一行舊制機關，皆用銅鐵爲之，澀即不能自運，今制改以堅木若美玉之類。舊制外絡二輪，以綴日月，而二輪蔽虧星度，仰視躔次不審，今制日月皆附黃道，如蟻行磑上。舊制雖有合望，而月體常圓，上下弦無辨，今以機轉之，使圓缺隱見悉合天象。舊制止有候刻辰鐘鼓，晝夜短長與日出入更籌之度，皆不能辨，今制爲司辰壽星，運十二時輪，所至時刻，以手指之，又爲燭龍，承以銅荷，時正吐珠振荷，循環自運。其制皆出一行之外。即其器觀之，全象天體者，璿璣也；運用水斗者，玉衡也。昔人或謂璣衡爲渾天儀，或謂有璣而無衡者爲渾天象，或謂渾儀望筒爲衡：皆非也。甚者莫知璣衡爲何器。唯鄭康成以運轉者爲璣，持正者爲衡，以今制考之，其說最近。

又月之晦明，自昔弗燭厥理，獨揚雄云：「月未望則載魄于西，既望則終魄于東，其遡於日乎？」京房云：「月有形無光，日照之乃光。」始知月本無光，遡日以爲光。本朝沈括用彈況月，粉塗其半，以象對日之光，正側視之，始盡圓缺之形。今制與三者之說

若合符節。宜命有司置局如樣製，相阯於明堂或合臺之內，築臺陳之，以測上象。又別製三器，一納御府，一置鐘鼓院，一備車駕行幸所用。仍著爲成書，以詔萬世。詔以討論制造璣衡所爲名，命黼總領，內侍梁師成副之。

校勘記

〔一〕曆中度一百八十二　「二」原作「五」。按二除曆度，得曆中度一百八十二、約分六十二、秒二十五，原「五」字誤，故改。

〔二〕曆策度一十五　「一」原作「二」。按二十四除曆度，得曆策度一十五、約分二十一、秒八十六，原「二」字誤，故改。

〔三〕爲其星再定合積星　據上文，疑本句應作「爲其星再定合日定積、定星」。

宋史卷八十一

志第三十四

律曆十四

中原既失，禮樂淪亡。高宗時，胡銓者審律論，曰：

臣聞司馬遷有言曰：「六律爲萬事根本，其於兵械尤所重，望敵知吉凶，聞聲效勝負，百王不易之道也。」臣嘗深愛遷之言律於兵械爲尤重，而深惜後之談兵者止以戰鬥、擊刺、奇謀，此律之所以汨陳而學者未嘗道也。

夫律、度、量、衡，古也淵源於馬遷，濫觴於班固，劉昭抱其流，孟康、京房、錢樂之之徒汨其泥而揚其波。遷之言曰，黃鐘之實八十一以爲宮，而以九爲法，實如法，得長一寸，則黃鐘爲九寸矣。黃鐘之實十七萬七千一百四十七，而以一萬九千六百八十三爲法，實如法，亦得長一寸，亦黃鐘爲九寸也。然則十七萬七千一百四十七與夫所謂

八十一者，雖多少之不同，而其實一也；萬九千六百八十三與夫所謂九者，雖多少之不同，而其法一也。又曰，丑二，寅八，卯十六，辰六十四。夫丑與卯，陰律也；寅與辰，陽律也。生陰律者皆二，所謂下生者倍其實；生陽律者皆四，所謂上生者四其實。遷之言財數百，可謂簡矣，而後之言律者祖焉，是不亦淵源於馬遷乎？

固之言曰，黃鐘之實，八百一十分。蓋遷意也。然以林鐘之實五百四十，而乃以爲六百四十，林鐘、太蔟之實以其長自乘，則聲雖有，小同於黃鐘之宮耳。然則魏柴玉〔一〕製律，而與黃鐘商、徵不合，其失兆此矣。夫自子一分，終於亥十七萬七千一百四十七分，蓋遷術也。而固亦曰，太極元氣，函三爲一，始動於子，參之於丑，歷十二辰之數，而得黃鐘之實，以爲陰陽合德，化生萬物。其說蓋有本矣。然其言三分蕤賓損一，下生大呂，而不言夫所謂濁倍之變何？夫蕤賓之比於大呂，則蕤賓清而大呂濁，今又損三分之一以生大呂，則大呂之聲乃清於蕤賓，是不知夫倍大呂之濁。然則蕭衍之論，至於夾鐘而裁長三寸七分，其失兆此矣。是不亦濫觴於班固乎？

昭之言曰，推林鐘之實至十一萬八千九十八、太蔟之實至十五萬七千四百六十四，二乘而三約之者，爲下生之實；四乘而三約之者，爲上生之實。此遷、固之意，昭則詳矣。然以蕤賓爲上生大呂，而大呂乃下生夷則，何也？蓋昭之說陽生陰爲下生，

陰生陽爲上生。今以甤賓爲上生大呂，則是陽生陰，乃上生也；以大呂爲下生夷則，是陰生陽，乃下生也。其蔽亦由不知夫大呂有濁倍之變，則其覛遷、固去本遠矣。是不亦挹其流於劉昭乎？

若夫孟康、京房、錢樂之之徒，則又大不然矣。夫班固以八十一分爲黃鐘之實，起十二律之周徑，度其長以容其實，初未嘗有徑三圍九之說也。康之徒惑於八十一分之實，以一寸爲九十分，而不察方圓之異，於是有徑三圍九之論興焉。天律之形圓，如以爲徑三圍九，則刓其四用之方，而不足於九分之數，以之容黍，豈能至於千二百哉！然則所謂圍九，方分也。何以知之？知龠之方，則知黃鐘之分亦方也。固雖無明說，其論洛下閎起曆之法曰：「律容一龠，積八十一寸，則一日之分也。」夫八十一寸者，是乃八百一十分，以千二百黍納之龠中，則不搖而自滿，是無異黃鐘之容也。龠之制，方寸而深八分。一龠之方，則黃鐘之分，安得而不方哉！圍九方分而圜之，則徑不止於三分矣。故夫徑三圍九之說，孟康爲之也。

然由律生呂，數十有二，止矣；京氏演爲六十，錢樂之廣爲三百六十，則與黃帝之說悖矣。蓋樂之用淮南之術，一律而生五音，十二律而爲六十音，而六之，故三百六十音，以當一歲之日。以黃鐘、太蔟、姑洗、林鐘、南呂生三十有四，以大呂、夾鐘、中呂、

甤賓、夷則、無射生二十有七，應鐘生二十有八，始於包育，而終於安運。然由黃鐘迄于壯進百有五十，則三分損一焉以下生；由依行迄于億兆二百有九，則三分益一焉以上生；惟安運爲終而不生。其言與黃帝之法大相牴牾。自遷、固而下，至是雜然莫適爲主，至五季王朴而後議少定，沈括、蔣之奇論之當矣。是不亦汩其泥而揚其波乎？

嗚呼！律也者，固以實爲本而法爲末，陛下修其實於上，而有司方定其法於下，以協天地中和之聲，則夫數子者，其說有可考焉，臣敢輕議哉！

淳熙間，建安布衣蔡元定著律呂新書，朱熹稱其超然遠覽，奮其獨見，爬梳剔抉，參互考尋，推原本根，比次條理，管括機要，闡究精徵。其言雖多出於近世之所未講，而實無一字不本於古人之成法。其書有律呂本原、律呂證辨。本原者，黃鐘第一，黃鐘之實第二，黃鐘生十二律第三，十二律之實第四，變律第五，律生五聲圖第六，變聲第七，八十四聲圖第八，六十調圖第九，候氣第十，審度第十一，嘉量第十二，謹權量第十三。證辨者，造律第一，律長短圍徑之數第二，黃鐘之實第三，三分損益上下相生第四，和聲第五。權臣既誣元定以僞學，貶死舂陵，雖有其書，卒爲空言，嗚呼惜哉！

久之，宜春歐陽之秀復著律通，其自序曰：

自律呂之度數不見於經，而釋經者反援漢志以爲據，蓋濫觴於管子、呂氏春秋，流衍於淮南子、司馬遷之書，而波助於劉歆、京房之學。班固漢志，盡歆所出也；司馬彪志，盡房所出也。後世協律者，類皆執守以爲定法。歷代合樂，不爲無人，而終不足以得天地陰陽之和聲，所以不能追還於隆古之盛者，大抵由三分損益之說拘之也。夫律固不能舍損益之說以求之，由其有損有益，而後有上生下生之異。至其專用三分以爲損益之法則失之，未免乎聲與數之不相合，有非天成之自然耳。

蓋嘗因其損益、上下生之義，而去其專用三分之蔽，乃多爲分法以求之，自黃鐘以往，其下生者盈十，而上生者止一而已。此其數之或損或益，出於自然，而與舊法固不侔矣。若謂相生之法，一下必一上，既上而復下，則其法之窮也，於甤賓、大呂間見之。夫黃鐘而降，轉以相生，至於姑洗則下生應鐘，而應鐘之上生甤賓者，法也。今乃甤賓之生大呂，又從而上生焉，此班志所載，所以變其說爲下生大呂，而大呂之長遂用倍法矣。夫律之相生而用倍法，猶爲有理，獨專用三分以爲損益，則律之長短，不中乎天地自然之數爾。

生律之分，蓋不止於三分損益之一端，以一律而分爲三，此生律之極數，特一求徵

聲之法耳。苟以三分損益，一下生而一上生，則聲律殆無窮矣，何至於十二而止也乎。夫十二律之生也，十律皆下生，一律獨上生。唯其下生者，損之極也，而後上生者益焉。上生則律窮矣，此窮上反下、窮下反上之理也。琴一弦之間具十二律，皆用下生之法，而末以上生法終之。若以七弦而緊慢之爲旋宮之法，則應鐘一均之律，宮聲之外，多用倍法生一律矣。此天地聲音自然而然，不可拘於一而不知通變也。故正律止於十二而已。

竊意十二律之度數，當具於周禮之多官，如考工記鳧氏爲鐘、磬氏爲磬之類，各有一職。然多官一篇既亡，則世無以考其度數之詳，而三分損益之說散見於書傳者，恐或得之目擊而不及識其全，或得之口授而未能究其誤，或求諸耳決而不能究其眞，因是遂著爲定論。夫人皆以爲法之盡善矣，豈知三分損益所生之律，乃僅得其聲之近似而未眞。蓋非師曠之聰，則耳不能齊，其聲之近似者，足以惑人之聽，是以不復求其法之未盡善者。此蔡邕所以不如耳決之明者，亦不能盡信其法也。

後世之制樂者，不知律法之固有未善，而每患其聲音高下之不協，以至取古昔遺亡之器而求之，蓋亦不知本矣。聲以數而傳，數以聲而定，二者皆有自然之則。如侈者聲必咋，弇者聲必鬱，高者數必短，下者數必長。侈弇者，數也，未聞其聲而已知

其有咋鬱之分；高下者，聲也，未見其數已知其有長短之異。故不得其自然之聲，則數不可得而考；不得其自然之數，則聲不可得而言。今之制律者，不知出此，而顧先區區於秬黍之縱橫、古尺之修短、斛斗之廣狹、鐘磬之高下課之，是何足以得其聲之和哉！

邵雍曰：「世人所見者，漢律曆耳。」然則三分損益之法爲未善，亦隱然矣。近世蔡元定特著一書，可謂究心，然其說亦有可用與否。其可用者，多其所自得，而又有證於古，凡載於吾書者可見矣；其否者，皆由習熟於三分上下生之說，而不於聲器之近似者察之也。豈嘗察之而未有法以易之乎？此律通之所以作也。

蓋律之所以長短，不止乎三分損益之一端，自四分以往，推而至於有二十分之法。管之所以廣狹，必限於千二百黍之定數，因其容受有方分、圓分之異，與黍體不相合，而遂分辨其空龠有實積、隙積之理。其還相爲宮之法，有以推見其爲一陰一陽相繼之道，而非一上一下相生之謂也。

嗟乎！觀吾書者，能知其數之出於自然而然，則知由先漢以前至于今日，上下幾二千年，凡史傳所述三分損益一定之說者，可以删而去之矣。使其說之可用也，則累世律可協，樂可和，何承天、劉焯輩不改其法矣。故京房六十律不足以和樂，而況錢樂

之衍爲三百六十之非法，徒增多而無用乎？是其數非出於自然之無所加損，而徒欲傅會於當期之日數云爾。

古之聖人所以定律止於十二者，自然之理數也。苟不因自然之理數，則以三分損益之法衍之，聲律殆不特三百六十而已也，而況京房之六十乎？且房之律，吾意其自爲之也，而託言受之焦延壽，以欺乎人，以售其說。使律法之善，何必曰受諸人？律法不善矣，雖焦延壽何益哉！所謂善不善者，亦顧其法之可用與否耳。曩者，魏漢津嘗創用指尺以制律，乃竊京房之故智，上以取君之信，下以遏人之議，能行之於一日，豈能使一世而用之乎？

今律通之作，其數之損益可以互相生，總爲百四十四以爲之體，或變之，又可得二百一十有六以爲之用，乾坤之策具矣。世不用則已，用則聲必和，亦因古黃鐘九寸法審之，以人物之聲而稍更定之耳。或曰：「律止十二，胡爲復衍百四十四律乎？」應之曰：「十二者，正聲也；百四十四者，變聲也。使不爲百四十四者，何以見十二宮七聲長短之有定數，而宮、商、角、徵、羽清濁之有定分乎？其要主於和而已。故有正聲則有變聲也，通其變然後可與論律矣。」

律通上下二篇：十二律名數第一，黃鐘起數第二，生律分正法第三，生律分變法第四，正變生律分起算法第五，十二宮百四十四律數第六，律數傍通法第七，律數傍通別法第八，九分爲寸法辨第九、第十，五十九律會同第十一，空圍龠實辨第十二，十二律分陰陽圖說第十三，陽聲陰聲配乾坤圖第十四，五聲配五行之序第十五，七聲配五行之序第十六，七聲分類第十七，十二宮七聲倡和第十八，六十調圖說第十九，辨三律聲法第二十。眞德秀、趙以夫皆盛稱之。

舒州桐城縣丞李如箎作樂書，評司馬光、范鎭所論律，曰：

鎭得蜀人房庶言尺法，庶言：「嘗得古本漢書，云：『度起於黃鐘之長，以子穀秬黍中者，一黍之起，積一千二百黍之廣，度之九十分，黃鐘之長，一爲一分。』今文脫去『之起積一千二百黍』八字，故自前世累黍爲之，縱置之則太長，橫置之則太短。今新尺橫置之不能容一千二百黍，則大其空徑四氂六毫，是以樂聲太高，皆由儒者誤以一黍爲一分，其法非是。不若以千二百黍實管中，隨其短長斷之，以爲黃鐘九寸之管九十分，其長一爲一分，取三分以度空徑，數合則律正矣。」鎭盛稱此論，以爲先儒用意皆不能到。其意謂制律之法，必以一千二百黍實黃鐘九寸之管九十分，其管之長一爲一分，是度由律起也。光則據漢書正本之「度起於黃鐘之長。以子穀秬黍中者，一黍之廣，度之九

十分〔二〕，黃鐘之長，一爲一分。」本無「之起積一千二百黍」八字。其意謂制律之法，必以一黍之廣定爲一分，九十分則得黃鐘之長，是律由度起也。

書云：「同律、度、量、衡。」先言律而後及度、量、衡，是度起於律，信矣。然則鎭之說是，而光之說非也。然庶之論積一千二百黍之廣之說則非，必如其說，則是律非起於度而起於量也。光之說雖非先王作律之本，而後之爲律者，不先定其分寸，亦無以起律。又其法本之漢志之文，則光之說亦不得謂其非是也。

故嘗論之，律者，述氣之管也。其候氣之法，十有二月，每月爲管，置於地中。氣之來至，有淺有深，而管之入地者，有短有長。十二月之氣至，各驗其當月之管，氣至則灰飛也。其爲管之長短，與其氣至之淺深，或不相當則不驗。上古之聖人制爲十二管，以候十二辰之氣，而十二辰之音亦由之而出焉。以十二管較之，則黃鐘之管最長，應鐘之管至短；以林鐘比於黃鐘，則短其三分之一；以太蔟比之林鐘，則長其三分之一；其餘或長或短，皆上下於三分之一之數。其默符於聲氣自然之應者如此也，當時惡睹所謂三分損益哉！又惡睹夫一千二百黍爲黃鐘容受之量與夫一黍之廣一爲一分之說哉！古之聖人既爲律矣，欲因之以起度、量、衡之法，遂取秬黍之中者以實黃鐘之管，滿龠傾而數之，得黍一千有二百，因以制量；以一黍之廣而度之，得黃鐘管九十分

之一，因以起度；以一龠之黍之重而兩之，因以生衡。去古既遠，先王作律之本始，其法不傳，而猶有所謂一千二百黍爲一龠容受之量與夫一黍之廣一爲一分者可考也。推其容受而度其分寸，則律可得而成也。先王之本於律以起度、量、衡者，自源而生流也；後人以度、量、衡而起律者，尋流而及源也。

光、鎮爭論往復，前後三十年不決，大概言以律起度，以度起律之不同。鎮深闢光以度起律之說，不知後世舍去度數，安得如古聖人默符聲氣之驗，自然而成律也哉！至若庶之增益漢志八字以爲脫誤，及其他紛紛之議，皆穿鑿以爲新奇，雖鎮力主之，非至當之論有補於律法者也。

如篪書曰樂本，曰樂章。

沙隨程迥著三器圖議，曰：「體有長短，所以起度也；受有多寡，所以生量也；物有輕重，所以用權也。是器也，皆準之上黨羊頭山之秬黍焉。以之測幽隱之情，以之達精微之理。推三光之運，則不失其度；通八音之變，則可召其和。以辨上下則有品，以分隆殺則有節。凡朝廷之出治，生民之日用，未有頃刻不資焉者也。古人以度定量，以量定權，必參相得，然後黃鐘之律可求，八音五聲從之而應也。皇祐中，阮逸、胡瑗累黍定尺，既大於周

尺，姑欲合其量也，然竟於權不合，乃謂黍稱二兩，已得官稱一兩，反疑史書之誤。及韓琦、丁度詳定，知逸、瑗之失，亦莫能以三器參相攷也。」

先是，鎮上封事曰：「樂者，和氣也；發和氣者，音聲也。音聲生於無形，故古人以有形之物傳其法，俾後人參考之。有形者何？秬黍也，律也，尺也，龠也，鬴也，斛也，算數也，權稱也，鐘也，磬也，是十者必相合而不相戾，而後爲得也。」迥謂：「以黍定三器，則十者無不該。三者，尺爲之本。周尺也者，先儒攷其制，脗合者不一。至宋祁取隋書大業中歷代尺十五等，獨以周尺爲之本，以攷諸尺。韓琦嘉祐累黍尺二，其一亦與周尺相近。司馬備刻之於石，光舊物也。苟以是定尺，又以是參定權量，以合諸器，如挈裘而振其領，其順者不可勝數也。」

迥博學好古，朱熹深禮敬之。其後江陵府學教授廬陵彭應龍，既注漢律曆志，設爲問答，著鐘律辨疑三卷，至爲精密，發古人所未言者。

宋曆在東都凡八改，曰應天、乾元、儀天、崇天、明天、奉元、觀天、紀元。星翁離散，紀元曆亡，紹興二年，高宗重購得之，六月甲午，語輔臣曰：「曆官推步不精，今曆差一日，近得紀元曆，自明年當改正，協時月正日，蓋非細事。」

是歲，始議製渾儀。十一月，工部言，渾儀法要當以子午爲正，今欲定測樞極，合差局

官二員。詔差李繼宗等充測驗定正官，俟造畢進呈日，同參詳指說制度官丁師仁、李公謹入殿安設。三年正月壬戌，進呈渾儀木樣。壬申，太史局令丁師仁等言，省議東都渾儀四座：在測驗渾儀刻漏所曰至道儀，在翰林天文局曰皇祐儀，在太史局天文院曰熙寧儀，在合臺曰元祐儀，每座約銅二萬餘斤，今若半之，當萬餘斤。且元祐製造，有兩府提舉。時都司覆實，用銅八千四百斤。詔工部置物料，臨安府傭工匠，仍令工部長貳提舉。

五年，日官言，正月朔且日食九分半，虧在辰正。常州布衣陳得一言，當食八分半，虧在巳初，其言卒驗。侍御史張致遠言：「今歲正月朔日食，太史所定不驗，得一嘗爲臣言，皆有依據。蓋患算造者不能通消息、盈虛之奧，進退、遲疾之分，致立朔有訛。凡定朔小餘七千五百以上者，進一日。紹興四年十二月小餘七千六百八十，太史不進，故十一月小盡；今年五月小餘七千一百八十，少三百二十，乃爲進朔，四月大盡。建炎三年定十一月三十日甲戌爲臘，陰陽書曰，臘者，接也，以故接新，在十二月近大寒前後戌日定之，若近大寒戌日在正月十一日，若即用遠大寒戌日定之，庶不出十二月。如宣和五年十二月二十七日丙午大寒，後四日庚戌，雖近，緣在六年正月一日，此時以十九日戊戌爲臘。得一於歲且日食，嘗預言之，不差釐刻。願詔得一改造新曆，委官專董其事；仍盡取其書，參校太史有無，以補遺闕；擇曆算子弟粗通了者，授演撰之要，庶幾日官無曠，曆法不絕。」二月丙子，詔祕書

少監朱震，即祕書省監視得一改造新曆。八月曆成，震請賜名統元，從之。詔翰林學士孫近爲序，以六年頒行，遷震一秩，賜得一通微處士，官其一子。道士裴伯壽等受賞有差。得一等上推甲子之歲，得十一月甲子朔夜半冬至日度起於虛中以爲元。著曆經七卷，曆議二卷，立成四卷，考古春秋日食一卷，七曜細行二卷，氣朔入行草一卷，詔付太史氏，副藏祕府。

紹興九年，史官重修神宗正史，求奉元曆不獲，詔陳得一、裴伯壽赴闕補修之。

十四年，太史局請製渾儀，工部員外郎謝伋言：「臣嘗詢渾儀之法，太史官生論議不同，鑄作之工，今尙闕焉。臣愚以爲宜先詢訪制度，敷求通曉天文曆數之學者，參訂是非，斯合古制。」蘇頌之子麃詔赴闕，請訪求其父遺書，考質制度。宰相秦檜曰：「在廷之臣，罕能通曉。」高宗曰：「此闕典也，朕已就宮中製造，範制雖小，可用窺測，日以晷度、夜以樞星爲則，非久降出，第當廣其尺寸爾。」於是命檜提舉。時內侍邵諤善運思，專令主之，累年方成。

統元曆頒行雖久，有司不善用之，暗用紀元法推步而以統元爲名。乾道二年，日官以紀元曆推三年丁亥歲十一月甲子朔，將頒行，裴伯壽詣禮部陳統元曆法當進作乙丑朔，於是依統元曆法正之。

光州士人劉孝榮言：「統元曆交食先天六刻，火星差天二度。嘗自著曆，期以半年可

中華書局

成，願改造新曆。」禮部謂：「統元曆法用之十有五年，紀元曆法經六十年，日月交食有先天分數之差，五星細行亦有二三度分之殊。算造曆官拘於依經用法，致朔日有進退，氣節日分有誤，于時宜改造。」伯壽言：「造曆必先立表測景驗氣，庶幾精密。」判太史局吳澤私於孝榮，且言銅表難成、木表易壞以沮之。迺詔禮部尙書周執羔提領改造新曆，執羔亦謂測景驗氣，經涉歲月。孝榮乃采萬分曆，作三萬分以爲日法，號七曜細行曆，上之。三年，執羔以曆來上，孝宗曰：「日月有盈縮，須隨時修改。」執羔對曰：「舜協時月正日，正爲積久不能無差，故協正之。」孝宗問曰：「今曆與古曆何如？」對曰：「堯時冬至日在虛，今冬至日在斗一度。」

孝榮七曜細行曆自謂精密，且預定是年四月戊辰朔日食一分，日官言食二分，伯壽並非之，既而精明不食。孝榮又定八月庚戌望月食六分半，候之，止及五分。又定戊子歲二月丁未望月食九分已上，出地，其光復滿。伯壽言：「當食既，復滿在戌正三刻。」

侍御史單時言：「比年太史局以統元曆稍差而用紀元曆，紀元寖差，邇者劉孝榮議改曆，四月朔日食不驗，日官兩用統元、紀元以定晦朔，二曆之差，歲益已甚，非所以明天道、正人事也。如四月朔之日不食，雖爲差誤，然一分之說，猶爲近焉。八月望之月食五分，新曆以爲食六分，亦爲近焉。閒欲以明年二月望月食爲驗，是夜或有陰晦風雨，願令日官與

孝榮所定七政躔度其說異同者，俟其可驗之時，以渾象測之，察其稍近而屢中者，從其說以定曆，庶幾不致甚差。」詔從之。十一月，詔國子司業權禮部侍郎程大昌、監察御史張敦實監太史局驗之。時孝宗務知曆法疏密，詔太史局以高宗所降小渾儀測驗造曆。四年二月十四日丁未望，月食生光復滿，如伯壽言。

時等又言：「去年承詔十二月癸卯、乙巳兩夜監測太陰、太白，新曆爲近；今年二月十四日望月食，臣與大昌等以渾儀定其光滿，則舊曆差近，新曆差遠。若遽以舊曆爲是，則去年所測四事皆新曆爲近，今者所定月食，乃復稍差，以是知天道之難測。儒者莫肯究心，一付之星翁曆家，其說又不精密。願令繼宗、孝榮等更定三月一日內七政躔度之異同者，仍令臣等往視測驗而造曆焉。」三月，詔時與大昌同驗之。太史局止用紀元曆與新曆測驗，未嘗參以統元曆。臣等先求判太史局李繼宗、天文官劉孝榮等統元、紀元、新曆異同，於三月初九日夜、十一日早、十四日夜、二十日早詣太史局，召三曆官上臺，用銅儀窺管對測太陰、木、火、土星昏晨度經歷度數，參稽所供，監視測驗。初九日昏度：舊曆太陰在黃道張宿十二度八十七分，在赤道張宿十度；新曆在黃道張宿十四度四十分，在赤道張宿十五度太。臣等驗得在赤道張宿十五度半。今考之新曆稍密，舊曆皆疏。十一日早晨度：木星在黃道室宿十五度七分〔三〕，在赤道室宿十三度少；土星在黃道虛宿七度三分，在赤道虛宿七度

彊。新曆木星在黃道室宿十五度四十四分，在赤道室宿十四度少弱；土星在黃道虛宿六度二十一分，在赤道虛宿六度少弱。臣等驗得五更二點，土星在赤道虛宿六度弱；五更五點，木星在赤道室宿十四度。今考之新曆稍密，舊曆皆疏。十二日〔四〕，都省合定驗統元、紀元及新曆疏密。統元曆昏度，太陰在黃道氐宿初度九十四分，在赤道氐宿三度少；紀元曆在黃道氐宿初度八十三分，在赤道氐宿二度太；新曆在黃道亢宿八度七十一分，在赤道亢宿九度少弱。三曆官以渾儀由南數之，其太陰北去角宿距星二十一度少弱。新舊曆官稱昏度亢宿未見，祇以窺管測定角宿距星，復以曆書考東方七宿，角占十二度，亢占九度少；既亢宿未見，當除角宿十二度，卽太陰此時在赤道亢宿九度少弱。今考之新曆全密，紀元、統元曆皆疏。二十日早晨度：統元曆太陰在黃道斗宿十一度九十一分，在赤道斗宿十二度少；火星在黃道危宿七度九十一分，在赤道危宿七度少；土星在黃道虛宿八度八十二分，在赤道虛宿八度太彊。紀元曆太陰在黃道斗宿十一度四十分，在赤道斗宿十一度半；火星在黃道危宿六度，在赤道危宿六度太；土星在黃道虛宿七度三十九分，在赤道虛宿七度半弱。新曆太陰在黃道斗宿十度六十一分，在赤道斗宿十度少；火星在黃道危宿七度二十分，在赤道危宿六度；土星在黃道虛宿六度五十三分，在赤道虛宿六度半。三曆官驗得太陰在赤道斗宿十度，火星在赤道危宿六度彊，土星在赤道虛宿六度半。今考之太

陰，紀元曆疏；火星，新曆、紀元曆全密，統元曆疏；土星，新曆全密，紀元、統元曆疏。」

又詔時與尙書禮部員外郎李燾同測驗，時等言：「先究統元、紀元、新曆異同，召三曆官上臺，用銅儀窺管對測太陰、土、火、木星晨度經歷度數，參稽所供，監視測驗。二十四日早晨度：統元曆太陰在黃道危宿十一度九十分，在赤道危宿九度；木星在黃道室宿十八度一十五分，在赤道壁宿初度少；火星在黃道危宿十度七十分，在赤道危宿十度；土星在黃道虛宿八度九十五分，在赤道虛宿九度。紀元曆太陰在赤道〔五〕危宿十度五十三分，在赤道危宿八度半；木星在黃道室宿十七度六十八分，在赤道室宿十六度少；火星在黃道危宿九度八十四分，在赤道危宿九度；土星在黃道留在虛宿七度四十分，在赤道虛宿七度半。新曆太陰在黃道危宿十三度五分，在赤道危宿十二度；木星在黃道室宿十八度一十分，在赤道室宿十六度半彊；火星在黃道危宿十度八分，在赤道危宿九度；土星在黃道虛宿六度六十分始留，在赤道虛宿六度半彊始留。三曆官驗得太陰在赤道危宿十度，木星在赤道室宿十六度太，火星在赤道危宿九度半，土星在赤道虛宿六度半弱。今考之太陰，統元曆精密，紀元曆、新曆皆疏；木星，新曆稍密，紀元、統元曆皆疏；火星，紀元、新曆皆稍密，統元曆疏；土星，新曆稍密，紀元、統元曆皆疏。二十七日早晨度：統元曆木星在黃道壁宿初度四十六分，在赤道壁宿初度太彊；火星在黃道危宿十二度九十二分，在赤道危宿十二度

躔；土星留在黃道虛宿八度九十八分，在赤道虛宿九度。紀元曆木星在黃道壁宿初度二十五分，在赤道壁宿初度分空；火星在黃道危宿十二度九十七分，在赤道危宿十一度；土星留在黃道虛宿七度四十八分，在赤道虛宿七度半。新曆木星在黃道壁宿初度四十四分，在赤道壁宿初少彊；火星在黃道危宿十二度二十二分，在赤道危宿十一度半；土星留在黃道虛宿六度六十分，在赤道虛宿六度半彊。三曆官驗得木星在赤道壁宿初度少，火星在赤道危宿十一度，土星在赤道虛宿六度半。今觀木星，新曆稍密，紀元、統元曆皆疏；火星，紀元曆全密，統元、新曆皆疏；土星，新曆稍密，紀元、統元曆皆疏。」

由是朝廷始知三曆異同，迺詔太史局以新舊曆參照行之。禮部言：「新舊曆官互相異同，參照實難，新曆比之舊曆稍密。」詔用新曆，名以乾道曆，己丑歲頒行。

孝榮有考春秋日食一卷，漢魏周隋日月交食一卷，唐日月交食一卷，宋朝日月交食一卷，氣朔入行一卷，彊弱日法格數一卷。

校勘記

〔一〕柴玉　原作「曹王」，據三國志魏志卷二九杜夔傳改。

〔二〕度之九十分　「度之」二字原脫，據漢書卷二一上律曆志補。

〔三〕木星在黃道室宿十五度七分　據上下文，句首應有「舊曆」二字。

〔四〕十二日　據上文「於三月初九日夜、十一日早、十四日夜、二十日早詣太史局」云云，十四日和十二日必有一誤。

〔五〕赤道　據上下文，應作「黃道」。

宋史卷八十二

志第三十五

律曆十五

乾道四年，禮部員外郎李燾言：「統元曆行之既久，與天不合，固宜；大衍曆最號精微，用之亦不過三十餘年，後之欲行遠也，難矣。抑曆未差，無以知其失；未驗，無以知其是。仁宗用崇天曆，天聖至皇祐四年十一月日食，二曆不效〔一〕，詔以唐八曆及宋四曆參定，皆以景福爲密，遂欲改作。而劉羲叟謂：『崇天曆頒行逾三十年〔二〕，所差無幾，詎可偶緣天變，輕議改移？』又謂：『古聖人曆象之意，止於敬授人時，雖則預考交會，不必脗合辰刻，或有遲速，未必獨是曆差。』迺從羲叟言，復用崇天曆。羲叟曆學爲宋第一，歐陽脩、司馬光輩皆遵用之。崇天曆既復用，又十三年，治平二年，始改用明天曆，曆官周琮〔三〕皆遷官。後三年，驗熙寧三年七月月食不效，迺詔復用崇天曆，奪琮等所遷官。熙寧八年，始更用奉元

曆，沈括實主其議。明年正月月食，遽不效，詔問修曆推恩者姓名，括具奏辨，得不廢。識者謂括彊辨，不許其深於曆也。然後知羲叟之言然。願申飭曆官，加意精思，勿執今是；益募能者，熟復討論，更造密度，補治新曆。」緣燾嘗承詔監視測驗，值新曆太陰、熒惑之差，恐書成所差或多，見譏能者，迺詔諸道訪通曆者。久之，福州布衣阮興祖上言新曆差謬，荆大聲不以白部，即補興祖爲局生。

初，新曆之成也，大聲、孝榮共爲之；至是，大聲乃以太陰九道變赤道別演一法，與孝榮立異于後。祕書少監、崇政殿說書兼權刑部侍郎汪大猷等言：「承詔於御史臺監集局官，參算明年太陰宿度，箋注御覽詣實。今大聲等推算明年正月至月終九道太陰變赤道，限十二月十五日以前具稿成，至正月內，臣等召曆官上臺，用渾儀監驗疏密。」從之。

五年，國子司業兼權禮部侍郎程大昌、侍御史單時，祕書丞唐孚、祕書郎李木言：「都省下靈臺郎充曆算官蓋堯臣、皇甫繼明、宋允恭等言：『厥今更造乾道新曆，朝廷累委官定驗，得見日月交食密近天道，五星行度允協躔次，惟九道太陰間有未密。搜訪能曆之人補治新曆，半年未有應詔者，獨荆大聲別演一法，與劉孝榮乾道曆定驗正月內九道太陰行度。今來二法皆未能密於天道，乾道太陰一法與諸曆比較，皆未盡善。今撮其精微，撰成一法，其先推步到正月內九道太陰正對在赤道宿度，願委官與孝榮、大聲驗之。如或精密，即以所

中華書局

修九道經法，請得與定驗官吏集孝榮、大聲等同赴臺，推步明年九道太陰正對在赤道宿度，點定月分定驗，從其善者用之。」大昌等從大聲、孝榮所供正月內太陰九道宿度，已赴太史局測驗上中旬畢，及取大聲、孝榮、堯臣等三家所供正月下旬太陰宿度，參照覽視，測驗疏密，堯臣、繼明、允恭請具今年太陰九道宿度。欲依逐人所請，限一月各具今年太陰九道變黃道正對赤道其宿某度，依經具稿，送御史臺測驗官不時視驗，然後見其疏密。」

裴伯壽上書言：

孝榮自陳預定丁亥歲四月朔日食、八月望月食，俱不驗。又定去年二月望夜二更五點月食九分以上，出地復滿。臣嘗言於宰相，是月之食當食既出地，紀元曆亦食既出地，生光在戌初二刻，復滿在戌正三刻。是夕，月出地時有微雲，至昏時見月已食既，至戌初三刻果生光，即食既出地可知；復滿在戌正三刻，時二更二點。臣所言卒驗。孝榮言見行曆交食先天六刻，今所定月食復滿，乃後天四刻，新曆謬誤爲甚。

其一曰步氣朔，孝榮先言氣差一日，觀景表方知其失，此不知驗氣者也。臣之驗氣，差一二刻亦能知之。紀元節氣，自崇寧間測驗，逮今六十餘載，不無少差，苟非測驗，安知其失？凡日月合朔，以交食爲驗，今交食既差，朔亦弗合矣。

其二曰步發斂，止言卦候而已。

其三曰步日躔，新曆乃用紀元二十八宿赤道度，暨至分宮，遽減紀元過宮三十餘刻，殊無理據。而又赤道變黃道宿度，婁、胃二宿頓減紀元半度。在術則婁、胃二宿合二十八度，婁當十二度太，今新曆婁作十二度半，乃棄四分度之一。室、軫二宿虛收復多，少數變宿，分宮既訛，是以乾道己丑歲太陽過宮差誤。

其四曰步晷漏，新曆不合前史。唐開元十二年測景于天下，安南測夏至午中晷在表南三寸三分，新曆算在表北七寸；其鐵勒測冬至午中晷長一丈五尺二寸六分，新曆算晷長一丈四尺九寸九分，乃差四尺二寸七分，其謬蓋若此。

其五曰步月離，諸曆遲疾、朓朒極數一同，新曆朓之極數少朒之極數四百九十三分〔四〕，疾之極數少遲之極數二十分，不合曆法。

其六曰步交會，新曆妄設陽準、陰準等差，蓋欲苟合已往交食，其間復有不合者，則遷就天道，所以預定丁亥、戊子二歲日月之食，便見差違。

其七曰步五星，以渾儀測驗新曆星度，與天不合。蓋孝榮與同造曆人皆不能探端知緒，乃先造曆，後方測驗，前後倒置，遂多差失。夫立表驗氣，窺測七政，然後作曆，豈容掇拾緒餘，超接舊曆，以爲新術，可乎？

新曆出於五代民間萬分曆，其數朔餘太彊，明曆之士往往鄙之。今孝榮乃三因萬分小曆，作三萬分爲日法，以隱萬分之名。三萬分曆即萬分曆也。緣朔餘太彊，孝榮遂減其分，乃增立秒，不入曆格。前古至于宋諸曆，朔餘並皆無秒，且孝榮不知王處訥於萬分增二，爲應天曆日法，朔餘五千三百七，自然無秒，而去王朴用秒之曆。

臣與造統元曆之後，潛心探討，復三十餘年，考之諸曆，得失曉然。誠假臣演撰之職，當與太史官立表驗氣，窺測七政，運算立法，當遠過前曆。

詔送監視測驗官詳之，達于尚書省。

時談天者各以技術相高，互相詆毀。諫議大夫單時、祕書少監汪大猷、國子司業權禮部侍郎程大昌、祕書丞唐孚、祕書郎李木言：「乾道新曆，荆大聲、劉孝榮同主一法，自初測驗以至權行施用，二人無異議。後緣新曆不密，詔訪求通曆者，孝榮乃訟阮興祖緣大聲補局生，自是紛紛不已。大聲官以判局提點曆書爲名，乃言不當責以立法起算。不知起曆授時，何所憑據。且正月內五夜，比較孝榮所定五日並差，大聲所定五日內三日的中，兩日稍疏。繼伯壽進狀獻術，時等將求其曆書上臺測驗，務求至當，而大聲等正居其官，乃飾辭避事，測驗弗精。且大聲、孝榮同立新法，今猶反覆，苟非各具所見，他日曆成，大聲妄有動搖，即前功盡廢。請令孝榮、大聲、堯臣、伯壽各具乾道五年五月已後至年終，太陰五星排日正對赤道躔度，上之御史臺，令測驗官參考。」詔從之。

六年，日官言：「比詔權用乾道曆推算，今歲頒曆于天下，明年用何曆推算？」詔亦權用乾道曆一年。秋，成都曆學進士賈復自言，詔求推明熒惑、太陰二事，轉運使資遣至臨安，願造新曆畢還蜀，仍進曆法九議。孝宗嘉其志，館于京學，賜廩給。太史局李繼宗等言：「十二月望，月食大分七、小分九十三。賈復、劉大中等虧初、食甚分夜不同。」詔禮部侍郎鄭聞監李繼宗等測驗。是夜，食八分。祕書省言，靈臺郎宋允恭、國學生林永叔、草澤祝斌、黃夢得、吳時舉、陳彥健等各推算日食時刻、分數異同。乃詔諫議大夫姚憲監繼宗等測驗五月朔日食。憲奏時刻、分數皆差舛，繼宗、澤、大聲削降有差。

太史局春官正、判太史局吳澤等言：「乾道十年頒賜曆日，其中十二月已定作小盡，乾道十一年正月一日注：癸未朔，畢乾道十一年正月一日。崇天、統元二曆算得甲申朔，紀元、乾道二曆算得癸未朔，今乾道曆正朔小餘，約得不及進限四十二分，是爲疑朔。更考日月之行，以定月朔大小，以此推之，則當是甲申朔。今曆官弗加精究，直以癸未注正朔，竊恐差誤，請再推步。於是俾繼宗監視，皆以是年正月朔當用甲申。兼今歲五月朔，太陽交食，本局官生瞻視到天道日食四分半，虧初西北，午時五刻半；食甚正北，未初二刻；復滿東北，申初一刻。後令永叔等五人各言五月朔日食分數并虧初、食甚、復滿時刻皆不同。并見行乾道曆比之，五月朔天道日食多算二分少彊，虧初少算四刻半，食甚少算三刻，復滿少

中華書局

算二刻已上。又考乾道曆比之崇天、紀元、統元三曆，日食虧初時刻爲近；較之乾道，日食虧初時刻爲不及。繼宗等參考來年十二月係大盡，及十一年正月朔當用甲申，而太史局丞、同判太史局荆大聲言乾道曆加時係不及進限四十二分，定今年五月朔日食虧初在午時一刻。今測驗五月朔日食虧初在午時五刻半，乾道曆加時弱四百五十分，苟以天道時刻預定乾道十二年正月朔，已過甲申日四百五十分。大聲今再指定乾道十一年正月合作甲申朔，十年十二月合作大盡，請依太史局詳定行之。」五月，詔曆官詳定。

淳熙元年，禮部言：「今歲頒賜曆書，權用乾道新曆推算，明年復欲權用乾道曆。」詔從之。十一月，詔，太史局春官正吳澤推算太陽交食不同，令祕書省敕責之，并罰造曆者。三年，判太史局李繼宗等奏：「令集在局通算曆人重造新曆，今撰成新曆七卷，推算備草二卷，校之紀元、統元、乾道諸曆，新曆爲密，願賜曆名。」於是詔名淳熙曆，四年頒行，令禮部、祕書省參詳以聞。

淳熙四年正月，太史局言：「三年九月望，太陰交食。以紀元、統元、乾道三曆推之，初虧在攢點九刻，食二分及三分已上；以新曆推之，在明刻內食大分空，止在小分百分中二十七。是夜，瞻候月體盛明，雖有雲而不翳，至旦不見虧食，於是可見紀元、統元、乾道三

曆〔五〕不逮新曆之密。今當預期推算淳熙五年曆，蓋舊曆疏遠，新曆未行，請賜新曆名，付下推步。」

禮部驗得孟邦傑、李繼宗等所定五星行度分數，各有異同。繼宗云，六月癸酉，木星在氐宿三度一十九分；邦傑言，夜昏度瞻測得木星在氐宿三度半，半係五十分，雖見月體，而西南方有雲翳之。繼宗云，是月戊寅，木星在氐宿三度四十一分；邦傑言，四望有雲，雖雲間時露月體，所可測者木星在氐宿三度太，太係七十五分。繼宗云，庚辰土星在畢宿三度二十四分，金星在參宿五度六十五分，火星在井宿七度二十七分；邦傑言，五更五點後，測見土星入畢宿二度半，半係五十分，金星入參宿六度半，火星入井宿八度多三分。繼宗云，七月辛丑，太陰在角宿初度七十一分，木星在氐宿五度七十六分；邦傑言，測見昏度太陰入軫宿十六度太，太係七十五分，木星入氐宿六度少，少係二十五分。孝宗曰：「自古曆無不差者，況近世此學不傳，求之草澤，亦難其人。」詔以淳熙曆權行頒用一年。

五年，金遣使來朝賀會慶節，妄稱其國曆九月庚寅晦爲己丑晦。接伴使、檢詳丘崈辨之，使者辭窮，於是朝廷益重曆事。李繼宗、吳澤言：「今年九月大盡，係三十日，於二十八日早晨度瞻見太陰離東濁高六十餘度，則是太陰東行未到太陽之數。然太陰一晝夜東行十三度餘，以太陰行度較之，又減去二十九日早晨度太陰所行十三度餘，則太陰尚有四十

六度以上未行到太陽之數，九月大盡，明矣。其金國九月作小盡，不當見月體；今既見月體，不爲晦日。乞九月三十日、十月一日差官驗之。」詔遣禮部郎官呂祖謙。祖謙言：「本朝十月小盡，一日辛卯朔，夜昏度太陰躔在尾宿七度七十分。以太陰一晝夜平行十三度三十一分，至八日上弦日，太陰計行九十一度餘。按曆法，朔至上弦，太陰平行九十一度三十一分，當在室宿一度太。金國十月大盡，一日庚寅朔，夜昏度太陰約在心宿初度三十一分。太陰一晝夜亦平行十三度三十一分，自朔至本朝八日爲金國九日，太陰已行一百四度六十二分，比之本朝十月八日上弦，太陰多行一晝夜之數。今測見太陰在室宿二度，計行九十二度餘，始知本朝十月八日上弦，密於天道。」詔祖謙復測驗。是夜，邦傑用渾天儀法物測驗，太陰在室宿四度，其八日上弦夜所測太陰在室宿二度。按曆法，太陰平行十三度餘，行遲行十二度〔六〕。今所測太陰，比之八日夜又東行十二度，信合天道。

十年十月，詔，甲辰歲曆字誤，令禮部更印造，頒諸安南國，繼宗、澤及荆大聲削降有差。

十二年九月，成忠郎楊忠輔言：「淳熙曆簡陋，於天道不合。今歲三月望，月食三更二點，而曆在二更二點；數虧四分，而曆虧幾五分。四月二十三日，水星據曆當夕伏，而水星方與太白同行東井間，昏見之時，去濁猶十五餘度。七月望前，土星已伏，而曆猶注見。八

月未弦，金已過氐矣，而曆猶在亢。此類甚多，而朔差者八年矣。夫守疏繳之曆，不能革舊，其可哉！忠輔於易粗窺大衍之旨，創立日法，撰演新曆，不敢以言者，誠懼太史順過飾非。恃刻漏則水有增損、遲疾，恃渾儀則度有廣狹、斜正。所賴今歲九月之交食在晝，而淳熙曆法當在夜，以晝夜辨之，不待紛爭而決矣。輒以忠輔新曆推算，淳熙十二年九月定望日辰退乙未，太陰交食大分四、小分八十五，晨度帶入漸進大分一、小分七；虧初在東北，卯正一刻一十一分，係日出前；食甚在正北，辰初一刻一十分；復滿在西北，辰正初刻，並日出後。其日日出卯正二刻後，與虧初相去不滿一刻。以地形論之，臨安在岳臺之南，秋分後晝刻比岳臺差長，日當先曆而出，故知月起虧時，日光已盛，必不見食。以淳熙曆推之，九月望夜，月食大分五、小分二十六，帶入漸進大分三、小分四十七；虧初在東北，卯初三刻，係攢點九刻後；食甚在正北，卯正三刻後；復滿在西北，辰正初刻後，並在晝。」禮部迺考其異同，孝宗曰：「日月之行有疏數，故曆久不能無差，大抵月之行速，多是不及，無有過者。可遣臺官、禮部官同驗之。」詔遣禮部侍郎顏師魯。其夜戌正二刻，陰雲蔽月，不辨虧食。師魯請詔精於曆學者與太史定曆，孝宗曰：「曆久必差，聞來年月食者二，可俟驗否。」

十三年，右諫議大夫蔣繼周言，試用民間有知星曆者，遴選提領官，以重其事，如祖宗之制。孝宗曰：「朝士鮮知星曆者，不必專領。」迺詔有通天文曆算者，所在州、軍以聞。八

月，布衣皇甫繼明等陳：「今歲九月望，以淳熙曆推之，當在十七日，實曆敝也。太史乃注於十六日之下，徇私遷就，以掩其過。請造新曆。」而忠輔乞與曆官劉孝榮及繼明等各具已見，合用曆法，指定今年八月十六日太陰虧食加時早晚、有無帶出、所見分數及節次、生光復滿方面、辰刻、更點同驗之，仰合乾象，折衷疏密。再請今年八月二十九日驗月見東方一事，苟見月餘光，則其日不當以爲晦也。又今年九月十六日驗月未盈一事，苟見月體東向之光猶薄，則其日不當爲望也。知晦望之差，則朔之差明矣。必使氣之與朔無毫髮之差，始可演造新曆。付禮部議，各具先見，指定太陰虧食分數、方面、辰刻，定驗折衷。詔師魯、繼周監之。既而孝榮差一點，繼明等差二點，忠輔差三點，迺罷遣之。

十四年，國學進士會稽石萬言：

淳熙曆立元非是，氣朔多差，不與天合。按淳熙十四年曆，清明、夏至、處暑、立秋四氣，及正月望、二月十二月下弦、六月八月上弦、十月朔，並差一日。如卦候、盈、虛、沒、滅、五行用事，亦各隨氣朔而差。南渡以來，渾儀草瓶，不合制度，無圭表以測日景長短，無機漏以定交食加時，設欲考正其差，而太史局官尚如去年測驗太陰虧食，自一更一點還光一分之後，或一點還光二分，或一點還光三分以上，或一點還光三分以下，使更點乍疾乍徐，隨景走弄，以肆欺蔽。若依晉泰始、隋開皇、唐開元課曆故事，

取淳熙曆與萬所造之曆各推而上之於千百世之上，以求交食，與夫歲、月、日、星辰之著見於經史者爲合與否，然後推而下之，以定氣朔，則與前古不合者爲差，合者爲不差，甚易見也。

然其差謬非獨此耳，冬至日行極南，黃道出赤道二十四度，晝極短，故四十刻，夜極長，故六十刻；夏至日行極北，黃道入赤道二十四度，晝極長，故六十刻，夜極短，故四十刻；春、秋二分，黃、赤二道平而晝夜等，故各五十刻。此地中古今不易之法。至王普重定刻漏，又有南北分野、冬夏晝夜長短三刻之差。今淳熙曆皆不然，冬至晝四十刻極短、夜六十刻極長，乃在大雪前二日，所差一氣以上；自冬至之後，晝當漸長，夜當漸短，今過小寒，晝猶四十刻，夜猶六十刻，所差七日有餘；夏至晝六十刻極長、夜四十刻極短，乃在芒種前一日，所差亦一氣以上；自夏至之後，晝當漸短，夜當漸長，今過小暑，晝猶六十刻，夜猶四十刻，所差亦七日有餘；及晝、夜各五十刻，又不在春分、秋分之下。

至於日之出入，人視之以爲晝夜，有長短，有漸，不可得而急與遲也，急與遲則爲變。今日之出入增減一刻，近或五日，遠或三四十日，而一急一遲，與日行常度無一合者。請考正淳熙曆法之差，俾之上不違於天時、下不乖於人事。

送祕書省、禮部詳之。

皇甫繼明、史元寔、皇甫迨、龐元亨等言：「石萬所撰五星再聚曆，乃用一萬三千五百爲日法，特竊取唐末崇元舊曆而婉其名爾。淳熙曆立法乖疏，丙午歲定望則在十七日，太史知其不可，遂注望於十六日下，以掩其過。臣等嘗陳請於太史局官對辨，置局更曆，迄今未行。今考淳熙曆經則又差於將來。戊申歲十一月下弦則在二十四日，太史局官必俟頒曆之際，又將妄退於二十三日矣。法不足恃，必假遷就，而朔望二弦，曆法綱紀，苟失其一，則五星盈縮、日月交會、與夫昏旦之中星、晝夜之晷刻，皆不可得而正也。渾儀、景表，壺漏之器，臣等私家無之，是以曆之成書，猶有所待。國朝以來，必假瓶局而曆始成，請依改造大曆故事，置局更曆，以祛太史局之敝。」事上聞，宰相王淮奏免送後省看詳，孝宗曰：「使祕書省各司同察之，亦免有異同之論。」六月，給事中兼修玉牒官王信亦言更曆事，以爲曆法深奧，若非詳加測驗，無以見其疏密。乞令繼明與萬各造來年一歲之曆，取其無差者。詔從之。十二月，進所造曆。淮等奏：「萬等曆日與淳熙十五年曆差二朔，淳熙曆十一月下弦在二十四日，恐曆法有差。」孝宗曰：「朔豈可差？朔差則所失多矣。」乃命吏部侍郎章森、祕書丞宋伯嘉參定以聞。

十五年，禮部言：「萬等所造曆與淳熙曆法不同，當以其年六月二日、十月晦日月不應

見而見爲驗，兼論淳熙曆下弦不合在十一月二十四日，是日請遣官監視。」詔禮部侍郎尤袤與森監之。六月二日，森奏：「是夜月明，至一更二點入濁。」十月晦，袤奏：「晨前月見東方。」孝宗問：「諸家孰爲疏密？」周必大等奏：「三人各定二十九日早，月體尚存一分，獨忠輔、萬謂既有月體，不應小盡。」孝宗曰：「十一月合朔在申時，是以二十九日尚存月體耳。」

十六年，承節郎趙渙言：「曆象大法及淳熙曆，今歲冬至并十二月望，月食皆後天一辰，請遣官測驗。」詔禮部侍郎李巘、祕書省鄧馹〔七〕等視之。巘等請用太史局渾儀測驗，如乾道故事，差祕書省提舉一員專監之。詔差祕書丞黃艾、校書郎王叔簡。

紹熙元年八月，詔太史局更造新曆頒之。二年正月，進立成二卷、紹熙二年七曜細行曆一卷，賜名會元，詔巘序之。

紹熙四年，布衣王孝禮言：「今年十一月冬至，日景表當在十九日壬午，會元曆注乃在二十日癸未，係差一日。崇天曆癸未日冬至加時在酉初七十六分，紀元曆在丑初一刻六十七分，統元曆在丑初二刻二分，會元曆在丑初一刻三百四十分。迨今八十有七年，常在丑初一刻，不減而反增。崇天曆寔天聖二年造，紀元曆崇寧五年造，計八十二年。是時測景驗氣，知冬至後天乃減六十七刻半，方與天道協。其後陳得一造統元曆，劉孝榮造乾道、淳

二十四史

熙、會元三曆，未嘗測景。苟弗立表測景，莫識其差。乞遣官令太史局以銅表同孝禮測驗。」朝廷雖從之，未暇改作。

慶元四年，會元曆占候多差，日官、草澤互有異同，詔禮部侍郎胡紘充提領官，正字馮履充參定官，監楊忠輔造新曆。右諫議大夫兼侍講姚愈言：「太史局文籍散逸，測驗之器又復不備，幾何而不疏略哉！漢元鳳間，言曆者十有一家，議久不決，考之經籍，驗之帝王錄，然後是非洞見。元和間，以太初違天益遠，晦朔失實，使治曆者修之，以無文證驗，雜議蠭起，越三年始定。此無他，不得儒者以總其綱，故至于此也。周官馮相氏、保章氏志日月星辰之運動，而冢宰實總之。漢初，曆官猶宰屬也。熙寧間，司馬光、沈括皆嘗提舉司天監，故當是時曆數明審，法度嚴密。乞命儒臣常兼提舉，以專其責。」

五年，監察御史張巖論馮履唱爲詖辭，罷去。詔通曆算者所在具名來上。及忠輔曆成，宰臣京鏜上進，賜名統天，頒之，凡曆經三卷，八曆冬至考一卷，三曆交食考三卷，晷景考一卷，考古今交食細草八卷，盈縮分損益率立成二卷，日出入晨昏分立成一卷，岳臺日出入晝夜刻一卷，赤道內外去極度一卷，臨安午中晷景常數一卷，禁漏街鼓更點辰刻一卷，禁漏五更攢點昏曉中星一卷，將來十年氣朔二卷，己未庚申二年細行二卷，總三十二卷〔八〕。

慶元五年七月辛卯朔，統天曆推日食，雲陰不見。六年六月乙酉朔，推日食不驗。

嘉泰二年五月甲辰朔，日有食之，詔太史與草澤聚驗於朝。太陽午初一刻起虧，未初刻復滿。統天曆先天一辰有半，迺罷楊忠輔，詔草澤通曉曆者應聘修治。

開禧三年，大理評事鮑澣之言：「曆者，天地之大紀，聖人所以觀象明時，倚數立法，以前民用而詔方來者。自黃帝以來，至於秦、漢，六曆具存，其法簡易，同出一術。既久而與天道不相符合，於是太初、三統之法相繼改作，而推步之術愈見闊疏，是以劉洪、祖沖之之減破斗分，追求月道，而推測之法始加詳焉。至于李淳風、一行而後，總氣朔而合法，效乾坤而擬數，演算之法始加備焉。故後世之論曆，轉爲精密，非過於古人也，蓋積習考驗而得之者審也。試以近法言之：自唐麟德、開元而至於五代所作者，國初應天而至於紹熙、會元所更者十二書，無非推求上元開闢爲演紀之首，氣朔同元，而七政會於初度。從此推步，以爲曆本，未嘗敢輒爲截法，而立加減數於其間也。獨石晉天福間，馬重績更造調元曆，不復推古上元甲子七曜之會，施於當時，五年輒差，遂不可用，識者咎之。今朝廷自慶元三年以來，測驗氣景，見舊曆後天十一刻，改造新曆，賜名統天，進曆未幾，而推測日食已不驗，此猶可也。但其曆書演紀之始，起於唐堯二百餘年，非開闢之端也。氣朔五星，皆立虛加、虛減之數；氣朔積分，乃有泛積、定積之繁。以外算而加朔餘，以距算而減轉率，無復彊弱之法，盡廢方程之舊。其餘差漏，不可備言。以是而爲術，乃民間之小曆，而非朝廷頒正朔、授民時之書也。漢人以謂曆元不正，故盜賊相續，言雖迂誕，然而曆紀不治，實國家之重事。願詔有司選演撰之官，募通曆之士，置局討論，更造新曆，庶幾并智合議，調治日法，追迎天道，可以行遠。」

澣之又言：「當楊忠輔演造統天曆之時，每與議論曆事，今見統天曆舛近，亦私成新曆。誠改新曆，容臣投進，與太史、草澤諸人所著之曆參攷之。」七月，澣之又言：「統天曆來年閏差，願以諸人所進曆，令祕書省參考頒用。」

祕書監兼國史院編修官、實錄院檢討官曾漸言：「改曆，重事也，昔之主其事者，無非道術精微之人，如太史公、洛下閎、劉歆、張衡、杜預、劉焯、李淳風、一行、王朴等，然猶久之不能無差。其餘不過遞相祖述，依約乘除，捨短取長，移疏就密而已，非有卓然特達之見也。一時偶中，卽復舛戾。宋朝敝在數改曆法。統天曆頒用之初，卽已測日食不驗，因仍至今，置閏遂差一月，其爲當改無疑。然朝廷以一代鉅典責之專司，必其人確然著論，破見行之非，服衆多之口，庶幾可見。按乾道、淳熙、慶元〔九〕，凡三改曆，皆出劉孝榮一人之手，其後遂

爲楊忠輔所勝；久之，忠輔曆亦不驗，故孝榮安職至今。紹熙以來，王孝禮者數以自陳，每預測驗，或中或不中；李孝節、陳伯祥本皆忠輔之徒；趙達，卜筮之流；石如愚獻其父書，不就測驗晷景，止定月食分數，其術最疏；陳光則并與交食不論，愈無憑依。此數人者，未知孰爲可付，故鮑澣之屢以爲請。今若降旨開局，不過收聚此數人者，和會其說，使之無爭。來年閏差，其事至重。今年八月，便當頒曆外國，而三數月之間急遽成書，結局推賞，討論未盡，必生詆訾。今劉孝榮、王孝禮、李孝節、陳伯祥所擬改曆，及澣之所進曆，皆已成書，願以衆曆參攷，擇其與天道最近且密者頒用，庶幾來年置閏不差。請如先朝故事，搜訪天下精通曆書之人，用沈括所議，以渾儀、浮漏、圭表測驗，每日記錄，積三五年，前後參較，庶幾可傳永久。」

漸又言：「慶元三年以後，氣景比舊曆有差，至四年改造新曆未成時，當頒五年曆，迺差官以測算晷景、氣朔加時辰刻附會元曆頒賜。今若頒來年氣朔，既有去年十月以後、今年正月以前所測晷景，已見天道冬至加時分數，來年置閏，比之統天曆亦已不同，兼諸所進曆並可參攷。請速下本省，集判局官於本省參攷，使澣之覆考，以最近之曆推算氣朔頒用。」於是詔漸充提領官，澣之充參定官，草澤精算造者、嘗獻曆者與造統天曆者皆延之，於是開禧新曆議論始定。詔以戊辰年權附統天曆頒之。既而婺州布衣阮泰發獻渾儀十論，且言統

中華書局

天、開禧曆皆差。朝廷令造木渾儀，賜文解罷遣之。

嘉定三年，鄒淮言曆書差忒，當改造。試太子詹事兼同修國史、實錄院同修撰兼祕書監戴溪等言，請詢漸、澣之造曆故事。詔溪充提領官，澣之充參定官，鄒淮演撰，王孝禮、劉孝榮提督推算官生十有四人，日法用三萬五千四百。四年春，曆成，未及頒行，溪等去國，曆亦隨寢。韓侂胄當國，或謂非所急，無復敢言曆差者，於是開禧曆附統天曆行於世四十五年。

嘉泰元年〔一〇〕，中奉大夫、守祕書監俞豐等請改造新曆。監察御史施康年劾太史局官吳澤、荊大聲、周端友循默尸祿，言災異不及時，詔各降一官。臣僚言：「頒正朔，所以前民用也。比曆書一日之間，吉凶並出，異端並用，如土鬼、暗金兀之類，則添注於凶神之上猶可也，而其首則揭九良之名，其末則出九曜吉凶之法、勘昏行嫁之法，至於周公出行、一百二十歲宮宿圖，凡閭閻鄙俚之說，無所不有。是豈正風俗、示四夷之道哉！願削不經之論。」從之。二年五月朔，日食，太史以爲午正，草澤趙大猷言午初三刻半日食三分。詔著作郎張嗣古監視測驗，大猷言然，曆官乃抵罪。

嘉定四年，祕書省著作郎兼權尚左郎官丁端祖請考試司天生。十三年，監察御史羅相言：「太史局推測七月朔太陽交食，至是不食。願令與草澤新曆精加討論。」於是澤等各降一官。

淳祐四年，兼崇政殿說書韓祥請召山林布衣造新曆。從之。五年，降算造成永祥一官，以元算日食未初三刻，今未正四刻，元算虧八分，今止六分故也。

八年，朝奉大夫、太府少卿兼尚書左司郎中兼敕令所删修官尹渙言：「曆者，所以統天地、侔造化，自昔皆擇聖智典司其事。後世急其所當緩，緩其所當急，以爲利吾國者惟錢穀之務，固吾圉者惟甲兵是圖，至於天文、曆數一切付之太史局，荒疏乖謬，安心爲欺，朝士大夫莫有能詰之者。請召四方之通曆算者至都，使曆官學焉。」

十一年，殿中侍御史陳垓言：「曆者，天地之大紀，國家之重事。今淳祐十年冬所頒十一年曆，稱成永祥等依開禧新曆推算，辛亥歲十二月十七日立春在酉正一刻，今所頒曆迺相師堯等依淳祐新曆推算，到壬子歲立春日在申正三刻。質諸前曆，迺差六刻，以此頒行天下，豈不貽笑四方！且許時演撰新曆，將以革舊曆之失。又考驗所食分數，開禧舊曆僅差一二刻，而李德卿新曆差六刻二分有奇，與今頒行前後兩曆所載立春氣候分數亦差六刻則同。由此觀之，舊曆差少，未可遽廢；新曆差多，未可輕用。一旦廢舊曆而用新曆，不知何所憑據。請參考推算頒行。」

十二年，祕書省言：「太府寺丞張湜同李德卿算造曆書，與譚玉續進曆書頗有牴牾，省官參訂兩曆得失疏密以聞。其一曰：玉訟德卿竊用崇天曆日法三約用之。考之崇天曆用一萬五百九十爲日法，德卿用三千五百三十爲日法，玉之言然。其二曰：玉訟積年一億二千二十六萬七千六百四十六，不合曆法。今考之德卿用積年一億以上。其三曰：玉訟壬子年六月，癸丑年二月、六月、九月，丙辰年〔一一〕七月置閏皆差一日。今祕書省檢閱林光世用二家曆法各爲推算。其四曰：德卿曆與玉曆壬子年立春、立夏以下十五節氣時刻皆同，雨水、驚蟄以下九節氣各差一刻。其五曰：德卿推壬子年二月乙卯朔日食，帶出已退所見大分八；玉推日食，帶出已退所見大分七。辰當壁宿六度，同。其六曰：德卿曆斗分作三百六十五日二十四分二十八秒，玉曆斗分作三百六十五日二十四分二十九秒，二曆斗分僅差一秒。惟二十八秒之法，起於齊祖沖之，而德卿用之。使沖之之法可久，何以歷代增之？玉既指其謬，又多一秒，豈能必其天道合哉！請得商確推算，合衆長而爲一，然後賜名頒行。」十二年，曆成，賜名會天，寶祐元年行之，史闕其法。

咸淳六年十一月三十日冬至，至後爲閏十一月。既已頒曆，浙西安撫司準備差遣臧元震言：

曆法以章法爲重，章法以章歲爲重。蓋曆數起於冬至，卦氣起於中孚，十九年謂之一章，一章必置七閏，必第七閏在冬至之前，必章歲至、朔同日。故前漢志云：「朔旦冬至，是謂章月。」後漢志云：「至、朔同日，謂之章月。」「積分成閏，閏七而盡，其歲十九，名之曰章。」唐志曰：「天數終於九，地數終於十，合二終以紀閏餘。」章法之不可廢也若此。

今所頒庚午歲曆，乃以前十一月三十日爲冬至，又以冬至後爲閏十一月，莫知其故。蓋庚午之閏，與每歲閏月不同；庚午之冬至，與每歲之冬至又不同。蓋自淳祐壬子數至咸淳庚午，凡十九年，是爲章歲，其十一月是爲章月。以十九年七閏推之，則閏月當在冬至之前，不當在冬至之後。以至、朔同日論之，則冬至當在十一月初一日，不當在三十日。今以冬至在前十一月三十日，則是章歲至、朔不同日矣。若以閏月在冬至後，則是十九年之內止有六閏，又欠一閏。

且一章計六千八百四十日，於內加七閏月，除小盡，積日六千九百四十日或六千

中華書局

九百三十九日，約止有一日。今自淳祐十一年辛亥章歲十一月初一日章月冬至後起算，十九年至咸淳六年庚午章歲十一月初一日當爲冬至，方管六千八百四十日。今算造官以閏月在十一月三十日冬至之後，則此一章止有六閏，更加六閏除小盡外，實積止六千九百十二日，比之前後章歲之數，實欠二十八日。曆法之差，莫甚於此。

況天正冬至乃曆之始，必自冬至後積三年餘分，而後可以置第一閏。今庚午年章歲丙寅日申初三刻冬至，去第二日丁卯僅有四分日之一，且未正日，安得遽有餘分？未有餘分，安得遽有閏月？則是後一章之始不可推算，其謬可知矣。

今欲改之，有簡而易行之說。蓋曆法有平朔，有經朔，有定朔。一大一小，此平朔也；兩大兩小，此經朔也；三大三小，此定朔也。今正以定朔之說，則當以前十一月大爲閏十月小，以閏十一月小爲十一月大，則丙寅日冬至即可爲十一月初一，以閏十一月初一之丁卯爲十一月初二日，庶幾遞趲下一日置閏，十一月二十九日丁未始爲大盡。然則冬至既在十一月初一，則至、朔同日矣；閏月既在至節前，則十九年七閏矣。此昔人所謂晦節無定，由時消息，上合履端之始，下得歸餘於終，正謂此也。

夫曆久未有不差，差則未有不改者。後漢元和初曆差，亦是十九年不得七閏，曆雖已頒，亦改正之。顧今何靳於改之哉！

元震謂某儒者，豈欲與曆官較勝負，既知其失，安得默而不言邪！於是朝廷下之有司，遣官偕元震與太史局辨正，而太史之詞窮，元震轉一官，判太史局鄧宗文、譚玉等各降官有差。因更造曆，六年，曆成，詔試禮部尚書馮夢得序之；七年，頒行，即成天曆也。

德祐之後，陸秀夫等擁立益王，走海上，命禮部侍郎鄧光薦與蜀人楊某等作曆，賜名本天曆，今亡。

校勘記

〔一〕仁宗用崇天曆天聖至皇祐四年十一月日食二曆不效　據中興聖政卷四七，「仁宗用崇天曆，自天聖至皇祐，其四年十一月月食，曆家言曆不效。」史文有誤。

〔二〕崇天曆頒行逾三十年　「十」字原脫，據中興聖政卷四七、玉海卷一〇補。

〔三〕周琮　中興聖政卷四七作「周琮等」，是。

〔四〕新曆朏之極數少朒之極數四百九十三分　下「數」字原脫，據上下文補。

〔五〕紀元統元乾道三曆　「統元」二字原脫。按既言「三曆」，不應只舉二名，據上文「以紀元、統元、乾道三曆推之」，顯脫「統元」二字，故補。

〔六〕行遲行十二度　按「遲行」係與上句「平行」相對而言，上「行」字衍。

〔七〕秘書省鄧嗣　按「秘書省」爲官署名而非官名，據上文「秘書丞宋伯嘉」和下文「秘書丞黄艾」例，疑「省」爲「丞」之誤。

〔八〕總三十二卷　按上文所列只二十八卷，和此數不符。

〔九〕乾道淳熙慶元　據上文，乾道、淳熙、會元三曆爲劉孝榮所造；楊忠輔曾在慶元年間造統天曆，此處「慶元」應作「會元」。

〔一〇〕嘉泰元年　按本卷體例，係按年代順序記事，而本段上文所敍爲嘉定三年事，下文所敍爲嘉定四年事，不當又插入本段，疑史文有舛錯。

〔一一〕丙辰年　「年」字原脫，按上下文皆以干支紀年，「丙辰」下應有「年」字，故補。

宋史卷八十三

志第三十六

律曆十六

紹興統元 乾道 淳熙 會元曆

演紀上元甲子，距紹興五年乙卯，歲積九千四百二十五萬一千五百九十一。乾道上元甲子，距乾道三年丁亥，歲積九千一百六十四萬五千八百二十三。淳熙上元甲子，距淳熙三年丙申，歲積五千二百四十二萬一千九百七十二。會元上元甲子，距紹熙二年辛亥，歲積二千五百四十九萬四千七百六十七。

步氣朔

元法：六千九百三十。乾道三萬。淳熙五千六百四十。會元統率三萬八千七百。

歲周：二百五十三萬一千一百三十八；歲周日：三百六十五、餘一千六百八十八。乾道芥實一千九十五萬七千三百八，歲周三百六十五、餘七千三百八。淳熙歲實二百五萬九千九百七十四，歲周日三百六十五、餘一千三百七十四。會元氣率一千四百一十三萬四千九百三十二。

氣策：一十五日、餘一千五百一十四、秒十五。乾道餘六千五百五十四半。淳熙餘一千二百三十二、秒二十五。會元餘八千四百五十五半。

朔實：二十萬四千六百四十七。乾道八十八萬五千九百一十七、秒七十六。淳熙一十六萬六千五百五十二、秒五十六。會元朔率一百一十四萬二千八百三十四。

歲閏：七萬五千三百七十四。乾道三十二萬六千二百九十四、秒八十八，又有閏限八十五萬八千七百二十六、秒五十二，月閏二萬七千一百九十一、秒二十四。會元四十二萬九百二十四，又有閏限七十二萬一千九百一十。乾道又有沒限二萬三千四百四十五半。淳熙四千四百七、秒七十五。會元三萬二百四十四半。

朔策：二十九日、餘三萬六千七十七(一)。乾道餘一萬五千九百一十七、秒七十六。淳熙餘三千九百九十二(二)、秒五十六。會元餘二萬五百三十四，約分五十三、秒五。

望策：十四日、餘五千三百三半。乾道餘一萬二千九百五十八、秒八十八(三)。淳熙餘四千三百一十六、秒二十八。會元餘二萬九千六百一十七。

弦策：七日、餘二千六百五十一太。乾道餘一萬一千四百七十九、秒四十四。淳熙餘二千一百五十八、秒一十四。會元餘一萬四千八百八半。

中盈分：三千三百二十八、秒三十(四)。乾道一萬三千一百九。淳熙二千四百六十四、秒五十。會元一萬六千九百一十一。

朔虛分：三千二百五十三。乾道一萬四千八十二、秒二十四。淳熙二千六百四十七、秒四十四。會元一萬八千一百六十六。

旬周：四十一萬五千八百。乾道一百八十萬。淳熙三十三萬八千四百、秒一。會元二百三十二萬二千。

紀法：六十。三曆同。

推天正冬至：置距所求積年，以歲周乘之，爲氣積分；以旬周去之，不盡，總法約之爲大餘，不滿爲小餘。大餘命甲子，算外，卽得所求年天正冬至日辰及餘。其小餘總法退除爲約分，卽百爲母。

求次氣：置冬至大、小餘，以氣策及餘秒加之，秒盈秒法從一小餘，小餘滿總法從一大餘，滿紀法去，命甲子，算外，合得次氣日辰及餘秒。

求天正經朔：置天正冬至氣積分，以朔實去之，不盡爲閏餘；以減冬至氣積分，餘爲天正十一月經朔加時朔積分；以旬周去之，不滿，總法約之爲大餘，不滿爲小餘。命甲子，算外，卽得所求年天正十一月經朔加時朔積分。以旬周去之，不滿，總法約之爲大餘，

不滿爲小餘(五)。大餘命甲子，算外，卽得所求天正十一月經朔日辰及餘。

求弦望及次朔經日：置天正十一月經朔大、小餘，以弦策加之，爲上弦；累加之，去命如前，各得弦、望及次月朔經日及餘也。

求沒日：置有沒之氣小餘，以一百八十乘之，秒從之，用減一百二十六萬五千五百六十九，餘以一萬八千一百六十九除之爲日，不滿爲餘。命其氣初日，算外，卽得其氣辰。凡二十四氣，小餘五千四百一十五、秒一百六十五。

求滅日：置有滅經朔小餘(六)，三十乘之，滿朔虛分除爲日，不滿爲餘。命經朔初日，算外，卽得其月滅日辰。經朔小餘不滿朔虛分者，爲有滅之朔。

步發斂

候策：五日、餘五百四、秒一百二十五。乾道餘二千一百八十四、秒二十五。淳熙餘四百一十、秒七十五。會元餘二千八百二十二、秒五十(七)。

卦策：六日、餘六百五、秒一百一十四。乾道餘二千六百二十一、秒二十四。淳熙餘四百九十二、秒九十。會元餘三千三百八十二、秒二十。

土王策：三日、餘三百二、秒一百四十七。乾道餘二千三百一十、秒二十七(八)。淳熙餘二百四十六、

秒四十五。會元一千六百九十一、秒一十。

辰法：五百七十七半。乾道二千五百。淳熙四百七十。會元三千二百二十五。

半辰法：二百八十八太。乾道一千二百五十。淳熙二百三十五。會元一千六百一十二半。

刻法：六百九十三。乾道三百。淳熙五百六十四。會元三百八十七。

秒法：一百八十。乾道三十。淳熙、會元同一百。淳熙又有月閏五千一百一十一、秒九十四。

求六十四卦、五行用事日、二十四氣、七十二候。四曆俱與前曆同，此不載。

求發斂去經朔日：置天正閏餘，以中盈及朔虛分累益之，即每月閏餘；滿總法除之爲閏日，不盡爲小餘，即各得其月中氣去經朔日辰。因求卦候者，各以卦、候、土王策依次累加減之，中氣前減，中氣後加。各得其月卦、候去經朔日辰。

求發斂加時：置所求小餘，以辰法除之爲辰數〔九〕，不滿，進一位，以刻法而一爲刻，不盡爲刻分。其辰數命子正，算外，各得加時所在辰、刻及分。加辰刻即命起子初。

步日躔

周天分：二百五十三萬一千二百二十六、秒八十七。乾道分一千九十五萬七千七百一十七、秒五。

歲差：八十八、秒八十七。乾道四百九、秒五。淳熙一萬一千五百一十三。會元軌差五百二十五、秒一十三。

周天度：三百六十五、約分二十五、秒六十四。三曆同。

乘法：五十五。乾道八十七。淳熙一百一十九。會元一百一十九。

除法：八百三十七。乾道一千三百二十四。淳熙一千八百一十二。會元一千八百一十一。

秒法：一百。三曆同。

乾道又有象限九十一度、分三十一、秒九，淳熙、會元同。淳熙又有乾實三億九百萬七千六百一十三，半周天一百八十二度、分二十五、秒七十二。會元半周天度同、分六十二、秒八十六。

常氣	中積及餘	盈縮分	升降差	損益率	朓朒積
冬至	空	統元空 乾道空 淳熙空 會元空	升七千一百五十六 升七千二百六十七 升七千六十 升七千一百八	益三百七十一 益一千六百三十 益二百九十八 益二千五十七	朒空 同 同 朒初
小寒	十五 統元一千五百一十四　秒一十五 乾道六千五百五十四半 淳熙一千二百五十二　秒一十五　二十一 八十四 會元八千四百五十五半　二十一 八十四	盈七千一百五十六 盈七千二百六十七 盈七千六十	升五千九百八十 升五千九百八十一 升五千九百二十 升五千七百七十三	益三百一十 益一千三百四十三 益二百五十 益一千六百七十二	朒三百七十一 朒一千六百三十 朒二百九十八 朒二千五十七
大寒	三十 統元三千二十八　秒三十 乾道一萬三千一百九 淳熙二千四百六十四　秒五十　四十三 六十九 會元一萬六千九百一十一　四十三 六十九	盈一萬三千一百三十六 盈一萬三千二百四十八 盈一萬二千九百八十	升四千七百七十一 升四千六百八十 升四千七百一十九 升四千四百五十六	益二百四十七 益一千五十 益一百九十九 益一千二百九十	朒六百八十一 朒二千九百七十三 朒五百四十八 朒三千七百二十九
立春	四十五 統元四千五百四十二　秒四十五 乾道一萬九千六百六十三半 淳熙三千六百九十六　秒七十五　六十五 五十四 會元二萬五千三百六十六半　六十五 五十四	盈一萬七千九百七 盈一萬七千九百二十八 盈一萬七千六百九十七	升三千四百九十三 升三千三百六十三 升三千四百五十一 升三千一百五十九	益一百八十一 益七百五十五 益一百四十五 益九百一十四	朒九百二十八 朒四千二十三 朒七百四十七 朒五千一十九
雨水	六十 統元六千五十六　秒六十 乾道二萬六千二百一十八半 淳熙四千九百二十九　秒空　八十七 三十五 會元三萬三千八百二十二　八十七 三十九	盈二萬一千四百 盈二萬一千二百 盈二萬一千一百四十八	升二千一百五十八 升二千二十九 升二千一百二十二 升一千八百八十一	益一百一十二 益四百五十五 益九十 益五百四十四	朒一千一百九 朒四千七百七十八 朒八百九十二 朒五千九百三十三
驚蟄	七十六 統元六百四十　秒七十五 乾道二千七百七十二半 淳熙五百二十一　秒二十五　九 二十四 會元三千五百七十七半　九 二十四	盈二萬三千五百五十八 盈二萬三千三百二十 盈二萬三千二百七十	升七百三十 升六百八十 升七百三十 升六百二十三	益三十八 益一百五十二 益三十一 益一百八十一	朒一千二百二十一 朒五千二百三十三 朒九百八十二 朒六千四百七十七
春分	九十一 統元二千一百五十四　秒九十 乾道九千三百二十七 淳熙一千七百五十三　秒五十　三十一 九 會元一萬二千三十三　三十一 九	盈二萬四千二百八十八 盈二萬四千 盈同乾道	降七百三十 降六百八十 降同統元 降六百二十三	損三十八 損一百五十二 損三十一 損一百八十一	朒一千二百五十九 朒五千三百八十五 朒一千一十三 朒六千六百五十八
清明	一百六 統元三千六百六十八　秒一百五 乾道一萬五千八百八十一半 淳熙二千九百八十五　秒七十五　五十二 九十三 會元二萬四百八十八半　五十二 九十四	盈二萬二千五百五十八 盈二萬三千三百二十 盈二萬三千二百七十	降二千一百五十八 降二千二十九 降二千一百二十三 降一千八百八十一	損一百一十二 損四百五十五 損九十 損五百四十四	朒一千二百二十一 朒五千二百三十三 朒九百八十二 朒六千四百七十七

中華書局

穀雨一百二十一				
統元五千一百八十二　秒一百二十	盈二萬一千四百	降三千四百九十三	損一百八十一	朒一千一百九
乾道二萬二千四百三十六	盈二萬一千二百九十一	降三千三百六十三	損七百五十五	朒四千七百七十八
淳熙四千二百一十八　秒空　七十四　七十八	盈二萬一千一百四十八	降三千四百五十一	損一百四十五	朒八百九十二
會元二萬八千九百四十四　七十四　七十九		降三千一百五十九	損九百一十四	朒五千九百三十三
立夏一百三十六				
統元六千九百九十六　秒一百三十五	盈一萬七千九百七	降四千七百七十一	損二百四十七	朒九百二十八
乾道二萬八千九百九十半	盈一萬七千九百二十八	降四千六百八十	損一千五十	朒四千二十三
淳熙五千四百五十八　秒二十五　九十六　六十三	盈一萬七千六百九十七	降四千七百一十七	損一百九十九	朒七百四十七
會元三萬七千三百九十九半　九十六　六十三		降四千四百五十六	損一千二百九十	朒五千一十九
小滿一百五十二				
統元一千二百八十　秒一百五十	盈一萬三千一百三十六	降五千九百八十	損一萬三千一百三十六	朒六百八十一
乾道五千五百四十五	盈一萬三千二百四十八	降五千九百八十一	損一千三百四十三	朒二千九百七十三
淳熙一千四十二　秒五十　十八　四十八	盈一萬二千九百八十	降五千九百二十	損二百五十	朒五百四十八
會元七千一百五十五　一十八　四十八		降五千七百七十三	損一千六百七十二	朒三千七百二十九

芒種一百六十七				
統元二千七百九十四　秒一百六十五	盈七千一百五十六	降七千一百五十六	損三百七十一	朒三百七十一
乾道一萬二千九百十九半	盈七千二百六十七	降七千二百六十七	損一千六百三十	朒一千六百三十
淳熙二千二百七十四　秒五十五　四十　三十三	盈七千六十	降七千六十	損二百九十八	朒二百九十八
會元一萬五千六百一十半　四十　三十三		降七千一百八	損二千五十七	朒二千五十七
夏至一百八十二				
統元四千三百九　秒空	空	降七千一百五十六	益三百七十一	朓空
乾道一萬八千六百五十四	空	降七千二百六十七	益一千六百三十	朓空
淳熙三千五百七　秒空　六十二　一十八	空	降七千六十	益二百九十八	朓空
會元二萬四千六十六　六十二　一十八		降七千一百八	益二千五十七	朓空
小暑一百九十七				
統元五千八百二十三　秒十五	縮七千一百五十六	降五千九百八十	益三百一十	朓三百七十一
乾道二萬五千二百八半	縮七千二百六十七	降五千九百八十一	益一千三百四十三	朓一千六百三十
淳熙四千七百五十九　秒二十五　八十四　二	縮七千六十	降五千九百二十	益二百五十	朓二百九十八
會元三萬二千五百二十一半　八十四　三		降五千七百七十三	益一千六百七十二	朓二千五十七

大暑二百一十三				
統元四百七秒三十	縮一萬三千一百三十六	降四千七百七十一	益二百四十七	朓六百八十一
乾道一千七百六十三	縮一萬三千二百四十八	降四千六百八十	益一千五十	朓二千九百七十三
淳熙三百三十一　秒五十　五　八十七	縮一萬二千九百八十	降四千七百一十七	益一百九十九	朓五百四十八
會元二千二百七十七　五　八十八		降四千五百五十六	益一千二百九十	朓三千七百二十九
立秋二百二十八				
統元一千九百一十一　秒四十五	縮一萬七千九百七	降三千四百九十三	益一百八十一	朓九百二十八
乾道八千三百十七半	縮一萬七千九百二十八	降三千三百六十三	益七百五十五	朓四千二十三
淳熙一千五百六十二　秒七十五　二十七　七十二	縮一萬七千六百九十七	降三千四百五十一	益一百四十五	朓七百四十七
會元一萬七百三十二半　二十七　七十三		降三千一百五十九	益九百一十四	朓五千一十九
處暑二百四十三				
統元三千四百三十五　秒六十	縮二萬一千四百	降二千一百五十八	益一百一十二	朓一千一百九
乾道一萬四千八百七十二	縮二萬一千二百九十一	降二千二十九	益四百五十五	朓四千七百七十八
淳熙二千七百九十六　秒空　四十九　五十七	縮二萬一千一百四十八	降二千一百二十二	益九十	朓八百九十二
會元一萬九千一百八十八　四十九　五十八		降一千八百八十一	益五百四十四	朓五千九百三十三

白露二百五十八				
統元四千九百四十九　秒七十五	縮二萬三千五百五十八	降七百三十	益三十八	朓一千二百二十一
乾道二萬一千四百二十六半	縮二萬三千三百二十	降六百八十	益一百五十二	朓五千二百三十三
淳熙四千二十八　秒二十五　七十一　四十二	縮二萬三千二百七十	降七百三十	益三十一	朓九百八十二
會元二萬七千六百四十三半　七十一　四十三		降六百二十三	益一百八十一	朓六千四百七十七
秋分二百七十三				
統元六千四百六十三　秒九十	縮二萬四千二百八十八	升七百三十	損三十八	朓一千二百五十九
乾道二萬七千九百八十一	縮二萬四千	升六百八十	損一百五十二	朓五千五百八十五
淳熙五千二百六十　秒五十　九十三　二十七	縮二萬四千	升七百三十	損三十一	朓一千一十三
會元三萬六千九十九　九十三　二十七		升六百二十三	損一百八十一	朓六千六百五十八
寒露二百八十九				
統元一千四十七　秒一百五	縮二萬三千五百五十八	升二千一百五十八	損一百一十二	朓一千二百二十一
乾道四千五百三十五半	縮二萬三千三百二十	升二千二十九	損四百五十五	朓五千二百三十三
淳熙八百五十二　秒七十五　十五　一十一	縮二萬三千二百七十	升二千一百二十二	損九十	朓九百八十二
會元五千八百五十四半　一十五　一十二		升一千八百八十一	損五百四十四	朓六千四百七十七

中華書局

霜降三百四	統元二千五百六十一　秒一百二十	縮二萬一千四百	升三千四百九十三	損一百八十一	朒一千二百九
	乾道一萬一千九十	縮二萬一千二百九十一	升三千三百六十三	損七百五十五	朒四千七百七十八
	淳熙二千八十五　秒空　三十六 九十六	縮二萬一千一百四十八	升三千四百五十一	損一百四十五	朒八百九十二
	會元一萬四千三百一十　三十六 九十七		升三千一百五十九	損九百一十四	朒五千九百三十三
立冬三百十九	統元四千七十五　秒一百三十五	縮一萬七千九百七	升四千七百七十一	損二百四十七	朒九百二十
	乾道一萬七千六百四十四半	縮一萬七千九百二十八	升四千六百八十	損一千五十	朒四千二十三
	淳熙三千三百一十七　秒二十五　五十八 八十一	縮一萬七千六百九十七	升四千七百一十七	損一百九十九	朒七百四十七
	會元二萬二千七百六十五半　五十八 八十二		升四千四百五十六	損一千二百九十	朒五千一十九
小雪三百二十四	統元五千五百八十九　秒一百五十	縮一萬三千一百二十六	升五千九百八十	損三百一十	朒六百八十一
	乾道二萬四千一百九十九	縮一萬三千二百四十八	升五千九百八十一	損一千三百四十三	朒二千九百七十三
	淳熙四千五百四十九　秒五十　八十 六十六	縮一萬二千九百八十	升五千九百二十	損三百五十	朒五百四十八
	會元三萬一千二百二十一　八十 六十七		升五千七百七十三	損一千六百七十二	朒三千七百二十九

大雪三百五十	統元一百七十三　秒一百六十五	縮七千一百五十六	升七千一百九十六	損三百七十一	朒三百七十一
	乾道七百五十三半	縮七千二百六十七	升七千二百六十七	損一千六百三十	朒一千六百三十
	淳熙一百四十一　秒七十五　二 五十一	縮七千六十	升七千六十	損二百九十八	朒二百九十八
	會元九百七十六半　二 五十二		升七千一百八	損二千五十七	朒二千五十七

求每月盈縮分〔10〕，朔、弦、望入氣朓朒定數，赤道宿度，冬至赤道日度，赤道宿積度入初末限，二十八宿黃道度，天正冬至加時黃道日度，二十四氣加時黃道日度，二十四氣初日晨前夜半黃道日躔宿次，晨前夜半黃道日躔宿次〔11〕，太陽入宮日時刻及分。法同前曆，此不載。

步月離

轉周分：一十九萬九百五十三、秒二千五百六十三。乾道八十二萬六千六百三十七、秒七千三百九十五。淳熙一十五萬五千四百七、秒九千七百四十。會元轉率一百六萬六千三百六十一、秒七千三百一十。

轉周日：二十七、餘三千八百四十三、秒二千五百六十三。乾道餘一萬六千六百三十七、秒七千三百九十五。淳熙餘三千一百二十七、秒九千七百四〔12〕。會元餘二萬一千四百六十一、秒七千三百一十。

朔差日：一、餘六千七百六十三、秒七千四百三十七。乾道餘二萬九千二百八十、秒二百五。淳熙餘五千五百四、秒五千八百六十。會元餘三萬七千七百七十二、秒二千六百一十。

望策：一十四、餘五千三百三、秒五千。

弦策：七、餘二千六百五十一、秒七千五百。乾道餘一萬一千四百七十九、秒四千四百。淳熙餘二千一百五十八、秒一千四百。會元一萬四千八百八、秒五十。

七日：初數六千一百五十八，約分八十九；末數七百七十二，約分一十一。

十四日：初數五千三百八十七，約分七十八；末數一千五百四十三，約分二十二。

二十一日：初數四千六百一十五，約分六十七；末數二千三百一十五，約分三十三。

二十八日：初數三千八百四十三，約分五十五；末數空。

以上秒母一萬。

以下秒母一百。

上弦：九十一度三十一分、秒四十一。三曆同。

望：一百八十二度六十二分、秒八十二。三曆秒八十六。

下弦：二百七十三度九十四分、秒二十三。三曆秒二十九。

平行分：一十三度三十六分、秒八十七半。

推天正十一月經朔入轉，經弦、望及次朔入轉。法同前曆，此不載。

入轉日	進退差	轉定分	損益率	朓朒數	轉日度	加減差	遲疾度
一日	統元退十二	一千四百六十八	益六百八	朒空		加一百三十一	疾空
		乾道一千四百六十四	益二千八百五十	朒空		加一百二十七	疾空
	淳熙退十一	一千四百六十八	益五百五十三	朒空	空		疾空
		會元一千四百六十七	益三千七百六十三	朒初		加一百三十	疾初
二日	統元退十八	一千四百五十六	益六百一十八	朒六百八十	十四度六十八	加一百十九	疾一度三十一
		乾道一千四百五十三	益二千六百三	朒二千八百五十		加一百一十六	疾一度二十七
	淳熙退十五	一千四百五十七	益五百六	朒五百五十三			疾一度三十一
		會元一千四百五十四	益三千三百八十七	朒三千七百六十三		加一百一十七	疾一度三十
三日	統元退二十一	一千四百三十八	益五百一十三	朒一千二百九十八	二十九度二十四	加一百一	疾二度五十
		乾道一千四百三十八	益二千二百六十六	朒五千四百五十三		加一百一	疾二度四十三
	淳熙退二十	一千四百三十二	益四百四十三	朒一千五十九			疾二度五十一
		會元一千四百四十	益二千九百八十一	朒七千一百五十		加一百三	疾二度四十七

日	曆	值	損益	朓朒	度	加減	遲疾
四日	統元退二十三	一千四百一十七	益四百一十一	朒一千八百二十一	四十三度六十二	加八十	疾三度五一
	乾道	一千四百一十六	益一千七百七十三	朒七千七百一十九		加七十九	疾三度四十四
	淳熙退二十三	一千四百二十二	益三百五十八	朒一千五百二			疾三度五十六
	會元	一千四百二十二	益二千四百六十一	朒一萬一百三十一		加八十五	疾三度五十
五日	統元退二十四	一千三百九十四	益二百九十三	朒二千二百三十二	五十七度七十九	加五十七	疾四度
	乾道	一千三百九十四	益一千二百七十九	朒九千四百九十二		加五十七	疾四度二十三
	淳熙退二十六	一千三百九十九	益二百六十二	朒一千八百六十			疾四度四十一
	會元	一千四百一	益一千八百五十三	朒一萬二千五百九十二		加六十四	疾四度三十五
六日	統元退二十四	一千三百七十	益一百七十二	朒二千五百二十五	七十一度七十三	加三十三	疾四度
	乾道	一千三百七十三	益八百八	朒一萬七百七十二		加三十六	疾四度八十
	淳熙退二十六	一千三百七十三	益一百五十二	朒二千一百二十二			疾五度三十
	會元	一千三百七十六	益一千一百二十九	朒一萬四千四百四十五		加三十九	疾四度九十九

日	曆	值	損益	朓朒	度	加減	遲疾
七日	統元退二十四	一千三百四十六	初益五十四末損七	朒二千六百九十七	八十五度四十三	初加十末減一	疾五度二十一
	乾道	一千三百四十七	初益二百四十七末損二十三	朒一萬一千五百七十九			疾五度一十六
	淳熙退二十六	一千三百四十七	初益四十六末損四	朒二千二百七十四			疾五度三十九
	會元	一千三百四十九	初益三百七十六末損二十九	朒一萬五千五百七十四		初加一十三末減一	疾五度三十八
八日	統元退二十四	一千三百二十二	損七十六	朒二千七百四十四	九十八度八十九	減十五	疾五度三十
	乾道	一千三百二十三	損三百一十四	朒一萬一千八百三		減一十四	疾五度二十六
	淳熙退二十六	一千三百二十一	損六十七	朒二千三百一十六			疾五度四十九
	會元	一千三百一十九	損五百二十一	朒一萬五千九百二十一		減一十八	疾五度五十
九日	統元退二十三	一千二百九十八	損二百	朒一千六百六十八	一百一十二度十一	減三十九	疾五度十五
	乾道	一千二百九十九	損八百三十九	朒一萬一千四百八十九		減三十八	疾五度一十六
	淳熙退二十四	一千二百九十五	損一百七十八	朒二千二百四十九			疾五度三十三
	會元	一千二百九十二	損一千三百二	朒一萬五千四百		減四十五	疾五度三十二

日	曆	值	損益	朓朒	度	加減	遲疾
十日	統元退二十三	一千二百七十五	損三百二十一	朒二千四百六十八	一百二十五度	減六十二	疾四度七十六
	乾道	一千二百七十五	損一千四百五	朒一萬六百五十		減六十二	疾四度七十四
	淳熙退二十四	一千二百七十一	損二百七十八	朒二千七十一			疾四度九十一
	會元	一千二百六十八	損一千九百九十七	朒一萬四千九百九十七		減六十八	疾四度八十七
十一日	統元退二十	一千二百五十二	損四百三十八	朒二千一百四十七	一百三十七度八十四	減八十五	疾四度十四
	乾道	一千二百五十四	損一千八百六十三	朒九千二百四十五		減八十三	疾四度一十二
	淳熙退十九	一千二百四十七	損三百八十	朒一千七百九十三			疾四度二十五
	會元	一千二百四十八	損二千五百七十七	朒一萬二千一百		減八十九	疾四度一十八
十二日	統元退十七	一千二百三十二	損五百四十五	朒一千七百九	一百五十度三十六	減一百五	疾三度二十九
	乾道	一千二百四十	損三千一百七十六	朒七千三百八十二		減九十七	疾三度二十九
	淳熙退十四	一千二百二十六	損四百六十	朒一千四百一十三			疾三度三十五
	會元	一千二百三十	損三千九十七	朒九千五百二十三		減一百七	疾三度二十九

日	曆	值	損益	朓朒	度	加減	遲疾
十三日	統元退九	一千二百一十五	損六百三十六	朒一千二百六十四	一百六十八度六十六	減一百二十二	疾二度二十四
	乾道	一千二百一十五	損二千七百三十八	朒五千二百六		減一百二十二	疾二度三十二
	淳熙退十	一千二百一十四	損五百一十八	朒九百五十三			疾二度二十六
	會元	一千二百一十七	損三千四百七十三	朒六千四百二十六		減一百二十	疾二度二十二
十四日	統元進二	一千二百六	初損五百三十一末益一百五十一	朒五百三十一	一百七十四度八十三	初減一百一末減二十五	疾一度二
	乾道	一千一百九十八	初損二千四百六十八末益六百五十	朒二千四百六十八		初減一百一十末加二十五	疾一度一十
	淳熙進四	一千二百四	初損四百三十五末益二百二十七	朒四百三十五			疾一度三
	會元	一千二百六	初損二千九百五十三末益八百三十九	朒二千九百五十三			疾一度二
十五日	統元進十四	一千二百八	益六百六十九	朒一百五十一	一百八十六度八十九	加一百二十九	遲初度二十九
	乾道	一千二百一十三	益二千七百八十三	朒六百五十		加一百二十四	遲空二十九
	淳熙進十一	一千二百八	益五百四十四	朒一百二十七			遲空三十
	會元	一千二百九	益三千七百五	朒八百三十九		加一百二十八	遲空二十九

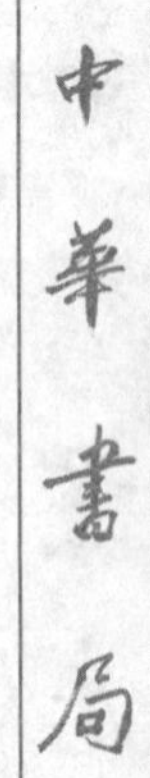

十六日							
統元	進十九	一千二百二十二	益五百九十八	朒八百二十	一百九十八度九十七	加一百十五	遲一度五十八
乾道		一千二百二十二	益二千五百八十一	朒三千四百三十三		加一百一十五	遲一度五十三
淳熙	進十七	一千二百一十九	益四百九十八	朒六百七十一			遲一度五十九
會元		一千二百二十二	益三千三百二十九	朒四千五百四十四		加一百一十五	遲一度五十七
十七日							
統元	進二十一	一千二百四十一	益四百九十九	朒一千四百一十八	二百十一度十九	加九十六	遲二度七十三
乾道		一千二百三十六	益二千二百六十六	朒六千一十四		加一百一	遲二度六十八
淳熙	進二十二	一千二百三十六	益四百二十六	朒一千一百六十九			遲二度七十七
會元		一千二百三十八	益二千八百六十六	朒七千八百七十三		加九十九	遲二度七十二
十八日							
統元	進二十三	一千二百六十二	益三百八十六	朒一千九百一十七	二百二十三度六十	加七十五	遲三度六十九
乾道		一千二百五十七	益一千七百九十六	朒八千二百八十		加八十	遲三度六十九
淳熙	進二十三	一千二百五十八	益三百三十三	朒一千五百九十五			遲三度七十八
會元		一千二百五十七	益二千三百一十六	朒一萬七百三十九		加八十	遲三度七十一

十九日							
統元	進二十四	一千二百八十五	益二百六十七	朒二千三百三	三百三十六度二十三	加五十二	遲四度四十四
乾道		一千二百七十八	益一千三百二十三	朒一萬七十六		加五十九	遲四度四十九
淳熙	進二十六	一千二百八十一	益二百三十六	朒一千九百二十八			遲四度五十七
會元		一千二百七十八	益一千七百八	朒一萬三千五十五		加五十九	遲四度五十一
二十日							
統元	進二十四	一千三百九	益一百四十一	朒二千五百七十	二百四十九度	加二十七	遲四度九十六
乾道		一千三百三	益七百六十三	朒一萬一千三百九十九		加三十四	遲五度八
淳熙	進二十六	一千三百七	益一百二十七	朒二千一百六十四			遲五度一十三
會元		一千三百三	益九百八十四	朒一萬四千七百六十三		加三十四	遲五度一十
二十一日							
統元	進二十四	一千三百三十三	初益四十末損二十	朒二千七百一十一	二百六十二度十六	初加八末減四	遲五度二十三
乾道		一千三百三十一	初益一百五十七末損二十二	朒一萬一千一百六十二		初加七末減一	遲五度四十二
淳熙	進二十六	一千三百三十三	初益二十九末損一十二	朒二千二百九十二			遲五度四十三
會元		一千三百三十三	初益二百三末損五十八	朒一萬五千七百四十七		初加七末減二	遲五度四十四

二十二日							
統元	進二十四	一千三百五十七	損一百四	朒二千七百三十一四十九	二百七十五度	減二十	遲五度二十七
乾道		一千三百六十二	損五百二十九	朒一萬一千二百九十七		減二十四	遲五度四十八
淳熙	進二十五	一千三百五十九	損九十三	朒二千三百八			遲五度四十七
會元		一千三百六十二	損七百二十四	朒一萬五千八百九十二		減二十五	遲五度四十九
二十三日							
統元	進二十三	一千三百八十一	損二百一十八	朒二千六百二十七	二百八十九度六	減四十四	遲五度七
乾道		一千三百八十七	損一千一百二十二	朒一萬一千七百		減五十	遲五度二十四
淳熙	進二十二	一千三百八十四	損一百九十八	朒二千二百一十五			遲五度二十五
會元		一千三百八十八	損一千四百七十六	朒一萬五千一百六十八		減五十一	遲五度二十四
二十四日							
統元	進二十二	一千四百四	損三百四十八	朒二千三百九十九	三百二度八十七	減六十七	遲四度六十三
乾道		一千四百一十二	損一千六百八十三	朒一萬六百三十六		減七十五	遲四度七十四
淳熙	進二十三	一千四百八	損三百	朒二千一十七			遲四度七十八
會元		一千四百一十二	損二千一百一十三	朒一萬三千六百九十二		減七十三	遲四度七十三

二十五日							
統元	進二十一	一千四百二十六	損四百六十三	朒二千五百一十一	三百十六度九十一	減八十九	遲九十六
乾道		一千四百二十七	損一千一十九	朒八千五百九十三		減九十	遲九十九
淳熙	進十八	一千四百三十	損三百九十七	朒一千七百一十七			遲七
會元		一千四百三十	損二千六百九十二	朒一萬一千五百七十九		減九十三	遲空
二十六日							
統元	進十四	一千四百四十七	損五百六十七	朒一千五百八十八	三百三十一度十七	減一百九	遲七
乾道		一千四百四十六	損二千四百四十六	朒六千九百三十四		減一百九	遲九
淳熙	進十四	一千四百四十九	損四百七十二	朒一千三百二十			遲三十一
會元		一千四百四十九	損三千一百八十五	朒八千八百八十七		減一百一十	遲七
二十七日							
統元	進十一	一千四百六十一	損六百四十四	朒一千二百二十二	三百四十五度九十八	減一百二十四	遲一度九十八
乾道		一千四百六十二	損二千八百五	朒四千四百八十八		減一百二十五	遲二度空
淳熙	進九	一千四百六十三	損五百三十二	朒八百四十八			遲二度一
會元		一千四百六十一	損三千五百八十九	朒五千七百二		減一百二十二	遲一度九十七

二十四史
中華書局

二十八日	統元退四 淳熙退四	一千四百七十二 乾道一千四百七十三 一千四百七十三 會元一千四百六十九	損三百七十七 初損一千六百八十三 初損三百一十六 初損二千一百一十三	朒三百七十七 朒一千六百八十三 朒三百十六 朒二千一百一十三	三百六十度二十五	減七十四 初減七十五 初減七十三	遲空七十四 遲空七十五 遲空七十五 遲空七十三

乾道又有七日初數二萬六千六百五十九、初約八十九，末數三千三百四十一、末約一十一；十四日初數二萬二千三百一十九、初約七十八，末數六千六百八十一、末約二十三；二十一日初數一萬九千九百九十八、初約六十七，末數一萬二十二、末約三十三；二十八日初數一萬六千六百三十七、初約五十五，末數空、末約空。淳熙七日初數五千一十一、末數六百二十，初約八十九、末約一十二；十四日初數四千三百八十三、末數一千二百五十七，初約七十八、末約二十二；二十一日初數三千七百五十五、末數一千八百八十五，初約六十七、末約三十三；二十八日初數三千一百二十七、初約五十五。會元七日初數三萬四千三百九十、初約八十九，末數四千三百一十、末約一十一；十四日初數三萬八千、初約七十八，末數八千六百二十、末約二十二；二十一日初數二萬五千七百七十一、初約六十七，末數一萬二千九百二十九、末約三十三〔三〕；二十八日初數二萬一千四、初約五十五，末數一百六十一。

求朔、弦、望入轉朏朒定數，朔、弦、望定日，朔、弦、望加時日所在度；推月行九道；求九道宿度，月行九道平交入氣，平定入轉，朏朒定數，正交入氣，正交加時黃道日度，正交加時月離九道宿度，定朔、弦、望月所在宿度，定朔夜半入轉，次朔夜半入轉，月晨昏度，朔、弦、望晨昏定程，轉定度，晨昏月，天正十一月經朔加時平行月，天正十一月定朔日晨前夜半平行月，次朔夜半平行月〔四〕，定弦、望夜半平行月，天正定朔夜半入轉，弦、望及後朔定日夜半入轉，定朔、弦、望夜半月度。法同前曆，此不載。

步晷漏

二至限：一百八十二、六十二分。乾道分同，秒一十八。淳熙、會元同。

象限：九十一、三十一分。三曆同，秒九。

消息法：一萬二千三十一。

辰法：五百七十七半，計八刻二百三十一分。乾道餘一百。淳熙餘一百八十八。會元餘一百二十九。

昏明刻：三百四十六半。乾道餘一百五十。淳熙餘二百八十二。

昏明餘數：一百七十三少。乾道昏明分七百五十。淳熙昏明分一百四十一。會元九百六十七半。

冬至岳臺晷景〔五〕：一丈二尺八寸三分。

夏至岳臺晷景：一尺五寸六分。

冬至後初限夏至後末限：六十二日。分空。

夏至後初限冬至後末限：一百二十日六十二分。

求每日消、息定數，黃道去極度及赤道內、外度，晨昏日出、入分及半晝分，每日距中度，夜半定漏，晝、夜刻及日出、入辰刻，更籌辰刻，昏、明度，五更攢點中星，九服距差日，九服晷景，九服所在晝、夜漏刻。法與前曆同，此不載。

步交會

交終分：一十八萬八千五百八十、秒六千四百五十七。乾道八十一萬六千三百六十六、秒六千三十四。淳熙交實一十五萬三千四百七十六、秒九千五百四十三。會元交率一百五萬三千一百一十三、秒二千一百四十。

交終日：二十七、餘一千四百七十、秒六千四百五十七。乾道餘六千三百六十六、秒六千三十四。淳熙餘一千一百九十六、秒九千五百四十三。會元餘八千二百一十三、秒二千一百四十。

交中日：一十三、餘四千二百、秒三千二百二十八半。乾道餘一萬八千一百八十三、秒三十七。淳熙餘三千四百一十八、秒四千七百七十一半。會元餘二萬三千四百五十六、秒六千七十。

朔差：二日、餘二千二百六、秒三千五百四十三。乾道餘九千五百五十一、秒一千五百六十六。淳熙餘一千七百九十五、秒六千五十七。會元餘一萬二千三百二十、秒七千八百六十。

後限：一日、餘一千一百三、秒一千七百七十一半。乾道餘四千七百七十五、秒五千七百八十三。

前限：十二日、餘三千九十七、秒一千四百五十。乾道餘一萬三千四百七、秒七千二百三十四。

望策：十四日、餘五千三百三、秒五千。乾道餘二萬二千九百五十八、秒八千八百。淳熙餘四千三百一十六、秒二千八百。會元餘二萬九千六百一十七。

交率：四十二。乾道八十。淳熙六十一。會元五百七。

交數：五百三十五。乾道一千一十九。淳熙七百七十七。

交終度：三百六十三度七十六分。乾道分七十九、秒四十。淳熙同。會元分同、秒四十四。

交象度：九十度九十四分。乾道分同、秒八十五。淳熙同。會元分同、秒八十六。

半交象度：一百八十一度八十八分。乾道度四十五、分四十七、秒四十二半。淳熙同。會元秒四十三。

陽曆食限：二千七百四十五。乾道一萬四千四百。淳熙二千六百三十。會元一萬八千。

陽曆定法：二百七十四半。乾道一千四百四十。淳熙二百六十三。

陰曆食限：四千五百八十五。乾道一萬八千。淳熙三千二百四十。會元二萬二千五百。

陰曆定法：四百五十八半。乾道三百二十四〔六〕。

中華書局

乾道又有月食限二萬九千一百，淳熙五千四百六十，會元三萬六千。乾道月食定法一千八百，淳熙三百五十六。乾道月食既限一萬一千一百。淳熙月食既限一千九百。

推天正十一月加時入交汎日：求次朔及望入交汎日，定朔、望夜半交汎，次朔夜半入交汎日，朔、望加時入交常日，朔望加時入交定日，月行陰陽曆，朔、望加時入陰陽曆積度，朔、望加時月去黃道度，食甚定餘，日月食甚入氣，日月食甚中積、氣差、刻差，日入食限，日入食分，日食汎用分，月入食限，月入食分，月食汎用分，日月食定用分，日月食虧初、復滿小餘，月食既內、外分，日月食所起，月食更、點定法，月食入更點，日月帶食出入所見分數，日月食甚宿次。法同前曆，此不載。

步五星

五星會策：一十五度、二十一分、秒九十。

木星終率：二百七十六萬四千二百三十八、秒三十二。乾道一千一百九十六萬六千五百八十一、秒五十五。淳熙周實二百二十四萬九千七百一十五、秒六十五。會元周率一千五百四十三萬六千八百三十四、秒九十八。

終日：三百九十八、約分八十八、秒七十九。乾道分八十八、秒六十。淳熙約分八十八、秒五十七。會元分八十八、秒四十六。

歲差：六十七、秒九十八。乾道周差一百萬八千八百六十四、秒五十。淳熙一十八萬九千七百四十一、秒六十五。

伏見度：一十三。乾道曆率一千九十五萬七千二百四十九、秒九，淳熙二百五十萬九千九百八十一、秒一十，會元一千四百一十三萬五千四百五十六、秒九。乾道曆中度一百八十三、分六十二、秒二十四，淳熙同，會元秒八十六。乾道曆策度一十五、分二十一、秒八十五，淳熙同，會元秒九十。

段目	常日	常度	限度	初行率
晨伏	十六日	三度	二度	統元分二十三 乾道分二十二秒七十四 淳熙分同統元 會元分同乾道秒八十五
晨疾	統元三十七日 乾道三十一日 淳熙二十九日 會元同乾道	七度 六度 度同乾道 度同乾道	五度 度同統元 四度 度同統元	分二十二 分同統元 分同統元 分二十
晨次疾	統元三十七日 乾道二十九日 淳熙二十九日 會元三十日	六度　六十六 五度　五十八 五度　五十九 五度　八十五	五度　空 四度　二十四 四度　二十四 四度　四十四	二十 二十　六十四 二十　七十 二十二
晨遲	統元三十七日 乾道二十七日 淳熙二十八日 會元二十八日	三度 四度 四度 四度	二度　六十 三度　八 三度　二十 三度　八	十五 一十七　八十四 一十七　九十 一十八
晨留	統元二十五日 乾道二十四日 淳熙二十二日 會元二十二日	空 空	空 空	空 空
晨退	統元四十六日　五十六 乾道四十六日　六十九　三十 淳熙四十六日　六十九　二十八半 會元四十六日　六十九　二十三	五度　一十六 四度　八十四　八十八 四度　八十一 四度　九十二　九十五半	空　三十一　五十七半 空　三十五　四十四 空　四十一　十半 空　三十　三十一	 空 空 空
夕退	統元四十六日　一十六 乾道四十六日　六十九　三十 淳熙四十六日　六十九　二十八半 會元四十六日　六十九　二十三	五度　一十六 四度　八十四　八十八 四度　八十一　八十九半 四度　九十二　九十五半	空　三十一 空　二十五　四十四 空　四十　一十半 空　三十　二十七	十六 一十五　五十九 一十五　四十八 一十六
夕留	統元二十五日 乾道二十四日 淳熙二十二日 會元二十二日	空 空	空 空	空
夕遲	統元三十七日 乾道二十五日 淳熙二十八日 會元二十五日	三度　四十六 一度　六十六 四度　八十八 一度	二度　六十 一度　二十六 一度　四十二	
夕次疾	統元三十七日 乾道三十一日	六度　六十六 六度　六十二	五度　空 五度　三	十五 二十　六十四

夕疾	統元三十七日 乾道二十九日 淳熙二十九日 會元三十日	七度 九十八 五度 五十八 五度 五十九 五度 八十五	五度 九十九 四度 二十四 四度 二十四 四度 四十四	二十 一十七 八十四 二十七 九十七 一十八
夕伏	統元十六日 八十八 乾道一十六日 淳熙一十六日 七十五 會元一十六日 七十五	三度 八十八 三度 七十五 三度 七十五 三度 七十五	二度 九十一 二度 八十五 二度 八十五 二度 八十五	一十二 二十一 四 二十一 二十二

歲星盈縮曆

策數	損益率	盈積度	損益率	縮積度
初	統元益一百四十五 乾道益一百五十九 淳熙益一百五十一 會元益一百五十	盈空 盈空 盈空 初	益一百七十八 益二百二 益一百七十二 益七十五	縮空 縮空 縮空 初
一	統元益一百三十五 乾道益一百四十二 淳熙益一百三十五 會元益一百三十七	盈一度 四十五 盈一度 五十九 盈一度 五十一 盈一度 五十	益一百六十一 益一百八十一 益一百五十六 益一百五十八	縮一度 七十八 縮二度 二 縮一度 七十二 縮一度 七十五
二	統元益一百一十四 乾道益一百二十 淳熙益一百一十四 會元益一百一十六	盈二度 八十 盈三度 一 盈二度 八十六 盈二度 八十七	益一百四十 益一百五十三 益一百三十五 益一百二十五	縮三度 一十九 縮三度 八十三 縮三度 二十八 縮三度 三十三
三	統元益八十七 乾道益九十三 淳熙益八十八 會元益九十一	盈三度 九十四 盈四度 二十一 盈四度 空 盈四度 三	益一百一十一 益一百一十八 益一百二 益一百五	縮四度 七十九 縮五度 三十六 縮四度 六十三 縮四度 六十八
四	統元益五十一 乾道益六十 淳熙益五十七 會元益五十九	盈四度 八十一 盈五度 一十四 盈四度 八十八 盈四度 九十四	益七十三 益七十六 益六十九 益六十九	縮五度 九十 縮六度 五十四 縮五度 六十五 縮五度 七十三
五	統元益十九 乾道益二十一 淳熙益二十 會元益二十二	盈五度 二十三 盈五度 七十四 盈五度 四十五 盈五度 五十三	益二十五 益二十八 益二十四 益二十五	縮六度 六十三 縮七度 三十 縮六度 三十四 縮六度 四十二
六	統元損三十六 乾道損二十一 淳熙損二十 會元損二十二	盈五度 五十一 盈五度 九十五 盈五度 六十五 盈五度 七十五	損十 損二十八 損二十四 損二十五	縮六度 八十八 縮七度 五十八 縮六度 五十八 縮六度 六十七
七	統元損五十八 乾道損六十 淳熙損五十七 會元損五十九	盈五度 十五 盈五度 七十四 盈五度 四十五 盈五度 五十三	損五十五 損七十六 損六十九 損六十九	縮六度 七十八 縮七度 三十 縮六度 三十四 縮六度
八	統元損八十六 乾道損九十三 淳熙損八十八 會元損九十一	盈四度 五十七 盈五度 一十四 盈四度 八十八 盈四度 九十四	損一百一十七 損一百八 損一百二 損一百五	縮六度 二十三 縮六度 五十四 縮五度 六十五 縮五度 七十三
九	統元損一百八 乾道損一百二十 淳熙損一百一十四 會元損一百一十六	盈三度 九十三 盈四度 二十一 盈四度 空 盈四度 三	損一百四十七 損一百五十三 損一百三十五 損一百三十五	縮五度 一十二 縮五度 三十六 縮四度 六十三 縮四度 六十八
十	統元損一百三十 乾道損一百四十二 淳熙損一百三十五 會元損一百三十七	盈二度 六十三 盈三度 一 盈二度 八十六 盈二度 八十七	損一百七十四 損一百八十一 損一百五十六 損一百五十八	縮三度 六十五 縮三度 八十三 縮三度 二十八 縮三度 三十八
十一	統元損一百三十三 乾道損一百五十九 淳熙損一百五十一 會元損一百五十	盈一度 三十五 盈一度 五十九 盈一度 五十一 盈一度 五十	損一百九十一 損二百二 損一百七十二 損一百七十五	縮一度 九十一 縮二度 二 縮一度 七十二 縮一度 七十五

火星終率：五百四十萬四千八百四十六、秒三十九。乾道二千三百三十九萬一千九百八、秒一十八。淳熙周實四百三十九萬八千八百一、秒六十五。會元周率三千一十八萬三千二百六十八、秒八十七。

終日：七百七十九、約分九十二、秒一。乾道七百七十七、分九十三、秒二。淳熙七百七十九、約分九十

二、秒九十五。會元七百七十九、分九十二、秒九十四。

歲差：六千七、秒九。乾道周差一百四十八萬二千七百八十八。淳熙二十七萬八千八百三十、秒七十五。

伏見度：十九。二曆同。會元二十。

乾道曆率一千九十五萬七千四百二、秒二十一，淳熙二百五萬九千九百八十九、秒九十，會元一千四百一十三萬五千四百五十五、秒四十七。乾道曆中度一百八十二、分六十二、秒三十三，淳熙秒三十二，會元秒八十六。乾道曆策度一十五、分二十一、秒八十六，淳熙同，會元秒九十。

段目	常日	常度	限度	初行率
晨伏	統元六十七日	四十八度	四十五度　五十一	七十二
	乾道六十七日	四十八度	四十五度　二十六	七十一　九十二
	淳熙六十七日　二十五	十八度　二十五	四十五度　五十九	七十二
	會元六十九日　七十五	四十九度　七十五	四十六度　七十六	七十二
晨疾初	統元六十五日	四十六度　三	四十三度　六十三	七十一
	乾道五十九日	四十一度　七十八	三十九度　四十	七十一　三十七
	淳熙六十一日	四十三度　三十一	四十度　九十一	七十二
	會元五十八日	四十度　八十九	三十八度　四十三	七十一
晨疾末	統元四十八日	三十三度　二十四	三十一度　五十一	七十
	乾道五十七日	三十九度　四十三	三十七度　一十五	七十　二十七
	淳熙六十一日	四十二度　九	三十九度　七十七	七十一
	會元五十五日	三十八度　二十二	三十五度　九十二	七十
晨次疾初	統元四十八日	三十一度　九十	三十度　二十四	六十八
	乾道五十八日	三十四度　九十一	三十二度　九十二	六十六　七
	淳熙四十八日	三十一度　六十八	二十九度　九十三	六十八
	會元五十一日	三十四度　一十七	三十三度　一十一	六十九
晨次疾末	統元四十八日	二十九度　二十	二十七度　六十八	六十四
	乾道四十七日	二十七度　二十六	二十六度　二十七	六十三　六十七
	淳熙四十八日	二十八度　五十六	二十六度　九十八	六十四
	會元四十六日	二十七度　八十三	二十六度　一十六	六十五
晨遲初	統元四十一日	十九度　九十二	十八度　八十八	五十七
	乾道三十九日	一十七度　九十七	一十六度　九十五	五十四　八十七
	淳熙三十三日	一十五度　三十四	一十四度　四十九	五十五
	會元四十日	一十八度　八十	一十七度　六十七	五十六
晨遲末	統元三十二日	七度　二十一	六度　八十三	四十一
	乾道二十九日	五度　七十	五度　三十七	三十七　二十七
	淳熙三十三日	六度　二十七	五度　九十二	三十八
	會元三十三日	六度　九	五度　七十二	三十八
晨留	統元十二日	空	空	空
	乾道一十日	空	空	空
	淳熙一十日			
	會元七日			
晨退	統元二十八日　九十六	八度　十六　十七	三度　六　十八半	
	乾道二十八日　九十六　五十一	八度　三十　六十七	四度　一　六十五	空
	淳熙二十八日　七十一　四十七半	八度　一十五　七十半	三度　七十五　二十九半	空
	會元三十日　二十一　四十七	八度　四十　七十一半	四度　五十六　六十一	
夕退	統元二十八日　九十六	八度　十六　十七	三度　六　十八半	四十
	乾道二十八日　九十六　五十一	八度　三十　六十七	四度　一　六十五	四十三　一
	淳熙二十八日　七十一　四十七半	八度　一十五　七十半	三度　七十五　二十九半	四十二　六
	會元三十日　二十一　四十七	八度　四十　七十一半	四度　五十六　六十一	四十二
夕留	統元十二日	空	空	空
	乾道一十日	空	空	空
	淳熙一十日			
	會元七日			
夕遲初	統元三十二日	七度　二十一	六度　八十三	空
	乾道二十九日	五度　七十	五度　三十七	空
	淳熙三十三日	六度　二十七	五度　九十二	空
	會元三十三日	六度　九	五度　七十三	空
夕遲末	統元四十一日	十九度　九十二	十八度　八十八	四十一
	乾道三十九日	一十七度　九十七	一十六度　九十五	三十七　二十七
	淳熙三十三日	一十五度　三十四	一十四度　四十九	三十八
	會元四十一日	一十八度　八十	一十七度　六十七	三十八
夕次疾初	統元四十八日	二十九度　二十	二十七度　六十七	五十七
	乾道四十七日	二十七度　八十六	一十六度　二十七	五十四　八十七
	淳熙四十八日	二十八度　五十六	二十六度　九十八	五十五
	會元四十六日	二十七度　八十三	二十六度　一十六	五十六

中華書局

段目	曆				
夕次疾末	統元	四十八日	三十一度 九十	三十度 二十四	六十四
	乾道	五十三日	三十四度 九十一	三十二度 九十二	六十三 六十七
	淳熙	四十八日	三十一度 六十八	二十九度 九十三	六十四
	會元	五十一日	三十四度 一十七	三十二度 一十一	六十五
夕疾初	統元	四十日	三十三度 二十四	三十一度 五十一	六十八
	乾道	五十七日	三十九度 四十三	三十七度 一十五	六十八 七
	淳熙	六十一日	四十二度 九	三十九度 七十七	六十八
	會元	五十五日	三十八度 二十七	三十五度 九十二	六十九
夕疾末	統元	六十五日	四十六度 三	四十三度 六十三	七十
	乾道	五十九日	四十一度 一十八	三十九度 四十	七十 二十七
	淳熙	六十一日	四十三度 三十一	四十度 九十一	七十一
	會元	五十八日	四十度 八十九	三十八度 四十三	七十
夕伏	統元	六十七日	四十八度	四十五度 五十一	七十一
	乾道	六十七日	四十八度	四十五度 二十六	七十一 三十七
	淳熙	六十七日 二十五	四十八度 二十五	四十五度 五十九	七十二
	會元	六十九日 七十五	四十九度 七十五	四十六度 七十六	七十一

火星盈縮曆

策數	損益率	盈積度	損益率	縮積度
初	統元益一千一百三十	盈空	益四百一十	縮空
	乾道益一千一百四十五	盈空	益四百八十	縮空
	淳熙益一千一百五十	初	益四百八十	初
	會元益一千一百三十七	初	益五百四	初
一	統元益八百七十二	十一度 三十	益四百二十一	四度 十
	乾道益七百八十五	一十一度 四十五	益四百五十八	四度 八十
	淳熙益七百八十	一十一度 五十	益四百五十八	四度 八十
	會元益七百八十六	一十一度 三十七	益四百七十	五度 四
二	統元益四百一十五	二十度 二	益四百五十三	八度 三十一
	乾道益四百五十二	一十九度 三十	益四百二十五	九度 三十八
	淳熙益四百五十二	一十九度 三十	益四百二十五	九度 三十八
	會元益四百五十六	一十九度 二十三	益四百二十八	九度 七十四

策數	損益率	盈積度	損益率	縮積度
三	統元益一百四十五	二十四度 十七	益四百六十五	十二度 八十四
	乾道益一百四十四	二十三度 八十二	益三百七十九	一十三度 六十三
	淳熙益一百四十四	二十三度 八十二	益三百七十九	一十三度 六十三
	會元益一百四十七	二十三度 七十九	益三百七十四	一十四度 二
四	統元損二十四	二十五度 六十二	益四百	十七度 四十九
	乾道損五十六	二十五度 二十六	益三百二十	一十七度 四十二
	淳熙損五十六	二十五度 二十六	益三百二十	一十七度 四十二
	會元損五十三	二十五度 二十六	益三百一十一	一十七度 七十六
五	統元損一百四十六	二十五度 三十六	益三百四	二十一度 四十九
	乾道損一百六十	二十四度 七十	益三百四十八	二十度 六十二
	淳熙損一百六十	二十四度 七十	益二百四十八	二十度 六十二
	會元損一百五十	二十四度 七十三	益二百三十六	二十度 八十七
六	統元損二百九十五	二十三度 九十二	益一百五十二	二十四度 五十三
	乾道損二百四十八	二十二度 一十	益一百六十	二十三度 一十
	淳熙損二百四十八	二十三度 一十	益一百六十	二十三度 一十
	會元損二百三十六	二十三度 二十二	益一百五十	二十三度 二十三

策數	損益率	盈積度	損益率	縮積度
七	統元損三百八十七	二十度 九十七	益二十六	二十六度 五
	乾道損三百二十	二十度 六十二	益五十六	二十四度 七十
	淳熙損三百二十	二十度 六十二	益五十六	二十四度 七十
	會元損三百一十一	二十度 八十七	益五十三	二十四度 七十三
八	統元損四百五十六	十七度 十	損一百五十二	二十六度 三十一
	乾道損三百七十九	一十七度 四十二	損一百四十四	二十五度 二十六
	淳熙損三百七十九	一十七度 四十二	損一百四十四	二十五度 二十六
	會元損三百七十四	一十七度 七十六	損一百四十七	二十五度 二十六
九	統元損四百四十四	十二度 五十四	損四百二十六	二十四度 七十九
	乾道損四百二十五	一十三度 六十三	損四百五十二	二十三度 八十二
	淳熙損四百二十五	一十三度 六十三	損四百五十二	二十三度 八十二
	會元損四百三十八	一十四度 二	損四百五十六	二十三度 七十九
十	統元損四百二十八	八度 十	損八百八十六	二十度 四十三
	乾道損四百五十八	九度 三十八	損七百八十五	一十九度 三十
	淳熙損四百五十八	九度 三十八	損七百八十	一十九度 三十
	會元損四百七十	九度 七十四	損七百八十六	一十九度 二十三

十一	統元損三百九十二	三度九十二	損一千一百五十七	十一度五十七
	乾道損四百八十	四度八十	損一千一百四十五	一十一度四十五
	淳熙損四百八十	四度八十	損一千一百五十	一十一度五十
	會元損五百四	五度四	損一千一百三十七一十一三十七	

土星終率：二百六十二萬九十四、秒三十三。乾道一千一百三十四萬二千七百四十六、秒一十五。淳熙周實二百一十三萬二千四百三十八、秒六。會元周率一千四百六十三萬二千一百四十七、秒七十一。

終日：三百七十八、約分七、秒九十九。乾道分九、秒一十五。淳熙約分九、秒一十八。會元分同淳熙，秒一十六。

歲差：六十七、秒三十四。

伏見度：十七。

乾道曆率一千九十八萬七千三百五十一、秒七十四，淳熙一千四百一十三萬五千四百五十五、秒一十，會元二百六萬五千六百二十二、秒七十四。乾道曆中度一百八十三、分一十二、秒二十五，淳熙同，會元分六十二、秒八十六。乾道曆策度一十五、分二十六、秒二，淳熙同，會元分二十一、秒九十。

段目	常日	常度	限度	初行率
晨伏	統元十九日四十八	二度四十八	一度五十四	一十三
	乾道一十九日五十	二度五十	一度五十五	一十三一十八
	淳熙一十九日七十五	二度七十五	一度六十七	一十四四十五
	會元二十一日七十五	二度七十五	一度七十	一十三
晨疾	統元二十八日	三度二十八	三度四	十二
	乾道三十日	三度五十二	二度一十八	一十二四十六
	淳熙二十九日	三度六十	二度一十九	一十三四十二
	會元三十一日	三度五十六	二度二十	一十二
晨次疾	統元二十八日	二度六十七	一度六十五	十一
	乾道二十八日	二度六十八	一度六十六	一十一二
	淳熙二十八日	二度六十三	一度六十	一十一四十二
	會元二十八日	二度六十六	一度六十四	一十一
晨遲	統元二十八日	一度五十一	空九十三	八
	乾道二十六日	一度二十三	空	八一十四
	淳熙二十七日	空九十五	空	七四十二
	會元二十五日	一度三	空	八

晨留	統元三十五日	空	空	空
	乾道三十五日	空	空	空
	淳熙三十五日			
	會元三十三日			
晨退	統元五十日五十六	三度五十二一十八	空二十五十七半	空
	乾道五十日五十四五十七	三度五十六十半	空二十六七十一半	空
	淳熙五十日二十九五十九	三度五十五十九	空三十九四十一	空
	會元五十日二十九五十九	三度五十七六十半		
夕退	統元五十日五十六	三度五十一一十八	空二十五十七半	
	乾道五十日五十四五十七半	三度五十六十半	空二十六五十一半	
	淳熙五十日二十九五十九	三度五十五十九	空三十九四十二	
	會元五十日二十九五十八	三度五十七六十半	空二十四七十二	
夕留	統元三十五日	空	空	
	乾道三十五日	空	空	
	淳熙五十五日			
	會元三十三日			

夕遲	統元二十八日	一度五十一	空九十三	空
	乾道二十六日	一度二十五	空七十六	空
	淳熙二十七日	空九十五	空五十七	空
	會元二十五日	一度三	空六十三	空
夕次疾	統元二十八日	二度六十七	一度六十五	八
	乾道二十八日	二度六十八	一度六十六	八一十四
	淳熙二十八日	二度六十三	二度六十	七四十二
	會元二十八日	二度六十六	一度六十四	八
夕疾	統元二十八日	三度二十八	三度四	一十一
	乾道三十日	三度五十二	二度一十八	一十一二
	淳熙二十九日	三度六十	二度一十九	一十一四十二
	會元三十一日	三度五十六	二度二十	一十一
夕伏	統元十九日四十八	二度四十八	一度五十四	十二
	乾道一十九日五十	二度五十	一度五十五	一十二四十六
	淳熙一十九日七十五	二度七十五	一度六十七	一十三四十二
	會元二十一日七十五	二度七十五	一度七十	一十二

土星盈縮曆

策數	損益率	盈積度	損益率	縮積度
初	統元益一百八十九 乾道益一百九十五 淳熙益一百九十五 會元益一百九十四	盈空 盈空 初 初	益一百三十二 益一百九十五 益一百六十三 益一百三十七	空 空 初 初
一	統元益一百七十三 乾道益一百七十七 淳熙益一百七十一 會元益一百八十六	一度 八十九 一度 九十五 一度 九十五 一度 九十四	益一百二十五 益一百七十七 益一百四十九 益一百三十一	一度 三十二 一度 九十五 一度 六十三 一度
二	統元益一百四十六 乾道益一百五十三 淳熙益一百五十三 會元益一百六十七	三度 六十三 三度 七十二 三度 七十二 三度 八十	益一百十九 益一百五十三 益一百二十八 益一百一十八	二度 五十七 三度 七十二 三度 一十二 二度 六十八
三	統元益一百一十三 乾道益一百一十九 淳熙益一百一十九 會元益一百三十六	五度 八 五度 二十五 五度 二十五 五度 四十七	益九十八 益一百一十九 益一百 益九十六	三度 七十六 五度 二十五 四度 四十 三度 八十六
四	統元益六十七 乾道益七十八 淳熙益七十八 會元益九十六	六度 二十一 六度 四十四 六度 四十四 六度 八十六	益六十六 益七十八 益六十五 益九十二	四度 七十四 六度 四十四 五度 四十 六度 八十三
五	統元益二十一 乾道益二十八 淳熙益二十八 會元益三十五	六度 八十八 七度 二十二 七度 二十二 七度 七十五	益二十六 益二十八 益二十三 益二十五	五度 四十 七度 二十二 六度 五 五度 四十七
六	統元損三十 乾道損二十八 淳熙損二十八 會元損三十四	七度 九 七度 五十 七度 五十 八度 九	損二十六 損二十八 損二十三 損二十五	五度 六十六 七度 五十 六度 二十八 五度 七十二
七	統元損七十五 乾道損七十八 淳熙損七十八 會元損九十二	六度 七十九 七度 二十二 七度 二十二 七度 七十五	損六十六 損七十八 損六十五 損六十五	五度 四十 七度 二十二 六度 五 五度 四十一
八	統元損一百一十一 乾道損一百一十九 淳熙損一百一十九 會元損一百三十六	六度 四 六度 四十四 六度 四十四 六度 八十三	損九十八 損一百一十九 損一百 損九十六	四度 七十四 六度 四十四 五度 四十 四度 八十二
九	統元損一百四十五 乾道損一百五十三 淳熙損一百五十三 會元損一百六十七	四度 九十三 五度 二十五 五度 二十五 五度 四十七	損一百一十九 損一百五十三 損一百二十八 損一百一十八	三度 七十六 五度 二十五 四度 四十 三度 八十六
十	統元損一百六十八 乾道損一百七十七 淳熙損一百七十七 會元損一百八十六	三度 四十八 三度 七十二 三度 七十二 三度 八十	損一百二十五 損一百七十七 損一百四十九 損一百三十一	二度 五十七 三度 七十二 三度 一十二 二度 六十八
十一	統元損一百八十 乾道損一百九十五 淳熙損一百九十五 會元損一百九十四	一度 八十 一度 九十五 一度 九十五 一度 九十四	損一百三十二 損一百九十五 損一百六十三 損一百三十七	一度 三十二 一度 九十五 一度 六十三 一度 三十七

金星終率：四百四萬六千四百九十六、秒三十三。乾道一千七百五十一萬六千八百七十二。淳熙周實三百二十九萬三千一百七十、秒五十。會元周率二千二百五十九萬七千三十九、秒三十七。

終日：五百八十三、約分九十一。乾道分八十九、秒五十七。淳熙分同乾道，秒五十四。會元分九十、秒二十八。

段目	常日	常度	限度	初行率
夕伏	統元三十九日 乾道三十九日 五十 淳熙三十九日 五十 會元三十九日 二十五	四十九度 五十 五十度 五十度 空 四十九度 二十五	四十七度 五十二 四十八度 五十 四十八度 空 四十七度 二十八	一百二十七 一百二十六 九十一 一百二十七 一百二十六
夕疾初	統元五十八日 乾道五十日 淳熙五十一日 會元五十二日	七十三度 一十五 六十二度 七十四 六十四度 空 六十四度 七十四	七十度 二十二 六十度 八十六 六十一度 四十四 六十二度 一十五	一百二十六 一度 一十六 二十一 一百二十六 一百三十五

中華書局

夕疾末	統元四十日	四十九度　八十一	四十七度　八十二	一百二十五
	乾道四十八日	五十九度　一十四	五十七度　三十七	一度　二十四　七十五
	淳熙五十一日	六十二度　九十八	六十度　四十六	一百二十五
	會元四十八日	五十九度　二十八	五十六度　九十	一百二十四
夕次疾初	統元四十日	四十八度　二十六	四十六度　三十三	一百二十三
	乾道四十四日	五十一度　一十一	五十度　五十五	一度　二十一　六十六
	淳熙四十一日	四十八度　五十八	四十六度　六十三	一百二十二
	會元四十三日	五十一度　八十	四十九度　七十三	一百二十三
夕次疾末	統元四十日	四十四度　二十	四十二度　四十三	一百一十七
	乾道三十八日	四十一度　一十九	三十九度　九十五	一度　一十五　一十九
	淳熙四十一日	四十四度　二十八	四十二度　五十	一百一十五
	會元三十七日	四十度　八十八	三十九度　二十四	一百一十八
夕遲初	統元三十二日	二十七度　六十二	二十六度　五十二	一百
	乾道三十日	二十六度　一十九	二十五度　四十	一度　一　五十八
	淳熙二十三日	二十度　一	一十九度　二十	一百一
	會元三十日	二十五度　八十	二十四度　七十六	一百三

夕遲末	統元二十日	八度　二十	七度　九十三	七十一
	乾道二十日	八度　六十一	八度　三十五	空　七十二　二
	淳熙二十三日	一十度　三十三	九度　九十一	七十三
	會元二十二日	八度　九十九	八度　六十三	六十九
夕留	統元七日	空	空	空
	乾道七日	空	空	空
	淳熙七日			
	會元五日			
夕退	統元九日　九十五　五十	四度　三十四　五十	一度　五十六　五十	空
	乾道九日　四十四　七十八半	三度　五十三　二十一半	空　四十二　七十八半	空
	淳熙九日　四十四　七十七	三度　七十三　二十三	一度　八十　七十五	空
	會元一十日	四度　五十	一度　七十五	空
伏合退	統元六日	四度　五十	一度　六十二	六十六
	乾道六日	四度　五十	空　五十四	空　六十九　空
	淳熙六日	四度　五十	二度　空	六十九
	會元五日　七十　一十四	四度　二十九　八十六	一度　五十一　一十四	六十九

晨退	統元九日　九十五　五十	四度　二十四　五十	一度　五十六　五十	六十二
	乾道九日　四十四　七十八	三度　五十三　二十一半	空　四十二　七十八半	空　六十九
	淳熙九日　四十四　七十七	三度　七十三　二十三	一度　八十　七十七	六十九
	會元一十日	四度　五十	一度　七十五	六十九
晨留	統元七日	空	空	空
	乾道七日	空	空	空
	淳熙七日			
	會元五日			
晨遲初	統元二十日	八度　二十六	七度　九十三	空
	乾道二十日	八度　六十一	八度　三十五	空
	淳熙二十三日	一十度　三十三	九度　九十一	空
	會元二十二日	八度　九十九	八度　六十三	空
晨遲末	統元三十二日	二十七度　六十二	二十六度　五十二	七十一
	乾道三十日	二十六度　一十九	二十五度　四十	空　七十一　二
	淳熙二十三日	二十度	一十九度　二十	七十三
	會元三十日	二十五度　八十	二十四度　七十六	六十九

晨次疾初	統元四十日	四十四度　二十	四十二度　四十三	一百
	乾道三十八日	四十一度　一十九	三十九度　九十五	一度　一　五十八
	淳熙四十一日	四十四度　二十八	四十二度　五十	一百一
	會元三十七日	四十度　八十八	三十九度　二十四	一百二
晨次疾末	統元五十八日	七十三度　十五	七十度　二十二	一百二十五
	乾道五十日	六十二度　七十四	六十度　八十六	一度　二十四　七十五
	淳熙五十一日	六十四度　空	六十一度　四十四	一百二十五
	會元五十二日	六十四度　七十四	六十二度　一十五	一百二十四
晨疾初	統元四十日	四十九度　八十一	四十七度　八十二	一百二十三
	乾道四十八日	五十九度　一十四	五十七度　三十七	一度　二十一　六十六
	淳熙五十一日	六十二度　九十八	六十度　四十六	一百二十二
	會元四十八日	五十九度　二十八	五十六度　九十	一百二十三
晨疾末	統元五十八日	七十三度　十五	七十度　二十二	一百二十五
	乾道五十日	六十二度　七十四	六十度　八十六	一度　二十四　七十五
	淳熙五十一日	六十四度　空	六十一度　四十四	一百二十五
	會元五十二日	六十四度　七十四	六十二度　一十五	一百二十四

晨伏				
	統元三十九日	四十九度　五十	四十七度　五十二	一百二十六
	乾道三十九日	五十度	四十八度　五十	一度　二十六　二十一
	淳熙三十九日	五十度　空	四十八度　空	一百二十六
	會元三十九日	四十九度　二十五	四十七度　二十八	一百二十五

金星盈縮曆

策數	損益率	盈積度	損益率	縮積度
初	統元益五十	空	益五十	
	乾道益五十三	空	益五十三	空
	淳熙益五十二	初	益五十三	初
	會元益五十三	初	益五十九	初
一	統元益四十五	空　五十	益四十五	空　五十
	乾道益四十八	空　五十三	益四十八	空　五十三
	淳熙益四十七	空　五十三	益四十一	空　五十三
	會元益四十八	空　五十三	益三十六	空　三十九
二	統元益三十九	空　九十五	益三十九	空　九十五
	乾道益四十一	一度　一	益四十一	一度　一
	淳熙益四十一	一度　空	益四十一	一度　空
	會元益四十一	一度　一	益三十一	一度　七十五
三	統元益二十九	一度　三十四	益二十九	一度　三十四
	乾道益三十二	一度　四十二	益三十二	一度　四十二
	淳熙益三十一	一度　四十一	益三十一	一度　四十一
	會元益三十二	一度　四十二	益二十四	一度　六
四	統元益二十一	一度　六十三	益二十一	一度　六十三
	乾道益二十一	一度　七十四	益二十一	一度　七十四
	淳熙益二十一	一度　七十二	益二十一	一度　七十二
	會元益二十一	一度　七十四	益十六	一度　三十
五	統元益六	一度　八十四	益六	一度　八十四
	乾道益八	一度　九十五	益八	一度　九十五
	淳熙益七	一度　九十五	益七	一度　九十三
	會元益八	一度　九十五	益五	一度　四十六

策數	損益率	盈積度	損益率	縮積度
六	統元損六	一度　九十	損六	一度　九十
	乾道損八	二度　三	損八	二度　三
	淳熙損七	二度　空	損七	二度　空
	會元損八	二度　三	損五	一度　五十一
七	統元損七十二	一度　八十四	損二十一	一度　八十四
	乾道損二十一	一度　九十五	損二十一	一度　九十五
	淳熙損二十一	一度　九十三	損二十一	一度　九十三
	會元損二十一	一度　九十五	損一十六	一度　四十六
八	統元損三十九	一度　六十三	損二十九	一度　六十三
	乾道損三十二	一度　七十四	損三十二	一度　七十四
	淳熙損三十一	一度　七十二	損三十一	一度　七十二
	會元損三十一	一度　七十四	損二十四	一度　三十
九	統元損三十九	一度　三十四	損三十九	一度　三十四
	乾道損四十一	一度　四十二	損四十一	一度　四十一
	淳熙損四十一	一度　四十一	損四十一	一度　四十一
	會元損四十一	一度　四十三	損三十一	一度　六
十	統元損四十五	空　九十五	損四十五	空　九十五
	乾道損四十八	一度　一	損四十八	一度　一
	淳熙損四十七	一度　空	損四十七	一度　空
	會元損四十八	一度　一	損三十六	空　七十五
十一	統元損五十	空　五十	損五十	空　五十
	乾道損五十三	空　五十三	損五十三	空
	淳熙損五十三	空　五十三	損五十三	空　五十三
	會元損五十三	空　五十三	損五十九	空　三十九

水星終率：八十萬三千四十八、秒八十三。乾道三百四十七萬六千二百八十四、秒五十。淳熙周實六十五萬三千五百四十五、秒五十一。會元周率四百四十八萬四千四百四、秒四十三。

終日：一百一十五、約分八十八。乾道分八十七、秒六十一，曆分同。乾道、淳熙秒六十八。會元秒六十。

歲差：六十七、秒六十九。

晨伏夕見：一十四度半。乾道同。淳熙度一十五。會元度一十六。

夕伏晨見：一十九度。乾道、淳熙同。會元度二十一。

二十四史

中華書局

乾道曆率一千九十五萬八千、秒九十六,淳熙二百六萬一百一、秒一十一。會元周率一千四百一十三萬五千四百五十六、秒七十五。乾道曆中度一百八十二、分六十三、秒三十三,淳熙秒三十,會元分六十二、秒八十六。乾道曆策度一十五、秒九十四。淳熙分二十一、秒同乾道。會元分同淳熙,秒九十。

段目	常日	常度	限度	初行率
夕伏	統元十六日	三十度 五十	二十五度 九十二	一度 九十八
	乾道一十六日	三十度 五十	二十五度 六十二	二度 二 二十
	淳熙一十五日	三十度 空	二十五度 一十	二百五 三十
	會元一十七日 二十五	三十三度 二十五	二十七度 九十三	二百
夕疾	統元十四日	二十二度 六十八	一十九度 二十八	一度 八十二
	乾道一十五日	二十三度 三十九	一十九度 六十五	一度 九十九 六
	淳熙一十五日	二十二度 八十三	一十九度 一十八	一百八十四 一十
	會元一十四日	二十二度 八十二	一十九度 一十六	一百八十六
夕遲	統元十四日	十二度 八十二	十度 八十九	一度 四十一
	乾道一十四日	一十二度 一十一	一十度 一十七	一度 三十二 七十八
	淳熙一十五日	一十三度 一十七	一十六度 六	一百二十 五十
	會元一十二日	一十度 一十八	八度 五十五	一百四十

段目	常日	常度	限度	初行率
夕留	統元二日	空	空	空
	乾道二日	空	空	空
	淳熙二日	空	空	空
	會元二日	空	空	空
夕退	統元十日 九十四	八度 六	一度 八十五	空
	乾道一十日 九十三 八十三半	八度 六 一十九半	二度 四十九 八十半	空
	淳熙一十日 九十三 八十四	八度 六 一十六	二度 四十九 八十四	空
	會元一十二日 六十八 八十	八度 三十一 二十	二度 二十九 八十	空
再合退	統元十日 九十四	八度 六	一度 八十五	空 九十八
	乾道一十日 九十三 八十半	八度 六 一十九半	二度 四十九 八十半	一度
	淳熙一十日 九十三 八十四	八度 六 一十六	二度 四十九 八十四	一百一十 五十五
	會元一十二日 六十八 八十	八度 三十一 二十	二度 二十九 八十	九十八
晨留	統元三日	空	空	
	乾道二日	空	空	
	淳熙二日			空
	會元二日			

段目	常日	常度	限度	初行率
晨遲	統元十四日	十二度 八十九	十度 八十九	空
	乾道一十四日	一十二度 一十一	一十度 一十七	空
	淳熙一十五日	一十三度 一十七	一十一度 六	空
	會元一十二日	一十度 一十八	八度 五十五	空
晨疾	統元十四日	二十二度 六十八	一十九度 二十八	一度 四十一
	乾道一十五日	二十三度 三十九	一十九度 六十五	一度 三十一 七十八
	淳熙一十五日	二十三度 八十三	一十九度 一十八	一百二十 五十
	會元一十四日	二十二度 八十二	一十九度 一十六	一百四十
晨伏	統元十六日	三十度 五十	二十五度 九十二	一度 八十二
	乾道一十六日	三十度 五十	二十五度 六十二	一度 七十九 六
	淳熙一十五日	三十度 空	二十五度 二十	一百八十四 一十
	會元一十七日 二十五	三十三度 二十五	二十七度 九十三	一百八十六

水星盈縮曆

策數	損益率	盈積度	損益率	縮積度
初	統元益五十四	空	益五十四	空
	乾道益五十七	空	益五十七	空
	淳熙益五十八	初	益五十八	初
	會元益五十七	初	益五十七	初
一	統元益五十	空 五十四	益五十	空 五十四
	乾道益五十二	空 五十七	益五十二	空 五十七
	淳熙益五十四	空 五十八	益五十四	空 五十八
	會元益五十二	空 五十七	益五十二	空 五十七
二	統元益四十三	一度 四	益四十三	一度 四
	乾道益四十五	一度 九	益四十五	一度 九
	淳熙益四十六	一度 一十二	益四十六	一度 一十二
	會元益四十五	一度 九	益四十五	一度 九

二十四史

中華書局

三	統元益三十三	一度四十七	益三十三	一度四十七
	乾道益三十四	一度五十四	益三十四	一度五十四
	淳熙益三十五	一度五十八	益三十五	一度五十八
	會元益三十四	一度五十四	益三十四	一度五十四
四	統元益二十一	一度八十	益二十一	一度八十
	乾道益二十三	一度八十八	益二十三	一度八十八
	淳熙益二十三	一度九十三	益二十三	一度九十三
	會元益二十三	一度八十八	益二十三	一度八十八
五	統元益八	二度一	益八	二度一
	乾道益八	二度一十一	益八	二度一十一
	淳熙益八	二度一十六	益八	二度一十六
	會元益八	二度一十一	益八	二度一十一
六	統元損八	二度九	損八	二度九
	乾道損八	二度一十九	損八	二度一十九
	淳熙損八	二度二十四	損八	二度二十四
	會元損八	二度一十九	損八	二度一十九

七	統元損二十一	二度一	損二十一	二度一
	乾道損二十三	二度一十一	損二十三	二度一十一
	淳熙損二十三	二度一十六	損二十三	一度一十六
	會元損二十三	二度一十一	損二十三	二度一十九
八	統元損三十三	一度八十	損三十三	一度八十
	乾道損三十四	一度八十八	損三十四	一度八十八
	淳熙損三十五	一度九十三	損三十五	一度九十三
	會元損三十四	一度八十八	損三十四	一度八十八
九	統元損四十三	一度四十七	損四十三	一度四十七
	乾道損四十五	一度五十四	損四十五	一度五十四
	淳熙損四十六	一度五十八	損四十六	一度五十八
	會元損四十五	一度五十四	損四十五	一度五十四
十	統元損五十	一度四	損五十	一度四
	乾道損五十二	一度九	損五十二	一度九
	淳熙損五十四	一度一十二	損五十四	一度一十二
	會元損五十二	一度九	損五十二	一度九

十一	統元損五十四	空五十四	損五十四	空五十四
	乾道損五十七	空五十七	損五十七	空五十七
	淳熙損五十八	空五十八	損五十八	空五十八
	會元損五十七	空五十七	損五十七	空五十七

校勘記

〔一〕朔策二十九日餘三萬六千七十七　以元法除朔實，得朔策二十九日、餘三千六百七十七。原小餘數誤。

〔二〕淳熙餘三千九百九十二　以淳熙元法除淳熙朔實，得淳熙朔策二十九日、餘二千九百九十二。原小餘數誤。

〔三〕乾道餘一萬二千九百五十八秒八十八　二除乾道朔策，得乾道望策十四日、餘二萬二千九百五十八、秒八十八。原小餘數誤。

〔四〕中盈分三千三百二十八秒三十　二倍氣盈，得三千二十八、秒三十。「三百」二字衍。

〔五〕命甲子算外卽得所求年天正十一月經朔加時朔積分以旬周去之不滿總法約之爲大餘不滿爲小餘　按上文已有「餘爲天正十一月經朔加時朔積分；以旬周去之，不滿，總法約之爲大餘，不

滿爲小餘」，下文又有「大餘命甲子，算外」，此四十一字和上下文重複，衍，應删。

〔六〕置有減經朔小餘　「減」字原脫，據曆法常例補。

〔七〕會元餘二千八百二十二秒五十　三除會元氣策，得五日、餘二千八百一十八半。原小餘數誤。

〔八〕乾道餘二千三百一十秒二十七　二除乾道卦策，得三日、餘一千三百十、秒六十二。原餘秒誤。

〔九〕以辰法除之爲辰數　「法」字原脫。按以辰法除所求小餘得辰數，「辰」下脫「法」字，故補。

〔一〇〕求每月盈縮分　據本條推步內容，「月」爲「日」之誤。

〔一一〕晨前夜半黃道日躔宿次　按推步順序，求二十四氣初日晨前夜半黃道日躔宿次後，應求每日晨前夜半黃道日躔宿次，句首脫「每日」二字。

〔一二〕淳熙餘三千一百二十七秒九千七百四　以淳熙元法除淳熙轉周分，得淳熙轉周日二十七、餘三千一百二十七、秒九千七百四十。原秒數誤。

〔一三〕末約三十三　「約」原作「數」，誤，今改。

〔一四〕夾朔夜半平行月　「夾朔」二字原倒，誤，今乙轉。

〔一五〕冬至岳臺晷景　「景」字原脫，今補。

〔一六〕乾道三百二十四　按陰曆定法爲陰曆食限十分之一，淳熙陰曆食限三千二百四十，疑「乾道」二字爲「淳熙」之誤。

中華書局

二十四史

宋史卷八十四

志第三十七

律曆十七

紹熙統天　開禧　成天曆附

演紀上元甲子歲，距紹熙五年甲寅，歲積三千八百三十，至慶元己未，歲積三千八百三十五。開禧上元甲子，至開禧三年丁卯，歲積七百八十四萬八千一百八十三。成天上元甲子，距咸淳七年辛未，歲積七千一百七十五萬八千一百四十七。

步氣朔

策法：萬二千。開禧日法一萬六千九百。成天七千四百二十。

歲分：四百三十八萬二千九百一十，餘六萬二千九百一十。開禧歲率六百一十七萬二千六百八。成天二百七十一萬一百一。

氣策：十五、餘二千六百二十一少，二十一分、秒八十四。開禧餘三千六百九十二。成天餘一千六百二十、秒七。

朔實：三十五萬四千三百六十八。開禧朔率四十九萬九千六十七。成天二十一萬九千一百一十七。

朔策：二十九、餘六千三百六十八，五十三分、秒六。開禧餘八千九百六十七。成天餘三千九百三十七。

望策：一十四、餘九千一百八十四。開禧餘一萬二千九百三十三半。成天餘五千六百七十八、秒四。

弦策：七、餘四千五百九十二。開禧餘六千四百六十六太。成天餘二千八百三十九、秒二。

氣差：二十三萬七千八百一十一。

閏差：二萬一千七百四。開禧歲閏一十八萬三千八百四，又月閏一萬五千三百一十七，閏限三十一萬五千二百六十三。成天歲閏八萬六百九十七，月閏六千七百二十四、秒六，閏限一十三萬八千四百二十。

斗分差：百二十七。

沒限：九千三百七十八太。開禧一萬三千二百八。成天五千七百九十九、秒一。

滅限：五千六百三十二。

紀實：七十二萬。開禧紀率一百一萬四千。成天四十四萬五千二百。

紀策：六十。二曆同。

開禧又有中盈分七千三百八十四，成天三千二百四十秒〔一〕。開禧朔虛分三千四百八十三〔二〕。

求天正冬至：置上元距所求年積算，以歲分乘之，減去氣差，餘爲氣汎積；以積算與距算相減，餘爲距差；以斗分差乘之，萬約，爲躔差；小分半已上從秒一。復以距差乘之，秒半已上從分一，後皆準此。以減氣汎積，餘爲氣定積。如其年無躔差〔三〕，及以距差乘躔差不滿秒半已上者，以汎爲定。滿紀實去之，不滿，如策法而一爲大餘，不盡爲小餘。其大餘命甲子，算外，即得日辰。因求次氣，以氣策累加之，小餘滿策法從大餘，大餘滿紀策去之，命日辰如前。如求已，徑以躔差加減歲餘，距差乘之，紀實去之，餘以加減氣積差二十萬七千四百八十九，如策法而一，餘同上法。其加減躔差，乘積算，少如距算者加之，多如距算者減之；其加減氣積差，即反用之。

求天正經朔：置天正冬至氣定積，以閏差減之，滿朔實去之，不滿，爲天正閏汎餘；用減氣定積，餘爲天正十一月朔汎積；以百五乘距差，退位減之，爲朔定積；積算少如距算者加之，無距差可乘者，以汎爲定。求轉交準此。滿紀實去之，不滿，如策法而一爲大餘，不盡爲小餘。其大餘命甲子，算外，即得日辰。因求弦望及次朔，以弦策累加之；求朔望，以望策累加之；去命如前。開禧若在閏限已上者，爲其年有閏月，用減朔率，以月閏而一，所得，命天正十一月，算外，即得經閏月。因

求次年，以閏歲加之，命如前，即得所求。朔積分若滿四十七萬三千二百去之，不滿，如日法而一，所得，命起箕宿，算外，即得天正十一月經朔直日之星。成天朔積若滿二十萬七千七百六十去之，不滿，如日法而一，所得，命箕宿，算外，即得天正十一月經朔直日之星。

步發斂

候策：五、餘八百七十三太。開禧餘一千二百三十、秒一十。成天餘五百四十、秒三十五。

卦策：六、餘一千四十八半。開禧餘一千四百七十六、秒一十二。成天餘六百四十八、秒四十二。

土王策：三、餘五百二十四少。開禧餘七百三十八、秒六。成天餘三百二十四、秒二十一。

月閏：一萬八百七十四。

辰法：一千。開禧四千二百二十五。成天一千八百五十五。

半辰法：五百。開禧二千一百一十二半。成天九百二十七半。

刻法：一百二十。開禧五百七。成天一千一百一十三。

刻分法：二十。開禧八十四半。成天一百八十五半。

求五行用事、二十四氣、七十二候、六十四卦、中氣去經朔、發斂加時。與前曆同，此不載。

中華書局

步日躔

周天分：四百三十八萬三千九十。開禧周天率六百一十七萬二千八百五十九、秒一。成天二百七十一萬二百一十、秒六十一。

周天差：三十三萬八千九百二十。

周天度：三百六十五、餘一千九百一十、秒六十一，約分二十五、秒七十五〔四〕。開禧餘四千三百五十九、秒一，約分二十五、秒七十九。成天餘一千九百一十、秒六十一，約分二十五、秒七十五。

半周天度：百八十二、約分六十二、秒八十七。

象限：九十一、約分三十一、秒六。開禧秒八。成天秒七。

乘法：三百八十。開禧二百六。成天三百二十五。

除法：五千七百八十三。開禧三千一百三十五。成天四千九百四十六。

開禧又有歲差二百五十一、秒一，成天一百九、秒一。成天又有半象限四十五、約分三十一、秒七。

常氣	中積日及餘	盈縮分	升降分	損益率	朓朒積
冬至	空	統天盈七千	升空	益六百二十八	朒初
		開禧盈初	升七千四百四十五	益九百四十一	同
		成天盈初	升七千二百一十五	益四百	同

常氣	中積日及餘	盈縮分	升降分	損益率	朓朒積
小寒	一十五　統天三千六百二十一	盈五千八百四十	升七千	益五百二十四	朒六百二十八
	開禧三千六百九十二 二十一 八十四	盈七千四百四十五	升五千九百五十一	益七百五十二	朒九百四十一
	成天一千六百二十 秒七	盈七千二百一十五	升五千八百八十五	益三百二十七	朒四百
大寒	三十　統天三千四百四十二 四十三 六十九	盈四千六百三十	升萬二千八百四十	益四百十六	朒一千一百五十二
	開禧七千二百八十四	盈一萬三千三百九十六	升四千五百二十四	益五百七十二	朒一千六百九十三
	成天三千二百四十一 秒六	盈一萬三千一百	升四千五百六十八	益二百五十四	朒七百二十七
立春	四十五　統天七千八百六十三太 六十五 五十三	盈三千三百七十	升一萬七千四百七十	益三百二	朒一千五百六十八
	開禧一萬一千七十六	盈一萬七千九百二十	升三千一百六十四	益四百	朒二千二百六十五
	成天四千八百六十二 秒五	盈一萬七千六百六十八	升三千二百六十四	益一百八十一	朒九百八十一

常氣	中積日及餘	盈縮分	升降分	損益率	朓朒積
雨水	六十　統天一萬四百八十五 八十七 三十八	盈二千六十	升二萬八百四十	益一百八十五	朒一千八百七十
	開禧一萬四千七百 六十八	盈二萬一千八十四	升一千八百七十一	益二百三十六	朒二千六百六十五
	成天六千四百八十三 秒四	盈二萬九百三十二	升一千九百七十三	益一百九	朒一千一百六十二
驚蟄	七十六　統天一千一百六少 九 二十二	盈七百	升二萬二千九百	益六十三	朒二千五十五
	開禧一千五百六十九	盈二萬二千九百五十五	升六百四十五	益八十二	朒二千九百一
	成天六百八十四 秒三	盈二萬二千九百五	升六百九十五	益三十九	朒一千二百七十一
春分	九十一　統天三千七百二十七半	縮七百	升二萬三千六百	損六十三	朒二千一百一十八
	開禧一千五百六十九	盈二萬三千六百	降六百四十五	損八十二	朒二千九百八十三
	成天二千三百五	盈與開禧同	降六百九十五	損三十九	朒一千三百一十

常氣	中積日及餘	盈縮分	升降分	損益率	朓朒積
清明	一百六　統天六千三百四十八太 五十二 九十一	縮二千六十	升二萬二千九百	損一百八十五	朓二千五十五
	開禧八千九百九十四	盈二萬二千九百五十五	降一千八百七十一	損二百三十六	朒二千九百一
	成天三千九百二十一 秒一	盈二萬二千九百五	降一千九百七十三	損一百九	朒一千二百七十一
穀雨	一百二十一　統天八千九百七十 七十四 七十五	縮三千三百七十	升二萬八百四十	損三百二	朒一千八百七十
	開禧一萬三千六百三十六	盈二萬一千八十四	降三千一百六十四	損四百	朒二千六百六十五
	成天五千五百四十七 秒空	盈二萬九百三十二	降三千二百六十四	損一百八十一	朒一千一百六十二
立夏	一百三十六　統天一萬一千五百九十一少	縮四千六百三十	升一萬七千四百七十	損四百一十六	朒一千五百六十八
	開禧一萬六千三百二十八 九十六 六十二	盈一萬七千九百二十	降四千五百二十四	損五百七十一	朒二千二百六十五
	成天七千一百六十七 秒七	盈一萬七千六百六十八	降四千五百六十八	損二百五十四	朒九百八十一

小滿 一百五十二	統天二千二百一十二半 十八 四十四	縮五千八百四十	升一萬二千八百四十	損五百二十四	朒一千一百五十二
	開禧三千一百二十	盈一萬三千三百九十六	降五千九百五十一	損七百五十二	朒一千六百九十二
	成天一千三百六十八　秒六	盈一萬三千一百	降五千八百八十五	損三百二十七	朒七百二十七
芒種 一百六十七	統天四千八百三十三太 四十 二十八	縮五千八百四十	降七千	損六百二十八	朒六百二十八
	開禧六千八百一十三	盈七千四百四十五	降五千九百五十一	損九百四十一	朒九百四十一
	成天二千九百八十九　秒五	盈七千二百一十五	降七千二百一十五	損四百	朒四百
夏至 一百八十二	統天七千四百五十五 六十二 十三	縮七千	降空	益六百二十八	朏空
	開禧一萬五百四	縮初	降七千四百四十五	益九百四十一	朏初
	成天四千六百一十　秒四	縮初	降七千二百一十五	益四百	朏初

小暑 一百九十七	統天一萬七十六少 八十三 九十七	縮五千八百四十	降七千	益五百二十四	朏六百二十八
	開禧一萬四千一百九十六 八十四 空	縮七千四百四十五	降五千九百五十一	益七百五十二	朏九百四十一
	成天六千二百三十一　秒二	縮七千二百一十五	降五千八百八十五	益三百二十七	朏四百
大暑 二百十三	統天六百九十七半 五 八十一	縮四千六百三十	降一萬二千八百四十	益四百一十六	朏一千一百五十二
	開禧九百八十八 五 八十五	縮一萬三千三百九十六	降四千五百二十四	益五百七十二	朏一千六百九十三
	成天四百三十二	縮一萬三千一百	降四千五百六十八	益二百五十四	朏七百二十七
立秋 二百二十八	統天二千三百十八太 二十七 六十六	縮三千三百七十	降一萬七千四百七十	益三百二	朏一千五百六十八
	開禧四千六百八十 二十七 六十九	縮一萬七千九百二十	降三千一百六十四	益四百	朏二千二百六十五
	成天二千五十三　秒一 二十七 六十七	縮一萬七千六百六十八	降三千二百六十四	益一百八十一	朏九百八十一

處暑 二百四十三	統天五千九百四十 四十九 五十	縮二千六十	降二萬八百四十	益一百八十五	朏一千八百七十
	開禧八千三百七十二 四十九 五十四	縮二萬一千八十四	降一千八百七十一	益二百三十六	朏二千六百六十五
	成天三千六百七十四　秒空 四十九 五十一	縮二萬九百三十二	降一千九百七十三	益一百九	朏一千一百六十三
白露 二百五十八	統天八千五百六十一少 七十一 三十四	縮七百	降二萬二千九百	益六十三	朏二千五十五
	開禧一萬二千六十四 七十一 三十八	縮二萬二千九百五十五	降六百四十五	益八十二	朏二千九百一
	成天五千二百九十四　秒七 七十一 三十五	縮二萬二千九百五	降六百九十五	益三十九	朏一千二百七十一
秋分 二百七十三	統天一萬一千一百八十二半 九十三 十九	盈七百	降二萬三千六百	益六十三	朏二千一百一十八
	開禧一萬五千七百五十六 九十三 二十三	縮二萬三千六百	升六百四十五	損八十二	朏二千九百八十三
	成天六千九百一十五　秒六 九十三 二十	縮二萬三千六百	升六百九十五	損三十九	朏一千三百六十

寒露 二百八十九	統天一千八百三太 十五 三	盈二千六十	降二萬二千九百	益一百八十五	朏二千五十五
	開禧二千五百四十八 十五 八	縮二萬二千九百五十五	升一千八百七十一	損二百三十六	朏二千九百五
	成天一千一百一十六　秒五 十五 四	縮二萬二千九百五	升一千九百七十三	損一百九	朏一千二百七十一
霜降 三百四	統天四千四百二十五 三十六 八十八	盈三千三百七十	降二萬八百四十	損三百二	朏一千八百七十
	開禧六千二百四十 三十六 九十二	縮二萬一千八十四	升三千一百六十四	損四百	朏二千六百六十五
	成天二千七百三十七　秒四 三十六 八十九	縮二萬九百三十二	升三千二百六十四	損一百八十一	朏一千一百六十
立冬 三百十九	統天七千四百十六少 五十八 七十三	盈四千六百三十	降一萬七千四百七十	損四百一十六	朏一千五百八十八
	開禧九千九百三十二 五十八 七十七	縮一萬七千九百二十	升四千五百二十四	損五百七十二	朏二千二百六十五
	成天四千三百五十八　秒三 五十八 七十三	縮一萬七千六百六十八	升四千五百六十八	損二百五十四	朏九百八十一

二十四史

中華書局

小雪	三百三十四				
	統天九千六百六十七半 八十 五十六	盈五千八百四十	降一萬二千八百四十	損五百二十四	朓一千一百五十二
	開禧一萬二千六百二十四 八十 六十二	縮一萬三千三百九十六	升五千九百五十一	損七百五十二	朒一千六百九十三
	成天五千九百七十九 秒二 八十 五十八	縮一萬三千一百	升五千八百八十五	損三百二十七	朒七百二十七
大雪	三百五十				
	統天二百八十八太 二 四十一	盈五千八百四十	降七千	損六百二十八	朓六百二十八
	開禧四百一十六 二 四十六	縮七千四百四十五	升五千九百五十一	損九百四十一	朒九百四十一
	成天一百八十 秒一 二 四十二	縮七千二百一十五	升七千二百一十五	損四百	朒四百

求每日盈縮分、升降數，經朔、弦、望加時入氣，入氣朓朒數，赤道宿度，天正冬至加時赤道日度，夏至、春秋分加時赤道日度，分、至後赤道宿積度，赤道宿積入初、末限，二十八宿黃道度，天正冬至加時黃道日度，二十四氣加時黃道日度，二十四氣初日夜半黃道日度〔五〕，二十四氣夜半黃道日度〔六〕，午中黃道日度，午中赤道日度。與前曆同。

赤道過宮〔七〕

危十二度	九十六分	秒一十六	入衞分，陬訾之次，在亥，用甲、丙、庚、壬。
奎二度	十四分	秒九十八	入魯分，降婁之次，在戌，用艮、巽、坤、乾。
胃四度	八分	秒八十	入趙分，大梁之次，在酉，用癸、乙、丁、辛。
畢八度	二十七分	秒六十二	入晉分，實沈之次，在申，用甲、丙、庚、壬。
井十度	四十六分	秒四十四	入秦分，鶉首之次，在未，用艮、巽、坤、乾。
柳五度	一十五分	秒二十六	入周分，鶉火之次，在午，用癸、乙、丁、辛。
軫九度	五十二分	秒九十	入鄭分，壽星之次，在辰，用艮、巽、坤、乾。
氐一度	七十一分	秒七十二	入宋分，大火之次，在卯，用癸、乙、丁、辛。
尾四度	十五分	秒五十四	入燕分，析木之次，在寅，用甲、丙、庚、壬。
斗四度	八十四分	秒三十六	入吳分，星紀之次，在丑，用艮、巽、坤、乾。
女三度	三分	秒十八	入齊分，玄枵之次，在子，用癸、乙、丁、辛。

右赤道過宮宿度，依今曆上元命日所起虛宿七度，爲子正玄枵之中，以曆策累加之，滿赤道宿次去之，即得十二辰次初、中宿度及分秒。

求黃道過宮：各置赤道所入辰次宿度及分秒，以其宿其年黃道全度乘之，如其宿赤道全度而一，即各得所求。此法見於大衍曆，以本曆所起赤道日躔宿度爲子正玄枵之中。紀元曆起虛宿七度，與今曆同，所以變從黃道，皆在危宿十三度半上下，入亥末陬訾之次。舊曆有起虛四度，亦在危十三半上下，蓋遲就也。今載黃道起宿過宮於經，俾將來推變者有所本焉。

黃道過宮

危十三度	四十七分	秒十七	入衞分，陬訾之次，在亥，用甲、丙、庚、壬。
奎一度	三十七分	秒二十五	入魯分，降婁之次，在戌，用艮、巽、坤、乾。
胃四度	十九分	秒十五	入趙分，大梁之次，在酉，用癸、乙、丁、辛。
畢七度	八十二分	秒四	入晉分，實沈之次，在申，用甲、丙、庚、壬。
井九度	四十二分	秒八十九	入秦分，鶉首之次，在未，用艮、巽、坤、乾。
柳五度	分空	秒二十七	入周分，鶉火之次，在午，用癸、乙、丁、辛。
張十五度	六十二分	秒四十四	入楚分，鶉尾之次，在巳，用甲、丙、庚、壬。
軫九度	六十五分	秒空	入鄭分，壽星之次，在辰，用艮、巽、坤、乾。
氐一度	七十四分	秒五十一	入宋分，大火之次，在卯，用癸、乙、丁、辛。
尾三度	八十六分	秒六十四	入燕分，析木之次，在寅，用甲、丙、庚、壬。
斗四度	三十五分	秒九十二	入吳分，星紀之次，在丑，用艮、巽、坤、乾。
女二度	九十五分	秒七	入齊分，玄枵之次，在子，用癸、乙、丁、辛。

步月離

轉實：三十二萬六百五十五〔八〕。開禧轉率四十六萬五千六百七十二、秒五千三百九十六。成天轉周分二十萬四千四百五十五、秒一千六百四十一〔九〕。

轉策：二十七餘六千六百五十五。開禧餘九千三百七十二、秒五千三百九十六。成天餘四千一百一十五、秒一千六百四十一。

轉差：十八萬八千八百。

朔差日：一、餘一萬一千七百一十三。開禧餘一萬六千四百九十四、秒四千六百四。成天餘七千二百四十一、秒八千三百五十九。

上弦度：九十一、約分三十一、秒四十四。開禧秒四十五。成天秒四十五。

望度：一百八十二、約分六十二、秒八十七。開禧秒九十。成天秒八十七。

下弦度：二百七十二、約分九十四、秒三十二。開禧秒三十四。成天秒三十一。

平行度：一十三、約分三十六、秒八十七。

七日：初數萬六百六十四，約分八十九；末數一千三百三十六，約分一十一。

十四日：初數九千三百二十八，約分七十八；末數二千六百七十二，約分二十三〔一〇〕。

二十一日：初數七千九百九十二，約分六十七；末數四千八，約分二十三〔一一〕。

二十八日：初數六千六百五十五，約分五十五；末數空。

入轉日	進退差	轉定分	加減差	遲疾度	損益率	朓朒積
一日	統天退十二	一千四百七十	加一百三十三	疾度空	益一千一百九十四	朓空
	開禧退十	一千四百六十六	加一百二十九	疾初	益一千六百三十一	朓初
	成天退十二	一千四百六十五	加一百二十八	疾初	益七百一十	朓初
二日	統天退十六	一千四百五十八	加一百二十一	疾一度三十三	益一千八十六	朓一千一百九十四
	開禧退十六	一千四百五十六	加一百十九	疾一度二十九	益一千五百四	朓一千六百三十一
	成天退十五	一千四百五十三	加一百一十六	疾一度二十八	益六百四十四	朓七百一十

入轉日	進退差	轉定分	加減差	遲疾度	損益率	朓朒積
三日	統天退十九	一千四百四十二	加一百五	疾二度五十四	益九百四十二	朓二千二百八十
	開禧退十九	一千四百四十	加一百三	疾二度八十四	益一千三百二	朓三千一百三十五
	成天退十八	一千四百三十八	加一百	疾二度四十四	益五百六十一	朓一千三百五十四
四日	統天退二十二	一千四百二十二	加八十六	疾三度五十九	益七百七十二	朓三千二百二十二
	開禧退二十二	一千四百二十一	加八十四	疾三度五十一	益一千六十二	朓四千四百三十七
	成天退二十一	一千四百三十	加八十三	疾二度四十五	益四百六十一	朓一千九百一十五
五日	統天退二十五	一千四百一	加六十四	疾四度四十五	益五百七十四	朓三千九百六十四
	開禧退二十四	一千三百九十九	加六十二	疾四度三十五	益七百八十四	朓五千四百九十九
	成天退二十四	一千三百九十九	加六十二	疾四度二十八	益三百四十四	朓二千三百七十六
六日	統天退二十八	一千三百七十六	加三十九	疾五度九	益三百五十	朓四千五百六十八
	開禧退二十七	一千三百七十五	加三十八	疾四度九十七	益四百八十	朓六千二百八十三
	成天退二十六	一千三百七十五	加三十八	疾四度九十	益二百一十一	朓二千七百二十

入轉日	進退差	轉定分	加減差	遲疾度	損益率	朓朒積
七日	統天退二十九	一千三百四十八	初加一十二，末減一		初益一百八，末損九	朓四千九百一十八
	開禧退二十八	一千三百四十九	初加十三，末減二	疾五度二十五	初益一百六十四，末損十三	朓六千七百六十三
	成天退二十九	一千三百四十九	初加一十三，末減二	初疾五度二十八，末疾四十一	初益七十二，末損五	初朓二千九百三十一，末朓三十三
八日	統天退二十七	一千三百一十九	減十八	疾五度五十九	損一百六十二	朓五千一十七
	開禧退二十八	一千三百二十七	減十六	疾五度四十七	損二百二	朓六千九百一十四
	成天退二十六	一千三百二十	減一十七	疾五度四十	損九十四	朓二千九百九十八
九日	統天退二十四	一千二百九十二	減四十五	疾五度四十一	損四十四	朓四千八百五十五
	開禧退二十四	一千二百九十五	減四十二	疾五度三十一	損五百三十一	朓六千七百一十二
	成天退二十三	一千二百九十四	減四十三	疾五度二十三	損二百三十九	朓二千九百四
十日	統天退二十一	一千二百六十八	減六十九	疾四度九十六	損六百十九	朓四千四百五十一
	開禧退二十二	一千二百七十一	減六十六	疾四度八十九	損八百三十四	朓六千一百八十一
	成天退二十	一千二百七十一	減六十六	疾四度八十	損三百六十六	朓二千六百六十五

入轉日	進退差	轉定分	加減差	遲疾度	損益率	朓朒積
十一日	統天退十八	一千二百四十七	減九十	疾四度二十七	損八百七	朓三千八百三十二
	開禧退一十九	一千二百四十九	減八十八	疾四度二十三	損一千一百一十二	朓五千三百四十七
	成天退一十八	一千二百五十一	減八十六	疾四度一十四	損四百七十七	朓二千二百九十九
十二日	統天退十五	一千二百二十九	減一百八	疾三度三十七	損九百六十九	朓三千二十四
	開禧退一十六	一千二百三十	減一百七	疾三度二十五	損一千三百五十三	朓四千六百三十五
	成天退一十六	一千二百三十二	減一百四	疾三度二十八	損五百七十八	朓一千八百二十二
十三日	統天退十二	一千二百一十四	減一百二十三	疾二度二十九	損一千一百四	朓二千五十五
	開禧退一十二	一千二百一十四	減一百三十三	疾二度二十九	損一千五百五十五	朓二千二百八十二
	成天退一十四	一千二百一十七	減一百二十	疾二度二十四	損六百六十六	朓一千二百四十四
十四日	統天進五	一千二百二	初減一百六，末加二十九	疾一度六	初損九百五十一，末益三百六十	朓七百五十一
	開禧進七	一千二百二	初減一百五，末加三十	疾一度五	初損一千三百二十七，末益三百七十九	朓一千三百二十七
	成天進八	一千二百三	初減一百四，末加二十	初疾度四，末遲初	初損五百七十八，末益一百六十六	初朓五百七十八，末朒初

十五日	統天進十二	一千二百七	加一百三十	遲空	益一千一百六十七	朒二百六十
	開禧進一十二	一千二百九	加一百二十八	遲初度三十	益一千六百一十八	朒三百七十九
	成天進一十二	一千二百一十一	加一百二十六	遲初度三十	益六百九十九	朒一百六十六
十六日	統天進十六	一千二百一十九	加一百十八	遲一度五十九	益一千五十九	朒一千四百二十七
	開禧進一十六	一千二百二十一	加一百一十六	遲一度五十九	益一千四百六十六	朒一千九百九十七
	成天進一十六	一千二百三十三	加一百八十四	遲一度五十六	益六百三十三	朒八百六十五
十七日	統天進二十	一千二百三十五	加一百二	遲二度七十七	益九百一十五	朒二千四百八十六
	開禧進二十	一千二百三十七	加一百	遲二度七十四	益一千二百六十四	朒三千四百六十三
	成天進二十	一千二百三十九	加九十八	遲二度七十	益五百四十四	朒一千四百九十八
十八日	統天進二十三	一千二百五十五	加八十二	遲三度七十九	益七百三十六	朒三千四百一
	開禧進二十三	一千二百五十七	加八十	遲三度七十四	益一千一十七	朒四千七百二十七
	成天進二十二	一千二百五十九	加七十八	遲三度六十八	益四百三十三	朒一千四十二

十九日	統天進二十六	一千二百七十八	加五十九	遲四度	益五百三十	朒四千一百三十七
	開禧進二十六	一千二百八十	加五十七	遲四度五十四	益七百二十一	朒五千七百三十八
	成天進二十四	一千二百八十一	加五十六	遲四度四十六	益三百一十一	朒二千四百七十五
二十日	統天進二十八	一千三百四	加三十三	遲五度二十	益二百九十六	朒四千六百六十七
	開禧進二十七	一千三百六	加三十一	遲五度一十一	益三百九十二	朒六千四百五十九
	成天進二十七	一千三百五	加三十二	遲五度二	益一百七十八	朒二千七百八十六
二十一日	統天進二十九	一千三百三十二	初加七　末減二	遲五度五十三	初益六十三　末損十八	朒四千九百六十三
	開禧進二十八	一千三百三十三	初加六　末減二	遲五度四十二	初益七十六　末損二十五	朒六千八百五十一
	成天進二十九	一千三百三十二	初加七　末減二	初遲五度三十四　末遲五度四十一	初益三十九　末損一十一	初朒二千九百六十四　末朒三千三
二十二日	統天進二十七	一千三百六十一	減二十四	遲五度五十八	損二百一十五	朒五千八
	開禧進二十六	一千三百六十一	減二十四	遲五度四十六	損三百三	朒六千九百二
	成天進二十七	一千三百六十一	減二十四	遲五度三十九	損一百三十三	朒二千九百九十二

二十三日	統天進二十四	一千三百八十八	減五十一	遲五度三十四	損四百五十八	朒四千七百九十三
	開禧進二十四	一千三百八十七	減五十	遲五度二十二	損六百三十二	朒六千五百九十九
	成天進二十二	一千三百八十八	減五十一	遲五度一十五	損二百八十三	朒二千八百五十九
二十四日	統天進二十一	一千四百一十二	減七十五	遲四度八十三	損六百七十三	朒四千三百三十三
	開禧進二十	一千四百一十一	減七十四	遲四度七十二	損九百二十六	朒五千九百六十七
	成天進一十九	一千四百一十	減七十三	遲四度六十四	損四百五	朒二千五百七十六
二十五日	統天進十七	一千四百三十三	減九十六	遲四度八	損八百六十二	朒三千六百六十二
	開禧進一十六	一千四百三十一	減九十四	遲三度九十八	損一千一百八十八	朒五千三十一
	成天進一十五	一千四百二十九	減九十二	遲三度九十一	損五百一十一	朒二千一百七十一
二十六日	統天進十三	一千四百五十	減一百十三	遲三度十三	損一千一十四	朒二千八百
	開禧進一十二	一千四百四十七	減一百一十	遲三度四分	損一千三百九十一	朒三千八百四十一
	成天進一十二	一千四百四十四	減一百七	遲二度九十九	損五百九十四	朒一千六百六十

二十七日	統天進八	一千四百六十三	減一百二十六	遲一度九十九	損一千一百三十一	朒一千七百八十六
	開禧進八	一千四百五十九	減一百二十二	遲一度九十四	損一千五百四十二	朒二千四百五十二
	成天進一十	一千四百五十七	減一百二十	遲一度九十二	損六百六十六	朒一千六十六
二十八日	統天退一	一千四百七十一	初減七十三　末加六十一	遲空七十三	初損六百五十五　末益五百四十八	朒六百五十五
	開禧退一	一千四百六十七	初減七十二	遲初度七十二	初損九百一十	朒九百一十
	成天退二	一千四百六十七	初減七十二	遲初度七十二	初損四百	朒四百

求天正十一月經朔加時入轉，經朔、弦、望入轉朏朒數，朔、弦、望定日，定朔、弦、望加時黃道日度，平交日辰，平交加時入轉朏朒定數，正交日辰，經朔加時中積，正交加時黃道月度，四象加時黃道月度，四象後黃道積度，四象後黃道積度入初、末限，月行九道，月行去黃道差，月行去赤道差，月行九道宿度，正交加時月離九道宿度，定朔、弦、望加時黃道月度，定朔、弦、望加時九道月度，定朔、弦、望午中入轉，每日午中入轉，晨昏月度，朔、弦、望晨昏定程，每日轉定數，每日晨昏月，所求日加時平行月積度，所求日加時定月。法同前曆，此不載。

步晷漏

二至限：一百八十二、分六十二、秒〔二二〕。開禧秒一十五。成天秒一十四。

一象度：九十一、分三十一、秒四十四。

冬至後初限夏至後末限：六十二日、分六。開禧分九。成天分八。

夏至後初限冬至後末限：一百二十日、分五十六。開禧分五十三。成天分五十四。

冬至岳臺中晷常數：一丈二尺八寸五分。

臨安中晷常數：一丈八寸二分。

夏至岳臺中晷常數：一尺五寸七分。二曆六分。

臨安中晷常數：九寸一分。

太法：九千。開禧一萬二千六百七十五。成天五千五百六十五。

半法：六千。開禧四百五十〔二三〕。成天三千七百一十。

少法：三千〔二四〕。開禧四千二百二十五。

昏明分：三百。開禧四百二十二半。成天一百八十五半。

昏明刻：二、餘六十。開禧餘二百五十三半。成天餘五百五十六半。

辰刻：八、餘四十。開禧餘一百六十九。成天餘三百七十一。

半辰刻：四、餘二十。開禧餘八十四半。成天餘一百八十五半。

求午中入氣及中積，午中定積入二至後初、末限，岳臺午中晷景定數，九服午中晷景定數，臨安午中晷景定數，每日赤道內、外度，每日午中太陽去極度，日出、入晨昏半晝分，晝夜刻，日出入辰刻，更點差刻及辰刻，每日距中度及每更差度，昏曉五更中星，九服晝夜刻，臨安日出、入分，臨安距中度。法在前曆，此不載。

步交會

交實：三十二萬六千五百四十七。開禧交率四十五萬九千八百八十六、秒四千八百二十五。成天交終分二十萬一千九百一十四、秒七千五十一。

交策：二十七、餘三千五百八十六、秒四千八百二十五〔二五〕。開禧餘二千五百四十七〔二六〕。成天餘一千五百七十四、秒七千五十一。

交中策：一十三、餘七千二百七十三半。開禧餘一萬二千四百一十〔二七〕。

交差：八萬二百九十八。

朔差日：二、餘三千八百二十一。開禧餘五千三百八十、秒五千一百七十五。成天二千三百六十二、秒二千九百四十九。

交率：十九。

秒母：一萬。

交數：二百四十二。

交終度：三百六十二、約分七十九、秒二十四。開禧秒四十四。成天約分七十九、秒四十六。

交中度：一百八十一、約分八十九、秒六十二。開禧秒七十二。成天約分八十九、秒七十三。

交象度：九十、約分九十四、秒八十一。開禧秒八十六。成天同開禧。

半交象度：四十五、約分四十七、秒四十半。成天秒四十三。

日食岳臺陽曆限：五千六百　定法五百六十。開禧七千八百九十，定法七百八十九。成天三千四百七十，定法三百四十七。

臨安陽曆限：五千六百八十，定法五百六十八。

岳臺陰曆限：七千一百，定法七百一十。開禧九千七百四十，定法九百七十四。成天四千二百八十，定法四百二十八。

臨安陰曆限：六千七百，定法七百一十。

月食限：一萬一千二百，定法七百三十。開禧一萬五千七百八十，定法一千五十二。成天六千九百四十，定法四百六十三。

既限：三千九百。成天四千六百三十。

求天正十一月經朔加時入交，定朔、望夜半入交，每日夜半入交，定朔、望加時入交，定朔、望加時月行入交積度，定朔、望加時月行入交定積度，定朔、望加時月行入陰陽曆積度，定朔、望加時月去黃道度，日月食甚轉定分，日月食甚入轉朏朒數、入交數、常望定日，日月食甚汎大、小餘，日食甚定大、小餘，月食甚定大、小餘，日月食甚入氣，日月食甚日月積度〔二八〕，至差、分差、立差，朔入交定日，日月食甚月行入陰陽曆交前、後分，日食分，月食分，日食汎用分，月食汎用分，日月食定用分，月食既內、外分，日月食虧初、復滿小餘，月食更點法，月食入更點，日月食帶出入及虧後、滿前所見分，日月食甚宿次，日食所起，月食所起，日月食甚九服加時差，日月九服食分差。法同前曆，此不載。

步五星

歲策：三百六十五、約分二十四、秒二十五。

氣策：一十五、約分二十一、秒八十四。

朔策：二十九、約分五十三、秒六。

曆策：一十五、約分二十一、秒九十一。

木星周實：四百七十八萬六千六百一十九。開禧周率六百七十四萬一千一百七十二、秒八十七。成天二百九十五萬九千七百三十二、秒三十二。

周策：三百九十八、約分八十八、秒四十九。開禧餘一萬四千九百七十二、秒八十七，約分八十八、秒六十。成天餘六千五百七十二，約分八十八、秒五十七。

周差：一百三十八萬三千六十五。

歲差：十九萬六千二百。

伏見度：一十三。開禧曆率六百一十七萬一千八百五十九、秒八十九。成天二百七十一萬二百一十、秒六十九。開禧曆中度一百八十三、約分六十二、秒九十。成天秒八十七。開禧曆策度一十五、約分二十一、秒九十一。成天同。

段目		常日	常度	限度	初行率
晨疾初	統天	三十	六　四十三	四　九十	二十二　二十九
	開禧	三十日	六度　三十六分	四度　八十三分	二十二分　秒二十四
	成天	三十一日	六度　八十九分	五度　二十一分	二十三分　秒五十八

段目		常日	常度	限度	初行率
晨疾末	統天	二十九	五　五十七	四　二十四	二十　五十三
	開禧	二十九日	五度　三十七分	四度　七分	二十分　秒一十八
	成天	二十九日	五度　三十九	四度　八分	二十分　秒八十六
晨遲初	統天	二十八	四　十四	三　十五	十七　四十四
	開禧	二十八日	四度　七	三度　九	一十六分　八十六
	成天	二十八日	三度　八十五分	二度　九十一分	一十六分　秒四十四
晨遲末	統天	二十六	一　五十三	一　十六	十　八十七
	開禧	二十六日	二度　三分	一度　五十四分	一十二分　秒二十二
	成天	二十六日	一度　四十四分	一度　九分	一十一分　秒六
晨留	統天	二十三日			
	開禧	二十三日	空	空	空
	成天	二十二日			

段目		常日	常度	限度	初行率
晨退	統天	四十六日　四十四分　秒二十四半	四　八十四分　秒八十八	空　三十三　三十七	
	開禧	四十六日　五十四分　秒三	四　九十　八十五	空　三十二　四十	空
	成天	四十六日　二十四分　秒一十九	空　三十四　四十一半	十五	
夕退	統天	四十六　四十四　二十四半	四　八十四　八　八	空　三十三　三十七　秒八十五半	十五　三十一
	開禧	四十六日　五十四分　秒三十	四度　九十分	度空　三十二分　秒四十	一十五　四十四
	成天	四十六　二十四分　二十九	四度　九十四分　秒八十四半	度空　三十四　四十一半	一十五　秒四十八
夕留	統天	三十三			
	開禧	二十三	空	空	空
	成天	二十二日			
夕遲初	統天	二十六	一　五十三	一　十六	空
	開禧	二十六日	二度　三分	一度　五十分	空
	成天	二十六日	一度　四十四分	一度　九分	空

段目		常日	常度	限度	初行率
夕遲末	統天	二十八	四　十四	三　十五	十　八十七
	開禧	二十八日	四度　七分	三度　九分	一十二分　二十二
	成天	二十八日	三度　八十五分	二度　九十一	一十一分　秒六
夕疾初	統天	二十九	五　五十七	四　二十四	十七　四十四
	開禧	二十九	五度　三十七分	四度　七分	一十六分　八十六
	成天	二十九日	五度　三十九分	四度　八分	一十六分　秒四十四
夕疾末	統天	三十	六　四十四	四　九十	二十　五十三
	開禧	三十日	六度　三十六分	四度　八十三分	二十分　一十八
	成天	三十一日	六度　八十九	五度　二十一分	二十分　秒八十八
夕伏	統天	十七	四　空	三　五	二十二　二十九
	開禧	一十六日	三度　九十分	三度　九十六分	二十二　二十四
	成天	一十七日　二十分	四度　二十分	三度　一十八分	二十三分　秒五十八

中華書局

木星盈縮曆

策數	損益率	盈積度	損益率	縮積度
初	統天益一百四十八 開禧益一百五十三 成天益一百五十二	空 初 初	益一百七十五 益一百七十九 益一百七十五	度 初 初
一	統天益一百三十五 開禧益一百三十七 成天益一百三十五	一度 一度　五十三 一度　五十二	益一百三十五 益一百六十 益一百五十六	一度　七十五 一度　七十九分 一度　七十五分
二	統天益一百一十六 開禧益一百一十六 成天益一百一十四	二度　八十三 二度　九十分 二度　八十七分	益一百二十七 益一百三十五 益一百三十二	三度　二十八 三度　三十九分 三度　三十一分

策數	損益率	盈積度	損益率	縮積度
三	統天益九十一 開禧益九十 成天益八十九	三度　九十九 四度　六分 四度　一分	益九十七 益一百四 益一百三	四度　五十五 四度　七十四分 四度　六十三分
四	統天益六十 開禧益五十九 成天益六十	四度　九十 四度　九十六 四度　九十分	益六十三 益六十七 益六十九	五度　五十二 五度　七十八分 五度　六十六分
五	統天益二十三 開禧益二十二 成天益二十七	五度　五十 五度　五十五分 五度　五十分	益二十五 益二十四 益三十	六度　十五 六度　四十五分 六度　三十五分
六	統天損二十三 開禧損二十三 成天損二十七	五度　七十三 五度　七十 五度　七十七分	損二十五 損二十四 損三十	六度　四十 六度　六十九分 六度　六十五分

策數	損益率	盈積度	損益率	縮積度
七	統天損六十 開禧損五十九 成天損六十	五度　五十 五度　五十五分 五度　五十分	損六十三 損六十七 損六十九	六度　十五 六度　四十五分 六度　三十五分
八	統天損九十一 開禧損九十 成天損八十九	四度　九十 四度　九十六 四度　九十分	損九十七 損一百四 損一百三	五度　五十二 五度　七十八分 五度　六十六分
九	統天損一百十六 開禧損一百一十六 成天損一百一十四	三度　九十九 四度　六分 四度　一分	損二十七 損一百三十五 損一百三十二	四度　五十五 四度　七十四分 四度　六十三分
十	統天損一百三十五 開禧損一百三十五 成天損一百三十五	二度　八十三 二度　九十分 二度　八十七分	損一百五十三 損一百六十 損一百五十六	三度　二十八 三度　三十九分 三度　三十一

策數	損益率	盈積度	損益率	縮積度
十一	統天損一百四十八 開禧損一百五十三 成天損一百五十二	一度　四十分 一度　五十三分 一度　五十二分	損一百五十七 損一百七十九 損一百七十五	一度　七十五 一度　七十九分 一度　七十五分

火星周實：九百三十五萬九千一百五十五。開禧周率一千三百一十八萬八百四、秒一。成天五百七十八萬七千七十二、秒八十八。

周策：七百七十九、約分九十二、秒九十六。開禧餘一萬五千七百四、秒一，約分九十二、秒九十二。成天餘六千八百九十二、秒八十八，約分九十二、秒九十。

周差：二百二十六萬四千二十五。

歲差：四百四萬六千四百。

伏見度：十九半。開禧曆率六百一十七萬二千九百五十九、秒一。成天二百七十一萬二百一十、秒二十七。開禧曆中度一百八十二、約分六十二、秒九十。成天秒八十七。開禧曆策度一十五、約分二十一、秒九十一。成天同開禧。

段目	常日	常度	限度	初行率
合伏	統天六十八日　二十五	四十八度　七十五	四十六度　一分	七十一　八十二
	開禧六十七日　八十分	四十八度　八十分	四十六度　四分	七十二　六十八
	成天六十九　二十五分	五十度　二十五分	四十七度　四十分	七十三分　秒二十四
晨疾初	統天六十三	四十四　三十七	四十一　八十八	七十　九十一
	開禧六十二日	四十三度　六十一分	四十一度　一十五分	七十一分　二十六
	成天六十二日	四十三度　八十八分	四十一度　四十六分	七十一分　秒八十
晨疾末	統天五十八	三十九　九十八	三十七　七十四	六十九　八十四
	開禧五十八日	三十九度　五十九	三十七度　三十五	六十九　四十二
	成天五十八	三十九度　六十一分	三十七度　四十三	六十九分　秒七十六

段目	常日	常度	限度	初行率
晨次疾初	統天五十一	三十三　五十八	三十一　七十	六十七　九十七
	開禧五十二日	三十四度　一分	三十二　九	六十七　八
	成天五十一日	三十三度　一分	三十一度　一十九分	六十六分　秒八十四
晨次疾末	統天四十五	二十六度　一十三	二十四　七十六	六十二　四十
	開禧四十四日	二十五度　六十七	二十四度　二十二	六十三　七十四
	成天四十四	二十五度　五十四分	二十四度　一十三	六十二分　秒六十二
晨遲初	統天三十八	十七　十八	十六　二十二	五十二　六十四
	開禧四十日	一十八度　九	一十七　七	五十二　九十六
	成天三十九	一十七度　四十四分	一十六度　四十九分	五十三分　秒四十八
晨遲末	統天二十九	六度　十五	五　八十	三十四　四十六
	開禧二十八	六度　三十八	六度　二	三十七　四十八
	成天二十九	六度　一十四分	五度　八十分	三十五分　秒九十二

段目	常日	常度	限度	初行率
晨留	統天九			
	開禧九日	空	空	空
	成天九日			
晨退	統天二十八　七十一　四十八	八　六十九　六十四半	三　二十二　六半	空
	開禧二十九　一十六　四十六	八度　八十　七十二	三度　三十九　五十三半	空
	成天二十八日　七十一分　秒四十五	八度　五十二分　秒六十八	三度　三十六分　秒三十一半	空
夕退	統天二十八　七十一　四十八	八　八十九　六十四半	三　二十二　六十半	四十五　四十三
	開禧二十九　一十六　四十六	八度　八十分　秒七十二	三度　三十分　秒五十二半	四十四分　秒二十三
	成天二十八日　七十一分　秒四十五	八度　五十二　六十八半	三度　三十六　三十一半	四十四分　七十二
夕留	統天九			
	開禧九	空	空	空
	成天九			

段目	常日	常度	限度	初行率
夕遲初	統天二十九	十八　十五	五　八十	空
	開禧二十八	六度　三十八	六度　二分	空
	成天二十九	六度　一十四分	五度　八十分	空
夕遲末	統天三十八	十七　十八	十六　二十二	三十四　四十六
	開禧四十日	一十八　九分	一十七　七分	三十七分　四十八
	成天二十九	一十七度　四十四分	一十六度　四十九	三十五　九十二
夕次疾初	統天四十五	二十六　二十三	二十四　七十六	五十二　六十四
	開禧四十四日	二十五　六十七	二十四　二十二	五十三　九十六
	成天四十四日	二十五度　五十四	二十四度　一十三	五十三分　秒四十一
夕次疾末	統天五十一	三十三　五十八	三十一　七十	六十二　四十
	開禧五十二日	三十四　一分	三十二　九分	六十三　七十四
	成天五十一日	三十三度　一分	三十一度　一十九分	六十二分　六十二

夕疾初	統天五十八 開禧五十八 成天五十八	三十九　九十八 三十九度　五十九 三十九度　六十一	三十七　七十四 三十七　三十五 三十七　四十三	六十七　九十六 六十七　八 六十六　八十四
夕疾末	統天六十三 開禧六十二日 成天六十二	四十四　三十七 四十三度　六十一 四十三度　八十八分	四十一　八十八 四十一度　一十五 四十一度　四十六分	六十九　八十四 六十九　四十二 六十九分　七十六
夕伏	統天六十八　二十五 開禧六十七　八十 成天六十九　二十五	四十八　七十五 四十八　八十 五度　二十五	四十六　一分 四十六　四分 四十七度　四十八	七　九十一 七十一分　二十六 七十一分　八十

火星盈縮曆

策數〔二九〕	損益率	盈積度	損益率	縮積度
初	統天益一千五百五十二 開禧益一千一百四十二 成天益一千一百五十六	度空 初 初	益四百五十八 益五百二十五 益五百三十六	度空 初 初
一	統天益七百九十二 開禧益七百九十七 成天益七百九十六	十二　五十二 一十一　四十二 一十七度　五十六	益四百五十二 益四百九十 益四百九十	四　五十八 五度　二十五 五度　三十六
二	統天益四百五十六 開禧益四百七十五 成天益四百五十八	十九　四十四 一十九　三十九 一十九度　五十二	益四百三十三 益四百五十五 益四百三十六	九　十一 一十　一十五 一十度　二十六

三	統天益一百四十四 開禧益一百七十六 成天益一百四十二	二十四　空 二十四　一十四 二十四度　一十分	益三百九十六 益三百八十五 益三百七十四	十三　四十四 一十四　七十 一十四度　六十二分
四	統天損三十八 開禧損三十五 成天損三十九	二十五　四十四 二十五　九十 二十五度　五十二	益三百四十 益三百一十五 益三百四	十七　四十 一十八　五十五 一十八度　三十六分
五	統天損一百六十三 開禧損一百四十 成天損一百三十七	二十五　六 二十五　五十五 二十五度　一十三分	益二百六十三 益二百四十五 益二百二十六	二十　八十 二十一　七十 二十一度　四十分
六	統天損二百六十三 開禧損二百四十五 成天損二百二十六	二十三　四十三 二十四　一十五 二十三度　七十六分	益一百六十三 益一百四十 益一百四十	二十三　四十三 二十四　一十五 二十三度　六十六分

七	統天損三百四十 開禧損三百一十五 成天損三百六	二十　八十 二十一　七十 二十一度　五十分	益三十八 益三十五 益四十六	二十五　六 二十五　五十五 二十五度　六分
八	統天損三百九十六 開禧損三百八十五 成天損三百七十七	十七　四十 一十八　五十五 一十八度　四十四	損四百四十 損一百七十六 損一百四十五	二十五　四十四 二十五　九十 二十五度　五十二分
九	統天損四百三十三 開禧損四百五十五 成天損四百三十九	十三　四十四 一十四　七十 一十四度　六十七分	損四百五十六 損四百七十五 損四百五十七	二十四　空 二十四　一十四 二十四度　七分
十	統天損四百五十三 開禧損四百九十 成天損四百九十二	九　一十一 一十　一十五 一十度　二十八分	損七百九十二 損七百九十七 損七百九十四	十九　四十四 一十九　三十九 一十九度　五十分

十一	統天損四百五十八 開禧損五百二十五 成天損五百三十六	四 五十八 五 二十五 五度 三十六	損一千一百五十二 損一千一百四十二 損一千一百五十六	十一 五十二 一十一 四十二 一十一度 五十六分

土星周實：四百五十三萬七千一百。開禧周率六百三十八萬九千七百四十八、秒九十一，成天二百八十萬五千四百四十、秒二十一。

周策：三百七十八、約分九、秒十六。開禧餘一千五百四十八、秒九十一，成天餘六百八十、秒二十一。

周差：三百五十五萬一百。

歲差：一百一十一萬五千四百。

伏見度十八。

開禧曆率六百一十七萬二千八百五十九、秒一，成天二百七十一萬二百二十一。開禧曆中度一百八十二、約分六十二、秒九十；成天一百八十二，分同開禧，秒八十七。開禧曆策度一十五、約分二十二、秒九十一，成天同開禧。

段目	常日	常度	限度	初行率
合伏	統天二十 六十七 開禧六十七 八十 成天二十一 二十分	二 六十七 四十八 八十 二度 七十	一 六十三 四十六 四 一度 六十五分	十三 三十三 七十二 六十八 一十三分 三十四
晨疾	統天三十 開禧六十二 成天二十九	三 四十九 四十三 六十一 三度 二十五	二 十三 四十一 一十五 一度 九十八分	十二 三十七 七十一 二十六 一十二分 二十二
晨次疾	統天二十八 開禧五十二 成天二十八	二 六十六 三十四 一 二度 五十分	一 六十三 三十二 九 一度 五十三	十 四十七 六十七 八 一十分 二十八
晨遲	統天二十五 開禧四十 成天二十七日	一 二十八 一十八 九 一度 五十四分	空 七十八 一十七 七 度空 九十四	七 三十二 五十二 九十六 七分 秒六十六

段目	常日	常度	限度	初行率
晨留	統天三十四 開禧九 成天三十三日	空	空	空
晨退	統天五十一 三十七 五十八 開禧二十九 一十六 四十六 成天五十 八十四 五十八半	三 六十七 五十四 八 八十 七十二 三度 五十七 五十五	空 二十五 七十一 三 三十九 五十三半 度空 三十一 七十	空 空 空
夕退	統天五十一 三十七 五十八 開禧二十九 一十六 四十六 成天五十 八十四 五十八半	三 六十七 五十四 八 八十 七十二 三度 五十七 五十五	空 二十五 七十一 三 三十九 五十三半 度空 七十一 七十	十 四十七 四十四 二十三 九分 七十八
夕留	統天三十四 開禧九 成天三十三	空	空	空

段目	常日	常度	限度	初行率
夕遲	統天二十五 開禧二十八 成天二十七	一 二十八 六 三十八 一度 五十四分	空一 七十八 六 二 度空 九十四	空 空 空
夕次疾	統天二十八 開禧四十四 成天二十八	二 六十六 二十五 六十七 二度 五十一分	一 六十二 二十四 二十二 一度 五十三分	七 三十二 五十三 九十六 七分 六十六
夕疾	統天三十 開禧五十八 成天二十九	三 四十九 三十九 五十九 三度 二十五分	二 十三 三十七 三十五 一度 九十八分	十 四十七 六十七 八 一十分 二十八
夕伏	統天二十 六十七 開禧六十二 成天二十一 二十分	二 六十七 四十三 六十一 二度 七十分	一 六十二 四十一 四 一度 六十五分	十二 三十七 七十一 二十六 一十二分 一十二

七星盈縮曆

策數	損益率	盈積度	損益率	縮積度
初	統天益二百八	度空	益一百五十八	度空
	開禧益三百二十二	初	益一百六十五	初
	成天益二百二十五	初	益一百六十	初
一	統天益一百九十三	二　八	益一百四十五	一　五十八
	開禧益一百九十五	二　二十三	益一百五十一	一　六十五
	成天益一百九十五	二度　一十五分	益一百五十二	一度　六十分
二	統天益一百六十八	四　一	益一百二十五	三　三
	開禧益一百六十二	四　一十八	益一百三十	三　一十六
	成天益一百六十一	四度　二十分	益一百三十八	三度　一十二分
三	統天益一百三十三	五　六十九	益九十八	四　二十八
	開禧益一百二十四	五　八十	益一百二	四　四十六
	成天益一百二十三	五度　八十一	益一百一十二	四度　五十分
四	統天益八十八	七　二	益六十四	五　二十八
	開禧益八十一	七　四	益六十七	五　四十八
	成天益八十一	七度　四分	益七十八	五度　六十二分
五	統天益三十三	七　九十	益二十三	五　九十
	開禧益三十三	七　八十五	益二十五	六　一十五
	成天益三十五	七度　八十五分	益三十五	六度　四十分
六	統天損三十三	八　二十三	損二十三	六　十三
	開禧損二十三	八　二十八	損二十五	六　四十
	成天損三十五	八度　二十分	損三十五	六度　七十五分
七	統天損八十八	七　九十	損六十四	五　九十
	開禧損八十一	七　八十五	損六十七	六　一十五
	成天損八十五	七度　八十五	損七十四	六度　四十分
八	統天損一百三十三	七　二	損九十八	五　二十六
	開禧損一百二十四	七　四	損一百二	五　四十八
	成天損一百二十八	七度　分空	損一百七	五度　六十六分
九	統天損一百六十八	五度　六十九	損一百二十五	四　二十八
	開禧損一百六十一	五度　八十	損一百二十	四　四十六
	成天損一百六十四	五度　七十二分	損一百三十四	四度　五十九分
十	統天損一百九十三	四　一	損一百四十五	三　三
	開禧損一百九十五	四　一十八	損一百五十一	三　十六
	成天損一百九十三	四度　八分	損一百五十五	三度　二十五
十一	統天損二百八	二　八	損一百五十八	一　五十八
	開禧損二百二十三	二　二十三	損一百六十五	一　六十五分
	成天損二百一十五	二度　一十五分	損一百七十	一度　七十分

金星周實：七百萬六千八百三十三。開禧周率九百八十六萬七千九百五十六、秒一十。成天四百三十三萬二千五百五十六、秒九十五。

周策：五百八十三、約分九十、秒二十八。開禧餘一萬五千二百五十六、秒一十，分秒同。成天餘六千六百九十六、秒九十五，約分九十、秒二十六〔三〇〕。

周差：一百二萬三千六百七十一。

歲差：三百三十一萬二千三百。

伏見度：十半。開禧曆率六百一十七萬二千八百五十八、秒八十八，成天二百七十一萬二百一十、秒十三。開禧曆中度一百八十二、約分六十二、秒九十，成天秒八十七。開禧曆策度一十五、約分二十一、秒九十一，成天同。

段目	常日	常度	限度	初行率
合伏	統天三十九 開禧三十九日 成天三十九日	四十九　五十 四十九　五十 四十九度　五十分	四十七　五十二 四十七　五十一 四十七度　五十四分	一　二十七　六十九 一　二十七　六十八 一度　二十八分　秒六十八
夕疾初	統天五十二 開禧五十二 成天五十一	六十五　十一 六十五　一十三 六十三度　三十三分	六十二　五十 六十二　三十八 六十度　八十二	一　二十五　九十五 一　二十六　一十六 一度　二十五分　秒一十六
夕疾末	統天四十八 開禧四十八 成天四十九	五十九　十四 五十九度　八分 五十九度　七十六分	五十六　七十七 五十六　五十九 五十七度　四十分	一　二十四　三十五 一　二十四　三十四 一度　二十三分　秒一十八
夕次疾初	統天四十二 開禧四十四 成天四十三日	五十　十七 五十二度　五十三分 五十度　八十分	四十八　十六 五十度　三十一分 四十八度　七十九分	一　二十二　二 一　二十一　八十二 一度　二十分　秒七十六

段目	常日	常度	限度	初行率
夕次疾末	統天三十七 開禧三十七 成天三十九日	四十　八十三 四十二度　二十五分	三十九　十九 四十度　五十八	一十六　六十六 一度　一十五分　秒五十二
夕遲初	統天三十 開禧三十二日 成天三十二日	二十六　三十七 二十七　二十二 二十七度　九分	二十五　三十一 二十六度　七分 二十六度　二分	一　一　五十九 一　空　四十八 一度　一分　秒一十四
夕遲末	統天二十二 開禧一十八 成天一十七日	九　二十一 七度　二十六 七度　六十六分	八　八十四 六度　九十五分 七度　三十六分	空　六十七　七十二 六十九　六十四 六十八分　秒一十六
夕留	統天六 開禧六 成天六日	 空 	 空 	 空

段目	常日	常度	限度	初行率
夕退	統天九　九十五　十四 開禧一十日 成天一十日	三　八十七　八十六 四度　四十四 三度　八十九分	一　七十　十四 一度　八十四 一度　六十九分	空 空 空
夕伏退	統天六 開禧五　九十五　一十二半 成天五日　九十五分　秒一十三	四　五十 四　五十四　八十六半 四度　五十四分　八十五	一　九十六 一　八十八　一十六半 一度　七十八　秒一十三	空　六十七　七十九 六十九　五十二 六十七分　秒七十二
合伏退	統天六 開禧五　九十五　秒一十三半 成天五日　九十五分　秒一十三	四　五十 四　五十四　八十六半 四度　五十四分　秒八十五	一　九十六 一　八十八　一十三半 一度　七十八分　秒一十三	空　八十二　二十 八十三分　一十六 八十五分　秒一十四
晨退	統天九　九十四　十四 開禧一十 成天一十日	三　八十七　八十六 四度　四十四 三度　八十九分	一　七十　十四 一度　八十四 一度　六十六分	空　六十七　七十九 六十九　五十二 六十七分　秒七十二

段目	常日	常度	限度	初行率
晨留	統天六 開禧六 成天六	 空 	 空 	 空
晨遲初	統天二十二 開禧一十八 成天一十七日	九　二十一 七　三十六 七度　六十六分	八　八十四 六 七度　三十六分	空 空
晨遲末	統天三十 開禧三十二 成天三十二	二十六　三十七 二十一　二十二 二十七度　九分	二十五　三十一 二十一　七 二十六度　二分	空　六十七　七十三 六十七　六十四 六十八分　秒一十六
晨次疾初	統天三十七 開禧三十七 成天三十九	四十　八十三 四十　二十二 四十二度　二十五分	三十九　十九 三十八　五十三 四十度　五十八分	一　一　五十九 一度　分空　秒四十八 一度　一分　秒二十四（一作一十四）

中華書局

晨次疾末	統天四十二 開禧四十四 成天四十三日	五十　十七 五十二　五十三 五十度　八十分	四十八　十六 五十　三十一 四十八度　七十九分	一　十六　六十六 一　一十六　九十四 一度　一十五分　秒五十二
晨疾初	統天四十八 開禧四十八 成天四十九	五十九　十四 五十九　八 五十九度　七十六分	五十六　七十七 五十六　五十九 五十七度　四十分	一　二十二　二 一　二十一　八十二 一度　二十分　秒七十六
晨疾末	統天五十二 開禧五十二 成天五十一	六十五　十一 六十五　一十三 六十三度　三十三分	六十二　五十 六十二　二十八 六十度　八十二	一　二十四　三十五 一　二十四　三十四 一度　二十三分　秒一十八
晨伏	統天三十九 開禧三十九 成天三十九	四十九　五十 四十九　五十 四十九　五十分	四十七　五十二 四十七　四十一 四十七　五十四分	一　二十五　九十五 一　二十六　一十六 一度　二十五　秒一十六

金星盈縮曆

策數	損益率	盈積度	損益率	縮積度
初	統天益五十三 開禧益五十二 成天益五十四	度空 初 初	益五十三 益五十二 益五十四	度空 初 初
一	統天益四十九 開禧益四十九 成天益四十九	空　五十三 初度　五十二分 初度　五十四分	益四十八 益四十九 益四十九	空　五十一 初　五十二 初度　五十四分
二	統天益四十二 開禧益四十三 成天益四十二	 一　一分 一度　三分	益四十一 益四十三 益四十二	一　一 一　一 一度　三分

三	統天益三十七 開禧益三十四 成天益三十三	一　四十二 一　四十四 一度　四十五分	益三十二 益三十四 益三十三	一　四十一 一　四十四 一　四十五分
四	統天益二十一 開禧益二十二 成天益二十二	一　七十四 一　七十八 一度　七十八分	益二十一 益二十二 益二十二	一　七十四 一　七十八 一度　七十八分
五	統天益八 開禧益七 成天益九	一　九十五 二　分空 二度　分空	益八 益七 益九	一　九十五 二　分空 二　分空
六	統天損八 開禧損七 成天損九	二　三 二　七 二度　九分	損八 損七 損九	二　三 二　七 二度　九分

七	統天損二十一 開禧損二十二 成天損二十二	一　九十五 二　分空 二度　分空	損二十一 損二十二 損二十二	一　九十一 二　分空 二度　分空
八	統天損三十二 開禧損三十四 成天損三十三	一　七十四 一　七十八 一度　七十八分	損三十二 損三十四 損三十三	一　七十四 一　七十八 一度　七十八分
九	統天損四十一 開禧損四十三 成天損四十二	一　四十二 一　四十四 一度　四十五分	損四十一 損四十三 損四十二	一　四十二 一　四十四 一度　四十五分
十	統天損四十八 開禧損四十九 成天損四十九	一　一 一 一度　三分	損五十八 損四十九 損四十九	一　一 一　一 一度　三分

策數	損益率	盈積度	損益率	縮積度
十一	統天損五十三 開禧損五十二 成天損五十四	空　五十三 初度　五十二 初度　五十四分	損五十三 損五十三 損五十四	空　五十三 初度　五十二 初度　五十四分

水星周實：一百三十九萬五百一十四。開禧周率一百九十五萬八千三百五、秒一十。成天八十五萬九千七百九十九、秒九十〔三〕。

周策：一百一十五、約分八十七、秒六十二。開禧餘一萬四千八百五、秒一十，約分八十七、秒六十。成天餘六千四百九十九、秒九十。

周差：八十九萬五千一百六十二。

歲差：一百一萬二千八百。

夕見晨伏度：十五半。

晨見夕伏度：二十半。開禧曆率六百一十七萬二千八百六十、秒四，成天二百七十一萬二百一十一、秒一十五。開禧曆中度一百八十二、約分六十二、秒九十，成天秒八十七。開禧曆策度一十五、約分二十一、秒九十一，成天同。

段目	常日	常度	限度	初行率
合伏	統天十六 開禧一十七　六十五 成天一十七　二十五分	三十一　五十 三十六　六十五 三十三度　二十五分	二十六　三十 三十八　二十二 二十七度　六十一分	二　二度　秒二分 二度　九分　五十分 二度　一十五分　秒三十四
夕疾	統天十五 開禧一十五 成天一十五日	二十二　二十四 二十二　四十 二十一度　八十六分	十八　五十七 一十八　七十九 一十八度　一十五分	一　六十八 一　七十一　七十八 一度　七十分　秒一十六
夕遲	統天十三 開禧一十二 成天一十二日	十二　七十六 一十　一十 一十一度　六十四分	十　六十五 八　四十七 九度　六十七分	一　二十七 一　二十六　八十六 一度　二十一分　三十
夕留	統天二 開禧二 成天二日	空	空	空
夕伏退	統天十一　九十三　八十一 開禧一十一　二十八　八十 成天一十一　六十八分　秒八十	八　五十　六十九 八　二十一　二十 八度　八十一分　秒二十	二　四十一　八十一 二　四十五　八十 二度　五十分　秒八十	空 空 空
合伏退	統天十一　九十三　八十一 開禧一十一　二十八　八十 成天一十一日　六十八分　八十	八　五十六　十九 八度　二十一　二十 八度　八十一分　秒二十	二　四十一　八十一 二　四十五　八 二度　五十分　秒八十	一　五十七 一　六　五十六 一度　五分　秒七十五
晨留	統天二 開禧二 成天二日	空	空	空
晨遲	統天十三 開禧一十二 成天一十二日	十二　七十六 一十　一十 一十一度　六十四分	十　六十五 八度　四十七 九度　六十七分	空 空 空
晨疾	統天十五 開禧一十五 成天一十五日	二十二　二十四 二十二　四十分 二十一度　八十六分	十八　五十七 一十八　七十九 一十八度　一十五分	一　二十七　空 一　二十六　八十六 一度　二十一分　秒三十
晨伏	統天十六 開禧一十七　六十五 成天一十七　二十五分	二十一　五十 三十三度　六十五 三十三度　二十五分	二十六　三十 二十八度　二十二 二十七度　六十一分	一　六十八　空 一　七十一　七十八 一度　七十分　秒一十六

水星盈縮曆

策數	損益率	盈積度	損益率	縮積度
初	統天益五十八 開禧益五十七 成天益五十九	度空 初	益五十八 益五十七	度空 初

一	統天益五十三	空　五十八	益五十二	空五十八
	開禧益五十三	初　五十七	益五十三	初五十七
	成天益五十五	初度　五十九分	益五十五	初
二	統天益四十四	一　十	益四十四	一　十
	開禧益四十六	一　一十	益四十六	一　一十
	成天益四十八	一度　一十四分	益四十八	一度　一十四分
三	統天益三十四	一　五十四	益三十四	一　五十四
	開禧益三十六	一　五十六	益三十六	一　五十六
	成天益三十八	一度　六十二分	益三十八	一度　六十二分
四	統天益二十二	一　八十八	益二十二	一　八十八
	開禧益二十三	一　九十二	益二十三	一　九十二
	成天益二十五	二度　分空	益二十五	二度　分空

五	統天損八	二　十	益八	二　十
	開禧益七	二　一十五	益七	二　一十五
	成天益九	二度　二十五分	益九	二度　二十五分
六	統天損八	二度　十八	損八	二　十八
	開禧損七	二度　二十二	損七	二度　二十二
	成天損九	二度　三十四分	損九	二度　三十四分
七	統天損二十二	二十	損二十二	二十
	開禧損二十三	二度　一十五	損二十三	二度　一十五
	成天損二十五	二度　二十五分	損二十五	二度　二十五
八	統天損三十四	一　八十八	損三十四	一　八十八
	開禧損三十六	一度　九十二	損三十六	一度　九十二
	成天損三十八	二度　分空	損三十八	二度　分空

九	統天損四十四	一　五十四	損四十四	一　五十四
	開禧損四十六	一度　五十六	損四十六	一度　五十六
	成天損四十八	一度　六十二分	損四十八	一度　六十二分
十	統天損五十二	一十	損五十二	一十
	開禧損五十三	一度　一十	損五十三	一度　一十
	成天損五十五	一度　一十四分	損五十五	一度　一十四分
十一	統天損五十八	空　五十八	損五十八	空　五十八
	開禧損五十七	初度　五十七	損五十七	初度　五十七
	成天損五十九	初度　五十九分	損五十九	初度　五十九分

求五星天正冬至後平合及諸段中積、中星，五星平合及諸段入曆，五星平合及諸段盈縮差，五星平合及諸段定積，五星平合及諸段定日，五星平合諸段所在月日，五星平合及諸段加時定星，五星平合及諸段初日夜半定星，諸段平行分，諸段總差，諸段初、末日行分，

諸段每日夜半星行宿次，徑求其日宿次，五星平合見伏入氣，五星平合見伏行差，五星定合定見、定伏汎積，五星定合用積、用星，木火土三星定見、定伏用積，金水二星定見、定伏用積。法同前曆，此不載。

校勘記

〔一〕成天三千二百四十秒　二倍成天氣策餘秒，得三千二百四十一分、秒四。此處「十」下脫「一」字，「秒」下脫「四」字。

〔二〕開禧朔虛分三千四百八十三　置常數三十，減開禧朔策，得七千九百三十三分，疑原朔虛分數誤。

〔三〕如其年無躔差　「年」原作「平」，據曆法常例改。

〔四〕周天度三百六十五餘一千九百一十秒六十一約分二十五秒七十五　考異卷六八：「案統天術，周天分四百三十八萬三千九十，滿策法去之，餘數三千九十，無秒數，約之爲二十五分七十五秒。此云『餘一千九百一十、秒六十一』者，乃成天術之度餘，非統天之度餘也。此十有一字當删。」按考異說是。

〔五〕二十四氣初日夜半黃道日度　據崇天、紀元諸曆同項推步內容，此處「初日」下脫「晨前」二字。

二十四史

〔六〕二十四氣夜半黄道日度　據推步順序，求二十四氣初日晨前夜半黄道日度後，應求每日晨前夜半黄道日度，疑此處「二十四氣」爲「每日晨前」之誤。

〔七〕赤道過宮　考異卷六八説此條脱巳宮一行並引李鋭曰：「周天分十二宮，每宮應三十度四十三分八十秒弱，以算補之，當云『□□□□□張十五度九分□秒八，入楚分，鶉尾之次，在巳，用甲、丙、庚、壬。』」

〔八〕轉實三十二萬六百五十五　以策法乘轉策，加轉餘分，得三十三萬六百五十五。此處「二」應作「三」。

〔九〕秒一千六百四十一　上「一」字原作「二」，據下文成天轉策改。

〔一〇〕約分二十三　以策法除末數，得約分二十二，此處「三」應作「二」。

〔一一〕約分二十三　以策法除末數，得約分三十三。此處「二」應作「三」。

〔一二〕二至限一百八十二分六十二秒　據下文「一象度：九十一、分三十一、秒四十四」，倍之，得一百八十二、分六十二、秒八十八。此處「秒」下脱「八十八」三字。

〔一三〕開禧四百五十　開禧太法加開禧少法，以二除之，得八千四百五十。此處「四百五十」上脱「八千」二字。

〔一四〕少法三千　據本段其他各項體例，本項應注「成天一千八百五十五」九字。

〔一五〕交策二十七餘三千五百八十六秒四千八百二十五　以策法除交實，得交策二十七，餘二千五百四十七，原餘秒係開禧策餘。

〔一六〕開禧餘二千五百四十七　以開禧日法除開禧交率，得二十七，餘三千五百八十六、秒四千八百二十五，原小餘係統天策餘。

〔一七〕開禧餘一萬二千四百一十　二除開禧交策，得一十三、餘一萬二百四十三、秒二千四百一十二半，疑原數有誤。又按本段其他各項體例，疑本句後應有「成天餘四千四百九十七、秒三千五百二十五半」十九字。

〔一八〕日月食甚日月積度　據推步順序，求日月食甚入氣後，應求日月食甚日行積度，疑此處下「月」字爲「行」字之誤。

〔一九〕策數　「數」原作「縮」。按各星盈縮曆有「策數」而無「策縮」，音近而訛，故改。

〔二〇〕約分九十秒二十六　以成天日法除成天金星周率，得周策五百八十三、餘六千六百九十六，約分九十、秒二十四。此處「六」應作「四」。

〔二一〕成天八十五萬九千七百九十九秒九十　以成天日法乘成天水星周策，加策餘，得八十三萬九千九十九、秒九十。此處「五」應作「三」，「七百」二字衍。

元　脱脱等撰

宋史

第七冊

卷八五至卷九七（志）

中華書局

中華書局

宋史卷八十五

志第三十八

地理一

京城　京畿路　京東路　京西路

唐室既衰，五季迭興，五十餘年，更易八姓，寓縣分裂，莫之能一。宋太祖受周禪，初有州百一十一，縣六百三十八，戶九十六萬七千三百五十三。建隆四年，取荆南，得州、府三，江陵府，歸、峽。縣一十七，戶一十四萬二千三百；平湖南，得州一十五，監一，潭、衡、邵、郴、道、永、全、岳、澧、朗、蔣、辰、錦、溪、敍，桂陽監。縣六十六，戶九萬七千三百八十八。乾德三年，平蜀，得州、府四十六，益、彭、眉、嘉、邛、蜀、綿、漢、資、簡、梓、遂、黎、雅、陵、戎、瀘、維、茂、昌、榮、果、閬、渠、合、龍、普、利、興、文、巴、劍、蓬、壁、夔、忠、萬、集、開、渝、涪、黔、施、達、洋，興元府。縣一百九十八，戶五十三萬四千三十

九。開寶四年，平廣南，得州六十，廣、韶、潮、循、封、端、英、連、雄、龔、惠、康、恩、春、瀧、勤、新、高、潘、雷、羅、辨、桂、賀、昭、梧、蒙、恭、象、富、融、宜、柳、嚴、思唐、邕、澄、貴、巒、橫、賓、欽、潯、容、牢、白、廉、黨、繡、鬱林、藤、竇、義、禺、順、瓊、崖、儋、萬安〔一〕、振。縣二百一十四，戶一十七萬二百六十三。八年，平江南，得州一十九，軍三，昇、宣、歙、池、洪、潤、常、鄂、筠、饒、信、虔、吉、袁、撫、江、汀、建、劍，江陰、雄遠、建昌軍。縣一百八，戶六十五萬五千六十五。計其末年，凡有州二百九十七，縣一千八十六，戶三百九萬五百四。太宗太平興國三年，陳洪進獻地，得州二，漳、泉。縣十四，戶十五萬一千九百七十八；錢俶入朝，得州十三，軍一，杭、蘇、越、湖、衢、婺、台、明、溫、秀、睦、福、處，衣錦。縣八十六，戶五十五萬六百八十。四年，平太原，得州十，軍一，幷、汾、嵐、憲、忻、代、遼、沁、隆、石，寶興。縣四十，戶三萬五千二百二十。七年〔二〕，李繼捧來朝，得州四，夏、銀、綏、宥。雍熙元年，復以四州授繼捧，自後不復領於職方〔三〕。縣八。雍熙中，天下上閏年圖，州、府、軍、監幾於四百。至是，天下既一，疆理幾復漢、唐之舊，其未入職方氏者，唯燕、雲十六州而已。

至道三年，分天下爲十五路，天聖析爲十八，元豐又析爲二十三：曰京東東、西，曰京西南、北，曰河北東、西，曰永興，曰秦鳳，曰河東，曰淮南東、西，曰兩浙，曰江南東、西，曰荆湖南、北，曰成都，曰梓，曰利，曰夔，曰福建，曰廣南東、西。東南際海，西盡巴僰，北極三關，東西六千四百八十五里，南北萬一千六百二十里。崇寧四年，復置京畿路。大觀元年，別置黔南

路。三年，幷黔南入廣西，以廣西黔南爲名。四年，仍舊爲廣南西路。當是時，天下有戶二千八十八萬二千二百五十八，口四千六百七十三萬四千七百八十四，天下主客戶：自至道末四百一十三萬二千五百七十六，天禧五年，主戶六百三萬九千三百三十一，客戶不預焉。至嘉祐八年，主戶一千二百四十六萬二千三百一十一，口二千六百四十二萬一千六百五十一。至治平三年，天下主客戶一千四百一十八萬一千四百八十六，口二千五十萬六千九百八十。熙寧十年，戶一千四百二十四萬五千二百七十，口三千八十萬七千二百十一。元祐元年，戶一千七百九十五萬七千九十二，口四千七萬二千六百六。紹聖元年，戶一千九百一十二萬九百二十一，口四千二百五十六萬六千二百四十三。元符三年，戶一千九百九十六萬八百一十二，口四千四百九十一萬四千九百九十一。崇寧元年，戶二千二十六萬四千三百七，口四千五百三十二萬四千一百五十四。各府、州下戶口與總數少異，姑兩存之。視西漢盛時蓋有加焉。隋、唐疆理雖廣，而戶口皆有所不及。迨宣和四年，又置燕山府及雲中府路，天下分路二十六，京府四，府三十，州二百五十四，監六十三，縣一千二百三十四，可謂極盛矣。

大抵宋有天下三百餘年，繇建隆初訖治平末，一百四年，州郡沿革無大增損。熙寧始務闢土，而种諤先取綏州，韓絳繼取銀州，王韶取熙河，章惇取懿、洽，謝景溫取徽、誠，熊本取南平，郭逵取廣源，最後李憲取蘭州，沈括取葭蘆、米脂、浮圖、安疆等砦。雖嘗以河東邊界七百里地與遼人，當時王安石議，蓋曰：「吾將取之，寧姑與之也。」迨元祐更張，葭蘆等四

砦給賜夏人，而分畫久不能定。紹聖遂罷分畫，督諸路各乘勢攻討進築。自三年秋八月訖元符二年冬，凡陝西、河東建州一，西安〔四〕。軍二，晉寧、綏德。關三，龍平、會寧、金城。城九，安西、平夏、威戎、興平、定邊、威羌、金湯、白豹、會川。砦二十八〔五〕，平羌、平戎、殄羌、暖泉、米脂、克戎、安疆、橫山、綏遠、寧羌、靈平、高平、西平、新泉、邊羌、通峽、天都、臨羌、定戎、龕谷、大和、通秦、寧河、彌川、寧遠、神泉、烏龍。堡十，開光、通塞、石門、通會、大和、通秦〔六〕、寧河、彌川、寧川、三交。又取青唐、鄯。邈川、湟。寧塞、廓。龍支宗哥。等城。建中靖國悉還吐蕃故壤，稍紓民力。崇寧亟變前議，專以紹述爲事，蔡京始任童貫、王厚，更取湟、鄯、廓三州二十餘壘。陶節夫、鍾傳、邢恕、胡宗回、曾孝序之徒，又相與鑿空駕虛，馳騖於元符封域之表。訖於重和，既立靖夏、涇原。制戎、鄜延。制羌西寧。三城，雖夏人寖衰，而民力亦弊。西事甫定，北釁旋起。蓋自崇寧以來，益、梓、夔、黔、廣西、荆湖南北迭相視効，斥大土宇，靡有寧歲，凡所建州、軍、關、城、砦、堡，紛然莫可勝紀。厥後建燕山、雲中兩路，粗閱三歲，禍變旋作，中原版蕩，故府淪沒，職方所記，漫不可攷。

高宗蒼黃渡江，駐蹕吳會，中原、陝右盡入于金，東畫長淮，西割商、秦之半，以散關爲界，其所存者兩浙、兩淮、江東西、湖南北、西蜀、福建、廣東、廣西十五路而已，有戶一千二百六十六萬九千六百八十四。此寧宗嘉定十一年數。建國江左又百五十年，迨德祐丙子，遂併

中華書局

歸于我皇元版圖，而天下始復合爲一焉。

今據元豐所定，併京畿爲二十四路，首之以京師，重帝都也，終之以燕、雲，以其既得而旋失，故附見于後。而凡四京之城闕宮室，及南渡行在之所，其可考者冠于篇首。爲地理志云。

東京，汴之開封也。梁爲東都，後唐罷，晉復爲東京，宋因周之舊爲都。建隆三年，廣皇城東北隅，命有司畫洛陽宮殿，按圖修之，皇居始壯麗矣。雍熙三年，欲廣宮城，詔殿前指揮使劉延翰等經度之，以居民多不欲徙，遂罷。宮城周迴五里。南三門：中曰乾元，宋初，依梁、晉之舊，名曰明德，太平興國三年改丹鳳，大中祥符八年改正陽，明道二年改宣德。雍熙元年改今名，東曰左掖，西曰右掖。東西面門曰東華、西華。舊名寬仁、神獸，開寶三年改今名。熙寧十年，又改東華門北曰謻門。北一門曰拱宸。舊名玄武，大中祥符五年改今名。熙寧十年，改門內西橫門曰臨華。乾元門內正南門曰大慶，東西橫門曰左、右升龍。左右北門內各二門曰左、右長慶，熙寧間，改左、右長慶隔門曰左、右嘉肅。左、右銀臺。東華門內一門曰左承天祥符，乾德六年賜名，大中祥符元年正月，天書降其上，詔加「祥符」二字而增葺之。西華門內一門曰右承天。左承天門

內道北門曰宣祐。舊名光天，大中祥符八年改大寧，明道元年改今名。

正南門內正殿曰大慶，東西門曰左、右太和。宋初曰日華、月華，大中祥符八年改今名。正衙殿曰文德，宋初曰文明，雍熙元年改今名。熙寧間，改南門曰端禮。兩掖門曰東、西上閤，東西門曰左、右嘉福。宋初曰左、右勤政，明道元年十月改今名。大慶殿舊名崇元，乾德四年重修，改曰乾元，太平興國九年改朝元，大中祥符八年改天安，明道三年〔七〕改今名。北有紫宸殿，舊名崇德，明道元年改。視朝之前殿也；西有垂拱殿，舊名長春，明道元年改。常日視朝之所也；次西有皇儀殿，開寶四年，賜名滋福，明道元年十月改。又次西有集英殿，舊名廣政，開寶三年曰大明，淳化間曰含光，大中祥符八年名會慶，明道元年十月改今名。宴殿也；殿後有需雲殿，舊名玉華，後改瓊華，熙寧初改今名。東有昇平樓，舊名紫雲，明道元年改。宮中觀宴之所也；宮後有崇政殿，舊名簡賢講武，太平興國二年改今名。閱事之所也；殿後有景福殿，殿西有殿北向，曰延和，便坐殿也。大中祥符七年，建後苑東門，洎北向便殿成，賜名宣和門、承明殿，明道元年改端明，二年改今名。凡殿有門者，皆隨殿名。

宮中又有延慶、舊名萬歲，大中祥符七年改。安福、觀文、舊名集聖，明道二年改肅儀，慶曆八年改今名。清景、慶雲、玉京等殿，壽寧堂，舊名清淨，明道元年改。延春閣。舊名萬春，寶元元年改。福寧殿即延慶，明道元年改。東西有門曰左、右昭慶。觀文殿西門曰延眞，其東眞君殿曰積慶，前建感眞閣。又有龍圖閣，下有資政、崇和、宣德、述古四殿。天章閣下有羣玉、蕊珠二殿，後有寶文閣，即壽昌閣，慶曆元年改。閣東西有嘉德、延康二殿，前有景輝門。後苑東門曰寧陽，即宣和門，明道元年改。苑內有崇聖殿、太清樓，其西又有宜聖、化成、即玉宸殿，明道元年改。金華、西涼、清心等殿，翔鸞、儀鳳二閣，華景、翠芳、瑤津三亭。延福宮有穆清殿，延慶殿北有柔儀殿，初有殿無名，章獻太后名曰崇徽，明道元年改寶慈，景祐二年改今名。崇徽殿北有欽明殿。舊名天和，明道元年改觀文，又改清居，治平三年改今名。延福宮北有廣聖宮，天聖二年建，名長寧，景祐二年改。內有太清、玉清、冲和、集福、會祥五殿；建流盃殿於後苑。明道元年八月，修文德殿成。是夜，禁中火，延燔崇德、長春、滋福、會慶、延慶、崇徽、天和、承明八殿，命宰相呂夷簡爲修葺大內使，樞密副使楊崇勳副之，發京東西、河北、淮南、江東西路工匠給役，內出乘輿物，左藏庫易緡錢二十萬助其費，以故改諸殿名。

又有慈德殿，楊太后所居，景祐元年賜名〔八〕。觀稼殿，在後苑，觀種稻，景祐二年創建。延義閣〔九〕，在崇政殿西。邇英閣，在崇政殿西南，蓋侍臣講讀之所也，與延義同，景祐三年賜名。隆儒殿，邇英閣後小殿，皇祐三年始賜名。慈壽殿，皇太后所居，治平元年賜名。慶壽宮，保慈宮，熙寧二年建。玉華殿，在後苑。基春殿，熙寧七年建，在玉華殿後。睿思殿，八年建。承極殿，元豐三年建。崇慶、隆祐二宮，元祐元年建。睿成宮，神宗所居東宮，紹聖二年賜名。宣和殿，在睿思殿後，紹聖二年四月殿成，其東側別有小殿曰凝芳，其西曰瓊芳，前曰重熙，後曰環碧。元符三年廢，崇寧初復作。大觀三年，徽宗製記刻石，實蔡京爲之。聖瑞宮，皇太妃所居，因以名宮。顯謨閣，元符元年建，藏神宗御集，建中靖國元年，改曰熙明，尋復舊。玉虛殿，元符初建。玉華閣，

大觀初建，在宣和殿後。親蠶宮，政和元年建。燕寧殿，在延福北，奉安仁宗慈聖光獻皇后御容。延福宮，政和三年春，新作於大內北拱辰門外。舊宮在後苑之西南，今其地乃百司供應之所，凡內酒坊、裁造院、油醋柴炭鞍轡等庫，悉移它處，又遷兩僧寺、兩軍營，而作新宮焉。始南向，殿因宮名曰延福，次曰蕊珠，有亭曰碧琅玕。其東門曰晨暉，其西門曰麗澤。宮左復列二位。其殿則有穆清、成平、會寧、睿謨、凝和、崑玉、羣玉，其東閣則有蕙馥、報瓊、蟠桃、春錦、疊瓊、芬芳、麗玉、寒香、拂雲、偃蓋、翠葆、鉛英、雲錦、蘭薰、摘金，其西閣有繁英、雪香、披芳、鉛華、瓊華、文綺、絳萼、穠華、綠綺、瑤碧、清陰、秋香、叢玉、扶玉、絳雲。會寧之北，疊石爲山，山上有殿曰翠微，旁爲二亭：曰雲巋，曰層巘。凝和之次閣曰明春，其高踰一百一十尺。閣之側爲殿二：曰玉英，曰玉澗。其背附城，築土植杏，名杏岡，覆茅爲亭，脩竹萬竿，引流其下。宮之右爲佐二閣，曰宴春，廣十有二丈，舞臺四列，山亭三峙。鑿圓池爲海，跨海爲二亭〔一〇〕，架石梁以升山，亭曰飛華，橫度之四百尺有奇，縱數之二百六十有七尺。又疏泉爲湖，湖中作隄以接亭，隄中作梁以通湖，梁之上又爲茅亭、鶴莊、鹿砦、孔翠諸柵，蹄尾動數千，嘉花名木，類聚區別，幽勝宛若生成，西抵麗澤，不類塵境。初，蔡京命童貫、楊戩、賈詳、藍從熙、何訢等分任宮役，五人者因各爲制度，不務沿襲，故號「延福五位」。東西配大內，南北稍劣。其東直景龍門，西抵天波門，宮東西二橫門，皆視禁門法，所謂晨暉、麗澤者也，而晨暉門出入最多。其後又跨舊城修築，號「延福第六位」。跨城之外浚壕，深者水三尺，東景龍門橋，西天波門橋，二橋之下疊石爲固，引舟相通，而橋上人物外自通行不覺也，名曰景龍江。其後又闢之，東過景龍門至封丘門。○景龍江北有龍德宮。初，元符三年，以懿親宅潛邸爲之，及作景龍江，江夾岸皆奇花珍木，殿宇比比對峙，中塗曰壼春堂，絕岸至龍德宮。其地歲時次第展拓，後盡都城一隅焉，名曰擷

中華書局

芳園，山水美秀，林麓暢茂，樓觀參差，猶艮岳、延福也。宮在舊城，因附見此。保和殿，政和三年四月作，九月殿成，總為屋七十五間。玉清神霄宮，政和三年建，舊名玉清和陽，在福寧殿東，七年改今名。上清寶籙宮，政和五年作，在景龍門東，對景暉門。既又作仁濟、輔正二亭於宮前，命道士施民符藥，徽宗時登皇城下視之。又開景龍門，城上作複道，通寶籙宮，以便齋醮之路，徽宗數從複道上往來。是年十二月，始張燈於景龍門上下，名曰「預賞」。其明年，乃有期門之事。萬歲山艮嶽。政和七年，始於上清寶籙宮之東作萬歲山。山周十餘里，其最高一峯九十步，上有亭曰介，分東西二嶺，直接南山。山之東有萼綠華堂，有書館、八仙館、紫石巖、棲眞嶝、覽秀軒、龍吟堂。山之南則壽山兩峯並峙，有鴈池、噰噰亭，北直絳霄樓。山之西有藥寮，有西莊，有巢雲亭，有白龍沜、濯龍峽，蟠秀、練光、跨雲亭，羅漢巖。又西有萬松嶺，半嶺有樓曰倚翠，上下設兩關，關下有平地，鑿大方沼，中作兩洲：東為蘆渚，亭曰浮陽；西為梅渚，亭曰雪浪。西流為鳳池，東出為鴈池，中分二館，東曰流碧，西曰環山，有閣曰巢鳳，堂曰三秀，東池後有揮雪廳。復由嶝道上至介亭，亭左復有亭曰極目，曰蕭森，右復有亭曰麗雲、半山。北俯景龍江，引江之上流注山間。西行為漱瓊軒，又行石間為煉丹、凝觀、圜山亭，下視江際，見高陽酒肆及清澌閣。北岸有勝筠庵、躡雲臺、蕭閒館、飛岑亭。支流別為山莊，為回溪。又於南山之外為小山，橫亙二里，曰芙蓉城，窮極巧妙。而景龍江外，則諸館舍尤精。其北又因瑤華宮火，取其地作大池，名曰曲江，池中有堂曰蓬壺，東盡封丘門而止。其西則自天波門橋引水直西，殆半里，江乃折南，又折北。折南者過閶闔門，為複道，通茂德帝姬宅。折北者四五里，屬之龍德宮。宣和四年，徽宗自為艮嶽記，以為山在國之艮，故名艮嶽。蔡絛謂初名鳳凰山，後神降，其詩有「艮嶽排空霄」，因改名艮嶽。宣和六年，詔以金芝產于艮嶽之萬壽峯，又改名壽嶽；

蔡絛謂南山成，又改名壽嶽。嶽之正門名曰陽華，故亦號陽華宮。自政和訖靖康，積累十餘年，四方花竹奇石，悉聚于斯，樓臺亭館，雖略如前所記，而月增日益，殆不可以數計。宣和五年，朱勔於太湖取石，高廣數丈，載以大舟，挽以千夫，鑿河斷橋，毀堰拆牐，數月乃至，賜號「昭功敷慶神運石」，是年，初得燕地故也。勔緣此授節度使。大抵羣閹興築不肯已。徽宗晚歲，患苑囿之衆，國力不能支，數有厭惡語，由是得稍止。及金人再至，圍城日久，欽宗命取山禽水鳥十餘萬，盡投之汴河，聽其所之；拆屋為薪，鑿石為砲，伐竹為笓籬；又取大鹿數百千頭殺之，以啗衞士云。

舊城周廻二十里一百五十五步。東二門：北曰望春，宋初名和政。南曰麗景。南面三門：中曰朱雀，東曰保康，大中祥符五年創建。西曰崇明。西二門：南曰宜秋，北曰閶闔。北三門：中曰景龍，東曰安遠，西曰天波。以上宋初仍梁、晉舊名，至太平興國四年，改今名。

新城周廻五十里百六十五步。大中祥符九年增築，元豐元年重修，政和六年，詔有司度國之南展築京城，移置官司軍營。舊城周四十八里二百三十三步，周顯德三年築。南三門：中曰南薰，東曰宣化，西曰安上。東二門：南曰朝陽，北曰含輝。太平興國四年改寅賓，後復。西二門：南曰順天，北曰金耀。以上皆因周舊名，至太平興國四年，改今名。北四門：中曰通天，天聖初改寧德，後復。東曰長景，次東曰永泰，西曰安肅。初號衞州門。汴河上水門，南曰大通，太平興國四年賜名，天聖初，改順濟，後復今名。北曰宣澤。舊南北水門皆曰大通，熙寧十年改。汴河下，南曰上善，北曰通津。天聖初，改廣津，熙寧十年復。惠民河，上曰普濟，下曰廣利。廣濟河，上曰咸豐，下曰善利，舊名咸通。上南門曰永順。熙寧

十年賜名。其後又於金耀門南置開遠門。舊名通遠。以上皆太平興國四年賜名，天聖初，改今名。

西京。唐顯慶間為東都，開元改河南府，宋為西京，山陵在焉。宮城周廻九里三百步。城南三門：中曰五鳳樓，東曰興教，西曰光政。東一門，曰蒼龍。西一門，曰金虎。北一門，曰拱宸。舊名玄武，大中祥符五年改。五鳳樓內，東西門曰左、右永泰，門外道北有鸞和門，太平興國三年，以車輅院門改。右永泰門西有永福門。興教、光政門內各三門，曰：左、右安禮，左、右興善，左、右銀臺。蒼龍、金虎門內第二隔門曰膺福、千秋。膺福門內道北門曰建禮。

正殿曰太極，舊名明堂，太平興國三年改。殿前有日、月樓，日華、月華門，又有三門，曰太極殿門。後有殿曰天興，次北殿曰武德，西有門三重，曰：應天、乾元、敷教〔二〕。內有文明殿，旁有東上閤門、西上閤門，前有左、右延福門。後又有殿曰垂拱，殿北有通天門，柱廊北有明福門，門內有天福殿，殿北有寢殿曰太清，第二殿曰思政，第三殿曰延春。東又有廣壽殿，視朝之所也。北第二殿曰明德，第三殿曰天和，第四殿曰崇徽。天福殿西有金鑾殿，對殿南廊有彰善門。殿北第二殿曰壽昌，第三殿曰玉華，第四殿曰長壽，第五殿曰甘露，第六殿曰乾陽，第七殿曰善興。西有射弓殿。千秋門內有含光殿。拱宸門內西偏有保寧門，門內

有講武殿，北又有殿相對。內園有長春殿、淑景亭、十字亭、九江池、砌臺、娑羅亭。宮城東西有夾城，各三里餘。東二門：南曰賓曜，北曰啓明。西二門：南曰金曜，北曰乾通。宮室合九千九百九十餘區。夾城內及內城北，皆左右禁軍所處。

皇城周廻十八里二百五十八步。南面三門：中曰端門，東西曰左、右掖門。東一門，曰宣仁。西三門：南曰麗景，與金曜相直；中曰開化，與乾通相直；北曰應福。內皆諸司處之。

京城周五十二里九十六步。隋大業元年築，唐長壽二年增築。南三門：中曰定鼎，東曰長夏，西曰厚載。東三門：中曰羅門，南曰建春，北曰上東。西一門，曰關門。北二門：東曰安喜〔三〕，西曰徽安。政和元年十一月，重修大內，至六年九月畢工。朱勝非言：「政和間，議朝謁諸陵，敕有司預為西幸之備，以蔡攸妻兄宋昪為京西都漕，修治西京大內，合屋數千間，盡以眞漆為飾，工役甚大，為費不貲。而漆飾之法，須骨灰為地，科買督迫，灰價日增，一斤至數千。於是四郊塚墓，悉被發掘，取人骨為灰矣。」

南京。大中祥符七年，建應天府為南京。宮城周二里三百一十六步。門曰重熙、頒慶。殿曰歸德。元豐六年，賜度僧牒修外城門及西橋等。京城周廻一十五里四十步。東二門：南曰延和，北曰昭仁。西二門：南曰順成，北曰回鑾。南一門，曰崇禮。北一門，曰靜安。中有

隔城，又有門二：東曰承慶，西曰祥輝。其東又有關城，南北各一門。

北京。慶曆二年，建大名府爲北京。宮城周三里一百九十八步，卽眞宗駐蹕行宮。城南三門：中曰順豫，東曰省風，西曰展義。東一門，曰東安。西一門，曰西安。順豫門內東西各一門，曰左、右保成。次北班瑞殿，殿前東西門二：東曰凝祥，西曰麗澤。殿東南時巡殿門，次北時巡殿，次靖方殿，次慶寧殿。時巡殿前東西門二：東曰景清，西曰景和。京城周四十八里二百六步，門一十七。熙寧九年，改正南南河門曰景風，南塼曰亨嘉，鼓角曰阜昌；正北北河門曰安平，北塼曰耀德；正東冠氏門曰華景，冠氏第二重曰春祺，子城東曰泰通；正西魏縣門曰寶成，魏縣第二重曰利和，子城西曰宣澤；東南朝城門曰安流，朝城第二重曰巽齊；西南觀音門曰安正，觀音第二重曰靜方；上水關曰善利，下水關曰永濟。內城創置北門曰靖武。○元豐七年，廢善利、永濟關。

行在所。建炎三年閏八月，高宗自建康如臨安，以州治爲行宮。宮室制度皆從簡省，不尙華飾。垂拱、大慶、文德、紫宸、祥曦、集英六殿，隨事易名，實一殿。重華、慈福、壽慈、壽康四宮，重壽、寧福二殿，隨時異額，實德壽一宮。延和、崇政、復古、選德四殿，本射殿也。慈寧殿，紹興九年，以太后有歸期建。欽先孝思殿，十五年建，在崇政殿東。翠寒堂，孝宗作。損齋、

紹興末建，貯經史書，爲燕坐之所。東宮，在麗正門內，孝宗、莊文、景獻、光宗皆常居之。講筵所，資善堂。在行宮門內，因書院而作。天章、龍圖、寶文、顯猷、徽猷、敷文、煥章、華文、寶謨九閣，實天章一閣。

京畿路。皇祐五年，以京東之曹州，京西之陳、許、鄭、滑州爲輔郡，隸畿內，并開封府，合四十二縣，置京畿路轉運使及提點刑獄總之。至和二年，罷京畿路轉運使、提點刑獄，其曹、陳、許、鄭、滑各隸本路，爲輔郡如故。崇寧四年，京畿路復置轉運使及提點刑獄。先是，改開封府界爲京畿路，是年，又於京畿四面置四輔郡：潁昌府爲南輔，鄭州爲西輔，澶州爲北輔，建拱州於開封襄邑縣爲東輔，並屬京畿。大觀四年，罷四輔，許、鄭、澶州還隸京西及河北路，廢拱州，復以襄邑縣隸開封府。政和四年，襄邑縣復爲拱州，後與潁昌府、鄭州、開德府復爲東南西北輔。宣和二年，罷四輔，潁昌府、鄭州、開德府各還舊隸，拱州隸京東西路，舊開封府界依舊爲京畿。

開封府。崇寧戶二十六萬一千一百一十七，口四十四萬二千九百四十。貢方紋綾、方

紋紗、蕈席、麻黃、酸棗仁。縣十六：開封，赤。祥符，赤。東魏浚儀縣。大中祥符二年改。尉氏，畿。陳留，畿。雍丘，畿。封丘，畿。中牟，畿。宣和三年，改紂王城爲青陽城。陽武，畿。延津，畿。舊酸棗縣，政和七年改。長垣，隋匡城縣。建隆元年，改爲鶴丘，後又改。東明，畿。本東明鎭〔一三〕，乾德元年置。扶溝，畿。鄢陵，畿。考城，畿。崇寧四年，與太康同隸拱州，大觀四年，廢拱州，二縣復來隸。太康，畿。宣和二年，復隸拱州，六年，仍隸京畿。咸平。畿。舊通許鎭，隸陳留，咸平五年置縣。

京東路。至道三年，以應天、兗徐曹青鄆密齊濟沂登萊單濮濰淄、淮陽軍廣濟軍清平軍宣化軍、萊蕪監利國監爲京東路。熙寧七年，分爲東西兩路：以青淄濰萊登密沂徐州、淮陽軍爲東路；鄆兗齊濮曹濟單州、南京爲西路。元豐元年，割西路齊州屬東路〔一四〕，割東路徐州屬西路。元祐元年，諸提點刑獄不分路，京東西路、京東東路並爲京東路；京西南路、京西北路並爲京西路，秦鳳等路、永興軍等路並爲陝府西路，河北西路、河北東路並爲河北路，淮南西路、淮南東路並爲淮南路，其後仍分爲兩路。

東路。府一：濟南。州七：青，密，沂，登，萊，濰，淄。軍一：淮陽。縣三十八。

青州，望，北海郡，鎭海軍節度。建隆三年以北海縣置軍。淳化五年，改軍名。慶曆二年，初置京東東路安撫使。崇寧戶九萬五千一百五十八，口一十六萬二千八百三十七。貢仙紋綾、梨、棗。縣六：益都，望。壽光，望。臨朐，緊。博興，上。千乘，上。臨淄。上。

密州，上。本防禦州。建隆元年，復爲防禦。開寶五年，升爲安化軍節度〔一五〕。後降防禦。六年，復爲節度。崇寧戶一十四萬四千五百六十七，口三十二萬七千三百四十。貢絹、牛黃。縣五：諸城，望。安丘，望。唐輔唐〔一六〕，梁改安丘，晉膠西縣。開寶四年，復今名。莒，望。高密，上。膠西。元祐三年，以板橋鎭爲膠西縣，兼臨海軍使。

濟南府，上，濟南郡，興德軍節度。本齊州。先屬京東路。咸平四年，廢臨濟縣。元豐元年，割屬京東東路。政和六年，升爲府。崇寧戶一十三萬三千三百二十一，口二十一萬四千六十七。貢綿、絹、陽起石、防風。縣五：歷城，緊。禹城，緊。章丘，中。景德三年，以章丘縣置淸平軍。熙寧三年廢軍，卽縣治置軍使。長清，中。至道二年，徙城於刺榆。臨邑。中。建隆元年，河決公乘渡口，壞城。三年，移治孫耿鎭。政和元年，升爲望。

沂州，上，琅邪郡，防禦。崇寧戶八萬二千八百九十三，口一十六萬五千二百三十。貢仙靈脾、紫石英、茯苓、鍾乳石。縣五：臨沂，望。承，望。沂水，望。費，望。新泰。中。

登州，上，東牟郡，防禦。崇寧戶八萬一千二百七十三，口一十七萬三千四百八十四。

中華書局

貢金、牛黃、石器。縣四：蓬萊，望。文登，中。黃，望。牟平。緊。有乳山、閻家口二砦。

萊州，中，東萊郡，防禦。崇寧戶九萬七千四百二十七，口一十九萬八千九百八。貢牛黃、海藻、牡礪、石器。縣四：掖，望。萊陽，望。膠水，望。卽墨。中。

濰州，上，團練。建隆三年，以青州北海縣建爲北海軍，置昌邑縣隸之。乾德三年，升爲州，又增昌樂縣。崇寧戶四萬四千六百七十七，口一十萬九千五百四十九。貢綜絲素絁。縣三：北海，望。昌邑，望。本隋都昌縣，後廢。建隆三年，復置。昌樂。緊。本唐營丘縣，後廢。乾德中，復置安仁縣，俄又改。

淄州，上，淄川郡，軍事。崇寧戶六萬一千一百五十二，口九萬八千六百一十。貢綾、防風、長理石。縣四：淄川，望。長山，中。鄒平，中下。景德元年，移治濟陽廢縣。高苑。下。景德三年，以縣置宣化軍。熙寧三年，廢軍爲縣，隸州，卽縣治置軍使。

淮陽軍，同下州。太平興國七年，以徐州下邳縣建爲軍，并以宿遷來屬。崇寧戶七萬六千八百八十七，口一十五萬四千一百三十。貢絹。縣二：下邳，望。宿遷。中。

西路。府四：應天，襲慶，興仁，東平。州五：徐，濟，單，濮，拱。軍一，廣濟。縣四十三。

應天府，河南郡，歸德軍節度。本唐宋州。至道中，爲京東路。景德三年，升爲應天府。大中祥符七年，建爲南京。熙寧七年，分屬西路。崇寧戶七萬九千七百四十一，口一十五萬七千四百四。貢絹。縣六：寧陵，畿。與楚丘同隸拱州。大觀四年，復來隸。政和四年，又撥隸拱州。宣和六年，復來隸。宋城，赤。穀熟，畿。下邑，畿。虞城，畿。楚丘。畿。

襲慶府，魯郡，泰寧軍節度。本兗州。大中祥符元年，升爲大都督。政和八年，升爲府。崇寧戶七萬一千七百七十七，口二十一萬七千七百三十四。貢大花綾、墨、雲母、紫石英、防風、茯苓。縣七：瑕，上。大觀四年，以瑕丘縣爲瑕縣。奉符，上。本漢乾封縣。開寶五年，移治岱岳鎮。大中祥符元年改。泗水，上。龔，上。大觀四年，以龔丘縣爲龔縣。仙源，中上。魏曲阜縣。大中祥符五年改。萊蕪，中。鄒。下。熙寧五年，省爲鎮，入仙源。元豐七年復。監一，萊蕪。主鐵冶。

徐州，大都督，彭城郡，武寧軍節度。本屬京東路。元豐元年，割屬京東西路。崇寧戶六萬四千四百三十，口一十五萬二千二百三十七。貢雙絲綾、紬、絹。縣五：彭城，望。沛，望。蕭，望。滕，緊。豐。緊。監二：寶豐，元豐六年置，鑄銅錢，八年廢。利國。主鐵冶。

興仁府，輔，濟陰郡，彰信軍節度。本曹州。建中靖國元年，改賜軍額曰興仁。崇寧元年，升曹州爲興仁府，復還舊節。大觀二年，以拱州爲東輔，升督府。政和元年，罷督府，復爲輔郡。崇寧戶三萬五千九百八十，口六萬六千九百三十一。貢絹、葶藶子。縣四：濟陰，望。宛亭，望。元祐元年，改宛句縣爲宛亭。乘氏，緊。南華。上。

東平府，東平郡，天平軍節度。本鄆州。慶曆二年，初置京東西路安撫使。大觀元年，升大都督府。政和四年，移安撫使於應天府。宣和元年，改爲東平府。崇寧戶一十三萬三百五，口三十九萬六千六十三。貢絹、阿膠。縣六：須城，望。陽穀，望。景德三年，徙孟店。中都，緊。壽張，上。東阿，緊。平陰。上。監一，東平。宣和二年復置。政和三年罷〔一七〕。

濟州，上，濟陽郡，防禦。戶五萬七百一十八，口一十五萬九千一百三十七。貢阿膠。縣四：鉅野，望。任城，望。金鄉，望。鄆城。望。

單州，上，碭郡，建隆元年，升爲團練。崇寧戶六萬一千四百九，口一十一萬六千九百六十九。貢蛇床、防風。縣四：單父，望。碭山，望。成武，緊。魚臺。上。

濮州，上，濮陽郡，團練。崇寧戶三萬一千七百四十七，口五萬二千六百八十一。貢絹。縣四：鄄城，望。雷澤，緊。臨濮，上。范。上。

拱州，保慶軍節度。本開封府襄邑縣。崇寧四年，建爲州，賜軍額，爲東輔。以開封之考城、太康，南京之寧陵、楚丘、柘城來隸。大觀四年，廢拱州，復爲襄邑縣，還隸開封。政和四年，復爲州，又復爲輔郡。宣和二年，罷輔郡，仍隸京東西路，以襄邑、太康、寧陵爲屬縣，餘歸舊隸。六年，又以寧陵歸南京，太康歸開封，復割柘城來隸。縣二：襄邑，畿〔一八〕，柘城。畿。

廣濟軍。乾德元年，置發運務。開寶九年，改轉運司。太平興國二年，建爲軍。四年，割曹、澶、濮、濟四州地，復置縣以隸焉。熙寧四年，廢軍，以定陶縣隸曹州。元祐元年，復爲軍。縣一，定陶。上。

開封府，京東路，分爲東西兩路，得兗、豫、青、徐之域，當虛、危、房、心、奎、婁之分，西抵大梁，南極淮、泗，東北至于海，有鹽鐵絲石之饒。其俗重禮義，勤耕紝，浚郊處四達之會，故建爲都。政教所出，五方雜居。睢陽當漕舟之路，定陶乃東運之衝，其後河截淸水，頗涉艱阻。兗、濟山澤險迥，盜或隱聚。營丘東道之雄，號稱富衍，物產尤盛。登、萊、高密負海之北，楚商兼湊，民性愎戾而好訟鬥。大率東人皆朴魯純直，甚者失之滯固，然專經之士爲多。下邳俗尙頗類淮楚焉。

京西路。舊分南北兩路，後併爲一路。熙寧五年，復分南北兩路。

南路。府一，襄陽。州七：鄧，隨，金，房，均，郢，唐。軍一，光化。縣三十一。

襄陽府，望，襄陽郡，山南東道節度。本襄州。宣和元年，升爲府。崇寧戶八萬七千三百七，口一十九萬二千六百五。貢麝香、白穀、漆器。縣六：襄陽，緊。鄧城，望。穀城，緊。宜城，中下。中廬，中下。隋義清縣。太平興國元年改，紹興五年，省入南漳。南漳。中下。

鄧州，望，南陽郡，武勝軍節度。舊爲上郡。政和二年，升爲望郡。建隆初，廢臨瀨縣。崇寧戶一十一萬四千一百二十七，口二十九萬七千五百五十。貢白菊花。縣五：穰，上。南陽，中下。慶曆四年，廢方城縣爲鎮入焉；元豐元年，改爲縣，隸唐州。內鄉，中下。順陽。中下。太平興國六年，升順陽鎮爲縣。淅川。中下〔一九〕。

隨州，上，漢東郡，崇信軍節度。乾德五年，升爲崇義軍節度。太平興國元年，改今名。崇寧戶三萬八百四，口六萬七千二十一。貢絹、綾、葛、覆盆子。縣三：隨，上。熙寧元年，廢光化縣爲鎮入焉。唐城，中下。棗陽。中下。

金州，上，安康郡，乾德五年，改昭化軍節度。崇寧戶三萬九千六百三十六，口六萬五千六百七十四。貢麩金、麝香、枳殼實、杜仲、白膠香、黃蘗。縣五：西城，下。洵陽，中。乾德四年，廢淯陽縣入焉。漢陰，中。石泉，下。平利。下。熙寧六年，省爲鎮，入西城。元祐復。

房州，下，房陵郡，保康軍節度。開寶中，廢上庸、永清二縣。雍熙三年幷爲軍。崇寧戶三萬三千一百五十一，口四萬七千九百四十一。貢麝香、紵布、鍾乳石、笋。縣二：房陵，上。竹山。下。

均州，上，武當郡，武當軍節度。本防禦。乾德六年，移入上州防禦。宣和元年，賜軍額。崇寧戶三萬一百七，口四萬四千七百九十六。貢麝香。縣二：武當，上。鄖鄉。上。

郢州，上，富水郡，防禦。崇寧戶四萬七千二百八十一，口七萬八千七百二十七。貢白紵。縣二：長壽，上。京山。下。

唐州，上，淮安郡，建隆元年，升爲團練。開寶五年，廢平氏縣。崇寧戶八萬九千九百五十五，口二十萬二千一百七十二。貢絹。縣五：泌陽，中下。湖陽，中下。有銀場。比陽，中下。桐柏，下。開寶六年，移治淮瀆故廟。方城。下。後魏縣。慶曆四年，廢爲鎮入鄧州南陽縣，元豐元年，復爲縣，隸州。

光化軍，同下州。乾德二年，以襄州陰城鎮建爲軍，析穀城縣二鄉，置乾德縣隸焉。熙寧五年，廢軍，改乾德爲光化縣，隸襄州。元祐初，復爲軍。縣一：乾德。望。

北路。府四：河南，潁昌，淮寧，順昌。州五：鄭，滑，孟，蔡，汝。軍一，信陽。縣六十三。

河南府，洛陽郡，因梁、晉之舊爲西京。熙寧五年，分隸京西北路。崇寧戶一十一萬七千七百六十七，口二十三萬三千二百八十。貢蜜、蠟、甆器。縣十六：河南，赤。洛陽，赤。熙寧五年，省入河南，元祐二年復。永安，赤。奉陵寢。景德四年，升鎮爲縣。偃師，畿。慶曆三年廢，四年復，熙寧五年，省入緱氏，八年，復置，省緱氏縣爲鎮隸焉。潁陽，畿。慶曆三年，廢爲鎮，四年，復。熙寧二年，省入登封，元祐二年，復置。鞏，畿。密，畿。崇寧四年，割隸鄭州，宣和二年，還隸府。新安，畿。福昌，畿。熙寧五年，省入壽安，元祐元年，復爲縣。伊陽，畿。熙寧二年，割欒川冶鎮〔二〇〕入虢州盧氏縣。五年，廢伊闕縣爲鎮入河南，六年，改隸伊陽。澠池，畿。景祐四年，改鐵門鎮曰延禧。永寧，畿。長水，畿。壽安，畿。慶曆三年，廢爲鎮，四年，復。河清，畿。開寶元年，移治白波鎮。熙寧八年閏四月，置鐵監。登封。畿。監一，阜財。熙寧七年置，鑄銅錢。

潁昌府，次府，許昌郡，忠武軍節度。本許州。元豐三年，升爲府。崇寧四年，爲南輔，隸京畿。大觀四年，罷輔郡。政和四年，復爲輔郡，隸京畿。宣和二年，復罷輔郡，依舊隸京西北路。崇寧戶六萬六千四十一，口一十六萬一百九十三。貢絹、藨席。縣七：長社，次赤。熙寧四年，省許田縣爲鎮入焉。郾城，次畿。陽翟，次畿。長葛，次畿。臨潁，次畿。舞陽，次畿。郟。中。元隸汝州，崇寧四年來隸。

鄭州，輔，滎陽郡，奉寧軍節度。熙寧五年，廢州，以管城、新鄭隸開封府；省滎陽、滎澤縣爲鎮入管城，原武縣爲鎮入陽武。元豐八年，復州。元祐元年，還舊節；復以滎陽、滎

澤、原武爲縣，與滑州並隸京西路。崇寧四年，建爲西輔。大觀四年，罷輔郡。政和四年，又復。宣和二年，又罷。崇寧戶三萬九百七十六，口四萬一千八百四十八。貢絹、麻黃。縣五：管城，望。滎澤，中。原武，上。新鄭，上。滎陽。緊。

滑州，輔，靈河郡，太平興國初，改武成軍節度。熙寧五年，廢州，縣並隸開封府。元豐四年，復舊，縣復來隸。元祐元年，還舊節度。崇寧戶二萬六千五百二十二，口八萬一千九百八十八。貢絹。縣三：白馬，中。熙寧三年，廢靈河縣隸焉。韋城，望。胙城。緊。

孟州，望，河陽三城節度。政和二年，改濟源郡。崇寧戶三萬三千四百八十一，口七萬一百六十九。貢粱米。縣六：河陽，望。濟源，望。溫，望。汜水，上。熙寧五年，省入河陰。元豐二年復置。河陰，中。大中祥符四年，改武牢關曰行慶。王屋。中。熙寧五年，自河南來隸。

蔡州，緊，汝南郡，淮康軍節度。崇寧戶九萬八千五百二，口十八萬五千一十三。貢綾。縣十：汝陽，上。上蔡，上。新蔡，中。褒信，中。遂平，中。新息，中。確山，中。隋朗山縣。大中祥符五年改。眞陽，中。西平，中。平輿。中〔二一〕。

淮寧府，輔，淮陽郡，鎮安軍節度。本陳州。政和二年，改輔爲上。宣和元年，升爲府。崇寧戶三萬二千九十四，口一十五萬九千六百一十七。貢紬、絹。縣五：宛丘，緊。項城，上。商水，中。西華，中。南頓。中。熙寧六年，省爲鎮，入商水、項城二縣。元祐元年復。

順昌府，上，汝陰郡，舊防禦，後爲團練。開寶六年，復爲防禦。元豐二年，升順昌軍節度。舊潁州，政和六年，改爲府。崇寧戶七萬八千一百七十四，口一十六萬六百二十八。貢紬、絁、綿。縣四：汝陰，望。開寶六年，移治於州城東南十里。泰和，望。潁上，緊。沈丘。緊。

汝州，輔，臨汝郡，陸海軍節度。本防禦州。政和四年，賜軍額。崇寧戶四萬一千五百八十七，口一十七萬一千四百九十五。貢絁、絹。縣五：梁，中。襄城，緊。葉，上。魯山，中。寶豐。中。舊名龍興，熙寧五年，省爲鎮，入魯山。元祐元年復。宣和二年，改爲寶豐縣。

信陽軍，同下州。開寶九年，降爲義陽軍，廢鍾山縣。太平興國元年，改爲信陽軍。崇寧戶九千九百五十四，口二萬五十，貢紵布。縣二：信陽，中下。羅山。中下。開寶九年廢，雍熙二年復置。

京西南、北路，本京西路，蓋禹貢冀、豫、荆、兗、梁五州之域，而豫州之壤爲多，當井、柳、星、張、角、亢、氐之分。東暨汝、潁，西被陝服，南略鄢、郢，北抵河津。絲、枲、漆、纊之所出。而洛邑爲天地之中，民性安舒，而多衣冠舊族。然土地褊薄，迫於營養。盟津、滎陽、滑臺、宛丘、汝陰、潁川、臨汝在二京之交，其俗頗同。唐、鄧、汝、蔡率多曠田，蓋自唐季之亂，土著者寡。太宗遷晉、雲、朔之民於京、洛、鄭、汝之地，墾田頗廣，民多致富，亦由儉

嗇而然乎！襄陽爲汴南巨鎭，淮安、隨、棗陽、西城、武當、上庸、東梁、信陽，其習俗近荆楚。

校勘記

〔一〕僑萬安　原作「僑萬萬安」。按廣南無萬州，上「萬」字衍，據通考卷三一五輿地考刪。

〔二〕七年　原作「五年」，據本書卷四太宗紀、長編卷二三、編年綱目卷三改。

〔三〕自後不復領於職方　「於」字原脫，據通考卷三一五輿地考補。

〔四〕西安　原作「安西」，據本書卷八七地理志、長編卷五〇八、宋會要方域五之四二改。

〔五〕砦二十八　按此下所列砦名僅二十七；通考卷三一五輿地考云「寨二十六」，而所列寨名與本卷同，疑此處「八」字爲「七」之誤。

〔六〕通秦　原作「通泰」。按本書卷八六地理志，晉寧軍通秦堡地名精移堡，元符二年同通秦砦賜名。「通泰」當爲「通秦」之誤，據長編卷五一四、宋會要方域二〇之三改。

〔七〕明道三年　按明道只有二年，「三年」顯誤。宋會要方域一之三、玉海卷一六〇作「景祐元年正月」，玉海同卷、長編卷一一三又作「明道二年十二月甲寅」。

〔八〕楊太后所居景祐元年賜名　按宋會要方域一之五：「章惠太后所居，初係嘉慶殿，景祐四年改今名。」玉海卷一六〇：「景祐元年初名保慶，章惠太后居之，四年，改慈德。」

〔九〕延義閣　按本書卷一〇仁宗紀：「景祐二年正月癸丑，置邇英、延義二閣。」宋會要方域一之六、玉海卷一六三也作「延義閣」。「羲」字誤。

〔一〇〕跨海爲二亭　袁褧楓窗小牘卷上作「跨海爲亭」，下文所列又僅飛華一亭，此處「二」字疑衍。

〔一一〕敷敎　宋會要方域一之九、三之三七和玉海卷一五八都作「敷政」，疑「敎」爲「政」字之誤。

〔一二〕安喜　「喜」原作「善」，據宋會要方域一之七、玉海卷一七〇改。

〔一三〕東明鎭　原作「東昏鎭」，據九域志卷一、隆平集卷一改。

〔一四〕割西路齊州屬東路　「西路」原作「京西路」。按上文齊州屬京東西路，不屬京西路，「京」字衍，據刪。

〔一五〕升爲安化軍節度　「節度」二字原脫，據九域志卷一、宋會要方域五之一三補。

〔一六〕輔唐　原作「輔郡」，據宋會要方域五之一三、輿地廣記卷六改。

〔一七〕宣和二年復置政和三年罷　按此句前後倒置，應作「政和三年罷，宣和二年復置」。

〔一八〕襄邑畿　「畿」字原脫，據九域志卷一、輿地廣記卷七補。

〔一九〕浙川中下　四字原脫，據上文和九域志卷一、輿地廣記卷八補。

〔二〇〕欒川冶鎭　「冶」原作「治」，據宋會要方域一二之一五、食貨二三之八改。下同。

〔二一〕平輿中　「中」字原脫，據九域志卷一、輿地廣記卷九補。

宋史卷八十六

志第三十九

地理二

河北路　河東路

河北路。舊分東西兩路，後併爲一路。熙寧六年，再分爲兩路。

東路。府三：大名，開德，河間。州十一：滄，冀，博，棣，莫，雄，霸，德，濱，恩，清。軍五：德清，保順，永靜，信安，保定。縣五十七。

大名府，魏郡。慶曆二年，建爲北京。八年，始置大名府路安撫使，統北京、澶懷衞德博濱棣、通利保順軍。熙寧以來並因之，六年，分屬河北東路。崇寧戶一十五萬五千

二百五十三，口五十六萬八千九百七十六。貢花紬、綿紬、平紬、紫草。縣十二：元城，赤。熙寧六年，省大名縣爲鎮入焉。莘，畿。大名，次赤。熙寧六年，省入元城。紹聖三年復。政和六年，徙治南樂鎮。內黃，畿。成安，畿。熙寧六年，省洹水縣爲鎮入焉。魏，次畿。館陶，畿。熙寧五年，省永濟縣爲鎮入焉，尋復舊〔一〕。臨清，次畿。夏津，畿。清平，畿。宋初，自博州來隸。熙寧二年，又割博平縣明靈砦隸焉，本縣移置明靈。冠氏，畿。宗城。畿。熙寧五年，省臨清縣爲鎮入焉。當年復舊，尋以永濟隸臨清。熙寧六年，又省經城縣爲鎮入焉。

開德府，上，澶淵郡，鎮寧軍節度。本澶州。崇寧四年，建爲北輔。五年，升爲府。宣和二年，龍輔郡，仍隸河北東路。崇寧戶三萬一千八百七十八，口八萬二千八百二十六。貢莨菪、南粉。縣七：濮陽，中。觀城，望。皇祐元年，省入濮陽、頓丘。四年，復置。臨河，緊。清豐，中。慶曆四年，徙清豐縣治德清軍，即縣置軍使，隸州。熙寧六年，省頓丘縣入清豐。衞南，中。朝城，畿。舊隸大名府，崇寧四年，與南樂來隸。南樂。畿。德清軍。見上。

滄州，上，景城郡，橫海軍節度。崇寧戶六萬五千八百五十二，口一十一萬八千二百一十八。貢大絹、大柳箱。縣五：清池，望。熙寧四年，省饒安縣爲鎮入清池。有乾符、巷姑、三女、泥姑、小南河五砦。政和三年，改巷姑曰海清，三女曰三河，泥姑曰河平。無棣，望。治平中，徙無棣縣治保順軍，即縣治置軍使，隸州。鹽山，緊。樂陵，緊。熙寧二年，徙治咸平鎮。南皮。中。熙寧六年，省臨津縣入焉。

保順軍。周置軍於滄州無棣縣南二十里。開寶三年，又以滄、棣二州界保順、吳橋二鎮之地益焉，仍隸滄州。

冀州，上，信都郡，舊團練。慶曆八年，升安武軍節度。崇寧戶六萬六千二百四十四，口一十萬一千三十。貢絹。縣六：信都，望。蓨，上。南宮，上。皇祐四年，升新河鎮爲縣，廢南宮。六年，省新河爲鎮入焉〔二〕。棗強，上。熙寧元年，省爲鎮入信都。十年，復置。武邑，上。衡水。中。

河間府，上，河間郡，瀛海軍節度。至道三年，以高陽隸順安軍。舊名關南，太平興國七年〔三〕，改名高陽關。慶曆八年，始置高陽關路安撫使，統瀛莫雄貝冀滄、永靜保定乾寧信安一十州軍。本瀛州，防禦。大觀二年升爲府，賜軍額。崇寧戶三萬一千九百三十，口六萬二百六。貢絹。縣三：河間，望。雍熙中，即縣西置平虜砦，景德二年，改爲肅寧城。樂壽，望。至道三年，自深州來隸。熙寧六年，省景城爲鎮入焉。束城。上。熙寧六年，省爲鎮入河間，元祐元年復。

博州，上，博平郡，防禦。淳化三年，河決，移治於孝武渡西。崇寧戶四萬六千四百九十二，口九萬一千三百二十三。貢平絹。縣四：聊城，望。高唐，望。堂邑，望。博平。緊。熙寧二年，割明靈砦隸北京清平。

棣州，上，樂安郡，防禦。建隆二年，升爲團練，俄爲防禦。大中祥符八年，移治陽信縣界八方寺。崇寧戶三萬九千一百三十七，口五萬七千二百三十四。貢絹。縣三：厭次，上。商河，中。陽信。下。

莫州，上，文安郡，防禦。熙寧六年，省長豐縣爲鎮，又省莫縣〔四〕入任丘。元祐二年，復莫縣，尋又罷爲鎮。崇寧戶一萬四千五百六十，口三萬一千九百九十二。貢綿。縣一：任丘。上。有馬村王家二砦。政和三年，改馬村砦曰定安，王家砦曰定平。

雄州，中，防禦。本唐涿州瓦橋關。政和三年，賜郡名曰易陽。崇寧戶一萬三千一十三，口五萬二千九百六十七。貢紬。縣二：歸信，中。有張家、木場、三橋、雙柳、大渦、七姑垣、紅城、新垣八砦。容城。中。建隆四年復置。

霸州，中，防禦。本唐幽州永清縣地，後置益津關。周置霸州，以莫之文安、瀛州之大城來屬。政和三年，賜郡名曰永清。崇寧戶一萬五千九百一十八，口二萬一千五百一十六。貢絹。縣二：文安，上。景祐二年，廢永清縣入焉。有劉家渦、刁魚、莫金口、阿翁、雁頭、黎陽、喜渦、鹿角八砦。元豐四年，割鹿角砦隸信安軍。政和三年，改劉家渦砦曰安平，阿翁曰仁孝，雁頭曰和寧，喜渦曰喜安。大城。上。

德州，上，平原郡，軍事。宋初，省歸化縣。景祐二年，廢安陵縣入將陵，後割屬永靜軍。熙寧六年，省德平縣爲鎮，入安德。崇寧戶四萬四千五百九十一，口八萬二千二十五。貢絹。縣二：安德，望。平原。緊。

濱州，上，軍事。大觀二年，賜渤海郡名。大中祥符五年，廢蒲臺縣。崇寧戶四萬九千

中華書局

九百九十一，口一十一萬四千九百八十四。貢絹。縣二：渤海，望。招安。上。慶曆二年，升招安鎮爲縣。熙寧六年，省爲鎮入渤海。元豐二年復爲縣。

恩州，下，清河郡，軍事。唐貝州，晉永清軍節度，周爲防禦。宋初，復爲節度。慶曆八年，改州名，罷節度。崇寧戶五萬一千三百四十二，口八萬五千九百八十六。貢絹、白氊。縣三：清河，望。端拱元年，徙治永寧鎮。淳化五年徙今治。熙寧四年，省清陽縣入焉。武城，望。歷亭。緊。至和元年，廢漳南縣入焉。

永靜軍，同下州。唐景州。太平興國六年，以軍直屬京。淳化元年，以冀州阜城來屬。景德元年，改軍名。崇寧戶三萬四千一百九十三，口三萬九千二十二。貢簟、絹。縣三：東光，緊。將陵。望。景祐元年，移治于長河鎮。阜城。中。嘉祐八年，省爲鎮入東光。熙寧十年復爲縣。

清州，下，本乾寧軍。幽州蘆臺軍之地，晉陷契丹。周平三關，置永安縣，屬滄州。太平興國七年置軍，改縣曰乾寧，隸焉。大觀二年，升爲州。政和三年，賜郡名曰乾寧。崇寧戶六千六百一十九，口一萬二千七十八。貢絹。縣一：乾寧。熙寧六年省爲鎮。元符二年復。崇寧三年再省。政和五年又復。砦六。釣臺、獨流北、獨流東、當城、沙渦、百萬。

信安軍，同下州。太平興國六年，以霸州淤口砦建破虜軍。景德二年，改爲信安。崇寧戶七百一十五，口一千四百三十七。貢絹。砦七。周河、刁魚、田家、狼城、佛聖渦、鹿角、李詳。元豐四年，霸州鹿角砦始隸軍。

保定軍，同下州。太平興國六年，以涿州新鎮建平戎軍。景德元年，改爲保定軍。景祐元年，析霸州文安、大城二縣五百戶隸軍。宣和七年，廢保定軍爲保定縣，隸莫州。知縣事仍兼軍使，尋依舊。崇寧戶一千二十九，口二千四百八十四。貢絁。砦二。桃花、父母。政和三年，改父母砦曰安寧。

西路。府四：眞定，中山，信德，慶源。州九：相，濬，懷，衞，洺，深，磁，祁，保。軍六：天威，北平，安肅，永寧，廣信，順安。縣六十五。

眞定府，次府，常山郡，唐成德軍節度。本鎮州，漢以趙州之元氏、欒城二縣來屬。開寶六年，廢九門、石邑二縣。端拱初，以鼓城隸祁州。淳化元年，以束鹿隸深州〔五〕。慶曆八年，初置眞定府路安撫使，統眞定府、磁相邢趙洺六州。崇寧戶九萬二千三百五十三，口一十六萬三千一百九十七。貢羅。縣九：眞定，次赤。槀城，次畿。欒城，次畿。元氏，次畿。井陘，次畿。熙寧六年，省入獲鹿、平山。八年復置，徙治天威軍〔六〕，即縣治置軍使，隸府。有天威軍、小作口、王家谷三砦。獲鹿，次畿。平山，次畿。有甘泉、嵐州、沂州、檳明、夫婦、柏嶺、黃岡、烘山、赤箭、抱兒、石虎、中子、雕棋、東臨山、西臨山十五砦。行唐，次畿。靈壽。次畿。熙寧六年，省爲鎮入行唐。八年復〔七〕。有赤陘、飛吳二砦。

砦一：北砦。咸平二年置。熙寧八年，析行唐縣二鄉隸砦。天威軍。見上。

相州，望，鄴郡，彰德軍節度。崇寧戶三萬六千三百四十，口七萬一千六百三十五。貢暗花牡丹花紗、知母、胡粉、絹。縣四：安陽，緊。熙寧五年，省永和縣入焉。湯陰，緊。宣和二年，以湯陰縣隸濬州，尋復來隸。臨漳，緊。熙寧五年，省鄴縣入焉。林慮。中。

中山府，次府，博陵郡。建隆元年，以易北平並來屬〔八〕。太平興國初，改定武軍節度。本定州。慶曆八年，始置定州路安撫使，統定保深祁、廣信安肅順安永寧八州。政和三年，升爲府，改賜郡名曰中山。崇寧戶六萬五千九百三十五，口一十八萬六千三百五。貢羅、大花綾。縣七：安喜，緊。無極，緊。曲陽，上。唐，上。望都，中。新樂，中。北平。中下。砦一：軍城。隸曲陽縣。

北平軍。慶曆二年，以北平砦建軍。四年復隸州，即北平縣治置軍使，隸州。

信德府，次府，鉅鹿郡。後唐安國軍節度。本邢州。宣和元年，升爲府。崇寧戶五萬三千六百一十三，口九萬五千五百五十二。貢絹、白磁盞、解玉砂。縣八：邢臺，上。宣和二年，改龍岡縣爲邢臺。沙河，上。任，中。堯山，中。平鄉，上。熙寧六年，省平鄉縣爲鎮入鉅鹿。元祐元年復。內丘，上。熙寧六年，省堯山縣入焉，元祐元年復。南和，中。熙寧五年，省任縣爲鎮入焉，元祐元年復。鉅鹿。上。

濬州，平川軍節度。本通利軍。端拱元年，以滑州黎陽縣爲軍。天聖元年，改通利爲

安利。四年，以衞州衞縣隸軍。熙寧三年廢爲縣，隸衞州。元祐元年復爲軍。政和五年升爲州，號濬川軍節度，改今額。崇寧戶三千一百七十六，口三千二百二。縣二：衞，上。熙寧六年，廢爲鎮入黎陽。後復。黎陽。中。

懷州，雄，河內郡，防禦。建隆元年，升爲團練，俄爲防禦。崇寧戶三萬二千三百一十一，口八萬八千一百八十五。貢牛膝、皂角。縣三：河內，緊。熙寧六年，省武德縣爲鎮入焉。修武，上。熙寧六年，省爲鎮入武陟。元祐元年復。武陟。中。

衞州，望，汲郡，防禦。崇寧戶二萬三千二百四，口四萬六千三百六十五。貢絹、綿。縣四：汲，中。新鄉，緊。熙寧六年，廢爲鎮入汲。元祐二年復。獲嘉，上。天聖四年，自懷州來隸。共城。中。監一：黎陽。熙寧七年置，鑄銅錢。

洺州，望，廣平郡，建隆元年，升爲防禦。熙寧三年，省曲周縣爲鎮，入雞澤。六年，省臨洺縣爲鎮，入永年。元祐二年，曲周、臨洺復爲縣，尋復爲鎮。四年，曲周、雞澤依舊別爲兩縣。崇寧戶三萬八千八百一十七，口七萬三千六百。貢紬。縣五：永年，上。肥鄉，望。平恩，緊。雞澤，中。曲周。中。

深州，望，饒陽郡，防禦。雍熙四年，廢陸澤縣。崇寧戶三萬八千三十六，口八萬三千七百一十。貢絹。縣五：靜安，望。本漢下博縣，周置靜安軍，以縣隸，俄復焉。太平興國七年，又隸靜安軍。

雍熙二年軍廢，還屬〔九〕，三年廢，四年復置，改今名。束鹿，望。淳化中，自眞定來屬。安平，望。饒陽，望。武強。望。

磁州，上，滏陽郡，團練。舊名慈，政和三年改作磁〔一〇〕。崇寧戶三萬六千四百九十一，口九萬六千九百二十二。貢磁石。縣三：滏陽，上。熙寧六年，省昭德縣爲鎮入焉。邯鄲，上。武安。上。有固鎮、永安、黃澤、梅回四砦。

祁州，中，蒲陰郡，團練。端拱初，以鎮州鼓城來屬。景德元年，移治於定州蒲陰，以無極隸定。熙寧六年，省深澤縣爲鎮，入鼓城。元祐元年復。崇寧戶二萬四千四百八十四，口四萬九千九百七十五。貢花絁。縣三：蒲陰，望。鼓城，緊。深澤。中。

慶源府，望，趙郡，慶源軍節度。本趙州，軍事。大觀三年，升爲大藩。崇寧四年，賜軍額。宣和元年，升爲府。崇寧戶三萬四千一百四十一，口六萬一百三十七。貢絹、綿。縣七：平棘，望。寧晉，望。臨城，上。唐縣。熙寧六年，省隆平縣爲鎮入焉，元祐元年復。高邑，中。熙寧五年，省柏鄉、贊皇二縣爲鎮入焉，元祐元年皆復。隆平，中。柏鄉，中。贊皇。下。

保州，下，軍事。本莫州清苑縣。建隆初，置保塞軍。太平興國六年，建爲州。政和三年，賜郡名曰清苑。崇寧戶二萬七千四百五十六，口二十三萬二百三十四。貢絹。縣一：保塞。望。太平興國六年，析易州滿城之南境入焉。

安肅軍，同下州。本易州遂城縣。太平興國六年，建爲靜戎軍，析易州遂城三鄉置靜戎縣隸焉。景德元年併縣，改安肅軍〔一一〕。宣和七年，廢軍爲安肅縣。知縣事仍兼軍使，尋依舊。崇寧戶七千一百九十七，口一萬四千七百五十一。貢素絁。縣一：安肅。中。

永寧軍，同下州。雍熙四年，以定州博野縣建寧邊軍。景德元年，改永寧軍〔一二〕。宣和七年，廢爲博野縣。知縣事仍兼軍使，尋依舊。縣一：博野。望。

廣信軍，同下州。太平興國六年，改易州遂城縣爲威勇軍〔一三〕。景德元年，改廣信軍。崇寧戶四千四百四十五，口八千七百三十八。貢紬、粟。縣一：遂城。中。

順安軍，同下州。本瀛州高陽關砦。太平興國七年，置唐興砦。淳化三年，建爲順安軍。至道三年，以瀛州高陽來屬。熙寧六年，省高陽縣爲鎮。十年，復爲縣。崇寧戶八千六百五，口一萬六千五百七十八。貢絹。縣一：高陽。中。

河北路，蓋禹貢兗、冀、靑三州之域，而冀、兗爲多。當畢、昴、室、東壁、尾、箕之分。南濱大河，北際幽、朔，東瀕海，西壓上黨。繭絲、織紝之所出。人性質厚少文，多專經術，大率氣勇尚義，號爲強忮。土平而近邊，習尚戰鬭。有河漕以實邊用，商賈貿遷，芻粟峙積。宋初募置鄉義，大修戰備，爲三關，置方田以資軍廩。契丹數來侵擾，人多去本，及葺修戎

好，益開互市，而流庸復來歸矣。大名、澶淵、安陽、臨洺、汲郡之地，頗雜斥鹵，宜於畜牧。浮陽際海，多鬻鹽之利。其控帶北地，鎭、魏、中山皆爲雄鎭云。

河東路。府三：太原，隆德，平陽。州十四：絳，澤，代，忻，汾，遼，憲，嵐，石，隰，慈，麟，府，豐。軍八：慶祚，威勝，平定，岢嵐，寧化，火山，保德，晉寧。縣八十一。

太原府，太原郡，河東節度。太平興國四年，平劉繼元，降爲緊州，軍事；毀其城，移治於榆次縣。又廢太原縣，以平定、樂平二縣屬平定軍，交城屬大通監。七年，移治唐明監。舊領河東路經略、安撫使。元豐爲次府，大觀元年升大都督府。崇寧戶一十五萬五千二百六十三，口一百二十四萬一千七百六十八。貢大銅鑑、甘草、人參、礬石。縣十：陽曲，次赤。有百井、陽興二砦。太谷，次畿。榆次，次畿。壽陽，次畿。盂，次畿。交城，次畿。寶元二年，自大通監來隸〔一四〕。文水，次畿。祁，次畿。清源，次畿。平晉。中。熙寧三年，廢入陽曲。政和五年復。監二：大通，永利。

隆德府，大都督府，上黨郡，昭義軍節度。太平興國初，改昭德。舊領河東路兵馬鈐

轄，兼提舉澤晉絳州、威勝軍屯駐泊本城兵馬巡檢事。本潞州。建中靖國元年，改爲軍。崇寧三年，升爲府，仍還昭德舊節。崇寧戶五萬二千九百九十七，口一十三萬三千一百四十六。貢人參、蜜、墨。縣八：上黨，望。屯留，上。襄垣，上。潞城，上。壺關，中。長子，中。涉，中。黎城。中。天聖三年，徙治涉之東南白馬驛。熙寧五年，省入潞城縣。元祐元年復。

平陽府，望，平陽郡，建雄軍節度。本晉州，政和六年，升爲府。崇寧戶七萬五千九百八，口一十八萬三千二百五十四。貢蜜、蠟燭。縣十：臨汾，望。洪洞，緊。襄陵，緊。熙寧五年，廢慈州鄉寧縣分隸焉。神山，上。有韓買、安國、史壁、疊頭等堡。趙城，上。熙寧五年，省爲鎭隸洪洞。元豐三年復爲縣。汾西，中。有厚斋、靑岸、石橋、靑山、邊柏五砦。霍邑，中。冀氏，中。有府城、永興二砦，陶川、白練、當谷、橫嶺四堡。岳陽，中下。和川。中下。太平興國六年，廢沁州，以縣來屬。熙寧五年，省爲鎭入冀氏。元祐元年復爲縣。務二：煉礬、礬山。

慶祚軍。政和三年，以趙城造父始封之地升爲軍，以軍事領之。

絳州，雄，絳郡，防禦。崇寧戶五萬九千九百三，口九萬四千二百三十七。貢防風、蠟燭、墨。縣七：正平，望。曲沃，望。太平，望。熙寧五年，廢慈州，以鄉寧縣分隸太平、稷山。翼城，上。稷山，中。絳，中。有中山、花崖、華山三砦。垣曲。下。有銅錢一監。

澤州，上，高平郡。崇寧戶四萬四千一百三十三，口九萬一千八百五十二。貢白石英、

禹餘糧、人參。縣六：晉城，緊。高平，上。陽城，上。端氏，中。陵川，中。沁水。中下。關一：雄定。舊天井關，屬晉城縣。靖康元年改今名。

代州，上，雁門郡，防禦。景德二年，廢唐林縣。舊置沿邊安撫司。崇寧戶三萬三千二百五十八，口一十五萬九千八百五十七。貢麝香、靑、碌。縣四：雁門，中下。有西陘、胡谷、雁門三砦。崞，中下。有樓板、陽武、石峽、土墱四砦。五臺，中下。繁畤。下。有繁畤、茹越、大石、義興冶、寶興軍、瓶形、梅回、麻谷八砦。

忻州，下，定襄郡，團練。崇寧戶一萬八千一百八十六，口四萬二千二百三十二。貢解玉砂、麝。縣二：秀容，緊。熙寧五年，省定襄入焉。元祐元年，定襄復爲縣。有石嶺關、忻口、雲內、徒合四砦。定襄。中下。

汾州，望，西河郡，軍事。崇寧戶五萬一千六百九十七，口一十八萬五千六百九十八。貢土綿、石膏。縣五：西河，望。有永利西監。平遙，望。介休，上。靈石，中。有陽涼南關、陽涼北關。孝義。上。太平興國元年，改爲中陽，後復爲孝義。熙寧五年，省爲鎮入介休。元祐元年復。

遼州，下，樂平郡。熙寧七年州廢，省平城、和順二縣爲鎮，入遼山縣，隸平定軍；省榆社縣爲鎮，入威勝軍武鄉縣。元豐八年，復置州，縣鎮並復來隸。元祐元年，復置和順、榆社、平城縣。崇寧戶七千三百一十五。貢人參。縣四：遼山，下。有黃澤砦。和順，下。榆社，中下。平城。中。

憲州，中，汾源郡，軍事。初治樓煩，咸平五年，移治靜樂軍、縣，遂廢軍，又廢樓煩改隸嵐州〔二五〕。熙寧三年，廢憲州，以靜樂縣隸嵐州。十年，復憲州，仍領靜樂縣。政和五年，賜郡名。崇寧戶二千七百二十二，口七千四百四十四。貢麝香。縣一：靜樂。中。咸平五年，廢天池、玄池二縣入焉。

嵐州，下，樓煩郡，軍事。太平興國五年，以嵐谷隸岢嵐軍。崇寧戶一萬三千二百六十九，口六萬六千二百二十四。貢麝香。縣三：宜芳，中。有飛鳶堡。合河，中下。有乳浪砦。樓煩。下。咸平五年，自憲州來隸。

石州，下，昌化郡，軍事。舊帶嵐、石、隰三州都巡檢使。元豐五年，置葭蘆、吳堡二砦，隸州，因置二砦沿邊都巡檢使，遂令三州各帶沿邊都巡檢使。初領縣五，元符二年，升葭蘆砦爲晉寧軍，以州之臨泉縣隸焉。大觀三年，復以定胡縣隸晉寧軍。崇寧戶一萬五千八百九，口七萬二千九百二十九。貢蜜、蠟。縣三：離石，中。平夷，中。有伏落津砦。方山。下。

隰州，下，大寧郡，團練。熙寧五年，廢慈州，以吉鄉縣隸州，即縣治置吉鄉軍使，仍省文城縣爲鎮，隸焉。元祐元年，復慈州。七年，以州之上平、永寧兩關俯逼西界，以州爲次邊。崇寧戶三萬八千二百八十四，口一十三萬八千四百三十九。貢蜜、蠟。縣六：隰川，上。温泉，上。有碌礬一務，水頭、白壁、先鋒三砦。蒲，中。大寧，中。石樓，中。有上平、永寧二砦。永和。中。

慈州，下，團練。舊領吉鄉、文城、鄉寧三縣。熙寧五年廢州，以吉鄉隸隰州，即縣治置吉鄉軍使，仍省文城爲鎮，隸焉。又以鄉寧隸晉州襄陵縣。元祐元年，復吉鄉軍爲慈州。戶口闕。縣一：吉鄉。中。

麟州，下，新秦郡。乾德初，移治吳兒堡。五年，升建寧軍節度。端拱初，改鎮西軍節度。崇寧戶三千四百八十二，口八千六百八十四。貢柴胡。縣一：新秦。上。政和四年，廢銀城、連谷二縣入焉。有神堂、靜羌二砦，惠寧、鎮川二堡。銀城有屈野川，五原塞，銀城、神木、建寧三砦，肅定、神木、通津、闌干四堡。連谷有屈野川、橫陽堡。大和砦，地名大和谷，元符二年進築，賜名。東至神木砦五十五里，南至彌川砦三十里，西至饒咩浪界堠七十里，北至清水谷二十里。大和堡。地名麻乜娘，元符二年進築，賜名。東至肅定堡界二十五里，南至清水谷二十里，西至松木骨堆界六十五里，北至銀城砦二十五里。

府州，中，靖康軍節度。本永安軍。崇寧元年，改軍額。政和五年，賜郡名曰榮河。舊置麟府路軍馬司，以太原府代州路鈐轄領之。崇寧戶一千二百四十二，口三千一百八十五。貢甘草。縣一：府谷。下。有安豐、寧府、百勝三砦，河濱、斥堠、靖安〔二六〕、西安四堡〔二七〕。寧川堡，府州安豐砦外第九砦，元符元年賜名。東至斥堠堡三十五里，南至安豐砦界四十五里，西至豐州寧豐砦四十里，北至青浚怒川界堠一百五十里。寧邊砦，地名端正平，元符二年進築，賜今名。東至寧府砦界三十里，南至靖化堡界三十里，西至吳魔烽一十五里，北至保寧砦界三十里。寧疆堡，宣和六年，獨移莊嶺建堡，賜名寧疆。震威城。宣和六年，鐵爐骨堆建砦，賜名。

豐州，下。慶曆元年，元昊攻陷州地。嘉祐七年，以府州蘿泊川掌地復建爲州。今軍事。政和五年，賜郡名寧豐。崇寧戶一百五十三，口四百一十一。貢甘草、柴胡。砦二：永安，保寧。

威勝軍，同下州。太平興國三年，於潞州銅鞮縣亂柳石圍中建爲軍。崇寧戶一萬九千九百六十二，口三萬七千七百二十六。貢土綿。縣四：銅鞮，中。太平興國初，與武鄉自潞州來隸。武鄉，上。熙寧七年廢遼州，以榆社縣爲鎮入焉。元豐八年，復置遼州，以榆社往隸。沁源，中下。太平興國六年廢沁州，以縣來隸。綿上。中下。寶元二年，自大通監來隸。慶曆六年，徙治軍西北大覺寺地。

平定軍，同下州。太平興國二年，以鎮州廣陽砦建爲軍。四年，以并州平定、樂平二縣來屬。崇寧戶九千三百六，口二萬八千六百七。貢絹。縣二：平定，中。唐廣陽縣，太平興國四年改。有故井陘關、百井砦。樂平。中。有靜陽砦。

岢嵐軍，同下州。太平興國五年，以嵐州嵐谷縣建爲軍。崇寧戶二千九百一十七，口六千七百二十。貢絹。縣一：嵐谷。下。熙寧三年廢，元豐六年復置。有永和、洪谷等六砦。

二十四史　中華書局

寧化軍，同下州。崇寧戶一千七百一十八，口三千八百二十一。貢絹。縣一：寧化。熙寧三年廢，元祐元年復；崇寧三年又廢爲鎮。有西陽、臘子、細腰、窟谷四砦。

火山軍，同下州。本嵐州之地。太平興國七年，建爲軍。治平四年，置火山縣，熙寧四年，廢之〔二〇〕。崇寧戶五千四十五，口九千四百八十。貢柴胡。砦一：下鎮。火山軍舊領雄勇、偏頭、董家、橫谷、桔槔、護水六砦。慶曆初，置下鎮砦。嘉祐六年，廢偏頭砦。熙寧元年，廢桔槔砦。元豐九域志：領砦一。

保德軍，同下州。淳化四年，析嵐州地置定羌軍。景德元年改。崇寧戶九百六十三，口四千五十。貢絹。津二。大堡，沙谷。

晉寧軍，本西界葭蘆砦。元豐五年收復，六月，并吳堡砦並隸石州。元祐四年，以葭蘆砦給賜西人。紹聖四年收復。元符二年，以葭蘆砦爲晉寧軍，割石州之臨泉隸焉。知軍領嵐石路沿邊安撫使，兼嵐、石、隰州都巡檢使。大觀三年，復以石州定胡縣來隸。東至尅胡砦隔河五里，南至吳堡砦一百七十里，西至神泉砦二十五里，北至通秦砦二十里。領縣二：定胡，中。舊領定胡、天渾津、吳堡三砦。按吳堡砦元豐四年收復，東至黃河，南至綏德軍白草砦九十里，西至綏德軍義合砦六十里，北至晉寧軍一百七十里。臨泉。中下。舊領剋胡、葭蘆二砦。按葭蘆砦乃元豐五年收復，後爲晉寧軍。神泉砦，地名榆木川，在廢葭蘆砦北。元符元年賜今名。東至晉寧軍二十五里，南至烏龍砦二十五里，西至隔祚

嶺界堠五十里，北至通秦砦四十里。三交堡，地名三交川嶺。元符元年，神泉砦築堡畢工，賜名。烏龍砦，元符二年，進築賜名。東至神泉砦二十五里，南至暖泉砦二十里，西至暖泉砦三十里，北至女萌烽一十七里。通秦砦，地名昇曬嶺，元符二年賜今名。東至黃河二十九里，南至神泉砦四十二里，西至女萌骨堆界堠五十里，北至通秦堡一十七里。寧河砦，地名窟薛嶺，元符二年賜名。東至黃河三十里，南至通秦堡一十七里，西至尹遇谷一十三里，北至章堡二十五里。彌川砦，地名彌勒川，元符二年賜名。東至黃河六十里，南至彌川堡十五里，西至砦浪骨堆界堆七十里，北至麟州大和砦三十里。通秦堡，地名精移堡，元符二年，同砦賜名。東至黃河一十七里一百二十步，南至通秦砦一十七里，西至龍移川界堠五十里，北至寧河砦一十一里。寧河堡，地名哥崖嶺，元符二年，同砦賜名。彌川堡，地名小紅崖，元符二年，同砦賜名。東至黃河四十里，南至寧河砦一十五里，西至祖平四十里，北至秦平堡一十里。靖川堡。東至黃河三十里，南至寧河砦十四里，西至界首立子谷四十五里，北至彌川堡一十三里。

河東路，蓋禹貢冀、雍二州之域，而冀州爲多。當觜、參之分。其地東際常山，西控党項，南盡晉、絳，北控雲、朔，當太行之險地，有鹽、鐵之饒。其俗剛悍而朴直，勤農織之事業，寡桑柘而富麻苧。善治生，多藏蓄，其靳嗇尤甚。朔方、樓煩，馬之所出，歲增貿市以充監牧之用。太宗平太原，慮其恃險，徙州治焉。然猶爲重鎮，屯精兵以控邊部云。

校勘記

〔一〕尋復舊　按永濟縣自省爲鎮後，未復置。按下文和九域志卷一、宋會要方域五之一二都作「尋改隸臨清」。此處應作「尋改隸臨清」。

〔二〕皇祐四年升新河鎮爲縣廢南宮六年省新河爲鎮入焉　按南宮縣皇祐四年未廢。本卷及九域志卷二、輿地廣記卷一〇，冀州都有南宮縣，「廢南宮」三字衍。又據九域志同卷、宋會要方域五之二八，熙寧六年廢新河縣爲鎮，隸南宮。此處「六年」上當脫「熙寧」二字。

〔三〕太平興國七年　「七年」原作「元年」，據本書卷四太宗紀、九域志卷二、隆平集卷一、長編卷二三改。

〔四〕莫縣　「莫」原作「鄚」。按新唐書卷三九地理志：莫州，本鄚州，「開元十三年，以鄚、鄭相類，更名」；又莫縣，本鄚縣，與州同時更名。九域志卷二、輿地廣記卷一〇都作「莫州」、「莫縣」，據改。下同。

〔五〕淳化元年以東鹿隸深州　「元年」原作「九年」。按淳化無「九年」，九域志卷二、輿地廣記卷一一都作「淳化元年」，通考卷三一六輿地考作「淳化初」。此處「九年」當爲「元年」之誤。

〔六〕天威軍　原作「天武軍」，據下文和宋會要方域五之三一、九域志卷二改。

〔七〕熙寧六年省爲鎮入行唐八年復　按宋會要方域五之三一、輿地廣記卷一一作熙寧八年省縣爲鎮入行唐，元祐二年復。疑此處有誤。

〔八〕以易北平並來屬　按宋會要方域五之三一、九域志卷二都說北平縣自易州來隸，此處「並」字當衍。

〔九〕雍熙二年軍廢還屬　「軍」字原脫，據九域志卷二、輿地廣記卷一一補。

〔一〇〕舊名慈政和三年改作磁　按寰宇記卷五六，唐天祐三年慈州改爲惠州，十三年復爲舊磁字。宋相沿未改，此處誤。

〔一一〕景德元年併縣改安肅軍　按輿地廣記卷一二：「景德元年，改軍與縣皆爲安肅。」九域志卷二、宋會要方域五之三四所記與輿地廣記同。此處誤。

〔一二〕景德元年改永寧軍　按十朝綱要卷三：景德元年改寧邊軍曰永定；卷四：天聖七年九月改永定軍爲永寧軍。九域志卷二同。此處「景德元年」下當有脫文。

〔一三〕威勇軍　宋會要方域五之三四、九域志卷二、輿地廣記卷一二都作「威虜軍」，此處誤。

〔一四〕寶元二年自大通監來隸　「寶元二年」原作「開寶元年」。按：開寶時，交城尚屬北漢。九域志卷四作「寶元二年，交城縣復隸府」，宋會要方域六之四同。長編卷一二五：寶元二年十一月「甲午，以河東大通監隸并州，仍命京朝官爲知監兼交城縣事。」「開寶元年」爲「寶元二年」之誤，

中華書局

據改。

〔一五〕又廢樓煩改隸嵐州　據宋會要方域六之六、九域志卷四，此處「廢」字當爲「以」之誤。

〔一六〕靖安　下文和宋會要方域二〇之一一、武經總要前集卷一七皆作「靖化」，此誤。

〔一七〕四堡　原作「三堡」。按：上列堡名爲四。據九域志卷四改。

〔一八〕熙寧四年廢之　「熙寧」二字原脫，據九域志卷四補。

宋史卷八十七

志第四十

地理三

陝西

陝西路。慶曆元年，分陝西沿邊爲秦鳳、涇原、環慶、鄜延四路。熙寧五年，以熙河洮岷州、通遠軍爲一路，置馬步軍都總管、經略安撫使。又以熙、河等五州軍爲一路，通舊鄜延等五路，共三十四州軍，後分永興保安軍、河中、陝府、商解同華耀虢鄜延丹坊環慶邠寧州爲永興軍等路，轉運使於永興軍、提點刑獄於河中府置司；鳳翔府、秦階隴鳳成涇原渭熙河洮岷州、鎮戎德順通遠軍爲秦鳳等路，轉運使於秦州、提點刑獄於鳳翔府置司；仍以永興、鄜延、環慶、秦鳳、涇原、熙河分六路，各置經略、安撫司。

永興軍路。府二：京兆，河中。州十五：陝，延，同，華，耀，邠，鄜，解，慶，虢，商，寧，坊，丹，環。軍一：保安。縣八十三。其後延州、慶州改爲府，又增銀州、醴州及定邊、綏德、清平、慶成四軍。凡府四，州十五，軍五，縣九十。

京兆府，京兆郡，永興軍節度。本次府，大觀元年升大都督府。舊領永興軍路安撫使。宣和二年，詔永興軍守臣等銜不用軍額，稱京兆府。崇寧戶二十三萬四千六百九十九，口五十三萬七千二百八十八。貢鞾氊、蠟、席、酸棗仁、地骨皮。縣十三：長安，次赤。樊川，次赤。舊萬年縣，宣和七年改。鄠，次畿。藍田，次畿。咸陽，次畿。涇陽，次畿。櫟陽，次畿。高陽，次畿。興平，次畿。臨潼，次畿。唐昭應縣[一]，大中祥符改。醴泉，次畿。武功，次畿。政和八年，同醴泉撥入醴州。乾祐。次畿。監二。熙寧四年置，鑄銅錢；八年置，鑄鐵錢。

河中府，次府，河東郡，護國軍節度。舊兼提舉解州、慶成軍兵馬巡檢事。大中祥符中，以榮河爲慶成軍。崇寧戶七萬九千九百六十四，口二十二萬七千三十。貢五味子、龍骨。縣七：河東，次赤。隋縣。熙寧三年，省河西縣[二]，六年，省永樂縣爲鎮入焉。臨晉，次畿。猗氏，次畿。虞鄉，次畿。萬泉，次畿。龍門，次畿。元祐二年，置鑄錢監二。榮河。次畿。舊隸慶成軍，熙寧元年廢，以榮河

二十四史

中華書局

隸府，卽縣治置軍使。慶成軍。見上。

解州，中，防禦。崇寧戶三萬二千三百五十六，口一十一萬三千三百二十一。貢鹽花。縣三：解，中。聞喜，望。安邑。緊。

陝州，大都督府，陝郡。太平興國初，改保平軍，舊兼提舉商、虢州兵馬巡檢事。崇寧戶四萬七千八百六，口一十三萬五千七百一。貢紬、絁、括蔞根、柏子仁。縣七：陝，中。熙寧六年，省硤石縣爲石壕鎭入焉。平陸，上。夏，上。靈寶，上。熙寧四年，省湖城縣入焉。芮城，中下。湖城，中下。元豐元年，復置縣。閿鄉。中下。太平興國三年，自虢州與湖城二縣來隸。監二。熙寧三年置，鑄銅錢；八年置，鑄鐵錢。

商州，望，上洛郡，軍事。崇寧戶七萬三千一百二十九，口一十六萬二千五百三十四。貢麝香、枳殼實。縣五：上洛，中。商洛，中下。洛南，中下。豐陽，中。上津。中下。

虢州，雄，虢郡，軍事。崇寧戶二萬二千四百九十，口四萬七千五百六十三。貢麝香、地骨皮、硯。縣四：盧氏，中。熙寧二年，以西京伊陽縣欒川冶鎭隸焉。虢略，中。唐弘農縣。建隆初，改常農，至道三年，改今名。熙寧四年，省玉城縣爲鎭入焉。朱陽，中。乾德六年，廢入常農，太平興國七年，復置。欒川。元祐二年，以欒川冶爲鎭，崇寧三年，改爲縣。

同州，望，馮翊郡，定國軍節度。崇寧戶八萬一千一十一，口二十三萬三千九百六十

五。貢白蒺蔾、生熟乾地黃。縣六：馮翊，緊。澄城，緊。朝邑，緊。郃陽，上。熙寧四年，省夏陽縣爲鎭入焉。白水，中。韓城。中。元祐二年，置鑄錢監。監一：沙苑。

華州，望，華陰郡。建隆初，爲鎭國軍節度。皇祐五年，改鎭潼軍節度。崇寧戶九萬四千七百五十，口二十六萬九千三百八十。貢茯苓、細辛、茯神。縣五：鄭，上。下邽，望。蒲城，望。唐奉先縣。開寶四年改。建隆中，自京兆隸同州。天禧四年，自同州來隸。華陰，緊。渭南。上。熙寧六年，省爲鎭入鄭。元豐元年，復爲縣。舊自京兆府來隸。監二。熙寧四年置，鑄銅錢；八年置，鑄鐵錢。

耀州，緊，華原郡。開寶五年，爲感義軍節度。太平興國初，改感德軍。崇寧戶一十萬二千六百六十七，口三十四萬七千五百三十五。貢瓷器。縣六：華原，上。富平，望。三原，望。雲陽，上。同官，上。美原。中。

清平軍。本鳳翔府盩厔縣清平鎭。大觀元年，升爲軍，復置終南縣，隸京兆府。清平軍使兼知終南縣，專管勾上清太平宮。縣一：終南。

延安府，中，都督府，延安郡，彰武軍節度。本延州。元祐四年，升爲府。舊置鄜延路經略、安撫使，統延州鄜州丹州坊州、保安軍，四州一軍；其後增置綏德軍，又置銀州，凡五州二軍。銀州尋廢。崇寧戶五萬九百二十六，口一十六萬九千二百一十六。貢黃蠟、麝香。縣七：膚施，中。熙寧五年，省豐林縣爲鎭、金明縣爲砦並入焉。有金明龍安二砦、安塞一堡。元豐四年，又收復塞門砦。宣和二年，改龍安曰德安砦。延川，中。熙寧八年，省延水縣爲鎭入焉。有丹頭、綏平、懷寧、順安、白草、永平六砦，安定、黑水二堡及永寧關。元豐四年收復，置細浮圖、義合、米脂三砦。七年，以米脂、義合、浮圖、懷寧、順安、綏平六城砦隸綏德城。元符二年，廢順安、白草、丹頭三砦。延長，中。門山，中。臨眞，中。敷政，中。有招安、萬安二砦。元符二年，廢招安砦爲驛。甘泉。中下。城二：治平四年，收復綏州。熙寧中，改爲綏德城。四年，置囉兀城、撫寧賓草二堡，尋廢。元豐五年，置永樂城，賜名銀川砦，尋廢。靑澗城，元符二年，隸綏德城。綏德城。元符二年，改爲軍。監一。熙寧八年置，鑄鐵錢。塞門砦，延州北蕃部舊砦，至道後與蘆關、石堡、安遠砦俱廢。元豐四年收復，仍隸延州膚施縣。東至殄羌砦五十里，西至平戎砦六十里，南至安塞堡四十里，北至烏延口九十里。平羌砦，地本克胡山砦，紹聖四年賜名。東至安定堡六十里，西至安塞堡三十五里，南至龍安砦五十四里，北至殄羌砦六十里。威戎城，地本昇平塔(三)，紹聖四年賜名。東至臨夏砦(四)四十里，西至威羌砦七十里，南至黑水堡六十里，北至界臺七十里。平戎砦，地本杏子河東山，紹聖四年賜名。東至塞門砦六十里，西至順寧砦七十里，南至園林堡五十一里，北至杏子堡四十里。開光堡，紹聖四年修築。元符元年賜名，二年，隸綏德城。殄羌砦，地名那娘山，元符元年進築，賜名。東至威羌砦四十里，西至塞門砦五十里，南至平羌砦六十里，北至御謀城三十五里。威羌砦，地名白洛嶴，元符元年進築，賜名。東至威戎城七十里，西至殄羌砦四十里，南至安定堡七十里，北至蘆移堡七十里。御謀城，崇寧三年進築，賜名。東至蘆移堡三十五里，西至界臺三十五里，南至殄羌砦三十五里，北至界臺二十里。石堡砦，崇寧三年進築，賜名威德軍，五年復爲砦。國初嘗置城，至道後廢之，地在延州北。制戎城，政和八年，賜鄜延路天降山新城改今

名。新砦，蘆移堡，東至屈丁堡五十里，西至御謀城三十五里，南至威羌砦七十里，北至界臺一十三里。屈丁堡，萬安堡，東至威戎城六十里，西至蘆移堡四十里，南至威羌砦四十里，北至屈丁堡五十一里。丹頭堡，靑石崖堡，窟囉堡。

鄜州(五)，上，洛交郡，保大軍節度。崇寧戶三萬五千四百一，口九萬二千四百一十五。貢麝香，今改貢蠟燭。縣一：宜川。上。後魏義川縣。太平興國中改名，以鄜州廢咸寧縣入焉。熙寧三年省汾川縣、七年省雲巖縣爲鎭、八年析同州韓城縣新封鄉並入焉。

坊州，上，中部郡，軍事(六)。崇寧戶一萬三千四百八，口四萬一百九十一。貢弓弦麻、席。縣二：中部，緊。宜君。中。熙寧元年，省昇平縣爲鎭入焉。有欒場。

保安軍，同下州。崇寧戶二千四十二，口六千九百三十一。貢毛段、蓯蓉。砦二：德靖，東至保安軍八十里，西至慶州荔原堡六十里，南至慶州平戎鎭五十里，北至金湯城六十里。順寧。東至平戎砦七十里，西至金湯城九十里，南至保安軍四十里，北至萬全砦四十里。堡一：園林。東至安塞堡七十里，西至保安軍四十里，南至招安驛七里，北至平戎堡五十一里。金湯城，舊金湯砦，在德靖砦西南，元符二年進築。東至順寧砦九十里，西至慶州白豹城四十里，南至德靖砦六十里，北至通慶城六十里。威德軍。保安軍之北，兩界上有洑流名藏底河，夏人近是築城，爲要害必爭之地。政和三年，賈炎乞進築，不果。七年，知慶州姚古克之，卽威德軍。

綏德軍。唐綏州。熙寧二年，收復廢爲城，隸延州(七)，在州東北三十里(八)。元豐七

中華書局

二十四史

年，以延州米脂、義合、浮圖、懷寧、順安、綏平六城砦隸綏德城。元符二年，改爲軍，并將暖泉米脂開光義合懷寧克戎臨夏綏平砦、青澗城、永寧關、白草順安砦並隸軍。暖泉砦，元符二年進築，賜名。東至河東烏龍砦二十里，西至米脂砦四十五里，南至義合砦八十里，北至清邊砦七十里。米脂砦，本西夏砦，元豐四年收復，爲米脂城，後復爲砦，隸延州延川縣。七年，改隸綏德城。元祐四年，給賜夏人。元符元年收復，仍賜舊名。東至暖泉砦四十五里，西至克戎城六十里，南至開光堡三十里，北至嗣武城二十里。開光堡，紹聖四年修築。元符元年賜名。二年，自延安府來屬。東至暖泉砦六十里，西至克戎砦五十里，南至綏德軍三十里，北至米脂砦三十里。義合砦，本夏人砦，元豐四年收復，隸延州延川縣。七年，改隸綏德城。東至晉寧軍六十里，西至綏德軍四十里，南至順安驛六十里，北至暖泉砦八十里。懷寧砦，延州延川縣舊砦。東至綏德軍四十里，西至綏平砦四十里，南至青澗城七十里，北至克戎砦六十里。克戎砦，本西人細浮圖砦，元豐四年收復，隸延州延川縣。七年，改隸綏德城。元祐四年，給賜夏人。紹聖四年收復，賜名。東至綏德軍六十里，西至臨夏砦三十里，南至懷寧砦六十里，北至鎭邊砦六十五里。臨夏砦，地名囉龎谷嶺，元符元年築城，賜今名。東至克戎砦三十里，西至威戎城四十里，南至綏平砦六十里，北至界堠八十二里。綏平砦，延州延川縣舊砦，元符二年，割隸綏德軍。東至懷寧砦四十里，南至黑水堡四十里，西至丹頭驛四十里，北至臨夏砦六十里。青澗城，延州舊城。東至永寧縣七十里，西至來平砦七十里，南至延川縣四十里，北至懷寧軍七十里。永寧關，延州延川縣舊關。白草砦，延州延川縣舊砦，元符二年廢，後復置。順安砦，延州延川縣舊砦，元符二年廢，後復置。嗣武砦，舊囉兀城，屬延州，元豐四年置，尋廢。崇寧三年修復，賜名。東至清邊砦

二十里，西至鎭邊砦二十里，南至米脂砦三十里，北至龍泉砦二十里。龍泉砦，宣和二年，改名通泉，尋復故。東至清邊砦二十里，西至鎭邊砦四十里，南至嗣武城二十里，北至中山堡八里。清邊砦，東至河東界五十里，西至龍泉砦二十里，南至暖泉砦七十里，北至生界堠一十三里。以下砦堡，凡不書年月者，皆未詳建置本末。鎭邊砦，東至龍泉砦四十里，西至大蟲坑二十五里，南至克戎砦六十五里，北至生界堠二十五里。龍安砦，本屬延安府膚施縣，不詳何年來屬。東至安定堡八十里，西至招安驛四十里，南至金明驛三十五里，北至御安堡四十里。海末堡，海末至柏林十六堡。黑水、安定、安寨本延安舊堡。窟兒堡，大蹶堡，花佛嶺堡，臨川堡，定遠堡，馬欄堡，中山堡，黑水堡，安定堡，佛堂堡，唐推堡，雙林堡，安塞堡，浮圖堡，柏林堡。

銀州，銀川郡。領儒林、撫寧、眞鄉、開光四縣。五代以來爲西夏所有，熙寧三年收復，尋棄不守。元豐四年收復。五年，即永樂小川築新城，距故銀州二十五里，前據銀州大川，賜名銀川砦，旋被西人陷沒。崇寧四年收復，仍爲銀州。五年，廢爲銀川城。

慶陽府，中，安化郡，慶陽軍節度。本慶州。建隆元年，升團練。乾德元年，復爲軍事。政和七年，升爲節度，軍額曰慶陽。宣和七年，改慶州爲府。舊置環慶路經略、安撫使，統慶州、環州、邠州、寧州、乾州，凡五州。其後廢乾州，置定邊軍，已而復置醴州，凡統三州一軍。崇寧戶二萬七千八百五十三，口九萬六千四百三十三。貢紫茸白花氈、麝香、黃蠟。

縣三：安化，中。有大順一城，府城、東谷、柔遠、人順〔九〕四砦。元豐四年，廢府城砦、金村堡、平戎鎭。五年，收復𥜸詐砦，賜名安疆砦。元祐元年，復平戎鎭。合水，望。熙寧四年始置，省華池、樂蟠二縣爲鎭。七年，改華池鎭爲華池砦。有東華池、西華池二砦，荔原一堡。彭原。熙寧三年，自寧州來隸。安疆砦，本西人𥜸詐砦，元豐五年收復，賜名。元祐四年，給賜夏人。紹聖四年修復。東至德靖砦九十里，西至東谷砦六十里，南至大順城四十里，北至白豹城四十里。又隸定邊軍。橫山砦，地名西擦㗚，元符元年進築，賜名。東至東谷砦界擦㗚四十五里，西至寧羌砦七十里，南至通塞堡三十里，北至定邊軍三十里。通塞堡，元符元年進築。東至東谷砦二十里，西至西谷口砦二十里，南至懷安鎭四十里，北至橫山砦三十里。定邊城，元符二年修築，後別爲定邊軍。白豹城，舊屬西界，元符二年修復，賜舊名。東至安疆砦四十里，西至東谷砦二十里，南至柔遠砦五十里，北至勝羌堡五十里。別見定邊軍。綏遠砦，地本駱駝巷，元符二年進築，賜名。東至定邊軍二十里，西至寧羌砦六十里，南至橫山砦五十里，北至神堂砦約五十里。寧羌砦，地本葫門三岔，元符元年進築，賜名。東至綏遠砦六十里，西至安塞砦五十里，南至西谷砦三十里，北至王倘原界堠五十里。鎭安城，政和六年進築。東至鄜延路通慶城三十里，西至九陽堡二十里，南至威邊砦三十里，北至西界地名蒼雞二十里。麥川堡，本名麥經嶺，政和六年賜名。係環慶路，未詳屬何州軍，姑附于此。東至懷威砦二十里，西至矜戎堡二十里，南至威邊砦一十五里，北至鎭安城一十里。威寧堡，本名衙家堡，政和六年賜名。係環慶路，未詳屬何州軍，姑附于此。東至九陽堡一十五里，西至定邊軍一十五里，南至矜戎堡一十里，北至七遁哆移塔五里。矜戎堡，東至懷威堡四十里，西至定邊軍約二十里，南至胡博川二十里，北至通祖盧門城砦五十里。府城砦，元豐二年已廢，不知何年修復。金村堡，同上。勝羌堡，東至洛河川二十里，西至通塞堡約五十里，南至白豹城五十里，北至威邊砦二十

里。定戎堡，東至啓祖峯二十里，西至那丁原五里，南至興平城二十里，北至清平關一十里。威邊砦，東至洛河川二十里，西至橫山砦三十五里，南至勝羌堡二十里，北至鎭安城三十里。懷威堡。東至鄜延路通慶城十五里，西至矜戎堡約四十里，南至威寧砦約二十里，北至西界羅輕嵍約五十里。

環州，下，軍事。舊降爲通遠軍，淳化五年復爲州。崇寧戶七千一百八十三，口一萬五千五百三十二。貢甘草。縣一：通遠。上。有烏崙、肅遠、洪德、永和、平遠、定邊、團堡、安塞八砦。興平城，地名灰家觜，元符元年築，賜名。東至賀子兒一十里，西至流井堡四十里，南至洪德砦二十里，北至清平關三十里。清平關，地名之字平，元符二年進築，賜名。東至鬼通砦二十五里，西至安邊城四十里，南至興平城三十里，北至陷道口舖二十七里。安邊城，地名徐丁臺，崇寧五年築，賜名。東至清平關四十里，西至折薑和市賊砦八十里，南至廢肅遠砦一百餘里，北至牛圈界堠二十里。羅溝堡，朱灰臺至綏遠砦中路，地名火羅溝及阿原烽，政和三年建築，賜名。東南至綏遠砦約二十里，西南至寧羌砦約六十里，南至阿原堡約四十里，西至朱臺堡約一十五里。阿原堡，地名見「羅溝堡」，政和三年賜名。東至綏遠砦三十里，西至寧羌砦三十里，南至西谷砦四十里，北至羅溝堡約四十里。朱臺堡，本朱灰臺，政和三年建築，賜名。東至雞觜堡約一十八里，西至木瓜堡約五十里，南至阿原堡約四十里，北至蕤毛觜約二百步。安邊砦，大拔砦，元豐二年已廢，不知何年復修。方渠砦，流井堡，東至興平城四十里，西至安邊城三十里，南至党羅原五里，北至葫井約五十餘里。歸德堡，東至木瓜堡五十里，西至定戎堡約三十里，南至洪德砦四十里，北至蝦蟆和市賊砦約四十里。木瓜堡，東至寧羌砦二十五里，西至歸德堡五十里，南至惠丁堡四十里，北至界堠裹灘

中華書局

節硯五里。麝香堡，東至龍札谷五里，西至打米谷八里，南至木瓜原一十五里，北至烏丁原二十里。通歸堡，東至歸德堡二十里，西至興平城約三十餘里，南至洪德砦二十里，北至堡子谷約一十里。惠丁堡。東至寧羌砦約四十里，西至麝香堡約三十里，南至安塞砦約三十五里，北至木瓜堡四十里。

邠州，緊，新平郡，靜難軍節度。崇寧戶五萬八千二百五十五，口一十六萬二千一百六十一。貢火筯、蓽豆、剪刀。縣五：新平，望。宜祿，望。三水，上。定平，緊。熙寧五年，隸寧州。政和七年，自寧州來隸。淳化。中。淳化四年，升耀州雲陽黎國鎮爲縣。熙寧八年，置鑄錢監，元豐三年廢。宣和元年，自耀州來隸。

寧州，望，彭原郡，興寧軍節度。本軍事州，宣和元年賜軍額。崇寧戶三萬七千五百五十八，口一十二萬二千四十一。貢菴閭、荊芥、硯、席。縣三：定安，緊。襄樂，上。眞寧。下。

醴州。本京兆府奉天縣。舊置乾州，熙寧五年廢，以奉天還隸府。政和七年，復以縣爲州，更名醴。八年，割屬環慶路。縣五：奉天，次畿。永壽，下。乾德三年，自邠州來隸。熙寧五年，廢乾州，永壽及麻亭、常寧二砦，俱隸邠州。政和八年復來隸。武功，醴泉，二縣本屬京兆府，政和八年三月，割屬醴州。好畤。本屬鳳翔府，政和八年三月，割屬醴州。

定邊軍。元符二年，環慶路進築定邊城，後改爲軍。東至九陽堡三十五里，西至綏遠砦二十里，南至橫山砦三十里，北至通化堡二十里。縣一：定邊。政和六年，陝西、河東路宣撫使童貫奏：「環慶路已進築勒皈

臺等處新城，正據控扼，包占邊面，乞依姚古所請，於定邊軍置倚郭一縣。」詔賜今名。白豹城，元符二年進築，賜舊名。已見「慶陽府」。東谷砦，舊砦，已見「慶陽府安化縣」。綏遠砦，地名駱駝巷，元符二年進築，賜名。東至定邊軍二十里，西至寧羌砦六十里，南至橫山砦五十里，北至神堂堡約五十里。神堂堡，大觀二年進築，賜名。東至觀化堡三十里，西至綏遠砦多移嶺界堠十三里，南至綏遠砦三十里，北至勒崖原卓望處三里。觀化堡，東至浦祖嶺界堠約一十五里，西至鷄鶯堡約三十里，南至通化堡二十里，北至甜井鶯約一十里。通化堡，東至浦祖嶺平界堠約三十里，西至綏遠砦二十餘里，南至定邊軍二十里，北至觀化堡二十里。九陽堡，東至鎮安城二十里，西至定邊軍三十五里，南至東谷砦九十里，北至界堠裹乾谷三里。雞鶯堡。東至通化堡約二十里，西至多移嶺界堠約一十里，南至綏遠砦一十六里，北至神堂堡約一十四里。

秦鳳路。府一：鳳翔。州十二：秦，涇，熙，隴，成，鳳，岷，渭，原，階，河，蘭。軍三：鎮戎，德順，通遠。縣三十八。其後增積石、震武、懷德三軍，西寧、樂、廓、西安、洮、會六州，又改通遠軍爲鞏州。凡府一，州十九，軍五，縣四十八。

秦州，下府，天水郡，雄武軍節度。舊置秦鳳路經略、安撫使，統秦州、隴州、階州、成州、鳳州、通遠軍，凡五州一軍，其後割通遠軍屬熙河，凡統州五。崇寧戶四萬八千六百四十八，口一十二萬三千二十二。貢席、芎藭。縣四：成紀，上。有渭水、三陽、上蝸牛、下蝸牛、堡子、伏歸、小三陽、照川、土門、四顧、平戎、赤崖湫、西青、遠近湫、定西、小定西、下硤、注鹿原、上硤、圓川、伏羌、得勝、榆林、大像、菜園、探長、新水谷、舊水谷、櫟林、丙龍、石人舖、駞項、永寧、鹽泉、小永寧、冷水泉、雙泉、新土、舊土三十九砦。隴城，中。有靜戎、永固、定平、長山、白榆林、郭馬、安塞七砦。清水，中。有弓門、鐵窗、研鞍、傑子、小弓門、坐交、得鐵、冶坊、橋子、李子、古道、永安、四顧、威塞、床穰、鎮邊、和戎、安遠、挾河、定川、中城、東城、西城、靜邊、臨川、德威、廣武、寧遠、長樵二十九砦。天水。上。監一：太平。城二：伏羌，熙寧三年，廢丹山、納迷〔一〇〕、乾川三堡，增伏羌砦爲城，有得勝、榆林、大像、菜園、探長、新水、櫟林、丙龍、石人、駞項、篠水一十一堡。甘谷。熙寧元年置，有吹藏、大甘、隴諸三堡。四年，置尖竿、隴陽二堡。砦七：治平四年，置雞川。熙寧元年，改擦珠堡〔一一〕爲通渭堡。五年，改古渭砦爲通遠軍，廢者達、本當、七麻三堡，改通渭堡爲砦，割永寧、寧遠、威遠、熱羊、來遠並隸軍。尋改綏遠、定遠二砦爲鎮，隸隴州。定西，領寧西、牛鞍、上硤、下硤、注鹿原、圓川六堡。三陽，領渭濱、武安、上下蝸牛、閭喜、伏歸、硤口、照川、土門、四顧、平戎、赤崖湫、西青、遠近湫十四堡。弓門，領東鞍、安人、研鞍、上下鐵窗、坐交、得鐵、冶坊七堡〔一二〕。靜戎，領白榆林、長山、郭馬、靜塞、定平、永固、邦蹉、寧塞、長樵九堡。安遠，隴城，雞川。堡三：熙寧三年，改床穰爲鎮。五年，改冶坊砦爲冶坊堡。八年，改床穰鎮爲堡。床穰，領白石、古道、中城、東城、西城、定戎、定安、雄邊、臨川、德威、廣武、定川、挾河、鎮邊一十四堡。冶坊，領橋子、古道、永安、博望、威塞、李子六堡。達隆。堡川城，政和六年，於秦鳳東西川口進築，賜名。東至甘泉堡一十八里，西至熙河路安西城管下龜兒鎮一十二里，南至甘谷城一百一十里，北至會川城一百二十里。甘泉堡，東至涇原路第十七堡五十里，西至堡川城一十八里，南至涇原路治平砦一百五十里，

北至涇原路通安砦一百五十里。別見「渭州」。安遠砦，吏部通用酬賞格：秦州又有安遠等五砦，定邊、綏遠二砦。熙寧八年，廢爲鎮，屬隴州，其後，復爲砦。定邊砦，綏遠砦，小落門砦，保安砦，弓鍾砦，董哥平堡。

鳳翔府，次府，扶風郡，鳳翔軍節度。乾德初，置崇信縣。淳化中，割崇信屬儀州。熙寧五年，廢乾州，以好畤縣來隸。政和八年，又以好畤隸醴州。崇寧戶一十四萬三千三百七十四，口三十二萬二千三百七十八。貢蠟燭、榛實、席。縣九：天興，次赤。岐山，次畿。扶風，次畿。盩厔，次畿。大觀元年，以縣清平鎮置軍。郿，次畿。有鐵冶務。寶雞，次畿。虢，次畿。麟遊，次畿。普潤。次畿。監一：司竹。

隴州，上，汧陽郡，防禦。崇寧戶二萬八千三百七十，口八萬九千七百五十。貢席。縣四：汧源，望。有古道銀場。熙寧八年，改秦州定邊砦爲隴西鎮，隸縣。汧陽，緊。吳山，中。隴安。中。開寶二年，析汧陽縣四鄉置縣。

成州，中下，同谷郡。開寶六年，升爲團練。崇寧戶一萬二千九百六十四，口三萬三千九百九十五。貢蠟燭、鹿茸。縣二：同谷，上。有骨鹿、馬邑、赤土、平泉、滔山、胡桃六砦。栗亭。中。

鳳州，下，河池郡，團練。本防禦，乾德元年，降爲團練。崇寧戶三萬七千七百九十六，口六萬一千一百四十五。貢蜜、蠟燭。縣三：梁泉，上。河池，緊。開寶五年，移治固鎮。有水銀務。兩當。上。至道元年，移治廣鄉鎮〔一三〕。監一：開寶。建隆三年，於兩當縣置銀冶。開寶五年，升爲監。治平元

年罷置官，以監隸兩當縣，元豐六年廢。

階州，中下，武都郡，軍事。本唐武州。陷西戎，後復其地改置焉。崇寧戶二萬六百七十四，口四萬九千五百二十。貢羚羊角、蠟燭。縣二：福津，中下。領峯貼硤〔四〕武平沙灘三砦、圍城堡、平定關。將利。中下。砦一：故城。本故城鎮，不知何年建爲砦。

渭州，下，隴西郡，平涼軍節度。本軍事，政和七年，升爲節度。舊置涇原路經略、安撫使，涇州原州渭州儀州、德順軍鎮戎軍皆屬。熙寧五年，廢儀州。元符二年，增置西安州。崇寧三年，又以熙河路會州來屬。大觀二年〔五〕，又增置懷德軍。凡統五州三軍。崇寧戶二萬六千五百八十四，口六萬三千五百一十二。貢絹、蓯蓉。縣五：平涼，中。有瓦亭砦。潘原，中。安化，中。熙寧七年，廢制勝關，移縣於關地，以舊地爲鎮。崇信，中。華亭。中下。熙寧五年，廢儀州，與安化、崇信同來隸。靖夏城，政和六年，賜涇原路席葦平新城名曰靖夏。未詳屬何軍州，姑附此。甘泉堡。崇寧五年，涇原路經略司於甜井子修築守禦，賜名。未詳屬何州軍，姑附此。別見「秦州」。

涇州，上，安定郡。太平興國元年，改彰化軍節度。崇寧戶二萬八千四百一十一，口八萬八千六百九十九。貢紫茸、毛毼段。縣四：保定，望。有長武砦。靈臺，上。良原，上。長武。望。咸平四年，升長武鎮爲縣。五年，省爲砦，屬保定縣。大觀二年，復以砦爲縣。

原州，望，平涼郡，軍事。崇寧戶二萬三千三十六，口六萬三千四百九十九。貢甘草。

縣二：臨涇，中。彭陽。中。唐豐義縣〔六〕，太平興國初改。至道三年，自寧州來隸。鎮二：新城，熙寧三年，廢截原砦入焉。柳泉。領耳朵城一砦。砦五：開邊，熙寧三年，廢新門砦入焉。西壕，平安，綏寧，領羌城、南山、顛倒三堡。靖安。領中普〔七〕、吃囉岔、中嶺、張嶴、常理、新勒、雞川、立馬城、殺獐川九堡。安羌堡，新城堡。

德順軍，同下州。慶曆三年，即渭州隴干城建爲軍。崇寧戶二萬九千二百六十九，口一十二萬六千二百四十一。貢甘草。縣一：隴干。元祐八年，以外底堡置。城一：水洛。領王家城、石門堡。砦五：靜邊，別見「鎮戎軍」。得勝，領開邊堡。隆德，通邊〔八〕，治平。治平四年置，領牧龍堡。懷遠砦，東至鎮戎砦六十里，西至得勝砦三十里，南至張義堡四十里，北至鎮羌砦二十七里。中安堡，威戎堡。東至章川堡三十里，西至同家堡二十五里，南至治平砦四十里，北至靜邊砦三十里。

鎮戎軍，同下州。本原州平高縣〔九〕之地。至道三年，建爲軍。崇寧戶一千九百六十一，口八千五十七。貢白氈。城一：彭陽。砦七：治平四年，置信岔堡、涼棚堡。熙寧元年，置熙寧砦、硝坑堡、東西水口堡。元豐四年，廢東水口堡。六年，置故砦堡。東山，乾興，天聖，有信岔、涼棚二堡。三川，高平，有故砦堡。定川，熙寧。有硝坑堡。堡二：開遠，張義。熙寧四年，廢安邊堡入開遠。五年，置張義。平夏城，舊石門城，紹聖四年賜名。大觀二年，升爲懷德軍。靈平砦，舊好水砦，紹聖四年賜名。大觀二年，割屬懷德軍。鎮羌砦，紹聖四年賜名。東至三川堡二十一里，西至寺子岔堡二十五里，南至懷遠砦二十七里，北至九羊砦二十五里。高平堡，元符元年修復，賜舊砦名。威川砦，政和七年賜名，本密多臺。飛泉砦，政和七年賜名，本飛井塢。飛井堡，乾興砦管下。狼井堡，熙寧砦管下狼井、安遠、寶信、梅谷、開疆，凡五堡。安遠堡，寶信岔堡，梅谷堡，開疆堡，李家堡，肅遠堡，壊地平堡，鎮西堡，水口堡，懷遠城，別見「德順軍」。德靖砦，保安軍舊有德靖砦，自屬鄜延路。靜邊砦。天禧舊砦，屬德順軍。東至德順軍七十里，西至第十七堡三十五里，南至威戎堡三十里，北至隆德砦五十里。

會州。元豐五年，熙河路加「蘭會」二字，時未得會州。元符二年，始進築，割安西城〔一〇〕以北六砦隸州。崇寧三年，置倚郭縣曰敷文，又以會州隸涇原路。縣一：敷文。安西城，舊名汝遮，紹聖三年進築，賜名，屬熙河路。東至秦鳳路界六十二里，西至原川子一百里，南至定西砦二十七里，北至平西砦三十三里。平西砦，紹聖四年賜名，地本青石硤，屬熙河路。東至秦鳳路界三十餘里，西至勝如堡一百一十里，南至安西城三十三里，北至會寧關四十四里。會寧關，舊名顯耳關，元符元年建築，賜名通會，未幾改今名，屬秦鳳路。東至涇原路元和市七里，西至熙河路定遠城分界五十里，南至熙河路平西砦四十里，北至黃河南岸古烽臺一百餘里。會川城，舊名青南訥心，元符二年建築，賜名，屬秦鳳路。東至涇原路通安砦六十里，西至熙河路定遠城一百五十里，南至會寧關六十里，北至新泉砦四十里。新泉砦，舊名東北冷牟，元符元年賜名，屬秦鳳路。東至懷戎堡界白草原三十里，西至會川城界鼈兒原三十五里，南至會川城三十里，北至會州四十里。懷戎堡，崇寧二年築，屬秦鳳路。東至涇原路分界定戎砦地分二十二里半，西至本堡管下水泉堡二十里，由香谷至會州共六十里，南至會川城分界三十五里，

北至柔狼山界堠四十里，係與夏國西壽監軍地對境，經由枯柴谷至柔狼山，有險隘去處。德威城，政和六年，築清水河新城，賜名，屬秦鳳路。東至廝累山二十五里，西至黃河四里，河北倚卓囉監軍地分，水賊作過去處，南至囉迷谷口新移正川堡二十五里，北至北浪口至馬練賊城約二十餘里。靜勝堡，政和六年，賜清水河新城接應堡名靜勝，會川城管下。新修築靜勝堡，不係守禦處，在黃河南石觜上，至本城一百二十里，河北岸與夏國卓囉監軍地分相對。通泉堡，屬秦鳳路新泉砦管下，不係守禦處，在黃河南嶺上，至本砦四十里，與河北岸夏國卓囉監軍地分相對。水泉堡，係懷戎堡管下，距本堡二十里，不係守禦處。正川堡。係德威城管下，囉迷谷口新移正川堡距本處二十五里，不係守禦處。

懷德軍。本平夏城。紹聖四年建築。大觀二年，展城作軍，名曰懷德，以蕩羌、靈平、通峽、鎮羌、九羊、通遠、勝羌、蕭關隸之，增置將兵，與西安、鎮戎互爲聲援應接。蕭關初名威德，又改今名。東至結溝堡一十五里，西至石門堡一十八里，南至靈平砦一十二里，北至通峽砦一十八里。蕩羌砦，故沒煙後峽，元符元年進築，賜名。東至通峽砦一十八里，西至正原堡四十里，南至石門堡三十里，北至蕭關一百三十五里。通峽砦，故沒煙前峽，元符元年建築，賜名。東至東嶼堡七里，西至蕩羌砦一十八里，南至懷德軍一十八里，北至勝羌砦八十里。靈平砦，故好水砦，紹聖四年賜名。大觀二年，自鎮戎軍來屬。東至古高平堡一十五里，西至九羊砦三十二里，南至熙寧砦二十八里，北至懷德軍一十二里。硤口堡，東河灣堡，古高平堡，惠民堡，結溝堡，係通峽砦管下五堡。鎮羌堡，東至三川堡二十八里，西至寺子岔堡二十五里，南至懷

二十四史

中華書局

遠砦二十七里，北至九羊砦二十五里。九羊砦，故九羊谷，元符元年建築，賜名。東至鐵平砦三十里，西至寧安砦六十六里，南至三川砦五十里，北至臨羌砦八十里。石門堡，故石門峽東塔子觜，元符元年建築，賜名。通遠砦，東至醋泉谷三十五里，西至臨羌砦六十五里，南至通峽砦五十里，北至勝羌砦三十三里。龍泉堡，通遠砦管下。勝羌砦，東至漫嘝口七里，西至甯韋堡四十里，南至通峽砦八十里，北至蕭關六十里。蕭關，崇寧四年建築。東至葫蘆河一十五里，西至綏寧堡三十里，南至勝羌砦六十里，北至臨川堡一十八里。臨川堡，通關堡，山西堡。係蕭關管下。

西安州。元符二年，以南牟會新城建爲西安州。東至天都砦二十六里，西至通會堡五十五里，南至寧安砦一百里，北至囉沒寧堡三十五里。盪羌砦，地名沒煙峽，元符元年進築，賜名，後屬懷德軍。通會堡，元符元年賜名，係熙河蘭會路修築，地名祭廝堅谷口，不知何年撥屬涇原路西安州。天都砦，元符二年，洒水平新砦賜名天都。東至臨羌砦二十里，西至西安州二十六里，南至天都山一十里，北至綏戎堡六十五里。臨羌砦，元符二年，秋葦平新砦賜名臨羌。東至通遠砦六十五里，西至天都砦二十里，南至定戎砦八十里，北至綏戎砦七十里。横嶺堡，係天都砦管下。甯韋堡，定戎堡，元符二年賜名，地本嵬隈川。東至山前堡三十里，西至秦鳳路分界堠一十二里，南至通安砦一百里，北至㔸通流界堠五十里。㔸通川堡，囉沒寧堡，北嶺上堡，山前堡，高峯堡，寧安砦，崇寧五年，武延川鵰朱龍山下新砦賜名寧安。東至九羊砦六十六里，西至通安砦六十一里，南至得勝砦九十里，北至西安州一百里。那羅牟堡，寺子岔堡，石棚泉堡，通安砦，崇寧五年，烏雞三岔新砦

賜名通安。東至寧安砦六十一里，西至同安堡三十五里，南至甘泉堡一百五里，北至定戎砦一百里。同安堡，係通安砦管下。綏戎堡，管下秋葦川口堡、鍬钁川中路堡、征通谷中路東水泉堡，皆不詳建置始末。東至蕭關三十里，西至山前堡三十五里，南至臨羌砦七十里，北至枅梔嶺界堠五十里。秋葦川堡，鍬钁川中路堡，征通谷中路東水泉堡。

熙州，上，臨洮郡，鎮洮軍節度。本武勝軍。熙寧五年收復，始改焉。尋爲州。初置熙河路經略、安撫使，熙州、河州、洮州、岷州、通遠軍五州屬焉。後得蘭州，因加「蘭會」字。元祐改熙河蘭會路爲熙河蘭岷路，元符復故。會州既割屬涇原，又改爲熙河蘭廓路，宣和又改爲熙河湟廓路，又改湟州爲樂州，又改爲熙河蘭樂路，尋復改爲熙河蘭廓路。舊統五州軍，蘭廓西寧、震武積石六州軍〔二〕相繼來屬，又改通遠軍爲鞏州，凡統九州、三軍〔三〕。崇寧戶一千八百九十三，口五千二百五十四。貢毛毲段、麝香。縣一：狄道。中下。熙寧六年置，九年省。元豐二年復置。砦一：康樂。熙寧六年，置康樂城爲砦，省馬䮾砦。馬䮾砦舊屬秦州長道縣。堡九：熙寧五年，置慶平、通谷、渭源、北關。六年，改劉家川爲當川，置南關、南川。七年，置結河。元豐七年，置臨洮。通谷，慶平，渭源，結河，南川，當川，南關，北關，臨洮。東至定遠城四十里，西至定羌城界三十五里，南至熙州六十五里，北至阿干堡七十里。安羌城，宣和六年，賜熙河蘭廓路新建溢機堡名爲安羌城，不知屬何州軍，姑附于此。廣平堡。

河州，上，安鄉郡，軍事。熙寧六年收復。崇寧戶一千六十一，口三千八百九十五。貢麝香。縣一：寧河。熙寧六年，置枹罕縣，九年省。崇寧四年，升寧河砦爲縣。舊香子城。城一：定羌。熙寧七年，改河諾城〔四〕爲定羌城。砦一：南川。熙寧七年，置南山堡，尋改爲南川砦。堡四：熙寧七年，置東谷。八年，置閻精。元豐三年，置西原、北河二堡。東谷，閻精，西原，北河。關一：通會。熙寧七年置。循化城，舊一公城，崇寧二年收復，改今名。別見「樂州」。東至懷羌城四十五里，西至積石軍界一百餘里，南至下楯家族地分一百餘里，北至來同堡六十五里。大通城，舊達南城，崇寧二年收復，改今名。別見「樂州」。東至通津堡界十五里，西至菊花河六十里，南至撲水原二十一里，北至寧塞堡界十五里。安疆砦，舊名當標城，崇寧二年收復，改今名。別見「樂州」。東至來同堡三十三里，西至通津堡五十里，南至循化城一百一十里，北至黃河二十里。懷羌城，崇寧三年，王厚收復。東至南川砦六十里，西至循化城六十五里，南至洮州界一百七十餘里，北至安疆砦一百一十七里。來羌城，崇寧三年，王厚收復。東至安鄉關七十里，西至大通城界三十八里，南至南川界四十八里，北至黃河二十里。講朱城，元符二年，洮西安撫司收復河南講朱、一公、錯鑿、當標、彤撒、東迎六城，尋棄之。崇寧二年，再收復。除一公改循化城，當標改安疆砦，餘四城皆未詳。按：講朱、錯鑿、一公、當標皆在河州之南，元符二年，邊廝波結先以此四城來降，未幾，王贍乃進據之。錯鑿城，彤撒城，東迎城，寧河砦，崇寧四年，已升寧河砦爲縣，別有寧河砦。東至定羌城三十里，西至河州四十五里，南至通會關三十里，北至河州界二十里。來同堡，舊名甘撲堡，崇寧三年築，賜今名。東至南川砦九十里，西至安疆砦三十五里，南至懷羌城三十五里，北至來羌城三十里。通津堡，舊名南達堡，崇寧三年賜

今名。東至安疆砦四十五里，西至大通城界二十五里，南至循化城一百三十里，北至大通城界二十里。南山堡，元豐九域志屬原州綏寧縣。安鄉關，舊城橋關，元符二年賜名。東至京玉關界四十里，西至臨灘堡四十里，南至河州界三十五里，北至安川堡界一十五里。臨灘堡。東至安鄉關四十里，西至古雞山二十里，南至南川砦界二十里，北至黃河四十里。

鞏州，下。本通遠軍。熙寧五年，以秦州古渭砦爲軍。崇寧三年，升爲州。崇寧戶四千八百七十八，口一萬一千八百五十七。貢麝香。縣三：隴西，元祐五年增置。永寧，寧遠。崇寧三年，升永寧砦爲縣，又升寧遠砦爲縣。城一：定西。元豐四年，以蘭州西使城爲定西城。五年，改定西城爲通遠軍，以汝遮堡爲定西城，屬通遠軍。崇寧二年，廢定西城管下熨斗平堡，通西砦管下榆木岔堡，并安西城。別見「蘭州」。東至龜兒觜鎮六十五里，西至龕谷堡一百一十五里，南至通西砦四十六里，北至安西城二十七里。砦六：熙寧五年，割秦州永寧、寧遠、威遠、通渭、熟羊、來遠六砦隸軍。六年，置鹽川砦。八年，廢威遠砦爲鎮。元豐五年，收通西砦。七年，廢來遠砦爲鎮，屬永寧。崇寧五年，通渭縣復爲砦，未詳何年以砦爲縣。永寧，寧遠，崇寧三年，與永寧同升爲縣。通渭，東至甘泉城五十五里，西至鞏州六十四里，南至來遠鎮一百里，北至甘泉城界六十里。熟羊，鹽川，熙寧六年九月置砦，後改爲鎮。通西。東至甘泉城一百二十里，西至熟羊砦七十里，南至三岔堡四十八里，北至定西砦四十八里。堡七：熙寧五年，割秦州三岔、乜羊、廣吳、渭川、嚨兒五堡隸軍。七年，以岷州遮羊堡來隸。元豐元年，遮羊復隸岷州。五年，置榆木岔、熨斗平二砦堡。七年，廢乜羊、廣吳、渭川、嚨兒四堡。三岔，舊併，熙寧四年置。榆木

中華書局

二十四史

岔，崇寧二年廢〔三四〕。尉斗平，崇寧二年廢〔三五〕。者達堡，秦州，熙寧五年改古渭砦爲通遠軍，廢者達、本當、七麻堡。今通渭乃領七麻堡，不知何年復置者達、本當堡。七麻堡，本當堡，摸麻龍堡。

岷州，下，和政郡，團練。熙寧六年收復。崇寧戶四萬五百七十，口六萬七千七百三十一。貢甘草。縣三：祐川，唐縣。崇寧三年復。大潭，中。建隆三年，合良恭、大潭兩鎮置縣，隸秦州。熙寧七年，自秦州來隸。長道。緊。熙寧七年，自秦州來隸。砦五：秦州臨江砦，熙寧六年，割隸州。七年，置荔川、床川、閭川，又置宕昌。臨江，荔川，床川，閭川，宕昌。堡三：熙寧六年，以秦州馬務堡隸州。七年，置遮羊堡，尋改爲鎮。十年，置鐵城堡。元豐元年，遮羊堡復隸于州。遮羊，穀藏，並熙寧七年置。鐵城。熙寧十年置。監一：滔山。熙寧九年置，鑄鐵錢。

蘭州，下，金城郡，軍事。元豐四年收復。崇寧戶三百九十五，口九百八十一。貢甘草。縣一：蘭泉。崇寧三年置，倚郭。砦一：元豐四年，置龕谷、吹龍二砦。七年，割吹龍屬阿千堡。龕谷。元祐七年廢。紹聖三年，復修爲堡。東至定遠砦一百里，西至阿千堡七十里，南至通谷堡一百二十里，北至定遠城三十里。堡二：元豐四年，置皋蘭堡、鞏哥關。五年，置西關、勝如、質孤堡。六年，改鞏哥關作東關堡，廢西關、勝如、質孤堡，置阿千堡。七年，廢皋蘭堡。元祐五年，復修勝如、質孤二堡，尋廢。東關，東至質孤堡三十六里，西至蘭州一十八里，南至屈金支山三十里，北至黃河不及里。阿千。有阿千水。東至屈金支山二十五里，西至西關堡界二十里，南至臨洮堡七十里，北至蘭州界三十七里。定西城，元豐四年，以蘭州西使城爲定西城。五年，改定西城爲通遠軍，以汝遮堡

爲定西城，屬通遠軍。別見「鞏州」。定遠城，元祐七年築，舊名李諸平，本龕谷砦，因地窄及無水，故廢之，改築爲定遠城。東至安西城八十里，西至東關堡五十里，南至龕谷堡三十里，北至黃河一百七里。金城關，紹聖四年進築，南距蘭州約二里。崇寧三年，王厚乞移置斫龍谷口，不行。京玉關，元符三年賜名，本號把拶橋。東至西關堡四十里，西至通川堡四十里，南至臨洮堡一百三十九里，北至乩六嶺分界三十里。通川堡。元符三年，自京玉關至囉兀抹通城中路鐵廝狐川新築堡，賜名，尋棄之。崇寧二年，再收復。東至京玉關四十里，西至通湟砦四十里，南至圓子堡約九里，北至乩六嶺分界八十里。別見「樂州」。

洮州。唐末陷于吐蕃，號臨洮城。熙寧五年，詔以熙河洮岷、通遠軍爲一路，時未得洮州。元符二年得之，尋棄不守。大觀二年收復，改臨洮城仍舊爲洮州。三年，升團練。東至岷州界一百一十三里，西至喬家族生界二百里，南至魯黎族生界一百五里，北至河州界一百二十里。通岷砦。東至鐸龍橋六十七里，西至洮州四十里，南至洮河二十里，北至熙州界五十五里。

廓州。元符二年，以廓州爲寧塞城。崇寧三年棄之，是年收復，仍爲廓州。城下置一縣，五年罷。大觀三年，爲防禦。東至寧塞砦一十七里，西至同波北堡不及里，南至黃河不及里，北至膚公城界十五里。膚公城，舊名結囉城，崇寧三年收復，後改今名。王厚云：結囉城至廓州約三十餘里。東至來賓城界一百三里，西至懷和砦界五十七里，南至同波北堡界一十三里，北至綏平堡界二十五里。綏平堡，舊名保敎谷，崇寧三年興築，賜名。東至保塞砦界二十里，西至清平砦界二十里，南至膚公城界二十里，北至保塞砦

界一十七里。米川城，舊米川縣，崇寧三年修築。王厚云：米川沿河西至廓州約六十里，過河取正路至結囉城約三程，本城至廓州約三十餘里。寧塞砦，東至河北堡界四十五里，西至廓州巡檢界一十三里，南至黃河一十五里，北至龍支城界五十里。同波堡。東至廓州巡檢界二十里，西至膚公城界一十五里，南至黃河不及里，北至膚公城一十五里。

樂州。舊邈川城，元符二年收復，建爲湟州，建中靖國元年棄之。崇寧二年又復。三年，置倚郭縣，五年罷。大觀三年，加嚮德軍節度。宣和元年，改爲樂州。東至把拶宗六十里，西至龍支城界六十里，南至來羌城界一百四十里，北至界首睗兀嶺一百一十里。通湟砦，故囉兀抹通城，元符二年收復，三年賜名。東至通川堡四十里，西至湟州三十五里，南至安隴砦二十五里，北至臨宗砦界六十里。別見「蘭州」。寧洮砦，故瓦吹砦，元符二年收復，三年賜名。東至通湟砦四十五里，西至來賓城一十七里，南至來賓城界二十里，北至安隴砦界一十七里。安隴砦，故隴朱黑城，元符二年收復，三年賜名。東至赤沙嶺三十里，西至麻宗山脚二十五里，南至鞏藏嶺三十五里，北至湟州四十五里。安川堡，故臘哥堡，在巴金嶺上，元符二年收復，三年賜名。東至湟州界七十里，西至來賓城界四十里，南至安鄉關三十里，北至寧川堡四十里。寧川堡，元符二年收復，三年賜名，尋棄之。崇寧二年，再收復。綏遠關，舊名西金平，崇寧二年進築，賜今名。東至湟州二十里，西至勝宗谷口三十里，南至麻宗山脚五十五里，北至丁星原四十里。來賓城，舊名乩當川，崇寧三年賜名。東至安川堡分界七十里，西至青丹谷三十里，南至黃河一十里，北至安隴砦七十里。大通城，舊名達南城，東至通津堡界十五里，西至菜花河六十里，南至撲水原二十一里，北至寧川堡界一十五里。循化城，舊名一公城，別見「河州」。東至懷羌城四十五

里，西至積石軍界一百餘里，南至下喬家族地分一百餘里，北至來同堡六十五里。安疆砦，舊名當標砦，與大通、循化皆崇寧二年改。別見「河州」。東至來同堡三十三里，西至通津堡五十里，南至循化城一百一十里，北至黃河二十里。德固砦，舊名勝鐸谷，崇寧三年築五百步城，後賜名德固砦。東至綏遠關界一十里，西至龍支城界二十里，南至渴驢嶺一十里，北至清江山脚二十里。臨宗砦，崇寧三年賜名。南宗堡稍南一十五里乳駱河之西。東至三踏鞏哥嶺五十餘里，西至丁星原約三十餘里，南至湟州分界二十一里，北至界首抹牟嶺七十里。通川堡，崇寧二年，王厚收復，係湟州管下。別見「蘭州」。東至京玉關四十里，西至通湟砦四十里，南至圓子堡約九里，北至乩六嶺分界八十里。南宗堡，元符二年，與囉兀抹通城同收復，尋棄之。後再收復。峽口堡。與通川、南宗堡皆崇寧二年王厚收復。

西寧州〔三六〕。舊青唐城。元符二年，隴拶降，建爲鄯州，仍爲隴右節度，三年棄之。崇寧三年收復，建隴右都護府，改鄯州爲西寧州，又置倚郭縣。賜郡名曰西平，升中都督府。三年，加賓德軍節度。五年，罷倚郭縣。東至保塞砦五十七里，西至寧西城四十里，南至清平砦五十里，北至宣威城五十里。龍支城，舊宗哥城，元符二年改今名，尋棄之。崇寧三年收復。東至德固砦界一十八里，西至保塞砦藥邦硤二十二里，南至廓州界分水嶺四十里，北至習令波族分界八十五里。寧西城，舊名林金城，改今名。東至湯廝甘二十里，西至廝哥羅川一百里，南至京鴨嶺二十里，北至金谷嶠四十里。清平砦，舊名溪蘭宗堡，後改賜砦名。東至廓州綏平堡界三十五里，西至赤嶺鐵堠子一百二十里，南至懷和砦界二十五里，北至西寧州界二十五里。保塞砦，舊名安兒城。以上城砦皆崇寧三年收復，賜名。東至龍支城界二十二里，西至西寧州界三

中華書局

十里，南至鄜州界二十里，北至青鷂族一十五里。宣威城，舊名鷺牛城〔二七〕，崇寧三年，改今名。東至綏邊砦四十里，西至寧西城界三十五里，南至西寧州界二十五里，北至南宗嶺九十里。綏邊砦，舊名宗谷，崇寧三年建築，後改今名。東至龍支城界六十里，西至宣威城界三十里，南至西寧州界三十二里，北至乳酪河界南一里。懷和砦，舊名丁令谷，崇寧三年置砦，賜名，又隸積石軍。東至廓州界八十五里，西至青海一百三十餘里，南至順通堡界一十三里，北至清平砦界二十五里。制羌砦。政和八年賜名。地名乩氈嶺，屬西寧州。

震武軍。政和六年，進築古骨龍城，賜名震武城。未幾，改爲震武軍。不見四至，據童貫奏，古骨龍元屬湟州。通濟橋，震武城浮橋，政和六年賜名。善治堡，政和六年，震武城通濟橋堡賜名。大同堡，本名古骨龍城應接堡，政和六年賜名。德通城，本瞎令古城，政和七年，劉法旣解震武軍圍，進築，賜名。石門堡。瞎令古城北，地名石門子，政和七年賜名。

積石軍。本溪哥城。元符間，爲吐蕃溪巴温所據。大觀二年，臧征撲哥以城降，卽其地建軍。東至廓州界八十里，西至青海一百餘里，南至蓋龍巵八十里，北至西寧州界八十里。懷和砦，已見「西寧州」。東至廓州界八十五里，西至青海一百三十餘里，南至順通堡界一十三里，北至清平砦界二十五里。順通堡，東至臨松堡一十二里，西至本軍一十八里，南至臨松堡二十五里，北至懷和砦界一十二里。臨松堡。東至廓州界五十里，西至順通堡界一十二里，南至把拶公原界約六十里，北至黃河一十五里。

陝西路蓋禹貢雍、梁、冀、豫四州之域，而雍州全得焉。當東井、輿鬼之分，西接羌戎，東界潼、陝，南抵蜀、漢，北際朔方。有銅、鹽、金鐵之產，絲、枲、林木之饒，其民慕農桑，好稼穡。鄠、杜、南山，土地膏沃，二渠灌溉，兼有其利。大抵夸尚氣勢，多游俠輕薄之風，甚者好鬥輕死。蒲、解本隸河東，故其俗頗純厚。被邊之地，以鞍馬、射獵爲事，其人勁悍而質木。梁泉少桑麻之利，布泉、鹽酪資於他郡。上洛多淫祀，申以科禁，故其俗稍變。秦、隴、儀、渭、涇、原、邠、寧、鄜、延、環、慶等皆分兵屯守，以備不虞云。

校勘記

〔一〕昭應縣　「應」原作「德」，據舊唐書卷三八地理志、九域志卷三改。

〔二〕河西縣　原作「西河縣」，據寰宇記卷四六、九域志卷三、宋會要方域五之三八改。

〔三〕昇平塔　長編卷四八七、宋會要方域一八之七都作「聲塔平」。

〔四〕臨夏砦　「砦」原作「城」，據宋會要方域一八之二一和下文綏德軍「克戎砦」、「綏平砦」條改。下同。

〔五〕鄜州　據上文延安府條和九域志卷三、輿地廣記卷一四，本條失載所領洛交、洛川、鄜城、直羅四縣和土貢；所記「貢麝香」以下文字當屬丹州條，該條志文失載。

〔六〕坊州上中部郡軍事　「郡」字原脫，「軍」下原衍「州」字，據九域志卷三、輿地廣記卷一四刪補。

〔七〕熙寧二年收復廢爲城隸延州　「二年」原作「三年」。按本書卷一四神宗紀和十朝綱要卷七、八都說治平四年十月復綏州，熙寧二年十月廢爲綏德城。此處「三年」當爲「二年」之誤，據改；「收復」二字疑衍。

〔八〕在州東北三十里　按寰宇記卷三八：綏州西南至延州三百四十里；九域志卷三：延州東北至本州綏德城三百三十里。此處「三十里」上脫「三百」二字。

〔九〕人順　九域志卷三作「大順」。

〔一〇〕丹山納迯　宋會要方域二〇之一、二〇之七和長編紀事本末卷八三都作「山丹、納迷」。

〔一一〕擦珠堡　宋會要方域二〇之一、長編紀事本末卷八都作「擦珠堡」。

〔一二〕領東鞍安人斫鞍上下鐵窟坐交得鐵冶坊七堡　按所記「七堡」，與上列堡數八不符；九域志卷三，弓門領七堡，無「冶坊」；又下文另有冶坊堡，屬秦州。此處「冶坊」二字疑衍。

〔一三〕廣鄉鎮　原作「唐鄉鎮」，據九域志卷三、輿地廣記卷一五改。

〔一四〕峯貼硤　原作「貼峯硤」，據宋會要方域一八之二四、九域志卷三改。

〔一五〕大觀二年　「二年」原作「三年」，據下文懷德軍、鎮戎軍和本書卷二〇徽宗紀、十朝綱要卷一五改。

〔一六〕豐義縣　原作「豐業縣」，據新唐書卷三七地理志、宋會要方域五之四二、輿地廣記卷一六改。

〔一七〕中普　宋會要方域二〇之一一、九域志卷三都作「中郭普」。

〔一八〕通邊　原作「通遠」，據宋會要方域一八之九、九域志卷三改。

〔一九〕平高縣　「平」字原脫，據九域志卷三、輿地廣記卷一六補。

〔二〇〕安西城　原作「西安城」，據下文和長編卷五一四、通考卷三二二輿地考改。

〔二一〕六州軍　按此處上面所列僅五州軍，與「六州軍」之數不合。據下文和上文所敍沿革，「蘭廓」下文當脫「樂州」一名。

〔二二〕凡統九州三軍　按本路所統爲九州二軍，此處「三」字當爲「二」之誤。

〔二三〕河諾城　本書卷一五及十朝綱要卷一〇都作「珂諾城」，長編卷二五二作「阿納城」。

〔二四〕崇寧二年廢　「廢」原作「置」。據上文「定西」及「堡七」條改。

〔二五〕崇寧二年廢　「廢」原作「置」。據上文「定西」及「堡七」條改。

〔二六〕西寧州　按本州賜郡名西平，升中都督府，加賓德軍，宋會要方域六之二，繫於大觀二年；同上書方域六之一，加賓德軍又繫於大觀三年，與湟州加嚮德軍節度同時；又大觀無五年，「鄯倚郭縣」之「五年」疑當爲崇寧五年。本條所記疑有舛誤。

〔二七〕鷺牛城　十朝綱要卷一六作「螯牛城」，長編紀事本末卷一四〇作「犛牛」。

宋史卷八十八

志第四十一

地理四

兩浙　淮南東路　淮南西路　江南東路　江南西路　荆湖南路　荆湖北路

兩浙路。熙寧七年，分爲兩路，尋合爲一；九年，復分；十年，復合。府二：平江，鎭江。州十二：杭，越，湖，婺，明，常，温，台，處，衢，嚴，秀。縣七十九。南渡後，復分臨安平江鎭江嘉興四府、安吉常嚴三州、江陰一軍，爲西路；紹興慶元瑞安三府、婺台衢處四州，爲東路。紹興三十二年，戶二百二十四萬三千五百四十八，口四百三十二萬七千三百二十二。

臨安府，大都督府，本杭州，餘杭郡。淳化五年，改寧海軍節度。大觀元年，升爲帥府。舊領兩浙西路兵馬鈐轄。建炎元年，帶本路安撫使，領杭、湖、嚴、秀四州。三年，升爲府，帶兵馬鈐轄。紹興五年，兼浙西安撫使。崇寧戶二十萬三千五百七十四，口二十九萬六千六百一十五。貢綾、藤紙。縣九：錢塘，望。有鹽監。仁和，望。梁錢江縣。太平興國四年改。紹興中，與錢塘並升赤〔一〕。餘杭，望。臨安，望。錢鏐奏改衣錦軍。太平興國四年，改順化軍，縣復舊名。五年，軍廢。富陽，緊。於潛，緊。新城，上。梁改新登。太平興國四年復。淳化五年，升南新場爲縣；熙寧五年，省南新縣爲鎭入焉。鹽官，上。昌化。中。唐唐山縣。太平興國四年改。有紫溪鹽場。紹興中，七縣並升畿。

紹興府，本越州，大都督府，會稽郡，鎭東軍節度。大觀元年，升爲帥府。舊領兩浙東路兵馬鈐轄。紹興元年，升爲府。崇寧戶二十七萬九千三百六，口三十六萬七千三百九十。貢越綾、輕庸紗、紙。縣八：會稽，望。山陰，望。嵊，望。舊剡縣，宣和三年改〔二〕。諸暨，望。有龍泉一銀坑。餘姚，望。上虞，望。蕭山，緊。新昌。緊。乾道八年，以楓橋鎭置義安縣，淳熙元年省。

平江府，望，吳郡。太平興國三年，改平江軍節度。本蘇州，政和三年，升爲府。紹興初，節制許浦軍。崇寧戶一十五萬二千八百二十一，口四十四萬八千三百一十二。貢葛、蛇床子、白石脂、花席。縣六：吳，望。長洲，望。崑山，望。常熟，望。吳江，緊。嘉定。上。嘉定十五年，析崑山縣置，以年爲名。

鎭江府，望，丹陽郡，鎭江軍節度，開寶八年改。本潤州，政和三年，升爲府。建炎三年，置帥。四年，加大使兼沿江安撫，以浙西安撫復還臨安。崇寧戶六萬三千六百五十七，口一十六萬四千五百六十六。貢羅、綾。縣三：丹徒，緊。有圌山砦〔三〕。丹陽，緊。熙寧五年，省延陵縣爲鎭入焉。金壇。緊。

湖州，上，吳興郡，景祐元年，升昭慶軍節度。寶慶元年，改安吉州。崇寧戶一十六萬二千三百三十五，口三十六萬一千六百九十八。貢白紵、漆器。縣六：烏程，望。歸安，望。太平興國七年，析烏程地置縣。安吉，望。長興，望。德清，緊。武康。上。太平興國三年，自杭州來隸。

婺州，上，東陽郡，淳化元年，改保寧軍節度。崇寧戶一十三萬四千八十，口二十六萬一千六百七十八。貢綿、藤紙。縣七：金華，望。義烏，望。永康，緊。武義，上。浦江，上。唐浦陽縣，梁錢鏐奏改。蘭溪，望。東陽。望。

慶元府，本明州，奉化郡，建隆元年，升奉國軍節度。本上州，大觀元年，升爲望。紹興初，置沿海制置使。八年，以浙東安撫使兼制司；十一年，罷；隆興元年，復置。淳熙元年，魏惠憲王自宣州移鎭，置長史、司馬。紹熙五年，以寧宗潛邸，升爲府。崇寧戶一十一萬六千一百四十，口二十二萬一千一十七。貢綾、乾山蕷、烏鰂魚骨。縣六：鄞，望。奉化，望。慈溪，上。定海，上。象山，下。昌國。下。熙寧六年，析鄞縣地置。有鹽監。紹興間，升望。

常州，望，毗陵郡，軍事。崇寧戶一十六萬五千一百一十六，口二十四萬六千九百九。貢白紵、紗、席。縣四：晉陵，望。武進，望。宜興，望。唐義興縣。太平興國初改。無錫。望。

江陰軍，同下州。熙寧四年，廢江陰軍爲縣，隸常州。建炎初，以江陰縣復置軍；紹興二十七年廢，三十一年，復置。縣一：江陰。下。

瑞安府，本温州，永嘉郡，太平興國三年，降爲軍事〔四〕。政和七年，升應道軍節度。建炎三年，罷軍額。咸淳元年，以度宗潛邸，升府。崇寧戶一十一萬九千六百四十，口二十六萬二千七百一十。貢鮫魚皮、蠲糨紙。縣四：永嘉，緊。有永嘉鹽場。平陽，望。有天富鹽場。瑞安，緊。有雙穗鹽場。樂清。上。唐樂成縣，梁錢鏐改。

台州，上，臨海郡，軍事。崇寧戶一十五萬六千七百九十二，口三十五萬一千九百五十五。貢甲香、金漆、鮫魚皮。縣五：臨海，望。黃巖，望。有于浦、杜瀆二鹽場。寧海，緊。天台，上。仙居。上。唐樂安縣，梁錢鏐改永安。景德四年改今名。

處州，上，縉雲郡，軍事。崇寧戶一十萬八千五百二十三，口一十六萬五百三十六。貢綿、黃連。縣六：麗水，望。龍泉，望。宣和三年，改爲劍川縣。紹興元年復故。有高亭一銀場〔五〕。松陽，上。梁錢鏐奏改長松，錢元瓘奏改白龍。咸平二年復故。遂昌，上。有永豐銀場。縉雲，上。青田。中。南渡後，增縣一：慶元。中。慶元三年，分龍泉松源鄉置縣，因以年紀名。

二十四史

中華書局

衢州，上，信安郡，軍事。崇寧戶一十萬七千九百三，口二十八萬八千八百五十八。貢綿、藤紙。縣五：西安，望。禮賢，緊。本江山縣，南渡後改。龍遊，上。唐龍丘縣。宣和三年，改爲盈川縣。紹興初復改。信安，中。本常山縣，咸淳三年改。開化。中。太平興國六年，升開化場爲縣。

建德府，本嚴州，新定郡，遂安軍節度。本睦州，軍事。宣和元年，升建德軍節度；三年，改州名、軍額。咸淳元年，升府。崇寧戶八萬二千三百四十一，口一十萬七千五百二十一。貢白紵、簟。縣六：建德，望。淳安，望。舊青溪縣。宣和初，改淳化，南渡改今名。桐廬，上。太平興國三年，自杭州來隸。分水，中。遂安，中。壽昌。中。監一：神泉。熙寧七年置，鑄銅錢，尋罷。慶元三年復。

嘉興府，本秀州，軍事。政和七年，賜郡名曰嘉禾。慶元元年，以孝宗所生之地，升府。嘉定元年，升嘉興軍節度。崇寧戶一十二萬二千八百一十三，口二十二萬八千六百七十六。貢綾。縣四：嘉興，望。華亭，緊。海鹽，上。有鹽監，沙腰、蘆瀝二鹽場。崇德。中。

兩浙路，蓋禹貢揚州之域，當南斗、須女之分。東南際海，西控震澤，北又濱于海。有魚鹽、布帛、秔稻之產。人性柔慧，尚浮屠之教。俗奢靡而無積聚，厚於滋味。善進取，急圖利，而奇技之巧出焉。餘杭、四明，通蕃互市，珠貝外國之物，頗充於中藏云。

淮南路。舊爲一路，熙寧五年，分爲東西兩路。

東路。州十：揚，亳，宿，楚，海，泰，泗，滁，眞，通。軍二：高郵，漣水。縣三十八。南渡後，州九：揚、楚、海、泰、泗、滁、淮安、眞、通，軍四：高郵、招信、淮安、清河，爲淮東路，宿、亳不與焉。紹興三十二年，戶一十一萬八百九十七，口二十七萬八千九百五十四。

揚州，大都督府，廣陵郡，淮南節度。熙寧五年，廢高郵軍，並以縣隸州。元祐元年，復高郵軍。舊領淮南東路兵馬鈐轄。建炎元年，升帥府。二年，高宗駐蹕。四年，爲眞、揚鎭撫使，尋罷。嘉定中，淮東制置開幕府於楚州，仍兼安撫。崇寧戶五萬六千四百八十五，口十萬七千五百七十九。貢白苧布、莞席、銅鏡。縣一：江都。緊。熙寧五年，省廣陵縣入焉。南渡後，增縣二：廣陵，緊。泰興。中。舊隸泰州，紹興五年來屬。十年，又屬泰州。十二年，又來隸，以柴墟鎭延冷村隸海陵。二十九年，盡仍舊。

亳州，望，譙郡，本防禦。大中祥符七年，建爲集慶軍節度。南渡後，沒于金。崇寧戶一十三萬一百一十九，口一十八萬三千五百八十一。貢縐紗、絹。縣七：譙，望。城父，望。酇，望。永城，望。衞眞，望。唐眞源縣。大中祥符七年改。鹿邑，緊。蒙城。望〔六〕。

宿州，上，符離郡，建隆元年，升防禦。開寶五年〔七〕，建爲保靜軍節度。元領五縣，紹興中，割虹縣隸楚州，後沒于金。崇寧戶九萬一千四百八十三，口一十六萬七千三百七十九。貢絹。縣四：符離，望。蘄，望。臨渙，緊。大中祥符七年，割隸亳州，天禧元年來隸〔八〕。靈壁。元祐元年，以虹之零壁鎭爲縣，七月，復爲鎭。七年二月，零壁復爲縣。政和七年，改零壁爲靈壁。

楚州，緊，山陽郡，團練。乾德初，以盱眙屬泗州。開寶七年，以鹽城還隸。太平興國二年，又以鹽城監來隸。熙寧五年，廢漣水軍，以漣水縣隸州；元祐二年，復爲漣水軍。建炎四年，置楚泗承州漣水軍鎭撫使、淮東安撫制置使、京東河北鎭撫大使。紹興五年，權廢承州兩縣，和、廬、濠、黃、滁、楚州各一縣，置鎭官。三十二年，漣水復來屬。嘉定初，節制本路沿邊軍馬。十年，制置安撫司公事。寶慶三年，升寶應縣爲州。紹定元年，升山陽縣爲淮安軍。端平元年，改軍爲淮安州。崇寧戶七萬八千五百四十九，口二十萬七千二百二。貢苧布。縣四：山陽，望。建炎間沒于金，紹興元年收復。紹定元年，升淮安軍，改縣爲淮安。鹽城，上。有九鹽場。建炎間入于金，紹興元年隸漣水，三年，又來屬。淮陰，中。紹興五年，廢爲鎭，六年，復。嘉定七年，徙治八里莊。寶應。緊。寶慶三年，升爲寶應州，而縣如故。

海州，上，東海郡，團練。建炎間，入于金，紹興七年復。隆興初，割以畀金，隸山東路，以漣水縣來屬。嘉定十二年復。寶慶末，李全據之。紹定四年，全死，又復。端平二

年，徙治東海縣。淳祐十二年，全子壇又據之，治朐山。景定二年，壇降，置西海州。崇寧戶五萬四千八百三十，口九萬九千七百五十。貢絹、獐皮、鹿皮。縣四：朐山，緊。懷仁，中。沭陽，中。東海。中。

泰州，上，海陵郡。本團練，乾德五年，降爲軍事。建炎三年，入于金，尋復。四年，置通、泰鎭撫使。紹興十年，移治泰興沙上，時泰興隸海陵，復舊治。元領四縣，紹興十二年，割泰興隸揚州。建炎四年，又以興化隸高郵軍。崇寧戶五萬六千九百七十二，口一十一萬七千二百七十四。貢隔織。縣二：海陵，望。如皋。中下。開寶七年，以海陵監移治。

泗州，上，臨淮郡。建隆二年，廢徐城縣。乾德元年，以楚州之盱眙、濠州之招信來屬；建炎四年，復屬濠州。紹興十二年入金，後復。崇寧戶六萬三千六百三十二，口一十五萬七千三百五十一。貢絹。縣三：臨淮，上。虹，中。紹興九年，自宿州來隸。淮平。上。紹興二十一年，地入于金，析臨淮地置今縣。南渡後，有淮平無盱眙，蓋盱眙縣即招信軍也。

滁州，上，永陽郡，軍事。建炎間，置滁、濠鎭撫使，尋廢。嘉熙中，移治王家沙。景定五年，復舊治。崇寧戶四萬二十六，口九萬七千八百八十九。貢絹。縣三：清流，望。全椒，緊。來安。望。唐永陽縣，南唐改。紹興五年，廢入清流。十八年，復。乾道九年廢爲鎭。淳熙二年復。

眞州，望，軍事。本上州。乾德三年，升爲建安軍〔九〕。至道二年，以揚州之六合來屬。

中華書局

大中祥符六年，爲眞州。大觀元年，升爲望。政和七年，賜郡名曰儀眞。建炎三年，入于金，尋復。崇寧戶二萬四千二百四十二，口八萬二千四十三。貢麻紙。縣二：揚子，中。本揚州永正縣之白沙鎭，南唐改爲迎鑾鎭〔一〇〕。建炎元年升軍，四年，廢爲縣。紹興十一年復升軍，十二年，復爲縣。六合。望。

通州，中，軍事。政和七年，賜郡名曰靜海。建炎四年，入于金，尋復。崇寧戶二萬七千五百二十七，口四萬三千一百八十九。貢獐皮、鹿皮、鰾膠。縣二：靜海，望。周屬揚州，析其地爲縣，與海門同來隸。海門。望。監一：利豐。掌煎鹽。太平興國八年，移治於州西南四里。

高郵軍，同下州，高沙郡〔一一〕，軍事。開寶四年，以揚州高郵縣爲軍。熙寧五年，廢爲縣，隸揚州。元祐元年，復爲軍。建炎四年，升承州，割泰州興化縣來屬；置鎭撫使。紹興五年，廢爲縣，復隸揚州，以知縣兼軍使〔一二〕。三十一年，復爲軍，仍以興化來屬。崇寧戶二萬八百一十三，口三萬八千七百五十一。縣一；今縣二：高郵，望。興化。緊。舊隸揚州，改隸泰州。建炎四年來隸。紹興五年廢爲鎭，十九年，復縣，隸泰州。乾道二年還隸，尋又隸泰州，淳熙四年復舊。

安東州，本漣水軍。太平興國三年，以泗州漣水縣置軍。熙寧五年，廢爲縣，隸楚州。元祐二年，復爲軍。紹興五年，廢爲縣；三十二年，復爲軍。紹定元年，屬寶應州。端平元年，復爲軍。景定初，升安東州。崇寧戶一萬九千五百七十九，口四萬七百八十五。縣一：

漣水。望。

招信軍，本泗州盱眙縣，建炎三年，升軍，四年爲縣，隸濠州。紹興二年，復隸泗州。七年，仍舊隸京東。十一年，隸天長軍。十二年，復升軍，以天長來屬。寶慶三年，入于金。紹定四年復，仍爲招信軍。縣二：天長，望。舊天長軍。至道二年軍廢，復爲縣，隸揚州。建炎元年升軍，紹興元年爲縣。十一年，復升軍；十三年，復爲縣，隸。招信。建炎四年，隸濠州。紹興四年復；十一年，隸天長軍；十二年，復來隸。

淮安軍，本泗州五河口。端平二年，金亡，遺民來歸，置隘使屯田。咸淳七年六月，置軍。縣一：五河。咸淳七年置，有滄、涇、沱、潨、淮五河，故名〔一三〕。

清河軍，咸淳九年置。縣一：清河。

西路。府一：壽春。州七：廬，蘄，和，舒，濠，光，黃。軍二：六安，無爲。縣三十三。南渡後，府二：安慶、壽春，州六：廬、蘄、和、濠、光、黃，軍四：安豐、鎭巢、懷遠、六安，爲淮西路。

壽春府，壽春郡，緊，忠正軍節度。本壽州。開寶中，廢霍山、盛唐二縣。政和六年，升爲府。八年，以府之六安縣爲六安軍。紹興十二年，升安豐爲軍，以六安、霍丘、壽春三縣來隸。三十二年，升壽春爲府，以安豐軍隸焉。隆興二年，軍使兼知安豐縣事。乾道三年，罷壽春，復爲安豐軍。崇寧戶一十二萬六千三百八十三，口二十四萬六千三百八十二。貢葛布、石斛。縣四：下蔡，緊。安豐，望。霍丘，望。壽春。緊。紹興初，隸安豐，三十二年爲府，乾道三年爲倚郭。

六安軍，政和八年，升縣爲軍。紹興十三年，廢爲縣。景定五年，復爲軍。端平元年，又爲縣，後復爲軍。縣一：六安。中。

廬州，望，保信軍節度。大觀二年，升爲望。舊領淮南西路兵馬鈐轄。建炎二年，兼本路安撫使。紹興初，寄治巢縣。乾道二年，置司于和州。五年，復舊。崇寧戶八萬三千五十六，口一十七萬八千三百五十九。貢紗、絹、蠟、石斛。縣三：合肥，上。舒城，下。梁。中。本愼縣。紹興三十二年，避孝宗諱，改今名。

蘄州，望，蘄春郡，防禦。建炎初，爲盜所據，紹興五年收復。景定元年，移治龍磯。崇寧戶一十一萬四千九十七，口一十九萬三千一百一十六。貢苧布、簟。縣五：蘄春，望。嘉熙元年治宿〔一四〕，景定二年，隨州治泰和門外。蘄水，望。廣濟，望。黃梅，上。羅田。元祐八年，以蘄水縣石橋爲羅田縣。

和州，上，歷陽郡，防禦。南渡後，爲姑熟、金陵藩蔽也。淳熙二年，兼管內安撫。崇寧

戶三萬四千一百四，口六萬六千三百七十一。貢苧布、綀布。縣三：歷陽，緊。有梁山、柵江二砦。含山，中。有東關砦。烏江。中。紹興五年廢爲鎭，七年，復。

安慶府，本舒州，同安郡，德慶軍節度。本團練州。建隆元年，升爲防禦。政和五年，賜軍額。建炎間，置舒、蘄鎭撫使。紹興三年，舒、黃、蘄三州仍聽江南西路安撫司節制。十七年，改安慶軍。慶元元年，以寧宗潛邸，升爲府。端平三年，移治羅刹洲，又移楊槎洲。景定元年，改築宜城。舊屬沿江制置使司。崇寧戶一十二萬八千三百五十，口三十四萬一千八百六十六。貢白朮。縣五：懷寧，上。桐城，上。宿松，上。望江，上。太湖。上。監一：同安。熙寧八年置，鑄銅錢。

濠州，上，鍾離郡，團練。乾道初，移戍藕塘，嘉定四年，始城定遠縣，復舊。崇寧戶六萬四千五百七十，口一十五萬三千四百五十七。貢絹、糟魚。縣二：鍾離，望。定遠。望。

光州，上，弋陽郡，光山軍節度。本軍事州。宣和元年，賜軍額。紹興二十八年，避金太子光瑛諱，改蔣州。嘉熙元年，兵亂，徙治金剛臺，尋復故。崇寧戶一萬二千二百六十八，口一十五萬六千四百六十。貢石斛、葛布。縣四：定城，上。固始，望。光山，中下。同上避諱，改期思，尋復故。仙居。中下。南渡無。

黃州，下，齊安郡，軍事。建炎隸沿江制置副使司。崇寧戶八萬六千九百五十三，口一

十三萬五千九百一十六。貢苧布、連翹。縣三：黃岡，望。黃陂，上。端平三年，寓治青山磯。麻城。中。端平三年，治什子山。

無爲軍，同下州。太平興國三年，以廬州巢縣無爲鎮建爲軍，以巢、廬江二縣來屬。建炎二年，入于金，尋復。景定三年，升巢縣爲鎮巢軍。崇寧戶六萬一百三十八，口一十一萬二千一百九十九。貢絹。縣三：無爲，望。熙寧三年，析巢、廬江二縣地置縣。巢，望。至道二年，移治郭下。紹興五年廢，六年復。十一年，隸廬州，十二年，復來屬。景定三年升軍，屬沿江制置使司。廬江。望。有昆山礬場。

懷遠軍，寶祐五年五月置。縣一：荆山。

淮南東、西路，本淮南路，蓋禹貢荆、徐、揚、豫四州之域，而揚州爲多。當南斗、須女之分。東至于海，西抵灘、渙，南濱大江，北界淸、淮。土壤膏沃，有茶、鹽、絲、帛之利。人性輕揚，善商賈，廛里饒富，多高貲之家。揚、壽皆爲巨鎮，而眞州當運路之要，符離、譙、亳、臨淮、朐山皆便水運，而隸淮服。其俗與京東、西略同。

江南東、西路。建炎元年，以江寧府、洪州並升帥府，四年，合江東、西爲江南路，以鄂岳來屬。又置三帥：鄂州路，統鄂岳筠袁虔吉州、南安軍；江西路，統江洪撫信州、興國南康臨江建昌軍；建康府路，統建康府、池饒宣徽太平州、廣德軍。紹興初，復分東西，以建康府、池饒徽宣信撫太平州、廣德建昌軍爲江南東路；以江洪筠袁虔吉州、興國南康臨江南安軍爲江南西路。尋以撫州、建昌軍還隸西路，南康軍還隸東路。置帥于池、江二州。未幾，以二州地僻隘，復還建康府、洪州。

東路。府一：江寧。州七：宣，徽，江，池，饒，信，太平。軍二：南康，廣德。縣四十三。南渡後，府二：建康，寧國。州五：徽，池，饒，信，太平。軍二：南康，廣德，爲東路。紹興三十二年，戶九十六萬六千四百二十八，口一百七十二萬四千一百三十七。

江寧府，上，開寶八年，平江南，復爲昇州節度。天禧二年，升爲建康軍節度〔二五〕。舊領江南東路兵馬鈐轄。建炎元年，爲帥府。三年，復爲建康府，統太平宣徽廣德。五月，高宗卽府治建行宮。紹興八年，置主管行宮留守司公事；三十一年，爲行宮留守。乾道三年，兼沿江軍，尋省。崇寧戶一十二萬七百一十三，口二十萬二百七十六。貢筆。縣五：上元，次赤。江寧，次赤。句容，次畿。天禧四年，改名常寧。溧水，次畿。溧陽。次畿。

寧國府，本宣州，宣城郡，寧國軍節度。乾道二年，以孝宗潛邸，升爲府。七年，魏惠憲王出鎮，置長史、司馬。崇寧戶十四萬七千四十，口四十七萬七百四十九。貢紵布、黃連、筆。縣六：宣城，望。南陵，望。寧國，緊。旌德，緊。太平，中。涇。緊。

徽州，上，新安郡，軍事。宣和三年，改歙州爲徽州。崇寧戶一十萬八千三百一十六，口一十六萬七千八百九十六。貢白苧、紙。縣六：歙，望。休寧，望。祁門，望。婺源，望。績溪，望。黟。緊。

池州，上，池陽郡，軍事。建炎四年，分江東、西置安撫使，領建康、太平宣徽饒、廣德。後以建康路安撫使兼知池州。崇寧戶一十三萬五千五十九，口二十萬六千九百三十二。貢紙、紅白薑。縣六：貴池，望。青陽，上。開寶末，自昇州與銅陵並來隸。銅陵，上。建德，上。唐至德縣，吳改。石埭，上。東流。中下。太平興國三年，自江州來隸。監一：永豐。鑄銅錢。

饒州，上，鄱陽郡，軍事。崇寧戶一十八萬一千三百，口三十三萬六千八百四十五。貢麩金、竹簟。縣六：鄱陽，望。餘干，望。浮梁，望。樂平，望。德興，緊。安仁。中。開寶八年，以餘干縣地置安仁場，端拱元年，升爲縣。監一：永平。鑄銅錢。

信州，上，上饒郡，軍事。崇寧戶一十五萬四千三百六十四，口三十三萬四千九百九十七。貢蜜、葛粉、水晶器。縣六：上饒，望。玉山，望。弋陽，望。淳化五年，升弋陽之寶豐場爲縣；景德元

年〔二六〕，廢寶豐縣爲鎮，康定中復，慶曆三年又廢。貴溪，望。鉛山，中。開寶八年平江南，以鉛山直屬京，後還隸。永豐。中。舊永豐鎮，隸上饒，熙寧七年爲縣。

太平州，上，軍事。開寶八年，改南平軍。太平興國二年，升爲州。崇寧戶五萬三千二百六十一，口八萬一百三十七。貢紗。縣三：當塗，上。蕪湖，中。開寶末，自建康軍與繁昌同隸宣州。太平興國三年，與繁昌復來隸。繁昌。中。

南康軍，同下州。太平興國七年，以江州星子縣建爲軍。本隸西路，紹興初，來屬。崇寧戶七萬六百一十五，口一十一萬二千三百四十三。貢茶芽。縣三：星子，上。太平興國三年，升星子鎮爲縣。七年，與都昌同來隸。建昌，望。太平興國七年，自洪州來隸。都昌。上。以縣有都村，南接南昌，西望建昌，故名。紹興七年〔二七〕，自江州來隸。

廣德軍，同下州。太平興國四年，以宣州廣德縣爲軍。崇寧戶四萬一千五百，口一十萬七百二十二。貢茶芽。縣二：廣德，望。開寶末，自江寧府隸宣州。建平。望。端拱元年，以郎步鎮爲縣，來隸。

西路。州六：洪，虔，吉，袁，撫，筠。軍四：興國，南安，臨江，建昌。縣四十九。南渡後，府一：隆興。州六：江，贛，吉，袁，撫，筠。軍四：興國，建昌，臨江，南安，爲西路。紹興三

中華書局

十二年，戶一百八十九萬一千三百九十二，口三百二十二萬一千五百三十八。

隆興府，本洪州，都督府，豫章郡，鎭南軍節度。舊領江南西路兵馬鈐轄。紹興三年，以淮西屯兵聽江西節制，兼宣撫舒、蘄、光、黃、安、復州，尋罷。四年，止稱安撫、制置使。八年，復兼安撫、制置大使。隆興三年，以孝宗潛藩，升爲府。崇寧戶二十六萬一千一百五，口五十三萬二千四百四十六。貢葛。縣八：南昌，望。新建，望。太平興國六年置縣。奉新，望。唐新吳縣，南唐改。豐城，望。分寧，望。建炎間，升義寧軍，尋復。武寧，緊。靖安，中。南唐改。進賢。崇寧二年，以南昌縣進賢鎭升爲縣。

江州，上，潯陽郡，開寶八年，降爲軍事。大觀元年〔二八〕，升爲望郡。舊隸江南東路。建炎元年，升定江軍節度。二年，置安撫、制置使，以江、池、饒、信爲江州路。紹興元年，復爲二路，本路置安撫大使。嘉熙四年，爲制置副使司治所。咸淳四年，移制置司黃州；十年，還舊治。崇寧戶八萬四千五百六十九，口一十三萬八千五百九十。貢雲母、石斛。縣五：德化，望。唐潯陽縣，南唐改。德安，緊。瑞昌，中。湖口，中。彭澤。中。監一：廣寧。鑄銅錢。

贛州，上。本虔州，南康郡，昭信軍節度。大觀元年，升爲望郡。建炎間，置管內安撫使；紹興十五年罷，復置江西兵馬鈐轄，兼提舉南安軍、南雄州兵甲司公事。二十三年〔二九〕，改今名。崇寧戶二十七萬二千四百三十二，口七十萬二千一百二十七。貢白紵。縣十

贛，望。有蛤湖銀場。虔化，望。紹興二十三年，改寧都。有寶積鉛場。興國，望。太平興國中，析贛縣之七鄉置。信豐，望。雩都，望。會昌，望。太平興國中，析雩都六鄉於九州鎭置。有錫場〔三〇〕。瑞金，望。有九龍銀場。石城，緊。安遠，上。龍南。中。南唐縣，本名龍南。宣和三年，改虔南。紹興二十三年，改龍南，取百丈龍灘之南爲義。

吉州，上，廬陵郡，軍事。崇寧戶三十三萬五千七百一十，口九十五萬七千二百五十六。貢紵布、葛。縣八：廬陵，望。吉水，望。雍熙元年，析廬陵地置縣。安福，望。太和，望。龍泉，望。宣和三年，改泉江，紹興復舊。永新，望。至和元年，徙吉水縣地置永新縣〔三一〕。永豐，望。萬安。望。熙寧四年，以龍泉縣萬安鎭置。

袁州，上，宜春郡，軍事。崇寧戶一十三萬二千二百九十九，口三十二萬四千三百五十三。貢紵布。縣四：宜春，望。分宜，望。雍熙元年置。有貴山鐵務。萍鄉，望。萬載。緊。開寶末，自筠州來屬。宣和三年，改名建城。紹興元年，復今名。

撫州，上，臨川郡，軍事。建炎四年，隸江南東路。紹興四年，復來隸。崇寧戶一十六萬一千四百八十，口三十七萬三千六百五十二。貢葛。縣五：臨川，望。紹興十九年，析惠安、顯秀二鄉入崇仁。崇仁，望。宜黃，望。開寶三年，升宜黃場爲縣。金谿，緊。開寶五年，升金谿場爲縣〔三二〕。樂安。紹興十九年置，割崇仁、吉水四鄉隸之。二十四年，以雲蓋鄉還隸永豐。

瑞州，上，本筠州，軍事。紹興十三年，改高安郡。寶慶元年，避理宗諱，改今名。崇寧戶一十一萬一千四百二十一，口二十萬四千五百六十四。貢紵。縣三：高安，望。上高，望。新昌。望。太平興國六年，析高安地置縣。

興國軍，同下州。太平興國二年，以鄂州永興縣置永興軍。三年，改興國。崇寧戶六萬三千四百二十二，口一十萬五千三百五十六。貢紵。縣三：永興，望。大冶，緊。南唐縣，自鄂州與通山並來隸。有富民錢監及銅場、磁湖鐵務。通山。中。太平興國二年，升羊山鎭〔三三〕爲縣。紹興四年，又爲鎭，五年復。

南安軍，同下州。淳化元年，以虔州大庾縣建爲軍。崇寧戶三萬七千七百二十一，口五萬五千五百八十二。貢紵。縣三：南康，望。元豐九域志南安軍領縣三〔三四〕，崇寧地理不載南康縣。據元豐志，南康係望縣，有瑞陽錫務，不知併於何時。大庾，中。淳化元年，自虔州與上猶、南康並來隸。上猶。上。有上田鐵務。嘉定四年，改南安。

臨江軍，同下州。淳化三年，以筠州之清江建軍。崇寧戶九萬一千六百九十九，口二十萬二千六百五十六。貢絹。縣三：清江，望。新淦，望。淳化三年，自吉州來隸。新喻。望。淳化三年，自袁州來隸。

建昌軍，同下州。舊建武軍，太平興國四年改。崇寧戶一十一萬二千八百八十七，口一

十八萬五千三十六。貢絹。縣二：南城，望。淳化二年，自撫州來隸。有太平等四銀場〔三五〕。南豐。望。南渡後，增縣二：新城，紹興八年，析南城五鄉置。廣昌。紹興八年，析南豐南境三鄉置。

江南東、西路，蓋禹貢揚州之域，當牽牛、須女之分。東限七閩，西略夏口，南抵大庾，北際大江。川澤沃衍，有水物之饒。永嘉東遷，衣冠多所萃止，其後文物頗盛。而茗荈、冶鑄、金帛、秔稻之利，歲給縣官用度，蓋半天下之入焉。其俗性悍而急，喪葬或不中禮，尤好爭訟，其氣尙使然也。

荆湖南、北路。紹興元年，以鄂岳潭衡永郴道州、桂陽軍爲東路，鄂州置安撫司；鼎澧辰沅靖邵全州、武岡軍爲西路，鼎州置安撫司。二年，罷東、西路，仍分南、北路安撫司，南路治潭州；北路治鄂，尋治江陵。

北路。府二：江陵，德安；州十：鄂，復，鼎，澧，峽，岳，歸，辰，沅，靖。軍二：荆門，漢陽。縣五十六。南渡後，府三：江陵，常德，德安。州九：鄂，岳，歸，峽，復，澧，辰，沅，靖。

軍三：漢陽，荆門，壽昌。紹興三十二年，戶二十五萬四千一百一，口四十四萬五千八百四十四。

江陵府，次府，江陵郡，荆南節度。舊領荆湖北路兵馬鈐轄，兼提舉本路及施、夔州兵馬巡檢事。建炎二年，升帥府。四年，置荆南府、歸峽州、荆門公安軍鎮撫使，紹興五年罷。始制，安撫使兼營田使；六年，爲經略、安撫使；七年罷經略，止除安撫使。淳熙元年，還爲荆南府。未幾，復爲江陵府制置使。景定元年，移治于鄂。咸淳十年，荆湖、四川宣撫使兼江陵府事。崇寧戶八萬五千八百一，口二十二萬三千二百八十四。貢綾、紵、碧澗茶芽、柑橘。縣八：江陵，次赤。公安，次畿。潛江，次畿。乾德三年，升白伏巡爲縣。監利，次畿。至道三年，以玉沙隸復州。熙寧六年，廢復州，以玉沙縣入監利縣，尋復其舊。松滋，次畿。石首，次畿。枝江，次畿。熙寧六年，省入松滋，元祐元年復。建炎四年，江陵寄治，紹興五年還舊。嘉熙元年，移澌、湜洲。咸淳六年，移江南白水鎮下沱市。建寧。次畿。乾德三年，升白舊巡爲縣，并置萬庾縣；萬庾尋廢。熙寧六年，省建寧入石首。元祐元年復。南渡後，省。

鄂州，緊，江夏郡，武昌軍節度。初爲武清軍，至道二年，始改〔二五〕。建炎二年，兼鄂、岳制置使。四年，兼江南鄂州路安撫，尋改鄂州路安撫。紹興二年，改兼荆湖北路安撫。六年，管內安撫；十一年，罷。嘉定十一年，置沿江制置副使。淳祐五年，兼荆湖北路安撫

使；九年，罷。景定元年，改荆湖制置使；咸淳七年，罷。崇寧戶九萬六千七百六十九，口二十四萬七百六十七。貢銀。縣七：江夏，緊。崇陽，望。唐縣。開寶八年，又改今名。武昌，上。蒲圻，中。咸寧，中。通城，中。熙寧五年，升崇陽縣通城鎮爲縣。紹興五年，廢爲鎮。十七年，復。嘉魚。下。熙寧六年，析復州地入焉。監一：寶泉。熙寧七年置，鑄銅錢。南渡後，升武昌縣爲壽昌軍。

德安府，中，安陸郡，安遠軍節度。本安州。天聖元年〔二七〕，隸京西路，慶曆元年還本路。宣和元年，升爲府。開寶中，廢吉陽縣。建炎四年，爲安陸、漢陽鎮撫使。紹興三年，復來屬。咸淳中，徙治漢陽城頭山。崇寧戶五萬九千一百八十六，口一十四萬三千八百九十二。貢青紵。縣五：安陸，中。熙寧二年，省雲夢縣爲鎮入焉，元祐元年復。應城，中。孝感，中。建炎間，移治紫虛砦。應山，中下。雲夢。中。紹興七年，移治仵落市；十八年復舊。南渡後，無應山。

復州，上，景陵郡，防禦。建炎四年，置德安、復州、漢陽軍鎮撫使。紹興三年，置荆湖北路安撫使。端平三年，移治沔陽鎮。貢闕。縣二：景陵，緊。晉縣。熙寧六年廢州，以景陵屬安州。元祐元年復。玉沙。下。至道三年〔二八〕，自江陵來隸。寶元二年，廢沔陽入焉。熙寧六年，又隸江陵府。元祐元年，與景陵皆復。

常德府，本鼎州，武陵郡，常德軍節度。乾德二年，降爲團練。本朗州。大中祥符五年，改今名。熙寧七年，廢桃源、湯口〔二九〕、白崖三砦。元豐三年，廢白埠、黃石二砦。政和

七年，升爲軍。建炎四年，升鼎、澧州鎮撫使。紹興元年，置荆湖北路安撫使，治鼎州，領鼎、澧、辰、沅、靖州；三十二年，罷。乾道元年，以孝宗潛藩，升府。八年，依舊提舉五州。崇寧戶五萬八千二百九十七，口一十三萬八百六十五。貢紵、布、練布。縣三：武陵，望。桃源，望。乾德中，析武陵地置縣。龍陽。中。大觀中，改辰陽。紹興元年〔三〇〕復舊。五年，升軍使，移治黃城砦。三十年，復縣。南渡後，增縣一：沅江。中下。自岳州來隸。乾道中，割隸岳州，今復來隸。

澧州，上，澧陽郡，軍事。建炎四年，寓治陶家市山砦，隨復舊。崇寧戶八萬一千六百七十三，口二十三萬六千九百二十一。貢綾、竹簟。縣四：澧陽，望。安鄉，中下。石門，中下。有臺宜砦。慈利。下。有索口、安福、西牛、武口、澧州五砦。

峽州，中，「峽」字舊從「硤」，今從「山」。夷陵郡，軍事。建炎中，移治石鼻山；紹興五年，復舊。端平元年，徙治于江南縣〔三一〕。崇寧戶四萬九百八十，口一十一萬六千四百。貢五加皮、芒硝、杜若。縣四：夷陵，中。有漢流、巴山、麻溪、魚陽、長樂、梅子六砦，及鉛錫場。宜都，中。長楊，中下。有漢流、飛魚二鹽井。元豐五年，廢新安、長楊二砦。遠安。中下。

岳州，下，巴陵郡，岳陽軍節度。本軍事州。宣和元年賜軍額。建炎間，岳、鄂二州各帶沿江管內安撫司公事。紹興二十五年，改州曰純，改軍曰華容；三十一年，復舊。崇寧戶九萬七千七百九十一，口一十二萬八千四百五十。貢紵。縣四：巴陵，上。華容，望。有古

樓砦〔三二〕。平江，上。臨湘。淳化元年，升王朝場爲縣，尋改。

歸州，下，巴東郡，軍事。建炎四年，隸夔路；紹興五年，復。三十一年，又隸夔；淳熙十四年，復。明年，又隸夔。端平三年，徙郡治于南浦〔三三〕。崇寧戶二萬一千五十八，口五萬二千一百四十七。貢紵。縣三：秭歸，下。熙寧五年，省興山縣爲鎮入焉；元祐元年復。有樓禮砦、青林鹽井。巴東，下。有折疊砦。興山。下。開寶元年，移治昭君院。端拱二年，又徙香溪北。

辰州，下，盧溪郡，軍事。太平興國七年，置招諭縣。熙寧七年，以麻陽、招諭二縣隸沅州；廢慢水砦、龍門、水浦、銅安、龔溪木砦。九年，廢明溪、豐溪、佘溪、新興、鳳伊、鐵爐、竹平、木樓、烏速、騾子、西溪砦堡。崇寧戶一萬七百三十，口二萬三千三百五十。貢朱砂、水銀。縣四：沅陵，中。漵浦，中下。有懸鼓砦。元豐二年，置龍潭堡。辰溪，下。有龍門、銅安二砦。盧溪。下。城一：會溪。熙寧八年十二月置。砦三：池蓬，鎮溪，黔安。嘉祐三年，置池蓬；熙寧三年，置鎮溪；八年，置黔安。

沅州，下，潭陽郡，軍事。本懿州。熙寧七年收復，以潭陽縣地置盧陽縣，以辰州麻陽、招諭二縣隸州。八年，併錦州砦人戶及廢招諭縣入麻陽，爲一縣。元豐三年，併鎮江砦人戶入黔江城，爲黔陽縣，尋廢鎮江砦爲鋪。五年，升舊渠陽砦爲縣；元祐六年，省爲砦；崇寧二年，復爲縣。崇寧戶九千六百五十九，口一萬九千一百五十七。貢朱砂、水銀。縣四：

盧陽，下。有獎州[三四]、西縣、八洲、長宜、迴溪、鎮江、龍門、懷化八鋪。麻陽，下。有錦州砦、龔溪、龍家、竹砦、虎踊、齊天、叉溪六鋪。龔溪砦，熙寧六年賜名，其後爲鋪，未詳。黔陽，下。有竹砦、匯溪、無狀、木州、洪江五鋪。渠陽。砦八：熙寧間，復硤中勝雲鶴繡五州[三五]、富錦圓三州。六年，以硤州新城爲安江砦，富州新城爲鎮江砦。七年，廢慢水砦、龍家堡，以辰州龍門、銅安[三六]二砦隸州，尋廢爲鋪。宣和元年，復置銅安砦。元豐三年，置托口砦。四年，以古誠州貫保新砦爲貫保砦，奉愛、豐山新堡爲豐山新堡，小由、長渡村堡爲小由砦。安江，有洪江、銅安二鋪。托口，有竹灘一鋪，元豐八年罷。貫保，元豐三年置，六年，隸誠州。元祐六年廢，崇寧二年復置。渠陽，元祐三年，以渠陽軍改，來隸。竹灘，洪江，並元祐五年置，隸黔陽縣。若溪，崇寧三年置。便溪。崇寧三年，以獎州改。

靖州，下，軍事。熙寧九年，收復唐溪洞誠州。元豐四年，仍建爲誠州。五年，沅州貫保砦改爲縣，總治本砦并托口、小由、豐山四堡砦戶口，以渠陽縣爲名，隸州。六年，移托口、小由兩砦却屬沅州，析邵州蒔竹縣隸州，移渠陽縣爲州治。七年，沅州小由砦復隸州，尋廢小由砦、豐山堡。元祐二年，廢爲渠陽軍。三年，廢軍爲砦，屬沅州。元祐五年，復以渠陽砦爲誠州。崇寧二年，改爲靖州。大觀元年爲望郡。崇寧戶一萬八千六百九十二，口闕。貢白絹。縣三：永平，下。本渠陽縣，崇寧二年，改名，紹興八年，移入州。會同，下。本三江縣，崇寧二年改。通道。下。本羅蒙縣，崇寧二年改。砦四：狠江，收溪，貫保，羅蒙。元豐六年，置收溪，復以沅州貫保來隸。七年，置羅蒙。元祐三年，廢收溪、羅蒙。崇寧二年，又置若水、豐山二砦。堡五：石家，漨村，多星，大

由，天村。元豐四年，置石家、漨村；六年，置多星；七年，置大由、天村。元祐三年，廢多星、大由、天村等堡，崇寧三年復置；又置羊鎮堡、木砦堡。大觀二年，又置飛山堡。政和三年，又置䍐溪堡。八年，又置通平堡。

荊門軍，開寶五年，長林、當陽二縣自江陵來隸。熙寧六年，廢軍，縣復隸江陵府。元祐三年，復爲軍。端平三年，移治當陽縣。縣二：長林，次畿。當陽。次畿。紹興十四年，廢入長林；十六年，復。

漢陽軍，同下州。熙寧四年，廢爲縣，以漢川縣爲鎮，屬鄂州。元祐元年，復置。紹興五年，又廢爲縣；七年，復爲軍。縣二：漢陽，緊。漢川。下。太平興國二年，自德安來隸[三七]。紹興五年廢，七年復。

壽昌軍，下，本鄂州武昌縣。嘉定十五年，升壽昌軍使，續升軍。端平元年，以武昌縣還隸鄂州。縣一：武昌。上。以武昌山爲名。孫權所都。南渡後，爲江州治所，後復故。

南路。州七：潭，衡，道，永，邵，郴，全。軍一：武岡。監一：桂陽。縣三十九。南渡後，增茶陵軍。紹興三十二年，戶九十六萬八千九百三十，口二百一十三萬六千七百六十七。

潭州，上，長沙郡，武安軍節度。乾德元年，平湖南，降爲防禦。端拱元年，復爲軍。舊

領荊湖南路安撫使。大觀元年，升爲帥府。建炎元年，復爲總管安撫司。紹興元年，兼東路兵馬鈐轄；二年，復爲安撫司。崇寧戶四十三萬九千九百八十八，口九十六萬二千八百五十三。貢葛、茶。縣十二：長沙，望。開寶中，廢長豐縣入焉。衡山，望。淳化四年，以衡山、岳州湘陰並來隸。有黃簳銀場。安化，望。熙寧六年置，改七星砦爲鎮入焉，廢首溪砦。元祐三年，置博易場。醴陵，緊。攸，上。湘鄉，中。湘潭，中。益陽，中。瀏陽，中。有永興及舊溪銀場。湘陰，中。乾德二年，自鼎州隸岳州，俄而來隸。寧鄉，中。善化。元符元年，以長沙縣五鄉、湘潭縣兩鄉爲善化縣。

衡州，上，衡陽郡，軍事。崇寧戶一十六萬八千九百九十五，口三十萬八千二百五十三。貢麩金、犀。縣五：衡陽，緊。有熙寧錢監。耒陽，中。常寧，中下。熙寧六年，廢常寧縣獎中砦。有茭源銀場。安仁。中下。乾德二年，升安仁場爲縣。南渡後，升茶陵爲軍。

道州，中，江華郡，軍事。乾德三年，廢大歷縣。熙寧六年，廢揚梅、勝岡、綿田三砦。紹興元年，隸荊湖東路；二年，復舊。崇寧戶四萬一千五百三十五，口八萬六千五百五十三。貢白紵、零陵香。縣四：營道，緊。熙寧五年，省永明縣爲鎮入焉，元祐元年復。江華，緊。有黃富鐵場。寧遠，緊。唐延唐縣。乾德三年改。永明。上。

永州，中，零陵郡，軍事。熙寧六年，廢福田、樂山二砦。八年，廢零陵砦。崇寧戶八萬九千三百八十七，口二十四萬三千三百二十二。貢葛、石燕。縣三：零陵，望。祁陽，中。東

安。中。雍熙元年，升東安場爲縣。有東安砦。

郴州，中，桂陽郡，軍事。紹興初，改隸荊湖東路，二年，仍來屬。崇寧戶三萬九千三百九十三，口一十三萬八千五百九十九。貢紵。縣四：郴，緊。有新塘、浦溪二銀坑。桂陽，中。唐義昌縣，後唐改郴義。太平興國初，又改。有延壽銀坑。宜章，中。唐義章縣。太平興國初改。永興。中。舊高亭縣。熙寧六年改。南渡後，增縣二：興寧，嘉定二年，析郴縣資興、程水二鄉置資興縣，後改今名。桂東。本郴縣地。嘉定四年，析桂陽之零陵、宜城二鄉置今縣於上猶砦。

寶慶府，本邵州，邵陽郡，軍事。大觀九年，升爲望郡。寶慶元年，以理宗潛藩，升府。淳祐六年，升寶慶軍節度。崇寧戶九萬八千八百六十一，口二十一萬八千一百六十。貢犀角、銀。縣二：邵陽，望。新化。望。熙寧五年收復梅山，以其地置縣。有惜溪、柘溪、藤溪、深溪、雲溪五砦。

全州，下，軍事。紹興元年，聽廣西路經略安撫司節制。崇寧戶三萬四千六百六十三，口一十萬六千四百三十二。貢葛、零陵香。縣二：清湘，望。有香煙、祿塘、長烏、羊狀、硤石、磨石、獲源七砦。灌陽。中。有洮水、灌水、吉寧砦。

茶陵軍，紹興九年，升縣爲軍，仍隸衡州。嘉定四年，析康樂、雲陽、常平三鄉置酃縣，亦嘗隸衡州。縣一：酃。下。因酃湖爲名。

桂陽軍，本桂陽監，同下州。紹興元年，隸荊湖東路，二年，復故。三年，升軍、崇寧

戶四萬四百七十六，口一十一萬五千九百。貢銀。縣二：平陽，上。隋縣，晉廢。天禧三年置。有大富等九銀坑，熙寧七年復。藍山。中。景德三年，自郴州來隸。南渡後，增縣一：臨武。中。自石晉廢，紹興十六年復〔三八〕。

武岡軍，崇寧五年，以邵州武岡縣升爲軍。縣三：武岡，中。有山塘一砦。熙寧六年，廢白沙砦，置關硤、武陽、城步三砦。元祐四年，置赤木砦。紹聖元年，置神山砦。崇寧二年，置通硤。大觀元年，置峽口砦。綏寧，中。本邵州蒔竹縣地。熙寧九年廢，崇寧九年復。紹興十一年，移治武陽砦，二十五年，還舊。後廢臨岡來入。臨岡。本蒔竹縣。元豐四年，以溪洞徽州爲縣，隸邵州。八年，建臨口砦。崇寧五年，改砦爲縣，隸武岡軍。南渡後，廢臨岡，增新寧。下。漢夷地。紹興二十五年，於水頭江北立今縣。

荆湖南、北路，蓋禹貢荆州之域。當張、翼、軫之分。東界鄂渚，西接溪洞，南抵五嶺，北連襄漢。唐末藩臣分據，宋初下之。鄂、岳本屬河南，安、復中土舊地，今以壤制而分隸焉。江陵國南巨鎮，當荆江上游，西控巴蜀。澧、鼎、辰三州，皆旁通溪洞，置兵戍守。潭州爲湘、嶺要劇，鄂、岳處江、湖之都會，全、邵屯兵，以扼蠻獠。大率有材木、茗荈之饒，金鐵、羽毛之利。其土宜穀稻，賦入稍多。而南路有袁、吉壤接者，其民往往遷徙自占，深耕穊種，率致富饒，自是好訟者亦多矣。北路農作稍惰，多曠土，俗薄而質。歸、峽信巫鬼，重淫

祀，故嘗下令禁之。

校勘記

〔一〕紹興中與錢塘並升赤 「與」，原作「輿」。據輿地紀勝卷二，紹興中，先後以錢塘、仁和比擬開封府祥符縣；本書卷八五地理志說祥符是赤縣。「輿」字顯爲「與」字之訛。據改。

〔二〕宣和三年改 「三年」原作「八年」。按宣和無八年，據宋會要方域六之二二、剡錄卷一改。

〔三〕圖山砦 「圖山」原作「圓山」。按至順鎮江志卷七，圖山在丹徒縣東北六十里。九域志卷五，丹徒縣有「圖山一寨」，「圓」字顯爲「圖」字之訛，據改。

〔四〕降爲軍事 「事」字原脫，據宋會要方域六之二三、九域志卷五補。

〔五〕有高亭一銀場 「銀」，原作「鹽」。據宋會要食貨三三之一、九域志卷五改。

〔六〕望 原脫，據九域志卷五、輿地廣記卷二〇補。

〔七〕開寶五年 「五年」原作「元年」。據本書卷三太祖紀、九域志卷五改。

〔八〕天禧元年來隸 「元年」原作「七年」。按天禧無七年，據宋會要方域六之一〇至一一、九域志卷五改。

〔九〕乾德三年升爲建安軍 當作「乾德二年升迎鑾鎮爲建安軍」。見隆平集卷一、九域志卷五、十朝綱要卷一。

〔一〇〕南唐改爲迎鑾鎮 按通鑑卷二九四注：「迎鑾鎮，本唐之白沙也。吳主楊溥至白沙，閱舟師，徐溫自金陵來見，因以白沙爲迎鑾。」此處「南唐」二字誤。

〔一一〕高沙郡 「郡」字原脫，據輿地紀勝卷四三補。

〔一二〕以知縣兼軍使 「軍」下原衍「事」字，據下文「蘄春府」條「軍使」例和宋會要方域六之一四刪。

〔一三〕有澮涇沱濉淮五河故名 水經淮水注：「淮水又東至巉石山，潼水注之。」嘉慶一統志：「五河故城在縣南，以淮、濉、澮、沱、潼五河合流而名。」疑此處「涇」當作「潼」。

〔一四〕嘉熙元年治宿 按宿州屬淮南東路，據嘉慶一統志蘄春故城條，此處「宿」字當爲「鴻宿州」之誤。

〔一五〕開寶八年平江南復爲昇州節度天禧二年升爲建康軍節度 按宋會要方域六之二四、寰宇記卷九〇、九域志卷六、十朝綱要卷三，「昇州」下「節度」二字衍，「升爲」下應有「江寧府」三字。

〔一六〕景德元年 當作「景祐二年」，見九域志卷六、輿地廣記卷二四。

〔一七〕紹興七年 據上文「星子」條和宋朝事實卷八，此處「紹興」當爲「太平興國」之誤。

〔一八〕大觀元年 原作「大觀三年」，據宋會要方域六之二四、輿地紀勝卷三〇改。

〔一九〕二十三年 「三」原作「二」，據本書卷三一高宗紀、宋會要方域六之二五至二六改。

〔二〇〕錫場 原作「銀場」，據九域志卷六、宋會要食貨三三之二五改。

〔二一〕至和元年徙吉水縣地置永新縣 按新唐書卷四一地理志，吉州永新縣，顯慶二年置。據九域志卷六、輿地紀勝卷三一，至和二年，以吉水報恩鎮置永豐縣。此處「元年」當作「二年」，「永新」當作「永豐」，全句當係永豐縣下注文。

〔二二〕開寶五年升金谿場爲縣 按寰宇記卷一一〇，太平興國時金谿場尚未升縣。據隆平集卷一、九域志卷六，此處「開寶」當作「淳化」。

〔二三〕羊山鎮 原作「羊頭鎮」，據宋會要方域六之二七、輿地紀勝卷三三改。

〔二四〕元豐九域志南安軍領縣三 「三」原作「二」，據九域志卷六改。

〔二五〕淳化二年自撫州來隸有太平等四銀場 按九域志卷六「建昌軍」條，太平興國四年改建昌，治南城。南城不是淳化二年來隸。同書「縣二」條，淳化二年以撫州南豐縣隸軍；又南豐條，有太平四銀場。此處文字當係南豐縣下注文。

〔二六〕至道二年始改 當作「太平興國三年始改」，見九域志卷六、宋會要方域五之六。

〔二七〕天聖元年 原作「天聖六年」，據九域志卷六、輿地紀勝卷七七改。

〔二八〕至道三年 原作「至道二年」，據上文江陵府「監利縣」條、九域志卷六、宋會要方域六之三四改。

〔二九〕湯口 原作「陽口」，據宋會要方域一八之一六、武經總要前集卷二〇改。

中華書局

〔三〇〕紹興元年　原作「紹興三年」，據宋會要方域六之三四、輿地紀勝卷六八引皇朝郡縣志改。

〔三一〕江南縣　按元史卷五九地理志「夷陵」條：「宋末遷治不常，歸附後，復歸江北舊治。」方輿紀要卷七八「夷陵廢縣條」：「端平初，又徙治于江南岸，元還舊治。」此處「縣」字疑衍。

〔三二〕古樓砦　原作「占樓砦」，據宋會要方域一八之二六、九域志卷六改。

〔三三〕徙郡治于南浦　「浦」下原衍「縣」字。按南浦非縣名，元史卷六三地理志「歸州」條：「宋端平三年，元兵至江北，遂徙郡治于江南曲沱，又新灘，又白沙、南浦，今州治是也。」據刪。

〔三四〕獎州　原作「蔣州」，據宋會要方域六之三六、輿地廣記卷二八改。下文同。

〔三五〕熙寧間復硤中勝雲鶴繡五州　「勝」原作「騰」，「繡」下原衍「勝」字。據本書卷四九三西南溪峒諸蠻傳、九域志卷六沅州「寨二」條改。

〔三六〕銅安　原作「鎮安」，據上文辰州「辰溪」條、九域志卷六、宋會要方域一八之二六改。

〔三七〕太平興國二年自德安來隸　安州升爲德安府，事在宣和元年，見上文「德安府」沿革、宋會要方域六之三三，此處「德安」當作「安州」。

〔三八〕紹興十六年復　「十六年」原作「十一年」，據宋會要方域六之三〇、輿地紀勝卷六一改。

宋史卷八十九

志第四十二

地理五

福建路　成都府路　潼川府路　利州路　夔州路

福建路。州六：福，建，泉，南劍，漳，汀。軍二：邵武，興化。縣四十七。南渡後，升建州爲府。紹興三十二年，戶一百三十九萬五百六十五，口二百八十二萬八千八百五十二。

福州，大都督府，長樂郡，威武軍節度。舊領福建路鈐轄，建炎三年升帥府。崇寧戶二十一萬一千五百五十二。貢荔枝、鹿角菜、紫菜。元豐貢紅花蕉布。縣十二：閩，望。侯官，望。福清，望。古田，望。唐縣。有寶興銀場、古田金坑。永福，望。有黃洋、保德二銀場。長溪，望。有玉林〔一〕銀場及鹽場。長樂，緊。有海壇山鹽場。羅源，中。舊永正縣。閩清，中。寧德，中。王審知時置。懷安，望。太平興國五年，析閩縣置。連江。望。

建寧府，上，本建州，建安郡。舊軍事，端拱元年，升爲建寧軍節度；紹興三十二年，以孝宗舊邸，升府。崇寧戶一十九萬六千五百六十六。貢火箭、石乳、龍茶。元豐貢龍鳳等茶、練。縣七：建安，望。有北苑茶焙、龍焙監庫及石舍、永興、丁地三銀場。浦城，望。有余生、蕉溪、艄竹三銀場。嘉禾，望。本建陽縣。有瞿嶺四銀場。景定元年改今名。松溪，緊。崇安，望。淳化五年，升崇安場爲縣。政和，緊。咸平三年，升關隸鎮爲縣。政和五年，改關隸爲政和縣。有天受銀場。甌寧。望。熙寧三年廢，元祐四年復。監一：豐國。咸平二年置，鑄銅錢。

泉州，望，清源郡。太平興國初，改平海軍節度。本上郡，大觀元年，升爲望郡。崇寧戶二十萬一千四百六。貢松子。元豐貢綿、蕉、葛。縣七：晉江，望。有鹽亭一百六十一。南安，中。同安，中。有安仁、上下馬欄、莊坂四鹽場。惠安，望。太平興國六年，析晉江置縣。有鹽亭一百二十九。永春，中。閩桃源縣。有倚洋一鐵場。安溪，下。有青陽鐵場。德化。下。有赤水鐵場。

南劍州，上，劍浦郡，軍事。太平興國四年，加「南」字。崇寧戶一十一萬九千五百六十一。貢土茴香。元豐貢茶。縣五：劍浦，緊。舊龍津縣，南唐改。有大演、石城二銀場，靈、大熟等五茶焙〔二〕。將樂，上。太平興國四年，自建州來隸。有石牌、安福二銀場。順昌，上。南唐升永順場爲縣。沙，中。有龍泉銀場。尤溪。上。有尤溪、寶應等九銀場。

漳州，下，漳浦郡，軍事。崇寧戶一十萬四百六十九。貢甲香、鮫魚皮。縣四：龍溪，望。有吳慣、沐犢、中柵三鹽場。漳浦，望。有黃敎鹽場。龍巖，望。有大濟、寶興二銀場。長泰。望。太平興國五年，自泉州來隸。

汀州，下，臨汀郡，軍事。淳化五年，以上杭、武平二場並爲縣，元符元年，析長汀、寧化置清流縣。崇寧戶八萬一千四百五十四。貢蠟燭。縣五：長汀，望。有上寶錫場，歸禾、拔口二銀務，莒溪鐵務。寧化，望。有龍門新舊二銀坑。上杭，上。有鍾寮金場。天聖二年，徙治鍾寮場東，乾道四年徙治郭下。武平，上。清流。南渡後，增縣一：蓮城。本長汀蓮城堡，紹興三年升縣。

邵武軍，同下州。太平興國五年，以建州邵武縣建爲軍，仍以歸化、建寧二縣來屬。崇寧戶八萬七千五百九十四。貢紵。縣四：邵武，望。有黃土等三鹽場，龍須銅場，寶積等三鐵場。光澤，望。太平興國六年，析邵武置縣。有太平銀場、新安鐵場。泰寧，望。南唐歸化縣。元祐元年，改爲泰寧。有磜金場（三）、江源銀場。建寧。望。有龍門等三銀場。

興化軍，同下州。太平興國四年，以泉州游洋、百丈二鎮地置太平軍，尋改。戶六萬三千一百五十七。貢綿、葛布。縣三：莆田，望。自泉州與仙遊同來隸。仙遊，望。興化。中。太平興國四年，析莆田置縣。

福建路，蓋古閩越之地。其地東南際海，西北多峻嶺抵江（四）。王氏竊據垂五十年，三分其地。宋初，盡復之。有銀、銅、葛越之產，茶、鹽、海物之饒。民安土樂業，川源浸灌，田疇膏沃，無凶年之憂。而土地迫陿，生籍繁夥；雖磽确之地，耕耨殆盡，畝直寖貴，故多田訟。其俗信鬼尙祀，重浮屠之敎，與江南、二浙略同；然多嚮學，喜講誦，好爲文辭，登科第者尤多。

成都府路。府一：成都。州十二：眉，蜀，彭，綿，漢，嘉，邛，簡，黎，雅，茂，威。軍二：永康，石泉。監一：仙井。縣五十八。南渡後，府三：成都，崇慶，嘉定。州十一：眉，彭，綿，漢，邛，黎，雅，茂，簡，威，隆。軍二：永康，石泉。淳熙二年，戶二百五十八萬，口七百四十二萬。

成都府，次府，本益州，蜀郡，劍南西川節度。太平興國六年，降爲州。端拱元年，復爲劍南西川成都府。淳化五年，降爲益州，罷節度（五）。嘉祐五年，復爲府。六年，復節度。舊領成都府路兵馬鈐轄。建炎三年，罷兼利州路。紹興元年，領成都路安撫使。五年，兼西路安撫、制置大使。十年置宣撫，罷制置司，知府帶本路安撫使。十八年，罷宣撫，復制置司；乾道六年，又罷，併歸安撫司，知府仍帶本路安撫使。淳熙二年，復制置司，罷宣撫司。開禧元年，置宣撫，罷制置司。未幾，兩司並置；後罷宣撫，仍置制置大使。嘉定七年，去「大」字。崇寧戶一十八萬二千九十，口五十八萬九千九百三十。貢花羅、錦、高紵布、牋紙。縣九：成都，次赤。華陽，次赤。新都，次畿。郫，次畿。熙寧五年，省犀浦爲鎮入焉。雙流，次畿。溫江，次畿。新繁，次畿。漢繁縣，前蜀改。廣都，次畿。熙寧五年廢陵州，以貴平、籍二縣爲鎮入焉。靈泉。次畿。舊名靈池，天聖四年改。

眉州，上，通義郡，至道二年，升爲防禦。崇寧戶七萬二千八百九，口一十九萬二千三百八十四。貢麩金、巴豆。縣四：眉山，望。隋通義縣。太平興國初改。彭山，望。丹稜，望。靑神。緊。

崇慶府，緊，本蜀州，唐安郡，軍事。紹興十四年（六），以高宗潛藩，升崇慶軍節度。淳熙四年，升府。崇寧戶六萬七千八百三十五，口一十七萬三千五十。貢春羅、單絲羅。縣四：晉源，望。新津，望。江原，望。唐唐安縣。開寶四年改。永康。望。蜀析靑城地置縣。

彭州，緊，濛陽郡，軍事。崇寧戶五萬七千五百二十四。貢羅。縣三：九隴，望。唐縣。熙寧二年置堋口縣，四年，省爲鎮入焉。有鹿角砦，堋口、木頭二茶場。崇寧，望。唐昌縣。崇寧元年改。濛陽。望。

綿州，上，巴西郡，軍事。紹興三年，以知州事兼綿威茂州、石泉軍沿邊安撫使，節制屯戍軍馬。五年，川、陝宣撫副使（七）移司綿州。六年罷。二十一年，罷沿邊安撫使。嘉熙元年，爲四川制置副使治所。崇寧戶一十二萬二千九百一十五，口二十三萬四百九。貢綾、紵布。縣五：巴西，望。彰明，望。魏城，緊。羅江，緊。鹽泉。中。

漢州，上，德陽郡，軍事。戶一十二萬九百，口五十二萬七千二百五十二。貢紵布。縣四：雒，望。什邡，望。綿竹，望。德陽。望。

嘉定府，上，本嘉州，犍爲郡，軍事。乾德四年，廢綏山、羅目、玉津三縣。慶元二年，以寧宗潛邸，升府。開禧元年，升嘉慶軍節度。崇寧戶七萬一千六百五十二，口二十一萬四百七十二。貢麩金。縣五：龍遊，上。宣和元年，改曰嘉祥，後復故。熙寧五年，省平羌縣入焉。洪雅，上。淳化四年，自眉州來隸。夾江，中。峨眉，中。犍爲。下。大中祥符四年，移治懲非鎮。監一：豐遠。鑄鐵錢。

邛州，上，臨邛郡，軍事。崇寧戶七萬九千二百七十九，口一十九萬三千三十二。貢絲布。縣六：臨邛，望。熙寧五年，省臨溪縣爲鎮入焉，併入依政、蒲江、火井。依政，望。安仁，望。有延貢砦。大邑，望。有思安砦。蒲江，上。有鹽井監、鹽井砦。火井。中。開寶三年，移治平樂鎮，至道三年復舊。監一：

惠民。鑄鐵錢。建炎三年罷。

簡州，下，陽安郡，軍事。崇寧戶四萬一千八百八十八，口九萬五千六百一十九。貢綿紬、麩金。縣二：陽安，上。平泉。中。

黎州，上，漢源郡，軍事。崇寧戶二千七百二十二，口九千八十。貢紅椒。縣一：漢源。下。熙寧六年，廢通望縣入焉。舊廢飛越縣有博易務。領羈縻州五十四。羅巖州、索古州、秦上州〔八〕、合欽州、劇川州、輒榮州、蓬口州、柏坡州、博盧州、明川州、胣皮州、蓬矢州、大渡州、米川州、木屬州、河東州、諸祚州、甫嵐州、昌化州〔九〕、歸化州、粟川州〔一〇〕、叢夏州、和良州、和都州、附木州、東川州、上貴州、滑川州、北川州、吉川州、甫萼州、北地州、蒼榮州、野川州、邛陝州、貴林州、護川州、牒琮州、浪彌州、郎郭州、上欽州、時蓬州、儼馬州、椒查州、邛川州、護邛州、腳川州、開望州、上蓬州、比蓬州、剝重州、久護州、瑤劍州、明昌州。

雅州，上，盧山郡，軍事。崇寧戶二萬七千四百六十四，口六萬二千三百七十八。貢麩金。縣五：嚴道，中。有碉門砦。盧山，上。有靈關砦。名山，中。熙寧五年，省百丈縣爲鎮入焉，元祐二年復。榮經，中下。百丈。中下。州城內一茶場。熙寧九年置。領羈縻州四十四。當馬州、三井州、來鋒州、名配州、鉗泰州〔一一〕、隸恭州〔一二〕、畫重州、羅林州、籠羊州、林波州、林燒州、龍蓬州、敢川州、驚川州、禍眉州、木燭州、百坡州、當品州、嚴城州、中川州、鉗矣州、昌磊州、鉗并州、百頗州、會野州、當仁州、推梅州、作重州、禍林州、金林州、諸祚州、三恭州、布嵐州、欠馬州、羅蓬州、論川州、讓川州、遠南州、卑盧州、夔龍州、輝川州〔一三〕、金川州、東嘉梁州、西嘉梁州。

茂州，上，通化郡，軍事。熙寧九年，即汶川縣置威戎軍使，以石泉縣隸綿州。崇寧戶五百六十八，口一千三百七十七。貢麝香。縣一：汶山。下。砦一：鎮羌。熙寧九年置。關一：雞宗。熙寧九年置。南渡後，增縣一：汶川。下。有博馬場。領羈縻州十。瑙州、直州、時州、塗州、遠州〔一四〕、飛州、乾州、可州、向州、居州。春祺城，本羈縻保州，政和四年，建爲祺州，縣曰春祺，宣和三年，廢爲城，隸茂州。壽寧砦，本羈縻直州，政和六年，建壽寧軍，在大皂江外，距茂州五里，八年，廢爲砦，宣和三年，廢砦爲堡，又廢敷文關爲敷文堡。延寧砦，本威戎軍，熙寧間所建，政和六年，湯延俊等納土，重築軍城，改名延寧，宣和三年，廢爲砦，隸茂州，四年，又廢砦及壽寧堡入汶川縣。

威州，下，維川郡，軍事。本維州。景祐三年〔一五〕，以與濰州聲相亂，改今名。崇寧戶二千二十，口三千一十三。貢當歸、羌活。縣二：保寧，下。唐薛城縣，南唐改〔一六〕。通化。下。天聖元年，改金川〔一七〕。景祐四年復。治平三年，省通化軍隸縣。有博易場。領羈縻州二。保州、霸州。嘉會砦，本羈縻霸州，政和四年，建爲亨州，縣曰嘉會，宣和三年，廢州，以縣爲砦，隸威州。通化軍，熙寧間所建，在保、霸二州之間。政和三年，董舜咨納土，因舊名重築軍城，宣和三年，省軍使爲監押，隸威州。

永康軍，同下州。本彭州導江縣灌口鎮。唐置鎮靜軍。乾德四年，改爲永安軍，以蜀州之青城及導江縣來隸。太平興國三年，改爲永康軍。熙寧五年，廢爲砦；九年，復即導江縣〔一八〕治置永康軍使，隸彭州〔一九〕。元祐初，復故。縣二：導江，望。乾德中，自彭州來隸。熙寧五年，軍廢，復隸彭州，後復於此置軍。有博馬場。青城。望。乾德中，自蜀州來隸。熙寧五年軍廢，還隸蜀州，不知何年復來隸。

仙井監，同下州。本陵州。至道三年，升爲團練。咸平四年，廢始建縣。熙寧五年，廢爲陵井監。宣和四年，改爲仙井監。隆興元年，改爲隆州。崇寧戶三萬二千八百五十三，口一十萬四千五百四十五。貢苦藥子、續隨子。縣二：仁壽，中。井研。中下。南渡後，增縣二：貴平，中下。熙寧五年，廢入廣都。乾道六年復。籍。中下。廢復同上。鎮一：大安。舊永安鎮。崇寧二年改。鹽井一。

石泉軍，本綿州石泉縣。政和七年，建爲軍，割蜀之永康、綿之龍安神泉來隸。宣和三年，降爲軍使，縣皆還舊隸。宣和七年，復爲軍額。縣三：石泉，下。神泉，上。有石關砦。龍安。上。有三盤砦及茶場。宣和元年，改龍安曰安昌，後復故。寶祐後，爲軍治所。堡九。宣和元年置。會同、端安、嘉平、通津、橫望、平隴、凌霄、聳翠、連雲。

潼川府路。府二：潼川，遂寧。州九：果，資，普，昌，敘，瀘，合，榮，渠。軍三：長寧，懷安，廣安。監一：富順。紹興三十二年，戶八十萬五千三百六十四，口二百六十三萬六千四百七十六。

潼川府，緊，梓潼郡，劍南東川節度。本梓州。乾德四年，改靜戎軍，置東關縣。太平興國中，改安靜軍〔二〇〕。端拱二年，爲東川；元豐三年，復加「劍南」二字。重和元年，升爲府。舊兼提舉梓州果渠、懷安廣安軍兵馬巡檢盜賊公事。乾道六年，升瀘南爲潼川府路安撫使。崇寧戶一十萬九千六百九，口四十四萬七千五百六十五。貢綾、曾青、空青。縣十：郪，望〔二一〕。有三十四鹽井。中江，望。隋玄武縣。大中祥符五年改。有鹽井。涪城，望。有四鎮、二十七鹽井。射洪，緊。有鹽井。鹽亭，緊。熙寧五年，省永泰縣爲鎮入焉。有六鹽井。通泉，上。有三鐵冶。飛烏，中。有五鹽井。銅山，中。有銅冶。東關，中下。有四鹽井。永泰。中下。本尉司，南渡後爲縣。

遂寧府，都督府，遂寧郡，武信軍節度。本遂州。政和五年，升爲府。宣和五年，升大藩。端平三年，兵亂，權治蓬溪砦。崇寧戶四萬九千一百三十二，口一十萬二千五百五十五。貢樗蒲綾。縣五：小溪，望。隋方義縣。太平興國初改。蓬溪，望。長江，緊。端平三年，以下三縣俱廢。青石，緊。遂寧。中。唐縣。熙寧六年，省青石縣入焉。七年，復置。

二十四史 中華書局

順慶府，中，本果州，南充郡，團練。寶慶三年，以理宗初潛之地，升府，隸劍南東路。端平三年，兵亂。淳祐九年，徙治青居山。崇寧戶五萬五千四百九十二，口一十三萬三百一十三。貢絲布、天門冬。縣三：南充，望。熙寧六年，省流溪縣爲鎮入焉；紹興二十七年，復爲縣。西充，望。流溪。望。

資州，上，資陽郡，軍事。乾德五年，廢月山、丹山、銀山、清溪四縣。宣和二年，改龍水爲資川〔二二〕，後復故。淳祐三年，廢。崇寧戶三萬二千二百八十七，口四萬七千二百一十九。貢麩金。縣四：盤石，緊。有一十八鹽井、一鐵冶。資陽，緊。龍水，中下。內江。下。有六十六鹽井。

普州，上，安岳郡，軍事。乾德五年，廢崇龕、普慈二縣。端平三年，兵亂。淳祐三年，據險置治。寶祐以後廢。崇寧戶三萬二千一百一十八，口七萬三千二百二十一。貢葛、天門冬。縣三：安岳，中下。熙寧五年〔二三〕，廢普康縣入焉。安居，中。樂至。下。

昌州，上，昌元郡，軍事。崇寧戶三萬六千四百五十六，口九萬三千五十五。貢麩金、絹。縣三：大足，上。昌元，上。咸平四年，移治羅市。永川。上。

敘州，上，南溪郡，軍事。乾德中，廢開邊、歸順二縣。本戎州，政和四年改。咸淳三年，徙治登高山。崇寧戶一萬六千四百四十八，口三萬六千六百六十八。貢葛。縣四：宜

賓，中。唐義賓縣。太平興國元年改。熙寧四年，省宜賓〔二四〕入僰道爲鎮。政和四年，改僰道爲宜賓。南溪，中。乾德中，移治舊奮城。有鹽井。宣化，唐義賓縣。太平興國元年改〔二五〕。熙寧四年，改爲鎮，隸僰道。宣和元年，復以鎮爲縣，改今名。慶符。本敘州徼外地。政和三年，建爲祥州，置慶符、來附二縣。宣和三年，州廢，併來附縣入慶符縣，隸敘州。砦五：柔遠、樂從、清平、石門、懷遠。靖康元年，廢柔遠、樂從二砦隸懷遠。羈縻州三十。建州〔二六〕、照州、獻州、南州、洛州、盈州、德州、爲州、移州、扶德州、播浪州、筠州、武昌州、志州，已上皆在南廣溪洞；商州、馴州、浪川州、騁州，已上皆在馬湖江；協州、切騎州、靖州、曲江州〔二七〕、哥陵州、品州、柯違州〔二八〕、碾衞州、滴州、從州、播陵州、鉗州，已上皆在石門路。

瀘州，上，瀘川郡，瀘川軍節度。本軍事州。宣和元年，賜軍額。乾道六年，升本路安撫使。嘉熙三年，築合江之榕山，再築江安之三江磧，四年，又築合江之安樂山爲城。淳祐三年，又城神臂崖以守。景定二年，劉整以城歸大元，後復取之，改江安州。崇寧戶四萬四千六百一十一，口九萬五千四百一十。貢葛。縣三：乾德五年，廢綿水；富義置上監州〔二九〕。治平四年，廢羊鵶砦。元豐二年，廢白芳砦。三年，廢平夷堡，於羅池改築安遠砦；廢大硐、武寧二砦。五年，復置武寧砦，隸長寧軍。瀘川，中。江安，中。有寧遠、安夷、西寧遠、南田、武寧、安遠等砦。合江。中。有遙壩、青山、安溪、小溪、帶頭、使君六砦。大觀三年，以安溪砦爲縣，隸純州；後廢純州，復爲砦。宣和三年，廢遙壩；四年，復。南渡後，增縣一：納溪。皇祐三年，納溪口置砦。紹定五年，升爲縣。監一：南井。城三：樂共城，元豐四年置。堡砦四：江門砦、鎮溪堡、梅嶺堡、大洲堡。九支城，大觀三年，建純州，置九支、安溪兩縣及美利城。宣和三年，廢純州及九支縣爲九支城，以安溪、美利城爲砦，改慈竹砦爲堡。武都城。大觀三年，建滋州，置承流、仁懷兩縣。宣和三年，廢州爲武都城，以仁懷爲堡，承流縣併入仁懷。安遠砦，元豐三年置。大觀四年廢。政和五年復。博望砦，政和七年置。板橋堡，政和堡，政和六年置。綏遠砦。前隸武都城，宣和三年隸州。領羈縻州十八。納州、薛州、晏州、鞏州、奉州、悅州、思峩州、長寧州、能州、淯州、浙州、定州、宋州、順州、藍州、溱州、高州、姚州。

長寧軍，本羈縻州。熙寧八年，夷人得箇祥獻長寧、晏、奉、高、薛、鞏、淯、思峩等十州，因置淯井監隸瀘州。政和四年，建爲長寧軍。領砦堡六：梅洞砦，政和五年置。清平砦，舊隸祥州，政和二年建築，賜今名。宣和三年廢祥州，以砦隸軍。武寧砦，熙寧七年置，舊名小溪口。十年，改今名。元豐四年廢。五年，復置。政和四年，建長寧軍，以武寧爲倚郭縣。宣和三年，廢縣爲堡。四年，復爲砦。寧遠砦，皇祐元年，置三江砦。三年，改今名。宣和三年，以砦爲堡。四年，復爲砦。安夷砦，熙寧六年置，舊名婆娑。大觀四年廢。政和六年復置。石筍堡。政和五年置。初名梅頓，後賜今名。南渡後，縣一：安寧。嘉定四年，升安夷砦爲縣。有武寧、寧遠二砦。

合州，中，巴川郡，軍事。淳祐三年，移州治于釣魚山。崇寧戶四萬八千二百七十七，口八萬四千四百八十四。貢牡丹皮、白藥子。縣五：石照，中。魏石鏡縣。乾德三年改。漢初，中。巴川，中。赤水，中下。銅梁。中下。熙寧四年，省赤水入焉；七年，復置。

榮州，下，和義郡，軍事。乾德五年，廢和義縣。端平三年，擇地僑治。寶祐後廢。崇寧戶一萬六千六百六十七，口五萬二千八十七。貢斑布。縣四：榮德，中下。舊名旭川。治平四年改。熙寧四年，省公井縣爲鎮入焉。有鹽監一，端平三年廢。威遠，中。資官，中。有鹽井。應靈。中下。有鹽井。

渠州，下，鄰山郡，軍事。寶祐三年，徙治禮義山。崇寧戶三萬二千八百七十七，口六萬三千八百三十。貢綿紬、買子木。縣三：流江，緊。西魏縣。景祐三年，廢大竹縣入焉；紹興三年，復分置。鄰水，下。唐縣。乾德四年，移治崑樓鎮。鄰山。下。梁縣。乾德三年，移治故鄰州城。南渡後，增縣一：大竹。

懷安軍，同下州。乾德五年，以簡州金水縣建爲軍。崇寧戶二萬九千六百二十五，口一十七萬四千九百八十五。貢紬。縣二：金水，望。金堂。望。乾德五年，自漢州來隸。

寧西軍，本廣安軍，同下州。開寶二年，以合州儂洄、渠州〔三〇〕新明二鎮建爲軍。淳祐三年，城大良平爲治所。寶祐末，歸大元。景定初，復取之。咸淳二年，改軍名。崇寧戶四萬七千五十七，口一十一萬一千七百五十四。貢絹。縣三：渠江，中。開寶二年，自渠州來隸。岳池，緊。開寶二年，自果州來隸。新明。中。開寶二年，自合州來屬。六年，移治單溪鎮。南渡後，增縣一：和溪。開禧三年，升鎮爲縣。

中華書局

富順監，同下州。本瀘州之富義縣。掌煎鹽。乾德四年，升爲富義監。太平興國元年改。治平元年，置富順縣；熙寧元年，省。嘉熙元年，蜀亂監廢。咸淳元年，徙治虎頭山。崇寧戶一萬一千二百四十一，口二萬三千七百一十六。貢葛。領鎮十三，鹽井一。

利州路。府一：興元。州九：利，洋，閬，劍，文，興，蓬，政，巴。縣三十八。關一：劍門。南渡後，府三：興元，隆慶，同慶。州十二：利，金，洋，閬，巴，沔，文，蓬，龍，階，西和，鳳。軍二：大安，天水。紹興三十二年，戶三十七萬一千九十七，口七十六萬九千八百五十二。

興元府，次府，梁州〔三一〕，漢中郡，山南西道節度。舊兼提舉利州路兵馬巡檢事。建炎二年，升本路鈐轄。四年，兼本路經略、安撫使。後分利州路爲東、西路：興元、劍利閬金洋巴蓬、大安爲東路，治興元；階、成、西和〔三二〕、鳳、文、龍、興爲西路，治興州。又置利州路階、成、西和、鳳州制置使，涇原、秦鳳路經略、安撫使。乾道四年，合爲一路，興元帥兼領之；淳熙二年，復分；三年，又合；五年，復分；紹熙五年，再合〔三三〕；慶元二年，又分；嘉定三年，復合。崇寧戶六萬二百八十四，口一十二萬三千五百四十。貢臙脂、紅花。縣四：南鄭，次赤。城固，次畿。褒城，次畿。西。次畿。至道二年，割隸大安軍；三年，還隸。有錫冶一務。茶場

一。熙寧八年置。南渡後，增縣一：廉水。次畿。紹興四年，析南鄭縣置，以廉水爲名。

利州，都督府，益川郡，寧武軍節度。舊昭武軍，景祐四年改。紹興十四年，分東、西兩路；紹熙五年，復合爲一；慶元二年，復分；嘉定三年，復合；十一年，又分。端平三年，兵亂廢。崇寧戶二萬五千三百七十三，口五萬一千五百三十九。貢金、鋼鐵。縣四：綿谷，中。葭萌，中。嘉川，中下。咸平五年，自集州〔三四〕來隸。熙寧三年，省平蜀縣入焉。昭化。下。後周益昌縣。開寶五年改。

洋州，望，洋川郡，武康軍節度。舊武定軍，景祐四年改。建炎以後，嘗置蓬、巴、洋州安撫使，尋罷。崇寧戶四萬五千四百九十，口九萬八千五百六十七。貢隔織。縣三：興道，望。西鄉，上。眞符。中。

閬州，上，閬中郡。乾德四年，改安德軍節度。紹興十四年，隸東路。端平三年，兵亂。淳祐三年，移治大獲山。崇寧戶四萬三千九百三十六，口一十萬九百七。貢蓮綾。縣七：閬中，望。閬水迂曲，繞縣三面，故名。紹興十八年，省玉井鎮入焉。蒼溪，緊。南部，緊。新井，緊。奉國，中。熙寧四年，省岐平縣〔三五〕爲鎮入焉。新政，中。西水。中下。熙寧四年，省晉安縣爲鎮入焉。

隆慶府，本劍州，上，普安郡，軍事。乾德五年，廢永歸縣。隆興二年，以孝宗潛邸，升普安軍節度。紹熙元年，升府。端平三年，兵亂〔三六〕。崇寧戶三萬五千二十三，口一十萬七

千五百七十三。貢巴戟。縣六：普安，中。熙寧五年，省臨津縣爲鎮入焉。梓潼，上。陰平，中。武連，中。普成，中下。劍門。中下。熙寧五年，以劍門關劍門縣復隸州。有小劍、白綿、砲砍、粮谷、龍聚、托溪六砦。

巴州，中，清化郡，軍事。乾德四年，廢盤道、歸仁、始寧三縣。咸平五年〔三七〕，以清化屬集州。熙寧五年，廢集州，又廢壁州，以其縣來隸。建炎三年，兼管內安撫。嘉熙四年，兵亂民散。崇寧戶二萬三千三百三十七，口四萬一千五百一十六。貢綿紬。縣五：化城，中下。省集州清化縣爲鎮入焉。難江，上。舊隸集州。恩陽，中下。熙寧三年，省七盤縣爲鎮入焉。曾口，下。熙寧五年，省其章縣爲鎮入焉。通江。下。省壁州白石、符陽二縣入焉。

文州，中下，陰平郡，軍事。建炎後，帶沿邊管內安撫，尋罷，隸利西路。紹定末，置司成都。端平後，兵亂州廢。崇寧戶一萬二千五百三十一，口二萬二千七十八。貢麝香。縣一：曲水。中下。西魏縣。有重石、咄谷、張添、磨蓬、留券、羅移、思村、戎門、披波、綏南十砦，水銀務一。

沔州，下，順政郡，軍事。本興州。紹興十四年，爲利西路治所。開禧三年，吳曦僭改開德府。曦誅，改沔州。崇寧戶一萬二千四百三十，口一萬九千六百七十三。貢蜜、蠟。縣二：順政，中。開禧三年，改爲略陽。長舉。中下。監一：濟衆。鑄鐵錢。

蓬州，下，咸安郡，軍事。乾德三年，廢宕渠縣。淳祐三年，置司古渝縣〔三八〕。崇寧戶二

萬七千八百二十七，口五萬一千四百七十二。貢紵絲綾、綿紬。縣四：蓬池，中。儀隴，中。營山，中。唐朗池縣。大中祥符五年改。熙寧三年，省蓬山縣爲鎮入焉。伏虞。中下。熙寧五年，省良山縣〔三九〕爲鎮入焉。南渡後，增縣二：良山，中下。建炎三年復。相如。望。以南有司馬相如故宅而名。嘉熙間，兵亂。寶祐六年，自果州來屬〔四〇〕。

政州，下，江油郡，軍事。本龍州。政和五年，改爲政州。紹興元年，復爲龍州。端平三年，兵亂。寶祐六年，徙治雍村。崇寧戶三千五百二十三，口九千二百九十四。貢麩金、羚羊角、天雄。縣二：江油，中。有乾坡砦。清川。下。本馬盤，唐改今名。康定初，增戍兵。端平三年，兵亂地廢。

大安軍，中，本三泉縣。舊屬興元府。乾德三年，平蜀，以縣直屬京。至道二年，建爲大安軍。三年，軍廢，縣仍舊屬京。紹興三年，復升軍。崇寧戶六千七十五，口一萬八百九十一。領鎮二：金牛，青烏。南渡後，復置三泉縣，隸軍。

金州，上，安康郡，昭化軍節度。前宋隸京西南路，惟此一州未沒于金。建炎四年，屬利州。紹興元年，置金、均、房州鎮撫使。六年，復隸京西南路。九年，隸西川宣撫司。十年，置金、房、開、達安撫使。十三年，隸利州路，又以商州上津、豐陽兩縣來屬。乾道四年，兼管內安撫。縣五〔四一〕：西城，下。漢陰，中下。紹興二年，遷治新店，以舊縣爲鎮。嘉定三年，升漩口鎮爲

縣。有饒風鎮。洵陽，中。石泉，下。平利。下。南渡後，增縣一：上津。中下。本平利縣地。紹興十六年，以鶻嶺關阜馱平爲界。

階州，中下，武都郡，軍事。本隸秦鳳路。紹興初，陝西地盡入于金，惟階成岷鳳洮五郡、鳳翔府和尚原、隴州方山原存。紹興初，以楊家崖爲家計砦。縣二：福津，中下。將利。中下。

同慶府，中下，同谷郡，軍事〔四二〕。本成州，隸秦鳳路。紹興十四年，來屬。寶慶元年，以理宗潛邸，升同慶府。縣二：同谷，中。栗亭。中。

西和州，下，和政郡，團練。本隸秦鳳路。紹興元年，入于金，改祐州。舊名岷州。十二年，與金人和。以岷犯金太祖嫌名，改西和州，因郡名和政云。以淮西有和州，故加「西」字。開禧二年，又入于金。縣三：長道，緊。大潭，中。祐川。

鳳州，下，河池郡，團練。舊屬秦鳳路。紹興十四年，來隸。縣三：梁泉，上。兩當，上。河池。緊。

天水軍，同下州。紹興初，秦州入于金，分置南、北天水縣。十三年，隸成州。後以成紀之太平社、隴城〔四三〕之東阿社來屬。嘉定元年，升軍。九年，移于天水縣舊治。仍置縣一：天水。紹興十五年，廢成紀、隴城二縣來入。

夔州路。州十：夔，黔，施，忠，萬，開，達，涪，恭，珍。軍三：雲安，梁山，南平。監一：大寧。縣三十二。南渡後，府三：重慶，咸淳，紹慶。州八：夔，達，涪，萬，開，施，播，思。軍三：雲安，梁山，南平。監一：大寧。紹興三十二年，戶三十八萬六千九百七十八，口一百一十三萬四千三百九十八。

夔州，都督府，雲安郡，寧江軍節度。州初置在白帝城，景德三年，徙城東。建炎三年，升夔、利兵馬鈐轄。淳熙十五年，帥臣帶歸、峽州兵馬司。元豐戶一萬一千二百一十三。貢蜜、蠟。縣二：奉節，中。巫山。中下。

紹慶府，下，本黔州，黔中郡，軍事，武泰軍節度〔四四〕。紹定元年，升府。紹熙三年，移巡檢治增潭。元豐戶二千八百四十八。貢朱砂、蠟。縣二：彭水，中。嘉祐八年，廢洪杜、洋水、都濡、信寧四縣入焉。有洪杜、小洞、界山、雞溪四砦。紹興二年，以元隸珍州戶四十九還隸。黔江。下。有白石、門闌、佐水、永安、安樂、雙洪、射營、右水、鹽塚、浴水、潛平、鹿角、萬就、六堡、白水、土溪、小溪、石柱、高望、木孔、東流、李昌、僕射、相陽、小村、石門、茆田、木柵、虎眼二十九砦。羈縻州四十九。南寧州、遠州、犍州、清州、蔣州、知州〔四五〕、蠻州、瀫州、峩州、邦州、鶴州、勞州、義州、福州、儒州、令州、郝州、普寧州、緣州、那州、鸞州、絲州、邛州、敷州、晃州、侯州、焚州、添州、瑤州、雙城州、訓州、鄉州〔四六〕、茂龍州、整州、樂善州、撫水州、思元州、逸州、思州、南平州、勳州、姜州、稜州、鴻州、和武州、暉州、亳州〔四七〕、鼓州、懸州。南渡後，羈縻州五十六。

施州，下，清江郡，軍事。元豐戶一萬九千八百四。貢黃連、木藥子。縣二：清江，中下。有歌羅、永寧、細沙、寧邊、尖木、夷平六砦。熙寧六年五月，省施州永興砦，置夷平砦。元豐三年七月，廢永寧砦，置行鄉、安確二砦。建始。中下。有連天一砦。監一：廣積。紹聖三年置，鑄鐵錢。

咸淳府，下，本忠州，南賓郡，軍事。咸淳元年，以度宗潛邸，升府。元豐戶三萬五千九百五十。貢綿紬。縣三：臨江，中下。墊江，中下。熙寧五年，省桂溪縣入焉。南賓。下。南渡後，增縣二：豐都，下。龍渠。下。

萬州，下，南浦郡，軍事。開寶三年，以梁山爲軍。元豐戶二萬五百五十五。貢金、木藥子。縣二：南浦，下。有平雲砦。武寧。下。

開州，下，盛山郡，軍事。崇寧戶二萬五千。貢白紵、車前子。縣二：開江，上。慶曆四年，廢新浦縣入焉。清水。中。舊名萬歲縣，後改。

達州，上，通川郡，軍事。本通州。乾德三年改。乾德五年，廢閬英、宣漢二縣。熙寧六年，省三岡縣；七年，省石鼓縣，分隸通川、新寧、永睦三縣。元豐戶四萬六百四十。貢紬。縣五：通川，中。巴渠，中。永睦，下。隋永穆縣。今改。新寧，下。東鄉。下。南渡後，增縣一：通明。下。舊通明院。

涪州，下，涪陵郡，軍事。熙寧三年，廢温山縣爲鎮。大觀四年，廢白馬砦。咸淳二年，移治三台山。元豐戶一萬八千四百四十八。貢絹。縣三：涪陵，下。有白馬鹽場。樂温，下。武龍。下。宣和元年，改武龍縣爲枳縣。紹興元年依舊。

重慶府，下，本恭州，巴郡〔四八〕，軍事。舊爲渝州。崇寧元年，改恭州，後以高宗潛藩，升爲府。舊領萬壽縣，乾德五年，廢。雍熙中，又廢南平縣。慶曆八年，以黔州羈縻南、溱二州來隸。皇祐五年，以南州置南川縣。熙寧七年，以南川縣隸南平軍。元豐戶四萬二千八十。貢葛布、牡丹皮。縣三：巴，中。有石英、峯玉、藍溪、新興四鎮。江津，中下。乾德五年，移治馬騣鎮。璧山。下。羈縻州一。溱州，領榮懿、扶歡二縣。以酋首領之，後隸南平軍。

雲安軍，同下州。開寶六年，以夔州雲安縣建爲軍。建炎三年爲軍使。元豐戶一萬一千七十五。貢絹。縣一：雲安。望。有思間、捍拔、平南三砦，玉井鹽場，團雲鹽井。監一：雲安。熙寧四年，以雲安監戶口析置安義縣。八年，戶還隸雲安縣，復爲監。

梁山軍，同下州，高梁郡。開寶三年，以萬州石氏〔四九〕屯田務置軍，撥梁山縣來隸。熙寧五年，又析忠州桂溪地益軍。元祐元年，還隸萬州，尋復故。元豐戶一萬二千二百七十七。貢綿。縣一：梁山。中下。

南平軍，同下州。熙寧八年，收西番部，以恭州〔五〇〕南川縣銅佛壩地置軍。領縣二：南川，中下。熙寧八年，省入隆化。元豐元年復置。有榮懿、開邊、通安、安穩、歸正五砦，溱川堡。隆化。下。熙寧八年，自涪州來隸。有七渡水砦，大觀四年砦廢。溱溪砦，本羈縻溱州，領榮懿、扶歡二縣；熙寧七年，招納，置榮懿等砦，隸恭州，後隸南平軍。大觀二年，別置溱州及溱溪、夜郎兩縣；宣和二年，廢州及縣，以溱溪砦爲名，隸南平軍。

大寧監，同下州。開寶六年，以夔州大昌縣鹽泉所建爲監。元豐戶六千六百三十一。貢蠟。縣一：大昌。中下。端拱元年，自夔州來隸。舊在監南六十里，嘉定八年，徙治水口監。

珍州，唐貞觀中開山洞置，唐末沒於夷。大觀二年，大駱解上下族帥獻其地，復建爲珍州。宣和三年，承州廢，以綏陽縣來隸。縣二：樂源、綏陽，本羈縻夷州，大觀三年，酋長獻其地，建爲承州，領綏陽、都上、義泉、寧夷、洋川五縣；宣和三年，廢州及都上等縣，以綏陽隸珍州。遵義砦，大觀二年，播州楊文貴獻其地，建遵義軍及遵義縣；宣和三年，廢軍及縣〔三二〕，以遵義砦爲名，隸珍州。

思州，政和八年建，領務川、邛水、安夷三縣。宣和四年，廢州爲城及務川縣，以務川城爲名；邛水、安夷二縣皆作堡，並隸黔州。紹興元年，復爲思州。縣三：務川，安夷，邛水。宣和四年並廢，隸黔州。紹興二年復。

播州，樂源郡。大觀二年，南平夷人楊文貴等獻其地，建爲州，領播川、琅川、帶水三縣。

宣和三年，廢爲城，隸南平軍。端平三年，復以白綿堡爲播州，三縣仍廢。嘉熙三年，復設播州，充安撫使。咸淳末，以珍州來屬。縣一，樂源。中。有遵義砦，開禧三年升軍，嘉定十一年復爲砦。

川峽四路，蓋禹貢梁、雍、荆三州之地，而梁州爲多。天文與秦同分。南至荆、峽，北控劍棧，西南接蠻夷。土植宜柘，繭絲織文纖麗者窮於天下。地狹而腴，民勤耕作，無寸土之曠，歲三四收。其所獲多爲遨遊之費，踏青、藥市之集尤盛焉，動至連月。好音樂，少愁苦，尚奢靡，性輕揚，喜虛稱。庠塾聚學者衆，然懷土罕趨仕進。涪陵之民尤尚鬼俗，有父母疾病，多不省視醫藥，及親在多別籍異財。漢中、巴東，俗尚頗同，淪於偏方，殆將百年。孟氏既平，聲教攸暨，文學之士，彬彬輩出焉。

校勘記

〔一〕玉林　原作「王林」，據九域志卷九、宋會要食貨三三之二改。

〔二〕雷大熱等五茶焙　「熱」字原脫，九域志卷九作「雷、大熱、濛州、游坑、汾常五茶焙」，據補。

〔三〕磦礤金場　「磦礤」原作「螵蟟」，據宋會要食貨三三之一、九域志卷九改。

〔四〕西北多峻嶺抵江　按江南西路緊臨本路西北，簡稱江西，疑「江」下脫一「西」字。

〔五〕淳化五年降爲益州罷節度　「益州罷」三字原脫，據宋會要方域五之六、九域志卷七、考異卷六九補。

〔六〕紹興十四年　「四」字原脫，據繫年要錄卷一五二、宋會要方域五之六、十朝綱要卷二〇補。

〔七〕川陝宣撫副使　「陝」，原作「峽」。按紹興時四川宣撫使司係以「川陝」入銜，參考本書卷一六七職官志、朝野雜記甲集卷一一、宋會要職官四一之三二改。

〔八〕秦上州　新唐書卷四三下地理志、九域志卷一〇都作「奉上州」。

〔九〕昌化州　疑當作「昌明州」，見新唐書卷四三下地理志、寰宇記卷七七、九域志卷一〇。

〔一〇〕粟川州　疑當作「象川州」，見同上書同卷。

〔一一〕鉗泰州　新唐書卷四三下地理志、輿地紀勝卷一四七都作「鉗恭州」。

〔一二〕隸恭州　疑當作「斜恭州」，見新唐書卷四三下地理志、九域志卷一〇、武經總要前集卷一九。

〔一三〕輝川州　疑當作「耀川州」，見新唐書卷四三下地理志、寰宇記卷七七、輿地紀勝卷一四七。

〔一四〕遠州　疑當作「達州」，見新唐書卷四三下地理志、九域志卷一〇、武經總要前集卷一九。

〔一五〕景祐三年　「景祐」原作「景德」，據九域志卷七、輿地紀勝卷一四八改。

〔一六〕南唐改　當作「蜀改」，見寰宇記卷七八、輿地紀勝卷一四八。

〔一七〕金川　原作「途川」，據九域志卷七、輿地廣記卷三〇改。

〔一八〕導江縣　原作「導江軍」，按導江乃縣名，爲永康軍治所，據上下文和宋會要方域七之三、輿地紀勝卷一五一改。

〔一九〕彭州　原作「彭城」，按彭城是徐州郡名，屬京東西路。據輿地紀勝卷一五一、通考卷三二一輿地考改。

〔二〇〕安靜軍　「安靜」二字原倒，據寰宇記卷八二、九域志卷七改。

〔二一〕望　原脫，據九域志卷七、輿地紀勝卷一五四補。

〔二二〕資川　原作「資州」，據宋會要方域七之五、輿地紀勝卷一五七改。

〔二三〕熙寧五年　當作「乾德五年」，見九域志卷七、輿地廣記卷三一。

〔二四〕宜賓　原作「舊畬」，因次行「南溪」條下有此二字致誤。據九域志卷七、宋會要方域七之六改。

〔二五〕太平興國元年改　據上文和輿地廣記卷三一，此下當脫「宜賓」二字。

〔二六〕建州　疑當作「連州」，見新唐書卷四三下地理志、寰宇記卷七九、九域志卷一〇。

〔二七〕曲江州　「江」字疑衍。新唐書卷四三下地理志、九域志卷一〇、武經總要前集卷一九都只作「曲州」，無「江」字。

〔二八〕牁達州　新唐書卷四三下地理志作「牱連州」，武經總要前集卷一九作「柯連州」。

〔二九〕乾德五年廢綿水富義置上監州　按九域志卷七：「乾德五年，省綿水縣爲鎮入江安，以富義縣爲富順監。」寰宇記卷八八同。此處有誤。

〔三〇〕渠州　原脫，據寰宇記卷一三八、宋會要方域七之六補。

〔三一〕梁州　二字衍。按寰宇記卷一三三、輿地廣記卷三二，梁州於唐興元元年升爲興元府，宋無此州名。

〔三二〕西和　原作「和」，據下文和宋會要方域七之七、輿地紀勝卷一八三改。下同。

〔三三〕紹熙五年再合　「紹熙」原作「紹興」。按上文爲「淳熙」，下文爲「慶元」，中間不得爲「紹興」，據下文「利州」條和輿地紀勝卷一八三改。

〔三四〕集州　原作「鎮州」，據九域志卷八、宋會要方域七之七改。

〔三五〕岐平縣　「平」，新唐書卷四〇地理志、寰宇記卷八六、輿地紀勝卷一八五都作「坪」。

〔三六〕端平三年兵亂　考異卷六九說：「此下當有徙治苦竹隘之文，或刊本脫漏。」

〔三七〕五年　九域志卷八、輿地廣記卷三二都作「二年」。

〔三八〕古渝縣　按宋無「古渝縣」，元一統志(輯本)卷五：「宋淳祐三年，制置使余玠以蓬州舊治經兵革荒廢，移治於營山縣界雲山上，以蓬池屬之。」也無「置司古渝縣」之說。

〔三九〕良山縣　「良」原作「梁」，據下文「良山」縣條、九域志卷八、輿地紀勝卷一八八改。

〔四〇〕自果州來屬　「果州」原作「興州」。按興州在利州路北境，和蓬州相去極遠，九域志卷七、輿地廣記卷三一作「果州」，據改。

〔四一〕縣五　原作「縣六」，據下文和本書卷八五地理志、輿地廣記卷八改。

〔四二〕軍事　本書卷八七地理志、九域志卷三「成州」條都作「團練」。疑作「軍事」誤。

〔四三〕隴城　原作「隴成」，下文「天水」縣註又作「隴西」，都據九域志卷三、輿地廣記卷一五改。

〔四四〕本黔州黔中郡軍事武泰軍節度　按宋會要方域五之七、九域志卷八、輿地廣記卷三三都作「武泰軍節度」，無「軍事」二字，「軍事」二字疑衍。

〔四五〕知州　新唐書卷四三下地理志、寰宇記卷一二〇、輿地紀勝卷一七六作「矩州」；九域志卷一〇作「短州」。

〔四六〕鄉州　新唐書卷四三下地理志、寰宇記卷一二〇、九域志卷一〇作「卿州」。

〔四七〕亳州　同上書同卷作「亮州」。

〔四八〕巴郡　九域志卷八、輿地紀勝卷一七五作「南平郡」。

〔四九〕石氏　原作「丕氏」，據九域志卷八、輿地紀勝卷一七九改。

〔五〇〕恭州　按上文，崇寧元年渝州改名恭州；本書卷一五神宗紀、卷四九六蠻夷傳都作「渝州」。

〔五一〕蠻軍及縣　「軍」原作「州」，據上文和宋會要方域七之一〇改。

宋史卷九十

志第四十三

地理六

廣南東路　廣南西路　燕山府路

廣南東路。府一：肇慶。州十四：廣，韶，循，潮，連，梅，南雄，英，賀，封，新，康，南恩，惠。縣四十三。南渡後，府三：肇慶，德慶，英德。州十一：廣，韶，循，潮，連，封，新，南恩，梅，雄，惠。紹興三十二年，戶五十一萬三千七百一十一，口七十八萬四千七百七十四。

廣州，中，都督府，南海郡，清海軍節度。開寶五年，廢咸寧、番禺、蒙化、游水四縣。大觀元年，升爲帥府。舊領廣南東路兵馬鈐轄，兼本路經略、安撫使。元豐戶一十四萬三千二百六十一。貢胡椒、石髮、糖霜、檀香、肉豆蔻、丁香母子、零陵香、補骨脂、舶上茴香、沒

藥、沒石子。元豐貢沉香、甲香、詹糖香、石斛、龜殼、水馬、鼊皮、藤簟。縣八：南海，望。隋縣。後改常康，開寶五年復。番禺，上。開寶中，廢入南海。皇祐三年復置。有銀爐鐵場。增城，中。清遠，中。有大富銀場、靜定鐵場、錢斜鉛場。懷集，中。有大利銀場。東莞，中下。開寶五年，廢入增城。六年復置。有桂角等二銀場，靜康等三鹽場，海南、黃田等三鹽柵。新會，下。有千歲錫場、海晏等六鹽場。信安。下。本義寧縣，開寶五年，廢入新會。六年，復置。太平興國初，改信安。熙寧五年，省爲鎮，入新州新興縣。元祐元年復爲縣。紹聖元年，復省爲鎮，後復爲縣，還隸廣州。南渡後，無信安，增縣一：香山。紹興二十二年〔一〕，以東莞香山鎮爲縣。

韶州，中，始興郡，軍事。元豐戶五萬七千四百三十八。貢絹、鍾乳。縣五：曲江，望。有永通錢監、靈源等三銀場，中子銅場。翁源，望。有大湖銀場、大富鉛場。樂昌，中。有黃坑等二銀場、太平鉛場。仁化，中。開寶五年，廢入樂昌。咸平三年，復置。有大衆〔二〕多田二鐵場、多寶鉛場。建福。宣和三年，以岑水場析曲江、翁源地置縣。南渡後，無建福，增縣一：乳源。乾道二年，析曲江之崇信、樂昌依化鄉，於洲頭津置〔三〕。監一：永通。

循州，下，海豐郡，軍事。元豐戶四萬七千一百九十二。貢絹、藤盤。縣三：龍川，望。有大有鉛場。宣和三年，改龍川曰雷鄉〔四〕。紹興元年復舊。興寧，望。晉縣。天禧三年，移治長樂。有夜明銀場。長樂。上。熙寧四年，析興寧縣置。有羅翊等四錫場。

潮州，下，潮陽郡，軍事。元豐戶七萬四千六百八十二。貢蕉布、甲香、鮫魚皮。縣三：

海陽，望。有海門等三砦、三河口鹽場、豐濟銀場、橫衡等二錫場。潮陽，中下。本海陽縣地。紹興二年，廢入海陽。八年復。揭陽。宣和三年，割海陽三鄉置揭陽縣。紹興二年，廢入海陽。八年復，仍移治吉帛村。是謂「三陽」。

連州，下，連山郡，軍事。元豐戶三萬六千九百四十三。貢苧布、官桂。元豐貢鍾乳。縣三：桂陽，望。有同官銀場。陽山，中。有銅坑銅場〔五〕。連山。中。紹興六年廢爲鎮。十八年復。

梅州，下，軍事。本潮州程鄉縣。南漢置恭州〔六〕，開寶四年改，熙寧六年廢，元豐五年復。宣和二年，賜郡名義安。紹興六年，廢州爲程鄉縣，仍帶程鄉〔七〕軍事。十四年，復爲州。元豐戶一萬二千三百七十。貢銀、布。縣一：程鄉。中。有樂口銀場、石坑鉛場、龍坑鐵場。

南雄州，下，本雄州，軍事。開寶四年，加「南」字。宣和二年，賜郡名保昌。元豐戶二萬三百三十九。貢絹。縣二：保昌，望。始興。中。舊隸韶州，開寶四年來隸。

英德府，下，本英州，軍事。宣和二年，賜郡名曰眞陽。慶元元年，以寧宗潛邸，升府。元豐戶三千一十九。貢紵布。縣二：眞陽，望。有鍾峒銀場、禮平銅場。浛光。上。開寶四年，自廣州隸連州。六年，自連州來隸。有賢德等三銀場。

賀州，下，臨賀郡，軍事。開寶四年，廢蕩山、封陽、馮乘三縣。本屬東路，大觀二年五月，割屬西路。戶四萬二百五。貢銀。縣三：臨賀，緊。有太平銀場。富川，上。桂嶺。中。南渡後，屬廣西路。

封州，望，臨封郡，軍事。本下郡，大觀元年，升爲望郡。紹興七年，省州，以二縣隸德慶府。十年，復舊。元豐戶二千七百七十九。貢銀。縣二：封川，下。開建。下。開寶五年，廢入封川。六年，復置。

肇慶府，望，高要郡，肇慶軍節度。本端州，軍事。元符三年，升興慶軍節度。大觀元年，升下爲望。重和元年，賜肇慶府名，仍改軍額。元豐戶二萬五千一百三。貢銀、石硯。縣二：高要，中。有沙利銀場、浮蘆鐵場。四會。中。舊隸廣州，熙寧六年來屬。有金場、銀場。

新州，下，新興郡，軍事。開寶五年，廢平興縣〔八〕。元豐戶一萬三千六百四十一。貢銀。縣一：新興。中。咸平六年，移治州城西。

德慶府，望。本康州，晉康郡，軍事。開寶五年，廢州及悅城、晉康、都城並入端溪，以隸端州，尋復爲州。大觀四年，升爲望郡。紹興元年，以高宗潛邸，升爲府。十四年，置永慶軍節度。元豐戶八千九百七十九。貢銀。縣二：端溪，下。有雲烈錫場。瀧水。下。舊隸瀧州，州廢，以縣來隸。有羅磨、護嶠二銀場。

南恩州，下，恩平郡，軍事。舊恩州。開寶五年〔九〕，廢恩平、杜陵二縣。慶曆八年，以河北路有恩州，迺加「南」字。元豐戶二萬七千二百一十四。貢銀。縣二：陽江，中。有海口、海陵、博臘、遂訓等四砦，有鉛場。陽春。下。熙寧六年廢春州，併銅陵縣入陽春來隸。有欖徑鐵場。

惠州，下，軍事。宣和二年，賜郡名博羅。元豐戶六萬一千一百二十一。貢甲香、藤箱。縣四：歸善，中。有阜民錢監，西平、流坑二銀場，永吉、信上、永安三錫場，三豐鐵場，淡水鹽場。海豐，下。有雲溪〔一〇〕、楊安、勞謝三錫場，古龍、石橋二鹽場。河源，緊。有立溪、和溪、永安三錫場。博羅。中。有鐵場。

廣南西路。大觀元年，割融、柳、宜及平、允、從、庭、孚、觀九州爲黔南路，融州爲帥府，宜州爲望郡。三年，以黔南路併入廣西，以廣西黔南路爲名。四年，依舊稱廣南西路。州二十五：桂，容，邕，融，象，昭，梧，藤，龔，潯，柳，貴，宜，賓，橫，化，高，雷，欽，白，鬱林，廉，瓊，平，觀。軍三：昌化，萬安，朱崖。縣六十五。南渡後，府二：靜江，慶遠。州二十：容，邕，象，融，昭，梧，藤，潯，貴，柳，賓，橫，化，高，雷，欽，廉，賀，瓊，鬱林。軍三：南寧，萬安，吉陽。紹興二十二年，戶四十八萬八千六百五十五，口一百三十四萬一千五百七十二。

靜江府。本桂州，始安郡，靜江軍節度。大觀元年，爲大都督府，又升爲帥府。舊領廣南西路兵馬鈐轄，兼本路經略、安撫使。紹興三年，以高宗潛邸，升府。寶祐六年，改廣西制置大使，後四年廢，復爲廣西路經略、安撫使。元豐戶四萬六千三百四十三。貢銀、桂心。縣十一〔一一〕：臨桂，緊。嘉祐六年，廢慕化縣入焉。興安，望。唐全義縣。晉置溥州。乾德元年，州廢。太平興國初，改今名。靈川，望。荔浦，望。永福，下。脩仁，中。熙寧四年，廢脩仁縣爲鎮入荔浦。元豐元年復。義寧，中下。本義寧鎮，馬氏奏置。開寶五年，廢入廣州新會。六年復置。理定，下。古，下。永寧。中。唐豐水縣。熙寧四年，廢爲鎮入荔浦。元祐元年復。南渡後，無永寧縣。

容州，下，都督府，普寧郡，寧遠軍節度。開寶五年，廢欣道、渭龍、陵城三縣。元豐戶一萬三千七百七十六。貢銀、珠砂。縣三：普寧，上。開寶五年，廢繡州，以常林、阿林、羅繡三縣並入焉。陸川，中。開寶五年，廢順州，省龍豪、溫水、龍化〔一二〕、南河四縣入焉。九年，移治公平；淳化五年，又徙治於舊溫水縣。北流。中。開寶五年廢禺州〔一三〕，以峩石、扶萊、羅辯、陵城四縣地入焉。

邕州，下，都督府，永寧郡，建武軍節度。開寶五年，廢朗寧、封陵、思龍三縣。大觀元年，升爲望郡。紹興三年，置司市馬于橫山砦，以本路經略、安撫總州事，同提點買馬，專任武臣；隆興後文武通差。寶祐元年，兼邕、宜、欽、融鎮撫使。元豐戶五千二百八十八。貢銀。縣二：宣化，下。景祐二年，廢如和縣〔一四〕入焉。武緣。下。景祐二年，廢樂昌縣入焉。砦一：太平。舊領永平、太平、古萬、橫山四砦，元豐九城志止存太平一砦。金場一：鎭乃。熙寧六年置。羈縻州四十四，縣五，洞十一。忠州、凍州、江州、萬丞州、思陵州、左州、思誠州、譚州、渡州、龍州、七源州、思明州、西平州、上思州、祿州、石西州、思浪州、思同州、安平州、員州、廣源州、勤州、南源州、西農州、萬崖州、覆利州、溫弄州及武黎縣、羅陽、陀陵縣、永康縣，武盈洞、古甑洞、遻祥洞、鐏峒、卓峒、龍英洞、龍聳洞、徊洞、武德洞、古佛洞、八䟽洞：並屬左江道。

思恩州、鶼州、思城州、勘州、歸樂州、武峩州、倫州、萬德州、蕃州、昆明州、婪鳳州、侯唐州、歸恩州、田州、功饒州、歸城州、武籠州及龍川縣，並屬右江道。初，安平州曰波州，皇祐元年改。元祐三年，又改懷化洞爲州。

融州，融水郡，清遠軍節度。本軍事州，大觀二年，升爲帥府。三年，罷帥府，賜軍額，又升爲下都督府。崇寧元年，置武陽砦、羅城堡。二年，置樂善砦，廢羅城堡。四年，即融水縣王口砦置平州。政和元年，廢平州，仍爲王口砦，與融江、文村、潯江、臨溪四堡砦來隸，尋復故。紹興四年，復廢平州爲王口砦，觀州爲高峯砦。元豐戶五千六百五十八。貢金、桂心。縣一：融水。中。開寶五年，置羅城縣。熙寧七年，廢武陽〔一五〕、羅城二縣爲鎮來隸。砦一：融江。南渡後，增縣一：懷遠。下。紹興四年州廢，復爲砦來隸；十四年，復爲縣。有臨溪、文村、潯江三堡，高峯砦。

羈縻州一：樂善州。

象州，下，象郡，景德四年，升防禦。景定三年，徙治來賓縣之蓬萊。元豐戶八千七百一十七。貢金、藤器、槵子。縣四：陽壽，中下。來賓，中下。舊隸嚴州，州廢來屬。開寶七年，又以廢嚴州之歸化入焉。武化，下。熙寧七年，廢武化縣入來賓。元祐元年復。武仙。下。南渡後，無武化縣。

昭州，下，平樂郡，軍事。開寶五年，廢永平縣。元豐戶一萬五千八百八十。貢銀。縣四：平樂，中。大中祥符元年，移治州城東。立山，中。熙寧五年廢蒙州，以東區〔一六〕、蒙山二縣入焉。龍平，中。開寶五年廢富州，以縣來隸，又以思勤、馬江入焉。熙寧八年，又隸梧州。元豐八年復來隸。宣和中改昭平。淳熙六年復今名。恭城。下。太平興國元年，徙治于北鄉龍渚市。景定五年復舊。

梧州，下，蒼梧郡，軍事。元豐戶五千七百二十。貢銀、白石英。縣一：蒼梧。下。熙寧四年，省戎城縣爲鎮，入蒼梧。

藤州，下，感義郡，軍事。開寶三年，廢寧風、感義、義昌三縣。元豐戶六千四百二十二。貢銀。縣二：鐔津，中。岑溪。下。熙寧四年，廢南儀州爲縣，隸州。

龔州，下，臨江郡，軍事。開寶五年，廢陽川、武林〔一七〕、隨建、大同四縣。政和元年，州廢，隸潯州；三年，復。紹興六年，復廢，仍隸潯州。元豐戶八千三十九。貢銀。縣一：平南。中。開寶五年，以思明州之武郎來屬。嘉祐二年，廢武郎縣入焉。

潯州，下，潯江郡，軍事。開寶五年，廢皇化縣，俄又廢州，以桂平隸貴州。六年，復置。元豐戶六千一百四十一。貢銀。縣一：桂平。下。

柳州，下，龍城郡，軍事。咸淳元年，徙治柳城縣之龍江。元豐戶八千七百三十。貢銀。縣三：馬平，中。洛容，中。嘉祐四年，廢象縣入洛容。柳城。中。梁龍城縣。景德三年改。

貴州，下，懷澤郡，軍事。元豐戶七千四百六十。貢銀。縣一：鬱林。中下。隋鬱平縣。開寶四年改。

慶遠府，下。本宜州，龍水郡，慶遠軍節度。舊軍事州。景祐三年，廢崖山縣。宣和元年，賜軍額。河池縣，不詳何年併省。咸淳元年，以度宗潛邸，升慶遠府。元豐戶一萬五千八百二十三。貢生豆蔻、草豆蔻。元豐貢銀。縣四：龍水，上。淳化五年，以柳州洛曹來隸；嘉祐七年，廢入龍水。熙寧八年二月，廢羈縻懷遠軍古陽縣爲懷遠砦，迷昆縣〔一八〕爲鎮，并思立砦並入焉。有懷遠、思立二砦。天河，下。大觀元年六月，以天河縣并德謹砦、堰江堡隸融州。靖康元年九月，復來隸。有德謹一砦。忻城，中下。慶曆三年，以羈縻芝忻、歸恩、紆等州地置縣。思恩。下。熙寧八年，自環州來隸，徙治帶溪砦，省鎮寧州禮丹縣入焉。元豐六年，復徙舊治。有普義、帶溪、鎮寧三砦。南渡後，增縣一：河池。下。有銀場。羈縻州十，軍一，監二。溫泉州、環州、鎮寧州，領縣二。蕃州、金城州、文州、蘭州，領縣三。安化州，領縣四。迷昆州、智州，領縣五。懷遠軍，領縣一。又有富仁、富安二監。舊領思順、歸化二州，慶曆四年，併入柳州馬平縣。

賓州，下，安城郡，軍事。開寶五年，廢州、琅琊保城二縣，以嶺方隸邕州〔一九〕。六年，以嶺方復置州。元豐戶七千六百二十。貢銀、藤器。縣三：嶺方，下。遷江，中。本邕州羈縻州，天禧四年置。上林。中下。開寶五年，自邕州來屬，廢澄州止戈、賀水、無虞入焉〔二〇〕。

橫州，下，寧浦郡，軍事。開寶五年，廢樂山、從化二縣，又以廢巒州永定來屬。元豐戶三千四百五十一。貢銀。縣二：寧浦，下。永定。下。開寶六年，廢巒州武靈、羅竹二縣入焉。熙寧四年，省入寧浦〔二一〕。元祐三年復置，後更名永淳。

化州，下，陵水郡，軍事。本辯州，太平興國五年改。開寶中，廢陵羅縣。元豐戶九千

三百七十三。貢銀、高良薑。縣二：石龍，下。吳川。下。本屬羅州，州廢，開寶五年來隸。南渡後，增縣一：石城。乾道三年，析吳川西鄉置，因石城岡爲名。

高州，下，高涼郡，軍事。開寶五年，廢良德縣。景德元年，併入竇州，移治茂名。三年，復置，以二縣還隸。元豐戶一萬一千七百六十六。貢銀。縣三：電白，下。信宜，中下。唐信儀縣。太平興國初，改信宜。熙寧四年廢竇州，以信宜縣來隸。有銀場。茂名。下。開寶五年，自潘州來隸。

雷州，下，海康郡，軍事。開寶五年，廢徐聞、遂溪二縣。元豐戶一萬三千七百八十四。貢良薑。元豐貢斑竹。縣一：海康。下。有冠頭砦。南渡後，復二縣：遂溪，紹興十九年復置。徐聞。乾道七年復置。

欽州，下，寧越郡，軍事。開寶五年，廢遵化、欽江、內亭三縣。天聖元年，徙州治南賓砦。元豐戶一萬五百五十二。貢高良薑、翡翠毛。縣二：靈山，望。有咄步砦。安遠。下。唐保京縣。宋初改安京，景德中，改今名。有如洪、如昔二砦。

白州，下，南昌郡，軍事。開寶五年，廢南昌、建寧、周羅三縣。政和元年廢州，以其地隸鬱林，三年復。南渡後，復廢入鬱林。元豐戶四千五百八十九。貢銀、縮砂。縣一：博白。中。南渡後，隸鬱林州。

鬱林州，下，鬱林郡，軍事州。開寶中，廢鬱平、興德二縣。州初治興業，至道二年，徙

今治。政和元年，廢白州，博白來隸。三年，復置白州，以博白還舊隸。南渡後，廢白州，以博白來隸。元豐戶三千五百六十四。貢縮砂。元豐貢銀。縣二：南流，中下。舊隸牢州，州廢來隸；又以廢牢州之定川、宕川，黨州容山、懷義、撫康，善牢入焉。興業。下。以廢鬱平、興德入焉。

廉州，下，合浦郡，軍事。開寶五年，廢封山、蔡龍、大廉三縣，移州治於長沙場，置石康縣。太平興國八年，改太平軍，移治海門鎮。咸平元年復。元豐戶七千五百。貢銀。縣二：合浦，上。有二砦。石康。下。本常樂州，宋併爲縣。

瓊州，下，瓊山郡，靖海軍節度。本軍事州〔三二〕。大觀元年，以黎母山夷峒建鎮州，賜軍額爲靖海。政和元年，鎮州廢，以其地及軍額來歸。元豐戶八千九百六十三。貢銀、檳榔。縣五〔三三〕：瓊山，中。熙寧四年，省舍城入焉。有感恩、英田場二柵。澄邁，下。開寶五年廢崖州，與舍城、文昌並來隸。文昌，下。臨高，下。紹興初，移于莫村。樂會。下。唐置，環以黎洞，寄治南管。大觀三年，割隸萬安軍，後復來屬。

南寧軍，舊昌化軍，同下州。本儋州，熙寧六年，廢州爲軍。紹興六年，廢昌化、萬安、吉陽三軍爲縣，隸瓊州。十三年，爲軍使；十四年復爲軍，以屬縣還隸本軍。後改今名。元豐戶八百三十三。貢高良薑。元豐貢銀。縣三：宜倫，下。隋義倫縣。太平興國初改。昌化，下。熙寧六年省，元豐三年復。有昌化砦。感恩。下。熙寧六年省，元豐四年復。

萬安軍，同下州。舊萬安州，萬安郡。熙寧七年，廢爲軍。紹興六年，廢軍爲萬寧縣，以軍使僉知縣事，隸瓊州。十三年，復爲軍。元豐戶二百七十。貢銀。縣二：萬寧，下。後復名萬安。陵水。下。熙寧七年爲鎮，元豐三年復。紹興六年隸瓊州。十三年，復來隸。

吉陽軍，同下州。本朱崖軍，即崖州。熙寧六年，廢爲軍。紹興六年，廢軍爲寧遠縣。十三年復。後改名吉陽軍。元豐戶二百五十一。貢高良薑。鎮二：臨川，藤橋。熙寧六年，省寧遠、吉陽二縣爲臨川、藤橋二鎮。寧遠即臨川。南渡後，縣二：寧遠，下。紹興六年復縣，隸瓊州。十三年，復來屬。吉陽。下。熙寧六年，廢爲藤橋鎮，隸瓊州。紹興六年復。

平州。崇寧四年三月，王江古州蠻戶納土，於王口砦建軍，以懷遠爲名，割融州融江、文村、潯江、臨溪四堡砦並隸軍。尋改懷遠軍爲平州，仍置倚郭懷遠縣。又置百萬砦及萬安砦，又於安口隘置允州及安口縣，又於中古州置格州及樂古縣。五年，改格州爲從州。政和元年，廢平州，依舊爲王口砦；并融江、文村、潯江、臨溪四堡砦並依舊隸融州，廢懷遠縣。又廢從州爲樂古砦，并通靖、鎮安、百萬砦並撥隸允州。又廢允州，權留平州，又權置百萬砦。宣和二年，賜平州郡名曰懷遠。紹興四年，廢平州仍爲王口砦，隸融州。十四年，復以王口砦爲懷遠縣。

從州。廢置具平州。

允州。廢置同上。

庭州。大觀元年，以宜州河池縣置庭州，倚郭縣曰懷德。又於南丹州中平縣置砦曰靖南，尋撥隸庭州。大觀二年，置安遠砦。大觀四年，廢庭州，移靖南砦於廢孚州。宣和五年，移安遠砦於平安山置。

孚州。大觀元年，以地州建隆縣置孚州，倚郭縣曰歸仁。四年，廢孚州及歸仁縣爲靖南砦。先於南丹州中平縣置靖南砦，今移置此。政和七年，復置孚州及歸仁縣〔三四〕，仍移靖南砦歸舊處。宣和三年，復廢孚州及歸仁縣，置靖南砦。大觀四年，隸觀州。紹興四年，廢靖南砦。

溪州。大觀元年，以宜州思恩縣帶溪砦置溪州。四年，廢。

鎮州。大觀元年，置鎮州於黎母山心，倚郭縣以鎮寧爲名，升鎮州爲都督府，賜靜海軍額。政和元年，廢鎮州，以靜海軍額爲瓊州。

延德軍。崇寧五年，初置延德縣於朱崖軍黃流、白沙、側浪之間。大觀元年，改爲軍，又置倚郭縣曰通遠。政和元年，廢延德軍爲感恩縣，昌化軍通遠縣爲通遠鎮，隸朱崖軍。政和六年，置延德砦，又以通遠鎮爲砦。

地州。崇寧五年，納土。大觀元年，以地州建隆縣置孚州。

文州。崇寧五年，納土。大觀元年，置綏南砦。紹興四年廢。

蘭州。崇寧五年，納土。

那州。崇寧五年，納土。

觀州。大觀元年，克南丹州，以南丹州爲觀州，置倚郭縣。大觀四年，以南丹州還莫公晟，復於高峯砦置觀州。紹興四年，廢觀州爲高峯砦，存留木門、馬臺、平洞、黃泥、中村等堡砦。

隆州。

兌州。政和四年，置隆州、兌州并興隆縣、萬松縣。宣和三年，廢隆州及興隆縣爲威遠砦，兌州及萬松縣爲靖遠砦。二州先置思忠、安江、鳳憐、金斗、朝天等五砦並廢，各隸新砦，仍並隸邕州。

廣南東、西路，蓋禹貢荆、揚二州之域，當牽牛、婺女之分。南濱大海，西控夷洞，北限五嶺。有犀象、瑇瑁、珠璣、銀銅、果布之產。民性輕悍。宋初，以人稀土曠，併省州縣。然歲有海舶貿易，商賈交湊。桂林邕、宜接夷獠，置守戍。大率民婚嫁、喪葬、衣服多不合禮。尚淫祀，殺人祭鬼。山林翳密，多瘴毒，凡命官吏，優其秩奉。春、梅諸州，炎癘頗甚，許士

二十四史　中華書局

人領任。景德中，令秋冬赴治，使職巡行，皆令避盛夏瘴霧之患。人病不呼醫服藥。儋、崖、萬安三州，地狹戶少，常以瓊州牙校典治。安南數郡，土壤遐僻，但羈縻不絕而已。

燕山府路。府一：燕山。州九：涿，檀，平，易，營，順，薊，景，經。縣二十〔二五〕。宣和四年，詔山前收復州縣，合置監司，以燕山府路爲名，山後別名雲中府路。

燕山府。唐幽州，范陽郡，盧龍軍節度。石晉以賂契丹，契丹建爲南京，又改號燕京。金人滅契丹，以燕京及涿、易、檀、順、景、薊六州二十四縣來歸。宣和四年，改燕京爲燕山府，又改郡曰廣陽，節度曰永清軍，領十二縣。五年，童貫、蔡攸入燕山。七年，郭藥師以燕山叛，金人復取之。析津，宛平〔二六〕，都市，賜名廣寧。昌平，良鄉，潞，武清，安次，永清，玉河〔二七〕，香河，賜名清化。漷陰。

涿州。唐置，石晉以賂契丹。宣和四年，金將郭藥師〔二八〕以州降，賜郡名曰涿水，升威行軍節度。縣四：范陽，歸義，固安〔二九〕，新城。賜名威城。

檀州。隋置，石晉以賂契丹。宣和四年，金人以州來歸，賜郡名曰橫山，升鎭遠軍節度。七年，金人復破之。縣二：密雲，行唐。賜名威塞。

平州。隋置，後唐時爲契丹所陷，改遼興府，以營、灤二州隸之。宣和四年，賜郡名漁陽，升撫寧軍節度。五年，遼將張覺據州來降，尋爲金所破。縣三：盧龍，賜名盧城。石城，賜名臨關。馬城。賜名安城。

易州。唐置，雍熙四年，陷于契丹。宣和四年，金人以州來歸，賜郡名曰遂武，防禦。縣三：易水，淶水，容城。

營州。隋置，後唐時爲契丹所陷。宣和四年，賜郡名曰平盧，防禦。縣一：柳城〔三〇〕。賜名鎭山。

順州。唐置，石晉以賂契丹。宣和四年，金人以州來歸，賜郡名曰順興，團練。縣一：懷柔。

薊州。唐置，石晉以賂契丹。宣和四年，金人以州來歸，賜郡名曰廣川，團練。七年，金人破之。縣三：漁陽，賜名平盧。三河，玉田。

景州。契丹置。宣和四年，金人以州來歸，賜郡名曰灤川，軍事。縣一：遵化。

經州。本薊州玉田縣。宣和六年，建爲州。七年，陷于金。

雲中府路。

雲中府，唐雲州，大同軍節度。石晉以賂契丹，契丹號爲西京。宣和三年，始得雲中府、武應朔蔚奉聖歸化儒嬀等州〔三一〕，所謂山後九州也。

武州。唐置，石晉以賂契丹。宣和五年，金人以州來歸。六年，築固疆堡。尋復爲金人所取。

應州。故屬大同軍節度，後唐置彰國軍，石晉以賂契丹。宣和五年，契丹將蘇京以州來降。金人尋逐京，復取之。

朔州。唐置，後唐爲振武軍，石晉以賂契丹。宣和五年，守將韓正以州來降。金人尋逐正，復取之。

蔚州。唐置，石晉以賂契丹。宣和五年，守將陳翊以州來降。六年，翊爲金人所殺，復取之。

奉聖州。唐新州，後唐置威塞軍節度，石晉以賂契丹。在雲中府之東，契丹改爲奉聖州。

歸化州。舊毅州，後唐改爲武州，石晉以賂契丹，契丹改爲歸化州。

儒州。唐置，石晉以賂契丹。

嬀州。唐置，石晉以賂契丹，契丹改爲可汗州。

校勘記

〔一〕紹興二十二年　原作「三十二年」，據宋會要方域七之一二、輿地紀勝卷八九改。

〔二〕大衆　宋會要食貨三三之四、九域志卷九作「火衆」。

〔三〕析曲江之崇信樂昌依化鄉於洲頭津置　「崇信」二字原脫，「洲」原作「州」。據宋會要方域七之一三、輿地紀勝卷九〇補改。

〔四〕雷鄉　原作「雷江」。按龍川本唐雷鄉縣，南漢始改龍川，見寰宇記卷一五九；宣和二年復雷鄉舊名，見宋會要方域七之一三。據改。

〔五〕銅場　原作「錫場」，和場名銅坑不符。據九域志卷九、宋會要食貨三三之一二改。

〔六〕恭州　當作「敬州」，寰宇記卷一六〇：本潮州程鄉縣，南漢乾和三年，升爲敬州。清吳蘭修南漢地理志「敬州」條說：「避翼祖諱稱恭州，非實改也。」

〔七〕程鄉　原作「程江」，據上文和宋會要方域七之一五、輿地紀勝卷一〇二改。

〔八〕平興縣　按九域志卷九「端州」、「新州」二條，平興屬端州，永順屬新州，兩縣同時省廢。此處「平興」當爲「永順」之誤。

中華書局

〔九〕開寶五年　「五年」原作「三年」，據九域志卷九、輿地廣記卷三五改。

〔一〇〕靈溪　原作「雲溪」，據九域志卷九、宋會要食貨三三之五改。

〔一一〕縣十一　按下文和九域志卷九、輿地廣記卷三六、輿地紀勝卷一〇三都只有十縣。唯各書十縣中有陽朔而無永寧，下文有永寧而無陽朔，疑下文脫陽朔一名。

〔一二〕龍化　原作「龍水」，據輿地廣記卷三六、宋會要方域七之一七改。

〔一三〕禺州　「禺」上原衍「高」字，據宋會要方域七之一七、九域志卷九、輿地紀勝卷一〇四刪。

〔一四〕如和縣　原作「如化縣」，據宋會要方域七之一八、九域志卷九改。

〔一五〕武陽　原作「武功」，據宋會要方域七之一八、九域志卷九改。

〔一六〕東區　原作「運區」，據寰宇記卷一六三、宋朝事實卷一九改。

〔一七〕武林　原作「武陵」，按武林縣名本係因唐之舊，據新唐書卷四三上地理志和寰宇記卷一五八、九域志卷九改。

〔一八〕迷昆縣　九域志卷九、輿地紀勝卷一二二都作「述昆縣」。新唐書卷四三下地理志桂州都督府管下有「述昆州」，疑作「述昆」是。下文「迷昆州」同。

〔一九〕廢州琅琊保城二縣以嶺方隸邕州　「保城」原作「石城」，「嶺方」原作「領方」。據寰宇記卷一六五、九域志卷九改。下文「嶺方」各條同。

〔二〇〕開寶五年自邕州來屬廢澄州止戈賀水無虞入焉　按宋會要方域七之二二，開寶五年廢澄州，省止戈、賀水、無虞入上林縣，隸邕州；九域志卷九，端拱三年以邕州上林縣隸賓州。疑此處有誤。

〔二一〕寧浦　原作「靈浦」，據上文和九域志卷九、輿地廣記卷三七改。

〔二二〕軍事州　「事州」二字原倒，據上文「鬱林州」條「軍事州」例和九域志卷九改。

〔二三〕縣五　原作「縣四」，據下文和九域志卷九、輿地紀勝卷一二四改。

〔二四〕歸仁縣　原作「綏仁縣」，據上下文和宋會要方域七之二四改。

〔二五〕縣二十　按下文府州所領縣數共三十，此處「二」字當爲「三」之訛。

〔二六〕宛平　原作「廣平」，據宋會要方域五之三五、遼史卷四〇地理志改。

〔二七〕玉河　原作「王河」，據同上書同卷同篇改。

〔二八〕金將郭藥師　按本書卷四七二本傳，此時郭藥師是遼的涿州留守；本書卷二二徽宗紀、北盟會編卷九載此事，都作「遼將」。此處「金」字當作「遼」。

〔二九〕固安　原作「同安」，據寰宇記卷七〇、遼史卷四〇地理志改。

〔三〇〕柳城　原作「都城」，據宋會要方域五之三六、遼史卷四〇地理志改。

〔三一〕宣和三年始得雲中府武應朔蔚奉聖歸化儒嬀等州　據下文武、應、朔、蔚州等條和北盟會編卷一四，此處「三年」當作「五年」。

宋史卷九十一

志第四十四

河渠一

黄河上

黄河自昔爲中國患，河渠書述之詳矣。探厥本源，則博望之說，猶爲未也。大元至元二十七年，我世祖皇帝命學士蒲察篤實西窮河源，始得其詳。今西蕃朶甘思南鄙曰星宿海者，其源也。四山之間，有泉近百泓，匯而爲海，登高望之，若星宿布列，故名。流出復瀦，曰哈剌海，東出曰赤賓河，合忽闌、也里朮二河，東北流爲九渡河，其水猶清，騎可涉也。貫山中行，出西戎之都會，曰闊即，曰闊提者，合納憐河，所謂「細黄河」也，水流已濁。繞昆侖之南，折而東注，合乞里馬出河，復繞昆侖之北，自貴德、西寧之境，至積石，經河州，過臨

洮，合洮河，東北流至蘭州，始入中國。北繞朔方、北地、上郡而東，經三受降城、豐東勝州，折而南，出龍門，過河中，抵潼關。東出三門、集津爲孟津，過虎牢，而後奔放平壤。吞納小水以百數，勢益雄放，無崇山巨磯以防閑之，旁激奔潰，不遵禹蹟。故虎牢迤東距海口三二千里，恆被其害，宋爲特甚。始自滑臺、大伾，嘗兩經汎溢，復禹蹟矣。一時姦臣建議，必欲回之，俾復故流，竭天下之力以塞之。屢塞屢決，至南渡而後，貽其禍於金源氏，由不能順其就下之性以導之故也。

若江，若淮，若洛、汴、衡漳，暨江、淮以南諸水，皆有舟楫溉灌之利者，歷敍其事而分紀之。爲河渠志。

河入中國，行太行西，曲折山間，不能爲大患。既出大伾，東走赴海，更平地二千餘里，禹迹既湮，河并爲一，特以隄防爲之限。夏秋霖潦，百川衆流所會，不免決溢之憂，然有司所以備河者，亦益工矣。

自周顯德初，大決東平之楊劉，宰相李穀監治隄，自陽穀抵張秋口以遏之，水患少息。

然決河不復故道，離而爲赤河。

太祖乾德二年，遣使案行，將治古隄。議者以舊河不可卒復，力役且大，遂止；但詔民治遙隄，以禦衝注之患。其後赤河決東平之竹村，七州之地復罹水災。三年秋，大雨霖，開封府河決陽武，又孟州水漲，壞中潬橋梁，澶、鄆亦言河決，詔發州兵治之。四年八月，滑州河決，壞靈河縣大隄，詔殿前都指揮使韓重贇、馬步軍都軍頭王廷義等督士卒丁夫數萬人治之，被泛者蠲其秋租。

五年正月，帝以河隄屢決，分遣使行視，發畿甸丁夫繕治。自是歲以爲常，皆以正月首事，季春而畢。是月，詔開封大名府、鄆澶滑孟濮齊淄滄棣濱德博懷衞鄭等州長吏，並兼本州河隄使，蓋以謹力役而重水患也。

開寶四年十一月，河決澶淵，泛數州。官守不時上言，通判、司封郎中姚恕棄市，知州杜審肇坐免。五年正月，詔曰：「應緣黃、汴、清、御等河州縣，除準舊制種藝桑棗外，委長吏課民別樹榆柳及土地所宜之木。仍案戶籍高下，定爲五等：第一等歲樹五十本，第二等以下遞減十本。民欲廣樹藝者聽，其孤、寡、惸、獨者免。」是月，澶州修河卒賜以錢、鞵，役夫給以茶。三月，詔曰：「朕每念河渠潰決，頗爲民患，故署使職以總領焉，宜委官聯佐治其事。自今開封等十七州府，各置河堤判官一員，以本州通判充；如通判闕員，即以本州判

官充〔一〕。

五月，河大決濮陽，又決陽武。詔發諸州兵及丁夫凡五萬人，遣潁州團練使曹翰護其役。翰辭，太祖謂曰：「霖雨不止，又聞河決。朕信宿以來，焚香上禱于天，若天災流行，願在朕躬，勿延于民也。」翰頓首對曰：「昔宋景公諸侯耳，一發善言，災星退舍。今陛下憂及兆庶，懇禱如是，固當上感天心，必不爲災。」

六月，下詔曰：「近者澶、濮等數州，霖雨荐降，洪河爲患。朕以屢經決溢，重困黎元，每閱前書，詳究經瀆。至若夏后所載，但言導河至海，隨山濬川，未聞力制湍流，廣營高岸。自戰國專利，堙塞故道，小以妨大，私而害公，九河之制遂隳，歷代之患弗弭。凡搢紳多士、草澤之倫，有素習河渠之書，深知疏導之策，若爲經久，可免重勞，並許詣闕上書，附驛條奏。朕當親覽，用其所長，勉副詢求，當示甄獎。」時東魯逸人田告者，纂禹元經十二篇，帝聞之，召至闕下，詢以治水之道，善其言，將授以官，以親老固辭歸養，從之。翰至河上，親督工徒，未幾，決河皆塞。

太宗太平興國二年秋七月，河決孟州之温縣、鄭州之滎澤、澶州之頓丘，皆發緣河諸州丁夫塞之。又遣左衞大將軍李崇矩騎置自陝西至滄、棣，案行水勢。視隄岸之缺，亟繕治

之；民被水災者，悉蠲其租。三年正月，命使十七人分治黃河隄，以備水患。滑州靈河縣河塞復決，命西上閤門使郭守文率卒塞之。七年，河大漲，蹙清河，凌鄆州，城將陷，塞其門，急奏以聞。詔殿前承旨劉吉馳往固之。

八年五月，河大決滑州韓村，泛澶、濮、曹、濟諸州民田，壞居人廬舍，東南流至彭城界入于淮。詔發丁夫塞之。隄久不成，乃命使者按視遙隄舊址。使回條奏，以爲「治遙堤不如分水勢。自孟抵鄆，雖有隄防，唯滑與澶最爲隘狹。於此二州之地，可立分水之制，宜於南北岸各開其一，北入王莽河以通于海，南入靈河以通于淮，節減暴流，一如汴口之法。其分水河，量其遠邇，作爲斗門，啓閉隨時，務乎均濟。通舟運，溉農田，此富庶之資也。」不報。時多陰雨，河久未塞，帝憂之，遣樞密直學士張齊賢乘傳詣白馬津，用太牢加璧以祭。十二月，滑州言決河塞，羣臣稱賀。

九年春，滑州復言房村河決，帝曰：「近以河決韓村，發民治隄不成，安可重困吾民，當以諸軍代之。」乃發卒五萬，以侍衞步軍都指揮使田重進領其役，又命翰林學士宋白祭白馬津，沈以太牢加璧，未幾役成。

淳化二年三月，詔：「長吏以下及巡河主埽使臣，經度行視河隄，勿致壞隳，違者當寘于法。」四年十月，河決澶州，陷北城，壞廬舍七千餘區，詔發卒代民治之。是歲，巡河供奉官

梁睿上言：「滑州土脈疏，岸善潰，每歲河決南岸，害民田。請於迎陽鑿渠引水，凡四十里，至黎陽合大河，以防暴漲。」帝許之。五年正月，滑州言新渠成，帝又案圖，命昭宣使羅州刺史杜彥鈞率兵夫，計功十七萬，鑿河開渠，自韓村埽至州西鐵狗廟，凡十五餘里，復合于河，以分水勢。

眞宗咸平三年五月，河決鄆州王陵埽，浮鉅野，入淮、泗，水勢悍激，侵迫州城。命使率諸州丁男二萬人塞之，踰月而畢。始，赤河決，擁濟、泗，鄆州城中常苦水患。至是，霖雨彌月，積潦益甚，乃遣工部郎中陳若拙經度徙城。若拙請徙於東南十五里陽鄉之高原，詔可。是年〔二〕，詔：「緣河官吏，雖秩滿，須水落受代。知州、通判兩月一巡隄，縣令、佐迭巡隄防，轉運使勿委以他職。」又申嚴盜伐河上榆柳之禁。

景德元年九月，澶州言河決橫壠埽；四年，又壞王八埽，並詔發兵夫完治之。大中祥符三年十月，判河中府陳堯叟言：「白浮圖村河水決溢，爲南風激還故道。」明年，遣使滑州經度西岸，開減水河。九月，棣州河決聶家口，五年正月，本州請徙城，帝曰：「城去決河尙十數里，居民重遷。」命使完塞。既成，又決於州東南李民灣，環城數十里民舍多壞，又請徙於商河。役興踰年，雖扞護完築，裁免決溢，而湍流益暴，壖地益削，河勢高民屋殆踰丈

矣，民苦久役，而終憂水患；八年，乃詔徙州於陽信之八方寺。

著作佐郎李垂上導河形勝書三篇幷圖，其略曰：

臣請自汲郡東推禹故道，挾御河，較其水勢，出大伾、上陽、太行三山之間，復西河故瀆，北注大名西、館陶南，東北合赤河而至于海。因於魏縣北析一渠，正北稍西逕衡漳直北，下出邢、洺，如夏書過洚水，稍東注易水、合百濟、會朝河而至于海。大伾而下，黃、御混流，薄山障隄，勢不能遠。如是則載之高地而北行，百姓獲利，而契丹不能南侵矣。禹貢所謂「夾右碣石入于海」〔三〕，孔安國曰：「河逆上此州界。」

其始作自大伾西八十里，曹公所開運渠東五里，引河水正北稍東十里，破伯禹古隄，逕牧馬陂，從禹故道，又東三十里轉大伾西、通利軍北，挾白溝，復西大河，北逕清豐、大名西，歷洹水、魏縣東，暨館陶南，入屯氏故瀆，合赤河而北至于海。既而自大伾西新發故瀆西岸析一渠，正北稍西五里，廣深與汴等，合御河道，逼大伾北，即堅壤析一渠，東西二十里，廣深與汴等，復東大河。兩渠分流，則三四分水，猶得注澶淵舊渠矣。大都河水從西大河故瀆東北，合赤河而達于海，然後於魏縣北發御河西岸析一渠，正北稍西六十里，廣深與御河等，合衡漳水；又冀州北界、深州西南三十里決衡漳西岸，限水爲門，西北注滹沱，潦則塞之，使東漸渤海，旱則決之，使西灌屯田，此中國

禦邊之利也。

兩漢而下，言水利者，屢欲求九河故道而疏之。今考圖志，九河並在平原而北，且河壞澶、滑，未至平原而上已決矣，則九河奚利哉。漢武捨大伾之故道，發頓丘之暴衝，則濫兗泛齊，流患中土，使河朔平田，膏腴千里，縱容邊寇劫掠其間。今大河盡東，全燕陷北，而禦邊之計，莫大於河。不然，則趙、魏百城，富庶萬億，所謂誨盜而招寇矣。一日伺我饑饉，乘虛入寇，臨時用計者實難；不如因人足財豐之時，成之爲易。

詔樞密直學士任中正、龍圖閣直學士陳彭年、知制誥王曾詳定。中正等上言：「詳垂所述，頗爲周悉。所言起滑臺而下，派之爲六，則緣流就下，湍急難制，恐水勢聚而爲一，不能各依所導。設或必成六派，則是更增六處河口，悠久難於隄防；亦慮入滹沱、漳河，漸至二水淤塞，益爲民患。又築堤七百里，役夫二十一萬七千，工至四十日，侵占民田，頗爲煩費。」其議遂寢。

七年，詔罷葺遙堤，以養民力。八月，河決澶州大吳埽，役徒數千，築新隄，亙二百四十步，水乃順道。八年，京西轉運使陳堯佐議開滑州小河分水勢，遣使視利害以聞。及還，請規度自三迎陽村北治之，復開汊河於上游，以泄其壅溢。詔可。

天禧三年六月乙未夜，滑州河溢城西北天臺山旁，俄復潰于城西南，岸摧七百步，漫溢州城，歷澶、濮、曹、鄆，注梁山泊；又合清水、古汴渠東入于淮，州邑罹患者三十二。即遣使賦諸州薪石、楗橛、芟竹之數千六百萬，發兵夫九萬人治之。四年二月，河塞，羣臣入賀，上親爲文，刻石紀功。

是年，祠部員外郎李垂又言疏河利害，命垂至大名府、滑衞德貝州、通利軍與長吏計度。垂上言：

臣所至，並稱黃河水入王莽沙河與西河故瀆，注金、赤河，必慮水勢浩大，蕩浸民田，難於隄備。臣亦以爲河水所經，不無爲害。今者決河而南，爲害既多，而又陽武埽東、石堰埽西，地形汙下，東河泄水又艱。或者云：「今決處漕底坑深，舊渠逆上，若塞之，旁必復壞。」如是，則議塞河者誠以爲難。若決河而北，爲害雖少，一旦河水注御河，蕩易水，逕乾寧軍，入獨流口，遂及契丹之境。或者云：「因此搖動邊鄙。」如是，則議疏河者又益爲難。臣於兩難之間，輒畫一計：請自上流引北載之高地，東至大伾，瀉復於澶淵舊道，使南不至滑州，北不出通利軍界。

何以計之？臣請自衞州東界曹公所開運渠東五里，河北岸凸處，就岸實土堅引之，正北稍東十三里，破伯禹古隄，注裴家潭，逕牧馬陂，又正東稍北四十里，鑿大伾西

山，釃爲二渠：一逼大伾南足，決古隄正東八里，復澶淵舊道；一逼通利軍城北曲河口，至大禹所導西河故瀆，正北稍東五里，開南北大隄，又東七里，入澶淵舊道，與南渠合。夫如是，則北載之高地，大伾二山脽股之間分酌其勢，浚瀉兩渠，匯注東北，不遠三十里，復合于澶淵舊道，而滑州不治自涸矣。

臣請以兵夫二萬，自來歲二月興作，除三伏半功外，至十月而成。其均厚埤薄，俟次年可也。

疏奏，朝議慮其煩擾，罷之。

初，滑州以天臺決口去水稍遠，聊興葺之，及西南堤成，乃於天臺口旁築月隄。六月望，河復決天臺下，走衞南，浮徐、濟，害如三年而益甚。帝以新經賦率，慮殫困民力，即詔京東西、河北路經水災州軍，勿復科調丁夫，其守扞隄防役兵，仍令長吏存恤而番休之。五年正月，知滑州陳堯佐以西北水壞，城無外禦，築大隄，又疊埽於城北，護州中居民；復就鑿橫木，下垂木數條，置水旁以護岸，謂之「木龍」，當時賴焉；復並舊河開枝流，以分導水勢，有詔嘉奬。

說者以黃河隨時漲落，故舉物候爲水勢之名：自立春之後，東風解凍，河邊人候水，初至凡一寸，則夏秋當至一尺，頗爲信驗，故謂之「信水」。二月、三月桃華始開，冰泮雨積，川

流猥集，波瀾盛長，謂之「桃華水」。春末蕪菁華開，謂之「菜華水」。四月末壟麥結秀，擢芒變色，謂之「麥黃水」。五月瓜實延蔓，謂之「瓜蔓水」。朔野之地，深山窮谷，固陰沍寒，冰堅晚泮，逮乎盛夏，消釋方盡，而沃蕩山石，水帶礬腥，併流于河，故六月中旬後，謂之「礬山水」。七月菽豆方秀，謂之「豆華水」。八月菼薍華，謂之「荻苗水」。九月以重陽紀節，謂之「登高水」。十月水落安流，復其故道，謂之「復槽水」。十一月、十二月斷冰雜流，乘寒復結，謂之「蹙凌水」。水信有常，率以為準；非時暴漲，謂之「客水」。

其水勢：凡移徙橫注，岸如刺毀，謂之「劄岸」。漲溢踰防，謂之「抹岸」。埽岸故朽，潛流漱其下，謂之「塌岸」。浪勢旋激，岸土上隤，謂之「淪捲」。水侵岸逆漲，謂之「上展」；順漲，謂之「下展」。或水乍落，直流之中，忽屈曲橫射，謂之「徑窗」。水猛驟移，其將澄處，望之明白，謂之「拽白」，亦謂之「明灘」。湍怒略渟，勢稍汩起，行舟值之多溺，謂之「薦浪水」。水退淤澱，夏則膠土肥腴，初秋則黃滅土，頗為疏壤，深秋則白滅土，霜降後皆沙也。

舊制，歲虞河決，有司常以孟秋預調塞治之物，梢芟、薪柴、楗橛、竹石、茭索、竹索凡千餘萬，謂之「春料」。詔下瀕河諸州所產之地，仍遣使會河渠官吏，乘農隙率丁夫水工，收采備用。凡伐蘆荻謂之「芟」，伐山木榆柳枝葉謂之「梢」，辮竹糾芟為索。以竹為巨索，長十尺至百尺，有數等。先擇寬平之所為埽場。埽之制，密布芟索，鋪梢，梢芟相重，壓之以土，

雜以碎石，以巨竹索橫貫其中，謂之「心索」。卷而束之，復以大芟索繫其兩端，別以竹索自內旁出，其高至數丈，其長倍之。凡用丁夫數百或千人，雜唱齊挽，積置於卑薄之處，謂之「埽岸」。既下，以橛臬閡之，復以長木貫之，其竹索皆埋巨木於岸以維之，遇河之橫決，則復增之，以補其缺。凡埽下非積數疊，亦不能遏其迅湍，又有馬頭、鋸牙、木岸者，以蹙水勢護隄焉。

凡緣河諸州，孟州有河南北凡二埽，開封府有陽武埽，滑州有韓房二村、憑管、石堰、州西、魚池、迎陽凡七埽，舊有七里曲埽，後廢。通利軍有齊賈、蘇村凡二埽，澶州有濮陽、大韓、大吳、商胡、王楚、橫隴、曹村、依仁、大北、岡孫、陳固、明公、王八凡十三埽，大名府有孫杜、侯村二埽，濮州有任村、東、西、北凡四埽，鄆州有博陵、張秋、關山、子路、王陵、竹口凡六埽，齊州有采金山、史家渦二埽，濱州有平河、安定二埽，棣州有聶家、梭堤、鋸牙、陽成四埽，所費皆有司歲計而無闕焉。

仁宗天聖元年，以滑州決河未塞，詔募京東、河北、陝西、淮南民輸薪芻，調兵伐瀕河榆柳，賙溺死之家。二年，遣使詣滑、衞行視河勢。五年，發丁夫三萬八千，卒二萬一千，緡錢五十萬，塞決河，轉運使五日一奏河事。十月丙申，塞河成，以其近天臺山麓，名曰天臺埽。

宰臣王曾率百官入賀。十二月，濬魚池埽減水河。

六年八月，河決于澶州之王楚埽，凡三十步。八年，始詔河北轉運司計塞河之備，良山令陳曜請疏鄆、滑界糜丘河以分水勢，遂遣使行視遙隄。明道二年，徙大名之朝城縣于杜婆村，廢鄆州之王橋渡、淄州之臨河鎮以避水。

景祐元年七月，河決澶州橫隴埽。慶曆元年，詔權停修決河。自此久不復塞，而議開分水河以殺其暴。未興工而河流自分，有司以聞，遣使特祠之。三月，命築隄于澶以扞城。八年六月癸酉，河決商胡埽，決口廣五百五十七步，乃命使行視河隄。

皇祐元年三月，河合永濟渠注乾寧軍。二年七月辛酉，河復決大名府館陶縣之郭固。四年正月乙亥，塞郭固而河勢猶壅，議者請開六塔以披其勢。至和元年，遣使行度故道，且詣銅城鎮海口，約古道高下之勢。二年，翰林學士歐陽修奏疏曰：

朝廷欲俟秋興大役，塞商胡，開橫隴，回大河於古道。夫動大衆必順天時、量人力，謀於其始而審於其終，然後必行，計其所利者多，乃可無悔。比年以來，興役動衆，勞民費財，不精謀慮於厥初，輕信利害之偏說，舉事之始，既已蒼皇，群議一搖，尋復悔罷。不敢遠引他事，且如河決商胡，是時執政之臣，不慎計慮，遽謀修塞。凡科配梢芟一千八百萬，騷動六路一百餘軍州，官吏催驅，急若星火，民庶愁苦，盈於道塗。或

物已輸官，或人方在路，未及興役，尋已罷修，虛費民財，為國斂怨，舉事輕脫，為害若斯。今又聞復有修河之役，三十萬人之衆，開一千餘里之長河，計其所用物力，數倍往年。當此天災歲旱、民困國貧之際，不量人力，不順天時，知其有大不可者五：

蓋自去秋至春半，天下苦旱，京東尤甚，河北次之。國家常務安靜振恤之，猶恐民起為盜，况於兩路聚大衆、興大役乎？此其必不可者一也。

河北自恩州用兵之後，繼以凶年，人戶流亡，十失八九。數年以來，人稍歸復，然死亡之餘，所存者幾，瘡痍未斂，物力未完。又京東自去冬無雨雪，麥不生苗，將踰暮春，粟未布種，農心焦勞，所向無望。若別路差夫，又遠者難為赴役；一出諸路，則兩路力所不任〔四〕。此其必不可者二也。

往年議塞滑州決河，時公私之力，未若今日之貧虛；然猶儲積物料，誘率民財，數年之間，始能興役。今國用方乏，民力方疲，且合商胡塞大決之洪流，此一大役也。鑿橫隴開久廢之故道，又一大役也。自橫隴至海千餘里，埽岸久已廢，頓須興緝，又一大役也。往年公私有力之時，興一大役，尚須數年，今猝興三大役於災旱貧虛之際。此其必不可者三也。

就令商胡可塞，故道未必可開。鯀障洪水，九年無功，禹得洪範五行之書，知水潤

中華書局

下之性，乃因水之流，疏而就下，水患乃息。然則以大禹之功，不能障塞，但能因勢而疏決爾。今欲逆水之性，障而塞之，奪洪河之正流，使人力幹而回注，此大禹之所不能。此其必不可者四也。

橫隴湮塞已二十年，商胡決又數歲，故道已平而難鑿，安流已久而難回。此其必不可者五也。

臣伏思國家累歲災譴甚多，其於京東，變異尤大。地貴安靜而有聲(五)，巨嵎山摧，海水搖蕩，如此不止者僅十年，天地警戒，宜不虛發。臣謂變異所起之方，尤當過慮防懼，今乃欲於凶艱之年，聚三十萬之大衆於變異最大之方，臣恐災禍自茲而發也。況京東赤地千里，饑饉之民，正苦天災。又聞河役將動，往往伐桑毀屋，無復生計。流亡盜賊之患，不可不虞。宜速止罷，用安人心。

九月，詔：「自商胡之決，大河注金堤，寖爲河北患(六)。其故道又以河北、京東饑，故未興役。今河渠司李仲昌議欲納水入六塔河，使歸橫隴舊河，舒一時之急。其令兩制至待制以上、臺諫官，與河渠司同詳定。」

修又上疏曰：

伏見學士院集議修河，未有定論。豈由賈昌朝欲復故道，李仲昌請開六塔，互執

一說，莫知孰是。臣愚皆謂不然。言故道者，未詳利害之原；述六塔者，近乎欺罔之謬。今謂故道可復者，但見河北水患，而欲還之京東。然不思天禧以來河水屢決之因，所以未知故道有不可復之勢，臣故謂未詳利害之原也。若言六塔之利者，則不待攻而自破矣。今六塔既已開，而恩、冀之患，何爲尚告奔騰之急？此則減水未見其利也。又開六塔者云，可以全回大河，使復橫隴故道。今六塔止是別河下流，已爲濱、棣、德、博之患，若全回大河，顧其害如何？此臣故謂近乎欺罔之謬也。

且河本泥沙，無不淤之理。淤常先下流，下流淤高，水行漸壅，乃決上流之低處，此勢之常也。然避高就下，水之本性，故河流已棄之道，自古難復。臣不敢廣述河源，且以今所欲復之故道，言天禧以來屢決之因。

初，天禧中，河出京東，水行於今所謂故道者。水既淤澀，乃決天臺埽，尋塞而復故道；未幾，又決於滑州南鐵狗廟，今所謂龍門埽者。其後數年，又塞而復故道。已而又決王楚埽，所決差小，與故道分流，然而故道之水終以壅淤，故又於橫隴大決。是則決河非不能力塞，故道非不能力復，所復不久終必決於上流者，由故道淤而水不能行故也。及橫隴既決，水流就下，所以十餘年間，河未爲患。至慶曆三、四年，橫隴之水，又自海口先淤，凡一百四十餘里；其後游、金、赤三河相次又淤。下流既梗，乃決於上流之商胡口。然則京東、橫隴兩河故道，皆下流淤塞，河水已棄之高地。京東故道，屢復屢決，理不可復，不待言而易知也。

昨議者度京東故道功料，但云銅城已上乃特高爾，其東比銅城以上則稍低(七)，比商胡已上則實高也。若云銅城以東地勢斗下，則當日水流宜決銅城已上，何緣而頓淤橫隴之口，亦何緣而大決也？然則兩河故道，既皆不可爲，則河北水患何爲而可去？臣聞智者之於事，有所不能必，則較其利害之輕重，擇其害少者而爲之，猶愈害多而利少，何況有害而無利，此三者可較而擇也。

又商胡初決之時，欲議修塞，計用梢芟一千八百萬，科配六路一百餘州軍。今欲塞者乃往年之商胡，則必用往年之物數。至於開鑿故道，張奎所計工費甚大，其後李參減損，猶用三十萬人。然欲以五十步之狹，容大河之水，此可笑者；又欲增一夫所開三尺之方，倍爲六尺，且闊厚三尺而長六尺，自一倍之功，在於人力，已爲勞苦。云六尺之方，以開方法算之，乃八倍之功，此豈人力之所勝？是則前功既大而難興，後功雖小而不實。

大抵塞商胡，開故道，凡二大役，皆困國勞人，所舉如此，而欲開難復屢決已驗之故道，使其虛費，而商胡不可塞，故道不可復，此所謂有害而無利者也。就使幸而暫

塞，以紓目前之患，而終於上流必決，如龍門、橫隴之比，此所謂利少而害多也。

若六塔者，於大河有減水之名，而無減患之實。今下流所散，爲患已多，若全回大河以注之，則濱、棣、德、博河北所仰之州，不勝其患，而又故道淤澀，上流必有他決之虞，此直有害而無利耳，是皆智者之不爲也。今若因水所在，增治隄防，疏其下流，浚以入海，則可無決溢散漫之虞。

今河所歷數州之地，誠爲患矣；隄防歲用之夫，誠爲勞矣。與其虛費天下之財，虛舉大衆之役，而不能成功，終不免爲數州之患，勞歲用之夫，則此所謂害少者，乃智者之所宜擇也。

大約今河之勢，負三決之虞：復故道，上流必決；開六塔，上流亦決；河之下流，若不浚使入海，則上流亦決。臣請選知水利之臣，就其下流，求入海路而浚之；不然，下流梗澀，則終虞上決，爲患無涯。臣非知水者，但以今事可驗者較之耳。願下臣議，裁取其當焉。

預議官翰林學士承旨孫抃等言：「開故道，誠久利，然功大難成；六塔下流，可導而東去，以紓恩、冀金堤之患。」

十二月，中書上奏曰：「自商胡決，爲大名、恩冀患。先議開銅城道，塞商胡，以功大難

卒就，緩之，而憂金堤汎溢不能捍也。願備工費，因六塔水勢入橫隴，宜令河北、京東預完堤埽，上河水所居民田數。」詔下中書奏，以知澶州事李璋爲總管，轉運使周沆權同知澶州〔八〕，內侍都知鄧保吉爲鈐轄，殿中丞李仲昌提舉河渠，內殿承制張懷恩爲都監。而保吉不行，以內侍押班王從善代之。以龍圖閣直學士施昌言總領其事，提點開封府界縣鎮事蔡挺、勾當河渠事楊緯同修河決。修又奏請罷六塔之役，時宰相富弼尤主仲昌議，疏奏亦不省。

嘉祐元年四月壬子朔，塞商胡北流，入六塔河，不能容，是夕復決，溺兵夫、漂芻藁不可勝計。命三司鹽鐵判官沈立往行視，而修河官皆謫。宦者劉恢奏：「六塔之役，水死者數千萬人，穿土干禁忌；且河口乃趙征村，於國姓、御名有嫌，而大興臿斸，非便。」詔御史吳中復、內侍鄧守恭置獄于澶，劾仲昌等違詔旨，不俟秋冬塞北流而擅進約，以致決潰。懷恩、仲昌仍坐取河材爲器，懷恩流潭州，仲昌流英州，施昌言、李璋以下再謫，蔡挺奪官勒停。仲昌，垂子也。由是議者久不復論河事。

五年，河流派別于魏之第六埽，曰二股河，其廣二百尺。自二股河行一百三十里，至魏、恩、德、博之境，曰四界首河。七月，都轉運使韓贄言：「四界首古大河所經，即溝洫志所謂『平原、金堤，開通大河，入篤馬河，至海五百餘里』者也。自春以丁壯三千浚之，可一月而

畢。支分河流入金、赤河，使其深六尺，爲利可必。商胡決河自魏至于恩、冀、乾寧入于海，今二股河自魏、恩東至于德、滄入于海，分而爲二，則上流不壅，可以無決溢之患。」乃上四界首二股河圖。七年七月戊辰，河決大名第五埽。

英宗治平元年，始命都水監浚二股、五股河，以紓恩、冀之患。初，都水監言：「商胡堙塞，冀州界河淺，房家、武邑二埽由此潰，慮一旦大決，則甚於商胡之患。」乃遣判都水監張鞏、戶部副使張燾等行視，遂興工役，卒塞之。

神宗熙寧元年六月，河溢恩州烏欄堤，又決冀州棗彊埽，北注瀛。七月，又溢瀛州樂壽埽。帝憂之，顧問近臣司馬光等。都水監丞李立之請於恩、冀、深、瀛等州，創生堤三百六十七里以禦河，而河北都轉運司言：「當用夫八萬三千餘人，役一月成。今方災傷，願徐之。」都水監丞宋昌言謂：「今二股河門變移，請迎河港進約，簽入河身，以紓四州水患。」遂與屯田都監內侍程昉獻議，開二股以導東流。於是都水監奏：「慶曆八年，商胡北流，于今二十餘年，自澶州下至乾寧軍，創堤千有餘里，公私勞擾。近歲冀州而下，河道梗澀，致上下埽岸屢危。今棗彊抹岸，衝奪故道，雖創新堤，終非久計。願相六塔舊口，并二股河導使

東流，徐塞北流。」而提舉河渠王亞等謂：「黃、御河帶北行入獨流東砦，經乾寧軍、滄州等八砦邊界，直入大海。其近海口闊六七百步，深八九丈，三女砦以西闊三四百步，深五六丈。其勢愈深，其流愈猛，天所以限契丹。議者欲再開二股，漸閉北流，此乃未嘗覩黃河在界河內東流之利也。」

十一月，詔翰林學士司馬光、入內內侍省副都知張茂則，乘傳相度四州生堤，回日兼視六塔、二股利害。二年正月，光入對：「請如宋昌言策，於二股之西置上約，擗水令東。俟東流漸深，北流淤淺，即塞北流，放出御河、胡盧河，下紓恩、冀、深、瀛以西之患。」

初，商胡決河自魏之北，至恩、冀、乾寧入于海，是謂北流。嘉祐五年〔九〕，河流派于魏之第六埽，遂爲二股，自魏、恩東至于德、滄，入于海，是謂東流。時議者多不同，李立之力主生堤，帝不聽，卒用昌言說，置上約。

三月，光奏：「治河當因地形水勢，若彊用人力，引使就高，橫立堤防，則逆激旁潰，不惟無成，仍敗舊績。臣慮官吏見東流已及四分，急於見功，遽塞北流。而不知二股分流，十里之內，相去尙近，地勢復東高西下。若河流併東，一遇盛漲，水勢西合入北流，則東流遂絕；或於滄、德堤埽未成之處，決溢橫流。雖除西路之患，而害及東路，非策也。宜專護上約及二股堤岸。若今歲東流止添二分，則此去河勢自東，近者二三年，遠者四五年，候及八

分以上，河流衝刷已闊，滄、德堤埽已固，自然北流日減，可以閉塞，兩路俱無害矣。」

會北京留守韓琦言：「今歲兵夫數少，而金堤兩埽，修上、下約甚急，深進馬頭，欲奪大河。緣二股及嫩灘舊闊千一百步，是以可容漲水。今截去八百步有餘，則將東大河於二百餘步之間，下流既壅，上流蹙遏湍怒，又無兵夫修護堤岸，其衝決必矣。況自德至滄，皆二股下流，既無堤防，必侵民田。設若河門束狹，不能容納漲水，上、下約隨流而脫，則二股與北流爲一，其患愈大。又恩、深州所創生堤，其東則大河西來，其西則西山諸水東注，腹背受水，兩難扞禦。望選近臣速至河所，與在外官合議。」帝在經筵以琦奏諭光，命同茂則再往。

四月，光與張鞏、李立之、宋昌言、張問、呂大防、程昉行視上約及方鋸牙，濟河，集議於下約。光等奏：「二股河上約並在灘上，不礙河行。但所進方鋸牙已深，致北流河門稍狹，乞減折二十步，令近後，仍作蛾眉埽裹護。其滄、德界有古遙堤，當加葺治。所修二股，本欲疏導河水東去，生堤本欲捍禦河水西來，相爲表裏，未可偏廢。」帝因謂二府曰：「韓琦頗疑修二股。」趙抃曰：「人多以六塔爲戒。」王安石曰：「異議者，皆不考事實故也。」帝又問：「程昉、宋昌言同修二股如何？」安石以爲可治。帝曰：「欲作簽河甚善。」安石曰：「誠然。若及時作之，往往河可東，北流可閉。」因言：「李立之所築生堤，去河遠者至八九十里，本計以禦漫水，而不可禦河南之向著，臣恐漫水亦不可禦也。」帝以爲然。五月丙寅，乃詔立之

中華書局

乘驛赴闕議之。

六月戊申，命司馬光都大提舉修二股工役。呂公著言：「朝廷遣光相視董役，非所以褒崇近職、待遇儒臣也。」乃罷光行。

七月，二股河通快，北流稍自閉。戊子，張鞏奏：「上約累經泛漲，并下約各已無虞，東流勢漸順快，宜塞北流，除恩冀深瀛、永靜乾寧等州軍水患。又使御河、胡盧河下流各還故道，則漕運無壅遏，郵傳無滯留，塘泊無淤淺。復於邊防大計，不失南北之限，歲減費不可勝數，亦使流移歸復，實無窮之利。且黃河所至，古今未嘗無患，較利害輕重而取舍之可也。惟是東流南北隄防未立，閉口修堤，工費甚夥，所當預備。望選習知河事者，與臣等講求，具圖以聞。」乃復詔光、茂則及都水監官、河北轉運使同相度閉塞北流利害，有所不同，各以議上。

八月己亥，光入辭，言：「鞏等欲塞二股河北流，臣恐勞費未易。或幸而可塞，則東流淺狹，隄防未全，必致決溢，是移恩、冀、深、瀛之患於滄、德等州也。不若俟三二年，東流益深闊，堤防稍固，北流漸淺，薪芻有備，塞之便。」帝曰：「東流、北流之患孰輕重？」光曰：「兩地皆王民，無輕重；然北流已殘破，東流尙全。」帝曰：「今不俟東流順快而塞北流，他日河勢改移，奈何？」光曰：「上約固則東流日增，北流日減，何憂改移。若上約流失，其事不可知，

惟當併力護上約耳。」帝曰：「上約安可保？」光曰：「今歲創修，誠爲難保，然昨經大水而無虞，來歲地脚已牢，復何慮。且上約居河之側，聽河北流，猶懼不保；今欲橫截使不行，庸可保乎？」帝曰：「若河水常分二流，何時當有成功？」光曰：「上約苟存，東流必增，北流必減；借使分爲二流，於張鞏等不見成功，於國家亦無所害。何則？西北之水，併於山東，故爲害大，分則害小矣。鞏等亟欲塞北流，皆爲身謀，不顧國力與民患也。」帝曰：「防捍兩河，何以供億？」光曰：「併爲一則勞費自倍，分二流則勞費減半。今減北流財力之半，以備東流，不亦可乎？」帝曰：「卿等至彼視之。」

時二股河東流及六分，鞏等因欲閉斷北流，帝意嚮之。光以爲須及八分乃可，仍待其自然，不可施功。王安石曰：「光議事屢不合，今令視河，後必不從其議，是重使不安職也。」庚子，乃獨遣茂則。茂則奏：「二股河東傾已及八分，北流止二分。」張鞏等亦奏：「丙午，大河東徙，北流淺小。戊申，北流閉。」詔獎諭司馬光等，仍賜衣、帶、馬。

時北流既塞，而河自其南四十里許家港東決，汎濫大名、恩德滄、永靜五州軍境。三年二月，命茂則、鞏相度澶、滑州以下至東流河勢、隄防利害。時方濬御河，韓琦言：「事有緩急，工有後先，今御河漕運通駛，未至有害，不宜減大河之役。」乃詔輟河夫卒三萬三千，專治東流。

校勘記

〔一〕卽以本州判官充　「判」字原脫，據宋會要方域一四之二、宋大詔令集卷一六〇開寶五年置河堤判官詔補。

〔二〕是年　據上文，「是年」係指咸平三年，而長編卷六一、宋會要方域一四之四都繫此事於景德二年，疑此處誤。

〔三〕禹貢所謂夾右碣石入于海　書禹貢作「夾右碣石入于河」。

〔四〕一出諸路則兩路力所不任　按歐陽文忠公文集卷一〇八論修河第一狀，作「就河便近，則此兩路力所不任。」長編卷一七九，作「一出諸近，則兩路力所不任。」疑「諸路」爲「諸近」之誤。

〔五〕地貴安靜而有聲　按歐陽文忠公文集卷一〇八論修河第一狀、長編卷一七九都作「地貴安靜，動而有聲」，此處疑脫「動」字。

〔六〕大河注金堤寖爲河北患　「金」原作「食」，「寖」原作「埽」。據長編卷一八一改。

〔七〕其東比銅城以上則稍低　「比」原作「北」，據歐陽文忠公文集卷一〇九論修河第二狀、長編卷一八一改。

〔八〕權同知潭州　「潭州」，長編卷一八一作「澶州」。溫國文正司馬公集卷七八周沆神道碑：「沆先

知潭州，調陝西都轉運使，未幾又改河北，奉詔行視六塔渠利害」，與長編所記以河北轉運使權同知澶州事合。作「澶州」是。

〔九〕嘉祐五年　「五年」原作「八年」，據上文和長編卷一九二改。

中華書局

宋史卷九十二

志第四十五

河渠二

黃河中

熙寧四年七月辛卯，北京新堤第四、第五埽決，漂溺館陶、永濟、清陽以北，遣茂則乘驛相視。八月，河溢澶州曹村，十月，溢衞州王供。時新堤凡六埽，而決者二，下屬恩、冀，貫御河，奔衝爲一。帝憂之，自秋迄冬，數遣使經營。是時，人爭言導河之利，茂則等謂：「二股河地最下，而舊防可因，今堙塞者纔三十餘里，若度河之湍，浚而逆之，又存清水鎮河以析其勢，則悍者可回，決者可塞。」帝然之。

十二月，令河北轉運司開修二股河上流，并修塞第五埽決口。五年二月甲寅，興役，四

月丁卯，二股河成，深十一尺，廣四百尺。方浚河則稍障其決水，至是，水入于河，而決口亦塞。

六月，河溢北京夏津。閏七月辛卯，帝語執政：「聞京東調夫修河，有壞產者，河北調急夫尤多；若河復決，奈何？且河決不過占一河之地，或西或東，若利害無所校，聽其所趨，如何？」王安石曰：「北流不塞，占公私田至多，又水散漫，久復淤塞。昨修二股，費至少而公私田皆出，向之瀉鹵，俱爲沃壤，庸非利乎。況急夫已減於去歲，若復葺理堤防，則河北歲夫愈減矣。」

六年四月，始置疏濬黃河司。先是，有選人李公義者，獻鐵龍爪揚泥車法以濬河。其法：用鐵數斤爲爪形，以繩繫舟尾而沈之水，篙工急櫂，乘流相繼而下，一再過，水已深數尺。宦官黃懷信以爲可用，而患其太輕。王安石請令懷信、公義同議增損，乃别制濬川杷。其法：以巨木長八尺，齒長二尺，列於木下如杷狀，以石壓之；兩旁繫大繩，兩端矴大船，相距八十步，各用滑車絞之，去來撓蕩泥沙，已又移船而濬。或謂水深則杷不能及底，雖數往來無益；水淺則齒礙沙泥，曳之不動，卒乃反齒向上而曳之。人皆知不可用，惟安石善其法，使懷信先試之以濬二股，又謀鑿直河數里以觀其效。且言於帝曰：「開直河則水勢分。其不可開者，以近河，每開數尺即見水，不容施功爾。今第見水即以杷濬之，水當隨杷改趨直河，苟置數千杷，則諸河淺澱，皆非所患，歲可省開濬之費幾百千萬。」帝曰：「果爾，甚善。聞河北小軍壘當起夫五千，計合境之丁，僅及此數，一夫至用錢八緡。故歐陽修嘗謂開河如放火，不開如失火，與其勞人，不如勿開。」安石曰：「勞人以除害，所謂毒天下之民而從之者。」帝乃許春首興工，而賞懷信以度僧牒十五道，公義與堂除；以杷法下北京，令虞部員外郎、都大提舉大名府界金堤范子淵與通判、知縣共試驗之，皆言不可用。會子淵以事至京師，安石問其故，子淵意附會，遽曰：「法誠善，第同官議不合耳。」安石大悅。至是，乃置濬河司，將自衞州濬至海口，差子淵都大提舉，公義爲之屬。許不拘常制，舉使臣等；人船、木鐵、工匠，皆取之諸埽；官吏奉給視都水監丞司；行移與監司敵體。

當是時，北流閉已數年，水或横決散漫，常虞壅遏。十月，外監丞王令圖獻議，於北京第四、第五埽等處開修直河，使大河還二股故道，乃命范子淵及朱仲立領其事。開直河，深八尺，又用杷疏濬二股及清水鎮河，凡退背魚肋河則塞之。王安石乃盛言用杷之功，若不輟工，雖二股河上流，可使行地中。

七年，都水監丞劉璯言：「自開直河，閉魚肋，水勢增漲，行流湍急，漸揚河岸，而許家港、清水鎮河極淺漫，幾於不流。雖二股深快，而蒲泊已東，下至四界首，退出之田，略無固護，設遇漫水出岸，牽迴河頭，將復成水患。宜候霜降水落，閉清水鎮河，築縷河堤一道以

遏漲水，使大河復循故道。又退出良田數萬頃，俾民耕種。而博州界堂邑等退背七埽，歲減修護之費，公私兩濟。」從之。是秋，判大名文彥博言：「河溢壞民田，多者六十村，戶至萬七千，少者九村，戶至四千六百，願蠲租稅。」從之。又命都水詰官吏不以水災聞者。外都水監丞程昉以憂死。

十月，安石去位，吳充爲相。十年五月，滎澤河堤急，詔判都水監俞光往治之。是歲七月，河復溢衞州王供及汲縣上下埽、懷州黃沁、滑州韓村；己丑，遂大決於澶州曹村，澶淵北流斷絶，河道南徙，東匯于梁山、張澤濼，分爲二派，一合南清河入于淮，一合北清河入于海，凡灌郡縣四十五，而濮、齊、鄆、徐尤甚，壞田逾三十萬頃。遣使修閉。

八月，又決鄭州滎澤。於是文彥博言：「臣正月嘗奏：德州河底淤澱，泄水稽滯，上流必至壅遏。又河勢變移，四散漫流，兩岸俱被水患，若不預爲經制，必溢魏、博、恩、澶等州之境。而都水略無施設，止固護東流北岸而已。適累年河流低下，官吏希省費之賞，未嘗增修堤岸，大名諸埽，皆可憂虞。謂如曹村一埽，自熙寧八年至今三年，雖每計春料當培低怯，而有司未嘗如約，其埽兵又皆給他役，實在者十有七八。今者果大決溢，此非天災，實人力不至也。臣前論此，并乞審擇水官。今河朔、京東州縣，人被患者莫知其數，嗷嗷籲天，上軫聖念，而水官不能自訟，猶汲汲希賞。臣前論所陳，出於至誠，本圖補報，非敢激

中華書局

許也。」

元豐元年四月丙寅，決口塞，詔改曹村埽曰靈平。五月甲戌，新堤成，閉口斷流，河復歸北。初，議塞河也，故道堙而高，水不得下，議者欲自夏津縣東開簽河入董固以護舊河，袤七十里九十步；又自張村埽直東築堤至龐家莊古堤，袤五十里二百步。詔樞密都承旨韓縝相視。縝言：「漲水衝刷新河，已成河道。河勢變移無常，雖開河就堤，及於河身剏立生堤，枉費功力。惟增修新河，乃能經久。」詔可。

十一月，都水監言：「自曹村決溢，諸埽無復儲蓄，乞給錢二十萬緡下諸路，以時市梢草封椿。」詔給十萬緡，非朝旨及埽岸危急，毋得擅用。

二年七月戊子，范子淵言：「因護黃河岸畢工，乞中分爲兩埽。」詔以廣武上、下埽爲名。

三年七月，澶州孫村、陳埽及大吳、小吳埽決，詔外監丞司速修閉。初，河決澶州也，北外監丞陳祐甫謂：「商胡決三十餘年，所行河道，塡淤漸高，堤防歲增，未免泛濫。今當修者有三：商胡一也，橫壠二也，禹舊迹三也。然商胡、橫壠故道，地勢高平，土性疏惡，皆不可復，復亦不能持久。惟禹故瀆尚存，在大伾、太行之間，地卑而勢固。故祕閣校理李垂與今知深州孫民先皆有修復之議。望召民先同河北漕臣一員，自衞州王供埽按視，訖于海口。」

從之。

四年四月，小吳埽復大決，自澶注入御河，恩州危甚。六月戊午，詔：「東流已塡淤不可復，將來更不修閉小吳決口，候見大河歸納，應合修立堤防，令李立之經畫以聞。」帝謂輔臣曰：「河之爲患久矣，後世以事治水，故常有礙。夫水之趨下，乃其性也，以道治水，則無違其性可也。如能順水所向，遷徙城邑以避之，復有何患？雖神禹復生，不過如此。」輔臣皆曰：「誠如聖訓。」河北東路提點刑獄劉定言：「王莽河一徑水，自大名界下合大流注冀州，及臨淸徐曲御河決口、恩州趙村壩子決口兩徑水，亦注冀州城東。若遂成河道，即大流難以西傾，全與李垂、孫民先所論違背，望早經制。」詔送李立之。

八月壬午，立之言：「臣自決口相視河流，至乾寧軍分入東西兩塘，次入界河，於劈地口入海，通流無阻，宜修立東西堤。」詔覆計之。而言者又請：「自王供埽上添修南岸，於小吳口北創修遙堤，候將來禦山水下，決王供埽，使直河注東北，於滄州界或南或北，從故道入海。」不從。

九月庚子，立之又言：「北京南樂、館陶、宗城、魏縣，淺口、永濟、延安鎭，瀛州景城鎭，在大河兩堤之間，乞相度遷於堤外。」於是用其說，分立東西兩堤五十九埽。定三等向著：河勢正著堤身爲第一，河勢順流堤下爲第二，河離堤一里內爲第三。退背亦三等：堤去河最遠爲第一，次遠者爲第二，次近一里以上爲第三。立之在熙寧初已主立堤，今竟行其言。

五年正月己丑，詔立之：「凡爲小吳決口所立堤防，可按視河勢向背應置埽處，毋虛設巡河官，毋橫費工料。」六月，河溢北京內黃埽。七月，決大吳埽堤，以紓靈平下埽危急。八月，河決鄭州原武埽，溢入利津、陽武溝、刁馬河，歸納梁山濼。詔曰：「原武決口已引奪大河四分以上，不大治之，將貽朝廷巨憂。其輟修汴河堤岸司兵五千，併力築堤修閉。」都水復言：「兩馬頭墊落，水面闊二十五步，天寒，乞候來春施工。」至臘月竟塞云。九月，河溢滄州南皮上、下埽，又溢淸池埽，又溢永靜軍阜城下埽。十月辛亥，提舉汴河堤岸司言：「洛口廣武埽大河水漲，塌岸，壞下牐斗門，萬一入汴，人力無以枝梧。密邇都城，可不深慮。」詔都水監官速往護之。丙辰，廣武上、下埽危急，詔救護，尋獲安定。

七年七月，河溢元城埽，決橫堤，破北京。帥臣王拱辰言：「河水暴至，數十萬衆號叫求救，而錢穀稟轉運，常平歸提舉，軍器工匠隸提刑，埽岸物料兵卒卽屬都水監，逐司在遠，無一得專，倉卒何以濟民？望許不拘常制。」詔：「事干機速，奏覆牒稟所屬不及者，如所請。」戊申，命拯護陽武埽。

十月，冀州王令圖奏：「大河行流散漫，河內殊無緊流，旋生灘磧。宜近澶州相視水勢，使還復故道。」會明年春，宮車晏駕。

大抵熙寧初，專欲導東流，閉北流。元豐以後，因河決而北，議者始欲復禹故迹。神宗愛惜民力，思順水性，而水官難其人。王安石力主程昉、范子淵，故二人尤以河事自任；帝雖藉其才，然每抑之。其後，元祐元年，子淵已改司農少卿，御史呂陶劾其「修堤開河，縻費巨萬，護堤壓埽之人，溺死無數。元豐六年興役，至七年功用不成。乞行廢放。」於是黜知兗州，尋降知峽州。其制略曰：「汝以有限之材，興必不可成之役，驅無辜之民，置之必死之地。」中書舍人蘇軾詞也。

八年三月，哲宗卽位，宣仁聖烈皇后垂簾。河流雖北，而孫村低下，夏、秋霖雨，漲水往往東出。小吳之決既未塞，十月，又決大名之小張口，河北諸郡皆被水災。知澶州王令圖建議濬迎陽埽舊河，又於孫村金堤置約，復故道。本路轉運使范子奇仍請於大吳北岸修進鋸牙，擗約河勢。於是回河東流之議起。

元祐元年二月乙丑，詔：「未得雨澤，權罷修河，放諸路兵夫。」九月丁丑，詔祕書監張問相度河北水事。十月庚寅，又以王令圖領都水，同問行河。

十一月丙子，問言：「臣至滑州決口相視，迎陽埽至大、小吳，水勢低下，舊河淤仰，故道難復。請於南樂大名埽開直河并簽河，分引水勢入孫村口，以解北京向下水患。」令圖亦以

中華書局

爲然，於是減水河之議復起。既從之矣，會北京留守韓絳奏引河近府非是，詔問別相視。

二年二月，令圖、問欲必行前說，朝廷又從之。三月，令圖死，以王孝先代領都水，亦請如令圖議。

右司諫王覿言：「河北人戶轉徙者多，朝廷責郡縣以安集，空倉廩以振濟，又遣專使察視之，恩德厚矣。然耕耘是時，而流轉於道路者不已；二麥將熟，而寓食於四方者未還。其故何也，盍亦治其本矣。今河之爲患三：泛濫渟滀，漫無涯涘，吞食民田，未見窮已，一也；緣邊漕運獨賴御河，今御河淤澱，轉輸艱梗，二也；塘泊之設，以限南北，濁水所經，卽爲平陸，三也。欲治三患，在遴擇都水、轉運而責成耳。今轉運使范子奇反覆求合，都水使者王孝先暗繆，望別擇人。」

時知樞密院事安燾深以東流爲是，兩疏言：「朝廷久議回河，獨憚勞費，不顧大患。蓋自小吳未決以前，河入海之地雖屢變移，而盡在中國；故京師恃以北限彊敵，景德澶淵之事可驗也。且河決每西，則河尾每北，河流旣益西決，固已北抵境上。若復不止，則南岸遂屬遼界，彼必爲橋梁，守以州郡；如慶曆中因取河南熟戶之地，遂築軍以窺河外，已然之效如此。蓋自河而南，地勢平衍，直抵京師，長慮却顧，可爲寒心。又朝廷捐東南之利，半以宿河北重兵，備預之意深矣。使敵能至河南，則邈不相及。今欲便於治河而緩於設險，非

計也。」

王巖叟亦言：「朝廷知河流爲北道之患日深，故遣使命水官相視便利，欲順而導之，以拯一路生靈於墊溺，甚大惠也。然昔者專使未還，不知何疑而先罷議；專使反命，不知何所取信而議復興。既敕都水使者總護役事，調兵起工，有定日矣，已而復罷。數十日間，變議者再三，何以示四方？今有大害七，不可不早爲計。北塞之所恃以爲險者在塘泊，黃河堙之，猝不可濬，浸失北塞險固之利，一也。橫遏西山之水，不得順流而下，蹙溢於千里，使百萬生齒，居無廬，耕無田，流散而不復，二也。乾寧孤壘，危絕不足道，而大名、深、冀腹心郡縣，皆有終不自保之勢，三也。滄州扼北敵海道，自河不東流，滄州在河之南，直抵京師，無有限隔，四也。并吞御河，邊城失轉輸之便，五也。河北轉運司歲耗財用，陷租賦以百萬計，六也。六七月之間，河流交漲，占沒西路，阻絕遼使，進退不能，兩朝以爲憂，七也。非此七害，委之可，緩而未治可也。且去歲之患，已甚前歲，今歲又甚焉，則奈何？望深詔執政大臣，早決河議而責成之。」太師文彥博、中書侍郎呂大防皆主其說。

中書舍人蘇轍謂右僕射呂公著曰：「河決而北，先帝不能回，而諸公欲回之，是自謂智勇勢力過先帝也。盍因其舊而修其未備乎？」公著唯唯。於是三省奏：「自河北決，恩、冀以下數州被患，至今未見開修的確利害，致妨興工。」乃詔河北轉運使、副，限兩月同水官講議聞奏。

十一月，講議官皆言：「令圖、問相度開河，取水入孫村口還復故道處，測量得流分尺寸，取引不過，其說難行。」十二月，張景先復以問說爲善，果欲回河，惟北京已上、滑州而下爲宜，仍於孫村濬治橫河舊堤，止用逐埽人兵、物料，并年例客軍，春天漸爲之可也。朝廷是其說。

三年六月戊戌，乃詔：「黃河未復故道，終爲河北之患。王孝先等所議，已嘗興役，不可中罷，宜接續工料，向去決要回復故道。三省、樞密院速與商議施行。」右相范純仁言：「聖人有三寶，曰慈，曰儉，曰不敢爲天下先。蓋天下大勢惟人君所向，羣下競趨如川流山摧，小失其道，非一言一力可回，故居上者不可不謹也。今聖意已有所向而爲天下先矣。乞諭執政：『前日降出文字，却且進入。』免希合之臣，妄測聖意，輕舉大役。」尙書王存等亦言：「使大河決可東回，而北流遂斷，何惜勞民費財，以成經久之利。今孝先等自未有必然之論，但僥幸萬一，以冀成功，又預求免責，若遂聽之，將有噬臍之悔。乞望選公正近臣及忠實內侍，覆行按視，審度可否，興工未晚。」

庚子，三省、樞密院奏事延和殿，文彥博、呂大防、安燾等謂：「河不東，則失中國之險，爲契丹之利。」范純仁、王存、胡宗愈則以虛費勞民爲憂。存謂：「今公私財力困匱，惟朝廷

未甚知者，賴先帝時封樁錢物可用耳。外路往往空乏，奈何起數千萬物料、兵夫，圖不可必成之功？且御契丹得其道，則自景德至今八九十年，通好如一家，設險何與焉？不然，如石晉末耶律德光犯闕，豈無黃河爲阻，況今河流未必便衝過北界耶？」太后曰：「且熟議。」

明日，純仁又畫四不可之說，且曰：「北流數年未爲大患，而議者恐失中國之利，先事回改；正如頃西夏本不爲邊患，而好事者以爲不取恐失機會，遂興靈武之師也。臣聞孔子論爲政曰：『先有司。』今水官未嘗保明，而先示決欲回河之旨，他日敗事，是使之得以藉口也。」

存、宗愈亦奏：「昨親聞德音，更令熟議。然累日猶有未同，或令建議者結罪任責。臣等本謂建議之人，思慮有所未逮，故乞差官覆按。若但使之結罪，彼所見不過如此，後或誤事，加罪何益。臣非不知河決北流，爲患非一。淤沿邊塘泊，斷御河漕運，失中國之險，遏西山之流。若能全回大河，使由孫村故道，豈非上下通順？但恐不能成功，爲患甚於今日。故欲選近臣按視：若孝先之說決可成，則積聚物料，接續興役；如不可爲，則令沿河踏行，自恩、魏以北，塘泊以南，別求可以疏導歸海去處，不必專主孫村。此亦三省共曾商量，望賜詳酌。」存又奏：「自古惟有導河并塞河。導河者順水勢，自高導令就下；塞河者爲河堤決溢，修塞令入河身。不聞斡引大河令就高行流也。」於是收回戊戌詔書。

戶部侍郎蘇轍、中書舍人曾肇各三上疏。轍大略言：

黃河西流，議復故道。事之經歲，役兵二萬，聚梢樁等物三十餘萬。方河朔災傷困弊，而興必不可成之功，吏民竊歎。今回河大議雖寢，然聞議者固執來歲開河分水之策。今小吳決口，入地已深，而孫村所開，丈尺有限，不獨不能回河，亦必不能分水。況黃河之性，急則通流，緩則淤澱，既無東西皆急之勢，安有兩河並行之理？縱使兩河並行，未免各立隄防，其費又倍矣。

今建議者其說有三，臣請折之：一曰御河湮滅，失饋運之利。昔大河在東，御河自懷、衞經北京，漸歷邊郡，饋運既便，商賈通行。自河西流，御河湮滅，失此大利，天實使然。今河自小吳北行，占壓御河故地，雖使自北京以南折而東行，則御河湮滅已一二百里，何由復見？此御河之說不足聽也。二曰恩、冀以北，漲水爲害，公私損耗。臣聞河之所行，利害相半，蓋水來雖有敗田破稅之害，其去亦有淤厚宿麥之利。況故道已退之地，桑麻千里，賦役全復，此漲水之說不足聽也。三曰河徙無常，萬一自契丹界入海，邊防失備。按河昔在東，自河以西郡縣，與契丹接境，無山河之限，邊臣建爲塘水，以捍契丹之衝。今河既西，則西山一帶，契丹可行之地無幾，邊防之利，不言可知。然議者尙恐河復北徙，則海口出契丹界中，造舟爲梁，便於南牧。臣聞契丹之河，自北

南注以入于海。蓋地形北高，河無北徙之道，而海口深浚，勢無徙移，此邊防之說不足聽也。

臣又聞謝卿材到闕，昌言：「黃河自小吳決口，乘高注北，水勢奔決，上流隄防無復決怒之患。朝廷若以河事付臣，不役一夫，不費一金，十年保無河患。」大臣以其異己罷歸，而使王孝先、俞瑾、張景先三人重畫回河之計。蓋由元老大臣重於改過，故假契丹不測之憂，以取必於朝廷。雖已遣百祿等出按利害，然未敢保其不觀望風旨也。願亟回收買梢草指揮，來歲勿調開河役兵，使百祿等明知聖意無所偏係，不至阿附以誤國計。

肇之言曰：「數年以來，河北、京東、淮南災傷，今歲河北並邊稍熟，而近南州軍皆旱，京東西、淮南饑殍瘡痍。若來年雖未大興河役，止令修治舊隄，開減水河，亦須調發丁夫。本路不足，則及鄰路，鄰路不足，則及淮南，民力果何以堪？民力未堪，則雖有回河之策，及梢草先具，將安施乎？」

會百祿等行視東西二河，亦以爲東流高仰，北流順下，決不可回。即奏曰：

往者王令圖、張問欲開引水簽河，導水入孫村口還復故道。議者疑焉，故置官設屬，使之講議。既開撅井筒，折量地形水面尺寸高下，顧臨、王孝先、張景先、唐義

問、陳祐之皆謂故道難復。而孝先獨叛其說，初乞先開減水河，俟行流通快，新河勢緩，人工物料豐備，徐議閉塞北流。已而召赴都堂，則又請以二年爲期。及朝廷詰其成功，遽云：「來年取水入孫村口，若河流順快，工料有備，便可閉塞，回復故道。」是又不竢新河勢緩矣。回河事大，寧容異同如此！蓋孝先、俞瑾等知合用物料五千餘萬，未有指擬，見買數計，經歲未及毫釐，度事理終不可爲，故爲大言。

又云：「若失此時，或河勢移背，豈獨不可減水，即永無回河之理。」臣等竊謂河流轉徙，迺其常事；水性就下，固無一定。若假以五年，休養數路民力，沿河積材，漸濬故道，葺舊堤，一旦流勢改變，審議事理，釃爲二渠，分派行流，均減漲水之害，則勞費不大，功力易施，安得謂之一失此時，永無回河之理也？

四年正月癸未，百祿等使回入對，復言：「修減水河，役過兵夫六萬三千餘人，計五百三十萬工，費錢糧三十九萬二千九百餘貫、石、匹、兩，收買物料錢七十五萬三百餘緡，用過物料二百九十餘萬條、束，官員、使臣、軍大將凡一百一十餘員請給不預焉。願罷有害無利之役，那移工料，繕築西堤，以護南決口。」未報。己亥，乃詔罷回河及修減水河。

四月戊午，尙書省言：「大河東流，爲中國之要險。自大吳決後，由界河入海，不惟淤壞塘濼，兼濁水入界河，向去淺澱，則河必北流。若河尾直注北界入海，則中國全失險阻之

限，不可不爲深慮。」詔范百祿、趙君錫條畫以聞。

百祿等言：

臣等昨按行黃河獨流口至界河，又東至海口，熟觀河流形勢，并緣界河至海口鋪砦地分使臣各稱：界河未經黃河行流已前，闊一百五十步下至五十步，深一丈五尺下至一丈；自黃河行流之後，今闊至五百四十步，次亦三二百步，深者三丈五尺，次亦二丈。乃知水性就下，行疾則自刮除成空而稍深，與前漢書大司馬史張戎之論正合。

自元豐四年河出大吳，一向就下，衝入界河，行流勢如傾建。經今八年，不捨晝夜，衝刷界河，兩岸日漸開闊，連底成空，趨海之勢甚迅。雖遇元豐七年八年、元祐元年〔二〕泛漲非常，而大吳以上數百里，終無決溢之害，此迺下流歸納處河流深快之驗也。

塘濼有限遼之名，無禦遼之實。今之塘水，又異昔時，淺足以褰裳而涉，深足以維舟而濟，冬寒冰堅，尤爲坦途。如滄州等處，商胡之決卽已淤淀，今四十二年，迄無邊警，亦無人言以爲深憂。自回河之議起，首以此動煩聖聽。殊不思大吳初決，水未有歸，猶不北去；今入海湍迅，界河益深，尙復何慮？藉令有此，則中國據上游，契丹豈

不慮乘流擾之乎？

自古朝那、蕭關、雲中、朔方、定襄、鴈門、上郡、太原、右北平之間，南北往來之衝，豈塘濼界河之足限哉。臣等竊謂本朝以來，未有大河安流，合於禹迹，如此之利便者。其界河向去只有深闊，加以朝夕海潮往來渲蕩，必無淺澱，河尾安得直注北界，中國亦無全失險阻之理。且河遇平壤灘漫，行流稍遲，則泥沙留淤；若趨深走下，湍激奔騰，惟有刮除，無由淤積，不至上煩聖慮。

七月己巳朔，冀州南宮等五埽危急，詔撥提舉修河司物料百萬與之。甲午，都水監言：「河爲中國患久矣，自小吳決後，汎濫未著河槽，前後遣官相度非一，終未有定論。以爲北流無患，則前二年河決南宮下埽，去三年決上埽，今四年決宗城中埽，豈是北流可保無虞？以爲大河趴東，則南宮、宗城皆在西岸；以爲趴西，則冀州信都、恩州清河、武邑或決，皆在東岸。要是大河千里，未見歸納經久之計，所以昨相度第三、第四鋪分決漲水，少紓目前之急。繼又宗城決溢，向下包蓄不定，雖欲不爲東流之計，不可得也。河勢未可全奪，故爲二股之策。今相視新開第一口，水勢湍猛，發泄不及，已不候工畢，更撥沙河隄第二口泄減漲水，因而二股分行，以紓下流之患。雖未保冬夏常流，已見有可爲之勢。必欲經久，遂作二股，仍較今所修利害孰爲輕重，有司具析保明以聞。」

八月丁未，翰林學士蘇轍言：

夏秋之交，暑雨頻併。河流暴漲出岸，由孫村東行，蓋每歲常事。而李偉與河埽使臣因此張皇，以分水爲名，欲發回河之議，都水監從而和之。河事一興，求無不可，況大臣以其符合己說而樂聞乎。

臣聞河道西行孫村側左，大約入地二丈以來，今所報漲水出岸，由新開口地東入孫村，不過六七尺。欲因六七尺漲水，而奪入地二丈河身，雖三尺童子，知其難矣。然朝廷遂爲之遣都水使者，興兵功，開河道，進鋸牙，欲約之使東。方河水盛漲，其西行河道若不斷流，則遏之東行，實同兒戲。

臣願急命有司，徐觀水勢所向，依累年漲水舊例，因其東溢，引入故道，以紓北京朝夕之憂。故道隄防壞決者，第略加修葺，免其決溢而已。至於開河、進約等事，一切毋得興功，俟河勢稍定然後議。不過一月，漲水既落，則西流之勢，決無移理。兼聞孫村出岸漲水，今已斷流，河上官吏未肯奏知耳。

是時，吳安持與李偉力主東流，而謝卿材謂「近歲河流稍行地中，無可回之理」，上河議一編。召赴政事堂會議，大臣不以爲然。癸丑，三省、樞密院言：「繼日霖雨，河上之役，恐煩聖慮。」太后曰：「訪之外議，河水已東復故道矣。」

乙丑，李偉言：「已開撥北京南沙河直堤第三鋪，放水入孫村口故道通行。」又言：「大河已分流，即更不須開淘。因昨來一決之後，東流自是順快，渲刷漸成港道。見今已爲二股，約奪大河三分以來，若得夫二萬，於九月興工，至十月寒凍時可畢。因引導河勢，豈止爲二股通行而已，亦將遂爲回奪大河之計。今來既因擗擄東流，修全鋸牙，當迤邐增進一埽而取一埽之利，比至來年春、夏之交，遂可全復故道。朝廷今日當極力必閉北流，乃爲上策。若不明詔有司，即令回河，深恐上下遷延，議終不決，觀望之間，遂失機會。乞復置修河司。」從之。

五年正月丁亥，梁燾言：「朝廷治河，東流北流，本無一偏之私。今東流未成，邊北之州縣未至受患，其役可緩；北流方悍，邊西之州縣，日夕可憂，其備宜急。今傾半天下之力，專事東流，而不加一夫一草於北流之上，得不誤國計乎！去年屢決之害，全由堤防無備。臣願嚴責水官，修治北流埽岸，使二方均被惻隱之恩。」

二月己亥，詔開修減水河。辛丑，乃詔三省、樞密院：「去冬愆雪，今未得雨，外路旱暵闊遠，宜權罷修河。」

戊申，蘇轍言：「臣去年使契丹，過河北，見州縣官吏，訪以河事，皆相視不敢正言。及今年正月，還自契丹，所過吏民，方舉手相慶，皆言近有朝旨罷回河大役，命下之日，北京之

人，驩呼鼓舞。惟減水河役遷延不止，耗蠹之事，十存四五，民間竊議，意大臣業已爲此，勢難遽回。既爲聖鑒所臨，要當迤邐盡罷。今月六日，果蒙聖旨，以旱災爲名，權罷修黃河，候今秋取旨。大臣覆奏盡罷黃河東、北流及諸河功役，民方憂旱，聞命踊躍，實荷聖恩。然臣竊詳聖旨，上合天意，下合民心。因水之性，功力易就，天語激切，中外聞者或至泣下，而大臣奉行，不得其平〔三〕。由此觀之，則是大臣所欲，雖害物而必行；陛下所爲，雖利民而不聽。至於委曲回避，巧爲之說，僅乃得行，君權已奪，國勢倒植。臣所謂君臣之間，逆順之際，大爲不便者，此事是也。黃河既不可復回，則先罷修河司，只令河北轉運司盡將一道兵功，修貼北流堤岸；罷吳安持、李偉都水監差遣，正其欺罔之罪，使天下曉然知聖意所在。如此施行，不獨河事就緒，天下臣庶，自此不敢以虛誑欺朝廷，弊事庶幾漸去矣。」

八月甲辰，提舉東流故道李偉言：「大河自五月後日益暴漲，始由北京南沙堤第七鋪決口，水出於第三、第四鋪并清豐口一併東流。故道河槽深三丈至一丈以上，比去年尤爲深快，頗減北流橫溢之患。然今已秋深，水當減落，若不稍加措置，慮致斷絕，即東流遂成淤澱。望下所屬官司，經畫沙堤等口分水利害，免淤故道，上誤國事。」詔吳安持與本路監司、北外丞司及李偉按視，具合措置事連書以聞。

九月，中丞蘇轍言：「修河司若不罷，李偉若不去，河水終不得順流，河朔生靈終不得安

中華書局

居。乞速罷修河司，及檢舉六年四月庚子敕，竄責李偉。」

七年三月，以吏部郎中趙偁權河北轉運使。偁素與安持等議不協，嘗上河議，其略曰：「自頃有司回河幾三年，功費騷動半天下，復爲分水又四年矣。故所謂分水者，因河流、相地勢導而分之。今乃橫截河流，置埽約以扼之，開濬河門，徒爲淵潭，其狀可見。況故道千里，其間又有高處，故累歲漲落輒復自斷。夫河流有逆順，地勢有高下，非朝廷可得而見，職在有司，朝廷任之亦信矣，患有司不自信耳。臣謂當繕大河北流兩堤，復修宗城棄堤，閉宗城口，廢上、下約，開闞村河門，使河流湍直，以成深道。聚三河工費以治一河，一二年可以就緒，而河患庶幾息矣。願以河事并都水條例一付轉運司，而總以工部，罷外丞司使，措置歸一，則職事可舉，弊事可去。」

四月，詔：「南北外兩丞司管下河埽，今後令河北京西轉運使、副、判官、府界提點分認界至，內河北仍於銜內帶『兼管南北外都水公事』。」

十月辛酉，以大河東流，賜都水使者吳安持三品服，北都水監丞李偉再任。

校勘記

〔一〕元祐元年　「元年」原脫，據長編卷四二五補。

〔二〕而大臣奉行不得其平　欒城集卷四一乞罷修河劄子、長編卷四三八都作「而大臣奉行不得其中」。

宋史卷九十三

志第四十六

河渠三

黃河下　汴河上

元祐八年二月乙卯，三省奉旨：「北流軟堰，並依都水監所奏。」門下侍郎蘇轍奏：「臣嘗以謂軟堰不可施於北流，利害甚明。蓋東流本人力所開，闊止百餘步，冬月河流斷絕，故軟堰可爲。今北流是大河正溜，比之東流，何止數倍，見今河水行流不絕，軟堰何由能立？蓋水官之意，欲以軟堰爲名，實作硬堰，陰爲回河之計耳。朝廷既已覺其意，則軟堰之請，不宜復從。」趙偁亦上議曰：「臣竊謂河事大利害有三，而言者互進其說，或見近忘遠，徼倖盜功，或取此捨彼，譸張昧理。遂使大利不明，大害不去，上惑朝聽，下滋民患，橫役枉費，殆無窮已，臣切痛之。所謂大利害者：北流全河，患水不能分也；東流分水，患水不能行也；宗城河決，患水不能閉也。是三者，去其患則爲利，未能去則爲害。今不謀此，而議欲專閉北流，止知一日可閉之利，而不知異日既塞之患，止知北流伏槽之水易爲力，而不知闞村方漲之勢，未可併以入東流也。夫欲合河以爲利，而不恤上下壅潰之害，是皆見近忘遠，徼倖盜功之事也。有司欲斷北流而不執其咎，乃引分水爲說，姑爲軟堰；知河衝之不可以軟堰縶，則又爲決堰之計。臣恐枉有工費，而以河爲戲也。請俟漲水伏槽，觀大河之勢，以治東流、北流。」

五月，水官卒請進梁村上、下約，東狹河門。既涉漲水，遂壅而潰。南犯德清，西決內黃，東淤梁村，北出闞村，宗城決口復行魏店，北流因淤遂斷，河水四出，壞東郡浮梁。十二月丙寅，監察御史郭知章言：「臣比緣使事至河北，自澶州入北京，渡孫村口，見水趨東者，河甚闊而深；又自北京往洺州，過楊家淺口復渡，見水之趨北者，纔十之二三，然後知大河宜閉北行東。乞下都水監相度。」於是吳安持復兼領都水，卽建言：「近準朝旨，已堰斷魏店刺子，向下北流一枝斷絕。然東西未有堤岸，若漲水稍大，必披灘漫出，則平流在北京、恩州界，爲害愈甚。乞塞梁村口，縷張包口，開青豐口以東鷄爪河，分殺水勢。」呂大防以其與己意合，向之。詔同北京留守相視。

中華書局

時范純仁復爲右相，與蘇轍力以爲不可。遂降旨：「令都水監與本路安撫、轉運、提刑司共議，可則行之，有異議速以聞。」紹聖元年正月也。是時，轉運使趙偁深不以爲然，提刑上官均頗助之。偁之言曰：「河自孟津初行平地，必須全流，乃成河道。禹之治水，自冀北抵滄、棣，始播爲九河，以其近海無患也。今河自橫壠、六塔、商胡、小吳，百年之間，皆從西決，蓋河徙之常勢。而有司置埽創約，橫截河流，回河不成，因爲分水。初決南宮，再決宗城，三決內黃，亦皆西決，則地勢西下，較然可見。今欲弭息河患，而逆地勢，戾水性，臣未見其能就功也。請開闞村河門，修平鄉鉅鹿埽、焦家等堤，濬澶淵故道，以備漲水。」大名安撫使許將言：「度今之利，若舍故道，止從北流，則慮河下已湮，而上流橫潰，爲害益廣。若直閉北流，東徙故道，則復慮受水不盡，而破隄爲患〔一〕。竊謂宜因梁村之口以行東，因內黃之口以行北，而盡閉諸口，以絕大名諸州之患。俟春夏水大至，乃觀故道，足以受之，則內黃之口可塞；不足以受之，則梁村之役可止。定其成議，則民心固而河之順復有時，可以保其無害。」詔：「令吳安持同都水監丞鄭佑，與本路安撫、轉運、提刑司官，具圖、狀保明聞奏，即有未便，亦具利害來上。」

三月癸酉，監察御史郭知章言：「河復故道，水之趨東，已不可遏。近日遣使按視，遂司議論未一。臣謂水官朝夕從事河上，望專委之。」乙亥，呂大防罷相。

六月，右正言張商英奏言：「元豐間河決南宮口，講議累年，先帝歎曰：『神禹復生，不能回此河矣。』乃勑自今後不得復議回河閉口，蓋採用漢人之論，俟其泛濫自定也。元祐初，文彥博、呂大防以前勑非是，拔吳安持爲都水使者，委以東流之事。京東、河北五百里內差夫，五百里外出錢雇夫，及支借常平倉司錢買梢草，斬伐榆柳。凡八年而無尺寸之效，乃遷安持太僕卿，王宗望代之。宗望至，則劉奉世猶以彥博、大防餘意，力主東流，以梁村口吞納大河。今則梁村口淤澱，而開沙堤兩處決口以泄水矣。前議累七十里堤以障北流，今則云俟霜降水落興工矣。朝廷咫尺，不應九年爲水官蔽欺如此。九年之內，年年礬山水漲，霜降水落，豈獨今年始有漲水，而待水落乃可以興工耶？乞遣使按驗虛實，取索回河以來公私費錢糧、梢草，依仁宗朝六塔河施行。」

會七月辛丑，廣武埽危急，詔王宗望亟往救護。壬寅，帝謂輔臣曰：「廣武去洛河不遠，須防漲溢下灌京師，已遣中使視之。」輔臣出圖、狀以奏曰：「此由黃河北岸生灘，水趨南岸。今雨止，河必減落，已下水官，與洛口官同行按視，爲簽堤及去北岸嫩灘，令河順直，則無患矣。」

八月丙子，權工部侍郎吳安持等言：「廣武埽危急，刷塌堤身二千餘步處，地形稍高。自鞏縣東七里店至見今洛口，約不滿十里，可以別開新河，引導河水近南行流，地步至少，用功甚微。王宗望行視並開井筒，各稱利便外，其南築大堤，工力浩大，乞下合屬官司，躬往相度保明。」從之。

十月丁酉，王宗望言：「大河自元豐潰決以來，東、北兩流，利害極大，頻年紛爭，國論不決，水官無所適從。伏自奉詔凡九月，上稟成算，自闞村下至栲栳堤七節河門，並皆閉塞。築金堤七十里，盡障北流，使全河東還故道，以除河患。又自闞村下至海口，補築新舊堤防，增修疏濬河道之淤淺者，雖盛夏漲潦，不至壅決。望付史官，紀紹聖以來聖明獨斷，致此成績。」詔宗望等具析修閉北流部役官等功力等第以聞。然是時東流堤防未及繕固，瀕河多被水患，流民入京師，往往泊御廊及僧舍。詔給券，諭令還本土，以就振濟。

己酉，安持又言：「準朝旨相度閉濬澶州故道，分減漲水。按澶州本是河行舊道，頃年曾乞開修，時以東西地形高仰，未可興工。欲乞且行疏導燕家河，仍令所屬先次計度合增修一十一埽所用工料。」詔：「令都水監候來年將及漲水月分，先具利害以聞。」

癸丑，三省、樞密院言：「元豐八年，知澶州王令圖議，乞修復大河故道。元祐四年，都水使者吳安持，因紓南宮等埽危急，遂就孫村口爲回河之策。及梁村進約東流，孫村口窄狹，德清軍等處皆被水患。今春，王宗望等雖於內黃下埽閉斷北流，然至漲水之時，猶有三分水勢，而上流諸埽已多危急，下至將陵埽決壞民田。近又據宗望等奏，大河自閉塞闞

村而下，及創築新堤七十餘里，盡閉北流，全河之水，東還故道。今訪聞東流向下，地形已高，水行不快。既閉斷北流，將來盛夏，大河漲水全歸故道，不惟舊堤損缺怯薄，而闞村新堤，亦恐未易枝梧。兼京城上流諸處埽岸，慮有壅滯衝決之患，不可不豫爲經畫。」詔：「權工部侍郎吳安持、都水使者王宗望、監丞鄭佑〔三〕同北外監丞司，自闞村而下直至海口，逐一相視，增修疏濬，不致壅滯衝決。」

丙辰，張商英又言：「今年已閉北流，都水監長貳交章稱賀，或乞付史官，則是河水已歸故道，止宜修緝堤埽，防將來衝決而已。近聞王宗望、李仲却欲開澶州故道以分水，吳安持乞候漲水前相度。緣開澶州故道，若不與今東流底平，則纔經水落，立見淤塞。若與底平，則從初自合閉口回河，何用九年費財動衆？安持稱候漲水相度，乃是悠悠之談。前來漲水并今來漲水，各至澶州、德清軍界，安持首尾九年，豈得不見。更欲延至明年，乃是狡兔三穴，自爲潛身之計，非公心爲國事也。況立春漸近調夫，如是時不早定議，又留後說，邦財民力，何以支持？訪聞先朝水官孫民先、元祐六年水官賈種民各有河議，乞取索照會。召前後本路監司及經歷河事之人，與水官詣都堂反覆詰難，務取至當，經久可行，定議歸一，庶免以有限之財，事無涯之功。」二年七月戊午，詔：「沿黃河州軍，河防決溢，並即申奏。」

元符二年二月乙亥，北外都水丞李偉言：「相度大小河門，乘此水勢衰弱，並先修閉，各立蛾眉埽鎮壓。乞次於河北、京東兩路差正夫三萬人，其他夫數，令修河官和雇。」三月丁巳，偉又乞於澶州之南大河身內，開小河一道，以待漲水，紓解大吳口下注北京一帶向著之患。」並從之。

六月末，河決內黃口，東流遂斷絕。八月甲戌，詔：「大河水勢十分北流，其以河事付轉運司，責州縣共力救護隄岸。」辛丑，左司諫王祖道請正吳安持、鄭佑(三)、李仲、李偉之罪，投之遠方，以明先帝北流之志。詔可。

三年正月己卯，徽宗卽位。鄭佑、吳安持輩皆用登極大赦，次第牽復。中書舍人張商英繳奏：「佑等昨主回河，皆違神宗北流之意。」不聽。商英又嘗論水官非其人，治河當行其所無事，一用隄障，猶塞兒口止其啼也。三月，乃以商英爲龍圖閣待制、河北都轉運使兼專功提舉河事。商英復陳五事：一曰行古沙河口；二曰復平恩四埽；三曰引大河自古漳河、浮河入海；四曰築御河西堤，而開東堤之積；五曰開木門口，泄徒駭河東流。大要欲隨地勢疏濬入海。會四月，河決蘇村。七月，詔：「商英毋治河，止釐本職，其因河事差辟官吏並罷。」復置北外都水丞司。

建中靖國元年春，尚書省言：「自去夏蘇村漲水，後來全河漫流，今已淤高三四尺，宜立西堤。」詔都水使者魯君貺同北外丞司經度之。於是左正言任伯雨奏：

河爲中國患，二千歲矣。自古竭天下之力以事河者，莫如本朝。而徇衆人偏見，欲屈大河之勢以從人者，莫甚於近世。臣不敢遠引，祇如元祐末年，小吳決溢，議者乃譎謀異計，欲立奇功，以邀厚賞。不顧地勢，不念民力，不惜國用，力建東流之議。當洪流中，立馬頭，設鋸齒，梢芻材木，耗費百倍。力遏水勢，使之東注，陵虛駕空，非特行地上而已。增堤益防，惴惴恐決，澄沙淤泥，久益高仰，一旦決潰，又復北流。此非堤防之不固，亦理勢之必至也。

昔禹之治水，不獨行其所無事，亦未嘗不因其變以導之。蓋河流混濁，泥沙相半，流行既久，迤邐淤澱，則久而必決者，勢不能變也。或北而東，或東而北，亦安可以人力制哉！

爲今之策，正宜因其所向，寬立堤防，約欄水勢，使不至大段漫流。若恐北流淤澱塘泊，亦祇宜因塘泊之岸，增設堤防，乃爲長策。風聞近日，又有議者獻東流之計。不獨比年災傷，居民流散，公私匱竭，百無一有，事勢窘急，固不可爲；抑亦自高注下，湍流奔猛，潰決未久，勢不可改。設若興工，公私徒耗，殆非利民之舉，實自困之道也。

崇寧三年十月，臣僚言：「昨奉詔措置大河，卽由西路歷沿邊州軍，回至武強縣，循河堤至深州，又北下衡水縣，乃達于冀。又北渡河過遠來鎮，及分遣屬僚相視恩州之北河流次第。大抵水性無有不下，引之就高，決不可得。況西山積水，勢必欲下，各因其勢而順導之，則無壅遏之患。」詔開修直河，以殺水勢。

四年二月，工部言：「乞修蘇村等處運粮河堤爲正堤，以支漲水，較修棄堤直堤，可減工四十四萬、料七十一萬有奇。」從之。閏二月，尚書省言：「大河北流，合西山諸水，在深州武強、瀛州樂壽埽，俯瞰雄、霸、莫州及沿邊塘濼，萬一決溢，爲害甚大。」詔增二埽堤及儲蓄，以備漲水。是歲，大河安流。

五年二月，詔滑州繫浮橋於北岸，仍築城壘，置官兵守護之。八月，葺陽武副堤。

大觀元年二月，詔於陽武上埽第五鋪開修直河至第十五鋪，以分減水勢。有司言：「河身當長三千四百四十步，面闊八十尺，底闊五丈，深七尺，計役十萬七千餘工，用人夫三千五百八十二，凡一月畢。」從之。十二月，工部員外郎趙霆言：「南北兩丞司合開直河者，凡爲里八十有七，用緡錢八九萬。異時成功，可免河防之憂，而省久遠之費。」詔從之。

二年五月，霆上免夫之議，大略謂：「黃河調發人夫修築埽岸，每歲春首，騷動數路，常至敗家破產。今春滑州魚池埽合起夫役，嘗令送免夫之直，用以買土，增貼埽岸，比之調

夫，反有贏餘。乞詔有司，應堤埽合調春夫，並依此例，立爲永法。」詔曰：「河防夫工，歲役十萬，濱河之民，困於調發。可上戶出錢免夫，下戶出力充役，其相度條畫以聞。」丙申，邢州言河決，陷鉅鹿縣。詔遷縣於高地。又以趙州隆平下濕，亦遷之。

六月己卯，都水使者吳玠言：「自元豐間小吳口決，北流入御河，下合西山諸水，至清州獨流砦三叉口入海。雖深得保固形勝之策，而歲月寖久，侵犯塘堤，衝壞道路，齧損城砦。臣奉詔修治隄防，禦捍漲溢。然築八尺之堤，當九河之尾，恐不能敵。若不遇有損缺，逐旋增修，卽又至隳壞，使與塘水相通，於邊防非計也。乞降旨修葺。」從之。庚寅，冀州河溢，壞信都、南宮兩縣。

三年八月，詔沈純誠開撩兔源河。兔源在廣武埽對岸，分減埽下漲水也。

政和四年十一月，都水使者孟昌齡言：「今歲夏秋漲水，河流上下並行中道，滑州浮橋不勞解拆，大省歲費。」詔許稱賀，官吏推恩有差。昌齡又獻議導河大伾，可置永遠浮橋，謂：「河流自大伾之東而來，直大伾山西，而止數里，方回南，東轉而過，復折北而東，則又直至大伾山之東，亦止不過十里耳。視地形水勢，東西相直徑易，曾不十餘里間，且地勢低下，可以成河，倚山可爲馬頭；又有中潬，正如河陽。若引使穿大伾大山及東北二小山，分爲兩股而過，合於下流，因是三山爲趾，以繫浮梁，省費數十百倍，可寬河朔諸路之役。」朝

二十四史

廷嘉而從之。

五年，置提舉修繫永橋所。六月癸丑，降德音于河北、京東、京西路，其略曰：「鑿山釃渠，循九河既道之迹；爲梁跨趾，成萬世永賴之功。役不踰時，慮無愆素。人絕往來之阻，地無南北之殊。靈祇懷柔，黎庶呼舞。眷言朔野，爰暨近畿，畚鍤繁興，薪芻轉徙，民亦勞止，朕甚憫之。宜推在宥之恩，仍廣蠲除之惠。應開河官吏，令提舉所具功力等第聞奏。」又詔：「居山至大伾山浮橋屬濬州者，賜名天成橋；大伾山至汝子山浮橋屬滑州者，賜名榮光橋。」俄改榮光曰聖功。七月庚辰，御製橋名，磨崖以刻之。方河之開也，水流雖通，然湍激猛暴，遇山稍隘，往往泛溢，近砦民夫多被漂溺，因亦及通利軍，其後遂注成巨濼云。是月，昌齡遷工部侍郎。

八月己亥，都水監言：「大河以就三山通流，正在通利之東，慮水溢爲患。乞移軍城於大伾山、居山之間，以就高仰。」從之。十月丁巳，中書省言冀州棗強埽決，知州辛昌宗武臣，不諳河事，詔以王仲元代之。

十一月丙寅，都水使者孟揆言：「大河連經漲淤，灘面已高，致河流傾側東岸。今若修閉棗強上埽決口，其費不貲，兼多深難施人力；縱使極力修閉，東堤上下二百餘里，必須盡行增築，與水爭力，未能全免決溢之患。今漫水行流，多鹹鹵及積水之地，又不犯州軍，止

經數縣地分，迤邐纏御河歸納黃河。欲自決口上恩州之地水堤爲始，增補舊堤，接續御河東岸，簽合大河。」從之。乙亥，臣僚言：「禹跡湮沒於數千載之遠，陛下神智獨運，一旦興復，導河三山。長堤盤固，橫截巨浸，依山爲梁，天造地設。威示南北，度越前古，歲無解繫之費，人無病涉之患。大功既成，願申飭有司，以日繼月，視水向著，隨爲隄防，益加增固，每遇漲水，水官、漕臣不輟巡視。」詔付昌齡。

六年四月辛卯，高陽關路安撫使吳玠言冀州棗強縣黃河清，詔許稱賀。七月戊午，太師蔡京請名三山橋銘閣曰纘禹繼文之閣，門曰銘功之門。十月辛卯，蔡京等言：「冀州河清，乞拜表稱賀。」

七年五月丁巳，臣僚言：「恩州寧化鎮大河之側，地勢低下，正當灣流衝激之處。歲久堤岸怯薄，沁水透堤甚多，近鎮居民例皆移避。方秋夏之交，時雨霈然，一失堤防，則不惟東流莫測所向，一隅生靈所係甚大，亦恐妨阻大名、河間諸州往來邊路。乞付有司，貼築固護。」從之。六月癸酉，都水使者孟揚言：「舊河陽南北兩河分流，立中潬，繫浮梁。頃緣北河淤澱，水不通行，止於南河修繫一橋。因此河項窄狹，水勢衝激，每遇漲水，多致損壞。欲措置開修北河，如舊修繫南北兩橋。」從之。九月丁未，詔揚專一措置，而令河陽守臣王序營辦錢糧，督其工料。

重和元年三月己亥，詔：「滑州、濬州界萬年堤，全藉林木固護堤岸，其廣行種植，以壯地勢。」五月甲辰，詔：「孟州河陽縣第一埽，自春以來，河勢湍猛，侵嚙民田，迫近州城止二三里。其令都水使者同漕臣、河陽守臣措置固護。」是秋雨，廣武埽危急，詔內侍王仍相度措置。

宣和元年九月辛未，蔡京等言：「南丞管下三十五埽，今歲漲水之後，岸下一例生灘，河行中道，實由聖德昭格，神祇順助。望宣付史館。」詔送秘書省。十二月，開修兔源河幷直河畢工，降詔奬諭。

二年九月己卯，王黼言：「昨孟昌齡計議河事，至滑州韓村埽檢視，河流衝至寸金潭，其勢就下，未易禦遏。近降詔旨，令就畫定港灣，對開直河。方議開鑿，忽自成直河一道，寸金潭下，水卽安流，在役之人，聚首仰歎。乞付史館，仍帥百官表賀。」從之。

三年六月，河溢冀州信都。十一月，河決清河埽。是歲，水壞天成、聖功橋，官吏行罰有差。四年四月壬子，都水使者孟揚言：「奉詔修繫三山東橋，凡役工十五萬七千八百，今累經漲水無虞。」詔因橋壞失職降秩者，俱復之，揚自正議大夫轉正奉大夫。

七年，欽宗卽位。靖康元年二月乙卯，御史中丞許翰言：「保和殿大學士孟昌齡、延康

殿學士孟揚、龍圖閣直學士孟揆，父子相繼領職二十年，過惡山積。妄設堤防之功，多張梢椿之數，竊竭民力，聚斂金帛。交結權要，內侍王仍爲之奧主，超付名位，不知紀極。大河浮橋，歲一造舟，京西之民，猶憚其役。而昌齡首建三山之策，回大河之勢，頓取百年浮橋之利，僅爲數歲行路之觀。漂沒生靈，無慮萬計，近輔郡縣，蕭然破殘。所辟官吏，計金敍績，富商大賈，爭注名牒，身不在公，遙分爵賞。每興一役，乾沒無數，省部御史，莫能鉤考。陛下方將澄清朝著，建立事功，不先誅竄昌齡父子，無以昭示天下。望籍其姦贓，以正典刑。」詔並落職：昌齡在外宮觀，揚依舊權領都水監職事，揆候措置橋船畢取旨。翰復請鉤考簿書，發其姦贓。乃詔：昌齡與中大夫，揚、揆與中奉大夫。三月丁丑，京西轉運司言：「本路歲科河防夫三萬，滑河夫一萬八千。緣連年不稔，羣盜刼掠，民力困弊，乞量數減放。」詔減八千人。

汴河，自隋大業初，疏通濟渠，引黃河通淮，至唐，改名廣濟。宋都大梁，以孟州河陰縣南爲汴首受黃河之口，屬于淮、泗。每歲自春及冬，常於河口均調水勢，止深六尺，以通行重載爲準。歲漕江、淮、湖、浙米數百萬，及至東南之產，百物衆寶，不可勝計。又下西山之

中華書局

薪炭，以輸京師之粟，以振河北之急，內外仰給焉。故於諸水，莫此爲重。其淺深有度，置官以司之，都水監總察之。然大河向背不常，故河口歲易；易則度地形，相水勢，爲口以逆之。遇春首輒調數州之民，勞費不貲，役者多溺死。吏又並緣侵漁，而京師常有決溢之虞。

太祖建隆二年春，導索水自旃然，與須水合入于汴。三年十月，詔：「緣汴河州縣長吏，常以春首課民夾岸植榆柳，以固堤防。」

太宗太平興國二年七月，開封府言：「汴水溢壞開封大寧堤，浸民田，害稼。」詔發懷、孟(四)丁夫三千五百人塞之。三年正月，發軍士千人復汴口。六月，宋州言：「寧陵縣河溢，堤決。」詔發宋、亳丁夫四千五百人，分遣使臣護役。四年八月，又決于宋城縣，以本州諸縣人夫三千五百人塞之。

淳化二年六月，汴水決浚儀縣。帝乘步輦出乾元門，宰相、樞密迎謁。帝曰：「東京養甲兵數十萬，居人百萬家，天下轉漕，仰給在此一渠水，朕安得不顧。」車駕入泥淖中，行百餘步，從臣震恐。殿前都指揮使戴興叩頭懇請回馭，遂捧輦出泥淖中。詔興督步卒數千塞之。日未旰，水勢遂定。帝始就次，太官進膳。親王近臣皆泥濘沾衣。知縣宋炎亡匿不敢出，特赦其罪。是月，汴又決于宋城縣，發近縣丁夫二千人塞之。

至道元年九月，帝以汴河歲運江、淮米五七百萬斛，以濟京師，問侍臣汴水疏鑿之由，令參知政事張洎講求其事以聞。其言曰：

禹導河自積石至龍門，南至華陰，東至砥柱；又東至于孟津，東過洛汭，至于大伾，卽今成皋是也，或云黎陽山也。禹以大河流泛中國，爲害最甚，乃於貝丘疏二渠，以分水勢：一渠自舞陽縣東，引入漯水(五)，其水東北流，至千乘縣入海，卽今黃河是也；一渠疏畎引傍西山，以東北形高敞壞堤，水勢不便流溢，夾右碣石入于渤海。書所謂「北過降水，至于大陸」，降水卽濁漳，大陸則邢州鉅鹿澤。「播爲九河，同爲逆河，入于海。」河自魏郡貴鄉縣界分爲九道，下至滄州，今爲一河。言逆河者，謂與河水往復相承受也。齊桓公塞以廣田居，唯一河存焉，今其東界至莽梧河是也(六)。禹又於滎澤下分大河爲陰溝，引注東南，以通淮、泗。至大梁浚儀縣西北，復分爲二渠：一渠元經陽武縣中牟臺下爲官渡水；一渠始皇疏鑿以灌魏郡，謂之鴻溝，莨菪渠自滎陽五出池口來注之。其鴻溝卽出河之溝，亦曰莨菪渠。

漢明帝時，樂浪人王景、謁者王吳始作浚儀渠，蓋循河溝故瀆也。渠成流注浚儀，

故以浚儀縣爲名。靈帝建寧四年，於敖城西北壘石爲門，以遏渠口，故世謂之石門。渠外東合濟水，濟與河、渠渾濤東注，至敖山北，渠水至此又兼邲之水，卽春秋晉、楚戰于邲。邲又音汳，卽「汴」字，古人避「反」字，改從「汴」字。渠水又東經滎陽北，旃然水自縣東流入汴水。鄭州滎陽縣西二十里三皇山上，有二廣武城，二城相去百餘步，汴水自兩城間小澗中東流而出，而濟流自茲乃絕。唯汴渠首受旃然水，謂之鴻渠。東晉太和中，桓溫北伐前燕，將通之，不果。義熙十三年，劉裕西征姚秦，復浚此渠，始有湍流奔注，而岸善潰塞，裕更疏鑿而漕運焉。隋煬帝大業三年，詔尚書左丞相皇甫誼發河南男女百萬開汴水，起滎澤入淮千餘里，乃爲通濟渠。又發淮南兵夫十餘萬開邗溝，自山陽淮至于揚子江三百餘里，水面闊四十步，而後行幸焉。自後天下利於轉輸。昔孝文時，賈誼言「漢以江、淮爲奉地」，謂魚、鹽、穀、帛，多出東南。至五鳳中，耿壽昌奏：「故事，歲增關東穀四百萬斛以給京師。」亦多自此渠漕運。

唐初，改通濟渠爲廣濟渠。開元中，黃門侍郎、平章事裴耀卿言：江、淮租船，自長淮西北泝鴻溝，轉相輸納於河陰、含嘉、太原等倉。凡三年，運米七百萬石，實利涉於此。開元末，河南採訪使、汴州刺史齊澣，以江、淮漕運經淮水波濤有沉損，遂浚廣濟渠下流，自泗州虹縣至楚州淮陰縣北八十里合于淮(七)，踰時畢功。既而水流迅急，行旅艱險，尋乃廢停，却由舊河。

德宗朝，歲漕運江、淮米四十萬石，以益關中。時叛將李正已、田悅皆分軍守徐州，臨渦口，梁崇義阻兵襄、鄧，南北漕引皆絕。於是水陸運使杜佑請改漕路，自浚儀西十里，疏其南涯，引流入琵琶溝，經蔡河至陳州合潁水，是秦、漢故道，以官漕久不由此，故填淤不通，若畎流培岸，則功用甚寡；又廬、壽之間有水道，而平岡亘其中，曰雞鳴山，佑請疏其兩端，皆可通舟，其間登陸四十里而已，則江、湖、黔、嶺、蜀、漢之粟，可方舟而下。由是白沙趣東關，經廬、壽，浮潁步蔡，歷琵琶溝入汴河，不復經泝淮之險，徑於舊路二千里，功寡利博。朝議將行，而徐州順命，淮路乃通。至國家膺圖受命，以大梁四方所湊，天下之樞，可以臨制四海，故卜京邑而定都。

漢高帝云：「吾以羽檄召天下兵未至。」孝文又云：「吾初卽位，不欲出虎符召郡國兵。」卽知兵甲在外也。唯有南北軍、期門郎、羽林孤兒，以備天子扈從藩衞之用。唐承隋制，置十二衞府兵，皆農夫也。及罷府兵，始置神武、神策爲禁軍，不過三數萬人，亦以備扈從藩衞而已。故祿山犯關，驅市人而戰；德宗蒙塵，扈蹕四百餘騎，兵甲皆在郡國。額軍存而可舉者，除河朔三鎭外，太原、青社各十萬人，邠寧、宣武各六萬人，潞、徐、荆、揚各五萬人，襄、宣、壽、鎭海各二萬人，自餘觀察、團練據要害之地者，不下

萬人。今天下甲卒數十萬衆，戰馬數十萬匹，並萃京師，悉集七亡國之士民於輦下，比漢、唐京邑，民庶十倍。甸服時有水旱，不至艱歉者，有惠民、金水、五丈、汴水等四渠，派引脈分，咸會天邑，舳艫相接，贍給公私，所以無匱乏。唯汴水橫亘中國，首承大河，漕引江、湖，利盡南海，半天下之財賦，并山澤之百貨，悉由此路而進。然則禹力疏鑿以分水勢，煬帝開畎以奉巡游，雖數湮廢，而通流不絕於百代之下，終爲國家之用者，其上天之意乎。

真宗景德元年九月，宋州言汴河決，浸民田，壞廬舍。遣使護塞，踰月功就。三年六月，京城汴水暴漲，詔覘候水勢，并工修補，增起堤岸。工畢，復遣使致祭。

大中祥符二年八月，汴水漲溢，自京至鄭州，浸道路。詔選使乘傳減汴口水勢。既而水減，阻滯漕運，復遣浚汴口。八年六月，詔：自今後汴水添漲及七尺五寸，即遣禁兵三千，沿河防護。八月，太常少卿馬元方請浚汴河中流，闊五丈，深五尺，可省修堤之費。即詔遣使計度修浚。使還，上言：「泗州西至開封府界，岸闊底平，水勢薄，不假開浚。請止自泗州夾岡，用功八十六萬五千四百三十八，以宿、亳丁夫充，計減功七百三十一萬，仍請於沿河作頭踏道擗岸，其淺處爲鋸牙，以束水勢，使其浚成河道〔八〕，止用河清、下卸卒，就未放春

水前，令逐州長吏、令佐督役。自今汴河淤澱，可三五年一浚。又於中牟、滎澤縣各置開減水河。」並從之。

天禧三年十二月，都官員外郎鄭希甫言：「汴河兩岸皆是陂水，廣浸民田，堤脚並無流泄之處。今汴河南省自明河接澳入淮〔九〕，望詔轉運使規度以聞。」

仁宗天聖三年，汴流淺，特遣使疏河注口。四年，大漲堤危，衆情恟恟憂京城，詔度京城西賈陂岡地，洩之于護龍河。六年，勾當汴口康德輿言：「行視陽武橋萬勝鎮，宜存斗門。其梁固斗門三宜廢去，祥符界北岸請爲別竇，分減溢流。」而勾當汴口王中庸欲增置孫村之石限，悉從其請。七年，德輿言，修河芟地爲並灘農戶所侵。詔限一月使自實，檢括以還縣官。

皇祐二年，命使詣中牟治堤。明年八月，河涸，舟不通，令河渠司自口浚治，歲以爲常。舊制，水增七尺五寸，則京師集禁兵〔一〇〕、八作、排岸兵，負土列河上以防河。滿五日，賜錢以勞之，曰「特支」；而或數漲數防，又不及五日而罷，則軍士屢疲，而賜予不及。是歲七月，始制防河兵日給錢，薄其數，才比特支十分之一，軍士便之。明年，遣使行河相利害。

嘉祐六年，汴水淺澀，常稽運漕。都水奏：「河自應天府抵泗州，直流湍駛無所阻。惟應天府上至汴口，或岸闊淺漫，宜限以六十步闊，於此則爲木岸狹河，扼束水勢令深駛。梢，伐岸木可足也。」遂下詔興役，而衆議以爲未便。宰相蔡京奏：「祖宗時已嘗狹河矣，俗好沮敗事，宜勿聽。」役既半，岸木不足，募民出雜梢。岸成而言者始息。舊曲灘漫流，多稽留覆溺處，悉爲駛直平夷，操舟往來便之。

神宗熙寧四年，創開訾家口，日役夫四萬，饒一月而成。纔三月已淺澱，乃復開舊口，役萬工，四日而水稍順。有應舜臣者，獨謂新口在孤柏嶺下，當河流之衝，其便利可常用勿易，水大則泄以斗門，水小則爲輔渠於下流以益之。安石善其議。

五年，先是宣徽北院使、中太一宮使張方平嘗論汴河曰：「國家漕運，以河渠爲主。國初浚河渠三道，通京城漕運，自後定立上供年額：汴河斛斗六百萬石，廣濟河六十二萬石，惠民河六十萬石。廣濟河所運，止給太康、咸平、尉氏等縣軍糧而已〔一一〕。惟汴河專運粳米，兼以小麥，此乃太倉蓄積之實。今仰食于官廩者，不惟三軍，至于京師士庶以億萬計，太半待飽于軍稍之餘，故國家於漕事，至急至重。然則汴河乃建國之本，非可與區區溝洫水利同言也。近歲已罷廣濟河，而惠民河斛斗不入太倉，大衆之命，惟汴河是賴。今陳說利害，以汴河爲議者多矣。臣恐議者不已，屢作改更，必致汴河日失其舊。國家大計，殊非小事。願陛下特回聖鑒，深賜省察，留神遠慮，以固基本。」方平之言，爲王安石發也。

六年夏，都水監丞侯叔獻乞引汴水淤府界閑田，安石力主之。水既數放，或至絕流，公私重舟不可盪，有閣折者。帝以人情不安，嘗下都水分析，并詔三司同府界提點官往視。十一月，范子奇建議：冬不閉汴口，以外江綱運直入汴至京，廢運般。安石以爲然。詔汴口官吏相視，卒用其說。是後高麗入貢，令泝汴赴闕。

七年春，河水壅溢，積潦敗堤。八月，御史盛陶謂汴河開兩口非便，命同判都水監宋昌言視兩口水勢，檄同提舉汴口官王珫〔一二〕。珫言訾家口水三分，輔渠七分。昌言請塞訾家口，而留輔渠。時韓絳、呂惠卿當國，許之。

八年春，安石再相，叔獻言：「昨疏濬汴河，自南京至泗州，概深三尺至五尺。惟虹縣以東，有礓石三十里餘，不可疏濬，乞募民開修。」詔檢計工糧以聞。七月，叔獻又言：「歲開汴口作生河，侵民田，調夫役。今惟用訾家口，減人夫、物料各以萬計，乞減河清一指揮。」從之。未幾，汴水大漲，至深一丈二尺，於是復請權閉汴口。

九年十月，詔都水度量疏濬汴河淺深，仍記其地分。十年，范子淵請用濬川杷，以六月興工，自謂功利灼然，請「候今冬疏濬畢，將杷具、舟船等分給逐地分。使臣於閉口之後，檢量河道淤澱去處，至春水接續疏導」。大抵皆無甚利。已而清汴之役興。

中華書局

校勘記

〔一〕破隄爲患　「破」原作「被」，據長編卷五一七注、長編紀事本末卷一一二改。

〔二〕監丞鄭佑　「鄭佑」原作「郭祐」，據上下文和長編紀事本末卷一一二改。

〔三〕鄭佑　原作「鄭祐」，據上下文和長編卷五一五改。下同。

〔四〕懷孟　「懷」原作「淮」，按本書地理志無「淮州」，據長編卷一一八改。

〔五〕一渠自舞陽縣東引入溹水　按漢書卷二八上地理志東郡東武陽：「禹治溹水，東北至千乘入海。」又水經河水注東武陽縣下：「有溹水出焉，戴延之謂之武水也。」溹水出於漢代東武陽縣。北魏時，改東武陽縣爲武陽縣。此作「舞陽」，誤。

〔六〕今其東界至莽梧河是也　按魏郡貴鄉縣，宋改名大名縣。據寰宇記卷五七大名縣：「大河故瀆在縣東三里，俗名王莽河。」又水經河水注：大河故瀆「王莽時空，故世俗名是瀆爲王莽河」。此處「至莽梧河」疑是「王莽枯河」之訛。

〔七〕自泗州虹縣至楚州淮陰縣北八十里合于淮　「八十里」，通典卷一〇食貨、元和郡縣志卷九、新唐書卷三八地理志、太平寰宇記卷一七都作「十八里」，疑此處誤。

〔八〕使其浚成河道　「浚」原作「後」，據宋會要方域一六之四改。

〔九〕今汴河南省自明河接澳入淮　按水經睢水注：「睢水出陳留縣西蒗蕩渠。」「睢水於〔睢陽〕城之

陽積而爲蓬洪陂，陂之西南有陂，又東合明水。水上承城南大池，池周千步，南流會睢，謂之明水，絕睢注渙。」又淮水注：「淮水又東經夏丘縣南，又東渙水入焉。」「明水」疑卽「明河」，「澳」或爲「渙」字之誤。

〔一〇〕禁兵　原作「楚兵」，據長編卷一七三改。

〔一一〕廣濟河所運止給太康咸平尉氏等縣軍糧而已　按欒全集卷二七論汴河利害事：「廣濟河所運多是雜色粟豆，但充口食馬料，惠民河所運止給太康咸平尉氏等縣軍糧而已。」此處疑有脫誤。

〔一二〕王琉　「琉」原作「琉」，據長編卷二五二、涑水記聞卷一五改。下同。

宋史卷九十四

志第四十七

河渠四

汴河下　洛河　蔡河　廣濟河　金水河　白溝河　京畿溝渠　白河　三白渠　鄧許諸渠附

元豐元年五月，西頭供奉官張從惠復言：「汴口歲開閉，修堤防，通漕纔二百餘日。往時數有建議引洛水入汴，患黃河嚙廣武山，須鑿山嶺十數丈，以通汴渠，功大不可爲。去年七月，黃河暴漲，水落而稍北，距廣武山麓七里，退灘高闊，可鑿爲渠，引洛入汴。」范子淵知都水監丞，畫十利以獻。又言：「汜水出玉仙山，索水出嵩渚山，合洛水，積其廣深，得二千一百三十六尺，視今汴流尚贏九百七十四尺。以河、洛湍緩不同，得其贏餘，可以相補。

猶慮不足，則旁堤爲塘，滲取河水，每百里置木牐一，以限水勢。兩旁溝、湖、陂、濼，皆可引以爲助，禁伊、洛上源私引水者。大約汴舟重載，入水不過四尺，今深五尺，可濟漕運。起鞏縣神尾山，至土家堤，築大堤四十七里，以捍大河。起沙谷至河陰縣十里店，穿渠五十二里，引洛水屬于汴渠。」疏奏，上重其事，遣使行視。

二年正月，使還，以爲工費浩大，不可爲。上復遣入內供奉宋用臣，還奏可爲，請「自任村沙谷口至汴口開河五十里，引伊、洛水入汴河，每二十里置束水一，以芻楗爲之，以節湍急之勢，取水深一丈，以通漕運。引古索河爲源，注房家、黃家、孟家三陂〔一〕及三十六陂，高仰處瀦水爲塘，以備洛水不足，則決以入河。又自汜水關北開河五百五十步，屬于黃河，上下置牐啓閉，以通黃、汴二河船筏。卽洛河舊口置水澾，通黃河，以泄伊、洛暴漲。古索河等暴漲，卽以魏樓、滎澤、孔固三斗門泄之。計工九十萬七千有餘。仍乞修護黃河南堤埽，以防侵奪新河。」從之。

三月庚寅，以用臣都大提舉導洛通汴。四月甲子興工，遣禮官祭告。河道侵民冢墓，給錢徙之，無主者，官爲瘞藏。六月戊申，清汴成，凡用工四十五日。自任村沙口至河陰縣瓦亭子，并汜水關北通黃河，接運河，長五十一里。兩岸爲堤，總長一百三里，引洛水入汴。七月甲子，閉汴口，徙官吏、河清卒於新洛口。戊辰，遣禮官致祭。十一月辛未，詔差七

千人，赴汴口開修河道。

三年二月，宋用臣言：「洛水入汴至淮，河道漫闊，多淺澀，乞狹河六十里〔三〕，爲二十一萬六千步。」詔四月興役。五月癸亥，罷草屯浮堰。五年三月，宋用臣言：「金水河透水槽阻礙上下汴舟，宜廢撤。」從之。十月，狹河畢工。

六年八月，范子淵又請「於武濟山麓至河岸幷嫩灘上修堤及壓埽堤，又新河南岸築新堤，計役兵六千人，二百日成。開展直河，長六十三里，廣一百尺，深一丈，役兵四萬七千有奇，一月成。」從之。十月，都提舉司言：「汴水增漲，京西四斗門不能分減，致開決堤岸。今近京惟孔固斗門可以泄水下入黃河；若孫賈斗門雖可泄入廣濟，然下尾窄狹，不能盡吞。宜於萬勝鎮舊減水河、汴河北岸修立斗門，開淘舊河，創開生河一道，下合入刁馬河，役夫一萬三千六百四十三人，一月畢工。」詔從其請，仍作二年開修。七年四月，武濟河潰。八月，詔罷營閉，縱其分流，止護廣武三埽。

哲宗元祐元年閏二月辛亥，右司諫蘇轍言：「近歲京城外創置水磨，因此汴水淺澀，阻隔官私舟船。其東門外水磨，下流汗漫無歸，浸損民田一二百里，幾敗漢高祖墳。賴陛下仁聖惻怛，親發德音，令執政共議營救。尋詔畿縣於黃河春夫外，更調夫四萬，開自盟河，

以疏洩水患，計一月畢工。然以水磨供給京城內外食茶等，其水止得五日閉斷，以此工役重大，民間每夫日顧二百錢，一月之費，計二百四十萬貫。而汴水渾濁，易至塡淤，明年又須開淘，民間歲歲不免此費。聞水磨歲入不過四十萬貫，前戶部侍郎李定以此課利，惑誤朝聽，依舊存留。且水磨興置未久，自前未有此錢，國計何闕？而小人淺陋，妄有靳惜，傷民辱國，不以爲愧。況今水患近在國門，而恬不爲怪，甚非陛下勤卹民物之意。而又減耗汴水，行船不便。乞廢罷官磨，任民磨茶。」

三月，轍又乞「令汴口以東州縣，各具水匱所占頃畝，每歲有無除放二稅，仍具水匱可與不可廢罷，如決不可廢，當如何給還民田，以免怨望。」八月辛亥，轍又言：「昨朝旨令都水監差官，具括中牟、管城等縣水匱，元浸壓者幾何，見今積水所占幾何，退出頃畝幾何。凡退出之地，皆還本主；水占者，以官地還之；無田可還，卽給元直。聖恩深厚，棄利與民，所存甚遠。然臣聞水所占地，至今無可對還，而退出之田，亦以迫近水匱，爲雨水浸淫，未得耕鑿。知鄭州岑象求近奏稱：『自宋用臣興置水匱以來，元未曾取以灌注，淸汴水流自足，不廢漕運。』乞盡廢水匱，以便失業之民。」十月，遂罷水匱。

四年冬，御史中丞梁燾言：

嘗求世務之急，得導洛通汴之實，始聞其說則可喜，及考其事則可懼。竊以廣武

山之北，卽大河故道，河常往來其間，夏秋漲溢，每抵山下。舊來洛水至此，流入於河。後欲導以趨汴渠，乃乘河未漲，就嫩灘之上，峻起東西堤，闢大河於堤北，攘其地以引洛水，中間缺爲斗門，名通舟楫，其實盜河以助洛之淺涸也。洛水本淸，而今汴常黃流，是洛不足以行汴，而所以能行者，附大河之餘波也。增廣武三埽之備，竭京西所有，不足以爲支費，其失無慮數百萬計。從來上下習爲欺罔，朝廷惑於安流之說，稅屋之利，恬不爲慮。而不知新沙疎弱，力不能制悍河，水勢一薄，則爛熳潰散，將使怒流循洛而下，直冒京師。是甘以數百萬日增之費，養異時萬一之患，亦已誤矣。夫歲傾重費以坐待其患，何若折其奔衝，以終除其害哉。

爲今之計，宜復爲汴口，仍引大河一支，啓閉以時，還祖宗百年以來潤國養民之賜，誠爲得策。汴口復成，則免廣武傾注，以長爲京師之安；省數百萬之費，以紓京西生靈之困；牽大河水勢，以解河北決溢之災；便東南漕運，以蠲重載留滯之弊；時節啓閉，以除蹙凌打凌之苦；通江、淮八路商賈大船，以供京師之饒。爲甚大之利者六，此不可忽也。惟拆去兩岸舍屋，盡廢儳錢，爲害者一而甚小，所謂損小費以成大利也。臣之所言，特其大略爾。至於考究本末，措置纖悉，在朝廷擇通習之臣付之，無牽浮議，責其成功。

又言：

臣聞開汴之時，大河曠歲不決，蓋汴口析其三分之水，河流常行七分也。自導洛而後，頻年屢決，雖洛口竊取其水，率不過一分上下，是河流常九分也。猶幸流勢臥北，故潰溢北出。自去歲以來，稍稍臥南，此其可憂，而洛口之作，理須早計。竊以開洛之役，其功甚小，不比大河之上，但闢百餘步，卽可以通水三分，既永爲京師之福，又減河北屢決之害；兼水勢既已牽動，在於回河尤爲順便，非獨孫村之功可成，澶州故道，亦有自然可復之理。望出臣前章，面詔大臣，與本監及知水事者，按地形水勢，具圖以聞。

不報。至五年十月癸巳，乃詔導河水入汴。

紹聖元年，帝親政，復召宋用臣赴闕。七月辛丑，廣武埽危急。壬寅，帝語輔臣：「埽去洛河不遠，須防漲溢下灌京師。」明日，乃詔都水監丞馮忱之相度築欄水簽堤。丁巳，帝諭執政曰：「河埽久不修，昨日報洛水又大溢，注于河，若廣武埽壞，河、洛爲一，則淸汴不通矣，京都漕運殊可憂。宜亟命吳安持、王宗望同力督作，苟得不壞，過此須圖久計。」丙寅，吳安持言：「廣武第一埽危急，決口與淸汴絕近，緣洛河之南，去廣武山千餘步，地形稍高。自鞏縣東七里店至今洛口不滿十里，可以別開新河，導洛水近南行流，地里至少，用功甚

徼。」詔安持等再按視之。

十一月，李偉言：「清汴導溫洛貫京都，下通淮、泗，爲萬世利。自元祐以來屢危急，而今歲特甚。臣相視武濟山以下二十里名神尾山，乃廣武埽首所起，約置刺堰三里餘，就武濟河下尾廢堤、枯河基址，增修疏導，回截河勢東北行，留舊埽作遙堤，可以紓清汴下注京城之患。」詔宋用臣、陳祐甫覆按以聞。

十二月甲午，戶部尚書蔡京言：「本部歲計，皆藉東南漕運。今年上供物，至者十無二三，而汴口已閉。臣責問提舉汴河堤岸司楊琰，乃稱自元豐二年至元祐初，八年之間，未嘗塞也。」詔依元豐條例。明年正月庚戌，用臣亦言：「元豐間，四月導洛通汴，六月放水，四時行流不絕。遇冬有凍，卽督沿河官吏，伐冰通流。自元祐二年，冬深輒閉塞，致河流涸竭，殊失開道清汴本意。今欲卜日伐冰，放水歸河，永不閉塞。及凍解，止將京西五斗門減放，以節水勢，如惠民河行流，自無壅遏之患。」從之。

三年正月戊申，詔提舉河北西路常平李仲罷歸吏部。仲在元祐中提舉汜水輦運，建言：「西京、鞏縣、河陽、汜水、河陰縣界，乃沿黃河地分，北有太行、南有廣武二山，自古河流兩山之間，乃緣禹跡。昨自宋用臣創置導洛清汴，於黃河沙灘上，節次創置廣、雄武等堤埽，到今十餘年間，屢經危急。況諸埽在京城之上，若不別爲之計，患起不測，思之寒心。今如棄去

諸埽，開展河道，講究興復元豐二年以前防河事，不惟省歲費、寬民力，河流且無壅遏決溢之患。望遣諳河事官相視施行。」又乞復置汴口，依舊以黃河水爲節約之限，罷去清汴牐口。

四年閏二月，楊琰乞依元豐例，減放洛水入京西界大白龍坑及三十六陂，充水匱以助汴河行運。詔賈種民同琰相度合占頃畝，及所用功力以聞。五月乙亥，都提舉汴河堤岸賈種民言：「元豐改汴口爲洛口，名汴河爲清汴者，凡以取水於洛也。復匱清水，以備淺澀而助行流。元祐間，却於黃河撥口，分引渾水，令自遶上流入洛口，比之清洛，難以調節。乞依元豐已修狹河身丈尺深淺，檢計物力，以復清汴，立限修濬，通放洛水。及依舊置洛斗門，通放西河官私舟船。」從之。帝嘗謂知樞密院事曾布曰：「先帝作清汴，又爲天源河，蓋有深意。元祐中，幾廢。近賈種民奏：『若盡復清汴，不用濁流，乃當世靈長之慶。』」布對曰：「先帝以天源河爲國姓福地，此衆人所知，何可廢也。」十二月，詔：「京城內汴河兩岸，各留堤面丈有五尺，禁公私侵牟。」

元符三年，徽宗卽位，無大改作，汴渠稍湮則浚之。大觀中，言者論：「胡師文昨爲發運使，創開泗州直河，及築簽堤阻遏汴水，尋復淤澱，遂行廢拆。然後併役數郡兵夫，其間疾苦竄歿，無慮數千，費錢穀累百萬計。狂妄生事，誣奏罔功，官員冒賞至四十五人。」師文由是

自知州降充宮觀。

宣和元年五月，都城無故大水，浸城外官寺、民居，遂破汴堤，汴渠將溢，諸門皆城守。起居郎李綱奏：「國家都汴，百有六十餘載，未嘗少有變故。今事起倉猝，遐邇驚駭，誠大異也。臣嘗躬詣郊外，竊見積水之來，自都城以西，漫爲巨浸。東拒汴堤，停蓄深廣，湍悍浚激，東南而流，其勢未艾。然或淹浸旬時[三]，因以風雨，不可不慮。夫變不虛發，必有感召之因。願詔廷臣各具所見，擇其可採者施行之。」詔：「都城外積水，緣有司失職，隄防不修，非災異也。」罷綱送吏部，而募人決水下流，由城北注五丈河，下通梁山濼，乃已。

七月壬子，都提舉司言：「近因野水衝蕩沿汴堤岸，及河道淤淺，若止役河清，功力不勝，望俟農隙顧夫開修。」從之。五年十二月庚寅，詔：「沿汴州縣創添欄河鎖柵歲額，公私不以爲便，其遵元豐舊制。」

靖康而後，汴河上流爲盜所決者數處，決口有至百步者，塞久不合，乾涸月餘，綱運不通，南京及京師皆乏糧。責都水使者措置，凡二十餘日而水復舊，綱運沓來，兩京糧始足。又擇使臣八員爲沿汴巡檢，每兩員各將兵五百人，自洛口至西水門，分地防察決溢云。

洛水貫西京，多暴漲，漂壞橋梁。建隆二年，留守向拱重修天津橋成。甃巨石爲脚，高數丈，銳其前以疏水勢，石縱縫以鐵鼓絡之，其制甚固。四月，具圖來上，降詔褒美。開寶九年，郊祀西京，詔發卒五千，自洛城菜市橋鑿渠抵漕口三十五里[四]，饋運便之。其後導以通汴。

蔡河貫京師，爲都人所仰，兼閔水、洧水、潩水以通舟。閔水自尉氏歷祥符、開封合于蔡，是爲惠民河。洧水自許田注鄢陵東南，歷扶溝合于蔡。潩水出鄭之大隗山，注臨潁，歷鄢陵、扶溝合于蔡。凡許、鄭諸水合堅白鴈、丈八溝[五]，京、索合西河、褚河、湖河、雙河、欒霸河皆會焉。猶以其淺涸，故植木橫棧；棧爲水之節，啓閉以時。

太祖建隆元年四月[六]，命中使浚蔡河，設斗門節水，自京距通許鎭。二年，詔發畿甸、陳、許丁夫數萬浚蔡水，南入潁川。乾德二年二月[七]，令陳承昭率丁夫數千鑿渠，自長社引潩水至京師，合閔水。潩水本出密縣大隗山，歷許田。會春夏霖雨，則泛溢民田。至是渠成，無水患，閔河益通漕焉。

太宗淳化二年，以溵水汎溢〔八〕，浸許州民田，詔自長葛縣開小河，導溵水，分流二十里，合于惠民河。

眞宗咸平五年七月，京師霖雨，溝洫壅，惠民河溢，泛道路，壞廬舍，知開封府寇準治丁岡古河泄導之。大中祥符元年六月，開封府言：「尉氏縣惠民河決。」遣使督視完塞。二年四月，陳州言：「州地洿下，苦積潦，歲有水患，請自許州長葛縣浚減水河及補棗村舊河，以入蔡河。」從之。九年，知許州石普請於大流堰穿渠，置二斗門，引沙河以漕京師。遣使按視。四月，詔遣中使至惠民河，規畫置壩子，以通舟運。

仁宗天聖二年二月，崇儀副使、巡護惠民河田承說獻議：重修許州合流鎭大流堰〔九〕斗門，創開減水河通漕，省迂路五百里。詔遣使按視以聞。五年八月，都大巡護惠民河王克基言：「先準宣惠民、京、索河水淺小，緣出源西京、鄭許州界，惠民河下合橫溝、白鴈溝，京、索河下合西河、湖河、雙河、欒霸河、丈八溝，各爲民間截水蒔稻灌園，宜令州縣巡察。」七年，王克基言：「按舊制，蔡河斗門棧板須依時啓閉，調停水勢。」嘉祐三年正月，開京城西葛家岡新河，以有司言：「至和中，大水入京城，請自祥符縣界葛家岡開生河，直城南好草陂，北入惠民河，分注魯溝，以紓京城之患。」

神宗熙寧四年七月，程昉請開宋家等堤，畎水以助漕運。八月，三班借職楊琰請增置

上下壩牐，蓄水以備淺涸。詔琰掌其事。六年九月戊辰，將作監尙宗儒言：「議者請置蔡河木岸，計功頗大。」詔修固土岸。八年，詔京西運米于河北，於是侯叔獻請因丁字河故道鑿堤置牐，引汴水入于蔡，以通舟運。河成，舟不可行，尋廢。十月，詔都水監展惠民河，欲便修城也。九年七月，提轄修京城所請引霧澤陂水至咸豐門，合京、索河，由京、索簽入副堤河，下合惠民。都水監謂：「不若於順天門外簽直河身，及於染院後簽入護龍河，至咸豐門南復入京、索河，實爲長利。」從之。

徽宗崇寧元年二月，都水監言：惠民河修簽河次下硬堰畢工。詔立捕獲盜泄賞。大觀元年十二月，開溵河入蔡河，從京畿都轉運使吳擇仁之請也。政和元年十月己酉，詔差水官同京畿監司視蔡河隄防及淤淺者，來春併工治之。

廣濟河導菏水，自開封歷陳留、曹、濟、鄆，其廣五丈，歲漕上供米六十二萬石。

太祖建隆二年正月，遣使往定陶規度，發曹、單丁夫數萬浚之。三月，幸新水門觀放水入河。先是，五丈河泥淤，不利行舟。遂詔左監門衞將軍陳承昭於京城之西，夾汴水造斗門，引京、索、蔡河水通城濠入斗門，俾架流汴水之上，東進於五丈河，以便東北漕運。公私

咸利。三年正月，遣右龍武統軍陳承昭護修五丈河役，車駕臨視，賜承昭錢二十萬。乾德三年，京師引五丈河造西水磑。

太宗太平興國三年正月，命發近縣丁夫浚廣濟河。

眞宗景德二年六月，開封府言：「京西沿汴萬勝鎭〔一〇〕，先置斗門，以減河水，今汴河分注濁水入廣濟河，堙塞不利。」帝曰：「此斗門本李繼源所造，屢詢利害，以爲始因京、索河遇雨即汎流入汴，遂置斗門，以便通洩。若遽壅塞，復慮決溢。」因令多用巨石，高置斗門，水雖甚大，而餘波亦可減去。三年，內侍趙守倫建議：自京東分廣濟河由定陶至徐州入清河，以達江、湖漕路。役既成，遣使覆視，繪圖來上。帝以地有隆阜，而水勢極淺，雖置堰埭，又歷呂梁灘磧之險，非可漕運，罷之。

仁宗天聖六年七月，尙書駕部員外郎閻貽慶言：「五丈河下接濟州之合蔡鎭，通利梁山濼。近者天河決蕩，溺民田，壞道路，合蔡而下，漫散不通舟，請治五丈河入夾黃河。」因詔貽慶與水官李守忠規度，計功料以聞。

神宗熙寧七年，趙濟言：「河淺廢運，自此物賤傷農，宜議興復，以便公私。」詔張士澄、楊琰修治。八月，都提舉汴河堤岸司言：「欲於通津門汴河岸東城裏三十步內開河，下通廣濟，以便行運。」從之。八年，又遣琰同陳祐甫因汴河置滲水塘，又自孫賈斗門置虛堤八，滲

水入西賈陂，由減水河注霧澤陂，皆爲河之上源。九年，詔依元額漕粟京東，仍修壩牐，爲啓閉之節。九年三月，詔遣官修廣濟河壩牐。元豐五年三月癸亥，罷廣濟輦運司，移上供物自淮陽軍界入汴，以清河輦運司爲名，命張士澄都大提舉。七月，御史王植言：「廣濟安流而上，與清河泝流入汴，遠近險易較然，廢之非是。」詔監司詳議。七年八月，都大提舉汴河堤岸司言：「京東地富，穀粟可漕，獨患河澀。若因修京城，令役兵近汴穴土，使之成渠，就引河水注之廣濟，則漕舟可通，是一舉而兩利也。」從之。

哲宗元祐元年，詔斥祥符霧澤陂募民承佃，增置水匱。又即宣澤門外仍舊引京、索源河，置槽架水，流入咸豐門。皆以爲廣濟淺澀之備。三月，三省言：「廣濟河輦運，近因言者廢罷，改置清河輦運，迂遠不便。」詔知棣州王諤措置興復。都水監亦言：「廣濟河以京、索河爲源，轉漕京東歲計。今欲依舊，即令於宣澤門外置槽架水，流入咸豐門裏，由舊河道復廣濟河源〔一一〕，以通漕運。」從之。

金水河一名天源，本京水，導自滎陽黃堆山，其源曰祝龍泉。

太祖建隆二年春，命左領軍衞上將軍陳承昭率水工鑿渠，引水過中牟，名曰金水河，

中華書局

凡百餘里，抵都城西，架其水橫絕於汴，設斗門，入浚溝，通城濠，東匯于五丈河。公私利焉。乾德三年，又引貫皇城，歷後苑，內庭池沼，水皆至焉。開寶九年，帝步自左掖，按地勢，命水工引金水由承天門鑿渠，爲大輪激之，南注晉王第。眞宗大中祥符二年九月，詔供備庫使謝德權決金水，自天波門並皇城至乾元門，歷天街東轉，繚太廟入后廟，皆甃以礎甓，植以芳木，車馬所經，又累石爲間梁。作方井〔三〕，官寺、民舍皆得汲用。復引東，由城下水竇入于濠。京師便之。

神宗元豐五年，金水河透水槽阻礙上下汴舟，遣宋用臣按視。請自板橋別爲一河，引水北入于汴，後卒不行，乃由副堤河入于蔡。以源流深遠，與永安青龍河相合，故賜名曰天源。先是，舟至啓槽，頗滯舟行。既導洛通汴，遂自城西超字坊引洛水，由咸豐門立堤，凡三千三十步，水遂入禁中，而槽廢。然舊惟供洒掃，至徽宗政和間，容佐請於七里河開月河一道，分減此水，灌溉內中花竹。命宋昪措置導引，四年十一月，畢工。重和元年六月，復命藍從熙、孟揆等增堤岸，置橋、槽、壩、牐，濬澄水，道水入內。內庭池籞既多，患水不給，又於西南水磨引索河一派，架以石渠絕汴，南北築堤，導入天源河以助之。

白溝無山源，每歲水潦甚則通流，纔勝百斛船，踰月不雨卽竭。至道二年三月，內殿崇班閻光澤、國子博士邢用之上言：「請開白溝，自京師抵彭城呂梁口，凡六百里，以通長淮之漕。」詔發諸州丁夫數萬治之，以光澤護其役。議者非之。會宋州通判王矩上表，極陳其不可，且言：「用之田園在襄邑，歲苦水潦，私幸渠成。」遂罷其役。咸平六年，用之爲度支員外郎，又令自襄邑下流治白溝河，導京師積水，而民田無害。

神宗熙寧六年，都水監丞侯叔獻請儲三十六陂及京、索二水爲源，倣眞、楚州開平河置牐，則四時可行舟，因廢汴渠。帝曰：「白溝功料易耳〔三〕，第汴渠歲運甚廣，河北、陝西資焉。又京畿公私所用良材，皆自汴口而至，何可遽廢。」王安石曰：「此役苟成，亦無窮之利也。當別爲漕河，引黃河一支，乃爲經久。」馮京曰：「若白溝成，與汴、蔡皆通漕，爲利誠大，恐汴終不可廢。」帝然之，詔劉璯同叔獻覆視。八月，都水監言：「白溝自濉河至于淮八百里，乞分三年興修。其廢汴河，俟白溝畢功，別相視。仍請發𣪍熟淤田司幷京東汴河所隸河清兵赴役。」從之。七年正月，都水監言：「自盟河㳄導汴南諸水，近者失於疏浚，爲害甚大。」於是輟夫修治，而白溝之役廢。

初，王安石欲罷白溝、修汴南水利，帝曰：「人多以白溝不可爲，而卿獨見可爲？」安石曰：「果不可爲，罷之誠宜；若可爲，卽俟時爲之，何必計校人言也。」

徽宗政和二年十月，都水監丞孟昌齡言開濬舍暉門外白溝河，開堰放水，仍舊通流。

京畿溝洫：汴都地廣平，賴溝渠以行水潦。眞宗景德二年五月，詔開京城濠以通舟楫，毀官水磑三所。三年，分遣入內內侍八人，督京城內外坊里開濬溝渠。先是，京都每歲春濬溝瀆，而勢家豪族，有不卽施工者。帝聞之，遣使分視，自是不復有稽遲者，以至雨潦暴集，無所壅遏，都人賴之。大中祥符三年，遣供備庫使謝德權治溝洫，導太一宮積水抵陳留界，入亳州渦河。五年三月，帝宣示宰臣曰：「京師所開溝渠，雖屢鈐轄，仍令內侍分察吏擾。」

仁宗天聖元年八月，東西八作司與內殿承制、閤門祗候劉永崇等言：「內外八廂創置八字水口，通流兩水入渠甚利，慮所置處豪富及勢要阻抑，乞下令巡察。」從之。二年七月，內殿崇班、閤門祗候張君平等言：「準敕按視開封府界至南京、宿亳諸州溝河形勢，疏決利害凡八事：一、商度地形，高下連屬，開治水勢，依尋古溝洫浚之，州縣計力役均定，置籍以主之。二、施工開治後，按視不如元計狀及水壅不行有害民田者，按官吏之罪，令償其費。三、約束官吏，毋斂取夫衆財貨入己。四、縣令佐、州守倅，有能勸課部民自用工開治不致水害

者，敍爲勞績，替日與家便官；功績尤多，別議旌賞。五、民或於古河渠中修築堰堨，截水取魚，漸至澱淤，水潦暴集，河流不通，則致深害，乞嚴禁之。六、開治工畢，按行新舊廣深丈尺，以校工力。以所出土，於溝河岸一步外築爲堤埒。七、凡溝洫上廣一丈，則底廣八尺，其深四尺，地形高處或至五六尺，以此爲率。有廣狹不等處，折計之，則畢工之日，易於覆視。八、古溝洫在民田中，久已淤平，今爲賦籍而須開治者，據所占地步，爲除其賦。」詔令頒行。

神宗熙寧元年三月，都水監言：「畿內溝河至多，而諸縣各役人夫開淘，十纔二三，須二三年方可畢工。請令府界提點司選官，與縣官同定緊慢功料，據合差夫數，以五分夫，役十分工，依年分開淘，提點司通行點校。」從之。二年閏十一月，詔以府界道路積水，妨民輸納，命都水監差官溝畎。元豐五年，詔開在京城濠，闊五十步，深一丈五尺，地脈不及者，至泉止。

徽宗大觀元年七月，以京城霖雨，水浸居民，道路不通，遣官分督疏導。是月又詔：「自京至八角鎭，積水妨行旅。轉運司選官疏導，修治橋梁，毋使病涉。」

白河在唐州，南流入漢。太平興國三年正月，西京轉運使程能獻議，請自南陽下向口置堰，迴水入石塘、沙河，合蔡河達于京師，以通湘潭之漕。詔發唐、鄧、汝、潁、許、蔡、陳、鄭丁夫及諸州兵，凡數萬人，以弓箭庫使王文寶、六宅使李繼隆、內作坊副使李神祐、劉承珪等護其役。塹山堙谷，歷博望、羅渠、少柘山〔四〕，凡百餘里，月餘，抵方城，地勢高，水不能至。能獻復多役人以致水，然不可通漕運。會山水暴漲，石堰壞，河不克就，卒堙廢焉。

端拱元年，供奉官閤門祗候閻文遜、苗忠俱上言：「開荊南城東漕河，至師子口入漢江，可通荊、峽漕路至襄州；又開古白河，可通襄、漢漕路至京。」詔八作使石全振往視之，遂發丁夫治荊南漕河至漢江，可勝二百斛重載，行旅者頗便，而古白河終不可開。

三白渠在京兆涇陽縣。淳化二年秋，縣民杜思淵上書言：「涇河內舊有石翣以堰水入白渠，溉雍、耀田，歲收三萬斛。其後多歷年所，石翣壞，三白渠水少，溉田不足，民頗艱食。乾德中，節度判官施繼業率民用梢穰、笆籬、棧木，截河為堰，壅水入渠。緣渠之民，頗獲其利。然凡遇暑雨，山水暴至，則堰輒壞。至秋治堰，所用復取於民，民煩數役，終不能固。

乞依古制，調丁夫修疊石翣，可得數十年不撓。所謂暫勞永逸矣。」詔從之，遣將作監丞周約已等董其役，以用功尤大，不能就而止。

至道元年正月，度支判官梁鼎、陳堯叟上鄭白渠利害：「按舊史，鄭渠元引涇水，自仲山西抵瓠口，並北山東注洛，三百餘里，溉田四萬頃，畝收一鍾。白渠亦引涇水，起谷口，入櫟陽，注渭水，長二百餘里，溉田四千五百頃。兩渠溉田凡四萬四千五百頃，今所存者不及二千頃，皆近代改修渠堰，浸隳舊防，繇是灌溉之利，絕少於古矣。鄭渠難為興工，今請遣使先詣三白渠行視，復修舊迹。」於是詔大理寺丞皇甫選、光祿寺丞何亮乘傳經度。

選等使還，言：

周覽鄭渠之制，用功最大。並仲山而東，鑿斷岡阜，首尾三百餘里，連亙山足，岸壁頹壞，堙廢已久。度其制置之始，涇河平淺，直入渠口。暨年代浸遠，涇河陡深，水勢漸下，與渠口相懸，水不能至。峻崖之處，渠岸摧毀，荒廢歲久，實難致力。其三白渠溉涇陽、櫟陽、高陵、雲陽、三原、富平六縣田三千八百五十餘頃，此渠衣食之源也，望令增築堤堰，以固護之。舊設節水斗門一百七十有六，皆壞，請悉繕完。渠口舊有六石門，謂之「洪門」，今亦隤圮，若復議興置，則其功甚大，且欲就近度其岸勢，別開渠口，以通水道。歲令渠官行視，岸之缺薄，水之淤填，即時浚治。嚴豪民盜水之禁。

涇河中舊有石堰，修廣皆百步，捍水雄壯，謂之「將軍翣」，廢壞已久。杜思淵嘗請興修，而功不克就。其後止造木堰，凡用梢樁萬一千三百餘數，歲出於緣渠之民。涉夏水潦，木堰遽壞，漂流散失，至秋，復率民以葺之，數斂重困，無有止息。欲令自今溉田既畢，命水工拆堰木置於岸側，可充二三歲修堰之用。所役緣渠之民，計田出丁，凡調萬三千人。疏渠造堰，各獲其利，固不憚其勞也。選能吏司其事，置署於涇陽縣側，以時行視，往復甚便。

又言：

鄧、許、陳、潁、蔡、宿、亳七州之地，有公私閑田，凡三百五十一處，合二十二萬餘頃，民力不能盡耕。皆漢、魏以來，召信臣、杜詩、杜預、任峻、司馬宣王、鄧艾等立制墾闢之地。內南陽界鑿山開道，疏通河水，散入唐、鄧、襄三州以溉田。又諸處陂塘防埭，大者長三十里至五十里，闊五丈至八丈，高一丈五尺至二丈。其溝渠，大者長五十里至百里，闊三丈至五丈，深一丈至一丈五尺，可行小舟。臣等周行歷覽，若皆增築陂堰，勞費頗甚，欲隄防未壞可興水利者，先耕二萬餘頃，他處漸圖建置。

時著作佐郎孫冕總監三白渠，詔冕依選等奏行之。後自仲山之南，移治涇陽縣。其七州之田，令選於鄧州募民耕墾，皆免賦入。復令選等舉一人，與鄧州通判同掌其事。選與

亮分路按察，未幾而罷。

景德三年，鹽鐵副使林特、度支副使馬景盛陳關中河渠之利，請遣官行鄭、白渠，興修古制。乃詔太常博士尚賓乘傳經度，率丁夫治之。賓言：「鄭渠久廢不可復，今自介公廟迴白渠洪口直東南，合舊渠以畎涇河，灌富平、櫟陽、高陵等縣，經久可以不竭。」工既畢而水利饒足，民獲數倍。

校勘記

〔一〕房家黃家孟家三陂　「孟家」，宋會要方域一六之一二、長編卷二九七都作「孟王」。

〔二〕乞狹河六十里　「六十里」，宋會要方域一六之一五、長編卷三〇二都作「六百里」。

〔三〕然或淹浸旬時　「然」字原脫，據梁溪先生文集卷四〇論水災事乞對奏狀補。

〔四〕鑿渠抵漕口三十五里　宋會要方域一七之一、長編卷一七都作「二十五里」。疑「三」為「二」之誤。

〔五〕凡許鄭諸水合堅白鴈丈八溝　按下文和宋會要方域一六之二四記惠民河合白鴈溝事，「白鴈」前都無「堅」字，疑此處「堅」字衍或為訛字。

〔六〕建隆元年四月　「元年」原作「二年」，與下文「二年」重出。宋會要方域一六之二二、長編卷一

玉海卷二二都繫此事于建隆元年，據改。

〔七〕乾德二年二月　「二年」原作「三年」，宋會要方域一六之二二、長編卷五、玉海卷二二都繫此事于乾德二年，據改。

〔八〕以溴水汎溢　「溴水」原作「汜水」，據宋會要方域一六之二二、長編卷三四、玉海卷二二改。

〔九〕大流堰　「大流堰」，原作「大河堰」，據上文和宋會要方域一六之二三改。

〔一〇〕京西沿汴萬勝鎮　「京西」原作「西京」。按九域志卷一，東京開封府中牟縣有萬勝鎮。通鑑卷二七四胡三省注：「萬勝鎮在中牟縣，東距大梁不過數十里耳。」則中牟縣萬勝鎮在東京開封府之西，不在西京，據改。

〔一一〕廣濟河源　「濟」，原作「澤」，據上文和長編卷三七五改。

〔一二〕又累石爲間梁作方井　長編卷七二、玉海卷二二都作「累石爲梁。間作方井」。

〔一三〕白溝功料易耳　宋會要方域一七之一七、食貨六一之一〇一、長編卷二四六都作「叔獻開白溝河，功料未易辦」。

〔一四〕少柘山　宋會要方域一七之一作「小柘山」，長編卷一九作「小祐山」。

宋史卷九十五

志第四十八

河渠五

漳河　滹沱河　御河　塘濼緣邊諸水　河北諸水　岷江

漳河源於西山，由磁、洺州南入冀州新河鎮，與胡盧河合流，其後變徙，入于大河。

神宗熙寧三年，詔程昉同河北提點刑獄王廣廉相視。四年，開修，役兵萬人，袤一百六十里。帝因與大臣論財用，文彥博曰：「足財用在乎安百姓，安百姓在乎省力役。且河久不開，不出於東，則出於西，利害一也。今發夫開治，徙東從西，何利之有？」王安石曰：「使漳河不由地中行，則或東或西，爲害一也。治之使行地中，則有利而無害。勞民，先王所謹，然以佚道使民，雖勞不可不勉。」會京東、河北大風，三月，詔曰：「風變異常，當安靜以應天

災。漳河之役妨農，來歲爲之未晚。」中書格詔不下。尋有旨權令罷役，程昉憤恚，遂請休退。朝廷令以都水丞領淤田事於河上。

五月，御史劉摯言：「昉等開修漳河，凡用九萬夫。物料本不預備，官私應急，勞費百倍。逼人夫夜役，踐蹂田苗，發掘墳墓，殘壞桑柘，不知其數。愁怨之聲，流播道路，而昉等妄奏民間樂於工役。河北廂軍，刬刷都盡，而昉等仍乞於洺州調急夫，又欲令役兵不分番次，其急切擾攘，至於如此。乞重行貶竄，以謝疲民。」中丞楊繪亦以爲言。王安石爲昉辨說甚力，後卒開之。五年，工畢，昉與大理寺丞李宜之、知洺州黃秉推恩有差。

七年六月，知冀州王慶民言：「州有小漳河，向爲黃河北流所壅，今河已東，乞開濬。」詔外都水監相度而已。

滹沱河源於西山，由眞定、深州、乾寧，與御河合流。

神宗熙寧元年，河水漲溢，詔都水監、河北轉運司疏治。六年，深州祁州、永寧軍修新河。八年正月，發夫五千人，并胡盧河增治之。

元豐四年正月，北外都水丞陳祐甫言：「滹沱自熙寧八年以後，汎濫深州諸邑，爲患甚

中華書局

大。諸司累相度不決，謂其下流舊入邊吳、宜子淀，最爲便順。而屯田司懼塡淤塘濼，煩文往復，無所適從。昨差官計之，若障入胡盧河，約用工千六百萬，若治程昉新河，約用工六百萬，若依舊入邊吳等淀，約用工二十九萬，其工費固已相遠。乞嚴立期會，定歸一策。」詔河北屯田轉運司同北外都水丞司相視。

五年八月癸酉，前河北轉運副使周革言：「熙寧中，程昉於眞定府中渡創繫浮梁，增費數倍。既非形勢控扼，請歲八九月易以版橋，至四五月防河卽拆去，權用船渡。」從之。

御河源出衞州共城縣百門泉，自通利、乾寧入界河，達于海。神宗熙寧二年九月，劉彝、程昉言：「二股河北流今已閉塞，然御河水由冀州下流，尙當疏導，以絕河患。」先是，議者欲於恩州武城縣開御河約二十里，入黃河北流故道，下五股河，故命彝、昉相度。而通判冀州王庠謂，第開見行流處，下接胡盧河，尤便近。彝等又奏：「如庠言，雖於河流爲順，然其間漫淺沮洳，費工猶多，不若開烏欄堤東北至大、小流港，橫截黃河，入五股河，復故道，尤便。」遂命河北提舉糴便糧草皮公弼、提舉常平王廣廉按視，二人議協，詔調鎭、趙、邢、洺、磁、相州兵夫六萬濬之，以寒食後入役。

三年正月，韓琦言：「河朔累經災傷，雖得去年夏秋一稔，瘡痍未復。而六州之人，奔走河役，遠者十一二程，近者不下七八程，比常歲勞費過倍。兼鎭、趙兩州，舊以次邊，未嘗差夫，一旦調發，人心不安。又於寒食後入役，比滿一月，正妨農務。」詔河北都轉運使劉庠相度，如可就寒食前入役，卽亟興工，仍相度最遠州縣，量減差夫，而輟修塘堤兵千人代其役。二月，琦又奏：「御河漕運通流，不宜減大河夫役。」於是止令樞密院調兵三千，幷都水監卒二千。三月，又益發壯城兵三千，仍詔提舉官程昉等促迫功限。六月，河成，詔昉赴闕，遷宮苑副使。四年，命昉爲都大提舉黃、御等河。

八年，昉與劉璯言：「衞州沙河湮沒，宜自王供埽開濬，引大河水注之御河，以通江、淮漕運。仍置斗門，以時啓閉。其利有五：王供危急，免河勢變移而別開口地，一也。漕舟出汴，橫絕沙河，免大河風濤之患，二也。沙河引水入于御河，大河漲溢，沙河自有限節，三也。御河漲溢，有斗門啓閉，無衝注淤塞之弊，四也。德、博舟運，免數百里大河之險，五也。一舉而五利附焉。請發卒萬人，一月可成。」從之。

九年秋，昉奏畢功。中書欲論賞，帝令河北監司案視保明，大名安撫使文彥博覆實。十月，彥博言：

去秋開舊沙河，取黃河行運，欲通江、淮舟檝，徹於河北極邊。自今春開口放水，後來漲落不定，所行舟栰皆輕載，有害無利，枉費功料極多。今御河上源，止是百門泉水，其勢壯猛，至衞州以下，可勝三四百斛之舟，四時行運，未嘗阻滯。隄防不至高厚，亦無水患。今乃取黃河水以益之，大卽不能呑納，必致決溢；小則緩漫淺澀，必致淤澱。凡上下千餘里，必難歲歲開濬。況此河穿北京城中，利害易覩。今始初冬，已見阻滯，恐年歲間，反壞久來行運。儻謂通江、淮之漕，卽尤不然。自江、浙、淮、汴入黃河，順流而下，又合於御河，大約歲不過一百萬斛。若自汴順流徑入黃河，達于北京，自北京和雇車乘，陸行入倉，約用錢五六千緡，却於御河裝載赴邊城，其省工役、物料及河淸衣糧之費，不可勝計。

又去多，外監丞欲於北京黃河新堤開置水口，以通行運，其策尤疏。此乃熙寧四年秋黃河下注御河之處，當時朝廷選差近臣，督役修塞，所費不貲。大名、恩冀之人，至今瘡痍未平，今奈何反欲開口導水耶？都水監雖令所屬相視，而官吏恐忤建議之官，止作遷延，回報謂俟修固御河堤防，方議開置河口。況御河堤道，僅如蔡河之類，若欲呑納河水，須如汴岸增修，猶恐不能制蓄。乞別委淸彊官相視利害，并議可否。

又言：「今之水官，尤爲不職，容易建言，僥倖恩賞。朝廷便爲主張，中外莫敢異議，事若不

效，都無譴罰。臣謂更當選擇其人，不宜令狂妄輩橫費生民膏血。」

已而都水監言，運河乞置雙牐，例放舟船實便，與彥博所言不同。十二月，命知制誥熊本與都水監、河北轉運司官相視。本奏：

河北州軍賞給茶貨，以至應接沿邊榷場要用之物，並自黃河運至黎陽出卸，轉入御河，費用止於客軍數百人添支而已。向者，朝廷曾賜米河北，亦於黎陽或馬陵道口下卸，倒裝轉致，費亦不多。昨因程昉等擘畫，於衞州西南，循沙河故迹決口置牐，鑿堤引河，以通江、淮舟檝，而實邊郡倉廩。自興役至畢，凡用錢米、功料二百萬有奇。今後每歲用物料一百一十六萬，廂軍一千七百餘人，約費錢五萬七千餘緡。開河行水，纔百餘日，所過船栰六百二十五，而衞州界御河淤淺，已及三萬八千餘步；沙河左右民田，渰浸者幾千頃，所免租稅二千貫石有餘。有費無利，誠如議者所論。

然尙有大者，衞州居御河上游，而西南當王供向著之會，所以捍黃河之患者，一堤而已。今穴堤引河，而置牐之地，纔及隄身之半。詢之土人云，自慶曆八年後，大水七至，方其盛時，游波有平堤者。今河流安順三年矣，設復礬水暴漲，則河身乃在牐口之上。以湍悍之勢而無隄防之阻，泛濫衝溢，下合御河，臣恐墊溺之禍，不特在乎衞州，而瀕御河郡縣，皆罹其患矣。

中華書局

夫此河之興，一歲所濟船栰，其數止此，而萌每歲不測之患，積無窮不貲之費，豈陛下所以垂世裕民之意哉！臣博采衆論，究極利病，咸以謂葺故堤，堰新口，存新牐而勿治，庶可以銷淤澱決溢之患，而省無窮之費。萬一他日欲由此河轉粟塞下，則暫開亟止，或可紓飛輓之勞。

未幾，河果決衞州。

元豐五年，提舉河北黃河堤防司言：「御河狹隘，堤防不固，不足容大河分水，乞令綱運轉入大河，而閉截徐曲。」既從之矣。明年，戶部侍郎蹇周輔復請開撥，以通漕運，及令商旅舟船至邊。是時，每有一議，朝廷輒下水官相度，或作或輟，迄莫能定。大抵自小吳埽決，大河北流，御河數爲漲水所冒，亦或湮沒。哲宗紹聖三年四月，河北都轉運使吳安持始奏，大河東流，御河復出。詔委前都水丞李仲提舉開導。

徽宗崇寧元年冬，詔侯臨同北外都水丞司開臨清縣塡子口，增修御河西堤，高三尺，并計度西堤開置斗門，決北京、恩冀滄州、永靜軍積水入御河枯源。明年秋，黃河漲入御河，行流浸大名府館陶縣，敗廬舍，復用夫七千，役二十一萬餘工修西堤，三月始畢，漲水復壞之。

政和五年閏正月，詔於恩州北增修御河東堤，爲治水隄防，令京西路差借來年分溝河

夫千人赴役。於是都水使者孟揆移撥十八埽官兵，分地步修築，又取棗彊上埽水口以下舊堤所管楡柳爲椿木。

塘濼，緣邊諸水所聚，因以限遼。河北屯田司、緣邊安撫司皆掌之，而以河北轉運使兼都大制置。凡水之淺深，屯田司季申工部。其水東起滄州界，拒海岸黑龍港，西至乾寧軍，沿永濟河合破船淀、灰淀、方淀爲一水，衡廣一百二十里，縱九十里至一百三十里，其深五尺。東起乾寧軍、西信安軍永濟渠爲一水，西合鵝巢淀、陳人淀、燕丹淀、大光淀、孟宗淀爲一水，衡廣一百二十里，縱三十里或五十里，其深丈餘或六尺。東起信安軍永濟渠，西至霸州莫金口，合水汶淀、得勝淀、下光淀、小蘭淀、李子淀、大蘭淀爲一水，衡廣七十里，或十五里或六里〔一〕，其深六尺或七尺。東北起霸州莫金口，西南保定軍父母砦，合糧料淀、迴淀爲一水，衡廣二十七里，縱八里，其深六尺。霸州至保定軍並塘岸水最淺，故咸平、景德中，契丹南牧，以霸州、信安軍爲歸路。東南起保安軍，西北雄州，合百世淀、黑羊淀、小蓮花淀爲一水，衡廣六十里，縱二十五里或十里，其深八尺或九尺。東起雄州，西至順安軍，合大蓮花淀、洛陽淀、牛橫淀、康池淀、疇淀、白羊淀爲一水，衡廣七十里，縱三十里或四十五里，其深一丈或六尺或七尺。東起順安軍，西邊吳淀至保州，合齊女淀〔二〕、勞淀爲一水，衡廣三十餘里，縱百五十里，其深一丈三尺或一丈。起安肅、廣信軍之南，保州西北，畜沈苑河爲塘，衡廣二十里，縱十里，其深五尺，淺或三尺，曰沈苑泊。自保州西合鷄距泉、尙泉爲稻田、方田，衡廣十里，其深五尺至三尺，曰西塘泊。自何承矩以黃懋爲判官，始開置屯田，築堤儲水爲阻固，其後益增廣之。凡並邊諸河，若滹沱、胡盧、永濟等河，皆匯于塘。

天聖以後，相循而不廢，仍領于沿邊屯田司。而當職之吏，各從其所見，或曰：「有兵將在，契丹來，云無所事塘。自邊吳淀西望長城口，尙百餘里，皆山阜高仰，水不能至，契丹騎馳突，得此路足矣，塘雖距海，亦無所用。夫以無用之塘，而廢可耕之田，則邊穀貴，自困之道也。不如勿廣，以息民爲根本。」或者則曰：「河朔幅員二千里，地平夷無險阻。契丹從西方入，放兵大掠，由東方而歸，我嬰城之不暇，其何以禦之？自邊吳淀至泥姑海口，綿亙七州軍，屈曲九百里，深不可以舟行，淺不可以徒涉，雖有勁兵，不能度也。東有所阻，則甲兵之備，可以專力于其西矣。孰謂無益？」論者自是分爲兩歧，而朝廷以契丹出沒無常，阻固終不可以廢也。

仁宗明道二年，劉平自雄州徙知成德軍，奏曰：「臣嚮爲沿邊安撫使，與安撫都監劉志嘗陳備邊之略。臣今徙眞定路，由順安安肅、保定州界，自邊吳淀望趙曠川、長城口，乃契

丹出入要害之地，東西不及一百五十里。臣竊恨聖朝七十餘年，守邊之臣，何可勝數，皆不能爲朝廷預設深溝高壘，以爲扼塞。臣聞太宗朝，嘗有建請置方田者。今契丹國多事，兵荒相繼，我乘此以引水植稻爲名，開方田，隨田塍四面穿溝渠，縱廣一丈，深二丈，鱗次交錯，兩溝間屈曲爲徑路，才令通步兵。引曹河、鮑河、徐河、鷄距泉分注溝中，地高則用水車汲引，灌漑甚便。願以劉志知廣信軍，與楊懷敏共主其事，數年之後，必有成績。」帝遂密敕平與懷敏漸建方田。侍禁劉宗言又奏請種木于西山之麓，以法楡塞，云可以限契丹也。後劉平去眞定，懷敏猶領屯田司。塘日益廣，至吞沒民田，蕩溺丘墓，百姓始告病，乃有盜決以免水患者，懷敏奏立法依盜決堤防律。

景祐二年，懷敏知雄州〔三〕，又請立木爲水則，以限盈縮。寶元元年十一月己未，河北屯田司言：「欲於石塚口導永濟河水，以注緣邊塘泊，請免所經民田稅。」從之。時歲旱，塘水涸，懷敏慮契丹使至，測知其廣深，乃壅界河水注之，塘復如故。

慶曆二年三月己巳，契丹遣使致書，求關南十縣。且曰：「營築長堤，塡塞隘路，開決塘水，添置邊軍，既潛稔於猜嫌，慮難敦於信睦。」四月庚辰，復書曰：「營築堤埭，開決陂塘，昨緣霖潦之餘，大爲衍溢之患，既非疏導，當稍繕防，豈蘊猜嫌，以虧信睦。」遼使劉六符嘗謂賈昌朝曰：「南朝塘濼何爲者哉？一葦可杭，投箠可平。不然，決其堤，十萬土囊，遂可踰

矣。」時議者亦請涸其地以養兵。帝問王拱辰，對曰：「兵事尙詭，彼誠有謀，不應以語敵，此六符誇言爾。設險守國，先王不廢，且祖宗所以限遼騎也。」帝深然之。

七月，契丹復議和好，約兩界河淀已前開畎者並依舊外，自今已後，各不添展。其見堤堰水口，逐時決洩壅塞，量差兵夫，取便修疊疏導。非時霖潦，別至大段漲溢，並不在關報之限。是歲，劉宗言知順安軍，上言：「屯田司濬塘水，漂招賢鄉六千戶。」

五年七月，初與契丹約，罷廣兩界塘淀。約既定，朝廷重生事，自是每邊臣言利害，雖聽許，必戒之以毋張皇，使契丹有詞。而楊懷敏獨治塘益急〔四〕，是月，懷敏密奏曰：「前轉運使沈邈開七級口泄塘水，臣已亟塞之。知順安軍劉宗言閉五門幞頭港、下赤大渦柳林口滹河水，不使入塘，臣已復通之，令注白羊淀矣。邈、宗言朋黨沮事如此，不譴誅無以懲後。」詔從懷敏奏，自今有妄乞改水口者，重責之。

嘉祐中，御史中丞韓絳言：「宣祖已上，本籍保州，懷敏廣塘水，侵皇朝遠祖墳。近聞詔旨以錢二百千，賜本宗使易葬，此虧薄國體尤甚，物論駭嘆，願請州縣屛水患而已。」知雄州趙滋言：「屯田司當徐河間築堤斷水，塘堤具存，可覆視也。宜開水竇六十尺，修石限以節之。」咸可其奏。八年，河北提點刑獄張問言：「視八州軍塘，出土爲堤，以畜西山之水，涉夏河溢，而民田無患。」亦施行焉。

神宗熙寧元年正月，復汾州西河濼。濼舊在城東，圍四十里，歲旱以溉民田，雨以瀦水，又有蒲魚、茭芡之利，可給貧民。前轉運使王沿廢爲田，人不以爲便。至是，知雜御史劉述請復之。是歲，又遣程昉諭邊臣營治諸濼，以備守禦。

五年，東頭供奉官趙忠政言：「界河以南至滄州凡二百里，夏秋可徒涉，遇冬則冰合，無異平地。請自滄州東接海，西抵西山，植榆柳、桑棗，數年之間，可限契丹。然後施力耕種，益出租賦，以助邊儲。」詔程昉察視利害以聞。

六年五月，帝與王安石論王公設險守國，安石曰：「周官亦有掌固之官，但多侵民田，恃以爲國，亦非計也。太祖時未有塘泊，然契丹莫敢侵軼。」他日，樞密院官言：「程昉放滹沱水，大擢塡淤塘濼，失險固之利。」安石謂：「滹沱舊入邊吳淀，新入洪城淀，均塘濼也。何昔不言而今言乎？」蓋安石方主昉等，故其論如此。

六年十二月癸酉，命河北同提點制置屯田使閻士良專興修幞樁口，增灌東塘淀濼。先是，滄州北三堂等塘濼，爲黃河所注，其後河改而濼塞。程昉嘗請開琵琶灣引河水，而功不成。至是，士良請堰水絕御河，引西塘水灌之，故有是命。

七年六月丁丑，河北沿邊安撫司上制置沿邊淚陂塘築堤道條式圖，請付邊郡屯田司。又言於沿邊軍城植柳蒔麻，以備邊用。並從之。

九年六月，高陽關言：「信安、乾寧塘濼，昨因不收獨流決口〔五〕，至今乾涸。」於是命河北東、西路分遣監司，視廣狹淺深，具圖本上。十年正月甲子，詔：「比修築河北破缺塘堤，收匱水勢。其信安軍等處因塘水減涸，退出田土，已召人耕佃者復取之。」

元豐三年，詔諭邊臣曰：「比者契丹出沒不常，不可全恃信約以爲萬世之安。況河朔地勢坦平，略無險阻，殆非前世之比。惟是塘水實爲礙塞，卿等當體朕意，協力增修，自非地勢高仰，人力所不可施者，皆在滋廣，用謹邊防。蓋功利近在目前而不爲，良可惜也。」六年十二月，定州路安撫使韓絳言：「定州界西自山麓，東接塘淀，綿地百餘里，可瀦水設險。」詔以引水灌田陂爲名。哲宗元祐中，大臣欲回河東流者，皆以北流壞塘濼爲言，事見前篇。

徽宗大觀二年十二月，詔曰：「瀦水爲塘，以備汎濫，留屯營田，以實塞下，國家設官置吏，專總其事。州縣習玩，歲久隳壞。其令屯田司循祖宗以來塘堤故迹修治之，毋得增益生事。」大抵河北塘濼，東距海，西抵廣信、安肅，深不可涉，淺不可舟，故指爲險固之地。其後淤澱乾涸，不復開濬，官司利於稻田，往往洩去積水，自是堤防壞矣。

河北諸水，有通轉餉者，有爲方田限遼人者。太宗太平興國六年正月，遣八作使郝守濬分行河道，抵于遼境者，皆疏導之。又於清苑界開徐河、雞距河五十里入白河。自是關南之漕，悉通濟焉。端拱二年，以左諫議大夫陳恕爲河北東路招置營田使，魏羽爲副使；右諫議大夫樊知古爲河北西路招置營田使，索湘爲副使，欲大興營田也。

先是，自雄州東際于海，多積水，契丹患之，未嘗敢由此路入，每歲，數擾順安軍。議者以爲宜度地形高下，因水陸之便，建阡陌，濬溝洫，益樹五稼，所以實邊廩而限契丹。雍熙後，數用兵，岐溝、君子館敗衂之後，河朔之民，農桑失業，多閑田，且戍兵增倍，故遣恕等經營之。恕密奏：「戍卒皆墯游，仰食縣官，一旦使多被甲兵，春執耒耜，恐變生不測。」乃詔止令葺營堡，營田之議遂寢。

淳化二年，從河北轉運使請，自深州新砦鎭開新河，導胡盧河，分爲一派，凡二百里抵常山，以通漕運。胡盧河源於西山，始自冀州新河鎭入深州武彊縣，與滹沱河合流，其後變徙，入大河。至神宗熙寧中，內侍程昉請開決引水入新河故道，詔本路遣官按視。永靜軍判官林伸、東光縣令張言舉言：「新河地形高仰，恐害民田。」昉言：「地勢最順，宜無不便。」乃復遣劉璯、李直躬考實，而璯等卒如昉言，伸等坐貶官。

四年春，詔六宅使何承矩等督戍兵萬八千人，自霸州界引滹沱水灌稻爲屯田，用實軍廩，且爲備禦焉。初，臨津令黃懋上封事，盛稱水田之利，乃以承矩泊內供奉官閻承翰、殿直張從古同制置河北緣邊屯田事，仍以懋爲大理寺丞，充屯田判官，其所經畫，悉如懋奏。

眞宗咸平四年，知靜戎軍王能請自姜女廟東決鮑河水，北入閻臺淀，又自靜戎之東，引北注三臺、小李村，其水溢入長城口而南，又壅使北流而東入于雄州。五年，順安軍兵馬都監馬濟復請自靜戎軍東，擁鮑河開渠入順安軍，又自順安軍之西引入威虜軍，置水陸營田於渠側。濟等言：「役成，可以達糧漕，隔遼騎。」帝許之，獨鹽臺淀稍高，恐決引非便，不從其議。因詔莫州部署石普幷護其役。踰年功畢，帝曰：「普引軍壁馬村以西，開鑿深廣，足以張大軍勢。若邊城壕溝悉如此，則遼人倉卒難馳突而易追襲矣。」其年，河北轉運使耿望開鎭州常山鎭南河水入洨河至趙州，有詔褒之。三月，西京左藏庫使舒知白請於泥姑海口、章口復置海作務造舟，令民入海捕魚，因偵平州機事；異日王師征討，亦可由此進兵，以分敵勢。先是，置船務，以近海之民與遼人往還，遼人嘗泛舟直入千乘縣，亦疑有鄉導之者，故廢務。至是，令轉運使條上利害。既而以爲非便，罷之。

景德元年，北面都鈐轄閻承翰，自嘉山東引唐河三十二里至定州，釃而爲渠，直蒲陰縣東六十二里會沙河，徑邊吳泊，遂入于界河，以達方舟之漕。又引保州趙彬堰徐河水入雞

距泉，以息挽舟之役。自是朔方之民，灌溉饒益，大蒙其利矣。八月，詔滄州、乾寧軍謹視斗門水口，壅湖水入御河東塘堰，以廣溉蔭。四年五月，知雄州李允則決渠爲水田，帝以渠接界河，罷之。因下詔曰：「頃修國好，聽其盟約，不欲生事，姑務息民。自今邊城止可修葺城壕，其餘河道，不得輒有濬治。」

大中祥符七年四月，涇原都鈐轄曹瑋言：「渭北有古池，連帶山麓，今濬爲渠，令民導以溉田。」六月，知永興軍陳堯咨導龍首渠入城，民庶便之。並詔嘉獎。天禧末，諸州屯田總四千二百餘頃，而河北屯田歲收二萬九千四百餘石，保州最多，逾其半焉。江、淮、兩浙承僞制，皆有屯田，克復後，多賦與民輸租，第存其名。在河北者雖有其實，而歲入無幾，利在畜水以限遼騎而已。

仁宗天聖四年閏五月，陝西轉運使王博文等言：「準敕相度開治解州安邑縣至白家場永豐渠，行舟運鹽，經久不至勞民。按此渠自後魏正始二年，都水校尉元清引平坑水西入黃河以運鹽，故號永豐渠。周、齊之間，渠遂廢絕。隋大業中，都水監姚暹決堰濬渠，自陝郊西入解縣，民賴其利。及唐末至五代亂離，迄今湮沒，水甚淺涸，舟檝不行。」詔三司相度以聞。

神宗卽位，志在富國，故以劭農爲先。熙寧元年六月，詔諸路監司：「比歲所在陂塘堙

沒，瀕江圩垾浸壞，沃壤不得耕，宜訪其可興者，勸民興之，具所增田畝稅賦以聞。」二年十月，權三司使吳充言：「前宜城令朱紘，治平間修復木渠，不費公家束薪斗粟，而民樂趨之。渠成，溉田六千餘頃，數邑蒙其利。」詔遷紘大理寺丞，知比陽縣。或云紘之木渠，繞山度溪以行水，數勸民而終無功。

十一月，制置三司條例司具農田利害條約，詔頒諸路：「凡有能知土地所宜種植之法，及修復陂湖河港，或元無陂塘、圩垾、堤堰、溝洫而可以創修，或水利可及衆而爲人所擅有，或田去河港不遠，爲地界所隔，可以均濟流通者；縣有廢田曠土，可糾合興修，大川溝瀆淺塞荒穢，合行濬導，及陂塘堰埭可以取水灌溉，若廢壞可興治者：各述所見，編爲圖籍，上之有司。其土田迫大川，數經水害，或地勢汙下，雨潦所鍾，要在修築圩垾、堤防之類，以障水澇，或疏導溝洫、畎澮，以泄積水。縣不能辦，州爲遣官，事關數州，具奏取旨。民修水利，許貸常平錢穀給用。」初，條例司奏遣劉彝等八人行天下，相視農田水利，又下諸路轉運司各條上利害，又詔諸路各置相度農田水利官。至是，以條約頒焉。

祕書丞侯叔獻言：「汴岸沃壤千里，而夾河公私廢田，略計二萬餘頃，多用牧馬。計馬而牧，不過用地之半，則是萬有餘頃常爲不耕之地。觀其地勢，利於行水。欲於汴河兩岸置斗門，泄其餘水，分爲支渠，及引京、索河幷三十六陂，以灌溉田。」詔叔獻提舉開封府界

常平，使行之，而以著作佐郎楊汲同提舉。叔獻又引汴水淤田，而祥符、中牟之民大被水患，都水監或以爲非。

三年三月，帝謂王安石、韓絳曰：「都水沮壞淤田者，以侵其職事爾。」安石曰：「必欲任屬，當以楊汲爲都水監。今每事稟於沈立、張鞏，何能辦集。」七月，帝聞淤田多浸民田稼、屋宇，令內侍馮宗道往視，宗道以說者爲妄。八月，叔獻、汲並權都水監丞、提舉沿汴淤田。

九月戊申，遣殿中丞陳世修乘驛經度陳、潁州八丈溝故迹。初，世修言：「陳州項城縣界蔡河東岸有八丈溝，或斷或續，迤邐東去，由潁及壽，綿亙三百五十餘里，乞因其故道，量加濬治。興復大江、次河、射虎、流龍、百尺等陂塘，導水行溝中，棊布灌溉，俾數百里復爲稻田，則其利百倍。」繪圖來上，帝意向之。王安石曰：「世修言引水事卽可試，八丈溝新河則不然。昔鄧艾不賴蔡河漕運，故能幷水東下，大興水田。厥後既分水以注蔡河，又有新修牐以限之，與昔不同。惟無所用水，卽水可幷而溝可復矣。」故先命世修相度。

四年三月，帝語侍臣：「中人視麥者，言淤田甚佳，有未淤不可耕之地，一望數百里。獨樞密院以淤田無益，謂其薄如餅。」安石曰：「就令薄，固可再淤，厚而後止。」是月，帝以慶州

軍亂，召執政對資政殿。馮京曰：「府界既淤田，又行免役，作保甲，人極勞弊。」帝曰：「淤田於百姓何苦？閱土細如麵。」王安石曰：「慶卒之變，陛下旰食。大臣宜於此時共圖消弭，乃合爲浮議，歸咎淤田、保甲，了不相關，此非待至明而後察也。」十月，前知襄州光祿卿史炤言：「開修古淳河一百六里，灌田六千六百餘頃，修治陂堰，民已獲利，慮州縣遽欲增稅。」詔三司應興修水利，墾開荒梗，毋增稅。

五年二月，侯叔獻等言：「民願買官淤田者七十餘戶，已分赤淤、花淤等，及定其直各有差，仍於次年起稅。若願增錢者，不以投狀先後給之。」五月，御史張商英言：「嘗聞獻議者請開鄧州穰縣永國渠，引湍河水灌溉民田，失邵信臣故道，鑿焦家莊，地勢偏仰，水不通流。」詔京西路覆實，遣程昉領其事。昉刳河去疏土，築爲巨堰。水行再歲，會霖雨，谿谷合流大漲，堰下土疏惡，莫能禦，由此廢不復治。閏七月，程昉奏引漳、洺河淤地，凡二千四百餘頃。帝曰：「灌溉之利，農事大本，但陝西、河東民素不習此，苟享其利，後必樂趨。三白渠爲利尤大，有舊跡，可極力修治。凡疏積水，須自下流開導，則畎澮易治。書所謂『濬畎澮距川』是也。」

時人人爭言水利。提舉京西常平陳世修乞於唐州引淮水入東西邵渠，灌注九子等十五陂，溉田二百里。提舉陝西常平沈披乞復京兆府武功縣古迹六門堰，於石渠南二百步

傍爲土洞，以木爲門，回改河流，溉田三百四十里。大抵迂闊少效。披坐前爲兩浙提舉，開常州五瀉堰不當，法寺論之，至是，降一官。十一月，陝西提舉常平楊蟠議修鄭、白渠，詔都水丞周良孺相視。乃自石門堰涇水開新渠，至三限口以合白渠。王安石請捐常平息錢，助民興作，帝曰：「縱用內帑錢，亦何惜也。」

六年三月，程昉言：「得共城縣舊河槽，若疏導入三渡河，可灌西垙稻田。」從之。五月，詔：「諸創置水磑碾碓妨灌溉民田者，以違制論。」命贊善大夫蔡曚修永興軍白渠。八月，程昉欲引水淤漳旁地，王安石以爲長利，須及冬乃可經畫。九月丙辰，賜侯叔獻、楊汲府界淤田各十頃。十月，命叔獻理提點刑獄資序，周良孺與升一任，皆賞淤田之勞也。陽武縣民邢晏等三百六十四戶言：「田沙鹹瘠薄，乞淤溉，候淤深一尺，計畝輸錢，以助興修。」詔與淤溉，勿輸錢。

十二月，河北提舉常平韓宗師論程昉十六罪，盛陶亦言昉。帝以問安石，安石請令昉、宗師及京東轉運司各差官同考實以聞。還奏得良田萬頃，又淤四千餘頃。於是進呈。宗師疏至言：「昉奏百姓乞淤田，實未嘗乞。」帝曰：「此小失，何罪，但不知淤田如何爾？」安石曰：「今檢到好田萬頃，又淤田四千餘頃，陛下以爲不知，臣實未喻。」帝曰：「昉修漳河，漳河歲決；修滹沱，又無下尾。」安石力爲辨說。已而宗師與昉皆放罪。他日，帝論唐太宗能受

諫，安石因言：「陛下判功罪不及太宗。如程昉開閉四河，除漳河、黃河外，尚有溉淤及退出田四萬餘頃。自秦以來，水利之功，未有及此。止轉一官，又令與韓宗師同放罪，臣恐後世有以議聖德。」安石佑昉，大率類此。

是時，原武等縣民因淤田壞廬舍墳墓，妨秋稼，相率詣闕訴。使者聞之，急責縣令追呼，將杖之。民謬云：「詣闕謝耳。」使者因爲民謝表，遣二吏詣鼓院投之，安石大喜。久之，帝始知雍丘等縣淤田清水頗害民田，詔提舉常平官視民耕地，蠲稅一料。樞密院奏：「淤田役兵多死，每一指揮，僅存軍員數人。」下提點司密究其事，提點司言：「死事者數不及三釐。」

七年正月，程昉言：「滄州增修西流河堤，引黃河水淤田種稻，增灌塘泊，并深州開引滹沱水淤田，及開回胡盧河，并回滹沱河下尾。」六月，金州西城縣民葛德出私財修長樂堰，引水灌溉鄉戶土田，授本州司士參軍。八月甲戌，詔司農寺具所興修農田水利次第。九月，又詔：「籍所興水利，自今遣使體訪，其不實不當者，案驗以聞。」從侍御史張琥請也。十一月壬寅，知諫院鄧潤甫言：「淤田司引河水淤酸棗、陽武縣田，已役夫四五十萬，後以地下難淤而止。相度官吏初不審議，妄興夫役，乞加細罰。」詔開封劾元檢計按覆官。丁未，同知諫院范百祿言：「向者都水監丞王孝先獻議，於同州朝邑縣界畎黃河，淤安昌等處鹻地。及

放河水，而鹹地高原不能及，乃灌注朝邑縣長豐鄉永豐等十社千九百戶秋苗田三百六十餘頃。」詔蠲被水戶夏稅。是歲，知耀州閻充國募流民治漆水堤。

八年正月，程昉言：「開滹沱、胡盧河直河淤田等部役官吏勞績，別爲三等，乞推恩。」從之。三月庚戌，發京東常平米，募饑民修水利。四月，管轄京東淤田李孝寬言：「礬山漲水甚濁，乞開四斗門，引以淤田，權罷漕運再旬。」從之。深州靜安令任迪，乞俟來年刈麥畢，全放滹沱、胡盧兩河，又引永靜軍雙陵口河水，淤溉南北岸田二萬七千餘頃；河北安撫副使沈披，請治保州東南沿邊陸地爲水田：皆從之。閏四月丁未，提點秦鳳等路刑獄鄭民憲，請於熙州南關以南開渠堰，堰引洮水並東山直北通下至北關，并自通遠軍熟羊砦導渭河至軍溉田。詔民憲經度，如可作陂，即募京西、江南陂匠以往。

五月乙酉，右班殿直、幹當修內司楊琰言：「開封、陳留、咸平三縣種稻，乞於陳留界舊汴河下口，因新舊二堤之間修築水塘，用碎甓築虛堤五步以來，取汴河清水入塘灌溉。」從之。七月，江寧府上元縣主簿韓宗厚，引水溉田二千七百餘頃，遷光祿寺丞。太原府草澤史守一，修晉祠水利，溉田六百餘頃。八月，知河中府陸經奏，管下淤官私田約二千餘頃，下司農覆實。九月癸未，提舉出賣解鹽張景溫言：「陳留等八縣鹻地，可引黃、汴河水淤溉。」詔次年差夫。十二月癸丑，侯叔獻言：「劉瑾相度淮南合興修水利，僅十萬餘頃，皆並

運河，乞候開河畢工，以水利司錢募民修築圩埒。」

九年八月，程師孟言：「河東多土山高下，旁有川谷，每春夏大雨，衆水合流，濁如黃河礬山水，俗謂之天河水，可以淤田。絳州正平縣南董村旁有馬壁谷水，嘗誘民置地開渠，淤瘠田五百餘頃。其餘州縣有天河水及泉源處，亦開渠築堰。凡九州二十六縣，新舊之田，皆爲沃壤。嘉祐五年畢功，纘成水利圖經二卷，迨今十七年矣。聞南董村田畝舊直三兩千，收穀五七斗。自灌淤後，其直三倍，所收至三兩石。今臣權領都水淤田，竊見累歲淤京東、西鹹鹵之地，盡成膏腴，爲利極大。尚慮河東猶有荒瘠之田，可引天河淤溉者。」於是遣都水監丞耿琬淤河東路田。

十年六月，師孟、琬引河水淤京東、西沿汴田九千餘頃；七月，前權提點開封府界劉淑奏淤田八千七百餘頃；三人皆減磨勘年以賞之。九月，入內內侍省都知張茂則言：「河北東、西路夏秋霖雨，諸河決溢，占壓民田。」詔委官開畎。

元豐元年二月，都大提舉淤田司言：「京東、西淤官私瘠地五千八百餘頃，乞差使臣管幹。」許之。四月，詔：「闢廢田、興水利、建立堤防、修貼圩埒之類，民力不給者，許貸常平錢穀。」六月，京東路體量安撫黃廉言：「梁山、張澤兩濼，十數年來淤澱，每歲汎浸近城民田，乞自張澤濼下流濬至濱州，可泄壅滯。」從之。十二月壬申，二府奏事，語及淤田之利。帝

曰：「大河源深流長，皆山川膏腴滲漉，故灌溉民田，可以變斥鹵而爲肥沃。朕取淤土親嘗，極爲潤膩。」二年，導洛通汴。六月，罷沿汴淤田司。十二月辛酉，置提舉定州路水利司。三年，知濰州楊采開白浪河。

哲宗元祐以後，朝廷方務省事，水利亦浸緩矣。四年二月甲辰，詔：「瀕河州縣，積水占田，在任官能爲民溝畎疏導，退出良田百頃至千頃以上者，遞賞之，功利大者取特旨。」四年六月乙丑，知陳州胡宗愈言：「本州地勢卑下，秋夏之間，許蔡汝鄧、西京及開封諸處大雨，則諸河之水，並由陳州沙河、蔡河同入潁河，不能容受，故境內瀦爲陂澤。今沙河合入潁河處，有古八丈溝，可以開濬，分決蔡河之水，自爲一支，由潁、壽界直入于淮，則沙河之水雖甚洶湧，不能壅遏。」詔可。

徽宗建中靖國元年十一月庚辰，赦書略曰：「熙寧、元豐中，諸路專置提舉官，兼領農田水利，應民田堤防灌溉之利，莫不修舉。近多因循廢弛，慮歲久日更隳壞，命典者以時檢舉推行。」

崇寧二年三月，宰臣蔡京言：「熙寧初，修水土之政，元祐例多廢弛。紹復先烈，當在今日。如荒閑可耕，瘠鹵可腴，陸可爲水，水可爲陸，陂塘可修，灌溉可復，積潦可洩，圩埒可興，許民具陳利害。或官爲借貸，或自備工力，或從官辦集。如能興修，依格酬奬，事功顯

著，優與推恩。」從之。

三年十月，臣僚言：「元豐官制，水之政令，詳立法之意，非徒爲穿塞開導、修舉目前而已，凡天下水利，皆在所掌。在今尤急者，如浙右積水，比連震澤，未有歸宿，此最宜講明而未之及者也。願推廣元豐修明水政，條具以聞。」從之。

岷江水發源處古導江，今爲永康軍，漢史所謂秦蜀守李冰始鑿離堆，辟沫水之害，是也。

沫水出蜀西徼外，今陽山江、大皂江皆爲沫水，入于西川。始，嘉、眉、蜀、益間，夏潦洋溢，必有潰暴衝決可畏之患。自鑿離堆以分其勢，一派南流于成都以合岷江，一派由永康至瀘州以合大江，一派入東川，而後西川沫水之害減，而耕桑之利博矣。

皂江支流迤北曰都江口，置大堰，疏北流爲三：曰外應，溉永康之導江、成都之新繁，而達于懷安之金堂；東北曰三石洞，溉導江與彭之九隴、崇寧、濛陽，而達于漢之雒；東南曰馬騎，溉導江與彭之崇寧、成都之郫溫江新都新繁成都華陽。三流而下，派別支分，不可悉紀，其大者十有四：自外應而分，曰保堂，曰倉門；自三石洞曰將軍橋，曰灌田，曰

雒源；自馬騎曰石址，曰豉彘，曰道溪，曰東穴，曰投龍，曰北，曰樽下，曰玉徙。而石渠之水，則自離堆別而東，與上下馬騎、乾溪合。凡爲堰九：曰李光，曰膺村，曰百丈，曰石門，曰廣濟，曰顏上，曰弱水，曰濟，曰導，皆以堤攝北流，注之東而防其決。離堆之南，實支流故道，以竹籠石爲大隄，凡七壘，如象鼻狀以捍之。離堆之趾，舊鑱石爲水則，則盈一尺，至十而止。水及六則，流始足用，過則從侍郎堰減水河泄而歸于江。歲作侍郎堰，必以竹爲繩，自北引而南，準水則第四以爲高下之度。江道既分，水復湍暴，沙石填委，多成灘磧。歲暮水落，築隄壅水上流，春正月則役工濬治，謂之「穿淘」。

元祐間，差憲臣提舉，守臣提督，通判提轄。縣各置籍，凡堰高下、闊狹、淺深，以至灌溉頃畝、夫役工料及監臨官吏，皆注於籍，歲終計效，賞如格。政和四年，又因臣僚之請，檢計修作不能如式以致決壞者，罰亦如之。大觀二年七月，詔曰：「蜀江之利，置堰溉田，旱則引灌，澇則疏導，故無水旱。然歲計修堰之費，歛調於民，工作之人，並緣爲姦，濱江之民，困於騷動。自今如敢妄有檢計，大爲工費，所剩坐贓論，入己準自盜法，許人告。」

興元府褒斜谷口，古有六堰，澆溉民田，頃畝浩瀚。每春首，隨食水戶田畝多寡，均出夫力修葺。後經靖康之亂，民力不足，夏月暴水，衝損堰身。紹興二十二年，利州東路帥臣楊庚奏謂：「若全資水戶修理，農忙之時，恐致重困。欲過夏月，於見屯將兵內差不入隊人，

中華書局

併力修治，庶幾便民。」從之。

興元府山河堰灌溉甚廣，世傳為漢蕭何所作。嘉祐中，提舉常平史炤奏上堰法，獲降敕書，刻石堰上〔六〕。中興以來，戶口凋疎，堰事荒廢，累曾修葺，旋即決壞。乾道七年，遂委御前諸軍統制吳拱〔七〕經理，發卒萬人助役，盡修六堰，濬大小渠六十五，復見古跡，並用水工準法修定。凡溉南鄭、褒城田二十三萬餘畝，昔之瘠薄，今為膏腴。四川宣撫王炎，表稱拱宜力最多，詔書褒美焉。

校勘記

〔一〕或十五里或六十里　長編卷一一二作「縱五十里或六十里」，武經總要前集卷一六作「南北約十五里至六里」。按「南北」與「縱」同義，上下文亦「衡廣」與「縱」對稱，「或」疑為「縱」之誤。

〔二〕齊女淀　長編卷一一二、長編紀事本末卷四六作「齊安淀」。

〔三〕懷敏知雄州　據本書卷二八九葛懷敏傳和長編卷一一七、一一二，景祐間知雄州的是葛懷敏，下文所記兩事，也都是葛懷敏所為，此處當脫「葛」字。

〔四〕而楊懷敏獨治塘益急　「楊懷敏」原作「葛懷敏」。按本書卷一一仁宗紀，葛懷敏死於慶曆二年；長編卷一五六記此事作「楊懷敏」，沈括夢溪筆談卷一三也說：「慶曆中，內侍楊懷敏復踵為

之。」據改。

〔五〕昨因不收獨流決口　「收」，宋會要方域一七之八、長編卷二七六都作「修」。

〔六〕刻石堰上　句下原衍「詔」字，本書卷一七三食貨志、宋會要食貨八之四〇、玉海卷二三都無「詔」字，據刪。

〔七〕吳拱　原作「吳珙」，據本書卷一七三食貨志、玉海卷二三改。下同。

宋史卷九十六

志第四十九

河渠六

東南諸水上

開寶間，議征江南，詔用京西轉運使李符之策，發和州丁夫及鄉兵凡數萬人，鑿橫江渠於歷陽，令符督其役。渠成，以通漕運，而軍用無闕。

八年，知瓊州李易上言：「州南五里有度靈塘，開修渠堰，溉水田三百餘頃，居民賴之。」

初，楚州北山陽灣尤迅急，多有沈溺之患。雍熙中，轉運使劉蟠議開沙河，以避淮水之險，未克而受代。喬維岳繼之，開河自楚州至淮陰，凡六十里，舟行便之。

天禧元年，知昇州丁謂言：「城北有後湖，往時歲旱水竭，給為民田，凡七十六頃，出租錢數百萬，蔭溉之利遂廢。令欲改田除租〔一〕，迹舊制，復治岸畔，疏為塘陂以畜水，使負郭無旱歲，廣植蒲芡，養魚鼈，縱貧民漁采。」又明州請免濠池及慈溪、鄞縣陂湖年課，許民射利。詔並從之。

二年，江、淮發運使賈宗言：「諸路歲漕，自真、揚入淮、汴〔二〕，歷堰者五，糧載煩於剝卸，民力罷於牽挽，官私船艦，由此速壞。今議開揚州古河，繚城南接運渠，毀龍舟、新興、茱萸三堰，鑿近堰漕路，以均水勢。歲省官費十數萬，功利甚厚。」詔屯田郎中梁楚、閤門祗候李居中按視，以為當然。明年，役既成，而水注新河，與三堰平，漕船無阻，公私大便。

四年，淮南勸農使王貫之導海州石闥堰水入漣水軍，溉民田；知定遠縣江澤、知江陰軍崔立率民修廢塘，濬古港，以灌高仰之地。並賜詔獎焉。

神宗熙寧元年十月，詔：「杭之長安、秀之杉青、常之望亭三堰，監護使臣並以『管幹河塘』繫銜，常同所屬令佐，巡視修固，以時啟閉。」從提舉兩浙開修河渠胡淮之請也。

二年三月甲申，先是，凌民瞻建議廢呂城堰，又即望亭堰置牐而不用。及因濬河，隳敗古涇函、石牐、石礎，河流益阻，百姓勞弊。至是，民瞻等貶降有差。

中華書局

六年五月，杭州於潛縣令郟亶言：「蘇州環湖地卑多水，沿海地高多旱，故古人治水之迹，縱則有浦，橫則有塘，又有門堰、涇瀝而棊布之。今總二百六十餘所。欲略循古人之法，七里爲一縱浦，十里爲一橫塘。又因出土，以爲堤岸，度用夫二十萬。水治高田，旱治下澤，不過三年，蘇之田畢治矣。」十一月，命亶興修水利。然措置乖方，民多愁怨，僅及一年，遂罷兩浙工役。又數月，中書檢正沈括復言：「淛西涇浜淺涸，當濬；淛東堤防川瀆堙沒，當修。請下司農貸緡募役。」從之，仍命括相度兩浙水利。

九年正月壬午，劉瑾言：「揚州江都縣古鹽河、高郵縣陳公塘等湖、天長縣白馬塘沛塘、楚州寶應縣泥港射馬港、山陽縣渡塘溝龍興浦、淮陰縣青州澗、宿州虹縣萬安湖小河、壽州安豐縣芍陂等，可興置，欲令逐路轉運司選官覆按。」從之。

元豐五年九月，淮南監司言：「舒州近城有大澤，出灊山，注北門外。比者，暴水漂居民，知州楊希元築捍水堤千一百五十丈，置洩水斗門二，遂免淫潦入城之患。」並璽書獎諭。

六年正月戊辰，開龜山運河，二月乙未告成，長五十七里，闊十五丈，深一丈五尺。初，發運使許元自淮陰開新河，屬之洪澤，避長淮之險，凡四十九里。久而淺澀，熙寧四年，皮公弼請復濬治，起十一月壬寅，盡明年正月丁酉而畢，人便之。至是，發運使羅拯復欲自洪澤而上，鑿龜山裏河以達于淮，帝深然之。會發運使蔣之奇入對，建言：「上有清汴，下有洪

澤，而風浪之險止百里淮，邇歲溺公私之載不可計。凡諸道轉輸，涉湖行江，已數千里，而覆敗於此百里間，良爲可惜。宜自龜山蛇浦下屬洪澤，鑿左肋爲複河，取淮爲源，不置堰牐，可免風濤覆溺之患。」帝遣都水監丞陳祐甫經度。祐甫言：「往年田棐任淮南提刑，嘗言開河之利。其後淮陰至洪澤，竟開新河，獨洪澤以上，未克興役。今既不用牐蓄水，惟隨淮面高下，開深河底，引淮通流，形勢爲便。但工費浩大。」帝曰：「費雖大，利亦博矣。」祐甫曰：「異時，淮中歲失百七十艘。若捐數年所損之費，足濟此役。」帝曰：「損費尙小，如人命何。」乃調夫十萬開治，既成，命之奇撰記，刻石龜山。後至建中靖國初，之奇同知樞密院，奏：「淮水浸淫，衝刷堤岸，漸成墊缺，請下發運司及時修築。」自是，歲以爲常。

是年，將作監主簿李湜言：「鼎、澧等州，宜開溝洫，置斗門，以便民田。」詔措置以聞。

七年十月，濬眞、楚運河。

哲宗元祐四年，知潤州林希奏復呂城堰，置上下牐，以時啓閉。其後，京口、瓜洲、犇牛皆置牐。是歲，知杭州蘇軾濬茆山、鹽橋二河，分受江潮及西湖水，造堰牐，以時啓閉。初，杭近海，患水泉鹹苦，唐刺史李泌始導西湖，作六井，民以足用。及白居易復濬西湖，引水入運河，復引溉田千頃。湖水多葑，自唐及錢氏後廢而不理。至是，葑積二十五萬餘丈，而水

無幾。運河失湖水之利，取給於江潮，潮水淤河，泛溢閭閻，三年一濬，爲市井大患，故六井亦幾廢。軾既濬二河，復以餘力全六井，民獲其利。

十二月，京東轉運司言：「清河與江、浙、淮南諸路相通，因徐州呂梁、百步兩洪湍淺險惡，多壞舟楫，由是水手、牛驢、牽戶、盤剝人等，邀阻百端，商賈不行。朝廷已委齊州通判滕希靖、知常州晉陵縣趙竦度地勢穿鑿。今若開修月河石堤，上下置牐，以時開閉，通放舟船，實爲長利。乞遣使監督興修。」從之。

紹聖二年，詔「武進、丹陽、丹徒縣界沿河堤岸及石䃮、石木溝，並委令佐檢察修護，勸誘食利人戶修葺。任滿，稽其勤惰而賞罰之。」從工部之請也。

四年四月，水部員外郎趙竦請濬十八里河，令賈種民相度呂梁、百步洪，添移水磨。詔發運幷轉運司同視利害以聞。

元符元年正月，知潤州王悆建言：「呂城牐常宜車水入澳，灌注牐身以濟舟。若舟沓至而力不給，許量差牽駕兵卒，併力爲之。監官任滿，水無走泄者賞，水未應而輒開牐者罰，守貳、令佐，常覺察之。」詔可。

三月甲寅，工部言：「淮南開河所開修楚州支家河，導漣水與淮通。」賜名通漣河。

二年閏九月，潤州京口、常州犇牛澳牐畢工。先是，兩浙轉運判官曾孝蘊獻澳牐利害，

因命孝蘊提舉興修，仍相度立啓閉日限之法。

三年二月，詔：「蘇、湖、秀州，凡開治運河、港浦、溝瀆，修疊堤岸，開置斗門、水堰等，許役開江兵卒。」

徽宗崇寧元年十二月，置提舉淮、浙澳牐司官一員，掌杭州至揚州瓜洲澳牐，凡常、潤、杭、秀、揚州新舊等牐，通治之。

崇寧二年初，通直郎陳仲方別議濬吳松江，自大通浦入海，計工二百二十二萬七千有奇，爲緡錢、糧斛十八萬三千六百，乞置幹當官十員。朝廷下兩浙監司詳議，監司以爲可行。時又開青龍江，役夫不勝其勞，而提舉常平徐確謂：「三州開江兵卒千四百人，使臣二人，請就令護察已開之江，遇潮沙淤澱，隨卽開淘；若他役者，以違制論。」確與監司往往被賞，人以爲濫。

十二月，詔淮南開修遇明河，自眞州宣化鎭江口至泗州淮河口，五年畢工。

明年三月，詔曰：「昨二浙水災，委官調夫開江，而總領無法，役人暴露，飲食失所，疾病死亡者衆。水仍爲害，未嘗究實按罪，反蒙推賞，何以厭塞百姓怨咨。」乃下本路提刑司體量。提刑司言：「開濬吳松、青龍江，役夫五萬，死者千一百六十二人，費錢米十六萬九千三

百四十一貫石，積水至今未退。」於是元相度官轉運副使劉何等皆坐貶降。

四年正月，以倉部員外郎沈延嗣提舉開修青草、洞庭直河。

大觀元年五月，中書舍人許光凝奏：「臣向在姑蘇，徧詢民吏，皆謂欲去水患，莫若開江瀦浦。蓋太湖在諸郡間，必導之海，然後水有所歸。自太湖距海，有三江，有諸浦，能疏滌江、浦，除水患猶反掌耳。今境內積水，視去歲損二尺，視前歲損四尺，良由初開吳松江，繼濬八浦之力也。吳人謂開一江有一江之利，濬一浦有一浦之利。願委本路監司，與諳曉水勢精彊之吏，徧詣江、浦，詳究利害，假以歲月，先爲之備。然後興夫調役，可使公無費財，而歲供常足；人不告勞，而民食不匱，是一舉而獲萬世之利也。」詔吳擇仁相度以聞，開江之議復興矣。

十一月，詔曰：「禹貢：『三江既導，震澤底定。』今三江之名，既失其所，水不趨海，故蘇、湖被患。其委本路監司，選擇能臣，檢按古迹，循導使之趨下，并相度圩岸以聞。」於是復詔陳仲方爲發運司屬官，再相度蘇州積水。

二年八月，詔：「常、潤歲旱河淺，留滯運船，監司督責濬治。」三年，兩浙監司言：「承詔案古迹，導積水，今請開淘吳松江，復置十二牐。其餘浦牐、溝港、運河之類，以次增修。若田被水圍，勸民自行修治。」章下工部，工部謂：「今所具三江，或非禹迹；又吳松江散漫，不

可開淘泄水。」遂命諸司再相度以聞。

四年八月，臣僚言：「有司以練湖賜茅山道觀，緣潤州田多高仰，及運渠、夾岡水淺易涸，賴湖以濟，請別用天荒江漲沙田賜之，仍令提舉常平官考求前人規畫修築。」從之。十月，戶部言：「乞如兩浙常平司奏，專委守、令籍古瀦水之地，立堤防之限，俾公私毋得侵占。凡民田不近水者，略倣周官遂人、稻人溝防之制，使合衆力而爲之。」詔可。

政和元年，知陳州霍端友言：「陳地汙下，久雨則積潦害稼。比疏新河八百里，而去淮尚遠，水不時洩。請益開二百里，起西華，循宛丘，入項城，以達于淮。」從之。

政和元年十月，詔蘇、湖、秀三州治水，創立圩岸，其工費許給越州鑑湖租賦。已而升蘇州爲平江府，潤州爲鎮江府。

二年七月，兵部尚書張閣言：「臣昨守杭州，聞錢塘江自元豐六年泛溢之後，潮汛往來，率無寧歲。而比年水勢稍改，自海門過赭山，即回薄巖門、白石一帶北岸，壞民田及鹽亭、監地，東西三十餘里，南北二十餘里。江東距仁和監止及三里，北趣赤岸瞰口二十里。運河正出臨平下塘，西入蘇、秀，若失障禦，恐他日數十里膏腴平陸，皆潰于江，下塘田廬，莫能自保，運河中絕，有害漕運。」詔亟修築之。

四年二月，工部言：「前太平州判官盧宗原請開修自江州至眞州古來河道湮塞者凡七處，以成運河，入浙西一百五十里，可避一千六百里大江風濤之患；又可就土興築自古江水浸沒膏腴田，自三百頃至萬頃者凡九所，計四萬二千餘頃，其三百頃以下者又過之。乞依宗原任太平州判官日已興政和圩田例，召人戶自備財力興修。」詔沈鏻等相度措置。

六年閏正月，知杭州李偃言：「湯村、巖門、白石等處並錢塘江通大海，日受兩潮，漸致侵嚙。乞依六和寺岸，用石砌疊。」乃命劉旣濟修治。

八月，詔：「鎮江府傍臨大江，無港澳以容舟檝，三年間覆溺五百餘艘。聞西有舊河，可避風濤，歲久湮廢，宜令發運司濬治。」

是年，詔曰：「聞平江三十六浦內，自昔置牐，隨潮啓閉，歲久堙塞，致積水爲患。其令守臣莊徽專委戶曹趙霖講究利害，導歸江海，依舊置牐。」於是，發運副使應安道言：「凡港浦非要切者，皆可徐議。惟當先開崑山縣界茜涇塘等六所；秀之華亭縣，欲並循古法，盡去諸堰，各置小斗門；常州、鎮江府、望亭鎮，仍舊置牐。」八月，詔戶曹趙霖相度役興，而兩浙擾甚。七年四月己未，尚書省言：「盧宗原濬江，慮成搔擾。」詔權罷其役，趙霖別與差遣。

重和元年二月，前發運副使柳庭俊言：「眞揚楚泗、高郵運河堤岸，舊有斗門水牐等七十九座，限則水勢，常得其平，比多損壞。」詔檢計修復。六月，詔：「兩浙霖雨，積水多浸民田，平江尤甚，由未濬港浦故也。其復以趙霖爲提舉常平，措置救護民田，振恤人戶，毋

令流移失所。」八月，詔加霖直秘閣。

宣和元年二月，臣僚言：「江、淮、荆、漢間，荒瘠彌望，率古人一畝十鍾之地，其堤閼、水門、溝澮之跡猶存。近絳州民呂平等詣御史臺訴，乞開濬熙寧舊渠，以廣浸灌，願加稅一等。則是近世陂池之利且廢矣，何暇復古哉。願詔常平官，有興修水利功効明白者，亟以名聞，特與褒除，以勵能者。」從之。

八月，提舉專切措置水利農田所奏：「浙西諸縣各有陂湖、溝港、涇浜、湖濼，自來蓄水灌溉，及通舟檝，望令打量官按其地名、丈尺、四至，並鐫之石。」從之。

三月，趙霖坐增修水利不當，降兩官。六月，詔曰：「趙霖興修水利，能募被水艱食之民，凡役工二百七十八萬二千四百有奇，開一江、一港、四浦、五十八瀆，已見成績，進直徽猷閣，仍復所降兩官。」

宣和二年九月，以眞、揚等州運河淺澀，委陳亨伯措置。三年春，詔發運副使趙億以車畎水運河，限三月中三十綱到京。宦者李琮言：「眞州乃外江綱運會集要口，以運河淺澀，故不能速發。按南岸有泄水斗門八，去江不滿一里。欲開斗門河身，去江十丈築軟壩，引江潮入河，然後倍用人工車畎，以助運水。」從之。

四月，詔曰：「江、淮漕運尚矣。春秋時，吳穿邗溝，東北通射陽湖，西北至末口。漢吳

中華書局

王濞開邗溝，通運海陵。隋開邗溝，自山陽至揚子入江。雍熙中，轉運使劉蟠以山陽灣迅急，始開沙河以避險阻。天禧中，發運使賈宗始開揚州古河，繚城南接運渠，毀三堰以均水勢。今運河歲淺澀，當詢訪故道，及今河形勢與陂塘瀦水之地，講究措置悠久之利，以濟不通。可令發運使陳亨伯、內侍譚稹條具措置以聞。」

六月，臣僚言：「比緣淮南運河水澀逾半歲，禁綱舟篙工附載私物，今河水增漲，其令如舊。」

初，淮南連歲旱，漕運不通，揚州尤甚，詔中使按視，欲濬運河與江、淮平。會兩浙有方臘之亂，內侍童貫爲宣撫使，譚稹爲制置使，貫欲海運陸輦，稹欲開一河，自盱眙出宣化〔三〕。朝廷下發運司相度，陳亨伯遣其屬向子諲視之。子諲曰：「運河高江、淮數丈，自江至淮，凡數百里，人力難濟。昔唐李吉甫廢牐置堰，治陂塘，泄有餘，防不足，漕運通流。發運使曾孝蘊嚴三日一啓之制，復作歸水澳，惜水如金。比年行直達之法，走茶鹽之利，且應奉權倖，朝夕經由，或啓或閉，不暇歸水。又頃毀朝宗牐，自洪澤至召伯數百里，不爲之節，故山陽上下不通。欲救其弊，宜於眞州太子港作一壩，以復懷子河故道，於瓜洲河口作一壩，以復龍舟堰，於海陵河口作一壩，以復茱萸、待賢堰，使諸塘水不爲瓜洲、眞、泰三河所分；於北神相近作一壩〔四〕，權閉滿浦牐，復朝宗牐，則上下無壅矣。」亨伯用其言，是後滯

舟皆通利云。

三年二月，詔：「越之鑑湖，明之廣德湖，自措置爲田，下流堙塞，有妨灌溉，致失常賦，又多爲權勢所占，兩州被害，民以流徙。宜令陳亨伯究實，如租稅過重，即裁爲中制；應妨下流灌溉者，並弛以予民。」

五年三月，詔：「呂城至鎭江運河淺澀狹隘，監司坐視，無所施設。兩浙專委王復，淮南專委向子諲，同發運使呂淙措置車水，通濟舟運。」

四月，又命王仲閎同廉訪劉仲元、漕臣孟庾，專往來措置常、潤運河。又詔：「東南六路諸牐，啓閉有時。比聞綱舟及命官妄稱專承指揮，抑令非時啓版，走泄河水，妨滯綱運，誤中都歲計，其禁止之。」

五月，詔：「以運河淺涸，官吏互執所見，州縣莫知所從。其令發運司提舉等官同廉訪使者，參訂經久利便列奏。」是月，臣僚言：「鎭江府練湖，與新豐塘地理相接，八百餘頃，灌溉四縣民田。又湖水一寸，益漕河一尺，其來久矣。今堤岸損缺，不能貯水，乞候農隙次第補葺。」詔本路漕臣幷本州縣官詳度利害，檢計工料以聞。

六年九月，盧宗原復言：「池州大江，乃上流綱運所經，其東岸皆暗石，多至二十餘處；西岸則沙洲，廣二百餘里。諺云『拆船灣』，言舟至此，必毀拆也。今東岸有車軸河口沙地四百餘里〔五〕，若開通入杜湖，使舟經平水，徑池口，可避二百里風濤拆船之險，請措置開修。」從之。

七年九月丙子，又詔宗原措置開濬江東古河，自蕪湖由宣溪、溧水至鎭江，渡揚子，趨淮、汴，免六百里江行之險，並從之。

靖康元年三月丁卯，臣僚言：「東南瀕江海，水易泄而多旱，歷代皆有陂湖蓄水。祥符、慶曆間，民始盜陂湖爲田，後復田爲湖。近年以來，復廢爲田，雨則澇，旱則涸。民久承佃，所收租稅，無計可脫，悉歸御前，而漕司之常賦有虧，民之失業無算。可乞盡括東南廢湖爲田者，復以爲湖，庶幾凋瘵之民，稍復故業。」詔相度利害聞奏。

八月辛丑，戶部言：「命官在任興修農田水利，依元豐賞格，千頃以上，該第一等，轉一官，下至百頃，皆等第酬獎；紹聖亦如之。緣政和續附常平格，千頃增立轉兩官，減磨勘三年，實爲太優。」詔依元豐、紹聖舊格。

校勘記

〔一〕令欲改田除租　按宋會要食貨七之五、六一之九一：「今請依前畜水種植菱蓮，或遇亢旱，決以

溉田，仍用蒲魚之利旁濟飢民，望量遣軍士開修，其租錢特與減放。」長編卷九〇同。「令」字當爲「今」字之訛。

〔二〕諸路歲漕自眞揚入淮汴　「眞揚」原作「眞陽」。按「眞陽」是蔡州的屬縣，地處汝水與淮水之間，不是宋代江、淮漕運所經。且下文又說：「議開揚州古河」，則「眞、揚」係指眞州和揚州，地當運河入長江之口，「陽」乃「揚」之訛，據改。

〔三〕自盱眙出宣化　「盱眙」二字原倒。本書卷八八地理志：盱眙本楚州屬縣，宋初隸泗州，建炎三年升爲招信軍。據改。

〔四〕於北神相近作一壩　「北神」原作「牝神」，據宋會要食貨八之四一、胡宏五峯集卷三向子諲行狀改。

〔五〕今東岸有車軸河口沙地四百餘里　宋會要方域一七之一五作「沙地四里餘」。

宋史卷九十七

志第五十

河渠七

東南諸水下

淮郡諸水：紹興初，以金兵蹂踐淮南，猶未退師，四年，詔燒毀揚州灣頭港口牐、泰州姜堰、通州白莆堰，其餘諸堰，並令守臣開決焚毀，務要不通敵船；又詔宣撫司毀拆眞、揚〔一〕堰牐及眞州陳公塘，無令走入運河，以資敵用。五年正月，詔淮南宣撫司，募民開濬瓜洲至淮口運河淺澀之處。

乾道二年，以和州守臣言，開鑿姥下河，東接大江，防捍敵人，檢制盜賊。六年，淮東提舉徐子寅言：「淮東鹽課，全仰河流通快。近運河淺澀，自揚州灣頭港口至鎭西山光寺前橋

垜頭，計四百八十五丈，乞發五千餘卒開濬。」從之。七年二月，詔令淮南漕臣，自洪澤至龜山淺澀之處，如法開撩。

淳熙三年四月，詔築泰州月堰，以遏潮水。從守臣張子正請也。八年，提舉淮南東路常平茶鹽趙伯昌言：「通州、楚州沿海，舊有捍海堰，東距大海，北接鹽城，袤一百四十二里。始自唐黜陟使李承實所建，遮護民田，屏蔽鹽竈，其功甚大。歷時既久，頹圮不存。至本朝天聖改元，范仲淹爲泰州西溪鹽官日，風潮泛溢，渰沒田產，毀壞亭竈，有請于朝，調四萬餘夫修築，三旬畢工。遂使海瀕沮洳瀉鹵之地，化爲良田，民得奠居，至今賴之。自後寖失修治，纔遇風潮怒盛，即有衝決之患。自宣和、紹興以來，屢被其害。阡陌洗盪，廬舍漂流，人畜喪亡，不可勝數。每一修築，必請朝廷大興工役，然後可辦。望令淮東常平茶鹽司，今後捍海堰如有塌損，隨時修葺，務要堅固，可以經久。」從之。

九年，淮南漕臣錢沖之言：「眞州之東二十里，有陳公塘，乃漢陳登濬源爲塘，用救旱飢。大中祥符間，江、淮制置發運置司眞州，歲藉此塘灌注長河，流通漕運。其塘周回百里，東、西、北三面，倚山爲岸，其南帶東，則係前人築疊成堤，以受啓閉。廢壞歲久，見有古來基趾，可以修築，爲旱乾溉田之備。凡諸場鹽綱、糧食漕運、使命往還，舟艦皆仰之以通濟，其利甚博。本司自發卒貼築周回塘岸，建置斗門、石礎各一所。乞於揚子縣尉階銜內

帶「兼主管陳公塘」六字，或有損壞，隨時補築，庶幾久遠，責有所歸。」

十二年，和州守臣請於千秋澗置斗門，以防麻澧湖水洩入大江，遇歲旱灌溉田疇，實爲民利。十四年，揚州守臣熊飛言：「揚州運河，惟藉瓜洲、眞州兩牐瀦積。今河水走泄，緣瓜洲上、中二牐久不修治，獨潮牐一坐，轉運、提鹽及本州共行修整，然迫近江潮，水勢衝激，易致損壞；眞州二牐，亦復損漏。令有司葺理上、下二牐，以防走泄。」從之。

紹熙五年，淮東提舉陳損之言：「高郵、楚州之間，陂湖渺漫，茭葑彌滿，宜創立堤堰，以爲瀦泄，庶幾水不至於泛溢，旱不至於乾涸。乞興築自揚州江都縣至楚州淮陰縣三百六十里，又自高郵、興化至鹽城縣二百四十里，其隄岸傍開一新河，以通舟船。仍存舊堤以捍風浪，栽柳十餘萬株，數年後隄岸亦牢，其木亦可備修補之用。兼揚州柴墟鎭〔二〕舊有隄牐，乃泰州泄水之處，其牐壞久，亦於此創立斗門。西引盱眙、天長以來衆湖之水，起自揚州江都，經由高郵及楚州寶應、山陽，北至淮陰，西達于淮；又自高郵入興化，東至鹽城而極於海；又泰州海陵南至揚州泰興而徹于江：共爲石礎十三，斗門七。乞以紹熙堰爲名，鑱諸堅石。」淮田多沮洳，因損之築隄捍之，得良田數百萬頃。奏聞，除直秘閣、淮東轉運判官。

淛江通大海，日受兩潮。梁開平中，錢武肅王始築捍海塘，在候潮門外。潮水晝夜衝激，版築不就，因命彊弩數百以射潮頭，又致禱胥山祠。既而潮避錢塘，東擊西陵，遂造竹器，積巨石，植以大木。堤岸既固，民居乃奠。

逮宋大中祥符五年，杭州言淛江擊西北岸益壞，稍逼州城，居民危之。即遣使者同知杭州戚綸、轉運使陳堯佐畫防捍之策。綸等因率兵力，籍梢楗以護其衝。七年，綸等既罷去，發運使李溥、內供奉官盧守懃經度，以爲非便。請復用錢氏舊法，實石於竹籠，倚疊爲岸，固以樁木，環亙可七里。斬材役工，凡數百萬，踰年乃成；而鉤末壁立，以捍潮勢，雖湍湧數丈，不能爲害。

至景祐中，以淛江石塘積久不治，人患墊溺，工部郎中張夏出使，因置捍江兵士五指揮，專採石修塘，隨損隨治，衆賴以安。邦人爲之立祠，朝廷嘉其功，封寧江侯。

及高宗紹興末，以錢塘石岸毀裂，潮水漂漲，民不安居，令轉運司同臨安府修築。孝宗乾道九年，錢塘廟子灣一帶石岸，復毀於怒潮。詔令臨安府築塡江岸，增砌石塘。淳熙改元，復令有司：「自今江岸衝損，以乾道修治爲法。」

理宗寶祐二年十二月，監察御史兼崇政殿說書陳大方言：「江潮侵齧堤岸，乞戒飭殿、步兩司帥臣，同天府守臣措置修築，留心任責，或有潰決，咎有攸歸。」

中華書局

三年十一月，監察御史兼崇政殿說書李衢言：「國家駐蹕錢塘，今踰十紀。惟是淛江東接海門，胥濤澎湃，稍越故道，則衝齧堤岸，蕩析民居，前後不知其幾。慶曆中，造捍江五指揮，兵士每指揮以四百人爲額。今所管纔三百人，乞下臨安府拘收，不許占破。及從本府收買椿石，沿江置場椿管，不得移易他用。仍選武臣一人習於修江者，隨其資格，或以副將，或以路分鈐轄繫銜，專一鈐束修江軍兵，値有摧損，隨卽修補；或不勝任，以致江潮衝損堤岸，卽與責罰。」

臨安西湖周回三十里，源出於武林泉。錢氏有國，始置撩湖兵士千人，專一開濬。至宋以來，稍廢不治，水涸草生，漸成葑田。元祐中，知杭州蘇軾奏謂：「杭之爲州，本江海故地，水泉鹹苦，居民零落。自唐李泌始引湖水作六井，然後民足於水，井邑日富，百萬生聚，待此而食。今湖狹水淺，六井盡壞，若二十年後，盡爲葑田，則舉城之人，復飮鹹水，其勢必耗散。又放水漑田，瀕湖千頃，可無凶歲。今雖不及千頃，而下湖數十里間，茭菱穀米，所獲不貲。又西湖深闊，則運河可以取足於湖水，若湖水不足，則必取足於江潮(三)。潮之所過，泥沙渾濁，一石五斗，不出三載，輒

調兵夫十餘萬開濬。又天下酒官之盛，如杭歲課二十餘萬緡，而水泉之用，仰給於湖。若湖漸淺狹，少不應溝，則當勞人遠取山泉，歲不下二十萬工。」因請降度牒減價出賣，募民開治。禁自今不得請射、侵占、種植及鬻葑爲界。以新舊菱蕩課利錢送錢塘縣收掌，謂之開湖司公使庫，以備逐年雇人開葑撩淺。縣尉以「管勾開湖司公事」繫銜。軾既開湖，因積葑草爲堤，相去數里，横跨南、北兩山，夾道植柳，林希榜曰「蘇公堤」，行人便之，因爲軾立祠堤上。

紹興九年，以張澄奏請，命臨安府招置廂軍兵士二百人，委錢塘縣尉兼領其事，專一濬湖；若包占種田，沃以糞土，重寘于法。十九年，守臣湯鵬舉奏請重開。乾道五年，守臣周淙言：「西湖水面唯務深闊，不容塡溢，并引入城內諸井，一城汲用，尤在涓潔。舊招軍士止有三十餘人，今宜增置撩湖軍兵，以百人爲額，專一開撩。或有種植茭菱，因而包占，增疊堤岸，坐以違制。」

九年(四)，臨安守臣言：「西湖冒佃侵多，葑菱蔓延，西南一帶，已成平陸。而瀕湖之民，每以葑草圍裹，種植荷花，駸駸不已。恐數十年後，西湖遂廢，將如越之鑑湖，不可復矣。乞一切芟除，務令淨盡，禁約居民，不得再有圍裹。」從之。

臨安運河在城中者，日納潮水，沙泥渾濁，一汛一淤，比屋之民，委棄草壤，因循塡塞。元祐中，守臣蘇軾奏謂：「熙寧中，通判杭州時，父老皆云苦運河淤塞，率三五年常一開濬。不獨勞役兵民，而運河自州前至北郭，穿闤闠中蓋十四五里，每將興工，市肆洶動，公私騷然。自胥吏、壕砦兵級等，皆能恐喝人戶，或云當於某處置土、某處過泥水，則居者皆有失業之憂。既得重賂，又轉而之他。及工役既畢，則房廊、邸舍，作踐狼籍，園圃隙地，例成丘阜，積雨蕩濯，復入河中，居民患厭，未易悉數。若三五年失開，則公私壅滯，以尺寸水行數百斛舟，人牛力盡，跬步千里，雖監司使命，有數日不能出郭者。詢其所以頻開屢塞之由，皆云龍山淛江兩閘(五)，泥沙渾濁，積日稍久，便及四五尺，其勢當然，不足怪也。尋劃刷捍江兵士及諸色廂軍，得一千人，七月之間，開濬茆山、鹽橋二河，各十餘里，皆有水八尺。自是公私舟船通利，三十年以來，開河未有若此深快者。然潮水日至，淤塞猶昔，則三五年間，前功復棄。今於鈐轄司前置一牐，每遇潮上，則暫閉此牐，候潮平水淸復開，則河過闤闠中者，永無潮水淤塞、開淘騷擾之患。」詔從其請，民甚便之。

紹興三年十一月，宰臣奏開修運河淺澀，帝曰：「可發旁郡廂軍、壯城、捍江之兵，至於廩給之費，則不當吝。」宰臣朱勝非等曰：「開河非今急務，而餽餉艱難，爲害甚大。時方盛

寒，役者良苦；臨流居人，侵塞河道者，悉當遷避；至於畚牐所經，沙泥所積，當預空其處，則居人及富家以僦屋取貲者皆非便，恐議者以爲言。」帝曰：「禹卑宮室而盡力於溝洫，浮言何恤焉！」八年，又命守臣張澄發廂軍、壯城兵千人，開濬運河堙塞，以通往來舟楫。

隆興二年，守臣吳芾言：「城裏運河，先已措置北梅家橋、仁和倉、斜橋三所作壩，取西湖六處水口通流灌入。府河積水，至望仙橋以南至都亭驛一帶，河道地勢，自昔高峻。今欲先於望仙橋城外保安牐兩頭作壩，却於竹車門河南開掘水道，車戽運水，引入保安門通流入城，遂自望仙橋以南開至都亭驛橋，可以通徹積水，以備緩急。計用工四萬。」從之。

乾道三年六月，知荆南府王炎言：「臨安居民繁夥，河港堙塞，雖屢開導，緣裁減工費，不能迄功。臣嘗措置開河錢十萬緡，乞候農暇，特詔有司，用此專充開河支費，庶幾河渠復通，公私爲利。」上俞其請。四年，守臣周淙出公帑錢招集游民，開濬城內外河，疏通淤塞，人以治辦稱之。

淳熙二年，兩淛漕臣趙磻老言：「臨安府長安牐至許村巡檢司一帶，漕河淺澀，請出錢米，發兩岸人戶出力開濬。」又言：「欲於通江橋置板牐，遇城中河水淺涸，啓板納潮，繼卽下板，固護水勢，不得通舟；若河水不乏，卽收牐板，聽舟楫往還爲便。」

七年，守臣吳淵言：「萬松嶺兩旁古渠，多被權勢及百司公吏之家造屋侵占，及內砦前

石橋、都亭驛橋南北河道，居民多拋糞土瓦礫，以致塡塞，流水不通。今欲分委兩通判監督，地分廂巡，逐時點檢，勿令侵占幷拋颺糞土。秩滿，若不淤塞，各減一年磨勘；違，展一年：以示勸懲。」

十四年七月，不雨，臣僚言：「竊見奉口至北新橋三十六里，斷港絕潢，莫此爲甚。今宜開濬，使通客船，以平穀直。」從之。

鹽官海水：嘉定十二年，臣僚言：「鹽官去海三十餘里，舊無海患，縣以鹽竈頗盛，課利易登。去歲海水泛漲，湍激橫衝，沙岸每一潰裂，常數十丈。日復一日，浸入鹵地，蘆洲港瀆，蕩爲一壑。今聞潮勢深入，逼近居民。萬一春水驟漲，怒濤奔湧，海風佐之，則呼吸蕩出，百里之民，寧不俱葬魚腹乎？況京畿赤縣，密邇都城。內有二十五里塘，直通長安牐，上徹臨平，下接崇德，漕運往來，客船絡繹，兩岸田畝，無非沃壤〔六〕。若海水徑入于塘，不惟民田有鹹水渰沒之患，而裏河堤岸，亦將有潰裂之憂。乞下浙西諸司，條具築捺之策，務使捍堤堅壯，土脈充實，不爲怒潮所衝。」從之。

十五年，都省言：「鹽官縣海塘衝決，命浙西提舉劉垕專任其事。既而垕言：

縣東接海鹽，西距仁和，北抵崇德、德清，境連平江、嘉興、湖州；南瀕大海，元與縣治相去四十餘里。數年以來，水失故道，早晚兩潮，奔衝向北，遂致縣南四十餘里盡淪爲海。近縣之南，元有捍海古塘亙二十里。今東西兩段，並已淪毀，侵入縣兩旁又各三四里，止存中間古塘十餘里。萬一水勢衝激不已，不惟鹽官一縣不可復存，而向北地勢卑下，所慮鹹流入蘇、秀、湖三州等處，則田畝不可種植，大爲利害。

詳今日之患，大概有二：一曰陸地淪毀，二曰鹹潮泛溢。陸地淪毀者，固無力可施；鹹潮泛溢者，乃因捍海古塘衝損，遇大潮必盤越流注北向，宜築土塘以捍鹹潮。所築塘基址，南北各有兩處：在縣東近南則爲六十里鹹塘，近北則爲袁花塘；在縣西近南亦曰鹹塘，近北則爲淡塘。

亦嘗驗兩處土色虛實，則袁花塘、淡塘差勝鹹塘，且各近裏，未至與海潮爲敵。勢當東就袁花塘、西就淡塘修築，則可以禦縣東鹹潮盤溢之患。其縣西一帶淡塘，連縣治左右，共五十餘里，合先修築。兼縣南去海一里餘，幸而古塘尚存，縣治民居，盡在其中，未可棄之度外。今將見管椿石，就古塘稍加工築疊一里許，爲防護縣治之計。其縣東民戶，日築六十里鹹塘。萬一又爲海潮衝損，當計用椿木修築袁花塘以捍之。

上以爲然。

明州水：紹興五年，明州守臣李光奏：「明、越陂湖，專溉農田。自慶曆中，始有盜湖爲田者，三司使切責漕臣，嚴立法禁。宣和以來，王仲嶷守越，樓异守明，創爲應奉〔七〕，始廢湖爲田，自是歲有水旱之患。乞行廢罷，盡復爲湖。如江東、西之圩田，蘇、秀之圍田，皆當講究興復。」詔逐路轉運司相度聞奏。

乾道五年，守臣張津言：「東錢湖容受七十二溪，方圓廣闊八百頃，傍山爲固，疊石爲塘八十里。自唐天寶三年，縣令陸南金開廣之。國朝天禧元年，郡守李夷庚重修之。中有四牐七堰，凡遇旱涸，開牐放水，溉田五十萬畝。比因豪民於湖塘淺岸漸次包占，種植菱荷，障塞湖水。紹興十八年，雖曾檢舉約束，盡罷請佃。歲久菱根蔓延，滲塞水脈，致妨蓄水；兼塘岸間有低塌處，若不淘濬修築，不惟寖失水利，兼恐塘埂相繼摧毀。乞候農隙趁時開鑿，因得土修治埂岸，實爲兩便。」從之。

鄞縣水：嘉定十四年，慶元府言：「鄞縣水自四明諸山溪澗會至他山〔八〕，置堰小浹，下江入河。所入上河之水，專溉民田，其利甚博。比因淤塞，堰上山觜少有溪水流入上河。自春徂夏不雨，令官吏發卒開淘沙觜及濬港汊，又於堰上壘疊沙石，逼使溪流盡入上河。其他山水入府城南門一帶，有碶牐三所：曰烏金，曰積瀆，曰行春。烏金碶又名上水碶，昔因倒損，遂捺爲壩，以致淤沙在河，或遇溪流聚湧，時復衝倒所捺壩，走泄水源。行春橋又名南石碶，碶面石板之下，歲久損壞空虛，每受潮水，演溢奔突，出於石縫，以致鹹潮衮入上河。其縣東管有道士堰，至白鶴橋一帶，河港堙塞；又有朱賴堰，與行春等碶相連，堰下江流通徹大海。今春闕雨，上河乾淺，堰身塌損，以致鹹潮透入上河，使農民不敢車注溉田。乞修砌上水、烏金諸處壩堰，仍選清彊能幹職官，專一提督。」

潤州水：紹興七年，兩浙轉運使向子諲言：「鎭江府呂城、夾岡，形勢高仰，因春夏不雨，官漕艱勤。尋遣官屬李潤詢究練湖本末，始知此湖在唐永泰間已廢而復興。今堤岸弛禁，致有侵佃冒決，故湖水不能瀦蓄，舟楫不通，公私告病。若夏秋霖潦，則丹陽、金壇、延陵一帶良田，亦被渰沒。臣已令丹陽知縣朱穆等增置二斗門、一石礎，及修補隄防，盡復舊蹟，

中華書局

庶爲永久之利。」

乾道七年，以臣僚言：「丹陽練湖幅員四十里，納長山諸水，漕渠資之，故古語云：『湖水寸，渠水尺。』在唐之禁甚嚴，盜決者罪比殺人。本朝寖緩其禁以惠民，然修築嚴甚。春夏多雨之際，瀦蓄盈滿，雖秋無雨，漕渠或淺，但泄湖水一寸，則爲河一尺矣。兵變以後，多廢不治，堤岸圮闕，不能貯水；彊家因而專利，耕以爲田，遂致淤澱。歲月既久，其害滋廣。望責長吏濬治堙塞，立爲盜決侵耕之法，著於令。庶幾練湖漸復其舊，民田獲灌溉之利，漕渠無淺涸之患。」詔兩浙漕臣沈度專一措置修築。

慶元五年，兩浙轉運、浙西提舉言：「以鎭江府守臣重修呂城兩牐畢，再造一新牐以固隄防，庶爲便利。」從之。

浙西運河，自臨安府北郭務至鎭江江口牐，六百四十一里。淳熙七年，帝因輔臣奏金使往來事，曰：「運河有淺狹處，可令守臣以漸開濬，庶不擾民。」至十一年冬，臣僚言：「運河之濬，自北關至秀州杉青，各有堰牐，自可瀦水。惟沿河上塘有小堰數處，積久低陷，無以防遏水勢，當以時加修治。兼沿河下岸涇港極多，其水入長水塘、海鹽塘、華亭塘，由六里

堰下，私港散漫，悉入江湖，以私港深、運河淺也。若修固運河下岸一帶涇港，自無走泄。又自秀州杉青至平江府盤門，在太湖之際，與湖水相連；而平江閶門至常州，有楓橋、許墅、烏角溪、新安溪、將軍堰，亦各通太湖。如遇西風，湖水由港而入，皆不必濬。惟無錫五瀉牐損壞累年，常是開堰，徹底放舟；更江陰軍河港勢低，水易走泄。若從舊修築，不獨瀦水可以通舟，而無錫、晉陵間所有陽湖〔九〕，亦當積水，而四傍田畝，皆無旱暵之患。獨自常州至丹陽縣，地勢高仰，雖有犇牛、呂城二牐，別無湖港瀦水；自丹陽至鎭江，地形尤高，雖有練湖，緣湖水日淺，不能濟遠，雨晴未幾，便覺乾涸。運河淺狹，莫此爲甚，所當先濬。」上以爲然。

至嘉定間，臣僚又言：「國家駐蹕錢塘，綱運糧餉，仰給諸道，所繫不輕。水運之程，自大江而下至鎭江則入牐，經行運河，如履平地，川、廣巨艦，直抵都城，蓋甚便也。比年以來，鎭江牐口河道淤塞，不復通舟，乞令漕臣同淮東總領及本府守臣，公共措置開撈。」

越州水：鑑湖之廣，周迴三百五十八里，環山三十六源。自漢永和五年，會稽太守馬臻始築塘，溉田九千餘頃，至宋初八百年間，民受其利。歲月寖遠，濬治不時，日久堙廢。瀕

湖之民，侵耕爲田，熙寧中，盜爲田九百餘頃。嘗遣廬州觀察推官江衍經度其宜，凡爲湖田者兩存之，立碑石爲界，內者爲田，外者爲湖。政和末，爲郡守者務爲進奉之計，遂廢湖爲田，賦輸京師。自時姦民私占，爲田益衆，湖之存者亡幾矣。紹興二十九年十月，帝諭樞密院事王綸曰：「往年宰執嘗欲盡乾鑑湖，云可得十萬斛米。朕謂若遇歲旱，無湖水引灌，則所損未必不過之。凡事須遠慮可也。」

隆興元年，紹興府守臣吳芾言：「鑑湖自江衍所立碑石之外，今爲民田者，又一百六十五頃，湖盡堙廢。今欲發四百九十萬工，於農隙接續開鑿。又移壯城百人，以備撩漉濬治，差彊幹使臣一人，以『巡轄鑑湖隄岸』爲名。」

二年，芾又言：「修鑑湖，全藉斗門、堰牐蓄水，都泗堰牐尤爲要害。凡遇綱運及監司使命舟船經過，堰兵避免車拽，必欲開牐通放，以致啓閉無時，失泄湖水。且都泗堰因高麗使往來，宣和間方置牐，今乞廢罷。」其後芾爲刑部侍郎，復奏：「自開鑑湖，溉廢田二百七十頃，復湖之舊。又修治斗門、堰牐十三所。夏秋以來，時雨雖多，亦無泛溢之患，民田九千餘頃，悉獲倍收，其爲利較然可見。乞將江衍原立禁牌，別定界至，則隄岸自然牢固，永無盜決之虞。」

紹興初，高宗次越，以上虞縣梁湖堰東運河淺澀，令發六千五百餘工，委本縣令、佐監督濬治。既而都省言，餘姚縣境內運河淺澀，壩牐隳壞，阻滯綱運，遂命漕臣發一萬七千餘卒，自都泗堰至曹娥塔橋，開撩河身、夾塘，詔漕司給錢米。

蕭山縣西興鎭通江兩牐，近爲江沙壅塞，舟楫不通。乾道三年，守臣言：「募人自西興至大江，疏沙河二十里，并濬牐裏運河十三里，通便綱運，民旅皆利。復恐潮水不定，復有填淤，且通江六堰，綱運至多，宜差注指使一人，專以『開撩西興沙河』繫銜，及發捍江兵士五十名，專充開撩沙浦，不得雜役，仍從本府起立營屋居之。」

常州水：隆興二年，常州守臣劉唐稽言：「申、利二港，上自運河發流，經營回復，至下流析爲二道，一自利港，一自申港，以達于江。緣江口每日潮汐帶沙填塞，上流游泥淤積，流洩不通；而申港又以江陰軍釘立標楬，拘攔稅船，每潮來，則沙泥爲木標所壅，淤塞益甚。今若相度開此二河，但下流申、利二港，並隸江陰軍，若議定深闊丈尺，各於本界開淘，庶協力皆辦。又孟瀆一港在犇牛鎭西，唐孟簡所開，并宜興縣界沿湖舊百瀆，皆通宜興之水，藉以疏洩。近歲阻於吳江石塘，流行不快，而沿湖河港所謂百瀆，存者無幾。今若開通，委爲

公私之便。」至乾道二年，以漕臣姜詵等請，造蔡涇牐及開申港上流横石，次濬利港以洩水勢。

六年三月，又命兩浙運副劉敏士、浙西提舉芮輝於新涇塘置牐堰，以捍海潮；楊家港東開河置牐，通行鹽船。仍差牐官一人，兵級十五人，以時啓閉挑撩。五月，又以兩浙轉運司并常州守臣言，塡築五瀉上、下兩牐，及修築牐裏堤岸。仍於郭瀆港口舜郎廟側水聚會處，築捺硬壩，以防走泄運水。委無錫知縣主掌鑰匣，遇水深六尺，方許開牐，通放客舟。淳熙五年，以漕臣陳峴言，於十月募工開濬無錫縣以西横林、小井及犇牛、呂城一帶地高水淺之處，以通漕舟。

九年，知常州章沖奏：

常州東北曰深港、利港、黄田港、夏港、五斗港，其西曰竈子港、孟瀆、泰伯瀆、烈塘，江陰之東曰趙港、白沙港、石頭港、陳港、蔡港、私港、令節港，皆古人開導以爲溉田無窮之利者也。今所在堙塞，不能灌溉。

臣嘗講求其說，抑欲不勞民，不費財，而漕渠旱不乾，水不溢，用力省而見功速，可以爲悠久之利者。在州之西南曰白鶴溪，自金壇縣洮湖而下，今淺狹特七十餘里，若用工濬治，則漕渠一帶，無乾涸之患。其南曰西蠡河，自宜興太湖而下，止開濬二十餘

里，若吏令深遠，則太湖水來，漕渠一百七十餘里，可免濬治之擾。至若望亭堰牐，置於唐之至德，而徹於本朝之嘉祐，至元祐七年復置，未幾又毀之。臣謂設此堰牐，有三利焉。陽羨諸瀆之水犇趨而下，有以節之，則當潦歲，平江三邑必無下流淫溢之患，一也。自常州至望亭一百三十五里，運河一有所節，則沿河之田，旱歲資以灌溉，二也。每歲冬春之交，重綱及使命往來，多苦淺涸；今啓閉以時，足通舟楫，後免車畝灌注之勞，三也。

詔令相度開濬。

嘉泰元年，守臣李珏言：

州境北邊揚子大江，南並太湖，東連震澤，西據滆湖，而漕渠界乎其間。漕渠兩傍，曰白鶴溪、西蠡河、南戚氏、北戚氏、直湖州港，通于二湖；曰利浦、孟瀆、烈塘、横河、五瀉諸港，通于大江，而中間又各自爲支溝斷汊，曲繞參錯，不以數計。水利之源，多於他郡，而常苦易旱之患，何哉？

臣嘗詢訪其故，漕渠東起望亭，西止呂城，一百八十餘里，形勢西高東下。加以歲久淺淤，自河岸至底，其深不滿四五尺。常年春雨連綿，江湖泛漲之時，河流忽盈驟減；連歲雨澤愆闕，江湖退縮，渠形尤亢；間雖得雨，水無所受，旋即走泄，南入于湖，北歸大江，東徑注于吳江；晴未旬日，又復乾涸，此其易旱一也。至若兩傍諸港，如白鶴溪、西蠡河、直湖、烈塘、五瀉堰，日爲沙土淤漲，遇潮高水泛之時，尙可通行舟楫；若値小汐久晴，則俱不能通。應自餘支溝別港，皆已堙塞，故雖有江湖之浸，不見其利，此其易旱二也。況漕渠一帶，綱運於是經由，使客于此往返。每遇水澀，綱運便阻；一入多月，津送使客，作垻車水，科役百姓，不堪其擾，豈特溉田缺事而已。

望委轉運、提舉常平官同本州相視漕渠，并徹江湖之處，如法濬治，盡還昔人遺跡，及於望亭修建上、下二牐，固護水源。

從之。

昇州水：乾道五年，建康守臣張孝祥言：「秦淮之水流入府城，別爲兩派：正河自鎭淮新橋直注大江；其爲青溪，自天津橋出柵寨門，亦入於江。緣柵寨門地，近爲有力者所得，遂築斷青溪水口，創爲花圃。每水流暴至，則泛溢浸蕩，城內居民，尤被其害。若訪古而求，使青溪直通大江，則建康永無水患矣。」既而汪澈奏於西園依異時河道開濬，使水通柵門入。從之。

先是，孝祥又言：「秦淮水三源，一自華山由句容，一自廬山由溧水，一自溧水由赤山湖，至府城東南，合而爲一，縈迴綿亙三百餘里，溪、港、溝、澮之水盡歸焉。流上水門，由府城入大江。舊上、下水門展闊，自兵變後，砌疊稍狹，雖便於一時防守，實遏水源，流通不快。兼兩岸居民塡築河岸，添造屋宇。若禁民不許侵占，秦淮既復故道，則水不泛溢矣。又府東門號陳二渡，有順聖河，正分秦淮之水，每遇春夏天雨連綿，上源犇湧，則分一派之水，自南門外直入於江，故秦淮無泛濫之患。今一半淤塞爲田，水流不通，若不惜數畝之田，疏導之以復古跡，則其利尤倍。」

其後汪澈言：「水潦之害，大抵緣建康地勢稍低，秦淮既泛，又大江湍漲，其勢溢溢，非由水門窄狹、居民侵築所致。且上水門砌疊處正不可闊，闊則春水入城益多。自今指定上、下水門砌疊處不動，夾河居民之屋亦不毀除，止去兩岸積壤，使河流通快。況城中繫行宮東南王方，不宜開鑿。」從之。

嘉定五年，守臣黄度言：「府境北據大江，是爲天險。上自采石，下達瓜步，千有餘里，共置六渡：一曰烈山渡，籍于常平司，歲有河渡錢額；五曰南浦渡、龍灣渡、東陽渡、大城堽渡、岡沙渡，籍于府司，亦有河渡錢額。六渡歲爲錢萬餘緡。歷時最久，舟楫廢壞，官吏、篙工，初無廩給，民始病濟，而官漫不省。遂至姦豪冒法，別置私渡，左右旁午。由是官渡濟

二十四史

者絕少，乃聽吏卒苛取以充課。徒手者猶憚往來，而車檐牛馬幾不敢行，甚者扼之中流，以邀索錢物。竊以爲南北津渡，務在利涉，不容簡忽而但求征課。臣已爲之繕治舟艦，選募篙梢，使遠處巡檢兼監渡官。於諸渡月解錢則例，量江面闊狹，計物貨重輕，斟酌裁減，率三之一或四之一；自人車牛馬，皆有定數，雕牓約束，不得過收邀阻。乞覓裒一歲之入，除烈山渡常平錢如額解送，其餘諸渡，以二分充修船之費，而以其餘給官吏、篙梢、水手食錢。令監渡官逐月照數支散，有餘則解送府司，然後盡絕私渡，不使姦民蹤禁。」從之。

秀州水：秀州境內有四湖：一曰柘湖，二曰澱山湖，三曰當湖，四曰陳湖。東南則柘湖，自金山浦、小官浦入于海。西南則澱山湖，自蘆瀝浦入于海。西北則陳湖，自大姚港、朱里浦入于吳松江。其南則當湖，自月河、南浦口、澉浦口亦達于海。支港相貫。

乾道二年，守臣孫大雅奏請，於諸港浦分作牐或斗門，及張涇堰兩岸創築月河[10]，置一牐，其兩柱金口基址，並以石爲之，啓閉以時，民賴其利。

十三年[11]，兩浙轉運副使張叔獻言：「華亭東南枕海，西連太湖，北接松江，江北復控大海。地形東南最高，西北稍下。柘湖十有八港，正在其南，故古來築堰以禦鹹潮。元祐

中，於新涇塘置牐，後因沙淤廢毀。今除十五處築堰及置石礎外，獨有新涇塘、招賢港、徐浦塘三處，見有鹹潮奔衝，淤塞民田。今依新涇塘置牐一所，又於兩旁貼築鹹塘，以防海潮透入民田。其相近徐浦塘，元係小派，自合築堰。又欲於招賢港更置一石礎。兼楊湖[12]歲久，今稍淺澱，自當開濬。」上曰：「此牐須當爲之。方今邊事寧息，惟當以民事爲急。民事以農爲重，朕觀漢文帝詔書，多爲農而下。今置牐，其利久遠，不可憚一時之勞。」

十五年，以兩浙路轉運判官吳坰奏請，命浙西常平司措置錢穀，勸諭人戶，於農隙併力開濬華亭等處沿海三十六浦堙塞，決泄水勢，爲永久利。

乾道七年，秀州守臣丘崈奏：「華亭縣東南大海，古有十八堰，捍禦鹹潮。其十七久皆捺斷，不通裏河；獨有新涇塘一所不曾築捺，海水往來，遂害一縣民田。緣新涇舊堰迫近大海，潮勢湍急，其港面闊，難以施工，設或築捺，決不經久。運港在涇塘向裏二十里，比之新涇，水勢稍緩。若就此築堰，決可永久，堰外凡管民田，皆無鹹潮之害。其運港止可捺堰，不可置牐。不惟瀕海土性虛燥，難以建置；兼一日兩潮，通放鹽運，不減數十百艘，先後不齊比至通放盡絕，勢必晝夜啓而不閉，則鹹潮無緣斷絕。運港堰外別有港汊大小十六，亦合興修。」從之。

八年，崈又言：「興築捍海塘堰，今已畢工，地理闊遠，全藉人力固護。乞令本縣知、佐兼帶『主管塘堰職事』繫銜，秩滿，視有無損壞以爲殿最。仍令巡尉據地分巡察。」詔特轉丘崈左承議郎，令所築華亭捍海塘堰，趁時栽種蘆葦，不許樵採。

九年，又命華亭縣作監牐官，招收土軍五十人，巡邏堤堰，專一禁戢，將卑薄處時加修捺。令知縣、縣尉並帶『主管堰事』，則上下協心，不致廢壞。

淳熙九年，又命守臣趙善悉發一萬工，修治海鹽縣常豐牐及八十一堰壩，務令高牢，以固護水勢，遇旱可以瀦積。十年，以浙西提舉司言，命秀州發卒濬治華亭鄉魚祈塘，使接松江太湖之水；遇旱，卽開西牐堰放水入泖湖，爲一縣之利。

蘇州水：乾道初，平江守臣沈度、兩浙漕臣陳彌作言：「疏濬崑山、常熟縣界白茆等十浦，約用三百萬餘工。其所開港浦，並通徹大海。遇潮，則海內細沙，隨泛以入；潮退，則沙泥沉墜，漸致淤塞。今依舊招置闕額開江兵卒，次第開濬，不數月，諸浦可以漸次通徹。又用兵卒駕船，遇潮退，搖蕩隨之，常使沙泥隨潮退落，不致停積，實爲久利。」從之。淳熙元年，詔平江府守臣與許浦駐劄戚世明，同措置開濬許浦港[13]。三旬訖工。

黃巖縣水：淳熙十二年，浙東提舉勾昌泰言：「黃巖縣舊有官河，自縣前至溫嶺，凡九十里。其支流九百三十六處，皆以溉田。元有五牐，久廢不修。今欲建一牐，約費二萬餘緡，乞詔兩浙運司於窠名錢內支撥。」明年六月，昌泰復言：「黃巖縣東地名東浦，紹興中開鑿，置常豐牐。名爲決水入江，其實縣道欲令舟船取徑通過，每船納錢，以充官費。一日兩潮，一潮一淤，纔遇旱乾，更無灌溉之備。已將此牐築爲平陸，乞戒自今永不得開鑿放入江湖，庶絕後患。」

荊、襄諸水：紹興二十八年，監察御史都民望言：「荊南江陵縣東三十里，沿江北岸古隄一處，地名黃潭。建炎間，邑官開決，放入江水，設以爲險阻以禦盜。既而夏潦漲溢，荊南、復州千餘里，皆被其害。去年因民訴，始塞之。乞令知縣遇農隙隨力修補，勿致損壞。」從之。

淳熙八年，襄陽府守臣郭杲言：「本府有木渠，在中廬縣界，擁漍水東流四十五里，入宜城縣。後漢南郡太守王寵，嘗鑿之以引蠻水，謂之木里溝，可溉田六千餘頃。歲久堙塞，乞

中華書局

行修治。」既而杲又修護城隄以捍江流，繼築救生堤爲二牐，一通于江，一達于濠。當水涸時，導之入濠；水漲時，放之于江。自是水雖至隄，無湍悍泛濫之患焉。十年五月，詔疏木渠，以渠傍地爲屯田。尋詔民間侵耕者就給之，毋復取。

慶元二年，襄陽守臣程九萬言：「募工修作鄧城永豐堰，可防金兵衝突之患，且爲農田灌溉之利。」三年，臣僚言：「江陵府去城十餘里，有沙市鎮，據水陸之衝，熙寧中，鄭獬作守，始築長隄捍水。緣地本沙渚，當蜀江下流，每遇漲潦奔衝，沙水相蕩，摧圮動輒數十丈，見存民屋，岌岌危懼。乞下江陵府同駐劄副都統制司發卒修築，庶幾遠民安堵，免被墊溺。」從之。

廣西水：靈渠源卽離水，在桂州興安縣之北，經縣郭而南。其初乃秦史祿所鑿，以下兵於南越者。至漢，歸義侯嚴出零陵離水，卽此渠也；馬伏波南征之師，饟道亦出於此。唐寶曆初，觀察使李渤立斗門以通漕舟。宋初，計使邊詡始修之。嘉祐四年，提刑李師中領河渠事重闢，發近縣夫千四百人，作三十四日，乃成。

紹興二十九年，臣僚言：「廣西舊有靈渠，抵接全州大江，其渠近百餘里，自靜江府經靈

川、興安兩縣。昔年並令兩知縣繫銜『兼管靈渠』，遇堙塞以時疏導，秩滿無闕，例減舉員。兵興以來，縣道苟且，不加之意；吏部差注，亦不復繫銜，渠日淺澀，不勝重載。乞令廣西轉運司措置修復，俾通漕運，仍俾兩邑令繫銜兼管，務要修治。」從之。

校勘記

〔一〕眞揚　原作「眞陽」，今改，見本書卷九六河渠志校記〔三〕。

〔二〕柴墟鎭　「柴」字原脫，按本書卷八八地理志、輿地紀勝卷三七都載有柴墟鎭，原隸泰州，紹興二十九年改隸揚州，與本文所說「舊有隄牐，乃泰州泄水之處」，地理位置悉合。「墟鎭」當爲「柴墟鎭」之誤，今補。

〔三〕江潮　原作「江湖」。蘇東坡集奏議集卷七乞開杭州西湖狀作「江潮」，和下文「潮之所過」文義相接。「潮」、「湖」形近而訛，據改。

〔四〕九年　原作「二十九年」。按此處繫於乾道五年之後，而乾道只有九年；宋會要食貨八之三二繫此事於乾道九年，「二十」當衍，據刪。

〔五〕龍山淛江兩閘　「兩閘」，原作「兩間」。蘇東坡集奏議集卷七申三省起開湖六條狀、咸淳臨安志卷三五都作「兩閘」，據改。

〔六〕兩岸田畝無非沃壤　「沃壤」原作「泱壞」，與上文文義不合。宋會要食貨六一之一四九作「沃壤」，據改。

〔七〕宣和以來王仲薿守越樓异守明創爲應奉　按本書卷一七三食貨志：「政和以來，創爲應奉」；宋會要食貨七之四一：「自政和以來，樓异知明州，王仲薿知越州，內交權臣，專務應奉。」又嘉泰會稽志卷二載王知越州，乾道四明圖經卷一二載樓知明州，都在政和。此處「宣和」當作「政和」。

〔八〕他山　按乾道四明圖經、寶慶四明志、四明它水水利備覽諸書都作「它山」。

〔九〕陽湖　原作「楊湖」。按無錫、晉陵間的陽湖，「陽」字從「阜」不從「木」，見寰宇記卷九二、輿地紀勝卷六，據改。

〔一〇〕及張涇堰兩岸創築月河　「張」原作「漲」，「岸」字原脫。按宋會要食貨八之四二：「於張涇堰傍兩岸創築月河，置閘一所。」今改補。

〔一一〕十三年　按「十三年」及下文「十五年」所記，據繫年要錄卷一四八、一五四和宋會要方域一七之二二均爲紹興年間事，此處失書紀元，並誤置於乾道二年之後。

〔一二〕楊湖　按上文秀州境內四湖，無「楊湖」之名；陽湖，又在常州的晉陵、無錫縣界，疑此是「柘湖」之誤。

〔一三〕同措置開濬許浦港　「措置」二字原倒。按「措置」常語，上下文用以敍述同類事件者數見，據改。

二十四史

元 脫脫等撰

宋史

第八冊

卷九八至卷一一五（志）

中華書局

宋史卷九十八

志第五十一

禮一 吉禮一

五代之衰亂甚矣，其禮文儀注往往多草創，不能備一代之典。宋太祖興兵間，受周禪，收攬權綱，一以法度振起故弊。卽位之明年，因太常博士聶崇義上重集三禮圖，詔太子詹事尹拙集儒學之士詳定之。開寶中，四方漸平，民稍休息，乃命御史中丞劉溫叟、中書舍人李昉、兵部員外郎知制誥盧多遜、左司員外郎知制誥扈蒙、太子詹事楊昭儉、左補闕賈黃中、司勳員外郎和峴、太子中舍陳鄂撰開寶通禮二百卷，本唐開元禮而損益之。既又定通禮義纂一百卷。

太宗尚儒雅，勤於治政，修明典章，大抵曠廢舉矣。眞宗承重熙之後，契丹既通好，天下無事，於是封泰山，祀汾陰，天書、聖祖崇奉迭興，專置詳定所，命執政、翰林、禮官參領

之。尋改爲禮儀院，仍歲增修，纖微委曲，緣情稱宜，蓋一時彌文之制也。

自通禮之後，其制度儀注傳於有司者，殆數百篇。先是，天禧中，陳寬編次禮院所承新舊詔敕，不就。天聖初，王皥始類成書，盡乾興，爲禮閣新編，大率吏文，無著述體，而本末完具，有司便之。景祐四年，賈昌朝撰太常新禮及祀儀，止於慶曆三年。皇祐中，文彥博又撰大享明堂記二十卷。至嘉祐中，歐陽脩纂集散失，命官設局，主通禮而記其變，及新禮以類相從，爲一百卷，賜名太常因革禮，異於舊者蓋十三四焉。

熙寧十年，禮院取慶曆以後奉祀制度，別定祀儀，其一留中，其二付有司。知諫院黃履言：「郊祀禮樂，未合古制，請命有司考正羣祀。」詔履與禮官講求以聞。元豐元年，始命太常寺置局，以樞密直學士陳襄等爲詳定官，太常博士楊完等爲檢討官。襄等言：「國朝大率皆循唐故，至於壇壝神位、法駕輿輦、仗衞儀物，亦兼用歷代之制。其間情文訛舛，多戾於古。蓋有規摹苟略，因仍既久，而重於改作者；有出於一時之儀，而不足以爲法者。請先條奏，候訓敕以爲禮式。」

未幾，又命龍圖直學士宋敏求同御史臺、閤門、禮院詳定朝會儀注，總四十六卷：曰閤門儀，曰朝會禮文，曰儀注，曰徽號寶册儀；祭祀總百九十一卷：曰祀儀，曰南郊式，曰大禮式，曰郊廟奉祀禮文，曰明堂祫享令式，曰天興殿儀，曰四孟朝獻儀，曰景靈宮供奉敕令格

中華書局

式，曰儀禮敕令格式；祈禳總四十卷：曰祀賽式，曰齋醮式，曰金籙儀；蕃國總七十一卷：曰大遼令式，曰高麗入貢儀，曰女眞排辦儀，曰諸蕃進貢令式；喪葬總百六十三卷：曰葬式，曰宗室外臣葬敕令格式，曰孝贈式。其損益之制，視前多矣。

紹聖而後，累詔續編，起治平，訖政和，凡五十一年，爲書三百卷，今皆不傳。而大觀初，置議禮局於尙書省，命詳議、檢討官具禮制本末，議定請旨，三年書成，爲吉禮二百三十一卷、祭服制度十六卷，頒焉。議禮局請分秩五禮，詔依開寶通禮之序。政和元年，續修成四百七十七卷，且命倣是修定儀注。三年，五禮新儀成，凡二百二十卷，增置禮直官，許士庶就問新儀，而詔開封尹王革編類通行者，刊本給天下，使悉知禮意，其不奉行者論罪。宣和初，有言其煩擾者，遂罷之。

初，議禮局之置也，詔求天下古器，更制尊、爵、鼎、彝之屬。其後，又置禮制局於編類御筆所。於是郊廟禋祀之器，多更其舊。既有詔討論冠服，遂廢韠用履，其他無所改議，而禮制局亦罷。

大抵累朝典禮，講議最詳。祀禮修於元豐，而成於元祐，至崇寧復有所增損。其存於有司者，惟元豐郊廟禮文及政和五禮新儀而已。乃若圜丘之罷合祭天地；明堂專以英宗配帝，悉罷從祀羣神〔一〕；大蜡分四郊；壽星改祀老人；禧祖已祧而復，遂爲始祖；即景靈

宮建諸神御殿，以四孟薦享；虛禘祭；去牙槃食；卻尊號；罷入閤儀并常朝及正衙橫行。此熙寧、元豐變禮之最大者也。

元祐册后，政和冠皇子，元符創景靈西宮，崇寧親祀方澤、作明堂、立九廟、鑄九鼎、祀熒惑，大觀受八寶、大祀皆前期十日而戒。凡此蓋治平以前所未嘗行者。

欽宗卽位，嘗詔春秋釋奠改從元豐儀，罷新儀不用而未暇也。靖康之厄，蕩析無餘。南渡中興，銳意修復，高宗嘗謂輔臣曰：「晉武平吳之後，上下不知有禮，旋致禍亂。周禮不秉，其何能國？」孝宗繼志，典章文物，有可稱述。治平日久，經學大明，諸儒如王普、董弅等多以禮名家。當時嘗續編太常因革禮矣，淳熙復有編輯之旨。其後朱熹講明詳備，嘗欲取儀禮、周官、二戴記爲本，編次朝廷公卿大夫士民之禮，盡取漢、晉而下及唐諸儒之說，考訂辨正，以爲當代之典，未及成書而沒。

理宗四十年間，屢有意乎禮文之事，雖曰崇尙理學，所謂「禮云禮云，玉帛云乎哉」，蓋可三歎。咸淳以降，無足言者。

今因前史之舊，芟其繁亂，彙爲五禮，以備一代之制，使後之觀者有足徵焉。

五禮之序，以吉禮爲首，主邦國神祇祭祀之事。凡祀典皆領於太常。歲之大祀三十：正月上辛祈穀，孟夏雩祀，季秋大享明堂，冬至圜丘祭昊天上帝，正月上辛又祀感生帝，四立及土王日祀五方帝，春分朝日，秋分夕月，東西太一〔二〕，臘日大蜡祭百神，夏至祭皇地祇，孟冬祭神州地祇，四孟、季冬薦享太廟、后廟，春秋二仲及臘日祭太社、太稷，二仲九宮貴神。中祀九：仲春祭五龍，立春後丑日祀風師、亥日享先農，季春巳日享先蠶，立夏後申日祀雨師，春秋二仲上丁釋奠文宣王、上戊釋奠武成王。小祀九：仲春祀馬祖，仲夏享先牧，仲秋祭馬社，仲冬祭馬步，季夏土王日祀中霤，立秋後辰日祀靈星，秋分享壽星，立冬後亥日祠司中、司命、司人、司祿，孟冬祭司寒。

其諸州奉祀，則五郊迎氣日祭岳、鎭、海、瀆，春秋二仲享先代帝王及周六廟，並如中祀。州縣祭社稷，奠文宣王，祀風雨，並如小祀。凡有大赦，則令諸州祭岳、瀆、名山、大川在境內者，及歷代帝王、忠臣、烈士載祀典者，仍禁近祠廟咸加祭。有不克定時日者，太卜署預擇一季祠祭之日，謂之「畫日」。凡壇壝、牲器、玉帛、饌具、齋戒之制，皆具通禮。後復有高禖、大小酺神之屬，增大祀爲四十二焉。

其後，神宗詔改定大祀：太一，東以春，西以秋，中以夏冬；增大蜡爲四，東西蜡主日配月；太廟月祭朔。而中祀：四望，南北蜡。小祀：以四立祭司命、戶、竈、中霤、門、厲、行，以

藏冰、出冰祭司寒，及月薦新太廟。歲通舊祀凡九十二，惟五享后廟焉。政和中，定五禮新儀，以熒惑、陽德觀、帝鼐、坊州朝獻聖祖、應天府祀大火爲大祀；雷神、歷代帝王、寶鼎、牡鼎、蒼鼎、岡鼎〔三〕、彤鼎、阜鼎、晶鼎、魁鼎、會應廟、慶成軍祭后土爲中祀；山林川澤之屬，州縣祭社稷、祀風伯雨師雷神爲小祀。餘悉如故。

建炎四年十一月，權工部尙書韓肖胄言：「祖宗以來，每歲大、中、小祀百有餘所，罔敢廢闕。自車駕巡幸，惟存宗廟之祭，至天地諸神之祀，則廢而不舉。今國步尙艱，天未悔禍，正宜齋明恭肅，通于神明，而忽大事、弃重禮，恐非所以消弭天災，導迎景貺。雖小祀未可偏舉，如天地、五帝、日月星辰、社稷，欲詔有司以時舉行。所有器服并牲牢禮料，恐國用未充，難如舊制，乞下太常寺相度裁定，省繁就簡，庶幾神不乏祀，仰副陛下昭事懷柔，爲民求福之意。」尋命禮部太常裁定：每歲以立春上辛祈穀，孟夏雩祀，季秋及冬至日四祀天，夏至日一祀地，立春上辛日祀感生帝，立冬後祀神州地祇，春秋二社及臘前一日祭太社、太稷。免牲、玉，權用酒脯，仍依方色奠幣。以輔臣爲初獻，禮官爲亞、終獻。

紹興三年，復大火祀，配以閼伯，以辰、戌出納之月祀之。二十七年，禮部太常寺言：「每歲大祀三十六，除天地、宗廟、社稷、感生帝、九宮貴神、高禖、文宣王等已行外，其餘並乞寓祠齋宮。」自紹興以來，大祀所行二十有三而已，至是乃悉復之。

中華書局

舊制，郊廟祝文稱嗣皇帝，諸祭稱皇帝。著作局準開元禮全稱帝號。眞宗以兼秘書監李至請，改從舊制。又諸祭祝辭皆臨事撰進，多違典禮，乃命至增撰舊辭八十四首，爲正辭錄三卷。既復命知制誥李宗諤楊億、直史館陳彭年詳定之，以爲永式。祝版當進署者，並命秘閣吏書，上親署訖，御寶封給之。凡先代帝王，祝文止稱廟號。凡親行大祀，則皇子弟爲亞獻、終獻。

五代以來，宰相爲大禮使，太常卿爲禮儀使，御史中丞爲儀仗使，兵部尚書爲鹵簿使，京府尹爲橋道頓遞使。至是大禮使或用親王，禮儀使專命翰林學士，儀仗、鹵簿使亦或以他官。太平興國九年，始鑄五使印。太宗將封泰山，以儀仗使兼判橋道頓遞事。大中祥符後，凡有大禮，以中書、樞密分爲五使，仍特鑄印。

景祐二年，詔有司：「皇地祇、神州，舊常參官攝事，非所以尊神，自今命兩省。歲九大祠，宰臣攝事者，參知政事、尚書丞郎、學士奉祠。」於是參知政事盛度，享太廟已受誓戒，除知樞密院，乃不奉祠。又故事，三歲一親郊，不郊輒代以他禮，慶賞與郊同，而五使皆以輔臣，不以官之高下。天聖中，乃以翰林學士領儀仗，御史中丞領鹵簿，始用官次。又每歲大祀，皆遣臺省近臣攝太尉，其後或委他官，大中祥符始復舊制。又國朝沿唐制，以太尉掌

誓戒；今議太尉三公，非其所任，請以吏部尚書掌誓戒。詔用左僕射，闕則用右僕射、刑部尚書一員莅之。

熙寧四年，參知政事王珪言：「南郊，乘輿所過，必勘箭然後出入，此師行之法，不可施於郊祀。」禮院亦言。於是，凡車駕出入門皆罷之。六年，以詳定所請，又罷太廟及宣德、朱雀、南薰諸門勘契。又皇帝自大次至版位，內臣二人執翟羽前導，號曰「拂翟」，失禮尤甚，請除之。

凡郊壇，值雨雪，即齋宮門望祭殿望拜，祭日不設登歌，祀官以公服行事，中祀以上皆給明衣。

開寶元年十一月郊，以燎壇稍遠，不聞告燎之聲，始用爟火，令光明遠照，通於祀所。

又太廟初獻，依開寶例，以玉斝、玉瓚，亞獻以金斝，終獻以瓢斝。外壇器亦如之。慶曆中，太常請皇帝獻天地、配帝以匏爵，亞獻以木爵；親祠太廟，酌以玉斝，亞獻以金斝；郊廟飲福，皇帝皆以玉斝。詔飲福，唯用金斝；亞、終獻，酌以銀斝。至飲福，尚食奉御酌上尊酒，投温器以進。

凡常祀，天地宗廟，皆內降御封香，仍製漆匱，付光祿、司農寺；每祠祭，命判寺官緘署禮料送祀所；凡祈告，亦內出香。遂爲定制。嘉祐中，裴煜請：「大祠悉降御封香，中小祠供

太府香，中祠減大祠之半，小祠減中祠之半。東、西太一宮係大祠，歲太府供香，非時祈請，降御封香準大祠例。及皇地祇、五方帝、百神、文宣、武成從配神位，牲牢寡薄。」呂公著亦論廟牲未備，悉加其數。元符元年，左司員外郎曾旼言：「周人以氣臭事神，近世易之以香。按何佟之議，以爲南郊、明堂用沉香，本天之質，陽所宜也；北郊用上和香，以地於人親，宜加雜馥。今令文北極天皇而下皆用濕香，至於衆星之位，香不復設，恐於義未盡。」於是每陛各設香。又言：「先儒以爲實柴所祀者無玉，槱燎所祀者無幣。今太常令式，衆星皆幣，蓋出於此。然考典瑞、玉人之官，皆曰『圭璧以祀日月星辰』。則實柴所祀非無玉矣。槱燎無幣，恐或未然。」至是遂命衆星隨其方色用幣。

慶曆三年，禮官余靖言：「祈穀、祀感生帝同日，其禮當異，不可皆用四圭有邸，色尚赤。」乃定祈穀、明堂蒼璧尺二寸，感生帝四圭有邸，朝日日圭、夕月月圭皆五寸，從祀神州無玉，報社稷兩圭有邸，祈不用玉。明年，祀儀成，比通禮多所更定云。嘉祐中，集賢校理江休復言：「六典大祀養牲，在滌三月，祫享日近，已踰其期，而牲牢未供。乞依漢、唐置廩犧局。」下禮院議：歲大小祀幾百數，而牲盛之事，儲養無素，宜如休復言。乃置廩犧局，設牢預養，籍田舊地，種植粢盛，納于神倉，以待祭祀之用。

元豐六年〔四〕，詳定禮文所言：「本朝昊天上帝、皇地祇、太祖位各設三牲，非尙質貴誠

之義。請親祠圜丘、方澤正配位皆用犢，不設羊豕俎及鼎匕，有司攝事亦如之。又簠、簋、尊、豆皆非陶器，及用龍杓。請改用陶，以樿爲杓。又請南北郊先行升煙瘞血之禮，至奠畢，即如舊儀，於壇坎燔瘞牲幣。又北郊皇地祇及神州地祇，當爲坎瘞，今乃建壇燔燎，非是。請今祭地祝版、牲幣並瘞於坎。又祀儀：惟昊天上帝、皇地祇、高禖燔瘞犢首，自感生帝、神州地祇而下皆不燔瘞牲體，殊不應典禮。請自今昊天上帝、感生帝皆燔牲首以報陽；皇地祇、神州、太社、太稷，凡地之祭，皆瘞牲之左髀以報陰。薦享太廟亦皆升首於室。」

又言：「古者祭祀用牲，有豚解，有體解，薦腥則解爲十一體〔五〕。今親祠南郊，正配位之俎，不殊左右胖，不分貴賤，無豚解、體解之別。請郊廟薦腥，解其牲兩髀、兩肩、兩脅并脊爲七體〔六〕，左右胖俱用。其載于俎，以兩髀在端，兩肩、兩脅次之，脊居中，皆進末。至薦熟，沉肉於湯，止用右胖。髀不升俎，前後肱骨離爲三，曰肩、臂、臑。後髀股骨去體離爲二，曰肫、胳。前脊謂之正脊，次直謂之脡脊，隔於脡脊謂之横脊，皆二骨。脅骨最後二爲短脅，旁中二爲正脅，最前二爲代脅。若升俎，則肩、臂、臑在上端，膞、胳在下端，脊、脅在中央。其俎之序，則肩、臂、臑、正脊、脡脊、横脊、代脅、長脅、短脅、膞、胳凡十一體〔七〕，而骨體升俎，進神坐前如少牢禮，皆進下。其牲體各預以半爲腥俎，半爲熟俎，腸胃膚俎亦然。」

又請：「親祠飲福酒訖，倣儀禮『佐食摶黍』之說，命太官令取黍于簋，摶以授祝，祝受以

豆，以嘏乎皇帝而無嘏辭。又本朝親祠南郊，習儀於壇所，明堂習儀於大慶殿，皆近於瀆。伏請南郊習儀於青城，明堂習儀於尚書省，以遠神爲恭。又賜胙：三師，三公，侍中，中書令，門下、中書侍郎，尚書左、右丞，知樞密、同知院事，禮儀、儀仗、鹵簿、頓遞使，牛羊豕肩、臂、臑各五；太子三師、三少，特進，觀文大學士、學士，御史大夫，六尚書，金紫、銀青光祿大夫，節度使，資政殿大學士，觀文翰林資政端明龍圖天章寶文承旨、侍講、侍讀、學士，左右散騎常侍，尚書列曹侍郎，龍圖、天章、寶文直學士，光祿、正議、通議大夫，御史中丞，太子賓客、詹事，給事中，中書舍人，節度觀察留後，左右諫議，龍圖、天章、寶文待制，太中、中大夫，祕書、殿中丞，太常、宗正卿，牛豕肩、臂、臑各三；入內內侍省押班、副都知，光祿卿，監禮官，博士，牛羊脊、脇各三；太祝，奉禮，司尊彝，郊社、太廟、宮闈令，監牲牢、供應祠事內官，羊髀、膊、胳三；應執事、職掌、樂工、門幹、宰手、馭馬、馭車人，並均給脾、肫、胳、觳及腸、胃、膚之類。」

慶曆元年，判太常寺呂公綽言：「舊禮，郊廟尊罍數皆準古，而不實三酒、五齊、明水、明酒，有司相承，名爲『看器』。郊廟配位惟用祠祭酒，分大、中祠位二升，小祠位一升，止一尊酌獻、一尊飲福。宜詔酒官依法制齊、酒，分實之壇殿上下尊罍，有司毋設空器；並如唐制以井水代明水、明酒；正配位酌獻、飲福酒，用酒二升者各增二升，從祀神位用舊升數。」

校勘記

〔一〕悉罷從祀羣神 「神」原作「臣」，據本書卷一〇一禮志、宋大詔令集卷一二四、長編卷三〇六改。

〔二〕東西太一 按政和五禮新儀（以下簡稱五禮新儀）卷七二，立春祀東太一宮，立秋祀西太一宮。疑此處「東西太一」上有脫文。

〔三〕岡鼎 五禮新儀卷六九祀八鼎儀作「罡鼎」，宋會要輿服六之一四、玉海卷八八、長編紀事本末卷一二八記崇寧四年「製九鼎」，都作「風鼎」。

〔四〕元豐六年 按本段文字包括詳定禮文所的三次建言，宋會要禮二六之一〇至一一、長編卷二九二分別繫於元豐元年八九兩月。

〔五〕薦腥則解爲十一體 按長編卷三〇五、宋會要禮二六之一一，薦腥則解爲七體，薦熟爲十一體；本段下文亦有七體和十一體的記載。此處當有訛脫。

〔六〕解其牲兩髀兩肩兩脇并脊爲七體 「兩髀」原作「兩體」，據長編卷三〇五、宋會要禮二六之一二改。下文「以兩髀在端」，原亦誤作「以兩體左端」，今并據此改正。

〔七〕肩臂臑正脊脡脊橫脊代脇長脇短脇膊胳凡十一體 「橫脊」、「長脇」四字原脫，據長編卷三〇五、宋會要禮二六之一二補。

宋史卷九十九

志第五十二

禮二 吉禮二

南郊

南郊壇制。梁及後唐郊壇皆在洛陽。宋初始作壇於東都南薰門外，四成、十二陛、三壝。設燎壇於內壝之外丙地，高一丈二尺。設皇帝更衣大次於東壝東門之內道北，南向。仁宗天聖六年，始築外壝，周以短垣，置靈星門。親郊則立表於青城，表三壝。神宗熙寧七年，詔中書、門下參定青城殿宇門名。先是，每郊撰進，至是始定名，前門曰泰禋，東偏門曰迎禧〔一〕，正東門曰祥曦，正西門曰景曜，後三門曰拱極，內東側門曰夤明，西側門曰肅成，殿曰端誠，殿前東、西門曰左右嘉德，便殿曰熙成，後園門曰寶華，著爲定式。元豐元年二

月，詔內壝之外，衆星位周環，每二步植一杙，繚以青繩，以爲限域。既而，詳定奉祀禮文所言：「周官外祀皆有兆域，後世因之，稍增其制。國朝郊壇率循唐舊，雖儀注具載圓丘三壝，每壝二十五步，而有司乃以青繩代內壝，誠不足以等神位、序祀事、嚴內外之限也。伏請除去青繩，爲三壝之制。」從之。

徽宗政和三年，詔有司討論壇壝之制。十月，禮制局言：「壇舊制四成，一成二十丈，再成十五丈，三成十丈，四成五丈，成高八尺一寸；十有二陛，陛十有二級；三壝，二十五步。古所謂地上圜丘、澤中方丘，皆因地形之自然。王者建國，或無自然之丘，則於郊澤吉土以兆壇位。爲壇之制，當用陽數，今定爲壇三成，一成用九九之數，廣八十一丈，再成用六九之數，廣五十四丈，三成用三九之數，廣二十七丈；每成高二十七尺，三成總二百七十有六，乾之策也。爲三壝，壝三十六步，亦乾之策也。成與壝俱三，參天地之數也。」詔行之。

建炎二年，高宗至揚州，庶事草創，築壇於州南門內江都縣之東南，詔東京所屬官吏奉祭器、大樂、儀仗、法物赴行在所。紹興十三年，太常寺言：「國朝圓壇在國之東南，壇側建青城齋宮，以備郊宿。今宜於臨安府行宮東南修建。」於是，遂詔臨安府及殿前司修建圓壇，第一成縱廣七丈，第二成縱廣一十二丈，第三成縱廣一十七丈，第四成縱廣二十二丈；一十二陛，每陛七十二級，每成一十二綴；三壝，第一壝去壇二十五步，中壝去內壝、外壝去

中壝各半之。燎壇方一丈，高一丈二尺，開上南出戶，方六尺，三出陛，在壇南二十步丙地。其青城及望祭殿與行事陪祠官宿齋幕次，並令絞縛，更不修蓋。先是，張杓爲京尹，議築齋宮，可一勞永逸，宇文价曰：「陛下方經略河南，今築青城，是無中原也。」遂罷役。

神位。元豐元年十一月，詳定郊廟奉祀禮文所言：「按東漢壇位，天神從祀者至千五百一十四，故外設重營，以爲等限。日月在中營內南道，而北斗在北道之西，至於五星中宮宿之屬，則其位皆中營，二十八宿外宮星之屬，則其位皆外營。然則爲重營者所以等神位也。唐因隋制，設爲三壝，天神列位不出內壝，而御位特設於壇下之東南。若夫公卿分獻、文武從祀，與夫樂架饌幔，則皆在中壝之內，而大次之設乃在外壝。然則爲三壝者，所以序祀事也。」

景德三年，鹵簿使王欽若言：「漢以五帝爲天神之佐，今在第一龕；天皇大帝在第二龕，與六甲、岳、瀆之類接席；帝座，天市之尊，今與二十八宿、積薪、騰蛇、杵臼之類同在第三龕。卑主尊臣，甚未便也。若以北極、帝坐本非天帝，蓋是天帝所居，則北極在第二，帝坐在第三，亦高下未等。又太微之次少左右執法，子星之次少孫星，望令司天監參驗。」乃詔禮儀使、太常禮院、司天監檢定之。

禮儀使趙安仁言：「按開寶通禮，元氣廣大則稱昊天，據遠視之蒼然，則稱蒼天。人之所尊，莫過於帝，託之於天，故稱上帝。天皇大帝即北辰耀魄寶也，自是星中之尊。易曰：『日月麗乎天，百穀草木麗乎土。』又曰：『在天成象，在地成形。』蓋明辰象非天，草木非地，是則天以蒼昊爲體，不入星辰之列。又郊祀錄：『壇第二等祀天皇大帝、北斗、天一、太一、紫微、五帝坐，差在行位前，餘內官諸位及五星、十二辰、河漢，都四十九坐齊列，俱在十二陛之間。』唐建中間，司天冬官正郭獻之奏：『天皇、北極、天一、太一，準天寶敕並合升第一等。』貞元二年親郊，以太常議，詔復從開元禮，仍爲定制。郊祀錄又云：『壇第三等有中宮、天市垣、帝坐等十七坐，並在前。』開元禮義羅云：『帝有五坐，一在紫微宮，一在大角，一在太微宮，一在心，一在天市垣。』即帝坐者非直指天帝也。又得判司天監史序狀：『天皇大帝一星在紫微勾陳中，其神曰耀魄寶，即天皇是星，五帝乃天帝也。北極五星在紫微垣內，居中一星曰北辰，第一主月爲太子，第二主日爲帝王，第三爲庶子，第四爲嫡子，第五爲天子之樞，蓋北辰所主非一，又非帝坐之比。太微垣十星有左右執法、上將、次將之名，不可備陳，故總名太微垣。星經舊載孫星，而壇圖止有子星，辨其尊卑，不可同位。』竊惟壇圖舊制，悉有明據，天神定位，難以躋升，望依星經，悉以舊禮爲定。」

欽若復言：「舊史天文志並云：北極，北辰最尊者。又勾陳口中一星曰天皇大帝，鄭玄注周禮謂：『禮天者，冬至祭天皇於北極也。』後魏孝文禋六宗，亦升天皇五帝上。按晉天文志：『帝坐光而潤，則天子吉，威令行。』既名帝坐，則爲天子所占，列于下位，未見其可。又安仁議，以子、孫二星不可同位。陛下方洽高禖之慶，以廣維城之基，苟因前代闕文，便爲得禮，實恐聖朝茂典，尤未適中。」詔天皇、北極特升第一龕，又設孫星于子星位次，帝坐如故。

欽若又言：「帝坐止三，紫微、太微者已列第二等，唯天市一坐在第三等。按晉志，大角及心中星但云天王坐，實與帝坐不類。」詔特升第二龕。

舊郊丘，神位板皆有司題署，命欽若改造之。至是，欽若奉板便殿，壇上四位，塗以朱漆金字，餘皆黑漆，第一等金字，第二等黃字，第三等以降朱字，悉貯漆匣，覆以黃縑帊。帝降階觀之，即付有司。又以新定壇圖，五帝、五岳、中鎮、河漢合在第三等。

四年，判太常禮院孫奭言：「準禮，冬至祀圜丘，有司攝事，以天神六百九十位從祀。今惟有五方上帝及五人神十七位，天皇大帝以下並不設位。且太昊、勾芒，惟孟夏雩祀、季秋大享及之，今乃祀於冬至，恐未協宜。」翰林學士晁迥等言：「按開寶通禮：圜丘，有司攝事，祀昊天、配帝、五方帝、日月、五星、中官、外官、衆星總六百八十七位；雩祀、大享，昊天、配帝、五天帝、五人帝、五官總十七位；方丘，祭皇地祇、配帝、神州、岳鎮、海瀆七十一位。今

司天監所設圜丘、雩祀、明堂、方丘並七十位，即是方丘有岳、瀆從祀，圜丘無星辰，而反以人帝從祀。望如奭請，以通禮及神位爲定，其有增益者如後敕。」從之。

政和三年，議禮局上五禮新儀：皇帝祀昊天上帝，太史設神位版，昊天上帝位于壇上北方南向，席以槀秸；太祖位于壇上東方西向[二]，席以蒲越；天皇大帝、五帝、大明、夜明、北極九位于第一龕；北斗、太一、帝坐、五帝內坐、五星、十二辰、河漢等內官神位五十有四于第二龕；二十八宿等中官神位百五十有九于第三龕；外官[三]神位一百有六于內壝之內；衆星三百有六十于內壝之外。第一龕席以槀秸，餘以莞席，皆內向配位。

太祖乾德元年，始有事於南郊。自五代以來，喪亂相繼，典章制度，多所散逸。至是，詔有司講求遺逸，遵行典故，以副寅恭之意。是歲十一月十六日，合祭天地于圜丘。初，有司議配享，請以僖祖升配，張昭獻議曰：「隋、唐以前，雖追立四廟或六七廟，而無徧加帝號之文。梁、陳南郊，祀天皇，配以皇考；北齊圜丘，祀昊天，以神武升配；隋祀昊天於圜丘，以皇考配；唐貞觀初，以高祖配圜丘；梁太祖郊天，以皇考烈祖配。恭惟宣祖皇帝，積累勳伐，肇基王業，伏請奉以配享。」從之。

九年[四]正月，詔以四月幸西京，有事於南郊。自國初以來，南郊四祭及感生帝、皇地祇、神州凡七祭，並以四祖迭配。太祖親郊者四，並以宣祖配。太宗即位，其七祭但以宣祖、太

中華書局

祖更配。是歲親享天地，始奉太祖升侑。雍熙元年冬至親郊，從禮儀使扈蒙之議，復以宣祖配。四年〔三〕正月，禮儀使蘇易簡言：「親祀圜丘，以宣祖配，此則符聖人大孝之道，成嚴父配天之儀。太祖皇帝光啓丕圖，恭臨大寶，以聖授聖，傳於無窮。按唐永徽中，以高祖、太宗同配上帝。欲望將來親祀郊丘，奉宣祖、太祖同配；其常祀祈穀、神州、明堂，以宣祖崇配；圜丘、北郊、雩祀，以太祖崇配。」奏可。

眞宗至道三年十一月，有司言：「冬至圜丘、孟夏雩祀、夏至方丘，請奉太宗配；上辛祈穀、季秋明堂，奉太祖配；上辛祀感生帝、孟冬祭神州地祇，奉宣祖配。其親郊，奉太祖、太宗並配。」詔可。乾興元年，眞宗崩，詔禮官定遷郊祀配帝，乃請：「祈穀及祭神州地祇，以太祖配；雩祀及昊天上帝及皇地祇，以太宗配；感生帝，以宣祖配；明堂，以眞宗配；親祀郊丘，以太祖、太宗配。」奏可。

景祐二年郊，詔以太祖、太宗、眞宗三廟萬世不遷。南郊以太祖定配，二宗迭配，親祀皆侑。常祀圜丘、皇地祇配以太祖，祈穀、雩祀、神州配以太宗，感生帝、明堂以宣祖、眞宗配，如舊。慶曆元年，判太常寺呂公綽言：「歷代郊祀，配位無側向，眞宗示輔臣封禪圖曰：『嘗見郊祀昊天上帝，不以正坐，蓋皇地祇次之。今脩登封，上帝宜當子位，太祖、太宗配位，宜比郊祀而斜置之。』其後，有司不諭先帝以告成報功、酌宜從變之意，每郊儀範，既引

祥符側置之文，又載西向北上之禮，臨時擇一，未嘗考定。」乃詔南郊祖宗之配，並以東方西向爲定。皇祐五年郊，詔自今圜丘，三聖並侑。嘉祐六年，諫官楊畋論水災繇郊廟未順。禮院亦言：「對越天地，神無二主。唐始用三祖同配，後遂罷之。皇祐初，詔三聖並侑，後復迭配，未幾復並侑，以爲定制。雖出孝思，然頗違經典，當時有司失於講求。」下兩制議，翰林學士王珪等曰：「推尊以享帝，義之至也。然尊尊不可以瀆，故郊無二主。今三后並侑，欲以致孝也，而適所以瀆乎享帝，非無以寧神也〔六〕，請如禮官議。」七年正月，詔南郊以太祖定配。

高宗建炎二年，車駕至揚州，築壇於江都縣之東南。是歲冬至，祀昊天上帝，以太祖配。度宗咸淳二年，將舉郊祀，時復議以高宗參配。吏部侍郎兼中書門下省檢正洪燾等議，以爲：「物無二本，事無二初，舜之郊嚳，商之郊契，周郊后稷，皆所以推原其始也。禮者，所以別等差，視儀則，遠而尊者配於郊，近而親者配於明堂，明有等也。臣等謂宜如紹興故事，奉太宗配，將來明堂遵用先皇帝彝典，以高宗參侑，庶於報本之禮、奉先之孝，爲兩盡其至。」詔恭依。

儀注。乾德元年八月，禮儀使陶穀言：「饗廟、郊天，兩日行禮，從祀官前七日皆合於尙書省受誓戒，自來一日之內受兩處誓戒，有虧虔潔。今擬十一月十六日行郊禮，望依禮文於八日先受從享太廟誓戒，九日別受郊天誓戒，其日請放朝參。」從之。自後百官受誓戒於朝堂，宗室受於太廟。

祭之日均用丑時，秋夏以一刻，春冬以七刻，前二日遣官奏告。配帝之室，儀鸞司設大次、小次及文武侍臣、蕃客之次，太常設樂位、神位、版位等事。前一日司尊彝帥其屬以法陳祭器于堂東，僕射、禮部尚書視滌濯告潔，禮部尚書、侍郎省牲，光祿卿奉牲，告充、告備，禮部尚書視鼎鑊，禮部侍郎視腥熟之節。祭之旦，光祿卿率其屬取籩、豆、簠、簋實之。及薦腥，禮部尚書帥其屬薦籩、豆、簠、簋，戶部、兵部、工部尚書薦三牲之腥熟俎。禮畢，各徹，而有司受之以出。晡後，郊社令帥其屬掃除，御史按視之。奏中嚴外辦以禮部侍郎，請解嚴以禮部郎中。贊者設亞、終獻位於小次之南，宗室位於其後；設公卿位於亞、終獻之南，分獻官位於公卿之後，執事者又在其後，俱重行，西向北上。其致福也，太牢以牛左肩、臂、臑折九箇，少牢以羊左肩七箇，犆豕以左肩五箇。有司攝事、進胙皆如禮。太尉展視以授使者，再拜稽首。既享，大宴，號曰飲福，自宰臣而下至應執事及樂工、馭車馬人等，並均給有差，以爲定式。是歲十一月日至，皇帝服衮冕，執圭，合祭天地于圜丘，還御明德門樓，肆赦。

仁宗天聖二年，詔加眞宗謚，上謂輔臣曰：「郊祀重事，朕欲就禁中習儀，其令禮官草具

以聞。」先郊三日，奉謚册寶于太廟。次日，薦享玉清昭應、景靈宮，宿太廟。既享，赴青城，至大次，就更衣壇改服衮冕行事。五年，郊後擇日恭謝，大禮使王曾請節廟樂，帝曰：「三年一享，不敢憚勞也。」三獻終，增禮生七人，各引本室太祝升殿，徹豆。三日，又齋長春殿，謝玉清昭應宮。禮畢，賀皇太后，比籍田；勞酒儀，略如元會。其恭謝云：「臣某虔遵舊典，郊祀禮成，中外協心，不勝懽抃。」宣答曰：「皇帝德備孝恭，禮成嚴配，萬國稱頌，懽豫增深。」帝再拜還內。樞密使以下稱賀，閤門使宣答，樞密副使升殿侍立，百官稱賀。酒三行，還內殿，受命婦賀，司賓自殿側幕次引內命婦於殿庭，北向立，尙儀奏：「請皇太后卽御坐。」司賓贊：「再拜。」引班首升自西階，稱封號妾某氏等言：「郊祀再舉，福祚咸均，凡在照臨，不勝忻抃。」降，再拜。尙宮承旨，降自東階，稱「皇太后聖旨」，又再拜。司賓宣答曰：「已成鉅禮，歡豫良深。」皆再拜。次外命婦賀如內命婦儀，退，皆赴別殿賀皇帝，惟不致詞，不宣答。

神宗元豐六年十一月二日，帝將親郊，奉仁宗、英宗徽號册寶于太廟。是日晚，齋于大慶殿。三日，薦享于景靈宮，齋于太廟。四日，朝享七室，齋于南郊之青城。五日冬至，祀昊天上帝于圜丘，以太祖配。是日，帝服鞾袍，乘輦至大次。有司請行禮。服大裘，被衮冕以出，至壇中壝門外，殿中監進大圭，帝執以入，宮架樂作，至午階下版位，西向立，樂止。禮儀使贊曰：「有司謹具，請行事。」宮架奏景安之樂，文舞作六成，止，帝再拜，詣罍洗，宮架

樂作，至洗南北向，樂止。帝搢圭，盥帨訖，樂作，至壇下，樂止。升午階，登歌樂作，至壇上，樂止。殿中監進鎮圭，嘉安樂作，詣上帝神坐前，北向跪，奠鎮圭於繅藉〔七〕，執大圭，俛伏，興，搢圭跪，三上香，奠玉幣，執圭，俛伏，興，再拜。內侍舉鎮圭授殿中監，樂止。廣安樂作，詣太祖神坐前，東向，奠圭幣如上帝儀。登歌樂作，帝降壇，樂止。宮架樂作，還位，西向立，樂止。禮部尙書、戶部尙書以下奉饌俎，宮架豐安樂作，奉奠訖，樂止。再詣罍洗，帝搢大圭，盥帨，洗爵拭爵訖，執大圭，宮架樂作，至壇下，樂止。升自午階，登歌樂作，至壇上，樂止。登歌禧安樂作，詣上帝神坐前，搢圭跪，執爵祭酒，三奠訖，執圭，俛伏，興，樂止。太祝讀册，帝再拜訖，樂作。次詣太祖神坐前，如前儀。登歌樂作，帝降自午階，樂止。宮架樂作，還位，西向立，樂止。文舞退，武舞進，宮架正安之樂作，樂止。亞獻盥帨訖，正安樂作，禮畢，樂止。終獻行禮並如上儀，獻畢，宮架樂作，帝升自午階，樂止。登歌樂作，至飲福位，樂止。禧安樂作，帝再拜，搢圭跪，受爵，祭酒三，啐酒，奠爵，受俎，奠俎，受摶黍豆，再受爵，飲福訖，奠爵，執圭，俛伏，興，再拜，樂作〔八〕。帝降，還位如前儀。禮部、戶部尙書徹俎豆，禮直官曰：「賜胙行事。」陪祀官再拜，宮架宴安樂作〔九〕，一成止。宮架樂作，帝詣望燎位，南向立，樂止。禮直官曰：「可燎。」俟火燎半柴，禮儀使跪奏：「禮畢。」宮架樂作，帝出中壝門，殿中監受大圭，歸大次，樂止。有司奏解嚴。

帝乘輿還青城，百官稱賀於端誠殿。有司轉仗衞，奏中嚴外辦。帝服通天冠、絳紗袍，乘輿以出。至玉輅所，侍中跪請降輿升輅。帝升輅，門下侍郎奏請進行，又奏請少駐，宣侍臣乘馬。將至宣德門，奏采齊一曲，入門，樂止。侍中請降輅赴幄次，有司奏解嚴。帝常服，乘輿御宣德門，肆赦，羣臣稱賀如常儀。

初，淳化三年，將以冬至郊，前十日，皇子許王薨，有司言：「王薨在未受誓戒之前，準禮，天地、社稷之祀不廢。」詔下尙書省議。吏部尙書宋琪等奏：「以許王薨謝，去郊禮裁十日，又詔輟十一日以後五日朝參，且至尊成服，百僚皆當入慰。有司又以十二、十三日受誓戒，按令式，受誓戒後不得弔喪問疾。今若皇帝既輟朝而未成服，則全爽禮文；百僚既受誓而入奉慰，又違令式。況許王地居藩戚，望著親賢，於昆仲爲大宗，於朝廷爲冢嗣，遽茲薨逝，朝野同哀，伏想聖情，豈勝追念。當愁慘之際，行對越之儀，臣等實慮上帝之弗歆，下民之斯惑。況祭天之禮，歲有四焉，載於禮經，非有差降。請以來年正月上辛合祭天地。」從之。

神宗之嗣位也，英宗之喪未除。是歲當郊，帝以爲疑，以問講讀官王珪、司馬光、王安石，皆對以不當廢。珪又謂：「『喪三年不祭，惟祭天地、社稷，爲越紼而行事〔一〇〕。』傳謂：『不敢以卑廢尊也。』景德二年，眞宗居明德太后之喪，即易月而服除。明年遂享太廟，而合祀

天地於圜丘。請冬至行郊廟之禮，其服冕、車輅、儀物、音樂緣神事者皆不可廢。」詔用景德故事，惟郊廟及景靈宮禮神用樂，鹵簿鼓吹及樓前宮架、諸軍音樂，皆備而不作，警場止鳴金鉦、鼓角，仍罷諸軍呈閱騎隊。故事，齋宿必御樓警嚴，幸後苑觀花，作水戲，至是悉罷之。有司言：「故事，當謁謝於祖宗神御殿，獻享月吉禮，以禮官攝。」詔遣輔臣，仍罷詣佛寺。是後國有故，皆遣輔臣。

高宗紹興十二年，臣僚言：「自南巡以來，三歲之祀，獨於明堂，而郊天之禮未舉，來歲乞行大禮。」詔建圜壇於臨安府行宮東城之外，自是凡六郊焉。

孝宗隆興二年，詔曰：「朕恭覽國史，太祖乾德詔書有云：『務從省約，無至勞煩。』仰見事天之誠，愛民之仁，所以垂萬世之統者在是。今歲郊見，可令有司，除禮物、軍賞，其餘並從省約。」初降詔以十一月行事，以冬至適在晦日，以至道典故，改用獻歲上辛，遂改來年元爲乾道。乃以正月一日有事南郊，禮成，進胙于德壽宮，以牛腥體肩三、臂上臑二。導駕官自端誠殿簪花從駕至德壽宮上壽，飲福稱賀，陳設儀注，並同上壽禮。皇帝致詞曰：「皇帝臣某言：享帝合宮，受天純嘏，臣某與百僚不勝大慶，謹上千萬歲壽。」自後郊祀、明堂進胙飲福，並如上儀。

光宗紹熙二年十一月郊，以値雨，行禮于望祭殿。帝遂感疾。理宗四十一年，一郊而

已。度宗咸淳二年，權工部尙書趙汝暨等奏：「今歲大禮，正在先帝大祥之後，臣等竊惟帝王受命，郊見天地，不可緩也。古者有改元即郊，不用前郊三年爲計。況今適在當郊之歲，既踰大祥之期，圜丘之祀，豈容不舉。」於是降禮，以十一月十七日款謁南郊，適太史院言：「十六日太陰交蝕。」遂改來年正月一日南郊行禮。太常寺言：「皇帝既已從吉，請依儀用樂。其十二月二十九日朝獻景靈宮，三十日朝享太廟，尙在禫制之內，所有迎神、奠幣、酌獻、送神作樂外，其盥洗升降行步等樂，備而不作。」

校勘記

〔一〕東偏門曰迎禧　宋會要禮二之三、通考卷七一都作「東偏門曰承和，西偏門曰迎禧」。本卷當有脫誤。

〔二〕太祖位于壇上東方西向　「西向」原作「南向」，據五禮新儀卷二神位上、宋會要禮二五之八三改。

〔三〕外官　原作「外宮」，據本卷上文及五禮新儀卷二神位上改。

〔四〕九年　據長編卷一七、兩朝綱目卷二，此係開寶九年。

〔五〕四年　據長編卷三四、兩朝綱目卷四，此係淳化四年。

中華書局

〔六〕非無以寧神也　宋會要禮二五之八四作「則非所以寧神也」。

〔七〕奠鎮圭於繅藉　「繅藉」原作「練藉」，據宋會要禮一七之一五、禮一之三五及本志第五三「奠鎮圭於繅藉」改。

〔八〕受搢黍豆再受爵飲福訖奠爵執圭俛伏興再拜樂作　宋會要禮一七之一五，「受搢黍豆」作「受搢黍，奠黍豆」，「樂作」作「樂止」。

〔九〕宴安樂作　宋會要禮一七之一五作「興安」。

〔一〇〕惟祭天地社稷爲越紼而行事　「祭」字原脫，據禮記王制及宋會要禮二八之八、通考卷七一補。

宋史卷一百

志第五十三

禮三 吉禮三

北郊　祈穀　五方帝　感生帝

北郊。宋初，方丘在宮城之北十四里，以夏至祭皇地祇；別爲壇於北郊，以孟冬祭神州地祇。建隆以來，迭奉四祖崇配二壇。太平興國以後，但以宣祖、太祖更配。眞宗乃以太宗配方丘，宣祖配神州地祇。皇祐初，禮官言：「皇地祇壇四角再成〔一〕，面廣四丈九尺，東西四丈六尺。上成高四尺五寸，下成高五尺，方五丈三尺，陛廣三尺五寸，卑陋不應典禮。請如唐制增廣之。」五年，諸壇皆改。嘉祐配位七十一，加羊、豕各五。慶曆用犢，羊、豕各一。既而諫官司馬光奏：「大行請謚于南郊，而皇地祇止於望告，失尊卑之序。」下禮院，定非次祭告

皇地祇，請差官詣北郊行事。其神州之壇，方三丈一尺，皇祐增高三尺，廣四十八步，內壝四面以青繩代之。仍遣內臣降香，有司攝事如儀。

神宗元豐元年二月，郊廟奉祀禮文所言：「古者祀天於地上之圜丘，在國之南，祭地于澤中之方丘，在國之北，其牲幣禮樂亦皆不同，所以順陰陽、因高下而事之以其類也。由漢以來，乃有夫婦共牢，合祭天地之說，殆非所謂求神以類之意。本朝親祀上帝，即設皇地祇位，稽之典禮，有所未合。」遂詔詳定更改以聞。於是陳襄、王存、李清臣、張璪、黃履、陸佃、何洵直、楊完等議，或以當郊之歲，冬夏至日分祭南北郊，各一日而祀徧；或於圜丘之旁，別營方丘而望祭；或以夏至盛暑，天子不可親祭，改用十月；或欲親郊圜丘之歲，夏至日遣上公攝事於方丘，議久未決。

三年，翰林學士張璪言：「先王順陰陽之義，以冬至祀天，夏至祀地，此萬世不可易之理。議者乃欲改用他月，無所據依。必不得已，宜即郊祀之歲，於夏至之日，盛禮容，具樂舞，遣冢宰攝事。雖未能皆當於禮，庶幾先王之遺意猶存焉。」於是禮官請如璪議，設宮架樂、文武二舞，改製樂章，用竹册匏爵，增配帝犢及捧俎分獻官，廣壇壝齋宮，脩定儀注上之。既而曾肇言：「今冬至若罷合祭，而夏至又以有司攝事，則不復有親祭地祇之時，於父天母地之義若有隆殺。請遇親祀南郊之歲，以夏至日備禮躬款北郊，以存事地之義。」四年

中華書局

四月，乃詔：「親祀北郊，並依南郊之儀，有故不行，即以上公攝事。」六年，禮部、太常寺上親祀儀並如南郊；其攝事唯改舞名及不備官，其籩豆、樂架、玉幣之數，盡如親祠。是歲十一月甲辰冬至，祀昊天上帝，以太祖配，始罷合祭，不設皇地祇位。

哲宗初立，未遑親祀，有司攝事如元豐儀。元祐五年夏至，祭皇地祇，命尚書右丞許將攝事。將言：「王者父天母地，三歲冬至，天子親祠，徧享宗廟，祀天圜丘，而夏至方澤之祭，乃止遣上公，則皇地祇遂永不在親祠之典，此大闕禮也。望博詔儒臣，講求典故，明正祀典，爲萬世法。」禮部尚書趙彥若請依元豐所定，郊祀之歲，親祀方丘及攝事，已合禮之正，更不須聚議。禮部郎中崔公度請用陳薦議，仍合祭天地，從祀百神。復詔尚書、侍郎、兩省及侍從、臺諫、禮官集議。於是翰林學士顧臨等八人，請合祭如故事，竢將來親祠北郊，則合祭可罷。宋興，一祖六宗〔二〕，皆合祭天地，其不合祭者，惟元豐六年一郊爾。去所易而就所難，虛地祇之大祭，失今不定，後必悔之。吏部侍郎范純禮等二十二人，皆主北郊之議。中書舍人孔武仲又請以孟冬純陰之月，詣北郊親祠，如神州地祇之祭。彭汝礪、曾肇復上疏論合祭之非。文多不載。

九月，三省上顧臨等議。太皇太后曰：「宜依仁宗皇帝故事。」呂大防言：「諸儒獻議，欲南郊不設皇地祇位，於祖宗之制未覩其可。」范百祿以「圜丘無祭地之禮，記曰：『有其廢之，

莫可舉也。』先帝所廢，稽古據經，未可輕改。」大防又言：「先帝因禮文所建議，遂令諸儒定北郊祀地之禮，然未經親行。今皇帝臨御之始，當親見天地，而獨不設地祇位，恐亦未安。況祖宗以恩霈四方，慶賚將士，非三歲一行，則國力有限。今日宜爲勉行權制，俟北郊議定及太廟享禮，行之未晚。」太皇太后以大防之言爲是。而蘇頌、鄭雍皆以「古者人君嗣位之初，必郊見天地。今皇帝初郊而不祀地，恐未合古。」乃下詔曰：「國家郊廟特祀，祖宗以來命官攝事，惟三歲一親郊，則先享清廟，冬至合祭天地于圜丘。元豐間，有司援周制，以合祭不應古義，先帝乃詔定親祀北郊之儀，未之及行。是歲，郊祀不設皇地祇位，而宗廟之享率如權制。朕方脩郊見天地之始，其冬至日南郊，宜依熙寧十年故事，設皇地祇位以嚴並況之儀。厥後躬行方澤之祀，則脩元豐六年五月之制。俟郊禮畢，集官詳議典禮以聞。」十一月冬至，親祠南郊，遂合祭天地，而詔罷飲福宴。

八年，禮部尚書蘇軾復陳合祭六議，令禮官集議以聞。已而下詔依元祐七年故事，合祭天地于南郊，仍罷集議。紹聖元年，以右正言張商英言：「先帝制詳定禮文所，謂合祭非古，據經而正之。元祐之臣，乃復行合祭，請再下禮官議。」御史中丞黃履謂：「南郊合祭，因王莽諂事元后，遂躋地位，同席共牢。逮先帝親郊〔三〕，大臣以宣仁同政，復用莽意合祀，瀆亂典禮。」帝以詢輔臣，章惇曰：「北郊止可謂之社。」黃履曰：「郊者交於神明之義，所以天地

皆稱郊。社者土之神爾，豈有祭大祇亦可謂之社乎？」乃以履奏送禮部、太常寺。權禮部侍郎盛陶、太常丞王誼等言：「宜用先帝北郊儀注，以時躬行，罷合祭禮。」已而三省言：「合祭既非禮典，但盛夏祭地祇，必難親行。」詔令兩省、臺諫、禮官同議，可親祀北郊，然後罷合祭之禮。曾布、錢勰、范純禮、韓宗師、王古、井亮采、常安民、李琮、虞策、劉定、傅楫、黃裳、豐稷、葉祖洽等言，互有是否。蔡京、林希、蔡卞、黃履、吳安持、晁端彥、翟思、郭知章、劉拯、黃慶基、董敦逸等請罷合祭。詔從之。然北郊親祀，終帝之世未克舉云。

建中靖國元年，命禮部、太常寺詳定北郊儀制。殿中侍御史彭汝霖又請改合祭之禮，韓忠彥以爲不可。曾布力主北郊之說，帝亦然之，遂罷合祭。

政和三年，詔禮制局議方壇制度。是歲，新壇成。初，元豐三年七月，詔改北郊圜壇爲方丘。六年，命禮部、太常定北郊壇制。哲宗紹聖三年，權尚書侍郎黃裳等言：「南郊青城至壇所五百一十八步，自瑞聖園至皇地祇壇之東壝五百五十六步，相去不遠。其壇係國初所建，神靈顧享已久。元豐間，有司請地祇、神州並爲方壇，壇之外爲坎，詔止改圜壇爲方。請下有司，比類南郊增飾制度，除治四面稍令低下，以應澤中之制。」詔禮部再爲詳定，指畫興築。至是，禮制局言：「方壇舊制三成，第一成高三尺，第二成、第三成皆高二尺五寸，上廣八丈，下廣十有六丈。夫圜壇既則象於乾，則方壇當效法於坤。今議方壇定爲再成，一

成廣三十六丈，再成廣二十四丈，每成崇十有八尺，積三十六尺，其廣與崇皆得六六之數，以坤用六故也。爲四陛，陛爲級一百四十有四，所謂坤之策百四十有四者也。爲再壝，壝二十有四步，取坤之策二十有四也。成與壝俱再，則兩地之義也。」齋宮大內門曰廣禋，東偏門曰東秩，西偏門曰西平，正東門曰含光，正西門曰咸亨，正北門曰至順，南內大殿門曰厚德，東曰左景華，西曰右景華，正殿曰厚德，便殿曰受福、曰坤珍、曰道光，亭曰承休，後又增四角樓爲定式。

其神位，崇寧初，禮部員外郎陳暘言：「五行於四時，有帝以爲之主，必有神以爲之佐。今五行之帝既從享於南郊第一成，則五行之神亦當列於北郊第一成。天莫尊於上帝，而五帝次之；地莫尊於大祇，而嶽帝次之，今尚與四鎮、海、瀆並列，請升之於第一成。」至是，議禮局上新儀：皇地祇位於壇上北方南向，席以稾秸；太祖皇帝位於壇上東方西向，席以蒲越。木神勾芒、東嶽於壇第一龕，東鎮、海、瀆於第二龕，東山、林、川、澤於壇下，東丘、陵、墳、衍、原、隰於內壝之內，皆在卯階之北，以南爲上。神州地祇、火神祝融、南嶽於壇第一龕，南鎮、海、瀆於第二龕，南山、林、川、澤於壇下，南丘、陵、墳、衍、原、隰於內壝之內，皆在午階之東，以西爲上。土神后土、中嶽於壇第一龕，中鎮於第二龕，中山、林、川、澤於壇下，中丘、陵、墳、衍、原、隰於內壝之內，皆在午階之西，以西爲上。金神蓐收、西嶽於壇第一

龕，西鎮、海、瀆於第二龕，崑崙、西山、林、川、澤於壇下，西丘、陵、墳、衍、原、隰於內壝之內，皆在酉階之南，以北爲上。水神玄冥、北嶽於壇第一龕，北鎮、海、瀆於第二龕，北山、林、川、澤於壇下，北丘、陵、墳、衍、原、隰於內壝之內，皆在子階之西，以東爲上。神州地祇席以稾秸，餘以莞席，皆內向。其餘並如元豐儀壇壝之制。其位板之制：上帝位板長三尺，取參天之數；厚九寸，取乾元用九之數；廣尺二寸，取天之備數；書徽號以蒼色，取蒼璧之義。皇地祇位板長二尺，取兩地之數；厚六寸，取坤元用六之數；廣一尺，取地之成數；書徽號以黃色，取黃琮之義。皆以金飾。配位板各如天地之制。

又言：「大禮格，皇地祇玉用黃琮，神州地祇、五嶽以兩圭有邸。今請二者並施於皇地祇，求神以黃琮，薦獻以兩圭有邸。神州惟用圭邸，餘不用。玉琮之制，當用坤數，宜廣六寸，爲八方而不剡；兩圭之長宜共五寸，並宿一邸，色與琮同。牲幣如之。」又言：「常祭，地祇、配位各用冰鑑一；今親祀，盛暑，請增正配及從祀位冰鑑四十一。」並從之。

四年五月夏至，親祭地于方澤，以皇弟燕王俁爲亞獻，越王偲爲終獻。皇帝散齋七日于別殿，致齋七日于內殿，一日於齋宮。前一日告配太祖室，其有司陳設及皇帝行事，並如郊祀之儀。是後七年，至宣和二年、五年，親祀者凡四。

高宗紹興初，惟用酒脯鹿臡，行一獻禮。二年，太常少卿程瑀言：「皇地祇，當一依祀

天儀式。」詔從之。又言：「國朝祀皇地祇，設位於壇之北方南向。政和四年，設於南方北向。今北面望祭，北向爲難，且於經典無據。請仍南向。」

淳熙中，朱熹爲先朝南北郊之辯曰：「禮『郊特牲而社稷太牢』，書『用牲于郊，牛二』及『社于新邑』，此明驗也。本朝初分南北郊，後復合而爲一。周禮亦只說祀昊天上帝，不說祀后土，故先儒言無北郊，祭社即是祭地。古者天地未必合祭，日月、山川、百神亦無一時合祭共享之禮。古之時，禮數簡而儀從省，必是天子躬親行事，豈有祭天却將上下百神重沓累積併作一祭耶？且郊壇陛級兩邊上下，皆是神位，中間恐不可行。或問：郊祀后稷以配天，宗祀文王以配上帝，帝卽是天，天卽是帝，却分祭何也？曰：爲壇而祭，故謂之天，祭於屋下而以神祇祭之，故謂之帝。」

祈穀、雩祀。宋之祀天者凡四：孟春祈穀，孟夏大雩，皆於圜丘或別立壇；季秋大饗明堂；惟冬至之郊，則三歲一舉，合祭天地焉。開寶中，太祖幸西京，以四月有事南郊，躬行大雩之禮。淳化、至道，太宗亦以正月躬行祈穀之祀，悉如圜丘之禮。景德三年，龍圖閣待制陳彭年言：「伏覩畫日，來年正月三日上辛祈穀，至十日始立春。按月令，正月元日注爲祈穀，郊祀昊天上帝。春秋傳曰：『啓蟄而郊，郊而後耕。』蓋春氣初至，農事方興，郊祀昊天，以祈嘉穀，當在建寅之月，迎春之後。自晉泰始二年，始用上辛，不擇立春之先後。齊永明元年，立春前郊，議欲遷日，王儉曰：『宋景平元年、元嘉六年，並立春前郊。』遂不遷日。吳操之云：『應在立春前。』然則左氏所記，乃三代彝章；王儉所言，乃後世變禮。來年正月十日立春，三日祈穀，斯則襲王儉之末議，違左氏之明文。望以立春後上辛行祈穀禮。」因詔有司詳定諸祠祭祀。有司言：「今年四月五日，雩祀上帝，十三日立夏祀赤帝。按月令：『立夏之日，天子迎夏于南郊。』注云：『爲祀赤帝於南郊。』又云：『是月也，大雩。』注云：『春秋傳曰：龍見而雩。』龍星謂角、亢也，立夏後，昏見於東方。按五禮精義云：『自周以來，歲星差度，今之龍見或在五月，以祈甘雨，於時已晚，但四月上旬卜日。』今則惟用改朔，不待得節，祭於立夏之前，殊違舊禮之意。苟或龍見於仲夏，雩祀於季春，相去遼闊，於禮未周。欲請並於立夏後卜日，如立夏在三月，則待改朔。」

天禧元年十二月，禮儀院言：「準畫日，來年正月十七日祈穀，前二日奏告太祖室，緣歲以正月十五日朝拜玉清昭應宮，景德四年以前，祈穀止用上辛，其後用立春後辛日，蓋當時未有朝拜宮觀禮。王儉啓云：『近代明例，不以先郊後春爲嫌。』又宋孝武朝有司奏〔四〕『魏代郊天値雨，更用後辛』，或正月上辛，事有相妨，並許互用，在於禮典，固亦

無嫌。」

初，祈穀、大雩，皆親祀上帝。由熙寧迄靖康，惟有司攝事而已。元豐中，禮官言：「慶曆大雩宗祀之儀，皆用犢、羊、豕各一，唯祈穀均祀昊天上帝止用犢一。請依雩祀、大享明堂牲牢儀，用犢、羊、豕各一。」

四年十月，詳定郊廟奉祀禮文所言：「近詔宗祀明堂以配上帝，其餘從祀羣神悉罷。今祈穀、大雩猶循舊制，皆羣神從祀，恐與詔旨相戾。請孟春祈穀、孟夏大雩，惟祀上帝，以太宗皇帝配，餘從祀羣神悉罷。又請改築雩壇於國南門，以嚴祀事。」並從之。

五年七月，禮部言：「雩壇當立於圜丘之左巳地，其高一丈，廣輪四丈，周十二丈，四出陛，爲三壝各二十五步，周垣四門，一如郊壇之制。」從之。大觀四年二月，禮局議以立春後上辛祈穀，詔以「今歲孟春上辛在丑，次辛在亥，遇丑不祈而祈於亥，非禮也」，乃不果行。

政和祈穀儀：前期降御札，以來年正月上辛祈穀，祀上帝。前祀十日，太宰讀誓於朝堂，刑部尚書涖之；少宰讀誓於太廟齋房，刑部侍郎涖之。皇帝散齋七日，致齋三日。前祀一日，服通天冠、絳紗袍，乘玉輅，詣青城。祀日，自齋殿服通天冠、絳紗袍，乘輿至大次，服袞冕，執圭，入正門，宮架儀安之樂作。禮儀使奏請行事，宮架作景安之樂，帝臨降康之舞六成，止。太常升烟，禮儀使奏請再拜。盥洗，升壇上，登歌嘉安之樂作。皇帝搢大

圭，執鎭圭，詣上帝神位前，北向，奠鎭圭於繅藉，執大圭，俛伏，興。又奏請搢大圭，跪，受玉幣。奠訖，詣太宗神位前，東向，奠幣如上儀，登歌作仁安之樂。皇帝降階，有司進熟，禮儀使奏請執大圭，升壇，登歌歆安之樂作。皇帝詣上帝神位前酌獻，執爵祭酒，讀册文訖，奏請皇帝再拜。詣太宗神位前酌獻，並如上儀，登歌作紹安之樂。皇帝降階，入小次，文舞退，武舞進，宮架容安之樂作。亞獻酌獻，宮架作隆安之樂，神保錫羨之舞。終獻如之。禮儀使奏請皇帝詣飲福位，宮架禧安之樂作。皇帝受爵。又請再拜。有司徹俎，登歌成安之樂作。送神，宮架景安之樂作。皇帝詣望燎位。禮畢，還大次。雩祀上帝儀亦如之。惟太宗神位奠幣作獻安之樂，酌獻作感安之樂。

南渡後，以四祀二在南郊圜壇，二在城西惠照院齋宮。紹興十四年始具樂舞，用政和儀，增籩豆之數。乾道五年，太常少卿林栗乞四祭並卽圜壇，禮部侍郎鄭聞謂：「明堂當從屋祭，不當在壇。有司攝事，當於望祭殿行禮。」從之。淳熙十六年，光宗受禪，始奉高宗配焉。

五方帝。宋因前代之制，冬至祀昊天上帝于圜丘，以五方帝、日、月、五星以下諸神從

祀。又以四郊迎氣及土王日專祀五方帝，以五人帝配，五官、三辰、七宿從祀。各建壇于國門之外：青帝之壇，其崇七尺，方六步四尺；赤帝之壇，其崇六尺，東西六步三尺，南北六步二尺；黃帝之壇，其崇四尺，方七步；白帝之壇，其崇七尺，方七步；黑帝之壇，其崇五尺，方三步七尺。天聖中，詔太常葺四郊宮，少府監遣吏齎祭服就給祠官，光祿進胙，監祭封題。慶曆用羊、豕各一，正位太尊、著尊各二，不用犧尊，增山罍爲二，壇上簠、簋、俎各增爲二。皇祐定壇如唐郊祀錄，各廣四丈，其崇用五行八七五九六爲尺數。嘉祐加羊、豕各二。

元祐六年，知開封府范百祿言：「每歲迎氣於四郊，祀五帝，配以五神，國之大祠也。古者天子皆親帥三公、九卿、諸侯、大夫以虔恭重事，而導四時之和氣焉。今吏部所差三獻皆常參官〔五〕，其餘執事贊相之人皆班品卑下，不得視中祠行事者之例。請下禮部與太常議，宜以公卿攝事。」從之。

景德中，南郊鹵簿使王欽若言：「五方帝位板如靈威仰、赤熛怒、含樞紐、白招拒、叶光紀，恐是五帝之名，理當恭避。」禮官言：「開寶通禮義纂，五者皆是帝號。漢書注自有名，卽蒼帝靈符，赤帝文祖，白帝顯紀，黑帝玄矩，黃帝神斗是也。既爲美稱，不煩回避。」嘉祐元年，以集賢校理丁諷言，按春秋文耀勾爲五帝之名，始下太常去之。

其祀儀：皇帝服衮冕，祀黑帝則服裘被衮。配位，登歌作承安之樂。餘並如祈穀禮。

立春祀青帝，以帝太昊氏配，勾芒氏、歲星、三辰、七宿從祀。勾芒位壇下卯階之南，歲星、析木、大火、壽星位壇下子階之東，西上。角、亢、氐、房、心、尾、箕宿，位于壇下子階之西，東上。立夏祀赤帝，以帝神農氏配，祝融氏、熒惑、三辰、七宿從祀。祝融位壇下卯階之南，熒惑、鶉首、鶉火、鶉尾位子階之東，西上。井、鬼、柳、星、張、翼、軫宿，位于壇下子階之西，東上。季夏祀黃帝，以黃帝氏配〔六〕，后土、鎭星從祀。后土位壇下卯階之南，鎭星位壇下子階之東。立秋祀白帝，以帝少昊氏配，蓐收、太白、三辰、七宿從祀。蓐收位壇下卯階之南，太白、大梁、降婁、實沈位壇下子階之東，西上。奎、婁、胃、昴、畢、觜、參宿，位于子階之西，東上。立冬祀黑帝，以帝高陽氏配，玄冥、辰星、三辰、七宿從祀。玄冥位壇下卯階之南，辰星、諏訾、玄枵、星紀位子階之東，西上。斗、牛、女、虛、危、室、壁宿，位子階之西，東上。紹興仍舊制，祀五帝于郊。

感生帝，卽五帝之一也。帝王之興，必感其一。北齊、隋、唐皆祀之，而隋、唐以祖考升配，宋因其制。乾德元年，太常博士聶崇義言：「皇帝以火德上承正統，請奉赤帝爲感生帝。每歲正月，別壇而祭，以符火德。」事下尚書省集議，請如崇義奏。乃酌隋制，爲壇于南郊，高七尺，廣四丈，日用上辛，配以宣祖。牲用騂犢二，玉用四圭有邸，幣如方色。明年正

月，有司言：「上辛祀昊天上帝，五方帝從祀。今既奉赤帝爲感生帝，一日之內，兩處俱祀，似爲煩數。況同時並祀，在禮非宜。昊天從祀，請不設赤帝坐。」從之。

乾興元年九月，太常丞同判禮院謝絳言〔七〕：「伏覩本院與崇文院檢討官詳定，以宣祖配感生帝。竊尋宣祖非受命開統，義或未安。唐武德初，圜丘、方丘、雩祀並以景帝配，祈穀、大享並以元帝配。太宗初，奉高祖配圜丘、明堂、北郊，元帝配感生帝。高宗永徽二年，祀高祖於圜丘，祀太宗於明堂，兼感生帝作主。又以景帝、元帝稱祖，萬代不遷，停配以符古義。臣以爲景帝厥初受封爲唐始祖，蓋與宣祖不侔〔八〕。宣祖於唐，是爲元帝之比。唐有天下，裁越三世，而景、元二祖已停配典。有宋受命，既自太祖，于今四聖，而宣祖侑祀未停，恐非往典之意。請依永徽故事，停宣祖配，仍用太宗故事，宗祀眞宗於明堂，兼感生帝作主。若據鄭氏說，則曰五帝迭王，王者因所感別祭，尊於南郊，以祖配之。今若不用武德、永徽故事，請以太祖兼配，正符鄭說。詳鄭之意，非受命始封之祖不得配，故引周后稷配靈威仰之義爲證。惟太祖始造基業，躬受符命，配侑感帝，據理甚明〔九〕。如恐祠日相妨，當以太宗配祈穀，太祖配雩祀，亦不失尊嚴之旨。臣以爲宣廟非惟不遷，而迭用配帝，於古爲疑。禮：『祖有功，宗有德。』但非受命之祖，親盡必毀，況配享乎？」

翰林承旨李維等議：「按禮祭法正義曰：『郊，謂夏正建寅之月，祭感生帝於南郊。』此則

祟配之文也。竊惟感帝比祈穀，禮秩差輕；宣祖比太祖，功業有異。今以太祖配祈穀，宣祖配感帝，稱情立文，於禮斯協。」詔從所定。

其祀儀：皇帝散齋七日，致齋三日。太史設帝位於壇上，北方南向，席以藁秸。配帝位于壇上，東方西向，席以蒲越。配位，奠幣作皇安之樂，酌獻作肅安之樂，餘如祈穀祀上帝儀。

紹興十八年，臣僚言：「我朝祀赤帝爲感生帝，世以僖祖配之。祖宗以來，奉事尤謹，故子孫衆多，與天無極。中興寖久，祀秩咸脩。惟感生帝，有司因循，尚淹小祀，寓於招提，酒脯而已。宜詔有司，升爲大祀，庶幾天意潛孚，永錫蕃衍。」詔禮官議之，遂躋大祀。禮行三獻，用籩豆十二，設登歌樂舞，望祭於齋宮。

校勘記

〔一〕皇地祇壇四角再成　「四角」原作「各」，據太常因革禮卷五馮浩等狀、溫國文正司馬公集卷一六中本寺乞奏修築皇地祇壇狀補改。

〔二〕一祖六宗　按此處是元祐時議論合祭事，「六宗」當爲「五宗」之誤。

〔三〕迨先帝親郊　此句疑有訛脫。宋會要禮三之二一作「逮于先帝，始釐正之。陛下初郊」。

〔四〕又宋孝武朝有司奏　「宋孝武」原作「宋武」。按長編卷九〇作「宋孝武」。「宋武」，指宋武帝劉裕；「宋孝武」，則指宋孝武帝劉駿（裕之孫）。又按下文有司奏議，據宋書卷一六禮志，係指大明二年正月南郊之議，大明是宋孝武帝年號，此處「宋武」當爲「宋孝武」之誤。據補「孝」字。

〔五〕今吏部所差三獻皆常參官　「部」字原脫，據長編卷四六三、通考卷七八郊社考補。

〔六〕以黃帝氏配　「黃帝氏」，五禮新儀卷四七、通考卷七八郊社考都作「帝軒轅氏」。

〔七〕太常丞同判禮院謝絳言　「同判」原作「同制」，據本書卷二九五謝絳傳、長編卷九九改。

〔八〕蓋與宣祖不侔　「宣祖」原作「宣帝」，據太常因革禮卷八、長編卷九九改。

〔九〕據理甚明　「據」原作「處」，據長編卷九九改。

宋史卷一百一

志第五十四

禮四　吉禮四

明堂

明堂。宋初，雖有季秋大享之文，然未嘗親祠，命有司攝事而已。眞宗始議行之，屬封岱宗，祀汾陰，故亦未遑。皇祐二年三月，仁宗謂輔臣：「今年冬至日，當親祀圜丘，欲以季秋行大享明堂禮。然自漢以來，諸儒各爲論議，駁而不同。夫明堂者，布政之宮，朝諸侯之位，天子之路寢，乃今之大慶殿也。況明道初合祀天地於此，今之親祀，不當因循，尚於郊壇寓祭也。其以大慶殿爲明堂，分五室於內。」仍詔所司詳定儀注以聞。禮院請依周禮，設五室於大慶殿。舊禮，明堂五帝位皆爲幔室。今旁帷上幕，宜用青繒朱裏；四戶八牖，

赤綴戶，白綴牖，宜飾以朱白繒。

詔曰：「祖宗親郊，合祭天地，祖宗並配，百神從祀。今祀明堂，正當親郊之期，而禮官所定，祭天不及地祇，配坐不及祖宗，未合三朝之制。且移郊爲大享，蓋亦爲民祈福，宜合祭皇地祇，奉太祖、太宗、眞宗並配，而五帝、神州亦親獻之。日、月、河、海諸神，悉如圜丘從祀之數。」禮官議諸神位未決，帝諭文彥博等曰：「郊壇第一龕者在堂，第二、第三龕設於左右夾廡及龍墀上，在壝內外者，列於堂東西廂及後廡，以象壇壝之制。仍先繢圖。」

令輔臣、禮官視設神位。昊天上帝，堂下山罍各四。皇地祇，太尊、著尊、犧尊、山罍各二，在堂上室外神坐左；象尊二，壺尊二，山罍四，在堂下中陛東。三配帝、五方帝，山罍各二，於室外神坐左。神州，太尊、著尊、山罍各二，在堂上神坐左。牲各用一犢，毛不能如其方，以純色代。籩豆，數用大祠。日、月、天皇大帝、北極，太尊各二，在殿上神坐左。籩豆，數用中祠。五官，數用小祠。內官，象尊各二，每方岳、鎮、海、瀆，山尊各二，在堂左右。中官，壺尊各二，在丹墀、龍墀上。外官，每方丘、陵、墳、衍、原、隰，概尊各二，衆星，散尊各二，在東西廂神坐左右。配帝席蒲越，五人帝莞，北極以上藁秸加褥，五官、五星以下莞不加褥，餘如南郊。景靈宮升降，置黃道褥位。致齋日，陳法駕鹵簿儀仗，壝門大次之後設小次。知廟卿酌奠七祠，文臣分享奉慈、后廟，近侍宿朝堂。行事及從升堂，百官分宿昇龍門外，內

中華書局

庭省司宿本所〔一〕，諸方客宿公館。設宿爟火於望燎位東南〔二〕。牲增四犢，羊豕依郊各十六，以薦從祀。帝謂前代禮有祭玉、燔玉，今獨有燔玉，命擇良玉爲琮、璧。皇地祇黃琮、黃幣，神州兩圭有邸、黑幣，日月圭、璧，皆置神坐前，燔玉加幣上。五人帝、五官白幣，日月、內官以下，幣從方色。

九月二十四日未漏上水一刻，百官朝服，齋于文德殿。明日未明二刻，鼓三嚴，帝服通天冠、絳紗袍，玉輅，警蹕，赴景靈宮，即齋殿易袞圭，薦享天興殿畢，詣太廟宿齋，其禮具太廟。未明三刻，帝韡袍，小輦，殿門契勘，門下省奉寶輿先入。及大次，易袞圭入，至版位，樂舞作，沃盥，自大階升。禮儀使導入太室，詣上帝位，奠玉幣於神坐，次皇地祇、五方帝、神州，次祖宗。奠幣酌獻之叙亦然。皇帝降自中階，還版位，樂止。禮生引分獻官奉玉幣，祝史、齋郎助奠諸神坐，乃進熟。諸太祝迎上帝、皇地祇饌，升自中階；青帝、赤帝、神州、配帝、大明、北極、太昊、神農氏饌，升自東階；黃帝、白帝、黑帝、夜明、天皇大帝、軒轅、少昊、高陽氏饌，升自西階；內中官、五官、外官、五星諸饌，隨便升設。亞獻將升，禮生分引獻官俱詣罍洗，各由其階酌獻五人帝、日月、天皇、北極，下及左右夾廡、丹墀、龍墀、庭中五官、東西廂外官衆星坐。禮畢，帝還大次，解嚴，改服乘輦，御紫宸殿，百官稱賀。乃常服，御宣德門肆赦，文武內外官遞進官有差。宣制畢，宰臣百僚賀于樓下，賜百官福胙及內外致仕文武

升朝官以上粟帛羊酒。

嘉祐七年七月，詔復有事於明堂，有司言：「皇祐參用南郊百神之位，不應祭法。宜如隋、唐舊制，設昊天上帝、五方帝位，以眞宗配，而五人帝、五官神從祀。餘皆罷〔三〕。又前一日，親享太廟，嘗停孟冬之薦，考詳典禮，宗廟時祭，未有因嚴配而輟者。今明堂去孟冬畫日尚遠，請復薦廟。前者祖宗並侑，今用典禮獨配；前者地祇、神州並享，今以配天而罷。是皆變於禮中之大者也。開元、開寶二禮，五帝無親獻儀。舊禮，先詣昊天奠獻，五帝並行分獻，以侍臣奠幣，皇帝再拜，次詣眞宗神坐，於禮爲允。」而帝欲盡恭於祀事，五方帝位並親獻焉。朝廟用犢一，羊七，豕七；昊天上帝、配帝犢各一，羊豕各二；五方、五人帝共犢五，豕五，羊五；五官從祀共羊豕十。

英宗即位，禮官議仁宗配明堂，知制誥錢公輔等言：「孝經曰：『昔者周公郊祀后稷以配天，宗祀文王於明堂以配上帝。』又曰：『孝莫大於嚴父，嚴父莫大於配天，則周公其人也。』以周公言之則嚴父，以成王言之則嚴祖。方是時，政則周公，祭則成王，亦安在必嚴其父哉？我將之詩是也。眞宗則周之武王，仁宗則周之成王，雖有配天之業，而無配天之祭，未聞成、康以嚴父之故，廢文王配天之祭而移之。以孔子之心推周公之志〔四〕，則嚴父也；以周公之心攝成王之祭，則嚴祖也，嚴祖、嚴父，其義一也。漢明始建明堂，以光武配，當始配

之代，適符嚴父之說，章、安二帝亦弗之變，最爲近古而合乎禮。唐中宗時，則以高宗配；在玄宗時，則以睿宗配；在永泰時，則以肅宗配。禮官不能推明經訓，務合古初，反雷同其論以惑時主，延及於今，牢不可破。仁宗嗣位之初〔五〕，儻有建是論者，則配天之祭常在乎太宗矣。願詔有司博議，使配天之祭不膠於嚴父〔六〕，而嚴父之道不專乎配天。」

觀文殿學士孫抃等曰：「易稱『先王作樂崇德，薦之上帝，以配祖考。』蓋祖、考並可配天，符於孝經之說，不可謂必嚴其父也。祖、考皆可配郊與明堂而不同位，不可謂嚴祖、嚴父其義一也。雖周家不聞廢文配而移於武，廢武配而移於成，然易之配考，孝經之嚴父，歷代循守，不爲無說。魏明帝祀文帝於明堂以配上帝，史官謂是時二漢之制具存，則魏所損益可知，亦不可謂章、安之後配祭無傳，遂以爲未嘗嚴父也。唐至本朝講求不爲少，所以不敢異者，舍周、孔之言無所本也。今以爲我將之詩，祀文王於明堂而歌者，安知非孔子刪詩，存周全盛之頌被於管弦者，獨取之也？仁宗繼體守成，置天下於泰安四十二年，功德可謂極矣。今祔廟之始，抑而不得配帝，甚非所以宣章嚴父之大孝。」

諫官司馬光、呂誨曰：「孝子之心，孰不欲尊其父？聖人制禮以爲之極，不敢踰也。詩曰：『思文后稷，克配彼天。』又我將：『祀文王於明堂。』下此，皆不見於經。前漢以高祖配天，後漢以光武配明堂，以是觀之，自非建邦啓土、造有區夏者，皆無配天之文。故雖周之

成、康，漢之文、景、明、章，德業非不美也，然而不敢推以配天，避祖宗也。孔子以周公有聖人之德，成太平之業，制禮作樂，而文王適其父，故引以證『聖人之德莫大於孝』答曾子，非謂凡有天下者皆當尊其父以配天，然後爲孝也。近代祀明堂者，皆以其父配上帝，此乃誤釋孝經之義，而違先王之禮也。景祐中，以太祖爲帝者之祖，比周之后稷，太宗、眞宗爲帝者之宗，比周之文、武，然則祀眞宗於明堂以配上帝，亦未失古禮。仁宗雖豐功美德洽於四海，而不在二祧之位，議者乃欲舍眞宗而以仁宗配，恐於祭法不合。」詔從抃議。

御史趙鼎請遞遷眞宗配雩祭，太宗配祈穀、神州，用唐故事。學士王珪等以爲：「天地大祭有七，皆以始封受命創業之君配神作主，明堂用古嚴父之道配以近考，故在眞宗時以太宗配，在仁宗時以眞宗配，今則以仁宗配。仁宗始罷太宗明堂之配，太宗先已配雩祀、祈穀及神州之祭，本非遞遷。今明堂既用嚴父之道，則眞宗配天之祭於禮當罷，不當復分雩祭之配也。」治平四年九月，大享明堂，以英宗配。

元豐，詳定禮文所言：「祀帝南郊，以天道事之，則雖配帝用犢，禮所謂『帝牛不吉，以爲稷牛』是也。享帝明堂，以人道事之，則雖天帝用太牢，詩所謂『我將我享，維羊維牛』是也。自梁用特牛，隋、唐因之，皆用特牲，非所謂以人道享上帝之意也。皇祐、熙寧所用犢與羊、豕，皆未應禮。今親祠上帝、配帝、五方帝、五人帝，請用牛、羊、豕各一。」太常禮院言：「今

歲明堂，倘在慈聖光獻皇后三年之內，請如熙寧元年南郊故事，惟祀事用樂，鹵簿鼓吹、宮架、諸軍音樂皆備而不作，警場止鳴金鉦、鼓角而已。」自是，凡國有故皆用此制。

六月詔曰：「歷代以來，合宮所配，雜以先儒六天之說，朕甚不取。將來祀英宗皇帝於明堂，惟以配上帝，餘從祀羣神悉罷。」詳定所言：「按周禮有稱昊天上帝，有稱上帝，有稱五帝者，一帝而已。將來祀英宗於明堂，合配昊天上帝及五帝，欲以此修入儀注。」并據知太常禮院趙君錫等狀：「按周官掌次職曰：『王大旅上帝，則張氈案；祀五帝，則設大次、小次。』又司服職曰：『祀昊天上帝則服大裘而冕，祀五帝亦如之。』明上帝與五帝異。則宗祀文王以配上帝者，非可兼五帝也。自鄭氏之學興，乃有六天之說，而事非經見。晉泰始初，論者始以爲非，遂於明堂惟設昊天上帝一坐而已。唐顯慶禮亦然。請如詔祀英宗於明堂，惟配上帝，以稱嚴父之意。」又請：「以莞席代藁秸、蒲越，以玉爵代匏爵，其豆、登、簠、俎、尊、罍並用宗廟之器，第以不祼，不用彝瓚。罷爟火及設褥，上帝席以藁秸，配帝席以蒲越，皆加褥其上。飲福受胙，俟終三獻。」並從之。

監察御史裏行王祖道言：「前詔以六天之說爲非古，今復欲兼祀五帝，是亦六天也。禮官欲去四圭而廢祀神之玉，殊失事天之禮。望復舉前詔，以正萬世之失。」仍并詔詳定合用圭、璧。詳定所言：「宋朝祀天禮以蒼璧，則燎玉亦用蒼璧；禮神以四圭有邸，則燎玉亦用

四圭有邸。而議者欲以蒼璧禮神，以四圭有邸從燎，義無所主。開寶、開元禮，祀昊天上帝及五帝於明堂，禮神燔燎皆用四圭有邸。今詔唯祀上帝，則四圭有邸，自不當設。宜如南郊，禮神燔燎皆用蒼璧。」又請：「宿齋於文德殿，祭之旦，服通天冠、絳紗袍，至大次，改祭服行事，如郊廟之禮。」

先是，三省言：「按天聖五年南郊故事，禮畢行勞酒之禮，如元會儀。今明堂禮畢，請太皇太后御會慶殿，皇帝於簾內行恭謝禮，百僚稱賀訖，升殿賜酒。」太皇太后不許，詔將來明堂禮畢，更不受賀，百官並於內東門拜表。九月辛巳〔七〕，大享于明堂。禮畢，詣景靈宮及諸寺觀行恭謝禮。元符元年，尚書左丞蔡卞言：「每歲大享明堂，即南郊望祭殿行禮，制度隘窄，未足以仰稱嚴事之意。今新作南郊齋宮端誠殿，實天子潔齋奉祠及見羣臣之所，高明邃深，可以享神，即此行禮，於義爲合。」

初，元豐禮官以明堂寓大慶路寢，別請建立以盡嚴奉，而未暇講求。至是，蔡京爲相，始以庫部員外郎姚舜仁明堂圖議上，詔依所定營建。明年正月，以彗出西方〔八〕，罷。大觀元年九月辛亥，大享于明堂，猶寓大慶殿。

政和五年，詔：「宗祀明堂以配上帝，寓於寢殿，禮蓋云闕。崇寧之初，嘗詔建立，去古既遠，歷代之模無足循襲。朕刺經稽古，度以九筵，分其五室，通以八風，上圓下方，參合先

王之制。相方視址，于寢之南，僝工鳩材，自我作古，以稱朕昭事上帝率見昭考之心。」既又以言者「明堂基宜正臨丙方近東，以據福德之地」，乃徙秘書省宣德門東，以其地爲明堂。

又詔：「明堂之制，朕取考工互見之文，得其制作之本。夏后氏曰世室，堂脩二七〔九〕，廣四脩一，五室三四步四三尺，九階，四旁兩夾窗。考夏后氏之制，名曰世室，又曰堂者，則世室非廟堂。脩二七，廣四脩一，則度以六尺之步，其堂脩十四步，廣十七步之半。又曰五室三四步四三尺者，四步益四尺，中央土室也，三步益三尺，木、火、金、水四室也。每室四戶，戶兩夾窗，此夏制也。商人重屋，堂脩七尋，崇三尺，四阿重屋，而又曰堂者，非寢也。度以八尺之尋，其堂脩七尋。又曰四阿重屋，阿者屋之曲也，重者屋之複也，則商人有四隅之阿，四柱複屋，則知下方也。周人明堂，度以九尺之筵。三代之制不相襲，夏曰世室，商曰重屋，周曰明堂，則知皆室也。東西九筵，南北七筵，堂崇一筵，五室，凡室二筵者，九筵則東西長，七筵則南北狹，所以象天，則知上圓也。名不相襲，其制則一，唯步、尋、筵廣狹不同而已。朕益世室之度，兼四阿重屋之制，度以九尺之筵，上圓象天，下方法地，四戶以合四序，八窗以應八節，五室以象五行，十二堂以聽十二朔。九階、四阿，每室四戶，夾以八窗。享帝嚴父，聽朔布政于一堂之上，於古皆合，其制大備。宜令明堂使司遵圖建立。」

於是內出圖式，宣示于崇政殿，命蔡京爲明堂使，開局興工，日役萬人。京言：「三代之

制，脩廣不相襲，夏度以六尺之步，商度以八尺之尋，而周以九尺之筵，世每近，制每廣。今若以二筵爲太室，方一丈八尺，則室中設版位、禮器已不可容，理當增廣。今從周制，以九尺之筵爲度，太室脩四筵，三丈六尺。廣五筵，四丈五尺。共爲九筵。木、火、金、水四室各脩三筵，益四五，三丈一尺五寸。廣四筵，三丈六尺。共七筵，益四尺五寸。十二堂古無脩廣之數，今亦廣以九尺之筵。明堂、玄堂各脩四筵，三丈六尺。廣五筵，四丈五尺。左右個各脩廣四筵。三丈六尺。青陽、總章各脩廣四筵，三丈六尺。左右個各脩四筵，三丈六尺。廣三筵，益四五。三丈一尺五寸。四阿各四筵，三丈六尺。堂柱外基各一筵，九尺。堂總脩一十九筵，一十七丈一尺。廣二十一筵。一十八丈九尺。」

蔡攸言：「明堂五門，諸廊結瓦，古無制度，漢、唐或蓋以茅，或蓋以瓦，或以木爲瓦，以夾紵漆之。今酌古之制，適今之宜，蓋以素瓦，而用瑠璃緣裹及頂蓋鴟尾綴飾，上施銅雲龍。其地則隨所向甃以五色之石。欄楯柱端以銅爲文鹿或辟邪象〔一〇〕。明堂設飾，雜以五色，而各以其方所尚之色。八窗、八柱則以青、黃、綠相間。堂室柱門欄楯，並塗以朱。堂階爲三級，級崇三尺，共爲一筵。庭樹松、梓、檜，門不設戟，殿角皆垂鈴。」詔以「玄堂」犯祖諱，取「平在朔易」之義，改爲平朔，門亦如之。仍改敷祐門曰左敷祐，左承天門曰右敷祐，右承天門曰平秩，更衣大次曰齋明殿。七年四月，明堂成，有司請頒常視朔聽朝。詔：「明

中華書局

堂事以配帝嚴父，餘悉移於大慶、文德殿。」羣臣五表陳請，乃從之。

禮制局言：「祀天神於冬至，祀地祇於夏至，乃有常日，無所事卜。季秋享帝，以先王配，則有常月而未有常日。禮不卜常祀而卜其日，所謂卜日者，卜其辛爾。蓋月有上辛、次辛，請以吉辛爲正。」

又言：「周禮：『祀昊天上帝，則大裘而冕，祀五帝亦如之。享先王則袞冕。』蓋於大裘舉正位以見配位，於袞冕舉配位以見正位，以天道事之，則舉卑明尊；大裘象道，袞冕象德，明堂以人道享上帝，請服袞冕。郊祀正位設蒲越，明堂正配位以莞，蓋取禮記所謂『莞簟之安』。請明堂正配位並用莞簟。又周禮：『以蒼璧禮天。』又曰：『四圭有邸，以祀天，旅上帝。』然說者謂禮神在求神之前，祀神在禮神之後。蓋一祭而並用也。夏祭方澤，兩圭有邸，與黃琮並用。明堂大享，蒼璧及四圭有邸亦宜並用。圜丘、方澤，執玄圭則搢大圭，執大圭則奠玄圭。禮經，祀大神祇，享先王，一如明堂親祠，宜如上儀。其正配二位，請各用籩二十六，豆二十六，簠八，簋八，登三，鉶三，柶槃、神位席、幣篚、祝篚、玉爵反坫、璠爵、牛羊豕鼎各一，幷局七、畢茅、冪俎六，太尊、山尊、著尊、犧尊、象尊各二，壺尊六，皆設而弗酌。尊加冪。犧尊、象尊、壺尊、犧罍、象罍、壺罍各五，加勺、冪。御槃匜一，幷篚、勺、巾。飲福受黍豆一，以玉飾。飲福受胙俎一。亞獻終獻盥洗罍、爵洗罍幷篚、勺、巾各一〔二〕，神廚鸞刀一。」

又言：「明堂用牲而不設庶羞之鼎。按元豐禮，明堂牲牢正配，各用牛一、羊一、豕一。宗祀止用三鼎而不設庶羞之鼎，其俎亦止合用六。宗廟祭祀五齊三酒，有設而弗酌者，若酒正所謂『以法共五齊三酒，以實八尊』是也。有設而酌者，若司尊彝所謂『醴齊縮酌，盎齊涗酌，凡酒脩酌』是也。今太廟、明堂之用，請以太尊實泛齊，山尊實醴齊，著尊實盎齊，犧尊實緹齊，象尊實沉齊，壺尊實三酒，皆爲弗酌之尊。又以犧尊實醴齊爲初獻，象尊實盎齊爲亞獻，並陳於阼階之上，犧在西，象在東。壺尊實清酒爲終獻，陳於阼階之下，皆爲酌尊。明堂雖嚴父，然配天與上帝，所以求天神而禮之，宜同郊祀，用禮天神六變之樂，以天帝爲尊焉。皇祐以來，以大慶殿爲明堂，奏請致齋於文德殿，禮成受賀於紫宸殿。今明堂肇建，宜於大慶殿奏請致齋，於文德殿禮成受賀。宿齋奏嚴，本以警備。仁宗詔明堂直端門，故齋夕權罷。今明堂在寢東南，不與端門直，將來宗祀，大慶殿齋宿，皇城外不設鹵簿儀仗，其警場請列於大慶殿門之外。王者祀上帝于郊，配以祖，祀於明堂，配以禰。今有司行事，乃寓端誠殿，未盡禮意。請非親祀歲，有司行事，亦於明堂。改儀仗使曰禮衞，鹵簿使曰禮器，橋道頓遞使曰禮頓，大禮、禮儀二使仍舊制。又設季秋大享登歌，並用方士。」

初，禮部尙書許光凝等議：「明堂五室祀五帝，而王安石以五帝爲五精之君，昊天之佐，故分位於五室，與享於明堂。神宗詔唯以英宗配帝，悉去從祀羣神。陛下肇新宏規，得其時制，位五帝於五室，既無以禰槩配之嫌，止祀五帝，又無羣神從祀之瀆，則神考紬六天於前，陛下正五室於後，其揆一也。」至是詔罷從祀，而親祠五室焉。尋詔每歲季秋大享，親祠明堂如孟月朝獻禮，罷有司攝事，及五使儀仗等。

已而太常寺上明堂儀：皇帝散齋七日於別殿，致齋三日於內殿，有司設大次於齋明殿，設小次於明堂東階下。祀日，行事、執事、陪祠官立班殿下，東西相向。皇帝服袞冕，太常卿、東上閤門官、太常博士前導。禮部侍郎奏中嚴外辦，太常卿奏請行禮。太常卿奏禮畢，禮部郎中奏解嚴。其禮器、牲牢、酒饌、奠獻、玉幣、升烟、燔首、祭酒、讀册、飲福、受胙幷樂舞等，並如宗祀明堂儀。其行事、執事、陪祠官，並前十日受誓戒於明堂。行事、執事官致齋三日，前一日並服朝服立班省饌，祀日並祭服。陪位官致齋一日。祀前二日仍奏告神宗配侑。自是迄宣和七年，歲皆親祀明堂。

高宗紹興元年，禮部尙書秦檜等言：「國朝多祀大禮，神位六百九十，行事官六百七十餘員，今鹵簿、儀仗、祭器、法物散失殆盡，不可悉行。宗廟行禮，又不可及天地。明堂之禮，可舉而行，乞詔有司討論以聞。」禮部、御史、太常寺言：「仁宗明堂以大慶殿爲之，今乞於常御殿設位行禮。」乃下詔曰：「肇稱吉禮，已見于三歲之郊；載考彝章，當間以九筵之

祀。因秋成物，輯古上儀，會天地以同禋，升祖宗而並配。」乃以九月十八日行事。

四年，太常寺看詳、國子監丞王普言明堂有未合禮者十一事：其一，謂陶匏用於郊丘，玉爵用於明堂，今茲明堂實兼郊禮，宜用陶匏，他日正宗祀之禮，當奉玉爵。其二，禮經，太牢當以牛、羊、豕爲序，今用我將之詩，遂以羊、豕、牛爲序，所謂以辭害意，豈有用大牲作元祀，而反在羊、豕之後者。其三，陳設尊罍，宜倣周官司尊彝秋嘗之制。其四，泛齊醴齊，宜代以今酒而不易其名。其五、其六，祭器、冕服，當從古制。其七，皇帝未後詣齋室，則是致齋二日有半，乞用質明以成三日之禮。其八，齋不飲酒、茹葷，乞罷官給酒饌，俾得專心致志，交於神明。其九，設神位版及升煙、奠册，不當委之散吏。其十、十一，皆論樂。並從之。

三十一年，以欽宗之喪，用元祐故事，前期朝獻景靈宮、朝享太廟，皆遣大臣攝事；唯親行大享之禮，禮畢宣赦，樂備不作。附廟畢如故事。享罷合祭，奉徽宗配。祀五天帝、五人帝于堂上，五官神於東廂，仍罷從祀諸神位，用熙寧禮也。

孝宗淳熙六年，以羣臣議，復合祭天地，並侑祖宗、從祀百神，如南郊。十五年九月，有事于明堂，上問宰執配位。周必大奏：「昨已申請，高宗几筵未除，用徽宗故事未應配坐，且當以太祖、太宗並配。」留正亦言之。上曰：「有紹興間典故，可參照無疑。」

嘉定十七年閏八月，理宗卽位，大享當用九月八日，在寧宗梓宮未發之前，下禮官及臺諫、兩省詳議。吏部尙書羅點等言：「本朝每三歲一行郊祀，皇祐以來始講明堂之禮，至今遵行。稽之禮經，有『越紼行事』之文，『旣殯而祭』之說，則雖未葬以前，可以行事。且紹熙五年九月，在孝宗以日易月釋服之後，未發引之前；慶元六年九月，亦在光宗以日易月釋服之後，未發引之前。今來九月八日，前祀十日，皇帝散齋別殿，百官各受誓戒，係在閏八月二十七日，卽當在以日易月未釋服之內。乞下太史局，於九月內擇次辛日行禮，則在釋服之後，正與前史相同。」乃用九月二十八日辛卯。前二日，朝獻景靈宮，前一日，享太廟，遣官攝事。皇帝親行大享，禮成不賀。

淳祐三年，將作少監、權樞密都承旨韓祥言：「竊以明堂之禮，累聖不廢嚴父配侑之典。南渡以來，事頗不同。高廟中興，徽宗北狩，當時合祭天地於明堂，以太祖、太宗配，非廢嚴父之祀，以父在故也。及紹興末，乃以徽廟配。孝宗在位二十八年，娛奉堯父，故無祀父之典，南郊、明堂，惟以太祖、太宗配，沿襲至今，遂使陛下追孝寧考之心有所未盡。」時朝散大夫康熙亦援倪思所著合宮嚴父爲言。上曰：「三后並侑之說，最當。是後明堂以太祖、太宗、寧宗並侑。」寶祐五年九月辛酉，復奉高宗升侑。於是明堂之禮，一祖三宗並配。度宗咸淳五年，明堂大享，又去寧宗，奉理宗與祖宗並配。

先是，紹興初，權禮部尙書胡直孺等言：「國朝配祀，自英宗始配以近考，司馬光、呂誨爭之，以爲詘祖進父，然卒不能奪王珪、孫抃之詒辭。其後，神宗謂周公宗祀在成王之世，成王以文王爲祖，則明堂非以考配明矣。王安石亦對以誤引孝經嚴父之說，惜乎當時無有辨正之者。今或者曰：后稷爲周之祖，文王、武王是爲二祧。高祖爲漢之祖，孝文、孝武特崇兩廟。皆子孫世世所奉承者。太祖爲帝者祖，太宗、眞宗宜爲帝者宗。皇祐以一祖二宗並配，議出於此。直孺等聞前漢以高祖配天，後漢以光武配明堂，蓋古之帝王非建邦啓土者，皆無配天之祭。故雖周之成、康，漢之文、景、明、章，其德業非不美也，然而子孫不敢推以配天者，避祖宗也。有宋肇基創業之君，太祖是已。太祖則周之后稷，配祭於郊者也；太宗則周之文王，配祭於明堂者也。此二祭者，萬世不遷之法。皇祐宗祀，合祭天地，固宜以太祖、太宗配。當時蓋拘於嚴父，故配帝并及於眞宗。今主上紹膺大統，自眞宗至於神宗均爲祖廟，獨躋則患在於無名，並配則幾同於祫享。今參酌皇祐詔書，請合祭昊天上帝、皇地祇于明堂，奉太祖、太宗以配，惟禮專而事簡，庶幾可以致力於神，萬世行之可也。」

七年，徽宗哀聞，是歲九月，中書舍人傅崧卿援嚴父之說，不幸太上諱問奄至，而大享不及，理實未安。吏部尙書孫近等言〔一二〕：「元年以來，祖、宗並配，今論者乃欲祖、宗並配之外增道君皇帝一位，不合典禮。」權禮部侍郎陳公輔言：「今梓宮未還，廟社未定，疆土未復，臣竊意祖宗、上皇神靈所望於陛下者，必欲興衰撥亂，恢復中原，迎還梓宮，歸藏陵寢，以我宋無疆之業。若如議者之言，以陛下貴爲天子，上皇北狩十有一年，未獲天下之養，今不幸而崩，且欲因明堂之禮，追配上帝，謂是足以盡人子之孝，則於陛下之志，恐亦小矣。宜依故事合祭天地，祖、宗並侑。太上升配，似未可行。」至嘉定四年，遂以太祖、太宗、高宗、寧宗並侑，至度宗復以太祖、太宗、高宗、理宗並配焉。

校勘記

〔一〕內庭省司宿本所　太常因革禮卷三五作「內廷有所司者宿于本所」，此處「省」字疑是「有」字之誤。

〔二〕設宿爟火於望燎位東南　太常因革禮卷三五、宋會要禮二四之四八都作「設權(同爟)火於望燎位之東南」，此處疑衍「宿」字。

〔三〕餘皆罷　「餘」字原脫，據長編卷一九七、編年綱目卷一六、通考卷七四郊社考補。

〔四〕以孔子之心推周公之志　「志」原作「祭」，據長編卷二〇〇、宋會要禮二四之三四、編年綱目卷一七改。

〔五〕仁宗嗣位之初　「仁宗」原作「眞宗」，據長編卷二〇〇、宋會要禮二四之三五、編年綱目卷一七改。

〔六〕使配天之祭不膠於嚴父　「膠」原作「繆」，據同上書同卷改。

〔七〕九月辛巳　按編年綱目卷二三、通考卷七四郊社考，「九月辛巳」繫於元祐四年，此處失書紀年。

〔八〕明年正月以彗出西方　「西方」原作「東方」，據本書卷二〇徽宗紀、宋會要禮二四之五七、編年綱目卷二七改。

〔九〕堂脩二七　「堂」字原脫，據宋會要禮二四之六九、長編紀事本末卷一二五、通考卷七四郊社考補。

〔一〇〕以銅爲文鹿或辟邪象　「辟」原作「羣」，據宋會要禮二四之七三、通考卷七四郊社考改。

〔一一〕亞獻終獻盥洗罍爵洗罍幷篚勺巾各一　「爵洗罍」，原作「爵洗爵」。按宋會要禮二四之六〇作「亞獻終獻盥洗罍一副幷篚勺巾，亞終獻爵洗罍一副幷篚勺巾」；五禮新儀卷三〇則稱：「設亞終獻盥洗爵洗於本位之南，罍篚各設於左右，皆內(卷三九作西)向。」此處「爵洗爵」應是「爵洗罍」之誤，據改。

〔一二〕吏部尙書孫近等言　「等」原作「專」，據繫年要錄卷一一四、通考卷七四郊社考改。

宋史卷一百二

志第五十五

禮五 吉禮五

社稷 嶽瀆 籍田 先蠶 奏告 祈禜

社稷，自京師至州縣，皆有其祀。歲以春秋二仲月及臘日祭太社、太稷。州縣則春秋二祭，刺史、縣令初獻，上佐、縣丞亞獻，州博士、縣簿尉終獻。如有故，以次官攝，若長吏職官或少，即許通攝，或別差官代之。牲用少牢，禮行三獻，致齋三日。其禮器數：正配坐尊各二，籩、豆各八，簠、簋各二，俎三。從祀籩、豆各二，簠、簋、俎各一。太社壇廣五丈，高五尺，五色土爲之。稷壇在西，如其制。社以石爲主，形如鐘，長五尺，方二尺，剡其上，培其半。四面宮垣飾以方色，面各一屋，三門，每門二十四戟，四隅連飾罘罳，如廟之制，中植

以槐。其壝三分宮之一，在南，無屋。慶曆用羊、豕各二，正配位籩、豆十二，山罍、簠、簋、俎二，祈報象尊一。

元豐三年，詳定所言：「社稷祝版、牲幣、饌物，請並瘞於坎，更不設燔燎。又周禮大宗伯『以血祭社稷』，社爲陰祀，血者幽陰之物，是以類求神之意。郊天先薦血，次薦腥，次薦爓〔一〕，次薦熟。社稷、五祀，先薦爓，次薦熟。至於羣小祀，薦熟而已。今社稷不用血祭，又不薦爓，皆違經禮。請以埋血爲始，先薦爓，次薦熟。古者祭社，君南向於北墉下〔二〕，所以答陰也，今社稷壝內不設北墉，而有司攝事，乃設東向之位，非是。請設北墉，以備親祠南向答陰之位，有司攝事，則立北墉下少西。王制曰：『天子社稷皆太牢，諸侯社稷皆少牢。』今一用少牢，殊不應禮。夫爲一郡邑報功者，當用少牢；爲天下報功者，當用太牢。所有春秋祈報太社、太稷，請於羊豕外加角握牛二〔三〕。」又言：「社稷之祭，有瘞玉而無禮玉，開元禮：奠太社、太稷，並以兩圭有邸。請下有司造兩圭有邸二，以爲禮神之器，仍詔於壇側建齋廳三楹，以備望祭。」

先是，州縣社主不以石。禮部以謂社稷不屋而壇，當受霜露風雨，以達天地之氣，故用石主，取其堅久。又禮，諸侯之壇半天子之制，請令州縣社主用石，尺寸廣長亦半太社之制。遂下太常，修入祀儀。元祐中，又從博士孫諤言：祭太社、太稷，皆設登歌樂。大觀，議禮局言：「太社獻官、太祝、奉禮，皆以法服；至于郡邑，則用常服。請下祭服制度於郡縣，俾其自製，弊則聽改造之〔四〕。」

紹興元年，以春秋二仲及臘前祭太社、太稷於天慶觀，又望祭於臨安天寧觀。十四年，始築壇壝於觀橋之東，立石主，置太社令一員，備牲牢器幣，進熟、望燎如儀。

嶽鎮海瀆之祀。太祖平湖南，命給事中李昉祭南嶽，繼令有司製諸嶽神衣、冠、劍、履，遣使易之。廣南平，遣司農少卿李繼芳祭南海，除去劉鋹所封僞號及宮名，易以一品服。又詔：「嶽、瀆并東海廟，各以本縣令兼廟令，尉兼廟丞，專掌祀事。」又命李昉、盧多遜、王祐、扈蒙等分撰嶽、瀆祠及歷代帝王碑，遣翰林待詔孫崇望等分詣諸廟書于石。六年，遣使奉衣、冠、劍、履，送西鎮吳嶽廟。

太平興國八年，河決滑州，遣樞密直學士張齊賢詣白馬津，以一太牢沈祠加璧。自是，凡河決溢、修塞皆致祭。祕書監李至言：「按五郊迎氣之日，皆祭逐方嶽鎮、海瀆。自兵亂後，有不在封域者，遂闕其祭。國家克復四方，間雖奉詔特祭，未著常祀。望遵舊禮，就迎氣日各祭於所隸之州，長吏以次爲獻官。」其後，立春日祀東嶽岱山於兗州，東鎮沂山於沂州，

東海於萊州，淮瀆於唐州。立夏日祀南嶽衡山於衡州，南鎮會稽山於越州，南海於廣州，江瀆於成都府。立秋日祀西嶽華山於華州，西鎮吳山於隴州，西海、河瀆並於河中府，西海就河瀆廟望祭。立冬祀北嶽恆山、北鎮醫巫閭山並於定州，北鎮就北嶽廟望祭，北海、濟瀆並於孟州，北海就濟瀆廟望祭。土王日祀中嶽嵩山於河南府，中鎮霍山於晉州。

眞宗封禪畢，加號泰山爲仁聖天齊王，遣職方郎中沈維宗致告。又封威雄將軍爲炳靈公，通泉廟爲靈派侯，亭山神廟爲廣禪侯，嶧山神廟爲靈巖侯，各遣官致告。詔泰山四面七里禁樵採，給近山二十戶以奉神祠，社首、徂徠山並禁樵採。車駕次澶州，祭河瀆廟，詔進號顯聖靈源公，遣右諫議大夫薛映詣河中府，比部員外郎丁顧言詣澶州祭告〔五〕。祕書丞董溫其言：「漢以霍山爲南嶽，望令壽州長吏春秋致祭。」禮官言：「雖前漢嘗以霍山爲南嶽，緣今嶽廟已在衡山，難於改制。其霍山如遇水旱祈求及非時，準別敕致祭，即委州縣奉行。」詔封江州馬當上水府，福善安江王；太平州采石中水府，順聖平江王；潤州金山下水府，昭信泰江王。

及祀汾陰，命陳堯叟祭西海，曹利用祭汾河。車駕至潼關，遣官祠西嶽及河瀆，並用太牢，備三獻禮。庚午，親謁華陰西嶽廟，羣臣陪位，廟垣內外列黃麾仗，遣官分奠廟內諸神，加號嶽神爲順聖金天王。還至河中，親謁奠河瀆廟及西海望祭壇。五月乙未，加上東嶽

二十四史

中華書局

曰天齊仁聖帝，南嶽曰司天昭聖帝，西嶽曰金天順聖帝，北嶽曰安天元聖帝，中嶽曰中天崇聖帝。命翰林、禮官詳定儀注及冕服制度、崇飾神像之禮。其玉册制，如宗廟謚册。帝自作奉神述，備紀崇奉意，俾撰册文。有司設五嶽册使一品鹵簿及授册黄麾仗、載册輅、衮冕輿於乾元門外，各依方所。羣臣朝服序班，仗衞如元會儀。上服衮冕〔六〕，御乾元殿。中書侍郎引五嶽玉册，尚衣奉衮冕升殿，上爲之興。奉册使副班于香案前，侍中宣制曰：「今加上五嶽帝號，遣卿等持節奉册展禮。」咸承制再拜。奉册使以次升自東階，受册御坐前，降西階；副使受衮冕輿于丹墀，隨册使降立丹墀西。玉册發，至于朝元門外，帝復坐。册使奉册升輅〔七〕，鼓吹振作而行。東嶽、北嶽册次于瑞聖園，南嶽册次于玉津園，西嶽、中嶽册次于瓊林苑。及廟，內外列黄麾仗，設登歌。奉册於車，奉衮冕於輿，使副袴褶騎從，遣官三十員前導。及門，奉置幄次，以州長吏以下充祀官，致祭畢，奉玉册、衮冕置殿內。又加上五嶽帝后號：東曰淑明，南曰景明，西曰肅明，北曰靖明，中曰正明。遣官祭告。詔嶽、瀆、四海諸廟，遇設醮，除青詞外，增正神位祝文。又改唐州上源桐柏廟爲淮瀆長源公，加守護者。帝自制五嶽醮告文，遣使醮告。即建壇之地構亭立石柱，刻文其上。

天禧四年，從靈臺郎皇甫融請，凡修河致祭，增龍神及尾宿、天江、天記、天社等諸星在天河內者，凡五十位。

仁宗康定元年，詔封江瀆爲廣源王，河瀆爲顯聖靈源王，淮瀆爲長源王，濟瀆爲清源王，加東海爲淵聖廣德王，南海爲洪聖廣利王，西海爲通聖廣潤王，北海爲沖聖廣澤王。皇祐四年，又以靈臺郎王大明言，汴口祭河，兼祠箕、斗、奎，與東井、天津、天江、咸池、積水、天淵、天潢、水位、水府、四瀆、九坎、天船、王良、羅堰等十七星在天河內者。五年，以儂智高遁，益封南海洪聖廣利昭順王。其五鎮，沂山舊封東安公，政和三年封王；會稽舊封永興公，政和封永濟王；吳山舊封成德公，元豐八年封王；醫巫閭舊封廣寧公，政和封王；霍山舊封應聖公，政和封應靈王。東海，大觀四年，加號助順廣德王。

紹興七年，太常博士黄積厚言：「嶽鎮海瀆，請以每歲四立日分祭東西南北，如祭五方帝禮。」詔從之。

乾道五年，太常少卿林栗言：「國家駐蹕東南，東海、南海，實在封域之內。自渡江以後，惟南海王廟，歲時降御書祝文，加封至八字王爵。如東海之祠〔八〕，但以萊州隔絕，未嘗致祭，殊不知通、泰、明、越、温、台、泉、福，皆東海分界也。紹興中金人入寇，李寶以舟師大捷於膠西，神之助順，爲有功矣。且元豐間嘗建廟於明州定海縣，請依南海特封八字王爵，遣官詣明州行禮。」詔可。

籍田之禮，歲不常講。雍熙四年，始詔以來年正月擇日有事於東郊，行籍田禮。所司詳定儀注：「依南郊置五使。除耕地朝陽門七里外爲先農壇，高九尺，四陛，周四十步，飾以青；二壝，寬博取足容御耕位。觀耕臺大次設樂縣、二舞。御耕位在壝門東南，諸侯耕位次之，庶人又次之。觀耕臺高五尺，周四十步，四陛，如壇色。其青城設於千畝之外。」又言：「隋以青箱奉穜稑，唐廢其禮。青箱舊無其制，請用竹木爲之而無蓋，兩端設襻，飾以青；中分九隔，隔盛一種，覆以青帊。穜稑即早晚之種，不定穀名，請用黍、稷、秫、稻、粱、大小豆、大小麥，陳於箱中。」大禮使李昉言：「按通禮，乘耕根車，今請改乘玉輅，載耒耜於耕根車。又前典不載告廟及稱賀之制，今請前二日告南郊、太廟。耕禮畢，百官稱賀於青城。禮有勞酒，合設會於還宮之翼日，望如親祀南郊之制，擇日大宴。」詳定所言：「御耒耜二具，並盛以青緗，準唐乾元故事，不加雕飾。禮畢，收於禁中，以示稼穡艱難之意。其祭先農，用純色犢一，如郊祀例進胙，餘並權用大祠之制。皇帝散齋三日，致齋二日，百官不受誓戒。神農、后稷册，學士院撰文進書。」以鹵簿使賈黄中言，復用象輅載耒耜，以重其事。五年正月乙亥，帝服衮冕，執鎮圭，親享神農，以后稷配，備三獻，遂行三推之禮。畢事，解嚴，還行宮，百官稱賀。帝改御大輦，服通天冠、絳紗袍，鼓吹振作而還。御乾元門大赦，改元端拱，文武遞進官有差。二月七日，宴羣臣於大明殿，行勞酒禮。

景德四年，判太常禮院孫奭言：「來年畫日，正月一日享先農，九日上辛祈穀，祀上帝。春秋傳曰：『啓蟄而郊，郊而後耕。』月令曰：『天子以元日祈穀于上帝。乃擇元辰，親載耒耜，躬耕帝籍。』先儒皆云：元日，謂上辛郊天也；元辰，謂郊後吉亥享先農而耕籍也。六典、禮閣新儀並云上辛祀昊天，次云吉亥享先農。望改用上辛後亥日，用符禮文。」

明道元年，詔以來年二月丁未行籍田禮，而罷冬至親郊。遣官奏告天地、宗廟、諸陵、景靈宮，州都就告嶽、瀆、宮、廟。其禮一如端拱之制，而損益之。禮成，遣官奏謝如告禮。

元豐二年，詔於京城東南度田千畝爲籍田，置令一員，徙先農壇於中，神倉於東南，取卒之知田事者爲籍田兵。乃以郊社令辛公佑兼令。公佑請因舊鏺麥殿規地爲田，引蔡河水灌其中，并植果蔬，冬則藏冰，凡一歲祠祭之用取具焉。先薦獻而後進御，有餘，則貿錢以給雜費，輸其餘於內藏庫，著爲令。權管幹籍田王存等議，以南郊鏺麥殿前地及玉津園東南菱地并民田共千一百畝充籍田外，以百畝建先農壇兆，開阡陌溝洫，置神倉、齋宮并耕作人牛廬舍之屬，繪圖以進。已而殿成，詔以思文爲名。

政和元年，有司議：享先農爲中祠，命有司攝事，帝止行耕籍之禮；罷命五使及稱賀、肆赦之類；太史局擇日不必專用吉亥；耕籍所乘，改用耕根車，罷乘玉輅；躬耕之服，止用通天冠、絳紗袍，百官並朝服；倣雍熙儀注，九卿以左右僕射、六尚書、御史大夫攝，諸侯以正員三品官及上將軍攝〔九〕；設庶人耕位於諸侯耕位之南，以成終畝之禮；備青箱，設九穀，如隋之制。尋復以耕籍爲大祠，依四孟朝享例行禮，又命禮制局修定儀注。

孟春之月，太史擇上辛後吉日，皇帝親耕籍田，命有司以是日享先農、后稷于本壇，如常儀。前期，殿中監設御坐于思文殿，儀鸞司設文武官次殿門外之左右。其日早，奉禮郎設御耕褥位于耕籍所，尙舍設觀耕御坐於壇上，南向。典儀設侍耕羣臣位於御耕之東西，設從耕羣臣位於御耕之東南，西向，北上。奉禮郎設御耒席於三公之北，稍西，南向。太僕設御耕牛於御壇之西，稍北；太僕卿位於耕牛之東，稍前，南向。太常設左輔位於御耕之東，稍南，西向；設司農位二，一在左輔之後，一在其南，並西向。籍田令二，皆位司農卿南，少退，北上。奉青箱官位於後。諸執耒耜者位公卿耕者後，侍耕者前，西向。三公、三少、宰臣、親王等每員三人，執政二人，從耕；羣官一名助耕，並服絳衣、介幘。三公以次羣官耒耜各一具，每一具正副牛二，隨牛二人。庶人耕位在從耕官位之南，西向。庶人百人，並青衣，耕牛二百，每兩牛用隨牛一人，耒耜百具，畚五十具，鍤二十五具，以木爲刃。耆老百人，常服陪位於庶人位南，西向。司農少卿位二於庶人位前，太社令位司農少卿之西，少退，俱北向。畿內諸令位庶人之東，西向。尙輦局設玉輅於仗內。前期三日，司農以青箱奉

九穀穜稑之種進內。前二日，皇后率六宮獻于皇帝，受于內殿。前一日，降出付司農。

其日質明，左輔奉耒耜載于玉輅訖〔一〇〕，耕籍使朝服乘車，用本品鹵簿，以儀仗二千人衞耒耜先詣壇所。尙輦奉御設平輦於祥曦殿，皇帝鞾袍出自內東門，從駕臣僚禁衞並起居如常儀。將至耕所，文武侍耕、從耕以下及耆老、庶人俱詣籍田西門外立班，再拜奉迎訖，各就次。從耕、陪耕等官服朝服以俟耕。車駕至思文殿，進膳訖，左輔以御耒耜授籍田令，橫執之，詣耕籍所，置于席，遂守之。凡執耒耜者橫執之，受則先其耒後其耜。諸縣令率終畝庶人、陪耕耆老先就位，司農卿、籍田令、太社令、奉青箱官、諸執耒耜者以次就位。御史臺引殿中侍御史一員先入就位，次禮直官、宣贊舍人等分引侍耕、從耕羣官各就位。尙輦奉御進輦思文殿。左輔奏請中嚴；少頃，奏外辦。皇帝通天冠、絳紗袍，乘輦出。將至御耕位，尙舍先設黃道，太常請降輦就位。既降輦，太常卿前導至褥位南向立，奏請行禮。禮直官請籍田令進詣御耒席南向〔一一〕，引司農卿詣籍田令東西向，籍田令俛伏跪，執事者以緇受之，籍田令解緇出耒，執耒興，東向立，以授司農卿，司農卿西向立，以授左輔，左輔詣御耕位前少東，北向。太常卿奏請受耒耜，左輔執以進，執耒者助執之。皇帝受以三推，左輔前受耒耜，授司農卿，以授籍田令，各復位。籍田令跪而納於緇，執耒興，以授執事者，退復位。

皇帝初耕，諸執耒耜者以耒耜各授從耕者，禮直官引太常卿詣御位前北向，奏請皇帝升壇觀耕，復位立。前導官導皇帝升壇，即御坐南向。禮直官、太常博士、太常卿近東，西向北上立。禮直官引三公、三少、宰臣、親王各五推，餘從耕官各九推，訖，執耒耜者前受耒耜。禮直官引司農少卿帥庶人以次耕于千畝，候耕少頃，禮直官引左輔詣御坐前跪奏禮畢。降壇，乘輦還思文殿，左輔奏解嚴，侍耕、從耕官皆退。次籍田令以青箱授司農卿，詣耕所，出穜稑播之。次司農少卿帥太社令檢校終畝。次司農卿詣御前北向俛伏跪奏省功畢，退。所司放仗以俟，皇帝常服還內，侍衞如常儀。紹興七年，始舉享先農之禮，以立春後亥日行一獻禮。十六年，皇帝親耕籍田，並如舊制。

先蠶之禮久廢，眞宗從王欽若請，詔有司檢討故事以聞。按開寶通禮：「季春吉巳，享先蠶於公桑。前享五日，諸與享官散齋三日，致齋二日。享日未明五刻，設先蠶氏神坐於壇上北方，南向。尙宮初獻，尙儀亞獻，尙食終獻。女相引三獻之禮，女祝讀文，飲福、受胙如常儀。」又按唐會要：「皇帝遣有司享先蠶如先農可也。」乃詔：「自今依先農例，遣官攝事。」禮院又言：「周禮，『蠶於北郊』，以純陰也。漢蠶於東郊，以春桑生也。請約附故事，

築壇東郊，從桑生之義。壇高五尺，方二丈，四陛，陛各五尺；一壝，二十五步。祀禮如中祠。」

慶曆用羊、豕各一，攝事獻官太尉、太常、光祿卿，不用樂。元豐詳定所言：「季春吉巳，享先蠶氏。唐月令注：『以先蠶爲天駟。』按先蠶之義，當是始蠶之人，與先農、先牧、先炊一也。開元享禮：爲瘞坎於壇之壬地。而郊祀錄載先蠶祀文，有『肇興蠶織』之語，禮儀羅又以享先蠶無燔柴之儀，則先蠶非天駟星，明矣。今請就北郊爲壇，不設燎壇，但瘞埋以祭，餘如故事。」

政和禮局言：「禮：天子必有公桑蠶室，以興蠶事。歲既畢，則奉繭而繅，遂朱綠之，玄黃之，以爲郊廟之祭服。今既開籍田以供粢盛，而未有公桑蠶室以供祭服，尙爲闕禮。請做古制，於先蠶壇側築蠶室，度地爲宮，四面爲牆，高仞有三尺，上被棘，中起蠶室二十七，別構殿一區爲親蠶之所。倣漢制，置繭館，立織室於宮中，養蠶千薄以上〔一二〕。度所用之數，爲桑林。築採桑壇於先蠶壇南，相距二十步，方三丈，高五尺，四陛。凡七事。置蠶官令、丞，以供郊廟之祭服。又周官內宰：『詔后帥內外命婦蠶於北郊。』鄭氏謂：『婦人以純陰爲尊。』則蠶爲陰事可知。開元禮：享先蠶，幣以黑，蓋以陰祀之禮祀之也。請用黑幣，以合至陰之義。」詔從其議，命親蠶殿以無斁爲名。又詔：「親蠶所供，不獨衮服，凡施於祭祀者皆

二十四史 中華書局

用之。」

宣和元年三月，皇后親蠶，即延福宮行禮。其儀：季春之月，太史擇日，皇后親蠶，命有司享先蠶氏于本壇。前期，殿中監帥尚舍設坐殿上，南向；前楹施簾，設東西閤殿後之左右。又設內命婦妃嬪以下次於殿之左右，外命婦以下次於殿門內外之左右，隨地之宜，量施帷幄。於採桑壇外，四面開門，設皇后幄次於壇壝東門之內道北，南向。

其日，有司設褥位壇上少東，東向。設內命婦位壇下東南，北向，俱異位重行西上。內外命婦，一品各二人；二品、三品各一人。又設從採桑內命婦等位於外命婦之東，南向；以內命婦一員充詣蠶室〔三〕，授蠶母桑以食蠶。設從採桑外命婦等位於外命婦東，北向，俱異位重行西上。設執皇后鉤箔者位於內命婦之西，少南，西上。尚功執鉤，司製執箔；內外命婦鉤箔者，各位於後，典製執鉤，女史執箔。又於壇上設執皇后鉤箔位於皇后採桑位之北，稍東，南向，西上。

前出宮一日，兵部率其屬陳小駕鹵簿於宣德門外，太僕陳厭翟車東偏門內，南向。其日未明，外命婦應採桑及從採桑者，先詣親蠶所幕次，以俟起居，各令其女侍者進鉤箔，載至親蠶所，授內謁者監以授執鉤箔者。前一刻，內命婦各服其服，內侍引內命婦妃嬪以下，俱詣殿庭起居訖，內侍奏請中嚴；少頃，又奏外辦。皇后首飾、鞠衣，乘龍飾肩輿如常儀，障

以行帷，出內東門至左昇龍門。內侍跪奏：「具官臣某言，請降肩輿升厭翟車。」訖，俛伏，興，少退。御者執綏升厭翟車，內侍詣車前奏請車進發，出宣德東偏門，執事者進鉤箔，載之車。至親蠶所殿門，降車，乘肩輿入殿後西閤門，侍衞如常儀。內侍先引內外命婦及從採桑者俱就壇下位，諸執鉤箔者各就位。內侍奏請中嚴；少頃，奏外辦。皇后首飾、鞠衣，乘肩輿，內侍前導至壇東門，華蓋、仗衞止於門外，近侍者從之入。內侍奏請降肩輿，至幄次內，下簾。又內侍至幄次，請行禮，導皇后詣壇，升自南陛，東向立。執鉤箔者自北陛以次升壇就位次，內侍引尚功詣採桑位前西向，奉鉤以進，皇后受鉤採桑，司製奉箔進以受桑，皇后採桑三條，止，以鉤授尚功，尚功受鉤，司製奉箔俱退，復位。

初，皇后採桑，典製各以鉤授內外命婦，皇后採桑訖，內外命婦以次採桑，女使執箔者受之，內外命婦一品各採五條，二品、三品各採九條，止，典製受鉤，與執箔者退，復位。內侍各引內外命婦退，復位。內侍詣皇后前奏禮畢，退，復位。內侍引皇后降自南陛，歸幄次。少頃，奏請乘肩輿如初。內侍前導，皇后歸殿後閤，內侍奏解嚴。初，皇后降壇，內侍引內命婦詣蠶室，尚功帥執鉤箔者以次從至蠶室，尚功以桑授蠶母，蠶母受桑縷切之，授內命婦食蠶〔四〕，洒一薄訖，內侍引內外命婦各還次，皇后還宮。

宣和重定親蠶禮，外命婦、宰執幷一品夫人升壇侍立，餘品列於壇下。六年閏二月，皇后復行親蠶之禮焉。紹興七年，始以季春吉巳日享先蠶，視風師之儀。乾道中，升爲中祀。

告禮。古者，天子將出，類于上帝，命史告社稷及圻內山川。又天子有事，必告宗廟。歷代因之。宋制：凡行幸及封泰山，祠后土，謁太清宮，皆親告太廟。三歲郊祀，每歲祈穀上帝，祀感生帝，雩祀，祭方丘，明堂、神州地祇、圜丘，並遣官告祖宗配侑之意。他大事：即位、改元、更御名、上尊號、尊太后、立皇后太子、皇子生、籍田、親征、納降、獻俘、朝陵、肆赦、河平及大喪、上謚、山陵、園陵、祔廟、奉遷神主，皆遣官奏告天地、宗廟、社稷、諸陵、嶽瀆、山川、宮觀、在京十里內神祠。其儀用犧尊、籩、豆各一，實以酒、脯、醢。宮寺以素饌、時果代，用祝幣，行一獻禮。若車駕出京，則有軷祭，用羝羊一。所過州郡橋梁、山川、帝王名臣陵廟去路十里內者，各令本州以香、酒、脯祭告。建隆元年，太祖平澤、潞，仍祭祆廟、泰山、城隍，征揚州、河東，並用此禮。四年，修葺太廟，遣官奏告四室及祭本廟土神。凡修葺同。如遷神主，修畢奉安。是歲十一月，詔以郊祀前一日，遣官奏告東嶽、城隍、浚溝廟、五龍廟及子張、子夏廟，他如儀。

太平興國五年十一月，車駕北征。前一日，遣官祭告天地於圜丘，用特牲；太廟、社稷用

太牢；望祭嶽瀆、名山、大川於四郊，磔風於風伯壇，祀雨師於本壇，禱馬於馬祖壇，祭蚩尤、禡牙於北郊，並用少牢；祭北方天王於北郊迎氣壇，用香、柳枝、燈油、乳粥、酥蜜餅、果。仍遣內侍一人監祭。咸平中北征，禮同。八年，滑州合河口畢工，遣官告天地、嶽瀆，後天禧中，又遣謝玉清昭應、景靈上清太一宮、會靈祥源觀及諸陵。雍熙四年，詔以親耕籍田，遣官奏告外，又祭九龍、黃溝、扁鵲、吳起、信陵、張耳、單雄信七廟，後又增祭德安公、嶽臺諸神廟，爲定式。

淳化三年十二月將郊，常奏告外，又告太社、太稷及文宣、武成等廟。景德二年，契丹遣使修好，遣官奏告諸陵。四年二月次西京〔五〕，遣告汾陰、中嶽、太行、河、洛、啓母少姨廟，東還，奏告如常儀。大中祥符元年，天書降，及封禪，告天地、宗廟、社稷及諸祠、廟、宮、觀；其在外者，乘傳以往。澶、鄆、兗州高陽、帝嚳、帝堯，亦皆告之。四年，加五嶽帝號，告天地、宗廟、社稷。五年，聖祖降，告如封禪禮。六年，宮庭嘉禾生，遣官告廟及玉皇、聖祖天尊大帝。天禧元年，奉迎太祖聖容赴西京，遣官奏告如常儀，及經由五里內幷西京城內外神祠。天聖七年，玉清昭應宮火，遣告諸陵。十年，大內火，遣告天地、廟社。明道二年，詔以蟲膢爲沴，減尊號四字，告天地、宗廟。熙寧七年，南郊雅飾，奏告太廟、后廟。八年，以韓琦配享，告英宗廟。元符三年四月朔，太陽虧，遣官告太社。大觀元年十二月，以恭受八

中華書局

寶，告天地、宗廟、社稷。政和二年冬至，受元圭，禮同。三年二月，以太平告成，册告諸陵。四年二月，皇長子冠，告天地、宗廟、社稷、諸陵。五年，建明堂，告如上禮，及宫觀、嶽瀆。

高宗建炎已後，事有關於國體者，皆告。紹興九年，金人遣使議和割地；十一年，詔撰講和誓文；二十四年，進徽宗御集；二十六年，進太后回鑾事實；二十七年，進玉牒仙源類譜；明年，進神宗寶訓，進祖宗仙源積慶圖，進徽宗實錄；進祐陵迎奉錄；三十一年，金人叛盟興師；開禧二年，吳曦伏誅；嘉定七年，進高宗中興經武要略；十三年，進宗藩慶系錄，刊正憲聖慈烈皇后聖德事跡，進光宗玉牒；十四年，進孝宗寶訓；十五年，得玉璽；明年，上玉璽；端平元年，獲完顏守緒函骨；淳祐五年，進光宗寧宗兩朝寶訓、經武要略、玉牒、日曆、會要；寶祐元年，皇女延昌公主進封瑞國公主，又封昇國；五年，進中興四朝史；景定二年，進孝宗、光宗實錄，皇女周國公主下降；咸淳四年，安奉寧宗理宗實錄、御集、會要，經武要略：皆告天地、宗廟、社稷、欑陵。其餘卽位、改元、受禪、册寶，皇子生、冠及巡幸、納降、獻俘之屬，並仍舊制。

祈報。周官：「太祝掌六祝之辭，以事鬼神，示其福祥。」於是歷代皆有禬禜之事。宋因

之，有祈、有報。祈，用酒、脯、醢，郊廟、社稷，或用少牢；其報，如常祀。或親禱諸寺觀，或再幸，或徹樂、減膳、進蔬饌，或分遣官告天地、太廟、社稷、嶽鎭、海瀆，或望祭于南北郊，或五龍堂、城隍廟、九龍堂、浚溝廟，諸祠如子張、子夏、信陵君、段干木、扁鵲、張儀、吳起、單雄信等廟，亦祀之。或啓建道場於諸寺觀，或遣內臣分詣州郡，如河中之后土廟、太寧宫，亳之太清、明道宫，兗之會眞景靈宫、太極觀，鳳翔之太平宫，舒州之靈僊觀，江州之太平觀，泗州之延祥觀，皆函香奉祝，驛往禱之。凡旱、蝗、水潦、無雪，皆禁禱焉。

咸平二年旱，詔有司祠雷師、雨師。內出李邕祈雨法：以甲乙日擇東方地作壇，取土造青龍；長吏齋三日，詣龍所，汲流水，設香案、茗果、餈餌，率羣吏、鄉老日再至祝酹，不得用音樂、巫覡。雨足，送龍水中。餘四方皆如之，飾以方色。大凡日干及建壇取土之里數，器之大小及龍之修廣，皆以五行成數焉。詔頒諸路。

景德三年五月旱，又以畫龍祈雨法，付有司刊行。其法擇潭洞或湫濼林木深邃之所，以庚、辛、壬、癸日，刺史、守令帥耆老齋潔，先以酒脯告社令訖，築方壇三級，高二尺，闊一丈三尺，壇外二十步，界以白繩。壇上植竹枝，張畫龍。其圖以縑素，上畫黑魚左顧，環以天黿十星；中爲白龍，吐雲黑色；下畫水波，有龜左顧，吐黑氣如綫，和金銀朱丹飾龍形。又設皂幡，刎鵝頸血置槃中，楊枝洒水龍上，俟雨足三日，祭以一豭，取畫龍投水中。大中祥符二年旱，遣司天少監史序祀玄冥五星於北郊，除地爲壇，望告。已而雨足，遣官報謝及社稷。

初，學士院不設配位，及是問禮官，言：「祭必有配，報如常祀。當設配坐。」又諸神祠、天齊、五龍用中祠，祆祠、城隍用羊一，八籩，八豆。舊制，不祈四海。帝曰：「百谷之長，潤澤及物，安可闕禮？」特命祭之。

天禧四年四月，大風飛沙折木，晝晦數刻，命中使詣宫觀，建醮禳之。天聖三年九月，帝宣諭：「近內臣南中勾當迴，言諸處名山洞府，投送金龍玉簡，開啓道場，頗有煩擾。速令分祈，投龍處不得開建道場。」康定二年三月，以黃河水勢甚淺，致分流入汴未能通濟，遣祭河瀆及靈津廟。又澶州曹村埽方閉減水直河，而水自流通，遣使祭謝；後修塞，禮同。治平四年十二月，詔以來歲正旦日食，命翰林學士承旨王珪祭社。

熙寧元年正月，帝親幸寺觀祈雨，仍令在京差官分禱，各就本司先致齋三日，然後行事。諸路擇端誠修潔之士，分禱海鎭、嶽瀆、名山、大川，潔齋行事，毋得出謁宴飲、賈販及諸煩擾，令監司察訪以聞。諸路神祠、靈跡、寺觀，雖不係祀典，祈求有應者，並委州縣差官潔齋致禱。已而雨足，復幸西太一宫報謝。九年十一月，以安南行營將士疾病者衆，遣同知太常禮儀院王存詣南嶽虔潔致禱，仍建祈福道場一月。又以西江運糧獲應，命本州長吏往

祭龍祠。十年四月，以夏旱，內出蜥蜴祈雨法：捕蜥蜴數十納甕中，漬之以雜木葉，擇童男十三歲下、十歲上者二十八人，分兩番，衣青衣，以青飾面及手足，人持柳枝霑水散洒，晝夜環繞，誦呪曰：「蜥蜴蜥蜴，興雲吐霧，雨令滂沱，令汝歸去！」雨足。

元豐元年十月，太皇太后違豫，命輔臣以下分禱天地、宗廟、社稷，及都內諸神祠。又作祈福道場於寺觀及五嶽、四瀆凡靈跡所在。八年，帝疾，分禱亦如之。又以京城火災，建醮於集禧觀，且爲民祈福。元祐元年十二月，以華州鄭縣山摧，命太常博士顏復往祭西嶽。七年，詔：「太皇太后本命歲，正月一日京師及天下州軍，各齋僧尼、道士、女冠一日，在京宫觀寺院，開建道場七晝夜，內外獄囚並設食三日。」八年，太皇太后違豫，祈禱如元豐，仍致禱諸陵。又令南京等處長吏，詣祖宗神御所在建置道場。紹興二年三月苦雨，命往天竺山祈晴，卽日雨止。四年，知樞密院張浚言：「四川自七月以來霖雨地震，乞製祝文，名山大川祈禱。」上曰：「霖雨地震之災，豈非兵久在蜀，調發供餽，民怨所致。當修德以應之，又可禱乎？」

七年正月一日，詔：「朕痛兩宫北狩，道君皇帝春秋益高，念無以見勤誠之意，可遣官往建康府元符萬歲宫修建祈福道場三晝夜，務令嚴潔，庶稱朕心。」又謂輔臣曰：「宣和皇后春秋浸高，朕朝夕思之，不遑安處。已遣人於三茅山設黃籙醮，仰祝聖壽。」是歲七月，張浚等

言：「雨澤稍愆，乞禱。」上曰：「朕患不知四方水旱之實，宮中種稻兩區，其一地下，其一地高，高者其苗有槁意矣，須精加祈禱，以救旱暵。」八年，宰臣奏積雨傷蠶，上曰：「朕宮中自蠶一薄，欲知農桑之候，久雨葉濕，豈不有損。」乃命往天竺祈晴。三十二年，太常少卿王普言：「逆亮誅夷，虜騎遁去，兩淮無警，舊疆寖歸。茲者，回鑾臨安，當行報謝之禮。」從之。嘉定八年八月，蝗，禱于霍山。九年六月蝗，禱羣祀。淳祐七年六月大旱，命侍從禱于天竺觀音及霍山祠。

校勘記

〔一〕次鷹熌　「熌」原作「爛」，據通考卷八二郊社考、禮記郊特牲改。

〔二〕君南向於北墉下　「墉」原作「墉」，據通考卷八二郊社考、禮記郊特牲改。下同。

〔三〕加角握牛二　「牛二」二字原倒，據長編卷三一七、長編紀事本末卷七九乙正。

〔四〕弊則聽改造之　「弊」原作「幣」，據宋會要輿服四之二二改。

〔五〕丁顒言詣澶州祭告　「澶州」原作「潭州」。據上文及長編卷七〇、通考卷八三郊社考改。

〔六〕上服袞冕　「上」原作「改」，據長編卷七六、通考卷八三郊社考改。

〔七〕册使奉册升輅　原作「册升奉册使輅」。殿本考證謂此句必是「册使奉册升輅」，據通考卷八三郊社考改。

〔八〕如東海之祠　「祠」原作「詞」，據通考卷八三郊社考改。

〔九〕諸侯以正員三品官及上將軍攝　「正員」下原衍「以」字，據五禮新儀卷首、通考卷八七郊社考删。

〔一〇〕左輔奉耒耜載于玉輅訖　「訖」原作「乞」，據宋會要禮六之三〇改。

〔一一〕御耒席南向　按五禮新儀卷一二七作「御耒席南北向」，通考卷八七郊社考作「御耒席南北面」。疑此處「南」字下脫「北」字。

〔一二〕養蠶千薄以上　「千」原作「於」，據五禮新儀卷首、長編紀事本末卷一三三、通考卷八七郊社考改。

〔一三〕以內命婦一員充詣蠶室　疑「充」字衍，或其下有脫文。

〔一四〕授內命婦食蠶　「食」字原脫，按通考卷八七郊社考作「以授婕妤食蠶」，據補。

〔一五〕四年二月次西京　「四年」原作「五年」，據本書卷七眞宗紀、長編卷六五改。

宋史卷一百三

志第五十六

禮六 吉禮六

朝日夕月　九宮貴神　高禖　大火　壽星靈星　風伯雨師　司寒　蜡　七祀　馬祖　酺神

朝日、夕月。慶曆，用羊豕各二，籩豆十二，簠簋俎二。天禧初，太常禮院以監察御史王博文言，詳定：「準禮，春分朝日於東郊，秋分夕月於西郊。國語：『太采朝日，少采夕月。』又曰：『春朝朝日，秋夕夕月。』唐柳宗元論云：『夕之名者，朝拜之偶也。古者旦見曰朝，暮見曰夕。』按禮，秋分夕月。蓋其時晝夜平分，太陽當午而陰魄已生，遂行夕拜之祭以祀月〔一〕。未前十刻，太官令率宰人割牲，未後三刻行禮。蓋是古禮以夕行朝祭之儀。又按

禮云：從子至巳爲陽，從午至亥爲陰。參詳典禮，合於未後三刻行禮。」皇祐五年，定朝日壇，舊高七尺，東西六步一尺五寸；增爲八尺，廣四丈，如唐郊祀錄。夕月壇與隋、唐制度不合，從舊則壇小，如唐則坎深〔二〕。今定坎深三尺，廣四丈，壇高一尺，廣二丈，四方爲陛，降入坎深〔三〕，然後升壇。壇皆兩壝，壝皆二十五步。增大明、夜明壇山罍二，籩豆十二。禮生引司天監官分獻，上香，奠幣、爵，再拜。嘉祐加羊豕各五。五禮新儀定二壇高廣、坎深如皇祐，無所改。中興同。

太一九宮神位，在國門之東郊。壇之制，四陛外，西南又爲一陛曰坤道，俾行事者升降由之。其九宮神壇再成，第一成東西南北各百二十尺，再成東西南北各一百尺，俱高三尺。壇上置小壇九，每壇高一尺五寸，縱廣八尺，各相去一丈六尺。初用中祀，咸平中改爲大祀，壇增兩壝，玉用兩圭有邸，藉用槀秸加褥如幣色，其御書祝，禮如社稷。尋以封禪，別建九宮壇泰山下行宮之東，壇二成，成一尺，面各長五丈二尺，四陛及坤道各廣五丈。上九小壇，相去各八尺，四隅各留五尺。壇下兩壝，依大祠禮。及祀汾陰，亦遣使祀焉。自後親郊恭謝，皆遣官於本壇別祭。

二十四史

景祐二年，學士章得象等定司天監生于淵、役人單訓所請祀九宮太一依逐年飛移位次之法：「案鄭良遇九宮法，有飛棋立成圖，每歲一移，推九州所主災福事。又唐術士蘇嘉慶始置九宮神壇，一成，高三尺，四陛。上依位次置九小壇[四]：東南曰招搖，正東曰軒轅，東北曰太陰，正南曰天一，中央曰天符，北曰太一，西南曰攝提，正西曰咸池，西北曰青龍。五數爲中，戴九履一，左三右七，二四爲上，六八爲下，符於遁甲，此則九宮定位。歲祭以四孟，隨歲改位行棋，謂之飛位。自乾元以後，止依本位祭之，遂不飛易，仍減冬、夏二祭。國朝因之。今于淵等所請，合天寶初祭之理，又合良遇飛棋之圖。然其法本術家，時祭之文經禮不載[五]。議者或謂不必飛宮，若日月星辰躔次周流而祭有常所，此則定位之祀所當從也。若其推數於回復，候神於恍忽，因方弭沴，隨氣考祥[六]，則飛位之文固可遵用。請依唐禮，遇祭九宮之時遣司天監一員詣祠所，隨每年貴神飛棋之方，旋定祭位，仍自天聖己巳入曆，太一在一宮，歲進一位，飛棋巡行，周而復始。」詔可。慶曆儀，每坐籩豆十二，簠簋俎二。又禮官言：「歲雩祀外，水旱稍久，皆遣官告天地、宗廟、社稷及諸寺觀、宮廟，九宮貴神今列大祀，亦宜準此。」

熙寧四年，司天中官正周琮言：「太一經推算，七年甲寅歲，太一陽九、百六之數，復元之初。故經言：『太歲有陽九之災，太一有百六之厄，皆在入元之初終。』今陽九、百六當癸丑、

甲寅歲，爲災厄之會。然五福太一移入中都，可以消異爲祥。竊詳五福太一，自國朝雍熙元年甲申歲，入東南巽宮時，修東太一宮。天聖七年己巳歲，五福太一入西南坤位，修西太一宮。請稽詳故事，崇建祠宇，迎之京師。」詔建中太一宮於集禧觀。十太一神，並用通天冠、絳紗袍。元豐中，太常博士何洵直言：「熙寧祀儀，九宮貴神祝文稱『嗣天子臣某』，以禮秩論之，當與社稷爲比，請依祀儀爲大祠。其祝版卽依會昌故事及開寶通禮，書御名不稱臣。又近制，諸祠祭牲數，正配以全體解割，各用一牢，貴神九位悉是正坐，異壇別祝，尊爲大祠，而共用二少牢，於腥熟之俎，骨體不備。謂宜每位一牢，凡九少牢。」詔下太常，修入祀儀。

元祐七年，監察御史安鼎言：「按漢武帝始祠太一一位，唐天寶初兼祀八宮，謂之九宮貴神。漢祀太一，日用一犢，凡七日而止；唐祀類於天地。今春秋祀九宮太一，用羊、豕，其四立祭太一宮十神，皆無牲，以素饌加酒焉。再詳星經[七]：太一一星在紫宮門右，天一之南，號曰天之貴神。其佐曰五帝，飛行諸方，躡三能以上下，以天極星其一明者爲常居。主使十六神，知風雨、水旱、兵革、饑饉、疫疾、災害之事。唐書曰：『九宮貴神，實司水旱。太一掌十六神之法度，以輔人極。』國朝會要亦云：『天之尊神及十精、十六度[八]，並主風雨。』由是觀之，十神太一、九宮太一與漢所祀太一共是一神。今十神皆用素饌，而九宮並薦羊豕，

似非禮意。」詔禮官詳定：十神、九宮太一各有所主，卽非一神，故自唐迄今皆用牲牢，別無祠壇用素食禮。遂依舊制。

崇寧三年，太常博士羅畸言：「九宮諸神位，無禮神玉，惟有燔玉。竊謂宜用禮神玉，少倣其幣之色薦於神坐。」議禮局言：「先王制禮，用圭璧以祀日月星辰，所謂圭璧者，圭，其邸爲璧，以取殺於上帝也。今九宮神皆星名，而其玉用兩圭有邸。夫兩圭有邸，祀地之玉，以祀星辰，非周禮也。乞改用圭璧以應古制。」

政和新儀：「立春日祀東太一宮；立夏、季夏土王日祀中太一宮；立秋日祀西太一宮；立冬日祀中太一宮，宮之眞室殿，五福太一在中，君基太一在東，大游太一在西，俱南向。延休殿，四神太一。承釐殿，臣基太一在東，西向，北上。凝祐殿，直符太一。臻福殿，民基太一在西，東向，北上。膺慶殿，小游太一在中，天一太一在東，地一太一在西。靈貺殿，太歲在中，太陰在西，俱南向。三皇、五方帝、日月、五星、二十八宿、十日、十二辰、天地水三官、五行、九宮、八卦、五嶽、四海、四瀆、十二山神等，並爲從祀。東、西太一宮準此。東太一宮大殿，五福太一在東，君基太一在西，俱南向。大游太一殿在大殿之北，南向。臣基太一殿在南，北向。小游太一、直符太一、四神太一殿在大殿之東，西向，北上。天一太一、民基太一、地一太一在大殿之西，東向，北上。西太一宮黃庭殿，五福在中，君基在東，大游在

西；均福殿，小游在中，俱南向。延貺殿，天一在中，四神在南，臣基在北，俱西向。資祐殿，地一在中，民基在南，直符在東北[九]，俱東向。」九宮貴神壇三成，一成縱廣十四丈[一〇]，再成縱廣十二丈，三成縱廣十丈，各高三尺。上依方位置小壇九，各高一尺五寸[一一]，縱廣八尺。四陛、坤道，兩壝，每壝二十五步，如舊制。

紹興十一年，太常丞朱輅言：「九宮貴神所主風、雨、霜、雪、雹、疫，所係甚重，請舉行祀典。」太常寺主簿林大鼐亦言：「十神太一、九宮太一，皆天之貴神，國朝分爲二，並爲大祀。比一新太一宮，而九宮貴神尚寓屋而不壇。」乃詔臨安府於國城之東，建築九宮壇壝，其儀如祀上帝。其太一宮，初議者請卽行宮之北隅建祠，後命禮官考典故，擇地建宮。十八年，宮成，御書其榜。十太一位於殿上，南面，西上。從祀，東廡九十有八，西廡九十有七，皆北上。孝宗受禪，又建本命殿，名曰崇禧。光宗又遷介福殿像於挾室，而名新殿曰崇福。

高禖。初，仁宗未有嗣，景祐四年二月，以殿中侍御史張奎言，詔有司詳定。禮官以爲：「月令雖可據，然周官闕其文，漢志郊祀不及禖祠，獨枚臯傳言『皇子禖祝』而已。後漢

中華書局

至江左概見其事，而儀典委曲，不可周知。惟高齊禖祀最顯，妃嬪參享，黷而不蠲，恐不足爲後世法。唐明皇因舊月令，特存其事。開元定禮，已復不著。朝廷必欲行之，當築壇於南郊，春分之日以祀青帝，本詩『克禋以祓』之義也。配以伏羲、帝嚳，伏羲本始，嚳著祥也。以禖從祀，報古爲禖之先也。以石爲主，牲用太牢，樂以升歌，儀視先蠶，有司攝事，祝版所載，具言天子求嗣之意。乃以弓矢、弓韣致神前，祀已，與胙酒進內，以禮所御，使齋戒受之。仍歲令有司申請俟旨，命曰特祀。」卽用其年春分，遣官致祭。爲圜壇高九尺，廣二丈六尺，四陛，三壝，陛廣五尺，壝各二十五步。主用青石，長三尺八寸，用木生成之數，形準廟社主，植壇上稍北，露其首三寸。青玉、青幣，牲用牛一、羊一、豕一，如盧植之說。樂章、祀儀並準青帝，尊器、神坐如勾芒，唯受福不飲，回授中人爲異。祀前一日，內侍請皇后宿齋於別寢，內臣引近侍宮嬪從。是日，量地設香案、褥位各二，重行，南向，於所齋之庭以望禖壇。又設褥位於香案北，重行。皇后服褘衣，褥位以緋。宮嬪服朝賀衣服，褥位以紫。祀日有司行禮，以福酒、胙肉、弓矢、弓韣授內臣，奉至齋所，置弓矢等於箱，在香案東；福酒於坫，胙肉於俎，在香案西。內臣引宮嬪詣褥位，東上南向。乃請皇后行禮，導至褥位，皆再拜。導皇后詣香案位，上香三，請帶弓韣，受弓矢，轉授內臣置於箱，又再拜。內臣進胙，皇后受訖，轉授內臣。次進福酒，內臣曰：「請飲福。」飲訖，請再拜。乃解弓韣，內

臣跪受置於箱。導皇后歸東向褥位。又引宮嬪最高一人詣香案，上香二，帶弓韣，受弓矢，轉授左右，及飲福，解弓韣，如皇后儀，唯不進胙。又引以次宮嬪行禮，亦然。俟俱復位，內侍請皇后詣南向褥位，皆再拜退。是歲，宮中又置赤帝像以祈皇嗣。

寶元二年，皇子生，遣參知政事王鬷以太牢報祠，準春分儀，惟不設弓矢、弓韣，著爲常祀，遣兩制官攝事。慶曆三年，太常博士余靖言：「皇帝嗣續未廣，不設弓矢、弓韣，非是。」詔仍如景祐之制。

熙寧二年，皇子生，以太牢報祀高禖，惟不設弓矢、弓韣。既又從禮官言：「按祀儀，青帝壇廣四丈，高八尺。今祠高禖既以青帝爲主，其壇高廣，請如青帝之制。又祀天以高禖配，今郊禖壇祀青帝於南郊，以伏羲、高辛配，復於壇下設高禖位，殊爲爽誤。請準古郊禖，改祀上帝，以高禖配，改伏羲、高辛位爲高禖，而徹壇下位。」詔：「高禖典禮仍舊，壇制如所議，改犢爲角握牛，高禖祝版與配位並進書焉。」又言：「伏羲、高辛配，祝文並云『作主配神』。神無二主，伏羲既爲主，其高辛祝文請改云『配食于神』。」

元祐三年，太常寺言：「祀儀，高禖壇上正位設青帝席，配位設伏羲、高辛氏席，壇下東南設高禖，從祀席正配位各六俎，實以羊豕腥熟，高禖位四俎，實以牛腥熟。祀日，兵部、工部郎中奉羊、豕俎升壇，詣正配位〔二〕。高禖位俎，則執事人奉焉。竊以青帝爲所祀之主，而牲用羊豕；禖神因其嘉祥從祀，而牲反用牛，又牛俎執事者陳之，而羊、豕俎皆奉以郎官，輕重失當。請以三牲通行解割，正、配、從祀位並用，皆以六曹郎官奉俎。今羊俎以兵部，豕俎以工部，牛俎請以戶部郎官。」

政和新儀：春分祀高禖，以簡狄、姜嫄從祀〔三〕，皇帝親祠，並如祈穀祀上帝儀。惟配位作承安之樂，而增簡狄、姜嫄位牛羊豕各一。紹興元年，太常少卿趙子晝言：「自車駕南巡，雖多故之餘，禮文難備，至於祓無子，祝多男，所以係萬方之心，蓋不可闕。乞自來歲之春，復行高禖之祀。」十七年，車駕親祀高禖，如政和之儀。

大火之祀。康定初，南京鴻慶宮災，集賢校理胡宿請修其祀，而以閼伯配焉。禮官議：「閼伯爲高辛火正，實居商丘，主祀大火。後世因之，祀爲貴神，配火侑食，如周棄配稷、后土配社之比，下歷千載，遂爲重祀。祖宗以來，郊祀上帝，而大辰已在從祀，閼伯之廟，每因赦文及春秋，委京司長吏致奠，咸秩之典，未始云闕。然國家有天下之號實本於宋，五運之次，又感火德，宜因興王之地，商丘之舊，爲壇兆祀大火，以閼伯配。建辰、建戌出內之月，內降祝版，留司長吏奉祭行事。」乃上壇制：高五尺，廣二丈，四陛，陛廣五尺，一壝，四面距

壝各二十五步。位牌以黑漆朱書曰大火位，配位曰閼伯位。牲用羊、豕一，器準中祠。歲以三月、九月擇日，令南京長吏以下分三獻，州、縣官攝太祝、奉禮。慶曆，獻官有祭服。

建中靖國元年又建陽德觀以祀熒惑。因翰林學士張康國言，天下崇寧觀並建火德眞君殿，仍詔正殿以離明爲名。太常博士羅畸請宜倣太一宮，遣官薦獻，或立壇於南郊，如祀靈星、壽星之儀。有司請以閼伯從祀離明殿，又請增閼伯位。按春秋傳曰：五行之官封爲上公，祀爲貴神。祝融，高辛氏之火正也；閼伯，陶唐氏之火正也。祝融既爲上公，則閼伯亦當服上公衮冕九章之服。既又建熒惑壇於南郊赤帝壇壝外，令有司以時致祭，增用圭璧，火德、熒惑以閼伯配，俱南向。五方火精、神等爲從祀。壇廣四丈，高七尺，四陛，兩壝，壝二十五步，從新儀所定。

紹興三年，詔祀大火。太常寺言：「應天府祀大火，今道路未通，宜於行在春秋設位。」乾道五年，太常少卿林栗等言：「本寺已擇九月十四日，依旨設位，望祭應天府大火，以商丘宣明王配。二十一日內火，祀大辰，以閼伯配。大辰卽大火，閼伯卽商丘宣明王也。緣國朝以宋建號，以火紀德，推原發祥之所自，崇建商丘之祠，府曰應天，廟曰光德，加封王爵，錫謚宣明，所以追嚴者備矣。今有司旬日之間舉行二祭，一稱其號，一斥其名，義所未安。乞自今祀熒惑、大辰，其配位稱閼伯，祝文、位板並依應天府大火禮例，改稱宣明王，以稱

中華書局

國家崇奉火正之意。」

諸星祠，有壽星、周伯、靈星之祭。大中祥符二年，翰林天文邢中和言：「景德中，周伯星出亢宿下。按天文志，角、亢爲太山之根，果符上封之應。望於親郊日特置周伯星位於亢宿間。」詔禮官與司天監定議，且言：「周伯星出氐三度，然亢、氐相去不遠，並鄭分。兗州，壽星之次，宜如中和奏，設位氐宿之間，以爲永式。」景德三年，詔定壽星之祀。太常禮院言：「按月令：『八月命有司享壽星於南郊。』注云：『秋分日，祭壽星於南郊。壽星，南極老人星也。』爾雅云：『壽星，角、亢也。』注云：『數起角、亢，列宿之長，故云壽星。』唐開元中，特置壽星壇，常以千秋節日祭老人星及角、亢七宿。請用祀靈星小祠禮，其壇亦如靈星壇制，築於南郊，以秋分日祭之。」

元豐中，禮文所言：「時令秋分〔一四〕，享壽星于南郊。熙寧祀儀：於壇上設壽星一位，南向。又於壇下卯陛之南設角、亢、氐、房、心、尾、箕七位，東向。按爾雅所謂『壽星角、亢』，非此所謂秋分所享壽星也。今於壇下設角、亢位，以氐、房、心、尾、箕同祀，尤爲無名。又按晉天文志：『老人一星在弧南，一曰南極，常以秋分之旦見于丙，春分之夕沒于丁，見則治

平，主壽昌，常以秋分候之南郊。』後漢於國都南郊立老人星廟，常以仲秋祀之，則壽星謂老人矣。請依後漢，於壇上設壽星一位，南向，祀老人星。其壇下七宿位不宜復設。」

慶曆以立秋後辰日祀靈星，其壇東西丈三尺，南北丈二尺，壽星壇方丈八尺。皇祐定如唐制，二壇皆周八步四尺。其享禮，籩八，豆八，在神位前左右，重三行。俎二，在籩、豆外。簠、簋一，在二俎間。象尊二，在壝上東南隅，北向西上。七宿位，各設籩一，豆一，在神位前左右。俎一，在籩、豆外，中設簠一，簋一，在俎左右。爵一，在神位正前。壺尊二，在神位右。光祿實以法酒。

政和新儀改定：壇高三尺〔一五〕，東西袤丈三尺，南北袤丈二尺，四出陛，一壝，二十五步。初乾興祀靈星，値屠牲有禁，乃屠於城外。至是，敕有司：「凡祭祀牲牢，無避禁日，著爲令。」南渡後，靈星、壽星、風師、雨師、雷師及七祀、司寒、馬祖，並仍舊制。

風伯、雨師，諸州亦致祭。大中祥符初，詔惟邊地要劇者，令通判致祭，餘皆長吏親享。未幾，澤州請立風伯、雨師廟，乃令禮官考儀式頒之。有司言：「唐制，諸郡置風伯壇社壇之東，雨師壇于西，各稍北數十步，卑下於社壇。祠用羊一，籩、豆各八，簠、簋各二。」元豐詳定

局言：「周禮：『小宗伯之職，兆五帝於四郊，四類亦如之。』鄭氏曰：『兆爲壇之營域。四類，日、月、星、辰，運行無常，以氣類爲之位，兆日於東郊，兆月與風師於西郊，兆司中、司命於南郊，兆雨師於北郊。』各以氣類祭之，謂之四類。漢儀，縣邑常以丙戌日祠風伯於戌地，以己丑日祀雨師於丑地，亦從其類故也。熙寧祀儀：兆日東郊，兆月西郊，是以氣類爲之位。至於兆風師於國城東北，兆雨師於國城西北，司中、司命於國城西北亥地，則是各從其星位，而不以氣類也。請稽舊禮，兆風師於西郊，祠以立春後丑日；兆雨師於北郊，祠以立夏後申日；兆司中、司命、司祿於南郊，祠以立冬後亥日。其壇兆則從其氣類，其祭辰則從其星位，仍依熙寧儀，以雷師從雨師之位，以司民從司中、司命、司祿之位。」

舊制，風師壇高四尺，東西四步三尺，南北減一尺。皇祐定高三尺，周三十三步；雨師壇、雷師壇高三尺，方一丈九尺。皇祐定周六步。政和之制，風壇廣二十三步，雨、雷壇廣十五步，皆高三尺，四陛，並一壝，二十五步。其雨師、雷師二壇同壝。司中、司命、司民〔一六〕、司祿爲四壇，各廣二十五步同壝。

又言：「周禮：『大宗伯以槱燎祀司中、司命、風師、雨師。』所謂周人尙臭，升煙以報陽也〔一七〕。今天神之祀皆燔牲首，風師、雨師請用柏柴升煙，以爲歆神之始。」又言：「周禮樂師之職曰：『凡國之小事用樂者，令奏鐘鼓。』說者曰：『小祀也。』小師職注：『小祭祀謂司中、司

命、風師。』是也。既已有鐘鼓，則是有樂明矣。請有司祀司中、司命、風師、雨師用樂，仍製樂章以爲降神之節。」又言：「周禮小司徒之職：『凡小祭祀奉牛牲羞其肆。』又肆師云：『小祭祀用牲。』所謂小祭祀，卽司中、司命、司民、司祿、宮中七祀之類是也。後世以有司攝事，難於純用太牢，猶宜下同大夫禮，用羊、豕可也。今祀儀，馬祖、先牧、司中、司命、司民、司祿、司寒，歲用羊、豕一。祠令：小祠，牲入滌一月，所以備潔養之法。今每位肉以豕，又取諸市，與令文相戾。請諸小祠祭以少牢，仍用體解。」又言：「社稷五祀，先薦爓，次薦熟；至於羣小祀，薦熟而已。請四方百物、宮中七祀、司中、司命、風師、雨師止薦熟。」並從之。

司寒之祭，常以四月，命官率太祝，用牲、幣及黑牡、秬黍祭玄冥之神，乃開冰以薦太廟。建隆二年，置藏冰署而修其祀焉。祕書監李至言：「案詩豳七月曰：『四之日獻羔祭韭。』蓋謂周以十一月爲正，其四月卽今之二月也。春秋傳曰：『日在北陸而藏冰。』謂夏十二月，日在危也。『獻羔而啓之』，謂二月春分，獻羔祭韭，始開冰室也。『火出而畢賦』，火星昏見，謂四月中也。又案月令：『天子獻羔開冰，先薦寢廟。』詳其開冰之祭，當在春分，乃有司之失也。」帝覽奏曰：「今四月，韭可苦屋矣，何謂薦新？」遂正其禮。天聖新令：「春分開冰，祭

司寒於冰井務，卜日薦冰於太廟；季冬藏冰，設祭亦如之。」

元豐，詳定所言：「熙寧祀儀，孟冬選吉日祀司寒。按古享司寒，惟以藏冰啓冰之日，孟冬非有事於冰，則不應祭享。今請惟季冬藏冰則享司寒，牲用黑牡羊，穀用黑秬黍；仲春開冰，則但用羔。孔穎達注月令曰：『藏冰則用牡黍，啓唯告而已。』祭禮大、告禮小故也。且開冰將以御至尊，當有桃弧、棘矢以禳除凶邪。設於神坐，則非禮也。當從孔氏說，出冰之時，置弓矢於凌室之戶。」

大觀，禮局言：「春秋左氏傳，以少昊有四叔，其二爲玄冥。杜預、鄭玄皆以玄冥爲水官，故歷代祀爲司寒，則玄冥非天神矣。今儀注，禮畢有司取祝幣瘞坎，贊者贊幣燔燎，是以祀天神之禮享人鬼也。請罷燔燎而埋祝幣。」詔從其請。

大蜡之禮，自魏以來始定議。王者各隨其行，社以其盛，臘以其終。建隆初，以有司言：「周木德，木生火，宜以火德王，色尚赤。」遂以戌日爲臘。三年，戊戌臘，有司畫日，以七日辛卯。和峴奏議曰：「按蜡始於伊耆，後歷三代及漢，其名雖改而其實一也。漢火行，用戌臘，臘者接也，新故相接，畋獵禽獸以享百神，報終成之功也。王者因之，上享宗廟，旁及五祀，展其孝心，盡物示恭也。魏、晉以降，悉沿其制。唐乘土德，貞觀之際，以前寅日蜡百神，卯日祭社宮，辰日享宗廟。開元定禮，三祭皆於臘辰，以應土德。今以戌日爲臘，而以前七日辛卯行蜡禮，恐未爲宜。況宗廟社稷並遵臘享，獨蜡不以臘，請下禮官議。」議如峴言，今後蜡百神、祀社稷、享宗廟皆用戌臘一日。天聖三年，同知禮院陳詁言：「蜡祭一百九十二位，祝文內載一百八十二位，唯五方田畯、五方郵表畷一十位不載祝文。又郊祀錄、正辭錄、司天監神位圖皆以虎爲於菟，乃避唐諱，請仍爲虎。五方祝文，衆族之下增入田畯、郵表畷云。」

元豐，詳定所言：「記曰：『八蜡以祀四方，年不順成，八蜡不通。』歷代蜡祭，獨在南郊爲一壇，惟周、隋四郊之兆，乃合禮意。又禮記月令以蜡與息民爲二祭，故隋、唐息民祭在蜡之後日。請蜡祭，四郊各爲一壇，以祀其方之神，有不順成之方則不修報。其息民祭仍在蜡祭之後。」先是，太常寺言：「四郊蜡祭，宜依百神制度築壇，其東西有不順成之方，卽祭日月。其神農以下，更不設祭。又舊儀，神農、后稷並設位壇下，當移壇上。按禮記正義，伊耆氏，神農也。今壇下更設伊耆氏位，合除去之。」

政和新儀：臘前一日蜡百神。四方蜡壇廣四丈，高八尺，四出陛，兩壝，每壝二十五步。東方設大明位，西方設夜明位，以神農氏、后稷氏配，配位以北爲上。南北壇設神農位，以

后稷配，五星、二十八宿、十二辰、五官、五嶽、五鎭、四海、四瀆及五方山林、川澤、丘陵、墳衍、原隰、井泉、田畯，倉龍、朱鳥、麒麟、白虎、玄武，五水庸、五坊、五虎、五鱗、五羽、五介、五毛、五郵表畷、五贏、五猫、五昆蟲從祀，各依其方設位。中方鎭星、后土、田畯設於南方蜡壇酉階之西，中方嶽鎭以下設於南方蜡壇午階之西。伊耆設於北方蜡壇卯階之南，其位次於辰星。

紹興十九年，有司檢會五禮新儀，臘前一日蜡東方、西方爲大祀，蜡南方、北方爲中祀，並用牲牢。乾道四年，太常少卿王瀹又請於四郊各爲一壇，以祀其方之神，東西以日月爲主，各以神農、后稷配；南北皆以神農爲主，以后稷配。自五帝、星辰、嶽鎭、海瀆以至猫虎、昆蟲，各隨其方，分爲從祀。其後南蜡仍於圓壇望祭殿，北蜡於餘杭門外精進寺行禮。

太廟司命、戶、竈、中霤、門、厲、行七祀，熙寧八年，始置位版。太常禮院請禘享徧祭七祀。詳定所言：「周禮：天子六服，自驚冕而下，各隨所祭而服。今既不親祀，則諸臣攝事日，當從王所祭之服，其攝事之臣不繫其官。」又言：「禮祭法曰：『王自爲立七祀：曰司命，曰中霤，曰國行，曰泰厲，曰門，曰戶，曰竈。』孟春祀戶，祭先脾；孟夏祀竈，祭先肺；中央土祀中霤，祭先心；孟秋祀門，祭先肝；孟冬祀行，祭先腎。又傳曰：『春祀司命，秋祠厲。』此所祀之位，所祀之時，所用之俎也。周禮：『司服掌王之吉服，祭羣小祀則服玄冕。』注謂宮中七祀之屬。禮記曰：『一獻熟。』注謂宮中羣小神七祀之等。周禮大宗伯：『若王不與祭祀則攝位。』此所祀之服，所獻之禮，所攝之官也。近世因禘祫則徧祭七祀，其四時則隨時享分祭，攝事以廟卿行禮而服七旒之冕，分太廟牲以爲俎，一獻而不薦熟，皆非禮制。請以立春祭戶於廟室戶外之西，祭司命於廟門之西，制脾於俎；立夏祭竈於廟門之東，制肺於俎；季夏土王日祭中霤於廟庭之中，制心於俎；立秋祭門及厲於廟門外之西，制肝於俎；立冬祭司命及行於廟門外之西，制腎於俎，皆用特牲，更不隨時享分祭。有司攝事，以太廟令攝禮官，服必玄冕，獻必薦熟。親祀及臘享，卽依舊禮徧祭之。」政和新儀定太廟七祀，四時分祭，如元豐儀，臘享祫享則徧祭，設位於殿下橫街之北、道西，東向，北上。

馬祖。祀典，仲春祀馬祖，仲夏享先牧，仲秋祭馬社，仲冬祭馬步，並擇日。壇壝之制，三壇各廣九步，高三尺，四陛，一壝。

又有酺神之祀。慶曆中上封事者言：「螟蝗爲害，乞內外並修祭酺。」禮院言：「按周禮：『族師，春秋祭酺。』酺爲人物災害之神。鄭玄云：『校人職有多祭馬步。則未知此酺者，蝝螟之酺歟，人鬼之步歟？蓋亦爲壇位如雩禜云。』然則校人職有多步，是與馬爲害者，此酺蓋人物之害也。漢有蝝螟之酺神，又有人鬼之步神。歷代書史，悉無祭酺儀式。欲準祭馬步儀，壇在國城西北，差官就馬壇致祭，稱爲酺神。

若外州者卽略依禜禮。其儀注，先擇便方除地，設營纘爲位，營纘謂立表施繩以代壇。其致齋、行禮、器物，並如小祠。先祭一日致齋，祭日設神坐內向，用尊及籩一、豆一，實以酒酺，設於神坐左。又設罍洗及篚於酒尊之左，俱內向。執事者位於其後，皆以近神爲上。薦神用白幣一丈八尺在篚。將祭，贊祀官拜，就盥洗訖，進至神坐前，上香、奠幣。退詣罍盥洗，實以酒，再詣神坐前奠爵，讀祝，再拜，退而瘗幣。其酺神祝文曰：「維年歲次月朔某日，州縣具官某，敢昭告于酺神：蝗蝝荐生，害於嘉穀，惟神降祐，應時消殄。請以清酒、制幣嘉薦，昭告于神，尚享。」

紹興祀令：蟲蝗爲害，則祭酺神。嘉定八年六月，以飛蝗入臨安界，詔差官祭告。又詔兩浙、淮東西路州縣，遇有蝗入境，守臣祭告酺神。

校勘記

〔一〕遂行夕拜之祭以祀月　「月」原作「日」，據長編卷八九改。

〔二〕如唐則坎深　「深」，玉海卷一〇一、通考卷七九郊社考都作「狹」。

〔三〕降入坎深　「深」，五禮新儀卷一、玉海卷一〇一、通考卷七九郊社考都作「中」，疑作「中」是。

〔四〕九小壇　「九」字原脫，據太常因革禮卷四八、長編卷一一六、宋會要禮一九之四補。

〔五〕經禮不載　「禮」原作「理」，據宋會要禮一九之四、長編卷一一六、通考卷八〇郊社考改。

〔六〕隨氣考祥　「祥」原作「神」，據宋會要禮一九之五、長編卷一一六、通考卷八〇郊社考改。

〔七〕再詳星經　「再」原作「載」，據宋會要禮一九之八、通考卷八〇郊社考改。

〔八〕十六度　「度」，宋會要禮一九之八、通考卷八〇郊社考都作「神」。

〔九〕直符在東北　「東北」，五禮新儀卷二、通考卷八〇郊社考都作「北」。

〔一〇〕一成縱廣十四丈　原脫「一」字，據五禮新儀卷一補。

〔一一〕各高一尺五寸　「尺」原作「丈」，據五禮新儀卷一、宋會要禮一九之三改。

〔一二〕詣正配位　「詣」原作「諸」，據太常因革禮卷七九、五禮新儀卷五四改。

〔一三〕以簡狄姜嫄從祀　「祀」原作「配」，據玉海卷九九、通考卷八五郊社考改。

〔一四〕時令秋分　「分」原作「冬」，據太常因革禮卷八〇、長編卷三一七、長編紀事本末卷七八改。

〔一五〕壇高三尺　按五禮新儀卷一、通考卷八〇郊社考，「壇」上有「壽星」二字。

〔一六〕司民　二字原脫，據五禮新儀卷一、長編卷三一七補。

〔一七〕升煙以報陽也　「煙」原作「陽」，據長編卷三一七、宋會要禮一四之五一改。

中華書局

宋史卷一百四

志第五十七

禮七 吉禮七

封禪　汾陰后土　朝謁太清宮　天書九鼎

封禪。太宗即位之八年，泰山父老千餘人詣闕，請東封。帝謙讓未遑，厚賜以遣之。明年，宰臣宋琪率文武官、僧道、耆壽三上表以請，乃詔以十一月二十一日有事于泰山，命翰林學士扈蒙等詳定儀注。既而乾元、文明二殿災，詔停封禪，而以是日有事于南郊。

眞宗大中祥符元年，兗州父老呂良等千二百八十七人及諸道貢舉之士八百四十六人詣闕陳請，而宰臣王旦等又率百官、諸軍將校、州縣官吏、蕃夷、僧道、父老二萬四千三百七十人五上表請，始詔今年十月有事于泰山。遣官告天地、宗廟、社稷、太一宮及在京祠廟、

嶽瀆，命翰林、太常禮院詳定儀注，知樞密院王欽若、參知政事趙安仁爲封禪經度制置使並判兗州，三司使丁謂計度糧草，引進使曹利用、宣政使李神福修行宮道路，皇城使劉承珪等計度發運。詔禁緣路採捕及車騎蹂踐田稼，以行宮側官舍、佛寺爲百官宿頓之所，調兗、鄆兵充山下丁役。行宮除前後殿外，並張幕爲屋，覆以油帊。仍增自京至泰山驛馬，令三司沿汴、蔡、御河入廣濟河運儀仗什物赴兗州，發上供木，由黃河浮筏至鄆州，給置頓費用，省輦送之役。以王旦爲大禮使，王欽若爲禮儀使，參知政事馮拯爲儀仗使，知樞密院陳堯叟爲鹵簿使，趙安仁爲橋道頓遞使，仍鑄五使印及經度制置使印給之。遣使詣岳州，采三脊茅三十束，有老人黃皓識之，補州助教，賜以粟帛。

初，太平興國中，有得唐玄宗社首玉册、蒼璧，至是令瘞於舊所。其前代封禪壇址摧圮者，命修完之。山上置圜臺，徑五丈，高九尺，四陛，上飾以青，四面如其方色；一壝，廣一丈，圍以青繩三周。燎壇在其東南，高丈二尺，方一丈，開上南出戶，方六尺。山下封祀壇，四成，十二陛，如圜丘制，上飾以玄，四面如方色；外爲三壝，燎壇如山上壇制。社首壇，八角，三成，每等高四尺，上闊十六步；八陛，上等廣八尺，中等廣一丈，下等廣一丈二尺；三壝四門：如方丘制。又爲瘞埳於壬地外壝之內。以玉爲五牒，牒各長尺二寸，廣五寸，厚一寸，刻字而塡以金，聯以金繩，緘以玉匱，置石磩中。金脆難用，以金塗繩代之。正坐、配坐，用玉

册六副，每簡長一尺二寸，廣一寸二分，厚三分，簡數量文多少。匱長一尺三寸。檢長如匱，厚二寸，闊五寸，纏金繩五周，當纏繩處刻爲五道，而封以金泥，泥和金粉、乳香爲之。印以受命寶。封匱當寶處，刻深二分，用石磩藏之。其磩用石再累，各方五尺，厚一尺，鑿中廣深，令容玉匱。磩旁施檢處，皆刻深七寸，闊一尺，南北各三，東西各二，去隅皆七寸，纏繩處皆刻三道，廣一寸五分，深三分。爲石檢十以撿磩，皆長三尺，闊一尺，厚七寸，刻三道，廣深如纏繩。其當封處，刻深二寸，取足容寶，皆有小石蓋，與封刻相應。其檢立磩旁，當刻處又爲金繩三以纏磩，皆五周，徑三分，爲石泥封磩。泥用石末和方色土爲之。用金鑄寶，曰「天下同文」，如御前寶，以封磩際。距石十二分，距四隅皆闊二尺，厚一尺，長一丈，斜刻其道〔一〕，與磩隅相應，皆再累，爲五色土圜封磩，上徑一丈二尺，下徑三丈九尺。命直史館劉鍇、內侍張承素領徒封圜臺石磩，直集賢院宋臯、內侍郝昭信封社首石磩，並先往規度之。

詳定所言：「朝覲壇在行宮南，方九丈六尺，高九尺，四陛。陛，南面兩陛，餘三面各一陛。一壝，二分在南，一分在北。又按唐封禪，備法駕。準故事，乘輿出京，並用法駕，所過州縣不備儀仗。其圜臺上設登歌、鍾、磬各一虡〔二〕，封祀壇宮架二十虡，四隅立建鼓、二舞。社首壇設登歌如圜臺，壇下宮架、二舞如封祀壇。朝覲壇宮架二十虡，不用熊羆十二案。又

按六典，南郊合祀天地，服衮冕，垂白珠十有二，黝衣纁裳十二章。欲望封禪日依南郊例。」仍洎禮畢，御朝覲壇。諸州所貢方物，陳列如元正儀。令尙書戶部告示，並先集泰山下。」

有司言：「南郊惟昊天、皇地祇、配帝、日月、五方、神州各用幣，內官而下別設六十六段分充。按開寶通禮，嶽鎭、海瀆幣從方色，郎明皆有制幣。今請封祀壇內官至外官三百一十八位，社首壇嶽鎭以下一十八位，並用方色幣。又南郊牲，正坐、配坐用犢，五方帝、日月、神州共用羊豕二十二，從祀七百三十七位，仍以前數分充。今請神州而上十二位用犢，其舊供羊豕，改充從祀牲。又景德中，升天皇、北極在第一等，今請亦於從祀牲內體薦。」

舊制，郊祀正坐、配坐褥以黃，皇帝拜褥以緋。至是，詔配坐以緋，拜褥以紫。又以靈山淸潔，命祀官差減其數，或令兼攝，有期喪未滿、餘服未卒哭者，不得預祭。內侍諸司官，除掌事宿衞外，從升者裁二十四人，諸司職掌九十三人。其文武官升山者，皆公服。

詳定所言：「漢書八神與歷代封禪帝王及所禪山，並於前祀七日遣官致祭，以太牢祀泰山，少牢祀社首。」九月，詔審刑院、開封府毋奏大辟案。帝習儀于崇德殿。初，禮官言無帝王親習之文，帝曰：「朕以達寅恭之意，豈憚勞也。」既畢，帝見禮文有未便，諭宰臣與禮官再

議。於是詳定所言：「按開寶禮，則燔燎畢封册；開元故事，則封磩後燔燎。今如不對神封册，則未稱寅恭，或封磩後送神，則併爲諠瀆。欲望俟終獻畢，皇帝升壇，封玉匱，置磩中，泥印訖，復位，飲福，送神，樂止，舉燎火。次天書降，次金匱降。禮儀使奏禮畢，皇帝還大次，俟封磩畢，皇帝再升壇省視。緣祀禮已畢，更不舉樂。省訖，降壇。」仍詔山上亞獻、終獻，登歌作樂。

十月戊子朔，禁天下屠殺一月。帝自告廟，卽屏葷蔬食，自進發至行禮前，並禁音樂。有司請登封日圜臺立黃麾仗，至山下壇設權火。將行禮，然炬相屬，又出朱字漆牌，遣執仗者傳付山下。牌至，公卿就位，皇帝就望燎位，山上傳呼萬歲，下卽舉燎。皇帝還大次，解嚴，又傳呼而下，祀官始退。社首瘞坎，亦設權火三爲準。遣司天設漏壺山之上下，命中官覆校日景，復於壇側擊板相應。自太平頂、天門、黃峴嶺、岱嶽觀，各豎長竿，揭籠燈下照，以相參候。

辛卯，發京師，以玉輅載天書先行。次日如之。至鄆州，令從官、衞士蔬食。丁未，次奉高宮。戊申，齋于穆清殿，諸升山者官給衣，令祀日沐浴服之。庚戌，帝服通天冠、絳紗袍，乘金輅，備法駕，至山門幄次，改服鞾袍，乘步輦登山，鹵簿、儀衞列山下，天書仗不上山，與法駕仗間立。知制誥朱巽奉玉册牒及圜臺行事官先升，且以回馬嶺至天門路峻絕，

人給橫板二，長三尺許，繫綵兩端，施於背，膺選從卒，推引而上。衞士皆給釘鞵，供奉馬止於中路。自山趾盤道至太平頂，凡兩步一人，綵繡相間，樹當道者不伐，止縈以繒。帝每經陿險，必降輦徒步。亞獻寧王元偓，終獻舒王元偁，鹵簿使陳堯叟從。祀官、點饌習儀於圜壇。是夕，山下罷警場。

辛亥，設昊天上帝位于圜臺，奉天書于坐左，太祖、太宗並配西北側向，帝服袞冕，升臺奠獻，悉去侍衞，拂翟止於壝門，籠燭前導亦徹之。玉册文曰：「嗣天子臣某，敢昭告于昊天上帝：臣嗣膺景命，昭事上穹。昔太祖揖讓開基，太宗憂勤致治，廓淸寰宇，混一車書，固抑升中，以延積慶。元符錫祚，衆寶效祥，異域咸懷，豐年屢應。虔修封祀，祈福黎元。謹以玉帛、犧牲、粢盛、庶品，備玆禋燎，式薦至誠。皇伯考太祖皇帝、皇考太宗皇帝配神作主。尚饗。」玉牒文曰：「有宋嗣天子臣某，敢昭告于昊天上帝：啓運大同，惟宋受命，太祖肇基，功成治定；太宗膺圖，重熙累盛。粵惟沖人，丕承列聖，寅恭奉天，憂勤聽政。一紀于玆，四隩來塈，丕貺殊尤，元符章示，儲慶發祥，淸淨可致，時和年豐，羣生咸遂。仰荷顧懷，敢忘繼志，僉議大封，聿申昭事。躬陟喬嶽，對越上天，率禮祇肅，備物吉蠲，以仁守位，以孝奉先。祈福逮下，侑神昭德，惠綏黎元，懋建皇極，天祿無疆，靈休允迪，萬葉其昌，永保純錫。」命羣官享五方帝及諸神於山下封祀壇。上飲福酒，攝中書令王旦跪稱曰：「天賜皇帝

太一神策，周而復始，永綏兆人。」三獻畢，封金、玉匱。王旦奉玉匱，置於石磩，攝太尉馮拯奉金匱以降，將作監領徒封磩。帝登圜臺閱視訖，還御幄。宰臣率從官稱賀，山下傳呼萬歲，聲動山谷。卽日仗還奉高宮，百官奉迎于谷口。帝復齋于穆清殿。

壬子，禪祭皇地祇于社首山，奉天書升壇，以祖宗配。玉册文曰：「嗣天子臣某，敢昭告于皇地祇：無私垂祐，有宋肇基，命惟天啓，慶賴坤儀。太祖神武，威震萬寓；太宗聖文，德綏九土。臣恭膺寶命，纂承丕緒，穹昊降祥，靈符下付，景祚延鴻，祕文昭著。八表以寧，五兵不試，九穀豐穰，百姓親比，方輿所資，涼德是愧。溥率同詞，搢紳協議，因以時巡，亦旣肆類。躬陳典禮，祇事厚載，致孝祖宗，潔誠嚴配。以伸大報，聿修明祀，本支百世，黎元受祉。謹以玉帛、犧牲、粢盛、庶品，備玆禋瘞，式薦至誠。皇伯考太祖皇帝、皇考太宗皇帝配神作主。尚饗。」帝至山下，服鞾袍，步出大次。

癸丑，有司設仗衞、宮縣于壇下，帝服袞冕，御封禪壇上之壽昌殿受朝賀，大赦天下，文武遞進官勳，減免賦稅、工役各有差，改乾封縣曰奉符縣，宴百官卿監以上于穆清殿，泰山父老于殿門。甲寅，發奉符，始進常膳。

帝之巡祭也，往還四十七日，未嘗遇雨雪，嚴冬之候，景氣恬和，祥應紛委。前祀之夕，陰霾風勁，不可以燭，及行事，風頓止，天宇澄霽，燭焰凝然，封磩訖，紫氣蒙壇，黃光如

帛，繞天書匣。悉縱四方所獻珍鳥異獸山下。法駕還奉高宮，日重輪，五色雲見。鼓吹振作，觀者塞路，懽呼動天地。改奉高宮曰會眞宮。九天司命上卿加號保生天尊，青帝加號廣生帝君，天齊王加號仁聖，各遣使祭告。詔王旦撰封祀壇頌，王欽若撰社首壇頌，陳堯叟撰朝覲壇頌。圜臺奉祀官並於山上刻名，封祀、九宮、社首壇奉祀官並於社首頌碑陰刻名，扈從升朝官及內殿崇班、軍校領刺史以上與蕃夷酋長並於朝覲頌碑陰刻名。

明年二月，詔知兗州李迪、京東轉運使馬元方等同修圜封，以呂良首請，命攝兗州助教。政和三年，兗、鄆耆壽、道釋等及知開德府張爲等五十二人表請東封，優詔不允。六年，知兗州宋康年請下祕閣檢尋祥符東封典故付臣經畫。時蔡京當國，將講封禪以文太平，預具金繩、玉檢及他物甚備，造舟四千艘，雨具亦千萬計，迄不能行。

汾陰后土。眞宗東封之又明年，河中府言：「進士薛南及父老、僧道千二百人列狀乞赴闕，請親祠后土。」詔不允。已而，南又請，河南尹寧王元偓亦表請，文武百僚詣東上閤門三表以請。詔明年春有事於汾陰后土，命知樞密院陳堯叟爲祀汾陰經度制置使，翰林學士李宗諤副之，樞密直學士戚綸、昭宣使劉承珪計度發運，河北轉運使李士衡、鹽鐵副使林特計

中華書局

度糧草，龍圖閣待制王曙、西京左藏庫使張景宗、供備庫使藍繼宗修治行宮、道路，宰臣王旦爲大禮使，知樞密院王欽若爲禮儀使，參知政事馮拯爲儀仗使，趙安仁爲鹵簿使，陳堯叟爲橋道頓遞使。又以旦爲天書儀衞使，欽若、安仁副之，丁謂爲扶侍使，藍繼宗爲扶侍都監，內侍周懷政、皇甫繼明爲夾侍。發陝西、河東兵五千人赴汾陰給役，出廐馬，增傳置，命翰林、禮院詳定儀注，造玉册、祭器。先令堯叟詣后土祠祭告，分遣常參官告天地、廟社、嶽鎮、海瀆。

詳定所言：「祀汾陰后土，請如封禪，以太祖、太宗並配。其方丘之制，八角，三成，每等高四尺，上闊十六步。八陛，上陛廣八尺，中廣一丈，下廣一丈二尺。三重壝，四面開門。爲瘞坎於壇之壬地外壝之內，方深取足容物。其后土壇別無方色。正坐玉册，玉匱一副；配坐玉册，金匱二副；金泥，金繩。所用石匱并蓋三層，方廣五尺，下層高二尺，上開牙縫一周，闊四寸，深五寸，中容玉匱，其闊一尺，長一尺六寸。匱刻金繩道三周，各相去五寸，每纏繩處，闊一寸，深五分。上層厚一尺，仍於上四角更刻牙縫，長八寸，深四寸。每纏金繩處深四寸，方三寸五分，取容封寶。先卽廟庭規地爲坎，深五尺，闊容石匱及封固者。先以金繩三道南北絡石匱，候祀畢封匱訖，中書侍郎奉匱至廟，與太尉同置石匱中，將作監加蓋，繫金繩畢，各塡以石泥，印以『天下同文』之寶，如社首封禪制。帝省視後，將作監率執

事更加盝頂石蓋，然後封固如法。上爲小壇，如方丘狀，廣厚皆五尺。」

經度制置使詣脽上築壇如方丘，廟北古雙柏旁有堆阜，卽其地爲之。有司請祭前七日遣祀河中府境內伏羲、神農、帝舜、成湯、周文武、漢文帝、周公廟及於脽下祭漢、唐六帝。

四年正月，帝習儀于崇德殿。丁酉，法駕發京師。二月丙辰，至寶鼎縣奉祇宮。戊午，致齋。己未，遣入內都知鄧永遷詣祠上衣服、供具。庚申，百官宿祀所。是夜一鼓，扶侍使奉天書升玉輅，先至脽上。二鼓，帝乘金輅，法駕詣壇，夾路設燎火，盤道回曲，周以黃麾仗。初，路出廟南，帝以未修謁，不欲乘輿輦過其前，令鑿路由廟後至壇次。翼日，帝服袞冕登壇，祀后土地祇，備三獻，奉天書於神坐之左次，以太祖、太宗配侑。

冊文曰：「維大中祥符四年，歲次辛亥，二月乙巳朔，十七日辛酉，嗣天子臣某，敢昭告于后土地祇：恭惟位配穹旻，化敷品彙。瞻言分壤，是宅景靈。備禮親祠，抑惟令典。肇啓皇宋，混一方輿，祖禰紹隆，承平茲久。眇躬纘嗣，勵翼靡遑，厚德資生，緜區允穆，清寧孚祐，戴履蒙休。申錫寶符，震以珍物，虔遵時邁，已建天封。明察禮均，有所未答，櫛沐祇事，用致其恭。夷夏駿奔，瑄牲以薦，肅然鄈上，對越坤元。式祈年豐，楙昭政本，兆民樂育，百福蕃滋，介祉無疆，敢忘祇畏。恭以琮幣、犧牲、粢盛、庶品，備茲瘞禮。皇伯考太祖皇帝、皇考太宗皇帝侑神作主。尚饗。」親封玉册，正坐於玉匱，配坐於金匱，攝太尉奉之以降，置

於石匱，將作監封固之。

帝還次，改服通天冠、絳紗袍，乘輦謁后土廟，設登歌奠獻，遣官分奠諸神。至庭中，視所封石匱。還奉祇宮，鈞容樂、太常鼓吹始振作。是日，詔改奉祇曰太寧宮。壬戌，御朝覲壇受朝賀，肆赦，宴羣臣于穆清殿、父老于宮門。穆清殿，奉祇宮之前殿也。詔五使、從臣刻名碑陰。謁西嶽廟，從官皆刻名廟中，仗衞儀物大略如東封之制。命薛南試將作監主簿，以首請祠汾陰故也。

太清宮。大中祥符六年，亳州父老、道釋、舉人三千三百十六人詣闕，請車駕朝謁太清宮，宰臣帥百官表請。詔以明年春親行朝謁禮。命參知政事丁謂爲奉祀經度制置使、判亳州，翰林學士陳彭年副之，權三司使林特計度糧草。禮儀院言：「按唐太清宮令，奠獻用碧幣，同人靈，故不用玉。今詳太上老君，宜同天神用玉。昨薦獻聖祖大帝用四圭有邸。」詔用蒼璧，太清宮用竹册一副。丁謂言：「太清宮封藏太上老君寶册，請用玉匱各一副，長廣一尺，高如之，檢厚一寸二分，長廣如匱。刻金繩道五，封處深二分，方取容受命寶。石匱三層，各長五尺三寸，闊四尺二寸，下層高二尺，中容玉匱，鑿深尺二寸，長二尺五寸，闊尺

三寸，中層高一尺，南北刻金繩道三，相距各五寸，闊一寸，深五分。繫金繩處各深四分，方取容『天下同文』寶，上層爲盝頂蓋。」以王旦爲奉祀大禮使，向敏中爲儀仗使，王欽若爲禮儀使，陳堯叟爲鹵簿使，丁謂爲橋道頓遞使。又以王旦爲天書儀衞使，王欽若同儀衞使，丁謂副之，兵部侍郎趙安仁爲扶侍使，入內副都知張繼能爲扶侍都監。帝朝謁玉清昭應宮，賜亳州眞源縣行宮名曰奉元，殿曰迎禧。

七年正月十五日，發京師。十九日，至奉元宮，齋于迎禧殿。二十一日，帝服通天冠、絳紗袍，奉上太上老君混元上德皇帝加號册寶。夜漏上五刻，天書扶侍使奉天書赴太清宮。二鼓，帝乘玉輅，駐大次。三鼓，奉天書升殿，改服袞冕，行朝謁之禮，相王元偓爲亞獻，榮王元儼爲終獻。帝還大次，太尉奉册寶于玉匱，纏以金繩，封以金泥，印以受命之寶，納於醮壇石匱，將作監加石蓋其上。羣臣稱賀於大次。分命輔臣薦獻諸殿，改奉元宮曰明道宮，奉安玉皇大帝像，改眞源曰衞眞縣。車駕次亳州城西，詣新立聖祖殿朝拜。至應天府朝拜聖祖殿，詔號曰鴻慶宮，仍奉安太祖、太宗像。駕至自亳州，百官迎對于太一宮西之幄殿，有司以衞眞靈芝二百輿洎白鹿前導天書而入。帝服鞾袍，乘大輦，備儀衞還宮。

先是，大中祥符元年正月乙丑，帝謂輔臣曰：「朕去年十一月二十七日夜將半，方就寢，忽室中光曜，見神人星冠、絳衣，告曰：『來月三日，宜於正殿建黃籙道場一月，將降天書大中祥符三篇。』朕竦然起對，已復無見，命筆識之。自十二月朔，卽齋戒於朝元殿，建道場以佇神貺。適皇城司奏，左承天門屋南角有黃帛曳鴟尾上，帛長二丈許，緘物如書卷，纏以青縷三道，封處有字隱隱，蓋神人所謂天降之書也。」王旦等皆再拜稱賀。帝卽步至承天門，瞻望再拜，遣二內臣升屋，奉之下。旦跪奉而進，帝再拜受之，親奉安輿，導至道場，付陳堯叟啓封。帛上有文曰：「趙受命，興於宋，付於昚〔三〕。居其器，守於正。世七百，九九定。」緘書甚密，抉以利刀方起。帝跪受，復授堯叟讀之。其書黃字三幅，詞類書洪範、老子道德經，始言帝能以至孝至道紹世，次諭以清淨簡儉，終述世祚延永之意。讀訖，帝復跪奉，蘊以所緘帛，盛以金匱。旦等稱賀於殿之北廡。丙寅，羣臣入賀，於崇政殿賜宴，帝與輔臣皆蔬食。遣官奏告天地、宗廟、社稷及京城祠廟。丁卯，有司設大次朝元殿之西廊，黃麾仗，宮縣、登歌，文武官陪列，帝服鞾袍升殿，酌獻三清天書。禮畢，步導入內。戊辰，大赦，改元，百官並加恩，改左承天門爲左承天祥符。

四月辛卯朔，天書再降內中功德閣。六月八日，封祀制置使王欽若言：「泰山西南垂刀山上，有紅紫雲氣，漸成華蓋，至地而散。其日，木工董祚於靈液亭北，見黃素書曳林木之

上，有字不能識，言於皇城使王居正，居正覩上有御名，馳告欽若，遂迎至官舍，授中使捧詣闕。」帝御崇政殿，趣召輔臣曰：「朕五月丙子夜，復夢鄉者神人言：『來月上旬，當賜天書於泰山，宜齋戒祗受。』朕雖荷降告，未敢宣露，惟密諭王欽若等，凡有祥異卽上聞。朕今得其奏，果與夢協。上天眷佑，惟懼不稱。」王旦等曰：「陛下至德動天，感應昭著，臣等不勝大慶。」再拜稱賀。己亥，迎導天書，安於含芳園之正殿。辛丑，帝致齋。翼日，備法駕詣殿再拜受，授陳堯叟啓封。其文曰：「汝崇孝奉吾，育民廣福。錫爾嘉瑞，黎庶咸知。祕守斯言，善解吾意。國祚延永，壽歷遐歲。」讀訖，復奉以升殿。

九月甲子，告太廟，奉安天書朝元殿，建道場，扶侍使上香，庭中奏法曲，將行禮，詣幄殿酌獻訖，奉以玉輅，中設几褥，夾侍立旁，周以黃麾仗，前後部鼓吹，道門威儀，扶侍使以下前導，封禪日皆奉以升壇，置正位之東。自是凡舉大禮，皆如此制。於是製行殿供物，定儀仗千六百人。每歲元日，召宰臣、宗室至禁中朝拜。前一日，卻去葷茹。帝自製誓文，刻石，置玉清昭應宮寶符閣下，摹刻天書奉安昭應宮刻玉殿，行酌獻禮，令刻玉使日赴殿行香，副使已下，日莅事焉。

天禧元年正月，詔以十五日行宣讀天書之禮。前二日，齋于長春殿，以王欽若爲宣讀天書禮儀使。有司設次天安殿，中位玉皇像，置錄本天書於東，聖祖板位于西，建金籙道場

三晝夜。其日三鼓，帝服通天冠、絳紗袍，詣道場焚香再拜，西向立，百官朝服升殿。攝中書令任中正跪奏：「嗣天子臣某，謹與宰臣等宣讀天書，講求聖意，虔思睿訓，撫育生民。」儀衞使王旦跪取左承天門天書置案上，攝殿中監張景宗、張繼能捧案，攝司徒王曾、攝司空張知白跪展天書，攝太尉向敏中宣讀，每句已，卽詳繹其旨，言上天訓諭之意，攝中書令王欽若錄之。宣讀畢，攝侍中張旻跪奏：「嗣天子臣某，敢不虔遵天命。」儀衞使受天書，跪納匣中。又取功德閣天書、泰山天書宣讀如上儀。王欽若跪進所錄天書，帝跪受之，登歌酌獻。禮畢，奉天書還內。帝自作欽承寶訓述以示中外。是月之朔，又奉天書升太初殿，恭上玉皇大天帝聖號寶册、袞服焉。

帝於大中祥符五年十月，語輔臣曰：「朕夢先降神人傳玉皇之命云：『先令汝祖趙某授汝天書，令再見汝，如唐朝恭奉玄元皇帝。』翼日，復夢神人傳天尊言：『吾坐西，斜設六位以候。』是日，卽於延恩殿設道場。五鼓一籌，先聞異香，頃之，黃光滿殿，蔽燈燭，覩靈仙儀衞天尊至，朕再拜殿下。俄黃霧起，須臾霧散，由西陛升，見侍從在東陛。天尊就坐，有六人揖天尊而後坐。朕欲拜六人，天尊止令揖，命朕前，曰：『吾人皇九人中一人也，是趙之始祖，再降，乃軒轅皇帝，凡世所知少典之子，非也。母感電夢天人，生於壽丘。後唐時，奉玉

帝命，七月一日下降，總治下方，主趙氏之族，今已百年。皇帝善爲撫育蒼生，無怠前志。』卽離坐，乘雲而去。」王旦等皆再拜稱賀。卽召旦等至延恩殿，歷觀臨降之所，并布告天下，命參知政事丁謂、翰林學士李宗諤、龍圖閣待制陳彭年與禮官修崇奉儀注。閏十月，制九天司命保生天尊號曰聖祖上靈高道九天司命保生天尊大帝，聖祖母號曰元天大聖后，遣官就南郊設昊天及四位告之。

七年九月，卽滋福殿設玉皇像，奉聖號匣，安於朝元殿後天書刻玉幄次。詔以來年正月上玉帝聖號，帝親撰文，及天書下，亦以此日奏告，仍定儀式班之。以王旦爲奏告大禮使，向敏中爲儀仗使，寇準爲鹵簿使，丁謂爲禮儀使，王嗣宗爲橋道頓遞使。

八年正月朔，駕詣玉清昭應宮奉表奏告，上玉皇大帝聖號曰太上開天執符御曆含眞體道玉皇大天帝，奉刻玉天書安於寶符閣，以帝御容侍立于側，升閣酌獻。復朝拜明慶二聖殿。禮畢還宮，易常服，御崇德殿，百官稱賀。

九年，詔以來年正月朔詣玉清昭應宮上玉皇聖號寶册；二日詣景靈宮上聖祖天尊大帝徽號。十二月己亥，奉寶册、仙衣安于文德殿，乃齋于天安殿後室。四鼓，帝詣天安殿酌獻天書畢，大駕赴玉清昭應宮，袞冕升太初殿，奉册訖，奠玉幣，薦饌三獻，飲福，登歌，二舞，望燎，如祀昊天上帝儀。畢，詣二聖殿，奉上絳紗袍，奉幣進酒，分遣攝殿中監上紫微大帝絳

紗袍、七元輔弼眞君紅綃衣、翊聖保德眞君皁袍。帝改服鞾袍，詣紫微殿、寶符閣焚香，羣臣詣集禧殿門表賀。是日，天書赴景靈宮，大駕次至，齋于明福殿。二日，帝服袞冕，詣天興殿奉上聖祖天尊大帝册寶、仙衣，薦獻如上儀。乃改服詣保寧閣焚香，還宮，羣臣入賀于崇德殿。命諸州設羅天大醮，先建道場二十七日。命王旦爲兗州太極觀奉上寶册使，趙安仁副之，遣官攝中書侍郎、殿中監，押當册寶、仙衣。二月丁亥，帝齋于長春殿。翼日，有司設聖母板位文德殿，行酌獻禮，拜授册寶于王旦、仙衣于趙安仁，以升金輅，具鹵簿儀衞，所過禁屠宰。三月乙巳，旦等詣觀奉册上懿號曰聖祖母元天大聖后。其日，帝不視朝。禮畢，羣臣入賀，賜飲崇德殿。

徽宗政和六年九月朔，復奉玉册、玉寶，上玉帝尊號曰太上開天執符御曆含眞體道昊天玉皇上帝，蓋以論者析玉皇大天帝、昊天上帝言之，不能致一故也。又詔以王者父天母地，乃者祇率萬邦黎庶，強爲之名，以玉册、玉寶昭告上帝，而地祇未有稱謂，謹上徽號曰承天效法厚德光大后土皇地祇。

明年五月，詣玉清和陽宮奉上寶册，所用之禮，以瘞坎易燎柴，設望瘞位，玉以黃琮及兩珪有邸，幣以黃，舞以八成，其餘並如奉上玉皇尊號之儀。徽宗崇尚道教，制郊祀大禮，以方士百人執威儀前引，分列兩序，立於壇下。

政和三年十一月五日，恭上神宗、哲宗徽號于太廟。翌日，祀昊天上帝于圜丘。太師蔡京奏：「天神降格，實爲大慶，乞付史館。」帝出手詔，播告天下。羣臣詣東上閤門拜表稱賀，御製天眞示現記，尋以天神降日爲天應節，即其地建迎眞宮。明年夏至，躬祀方丘，又製神應記，略云：「羽衞多士，奉蹕武夫，與陪祀官，顧瞻中天，有形有象，若人若鬼，持矛執戟，列於空際，見者駭愕。」仍遣使奏告陵廟，詔天下。

又用方士魏漢津之說，備百物之象，鑄鼎九，於中太一宮南爲殿奉安之，各周以垣，上施埤堄，墁如方色，外築垣環之，曰九成宮。中央曰帝鼐，其色黃，祭以土王日，爲大祠，幣用黃，樂用宮架。北方曰寶鼎，其色黑，祭以冬至，幣用皁。東北方曰牡鼎，其色青，祭以立春，幣用皁。東方曰蒼鼎，其色碧，祭以春分，幣用青。東南曰岡鼎，其色綠，祭以立夏，幣用緋。南方曰彤鼎，其色紫，祭以夏至，幣用緋。西南曰阜鼎，其色黑，祭以立秋，幣用白。西方曰晶鼎，其色赤，祭以秋分，幣用白。西北曰魁鼎，其色白，祭以立冬，幣用皁。八鼎皆爲中祠，樂用登歌，亨用素饌，復於帝鼐之宮立大角鼎星祠。

崇寧四年八月，奉安九鼎，以蔡京爲定鼎禮儀使。帝幸九成宮酌獻。九月朔，百官稱賀于大慶殿，如大朝會儀。鄭居中言：「亳州太清宮道士王與之進黃帝崇天祀鼎儀訣，皆本於天元玉册、九宮太一，合於漢津所授上帝錫夏禹隱文。同修爲祭鼎儀範，修成鼎書十七卷，祭鼎儀範六卷。」先是，詔曰：「九鼎以奠九州，以禦神姦，其用有法，後失其傳。閱王與之所上祀儀，推鼎之意，施於有用，蓋非今人所能作。去古綿邈，文字雜糅，可擇其當理合經，修爲定制，班付有司。」至是書成，并以每歲祀鼎常典，付有司行之。

又詔以鑄鼎之地作寶成宮，總屋七十一區，中置殿曰神靈，以祠黃帝；東廡殿曰成功，祀夏后氏；西廡殿曰持盈，祠周成王及周公、召公；後置堂曰昭應，祀唐李良及隱士嘉成侯魏漢津。太常禮部言：「每歲欲於大樂告成崇政殿元進樂日，秋八月二十七日舉祀事，祀黃帝依感生帝、神州地祇爲大祠，幣用黃，樂用宮架，祝文依祀聖祖稱嗣皇帝臣名。其成功、持盈二殿，禮用中祀，幣各用白。昭應堂禮用小祀，並以素饌。」從之。

政和六年，用方士王仔昔議，定鼎閣於天章閣，自九成宮徙九鼎奉安之。又詔改帝鼐爲隆鼐，正南彤鼎爲明鼎，西南阜鼎爲順鼎，正西晶鼎爲蘊鼎，西北魁鼎爲健鼎，正北寶鼎如舊，東北牡鼎爲穌鼎，正東蒼鼎爲育鼎，東南岡鼎爲潔鼎，鼎閣爲圜象徽調之閣〔四〕。閣上神像，左周鼎星君，中帝席星君，右大角星君；閣下鼎鼐神像，各守逐鼎布列，亦用仔昔議也。駕詣鼎閣奉安神像，明日復詣閣行香，百僚陪位。其後，又詔九鼎新名乃狂人妄改，皆無依據，宜復舊名，惟圜象徽調閣仍舊。

八年，用方士言，鑄神霄九鼎成，曰太極飛雲洞劫之鼎、蒼壺祀天貯醇酒之鼎、山嶽五神之鼎、精明洞淵之鼎、天地陰陽之鼎、混沌之鼎、浮光洞天之鼎、靈光晃耀煉神之鼎、蒼龜火蛇蟲魚金輪之鼎，奉安於上清寶籙宮神霄殿，與魏漢津所鑄，凡十八鼎焉。

校勘記

〔一〕斜刻其道　「道」，宋會要禮二二之九、通考卷八四郊社考都作「首」，疑作「首」是。

〔二〕其圜臺上設登歌鍾磬各一虡　「虡」原作「具」，據太常因革禮卷四二、宋會要禮二二之五改。

〔三〕付於眘　「眘」，長編卷六八、宋會要瑞異一之三〇都作「恒」。

〔四〕鼎閣爲圜象徽調之閣　上「閣」字原作「角」，據長編紀事本末卷一二八、宋會要輿服六之一六、玉海卷八八改。

宋史卷一百五

志第五十八

禮八 吉禮八

文宣王廟 武成王廟 先代陵廟 諸神祠

至聖文宣王。唐開元末升爲中祠，設從祀，禮令攝三公行事。朱梁喪亂，從祀遂廢。後唐長興二年，仍復從祀。周顯德二年，別營國子監，置學舍。宋因增修之，塑先聖、亞聖、十哲像，畫七十二賢及先儒二十一人像于東西廡之木壁，太祖親撰先聖、亞聖贊，十哲以下命文臣分贊之。建隆中，凡三幸國子監，謁文宣王廟。太宗亦三謁廟。詔繪三禮器物、制度于國學講論堂木壁。又命河南府建國子監文宣王廟，置官講說及賜九經書。眞宗大中祥符元年，封泰山，詔以十一月一日幸曲阜，備禮謁文宣王廟。內外設黃麾

仗，孔氏宗屬並陪位，帝服鞾袍，行酌獻禮。又幸叔梁紇堂，命官分奠七十二弟子、先儒洎叔梁紇、顏氏。初有司定儀肅揖，帝特展拜，以表嚴師崇儒之意，親製贊，刻石廟中。復幸孔林，以樹擁道，降輿乘馬，至文宣王墓設奠再拜。詔追謚曰玄聖文宣王，祝文進署，祭以太牢，脩飾祠宇，給便近十戶奉塋廟。仍追封叔梁紇爲齊國公，顏氏魯國太夫人〔一〕，伯魚母开官氏〔二〕鄆國夫人。

二年五月乙卯，詔追封十哲爲公，七十二弟子爲侯，先儒爲伯或贈官。親製玄聖文宣王贊，命宰相等撰顏子以下贊，留親奠祭器於廟中，從官立石刻名。既以國諱，改謚至聖文宣王。賜孔氏錢帛，錄親屬五人並賜出身，又賜太宗御製、御書一百五十卷，銀器八百兩。詔太常禮院定州縣釋奠器數：先聖、先師每坐酒尊二、籩豆八、簋二、簠二、俎三、罍一、洗一、篚一，尊皆加勺、冪，各置於坫，巾共二，燭二，爵共四，坫〔三〕。有從祀之處，諸坐各籩二、豆二、簋一、簠一、俎一、燭一、爵一。仁宗再幸國子監，謁文宣王廟，皆再拜焉。

熙寧七年，判國子監常秩等請立孟軻、揚雄像於廟廷，仍賜爵號；又請追尊孔子以帝號。下兩制禮官詳定，以爲非是而止。

京兆府學教授蔣夔請以顏回爲兗國公，毋稱先師，而祭不讀祝，儀物一切降殺，而進閔子騫九人亦在祀典。禮官以孔子、顏子稱號，歷代各有據依，難輒更改，儀物祝獻，亦難

降殺，所請九人，已在祀典。熙寧祀儀，十哲皆爲從祀，惟州縣釋奠未載。請自今三京及諸州春秋釋奠，並準熙寧祀儀。

詔封孟軻鄒國公。晉州州學教授陸長愈請春秋釋奠，孟子宜與顏子並配。議者以謂凡配享、從祀，皆孔子同時之人，今以孟軻並配，非是。禮官言：「唐貞觀以漢伏勝、高堂生、晉杜預、范寧之徒與顏子俱配享，至今從祀，豈必同時。孟子於孔門當在顏子之列，至於荀況、揚雄、韓愈皆發明先聖之道，有益學者，久未配食，誠闕典也。請自今春秋釋奠，以孟子配食，荀況、揚雄、韓愈並加封爵，以世次先後，從祀於左丘明二十一賢之間。自國子監及天下學廟，皆塑鄒國公像，冠服同兗國公。仍繪荀況等像於從祀：荀況，左丘明下；揚雄，劉向下；韓愈，范寧下。冠服各從封爵。」詔如禮部議，荀況封蘭陵伯，揚雄封成都伯，韓愈封昌黎伯，令學士院撰贊文。又詔太常寺脩四孟釋菜儀。

元祐六年，幸太學，先詣國子監至聖文宣王殿行釋奠禮，一獻再拜。

崇寧初，封孔鯉爲泗水侯，孔伋爲沂水侯。詔：「古者，學必祭先師，況都城近郊，大闢黌舍，聚四方之士，多且數千，宜建文宣王廟，以便薦獻。」又詔：「王安石可配享孔子廟，位於鄒國公之次。」國子監丞趙子櫟言：「唐封孔子爲文宣王，其廟像，內出王者袞冕衣之。今乃循五代故制，服上公之服。七十二子皆周人，而衣冠率用漢制，非是。」詔孔子仍舊，七十

二子易以周之冕服。又詔辟廱文宣王殿以「大成」爲名。帝幸國子監，謁文宣王殿，皆再拜行酌獻禮，遣官分奠兗國公而下。國子司業蔣靜言：「先聖與門人通被冕服，無別。配享、從祀之人，當從所封之爵，服周之服，公之袞冕九章，侯、伯之鷩冕七章。袞，公服也，達於上。鄭氏謂公袞無升龍，誤矣。考周官司服所掌，則公之冕與王同；弁師所掌，則公之冕與王異。今既考正配享、從祀之服，亦宜考正先聖之冕服。」於是增文宣王冕爲十有二旒。

大觀二年，從通仕郎侯孟請，繪子思像，從祀於左丘明二十四賢之間。議禮局言：「建隆三年，詔國子監廟門立戟十六，用正一品禮。大中祥符二年，賜曲阜廟桓圭，從上公之制。又史記弟子傳曰，受業身通六藝者七十有七人，自顏回至公孫龍三十五人頗有年名及受業見於書傳，四十二人姓名僅存。家語曰，七十二弟子皆升堂入室者。按唐會要七十七人，而開元禮止七十二人，又復去取不一。本朝議臣，斷以七十二子之說，取琴張等五人，而去公夏首等十人。今以家語、史記參定，公夏首、后處、公肩定、顏祖、鄡單、罕父黑、秦商、原抗、樂欬、廉潔，唐會要、開元禮亦互見之，皆有伯爵，載於祀典。請追贈侯爵，使預祭享。」詔封公夏首鉅平侯，后處膠東侯，公肩定梁父侯，顏祖富陽侯，鄡單聊城侯，罕父黑祈鄉侯，秦商馮翊侯，原抗樂平侯，樂欬建成侯，廉潔胙城侯。又詔改封曾參武城侯，顓孫師潁川侯，南宮縚汝陽侯，司馬耕睢陽侯，琴張陽平侯，左丘明中都伯，穀梁赤睢陵伯，戴聖

中華書局

考城伯，以所封犯先聖諱也。

政和三年，詔封王安石舒王，配享；安石子雱臨川伯，從祀。新儀成，以孟春元日釋菜，仲春、仲秋上丁日釋奠。以兗國公顏回、鄒國公孟軻、舒王王安石配享殿上；琅邪公閔損、東平公冉耕、下邳公冉雍、臨淄公宰予、黎陽公端木賜並西向，彭城公冉求、河內公仲由、丹陽公言偃、河東公卜商、武城侯曾參並東向；東廡，潁川侯顓孫師以下至成都伯揚雄四十九人並西向，西廡，長山侯林放以下至臨川伯王雱四十八人並東向。頒辟雍大成殿名於諸路州學。

五年，太常寺言：「兗州鄒縣孟子廟，詔以樂正子配享，公孫丑以下從祀，皆擬定其封爵：樂正子克利國侯，公孫丑壽光伯，萬章博興伯，告子不害東阿伯，孟仲子新泰伯，陳臻蓬萊伯，充虞昌樂伯，屋廬連奉符伯，徐辟仙源伯，陳代沂水伯，彭更雷澤伯，公都子平陰伯，咸丘蒙須城伯，高子泗水伯，桃應膠水伯，盆成括萊陽伯，季孫豐城伯，子叔承陽伯。」大晟樂成，詔下國子學選諸生肄習，上丁釋奠，奏于堂上，以祀先聖。

靖康元年，右諫議大夫楊時言王安石學術之謬，請追奪王爵，明詔中外，毀去配享之像，使邪說淫辭不爲學者之惑。詔降安石從祀廟廷。尚書傅墨卿言：「釋奠禮饌，宜依元豐祀儀陳設，其五禮新儀勿復遵用。」

時又有算學。大觀三年，禮部、太常寺請以文宣王爲先師，兗、鄒、荆三國公配享，十哲

從祀；自昔著名算數者畫像兩廡，請加賜五等爵，隨所封以定其服。於是中書舍人張邦昌定算學：封風后上谷公，箕子遼東公，周大夫商高郁夷公，大撓涿鹿公，隸首陽周公，容成平都公，常儀原都公，鬼俞區宜都公，商巫咸河東公，晉史蘇晉陽伯，秦卜徒父潁陽伯，晉卜偃平陽伯，魯梓愼汝陽伯，晉史趙高都伯，魯卜楚丘昌衍伯，鄭裨竈滎陽伯，趙史墨易陽伯，周榮方美陽伯，齊甘德菑川伯，魏石申隆慮伯，漢鮮于妄人清泉伯，耿壽昌安定伯，夏侯勝任城伯，京房樂平伯，翼奉良成伯，李尋平陵伯，張衡西鄂伯，周興愼陽伯，單颺湖陸伯，樊英魯陽伯，晉郭璞聞喜伯，宋何承天昌盧伯，北齊宋景業廣宗伯，隋蕭吉臨湘伯，臨孝恭新豐伯，張胄玄東光伯，周王朴東平伯，漢鄧平新野子，劉洪蒙陰子，魏管輅平原子，吳趙達〔四〕穀城子，宋祖沖之范陽子，後魏商紹長樂子，北齊信都芳樂城子，北齊許遵高陽子，隋耿詢湖孰子，劉焯昌亭子，劉炫景城子，唐傅仁均博平子，王孝通介休子，瞿曇羅居延子，李淳風昌樂子，王希明琅邪子，李鼎祚贊皇子，邊岡成安子，漢郎顗觀陽子，襄楷隰陰子，司馬季主夏陽男，落下閎閬中男，嚴君平廣都男，魏劉徽淄鄉男，晉姜岌成紀男，張丘建信成男，夏侯陽平陸男，後周甄鸞無極男，隋盧大翼成平男。尋詔以黃帝爲先師。

禮部員外郎吳時言：「書畫之學，教養生徒，使知以孔子爲師，此道德之所以一也。若每學建立殿宇，則配食、從祀，難於其人。請春秋釋奠，止令書畫博士量率職事生員陪預

執事，庶使知所宗師。醫學亦準此。」詔皆從之。

其釋奠之禮：景德四年，同判太常禮院李維言：「按開寶通禮，諸州釋奠，並刺史致齋三日，從祭之官，齋於公館。祭日，刺史爲初獻，上佐爲亞獻，博士爲終獻。今諸州長吏不親行祀，非尊師重敎之道。」詔太常禮院檢討以聞。按五禮精義，州縣釋奠，刺史、縣令初獻，上佐、縣丞亞獻，州博士、縣主簿終獻；有故，以次官攝之。大中祥符三年，判國子監孫奭言：「上丁釋奠，舊禮以祭酒、司業、博士充三獻官，新禮以三公行事，近歲止命獻官兩員臨時通攝，未副崇祀向學之意。望自今備差太尉、太常、光祿卿以充三獻。」又命崇文院刊釋奠儀注及祭器圖頒之諸路。熙寧五年，國子監言：「舊例遇貢舉歲，禮部貢院集諸州府所貢第一人謁奠先聖，如春秋釋奠儀。況春秋自有釋奠禮，請罷貢舉人謁奠。」崇寧，議禮局言：「太學獻官、太祝、奉禮，皆以法服，至於郡邑，則用常服。望命有司降祭服于州縣，凡獻官、祝、禮，各服其服，以盡事神之儀。」詔以衣服制度放使州縣自造焉。

其謁先師之禮：建隆二年，禮院準禮部貢院移，按禮閣新儀云：「舊儀無貢舉人謁先師之文。開元二十六年，詔諸州貢舉人見訖，就國子監謁先師，官爲開講，質問疑義，所司設食。昭文、崇文兩館學士及監內諸舉人，亦準此。」自後諸州府貢舉人，十一月朔日正衙見訖，擇日謁先師，遂爲常禮。大觀初，大司成強淵明言：「考之禮經，士始入學，有釋菜之儀。

請自今每歲貢士始入辟雍，並以元日釋菜于先聖。」其儀：獻官一員，以丞或博士；分奠官八員，以博士、正錄；大祝一員，以正錄。應祀官前釋菜一日赴學，各宿其次。至日，詣文宣王殿常服行禮，貢士初入學者陪位于庭，其他亦略倣釋奠之儀。紹興十年，詔與大社、大稷並爲大祀。淳熙四年，去王雱畫像。淳祐元年正月，理宗幸太學，詔以周敦頤、張載、程顥、程頤、朱熹從祀，黜王安石。景定二年，皇太子詣學，請以張栻、呂祖謙從祀。從之。

咸淳三年，詔封曾參郕國公，孔伋沂國公，配享先聖；封顓孫師陳國公，升十哲位；復以邵雍、司馬光列從祀。其序：兗國公、郕國公、沂國公、鄒國公，居正位之東面，西向北上，爲配位；費公閔損、薛公冉雍、黎公端木賜、衞公仲由、魏公卜商，居殿上東面，西向北上；鄆公冉耕、齊公宰予、徐公冉求、吳公言偃、陳公顓孫師，居殿上西面，東向北上，爲從祀；東廡，金鄉侯澹臺滅明、任城侯原憲、汝陽侯南宮适、萊蕪侯曾點、須昌侯商瞿、平輿侯漆雕開、睢陽侯司馬耕、平陰侯有若、東阿侯巫馬施、陽穀侯顏辛、上蔡侯曹卹、枝江侯公孫龍、馮翊侯秦祖、雷澤侯顏高、上邽侯壤駟赤、成邑侯石作蜀、鉅平侯公夏首、膠東侯后處、濟陽侯奚容點、富陽侯顏祖、滏陽侯句井疆、鄄城侯秦商、即墨侯公祖句茲、武城侯縣成、汧源侯燕伋、宛句侯顏之僕、建成侯樂欬、堂邑侯顏何、林慮侯狄黑〔五〕、鄆城侯孔忠、徐城侯公西點、

中華書局

臨濮侯施之常、華亭侯秦非、文登侯申棖、濟陰侯顏噲、泗水侯孔鯉、蘭陵伯荀況、睢陵伯穀梁赤、萊蕪伯高堂生、樂壽伯毛萇、彭城伯劉向、中牟伯鄭衆、緱氏伯杜子春、良鄉伯盧植、榮陽伯服虔、司空王肅、司徒杜預、昌黎伯韓愈、河南伯程顥、新安伯邵雍、温國公司馬光、華陽伯張栻，凡五十二人，並西向；西廡，單父侯宓不齊、高密侯公冶長、北海侯公晳哀、曲阜侯顏無繇、共城侯高柴、壽張侯公伯寮、益都侯樊須、鉅野侯公西赤、千乘侯梁鱣、臨沂侯冉孺、沭陽侯伯虔、諸城侯冉季、濮陽侯漆雕哆、高苑侯漆雕徒父、鄒平侯商澤、當陽侯任不齊、牟平侯公良孺、新息侯秦冉、梁父侯公肩定、聊城侯鄡單、祁鄉侯罕父黑、淄川侯申黨、厭次侯榮旂、南華侯左人郢、朐山侯鄭國、樂平侯原亢、胙城侯廉潔、博平侯叔仲會、高堂侯邽巽、臨朐侯公西輿如、內黃侯蘧瑗、長山侯林放、南頓侯陳亢、陽平侯琴張、博昌侯步叔乘、中都伯左丘明、臨淄伯公羊高、乘氏伯伏勝、考城伯戴聖、曲阜伯孔安國、成都伯揚雄、岐陽伯賈逵、扶風伯馬融、高密伯鄭玄、任城伯何休、偃師伯王弼、新野伯范寧、汝南伯周敦頤、伊陽伯程頤、郿伯張載、徽國公朱熹、開封伯呂祖謙，凡五十二人，並東向。

昭烈武成王。自唐立太公廟，春秋仲月上戊日行祭禮。上元初，封爲武成王，始置亞

聖、十哲等，後又加七十二弟子。梁廢從祀之祭，後唐復之。太祖建隆三年，詔修武成王廟，與國學相對，命左諫議大夫崔頌董其役，仍令頌檢閱唐末以來謀臣、名將勳績尤著者以聞。四年四月，帝幸廟，歷觀圖壁，指白起曰：「此人殺已降，不武之甚，何受享於此？」命去之。景德四年，詔西京擇地建廟，如東京制。大中祥符元年，加謚昭烈。

初，建隆議升歷代功臣二十三人，舊配享者退二十二人。慶曆儀，自張良、管仲而下依舊配享，不用建隆升降之次。元豐中，國子司業朱服言：「釋奠文宣王，以國子祭酒、司業爲初獻，丞爲亞獻，博士爲終獻，太祝、奉禮並以監學官充。及上戊釋奠武成王，以祭酒、司業爲初獻，其亞獻、終獻及讀祝、捧幣，令三班院差使臣充之。官制未行，武學隸樞密院，學官員數少，故差右選。今武學隸國子監，長、貳、丞、簿，官屬已多，請並以本監官充攝行事，仍令太常寺修入祀儀。」

政和二年，武學諭張滋言：「詩云『赫赫南仲』、『維師尚父』、『文武吉甫』、『顯允方叔』、『王命召虎』、『程伯休父』，是均爲周將，功著聲詩，今昔所尊惟一尚父，而南仲、吉甫之徒不預配食，餘如郤縠之閱禮樂、敦詩書，尉繚以言爲學者師法，不當棄而不錄，請並配食。」博士孫宗鑑亦請以黃石公配。後有司討論不定，國子監丞趙子崧復言之。

宣和五年，禮部言：「武成王廟從祀，除本傳已有封爵者，其未經封爵之人，齊相管仲擬封涿水侯，大司馬田穰苴橫山侯，吳大將軍孫武滬瀆侯，越相范蠡遂武侯，燕將樂毅平虜侯，蜀丞相諸葛亮順興侯，魏西河守吳起封廣宗伯，齊將孫臏武清伯，田單昌平伯，趙將廉頗臨城伯，秦將王翦鎮山伯，漢前將軍李廣懷柔伯，吳將軍周瑜平虜伯。」於是釋奠日，以張良配享殿上，管仲、孫武、樂毅、諸葛亮、李勣並西向，田穰苴、范蠡、韓信、李靖、郭子儀，並東向。東廡，白起、孫臏、廉頗、李牧、曹參、周勃、李廣、霍去病、鄧禹、馮異、吳漢、馬援、皇甫嵩、鄧艾、張飛、呂蒙、陸抗、杜預、陶侃、慕容恪、宇文憲、韋孝寬、楊素、賀若弼、李孝恭、蘇定方、王孝傑、王晙、李光弼，並西向；西廡，吳起、田單、趙奢、王翦、彭越、周亞夫、衞青、趙充國、寇恂、賈復、耿弇、段熲〔六〕、張遼、關羽、周瑜、陸遜、羊祜、王濬、謝玄、王猛、王鎮惡、斛律光、王僧辯、于謹、吳明徹、韓擒虎、史萬歲、尉遲敬德、裴行儉、張仁亶、郭元振、李晟，並東向。凡七十二將云。

紹興七年五月，太常博士黃積厚乞以仲春、仲秋上戊日行禮。十一年五月，國子監丞林保奏：「竊見昭烈武成王享以酒脯而不用牲牢，雖曰時方多事，禮用綿蕝，然非所以右武而勵將士也。乞今後上戊釋奠用牲牢，以管仲至郭子儀十八人祀於殿上。」從之。

乾道六年〔七〕，詔武成王廟升李晟於堂上，降李勣於李晟位次，仍以曹彬從祀。先是，紹興間，右正言都民望言：「李勣邪說誤國，唐祀幾滅，李晟有再造王室之勳；宜升李晟于堂

上，置李勣於河間王孝恭之下。」至是，著作郎傅伯壽言：「武成廟從祀，出於唐開元間，一時銓次，失於太雜。如尹吉甫之伐玁狁，召虎之平淮夷，寔亞鷹揚之烈；陳湯、傅介子、馮奉世、班超之流，皆爲有漢之雋功；在晉則謝安、祖逖，在唐則王忠嗣、張巡輩，皆不得預從祀之列。竊聞邇日議臣請以本朝名將從祀，謂宜併詔有司，討論歷代諸將，爲之去取，然後與本朝名將，繪於殿廡，亦乞取建隆、建炎以來驍俊忠槩之臣，功烈暴于天下者，參陪廟祀。」故有是命。

先代陵廟及錄名臣後。建隆元年，詔：「前代帝王陵寢、忠臣賢士丘壟，或樵采不禁、風雨不芘，宜以郡國置戶以守，隳毀者修葺之。」乾德初，詔：「歷代帝王，國有常享，著于甲令，可舉而行。自五代亂離，百司廢墜，匱神乏祀，闕孰甚焉。按祠令，先代帝王，每三年一享，以仲春之月，牲用太牢，祀官以本州長官，有故則上佐行事。官造祭器，送諸陵廟。」又詔：「先代帝王，載在祀典，或廟貌猶在，久廢牲牢，或陵墓雖存，不禁樵采。其太昊、炎帝、黃帝、高辛、唐堯、虞舜、夏禹、成湯、周文王、武王、漢高帝光武、唐高祖太宗，各置守陵五戶，歲春秋祠以太牢；商中宗太戊高宗武丁、

周成王康王、漢文帝宣帝、魏太祖、晉武帝、後周太祖、隋高祖，各置三戶，歲一享以太牢；秦始皇帝、漢景帝武帝明帝章帝、魏文帝、後魏孝文帝、唐玄宗憲宗肅宗宣宗、梁太祖、後唐莊宗明宗、晉高祖，各置守陵兩戶，三年一祭以太牢；周桓王景王威烈王、漢元帝成帝哀帝平帝和帝殤帝安帝順帝沖帝質帝獻帝、魏明帝高貴鄉公陳留王、晉惠帝懷帝愍帝、西魏文帝、東魏孝靜帝、唐高宗中宗睿宗德宗順宗穆宗代宗敬宗文宗武宗懿宗僖宗昭宗、梁少帝、後唐末帝諸陵，常禁樵采。」尋又禁河南府民耕晉、漢廟壖地。凡諸陵有經開發者，有司造衮冕服、常服各一襲，具棺槨以葬，掩坎日〔八〕，所在長吏致祭。

又詔，前代功臣、烈士，詳其勳業優劣以聞。有司言：「齊孫臏晏嬰、晉程嬰公孫杵臼、燕樂毅、漢曹參陳平韓信周亞夫衞青霍去病霍光、蜀昭烈帝關羽張飛諸葛亮、唐房玄齡長孫無忌魏徵李靖李勣尉遲恭渾瑊段秀實等，皆勳德高邁，爲當時之冠；晉趙簡子、齊孟嘗君、趙趙奢、漢邴吉、唐高士廉唐儉岑文本馬周爲之次；南燕慕容德、唐裴寂、元稹又次之。」詔孫臏等各置守冢三戶，趙簡子等各二戶，慕容德等禁樵采；其有開毀者，皆具棺槨、朝服以葬，掩坎日致祭，長吏奉行其事。

景德元年，詔：「前代帝王陵寢，名臣賢士、義夫節婦墳壟，並禁樵采，摧毀者官爲脩築；無主者碑碣、石獸之類，敢有壞者論如律。仍每歲首所在舉行此令。」鄭州給唐相裴度

守墳三戶。賜秦國忠懿王錢俶守墳三戶。加諡太公望昭烈武成王，建廟青州，周公旦追封文憲王，建廟兗州，春秋委長吏致祭。

熙寧元年，從知濮州韓鐸請：「堯陵在雷澤縣東穀林山，陵南有堯母慶都靈臺廟，請敕本州春秋致祭，置守陵五戶，免其租，奉洒掃。」又以中丞鄧潤甫言，唐諸陵除已定頃畝外，其餘許耕佃爲守陵戶，餘並禁止。先是，仁宗嘗錄唐張九齡九代孫錫，狄仁傑裔孫國寶，郭子儀孫元亨，長孫無忌孫宏，皆命以官。神宗又錄魏徵孫道嚴，段秀實十二世孫昊、八世孫文酉，仍復其家。

元祐六年，詔相州商王河亶甲冢、沂州費縣顏眞卿墓並載祀典。先是，乾德中，定先代帝王配享儀，下諸州以時薦祭，牲用羊豕，政和議禮局遂爲定制。

紹興元年，命祠禹於越州，及祠越王句踐，以范蠡配。淳熙四年，靜江守臣張栻奏所領州〔九〕有唐帝祠，其山曰堯山；有虞帝祠，其山曰虞山：請著之祀典。十四年，衡州守臣劉清之奏：「史載炎帝陵在長沙茶陵，祖宗時給近陵七戶守視，禁其樵牧，宜復建廟，給戶如故事。」淳祐八年，湖南安撫大使、知潭州陳韡再言，從之。

初，紹興二年，駕部員外郎李愿奏：「程嬰、公孫杵臼於趙最爲功臣，神宗皇嗣未建，封嬰爲成信侯，杵臼爲忠智侯，命絳州立廟，歲時奉祀，其後皇嗣衆多。今廟宇隔絕，祭亦弗

舉，宜於行在所設位望祭。」從之。十一年，中書舍人朱翌言：「謹按晉國屠岸賈之亂，韓厥正言以拒之，而嬰、杵臼皆以死匿其孤，卒立趙武，而趙祀不絕，厥之功也。宜載之祀典，與嬰、杵臼並享春秋之祀，亦足爲忠義無窮之勸。」禮寺亦言：「崇寧間已封厥義成侯，今宜依舊立祚德廟致祭。」十六年，加嬰忠節成信侯，杵臼通勇忠智侯，厥忠定義成侯。後改封嬰疆濟公，杵臼英略公，厥啓佑公〔一〇〕，升爲中祀。

諸祠廟。自開寶、皇祐以來，凡天下名在地志，功及生民，宮觀陵廟，名山大川能興雲雨者，並加崇飾，增入祀典。熙寧復詔應祠廟祈禱靈驗，而未有爵號，並以名聞。於是太常博士王古〔一一〕請：「自今諸神祠無爵號者賜廟額，已賜額者加封爵，初封侯，再封公，次封王，生有爵位者從其本封。婦人之神封夫人，再封妃。其封號者初二字，再加四字。如此，則錫命馭神，恩禮有序。欲更增神仙封號，初眞人，次眞君。」大觀中，尚書省言，神祠加封爵等，未有定制，乃並給告、賜額、降敕。已而詔開封府毀神祠一千三十八區，遷其像入寺觀及本廟，仍禁軍民擅立大小祠。祕書監何志同言：「諸州祠廟多有封爵未正之處，如屈原廟，在歸州者封清烈公，在潭州者封忠潔侯。永康軍李冰廟，已封廣濟王，近乃封靈應公。如此之

類，皆未有祀典，致前後差誤。宜加稽考，取一高爵爲定，悉改正之。他皆倣此。」故凡祠廟賜額、封號，多在熙寧、元祐、崇寧、宣和之時。

其新立廟：若何承矩、李允則守雄州，曹瑋帥秦州，李繼和節度鎭戎軍，則以有功一方者也；韓琦在中山，范仲淹在慶州，孫冕在海州，則以政有威惠者也；王承偉築祁州河隄，工部員外郎張夏築錢塘江岸，則以爲人除患者也；封州曹覲、德慶府趙師旦、邕州蘇緘、恩州通判董元亨、指揮使馬遂，則死於亂賊者也；若王韶於熙河，李憲於蘭州，劉滬於水洛城，郭成於懷慶軍，折御卿於嵐州，作坊使王吉於麟州神堂砦，各以功業建廟。寇準死雷州，人憐其忠，而趙普祠中山，韓琦祠相州，則以鄉里，皆載祀典焉。其他州縣嶽瀆、城隍、仙佛、山神、龍神、水泉江河之神及諸小祠，皆由禱祈感應，而封賜之多，不能盡錄云。

校勘記

〔一〕魯國太夫人　「太」字原脫，據太常因革禮卷八一、長編卷七〇、宋大詔令集卷一五六補。

〔二〕开官氏　「开」，長編卷七〇同，通考卷四三學校考作「丌」，太常因革禮卷八一作「幵」，宋大詔令集卷一五六作「并」。考異卷七〇據漢禮器碑等石刻，認爲當作「幵」，「开」或「丌」、「幵」，乃傳寫之誤。

〔三〕爵共四坫　通考卷四三學校考作「爵共四，坫共二」。此處「坫」下當有脫文。

〔四〕吳趙達　「達」原作「逵」，據容齋三筆卷一三大觀算學、宋會要崇儒三之四及三之五改。三國志吳書有趙達傳。

〔五〕狄黑　原作「狄墨」，據史記卷六七仲尼弟子列傳、通典卷五三禮一三、通考卷四三學校考改。

〔六〕段熲　「熲」原作「穎」。按上下文武將名夾，此人應為後漢的段熲，後漢書有傳，據改。

〔七〕乾道六年　按此年所載之事玉海卷一一三、中興聖政卷五五、宋中興編年通鑑卷九都繫於淳熙四年，此處紀年誤。

〔八〕掩坎日　「坎」原作「次」，據通考卷一〇三宗廟考改。下同。

〔九〕所領州　「所」原作「初」，據通考卷一〇三宗廟考改。

〔一〇〕後改封嬰疆濟公杵臼英略公厥啓侑公　「疆」，宋會要禮二〇之二七、宋史全文卷二二作「彊」。「侑」，宋會要禮二〇之二七、宋史全文卷二二、通考卷一〇三宗廟考都作「佑」。

〔一一〕王古　原作「王右」，據宋會要禮二〇之六、長編卷三三六改。

宋史卷一百六

志第五十九

禮九 吉禮九

宗廟之制

宗廟之制。建隆元年，有司請立宗廟，詔下其議。兵部尚書張昭等奏：「謹案堯、舜、禹皆立五廟，蓋二昭二穆與其始祖也。有商建國，改立六廟，蓋昭穆之外，祀契與湯也。周立七廟，蓋親廟之外，祀太祖與文王、武王也。漢初立廟，悉不如禮。魏、晉始復七廟之制，江左相承不改。然七廟之室，隋文但立高、曾、祖、禰四廟而已。唐因立親廟，梁氏而下，不易其法。稽古之道，斯為折衷。伏請追尊高、曾四代，崇建廟室。」於是判太常寺竇儼奏上皇高祖文安府君曰文獻皇帝，廟號僖祖；皇曾祖中丞府君曰惠元皇帝，廟號順祖；皇祖

驍衛府君曰簡恭皇帝，廟號翼祖；皇考武清府君曰昭武皇帝，廟號宣祖；皇高祖妣崔氏曰文懿皇后；皇曾祖妣桑氏曰惠明皇后；皇祖妣京兆郡太夫人劉氏曰簡穆皇后。太祖御崇元殿，備禮册四親廟，奉安神主，行上謚之禮。二年十月，祔明憲皇后杜氏於宣祖室。

太平興國二年，有司言：「唐制，長安太廟，凡九廟，同殿異室。其制：二十一間皆四柱，東西夾室各一，前後面各三階，東西各二側階。本朝太廟四室，室三間。今太祖升祔，共成五室，請依長安之制，東西留夾室外，餘十間分為五室，室二間。」從之。四月己卯，奉神主祔廟，以孝明皇后王氏配。

至道三年十一月甲子，奉太宗神主祔廟，以懿德皇后符氏配。咸平元年，判太常禮院李宗訥等言：「僖祖稱曾高祖，太祖稱伯；文懿、惠明、簡穆、昭憲皇后並稱祖妣，孝明、孝惠、孝章皇后〔一〕並稱伯妣。按爾雅有考妣、王父母、曾祖王父母、高祖王父母及世父之別。以此觀之，唯父母得稱考妣。今請僖祖止稱廟號，順祖而下，即依爾雅之文。」事下尚書省議，戶部尚書張齊賢等言：「王制『天子七廟』。謂三昭三穆與太祖之廟而七。前代或有兄弟繼及，亦移昭穆之列，是以漢書『為人後者為之子』，所以尊本祖而重正統也。又禮云〔二〕：『天子絕朞喪。』安得宗廟中有伯氏之稱乎？其唐及五代有所稱者，蓋禮官之失，非正典也。請自今有事於太廟，則太祖并諸祖室，稱孝孫、孝曾孫嗣皇帝；太宗室，稱孝子嗣皇

帝。其爾雅『考妣』、『王父』之文，本不爲宗廟言也。歷代既無所取，於今亦不可行。」

詔下禮官議。議曰：「按春秋正義『躋魯僖公』云：『禮，父子異昭穆，兄弟昭穆同。』此明兄弟繼統，同爲一代。又魯隱、桓繼及，皆當穆位。又尚書盤庚有商及王，史記云陽甲至小乙兄弟四人相承，故不稱嗣子而曰及王，明不繼兄之統也。又唐中、睿皆處昭位，敬、文、武昭穆同爲一世。伏請僖祖室止稱廟號，后曰祖妣，順祖室曰高祖，后曰高祖妣，翼祖室曰曾祖，后曰曾祖妣，祝文皆稱孝曾孫。宣祖室曰皇祖考，后曰皇祖妣，祝文稱孝孫。太祖室曰皇伯考妣，太宗室曰皇考妣。每大祭，太祖、太宗昭穆同位，祝文並稱孝子。其別廟稱謂，亦請依此。」

詔都省復集議，曰：「古者，祖有功，宗有德，皆先有其實而後正其名。今太祖受命開基，太宗纘承大寶，則百世不祧之廟矣。豈有祖宗之廟已分二世，昭穆之位翻爲一代？如臣等議，禮『爲人後者爲之子』，以正父子之道，以定昭、穆之義，則無疑也；必若同爲一代，則太宗不得自爲世數，而何以得爲宗乎？不得爲宗，又何以得爲百世不祧之主乎？春秋正義亦不言昭穆不可異，此又不可以爲證也。今若序爲六世，以一昭一穆言之，則上無毀廟之嫌，下有善繼之美，於禮爲大順，於時爲合宜，何嫌而謂不可乎？」翰林學士宋湜言：「三代而下，兄弟相繼則多，昭穆異位未之見也。今詳都省所議，皇帝於太祖室稱孫，竊有

疑焉。」

詔令禮官再議。禮官言：「按祭統曰：『祭有昭穆者，所以別父子遠近長幼親疏之序而無亂也。』公羊傳，公孫嬰齊爲兄歸父之後，春秋謂之仲嬰齊。何休云：『弟無後兄之義，爲亂昭穆之序，失父子之親，故不言仲孫，明不以子爲父孫。』晉賀循議兄弟不合繼位昭穆云：『商人六廟，親廟四并契、湯而六，比有兄弟四人相襲爲君者，便當上毀四廟乎？如此，四世之親盡，無復祖禰之神矣。』溫嶠議兄弟相繼、藏主夾室之事云：『若以一帝爲一世，則當不得祭於禰，乃不及庶人之祭也。』夫兄弟同世，於恩既順，於義無否。玄宗朝禘祫，皇伯考中宗，皇考睿宗，同列於穆位。德宗亦以中宗爲高伯祖。晉王導、荀崧議『大宗無子，則立支子』，又曰『爲人後者爲之子』，無兄弟相爲之文。所以舍至親取遠屬者，蓋以兄弟一體，無父子之道故也。竊以七廟之制，百王是尊。至於祖有功，宗有德，則百世不遷之廟也；父爲昭，子爲穆，則千古不刊之典也。今議者引漢書曰：『爲人後者爲之子。』殊不知弟不爲兄後，子不爲父孫，春秋之深旨。父謂之昭，子謂之穆，禮記之明文也。又按太宗享祀太祖二十有二載，稱曰『孝弟』，此不易之制，又安可追改乎？唐玄宗謂中宗爲皇伯考，德宗謂中宗爲高伯祖，則伯氏之稱復何不可。臣等參議：自今合祭日，太祖、太宗依典禮同位異坐，皇帝於太祖仍稱孝子，餘並遵舊制。」

景德元年，有司詳定明德皇太后李氏升祔之禮：「按唐睿宗昭成、肅明二后，先天初，以昭成配；開元末，以肅明祔。此時儒官名臣，步武相接，宗廟重事，必有據依。推之閨門，亦可擬議。晉驃騎將軍溫嶠有三夫人，嶠薨，詔問學官陳舒。舒謂秦、漢之後，廢一娶九女之制，妻卒更娶，無復繼室，生既加禮，亡不應貶。朝旨以李氏卒於嶠之微時，不霑贈典；王、何二氏追加章綬。唐太子少傅鄭餘慶將立家廟，祖有二夫人。禮官韋公肅〔三〕議與舒同。略稽禮文，參諸故事，二夫人並祔，於理爲宜。恭惟懿德皇后久從升祔，雖先後有殊，在尊親則一，請同列太宗室，以先後次之。」詔尚書省集議，咸如禮官之請，祔神主於太廟。

乾興元年十月〔四〕，奉眞宗神主祔廟，以章穆皇后郭氏配。康定元年，直秘閣趙希言奏：「太廟自來有寢無廟，因堂爲室，東西十六間，內十四間爲七室，兩首各一夾室。按禮，天子七廟，親廟五、祧廟二。據古則僖、順二祖當遷。國家道觀佛寺，並建別殿，奉安神御，豈若每主爲一廟一寢。或前立一廟，以今十六間爲寢，更立一祧廟，逐室各題廟號。釦寶神御物，宜銷毀之。」同判太常寺宋祁言：「周制有廟有寢，以象人君前有朝後有寢也。廟藏木主，寢藏衣冠。至秦乃出寢於墓側，故陵上更稱寢殿，後世因之。今宗廟無寢，蓋本於茲。鄭康成謂周制立二昭二穆，與太祖、文、武共爲七廟，此一家之說，未足援正。自荀卿、王肅等皆云天子七廟，諸侯五，大夫三，士一，降殺以兩。則國家七世之數，不用康成之說也。

僖祖至眞宗方及六世，不應便立祧廟。自周、漢每帝各立廟，晉、宋以來多同殿異室，國朝以七室代七廟，相承已久，不可輕改。周禮：『天府掌祖廟之守藏。』寶物世傳者皆在焉。其神御法物、寶盝、釦床，請別爲庫藏之。」自是室題廟號，而建神御庫焉。

嘉祐年，仁宗將祔廟〔五〕，脩奉太廟使蔡襄上八室圖，爲十八間。初，禮院請增廟室，孫抃等以爲：「七世之廟，據父子而言，兄弟則昭穆同，不得以世數之。廟有始祖、有太祖、有太宗、有中宗，若以一君爲一世，則小乙之祭不及其父。故晉之廟十一室而六世，唐之廟十一室而九世。國朝太祖之室，太宗稱孝弟，眞宗稱孝子，大行稱孝孫。而禘祫圖：太祖、太宗同居昭位，南向；眞宗居穆位，北向。蓋先朝稽用古禮，著之祀典。大行神主祔廟，請增爲八室，以備天子事七世之禮。」盧士宗、司馬光以爲：「太祖已上之主，雖屬尊於太祖，親盡則遷。故漢元之世，太上廟主瘞於寢園；魏明之世，處士廟主遷於園邑；晉武祔廟，遷征西府君；惠帝祔廟，遷豫章府君。自是以下，大抵過六世則遷。蓋太祖未正東向，故上祀三昭三穆；已正東向，則并昭穆爲七世。唐初祀四世，太宗增祀六世。及太宗祔廟，則遷弘農府君，高宗祔廟〔六〕，又遷宣帝，皆祀六世，前世成法也。玄宗立九室祀八世，事不經見。若以太祖、太宗爲一世，則大行祔廟，僖祖親盡，當遷夾室，祀三昭三穆，於先王典禮及近世之制，無不符合。」抃等復議曰：「自唐至周，廟制不同，而皆七世。自周以上，所謂太祖，非

中華書局

始受命之主，特始封之君而已。今僖祖雖非始封之君，要爲立廟之祖，方廟數未過七世，遂毀其廟，遷其主，攷之三代，禮未有此。漢、魏及唐一時之議，恐未合先王制禮之意。」乃存僖祖室以備七室。

治平四年，英宗將祔廟，太常禮院請以神主祔第八室，祧藏僖祖及文懿皇后神主於西夾室。自仁宗而上，以次遞遷。翰林承旨張方平等議：「同堂八室，廟制已定，僖祖當祧，合於典禮。」乃於九月奉安八室神主，祧僖祖及后，祔英宗，罷僖祖諱及文懿皇后忌日。

熙寧五年，中書門下言：「僖祖以上世次，不可得而知，則僖祖有廟，與商周契、稷疑無以異。今毀其廟而藏主夾室，替祖考之尊而下祔于子孫，殆非所以順祖宗孝心、事亡如存之義。請以所奏付兩制議，取其當者。」時王安石爲相，不主祧遷之說，故復有是請。

翰林學士元絳等上議曰：「自古受命之王，既以功德享有天下，皆推其本統以尊事其祖。故商、周以契、稷有功於唐、虞之際，故謂之祖有功，若必以有功而爲祖，則夏后氏不郊鯀矣。今太祖受命之初，立親廟，自僖祖以上世次，既不可知，則僖祖之爲始祖無疑矣。儻謂僖祖不當比契、稷爲始祖，是使天下之人不復知尊祖，而子孫得以有功加其祖考也。傳曰：『毀廟之主，陳于太祖；未毀廟之主，皆升，合食于太祖。』今遷僖祖之主，藏于太祖之室，則是四祖祫祭之日，皆降而合食也。請以僖祖之廟爲太祖，則合於先王禮意。」翰林學士韓

維議曰：「昔先王有天下，迹其基業之所起，奉以爲太祖。故子夏序詩，稱文、武之功起於后稷。後世有天下者，特起無所因，故遂爲一代太祖。太祖皇帝功德卓然，爲宋太祖，無少議者。僖祖雖爲高祖，然仰跡功業，未見所因，上尋世系，又不知所以始，若以所事契、稷奉之，竊恐於古無攷，而於今亦所未安。今之廟室與古殊制，古者每廟異宮，今祖宗同處一室，而西夾室在順祖之右，攷之尊卑之次，似亦無嫌。」

天章閣待制孫固請：「特爲僖祖立室，由太祖而上，親盡迭毀之主皆藏之。當禘祫時以僖祖權居東向之位，太祖順昭穆之列而從之，取毀廟之主而合食，則僖祖之尊自有所申。以僖祖立廟爲非，則周人別廟姜嫄，不可謂非禮。」秘閣校理王介請：「依周官守祧之制，創祧廟以奉僖祖，庶不下祔子孫夾室，以替遠祖之尊。」

帝以維之說近是；而安石以維言夾室在右爲尊爲非理，帝亦然之。又安石以尊僖祖爲始祖，則郊祀當以配天，若宗祀明堂，則太祖、太宗當迭配帝；又疑明堂以英宗配天，與僖祖爲非始祖之說。遂下禮官詳定。

同判太常寺兼禮儀事張師顏等議：「昔商、周之興，本於契、稷，故奉之爲太祖。後世受命之君，功業特起，不因先代，則親廟迭毀，身自爲祖。鄭玄云『夏五廟無太祖，禹與二昭二穆而已』，張薦云『夏后以禹始封，遂爲不遷之祖』，是也。若始封世近，上有親廟，則擬祖

上遷，而太祖不毀。魏祖武帝則處士迭毀，唐祖景帝則弘農迭毀，此前世祖其始封之君，以法契、稷之明例也。唐韓愈有言：『事異商、周，禮從而變。』晉琅邪王德文曰：『七廟之義，自由德厚流光，享祀及遠，非是爲太祖申尊祖之祀。』其說是也。禮，天子七廟，而太祖之遠近不可以必，但云三昭三穆與太祖之廟而七，未嘗言親廟之首，必爲始祖也。國家以僖祖親盡而祧之，奉景祐之詔，以太祖爲帝者之祖，是合於禮矣。張昭、任徹之徒，不能遠推隆極之制，因緣近比，請建四廟，遂使天子之禮下同諸侯。若使廟數備六，則更當上推兩世，而僖祖次在第三，亦未可謂之始祖也。謹按建隆四年，親郊崇配不及僖祖。開國以來，大祭虛其東向，斯乃祖宗已行之意。請略倣周官守祧之制，築別廟以藏僖祖神主，大祭之歲，祀於其室。太廟則一依舊制，虛東向之位。郊配之禮，則仍其舊。」

同知太常禮院蘇梲〔七〕請：「卽景靈宮祔僖祖，卽與唐祔獻、懿二祖於興聖、明德廟，禮意無異。」同判禮院周孟陽等言：「自僖祖而上，世次莫知，則僖祖爲始祖無疑，宜以僖祖配感生帝。」章衡請：「尊僖祖爲始祖，而次祧順祖，以合子爲父屈之義。推僖祖侑感生之祀，而罷宣祖配位，以合祖以孫尊之義，餘且如舊制。」而馮京欲以太祖正東向之位，安石力主元絳初議，遂從之。帝問：「配天孰始？」安石曰：「宣祖見配感生帝，欲改以僖祖配。」帝然之。於是請奉僖祖神主爲始祖〔八〕，遷順祖神主夾室，以僖祖配感生帝祀。詔下太常禮院

詳定儀注。安石本議以僖祖配天，帝不許，故更以配感生帝焉。

元豐元年，詳定郊廟禮文所圖上八廟異宮之制，以始祖居中，分昭穆爲左右。自北而南，僖祖爲始祖；翼祖、太祖、太宗、仁宗爲穆，在右；宣祖、眞宗、英宗爲昭，在左。皆南面北上。陸佃言：「太祖之廟百世不遷，三昭三穆，親盡則迭毀。如周以后稷爲太祖，王季爲昭，文王爲穆，武王爲昭，成王爲穆，康王爲昭，昭王爲穆，其後穆王入廟，王季親盡而遷，則文王宜居昭位，武王宜居穆位，成王、昭王宜居昭位，康王、穆王宜居穆位，所謂父昭子穆是也。說者以昭常爲昭，穆常爲穆，則尊卑失序。」復圖上八廟昭穆之制，以翼祖、太祖、太宗、仁宗爲昭，在左；宣祖、眞宗、英宗爲穆，在右。皆南面北上。

何洵直圖上八廟異宮，引熙寧儀：僖祖正東向之位，順祖、宣祖、眞宗、英宗南面爲昭，翼祖、太祖、太宗、仁宗北面爲穆，正得祖宗繼序、德厚流光之本意。又以晉孫毓、唐賈公彥言：「始祖居中，三昭在左，南面西上；三穆在右，南面東上，爲兩圖上之。」又援祭法，言：「翼祖、宣祖在二祧之位，猶同祖禰之廟，皆月祭之，與親廟一等，無親疏遠近之殺。順祖實去祧之主，若有四時祈禱，猶當就壇受祭。請自今二祧神主，殺於親廟，四時之祭，享嘗乃止，不及大烝，不薦新物。去祧神主，有禱則爲壇而祭，庶合典禮。」又請建新廟於始祖之西，略如古方明壇制。有詔，俟廟制成日取旨。

三年，禮文所言：「古者宗廟爲石室以藏主，謂之宗祏。夫婦一體，同几共牢。一室之中，有左主、右主之別，正廟之主，各藏廟室西壁之中；遷廟之主，藏於太祖太室北壁之中，其埳去地六尺一寸。今太廟藏主之室，帝后異處，遷主仍藏西夾室，求之於禮，有所未合。請新廟成，並遵古制。」從之。二月，慈聖光獻皇后祔廟，前二日，告天地、社稷、太廟、皇后廟如故事。至日，奉神主先詣僖祖室，次翼祖室，次宣祖室，次太祖室，次太宗室。次太宗與懿德皇后、明德皇后同一祝，次享元德皇后。慈聖光獻皇后，異饌位、異祝，行祔謁禮。次眞宗室，次仁宗室，次英宗室。禮畢，奉神主歸仁宗室。

元豐六年六月，孝惠、孝章、淑德、章懷四后升祔，準章獻明肅、章懿二后，升祔禮畢，遍享太廟，止行升祔享禮及祭七祀，權罷孟冬薦享，仍以配繼先後爲序。八年，禮部太常寺言：「詔書定七世八室之制。今神宗皇帝崇祔，翼祖在七世之外，與簡穆皇后祧藏於西夾室，置石室中。」十一月丁酉，祔神宗神主于第八室。自英宗上至宣祖以次升遷。紹聖元年二月，祔宣仁聖烈皇后于太廟。

元符三年，禮部太常寺言：「哲宗升祔，宜如晉成帝故事，於太廟殿增一室，候祔廟日，神主祔第九室。」詔下侍從官議，皆如所言。蔡京議：「以哲宗嗣神宗大統，父子相承，自當爲世。今若不祧遠祖，不以哲宗爲世，則三昭四穆與太祖之廟而八。宜深攷載籍，遷祔如

禮。」陸佃、曾肇等議：「國朝自僖祖而下始備七廟，故英宗祔廟，則遷順祖，神宗祔廟，則遷翼祖。今哲宗於神宗，父子也，如禮官議，則廟中當有八世。況唐文宗卽位則遷肅宗，以敬宗爲一世，故事不遠。哲宗祔廟，當以神宗爲昭，上遷宣祖，以合古三昭三穆之義。」先是，李淸臣爲禮部尚書，首建增室之議，侍郎趙挺之等和之。會淸臣爲門下侍郎，論者多從其議，惟京、佃等議異。二議旣上，淸臣辯說甚力，帝迄從焉。

六月，禮部請用太廟東夾室奉安哲宗神主。太常少卿孫傑言：「先帝神主，錯之夾室，卽是不得祔於正廟，與前詔增建一室之議不同。昨用嘉祐故事，專置使脩奉，請以夾室奉安神主，亦與元置使之意相違。請如太常前議，增建一室。」尚書省以廟室未備，行禮有期，權宜升祔，隨卽增脩，比之前代設幄行事者，不爲不至。詔依初旨行之，迺祔哲宗神主于夾室。

崇寧二年，祧宣祖與昭憲皇后神主藏西夾室，居翼祖、簡穆皇后石室之次。五年，詔曰：「去古旣遠，諸儒之說不同。鄭氏謂：『太祖及文、武不祧之廟與親廟四，爲七。』是不祧之宗，在七廟之內。王氏謂：『非太祖而不毀，不爲常數。』是不祧之宗，在七廟之外。本朝今已五宗，則七廟當祧者，二宗而已。遷毀之禮，近及祖考，殆非先王尊祖之意，宜令有司復議。」禮官言：「先王之制，廟止於七，後王以義起禮，乃有增置九廟者。」禮部尚書徐鐸又言：

「唐之獻祖、中宗、代宗與本朝僖祖，皆嘗祧而復。今存宣祖於當祧之際，復翼祖於已祧之後，以備九廟，禮無不稱。」乃命鐸爲脩奉使，增太廟殿爲十室。四年十二月，復翼祖、宣祖廟，行奉安禮，惟不用前期誓戒及亞、終獻之樂舞焉。

高宗建炎二年，奉太廟神主于揚州壽寧寺。三年，幸杭州，奉安于溫州。紹興五年，司封郎中林待聘言：「太廟神主，宜在國都。今新邑未奠，當如古行師載主之義，遷之行闕，以彰聖孝。」於是始建太廟于臨安，奉迎安置。

校勘記

〔一〕孝明孝惠孝章皇后　「孝惠」原作「孝憲」，據本書卷二四二太祖孝惠賀皇后傳、宋會要禮一五之二四改。

〔二〕又禮云　原脫「禮」字，據通考卷九三宗廟考、宋會要禮一五之二四補。

〔三〕禮官韋公肅　「韋公肅」原作「韋肅」，據新唐書卷二〇〇韋公肅傳、宋會要禮一五之二七補「公」字。

〔四〕乾興元年十月　「元年」原作「五年」，據本書卷九仁宗紀、宋會要禮一五之二九改。

〔五〕嘉祐年仁宗將祔廟　按本書卷一二仁宗紀，嘉祐八年三月，宋仁宗死，英宗卽位；長編卷一九

八、宋會要禮一五之三四、玉海卷九七蔡襄、孫抃、盧士宗、司馬光等仁宗祔廟之議，均繫於嘉祐八年六月，「嘉祐」下疑脫「八」字。

〔六〕高宗祔廟　「高宗」原作「高祖」，據通考卷九三宗廟考、宋會要禮一五之三五改。

〔七〕蘇棁　「棁」原作「稅」，據宋會要禮一五之四五、長編卷二四〇、玉海卷九七改。

〔八〕始祖　原作「從祖」，據宋會要禮一五之四九、長編卷二四〇、通考卷九四宗廟考改。

中華書局

宋史卷一百七

志第六十

禮十 吉禮十

禘祫

宗廟之禮。每歲以四孟月及季冬，凡五享，朔望則上食、薦新。三年一祫，以孟冬；五年一禘，以孟夏，唯親郊、封祀〔一〕。又有朝享、告謝及新主祔謁，皆大祀也。二薦，則行一獻禮。其祔祭，春祀司命及戶，夏祀竈，季夏祀中霤，秋祀門及厲，冬祀行，惟臘享、禘祫則徧祀焉。

禘祫之禮。眞宗咸平二年八月，太常禮院言：「今年冬祭晝日，以十月六日薦享太廟。按禮，三年一祫，以孟冬。又疑義云：三年喪畢，遭禘則禘，遭祫則祫。宜改孟冬薦享爲祫

享。」仁宗天聖元年，禮官言：「眞宗神主祔廟，已行吉祭，三年之制，又從易月之文，自天禧二年四月禘享，至今已及五年，合行禘禮。」遂以孟夏薦享爲禘享。八年九月，太常禮院言：「自天聖六年夏行禘享之禮，至此年十月，請以孟冬薦享爲祫享。」詔恭依。

嘉祐四年十月，仁宗親詣太廟行祫享禮，以宰臣富弼爲祫享大禮使，韓琦爲禮儀使，樞密使宋庠爲儀仗使，參知政事曾公亮爲橋道頓遞使，樞密副使程戡爲鹵簿使。同判宗正寺趙良規請正太祖東向位，禮官不敢決。觀文殿學士王舉正等議曰：「大祫之禮所以合昭穆，辨尊卑，必以受命之祖居東向之位。本朝以太祖爲受命之君，然僖祖以降，四廟在上，故每遇大祫，止列昭穆而虛東向。魏、晉以來，亦用此禮。今親享之盛，宜如舊便。」

禮官張洞、韓維言：「國朝每遇禘祫，奉別廟四后之主合食太廟。唐郊祀志載禘祫祝文，自獻祖至肅宗所配皆一后，惟睿宗二后，蓋昭成，明皇母也。續曲臺禮有別廟皇后合食之文，蓋未有本室，遇祫享卽祔祖姑下。所以大順中，三太后配列禘祭，議者議其非禮。臣謂每室既有定配，則餘后不當參列，義當革正。」

學士孫抃等議：「春秋傳曰：『大祫者何，合祭也。未毀廟之主皆升合食于太祖。』是以國朝事宗廟百有餘年，至祫之日，別廟后主皆升合食，非無典據。大中祥符中已曾定議，禮官著酌中之論，先帝有『恭依』之詔。他年有司攝事，四后皆預。今甫欲親祫而四后見黜，不亦疑於以禮之煩故邪？宗廟之禮，至尊至重，苟未能盡祖宗之意，則莫若守舊禮。臣等愚以謂如故便。」

學士歐陽脩等曰：「古者宗廟之制，皆一帝一后。後世有以子貴者，始著並祔之文，其不當祔者，則有別廟之祭。本朝禘祫，乃以別廟之后列于配后之下，非惟於古無文，於今又四不可。淑德，太宗之元配，列于元德之下；章懷，眞宗之元配，列于章懿之下，一也。升祔之后，統以帝樂；別廟之后，則以本室樂章自隨，二也。升祔之后，同牢而祭，牲器祝册亦統于帝；別廟諸后，乃從專享，三也。升祔之后，聯席而坐；別廟之后，位乃相絕，四也。章獻、章懿在奉慈廟，每遇禘祫，本廟致享，最爲得禮。若四后各祭于廟，則其尊自申，而於禮無失。以爲行之已久，重於改作，則是失禮之舉，無復是正也。請從禮官。」

詔：「四后祫享依舊，須大禮畢，別加討論。」仍詔：「祫享前一日，皇帝詣景靈宮，如南郊禮，衞士毋得迎駕呼萬歲。」有司言：「諸司奉禮，攝廩犧令省牲，依通禮改正祀儀。散齋四日於別殿，致齋二日於大慶殿，一日於太廟。倚舍直殿下，設小次，御坐不設黃道褥位。七室各用一太牢，每坐簠簋二，瓿鉶三，籩豆爲後，無黼扆、席几。出三閣瑞石、篆書玉璽印、青玉環、金山陳于庭。別廟四后合食，牲樂奠拜無異儀。故事，七祀、功臣無牲，止於廟牲肉分割，知廟卿行事。請依續曲臺禮，共料一羊，而獻官三員，功臣單席，如大中祥符加褥。」

十月二日，命樞密副使張昪望告昊天上帝、皇地祇。帝齋大慶殿。十一日，服通天冠、絳紗袍，執圭、乘輿，至大慶殿門外降輿，乘大輦，至天興殿，薦享畢，齋於太廟。明日，帝常服至大次，改袞冕，行禮畢，質明乘大輦還宮，更服鞾袍，御紫宸殿，宰臣百官賀，升宣德門肆赦。二十一日，詣諸觀寺行恭謝禮。二十六日，御集英殿爲飲福宴。

治平元年，有司「準畫日，孟冬薦享改爲祫祭〔二〕。按春秋，閔公喪未除而行吉禘，三傳譏之。眞宗以咸平二年六月喪除，至十月乃祫祭。天聖元年在諒陰，有司誤通天禧舊禘之數，在再期內按行禘祭。以理推之，是二年冬應祫，而誤禘於元年夏，故四十九年間九禘八祫〔三〕，例皆太速。事失於始，則歲月相乘，不得而正。今在大祥內，禮未應祫，明年未禫，亦未應禘，至六月卽吉，十月合行祫祭，乞依舊時享，庶合典禮。」

二年二月，翰林學士王珪等上議曰：「同知太常禮院呂夏卿狀：古者新君踐阼之三年，先君之喪二十七月爲禫祭，然後新主祔廟，特行禘祭，謂之始禘。是冬十月行祫祭，明年又行禘祭，自此五年，再爲禘祫。喪除必有禘祫者，爲再大祭之本也。今當祫祭，緣陛下未終三年之制，納有司之說，十月依舊時享。然享廟、祫祭，其禮不同。故事，郊享之年遇祫未嘗權罷，唯罷臘祭。是則孟享與享廟嘗併行於季冬矣。其禘祫年數，乞一依太常禮院請，今年十月行祫祭，明年四月行禘祭。仍如夏卿議，權罷今年臘享。」

中華書局

熙寧八年，有司言：「已奉僖祖爲太廟始祖，孟夏禘祭，當正東向之位。」又言：「太廟禘祭神位，已奉始祖居東向之位，自順祖而下，昭穆各以南北爲序。自今禘祫，著爲定禮。」

元豐四年[四]，詳定郊廟禮文所言：「禘祫之義，存於周禮、春秋，而不著其名。行禮之年，經皆無文，唯公羊傳曰：『五年而再盛祭。』禮緯曰：『三年一祫，五年一禘。』而又分爲二說：鄭氏則曰：『前三後二』，謂禘後四十二月而祫，祫後十八月而禘。徐邈則曰：『前二後三』，謂二祭相去各三十月。以二說考之，惟鄭氏曰：『魯禮，三年喪畢，祫於太廟，明年禘于羣廟，自後五年而再盛祭，一祫一禘。』實爲有據。本朝慶曆初用徐邈說，每三十月一祭。熙寧八年，既禘而祫，此有司之失也。請今十八月而禘，禘四十二月而祫，庶幾舉禮不煩，事神不瀆。」太常禮院言：「本朝自慶曆以來皆三十月而一祭，至熙寧五年後，始不通計，遂至八年禘祫併在一歲。昨元豐三年四月已行禘禮，今年若依舊例，十月行祫享，即比年頻祫[五]，復踵前失。請依慶曆以來之制，通計年數，皆三十月而祭。」詔如見行典禮。

詳定所又言：「古者祼獻、饋食，禴、祠、烝、嘗，並爲先王之享，未嘗廢一時之祭。故孔氏正義以爲：『天子夏爲大祭之禘，不廢時祭之礿[六]；秋爲大祭之祫，不廢時祭之嘗。』則王禮三年一祫與禘享，更爲時祭。本朝沿襲故常，久未釐正，請每禘祫之月雖已大祭，仍行時享，以嚴天子備禮，所以丕崇祖宗之義。其郊禮、親祠準此。」

又言：「禮，不王不禘。虞、夏、商、周四代所禘，皆以帝有天下，其世系所出者明，故追祭所及者遠也。太祖受命，祭四親廟，推僖祖而上所自出者，譜失其傳，有司因仍舊說，禘祫皆合羣廟之主，綴食於始祖，失禮莫甚。今國家世系與四代不同，既求其祖之所自出而不得，則禘禮當闕，必推見祖系乃可以行。」神宗謂輔臣曰：「禘者，本以審禘祖之所自出，故禮，不王不禘。秦、漢以後，譜牒不明，莫知其祖之所自出，則禘禮可廢也。」

已而詳定所言：「古者天子祭宗廟，有堂事焉，有室事焉。按禮，祝延尸入奧，灌後乃出延牲，延尸主出于室，坐于堂上，始祖南面，昭在東，穆在西，乃行朝踐之禮，是堂事也。設饌于堂，復延主入室，始祖東面，昭南穆北，徙堂上之饌于室中，乃行饋食之禮，是室事也。請每行大祫，堂上設南面之位，室中設東面之位。」禮部言：「合食之禮，始祖東面、昭南穆北者，本室中之位也。今設位戶外，祖宗昭穆別爲幄次，殆非合食之義。請自今祫享，即前楹通設帳幕，以應室中之位。」

大觀四年，議禮局請：「每大祫，堂上設南面之位，室中設東面之位，始祖南面則昭穆東西相向，始祖東面則昭穆南北相向，以應古義。」又請：「陳瑞物及代國之寶與貢物可出而陳者，並令有司依嘉祐、元豐詔旨，凡親祠太廟準此。」從之。

南渡之後，有祫而無禘。高宗建炎二年，祫享于洪州。紹興二年，祫享于溫州。時儀文草創，奉遷祖宗及祧廟神主、別廟神主，各設幄合食于太廟。始祖東向，昭穆以次南北相向。

五年，吏部員外郎董弅言[七]：「臣聞戎、祀，國之大事，而宗廟之祭，又祀之大者也。大祀，禘祫爲重，祫大禘小，則祫爲莫大焉。今戎事方殷，祭祀之禮未暇偏舉，然事有違經戾古，上不當天地神祇之意，下未合億兆黎庶之心，特出於一時大臣好勝之臆說，而行之六十年未有知其非者。顧雖治兵禦戎之際，正厥違謬，宜不可緩。仰惟太祖受天明命，混一區宇，即其功德所起，宜祫享以正東向之尊。逮至仁宗，親行祫享，嘗議太祖東向，用昭正統之緒。當時在廷之臣，僉謂自古必以受命之祖乃居東向之位，本朝太祖乃受命之君，若論七廟之次，有僖祖以降四廟在上，當時大祫，止列昭穆而虛東向[八]，蓋終不敢以非受命之祖而居之也。曁熙寧之初，僖祖以世次當祧，禮官韓維等據經有請，適王安石用事，奮其臆說，乃俾章衡建議，尊僖祖爲始祖，肇居東向。馮京奏謂士大夫以太祖不得東向爲恨，安石肆言以折之。已而又欲罷太祖郊配，神宗以太祖開基受命，不許，安石終不以爲然。元祐之初，翼祖既祧，正合典禮。至於崇寧，宣祖當祧，適蔡京用事，一遵安石之術，乃建言請立九廟，自我作古，其已祧翼祖、宣祖並即依舊。循沿至今，太祖尚居第四室，遇大祫處昭穆之列。今若正太祖東向之尊，委合禮經。」

太常寺丞王普又言：「弅所奏深得禮意，而其言尚有未盡。臣竊以古者廟制異宮，則太祖居中，而羣廟列其左右；後世廟制同堂，則太祖居右，而諸室皆列其左。古者祫享，朝踐于堂，則太祖南向，而昭穆位于東西；饋食于室，則太祖東向，而昭穆位于南北。後世祫享一于堂上，而用室中之位，故唯以東向爲太祖之尊焉。若夫羣廟迭毀，而太祖不遷，則其禮尚矣。臣故知太祖即廟之始祖，是爲廟號，非謚號也。惟我太宗嗣服之初，太祖廟號已定，雖更累朝，世次猶近，每於祫享，必虛東向之位，以其非太祖必不可居也。迨至熙寧，又尊僖祖爲廟之始祖，百世不遷，祫享東向，而太祖常居穆位，則名實舛矣。儻以熙寧之禮爲是，僖祖當稱太祖，而太祖當改廟號。然則太祖之名不正，前日之失大矣。今宜奉太祖神主居第一室，永爲廟之始祖。每歲五享、告朔、薦新，止於七廟。三年一祫，則太祖正東向之位。太宗、仁宗、神宗南向爲昭，眞宗、英宗、哲宗北向爲穆。五年一禘，則迎宣祖神主享于太廟，而以太祖配焉。如是，則宗廟之事盡合禮經，無復前日之失矣。」上曰：「太祖皇帝開基創業，始受天命，祫享宜居東向之位。」宰相趙鼎等奏曰：「三昭三穆，與太祖之廟而七，載在禮經，無可疑者。」

紹熙五年九月，太常少卿曾三復亦言：「請祧宣祖，就正太祖東向之位，其言甚切。既而吏部尚書鄭僑等亦乞因大行祔廟之際，定宗廟萬世之禮，慰太祖在天之靈，破熙寧不經之論。今太祖爲始祖，則太宗爲昭，眞宗爲穆，自是而下以至孝宗，四昭四穆與太祖之廟而九。上參古禮，而不廢崇寧九廟之制，於義爲允。又言：「治平四年，僖祖祧遷，藏在西夾室。至熙寧五年，王安石以私意使章衡等議，乃復祔僖祖以爲始祖，又將推以配天，欲罷太祖郊配。韓維、司馬光等力爭，而安石主其說愈堅。孫固慮其罷太祖配天，建議以僖祖權居東向之位。既曰權居，則當釐正明矣。」詔從之。

閏十月，權禮部侍郎許及之言：「僖、順、翼、宣四祖，爲太祖之祖考，所遷之主，恐不得藏于子孫之廟。今順、翼二祖藏于西夾室，實居太廟太祖之右。遇祫享，則於夾室之前，設位以昭穆焉〔九〕。」於是詔有司集議，吏部尚書兼侍讀鄭僑等言：「僖祖當用唐興聖之制，立爲別廟，順祖、翼祖、宣祖之主皆祔藏焉。如此，則僖祖自居別廟之尊，三祖不祔子孫之廟。自漢、魏以來，太祖而上，毀廟之主皆不合食，今遇祫，則即廟而享，於禮尤稱。」諸儒如樓鑰、陳傅良皆以爲可，詔從之。

時朱熹在講筵，獨入議狀，條其不可者四，大略云：「準尚書吏部牒，集議四祖祧主宜有所歸。今詳羣議雖多，而皆有可疑。若曰藏之夾室，則是以祖宗之主下藏於子孫之夾室〔一〇〕。至於祫祭，設幄於夾室之前，則亦不得謂之祫。欲別立一廟，則喪事即遠，有毀無立。欲藏之天興殿，則宗廟、原廟不可相雜。議者皆知其不安，特以其心欲尊奉太祖三年一祫時暫

東向之故，其實無益於太祖之尊，而徒使僖祖、太祖兩朝威靈，相與校強弱于冥冥之中。今但以太祖當日追尊帝號之令而默推之，則知今日太祖在天之靈，必有所不忍而不敢當矣。又況僖祖祧主遷於治平，不過數年，神宗復奉以爲始祖，已爲得禮之正而合於人心，所謂『有其舉之，莫敢廢者。』」又言：「當以僖祖爲始祖，如周之后稷，太祖如周之文王，太宗如周之武王，與仁宗之廟，皆萬世不祧；昭穆而次，以至高宗之廟亦萬世不祧。」又言：「元祐大儒程頤以爲王安石言『僖祖不當祧』，復立廟爲得禮。竊詳頤之議論與安石不同，至論此事則深服之，足以見義理人心之所同，固有不約而合者。特以司馬光、韓維之徒皆是大賢，人所敬信，其議偶不出此，而安石乃以變亂穿鑿得罪於公議，故欲堅守二賢之說，并安石所當取者而盡廢之。今以程頤之說考之，則是非可判矣。」

議既上，召對，令細陳其說。熹先以所論畫爲圖本，貼說詳盡，至是出以奏陳久之，上再三稱善。且曰：「僖祖自不當祧，高宗即位時不曾祧，壽皇即位，太上即位，亦不曾祧，今日豈可容易〔一一〕？可於榻前撰數語，徑自批出。」熹方懲內批之弊，因乞降出劄子，再令臣僚集議，上亦然之。熹既退，即進擬詔意，以上意諭廟堂，則聞已毀四祖廟而遷之矣。

時宰臣趙汝愚既以安石之論爲非，異議者懼其軋己，藉以求勝，事竟不行。熹時以得罪，遺汝愚書曰：「相公以宗子入輔王室，而無故輕納妄議，拆祖宗之廟以快其私，欲望神靈降歆，垂休錫羨，以永國祚於無窮，其可得乎？」時太廟殿已爲十二室，故孝宗升祔，而東室尙虛。熹以爲非所以祝延壽康之意，深不然之，因自劾不堪言語侍從之選，乞追奪待制，不許。及光宗祔廟，遂復爲九世十二室。蓋自昌陵祔廟，踰二百年而後正太祖之位。慶元二年四月，禮部太常寺言：「已於太廟之西，別建僖祖廟，及告遷僖、順、翼、宣帝后神主詣僖祖廟奉安。所有今年孟冬祫享，先詣四祖廟室行禮，次詣太廟，逐幄次行禮。」

理宗紹定四年九月丙戌，京師大火，延及太廟。太常少卿度正言：「伏見近世大儒侍講朱熹詳考古禮，尙論宗廟之制，畫而爲圖，其說甚備。然其爲制，務傚於古而頗更本朝之制，故學士大夫皆有異論，遂不能行。今天降災異，火發民家，延及宗廟，舉而行之，莫此時爲宜。臣於向來備聞其說，今備員禮寺，適當此變，若遂隱默，則爲有負，謹爲二說以獻。其一，純用朱熹之說，謂本朝廟制未合於古，因畫爲圖，謂僖祖如周后稷當爲本朝始祖。夫尊僖祖以爲始祖，是乃順太祖皇帝之孝心也。始祖之廟居于中，左昭右穆各爲一廟，門皆南向，位皆東向。祧廟之主藏于始祖之廟夾室，昭常爲昭，穆常爲穆，自不相亂。三年合食，則併出祧廟之主，合享於始祖之廟。始祖東向，羣昭之主皆位北而南向，羣穆之主皆位南而北向。昭穆既分，尊卑以定。其說合于古而宜于今，盡美盡善，舉而行之，祖宗在天之靈必歆享于此，而垂祐于無窮也。其一說，則因本朝之制，而參以朱熹之說。蓋本朝廟制，神

宗嘗命禮官陸佃討論，欲復古制，未及施行。渡江以來，稽古禮文之事，多所未暇。今欲驟行更革，恐未足以成其事，而徒爲紛紛。或且仍遵本朝之制，自西徂東並爲一列，惟於每室之後，量展一間，以藏祧廟之主。每室之前，量展二間，遇三年祫享，則以帷幄幕之，通爲一室，盡出諸廟主及祧廟主並爲一列，合食其上。前乎此廟爲一室，凡遇祫享，合祭於其室，名爲祫享，而實未嘗合。今量展此三間，後有藏祧主之所，前有祖宗合食之地，於本朝之制，初無大段更革，而頗已得三年大祫之義。今來朝廷若能舉行朱熹前議，固無以加；如其不然，姑從後說，亦爲允當，不失禮意。然宗廟之禮，儻無其故，何敢妄議。今因大火之後，若加損益，亦惟其時，乞賜詳議。」有旨，令侍從、禮部、太常集議，後竟不行。

校勘記

〔一〕唯親郊封祀　按文義，此處疑有脫誤。

〔二〕有司準畫日孟冬薦享改爲祫祭　「有司」下疑脫「奏」字。長編卷二〇二作：「禮院奏：『準畫日，孟冬薦饗太廟改爲祫祭。』」

〔三〕故四十九年間九禘八祫　「四十九年」，長編卷二〇二作「四十二年」。按此處指宋仁宗天聖以後禘祫之誤。宋仁宗即位於乾興元年二月，死於嘉祐八年三月，在位四十二年。疑作「四十二

中華書局

年」是。

〔四〕元豐四年 「四年」原作「元年」，據下文和長編卷三一六、通考卷一〇二宗廟考改。

〔五〕卽比年頻祫 「比」原作「此」，據長編卷三一六、通考卷一〇二宗廟考改。

〔六〕不廢時祭之礿 「礿」原作「初」，據通考卷一〇二宗廟考改。

〔七〕董弅 原作「董棻」，據宋會要禮一七之三七、繫年要錄卷九二、兩朝綱目卷三改。下同。

〔八〕止列昭穆而虛東向 「止」原作「上」，據上文嘉祐四年王舉正等議和繫年要錄卷九二、通考卷一〇二宗廟考改。

〔九〕設位以昭穆焉 「昭穆」下疑脫「祭」字，宋會要禮一五之六二作「設位以昭穆祭焉」。

〔一〇〕下藏於子孫之夾室 「下」原作「不」，據通考卷九四宗廟考、兩朝綱目卷三改。

〔一一〕豈可容易 原作「豈不容易」，據同上二書同卷改。

宋史卷一百八

志第六十一

禮十一 吉禮十一

時享 薦新 加上祖宗謚號 廟諱

時享。太祖乾德六年十月，判太常寺和峴上言：「按禮閣新儀，唐天寶五年，詔享太廟宜祭料外，每室加常食一牙盤。將來享廟，欲每室加牙盤食，禘祫、時享亦準此制。」

太宗太平興國六年十二月，太常禮院言：「今月二十三日，臘享太廟。緣孟冬已行時享，冬至又嘗親祀。按禮每歲五享，其禘祫之月卽不行時享，慮成煩數，有爽恭虔。今請罷臘日薦享之禮，其孝惠別廟卽如式。」從之。

淳化三年十月八日，太常禮院言：「今年冬至，親祀南郊，前期朝享太廟，及奏告宣祖、

太祖室。常例，每遇親祀，設朔望兩祭，乃是十一月內三祭，太廟兩室又行奏告之禮，煩則不恭。又十一月二十日，皇帝朝享，去臘享日月相隔，未爲煩數。欲望權停是月朔望之祭，其臘享如常儀。」從之。

眞宗景德三年正月，畫日乙卯孟享太廟。其日以鄆王外欑，改用辛酉。十月十日，孟冬薦享。其月，明德皇后園陵，有司言：「故事，大祠與國忌日同日者，其樂備而不作，今請如例。」從之。四年七月，以莊穆皇后祔享，權停孟享。

大中祥符三年十二月，帝謂王旦等言：「來年正月十一日孟享太廟，而有司擇八日宴，已在享廟致齋中。」又七日上辛，祀昊天上帝。王欽若言：「若移宴日避祀事，卽自天慶節以來皆有所妨。」馮拯言：「上辛不可移，薦享宗廟是有司擇日，於禮無嫌。」帝曰：「當詢禮官。」終以契丹使發有常期，又將西巡，故不及改。

八年，兼宗正卿趙安仁言：「準詔以太廟朔望上食品味，令臣詳定。望自今委御廚取親享廟日所上牙盤例，參以四時珍膳，選上局食手十人，赴廟饌造，上副聖心，式表精慤。」詔：「所上食味，委宮闈令監造訖，安仁省視之。」

神宗元豐三年十月，詳定郊廟奉祀禮文所言：「祠禴嘗烝之名，春夏則物未成而祭薄，秋冬則物成而祭備。今太廟四時雖有薦新，而孟享禮料無祠禴烝嘗之別。伏請春加韭、

中華書局

卵，夏加麥、魚，秋加黍、豚，冬加稻、鴈，當饋熟之節，薦於神主。其籩豆於常數之外，別加時物之薦，豐約各因其時，以應古禮。」從之。

六年十一月，帝親祠南郊。前期三日，奉仁宗、英宗徽號册寶于太廟。是日，齋于大慶殿。翌日，薦享于景靈宮。禮畢，帝服通天冠、絳紗袍，乘玉輅至太廟，宰臣、百官班迎于廟門。侍中跪請降輅，帝却乘輿，步入廟，趨至齋宮。翌日，帝服韠袍至大次。有司奏中嚴外辦，禮儀使跪奏請行事。帝服袞冕以出，至東門外，殿中監進大圭，帝執以入，宮架樂作，升東階，樂止。登歌樂作，至位，樂止。太祝、宮闈令奉諸室神主于坐，禮儀使贊曰：「有司謹具，請行事。」帝再拜，詣罍洗，登歌樂作，降階，樂止。宮架樂作，至洗南，北向，樂止。帝搢圭，盥帨，洗瓚、拭瓚訖，執圭。宮架樂作，升堂，樂止。登歌樂作，殿中監進鎭圭。帝搢大圭，執鎭圭，詣僖祖室，樂止。登歌奏瑞安之曲。至神坐前，北向跪，奠鎭圭于繅藉，執大圭跪，三上香，執瓚祼地，奠瓚，奉幣〔一〕。奠訖，執圭，俛伏，興，出戶外，北向再拜。內侍舉鎭圭以授殿中監。至次室行事，皆如前儀。帝還位，登歌樂作，至位，樂止。宮架興安之樂作，文舞九成，止。禮部、戶部尚書以次官奉逐室俎豆，宮架豐安樂作，奠訖，樂止。帝再詣罍洗，登歌樂作，降階，樂止。宮架樂作，至洗南，北向立，樂止。帝搢圭，盥帨，洗爵、拭爵訖，執圭。宮架樂作，帝升東階，樂止。登歌樂作，至僖祖室，樂止。宮架樂作，帝

搢圭跪，受爵，祭酒，三奠爵，執圭，俛伏，興，出戶外，北向立，樂止。太祝讀册文，帝再拜。詣次室，皆如前儀。帝還位，登歌樂作，至位，樂止。文舞退，武舞進，宮架正安之樂作，亞獻以次行事如前儀，樂止。帝詣飲福位，登歌樂作，至位，樂止。宮架僖安樂作，帝再拜，搢圭跪，受爵，祭酒，三啐酒，奠爵，受俎，奠俎，受摶黍，奠黍豆，再受爵，飲福酒訖，奠爵，執圭，俛伏，興，再拜，樂止。帝還位，登歌樂作，至位，樂止。太常博士徧祭七祀、配享功臣。戶部、禮部尚書徹俎豆，登歌豐安樂作，徹訖，樂止。禮直官曰「賜胙」，行事、陪祠官皆再拜，宮架興安樂作，一成，止。太祝、宮闈令奉神主入諸祏室。禮儀使跪奏禮畢，登歌樂作，帝降階，樂止。宮架樂作，出東門，殿中監受大圭，歸大次，樂止。有司奏解嚴，轉仗赴南郊。

初，國朝親享太廟，儀物有制。熙寧以來，率循舊典，元豐命官詳定，始多損益。元年，詳定郊廟禮文所言：「古者納牲之時，王親執鸞刀，啓其毛，而祝以血毛詔於室。今請改正儀注，諸太祝以毛血薦於神坐訖，徹之而退。唐崔沔議曰：『毛血盛於盤。』開元、開寶通禮及今儀注皆盛以豆。禮以豆盛菹醢，其薦毛血當盛以盤。」又言：「三牲骨體俎外，當加牛羊腸胃、豕膚俎各一。又古者祭祀無迎神、送神之禮，其初祭及末，皆不當拜。又宜令戶部陳歲貢以充庭實，如古禮，仍以龜爲前，金次之，玉帛又次之，餘居後。又周禮大宗

伯之職，凡享，莅玉鬯。今以門下侍郎取瓚進皇帝，侍中酌鬯進瓚，皆未合禮。請命禮部尚書奉瓚臨鬯，禮部侍郎奉槃，以次進，皇帝酌鬯祼地訖，侍郎受瓚并槃而退。」又言：「皇帝至阼階，乃令太祝、宮闈令始奉神主置于坐，行禮畢，皇帝俟納神主，然後降階。」並從之。

又言：「神坐當陳于室之奧東面。當行事時，皇帝立于戶內西向，即拜于戶內。有司攝事，晨祼饋食，亦立于戶內西向，更不出戶而拜。其堂上薦腥，則設神坐于扆前南向，皇帝立于中堂北向。有司攝事同此。」詔俟廟制成取旨。

又請：「諸廟各設莞筵紛純，加繅席畫純，于戶內之東西面，皇帝行三獻禮畢，於此受嘏。」又言：「每室所用几席，當如周禮，改用莞筵紛純，加繅席畫純，加次席黼純，左右玉几。凡祭祀，皆繅次各加一重，并莞筵一重爲五重。」又言：「古者宗廟九獻，皇及后各四〔二〕，諸臣一。自漢以來爲三獻，后無入廟之事，沿襲至今。若時享則有事於室，而無事於堂；禘祫則有事於堂，而無事於室。室中神位不在奧，堂上神位不當扆，有饋食而無朝踐。度今之宜，以備古九獻之意，請室中設神位于奧東面，堂上設神位于戶外之西南面，皇帝立于戶內西面，祼鬯爲一獻；出戶立于扆前，北向，行朝踐薦腥之禮爲再獻；皇帝立于戶內西面，行饋食薦熟之禮爲三獻。」詔並俟廟制成取旨。

又請：「三年親祠，并祫享及有司攝事，每室並用太牢及制幣。宗廟堂上焫蕭以求陽，

而有司行事焫茅香，宜易用蕭。灌鬯於地以求陰，宜束茅沃酒以象神之飲。凡幣皆埋于西階東，册則藏有司之匱。」又請：「除去殿下板位及小次，而設皇帝板位于東階之上，西向。」又請：「凡奏告、祈禱、報謝，用牲牢祭饌，並出帝后神主，以明天地一體之義。又古者祭祀，兼薦上古、中古及當世之食，唐天寶中，始詔薦享每室加常食一牙盤，議者以爲宴私之饌可薦寢宮，而不可瀆於太廟，宜罷之。古者吉祭必以其妃配，不特拜，請奠副爵無特拜。儀禮曰：『嗣舉奠。』請皇帝祭太廟，既祼之後，太祝以斝酌奠于鉶之南，俟正祭嘏訖，命皇子舉奠而飲。」

又請：「命刑部尚書一員以奉太牲，兵部尚書一員奉魚十有五。仍令腥熟之薦，朝享及四孟、臘享，皆設神位于戶內南向。其祼將于室，朝踐于堂，饋熟于室，則於奧設莞筵紛純，加繅席畫純，加次席黼純，左右玉几。當筵前，設饋食之豆八，加豆八，以南爲上。鉶三，設于豆之南。南陳牛鉶居北，羊鉶在牛鉶之南，豕鉶在羊鉶之南。羞豆二，曰酏食、糝食，設于薦豆之北。大羹湆盛以登，設于羞豆之北。九俎設于豆之東，三三爲列，以南爲上。肵俎一，當臘俎之北，縱設之。牲首俎在北牖下，簠簋設于俎南，西上。籩十有八，設于簠簋之南，北上。戶外之東設尊彝，西上，南肆。阼階之東設六罍，其三在西，以盛玄酒，其三在東，以盛三酒。堂下陳鼎之位，在東序之南，居洗之西，皆西面北上。匕皆加于鼎之東，俎

皆設于鼎之西，西肆。肵俎在北，亦西肆。若廟門外，則陳鼎于東方，各當其鑊，而在其鑊之西，皆北面北上。」

又請：「既晨祼，諸太祝入，以血毛奠神坐。太官令取肝，以鸞刀制之，洗于鬱鬯，貫以膋，燎于爐炭。祝以肝膋入，詔神于室，又出以隋祭于戶外之左，三祭于茅菹。當饋熟之時，祝取菹擩于醢，祭于神坐前，豆間三。又取黍稷肺祭，祭如初，藉以白茅。既祭，宮闈令束而瘞之于西階東。若郊祀天地，則當進熟之時，祝取菹及黍稷肺，祭于正配神坐前，各三祭，畢，郊社令束茅菹而燔瘞之。祀天燔，祭地瘞，縮酒之茅，或燔或瘞，當與隋祭之菹同。」又言：「古者吉祭有配，皆一尸。其始祝洗酌奠，奠于鉶南，止有一爵。及主人獻尸，主婦亞獻，賓長三獻，亦止一爵。請罷諸室奠副爵。其祫享別廟，皇后自如常禮。應祠告天地、宗廟、社稷，並用牲幣。如唐置太廟局令，以宗正丞充，罷攝知廟少卿，而宮闈令不預祠事。」又言：「晨祼之時，皇帝先搢大圭，上香、祼鬯、復位，俟作樂饋食畢，再搢大圭，執鎮圭，奠於繅藉。次奠幣、執爵，庶禮神並在降神之後。」從之。

八年，太常寺言：「故事，山陵前，宗廟輟祭享，朔望以內臣行薦食之禮，俟祔廟畢仍舊。今景靈宮神御殿已行上食[三]，太廟朔望薦食自當請罷。」從之。

元祐七年，詔復用牙盤食。舊制，並於禮饌外設，元豐中罷之，禮官呂希純建議曰：「先

王之祭，皆備上古、中古及今世之食。所設禮饌，即上古、中古之食，牙盤常食，即今世之食。議者乃以爲宗廟牙盤原於秦、漢陵寢上食，殊不知三代以來，自備古今之食。請依祖宗舊制，薦一牙盤。」從之，乃更其名曰薦羞。希純又請：「帝后各奠一爵，后爵謂之副爵。今帝后惟奠一爵共享，瀆禮莫甚。請設副爵，亦如其儀。」

大觀四年，議禮局言：「太廟每享，各設大尊二，則是以追享、朝享之尊，施之於禴祠蒸嘗，失禮尤甚。請今四時之享，不設大尊。」又言：「圭瓚之制，親祀以塗金銀瓚，有司行事以銅瓚，其大小長短之制皆不如禮，請改以應古制。」又言：「太廟圭瓚、別廟璋瓚，舊用珉石，請改用玉。」又言：「新定太廟陳設之儀，盡依周制，籩豆各用二十有六，簠簋各八。以籩二十有六爲四行，以右爲上，羞籩二爲第一行，朝事籩八次之，饋食籩八又次之，加籩八又次之。豆二十有六爲四行，以左爲上，羞豆二爲第一行，朝事豆八次之，饋食豆八又次之，加豆八又次之。簠八爲二行，在籩之外，簋八爲二行，在豆之外。籩豆所實之物，悉如周禮籩人、醢人之制，惟簠以稻粱，簋以黍稷，而茅菹以蓴，蚳醢以蜂子代之。」又言：「宗廟之祭用太牢而三鉶，實牛羊豕之羹，固無可論者。至於大羹止設一登，以少牢饋食禮考之，則少牢者羊豕之牲也。佐食羞兩鉶，司士進湆二豆。三牲之祭，鉶既設三，則登亦如其數。請太廟設三登，實牛羊豕之湆以爲太羹，明堂亦如之。」

高宗建炎三年[四]，奉安神主于溫州，權用酒脯。紹興五年，臨安府建太廟，始用特羊，十年改用少牢。其廟享之禮，七年祀明堂于建康，以徽宗之喪，太常少卿吳表臣援熙寧故事，謂當時英宗喪未除，不廢景靈宮、太廟之禮。翰林學士朱震以爲不然，謂：「王制，『喪三年不祭，惟天地、社稷越紼行事。』孰謂三年之喪，而可以見宗廟行吉禮乎？」吏部尚書孫近等言：「按春秋，『君薨，卒哭而祔，祔而作主，特祀於寢，蒸嘗禘於廟。』杜預謂：『新主既特祀於寢，則宗廟常祀，自當如舊。』又熙寧元年，神宗諒闇，用景德故事，躬行郊廟之禮。今明堂大禮，已在以日易月服除之後，皇帝合享太廟，所有鹵簿、鼓吹及樓前宮架、諸軍音樂皆備而不作。」

三十二年，孝宗即位，擇日朝享太廟。禮部言：「牲牢、禮料、酒、齊等物，並如五享行之。」紹熙五年，寧宗即位，時有孝宗之喪。閏十月，浙東提舉李大性言：「自漢文帝以來，皆即位而謁廟。陛下龍飛已閱三月，未嘗一至宗廟行禮。鑾輿屢出，過太廟門而不入，揆之人情，似爲闕典。乞早擇日，恭謁太廟。」詔迺逾用三年之制。吏部員外郎李謙請以來年正月上日躬行告廟之禮。禮寺以爲俟皇帝從吉，討論施行。理宗即位，行三年之喪，初行明堂朝享，以大臣攝事，即吉後，始行親享之禮。

薦新。太宗雍熙二年十一月，宗正寺言：「準詔，送兔十頭充享太廟。按開寶通禮，薦新之儀，詣僖祖室戶前，盥洗酌獻訖，再拜，次獻諸室如上禮。」遂詔曰：「夫順時蒐狩，禮有舊章，非樂畋遊，將薦宗廟，久隳前制，闕孰甚焉。爰遵時令，暫狩近郊，既躬獲禽，用以薦俎。其今月十一日畋獵，親射所獲田禽，並付所司，以備太廟四時薦享，著爲令。」

景祐二年[五]，宗正丞趙良規言：「通禮著薦新凡五十餘物，今太廟祭享之外唯薦冰，其餘薦新之禮，皆寢不行。宜以品物時新，所司送宗正，令尚食簡擇滋味與新物相宜者，配以薦之。」於是禮官、宗正條定：「逐室時薦，以京都新物，略依時訓，協用典章。請每歲春孟月薦蔬，以韭以菘，配以卵，仲月薦冰，季月薦蔬以筍，果以含桃；夏孟月嘗麥，配以彘，仲月薦果，以瓜以來禽，季月薦果，以芡以菱；秋孟月嘗粟嘗穄，配以雞，果以棗以梨，仲月嘗酒嘗稻，蔬以茭筍，季月嘗豆嘗蕎麥；冬孟月羞以兔，果以栗，蔬以藷蕷，仲月羞以鴈以麞，季月羞以魚。凡二十八種，所司烹治。自彘以下，令御廚於四時牙盤食烹饌，卜日薦獻，一如開寶通禮。」又太常禮院言：「自來薦冰，惟薦太廟逐室帝主，后主皆闕。謹按朔望每室牙盤食，帝后同薦。又按禮，『有薦新如朔奠』。詳此獻祀，帝后主別無異等之義。今後前廟逐室后主，欲乞四時薦新，並如朔望牙盤例，后廟、奉慈廟如太廟之禮。」

皇祐三年，太常寺王洙言：「每內降新物，有司皆擇吉日，至涉三四日，而物已損敗。自今令禮部預爲關報，於次日薦之，更不擇日。」元豐元年，宗正寺奏：「據太常寺報，選日薦新兔、藷藇、栗黃。今三物久鬻於市，而廟猶未薦，頗違禮意。蓋節序有蚤晏，品物有後先，自當變通，安能齊一。又唐開元禮，薦新不出神主。今兩廟薦新〔六〕，及朔望上食，並出神主。請下禮官參定所宜。」

詳定所言：「古者薦新于廟之寢，無尸，不卜日，不出神主，奠而不祭。近時擇日而薦，非也。天子諸侯，物熟則薦，不以孟仲季爲限。呂氏月令，一歲之間八薦新物，開元禮加以五十餘品。景祐中，禮官議以呂紀簡而近薄，唐令雜而不經，於是更定四時所薦，凡二十八物，除依詩、禮、月令〔七〕外，又增多十有七品。雖出一時之議，然歲時登薦，行之已久。依於古則太略，違於經則無法。今欲稍加刊定，取其間先王所嘗享用膳羞之物，見於經者存之，不經者去之。請自今孟春薦韭以卵，羞以葑，仲春薦冰，季春薦筍，羞以含桃；孟夏嘗麥以彘，仲夏嘗雛以黍，羞以瓜，季夏羞以芡以菱；孟秋嘗粟與稷，羞以棗以梨，仲秋嘗麻嘗稻，羞以蒲，季秋嘗菽，羞以兔以栗；孟冬羞以鴈，仲冬羞以麕，季冬羞以魚。今春不薦鮪，誠爲闕典。請季春薦鮪，無則闕之。舊有林檎、蕎麥、藷藇之類，及季秋嘗酒，並合刪去。凡新物及時出者，卽日登獻，既非正祭，則不當卜日。漢儀嘗韭之屬，皆於廟而不在寢，故韋玄成傳以爲廟歲二十五祠，而薦新在焉。自漢至于隋、唐，因仍其失，薦新雖在廟，然皆不出神主。今出神主，失禮尤甚。請依五禮精義，但設神座〔八〕，仍候廟成，薦新于寢。」詔依所定，如鮪闕，卽以魴鯉代之。既而知宗正丞趙彥若言：「禮院以仲秋茭萌不經，易以蒲白。今仲秋蒲無白，改從春獻。」

大觀，禮局亦言：「薦新雖繫以月，如櫻、筍三月當進，或萌實未成，轉至孟夏之類，自當隨時之宜，取新以薦。」政和四年，比部員外郎何天衢言：「祭不欲數，數則煩；祭不欲疏，疏則怠。先王建祭祀之禮，必得疏數之中，未聞一日之間，遂行兩祭者也。今太廟薦新，有與朔祭同日者。夫朔祭行於一月之首，不可易也。若夫薦新，則未嘗卜日，一月之內，皆可薦也。新物未備，猶許次月薦之，亦何必同朔日哉。」自是薦新偶與朔祭同日，詔用次日焉。中興仍舊制。

加上祖宗謚號。太祖建隆元年九月，太常禮院言：「謹按唐大中初，追尊順宗、憲宗謚號，皇帝於宣政殿授玉册，遣宰臣以下持節奉册赴太廟。授册日，帝既御殿，百僚拜訖，降階跪授册於太尉，候太尉奉册出宣政門，然後升殿。凡皇帝行禮，皆太常卿贊導奉引。」奏可。是月二十七日，帝御崇元殿，備禮遣使奉册上四廟謚號。皇帝高祖府君册曰：「孝曾孫嗣皇帝臣某，再拜稽首上言：伏以昊天有命，皇宋勃興，括厚載以開階，宅中區而撫運，夷夏蠻貊，罔不獻誠，山川鬼神，罔不受職。非臣否德，肇此丕圖，實賴先正儲休，上玄降鑒，既虔膺於大寶，乃眇覿於遐源，敢遵歷代之規，式薦配天之號。謹遣使司空兼門下侍郎同中書門下平章事王溥、副使兵部尚書李濤奉寶册，上尊謚曰文獻皇帝，廟號僖祖，皇帝高祖母崔氏曰文懿皇后〔九〕。」皇曾祖府君册曰：「伏以天命匪忱，惟歸於有德，人文設教，必始於貽謀。乘時既肇於興王，報本敢稽於尊祖。非隆徽稱，則大享何以配神，非鏤良珉，則洪烈何由垂世。方作猗那之頌，永嚴昭穆之容。謹遣使王溥、副使李濤奉册寶，上尊謚曰惠元皇帝，廟號順祖，皇曾祖母桑氏曰惠明皇后。」皇祖驍衞府君册曰：「伏以人瞻烏止，運叶龍飛。非發源之長，析派不能通上漢；非積基之厚，嗣孫不能有中區。今人紀肇脩，孝思罔極，酌百王之損益，薦四廟之蒸嘗。謹遣使王溥、副使李濤奉寶册，上尊謚曰簡恭皇帝，廟號翼祖，皇祖母京兆郡太夫人劉氏曰簡穆皇后。」聖考太尉府君册曰：「昔者流火開祥，周發薦文王之號；黃星應運，曹丕揚魏祖之功。咸因致孝之誠，式展尊親之義，爰遵大典，亟上尊稱。謹遣使王溥、副使李濤奉册寶，上尊謚曰昭武皇帝，廟號宣祖。」禮畢，羣臣進表奉慰。

太宗太平興國二年正月甲戌，上太祖英武聖文神德皇帝。眞宗大中祥符元年十一月二十七日，帝於朝元殿備禮，奉祖宗尊謚册寶，再拜授攝太尉王旦奉之以出，安太祖册寶於玉輅，太宗册寶於金輅，詣太廟，奉上太祖曰啓運立極英武聖文神德玄功大孝皇帝，太宗曰至仁應道神功聖德文武大明廣孝皇帝。禮畢，親行朝享之禮。天禧元年正月九日，加上六室尊謚二字：僖祖曰文獻睿和皇帝，順祖曰惠元睿明皇帝，翼祖曰簡恭睿德皇帝，宣祖曰昭武睿聖皇帝，太祖曰啓運立極英武睿文神德聖功至明大孝皇帝，太宗曰至仁應道神功聖德睿烈大明廣孝皇帝。禮畢，羣臣拜表稱賀。十一日，帝行朝享之禮。

仁宗天聖二年十一月二十五日，加上眞宗謚曰文明武定章聖元孝皇帝。慶曆七年十一月二十五日，加上眞宗謚曰膺符稽古成功讓德文明武定章聖元孝皇帝。

神宗元豐六年五月，改加上尊謚作奉上徽號。十一月二日，奉上仁宗徽號曰體天法道極功全德神文聖武睿哲明孝皇帝，又上英宗徽號曰體乾膺曆隆功盛德憲文肅武睿神宣孝皇帝〔一〇〕。

哲宗紹聖二年正月，帝謂輔臣曰：「祖宗謚號，各加至十六字。神宗皇帝今止初謚，尚未增加，宜考求典故以聞。」宰臣章惇等對曰：「祖宗加謚，歲月不定。眞廟初加八字，是天聖二年。今神宗附廟已十年，故事加徽號必在南郊前，謹如聖旨討閱以聞。」四月二十七日，

中華書局

詔加上神宗皇帝徽號，於大禮前三日行禮。九月十六日，奉上册寶曰神宗紹天法古運德建功英文烈武欽仁聖孝皇帝。

徽宗崇寧三年十一月二十三日，更定神宗徽號曰體元顯道帝德王功英文烈武欽仁聖孝皇帝，又奉哲宗徽號曰憲元繼道顯德定功欽文睿武齊聖昭孝皇帝。大觀元年九月，加上僖祖徽號爲十六字，曰立道肇基積德起功懿文憲武睿和至孝皇帝。政和三年十一月五日，加上神宗、哲宗徽號。前二日，皇帝御大慶殿，奉神宗册寶授太師、魯國公蔡京，載以玉輅，奉哲宗册寶授少師、太宰何執中，載以金輅，並詣太廟幄殿，奉安以俟。四日，皇帝詣景靈宮行禮，赴太廟宿齋。五日，服袞冕，恭上神宗册寶于本室，曰體元顯道法古立憲帝德王功英文烈武欽仁聖孝皇帝，又上哲宗册寶于本室，曰憲元繼道世德揚功欽文睿武齊聖昭孝皇帝。次行朝享，禮畢，赴南郊青城宮。

紹興十二年十一月，詔議加上徽宗徽號曰體神合道駿烈遜功聖文仁德憲慈顯孝皇帝[一]。十三年正月九日，皇帝御文德殿，命宰臣秦檜奏請太廟。十日，內殿宿齋，文武百僚集於發册寶殿門幕次，次禮儀使、閤門官、太常博士、禮直官分立御幄前，次分引百僚入就殿下，東西相向立定，禮直官引奉册寶使、侍中、中書令、舉寶舉册官詣殿下西階之西東向立。俟齋室簾降，皇帝服通天冠、絳紗袍，禮部侍郎奏中嚴外辦。次禮直官、太常博士引禮儀使

當幄前俛伏跪奏：「禮儀使臣某言，請皇帝行奉上徽宗皇帝發册寶之禮。」奏訖，俛伏，興。簾卷，前導官前導皇帝出幄，執大圭，詣册寶幄東褥位西向立。禮儀使奏請再拜，皇帝再拜，三上香，再拜，在位官皆再拜。前導還褥位西向立，侍中、中書令、舉册舉寶官升殿，入册寶幄。舉册寶官俱搢笏跪，舉册寶與侍中、中書令奉册寶進行，皇帝後從，降自西階，至殿下褥位南向立。禮儀使奏皇帝再拜，舉册官奉册，舉寶官奉寶，皇帝搢大圭，跪奉受册寶使，皇帝執大圭再拜，在位官皆再拜。持節者持節導册寶進行，出殿正門。禮儀使奏禮畢。皇帝釋大圭，升自東階，入齋室。禮部郎中奏解嚴。次册寶出北宮門，奉册寶使以下騎從，至太廟靈星門外下馬，步從至太廟南神門外。次日，文武百僚集於太廟幕次，分引詣殿下再拜，册寶使詣各室行奠獻禮。次贊者引舉册官舉册，舉寶官舉寶，禮直官引侍中、中書令前導册寶入自南正門，至殿西階下權置定，各再拜。次詣徽宗室，册寶使俛伏跪奏稱：「嗣皇帝臣某，謹遣臣等奉徽號册寶。」奏訖，俛伏，興。舉册官舉册進，中書令跪讀册文，舉寶官舉寶進，侍中跪讀寶文，册寶使以下各再拜，至册寶幄安奉。禮畢，以次退。次文武百僚奉表稱賀。

紹熙二年八月，詔上高宗徽號曰受命中興全功至德聖神武文昭仁憲孝皇帝。慶元三年，上孝宗徽號曰紹統同道冠德昭功哲文神武明聖成孝皇帝。嘉泰三年，上光宗徽號曰循道憲仁明功茂德溫文順武聖哲慈孝皇帝。寶慶三年，上寧宗徽號曰法天備道純德茂功仁文哲武聖睿恭孝皇帝[二]。咸淳二年，上理宗徽號曰建道備德大功復興烈文仁武聖明安孝皇帝。並如紹興十三年儀注。

廟諱。紹興二年十一月，禮部、太常寺言：「淵聖皇帝御名，見於經傳義訓者，或以威武爲義，或以回旋爲義，又爲植立之象，又爲亭郵表名，又爲圭名，又爲姓氏，又爲木名，當各以其義類求之。以威武爲義者，今欲讀曰『威』；以回旋爲義者，今欲讀曰『旋』；以植立爲義者，今欲讀曰『植』；若姓氏之類，欲去『木』爲『亘』。又緣漢法，『邦』之字曰『國』，『盈』之字曰『滿』，止是讀曰『國』、曰『滿』，其本字見於經傳者未嘗改易。司馬遷漢人也，作史記，曰：『先王之制，邦內甸服，邦外侯服。』又曰：『盈而不持則傾。』於『邦』字、『盈』字亦不改易。今來淵聖皇帝御名，欲定讀如前外，其經傳本字，即不當改易，庶幾萬世之下，有所考證，推求義類，別無未盡。」三十二年正月，禮部、太常寺言：「欽宗祔廟，翼祖當遷。於正月九日，告遷翼祖皇帝、簡穆皇后神主奉藏於夾室。所有以後翼祖皇帝諱，依禮不諱。」詔恭依。

紹熙元年四月，詔：「今後臣庶命名，並不許犯祧廟正諱。如名字見有犯祧廟正諱者，

並合改易。」

嘉定十三年十月，司農寺丞岳珂言：「孝宗舊諱從『伯』從『玉』從『宗』。攷國朝之制，祖宗舊諱二字者，皆著令不許並用。」又言：「欽宗舊諱二字，其一從『面』從『旦』，其一從『火』從『亘』，皆合回避。乞併下禮、寺討論，頒降施行。」既而禮、寺討論：「所有欽宗、孝宗舊諱，若二字連用，並合回避，宜從本官所請，刊入施行。」從之。

校勘記

[一] 奉幣　「幣」原作「帛」，據宋會要禮一七之三三、通考卷九八宗廟考改。

[二] 古者宗廟九獻皇及后各四　「皇」，宋會要禮一七之三四、通考宗廟考卷九八都作「王」，當以作「王」爲是。

[三] 今景靈宮神御殿已行上食　「今」原作「令」，據宋會要禮一七之三六、通考卷九八宗廟考改。

[四] 建炎三年　「三年」原作「四年」，據宋會要禮一七之三七和通考卷九四、九八宗廟考改。

[五] 景祐二年　「二年」原作「三年」，據宋會要禮一七之八六、長編卷一一六改。

[六] 今兩廟薦新　「廟」原作「朝」，據宋會要禮一七之八八改。

[七] 詩禮月令　「詩」原作「時」，據宋會要禮一七之八八、長編卷二九九改。

〔八〕神座 原作「神主」，據宋會要禮一七之九〇、長編卷二九九改。

〔九〕文懿皇后 「文懿」原作「懿文」，據宋會要禮五八之二、后妃一之一和長編卷一改。

〔一〇〕體乾膺曆隆功聖德憲文肅武睿神宣孝皇帝 「聖德」，本書卷一六神宗紀、宋會要帝系一之一一都作「盛德」。

〔一一〕體神合道駿烈遜功聖文仁德憲慈顯孝皇帝 「體神」原作「體仁」，據本書卷三〇高宗紀、繫年要錄卷一四八、宋會要帝系一之一六改。

〔一二〕法天備道純德茂功仁文哲武聖睿恭孝皇帝 「純德」原作「統德」，據本書卷四〇寧宗紀、卷四一理宗紀和宋會要禮四九之九七改。

宋史卷一百九

志第六十二

禮十二 吉禮十二

后廟 景靈宮 神御殿 功臣配侑 羣臣家廟

后廟之制。建隆三年，追册會稽郡夫人賀氏曰孝惠皇后，止就陵所置祠殿奉安神主，薦常饌，不設牙盤祭器。乾德元年，孝明皇后王氏崩，始議置廟及二后先後之次。太常博士和峴請共殿別室，以孝明正位內朝，請居上室；孝惠緣改葬，不造虞主，與孝明同祔，宜居次室。禮院又言：「后廟祀事，一準太廟，亦當立戟。」及太祖祔廟，有司言：「合奉一后配食。按唐睿宗追謚肅明、昭成二后，至睿宗崩，獨昭成以帝母之重升配，肅明止享於儀坤廟。近周世宗正惠、宣懿二后並先崩，正惠無位號，宣懿居正位，遂以配食。今請以孝明皇

后配，忌日行香廢務，其孝惠皇后享於別廟。」從之。

太平興國元年，追册越國夫人符氏爲懿德皇后，尹氏爲淑德皇后，並祔后廟。

至道三年，孝章皇后宋氏祔享，有司言：「孝章正位中壼，宜居上室，懿德追崇后號，宜居其次。」詔孝章殿室居懿德下。六月，禮官議：「按太平興國中追册定謚，皆以懿德居上。淳化初，宗正少卿趙安易言，別廟祭享，懿德在淑德之上，未測升降之由。其時敕旨依舊懿德在上。按江都集禮，晉景帝即位，夏侯夫人應合追尊。散騎常侍任茂、傅玄等議云：『夏侯夫人初歸景帝，未有王基之道，不及景帝統百揆而亡，后妃之化未著遠邇，追尊無經義可據。』今之所議，正與此同。且淑德配合之初，潛躍之符未兆；懿德輔佐之始，藩邸〔一〕之位已隆，然未嘗正位中宮，母臨天下。豈可生無尊極之位，沒升配享之崇，於人情不安，於典籍無據。唐順宗祔廟後十一年，始以莊憲皇后升配，憲宗祔廟後二十五年，始以懿安皇后升配。今請虛位，允協舊儀。」再詔尚書省集議及禮官同詳定。上議曰：「淑德皇后生無位號，沒始追崇，況在初潛，早已薨謝，懿德皇后享封大國，作配先朝，雖不及臨御之期，且夙彰賢懿之美，若以升祔，當歸懿德。又詳周世宗正惠、宣懿配食故事，當時議以正惠追尊位號，請以宣懿爲配。是時以太后在位，疑宣懿祔廟之後，立忌非便。議者引晉哀帝時何太后在上，尊所生周氏爲太妃，封其子爲琅邪王。及太妃薨，帝奔喪琅邪第，七月而葬。

此則奔喪行服，尚不厭降，卽忌日廢務〔二〕，於理無嫌。今禮官引唐順、憲二宗廟享虛位之文，夫既追册二后，卽虛室亦爲非便，請奉懿德神主升配。又按議者以周世宗神主祔廟，必若宣懿同祔，卽正惠神主請加『太』字。今升祔懿德，請卽加淑德『太』字，仍舊別廟。」詔：「以懿德配享，至於『太』者尊極之稱，加于母后，施之宗廟禮所未安。」迺不加「太」字，仍別廟配享。十二月，追尊賢妃李氏爲元德皇太后。有司言：「按周禮春官大司樂之職，『奏夷則，歌仲呂，以享先妣』，謂姜嫄也。是帝嚳之妃，后稷之母，特立廟曰閟宮。晉簡文宣后以不配食，築室於外，歲時享祭。唐先天元年，始祔昭成、肅明二后于儀坤廟。又玄宗元獻楊后立廟於太廟之西。稽於前文，咸有明據。望令宗正寺於后廟內修奉廟室，爲殿三間，設神門、齋房、神廚以備薦享。」

咸平元年，判太常禮院李宗訥等言：「元德皇太后別建廟室，淑德皇后亦在別廟，同是帝母而無『太』字。按唐穆宗三后，除宣懿升祔，正獻、恭僖〔三〕二后並立別廟，各有『太』字。又開元初，太常議昭成皇太后，請不除『太』字，云『入廟稱后，義繫於夫，在朝稱太后，義繫於子。如謚册入陵，神主入廟，則當去太字』。按神主入廟之說，蓋爲祔享太廟，以厭降故，不加『太』字，則本朝文懿諸后是也。如別建廟室，不可但稱皇后，則唐正獻、恭僖二太后是也。淑德皇后亦請加『太』字，既加之後，望遷就元德新廟，居第一室，以元德次之，仍遷莊

懷又次之。」詔下中書集議。兵部尚書張齊賢等奏：「宗廟神靈，務乎安靜。況懿德作合之始，逮事舅姑，躬執婦道，祔享之禮，宜從後先，伏請仍舊。又漢因秦制，帝母稱皇太后。檢詳去歲議狀，請加淑德『太』字，而詔不加之者，緣當時元德皇太后未行追册。今册命已畢，望依禮官所言。」三年四月乙卯，祔葬元德皇太后于永熙陵。有司言：「元德神主祔廟，準禮當行祔謁，載稽前典，有未安者。伏以追薦尊稱，奉加『太』字，崇建別廟，以備蒸嘗。況當禘祫之時，不預合食之列，廟享之制與諸后不同。俟神主還京，卽祔廟室，薦獻安神，更不行祔謁之禮，每歲五享、禘祫如太廟儀。」

景德四年，奉莊穆皇后郭氏神主謁太廟，祔享于昭憲皇后。享畢，祔別廟，殿室在莊懷之上。帝祀汾陰，謁廟畢，親詣元德皇太后廟躬謝，自門降輦步入，酌獻如太廟，設登歌，兩省、御史、宗室防禦使以上班廟內，餘班廟外，遣官分告孝惠諸后廟。詔：「太廟、元德皇后廟享用犢，諸后廟親享用犢，攝事用羊豕。」

五年〔四〕，龍圖閣直學士陳彭年言：「禘祫日，孝惠、淑德二后神主自別廟赴太廟，祔簡穆皇后神主之下、太祖神主之上，此蓋用曲臺禮別廟皇后禘祫祔享太廟之說。竊慮明靈合享，神禮未安，望詔禮官再加詳定。」有司言：「按曲臺禮載禘祫之儀，則如皇后先祔別廟，遇禘祫祔享於太廟，如是昭后，卽坐於祖姑之下，南向〔五〕；如是穆后，卽坐於祖姑之下，北

向。又按博士殷盈孫議云：『別廟皇后禘祫於太廟，祔於祖姑之下者，此乃皇后先沒，已造神主。如昭成、肅明之沒也，睿宗在位；元獻之沒也，玄宗在位；昭德之沒也，德宗在位。四后於太廟未有本室，故創別廟，當爲太廟合食之主，故禘祫乃奉以入享，此明其後太廟有本室，卽當遷祔。帝方在位，故皇后暫立別廟，禮本合食，故禘祫乃升太廟，以未有位，故祔祖姑之下〔六〕。據開寶通禮與曲臺禮同。今有司不達禮意，遇禘祫歲，尙以孝惠、孝章、淑德三后神主祔享祖姑之下，乃在太祖、太宗之上。按禮稱『婦祔祖姑』，謂既卒哭之明日，此正禮也；稱『祖姑有三人，則祔於親者』，注，玄謂『舅之母死，而又有繼室二人，親者謂舅所生』。然則祖姑有三人同在祖室，明婦有數人亦當同在夫之本室，不可久祔於祖姑也。故開元禮但載肅明皇后別廟時享之儀，而無禘祫之禮，卽知別廟時享及禘祫皆於本廟也。孝惠、孝章、淑德禘祫既祔太廟，則自今禘祫祔享本室，次於正主，庶協典禮。」六年〔七〕，升祔元德皇后太宗廟室，詔以祔廟歲時爲合享次序，而位明德皇后之次。

明道二年，判河南府錢惟演請以章獻、章懿二后並祔眞宗之室。太常禮院議：「夏、商以來，父昭子穆，皆有配坐，每室一帝一后，禮之正儀。唐開元中，昭成、肅明二后始並祔於睿宗。今惟演引唐武宗母韋太后升祔穆宗，本朝孝明、孝章祔太祖故事〔八〕。按穆宗惟韋

后祔，太祖未嘗以孝章配〔九〕。伏尋先帝以懿德配享太宗〔一〇〕，及明德園陵禮畢，遂得升祔。元德太后自追尊後，凡十七年始克升配。今章穆皇后著位長秋，祔食眞宗，斯爲正禮。章獻太后母儀天下，與明德例同，若從古禮，止應祀后廟，若便升祔，似非先帝愼重之意，又況前代無同日並祔之比，惟上裁之。」乃詔有司更議，皆謂：「章穆位崇中壼，與懿德有異，已祔廟室，自協一帝一后之文。章獻輔政十年，章懿誕育帝躬，功德莫與爲比，退就后廟，未厭衆心。按周官大司樂職，『奏夷則，歌小呂，以享先妣』者，姜嫄也，帝嚳之妃，后稷之母，特立廟曰閟宮。宜別立新廟，奉安二太后神主，同殿異室，歲時薦享用太廟儀。別立廟名，自爲樂曲，以崇世享。忌前一日，不御正殿，百官奉慰，著之令甲。」乃作新廟兩廟間，名曰奉慈。

慶曆四年，從呂公綽言：「先帝特謚二后莊懷、莊穆，及上眞宗文明武定章聖元孝之謚，郭后升祔，當正徽號，宜於郊禮前遣官先上寶、册，改『莊』爲『章』，止告太廟，更不改題。」遂如故事。將郊，所司導五后寶、册赴三廟，各於神門外幄次以待。奏告畢，皆納於室。俄又詔中書門下令禮官攷故事，升祔章懿神主。禮院言：「章獻、章懿宜序章穆之次，章惠先朝遺制嘗踐太妃，至明道中始加懿號，與章懷頗同，請序章懷之次。太者生事之禮，不當施於宗廟。章獻以顧託之重，臨御之勞，欲稱別廟，義無所嫌，屬之配室，禮或未順。」學士王堯

臣等言：「章獻明肅盛烈丕功，非一惠可舉，謚告於廟，册藏於陵，無容追減。章惠擁祐帝躬，並均顧復，故景祐中膺保慶之册，義專繫子，禮須別祠。章穆升附，歲月已深。奉慈三室，先後已定，若再議升降，則情有重輕，請如舊制。」中書門下覆議：「成憲在前，文考之意；配食一體，二慈之宜；奉承無私，陛下之孝。請如禮官及學士議。案祥符詔繫章聖特旨，位敍先後，乞聖制定數，昭示無窮。」詔依所議。十月，文德殿奉安寶、册，帝服通天冠、絳紗袍，執圭。太常奏樂，百官宿廟堂。次日，有司薦享諸廟。寅時，復詣正衙，宰臣、行事官贊導册、寶至大慶殿庭發册，出宣德門，攝太尉賈昌朝、陳執中受以赴奉慈廟上寶、册，告遷二主，皆塗「太」字，祔於太廟。

至和元年七月，有司奉詔立温成皇后廟，享祭器數視皇后廟。後以諫官言，改爲祠殿，歲時令宮臣薦以常饌。

治平元年，同判太常寺呂公著言：「按喪服小記『慈母不世祭』。章惠太后，仁宗嘗以母稱，故加保慶〔一〕之號。蓋生有慈保之勤，故沒有廟享之報。今於陛下恩有所止，禮難承祀，其奉慈廟，乞依禮廢罷。」

熙寧二年，命攝太常卿張掞奉章惠太后神主瘞陵園。

元豐六年，詳定所言：「按禮，夫婦一體，故昏則同牢、合巹，終則同穴，祭則同几、同祝饌，未嘗有異廟者也。惟周人以姜嫄爲媒神，而帝嚳無廟，又不可下入子孫之廟，乃以別廟而祭，故魯頌謂之閟宮，周禮謂之先妣，可也。自漢以來，不祔不配者，皆援姜嫄爲比，或以其微，或以其繼而已。蓋其間有天下者，起於側微，而其后不及正位中宮，或以嘗正位矣，有所不幸，則當立繼以奉宗廟，故有『祖姑三人則祔於親者』之說。立繼之禮，其來尚矣。始微終顯，皆嫡也，前娶後繼，皆嫡也。後世乃以始微後繼置之別廟，不得伸同几之義，則非禮意。恭惟太祖孝惠皇后、太宗淑德皇后、眞宗章懷皇后實皆元妃，而孝章則太祖繼后〔二〕，乃皆祭以別廟，在禮未安，請升祔太廟，增四室，以時配享。」七月，遂自別廟升祔焉。

政和四年，有司言：「政和元年孟冬祫享，奉惠恭神主入太廟，祔于祖姑之下。今歲當祫，而明達皇后神主奉安陵祠，緣在城外。三代之制，未有即陵以爲廟者。今明達皇后追正典册，歲時薦享，並同諸后，宜就惠恭別廟增建殿室，迎奉神主以祔。」又言：「明達神主祔謁日，於英宗室增設宣仁聖烈皇后、明達皇后二位，及徧祭七祀、配享功臣，并別廟祔享惠恭、明達二位。」

紹興七年，惠恭改謚爲顯恭，以上徽宗聖文仁德顯孝之謚故也。十二年五月，禮部侍郎施坰言：「懿節皇后神主，候至卒哭擇日祔廟，合依顯恭皇后禮，於太廟內修建殿室，以爲別廟安奉。」又言：「將來祔廟，其虞主合於本室後瘞埋。緣別係行在祔廟，欲於本室册寶殿收奉，候回京日依別廟故事。」從之。七月，有司行九虞之祭奉安。三十二年，禮部、太常言：「故妃郭氏追册爲皇后，合依懿節皇后祭于別廟。所有廟殿，見安懿節皇后神主，行禮狹隘。乞分爲二室，以西爲上，各置戶牖，及擗截本廟齋宮，權安懿節神主，工畢還殿。」王普又請各置祏室。並從之。

乾道三年閏七月，安恭皇后神主祔于別廟，爲三室。

景靈宮。創於大中祥符五年，聖祖臨降，爲宮以奉之。天聖元年，詔修宮之萬壽殿以奉眞宗，署曰奉眞。明道二年，又建廣孝殿，奉安章懿皇后。治平元年，又詔就宮之西園建殿，以奉仁宗，署曰孝嚴，奉安御容，親行酌獻，命大臣分詣諸神御代行禮〔三〕。翼日，太后酌獻，皇后、大長公主以下內外命婦陪位于廷。詔每歲下元朝謁〔四〕如奉眞殿儀，有期以上喪或災異，則命輔臣攝事。名齋殿曰迎釐，宮西門曰廣祐。四年，建英德殿，奉英宗神御。凡七十年間，神御在宮者四，寓寺觀者十有一。

元豐五年，始就宮作十一殿，悉迎在京寺觀神御入內，盡合帝后，奉以時王之禮。十一月，百官班于集英殿廷，帝詣蘂珠、凝華等殿，行告遷廟禮，禮儀使奉神御升綵輿出殿。明日，復行薦享如禮，禮儀使奉神輿行，帝出幄導至宣德門外，親王、使相、宗室正任以上前引，望參官及諸軍都虞候、宗室副率以上陪位，內侍省押班整儀衞以從，奉安神御于十一殿。明日，帝詣宮朝獻，先謁天興殿，以次行禮，並如四孟儀。詔自今朝獻孟春用十一日，孟夏擇日，孟秋用中元日，孟冬用下元日，天子常服行事。薦聖祖殿以素饌，神御殿以膳羞，器服儀物，悉從今制。天興殿門以奉天神不立戟，諸神御門置親事官五百人，立戟二十四。累朝文武執政官、武臣節度使以上〔五〕並圖形於兩廡。凡執政官除拜，赴宮恭謝。其後南郊先詣宮行薦享禮，並如太廟儀。

元祐元年，太常寺言：「季秋有事于明堂，其朝享景靈宮、親享太廟，當用三年不祭之禮，遣大臣攝事。」禮部言：「景靈宮天興殿，用天地之禮，即非廟享，於典禮無違。」詔明堂前二日朝享景靈宮天興殿。明年，奉安神宗神御于景靈宮，如十一殿奉安之禮。舊制，車駕上元節以十一日詣興國寺、啓聖院，朝謁太祖、太宗、神宗神御，下元節詣景靈宮朝拜天興殿，朝謁眞宗、仁宗、英宗神御。至是詔分每歲四孟月拜謁之所，自孟秋始，其不當親獻，則遣官分詣。初詣天興殿、保寧閣、天元殿、太始殿，次詣皇武殿、儷極殿、大定殿、輝德殿，次詣熙文殿、衍慶殿、美成殿，次詣治隆殿、宣光殿，宣光後改曰顯承，徽宗又改大明殿。仍自來年孟春爲始。皇太后崩，三省請奉安神御于治隆殿，以遵元祐初詔。復以御史劉極〔一六〕之言，特建原廟，廟成，名神御殿曰徽音，山殿曰寧眞。

紹聖二年，奉安神宗神御于顯承殿。元豐中，每歲四孟月，天子徧詣諸殿朝獻。元祐初，議者請以四孟分獻，一歲而徧，至是復用舊儀。詔自今四孟朝獻分二日，先日詣天興殿、保寧閣、天元、太始、皇武、儷極、大定、輝德〔一七〕諸殿，次日詣熙文、衍慶、美成、繼仁、治隆、徽音、顯承七殿。三年十月，帝詣天興諸殿朝獻。翼日，大雨，詔差已致齋官分獻熙文七殿，自是雨雪用爲例云。

徽宗卽位，宰臣請特建景靈西宮，奉安神宗于顯承殿，爲館御之首，昭示萬世尊異之意。建哲宗神御殿於西，以東偏爲齋殿，乃給度僧牒、紫衣牒千道爲營造費，戶牖工巧之物並置於荆湖北路。已而右正言陳瓘言五不可，且論蔡京矯誣。不從。

建中靖國元年，詔建欽聖憲肅皇后、欽慈皇后神御殿于大明殿北，名曰柔明。尋改欽儀，又改坤元。又名哲宗神御殿曰觀成。尋改重光。詔自今景靈宮並分三日朝獻。

崇寧三年，奉安欽成皇后神御坤元殿欽聖憲肅皇后之次，欽慈皇后又次之。

政和三年，奉安哲宗神御于重光殿。昭懷皇后神御殿成，詔名正殿曰柔儀，山殿曰靈娭。於是兩宮合爲前殿九，後殿八，山殿十六，閣一，鍾樓一，碑樓四，經閣一，齋殿三，神廚

二，道院一，及齋宮廊廡共爲二千三百二十區。

初，東京以來奉先之制，太廟以奉神主，歲五享，宗室諸王行事；朔祭而月薦新，則太常卿行事。景靈宮以奉塑像，歲四孟皇帝親享，帝后大忌則宰相率百官行香，后妃繼之。遇郊祀、明堂大禮，則先期二日，親詣景靈宮行朝享禮。

紹興十三年二月，臣僚言：「竊見元豐五年，神宗始廣景靈宮以奉祖宗衣冠之游，卽漢之原廟也。自艱難以來，庶事草創，始建宗廟，而原廟神游猶寄永嘉。乃者權時之宜，四孟薦獻，旋卽便朝設位以享，未副廣孝之意。乞命有司擇爽塏之地，倣景靈宮舊規，隨宜建置。俟告成有日，迎還晬容，奉安新廟，庶幾四孟躬行獻禮，用副罔極之恩。」從之。初築三殿，聖祖居前，宣祖至祖宗諸帝居中殿，元天大聖后與祖宗諸后居後。掌宮內侍七人，道士十人，吏卒二百七十六人。上元結燈樓，寒食設鞦韆，七夕設摩睺羅。簾幕歲時一易，歲用酌獻二百四十羊。凡帝后忌辰，用道、釋作法事。十八年，增建道院，初本劉光世賜第，後以韓世忠第增築之。天興殿五楹，中殿七楹，後殿十有七楹，齋殿、進食殿皆備焉。

神御殿，古原廟也，以奉安先朝之御容。宣祖、昭憲皇后於資福寺慶基殿。太祖神御之殿七：太平興國寺開先殿、景靈宮、應天禪院西院、南京鴻慶宮、永安縣會聖宮、揚州建隆寺章武殿、滁州大慶寺端命殿。太宗神御之殿七：啓聖禪院、壽寧堂、景福殿、鳳翔上清太平宮、并州崇聖寺統平殿及西院、鴻慶宮、會聖宮。眞宗神御之殿十有四：景靈宮奉眞殿、玉淸昭應宮安聖殿、洪福院、壽寧堂、福聖殿、崇先觀永崇殿、萬壽觀延聖殿、澶州信武殿、西京崇福宮保祥殿、華州雲臺觀集眞殿及西院、鴻慶宮、會聖宮、鳳翔太平宮。仁宗、英宗、神宗、哲宗四朝神御於景靈宮、應天院，章獻明肅皇后於慈孝寺彰德殿，章懿皇后於景靈宮廣孝殿，明德、章穆二后於普安院重徽殿，章惠太后於萬壽觀廣慶殿。

景德四年，奉安太祖御容應天禪院，以宰臣向敏中爲奉安聖容禮儀使，權安于文德殿，百官班列，帝行酌獻禮，鹵簿導引，升綵輿進發，帝辭于正陽門外，百官辭于瓊林苑門外。遣官奏告昌陵畢，羣臣稱賀。

皇祐中，以滁州通判王靖請，滁、并、澶三州建殿奉神御，乃宣諭曰：「太祖擒皇甫暉于滁州，是受命之端也，大慶寺殿名曰端命，以奉太祖。太宗取劉繼元于并州，是太平之統也，卽崇聖寺殿名曰統平，以奉太宗。眞宗歸契丹于澶州，是偃武之信也，卽舊寺殿名曰信武，以奉眞宗。」既而統平殿災，諫官范鎭言：「并州素無火災，自建神御殿未幾而輒焚，天意若曰祖宗御容非郡國所宜奉安者。近聞下并州復加崇建，是徒事土木，重困民力，非所以答

天意也。自并州平七十七年，故城父老不入新城，宜寬其賦輸，緩其傜役，以除其患，使河東之民不忘太宗之德，則陛下孝思，豈特建一神御殿比哉？」先是，睦親、廣親二宅並建神御殿，翰林學士歐陽脩言神御非人臣私家之禮，下兩制、臺諫、禮官議，以爲「漢用春秋之義，罷郡國廟。今睦親宅、廣親宅所建神御殿，不合典禮，宜悉罷」。詔以廣親宅置已久，唯罷修睦親宅。

熙寧二年，奉安英宗御容於景靈宮，帝親行酌獻，仍詔歲以十月望朝享，有期以上喪或災異，則命輔臣攝事。知大宗正丞事李德芻言：「禮法諸侯不得祖天子，公廟不設於私家。今宗室邸第並有帝后神御，非所以明尊卑崇正統也，望一切廢罷。」下禮官詳定，請如所奏。詔諸宗室宮院祖宗神御迎藏天章閣。

元豐五年，作景靈宮十一殿，而在京宮觀寺院神御，皆迎入禁中，所存惟萬壽觀延聖、廣愛、寧華三殿而已。

宣和元年，禮部奏：「太常寺參酌立到諸州府有祖宗御容所在朔日諸節序降到御封香表及下降香表行禮儀注〔一八〕：

朔日諸節序奉香表行禮儀注。齋戒，朝拜前一日，朝拜官及讀表文官早赴齋所。俟禮備，禮生引讀表文官、賫香表官集朝拜官聽，執事者以香表呈視。禮生請讀表文

中華書局

官稍前習讀表，或密詞卽讀封題，訖，禮生贊復位。次以御封香、禮饌等呈視訖，各復齋所。朝拜官用長吏，闕以次官充，讀表文亦以次官充，執事者以有服色者充。有司設香案、時果、牙盤食神御前，又設奠醪茗之器於香案前之左，置御封香表案上；設朝拜官位於殿下，西向，讀表文官位於殿之南，北向，陪位官位於其後；設焚表文位於殿庭東，南向。朝拜日，質明前，香火官先詣殿下，北向，拜訖，升殿東向侍立。有司陳設訖，禮生先引陪位官入就位，北向，次引讀表文官入就位，次引朝拜官就位，西向立定。禮生贊有司謹具，請行事。禮生贊再拜，拜訖，引讀表文官先升殿，於香案之右東向立，次引朝拜官詣香案前，贊搢笏、上香、奠酒茗，拜，興，少立。禮生贊搢笏、跪、讀表文，或密詞卽讀封題，執笏興，降復位。朝拜官再拜，降復位。禮生贊再拜訖，引朝拜官、讀表文官詣焚表文位南向立，焚訖，退。

一遇旦望諸節序下降香表薦獻行禮儀注。一如上儀。惟禮生引獻官上香訖，跪，執事者以所薦之物授薦獻官，受獻訖，復授執事者，置於神御前，興、拜、退一如上儀。」

詔頒行之。

東京神御殿在宮中，舊號欽先孝思殿，建炎二年閏四月，詔迎溫州神御赴闕。先是，神

御於溫州開元寺暫行奉安，章聖皇帝與后像皆以金鑄，置外方弗便，因愀然謂宰輔曰：「朕播遷至此，不能以時薦享，祖宗神御越在海隅，念之坐不安席。」故有是命。三年二月，上覽禁中神御薦享禮物，謂宰臣曰：「朕自省閱神御，每位各用羊胃一，須二十五羊。祖宗仁厚，豈欲多害物命，謹以別味代之，在天之靈亦必歆享。」呂頤浩曰：「陛下寅奉宗廟，罔不盡禮，而又仁愛及物，天下幸甚。」

紹興十五年秋，復營建神御殿于崇政殿之東，朔望節序、帝后生辰，皇帝皆親酌獻行香，用家人禮。其殿名：徽宗曰承元，欽宗曰端慶，高宗曰皇德，孝宗曰系隆，光宗曰美明，寧宗曰垂光，理宗曰章熙，度宗曰昭光。

功臣配享。眞宗咸平二年，始詔以太師、贈尚書令、韓王趙普配享太祖廟庭。繼以翰林承旨宋白等議，又以故樞密使、贈中書令、濟陽郡王曹彬配享太祖，以司空贈太尉中書令薛居正、忠武軍節度使贈中書令潘美、尚書右僕射贈侍中石熙載配享太宗廟庭，仍奏告本室，禘祫皆配之。祀日，有司先事設幄次，布褥位於廟庭東門內道南，當所配室西向，設位板，方七寸，厚一寸半，籩、豆各二，簠、簋、俎各一。知廟卿奠爵，再拜。

乾興元年，詔從翰林、禮官參議，以右僕射贈太尉中書令李沆、贈太師尚書令王旦、忠武軍節度使贈中書令李繼隆配享眞宗。

嘉祐八年，詔以尚書右僕射贈尚書令王曾、太尉贈尚書令呂夷簡、彰武軍節度使贈侍中曹瑋配享仁宗。

熙寧八年，詔以司徒兼侍中贈尚書令韓琦配享英宗；元豐元年，又以贈太師中書令曾公亮配焉。熙寧末，嘗詔太常禮院講求親祠太廟不及功臣禮例。至是，禘祫外，親享太廟並以功臣與。又從太常禮院請，配享功臣以見贈官書板位。

元祐初，從吏部尚書孫永等議，以故司徒贈太尉富弼配享神宗；紹聖初，又以守司空贈太傅王安石配。三年，罷富弼配，謂弼得罪於先帝也。

崇寧元年，詔以觀文殿大學士贈太師蔡確配享哲宗。

五禮新儀，配享功臣之位，設於殿庭之次：趙普、曹彬位於橫街之南道西，東向，第一次，薛居正、石熙載、潘美位于第二次，李沆、王旦、李繼隆位於第三次，俱北上；王曾、呂夷簡、曹瑋位於橫街之南道東，西向，第一次，韓琦、曾公亮位於第二次，王安石位於第三次，蔡確位於第四次，俱北上。惟多享、祫享偏設祭位。

迨建炎初，詔奪蔡確所贈太師、汝南郡王，追貶武泰軍節度副使，更以左僕射贈太師

司馬光配享哲宗。既又罷王安石，復以富弼配享神宗。

紹興八年，以尚書左僕射贈太師韓忠彥配享徽宗。十八年二月，監登聞鼓院徐璉言：「國家原廟佐命配享，當時輔弼勳勞之臣繪像廟庭，以示不忘，累朝不過一十餘人。今之臣僚與其家之子孫必有存其繪像者，望詔有司尋訪，復摹於景靈宮庭之壁，非獨假寵諸臣之子孫，所以增重祖宗之德業，以爲臣子勸。」遂下諸路轉運司，委所管州軍尋訪各家，韓王趙普、周王曹彬、太師薛居正、石熙載、鄭王潘美、太師李沆、王旦、李繼隆、王曾、呂夷簡、侍中曹瑋、司徒韓琦、太師曾公亮、富弼、司馬光、韓忠彥，各令摹寫貌像投納，繪於景靈宮之壁。

乾道五年九月，太常少卿林栗等言：「欽宗皇帝廟庭尙虛配享，當時遭值艱難，淪胥莫救，罕可稱述，而以身徇國，名節暴著，不無其人。雖生前官品不應配享之科，事變非常，難拘定制，乞特詔集議。」吏部尙書汪應辰奏：「當時死事之臣，皆有次第褒贈。若今配享欽廟，典故所無，如創行之，又當訪究本末，差次輕重，有所取舍，尤不可輕易。竊謂配享功臣，若依唐制，各廟既無其人，則當缺之。」迺罷集議，欽宗一廟遂無配享。

淳熙中，高宗祔廟，翰林學士洪邁言：「配食功臣，先期議定。臣兩蒙宣諭，欲用文武臣各兩人〔二七〕，文臣故宰相贈太師秦國公謚忠穆呂頤浩、特進觀文殿大學士謚忠簡趙鼎，武臣

太師蘄王謚忠武韓世忠、太師魯王謚忠烈張俊〔三〇〕。此四人皆一時名將相，合於天下公論。」議者皆以爲宜，遂從之。祕書少監楊萬里獨謂丞相張浚不得配食爲非，爭之不得，因去位焉。

紹熙五年十二月，以左丞相贈太師魯國公陳康伯配享孝宗廟庭。

嘉泰元年正月，以右丞相贈太師葛邲配享光宗廟庭。

嘉定十四年八月，追封右丞相史浩爲越王，改謚忠定，配享孝宗廟庭。

端平二年八月，以太師趙汝愚配享寧宗廟庭。

初，仁宗天聖中郊祀，詔錄故相李昉、宋琪、呂端、張齊賢、畢士安、王旦、執政李至、王沔、温仲舒及陳洪進等子孫以官。元豐中，詔：「景靈宮繪像舊臣推恩本支下兩房以上，取不食祿者，均有無，取齒長者；若子孫亦繪像，本房不食祿，更不取別房。紹聖初，林希請稽考慶曆以後未經編次臣僚，其子孫應錄用者以次編定。尋詔：「趙普社稷殊勳，其諸孤有無食祿者，各官其一子，以長幼爲序，毋過三人。」崇寧初，詔：「哲宗繪像文武臣僚，並與子若孫一人初品官，若子孫衆多，無過家一人。」又錄藝祖功臣呂餘慶族孫偉及司徒富弼孫直柔、直道以官，使奉其祀。靖康初，臣僚言：「司馬光之後再絕，復立族子稹，稹亦卒。今雖有子，而光遺表恩澤已五十年，不可復奏，請許移奏見存曾孫，使之世祿。」從之。

羣臣家廟，本於周制，適士以上祭於廟，庶士以下祭於寢。唐原周制，崇尚私廟。五季之亂，禮文大壞，士大夫無襲爵，故不建廟，而四時寓祭室屋。慶曆元年，南郊赦書，應中外文武官並許依舊式立家廟。已而宋庠又以爲言，乃下兩制、禮官詳定其制度：「官正一品平章事以上立四廟；樞密使、知樞密院事、參知政事、樞密副使、同知樞密院事、簽書院事，見任、前任同，宣徽使、尚書、節度使、東宮少保以上，皆立三廟；餘官祭於寢。凡得立廟者，許適子襲爵以主祭。其襲爵世降一等，死卽不得作主祔廟，別祭於寢。自當立廟者，卽祔其主，其子孫承代，不計廟祭、寢祭，並以世數疏數遷祧；始得立廟者不祧，以比始封。有不祧者，通祭四廟、五廟。廟因衆子立而適長子在，則祭以適長子主之；嫡長子死，卽不傳其子，而傳立廟者之長〔三一〕。凡立廟，聽於京師或所居州縣；其在京師者，不得於裏城及南郊御路之側。」仍別議襲爵之制，既以有廟者之子孫或官微不可以承祭，而朝廷又難盡推襲爵之恩，事竟不行。

大觀二年，議禮局言：「所有臣庶祭禮，請參酌古今，討論條上，斷自聖衷。」於是議禮局議：「執政以上祭四廟，餘通祭三廟。」「古無祭四世者〔三二〕，又侍從官以至士庶，通祭三世，無

等差多寡之別，豈禮意乎？古者天子七世，今太廟已增爲九室，則執政視古諸侯，以事五世，不爲過矣。先王制禮，以齊有萬不同之情，賤者不得僭，貴者不得踰。故事二世者，雖有孝思追遠之心，無得而越，事五世者，亦當跂以及焉。今恐奪人之恩，而使通祭三世，徇流俗之情，非先王制禮等差之義。可文臣執政官、武臣節度使以上祭五世，文武升朝官祭三世，餘祭二世。」「應有私第者，立廟於門內之左，如狹隘，聽於私第之側。力所不及，仍許隨宜。」又詔：「古者寢不踰廟，禮之廢失久矣。士庶堂寢，踰度僭禮，有七楹、九楹者，若一旦使就五世、三世之數，則當徹毀居宇，以應禮制，豈得爲易行？可自今立廟，其間數視所祭世數，寢間數不得踰廟。事二世者，寢聽用三間。」議禮局言：「禮記王制，『諸侯五廟，二昭二穆，與太祖之廟而五。』所謂『太』者，蓋始封之祖，不必五世，又非臣下所可通稱。今高祖以上一祖未有名稱，欲乞稱五世祖。其家廟祭器：正一品，每室籩、豆各十有二，簠、簋各四，壺尊、罍、鉶鼎、俎、篚各二，尊、罍加勺、冪各一，爵各一，諸室共用胙俎、罍洗一。從一品籩、豆、簠、簋降殺以兩。正二品籩、豆各八，簠、簋各二。餘皆如正一品之數。」詔禮制局製造，仍取旨以給賜之。

紹興十六年〔三三〕二月癸丑，詔太師、左僕射、魏國公秦檜合建家廟，命臨安守臣營之。太常請建於其私第中門之左，一堂五室，五世祖居中，東二昭，西二穆。堂飾以黝堊。神板長

一尺，博四寸五分，厚五寸八分，大書某官某大夫之神坐，貯以帛囊，藏以漆函。歲四享用孟月柔日行之，具三獻。有司言時享用常器常饌，帝倣政和故事，命製祭器賜之。其後，太傅昭慶節度平樂郡王韋淵、太尉保慶節度吳益、少傅寧遠節度楊存中並請建家廟，賜以祭器。

隆興二年四月庚辰，少師、四川宣撫使吳璘〔三四〕請用存中例，從之。

乾道八年九月，詔有司賜少保、武安節度、四川宣撫使虞允文家廟祭器如故事。

淳熙五年七月，戶部尚書韓彥古請以賜第進父世忠家廟〔三五〕如存中。十二月，少傅保寧節度衞國公史浩請建家廟，量賜祭器。

嘉泰元年，太傅、永興節度、平原郡王韓侂胄〔三六〕奏：「曾祖琦效忠先朝，奕世侑食，家廟猶闕，請下禮官攷其制建之。」二年，循忠烈王張俊，開禧三年，鄜武僖王劉光世〔三七〕，子孫相繼有請，皆從之。

嘉定十四年八月，詔右丞相史彌遠賜第，遵淳熙故事賜家廟，命臨安守臣營之，禮官討論祭器，並如侂胄之制。彌遠請併生母齊國夫人周氏及祔妻魯國夫人潘氏於生母別廟，皆下有司賜器。

景定三年，詔丞相賈似道賜家廟，命臨安守、漕營度，禮官討論賜祭器，並如儀。

校勘記

〔一〕藩邸　原作「藩郡」，據宋會要禮一五之二三、太常因革禮卷九四改。

〔二〕卽忌日廢務　「忌日」原作「其日」，據宋會要禮一五之二四、太常因革禮卷九四和上文「立忌非便」改。

〔三〕正獻恭僖　按舊唐書卷五二、新唐書卷七七后妃傳，穆宗后爲貞獻，此處「正獻」是宋人避諱改。「恭僖」原爲「恭懿」，據宋會要禮一〇之二、太常因革禮卷九四改。

〔四〕五年　按長編卷七八、太常因革禮卷三九，陳彭年所言繫於大中祥符五年，此失書年號。

〔五〕南向　「向」原作「間」，據同上書同卷改。下文「北向」同。

〔六〕故祔祖姑之下　「祔」原作「列」，據同上書同卷和上文「祔於祖姑之下」、下文「三后神主祔享祖姑之下」改。

〔七〕六年　「六年」原作「二年」，據本書卷八眞宗紀、卷二四二后妃傳李賢妃傳、宋會要禮一五之二八補改。

〔八〕本朝孝明孝章祔太祖故事　「孝章」原作「懿德」，按懿德爲太宗后，非太祖后。據長編卷一一二、太常因革禮卷九七改。

〔九〕太祖未嘗以孝章配　「孝章」原作「懿德」，據同上書同卷改。

〔一〇〕以懿德配享太宗　「懿德」原作「孝章」，據同上書同卷改。

〔一一〕保慶　原作「寶慶」，據本書卷二四二楊淑妃傳、宋會要后妃一之二、通考卷九五宗廟考改。

〔一二〕而孝章則太祖繼后　「太祖」原作「太宗」，據宋會要禮一五之五一、長編卷三三四、通考卷九五宗廟考改。

〔一三〕分詣諸神御代行禮　「御代」二字原倒，據宋會要禮一三之三、通考卷九四宗廟考乙正。

〔一四〕每歲下元朝謁　「元」字原脫，據通考卷九四宗廟考並參照下文補。

〔一五〕武臣節度使以上　「節度使」原作「節慶使」。按宋代職官無「節慶使」；玉海卷一〇〇記載此事作「節度使以上」，「慶」當爲「度」之訛，據改。

〔一六〕劉極　按本書卷一八哲宗紀、玉海卷一〇〇都說徽音殿建於紹聖元年，皇宋十朝綱要列哲宗朝御史五十九人，無劉極而有劉拯，本書卷三五六劉拯傳謂拯「紹聖初，復爲御史」，疑「劉極」爲「劉拯」之誤。

〔一七〕輝德　原作「德輝」，據本卷前文、玉海卷一〇〇、通考卷九四宗廟考乙正。

〔一八〕朔日諸節序降到御封香表及下降香表行禮儀注　按宋會要禮一三之七載宣和元年六月二十二日禮部奏，作「每遇朔日諸節序降到御封香表及不降香表逐次行禮儀注」，分下列兩項敍述：「一遇朔日諸節序奉行禮儀注」，「一遇旦望諸節序不降香表薦獻行禮儀注」。考察所敍儀注內容，此處及下文「下降香表」疑均當從宋會要作「不降香表」。

〔一九〕欲用文武臣各兩人　「各」字原脫，據朝野雜記甲集卷二高宗孝宗配饗功臣條、宋會要禮一一之六及一〇補。

〔二〇〕張俊　原作「張浚」，據朝野雜記同上卷條、通考卷一〇三宗廟考改。

〔二一〕而傳立廟者之長　「長」原作「子」，據宋會要禮一二之一、通考卷一〇四宗廟考、王明清揮麈錄卷三改。

〔二二〕古無祭四世者　按此句以下至「餘祭二世」，據宋會要禮一二之二，係徽宗手詔中語；下文「應有私第者」以下至「仍許隨宜」，爲另一詔文中語，此句上當脫「詔」字。

〔二三〕紹興十六年　「十六」原作「十二」。按紹興十一年二月不値癸丑；本書卷三〇高宗紀、宋會要禮一二之三，此事皆系於紹興十六年二月癸丑，據改。

〔二四〕少師四川宣撫使吳璘　「少師」原作「少卿」，據本書卷三六六本傳、宋會要禮一二之五、通考卷一〇四宗廟考改。

〔二五〕韓彥古請以賜第進父世忠家廟　按通考卷一〇四宗廟考，「進」作「建」。

〔二六〕太傅永興節度平原郡王韓侂冑　「節度」二字原脫，據通考卷一〇四宗廟考、宋會要禮一二之一三補。

〔二七〕劉光世　原作「劉安世」，據本書卷三六九本傳、宋會要禮一二之一三、通考卷一〇四宗廟考改。

二十四史

中華書局

宋史卷一百一十

志第六十三

禮十三 嘉禮一

上尊號儀　高宗內禪儀　上皇太后太妃册寶儀

舊史以飲食、婚冠、賓射、饗宴、賑膰、慶賀之禮爲嘉禮，又以歲時朝會、養老、宣赦、拜表、臨軒命官附之，今依政和禮分朝會爲賓禮，餘如其舊云。

尊號之典，唐始載於禮官。宋每大祀，羣臣詣東上閤門，拜表請上尊號，或三上，或五上，多謙抑弗許；如允所請，即奏命大臣撰册文及書册寶。其受册多用祀禮畢日，御正殿行禮，禮畢，有司以册寶詣閤門奉進入內。建隆四年，羣臣三上表上尊號，詔俟郊畢受册。

前三日，遣官奏告天地、宗廟、社稷，遂爲定制。

其儀：有司宿設崇元殿仗衞，文武百官並集朝堂之次，攝太尉奉册於案，吏部侍郎一員押，司徒奉寶於案，禮部侍郎一員押，以五品、六品清資官充舉册、舉寶官，皆承之以匣，覆之以帕，俱詣殿門外之東、太尉之前。大樂令帥工人入就位，諸侍衞官及宰執、兩制、供奉官等立於殿階下香案前左右，如常入閤儀。侍中奏中嚴外辦，所司承旨索扇，扇上，皇帝袞冕，御輿出自西房，樂作，即御坐，扇開，樂止。符寶郎奉寶如常儀，禮直官、通事舍人分引太尉以下文武羣官應北面位者，各就橫行位，太常卿於册案前導至丹墀西階上少東，北向置訖。太尉、司徒、吏部禮部侍郎各入本班立定，典儀贊百官再拜，舞蹈，三稱萬歲，又再拜起居訖，又再拜，分班序立。禮直官引太常卿隨行，吏部侍郎押册案以次序行，太尉從之，禮部侍郎次押寶案行，司徒從之，詣西階，至解劍褥位。其讀册中書令、讀寶侍中，候册案將至，先升於前楹間第一柱北對立。太尉解劍、脫舄訖，吏部侍郎押册案先升，太尉從升，當御坐前。太尉搢笏，北面奉册案稍前跪置訖，俛伏，興，少退，東向立；中書令進當册案前，讀册訖，俛伏，興，又搢笏，奉册於褥，東廻册函〔一〕北向進跪置御坐前，與舉册官降還侍立位，太尉亦降，納舄、帶劍。禮部侍郎押寶案升，司徒隨升，北面跪置，侍中讀寶訖，置册之南，俱復位，其納舄、帶劍、俛伏，一如上儀。典儀贊在位官皆再拜，禮直官、通事舍人引太尉至西階下，解劍，舄升，當御坐前跪賀，其詞中書門下撰。賀訖復位，皆再拜，如讀册寶儀。侍中升至御坐前承旨，退臨階西向稱「有制」，典儀贊再拜訖，宣曰：「朕以鴻儀昭舉，保命會昌，迫於羣情，祇膺顯號。退循寡昧，惕懼增深。所賀知。」宣訖復位，典儀贊再拜，舞蹈，三稱萬歲，又再拜訖。侍中升階奏禮畢，降復位，扇上，樂作，帝降坐，御輿入自東房，扇開，樂止。侍中版奏解嚴，中書侍郎帥奉案官升殿，跪奉册置於案，次門下侍郎奉寶如奉册禮，通事舍人贊引詣東上閤門狀進，所司承旨放仗，百官再拜訖，退如常儀。自後受册皆如之。禮畢，賜百官食于朝堂。

熙寧元年，宰臣曾公亮等上表請加尊號，詔不允。先是，翰林學士司馬光言：「尊號起唐武后、中宗之世，遂爲故事。先帝治平二年，辭尊號不受，天下莫不稱頌聖德。其後佞臣建言，國家與契丹常有往來書，彼有尊號而中國獨無，足爲深恥。於是羣臣復以非時上尊號，論者甚爲朝廷惜之。今羣臣以故事上尊號，臣愚以爲陛下聰明睿知，雖宜享有鴻名，然踐祚未久，又在亮陰之中，考之事體，似未宜受。陛下誠能斷以聖意，推而不居，仍令更不得上表請，則頌歎之聲將洋溢四海矣。」詔賜光曰：「覽卿來奏，深諒忠誠。朕方以頻日淫雨，甲申地震，天威彰著，日虞傾禍，被此鴻名，有靦面目，况在亮陰，亦難當是盛典。今已批

降指揮，可善爲答辭，使中外知朕至誠惻懼，非欺衆邀名。」其後，宰臣數上表請，終不允。

徽宗內禪，欽宗上尊號曰教主道君太上皇帝，居龍德宮。靖康元年正月朔，朝賀畢，車駕詣龍德宮賀，百官班門外，宰執進見如儀。

高宗內禪。紹興三十二年六月十日御札：「皇太子可即皇帝位，朕稱太上皇帝，退處德壽宮，皇后稱太上皇后。應軍國事並聽嗣君處分。」

十一日行內禪之禮。有司設仗紫宸殿，宰臣、文武百僚立班，皇帝出宮，鳴鞭，禁衞諸班直、親從儀仗幷內侍省執骨朵使臣等並迎駕，自贊常起居。皇帝升御坐，知閤門官以下幷內侍都知、御帶以下一班起居，次管軍一班起居，次宰執以下常起居訖，左僕射陳康伯、知樞密院事葉義問、參知政事汪澈、同知樞密院事黃祖舜升殿奏曰：「臣等不才，輔政累年，罪戾山積，乃蒙容貸，不賜誅責。今陛下超然獨斷，高蹈堯、舜之舉，臣等心實欽仰。但自此不獲日望清光，犬馬之情，不勝依戀。」因再拜辭，相與泣下，幾至號慟。帝亦爲之流涕曰：「朕在位三十六年，今老且病，久欲閑退，此事斷自朕心，非由臣下開陳，卿等當悉力以輔嗣君。」康伯等復奏曰：「皇太子仁聖，天下所共知，似聞謙遜太過，未肯便御正殿。」帝曰：「朕

前此固嘗與之言，早來禁中又面諭之，卽步行徑趨側殿門，欲還東宮，已再三敦勉邀留，今在殿後矣。」宰執降階，皇帝降坐，鳴鞭還內。宰臣文武百僚並退，立班，聽宣詔訖，再拜，舞蹈，三稱萬歲，再拜訖，班權退，復追班入，詣殿下立班。

少頃，新皇帝服履袍，涕泣出宮，禁衞諸班直、親從儀仗等迎駕，起居，鳴鞭。內侍扶掖皇帝至御榻，涕泣再三，不坐，內侍傳太上皇帝聖旨，請皇帝升御坐，皇帝升御坐東側坐。知閤門官以下一班起居，稱賀，次管軍官一班起居，稱賀，次文武百僚橫行北向立，舍人當殿稱文武百僚宰臣陳康伯以下起居，稱賀，皇帝降御坐，側身西向不坐。俟宰臣以下再拜、舞蹈，三稱萬歲，起居，稱賀畢，康伯等升殿奏：「臣等言：願陛下卽御坐，以正南面，上副太上皇帝傳授之意。」帝愀然曰：「君父之命出於獨斷，此大位，懼不敢當，尙容辭避。」康伯等再奏：「茲者伏遇皇帝陛下應天順人，龍飛寶位，第以駑下之材，恐不足以仰輔新政，然依乘風雲千載之遇，實與四海蒼生不勝幸慶。」再拜賀畢，奏事而退。宰執下殿，皇帝還內，鳴鞭。宰執文武百僚赴祥曦殿，俟太上皇帝登輦，扈從至德壽宮而退。

翌日，詣德壽宮朝見。前期，儀鸞司設大次於德壽宮門內，小次於殿東廊西向。其日，俟皇帝出卽御坐，從駕臣僚、禁衞等起居如常儀。皇帝降御坐，乘輦至德壽宮，文武百僚詣宮門外迎駕，起居訖，前導官、太常卿、閤門官、太常博士、禮直官先入，詣大次前分左右立

定，俟皇帝降輦入，次御史臺、閤門、太常寺報文武百僚入，詣殿庭北向立定。前導官導皇帝入小次，簾降，俟太上皇帝卽御坐，小次簾捲，前導官導皇帝升殿東階，詣殿上折檻前，奏請拜，皇帝再拜訖，前導官導皇帝稍前，躬奏聖躬萬福訖，復位，再拜訖，導皇帝詣太上皇帝御坐之東，西向立。殿下在位官皆再拜，搢笏，三舞蹈，三叩頭，出笏就拜，又再拜，班首不離位，奏聖躬萬福，又再拜，班退，前導官以次退，從駕官歸幕次，以俟從駕。太上皇帝駕興，皇帝從，入見太上皇后，如宮中之儀。皇帝還內，如來儀。每遇正旦、冬至及朔望，並依上儀。

十二日，帝詣德壽宮，以雨，百僚免入見，上就宮中行禮。自後詣宮，若行宮中禮，卽不集百官陪位。十三日，詔令宰臣率百官於初二日、十六日詣德壽宮起居。又詔：「朕欲每日一朝德壽宮，修晨昏之禮。面奉慈訓，恐廢萬機，勞煩羣下，不蒙賜許。禮官宜重定其期，如前代朝朔望，甚爲疏闊，朕不敢取。」於是禮部、太常寺言：「漢書高皇帝五日一朝太上皇，乞依此故事，每五日一次詣德壽宮朝見，如宮中禮。」

帝始御後殿，宰臣陳康伯等奏：「臣等朝德壽宮，太上皇宣諭，車駕每至宮，必於門外降輦，已再三勉諭，旣行家人之禮，自宜至殿上降輦。」帝曰：「太上有旨不須五日一朝，只朝朔望，朕心未安，宜令有司詳議。如宮門降輦，臣子禮所當然。」於是禮部、太常言：「除朝朔望外，乞於每月初八、二十二日〔二〕詣德壽宮起居，如宮中儀。」自後皆遵此制，如値雨、盛暑、祁寒，臨期承太上特旨乃免。

十一月冬至，上詣德壽宮稱賀上壽，禮畢，入見太后，如宮中禮。自後冬至並同。隆興元年正月朔，帝率百官詣德壽宮，如冬至儀。自後正旦並同。

乾道元年二月朔，帝詣德壽宮恭請太上、太后至延祥觀燒香，太上與帝乘馬，太后於後乘輿；次幸聚景園，次幸玉津園。自後帝詣德壽宮恭請太上、太后至南內，或幸延祥觀靈隱寺天竺寺，恭進太上聖政、册命皇太子，起居稱謝。遇游幸，則宰執以下從駕至游幸所，除管軍、環衞官等俟駕還護從還內，宰執以下並免護從，先退。

淳熙十六年，孝宗內禪，皇太子卽皇帝位；紹熙五年，光宗內禪，皇子嘉王卽皇帝位：並如紹興三十二年故事。

太皇太后、皇太后、皇太妃册禮。建隆元年，詔尊母南陽郡太夫人爲皇太后，仍令所司追册四親廟。後不果行。至道三年四月，尊太宗皇后李氏爲皇太后，宰臣等詣崇政殿門表賀皇帝，又詣內東門表賀皇太后。乾興元年，眞宗遺制尊皇后劉氏爲皇太后，淑妃楊氏爲

皇太妃，亦不果行册禮。

天聖二年，宰臣王欽若等五表請上皇太后尊號。十一月，郊祀畢，帝御天安殿受册，百官稱賀畢，再序班。侍中奏中嚴外辦，禮儀使奏發册寶，帝服通天冠、絳紗袍，秉珪以出。禮儀使、閤門使導帝隨册寶降自西階，內臣奉至殿庭，置橫街南東向褥位，册在北，寶在南，帝立殿庭北向褥位，奉册寶官奉册寶案，太常卿、吏部禮部侍郎引置當中褥位。禮儀使奏請皇帝再拜，在位官皆再拜。太尉、司徒就册寶位，帝搢珪跪，奉册授太尉，又奉寶授司徒，皆搢笏東向跪受，興，奉册寶案置於近東西向褥位。禮儀使奏請皇帝歸御幄，易常服，乘輿赴文德殿後幄，百官班退赴朝堂，太尉、司徒奉册寶至文德殿外幄，太尉以下各就次以俟。

侍中奏中嚴外辦，太后服儀天冠、袞衣以出，奏隆安之樂，行障、步障、方團扇，侍衞垂簾，卽御坐，南向，樂止。太常卿導册案至殿西階下，各歸班，在位者皆再拜。太尉押册案〔三〕，司徒奉册，中書令讀册訖，侍中押寶案，司徒奉寶，侍中讀寶畢，太尉、司徒詣香案前，分班東西序立。尙宮贊引皇帝詣皇太后坐前，帝服靴袍，簾內行稱賀禮，跪曰：「嗣皇帝臣某言：皇太后陛下顯崇徽號，昭煥寰瀛，伏惟與天同壽，率土不勝欣抃。」俛伏，興，又再拜，尙宮詣御坐承旨，退，西向稱：「皇太后答曰：皇帝孝思至誠，貫于天地，受茲徽號，感慰良深。」

帝再拜，尙宮引歸御幄，太尉率百官稱賀，奏隆安之樂，太后降坐還幄，樂止。侍中奏解嚴，所司放仗，百官再拜退。太后還內，內外命婦稱賀太后、皇帝於內殿，在外命婦及兩京留司官並奉表稱賀。自是，上皇太后尊號禮皆如之。

熙寧二年，神宗尊皇太后曹氏爲太皇太后，詣文德殿跪奉玉册授攝太尉曾公亮、金寶授攝司徒韓絳，又跪奉皇太后高氏玉册授攝太尉文彥博、金寶授攝司徒趙抃〔四〕，禮畢，百官稱賀。

哲宗卽位，詔尊太后高氏爲太皇太后，皇后向氏爲皇太后，德妃朱氏爲皇太妃。禮部議：「皇太妃生日節序物色，其冠服之屬如皇后例，稱慈旨，慶賀用牋。太皇太后、皇太后於皇太妃稱賜，皇帝稱奉，百官不稱臣。皇帝問皇太妃起居用牋，皇太妃答皇帝用書。」宰臣請特建太皇太后宮曰崇慶，殿曰崇慶、曰壽康；皇太后宮曰隆祐，殿曰隆祐、曰慈徽。元祐二年，詔太皇太后受册依章獻明肅皇后故事，皇太后受册依熙寧二年故事，皇太妃與皇太后同日受册，令太常禮官詳定儀注。右諫議大夫梁燾請對文德殿，太皇太后曰：「大臣欲行此禮，予意謂必難行。」燾對曰：「誠如聖慮，願堅執勿許。且母后權同聽政，蓋出

一時不得已之事，乞速罷之。」中書舍人曾肇亦言：「太皇太后聽政以來，止於延和殿，受遼使朝見，亦止於御崇政殿，未嘗踐外朝。今皇帝述仁祖故事，以極崇奉之禮，太皇太后儻以此時特下明詔，發揚皇帝孝敬之誠，而固執謙德，止於崇政殿受册，則皇帝之孝愈顯，太皇太后之德愈尊，兩義俱得，顧不美歟？」太皇太后欣然納之，迺詔將來受册止於崇政殿。尋以天旱權罷。未幾，太師文彥博等以時雨溥澍，秋稼有望，請舉行册禮，凡三請乃從。九月六日，發太皇太后册寶于大慶殿，發皇太后、太妃册寶于文德殿，行禮如儀。

紹聖元年，詔：「奉太皇太后旨，皇太妃特與立宮殿名，坐六龍輿，張繖，出入由宣德正門。」有司請應宮中並依稱臣妾，外命婦入內準此；百官拜牋稱賀，稱殿下。徽宗卽位，加哲宗太妃號曰聖瑞，既又御文德殿册命元符皇后劉氏爲太后，並依皇后禮制。

建炎元年五月，册元祐皇后爲隆祐太后，令所司擇日奉上册寶，時方巡幸，不克行禮；遙尊韋賢妃爲宣和皇后。紹興七年三月，詔略曰：「宣和皇后夙擁慶羨，是生眇沖，迺骨肉之至親，偕父兄而時邁。十年地阻，懷陟岵、凱風之思；萬里使還，奉上皇、寧德之諱。宜尊爲皇太后，令所司擇日奉上册寶。」太常寺言：「請依祖宗故事，俟三年之喪終制，然後行禮。」時翰林學士朱震言：「唐德宗建中上太后沈氏尊號時，沈太后莫知所在，猶供張含元殿，具袞冕，出左序，立東方，再拜奉册。今太后聖體無恙，信使相望，豈可不舉揚前憲？臣又聞，三年之制，惟天地、社稷越紼行事。德宗以大曆十四年卽位〔五〕，明年改元建中，時行易月之制，故以冕服行事。今陛下退朝之服，盡如禮制，謂當供張別殿，遣三公奉册，册藏于有司，恭俟來歸。願下禮官講明。」詔從之。禮部、太常言：「寶文欲乞以『皇太后寶』四字爲文，合差撰册文官一員，書册文官一員，書篆寶文官一員，並差執政。」十年，營建皇太后宮，以慈寧爲名。十二月，帝自常御殿詣慈寧殿遙賀皇太后，奉上册寶。

十二年八月，皇太后還慈寧宮，十月十八日，奉進册寶。其日張設慈寧殿，設坐殿中，皇太后服褘衣卽御坐，本殿官設册寶於殿下，慈寧宮事務官并本殿官並朝服詣殿下，再拜，搢笏，舉册寶奉進；先進册，次進寶，進畢，降坐，易褘衣，服常服。皇帝詣慈寧殿賀，如宮中儀，次宰臣率百僚拜表稱賀。

三十二年六月，詔上太上皇帝、太上皇后尊號，集議以聞。左僕射陳康伯等言：「五帝之壽，惟堯最高，百王之聖，惟堯獨冠。今茲高世之舉，視堯有光，恭請上太上皇帝尊號曰光堯壽聖太上皇帝，太上皇后尊號曰壽聖太上皇后。」詔恭依，仍令禮部、太常討論禮儀以

聞。左僕射陳康伯撰太上皇帝册文，兼禮儀使、參政汪澈書册文并篆寶，知樞密院葉義問撰太上皇后册文，同知樞密院事黃祖舜書册文。

八月十四日，奉上册寶，是日陪位文武百僚、太傅以下行事官，並朝服入詣大慶殿下立班。皇帝自內服履袍入御幄，服通天冠、絳紗袍出至大慶殿，詣册寶褥位前再拜，在位官皆再拜訖，皇帝行發册寶授太傅之禮如儀。禮畢，皇帝還幄，服履袍還內，文武百僚退。

儀仗鼓吹備而不作。護衞册寶，太傅以下行事官導從册寶至德壽宮。皇帝自祥曦殿服履袍乘輦，至德壽宮大次降輦，陪位文武官入殿庭立班定，太傅以下行事官從册寶入殿，皇帝服通天冠、絳紗袍升殿，詣西向褥位立，太上皇帝自宮服履袍卽坐，皇帝北向四拜起居訖，次太傅以下皆四拜起居。

次行奉册之禮，中書令、參知政事史浩讀册，攝侍中葉義問讀寶，讀訖，退復位。皇帝再拜稱賀曰：「皇帝臣某稽首言：伏惟光堯壽聖太上皇帝陛下册寶告成，鴻名肇正，與天同壽，率土均懽。」皇帝再拜，次侍中承旨宣答曰：「皇帝孝通天地，禮備古今，勉受鴻名，良深感慰。」皇帝再拜訖，西向立，次太傅以下再拜稱賀致詞曰：「攝太傅、尙書左僕射臣康伯等稽首言：伏惟光堯壽聖太上皇帝陛下肅臨寶位，誕受丕稱，獨推天父之尊，普慰帝臣之願。」奏訖，再拜，舞蹈。次侍中承旨宣答曰：「光堯壽聖太上皇帝聖旨：倦勤滋久，佚老是圖，勉

二十四史

受嘉名，但增感慰。」又再拜，舞蹈。次太上皇帝降坐入宮，皇帝後從壽聖太上皇后册寶入宮。

皇帝詣太上皇后坐前北向立，太上皇后升坐，皇帝四拜起居，行奉上册寶之禮，讀册官陳子常讀册，讀寶官梁康民讀寶，讀訖復位，皇帝再拜稱賀致詞曰：「皇帝臣某稽首言：伏惟壽聖太上皇后殿下德茂坤元，禮崇大號，寶書顙受，歡抃無疆。」皇帝再拜，次宣答官承旨宣答曰：「壽聖太上皇后教旨：皇帝稜容載蔵，顯號來膺，誠孝通天，但深感惕。」皇帝再拜訖，太上皇后降坐入宮。次太傅以下文武百僚就德壽殿下拜牋稱賀以俟，皇帝服履袍乘輦還內。十六日，宰臣率文武百僚詣文德殿拜表稱賀。

校勘記

〔一〕東迴册函　「迴」原作「向」。據下文及宋會要禮四九之三、太常因革禮卷八六改。

〔二〕二十二日　原作「二十三日」，據宋會要禮四九之四二、繫年要錄卷二〇〇改。

〔三〕太尉押册案　「案」字原脫。據宋會要禮五〇之二補。

〔四〕攝司徒趙抃　「攝」字原脫，據宋會要禮五〇之五補。

〔五〕德宗以大曆十四年卽位　「十」字原脫，據唐書卷一二德宗紀補。

宋史卷一百一十一

志第六十四

禮十四　嘉禮二

册立皇后儀　册命皇太子儀　册皇太子妃儀　公主受封儀　册命親王大臣儀

册立皇后。建隆元年，立瑯邪郡夫人王氏爲皇后，命所司擇日備禮册命。自後，凡制書云册命者，多不行册禮。后妃皆寫册命告身，以金花龍鳳羅紙、金塗標袋，有司進入，學士院草制，宣於正殿。近臣、牧守、宗室皆修貢禮，羣臣拜表稱賀，又詣內東門奉牋賀皇后。

眞宗册德妃劉氏爲皇后，不欲令藩臣貢賀，不降制於外廷，止命學士草詞付中書。

仁宗册皇后曹氏，其册制如皇太子，玉用珉玉五十簡，匣依册之長短；寶用金，方一寸五分，高一寸，其文曰「皇后之寶」，盤螭紐；綬幷緣册寶法物約舊制爲之，匣、盝並朱漆金塗銀裝。其禮與通禮異，不立仗，不設縣。

前一日，守宮設次於朝堂，設册寶使、副次於東門外，命婦次於受册寶殿門外，設皇后受册寶位於殿庭階下北向。奉禮設册寶使位於內東門外，副使、內侍位於其南，差退，東向北上，册寶案位於使前南向，又設內給事位於北廂南向。

其日，百官常服早入次，禮直官、通事舍人先引中書令、侍中、門下侍郎、中書侍郎及奉册寶官，執事人絳衣介幘，詣垂拱殿門就次，以俟册降。禮直官、通事舍人分引宰臣、樞密、册寶使副、百官詣文德殿立班，東西相向。內侍二員自內承旨降皇后册寶出垂拱殿，奉册寶官俱搢笏率執事人〔一〕，禮直官導中書侍郎押册，中書令後從，門下侍郎押寶，侍中後從，由東上閤門出，至文德殿庭權置。

禮直官、通事舍人引使、副就位，次引侍中於使前，西向稱「有制」，典儀曰「再拜」，贊者承傳，使、副、在位官皆再拜，宣曰：「贈尙書令、冀王曹彬孫女册爲皇后，命公等持節展禮。」

中華書局

使、副再拜，侍中還位，門下侍郎帥主節者詣使東北，主節以節授門下侍郎，門下侍郎執節授册使，册使跪受，興，付主節，幡隨節立於使左。次引中書令、侍中詣册寶東北，西向立；中書侍郎引册案立於中書令右，中書令取册授册寶使，使跪受，興，置於案，中書令、中書侍郎退復班。門下侍郎引寶案於侍中之右，取寶授册寶使如上儀，退復位，典儀贊拜訖，禮直官、通事舍人引使、副押册寶，持節者前導，奉册寶官奉舁，援衞如式，以次出朝堂門，詣內東門附內臣入進。

內臣引內外命婦入就位，內侍詣閤請皇后服褘衣。册寶至，使、副俱東向內給事前，北向跪稱：「册寶使李迪、副使王隨奉制授皇后册寶。」俛伏，興，退復位。內給事入詣受册寶殿門皇后前跪奏訖，內侍進詣使前，西面跪受册寶，以授內謁者監，使退復位。內謁者監、主當內臣持册寶入內東門，內侍從之，以次入詣殿庭。內侍贊引皇后降立庭中北向位，內侍跪取册，次內侍跪取寶，興，立皇后右少前西向，內侍二員進立皇后左少前東向，內侍稱「有制」，內侍贊皇后再拜，內侍奉册進授皇后，皇后受以授內侍，次內侍奉寶亦然。復贊再拜訖，導皇后升坐，內臣引內外命婦稱賀如常儀。禮畢，內侍導皇后降坐還閤，內外命婦班退。皇后易常服，謝皇帝、皇太后，用常禮。百官詣東上閤門表賀。

元祐五年八月，太皇太后詔：以皇帝納后，令翰林學士、御史中丞、兩省與太常禮官檢詳古今六禮沿革，參考通禮典故，具爲成式。羣臣又議勘昏，御史中丞鄭雍等請不用陰陽之說，呂大防亦言不可，太后納之。

六年八月，三省樞密院言：「六禮，命使納采、問名、納吉、納成、告期，差執政官攝太尉充使，侍從官或判宗正官攝宗正卿充副使。以舊尚書省權爲皇后行第。納采、問名同日，次日納吉、納成、告期。納成用穀圭爲贄，不用鴈。『請期』依開寶禮改爲『告期』，『親迎』爲『命使奉迎』。納采前，擇日告天地、宗廟。皇帝臨軒發册，同日，先遣册禮使、副，次遣奉迎使，令文武百官詣行第班迎。」又言：「據開元禮，納采、問名合用一使，納吉、納成[二]各別日遣使。今未委三禮共遣一使，或各遣使。又合依發册例立仗。」詔：「各遣使，文德殿發制依發册立仗。」

七年正月，詔尚書左丞蘇頌撰册文并書。學士院上六禮辭語，其納采制文略曰：「太皇太后曰：咨某官封姓名，渾元資始，肇經人倫，爰及夫婦，以奉天地、宗廟、社稷。謀于公卿，咸以爲宜。率由舊典，今遣使持節太尉某、宗正卿某以禮納采。」其答文曰：「太皇太后嘉命，訪婚陋族，備數采擇，臣之女未閑教訓，衣履若而人。欽承舊章，肅奉典制。某官封糞土臣姓某稽首再拜承制詔。」問名制曰：「兩儀合德，萬物之統，以聽內治，必咨令族。重宣

舊典，今遣使持節某官以禮問名。」答曰：「使者重宣中制，問臣名族。臣女，夫婦所生，先臣故某官之遺微孫，先臣故某官之遺曾孫，先臣故某官之遺孫，先臣故某官之外孫女，年若干。欽承舊章，肅奉典制。」納吉制曰：「人謀龜筮，同符元吉，恭順典禮，今使某官以禮納吉。」答曰：「使者重宣中制，臣陋族卑鄙，憂懼不堪。欽承舊章，肅奉典制。」納成制曰：「咨某官某之女，孝友恭儉，實維母儀，宜奉宗廟，永承天祚。以黝纁、穀圭、六馬以章典禮，今使某官以禮納成。」答曰：「使者重宣中制，降婚卑陋，崇以上公，寵以豐禮，備物典策。欽承舊章，肅奉典制。」告期制曰：「謀于公卿，大筮元龜，罔有不臧，吉日惟某月、某甲子可迎。率遵典禮，今遣某官以禮告期。」答曰：「使者重宣中制，以某月、某甲子吉日告期。臣欽承舊章，肅奉典制。」奉迎制曰：「禮之大體，欽順重正，其期維吉，典圖是若，今遣某官以禮奉迎。」答曰：「使者重宣中制，今日吉辰，備禮以迎。螻蟻之族，猥承大禮，憂懼戰悸。欽率舊章，肅奉典制。」餘如式。

三月，禮部、太常寺上納后儀注：

發六禮制書。太皇太后御崇慶殿，內外命婦立班行禮畢，內給事出殿門，置六禮制書案上，出內東門；禮直官、通事舍人引由宣祐門至文德殿後門入，權置案於東上閤門。

命使納采、問名。文德殿，宰臣、親王、執政官、宗室、百僚、大小使臣易朝服，樂備而不作。班定，內給事奉制書案置橫街北稍東，西向北上，禮直官、通事舍人引門下、中書侍郎，次引使、副就橫街南承制位，北向東上，內給事詣使者東，北面稱「太皇太后有制」，典儀曰「再拜」，在位官皆再拜。宣制曰：「皇帝納后，命公等持節行禮。」典儀曰「再拜」，使、副皆再拜。授制書訖，典儀曰「再拜」，在位官皆再拜。禮直官、通事舍人、太常博士引使、副從制案出，載於油絡網犢車，出宣德門，鼓吹備而不作。至皇后行第大門外，令史二人對奉制案立，主人立大門內，儐者立主人之左，北面，進受命，出曰：「敢請事。」使者曰：「某奉制納采。」儐者入告，主人曰：「臣某之女若而人[三]，既蒙制訪，臣某不敢辭。」儐者出告，入引主人出大門外，再拜。使者先入，使者曰：「太皇太后制。」主人再拜。宣制書畢，主人再拜受訖，主人進表訖，再拜，使者出。問名同上儀。使者曰：「將加卜筮，奉制問名。」主人曰：「臣某之女若而人，既蒙制命，臣某不敢辭。」

命使納吉、納成、告期並同命使納采、問名儀。納吉，使者曰：「加諸卜筮，占曰從制，使某納吉。」主人曰：「臣某之女若而人，龜筮云吉，臣預有焉。臣某謹奉典制。」告期，使者曰：「某奉制告期。」主人曰：「臣某謹奉典制。」以上納吉、納成、告期。請見、授制、接表並如納采儀。

臨軒命使册后及奉迎於文德殿。百官朝服，皇帝常服乘輦至殿後閤，侍中奏中嚴外辦，乃服通天冠、絳紗袍，乘輦出自西房，降輦即御坐。兩省官及待制、權侍郎、觀察使以上，分東西入殿門，各就位，東西相向立。奉寶置御坐前，奉宣后册由東上閤門出，至文德殿庭橫行，典儀曰「拜」，在位官皆再拜。使、副受册，宣制曰：「册某氏爲皇后，命公等持節展禮。」典儀曰「拜」，使、副再拜受册寶訖，典儀贊百官再拜。宣制曰：「太皇太后制：命公等持節奉迎皇后。」典儀贊使、副再拜受節，又贊百官再拜。侍中奏禮畢解嚴，百官再拜出，皇帝常服還內。册寶至皇后行第，如納采儀。使者曰：「某奉制授皇后備物典册。」皇后受册寶，內外命婦序立如儀，主人以書奉使者。

奉迎。百官常服班宣德門外行第，儐者請，使者曰：「某奉制以禮奉迎。」儐者入告，主人曰：「臣某謹奉典制。」儐者出告，入引主人出大門外再拜。使者先入，曰「有制」，主人再拜，使者宣制畢，主人再拜受制，答表又再拜。姆導皇后，尚宅前引，升堂出立房外，典儀贊使、副再拜。使者曰：「今月吉日，某等承制以禮奉迎。」內侍受以入，使、副退，主人以書授使者，奉於司言，受以奏聞。皇后降立堂下再拜訖，升堂，主人升自東階西向曰：「戒之戒之，夙夜無違命！」主人退，母進西階上東向，施衿、結帨曰：「勉之戒之，夙夜無違命！」皇后升輿至中門，升車出大門，使、副及羣臣前引。將

至宣德門，百官、宗室班迎，再拜訖，分班。皇后入門，鳴鐘鼓，班迎官退，迺降車入，次升輿入端禮門、文德殿、東上閤門，出文德殿後門，入至內東門內降輿，司輿前導，詣福寧殿門大次以俟。晡後，皇后車入宣德門，侍中版奏請中嚴，內侍轉奏，皇帝服通天冠、絳紗袍，御福寧殿，尚宮引皇后出次，詣殿庭之東，西向立。尚儀跪奏外辦，請皇帝降坐禮迎，尚宮前引，詣庭中之西，東面揖皇后以入，導升西階入室，各就榻前立。尚食跪奏具，皇帝揖皇后皆坐，尚食進饌，食三飯，尚食進酒，受爵飲，尚食以饌從；再飲如初，三飲用巹如再飲。尚儀跪奏禮畢，俱興，尚宮請皇帝御常服，尚寢請皇后釋禮服入幄。次日，以禮朝見太皇太后、皇太后，參皇太妃，如宮中之儀。

詔從之。

四月，太皇太后手書曰：「皇帝年長，中宮未建，歷選諸臣之家，以故侍衞親軍馬軍都虞候、贈太尉孟元孫女爲皇后。」制詔：「六禮：尚書左僕射兼門下侍郎呂大防攝太尉，充奉迎使，同知樞密院事韓忠彥攝司徒，副之；尚書左丞蘇頌攝太尉，充發册使，簽書樞密院事王巖叟攝司徒，副之；尚書左丞蘇轍攝太尉，充告期使，皇叔祖、同知大宗正事宗景攝大宗正卿，副之；皇伯祖、判大宗正事、高密郡王宗晟攝太尉，充納成使，翰林學士范百祿攝宗正卿，副之；吏部尚書王存攝太尉，充納吉使，權戶部尚書劉奉世攝宗正卿，副之；翰林學士梁燾攝太尉，充納采、問名使，御史中丞鄭雍攝宗正卿，副之。」

五月甲午，行納采、問名禮；丁酉，行納吉、納成、告期禮；戊戌，帝御文德殿發册及命使奉迎皇后。己亥，百官表賀于東上閤門，次詣內東門賀太皇太后，又上牋賀皇太后，上牋賀皇太妃。皇后擇日詣景靈宮行廟見禮。

大觀四年，册貴妃鄭氏爲皇后，議禮局重定儀注：臨軒册使，皇帝御文德殿，服通天冠、絳紗袍，百官朝服，陳黃麾細仗，依古用宮架。册使出殿門，依近儀不乘輅。權以穆清殿爲受册殿。其日，皇后服褘衣，其奉册寶授皇后，皆用內侍。受册訖，皇后上表謝皇帝，內外命婦立班稱賀，羣臣入殿賀皇帝，於內東門上牋賀皇后。其上禮儀注，乞依進馬條令施行；其會羣臣，及皇后會外命婦儀注，並依開元、開寶禮。受册之殿陳宮架，用女工，升降行止並以樂節，而別定樂名、樂章。

皇后上表乞免受册排黃麾仗及乘重翟車、陳小駕鹵簿等，而於延福宮受册。其朝謁景靈宮，亦止依近例云。

紹興十三年閏四月十七日，册貴妃吳氏爲皇后。前期，於文德殿內設東西房、東西閣，

凡香案、宮架、册寶幄次、舉麾位、押案位、權置册寶褥位、受制承制宣制位、奉節位、贊者位、奉册寶位、舉册舉寶官位及文武百僚、應行事官、執事官位，皆儀鸞司、太常典儀分設之，以俟臨軒發册。

其日質明，皇帝服通天冠、絳紗袍出西閣，協律郎舉麾奏乾安之樂，皇帝降輦即御坐，樂止。册使、副以下應在位官皆再拜。侍中宣制曰：「册貴妃吳氏爲皇后，命公等持節展禮。」册使、副再拜，參知政事以節授册使，册使跪受，以授掌節者。中書令以册授册使，侍中以寶授副使，並權置于案，册使、副以下應在位官皆再拜。册使押册，副使押寶，持節者前導，正安之樂作，出文德殿門，樂止，至穆清殿門外幄次，權置以俟。

皇后首飾、褘衣出閤，協律郎舉麾，坤安之樂作，皇后至殿上中間南向立定，樂止。册使、副就內給事前東向跪稱：「册使副姓某奉制授皇后備禮典册。」內給事入詣皇后前，北向奏訖，册使舉册授內侍，內侍轉授內謁者監；副使舉寶授內侍，內侍轉授內謁者監；掌節者以節授掌節內侍，內侍持節前導，册寶幷案進行入詣殿庭。册寶初入門，宜安之樂作，至位，樂止。皇后降自東階，至庭中北向位，初行，承安之樂作，至位，樂止。皇后再拜，舉册官搢笏跪舉册，讀册官搢笏跪宣册，內謁者監奉册進授皇后，皇后受以授司言，又奉寶進授皇后，皇后受以授司寶。司言、司寶置册寶于案，舉册寶官幷舉案官俱搢笏舉册寶幷案興，

中華書局

詣東階之東，西向位置定。皇后初受册寶，成安之樂作，受訖，樂止。皇后再拜，禮畢。

册皇太子。至道元年八月壬辰，詔立皇太子，命有司草具册禮，以翰林學士宋白爲册皇太子禮儀使。有司言：「前代無太子執圭之文，請如王公之制執桓圭，餘如舊制。」九月丁卯，太宗御朝元殿，陳列如元會儀，帝衮冕，設黄麾仗及宮縣之樂於庭，百官就位。太子常服乘馬，就朝元門外幄次，易遠遊冠、朱明衣，所司贊引三師、三少導從至殿庭位，再拜起居畢，分班立。

太常博士引攝中書令就西階解劍、履，升殿詣御坐前，俛伏，興，奏宣制，降就劍、履位，由東階至太子位東，南向稱「有制」，太子再拜。中書侍郎引册案就太子東，中書令北面跪讀册畢，太子再拜受册，以授右庶子；門下侍郎進寶授中書令，中書令授太子，太子以授左庶子〔四〕，各置於案。由黄道出，太子隨案南行，樂奏正安之曲，至殿門，樂止。太尉升殿稱賀，侍中宣制，答如儀。

皇太子易服乘馬還宮，百官賜食於朝堂。中書、門下、樞密院、師、保而下詣太子參賀，皆序立於宮門之外。庶子版奏外備，內臣褰簾，太子常服出次坐，中書、門下、文武百官、樞

密、師、保、賓客而下再拜，並答拜；四品以下官參賀，升坐受之。越三日，具鹵簿，謁太廟，常服乘馬，出東華門升輅，儀仗內行事官乘車者，並服禮衣，餘皆袴褶乘馬導從。

有司言：「唐禮，宮臣參賀皆舞蹈，開元始罷之。故事，百官及東宮接見祗呼皇太子，上牋啓稱皇太子殿下，百官稱名，宮官稱臣；常行用左春坊印，宮中行令。又按唐制，凡東宮處分論事之書，太子並畫令，左右庶子以下署名姓，宣奉行書按畫日；其與親友、師傅，不用此制。今請如開元之制，宮臣止稱臣，不行舞蹈之禮。今皇太子兼判開封府，其所上表狀卽署太子之位，其當中中書、樞密院狀〔五〕祗判官等署，餘斷案及處分公事並畫諾。」詔惟改「諾」爲「準」，餘並從之。其朝皇后儀，止用宮中常禮。時眞宗以壽王爲皇太子，兼判開封，請見僚屬，稱名而免稱臣。

神宗未及受册禮而卽位，乃以册寶送天章閣，遂爲故事。

紹興三十二年五月，詔曰：「朕以不德，躬履艱難，三十有六年，憂勞萬機，宵旰靡怠。屬時多故，未能雍容釋負，退養壽康，今邊鄙粗寧，可遂如志。皇子毓德允成，神器有託，朕心庶幾，可立爲皇太子，仍改名，所司擇日備禮册命。」未及行禮，六月十一日內禪。

乾道元年八月十日，制立皇子鄧王愭爲皇太子。十月，詔以知樞密院洪适爲禮儀使，撰册文，簽書樞密院事葉顒書册，工部侍郎王弗篆寶。

十六日，皇帝御大慶殿行册禮，皇太子服遠遊冠、朱明衣，執桓圭。前期，習儀禮官及有司並先一日入宿衞，展宮架樂，設太子次、册寶幄次、百官次，又設皇太子受册位、典寶褥位〔六〕，應行禮等皆有位，列黄麾半仗於殿門內外。質明，百官就次，皇太子常服詣幕次，符寶郎陳八寶於御位之左右，有司奉册寶至幄次，百官朝服入班殿庭。

有司自幄次奉册寶至褥位，參知政事、中書令導從，退各就位，侍中升殿俟宣制，皇太子易服執圭俟於殿門外。樂正撞黄鍾之鐘，乾安之樂作，皇帝卽御坐，殿上侍臣起居，樂止。行禮官贊引皇太子入就殿庭，東宮官從，初入殿門，明安之樂作，樂止，皇太子起居，次百官起居，各拜舞如儀。

皇太子詣受册位，侍中前承旨，降階宣制曰：「册鄧王愭爲皇太子。」皇太子拜舞如儀，侍中升殿復位。中書令詣讀册位，捧册官奉册至，中書令跪讀畢，興，皇太子再拜，有司奉册至皇太子位，中書令跪以册授皇太子，皇太子跪受，以授右庶子，置於案；次侍中以寶授皇太子，皇太子跪受，以授左庶子，如上儀。皇太子再拜。中書舍人押册、中允押寶以出，

次皇太子出，如來儀。初行樂作，出殿門樂止。次百官稱賀，樂正撞蕤賓之鐘，乾安之樂作，皇帝降坐，樂止，放仗，在位官再拜以出。

禮畢，百官易常服，赴內東門司拜牋賀皇后，次赴德壽宮拜表牋賀，諸路監司、守臣等並奉表稱賀。明日，車駕詣德壽宮謝。又明日，上御紫宸殿，引皇太子稱謝，還東宮，百官赴東宮參賀。

皇太子擇日先朝謁景靈宮，次日朝謁太廟、別廟，又擇日詣德壽宮稱謝。先是，禮官言：「皇太子朝謁景靈宮無所服典故，乞止用常服。次朝謁太廟、別廟，當衮冕，乘金輅，設仗。」從之。皇太子言：「乘輅、設仗，雖有至道、天禧故事，非臣子所安。」詔免。

册皇太子妃。政和五年三月，詔選皇太子妃。六年六月，詔選少傅、恩平郡王朱伯材女爲皇太子妃，令所司備禮册命。庚辰，帝服通天冠、絳紗袍，御文德殿發册。先是，議禮局上五禮新儀：「皇太子納妃，乘金輅親迎。」皇太子三奏辭乘輅及臨軒册命，詔免乘輅，而發册如禮焉。

公主受封，降制有册命之文，多不行禮，惟以綸告進內。至嘉祐二年，封福康公主爲兖國公主，始備禮册命。

前一日，百官班文德殿，內降册印，宣制，册案、援衞一如册皇后儀。有司先設册使等幕次〔七〕於內東門外，命婦次於公主本位門之外〔八〕，公主受册印位於本位庭階下北向，册使位於內東門，副使及內給事於其南差退並東向，設册印案位於册使前南向，內給事位於册使北南向。

自文德殿奉册印將至內東門，內給事詣本位，請公主服首飾、褕翟。册印至內東門外褥位置訖，內臣引內命婦入就位，禮直官引册使、副等俱就東向位，內給事就南向位。

通事舍人、博士引册使就內給事前東向，躬稱「册使某、副使某奉制授公主册印」，退復位，內給事入詣所設受册印位公主前，言訖退。內給事進詣册使前西向，册使跪以册印授內給事，內給事跪授內謁者，內謁者及主當內臣等持入內東門，內給事從入詣本位，贊公主降詣庭中北向立，跪取册，興，立公主右少前西向。又內給事立公主左少前東向，稱「有制」，贊者曰「拜」，公主再拜，右給事奉册跪授之，公主受以授左給事，右給事又奉印授公主，如上儀。贊者曰「拜」，公主再拜畢，引公主升位。次內臣引內命婦賀畢，遂引公主謝

皇帝、皇后，一如內中之儀。羣臣進名賀。其册印如貴妃，有匣，文曰「兖國公主之印」。遂爲定制。

神宗進封邠國大長公主、魯國公主皆請免册禮，止進告入內云。

册命親王大臣之制，具開寶通禮，雖制書有備禮册命之文，多上表辭免，而未嘗行。每命親王、宰臣、使相、樞密使、西京留守、節度使，並翰林草制，夜中進入，翼日自內置於箱，黃門二人舁之，立御坐東。內朝退，乃奉箱出殿門外，宣付閤門，降置於案，俟文德殿立班，閤門使引制案置于庭，宣付中書、門下，宰相跪受，復位，以授通事舍人，赴宣制位唱名訖，奉詣宰相，宰相受之，付所司。

若立后妃，封親王、公主，即先稱有制，百官再拜，宣制訖，復再拜舞蹈稱賀。若宰相加恩制書，即宣付通事舍人，引宰相於宣制石東，北向再拜立，聽訖，拜舞復位。若百官受制，即自班中引出聽廰，文班於宣制石東，武班於西，並如宰相儀，聽訖，出赴朝堂。其罷相者，即引出赴朝堂金吾仗舍。

諸王、宰相朝謝，前一日，內降官告，從內出東上閤門外宣詞以賜，授節者，仍交旌節。授者俛伏，執旌節交於頸上者三。參知政事、宣徽使、樞密使、大兩省、兩制、祕書監、上將軍、觀察使以上授官告敕牒者，皆拜敕舞蹈，若止授敕或宣頭者止再拜，餘官悉不拜敕、不舞蹈，惟御史大夫、中丞拜授東上閤門使，又引至殿門外中籠門再拜。

親王、節度、使相官告，並載以綵輿迎歸第。親王輿中，設銀師子香合，聲官十二人，並幞頭、緋繡寬衣；旌節各二，馬四，爆稍官十六人，執旌節擁馬對引，由乾元門西偏門出至門外；馬技騎士五十人，槍牌步兵六十人，教坊樂工六十五人，及百戲、蹴鞠、鬥雞、角觝次第迎引，左右軍巡使具軍容前導至本宮。使相輿中用銀香鑪，聲官十二人，金鷁帽、錦絡縫紫絁寬衣；旌節各一，馬二，爆稍官八人，馬技騎士二十人，槍牌步兵二十四人，軍巡使不前導，餘如親王制。有故則罷。

凡諫、舍、刺史以上在外任加恩者，悉令其親屬乘傳齎詔，就以告牒賜之。政和禮局上册命親王、大臣儀，迄不果行。

校勘記

〔一〕奉册寶官俱搢笏率執事人　按此句「執事人」下疑有脫漏。宋會要禮五三之二在此句下有「以次捧舉」四字，五禮新儀卷一八七、一九一作「捧舉以行」。

〔二〕納吉納成　按通考卷二五六帝系考，此處下有「告期」二字；本卷下文有納吉、納成、告期分別遣使之文，疑脫。

〔三〕臣某之女若而人　「臣」字原脫。據五禮新儀卷一六七和前後文補。

〔四〕太子以授左庶子　「左」原作「右」，據五禮新儀卷一九一，并參照下文册封鄧王愭儀改。

〔五〕其當申中書樞密院狀　「狀」字原脫，據長編卷三八、通考卷二五七帝系考補。

〔六〕典寶褥位　按上文有「權置册寶褥位」，下文有「奉册寶至褥位」；宋會要禮四九之三〇也有「册寶褥位」。「典」疑「册」字之誤。

〔七〕幕次　「次」字原脫，據宋會要帝系八之四、宋朝事實卷一三補。

〔八〕命婦次於公主本位門之外　「於」字原脫，據同上書同卷補。

中華書局

宋史卷一百一十二

志第六十五

禮十五 嘉禮三

聖節 諸慶節

聖節。建隆元年，羣臣請以二月十六日爲長春節。正月十七日，於大相國寺建道場以祝壽，至日，上壽退，百僚詣寺行香。尋詔：「今後長春節及諸慶節，常參官、致仕官、僧道、百姓等毋得進奉。」

太宗以十月七日爲乾明節，復改爲壽寧節。

眞宗以十二月二日爲承天節。其儀：帝先御長春殿，諸王上壽，次樞密使副、宣徽、三司使，次使相，次管軍節度使、兩使留後、觀察使，次節度使至觀察使，次皇親任觀察使以下，各上壽，仍以金酒器、銀香合、馬、袖表爲獻[一]。既畢，咸赴崇德殿敘班，宰相率百官上壽，賜酒三行，皆用教坊樂，賜衣一襲，文武羣臣、方鎮州軍皆有貢禮。前一月，百官、內職、牧伯各就佛寺修齋祝壽，罷日以香賜之，仍各設會，賜上尊酒及諸果，百官兼賜教坊樂。

景德二年，始令樞密三司使副、學士復赴百官齋會，少卿、監，刺史以上及近職一子賜恩，僧道則賜紫衣、師號，禁屠，輟刑。

仁宗以四月十四日爲乾元節，正月八日皇太后爲長寧節。詔定長寧節上壽儀：太后垂簾崇政殿，百官及契丹使班庭下，宰臣以下進奉上壽，閤門使於殿上簾外立侍，百官再拜，宰臣升殿，跪進酒簾外，內臣跪承以入。宰臣奏曰：「長寧節，臣等不勝歡抃，謹上千萬歲壽。」復降，再拜，三稱萬歲。內臣承旨宣曰：「得公等壽酒，與公等同喜。」咸再拜。宰臣升殿，內侍出簾外跪授虛醆，宰臣跪受，降，再拜，舞蹈，三稱萬歲。內侍承旨宣羣臣升殿，再拜，升，陳進奉物當殿庭，通事舍人稱「宰臣以下進奉」，客省使殿上喝「進奉出」。內謁者監進第二醆，賜酒三行，侍中奏禮畢，皆再拜，舞蹈。太后還內，百官詣內東門拜表稱賀。其外命婦舊入內者卽入內上壽，不入內者進表。內侍引內命婦上壽，次引外命婦，如百官儀。次日

大宴。

英宗以正月三日爲壽聖節。禮官奏：「故事，聖節上壽，親王、樞密於長春殿，宰臣、百官於崇德殿，天聖諒闇皆於崇政殿。」於是紫宸上壽，羣臣升殿間，飲獻一觴而退；又一日，賜宴於錫慶院。

神宗以熙寧元年四月十日爲同天節，以宅憂罷上壽，惟拜表稱賀。明年，親王、樞密使、管軍、駙馬、諸司使副詣垂拱殿，宰臣、百官、大國使詣紫宸殿上壽，命坐，賜酒三行，不舉樂。明年，以大旱罷同天節上壽，羣臣赴東上閤門表賀。

中書門下言：「同天節上壽班，自今樞密使副、宣徽、三司使、殿前馬步軍副都指揮使以上共作一班，進酒一醆；親王、宗室、使相至觀察、駙馬、管軍觀察使以上，皆赴紫宸殿，依本班序立上壽，更不赴垂拱殿。」蓋以管軍觀察使以上及親王、駙馬並於垂拱殿以官序高下各班進酒畢而日晏，外朝有班者仍詣紫宸殿，議者以爲近瀆，改焉，而詔祖免以上宗婦聽班賀于禁中。

哲宗卽位，詔以太皇太后七月十六日爲坤成節。宰臣請以十二月八日爲興龍節。哲宗本七日生，以避僖祖忌，故後一日。

徽宗以十月十日爲天寧節，定上壽儀：皇帝御垂拱殿，羣臣通班起居畢，分班，從義郎以下醫官、待詔等先退。知引進司官一員讀奏目，知東上閤門官一員奏進壽酒，由東階升，舍人通教坊使以下贊再拜，奏聖躬萬福，又再拜，復位。次看醆人稍前，舍人贊再拜，贊上殿祗候，分東西兩陛立，俟進酒升殿。次舍人引親王入殿庭，北向立，贊再拜，班首奏萬福。舍人引進奉西入，列於親王後，酒器檐床置馬前，揖天武躬奏萬福，進奉馬先出。內侍進御茶床，殿中監爵酒訖，知東上閤門官殿上躬奏「親王某以下進壽酒」。舍人揖親王以下躬贊再拜，乃引親王二員升殿，知東上閤門官引詣御坐前，舍人東階下西向立，後準此。尚醞典御奉盞、醆授班首，搢笏受盞、醆，西向立，奉御啓醆，親王一員搢笏注酒，班首奉詣御坐東進訖，少退，虛跪，興，以盞授典御，退，閤門引降階。舍人引當殿北向立，東上，贊拜，興，搢笏跪奉表，舍人接表，一員在東，餘詣親王西，置表笏上，授引進。知引進司官殿上讀奏目，退[二]，親王以下俛伏，興，躬，舍人贊再拜，引班首升東階，餘殿下分立。閤門引詣御坐東，北向搢笏，尚醞典御如前奉盞立，樂作，皇帝飲訖，受醆，復位，再拜如上儀。知引進司官詣折檻東，西向宣曰「進奉收」。贊拜，舞蹈，又再拜，西出。親王以下赴紫宸殿立班。引進官

中華書局

宣「進奉出」，天武奉進奉以出。閤門復立殿上，教坊使贊送御酒，又再拜，教坊致語訖，贊再拜，退。次樞密官上壽，次管軍觀察以上上壽、進奉並如儀。內侍舉御茶床，舍人贊教坊使以下謝祗應，再拜訖，閤門側奏無公事。

皇帝赴紫宸殿後閣受羣臣上壽。質明，三公以下百僚並於殿門外就次，東上閤門、御史臺、太常寺分引入詣殿庭東西立。閤門附內侍進班齊牌，皇帝出閤，禁衞諸班親從迎駕，自贊常起居。皇帝升坐，鳴鞭，禮直官、通事舍人引三公至執政官，御史臺、東上閤門分引百官，並橫行北向立，典儀贊再拜，舞蹈，班首奏萬福，又再拜訖，分東西立。禮直官引殿中監、少監升東階，詣酒尊所稍西，南向西上立，舍人揖教坊使以下通班大起居，次看醆人謝升殿，贊再拜。內侍進御茶床，殿侍斟酒訖，禮直官、通事舍人分引三公至執政官，御史臺、東上閤門分引百僚，並橫行北向立，典儀贊再拜，贊者承傳，在位官皆再拜。禮直官、通事舍人引上公升東階，東上閤門官接引升殿，授醆、啓醆如上儀。上公詣御坐俛伏跪奏：「文武百僚、上公具官臣某等稽首言：天寧令節，臣等不勝大慶，謹上千萬歲壽。」俛伏，興，退，降階，舍人接引復位，典儀贊再拜訖，禮直官引知樞密院官詣御坐前承旨，退詣折檻稍東，西向宣曰：「得公等壽酒，與公等內外同慶。」典儀贊拜如儀，百官分東西立。禮直官、通事舍人引上公升東階，東上閤門官接引詣御坐東，搢笏，殿中監授盤，上公奉進御坐東，北向，

樂作，皇帝飲訖，閤門引接醆，降，復位，典儀贊拜如上儀。宗室遙郡以下先退。禮直官引樞密院官詣御坐前承旨，退詣折檻稍東，宣曰：「宣羣官升殿。」典儀贊拜訖，禮直官、通事舍人分引三公以下升東階，親王、使相以下升西階；御史臺、東上閤門分引祕書監以下升兩朵殿，并東西廊席後立。尙醞典御以醆授殿中監，奉御啓醆，殿中監西向立，殿中少監以酒注于醆，第二、第三準此。奉詣御坐前，躬進訖，少退，奉盤西向立。樂作，皇帝飮訖，殿中監接醆退，授奉御，出笏復位。通事舍人分引殿上官橫行北向，舍人贊再拜，典儀曰「再拜」，贊者承傳，皆再拜。舍人贊就坐，各立席後，復贊就坐，羣官皆坐。酒初行，先宰臣，次百官，皆作樂。尙食典御、奉御進食，太官設羣官食，皇帝再舉酒，羣官興，立席後，樂作，飮訖，舍人贊就坐，再行羣官酒，皇帝三舉酒，並如第二之儀。酒三行，舍人曰「可起」，羣官興，立席後。若宣示醆，卽隨東上閤門官以下揖，稱「宣示醆」，躬，贊就坐。若宣勸，卽立席後，躬，飮訖，贊再拜。內侍舉御茶床，禮直官引左輔詣御坐前北向俛伏跪奏：「左輔具官臣某言禮畢。」俛伏，興，退，復位。禮直官、通事舍人分引三公以下文武百僚降階橫行北向立，樞密院官在親王後。典儀贊再拜，皆舞蹈再拜退。

靖康元年四月十三日，太宰徐處仁等表請爲乾龍節。至日，皇帝帥百官詣龍德宮上壽

畢，卽本宮賜侍從官以上宴。

建炎元年五月，宰臣等上言，請以五月二十一日爲天申節。詔曰：「朕承祖宗遺澤，獲託士民之上，求所以扶危持顚之道，未知攸濟。念二聖鑾輿在遠，萬民失業，將士暴露，夙夜痛悼，寢食幾廢，況以眇躬之故，聞樂飮酒，以自爲樂乎？非惟深拂朕志，實增感于朕心。所有將來天申節百官上壽常禮，可令寢罷。」至是止就佛寺啓散祝壽道場，詣閤門或後殿拜表稱賀。

紹興十三年二月，臣僚奏：「臣聞孝理天下者帝王之盛德，歸美報上者臣子之至誠，是皆因性自然，發於觀感，必各盡其至，然後爲稱。恭惟陛下撫艱難之運，憂勤在御，兢兢業業，圖濟中興，孝德通于神明，皇天爲之悔禍，長樂還闕，適當誕節之前，陛下以天下養，獲伸宮闈上壽之儀，臣民得於觀聽，天下無不欣慶，所以崇大養而成孝理之功者，旣已盡善盡美矣。陛下誕聖佳辰，乃臣子所願奉觴上壽，以盡歸美之意，其可不舉而行之乎？臣愚欲望將來天申節許令有司舉行舊典，至日，百官得以奉萬年之觴，仰祝聖壽，天下幸甚。」太常、禮部討論：每遇聖節，樞密院以下先詣垂拱殿上壽畢，宰臣率百僚於紫宸殿上壽；前一月，分日啓建道場，至前一日，樞密院官滿散依例作齋筵；至日，三省官上壽立班訖，次赴

滿散作齋筵；後二日，大宴於集英殿。時命御史臺、太常寺修立儀注。

孝宗隆興元年，太上皇帝天申節，皇帝及宰臣、文武百僚詣德壽宮上壽。是日，以欽宗大祥，前一日，皇帝起居如宮中儀，百僚拜表稱賀。

乾道八年，立皇太子，皇帝率皇太子及文武百僚詣德壽宮上壽。前期，儀鸞司陳設德壽宮殿門之內外，設御坐於殿上當中南向，設大次於德壽宮門內南向，小次於殿東廊西向，設皇帝褥位二：一於御坐東南，西向[三]，一於御坐之南，北向。尙醞設御酒尊、酒器於御坐之東，有司又設御茶床於御坐之西，俱稍北。其日，文武百僚內不係從駕者，並先赴德壽宮門外以俟迎駕起居。質明，皇帝服韡袍出卽御坐，從駕臣僚、禁衞起居如常儀。皇帝降坐，乘輦將至德壽宮，文武百僚迎駕再拜起居訖，前導官、太常卿、閤門官、太常博士、禮直官先入，詣大次前分左右立定。皇帝降輦入次，御史臺、閤門、太常寺分引皇太子幷文武百僚入詣殿廷，東西相向立定，前導官導皇帝入小次，簾降。皇太子幷文武百僚並橫行北向立。太上皇帝出宮升御坐，鳴鞭，小次簾捲。前導官導皇帝升殿東階，詣殿折檻前北向褥位再拜，躬奏聖躬萬福，再拜，皇帝詣太上皇帝御坐之東褥位西向立，前導官於殿上隨地之宜立。次舍人揖皇太子幷文武百僚躬，典儀曰「再拜」，贊者承傳，在位官皆再拜，搢笏舞蹈，又

再拜，皇太子不離位，奏聖躬萬福，各再拜，直身，分東西相向立。禮直官引奉盤醆官、受盤醆官、承旨宣答官、奏禮畢官、殿中監、少監升殿。內侍進御茶床，尚醞典御以盤醆、酒注授殿中監、少監，次禮直官引奉盤醆官詣酒尊所北向〔四〕，禮直官引受盤醆官詣太上皇帝御坐前，西向立，皇太子并文武百僚橫行北向立。奉盤醆官躬進皇帝，皇帝奉酒，前導官導皇帝詣太上皇帝御坐前躬進訖，少後，以盤授受盤醆官〔五〕。前導官導皇帝詣太上御坐前褥位北向俛伏跪，殿下皇太子并百僚皆躬身。皇帝奏：「臣某謹率文武百僚稽首言：天申令節，臣某與百僚等不勝大慶，謹上千萬歲壽。」奏訖，伏，興，再拜，在位官皆再拜。承旨宣答官宣曰：「得皇帝壽酒，與皇帝并百僚內外同慶。」皇帝再拜，在位官皆再拜訖，分東西相向立。皇帝詣御坐東，西向立；奉盤醆官以盤北向恭進，皇帝奉盤，樂作，俟太上皇帝飲酒，皇帝躬接醆訖，皇帝少後，以盤醆授受盤醆官，以授殿中監，各復位立。皇太子并文武百僚橫行北向，皇帝詣褥位北向再拜，在位官皆再拜。皇帝詣太上御坐東褥位西向立，皇太子、文武百僚再拜，搢笏舞蹈，又再拜訖，內侍舉茶床，奏禮畢官北向俛伏跪奏：「具官臣某言禮畢。」在位官再拜。太上皇帝駕興，皇帝從入，文武百僚以次退。

淳熙二年十一月，詔：「太上皇帝聖壽無疆，新歲七十，以十一月一日冬至加上尊號冊寶，十

二月十七日立春行慶壽禮。」是日早，文武百僚並簪花赴文德殿立班，聽宣慶壽赦。宣赦訖，從駕至德壽宮行慶壽禮，致詞曰：「皇帝臣某言：天祐君親，錫茲難老，維春之吉，年德加新。臣某與羣臣等不勝大慶，謹上千萬歲壽。」餘與前上壽儀注同。禮畢，從駕官、應奉官、禁衞等並簪花從駕還內，文武百僚文德殿拜表稱賀。

十年十二月，以太上皇后新年七十，詔以立春日行慶賀之禮。十三年春正月朔，以太上皇帝聖壽八十，帝率羣臣詣德壽宮行禮，其儀注、恩赦並如淳熙二年典故。

孝宗以十月二十二日為會慶節，光宗以九月四日為重明節，寧宗以十月十九日為天祐節、尋改為瑞慶節，理宗以正月五日為天基節，度宗以四月九日為乾會節，瀛國公以九月二十八日為天瑞節。其上壽稱賀之禮，大略皆如天申節儀。

諸慶節，古無是也，真宗以後始有之。大中祥符元年，詔以正月三日天書降日為天慶節，休假五日，兩京諸路州、府、軍、監前七日建道場設醮，斷屠宰；節日，士庶特令宴樂，京師然燈。又以六月六日為天貺節，京師斷屠宰，百官行香上清宮。又以七月一日聖祖降日

為先天節，十月二十四日〔六〕降延恩殿日為降聖節，休假、宴樂並如天慶節。中書、親王、節度、樞密、三司以下至駙馬都尉，詣長春殿進金縷延壽帶、金絲續命縷，上保生壽酒；改御崇德殿，賜百官飲，如聖節儀。前一日，以金縷延壽帶、金塗銀結續命縷、緋綵羅延壽帶、綵絲續命縷分賜百官，節日戴以入。禮畢，宴百官於錫慶院。天禧初，詔以大中祥符元年四月一日天書再降內中功德閣為天禎節，一如天貺節。尋以仁宗嫌名，改為天祺節。

政和三年十一月五日，以修祀事，天真示見，詔為天應節。又以五月十二日祭方丘日為寧貺節，既又以二月十五日太上混元上德皇帝降聖日為真元節，八月九日青華帝君生辰為元成節，正月四日有太祖神御之州府宮殿行香為開基節，十月二十五日為天符節，皆如天慶節，著為令。

高宗建炎元年十一月五日，詔：「政和以來添置諸節，除開基節外，餘並依祖宗法。」

校勘記

〔一〕仍以金酒器銀香合馬袖表為獻 「香合」二字原脫，據宋會要禮五七之二一及五七之二二、繫年要錄卷一四九、玉海卷七四補。

〔二〕知引進司官殿上讀奏目退 「目」原作「自」。按至正本實作「目」，張元濟據殿本誤改作「自」。

據上文及五禮新儀卷一六五改正。

〔三〕一於御坐東南西向 宋會要禮五七之五作「一於太上皇帝御坐之東西向」，參照下文「一於御坐之南北向」及「皇帝詣太上皇帝御坐之東褥位西向立」二語，此處「南」字疑衍。

〔四〕詣酒尊所北向 「酒」字原脫，據宋會要禮五七之六，并參照上文補。

〔五〕以盤授受盤醆官 「受」字原脫，據同上條宋會要及上下文補。

〔六〕十月二十四日 「十月」原作「十二月」，據宋會要禮五七之三〇、事物紀原卷二改。按宋會要同上卷，本條及上文七月一日條均為大中祥符五年事，長編卷七九系本條于五年十月戊午，本志一律系于元年。

宋史卷一百一十三

志第六十六

禮十六 嘉禮四

宴饗　游觀　賜酺

宴饗之設，所以訓恭儉、示惠慈也。宋制，嘗以春秋之季仲及聖節、郊祀、籍田禮畢，巡幸還京，凡國有大慶皆大宴，遇大災、大札則罷。天聖後，大宴率於集英殿，次宴紫宸殿，小宴垂拱殿，若特旨則不拘常制。凡大宴，有司預於殿庭設山樓排場，爲羣仙隊仗、六番進貢、九龍五鳳之狀，司天鷄唱樓於其側。殿上陳錦繡帷帟，垂香毬，設銀香獸前檻內，藉以文茵，設御茶床、酒器於殿東北楹間，羣臣醆斝於殿下幕屋。設宰相、使相、樞密使、知樞密院、參知政事、樞密副使、同知樞密院、宣徽使、三師、三公、僕射、尚書丞郎、學士、直學士、

御史大夫、中丞、三司使、給、諫、舍人、節度使、兩使留後、觀察、團練使、待制、宗室、遙郡團練使、刺史、上將軍、統軍、軍廂指揮使坐於殿上，文武四品以上、知雜御史、郎中、郎將、禁軍都虞候坐於朵殿，自餘升朝官、諸軍副都頭以上、諸蕃進奉使、諸道進奉軍將〔一〕，以上分於兩廡。宰臣、使相坐以繡墩；曲宴行幸用杌子。參知政事以下用二蒲墩，加罽毯；曲宴，樞密使、副並同。軍都指揮使以上用一蒲墩；自朵殿而下皆緋緣氈條席。殿上器用金，餘以銀。其日，樞密使以下先起居訖，當侍立者升殿。宰相率百官入，宣徽、閤門通唱，致辭訖〔二〕，宰相升殿進酒，各就坐，酒九行。每上舉酒，羣臣立侍，次宰相、次百官舉酒；或傳旨命釂，即搢笏起飲，再拜。曲宴多令不拜。或上壽朝會，止令滿酌，不勸。中飲更衣，賜花有差。宴訖，蹈舞拜謝而退。

建隆元年，大宴於廣德殿，酒九行而罷。乾德元年十一月，南郊禮成，大宴廣德殿，謂之飲福。是後三年，開寶三年、五年、六年、七年、八年，并設秋宴于大明殿，以長春節在二月故也。太平興國之後，止設春宴，在大明者十一，在含光者六。宴日，親王、樞密使副、宣徽、三司使、駙馬都尉皆侍立，軍校自龍武四廂都指揮使以上，立於庭。其宴契丹使，亦於崇德殿，但近臣及刺史、郎中而上預焉。

淳化四年正月，以南郊禮成，大宴含光殿，直史館陳靖上言：「古之饗宴者，所以省禍福而觀威儀也。故宴以禮成，賓以賢序，風、雅之作，茲爲盛焉。伏見近年內殿賜宴，羣臣當坐於朵殿、兩廊者，拜舞方畢，趨馳就席，品列之序，糾紛無別。及至尊舉爵，羣臣起立，先後不整，俯仰失節。欲望自今令有司預依品位告諭，其有踰越班次、拜起失節、喧譁過甚者，並令糾舉。又惟飫賜之典，以寵武夫，大烹之餘，故爲盛饌。計一飯所費，可數人之屬厭，而將校輩或至終宴之時，倘有欲炙之色，蓋執事者失於察視，不及潔豐而使然也。伏望並申嚴制。」至道元年三月，御史中丞李昌齡亦言：「廣宴之設，以均飫賜，得齒高會，宜乎盡禮。而有位之士，鮮克致恭，當糾其不恪。又供事禁庭，當定員數，籍姓名以謹其出入。酒殽之司，或虧精潔，望分命中使巡察。」並從之。

咸平三年二月，大宴含光殿，自是始備設春秋大宴。五年，御史臺言：「大宴，起居舍人、司諫、正言、三院使、御史並坐于殿廊，望自今移升朵殿，自餘依舊。」十二月，詔凡內宴，宗正卿令升殿坐，班次依合班儀。翰林學士梁顥請以春秋大宴、小宴、賞花、行幸次爲四圖，頒下閤門遵守。從之。

景德二年九月，詔曰：「朝會陳儀，衣冠就列，將以訓上下、彰文物，宜愼等威，用符紀律。況屢頒於條令，宜自顧於典刑。稍歷歲時，漸成懈慢。特申明制，以儆具僚。自今宴

會，宜令御史臺預定位次，各令端肅，不得諠譁。違者，殿上委大夫、中丞，朵殿委知雜御史、侍御史，廊下委左右巡使，察視彈奏；內職殿直以上赴起居、入殿庭行私禮者，委閤門彈奏；其軍員，令殿前侍衞司各差都校一人提轄，但虧失禮容，即送所屬勘斷訖奏。仍令閤門、宣徽使互相察舉，敢蔽匿者糾之。」

大中祥符元年十二月，詔宣徽院、御史臺、閤門、殿前馬步軍司，凡內宴臣僚、軍員并祗候使臣等，並以前後儀制曉諭，務令遵稟，違者密具名聞。其軍員有因酒言詞失次及醉仆者，即先扶出，或遣殿前司量添巡檢軍士護送歸營。又詔臣僚有託故請假不赴宴者，御史臺糾奏。天禧四年，直集賢院祖士衡言：「大宴將更衣，羣臣下殿，然後更衣，更衣後再坐，則羣臣班于殿庭，候上升坐，起居謝賜花，再拜升殿。」

仁宗天聖三年，監察御史朱諫言：「伏見大宴，宗室先退，允爲得禮。尙有文武臣僚父子、兄弟者，皆預再坐，欲望自今內宴，百官有父子、兄弟、叔姪同赴，再坐時卑者先退。」慶曆七年，御史言：「凡預大宴并御筵，其所賜花，並須戴歸私第，不得更令僕從持戴，違者糾舉。」

熙寧二年正月，閤門言：「準詔裁定集英殿宴入殿人數：中書二十二人，樞密院三十人，宣徽院八人，親王八人，昭德軍節度使、兼侍中曹佾三人，皇親使相三人，皇親正刺史已上

至節度使并駙馬都尉各一人，翰林司一百七十八人，御廚六百人，儀鸞司一百五十人，祗候庫二十人，內衣物庫七人，新衣庫七人，內弓箭庫三人，鈐轄教坊所三人，鐘鼓樓一十六人，御藥院八人，內物料庫九人，法酒庫一十六人，內酒坊八人，入內內侍省前後行、親事官共五人，皇城司職員手分二人，御史臺知班一十一人，灑掃親從官人員已下一百人，兩廊覷步親從官四十二人，提舉司勾押官手分三人，提舉火燭巡檢人員一十人，快行親從官一十一人，支散兩省花後苑造作所工匠等四人，客省承授行首八人，四方館職掌二人，閤門承受行首已下一十八人。」是歲十一月，以皇子生，宴集英殿。

七年九月，詔：「自今大宴，親王、皇親使相、樞密使副使、宣徽使、駙馬都尉並於殿門外幕次就賜酒食。」舊制，會食集英西廊之廡下，喧卑爲甚，權發遣宣徽院吳充奏其事，故有是命。

元豐七年三月，大宴集英殿，命皇子延安郡王侍立。宰相王珪等率百官廷賀。詔曰：「皇家慶事，與卿等同之。」珪等再拜稱謝。久之，王乃退。時王未出閤，帝特令侍宴，以見羣臣。九年〔三〕，閤門言：「大宴不用兩軍妓女，只用教坊小兒之舞。」王拱辰請以女童代之。元祐〔四〕八年，詔罷獨看。故事，大宴前一日，御殿閱百戲，謂之獨看。脩國史范祖禹言：「是日進神宗紀草，陛下覽先帝史册甫畢，卽觀百戲，理似未安，故請罷之。」

元祐二年九月，經筵講論語徹章，賜宰臣、執政、經筵官宴于東宮，帝親書唐人詩分賜之。三年六月，罷春宴。八月，罷秋宴，以魏王出殯，翰林學士蘇軾不進教坊致語故也。是後以時雨未足，集英殿試舉人，尚書省火，禁中祈禳，邢國公主未葬，皆罷宴。凡大宴有故而罷，則賜預宴官酒饌于閤門朝堂，升殿官雖假故不從游宴，亦遣中使就第賜焉。親王、中書、樞密、宣徽、三司使副、學士、步軍都虞候以上、三師、三公、東宮三師三公以下、曾任中書門下致仕者，亦同。

凡外國使預宴者，祥符中宴崇德殿，夏使於西廊南赴坐，交使以次歇空，進奉、押衙次交州，契丹舍利、從人則於東廊南赴坐。四年，又升甘州、交州於朵殿，夏州押衙於東廊南頭歇空坐。七年，龜茲進奉人使歇空坐於契丹舍利之下。其後又令龜茲使副於西廊南赴坐，進奉、押衙重行於後，瓜州、沙州使副亦於西廊之南赴坐，其餘大略以是爲準。

大觀三年，議禮局上集英殿春秋大宴儀。

其日，預宴文武百僚詣殿庭，東西相向立。皇帝出御需雲殿，閤門、內侍、管軍等起居。皇帝降坐，御集英殿，鳴鞭，殿中監已下通班起居。殿中監、少監升殿，通喚閤門官升殿。攝左右軍巡使鞾笏起居訖，繫鞵執杖侍立，餘非應奉官分出。次鐘鼓樓節

級就位，四拜起居。

次舍人通喚訖，分引羣官橫行北向，東上閤門官贊大起居，班首出班俛伏，跪，致辭訖，俛伏，興，復位。羣官再拜，舞蹈，又再拜，贊各就坐，再拜，舍人分引升殿，席前相向立，朵殿、兩廡官立於席後。有遼使則舍人引大遼舍利西入大起居，贊各就坐，贊再拜，贊就坐，引升西廊。次舍人傳事引從人分入，四拜起居，謝坐，並同舍利儀。教坊使以下通班大起居，看醆人謝，升殿再拜。內侍進御茶床，殿侍酹酒訖，次贊天武門外祗候。東上閤門官詣御坐，奏班首姓名以下進酒。

舍人分引殿上臣僚橫行北向，贊再拜。舍人引班首稍前，東上閤門官接引詣御坐，東北向，搢笏，殿中監奉盤醆授班首，少監啓醆，以酒注之。班首奉詣御前進訖，少退，虛跪，興，以槃授殿中監，出笏，東上閤門官引退，舍人接引復位，贊再拜。舍人引班首稍前，殿上臣僚席前相向立，東上閤門官接引詣御坐，東北向，搢笏，殿中監授槃，奉詣御前，西向立，樂作，皇帝飲訖。舍人分引殿上臣僚橫行北向，東上閤門引班首接醆，退，虛跪，興，授醆殿中監，出笏，引退，舍人接引復位，贊再拜，贊各賜酒，羣臣再拜，贊各就坐，羣官皆立席後，復贊就坐。

酒初行，羣官搢笏受酒，先宰相，次百官，皆作樂。皇帝再舉酒，並殿中監、少監進。

羣臣俱立席後，樂作，飲訖，贊各就坐。復行羣臣酒，飲訖。皇帝三舉酒，皆如第一之儀。尚食典、奉御進食，太官設羣臣食，樂作。賜祗應臣僚酒食，贊謝拜訖，復位。皇帝四舉酒，並典御進酒。樂工致語，羣官皆立席後，致語訖，贊百官再拜，就坐，樂作。皇帝五舉酒，樂工奏樂，庭下舞隊致詞，樂作，舞隊出。

東上閤門奏再坐時刻。俟放隊訖，內侍舉御茶床，皇帝降坐，鳴鞭，羣臣退。賜花，再坐。前二刻，御史臺、東上閤門催班，羣官戴花北向立，內侍進班齊牌，皇帝詣集英殿，百官謝花再拜，又再拜就坐。內侍進御茶床，皇帝舉酒，殿上奏樂，庭下作樂。皇帝再舉酒，殿上奏樂，庭下舞隊前致語，樂作，出。皇帝三舉酒、四舉酒皆如上儀。若宣示醆，卽隨所向，閤門官以下揖稱宣示醆，躬贊就坐。若宣勸，卽立席後躬飲訖，贊再拜。內侍舉御茶床，舍人引班首以下降階再拜，舞蹈，又再拜訖，分班出。閤門官側奏無公事，皇帝降坐，鳴鞭。

集英殿飲福大宴儀。初，大禮畢，皇帝逐頓飲福，餘酒封進入內。宴日降出，酒既三行，泛賜預坐臣僚飲福酒各一醆，羣臣飲訖，宣勸，各興立席後，贊再拜謝訖，復坐飲，並如春秋大宴之儀。

中華書局

二十四史

紹興十三年二月三日，詔宴殿陳設止用緋黃二色，不用文繡，令有司遵守，更不制造。五月，閤門修立集英殿大宴儀注。

乾道八年十二月，詔今後前宰相到闕，如遇赴宴賜茶，其合坐墩杌，非特旨，並依官品。又行門、禁衞諸色祗應人，依紹興例，並賜絹花。自是惟正旦、生辰、郊祀及金使見辭各有宴，然大宴視東京時則亦簡矣。

曲宴。凡幸苑囿、池籞，觀稼、畋獵，所至設宴，惟從官預，謂之曲宴。或宴大遼使副于紫宸殿，則近臣及刺史、正郎、都虞候以上預。

太祖建隆元年七月，親征澤、潞，宴從臣于河陽行宮，又宴韓令坤已下於禮賢講武殿，賜襲衣、器幣、鞍馬，以賞澤、潞之功也。四年四月，宴從臣於玉津園。乾德三年七月六日，詔皇弟開封尹、宰相、樞密使、翰林學士、中書舍人泛舟後苑新池，張樂宴飲，極歡而罷。是歲重陽，宴近臣於長春殿。

太宗太平興國九年三月十五日，詔宰相、近臣賞花於後苑，帝曰：「春氣暄和，萬物暢茂，四方無事，朕以天下之樂爲樂，宜令侍從詞臣各賦詩。」帝習射于水心殿。雍熙二年四月二日，詔輔臣、三司使、翰林、樞密直學士、尚書省四品兩省五品以上、三館學士宴于後苑，賞

花、釣魚，張樂賜飲，命羣臣賦詩習射。賞花曲宴自此始。三年十二月一日，大雨雪，帝喜，御玉華殿，召宰臣及近臣謂曰〔五〕：「春夏以來，未嘗飲酒，今得此嘉雪，思與卿等同醉。」又出御製雪詩，令侍臣屬和。後凡曲宴不盡載。

眞宗咸平元年二月二十二日，宴羣臣于崇德殿，不作樂。二年八月七日，再宴，用樂。三年二月晦〔六〕，賞花，宴于後苑，帝作中春賞花釣魚詩，儒臣皆賦，遂射于水殿，盡歡而罷。自是遂爲定制。四年十一月二十日，御龍圖閣曲宴，詔近臣觀太宗草、行、飛白、篆、籀、八分書及畫。景德二年十二月五日，宴尚書省五品諸軍都指揮使以上、契丹使于崇德殿，不舉樂，以明德太后喪制故也。時契丹初來賀承天節，擇膳夫五人齎本國異味，就尚食局造食，詔賜膳夫衣服、銀帶、器帛。大中祥符〔七〕六年七月二十九日，詔輔臣觀粟于後苑御山子，觀御製文閣御書及嘉禾圖，賜飲。是日，皇子從游。天禧〔八〕四年七月十一日，詔近臣及寇準、馮拯觀內苑穀，遂宴于玉宸殿。十月二十九日，詔皇太子、宗室、近臣、諸帥赴玉宸殿翠芳亭觀稻，賜宴，仍以稻分賜之。

仁宗天聖二年，旣禫除，百官五表請聽樂，而秋燕用樂之半。詔輔臣曰：「昨日宴宮中，朕數四上勉皇太后聽樂。」王欽若以聞太后，太后曰：「自先帝棄天下，吾終身不欲聽樂。皇帝再三爲請，其可重違乎！」明年上元節，乃朝謁景靈上清宮、啓聖院、相國寺，還御正陽門，宴從官，觀燈。次日，太后召命婦臨觀。及春秋大宴，歲爲常。夏，觀南御莊刈麥，秋，瑞聖園刈穀，並宴從官，或射，不爲常。皇祐五年，後苑寶政殿刈麥，謂輔臣曰：「朕新作此殿，不欲植花，歲以種麥，庶知稼事不易也。」自是幸觀穀、麥，惟就後苑，春夏賞花、釣魚則歲爲之。嘉祐七年十二月，特召兩府、近臣、三司副使、臺諫官、皇子、宗室、駙馬都尉、管軍臣僚至龍圖、天章閣，觀三聖御書，及寶文閣爲飛白分賜，下逮館閣官，襞觀書詩，賜韓琦以下和進，遂宴羣玉殿，傳詔學士王珪撰詩序，刊石于閣。數日，再會天章閣，觀三朝瑞物，復宴羣玉殿，酒行，上曰：「天下久無事，今日之樂，與卿等共之，宜盡醉，勿復辭。」因召韓琦至御榻前，別賜一大卮。出禁中名花，金盤貯香藥，令各持歸，莫不霑醉，至暮而罷。

熙寧元年四月，御史中丞滕甫言：「臣聞君命召，不俟駕，此臣子所以恭其上也。今錫宴而有託詞不至者，甚非恭上之節也。請自今宴設，羣臣非大故與實有疾病，無得託詞，仍令御史臺察舉。」二年八月，實錄書成，皆宴垂拱殿。十月，修定閤門儀制所言：「垂拱殿曲宴，當直翰林學士與觀文、資政、龍圖、寶文、樞密、直龍圖、天章、寶文閣直學士並赴坐，而翰林學士兼他職者不預，考之官制，似未齊一。請自今曲宴，翰林學士與雜學士並赴。」從之。元豐五年七月，以兩朝國史書成，宴于垂拱殿。十一月，宴景靈宮祠官于紫宸殿。元祐二年九月，經筵講論語徹章，賜宰臣、執政、經筵官宴于東宮，帝親書唐人詩賜之。

紹聖三年十一月，以進神宗皇帝實錄畢，曲宴，宰臣、執政、文臣試侍郎、武臣觀察使以上并修國史官赴坐。元符元年五月，詔受寶畢，宴于紫宸殿，宰臣以下，文臣職事官、六曹員外郎、監察御史以上，武臣郎將、諸軍副指揮使以上預坐。

政和二年三月，上巳御筵，詔令移用他日，以國有故，宰臣請罷宴故也。大觀三年，議禮局上垂拱殿曲宴儀：

皇帝視事畢，東上閤門進呈坐圖，舍人奏閤門無公事，皇帝降坐，鳴鞭，入殿後閤。諸司排設備，東上閤門附內侍奏班齊，皇帝出閤升坐，鳴鞭。三公、直學士以上、親王、使相至觀察使以上，分東西入，詣殿庭，橫行北向立定。班首奏聖躬萬福，舍人贊各就坐，再拜訖，分引詣東西階升殿，席前相向立。次教坊使以下常起居，次看醆人謝，升殿，次內侍進御茶床，殿侍酙酒訖，閤門詣御坐，躬奏班首姓名以下進酒，舍人分引殿上臣僚，橫行北向，贊再拜。班首奉酒躬進，樂作，皇帝飲訖。舍人贊各賜酒，羣官俱再拜，贊各就坐，羣官皆立席後，復贊就坐。

酒初行，先宰相，次百官，皆作樂。後準此。尚食典，奉御進食，太官令設羣官食。酒五行，若宣示醆，卽隨所向，閤門揖稱宣示醆，躬贊就坐。若宣勸，卽立席後躬飲，贊再拜。內侍舉御茶床，舍人引班首以下降階橫行，北向再拜，分班出。皇帝降坐。

中華書局

上巳、重陽賜宴儀：

其日，預宴官以下並赴宴所就次，諸司排設備，預宴官以下詣庭中望闕位立。次中使詣班首之左，稍前立，中使宣曰「有敕」，在位官皆再拜訖。中使宣曰「賜卿等御筵」，在位官皆再拜，搢笏舞蹈，又再拜。中使退，預宴官分東西升階就坐。酒行，樂作；飲訖，食畢，樂止。酒五行，預宴官並興就次，賜花有差。少頃，戴花畢，與宴官詣望闕位立，謝花再拜訖，復升就坐。酒行，樂作，飲訖，食畢，樂止。酒四行而退。

游觀。天子歲時游豫，則上元幸集禧觀、相國寺，御宣德門觀燈；首夏幸金明池觀水嬉，瓊林苑宴射；大祀禮成，則幸太一宮、集禧觀、相國寺恭謝，或詣諸寺觀焚香，或至近郊閱武、觀稼，其事蓋不一焉。

太祖建隆元年四月，幸玉津園。是後凡十三臨幸。九月，幸宜春苑。是後觀習水戰者二十有八，幸大相國寺、封禪寺者各五，龍興寺及皇弟開封尹園各三，幸太清觀、建隆觀

者再，崇夏寺、廣化寺、等覺寺者各一，觀水磑者八，閱砲車、觀水櫃、觀稼，幸飛龍院、幸開封府、幸都亭驛、幸禮賢院、幸茶庫染院、幸河倉、幸金鳳園，皆一再至焉。

太宗太平興國二年二月，幸新鑿池，賜役卒錢布有差。六月，幸飛龍院。是後凡四幸。三年四月，觀刈麥。九年正月六日，幸景龍門外水磑，帝臨水而坐，召從臣觀之，因謂曰：「此水出於山源，清澄甘潔。近河之地，水味皆甘，豈河潤所及乎？」宋琪等曰：「亦猶人性善惡，染習致然。」帝曰：「卿言是也。」四月，幸金明池習水戰，帝御水殿，召近臣觀之，謂宰相曰：「水戰，南方之事也。今其地已定，不復施用，時習之，示不忘戰耳。」因幸講武臺，閱諸軍都試，軍中之絕技者遞加賜賚。遂登瓊林苑樓，陳百戲，擲金錢，令樂人爭之，極歡而罷。五月二日，出南薰門觀稼，召從官列坐田中，令民刈麥，咸賜以錢帛。回幸玉津園觀漁，張樂、習射，既宴而歸。明年五月，幸城南觀麥，賜田夫布帛有差。雍熙四年四月，幸金明池觀水嬉，賜從官飲。帝曰：「雨舞天涼，中外無事，宜勿惜醉。」因登苑中樓，盡歡而罷。淳化三年三月，幸金明池，命為競渡之戲，擲銀甌於波間，令人泅波取之。因御船奏教坊樂，岸上都人縱觀者萬計。帝顧視高年皓首者，就賜白金器皿。九月，幸潛龍園，駐輦池東岸，臨水謂近臣曰：「朕不至此已十年，昔尹京日，無事常痛飲池上，今池邊之木已成林矣。」因顧教坊使郭守忠等數人曰：「汝等前日以樂童從我，今亦皓首，光陰迅速如此。」嗟嘆久

之。帝親引滿舉白，羣臣盡醉。

眞宗咸平元年八月，幸諸王宮。二年九月，幸開寶寺、福聖院。是後，二寺臨幸者凡十有四。三年五月，幸金明池觀水戲，揚旗鳴鼓，分左右翼，植木繫綵，以為標識，方舟疾進，先至者賜之。移幸瓊林苑，登露臺，鈞容直奏樂，臺下百戲競集，從臣皆醉。自是凡四臨幸。九月，幸大相國寺。是後再幸者九。幸上清宮者十有二，幸玉津園者十，幸太一宮、玉清昭應宮各六，餘不盡載。大中祥符八年正月十九日，中書門下上言：「伏覩今月十四日，皇帝詣諸宮寺焚香，總三十餘處，過百拜以上。臣等侍從，倍增憂灼，昨崇政殿已面奏陳。臣聞尊事萬靈，固先精意；登用百禮，乃貴時中。在經久之從宜，必裁正而惟允。伏望特命攸司，載詳定式。自今車駕幸諸宮、觀、寺、院，正殿再拜；及諸殿，令羣臣以下分拜。庶垂億載，允叶通規。」乃詔禮儀院詳定差減焉。

仁宗景祐三年，詔閤門詳定車駕幸宮、觀、寺、院支賜茶絹等第。

哲宗紹聖四年三月八日，詔自今遇車駕出新城，令殿前馬、步軍司取旨，權差馬、步軍赴新城外四面巡檢下祗應，每壁馬軍二百人，步軍三百人，並於城外巡警。

三元觀燈，本起於方外之說。自唐以後，常於正月望夜，開坊市門然燈。宋因之，上元

前後各一日，城中張燈，大內正門結綵為山樓影燈，起露臺，教坊陳百戲。天子先幸寺觀行香，遂御樓，或御東華門及東西角樓，飲從臣。四夷蕃客各依本國歌舞列於樓下。東華、左右掖門、東西角樓、城門大道、大宮觀寺院，悉起山棚，張樂陳燈，皇城雉堞亦徧設之。其夕，開舊城門達旦，縱士民觀。後增至十七、十八夜。

太祖建隆二年上元節，御明德門樓觀燈，召宰相、樞密、宣徽、三司使、端明、翰林、樞密直學士、兩省五品以上官、見任前任節度觀察使飲宴，江南、吳越朝貢使預焉。四夷蕃客列坐樓下，賜酒食勞之，夜分而罷。三年正月十三夜然燈，罷內前排場戲樂，以昭憲皇太后喪制故也。

太平興國二年七月中元節，御東角樓觀燈，賜從官宴飲。五年十月下元節，依中元例，張燈三夜。雍熙五年上元節，不觀燈，躬耕籍田故也。後凡遇用兵及災變、諸臣之喪，皆罷。

眞宗景德元年正月十四日，賜大食、三佛齊、蒲端諸國進奉使緡錢，令觀燈宴飲。大中祥符元年十一月二十五日，詔天慶節聽京城然燈一晝夜。六年四月十六日，先天降聖節亦如之。天聖二年六月，罷降聖節然燈。

政和三年正月，詔放燈五日。五年十二月二十九日，詔景龍門預為元夕之具，實欲觀

中華書局

二十四史

民風、察時態、黼飾太平、增光樂國，非徒以遊豫爲事。特賜公、師、宰執以下宴，及御製詩四韻賜太師蔡京。六年正月七日，御筆：「今歲閏餘候晚，猶未春和。晷短氣寒，於宴集無舒緩之樂。景靈宮朝獻，移十四日東宮、十五日西宮，畢，詣上淸儲祥宮燒香。十六日詣醴泉觀等處燒香。上元節移於閏正月十四日爲始。」宣和六年十二月二十四日，賜太師蔡京以下應兩府赴睿謨殿宴，景龍門觀燈。續有旨，宣太傅王黼赴宴。七年正月十八日，宴輔臣，觀燈。

賜酺。自秦始，秦法，三人以上會飲則罰金，故因事賜酺，吏民會飲，過則禁之。唐嘗一再舉行。

太宗雍熙元年十二月，詔曰：「王者賜酺推恩，與衆共樂，所以表升平之盛事，契億兆之歡心。累朝以來，此事久廢，蓋逢多故，莫舉舊章。今四海混同，萬民康泰，嚴禋始畢，慶澤均行。宜令士庶之情，共慶休明之運。可賜酺三日。」二十一日，御丹鳳樓觀酺，召侍臣賜飲。自樓前至朱雀門張樂，作山車、旱船，往來御道。又集開封府諸縣及諸軍樂人列於御街，音樂雜發，觀者溢道，縱士庶遊觀，遷市肆百貨於道之左右。召畿甸耆老列坐樓下，賜

之酒食。明日，賜羣臣宴於尚書省，仍作詩以賜。明日，又宴羣臣，獻歌、詩、賦、頌者數十人。

眞宗景德三年九月，詔許羣臣、士庶選勝宴樂，御史臺、皇城司毋得糾察。四年二月甲申，上御五鳳樓觀酺，宗室、近臣侍坐，樓前露臺奏教坊樂，召父老五百人列坐，賜飲於樓下。後二日，上復御樓，賜宗室、文武百官宴於都亭驛，賜諸班、諸軍將校羊酒。大中祥符元年正月，詔應致仕官，並令赴都亭驛酺宴，御樓日合預坐者亦聽。又詔朝臣已辭、未見，並聽赴會。

凡賜酺，命內諸司使三人主其事，於乾元樓前露臺上設教坊樂。又騈繫方車四十乘，上起綵樓者二，分載鈞容直、開封府樂〔九〕。復爲棚車二十四，每十二乘爲之，皆駕以牛，被之錦繡，縈以綵絧，分載諸軍、京畿伎樂，又於中衢編木爲欄處之。徙坊市邸肆，對列御道，百貨駢布，競以綵幄鏤版爲飾。上御乾元門，召京邑父老分番列坐樓下，傳旨問安否，賜以衣服、茶帛。若五日，則第一日近臣侍坐，特召丞、郎、給、諫，上舉觴，教坊樂作，二大車自昇平橋而北，又有旱船四挾之以進，輣車由東西街交騖，並往復日再焉。東距望春門，西連閶闔門，百戲競作，歌吹騰沸。宗室親王、近列牧伯洎舊臣、宗室官，爲設綵棚於左右廊廡。士庶縱觀，車騎塡溢，歡呼震動。第二日宴羣臣百官於都亭驛、宗室於親王宮。第三日宴宗室內職於都亭驛、近臣於宰相第。第四日宴百官於都亭驛、宗室於外苑。第五日復宴宗室內職於都亭驛、近臣於外苑。上多作詩，賜令屬和，及別爲勸酒詩。禁軍將校日會於殿前、馬、步軍之廨。

是歲，東封泰山，所過州府，上御子城門樓，設山車、綵船載樂，從臣侍坐，本州父老、進奉使、蕃客悉預。兗州駐蹕，仍賜羣臣會於延壽寺。所在改賜門名，兗州曰「回鑾覃慶」，鄆州曰「升中延福」，濮州曰「告成延慶」。澶州以行宮追隘，當衢結綵爲殿，名曰「延禧」〔一〇〕。幸汾陰、亳州，皆如東封路。河中府門名曰「昭畢宣恩」〔一一〕，陝州曰「霈澤惠民」，鄭州曰「回鑾慶賜」。西京將議改五鳳樓名，上曰：「此太祖所建，因瑞應，不可更也。」華陰就行宮宴父老，賜驛亭名曰「宣澤」。至鄭州，以太宗忌日甫過，罷會，賜與如例。亳州曰「奉元均慶」，南京曰「重熙頒慶」〔一二〕。

天禧五年，以畿縣追集、老人疲勞之故，止召兩赤縣、坊縣父老預會，其不預名亦聽，給以賜物。天下賜酺，各令州、府會官屬父老，邊州或遣中使就賜。又詔開封府：「賜酺日，罪人酗酒而不傷人者，咸釋之，再犯論如法。」後賜酺皆準此。宋之繁庶，於斯爲盛，後遂爲定制云。

校勘記

〔一〕軍將　原作「將軍」，據宋朝事實卷一二儀注二、永樂大典二八四九册燕享二、通考卷一〇七王禮考乙正。

〔二〕致辭訖　「訖」原作「謝」，據宋朝事實卷一二儀注二、通考卷一〇七王禮考改。

〔三〕九年　據宋會要禮四五之一四，指熙寧九年；下文王拱辰請以女童代小兒隊舞事，長編卷二八七、宋會要禮四五之一六繫在元豐元年閏正月。

〔四〕元祐　二字原脫，據長編卷四八二、宋會要禮四五之一六補。

〔五〕召宰臣及近臣謂曰　「召」原作「詔」，據長編卷二七、宋會要禮四五之二五改。

〔六〕三年二月晦　「三年」二字原脫，據長編卷四六、宋會要禮四五之三七補。

〔七〕大中祥符　四字原脫，據宋會要禮四五之三五補。

〔八〕天禧　二字原脫，據長編卷九六、宋會要禮四五之二六補。

〔九〕開封府樂　「府樂」二字原脫，據宋會要禮六〇之二、長編卷六八補。

〔一〇〕名曰延禧　宋會要禮六〇之三作「賜名駐蹕延禧之殿」。

〔一一〕昭畢宣恩　宋會要禮六〇之四作「駐蹕宣恩」。

〔一二〕重熙頒慶　「頒」原作「頌」，據本書卷八五地理志和宋會要禮六〇之五、六〇之六改。

中華書局

宋史卷一百一十四

志第六十七

禮十七 嘉禮五

巡幸 養老 視學 賜進士宴 幸祕書省 進書儀 大射儀 鄉飲酒禮

巡幸之制，唐開元禮有告至、肆覲、考制度之儀，開寶通禮因之。太祖幸西京，所過賜夏、秋田租之半。眞宗朝諸陵及舉大禮，塗中皆服折上巾、窄袍，出京、過京城，服鞾袍、具鸞駕。羣臣公服繫鞵，供奉班及內朝官僚前導。凡從官並日赴行宮，合班起居，晚朝視事，羣臣不赴。中頓侍食，百官就宿頓迎駕訖，先發，或道塗隘遠，則免迎駕。將進發，近臣、諸軍賜裝錢。出京，留司馬、步諸軍夾道左右〔一〕，至新城門外奉辭，留守

辭於門內，百官、父老辭於苑前，召留守等賜飲苑中。州縣長吏、留司官待于境。所過賜巡警兵、守津梁行鄉治道卒時服錢履，父老綾袍、茶帛，塗中賜衞士緡錢。所幸寺、觀，賜道、釋茶帛，或加紫衣、師號。吏民有以饗饌、酒果、方物獻者，計直答之。命官籍所過繫囚、逋負者，日引對，多原釋。仍採訪民間疾苦，振恤鰥、寡、孤、獨。車服、度量、權衡有不如法，則舉儀制禁之。有奇材、異德及政事尤異者，孝子、順孫、義夫、節婦爲鄉里所稱者，其不守廉隅、昧於正理者，並條析以聞。官吏知民間疾苦者，亦許錄奏。所過州、府，結綵爲樓，陳音樂百戲。道、釋以威儀奉迎者，悉有賜。東京留守遣官表請還京，優詔答之。駕還京，大陳兵衞以入。

凡行幸，太祖、太宗不常其數。自咸平中，車駕每出，金吾將軍帥士二百人，執檛周遶，謂之禁圍，春、夏緋衣，秋、多紫衣。郊祀、省方並增二百，服錦襖，出京師則加執劍。親王、中書、樞密、宣徽行圍內，餘官圍外。大禮備儀衞，則有司先布土爲黃道，自宮至祀所，左右設香臺、畫瓮、青繩闌干。巡省在塗則不設。凡巡省，翰林進號傳詩付樞密院，每夕摘字，令衞士相應爲識。東京舊城城門、西京皇城司並契勘，內外城、宮廟門並勘箭，出入皆然。入藩鎭外城、子城門亦勘箭。朝陵定扈從官人數，入栢城者，僕射以上三人，丞、郎以上二人，餘各一人。東封，定仗內導駕官從人數，親王、中書、樞密、宣徽、三司使四人，學士、尙書丞郎、節度使三人，大兩省、大卿監、三司副使、樞密承旨、客省閤門使副、金吾大將軍押仗鳴珂、內殿崇班以上二人，餘各一人。命諸司巡察之。自後舉大禮，皆循此制。

建炎元年七月，詔曰：「祖宗都汴，垂二百年。比年以來，圖慮弗臧，禍生所忽。肆朕纂承，顧瞻宮室，何以爲懷？是用權時之宜，法古巡狩，駐蹕近甸，號召軍馬。朕將親督六師，以援京城及河北、河東諸路，與之決戰，歸宅故都，迎還二聖，以稱朕夙夜憂勤之意。」十月一日，車駕登舟，巡幸淮甸，宰執、侍從、百司、三衙、禁旅五軍將佐扈衞以行，駐蹕揚州。

三年，幸杭州，自杭州幸江寧府，尋幸浙西，自浙西幸浙東。乃下詔曰：「國家遭金人侵逼，無歲無兵。朕纂承以來，深軫念慮，謂父兄在難，而吾民未撫，不欲使之陷於鋒鏑。故包羞忍恥，爲退避之謀，冀其逞志而歸，稍得休息。自南京移淮甸，自淮甸移建康而會稽，播遷之遠，極于海隅。卑詞厚禮，使介相望。以至顯去尊稱，甘心貶屈，請用正朔，比於藩臣，遣使哀祈，無不曲盡。假使金石無情，亦當少動。累年卑屈，卒未見從。生民嗷嗷，何時寧息？今諸路之兵聚於江、浙之間，朕不憚親行，據其要害。如金人尙容朕爲汝兵民之主，則朕於事大之禮，敢有不恭！或必用兵窺我行在，傾我宗社，塗炭生靈，竭取東西金帛、子女，則朕亦何愛一身，不臨行陣，以踐前言，以保羣生。朕已取十一月二十五日移蹕，前去浙西，爲迎敵計。惟我將士、人民，念國家涵養之恩，二聖拘縻之辱，悼殺戮焚殘之禍，與

其束手待斃，曷若幷計合謀，同心戮力，奮勵而前，以存家國。」乃詔御前應奉官司自合扈從外，內太常寺據實用人數扈從，餘接續起發。四年正月，次台州。二月，次溫州。三月，幸浙西。

紹興元年，詔移蹕臨安府。六年，詔周視軍師，車駕進發，遣官奏告天地、社稷、宗廟。自臨安幸平江，尋幸建康。八年二月，還臨安。三十一年九月，詔：「金人背盟失信，今率精兵百萬，躬行天討，用十二月十日車駕進發，應行宮臨安府文武百僚城北奉辭。」其日，應文武百僚先詣城北幕次，俟車駕御舟將至，御史臺、閤門、太常寺分引文武百僚立班定，兩拜訖，俟御舟過，班退。三十二年正月，詔：「視師江上，北騎遁去，兩淮無警，已委重臣統護諸將經畫進討。今暫還臨安，畢恭文祔廟之禮。宜令有司增修建康百官吏舍、諸軍營砦，以備往來巡幸，可擇日進發。」車駕還宮。

養老於太學，皇帝服通天冠、絳紗袍，乘金輅，至太學酌獻文宣王，三祭酒，再拜，歸御幄。比車駕初出，量時刻，遣使迎三老、五更於其第。三老、五更俱服朝服，乘安車，導從至太學就次；國老、庶老，有司預戒之，各服朝服，集於其次。大樂正帥工人、二舞入，立於

中華書局

庭。東上閤門、御史臺、太常寺、客省、四方館自下分引百官、宗室、客使、學生等，以次入就位，如視學班。太常博士贊三老、五更俱出次，引國老、庶老立於後，重行異位。

禮直官、通事舍人引左輔奏請中嚴，少頃，又奏外辦，皇帝出大次，侍衞如常儀。大樂正令撞黃鐘之鐘，右五鐘皆應，協律郎跪，俛伏，舉麾興，宮架乾安之樂作，皇帝卽御坐，樂止。典儀曰「再拜」，在位官皆再拜。三老、五更入門，宮架和安之樂作，至宮架北，北向立，以東爲上。奉禮郎引羣老隨入，位於其後，樂止。博士揖進，三老在前，五更在後，仍杖夾扶，宮架和安之樂作，至西階下，樂止。博士揖三老、五更自西階升堂，國老、庶老立堂下。三老、五更當御坐揖，羣老亦揖，皇帝爲興。次奉禮郎揖國老升堂，博士引三老、五更，奉禮郎引國老以下，各於席後立。典儀贊各就坐，贊者承傳，宮架尊安之樂作，三老、五更就坐。三公授几、九卿正履訖，殿中監、尙食奉御進珍羞及黍稷等，先詣御坐前進呈，遂設於三老前，樂止。尙食奉御詣三老坐前，執醬而饋訖。尙醞奉御詣酒尊所，取爵酌酒，奉御執爵，奉於三老。次太官、良醞令以次進珍羞酒食於五更、羣老之前，皆食。大樂正引工人升，登歌奏惠安之樂，三終。史臣旣錄三老所論善言、善行，宮架作申安之樂。憲言成福之舞畢，文舞退，作受成告功之舞，畢，三老以下降筵，博士引三老、五更於堂下[二]，當御坐前，奉禮郎引羣老復

位，俱揖，皇帝爲興。三老、五更降階至堂下，宮架和安之樂作，出門，樂止。禮直官、通事舍人引左輔前奏禮畢，退，復位。典儀贊拜訖，皇帝降坐，太常卿導還大次，百僚以次退，車駕還宮。三老、五更升安車，導從還，翼日詣闕表謝。

視學。哲宗始視學，遂幸國子監，詣至聖文宣王殿行釋奠禮，一獻再拜。御敦化堂，召從官賜坐，禮部、太常寺、本監官承事郎以上侍立，承務郎以下、三學生坐于東西廡，侍講吳安詩執經，祭酒豐稷講尙書無逸終篇，復命宰臣以下至三學生坐，賜茶，豐稷賜三品服，本監官、學官等賜帛有差。

徽宗幸太學，遂幸辟雍，奠獻如上儀。詔司業吳絪等轉官改秩，循資賜章服，文武學生授官，免省試、文解，賜帛有差。所司預設次於敦化堂後，又於堂上稍北當中兩間設次，南向設御坐。又設從官及講筵講書、執經官幷太學官坐御坐之南，東西重行異位。太學生坐於兩廡，相向並北上。宰臣以下從官之次，設於中門外。

皇帝酌獻文宣王畢，幸太學，降輦入次，簾垂更衣。禮直官、通事舍人引講官與侍立官入就堂下，皆繫鞵。講書、執經官、學生各立堂下，東西相向。俟報班齊，皇帝升坐，班首奏

萬福，在位者皆應喏訖，閤門使承旨臨階宣升堂，通事舍人喝拜，應在位者再拜訖，分左右升堂，各就位少立。起居郎、舍人分左右侍立。禮直官、通事舍人引講書及執經官就北向位，班首奏萬福，閤門使宣升堂，舍人喝再拜訖，分東西升堂，立於御坐左右。講書官在西，東向；執經官在東，西向；學生就北向位。舍人喝拜，在位者皆再拜，立於東西兩廡。內侍進書案，以經授執經官，稍前，進於案上。舍人喝拜就坐，宰臣以下並堂上坐，如閤門所進坐位圖。講書畢，通事舍人曰「可起」，羣臣皆起，降階立。執經官降，講書官於御坐前致辭訖，亦降。舍人喝拜，如有宣答，卽再喝拜。閤門宣坐賜茶，舍人喝拜訖，宰臣以下升堂，各立於位後，學生各就北向位。舍人喝拜，在位者俱拜訖，各分東西廡，以北爲上下[三]。舍人喝就坐，上下皆就坐。賜茶畢，禮直官、通事舍人引堂上官降階就位，舍人喝拜，在位者俱拜訖，禮直官引之以次出。學生就位，舍人喝拜，學生俱再拜，退。

紹興十三年七月，國學大成殿告成，奉安廟像。明年二月，國子司業高閌請幸學，上從之。詔略曰：「偃革息民，恢儒建學。聲明丕闡，輪奐一新。請旣方堅，理宜從欲。將款謁於先聖，仍備舉於舊章。」三月，上服鞾袍，乘輦入監，止輦于大成殿門外。入幄，羣臣列班於庭。帝出幄，升東階，跪上香，執爵三祭酒，再拜，羣臣皆再拜，上降入幄。分奠從祀如常儀。尙舍先設次於崇化堂之後，及堂上之中南向設御坐。閤門設羣臣班於堂下，如月朔視

朝之儀。宰輔、從臣次於中門之外。上乘輦幸太學，降輦於堂，入次更衣。講官入就堂下講位，北向；執經官、學生皆立於堂下，東西相向。帝出次，升御坐，羣臣起居如儀。乃命三公、宰輔以下升堂，皆就位，左右史侍立。講書及執經官北面起居再拜，皆命之升立於御坐左右。學生北面再拜，分立兩廡北上。內侍進書案牙籤，以經授執經官，賜三公、宰輔以下坐。講畢，羣臣皆起，降階，東西相向立。執經官降，講官進前致詞，乃降，北面再拜，左右史降。乃賜茶，三公以下北面再拜，升，各立於位後。學生北面再拜，分兩廡立，上下就坐。賜茶畢，三公以下降階，學生自兩廡降，皆北面再拜，羣臣以次出。上降坐還次，乘輦還宮。時命禮部侍郎秦熺執經、司業高閌講易之泰，遂幸養正、持志二齋，賜閌三品服，學官遷秩，諸生授官免舉[四]，賜帛有差。

上旣奠拜，注視貌象，翼翼欽慕，覽唐明皇及太祖、眞宗、徽宗所製贊文，命有司悉取從祀諸贊，皆錄以進。帝遂作先聖及七十二子贊，冠以序文，親灑翰墨，以方載之。五月丙辰，登之綵殿，備儀衞作樂，命監學之臣，自行宮北門迎置學宮，揭之大成殿上及二廡。序曰：「朕自睦鄰息兵，首開學校。教養多士，以遂忠良。繼幸太學，延見諸生。濟濟在庭，意甚嘉之。因作文宣王贊。機政餘閑，歷取顏回而下七十二人，亦爲製贊。用廣列聖崇儒右文之聲，復知『師弟子間纓弁森森、覃精繹思』之訓，其於世道人心庶幾焉。」二十六年十二

二十四史 中華書局

月，言者謂：「陛下崇儒重道，製爲贊辭，刻宸翰于琬琰，光昭往古。寰宇儒紳，孰不顧瞻雲漢之章？請奉石刻于國子監，以碑本徧賜郡學。」從之。

淳熙四年，孝宗幸太學，如紹興之儀，命禮部侍郎李燾執經、祭酒林光朝講大學。尋幸武學，如太學之儀。帝肅揖武成王，不拜。嘉泰三年正月，寧宗幸太學，如淳熙之儀。淳祐元年正月，理宗幸太學，宗、武兩學官屬、生員並赴太學陪位，候車駕至學，詣先聖文宣王位，三上香，執爵三祭酒，俛伏，興，再拜，在位官皆再拜。皇帝至崇化堂，宰臣、使相、執政並起居。執經官由東階、講官由西階並升堂，於御前分東西相向立。次引國子監三學學官、學生一班北面再拜，贊各就坐，賜茶。俟講書畢，起，立班再拜。禮成，執經官、講書官、國子監三學官、生員各推恩轉官有差。咸淳三年正月戊辰，度宗幸太學祗謁，禮部尚書陳宗禮執經，國子祭酒雷宜中講中庸，餘並如儀。

賜貢士宴，名曰「聞喜宴」。政和新儀：押宴官以下及釋褐貢士班首初入門，正安之樂作，至庭中望闕位立，樂止。預宴官就位，再拜訖。押宴官西向立，中使宣曰「有敕」，在位者皆再拜訖。中使宣曰「賜卿等聞喜宴」，在位者皆再拜，搢笏，舞蹈，又再拜。次引押宴

官稍前謝坐再拜，在位者皆再拜。若賜敕書，卽引貢士班首稍前，中使宣曰「有敕」，貢士再拜。中使宣曰「賜卿等敕書」，班首稍前，搢笏，跪，中使授敕書訖，少退，班首以敕書加笏上，俛伏，興，歸位再拜，在位者皆再拜。凡預宴官分東西升階就坐，貢士以齒。酒初行，賓興賢能之樂作，飲訖、食畢，樂止。酒再行，於樂辟廱之樂作。酒三行，樂育人材之樂作。酒四行，樂且有儀之樂作。酒五行，正安之樂作。再坐，酒行、樂作，節次如上儀，皆飲訖、食畢，樂止。押宴官以下俱興，就次，賜花有差。少頃，戴花畢，次引押宴官以下并釋褐貢士詣庭中望闕位立，謝花再拜，復升就坐，酒行、樂作，飲訖、食畢，樂止。酒四行訖，退。次日，預宴官及釋褐貢士入謝如常儀。

寧宗慶元五年五月，賜新及第進士曾從龍以下聞喜宴于禮部貢院，上賜七言四韻詩，祕書監楊王休以下繼和以進，自後每舉並如之。

幸祕書省。紹興十四年七月，新建祕書省成，祕書少監游操等援宣和故事，請車駕臨幸，詔從之。二十七日，幸祕書省，至右文殿降輦，頒手詔曰：「蓋聞周建外史，掌三皇、五帝之書；漢選諸儒，定九流、七略之奏。文德之盛，後世推焉。仰惟祖宗建開册府，凡累朝名

世之士，由是以興，而一代致治之原，蓋出於此。朕嘉與學士大夫共宏斯道，迺一新史觀，新御榜題，肆從望幸之忱，以示右文之意。嗚呼！士習爲空言，而不爲有用之學久矣。爾其勉修術業，益勵猷爲，一德一心，以共赴亨嘉之會，用丕承我祖宗之大訓，顧不善歟！」遂陳累朝御書、御製、晉唐書畫、三代古器，次宣皇太子、宰臣以下觀訖，退。遂賜宴于右文殿，酒五行，羣臣再拜退。車駕還內，賜少監游操三品服、御書扇，餘官筆墨，館閣官各轉一官。淳熙五年九月十三日，孝宗幸祕書省，如紹興十四年之儀，帝賦詩，羣臣皆屬和。

進書儀。紹興二十年五月八日，進呈中興聖統，太常博士丁婁明言：「乞比附進呈玉牒行禮。」二十四年，進呈徽宗御集，禮部言：「昨紹興十年，徽宗御製，擬以『敷文』名閣，今乞權安奉於天章閣，續俟崇建。」二十六年十月，進呈太后回鑾事實。二十七年三月，宰臣沈該言：「玉牒所官陳康伯等先次編修太祖皇帝玉牒，自誕聖至卽位，自建隆元年至開寶九年，通修一十七年開基玉牒，舊制以梅紅羅面簽金字，今欲題曰皇宋太祖皇帝玉牒。又編修今上皇帝玉牒，自誕聖之後聖德祥瑞、建大元帥府事蹟，至卽帝位二十餘年，又自卽位後編修至紹興二年，通修二十六年中興玉牒，今欲題曰皇宋今上皇帝玉牒。宣祖、太祖、太宗、

魏王下各宗仙源類譜、五世昭穆，今已修寫進本，乞擇日進呈。」詔從其請。

前期，儀鸞司、臨安府於玉牒殿上南向，設權安奉玉牒、類譜并中興聖統幄次；又於玉牒所向外，設騎從官及文武百官等待班幕次；又於景靈宮內外，設騎從官幕次。進呈前一日，俟朝退，玉牒所提領官、都大提舉、諸司官、承受官、玉牒所官等赴本所幕次宿衞。俟儀仗樂人等排立，御史臺、閤門、太常寺分引玉牒所官詣玉牒殿下，北向立。禮直官引提領官詣玉牒殿下，北向立。禮直官揖、躬、拜，提領官拜，在位官皆再拜訖。次引提領官詣香案前，搢笏，三上香，執笏退，復位，皆再拜訖，班退，歸幕次宿衞。儀仗樂人作樂，晝夜更互排立。

其日五更，御史臺、閤門、太常寺分引提領官、宰執、使相、侍從、臺諫、兩省官、知閤、禮官、南班宗室詣玉牒殿，北向立。禮直官揖、躬、拜，提領官拜，在位官皆再拜訖。次引提領官詣玉牒、類譜香案前，搢笏，三上香，執笏，退，復位。禮直官引提領官詣幄前，西向立。次騎從官分左右乘馬，俟玉牒所率輦官奉擎玉牒、類譜，腰輿進行，樂人作樂，儀衞、儀仗迎引。次引提領官、宰執、使相、侍從、臺諫、兩省官、知閤、禮官、南班宗室騎從，至和寧門下馬，執笏步從玉牒、類譜至垂拱殿門外幄次，步從官權歸幕次，樂止。儀衞、樂人等並於幄次前排立，俟進呈玉牒、類譜，並如閤門儀訖。

中華書局

俟玉牒、類譜出殿門，御史臺、閤門、太常寺分引提領官、宰執、使相、侍從、臺諫、兩省官、知閤、禮官、南班宗室分左右執笏步從，儀衞樂人前引，迎奉出皇城北宮門，步從等官上馬騎從，至和寧門外。前引將至玉牒所，御史臺、閤門、太常寺分引文武百官於玉牒所門內殿門外立班，內文臣釐務通直郎以上及承務郎見任寺監主簿執事官以上，武臣脩武郎以上，迎拜訖。如値雨，地下沾濕，迎拜官吏不迎拜。騎從官至玉牒所，並下馬執笏步從，詣玉牒殿下，分東西相向立。禮直官引提領官詣玉牒、類譜幄前，西向立定。

俟玉牒所率聲官奉擎玉牒、類譜入幄，儀仗、儀衞、聲官、樂人更互排立。提領官、宰執、使相、侍從、臺諫、兩省官、知閤、禮官、南班宗室及玉牒所官、分官赴景靈宮，迎奉皇帝中興聖統赴玉牒殿，同時安奉。

俟安奉時將至，設香案畢，次御史臺、閤門、太常寺分引文武百官詣玉牒殿下，並北向立班定。禮直官引提領官詣幄前西立，俟日官報時及。次玉牒所安奉玉牒、類譜訖。次引提領官復位，北向立定。禮直官揖、躬、拜，提領官拜，在位官皆再拜訖。禮直官引提領官詣香案前，搢笏，三上香，執笏退，復位立定，在位皆再拜訖，退。儀衞、樂人等以次退。自是，凡進書並倣此，惟進太上皇聖政，則有詣德壽宮之儀。

淳祐五年二月十二日，進孝宗光宗兩朝御集、寧宗實錄及理宗玉牒日曆。其日，皇帝

御垂拱殿，提舉官、禮儀使、宗室、使相、宰執以下，赴實錄院、右文殿、玉牒所、經武閣並行燒香禮畢，奉迎諸書至和寧門，步導至垂拱殿，以俟班齊，各隨腰輿入殿下，東西向立。

皇帝服鞾袍出宮，殿下鳴鞭，禁衞、諸班直、親從等幷入內省執骨朵使臣，國史實錄院、日曆所、編修經武要略所、玉牒所點檢文字以下幷腰輿下人，並迎駕，自贊常起居。內擎腰輿人不拜，止應喏。皇帝卽御坐。先知閤門官以下，各班起居如常儀。

次入內官下殿〔五〕，各取合進呈書匣升殿，於殿上東壁各置案上，以南爲上。知閤門官二員，自御坐前導皇帝起詣三朝諸書香案前褥位，東向立。閤門提點奏請上香，三上香訖，又奏請皇帝再拜訖，知閤門官前導皇帝復歸御坐。知閤門官歸東朵殿上侍立，儀鑾司徹香案、拜褥，降東朵殿。

次舍人請國史實錄院以下提舉官、禮儀使、宰執幷進讀官升殿，於御坐東面西立。國史實錄院、國史日曆所、編修經武要略所、玉牒所官，殿下依舊立。俟入內官進御案，孝宗御集提舉官幷進讀御集官稍前立，分進讀御集官於御前過，西壁面東立。御集提舉諸司官於孝宗御集匣前，搢笏、啓封、開鑰訖，出笏，歸侍立位。御集承受官搢笏，於御集匣內取册，轉授提舉官搢笏接訖，承受出笏，提舉官奉册置御案上，出笏。皇帝起前立，提舉諸司官、承受官分東西相向立，並搢笏揭册訖，各出笏。進讀御集官搢笏稍前，取篦子指讀，逐版揭册指讀，並如上儀。俟

進讀畢，皇帝復坐，進讀御集官置篦子於御案上，出笏，却於御前東壁面西立以俟。提舉官搢笏、收册，復授承受官搢笏接訖，提舉官出笏，稍後立。承受官奉册入匣訖，出笏，提舉諸司官搢笏、鎖匣訖，出笏，歸侍立位。次讀光宗御集、寧宗實錄、光宗經武要略，並同上儀。

次玉牒提舉官幷進讀玉牒官稍前立，分進讀玉牒官於御前過，西壁面東立。玉牒提舉諸司官於玉牒匣前搢笏、啓封鑰訖，出笏，歸侍立位。玉牒承受官搢笏取册，授提舉官置御案上，進讀亦如前儀，讀畢鎖匣，出笏，歸侍立位。次日曆提舉官幷進讀日曆官啓封鑰，進讀亦同。

俱畢，入內官徹案，承受官奉册入匣訖，出笏，提舉諸司官搢笏、鑰匣訖，出笏，歸侍立位。儀鸞司徹卓子，降東朵殿。奉書匣下殿，各置腰輿上。國史實錄院、日曆所、編修經武要略所、玉牒所提舉官，禮儀使，宰執並降東階下殿，東壁面西立。舍人引各官及禮儀使一班當殿面北立定，引各直身出班、斂身稱謝訖，歸位立，揖，躬身贊拜，兩拜訖。贊各祗候直身立宣答，御藥下殿宣答，提舉官、禮儀使並斂身聽宣答訖，御藥升殿。揖，躬身贊拜，兩拜訖。贊各祗候直身立，舍人引赴東壁面西立。

次引國史實錄院、日曆所、編修經武要略所、玉牒所官一班首直身出班、斂身稱謝訖，歸位立，揖，躬身贊拜，兩拜訖，贊各祗候直身立。如傳旨謝恩，知閤門官承旨訖，於折檻

東面西立，傳與舍人承旨訖，再揖，躬身贊謝恩拜，兩拜訖，贊各祗候直身立。不該賜茶官先退。

次引國史實錄院、日曆所、編修經武要略所、玉牒所提舉諸司官幷承受官以下一班當殿面北立定，揖，躬身贊謝恩拜，兩拜訖，贊各祗候直身立，各歸位立。

次引國史實錄院、日曆所、編修經武要略所、玉牒所點檢文字以下一班當殿面北立定，揖，躬身，贊謝恩拜，兩拜訖，贊各祗候直身立，各歸位立。傳旨宣坐賜茶訖，舍人奏閤門無公事，皇帝起還宮，百官導送，奏安〔六〕兩朝御集、實錄於天章閣，經武要略於經武閣、玉牒於玉牒所、日曆於祕閣如儀。

大射之禮，廢於五季，太宗始命有司草定儀注。其羣臣朝謁如元會。酒三行，有司言「請賜王、公以下射」，侍中稱制可。皇帝改服武弁，布七埒於殿下，王、公以次射，開樂縣東西廂，設熊虎等侯。陳賞物於東階，以賚能者；設豐爵於西階，以罰否者。幷圖其冠冕、儀式、表著、埻埒之位以進。帝覽而嘉之，謂宰臣曰：「俟弭兵，當與卿等行之。」

凡游幸池苑，或命宗室、武臣射，每帝射中的，從官再拜奉觴、貢馬爲賀。預射官中者，

帝爲之解，賜襲衣、金帶、散馬，不解則不賜。苑中皆有射棚、畫暈的。射則用招箭班三十人，服緋紫繡衣、帕首，分立左右，以唱中否。節序賜宴，則宗室、禁軍大校、牧伯、諸司使副皆令習射，遂爲定制。外國使入朝，亦令帥臣伴，賜射於園苑。

政和宴射儀：皇帝御射殿，侍宴官公服、繫鞵，射官窄衣，奏聖躬萬福，再拜升殿。酒三行，引射官降，皆執弓矢，謝恩再拜，三公以下在右，射官在左，不射者依坐次分立。

皇帝初射中，舍人贊拜，凡左右祗應臣僚，除內侍外，並階上下再拜。行門、禁衞、諸班、親從、諸司祗應人並自贊再拜。招箭班殿上躬奏訖，跪進椀。射官先傳弓箭與殿侍，側立。內侍接椀訖，就拜，起，降階再拜。有司進御茶牀，天武引進奉馬列射垜前，員僚奏聖躬萬福，東上閤門官詣御前，躬奏班首姓名以下進酒。班首以下橫行立，贊再拜，班首奉酒進，樂作，飲畢，殿上臣僚再拜。舍人贊各賜酒，羣官俱再拜，贊各就坐，羣官皆立席後，引進司官臨階，宣進奉出，天武奉馬出，樂合，復贊就坐，飲訖，揖，興，諸司收坐物等。射官左側臨階，取弓箭侍立。皇帝再射中的或雙中，如上儀。進酒臨時取旨，得旨進酒，更不進奉中扃椀。及解中，更不賀，不進酒。

臣僚射中，引降階再拜訖，殿下側立。御箭解中，招箭班進椀，如上儀。舍人再引射，中官當殿揖，躬宣「有敕，賜窄衣、金帶」。跪受，箱過再拜，過殿側服所賜訖，再引當殿再拜，

更不射。如宣再射，或更賜箭令射，如未退，即就位再拜。如再射中，御箭再解中，賜鞍轡馬如上儀。臣僚射中，御箭不解，引降階再拜，立。招箭班殿上躬奏訖，下殿，舍人宣「有敕，賜銀椀」。跪受執椀并箭，就拜，起，再拜。如合賜散馬，即同宣賜，宣「有敕，賜銀椀，兼賜散馬若干匹」。射訖，進御茶床，諸司復陳坐物等，羣官各立席後，贊就坐，羣官俱坐。酒五行，宣示醆、宣勸如儀，皆作樂。宴畢，內侍舉御茶床，三公以下降階再拜，退。

乾道二年二月四日，車駕幸玉津園，皇帝射訖，次命皇太子，次慶王，次恭王，次管軍臣僚等射，如是者三。每射四發，帝前後四中的。

淳熙元年九月，車駕幸玉津園，命從駕文武官行宴射之禮，皇太子、宰執以下，酒三行，樂作，皇帝臨軒，有司進弓矢，皇帝中的，皇太子進酒，率宰執以下再拜稱賀。宣皇太子射，射中，賜。宣預射臣僚射，使相鄭藻、起居舍人王卿月、環衞官蕭奪里懶射中，各賜襲衣、金帶。

鄉飲之禮有三：周禮，鄉大夫，三年大比，興賢者、能者，鄉老及鄉大夫帥其吏，與其衆寡，以禮賓之，一也；黨正，國索鬼神而祭祀，則禮屬民而飲酒于序，以正齒位，二也；州長，春秋習射于序，先行鄉飲禮，三也。後世臘蜡百神、春秋習射、序賓飲酒之儀，不行於郡國，唯貢士日設鹿鳴宴，猶古者賓興賢能，行鄉飲之遺禮也。然古禮有賓主、僎介，與今之禮不同。器以尊俎，與今之器不同。賓坐於西北，介坐於西南，主人坐東南，僎坐東北，與今之位不同。主人獻賓，賓酢主人，主人酬賓，次主人獻介，介酢主人，次主人獻衆賓，與今之儀不同。今制，州、軍貢士之月，以禮飲酒，且以知州、軍事爲主人，學事司所在，以提舉學事爲主人，其次本州官入行，上舍生當貢者，與州之羣老爲衆賓，亦古者序賓，養老之意也。是月也，會凡學之士及武士習射，亦古者習射于序之意也。

唐貞觀所頒禮，惟明州獨存，淳化中會例行之。政和禮局定飲酒祭降之節，與舉酒作樂器用之屬，並參用辟廱宴貢士儀，其有古樂處，令用古樂。既又以河北轉運判官張孝純之言：「周官以六藝教士，必射而後行。古者諸侯貢士，天子試諸射宮，請詔諸路州郡，每歲宴貢士於學，因講射禮。」於是禮官參定射儀：鄉飲酒前一日，本州於射亭東西序，量地之宜，設提舉學事諸監司、知州、通判、州學教授、應赴鄉飲酒官貢士幕次，本州兵馬教諭備弓矢應用物，設樂。其日初筵，提舉學事、知州軍、通判帥應赴鄉飲酒官貢士詣射亭，執弓矢，揖人射，乘矢若中，則守帖者舉獲唱獲，執算者以算投壺畢，多算勝少算。射畢，贊者贊揖，酬酢如儀畢，揖退飲，如鄉飲酒。

紹興七年，郡守仇悆置田以供費。十三年，比部郎中林保乞修定鄉飲儀制，遍下郡國，於是國子祭酒高閌草具其儀上之，僎介之位，皆與古制不合，諸儒莫解其指意。

慶元中，朱熹以儀禮改定，知學者皆尊用之，主賓、僎介之位，始有定說。其主，則州以守、縣以令，位于東南；賓，以里居年高及致仕者，位于西北；僎，則州以倅、縣以丞或簿，位東北；介，以次長，位西南。三賓，以賓之次者；司正，以衆所推服者；相及贊，以士之熟於禮儀者。其日質明，主人率賓以下，先釋菜于先聖先師，退各就次，以俟肅賓。介與衆賓既入，主人序賓祭酒，再拜，詣罍洗洗觶，至酒尊所酌實觶，授執事者，至賓席前跪以獻賓，賓酬主人，主人酬介，介酬衆賓，賓主以下各就席坐訖。酒再行，次沃洗，贊者請司正揚觶致辭，司正復位，主人以下復坐。主人興，復至阼階楣下，僎從賓介復至西階下立，三賓至西階立，並南向。主人拜，賓介以下再拜。賓介與衆賓先自西趨出，主人少立，自東出。賓以下立于庠門外之右，東鄉；主人立于門外之左，西鄉。僎從主人再拜，賓介以下皆再拜，退。

校勘記

〔一〕諸軍夾道左右 「右」字原脫，據通考一〇九王禮考補。

〔二〕博士引三老五更於堂下　「堂下」，五禮新儀卷一九七皇帝養老於太學儀作「堂上」，按上下文義，作「堂上」是。

〔三〕以北爲上下　此處疑有衍脫。

〔四〕免舉　繫年要錄卷一五一、朝野雜記甲集卷三視學條都作「免解」。

〔五〕次入內官下殿　「入」原作「日」，據下文及宋會要職官二〇之四六改。

〔六〕奏安　上文及宋會要禮二〇之四八至五〇都說「安奉」御集、玉牒等於某所，「奏安」疑爲「安奉」之誤。

宋史卷一百一十五

志第六十八

禮十八　嘉禮六

皇太子冠禮皇子附　公主笄禮　公主下降儀宗室附　親王納妃
品官婚禮　士庶人婚禮

皇太子冠儀，嘗行於大中祥符之八年。徽宗親製冠禮沿革十一卷，命儀禮局倣以編次。

其儀：前期奏告天地、宗廟、社稷、諸陵、宮觀。殿中監帥尙舍張設垂拱、文德殿門之內，設香案殿下螭陛間，又爲房於東朵殿。大晟展宮架樂於橫街南，太常設太子冠席東階上、東宮官位於後，設褥位，陳服於席南，東領北上。遠遊冠簪導、袞冕簪導同箱，在服南。設罍

洗阼階東，罍在洗東，篚在洗西，實巾一，加勺冪。光祿設醴席西階上，南面，實側尊在席南。又設饌于席，加冪。執事者並公服，立罍洗酒饌之所。九旒冕、遠遊冠、折上巾各一匴，奉禮郎三人執以侍於東階之東，西北上〔一〕。設典儀位於宮架東北，贊者二人在南，西向。

禮直官、通事舍人、太常博士引太子詣朵殿東房。皇帝乘輦，駐垂拱殿，百官起居，如月朔視朝儀。左輔版奏中嚴，內外符寶郎奉寶先出；左輔奏外辦，皇帝服通天冠、絳紗袍詣文德殿，簾捲。大樂正令撞黃鐘之鐘，右五鐘皆應。殿上鳴鞭，皇帝出西閤乘輦，協律郎俛伏，跪，舉麾，興，工鼓柷，奏乾安之樂，殿上扇合。禮直官、太常博士引禮儀使導皇帝出，降輦卽坐，簾捲扇開，鞭鳴樂止，爐煙升。符寶郎奉寶陳於御坐左右，禮直官、通事舍人、太常博士引掌冠、贊冠者入門，肅安之樂作，至位，樂止。典儀曰「再拜」，在位者皆再拜。左輔詣御坐前，承制降東階，詣掌冠者前西向稱有制，典儀贊在位官再拜訖，宣制曰：「皇太子冠，命卿等行禮。」掌冠、贊冠者再拜訖，文臣侍從官、宗室、武臣節度使以上升殿，東西立，應行禮官詣東階下立。

東宮官入，詣太子東房，次禮直官等引太子，內侍二人夾侍，東宮官後從，欽安之樂作，卽席西向坐，樂止。引掌冠、贊冠者以次詣罍洗，樂作，搢笏，盥帨訖，出笏，升，樂止。執折上

巾者升，掌冠者降一等受之，右執項，左執前，進皇太子席前，北向立，祝曰：「咨爾元子，肇冠於阼。筮日擇賓，德成禮具。於萬斯年，承天之祜。」乃跪冠，順安之樂作，掌冠者興，席南北面立，後準此。贊冠者進席前，北面跪正冠，興，立於掌冠者之後。太子興，內侍跪進服，服訖，樂止。

掌冠者揖太子復坐，禮直官等引掌冠者降詣罍洗，如上儀。贊冠者進席前，北向跪，脫折上巾置于匴，興，內侍跪受，興，置于席。執遠遊冠者升，掌冠者降二等受之，右執項，左執前，進太子席前，北向立，祝曰：「爰即令辰，申加元服。崇學以讓，三善皆得。副予一人，受天百福。」乃跪冠，懿安之樂作，掌冠者興。贊冠者進，跪簪結紘，興。太子興，內侍跪進服，服訖，樂止。

掌冠者揖太子復坐，掌冠者降詣罍洗，及贊冠者跪，脫遠遊冠，並如上儀。執袞冕者升，掌冠者降三等受之，右執項，左執前，進太子席前，北向立，祝曰：「三加彌尊，國本以正。無疆惟休，有室大競。懋昭厥德，保茲永命。」乃跪冠，成安之樂作。掌冠者興。贊冠者如上儀，跪簪結紘。內侍進服，服訖，樂止。禮直官等引太子降自東階，樂作，由西階升，卽醴席南向坐，樂止。又引掌冠者詣罍洗，樂作，盥帨訖，升西階，樂止。贊冠者跪取爵，內侍注酒，掌冠者受爵，跪進太子席前，北向立，祝曰：「旨酒嘉薦，有飶其香。拜受祭之，以定爾

祥。令德壽豈，日進無疆。」太子搢圭，跪受爵，正安之樂作，飲訖，奠爵執圭。太官令設饌席前，太子搢圭，食訖，樂止，執圭興，太官令徹饌、爵。

禮直官等引自西階詣東房，易朝服，降立橫街，南北向，東宮官復位，西向。太子初行，樂作，至位，樂止。禮直官等引掌冠、贊冠者詣前，西向，掌冠者少進，字之曰：「始生而名，爲實之賓。旣冠而字，以益厥文。永受保之，承天之慶。奉敕字某。」太常博士請再拜，太子再拜訖，搢笏，舞蹈，再拜，奏聖躬萬福，又再拜。左輔承旨，降自東階，詣太子前，西向，宣曰「有敕」，太子再拜，宣敕曰：「事親以孝，接下以仁。遠佞近義，祿賢使能。古訓是式，大猷是經。」宣訖，太子再拜訖。禮直官等引太子前，俛伏，跪，奏稱：「臣雖不敏，敢不祗奉！」奏訖，興，復位，再拜訖，引出殿門，樂作，出門，樂止。侍立官並降復位，典儀曰「拜」，贊者承傳，在位者皆再拜。禮儀使奏禮畢，鳴鞭。大樂正令撞蕤賓之鐘，左五鐘皆應，乾安之樂作，皇帝降坐，左輔奏解嚴，放仗，在位官皆再拜，退。

太子入內，朝見皇后，如宮中儀。迺擇日謁太廟、別廟，宿齋於本宮。質明，服遠遊冠、朱明衣，乘金輅。至廟，改服袞冕，執圭行禮，羣臣稱賀，皇帝賜酒三行。

皇子冠，前期擇日奏告景靈宮，太常設皇子冠席文德殿東階上，稍北東向，設褥席，陳服于席南，東領北上。九旒冕服，七梁進賢冠服，折上巾公服，七梁冠簪導，九旒冕簪導同箱，在服南。設罍洗、酒饌，旒冕、冠、巾及執事者，並如皇太子儀。

其日質明，皇帝通天冠、絳紗袍，御文德殿。皇子自東房出，內侍二人夾侍，王府官從，恭安之樂作，卽席南向坐，樂止。掌冠者進折上巾，北向跪冠，脩安之樂作；贊冠者進，北面跪正冠，皇子興，內侍跪進服訖，樂止。掌冠者揖皇子復坐，以爵跪進，祝曰：「酒醴和旨，籩豆靜嘉。授爾元服，兄弟具來。永言保之，降福孔皆。」皇子搢笏，跪受爵，翼安之樂作，飲訖，太官令進饌訖。再加七梁冠，進安之樂作，掌冠者進爵，祝曰：「賓贊既戒〔二〕，肴核惟旅。申加厥服，禮儀有序。允觀爾成，承天之祜。」皇子跪受爵，輔安之樂作，太官奉饌。三加九旒冕，廣安之樂作。掌冠者進爵，祝曰：「旨酒嘉栗，甘薦令芳。三加爾服，眉壽無疆。永承天休，俾熾而昌。」皇子跪受爵，賢安之樂作，太官奉饌，饌徹。

皇子降，易朝服，立橫階南，北向位，掌冠者字之曰：「歲日云吉，威儀孔時。昭告厥字，君子攸宜。順爾成德，永受保之。奉敕字某。」皇子再拜，舞蹈，又再拜，奏聖躬萬福，又再拜。左輔宣敕，戒曰：「好禮樂善，服儒講藝。蕃我王室，友于兄弟。不溢不驕，惟以守之。」皇子再拜，進前俛伏，跪稱：「臣雖不敏，敢不祗奉！」俛伏，興，復位，再拜，出。殿上侍立官並降，復位，再拜，放仗。明日，百僚詣東上閤門賀。

公主笄禮。年十五，雖未議下嫁，亦笄。笄之日，設香案於殿庭，設冠席於東房外，坐東向西；設醴席於西階上，坐西向東；設席位於冠席南，西向。其裙背、大袖長裙、褕翟之衣，各設於椸，陳于庭；冠笄、冠朵、九翬四鳳冠，各置于槃，蒙以帕。首飾隨之，陳于服椸之南，執事者三人掌之。櫛總置于東房。內執事宮嬪盛服旁立，俟樂作，奏請皇帝升御坐，樂止。

提舉官奏曰：「公主行笄禮。」樂作，贊者引公主入東房。次行尊者爲之總髻畢，出，卽席西向坐。次引掌冠者東房，西向立，執事奉冠笄以進，掌冠者進前一步受之，進公主席前，北向立，樂止，祝曰：「令月吉日，始加元服。棄爾幼志，順爾成德。壽考綿鴻，以介景福。」祝畢，樂作，東向冠之，冠畢，席南北向立；贊冠者爲之正冠，施首飾畢，揖公主適房，樂止。執事者奉裙背入，服畢，樂作，公主就醴席，掌冠者揖公主坐。贊冠者執酒器，執事者酌酒，授於掌冠者執酒，北向立，樂止，祝曰：「酒醴和旨，籩豆靜嘉。受爾元服，兄弟具來。與國同休，降福孔皆。」祝畢，樂作，進酒，公主飲畢，贊冠者受酒器，執事者奉饌，食訖，徹饌。

中華書局

復引公主至冠席坐，樂止。贊冠者至席前，贊冠者脫冠置于槃，執事者徹去，樂作。執事者奉冠以進，掌冠者進前二步受之，進公主席前，北向立，樂止，祝曰：「吉月令辰，乃申爾服，飾以威儀，淑謹爾德。眉壽永年，享受遐福。」祝畢，樂作，東向冠之，冠畢，席南北向立。贊冠者爲之正冠，施首飾畢，揖公主適房，樂止。執事奉大袖長裙入，服畢，樂作。公主至醴席，掌冠者揖公主坐。贊冠者執酒器，執事者酌酒，授于掌冠者執酒，北向立，樂止，祝曰：「賓贊既戒，殽核惟旅。申加爾服，禮儀有序。允觀爾成，永天之祜。」祝畢，樂作，進酒，公主飲畢，贊冠者受酒器，執事者奉饌食訖，徹饌。

復引公主至冠席坐，樂作。贊冠者至席前，贊冠者脫冠置于槃，執事者徹去，樂作。執事奉九翬四鳳冠以進，掌冠者進前三步受之，進公主席前，向北而立，樂止，祝曰：「以歲之吉，以月之令，三加爾服，保茲永命。以終厥德，受天之慶。」祝畢，樂作，東向冠之，冠畢，席南北向立。贊冠者爲之正冠、施首飾畢，揖公主適房，樂止。執事者奉褕翟之衣入，服畢，樂作，公主至醴席，掌冠者揖公主坐。贊冠者執酒器，執事者酌酒，授于掌冠者執酒，北向立，樂止，祝曰：「旨酒嘉薦，有飶其香。咸加爾服，眉壽無疆。永承天休，俾熾而昌。」祝畢，樂作，進酒，公主飲畢，贊冠者受酒器。執事者奉饌，食訖，徹饌。

復引公主至席位立，樂止，掌冠者詣前相對，致辭曰：「歲日具吉，威儀孔時。昭告厥

字，令德攸宜。表爾淑美，永保受之。可字曰某。」辭訖，樂作，掌冠者退。引公主至君父之前，樂止，再拜起居，謝恩再拜。少俟，提舉進御坐前承旨訖，公主再拜。提舉乃宣訓辭曰：「事親以孝，接下以慈。和柔正順，恭儉謙儀。不溢不驕，毋詖毋欺。古訓是式，爾其守之。」宣訖，公主再拜，前奏曰：「兒雖不敏，敢不祗承！」歸位再拜，見后母之禮如之。

禮畢，公主復坐，皇后稱賀，次妃嬪稱賀，次掌冠、贊冠者謝恩，次提舉衆內臣稱賀，其餘班次稱賀，並依常式。禮畢，樂作；駕興，樂止。

公主下降。初被選尙者卽拜駙馬都尉，賜玉帶、襲衣、銀鞍勒馬、采羅百匹，謂之繫親。又賜辦財銀萬兩，進財之數，倍於親王聘禮。出降，賜甲第。餘如諸王夫人之制。掌扇加四，引障花、燭籠各加十，皆行舅姑之禮。諸親遞加賜賚。其縣主繫親以金帶，賜辦財銀五千兩，納財賜賚，大率三分減其二。宗室女特封郡君者，又差降焉。

嘉祐初，禮官言：「禮閣新儀，公主出降前一日，行五禮。古者，結婚始用行人，告以夫家采擇之意，謂之納采；問女之名，歸卜夫廟，吉，以告女家，謂之問名、納吉。今選尙一出朝廷，不待納采；公主封爵已行誕告，不待問名。若納成則既有進財，請期則有司擇日。

宜稍依五禮之名，存其物數，俾知婚姻之事重，而夫婦之際嚴如此，亦不忘古禮之義也。」時兗國公主下嫁李瑋，詔賜出降日，令夫家主婚者具合用鴈、幣、玉、馬等物，陳於內東門外，以授內謁者，進入內侍掌事者受，唯馬不入。

神宗卽位，詔以「昔侍先帝，恭聞德音，以舊制士大夫之子有尙帝女者，輒皆升行，以避舅姑之尊。豈可以富貴之故，屈人倫長幼之序。宜詔有司革之，以厲風俗」。於是著爲令。仍命陳國長公主行舅姑之禮，駙馬都尉王師約更不升行。公主見舅姑行禮自此始。舊例，長公主凡有表章不稱妾，禮院議謂：「男子、婦人，凡於所尊稱臣若妾，義實相對。今宗室伯叔近臣悉皆稱臣，卽公主理宜稱妾。況家人之禮，難施於朝廷。請自大長公主而下，凡上牋表，各據國封稱妾。」從王師約之請也。

康國公主下降，太常寺言：「按令，公主出降，申中書省，請皇后帥宮闈掌事人送至第外，命婦從，今請如令。」詔：「出降日，婉儀帥宮闈掌事者送至第外，命婦免從。」

徽宗改公主爲姬，下詔曰：「在熙寧初，有詔釐改公主、郡主、縣主名稱，當時羣臣不克奉承。近命有司稽考前世，周稱『王姬』，見於詩雅。『姬』雖周姓，考古立制，宜莫如周。可改公主爲帝姬、郡主爲宗姬、縣主爲族姬。其稱大長者，爲大長帝姬，仍以美名二字易其國號，內兩國者以四字。」

其出降日，壻家具五禮，修表如上儀。太史局擇日告廟。親迎。前一日，所司於內東門外量地之宜，西向設壻次。其日〔三〕，壻父醮子如上儀。乃命之曰：「往迎爾雍，以昭惠宗祏。」子再拜，曰：「祗率嚴命！」又再拜，降，出乘馬，至東華門內下馬，禮直官引就次。有司陳帝姬鹵簿、儀仗於內東門外，候將升厭翟車，引壻出次於內東門外，躬身西向。掌事者執鴈，內謁者奉鴈以進，俟帝姬升車，壻再拜，先還第。

同牢。其日初昏，掌事者設巾、洗各二於東階東南，一於室北〔四〕。水在洗東，尊於室中，實四爵、兩巹於篚。壻至本第，下馬以俟。帝姬至，降車，贊者引壻揖之以入，及寢門又揖，導之升階，入室盥洗。掌事者布對位，又揖帝姬，皆卽坐受醆三飲，俱興，再拜，贊者徹酒。

見舅姑。夙興，帝姬著花釵、服褕翟以俟見。贊者設舅姑位於堂上，舅位於東，姑位於西，各服其服就位。女相者引帝姬升自西階，詣舅位前再拜，贊者以棗栗授帝姬奉置舅位前，舅卽坐，贊者進徹以東，帝姬退，復位，又再拜；女相者引詣姑位前再拜，贊者以腶脩授帝姬奉置姑位前，姑卽坐，贊者亦徹以東，帝姬退，復位，又再拜。次醴婦、盥饋、饗婦如儀。

諸王納妃。宋朝之制，諸王聘禮，賜女家白金萬兩。敲門〔五〕，即古之納采。用羊二十口、酒二十壺、綵四十匹。定禮，羊、酒、綵各加十，茗百斤，頭帤巾段、綾、絹三十匹，黃金釵釧四雙，條脫一副，眞珠虎魄瓔珞、眞珠翠毛玉釵朶各二副，銷金生色衣各一襲，金塗銀合二，錦繡綾羅三百匹，果槃、花粉、花冪、眠羊臥鹿花餅、銀勝、小色金銀錢等物。納財，用金器百兩，綵千匹，錢五十萬，錦綺、綾、羅、絹各三百匹，銷金繡畫衣十襲，眞珠翠毛玉釵朶各三副，函書一架纏束帛，押馬函馬二十匹〔六〕，羊五十口，酒五十壺，繫羊酒紅絹百匹，花粉、花冪、果盤、銀勝、羅勝等物。親迎，用塗金銀裝肩輿一，行障、坐障各一，方團掌扇四，引障花十樹，生色燭籠十，高髻釵插并童子八人騎分左右導扇輿〔七〕。其宗室子聘禮，賜女家白金五千兩。其敲門、定禮、納財、親迎禮皆減半，遠屬族卑者又減之。

政和三年四月，議禮局上皇子納夫人儀：

采擇。使者曰：「奉制，某王之儷，屬子懿淑。謹之重之，使某行采擇之禮。」儐者入告，主人曰：「臣某之子顓愚，不足以備采擇，恭承制命，臣某不敢辭。」

問名。使者曰：「某王之儷，采擇既諧。將加官占，奉制問名。」儐者入告，主人曰：「制以臣某之子，可以奉侍某王，臣某不敢辭。」

告吉。使者曰：「官占既吉，奉制以告。」儐者入告，主人曰：「臣某之子，愚弗克堪。占貺之吉，臣與有幸。臣某謹奉典制。」

告成。使者曰：「官占云吉，嘉偶既定，制使某以儀物告成。」儐者入告，主人曰：「奉制賜臣以重禮，臣某謹奉典制。」

告期。使者曰：「涓辰之良，某月某日吉，制使某告期。」儐者入告，主人曰：「臣某謹奉典制。」

前期，太史局擇日，奏告景靈宮。

賜告。前一日，主人設使者次，如常儀，使者以內侍爲之。又設告箱之次於中門外，北向，隨闕所向，設香案於寢庭。其日大昕，使者公服至，主人出迎於大門外，北向再拜，使者不答拜。謁者引使者入門而左，主人入門而右，舉告箱者同入。主人立香案左，使者在右，舉告箱者以告置于香案。女相者引夫人出，面闕立，使者稱有制，女相者贊再拜，使者曰：「賜某國夫人告。」又贊再拜，退，使者出。

皇帝醮戒於所御之殿，皇子乘象輅親迎。同牢、夫人朝見、盥饋、皇帝皇后饗夫人如儀。

其諸王以下：

納采。賓曰：「某官以伉儷之重，施於某王，某官謂主人，某王謂壻。某王率循彝典，以某將事，敢請納采。」某王謂壻父，某謂賓。儐者入告，主人曰：「某之子弗閑於姆訓，維是腶脩、棗栗之饋，未知所以告虔也。某聽命于廟，敢不拜嘉。」

問名。賓曰：「合二姓之好，必稽諸龜筮，敢請問名。」儐者入告，主人曰：「某王恭謹，重正昏禮，將以加諸卜，某敢不以告。」

納吉。賓曰：「某王承嘉命，稽諸卜筮，龜筮協從，使某以告。」儐者入告，主人曰：「某王不忘寒素，欲施德於某未敎之女，而卜以吉告，其曷敢辭。」

納成。賓曰：「某官以伉儷之重，施於某王，某王上謂壻，下謂壻父。率循彝典，有不腆之幣，以某將事，敢請納成。」儐者入告，主人曰：「某王順彝典，申之以備物，某敢不重拜嘉。」

請期。賓曰：「某王謹重嘉禮，將卜諸近日，使某請期。」儐者入告，主人再辭。儐者出告，賓曰：「某既不獲受命於某官，某王得吉卜曰某日，敢不以告。」儐者入告，主人曰：「謹奉命以從。」

親迎。前一日，主人設賓次，賓謂壻。如常儀。其日大昕，壻之父服其服，告於禰廟，無廟者設神位於廳東，不應設位者不設。子將行，父醮之於廳事。贊者設父位中間，南向，

設子位父位之西，近南，東向。父卽坐，子公服升自西階，進立位前。贊者注酒於醆，西向授子，子再拜，跪受，贊者又設饌父位前，子舉酒興，卽坐飲食訖，降，再拜，進立於父位前。命之曰：「躬迎嘉偶，釐爾內治。」子再拜，曰：「敢不奉命。」又再拜，降出，詣女家。主人服其服，告於禰廟，如請期之儀。賓將至，主人設神位於寢戶外之西，設醴女位於戶內，南向，具酒饌。賓至，贊者引就次，女盛服於房中，就位南向立，姆位於右，從者陪其後。父公服升自東階，立於寢戶外之東，西向。內贊者設酒饌，女就位坐，飲食訖，降，再拜，內贊者徹酒饌。主人降立東階東南，西面，贊者引賓出次，立於門西，東面，儐者進受命，出請事，賓曰：「某受命於父，以茲嘉禮，躬聽成命。」儐者入告，主人曰：「某固願從命。」儐者出告訖，入引主人迎賓大門外之東，西面揖賓，賓報揖。主人入門而右，賓入門而左，執鴈者從入，陳鴈於庭，三分庭，一在南，北向。主人升立于東階上，西面；賓升西階進，當寢戶前，北面再拜，降出，主人不降送。賓初入門，母出，立於寢戶外之西，南面，賓拜訖，姆引女出於母左，父命之曰：「往之汝家，以順爲正，無忘肅恭！」母戒之曰：「必恭必戒，無違舅姑之命！」庶母申之曰：「爾誠聽於訓言，無作父母羞！」女出門，壻先還第。

其同牢、廟見、見舅姑諸禮，皆如儀。

中華書局

凡宗室婚姻，治平中，宗正司言：「宗室女舅姑、夫族未立儀制，皆當創法。」詔：「壻家有二世食祿，即許娶宗室女，未仕者與判、司、簿、尉，已任者隨資序推恩。即壻別祖、女別房，舊爲婚姻而於今卑尊不順者，皆許。壻之三代、鄉貫、生月、人材書銜，止令婚主問驗，以告宗正寺、大宗正司，寺、司詳覈，如係保明。所進財皆賜壻家，令止於本宮納財，媒妁、使令之人，非理求匃，許告。宗室女事舅姑及見夫之族親，皆如臣庶之家。」其後又令宗室女再嫁者，祖、父有二代任殿直若州縣官已上，即許爲婚姻。

熙寧十年，又詔：「應袒免以上親不得與雜類之家婚嫁，謂舅嘗爲僕、姑嘗爲娼者。若父母係化外及見居沿邊兩屬之人〔八〕，其子孫亦不許爲婚。緦麻以上親不得與諸司胥吏出職、納粟得官及進納伎術、工商、雜類、惡逆之家子孫通婚。後又禁刑徒人子孫爲婚。應婚嫁者委主婚宗室，擇三代有任州縣官或殿直以上者，列姓名、家世、州里、歲數奏上，宗正司驗實召保，付內侍省宣繫，聽期而行。嫁女則令其壻召保。其冒妄成婚者，以違制論。主婚宗室與媒保同坐，不以赦降，自首者減罪，告者有賞。非袒免親者依庶姓法。宗室離婚，委宗正司審察，若於律有可出之實或不相安，方聽；若無故捃拾者，劾奏。如許聽離，追完賜予物，給還嫁資。再娶者不給賜。非袒免以上親與夫聽離，再嫁者委宗正司審覈。其恩澤已

追奪而乞與後夫者，降一等。」尋詔：「宗女毋得與嘗娶人結婚，再適者不用此法。」

品官婚禮。納采、問名、納吉、納成、請期、親迎、同牢、廟見、見舅姑、姑醴婦、盥饋、饗婦、送者〔九〕，並如諸王以下婚。四品以下不用盥饋、饗婦禮。

士庶人婚禮。并問名於納采，并請期於納成。其無鴈奠者，三舍生聽用羊，庶人聽以雉及雞鶩代。其辭稱「吾子」。

親迎。質明，掌事者設禰位廳事東間，南向。壻之父服其服，北面再拜，祝曰：「某子某，年若干，禮宜有室，聘某氏第幾女，以某日親迎，敢告。」子將行，父坐廳事，南向，子服其服，三舍生及品官子孫假九品服，餘並皂衫衣、折上巾。立父位西，少南，東向。贊者注酒於醆授子，子再拜，跪受，贊者又以饌設位前，子舉酒興，即坐飲食訖，降，再拜，進立父位前，命之曰：「釐爾內治，往求爾匹。」子再拜，曰：「敢不奉命。」又再拜，降出。

初婚，掌事者設酒饌室中，置二醆於槃。壻服其服如前服，至女家，贊者引就次，掌事者設禰位，主人受禮，如請期之儀。主人謂女父。女盛服立房中，父升階立房外之東，西向。非南向者，各隨其所向。父立於門外之左，餘放此。贊者注酒於醆授女，女再拜受醆；贊者又以饌設於位前，女即坐飲食訖，降，再拜。父降立東階下，賓出次，賓謂壻。主人迎于門，揖賓入，賓報揖，從入。主人升東階，西面；賓升西階，進當房戶前，北面。掌事者陳鴈于階，賓曰：「某受命於父，以茲嘉禮，躬聽成命。」主人曰：「某固願從命。」賓再拜，降出，主人不降送。初，女出，父戒之曰：「往之汝家，無忘肅恭！」母戒之曰：「夙夜以思，無有違命！」諸母申之曰：「無違爾父母之訓！」女出，壻先還，俟于門外。婦至，贊者引就北面立，壻南面，揖以入，至於室。掌事者設對位室中，壻婦皆即坐，贊者注酒於醆授壻及婦，壻及婦受醆飲訖。遂設饌〔一〇〕，再飲、三飲，並如上儀。壻及婦皆興，再拜，贊者徹酒饌。

見祖禰、見舅姑、醴婦〔一一〕、饗送者，如儀。

校勘記

〔一〕西北上　五禮新儀卷一八〇作「西面，北上」。「西」下當脫「面」字。

〔二〕賓贊既戒　「戒」原作「成」，據下文及五禮新儀卷一八〇改。

〔三〕其日　「日」字原脫，據五禮新儀卷一七五、文獻通考卷二五八帝姬降嫁儀補。

〔四〕掌事者設巾洗各二於東階東南一於室北　「二」下疑脫「一」字。五禮新儀卷一七五，文獻通考卷二五八都作「掌事者設巾、洗各二，一於東階東南，一於室之北」。

〔五〕敲門　原作「敵門」，據長編卷二〇七、宋會要禮五三之一八改。下文「敲門」同。

〔六〕押馬兩馬　宋會要禮五三之一八作「押函馬」，疑是。

〔七〕高髻衩插并童子八人騎分左右導扇輿　同上書同卷「插」下無「并」字，疑是。

〔八〕若父母係化外及見居沿邊兩屬之人　「父母」，長編卷二八四作「父祖」，疑是。

〔九〕送者　據下文及五禮新儀卷一七八品官昏儀，「送」上當脫「饗」字。

〔一〇〕遂設饌　「遂」原作「迎」，據五禮新儀卷一七八改。

〔一一〕醴婦　「醴」原作「禮」，據五禮新儀卷一七九改。

二十四史

宋史

元 脱脱等撰

第九册

卷一一六至卷一二九（志）

中華書局

宋史卷一百一十六

志第六十九

禮十九 賓禮一

大朝會儀 常朝儀

周官，司儀掌九儀賓客擯相，詔王南鄉以朝諸侯；「大行人掌大賓之禮、大客之儀，以親諸侯」。蓋君臣之際體統雖嚴，然而接以仁義，攝以威儀，實有賓主之道焉。是以小雅鹿鳴燕其臣下，皆以嘉賓稱之。宋之朝儀，政和詳定五禮，列爲賓禮。今修宋史，存其舊云。

大朝會。宋承前代之制，以元日、五月朔、冬至行大朝會之禮。太祖建隆二年正月朔，始受朝賀於崇元殿，服袞冕，設宮縣、仗衞如儀(一)。仗退，羣臣詣皇太后宮門奉賀。帝常

服，御廣德殿，羣臣上壽，用教坊樂。五月朔，受朝賀於崇元殿，帝服通天冠、絳紗袍，宮縣、儀仗如元會儀。乾德三年冬至，受朝賀於文明殿，四年於朝元殿，賀畢，常服御大明殿，羣臣上壽，始用雅樂登歌、二舞，羣臣酒五行罷。

太宗淳化三年正月朔，命有司約開元禮定上壽儀，皆以法服行禮，設宮縣、萬舞，酒三行罷。

眞宗咸平三年五月朔，雨，命放仗，百官常服，起居於長春殿，退詣正衙，立班宣制。

仁宗天聖四年十二月，詔明年正月朔先率百官赴會慶殿，上皇太后壽，酒畢，乃受朝天安殿，仍令太常禮院修定儀制。

五年正月朔，曉漏未盡三刻，宰臣、百官與遼使、諸軍將校，並常服班會慶殿。內侍請皇太后出殿後幄，鳴鞭，升坐；又詣殿後皇帝幄，引皇帝出。帝服鞾袍，於簾內北向褥位再拜，跪稱：「臣某言，元正啓祚，萬物惟新。伏惟尊號皇太后陛下，膺時納祐，於天同休。」內常侍承旨答曰：「履新之祐，與皇帝同之。」帝再拜，詣皇太后御坐稍東。內給事酌酒授內謁者監進，帝跪進訖(二)，以盤興，內謁者監承接之，帝卻就褥位，跪奏曰：「臣某稽首言：元正令節，不勝大慶，謹上千萬歲壽。」再拜，內常侍宣答曰：「恭舉皇帝壽酒。」帝再拜，執盤侍立，教坊樂止，皇帝受虛醆還幄。通事舍人引百官橫行，典儀贊再拜、舞蹈、起居。太尉升

自西階，稱賀簾外，降，還位，皆再拜、舞蹈。侍中承旨曰「有制」，皆再拜，宣曰：「履新之吉，與公等同之。」皆再拜、舞蹈。閤門使簾外奏：「宰臣某以下進壽酒。」皆再拜。太尉升自東階，翰林使酌御酒盞授太尉，執盞盤跪進簾外，內謁者監跪接以進，太尉跪奏曰：「元正令節，臣等不勝慶抃，謹上千萬歲壽。」降，還位，皆再拜。宣徽使承旨曰：「舉公等觴。」皆再拜。太尉升，立簾外，樂止。內謁者監出簾授虛盞。太尉降階，橫行，皆再拜、舞蹈。宣徽使承旨宣羣臣升殿，再拜，升，及東西廂坐，酒三行，侍中奏禮畢，退。樞密使以下迎乘輿於長春殿，起居稱賀。百官就朝堂易朝服，班天安殿朝賀，帝服袞冕受朝。禮官、通事舍人引中書令〔三〕、門下侍郎各於案取所奏文，詣褥位，脫劍舃，以次升，分東西立。諸方鎮表、祥瑞案先置門外，左右令史絳衣對舉，給事中押祥瑞〔四〕、中書侍郎押表案入，分詣東西階下對立。既賀，更服通天冠、絳紗袍，稱觴上壽，止舉四爵。乘輿還內，恭謝太后如常禮。

神宗元豐元年，詔龍圖閣直學士、史館修撰宋敏求等詳定正殿御殿儀注，敏求遂上朝會儀二篇、令式四十篇，詔頒行之。其制：

元正、冬至大朝會，有司設御坐大慶殿，東西房于御坐之左右少北，東西閤于殿後，百官、宗室、客使次于朝堂之內外。五輅先陳于庭，兵部設黃麾仗于殿之內外。大樂令展宮架之樂于橫街南。鼓吹令分置十二案于宮架外。協律郎二人，一位殿上西階

之前楹，一位宮架西北，俱東向。陳輿輦、御馬于龍墀，繖扇于沙墀，貢物于宮架南，冬至不設貢物。餘則列大慶門外。陳布將士于街。左右金吾六軍諸衞勒所部，列黃麾大仗于門及殿庭。百僚、客使等俱入朝。文武常參官朝服，陪位官公服，近仗就陳于閤外。大樂令、樂工、協律郎入就位。中書侍郎以諸方鎮表案，給事中以祥瑞案俟于大慶門外之左右。冬至不設給事中位、祥瑞案。諸侍衞官各服其器服。

輦出，至西閤降輦，符寶郎奉寶詣閤門奉迎，百官、客使、陪位官俱入就位。侍中版奏中嚴，又奏外辦。殿上鳴鞭，宮縣撞黃鐘之鐘，右五鐘皆應。內侍承旨索扇，扇合，帝服通天冠、絳紗袍。御輿出，協律郎舉麾奏乾安樂，鼓吹振作。帝出自西房，降輿卽坐，扇開，殿下鳴鞭。協律郎偃麾樂止，爐煙升。符寶郎奉寶置御坐前，中書侍郎、給事中押表案、祥瑞案入，詣東西階下對立，百官、宗室及遼使班分東西，以次入，正安樂作，就位。樂止，押樂官歸本班，起居畢，復案位。三師、親王以下及御史臺、外正任、遼使俱就北向位。典儀贊拜〔五〕，在位者皆再拜，起居訖，太尉將升，中書令、門下侍郎俱降至兩階下立。凡太尉行，則樂作，至位樂止。太尉詣西階下，解劍脫舃升殿。中書令、門下侍郎各於案取所奏之文詣褥位，解劍脫舃以次升，分東西立以俟。太尉詣御坐前，北向跪奏：「文武百寮、太尉具官臣某等言：元正啓祚，萬物咸新。冬至易爲「晷運推

移，日南長至」。伏惟皇帝陛下應乾納祜，與天同休。」俛伏，興，降階，佩劍納舃，餘官準此。還位，在位官俱再拜、舞蹈，三稱萬歲，再拜。侍中進當御坐前承旨，退臨階，西向，稱制宣答曰：「履新之慶，冬至易曰「履長之慶」。與公等同之。」贊者曰「拜」，舞蹈三稱萬歲。橫行官分班立。中書令、門下侍郎升詣御坐前，各奏諸方鎮表及祥瑞訖，戶部尚書就承制位俛伏跪奏諸州貢物，請付所司。禮部尚書奏諸蕃貢物如之。司天監奏雲物祥瑞，請付史館，皆如上儀。侍中進當御坐前奏禮畢，殿上承旨索扇，殿下鳴鞭，宮縣撞蕤賓之鐘，左五鐘皆應，協律郎舉麾，宮縣奏乾安樂，鼓吹振作，帝降坐，御輿入自東房，扇開，偃麾樂止。侍中奏解嚴〔六〕，百官退還次。客使、陪位官並退。

有司設食案，大樂令設登歌殿上，二舞入，立于架南。預坐當升殿者位御坐之前，文武相向，異位重行，以北爲上，非升殿者位于東西廊下。尚食奉御設壽尊于殿東楹少南，設坫于尊南，加爵一。有司設上下羣臣酒尊于殿下東西廂〔七〕。侍衞官及執事者各立其位，仗衞仍立俟，上壽百官立班如朝賀儀。

侍中版奏中嚴、外辦，聞鳴鞭，索扇，帝服通天冠、絳紗袍，御輿出東房，樂作。帝卽坐，扇開，樂止。贊拜畢，光祿卿詣橫街南，跪奏：「具官臣某言，請允羣臣上壽。」興，侍中承旨稱制可，少退。舍人曰「拜」，光祿卿再拜訖，復位。三師以下就位，贊者

曰「拜」，在位者皆拜舞，三稱萬歲。太尉升殿，詣壽尊所，北向，尚食奉御酌御酒一爵授太尉，搢笏執爵詣前跪進，帝執爵，太尉出笏，俛伏，興，少退，跪奏：「文武百寮、太尉具官臣某等稽首言：元正首祚，臣等不勝大慶，謹上千萬壽。」俛伏，興，降，復位。贊者曰「拜」，在位者皆再拜，三稱萬歲。侍中承旨退，西向宣曰：「舉公等觴。」贊者曰「拜」，在位者皆再拜，三稱萬歲，北向，班分東西序立。太尉自東階侍立，帝舉第一爵〔八〕，和安樂作，飲畢，樂止。太尉受虛爵復於坫，降階。三師以下再拜、舞蹈〔九〕，稱萬歲，如上儀。

侍中進奏：「侍中具官臣某言，請延公王等升殿。」俛伏，興，降，復位，侍中承旨退，稱有制，贊者曰「拜」，在位者皆再拜。宣曰：「延公王等升殿〔一〇〕。」贊者曰「拜」，在位者皆再拜。公王等詣東西階〔一一〕，升立於席後。尚食奉御進酒，殿中監省酒以進，帝舉第二爵，登歌作甘露之曲。飲訖，殿中監受爵，樂止。羣臣升殿，就橫行位。舍人曰：「各賜酒。」贊者曰「拜」，羣官皆再拜，三稱萬歲。舍人曰：「就坐。」太官令行酒，羣官搢笏受酒〔一二〕，宮縣作正安之樂，文舞入，立宮架北。觴行一周。凡行酒訖，並太官令奏巡周，樂止。尚食進食，升階，以次置御坐前。又設羣官食，訖，太官令奏食徧。太樂丞引盛德升聞之舞入，作三變，止，出。殿中監進第三爵，羣官立席後。登歌作瑞木成

文之曲。飲訖，樂止。殿中丞受虛爵，舍人曰：「就坐。」羣官皆坐。又行酒、作樂、進食，如上儀。太樂丞引天下大定之舞，作三變，止，出。殿中監進第四爵，登歌奏嘉禾之曲，如第三爵。太官令行酒又一周，樂止，舍人曰：「可起。」百寮皆立席後，侍中進御坐前跪奏禮畢，俛伏，興，與羣官俱降階復位，贊者曰「拜」，皆再拜、舞蹈，三稱萬歲，起，分班立。殿上索扇，扇合，殿下鳴鞭，太樂令撞蕤賓之鐘，左右鐘皆應〔一三〕。協律郎俛伏，舉麾，太樂令令奏乾安之樂，鼓吹振作。帝降坐，御輿入自東房，扇開，樂止。侍中奏解嚴，所司承旨放仗。百寮再拜，相次退。

舊制，朝賀、上壽，帝執鎭圭，至是始罷不用。

元祐八年，太常博士陳祥道言：「貴人賤馬，古今所同。故覲禮馬在庭，而侯氏升堂致命；聘禮馬在庭，而賓升堂私覿。今元會儀，御馬立於龍墀之上，而特進以下立於庭，是不稱尊賢才、體羣臣之意。請改儀注以御馬在庭，於義爲允。」

舊制，五月朔受朝，熙寧二年詔罷之。元符元年四月，得傳國受命寶，禮官言：「五月朔於故事當大朝會，乞就是日行受寶之禮，依上尊號寶册儀。前一日，帝齋于殿內；翼日服通天冠、絳紗袍，御大慶殿，降坐受寶，羣臣上壽稱賀。」其後，徽宗以元日受八寶及定命寶，冬至日受元圭，皆于大慶殿行朝賀禮。

新儀成，改元豐儀太尉爲上公，侍中爲左輔，中書令爲右弼，太樂令爲大晟府，盛德升聞爲天下化成之舞，天下大定爲四夷來王之舞及增刑部尙書奏「天下斷絕，請付史館」，餘並如舊儀。凡遇國恤則廢，若無事不視朝，則下敕云「不御殿」，羣臣進表稱賀于閤門。

紹興十二年十月，臣僚言：「竊以元正一歲之首，冬至一陽之復，聖人重之，制爲朝賀之禮焉。自上世以來，未之有改也。漢高祖以五年卽位，而七年受朝于長樂宮；我太祖皇帝以建隆元年卽位，受朝于崇元殿。主上臨御十有六年，正、至朝賀，初未嘗講。艱難之際宜不遑暇。茲者太母還宮，國家大慶，四方來賀，亶惟其時。欲望自今元正、冬至舉行朝賀之禮，以明天子之尊，庶幾舊典不至廢墜。」禮部太常寺考定朝會之禮，依國故事，設黃麾、大仗、車輅、法物、樂舞等，百寮服朝服，再拜上壽，宣王公升殿，間飲三周。詔：「自來年舉行。」十一月，權禮部侍郎王賞等言：「朝會之制，正旦、冬至及大慶受朝受賀，係御大慶殿。其文德、紫宸、垂拱殿禮制各有不同，月朔視朝則御文德殿，謂之前殿正衙，仍設黃麾半仗；紫宸、垂拱皆係側殿〔一四〕，不設儀仗。元正在近，大慶殿之禮事務至多，乞候來年冬至別行取旨。」詔從之。

明年，閤門言：「依汴京故事，遇行大禮，則冬至及次年正旦朝會皆罷。」十四年九月，有司言：「明年正旦朝會，請權以文德殿爲大慶殿，合設黃麾大仗五千二十七人，欲權減三分之一；合設八寶於御坐之東西，及登歌、宮架、樂舞、諸州諸蕃貢物。行在致仕官、諸路貢士舉首，並令立班。」詔從之。十五年正旦，御大慶殿受朝，文武百官朝賀如儀。

常朝之儀。唐以宣政爲前殿，謂之正衙，卽古之內朝也。以紫宸爲便殿，謂之入閤，卽古之燕朝也。而外又有含元殿，含元非正、至大朝會不御。正衙則日見，羣臣百官皆在，謂之常參，其後此禮漸廢。後唐明宗始詔羣臣每五日一隨宰相入見，謂之起居，宋因其制。皇帝日御垂拱殿。文武官日赴文德殿正衙曰常參，宰相一人押班。其朝朔望亦於此殿。五日起居則於崇德殿或長春殿，中書、門下爲班首。長春卽垂拱也。至元豐中官制行，始詔侍從官而上，日朝垂拱，謂之常參官。百司朝官以上，每五日一朝紫宸，爲六參官。在京朝官以上，朔望一朝紫宸，爲朔參官、望參官，遂爲定制。

正衙常參。國朝之制：兩省、臺官、文武百官每日赴文德殿立班，宰臣一員押班。常朝官有詔旨免常朝，及勾當更番宿者不赴。遇假倂三日以上，卽橫行參假。宰臣、參知政事

及免常朝者悉集。事務急速，赴橫行不及者，牒報臺。如遇親王、使相過正衙，則取別旨。羣官見、謝、辭者，皆赴正衙。其日，文武班尙書、上將軍以下，並先敍立於殿門之外，東西相向。文班一品、二品不敍立。正衙見、謝、辭官立於大班之南，右巡使立正衙位南，北向。臺官大夫、中丞、三院御史各就揖，班位再揖。三院不全，卽不揖。揖訖，臺官與左巡使先入，各就位。左右巡使立鐘鼓樓下，左巡使奏武班，右巡使奏文班。如只巡使一員，卽就入班南立，單奏。如俱闕，卽於臺官或員外郎以下差攝。次兩班及右巡使入，次見、謝、辭官入，次兩省官入，兩省官自殿西偏門入，於右勤政門北偏門立，候文武班將至，循午階就位。次文班一品、二品入。次宰臣出東上閤門，就位，通事舍人一員立於閤門外，北向，四色官立其後。舍人通承旨奉敕不坐，四色官應喏急趨至放班位宣敕，在位官皆再拜而退。其應橫行者班定，通事舍人揖羣官轉班北向，舍人揖再拜復位，如常朝之儀。兩省官幕次舊在中書門外，近制就使權就朝堂門南上將軍幕次。凡見、謝、辭官，新受、加恩、出使到闕者〔一五〕。宰臣、親王、使相，候班定，引贊引出東上閤門，至押班位，西向立定，先赴午階南中書門下正衙位再拜，却還押班位。樞密使、副使、知院、同知院、簽書院事、參知政事、宣徽使、宗室節度使以下至刺史將軍，候班定，四方館吏引出東上閤門，至殿庭，由東黃道赴正衙位，北向，以西爲首，將軍以東爲首。正衙畢，宰臣、樞密出西便門，親王宗室入東上閤門。觀文殿大學士、資政殿大學士、觀文殿學士、三司使、翰林資政侍講、侍讀學士、直學士、知制誥、待制，直學士以上集丞郎幕次，待制集上將軍幕次。候班定，四方館吏引入殿西便門

赴班，於大夫、中丞前出。門下、中書侍郎至正言，四方館吏引先集勸政門北，俟班定，於一品、二品官未就位前先就位，放班訖，由西偏門出。御史大夫至御史，序班如常朝。三師、三公、僕射，東宮三師、三少，班入殿門，朝堂吏引入殿東便門赴班，於兩省、臺官前出。尚書丞郎、左右金吾上將軍至將軍，序班如常朝。節度使至刺史、軍職四廂都指揮使以上〔一六〕，三司副使、文班京朝官、武官郎將以上，分司官、樞密都承旨、諸使副、醫官帶正員官者，並文東武西相向，重行序立，餘如常朝。其權三司使、開封府、吏部銓、祕書監、修撰、直館閣校理檢討、三司判官、主判官、開封府判官、推官、宮僚〔一七〕、內職、軍校領郡者，內客省使至通事舍人，節度行軍司馬至團練副使，幕職上佐州縣官，諸司勒留官新受者，京朝官改賜章服者，致仕、責授、降授，並謝。行軍副使仍辭。京朝官、貢舉發解畢者亦見。準儀制，知貢舉官合謝辭。近歲皆即時鎖宿，故謝辭皆停。

垂拱殿起居，則內侍省都知、押班，率內供奉官以下并寄班等先起居；次客省、閤門使以下，呈進目者。次三班使臣，節度、觀察、防禦、團練、刺史等子弟充供奉官、侍禁、殿直，有旨令內朝起居者〔一八〕。次內殿當直諸班，殿前指揮使、左右班都虞候以下、內殿直、散員、散指揮〔一九〕、散都頭、金槍班等。次長入祗候、東西班殿侍，次御前忠佐，次殿前都指揮使率軍校至副指揮使，次駙馬都尉，任刺史以上者綴本班。次諸王府僚，次殿前諸軍使〔二〇〕、都頭，次皇親將軍以下至殿直，次行門指揮使率行

門起居。以上並內侍贊喝。如傳宣前殿不坐，即宰相、樞密使、文明殿學士、三司使、翰林樞密直學士、中書舍人、三司副使、知起居注、皇城內監庫藏朝官、諸司使副、內殿崇班、供奉官、侍禁、殿直、翰林醫官、待詔等同班入；次親王、侍衞親軍馬步軍都指揮使率軍校至副都指揮使，次使相，次節度使，次統軍，次兩使留後、觀察使，次團練、防禦使、刺史，次侍衞馬步軍使、都頭，起居畢，見、謝班入。如御崇德殿，即紫宸殿也。即樞密使以下先就班，候升坐，諸司使副以下至殿直，分東西對立，餘皆北面。長春殿皆北面〔二一〕。宰相、參知政事最後入。以上並閤門贊喝。日止再拜，朔望及三日假，樞密使以下皆舞蹈。早朝，則宰相、樞密、宣徽使起居畢，升殿問聖體。宰相奏事，樞密、宣徽使退候。宰相對畢，樞密使復入奏事。次三司、開封府、審刑院及羣臣以次登殿。大兩省以上領務京師有公事，許即時請對。自餘受使出入要切者，欲回奏事，則聽先進取旨。其見、謝、辭官，以次入于庭。凡見者先之，謝次之，辭又次之。出使閑慢或未升朝官，或止拜於門外，自祕書監、上將軍、觀察使、內客省使以上得拜殿門階上〔二二〕，及升殿止拜御坐前，餘皆庭中班次。惟宰相、親王、使相赴崇德殿，即宣徽使通喚，餘皆側立候通，再拜舞蹈；致辭，即不舞蹈；見，即將相升殿問聖體。其賜分物酒食及收進奉物，皆舞蹈稱謝。凡收進奉物皆入謝。幕職、州縣官謝、辭，即判銓官引對，兼於殿門外宣辭戒勵。凡國有大慶瑞及出師勝捷，樞密使率內職軍校入賀致辭，閤門使宣答；宰相致辭，宣徽使宣答。如賜酒，即預坐官後入，作樂送酒，如曲宴之儀。晚朝則宰相、樞密、翰林學士當直者，洎近侍執事之臣皆赴。

乾德六年九月，始以旬假日御講武殿，又名崇政。近臣但赴早參。宰相以下轄笏，諸司使以下繫帶。其節假及大祀，並令如式。

開寶九年四月，詔旬休日不視事。及太宗即位，復如舊視朝。退進食訖，則易服，御崇政殿。先羣臣告謝，次軍頭引見司奏事于殿下，次三班、審官院、流內銓、刑部及諸司引見官吏。如假日起居辭見畢，即移御坐，臨軒視事。既退，復有奏事，或閱器物之式者，謂之後殿再坐。

淳化三年，令有司申舉十五條：常參文武官或有朝堂行私禮，跪拜，待漏行立失序，談笑喧譁，入正衙門執笏不端，行立遲緩，至班列行立不正，趨拜失儀，言語微喧，穿班仗，出閤門不即就班，無故離位，廊下食、行坐失儀，入朝及退朝不從正衙門出入，非公事入中書。犯者奪奉一月；有司振舉，拒不伏者，錄奏貶降。

景德二年，光祿寺丞錢易言：「竊覩文德殿常朝班不及三四十人，蓋以凡掌職務止赴五日起居，頗違舊章。望令並赴朝參。」乃詔應三館、祕書閣、尚書省二十四司、諸司寺監朝臣內殿起居外，並赴文德殿常參。其審刑院、大理寺、臺直官、開封府判官推官司錄兩縣令〔二三〕、司天監、翰林天文、監倉場庫務等仍免。

大中祥符二年，御史知雜趙湘言：「伏見常參官每日趨朝，多不整肅。舊制，並早赴待漏院，候開內門齊入。伏緣每日迨辰以朝，以故後時方入。又風雨寒暑，即多稱疾，宜令知班驅使官視其入晚者申奏。疾者，遣醫親視。」

天禧四年十月，中書、門下言：「唐朝故事：五日一開延英，隻日視事，雙日不坐。方今中外晏寧，政刑清簡，望準舊事，三日、五日一臨軒聽政，隻日視事，雙日不坐。至於刑章、錢穀事務，遣差臣僚，除急切大事須面對外，餘並令中書、樞密院附奏。」詔禮儀院詳定，雙日前後殿不坐，隻日視事；或於長春殿，或於承明殿，應內殿起居羣臣並依常日起居；餘如中書、門下之議〔二四〕。俄又請隻日承明殿常朝，依假日便服視事，不鳴鞭。詔可。

康定初，詔中書、樞密、三司，大節、大忌給假一日，小節、旬休並後殿奏事，前後毋得過五班，餘聽後殿對，御廚給食。假日，崇政殿辰漏，上入內進食，俟再坐復對。

神宗即位，御史中丞王陶以皇祐編敕宰臣押班儀制移中書，謂「天子新即位，大臣不應隳廢朝儀」，不報。舊制：祖宗以來，日御垂拱殿，待制、諸司使以上俱赴，而百官班文德殿，曰常朝；五日皆入，曰起居。平時，宰相垂拱殿奏事畢，赴文德殿押班，或日昃未退，則閤門傳宣放班，多不復赴。王陶以韓琦、曾公亮違故事不押班爲不恭，劾之。琦、公亮上表待罪，且言：「唐及五代會要，月九開延英，則餘日宰相當押正衙班。及延英對日，未御內

中華書局

殿前，傳宣放班，則宰相不押正衙班明矣。自祖宗繼日臨朝，宰相奏事。至祥符初，始詔循故事，押文德班。以妨職浸廢，乃至今日。請下太常、禮院詳定。」陶坐絀。司馬光代爲中丞，請令宰相遵國朝舊制押班，不須詳定。尋詔：「宰相春分辰初、秋分辰正，垂拱殿未退，聽勿赴文德殿，令御史臺放班。」光又言：「垂拱奏事畢，春分以後鮮有不過辰初，秋分以後鮮有不過辰正，然則自今宰臣常不至文德殿押班。請春分辰正、秋分巳初，奏事未畢，即如今詔，庶幾此禮不至遂廢。」迺詔春秋分率以辰正。

熙寧六年正月，西上閤門副使張誠一言：「垂拱殿常朝，先內侍唱內侍都知以下至宿衞行門計一十八班起居，後通事舍人引宰執、樞密使以下大班入，次親王，次侍衞馬步軍都指揮以下，次皇親使相以下十班入，方引見、謝、辭。或遇百官起居日，自行門後，通事舍人引樞密以下，次親王、使相以下至刺史十班入，方奏兩巡使起居。立定，方引兩省官入，次閤門引宰臣以下大班入。起居畢，候百官出絕，兩省班出，次兩巡使出，中書、樞密方奏事，已是日高。況大班本不分別丞郎、給諫、臺省及常參官，今獨使相以下曲爲分別，虛占時刻。請遇垂拱殿百官起居日，將親王以下十班合爲四班，親王爲一班，侍衞馬步軍都指揮使爲一班，皇親使相以下至刺史重行異位爲兩班，可減六班。如垂拱殿常朝不係百官起居，或紫宸殿百官起居，其親王、使相以下班，並依舊儀序入起居。」從之。九月，引進使李端慤言：

「近朔望御文德殿視朝，祁寒盛暑數煩清蹕，而紫宸之朝歲中罕御。請朔日御文德，既望坐紫宸，庶幾正衙、內殿朝儀並舉。」從之。

元豐八年二月，詔諸三省、御史臺、寺監長貳、開封府推判官六參，職事官、赤縣丞以上，寄祿升朝官在京釐務者望參，不釐務者朔參。

哲宗元祐四年十月，以戶部尚書呂公孺言，詔朔參官兼赴望參，望參官兼赴六參。五年，詔權侍郎並日參。

紹聖四年十月，御史臺言：「外任官到闕朝見訖，並令赴朔、望參。」尋又言：「元豐官制，朝參班序有日參、六參、望參、朔參，已著爲令。元祐中，改朔參兼赴望參，望參兼赴六參，有失先朝分別等差之意。止依元豐儀令。」從之。

政和詳定五禮新儀，有文德殿月朔視朝儀、紫宸殿望參儀、垂拱殿四參儀、紫宸殿日參儀、垂拱殿日參儀、崇政殿再坐儀、崇政殿假日起居儀，其文不載。中興仍舊制。

乾道二年九月，閤門奏：垂拱殿四參，（四參官謂宰執、侍從、武臣正任、文臣卿監員郎監察御史已上。）皇帝坐，先讀奏目。知閤以下，次御帶、環衞官以下，次忠佐、殿前都指揮使以下，次殿前司員僚，次皇太子，次行門已上，逐班並常起居。次樞密、學士、待制、樞密都承旨以下，知閤并祇應武功大夫以下，通班常起居。次親王，次馬步軍都指揮使，次使相，次馬步軍員僚已

上，逐班並常起居。次殿中侍御史入側宣大起居訖，歸侍立位。次宰執以下，並兩省官、文武百官入(三五)，相向立定，通班面北立，大起居訖，（凡常起居兩拜，大起居七拜。）三省升殿侍立。次兩省官出，次殿中侍御史對揖出，三省、樞密院奏事，次引見、謝、辭，次引臣僚奏事訖，皇帝起。詔：「今後遇四參日，分起居班次，可移殿中侍御史及宰執以下百官班，令次樞密以下班起居。却令親王并殿前都指揮使以下殿前司員僚，逐班於宰執以下班後起居，餘並從之。」

淳熙七年九月，詔：「自今垂拱殿日參，宰臣特免宣名。」

嘉定十二年正月，臣僚奏：「竊見皇帝御正殿，或御後殿，固可間舉，四參官亦有定日。近者每日改常朝爲後殿，四參之禮亦多不講，正殿、後殿、四參間免。陛下臨朝之日固未嘗輟，而外廷不知聖意，或謂姑從簡便，非所以肅百執事也。常朝之禮止於從臣，後殿之儀從臣不與，四參止及卿郎，而乃累月僅或一舉。咫尺天威，疏簡至此，非所以尊君上而勵百辟也。伏願陛下嚴常朝、後殿、四參之禮，起羣下肅謹之心，彰明時厲精之治，豈不偉哉。」從之。

初，羣臣見、辭、謝，皆赴正衙。淳化二年，知雜御史張郁言：「正衙之設謂之外朝，凡羣臣辭、見及謝，先詣正衙，見訖，御史臺具官位姓名以報，閤門方許入對，此國家舊制也。自乾德

後，始詔先赴中謝，後詣正衙。而文武官中謝後(三六)，次日並赴正衙，內諸司遙領刺史、閤門通事舍人以上新授者亦赴正衙辭謝，出使急速免衙辭者亦具狀報臺，違者罰奉一月。其內諸司職官并將校至刺史以上新授者(三七)，欲望同百官例，赴正衙謝。」從之。元豐既定朝參之制，侍御史知雜事滿中行上言(三八)：「文德正衙之制，尙存常朝之虛名，襲橫行之謬例，有司失於申請，未能釐正。兩省、臺官、文武百官赴文德殿，東西相向對立，宰臣一員押班，聞傳不坐，則再拜而退，謂之常朝。遇休假幷三日以上，應內殿起居官畢集，謂之橫行。自宰臣、親王以下應見、謝、辭者，皆先赴文德殿，謂之過正衙。然在京釐務之官例以別敕免參，宰臣押班近年已罷，而武班諸衞本朝又不常置。故今之赴常朝者，獨御史臺官與審官、待次階官而已。今垂拱內殿宰臣以下既已日參，而文德常朝仍復不廢，舛謬倒置，莫此爲甚。至於橫行參假，與夫見、謝、辭官先過正衙，雖沿唐之故事，然必俟天子御殿之日行之可也。」詔下詳定官制所。言(三九)：「今天子日聽政於垂拱，以接執政官及內朝之臣，而更於別殿宣敕不坐，實爲因習之誤。兼有執事升朝官五日一赴起居，而未有執事者反謂之參(四〇)，疏數之節尤爲未當。又辭、見、謝，自已入見天子，則前殿正衙對拜爲虛文。其遇朝假，則百官司赴大起居，不當復有橫行參假。宜如中行言。」於是常朝、正衙、橫行之儀俱罷。

校勘記

〔一〕仗衛如儀　「仗」原作「侍」，據通考卷一〇七王禮考、宋會要禮五六之四改。

〔二〕內給事酌酒授內謁者監進帝跪進訖　「事」原作「侍」，據通考卷一〇七王禮考、太常因革禮卷八七朝賀並上壽條改。

〔三〕通事舍人引中書令　「事」原作「侍」，據上文及通考卷一〇七王禮考改。

〔四〕左右令史絳衣對舉給事中押祥瑞　「史」原作「使」，「事」原作「侍」，據下文及通考卷一〇七王禮考改。

〔五〕典儀贊拜　「拜」字原脫，據通考卷一〇八王禮考並參考宋會要禮五六之一改。

〔六〕侍中奏解嚴　「中」原作「郎」，據上下文及通考卷一〇八王禮考、宋會要禮五六之二改。

〔七〕有司設上下羣臣酒尊于殿下東西廂　「于」字原脫，據通考卷一〇八王禮考補。

〔八〕帝舉第一爵　「帝」字原脫，據下文及通考卷一〇八王禮考並參考宋會要禮五六之三補。

〔九〕三師以下再拜舞蹈　「再」原作「贊」，據通考卷一〇八王禮考改。

〔一〇〕延公王等升殿　「王」字原脫，據上下文及通考卷一〇八王禮考補。

〔一一〕公王等詣東西階　「西」字原脫，據通考卷一〇八王禮考、宋會要禮五六之二補。

〔一二〕羣官搢笏受酒　「羣官」二字原脫，據通考卷一〇八王禮考、宋會要禮五六之三補。

〔一三〕左右鐘皆應　「右」，上文和通考卷一〇八王禮考都作「五」。「右」疑「五」之誤。

〔一四〕皆係側殿　宋會要禮五七之四、玉海卷七〇都作「皆係別殿」。

〔一五〕新受加恩出使到闕者　「新受」，宋會要儀制四之一作「新授」，「受」疑「授」之誤。

〔一六〕四廂都指揮使以上　「四」原作「兩」，據通考卷一〇八王禮考、宋會要儀制四之二改。

〔一七〕宮僚　原作「官僚」，據文義改。

〔一八〕侍禁殿直有旨令內朝起居者　「旨」原作「皆」，據通考卷一〇七王禮考、宋會要儀制二之一改。

〔一九〕散指揮　「指揮」原作「旨爲」，據通考卷一〇七王禮考、宋會要儀制二之一改。

〔二〇〕次殿前諸軍使　「諸」原作「都」，據通考卷一〇七王禮考、宋會要儀制二之一改。

〔二一〕長春殿皆北面　「皆」原作「階」。此處指長春殿起居時，諸司使副以下至殿直皆北向而立。通考卷一〇七王禮考作「皆」，據改。

〔二二〕內客省使以上得拜殿門階上　「客省使」三字原脫，據宋會要儀制九之七、通考卷一〇七王禮考補。

〔二三〕開封府判官推官司錄兩縣令　「令」字原脫，據長編卷六一補。

〔二四〕餘如中書門下之議　「議」原作「儀」，長編卷九六作「奏」。據此，「儀」當爲「議」之訛，因改。

〔二五〕並兩省官文武百官入　「武」原作「臣」，據宋會要儀制二之二三改

〔二六〕而文武官中謝後　此句下當有脫文。宋會要儀制四之三、長編卷三二在此句下，都有「多不即赴正衙（長編於此句之下尚有「致朝綱之隳廢」一語），欲望自今內外官中謝後」等語。

〔二七〕其內諸司職官幷將校至刺史以上新授者　自此以下至「赴正衙謝」，宋會要儀制四之四、長編卷三二均無此段文字。按文義，此段文字與前文重複，當有衍誤。

〔二八〕侍御史知雜事滿中行　「滿」原作「蒲」，據宋會要儀制四之七、長編卷三二〇、玉海卷七〇改。

〔二九〕言　「言」字上有脫文。宋會要儀制四之八、長編卷三二〇都作「本所言」。

〔三〇〕而未有執事者反謂之參　「謂之」二字，宋會要儀制四之八、長編卷三二〇均作「曰」，從上文看，於義較合。

二十四史

中華書局

宋史卷一百一十七

志第七十

禮二十 賓禮二

入閤儀　明堂聽政儀肆赦儀附　皇太后垂簾儀
皇太子正至受賀儀　皇太子與百官師保相見儀

入閤儀。唐制：天子日御正衙以見羣臣，必立仗。朔望薦食陵寢，不能臨前殿，則御便殿，乃自正衙喚仗由宣政兩門而入，是謂東、西上閤門，羣臣俟於正衙者因隨以入，故謂之入閤。五代以來，正衙既廢，而入閤亦希闊不講，宋復行之。

建隆元年八月朔，太祖常服御崇元殿，設仗衞，文武百官入閤，始置待制、候對官，乃以工部尚書竇儀〔一〕待制，太常卿邊光範候對。仗退，賜食廊下。

乾德四年四月朔〔二〕，帝服通天冠、絳紗袍，御崇元殿視朝，設金吾仗衞，羣臣入閤。

太宗淳化二年十一月，詔以十二月朔御文德殿入閤，令史館修撰楊徽之、張洎定爲新儀。前一日有司供帳於文德殿。宋初曰文明。是日既明，先列文武官于殿庭之東西，百官、軍校、行軍副使等序班於正衙門外屏南階下；次御史中丞、三院御史序立，中丞獨穿金吾班過揖兩班，一揖歸本位；次監察御史兩員監閤，於正衙門外屏北階上北面立；次中書、門下、文明翰林樞密直學士〔三〕、兩省官分班立；次司天奏辰刻；次閤門版奏班齊。皇帝服鞾袍乘輦，至長春殿駐輦，樞密使以下奏謁，前導至文德殿。殿上承旨索扇，捲簾。皇帝升位，扇却，儀鸞使焚香；次文武官等拜；次司天鷄唱；次閤門勘契；次閤門使承旨呼四色官喚仗，南班有辭謝者再拜先退，中書、門下班對揖，序立正衙門外屏北階上；次翰林學士、兩省官、中丞、侍御史序立；次金吾將軍押細仗入正衙門後，橫行拜訖，分行上黃道，仗隨入，金吾將軍至龍墀分班揖訖，序立；次吏部、兵部侍郎執文武班簿入〔四〕，對揖立；次中書、門下、學士、兩省、御史臺官入，北面拜訖，上黃道，將至午階，皺鞾急趨赴丹墀，彈奏御史至吏部侍郎南便落黃道，急趨就位；起居郎、舍人至兵部、吏部侍郎後，急趨而進，飛至香案前，皆揖訖序立；次金吾大將軍先對揖並鞠躬，皺鞾行至折方石位又對揖，北行至奏事石位鞠躬，一員奏軍國內外平安，倒行就位；次引文武班就位，揖訖，鞠躬，皺鞾急趨入沙墀；次引侍從班橫行，宰臣祝月起居畢，分班序立；文武兩班出，序立於衙門外。刑法、待制官赴監奏位，中書、門下夾香案侍立，兩省御史臺官、學士、兵部吏部侍郎、金吾將軍、監閤御史並相次出，就衙門外立。惟學士立門側北候宰相。中書、門下詣香案前奏曰：「中書公事，臣等已具奏聞。」訖，乃退，揖殿出。次刑法官、待制官各奏事，並宣徽使答訖，乃出就班。次彈奏官、左右史出。閤內失儀者，彈糺如式〔五〕。彈奏官失儀，起居郎糺之；起居郎失儀，閤門使糺之；閤門使失儀，宣徽使糺之。凡出者皆皺鞾急趨揖殿。次中書、門下、學士就位，閤門使宣放仗，再拜，賜廊下食，又再拜。次閤門使奏閤內無事〔六〕，文武官出，殿上索扇，垂簾，輦還宮。其賜廊下食，自左右勤政門北東西兩廊，文東武西，以北爲上立定；中丞至本位，面南一揖，乃就坐食；至臺吏，贊乃揞笏食，食訖復贊，食畢而罷。五月朔〔七〕，命有司增黃麾仗二百五十人，令文武官隨中書、門下橫行起居，徙翰林學士位于參知政事後，與節度使分東西揖殿出。眞宗凡三行之，景德以後其禮不行。仁宗從知制誥李淑議，仍讀時令，詔禮官詳定儀注，以言者謂未合典禮而罷。

熙寧三年，知制誥宋敏求等言：「奉詔重修定閤門儀制內文德殿入閤儀，按今文德殿，唐宣政殿也；紫宸殿，唐紫宸殿也。然祖宗視朝，皆嘗御文德殿入閤。唐制，常設仗衞于宣政殿，或遇上坐紫宸，卽喚仗入閤。如此，則當御紫宸殿入閤，方合舊典。」翰林學士王珪

等議：「按入閤者，乃唐隻日紫宸殿受常朝之儀也〔八〕。唐紫宸與今同，宣政殿卽今文德殿。唐制，天子坐朝，必立仗于正衙。若止御紫宸卽喚正衙仗自宣政殿東西閤門入，故爲入閤。五代以來遂廢正衙立仗之制。今閤門所載入閤儀者，止是唐常朝之儀，非盛禮也。」自是入閤之禮遂罷。

敏求又言：「本朝惟入閤乃御文德殿視朝，今既不用入閤儀，卽文德遂闕視朝之禮。請下兩制及太常禮院，約唐制御宣政殿，裁定朔望御文德殿儀，以備正衙視朝之制。」學士韓維等以入閤圖增損裁定上儀曰：

朔日不値假，前五日閤門移諸司排辦，前一日，有司供帳文德殿。其日，金吾將軍常服押本衞仗，判殿中省官押細仗，先入殿庭，東西對列；文武官東西序立；諸軍將校分入，北向立；朝堂引贊官引彈奏御史二員入殿門踏道，當下殿北向立；次催文武班分入，並東西相向立；諸軍將校卽於殿庭北向立班。皇帝服鞾袍御垂拱殿，鳴鞭，內侍、閤門、管軍依朔望常例起居；次引樞密、宣徽、三司使副、樞密直學士、內客省使以下至醫官、待詔及修起居注官二員並大起居。諸司使以下，退排立。帝輦至文德殿後，閤門奏班齊，帝出，殿上索扇，升榻，鳴鞭；扇開，捲簾，儀鸞使焚香，喝文武官就位，四拜起居；鷄人唱時；舍人於彈奏御史班前西向喝大起居。御史由文武班後至對立

位，次引左右金吾將軍合班於宣制石南大起居，班首出班躬奏軍國內外平安，歸位再拜，各歸東西押仗位。通喝舍人於宣制石南北向對立。舍人退於西階，次揖宰臣、親王以下，躬奏文武百僚、宰臣某姓名以下起居，分引宰臣[九]以下橫行，諸軍將校仍舊立。閤門使喝大起居，舍人引宰臣至儀石北，俛伏跪致詞祝月訖，其詞云：「文武百僚、宰臣全銜臣某姓名等言：孟春之吉，伏惟皇帝陛下膺受時祉，與天無窮，臣等無任歡呼抃蹈之至。」歸位五拜。閤門使揖中書由東階升殿，樞密使帶平章事以上由西階升殿侍立；給事中一員歸左省位立；轉對官立於給事中之南；如罷轉對官，每遇御史臺前期牒請；文官二員並依轉對官例，先於閤門投進奏狀。吏部侍郎及刑法官立於轉對官南；兵部侍郎於右省班南，與吏部侍郎東西相向立[一〇]，搢笏，各出班籍置笏上；吏部、兵部侍郎以知審官東、西院官充[一一]，刑法官以知審刑、大理寺官充。親王、使相以下分班出；引轉對官於宣制石南，宣徽使殿上承旨宣答如儀；次吏部、兵部侍郎及刑法官對揖出；次彈奏御史無彈奏對揖出；如有彈奏，並如儀。引給事中至宣制石南揖，躬奏殿中無事；喝祗候，揖，西出；次引修起居注官，次引排立供奉官以下各合班於宣制石南躬；喝祗候，揖，分班出；喝天武官等門外祗候，出[一二]。索扇，垂簾，皇帝降坐，鳴鞭；舍人當殿承旨放仗，四色官廠犨急趨至宣制石南，稱奉敕放仗。金吾將軍幷判殿中省官對拜訖，隨仗出；親王、使

相、節度使至刺史、學士、臺省官、諸軍將校等並序班朝堂，謝賜茶酒。帝復御垂拱殿，中書、樞密及請對官奏事；不引見、謝、辭班。後殿坐，臨時取旨。其日遇有德音、制書、御札，仍候退御垂拱殿坐；制箱出外。應正衙見、謝、辭文武臣僚，並依御史臺儀制喚班，依序分入於文武班後，以北為首，分東西相向，重行異位，依見、辭、謝班序位。餘押班臣僚於班稍前押班，候刑法官對揖出，分引近前揖躬。舍人當殿宣班，引轉對班見、謝、辭，並如紫宸儀。樞密使不帶平章事、參知政事至同簽書樞密院事、宣徽使並立於宣制石稍北，宰臣、親王、樞密使帶平章事、使相係押班者，立於儀石南，餘官並立於宣制石南，如合通喚，閤門使引並如儀。贊喝訖，係中書、樞密並揖升殿辭謝，揖，西出，其合問聖體者，並如儀；餘官分班出。彈奏御史候見、謝、辭班絕，對揖出。其朝見，如謝都城門外御筵，及召赴闕謝茶藥撫問之類，不可合班者，各依別班中謝對。賜酒食等並門賜。其係正衙見門謝辭，亦門外唱放。

應正衙見、謝、辭臣僚，前一日於閤門投詣正衙榜子，閤門上奏目；又投正衙狀於御史臺、四方館。應朔日或得旨罷文德殿視朝，止御紫宸殿起居，其已上奏目，正衙見、謝、辭班並放免，依官品隨赴紫宸殿引，或值改，依常朝文德殿，自有百官班日，並如舊儀。

應外國蕃客見、辭，候喚班先引赴殿庭東，依本國職次重行異位立，候見、辭、謝班絕，西向躬。舍人當殿通班轉於宣制石南，北向立，贊喝如儀，西出。其酒食分物並門賜；如有進奉，候彈奏御史出，進奉入。唯御馬及擔床自殿西偏門入，東偏門出。其進奉出入，天武官起居[一三]，舍人通某國進奉，宣徽使喝進奉出，節次如紫宸儀。候進奉出，給事中奏殿中無事，出。其後殿再坐，合引出者，從別儀。

其日，賜茶酒，宰臣、樞密於閤子，親王於本廳，使相、宣徽使、兩省官、待制、三司副使、文武百官、皇親使相以下至率府副率，及四廂都指揮使[一四]以下至副都頭，並於朝堂。如朝堂位次不足，即於朝堂門外設次。管軍節度使至四廂都指揮使、節度使、兩使留後至刺史，並於客省廳。

詔從所定。

徽宗初建明堂，禮制局列上七議：

一曰：古者朔必告廟，示不敢專。請視朝聽朔必先奏告，以見繼述之意。

二曰：古者天子負扆南向以朝諸侯，聽朔則各隨其方。請自今御明堂正南向之位，

布政則隨月而御堂，其閏月則居門焉。

三曰：禮記月令，天子居青陽、總章，每月異禮。請稽月令十二堂之制，修定時令，使有司奉而行之。

四曰：月令以季秋之月為來歲受朔之日。請以每歲十月於明堂受新曆，退而頒之郡國。

五曰：古者天子負扆，公、侯、伯、子、男、蠻夷戎狄四塞之國各以內外尊卑為位。請自今元正、冬至及大朝會並御明堂，遼使依賓禮，蕃國各隨其方，立於四門之外。

六曰：古者以明堂為布政之宮，自今若有御劄、手詔並請先於明堂宣示，然後榜之朝堂，頒之天下。

七曰：赦書、德音，舊制宣於文德殿，自今非御樓肆赦，並於明堂宣讀。

政和七年九月一日，詔頒朔、布政自十月為始。是月一日，上御明堂平朔左个，頒天運、政治及八年戊戌歲運、曆數于天下。自是每月朔御明堂布是月之政。先是，羣臣五上表請負扆聽朝，詔弗允，至是復再請，始從之。十一月一日上御明堂，南面以朝百辟，退坐于平朔頒政。其禮：百官常服立明堂下，乘輿自內殿出，負斧扆坐明堂。大晟樂作，百官朝于堂下，大臣升階進呈所頒布時令，左右丞一員跪請付外施行，宰相承制可之，左右丞乃下

授頒政官，頒政官受而讀之訖，出，閤門奏禮畢。帝降坐，百官乃退。自是以爲常。其歲運、曆數、天運、政治之辭，文多不載。是後則各隨歲月星曆氣運推移沿改，而易其辭焉。

初，尚書左丞薛昂請凡崇寧以來紹述熙、豐政事，各條其節目，繫之月令，頒于明堂。尋詔：「頒月之朔〔一五〕，使民知寒暑燥濕之化，而萬里之遠，雖驛置日行五百里已不及時。其千里外當前期十日進呈取旨，頒布諸州長吏封掌，俟月朔宣讀之。」宣和元年，蔡京言：「周觀治象於正月之始和，以十二月頒告朔于邦國，皆不在十月。後世以十月者，祖秦朔故也。秦以十月爲歲首，故月令以孟冬頒來歲之朔，今不當用。請以季冬頒歲運于天下。」詔自今以正月旦進呈宣讀。四年二月，太常王黼編類明堂頒朔布政詔書〔一六〕、條例、氣令應驗，凡六十三册，上之。靖康元年，詔罷頒朔布政。

御樓肆赦。每郊祀前一日，有司設百官、親王、蕃國諸州朝貢使、僧道、耆老位宣德門外，太常設宮縣、鉦鼓。其日，刑部錄諸囚以俟。駕還至宣德門內幄次，改常服，羣臣就位，帝登樓御坐，樞密使、宣徽使侍立，仗衞如儀。通事舍人引羣官橫行再拜訖，復位。侍臣宣

曰「承旨」，舍人詣樓前，侍臣宣敕立金鷄。舍人退詣班南，宣付所司訖，太常擊鼓集囚。少府監立鷄竿於樓東南隅，竿末伎人四面緣繩爭上，取鷄口所銜絳幡，獲者即與之。樓上以朱絲繩貫木鶴，仙人乘之奉制書循繩而下，至地以畫臺承鶴，有司取制書置案上。閤門使承旨引案宣付中書、門下，轉授通事舍人，北面宣云「有制」，百官再拜。宣赦訖，還授中書、門下，付刑部侍郎承旨放囚，百官稱賀。閤門使進詣前，承旨宣答訖，百官又再拜，舞蹈，退。若德音、赦書自內出者，並如文德殿宣制之儀。其降御劄，亦閤門使跪授殿門外置箱中，百官班定，閤門授宰臣讀訖，傳告，百僚皆拜舞稱萬歲。眞宗宣制，有司請用儀仗四千人，自承天殿設細仗導衞，近臣起居訖，則分左右前導之。

皇太后臨朝聽政。乾興元年，眞宗崩，遺旨以皇帝尚幼，軍國事兼權取皇太后處分。宰相率百官稱賀，復前奉慰，又慰皇太后於簾前。有司詳定儀式：內東門拜表，合差入內都知一員跪授傳進；皇太后所降批答，首書「覽表具之」，末云「所請宜許或不許」。初，丁謂定皇太后稱「予」，中書與禮院參議，每下制令稱「予」，便殿處分稱「吾」。皇太后詔：「止稱『吾』，與皇帝並御承明殿垂簾決事。」百官表賀。

英宗即位，輔臣請與皇太后權同聽政。禮院議：自四月內東門小殿垂簾，兩府合班起居，以次奏事，非時召學士亦許至小殿。時帝以疾權居柔儀殿東閣西室，太后垂簾處分稱「吾」，唯兩府日入候問聖體，因奏政事，退詣小殿簾外，覆奏太后。帝疾間，御前後殿聽政，兩府退朝，猶於小殿覆奏。

哲宗即位，太皇太后權同聽政。三省、樞密院按儀注：未釋服以前，遇隻日皇帝御迎陽門，日參官並赴起居，依例奏事。每五日，遇隻日於迎陽門垂簾，皇帝坐於簾內之北，宰執奏事則權屛去左右侍衞；事有機速，許非時請對，及賜宣召亦許升殿。禮部、御史臺、閤門奏討論御殿及垂簾儀制，每朔、望、六參，皇帝御前殿，百官起居，三省、樞密院奏事，應見、謝、辭班退，各令詣內東門進牓子。皇帝雙日御延和殿垂簾，日參官起居太皇太后，移班少西起居皇帝，並再拜。三省、樞密院奏事，三日以上四拜不舞蹈，候祔廟畢，起居如常儀。簾前通事以內侍，殿下以閤門。吏部磨勘奏舉人〔一七〕，垂簾日引。應見、謝、辭臣僚遇朔、望參日不坐，並先詣殿門，次內東門，應擡賜者並門賜之。於是帝御迎陽門幄殿，同太皇太后垂簾，宰臣、親王以下合班起居。常制分班十六，至是合班，以閤門奏請故也。禮官請如有祥瑞、邊捷，宰臣以下紫宸殿稱賀皇帝畢，赴內東門賀太皇太后。從之。

徽宗即位，皇太后權同聽政。三省、樞密院聚議：故事，嘉祐末，英宗請慈聖同聽政，

五月同御內東門小殿垂簾，至七月十三日英宗間日御前後殿，輔臣奏事，退詣內東門簾前覆奏。又故事，唯慈聖不立生辰節名，不遣使契丹；若天聖、元豐則御殿垂簾，立生辰節名，遣使與契丹往還，及避家諱等。曾布曰：「今上長君，豈可垂簾聽政？請如嘉祐故事。」蔡卞曰：「天聖、元豐與今日皆遺制處分，非嘉祐比。」布曰：「今日之事，雖載遺制，實出自德音，又皆長君，正與嘉祐事相似。」有旨：依嘉祐、治平故事。布語同列曰：「奏事先太后，次覆奏皇帝，如今日所得旨。」遂爲定式矣。尋以哲宗靈駕發引，太后手書罷同聽斷焉。

皇太子元正、冬至受羣臣賀儀。政和新儀：前一日，有司於東門外量地之宜，設三公以下文武羣官等次如常儀；典儀設皇太子答拜褥位於階下南向，又設文武羣官版位於門之外。其日，禮直官、舍人先引三公以下文武羣臣以次入，就位立定。禮直官、舍人引左庶子詣皇太子前，跪請內嚴；少頃，又言外備。內侍褰簾，皇太子常服出次，左右侍衞如常儀。皇太子降階詣南向褥位，典儀曰「再拜」，贊者承傳曰「再拜」，三公以下皆再拜，皇太子答拜。班首少前稱賀云：「元正首祚，冬至云：「天正長至。」景福維新。伏惟皇太子殿下，與時同休。」賀訖，少退，復位。左庶子前，承令詣羣臣前答云：「元正首祚，冬至云：「天正長至。」」與公等均

中華書局

慶。」典儀曰「再拜」，班首以下皆再拜，皇太子答拜。訖，禮直官、通事舍人引三公以下文武百官以次出，內侍引皇太子升階，還次，降簾，侍衞如常儀。

少頃，禮直官、舍人引知樞密院官以下入，就位立定，內侍引皇太子降階，詣南向褥位，樞密以下參賀如上儀。訖，退。次引師、傅、保、賓客以下入，就位，參賀如上儀。師、傅、保以下以次出。

內侍引皇太子升坐，禮直官引文武宮官入，就位，重行北向立，典儀曰「再拜」，在位官皆再拜。左庶子少前，跪言：「具官某言：元正首祚，冬至云：「天正長至。」伏惟皇太子殿下，與時同休。」俛伏，興，復位。典儀曰「再拜」，在位者皆再拜，分東西序立。左庶子少前，跪言禮畢。左右近侍降簾，皇太子降坐，宮官退，左右侍衞以次出。

皇太子與百官相見。至道元年，有司言：「百官見皇太子，自兩省五品、尚書省御史臺四品、諸司三品以上皆答拜，餘悉受拜。宮官自左右庶子以下，悉用參見之儀。其宴會位在王公上。」

與師、傅、保相見。政和新儀：前一日，所司設師、傅、保以下次於宮門外道，西南向；

設軒架之樂於殿庭，近南，北向。其日質明，諸衞率各勒所部屯門列仗，典謁設皇太子位於殿東階下西向，設師、傅、保位於殿西階之西，三少位於傅、保之南稍却，俱東向北上。師、傅、保以下俱朝服至宮門，通事舍人引就次，左庶子請內嚴。通事舍人引師、傅、保立於正殿門之西，三少在其南稍却，俱東向北上。左庶子言外備，諸侍奉之官各服其器服，俱詣閤奉迎。皇太子朝服以出，左右侍衞如常儀，軒架作翼安之樂，至東階下西向立，樂止。通事舍人引師、傅、保及三少入，就位，軒架作正安之樂，至位樂止。皇太子再拜，師、傅、保以下答拜。若三少特見，則三少先拜。通事舍人引師、傅、保以下出，軒架正安之樂作，出門，樂止。左庶子前跪稱：「左庶子某言，禮畢。」皇太子入，左右侍衞及樂作如來儀。

校勘記

〔一〕寳儀　原作「寶儀」，據宋會要儀制一之二一、長編卷三二和本書卷二六二竇儀、竇儼傳改。

〔二〕乾德四年四月朔　據宋會要儀制一之二一，這是建隆四年四月朔的事。乾德四年四月朔入閤，不在崇元殿而在文德殿。

〔三〕文明翰林樞密直學士　宋會要儀制一之一九文德殿視朝儀作「翰林學士」，無「文明」、「樞密直」等字。

〔四〕次吏部兵部侍郎執文武班簿入　「兵部」二字原脫，據宋會要儀制一之二〇文德殿視朝儀，幷參照下文所記赴朝羣官補。

〔五〕彈糺如式　「糺」原作「紀」，據下文和宋會要儀制一之二〇改。

〔六〕閤內無事　「無事」原作「無使」，據宋會要儀制一之二〇文德殿視朝儀和一之二五李淑等重修入閤儀注改。

〔七〕五月朔　按宋會要儀制一之二三，「五月朔」上脫「三年」二字。

〔八〕乃唐隻日紫宸殿受常朝之儀也　「隻日」原作「舊日」。通考卷一〇七王禮考引石林葉氏說：唐盛時，遇朔望陵寢薦食，改御紫宸殿入閤；中世衰亂，宣政殿不復御，乃惟以隻日常朝御紫宸殿。作「隻日」是。據宋會要儀制一之二九、長編卷三二、通考卷一〇八王禮考改。

〔九〕分引宰臣　「宰臣」原作「羣臣」，據宋會要儀制一之三二、通考卷一〇八王禮考改。

〔一〇〕與吏部侍郎東西相向立　「東西」原作「東南」，據同上二書同卷改。

〔一一〕吏部兵部侍郎以知審官東西院官充　「審」字下原衍「刑」字，據宋會要儀制一之三二、通考卷一〇八王禮考改。

〔一二〕喝天武官等門外祗候出　「天武」原作「文武」，據宋會要儀制一之三二和龐元英文昌雜錄卷三所記文德殿視朝儀改。

〔一三〕天武官起居　「天武」原作「文武」，據宋會要儀制一之三四文德殿視朝儀，幷參照本書卷一一九、太常因革禮卷八三改。

〔一四〕四廂都指揮使　按宋會要儀制一之三四作「廂都指揮使」，下文已有「四廂都指揮使」，此處「四」字疑衍。

〔一五〕頒月之朔　「頒」字原脫，據宋會要禮二四之八四，並參照上文「頒朔布政」語補。

〔一六〕編類明堂頒朔布政詔書　「詔書」上原衍「與」字。按同上書同卷載宣和四年二月太宰王黼言，謂「今編類到明堂頒朔布政司政和七年十月止宣和三年十月頒朔布政詔書及建府以來條例幷氣令應驗目錄一冊」，據刪。

〔一七〕吏部磨勘奏舉人　「奏」原作「奉」，據宋會要儀制一之一三改。

中華書局

宋史卷一百一十八

志第七十一

禮二十一 賓禮三

朝儀班序 百官轉對 百官相見儀制

朝儀班序。太祖建隆三年三月，有司上合班儀：太師，太傅，太保，太尉，司徒，司空，太子太師、太傅、太保，嗣王，郡王，左右僕射，太子少師、少傅、少保，三京牧，大都督，大都護，御史大夫，六尙書，常侍，門下、中書侍郎，太子賓客，太常、宗正卿，御史中丞，左右諫議大夫，給事中，中書舍人，左右丞，諸行侍郎，秘書監，光祿、衞尉、太僕、大理、鴻臚、司農、太府卿，國子祭酒，殿中、少府、將作監，前任節度使，開封、河南、太原尹，太子詹事，諸王傅，司天監，五府尹，國公，郡公，中都督，上都護，下都督，太子左右庶子，五大都督府長史，中都

護，下都護，太常、宗正少卿，秘書少監，光祿等七寺少卿，司業，三少監，三少尹，少詹事，左右諭德、家令、率更令、僕，諸王府長史、司馬，司天少監，起居舍人，侍御史，殿中侍御史，左右補闕，拾遺，監察御史，郎中，員外郎，太常博士，五府少尹，五大都督府司馬，通事舍人，國子博士，五經博士，都水使者，四赤令，太常、宗正、秘書丞，著作郎，殿中丞，尙食、尙藥、尙舍、尙乘、尙輦奉御，大理正，太子中允、贊善、中舍、洗馬，諸王友、諮議參軍，司天五官正。凡雜坐者，以此爲準。詔曰：「尙書中臺，萬事之本，而班位率次兩省官；節度使出總方面，古諸侯也，又其檢校兼守官多至師傅三公，而位居九寺卿監之下，甚無謂也。其給事、諫議、舍人宜降於六曹侍郎之下，補闕次郎中，拾遺、監察次員外郎，節度使升於六曹侍郎之上、中書侍郎之下，餘悉如故。」

乾德元年閏十二月，詔重定內外官儀制。有司請令上將軍在中書侍郎之下，大將軍在少卿監之下，諸衞率、副率在東宮五品之下，內客省使視大卿，客省使視大監，引進使視庶子，判四方館事視少卿，閤門使視少監，諸司使視郎中，客省引進、閤門副使視員外郎，諸司副使視太常博士，通事舍人從本品，供奉官視諸衞率，殿直視副率，樞密承旨視四品朝官，兼南班官諸司使者從本品，副承旨視寺監丞，諸房副承旨視南省都事。凡視朝官者本品下，視京官在

其上。

開寶六年九月，詔曰：「周之宗盟，異姓爲後，此先王所以睦九族而和萬邦也。晉王親賢莫二，位望俱崇，方資夾輔之功，俾先三事之列，宜位宰相上。」九年十一月，詔齊王廷美、武功郡王德昭位在宰相上。

大中祥符元年正月，有司上酺宴班位。駙馬都尉、宮僚、員僚、皇親大將軍已下[一]，行門、宰臣、樞密使已下，潁王、皇親郡王、侍衞馬軍都指揮使已下，皇親使相、皇親節度使、皇親觀察留後已下，皇親防禦、團練、刺史三班合爲一；節度使、觀察留後已下，防禦、團練、刺史三班合爲一，並重行異位。詔依所定。既而武康軍節度使李端愿言：「使相亦當合爲一班，不當獨行尊異。」詔令閤門再定，而閤門引儀制及以前議爲是。端愿復伸其議，自劾妄言。乃詔太常禮院與御史臺同詳定。禮院言：「常朝起居班次，緣祖宗舊制，不宜併合。」從之。

四年閏三月[二]，太常禮院、閤門言：「準詔同詳定閤門使李端懿所奏閤門儀制，宰臣與親王立班坐位分左右各爲班首，宰臣、樞密使帶使相，或帶郡王并使相作一行，總爲中書門下班。其親王獨行一班者，準封爵令。兄弟皇子皆封國，謂之親王，所以他官不可參綴。檢會坐次圖，直將宗室使相輒綴親王，蓋更張之時未見親王，遂致失於講求。近見朝拜

景靈宮，東陽郡王顥亦綴親王班，竊恐未安。今取到閤門儀制，其合班宰臣、使相在東，親王在西，分班立。又祥符元年宴坐次圖，宰臣王旦與使相石保吉在東，寧王元偓、舒王元偁、廣陵郡王元儼、節度使惟吉在西，分班坐。其元儼、惟吉是郡王與節度使，許綴親王班，竊慮當時出自特旨。今來檢尋元初文字不見，在先朝只依祥符元年宴坐次圖子，親王及帶使相郡王在西爲一班。臣等參詳，請依閤門儀制，親王在西，獨爲一班，宗室郡王帶使相許綴親王立班坐次，卽係臨時特旨。」從之。

熙寧二年四月，國信所言：「大遼賀同天節左番使耶律奭赴文德殿拜表，言南使到北朝綴翰林學士班，今來却在節度使之下。館伴者諭之，始就班。時下御史臺、閤門同詳定，奏稱人使不知本朝翰林學士班自在節度使之下，如遇合班，卽節度使在翰林學士之西差前，別爲一班立，俱不相壓。欲且依久來儀制體例。」詔依所定。是月[三]，編修閤門儀制所言：「慶曆中，改文明殿學士爲觀文殿學士，又置大學士。按文明殿卽今文德殿，乃正衙前殿也，後唐始置學士，序位樞密副使之下，每遇紫宸殿坐朝，則升殿侍立。蓋文德、紫宸通謂之前殿，故學士侍立爲宜。竊詳慶曆所改職名，雖用舊之班著，而殿之次序與舊義理不同。其觀文殿深在禁中，乃與資政、端明殿相類，而資政、端明學士並不侍立。其觀文殿大學士自今遇紫宸殿坐朝，請更不升殿侍立。」從之。

中華書局

元祐元年五月，詔：「太師平章軍國重事文彥博，已降旨令獨班起居；自今赴經筵、都堂同三省、樞密院奏事〔四〕，並序位在宰臣之上。」

百官轉對。自建隆詔內殿起居日，令百官以次轉對，限以二人。其封章於閤門通進，復鞠躬自奏，宣徽使承旨宣答，拜舞而出，著爲閤門儀制。

淳化二年，詔：自今內殿起居日，復令常參官二人次對，閤門受其章。

大中祥符末，罷不復行。

景德三年，復詔：「羣臣轉對，其在外京官內殿崇班以上，候得替，先具民間利害實封，於閤門上進，方得朝見。」

治平中，命御史臺每遇起居日，令百官轉對。御史臺言：「舊制，起居日，輪兩省及文班秩高者二員轉對。若兩省官有充學士、待制，則綴樞密班起居，內朝臣僚不與。」尋詔遇轉對日，增二員。

熙寧初，閤門言：「舊制，中書省、樞密院奏事退，再引三班，假日則兩班，或再御後殿引對，多及午刻，遇開經筵，即至申末，恐久勞聖躬。請遇經筵日，自二府奏事外，止引一

班，或有急奏及言事官請對即取旨，候罷經筵日仍舊。」又言：「假日御崇政殿，每遇辰時，則隔班過延和殿再引，不待進食，至巳刻隔班取旨，倘許引對。請自今隔班過延和殿，候巳進食再引。遇寒暑、大風雨雪即令次日引對。」詔：「自今授外任者許令轉對訖朝辭。」監察御史裏行張戩、程顥言：「每欲奏事，必候朝旨，或朝政有闕及聞外事而機速後時，則已無所及；況往復候報，必由中書，萬一事干政府，則或致阻格。請依諫官例，牒閤門求對，或有急奏，即許越次登對，庶幾遇事入告，無憂失時。」又以編修閤門儀制所言，三衙有急奏，許於後殿登對，若別有奏陳，則報閤門如常制，或假日御崇政殿，則於已得旨對班後續引，且許兩制以上同班奏事。

元豐中，詔：「尚書侍郎同郎官一員奏事，郎中、員外郎番次隨之，不許獨留身。侍郎以下，亦不許獨請奏事。其左右選非尚書通領者，聽侍郎以上郎官自隨。秘書、殿中省、諸寺監長官視尚書，貳丞以下視侍郎。」又詔：「三省、樞密院獨班奏事日，無得過三班。若三省俱獨班，則樞密院當請奏事。其見任官召對訖，次日即朝辭回任聽旨。」

元祐中，宰臣呂大防言：「昨垂簾聽政，惟許臺諫以二人同對，故不正之言無得以入。今陛下初見羣臣，請對者必衆。既人人得進，則善惡相雜，故於采納尤難。」帝曰：「人君以納諫爲上，然邪正則不可不辨。」遂詔上殿班當直牒及帥臣、國信使副，許依元豐八年以

前儀制。

紹聖初，臣僚言：「文德殿視朝輪官轉對，蓋襲唐制，故祖宗以來，每遇轉對，侍從之臣亦皆與焉。元祐間因言者免侍從官轉對，續詔職事官權侍郎以上並免，自此轉對止於卿監郎官而已。請自今視朝轉對依元豐以前條制。」又詔〔五〕：「自今三省、樞密院進擬在京文臣開封府推判官、武臣橫行使副、在外文臣諸路監司藩郡知州、武臣知州軍已上〔六〕，取旨召對。」臣僚言：「每緣職事請對，待次旬日，遇有急奏，深恐失事。請自今後許依六曹、開封例，先次挑班上殿，仍不隔班。」又言：「諸路監司，朝廷所選，以推行法令，省問風俗，朝辭之日，當令上殿。」六曹尚書〔七〕如有職事奏陳，許獨員上殿。其羣臣請對，雖遇休假，特御便殿聽納。既又詔：「應節鎮郡守往令陛辭，歸許登對，不特審觀人材，亦所以重外任也。可於監司不許免對條下，增入節鎮郡守依此。」

重和元年，臣僚言：「比年以來，二三大臣奏對留身，譏疏善良，請求相繼，甚非至公之體。」詔：「自今惟蔡京五日一朝許留身，餘非除拜、遷秩、因謝及陳乞免罷，並不許獨班奏事，令閤門報御史臺彈劾。」又詔〔八〕：「寺監職事上部，部上省，故得上下維持，綱紀所出。今後雖係兩制，職司寺監不許獨對。」臣僚言：「祖宗舊制，有五日一轉對者，今惟月朔行之，有許朝官轉對者，今惟待制以上預焉。自明堂行視朔禮，歲不過一再，則是畢歲而論思者

無幾。請遇不視朔，即令具章投進，以備覽觀。」又「諸路監司未經上殿者，雖從外移，先赴闕引對，方得之官。」並從其議。

百官相見儀制。乾德二年，詔曰：「國家職位肇分，軌儀有序，冀等威之斯辨，在品式之惟明。矧著位之庶官及內司之諸使，以至軒墀引籍，州縣命官，凡進見於宰相，或參候於長吏，既爲總攝，合異禮容，稽於舊儀，且無定法。或傳晉天福、周顯德中，以廷臣、內職、賓從、將校，比其品數，著爲綱條，載於刑統，未爲詳悉。宜令尚書省集臺省官、翰林、秘書、國子司業、太常博士等詳定內外羣臣相見之儀。」

翰林學士承旨陶穀等奏：

兩省官除授、假使出入，並參宰相，起居郎以下參同舍人。五品以上官，遇於塗，斂馬側立，須其過。常侍以下遇三公、三師、尚書令，引避；其值僕射，斂馬側立。御史大夫、中丞皆分路行。起居郎以下避僕射，遇大夫，斂馬側立；中丞，分路。尚書丞郎、郎中、員外並參三師、三公、令、僕，郎中、員外兼參左右丞、本行尚書、侍郎及本轄左右司郎中、員外。御史大夫以下參三師、三公、尚書令，中丞兼參大夫，知雜事參中

二十四史　中華書局

丞，三院御史兼參知雜及本院之長〔九〕。大夫避尚書令以上，遇僕射，斂馬側立而避。大夫遇尚書丞郎、兩省官諸司三品以上、金吾大將軍、統軍上將軍，皆分路。餘官遇中丞，悉引避。知雜兼避中丞，遇左右丞斂馬側立，餘皆分路。郎中及少卿監、大將軍以下，皆避知雜。三院同行，如知雜之例。少卿監並參本司長官，丞參少卿〔一〇〕。諸司三品遇僕射於途，皆引避。諸衞大將軍參本衞上將軍。東宮官參隔品。凡參者若遇於途，皆避。

公參之禮，列拜堂上，位高受參者答焉。四赤縣令初見尹，趨庭，受拜後升廳如客禮。內客省使謁宰相、樞密使以客禮，閤門使以上列拜，皆答，客省副使至通事舍人、諸司使、樞密承旨不答焉。自樞密使副、宣徽使皆差降其禮，供奉官、殿直、教坊使副、辭令官、伎術官並趨庭，倨受。諸司副使參大使，通事舍人參閤門使，防禦、團練、刺史謁本道節帥，節度、防禦、團練副使謁本使，並具軍容趨庭，延以客禮。少尹、幕府於本院長官悉拜〔一一〕。防禦、團練判官謁本道節帥，並趨庭。上佐、州縣官見宰相、樞密使及本屬長官，並拜於庭；天長、雄武等軍使見宰相、樞密亦如之。參本府賓幕官及曹掾，縣簿、尉參令，皆拜。王府官見親王如賓職見使長，府縣官兼三館職者見大尹同。赤縣令、六品以下未嘗參官，見宰相、樞密及本司長官，並拜階上。流外見流內品官，並趨庭。

諸司非相統攝，皆稱移牒。分路者不得籠街及占中道，依秩序以分左右。遇於驛舍非相統攝及名位縣隔，先至者居之。臺省官當通官呵止者，如舊式。文武官不得假借呼稱，以紊朝制。當避路者，若被宣召及有所捕逐，許橫度焉。

又令：「諸司使、副使、通事舍人見宰相、樞密使，升階、連姓通名展拜，不答拜。其見樞密副使、參知政事、宣徽使，以客禮展拜。」

太平興國以後，又制京朝官知令錄者，見本州長吏以客禮，三司判官、推官、主判官見本使，如郎中、員外見尚書丞郎之儀。

咸平中，又詔：開封府左右軍巡使、京官知司錄及諸曹參軍到畿縣見京尹，並趨庭設拜。六年，命翰林學士梁顥等詳定閤門儀制，成六卷，因上言：「三司副使序班、朝服比品素無定列，至道中，筵會在知制誥後、郎中前。今請同諸司、少卿監，班位在上。如官至給諫、卿監者，自如本品，朝會大宴隨判使赴長春殿起居引駕。其朝會引駕至前殿，與諸司使同退。」

大中祥符五年，復命翰林學士李宗諤等詳定儀制：文武百官遇宰相、樞密使、參知政事，並避。起居郎以下遇給舍以上，斂馬。御史大夫遇東宮三師、尚書丞郎、兩省侍郎，分路而行。中丞遇三師、三少、太常卿、金吾上將軍，並分路而行。知雜御史遇尚書侍郎、諸司三品、金吾大將軍、統軍、諸衞上將軍〔一二〕，分路而行。三院同行如知雜例，不同行，遇左右丞，則避。尚書丞郎、郎中、員外遇三師、三公、尚書令，則避。郎中、員外遇丞郎，則避。太常博士以下朝官遇本司長官、三師、三公、僕射、尚書丞郎、大夫、中丞、知雜御史，並避，權知判者不避，遇兩省給舍以上，斂馬。京官遇丞郎、給舍、大卿監、祭酒以上及本寺少監卿、司業，並避。諸軍衞大將軍以下遇上將軍、統軍，亦避。詹事遇上臺官，如卿監之例。庶子、少詹事至太子僕遇東宮三師、三少，並避；遇上臺官，如少卿監例。中允以下遇東宮三師、三少，並避；遇賓客、詹事，斂馬；遇上臺官，如太常博士例。應合避尚書者，並避三司使。其權知開封府如本官品避。其臺省官雖不合避，而職在統臨者，並避。武班、內職並依此品。

大觀二年，定王、嘉王府侍講沈錫等奏：「二王出就外學，其初見及侍王禮儀、講說疏數之節，請如故事。」手詔：「按祥符故事，記室、翊善見諸王，皆下拜。眞宗特以張士遜爲王友，命王答拜，以示賓禮。今講讀輔翊之官，職在訓道，亦王友傅也，可如例，令王答拜。」羣臣赴臺參、謝、辭者，新授、加恩、出使者。尚書侍郎則三院御史各一員、中丞、大夫皆對拜。三院仍班迎，不坐班即不赴。節度使、賓客、太常宗正卿則御史一員、中丞、大夫皆對拜。兩使留後至刺史、秘書監至五官正、上將軍至郎將、四廂都指揮使及內職軍校遙郡以上、樞密都承旨及內職

帶正員官者、四赤縣令、三京司錄、節度行軍至團練副使、幕職官任憲銜者，皆御史一員對拜，中丞、大夫對揖。亦令揖訖進言，得參風憲，再揖而退。若曾任中書、門下及左右丞皆不赴。加階勳、食邑、章服，館閣三司、開封府職事及內職轉使額、軍額，亦不赴臺謝。僕射過正衙日，臺官大夫以下與百官，並詣幕次致賀。文官一品、二品曾任中書、樞密院者，不赴。大夫、中丞則郎中、少卿監、大將軍以下亦然。本官約止則不赴，僕射赴上都省者，罷此儀。

校勘記

〔一〕駙馬都尉宮僚員僚皇親大將軍已下　按宋會要儀制三之三〇，自此以下至「並重行異位」，係英宗治平三年九月閤門奏定的起居班次部分內容，距上文「大中祥符元年正月」已有五十九年，與「酺宴班位」爲兩事；此語前面並有脫文。又下文「潁王、皇親郡王、侍衞馬軍都指揮使已下」語，「下」原作「上」；「皇親使相」上原衍「以」字，據上述會要刪改。

〔二〕四年閏三月　宋會要儀制三之三一作「治平四年閏三月」。按前文「大中祥符元年正月，有司上酺宴班位」之後有脫文，致將治平三年的時間漏書，此處「四年閏三月」當以會要所繫年號爲是。

〔三〕是月　按以下「編修閤門儀制所言」至「請更不升殿侍立」一段，宋會要儀制三之三六繫於熙寧二年十月二十五日，與此處承前文指熙寧二年四月不同。

〔四〕同三省樞密院奏事　「奏」字原脫，據長編卷三七八補。

〔五〕又詔　按以下詔文，長編卷五〇一、宋會要儀制六之一九都繫於元符元年八月五日，與此處承前文指紹聖初不同。

〔六〕在外文臣諸路監司藩郡知州武臣知州軍已上　「上」原作「下」，據長編卷五〇一、宋會要儀制六之一九改。

〔七〕六曹尚書　按自此以下至「便殿聽納」，皆詔文中語，宋會要儀制六之一九分別繫於崇寧元年、五年，此上當有脫文。

〔八〕又詔　按以下詔文，宋會要儀制六之二一繫於宣和三年四月六日，與此處承前文指重和元年不同。

〔九〕三院御史兼參知雜及本院之長　「參」字原脫，據宋會要儀制五之二補。

〔一〇〕丞參少卿　「少卿」，宋會要儀制五之二作「少卿監」，當是。

〔一一〕少尹幕府於本院長官悉拜　「院」，宋會要儀制五之三作「使」。

〔一二〕諸衞上將軍　「衞」原作「位」，據上文及宋會要儀制五之九改。

宋史卷一百一十九

志第七十二

禮二十二 賓禮四

錄周後　錄先聖後　羣臣朝使宴餞　朝臣時節餽廩
外國君長來朝　契丹夏國使副見辭儀高麗附　金國使副見辭儀
諸國朝貢

昔周滅殷，封微子爲殷後，俾修其禮物，作賓于王家，與國咸休。宋以柴周之後爲二恪，又錄孔子之後，亦先王崇德象賢之意也，故皆爲賓禮。其餘則有朝使之宴餞、歲時之廩餼及外國之使聘、遠方之朝貢，著其迓餞宴賚之式，登降揖遜之儀，備一代之制焉。

太祖建隆元年正月四日，詔曰：「封二王之後，備三恪之賓，所以示子傳孫，興滅繼絕。夏、商之居杞、宋，周、隋之啓介、酅，古先哲王，實用茲道。朕予涼德，歷試前朝，雖周德下衰，勉從於禪讓；而虞賓在位，豈忘於烝嘗？其封周帝爲鄭王，以奉周嗣，正朔服色，一如舊制。」又詔曰：「朕惟眇躬，逮事周室。謳歌獄訟，雖歸新造之邦；廟貌園陵，豈忘舊君之禮？其周朝嵩、慶二陵及六廟，宜令有司以時差官朝拜祭饗，永爲定式。仍命周宗正卿郭玘行禮。」乾德六年八月，詔於周太祖、世宗陵寢側，各設廟宇塑像，命右贊善大夫王碩管勾修蓋。開寶六年三月，周鄭王殂，詔輟朝十日。帝素服發哀於便殿。十月四日，葬周恭帝於順陵，詔特輟四日、五日朝參。

仁宗天聖六年，錄故虢州防禦使柴貴子肅爲三班奉職。七年，錄故太子少傅柴守禮孫詠爲三班奉職。其後，又錄柴氏之後曰熙、曰愈、曰若拙、曰上善並爲三班奉職，曰餘慶、曰織爲州長史、助教，曰貽廓等十一人復其身，仍各賜錢一萬。又錄世宗曾孫揆、柔，及貴曾孫日宣，守禮曾孫若訥，皆爲三班奉職。

嘉祐四年，著作郎何鬲言：「昔舜受堯，禹受舜之天下，而封丹朱、商均以爲國賓。周、漢以降以及於唐，莫不崇奉先代，延及苗裔。本朝受周天下，而近代之盛莫如唐，自梁以下皆不足以崇襲。臣願考求唐、周之裔，以備二王之後，授以爵命，封縣立廟，世世承襲，永爲國賓。」事下太常議，曰：「古者立二王後，不惟繼絕，兼取其明德可法。五代草創，載祀不永，文章制度，一無可考。上取唐室，世數已遠，於經不合。惟周則我受禪之所自，義不可廢，宜訪求子孫，如孔子後衍聖公，授一京官，爵以公號，使專奉廟饗，歲時存問，賜之粟帛、牲器、祭服，每遇時祀，並從官給，其廟宇亦加嚴飾。如此，則上不失繼絕之義，度之於今，亦簡而易行。」從之。四月，詔曰：「先王推紹天之序，尙尊賢之義，褒其後嗣，賓以殊禮，豈非聖人稽古報功之大典哉。國家受命之元，繼周而王，雖民靈欣戴，曆數允集，而虞賓將遜，德美丕顯。頃者推命本始，褒及支庶，每遇南郊，許奏白身一名充班行，恩則厚矣，而義未稱。將上采姚、姒之舊，略循周、漢之典，詳其世嫡，優以公爵，異其仕進之路，申以土田之錫，俾廟寢有奉，饗祀不輟，庶幾乎春秋通三統、厚先代之制矣。宜令有司取柴氏譜系，於諸房中推最長一人，令歲時親奉周室祀事。如白身，卽與京主簿，如爲班行者，卽比類換文資，仍封崇義公，與河南府、鄭州合入差遣，給公田十頃，專管勾陵廟。應緣祭饗禮料所須，皆從官給。如至知州資序，卽別與差遣，却取以次近親，令襲爵授官，永爲定式。」八月，太常禮院定到內殿崇班、相州兵馬都監柴詠於柴氏諸族最長〔二〕，詔換殿中丞，封崇義公，簽書奉寧軍節度判官事，以奉周祀。又以六廟在西京，而歲時祭饗無器服之數，令有司以三品服一、四品服二及所當用祭器給之。

熙寧四年，西京留司御史臺司馬光言：「崇義公柴詠祭祀不以儀式。周本郭姓，世宗后姪，爲郭氏後。今存周後，則宜封郭氏子孫以奉周祀。」帝閱奏，問王安石，安石曰：「宋受天下於世宗，柴氏也。」帝曰：「爲人後者爲之子。」安石曰：「爲人後於異姓，非禮也。雖受天下於郭氏，豈可以天下之故而易其姓氏所出？」帝然之。五年正月，柴詠致仕。詠長子早亡，嫡孫夷簡當襲。太常禮院言夷簡有過，合以次子西頭供奉官若訥承襲。詔以若訥爲衞尉寺丞，襲封崇義公，簽書河南府判官廳公事。

政和八年，徽宗詔曰：「昔我藝祖受禪于周，嘉祐中擇柴氏旁支一名封崇義公。議者謂不當封周。然禪國者周，而三恪之封不及，禮蓋未盡。除崇義公依舊外，擇柴氏最長見在者以其祖父爲周恭帝後，以其孫世世爲宣義郎，監周陵廟，與知縣請給，以示繼絕之仁，爲國二恪，永爲定制。」

紹興五年，詔周世宗玄孫柴叔夏爲右承奉郎，襲封崇義公，奉周後。二十六年，叔夏升知州資序，別與差遣。以子國器襲封，令居衢州，朝廷有大禮，則入侍祠如故事。其柴大有、柴安宅亦各補官。

淳祐九年，又以世宗八世孫柴彥穎特補承務郎，襲封崇義公。時又求隋、唐及朱氏、李氏、石氏、劉氏、郭氏之後，及吳越、荆南、湖南、蜀漢諸國之子孫，皆命以官，使守其祀。具見本紀、世家。

錄先聖後。仁宗景祐二年，詔以孔子四十六世孫北海尉宗愿爲國子監主簿，襲封文宣公。皇祐三年七月，詔曰：「國朝以來，世以孔氏子孫知仙源縣，使奉承廟祀。近歲廢而不行，非所以尊先聖也。宜以孔氏子孫知仙源縣事。」

至和初，太常博士祖無擇言：「按前史，孔子後襲封者，在漢、魏曰褒成、褒尊、宗聖〔三〕，在晉、宋曰奉聖，後魏曰崇聖，北齊曰恭聖，後周、隋並封鄒國，唐初曰褒聖，開元中，始追謚孔子爲文宣王。又以其後爲文宣公，不可以祖謚而加後嗣。」遂詔有司定封宗愿衍聖公，令世襲焉。

治平初，用京東提點王綱言，自今勿以孔氏子弟知仙源縣，其襲封人如無親屬在鄉里，令常任近便官不得去家廟。

熙寧中，以四十八代孫若蒙爲沂州新泰縣主簿，襲封。

元祐初，朝議大夫孔宗翰辭司農少卿，請依家世例知兗州以奉祀。又言：「孔子後襲封疏爵，本爲侍祠，今乃兼領他官，不在故郡。請自今襲封者，無兼他職，終身使在鄉里。」朝

議依所請，命官以司其用度，立學以訓其子孫，襲封者專主祠事，增賜田百頃，共祭祀之餘許均贍族人。其差墓戶並如舊法。賜書，置教授一員，教諭其家子弟，鄉鄰或願學者聽。改衍聖公爲奉聖公，及删定家祭冕服等制度頒賜之。其後，通直郎孔宗壽等舉若蒙弟若虛襲封，仍請自今衆議擇承襲之人，不必子繼，庶幾留意祖廟，惇睦族人。

宣和三年，詔宣議郎孔端友襲封衍聖公，爲通直郎、直秘閣，仍許就任關升，以示崇奬。端友言：詔敕文宣王後與親屬一人判司簿尉，今孔若采當承繼推恩。詔補迪功郎。

高宗紹興二年，以四十九代孫孔玠襲封衍聖公；其後，以搢，以文遠，以萬春，以洙，終宋世，皆襲封主祀事。

羣臣朝覲出使宴餞之儀。太祖、太宗朝，藩鎮牧伯，沿五代舊制，入覲及被召、使回，客省齎籤賜酒食。節度使十日，留後七日，觀察使五日。代還，節度使五日，留後三日，觀察一日，防禦使、團練使、刺史並賜生料。節度使以私故到闕下，及步軍都虞候以上出使回者，亦賜酒食、熟羊。羣臣出使回朝，見日，面賜酒食，中書、樞密、宣徽使、使相並樞密使伴；三司使、學士、東宮三師、僕射、御史大夫、節度使並宣徽使伴；兩省五品以上、侍御史、

中丞、三司副使、東宮三少、尙書丞郎、卿監、上將軍、留後、觀察防禦團練使、刺史、宣慶宣政昭宣使並客省使伴；少卿監、大將軍、諸司使以下任發運轉運提點刑獄、知軍州、通判、都監、巡檢回者卽賜，並通事舍人伴；客省、引進、四方館、閤門使並本廳就食。羣臣賀，賜衣；奉慰，並特賜茶酒，或賜食。外任遣人進奉，亦賜酒食，或生料。自十月一日後盡正月，每五日起居，百官皆賜茶酒，諸軍分校三日一賜。冬至、二社、重陽、寒食，樞密近臣、禁軍大校或賜宴其第及府署中，率以爲常。

大中祥符五年，詔自今兩省五品、尙書省四品、諸司三品以上官，同列出使，並許醵錢餞飲，仍休假一日。餘官有親屬僚友出行，任以休務日餞送。故事，樞密、節度使、使相還朝，咸賜宴於外苑。見辭日，長春殿賜酒五行，仍設食，當直翰林龍圖閣學士以上、皇親、觀察使預坐。八年四月，侍衞步軍副都指揮使王能自鎭定來朝，宴於長春殿。閤門言：「舊制，節度使掌兵，無此禮例。既赴坐，則殿前馬軍都校當侍立，於品秩非便。」遂令皆預位。

中興，仍舊制。凡宰相、樞密、執政、使相、節度、外國使見辭及來朝，皆賜宴內殿或都亭驛，或賜茶酒，並如儀。

時節餽廩。大中祥符五年十一月，以宰相王旦生日，詔賜羊三十口、酒五十壺、米麵各二十斛，令諸司供帳，京府具衛前樂，許宴其親友。旦遂會近列及丞郎、給諫、修史屬官。俄又賜樞密使副、參知政事羊三十口，酒三十壺，米麵各三十斛。其後，以廢務非便，奏罷會，而賜如故。又制僕射、御史大夫、中丞、節度、留後、觀察、內客省使、權知開封府，正、至、寒食，並客省齎籤賜羊、酒、米、麵；立春，賜春盤；寒食，神餤、餳粥；端午，粽子；伏日，蜜沙冰；重陽，糕，並有酒；三伏日，又五日一賜冰。四廂及廂都指揮使，中書舍人，統軍，防禦，團練使，刺史，客省使，樞密都承旨，知銀臺司、審刑院，三司三司勾院〔三〕，諸司使，禁軍校，忠佐，海外諸蕃進奉領刺史以上，至寒食，並賜節料；立春，奉內朝者皆賜幡勝。

元祐二年十一月冬至，詔賜御筵於呂公著私第，遣中使賜上尊酒、香藥、果實、縷金花等，以御飲器勸酒，遣教坊樂工，給內帑錢賜之。及暮賜燭，傳宣令繼燭，皆異恩也。

紹興十三年十二月二十三日，高宗賜宰臣秦檜詔曰：「省所奏辭免生日賜宴。朕聞賢聖之興必五百歲，君臣之遇蓋亦千載。夫以不世之英，值難逢之會，則其始生之日，可不爲天下慶乎！式燕樂衎，所以示慶也。非喬嶽之神無以生申、甫，非宣王之能任賢無以致中興。今日之事，不亦臣主俱榮哉。宜服異恩，毋守沖節。所請宜不允。」

宋朝之制，凡外國使至，及其君長來朝，皆宴于內殿，近臣及刺史、正郎、都虞候以上皆預。

太祖建隆元年八月三日，宴近臣於廣政殿，江南、吳越朝貢使皆預。乾德三年五月十六日，宴近臣及孟昶于大明殿。開寶四年五月七日，宴近臣及劉鋹〔四〕于崇德殿。十一月五日，江南李煜、吳越錢俶各遣子弟來朝，宴于崇德殿。八年三月晦，宴契丹使于長春殿。

太平興國二年二月十一日，宴兩浙進奉使、契丹國信使及李煜、劉鋹、禁軍都指揮使以上于崇德殿，不舉樂，酒七行而罷。契丹遣使賀登極也。五月十一日，再宴契丹使于崇德殿，酒九行而罷，以其貢助山陵也。三年正月十六日，宴劉鋹、李煜、契丹使、諸國蕃客于崇德殿，以契丹使來賀正故也。三月二十五日，吳越錢俶來朝，宴于長春殿，親王、宰相、節度使、劉鋹、李煜皆預。十月十六日，宴宰相、親王以下及契丹使、高麗使、諸州進奉使於崇德殿，以乾明節罷大宴故也。是後，宴外國使爲常。

其君長來朝，先遣使迎勞於候館，使者朝服稱制曰「奉制勞某主」，國主迎於門外，與使

者俱入升階，使者執束帛，稱有制，國主北面再拜稽首受幣，又再拜稽首，以土物儐，使者再拜受。國主送使者出，鴻臚引詣朝堂，所司奏聞，通事舍人承敕宣勞，再拜就館。翌日，遣使戒見日如儀。又次日，奉見于乾元殿，設黃麾仗及宮縣大樂。典儀設國主位於縣南道西北向，又設其國諸官之位於其後。所司迎引，國主服其國服，至明德門外，通事舍人引就位。侍中奏中嚴，皇帝服通天冠、絳紗袍，出自西房，卽御位。典儀贊拜，國主再拜稽首。侍中承制降勞，皆再拜稽首，敕升坐，又再拜稽首，至坐，俛伏避席。侍中承制曰「無下拜」，國主復位，再拜稽首，出。其國諸官，皆再拜以次出。侍中奏禮畢，皇帝降坐。其錫宴與受諸國使表及幣，皆有儀，具載開寶通禮。

契丹國使入聘見辭儀。自景德澶淵會盟之後，始有契丹國信使副元正、聖節朝見。大中祥符九年，有司遂定儀注。

前一日，習儀于驛。見日，皇帝御崇德殿。宰臣、樞密使以下大班起居訖，至員僚起居後，館伴使副一班入就位，東面立。次接書匣閤門使升殿立。次通事入，不通，喝拜，兩拜，

奏聖躬萬福，又喝兩拜，隨呼萬歲，喝祗候，赴東西接引使副位。舍人引契丹使副自外捧書匣入，當殿前立。天武官擡禮物分東西面入，列於殿下，以東爲上。舍人喝天武官起居，兩拜，隨呼萬歲，奏聖躬萬福，喝各祗候。閤門從東階降，至契丹使位北[五]。舍人揖使跪進書匣[六]，閤門側身搢笏，跪接，舍人受之。契丹使立，閤門執笏捧書匣升殿，當御前進呈訖，授內侍都知，都知拆書以授宰臣，宰臣、樞密進呈訖，遂擡禮物出。舍人與館伴使副引契丹使副至東階下，閤門使下殿揖引同升，立御前。至國信大使傳國主問聖體，通事傳譯，舍人當御前鞠躬傳奏訖，揖起北使。皇帝宣閤門迴問國主，北使跪奏，舍人當御前鞠躬奏訖，遂揖北使起，却引降階至辭見位，面西揖躬。舍人當殿通北朝國信使某官某祗候見，應喏絕，引當殿，喝拜，大起居，其拜舞並依本國禮。出班謝面天顏，歸位，喝拜舞蹈訖，又出班謝沿路驛館御筵茶藥及傳宣撫問，復歸位，喝拜舞蹈訖，舍人宣有敕賜窄衣一對、金鞢韄子一、金塗銀冠一、靴一兩、衣着三百匹、銀二百兩[七]、鞍轡馬一，每句應喏，跪受，起，拜舞蹈訖，喝祗候，應喏西出。凡傳語并奏聖躬萬福、致辭，並通事傳譯，舍人當殿鞠躬奏聞，後同。次通北朝國信副使某官某祗候見，其拜舞、謝賜、致詞並如上儀，西出。其敕賜衣二對，金腰帶一，幞頭、靴、笏、衣着二百匹，銀器一百兩，鞍轡馬一。次通事及舍人引舍利已下分班入，不通，便引合班，贊喝大起居，拜舞如儀。舍人喝有敕賜衣服、束帶、衣着、銀器分物，應喏跪受[八]，擡擔床絕[九]，起，舞

蹈拜訖，喝各祗候分班引出。次引差來通事以下從人分班入，不通，便引合班，喝兩拜，奏聖躬萬福，又拜，隨呼萬歲，喝有敕各賜衣服、腰帶、衣着、銀器分物，應喏跪受，起，喝兩拜，隨拜萬歲，喝各祗候唱喏分班引出。次行門、殿直入，起居訖，殿上侍立。文明殿樞密直學士、三司使、內客省使下殿。舍人合班奏報閤門無事，唱喏訖，卷班西出。客省、閤門使以下東出，其排立，供奉官已下橫行合班。宣徽使殿上喝供奉官已下各祗候分班出，並如常儀。皇帝降坐還內。

宴日，契丹使副以下服所賜，承受引赴長春殿門外，并侍宴臣僚宰執、親王、樞密使以下祗候。俟長春殿諸司排當有備，閤門使附入內都知奏班齊，皇帝坐，鳴鞭，宰臣、親王以下並宰執分班，舍人引入。其契丹使副[一〇]綴親王班入。舍人通某甲以下，唱喏，班首奏聖躬萬福，喝各就坐、兩拜，隨呼萬歲，喝就坐，分班引上殿。或皇帝撫問契丹使副，舍人便引下殿，喝兩拜，隨拜萬歲，喝各就坐。次舍人、通事分引舍利以下東西分班，喝兩拜，喝就坐，分引赴兩廊下。次舍人引差來通事、從人東西分班入，合班，喝兩拜，隨拜萬歲，喝就坐，分引赴兩廊。次喝教坊已下兩拜，班首奏聖躬萬福，又喝拜，兩拜，隨拜萬歲，喝各祗候。次引看盞二人稍近前，喝拜，兩拜，隨拜萬歲，喝上殿祗候，分東西上殿立。有司進茶床，內侍酙酒，訖，閤門使殿上御前鞠躬奏某甲已下進酒，餘如常儀。宴起，宰臣已下降階，

舍人喝兩拜，搢笏，舞蹈，三拜，拜謝訖，喝各祗候，分班出。次舍利合班，喝兩拜，舞蹈，三拜，拜謝訖，喝各祗候分引出。次通事、從人合班，喝兩拜，隨拜萬歲，喝各祗候，分班引出。次喝教坊使已下兩拜，隨拜萬歲，喝各祗候。如傳宣賜茶酒，又喝謝茶酒拜，兩拜，隨拜萬歲，喝各祗候，出。閤門使殿上近前側奏無事，皇帝降坐，鳴鞭還內。

辭日，皇帝坐，內殿起居班欲絕，諸司排當有備，催合侍宴臣僚東西相向，班立崇德殿庭。俟奏班齊，舍人喝拜，東西班殿侍兩拜，奏聖躬萬福，喝各祗候。次舍人通館伴使副某甲以下常起居，次通契丹使某甲常起居，次通副使某甲常起居，俱引赴西面立。次通宰臣以下橫行，通某甲以下，應喏，奏聖躬萬福，喝各就坐，應喏，兩拜呼萬歲，分升殿東西向立。次通事、舍人引契丹舍利以下，次差來通事、從人，俱分班入，當殿兩拜，奏聖躬萬福，喝各就坐，兩拜，呼萬歲，分引赴兩廊立。次通教坊使、看盞。及進茶床、酙酒并閤門奏進酒，並如長春宴日之儀。酒五巡，起。宰臣以下降階班立，兩拜、搢笏、舞蹈，三拜，喝各祗候。宰臣以下并三司使、文明殿學士、樞密直學士升殿侍立，其餘臣僚并契丹使並出。次引舍利及差來從人，俱兩拜萬歲訖，分班引出。如傳宣賜茶酒，更喝謝拜如前儀。已上班絕，舍人再引契丹使入[一一]，西面揖躬。舍人當殿通北朝國信使某祗候辭，通訖，引當殿兩拜，出班致辭，歸位，又兩拜訖，宣有敕賜，跪受拜舞訖，喝好去，遂引出。次引副使致詞、受賜、拜舞如前儀，亦出。次引舍利已下，次引差來通事、從人，俱分班入，舍人喝有敕賜衣服、衣着、銀器分物，各應喏跪受，候擡擔床絕，就拜，起，又兩拜萬歲，喝好去，分班引出。其使副各服所賜，再引入，當殿兩拜萬歲訖，喝祗候，引升殿，當御前立。皇帝宣閤門使授旨傳語國主，舍人揖國信使跪，閤門使傳旨通譯訖，揖國信使起立，閤門使御前搢笏，於內侍都知處捧授書匣，舍人揖國信使跪，閤門使跪分付訖，揖起下殿，西出。

政和詳定五禮，有紫宸殿大遼使朝見儀、紫宸殿正旦宴大遼使儀、紫宸殿大遼使朝辭儀、崇政殿假日大遼使朝見儀、崇政殿假日大遼使朝辭儀。其紫宸殿赴宴，遼使副位御坐西，諸衞上將軍[一二]之南。夏使副在東朵殿，並西向北上。高麗、交阯使副在西朵殿，並東向北上，遼使舍利、從人各在其南。夏使從人在東廊舍利之南。諸蕃使副首領、高麗交阯從人、溪峒衙內指揮使在西廊舍利之南。又至各就位，有分引兩廊班首詣御坐進酒，樂作，贊各賜酒，羣官俱再拜就坐。酒五行，皆作樂賜華，皇帝再坐，赴宴官行謝華之禮。

夏國進奉使見辭儀。夏國歲以正旦、聖節入貢。元豐八年，使來。詔夏國見辭儀制依嘉祐八年，見于皇儀殿門外，朝辭詣垂拱殿。

政和新儀：夏使見日，俟見班絕、謝班前，使奉表函，引入殿庭，副使隨人，西向立，舍人

揖躬。舍人當殿躬奏夏國進奉使姓名以下祗候見，引當殿前跪進表函，舍人受之，副入內侍省官進呈。使者起，歸位四拜起居。舍人宣有敕賜某物，兼賜酒饌。跪受，箱過，俛伏興，再拜。舍人曰各祗候，揖西出。次從人入，不奏，即引當殿四拜起居。舍人宣賜分物，兼賜酒食。跪受，箱過，俛伏興，再拜。舍人曰各祗候，揖西出。辭日，引使副入殿庭，西向立，舍人揖躬。舍人當殿躬奏夏國進奉使姓名以下祗候辭，引當殿四拜。宣賜某物酒饌，再拜如見儀。凡蕃使見辭，同日者，先夏國，次高麗，次交阯，次海外蕃客，次諸蠻。

高麗進奉使見辭儀。見日，使捧表函，引入殿庭，副使隨入，西向立，舍人鞠躬，當殿前通高麗國進奉使姓名以下祗候見，引當殿，使稍前跪進表函，俛伏興訖，歸位大起居。班首出班躬謝起居，歸位，再拜，又出班謝面天顏、沿路館券、都城門外茶酒，歸位，再拜，搢笏，舞蹈，俛伏興，再拜。舍人宣有敕賜某物兼賜酒食，搢笏，跪受，箱過，俛伏興，再拜。舍人曰各祗候，揖西出。次押物以下入，不通，即引當殿四拜起居。宣有敕賜某物兼賜酒食，跪受，箱過，俛伏興，再拜起居。舍人曰各祗候，揖西出。

辭日，引使副入殿庭，西向立，舍人揖躬。舍人當殿躬通高麗進奉使姓名以下祗候辭，引當殿四拜起居。班首出班致詞，歸位，再拜。舍人宣有敕賜某物兼賜酒食，搢笏，跪受，

箱過，俛伏興，再拜。舍人曰好去，揖西出。次從人入辭，如見。

政和元年，詔高麗在西北二國之間，自今可依熙寧十年指揮隸樞密院。明年入貢，詔復用熙寧例，以文臣充接伴使副，仍往還許上殿。七年，賜以籩豆各十二，簠簋各四，登一，鉶二，鼎二，罍洗一，尊二。銘曰：「惟爾令德孝恭，世稱東蕃，有來顯相，予一人嘉之。用錫爾寶尊，以寧爾祖考。子子孫孫，其永保之！」紹興二年，高麗遣使副來貢，並賜酒食于同文館。

金國聘使見辭儀。宣和元年，金使李善慶等來，遣直秘閣趙有開偕善慶等報聘。已而金使復至，用新羅使人禮，引見宣政殿，徽宗臨軒受使者書。自後屢遣使來，帝待之甚厚，時引上殿奏事，賜予不貲，禮遇並用契丹故事。

紹興三年十二月，宰臣進呈金使李永壽等正旦入見。故事，百官俱入。上曰：「全盛之時，神京會同，朝廷之尊，百官之富，所以夸示。今暫駐於此，事從簡便。舊日禮數，豈可盡行？無庸俱入。」使人見辭，並賜食于殿門外。八年，金國遣使副來，就驛議和。詔王倫就驛賜宴。十一年十一月，金國遣審議使來。入見，時殿陛之儀議猶未決。議者謂「兵衞單

弱，則非所以隆國體；欲設仗衞，恐駭虜情。」乃設黃麾仗千五百人于殿廊，蔽以帟幙，班定徹帷。十二年，扈從徽宗梓宮、皇太后使副來。十三年十一月，有司言：「賀正旦使初至，於盱眙軍賜宴。未審回程合與不合筵待？」詔內侍省差使臣二員沿路賜御筵，一員於平江府，一員於鎮江府，一員於盱眙軍。尋詔：金國賀正旦人使到闕赴宴等坐次，令與宰臣相對稍南。使副上下馬於執政官上下馬處。三節人從並於宮門外上下馬。立班則於西班，與宰臣相對立。仍權移西班使相在東壁宰臣之東。十四年正月一日，宴金國人使于紫宸殿。文臣權侍郎已上、武臣刺史已上赴坐。自後正旦賜宴倣此。五月，金國始遣賀天申節使來。有司言合照舊例北使賀生辰聖節使副隨宰臣紫宸殿上壽，進壽酒畢，皇帝、宰臣以下同使副酒三行，教坊作樂，三節人從不赴。既而三節人從有請，乞隨班上壽，詔許之，仍賜酒食。遇賀正，人使朝辭在上辛祠官致齋之內，仍用樂。二十九年，以皇太后崩，其賀正使副止就驛賜宴。見辭日，賜茶酒，並不舉樂。

大率北使至闕，先遣伴使賜御筵于班荆館，在赤岸，去府五十里。酒七行。翌日登舟，至北郭稅亭，茶酒畢，上馬入餘杭門，至都亭驛，賜褥被、鈔鑼等。明日，臨安府書送酒食，閤門官入位，具朝見儀，投朝見榜子。又明日，入見。伴使至南宮門外下馬，北使至隔門內下馬。皇帝御紫宸殿，六參官起居，北使見畢，退赴客省茶酒，遂宴垂拱殿，酒五行，惟從官已

上預坐。是日，賜茶器名果。又明日，賜生餼。見之二日，與伴使偕往天竺燒香，上賜沉香、乳糖、齋筵、酒果。次至冷泉亭、呼猿洞而歸。翌日，賜內中酒果、風藥、花餳，赴守歲夜筵，酒五行，用傀儡。正月朔旦，朝賀禮畢，上遣大臣就驛賜御筵。中使傳旨宣勸，酒九行。三日，客省簽賜酒食，內中賜酒果。遂赴浙江亭觀潮，酒七行。四日，赴玉津園燕射，命諸校善射者假管軍觀察使伴之，上賜弓矢。酒行樂作，伴射官與大使並射弓，館伴、副使並射弩。酒九行，退。五日，大宴集英殿，尚書郎、監察御史已上皆預，學士撰致語。六日，朝辭退，賜襲衣、金帶、大銀器。臨安府書送贐儀。復遣執政官就驛賜宴。晚赴解換夜筵，伴使與北使皆親勸酬，且以衣物爲侑。次日，加賜龍鳳茶、金鍍合。乘馬出北闕門登舟，宿赤岸。又次日，復遣近臣押賜御筵。

自到闕朝見、燕射、朝辭，共賜大使金千四百兩，副使金八百八十兩，衣各三襲，金帶各三條。都管上節各賜銀四十兩，中下節各三十兩，衣一襲、塗金帶一條。使人到闕筵宴，凡用樂人三百人，百戲軍七十人，築毬軍三十二人，起立毬門行人三十二人，旗鼓四十人，並下臨安府差；相撲一十五人，於御前等子內差，並前期教習之。

諸國朝貢。其交州、宜州、黎州諸國見辭，並如上儀。惟迓勞宴賚之數，則有殺焉。其授書皆令有司付之。又有西蕃唃氏、西南諸蕃、占城、回鶻、大食、于闐、三佛齊、邛部川蠻及溪峒之屬，或比間數歲入貢。層檀、日本、大理、注輦、蒲甘、龜茲、佛泥、拂菻、眞臘、羅殿、渤泥、邈黎、闍婆、甘眉流諸國入貢，或一再，或三四，不常至。注輦、三佛齊使者至，以眞珠、龍腦、金蓮花等登陛跪散之，謂之「撒殿」。

元祐二年，知潁昌府韓縝言：「交阯小國，其使人將及境，臣嘗近弼，難以抗禮。按元豐中迓以兵官，餞以通判，使副詣府，其犒設令兵官主之。請如故事。」仍詔所過郡，凡前宰相、執政官知判者亦如之。又詔立回賜于闐國信分物法。歲遣貢使雖多，止一加賜〔一三〕。又命于闐國使以表章至，則間歲聽一入貢，餘令於熙、秦州貿易。

禮部言：「元豐著令，西南五姓蕃，每五年許一貢。今西南蕃泰平軍〔一四〕入貢，期限未及。」詔特許之。學士院言：「諸蕃初入貢者，請令安撫、鈐轄、轉運等司體問其國所在遠近大小，與見今入貢何國爲比，保明聞奏，庶待遇之禮不致失當。」宣和詔蕃國入貢，令本路驗實保明。如涉詐僞，以上書詐不實論。

建炎三年，占城國王遣使進貢，適遇大禮，遂加恩，特授檢校少傅，加食邑。自後明堂郊祀，並倣此。紹興二年，占城國王遣使貢沉香、犀、象、玳瑁等，答以綾錦銀絹。

志第七十二　禮二十二　二八一三

宋史卷一百一十九　二八一四

建炎四年〔一五〕，南平王薨，差廣南西路轉運副使尹東珣充弔祭使，賜絹布各五百匹，羊、酒、寓錢、寓綵、寓金銀等，就欽州授其國迎接人，制贈侍中，進封南越王。封其子爲交阯郡王，遇大禮，並加恩如占城國王。淳熙元年，賜「安南國王」印，銅鑄，塗以金。

紹興七年，三佛齊國乞進章奏赴闕朝見，詔許之。令廣東經略司斟量，只許四十人到闕，進貢南珠、象齒、龍涎、珊瑚、琉璃、香藥。詔補保順慕化大將軍、三佛齊國王，給賜鞍馬、衣帶、銀器。賜使人宴于懷遠驛。淳熙五年，再入貢。計其直二萬五千緡，回賜綾錦羅絹等物、銀二千五百兩。

紹興三十一年正月，安南獻馴象。帝曰：「蠻夷貢方物乃其職，但朕不欲以異獸勞遠人。其令帥臣告諭，自今不必以馴象入貢。」三十二年，孝宗登極，詔曰：「比年以來，累有外國入貢，太上皇帝沖謙弗受，況朕涼菲，又何以堪！自今諸國有欲朝貢者，令所在州軍以理諭遣，毋得以聞。」淳祐三年，安南國主陳日煚來貢，加賜功臣號。十一年，再來貢。景定三年六月，日煚上表貢獻，乞授其位於其子陳威晃。咸淳元年二月，加安南大國王陳日煚功臣，增「安善」二字；安南國王陳威晃功臣，增「守義」二字，各賜金帶、鞍馬、衣服。二年，復上表進貢禮物，賜金五百兩，賜帛一百匹，降詔嘉獎。

校勘記

〔一〕相州兵馬都監柴詠於柴氏諸族最長　宋會要崇儒七之七二作「諸房最長」，前文說「於諸房中推最長一人」，此處「諸族」疑「諸房」之誤。

〔二〕在漢魏曰褒成褒尊宗聖　考異卷七〇說「褒尊當作褒亭」。金石萃編卷八，據孔龢碑、史晨碑和後漢書安帝紀疑孔氏並未徙封爲褒亭侯。皇朝類苑卷三二、玉海卷一三五引祖無擇此文都作「在漢、魏曰褒成、宗聖」，沒有「褒尊」二字。疑此處「褒尊」二字有誤。

〔三〕三司三司勾院　宋會要禮六二之二一作「三司副使判三勾院」。按三勾院即三司勾院，或稱三部勾院，主其事者稱「判」，或稱「同勾當」。上「三司」下疑有脫文。

〔四〕劉鋹　此下原衍「子」字，據長編卷一二、宋會要禮四五之二刪。

〔五〕至契丹使位北　「北」字原脫，據太常因革禮卷八三、五禮新儀卷一五〇補。

〔六〕舍人揖使跪進書匣　「舍人」二字原脫，據同上書同卷補。

〔七〕銀二百兩　太常因革禮卷八三作「銀器二百兩」，下文賜物中都作銀器若干，「銀」下疑脫「器」字。

〔八〕應喏跪受　「跪受」原作「跪授」，據太常因革禮卷八三改。下文「跪授」數見，並據五禮新儀卷一五五同改。

志第七十二　校勘記　二八一五

宋史卷一百一十九　二八一六

〔九〕擡擔床絕　「絕」原作「跪」。下文有「候擡擔床絕」語，「跪」當爲「絕」之訛；太常因革禮卷八三正作「絕」，據改。

〔一〇〕其契丹使副　原脫「副」字，據太常因革禮卷八三、五禮新儀卷一五〇補。

〔一一〕舍人再引契丹使入　「入」原作「人」。太常因革禮卷八三作「入」，按前文已說「其餘臣僚幷契丹使並出」，此處當是「入」，據改。

〔一二〕諸衞上將軍　「衞」原作「位」，據五禮新儀卷一五一、本書卷一六六職官志改。

〔一三〕止一加賜　原作「止一加則」。宋會要蕃夷四之一七作「止一加賜」，並有「加賜錢」若干，加賜金帶，器幣之文，據改。

〔一四〕西南蕃泰平軍　「西」下原脫「南」字，「泰」誤爲「秦」，據長編卷四〇一、宋會要蕃夷五之三二補改。

〔一五〕建炎四年　按本書卷四八八交阯傳，李乾德死在紹興二年；中興聖政卷一一，冊立乾德子陽煥事也在紹興二年；通考卷三三〇、宋會要蕃夷四之四二都同。疑此「建炎四年」誤。

宋史卷一百二十

志第七十三

禮二十三 賓禮五附錄

羣臣上表儀　宰臣赴上儀　朝省集議班位　臣僚上馬之制

臣僚呵引之制

羣臣上表儀。通禮，守宮設次于朝堂，文東武西，相對爲首；設中書令位于羣臣之北。禮曹掾舉表案入，引中書令出，就南面立。禮部郎中取表授中書令，令卽受表入奏。其禮，凡正、至不受朝，及邦國大慶瑞、上尊號請舉行大禮，宰相率文武羣臣暨諸軍將校、蕃夷酋長、道釋、耆老等詣東上閤門拜表，知表官跪授表於宰臣，宰臣跪授於閤門使，乃由通進司奏御。凡有答詔，亦拜受於閤門，獲可，奏者奉表稱賀。其正、至，樞密使率內班

拜表長春殿門外，亦閤門使受之。

又西京留守拜表儀制，留司百官每五日一上表起居，質明，並集長壽寺立班，置表于案，再拜以遣。其春秋賜服及大慶瑞並如之。或令分司官齎詣行在，或止驛付南京留司，約用此制。若巡幸，東京則留司百官亦五日一上表起居，並集大相國寺。其制，羣臣詣閤拜奏者，首云文武百僚具官臣某等言；常奏御者，止云臣某言，並稱尊號，已有功臣爵邑者具之；狀奏者，前後列銜，不稱尊號，亦云功臣爵邑。其外，又有書疏、奏箚、牓子之類。

乾德二年，令有司詳定表首。太常禮院〔一〕言：「僕射南省〔二〕官品第二，太子三師官品第一，品位雖高，而南省上臺爲尊，合以僕射充首。若專以品秩爲定，則諸行侍郎品第四，列於諸司三品卿監之上，不可以品序爲準。按唐貞元六年詔，每有慶賀及諸臣上表，並合上公爲首，如三公闕，以令僕行之。中書、門下列貢章表，則僕射是百僚師長，雖同宮僚之例〔三〕。」

詔百官集議。翰林學士陶穀等曰：「按唐制上臺、東宮並是廷臣，當時左右僕射、侍中、中書令爲正宰相。貞觀末，帶同中書門下三品者方爲宰相。今僕射既非宰相，合在太子三師之下，理固不疑。若以宮僚非廷臣，卽宰相豈當兼領？今若先二品而後一品，升後列而退前班，紊其等威，事恐非順。請以太子三師爲表首。」竇儀等曰：「東宮三師爲表首，論討故典，實皆無據。左右僕射〔四〕當爲表首者，其事有六：按六典，尙書爲百官之本，今自一品至六品常參官，皆以尙書省官爲首，則僕射合爲表首，一也；又唐制，上表無上公，卽尙書令僕以下行之，其嗣王合隨宗正，若有班位，合依王品，則嗣王雖一品，不得爲表首，二也；僕射位次三公，合爲表首，三也；況僕射爲百僚師長，東宮三師非師長之任，四也；晉天福中詔，謝賀上表，上公行之，如闕，卽令僕射行之，五也；立制之班，卑者先入後出，尊者後入先出。今東宮一品立定，僕射乃入，僕射既退，東宮一品乃出，且在兩省之後，六也。」

詔從儀等議，以僕射爲表首焉。

宰臣赴上儀。開元禮有任官初上相見之儀。宋制，凡牧守赴上，多仍州府舊禮。臺省之制，宰相、親王、使相正衙謝訖，出文德殿便門至西廊，堂後官、兩省雜事迎參；至中書便門，兩省官迎班；升都堂，與送上官對揖；見任侍中、中書令、同平章事者。降階，又與送上官對拜訖，分東西升坐于牀。兩省雜事讀案，堂後官接案。搢笏頂筆判署，凡三道：一，司天監壽星見；二，開封府嘉禾合穗；三，澶州黃河清。並判準，始謝送上官，訖，三司使、學士、兩

省官、待制、三司副使〔五〕升堂展賀。百官先班中書門外，上事官降階，百官入，直省官通班贊致賀，歸後堂與參知政事、樞密副使、宣徽使相見，會食訖，退。

建隆三年，中書、門下言：「準唐天成元年詔故事，藩鎭帶平章事，合於都堂視事，刊石以記官族，輸禮錢三千貫。近年頗隳曩制。自今藩鎭帶平章事者，輸禮錢五百千，刻石記歲月。其錢以給兩省公用，望舉行之。」詔：自今宰相及樞密使兼平章事、侍中、中書令者，輸禮錢三百千，藩鎭五百千，刻石以記如舊制。增秩者不再輸，舊相復入者輸如其數。

乾德二年，置參知政事，就宣徽院赴上，而樞密使副止上事于本廳。後以曹彬兼侍中爲樞密使，特令赴中書上事。

大中祥符中，詔：自今宰相官至僕射者，並于中書都堂赴上，不帶平章事亦令赴上。有司上儀注，宰相用常儀。僕射本省上日，郎中、員外班迎于都堂門內，尙書丞、郎于東廊階上稍近班迎揖，金吾將軍升階展拜賀，禮生贊引，主事讀案。見任中書樞密使相、前任中書門下並不赴，餘如宰相之儀。上訖，與本省御史臺四品、兩省五品、諸司三品以上會食。

右僕射王旦充玉淸昭應宮使，有司按故事，宰相凡有吉慶，百官皆班賀。詔以未葺攸司，其班賀權罷。旦赴上修宮所，特賜會，丞、郎、三司副使以上悉預。自是宮觀使副上日皆賜會作樂。

天禧初，太保、平章事王旦爲太尉。國朝以來，三公不兼宰相，無赴上儀。特詔有司詳定，就尚書省赴上，百官班迎，宰相而下悉集。御史大夫中丞知雜、三院御史皆僚屬送上，判案三道。中丞以上，即京府尹、赤縣令、諸曹、節度、刺史、皇城宮苑使悉集。翰林學士入院日賜設，惟學士、中書舍人赴坐。又資政侍讀侍講、龍圖閣學士直學士兼秘書監並赴上。秘閣及兩省五品以上任三館學士、判館、修撰者，皆賜設焉。

朝省集議，前代不載其儀。宋初，刑政典禮之事當集議者，先下詔都省，省吏以告當議之官，悉集都堂。設左、右丞于堂之東北，南向；御史中丞于堂之西北，南向；尚書、侍郎于堂之東廂〔六〕，西向；兩省侍郎、常侍、給事、諫舍于堂之西廂，東向；知名表郎官于堂之東南，北向；監議御史于堂之西南，北向。又設左右司郎中、員外于左、右丞之後，三院御史于中丞之後，郎中、員外于尚書、侍郎之後，起居、司諫、正言于諫舍之後。如有僕射、御史大夫，即于左右丞、中丞之前。如更有他官，即諸司三品于侍郎之南，東宮一品于尚書之前，武班二品於諫舍之南，皆重行異位。卑者先就席。左、右丞升廳，省吏抗聲揖羣官就坐，知名表郎官以所議事授所司奉詣左、右丞，左、右丞執卷讀訖授中丞，中丞授于尚書、

侍郎，以次讀訖，復授知名表郎官。將畢，左、右丞奉筆叩頭揖羣官，以一副紙書所議事節署字于下，授四坐。監議御史命吏告云：「所見不同者請不署字。」以官高者爲表首。如止集本省官，坐如常儀，其知名表郎官、監議御史坐仍北向。惟僕射以上得乘馬至都堂，他官雖同平章事亦止屏外。

明道二年，尚書議莊獻、莊懿太后升祔，省官帶內外制、兼三司副使承例移文不赴。監議御史段少連以爲官帶近職，一時之選，宜有建明，不當反自高異。乃奏議事不集以違制論。從之。

集賢校理趙良規言：「國朝故事〔七〕，令敕儀制，別有學士、知制誥、待制、三司副使著位，視品與前朝異，固無在朝敍職、入省敍官之說。若全不論職，則後行員外郎兼學士，在朝立丞、郎上，入省居比、駕下；知制誥、待制，入朝與侍郎同列〔八〕，入省分廁散郎，員外郎任三司副使、郎中任判官，在三司爲參佐，入本省爲正員。所以舊來議事，集尚書省官，帶職者不赴。別詔三省悉集，則及大小兩省；內朝官悉集，則及學士、待制、三司副使；更集他官，則諸司三品、武官二品，各次本司長官〔九〕。故事，尚書省官帶知制誥，中書省奏班簿，是于尚書省、御史臺了不著籍，故有絕曹之語。又凡定學士、舍人、兩省著位，除先後入外，若有升降，皆特稟朝旨，豈有在朝、入省迭爲高下？」御史臺、禮院詳定久不決。

判禮院馮元等曰：「會議之文，由來非一，或出朝廷別旨，或循官司舊規。故集本省者，即南省官；集學士、兩省、臺官者，容有兩制、給舍、中丞；集學士、臺省及諸司四品以上者，容有卿、監；集文武百官者，容有諸衞。蓋謀事有小大，集官有等差，率繫詔文，乃該餘職。少連以太常易名之細，考功覆議之常，謂羣司普當會席，列爲具奏，嬰以嚴科，遂使絕曹清列，還入本行，分局常員，略無異等。請臣僚擬謚，止集南省官屬，或事緣體大，臨時敕判，兼召三省、臺、寺，即依舊例。」御史臺言：「今尚書省官任兩制者，係臺省之籍，無坐曹之實。論職官之言，正爲絕曹者設，豈可受祿則繫官定奉，議事則絕曹爲辭？況王旦、王化基、趙安仁、晁迥、杜鎬、楊億，皆嘗預議於尚書省。故相李昉爲主客郎中、知制誥日，屢經都省議事。又議大事，僕射、御史大夫入省，唯僕射至廳下馬，于今行之，所以重本省也。故都堂會議，列狀以品，就坐以官，忽此更張，恐非通理。」

禮官吳育曰：「兩奏各有未安〔一〇〕。尚書省制度雖崇，亦天子之有司，在朝廷既殊班列，入有司輒易尊卑，是以朝省爲彼我、官職分二事也。兩制近職，若有事議而云絕班不赴〔一一〕，非所以求至當。且知制誥中書省奏班簿，是謂絕班。翰林學士亦知制誥，不絕班簿。此因循之制，非確據也。縱絕班有例，而絕官無聞，一人命書，三省連判，而都無所繫，止爲奉錢，豈命官之禮？今取典故中最明一事，足以質定。祥符五年僕射上事儀〔一二〕，絕班

之官，別頭贊引，不與本省官同在迎班。請凡會議，省官帶近職者，別作一行而坐，自爲序列〔一三〕，非以相壓；若招兩制、臺省、諸司、諸衞官畢集，則各從其類，自作一行，書議如其位次。」

詔尚書省議事，應帶職官三司副使以上並不赴，如遇集議大事，令赴，別設坐次。

是歲，紫宸、垂拱殿刊石爲百官表位。三司使、內朝，班學士右，獨立石位；門外，亦班其上。

熙寧二年，御史臺、太常禮院詳定臣僚御路上馬之制：近上臣僚及北使到闕，並于御路上行馬。中書樞密院執政官、宣徽院、御史中丞、知雜御史、左右金吾、攝事官清道者，導從呵止依舊式，其三司副使以上亦許出節。正任觀察使以上與合出節臣僚，並許自宣德門外至天漢橋北御路上行馬，如從駕出入及宗室內庭諸宮院車騎，並不在此限。

御史臺又言：「舊制，百官臺參、辭謝臣僚于朝堂，先赴三院御史幕次，又赴中丞幕次，得以體按老疾。今止于御史廳一員對拜，不惟有失舊儀，兼恐不能公共參驗。請如舊制朝堂拜揖，遇放常朝，即詣御史臺。」

中華書局

已而，詔宰臣、親王、使相、兩府、宣徽使，遇入樞密院門，許至從南第二門外上下馬。又詔，宰臣上馬，樞密院次之，諸司又次之。左、右丞上下馬處並同兩省侍郎。

御史臺言：「左丞蒲宗孟、右丞王安禮賀僕射上尚書省，于都堂下馬。按左、右丞上下馬于本廳。請付有司推治。」安禮爭論上前，以爲今日置左、右丞爲執政官，不應有厚薄。左、右丞于都堂上下馬自此始。

尋詔執政官退朝上馬，宰臣于樞密院〔一四〕，餘於隔門外；都堂聚議退，左丞于門下侍郎廳，右丞于中書侍郎廳。品官詣尚書省上下馬依雜壓，太中大夫以上就第一貯廊，監察御史以上就過道，諸六曹尚書、侍郎即太中大夫以上就本廳，監察御史以上就客位，餘並過道門外。

政和朝參臣僚上馬次序：俟皇城門開，樞密入，次三省執政官，次一品二品文臣、六曹侍郎、殿中監、開封尹、大司成、侍從官、兩省，次百官，御史臺編欄以次入。

其宰相罷政，韓琦以司徒、節度判相州，曾公亮以司空、節度爲集禧觀使，王安石以觀文殿大學士、吏部尚書知江寧府，曹佾以中書令、節度充景靈宮使，韓絳以觀文殿大學士、吏部侍郎知大名府，致仕太師文彥博來朝，其大朝會班位儀物如之。吳育以觀文殿大學士、吏部尚書爲西太一宮使，大朝會綴中書、門下班而已。自是，舊相按例重輕以特旨

行之。

治平四年，御史臺言：「慶曆中，有詔詳定武臣出節呵引之制：節度使在尚書下，三節。節度觀察留後在諸行侍郎下，兩節。觀察使在中書舍人下，諸衞大將軍、防禦團練使在大卿監下，內客省使比諸司大卿，景福殿使比將作監，引進使比庶子，在防禦使上〔一五〕，以上各一節〔一六〕。諸州刺史、諸衞將軍在少卿監下，宣慶、四方館使比少卿，宣政、昭宣、閤門使比司天監少監，諸衞將軍上，皇城使以下諸司使比郎中，客省、引進、閤門副使比員外郎，樞密都承旨在司天少監下，閤門使上，副都承旨在閤門使下，樞密副承旨、諸房副承旨在諸司使下，以上並兩人呵引。當時已施行矣，而皇祐編敕刪去此制，請復舉行。」

校勘記

〔一〕太常禮院　原作「太常禮儀院」，據本書職官四、宋會要儀制七之一四、長編卷五刪「儀」字。

〔二〕南省　原作「兩省」，據宋會要儀制七之一四改。按僕射爲尚書省官，唐時稱尚書省爲南省，此處蓋沿用唐時名稱。

〔三〕雖同宮僚之例　「宮」，原作「官」，據宋會要儀制七之一四改。下文所載陶穀「若以宮僚非廷臣」語，同改。

〔四〕左右僕射　原脫「右」字，據宋會要儀制七之一五及上下文補。

〔五〕三司副使　「副使」原倒，據上文乙正。

〔六〕堂之東廂　原脫「之」字，據上下文和宋會要儀制八之一補。

〔七〕國朝故事　「故」原作「政」，據宋會要儀制八之四、長編卷一二〇改。

〔八〕入朝與侍郎同列　「侍郎」原作「待制」，據宋會要儀制八之四、長編卷一二〇改。

〔九〕各次本司長官　「次」原作「以」，據宋會要儀制八之五、長編卷一二〇改。

〔一〇〕兩奏各有未安　「奏」原作「省」，據宋會要儀制八之一四、長編卷一二〇改。

〔一一〕若有事議而云絕班不赴　「云」原作「去」，據長編卷一二〇、長編紀事本末卷三〇改。

〔一二〕僕射上事儀　「儀」原作「議」，據長編卷一二〇、長編紀事本末卷三〇改。

〔一三〕自爲序列　「列」原作「別」，據長編卷一二〇、長編紀事本末卷三〇改。

〔一四〕宰臣于樞密院　長編卷三二九、宋會要儀制五之一九「樞密院」下均有「隔門內」三字，按下文「餘于隔門外」語，此三字當有。

〔一五〕在防禦使上　「上」原作「下」，據宋會要儀制五之一六改。

〔一六〕以上各一節　「一」原作「二」，據宋會要儀制五之一六改。

宋史卷一百二十一

志第七十四

禮二十四 軍禮

禡祭 閱武 受降 獻俘 田獵 打毬 救日伐鼓

禡，師祭也，宜居軍禮之首。講武次之，受降、獻俘又次之。田獵以下，亦各以類附焉。

軍前大旗曰牙，師出必祭，謂之禡。後魏出師，又建纛頭旗上。太宗征河東，出京前一日，遣右贊善大夫潘慎修出郊，用少牢一祭蚩尤、禡牙；遣著作佐郎李巨源卽北郊望氣壇，用香、柳枝、燈油、乳粥、酥蜜餅、果，祭北方天王。

咸平中，詔太常禮院定禡儀。所司除地爲壇，兩壝繞以青繩，張幄帟，置軍牙、六纛位

版。版方七寸，厚三分。祭用剛日，具饌。牲用太牢，以羊豕代。其幣長一丈八尺，軍牙以白，六纛以皂。都部署初獻，副都部署亞獻，部署三獻，皆戎服，淸齋一宿。將校陪位。禮畢，焚幣，釁鼓以一牢。又擇日祭馬祖、馬社。

閱武，仍前代制。太祖、太宗征伐四方，親講武事，故不盡用定儀，亦不常其處。鑿講武池朱明門外以習水戰。復築講武臺城西楊村，秋九月大閱，與從臣登臺觀焉。

眞宗詔有司擇地含輝門外之東武村爲廣場，馮高爲臺，臺上設屋，構行宮。其夜三鼓，殿前、侍衞馬步諸軍分出諸門。詰旦，帝乘馬，從官並戎服，賜以窄袍。至行宮，諸軍陣臺前，左右相向，步騎交屬亘二十里，諸班衞士翼從于後。有司奏成列，帝升臺，東向，御戎帳，召從臣坐觀之。殿前都指揮使王超執五方旗以節進退，又於兩陣中起候臺相望，使人執旗如臺上之數以相應。初舉黃旗，諸軍旅拜。舉赤旗則騎進，舉青旗則步進。每旗動則鼓驌士譟，聲震百里外，皆三挑乃退。次舉白旗，諸軍復再拜呼萬歲。有司奏陣堅而整，士勇而厲，欲再舉，詔止之，遂舉黑旗以振旅。軍於左者略右陣以還，由臺前出西北隅；軍於右者略左陣以還，由臺前出西南隅，並凱旋以退。乃召從臣宴，教坊奏樂。回御東華門閱諸軍還營，鈞容奏樂於樓下，復召從臣坐，賜飲。明日，又賜近臣飲於中書，諸軍將校飲於營中，內職飲於軍器庫，諸班衞士飲於殿門外。

神宗閱左藏庫副使幵斌所教牌手於崇政殿，乃命殿前步軍司擇驍健者依法教習。自是，營屯及更戍諸軍，畿甸三路民兵皆隨伎藝召見親閱焉。凡閱試禁衞、戍軍、民兵，總率第其精觕，賜以金帛；而超等高者，至命爲吏選官，其典領者優加職秩。涇原經略蔡挺肄習諸將軍馬，點閱周悉，隊伍有法，入爲樞密副使，因言於上而引試之。舊以七軍營陣校試，而分數不齊，前後牴牾。命校試官采掇定爲八軍法。及軍法成，頒行諸路。既又定九軍法，以一軍營陣，卽城南好草陂閱之，皆有賞賚。其按閱砲場連弩及便坐日閱召募新軍時，令習戰如故事。

建炎三年六月，高宗諭輔臣曰：「朕欲親閱武。」宰臣呂頤浩曰：「方右武之時，理當如此。祖宗時不忘武備，如鑿金明池，盖欲習水戰〔一〕。」張浚曰：「祖宗每上巳游幸，必命衞士馳射，因而激賞，亦所以講武也。」帝曰：「朕非久命諸將各閱所部人馬，當召卿等共觀，足以知諸將能否。」後以巡幸不果行。

紹興五年正月，始御射殿，閱諸班直殿前司諸軍指教使臣、親從宿衞親兵幷提轄部押親兵使臣射射。共一千二百六十人，每六十人作一撥。遂詔戶部支金千兩，付樞密院激賞

庫充犒用。三月，御射殿，閱等子趙青等五十人角力，轉資，支賜錢銀有差。八月，御射殿，閱廣東路經略司解發到韶州士庶子弟陳裕試神臂弓，特補進武校尉，賜紫羅窄衫、銀束帶，差充本路經略司指使。十四年十一月，閱殿前馬步軍將士藝精者，賞有差。自是，歲以多月行之，號曰多教。三十年十月，御射殿，引三衙統制、同統制、統領、同統領入內射，詔餘合赴內殿教人，依年例支降例物，令逐司自行按試等第給散。舊例，每歲引三衙官兵教。是日，止引統制、統領，故有是詔。三十二年四月二十五日，御射殿隔門特坐，引呈新舊行門射射。

乾道二年十一月，幸候潮門外大教場，次幸白石教場。應從駕臣僚，自祥曦殿並戎服起居，從駕往回。內管軍、御帶、環衞官從駕，宰執以下免從。就逐幕次賜食，俟進晚膳畢，免奏萬福，并免茶，從駕還內。二十四日，幸候潮門外大教場，進早膳，次幸白石教場閱兵。三衙率將佐等導駕詣白石，皇帝登臺，三衙統制、統領官等起居畢，舉黃旗，諸軍皆三呼萬歲拜訖，三衙管軍奏報取旨，馬軍上馬打團教場。舉白旗，三司馬軍首尾相接；舉紅旗，向臺合圍，聽一金止。軍馬各就圍地，作圓形排立。射生官兵隨鼓聲出馬射獐兔，一金止。疊金，射生官兵各歸陣隊。舉黃旗，射生官兵就御臺下獻所獲。帝遂慰勞，賜賚諸將鞍馬金帶，以及士卒。諸軍懽騰，鼓舞就列。百姓觀者如山。時久陰曀，暨帝出郊，雲霧解駁，風日開霽。帝遣諭主管殿前司王琪等曰：「前日之教，師律整嚴，人無譁嚣，分合應度，朕甚悅之，

皆卿等力也。」琪等曰：「此陛下神武之化，六軍恭謹所致。臣願得以此爲陛下勸絕姦宄。」

四年十月，殿前司言：「相視龍王堂北、江岸以東茅灘一帶平地，可作教場。已修築將壇，將來三司馬步軍並各全裝，披帶衣甲，執色器械，至日，先赴教場下方營[二]排辦，俟駕登臺，聽金鼓起居畢，依資次變陣教閱。所有聖駕出郊，除禁衞外，欲於本司入陣馬軍內摘差護聖馬軍八百人騎，弓箭、器械，作十六隊，於儀衞前後引從，各分八隊，隊各五十人，往回沿路，各奏隨軍鼓笛大樂。及摘差本司入教陣隊內諸軍步親隨一千人，幷統領將官三員，至日，先赴將臺下，各分左右，於後壁周圍留空地三十步，以容禁衞，外作三重環立。」十六日，車駕至灘上。諸軍人馬，前一日於教場東列幕宿營。是日，三衙管軍與各軍統領將佐導駕乘馬至護聖步軍大教場亭，更御甲冑至灘上。皇帝登臺，三衙起居畢，權主管殿前司王逵奏三司人馬齊，舉黃旗，諸軍呼拜者三。逵奏請從頭教。中軍鳴角，倒門角旗出營，馬步軍簇隊成，收鼓訖。連三鼓，馬軍上馬，步人擐起旗槍。四鼓舉白旗，中軍鼓聲旗應，變方陣爲備敵之形。別高一鼓，步軍四向作禦敵之勢，且戰且前，馬軍出陣作戰鬬之勢。別高一鼓，各分歸地分。五鼓舉黃旗，變圓陣爲自環內固之形。如前節次訖。三鼓舉赤旗，變銳陣，諸軍相屬，魚貫斜列，前利後張，爲衝敵之形。亦依前節次訖。王逵奏人馬教絕，取旨。舉青旗，變放教直陣，收鼓訖，一金止。重鼓三，馬軍下馬，步人䩞落旗槍，皆應規

矩。帝大悅，犒賞倍之。士卒歡呼謝恩如儀。鳴角聲簇隊訖，放教拽隊。步人分東西引拽，馬軍交頭於御臺下，隨隊呈試驍銳大刀武藝，繼而進呈車砲、火砲、煙槍。及赭山打圍射生，馬步軍統制官蕭鷓巴以所獲獐鹿等就御臺下進獻，人馬拽絕。皇帝復御常服，乘馬至車子院，宣喚殿前司撥發官馬定遠、侯彥昌各賜馬一匹，彥昌仍自準備將特升副將。進御酒，上謂王逵曰：「今日教閱，進止分合，軍律整肅，皆卿之力也。」逵奏：「陛下神武，四海共知。六師軍容，孰敢不肅！」時賜酒俱以十分，逵奏以軍馬事不敢飲，帝曰：「少飲之。」親減太半。飲畢，謝恩退。又宣問主管侍衞馬軍司李舜舉：「今日按閱之兵，比向時所用之師何如？」舜舉奏曰：「今日所治之兵，皆陛下平時躬親訓練，撫以深恩，賜之重賞，忠勇百倍，非昔日可比。」

其儀：皇帝至祥曦殿，行門、禁衞等並戎服迎駕常起居。皇帝至[三]，知閤門官以下並戎服常起居，訖。皇帝乘馬出，從駕官從駕至候潮門外大教場御幄殿下馬，入幄更衣訖，皇帝被金甲出幄，行門、禁衞等迎駕，奏萬福。皇帝乘馬至教場臺下馬，升臺入幄。從駕官宰執、親王、使相、正任、知閤、御帶、環衞官升臺，於幄殿分東西相向立。管軍並令全裝衣甲，帶御器械執骨朵升臺，於幄殿指南面西立，俟入內官喝排立。皇帝出幄，行門、禁衞等迎駕奏萬福。皇帝出[四]，閤門分引殿前馬步三司統制、統領官常起居訖。次三司將佐以下，聽鼓

聲常起居。次殿帥執骨朵赴御坐前，奏教直陣。俟教閱畢，再赴御坐前奏教圓陣。俟教閱畢，再赴御坐前奏教銳陣。俟教閱畢，再赴御坐前奏教閱畢，歸侍立。內侍傳旨與殿前太尉某，諸軍謝恩承旨訖，轉與撥發官引三司統制、統領、將佐再拜謝恩訖，各歸本軍。皇帝起，入幄更衣訖，皇帝出幄。皇帝坐，舍人引宰執墪後立，俟進御茶床。舍人贊就坐，宰執躬身應喏訖，直身立，就坐。進第一盞酒，起立墪後，俟皇帝飲酒訖，舍人贊就坐，躬身應喏訖，直身立。俟宰執酒至，接盞飲酒訖，盞付殿侍。次舍人贊食，並如儀。至第四盞，傳旨宣勸訖，御藥傳旨不拜，舍人承旨贊不拜，贊就坐。第五盞宣勸如第四盞儀。酒食畢，舉御茶床。舍人分引宰執於幄殿重行立，御藥傳旨不拜，舍人承旨訖，揖宰執躬身贊不拜，各祗候直身立，降踏道歸幕次。皇帝起，乘馬至車子院下馬。皇帝出幄，至車子院門樓上，出賜親王酒，再拜謝訖；次賜使相、正任幷管軍，知閤、御帶、環衞官酒訖；逐班再拜謝，訖，依舊相向立[五]。次親王執盞進皇帝酒，皇帝飲酒訖，一班再拜謝，訖；俟皇帝覩畢，起，降車子院門樓歸幄。親王以下退。皇帝乘馬出車子院門，行門、禁衞等迎駕奏萬福。皇帝乘馬至候潮門外大教場，應從駕官並戎服乘馬從駕回。皇帝乘馬入和寧門，至祥曦殿上下馬還宮。餘倣此。

淳熙四年十二月，大閱于茅灘。十年十一月，大閱于龍山。十六年十月，大閱于城南

大教場。並如上儀。慶元元年十月，以在諒闇，令宰執於大教場教閱。二年十月，大閱于茅灘。嘉泰二年十二月，幸候潮門外教場大閱。端平二年四月大閱，以時暑不及行。

受降獻俘。太祖平蜀，孟昶降，詔有司約前代儀制爲受降禮。昶至前一日，設御坐仗衞于崇元殿，如元會儀。至日，大陳馬步諸軍于天街左右，設昶及其官屬素案席褥于明德門外，表案于橫街北。通事舍人引昶及其官屬素服紗帽北向序立。昶跪奉表授閤門使，復位待命。表至御前，侍臣讀訖，閤門使承旨出。昶等俯伏。通事舍人掖昶起，官屬亦起，宣制釋罪，昶等再拜呼萬歲。衣庫使導所賜襲衣冠帶陳於前，昶等又再拜跪受，改服乘馬，至昇龍門下馬，官屬至啓運門下馬，就次。帝常服升坐，百官先入起居，班立。閤門使引昶等入，舞蹈拜謝。召昶升殿，閤門使引自東階升，宣撫使承旨安撫之。昶至御坐前，躬承問訖，還位，與官屬舞蹈出。中書率百官稱賀，遂宴近臣及昶于大明殿。

嶺南平，劉鋹就擒，詔有司撰獻俘禮。鋹至，上御明德門，列仗衞，諸軍、百官常服班樓前。別設獻俘位于東西街之南，北向；其將校位於獻俘位前，北上西向。有司率武士係鋹等白練，露布前引。至太廟西南門，鋹等並下馬，入南神門，北向西上立，監將校官[六]次南

中華書局

立。侯告禮畢，於西南門出，乘馬押至太社，如上儀。乃押至樓南御路之西，下馬立俟。獻俘將校，戎服帶刀。攝侍中版奏中嚴，百官班定；版奏外辦，帝常服御坐。百官舞蹈起居畢，通事舍人引鋹就獻俘位，將校等詣樓前舞蹈訖，次引露布案詣樓前北向，宣付中書、門下，如宣制儀。通事舍人跪受露布，轉授中書，門下轉授攝兵部尚書。次攝刑部尚書詣樓前跪奏以所獻俘付有司。上召鋹詰責，鋹伏地待罪。詔誅其臣龔澄樞等，特釋鋹縛與其弟保興等罪，仍賜襲衣、冠帶、韡笏、器幣、鞍馬，各服其服列謝樓下。百官稱賀畢，放仗如儀。

南唐平，帝御明德門，露布引李煜及其子弟官屬素服待罪。初，有司請如獻劉鋹。帝以煜奉正朔，非若鋹拒命，寢露布弗宣，遣閤門使承制釋之。

太宗征太原，劉繼元降，帝幸城北，陳兵衞，張樂，宴從臣于城臺。繼元帥官屬素服臺下。遣閤門使宣制釋罪，召繼元親勞之。從臣詣行宮稱賀。時以在軍中，故不備禮。繼元至京師，詔告獻太廟。前一日，所司陳設如常告廟儀。告日黎明，博士引太尉就位，通事舍人引繼元西階下東向立，其官屬重行立。贊者贊太尉再拜訖，博士引就盥爵如常儀，詣東階解劍脫舄，升第一室進奠，再拜，太祝跪讀祝文訖，又再拜。通事舍人引繼元及官屬詣室前西階下北向立，舍人贊云：「皇帝親征，收復河東，僞主劉繼元及僞命官見。」贊者曰再拜，拜訖退位。次至第二、第三、第四、第五室，皆如第一室。博士引太尉降階，佩劍納履復位，

贊者曰再拜，太尉與繼元等皆再拜，退。焚祝版於齋坊。繼元既命以官，故不稱俘焉。

元符二年，西蕃王攏拶、邈川首領瞎征等降，詔具儀注。以受降日御宣德門，設諸班直、上四軍仗衞，諸軍素服陳列。降者各服蕃服以見，審問訖，有旨放罪，各等第賜首服袍帶。百官稱賀，而再御紫宸殿賜宴會。哲宗崩，樞密院留攏拶等西京聽旨。詔罷御樓立仗，但引見于後殿。攏拶一班；契丹公主一班，夏國、回鶻公主次之；瞎征一班，邊厮波結并族屬次之。應族屬首領各從其長，以次起居。僧尼公主皆蕃服蕃拜。並賜冠服，謝訖，賜酒饌橫門外。

政和初，議禮局上受降儀。皇帝乘輿升宣德門樓，降輿坐御幄，百官與降王、蕃官各班樓下，如大禮肆赦儀。東上閤門以紅條袋班齊牌引升樓，樓上東上閤門官附內侍承旨索扇，扇合，帝即御坐，簾卷。內侍又贊扇開，侍衞如常儀。諸班親從并裹圍降王人等迎駕，自贊常起居。次舍人贊執儀將士常起居。次管幹降王使臣并隨行舊蕃官常起居。次禮直官、舍人引百官橫行北向，贊者曰拜，在位官皆再拜舞蹈，三稱萬歲，又再拜。班首奏聖躬萬福，又再拜退，百官各就東西位。舍人引降王服本國衣冠詣樓前北向，女婦少西立，僧又少西，尼立於後。入內省官詣御坐前承旨，傳樓上東上閤門官承旨錄訖，以紅條袋降制樓下，東上閤門官承旨退。降王以下俯伏，東上閤門官至，令通事舍人掖之起，首領以下皆起，鞠躬。閤門宣有敕，降王以下再拜，僧尼止躬呼萬歲。閤門錄敕旨付管幹官，降王等躬聽詰問。如有復奏，閤門錄訖，仍以紅條袋引升樓。如無復奏，入內省官詣御坐承旨，傳樓上閤門官稱有敕放罪訖，舍人贊謝恩，降王以下再拜稱萬歲，復序立。入內省官詣御坐承旨，傳樓上閤門官稱有敕各賜首服袍帶。樓下閤門官承旨引所賜擔床陳于西，舍人宣曰有敕，降王以下再拜鞠躬，舍人稱各賜某物，賜物畢，又再拜稱萬歲。若賜官，即贊謝再拜，並歸次易所賜服。舍人先引降王以下至授遙郡以上當樓前北向東上立，贊再拜，稱萬歲，又再拜；次贊服冠帔婦女再拜。僧尼別謝，引還。次贊樓上侍立官稱賀再拜，禮直官、舍人分引百官橫行北向立，贊拜訖，班首少前，俛伏跪，稱賀，其詞中書隨事撰述，賀訖，復位。在位者又再拜舞蹈，三稱萬歲，又再拜。東上閤門官進詣樓前承旨就班首宣曰有制，贊者曰拜，在位官皆再拜，宣答，其詞學士院隨事撰述，又贊再拜，三稱萬歲，又再拜。樓上樞密院前跪奏，稱某官臣某言，禮畢，內侍索扇，扇合簾垂，帝降坐。內侍贊扇開，所司承旨放仗，樓下鞭鳴，百官再拜退。

開禧三年三月，四川宣撫副使安丙函逆臣吳曦首并違制擬造法物、所受金國加封蜀王詔及金印來獻。四月三日，禮部太常寺條具獻馘典故，俟逆曦首函至日，臨安府差人防守，殿前司差甲士二百人同大理寺官監引赴都堂審驗。奏獻太廟、別廟差近上宗室南班，奏獻

太社、太稷差侍從官。各前一日赴祠所致齋，至日行奏獻之禮，大理寺、殿前司計會行禮時刻，監引首函設置以俟。奏獻禮畢，梟於市三日，付大理寺藏於庫。

端平元年，金亡。四月，京湖制置司以完顏守緒函骨來上，差官奏告宗廟社稷如儀。

田獵。太祖建隆二年，始校獵于近郊。先出禁軍爲圍場，五坊以鷙禽細犬從。帝親射走兔三，從官貢馬稱賀。其後多以秋冬或正月田於四郊，從官或賜窄袍㚄韡，親王以下射中者賜以馬。

太宗將北征，因閱武獵近郊，以多盜獵狐兔者，命禁之。有衞士奪人獐，當死，帝曰：「若殺之，後世必謂我重獸而輕人。」特貰其罪。帝常以臘日校獵，諭從臣曰：「臘日出狩，以順時令，緩轡從禽，是非荒也。」回幸講武臺，張樂，賜羣臣飲。其後，獵西郊，親射走兔五。詔以古者蒐狩，以所獲之禽薦享宗廟，而其禮久廢，今可復之。遂爲定式。帝雅不好弋獵，詔除有司行禮外，罷近甸游畋，五坊所畜鷹犬並放之，諸州不得以鷹犬來獻。已而定難軍節度使趙保忠獻鶻一，號「海東青」，詔還賜之。臘日，但命諸王略畋近郊，而五坊之職廢矣。

眞宗復詔教駿所養鷹鶻量留十餘，以備諸王從時展禮。禁圍草地，許民耕牧。

至仁宗時，言者言校獵之制所以順時令、訓戎事，請修此禮。於是詔樞密院奏定制度。獵日五鼓，帝御內東門，賜從官酒三行，奏鈞容樂，幸瓊林苑門，賜從官食。遂獵于楊村，宴于幄殿，奏教坊樂。遣使以所獲馳薦太廟。既而召父老臨問，賜以飲食茶絹，及五坊軍士銀絹有差。宰相賈昌朝等曰：「陛下暂幸近郊，順時田獵，取鮮殺而登廟俎，所以昭孝德也；即高原而閱軍實，所以講武事也；問耆老而秩飫，所以養老也；勞田夫而賜惠，所以勸農也。乘輿一出，而四美皆具。伏望宣付史館。」從之。明年，復獵於城南東韓村。自玉津園去輦乘馬，分騎士數千爲左右翼，節以鼓旗。合圍場徑十餘里，部隊相應。帝按轡中道，親挾弓矢，屢獲禽焉。是時，道傍居人或畜狐兔鳧雉驅場中。帝謂田獵以訓武事，非專所獲也，悉縱之。免圍內民田一歲租，仍召父老勞問。其後以諫者多，罷獵近甸。自是，終靖康不復講。

打毬，本軍中戲。太宗令有司詳定其儀。三月，會鞠大明殿。有司除地，豎木東西爲毬門，高丈餘，首刻金龍，下施石蓮華坐，加以采繢。左右分朋主之，以承旨二人守門，衞士

二人持小紅旗唱籌，御龍官錦繡衣持哥舒棒，周衞毬場。殿階下，東西建日月旗。教坊設龜茲部鼓樂於兩廊，鼓各五。又於東西毬門旗下各設鼓五。閤門豫定分朋狀取裁。親王、近臣、節度觀察防禦團練使、刺史、駙馬都尉、諸司使副使、供奉官、殿直悉預。其兩朋官，宗室、節度以下服異色繡衣，左朋黃襴，右朋紫襴；打毬供奉官左朋服紫繡，右朋服緋繡，烏皮鞾，冠以華插脚折上巾。天廄院供馴習馬并鞍勒。帝乘馬出，教坊大合涼州曲，諸司使以下前導，從臣奉迎。既御殿，羣臣謝，宣召以次上馬，馬皆結尾，分朋自兩廂入，序立於西廂。帝乘馬當庭西南駐。內侍發金合，出朱漆毬擲殿前。通事舍人奏云御朋打東門。帝擊毬，教坊作樂奏鼓。毬既度，颭旗、鳴鉦、止鼓。帝回馬，從臣奉觴上壽，貢物以賀。賜酒，卽列拜，飲畢上馬。帝再擊之，始命諸王大臣馳馬爭擊。旗下擂鼓。將及門，逐廂急鼓。毬度，殺鼓三通。毬門兩旁置繡旗二十四，而設虛架於殿東西階下。每朋得籌，卽插一旗架上以識之。帝得籌，樂少止，從官呼萬歲。羣臣得籌則唱好，得籌者下馬稱謝。凡三籌畢，乃御殿召從臣飲。又有步擊者，乘驢騾擊者，時令供奉者朋戲以爲樂云。

救日伐鼓。建隆元年，司天監言日食五月朔，請掩藏戈兵鎧冑。事下有司，有司請皇帝避正殿素服，百官各守本司，遣官用牲太社如故事。景德四年五月朔，日食。上避正殿不視事。

至和元年四月朔日食，既內降德音，改元，易服，避正殿，減膳。百官詣東上閤門拜表請御正殿，復常膳。三表乃從。至日，遣官祀太社，而陰雨以雷，至申，乃見食九分之餘。百官稱賀。先是皇祐初，以日食三朝不受賀，百官拜表。嘉祐四年，詔正旦日食毋拜表，自十二月二十一日不御前殿，減常膳，宴遼使罷作樂。至日，仍遣官祀太社。百官三表，乃御正殿，復膳。六年六月朔日食，詔禮官驗詳典故。皇帝素服，不御正殿，毋視事，百官廢務守司。合朔前二日，郊社令及門僕守四門，巡門監察鼓吹令率工人如方色執麾旌，分置四門屋下。龍蛇鼓隨設於左東門者立北塾南面，南門者立東塾西面，西門者立南塾北面，北門者立西塾東面。隊正一人執刀，率衞士五人執五兵之器，立鼓外。矛處東，戟處南，斧鉞在西，矟在北。郊社令立櫕於壇，四隅縈朱絲繩三匝。又於北設黃麾，龍蛇鼓一次之，弓一、矢四次之。諸兵鼓俱靜立，俟司天監告日有變，工舉麾，乃伐鼓；祭告官行事，太祝讀文，其詞以責陰助陽之意。司天官稱止，乃罷鼓。如霧晦不見，卽不伐鼓。自是，日有食之，皆如其制。

治平四年，詔：「古者日食，百司守職，蓋所以祗天戒而備非常，今獨闕之，甚非王者小

心寅畏之道。可令中書議舉行。」熙寧六年四月朔日食，詔易服、避殿、減膳如故事。降天下死刑，釋流以下罪。

政和上合朔伐鼓儀：有司陳設太社玉幣籩豆如儀。社之四門，及壇下近北，各置鼓一，並植麾旌，各依其方色。壇下立黃麾，麾杠十尺，旌八尺。祭告日，於時前，太官令帥其屬實饌具畢，光祿卿點視；次引監察御史、奉禮郎、太祝、太官令先入就位，次引告官就位，皆再拜；次引御史、奉禮郎、太祝升，就位。太官令就酌尊所，告官盥洗，詣太社三上香，奠幣玉，再拜復位。少頃，引告官再盥洗，執爵三祭酒，奠爵，俛伏興，少立，引太祝詣神位前跪讀祝文。告官再拜退，伐鼓。其日時前，太史官一員立壇下視日。鼓吹令率工十人，如色服分立鼓左右以俟。太史稱日有變，工齊伐鼓。明復，太史稱止，乃罷鼓。其日，廢務而百司各守其職如舊儀。

校勘記

〔一〕盎欲習水戰　宋會要禮九之一〇、繫年要錄卷二四作「蓋欲習水戰」，疑作「蓋」是。

〔二〕先赴教場下方營　原脫「方」字，據宋會要禮九之一三、九之二二及通攷卷一五七兵考、朝野雜記乙集卷四御教條補。

〔三〕皇帝至　宋會要禮九之一六作「皇帝坐」，疑是。

〔四〕皇帝出　同上書禮九之一六、九之一九、九之二四都作「皇帝坐」。疑是。

〔五〕依舊相向立　「相」字原脫。宋會要禮九之一七、通攷卷一五七兵考都作「相向立」，據補。

〔六〕監將校官　宋會要禮九之三五作「監押將校官」，疑是。

宋史卷一百二十二

志第七十五

禮二十五 凶禮一

山陵

山陵、謚祔、服紀、葬儀與士庶之喪制爲凶禮。其上陵忌日，漢儀如吉祭。宋制，是日禁屠殺，設素饌，輟樂舉哭，素服行事，因以類附焉。

太祖建國，號僖祖曰欽陵，順祖曰康陵，翼祖曰定陵，宣祖曰安陵。

安陵在京城東南隅，乾德初，改卜河南府鞏縣西南四十里訾鄉鄧封村〔一〕。以司徒范質爲改卜安陵使，學士竇儀〔二〕禮儀使，中丞劉溫叟儀仗使，樞密直學士薛居正鹵簿使，太宗

時尹開封，爲橋道頓遞使。質尋免相，以太宗兼轄五使事，修奉新陵。皇堂下深五十七尺，高三十九尺，陵臺三層正方，下層每面長九十尺。南神門至乳臺，乳臺至鵲臺，皆九十五步。乳臺高二十五尺，鵲臺增四尺。神牆高九尺五寸，環四百六十步，各置神門、角闕。

有司言：「改卜陵寢，宣祖合用哀册及文班官各撰歌辭二首。吉仗用大駕鹵簿。凶仗用大升輿、龍輴、鵝茸纛、魂車、香輿、銘旌、哀謚册寶車、方相、買道車、白幰弩、素信幡、錢山輿、黃白紙帳、暖帳、夏帳、千味臺盤、衣輿、拂纛、明器輿、漆梓宮、夷衾、儀椁、素翣、包牲、倉瓶、五穀輿、瓷甒、瓦甒、辟惡車。進玄宮有鐵帳覆梓宮，藉以欑欄褥，鐵盆、鐵山用然漆燈。宣祖袞冕，昭憲皇后花釵、翬衣，贈玉。十二神、當壙、當野、祖明、祖思、地軸及留陵刻漏等，並制如儀。」

有司又言：「按儀禮『改葬緦』注云：『臣爲君，子爲父，妻爲夫也，必服緦者，親見尸柩，不可以無服，緦三月而除之。』又五禮精義云：『改葬無祖奠，蓋祖奠設於柩車之前以爲行始，至於改葬，告遷而已。』今請皇帝服緦，皇親及文武官護送靈駕者亦服緦，既葬而除。不設祖奠，止於陵所行一虞之祭。宣祖謚册、謚寶舊藏廟室，合遷置陵內。改葬之禮，與始葬同。凡筵宜新，明器壞者改作。凡斂衣、斂物並易之。其皇堂贈玉、鎮圭、劍佩、旒冕、玉寶，並以珉玉、藥玉，綬以靑錦。安陵中玉圭、劍佩〔三〕、玉寶等皆用于闐玉。孝明、孝惠陵

內用珉玉、藥玉。啓故安陵，奉安宣祖、昭憲孝惠二后梓宮于幄殿。靈駕發引，所過州府縣鎭，長吏令佐素服出城奉迎并辭，皆哭。自發引至掩皇堂，皆廢朝，禁京城音樂。」

順祖、翼祖皆葬幽州，至眞宗始命營奉二陵，遂以一品禮葬河南縣。制度比安陵減五分之一，石作減三分之一，尋改上定陵名曰靖陵。

開寶九年十月二十日，太祖崩，遺詔：「以日易月，皇帝三日而聽政，十三日小祥，二十七日大祥。諸道節度防禦團練使、刺史、知州等，不得輒離任赴闕。諸州軍府臨三日釋服。」羣臣敍班殿庭，宰臣宣制發哀畢，太宗卽位，號哭見羣臣。羣臣稱賀，復奉慰盡哀而退。

禮官言：「羣臣當服布斜巾、四脚，直領布襴，腰經。命婦布帕首，裙、帔。皇弟、皇子、文武二品以上，加布冠、斜巾、帽，首經，大袖、裙、袴，竹杖。士民縞素，婦人素縵。諸軍就屯營三日哭。」羣臣屢請聽政，始御長春殿。羣臣喪服就列，帝去杖、經，服斜巾、垂帽，卷簾視事。小祥，改服布四脚〔四〕、直領布襴，腰經，布袴，二品以上官亦如之。大祥，帝服素紗軟脚折上巾，淺黃衫，緅皮鞓黑銀帶。羣臣及軍校以上，皆本色慘服，鐵帶，韡、笏。諸王入內服衰，出則服慘。又成服後，羣臣朝晡臨三日。大小祥、禫除、朔望，皆入臨奉慰。內出遺留物頒賜諸臣親王，遣使賚賜方鎭。二十七日，命宰臣撰陵名、哀册文。

明年三月十七日，羣臣奉謚號册寶告于南郊，明日讀于靈坐前。四月十日，啓欑宮，帝與羣臣皆服如初喪。羣臣〔五〕朝晡臨殿中，退易常服出宮城。十三日，發引，帝衰服，啓奠哭，羣臣入臨，升梓宮于龍輴。祖奠徹，設次明德門外，行遣奠禮，讀哀册，帝哭盡哀，再拜辭，釋衰還宮，百官辭於都城外。二十五日，掩皇堂。二十九日，虞主至，奉安于大明殿。五月十九日，祔廟之第五室，以孝明皇后王氏升配。禮畢，羣臣奉慰。其吉凶仗如安陵，惟增轀輬車、神帛肩輿，鹵簿三千五百三十九人。陵在鞏縣，祔宣祖，曰永昌。

至道三年三月二十九日，太宗崩于萬歲殿。眞宗散髮號擗，奉遺詔卽位於殿之東楹。制永熙陵，皇堂深百尺，方廣八十尺，陵臺方二百五十尺。大駕鹵簿，用玉輅一、革車五外，凡用九千四百六十八人。有司定散髮之禮，皇帝、皇后、諸王、公主、縣主、諸王夫人、六宮內人並左被髮，皇太后全被髮。帝服布斜巾、四脚、大袖、裙、袴、帽，竹杖，腰經、首經，直領布襴衫，白綾襯服。諸王皇親以下如之，加布頭冠、絹襯服。皇太后、皇后、內外命婦，布裙、衫、帔、帕頭，首經，絹襯服。宮人無帔。文武二品以上布斜巾、四脚、頭冠、大袖、襴衫、裙、袴，腰經，竹杖，絹襯服。自餘百官，並布幞頭、襴衫，腰經。兩省五品〔六〕、御史臺尙書省四品、諸司三品以上，見任前任防禦、團練、刺史，內客省、閤門、入內都知、押班等，布頭冠、幞頭、大袖、襴衫、裙、袴，腰經。諸軍、庶民白衫紙帽，婦人素縵不花釵，三日哭而止。山陵前，朔望不視事。

六月，詔翰林寫先帝常服及絳紗袍、通天冠御容二，奉帳坐，列于大升輿之前，仍以太宗玩好、弓劍、筆硯、琴棊之屬，蒙組繡置輿中，陳於仗內。十月三日，靈駕發引，其凶仗法物擎舁牽駕兵士力士，凡用萬一千一百九十三人。挽郎服白練寬衫、練裙，勒帛，絹幘。餘並如昌陵制。十一月二日，有司奉神主至太廟，近臣題謚號，祔於第六室，以懿德皇后符氏升配。置衞士五百人于陵所，作殿以安御容，朝暮上食，四時致祭焉。

乾興元年二月十九日，眞宗崩，仁宗卽位。二十日，禮儀院言：「準禮例，差官奏告天地、社稷、太廟、諸陵，應祠祭惟天地、社稷、五方帝諸大祠，宗廟及諸中小祠並權停，俟祔廟禮畢，仍舊。」是日，命閤門使薛貽廓告哀于契丹，宣慶使韓守英爲大內都巡檢，內侍分領宮殿門，衞士屯護。閤門使王遵度爲皇城四面巡檢，新舊城巡檢各權添差，益以禁兵器仗，城門亦設器甲，以辨姦詐。

二十一日，羣臣入臨，見帝于東序。閤門使宣口敕曰：「先皇帝奄棄萬國，凡在臣僚，畢同號慕，及中外將校，並加存撫。」羣臣拜舞稱萬歲，復哭盡哀，退。是日上表請聽政，凡三

上始允。二十三日，陳先帝服玩及珠襦、玉匣、含、襚應入梓宮之物於延慶殿，召輔臣通觀。明日，大斂成服。二十五日，有司設御坐，垂簾崇政殿之西廡，簾幕皆縞素，羣臣敍班殿門外。帝衰服，去杖、經〔七〕，侍臣扶升坐。通事舍人引羣臣入殿庭，西向合班。俟簾捲，羣臣再拜，班首奏聖躬萬福，隨班三呼萬歲退。宰臣升殿奏事如儀。三月一日，小祥，帝行奠，釋衰服，羣臣入臨，退赴內東門，進名奉慰。自是每七日皆臨，至四十九日止。十三日，大祥，帝釋服，服慘。

十四日，司天監言：「山陵斬草，用四月一日丙時吉。」十六日，山陵按行使藍繼宗言：「據司天監定永安縣東北六里曰臥龍岡，堪充山陵。」詔雷允恭覆按以聞。皇堂之制，深八十一尺，方百四十尺。制陵名曰永定。九月十一日，召輔臣赴會慶殿，觀入皇堂物，皆生平服御玩好之具。帝與輔臣議及天書，皆先帝尊道膺受靈貺，殊尤之瑞屬于元聖，不可留于人間，宜於永定陵奉安。二十三日，奉導天書至長春殿，帝上香再拜奉辭。二十四日，天書先發，帝啓奠梓宮，讀哀册，禮畢，具吉凶儀仗。百官素服赴順天門外，至板橋立班奉辭。還詣西上閤門，進名奉慰。十月十三日，掩皇堂。十八日，虞主至京。十九日，羣臣詣會慶殿行九虞祭。二十三日，祔太廟第七室。

中華書局

嘉祐八年三月晦日，仁宗崩，英宗立。喪服制度及修奉永昭陵，並用定陵故事，發諸路卒四萬六千七百人治之。宣慶使石全彬提舉制梓宮，畫樣以進，命務堅完，毋過華飾。三司請內藏錢百五十萬貫、紬絹二百五十萬匹、銀五十萬兩，助山陵及賞賚。遣使告哀遼、夏及賜遺留物，又遣使告諭諸路。又以聽政奠告大行，近臣告升遐於天地、社稷、宗廟、宮觀，又告嗣位。賜兩府、宗室、近臣遺留物。

五月，翰林學士王珪言：「天子之謚，當集中書門下御史臺五品以上、尚書省四品以上、諸司三品以上，於南郊告天，議定，然後連奏。近制唯詞臣撰議，即降詔命，庶僚不得參聞，頗違稱天之義。臣擬上先帝尊謚，望詔有司稽詳舊典，先之郊，而後下臣之議。」七月，宰臣以下宿尚書省，宗室團練使以上宿都亭驛，請謚于南郊。八月，告于福寧殿、天地、宗社、宮觀。

九月二十八日，啓菆宮，以初喪服日一臨，易常服出。十月六日，靈駕發引，天子啓奠，梓宮升龍輴。祖奠徹，與皇太后步出宣德門，羣臣辭于板橋。十五日，奉安梓宮陵側。十七日，開皇堂。十一月二日，虞主至，皇太后奠于瓊林苑，天子步出集英殿[八]門奉迎，奠于幄。七日，祭虞主。二十九日，祔太廟。主如漢制，不題謚號，及終虞而行卒哭之祭。

禮院言[九]：「故事，大祥變除服制，以三月二十九日大祥[一〇]，至五月二十九日禫，六月二十九日禫除，至七月一日從吉，已蒙降敕。謹按禮學，王肅以二十五月爲畢喪，而鄭康成

以二十七月，通典用其說，又加至二十七月終，則是二十八月畢喪，而二十九月始吉，蓋失之也。天聖中，更定五服年月敕斷以二十七月，今士庶所同遵用。夫三年之喪，自天子達，不宜有異。請以三月二十九日爲大祥，五月擇日而爲禫，六月一日而從吉。」於是大祥日不御前後殿，開封府停決大辟及禁屠至四月五日，待制、觀察使以上及宗室管軍官日一奠，二十八日而羣臣俱入奠。二十九日禫除，羣臣皆奉慰焉。

治平四年正月八日，英宗崩，神宗即位。十一日，大斂。二月三日，殯。四月三日，請謚。十八日，奏告及讀謚册于福寧殿。七月二十五日，啓菆。八月八日，靈駕發引。二十七日，葬永厚陵。

禮院準禮：羣臣成服後，乘布裹鞍韉。小祥臨訖，除頭冠、方裙、大袖。大祥臨訖，裹素紗軟脚幞頭，慘公服，乘皁鞍韉。禫除訖，素紗幞頭，常服，黑帶。二日，改吉服，去佩魚。虞主至自掩壙，五虞皆在途，四虞於集英殿。曲赦兩京、畿內、鄭、孟等州如故事。

元豐八年三月五日，神宗崩。十三日，大斂，帝成服。十七日，小祥。四月一日，禫除。七月五日，請謚于南郊。九月八日，讀謚寶册于福寧殿。二十三日，啓菆。十月一日，靈駕

發引。二十一日，葬永裕陵。二十九日，虞主至。十一月一日，虞祭于集英殿。自復土，六虞在途，太常卿攝事，三虞行禮于殿。四日，卒哭。五日，祔廟。

祕書正字范祖禹言：「先王制禮，以君服同于父，皆斬衰三年，蓋恐爲人臣者，不以父事其君，此所以管乎人情也。自漢以來，不惟人臣無服，而人君遂亦不爲三年之喪。唯國朝自祖宗以來，外廷雖用易月之制，而宮中實行三年之喪。且易月之制，前世所以難改者，以人君自不爲服也。今羣臣易月，而人主實行三年之喪，故十二日而小祥，期而又小祥[一一]，二十四日大祥，再期而又大祥。夫練、祥不可以有二也，既以日爲之，又以月爲之，此禮之無據者。再期而大祥，中月而禫，禫者祭之名，非服之色也，今乃爲之慘服三日然後禫，此禮之不經者也。既除服，至葬而又服之，蓋不可以無服也。祔廟而後即吉，財八月矣，而遽純吉，無所不佩，此又禮之無漸也。易月之制，因襲已久，既不可追，宜令羣臣朝服，止如今日而未除衰，至期而服之，漸除其重者，再期而又服之，乃釋衰，其餘則君服斯服可也。至於禫，不必爲之服，惟未純吉以至於祥，然後無所不佩，則三年之制略如古矣。」詔禮官詳議。

禮部尚書韓忠彥等議：「朝廷典禮，時世異宜，不必循古。若先王之制，不可盡用，則當以祖宗故事爲法。今言者欲令羣臣服喪三年，民間禁樂如之，雖過山陵，不去衰服，庶協古制。緣先王恤典節文甚多，必欲循古，又非特如所言而已。今既不能盡用，則當循祖宗故

事及先帝遺制。」詔從其議。

神主祔廟，是月冬至，百官表賀。崇政殿說書程頤言：「神宗喪未除，節序變遷，時思方切，恐失居喪之禮，無以風化天下。乞改賀爲慰。」不從。

紹聖四年，太史請遷去永裕陵禁山民塚一千三百餘，以便國音。帝曰：「遷墓得無擾乎？若無所害，則令勿遷，果不便國音，當給官錢，以資葬費。」

元符三年正月十二日，哲宗崩，徽宗即位。詔山陵制度，並如元豐。七月十一日，啓菆。二十日，靈駕發引。八月八日，葬永泰陵。九月一日，以升祔畢，羣臣吉服如故事。

太常寺言：「太宗皇帝上繼太祖，兄弟相及，雖行易月之制，實斬衰三年，以重君臣之義。公除已後，庶事相稱，具載國史。今皇帝嗣位哲宗，實承神考之世，已用開寶故事，爲哲宗服衰重。今神主已祔，百官之服並用純吉，皇帝服御宜如太平興國二年故事。」

禮部言：「太平興國中，宰臣薛居正表稱：『公除以來，庶事相稱，獨命徹樂，誠未得宜。』即是公除後，除不舉樂外，釋衰從吉，事理甚明。今皇帝當御常服、素紗展脚幞頭、淡黃衫、黑犀帶，請下有司裁制。」宰臣請從禮官議，乃詔候周期服吉。

時詔不由門下，徑付有司。給事中龔原言：「喪制乃朝廷大事，今行不由門下，是廢法

中華書局

二十四史

也。臣爲君服斬衰三年，古未嘗改。且陛下前此議服，禮官持兩可之論，陛下旣察見其姦，其服遂正。今乃不得已從之，臣竊爲陛下惜。開寶時，幷、汾未下，兵革未弭，祖宗櫛風沐雨之不暇，其服制權宜一時，非故事也。」原坐黜知南康軍。於是詔依元降服喪三年之制，其元符三年九月「自小祥從吉」指揮，改正。

紹興五年四月甲子，徽宗崩于五國城。七年正月，問安使何蘚等還以聞，宰執入見，帝號慟擗踊，終日不食。宰臣張浚等力請，始進𩟖粥。成服于几筵殿，文武百僚朝晡臨於行宮。自聞喪至小祥，百官朝晡臨；自小祥至禫祭，朔一臨。太常等言：「舊制，沿邊州軍，不許舉哀。緣諸大帥皆國家腹心爪牙之臣，休戚一體，至於將佐，皆懷忠憤，宜就所屯，自副將而上成服，日朝晡臨，故校哭於本營〔三〕。」命徽猷閣待制王倫等爲奉迎梓宮使。

時知邵州胡寅上疏，略曰：「三年之喪，自天子至於庶人，一也。及漢孝文自執謙德，用日易月，至今行之。子以便身忘其親，臣以便身忘其君，心知其非而不肯改，自常禮言之，猶且不可，況變故特異如今日者，又當如何？恭惟大行太上皇帝、大行寧德皇后，蒙塵北狩，永訣不復，實緣粘罕，是有不共戴天之讎。考之於禮，讎不復則服不除，寢苫枕戈，無時而終。所以然者，天下雖大，萬事雖衆，皆無以加於父子之恩，君臣之義也。伏覩某月某日

聖旨，緣國朝故典，以日易月，臣切以爲非矣。自常禮言之，猶須大行有遺詔，然後遵承。今也大行詔旨不聞，而陛下降旨行之，是以日易月，出陛下意也。大行幽厄之中，服御飲食，人所不堪，疾病粥藥，必無供億，崩殂之後，衣衾斂藏，豈得周備？正棺卜兆，知在何所？茫茫沙漠，瞻守爲誰？伏惟陛下一念及此，荼毒摧割，備難堪忍，縱未能遵春秋復讎之義，俟讎殄而後除服，猶當革漢景之薄，喪紀以三年爲斷。不然，以終身不可除之服，二十七日而除之，是薄之中又加薄焉，必非聖人之所安也。」

又曰：「雖宅憂三祀，而軍旅之事，皆當決於聖裁，則諒闇之典，有不可舉。蓋非枕塊無聞之日，是乃枕戈有事之辰，故魯侯有周公之喪，而徐夷並興，東郊不開，則是墨衰卽戎，孔子取其誓命。今六師戒嚴，方將北討，萬幾之衆，孰非軍務。陛下聽斷平決，得禮之變，卒哭之後，以墨衰臨朝，合於孔子所取，其可行無疑也。如合聖意，便乞直降詔旨云：『恭惟太上皇帝、寧德皇后，誕育眇躬，大恩難報，欲酬罔極，百未一伸。鑾輿遠征，遂至大故，訃音所至，痛貫五情。想慕慈顏，杳不復見，怨讎有在，朕敢忘之。雖軍國多虞，難以諒闇，然衰麻枕戈，非異人任。以日易月，情所不安，興自朕躬，致喪三年。卽戎衣墨，況有權制，布告中外，昭示至懷。其合行典禮，令有司集議來上。如敢沮格，是使朕爲人子而忘孝之道，當以大不恭論其罪。』陛下親御翰墨，自中降出，一新四方耳目，以化天下，天地神明，亦必有

以佑助。臣不勝大願。」

六月，張浚請謚于南郊。戶部尙書章誼等言：「梓宮未還，久廢謚册之禮。請依景德元年明德皇后故事，行埋重、虞祭、祔廟之禮，及依嘉祐八年、治平四年虞祭畢而後卒哭，卒哭而後祔廟，仍於小祥前卜日行之。異時梓宮之至，宜遵用安陵故事，行改葬之禮，更不立虞主。」從之。九月甲子，上廟號曰徽宗。九年正月，太常寺言：「徽宗及顯肅皇后將及大祥，雖皇堂未置，若不先建陵名，則春秋二仲，有妨薦獻。請先上陵名。」宰臣秦檜等請上陵名曰永固〔四〕。

徽宗與顯肅初葬五國城，十二年，金人以梓宮來還。將至，帝服黃袍乘輦，詣臨平奉迎，登舟易緦服，百官皆如之。旣至行在，安奉于龍德別宮，帝后異殿。禮官請用安陵故事，梓宮入境，卽承之以槨；有司預備袞冕、翬衣以往，至則納之槨中，不復改斂。秦檜白令侍從、臺諫、禮官集議，靈駕旣還，當崇奉陵寢，或稱欑宮。禮部員外郎程敦厚希檜意，獨上奏言：「仍欑宮之舊稱，則莫能示通和之大信，而用因山之正典，則若亡存本之後圖。臣以爲宜勿徇虛名，當示大信。」於是議者工部尙書莫將等乃言：「太史稱歲中不利大葬，請用明德皇后故事，權欑。」從之。以八月奉迎，九月發引，十月掩欑，在昭慈欑宮西北五十步，用地二百五十畝。十三年，改陵名曰永祐。

紹興三十一年五月，金國使至，以欽宗訃聞。詔：「朕當持斬衰三年之服，以申哀慕。」是日，文武百僚並常服、黑帶，去魚，詣天章閣南空地立班，聽詔旨，舉哭畢，次赴後殿門外進名奉慰，次詣几筵殿焚香舉哭。六月，權禮部侍郎金安節等請依典故，以日易月，自五月二十二日立重，安奉几筵，至六月十七日大祥，所有衰服，權留以待梓宮之還。從之。七月，宰臣陳康伯等率百官詣南郊請謚，廟號欽宗，遂上陵名曰永獻。其餘並如徽宗典禮。

淳熙十四年十月八日，高宗崩，孝宗號慟擗踊，踰二日不進膳。尋諭宰執王淮，欲不用易月之制，如晉武、魏孝文實行三年之喪，自不妨聽政。淮等奏：「通鑑載晉武帝雖有此意，後來只是宮中深衣、練冠。」帝曰：「當時羣臣不能將順其美，司馬光所以譏之。後來武帝竟欲行之。」淮曰：「記得亦不能行。」帝曰：「自我作古何害？」淮曰：「御殿之時，人主衰絰，羣臣吉服，可乎？」帝曰：「自有等降。」乃出內批：「朕當衰絰三年，羣臣自行易月之令。其合行儀制，令有司討論。」詔百官於以日易月之內，衰服治事。

二十日丁亥，小祥，帝未改服，王淮等乞俯從禮制。上流涕曰：「大恩難報，情所未忍。」二十一日，車駕還內，帝衰絰御輦，設素仗，軍民見者，往往感泣。詔：「自今五日一詣梓宮

中華書局

前焚香。」帝欲衰服素幄，引輔臣及班次，而禮官奏謂：「苴麻三年，難行於外庭。」奏入，不出。十一月戊戌朔，禮官顏師魯、尤袤等奏：「乞禮畢改服小祥之服，去杖、絰。禫祭禮畢，改服素紗軟脚折上巾、淡黃袍、黑銀帶。神主祔廟畢，改服皂幞頭〔四〕、黑鞓犀帶。遇過宮燒香，則於宮中衰絰行禮。二十五月而除。」帝批：「淡黃袍改服白袍。」二日己亥，大祥。四日辛丑，禫祭禮畢。五日壬寅，百官請聽政，不允。八日，百官三上表，引康誥「被冕服出應門」等語以證。九日，詔可。

十五年正月十八日甲寅，百日，帝過宮行焚香禮。二十一日丁巳，諭輔臣曰：「昨內引洪邁，見朕已過百日，猶服衰麤，因奏事應以漸，今宜服如古人墨衰之義，而巾則用紬或羅。朕以羅綃非是，若用細布則可。」王淮等言：「尋常士大夫丁憂過百日，巾衫皆用細布，出而見客，則以黲布。今陛下舉曠古不能行之禮，足爲萬世法。」帝又曰：「晚間引宿直官〔五〕之類如何？」淮曰：「布巾、布背子便是常服。」上不以爲然〔六〕。自是每御延和殿，止服白布折上巾、布衫〔七〕，過宮則衰絰而杖。

三月壬子，啓欑，帝服初喪之服。甲寅，發引。丙寅，掩欑。甲戌，親行第七虞祭。大臣言：「虞祭乃吉禮，合用韡袍。」上曰：「只用布折上巾、黑帶、布袍可也。」

二十日丙戌，神主祔廟。是日詔曰：「朕昨降指揮，欲衰絰三年，緣羣臣屢請御殿易服，

故以布素視事內殿。雖有俟過祔廟勉從所請之詔，稽諸典禮，心實未安，行之終制，乃爲近古。宜體至意，勿復有請。」於是大臣乃不敢言。蓋三年之制，斷自帝心，執政近臣皆主易月之說。諫官謝鍔、禮官尤袤心知其不可，而不敢盡言。惟敕令所刪定官沈清臣再上書：「願堅『主聽大事於內殿』之旨，將來祔廟畢日，預降御筆，截然示以終喪之志，杜絕輔臣方來之章，勿令再有奏請，力全聖孝，以示百官，以刑四海。」帝納用焉。仍詔：「欑宮遵遺誥務從儉約，凡修營百費，並從內庫，毋侵有司經常之費。諸路監司、州軍府監止進慰表，其餘禮並免，不得以進奉欑宮爲名，有所貢獻。」上陵名曰永思。

紹熙五年六月九日，孝宗崩。太皇太后有旨，皇帝以疾聽在內成服，太皇太后代皇帝行禮。

慶元二年六月九日，大祥。八月十六日，禫祭。時光宗不能執喪，寧宗嗣服，欲大祥畢更服兩月，曰：「但欲禮制全盡，不較此兩月。」於是監察御史胡紘言：「孫爲祖服，已過期矣。議者欲更持禫兩月，不知用何典禮？若曰嫡孫承重，則太上聖躬亦已康復，於宮中自行二十七月之重服，而陛下又行之，是喪有二孤也。自古孫爲祖服，何嘗有此禮？」詔侍從、臺諫、給舍集議。吏部尙書葉翥等言：「孝宗升遐之初，太上聖體違豫，就宮中行三年之喪。皇帝受禪，正宜倣古方喪之服以爲服，昨來有司失於討論。今胡紘所奏，引古據經，別嫌明微，委爲允當。欲從所請，參以典故：六月六日，大祥禮畢，皇帝及百官並純吉服，七月一日，皇帝御正殿，饗祖廟，將來禫祭，令禮官檢照累朝禮例施行。」四月庚戌，詔：「羣臣所議雖合禮經，然於朕追慕之意，有所未安，早來奏知太皇太后，面奉聖旨，以太上皇帝雖未康愈，宮中亦行三年之制，宜從所議。朕躬奉慈訓，敢不遵依。」

初，高宗之喪，孝宗爲三年服。及孝宗之喪，有司請於易月之外，用漆紗淺黃之制，蓋循紹興以前之舊。朱熹初至，不以爲然，奏言：「今已往之失，不及追改，惟有將來啓欑發引，禮當復用初喪之服，則其變除之節，尙有可議。望明詔禮官稽考禮律，豫行指定。其官吏軍民方喪之服，亦宜稍爲之制，勿使肆爲華靡。」其後詔中外百官，皆以涼衫視事，蓋用此也。方朱熹上議時，門人有疑者，未有以折之。後讀禮記正義喪服小記「爲祖後者」條，因自識於本議之末，其略云：「準五服年月格，斬衰三年，嫡孫爲祖，謂承重者。法意甚明，而禮經無文，但傳云：『父沒而爲祖後者服斬。』然而不見本經，未詳何據。但小記云：『祖父沒而爲祖母後者三年。』可以傍照。至『爲祖後者』條下疏中所引鄭志，乃有『諸侯父有廢疾不任國政〔八〕，不任喪事』之問，而鄭答以『天子、諸侯之服皆斬』之文，方見父在而承國於祖服〔九〕。向來上此奏時，無文字可檢，又無朋友可問，故大約且以禮律言之。亦有疑父在不

當承重者，時無明白證驗，但以禮律人情大意答之，心常不安，歸來稽考，始見此說，方得無疑。乃知學之不講，其害如此。而禮經之文，誠有闕略，不無待於後人。向使無鄭康成，則此事終未有所斷決，不可直謂古經定制，一字不可增損也。」已而詔于永思陵下宮之西，修奉欑宮，上陵名曰永阜。

慶元六年，光宗崩，上陵名曰永崇。

嘉定十七年，寧宗崩，上陵名曰永茂。

景定五年，理宗崩，上陵名曰永穆。

咸淳十年，度宗崩，上陵名曰永紹。

自孝宗以降，外庭雖用易月之制，而宮中實行三年之喪云。

校勘記

〔一〕訾鄉鄧封村 宋會要禮三七之一作「訾鄉鄧村」，長編卷四作「鄧封鄉南訾村」，通考卷一二六王禮考作「南訾鄉鄭封村」。

〔二〕竇儀 原作「竇儼」，據宋會要禮三七之一、通考卷一二六王禮考改。

中華書局

〔三〕劍佩　原作「佩劍」，據本卷上文及通考卷一二六王禮考乙正。

〔四〕改服布四脚　「服布」二字原倒，據宋會要禮二九之一並參照本卷上文乙正。

〔五〕羣臣　二字原脫，據宋會要禮二九之五補。

〔六〕兩省五品　原脫「兩」字，據宋會要禮二九之七補。

〔七〕帝衰服去杖絰　原脫「去」字，據本卷上文開寶九年禮例、宋會要禮二九之二一補。

〔八〕集英殿　原脫「殿」字，據宋會要禮二九之四五、長編卷一九九補。

〔九〕禮院言　按長編卷二〇四、宋會要禮二九之四五至四六，此事繫於治平二年三月。下文「二十八日」指三月二十八日；「二十九日」指五月二十九日。志文欠省。

〔一〇〕以三月二十九日大祥　原脫「大」字，據通考卷一二二王禮考並參照本卷下文補。

〔一一〕期而又小祥　「期而」二字原倒，據長編卷三五九、通考卷一二二王禮考並參照本卷下文乙正。

〔一二〕自副將而上成服日朝晡臨故校哭於本營　按繫年要錄卷一〇八作：「宣撫使至副將以下即軍中成服，將校哭於本營，三日止。」又本卷上文亦有「諸軍就屯營三日哭」及「諸軍三日哭而止」之文。據此，志文「日」字上疑脫「三」字。又「故校」疑是「將校」之訛。

〔一三〕請上陵名曰永固　原脫「名」字，據繫年要錄卷一二六並參照本卷上下文各例補。

〔一四〕改服皂幞頭　原脫「皂」字，據中興聖政卷六三、朝野雜記乙集卷三孝宗力行三年服條補。

〔一五〕直官　原作「直宿」，據同上朝野雜記同條、通考卷一二二王禮考改。

〔一六〕上不以爲然　按朝野雜記乙集卷三孝宗力行三年服條作「上以爲然」，并參照本書卷一二五禮志服紀及本卷下文「自是每御延和殿」云云，「不」字疑衍。

〔一七〕御延和殿止服白布折上巾布衫　按通考卷一二二王禮考作「御延和殿止服白布折上巾、白布袍，墨銀帶，禁中則布巾、布衫」，參照本書卷一二五禮志服紀，此處志文疑有脫誤。

〔一八〕不任國政　「政」原作「致」，據朱文公文集卷一四乞討論喪服箚子附書奏稿後、通考卷一二二王禮考改。

〔一九〕方見父在而承國於祖服　按朱文公文集同上卷同上篇「祖」下有「之」字。

宋史卷一百二十三

志第七十六

禮二十六　凶禮二

園陵　濮安懿王園廟　秀安僖王園廟　莊文景獻二太子攢所

上陵　忌日　羣臣私忌附

皇后園陵。太祖建隆二年六月二日，皇太后杜氏崩于滋德殿。三日，百官入臨。明日大斂，欑于滋福宮，百官成服〔一〕，中書、門下、文武百僚、諸軍副兵馬使以上並服布斜巾四脚、直領襴衫，外命婦帕頭、帔、裙、衫。九日，帝見百官于紫宸門。太常禮院言：「皇后、燕國長公主高氏、皇弟泰寧軍節度使光義、嘉州防禦使光美並服齊衰三年。準故事，合隨皇帝以日易月之制，二十五日釋服，二十七日禫除畢，服吉，心喪終制。」從之。

七月，太常禮院言：「準詔議定皇太后謚，按唐憲宗母王太后崩，有司集議，以謚狀讀于太廟，然後上之。周宣懿皇后謚，即有司撰定奏聞，未常集議，制下之日，亦不告郊廟，修謚册畢始告廟，還讀于靈坐前。」詔從周制。於是，太常少卿馮吉請上尊謚曰明憲皇太后〔二〕。九月六日，羣臣奉册寶告于太廟，翌日上于滋福宮。十月十六日，葬安陵。十一月四日，神主祔太廟宣祖室。

乾德二年，改卜安陵于河南府鞏縣。三月二十五日，奉寶册，改上尊謚曰昭憲皇太后，讀于陵次。二十六日，啓故安陵。二十七日，靈駕發引，命攝太尉、開封尹光義遣奠，讀哀册。四月九日，掩皇堂。

太祖孝明、孝惠二后。乾德元年十二月七日，皇后王氏崩。二十五日，命樞密承旨王仁贍爲園陵使。時議改卜安陵于鞏，并以二后陪葬焉。皇堂之制，下深四十五尺，上高三十尺。陵臺再成，四面各長七十五尺。神牆高七尺五寸，四面各長六十五步。南神門至乳臺四十五步，高二丈三尺。吉仗用中宮鹵簿，凶仗名物悉如安陵而差減其數，孝惠又減孝明焉。

二年三月二十七日，孝明皇后啓欑宮，羣臣服初喪之服；明日，孝惠皇后自幄殿發引。

中華書局

皆設遺奠，讀哀册。四月九日，葬孝惠于安陵之西北，孝明于安陵之北。二十六日，皆祔于別廟。其後，孝明升祔太祖室。

太祖皇后宋氏，太宗至道元年四月二十八日崩。帝出次，素服舉哀，輟朝五日。六月六日，上謚曰孝章皇后。以歲在未，有忌，權欑于趙村沙臺。三年正月二十日，祔葬永昌陵之北。皇堂、陵臺、神牆、乳臺、鵲臺並如孝明園陵制度，仍以故許王及夫人李氏、魏王夫人王氏、楚王夫人馮氏、皇太子亡妻莒國夫人潘氏、將軍惟正亡妻裴氏陪葬。二月二日，祔神主于別廟。莒國潘氏，至道三年六月追册爲莊懷皇后，陵曰保泰，神主祔后廟。

太宗賢妃李氏，眞宗至道三年十二月追尊爲皇太后，謚曰元德，祔葬永熙陵。大中祥符六年，升祔太宗室。

太宗明德皇后李氏，眞宗景德元年三月十五日崩。十七日，羣臣上表請聽政，凡五上始允。帝去杖、絰，服衰，卽御坐，哀動左右。太常禮院言：「皇后宜準昭憲皇太后禮例，合隨皇帝以日易月之制。宗室雍王以下，禫除畢，吉服，心喪終制。」五月〔三〕，詳定園陵，宜在

元德皇太后陵西安葬。八月十二日，上謚。九月二十二日，遷坐于沙臺欑宮。十月七日，祔神主太宗室。三年〔四〕十月十五日，帝詣欑宮致奠。十六日，發引。二十九日，掩皇堂。

眞宗章穆皇后郭氏，景德四年四月十五日崩。皇帝七日釋服，後改用十三日。羣臣三日釋服。諸道、州、府官吏訃到日舉哀成服，三日而除。二十一日，司天監詳定園陵。帝令祔元德皇太后陵側，但可安厝，不必寬廣，其棺槨等事，無得鏤刻花樣，務令堅固。二十五日，殯于萬安宮之西階。詔兩制、三館、祕閣各撰挽詞。閏五月十三日，上謚曰莊穆。六月二十一日，葬永熙陵之西北。七月，有司奉神主謁太廟，祔享于昭憲皇后，享畢，祔別廟。大中祥符二年四月十五日，大祥。詔特廢朝，羣臣奉慰。

眞宗宸妃李氏，仁宗明道元年二月二十六日薨。初葬洪福禪院之西北，命晏殊撰墓銘。二年四月六日，追册爲莊懿皇太后。十月五日，改葬永定陵之西北隅。十七日，祔神主于奉慈廟。

眞宗章獻明肅皇后劉氏，明道二年三月二十七日崩于寶慈殿，遷坐于皇儀殿。三十日，宣遺誥，羣臣哭臨，見帝于殿之東廂奉慰。宗室削杖不散髮。中書、樞密、使相比宗室，去斜巾、垂帽、首絰及杖。翰林學士至龍圖閣直學士已上、并節度使、文武二品已上，又去中單及袴。兩省、御史臺中丞文武百官以下，四脚幅巾、連裳、腰絰。館閣讀書、翰林待詔、伎術官并給孝服。宰相、百官朝晡臨三日，內外命婦朝臨三日。

四月，遣使告哀遼、夏及賜遺留物。十日，司天監詳定山陵制度。皇堂深五十七尺，神牆高七尺五寸，四面各長六十五步。乳臺高一丈九尺，至南神門四十五步。鵲臺高二丈三尺，至乳臺四十五步。詔下宮更不修蓋，餘依。二十七日，以宰臣張士遜爲山園使。是日，翰林學士馮元請上尊謚；九月四日，讀于靈坐。十月五日，葬永定陵之西北隅。十七日，祔神主于奉慈廟。

眞宗章惠皇后楊氏。景祐三年〔五〕十一月五日，保慶皇太后崩。太常禮院言：「皇帝本服緦麻三月，皇帝、皇后服皆用細布，宗室皆素服、吉帶，大長公主以下亦素服，並常服入內，就次易服，三日而除。」詔以「保祐沖人，加服爲小功，五日而除。」四年正月十六日，上謚。二月六日，葬永定陵之西北隅。十六日，升祔奉慈廟。

仁宗慈聖光獻皇后曹氏。神宗元豐二年十月二十日，太皇太后崩于慶壽宮。是日，文武百官入宮，宰臣王珪升西階，宣遺誥已，內外舉哭盡哀而出。二十六日大斂，命韓縝爲山陵按行使。二十九日，皇帝成服。十一月，韓縝言：「永昭陵北稍西地二百十步內，取方六十五步，可爲山陵。」上以迫隘，縝言「若增十步，合徵火相主及中五之數〔六〕。」詔增十步。十二月，中書言：「先是，司天監選年月，遷祔濮安懿王三夫人。今大行太皇太后山陵，濮三夫人亦當舉葬。」於是詔：宗室正任防禦使以上許從靈駕，已從濮安王夫人者，免從。

三年正月十四日，上謚。太常禮院言：「大行太皇太后雖已有謚，然山陵未畢，俟掩皇堂，去『大行』，稱慈聖光獻太皇太后；祔廟題神主，仍去二『太』字。」祕閣校理何洵直言：「按禮，既葬，日中還，虞于正寢。蓋古者之葬，近在國城之北，故可以平旦而往，至日中卽虞於寢，所謂葬日虞，弗忍一日離也。後世之葬，其地既遠，則禮有不能盡如古者。今大行太皇太后葬日至第六虞，自當行之於外，如舊儀；其七虞及九虞、卒哭，謂宜行之於慶壽殿。又按春秋公羊傳曰：『虞主用桑。』士虞禮曰：『桑主不文。』伏請罷題虞主。」太常言：「洵直所引，乃士及諸侯之禮。況嘉祐、治平並虞于集英殿，宜如故事。又嘉祐、治平，虞主已不書謚，當依所請。」

太常禮院又言：「慈聖光獻皇后祔廟，前二日，告天地、社稷、太廟、皇后廟如故事。至

日，奉神主先詣僖祖室，次翼祖、宣祖、太祖、太祖后（七）。太宗皇帝、懿德皇后、明德皇后同一祝，次饗元德皇后。慈聖光獻皇后，異饌、異祝，行祔廟之禮。次眞宗、仁宗、英宗室。禮畢，奉神主歸仁宗室。如此，則古者祔謁之禮及近代偏饗故事，並行不廢。」從之。三月十日，葬永昭陵。二十二日，祔于太廟。

英宗宣仁聖烈皇后高氏，哲宗元祐八年九月三日崩于崇慶宮。遺誥：「皇帝成服，三日內聽政，羣臣十三日，諸州長吏以下三日而除。釋服之後，勿禁作樂。園陵制度，務遵儉省。餘並如章獻明肅皇太后故事。」十四日，詔園陵依慈聖光獻太皇太后之制。紹聖元年正月二十八日，禮部言：「將題神主，謹按章獻明肅皇后神主書姓劉氏。」詔依故事。四月一日，葬永厚陵。

神宗欽聖憲肅皇后向氏，建中靖國元年正月十三日崩。二月，太常寺言：「大行皇太后山陵一行法物，宜依元豐二年慈聖光獻皇后故事。皇堂之制，下深六十九尺，面方二丈五尺，石地穴深一丈，明高二丈一尺。鵲臺二，各高四十一尺。乳臺二，各高二丈七尺。神牆高一丈三尺。」五月六日，葬永裕陵。二十六日，祔于神宗廟室。

先是，元祐四年，美人陳氏薨，贈充儀，又贈貴儀。徽宗入繼大統，詔有司議追崇之典，上尊謚曰欽慈皇后，祔葬永裕陵，與欽聖同祔神宗室；崇寧元年二月，聖瑞皇太妃朱氏薨，制追尊爲皇太后，遂上尊謚曰欽成皇后，五月祔葬永裕陵，祔神主於神宗室，皆備禮如故事。

哲宗皇后劉氏，政和三年二月九日崩。詔：「崇恩太后合行禮儀，可依欽成皇后及開寶皇后故事，參酌裁定。」閏四月，上謚曰昭懷皇后。五月，葬永泰陵，祔神主於哲宗廟室。

徽宗皇后王氏，大觀二年九月二十六日崩。尚書省言：「章穆皇后故事，眞宗服七日。」從之。十月，太史局言：「大行皇后園陵斬草用十月二十四日，斥土用十一月十三日，葬用十二月二十七日。諸宗室合祔葬者，並依大行皇后月日時刻。」十一月，宰臣蔡京等請上謚曰靖和皇后。十二月，奉安梓宮于永裕陵之下宮，神主祔別廟。四年十二月，改謚曰惠恭。其後，高宗復改曰顯恭。

哲宗昭慈聖獻皇后孟氏，紹興元年四月崩。詔以繼體之重，當承重服。以遺誥擇近地權殯，俟息兵歸葬園陵。梓取周身，勿拘舊制，以爲他日遷奉之便。六月，殯于會稽上亭鄉。欑宮方百步，下宮深一丈五尺，明器止用鉛錫。置都監、巡檢各一員（八），衞卒百人。生日忌辰、旦望節序，排辦如天章閣儀。虞主還州，行祔廟禮（九）。

徽宗顯仁皇后韋氏，紹興二十九年崩，祔于永祐陵欑宮。

高宗憲聖慈烈皇后吳氏，慶元三年崩。時光宗以太上皇承重，寧宗降服齊衰期。四年三月甲子，權欑于永思陵。

孝宗成肅皇后夏氏，開禧三年崩，殯于永阜陵正北。吏部尚書陸峻言：「伏覩列聖在御，間有諸后上仙，緣無山陵可祔，是致別葬。若上仙在山陵已卜之後，無有不從葬者。其他諸后，葬在山陵之前，神靈既安，並不遷祔。惟元德、章懿二后，方其葬時，名位未正，續行追册。其成穆皇后，孝宗登極即行追册，改殯所爲欑宮，典禮已備，與元德、章懿事體不同，所以更不遷祔。竊稽前件典禮，祗緣喪有前後，勢所當然，其於禮意，却無隆殺。今來從葬阜陵，爲合典故。」從之。

寧宗恭聖仁烈皇后楊氏，紹定五年十二月崩，祔葬茂陵。

濮安懿王園廟。治平三年，詔置園令一人，以大使臣爲之。募兵二百人，以奉園爲額。置柏子戶五十人。廟三間二廈，神門屋二所，及齋院、神廚、靈星門。其告祭濮安懿王及諸神祝文，並本宮教授撰。河南府給香幣、酒脯、禮物。太祝、奉禮則命永安縣尉、主簿攝，如闕官，以本府曹官。凡祭告及四仲饗，並依此制。奉安神主三獻，命西京差判官一員亞獻，朝臣一員終獻，攝（一〇）。知園令出納神主。廟制用一品，夫人任氏墳域，亦稱爲園。元豐詔曰：「濮安懿王，先帝斟酌典禮，卽園立廟，詔王子孫歲時奉祀，義協恩稱，後世無得議焉。今三夫人名位或未正，塋域或異處，有司置而不講，曷足以彰明先帝甚盛之德，仰承在天之志乎？三夫人可並稱曰『王夫人』，命主司擇歲月遷祔濮園，俾其子孫以時奉主與王合食，而致孝思焉。」禮官奏請，王夫人遷葬給鹵簿全仗，用鼓吹，至國門外減半。喪行與四時告享，並令嗣濮王主之。

南渡後，主奉祠事，以嗣濮王爲之；園令一員，以宗室爲之；祠堂主管兼園廟香火官一員，以武臣爲之。紹興二年九月，詔每歲給降福建度牒一十道，充祠堂仲饗、忌祭。五年二月，嗣濮王仲湜言：「被旨迎奉濮安懿王神主至行在，今已至紹興府，欲權就本處奉安。」從之。先是，神主、神貌在廬州，嗣濮王士從乞奉遷於穩便州郡安奉故也。

十三年五月，知大宗正事、權主奉濮安懿王祠堂士㒟言：「濮安懿王神貌〔二〕、神主權於紹興府光孝寺，仲享薦祭，其獻官、牲牢、禮料〔三〕並多簡略。乞令有司討論舊制。」行下禮部、太常寺令參酌，欲令士㒟攝初獻，仍差士㒟子或從子二人攝亞、終獻。其合用牲牢，羊、豕各一；籩、豆各十，設禮料。初獻合服八旒冕，亞獻、終獻合服四旒冕，奉禮郎、太祝、太官令服無旒冕，並以舊制從事。從之。二十六年二月，嗣濮王士俴言：「濮安懿王祠堂，外無門扃，內闕龕帳，別無供具，望下紹興府置造修奉。」淳熙五年四月詔：「濮安懿王祠堂園廟，自今實及三年，令本堂牒紹興府檢計修葺。」從嗣濮王士輵請也。

秀安僖王園廟。紹熙元年三月，詔秀王襲封等典禮〔四〕。禮部、太常寺乞依濮安懿王典禮，避秀安僖王名一字。詔恭依，仍置園廟。四月，詔：「皇伯榮陽郡王伯圭除太保，依前安德軍節度使，充萬壽觀使，嗣秀王，以奉王祀。」

六月，禮部、太常寺言：「濮安懿王園廟制度，廟堂、神門宜並用獸。所安木主石埳，于室中西壁三分之一近南去地四尺開埳室，以石爲之，其中可容神主趺匵。今來秀安僖王及夫人神主，欲乞並依上件典禮。四仲饗廟，三獻官并奉禮郎等，係嗣秀王充初獻，本位姪男攝亞、終獻，其奉禮郎等，乞湖州差官充攝。行禮合用牲牢羊、豕，湖州排辦；祭器、祭服，工部下文思院製造。每遇仲饗，本府前期牒報湖州排辦。所有行禮儀注，乞從太常寺參照濮安懿王儀注修定。」並從之。其園廟差御帶霍漢臣同湖州通判一員相度聞奏。八月，霍漢臣暨通判湖州朱僎言奉詔相度園廟，以圖來上。十月，詔委通判一員，提督修造祠堂，如法修蓋。

十一月，禮工部、太常寺言：「濮安懿王園廟三間二廈，神門屋二坐、齋院、神廚、靈星門，欲令湖州照應建造。」從之。三年正月一日，嗣秀王伯圭奏：「建造秀安僖王園廟，近已畢工，所有修製神主儀式，令所司檢照典故修製，委官題寫。」詔差權禮部尚書李巘題寫。二月，伯圭又奏：「秀安僖王祠堂園廟，乞從濮安懿王例，每三年一次，從本所移牒所屬州府檢計修造。」從之。

莊文太子喪禮。乾道三年七月九日，皇太子薨。設素幄于太子宮正廳之東。皇帝自內常服至幄，俟時至，易服皁幞頭、白羅衫、黑銀帶、絲鞋，就幄發哀。是日，皇后服素詣宮，隨時發哀，如宮中之禮。合赴陪位官並常服、吉帶入麗正門，詣宮幕次，俟時至，常服、黑帶立班。俟發哀畢，易吉服，退。

自發哀至釋服日，皇帝不視事，權禁行在音樂，仍命諸寺院聲鍾。其小斂、大斂合祭告，以本宮主管春坊官一員行禮；其餘祭告，以諸司官行禮。差護喪葬事一員，左藏庫出錢二萬貫、銀五千兩、絹五千匹。

成服日，皇帝服期，次麤布幞頭、襴衫、腰絰、絹襯衫、白羅鞵，以日易月，十三日而除。皇后服次麤布蓋首、長衫、裙、帔、絹襯服、白羅鞵。六宮人不從服。皇太子妃及本宮人並斬衰三年。文武百官成服一日而除。其文武合赴官及御史臺、閤門、太常寺引班祗應人並服布幞頭、襴衫，腰繫布帶。本宮官僚並服齊衰三日服，臨七日而除，釋衰服後藏其服，至葬日服，葬畢而除。

十二日，詔故皇太子欑所，就安穆皇后欑宮側近擇地。繼而都大主管所言：「太史局官等選到寶林院法堂堪充皇太子欑所。」從之。十三日，以皇太子薨告天地、宗廟、社稷、宮觀。十八日，賜謚莊文。閏七月一日，遣攝中書令、尚書右僕射魏杞奉謚册、寶于皇太子靈

柩前，百官常服入次，易黑帶，行禮畢，常服赴後殿門外，進名奉慰。是夕，皇帝詣東宮行燒香之禮，如宮中之儀。

二日，出葬，宰臣葉顒等詣靈柩前行燒香之禮。興靈訖，行事官陪位，親王、南班宗室、東宮官僚入班廳下，再拜，宰臣升詣香案前，上香、酹茶、奠酒訖，舉册官舉哀册，讀册官跪讀，讀訖，宰臣再拜，各降階立。在位官皆再拜。靈柩進行，文武百僚奉辭于城外，親王、宗室並騎從至葬所。掩壙畢，辭訖，退。是日，百僚進名奉慰。

四年五月，禮部、太常寺言：「國朝典故，即無皇太子小祥典禮。今參酌討論，將來莊文太子小祥日，乞皇帝前後殿特不視事。其日，先命侍從官一員常服詣太子神坐前行奠酹禮，令本宮官僚常服陪位，奠酹畢，退。次慶王、恭王常服赴神坐前奠酹畢，退。次太子妃并榮國公以下及本宮人行禮畢，焚燒神帛，衰服，間月，妃及榮國公行禫祭家人禮。」從之。明年七月九日大祥，是日，皇帝不視事，差簽書樞密院事梁克家詣太子宮行奠酹禮，如前儀。

景獻太子，嘉定十三年八月六日薨。其發哀制服，並如莊文太子之禮。九日，詔護喪視殯所于莊文太子欑宮之東，並依其制建造。九月十日，賜謚景獻，遣攝中書令、知樞

中華書局

密院事鄭昭先奉謚册、寶于皇太子靈柩前，讀册、讀寶如儀訖，班退。至興靈日，宰臣詣皇太子柩前行禮畢，柩行。其宗室使相、南班官常服、黑帶，並赴陪位，騎從至葬所，俟掩欑畢，奉辭訖，退。其日，皇帝不視事，百司赴後殿門外立班，進名奉慰。十四年七月二日小祥，差知樞密院事鄭昭先充奠酹官。十五年八月六日大祥。九月十五日，詔景獻太子几筵已徹，高平郡夫人傅氏可特封信國夫人，仍令主奉祭祀。

上陵之禮。古者無墓祭，秦、漢以降，始有其儀。至唐，復有清明設祭，朔望、時節之祀，進食、薦衣之式。五代，諸陵遠者，令本州長吏朝拜，近者遣太常、宗正卿，或因行過親謁。宋初，春秋命宗正卿朝拜安陵，以太牢奉祠〔四〕。乾德三年，始令宮人詣陵上冬服，歲以爲常。開寶九年，太祖幸西京，過鞏縣，謁安陵奠獻。

雍熙二年，宗正少卿趙安易言：「昨朝拜安陵、永昌陵，有司止設酒、脯、香，以未明行事，不設燭燎。又先赴永昌陵，後赴安陵，及帝后二位不徧拜，頗愆於禮。」事下有司，議曰：「按開元禮，春秋二仲月，司徒、司空巡陵，不設牲牢之祀。今請如宗廟薦享，少加裁減，除不設登鉶、牙槃食及太常登歌外，餘悉如大祠。朝拜日，有司豫于陵南百步道東設次，具羃

除器以備洒掃。設宗正卿位于兆外之左，西向；陵官位於卿之東南，執事官又於其南，俱西向，北上。設祭器、禮料、酒饌于兆門內。宗正卿以下各就位，再拜，盥手，奠酒，讀祝册，再拜。先赴安陵，次永昌陵，次孝明、孝惠、懿德、淑德皇后陵。」從之。

景德三年，眞宗將朝諸陵，以宰臣王旦爲朝拜諸陵大禮使。太常禮院言：「朝陵故事，合排小駕鹵簿。唐太宗朝獻陵，宿設黃麾仗，周衞陵寢。今請周設黃麾仗。又唐制：前一日，陵令以玉册進御親書，近臣奉出，陵令受之。今請造竹册四副，祝畢焚之。其百官位舊設陵所，從祝官及皇親、客使分於神道左右，貞觀中並陪列司馬門內。今望準舊儀施行。又舊儀，詣寢宮至大次之時，設百官位，奏請行禮。望令先入赴寢殿立班。貞觀中，皇帝至小次，素服乘馬。檢會今年正月，車駕朝拜明德欑宮，止服素白衣。當時皇帝在大祥之內，今既服除，望止服淡黃袍。又按貞觀、永徽故事，朝陵皆先親後尊，拜辭訖，出還大次，便進發，今望先朝永熙陵；行事及辭，皇帝皆兩次再拜，陪位官每陵亦各兩次再拜，今請皇帝詣安陵參辭，四度再拜，永昌、永熙陵各兩度設拜。舊儀，逐寢殿上食，備太牢之饌，珍羞庶品。近以羊豕代太牢。今請備少牢之祭，設奠、讀册畢，復詣寢宮上珍羞庶品，別行致奠之禮。又舊儀，前發二日，太尉告太廟。今請依禮偏告六室。」詔特服素白衣，行事次序如告太廟，餘依所請。

四年正月，車駕次鞏縣，罷鳴鞭及太常奏嚴、金吾傳呼。既至，齋于永安鎭行宮，太官進蔬膳。是夜，漏未盡三鼓，帝乘馬，却輿輦繖扇，至安陵，素服步入司馬門行奠獻禮，諸陵亦然。又詣下宮。凡上宮用牲牢、祝册，有司奉事；下宮備膳羞，內臣執事，百官陪位。又詣元德太后陵奠獻，別于陵西南設幄殿，祭如下宮。禮畢，徧詣孝明、孝惠、孝章、懿德、淑德、明德、莊懷七后陵，遂單騎從內臣巡視陵闕，而親奠夔、魏、岐、鄆、安、周六王及恭孝太子諸墳。其三陵陪葬皇子、皇孫、公主之未出閣者，及諸王夫人之蚤亡者，各設位次諸陵下宮之東序。安陵百二十一墳，量設三十位，男子、女子共祝版二；昌陵十五墳，量設十位，熙陵八墳，量設五位，並祝版一以致祭焉。辰後，暫詣幄次更衣，復詣諸陵奉辭。有司以朝拜無辭禮，帝不忍，故復往。仍遣官祭一品皇親諸親墓。

大中祥符四年正月，祀汾陰，經鞏縣，有司請于訾村王臺設幄殿，置三陵神坐，皇帝韡袍就幄，設香酒、時果、牙槃食奠獻，而命大臣以香幣、酒脯詣諸陵致告。駕還，復行親謁之禮，帝素服乘馬至永安縣，齋于行宮，夜漏未盡二鼓，詣三陵及元德太后、明德皇后陵奠獻，哀慟。未明，禮畢，復詣四陵奉辭，省視几筵，奠獻如初禮。又偏詣諸后陵、諸王墳致奠。命中使偏祭皇親諸親墳及汝州秦王墳。

是歲，命禮官定春秋二仲遣官朝陵儀注，以祭服行事，專差宗正卿一員朝拜三陵，別遣

官二員分拜諸陵。又製長竿檐床二副，置陵表祝版，遣寬衣軍士三十二人輿送陵下。其後添差陵廟行禮官四員，選朝官、京官宗姓者充。

翰林學士錢惟演言：「春秋朝陵，載于舊式，公卿親往，蓋表至恭。唐顯慶中，始詔三公行事，天寶以後，亦遣公卿巡謁，蓋取朝廷大臣，不必須同國姓。後參用太常、宗正卿。晉開運中，亦命吏部侍郎。近年以來，止遣宗正寺官，人輕位卑，實虧舊制。望自今于丞、郎、諸司三品內遣官，闕則差兩省諫、舍以上。所冀仰副追孝之心，以成稽古之美。」景祐初，滄州觀察使守節言：「寒食節例遣宗室拜陵，而十月令內司賓往，非所以致恭。」乃詔宗室正刺史以上一員朝拜。四年，減柏子戶，安陵、永昌、永熙各留四十戶，永定五十戶，會聖宮十戶。慶曆二年寒食、十月朔，宗室刺史以上，聽更往朝陵。

皇祐三年，太常博士李壽朋奏：「帝后諸陵，薦饗皆有時，獨昭憲皇后以合葬安陵，不及時祭。」禮院言：「朝拜儀注，牲牢並如太廟常饗例，諸陵止奠一爵，而安陵奠兩爵，兩贊再拜，惟祭饌不兼設，蓋有司相承失之。」於是詔安陵昭憲皇后祝版、牲幣、御封香依太廟同室禮。更造諸陵祭器貯別庫。三陵皆置卒五百人，唯定陵以章獻太后故，別置一指揮。昭陵使甘昭吉引定陵例，請置守陵奉先兩指揮，京西轉運司請減定陵卒半以奉昭陵，詔選募一指揮，額五百人。

中華書局

初，永安縣官月朔朝定陵，望朝三陵。韓琦言：「昭陵未有朝日。」乃令縣官朔望分朝諸陵。熙寧中，詔文臣大兩省、武臣閤門使以上，經過陵下，並許朝拜。又詔：「自今臣僚朝拜諸陵，除見任、嘗任執政官許進謁，餘止奠獻、薦新，不特拜。」

初，故事，車駕詣陵，謂之親謁。南渡之後，此禮不舉，故上陵或曰省視，或曰保護，或曰薦獻，或曰祭告，或曰致祭，或曰望祭，或曰修奉，悉遣官，不專於行禮也。建炎元年五月一日詔：「應永安軍祖宗陵寢，可差西京留守及臺臣一員躬親省視，如有合修奉去處，措置奏聞。」仍詔鄜延路副總管劉光世充省視陵寢使。又詔河南府鎮撫使翟興，團結本處義兵，保護祖宗陵寢。四年六月，詔令禮部給降度牒一百道充祭告諸陵禮料，仍令翟興所差來人賫祭告表以行。

紹興元年九月，起居郎陳與義言：「陛下躬履艱難之運，駐蹕東南，列聖陵邑，遠在洛師，顧瞻山川，未得時省。雖欲遣使，道路不通，聖懷日憤。近聞道路少通，差易前日，願詔執事每半年擇遣使臣兩員，往省諸陵。」詔令樞密院每半年差使臣兩員前去。三年正月，禮部、太常寺言：「春秋二仲，薦獻諸陵，乞于行在法惠寺設位，望祭行禮。」從之。自是每歲薦獻，率循此制。五月，詔令戶部支金一百兩付河南府鎮撫使司幹辦公事任直清，充祭告永安軍諸陵。

九年正月，上謂輔臣曰：「祖宗陵寢，久淪異域，今金國既割還故地，便當遣宗室使相與臣僚前去修奉灑掃。」尋命同判大宗正事士㒟、兵部侍郎張燾前去河南府祗謁修奉。六月，太常丞梁仲敏等言：「春秋二仲，遣宗室遙郡防禦使薦獻諸陵，太常少卿薦獻永祐陵，權宜于行在設位行禮。今道路既通，望依舊遣官前詣。」詔令西京留守司候仲秋就便選官前詣諸陵薦獻。士㒟、張燾回言：「諸陵下石澗水，自兵興以來，涸竭幾十五年。二使到日，水即大至，父老驚嘆，以爲中興之祥。」

十年三月，禮部言：「池州銅陵縣丞呂和問進宮陵儀制，望付太常寺以備檢照。永安軍等處今已收復，遂委知軍詣諸陵逐位檢視，除永定、永昭、永厚、永裕、永泰陵園廟並無損動，內永安、永昌、永熙陵神臺壘裂，未敢一面擅行補飾。太常寺看詳若行補修，合就差所委修飾官奏告行禮。」詔令河南府委官如法補飾，不得滅裂。其後兵部侍郎兼史館修撰張燾言：「伏見宣諭官方庭實有請，乞將來先帝山陵，一依永安陵等制度。臣區區愚忠，願明詔有司，異時永固陵凡金玉珍寶盡斥不用，播告天下，咸使聞知。如是，自然可保無虞。」上嘉納之。三十二年六月，詔祖宗陵寢，令本處招討使同本處官吏躬親朝謁，如法修奉，務在嚴潔，以稱孝思之意。

乾道六年八月，詔承信郎劉湛特轉兩官，右迪功郎劉師顏特與右承務郎升擢差遣，秦世輔特轉一官，升充正將，以湛等歸正結義保護陵寢故也。

端平元年正月，京西湖北安撫制置使史嵩之露布以滅金聞。二月，御筆：「國家南渡以後，八陵迫隔，常切痛心。今京湖帥臣以圖來上，恭覽再三，悲喜交集，凡在臣子，諒同此情。可令卿、監、郎官以上，詣尚書省恭眡集議。」遂遣太常寺主簿朱揚祖、閤門祗候林拓〔一五〕朝謁八陵。

紹興元年六月，太常寺言：「昭慈獻烈皇太后欑宮在越州會稽縣，合依四孟朝獻禮例，差宰執一員，前一日赴欑宮泰寧寺宿齋，至日，行朝拜之禮。」詔同知樞密院事李回行禮。二年三月，知紹興府張守言：「昭慈獻烈皇后欑宮，近在府界，望許臣以時朝謁。」從之。自是守臣皆許朝謁。

十七年十一月，殿中侍御史余堯弼言：「望舉行舊制，於春秋二仲遣官詣永祐陵欑宮薦獻。」臣僚又言：「陵廟之祭，月有薦新，著在令典。方今宗廟久已遵奉，惟是永祐陵闕而未講，望令有司討論，舉而行之。」太常寺討論：「欲依政和五禮依典故〔一六〕，令兩欑宮遵依每月檢舉，差官行禮，其新物令逐宮預行關報紹興府排辦。」從之。

二十七年六月，詔：「永祐陵及昭慈聖獻皇后欑宮檢察承受，以檢察宮陵所爲名。」三十

年九月，吏部言：「紹興府會稽知縣依倣陵臺令典故，於階銜內帶兼主管欑宮事務，量加優異。」淳熙元年正月，禮部、太常寺言：「春秋二仲，差太常少卿薦獻永祐陵欑宮，幷周視陵域。如遇少卿有缺，乞從本寺前期取指揮，差本寺以次官充攝。所有今年仲春薦獻，即日見闕少卿。」詔差太常丞錢良臣。自後春秋遇少卿闕，率以爲例。慶元元年六月，詔：「永阜陵孝宗皇帝欑宮，每歲秋季一就，令所差監察御史恭詣朝拜檢察。」從御史臺申請。諸陵亦如之。

忌日，唐初始著罷樂、廢務及行香、修齋之文。其後，又朔望停朝，令天下上州皆準式行香。天祐初，始令百官詣閣奉慰。宋循其制，惟宣祖、昭憲皇后爲大忌。前一日不坐，羣臣詣西上閤門奉慰，移班奉慰皇太后，退赴佛寺行香。凡大忌，中書悉集，小忌，差官一員赴寺。如車駕巡幸道遇忌日，皆不進名奉慰。留守自於寺院行香，仍不得在拜表之所。天下州府軍監亦如之。

建隆二年，宣祖忌日，時明憲太后在殯，羣臣止詣閣奉慰而罷行香。乾德二年，禰于太廟，其日，惠明皇后忌，有司言：「唐開成四年正月二十二日祀先農，與穆宗忌同日；大和七

中華書局

年十二月八日蜡百神，與敬宗忌同日。詔以近廟忌辰，作樂非便，宜令縣而不作。竊以農、蜡之祭，猶避廟忌而不作樂，況僖祖同廟連室而在諱辰，詎可輒陳金石之奏？伏望依禮縣而不作。」其後，宣祖、昭憲忌日，詔準太祖、太宗奉翼祖禮，前一日更不廢務。

咸平中，有司將設春宴，金明池習水戲，開瓊林苑，縱都人游賞。帝以是月太宗忌月，命詳定故事以聞。史館檢討杜鎬等言：「按晉穆帝納后月，是康帝忌月，禮官荀訥議：『有忌日，無忌月；若有忌月，卽有忌時、忌歲，益無所據。』當時從訥所議。唐武后神功元年，建安王攸宜破契丹，詣闕獻捷，軍人入城，例有軍樂，內史王及善以國家忌月，請備而不奏。鳳閣侍郎王方慶奏：『按禮經，有忌日而無忌月。』遂舉樂。憲宗時，太常博士韋公肅言：『禮無忌月禁樂，今太常敎坊以正月爲忌月，停郊廟饗宴之音〔七〕，中外士庶咸罷宴樂，竊恐乖宜。』時依公肅所奏。伏以忌日不樂，嘗載禮經；忌月徹縣，實無典故。況前代鴻儒，議論足據。其春宴及池苑，並合舉樂。」

景德元年，北征凱旋京師，是日，以懿德皇后忌，詔徹鹵簿、鼓吹。禮官議曰：「班師振旅，國之大事，后之忌日，家之私事。今大駕凱旋，軍容宜肅。昔武王伐紂在諒闇中，猶前歌後舞。夫諒闇是重，遠忌是輕，以此而論，舉樂無爽。況春秋之義，不以家事辭王事，其還京日，法駕、鼓吹、音樂，並請振作。」

尋詔：「自今宗廟忌日，西京及諸節鎭給錢十千，防禦、團練州七千，軍事州五千，以備齋設。」元德皇后忌日，舊制，樞密使依內諸司例，惟進名，不赴行香，知樞密院王欽若以爲言。自是，三司使副、翰林樞密龍圖直學士並赴焉。眞宗崩，元德、明德皇后忌日在禫制內，乃停進名行香。凡奉慰，宰相、樞密使各帥百官、內職共進名，節度使、留後、觀察使各進名。

忌日前後，各禁刑三日如天慶節，釋杖以下情輕者，復斷屠宰，不視事前後各三日，禁樂各五日。其後，以歲月漸遠，禁刑、不視事各二日，禁樂各三日。章憲明肅太后忌辰，禮官請依章懿太后禮例，前後各二日不視事，一日禁屠宰，各三日禁樂。詔：應大忌日，行香，臣僚並素食。復立孝惠、孝章、淑德、章懷、章惠、溫成諸后爲小忌，未幾，罷。神宗卽位，太常禮院言：「僖祖及文懿皇后神主旣祧，準禮不諱，忌日亦請依唐睿宗祧遷故事廢之。」

初，神御殿酌獻，設皇帝位于庭下，而忌日兩府列于殿上；寺院行香，左右巡使、兩赤縣令于中門相向分立，俟宰臣至，立位前，直省官贊通揖，于禮無據。乃命行香羣臣班殿下，宰相一員升殿跪爐，而罷通揖。又詔：大忌日不爲假，執政官蚤出。禮部言：「順祖及惠明皇后旣葬遷主，罷行香。忌日，請于永昌院佛殿之東張幄齋薦。」乃詔：「僖祖、翼祖并后六位忌日咸如之〔八〕。」先是，翼祖、簡穆皇后神主奉藏夾室，依禮不忌。後復詔還本室，而忌日亦如舊焉。

政和新儀：羣臣進名奉慰，其日質明，文武朝參官入詣朝堂就次。御史臺先引殿中侍御史一員入就位，次西上閤門、御史臺分引朝參官及諸軍將校，次禮直官引三公以下在西上閤門南階下，每等重行異位，並北向東上。知西上閤門官于班前西向立，搢笏，執名紙，躬。三公以下文武百僚俱再拜，俟閤門官執笏、置名紙笏上、入西上閤門訖，退。羣臣奉慰詣景靈宮，每等重行異位，並北向東上。禮直官揖班首以下再拜訖，引班首自東階升殿，舍人接引同升，詣香案前，搢笏，上香，跪奠茶訖，執笏興，降階復位，又再拜；次引班首以下分左右搢笏，行香，宰相、執政官分左右行香訖，執笏俱復位；次引班首升殿詣香案前俛伏，跪，搢笏，執爐，俟讀疏畢，執笏俛伏，興，降階復位，又再拜，退。

中興之制：忌日，百僚行香，在外州軍亦詣寺院行香，如在以日易月服制之內，並依禮例權停。大祥後次年，於曆日內箋注立忌辰，禁音樂一日。紹興元年二月，太常少卿蘇遲等以徽宗、欽宗留北，有朔望遙拜之禮，乃言：「凡遇祖宗帝后忌，前一日并忌日皇帝自內先服紅袍遙拜訖，易服行禮。」從之。二年八月，詔：「應諸路州、軍見屯軍馬統兵官，每遇國忌免行香。」

十三年正月，御史臺言：「正月十三日，欽聖憲肅皇后忌，其日立春。準令，諸臣僚及將校立春日賜幡勝，遇稱賀等拜表、忌辰奉慰退卽戴。欲乞候十三日忌辰行香退，卽行戴插。」從之。三十一年六月，禮部侍郎金安節等言：「六月二十八日，欽慈皇后忌辰，係在淵聖皇帝以日易月釋服之外，百官行香，宜如常制。」詔依。三十二年正月，禮部、太常寺言：「已降旨：欽宗祔廟，翼祖當遷。於正月九日告遷翼祖皇帝、簡穆皇后神主奉藏于夾室，所有以後翼祖皇帝忌及諱、簡穆皇后忌，欲乞依禮不諱、不忌。」詔恭依。

淳熙元年十一月詔：「文武百僚詣景靈宮國忌立班行香，自今如遇宰執俱致齋不及趁赴，于東班從上引官一員升殿跪爐行香，以次官一員詣西班行香。」先是，閤門得旨：國忌行香，宰執致齋不赴，其西壁武臣闕官押班，已降指揮，差使相或太尉、節度使等押班，可令文武班內班上一員東壁押班，止令西壁散香，今後準此。至是，禮部、太常寺重別指定來上，故有是命。

四年十月，太常少卿齊慶冑言：「每遇國忌，文臣班列莫敢不肅，唯是武臣一班員數絕少，或以疾病在告，多不趁赴。」詔閤門、御史臺申嚴行下，如有違戾，彈劾聞奏。九年十月，侍御史張大經奏：「比來國忌行香日分，合赴官類多託疾在告，以免夙興拜跪之勞。乞自今如遇行香日，有稱疾託故不赴者，從本臺彈奏，乞置典憲。」從之。

中華書局

羣臣私忌。開寶敕文：「應常參官及內殿起居職官等，自今刺史、郎中、將軍以下遇私忌，請準式假一日。忌前之夕，聽還私第。」其後有司言：「臣僚忌日恩賜，其間甚有無名者：如劉繼元、李煜、劉鋹之類，皆身爲降俘，亡沒已久，而尙霑恩賜；及周朝忌日，尙有追薦；本朝亦有追尊皇后生日道場，幷諸神祠亦有爲生日者。請付禮官詳議，不經之物，一切省去。」詔周朝忌日仍舊，餘罷之。

校勘記

〔一〕百官成服　「官」原作「姓」，據宋會要禮三一之一改。

〔二〕明憲皇太后　原脫「太」字，據宋會要禮三一之二、太常因革禮卷九二補。

〔三〕五月　原作「五日」，據宋會要禮三一之三四、三七之五四改。

〔四〕三年　原作「二年」，據本書卷七眞宗紀、宋會要禮三一之四二改。

〔五〕景祐三年　「景祐」原作「明道」，據本書卷一〇仁宗紀、卷二四二本傳和長編卷一一九、編年綱目卷九改。

〔六〕合徵火相主及中五之數　按宋會要禮三二之三四、三七之六三及又禮三二之二四均作「合徵火

相生及中五之數」；通考卷一二六王禮考作「以應生火中五十之數」。疑「相主」爲「相生」之誤。

〔七〕夾翼祖宣祖太祖太祖后　按長編卷三〇二作「夾翼祖室，夾宣祖室，夾太祖室，夾太宗室」；宋會要禮三二之四三、又禮三二之三〇均作「夾翼祖、宣祖、太祖室」。疑此處「太祖后」當作「太宗室」，宋會要亦脫「太宗」二字。

〔八〕置都監巡檢各一員　原脫「各」字，據繫年要錄卷四五、朝野雜記甲集卷二昭慈永佑顯仁永思永阜永崇六攢宮條補。

〔九〕虞主還州行祔廟禮　按繫年要錄卷四六、通考卷一二六王禮考都說是在溫州行祔廟之禮。又按建炎二年，宋還太廟於溫州，到紹興十三年始還臨安。此處只說「還州」，「州」上疑脫「溫」字。

〔一〇〕命西京差判官一員亞獻朝臣一員終獻攝　按宋會要禮四〇之二、四〇之九都作「內亞獻命西京差通判一員，終獻差朝臣一員攝」。

〔一一〕神貌　原作「祠貌」，據前文及宋會要禮四〇之一〇改。

〔一二〕禮料　原作「料禮」，據下文及宋會要禮四〇之一一乙正。

〔一三〕詔秀王襲封等典禮　按宋會要禮四〇之一三作「詔秀王襲封等典禮，令禮部、太常寺討論聞奏」。此處無「令禮部」以下文字，當有脫誤。

〔一四〕以太牢奉祠　「奉」原作「春」，據宋會要禮三九之三、通考卷一二六王禮考改。

〔一五〕閤門祗候林拓　「閤」原作「國」，據本書卷四一理宗紀、卷一六六職官志改。

〔一六〕欲依政和五禮依典故　按宋會要禮三七之四一作「欲依政和五禮新儀典考」，疑下「依」字衍。

〔一七〕停郊廟饗宴之音　「音」原作「昔」，據宋會要禮四二之三改。

〔一八〕僖祖翼祖幷后六位忌日咸如之　原脫「后」字，據宋會要禮四二之一二、長編卷三五一補。

中華書局

宋史卷一百二十四

志第七十七

禮二十七 凶禮三

外國喪禮及入弔儀　諸臣喪葬等儀

凡外國喪，告哀使至，有司擇日設次於內東門之北隅，命官攝太常卿及博士贊禮。俟太常卿奏請，卽向其國而哭之，五舉音而止。皇帝未釋素服，人使朝見，不宣班，不舞蹈，不謝面天顏，引當殿，喝「拜」，兩拜，奏聖躬萬福。又喝「拜」，兩拜，隨拜萬歲。或增賜茶藥及傳宣撫問，卽出班致詞訖，歸位。又喝「拜」，兩拜，隨拜萬歲。喝「祗候」，退。

大中祥符二年十二月，北朝皇太后凶訃，遣使來告哀。詔遣官迓之，廢朝七日，擇日備禮舉哀成服，禮官詳定儀注以聞。其日，皇帝常服乘輿詣幕殿，俟時釋常服，服素服，白羅

衫、黑銀帶、素紗軟脚幞頭。太常卿跪，奏請皇帝爲北朝皇太后凶訃至掛服，又奏請五舉音。文武百僚進名奉慰，退幕殿。仍遣使祭奠弔慰。

三年正月，契丹賀正使爲本國皇太后成服，所司設幕次、香、酒及衰服、絰、杖等，禮直官引使、副已下詣位，北向再拜。班首詣前，執盞跪奠，俛伏，興，歸位，皆再拜。俟使已下俱衰服、絰、杖成服訖，禮直官再引各依位北向，舉哭盡哀。班首少前，去杖，跪，奠酒訖，執杖，俛伏，興，歸位。焚紙馬，皆舉哭，再拜畢，各還次，服吉服，歸驛。

天聖九年〔一〕六月，契丹使來告哀。禮官詳定：北朝凶訃，宜於西上閤門引來使奉書，令閤門使一員跪受承進，宰臣、樞密使已下待制已上，並就都亭驛弔慰。七月一日，使者耶律乞石至，帝與皇太后發哀苑中，使者自驛赴左掖門入，至左昇龍門下馬，入北偏門階下，行至右昇龍北偏門，入朝堂西偏門，至文德殿門上奉書。太常博士二員與禮直官贊引入文德殿西偏門階下，行至西上閤門外階下，面北跪，進書。閤門使跪受承進。太常博士、禮直官退。使者入西上閤門殿後偏門，入宣祐西偏門，行赴內東門柱廊中間，過幕次祗候，朝見訖，赴崇政殿門幕次祗候，朝見皇太后訖，出。三日，近臣慰乞石于驛。

嘉祐三年正月，契丹告國母哀。使人到闕入見，皇帝問云：「卿離北朝日，姪皇帝悲苦之中，聖躬萬福。」朝辭日，卽云：「皇帝傳語北朝姪皇帝，嬸太皇太后上僊，遠勞人使訃告。春寒，善保聖躬。」中書、樞密以下待制已上，赴驛弔慰云：「竊審北朝太皇太后上僊，伏惟悲苦。」五月，獻遺留物。

明道元年十一月二十四日敕：夏王趙德明薨，特輟朝三日，令司天監定舉哀掛服日辰。其日，乘輿至幕殿，服素服。太常博士引太常卿當御坐前跪，奏請皇帝爲夏王趙德明薨舉哀，又奏請十五舉音，又奏請可止。文武百僚進名奉慰。告哀使、副已下朝見，首領并從人作兩班見。先首領見，兩拜後，班首奏聖躬萬福。又兩拜，隨拜萬歲。喝賜例物酒食，跪受。起，又兩拜，隨拜萬歲。喝「各祗候」，退。從人儀同。是日，皇太后至幕殿，釋常服，白羅大袖、白羅大帶，舉哀如皇帝儀。其遣使致祭弔慰，如契丹。

其入弔奠之儀。乾興元年，眞宗之喪，契丹遣殿前都點檢崇義軍節度使耶律三隱、翰林學士工部侍郎知制誥馬貽謀充大行皇帝祭奠使、副，左林牙左金吾衞上將軍蕭日新、利州觀察使馮延休充皇太后弔慰使、副，右金吾衞上將軍耶律寧、引進使姚居信充皇帝弔慰使、副。所司預於滋福殿設大行皇帝神御坐，又於稍東設御坐。祭奠弔慰使、副並素服，由西上閤門入，陳禮物於庭。中書、門下、樞密院並立於殿下，再拜訖，升殿，分東西立。禮直官、

閤門舍人贊引耶律三隱等詣神御坐前階下，俟殿上簾捲，使、副等並舉哭，殿上皆哭。再拜訖，引升殿西階，詣神御坐前上香、奠茶酒。貽謀跪讀祭文畢，降階，復位，又舉哭，再拜訖，稍東立。俟皇太后升坐，中書、樞密院起居畢，簾外侍立。舍人引弔慰祭奠使、副朝見。殿上舉哭，左右皆哭。弔慰使、副蕭日新等升殿進書訖，降坐。俟皇帝升坐，中書、樞密院起居畢，升殿侍立。舍人引弔慰祭奠使、副朝見。皇帝舉哭，左右皆哭。弔慰使、副耶律寧等升殿進書訖，賜三隱等襲衣、冠帶、器幣、鞍馬，隨行舍利、牙校等衣服、銀帶、器幣有差。弔慰使、副蕭日新等復詣承明殿，俟皇太后升坐，中書、樞密院侍立如儀。舍人引蕭日新等升殿進問聖候書畢，賜銀器、衣著有差。仍就客省賜三隱等茶酒，又令樞密副使張士遜別會三隱等伴宴於都亭驛。

英宗卽位，契丹使來賀乾元節，命先進書奠梓宮，見于東階。故夏國使人見，客省以書幣入，後弔慰使見殿門外。契丹祭奠使見于皇儀殿東廂，羣臣慰于門外。使人辭于紫宸殿，命坐賜茶。故事賜酒五行，自是，終諒闇，皆賜茶。

神宗之喪，夏國陳慰使丁努嵬名謨鐸、副使呂則、陳聿精等進慰表于皇儀門外，退赴紫宸殿門，賜帛有差。

元祐初，高麗入貢，有太皇太后表及進奉物。樞密院請遵故事，惟答以皇帝回諭敕書。

已而宣仁聖烈太后崩，禮部、太常、閤門同詳定：高麗奉慰使人於小祥前後到闕，令於紫宸殿門見，客省受表以進，賜器物、酒饌，退，並常服、黑帶，不佩魚。俟見畢，純吉服。

淳熙十四年，金國弔祭使到闕，惟皇帝先詣梓宮行燒香禮，及使入門祭訖，皆就幄舉哭外，陳設行事並如先朝舊儀。其奉辭日，有司亦先設神御坐及設香案、茶酒、果食盤臺於几筵殿上。宰執升殿分東西立，侍從官於殿下西面立。使、副入門，殿上下皆哭，使、副升殿，哭止。使、副詣神坐前一拜，上香、奠茶，三奠酒畢，拜，興，讀祭文官跪讀祭文，一拜，興，殿上下皆哭。使、副俱降，歸位立，又再拜訖，退。

諸臣之喪。國制：諸王、公主、宗室將軍以上有疾，皆乘輿臨問；如小疾在家，或幸其第，有至三四者；其宮邸在禁中，多不時而往；惟宰相、使相、駙馬都尉疾亟，幸其第，或賜勞加禮焉。

建隆元年七月，宰相范質有疾，太祖親幸其第，賜黃金、銀、絹有差。開寶二年，趙普有疾，帝再往視，賜銀器、絹甚厚。太平興國中，鎭寧軍節度楊信久病瘖，忽能言，帝異之，遽幸其第，加賜賚。大中祥符三年三月，鎭安軍節度使、駙馬都尉石保吉疾亟，帝將臨視之，

其日大忌，宰相言於禮非便，遂遣內侍以諭保吉，明日始臨省焉。六月，幸翰林侍講學士邢昺第視疾，賜白金千兩、衣著千匹、名藥一奩。

熙寧七年十二月，詔頒新式，凡臨幸問疾者賜銀、絹，宰臣及樞密使帶使相者二千五百兩匹，樞密使、使相二千兩匹，知樞密院事、參知政事、樞密副使、同知樞密院事一千五百兩匹，簽書樞密院事、同簽書樞密院事、宣徽使七百五十兩匹，殿前都指揮使一千五百兩匹，駙馬都尉任使相以下者二千五百兩匹，任節度觀察留後以下者一千五百兩匹，並入內內侍省取賜。

車駕臨奠。太常新禮：宰相、樞密、宣徽使、參知政事、樞密副使、駙馬都尉薨，皆臨幸奠酹，及發引，乘輿或再往。咸平二年，工部侍郎、樞密副使楊礪卒，即日冒雨臨其喪。大中祥符元年，殿前都虞候、端州防禦使李繼和卒，眞宗將臨其喪，以問宰臣，對曰：「繼和以品秩實無此禮。陛下敦序外族，先朝亦嘗臨杜審瓊之喪，於禮無嫌。」帝然之，即日幸其第。

康定二年，右正言、知制誥吳育奏：「臣竊見車駕每有臨奠臣僚、宗戚之家，皆即時出幸，道路不戒，羽衞不全，從官奔馳，衆目驚異。萬乘法駕，豈愼重之意乎？雖震悼方切於皇慈，而舉動貴合乎經禮。臣竊詳通禮舊儀，蓋俟喪家成服，然後臨奠，於事不迫，在禮亦

宜。臣愚欲乞今後車駕如有臨奠去處，乞俟本家旣斂成服，然後出幸，則恩意容典，詳而得中，警蹕羽儀，備之有素。」事下禮官議：「遭喪之家，有出殯日乃成服者，恐至時難行臨奠。請自今聖駕臨奠臣僚、宗戚之家，若奏訃在交未前，即傳宣閤門，只於當日令所屬俟儀衞備，奏請車駕出幸；若奏訃在交未後，即次日臨奠。庶使羽衞整肅，於事爲宜。」詔可。

其儀：乘輿自內出，千牛將軍四人執戈，一人執桃，一人執茢，前導。車駕將至所幸之第，贊禮者引喪主哭於大門內，望見乘輿，止哭，再拜，立於庭。皇帝至幕殿，改素服就臨，喪主內外再拜。皇帝哭，十五舉音，喪主內外皆哭。皇帝詣祭所三奠酒，喪主已下再拜。皇帝退，止哭。從官進名奉慰。皇帝改常服還內。

通禮著：皇帝臨諸王、妃、主、外祖父母、皇后父母、宗戚、貴臣等喪，出宮服常服，至所臨處變服素服。天聖喪葬令：皇帝臨臣之喪，一品服錫衰，三品已上緦衰，四品已下疑衰。皇太子臨弔三師、三少則錫衰，宮臣四品已上緦衰，五品已下疑衰。

輟朝之制。禮院例册：文武官一品、二品喪，輟視朝二日，於便殿舉哀掛服。文武官三品喪，輟視朝一日，不舉哀掛服。然其車駕臨問并特輟朝日數，各繫聖恩。一品、二品喪皆以翰林學士已下爲監護葬事，以內侍都知已下爲同監護葬事。葬日輟視朝一日，皆取旨後

行。慶曆五年四月，禮院奏：「準度支員外郎、集賢校理知院曾公亮奏：『朝廷行輟朝禮，並乞以聞哀之明日輟朝，其假日便以充數，仍爲永例。如值其日前殿須坐，則禮有重輕，自可略輕而爲重，更不行輟朝之禮。』臣今看詳公亮所奏，誠於輟朝之間適宜順變。然慮君臣恩禮之情有所未盡，欲乞除人使見辭、春秋二宴合當舉樂，即於次日輟朝，餘乞依公亮所奏。」詔可。

太平興國六年，守司空兼門下侍郎平章事薛居正薨，準禮，一品喪合輟二日，詔特輟三日。其後鄧王錢俶、太師趙普、右僕射李沆薨，皆一品，合輟二日，詔並特輟五日。二品、三品者，亦有特輟焉。太平興國九年，右諫議大夫、參知政事李穆卒，準禮，諫議大夫不合輟朝，特輟一日。

開寶二年〔三〕，羅彥瓌、魏仁浦薨，以郊祀及軍事不輟朝。景德四年，同平章事王顯薨，以皇帝朝拜諸陵，吉凶難於相干，更不輟朝。康定元年，光祿卿鄭立卒，禮官舉故事輟朝，臺官言：「卿、監職任疎遠，恩禮不稱。」自後遂不輟朝。

孝宗乾道三年四月一日，太常寺言：「皇伯母秀王夫人薨，輟朝五日，內二日不視事。乞自今月二日爲始，輟朝至六日止，其二日、三日並不視事。」從之。

舉哀掛服。尙舍設次於廣德殿或講武殿、大明殿，其後皆於後苑壬地。前一日，所司預設舉哀所幕殿，周以簾帷，色用青素。其日，皇帝常服乘輿詣幕殿，侍臣奏請降輿，俟時釋常服，服素服，白羅衫、黑銀腰帶、素紗軟脚幞頭。太常博士引太常卿當御坐前跪，奏請皇帝爲某官薨舉哀，又請舉哭，十五舉音，又奏請可止。中書、門下、文武百官進名於崇政殿門外奉慰。皇帝釋素服，服常服，乘輿還內。

建隆四年，山南東道節度使慕容延釗卒，太祖素服發哀。其後趙普薨，太宗亦如之。景德元年[三]，李沆薨，禮官言：「舉哀品秩，雖載禮典，伏緣國朝惟趙普、曹彬曾行茲禮，今望裁自聖恩。」詔特擇日舉哀。自後宰臣薨，皆用此禮。

眞宗乳母秦國延壽保聖夫人卒，以太宗喪始期，疑舉哀，禮官言：「通禮：皇帝爲乳母緦麻。按喪葬令：皇帝爲緦，一舉哀止。秦國夫人保傅聖躬，宜備哀榮。況太宗之喪已終易月之制，今爲乳母發哀，合於禮典。」從之。

鄭國長公主薨，禮官言：「降服大功，擇日成服。緣居大行皇太后大祥之內，衰服未除，典禮舊章，以輕包重，酌情順變，禮當厭降，望不成服。皇親諸親，亦不制服。」帝曰：「宗室諸王皆不制服，情所未忍。至期當遣諸王就其第成服，及令皇后臨奠，餘如所請。」皇從弟右監門衞大將軍德鈞卒，以皇帝恭謁陵寢，罷舉哀成服。天禧元年，太尉王旦薨，時季秋大

享明堂，其日發哀，眞宗疑之。禮官言：「祠事在質明之前，成服於既祠之後，於禮無嫌。」詔可。

康定二年，皇子壽國公昕薨，年二歲，禮官言：「已有爵命，宜同成人。」遂發哀成服。熙寧十年，永國公薨，係無服之殤，詔特舉哀成服。

元祐元年，王安石薨，在神宗大祥之內；司馬光薨，亦在諒闇中，皆不舉哀成服。高宗於劉光世、張俊、秦檜之喪，皆爲臨奠，然設幄舉哀成服之禮，未之行也。孝宗乾道三年，始爲皇伯母秀王夫人薨，設幕殿後苑壬地，舉哀成服，復舉行焉。

皇太后、皇后爲本族之喪。孝明皇后姊太原郡君王氏卒，中書門下據太常禮院狀：「準禮例，皇后合出就故彰德軍節度使王饒第發哀成服，文武百僚詣其第進名奉慰。」從之。章穆太后母楚國太夫人吳氏薨，太常禮院言：「皇帝爲外祖母本服小功，詳開寶通禮，卽有舉哀成服之文；又緣近儀，大功以上方成服，今請皇太后擇日就本宮掛服，雍王以下爲外祖母給假。」其後，太后嫡母韓國太夫人薨，亦用此制焉。章獻明肅皇后改葬父母，前一日，皇后詣欑所，俟時詣成服所改服緦。尙儀奏：「請詣靈柩發哭奠酒，退，六宮內人立班奉慰。掩壙畢，皇后詣墳奠獻，再拜，釋服還宮。外命婦進牋奉慰如儀。」

輟樂。太平興國七年十月，中書言：「今月七日乾明節，選定二十二日大宴。」二十日，參知政事竇偁卒，明日，皇帝親幸其第，臨喪慟哭，設奠還宮，卽令罷宴。有司奏：「伏以百司告備，六樂在庭，睿聖至仁，聞哀而罷，是以顯君父愛慈之道，勵臣子忠孝之心。伏請宣付史館，傳錄美實。」詔可。

天禧二年九月十一日，宴近臣于長春殿，餞河陽三城節度使張旻赴任，以王旦在殯，不舉樂。嘉祐六年三月五日，宰臣富弼母秦國太夫人薨，十七日春宴，禮院上言：「君臣父子，家國均同。元首股肱，相濟成體。貴賤雖異，哀樂則同。一人向隅，滿堂嗟戚。今宰臣新在苫塊，欲乞罷春宴聲樂，以表聖人憂恤大臣之意。」詔下，幷春宴寢罷。

賻贈。凡近臣及帶職事官薨，非詔葬者，如有喪訃及遷葬，皆賜賻贈，鴻臚寺與入內內侍省以舊例取旨。其嘗踐兩府或任近侍者，多增其數，絹自五百匹至五十匹，錢自五十萬至五萬，又賜羊酒有差，其優者仍給米麥香燭。自中書、樞密而下至兩省五品、三司三館職事、內職、軍校幷執事禁近者亡歿，及父母、近親喪，皆有贈賜。宗室期、功、袒免，乳母、殤子及女出適者，各有常數。其特恩加賜者，各以輕重爲隆殺焉。

建隆元年十月，詔：「有死于矢石者，人給絹三匹，仍復其家三年，長吏存撫之。」慶曆二

年，詔：「陣亡軍校無子孫者，賜其家錢，指揮使七萬，副指揮使六萬，軍使、都頭、副兵馬使、副都頭五萬。」

熙寧七年，參酌舊制著爲新式：諸臣喪，兩人以上各該支賜孝贈，只就數多者給；官與職各該賻贈者，從多給，差遣、權幷同，權發遣並與正同。諸兩府、使相、宣徽使幷前任宰臣問疾或澆奠已賜不願敕葬者，幷宗室不經澆奠支賜，雖不係敕葬，並支賻贈。餘但經問疾或澆奠支賜或敕葬者，更不支賻贈。前兩府如澆奠只支賻贈，仍加絹一百、布一百、羊酒米麵各一十。諸支賜孝贈：在京，羊每口支錢一貫，以折第二等絹充，每匹折錢一貫三百文，餘支本色；在外，米支白秔米，麵每石支小麥五斗，酒支細色，餘依價錢。諸文臣卿監以上，武臣元係諸司使以上，分司、致仕身亡者，其賻贈並依見任官三分中給二，限百日內經所在官司投狀，召命官保關申，限外不給。待制、觀察使以上更不召保。

元豐五年，詔：「鄜延路沒於王事、有家屬見今在本路欲歸鄉者給賻外，其大使臣以上更支行李錢百千，小使臣五十千，差使、殿侍三十千，其餘比類支給。」

紹興二十六年，詔：「今後命官實因幹辦公事邂逅非理致死者，並遵依舊法。所有李光申請於紹興條內添注日限指揮，更不施行。」舊法非理致死者，謂焚溺墜壓之類，通判以上賜銀五百兩，餘三百兩，職司已上取旨。初，紹興二年五月，吏部侍郎李光申明立定折跌骨

中華書局

五十餘日，三十日內身亡之人，並支前項銀數。至是，戶部侍郎宋覭言：「自立定日限，後來多是因他病身故之人，子孫規圖賞給，計會所屬，旋作差出名目，陳乞保奏，誠爲欺罔。」故有是命。

詔葬。禮院例册：諸一品、二品喪，敕備本品鹵簿送葬者，以少牢贈祭於都城外，加璧，束帛深青三、纁二。諸重：一品柱鬲六，五品已上四，六品已下二。諸銘旌：三品已上長九尺，五品已上八尺，六品已上〔四〕七尺，皆書某官封姓之柩。諸輀車：三品已上油幰，朱絲絡網施襈，兩廂畫龍，幰竿諸末垂六旒蘇；七品已上油幰，施襈，兩廂畫雲氣，垂四旒蘇；九品已上無旒蘇；庶人鼈甲車，無幰、襈、畫飾。諸引、披、鐸、翣、挽歌：三品已上四引、四披、六鐸、六翣，挽歌六行三十六人；四品二引、二披、四鐸、四翣，挽歌者四行十六人；五品、六品挽歌八人；七品、八品挽歌六人；六品、九品謂非升朝者。挽歌四人。其持引、披者，皆布幘、布深衣；挽歌，白練幘、白練褠衣，皆執鐸、綍，並鞵襪。諸四品已上用方相，七品已上用魌頭。諸纛：五品已上，其竿長九尺；已下，五尺已上。諸葬不得以石爲棺槨及石室，其棺槨皆不得雕鏤彩畫、施方牖檻，棺內不得藏金寶珠玉。

又按會要：勳戚大臣薨卒，多命詔葬，遣中使監護，官給其費，以表一時之恩。凡凶儀

皆有買道、方相、引魂車，香、蓋、紙錢、鵝毛、影輿，錦繡虛車，大輿，銘旌；儀棺，行幕；各一；挽歌十六。其明器、牀帳、衣輿、結綵牀皆不定數。壙所有石羊虎、望柱各二，三品以上加石人二人。入壙有當壙、當野、祖思、祖明、地軸、十二時神、誌石、券石、鐵券各一。殯前一日對靈柩，及至壙所下事時，皆設敕祭，監葬官行禮。熙寧初，又著新式，頒于有司。

乾德三年六月〔五〕，中書令、秦國公孟昶薨，其母李氏繼亡，命鴻臚卿范禹偁監護喪事，仍詔禮官議定吉凶儀仗禮例以聞。太常禮院言：「檢詳故事，晉天福十二年葬故魏王，周廣順元年葬故樞密使楊邠、侍衞使史弘肇、三司使王章例，並用一品禮。墓方圓九十步，墳高一丈八尺，明器九十事，石作六事，音身隊二十人，當壙、當野、祖明、祖思、地軸、十二時神、蚊廚帳、暖帳各一，輀車一，挽歌三十六人；拂一、纛一、翣六、輴車、魂車、儀槨車、買道車、誌石車各一；方相氏、鵝毛纛、銘旌、香輿、影輿、蓋輿、錢輿、五穀輿、酒醢輿、衣物輿、庖牲輿各一；黃白紙帳，園宅、象生什物，行幕，并誌文、挽歌詞、啓攢啓奠祝文，並請下有司修製。其儀：太僕寺革輅，兵部本品鹵簿儀仗，太常寺本品鼓吹儀仗，殿中省繖一、曲蓋二、朱漆團扇四，自第導引出城，量遠近各還。贈玉一、纁二，贈祭少牢禮料，亦請下光祿、太府寺、少府監諸司依禮供應。又楚王母依子官一品例，準令文，外命婦一品侍近二人、青衣六人，偏扇、方扇各十六，行鄣三、坐鄣二，白銅飾犢車駕牛馭人四，從人十六，夾車、從車六，繖一、大扇一、團扇二，戟六十。伏緣久不施用，如特賜施行，即合於孟昶吉凶仗內相參排列。」詔並令排列祗應，仍俟導引至城外，分半導至西京墳下及葬，命供奉官周貽慶押奉議軍士二指揮防護至洛陽。又賜子玄喆墳莊一區。

開寶四年，建武軍節度使何繼筠卒，詔遣中使護葬，仍賜寶劍、甲冑同葬。咸平元年，護國軍節度使、駙馬都尉王承衍葬，鹵簿、鼓吹備而不作，以在太宗大祥忌禁內也。元豐五年，崇信軍節度使、華陰郡王宗旦薨，聽以旌節、牌印葬。尋又詔：不即隨葬者徒二年，因而行用者罪之。紹興二十四年，太師清河郡王張俊葬，上曰：「張俊極宣力，與他將不同，恩數務從優厚。」仍賜七梁〔六〕額花冠貂蟬籠巾朝服一襲、水銀二百兩、龍腦一百五十兩。其後，楊存中薨，孝宗令諸寺院擊鐘，仍賜水銀、龍腦以斂。

熙寧新式：先是，知制誥曾布言：「竊以朝廷親睦九族，故於死喪之際，臨弔賻恤，至於窀穸之具，皆給於縣官，又擇近臣專董其事，所以深致其哀榮而盡其送終之禮。近世使臣沿襲故常，過取饋遺，故私家之費，往往倍於公上。祥符中，患其無節，嘗詔有司定其數。皇祐中，又著之編敕，令使臣所受無過五百，朝臣無過三百，有違之者，御史奏劾。伏見比歲以來，不復循守，其取之者不啻十倍於著令。乞取舊例裁定酌中之數，以爲永式。」詔令太常禮院詳定，令布裁定以聞。

嘉祐七年，詔大宗正：「自今皇親之喪，五年以上未葬者，不以有無尊親新喪，並擇日葬之。」初，龍圖閣直學士向傳式言：「故事，皇親係節度使以上方許承凶營葬，其卑幼喪皆隨葬之。自慶曆八年後，積十二年未葬者幾四百餘喪，官司難於卒辦，致濮王薨百日不及葬。請自今兩宅遇有尊屬之喪，不以官品爲限而葬之。」下判大宗正司、太常禮儀院、司天監議，而有是詔。元祐中，又詔御史臺：「臣僚父母無故十年不葬，即依條彈奏，及令吏部候限滿檢察。尚有不葬父母，即未得與關升磨勘。如失檢察，亦許彈奏。」

追封册命。通禮：策贈貴臣，守宮於主人大門外設使、副位，使人公服從朝堂受策，載於犢車，各備鹵簿，至主人之門降車。使者稱：「有制。」主人降階稽顙，內外皆哭。讀册訖，主人拜送之。

國朝之制：有於私第册之者，有於本道册之者。私第册之者，乾德三年，正衙命使册贈孟昶尚書令，追封楚王是也。本道册者，建隆元年，故特進、檢校太師、南平王高保融奉敕贈太尉，端拱元年，故守太師、尚書令、鄧王錢俶特追封秦王是也。其儀與通禮大略相類，不復錄。

定謚。王公及職事官三品以上薨，贈官同。本家錄行狀上尚書省，考功移太常禮院議定，博士撰議，考功審覆，判都省集合省官參議，具上中書門下宰臣判準，始錄奏聞。敕付所司即考功錄牒，以未葬前賜其家。省官有異議者，聽具議聞。蘊德丘園，聲實明著，雖無官爵，亦奏賜謚曰「先生」。

太平興國八年，詔增周公謚法五十五字，美謚七十一字爲一百字，平謚七字爲二十字，惡謚十七字爲三十字。其沈約、賀琛續廣謚盡廢。後以直史館胡旦言：「舊制，文武官臣僚皆以功行上下，各賜謚法。近朝以來，遂成闕典。建隆以後，臣僚三品以上合賜謚者百餘人，望令史館編錄行狀，送禮官定謚付館，修入國史。」詔：「今後並令禮官取行狀定謚，送考功詳覆，關送史館，永爲定式。」

直集賢院王皡言：「謚者，行之表也。善行有善謚，惡行有惡謚，蓋聞謚知行，以爲勸戒。六典：太常博士掌王公以下擬謚，皆跡其功德爲之褒貶。近者臣僚薨卒，雖官該擬謚，其家自知父祖別無善政，慮定謚之際，斥其繆戾，皆不請謚。竊惟謚法自周公以來，垂爲不刊之典，蓋以彰善癉惡，激濁揚清，使其身沒之後，是非較然，用爲勸懲。今若任其遷避，則爲惡者肆志而不悛。乞自今後不必候其請謚，並令有司舉行，如此，則隱慝無行之人，有所沮勸。若須行狀申乞方行擬謚，考諸方册，別無明證。惟衞公叔文子卒，其子戍請謚。臣

謂春秋之時，禮壞樂闕，公叔之卒，有司不能明舉舊典，故至將葬，始請謚於君。且周制，太史掌小喪賜謚，小史掌卿大夫之家賜謚請誄。以此知有司之職，自當舉行，明矣。」詔下有司詳定，如皡請焉。

禮院更議贈安遠軍節度使馬懷德已葬請謚，乃言：「自古作謚，皆在葬前。唐開元，三品以上將葬，既啓殯，告贈謚於柩前；無贈者，設啓奠即告謚。既葬加謚，出於唐時。如顏杲卿、盧弈盡忠王室，當時置而不議。至郭知運死五十餘年乃始請謚，右司員外郎崔原以爲非旌善之禮，而太常博士獨孤及謂新制死不必有謚，又謂有故闕禮，追遠請謚，順也。及長於開元之世，親聞啓奠告謚，而謂新制不必有謚〔七〕，豈非誣哉？又有故闕禮，追遠請謚，皆違禮經，何順之有？國家給謚，一用唐令，然請謚之家，例供尚書省官酒食，撰議官又當有所贈遺，故或闕而不請。景祐四年，宋綬建議，令官給酒食。其後，又罷贈遺。自此，既葬請謚者甚衆。歲月浸久，官閥行跡，士大夫所不能知，子孫與其門生故吏，志在虛美隱惡，而有司据以加謚，是廢聖人之法，而徇唐庸有司之議也。」詔：「自今得謚者，令葬前奏請；或其家不請，則尚書、太常合議定謚，前葬牒史館及付其家。即徇私謚不以實，論如選舉不以實法。既葬請謚者，不定謚。」

校勘記

〔一〕天聖九年　「九年」原作「八年」，據本書卷九仁宗紀、長編卷一一〇改。

〔二〕開寶二年　「二年」原作「三年」。按本書卷二太祖紀、卷二四九魏仁浦傳，魏仁浦死在開寶二年；本書卷二五〇羅彥瓌傳、宋會要禮四一之五五，羅彥瓌也死在開寶二年，據改。

〔三〕景德元年　「元年」原作「四年」，據本書卷二八二李沆傳和宋會要禮四一之四二改。

〔四〕六品已上　據上文「五品已上八尺」，「上」字疑當作「下」字。

〔五〕乾德三年六月　原作「乾德六年三月」，據本書卷二太祖紀、長編卷六改。

〔六〕七梁　原作「十梁」，據本書卷一五二輿服志、宋會要輿服四之一三改。

〔七〕而謂新制不必有謚　「謂」原作「爲」，據長編卷二〇二改。

中華書局

宋史卷一百二十五

志第七十八

禮二十八 凶禮四

士庶人喪禮 服紀

士庶人喪禮。開寶三年十月，詔開封府，禁喪葬之家不得用道、釋威儀及裝束異色人物前引。太平興國七年正月，命翰林學士李昉等重定士庶喪葬制度。昉等奏議曰：「唐大曆七年，詔喪葬之家送葬祭盤，只得於喪家及塋所置祭，不得於街衢張設。又長慶三年，令百姓喪葬祭奠不得以金銀、錦繡爲飾及陳設音樂，葬物稍涉僭越，並勒毀除。臣等參詳子孫之葬父祖，卑幼之葬尊親，全尚樸素，卽有傷孝道。其所用錦繡，伏請不加禁斷。其用音樂及欄街設祭，身無官而葬用方相者，望嚴禁之。其詔葬設祭者，不在此限。又準後唐長興

二年詔：五品、六品常參官，喪輿舁者二十人，挽歌八人，明器三十事，共置八牀；七品常參官，舁者十六人，挽歌六人，明器二十事，置六牀；六品以下京官及檢校、試官等，舁者十二人，挽歌四人，明器十五事，置五牀，並許設紗籠二。庶人，舁者八人，明器十二事，置兩牀。悉用香輿、魂車。其品官葬祖父母、父母，品卑者聽以子品，葬妻子者遞降一等，其四品以上依令式施行。望令御史臺、街司頒行，限百日率從新制；限滿違者，以違禁之物給巡司爲賞。喪家輒舉樂者，譴伶人。他不如制者，但罪下里工作。」從之。

九年，詔曰：「訪聞喪葬之家，有舉樂及令章者。蓋聞鄰里之內，喪不相舂，苴麻之旁，食未嘗飽，此聖王敎化之道，治世不刊之言。何乃匪人，親罹釁酷，或則舉奠之際歌吹爲娛，靈柩之前令章爲戲，甚傷風敎，實紊人倫。今後有犯此者，並以不孝論，預坐人等第科斷。所在官吏，常加覺察，如不用心，並當連坐。」

景德二年，開封府言：「文武官亡歿，諸寺擊鐘未有定制。欲望自今大卿監、大將軍、觀察使、命婦郡夫人已上，卽據狀聞奏，許於天清、開寶二寺擊鐘，其聲數旋俟進止，自餘悉禁。」從之。

紹興二十七年，監登聞鼓院范同言：「今民俗有所謂火化者，生則奉養之具唯恐不至，死則燔爇而棄捐之，何獨厚於生而薄於死乎？甚者焚而置之水中，識者見之動心。國朝著令，貧無葬地者，許以係官之地安葬。河東地狹人衆，雖至親之喪，悉皆焚棄。韓琦鎮并州，以官錢市田數頃，給民安葬，至今爲美談。然則承流宣化，使民不畔於禮法，正守臣之職也。方今火葬之慘，日益熾甚，事關風化，理宜禁止。仍飭守臣措置荒閑之地，使貧民得以收葬，少裨風化之美。」從之。二十八年，戶部侍郎榮薿言：「比因臣僚陳請禁火葬，令州郡置荒閑之地，使貧民得以收葬，誠爲善政。臣聞吳越之俗，葬送費廣，必積累而後辦。至於貧下之家，送終之具，唯務從簡，是以從來率以火化爲便，相習成風，勢難遽革。況州縣休息之久，生聚日繁，所用之地，必須寬廣。仍附郭近便處，官司以艱得之故，有未行摽撥者。既葬埋未有處所，而行火化之禁，恐非人情所安。欲乞除豪富士族申嚴禁止外，貧下之民并客旅遠方之人，若有死亡，姑從其便，候將來州縣摽撥到荒閑之地，別行取旨。」詔依，仍令諸州依已降指揮，措置摽撥。

服紀。宋天子及諸臣服制，前史皆散記諸禮中，未嘗特錄之也，後史則表而出之。高宗於外廷以日易月，於內廷則行三年之禮，御朝則淺素、淺黃。孝宗又力持三年之制。皇帝未成服，則素紗軟脚幞頭、白羅袍、黑銀帶、絲鞋。成服日，布梁冠、朱熹云：當用十二梁。首絰、

直領布大袖衫、朱熹云：不當用襴，蓋下已有裙。布裙、袴、腰絰、竹杖、白綾襯衫，或斜巾、帽子。視事日，去杖、首絰。小祥日，改服布幞頭、襴衫、腰絰、布袴。大祥畢，服素紗軟脚幞頭、白羅袍、素履、黑銀帶。禫祭畢，素紗軟脚幞頭、淺色黃羅袍、黑銀帶。祔廟日，服履、黃袍、紅帶。御正殿視事，則皁幞頭、淡黃袍、黑鞓犀帶、素絲鞋。此中興後制也。

孝宗居憂，再定三年之制。其服：布冠、直領大袖衫、布裙、首絰、腰絰、竹杖。小祥不易服。大祥禮畢，始去杖、去絰。禫祭畢，始服素紗軟脚幞頭、白袍、黑銀帶。祔廟畢，服皁幞頭、黑鞓犀帶。每遇過宮廟謁，則衰絰行禮，二十五月而除。三年之內，禁中常服布巾、布衫、布背子。視事則御內殿，服白布幞頭、白布袍、黑銀帶，殿設素幄。每五日一次過宮，則衰絰而杖。虞祭則布折上巾、黑帶、布袍。受金使弔則衰絰，御德壽殿東廊之素幄。受賀節使，則御垂拱殿東楹之素幄。是時，宰執、近臣皆不肯行，惟斷自上心，堅不可奪，大臣乃不敢言。贊其決者，惟敕局下僚沈淸臣一人而已。

臣爲君服，宋制有三等：中書門下、樞密使副、尚書、翰林學士、節度使、金吾上將軍、文武二品以上，布梁冠、直領大袖衫、布裙、袴、腰絰、竹杖，或布幞頭、襴衫、布斜巾、絹襯服。文武五品以上并職事官監察御史以上、內客省、宣政、昭宣、知閤門事、前殿都知、押班，布

梁冠，直領大袖衫，裙，袴，腰絰，或幞頭，襴衫。自餘文武百官，布幞頭，襴衫，腰絰而已。入局治事，並不易服。宰執奏事去杖，小祥去冠，餘官奏事如之。大祥，素紗軟脚折上巾，黲公服，白鞓錫帶。禫除畢，去黲服，常服仍黑帶，皁鞍韉。祔廟畢，始純吉服。宗室出則常服，居則衰麻以終制。

光宗居孝宗之憂，趙汝愚當國，始令羣臣服白涼衫，皁帶治事，逮終制乃止。寧宗居光宗之憂，復令百官以日易月，禫除畢，服紫衫，皁帶以治事，從禮部侍郎陳宗召請也。諸路監司，州軍縣鎮長吏以下，服布四脚，直領布襴衫，麻腰絰，朝晡臨，三日除之。內外命婦當入臨者，布裙，衫，帔，首絰，絹襯衫，帕首。士庶於本家素服，三日而除。婚嫁，服除外不禁。文武臣僚之家，至山陵祔畢，乃許嫁娶，仍不用花綵及樂。

淳熙十四年十月，以將作監韋璞充金國告哀使，閤門舍人姜特立副之。禮部、太常寺言：「告哀使、副并三節人，從禮例，如在大祥內，合服布幞頭，襴衫，布袴，腰絰，布涼繖，鞍韉；在禫服內，合服素紗軟脚幞頭，黲色公服，黑鞓犀帶，靑繖，皁鞍韉；俟禫除，即從吉服，仍繫黑帶，去魚，涼繖，韉並從禫制，并去狨座。三節人衣紫衫，黑帶，並不聽樂，不射弓弩，候過界，聽使、副審度，隨宜改易服用。」從之。或遣留遺信物使，同上服。

喪服雜議。慶曆七年，侍御史吳鼎臣言：「武班及諸職司人吏，曾因親喪出入禁門，甚有裹素紗幞頭者，殊失肅下尊上之禮。欲乞文武兩班，除以官品起復許裹素紗外，其餘臣僚并諸職司人吏，雖有親喪服未除，並須光紗加首，不得更裹素紗。」詔送太常禮院。禮官言：「準令文，凶服不入公門。其遭喪被起，在朝參處，常服各依品服，惟色以淺，無金玉飾；在家，依其服制。其被起者，及期喪以下居式假者，衣冠朝集，皆聽不預。今鼎臣所奏，有礙令文。」詔依所定，如遇筵宴，其服淺色素紗人，更不令祗應。

丁父母憂。淳化五年八月，詔曰：「孝爲百行之本，喪有三年之制，著于典禮，以厚人倫。中外文武官子弟，或父兄之淪亡，蒙朝廷之齒敍，未及卒哭，已闕莅官，遽忘哀戚，頗玷風敎。自今文武官子弟，有因父亡兄歿特被敍用，未經百日，不得趨赴公參。御史臺專加糾察；并有冒哀求仕，釋服從吉者，並以名聞。」

咸平元年，詔任三司、館閣職事者丁憂，並令持服。又詔：「川峽、廣南、福建路官，丁憂不得離任，既受代而喪制未畢者，許其終制。」尋令川峽官，除州軍長吏奏裁，餘並許解官。

大中祥符九年，殿中侍御史張廓言：「京朝官丁父母憂者，多因陳乞，與免持服。且忠孝恩義，士所執守，一悖于禮，其何能立？今執事盈庭，各務簡易，況無金革之事，中外之官不闕，不可習以爲例。望自後並依典禮，三年服滿，得赴朝請。」

天禧四年，御史臺言：「文武官倂丁憂者，相承服五十四月，別無條例。」下太常，禮官議曰：「按禮喪服小記云：『父母之喪偕，先葬者不虞、祔，待後事，其葬服斬衰。』注：『謂同月若同日死也。先葬者母也，其葬服斬衰者，喪之隆哀宜從重也。假令父死在前月而同月葬，猶服斬衰，不葬不變服也。言其葬服斬衰，則虞、祔各以其服矣。及練，祥皆然。卒事，反服重。』雜記云：『有父之喪，如未沒喪而母死，其除父之喪也，服其除服，卒事，反喪服。』注云：『沒，猶終也。除服謂祥祭之服，卒事既祭，反喪服，服後死者之服。』又杜預云：『若父母同日卒，其葬先母後父，皆服斬衰，其虞，祔先父後母，各服其服，卒事，反服父服。若父已葬而母卒，則服母之服，虞訖，反服父之服。既除練，則服母之服。喪可除，則服父之服以除之，訖則服母之服。』賀循云：『父之喪未終，又遭母喪，當父服應終之月，皆服祥祭之服，如除喪之禮。卒事，反母之服。』臣等參考典故，則是隨其先後而除之，無通服五十四月之文。請依舊禮改正。」

慶曆三年，太常禮院議：「禮記：『父母之喪，無貴賤，一也。』又曰：『三年之喪，人道之至大也。』請不以文武品秩高下，並聽終喪。」時以武臣入流者雜，難盡解官。詔：「自今三司副使已上，非領邊寄，並聽終制，仍續月奉。武臣非在邊而願解官者，聽。」

凡奪情之制，文臣諫舍以上，牧伯刺史以上，皆卒哭後恩制起復；其在切要者，不候卒哭。內職遭喪，但給假而已，願終喪者亦聽。惟京朝、幕職、州縣官皆解官行服，亦有特追出者。

凡公除與祭。景祐二年，禮儀使言：「天聖五年，太常禮院言：自來宗廟祠祭，皆宰臣、參知政事行事，每有服制，旋復改差，多致妨闕。檢會唐會要，貞元六年詔，百官有私喪公除者，聽赴宗廟之祭。監祭御史以禮有『緦麻已上喪不得饗廟』，移牒吏部詰之。吏部奏：准禮，『諸侯絕周，大夫絕緦』者，所以殺旁親，不敢廢大宗之祭事，則緦不祭者，謂同宮未葬，欲人吉凶不相黷也。魏、晉已降，變而從權，緦已上喪服，假滿即吉，謂之公除。凡既葬公除，則無事不可，故於祭無妨。乞今凡有慘服既葬公除，及聞哀假滿，許吉服赴祭。同宮未葬，雖公除依前禁之。詔從。又王涇郊祀錄：『緦麻已上喪，不行宗廟之祭者，以明吉凶不相干也。』貞元，吏部奏請，得許權改吉服，以從宗廟之祭，此一時之事，非舊典也。』今本院看詳，律稱：『如有緦麻已上喪遣充掌者，笞五十〔一〕。』此唐初所定。吏部起請，皆援引典故。奉詔，百官有私喪公除者，聽赴宗廟之祭。後雖王涇著郊祀錄稱是一時之事〔二〕，非舊典也。又別無詔敕改更，是以歷代止依貞元詔命施行。至大中祥符中，詳定官請依郊祀錄，緦麻以上喪，不預宗廟之祭。今詳貞元起請，證據分明，王涇所說，別無典故。望自今後有私喪公除者，聽赴宗廟之祭，免致廢闕。

慶曆七年，禮官邵必言：「古之臣子，未有居父母喪而輒與國家大祭者。今但不許入宗廟，至於南郊壇、景靈宮，皆許行事。按唐吏部所請慘服既葬公除者，謂周以下也，前後相承，誤以爲三年之喪，得吉服從祭，失之甚也。又據律文：『諸廟享，有緦麻以上喪，不許執事，祭天地、社稷不禁。』此唐之定律者，不詳經典意也。王制曰：『喪三年不祭，惟天地、社稷爲越紼而行事。』注云：『不敢以卑廢尊』也。是指王者不敢以私親之喪，廢天地、社稷之祭，非謂臣下有父母喪，而得從天子祭天地、社稷也。兼律文所以不禁者，亦止謂緦麻以上、周以下故也。南郊、太廟，俱爲吉祀，奉承之意，無容異禮。今居父母喪不得入太廟，至南郊則爲愈重。朝廷每因大禮，侍祠之官普有霑賚，使居喪之人得預祠事，是不欲慶澤之行，有所不被，奈何以小惠而傷大禮？近歲兩制以上，並許終喪，惟於武臣尚仍舊制，是亦取古之墨縗從事，金革無避之義也。然於郊祀吉禮則爲不可。」下禮院，議曰：「郊祀大禮，國之重事，百司聯職，僅取齊集。若居喪被起之官悉不與事，則或有妨闕。但不以慘黲之容接於祭次，則亦可行。請依太常新禮，宗室及文武官有遭喪被起及卒哭赴朝參者，遇大朝會，聽不入；若緣郊廟大禮，惟不入宗廟，其郊壇、景靈宮得權從吉服陪位，或差攝行事。」詔可。

天聖五年，侍講學士孫奭言：「伏見禮院及刑法司外州執守服制，詞旨俚淺，如外祖卑於舅姨，大功加於嫂叔，顚倒謬妄，難可遽言。臣於開寶正禮錄出五服年月，并見行喪服制度，編附假寧令，請下兩制、禮院詳定。」翰林學士承旨劉筠等言：「奭所上五服制度，皆應禮經。然其義簡奧，世俗不能盡通，今解之以就平易。若『兩相爲服，無所降殺』，舊皆言『服』者，具載所爲服之人；其言『周』者，本避唐諱，合復爲『期』。又節取假寧令附五服敕後，以便有司；仍板印頒行，而喪服親疏隆殺之紀，始有定制矣。」

子爲嫁母。景祐二年，禮官宋祁言：「前祠部員外郎、集賢校理郭稹〔三〕幼孤，母邊更嫁，有子。稹無伯叔兄弟，獨承郭氏之祭。今邊不幸，而稹解官行服。按五服制度敕齊衰杖期降服之條曰：『父卒母嫁及出妻之子爲母。』其左方注：『謂不爲父後者。若爲父後者，則爲嫁母無服。』」詔議之。侍御史劉夔曰：

「按天聖六年敕，開元五服制度、開寶正禮並載齊衰降服條例，雖與祁言不異，然假寧令：『諸喪，斬、齊三年，並解官；齊衰杖期及爲人後者爲其父母，若庶子爲後爲其母，亦解官，申心喪；母出及嫁，爲父後者雖不服，亦申心喪。』注云：『皆爲生己者。』律疏云：『心喪者，爲妾子及出妻之子合降其服，二十五月內爲心喪。』再詳格令〔四〕：『子爲嫁母，雖爲父後者不服，亦當申心喪。』又稱：『居心喪者，釋服從吉及忘哀作樂、冒哀求仕者，並同父母正服。』今龍圖閣學士王博文、御史中丞杜衍嘗爲出嫁母解官行喪。若使生爲母子，沒同路人，則必虧損名教，上玷孝治。

且杖期降服之制，本出開元禮文，逮乎天寶降敕，俾終三年，然則當時已悟失禮。晉袁準謂：『爲人後，猶服嫁母。據外祖異族，猶廢祭行服，知父後應服嫁母。』劉智釋云：『雖爲父後，猶爲嫁母齊衰。』譙周云：『非父所絕，爲之服周可也。』昔孔鯉之妻爲子思之母，鯉卒而嫁於衞，故檀弓曰：『子思之母死，柳若謂子思曰：「子聖人之後也，四方於子乎觀禮，子盍愼諸！」子思曰：「吾何愼哉！」』喪之禮，如子。云『子聖人之後』，即父後也。石苞問淳于睿：『爲父後者，不爲出母服。嫁母猶出母也，或者以爲嫁與出不異，不達禮意。雖執從重之義，而以廢祭見譏。君爲詳正。』睿引子思之義爲答，且言：『聖人之後服嫁母，明矣。』稹之行服，是不爲過。」

詔兩制、御史臺、禮院再議，曰：「按儀禮：『父卒繼母嫁，爲之服期。』謂非生己者，故父卒改嫁，降不爲己母。唐上元元年敕，父在爲母尚許服三年。今母嫁既是父終，得申本服。唐紹議曰：『爲父後者爲嫁母杖周，不爲父後者請不降服。』至天寶六載敕，五服之紀，所宜企及，三年之數，以報免懷。其嫁母亡，宜終三年。又唐八坐議吉凶加減禮云：『凡父卒，親母嫁，齊衰杖期，爲父後者亦不服，不以私親廢祭祀，惟素服居堊室，心喪三年，免役解官。母亦心服之，母子無絕道也。』按通禮五服制度：父卒母嫁，及出妻之子爲母，及爲祖後，祖在爲祖母，雖周除，仍心喪三年。」

侍講學士馮元言：「儀禮、禮記正義，古之正禮；開寶通禮、五服年月敕，國朝見行典制，爲父後者，爲出母無服。惟通禮義纂引唐天寶六年制：『出母、嫁母並終服三年。』又引劉智釋議：『雖爲父後，猶爲出母、嫁母齊衰，卒哭乃除。』蓋天寶之制，言諸子爲出母、嫁母，故云『並終服三年』；劉智言爲父後者爲出母、嫁母，故云『猶爲齊衰，卒哭乃除』，各有所謂，固無疑也。況天聖五服年月敕：『父卒母嫁及出妻之子爲母降杖期。』則天寶之制已不可行。又但言母出及嫁，爲父後者雖不服，亦申心喪，即不言解官。若專用禮經，則是全無服式；若俯同諸子杖期，又於條制相戾。請凡子爲父後，無人可奉祭祀者，依通禮義纂、劉智釋議，服齊衰，卒哭乃除，踰月乃祭，仍申心喪，則與儀禮、禮記正義、通典、通禮、五服年月敕『爲父後，爲出母、嫁母無服』之言不遠。如諸子非爲父後者，爲出母、嫁母，依五服年月敕，降服齊衰杖期，亦解官申心喪，則與通禮五服制度言『雖周除，仍心喪三年』，及刑統言『出妻之子合降其服，皆二十五月內爲心喪』，其義一也。郭稹應得子爲父後之條，緣其解官行服已過期年，雖於追改，後當依此施行。」

詔：「自今並聽解官，以申心喪。」

子爲生母。大中祥符八年，樞密使王欽若言：「編修册府元龜官太常博士、祕閣校理聶震丁所生母憂，嫡母尚在，望特免持服。」禮官言：「按周制，庶子在父之室，則爲其母不禫。晉解遂問蔡謨曰：『庶子喪所生，嫡母尚存，不知制服輕重。』答云：『士之妾子服其母，與凡人喪母同。』鍾陵胡濟所生母喪，自有嫡兄承統，而嫡母存，疑不得三年，問范宣，答曰：『爲慈母且猶三年，況親所生乎？嫡母雖尊，然厭降之制，父所不及。婦人無專制之事，豈得引父爲比而屈降支子也？』南齊褚淵遭庶母郭氏喪，葬畢，起爲中軍將軍。後嫡母吳郡公主薨，葬畢，令攝職。則震當解官行服，心喪三年；若特有奪情之命，望不以追出爲名。自今顯官有類此者，亦請不稱起復，第遣奪職。」

熙寧三年，詔御史臺審決秀州軍事判官李定追服所生母喪。御史臺言：「在法，庶子爲父後，如嫡母存，爲所生母服緦三月，仍解官申心喪；若不爲父後，爲所生母持齊衰三年，正服而禫。今定所生仇氏亡日，定未嘗請解官持心喪，止以父老乞還侍養。宜依禮制追服緦麻，而解官心喪三年。」時王安石庇定，擢爲太子中允，而言者俱罷免。

婦爲舅姑。乾德三年，判大理寺尹拙言：「按律及儀禮喪服傳、開元禮儀纂、五禮精義、三禮圖等書，所載婦爲舅姑服周；近代時俗多爲重服，劉岳書儀有奏請之文。禮圖、刑統乃邦家之典，豈可守書儀小說而爲國章邪？」判少卿事薛允中等言：「戶婚律：『居父母及夫喪而嫁娶者，徒三年，各離之。若居周喪而嫁娶者，杖一百。』又書儀：『舅姑之服斬衰三年。』亦準敕行。用律敕有差，望加裁定。」

右僕射魏仁浦等二十一人奏議曰：「謹按禮內則云：『婦事舅姑，如事父母。』則舅姑與父母一也。而古禮有期年之說，至於後唐始定三年之喪，在理爲當。況五服制度，前代增益甚多。按唐會要，嫂叔無服，太宗令服小功。曾祖父母舊服三月，增爲五月。嫡子婦大功，增爲期。衆子婦小功，增爲大功。父在爲母服期，高宗增爲三年。婦爲夫之姨舅無服，玄宗令從夫服，又增姨舅同服緦麻及堂姨舅袒免。至今遵行。況三年之內，几筵尚存，豈可夫處苫塊之中，婦被綺紈之飾？夫婦齊體，哀樂不同，求之人情，實傷理本。況婦爲夫有三年之服，於舅姑止服期年，乃是尊夫而卑舅姑也。況孝明皇后爲昭憲太后服喪三年，足以爲萬世法。欲望自今婦爲舅姑服，並如後唐之制，其三年齊、斬，一從其夫。」

嫡孫承重。天聖四年，大理評事杜杞言：「祖母潁川郡君鍾歿，並無服重子婦，餘孤孫七人，臣最居長，今已服斬衰，即未審解官以否？」禮院言：「按禮喪服小記曰：『祖父卒，而後，爲祖母後者三年。』正義曰：『此論適孫承重之服。祖父卒者，謂適孫無父而爲祖後。祖父已卒，今遭祖母喪，故云爲祖母後也。若父卒爲母，故三年（五）。若祖父卒時，父已先亡，亦爲祖父三年。若祖卒時父在，已雖爲祖期，今父歿，祖母亡時，已亦爲祖母三年也。』又按令文：『爲祖後者，祖卒爲祖母（六）。』祖父歿，嫡孫爲祖母承重者，齊衰三年，並解官。』合依禮、令。」

寶元二年，度支判官、集賢校理薛紳言：「祖母萬壽縣太君王氏卒，是先臣所生母，服紀之制，罔知所適，乞降條制，庶知遵守。」詔送太常禮院詳定。禮官言：「五服年月敕：『齊衰三年，爲祖後者，祖卒則爲祖母。』又曰：『齊衰不杖期，爲祖父母。』注云：『父之所生庶母亦同，惟爲祖後者不服。』又按通禮義纂：『爲祖後者，父所生庶母亡，合三年否？』記云：『爲祖母也，爲服三年。』不言嫡庶。然奉宗廟，當以貴賤爲差，庶祖母不祔於皇姑，已受重於祖，當爲祭主，不得申於私恩；若受重於父代而養，爲後可也。』又曰：『庶祖母合從何服？禮無服庶祖母之文，有爲祖庶母後者之服。晉王廙議曰：受命爲後，則服之無嫌。婦人無子，託後族人，猶爲之服，況其子孫乎？人莫敢卑其祖也。且妾子，父歿爲母得申三年。孫無由

獨屈，當服之也。』看詳五服年月敕，不載持重之文，於義纂即有所據。今薛紳不爲祖後，受重於父，合申三年之制。」

史館檢討、同知太常禮院王洙言：「五服年月敕與新定令文，及通禮正文內五服制度，皆聖朝典法，此三處並無爲父所生庶母服三年之文。唯義纂者是唐世蕭嵩、王仲丘等撰集，非創修之書，未可據以決事。且所引兩條，皆近世諸儒之說，不出於六經，臣已別狀奏駁。今薛紳爲映之孫，耀卿爲別子始祖，紳繼別之後爲大宗，所守至重，非如次庶子等承傳其重者也。不可輒服父所生庶母三年之喪，以廢始祖之祭也。臣謹按禮經所謂重者，皆承後之文。據義纂稱重於父，亦有二說：一者，嫡長子自爲正體，受重可知；二者，或嫡長亡，取嫡或庶次承傳父重，亦名爲受重也。若繼別子之後，自爲大宗，所承至重，不得更遠係庶祖母爲之服三年，惟其父以生己之故，爲之三年可也。詳義纂所謂『受重於父者』，指嫡長子亡、次子承傳父重者也，但其文不同耳。」

詔太常禮院與御史臺詳定聞奏。衆官參詳：「耀卿，王氏子；紳，王氏孫，尤親於慈母、庶母、祖母、庶祖母也。耀卿既亡，紳受重代養，當服之也。又薛紳頃因籍田覃恩，乞將敘封母氏恩澤，迴授與故父所生母王氏，其薛紳官爵未合敘封祖母，蓋朝廷以耀卿已亡，紳是長孫，敦以孝道，特許封邑，豈可王氏生則輒邀國恩，歿則不受重服？況紳被王氏鞠育之恩，

中華書局

體尊義重，合令解官持齊衰三年之服。」詔從之。

皇祐元年，大理評事石祖仁奏：「叔從簡爲祖父中立服後四十日亡，乞下禮院定承祖父重服。」禮官宋敏求議曰：「自開元禮以前，嫡孫卒則次孫承重，況從簡爲中子已卒，而祖仁爲嫡孫乎？古者重嫡，正貴所傳，其爲後者皆服三年，以主虞、練、祥、禫之祭。且三年之喪，必以日月之久而服之者有變也。今中立未及卒哭，從簡已卒，是日月未久而服未經變也。或謂已服期，不當改服斬，而更爲重制。按儀禮：『子嫁，反在父之室，爲父三年。』鄭氏注：『謂遭喪而出者，始服齊衰期，出而虞則以三年之喪。』是服可再制明矣。今祖仁宜解官，因其葬而制斬衰三年。後有如其類而已葬者，用再喪制服。」遂著爲定式。

熙寧八年，禮院請爲祖承重者，依封爵令立嫡孫，以次立嫡子同母弟，無母弟立庶子，無庶子立嫡孫同母弟，如又無之，即立庶長孫，行斬衰服。於是禮房詳定：「古者封建國邑而立宗子，故周禮適子死，雖有諸子，猶令嫡孫傳重，所以一本統、明尊尊之義也。至於商禮，則嫡子死立衆子，然後立孫。今既不立宗子，又未嘗封建國邑，則嫡孫喪祖，不宜純用周禮。若嫡子死無衆子，然後嫡孫承重，即嫡孫傳襲封爵者，雖有衆子猶承重。」時知廬州孫覺以嫡孫解官持祖母服，覺叔父在，有司以新令，乃改知潤州。

元豐三年，太常丞劉次莊祖母亡〔七〕，有嫡曾孫，次莊爲嫡孫同母弟，在法未有庶孫承

重之文。詔下禮官立法：「自今承重者，嫡子死無諸子，即嫡孫承重；無嫡孫，嫡孫同母弟承重；無母弟，庶孫長者承重；曾孫以下準此。其傳襲封爵，自依禮、令。」

雜議。大中祥符八年，廣平公德彝聘王顯孫女，將大歸而德彝卒，疑其禮制。禮官言：「按禮：『曾子問曰：娶女有吉日而女死，如之何？孔子曰：壻齊衰而弔，既葬而除之。夫死亦如之。』注云：『謂無期三年之恩也，女服斬衰。』又刑統云：『依禮，有三月廟見、有未廟見就婚等三種之文，妻並同夫法，其有克吉日及定婚夫等，惟不得違約改嫁，自餘相犯，並同凡人。』今詳女合服斬衰於室，既葬而除；或未葬，但出橫即除之。」

天聖七年，興化軍進士陳可言：「臣昨與本軍進士黃價同保，臣預解送之後，本軍言黃價昨赴舉時，有叔爲僧，喪服未滿，臣例當駁放。竊思出家制服，禮律俱無明文，況僧犯大罪，並無緣坐；犯事還俗，準敕不得均分父母田園。又釋門儀式，見父母不拜，居父母喪不絰，死則法門弟子爲之制服，其於本族並無服式。望下禮官詳議，許其赴試。」太常禮院言：「檢會敕文，期周尊長服，不得取應。又禮爲叔父齊衰期，外繼者降服大功九月。其黃價爲叔僧，合比外繼，降服大功。」

皇祐四年，吉州司理參軍祝紳幼孤，鞠於兄嫂。已嘗爲嫂持服，兄喪又請解官持喪。有司以爲言。仁宗曰：「近世薄有匿親喪而干進者。紳雖所服非禮，然不忘鞠養恩，亦可勸也。候服闋日與幕職、知縣。」

繼絕。熙寧二年，同修起居注、直史館蔡延慶父襃，故太尉齊之弟也。齊初無子，子延慶。後齊有子，而襃絕，請復本宗。禮官以請，許之。紹聖元年，尚書省言：「元祐南郊赦文，戶絕之家，近親不爲立繼者，官爲施行。今戶絕家許近親尊長命繼，已有著令，即不當官爲施行。」四年，右武衞大將軍克務，乞故登州防禦使東牟侯克端子叔博爲嗣，請赴期朝參起居，而不爲克端服。大宗正司以聞。下禮官議，宜終喪三年。遂詔宗室居父母喪者，毋得乞爲繼嗣。

大觀四年詔曰：「孔子謂興滅繼絕，天下之民歸心。王安石子雱無嗣，有族子棣，已嘗用安石孫恩例官，可以棣爲雱後，以稱朕善善之意。」先是，元豐國子博士孟開，請以姪孫宗顏爲孫，據晉侍中荀顗無子，以兄之孫爲孫，其後王彥林請以弟彥通爲叔母宋繼絕孫，詔皆如所請。淳熙四年十月二十七日，戶部言：「知蜀州吳擴申明：乞自今養同宗昭穆相當之子，夫死之後，不許其妻非理遣還。若所養子破蕩家產，不能侍養，實有顯過，即聽所養母經官，近親尊長證驗得實，依條遣還，仍公共繼嗣。」

校勘記

〔一〕五十 長編卷一六一、宋會要禮三六之一五都作「三十」。

〔二〕後雖王涇著郊祀錄稱是一時之事 「稱」字原脫，據宋會要禮三六之一五補。

〔三〕郭稹 「稹」原作「積」，據本書卷三〇一郭稹傳、長編卷一一七、宋會要禮三六之一〇改。

〔四〕再詳格令 「再」原作「載」，據宋會要禮三六之一一改。

〔五〕若父卒爲母故三年 「若」字原脫，據宋會要禮三六之六補。

〔六〕祖卒爲祖母 上一「祖」字原脫，據宋會要禮三六之六補。

〔七〕太常丞劉次莊祖母亡 「祖母」上原衍「請」字，據長編卷三一〇、宋會要禮三六之九刪。

宋史卷一百二十六

志第七十九

樂一

有宋之樂，自建隆訖崇寧，凡六改作。始，太祖以雅樂聲高，不合中和，乃詔和峴以王朴律準較洛陽銅望臬石尺爲新度，以定律呂，故建隆以來有和峴樂。仁宗留意音律，判太常燕肅言器久不諧，復以朴準考正。時李照以知音聞，謂朴準高五律，與古制殊，請依神瞽法鑄編鍾。既成，遂請改定雅樂，乃下三律，鍊白石爲磬，範中金爲鍾，圖三辰、五靈爲器之飾，故景祐中有李照樂。未幾，諫官、御史交論其非，竟復舊制。其後詔侍從、禮官參定聲律，阮逸、胡瑗實預其事，更造鍾磬，止下一律，樂名大安。乃試考擊，鍾聲弇鬱震掉，不和滋甚，遂獨用之常祀、朝會焉，故皇祐中有阮逸樂。神宗御歷，嗣守成憲，未遑制作，間從言者緒正一二。知禮院楊傑條上舊樂之失，召范鎮、劉几與傑參議。几、傑請遵祖訓，一切下

王朴樂二律，用仁宗時所制編鍾，追考成周分樂之序，辨正二舞容節；而鎮欲求一稃二米眞黍，以律生尺，改修鍾量，廢四清聲。詔悉從几、傑議。樂成，奏之郊廟，故元豐中有楊傑、劉几樂。范鎮言其聲雜鄭、衞，請太府銅制律造樂。哲宗嗣位，以樂來上，按試於庭，比李照樂下一律，故元祐中有范鎮樂。楊傑復議其失，謂出於鎮一家之學，卒置不用。徽宗銳意制作，以文太平，於是蔡京主魏漢津之說，破先儒累黍之非，用夏禹以身爲度之文，以帝指爲律度，鑄帝鼐、景鍾。樂成，賜名大晟，謂之雅樂，頒之天下，播之教坊，故崇寧以來有魏漢津樂。

夫韶、濩之音，下逮戰國，歷千數百年，猶能使人感嘆作興。當是時，桑間、濮上之音已作，而古帝王之樂猶存，豈不以其制作有一定之器，而授受繼承亦代有其人歟？由是論之，鄭、衞、風雅不異器也。知此道也，則雖百世不易可也。禮樂道喪久矣，故宋之樂屢變，而卒無一定不易之論。考諸家之說，累黍既各執異論，而身爲度之說尤爲荒唐。方古制作，欲垂萬世，難哉！觀其高二律、下一律之說，雖賢者有所未知，直曰樂聲高下於歌聲，則童子可知矣；八音克諧之說，智者有所未論，直以歌聲齊簫聲，以簫聲定十六聲而齊八器，則愚者可諭矣。審乎此道，以之制作，器定聲應，自不奪倫，移宮換羽，特餘事耳。去澆漓靡曼而歸之和平澹泊，大雅之音，不是過也。

南渡之後，大抵皆用先朝之舊，未嘗有所改作。其後諸儒朱熹、蔡元定輩出，乃相與講明古今制作之本原，以究其歸極，著爲成書，理明義析，具有條制，粲然使人知禮樂之不難行也。惜乎宋祚告終，天下未一，徒亦空言而已。

今集累朝制作損益因革、議論是非，悉著于編，俾來者有考焉。爲樂志。

王者致治，有四達之道，其二曰樂，所以和民心而化天下也。歷代相因，咸有制作。唐定樂令，惟著器服之名。後唐莊宗起於朔野，所好不過北鄙鄭、衞而已，先王雅樂，殆將掃地。晉天福中，始詔定朝會樂章、二舞、鼓吹十二案。周世宗嘗觀樂縣，問工人，不能答。由是患雅樂淩替，思得審音之士以考正之，乃詔翰林學士竇儼兼判太常寺，與樞密使王朴同詳定，朴作律準，編古今樂事爲正樂。

宋初，命儼仍兼太常。建隆元年二月，儼上言曰：「三、五之興，禮樂不相沿襲。洪惟聖宋，肇建皇極，一代之樂，宜乎立名。樂章固當易以新詞，式遵舊典。」從之，因詔儼專其事。儼乃改周樂文舞崇德之舞爲文德之舞，武舞象成之舞爲武功之舞，改樂章十二「順」爲十二「安」，蓋取「治世之音安以樂」之義。祭天爲高安，祭地爲靜安，宗廟爲理安，天地、宗廟登

歌爲嘉安，皇帝臨軒爲隆安，王公出入爲正安，皇帝食飲爲和安，皇帝受朝、皇后入宮爲順安，皇太子軒縣出入爲良安，正冬朝會爲永安，郊廟俎豆入爲豐安，祭享、酌獻、飲福、受胙爲禧安，祭文宣王、武成王同用永安，籍田、先農用靜安。

五月，有司上言：「僖祖文獻皇帝室奏大善之舞，順祖惠元皇帝室奏大寧之舞，翼祖簡恭皇帝室奏大順之舞，宣祖昭武皇帝室奏大慶之舞。」從之。

乾德元年，翰林學士承旨陶穀等奉詔撰定祀感生帝之樂章、曲名，降神用大安，太尉行用保安，奠玉幣用慶安，司徒奉俎用咸安，酌獻用崇安，飲福用廣安，亞獻、終獻〔一〕用文安，送神用普安。五代以來，樂工未具，是歲秋，行郊享之禮，詔選開封府樂工八百三十人，權隸太常習鼓吹。

四年春，遣拾遺孫吉取成都孟昶僞宮縣至京師，太常官屬閱視，考其樂器，不協音律，命毀棄之。六月，判太常寺和峴言：「大樂署舊制，宮縣三十六虡設於庭，登歌兩架設於殿上。望詔有司別造，仍令徐州求泗濱石以充磬材。」許之。先是，晉開運末，禮樂之器淪陷，至是，始令有司復二舞、十二案之制。二舞郎及引舞一百五十人，按視教坊、開封樂籍，選樂工子弟以備其列，冠服準舊制。鼓吹十二案，其制：設氈牀十二，爲熊羆騰倚之狀，以承其下；每案設大鼓、羽葆鼓、金錞各一，歌、簫、笳各二，凡九人，其冠服同引舞之制。

十月，峴又言：「樂器中有叉手笛，樂工考驗，皆與雅音相應。按唐呂才歌白雪之琴，馬滔進太一之樂，當時得與宮縣之籍。況此笛足以協十二旋相之宮，亦可通八十四調，其制如雅笛而小，長九寸，與黃鍾管等。其竅有六，左四右二，樂人執持，兩手相交，有拱揖之狀，請名之曰『拱宸管』。望於十二案、十二編磬并登歌兩架各設其一，編於令式。」詔可。

太祖每謂雅樂聲高，近於哀思，不合中和。又念王朴、竇儼〔三〕素名知樂，皆已淪沒，因詔峴討論其理。峴言：「以朴所定律呂之尺較西京銅望臬古制石尺短四分，樂聲之高，良由於此。」乃詔依古法別創新尺，以定律呂。自此雅音和暢，事具律歷志。

自國初已來，御正殿受朝賀，用宮縣；次御別殿，羣臣上壽，舉教坊樂。是歲冬至，上御乾元殿受賀畢，羣臣詣大明殿行上壽禮，始用雅樂、登歌、二舞。是月，和峴又上言：

郊廟殿庭通用文德、武功之舞，然其綴兆未稱武功、文德之形容。又依古義，以揖讓得天下者，先奏文舞；以征伐得天下者，先奏武舞。陛下以推讓受禪，宜先奏文舞。按尚書，舜受堯禪，玄德升聞，乃命以位。請改殿宇所用文舞爲玄德升聞之舞。其舞人，約唐太宗舞圖，用一百二十八人，以倍八佾之數，分爲八行，行十六人，皆著履，執拂，服袴褶，冠進賢冠。引舞二人，各執五采纛，其舞狀、文容、變數，聊更增改。又陛下以神武平一宇內，卽當次奏武舞。按尚書，周武王一戎衣而天下大定，請改爲天下

大定之舞，其舞人數、行列，悉同文舞，其人皆被金甲持戟。引舞二人，各執五采旗。其舞六變：一變象六師初舉，二變象上黨克平，三變象維揚底定，四變象荆湖歸復，五變象邛蜀納款，六變象兵還振旅。乃別撰舞曲、樂章。其鐃、鐸、雅、相、金錞、鼗鼓并引二舞等工人冠服，卽依樂令，而文德、武功之舞，請於郊廟仍舊通用。

又按唐貞觀十四年，景雲見，河水清，張文收採古朱鴈、天馬之義，作景雲河清歌，名燕樂，元會第二奏〔三〕者是也。伏見今年荆南進甘露，京兆、果州進嘉禾，黃州進紫芝，和州進綠毛龜，黃州進白兔。欲依月律，撰神龜、甘露、紫芝、嘉禾、玉兔五瑞各一曲，每朝會登歌首奏之。

有詔：「二舞人數衣冠悉仍舊制，樂章如所請。」

六年，峴又言：「漢朝獲天馬、赤鴈、神鼎、白麟之瑞，並爲郊歌。國朝，合州進瑞木成文，馴象由遠方自至，秦州獲白烏，黃州獲白雀，並合播在筦絃，薦于郊廟。」詔峴作瑞文、馴象、玉烏、皓雀四瑞樂章，以備登歌。未幾，峴復言：「按開元禮，郊祀，車駕還宮入嘉德門，奏采茨之樂；入太極門，奏太和之樂。今郊祀禮畢，登樓肆赦，然後還宮，宮縣但用隆安，不用采茨。其隆安樂章本是御殿之辭，伏詳禮意，隆安之樂自內而出，采茨之樂自外而入，若不並用，有失舊典。今大樂署丞王光裕誦得唐日采茨曲，望依月律別撰其辭，每郊祀畢車駕

初入，奏之。御樓禮畢還宮，卽奏隆安之樂。」並從之。太常寺又言：「準令，宗廟殿庭宮縣三十虡，郊社二十虡，殿庭加鼓吹十二案。開寶四年，郊祀誤用宗廟之數，今歲親郊，欲用舊禮。」有詔，圜丘增十六虡，餘依前制。

太宗太平興國二年，冬至上壽，復用教坊樂。九年，嵐州獻祥麟；雍熙中，蘇州貢白龜；端拱初，澶州河清，廣州鳳凰集；諸州麥兩穗、三穗者，連歲來上。有司請以此五瑞爲祥麟、丹鳳、河清、白龜、瑞麥之曲，薦于朝會，從之。

淳化二年，太子中允、直集賢院和嶸上言：「兄峴嘗於乾德〔四〕中約唐志故事，請改殿庭二舞之名，舞有六變之象，每變各有樂章，歌詠太祖功業。今覩來歲正會之儀，登歌五瑞之曲已從改製，則文武二舞亦當定其名。周易有『化成天下』之辭，謂文德也；漢史有『威加海內』之歌，謂武功也。望改殿庭舊用玄德升聞之舞爲化成天下之舞，天下大定之舞爲威加海內之舞。其舞六變：一變象登臺講武，二變象漳、泉奉土，三變象杭、越來朝，四變象克殄并、汾，五變象肅清銀、夏，六變象兵還振旅。每變樂章各一首。」詔可。

三年，元日朝賀畢，再御朝元殿，羣臣上壽，復用宮縣、二舞，登歌五瑞曲，自此遂爲定制。嶸又請取今朝祥瑞之殊尤者作爲四瑞樂章，備郊廟奠獻，以代舊曲，詔從之。有司雖承

詔，不能奉行，故今闕其曲。

太宗嘗謂舜作五絃之琴以歌南風，後王因之，復加文武二絃。至道元年，乃增作九絃琴、五絃阮，別造新譜三十七卷。凡造九絃琴宮調、鳳吟商調、角調、徵調、羽調、龍仙羽調、側蜀調、黃鍾調、無射商調、瑟調變弦法各一。制宮調鶴唳天弄、鳳吟商調鳳來儀弄、龍仙羽調八仙操，凡三曲。又以新聲被舊曲者，宮調四十三曲，商調十三曲，角調二十三曲，徵調十四曲，羽調二十六曲，側蜀調四曲，黃鍾調十九曲，無射商調七曲，瑟調七曲。造五弦阮宮調、商調、鳳吟商調〔五〕、角調、徵調、羽調、黃鍾調、無射商調、瑟調、碧玉調、慢角調、金羽調變弦法各一〔六〕。制宮調鶴唳天弄、鳳吟商調鳳來儀弄，凡二曲。又以新聲被舊曲者，宮調四十四曲、商調十三曲、角調十一曲、徵調十曲、羽調十曲、黃鍾調〔七〕十九曲、無射商調七曲、瑟調七曲、碧玉調十四曲、慢角調十曲、金羽調三曲。阮成，以示中書門下，因謂曰：「雅樂與鄭、衞不同，鄭聲淫，非中和之道。朕常思雅正之音可以治心，原古聖之旨，尙存遺美。琴七弦，朕今增之爲九，其名曰君、臣、文、武、禮、樂、正、民、心，則九奏克諧而不亂矣。阮四絃，增之爲五，其名曰：水、火、金、木、土，則五材並用而不悖矣。」因命待詔朱文濟、蔡裔齎琴、阮詣中書彈新聲，詔宰相及近侍咸聽焉。由是中外獻賦頌者數十人。二年，太常音律官田琮以九弦琴、五弦阮均配十二律，旋相爲宮，隔八相生，並協律呂，冠于雅樂，

中華書局

仍具圖以獻。上覽而嘉之，遷其職以賞焉。自是遂廢拱宸管。

眞宗咸平四年，太常寺言：「樂工習藝匪精，每祭享郊廟，止奏黃鍾宮一調，未嘗隨月轉律，望示條約。」乃命翰林侍讀學士夏侯嶠、判寺郭贄同按試，擇其曉習月律者，悉增月奉，自餘權停廩給，再俾學習，以獎勵之。雖頗振綱紀，然亦未能精備。蓋樂工止以年勞次補，而不以藝進，至有抱其器而不能振作者，故難於驟變。

景德二年八月，監察御史艾仲孺上言，請修飾樂器，調正音律，乃詔翰林學士李宗諤權判太常寺，及令內臣監修樂器。後復以龍圖閣待制戚綸同判寺事，乃命太樂〔八〕、鼓吹兩署工校其優劣，黜去濫吹者五十餘人。宗諤因編次律呂法度、樂物名數，目曰樂纂，又裁定兩署工人試補條式及肄習程課。

明年八月，上御崇政殿張宮縣閱試，召宰執、親王臨觀，宗諤執樂譜立侍。先以鍾磬按律準，次令登歌，鍾、磬、塤、篪、琴、阮、笙、簫各二色合奏，箏、瑟、筑三色合奏，迭爲一曲，復擊鎛鍾爲六變、九變。又爲朝會上壽之樂及文武二舞、鼓吹、導引、警夜之曲，頗爲精習。上甚悅。舊制，巢笙、和笙每變宮之際，必換義管，然難於遽易，樂工單仲辛遂改爲一定之制，不復旋易，與諸宮調皆協。又令仲辛誕唱八十四調曲，遂詔補副樂正，賜袍笏、銀帶，自

餘皆賜衣帶、緡錢，又賜宗諤等器幣有差。自是，樂府制度頗有倫理。

先是，惟天地、感生帝、宗廟用樂，親祀用宮縣，有司攝事，止用登歌，自餘大祀，未暇備樂。時既罷兵，垂意典禮，至是詔曰：「致恭明神，邦國之重事；升薦備樂，方册之彝章。矧在尊神，固當嚴奉。舉行舊典，用格明靈。自今諸大祠並宜用樂，皆同感生帝，六變、八變如通禮所載。」

大中祥符元年四月，詳定所言：「東封道路稍遠，欲依故事，山上圜臺及山下封祀壇前俱設登歌兩架，壇下設二十架并二舞，其朝覲壇前亦設二十架，更不設熊羆十二案。」從之。九月，都官員外郎、判太常禮院孫奭上言：「按禮文，饗太廟終獻降階之後，武舞止，太祝徹豆，豐安之樂作，一成止，然後理安之樂作，是謂送神。論語曰：『三家者以雍徹。』又周禮樂師職曰：『及徹，帥學士而歌徹。』鄭玄曰：『謂歌雍也。』郊祀錄載登歌徹豆一章，奏無射羽。然則宗廟之樂，禮有登歌徹豆，今於終獻降階之後即作理安之樂，誠恐闕失，望依舊禮增用。」詔判太常寺李宗諤與檢討詳議以聞。宗諤等言：「國初撰樂章，有徹豆豐安曲辭，樂署因循不作，望如奭所奏。」從之。時以將行封禪，詔改酌獻昊天上帝禧安之樂爲封安，皇地祇禧安之樂爲禪安，飮福禧安之樂爲祺安，別製天書樂章瑞安、靈文二曲，每親行禮用之。又作醴泉、神芝、慶雲、靈鶴、瑞木五曲，施於朝會、宴享，以紀瑞應。

十月，眞宗親習封禪儀于崇德殿，覩亞獻、終獻皆不作樂，因令檢討故事以聞。有司按開寶通禮，親郊，壇上設登歌，皇帝升降、奠獻、飮福則作樂；壇下設宮縣，降神、迎俎、退文舞、引武舞、迎送皇帝則作。亞獻、終獻、升降在退文舞引武舞之間。有司攝事，不設宮架、二舞，故三獻、升降並用登歌。今山上設登歌，山下設宮縣、二舞，其山上圜臺亞獻、終獻準親祠例，無用樂之文。於是特詔亞、終獻並用登歌。

五年，聖祖降，有司言：「按唐太清宮樂章，皆明皇親製，其崇奉玉皇、聖祖及祖宗配位樂章，並望聖製。」詔可之。聖製薦獻聖祖文舞曰發祥流慶之舞，武舞曰降眞觀德之舞。自是，玉清昭應宮、景靈宮親薦皆備樂，用三十六虡。景靈宮以庭狹，止用二十虡。上又取太宗所撰萬國朝天曲曰同和之舞，平晉曲曰定功之舞，親作樂辭，奏于郊廟。自時厥後，仁宗以大明之曲尊眞宗，英宗以大仁之曲尊仁宗，神宗以大英之曲尊英宗。

仁宗天聖五年十月，翰林侍講學士孫奭言：「郊廟二舞失序，願下有司考議。」於是翰林學士承旨劉筠等議曰：「周人奏清廟以祀文王，執競以祀武王，漢高帝、文帝亦各有舞。至唐有事太廟，每室樂歌異名。蓋帝王功德既殊，舞亦隨變。屬者，有司不詳舊制，奠獻止登歌而樂舞不作，其失明甚。請如舊制，宗廟酌獻復用文舞，皇帝還版位，文舞退，武舞入。

亞獻酌醴已，武舞作，至三獻已奠還位則止。蓋廟室各頌功德，故文舞迎神後各奏逐室之舞。郊祀則降神奏高安之曲，文舞已作及皇帝酌獻，惟登歌奏禧安之樂，而縣樂舞綴不作，亞獻、終獻仍用武舞。」詔從之。是時，仁宗始大朝會，羣臣上壽，作甘露、瑞木、嘉禾之曲。

明道初，章獻皇太后御前殿，見羣臣，作玉芝、壽星、奇木連理之曲，厚德無疆、四海會同之舞。明年，太后躬謝宗廟，帝耕籍田，享先農，率有樂歌。其後親祀南郊、享太廟、奉慈廟、大享明堂、祫享，帝皆親製降神、送神、奠幣、瓚祼、酌獻樂章，餘詔諸臣爲之。至於常祀、郊廟、社稷諸祠，亦多親製。

景祐元年八月，判太常寺燕肅等上言：「大樂制器歲久，金石不調，願以周王朴所造律準考按修治，并閱樂工，罷其不能者。」乃命直史館宋祁、內侍李隨同肅等典其事，又命集賢校理李照預焉。於是，帝御觀文殿取律準閱視，親篆之，以屬太常。明年二月，肅等上考定樂器并見工人，帝御延福宮臨閱，奏郊廟五十一曲，因問照樂音高，命詳陳之。照言：「朴準視古樂高五律，視教坊樂高二律。蓋五代之亂，雅樂廢壞，朴創意造準，不合古法，用之本朝，卒無福應。又編鍾、鎛、磬無大小、輕重、厚薄、長短之差，銅錫不精，聲韻失美，大者陵，小者抑，非中度之器也。昔軒轅氏命伶倫截竹爲律，後令神瞽協其中聲，然後聲應鳳鳴，而管之參差亦如鳳翅。其樂傳之亘古，不刊之法也。願聽臣依神瞽律法，試鑄編鍾一虡，可

使度、量、權、衡協和。」乃詔於錫慶院鑄之。既成，奏御。

照遂建議請改制大樂，取京縣秬黍累尺成律，鑄鍾審之，其聲猶高。更用太府布帛尺爲法，乃下太常制四律。別詔潞州取羊頭山秬黍上送於官，照乃自爲律管之法，以九十黍之量爲四百二十星，率一星占九秒，一黍之量得四星六秒，九十黍得四百二十星，以爲十二管定法。乃詔內侍鄧保信監視羣工。照并引集賢校理聶冠卿爲檢討雅樂制度故實官，入內都知閻文應董其事，中書門下總領焉。凡所改制，皆關中書門下詳定以聞。又詔天下有深達鍾律者，在所亟以名聞。於是，杭州鄭向言阮逸、蘇州范仲淹言胡瑗皆通知古樂，詔遣詣闕。其他以樂書獻者，悉上有司。

五月，照言：「既改制金石，則絲、竹、匏、土、革、木亦當更制，以備獻享。」奏可。照乃鑄銅爲龠、合、升、斗四物，以興鍾、鎛聲量之法，龠之率六百三十黍爲黃鍾之容，合三倍於龠，升十二倍於合，斗十倍於升。乃改造諸器，以定其法。俄又以鎛之容受差大，更增六龠爲合，十合爲升，十升爲斗，銘曰「樂斗」。後數月，潞州上秬黍，照等擇大黍縱累之，檢考長短，尺成，與太府尺合，法乃定。

先時，太常鍾磬每十六枚爲虡，而四清聲相承不擊，照因上言：「十二律聲已備，餘四清聲乃鄭、衞之樂，請於編縣止留十二中聲，去四清聲，則哀思邪僻之聲無由而起也。」元等駮之曰：「前聖制樂，取法非一，故有十三管之和，十九管之巢，三十六簧之竽，二十五弦之瑟，十三弦之箏，九弦、七弦之琴，十六枚之鍾磬，各自取義，寧有一之於律呂專爲十二數者？且鍾磬，八音之首，絲竹以下受之於均，故聖人尤所用心焉。春秋號樂，總言金奏；詩頌稱美，實依磬聲。此二器非可輕改。今照欲損爲十二，不得其法，稽諸古制，臣等以爲不可。且聖人既以十二律各配一鍾，又設黃鍾至夾鍾四清聲以附正聲之次，原四清之意，蓋爲夷則至應鍾四宮而設也。夫五音：宮爲君，商爲臣，角爲民，徵爲事，羽爲物。不相凌謂之正，迭相凌謂之慢，百王所不易也。聲重濁者爲尊，輕清者爲卑，卑者不可加於尊，古今之所同也。故列聲之尊卑者，事與物不與焉。何則？事爲君治，物爲君用，不能尊於君故也。惟君、臣、民三者則自有上下之分，不得相越。故四清聲之設，正謂臣民相避以爲尊卑也。今若止用十二鍾旋相考擊，至夷則以下四管爲宮之時，臣民相越，上下交戾，則凌犯之音作矣。此甚不可者也。其鍾、磬十六，皆本周、漢諸儒之說及唐家典法所載，欲損爲十二，惟照獨見，臣以爲且如舊制便。」帝令權用十二枚爲一格，且詔曰：「侯有知者，能考四鍾協調清濁，有司別議以聞。」鍾舊飾旋蟲，改爲龍。乃遣使採泗濱浮石千餘段以爲縣磬。

先是，宋祁上言：「縣設建鼓，初不考擊，又無三鼗，且舊用諸鼓率多陋敝。」於是敕元等

詳求典故而言曰：「建鼓四，今皆具而不擊，別設四散鼓於縣間擊之，以代建鼓。乾德四年，祕書監尹拙上言：『散鼓不詳所置之由，且於古無文，去之便。』時雖奏可，而散鼓于今仍在。又雷鼓、靈鼓、路鼓〔九〕雖擊之皆不成聲，故常賴散鼓以爲樂節，而雷鼗、靈鼗、路鼗闕而未製。今既修正雅樂，謂宜申敕大匠改作諸鼓，使擊考有聲。及創爲三鼗，如古之制，使先播之，以通三鼓。罷四散鼓，如乾德詔書。」奏可。

時有上言，以爲雷鼓八面，前世用以迎神，不載考擊之法，而大樂所製，以柱貫中，故擊之無聲。更令改造，山趺上出雲以承鼓，刻龍以飾柱，面各一工擊鼓，一工左執鼗以先引。凡圜丘降神六變，初八面皆三擊，推而左旋，三步則止。三者，取陽數也。又載擊以爲節，率以此法至六成。靈鼓、路鼓亦如之。植建鼓于四隅，皆有左鞞、右應。乾隅，左鞞應鍾，亥之位也；中鼓黃鍾，子之位也；右應大呂，丑之位也。艮隅，左鞞太簇，寅之位也；中鼓夾鍾，卯之位也；右應姑洗，辰之位也。巽隅，右應仲呂，巳之位也；中鼓蕤賓，午之位也；左鞞林鍾，未之位也。坤隅，右應夷則，申之位也；中鼓南呂，酉之位也；左鞞無射，戌之位也。宜隨月建，依律呂之均擊之。後照等復以殿庭備奏，四隅既隨月協均，顧無以節樂，而周官鼓人「以晉鼓鼓金奏」，應以施用。詔依周官舊法製焉。於是縣內始有晉鼓矣。

古者，鎛鍾擊爲節檢，而無合曲之義，大射有二鎛，皆亂擊焉。後周以十二鎛相生擊

之。景德中，李宗諤領太常，總考十二鎛鍾，而樂工相承，殿庭習用三調六曲。三調者，黃鍾、太簇、蕤賓也；六曲者，調別有隆安、正安二曲。郊廟之縣則環而擊之。宗諤上言曰：「金部之中，鎛鍾爲難和，一聲不及，則宮商失序，使十二鎛工皆精習，則遲速有倫，隨月用律，諸曲無不通矣。」眞宗因詔黃鍾、太簇二宮更增文舞、武舞、福酒三曲。至是，詔元等詢考擊之法，元等奏言：「後周嘗以相生之法擊之，音韻克諧，國朝亦用隨均合曲，然但施殿庭，未及郊廟。謂宜使十二鍾依辰列位，隨均爲節，便於合樂，仍得并施郊廟。若軒縣以下則不用此制，所以重備樂尊王制也。」詔從焉。

隋制，內宮縣二十虡，以大磬代鎛鍾而去建鼓。唐武后稱制，改用鍾，因而莫革。及是，乃詔訪元等曰：「大磬應何法考擊，何禮應用？」元等具言：「古者，特磬以代鎛鍾，本施內宮，遂及柔祀，隋、唐之代，繼有因改。先皇帝東禪梁甫，西瘞汾陰，並仍舊章，陳於縣奏。若其所用，吉禮則中宮之縣，祀禮則皇地祇、神州地祇、先蠶、今之奉慈廟、后廟，皆應陳設。宮縣則三十六虡，去四隅建鼓，如古便。若考擊之法，謂宜同於鎛鍾。比緣詔旨，不俾循環互擊，而立依均合曲之制，則特磬固應不出本均，與編磬相應，爲樂之節也。」詔可。

九月，翰林學士承旨章得象等言：「宋祁所上大樂圖義，其論武舞所執九器，經、禮但舉其凡而不著言其用後先，故旅進輩作而無終始之別。且鼗者，所謂導舞也；鐸者，所謂通鼓

也；錞者，所謂和鼓也；鐃者，所謂止鼓也；相者，所謂輔樂也；雅者，所謂陔步也。寧有導舞方始而參以止鼓，止鼓既搖而亂以通鐸？臣謂當舞入之時，左執干，右執戚，離爲八列，别使工人執旌最前，鼗、鐸以發之，錞以和之，左執相以輔之，右執雅以節之。及舞之將成也，則鳴鐃以退行列，築雅以陔步武，鼗、鐸、錞、相皆止而不作。如此則庶協舞儀，請如祁所論。」其冬，帝躬款奉慈廟，樂縣罷建鼓，始以磬代鎛鍾。

禮官又言：「春秋隱公五年：『考仲子之宮，初獻六羽。』何休、范甯等咸謂，不言佾者，明佾則干舞在其中，婦人無武事，獨奏文樂也。江左宋建平、王宏皆據以爲說，故章皇后廟獨用文舞。至唐垂拱以來，中宮之縣既用鎛鍾，其後相承，故儀坤等廟獻武舞，備鍾石之樂，尤爲失禮。前詔議奉慈之樂，有司援舊典，已用特磬代鎛鍾，取陰教尚柔，以靜爲體。今樂去大鍾而舞進干盾，頗戾經旨，請止用文德之舞。」奏可。

大樂塤，舊以漆飾，敕令黃其色，以本土音。或奏言：「柷，舊以方畫木爲之，外圖以時卉則可矣，而中設一色，非稱也。先儒之說曰：『有柄，連底挏之。』鄭康成以爲設椎其中撞之。今當揔法垂久，用明制作之意有所本焉。柷之中，東方圖以青，隱而爲青龍；南方圖以赤，隱而爲丹鳳；西方圖以白，隱而爲騶虞；北方圖以黑，隱而爲靈龜；中央圖以黃，隱而爲神螾。撞擊之法，宜用康成之說。」從之。又詔以新製雙鳳管付大樂局，其制，合二管以足

律聲，管端刻飾雙鳳，施兩簧焉。照因自造葦籥、清管、簫管、清笛、雅笛〔一〇〕、大笙、大竽、宮琴、宮瑟、大阮、大嵇，凡十一種，求備雅器。詔許以大竽、大笙二種下大樂用之。

時又出兩儀琴及十二弦琴二種，以備雅樂。兩儀琴者，施兩弦、十二柱〔一一〕；十二弦琴者，如常琴之制而增其弦，皆以象律呂之數。又敕更造七弦、九弦琴，皆令圓其首者以祀天，方其首者以祀地。

帝乃親製樂曲，以夾鍾之宮、黃鍾之角、太簇之徵、姑洗之羽，作景安之曲，以祀昊天。更以高安祀五帝、日月，作太安以享景靈宮，罷舊眞安之曲。以黃鍾之宮、大呂之角、太簇之徵、應鍾之羽作興安，以獻宗廟，罷舊理安之曲。景安、興安惟乘輿親行則用之。以姑洗之角、林鍾之徵、黃鍾之宮、太簇之角、南呂之羽作祐安之曲，以酌獻五帝。以林鍾之宮、太簇之角、姑洗之徵、南呂之羽作寧安之曲，以祭地及太社、太稷，罷舊靖安之曲。

于時制詔有司，以太祖、太宗、眞宗三聖並侑，乃以黃鍾之宮作廣安之曲以奠幣、彰安之曲以酌獻。又詔，躬謁奉慈廟章獻皇后之室，作達安之曲以奠瓚、厚安以酌獻；章懿皇后之室，作報安之曲以奠瓚、衍安以酌獻。皇帝入出作乾安，罷舊隆安之曲。常祀：至日祀圜丘，太祖配，以黃鍾之宮作定安以奠幣、英安以酌獻；孟春祀感生帝，宣祖配，以太簇之宮作皇安以奠幣、肅安以酌獻；祈穀祀昊天，太宗〔一二〕配，作仁安以奠幣、紹安以酌獻；孟

夏雩上帝，太祖配，以仲呂之宮作獻安以奠幣、感安以酌獻；夏至祭皇地祇，太祖配，以蕤賓之宮作恭安以奠幣、英安以酌獻；季秋大饗明堂，眞宗配，以無射之宮作誠安以奠幣、德安以酌獻；孟冬祭神州地祇，太宗配，以應鍾之宮作化安以奠幣、韶安以酌獻。又造沖安之曲，以七均演之爲八十四〔一三〕，皆作聲譜以授有司，沖安之曲獨未施行。親製郊廟樂章二十一曲，財成頌體，告于神明，詔宰臣呂夷簡等分造樂章，參施羣祀。

又爲景祐樂髓新經，凡六篇：第一，釋十二均；第二，明所主事；第三，辨音聲；第四，圖律呂相生，并祭天地、宗廟用律及陰陽數配；第五，十二管長短；第六，歷代度、量、衡。皆本之於陰陽，配之於四時，建之於日辰，通之於鞮竺，演之於壬式遁甲之法，以授樂府，以考正聲，以賜羣臣焉。

初，照等改造金石所用員程凡七百十四：攻金之工百五十三，攻木之工二百十六，攻皮之工四十九，刮摩之工九十一，搏埴之工十六，設色之工百八十九。起五月，止九月，成金石具七縣。至於鼓吹及十二案，悉修飾之。令冠卿等纂景祐大樂圖二十篇，以載鎔金鑪石之法、歷世八音諸器異同之狀、新舊律管之差。是月，與新樂并獻於崇政殿，詔中書、門下、樞密院大臣預觀焉。自董監而下至工徒凡七百餘人，進秩賞賜各有差。其年十一月，有事南郊，悉以新樂并聖製及諸臣樂章用之。

先是，左司諫姚仲孫言：「照所製樂多詭異，至如煉白石以爲磬，範中金以作鍾，又欲以三辰、五靈爲樂器之飾。臣愚，竊有所疑。自祖宗考正大樂，薦之郊廟，垂七十年，一旦黜廢而用新器，臣竊以爲不可。」御史曹脩睦亦爲言。帝既許照制器，且欲究其術之是非，故不聽焉。

校勘記

〔一〕終獻　原脫，據宋會要樂四之一〇補。

〔二〕賓儀　「儀」原作「儀」，據本卷上文、宋會要樂一之一改。

〔三〕第二奏　舊唐書卷二八音樂志作「第一奏」。

〔四〕乾德　原作「景德」，據上文及玉海卷一〇七改。

〔五〕鳳吟商調　「商」字原脫，據宋會要樂四之一四補。

〔六〕金羽調變弦法各一　「各一」二字原脫，據宋會要樂四之一四補。

〔七〕黃鍾調　「調」字原脫，據宋會要樂四之一四補。

〔八〕太樂　「太」下原衍「常」字，據宋會要樂四之一五、玉海卷一〇五刪。

〔九〕路鼓　原脫，據宋會要樂二之三、長編卷一一七補。

〔一〇〕雅笛　原脫，據宋會要樂二之五補。

〔一一〕十二柱　原脫，據宋會要樂二之五補。

〔一二〕太宗　「宗」原作「祖」，據本書卷一三二樂志、卷九九禮志和宋會要樂二之六改。

〔一三〕以七均演之爲八十四　「演」字原脫，據宋會要樂二之六、長編卷一一六補。

宋史卷一百二十七

志第八十

樂二

景祐三年七月，馮元等上新修景祐廣樂記八十一卷，詔翰林學士丁度、知制誥胥偃、直史館高若訥、直集賢院韓琦取鄧保信、阮逸、胡瑗等鍾律，詳定得失可否以聞。

九月，阮逸言：「臣等所造鍾磬皆稟於馮元、宋祁，其分方定律又出於胡瑗筭術，而臣獨執周禮嘉量聲中黃鍾之法及國語鈞鍾絃準之制，皆抑而不用。臣前蒙召對，言王朴律高而李照鍾下。竊覩御製樂髓新經歷代度量衡篇，言隋書依漢志黍尺制管，或不容千二百，或不營九寸之長，此則明班志已後，歷代無有符合者。惟蔡邕銅龠本得於周禮遺範，邕自知音，所以只傳銅龠，積成嘉量，則是聲中黃鍾而律本定矣。謂管有大小長短者，蓋嘉量既成，即以量聲定尺，明矣。今議者但爭漢志黍尺無準之法，殊不知鍾有鈞、石、量、衡之制。況周禮、國語，姬代聖經，翻謂無憑，孰爲稽古？有唐張文收定樂，亦鑄銅甌，此足驗周之嘉量以聲定律，明矣。臣所以獨執周禮鑄嘉量者，以其方尺深尺，則度可見也；其容一鬴，則量可見也；其重鈞，則衡可見也；聲中黃鍾之宮，則律可見也。既律、度、量、衡如此符合，則制管歌聲，其中必矣。臣昧死欲乞將臣見鑄成銅甌，再限半月內更鑄嘉量，以其聲中黃鍾之宮，乃取李照新鍾就加修整，務合周制鍾量法度。文字已編寫次，未敢具進。」詔送度等并定以聞。

十月，度等言：「據鄧保信黍尺二，其一稱用上黨秬黍圓者一黍之長，累百成尺，與蔡邕合。臣等檢詳前代造尺，皆以一黍之廣爲分，唯後魏公孫崇以一黍之長累爲寸法〔一〕，太常劉芳以秬黍中者一黍之廣卽爲一分，中尉元匡〔二〕以一黍之廣度黍二縫以取一分，三家競不能決。而蔡邕銅龠，本志中亦不明言用黍長廣累尺。今將保信黃鍾管內秬黍二百粒以黍長爲分，再累至尺二條，比保信元尺一長五黍，一長七黍。又律管黃鍾龠一枚，容秬黍千二百粒，以元尺比量，分寸略同。復將實龠秬黍再累者校之，卽又不同。其龠、合、升、斗亦皆類此。又阮逸、胡瑗鍾律法黍尺，其一稱用上黨羊頭山秬黍中者累廣求尺，制黃鍾之聲。臣等以其大黍百粒累廣成尺，復將管內二百粒以黍廣爲分，再累至尺二條〔三〕，比逸等元尺，一短七黍，一短三黍。蓋逸等元尺並用一等大黍，其實管之黍大小不均，遂致差異。又其銅律管十二枚，臣等據楚衍等圍九方分之法，與逸等元尺及所實龠秬黍再累成尺者校之，又各不同。又所製銅稱二量亦皆類此。臣等看詳其鍾、磬各一架，雖合典故，而黍尺一差，難以定奪。」又言：「太祖皇帝嘗詔和峴等用景表尺典修金石，七十年間，薦之郊廟，稽合唐制，以示詒謀。則可且依景表舊尺，俟天下有妙達鍾律之學者，俾考正之，以從周、漢之制。其阮逸、胡瑗、鄧保信并李照所用太府寺等尺及阮逸狀進周禮度量法，其說疏舛，不可依用。」

五年五月，右司諫韓琦言：「臣前奉詔詳定鍾律，嘗覽景祐廣樂記，覩照所造樂不依古法，皆率己意別爲律度，朝廷因而施用，識者非之。今將親祀南郊，不可重以違古之樂上薦天地、宗廟。竊聞太常舊樂，見有存者，郊廟大禮，請復用之。」詔資政殿大學士宋綬、三司使晏殊同兩制官詳定以聞。七月，綬等言：「李照新樂比舊樂下三律，衆論以爲無所考據。願如琦請，郊廟復用和峴所定舊樂，鍾磬不經鐫磨者猶存三縣奇七虡〔四〕，郊廟、殿庭可以更用。」太常亦言：「舊樂，宮縣用龍鳳散鼓四面，以應樂節，李照廢而不用，止以晉鼓一面應節。舊樂，建鼓四，并鞞、應共十二面，備而不擊，李照以四隅建鼓與鎛鍾相應擊之。舊樂，雷鼓兩架各八面，止用一人考擊，李照別造雷鼓，每面各用一人椎鼓，順天左旋，三步一止，又令二人搖鞉以應之。又所造大竽、大笙、雙鳳管、兩儀琴、十二絃琴並行。今既復用

舊樂，未審照所作樂器制度，合改與否？」詔：「悉仍舊制，其李照所作，勿復施用。」

康定元年，阮逸上鍾律制議并圖三卷。皇祐二年五月，明堂禮儀使言：「明堂所用樂皆當隨月用律，九月以無射爲均，五天帝各用本音之樂。」於是內出明堂樂曲及二舞名：迎神曰誠安；皇帝升降行止曰儀安；昊天上帝、皇地祇、神州地祇位奠玉幣曰鎭安，酌獻曰慶安；太祖、太宗、眞宗位奠幣曰信安，酌獻曰孝安，司徒奉俎曰饎安；五帝位奠玉幣曰鎭安，酌獻曰精安，皇帝飲福曰胙安；退文舞、迎武舞、亞獻、終獻皆曰穆安，徹豆曰歆安，送神曰誠安，歸大次曰憩安；文舞曰右文化俗，武舞曰威功睿德。又出御撰樂章鎭安、慶安、信安、孝安四曲，餘詔輔臣分撰。庚戌，詔：「御所撰樂曲名與常祀同者，更之。」遂更常所用圜丘寓祭明堂誠安之曲曰宗安，祀感生帝慶安之曲曰光安，奉慈廟信安之曲曰慈安。

六月，內出御撰明堂樂八曲，以君、臣、民、事、物配屬五音，凡二十聲爲一曲；用宮變、徵變者，天、地、人、四時爲七音，凡三十聲爲一曲；以子母相生，凡二十八聲爲一曲：皆黃鍾爲均。又明堂月律五十七聲爲二曲，皆無射爲均；又以二十聲、二十八聲、三十聲爲三曲，亦無射爲均，皆自黃鍾宮入無射。如合用四十八或五十七聲，卽依前譜次第成曲，其徵聲自同本律。及御撰鼓吹、警嚴曲、合宮歌並肄于太常。

是月，翰林學士承旨王堯臣等言：

奉詔與參議阮逸所上編鍾四清聲譜法，請用之於明堂者。竊以律呂旋宮之法既定以管，又制十二鍾準爲十二正聲，以律計自倍半。說者云：「半者，準正聲之半，以爲十二子聲之鍾，故有正聲、子聲各十二。」子聲卽清聲也。其正管長者爲均，自用正聲；正管短者爲均，則通用子聲而成五音。然求聲之法，本之於鍾，故國語所謂「度律均鍾」者也。

其編金石之法，則歷代不同，或以十九爲一虡者，蓋取十二鍾當一月之辰，又加七律焉；或以二十一爲一虡者，以一均聲更加濁倍；或以十六爲一虡者，以一均清、正爲十四〔五〕，宮、商各置一，是謂「縣八用七」也；或以二十四爲一虡，則淸、正之聲備。故唐制以十六數爲小架，二十四爲大架，天地、宗廟、朝會各有所施。

今太常鍾縣十六者，舊傳正聲之外有黃鍾至夾鍾四清聲，雖於圖典未明所出，然考之實有義趣。蓋自夷則至應鍾四律爲均之時，若盡用正聲，則宮輕而商重，緣宮聲以下，不容更有濁聲。一均之中，宮弱商彊，是謂陵僭，故須用子聲，乃得長短相敘。自角而下，亦循茲法。故夷則爲宮，則黃鍾爲角；南呂爲宮，則大呂爲角；無射爲宮，則黃鍾爲商，太簇爲角；應鍾爲宮，則大呂爲商，夾鍾爲角。蓋黃鍾、大呂、太簇、夾鍾正律俱長，並當用淸聲，如此則音律相諧而無所抗，此四淸聲〔六〕可用之驗也。至他律

爲宮，其長短、尊卑自序者，不當更以淸聲閒之。

自唐末世，樂文墜缺，考擊之法久已不傳。今若使匏、土、絲、竹諸器盡求淸聲，卽未見其法。又據大樂諸工所陳，自磬、簫、琴、和、巢笙五器本有淸聲，塤、篪、竽、筑、瑟五器本無淸聲，五絃阮、九絃琴則有太宗皇帝聖制譜法。至歌工引音極唱，止及黃鍾淸聲。

臣等參議，其淸、正二聲既有典據，理當施用。自今大樂奏夷則以下四均正律爲宮之時，商、角依次並用淸聲，自餘八均盡如常法。至於絲、竹等諸器舊有淸聲者，令隨鍾石敎習；本無淸聲者，未可輒意求法，且當如舊。惟歌者本用中聲，故夏禹以聲爲律，明人皆可及。若彊所不至，足累至和。請止以正聲作歌，應合諸器亦自是一音，別無差戾。其阮逸所上聲譜，以淸濁相應，先後互擊，取音靡曼，近於鄭聲，不可用。

詔可。

七月，御撰明堂無射宮樂曲譜三，皆五十七字，五音一曲，奉俎用之；二變七律一曲，飲福用之；七律相生一曲，退文舞、迎武舞及亞獻、終獻、徹豆用之。

是月，上封事者言：「明堂酌獻五帝精安之曲，並用黃鍾一均聲，此乃國朝常祀、五時迎氣所用舊法，若於親行大饗，卽所未安。且明堂之位，木室在寅，火室在巳，金室在申，水室

在亥，蓋木、火、金、水之始也；土室在西南，蓋土王之次也。既皆用五行本始所王之次，則獻神之樂亦當用五行本始月律，各從其音以爲曲。其精安五曲，宜以無射之均：太簇爲角，獻青帝；仲呂爲徵，獻赤帝；林鍾爲宮，獻黃帝；夷則爲商，獻白帝；應鍾爲羽，獻黑帝。」詔兩制官同太常議，而堯臣等言：「大饗日迫，事難猝更。」詔俟過大禮詳定以聞。

九月，帝服韡袍，御崇政殿，召近臣、宗室、館閣、臺諫官閱雅樂，自宮架、登歌、舞佾之奏凡九十一曲徧作之，因出太宗琴、阮譜及御撰明堂樂曲音譜，并按習大樂新錄，賜羣臣。又出新製頌塤、匏笙、洞簫，仍令登歌以八音諸器各奏一曲，遂召鼓吹局按警場，賜大樂、鼓吹令丞至樂工徒吏緡錢有差。帝既閱雅樂，謂輔臣曰：「作樂崇德，薦之上帝，以配祖考。今將有事于明堂，然世鮮知音，其令太常並加講求。」時言者以爲鎛鍾、特磬未協音律，詔令鄧保信、阮逸、盧昭序同太常檢詳典禮，別行鑄造。太常薦太子中舍致仕胡瑗曉音，詔同定鍾磬制度。

閏十一月，詔曰：

朕聞古者作樂，本以薦上帝、配祖考，三、五之盛，不相沿襲，然必太平，始克明備。周武受命，至成王時始大合樂；漢初亦沿舊樂，至武帝時始定泰一、后土樂詩；光武中興，至明帝時始改「大予」之名；唐高祖造邦，至太宗時孝孫、文收始定鍾律，明皇方

成唐樂。是知經啓善述，禮樂重事，須三四世，聲文乃定。

國初亦循用王朴、竇儼所定周樂，太祖患其聲高，遂令和峴減一律，眞宗始議隨月轉律之法，屢加按覈。然念樂經久墜，學者罕傳，歷古研覃，亦未究緒[七]。頃雖博加訪求，終未有知聲、知經可信之人。嘗爲改更，未適茲意。中書門下其集兩制及太常禮樂官，以天地、五方、神州、日月、宗廟、社蜡祭享所用登歌、宮縣，審定聲律是非，按古合今，調諧中和，使經久可用，以發揚祖宗之功德，朕何憚改爲？但審聲、驗書，二學鮮並，互詆胸臆，無所援據，慨然希古，靡忘于懷。

於是中書門下集兩制、太常官，置局於祕閣，詳定大樂。王堯臣等言：天章閣待制趙師民博通今古，願同詳定，及乞借參知政事高若訥所校十五等古尺。並從之。

三年正月，詔徐、宿、泗、耀、江、鄭、淮陽七州軍采磬石，仍令諸路轉運司訪民間有藏古尺律者上之。二月，詔兩制及禮官參稽典制，議定國朝大樂名，中書門下審加詳閱以聞。初，胡瑗請太祖廟舞用干戚，太宗廟兼用干羽，眞宗廟[八]用羽籥，以象三聖功德。然議者謂國朝七廟之舞，名雖不同，而干羽並用，又廟制與古異。及瑗建言，止降詔定樂名而已。

七月，堯臣等言：「按太常天地、宗廟、四時之祀，樂章凡八十九曲，自景安而下七十五章，率以『安』名曲，豈特本道德、政教嘉靖之美，亦緣神靈、祖考安樂之故。臣等謹上議，國朝樂宜名大安。」詔曰：「朕惟古先格王隨代之樂[九]，亦旣制作，必有稱謂，緣名以討義，繇義以知德。蓋名者，德之所載，有行遠垂久之效焉[一〇]。故韶以紹堯，夏以承舜，濩以救民，武以象伐，傳之不朽，用此道也。國家舉墜正失，典章交備，獨斯體大而有司莫敢易言之。朕惘然念茲，大懼列聖之休未能昭揭於天下之聽，是用申敕執事，遠求博講而考定其衷。今禮官、學士迨三有事之臣，同寅一辭，以大安之議來復。且謂：藝祖之戡暴亂也，安天下之未安，其功大；二宗之致太平也，安天下之既安，其德盛；洎朕之承聖烈也，安祖宗之所安[一一]，其仁厚。祗覽所議，熟復于懷。恭惟神德之造基，神功之戢武，章聖恢清淨之治，沖人蒙成定之業，雖因世之迹各異，而靖民之道同歸。以之播鍾球、文羽籥、用諸郊廟、告於神明，曰『大』且『安』，誠得其正。」

十二月[一二]，召兩府及侍臣觀新樂于紫宸殿，凡鎛鍾十二：黃鍾高二尺二寸半，于廣一尺二寸[一三]，鼓六，鉦四，舞六，甬、衡幷旋蟲高八寸四分，遂徑二寸二分，深一寸二釐，篆帶每面縱者四、橫者四，枚景挾鼓與舞，四處各有九，每面共三十六，兩欒間一尺四寸，容九斗九升五合，重一百六斤；大呂以下十一鍾並與黃鍾同制，而兩欒間遞減半分[一四]；至應鍾容九斗三升五合，而其重加至應鍾重一百四十八斤：並中新律本律。特磬十二：黃鍾、大呂股長二尺，博一尺，鼓三尺，博六寸九分寸之六，紘三尺七寸五分；太簇以下股長尺八寸，

博九寸，鼓二尺七寸，博六寸，紘三尺三寸七分半，其聲各中本律。黃鍾厚二寸一分，大呂以下遞加其厚，至應鍾厚三寸五分。詔以其圖送中書。議者以爲周禮：「大鍾十分其鼓間，以其一爲之厚；小鍾十分其鉦間，以其一爲之厚。」則是大鍾宜厚，小鍾宜薄。今大鍾重一百六斤，小鍾乃重一百四十八斤，則小鍾厚，非也。又：「磬氏爲磬，倨句一矩有半，博爲一，股爲二，鼓爲三。參分其股博，去其一以爲鼓博；三分其鼓博，以其一爲之厚。」今磬無博厚、無長短，亦非也。

五年四月，命參知政事劉沆、梁適監議大樂。是月，知制誥王洙奏：「黃鍾爲宮最尊者，但聲有尊卑耳，不必在其形體也。言鍾磬依律數爲大小之制者，經典無正文，惟鄭康成立意言之，亦自云假設之法。孔穎達作疏，因而述之。據歷代史籍，亦無鍾磬依律數大小之說[一五]，其康成、穎達等卽非身曾制作樂器。至如言『磬前長三律，二尺七寸；後長二律，一尺八寸，是磬有大小之制』者[一六]，據此以黃鍾爲律。臣曾依此法造黃鍾特磬者，止得林鍾律聲。若隨律長短爲鍾磬大小之制[一七]，則黃鍾長二尺二寸半，減至應鍾，則形制大小比黃鍾才四分之一。又九月、十月以無射、應鍾爲宮，卽黃鍾、大呂反爲商聲，宮小而商大，是君弱臣彊之象。今參酌其鑄鍾、特磬制度，欲且各依律數，算定長短、大小、容受之數，仍以皇祐中黍尺爲法，鑄大呂、應鍾鍾磬各一，卽見形制、聲韻所歸。」奏可。

五月，翰林學士承旨王拱辰言：「奉詔詳定大樂，比臣至局，鍾磬已成。竊緣律有長短，磬有大小，黃鍾九寸最長，其氣陽，其象土，其正聲爲宮，爲諸律之首，蓋君德之象，不可並也。今十二鍾磬，一以黃鍾爲率，與古爲異。臣等亦嘗詢逸、瑗等，皆言『依律大小，則聲不能諧』。故臣竊有疑，請下詳定大樂所，更稽古義參定之。」是月，知諫院李兌言：「曩者紫宸殿閱太常新樂，議者以鍾之形制未中律度，遂斥而不用，復詔近臣詳定。竊聞崇文院聚議，而王拱辰欲更前史之義，王洙不從，議論喧嘖。夫樂之道，廣大微妙，非知音入神，豈可輕議？西漢去聖尚近，有制氏世典大樂，但能紀其鏗鏘，而不能言其義。況今又千餘年，而欲求三代之音，不亦難乎？且阮逸罪廢之人，安能通聖明述作之事？務爲異說，欲規恩賞。朝廷制樂數年，當國財匱乏之時，煩費甚廣。器既成矣，又欲改爲，雖命兩府大臣監議，然未能裁定其當。請以新成鍾磬與祖宗舊樂參校其聲，但取諧和近雅者合用之。」

六月，帝御紫宸殿奏太常新定大安之樂，召輔臣至省府、館閣預觀焉，賜詳定官器幣有差。八月，詔：「南郊姑用舊樂，其新定大安之樂，常祀及朝會用之。」翰林學士胡宿上言：「自古無並用二樂之理，今舊樂高，新樂下，相去一律，難並用。且新樂未施郊廟，先用之朝會，非先王薦上帝、配祖考之意。」帝以爲然。九月，御崇政殿，召近臣、宗室、臺諫、省府推判官觀新樂并新作晉鼓。乃以瑗爲大理寺丞，逸復尚書屯田員外郎，保信領榮州防禦使，

入內東頭供奉官賈宣吉爲內殿承制，並以制鍾律成，特遷之。

至和元年，言者多以陰陽不和由大樂未定。帝曰：「樂之不合於古，久矣。水旱之來，繫時政得失，豈樂所召哉？」二年，潭州上瀏陽縣所得古鍾，送太常。初，李照斥王朴樂音高，乃作新樂，下其聲。太常歌工病其太濁，歌不成聲，私賂鑄工，使減銅齊，而聲稍清，歌乃協。然照卒莫之辨。又朴所制編鍾皆側垂，照、瑗皆非之。及照將鑄鍾，給銅於鑄瀉務，得古編鍾一，工人不敢毀，乃藏於太常。鍾不知何代所作，其銘云：「粵朕皇祖寶龢鍾，粵斯萬年，子子孫孫永寶用。」叩其聲，與朴鍾夷則清聲合，而其形側垂。瑗後改鑄，正其鈕，使下垂，叩之弇鬱而不揚。其鎛鍾又長甬而震掉，聲不和。著作佐郎劉羲叟謂人曰：「此與周景王無射鍾無異，上將有眩惑之疾。」嘉祐元年正月，帝御大慶殿受朝，前一夕，殿庭設仗衞，既具而大雨雪，至壓宮架折，帝於禁中跣而告天，遂暴感風眩，人以羲叟之言爲驗。八月，御製恭謝樂章。是月，詔恭謝用舊樂。

四年九月，御製祫享樂舞名：僖祖奏大基，順祖奏大祚，翼祖奏大熙，宣祖奏大光，太祖奏大統，太宗奏大昌，眞宗奏大治，孝惠皇后奏淑安，孝章皇后奏靜安，淑德皇后奏柔安，章懷皇后奏和安，迎神、送神奏懷安，皇帝升降奏肅安，奠瓚奏顧安，奉俎、徹豆奏充安，飮福奏禧安，亞獻、終獻奏祐安，退文舞、迎武舞奏顯安，皇帝歸大次奏定安，登樓禮成奏聖

安，駕回奏采茨；文舞曰化成治定，武舞曰崇功昭德。帝自製迎神、送神樂章，詔宰臣富弼等撰大祚至采茨曲詞十八。七年八月，御製明堂迎神樂章，皆肄于太常。

翰林學士王珪言：「昔之作樂，以五聲播於八音，調和諧合而與治道通，先王用於天地、宗廟、社稷，事于山川鬼神，使鳥獸盡感，況於人乎？然則樂雖盛而音虧，未知其所以爲樂也。今郊廟升歌之樂，有金、石、絲、竹、匏、土、革而無木音。夫所謂柷、敔者，聖人用以著樂之始終，顧豈容有缺耶？且樂莫隆於韶，書曰『戛擊』，是柷、敔之用。既云下而擊鼗，知鳴球與柷、敔之在堂，故傳曰：『堂上堂下，各有柷、敔也。』今陛下躬祠明堂，宜詔有司考樂之失而合八音之和。」於是下禮官議，而堂上始置柷、敔。

又祕閣校理裴煜奏：「大祠與國忌同者，有司援舊制，禮樂備而不作。忌日必哀，志有所至，其不有樂，宜也。然樂所以降格神祇，非以適一己之私也。謹案開元中禮部建言，忌日享廟應用樂。裴寬立議，廟尊忌卑則作樂，廟卑忌尊則備而不奏。中書令張說以寬議爲是。宗廟如此，則天地、日月、社稷之祠用樂，明矣。臣以爲凡大祠天地、日月、社稷與忌日同者，伏請用樂，其在廟則如寬之議。所冀略輕存重，不失其稱。」下其章禮官，議曰：「傳稱祭天以煙爲歆神之始，以血爲陳饌之始；祭地以埋爲歆神之始，以血爲陳饌之始；宗廟以灌爲歆神之始，以腥爲陳饌之始。然則天地、宗廟皆以樂爲致神之始，故曰大祭有三始，謂

此也。天地之間虛豁而不見其形者，陽也。鬼神居天地之間，不可以人道接也。聲屬於陽，故樂之音聲號呼召於天地之間，庶幾神明聞之，因而來格，故祭必求諸陽。商人之祭，先奏樂以求神，先求於陽也；次灌地求神於陰，達于淵泉也。周人尚臭，四時之祭，先灌地以求神，先求諸陰也。然則天神、地祇、人鬼之祀不可去樂，明矣。今七廟連室，難分廟忌之尊卑，欲依唐制及國朝故事：廟祭與忌同日，並縣而不作；其與別廟諸后忌同者，作之；若祠天地、日月、九宮、太一及蜡百神，並請作樂；社稷以下諸祠既卑於廟，則樂可不作。」翰林學士王珪等以爲：「社稷，國之所尊，其祠日若與別廟諸后忌同者，伏請亦不去樂。」詔可。

英宗治平元年六月，太常寺奏，仁宗配饗明堂，奠幣歌誠安，酌獻歌德安。二年九月，禮官李育上言：「南郊、太廟二舞郎總六十八，文舞罷，舍羽籥，執干戚，就爲武舞。臣謹按舊典，文武二舞各用八佾，凡祀圜丘、祀宗廟，太樂令率工人以入，就位，文舞入，陳於架北，武舞立於架南。又文舞出，武舞入，有送迎之曲，名曰舒和，亦曰同和，凡三十一章，止用一曲。是進退同時，行綴先定，步武容體，各應樂節。夫玄德升聞之舞〔二〕象揖讓，天下大定之舞象征伐，柔毅舒急不侔，而所法所習亦異，不當中易也。竊惟天神皆降，地祇皆出，八音克諧，祖考來格，天子親執珪幣，『相維辟公』，『嚴恭寅畏』，可謂極矣。而舞者紛然縱橫

於下，進退取舍，蹙迫如是，豈明有德、象有功之誼哉？國家三年而躬一郊，同殿而享八室，而舞者闕如，名曰二舞，實一舞也。且如大朝會所以宴臣下，而舞者備其數；郊廟所以事天地、祖考，而舞者減其半，殊未爲稱。事有近而不可迹，禮有繁而不可省，所繫者大，而有司之職不敢廢也。伏請南郊、太廟文武二舞各用六十四人，以備帝王之禮樂，以明祖宗之功德。」奏可。

四年八月，學士院建言：「國朝宗廟之樂，各以功德名舞。洪惟英宗，纘天遹業，欽明勤儉，不自暇逸。踐祚未幾，而恩行威立，固已超軼百王之上。今厚陵復土，祔廟有期，而樂名未立，亡以詔萬世。請上樂章及名廟所用舞曰大英之舞。自後禮官、御史有所建明，而詳定朝會及郊廟禮文官於樂節有議論，率以時考正之。」

神宗熙寧九年，禮官以宗廟樂節而有請者三：

其一，今祠太廟興安之曲，舉柷而聲已過，舉敔而聲不止，則始終之節未明。請祠祭用樂，一奏將終，則戛敔而聲少止，擊柷則樂復作，以盡合止之義。

其二，大樂降神之樂，均聲未齊，短長不協，故舞行疾徐亦不能一。請以一曲爲一變，六變用六，九變用九，則樂舞始終莫不應節。

其三，周人尙臭，蓋先灌而後作樂；本朝宗廟之禮多從周，請先灌而後作樂。

元豐二年，詳定所以朝會樂而有請者十：

其一，唐元正、冬至大朝會，迎送王公用舒和，開元禮以初入門舒和之樂作，至位，樂止。蓋作樂所以待王公，今中書、門下、親王、使相先於丹墀上東西立，皇帝升御坐，乃奏樂引三品以上官，未爲得禮。請侍從及應赴官先就立位，中書、門下、親王、使相、諸司三品、尙書省四品及宗室、將軍以上，班分東西入，正安之樂作，至位，樂止。

其二，今朝會儀，舉第一爵，宮縣奏和安之曲，第二、第三、第四，登歌作慶雲、嘉禾、靈芝之曲。則是合樂在前，登歌在後，有違古義。請：第一爵，登歌奏和安之曲，堂上之樂隨歌而發；第二爵，笙入奏慶雲之曲，止吹笙，餘樂不作；第三爵，堂上歌嘉禾之曲，堂下吹笙，瑞木成文之曲，一歌一吹相間；第四爵，合樂奏靈芝之曲，堂上下之樂交作。

其三，定文舞、武舞各爲四表，表距四步爲酇綴，各六十四。文舞者服進賢冠〔九〕，左執籥，右秉翟，分八佾，二工執纛引前，衣冠同之。舞者進蹈安徐，進一步則兩兩相顧揖，三步三揖，四步爲三辭之容，是爲一成。餘成如之。自南第一表至第二表爲第一成，至第三表爲再成，至北第一表爲三成，覆身卻行至第三表爲四成，至第二表爲五成，復至南第一表爲六成，而武舞入。今文舞所秉翟羽，則集雉尾置於髹漆之柄，求之古制，實無所本。聶崇義圖，羽舞所執類羽葆幢，析羽四重，以結綬系於柄，此纛翳之謂也。請按圖以翟羽爲之。

其四，武舞服平巾幘，左執干，右執戈。二工執旌居前；執鼗、執鐸各二工；金錞二，四工舉；二工執鐲、執鐃；執相在左，執雅在右，亦各二工；夾引舞者，衣冠同之。分八佾於南表前，先振鐸以通鼓，乃擊鼓以警戒，舞工聞鼓聲，則各依酇綴總干正立定位，堂上長歌以咏嘆之。於是播鼗以導舞，舞者進步，自南而北，至最南表，以見舞漸。然後左右夾振鐸，次擊鼓，以金錞和之，以金鐲節之，以相而輔樂，以雅而陔步。舞者發揚蹈厲，爲猛賁趫速之狀。每步一進，則兩兩以戈盾相嚮，一擊一刺爲一伐，四伐爲一成，成謂之變。至第二表爲一變；至第三表爲二變；至北第一表爲三變；舞者覆身嚮堂〔一〇〕，卻行而南，至第三表爲四變；乃擊刺而前，至第二表回易行列，舂、雅節步分左右而跪，以右膝至地，左足仰起，象以文止武爲五變；舞蹈而進，爲兵還振旅之狀，振鐸、搖鼗、擊鼓，和以金錞，廢鐲鳴鐃，復至南第一表爲六變而舞畢。古者，人君自舞大武，故服冕執干戚。若用八佾而爲擊刺之容，則舞者執干戈。說者謂武舞戰象，樂六奏，每一奏之中，率以戈矛四擊刺。戈則擊兵，矛則刺兵，玉戚非可施於擊刺，今

舞執干戚，蓋沿襲之誤。請左執干，右執戈。

其五，古之鄉射禮，三笙一和而成聲，謂三人吹笙，一人吹和。今朝會作樂，丹墀之上，巢笙、和笙各二人，其數相敵，非也。蓋鄉射乃列國大夫、士之禮，請增倍爲八人，丹墀東西各三巢一和。

其六，今宮縣四隅雖有建鼓、鞞、應，相傳不擊。乾德中，詔四建鼓并左右鞞、應合十有二，依李照所奏，以月建爲均，與鎛鍾相應。鞞、應在建鼓旁，是亦朔鼙、應鼙之類。請將作樂之時，先擊鼙，次擊應，然後擊建鼓。

其七，今樂縣四隅設建鼓，不擊，別施散鼓於樂縣內代之。乾德中，尹拙奏宜去散鼓，詔可，而樂工積習亦不能廢。李照議作晉鼓，以爲樂節。請樂縣內去散鼓，設晉鼓以鼓金奏。

其八，古者，瞽矇、眡瞭皆掌播鼗，所以節一唱之終。請宮縣設鼗，以爲樂節。

其九，以天子禮求之，凡樂事播鼗，擊頌磬、笙磬，以鍾鼓奏九夏，是皆在庭之樂；戛擊則柷、敔，球則玉磬，搏拊所以節樂，琴瑟所以詠詩，皆堂上樂也。磬本在堂下，尊玉磬，故進之使在上，若擊石拊石，則當在庭。後世不原於此，以春秋鄭人賂晉侯歌鍾二肆，遂於堂上設歌鍾、歌磬，蓋歌鍾則堂上歌之，堂下以鼓應之耳〔一一〕。歌必金奏相

中華書局

和，名曰歌鍾，則以節歌是已，豈堂上有鍾邪？歌磬之名，本無所出，晉賀循奏說登歌簨虡，采玉造小磬，蓋取舜廟鳴球之制。後周登歌，備鉃鍾磬，隋、唐迄今，因襲行之，皆不應禮。請正、至朝會，堂上之樂不設鍾磬。

其十、古者，歌工之數：大射工六人，四瑟，則是諸侯鼓瑟以四人〔二二〕歌以二人；天子八人，則瑟與歌皆四人矣。魏、晉以來，登歌五人，隋、唐四人，本朝因之，是循用周制也。禮「登歌下管」，貴人聲也，故儀禮瑟與歌工皆席于西階上。隋、唐相承，庭中磬虡之下，繫以偶歌琴瑟，非所謂升歌貴人聲之義。今堂上琴瑟，比之周制，不啻倍蓰，而歌工止四人，音高下不相權。蓋樂有八音，所以行八風，是以舞佾與鍾磬俱用八爲數。請罷庭中歌者，堂上歌爲八，琴瑟之數放此，其箏、阮、筑悉廢。

太常以謂：「堂上鍾磬，去之則歌聲與宮縣遠。漢、唐以來，宮室之制寖廣，堂上益遠庭中，其上下樂節苟不相應，則繁亂而無序。況朝會之禮，起於西漢，則後世難以純用三代之制。其堂上鍾磬、庭中歌工與箏筑之器，從舊儀便。」遂如太常議。

校勘記

〔一〕以一黍之長累爲寸法　「累」字原脫，據魏書卷一〇七上律曆志、宋會要樂二之一四補。

〔二〕元匡　「匡」原作「正」，係避趙匡胤諱，據魏書卷一〇七上律曆志、魏書卷一〇九樂志改。

〔三〕尺二條　「尺二」原倒，「條」字原脫，據宋會要樂二之一五改補。

〔四〕鍾磬不經鐫磨者猶存三縣奇七虡　宋會要樂二之二〇本句作「舊樂鍾磬內不經李照鐫磨者見存餘七架」。

〔五〕以一均清正爲十四　「一」字原脫，據長編卷一六八補。

〔六〕四清聲　「聲」原作「鍾」，據宋會要樂二之二二、長編卷一六八改。

〔七〕學者罕傳歷古研覃亦未究緒　「傳」原作「專」，「究」原作「完」，據宋會要樂四之二二改。

〔八〕眞宗廟　「廟」字原脫，據上文和長編卷一七〇補。

〔九〕古先格王隨代之樂　宋會要樂五之一、宋大詔令集卷一四九國樂名大安詔「格」作「哲」，「之」作「立」。

〔一〇〕有行遠垂久之效焉　「有」原作「而」，「效」原作「致」，據長編卷一七〇改。

〔一一〕安祖宗之所安　「所」字原脫，據宋大詔令集卷一四九國樂名大安詔補。

〔一二〕十二月　據宋會要樂五之二、長編卷一七三，「召兩府及侍臣觀新樂于紫宸殿」是皇祐四年十二月事，此處脫「四年」二字。

〔一三〕于廣一尺二寸　「于」字原脫，據宋會要樂五之二、玉海卷一〇九補。

〔一四〕而兩欒間遞減半分　「半分」二字原脫，據宋會要樂五之二、長編卷一七三補。

〔一五〕亦無鍾磬依律數大小之說　「律」字原脫，據上文和宋會要樂五之三補。

〔一六〕是磬有大小之制者　「之制」二字原脫，據周禮考工記磬氏孔疏、宋會要樂五之三、長編卷一七四補。

〔一七〕爲鍾磬大小之制　「磬」字原脫，據同上書同卷補。

〔一八〕玄德升聞之舞　「玄」原作「至」，據本書卷一二六樂志、宋會要樂四之一二改。

〔一九〕文舞者服進賢冠　「文」字原脫，據通考卷一四五樂考補。

〔二〇〕舞者覆身嚮堂　「堂」原作「空」，據通考卷一四五樂考改。

〔二一〕堂下以鼓應之耳　「鼓」上原衍「鍾」字，據長編卷一九九刪。

〔二二〕四瑟則是諸侯鼓瑟以四人　「是諸侯」三字和「鼓」下「瑟」字原脫，據長編卷一九九補。

宋史卷一百二十八

志第八十一

樂三

元豐三年五月，詔祕書監致仕劉几赴詳定所議樂，以禮部侍郎致仕范鎭與几參考得失。而几亦請命楊傑同議，且請如景祐故事，擇人修製大樂。詔可。初，傑言大樂七失：

一曰歌不永言，聲不依永，律不和聲。蓋金聲春容，失之則重；石聲溫潤，失之則輕；土聲函胡，失之則下；竹聲清越，失之則高；絲聲纖微，失之則細；革聲隆大，失之則洪；匏聲叢聚，失之則長；木聲無餘，失之則短。惟人稟中和之氣而有中和之聲，八音、律呂皆以人聲爲度[一]，言雖永，不可以逾其聲。今歌者或詠一言而濫及數律，或章句已閡而樂音未終，所謂歌不永言也。請節其煩聲，以一聲歌一言。且詩言

人志，詠以爲歌。五聲隨歌，是謂依詠；律呂協奏，是謂和聲。先儒以爲依人音而制樂，託樂器以寫音，樂本效人，非人效樂者，此也。今祭祀樂章並隨月律，聲不依詠，以詠依聲，律不和聲，以聲和律，非古制也。

二曰八音不諧，鐘磬闕四清聲。虞樂九成，以簫爲主；商樂和平，以磬爲依；周樂合奏，以金爲首。鐘、磬、簫者，衆樂之所宗，則天子之樂用八；鐘、磬、簫，衆樂之本，乃倍之爲十六。且十二者，律之本聲；而四者，應聲也。本聲重大爲君父，應聲輕清爲臣子，故其四聲曰清聲，或曰子聲也。李照議樂，始不用四清聲，是有本而無應，八音何從而諧哉？今巢笙、和笙，其管十九，以十二管發律呂之本聲，以七管爲應聲。用之已久，而聲至和，則編鐘、磬、簫宜用四子聲以諧八音。

三曰金石奪倫。樂奏一聲，諸器皆以其聲應，既不可以不及，又不可以有餘。今琴、瑟、塤、篪、笛、籥、笙、阮、箏、筑奏一聲，則鎛鐘、特磬、編鐘、編磬連擊三聲[二]；聲煩而掩衆器，遂至奪倫，則鎛鐘、特磬、編鐘、編磬節奏與衆器同，宜勿連擊。

四曰舞不象成。國朝郊廟之樂，先奏文舞，次奏武舞，而武舞容節六變：一變象六師初舉，所向宜北[三]；二變象上黨克平，所向宜北；三變象維揚底定，所向宜東南；四變象荊湖來歸，所向宜南；五變象邛蜀納款，所向宜西；六變象兵還振旅，所向宜北而南。今舞者發揚蹈厲、進退俯仰，既不足以稱成功盛德，失其所向，而文舞容節尤無法度，則舞不象成也。

五曰樂失節奏。樂之始，則翕然如衆羽之合；縱之，純如也；節奏明白，皦如也；往來條理，繹如也：然後成。今樂聲不一，混殽無敍，則失於節奏，非所謂成也。

六曰祭祀、饗無分樂之序。蓋金石衆作之謂奏，詠以人聲之謂歌。陽律必奏，陰呂必歌，陰陽之合也。順陰陽之合，所以交神明、致精意。今冬至祀天，不歌大呂；夏至祭地，不奏太簇；春饗祖廟，不奏無射；秋饗后廟，不歌小呂。而四望山川無專祠用樂之制，則何以贊導宣發陰陽之氣而生成萬物哉？

七曰鄭聲亂雅。然朱紫有色而易別，雅、鄭無象而難知，聖人懼其難知也，故定律呂中正之音，以示萬世。今古器尙存，律呂悉備，而學士、大夫不講考擊，奏作委之賤工，則雅、鄭不得不雜。願審調鐘琯[四]，用十二律還宮均法，令上下通習，則鄭聲莫能亂雅。

遂爲十二均圖，幷上之。

其論以爲：「律各有均，有七聲，更相爲用。協本均則樂調，非本均則樂悖。今黃鐘爲宮，則太簇、姑洗、林鐘、南呂、應鐘、蕤賓七聲相應，謂之黃鐘之均。餘律爲宮，同之。宮爲

君，商爲臣，角爲民，徵爲事，羽爲物。君者，法度號令之所出，故宮生徵；法度號令所以授臣而承行之，故徵生商；君臣一德，以康庶事，則萬物得所，民遂其生，故商生羽，羽生角。然臣有常職，民有常業，物有常形，而遷則失常，故商、角、羽無變聲。君總萬化，不可執以一方；事通萬務，不可滯於一隅：故宮、徵有變聲。凡律呂之調及其宮、樂章，具著於圖。」

帝取所上圖，考其說，乃下鎭、几參定。而王朴、阮逸之黃鐘乃當李照之太簇，其編鐘、編磬雖有四清聲，而黃鐘、大呂正聲舛誤；照之編鐘、編磬雖有黃鐘、大呂，而全闕四清聲，非古制也。朴之太簇、夾鐘，則聲失之高，歌者莫能追逐，平時設而不用。聖人作樂以紀中和之聲，所以導中和之氣，清不可太高，重不可太下，必使八音協諧，歌者從容而能永其言。鎭等因請擇李照編鐘、編磬十二參於律者，增以王朴無射、應鐘及黃鐘、大呂清聲，以爲黃鐘、大呂、太簇、夾鐘之四清聲，俾衆樂隨之，歌工詠之，中和之聲庶可以考。請下朴二律，就太常鐘磬擇其可用者用之，其不可修者別製之。而太常以爲大樂法度舊器，乞留朴鐘磬，別製新樂，以驗議者之術。詔以朴樂鐘爲清聲，毋得銷毀。

几等謂：「新樂之成，足以薦郊廟，傳萬世。其明堂、景靈宮降天神之樂六奏，舊用夾鐘之均三奏，謂之夾鐘爲宮；夷則之均一奏，謂之黃鐘爲角；林鐘之均二奏，謂之太簇爲徵、姑洗爲羽。而大司樂『凡樂，圜鐘爲宮，黃鐘爲角，太簇爲徵，姑洗爲羽』。而『圜鐘者，夾鐘

也』。用夾鐘均之七聲，以其宮聲爲始終，是謂圜鐘爲宮；用黃鐘均之七聲，以其角聲爲始終，是謂黃鐘爲角；用太簇均之七聲，以其徵聲爲始終，是謂太簇爲徵；用姑洗均之七聲，以其羽聲爲始終，是謂姑洗爲羽。今用夷則之均一奏，謂之黃鐘爲角，林鐘之均二奏，謂之太簇爲徵、姑洗爲羽，則祀天之樂無夷則、林鐘而用之，有太簇、姑洗而去之矣。唐典，祀天以夾鐘宮、黃鐘角、太簇徵、姑洗羽，乃周禮也，宜用夾鐘爲宮。其黃鐘爲角，則用黃鐘均，以其角聲爲始終；太簇爲徵，則用太簇均，以其徵聲爲始終；姑洗爲羽，則用姑洗均，以其羽聲爲始終。祭地祇，享宗廟，皆視此均法以度曲。」

几等又以太常磬三等，王朴磬厚，李照磬薄，惟阮逸、胡瑗磬形制精密而聲太高，以磬氏之法摩其旁，輕重與律呂相應。鐘三等，王朴鐘所謂「聲疾而短聞」者也，阮逸、胡瑗鐘所謂「聲舒而遠聞」者也，惟李照鐘有旋蟲之制。鐘磬〔五〕皆三十有六架，架各十有六，則正律相應，清聲自足。其堂上堂下篪、笛率從新制，而調琴、瑟、阮、筑、塤諸器，隨所下律。詔悉從之。乃緝新器用，徙置太常，闢屋以貯藏之。考選樂工，汰其椎鈍癃老，而優募能者補其闕員，立爲程度，以時習焉。

初，皇祐中，益州進士房庶論尺律之法，以爲嘗得古本漢書，言在律曆志。范鎮以其說爲然，請依法作爲尺律，然後別求古樂參考。於是庶奉詔造律管一，尺、量、龠各一，而殿中

丞胡瑗以爲非。詔鎮與几等定樂，鎮曰：「定樂當先正律。」帝然之。鎮作律、尺等，欲圖上之。而几之議律主於人聲，不以尺度求合。其樂大抵即李照之舊而加四清聲，遂奏樂成。第加恩賚，而鎮謝曰：「此劉几樂也，臣何預焉！」乃復上奏曰：「太常鑄鐘皆有大小、輕重之法，非三代莫能爲者。禁中又出李照、胡瑗所鑄銅律及尺付太常，按照黃鐘律合王朴太簇律，仲呂律合王朴黃鐘律，比朴樂纔下半律，外有損益而內無損益，鐘聲鬱而不發，無足議者。照之律雖是，然與其樂校，三格自相違戾。且以太簇爲黃鐘，則是商爲宮也。方劉几奏上時，臣初無所預。臣頃造律，內外有損益，其聲和，又與古樂合。今若將臣所造尺律依大小編次太常鎛鐘，可以成一代大典。又太常無雷鼓、靈鼓、路鼓，而以散鼓代之。開元中，有以畫圖獻者，一鼓而爲八面、六面、四面，明皇用之。國朝郊廟或考或不考，宮架中惟以散鼓，不應經義。又八音無匏、土二音：笙、竽以木斗攢竹而以匏裹之，是無匏音也；塤器以木爲之，是無土音也。八音不具，以爲備樂，安可得哉！」不報。

四年十一月，詳定所言：「『搏拊、琴、瑟以詠』，則堂上之樂，以象朝廷之治；『下管、鼗鼓』，『合止柷、敔』，『笙、鏞以間』，則堂下之樂，以象萬物之治。後世有司失其傳，歌者在堂，兼設鐘磬；宮架在庭，兼設琴瑟；堂下匏竹，寘之於床：並非其序。請親祠宗廟及有司

攝事，歌者在堂，不設鐘磬；宮架在庭，不設琴瑟；堂下匏竹，不寘於床。其郊壇上下之樂，亦以此爲正，而有司攝事如之。」又言：「以小胥宮縣推之，則天子鐘、磬、鎛十二虡爲宮縣，明矣。故或以爲配十二辰，或以爲配十二次，則虡無過十二。先王之制廢，學者不能考其數。隋、唐以來，有謂宮縣當二十虡，甚者又以爲三十六虡。方唐之盛日，有司攝事，樂並用宮縣。至德後，太常聲音之工散亡，凡郊廟有登歌而無宮縣，後世因仍不改。請郊廟有司攝事，改用宮架十二虡。」太常以謂用宮架十二虡，則律呂均聲不足，不能成均。請如禮：宮架四面如辰位，設鎛鐘十二虡，而甲、丙、庚、壬設鐘，乙、丁、辛、癸設磬，位各一虡；四隅植建鼓，以象二十四氣。宗廟、郊丘如之。

五年正月，開封布衣葉防上書論樂器、律曲不應古法，復下楊傑議。傑論防增編鐘、編磬二十有四爲簨制，管籥視鐘磬數，登歌用玉磬，去樂曲之近清聲者，舞不立表，皆非是。其言均律差互，與劉几同。請以晉鼓節金奏。考經、禮，制簨虡教國子、宗子舞，用之郊廟，爲何所取？而范鎮亦言：「自唐以來至國朝，三大祀樂譜並依周禮，然其說有黃鐘爲角、黃鐘之角。黃鐘爲角者，夷則爲宮；黃鐘之角者，姑洗爲角。十二律之於五聲，皆如此率。而世俗之說，乃去『之』字，謂太簇曰黃鐘商，姑洗曰黃鐘角，林鐘曰黃鐘徵，南呂曰黃鐘羽。今葉防但通世俗夷部之說，而不見周禮正文，所以稱本寺均差互，其說難行。」帝以樂律絕

學，防草萊中習之尤難，乃補防爲樂正。

六年春正月，御大慶殿，初用新樂。二月，太常言：「郊廟樂虡，若遇雨雪，望祭即設於殿上。」三月，禮部言：「有司攝事，祀昊天舞名〔六〕，請初獻曰帝臨嘉至，亞、終獻〔七〕曰神娭錫羨；太廟初獻曰孝熙昭德，亞、終獻曰禮洽儲祥。」詔可。九月，禮部言：「周禮，凡大祭祀，王出入則奏王夏，明入廟門已用樂矣。今既移祼在作樂之前，皇帝詣罍洗奏乾安，則入門亦當奏乾安，庶合古制。其入景靈宮及南郊壝門，乞如之。」

七年正月，詔從協律郎榮咨道請，於奉宸庫選玉造磬，令太常審定音律。六月，禮部言：「親郊之歲，夏至祀皇地祇於方丘，遣冢宰攝事，禮容樂舞謂宜加於常祀。而其樂虡二十、樂工百五十有二、舞者六十有四，與常歲南北郊上公攝事無異，未足以稱欽崇之意。乞自今準親祠用三十六虡〔八〕，工人三百有六，舞人百三十有四〔九〕。」詔可。

元祐元年，咨道又言：「先帝詔臣製造玉磬，將用于廟堂之上，依舊同編鐘以登歌。今年親祠明堂，請用之，以章明盛典。」從之。三年，范鎮樂成，上其所製樂章三、鑄律十二、編鐘十二、鎛鐘一〔一〇〕、衡一、尺一、斛一，響石爲編磬十二、特磬一，簫、笛、塤、篪、巢笙、和笙各二，并書及圖法。帝與太皇太后御延和殿，詔執政、侍從、臺閣、講讀官皆往觀焉。賜鎮

詔曰：「朕惟春秋之後，禮樂先亡；秦、漢以來，韶、武僅在。散樂工於河、海之上，往而不還；聘先生於齊、魯之間，有莫能致。魏、晉以下，曹、鄶無譏。豈徒鄭、衞之音，已雜華、戎之器。間有作者，猶存典刑。然銖、絫之一差，或宮、商之易位。惟我四朝之老，獨知五降之非。審聲知音，以律生尺。覽詩書之來上，閔簨虡之在廷。君臣同觀，父老太息。方詔學士、大夫論其法，工師、有司考其聲。上追先帝移風易俗之心，下慰老臣愛君憂國之志。究觀所作，嘉歎不忘。」

鎭爲樂論，其自敍曰：「臣昔爲禮官，從諸儒難問樂之差謬，凡十餘事。厥初未習，不能不小牴牾。後考周官、王制、司馬遷書、班氏志，得其法，流通貫穿，悉取舊書，去其牴牾，掇其要，作爲八論。」其論律、論絫、論尺、論量、論聲器，言在律曆志。

論鐘曰：

夫鐘之制，周官鳧氏言之甚詳，而訓解者其誤有三：若云：「帶，所以介，其名也介，在于、鼓、鉦、舞、甬、衡之間。」介于、鼓、鉦、舞之間則然，非在甬、衡之上，其誤一也。又云：「舞，上下促，以橫爲修，從爲廣，舞廣四分。」今亦去徑之二分以爲之間，則舞間之方常居銑之四也。舞間方四，則鼓間六亦其方也。鼓六、鉦六、舞四，既言鼓間與舞脩相應，則鼓與舞皆六，所云「鉦六、舞四」，其誤二也。又云：「鼓外二，鉦外一。」彼既

以鉦、鼓皆六，無厚薄之差，故從而穿鑿以遷就其說，其誤三也。

今臣所鑄編鐘十二，皆從其律之長，故鐘口十者，其長十六以爲鐘之身。鉦者，正也，居鐘之中，上下皆八，下去二以爲之鼓，上去二以爲之舞，則鉦居四而鼓與舞皆六。是故于、鼓、鉦、舞、篆、景、欒、隧、甬、衡、旋蟲，鐘之文也，著於外者也；廣、長、空徑、厚、薄、大、小，鐘之數也，起於內者也。若夫金錫之齊與鑄金之狀率按諸經，差之毫釐則聲有高下，不可不審。其鑄鐘亦以此法而四倍之。

今太常鐘無大小、無厚薄、無金齊，一以黃鐘爲率，而磨以取律之合，故黃鐘最薄而輕。自大呂以降，迭加重厚，是以卑陵尊，以小加大，其可乎？且清聲者不見於經，惟小胥注云「鐘磬者，編次之，二八十六枚而在一虡謂之堵。」至唐又有十二清聲，其聲愈高，尤爲非是。國朝舊有四清聲，置而弗用，至劉几用之，與鄭、衞無異。

論磬曰：

臣所造編磬，皆以周官磬氏爲法，若黃鐘股之博四寸五分，股九寸，鼓一尺三寸五分；鼓之博三寸，而其厚一寸，其弦一尺三寸五分。十二磬各以其律之長而三分損益之，如此其率也。今之十二磬，長短、厚薄皆不以律，而欲求其聲，不亦遠乎？鐘有齊也，磬，石也，天成之物也。以其律爲之長短、厚薄，而其聲和，此出於自然，而聖人者能知之，取以爲法，後世其可不考正乎？考正而非是，則不足爲法矣。

特磬則四倍其法而爲之。國朝祀天地、宗廟及大朝會，宮架內止設鎛鐘，惟后廟乃用特磬，非也。今已升祔后廟，特磬遂爲無用之樂。臣欲乞凡宮架內於鎛鐘後各加特磬，貴乎金石之聲小大相應。

論八音曰：

匏、土、革、木、金、石、絲、竹，是八物者，生天地間，其體性不同而至相戾之物也。聖人制爲八器，命之商則商，命之宮則宮，無一物不同者。能使天地之間至相戾之物無不同，此樂所以爲和而八音所以爲樂也。

樂下太常，而楊傑上言：「元豐中，詔范鎭、劉几與臣詳議郊廟大樂，既成而奏，稱其和協。今鎭新定樂法，頗與樂局所議不同。且樂經仁宗制作，神考睿斷，奏之郊廟、朝廷，蓋已久矣，豈可用鎭一說而遽改之？」遂著元祐樂議，以破鎭說。其議樂章曰：

國朝大樂所立曲名，各有成憲，不相淆雜，所以重正名也。故廟室之樂皆以「大」名之，如大善、大仁、大英之類是也。今鎭以文明之曲獻祖廟，以大成之曲進皇帝，以萬歲之曲進太皇太后，其名未正，難以施於宗廟、朝廷。

議宮架加磬曰：

鎭言：「國朝祀天地、宗廟及大朝會，宮架內止設鎛鐘，惟后廟乃用特磬，非也。今已升后廟，特磬遂爲無用之樂，欲乞凡宮架內於鎛鐘後各加特磬，貴乎金石之聲小大相應。」按唐六典：天子宮架之樂，鎛鐘十二、編鐘十二、編磬十二，凡三十有六虡，宗廟與殿庭同。凡中宮之樂，則以大磬代鐘，餘如宮架之制。今以鎛鐘、特磬並設之，則爲四十八架，於古無法。皇帝將出，宮架撞黃鐘之鐘，右五鐘皆應；皇帝興，宮架撞蕤賓之鐘，左五鐘皆應。未聞皇帝出入，以特磬爲節。

議十六鐘磬曰：

鎭謂：「清聲不見於經，惟小胥注云『鐘磬者，編次之，十六枚而在一虡謂之堵。』至唐又有十二清聲，其聲愈高，尤爲非是。國朝舊有四清聲，置而弗用，至劉几用之，與鄭、衞無異。」按編鐘、編磬十六，其來遠矣，豈徒見於周禮小胥之注哉？漢成帝時，犍爲郡於水濱得古磬十六枚，帝因是陳禮樂、雅頌之聲，以風化天下。其事載於禮樂志，不爲不詳，豈因劉几然後用哉？且漢承秦，秦未嘗制作禮樂，其稱古磬十六者，乃二帝、三王之遺法也。其王朴樂內編鐘、編磬，以其聲律太高，歌者難逐，故四清聲置而弗用。及神宗朝下三律，則四清聲皆用而諧協矣。周禮曰：「鳧氏爲鐘，薄厚之所震動，清濁之所由出。」則清聲豈不見於經哉？今鎭以簫、笛、塤、篪、巢笙、和笙獻於朝

廷[二]，簫必十六管，是四清聲在其間矣。自古無十二管之簫，豈簫韶九成之樂已有鄭、衞之聲乎？

禮部、太常亦言「鎮樂法自係一家之學，難以參用」，而樂如舊制。

四年十二月，始命大樂正葉防撰朝會二舞儀。

武舞曰威加四海之舞：

第一變：舞人去南表三步，總干而立，聽舉樂，三鼓，前行三步，及表而蹲；再鼓，皆舞，進一步，正立；再鼓，皆持干荷戈，相顧作猛賁趫速之狀；再鼓，皆轉身向裏，以干戈相擊刺，足不動；再鼓，皆回身向外，擊刺如前；再鼓，皆正立舉手，蹲；再鼓，皆舞，進一步轉面相向立，干戈各置腰；再鼓，各前進，以左足在前，右足在後，左手執干當前，右手執戈在腰爲進旅；再鼓，各相擊刺；再鼓，各退身復位，整其干爲退旅；再鼓，皆正立，蹲；再鼓，皆舞，進一步正立；再鼓，皆轉面相向，秉干持戈坐作；再鼓，各相擊刺；再鼓，皆起，收其干戈爲克捷之象；再鼓，皆正立，遇節樂則蹲。

第二變：聽舉樂，依前蹲；再鼓，皆舞，進一步正立；再鼓，皆正面，作猛賁趫速之狀；再鼓，各轉身向裏相擊刺，足不動；再鼓，各轉身向外擊刺如前；再鼓，皆正立，蹲；再鼓，皆舞，進一步，陳其干戈，左右相顧爲猛賁趫速之狀；再鼓，皆併入行，以八

爲四；再鼓，皆兩兩對相擊刺；再鼓，皆回，易行列，左在右，右在左；再鼓，皆舉手，蹲；再鼓，皆舞，進一步正立；再鼓，各分左右；再鼓，各揚其干戈；再鼓，交相擊刺；再鼓，皆總干正立，遇節樂則蹲。

第三變：聽舉樂則蹲；再鼓，皆舞，進一步轉面相向；再鼓，整干戈以象登臺講武；再鼓，皆擊刺於東南；再鼓，皆按盾舉戈，東南嚮而望，以象漳、泉奉土；再鼓，皆擊刺於正南；再鼓，皆按盾舉戈，南嚮而望，以象杭、越來朝；再鼓，皆舞，進一步正立；再鼓，皆擊刺於西北；再鼓，皆按盾舉戈，西北嚮而望，以象克殄并、汾；再鼓，皆擊刺於正西；再鼓，皆按盾舉戈，西嚮而望，以象肅清銀、夏；再鼓，皆舞，進一步正跪，右膝至地，左足微起；再鼓，皆置干戈于地，各拱其手，象其不用；再鼓，皆左右舞蹈，象以文止武之意；再鼓，皆就拜，收其干戈，起而躬立；再鼓，皆舞，退，鼓盡卽止，以象兵還振旅。

文舞曰化成天下之舞：

第一變：舞人立南表之南，聽舉樂則蹲；再鼓，皆舞，進一步正立；再鼓，皆稍前而正揖，合手自下而上；再鼓，皆左顧左揖；再鼓，皆右顧右揖；再鼓，皆開手，蹲；再鼓，皆舞，進一步正立；再鼓，皆少卻身，初辭，合手自上而下；再鼓，皆右顧，以右手在前、左手推出爲再辭；再鼓，皆左顧，以左手在前、右手推出爲固辭；再鼓，皆合手，蹲；再鼓，皆舞，進一步正立；再鼓，皆俛身相顧，初讓，合手當胸；再鼓，皆右側身、左垂手爲再讓；再鼓，皆左側身、右垂手爲三讓；再鼓，皆躬而授之，遇節樂則蹲。

第二變：聽舉樂則蹲；再鼓，皆舞，進一步轉面相嚮；再鼓，皆稍前相揖；再鼓，皆左顧左揖；再鼓，開手，蹲，正立；再鼓，皆舞，進一步復相嚮；再鼓，皆卻身爲初辭；再鼓，皆舞，辭如上儀；再鼓，皆再辭；再鼓，皆固辭；再鼓，皆合手，蹲，正立；再鼓，皆舞，進一步；再鼓，相嚮；再鼓，皆顧爲初讓；再鼓，皆再讓；再鼓，皆三讓；再鼓，皆躬而授之，正立，遇節樂則蹲。

第三變：聽舉樂則蹲；再鼓，皆舞，進一步兩兩相嚮；再鼓，皆相趨揖；再鼓，皆左揖如上；再鼓，皆右揖；再鼓，皆開手，蹲，正立；再鼓，皆舞，進一步復相嚮；再鼓，皆卻身初辭；再鼓，皆再辭；再鼓，皆固辭；再鼓，皆合手，蹲，正立；再鼓，皆舞，進一步兩兩相嚮；再鼓，皆相顧初讓；再鼓，皆再讓；再鼓，皆三讓，躬而授之，正立，節樂則蹲。

凡二舞綴表器及引舞振作，並與大祭祀之舞同。協律郎陳沂按閱，以謂節奏詳備，自是朝會則用之。

八年，太常博士孫諤言：「臣嘗奉社稷之祠，親覩陳設，初疑其闕略而不備，退而考元祐祀儀，乃與所親見者合焉。其登歌之樂，雖有鐘、磬、簨虡、搏拊、柷、敔之屬，獨陳太社壇上，而太稷闕焉。夫宮架不備，非所以重社稷也。周官制祭祀之法，則有靈鼓以鼓之，有帗舞以舞之，有太簇、應鐘、咸池以極其歌舞之節，此樂文之備也。唐社稷用二十架，至於開元，亦循三代之遺法，於壇之北，宮架備陳，別異天神，中建靈鼓，歌鐘、歌虡[三]各設二壇，下舞上歌，何其盛也！臣稽考典禮，凡祭太社、太稷，宜倣周官及開元禮文，於壇之北，備設宮架，鐘、匏、竹各列二壇，南架之內，更植靈鼓。」於是集侍從、禮官議增稷壇樂，而添用宮架之說不行。

元符元年十一月，詔登歌、鐘、磬並依元豐詔旨，復先帝樂制也。

二年正月，詔前信州司法參軍吳良輔按協音律，改造琴瑟，教習登歌，以太常少卿張商英薦其知樂故也。初，良輔在元豐中上樂書五卷，其書分爲四類，以謂：「天地兆分，氣數爰定。律厥氣數，通之以聲。於是撰釋律。律爲經，聲爲緯。律以聲爲文，聲以律爲質。旋相爲宮，七音運生。於是撰釋聲。聲生於日，律生於辰，故經之以六律，緯之以五聲。聲律相協，和而無乖。播之八音，八音以生。於是撰釋音。四物兼采，八器以成。度數施設，象隱於形。考器論義，道德以明。於是撰釋器。」類各有條，凡四十四篇，大抵考之經傳，精以

講思，頗益於樂理，文多，故弗著焉。

崇寧元年，詔宰臣置僚屬，講議大政。以大樂之制訛繆殘闕，太常樂器弊壞，琴瑟制度參差不同，籥篴之屬樂工自備，每大合樂，聲韻淆雜，而皆失之太高。箏、筑、阮，秦、晉之樂也，乃列於琴、瑟之間；熊羆按，梁、隋之制也，乃設於宮架之外。笙不用匏，舞不象成，曲不協譜。樂工率農夫、市買，遇祭祀朝會則追呼於阡陌、閭閻之中，教習無成，瞢不知音。議樂之臣以樂經散亡，無所據依；秦、漢之後，諸儒自相非議，不足取法。乃博求知音之士，而魏漢津之名達於上焉。

漢津至是年九十餘矣，本剩員兵士，自云居西蜀，師事唐仙人李良，授鼎樂之法。皇祐中，漢津與房庶以善樂被薦，既至，黍律已成，阮逸始非其說，漢津不得伸其所學。後逸之樂不用，乃退與漢津議指尺，作書二篇，敍述指法。漢津嘗陳於太常，樂工憚改作，皆不主其說。或謂漢津舊嘗執役於范鎮，見其制作，略取之，蔡京神其說而託於李良。

二年九月，禮部員外郎陳暘上所撰樂書二百卷，命吏部尚書何執中看詳，以謂暘欲考定音律，以正中聲，願送講議司，令知音律者參驗行之。暘之論曰：「漢津論樂，用京房二變、四清。蓋五聲十二律，樂之正也；二變、四清，樂之蠹也。二變以變宮爲君，四清以黃

鐘清爲君。事以時作，固可變也，而君不可變；太簇、大呂、夾鐘，或可分也，而黃鐘不可分。豈古人所謂尊無二上之旨哉？」壬辰，詔曰：「朕惟隆禮作樂，實治內修外之先務，損益述作，其敢後乎？其令講議司官詳求歷代禮樂沿革，酌古今之宜，修爲典訓，以貽永世，致安上治民之至德，著移風易俗之美化，迺稱朕咨諏之意焉。」

三年正月，漢津言曰：「臣聞黃帝以三寸之器名爲咸池，其樂曰大卷，三三而九，乃爲黃鐘之律。禹效黃帝之法，以聲爲律，以身爲度，用左手中指三節三寸，謂之君指，裁爲宮聲之管；又用第四指三節三寸，謂之臣指，裁爲商聲之管；又用第五指三節三寸，謂之物指，裁爲羽聲之管。第二指爲民，爲角，大指爲事，爲徵，民與事，君臣治之，以物養之，故不用爲裁管之法。得三指合之爲九寸，卽黃鐘之律定矣。黃鐘定，餘律從而生焉。臣今欲請帝中指、第四指、第五指各三節，先鑄九鼎，次鑄帝坐大鐘，次鑄四韻清聲鐘，次鑄二十四氣鐘，然後均弦裁管，爲一代之樂制。」

其後十三年，帝一日忽夢人言：「樂成而鳳凰不至乎！蓋非帝指也。」帝寤，大悔歎，謂：「崇寧初作樂，請吾指寸，而內侍黃經臣執謂『帝指不可示外人』，但引吾手略比度之，曰：『此是也。』蓋非人所知。今神告朕如此，且奈何？」於是再出中指寸付蔡京，密命劉昺試之。時昺終匿漢津初說，但以其前議爲度，作一長笛上之。帝指寸既長於舊，而長笛殆不可易，以動人觀聽，於是遂止。蓋京之子絛云。

秋七月，景鐘成。景鐘者，黃鐘之所自出也。垂則爲鐘，仰則爲鼎。鼎之大，終於九斛，中聲所極。製煉玉屑，入於銅齊，精純之至，音韻清越。其高九尺，拱以九龍，惟天子親郊乃用之。立於宮架之中，以爲君圍。於是命翰林學士承旨張康國爲之銘，其文曰：「天造我宋，於穆不已。四方來和，十有二紀。樂象厥成，維其時矣。迪惟有夏，度自禹起。我龍受之，天地一指。於論景鐘，中聲所止。有作于斯，無斁于彼。九九以生，律呂根柢。維此景鐘，非弇非侈。在宋之庭，屹然中峙。天子萬年，既多受祉。維此景鐘，上帝命爾。其承伊何，以燕翼子。永言寶之，宋樂之始。」

校勘記

〔一〕八音律呂皆以人聲爲度　宋會要樂五之一一和長編卷三〇七本句都作「足以權量八音，使律呂皆以人聲爲度，以一聲歌一言」。疑史有刪節。

〔二〕編磬連磬三聲　「編」字和「連」字原脫，據宋會要樂五之一二、長編卷三〇七補。

〔三〕所向宜北　原脫，據同上書同卷補。

〔四〕願審調鐘琯　「調」原作「條」，據同上書同卷改。

〔五〕鐘磬　「磬」原作「聲」，據上文和本書卷一二六樂志改。

〔六〕祀昊天舞名　「祀」字原脫，據長編卷三三四、玉海卷一〇七補。

〔七〕亞終獻　「獻」字原脫，據宋會要樂五之一四、長編卷三三四補。

〔八〕三十六虡　「三」原作「二」，據長編卷三四六、玉海卷一〇七改。

〔九〕百三十有四　「三」原作「二」，據宋會要樂五之一五、長編卷三四六改。

〔一〇〕鎛鐘一　「一」字原脫，據宋會要樂五之一五、長編卷四一九補。

〔一一〕今鎮以籥笛塤箎巢笙和笙獻於朝廷　「以」字原脫，據宋會要樂五之一七補。

〔一二〕歌虡　據文義，「虡」疑應作「磬」。

中華書局

宋史卷一百二十九

志第八十二

樂四

崇寧四年七月，鑄帝鼐、八鼎成。八月，大司樂劉昺言：「大朝會宮架舊用十二熊羆按，金錞、簫、鼓、鸞、篥等與大樂合奏。今所造大樂，遠稽古制，不應雜以鄭、衞。」詔罷之。又依昺改定二舞，各九成，每三成爲一變，執籥秉翟，揚戈持盾，威儀之節，以象治功。庚寅，樂成，列于崇政殿。有旨，先奏舊樂三闋，曲未終，帝曰：「舊樂如泣聲。」揮止之。既奏新樂，天顏和豫，百僚稱頌。九月朔，以鼎樂成，帝御大慶殿受賀。是日，初用新樂，太尉率百僚奉觴稱壽，有數鶴從東北來，飛度黃庭，回翔鳴唳。乃下詔曰：「禮樂之興，百年於此。然去聖愈遠，遺聲弗存。迺者，得隱逸之士於草茅之賤，獲英莖之器於受命之邦。適時之宜，以身爲度，鑄鼎以起律，因律以制器，按協於庭，八音克諧。昔堯有大章，舜有大

韶，三代之王亦各異名。今追千載而成一代之制，宜賜新樂之名曰大晟，朕將薦郊廟、享鬼神、和萬邦，與天下共之。其舊樂勿用。」

先是，端州上古銅器，有樂鐘，驗其篆識，乃宋成公時。帝以端王繼大統，故詔言受命之邦，而隱逸之士謂漢津也。朝廷舊以禮樂掌于太常，至是專置大晟府，大司樂一員、典樂二員並爲長貳，大樂令一員，協律郎四員，又有製撰官，爲制甚備，於是禮樂始分爲二。

五年九月，詔曰：「樂不作久矣！朕承先志，述而作之，以追先王之緒；建官分屬，設府庀徒，以成一代之制。」二月，嘗詔省內外冗官，大晟府亦併之禮官。夫舜命夔典樂，命伯夷典禮，禮樂異道，各分所守，豈可同職？其大晟府名可復仍舊。」

又詔曰[1]：「樂作已久，方薦之郊廟，施於朝廷，而未及頒之天下。宜令大晟府議頒新樂，使雅正之聲被於四海，先降三京四輔，次帥府。」

大觀二年，詔曰：「自唐以來，正聲全失，無徵角之音，五聲不備，豈足以道和而化俗哉？劉詵所上徵聲，可令大晟府同教坊依譜按習，仍增徵、角二譜，候習熟來上。」初，進士彭几進樂書，論五音，言本朝以火德王，而羽音不禁，徵調尙闕。禮部員外郎吳時善其說，建言乞召几至樂府，朝廷從之。至是，詵亦上徵聲，乃降是詔。

三年五月，詔：「今學校所用，不過春秋釋奠，如賜宴辟廱，乃用鄭、衞之音，雜以俳優之戲，非所以示多士。其自今用雅樂。」

四年四月，議禮局言：「國家崇奉感生帝、神州地祇爲大祠，以僖祖、太祖配侑，而有司行事不設宮架、二舞，殊失所以尊祖、侑神作主之意。乞皆用宮架、二舞。」詔可。六月，詔近選國子生教習二舞，以備祠祀先聖，本周官教國子之制。然士子肄業上庠，頗聞恥於樂舞與樂工爲伍、坐作、進退。蓋今古異時，致於古雖有其迹，施於今未適其宜。其罷習二舞，顧習雅樂者聽。」

八月，帝親製大晟樂記，命太中大夫劉昺編修樂書，爲八論：

其一曰：樂由陽來，陽之數極於九，聖人攝其數於九鼎，寓其聲於九成。陽之數復而爲一，則寶鼎之卦爲坎；極而爲九，則彤鼎之卦爲離。離，南方之卦也。聖人以光明盛大之業，如日方中，嚮明而治，故極九之數則曰景鐘，大樂之名則曰大晟。日王於午，火明於南，乘火德之運，當豐大之時，恢擴規模，增光前烈，明盛之業，永觀厥成。樂名大晟，不亦宜乎？

其二曰：後世以黍定律，其失樂之本也遠矣。以黍定尺，起於西漢，蓋承六經散亡之後，聞古人之緒餘而執以爲法，聲既未協，乃屢變其法而求之。此古今之尺所以至於數十等，而至和之聲愈求而不可得也。傳曰：「萬物皆備於我矣，反身而誠，樂莫大

焉！」秬黍云乎哉？

其三曰：焦急之聲不可用於隆盛之世。昔李照欲下其律，乃曰：「異日聽吾樂，當令人物舒長。」照之樂固未足以感動和氣如此，然亦不可謂無其意矣。自藝祖御極，和樂之聲高，歷一百五十餘年，而後中正之聲乃定。蓋奕世修德，和氣薰蒸，一代之樂，理若有待。

其四曰：盛古帝王皆以明堂爲先務，後世知爲崇配、布政之宮，然要妙之旨，祕而不傳，徒區區於形制之末流，而不知帝王之所以用心也。且盛德在木，則居靑陽，角聲乃作；盛德在火，則居明堂，徵聲乃作；盛德在金，則居總章，商聲乃作；盛德在水，則居玄堂，羽聲乃作；盛德在土，則居中央，宮聲乃作。其應時之妙，不可勝言。一歲之中，兼總五運，凡麗於五行者，以聲召氣，無不總攝。鼓宮，宮動；鼓角，角應：彼亦莫知所以使之者。則永膺壽考，曆數過期，不亦宜乎？

其五曰：魏漢津以太極元氣，函三爲一，九寸之律，三數退藏，故八寸七分[3]爲中聲。正聲得正氣則用之，中聲得中氣則用之。宮架環列，以應十二辰；中正之聲，以應二十四氣；加四淸聲，以應二十八宿。氣不頓進，八音乃諧。若立春在歲元之後，則迎其氣而用之，餘悉隨氣用律，使無過不及之差，則所以感召陰陽之和，其法不

二十四史

中華書局

亦密乎？

其六曰：乾坤交於亥，而子生於黄鍾之宫，故稟於乾，交於亥，任於壬，生於子。自乾至子凡四位，而清聲具焉。漢津以四清爲至陽之氣，在二十八宿爲虚、昴、星、房，四者居四方之正位，以統十二律。每清聲皆有三統：申、子、辰屬於虚而統於子，巳、酉、丑屬於昴而統於丑，寅、午、戌屬於星而統於寅，亥、卯、未屬於房而統於卯。中正之聲分爲二十四宿，統於四清焉。

其七曰：昔人以樂之器有時而弊，故律失則求之於鍾，鍾失則求之於鼎，得一鼎之龠，則權衡度量可考而知。故鼎以全渾淪之體，律呂以達陰陽之情，天地之間，無不統攝，機緘運用，萬物振作，則樂之感人，豈無所自而然邪？

其八曰：聖上稽帝王之制而成一代之樂，以謂帝舜之樂以教胄子，乃頒之於宗學；成周之樂，掌於成均，乃頒之府學、辟廱、太學；而三京藩邸，凡祭祀之用樂者皆賜之。於是中正之聲被天下矣。漢施鄭聲於朝廷，唐升夷部於堂上，至於房中之樂，唯恐淫哇之聲變態之不新也。聖上樂聞平淡之音，而特詔有司制爲宫架，施之於禁庭，房中用雅樂，自今朝始云。

又爲圖十二：一曰五聲，二曰八音，三曰十二律應二十八宿，四曰七均應二十八宿，五

曰八十四調，六曰十二律所生，七曰十二律應二十四氣，八曰十二律鍾正聲，九曰堂上樂，十曰金鍾玉磬，十一曰宫架，十二曰二舞。圖雖不能具載，覩其所序，亦可以知其旨意矣：

天地相合，五數乃備。不動者爲五位，常動者爲五行，五行發而爲五聲。律呂相生，五聲乃備，布於十二律之間，猶五緯往還於十有二次，五運斡旋於十有二時。其圖五聲以此。

兩儀既判，八卦肇分。氣盈而動，八風行焉。顓帝乃命飛龍效八風之音，命之曰承雲。方是時，金、石、絲、竹、匏、土、革、木之音未備，後聖有作，以八方之物全五聲者，制而爲八音，以聲召氣，八風從律。其圖八音以此。

上象著明器形，而下以聲召氣，脗合元精。其圖十二律應二十八宿以此〔三〕。

斗在天中，周制四方，猶宫聲處中爲四聲之綱。二十八舍列在四方，用之於合樂者，蓋東方七角屬木，南方七徵屬火，西方七商屬金，北方七羽屬水。四方之宿各有所屬，而每方之中，七均備足。中央七宫管攝四氣。故二十八舍應中正之聲者，制器之法也；二十八舍應七均之聲者，和聲之術也。其圖七均應二十八宿以此。

合陰陽之聲而文之以五聲，則九六相交，均聲乃備。黄鍾爲宫，是謂天統；林鍾爲徵，是謂地統；太簇爲商，是謂人統。南呂爲羽，於時屬秋；姑洗爲角，於時屬春；應鍾爲變宫，於時屬冬；蕤賓爲變徵，於時屬夏。旋相爲宫，而每律皆具七聲，而八十四調備焉。其圖八十四調以此。

自黄鍾至仲呂，則陽數極而爲乾，故其位在左；蕤賓至應鍾，則陰數極而爲坤，故其位在右。陰窮則歸本，故應鍾自生陰律；陽窮則歸本，故仲呂自歸陽位。律呂相生，起於復而成於乾，終始皆本於陽，故曰「樂由陽來」，六呂則同之而已。相生之位，分則爲乾、坤之爻，合則爲既濟、未濟之卦。自黄鍾至仲呂爲既濟，故屬陽而居左；自蕤賓至應鍾爲未濟，故屬陰而居右。易始於乾、坤而終於既濟、未濟，天地辨位而水火之氣交際於其中，造化之原皆自此出。其圖十二律所生以此。

二十四氣差之毫釐，則或先天而太過，或後天而不及。在律爲聲，在曆爲氣。若氣方得節，乃用中聲；氣已及中，猶用正律。其圖十二律應二十四氣以此。

漢津曰：「黄帝、夏禹之法，簡捷徑直，得於自然，故善作樂者以聲爲本。若得其聲，則形數、制度當自我出。今以帝指爲律，正聲之律十二，中聲之律十二，清聲凡四，共二十有八」云。其圖十二律鍾正聲以此〔四〕。

堂上之樂，以人聲爲貴，歌鍾居左，歌磬居右。近世之樂，曲不協律，歌不擇人，有先製譜而後命辭。奉常舊工，村野癃老者斥之。升歌之工，選擇惟艱，故堂上之樂鏗

然特異焉。其圖堂上樂以此。

金玉之精，稟氣於乾，故堂上之樂，鍾必以金，磬必以玉。歷代樂儀曰：「歌磬次歌鍾之西，以節登歌之句。」即周官頌磬也。神考肇造玉磬，聖上紹述先志，而堂上之樂方備，非聖智兼全，金聲而玉振之者，安能與於天道哉？其圖金鍾玉磬以此。

大晟之制，天子親祀圜丘，則用景鍾爲君圍，鎛鍾、特磬爲臣圍，編鍾、編磬爲民圍，非親祀則不用君圍。漢津以謂：「宫架總攝四方之氣，故大晟之制，羽在上而以四方之禽，虡在下而以四方之獸，以象鳳儀、獸舞之狀。龍簨崇牙，制作華焕。」其圖宫架以此。

新樂肇興，法夏籥九成之數：文舞九成，終於垂衣拱手，無爲而治；武舞九成，終於偃武修文，投戈講藝。每成進退疾徐，抑揚顧揖，皆各象方今之勳烈。文舞八佾，左執籥，右秉翟。蓋籥爲聲之中，翟爲文之華，秉中聲而昌文德。武舞八佾，執干戈而進，以金鼓爲節。其圖二舞以此。

又列八音之器，金部有七：曰景鍾，曰鎛鍾，曰編鍾，曰金錞，曰金鐲，曰金鐃，曰金鐸。其說以謂：

景鍾乃樂之祖，而非常用之樂也。黄帝五鍾，一曰景鍾。景，大也。鍾，四方之

擊，以象厥成。惟功大者其鐘大，世莫識其義久矣。其聲則黃鍾之正，而律呂由是生焉。平時弗考，風至則鳴。鎛鍾形聲宏大，各司其辰，以管攝四方之氣。編鍾隨月用律，雜比成文，聲韻清越。錞、鐲、鐃、鐸，古謂之四金。鼓屬乎陽，金屬乎陰。陽造始而爲之倡，故以金錞和鼓；陽動而不知已，故以金鐲節鼓。陽之用事，有時而終，故以金鐃止鼓。時止則止，時行則行，天之道也，故以金鐸通鼓。金乃兌音，兌爲口舌，故金之屬皆象之。

石部有二：曰特磬，曰編磬。其說以謂：

「依我磬聲」，以石有一定之聲，衆樂依焉，則鐘磬未嘗不相須也。往者，國朝祀天地、宗廟及大朝會，宮架內止設鎛鐘，惟后廟乃用特磬，若已升祔后廟，遂置而不用。如此，則金石之聲小大不侔。大晟之制，金石並用，以諧陰陽。漢津之法，以聲爲主，必用泗濱之石，故禹貢必曰「浮磬」者，遠土而近於水，取之實難。昔奉常所用，乃以白石爲之，其聲沉下，製作簡質，理宜改造焉。

絲部有五〔五〕：曰一弦琴，曰三弦琴，曰五弦琴，曰七弦琴，曰九弦琴，曰瑟。其說以謂：

漢津誦其師之說曰：「古者，聖人作五等之琴，琴主陽，一、三、五、七、九，生成之數

也。師延拊一弦之琴，昔人作三弦琴，蓋陽之數成於三。伏羲作琴有五弦，神農氏爲琴七弦，琴書以九弦象九星。五等之琴，額長二寸四分，以象二十四氣；嶽闊三分，以象三才；嶽內取聲三尺六寸，以象期三百六十日；龍齗及折勢四分，以象四時；共長三尺九寸一分，成於三，極於九。九者，究也，復變而爲一之義也。大晟之瑟長七尺二寸，陰爻之數二十有四，極三才之陰數而七十有二，以象一歲之候。既罷箏、筑、阮，絲聲稍下，乃增瑟之數爲六十有四，則八八之數法乎陰，琴之數則九十有九而法乎陽。」

竹部有三：曰長篴〔六〕，曰篪，曰簫。其說以謂：

篴以一管而兼律呂，衆樂由焉。三竅成籥，三才之和寓焉。六竅爲篴，六律之聲備焉。篪之制，採竹竅厚均者，用兩節，開六孔，以備十二律之聲，則篪之樂生於律。樂始於律而成於簫。律準鳳鳴，以一管爲一聲。簫集衆律，編而爲器；參差其管，以象鳳翼；簫然清亮，以象鳳鳴。

匏部有六：曰竽笙，曰巢笙，曰和笙，曰閏餘匏，曰九星匏，曰七星匏。其說以謂：

列其管爲簫，聚其管爲笙。鳳凰于飛，簫則象之；鳳凰戾止，笙則象之。故內皆用簧，皆施匏於下。前古以三十六簧爲竽，十九簧爲巢，十三簧爲和，皆用十九數，而以管之長短、聲之大小爲別。八音之中，匏音廢絕久矣。後世以木代匏，乃更其制，下皆用匏，而并造十三簧者，以象閏餘。十者，土之成數；三者，木之生數：木得土而能生也。九簧者，以象九星。物得陽而生，九者，陽數之極也。七簧者，以象七星。笙之形若鳥斂翼，鳥，火禽，火數七也。

土部有一：曰壎。其說以謂：

釋詩者以壎、篪異器而同聲，然八音孰不同聲，必以壎、篪爲況？嘗博詢其旨，蓋八音取聲相同者，惟壎、篪爲然。壎、篪皆六孔而以五竅取聲。十二律始於黃鍾，終於應鍾。二者，其竅盡合則爲黃鍾，其竅盡開則爲應鍾，餘樂不然。故惟壎、篪相應。

革部十有二：曰晉鼓，曰建鼓，曰鼗鼓，曰靁鼓，曰靁鼗，曰靈鼓，曰靈鼗，曰路鼓，曰路鼗，曰雅鼓，曰相鼓，曰搏拊。其說以謂：

凡言樂者，必曰鐘鼓，蓋鐘爲秋分之音而屬陰，鼓爲春分之音而屬陽。金奏待鼓而後進者，雷發聲而後羣物皆鳴也；鼓復用金以節樂者，雷收聲而後蟄蟲坏戶也。周官以晉鼓鼓金奏，陽爲陰唱也。建鼓，少昊氏所造，以節衆樂。夏加四足，謂之足鼓；商貫之以柱，謂之楹鼓；周縣而擊之，謂之縣鼓。鼗者，鼓之兆也。天子錫諸侯樂，以柷將之；賜伯、子、男樂，以鼗將之。柷先衆樂，鼗則先鼓而已。以靁鼓鼓天神，因天聲以祀天也；以靈鼓鼓社祭，以天爲神，則地爲靈也；以路鼓鼓鬼享，人道之大也。

以舞者迅疾，以雅節之，故曰雅鼓。相所以輔相於樂，今用節舞者之步，故曰相鼓。登歌令奏擊拊，以革爲之，實之以糠，升歌之鼓節也。

木部有二：曰柷，曰敔。其說以謂：

柷之作樂，敔之止樂，漢津嘗問於李良，良曰：「聖人制作之旨，皆在易中。易曰：『震，起也。艮，止也。』柷、敔之義，如斯而已。柷以木爲底，下實而上虛。震一陽在二陰之下，象其卦之形也。擊其中，聲出虛，爲衆樂倡。震爲雷，雷出地奮，爲春分之音，故爲衆樂之倡，而外飾以山林物生之狀。艮位寅，爲虎，虎伏則以象止樂。背有二十七刻，三九陽數之窮。戛之以竹，裂而爲十，古或用十寸，或裂而爲十二，陰數。十二者，二六之數，陽窮而以陰止之。」

又有度、量、權、衡四法，候氣、運律、教樂、運譜四議，與律曆、運氣或相表裏，甚精微矣，茲獨採其言樂事顯明者。凡爲書二十卷。說者以謂蔡京使昺爲緣飾之，以布告天下云。

政和二年，賜貢士聞喜宴于辟廱，仍用雅樂，罷瓊林苑宴。兵部侍郎劉煥言：「州郡歲貢士，例有宴設，名曰『鹿鳴』，乞於斯時許用雅樂，易去倡優淫哇之聲。」八月，太常言：「宗廟、太社、太稷並爲大祠，今太社、太稷登歌而不設宮架樂舞，獨爲未備，請迎神、送神、詣

罍洗、歸復位、奉俎、退文舞、迎武舞、亞終獻、望燎樂曲，並用宮架樂，設於北墉之北。」詔皆從之。

三年四月，議禮局上親祠登歌之制：大朝會同。

金鐘一，在東；玉磬一，在西：俱北向。柷一，在金鐘北，稍西；敔一，在玉磬北，稍東。搏拊二：一在柷北，一在敔北，東西相向。一弦、三弦、五弦、七弦、九弦琴各一，瑟四，在金鐘之南，西上；玉磬之南亦如之，東上。又於午階之東，太廟則於泰階之東，宗祀則於東階之西，大朝會則於丹墀香案之東。設簫二、篪一、巢笙二、和笙二，爲一列，西上。大朝會，和笙在簫南。塤一，在簫南。大朝會在篪南。閏餘匏一，簫一〔七〕，各在巢笙南。又於午階之西，太廟則於泰階之西，宗祀則於西階之東，大朝會則於丹墀香案之西。設簫二、篪一、巢笙二、和笙二，爲一列，東上。塤一，在簫南。七星匏一、九星匏一，在巢笙南。簫一，在九星匏西。鐘、磬、柷、敔、搏拊、琴、瑟工各坐於壇上，太廟、宗祀、大朝會則於殿上。塤、篪、笙、簫、簫、匏工並立於午階之東西。太廟則於泰階之東西，宗祀則於兩階之間，大朝會則於丹墀香案之東西。樂正二人在鐘、磬南，歌工四人在敔東，俱東西相向。執麾挾仗色掌事一名，在樂虡之西，東向。樂正紫公服，大朝會服絳朝服，方心曲領，緋白大帶，金銅革帶，烏皮履。樂工黑介幘，執麾人平巾幘，並緋繡鸞衫、白絹夾袴、抹帶。大朝會同。

又上親祠宮架之制：景靈宮、宣德門、大朝會附。

四方各設編鐘三、編磬三。東方，編鐘起北，編磬間之，東向。西方，編磬起北，編鐘間之，西向。南方，編磬起西，編鐘間之；北方，編鐘起西，編磬間之：俱北向。設十二鎛鐘、特磬於編架內，各依月律。四方各鎛鐘三、特磬三。東方，鎛鐘起北，特磬間之，東向。西方，特磬起北，鎛鐘間之，西向。南方，特磬起西，鎛鐘間之；北方，鎛鐘起西，特磬間之：皆北向。景靈宮、天興殿鎛鐘、編鐘、編磬如每歲大祠宮架陳設。

植建鼓、鞞鼓、應鼓於四隅，建鼓在中，鞞鼓在左，應鼓在右。設柷、敔於北架內：柷一，在道東；敔一，在道西。設瑟五十二，朝會五十六。宣德門五十四。列爲四行：二行在柷東，二行在敔西。次，一弦琴七，左四右三。次，三弦琴一十有八；宣德門二十。次，五弦琴一十有八，宣德門二十。並分左右。次，七弦琴二十有三；次，九弦琴二十有三：並左各十有二，右各十有一。宣德門七弦、九弦各二十五，並左十有三，右十有二。次，巢笙二十有八，分左右。宣德門三十二。次，匏笙三，在巢笙之間，左二、右一。次，簫二十有八；宣德門、大朝會三十。次，竽二十；次，篪二十有八；宣德門三十六。朝會篪三十三：左十有七，右十有六。次，塤一十有八；宣德門、朝會二十。次，簫二十有八：並分左右。宣德門簫三十六。朝會三十三：左十有七，右十有六。雷鼓、雷鼗各一，在左；又雷鼓、雷鼗各一，在右：地祇：靈鼓、靈鼗各二。太廟路鼓〔八〕、路鼗各二。大朝會晉鼓二。宣德門不設。並在三弦、五弦琴之間，東西相向。晉鼓一，在匏笙間，少南北向。

副樂正二人在柷、敔之前，北向。歌工三十有二，宣德門四十。朝會三十有六。次柷、敔，東西相向，列爲四行，左右各二行。樂師四人，在歌工之南北，東西相向。運譜二人，在晉鼓之左右，北向。執麾挾仗色掌事一名，在樂虡之右，東向。副樂正同樂正服，大朝會同樂正朝服。樂師緋公服，運譜綠公服，大朝會介幘、絳褠衣、白絹抹帶。樂工執麾人並同登歌執麾人服。朝會同。

又上親祠二舞之制：大朝會同。

文舞六十四人，執籥翟；武舞六十四人，執干戚：俱爲八佾。文舞分立於表之左右，各四佾。引文舞二人，執纛在前，東西相向。舞色長〔九〕二人，在執纛之前，分東西。若武舞則在執旌之前。引武舞，執旌二人，鼗二人，雙鐸二人，單鐸二人，鐃二人，持金錞四人，奏金錞二人，鉦二人，相二人，雅二人，各立於宮架之東西，北向，北上；武舞在其後。舞色長幞頭、抹額、紫繡袍。引二舞頭及二舞郎，並紫平冕、皁繡鸞衫、金銅革帶、烏皮履。大朝會引文舞頭及文舞郎並進賢冠、黃鸞衫、銀褐裙、綠褠襠、革帶、烏皮履；引武舞頭及武舞郎並平巾幘、緋鸞衫、黃畫甲身、紫褠襠、豹文大口袴、起梁帶、烏皮鞾。引武舞人，武弁、緋繡鸞衫、

抹額、紅錦臂韝、白絹袴、金銅革帶、烏皮履。大朝會同。

又上大祠、中祠登歌之制：

編鐘一，在東；編磬一，在西：俱北向。柷一，在編鐘之北，稍西；敔一，在編磬之北，稍東。搏拊二：一在柷北，一在敔北，俱東西相向〔一〇〕。一弦、三弦、五弦、七弦、九弦琴各一，瑟一，在編鐘之南，西上。編磬之南亦如之，東上。壇下午階之東，太廟、別廟則於殿下泰階之東，明堂、祠廟則於東階之西。設簫一、篪一、塤一，爲一列，西上。和笙一，在簫南；巢笙一，在篪南；簫一，在塤南。午階之西亦如之，東上。太廟、別廟則於泰階之西，明堂、祠廟則於西階之東。鐘、磬、柷、敔、搏拊、琴、瑟工各坐於壇上，明堂、太廟、別廟於殿上，祠廟於堂上。塤、篪、笙、簫、簫工並立於午階東西。太廟、別廟於太階之東西，明堂、祠廟於兩階之間，若不用宮架，即登歌工人並坐。樂正二人在鐘、磬南，歌工四人在敔東，俱東西相向。執麾挾仗色掌事一名，在樂虡之西，東向。樂正公服，執麾挾仗色掌事平巾幘，樂工黑介幘，並緋繡鸞衫、白絹抹帶。三京帥府等每歲祭社稷，祀風師、雨師、雷神，釋奠文宣王，用登歌樂，陳設樂器並同，每歲大、中祠登歌。

又上大祠宮架、二舞之制：

四方各設鎛鐘三，各依月律。編鐘一，編磬一。北方，應鐘起西，編鐘次之，黃鐘

二十四史

次之，編磬次之，大呂次之，皆北向。東方，太簇起北，編鐘次之，夾鐘次之，編磬次之，姑洗次之，皆東向。南方，仲呂起東，編鐘次之，蕤賓次之，編磬次之，林鐘次之，皆北向。西方，夷則起南，編鐘次之，南呂次之，編磬次之，無射次之，皆西向。設十二特磬，各在鎛鐘之內。

植建鼓、鞞鼓、應鼓於四隅。設柷、敔於北架內，柷在左，敔在右。雷鼓、雷鼗各二，地祇以靈鼓、靈鼗，太廟、別廟以路鼓、路鼗。分東西，在歌工之側[一一]。瑟二，在柷東。次，一絃、三絃、五絃、七絃、九絃琴各二，各爲一列。敔西亦如之。巢笙、簫、竽[一二]、篪、塤、篴各四，爲四列，在雷鼓之後；若地祇即在靈鼓後，太廟、別廟在路鼓後。晉鼓一，在篴之後；俱北向。副樂正二人在柷、敔之北。歌工八人，左右各四，在柷、敔之南，東西相向。執麾挾仗色掌事一名，在宮架西，北向。副樂正本色公服，執麾挾仗色掌事及樂正平巾幘，服同登歌樂工。凡軒架之樂[一三]三面，其制，去宮架之南面；判架之樂二面，其制，又去軒架之北面；特架之樂一面。文武二舞並同親祠，惟二舞郎並紫平冕、皂繡袍、銀褐裙、白絹抹帶，與親祠稍異。

詔並頒行。

五月，帝御崇政殿，親按宴樂，召侍從以上侍立。詔曰：「大晟之樂已薦之郊廟，而未施

於宴饗。比詔有司，以大晟樂播之教坊，試於殿庭，五聲既具，無惉懘焦急之聲，嘉與天下共之，可以所進樂頒之天下，其舊樂悉禁。」於是令尚書省立法，新徵、角二調曲譜已經按試者，並令大晟府刊行，後續有譜，依此。其宮、商、羽調曲譜自從舊，新樂器五聲、八音方全。塤、篪、匏、笙、石磬之類已經按試者，大晟府畫圖疏說頒行，教坊、鈞容直、開封府各頒降二副。開封府用所頒樂器，明示依式造粥，教坊、鈞容直及中外不得違。今輒高下其聲[一四]，或別爲他聲，或移改增損樂器，舊來淫哇之聲，如打斷、哨笛、呀鼓、十般舞、小鼓腔、小笛之類與其曲名，悉行禁止，違者與聽者悉坐罪。

八月，大晟府奏，以雅樂中聲播於宴樂，舊闕徵、角二調，及無土、石、匏三音，今樂並已增入。詔頒降天下。九月，詔：「大晟樂頒於太學、辟廱，諸生習學，所服冠以弁，袍以素紗、皂緣，紳帶，佩玉。」從劉昺製也。

昺又上言曰：「五行之氣，有生有尅，四時之禁，不可不頒示天下。盛德在木，角聲乃作，得羽而生，以徵爲相；若用商則刑，用宮則戰，故春禁宮、商。盛德在火，徵聲乃作，得角而生，以宮爲相；若用羽則刑，用商則戰，故夏禁商、羽。盛德在土，宮聲乃作，得徵而生，以商爲相；若用角則刑，用羽則戰，故季夏土王，宜禁角、羽。盛德在金，商聲乃作，得宮而生，以羽爲相；若用徵則刑，用角則戰，故秋禁徵、角。盛德在水，羽聲乃作，得商而生，以角爲相；若用宮則刑，用徵則戰，故冬禁宮、徵。此三代之所共行，月令所載，深切著明者也。作樂本以導和，用失其宜，則反傷和氣。夫淫哇殽雜，干犯四時之氣久矣。陛下親灑宸翰，發爲詔旨，淫哇之聲轉爲雅正，四時之禁亦右所頒，協氣則粹美，繹如以成。」詔令大晟府置圖頒降。

四年正月，大晟府言：「宴樂諸宮調多不正，如以無射爲黃鐘宮，以夾鐘爲中呂宮，以夷則爲仙呂宮之類。又加越調、雙調、大食、小食，皆俚俗所傳，今依月律改定。」詔可。

六年，詔：「先帝嘗命儒臣肇造玉磬，藏之樂府，久不施用，其令略加磨礲，俾與律合。并造金鐘，專用於明堂。」又詔：「大晟雅樂，頃歲已命儒臣著樂書，獨宴樂未有紀述。其令大晟府編集八十四調并圖譜，令劉昺撰以爲宴樂新書。」十月，臣僚乞以崇寧、大觀、政和所得珍瑞名數，分命儒臣作爲頌詩，協以新律，薦之郊廟，以告成功。詔送禮制局。

七年二月，典樂裴宗元言：「乞按習虞書賡載之歌，夏五子之歌，商之那，周之關雎、麟趾、騶虞、鵲巢、鹿鳴、文王、清廟之詩。」詔可。中書省言：「高麗，賜雅樂[一五]，乞習教聲律、大晟府撰樂譜辭。」詔許教習，仍賜樂譜。

三月，議禮局言：「先王之制，舞有小大：文舞之大，用羽、籥；文舞之小，則有羽無籥，謂之羽舞。武舞之大，用干、戚；武舞之小，則有干無戚，謂之干舞。武舞又有戈舞焉，而

戈不用於大舞。近世武舞以戈配干，未嘗用戚。乞武舞以戚配干，置戈不用，庶協古制。」

又言：「伶州鳩曰：『大鈞有鎛無鐘，鳴其細也；細鈞有鐘無鎛，昭其大也。』然則鐘，大器也；鎛，小鐘也。以宮、商爲鈞，則謂之大鈞，其聲大，故用鎛以鳴其細，而不用鐘；以角、徵、羽爲鈞，則謂之小鈞，其聲細，故用鐘以昭其大，而不用鎛。然後細大不踰，聲應相保，和平出焉。是鎛、鐘兩器，其用不同，故周人各立其官。後世之鎛鐘，非特不分大小，又混爲一器，復於樂架編鐘、編磬之外，設鎛鐘十二，配十二辰，皆非是。蓋鎛鐘猶之特磬，與編鐘、編磬相須爲用者也。編鐘、編磬，其陽聲六，以應律；其陰聲六，以應呂[一六]。既應十二辰矣，復爲鎛鐘十二以配之，則於義重複。乞宮架樂去十二鎛鐘，止設一大鐘爲鐘、一小鐘爲鎛、一大磬爲特磬，以爲衆聲所依。」詔可。

四月，禮制局言：「尊祖配天者，郊祀也；嚴父配天者，明堂也。所以來天神而禮之，其義一也。則明堂宜同郊祀，用禮天神六變之樂，其宮架赤紫，用雷鼓、雷鼗。又圜丘方澤，各有大樂宮架，自來明堂就用大慶殿大朝會宮架。今明堂肇建，欲行剏置。」

十月，皇帝御明堂平朔左个，始以天運政治頒于天下。是月也，凡樂之聲，以應鐘爲宮、南呂爲商、林鐘爲角、仲呂爲閏徵、姑洗爲徵、太簇爲羽、黃鐘爲閏宮。既而中書省言：「五聲、六律、十二管還相爲宮，若以左旋取之，如十月以應鐘爲宮，則南呂爲商、林鐘爲角、

中華書局

仲呂爲閏徵、姑洗爲徵、太簇爲羽、黃鐘爲閏宮；若以右旋七均之法，如十月以應鐘爲宮，則當用大呂爲商、夾鐘爲角、仲呂爲閏徵、蕤賓爲徵、夷則爲羽、無射爲閏宮。明堂頒朔，用左旋取之，非是。欲以本月律爲宮，右旋取七均之法。」從之。仍改正詔書行下。

自是而後，樂律隨月右旋。

仲冬之月，皇帝御明堂，南面以朝百辟，退坐于平朔，授民時。樂以黃鐘爲宮、太簇爲商、姑洗爲角、蕤賓爲閏徵、林鐘爲徵、南呂爲羽、應鐘爲閏宮。調以羽，使氣適平。

季冬之月，御明堂平朔右个。樂以大呂爲宮、夾鐘爲商、仲呂爲角、林鐘爲閏徵、夷則爲徵、無射爲羽、黃鐘爲閏宮〔七〕。客氣少陰火，調以羽，尙羽而抑徵。

孟春之月，御明堂青陽左个。樂以太簇爲宮、姑洗爲商、蕤賓爲角、夷則爲閏徵、南呂爲徵、應鐘爲羽、大呂爲閏宮。客氣少陽相火，與歲運同，火氣太過，調宜羽，致其和。

仲春之月，御明堂青陽。樂以夾鐘爲宮、仲呂爲商、林鐘爲角、南呂爲閏徵、無射爲徵、黃鐘爲羽、太簇爲閏宮。調以羽。

季春之月，御明堂青陽右个〔八〕。樂以姑洗爲宮、蕤賓爲商、夷則爲角、無射爲閏

徵、應鐘爲徵、大呂爲羽、夾鐘爲閏宮。客氣陽明，尙徵以抑金。

孟夏之月，御明堂左个。樂以仲呂爲宮、林鐘爲商、南呂爲角、應鐘爲閏徵、黃鐘爲徵、太簇爲羽、姑洗爲閏宮。調宜尙徵。

仲夏之月，御明堂。樂以蕤賓爲宮、夷則爲商、無射爲角、黃鐘爲閏徵、大呂爲徵、夾鐘爲羽、仲呂爲閏宮。客氣寒水，調宜尙宮以抑之。

季夏之月，御明堂右个。樂以林鐘爲宮、南呂爲商、應鐘爲角、大呂爲閏徵、太簇爲徵、姑洗爲羽、蕤賓爲閏宮。調宜尙宮，以致其和。

孟秋之月，御明堂總章左个。樂以夷則爲宮、無射爲商、黃鐘爲角、太簇爲閏徵、夾鐘爲徵、仲呂爲羽、林鐘爲閏宮。調宜尙商。

仲秋之月，御明堂總章。樂以南呂爲宮、應鐘爲商、大呂爲角、夾鐘爲閏徵、姑洗爲徵、蕤賓爲羽、夷則爲閏宮。調宜尙商。

季秋之月，御明堂總章右个。樂以無射爲宮、黃鐘爲商、太簇爲角、姑洗爲閏徵、仲呂爲徵、林鐘爲羽、南呂爲閏宮。調宜尙羽，以致其平。

閏月，御明堂，闔左扉。樂以其月之律。

十一月，知永興軍席旦言：「太學、辟廱士人作樂，皆服士服，而外路諸生尙衣襴幞，望

下有司考議，爲圖式以頒外郡。」

八年八月，宣和殿大學士蔡攸言：「九月二日，皇帝躬祀明堂，合用大樂。按樂書：『正聲得正氣則用之，中聲得中氣則用之。』自八月二十八日，已得秋分中氣，大饗之日當用中聲樂。今看詳古之神瞽考中聲以定律，中聲謂黃鐘也，黃鐘即中聲，非別有一中氣之中聲也。考閱前古，初無中、正兩樂。若以一黃鐘爲正聲，又以一黃鐘爲中聲，則黃鐘君聲，不當有二。況帝指起律，均法一定，大呂居黃鐘之次，陰呂也，臣聲也。今減黃鐘三分，則入大呂律矣，易其名爲黃鐘中聲，不唯紛更帝律，又以陰呂臣聲僭竊黃鐘之名。若依樂書『正聲得正氣則用之，中聲得中氣則用之』，是冬至祀天、夏至祭地，常不用正聲而用中聲也。以黃鐘爲正聲，易大呂爲中聲之黃鐘，是帝律所起，黃鐘常不用而大呂常用也。抑陽扶陰，退律進呂，爲害斯大，無甚於此。今來宗祀明堂，緣八月中氣未過，而用中聲樂南呂爲宮，則本律正聲皆不得預。欲乞廢中聲之樂，一遵帝律，止用正聲，協和天人，刊正訛謬，著於樂書。」詔可。攸又乞取已頒中聲樂在天下者。

宣和元年四月，攸上書：

奉詔製造太、少二音登歌宮架，用於明堂，漸見就緒，乞報大晟府者凡八條：

一，太、正、少鐘三等。舊制，編鐘、編磬各一十六枚，應鐘之外，增黃鐘、大呂、太簇、夾

鐘四清聲。今既分太、少，則四清聲不當兼用，止以十二律正聲各爲一架。

其二，太、正、少琴三等。舊制，一、三、五、七、九弦凡五等。今來討論，並依律書所載，止用五弦。弦大者爲宮而居中央，君也。商張右傍，其餘大小相次，不失其序，以爲太、正、少之制，而十二律舉無遺音。其一、三、五、七、九弦，太、少樂內更不製造。

其三，太、正、少籥三等。謹按周官籥章之職，龡以迎寒暑。王安石曰：「籥，三孔，律呂於是乎生，而其器不行於世久矣。近得古籥，嘗以頒行。」今如爾雅所載，製造太、正、少三等，用爲樂本，設於衆管之前。

其四，太正少篴、塤、篪、簫各三等。舊制，簫一十六管，如鐘磬之制，有四清聲。今既分太、少，其四清聲亦不合兼用，止用十二管。

其五，大晟匏有三色：一曰七星，二曰九星，三曰閏餘，莫見古制。匏備八音，不可闕數，今已各分太、正、少三等，而閏餘尤無經見，唯大晟樂書稱「匏造十三簧者，以象閏餘。十者，土之成數；三者，木之生數：木得土而能生也。」故獨用黃鐘一清聲。黃鐘清聲無應閏之理，今去閏餘一匏，止用兩色，仍改避七星、九星之名，止曰七管、九管。

其六，舊制有巢笙、竽笙、和笙。巢笙自黃鐘而下十九管，非古制度。其竽笙、和笙並

以正律林鐘爲宮，三笙合奏，曲用兩調，和笙奏黃鐘曲，則巢笙奏林鐘曲以應之，宮、徵相雜。器本宴樂，今依鐘磬法，裁十二管以應十二律，爲太、正、少三等，其舊笙更不用。

其七，柷、敔、晉鼓、鎛鐘、特磬，雖無太、少，係作止和樂，合行備設。

其八，登歌宮架有搏拊二器，按虞書「戞擊鳴球，搏拊琴瑟。」王安石解曰：「或戞或擊，或搏或拊。」與虞書所載乖戾。今欲乞罷而不用。

詔悉從之。

攸之弟絛曰：

初，漢津獻說，請帝三指之三寸，三合而爲九，爲黃鐘之律。又以中指之徑圍爲容盛，度量權衡皆自是而出。又謂：「有太聲、有少聲。太者，清聲，陽也，天道也；少者，濁聲，陰也，地道也；中聲，其間，人道也。合三才之道，備陰陽之奇偶，然後四序可得而調，萬物可得而理。」當時以爲迂怪。

劉昺之兄煒以曉樂律進，未幾而卒。昺始主樂事，乃建白謂：太、少不合儒書。以太史公書黃鐘八寸七分琯爲中聲，奏之於初氣；班固書黃鐘九寸琯爲正聲，奏之於中氣。因請帝指時止用中指，又不得徑圍爲容盛，故後凡制器，不能成劑量，工人但隨

律調之，大率有非漢津之本說者。

及政和末，明堂成，議欲爲布政調燮事，乃召武臣前知憲州任宗堯換朝奉大夫爲大晟府典樂。宗堯至，則言太、少之說本出於古人，雖王朴猶知之，而劉昺不用，乃自瓶黃鐘爲兩律。黃鐘，君也，不宜有兩。

蔡攸方提舉大晟府，不喜佗人預樂。有士人田爲者，善琵琶，無行，攸乃奏爲大晟府典樂，遂不用中聲八寸七分琯，而但用九寸琯。又爲一律，長尺有八寸，曰太聲；一律長四寸有半，曰少聲：是爲三黃鐘律矣。律與容盛又不翅數倍。黃鐘既四寸有半，則圜鐘幾不及二寸。諸器大小皆隨律，蓋但以器大者爲太，小者爲少。樂始成，試之于政事堂，執政心知其非，然不敢言，因用之於明堂布政，望鶴愈不至。

絛又曰：「宴樂本雜用唐聲調，樂器多夷部，亦唐律。徵、角二調，其均自隋、唐間已亡。政和初，命大晟府改用大晟律，其聲下唐樂已兩律。然劉昺止用所謂中聲八寸七分琯爲之，又作匏、笙、塤、篪，皆入夷部。至於徵招、角招，終不得其本均，大率皆假之以見徵音。然其曲譜頗和美，故一時盛行於天下，然教坊樂工嫉之如讎。其後，蔡攸復與教坊用事樂工附會，又上唐譜徵、角二聲，遂再命教坊制曲譜，既成，亦不克行而止。然政和徵招、角招遂傳於世矣。」

二年八月，罷大晟府製造所幷協律官。四年十月，洪州奏豐城縣民鋤地得古鐘，大小九具，狀制奇異，各有篆文。驗之考工記，其制正與古合。令樂工擊之，其聲中律之無射。繪圖以聞。

七年十二月，金人敗盟，分兵兩道入，詔革弊事，廢諸局，於大晟府及教樂所、教坊額外人並罷。靖康二年，金人取汴，凡大樂軒架、樂舞圖、舜文二琴、教坊樂器、樂書、樂章、明堂布政閏月體式、景陽鐘幷虡、九鼎皆亡矣。

校勘記

〔一〕又詔曰　據本書卷二〇徽宗紀、宋會要樂五之二〇，此係大觀元年五月詔，志舛入上年。

〔二〕八寸七分　原作「八寸七寸」，據本卷下文改。

〔三〕其圖十二律應二十八宿以此　「此」原作「北」。按上下文例都以「以此」結句，「北」與「此」形近易訛，下句又和漢書卷二六天文志「斗爲帝車，運於中央，臨制四海」合，故改。

〔四〕其圖十二律鐘正聲以此　「鐘正聲」三字原脫，按本卷上文敍目有此三字，因補。

〔五〕絲部有五　文內一弦琴、三弦琴、五弦琴、七弦琴、九弦琴和瑟共六種，疑「五」爲「六」之誤。

〔六〕竹部有三曰長篴　文內有籥，合篴、篪、簫爲四，疑「三」爲「四」之誤。又「曰長篴」下疑脫「曰籥」

二字。

〔七〕簫一　「一」字原脫，據宋會要樂五之二一、通考卷一四〇樂考補。

〔八〕路鼓　原脫，據五禮新儀卷六、通考卷一四〇樂考補。

〔九〕舞色長　「長」字原脫，據下文和宋會要樂五之二二補。

〔一〇〕俱東西相向　「相」字原脫，據同上書同卷頁補。

〔一一〕在歌工之側　五禮新儀卷六作「敔工之南」。「側」，宋會要樂五之二四和通考卷一四〇樂考都作「南」。

〔一二〕巢笙簫竽　「簫」字原脫，據宋會要樂五之二四、五禮新儀卷六補。

〔一三〕軒架之樂　「樂」原作「架」，據宋會要樂五之二四、通考卷一四〇樂考改。

〔一四〕今輒高下其聲　「今」原作「令」。通考卷一三〇樂考此語作「今樂敢高下其聲」，按文義作「今」是，據改。

〔一五〕高麗賜雅樂　玉海卷一〇五作「賜高麗雅樂」。

〔一六〕其陰聲六以應呂　「其陰聲六以應」六字原脫，據宋會要樂五之二五補。

〔一七〕黃鐘爲閏宮　「黃」原作「夾」，誤。樂以大呂爲宮，閏宮應是黃鐘，故改。

〔一八〕青陽右个　「右」原作「左」，據禮記月令改。

二十四史

元 脱脱 等撰

第一〇册

卷一三〇至卷一四二（志）

中華書局

中華書局

宋史卷一百三十

志第八十三

樂五

高宗南渡，經營多難，其於稽古飾治之事，時靡遑暇。建炎元年，首詔有司曰：「朕承祖宗遺澤，獲託臣民之上，扶顚持危，夙夜痛悼。況於聞樂以自爲樂，實增感于朕心。」二年，復下詔曰：「朕方日極憂念，屛遠聲樂，不令過耳。承平典故，雖實廢名存，亦所不忍，悉從減罷。」是歲，始據光武舊禮，以建武二載創立郊祀，乃十一月壬寅祀天配祖，敕東京起奉大樂登歌法物等赴行在所，就維揚江都築壇行事。凡鹵簿、樂舞之類，率多未備，嚴更警場，至就取中軍金鼓，權一時之用。

紹興元年，始饗明堂。時初駐會稽，而渡江舊樂復皆燬散。太常卿蘇遲等言：「國朝大禮作樂，依儀合於壇殿上設登歌，壇殿下設宮架。今親祠登歌樂器尙闕，宣和添用籥色，未

及頒降，州郡無從可以創製，宜權用望祭禮例，止設登歌，用樂工四十有七人。」乃訪舊工，以備其數。

四年，再饗，國子丞王普言：「按書舜典命夔曰：『詩言志，歌永言，聲依永，律和聲。』蓋古者既作詩，從而歌之，然後以聲律協和而成曲。自歷代至于本朝，雅樂皆先製樂章而後成譜。崇寧以後，乃先製譜，後命詞，於是詞律不相諧協，且與俗樂無異。乞復用古製。又按周禮，奏黃鍾、歌大呂以祀天神。黃鍾，堂下之樂；大呂，堂上之樂也。郊祀之禮，皇帝版位在午階下，故還位之樂當奏黃鍾；明堂版位在阼階上，則還位當歌大呂。今明堂禮不下堂，而襲郊祀還位例，並奏黃鍾之樂，於義未當。」尋皆如普議。

先是，帝嘗以時難備物，禮有從宜，敕戒有司參酌損益，務崇簡儉。仍權依元年例，令登歌通作宮架，其押樂、舉麾官及樂工器服等，蠲省甚多。既而國步漸安，始以保境息民爲務，而禮樂之事寖以興矣。

十年，太常卿蘇攜言：「將來明堂行禮，除登歌大樂已備，見闕宮架、樂舞，諸路州軍先有頒降登歌大樂，乞行搜訪應用。」丞周執羔言：「大樂兼用文武二舞，今殿前司將下任道係前大晟府二舞色長，深知舞儀，宜令赴寺教習。」卿陳桷言：「前期五使，例合按閱，仍詔應侍祠執事朝臣，並作樂教習。」禮儀博士周林復言：「神位席地陳設，至尊親行酌獻，堂上下

皆地坐作樂，而鍾磬工乃設木小榻，當教習日，使立以考擊，庶革循習簡陋之弊。」

初，上居諒闇，臣僚有請罷明堂行禮奏樂、受胙等事，上諭禮官詳定。太常寺檢照景德、熙豐親郊典故，除郊廟、景靈宮並合用樂，其鹵簿、鼓吹及樓前宮架、諸軍音樂，皆備而不作。每處誓場，止鳴金鉦、鼓角而已，卽無去奏樂、受胙之文。大饗爲民祈福，爲上帝、宗廟而作樂，禮不敢以卑廢尊。書「歛五福，錫庶民」，况熙寧禮尤可考，其赦文有曰「六樂備舞，祥祉來臻」，是也。於是詔遵行之。

其後，禮部侍郎施坰奏：「禮經蕃樂出於荒政，蓋一時以示貶抑。昨內外暫止用樂，今徽考大事既畢，慈寧又已就養，其時節上壽，理宜舉樂，一如舊制。」禮部尋言：「太母還宮，國家大慶，四方來賀。自今冬至、元正舉行朝賀之禮，依國朝故事，合設大仗及用樂舞等，庶幾明天子之尊，舊典不至廢墜。」有詔，俟來年舉行。

十有三年，郊祀，詔以祐陵深弓劍之藏，長樂遂晨昏之養，昭答神天，就臨安行在所修建圓壇。於是有司言：「大禮排設備樂，宮架樂辦一料外，登歌樂依在京夏祭例，合用兩料。其樂器，登歌則用編鍾、磬各一架；柷、敔二；搏拊、鼓二；琴五色，自一、三、五、七至九絃各二〔一〕；瑟四；篴四；塤、篪、簫並二；巢笙、和笙各四；并七星、九曜、閏餘匏笙各一；麾幡一。宮架則用編鍾、編磬各十二架；柷、敔二；琴五色，各十；瑟二十六；巢笙及簫

並一十四；七星、九曜、閏餘匏笙各一；竽笙十；塤一十二；篪一十八；篴二十；晉鼓一；建鼓四；麾幡一。」乃從太常下之兩浙、江南、福建州郡，又下之廣東西、荊湖南北，括取舊管大樂，上于行都，有闕則下軍器所製造，增修雅飾，而樂器寖備矣。其樂工，詔依太常寺所請，選擇行止畏謹之人，合登歌、宮架凡用四百四十人，同日分詣太社、太稷、九宮貴神。每祭各用樂正二人，執色樂工、掌事、掌器三十六人，三祭共一百一十四人。文舞、武舞計用一百二十八人，就以文舞番充。其二舞引頭二十四人，皆召募補之。樂工、舞師照在京例，分三等廩給。其樂正、掌事、掌器，自六月一日教習；引舞、色長、文武舞頭、舞師及諸樂工等，自八月一日教習。於是樂工漸集。

十四年，太常寺言：「將來大禮，見闕玉磬十六枚。其所定聲律，係於玉分厚薄，取聲高下。正聲凡十有二，黃鍾厚八分，進而爲大呂、太簇、夾鍾、姑洗、仲呂、蕤賓、林鍾、夷則、南呂、無射、應鍾，每律增一分，至應鍾一寸九分而止；清聲夾鍾厚二寸三分，退而爲太簇、大呂、黃鍾，共四清聲，各減一分，至黃鍾二寸而止。」乃下之四川茶馬司，寬數增分，市易以供用。太常博士張晟又言：「大樂所用武舞之飾，以干配刀，周禮司兵『祭祀，授舞者兵』，先儒謂『授以朱干、玉戚』，郊特牲『朱干、玉戚，冕而舞大武』。」乃從所請，倣三禮圖，令造玉戚，以配舞干。

是歲，始上徽宗徽號，特製顯安之樂。至於奉皇太后册寶于慈寧宮，樂用聖安；皇后受册寶于穆清殿，樂用坤安：亦皆先後參次而舉。顯安以無射、夾鍾爲宮，周大司樂饗先王，奏無射而歌夾鍾，「夾鍾之六五，上生無射之上九。夾鍾，卯之氣，二月建焉，而辰在降婁；無射，戌之氣，九月建焉，而辰在大火。」無射，陽律之終，夾鍾實爲之合，蓋取其相親合而萃祖考之精神于假廟也。聖安純用大呂，坤安純用中呂。大呂，陰律之首，崇母儀也；中呂，陰律之次，明婦順也。

明年，正旦朝會，始陳樂舞，公卿奉觴獻壽。據元豐朝會樂：第一爵，登歌奏和安之曲，堂上之樂隨歌而發；第二爵，笙入，乃奏瑞曲，惟吹笙而餘樂不作；第三爵，奏瑞曲，堂上歌，堂下笙，一歌一吹相間；第四爵，合樂仍奏瑞曲，而上下之樂交作。今悉倣舊典，首奏和安，次奏嘉木成文、滄海澄清、瑞粟呈祥三曲，其樂專以太簇爲宮。太簇之律，生氣湊達萬物，於三統爲人正，於四時爲孟春，故元會用之。

時給事中段拂等討論景鍾制度，按大晟樂書：「黃鍾者，樂所自出，而景鍾又黃鍾之本，故爲樂之祖，惟天子郊祀上帝則用之，自齋宮詣壇則擊之，以召至陽之氣。既至，聲闋，衆樂乃作。祀事既畢，升輦又擊之。蓋天者，羣物之祖，今以樂之祖感之，則天之百神可得而禮。音韻清越，拱以九龍，立于宮架之中，以爲君圍；環以四清聲鍾、磬、鎛鍾、特磬，以

爲臣圍；編鍾、編磬以爲民圍。內設寶鍾球玉，外爲龍虡鳳琴。景鍾之高九尺，其數九九，實高八尺一寸。垂則爲鍾，仰則爲鼎。鼎之大，中於九斛，退藏實八斛有一焉。」內出皇祐大樂中黍尺，參以太常舊藏黃鍾律編鍾，高適九寸，正相脗合，遂遵用黍尺製造。

鍾成，命左僕射秦檜爲之銘。其文曰：「皇宋紹興十六年，中興天子以好生大德，既定寰宇，乃作樂以暢天地之化，以和神人。維茲景鍾，首出衆樂，天子專用禋祀，謹拜手稽首而獻銘。其銘曰：『德純懿兮舜、文繼，躋壽域兮孰內外？薦上帝兮偉茲器。聲氣應兮同久視。貽子孫兮彌萬世。』」旋又命禮局造鎛鍾四十有八、編磬一百八十七、特磬四十八及添製編鍾等，命軍器所造建鼓八、雷鼓二、晉鼓一、雷鼗二、柷敔各四。尋製金鍾、玉磬二架。

初，元豐本虞庭鳴球及晉賀循采玉造磬之義，命榮咨道肇造玉磬。元祐親祠，嘗一用之，久藏樂府。至政和加以磨礲，俾協音律，并造金鍾，專用於明堂。蓋堂上之樂，歌鍾居左，歌磬居右。金玉稟氣於乾，純精至貴，故鍾必以金，磬必以玉，始備金聲玉振之全，此中興所以繼作也。於是帝諭輔臣，以鍾磬音律，其餘皆和，惟黃鍾、大呂猶未應律，宜熟加攷究。詔禮官以鑄造鎛鍾，更須詳審，令聲和而律應，乃可奉祀。命太常前期按閱，仍用皇祐進呈雅樂禮例。皇帝御射殿，召宰執、侍從、臺諫、寺監、館閣及武臣刺史以上，閱視新造景鍾及禮器。皇帝卽御坐，撞景鍾，用正旦朝會三曲，奏宮架之樂，其製造官推恩有差。添置

景鍾樂正一、鑄鍾樂工十有二，特磬樂工亦如之。次降下古制銅錞一，增造其二；古銅鐃一，增造其六。改造登歌夷則律玉磬，降到長篴二十有四，並付太常寺掌之，專俟大禮施用。

既而刑部郎官許興古奏：「比歲休祥協應，靈芝產於廟楹，瑞麥秀於留都。昔乾德六年，嘗詔和峴作瑞木、馴象及玉烏、皓雀四瑞樂章，以備登歌。願依典故，製爲樂章，登諸郊廟。」詔從其請，命學士沈虛中作歌曲，以薦于太廟、圜丘、明堂。尋又內出御製郊祀大禮樂章，付太常肄習。

天子親祀南郊，圜鍾爲宮，三奏，樂凡六成，歌景安，用文德武功之舞；饗明堂，夾鍾爲宮，三奏，樂凡九成，歌誠安，用佑文化俗、威功睿德之舞。前二日，朝獻景靈宮，圜鍾爲宮，三奏，凡六成，所奏樂與南郊同，歌興安，用發祥流慶、降眞觀德之舞。前一日，朝饗太廟，黃鍾爲宮，三奏，樂凡九成，歌興安，所用文武二舞與南郊同。僖祖廟用基命之樂舞，翼祖廟用大順之樂舞，宣祖廟用天元之樂舞，太祖廟用皇武之樂舞，太宗廟用大定之樂舞。眞宗、仁宗廟樂舞曰熙文、曰美成，英宗、神宗廟樂舞曰治隆、曰大明，哲宗、徽宗、欽宗廟樂舞曰重光、曰承元、曰端慶，皆以無射宮奏之。

每歲祀昊天上帝者凡四：正月上辛祈穀，孟夏雩祀，季秋饗明堂，冬至祀圜丘是也。圜

鍾爲宮，樂奏六成，與南郊同，乃用景安之歌、帝臨嘉至神娭錫羨之舞。祀地祇者二〔二〕：夏至祀皇地祇，樂奏八成，乃用寧安之歌、儲靈錫慶嚴恭將事之舞；立冬後祀神州地祇，樂奏八成，歌寧安，與祀皇地祇同名而異曲，用廣生儲祐、厚載凝福之舞〔三〕。孟春上辛祀感生帝，其歌大安，其樂舞則與歲祀昊天同。三年一祫及時饗太廟，九成之樂、興安之歌，與大禮前事朝饗同，而用孝熙昭德、禮洽儲祥之舞。太社、太稷用寧安，八成之樂，與歲祀地祇同。至於親製贊宣聖及七十二弟子，以廣崇儒右文之聲；親視學，行酌獻，定釋奠爲大祀，用凝安，九成之樂。郡邑行事，則樂止三成。他如親饗先農、親祀高禖，則倣壇壝、奏樂舞，按習於同文館、法惠寺。親耕籍田，則據宣和舊制，陳設大樂〔四〕，而引呈耒耜、護衞耕根車、儀仗鼓吹至以二千人爲率。先農樂用靜安，高禖樂用景安；皇帝親行三推禮，樂用乾安。其補苴軼典、蒐講彌文者至矣。先朝凡雅樂皆以「安」名，中興一遵用之。

南郊樂，其宮圜鍾；明堂樂，其宮夾鍾。圜鍾卽夾鍾也。夾鍾生於房、心之氣，實爲天帝之堂，故爲天宮。祭地祇，其宮函鍾，卽林鍾也。林鍾生於未之氣，未爲坤位，而天社、地神實在東井、輿鬼〔五〕之外，故爲地宮。饗宗廟，其宮用黃鍾。黃鍾生於虛、危之氣，虛、危爲宗廟，故爲人宮。此三者，各用其聲類求之。然天宮取律之相次：圜鍾爲陰聲第五，陰將極而陽生，故取黃鍾爲角。黃鍾，陽聲之首也。太簇，陽聲之第二，故太簇爲徵。姑洗，陽聲之

第三，故姑洗爲羽。天道有自然之秩序，乃取其相次者以爲聲。地宮取律之相生：函鍾上生太簇，故太簇爲角；太簇下生南呂，南呂上生姑洗，故南呂爲徵，姑洗爲羽。地道資生而不窮，乃取其相生者以爲聲。人宮取律之相合：黃鍾子，大呂丑，故黃鍾爲宮、大呂爲角，子合丑也；太簇寅，應鍾亥，故太簇爲徵、應鍾爲羽，寅合亥也。人道以合而相親，乃取其合者以爲聲。周之降天神、出地示、禮人鬼，樂之綱要實在於此。獨商聲置而不用，蓋商聲剛而主殺，實鬼神之所畏也。樂奏六成者，卽倣周之六變，八成、九成亦如之。

文武二舞皆用八佾。國初，始改崇德之舞曰文德，改象成之舞曰武功。其發祥流慶、降眞觀德則祥符所製，以薦獻聖祖；其佑文化俗、威功睿德則皇祐所製，以奉明禋。其祀帝，有司行事，以帝臨嘉至、神娭錫羨，與夫獻太廟以孝熙昭德、禮洽儲祥，則製於元豐。其廣生儲祐、厚載凝福以祀方澤，則製於宣和。至紹興祀皇地祇，易以儲靈錫慶、嚴恭將事，而用宣和所製舞以分祀神州地祇，轉相緝熙，樂舞寖備。至中興而賡續裁定，實集其成。中祀而下，多有樂而無舞，則在禮「凡小祭祀不興舞」之義也。

紹興三十一年，有詔：「教坊日下蠲罷，各令自便。」蓋建炎以來，畏天敬祖，虔恭祀事，雖禮樂煥然一新，然其始終常以天下爲憂，而未嘗以位爲樂，有足稱者。

孝宗初踐大位，立班設仗于紫宸殿，備陳雅樂。禮官尋請車駕親行朝饗，用登歌、金玉大樂及綵繪宮架、樂舞；仗內鼓吹，以欽宗喪制不用。迨安穆皇后祔廟，禮部侍郎黃中首言：「國朝故事，神主升祔，係用鼓吹導引，前至太廟，乃用樂舞行事。宗廟薦享雖可用樂，鼓吹施於道路，情所未安，請備而不作。」續下給、舍詳議，謂：「薦享宗廟，爲祖宗也，故以大包小，則別廟不嫌於用樂。今祔廟之禮爲安穆而行，豈可與薦享同日語？將來祔禮，謁祖宗諸室，當用樂舞；至別廟奉安，宜停而不用。蓋用樂於前殿，是不以欽宗而廢祖宗之禮；停樂於別廟，是安穆爲欽宗喪禮而屈也。如此，則於禮順，於義允。」遂俞其請。既而右正言周操上言：「祖宗前殿，尊無二上，其於用樂，無復有嫌。然用之享廟行禮之日則可，而用於今日之祔則不可。蓋祔禮爲安穆而設，則其所用樂是爲安穆而用，雖曰停於別廟，而爲祔后用樂之名猶在也。孰若前後殿樂俱不作爲無可議哉？」詔從之。

隆興元年天申節，率羣臣詣德壽宮上壽，議者以欽宗服除，當舉樂。事下禮曹，黃中復奏曰：「臣事君，猶子事父也。春秋，賊未討，不書葬，以明臣子之責。況欽宗實未葬，而可遽作樂乎？」事遂寢。

乾道改元，始郊見天地。太常洪适奏：「聖上踐阼，務崇乾德〔六〕，郊丘講禮，專以誠意交於神明。竊謂古今不相沿樂，金石八音不入俗耳，通國鮮習其藝，而聽之則倦且寐，獨以

中華書局

二十四史

古樂嘗用之郊廟爾。昔者，竽工、鼓員不應經法，孔光、何武嘗奏罷於漢代，前史是之。今樂工爲數甚夥，其鹵簿六引、前後鼓吹，有司已奏明，詔三分減一，惟是肄習尙踰三月之淹。夫驅游手之人挾金擊石，安能盡中音律，使鳳儀而獸舞？而日給虛費，總爲緡錢，近二鉅萬。若從裁酌，用一月教習，自可應聲合節，不至闕事。」於是詔郊祀樂工，令肄習一月。

太常寺復言：「郊祀合用節奏樂工、登歌宮架樂工、引舞舞工，其分詣社稷及別廟，並番輪應奉，更不添置。」尋以禮官裁減壇下宮架二百七人，省十之一；琴二十人，瑟十二人，各省其半；笙、簫、篴可省者十有八人；篪、塤可省者十人。其分詣給祠凡一百十四，止用八十人。鍾、磬凡四十八架，止設三十有二人，其宮架鍾、磬仍舊。排殿閒慢樂色[七]量省人數，悉報如章。

禮部郎官蕭國梁又言：「議禮者嘗援紹興指揮，時饗亞獻既入太室，卽引終獻行事，雖便於有司侍祠，免至跛倚，而其流將至於簡。宗廟用之郊饗，尤爲非宜。蓋有獻必有樂，卒爵而後樂闋。今亞、終獻樂舞雖同，而其作有始，其成有終，不可亂也。若使之相繼行事，雜然於酌獻之間，則其爲樂舞者，不知亞獻之樂耶，終獻之樂耶？」詔從其請訂定。

淳熙六年，始舉明堂禋禮，命五使按雅樂幷嚴更、警場于貢院，奉詔將樂器依堂上、堂下儀制排設，五使及應赴官僚從旁立觀按閱，仍聽往來察視。時大禮使趙雄言：「前例，閱樂至皇帝詣飮福位一曲，卽五使以下皆立，而每閱奠玉幣及酌獻等樂，皆坐自如，於禮未盡，不當襲用前例。」故有是詔。

旣而禮官討論，自紹興以來，凡五饗明堂，禮畢還輦，並未經用樂，卽無作樂節次可考。乃參酌禮例，成禮稱賀及肆赦用樂導駕，並用皇祐大饗典故施行。其南郊、明堂儀注，實述紹興成憲，又命有司兼酌元豐、大觀舊典，爲後世法程。其用樂作止之節，粲然可觀：

前三日，太常設登歌樂於壇上，稍南，北向，設宮架於壇南內壝之外，立舞表於酇綴之間。明堂登歌設於堂上前楹間[八]，宮架設於庭中。前一日，設協律郎位二：一於壇上樂虡西北，一於宮架西北。押樂官位二[九]：太常丞於登歌樂虡北，太常卿於宮架北。省牲之夕，押樂太常卿及丞入行樂架，協律郎展視樂器。

祀之日，樂正帥工人、二舞以次入。皇帝乘輿，自青城齋殿出，樂正撞景鍾，降輿入大次，景鍾止。明堂不用景鍾。服大裘袞冕，自正門入，協律郎跪，俯伏，舉麾，興。工鼓柷，宮架乾安之樂作，凡升降、行止皆奏之。明堂奏儀安。至午階版位，西向立；協律郎偃麾戛敔，樂止。明堂至阼階下，樂止。凡樂，皆協律郎舉麾而後作，偃麾而後止。禮儀使奏請行事，宮架作景安之樂。明堂作誠安。

文舞進，左丞相等升，詣神位前，樂作，六成止。皇帝執大圭再拜，內侍進御匜帨，宮架樂作，帨手畢，樂止。禮儀使前導升壇，宮架樂作，至壇下，樂止。升自午階，明堂並升自阼階。登歌樂作，至壇上，樂止。登歌嘉安之樂作，明堂至堂上作鎭安。奠鎭圭、奠玉幣于上帝，樂止。詣皇地祇、太祖、太宗神位前，如上儀。禮儀使導還版位，登歌樂作，降階，樂止。明堂降自阼階。宮架樂作，至版位，樂止。奉俎官入正門，宮架豐安之樂作，明堂作禧安。跪，奠俎訖，樂止。內侍以御匜帨進，宮架樂作，帨手拭爵，樂止。禮儀使導升壇，宮架樂作，至午階，樂止。升自午階，登歌樂作，至壇上，樂止。明堂無升壇。登歌禧安之樂作，明堂作慶安。詣神位前，三祭酒，少立，樂止。讀册，皇帝再拜。每詣神位並如之。禮儀使導還版位，登歌樂作，降階，樂止。宮架樂作，至版位，樂止。奏請還小次，宮架樂作，入小次，樂止。

武舞進，宮架正安之樂作，明堂作穆安。舞者立定，樂止。亞獻，升，詣酌尊所，西向立，宮架正安之樂作。明堂皇太子爲亞獻，作穆安。三祭酒，以次酌獻如上儀，樂止。終獻亦如之。奏請詣飮福位，宮架樂作，至午階，樂止。升自午階，登歌樂作，將至位，樂止。登歌禧安之樂作，明堂作胙安。飮福，禮畢，樂止。禮儀使導還版位，登歌樂作，降階，樂止。宮架樂作，至版位，樂止，明堂不降階。徹豆，登歌熙安之樂作，明堂作歆安。送神，宮架景安之樂作，一成止。明堂作誠安。詣望燎、望瘞位，宮架樂作，至位，樂止。明堂有燎無瘞。燎、瘞畢，

還大次，宮架乾安之樂作，明堂作憩安。至大次，樂止。皇帝乘大輦出大次，樂正撞景鍾，明堂不用景鍾。鼓吹振作，降輦還齋殿，景鍾止。百官、宗室班賀于端誠殿，奏請聖駕進發，軍樂導引，至麗正門，大樂正令奏采茨之樂，入門，樂止。明堂就賀于紫宸殿，不奏采茨。

乃御麗正門肆赦。前期，太常設宮架樂于門之前，設鉦鼓于其西，皇帝升門至御閣，大樂正令撞黃鍾之鍾，右五鍾皆應，乾安之樂作，升御坐，樂止。金雞立，太常擊鼓，囚集，鼓聲止。宣制畢，大樂正令撞蕤賓之鍾，左五鍾皆應，皇帝還御幄，樂止。乘輦降門，作樂，導引至文德殿，降輦，樂止。

按大禮用樂，凡三十有四色：歌色一，篴色二，塤色三，篪色四，笙色五，簫色六，編鍾七，編磬八，鎛鍾九，特磬十，琴十一，瑟十二，柷、敔十三，搏拊十四，晉鼓十五，建鼓十六，鞞、應鼓十七，雷鼓祀天神用。十八，雷鼗鼓同上。十九，靈鼓祭地祇用。二十，靈鼗鼓同上。二十一，露鼓[一〇]饗宗廟用。二十二，露鼗鼓同上。二十三，雅鼓二十四，相鼓二十五，單鼗鼓二十六，旌纛二十七，金鉦二十八，金錞二十九，單鐸三十，雙鐸三十一，鐃鐸三十二，奏坐三十三，麾幡三十四。此國樂之用尤大者，故具載于篇。

初，紹興崇建皇儲，詔有司備禮冊命，然在欽宗恤制，未及製樂。乾道初元，詔立皇太子，命禮部、太常寺討論舊禮以聞。受册日，陳黃麾仗于大慶殿，設宮架樂于殿庭，皇帝升

中華書局

御坐，作乾安之樂，升，用黃鍾宮，降，用㽔賓宮。皇太子入殿門，作明安之樂，受册出殿門亦如之，皆用應鍾宮。至七年，易應鍾而奏以姑洗。古者，太子生則太師吹管以度其聲，觀所協之律。有虞典樂敎胄子，自天子之元子皆以樂爲教，所以養其性情之正，蕩滌邪穢，消融查滓而和順於道德，則陳金石雅奏，以重元良。册拜宜倣古誼，式昭盛禮。繇唐季世，儲貳罕定，國家益多故而禮廢樂闕。至于建隆定樂，雖詔皇太子出入奏良安，至道始册皇太子，有司言：「太子受册，宜奏正安之樂。」百年曠典，至是舉行，中外胥悅。至天禧册命，禮儀院復奏改正安之樂。乾道之用明安，實祖述天禧，而以姑洗爲宮，則唐東宮軒垂奏樂舊貫云。

孝宗素恭儉，每賀正使赴宴作樂，多遇上辛齋禁，有司倏治平用樂典故以進。及生辰使上壽，適親郊散齋，樞密副使陳俊卿請以禮諭北使，毋用樂。不得已，則上壽之日設樂，而宣旨罷之，及宴使人，然後用之，庶存事天之誠。上可其奏。且曰：「宴殿雖進御酒，亦勿用。」宰相葉顒、魏杞方主用樂之議，以爲樂奏於紫宸，乃使客之禮。俊卿獨奏曰：「適奉詔旨，仰見聖學高明，過古帝王遠甚。彼初未嘗必欲用樂，而我乃望風希意，自爲失禮以徇之，他日輕侮，何所不至？」尋詔：「垂拱上壽止樂，正殿猶爲北使權用。」後三年，賀使當朝辭，復値散齋，上乃諭館伴以決意去樂及議所以處之者，如使人必以作樂爲言，則移茶酒就驛管領，遂有更不用樂之詔。

其後因雨澤愆期，分禱天地、宗廟，精修雩祀。按禮，大雩，帝用盛樂，而唐開元祈雨雩壇，謂之特祀，乃不以樂薦。於是太常朱時敏言：「通典載雩禮用舞僮歌雲漢，晉蔡謨議謂：『雲漢之詩，興於宣王，歌之者取其脩德禳災，以和陰陽之義。』乞用舞僮六十四人，衣玄衣，歌雲漢之詩。」詔亟從之。

淳熙二年，詔以上皇加上尊號，立春日行慶壽禮。有司尋言：「乾道加尊號，用宮架三十六，樂工共一百一十三人。今來加號慶壽，事體尤重，合依大禮例，用四十八架，樂正、樂工用一百八十八人，庶得禮樂明備。」仍令分就太常寺、貢院前五日教習。前期，太常設宮架之樂于大慶殿，協律郎位於宮架西北，東向；押樂太常卿位於宮架之北，北向；皇太子及文武百僚，並位於宮架之北，東西相向，又設宮架于德壽殿門外，協律郎、太常卿位如之。及發册寶日，儀仗、鼓吹列于大慶殿門，樂正、師二人以次入。贊者引押樂太常卿、協律郎入，就位，奏中嚴外辦訖，禮儀使奏請皇帝恭行發册寶之禮，太常卿導册寶，正安之樂作。中書令奉寶、侍中奉册進行，禮安之樂作。發寶册畢，鼓吹振作，儀衞等以次從行。皇帝自祥曦殿輦至德壽宮行禮，册寶入殿門，作正安之樂。上皇出宮，作乾安之樂；升御坐，奉上册寶，作聖安之樂；降御坐，作乾安之樂。太后册寶進行，用正安；出閤升坐，用坤安；降坐入閤，復作坤安之樂。禮部尙書趙雄等言：「國朝舊制，車駕出，奏樂。今慶典之行，亘古未有，自非禮儀詳備，無以副中外歡愉之心。請慶壽行禮日，聖駕往還並用樂及簪花。」詔從之。既而太常又言：「郊禋禮成，宜進胙慈闈，行上壽飲酒禮。所有上壽合辦仙樓仍用樂，其樂人照天申節禮例。」凡上詣德壽宮，或恭請上皇游幸，或至南內，或上皇命同宴游，或時序賞適、過宮侍宴，或聖節張樂、珥花、奉玉巵爲上皇壽，率從容竟日，隆養至樂，備極情文。

及高宗之喪，孝宗力行三年之制，有司雖未嘗別設樂禁，而過期不忍聞樂。金使以會慶節來賀，稽之舊典，引對使人或許上壽，惟輟樂不舉。孝宗斷以禮典，卻其書幣，就館遣行。次年再至，始用紹興故事，移宴于館而不作樂。高宗升祔，太常言：「祔饗行禮，當設登歌、宮架、樂舞，晨祼饋食，其用樂如朝饗之制。」於是，高宗廟昉奏大德之樂舞。禮部言：「今虞祔之行，純用古禮，導引神主，自有衞仗及太常鼓吹，而雜用道、釋，於禮非經，乞行蠲免。」詔從其請。

既而大享明堂，起居舍人鄭僑奏：「祭祀於事爲大，禮樂於用爲急，然先王處此，有常變之不同，各務當其禮而已。昔舜居堯喪，三載遏密，後世既用漢文以日易月之文，又用漢儒越紼行事之制，循習既久，不特用禮而又用樂，去古愈遠。聖主躬服通喪，有司請舉大禮，屈意從之。且大饗之禮，祭天地也，聖主身親行之，行禮作樂，似不可廢。其他官分獻與夫先期奏告例用樂者，權宜蠲寢，不亦可乎？今若因明堂損益而裁定之，亦足爲將來

法。」乃命太常討論，始詔除降神、奠玉幣、奉俎、酌獻、換舞、徹豆、送神依典禮作樂外，所有皇帝及獻官盥洗、登降等樂皆備而不作云。

校勘記

〔一〕自一三五七至九絃各二　「一」下原衍「二」字，據通考卷一三〇樂考删。

〔二〕祀地祇者二　「二」字原脫，據通考卷一三〇樂考補。

〔三〕用廣生儲祐厚載凝福之舞　「用」字原脫，據通考卷一三〇樂考補。

〔四〕陳設大樂　「樂」原作「道」，據通考卷一三〇樂考改。

〔五〕輿鬼　原倒，據本書卷五一天文志、史記卷二七天官書、晉書卷一一天文志乙轉。

〔六〕務崇乾德　宋會要樂四之七作「務崇儉德」。

〔七〕排殿閒慢樂色　「閒」原作「門」，據通考卷一三〇樂考改。

〔八〕設於堂上前楹間　「楹」原作「景」，據通考卷一三〇樂考改。

〔九〕押樂官位二　「位」字原脫，據通考卷一三〇樂考補。

〔一〇〕露鼓　按本書卷一二六樂志，乾德四年大臣上言改作諸鼓和考擊之法，都作「路鼓」。周禮大司樂有路鼓、路鼗於宗廟中奏之。

中華書局

宋史卷一百三十一

志第八十四

樂六

光宗受禪，崇上壽皇聖帝、壽成皇后暨壽聖皇太后尊號，壽皇樂用乾安，壽聖、壽成樂用坤安，三殿慶禮，在當時侈爲盛儀。尋以禮部、太常寺言：「國朝歲饗上帝，太祖肇造王業，則配冬饗于圜丘；太宗混一區宇，則春祈穀、夏大雩、秋明堂俱配焉。高宗身濟大業，功德茂盛，所宜奉侑，仰繼祖宗，以協先儒嚴祖之議，以彰文祖配天之烈。」乃季秋升侑于明堂，奠幣用宗安之樂，酌獻用德安之樂，並登歌作大呂宮。及加上高宗徽號，奉册寶以告，用顯安之樂。

紹熙元年，始行中宮册禮，發册于文德殿：皇帝升降御坐，用乾安之樂；持節展禮官出入殿門，用正安之樂。受册于穆清殿：皇后出就褥位，用坤安；至位，用承安；受册寶，用

咸安；受內外命婦賀，就坐，用和安；內命婦進行賀禮，用惠安；外命婦進行賀禮，用咸安；皇后降坐，用徽安；歸閣，用泰安；册寶人殿門，用宜安。宋初立后，自景祐始行册命之禮。元祐納后，典章彌盛，而六禮發制書日，樂備不作，惟皇后入宣德門，朝臣班迎，鳴鍾鼓而已。崇寧中，乃陳宮架，用女工，皇后升降行止，並以樂爲節。至紹興復製樂，以重褘翟，詔執色勿用女工，令太常止於門外設樂。隆興册禮時，則國樂未舉，淳熙始遵用之，而紹熙敷賁舊典，於此特加詳備。紹興樂奏仲呂宮，仲呂爲陰；紹熙〔一〕樂奏太簇宮，太簇爲陽：用樂同而揆律異焉。

明年郊祀，太常耿秉奏：「致敬鬼神，以禮樂爲本，樂欲其備，音欲其和。今所用雷鼓之屬，正所以祀天致神，而皮革虛緩，聲不能振應；登歌、大樂樂器及樂舞工人冠服，有積歲久而損弊者，宜葺新之。太常在籍樂工，不給於役，召募百姓，罕能習熟。郊祀事重，其樂工親扈乘輿，和樂雅奏，期以接天地、享祖宗，請優其日廩，以籍田司錢給之，樂藝稍精，仍加賞勸。其緣託權要、送名充數者，嚴戢絕之。」又言：「大禮前期，皇帝朝饗太廟，別廟內安穆、安恭皇后二室，前此係大臣分詣行事。今既親詣室祼，其酌獻、升殿所奏樂曲，恐不相協，宜命有司更製。」皆從之。

寧宗卽位，孝宗升祔，祧僖祖，立別廟，禮官言：「僖祖既倣唐興聖立爲別廟，遇祫則卽廟以饗，孟冬祫饗日，合先詣僖祖廟室行禮。其樂舞欲依每歲別廟五饗設樂禮例，於僖祖添設登歌樂。如僖廟行禮，就廟殿依次作登歌樂，其宮架樂則於太廟殿上通作。」詔從之。

既而臣僚言：「皇帝因重明聖節，詣壽康宮上壽畢樂，仰體聖主事親盡孝之志，俯遂臣子尊君親上之忱，此國家典禮之大者也。檢照典故，天申節賜御筵，在上壽次日。今乃於前一日賜文武百僚宴，重明上壽，用樂攸始，而臣下聽樂乃在君父之先，義有未安。」遂命改用次日。凡奉上册寶于慈福、壽康宮者，再備樂行禮，一用乾道舊制。尋御文德殿制册皇后，有司請設宮架之樂，依儀施行。慶元六年瑞慶節，金使至，以執光宗、慈懿皇后喪，詔就驛賜御筵，並不作樂。

嘉定二年，明堂大饗，禮部尙書章穎奏：「太常工籍闕少，率差借執役。當親行薦饗，或容不根游手出入殿庭，非所以肅儀衞、嚴禁防也。乞申紹興、開禧已行禁令，不許用市井替名，顯示懲戒，庶俾駿奔之人小大嚴潔，以稱精禋。」臣僚又奏：「郊祀登歌列于壇上，鐘于上龠，蓋在天地祖宗之側也。宮架列于午階下，則百神所同聽也。夫樂音莫尙於和，今絲、竹、管、絃類有闕斷，拊搏、佾舞，賤工、窶人往往垢黹襤雜，宜申嚴以肅祀事。」皆俞其請。至十四年，詔：「山東、河北連城慕義，殊俗效順，奉玉寶來獻，其文曰『皇帝恭膺天命之寶』，實惟我祖宗之舊。」乃明年元日，上御大慶殿受寶，用鼓吹導引，備陳宮架大樂，奏詩三章：

一曰恭膺天命，二曰舊疆來歸，三曰永淸四海，並奏以太簇宮。

理宗享國四十餘年，凡禮樂之事，式遵舊章，未嘗有所改作。先是，孝宗廟用大倫之樂，光宗廟用大和之樂；至是，寧宗祔廟，用大安之樂。紹定三年，行中宮册禮，並用紹熙元年之典。及奉上壽明仁福慈睿皇太后册寶，始新製樂曲行事。當時中興六七十載之間，士多嘆樂典之久墜，類欲蒐講古制，以補遺軼。於是，姜夔乃進大樂議于朝。夔言：

紹興大樂，多用大晟所造，有編鍾、鎛鍾、景鍾，有特磬、玉磬、編磬，三鍾三磬未必相應。塤有大小，簫、篪、篴有長短，笙、竽之簧有厚薄，未必能合度。琴、瑟絃有緩急燥濕，軫有旋復，柱有進退，未必能合調。總衆音而言之，金欲應石，石欲應絲，絲欲應竹，竹欲應匏，匏欲應土，而四金之音又欲應黃鍾，不知其果應否。樂曲知以七律爲一調，而未知度曲之義；知以一律配一字，而未知永言之旨。黃鍾奏而聲或林鍾，林鍾奏而聲或太簇。七音之協四聲，各有自然之理。今以平、入配重濁，以上、去配輕清，奏之多不諧協。

八音之中，琴、瑟尤難。琴必每調而改絃，瑟必每調而退柱，上下相生，其理至妙，知之者鮮。又琴、瑟聲徵，常見蔽於鍾、磬、鼓、簫之聲；匏、竹、土聲長，而金石常不能

二十四史

中華書局

以相待，往往考擊失宜，消息未盡。至於歌詩，則一句而鍾四擊，一字而竽一吹，未協古人槁木貫珠之意。況樂工苟焉占籍，擊鍾磬者不知聲，吹匏竹者不知穴，操琴瑟者不知絃。同奏則動手不均，迭奏則發聲不屬。比年人事不和，天時多忒，由大樂未有以格神人、召和氣也。

宮爲君、爲父，商爲臣、爲子，宮商和則君臣父子和。徵爲火，羽爲水，南方火之位，北方水之宅，常使水聲衰、火聲盛，則可助南而抑北。宮爲夫，徵爲婦，商雖父宮，實徵之子，常以婦助夫、子助母，而後聲成文。徵盛則宮唱而有和，商盛則徵有子而生生不窮，休祥不召而自至，災害不祓而自消。聖主方將講禮郊見，願詔求知音之士，考正太常之器，取所用樂曲，條理五音，隱括四聲，而使協和。然後品擇樂工，其上者教以金、石、絲、竹、匏、土、歌詩之事，其次者教以戛、擊、干、羽、四金之事，其下不可教者汰之。雖古樂未易遽復，而追還祖宗盛典，實在茲舉。

其議雅俗樂高下不一，宜正權衡度量：

自尺律之法亡於漢、魏，而十五等尺雜出於隋、唐正律之外，有所謂倍四之器，銀字、中管之號。今大樂外有所謂下宮調，下宮調又有中管倍五者。有曰羌笛、孤笛，有曰雙韻、十四弦，以意裁聲，不合正律，繁數悲哀，棄其本根，失之太清；有曰夏笛、鷓鴣，曰胡盧琴、渤海琴，沉滯抑鬱，腔調含糊，失之太濁。故聞其聲者，性情蕩於內，手足亂於外，禮所謂「慢易以犯節，流湎以忘本，廣則容姦，狹則思欲」者也。家自爲權衡，鄉自爲尺度，乃至於此。謂宜在上明示以好惡，凡作樂製器者，一以太常所用及文思所頒爲準。其他私爲高下多寡者悉禁之，則斯民「順帝之則」，而風俗可正。

其議古樂止用十二宮：

周六樂奏六律、歌六呂，惟十二宮也。「王大食，三侑。」注云：「朔日、月半。」隨月用律，亦十二宮也。十二管各備五聲，合六十聲；五聲成一調，故十二調。古人於十二宮又特重黃鍾一宮而已。齊景公作徵招、角招之樂，師涓、師曠有清商、清角、清徵之操。漢、魏以來，燕樂或用之，雅樂未聞有以商、角、徵、羽爲調者，惟迎氣有五引而已，隋書云「梁、陳雅樂，並用宮聲」，是也。若鄭譯之八十四調，出於蘇祗婆之琵琶。大食、小食、般涉者，胡語；伊州、石州、甘州、婆羅門者，胡曲；綠腰、誕黃龍、新水調者，華聲而用胡樂之節奏。惟瀛府、獻仙音謂之法曲，卽唐之法部也。凡有催袞者，皆胡曲耳，法曲無是也。且其名八十四調者，其實則有黃鍾、太簇、夾鍾、仲呂、林鍾、夷則、無射七律之宮、商、羽而已，於其中又闕太簇之商、羽焉。

國朝大樂諸曲，多襲唐舊。竊謂以十二宮爲雅樂，周制可舉；以八十四調爲宴樂，胡部不可雜。郊廟用樂，咸當以宮爲曲，其間皇帝升降、盥洗之類，用黃鍾者，羣臣以太簇易之，此周人王用王夏、公用驁夏之義也。

其議登歌當與奏樂相合：

周官歌奏，取陰陽相合之義。歌者，登歌、徹歌是也；奏者，金奏、下管是也。奏六律主平陽，歌六呂主乎陰，聲不同而德相合也，自唐以來始失之。故趙愼言云：「祭祀有下奏太簇、上歌黃鍾，俱是陽律，旣違禮經，抑乖會合。」今太常樂曲，奏夾鍾者奏陰歌陽[二]，其合宜歌無射，乃或歌大呂；奏函鍾者奏陰歌陽，其合宜歌蕤賓，乃或歌應鍾；奏黃鍾者奏陽歌陰，其合宜歌大呂，乃雜歌夷則、夾鍾、仲呂、無射矣。苟欲合天人之和，此所當改。

其議祀享惟登歌、徹豆當歌詩：

古之樂，或奏以金，或吹以管，或吹以笙，不必皆歌詩。周有九夏，鍾師以鍾鼓奏之，此所謂奏以金也。大祭祀登歌旣畢，下管象、武。管者，簫、篪、篴之屬。象、武皆詩而吹其聲，此所謂吹以管者也。周六笙詩，自南陔皆有聲而無其詩，笙師掌之以供祀饗，此所謂吹以笙者也。周升歌清廟，徹而歌雍詩，一大祀惟兩歌詩。漢初，此制未改，迎神曰嘉至，皇帝入曰永至，皆有聲無詩。至晉始失古制，旣登歌有詩，夕牲有詩，饗神有詩，迎神、送神又有詩。隋、唐至今，詩歌愈富，樂無虛作。謂宜倣周制，除登歌、徹歌外，繁文當删，以合乎古。

其議作鼓吹曲以歌祖宗功德：

古者，祖宗有功德，必有詩歌，七月之陳王業是也。歌於軍中，周之愷樂、愷歌是也。漢有短簫鐃歌之曲，凡二十二篇，軍中謂之騎吹，其曲曰戰城南、聖人出之類是也。魏因其聲，製爲克官渡等曲十有二篇；晉亦製爲征遼東等曲二十篇；唐柳宗元亦嘗作爲鐃歌十有二篇，述高祖、太宗功烈。我朝太祖、太宗平僭僞，一區宇；眞宗一戎衣而却契丹；仁宗海涵春育，德如堯、舜；高宗再造大功，上儷祖宗。願詔文學之臣，追述功業之盛，作爲歌詩，使知樂者協以音律，領之太常，以播于天下。

夔乃自作聖宋鐃歌曲：宋受命曰上帝命，平上黨曰河之表，定維揚曰淮海濁[三]，取湖南曰沅之上，得荆州曰皇威暢，取蜀曰蜀山邃[四]，取廣南曰時雨霈，下江南曰望鍾山，吳越獻國曰大哉仁，漳、泉獻土曰謳歌歸，克河東曰伐功繼，征澶淵曰帝臨墉，美致治[五]曰維四葉，歌中興曰炎精復：凡十有四篇，上于尙書省。書奏，詔付太常。然夔言爲樂必定黃鍾，迄無成說。其議今之樂極爲詳明，而終謂古樂難復，則於樂律之原有未及講。

其後朱熹深悼先王制作之湮泯，與其友武夷蔡元定相與講明，反覆參訂，以究其歸極。

熹在慶元經筵，嘗草奏曰：「自秦滅學，禮樂先壞，而樂之爲教，絕無師授。律尺短長，聲音清濁，學士大夫莫知其說，而不知其爲闕也。望明詔許臣招致學徒，聚禮樂諸書，編輯別爲一書，以補六藝之闕。」後修禮書，定爲鍾律、樂制等篇，垂憲言以貽後人。

蓋宋之樂議，因時迭出，其樂律高下不齊，俱有原委。建隆初用王朴樂，藝祖一聽，嫌其太高，近於哀思，詔和峴考西京表尺，令下一律，比舊樂始和暢。至景祐、皇祐間，訪樂、議樂之詔屢頒，於是命李照改定雅樂，比朴下三律。照以縱黍累尺，雖律應古樂，而所造鍾磬，才中太簇，樂與器自相矛盾。阮逸、胡瑗復定議，止下一律，以尺生律，而黃鍾律短，所奏樂聲復高。元豐中，以楊傑條樂之疵，召范鎮、劉几參定。几、傑所奏，下舊樂三律，范鎮以爲聲雜鄭、衞，且律有四釐六毫之差，太簇爲黃鍾，宮商易位，欲求眞黍以正尺律，造樂來獻，復下李照一律。至元祐廷奏，而詔奬之。初，鎮以房庶所得漢書，其言黍律異於他本，以大府尺爲黃帝時尺，司馬光力辨其不然。鎮以周鬴、漢斛爲據，光謂鬴本考工所記，斛本劉歆所作，非經不足法。鎮以所收開元中笛及方響合於仲呂，校太常樂下五律，教坊樂下三律。光謂此特開元之仲呂，未必合於后夔，力止鎮勿奏所爲樂。光與鎮平生大節不

謀而同，惟鍾律之論往返爭議，凡三十餘年，終不能以相一。

是時，濂、洛、關輔諸儒繼起，遠溯聖傳，義理精究。周惇頤之言樂，有曰：「古者聖王制禮法，修教化，三綱正，九疇敘，百姓大和，萬物咸若，乃作樂以宣八風之氣。樂聲淡而不傷，和而不淫。淡則欲心平，和則躁心釋。德盛治至，道配天地，古之極也。後世禮法不修，刑政苛紊，代變新聲，導欲增悲，故有輕生敗倫不可禁者矣。樂者，古以平心，今以助欲；古以宣化，今以長怨。不復古禮，不變今樂，而欲至治者，遠哉！」程頤有曰：「律者，自然之數。先王之樂，必須律以考其聲。尺度權衡之正，皆起於律。律管定尺，以天地之氣爲準，非秬黍之比也。律取黃鍾，黃鍾之聲亦不難定，有知音者，參上下聲考之，自得其正。」張載有曰：「聲音之道與天地通，蠶吐絲而商弦絕，木氣盛則金氣衰，乃此理自相應。今人求古樂太深，始以古樂爲不可知，律呂有可求之理，惟德性深厚者能知之。」此三臣之學，可謂窮本知變，達樂之要者矣。

熹與元定蓋深講於其學者，而研覃眞積，述爲成書。元定先究律呂本原，分其篇目，又從而證辨之。其黃鍾篇曰：

天地之數始於一，終於十：其一、三、五、七、九爲陽，九者，陽之成也；其二、四、六、八、十爲陰，十者，陰之成也。黃鍾者，陽聲之始，陽氣之動也，故其數九。分寸之數，具于聲氣之先，不可得而見。及斷竹爲管，吹之而聲和，候之而氣應，而後數始形焉。均其長，得九寸；審其圍，得九分；積其實，得八百一十分。長九寸，圍九分，積八百一十分，是爲律本，度量權衡於是而受法，十一律由是損益焉。其證辨曰：「古者考聲候氣，皆以聲之清濁、氣之先後求黃鍾也。夫律長則聲濁而氣先至，律短則聲清而氣後至，極長極短則不成聲而氣不應。今欲求聲氣之中，而莫適爲準，莫若且多截竹以擬黃鍾之管，或極其短，或極其長，長短之內，每差一分而爲一管，皆即以其長權爲九寸，而度圍徑如黃鍾之法焉。更迭以吹，則中聲可得；淺深以列，則中氣可驗。苟聲和氣應，則黃鍾之爲黃鍾者，信矣。黃鍾信，則十一律與度量權衡者得矣。後世不知出此，而惟尺之求。晉氏而下，多求之金石；梁、隋以來，又參之秬黍；至王朴專恃累黍，金石亦不復考。夫金石眞僞固難盡信，而秬黍長短小大不同，尤不可恃。古人謂『子穀秬黍，中者實其籥』，是先得黃鍾而後度之以黍，以見周徑之度，以生度量權衡之數而已，非律生於黍也。百世之下，欲求百世之前之律者，亦求之聲氣之元而毋必之於秬黍，斯得之矣。」

黃鍾生十一律篇曰：

子、寅、辰、午、申、戌六陽辰皆下生，丑、卯、巳、未、酉、亥六陰辰皆上生。陽數以倍者，三分本律而損其一也；陰數以四者，三分本律〔六〕而增其一也。六陽辰當位，自

得六陰位以居其衝。其林鍾、南呂、應鍾三呂在陰，無所增損；其大呂、夾鍾、仲呂三呂在陽，則用倍數，方與十二月之氣相應，蓋陰陽自然之理也。其證辨曰：「按呂氏、淮南子，上下相生，與司馬氏律書、漢前志不同，雖大呂、夾鍾、仲呂用倍數則一，然呂氏、淮南不過以數之多寡爲生之上下，律呂陰陽錯亂而無倫，非其本法也。」

十二律篇曰：

按十二律之實，約以寸法，則黃鍾、林鍾、太簇得全寸；約以分法，則南呂、姑洗得全分；約以釐法，則應鍾、蕤賓得全釐；約以毫法，則大呂、夷則得全毫；約以絲法，則夾鍾、無射得全絲。約至仲呂之實十三萬一千七十二，以三分之，不盡二算，其數不行，此律之所以止於十二也。其證辨曰：「黃鍾爲十二律之首，他律無大於黃鍾，故其正聲不爲他律役。此其所以最尊而爲君之象，然亦非人所能爲，乃數之自然，他律雖欲役之〔七〕而不可得也。此一節最爲律呂旋宮用聲之綱領也。」

變律篇曰：

十二律各自爲宮，以生五聲二變。其黃鍾、林鍾、太簇、南呂、姑洗、應鍾六律，則能具足。至蕤賓、大呂、夷則、夾鍾、無射、仲呂六律，則取黃鍾、林鍾、太簇、南呂、姑

洗、應鍾六律之聲，少下，不和，故有變律。律之當變者有六：黃鍾、林鍾、太簇、南呂、姑洗、應鍾。變律者，其聲近正律而少高於正律，然後洪纖、高下不相奪倫。變律非正律，故不爲宮。其證辨曰：「十二律循環相生，而世俗不知三分損益之數，往而不返。仲呂再生黃鍾，止得八寸七分有奇，不成黃鍾正聲。京房覺其如此，故仲呂再生，別名執始，轉生四十八律。不知變律之數止於六者，出於自然，不可復加。雖強加之，亦無所用也。房之所傳出於焦氏，焦氏卦氣之學，亦去四而爲六十，故其推律必求合此數。不知數之自然，在律不可增，於卦不可減也。何承天、劉焯譏房之病，乃欲增林鍾已下十一律之分，使至仲呂反生黃鍾，還得十七萬七千一百四十七〔八〕之數，則是惟黃鍾一律成律，他十一律皆不應三分損益之數，其失又甚於房。」

律生五聲篇曰：

宮聲八十一，商聲七十二，角聲六十四，徵聲五十四，羽聲四十八。按黃鍾之數九九八十一，是爲五聲之原，三分損一以下生徵，徵三分益一以上生商，商三分損一以下生羽，羽三分益一以上生角。至角聲之數〔九〕六十四，以三分之，不盡一算，數不可行，此聲之數所以止於五也。其證辨曰：「通典曰：『黃鍾爲均，用五聲之法以下十一辰，辰各有五聲，其爲宮商之法亦如之。辰各有五聲，合爲六十聲，是十二律之正聲也。』夫黃鍾一均之數，而十一律於此取法焉。以十二律之宮長短不同，而其臣、民、事、物，尊卑，莫不有序而不相亂，良以是耳。沈括不知此理，乃以爲五十四在黃鍾爲

徵，在夾鍾爲角，在仲呂爲商者，其亦誤矣。俗樂之有清聲，略知此意。但不知仲呂反生黃鍾，黃鍾又自林鍾再生太簇〔一〇〕，皆爲變律，已非黃鍾、太簇之清聲耳。胡瑗於四清聲皆小其圍徑，則黃鍾、太簇二聲雖合，而大呂、夾鍾二聲又非本律〔一一〕之半。且自夷則至應鍾四律，皆以次而小其徑圍以就之，遂使十二律、五聲皆有不得其正者。李照、范鎮止用十二律，則又未知此理。蓋樂之和者，在於三分損益；樂之辨者，在於上下相生。若李照、范鎮之法，其合於三分損益者則和矣，自夷則已降，其臣、民、事、物，豈能尊卑有辨而不相淩犯乎？晉荀勗之笛，梁武帝之通，皆不知而作者也。」

變聲篇曰：

變宮聲四十二，變徵聲五十六。五聲宮與商、商與角、徵與羽相去各一律，至角與徵、羽與宮相去乃二律。相去一律則音節和，相去二律則音節遠〔一二〕。故角、徵之間，近徵收一聲，比徵少下，故謂之變徵；羽、宮之間，近宮收一聲，少高於宮〔一三〕，故謂之變宮。角聲之實六十有四，以三分之，不盡一算，既不可行，當有以通之。聲之變者二，故置一而兩，三之得九，以九因角聲之實六十有四，得五百七十六。三分損益，再生變徵、變宮二聲，以九歸之，以從五聲之數，存其餘數，以爲彊弱。至變徵之數五百一十二，以三分之，又不盡二算，其數又不行，此變聲所以止於二也。變宮、變徵，宮不成宮，徵不成徵，淮南子謂之「和謬」，所以濟五聲之不及也。變聲非正聲，故不爲調。其證辨曰：「宮、羽之間有變宮，角、徵之間有變徵，此亦出於自然，左氏所謂『七音』，漢前志所謂『七始』，是也。然五聲者，正聲，故以起調、畢曲，爲諸聲之綱。至二變聲，則不比於正音，但可濟其所不及而已。然有五聲而無二變，亦不可以成樂也。」

八十四聲篇曰：

黃鍾不爲他律役，所用七聲皆正律，無空、積、忽、微。自林鍾而下，則有半聲：大呂、太簇一半聲，夾鍾、姑洗二半聲，蕤賓、林鍾四半聲，夷則、南呂五半聲，無射、應鍾爲六半聲。中呂爲十二律之窮，三半聲也〔一四〕。自蕤賓而下則有變律：蕤賓一變律，大呂二變律，夷則三變律，夾鍾四變律，無射五變律，中呂六變律也。皆有空、積、忽、微，不得其正，故黃鍾獨爲聲氣之元。雖十二律八十四聲皆黃鍾所生，然黃鍾一均，所謂純粹中之純粹者也。八十四聲：正律六十三，變律二十一。六十三者，九七之數也；二十一者，三七之數也。

六十調篇曰：

十二律旋相爲宮，各有七聲，合八十四聲。宮聲十二，商聲十二，角聲十二，徵聲十二，羽聲十二，凡六十聲，爲六十調。其變宮十二，在羽聲之後、宮聲之前；變徵十二，在角聲之後、徵聲之前：宮徵皆不成，凡二十四聲，不可爲調。黃鍾宮至夾鍾羽，並

用黃鍾起調、黃鍾畢曲；大呂宮至姑洗羽，並用大呂起調、大呂畢曲；太簇宮至仲呂，並用太簇起調、太簇畢曲；夾鍾宮至蕤賓羽，並用夾鍾起調、夾鍾畢曲；姑洗宮至林鍾羽，並用姑洗起調、姑洗畢曲；仲呂宮至夷則羽，並用仲呂起調、仲呂畢曲；蕤賓宮至南呂羽，並用蕤賓起調、蕤賓畢曲；林鍾宮至無射羽，並用林鍾起調、林鍾畢曲；夷則宮至應鍾羽，並用夷則起調、夷則畢曲；南呂宮至黃鍾羽，並用南呂起調、南呂畢曲；無射宮至大呂羽，並用無射起調、無射畢曲；應鍾宮至太簇羽，並用應鍾起調、應鍾畢曲，是爲六十調。六十調卽十二律也，十二律卽一黃鍾也。黃鍾生十二律，十二律生五聲二變。五聲各有紀綱，以成六十調，六十調皆黃鍾損益之變也。宮、商、角三十六調，老陽也；其徵、羽二十四調，老陰也。調成而陰陽備也。

或曰：「日辰之數由天五、地六錯綜而生，律呂之數由黃鍾九寸損益而生，二者不同。至數之成，則日有六甲、辰有五子爲六十日；律呂有六律、五聲爲六十調，若合符節，何也？」曰：「卽所謂調成而陰陽備也。」夫理必有對待，數之自然也。以天五、地六合陰與陽言之，則六甲、五子究於六十，其三十六爲陽，二十四爲陰。以黃鍾九寸紀陽不紀陰言之，則六律、五聲究於六十，亦三十六爲陽，二十四爲陰。蓋一陽之中，又自有陰陽也。非知天地之化育者，不能與於此。其證辨曰：「禮運：『五聲、六律、十二管還相爲

宮。』孔氏疏曰：『黃鍾爲第一宮，至中呂爲第十二宮，各有五聲，凡六十聲。』聲者，所以起調、畢曲，爲諸聲之綱領，正禮運所謂『還相爲宮』也。周禮大司樂，祭祀不用商，惟宮、角、徵、羽四聲。古人變宮、變徵不爲調，左氏傳曰：『中聲以降，五降之後，不容彈矣。』以二變聲之不可爲調也。後世以變宮、變徵參而爲八十四調，其亦不考矣。」

候氣篇曰：

以十二律分配節氣，按曆而候之。其氣之升，分、毫、絲、忽，隨節各異。夫陽生於復，陰生於姤，如環無端。今律呂之數，三分損益，終不復始，何也？曰：「陽之升，始於子，午雖陰生，而陽之升於上者未已，至亥而後窮上反下；陰之升，始于午，子雖陽生，而陰升於上亦未已，至巳而後窮上反下。律於陰則不書，故終不復始也。是以升，陽之數，自子至巳差彊，在律爲尤彊，在呂爲差弱；自午至亥漸弱，在律爲尤弱，在呂爲差彊。分數多寡，雖若不齊，然而絲分毫別，各有條理，此氣之所以飛灰，聲之所以中律也。」

或曰：「易以道陰陽，而律不書陰，何也？」曰：「易盡天下之變，善惡無不備，律致中和之用，止於至善者也。以聲言之，大而至於雷霆，細而至於蠛蠓，無非聲也。易則無不備也，律則寫其所謂黃鍾一聲而已。雖有十二律六十調，然實一黃鍾也。是理

也，在聲爲中聲，在氣爲中氣，在人則喜怒哀樂未發與發而中節，此聖人所以一天人、贊化育之道也。」其證辨曰：「律者，陽氣之動，陽聲之始，必聲和氣應，然後可以見天地之心。今不此之務，乃區區於秬黍之縱橫、古錢〔一五〕之大小，其亦難矣。然非精於曆數，則氣節亦未易正。」

至於審度量、謹權衡，會粹古今，辨析尤詳，皆所以參伍而定黃鍾爲中聲之符驗也。朱熹深好其書，謂國家行且平定，中原必將審音協律，以諧神人。受詔典領之臣，宜得此書奏之，以備東都郊廟之樂。

熹定鍾律、詩樂、樂制、樂舞等篇，彙分於所修禮書中，皆聚古樂之根源，簡約可觀。而鍾律分前後篇，其前篇爲條凡七：一曰十二律陰陽、辰位相生次第之圖，二曰十二律寸、分、釐、毫、絲、忽之數，三曰五聲五行之象、清濁高下之次，四曰五聲相生、損益、先後之次，五曰變宮、變徵二變相生之法，六曰十二律正變、倍半之法，七曰旋宮八十四聲、六十調之圖。其後篇爲條凡六：一曰明五聲之義，二曰明十二律之義，三曰律寸舊法，四曰律寸新法，五曰黃鍾分寸數法，六曰黃鍾生十一律數。大率采元定所著，更互演繹，尤爲明邃。其樂制彙于王朝禮，其樂舞彙于祭禮，上下千載，旁搜遠紹，昭示前聖禮樂之非迂，而將期古樂之復見於今，熹蓋深致意焉。其詩樂篇別系于後。

校勘記

〔一〕紹熙　原作「紹興」。按本節所敍爲紹熙用樂故事，「紹興」當作「紹熙」，故改。

〔二〕奏陰歌陽　原作「奏陽歌陰」，通考卷一四三作「奏陰歌陽」。按夾鍾是陰呂，無射是陽律，通考說是，據改。

〔三〕淮海濁　原作「淮海清」，姜夔白石道人歌曲作「淮海濁」。張文虎舒藝室餘筆說「『濁』字不誤，宋志作『清』，誤」，據改。

〔四〕蜀山邃　「山」原作「土」，據白石道人歌曲改。

〔五〕美致治　「致」原作「仁」，據同上書改。

〔六〕三分本律　「本」原作「半」，據文義和丘瓊蓀宋史樂志校釋（稿本）引律呂新書改。

〔七〕他律雖欲役之　「欲」字原脫，據同上書引證補。

〔八〕十七萬七千一百四十七　下「七」字原脫，據同上書引證補。

〔九〕至角聲之數　「數」原作「類」，據文義和同上書引證改。

〔一〇〕黃鍾又自林鍾再生太簇　「自」原作「次」，據同上書引證改。

〔一一〕本律　原作「半律」，據同上書引證改。

〔一二〕則音節遠　「遠」原作「達」，據同上書引證改。

〔一三〕少高於宮　宋史樂志校釋（稿本）說「高」應作「下」。是。

〔一四〕三半聲也　「半」原作「變」，據文義和同上書引證律呂新書改。

〔一五〕古錢　原作「古律」，據同上書引證改。

中華書局

宋史卷一百三十二

志第八十五

樂七 樂章一

郊祀 祈穀 雩祀 五方帝 感生帝

建隆郊祀八曲

降神，高安 在國南方，時維就陽。以祈帝社，式致民康。豆籩鼎俎，金石絲簧。禮行樂奏，皇祚無疆。

皇帝升降，隆安 步武舒遲，陞壇肅祗。其容允若，于禮攸宜。

奠玉幣，嘉安 嘉玉制幣，以通神明。神不享物，享于克誠。

奉俎，豐安 笙鏞備樂，繭栗陳牲。乃迎芳俎，以薦高明。

酌獻，禧安 丹雲之爵，金龍之杓。挹于尊罍，是曰清酌。

飲福，禧安 潔茲五齊，酌彼六尊。致誠斯至，奉禮彌敦。以介景福，永隆後昆。重熙累洽，帝道攸尊。

亞獻、終獻，正安 謂天蓋高，其聽孔卑。閏樂歆德，介以福禧。

送神，高安 倏兮而來，忽兮而迴。雲馭杳邈，天門洞開。

咸平親郊八首

降神，高安 圜丘何方？在國之陽。禮神合祭，運啓無疆。祖考來格，籩豆成行。其儀肅肅，降福穰穰。

皇帝升降，隆安 禮備樂成，乾健天行。帝容有穆，佩玉鏘鳴。

奠玉幣，嘉安 定位苾祀，告于神明。嘉玉量幣，享于克誠。

奉俎，豐安 有牲斯純，有俎斯陳。進于上帝，昭報深仁。

酌獻，禧安 大報于帝，盛德升聞。醴齊良潔，粢盛苾芬。

飲福，禧安 祀帝圜丘，九州獻力。禮行于郊，百神受職。靈祇格思，享我明德。天鑒孔章，玄社昭錫。

亞獻、終獻，正安 羽籥云罷，干戚載揚。接神有恪，錫羨無疆。

送神，高安 神駕來思，風舉雲飛。神馭歸止，天空露晞。

景祐親郊，三聖並侑二首

奠幣，廣安 千齡啓運，三后在天。嘉壇並侑，億萬斯年。

酌獻，彰安 皇基締構，帝系靈長。躬薦鬱鬯，子孫保昌。

常祀二首

太祖配位奠幣，定安 龕受駿命，震疊羣方。侑祀上帝，德厚流光。

酌獻，英安 誕受靈符，肇基丕業。配享潔尊，永隆萬葉。

元符親郊五首餘同咸平，凡闕者皆用舊詞。

降神，景安 六變辭同。 無爲龐遠，深厚廣圻。祭神恭在，弁冕袞衣。粢盛豐美，明德馨輝。以祥以佑，非眇專祈。

升降，乾安 盥洗、飲福並奏。 神靈擁衞，景從雲隨。玉色温粹，天步舒遲。周旋陟降，皇心肅祗。千靈是保，百福攸宜。

退文舞、迎武舞，正安 左手執籥，右手秉翟。進旅退旅，萬舞有奕。

徹豆，熙安 陟彼郊丘，大祀是承。其豆孔庶，其香始升。上帝時歆，以我齊明。卒事而徹，福祿來成。

送神，景安 馨遺八尊，器空二簋。至祝至虔，穹祇昵社。

政和親郊三首

皇帝升降，乾安 因山爲高，爰陟其首。玉趾躩如，在帝左右。帝謂我王，予懷仁厚。眷言顧之，永綏九有。

配位酌獻，大寧 於穆文祖，妙道九德。默契靈心，肇基王迹。啓佑後人，垂裕罔極。合食昭薦，孝思維則。 於皇順祖，積德累祥。發源深厚，不耀其光。基天明命，厥厚克昌。是孝是享，申錫無疆。

高宗建炎初，國步尙艱，乃詔有司，天帝、地祇及他大祀，先以時舉。太常尋奏，近已增募樂工，干、羽、簨、虡亦備，始循舊禮，用登歌樂舞。其祀昊天上帝：

降神用景安

圜鍾爲宮，三奏 蒐講上儀，式修苾祀。日吉辰良，禮成樂備。風馭雲旂，聿來歆止。嘉我馨德，介茲繁祉。

黃鍾爲角，一奏 我將我享，涓選休成。執事有恪，惟寅惟清。樂旣六變，肅雍和鳴。高高在上，庶幾是聽。

太簇爲徵，一奏 禮崇禋祀，備物薦誠。昭格穹昊，明德惟馨。風馬雲車，肸蠁居歆。申錫無疆，賚我思成。

姑洗爲羽，一奏　惟天爲大，物始攸資。恭承禋祀，以報以祈。神不可度，日監在茲。有馨明德，庶其格思。

皇帝盥洗，正安　靈承上帝，厲意專精。設洗于阼，罍水以淸。盥以致潔，感通神明。無遠弗屆，其饗茲誠。

升壇，正安　皇矣上帝，神格無方！一陽肇復，典祀有常。豆登豐潔，薦德馨香。棐忱居歆，降福穰穰。

上帝位奠玉幣，嘉安　治極發聞，不瑕有芬。嘉玉陳幣，神居欣欣。誠心昭著，欽恭無文。以妥以侑，篤祜何垠。

太祖位奠幣，定安　茫茫蒼穹，孰知其紀！精意潛通，雖遠而邇。量幣薦誠，有實斯篚。睠然顧之，永錫繁祉。

皇帝還位，正安　典祀有常，昭事上帝。奉以告虔，逮迄奠幣。鍾鼓既設，禮儀既備。神之格思，恭承貺賜。

捧俎，豐安　祀事孔明，禮文惟楙。爰潔犧牲，載登俎豆。或肆或將，無聲無臭。精祲潛通，永綏我后。

上帝酌獻，嘉安　氣萌黃鍾，萬物資始。欽若高穹，吉蠲時祀。神筴泰元，增授無已。羣生熙熙，函蒙繁祉。

太祖位酌獻，英安　赫赫翼祖〔一〕，受命于天。德邁三代，威加八埏。陟配上帝，明禋告虔。流光垂裕，於萬斯年。

文舞退、武舞進，正安　大德曰生，陰陽寒暑。樂舞形容，干戚籥羽。一弛一張，退旅進旅。神安樂之，祉錫綿宇。

亞、終獻，文安　惟聖普臨，順皇之德。典禮有彝，享祀不忒。籩豆靜嘉，降登肸飭。神具醉止，景貺咸集。

徹豆，肅安　內心齊誠，外物蠲潔。神來迪嘗，俎豆既徹。燕及羣生，靡或夭閼。降福穰穰，時萬時億。

送神，景安　於赫上帝，乘龍御天。惟聖克事，明饗斯虔。薦豆云徹，靈猋且旋。載錫休祉，其惟有年。

望燎，正安　靈承上帝，精意感通。馨香旁達，粢盛既豐。登降有儀，祀備樂終。神之聽之，福祿來崇。

紹興十三年，初舉郊祀，命學士院製宮廟朝獻及圜壇行禮、登門肆赦樂章，凡五十有八。至二十八年，以臣僚有請改定，於是御製樂章十有三及徽宗元御製仁宗廟樂章一，共十有四篇。餘則分命大臣與兩制儒館之士，一新撰述，并懿節別廟樂曲，凡七十有四，俱彙見焉。其祀圜丘：

皇帝入中壝，乾安　帝出于震，巽惟齊明。律曰姑洗，以示潔淸。我交于神，蠲意必精。既盥而往，祈鑒斯誠。

降神，景安　陽動黃宮，日旋南極。天門蕩蕩，百神受職。爰熙紫壇，煬黃殊色。神哉沛來，蓋親有德。

盥洗，乾安　帝顧明德，監于克誠。齊戒滌濯，式示潔淸。郊丘合祛，享意必精。既盥而薦，熙事備成。

升壇，乾安　帝臨崇壇，媼神其從。稽古合祛，並侑神宗。升階奠玉，誠意感通。貺施鼎來，受福無窮。

昊天上帝位奠玉幣，嘉安御製。　上穹昊天，日星垂曜。照臨下土，王國是保。維玉與帛，寅恭昭報。永左右之，欽若至道。

皇地祇位奠玉幣，嘉安御製。　至哉坤厚，隤然止靜！柔載動植，資始成性。玉光幣色，璨若其映。式恭禋祀，有邦之慶。

太祖皇帝位奠幣，廣安御製。　明明翼祖〔二〕，並侑泰壇。肇造綿宇，王業孔艱。表正封略，上際下蟠。躬以大報，亦止于燔。

太宗皇帝位奠玉幣，化安御製。　赫赫巍巍，及時純熙。昊天成命，后則受之。登邁邃古，光被聲詩。有幣陟配，孫謀所貽。

降壇，乾安　躬展盛儀，天步逡巡。樂備禮交，嘉玉既陳。神方安坐，薦祉紛綸。陟降有容，皇心載勤。

還位，乾安　克昭王業，命成昊天。泰畤禋燎，八陛惟圓。肅然威儀，登降周旋。是謂精享，神監吉蠲。

奉俎，豐安　至大惟天，云何稱德！展誠致薦，牲用博碩。誠以牲寓，帝由誠格。居歆降祥，時萬時億。

再詣盥洗，乾安　帝出于震，巽惟潔齊。神明其德，迺稱禋柴。惟茲吉蠲，昭事聿懷。重盥而祀，敷錫孔皆。

再升壇與初升同，惟易奠玉作奠酌。

昊天上帝位酌獻，禧安御製。　謁款壇陛，祗祀泰禋。丘圜自然，可格至神。桂尊登酌，嘉薦芳新。靡福非眇，敷佑下民。

皇地祇位酌獻，光安御製。 厚德光大，承元之明。茲潛孳吹，升于昭清。冰天桂海，咸賚化成。恭酌彝醪，報本惟精。

太祖皇帝位酌獻，彰安御製。 於赫皇祖，創業立極。肅肅靈命，蕩蕩休德。嘉觴精潔，雅奏金石。丕顯神謨，惟後之則。

太宗皇帝位酌獻，韶安御製。 丕鑠帝宗，復受天命。羣陰猶黷，一戎大定。奠邑斯鞏，功歌在詠。佑啓後人，文軌蚤正。

還位，乾安 肆類上帝，懷柔百神。奠秬既設，珪幣既陳。精誠潛交，已事而竣。佑我億載，基圖日新。

入小次，乾安 恭展美報，聿修上儀。禮樂和節，登降適宜。德焉斯親，神靡不娭。海內承福，式固邦基。

文舞退、武舞進，正安 泰元尊臨，富媼饗祉。於皇祖宗，既昭格止。奏舞象功，靈其有喜。永言孝思，盡善盡美。

亞獻，正安 陽丘其高，神祇並位。既奠厥玉，既奉厥醴。亦有嘉德，克相毖祀。旨酒載酌，以成熙事。終獻同，止易再酌爲三酌。

出小次位，乾安 爰熙紫壇，天地並貺。來燕來寧，畢陳鬱鬯。承神至尊，精意所鄉。告

靈饗矣，祉福其暢。

詣飲福位，乾安 帝臨崇壇，媼神其從。祖宗並歆，福祿攸同。兵寢刑措，時和歲豐。其膺受之，將施無窮。降壇同，止易「將」作「以」。

飲福，禧安 八音克諧，降神出祇。風馬雲車，陟降在茲。錫我純嘏，我應受之。一人有慶，燕及羣黎。

還位，乾安 帝出于震，孝奏上儀。燔燎瘞薶，神徠燕娭。肅若舊典，罔或不祇。既右饗之，翕受蕃釐。

徹豆，熙安 燎薶既升，焫膋以潔。于豆于登，焄蒿有飶。紫幄熉黃，神其安悅。將以慶成，薄言盡徹。

送神，景安 九霄眇邈，神不可求。何以降之？監德之修。三獻備成，神不可留。何以送之？保天之休。

望燎，乾安 謂天蓋高，陽嘘而生。日月列宿，皆天之神。肆求厥類，與陽俱升。視燎于壇，以終其勤。

望瘞，乾安 謂地蓋厚，陰翕而成。社稷羣望，皆地之靈。肆求厥類，與陰俱凝。視瘞于坎，以終其勤。

還大次，乾安 舞具八佾，樂備六成。大矣孝熙，厲意專精。已事而竣，回軫還衡。我應受之，以莫不增。

還內，采茨 五輅鳴鑾，八神警蹕。天官景從，莫不祇栗。禋威盛容，昭哉祖述。祚我無疆，叶氣充溢。

寧宗郊祀二十九首

皇帝入中壝，乾安 合祀丘澤，登侑祖宗。顧諟惟精，靈承惟恭。有嚴皇儀，有莊帝容。監于克誠，肅肅雍雍。

降神，景安

圜鍾爲宮 天門蕩蕩，雲車陰陰。百神咸秩，三靈顧歆。神哉來娭，神哉溥臨。饗時宋德〔三〕，翼翼小心。

黃鍾爲角 華蓋既動，紫微洞開。星樞周旋，日車徘徊。靈兮顧佑，靈兮沛來。載燕載娭，式時壇垓。

太簇爲徵 泰尊媼釐，祖功宗德。辰躔陪營，嶽瀆受職。神哉來下，神哉來格。饗德惟馨，留虞嘉席。

姑洗爲羽 金石宣昭，羽旄紛綸。潔火夕照，明水夜陳。娭哉惟靈，娭哉惟神。

風馬招搖，惟德之親。

皇帝盥洗，乾安 皇帝儉勤，盥用陶瓦。禮神頌祇，奠幣獻斝。月鑑陰肅，醴液融冶。挹彼注茲，禮無違者。

升壇，乾安 崇臺穹窿，高靈下墮。慶陰彷彿，從坐嵯峨。宵昇于丘，時通權火。維天之命，百祿是荷。

降壇 帝饗于郊，一精二純。紫氣陟降，嘉玉妥陳。神方留娭，瑞貺紛綸。申錫無疆，螽斯振振。

還位 肅肅禮度，鋗鋗宮奏。天行徐謐，皇儀昭懋。光連重璧，物備籩豆。於皇以饗，無聲無臭。

尚書奉俎 列俎孔陳，嘉籩維實。鼎煁陽燧，玉流星液。我牲既碩，我薦既苾。神監下昭，安坐翔吉。

再詣盥洗 帝登初觴，禮嚴再盥。精明顯昭，齊顯洞貫。靈娭留俞，神光炳煥。我宋受福，永壽於萬。

再升壇 紫壇嶽立，神光夜燭。有儼旒采，有鸞佩玉。胥垠顧佑，祖宗熙穆。對越不忘，俾爾戩穀。

降壇，乾安　天容澄謐，景氣晏和。瓚斝薦醇，銷璆叶歌。帝降庭止，夜其如何？神助之休，宜爾衆多。

還位，乾安　甘露流英，卿雲舒采。靈俞有喜，神光晻曖。穆穆來滋，洋洋如在。帝用居歆，澤及四海。

入小次，乾安　聽惟饗德，監惟棐忱。顧諟思明，靈承思欽。永言端滋，肅對下臨。上帝是皇，毋貳爾心。

文舞退，武舞進，正安　羽籥陳容，干戚按節。德閑而泰，功勞而泆。虔我神祇，揚我謨烈。盡美盡善，福流有截。

亞獻，正安　帝臨中壇，神從八陛。華玉展瑞，明馨薦醴。亦有嘉德，克相盛禮。獻茲重觴，降福瀰瀰。

終獻，正安　敬事天地，升侑祖宗。陳盥于三，介觴之重。秉德翼翼，有來雍雍。相予祀事，福嘏日溶。

出小次，乾安　孝奏展成，熙儀畢薦。光流桂俎，祥衍椒奠。風管晨凝，雲容天轉。拜貺于郊，右序詒燕。

詣飲福位，乾安　所饗惟清，所欽惟馨。靈喜留俞，天景窈冥。福祿來成，福祿來寧。皇

用時斂，壽我慈庭。

飲福，禧安　瓚斝觩觵，觥罍氤氳。有醴惟香，有酒惟欣。肸蠁豐融，懿懿芬芬。我龍受之，如川如雲。

降壇，乾安　天錫多祉，皇受五福。言瞻瑤壇，迄奉瑄玉。昭星炳燿，元氣回復。帝儀載旋，有嘉穆穆。

還位，乾安　璇圖天深，鼎文日輝。慶流皇家，象炳棠微。乾回晃旋，雲煥袞衣。何千萬年，式于九圍。

徹豆，熙安　蘭豆既升，簠簋既登。禮備俎實，饗貴牲脈。時乃告徹，器用畢興。祚我皇基，介福是膺。

送神，景安　神輔有德，來燕來娭。禮薦熙成，三靈逆釐。神饗有道，言旋言歸。福祉咸蒙，百世本支。

詣望燎位，乾安　莫神乎天，陽嘘而生。日月星辰，皆乾之精。肆求厥類，與陽俱升。眡燎于壇，展也大成。

詣望瘞位，乾安　地載萬物，陰翕而成。山嶽河瀆，皆坤之靈。克肖其象，與陰俱凝。眡瘞于坎，思求厥成。

還大次，乾安　福方流胙，祈方欽柴。鹵簿載肅，球架允諧。帝祉具臨，皇靈允懷。遄御于次，降福孔皆。

還內，乾安　八神呵蹕，千官景從。回軫還衡，祲威盛容。妥飾芝鳳，御朝雲龍。歸壽慈闈，敷時民雍。

景祐上辛祈穀，仁宗御製二首

太宗配位奠幣，仁安　天祚有開，文德來遠。祈穀日辛，侑神禮展。

酌獻，紹安　於穆神宗，惟皇永命。薦醴六尊，聲歌千詠。

紹興祈穀三首

降神、盥洗、升壇、還位及上帝奠玉幣、奉俎，並同圜丘。

太宗位奠幣，宗安　於穆思文，克配上帝。涓選休成，邃揚嚴衞。祗薦明誠，肅陳量幣。享茲吉蠲，申錫來裔。

上帝位酌獻，嘉安　三陽肇新，萬物資始。精誠祈天，其聽斯邇。願均雨暘，田疇之喜。如坻如京，以備百禮。

太宗位酌獻，德安　天錫勇智，允惟太宗。功隆德盛，與帝比崇。禮嚴陟配，誠達精衷。

尙其錫祉，歲以屢豐。

孟夏雩祀，仁宗御製二首

太祖配坐奠幣，獻安　昊天蓋高，祀事爲大。嚴配皇靈，億福來介。

酌獻，感安　龍見而雩，神之來格。犧象精良，威靈赫奕。

紹興雩祀一首

上帝位酌獻，嘉安　蒼蒼昊穹，覆臨下土。欽惟歲事，民所依怙。爰竭精虔，禮典斯舉。甘澤以時，介我稷黍。

多至、孟春、孟夏、季秋四祀，上公攝事七首

降神，景安二章　天何言哉，至淸而健！默定幽贊，降祥福善。夙設圜壇，恭陳嘉薦。貞馭下臨，儲休錫羨。　生物之祖，興益之宗。于國之陽，以禋昊穹。六變降神，於論鼓鍾。親德享道，錫羨無窮。

太尉行，正安　禮經之重，祭典爲宗。上公攝事，登降彌恭。庶品豐潔，令儀肅雍。百神奉止，惟吉之從。

司徒奉俎，豐安　禮崇禋祀，神鑒孔明。牲牷博腯，以炰以烹。馨香蠲潔，品物惟精。錫

以純嘏，享茲至誠。

歆福，廣安　籩簋既陳，吉蠲登薦。洗心防邪，肅祗祭典。陟降惟寅，籩豆有踐。百福咸宜，淳耀丕顯。

亞、終獻，文安　秩秩禮文，肅肅嚴祀。仰洽神休，式協民紀。灌獻有容，敍其俎簋。明德惟馨，以介丕祉。

送神，景安　帝臨中壇，肅恭禋祀。靈景舒光，飛龍旋軌。送神有章，神心具醉。輔德惟仁，永錫元祉。

景德以後祀五方帝十六首

青帝降神，高安六變。　四序伊始，三陽肇新。氣迎東郊，蟄戶咸春。功宜播殖，澤被生民。祝史正辭，昭事惟寅。

奠玉幣、酌獻，並用嘉安　條風始至，盛德在木。平秩東作，種獻穜稑。律應青陽，氣和玉燭。惠彼兆民，以介景福。

送神，高安　備物致用，薦羞神明。禮成樂舉，克享克禋。

酌獻，祐安　條風斯應，候曆維新。陽和啓蟄，品物皆春。篪簧協奏，籩簋畢陳。精羞豐

薦，景福攸臻。

赤帝降神，高安　長嬴戒序，候正南訛。功資蕃育，氣應清和。鼎實嘉俎，樂備登歌。神其來享，降福孔多。

奠玉幣、酌獻，嘉安景祐用祐安，辭亦不同。　象分離位，德配炎精。景風協律，化神含生。百嘉茂育，乃順高明。神無常享，享于克誠。

送神，高安　籩豆有踐，黍稷惟馨。禮終三獻，神歸杳冥。

黃帝降神，高安　坤輿厚載，黃裳元吉。宅中居正，含章抱質。分王四季，其功靡秩。育此羣生，首茲六律。

奠玉幣、酌獻，嘉安景祐用祐安，辭亦不同。　中央定位，厚德惟新。五行攸正，四氣爰均。笙鏞以間，籩簋斯陳。爲民祈福，肅奉明禋。

送神，高安　土德居中，方輿配位。樂以送神，式申昭事。

白帝降神，高安　西顥騰晶，天地始肅。盛德在金，百嘉茂育。彍弩射牲，築場登穀。明靈格思，旌罕紛屬。

奠玉幣、酌獻，嘉安景祐用祐安，辭亦不同。　博碩肥腯，以炰以烹。嘉栗旨酒，有瀰斯盈。肴核惟旅，肅肅烝烝。吉蠲備物，享于克誠。

送神，高安　颸輪戾止，景燭靈壇。金奏繹如，白露溥溥。

黑帝降神，高安　隆冬戒序，歲曆順成。一人有慶，萬物由庚。有旨斯酒，有碩斯牲。報功崇德，正直聰明。

奠玉幣、酌獻，嘉安景祐用祐安，辭亦不同。　大儀斡運，星紀環周。三時不害，黍稷盈疇。克誠致享，品物咸羞。禮成樂變，錫祚貽休。

送神，高安　管磬咸和，禮獻斯畢。靈馭言旋，神降之吉。

紹興以後祀五方帝六十首

青帝降神，高安

圜鍾宮三奏　於神何司，而德于木？肅然顧歆，則我斯福。我祀孔時，我心載祗。匪我之私，神來不來。

黃鍾爲角，一奏　神兮焉居？神在震方。仁以爲宅，秉天之陽。神之來矣，道修以阻。望神未來，使我心苦。

太簇爲徵，一奏　神在途矣，習習以風。百靈後先，敢一不恭！奔走癘疫，祓除菑凶。顧瞻下方，逍遙從容。

姑洗羽一奏　溫然仁矣，熙然春矣。龍駕帝服，穆將臨矣。我酒清矣，我肴烝

矣。我樂備矣，我神顧矣。

升殿，正安　在國之東，有壇崇成。節以和樂，式降式登。潔我珮服，璆琳鏘鳴。匪壇斯高，曷妥厥靈？

青帝奠玉幣，嘉安　物之熙熙，胡爲其然。蒙神之休，迺敢報旃。有邸斯珪，有量斯幣。于以奠之，格此精意。

太昊氏位奠幣，嘉安　卜歲之初，我迎春祗。孰克侑饗，曰古宓戲。於皇宓戲，萬世之德。再拜稽首，敢愛斯璧。

奉俎，豐安　靈兮安留，煙燎既升。有碩其牲，有俎斯承。匪牲則碩，我德惟馨。綴節安歌，庶幾是聽。

青帝酌獻，祐安　百末布蘭，我酒伊旨。酌以匏爵，洽我百禮。帝居青陽，顧予嘉觴。右我天子，宜君宜王。

太昊酌獻，祐安　五德之王，誰實始之？功括造化，與天無期。酌我清酤，盥獻載飭。神鑒孔饗，天子之德。

亞、終獻，文安　貳觴具舉，承神嘉虞。神具醉止，眷焉此都。我歲方新，我畝伊殖。時暘時雨，緊神之力。

二十四史

送神，高安　忽而來兮，格神鴻休。忽而往兮，神不予留。神在天兮，福我壽我。千萬春兮，高靈下墮。

赤帝降神，高安

圜鍾爲宮　離明御正，德協于火。有感其生，維帝是何。帝圖炎炎，貽福錫我。鑒于妥虔，高靈下墮。

黃鍾爲角　赤精之君，位于朱明。茂育萬物，假然長嬴。我潔我盛，我蠲我誠。神其下來，雲車是承。

太簇爲徵　八卦相蕩，一氣散施。隆熾恢台，職神尸之。肅肅飈御，神戾于天。於昭神休，天子萬年。

姑洗爲羽　煒煒其光，炳炳其靈。窅其如容，欻其如聲。扇以景風，導以朱斿。我德匪類，神其安留。

升殿，正安　除地國南，有基崇崇。載陟載降，式虔式恭。燎煙既燔，戫晃斯容。神如在焉，肆予幽通。

赤帝奠玉幣，嘉安　太微呈祥，炎德克彰。佑我基命，格于明昌。一純二精，有嚴典祀。于以奠之，以介繁祉。

神農氏奠幣，嘉安　練以纁黃，有篚將之。肸蠁斯答，有神昭之。維神於民，實始貨食。歸德報功，敢忘王國。

奉俎，豐安　有牲在滌，從以騂牡。或肆或將，有潔其俎。神嗜飲食，飶飶芬芬。莫腆于誠，神其顧歆！

赤帝酌獻，祐安　四月維夏，兆于重離。帝執其衡，物無癘疵。於皇帝功，思樂旨酒。奠爵既成，垂福則有。

神農氏酌獻，祐安　猗歟先農，肇茲黍稷！既殖既播，有此粒食。秬鬯潔清，彝鐏疏羃。竭我瑤斝，莫報嘉績。

亞、終獻，文安　盥爵奠斝，載虔載恭。籩豆靜嘉，於樂鼓鍾。禮備三獻，神具醉止。孰顯神德？揚光紛委。

送神，高安　神來何從？颯然靈風。神去何之？杳然幽蹤。伊神去來，霧散雲烝。獨遺休祥，山崇川增。

黃帝降神，高安

圜鍾爲宮　維帝奠位，乃咸于畤。孰主張是，而樞紐之？轂我腹我，比予于兒。告我冠服，迨其委蛇。

黃鍾角　蓀無不在，日與我居。孰不可來？肸蠁斯須。象服龍駕，淵淵鼓桴。蓀不汝多，多汝意乎。

太簇徵　樂哉帝居，逝留無常！爾信我宅，爾中我鄉。乃眷茲土，於赫君王。翩然下來，去未遽央。

姑洗羽　濬兮撫琴，啾兮吹笙。神之未來，肅穆以聽。繽紛羽旄，姣服在中。神既來止，亦無惰容。

升殿，正安　民生地中，動作食息。與我周旋，莫匪爾極。捕鱳東海，搴茅南山。彼勞如何，矧升降間！

黃帝奠玉幣，嘉安　萬櫝之寶，一絇之絲。孕之育之，誰爲此施？歸之后神，神曰何爲？不宰之功，蕩然四垂。

有熊氏位奠幣，嘉安　維有熊氏，以土勝王。其後皆沿，茲德用壯。黼黻幅舄，裳衣是創。幣之元纁，對此昭亮。

奉俎，豐安　王曰欽哉，無愛斯牲！登我元祀，亦有皇靈。以將以享，或剝或烹。大夫之俎，天子之誠。

黃帝酌獻，祐安　黍以爲翁，鬱以爲婦。以侑元功，以酌大斗。伊誰歆之？皇皇帝后。

伊誰嘏之？天子萬壽。

有熊氏酌獻，祐安　昔在緜邈，有人公孫。登政撫辰，節用良勤。所蓄既大，所行宜遠。載其華鐏，從以簫管。

亞、終獻，文安　羽觴更陳，厥味清涼。飲之不煩，又有蔗漿。夜未艾止，明星浮浮。願言妥靈，靈兮淹留。

送神，高安　靈不肯留，沛兮將歸。玉節猋逝，翠旗並馳。顧瞻佇立，悵然佳期。蹇千萬年，無斁人斯。

白帝降神，高安

圜鍾爲宮　白藏啓序，庶彙向成。有嚴禋祀，用答幽靈。風馬雲車，來燕來寧。洋洋在上，休福是承。

黃鍾角　素精肇節，金行固藏。氣沖炎伏，明河翻霜。功收有年，禮薦有章。祇越眇冥，鴻基永昌。

太簇徵　昊天之氣，揫斂萬彙。涓日潔齊，有嚴厥祀。有牲維肥，有酒維旨。神之燕娭，錫茲福祉。

姑洗羽　執矩斯兌，實惟素靈。受職儲休，萬寶以成。饗于西郊，奠玉陳牲。

中華書局

侑以雅樂，來歆克誠。

升殿，正安　素猋諧律，西顥隨靈。肇復元祀，晨煬肅清。下土層陔，嘉薦芳馨。以御蕃祉，介我西成。

白帝奠玉幣，嘉安　惟時素秋，肇舉元祀。禮備樂作，降登有數。洋洋在上，神既來止。神之格思，錫我繁祉。

少昊氏位奠幣，嘉安　西顥肅清，羣生茂遂。有嚴報典，孔明祀事。珪幣告虔，神靈燕喜。賚我豐年，以錫民祉。

奉俎，豐安　洽禮既陳，諧音具舉。有滌斯牲，孔碩爲俎。維帝居歆，介我稷黍。樂哉有秋，繄神之祜！

白帝酌獻，祐安　徂商肇祀，靈蓋孔饗。恭承嘉禧，湛濟秬鬯。監此馨香，靈其安留。疇惠下民，匪靈之休。

少昊氏位酌獻，祐安　沆碭西顥，功載萬世。乘金宅兌，侑我明祀。嘉觴布蘭，牲玉潔精。神之燕虞，肅用有成。

亞、終獻，文安　肅成萬物，沉寥其秋。惟茲祀事，戾止靈斿。酌獻具舉，典禮是求。冀福斯民，黍稷盈疇。

送神，高安　沆碭白藏，順成萬寶。有來德馨，於昭神娭。露華晨晞，飇馭聿還。介我嗣歲，澤均幅員。

黑帝降神，高安

圜鍾爲宮　吉日壬癸，律中應鍾。國有故常，北郊迎冬。乃蔵祀事，必祗必恭。明默雖異，感而遂通。

黃鍾爲角　良月盈數，四氣推遷。帝於是時，典司其權。高靈下墮，降祉幅員。神之聽之，祀事罔愆。

太簇爲徵　北方之神，執權司多。三時務農，於焉告功。禮備樂作，歸功于神。風馬來游，永錫斯民。

姑洗爲羽　天地閉塞，盛德在水。黑精之君，降福羨祉。洋洋在上，若或見之。齊莊承祀，其敢斁思。

升殿，正安　昧爽昭事，煌煌露光。滌溉蠲潔，容儀肅莊。牲肥酒旨，薦此芬芳。降陟有序，禮無越常。

黑帝奠玉幣，嘉安　晨曦未升，天宇肅穆。祗若元祀，將以幣玉。神之格思，三獻茅縮。明靈懌豫，下土是福。

高陽氏位奠幣，嘉安　飇馭雲蓋，神之顧歆。丕昭禮容，發揚樂音。祀事既畢，仰當神心。申以嘉幣，式薦誠諶。

奉俎，豐安　辰牡孔碩，奉牲以告。祕祝非祈，豐年宜報。至意昭徹，交乎神明。降福穰穰，用燕羣生。

黑帝酌獻，祐安　赫赫神游，周流八極。德馨上聞，於焉來格。不腆酒醴，用伸悃愊。神其歆之！民用嚮德。

高陽氏酌獻，祐安　十月納禾，民務藏蓋。不有神休，民罔攸賴。孟冬之吉，禮行不昧。神降百祥，昭著蓍蔡。

亞、終獻，文安　萬彙揫斂，時惟冬序。蠢爾黎氓，入此室處。酌獻告神，禮以時舉。賴此陰騭，民有所怙。

送神，高安　神之戾止，天門夜開。禮備告成，雲軿亟回。旗纛晻靄，萬靈喧豗。獨遺祉福，用澤九垓。

乾德以後祀感生帝十首

降神〔四〕，大安　和均玉管，政協璿衡。四序資始，萬物含生。皇猷允洽，至德惟明。爲民祈福，克致精誠。

太保行〔五〕，保安　衣冠儼若，步武有容。公卿濟濟，率禮惟恭。

罍洗，正安　昊天降康，云何以報？斯謀斯惟，雍雍灌鬯。身之潔兮，神斯來止。神之享兮，民斯福矣。

奠玉幣，慶安　籩豆有踐，玉帛斯陳。神無常享，享于精純。

奉俎，咸安　俎實具列，明德惟馨。肅容祗薦，神其降靈。

酌獻，崇安　樂調鳳律，酒浥犧尊。至靈斯御，盛德彌敦。

飲福，廣安　三陽戒律，萬彙騰精。既蘇昆蟲，畢達勾萌。具陳犧象，式薦誠明。錫以蕃祉，永保咸平。

亞、終獻，文安　大君有命，祀典咸脩。薦獻式敍，淑愼優柔。

徹豆，肅安以下二首，政和中製。　奉承明祀，惟羊惟牛。卬盛于豆，備陳庶羞。鍾鼓喤喤，神具醉止。其徹嘉籩，永綏福祉。

送神，普安　既臨下土，復歸于天。神之報貺，受福無邊。

景祐祀感生帝二首

宣祖配位奠幣，皇安　濬發長源，粤惟始祖。五運協圖，萬靈來護。

中華書局

酌獻，肅安　龍德而隱，源流則長。宜乎億祀，侑享彌昌。

元符祀感生帝五首

降神，大安六變　二儀交泰，七政順行。四序資始，萬物含生。皇朝創業，盛德致平。爲民祈福，潔此精誠。

初獻升降，保安　冕旒儼若，步武有容。公卿濟濟，韶、濩邕邕。

帝位酌獻　樂和鳳律，酒奠犧尊。神明斯享，禮盛難論。

亞、終獻，文安　大君有命，闕典咸脩。帝歆明祀，佑聖千秋。

送神，普安　俯臨下土，迴復上天。觸類而長，荷福無邊。

帝位奠玉幣同前慶安，禧祖奠幣同景祐皇安，酌獻同景祐宣祖肅安，奉俎同熙寧咸安。

紹興以後祀感生帝十六首

降神，大安

圜鍾爲宮　炎精之神，飛耕碧落。駕以浮雲，丹書赤雀。禮備豆籩，樂諧籥勺。神具醉止，佑我景鑠。

黃鍾爲角　宋德惟火，神實司之。上儀申蒇，迎方重離。瑤幣告潔，秀華金支。啾啾神龍，來介繁禧。

太簇爲徵　於物司火，於方峙南。旋霄來下，羽衛毿毿。祠官祝齋，聯珮合簪。本支有衍，則百斯男。

姑洗爲羽　惟神之安，方解羽鑾。赤旂霞曳，從以炎官。居歆嘉薦，肸蠁靈壇。神之格矣，民訖多盤。

盥洗，保安　衡牙鏘鳴，肅容專精。交神之義，罔敢弗誠。設洗于阼，罍水惟清。盥以致潔，感通神明。

升殿，保安　三陽交泰，日新惟良(六)。大建厥祀，茲報興王。禮嚴陟降，德薦馨香。聿懷嘉慶，降福穰穰。

感生帝位奠玉幣，光安　肅肅嚴祀，神幽必聞。騁禂臨饗，將歆飶芬。嘉玉陳幣，欽恭無文。永綏多祜，國祚何垠。

僖祖位奠幣，皇安　於穆文獻，景炎發祥。啓茲皇運，垂慶無疆。篚幣有陳，式昭肅莊。神之格思，如在洋洋。

奉俎，咸安　籩豆大房，秩秩在列。奉牲以告，既全既潔。樂均無爽，牲醴攸設。神兮燕娭，覽旌孑孑。

感生帝位酌獻，崇安　盛德在火，相我炎祚。典祀有常，牲玉維具。風馬雲車，翩翩來顧。式蕃帝祉，後昆有裕。

僖祖位酌獻，肅安　皇矣文獻，開國有先。德配感生，對越在天。練日得辛，來止靈壇。神其錫羨，瑞應猗蘭。

文舞退、武舞進，正安　苾苾芬芬，神具醉止。笙磬鏗鏘，干旄旖旎。嚴假無言，神靈惟喜。申錫蕃釐，暨我孫子。

亞、終獻，文安　偉炎厥初，緣感而系。慶衍式崇，昭融有契。樂功既諧(七)，觴獻斯繼。歆類不違，克昌百世。

徹豆，肅安　潔陳斯備，昭格惟禋。神歆以飫，宰徹其餕。清歌振曉，叶氣流春。永錫祚祠，以渥烝民。

送神，大安　豐祀孔飭，肅來自天。蘭尊既徹，飆馭載遄。騎雲縹緲，聆樂流連。惟邁惟顧，降福緜緜。

望燎，普安　禮文既洽，熏燎聿升。嘉氣四塞，丹誠上騰。惟類之應，惟福之興。永熾天統，億載靈承。

校勘記

(一)赫赫翼祖　按本書卷一太祖紀，趙匡胤祖父趙敬廟號翼祖，而據文義，此「翼祖」當指趙匡胤。本書卷一三三樂志紹興祀皇地祇樂章「於赫藝祖」句和「皇矣藝祖」句，都稱趙匡胤爲藝祖，此處「翼祖」疑「藝祖」之誤。

(二)明明翼祖　疑「翼祖」當作「藝祖」。

(三)饗時宋德　「宋」，續通考卷一一二作「宗」。

(四)降神　「神」原作「福」，據本書卷一二六樂志、宋會要樂六之一四改。

(五)太保行　宋會要樂六之一四作「太尉行」。

(六)日新惟良　「新」，宋會要樂六之一五作「辛」，疑是。

(七)樂功既諧　「功」，宋會要樂六之一五作「均」。

二十四史　中華書局

宋史卷一百三十三

志第八十六

樂八 樂章二

明堂大饗　皇地祇　神州地祇　朝日夕月　高禖　九宮貴神

景祐大享明堂二首

眞宗配位奠幣，誠安　思文聖考，對越在天。侑神作主，奉幣申虔。

酌獻，德安　偃革興文，封巒考瑞。威烈巍巍，允膺宗祀。

皇祐親享明堂六首

降神，誠安　維聖享帝，維孝嚴親。肇圖世室，躬展精禋。鏞鼓既設，籩豆既陳。至誠攸感，保格上神。

奠玉幣，鎭安　乾亨坤慶育函生，路寢明堂致潔誠。玉帛非馨期感格，降康億載保登平。

酌獻，慶安　肅肅路寢，相維明堂。二儀鑒止，三聖侑旁。靈期訢合，祠節齊莊。至誠並貺，降福無疆。

三聖配位奠幣，信安　祖功宗德啓隆熙，嚴配交修太室祠。圭幣薦誠知顧享，本支錫羡固邦基。

酌獻，孝安　藝祖造邦，二宗紹德。肅雍孝享，登配圜極。先訓有開，非躬何力！歆馨錫羡，保民麗億。

送神，誠安　我將我享，辟公顯助。獻終豆徹，禮成樂具。飾駕上遊，升煙高騖。神保聿歸，介茲景祚。

嘉祐親享明堂二首

降神，誠安　爥爥房、心，下照重屋。我嚴帝親，匪配之瀆。西顥沉碭，夕景已肅。靈其來娭，嘉薦芳郁。

送神，誠安　明明合宮，莫尊享帝。禮樂熙成，精與神契。桂尊初闌，羽駕倏逝。遺我嘉祥，於顯萬世。

熙寧享明堂二首

英宗奠幣，誠安　於皇聖考，克配上帝。永言孝思，昭薦嘉幣。

酌獻，德安　英聲邁古，德施在民。允秩宗祀，賓延上神。

元符親享明堂十一首

皇帝升降，儀安　嚴父配天，孝乎明堂。與奠升階，降音以將。天步有節，帝容必莊。辟公憲之，禮無不臧。

上帝位奠玉幣，鎭安　聖能享帝，孝克事親。於皇宗祀，盛節此陳。何以薦虔？二精有煒。何以致祥？上天鑒止。

神宗奠幣，信安　合宮禮備，時維哲王。堂筵四敞，明德馨香。聖考來格，降福穰穰。承繼繼，萬祀其昌。

奉俎，禧安　奕奕明堂，天子卽事。奠我聖考，配于上帝。凡百有職，疇敢不祗！俎潔牲肥，其登有儀。

上帝位酌獻，慶安　惟禮不瀆，所以嚴親。惟孝不匱，所以教民。陟配文考，享于大神。重禧累福，祚裔無垠。

配位酌獻，德安　隆功駿德，兩有烈光。陟配宗祀，惠我無疆。

退文舞、迎武舞，穆安　舞以象功，樂惟崇德。文經萬邦，武靖四國。一張一弛，其儀不忒。神鑒孔昭，孝思維則。

亞獻，穆安　於昭盛禮，嚴父配天。盡物盡誠，莫匪吉蠲。重觴既薦，九奏相宜。神介景福，億萬斯年。

飲福，胙安　莫尊乎天，莫親乎父。既享既侑，誠申禮舉。戛擊堂上，八音始具。天子億齡，飲神之胙。

徹豆，歆安　穆穆在堂，肅肅在庭。於顯辟公，來相思成。神既歆止，有閴無聲。錫我休嘉，燕及羣生。

歸大次，憩安　有奕明堂，萬方時會。宗子聖考，作帝之配。樂酌虞典，禮從周志。釐事既成，於皇來暨。

大觀宗祀明堂五首

奠玉幣，鎭安　交于神明，內心爲貴。外致其文，亦效精意。嘉玉既陳，將以量幣。肅肅雝雝，惟帝之對。　有邦事神，享帝爲尊。內心致德，外示彌文。嘉玉效珍，薦以量幣。恭欽伊何？惟以宗祀。

配位奠幣，信安　肇祀明堂，告成大報。顒顒祗祗，率見昭考。涓選休辰，齊明朝夕。於

中華書局

惟皇王，孝思罔極。

酌獻，孝安　若昔大猷，孝思維則。永言孝思，丕承其德。於昭明威，侑于上帝。賚我思成，永綏福祉。

配位酌獻，大明　於昭皇考，大明體神。憲章文思，宜民宜人。嚴父之道，陟配于天。躬行孝告，有孚于先。

紹興親享明堂二十六首

皇帝入門，儀安　惟我有宋，昊天子之。三年卜祀，百世承基。施及沖眇，奉牲以祠。敢忘齋栗，偏舉上儀。

升堂，儀安　於赫明堂，肇稱禋祀。祖宗來游，亦侑于帝。九州駿奔，百辟咸事。斂時純休，錫我萬世。

降神，誠安　噫神何親？惟德是輔。玉牲具陳，誠則來顧。我開明堂，遵國之故。尚蒙居歆，以篤宗祐。

盥洗，儀安　肇開九筵，維古之倣。皇皇大神，來顧來享。庶儀交修，百辟顯相。徹誠自中，交際天壤。

上帝位奠玉幣，鎮安　皇皇后帝，周覽四方。眷我前烈，燕娭此堂。金支秀發，黼帳高張。世歆明祀，曰宋是常。

皇地祇位奠玉幣，嘉安　至哉坤元，持載萬物！繼天神聖，觀世治忽。頌祇之堂，薦以圭瓛。孰爲邦休，四海無拂？

太祖位奠幣，廣安　推尊太元，重屋爲盛。誰其配之？我祖齊聖。開基握符，正位凝命。於萬斯年，孝孫有慶。

太宗位奠幣，化安　帝神來格，靡祀不從。侑坐而食，獨升祖宗。在庭祗肅，展采錯重。三獻之禮，百年之容。

徽宗位奠幣，泰安　於穆帝臨，至矣元造！克配其儀，惟我文考。仁恩廣覃，奕葉永保。宗祀惟初，以揚孝道。

皇帝還位，儀安　耳聽鏘玉，目瞻熉珠。樂備周奏，儀參漢圖。神人並況，天地同符。亦既見帝，王心則愉。

尚書捧俎，禧安　展牲登俎，簫韶在庭。羞陳五室，意徹三靈。匪物斯享，惟誠則馨。永作祭主，神其億寧。

昊天上帝位酌獻，慶安　日在東陸，維時上辛。肇開陽館，恭禮尊神。蒼玉輝夜，紫煙煬晨。祖宗並配，天地同禋。

皇地祇位酌獻，彰安　地祇泰折，歌同我將。黝牲純潔，絲竹發揚。博厚而久，含洪以光。扶持宗社，日篤不忘。

太祖位酌獻，孝安　一德開基，百年垂統。中天禘郊，薄海朝貢。寶龜相承，器鼎加重。澤深慶綿，帝復命宋。

太宗位酌獻，韶安　紹天承業，繼世立功。帷幄屢勝，車書始同。武掃氛霧，文垂日虹。遺澤所及，孰知其終！

徽宗位酌獻，咸安　欽惟合宮，承神至尊。祗戒專精，僾然若存。奠茲嘉觴，苣蘭其芬。發祉隤祥，以子以孫。

皇帝還小次，儀安　飶尊既舉，穌席未移。有德斯顧，靡神不娭。物情肅穆，天宇清夷。宅中受命，永復邦基。

文舞退、武舞進，穆安　神之歘至，慶陰杳冥。風馬雲車，恍若有承。備形聲容，於昭文明。庶幾嘉虞，來享來寧。

亞獻，穆安　四阿有嚴，神既戾止。備物雖儀，潔誠惟己。有來振振，相我熙事。載酌陶匏，以成崇祀。

終獻，穆安　誠一爲專，禮三而稱。孰陪邦祠？惟我同姓。金絲屢調，圭玉交映。是謂熙成，福來神聽。

皇帝飲福，胙安　孰謂天遠，至誠則通。孰謂地厚，與天則同。惠我純嘏，克成大功。握圖而治，如日之中。

徹豆，歆安　工祝告休，笙鏞云闋。酒茅既除，牲俎斯徹。幽明罔恫，中外咸悅。禮成伊何？天地同節。

送神，誠安　奕奕宗祀，煌煌禮文。高靈下墮，精意升聞。熙事既畢，忽乘青雲。敢拜明貺，永清世氛。

望燎，儀安　載酌載獻，以純以精。歌傳夜誦，物備秋成。報本斯極，聽卑則明。願儲景貺，福我羣生。

望瘞，儀安　禮協豐融，誠交彷彿。辟公受膰，宗祀臨瘞。貽我來牟，以興嗣歲。山川出雲，天地同氣。

還大次，憩安　應天以實，已事而竣。氈案朝帝，竹宮拜神。靈光下燭，協氣斯陳。福祿時萬，基圖日新。

紹興、淳熙分命館職定撰十七首

降神，景安

圜鍾爲宫　上直房、心，時惟明堂。配天享親，宗祀有常。盛德在金，日吉辰良。享我克誠，來格來康。

黄鍾爲角　合宫盛禮，金商令時。備成熙事，蒐揚上儀。駿奔在庭，精意肅祇。來享嘉薦，神靈燕娭。

太簇爲徵　休德孔昭，靈承上帝。孝極尊親，嚴配于位。嘉薦芬芳，禮無不備。神其格思，享茲誠至。

姑洗爲羽　霜露既降，孝思奉先。陟降上帝，禮隆九筵。有馨黍稷，有肥牲牷。神來燕娭，想像肅然。

盥洗，正安　禮經之重，祭典爲宗。上公攝事，進退彌恭。庶品豐潔，令儀肅雍。百祥萃止，惟吉之從。

升殿，正安　皇祖配帝，歲祀明堂。冕服陟降，玉佩瑲瑲。疾徐有節，進止克莊。維時右享，日靖四方。

上帝位奠玉幣，嘉安　大享季秋，百執揚厲。明明太宗，赫赫上帝。祗薦忱誠，式嚴圭幣。祚我明德，錫茲來裔。

太宗位奠幣，宗安　穆穆皇祖，丕昭聖功。聲律身度，樂備禮隆。祗薦量幣，祀于合宫。

玉帛萬國，驩心載同。

捧俎，豐安　備物昭陳，工祝告具。維羊維牛，孔碩孔庶。有嘉維馨，加食宜飫。斂時五福，永膺豐胙。

上帝位酌獻，嘉安　煒彼房、心，明明有融。維聖享帝，禮行合宫。祀事時止，粢盛潔豐。昭受申命，萬福攸同。

太宗位酌獻，德安　受命溥將，勳高百王。寰宇大定，聖治平康。有嚴陟配，宗祀明堂。神保是格，申錫無疆。

文舞退、武舞進，正安　温厚嚴凝，於皇上帝。文德武功，列聖並配。舞綴象成，肅雍進退。秉翟踆踆，總干蹈厲。

亞、終獻，文安　總章靈承，維國之常。禮樂宣鬯，降升齊莊。竭誠盡志，薦茲累觴。於昭在上，申錫無疆。

徹豆，肅安　於皇上帝，肅然來臨。恭薦芳俎，以達高明。亯飪既事，享于克誠。以介景福，惟德之馨。

送神，景安　帝在合宫，鑒觀盛禮。黍稷惟馨，神心則喜。禮備樂成，亦既歸止。億萬斯年，以貺多祉。

高宗位奠幣，宗安　赫赫高廟，于堯有光。覆被萬祀，冠冕百王。有量斯幣，蠲潔是將。在帝左右，維時降康。

酌獻，德安　炎運中興，蒼生載寧。九秩燕豫，三紀豐凝。精祀上帝，陟配威靈。錫羡胙祉，萬世承承。

孝宗親享明堂樂曲並同，惟天地位奠幣、酌獻及太祖酌獻、皇帝入小次、還大次、亞獻、送神等篇，各有刪潤。又以太祖奠幣曲改名廣安，酌獻改名恭安，太宗奠幣改名化安，酌獻改名英安。

景德祀皇地祇三首

降神，静安　至哉厚德，陟配天長！沈潛剛克，廣大無疆。資生萬物，神化含章。同和八變，神靈效祥。

奠玉幣，酌獻，嘉安　於昭祀典，致享坤儀。備物咸秩，柔祇格思。功宣敏樹，日益鴻禧。持載品彙，率土攸宜。

送神，静安　妙用無方，倏來忽逝。蠲潔寅恭，式終禋瘞。

景祐夏至祀皇地祇二首　仁宗御製。

太祖奠幣，恭安　赫矣淳耀，俶載帝基！一戎以定，萬國來儀。寅恭潔祀，博厚皇祇。威靈攸在，福祿如茨。

酌獻，英安　丕命惟皇，萬物咸覩。卜年邁周，崇功冠禹。有爗炎精，大昌聖祚。酌鬯祈年，永錫繁祜。

熙寧祀皇地祇十二首

迎神，導安　昭靈積厚，混混坤輿。配天作極，陰慘陽舒。齊明薦享，百福其儲。庶幾來止，風馬雲車。

升降，靖安　有來穆穆，臨此方丘。其行風動，其止霆收。躬事匪懈，豐盛潔羞。百昌咸殖，允矣神休！

奠幣，鳌安　純誠昭融，芳美嘉薦。肅將二精，以享以奠。休光四充，靈祇來燕。其祥伊何？永世錫羡。

太祖，肇安　於皇烈祖，維帝所興。光輝宗祀，如日之升。告靈作配，孝享烝烝。錫茲祉福，百世其承。

司徒奉俎，承安　我修祀事，於何致誠？罔敢怠佚，視茲碩牲。納亯薦俎，侑以和聲。格哉休應，世濟皇明。

酌獻，和安　猗嗟富媼，博厚含弘。發榮敷秀，動植茲豐。爰酌茲酒，肸蠁交通。衆祥萃止，垂祜無窮。

太祖，佑安　光大含弘，坤元之力。海宇咸寧，烈祖之德。作配方壇，不僭不忒。子孫其承，毋替厥則。

飲福，禔安　載登壇阼，載酌尊彝。牲酒嘉旨，福祿純熙。其福維何？萬物咸宜。其祿維何？永承神禧。

退文舞、迎武舞，威安　雍雍肅肅，建我采旄。舞以玉戚，不吳不敖。其將其肆，脾臄嘉肴。何以侑樂？鍾鼓管簫。

亞、終獻，儀安　折俎在籩，胾羹在豆。何以酌之？酒醴是侑。何以錫之？貽爾眉壽。何以格之？永爾康阜。

徹豆，豐安　曳我黼黻，履舄接武。鏘我珩璜，降升圜圄。其將肆兮，既曰不侮。其終徹兮，恭欽惟主。

送神，皇安　神兮來下，享此苾芬。酌獻雍雍，執事孔勤。神之還矣，忽乘飛雲。遺我祺祥，物象忻忻。

常祀皇地祇五首

迎神，寧安八變。　坤元之德，光大無疆。一氣交感，百物阜昌。吉蠲致享，精明是將。介茲景福，鼎祚靈長。

升降，正安　禮經之重，祭典爲宗。上公攝事，登降彌恭。庶品豐潔，令儀肅雍。百祥萃止，維吉之從。

奉俎，豐安　禮崇禋祀，神鑒孔明。牲牷博腯，以炰以烹。馨香蠲潔，品物惟精。錫以純嘏，享茲至誠。

退文舞、迎武舞，威安　進旅退旅，載揚干揚。不愆于儀，容服有章。式綏式侑，神保是聽。鼓之舞之，神永安寧。

送神，寧安　物備百嘉，樂周八變。克誠是享，明德斯薦。神鑒孔昭，蕃禧錫羡。回馭飄然，邈不可見。

紹興祀皇地祇十五首

迎神，寧安

函鍾爲宮　至哉厚德，物生是資！直方維則，翕闢攸宜。於昭祀典，致享坤儀。禮罔不答，神之格思。

太簇爲角　蕆事方丘，舊典時式。至誠感神，馨非黍稷。肸蠁來臨，鑒茲明德。永錫坤珍，時萬時億。

姑洗爲徵　至哉坤元，乃順承天！厚德載物，含洪八埏。日北多暑，祀儀吉蠲。式昭毋事〔二〕，敢告恭虔。

南呂爲羽　蕆事方丘，情文孔時。名山大澤，侑祭無遺。牲陳黝犢，樂備咸池。柔祇皆出，介我繁禧。

盥洗，正安　於穆盛禮，肅肅在宮。蕆事有初，直于東榮。滌濯是謹，惟寅惟淸。祇薦柔嘉，享茲克誠。

升殿，正安　景風應時，聿嚴毖祀。用事方丘，鏘鏘濟濟。登降有節，三獻成禮。神其格思，錫我繁祉！

正位奠玉幣，嘉安　坤元博厚，對越天明。展事方澤，亶惟顧歆。嘉玉量幣，祗薦純精。錫我繁祉，燕及函生。

太祖位奠幣，定安　毖祀泰折，柔祇是承。於赫藝祖，道格三靈。式嚴配侑，厚德惟寧。爰昭薦幣，享于克誠。

捧俎，豐安　丕答靈貺，蕆事方丘。豆登在列，鼎俎斯儔。牲牷告具，寅畏彌周。柔祇昭格，颷至雲流。

正位酌獻，光安　祗事坤元，飭躬敢憚！爰潔粢盛，載嚴圭瓚。淸明內融，嘉旨外粲。介我繁釐，時億時萬。

太祖位酌獻，英安　皇矣藝祖，九圍是式！至哉柔祇，萬彙允殖！保茲嘉邦，介我黍稷。酌鬯告虔，作配無極。

文舞退、武舞進，正安　於穆媼神，媲德彼天。我修毖祀，以莫不虔。肆陳時夏，干羽相宣。靈其來游，降福綿綿。

亞、終獻，文安　禮有祈報，國惟典常。籩豆豐潔，降升齊莊。備物致志，式薦累觴。昭格來享，自天降康。

徹豆，娛安　承天效法，其道貴誠。牲羞黃犢，薦德之馨。芳俎告畢，禮備樂盈。既靜既安，庶物露生。

送神，寧安　至厚至深，其動也剛。精誠默通，或出其藏。神之言歸，化斯有光。相我炎圖，萬世無疆。

宋初祀神州地祇三首

降神，靜安　膴膴郊原，茫茫寓縣。晝野分疆，禹功疏奠。靈祇是臻，豆籩祗薦。幽贊皇圖，視之不見。

奠玉幣，酌獻，嘉安　肸蠁儲靈，肅恭用幣。鏘洋導和，洪休允契。嘉氣雲蒸，浹于華裔。式薦坤珍，聿符明世。

送神，靜安　獻奠云畢，純嘏祁祁。威靈藏用，邈矣何之？

景祐孟冬祭神州地祇二首

太宗位奠幣，化安　剗平僞邦，嗣興鴻業。禮樂交修，仁德該洽。柔祇薦享，量幣攸攝。侑坐延靈，神休允答。

酌獻，韶安　有煒彌文，克隆宏構。貽此燕謀，具膺多祐。觶律吹笙，彝尊奠酒。佐乃沈潛，永祈豐楙。

元符祭神州地祇二首

迎神，寧安八變。　膴膴浚邦，皇天是宅。必有幽贊，聰明正直。布列籩豆，考擊金石。中外謐寧，緊神之力。

送神，寧安　都邑浩穰，民物富盛。主以靈祇，昭乃丕應。玉帛牲牷，鼓鍾筦磬。祇薦攸歆，歸于至靜。

紹興祀神州地祇十六首

志第八十六　樂八　三一一五

宋史卷一百三十三　三一一六

迎神，寧安

函鍾爲宮　芒芒下土，恢恢方儀。富媼統攝，滑運八維。爰稱元祀，告備吉時。揭茲虔恭，僾其格思。

太簇爲角　洪惟坤元，道著品物。上配紫旻，厚載其德。良月肇蕆，祭器布列。必先皇祇，以逐景福。

姑洗爲徵　坱圠無垠，磅礴罔測。山盈川沖，自生自殖。其報惟何？率禮靡忒。億萬斯年，功被無極。

南呂爲羽　翕闢以時，協氣陶蒸。播之金石，鏘厥和聲。冥冥眑眑，孔享純誠。是聽是娭，邦基永寧。

盥洗，正安　晨煬致煙，浡然四施。飄飄風馬，彷彿來斯。祀事維清，沃之盥之。載涓載肅，罔有愧辭。

升殿，正安　崇崇其壇，屹矣層級。佩約步趨，降登中節。左瞻右睨，祥風藹集。斿旆羽紛，昭鑾翊翊。

神州地祇位奠玉幣，嘉安　璇璣諧序，籍斂薦嘉。昭答柔祇，迭奏雅歌。幣琮以侑，儀腆氣和。靈其溥臨，容與燕嘉。

太宗位奠幣，嘉安　穆穆令聞，溥博有容。澤被萬宇，靡不率從。恭陳量幣，明薦其衷。禮亦宜之，享德攸同。

奉俎，豐安　肅肅嘉承，唯德其物。工祝以告，緊民之力。神哉廣生，孔碩且碩！奠于嘉壇，吐之則弗。

神州地祇位酌獻，嘉安　恭承明祀，嘉薦令芳。亦有桂酒，誠慤是將。瑟瓚以酌，效懽厥觴。庶乎燕享，永懷不忘。

太宗位酌獻，化安　宗德含洪，方祇可儗。闢土開疆，八埏同軌。是用作配，有永無紀。祼獻以享，茂格蕃祉。

文舞退、武舞進，文安　奕奕綴兆，咸池孔彰。丕闡文德，靡忘發揚。進退有節，乃容之常。樂備爾奏，煒煒榮光。

亞、終獻，文安　縮酌以祼，既旨且多。三獻有序，情文愈加。黄祇臨享，錫以休嘉。廣茲靈祲，覃及邇遐。

徹豆，成安　展牲告全，酒登于俎。竣事而徹，侑以樂語。奉鳌宜室，祚我神主。斂敷庶民，並受其祜。

送神，寧安　雲馭洋洋，既歆既顧。悠然聿歸，曷求厥路。欽想頌堂，跂立以慕。賚我肸

志第八十六　樂八　三一一七

宋史卷一百三十三　三一一八

蠁，莫不懌豫。

望瘞，正安　神罔怨恫，燕其有喜。蕆事告成，爰修瘞禮。樂闋儀備，休氣四起。尙謹不忽，念終如始。

景德朝日三首

降神，高安六變。　陽德之母，羲御寅賓。得天久照，首茲三辰。正辭備物，肅肅振振。淪精降監，克享明禋。

奠玉幣酌獻，嘉安　醴齊良潔，有牲斯純。大采玄冕，乃昭其文。王宮定位，粢盛苾芬。民事以敍，盛德升聞。

送神，高安　縣象著明，照臨下土。降福穰穰，德施周普。

夕月三首

降神，高安六變。　凝陰稟粹，照臨八埏。麗天垂象，繼日代明。一氣資始，四時運行。靈祇昭格，備物薦誠。

奠玉幣、酌獻，嘉安　夕爓乘秋，功存寓縣。金奏在縣，以時致薦。祀事孔寅，明靈降眚。潔粢豐盛，倉箱流衍。

送神，高安　夙陳籩豆，潔誠致祈。垂休保佑，景祚巍巍。

大觀秋分夕月四首

降神，高安　至陰之精，虧而復盈。輪高偃桂，階應祥蓂。玉兔影孤，金莖露溢。其駕星車，顧于茲夕。

奠玉幣　玉鈎初彎，冰盤乍圓。扇掩秋後，烏飛枝邊。精凝蟾蜍，輝光嬋娟。歆于明祀，弭芳節焉。

酌獻　名稽漢儀，歌參唐宗。往于卿少，乘秋氣中。周天而行，如姊之崇。可飛霞佩，下瑠璃宮。

送神　四扉大開，五雲車立。霓裾娣從，鳳翻童執。搖曳胥來，鏘洋爰集。歆我嚴禋，西面以揖。

紹興朝日十首

降神，高安

圜鍾爲宮　玄鳥既至，序屬春分。朝于太陽，厥典備存。載嚴大采，示民有尊。揚光下燭，煜爚東門。

黄鍾爲角　升暉麗天，陽德之母。率無頗偏，兼燭下土。恭事崇壇，禮樂具舉。頓御六龍，裴回容與。

太簇爲徵　周祀及闇，漢制中營。肸蠁是屆，禮神以兄。我潔斯璧，我肥斯牲。神兮燕享，鑒觀孔明。

姑洗爲羽　屹爾王宮，泛臨翊翊。惠此萬方，豈惟五色。以修陽政，以習地德。雲景杳冥，施祥無極。

初獻升殿，正安　天宇四霽，嘉壇聿崇。肅祗嚴祀，登降有容。仰瞻曜靈，位居其中。既安既妥，沛哉豐融！

奠玉幣，嘉安　物之備矣，以交於神。時惟炎精，不忘顧歆。經緯之文，璆琳之質。燦然相輝，其儀秩秩。

奉俎，豐安　扶桑朝暾，和氣肸飭。奉此牲牢，爲俎孔碩。芬馨進聞，介我黍稷。所將以誠，兹用享德。

酌獻，嘉安　匏爵斯陳，百味旨酒。勺以獻之，再拜稽首。鍾鼓在列，靈方安留。眷然加薦，惟時之休。

亞、終獻，文安　禮罄沃盥，誠意肅將。包茅是縮，冀畢重觴。焕矣情文，既具醉止。熙事備成，靈其有喜。

送神，禮安　羲和馭兮，其容杲杲。將安之兮？言歸黄道。光赫萬物，無古無今。人君之表，咸仰照臨。

夕月十首

降神，高安

圜鍾爲宮　金行告遒，玉律分秋。禮蔵西郊，毖祀聿修。精意潛達，永孚于休。神之聽之，爰格飈斿。

黄鍾爲角　時維秋仲，夜寂天清。實嚴姊事，用答陰靈。壇壝斯設，黍稷惟馨。雲車來下，庶歆厥誠。

太簇爲徵　遡日著明，麗天作配。潔誠以祠，禮行肅拜。光凝冕服，氣肅環珮。庶幾昭格，祗而不懈。

姑洗爲羽　穆穆流輝，太陰之精。盈虧靡忒，寒暑以均。克禋克祀，揆日涓辰。牲碩酒旨，來燕來寧。

升殿，正安　猗歟崇基，右平左墄！祗率典常，届兹秋夕。陟降惟寅，威儀抑抑。神其鑒觀，穰簡是集。

奠玉幣，嘉安　少采陳儀，實曰坎祭。禮備樂舉，嚴恭將事。于以奠之，嘉玉量幣。神兮

昭受，陰騭萬彙。

奉俎，豐安　轂旦其差，有牲在滌。工祝致告，爲俎孔碩。肸蠁是期，祚我明德。備兹孝欽，式和民則。

酌獻，嘉安　白藏在序，享惟其時。躬卽明壇，禮惟載祗。斟以瑤爵，神靈燕娭。歆馨顧德，錫我蕃釐。

亞、終獻，文安　肅雍嚴祀，聖治昭彰。清酒既載，或肆或將。禮匝三獻，終然允臧。神具醉止，其樂且康。

送神，理安　歆奏云闋，式禮莫愆。以我齊明，罄其吉蠲。神保聿歸，降康自天。蘿圖永固，億萬斯年。

熙寧以後祀高禖六首

降神，高安 六變。　容臺講禮，禖宮立祠。司分届後，帶韣陳儀。嘉祥萃止，靈馭來思。皇支蕃衍，永固邦基。

升降，正安　郊禖之應，肇自生商。誕膺寶命，濬發其祥。天材蕃衍，德稱君王。本支萬世，與天無疆。

奠玉幣，嘉安　昔帝高辛，先禖肇祀。爰揆仲陽，式祈嘉祉。陳之犧牲，授以弓矢。敷祐皇宗，施于孫子。

酌獻，祐安　昭薦精衷，靈承端命。青帝顧懷，神禖儲慶。祚以蕃昌，協于熙盛。螽斯衆多，流于雅詠。

亞、終獻，文安　赫赫高禖，萬世所祀。其德不回，錫茲福祉。蕃衍椒聊，和平芣苢。傳類降康，世濟其美。

送神，理安　禮奠蠲衷，祭儀竣事。丕擁靈休，蕃衍皇嗣。

紹興祀高禖十首

降神，高安

圜鍾爲宮　聿分春氣，施生在時。禖宮肇啓，精意以祠。禮儀告備，神其格思！厥靈有赫，錫我繁釐。

黃鍾爲角　眷此尊祀，實惟仲春。青圭束帛，克祀克禋。庶蒙嘉惠，嗣續詵詵。神之降鑒，雲車來臻。

太簇爲徵　猗歟禖宮，祀典所貴！粵自艱難，禮或弗備。以迄于今，始建壇壝。顧戒雲車，歆此誠意。

姑洗爲羽　春氣肇分，萬類滋榮。惟此祀事，皆象發生。求神以類，式昭至誠。庶幾來格，子孫繩繩。

升壇，正安　有奕禖宮，在國之南。壇壝既設，威儀孔嚴。登祀濟濟，神兮顧瞻。佑我皇祚，宜百斯男。

奠玉幣，嘉安　青律載陽，有虯頡頏。祈我繁祉，立子生商。三牲既薦，玉帛是將。克禋克祀，有嘉其祥。

奉俎，豐安　祇祓禖壇，潔蠲羊豕。博碩肥腯，爰具牲醴。執事駿奔，肅將俎几。神其顧歆，永錫多子。

青帝位酌獻，祐安伏羲、高辛酌獻並同。　瑞虯至止，祀事孔時。酌以清酒，祼獻載祗。神具醉止，介我蕃禧。乃占吉夢，維熊維羆。

亞、終獻，文安　中春涓吉，蕆事禖祠。禮備樂作，籩豆孔時。貳觴畢舉，薦獻無違。庶幾神惠，祥啓熊羆。

送神，理安　嘉薦令芳，有嚴禋祀。神來燕娭，亦既醉止。風馭言還，栗然欻起。以祓以除，錫我蕃祉。

景德祀九宮貴神三首

降神，高安　倬彼垂象，照臨下土。躔次運行，功德周普。九宮既位，惟德是輔。神之至止，皇皇斯覩。

奠玉幣，酌獻，嘉安　靈禋既肅，明神既秩。在國之東，協日之吉。升歌有儀，六變中律。懷和萬靈，降茲陰騭。

送神，高安　祗薦有常，惟神無方。回飈整馭，垂休降祥。

元祐祀九宮貴神二首

降神，景安六變。　上天貴神，九宮設位。功德及物，乃秩明祀。望拜紫壇，赫然靈氣。奠玉薦幣，歆之無愧。

送神，景安　天之貴神，推移九宮。厥位靡常，降康則同。來集于壇，顧歆恪恭。歌以送之，飈靜旋穹。

紹興祀九宮貴神十首

降神，景安

圜鍾爲宮　紫闕幽宏，惟神靈尊。輔成泰元，贊役乃坤。曰雨曰暘，組豫調紛。享薦隕光，蒙祉如屯。

黃鍾爲角　載陽衍德，農祥孔昭。賚茲元嘏，穮穮黍苗。象輿眇冥，金奏遠姚。無閡厥靈，丹衷匪恌。

太簇爲徵　於赫九宮，天神之貴。煌煌彪列，下土是蒞。幽贊高穹，陰騭萬類。肅若舊典，有嚴祗事。

姑洗爲羽　練時吉良，聿崇明祀。粢盛潔豐，牲碩酒旨。肅唱和聲，來燕來止。嘉承天休，賚及含齒。

初獻升壇，正安　於昭毖祀，周旋有容。歷階將事，趨進鞠躬。改步如初，沒階彌恭。左墄右平，陟降雍雍。

太一位奠玉幣，嘉安　煌煌九宮，照臨下土。陰騭庶類，功施周普。恪修祀典，禮備樂舉。嘉玉量幣，馨非稷黍。攝提、權星、招搖、天符、青龍、咸池、太陰、天乙位，樂曲並同。

奉俎，豐安　靈鑒匪遠，誠心肅祗。是烝是享，俎實孔時。禮行樂奏，肸蠁是期。雲車風馬，神其燕娭。

太一位酌獻，嘉安　惟天丕冒，彪列九神。財成元化，陰騭下民。有酒斯旨，登薦苾芬。昭哉降鑒，茀祿來臻！九位並同。

亞、終獻，文安　均調大化，陰騭下民。駿功有赫，誕舉明禋。嘉觴中貳，執事惟寅。清明邕矣，福祿攸臻。

送神，景安　薦獻有序，降登無違。禮樂備舉，昭格燕娭。雲車縹緲，神曰還歸。報以景貺，翊我昌期。

校勘記

〔一〕式昭毋事　此樂章歌頌坤德，「毋」疑當作「母」。

宋史卷一百三十四

志第八十七

樂九　樂章三

太廟常享　禘祫　加上徽號　郊前朝享　皇后別廟

建隆以來祀享太廟一十六首

迎神，禮安　肅肅清廟，奉祠來詣。格思之靈，如在之祭。克謹威儀，載嚴容衞。降福孔皆，以克永世。

皇帝行，隆安　工祝升階，賓尸在位。祗達孝思，允修祗祀。顯相有儀，克恭乃事。儼恪其容，通此精意。

奠瓚用瑞木　木符啓瑞，著象成文。於昭大號，協應明君。靈命有屬，鴻禧洞分。歌以

升薦，休嘉洽聞。

又馴象　嘉彼馴象，來歸帝鄉。南州毓質，中區效祥。仁格巨獸，德柔遐荒。有感斯應，神化無方。

又玉烏　素烏爰止，淳精允臧。名符瑞牒，色應金方。潔白容與，翹英奮揚。孝思攸感，皇德逾張。

奉俎，豐安　維犧維牲，以炰以烹。植其鞉鼓，潔彼鉶羹。孔碩茲俎，於穆厥聲。肅雍顯相，福祿來成。

酌獻僖祖室，大善　湯湯洪河，經啓長源。鬱鬱嘉木，挺生本根。大哉崇基，出乎慶門。發祥垂裕，永世貽孫。

順祖室，大寧　元鍾九千，生於仲呂。崇臺九層，起於累土。赫日之升，明夷爲主。孝孫作帝，式由祖武。

翼祖室，大順　明明我祖，積德攸宜。肇繼瓜瓞，將隆本支。爰賚慶緒，式昭帝基。於穆清廟，永洽重熙。

宣祖室，大慶　艱難積行，緜長鍾慶。同人之時，得主乃定。既敍宗祧，乃修舞詠。經武開先，永昭不命。

太祖室，大定　猗歟太祖，受命于天！化行區宇，功溢簡編。武威震耀，文德昭宣。開基垂統，億萬斯年。

太宗室，大盛　赫赫皇運，明明太宗。四隩咸暨，一變時雍。睿文炳煥，聖德溫恭。千齡萬祀，永播笙鏞。

飲福，禧安　嘉粟旨酒，博腯牲牷。神鑒孔昭，享茲吉蠲。夙夜毖祀，孝以奉先。永錫純嘏，功格于天。

亞獻，正安　已象文治，乃觀武成。進退可度，威儀克明。

終獻，正安　常武徂征，詩人所稱。總干山立，厥象伊凝。

徹豆，豐安　肥腯之牲，既析既薦。鬱鬯之酒，已酌已獻。祝辭亦陳，和奏斯徧。享禮具舉，徹其有踐。

攝事十三首

降神，理安　肅肅清廟，昭事祖禰。粢盛苾芬，四海來祭。皇靈格思，令容有晬。降福孔皆，以克永世。

太尉行，正安　祼鬯溥將，賓尸在位。帝德升聞，孝思光被。公卿庶正，傅御師氏。至誠感神，福祿來墍。

奠瓚，瑞安　淳清育物，瑞木成文。元氣陶冶，非煙郁氛。玄貺昭格，至和所熏。登歆祼獻，肸蠁如聞。

奉俎，豐安　麗碑割牲，以炰以烹。博碩肥腯，薦羞神明。祖考來格，享于克誠。如聞磬欬，式燕以寧。

酌獻僖祖室，大善　肅肅藝祖，肇基鴻源。樞輿光大，燕翼貽孫。載祀惟永，慶流後昆。威靈在天，顧我思存。

順祖室，大寧　思文聖祖，長發其祥。錫羨蕃衍，德厚流光。眷命自天，卜世聿昌。祗肅孝享，降福無疆。

翼祖室，大順　明明我祖，積德累仁。居晦匿曜，邁種惟勤。帝圖天錫，輝光日新。寢廟繹繹，昭事同寅。

宣祖室，大慶　洸洸我祖，時惟鷹揚。潛德弗耀，發源靈長。肆類配天，永思不忘。來顧來享，百福是將。

太祖室，大定　赫赫太祖，受命于天。赤符啓運，威加八埏。神武戡難，功無間然。翼翼丕承，億萬斯年。

太宗室，大盛　穆穆太宗，與天合德。昧旦丕顯，乾乾翼翼。敷佑下民，時帝之力。永懷聖神，孝思罔極。

眞宗室，大明　煌煌眞宗，善繼善承。經武耀德，臻于治平。封祀禮樂，丕昭鴻名。陟配文廟，皇圖永寧。

徹豆，豐安　鼎俎既陳，豆籩既設。金石在庭，工師就列。備物有嚴，著誠致潔。孝惟時思，禮以雍徹。

送神，理安　神之來兮風肅然，神之去兮升九天。排夌兢兮還恍惚，羽旄紛兮蕭燔煙。

眞宗御製二首

奠瓚用萬國朝天　鴻源濬發，睿圖誕彰。高明錫羨，累洽延祥。巍巍藝祖，溥率賓王。煌煌文考，區宇大康。珍符昭顯，寶曆綿長。物性茂遂，民俗阜昌。甫田多稼，禾黍穰穰。含生嘉育，鳥獸蹌蹌。八紘統域，九服要荒。沐浴惠澤，祗畏典常。隔谷分壤，望斗辨方。並襲冠帶，來奉圭璋。峨峨雙闕，濟濟明堂。諸侯執帛，天后當陽。何以辨等？袞衣繡裳。何以褒德？輅車乘黃。聲明煥赫，雅頌汪洋。啓茲丕緒，祐我無疆。大統斯集，大樂斯揚。俯隆宗祏，仰繼穹蒼。

亞獻、終獻用平晉樂　五代衰替，六合攜離。封疆竊據，兵甲競馳。天顧黎獻，塗炭可悲。帝啓靈命，濬哲應期。皇祖丕變，金鉞俄麾。率土執贄，獷俗來儀。瞻彼大鹵，竊

此餘基。獨迷文告，莫畏天威。神宗纘統，睿圖有輝。尚安蠢爾，罔懷格思。六飛夙駕，萬旅奉辭。徯來發詠，不陣行師。雲旗先路，壺漿塞岐。天臨日照，宸慮通微。前歌後舞，人心悅隨。要領自得，智力何施。風移僭冒，政治淳熙。書文混一，盛德咸宜。干戈倒載，振振言歸。誕昭七德，永定九圍。

眞宗告饗六首

告受天書，瑞安　寶命自天，鴻禧錫祚。昭晰綠文，氤氳黃素。玄感荐彰，靈休誕布。寅奉珍符，聿懷永慕。

太祖、太宗加上尊謚，顯安　報貺陟封，聿昭典禮。讓德穹厚，歸功祖禰。丕顯尊稱，盡善盡美。寅威孝思，以介蕃祉。

東封畢，躬謝酌獻，封安　奕奕清廟，錫羨詒謀。升中神嶽，顯允皇猷。歸格藝祖，昭報靈休。奉先追遠，盛德益修。

祀汾陰畢，躬謝酌獻，顯安　於昭列聖，休德清明。威靈如在，享于克誠。報功厚載，馨薦惟精。歸格飲至，禮備樂成。

聖祖降，親告，瑞安　於赫聖祖，景靈在天。神遊來暨，晬容穆然。誨言昭示，帝胄開先。齊明欽若，延鴻億年。

六室加謚，顯安　欽崇太霄，肅奉徽册。大禮克誠，鴻猷有赫。令芳爰薦，明靈斯格。昭謝垂祥，永懷何極。

景祐親享太廟二首

迎神，興安　追養奉先，納孝練主。金奏鳳鳴，關雎樂舞。禴邑恭神，肥腯展俎。積慶聰明，降景寰宇。

酌獻眞宗室，大明　於穆眞皇，宅心道粹。和戎偃革，煥乎文治。操瑞拜圖，封天祀地。盛德爲宗，烝嘗萬世。

至和祫享三首

迎神，興安　濡露降霜，永懷孝思。祫食爵敍，再閏之期。歌德詠功，八音播之。歆神惟始，靈其格茲。

禴瓚，嘉安　昭穆親祖，自室徂堂。禮備樂成，肅然祼將。瑟瓚黄流，條鬯芬芳。氣達淵泉，神孚來享。

送神，興安　四祖基慶，三后在天。薦侑備成，靈娭其旋。孝孫應嘏，受福永年。送之懷之，明發惻然。

嘉祐祫享二首

迎神，懷安　躬茲孝享，禮備樂成。神登于俎，祝導于祊。展牲肥腯，奏格和平。靈其昭格，肅僾凝情。

送神，懷安　靈神歸止，光景肅然。福祥裕世，明威在天。孝孫有慶，駿烈推先。佑茲基緒，彌萬斯年。

熙寧以後享廟五首

酌獻英宗室，大英　在宋五世，天子嗣昌。躬發英斷，若乾之剛。聲容沄沄，被于八荒。垂千萬年，永烈有光。

送神，興安　鍾鼓惟旅，籩豆孔時。衎我祖宗，既右享之。神亟來止，孝孫之喜。神保聿歸，孝孫之思。

禘祫孟享、臘享，宗正卿升殿，正安　進退有容，服章有儀。匪亟匪遲，降登孔時。

祫享仁宗，大和　於穆仁廟，聖澤滂流。華夷用乂，動植蒙休。徽名冠古，奕世垂謀。帝躬祼獻，盛典昭修。

英宗，大康　赫赫英皇，總提邦紀。濬發神功，恢張聖理。仙馭雖遙，鴻徽不弭。永言孝思，竭誠躬祀。

常祀五享三首

迎神，興安九變。　奕奕清廟，昭穆定位。霜露增感，粢盛潔祭。神靈來格，福祉攸暨。追孝奉先，本支百世。

太尉禴瓚，嘉安　有秩時祀，匪怠匪瀆。有來宗工，載祗載肅。厥作祼將，流黄瓚玉。是享是宜，永綏多福。

送神，興安　皇祖皇考，配帝配天。駿奔顯相，神保言旋。祝以孝告，嘏以慈宣。去來永慕，宗事惟虔。

紹興以後時享二十五首

迎神，興安

黄鍾爲宮　奉先嚴祀，率禮大經。時思致享，肅薦芳馨。竭誠備物，樂奏和聲。眞馭來止，熙事克成。

大呂爲角　聖靈在天，九關崇深。風馬雲車，紛其顧臨。擁祥儲休，昭答孝心。孝孫受祉，萬福是膺。

太簇爲徵　嘉承和平，秩祀爲先。乃練休辰，祝史告虔。內心齊明，祀具吉蠲。交際恍惚，如在後前。

應鍾爲羽　道信於神，神靈燕娭。酒有嘉德，物惟其時。緩節安歌，樂奏具宜。欣欣樂康，福祿綏之。

奉俎，豐安　王假有廟，子孫保光。奉牲以告，玉俎膏香。專精厲意，神其迪嘗。休承靈意，申錫無疆。

初獻盥洗，正安　恪恭祀典，涓選休成。設洗致潔，直于東榮。嘉觴祗薦，明德惟馨。祖考來格，享茲孝誠。

升殿，正安　冠佩雍容，時惟上公。享于清廟，陟降彌恭。籩豆靜嘉，粢盛潔豐。孝孫有慶，萬福來同。

僖祖室酌獻，基命　於穆文獻，自天發祥。肇基明命，錫羨無疆。子孫千億，宗社靈長。神之格思，如在洋洋。

宣祖室酌獻，天元　天啓炎曆，集我大命。長發其祥，篤生上聖。夷亂芟荒，乾坤以定。時祀聿修，孝孫有慶。

太祖室酌獻，皇武　赫赫藝祖，受天明命。威加八紘，德垂累聖。祀事孔明，有嚴笙磬。對越在天，延休錫慶。

太宗室酌獻，大定　明明在上，時維太宗。允武允文，丕基紹隆。於肅清廟，昭報是豐。

皇靈格思，福祿來同。

眞宗室酌獻，熙文　於穆眞皇，維烈有光。丕承二后，奄奠萬方。威加戎狄，道格穹蒼。歆時禋祀，降福無疆。

仁宗室酌獻，美成　至哉帝德，乃聖乃神！恭己南面，天下歸仁。歷年長久，垂裕後人。祀修舊典，寶命維新。

英宗室酌獻，治隆　炎基克寧，赫赫英宗。紹休前烈，仁化彌隆。篤生聖子，堯、湯比蹤。烝嘗萬世，福祿來崇。

神宗室酌獻，大明　於昭神祖，運撫明昌。肇新百度，克配三王。遐荒底績，聖武維揚。永言執競，上帝是皇。

哲宗室酌獻，重光　於皇濬哲，遹駿有聲。率時昭考，丕顯儀刑。功光大業，道協三靈。永綏厥後，來燕來寧。

徽宗室酌獻，承元　天錫神聖，徽柔懿恭。垂衣拱手，遵制揚功。配天立極，體道居中。佑我烈考，萬福攸同。

欽宗室，端慶　於皇欽宗，道備德宏。允恭允儉，克類克明。孝遵前烈，仁翊函生。歆茲肆祀，永燕宗祊。

高宗室，大德　於皇時宋，自天保定。高宗受之，再僕景命。紹開中興，翼善傳聖。何千萬年，永綏厥慶。

孝宗室，大倫　聖人之德，無加於孝。思皇孝宗，履行立教。始終純誠，非曰笑貌。於萬斯年，是則是傚。

光宗室，大和　維宋治熙，帝繼于理。萬姓厚生，三辰順軌。對時天休，以燕翼子。肅唱和聲，神其有喜。

文舞退、武舞進，正安　肅肅清廟，於顯維德。我祀孔時，我奏有翼。秉翟載翳，有來干戚。神之燕娭，休祥允格。

亞、終獻，文安　觀德宗祏，奕世烈光。有嚴祀典，粵循舊章。樂諧九變，獻畢重觴。燕娭如在，戩穀穰穰。

徹豆，恭安　禮備樂成，物稱誠竭。相維辟公，神人以說。歌雍一章，諸宰斯徹。天子萬年，無競維烈。

送神，興安　霜露既降，時思展禋。在天之御，睢然顧歆。樂成禮備，言歸靡停。既安既樂，福祿來成。

祫享八首

迎神，興安　黃鍾宮　時維孟冬，霜露既零。合食盛禮，以時以行。孝心翼翼，惟神來寧。肅倡斯舉，神具是聽。

大呂角　於穆孝思，嘉薦維時。誠通茲格，咸來燕娭。神之聽之，申錫蕃釐。於萬斯年，永保丕基。

太簇徵　於昭孝治，通乎神明。寒暑不忒，熙事備成。牲牷孔碩，黍稷惟馨。以享以祀，來燕來寧。

應鍾羽　苾芬孝祀，薦灌肅雍。致力於神，明信感通。靈之妥留，惠我龐鴻。廣被萬寓，福祿攸同。

翼祖酌獻，興安　上天眷命，佑我丕基。翼翼皇祖，不耀其輝。積厚流長，福祿攸宜。祀事孔時，曾孫篤之。

初獻順祖，酌獻，大寧　於赫皇祖，濬發其祥。德盛流遠，奕世彌昌。孝孫有慶，嘉薦令芳。神保是享，錫羨無疆。

光宗室酌獻，大承　於皇光宗，握符御極。昭哉嗣服，惟仁與德。勤施於民，靡有暇逸。萬年之思，永奠宗祏。

送神，興安　合祭大事，因時發天。翼翼孝思，三獻禮虔。神兮樂康，飈馭言旋。永福後人，於千萬年。

上仁宗、英宗徽號一首

入門升殿，顯安　於穆仁祖，寵綏萬方。執競英考，迄用成、康。圖徽寶册，有烈其光。庶幾億載，與天無疆。

上英宗尊號一首

入門，正安　在宋五世，天子神明。羣公奉册，迺揚鴻名。金書煌煌，遹昭厥成。思皇多祜，與天同聲。

增上神宗徽號一首 哲宗朝製。

升殿，顯安　於惟禰廟，乃聖乃神。秉文之士，作起惟新。建宮稽古，一視同仁。庶幾備號，以享天人。

紹興十四年奉上徽宗册寶三首

册寶入門，顯安　於鑠徽考，如天莫名。迨茲丕揚，擬純粹精。温玉鏤文，來至于祊。有嚴奕奕，禮備樂成。

冊寶升殿，顯安　金字煌煌，瑤光燦燦。羣工奉之，登此寶殿。對越祖宗，式遵成憲。威靈在天，來止來燕。

上徽號，顯安　惟精惟一，乃聖乃神。鴻名克揚，茂實斯賓。如禹之功，如堯之仁。孝思永慕，用詔無垠。

淳熙十五年上高宗徽號三首

冊寶入門，顯安　於穆高皇，功德兼隆。稱天以誄，初謚未崇。載稽禮典，揚徽垂鴻。涓日之良，登進廟宮。

冊寶升殿，顯安　有瑑斯寶，有編斯冊。導以麾仗，奏以金石。祲威盛容，煌煌赫赫。臣工奉之，高靈來格。

上徽號，顯安　中興之烈，高掩商宗。揖遜之美，放勳比隆。字十有六，擬諸形容。威靈在天，裕後無窮。

慶元三年奉上孝宗徽號三首

冊寶入門，顯安　巍巍孝廟，聖德天通。同符藝祖，克紹高宗。有儀有冊，載推載崇。鏤玉繩金，登奉祏宮。

冊寶升殿，顯安　文金晶熒，冊玉輝潤。統紹乎堯，德全于舜。勤崇推高，子孝孫順。冠

德百王，萬年垂訓。

上徽號，顯安　金石充庭，珩璜在列。繪畫乾坤，形容日月。巍巍功德，顯顯謨烈。垂億萬年，鴻徽昭揭。

高宗郊祀前朝享太廟三十首

皇帝入門，乾安 後還前殿並同。　於皇我后，祗戒專精。假于有廟，祖考是承。趨進惟肅，僾思惟誠。神之聽之，來燕來寧。

皇帝升殿、乾安 詣室、降殿並同。　皇皇大宮，丕顯於穆。休德昭清，元氣回復。芝葉蔓茂，桂華馮翼。孝孫假斯，受茲介福。

盥洗，乾安　維皇齊精，竊假于廟。觀盥之初，惟以潔告。衎承祖宗，恤祀昭孝。誠心有孚，介福斯報。

迎神，興安　秬鬯既將，黃鍾具奏。肅我祖考，祗栗以俟〔一〕。監觀于茲，雲車來下。

尚書奉俎，豐安　有碩其牲，登于大房。肅展以享，庶幾迪嘗。匪腯是告，我民其康。保艾爾後，垂休無疆。

皇帝再盥洗，乾安　盥至于再，潔誠愈孚。帝用祗薦，靈咸嘉虞。騰歌臚歡，會于軒朱。觀厥顒若，受福之符。

僖祖〔二〕室酌獻，基命　思文僖祖，基德之元。皇武大之，受命于天。積厚流光，不已其傳。曾孫篤之，於萬斯年。

翼祖室酌獻，大順　天命有開，維仁是依。迺睠冀邦，于以顧之。其顧伊何？發祥肇基。施于孫子，虔奉孝思。

宣祖室，天元　昭哉皇祖，源深流長！雕戈圭瓚，休有烈光。天祐潛德，繼世其昌。永懷積累，嘉薦令芳。

太祖室，皇武　爲民請命，皇祖赫臨。天地並貺，億萬同心。造邦以德，介福宜深。挹彼惟旨，眞游居歆。

太宗室，大定　皇矣太宗，嗣服平成！益奮神旅，再征不庭。文武秉德，仁孝克明。以聖傳聖，對越紫清。

眞宗室，熙文　思文眞宗，體道之崇。憺威赫靈，遵制揚功。眞符鼎來，告成登封。盛德百世，於昭無窮。

仁宗室，美成 徽宗御製。　仁德如天，徧覆無偏。功濟九有，恩涵八埏。齊民受康，朝野晏然。擊壤歌謠，四十二年。

英宗室，治隆　穆穆英宗，持盈守成。世德作求，是纘是承。齊家睦族，偃武恢文。於薦清酤，酌之欣欣。

神宗室，大明　烝哉維后，繼明體神！稽古行道，文物一新。潤色鴻業，垂裕後人。靈斿沛然，來燕來寧。

哲宗室，重光　明哲煌煌，照臨無疆。紹述先志，寔宣重光。詒謀燕翼，率由舊章。苾芬孝祀，降福穰穰。

徽宗室，承元〔三〕御製。　於皇烈考，道化聖神。堯聰舜孝，文恬武忻。命子出震，遺駿上賓。罔極之哀，有古莫倫。

降殿，乾安　明德惟馨，進止回復。裼襲安恭，嚴若惟谷。誠意昭融，羣工袟屬。成此祲容，生乎齊肅。

入小次，乾安　於皇我后，祗戒專精。躬製聲詩，文思聰明。雍容戾止，玉立端誠。神聽如在，福祿來寧。

文舞退、武舞進，正安　八音諧律，綴兆充庭。進旅退旅，肅恭和平。盛薦祖宗，靈監昭升。象功崇德，遹觀厥成。

亞獻，正安　威神在天，享于克誠。申以貳觴，式昭德馨。籩豆孔嘉，樂舞具陳。庶幾是

中華書局

聽，福祿來成。

終獻，正安　疏羃三舉，誠意一純。孰陪予祀，公族振振。神具醉止，燕娭窈冥。於萬斯年，綏我思成。

皇帝出小次，乾安　夙戒告備，禮節俯成。妥侑惟乾，氛氳夜澄。有嚴有翼，列聖靈承。於穆清閟，肅肅無聲。

皇帝再升殿詣飲福位，乾安　維皇親享，至再至三。禮備樂奏，層陛森嚴。秉盛芳潔，酒醴旨甘。雲車風馬，從衛觀瞻。

飲福，禧安　赫赫明明，維祖維宗。鑒于文孫，維德之同。日靖四方，亦同其功。億萬斯年，以承家邦。

還位，乾安　帝既臨享，步武鳴鑾。陟降規矩，顒昂周旋。登歌一再，典禮莫愆。神之聽之，祉福穰穰。

尚書徹豆，豐安　熙事既成，嘉籩告徹。洋洋來臨，藹藹布列。配帝其功，在天對越。允集叢釐，萬邦和悅。

送神，興安　神之來游，風馬雲車。淹留彷彿，顧瞻欷歔。神之還歸，鈞天帝居。監觀于下，何福不除！

降殿，乾安　於皇上天，欽哉成命。集于沖人，丕承列聖。爰熙紫壇，于蕑告慶。肸蠁潛通，休祥荐應。

還大次，乾安　盛德豐功，一祖六宗。欽翼燕詒，禋享是崇。厲意齊精，假廟惟恭。率禮周旋，福祿來同。

寧宗朝享三十五首

皇帝入門，乾安　王假有廟，四極駿奔。鼎俎肴嚴，虡簴雲屯。積厚流廣，德隆慶蕃。是則是繩，保我子孫。

升殿，乾安　於穆清宮，奕奕孔碩。芝莖蔓秀，桂華馮翼。八簋登列，六瑚賁室。皇代擁慶，啓佑千億。

盥洗，乾安　天一以清，地一以寧。維皇精專，承神明靈。娥御墮津，瀆祇揚溟。盥事允嚴，先祖是聽。

詣室，乾安　丹楹雲深，芳勺宵奠。樂華淳邑，禮文炳絢。有容有儀，載肅載見。維時緝熙，世世以燕。

還位，乾安　旅楹有閑，人神允叶。福以德昭，饗以誠接。六樂宣揚，百禮煒煒。對越在天，流祚萬葉。

迎神，興安 九變。

黃鍾爲宮　咸、英備樂，簋席列畢。詩歌安世，聲叶皇雅。翠旗羽蓋，雲車風馬。神其來兮，以燕以下。

大呂爲角　勾陳旦闢，閶闔夜分。軫風挾月，車駟凌雲。瑞景晻靄，神光耀煜。神其來兮，以留以忻。

太蔟爲徵　穆穆紫幄，璜璜清宮。旱麓流詠，鳧鷖叶工。道囿詒燕，業綿垂鴻。神其來兮，以康以崇。

應鍾爲羽　文以謨顯，武以烈承。聖訓之保，祖武之繩。有肅孝假，式嚴衎烝。神其來兮，以宜以寧。

捧俎，豐安　簋豆薦牲，鉶籩實饋。其俎孔庶，吉蠲爲饎。惟德達馨，以忱以貴。神既佑享，祉貺來暨。

再詣盥洗，乾安　精粹象天，明清鑒月。再御茲盥，益致其潔。齊容顒若，誠意洞徹。百禮允洽，率禮不越。

眞宗室，熙文　天地熙泰，躋時昇平。闢符建壇，聲容文明。君臣賡載，夷夏肅清。本支百世，持盈守成。

仁宗室，美成　在宋四世，天子聖神。用賢致治，約己裕民。海內富庶，裔夷肅賓。四十二年，堯、舜之仁。

英宗室，治隆　明明英后，仁孝儉恭。丕顯丕承，增光祖宗。繼志述事，遵制揚功。萬邦作孚，盛德形容。

神宗室，大明　厲精基治，大哉乾剛！信賞必罰，內修外攘。禮樂法理，號令文章。作新之功，度越百王。

哲宗室，重光　於皇我宋，世有哲明。元祐用人，遹駿有聲。紹述先志，思監于成。受天之祜，王配于京。

徽宗室，承元　帝撫熙運，晏粲協期。禮明樂備，文恬武嬉。道光授受，謀深燕詒。駿命不易，子孫保之。

欽宗室，端慶　顯顯令主，輝光日新。奉親以孝，綏下以仁。兢兢業業，誕保庶民。於穆不已，之德之純。

高宗室，大德　昊天有命，中興復古。治定功成，修文偃武。德隆商宗，業囿漢祖。付託得人，系堯之緒。

孝宗室，大倫　藝祖有孫，聰睿神武。紹興受禪，歸尊于父。行道饗爵，百度修舉。聖德

中華書局

曰孝，光于千古。

光宗室，大和　維宋洽熙，帝繼于理。萬姓厚生，三辰順軌。對時天休，以燕翼子。肅唱和聲，神其有喜。

還位，乾安　在周之庭，設業設虡。酒醴惟醹，爾殽伊脯。帝觴畢勺，天步旋舉。丕顯丕承，念茲皇祖。

降殿，乾安　黼幄燀蜎，颺斿亭燕。尊彝獻祼，瑚簋陳薦。眎儀天旋，淳音韶變。遹求厥寧，福祿流羨。

入小次，乾安　皇容肅祗，天步舒遲。對越惟恭，敬事不遺。陟降莅止，永言孝思。上帝臨女，日監于茲。

文舞退、武舞進，正安　明庭承神，鞉磬柷敔。玉梢飾歌，佾綴維旅。既肯厥文，復象乃武。祖德宗功，惟帝時舉。

亞獻，正安　尊斝星陳，鼎冪雲舒。來貳鬱觴，玉佩瓊琚。相予嚴祀，秉德有初。對揚王休，何福不除！

終獻，正安　秉德翼翼，顯相肅雝。疏冪三舉，誠意益恭。光燭黼繡，和流笙鏞。子孫衆多，福祿來從。

出小次，乾安　廟極邃嚴，夜景藻清。文物炳彪，禮儀熙成。帷宫載敞，珮珩有聲。帝復對越，將受厥明。

再升殿，乾安　明明維后，詒厥孫謀。系隆我漢，陳錫哉周。以孝以饗，世德作求。介以繁祉，萬邦咸休。

飲福，乾安　玉瓚黃流，有飶其香。來假來享，降福穰穰。我應受之，湯孫之將。有百斯男，福祿無疆。

還位，乾安　聖圖廣大，宗祊光輝。假于有廟，帝命不違。僾若有慕，夙夜畏威。嘉樂君子，福祿祁祁。

徹豆，豐安　升饌有章，卒食攸序。庭鏘金奏，凱收鏞筥。其獻惟成，其餕維旅。禮洽慶流，皇祖之祜。

送神，興安　珠幄熉黃，神既燕娭。監觀于下，福祿來宜。雲車風馬，神保聿歸。啓佑我後，福祿來爲。

降殿，乾安　聖有謨訓，詒謀燕翼。奉天酌祖，萬世維則。維皇孝熙，乾乾夕惕。禮既式旋，惟福之錫。

還大次，乾安　王假有廟，對越在天。帷宫旋御，率禮不愆。泰畤展祠，雲陽奉瑄。齊居精明，益用告虔。

理宗朝享三首

皇帝升降，乾安　於皇祖宗，清廟奕奕。威靈在天，不顯惟德。垂裕鴻延，詒謀燕翼。孝孫格斯，受祉罔極。

迎神，興安，九奏　秬鬯既將，黃鍾具奏。瞻望眞游，僾若有慕。於皇列聖，在帝左右。雲車具來，以妥以侑。

寧宗室，大安　帝德之休，恭儉淵懿。三十一年，謹終如始。升祔在宫，祖功並美。民懷有仁，何千萬世。

高宗祀明堂前朝享太廟二十一首

皇帝入門，乾安　於皇我后，祗戒專精。齊肅有容，祖考是承。造次匪懈，孝思純誠。神聽有格，福祿來寧。

升殿，乾安　肅哉清宫，熉珠照幄！神之來思，八音振作。赤舄龍章，奉玉惟恪。匪今斯今，先民時若。

盥洗，乾安　於皇維后，觀盥之初。精意昭著，既順既愉。圭鬯承祀，卿士咸趨。目視心化，四方其孚。

迎神，興安　涓選休成，祖考是享。夙夜專精，求諸惚恍。洋洋在上，惟神之仰。鬯矣清明，應之如響。

捧俎，豐安　來相于庭，鳴鋗鏘鏘。奉牲而告，登彼雕房。非牲之備，民庶是康。神依民聽，上帝斯皇。

僖祖室酌獻，基命　何慶之長？實兆于商。由商太戊，子孫其昌。皇基成命，宋道用光。詒厥孫謀，膺受四方。

翼祖室，大順　上帝監觀，維仁是依。繼世修德，皇心顧之。其顧伊何？在彼冀方。施于子孫，降福穰穰。

宣祖室酌獻，天元　昭哉皇祖，駿發其祥！雕戈圭瓚，盛烈載揚。天錫寶符，俾熾而昌。神聖膺期，赫然垂光。

太祖室，皇武　猗歟皇祖，下民攸歸！膺帝之命，龍翔太微。戎車雷動，天地清夷。峨峨奉璋，萬世無違。

太宗室，大定　煌煌神武，再御戎軒。時惠南土，旋定太原。車書混同，聲教布宣。維天佑之，億萬斯年。

眞宗室，熙文　於皇眞宗，體道之崇。游心物外，應迹寰中。四方既同，化民以躬。清淨無爲，盛德之容。

仁宗室曲同郊祀。登歌亦同。

英宗室，治隆　噫我大君，嗣世修文！維文維武，諟繼虞勳。天錫丕祚，施于後昆。於薦清酤，酌之欣欣。

神宗室，大明　烝哉維后，繼明體神！憲章文、武，宜民宜人。經世之道，功格于天。子孫嚴祀，無窮之傳。

哲宗室，重光　明哲煌煌，照臨無疆。丕承先志，嘉靖多方。朝廷尊榮，民庶樂康。珍符來應，錫茲重光。

徽宗室，承元　聖考巍巍，光紹丕基。禮隆樂備，時維純熙。天仁兼覆，皇化無爲。功成弗處，心潛希夷。

文舞退、武舞進，正安　作樂合祖，簨簴在庭。衆奏具舉，肅雝和鳴。神靈來格，庶幾是聽。嗽繹以終，永觀厥成。

亞獻，正安　威神在天，來格于誠。既載清酤，有聞無聲。相予熙事，時賴宗英。肅肅雝雝，允協思成。

終獻，正安　疏冪三舉，誠意一純。孰陪予祀，公族振振。明靈來娭，樂舞具陳。奉神所佑，昭孝息民。

飲福，禧安　赫赫明明，德與天通。施于孫子，福祿攸同。日靖四方，民和年豐。有秩斯祜，申錫無窮。

徹豆，豐安　歆我齊明，威德如存。牲牷是享，圭玉其溫。羣公執事，亦既駿奔。禮成告徹，咸福黎元。

還大次，乾安　神明既交，怳若有承。欽翼齊莊，福祿具膺。王業是興，祖武是繩。佑我億年，以莫不增。

孝宗明堂前享太廟三首

徽宗室酌獻，承元　明明徽祖，撫世升平。制禮作樂，發政施仁。聖靈在天，德澤在民。億萬斯年，保佑後人。

高宗室，大德　於皇時宋，自天保定。高宗受之，再僕景命。紹開中興，翼善傳聖。何千萬年，永綏厥慶。

還大次，乾安　禮既行矣，樂既成矣。維祖維妣，安且寧矣。皇舉玉趾，佩鏘鳴矣。拜貺總章，于厥明矣。

理宗明堂前朝享二首

寧宗室奠幣，定安　皇矣昭考，聖靈在天！稱秩宗祀，有嚴恭先。奉幣以薦，見之僾然。仁深澤厚，厥光以延。

酌獻，考安　假哉皇考，必世後仁！嘉靖我邦，與物皆春。之純之德，克配穹旻。餘慶淵如，佑我後人。

皇后廟十五首

迎神，肅安　閟宮翼翼，雅樂洋洋。牲器肅設，几筵用張。飾以明備，秩其令芳。神兮來格，風動雲翔。

太尉行，舒安　服章觀象，山龍是則。容止蹌蹌，威儀翼翼。

司徒捧俎，豐安徹同。　恪恭奉祀，祗薦犧牲。九成爰奏，有俎斯盈。

酌獻孝明皇后室，惠安　祀事孔明，廟室惟肅。鋼登籩豆，金石絲竹。既灌既薦，允恭允穆。奉神如在，以介景福。

孝惠皇后室，奉安　初陽作配，內助惟賢。柔順中積，英徽外宣。神宮有侐，明祀惟虔。歆誠降祜，於萬斯年。

孝章皇后室，懿安　猗那淑聖，象應資生。配天作合，與日齊明。椒宮垂範，彤史揚名。

聿修毖祀，永奉粢盛。

懿德皇后室，順安　王門稟慶，帝族惟賢。功存內治，德協靜專。流芳圖史，垂範紘綖。新廟有侐，祀禮昭然。

淑德皇后室，嘉安　明明英媛，德備椒庭。籩豆有踐，黍稷匪馨。靜嘉致薦，容與昭靈。精意以達，顧享來寧。

莊穆皇后室，理安　曾孫襲慶，柔祇育德。正位居體，其儀不忒。教被宮壼，化行邦國。祝史正辭，垂裕無極。

莊懷皇后室，永安　淑德昭著，至樂和平。登豆在列，苾香薦誠。六變合禮，八音諧聲。穆穆景福，佑我休明。

元德皇后廟[四]，興安　爲太宗后，爲天下母。誕聖繼明，膺乾作主。玉振金相，蘭芬桂芳。於萬斯年，永奉烝嘗。

飲福，禧安　彝尊鬯酒，慶佑遂行。介以純嘏，允答明誠。

亞獻，恭安　宗臣率禮，步玉鏘鏘。吉蠲斯獻，百祿是將。

終獻，順安　薦獻有終，禮容斯穆。以奉嘉觴，以膺多福。

送神，歸安　明禋告畢，靈輅難留。升雲杳邈，整馭優游。誠深嘉栗，禮罄欽修。豐融垂

中華書局

佑，以永洪休。

景祐以後樂章六首

章獻明肅皇太后室奠瓚，達安　肅肅閟宮，順時薦事。鬱鬯馨香，如見於位。

酌獻，厚安　祥標曾麓，德合方儀。萬邦展養，九御蒙慈。孝恭祊祏，美播聲詩。淑靈願享，申錫維祺。

章懿皇太后室奠瓚，報安　青金玉瓚，祼將于京。永懷罔極，夙夜齊明。

酌獻，衍安　翊佐先朝，章明壼教。淑順謙勤，徽音在劭。樹風不止，劬勞匪報。黍稷令芳，嘏茲乃告。

奉慈廟章惠皇太后室奠瓚，翕安　祼圭既陳，酌鬯斯醇。音容彷彿，奠獻惟寅。

酌獻，昌安　內輔先猷，夙昭壼則。保祐之勞，慈惠其德。榮養有終，芳風無極。享獻閟宮，載懷悽惻。

眞宗汾陰禮畢，親謝元德皇后室三首

迎神，肅安　閟宮奕奕，詔樂洋洋。牲幣虔布，几筵肅張。醴泉淳美，嘉肴潔香。俟神來格，降彼帝鄉。

奉俎，豐安　樂鏗金石，俎奉犧牲。九成斯奏，五教爰行。

送神，理安　鸞驂復整，鶴駕難留。白雲縹緲，紫府深幽。廟雖載止，神無不游。垂佑皇宋，以永鴻休。

元德皇后升祔一首

顯安之曲　顯矣皇妣，德侔柔祇！升祔太室，協禮之宜。耀彼寶册，列之尊彝。惟誠是厚，永佑慶基。

崇恩太后升祔十四首

入門，顯安　俔天生德，作配元符。儀刑壼則，輔佐帝圖。登崇廟祏，勒號璠璵。烝嘗億載，皇極之扶。

神主升殿，顯安　曰嬪于京，天作之配。進賢審官，克勤其志。於穆清廟，本仁祖義。億萬斯年，神靈攸塈。

迎神，興安四章

黃鍾宮二奏　閟宮有侐，堂筵屹崇。靈徽匪遐，精誠感通。苾芬維時，登茲明祀。泠然雲車，有來其馭。

大呂角二奏　羽旌風翔，羣娭飄舉。儼其音徽，登茲位處。笙鏞始奏，合止柷敔。是享是宜，永求伊祜。

太簇徵二奏　枚枚閟宮，鼎俎肆陳。烝畀明靈，登其嘉新。鼓鍾既戒，旨酒既醇。攸介攸止，純禧荐臻。

應鍾羽二奏　旨酒嘉肴，于登于豆。是享是宜，樂既合奏。衎我懿德，執事溫恭。靈兮允格，有翼其從。

盥洗，嘉安　列爵陳俎，芬芳和羹。摐金擊石，洋洋和聲。禮行伊始，我德惟明。既盥而往，於昭斯誠。

升降殿，熙安　笙籥紛如，陟彼廟庭。鏘鏘佩玉，懷茲先靈。神保聿止，音容杳冥。繁禧是介，萬年惟寧。

酌獻，茲安　雝雝玉佩，清酤惟良。粢盛具列，有飶其香。懷其徽範，德洽無疆。於茲燕止，降福穰穰。

亞獻，神安　嬪于潛邸，爰正坤儀。關雎化被，思齊名垂。柔德益茂，家邦以熙。皇心追崇，永羞牲粢。

退文舞、進武舞，昭安　翩然干戚，揚庭陳階。文以經緯，武以威懷。其張其弛，節與音諧。迄茲獻享，妥靈綏來。

終獻，儀安　珩璜之貴，褘褕之尊。天作之合，內治慈溫。元良鍾慶，祉福乾坤。以享以祀，事亡如存。

徹豆，成安　鏘洋純繹，於論鼓鍾。周旋陟降，齊莊肅容。維犧既旨，維籩伊豐。歌徹以雍，介福來崇。

送神，興安　黍稷維馨，虔業充庭。既欽既戒，靈心是承。顧予烝嘗，言從之適。申錫無疆，是用大介。

上册寶十三首

册寶入門，隆安　威儀皇止，庶尹在庭。爰畢徽章，遹觀厥成。勒崇揚休，寫之瓊瑛。迄于萬祀，發聞惟馨。

册寶升殿，崇安　有猶有言，順承天則。聿崇號名，再揚典册。朱英寶函，左右翼翼。千秋萬歲，保茲無極。

迎神，歆安

黃鍾宮　籩豆大房，犧尊將將。馨香既登，明靈迪嘗。其樂伊何？吹笙鼓簧。靈來燕娭，降福無疆。

大呂角二奏　吉蠲惟時，禮儀既備。奉璋峨峨，羣公在位。神之格思，永錫爾類。展彼令德，於焉來塈。

中華書局

太簇徵二奏　雍雍在宮，翼翼在庭。顯相休嘉，肅雍和鳴。神嗜飲食，明德惟馨。綏我思成，式燕以寧。

應鍾羽二奏　犧牲既成，籩豆有楚。摐金擊石，式歌且舞。追懷懿德，令聞令儀。靈兮來格，是享是宜。

盥洗，嘉安　嘉肴旨酒，潔粢豐盛。既盥而往，以我齊明。有孚顒若，黍稷非馨。神之格思，享于克誠。

升降，熙安　佩玉鏘鏘，其來雝雝。陟降孔時，步武有容。恪茲祀事，神罔時恫。綏我邦家，福祿來崇。

酌獻，明安　旨酒嘉栗，有飶其香。衎我淑靈，歆此令芳。德貽彤管，號正椒房。神具醉止，降福穰穰。

退文舞、進武舞，昭安　籥翟既陳，干戚斯揚。進旅退旅，一弛一張。其儀不忒，容服有光。以宴以娛，德音不忘。

亞、終獻，和安　望高六宮，位應四星。輔佐君子，警戒相成。褘衣褒崇，琛册追榮。于以奠之，有椒其馨。

徹豆，成安　濯濯其英，殖殖其庭。有來羣工，賚我思成。嘉肴既將，旨酒既清。雍徹不

遲，福祿來寧。

送神，歆安　禮儀既備，神保聿歸。洋洋在上，不可度思。神之來兮，肸蠁之隨。神之去兮，休嘉是貽。

上欽成皇后册寶六首

入門升殿，顯安　上帝錫羨，寔生婉淑。輔佐神皇，寵膺天祿。誕育泰陵，劬勞顧復。於昭徽音，久而彌郁。

迎神，歆安　於顯惟德，徽柔懿明。嬪于初載，有聞惟馨。肆我鼓鍾，萬舞在庭。神保是格，來止來寧。

盥洗，嘉安　有煒柔儀，率履不越。惠于初終，既明且達。我將我享，相盥乃登。胡臭亶時，攸介攸寧！

升降，熙安　苾苾其芳，殽核維旅。陟降孔時，有秩斯所。雍容內化，維神之明。明則不渝，綏我思成。

酌獻，明安　天維顯思，有相于內。右賢去邪，夙夜儆戒。猗歟追册，重翟褘衣。既右享之，百世是儀。

亞、終獻，和安　酌彼玉瓚，有椒其馨。鬷假無言，雍容在庭。生莫與崇，於赫厥聲。祀事孔明，神格是聽。

上明達皇后册寶五首

迎神，歆安　恭儉宜家，柔順承天。德昭彤管，憂在進賢。寶册褘翟，追榮壽原。四時禋享，何千萬年。

酌獻，明安　清宮有嚴，廣樂在庭。鍾鼓筦磬，九變既成。縮茅以獻，潔秬惟馨。靈遊可想，來燕來寧。

退文舞、進武舞，昭安　秉翟竣事，萬舞摐金。總干揮戚，節以鼓音。禮容有煒，肸蠁來歆。淑靈是聽，雅奏愔愔。

徹豆，成安　登獻罔愆，俎豆斯徹。神具醉止，禮終樂闋。御事既退，珊珊佩玦。介我繁祉，歆此蠲潔。

送神，歆安　備成熙事，虛徐翠楹。神保聿歸，雲車夙征。鑒我休德，神交惚恍。留祉降祥，千秋是享。

紹興別廟樂歌五首

升殿，崇安　新廟肅肅，蕆事以時。陟降階墄，雍容有儀。鞠躬周旋，罔敢不祗。祝史正辭，靈其格思。

奉俎，肅安　肇嚴廟祀，爰圖遺芳。物必稱德，或陳或將。有縟其儀，有苾其香。靈兮來下，割烹是嘗。

懿節皇后室酌獻，明安　曾沙表慶，正位椒庭。徽音杳邈，宮壼儀刑。虔修祀事，清酌惟馨。縮以包茅，昭格明靈。

亞、終獻，嘉安　霄漢月墮，郊原露晞。徽音如在，延佇來歸。有酒既清，果觴載祗。神具醉止，燕衎怡怡。

徹豆，寧安　仙馭弗返，眇邈清都。薦此嘉殽，既豐既腴。奠享有成，鼓樂愉愉。徹我豆籩，率禮無踰。

乾道別廟樂歌三首

詣廟，乾安　涓選休辰，千秋之杪。既齊既戒，爰假祖廟。有侐儀坤，舊章是傚。享祀奚爲？天子純孝。

升殿，乾安　宗祀九筵，先薦閟宮。陟自東階，煌煌袞龍。於穆聖善，監茲禮容。是享是宜，介福無窮。

懿節皇后室酌獻，歆安　丕顯文母，厚德維坤。仙馭雖邈，徽音固存。瑟彼玉瓚，酌此鬱鬯。簡簡穰穰，裕我後昆。

中華書局

紹熙〔五〕別廟二首

安穆皇后室酌獻，歆安　祥發俔天，符彰夢日。有懷慈容，孝享廟室。泰尊是酌，旨酒嘉栗。靈其格思，祚以元吉。

安恭皇后室酌獻，歆安　美詠河洲，德嬪嬀汭。徽音如存，肇修祀事。縮以包茅，酌以醴齊。靈來顧歆，降福攸備。

紹興二十九年顯仁皇后祔廟一首

酌獻，歆安　恭惟聖母，躋祔孔時。陳羞宗祏，徽福坤儀。鍾鼓惟序，牲玉載祇。於皇來格，永介丕基。

開禧三年成肅皇后祔廟一首

酌獻，歆安　天合重華，內治昭融。承承繼繼，保佑恩隆。歸從阜陵，登祔太宮。燕我後人，福祿來崇。

校勘記

〔一〕祇栗以俟　宋會要樂六之一八在本句下有「於皇列聖，在帝左右」二句。史有脫文。

〔二〕僖祖　原作「僖宗」，據本書卷一太祖紀和本卷上下文改。

〔三〕徽宗室承元　「元」原作「光」。本卷上文紹興以後時享二十五首、本卷下文寧宗朝享三十五首、高宗祀明堂前朝享太廟二十一首和本書卷一〇九禮志都作「元」。據改。

〔四〕元德皇后廟　「廟」，疑當作「室」。

〔五〕紹熙　原作「紹興」，按本章是趙惇祀趙眘安穆、安恭兩后所用曲辭，「興」字是「熙」字之訛。

宋史卷一百三十五

志第八十八

樂十　樂章四

朝謁玉清昭應宮　太清宮　朝享景靈宮　封禪　祀汾陰　奉天書　祭九鼎

眞宗奉聖祖玉清昭應宮御製十一首〔一〕

降聖，眞安　巍巍眞宇，奕奕殊庭。規模太紫，炳煥丹青。元命祇答，大猷是經。多儀有踐，丕應無形。肆設金石，聲聞杳冥。佇迴飆馭，永祐基扃。

奉香，靈安　芳氣上浹，飆馭下臨。紹承丕緒，永勵精明。氤氳成霧，葱鬱垂陰。虔恭對越，介祉攸欽。

奉饌，吉安　發祥有自，介福無疆。紛綸丕應，保佑下方。嘉薦斯備，雅奏具揚。寅威洞達，監眄昭章。

玉皇位酌獻，慶安　無體之體，強名之名。監觀萬寓，統治九清。眞朔保祐，瑞命昭明。乾乾翼翼，祇答財成。

聖祖位酌獻，慶安　於昭靈睍，誕啓鴻源。功濟庶彙，慶流後昆。蘭肴登俎，桂酒盈尊。俯迴飆馭，永庇雲孫。

太祖位酌獻，慶安　赫赫藝祖，受命高穹。威加海外，化浹區中。發祥宗祏，錫祐眇沖。欽承積德，勵翼精衷。

太宗位酌獻，慶安　明明文考，儲精上蒼。禮樂明備，溥率賓王。功德累洽，歷數會昌。孝思罔極，丕祐無疆。

亞、終獻，沖安　太初非有體，至道本無聲。降迹臨下土，成功眇上清。至仁敦動植，丕緒啓宗祊。紫禁承來格，鴻基保永寧。發祥垂誕告，致孝薦崇名。廣樂伸欽奉，儲休固太平。

飲福，慶安　明明始祖，誕啓慶基。翼翼後嗣，虔奉孝思。精潔斯達，祉福咸宜。于以報貺，于以受釐。

徹饌，吉安　雕俎在御，飈駕聞聲。眞遊斯降，旨酒斯盈。大樂云闋，大禮云成。徹彼常薦，磬此明誠。

送聖，眞安　精心既達，眞遊允臻。禮容斯畢，福應惟醇。將整僊馭，言還上旻。永存嘉貺，用泰烝民。

迎奉聖像四首　並用慶安。

玉皇位　玉虛上帝，金像睟容。宅眞雲構，練日龜從。維皇對越，率禮寅恭。靈心丕應，福祿來崇。

聖祖位　總化在天，保昌厥緒。降格皇闈，瓊輪載御。藻仗星陳，睟容金鑄。佑我慶基，宅茲靈宇。

太祖位　烝哉大君，聿懷帝祖！鎔範眞儀，奉尊靈宇。至感祥開，洪輝物覩。瞻謁盡恭，飛英率土。

太宗位　於顯神宗，德洽區中。祥金爍冶，範茲睟容。殊庭胥宇，備物致恭。明威有赫，降福來同。

玉清昭應宮上尊號三首

奉告，隆安　登隆妙號，欽翼淵宗。茂宣德禮，有恪其容。奉璋升薦，垂佩彌恭。揚休詠

美，以間笙鏞。

太初殿奉册寶，登安　皇靈垂祐，洪福彌隆。祇率緜寓，潔祀眞容。嚴恭奉册，對越清躬。睟容肅穆，懿號尊崇。禮成樂舉，福祿來同。

二聖殿奉絳紗袍，登安　赫赫列聖，盛德巍然。彤彤靈宇，睟儀在焉。奉以龍衮，被之象天。重慶宗稷，億萬斯年。

太尉奉聖號册寶，眞安〔三〕　上旻降監，介祉實繁。邦家修報，妙道歸尊。增名霄極，奉册靈軒。茂宣聖典，永祐黎元。

寶册升殿，大安　圖書昭錫，典禮紹成。烝民何幸，敎父儲靈。欽承景貺，祇奉崇名。致虔寶册，垂祐基扃。

降神，眞安　猶龍之聖，降生厲鄉。敎流淸淨，道符混茫。大君肅謁，盛儀允臧。森羅羽衞，躬薦蕭薌。簪紱濟濟，鍾石洋洋。高眞至止，介福誕祥。

奉玉幣，靈安　琳宮奕奕，黼坐煌煌。玉帛成禮，飈馭延祥。鴻儀有則，景福無疆。嘉應昭協，丕猶誕揚。

奉饌，吉安　金奏以諧，飈遊斯格。靈監章明，皇心勵翼。肅奉雕俎，來升緌席。享德有孚，凝禧無斁。

酌獻，大安　欽崇至道，肅謁殊庭。順風而拜，明德惟馨。飈馭來格，尊酒斯盈。是酌是獻，心通杳冥。

飲福，大安　彼渦之壤，指李之區。千乘萬騎，來朝密都。躬陳芳薦，款接仙輿。飲酒受福，永耀鴻圖。

亞、終獻，正安　邈矣道祖，冥幾惚恍！常德不離，至眞無象。引位淸穹，降祥神壤。酌醴薦誠，控飈來享。

送神，眞安　醴醆在戶，金奏在庭。籩豆有踐，黍稷非馨。義盡蠲潔，誠通杳冥。言旋風馭，祚我修齡。

太極觀奉册寶一首

登安之曲　薦號穹冥，登名祖禰。陟配陽郊，協宣典禮。感電靈區，誕聖鴻懿。册寶斯陳，福祿來暨。

景靈宮奉册寶一首

登安之曲　穆穆眞宗，錫羨蕃昌。飈輪臨貺，諄誨洞彰。虔崇懿號，祗答景祥。至誠致享，降福無疆。

景祐元年親享景靈宮二首

降眞，太安　眞館奉幣，潔齊致馨。靈因斯格，社稷慶寧。

送眞，太安　椒漿尊享，珍饌精祈。睟容杳邈，瑤輅霞飛。

大觀三年朝獻景靈宮二首

奉饌，吉安　威靈洋洋，靡有常饗。於惟欽承，來假來饗。博碩芬香，是烝是享。奉器有虔，載德無爽。爾牲既充，是烹是肆。爾肴既具，是羞是饋。非物之重，惟德之備。神之格思，歆我精意。

高宗郊前朝獻景靈宮二十一首

皇帝入門，乾安　維皇齊居，承神其初。顒顒昂昂，龍步雲趨。景鍾鏗如，肅覲淸都。肸蠁之交，神人用孚。

升殿，乾安　帝既臨饗，馨茲精意。對越在天，爰升紫陛。孔容翼翼，保承丕緒。孝奉天儀，永錫爾類。

降聖，太安　惟德馨香，升聞八方。粵神臨之，來從帝鄉。萬靈景衞，有煒其光。監我精純，降福穰穰。

盥洗，乾安　齋居皇皇，瓊琚鏘鏘。承祭之初，其如在旁。挹彼注玆，儲禧迎祥。神之聽之，欣欣樂康。

聖祖位，乾安　涓選休辰，有事嘉薦。琅琅瓊珮，陟降嚴殿。其陟伊何？幣玉斯奠。周旋中禮，千億儲羨。

聖祖位奉玉幣，靈安　上靈始祖，雲景元尊。嚴祀夙展，六樂朱軒。明玉之潔，豐帛之溫。暢乃繼序，承德不愆。

還位，乾安　我后臨饗，奠幣攸畢。式旋其趨，渠度有式。禮容齋莊，孝思純實。天休滋至，時萬時億。

奉饌，吉安　百職駿奔，來相于庭。奉盛以告，登玆芳馨。際天蟠地，默運三靈。神兮來歆，祚我休平。

再盥洗，乾安　有嚴大禮，對時休明。情文則粲，蠲潔必清。再臨覲盥，以專以精。真游來格，永觀厥成。

再詣聖祖位，乾安　於赫炎宋，十葉華耀。屬玆郊報，陟降在廟。其降伊何？椒漿桂酒。再拜斟酌，永御九有。

聖祖位酌獻，祖安御製。　瑤源誕啓，玉牒肇榮。覆育羣有，監觀圓清。酒醴既洽，登薦

惟誠。無有後艱，駿惠雲仍。

還位，乾安　奠幣告成，式旋厥位。天步雍容，神人燕喜。九廟覲德，百靈薦祉。子孫其昌，垂千萬祀。

文舞退、武舞進，正安　於皇樂舞，進旅退旅。一弛一張，笙磬具舉。豈惟玩聲，象德是似。神鑒孔昭，福祿來予。

亞、終獻，冲安　五音飭奏，神既億康。澹其容與，薦此嘉觴。有來顯相，鋗玉鏘鏘。奉承若有，罔不齋莊。

飲福，報安　嘉薦既終，神貺斯復。賚我思成，靈光下燭。孝孫承之，載祗載肅。敷錫庶民，函蒙祉福。

還位，乾安　帝臨閟庭，逆釐上靈。神燕安坐，肅若有承。嘉觴既申，德明惟馨。靈光留俞，祚我億齡。

徹饌，吉安　普淖既薦，苾芬孔時。神嗜而顧，有來燕娭。籩豆將徹，載欽載祗。展詩以侑，益臻厥熙。

送真，太安　雍歌既徹，熙事備成。神夕奄虞，忽乘青冥。靈心回眷，監我精禋。誕降嘉祉，休德昭清。

降殿，乾安　我秩元祀，上推靈源。展事有恤，祲威肅然。丹城既降，秉心益虔。荷天之休，于千萬年。

望燎，乾安　奕奕靈宮，有嚴毖祀。燔燎具揚，禮儀既備。帝心肅祗，天步旋止。對越在天，永膺蕃祉。

還大次，乾安　帝將于郊，昭事上祀。爰茲畢觴，復卽于此。飈游載旋，容旌杳騎。維皇嘉承，錫祚昌熾。

高宗明堂前朝獻景靈宮十首

降聖，大安　德惟馨香，升聞八方。粤神之從，燦然有光。驂飛乘蒼，咏咏蹌蹌。消搖從容，顧予不忘。

升殿，乾安　帝既臨享，龍馭華耀。孝孫承之，陟降在廟。誠意上交，慶陰下冒。天休駢至，千億克紹。

聖祖位奠玉幣，靈安　玉氣如虹，豐縉充笥。既奉既將，亦奠在位。有永羣后，實相祀事。何以臨下？心意不貳。

奉饌，吉安　瓊琚鏘鏘，玄衣纁裳。薦嘉升香，粢盛芬芳。禮儀莫愆，鼓鐘喤喤。曾孫之常，綏福無疆。

聖祖位酌獻，祖安　裴回若留，靈其有喜。薦我馨香，挹茲酒醴。我祖在天，執道之紀。申佑無疆，奏神稱禮。

文舞退、武舞進，正安　進旅退旅，載執干戚。不愆于儀，容服有赫。式妥式侑，神保是格。靈鑒孔昭，孝思維則。

亞、終獻，冲安。用舊辭。

飲福，報安　於赫大神，總司元化。監我純精，威光來下。延昌之貺，千億馮藉。曾孫保之，丕平是迓。

徹饌，吉安　洋洋降臨，肅肅布列。熙事既成，嘉籩告徹。九天儲慶，垂佑無缺。寢明寢昌，綿綿瓜瓞。

送真，太安　高飛安翔，持御陰陽。幽贊圓穹，監觀四方。元精回復，奄虞孔良。畢觴降嘏，偃蹇于驤。

望燎，乾安　奕奕原祠，有嚴毖祀。禮儀孔宣，燔燎斯暨。帝心肅祗，天步旋止。熙事既成，永膺蕃祉。

孝宗明堂前朝獻景靈宮八首

盥洗，乾安　合宮之饗，報本奉先。欽惟道祖，濬發璿源。駕言謁款，其盥惟虔。尚監精

夷，錫祚綿綿。

聖祖，乾安　駿命有開，慶基無窮。祗率百辟，仰瞻睟容。鼓鏞斯和，黍稷斯豐。靈其居歆，福祿來崇。

還位，乾安　嘉玉既設，量幣既陳。髣髴靈游，來顧來寧。對越伊何？厥惟一純。佑我熙事，以迄于成。

奉饌，吉安　發祥仙源，流澤萬世。曷其報之？親饗三歲。相維列卿，潔粢是饋。匪物之尙，誠之爲至。

再詣盥洗，乾安　華燈熒煌，瑞煙氤氳。威神如在，蠲潔必親。再盥于罍，再帨于巾。皇心肅祗，其敢憚勤。

再詣聖祖位，乾安　歲逢有年，月旅無射。我將我饗，如幾如式。肅爾臣工，諧爾金石。本原休功，垂裕罔極。

還位，乾安　旨酒思柔，神具醉止。工祝既告，孝孫旋位。何以酢之？純嘏來備。燕及雲來，蕃衍無已。

文舞退、武舞進，正安　象德之成，有奕其舞。一弛一張，進旅退旅。嘒以管簫，和以鏞鼓。神其樂康，永錫多祜。

寧宗郊前朝獻景靈宮二十四首

皇帝入門，乾安　閟幄邃深，雲景杳冥。天清日晬，展容玉庭。締基發祥，希夷降靈。神其來燕，是饗是聽。

升殿，乾安　帝居瑤圖，璇題玉京。日月經振，列宿上熒。桂籩飶芬，瑚器華晶。貪承禋祀，用戒昭明。

降神，太安六變。　圜鐘爲宮　四靈晨耀，五緯夕明。風雲晏和，天地粹清。靈兮來迎，靈兮來寧〔三〕。啓我子孫，饗于純精。

黃鐘爲角　芬枝揚烈，熉珠叶陶。闓珍闡符，展詩舞箾。神哉來下，神哉來翺。肅若有承，靈心招搖。

太簇爲徵　龍車既奏，鳳馭載翔。帝幄佇靈，天衢騰芳。神來留俞，神來蹇驤。禮卽樂明，奏假孔將。

姑洗爲羽　虹旌蜺旄，鸞旗翠蓋。星樞扶輪，月御叶衞。靈至陰陰，靈般裔裔。來格來饗，福流萬世。

盥洗，乾安　禮文有俶，祀事孔明。將以潔告，允惟齊精。自盥而往，聿觀厥成。靈監下臨，天德其清。

詣聖祖位，乾安　維宋肖德，欽天顧右。於皇道祖，丕釐靈祐。葛藟殖繁，瓜瓞孕茂。克昌厥後，世世孝奏。

聖祖位奉玉幣，靈安高宗御製，見前。

皇帝還位，乾安　桂宮耽耽，藻儀穆穆。天回袞彩，風韶璜玉。咸、英曒亮，容典炳煜。假我上靈，景命有僕。

奉饌，吉安　我籩斯盈，我簠斯實。或剝或烹，或燔或炙。有殽既將，爲俎孔碩。禮儀卒度，永錫爾極。

再盥洗，乾安　觴濬初勺，禮戒重盥。假廟以萃，取象于觀。清明外暢，精肅中貫。我儀圖之，三靈攸贊。

再詣聖祖位，乾安　肇基駿命，鞏右鴻業。鼎玉龜符，垂固萬葉。靈貺具臻，神光燁燁。暉祚無疆，規重矩疊。

聖祖位酌獻，祖安高宗御製，見前。

還位，乾安　皇帝瑞慶，長發其祥。纂系悠遠，遡源靈長。德之克明，休烈有光。配天作極，孝饗是將。

文舞退、武舞進，正安　持翟成象，秉朱就列。旆乘整溢，鳳儀諧節。揮舒皇文，歌蹈先烈。合好効懽，福流有截。

亞獻，冲安　光熉紫幄，神流玉房。秉文侑儀，嘉虞貳觴。震濬醉喜，彷彿迪嘗。璇源之休，地久天長。

終獻，冲安　靈輿蹇驤，畢觴泰筵。貳饗允穆，祼將克竣。垂恩儲祉，錫羨永年。將以慶成，燕及皇天。

詣飲福位，乾安　若木露英，清雲流霞。蔓蔓芝秀，馮馮桂華。綿瑞無疆，產嘏孔奢。皇則受之，鞏我帝家。

飲福酒，報安　旨酒惟蘭，勺漿惟椒。福流瓚斝，光燭琨瑤。拜貺清宮，凝輝慶霄。神其如在，徘徊招搖。

還位，乾安　烝哉我皇，繼天毓聖！逆釐元都，對越靈慶。如天斯久，如日斯盛。瑤圖濬邈，永隆駿命。

徹饌，吉安　房俎陳列，室籩登奉。告饗具歆，展徹惟拱。祥光奕奕，嘉氣懞懞。受嘏不僭，燕天之寵。

送眞，太安　雲車風馬，靈其來游。天門軼蕩，神其莫留。遺慶陰陰，祉發祥流。康我有宋，與天匹休。

降殿，乾安　璇庭爛景，紫殿流光。禮洽乾回，福應日昌。聖系厖鴻，景命溥將。德茂功成，率祀無疆。

詣望燎位，乾安　厥初生民，淵濬唯祖。芳薦既輟，明燎具舉。德馨升聞，靈貺蕃詡。懷濡上靈，佑周之祜。

還大次，乾安　帝假于宮，彝承清祀。天暉臨幄，宸衞森峙。行繇大室，旋趣紫畤。率禮不違，式尃靈祉。

理宗明堂前朝獻景靈宮二首 餘用舊辭。

升殿，登歌乾安　我享我將，馨茲精意。陟降左右，維天與契。齋明乃心，祗肅在位。於萬斯年，百福來備。

亞獻，宮架沖安　慶雲郁郁，鳴璆琅琅。濬其容與，申薦貳觴。奉承若有，神其樂康。錫以多祉，源深流長。

大中祥符封禪十首 餘同南、北郊。

山上圜臺降神，高安　巖巖泰山，配德于天。奉符展采，翼翼乾乾。滌濯靜嘉，罔有弗蠲。上帝顧諟，冷風肅然。

昊天上帝坐酌獻，奉安　皇天上帝，陰騭下民。道崇廣覆，化洽鴻鈞。靈文誕錫，寶命惟新。增高欽事，式奉嚴禋。

太祖配坐酌獻，封安　於穆聖祖，肇開鴻業。我武惟揚，皇威有曄。四隩混同，百靈震疊。陟配高穹，明靈是接。

太宗配坐酌獻，封安　祗若封祀，神宗配天。禮樂明備，奠獻精虔。景靈來格，休祥藹然。於昭垂慶，億萬斯年。

亞獻，恭安　因高定位，禮修物備。薦鬯卜牲，虔恭寅畏。八音克諧，天神咸暨。降福穰穰，永錫爾類。

終獻，順安　浩浩元精，無臭無聲。臨下有赫，得一以清。備物致享，薦茲至誠。泰尊奠獻，夙夜齊明。

社首壇降神，靖安　至哉坤元，資生伊始。博厚稱德，沈潛柔止。降禪方位，聿修明祀。寅恭吉蠲，永錫蕃祉。

皇地祇坐酌獻，禪安　坤德直方，博厚無疆。秉陰得一，靜而有常。寶藏以發，乃育百昌。肅祗禪祭，錫祉穰穰。

太祖配坐酌獻，禪安　皇矣聖祖，丕赫神武。秉運宅中，威加九土。德厚功崇，頌聲載路。陟配方祇，對天之祜。

太宗配坐酌獻，禪安　毖祀柔祇，報功厚載。思文太宗，侑神嚴配。鐘石斯和，籩豆咸在。永錫坤珍，資生爲大。

汾陰十首。

降神，靖安　茫茫坤載，粵惟太寧。資生光大，品物流形。瞻言汾曲，允宅神靈。聖皇躬享，明德惟馨。

奠玉幣，登歌嘉安　至誠旁達，柔祇格思。奉以琮幣，致誠在茲。

奉俎，豐安　博碩者牲，載純其色。體薦登俎，聿崇坤德。

后土地祇坐酌獻，博安　秉陰成德，敏樹宣功。應變審諦，神力無窮。沈潛剛克，流謙示中。潔茲奠獻，妙物玄通。

太祖配坐酌獻，博安　坤元茂育，植物成形。於穆聖祖，功齊三靈。嚴恭配侑，厚德攸寧。永懷錫羨，歆此惟馨。

太宗配坐酌獻，博安　報功厚載，祀事惟明。思文烈考，道濟羣生。侑神定位，協德安平。馨潔並薦，享于克誠。

飲福，博安　寅威寶命，明祀惟虔。協神備物，罔不吉蠲。后祇格思，靈飈肅然。誕受景福，遐哉億年！

亞、終獻，正安　至哉柔祇，滋生蕃錫！滌濯靜嘉，寅恭夕惕。金奏純如，萬舞有奕。立我烝民，莫匪爾極。

后土廟降神，靖安　博厚流形，秉陰成德。柔順利正，直方維則。明祇格思，素汾之側。祗載吉蠲，宸心翼翼。

酌獻，博安　至哉物祖，設象隆脽！動靜之德，翕闢攸宜。嘉栗以薦，精禱洪釐。茂宣陰貺，五穀蕃滋。

祗奉天書六首

朝元殿酌獻，瑞文　妙道非常，神變無方。惟天輔德，靈貺誕章。玄文昭錫，寶曆彌昌。禮崇明祀，式薦馨香。

含芳園(四)，瑞文　運格熙盛，將封介丘。禮神之域，瑞命殊尤。靈文荐降，丕顯皇猷。聖心肅奉，永洽鴻休。

中華書局

泰山社首壇升降，瑞文　玄穹眷懷，寶符申錫。垂露騰文，粲然靈迹。發祥吉圖，純熙寫奕。登薦欽祟，式昭天曆。

奉香酌獻，瑞安　謂天蓋高，惟皇合德。倬彼靈章，圖書是錫。眷命諄諄，被以遐曆。膺籙告成，虔恭欽翼。地屆興王，祥開圖籙。典禮昭成，祺祥交屬。大輅逶迤，卿雲紛郁。祐我含靈，錫茲介福。祥符七年奉祀畢，天書迴至應天府，有雲物之瑞，命製是曲，以紀休應。

升降，靈文　旻穹無聲，惟德是輔。降監錫符，垂文篆素。孝瑞紀封，英聲載路。既壽而昌，篤天之祜。

祭九鼎十二首〔五〕

帝鼐土王日祀降神，景安　日號丙丁，方號中央。德惟其時，蠲吉是將。夫何飲之？黃流玉瓚。夫何食之？有陳伊饌。

奉饌，豐安　粢盛既豐，牲牢既充。展茲熙事，溫溫其恭。惟明欣欣，燔炙芬芬。保乎天子，繁祉荐臻。

亞、終獻，文安　工祝致辭，黃流協鬯。爰登清歌，載期神享。噫予誠心，精禋是虔。嘉予陳祀，豐盈豆籩。

春分，蒼鼎亞、終獻，咸安　法乾剛兮，鑄鼎奠方。涓嘉旦兮，齊明迎祥。胡爲持幣？維箱及筥。胡爲和羹？有錡維釜。

立夏，岡鼎迎神，凝安　我方東南，我日朱明。爰因其時，鼎以岡名。粢盛既馨，牲牷既盈。佑我皇家，巽令風行。

亞、終獻，咸安　黃流在中，惟馨香祀。於薦于神，爰祗厥事。禮從多儀，以進爲文。尊斝三獻，昭示孔勤。

夏至，彤鼎酌獻，咸安　犧尊將將，徂基自堂。牲牷肥腯，鼓鐘喤喤。肆予醴齊，椒馨飶香。聿來歆顧，天祚永昌。

立秋，阜鼎酌獻，咸安　明德崇享，馨莞鏘鏘。鏗兮佩舉，峩冠齊莊。肆陳有序，承箱是將。其牲伊何？籩豆大房。

秋分，晶鼎亞、終獻，咸安　神宮巍巍，庭燎有輝。聲諧備樂，物陳豐儀。清酤既載，酌言獻之。惟神醉止，聿來蕃釐。

立冬，魁鼎迎神，凝安　時運而冬，乃神玄冥。陰陽相推，豐年以成。越陳嘉肅，牲牢粢盛。來享來依，監于明誠。

酌獻，咸安　蠱之初登，其儀昭陳。蠱之既祼，其香升聞。神心嘉止，於焉欣欣。貽我有年，穰穰其仁。

冬至，寶鼎奠幣，明安　秉心齊明，奉牲博碩。匏絲鏗陳，冠佩儼飾。其肆其將，明神來格。執奠維何？猗歟幣帛！

校勘記

〔一〕眞宗奉聖祖玉清昭應宮御製十一首　通考卷一四三樂考在「昭應宮」下有「景靈宮」三字，疑此處脫漏。

〔二〕太尉奉聖號册寶眞安　按從此以下至次頁「送神眞安」共九首，和通考卷一四三樂考所列「朝謁太清宮九首」儀式與曲名均同，又本卷題目有「太清宮」一目，此處前面當脫「朝謁太清宮九首」標題。

〔三〕靈兮來寧　「寧」原作「迎」，與上句文復，據宋會要樂六之二改。

〔四〕含芳園　「芳」原作「香」，據通考卷一四三樂考，並參考本書卷七眞宗紀、長編卷六九改。

〔五〕祭九鼎十二首　按下文只有八鼎，據本書卷一〇四禮志，本節當缺立春祭牡鼎之文。

宋史卷一百三十六

志第八十九

樂十一 樂章五

祀嶽鎮海瀆　祀大火　祀大辰

大中祥符五嶽加帝號祭告八首

迎神，靜安　鍾石既作，俎豆在前。雲旗飛揚，神光肅然。當駕飈欻，來乎青圓。言備縟禮，享兹吉蠲。

册入門，正安　節彼喬嶽，神明之府。秩秩威儀，肅肅靈宇。懿號克崇，庶物咸覩。帝籍升名，式綏九土。

酌獻東嶽，嘉安　節彼岱宗，有嚴廟貌。惟辟奉天，依神設教。帝典焜煌，嘉薦音淳。至靈格思，殊祥是效。

南嶽　作鎮炎夏，畜兹靈光。敷與萬物，既阜既昌。爰刻温玉，式薦徽章。昭蝦神意，福熙穰穰。

西嶽　瞻言太華，奠方作鎮。典册是膺，等威以峻。上公奉儀，祀宗薦信。介祉萬邦，永配坤順。

北嶽　仰止靈嶽，鎮于朔方。增崇懿號，度越彝章。祗薦嘉樂，式陳令芳。永賚純佑，國祚蕃昌。

中嶽　巖巖神嶽，作鎮中央。肅奉徽册，尊名孔章。聿降飈馭，載獻蘭觴。熙事允洽，寶祚彌昌。

送神，靜安　祗薦鴻名，寅威明祀。有楚之儀，如在之祭。奠獻既終，禮容克備。神鑒孔昭，福禧來暨。

天安殿册封五嶽帝一首

册出入，正安　名嶽奠方，帝儀克舉。吉日惟良，九賓咸旅。温玉鏤文，繡裳正宁。禮備樂成，篤神之祜。

熙寧望祭嶽鎮海瀆十七首

東望迎神，凝安　盛德惟木，勾芒御神。沂、岱、淮、海，厥功在民。爰熙壇坎，裒對庶神。于以歆格，靈貽具臻。

升降，同安　紳韠襜兮，玉珮鏘兮。于我將事，神燕喜兮。帝命望祀，敢有不共。往返于位，肅肅雍雍。

奠玉幣，明安　祀以崇德，幣則有儀。肅我將事，登降孔時。精明純潔，罔有弗祗。史辭無愧，神用來娭。

酌獻，成安　肇兹東土，含潤無疆。維時發春，嘉薦令芳。祭用瘞沈，順性含藏。不涸不童，誕降禎祥。

送神，凝安　神之至止，熙壇爲春。神之將歸，旂服振振。欻兮迴飈，肎兮旋雲。祐于東方，永施厥仁。

南望迎神，凝安　嵩、嵇、衡、霍，暨厥海江。時維長養，惠我南邦。肆嚴牲幣，神式來降。以侑以妥，百福是龐。

酌獻，成安　景風應律，朱鳥開辰。肅肅明祀，嘉薦列陳。牲用牷物，樂奏㽂賓。克綏永福，祐此下民。

送神，凝安　鼓鍾云云，歙管伊伊。神既醉飽，曰送言歸。山有厚藏，水有靈德。物其永依，往奠炎宅。

中望迎神，凝安　維土作德，維帝御行。含養載育，萬物以成。有嚴祀典，薦我德馨。神其歆止，永用億寧。

酌獻，成安　高廣融結，實維中央。宣氣報功，利彼一方。坎壇以祀，六樂鏘鏘。靈其有喜，酌以大璋。

送神，凝安　言旋其處，以奠中域。無替厥靈，四方是則。神永不息，祀永不忒。以享以報，于萬斯年。

西望迎神，凝安　品物順說，時司金行。于郊迎氣，以望庶靈。雅歌維樂，圭薦惟牲。作民之祉，永相厥成。

酌獻，成安　西顥沆碭，執矩司秋。譔言協靈，時祀孔修。禮有薦獻，爰視公侯。秩而祭之，百福是遒。

送神，凝安　我樂我神，簋俎腥饔。曰神之還，西土是宮。于蕃禽魚，于衍草木。富我藪隰，滋我高陸。

北望迎神，凝安　帝德乘坎，時御閉藏。爰潔牲醴，兆兹北方。海山攸宅，神施無疆。具享鐲吉，降福孔穰。

酌獻，成安　淒寒凝陰，隕籜滌場。百物順成，黍稷馨香。款于北郊，爰因其方。何以侑神？薦此嘉觴。

送神，凝安　維山及川，奠宅幽方。我度其靈，降止靡常。肅肅坎壇，既迎既將。促樂徹俎，是送是望。

紹興祀嶽鎮海瀆四十三首

東方迎神，凝安　帝奠九壤，孰匪我疆。緊我東土，山川相望。祀事孔時，肅雍不忘。巍巍濛鴻，郁哉洋洋！

初獻盥洗，同安　青陽肇開，祀事孔飭。鬱人贊溉，其馨苾苾。敬爾威儀，亦孔之則。神之格思，無我有斁。

奠玉幣，明安　司曆告時，惟孟之春。爰舉時祀，旅于有神。鼓鍾既設，珪帛具陳。阜蕃庶物，以福我民。

東嶽位酌獻，成安　巖巖天齊，自古在昔。膚寸之雲，四方其澤。惟時東作，祀事迺飭。惠我無疆，恩需動植。

東鎮位　惟山有鎮，雄於其方。東孰爲雄？于沂之疆。祀事有時，爰舉舊章。我望匪遙，

志第八十九　樂十一　三一九五

宋史卷一百三十六　三一九六

庶幾燕饗。

東海位　澒洞鴻濛，天與無極。導納江、漢，節宣南北。順助其功，善下惟德。我祀孔時，以介景福。

東瀆位　我祀伊何？于彼長淮。導源桐柏，委注蓬萊。扞齊護楚，宣威示懷。豆籩列陳，亦孔之偕。

亞、終獻，酌獻　四位並同。　我祀孔肅，神其安留。容與裴回，若止若浮。洽此重觴，申以百羞。無我斁遺，萬邦之休。

送神，凝安　蹇兮紛紛，神實戾止。以飲以食，以享以祀。畇兮冥冥，神亦歸止。以醉以飽，以錫爾祉。

南方迎神，凝安　朱明盛長，我祀用飭。厥祀伊何？山川咸秩。如將見之，繩繩齊栗。神哉沛兮，消搖來格！

初獻盥洗、升降，同安　爰熙嘉壇，揭虔崧祀。鬱人沃盥，贊我祼事。于降于登，以作以止。莫不肅雍，告靈饗矣。

奠玉幣，明安　我祀我享，儀物孔周。一純斯舉，二精聿修。瑛兮其溫，絲兮其紑。是薦潔蠲，神兮安留。

南嶽位酌獻，成安　神曰司天，居南之衡。位焉則帝，于以奠方。南訛秩事，望禮有常。庶幾嘉虞，介福無疆。

南鎮位　維南有山，于彼會稽。作鎮在昔，神則司之。厥有舊典，以祀以時。百味維旨，靈其燕娭。

南海位　維水善下，利物曰功。逶迤百川，誰敷朝宗？蕩蕩大受，於焉會同。脀蕭列陳，以答鴻濛。

南瀆位　四瀆之利，經營中國。南曰大江，險兮天設。維爾有神，陰其廟食。望秩孔時，我心翼翼。

亞、終獻，酌獻　神之游兮，洋洋對越。瀹乎容與，肸蠁斯答。乃奏既備，八音攸節。重觴申陳，百禮以洽。

送神　曲同迎神。　薦徹豆籩，熙事備成。靈兮將歸，羽旄紛紜。飄其逝矣，浮空藹雲。悵然顧瞻，有撫懷心。

中央迎神，凝安　天作高山，屹然中峙。經營厥宇，萬億咸遂。火熙土王，爰舉時祀。緬繩宣延，彷彿來止。

初獻盥洗、升降，同安　思來感格，肅雍不忘。禮儀既備，濟濟蹌蹌。潔蠲致敬，往薦其

志第八十九　樂十一　三一九七

宋史卷一百三十六　三一九八

芳。交若有承，神兮孔饗。

奠玉幣，明安　練日有望，高靈來下。何以告誠？心惟物假。有篚斯實，有寶斯籍。于以奠之，神光燭夜。

中嶽位酌獻，成安　與天齊極，伊嵩之高。顯靈効異，神休孔昭。飭我祀事，實俎鬱脀。以侑旨酒，其馨有椒。

中鎮位　禹畫九州，河內曰冀。霍山崇崇，作鎮積勢。我祀如何？百末旨味。承神燕娭，諸神畢至。

亞、終獻，酌獻　禮樂既成，肅容有常。奄留消搖，申畢重觴。仰臚所求，降福滂洋。師象山則，以況皇章。

送神　曲同迎神。　虞至旦兮，靈亦有喜。蹇欲驪兮，象輿已轙。粥音送兮，靈聿歸矣。長無極兮，錫我以祉。

西方迎神，凝安　有炭斯安，有涵斯治。聿相厥成，允祀是答。爰飭迺奏，迺奏既協。於昭降止，是遵是接。

初獻盥洗、升降，同安　靡實不新，靡陳不濯。人之弗蠲，匇敢將酌。載晞之帨，載濡之勺。洗儀告備，陟降時若。

奠玉幣，明安　彼林有菽，彼澤有沈。猗與西望，弗菲弗淫。迺追斯邸，迺𥳑斯尋。卬禮既卒，是用是歆。

西嶽位酌獻，咸安　屹削厥方，風雲斯所。陰邑有宮，伷伷俁俁。清酤在尊　靈春在下。于俎獻兮，則莫我吐。

西鎭位　維吳崇崇，于汧之西。瞻彼有隴，赫赫不迷。克裨于嶽，我酌俶齊。於凡有旅，眡公維躋。

西海位　奄浸坤軸，滋殖其濊。而典斯稽，有陞有壝。弗替時舉，元𥷚斯酹。胡先于河？實委之會。

西瀆位　自彼崐虛，于以潛流。念茲誕潤，豈俟不猶。在昔中府，曁海聿脩。迄既望止，神保先卣。

亞、終獻　肅肅其乂，既旨既溢。迨其畢酌，偏茲博碩。祀事既遂，不敢斁射。神或醉止，我心斯懌。

送神 曲同迎神。　迺羞既徹，迺奏及闋。無餕斯俎，式聽致謁。不蹇不蹶，不沸不決。厲魃其祛，永庇有截。

北方迎神，凝安　我土綿綿，孰匪疆理。惟時幽都，匪曰陬只。滌哉良月，朔風其同！曷

阻曷深，其亦來降。

初獻盥洗、升降，同安　壽宮煇煌，聿修時祀。繽其臨矣，吉蠲以竢。居乎昂昂，行乎遂遂。敬爾攸司，展釆錯事。

奠玉幣，明安　相予陰威，厥功浩浩。一歲之功，何以爲報？府有珪幣，我其敢私！肅肅孔懷，于以將之。

北嶽位酌獻，成安　瞻彼芒芒，曰北之常。既高既厚，迺紀迺綱。薦𠤎伊始，靈示孔將。玄服鐵駕，覽此下方。

北鎭位　赫赫作鎭，幽、朔之垂。兼福我民，食哉具宜。克配彼岳，有嚴等衰。蠲我灌禮，其敢不祗！

北海位　八裔皆水，此一會同。浤浤天墟，洞蕩洪濛。至哉維坎，不有斯功！所秩伊何？黃流在中。

北瀆位　水星之精，播液發靈。不脅于河，既介以淸。翼翼盥薦，椒糈芬馨。載止載留，爰弭翠旌。

亞、終獻　俎豆紛披，金石繁會。侑以貳尊，匪瀆匪怠。我儀既周，我心孔戒。憺兮容與，彷彿如在。

送神 曲同迎神。　靈既醉飽，禮斯徹兮。靈亦樂康，樂斯闋兮。雲征飈舉，不可尼兮。薦福錫祉，曷有極兮！

淳祐祭海神十六首

迎神，延安

宮一曲　堪輿之間，最鉅惟瀛。包乾括坤，吐日滔星。祀典載新，禮樂孔明。鑒吾嘉頼，來燕來寧。

角一曲　四溟廣矣，八紘是紀。我宅東南，迴復萬里。洪濤飄風，安危所倚。祀事特隆，神其戾止！

徵一曲　若稽有唐，克致崇極。祝號既升，爰增祭式。從享于郊，神斯受職。我祀肇新，式祈陰騭。

羽一曲　猗與祀禮，四海會同！靈之來沛，鞭霆馭風。肸蠁彷彿，在位肅雍。佑我烝民，式徽神功。

升降，欽安　靈之來至，垂慶陰陰。靈之已坐，飭茲五音。壇殿聿嚴，陟降孔欽。靈宜安留，鑒我德心。

東海位奠玉幣，德安　百川所歸，天地之左。澒洞鴻濛，功高善下。行都攸依，百祿是

荷。制幣嘉玉，以侑以妥。

南海位奠玉幣，瀛安　祝融之位，貴乎三神。吞納江、漢，廣大無垠。長爲委輸，祐我黎民。敬陳明享，允鑒恭勤。

西海位奠玉幣，潤安　蒲昌之澤，派引天潢。羲娥出入，浩渺微茫。蓋高斯覆，猶隔封疆。我思六合，肇正吉昌。

北海位奠玉幣，瀚安　瀚海重潤，地紀亦歸。吞受百瀆，限制北陲。一視同仁，我心則怡。嘉薦玉幣，神其格思。

捧俎，豐安　昭格靈貺，祀典肇升。牲牷告充，雕俎是承。薦虔効物，省德惟馨。靈其有喜，萬宇肅澄。

東海位奠酌獻〔一〕，熙安　滄溟之德，東南具依。熬波出素，國計攸資。石臼却敵，濟我王師。神其享錫，益畀燕綏。

南海位酌獻，貴安　南溟浮天，旁通百蠻。風檣迅疾，琛舶來還。民商永賴，坐消寇姦。薦茲嘉觴，弭矣驚瀾。

西海位酌獻，類安　積流疏派，被于流沙。布潤施澤，功均邇遐。我秩祀典，四海一家。祗薦令芳，靈其享嘉！

北海位酌獻，溥安　儵忽會同，裴回安留。牲肥酒香，晨事聿修。惟德之涼，曷奄九州？帝命是祗，多福自求。

亞、終獻，饗安　籩豆有楚，貳觴斯旅。神其醉飽，式燕以序。百靈祕怪，蜿蜒飛舞。錫我祉祥，有永終古。

送神，成安　告靈饗矣，錫我嘉祚。乾端坤倪，開豁呈露。玄雲聿收，羣龍咸騖。滅除凶災，六幕清豫。

紹興祀大火十二首

降神，高安

圜鍾爲宮　五緯相天，各率其職。司禮與視，則維熒惑。至陽之精，屆我長嬴。于以求之，祀事孔明。

黃鍾爲角　有出有藏，伏見靡常。相我國家，鑒觀四方。視罔不正，終然允臧。神其來格，明德馨香。

太簇爲徵　小大率禮，不愆于儀。展采錯事，秩祀孔時。維今之故，閱我數度。修厥典常，神其來顧！

姑洗爲羽　於赫我宋，以火德王。永永丕圖，緊神之相。神之來矣，維其時矣。禮備樂奏，神其知矣。

升殿，正安　有儼其容，有潔其衷。屹屹崇壇，伊神與通。神肯降格，嘉神之休。虔恭降登，神乎安留。

熒惑位奠玉幣，嘉安　馨香接神，肸蠁怳惚。求神以誠，薦誠以物。有蕤斯玉，有篚斯幣。是用薦陳，昭玆精意。

商丘宣明王位奠幣，嘉安　熒惑在天，惟火與合。緊神主火，純一不雜。作配熒惑，祀功則然。不腆之幣，于以告虔。

捧俎，豐安　火逾其令，無物不長。視此牲牢，務得其養。象以祀神，有腯其肥。非神之宜，其將曷歸？

熒惑位酌獻，祐安　皇念有神，介我戩穀。登時休明，有此美祿。酌言獻之，有飶其香。神兮燕娭，醉此嘉觴。

宣明王位酌獻，祐安　誰其祀神？知神嗜好。閼伯祀火，爲神所勞。睠言配食，旣與火俱。於樂旨酒，承神嘉虞。

亞、終獻，文安　神旣眠施，嗜我飲食。申以累獻，以承靈億。神方常羊，咸畢我觴。于再于三，于誠之將。

送神用理安　登降上下，奠璧獻斝。音送粥粥，禮無違者。巳虞至旦，神其將歸。顧我國家，遺以繁釐。

出火祀大辰十二首

降神，高安

圜鍾爲宮　煒煒我宋，火德所畀。用火紀時，允惟象類。神以類歆，誠繇類至。有感斯通，孚我陽燧。

黃鍾爲角　樂音上達，粤惟出虛。火性炎上，亦生於無。我鏞我磬，我笙我竽。氣同聲應，昭哉合符！

太簇爲徵　火在六氣，獨處其兩。感生維君，緊辰克相。何以驗之？占玆垂象。騰駕蒼虯，欻其來饗。

姑洗爲羽　星入於戌，與火俱詘。火出於辰，與星俱伸。一伸一詘，孰操縱之？利用出入，民咸用之。

升殿，正安　屹彼嘉壇，赤伏始屆。掞光耀明，洋乎如在。俛仰重離，默與精會。隨我降

升，肅聽環珮。

大辰位奠玉幣，嘉安　維莫之春，五陽發舒。日之夕矣，三星在隅。莫量匪幣，莫嘉匪玉。明薦孔時，神光下屬。

商丘宣明王奠幣，嘉安　二七儲神，與天地並。孰儷厥德？聿惟南正。功楙陶唐，澤流億姓。作配嚴禋，贊列惟稱。

捧俎，豐安　有嚴在滌，陳彼牲牢。孔碩其俎，薦此血毛。厥初生民，飲茹則然。以燔以炙，伊誰云先？

大辰位酌獻，祐安　孰爲大辰？維北有斗。曾是彗星，斯名孔有。幽榮報功，潔齊敢後。容與嘉觴，式歆旨酒。

宣明王位酌獻，祐安　周設司爟，離列夏官。仍襲孔易，闡端實難。相彼商丘，永懷初造。不腆桂椒，匪以爲報。

亞、終獻，文安　潛之伏矣，柞檟旣休。有俶其來，榆柳是求。靈駕紛羽，尙其安留。飲我三爵，言言油油。

送神，理安　五運惟火，寔宗衆陽。宿壯用明，千載愈光。神保聿歸，安處火房。鬱攸不作，炎圖永昌。

中華書局

納火祀大辰十二首

降神，高安　圜鍾爲宮　赫赫皇圖，炎炎火德。侈神之賜，奄有方國。粢盛既豐，俎豆有飶。於萬斯年，報祀無斁。

黃鍾爲角　火星之纏，有煒其光。表于辰位，伏于戌方。時和歲稔，仁顯用藏。告爾萬民，出納有常。

太簇爲徵　季秋之月，律中無射。農事備收，火功告畢。克禋克祀，有嚴有翼。風馬雲車，倘其來格！

姑洗爲羽　明明我后，重祭欽祠。有司肅事，式薦晨儀。禮惟其稱，物惟其時。神之聽之，福祿來爲。

升殿，正安　猗與明壇，右平左城！冕服斯皇，玉珮有節。陟降惟寅，匪徐匪疾。式崇大祀，禮文咸秩。

大辰位奠玉幣，嘉安　金行序晚，玉露晨清。齊戒豐潔，肅恭神明。嘉幣惟量，嘉玉惟精。于以奠之，庶幾來聽。

商丘宣明王位奠幣，嘉安　恭惟火正，自陶唐氏。邑于商丘，配食辰祀。有功在民，有德

在位。敢替典常，惟恭奉幣。

捧俎，豐安　萬彙攸成，四方寧謐。工祝致告，普存民力。酒薦斯牲，爲俎孔碩。介以繁祉，式和民則。

大辰位酌獻，祐安　庶功備矣，休德昭明。天地釀和，鬱鬯斯清。玉瓚以酌，璐觴載盈。周流常羊，來燕來寧。

宣明王位酌獻，祐安　廣大建祀，式崇其配。馨香在茲，清酒既載。穆穆有暉，洋洋如在。聿懷嘉慶，緊神之賚。

亞、終獻，文安　幣玉肅陳，笙簧具舉。桂醑浮觴，瓊羞溢俎。禮有三獻，式和且序。神具醉止，慶流寰宇。

送神，理安　神靈降鑒，天地回旋。惟馨薦矣，既醉歆焉。諸宰斯徹，式禮莫愆。蹟祉降祥，天子萬年。

校勘記

〔一〕東海位奠酌獻　據上下文例，「奠」字疑衍。

宋史卷一百三十七

志第九十

樂十二　樂章六

祭太社太稷　祭風雨雷師　祭先農先蠶　親耕藉田　蜡祭

釋奠文宣王武成王　祭祚德廟　祭司中司命

景德祭社稷三首

降神，靜安　百穀蕃滋，麗乎下土。聿崇明祀，垂之千古。育物惟茂，粒民斯普。報本攸宜，國章咸覩。

奠玉幣酌獻，嘉安　於穆大祀，功利相宜。靈壇美報，歷代昭然。介以蕃祉，祚以豐年。土爰稼穡，允協民天。

送神，靜安　制幣犧齊，正辭無愧。樂以送之，畢其精意。

景祐祀社稷三首

迎神，寧安　五祀之本，百貨何極？道著開闢，惠周動植。國崇美穀，民資力穡。奠獻惟寅，神靈來格。

初獻升降，正安；太社、后土、太稷、后稷奠玉幣，並嘉安；奉俎，豐安。同前。

亞、終獻，文安；送神，寧安　神之來兮，降茲下土。神之去兮，杳無處所。壇壝肅然，瘞幣徹俎。乃粒之功，冠于萬古。

奉俎，豐安　神州地祇、皇地祇與社稷通用。　禮崇明禋，維馨斯酒。潔粢豐盛，殺時犉牡。齊莊嚴祇，升燎于檽。其報伊何？如山如阜。

大觀祀社稷九首

迎神，寧安

黃鐘二奏　惟土之尊，民食資焉。陰祀昭格，牲牢腥羶。有功于民，告其吉蠲。神之來享，雲車翩翩。

太簇角二奏　惟穀之神，函育無窮。百嘉蕃殖，民依厥功。嚴飭壇壝，威儀肅雍。神之來享，祈于登豐。

二十四史

中華書局

姑洗徵二奏　猗歟那歟，生養斯民！家給人足，時底熙純。祗嚴明禋，於薦苾芬。粢盛豐潔，神乃有聞。

南呂羽二奏　籩豆斯陳，三牲告幽。報本之禮，答神之休。來歆芬香，豐登於秋。倉箱千萬，洽符成周。

初獻升降，正安　祟祟廣壇，嚴恭祀事。威儀孔時，周旋進止。鏘若環佩，誠通于幽。相于農植，邦其咸休。

奠幣，嘉安　於穆陰祀，封土惟祟。于時之吉，歆予鼓鍾。柔靜化光，人賴其功。陳茲量幣，百貨是隆。

酌獻，嘉安　坤元生物，功利相宜。蠲茲祀事，美報致虔。清酤芬如，靈壇歸然。酌尊奠觴，神其格焉！

亞、終獻，文安　薦嘉亶時，洋洋來格。載登茲壇，齊明維敕。神用居歆，順成農穡。其祟若墉，其比如櫛。

送神，寧安　尊罍芬香，威儀肅雍。靈心嘉止，洋洋交通。神歸降禧，年斯屢豐。倉箱千萬，慰予三農。

紹興祀太社太稷十七首

迎神用寧安

函鍾爲宮春社用。　五祀之本，社稷有嚴。芟柞伊始，夫敢不虔。吉日惟戊，式薦豆籩。神其來格，用介有年！

函鍾爲宮秋社、臘用。　功烈在民，誕受露雨。良耜既歌，乃揚帔舞。是奉是尊，厚禮斯舉。相其豐年，多稌多黍。

太簇爲角　是尊是奉，茲率舊章。樂音純繹，薦盜圓方。情文備矣，神其迪嘗！

永覩錫羨，多穡穰穰。

姑洗爲徵　穀資土養，民賴穀生。功利之博，莫之與京。式嚴祠壇，因物薦誠。

禮具樂奏，惟神顧歆。

南呂爲羽　國主社稷，時祀有常。肅若舊典，報本不忘。粢盛豐潔，歌吟青黃。

尊神倏來，百物實將。

盥洗，正安　祭重齊肅，神格專精。沃洗于阼，涓潔著誠。清明邕矣，熙事備成。以似以續，如坻如京。

升壇，正安　神地之道，粒食有先。歲謹祈報，禮嚴豆籩。降登祼薦，罔或不虔。以似以續，宜屢豐年。

太社位奠玉幣，嘉安春秋太稷、土正、后稷通用。　土發而祭，農祥是祈。籩豆加簠，典禮有彝。惟茲珪幣，用告肅祗。神靈降鑒，錫我繁釐。

太社位奠玉幣，嘉安秋臘太稷、土正、后稷通用。　赫赫媼神，稼穡是司。方是藉斂，報本攸宜。嘉壇建祀，玉帛陳儀。明靈昭格，以介蕃釐。

還位，正安　國主太祀，地道聿神。稷司百穀，利毓惟均。練日新吉，粢盛馨芬。神燕娭矣，福此下民。

捧俎，豐安　嘉承天和，黍稷翼翼。默相農功，緊神之德。俎實犧牲，舊章是式。嗣有豐年，我庾維億。

太社位酌獻，嘉安春社太稷、土正、后稷通用。　封土祟祀，有烈在民。千載不昧，福此人羣。洗爵奠斝，有酒其芬。神具醉止，愷樂欣欣。

太社位酌獻，嘉安秋社臘太稷、土正、后稷通用。　叶氣嘉生，年穀順成。萬億及秭，如坻如京。奉時犉牡，告於神明。歌此良耜，於昭德馨。

亞、終獻，文安　風雨時若，自天降康。稼穡滋殖，自神發祥。穀我婦子，豐年穰穰。報本嚴祀，齊明允臧。

徹豆，娭安　報本之禮，載于甲令。靈壇昭告，神既來聽。徹彼豆籩，精誠斯罄。實惟豐

年，農夫之慶。

送神，寧安　乃粒烝民，功昭萬古。國有常祀，薦獻式敍。肅肅雍雍，舊章咸舉。神保聿歸，介我稷黍。

望瘞，正安　地載萬物，民資迺功。報本稱祀，太稷攸同。禮樂既備，訖埋愈恭。神其降嘏，時和歲豐。

熙寧祭風師五首

迎神，欣安　飄颻而來，澌瀝而下。爰張其旂，爰整其駕。有豆有登，有兆有壇。弭旌柅轊，降止且安。

升降，欽安　盥帨于下，有盤有匜；饋酌于上，有登有彝。服容柔止，進退優止。卽事寅恭，神其休止。

奠幣，容安　育我嘉生，神惠是仰。載致斯幣，庶幾用享。鼓之舞之，式緊爾神。錫福無疆，佑此下民。

亞、終獻，雍安　栗栗壇坫，載是豆觴。醇烈飶苾，普薦芬芳。酌之維宜，獻之維時。民有報侑，靈用安之。

送神，欽安　奠獻紛紛，靈心欣欣。超然而返，來御如雲。其施伊何？多黍多稌。其祥伊何？不愆厥敍。

大觀祭風師六首

降神，欣安　羽旗雲車，飄飄自天。猗歟南箕，歆嘉升煙！牲饌粢盛，俎簋鉶籩。維神戾止，從空泠然。

初獻升降，欽安　明昭惟馨，威儀孔時。鏘鏘鳴佩，欽薦牲犧。惟恭惟祗，無愆無違。周旋中禮，肅恭委蛇。

奠幣，容安　吹噓于喁，披拂氤氳。衆竅咸作，潛運化鈞。恩大功豐，酬神維恭。嘉貽盈篚，于物有容。

酌獻，雍安　犧尊斯陳，清酤盈中。芬芬苾苾，馨香交通。明靈來思，歆我精衷。維千萬祀，品物芃芃。

亞、終獻，雍安　清酤洋洋，虔恭注茲。儵𢖍敷宣，神用歆之。尊罍靜嘉，金奏諧熙。於皇肆祀，休我羣黎。

送神，欣安　窈冥無窮，肸蠁斯融。來終嘉薦，歸返遙空。惟神之歸，欣安導和。惟神之澤，于彼滂沱。

雨師五首

迎神，欣安　神之無象，亦可思索。維雲陰陰，維風莫莫。降止壇宇，來顧芳馨。侑以鼓歌，薦此明誠。

升降，欽安　佩玉璆如，黼黻襜如。承神不懈，訖獲嘉虞。聖皇命祀，臣敢弗恭。凡爾在位，翼翼雍雍。

奠幣，容安　祟祟壇堦，靈既降止。有嚴執奠，承祀茲始。明靈在天，式顧庶穄。澤潤以時，永拂荒札。

酌獻，亞、終獻，雍安　寅恭我神，惟上之使。俾成康年，民徯休祉。折俎既登，齊酒既盈。匪薦是專，配以明誠。

送神，欣安　牲俎告徹，嘉樂休成。卒事有嚴，燕虞高靈。蕃我民人，育我稷黍。萬有千祀，承神之祜。

紹興祭風師六首

迎神，欣安　夫物絪緼，神氣撓之。誰歟其司？維南之箕。俶哉明庶，我祀維時！我心孔勞，神其下來！

初獻升降、盥洗，欽安　神哉沛矣，厥靈載揚！揚靈如何？剡剡皇皇。我其承之，繩繩齊莊。往從鬱人，爰俠斯芳。

奠幣，容安　物之流形，甚畏瘥癘。八風平矣，嘉生以遂。絲縷之積，有量斯幣。惟本之報，匪物之貴。

酌獻，雍安　我求於神，無臭無聲。神之燕饗，惟時專精。大磬在列，𣞤燎在庭。侑我桂酒，娭其以聽。

亞、終獻　禮有三祀，儀物視帝。神臨消搖，疇敢跛倚！重觴載中，百味孔旨。神兮樂康，答我以祉。

送神 曲同迎神。　荃其止乎？䍃䍃其容。奄横四海，蹇莫之窮。時不驟得，禮焉有終。荃其行乎？余心懭懭。

雨師雷神七首

迎神，欣安　衆萬之託，動之潤之。昭格孔時，維神之依。泠然後先，肆我肯顧。是耶非耶？紛其來下。

初獻盥洗、升降，欽安　言言祠宮，爰考我禮。維西有罍，維東有洗。爰潔爰滌，載薦其醴。神在何斯？匪遠具邇。

奠幣，容安　霈兮隱兮，蹶其陰威。相我有終，胡寧不知！我幣有陳，我邸斯珪。豈維有陳，于以奠之。

雨師位酌獻，雍安　山川出雲，裔裔而縷。載霔載濛，其德廼溥。自古有年，胡然莫祖！無簡我觴，無怠我俎。

雷神位酌獻 曲同雨師。　瞻彼南山，有虺其出。維蟄之奮，維癘之息。眷焉顧饗，在夏之日。觴豆匪報，皇忍忘德。

亞、終獻 曲同初獻。　作解之德，形聲一兮。爰展獻侑，酌則三兮。我興有假，云胡有私！下土是冒，庶其遠而。

送神 曲同迎神。　陰旄載旋，鼓車其鞭。問神安歸？冥然而天。皇有正命，祀事孔錫。其臨其歸，億萬斯年。

雍熙享先農六首 餘同祈穀。

降神，静安　先農播種，九穀務滋。靈壇致享，良耜陳儀。吉日惟亥，運屬純熙。樂之作矣，神其格思。

奠玉幣，嘏安　親耕展祀，明靈來格。九有駿奔，百司庇職。獻奠肅肅，登降翼翼。祈彼豐穰，福流萬國。

奉俎，豐安　肅陳韶舞，祗薦犧牲。乃迎黃俎，以率躬耕。
亞獻，正安　祀惟古典，食乃民天。歆茲潔祀，以應祈年。
終獻，正安　式陳芳薦，妥致虔誠。神其降鑒，永福黎甿。
送神，靜安　明禋紺壇，靈風肅然。登歌已闋，神馭將旋。道光帝籍，禮備公田。曒茲躬稼，永賜豐年。

明道親享先農十首

迎神，靜安　稼政之本，民食惟天。甫田兆歲，后稷其先。靈壇既祀，黛耜攸虔。乃聖能享，億萬斯年。
皇帝升降，隆安　冕服在御，壇壝有儀。陟降左右，天惟顯思。
奠玉幣，嘉安　將躬黛耜，先陟靈壇。嘉玉量幣，樂舉禮殫。神既至止，福亦和安。千斯積詠，萬國多歡。
奉俎，豐安　將迎景福，乃薦嘉牲。籍于千畝，用此精誠。
皇帝初獻，禧安　雲罍已實，玉爵有舟。薦于靈籍，佇乃神休。
飲福，禧安　神既至饗，福亦來酬。申錫純嘏，旨酒惟柔。思文后稷，貽我來牟。子孫千億，丕荷天休。

退文舞、進武舞，正安　羽葆有奕，文武交相。周旋合度，福祿無疆。
亞獻，正安　豆籩雖薦，黍稷非馨。惠我豐歲，歆茲至誠。
終獻，正安　歆我嘉薦，錫我蕃禧。多黍多稌，如京如坻。
送神，靜安　獻終豆徹，禮備樂成。祠容肅肅，風馭冥冥。三時務本，一墢躬耕。人祇胥悅，祉福是膺。

景祐饗先農五首

迎神，凝安　在昔神農，首茲播殖。無有汙萊，盡爲稼穡。乃粒斯民，實惟帝力。嘉薦令芳，佇瞻來格。
升降，同安　居德之厚，厥祀攸陳。土膏初脉，農事先春。鏗然金奏，儼若華紳。陟降于阼，福祿惟神。
奠幣，明安　農爲政本，食乃民天。苾芬明祀，薦蓑良田。陳茲量幣，望彼豐年。茂介福祉，來欽吉蠲。
酌獻，成安　農祥晨正，平秩東作。倬彼大田，庤乃錢鎛。酒醴盈尊，金璆合樂。期茲萬年，充于六幕。
送神，凝安　務嗇之本，恤祀惟馨。神斯至止，降福攸寧。崇茲稼政，合于禮經。俎徹樂闋，邈仰迴靈。

先蠶六首

迎神，明安　生民之朔，衣皮而羣。惟聖有作，被冒以文。禮樂以成，貴賤以分。欲報之德，金石諧均。
升降，翊安　掩抑笙簫，鏗鈜金石。神來宴娭，嘉我休德。奉祀之臣，洗心翊翊。錫茲福禧，以惠四國。
奠幣，娭安　皇天降物，屢化若神。聖實先識，躬以教民。功被天下，爲萬世文。幣以達志，庶幾徹聞。
酌獻，美安　䞇哉聖神，成功徽妙！酒衮酒裳，以供郊廟。百末旨酒，嘉觴自炤。靈徠宴饗，不顰以笑。
亞、終獻，惠安　神之徠，駕蹌蹌。紫壇熙，燭夜光。會竽瑟，鳴球琅。薦旨酒，雜蘭芳。佑明德，錫百祥。
送神，祥安　神之功兮，四海所宗。占五帝兮，莫與比崇。倏往來兮，旌騎容容。恭明祀兮，萬世無窮。

紹興享先農十一首

皇帝入內壝盥洗，隆安　大事在祀，齊潔爲先。既盥而升，奉以周旋。下觀而化，無敢不蠲。惟神降格，監厥精虔。
迎神，靜安　猗歟田祖，粒食之宗！世世仰德，青壇載崇。時惟后稷，躬稼同功。作配並祀，以詔無窮。
神農、后稷位奠幣，嘉安　制爲量幣，厚意是將。求之以類，各因其方。于以奠之，精誠允彰。神其享止，惠我無疆。
倘書奉俎，豐安　柔毛剛鬣，或剝或亨。爲俎孔碩，登薦厥誠。
酌獻，禧安　蠲滌醆斝，巾帨而升。挹彼注茲，酒醴維清。洋洋在上，享于克誠。神其孚佑，以厚民生。
文舞退、武舞進，正安　羽毛干戚，張弛則殊。進旅退旅，匪棘匪舒。
亞獻，正安　顯相祀事，濟濟鏘鏘。舉斝酌醴，神其允臧。
終獻，正安　殽核維旅，酒醴維馨。于再于三，禮則有成。
飲福，禧安　幽明位異，施報理同。克恭明神，降福乃豐。我膺受之，來燕來崇。豈伊專饗，于彼三農。
徹豆，歆安　莫重於祭，非禮不成。籩豆有踐，爾殽既馨。神具醉止，薦以齊明。贊徹孔

中華書局

時，蠶事斯成。

送神，靜安　神之來止，風馭雲翔。神之旋歸，有迎有將。歌以送之，磬筦鏘鏘。何以惠民？豐年穰穰。

親耕藉田七首

皇帝出大次，乾安　勤勞稼穡，必躬必親。爲藉千畝，以教導民。帝出乎震，時惟上春。天顏咫尺，望之如雲。

親耕　元辰既擇，禮備樂成。洪縻在手，祗飭專精。三推一墢，端冕朱紘。靡辭染屨，以示黎甿。

升壇　方壇屹立，陛級而登。玉色下照，臨觀耦耕。萬目咸覩，如日之升。成規成矩，百祿是膺。

公卿耕藉　羣公顯相，奉事齋莊。率時農夫，舉耜載揚。播厥百穀，以佑我皇。多黍多稌，丕應農祥。

羣官耕藉　畟畟良耜，我田既臧。土膏其動，春日載陽。執事有恪，于此中邦。農夫之慶，棲畝餘糧。

降壇　肇新帝藉，率我農人。三推終畝，祗事咸均。陟降孔時，粲然有文。受天之祜，多

稼如雲。

歸大次　敎民稼穡，不令而行。進退有度，琚瑀鏘鳴。言還熉幄，禮則告成。帝命率育，明德惟馨。

紹興祀先農攝事七首

迎神，凝安　青陽開動，土膏脉起。日練吉亥，爲農祈祉。典秩增峻，儀物具美。幄光熉黃，庶幾戾止。

初獻升殿，同安盥洗同。　率職咸涖，禮容睟然。澡身端意，陟降靡愆。神心嘉虞，饗茲潔蠲。敷錫純佑，屢登豐年。

奠幣，明安　靈斿載臨，見先陳贄。有嚴篚實，式將純意。肸蠁既接，禮行有次。神兮安留，歆我禋祀。

神農位酌獻，咸安　耒耜之敎，帝實開先。致養垂利，古今民天。嘉薦報本，于以祈年。誠恪和應，神娭福延。

后稷位酌獻，成安　有周膺曆，實起后稷。相時豐功，率由稼穡。振古稱祀，先農並食。阜我昌我，時萬時億。

亞、終獻，同安　旨具百味，酌備三噚。貳觴既畢，禮洽意周。庶幾嘉饗，格神之幽。相我穡事，錫以有秋。

送神，凝安　熙事成兮，始終潔齊。籩豆徹兮，撙節靡垂。靈有嘉兮，降福孔皆。票然逝兮，我心孔懷。

祀先蠶六首

迎神，明安　功被寰宇，儀蟲之靈。有神司之，以生以成。典禮有初，祀事講明。孔蓋翠旌，降集于庭。

初獻盥洗、升殿，翊安降同。　靈修戾止，詔以毛血。既盥而帨，尊罍蠲潔。金石諧宛，登降有節。宜顧宜饗，情文不越。

奠幣，娛安　化日初長，時當暮春。蠶事方興，惟后惟嬪。絲纊御冬，殘生濟人。敢忘報本，篚幣是陳。

酌獻，美安　盛服承祀，出自公桑。衣不羽皮，利及萬方。百味旨酒，有飶其香。神其歆止，洋洋在傍。

亞、終獻，惠安　日吉辰良，禮備樂作。精誠內孚，俎豆交錯。升歌清越，侑此三爵。黎民不寒，幽顯同樂。

送神，祥安　神之來矣，飄風肅然。云胡不留？歸旆有翩。乃舉舊典，歲以告虔。降福

我邦，於萬斯年。

景德蜡祭百神三首

降神，高安　百物蕃阜，四方順成。通其八蜡，合乃嘉平。旨酒斯醇，大庖孔碩。萬靈來格，威儀以成。

奠玉幣酌獻，嘉安　肅肅靈壇，昭昭上天。潔粢豐盛，以享以虔。百神咸萃，六樂斯縣。介茲景福，期於有年。

送神，高安　來顧來享，禮成樂備。靈馭翩翩，雲行雨施。

熙寧蜡祭十三首

東西郊降神，熙安　天錫康年，四方順成。乃通蜡祭，索享于明。金石四作，羽旄翠旌。神來宴娭，澤被羣生。

升降，肅安　惟蜡有祭，報神之功。合聚萬物，來享來宗。承詔攝事，不忘肅雝。靈之格思，福祿來崇。

奠幣，欽安　穰穰豐年，緊侯休德。帥承天和，欽象古則。嘉玉量幣，奠容翼翼。靈施暨民，罔有終極。

奉俎，承安　禮崇明祀，必先成民。奉牲以告，備腯其均。炮炙芬芬，俎豆莘莘。錫之純嘏，以佑斯人。

酌獻，擇安　秩秩禮文，爲壇四方。嘉栗旨酒，百神迪嘗。散與萬物，既阜既昌。伊樂厥福，傳世無疆。

亞、終獻，慶安　禮文備矣，肅肅無譁。金石諧節，圭璧光華。粢以告豐，醴以告嘉。錫茲福祉，以澤幽遐。

送神，宣安　靈之來下，擴景乘光。靈之迴御，景龍以驤。鑒我休德，降嘏產祥。大田多稼，以惠無疆。

南北方迎神，簡安　美若休德，民和歲豐。穰穰雲施，其積如墉。惠我四國，先嗇之功。祭之百種，來享來宗。

升降，穆安　皇皇靈德，經緯萬方。承詔攝事，陟降以莊。高冠岌峩，長佩鏘洋。嘉承神貺，令聞不忘。

奠幣，吉安　於穆明祀，莫如報功。靈之利澤，惠我無窮。齋以滌志，幣以達衷。撫寧四極，永錫登豐。

酌獻，禔安　英英禮文，既備而全。嚴嚴四郊，屹屹紫壇。百末旨酒，其敷若蘭。何以畀

民？既壽而安。

亞、終獻，曼安　林林生民，含哺而嬉。教之稼穡，實神之爲。圖報厚德，萬祀無期。以假以享，錫我繁禧。

送神，成安　嘉薦芳美，靈來宴娭。斿車結雲，若風馬馳。既至而言，錫我蕃禧。嘉承天貺，曼壽無期。

大觀蜡祭二首

東郊亞、終獻，慶安　震乘春陽，仁司生殖。錫我歲豐，襄我民力。誰其尸之？宗子先嗇。億萬斯年，懷神罔極。

南郊升降，穆安　穆如薰風，敷舒文藻。氣蒸消除，豐予黍稻。神之聽之，鍾鼓咸考。於萬斯年，惟皇之報。

紹興以後蜡祭四十二首

東方百神降神，熙安

圜鍾爲宮　玄冥凌厲，歲聿其周。天地閉藏，農且息休。古大蜡禮，伊耆肇修。爰薦饒饗，以迓飈游。

黃鍾爲角　惟大明禽，實首三辰。功赫庶物，光被廣輪。歲方索饗，咸秩羣神。靈斿來下，尸此明禋。

太簇爲徵　三時不害，四方順成。酬功報始，以我齊明。豳頌土鼓，樂此嘉平。降祥幅員，惠于函生。

姑洗爲羽　日昃乎晝，容光必照。肸蠁之交，惟人所召。有監在下，視茲升燎。肅若其承，雲駢星曜。

初獻升降，肅安　禮儀告具，心儼容莊。工歌屢奏，聲和義章。崇壇陟降，濟濟蹌蹌。靈光共仰，嘉薦芬芳。

大明位奠玉幣，欽安　晨曦未融，天宇澄穆。有虔秉誠，將以幣玉。如在左右，罔不祗肅。神兮安留，錫以祉福。

帝神農氏位奠幣　曲同大明。農爲政本，食乃民天。神農氏作，民始力田。先嗇之配，禮報則然。有幣將之，維以告虔。

后稷氏位奠幣　曲同大明。播種之功，時惟后稷。推以配天，莫匪爾極。崇侑淸祀，是爲司嗇。陳幣奠將，永祚王國。

奉俎，承安　享以精禋，馨非稷黍。工祝致告，孔碩爲俎。執事駿奔，繩繩具舉。神之嘉虞，介福是與。

大明位酌獻，擇安　肇禋備祀，教民美報。時和歲豐，奉醴以告。惟照臨功，等於載燾。酌獻云初，明神所勞。

神農位酌獻　曲同大明。惟酒欣欣，惟神冥冥。是願是饗，來燕來寧。耒耜之利，神所肇興。萬世永賴，無斁其承。

后稷位酌獻　曲同大明。釋之蒸之，爲酒爲醴。推本所由，於焉洽禮。周邦開基，邰家是啓。獻茲嘉觴，拜下首稽。

亞、終獻，慶安　中以貳觴，百味且旨。禮告三終，神具醉止。旌容騎沓，揚光紛委。降福穰穰，被大豐美。

送神，宣安　禮樂既成，神保聿歸。言歸何所？地紀天維。豈惟屢豐，嗣歲所祈。億萬斯年，神來燕娭。

西方百神降神，熙安

圜鍾爲宮　玄冬肇祀，始于伊耆。歲事聿成，庸答蕃釐。眷言西顧，匪神司之。歸功爾神，翩其下來。

黃鍾爲角　魄生自西，照臨太陽。下暨諸神，貺施萬方。節適風雨，富我囷箱。共承嘉祀，惟以迪嘗。

太簇爲徵　神罔小大，奠方兹土。祭列坊庸，禮迨猫虎。有功斯民，祀乃其所。非稷馨香，厥福周溥。

姑洗爲羽　豐年穰穰，美芳職職。籩豆方圓，其儀孔碩。風馬在御，雲車載飭。來顧來饗，維侯休德。

初獻升降，肅安　盥獻恭莊，燎煙芬酷。載陟載降，禮容可度。欽惟爾神，上下肅肅。成我稷黍，鑒此牲玉。

夜明位奠玉幣，欽安　穆穆太陰，禮嚴姊事。璧玉華光，推以哀對。十二周天，歲乃有終。盡我備物，莫報元功。

神農位奠幣曲同夜明。　耒耜肇興，自神農氏。稼穡滋殖，爲農者始。作配明祀，奠以告虔。萬世佃漁，帝功卓然。

后稷位奠幣曲同夜明。　明明周祖，惟民之恤。播種爲教，下民迺粒。曾是粢饗，而匪先公。萬物難報，阡陌之功。

奉俎，承安　時和歲登，物亡疾瘯。實俎間膋，報神之福。匪神福之，曷成且豐！肥腯咸有，惟神之功！

夜明位酌獻，擇安　除壇西郊，坎其擊鼓。百靈至止，結璘作主。秬鬯湛淡，玉斝觩醪。

是謂嘉德，神其安留。

神農位酌獻曲同夜明。　蕩蕩鴻明，稱秩羣祀。配以昔帝，式重農事。潔我圭瓚，黃流在中。靈其監茲，肸蠁豐融。

后稷位酌獻曲同夜明。　歲十二月，祀有常典。祭列司嗇，言反其本。酌彼泰尊，百末蘭生。承神嘉虞，緊此德馨。

亞、終獻，慶安　歌磬臚驩，膋蕭激香。飈御奄留，中以貳觴。相與震濟，告靈其醉。庶幾聽之，成我熙事。

送神，宣安　禮備樂成，澹然將歸。其留消搖，象輿已轙。偃蹇欲驤，羽毛紛委。忽乘杳冥，遺此福祉。

南方百神迎神，簡安　維物之精，散乎太空。維索之饗，合聚而同。迺擊土鼓，于歲之終。格彼幽矣，肸蠁其通。

初獻盥洗、升降，穆安　有悅其新，有匜其潔。言念清祀，弗簡弗褻。誠意既交，品物斯列。是用告虔，靡神不說。

奠幣，吉安　百室機杼，衣褐具宜。民以卒歲，神實惠之。言舉祀典，答神之釐。有篚斯陳，振古如兹。

神農位酌獻，穆安　肇降生民，有不粒食。維時神農，迺爲先嗇。爾耒爾耨，云誰之因。酌以汙尊，我思古人。

后稷位酌獻，穆安　維后之功，配天其大。祀而稷之，萬世如在。黃冠野服，駿奔皇皇。自古有年，神其降康。

亞、終獻，曼安　豐年孔多，百禮以洽。匪極神歡，何以昭答！載酌之酒，用申其勤。神具醉止，與物交欣。

送神，咸安　卒爵樂闋，禮儀告備。神保聿歸，敢以辭致。順成之方，其蜡乃通。自今以始，八方攸同。

北方百神迎神，簡安　蕩蕩閫泱，氣淸泬寥。彷彿象輿，麗于穹霄。蹇其來下，肅然風凛。神乎安留，於焉消搖。

初獻盥洗、升降，穆安　齊誠揭虔，敬恭祀事。維儼之容，維潔之器。雍雍樂成，肅肅禮備。神其燕娭，錫祉庶類。

奠幣，吉安配位同。　神宅于幽，昒昒沈沈。至和塞明，考我德音。神聽靜嘉，儼乎若臨。幣以薦誠，敢有弗欽。

神農氏位酌獻，禔安　先嗇之功，神實稱首。以耜以耒，俶載南畝。列籍皇墳，億世是守。

何以爲報？爰潔兹酒。

后稷氏位酌獻，禔安　煌煌后稷，實配于天。司嗇作稼，民以有年。匪神之私，歲以醴告。酌彼泰尊，于德之報。

亞、終獻，曼安　蘭生百末，申以貳觴。神具醉止，爛其容光。遺我豐年，萬億及秭。俾民驩康，以洽百禮。

送神，咸安　靈之來兮，蚪龍杳杳。下土光景，憑陵閶闔。靈之旋兮，羽衞委蛇。偃蹇高驤，遺此蕃釐。

景祐祭文宣王廟六首

迎神，凝安　大哉至聖，文教之宗！紀綱王化，丕變民風。常祀有秩，備物有容。神其格思，是仰是崇。

初獻升降，同安　右文興化，憲古師今。明祀有典，吉日惟丁。豐犧在俎，雅奏來庭。周旋陟降，福祉是膺。

奠幣，明安　一王垂法，千古作程。有儀可仰，無德而名。齊以滌志，幣以達誠。禮容合度，黍稷非馨。

二十四史

中華書局

酌獻，成安　自天生聖，垂範百王。恪恭明祀，陟降上庠。酌彼醇旨，薦此令芳。三獻成禮，率由舊章。

飲福，綏安　犧象在前，豆籩在列。以享以薦，既芬既潔。禮成樂備，人和神悅。祭則受福，率遵無越。

兗國公配位酌獻，成安哲宗朝增此一曲。　無疆之祀，配侑可宗。事舉以類，與享其從。嘉栗旨酒，登薦惟恭。降此遐福，令儀肅雍。

送神，凝安　肅肅庠序，祀事惟明。大哉宣父，將聖多能！歆馨肸蠁，迴馭凌兢。粢容斯畢，百福是膺。

大觀三年釋奠六首

迎神，凝安　仰之彌高，鑽之彌堅。於昭斯文，被于萬年。峩峩膠庠，神其來止。思款無窮，敢忘于始。

升降，同安　生民以來，道莫與京。溫良恭儉，惟神惟明。我潔尊罍，陳茲芹藻。言升言旋，式崇斯教。

奠幣，明安　於論鼓鍾，于茲西雍。粢盛肥碩，有顯其容。其容洋洋，咸瞻像設。幣以達誠，歆我明潔。

酌獻，成安　道德淵源，斯文之宗。功名糠粃，素王之風。碩兮斯牲，芬兮斯酒。綏我無疆，與天爲久。

配位酌獻，成安　儼然冠纓，崇然廟庭。百王承祀，涓辰惟丁。于牲于醑，其從予享。與聖爲徒，其德不爽。

送神，凝安　肅莊紳緌，吉蠲牲犧。於皇明祀，薦登惟時。神之來兮，肸蠁之隨。神之去兮，休嘉之貽。

大晟府擬撰釋奠十四首

迎神，凝安

黃鍾爲宮　大哉宣聖，道德尊崇！維持王化，斯民是宗。典祀有常，精純並隆。神其來格，於昭盛容。

大呂爲角　生而知之，有教無私。成均之祀，威儀孔時。維茲初丁，潔我盛粢。永適其道，萬世之師。

太簇爲徵　巍巍堂堂，其道如天。清明之象，應物而然。時維上丁，備物薦誠。維新禮典，樂諧中聲。

應鍾爲羽　聖王生知，闡迺儒規。詩、書文教，萬世昭垂。良日惟丁，靈承不爽。揭此精虔，神其來饗。

初獻盥洗，同安　右文興化，憲古師經。明祀有典，吉日惟丁。豐犧在俎，雅奏在庭。周旋陟降，福祉是膺。

升殿，同安　誕興斯文，經天緯地。功加于民，實千萬世。笙鏞和鳴，粢盛豐備。肅肅降登，歆茲秩祀。

奠幣，明安　自生民來，誰底其盛！惟王神明，度越前聖。粢幣具成，禮容斯稱。黍稷非馨，惟神之聽。

奉俎，豐安　道同乎天，人倫之至。有饗無窮，其興萬世。既潔斯牲，粢明醑旨。不懈以忱，神之來暨。

文宣王位酌獻，成安　大哉聖王，實天生德！作樂以崇，時祀無斁。清酤惟馨，嘉牲孔碩。薦羞神明，庶幾昭格。

兗國公位酌獻，成安　庶幾屢空，淵源深矣。亞聖宣猷，百世宜祀。吉蠲斯辰，昭陳尊簋。旨酒欣欣，神其來止。

鄒國公位酌獻，成安　道之由興，於皇宣聖。惟公之傳，人知趨正。與饗在堂，情文實稱。萬年承休，假哉天命。

亞、終獻用文安　百王宗師，生民物軌。瞻之洋洋，神其寧止。酌彼金罍，惟清且旨。登獻惟三，於嘻成禮。

徹豆，娛安　犧象在前，豆籩在列。以饗以薦，既芬既潔。禮成樂備，人和神悅。祭則受福，率遵無越。

送神，凝安　有嚴學宮，四方來宗。恪恭祀事，威儀雍雍。歆茲惟馨，飈馭旋復。明禋斯畢，咸膺百福。

景祐釋奠武成王六首

迎神，凝安　維師尚父，四履分封。靈神峻密，祀事寅恭。肅肅祗薦，飈馭排空。如幾如式，福祿來崇。

太尉升降，同安　上公攝事，袞服斯皇。禮容濟濟，佩響鏘鏘。靈斿惚恍，嘉薦令芳。神具醉止，降福穰穰。

奠幣，明安　四嶽之裔，涼彼武王。發揚蹈厲，周室用昌。追封廟食，簡册增芳。升幣以奠，磬筦鏘鏘。

酌獻，成安　獵渭之陽，理冥嘉應。非龍非彪，聿求元聖。平易近民，五月報政。祀典之崇，於斯爲盛。

飲福，綏安　神機經武，隆周之寓。表海分封，邁燕超魯。耽耽廟貌，俎豆有序。薦福邦家，維師尚父。

送神，凝安　聖朝稽古，崇茲武經。禮交樂舉，于神之庭。嘉栗旨酒，旣饗芳馨。永嚴列象，劍舄簪纓。

熙寧祀武成王一首

初獻升降，同安　武德洸洸，日靖四方。百王所祀，休有烈光。命官攝事，佩玉鏘鏘。思皇多祜，以惠無疆。

大觀祀武成王一首

酌獻，成安　凉彼周王，君臣相遇。終謀其成，諸侯來許。洋洋神靈，尊載酒醑。新聲爲侑，笙簫備舉。

紹興釋奠武成王七首

迎神，凝安，姑洗爲宮　於赫烈武，光昭古今。載嚴祀事，敕備惟欽。旣潔其牲，旣諧其音。神之格思，來顧來歆。

初獻升殿，同安　肅肅廟中，有嚴階墄。匪棘匪徐，進退可則。冕服是儀，環珮有節。神之鑒觀，率履不越。

奠幣，明安　祀率舊典，禮崇駿功。齊明衷正，肸蠁豐融。量幣肅備，周旋鞠躬。神其昭受，幽贊無窮。

正位酌獻，成安　赫赫尚父，時維鷹揚。神潛韜略，襟抱帝王。談笑致主，竹帛流芳。國有嚴祀，載稽典常。

留侯位酌獻　眷彼留侯，奇籌贊漢。依乘風雲，勒成功旦。克配明禋，儀刑有煥。英氣如生，來格來衎。

亞、終獻，正安　道助文德，言爲世師。功名不泯，祀事無遺。旨酒惟馨，具醉在茲。有嘉累獻，神其燕娭。

送神　日惟上戊，神顧精純。禮備三獻，樂成七均。奄留洋洋，流福無垠。言還恍惚，空想如存。

紹興祀祚德廟八首

迎神，凝安，姑洗爲宮　匿孤立後，惟義惟忠。昔者神考，追錄乃功。祀典載加，進爵錫公。神兮降格，尚鑒褒崇。

初獻升降，同安　廟宇更新，輪奐豐敞。神靈如在，英姿颯爽。執事進趨，降升俯仰。威儀翼翼，虔祈歆饗。

奠幣，明安　牲薦碩大，幣致精純。聿升祀事，茲用兼陳。箱篚旣實，奠獻惟寅。饗我至意，福祿來成。

彊濟公位酌獻，成安　以身託孤，實惟死友。撫嫗長之，若父若母。潛授于韓，克興厥後。崇廟以獻，德侈報厚。

英略公位酌獻，成安　立孤固難，死亦匪易。義輕一身，開先趙嗣。肅穆廟貌，烈有餘氣。式旋嘉薦，昭哉祀事！

啓佑公位酌獻，成安　於皇時宋，永祚有基。始緊覆護，扶而立之。敢忘昭答，牲分酒釃。靈其燕饗，益相本支。

亞、終獻用正安　眑眑靈宇，神安且翔。三哲鼎峙，中薦嘉觴。凛若義氣，千載彌光。猗其祐之，錫羡無疆。

送神，凝安　禮樂云備，畢觴爾神。翊翊言送，幟輿若聞。駕言歸兮，靈旆結雲。祚我千億，介福來臻。

司中司命五首

迎神，欣安　冠峩峩兮，服章粲粲。靈來下兮，進止委蛇。我涓我壇，我潔我俎。降輿卻旌，於茲享御。

升降，欽安　紳綏舒舒，佩環鏗鏗。陟降上下，壇燎光明。有幽于罍，有帨于巾。不㚖不敖，庶以安神。

奠幣，容安　我誠既潔，我豆既豐。神來降斯，有儼其容。薦此嘉幣，肅肅雍雍。何以侑之？於樂鼓鍾。

酌獻，雍安　酌茲旨酒，既盈且芬。式用來歆，衎衎熏熏。何以寧神？薦有嘉籩。何以錫民？曰惟豐年。

送神，欣安　雲兮飄飄，風兮稜稜。飈馭返空，杲日來昇。歸旆揚揚，來樂鏘鏘。我神式懽，惠我嘉祥。

五龍六首

迎神，禧安　靈之智兮，躍漢潛幽。欲豢擾兮，無董與劉。陳金石兮，佐侑牢羞。庶燕亨兮，澤應民求。

升降，雍安　靈之至兮，逸駕騰驤。噓雲吸氣，承祀日光。展詩鳴律，肅莊琳琅。何以侑神？既惠無疆。

奠幣，文安　維靈德兮，變化不常。沛天澤兮，周流八荒。奠嘉幣兮，肅雍不忘。永佑民兮，錫以豐穰。

酌獻，愷安　練吉日兮，進神之堂。牲既陳兮，粢盛既香。奠桂酒兮，容與嘉觴。靈安留兮，錫我福祥。

亞、終獻，嘉安　明明天子，禮文咸秩。翊神之功，橫被九域。雲施稱民，物產滋殖。嘉承惠和，罔有終極。

送神，登安　靈之來下，以雨先驅。靈之旋馭，五雲結車。操環應夏，發匣瑞虞〔一〕。眞人在御，來獻珍符。

校勘記

〔一〕操環應夏發匣瑞虞　「瑞」原作「端」。按此二句係據舊唐書卷三〇音樂志享龍池樂章第六章「操環昔聞迎夏啓，發匣先來瑞有虞」爲文；佩文韻府卷一〇六「發匣」條引宋史祭五龍樂章也作「操環應夏，發匣瑞虞」，「端」係「瑞」之訛，故改。

宋史卷一百三十八

志第九十一

樂十三　樂章七

朝會　御樓肆赦　恭上皇帝皇太后尊號上

建隆乾德朝會樂章二十八首

皇帝升坐，隆安　天臨有赫，上法乾元。鏗鏘六樂，儼恪千官。皇儀允肅，玉坐居尊。文明在御，禮備誠存。

公卿入門，正安　堯天協紀，舜日揚光。淑愼爾止，率由舊章。佩環濟濟，金石鏘鏘。威儀炳煥，至德昭彰。

上壽，禧安　乾健爲君，坤柔曰臣。惟其臣子，克奉君親。永御皇極，以綏兆民。稱觴獻

壽，山岳嶙峋。舜韶更奏，堯酒浮觴。皇情載懌，洪算無疆。基隆郟鄏，德茂陶唐。山巍日煥，地久天長。

皇帝舉酒，第一盞用白龜　聖德昭宣，神龜出焉。載白其色，或游于川。名符在沼，瑞應巢蓮。登歌丹陛，紀異靈篇。

第二盞，甘露　天德冥應，仁澤載濡。其甘如醴，其凝若珠。雲表潛結，顥英允敷。降于竹柏，永昭瑞圖。

第三盞，紫芝　煌煌茂英，不根而生。蒲茸奪色，銅池著名。晨敷表異，三秀分榮。書于瑞典，光我文明。

第四盞，嘉禾　嘉彼合穎，致貢升平。異標南畝，瑞應西成。德至于地，皇祇效靈。和同之象，煥發祥經。

第五盞，玉兔　盛德好生，網開三面。明視標奇，昌辰乃見。育質雪園，淪精月殿。著於樂章，色含江練。

羣臣舉酒，正安　戶牖嚴丹扆，鵷鷺造紫庭。懇祈南岳壽，勢拱北辰星。得士於茲盛，基邦固以寧。誠明一何至，金石與丹青。簪紱若雲屯，晨趨閶闔門。侁侁羅禹會，濟濟奉堯罇。周禮觀明備，天儀仰睟温。高卑陳表著，同拱帝王尊。待漏造王庭，

威儀盛莫京。紛綸簪組列，淸越佩環聲。禮飲終三爵，韶音畢九成。永同麑藻樂，千載奉升平。

羣臣第一盞畢，作玄德升聞　治定資神武，功成顯睿文。貢輸庭實旅，朝會羽儀分。偃革千年運，垂衣萬乘君。孰知堯、舜力，明德自升聞。　約法皇綱正，崇文寶曆昌。遒人振木鐸，農器鑄干將。瑞日含王宇，卿雲藹帝鄉。萬邦成一統，鴻祚與天長。

六變　宸扆威容盛，聲明禮樂宣。九州臻禹會，萬國戴堯天。貢職輸琛贄，皇猷煥簡編。含和均暢茂，鴻慶結非煙。　朝會儼威儀，司常建九旗。舞容分綴兆，文物辨威蕤。運格桃林牧，祥開洛水龜。帝功潛日用，化俗自登熙。　螭陛聊載筆，紀瑞軼唐、虞。丹鳳儀金奏，黃龍負寶圖。羣材薪棫樸，仁政煦蒲盧。蕩蕩巍巍德，豚魚信自孚。　接聖宅神都，方來五達區。國賢熙帝載，靈命握乾符。至化當純被，斯文益誕敷。車書今混一，聖治奉三無。　聖皇臨大寶，八表湊才賢。經緯文天賦，剛柔德日宣。建邦隆柱石，造物運陶甄。共致升平業，綿長保億年。　神化妙無方，巍巍邁百王。鶴書搜隱逸，龍陛策賢良。拱揖朝羣后，賓筵闢四方。洪圖基億載，淳曜德彌光。

第二盞畢，天下大定　皇猷敷八表，武誼肅三邊。蘭錡韜兵日，靈臺偃伯年。奉珍皆述

職，削衽盡朝天。功德超前古，音徽播管弦。　伐叛天威震，恢疆帝業多。削平倖肅殺，涵煦極陽和。蹈厲觀周舞，風雲入漢歌。功成推大定，歸馬偃琱戈。

六變　惕厲日乾乾，潛蟠或躍淵。伐謀參上策，受鉞總中堅。田訟歸周日，民謠戴舜年。風雲自冥感，嘉會翼飛天。　壺關方逆命，投袂起親征。虎旅聊攻伐，梟巢遽蕩平。天威淸朔漠，仁澤被黎氓。按節皇輿復，洋洋載頌聲。　蠢茲淮海帥，保據毒黎苗。不悟龍興漢，猶同犬吠堯。六師方雨施，孤壘自冰消。千載逢嘉運，華夷奉聖朝。　上游荆楚要，澤國洞庭深。自識同文世，皆迴拱極心。一戎聊杖鉞，九土盡輸金。大定功成後，薰風入舜琴。　席卷定巴、邛，西遐盡率從。岷、峨難負阻，江、漢自朝宗。述職方舟集，驅車九折通。粲然書國史，冠古耀豐功。　銳旅慶回旋，邊防盡晏然。鞬櫜方偃武，飛將亦韜弦。震曜賫平壘，文明協麗天。洸洸成大業，赫奕在靑編。

淳化中朝會二十三首

上壽，和安　四序伊始，三陽肇開。條風入律，玉琯飛灰。望雲肅謁，鳴佩斯來。稱觴獻壽，瞻拱星迴。　一陽應候，萬國同文。天正紀節，太史書雲。凝旒在御，列敍爰分。壽觴斯薦，祝慶明君。

皇帝初舉酒，用祥麟　聖皇御寓，仁獸誕彰。在郊旅貢，游時呈祥。星辰是稟，草木無傷。紀異信史，登歌太常。

再舉酒，丹鳳　九苞薦瑞，戴德膺仁。藻翰爰奮，靈音載振。非時不見，有道則臻。降岐匪西，儀舜爲隣。

三舉酒，河淸　沔彼涇瀆，澄明鑑如。淸應寶運，光涵帝居。洞分沈璧，徹見游魚。聖祚無極，神休偉與。

四舉酒，白龜　稽彼靈物，允昭聖皇。浮石可躋，巢蓮益光。金方正色，介族殊祥。信書永耀，帝德無疆。

五舉酒，瑞麥　芃芃嘉麥，擢秀分岐。甘露夕洒，惠風晨吹。良農告瑞，循吏稱奇。歸美英主，折而貢之。

羣臣初舉酒畢，作化成天下　軒、昊方同德，成、康粗比肩。素風惟普暢，皇道本無偏。陰魄重輪滿，陽精五色圓。要荒咸率服，卓越聖功全。　聖德比陶唐，千年祚運昌。茂功雖不宰，鴻業自無疆。極塞成淸謐，齊民益阜康。文明同日月，遐邇仰輝光。

六變　蕩蕩無私世，巍巍至聖君。山河分國寶，日月耀人文。厭浥凝甘露，輪囷吐慶雲。正聲兼大雅，洋溢應南薰。　鴻範合彝倫，調元四序均。歲功天吏正，

御苑物華新。底貢陳方物，來賓列遠人。奉常呈九奏，嘉貺動穹旻。　大君隆至化，興運契千齡。覲禮俄班瑞，夷賓盡實庭。成文調露樂，奉聖拱辰星。舞佾方更進，朝陽上楚萍。　禮樂昭王業，寰區致太平。革車停北狩，雲稼屢西成。國有詳延詔，鄉閭講誦聲。日華融五色，遐邇仰文明。　亭障戢干戈，人心浹太和。務農登寶穀，獵俊設雲羅。儀鳳書良史，祥麟載雅歌。嘉辰賫宴喜，星拱弁峩峩。　冠古耀鴻徽，深仁及隱微。二南、江漢詠，九奏鳳凰飛。設虡羅鏞律，盈庭列舞衣。文明賫厚德，怡懌兆民歸。

再舉酒畢，威加海內　革輅征汾、晉，隳城比燎毛。桓桓勗軍旅，將將御英豪。神武誠無敵，天威詎可逃。王師宣利澤，霈若沃春膏。　振萬方明德，疾徐咸可觀。鏗鏘動金奏，蹈厲總朱干。夾進昭威武，中嚴警宴安。守方推猛士，當用鶡爲冠。

六變　宣榭始觀兵，桓桓稱鼓行。一戎期大定，載纘議徂征。善政從師律，神功冀武成。勗哉勤誓衆，王業自經營。　聲教方柔遠，甌、閩禮可招。獻圖連日際，歸國象江潮。撫運重熙盛，提封萬里遙。還同有虞氏，文德格三苗。　南暨宣皇化，東吳奉乃神。舞干方耀德，執玉自來賓。巢伯朝丹陛，韓侯覲紫宸。古今歸一揆，懷遠道彌新。　遺俗續陶唐，來蘇徯聖皇。布昭湯弔伐，恢復漢封疆。金鉞申戡剪，

中華書局

朱干示發揚。宜哉七德頌，千載播洋洋。　乃眷嘗西顧，偏師暫首征。靈旗方直指，獷俗自亡精。禹敍終馴致，堯封漸化成。不須嚴尉候，於廓海彌清。　干戚有司傳，威容著凱旋。象成王業盛，役輟武功全。兵寢西郊閱，書惟北闕縣。聖神膺景命，卜世萬斯年。

景德中朝會一十四首

皇帝升坐，隆安　金奏在庭，羣后在位。天威煌煌，嚮明負扆。高拱穆清，弁冕端委。盛德日新，禮容有煒。

公卿入門，正安　萬邦來同，九賓在位。奉璋薦紳，陟降庭止。文思安安，威儀棣棣。臣哉鄰哉，介爾蕃祉。

上壽，和安　天威煌煌，山龍采章。庭實旅百，上公奉觴。拱揖羣后，端委垂裳。永錫難老，萬壽無疆。

皇帝初舉酒，祥麟　帝圖會昌，一獸效祥。雙角共觝，示武不傷。四靈爲畜，玄枵耀芒。公族信厚，元元阜康。

再舉酒，丹鳳　矯矯長離，振羽來儀。和音中律，藻翰揚輝。珍符沓至，品物攸宜。至德玄感，受天之祺。

三舉酒，河清　德水湯湯，發源靈長。皎鑒澄徹，千年效祥。積厚流濕，資生阜昌。朝宗潤下，善利無疆。

羣臣舉酒，正安　思皇多士，靖恭著位。鳴玉飛緌，鏘鏘濟濟。宴有折俎，以示慈惠。罔敢不祗，福祿來暨。　金奏在庭，有酒斯旨。顒顒卬卬，嚮明負扆。湛湛露斯，式宴以喜。佩玉蘂兮，罔不由禮。　酒以成禮，樂以侑食。露湛朝陽，星環紫極。淑愼爾容，既飽以德。進退周旋，威儀抑抑。

初舉酒畢，盛德升聞　八佾具呈，萬舞有奕。既以象功，又以觀德。進旅退旅，執籥秉翟。至化懷柔，遠人來格。　閶闔天開，羣后在位。設業設虡，庭燎晣晣。斧扆當陽，虎賁夾陛。舞之蹈之，四隩來暨。

再舉酒畢，天下大定　武功既成，綴兆有翼。以節八音，以象七德。俁俁蹲蹲，朱干玉戚。發揚蹈厲，其儀不忒。　偃伯靈臺，功成作樂。以昭德容，以淸戎索。萬邦會同，邪慝銷鑠。盡善盡美，侔彼韶箾。

降坐，隆安　被袞當陽，穆穆皇皇。擊石拊石，頌聲揚揚。和樂優洽，終然允臧。禮成而退，荷天百祥。

大中祥符朝會五首

皇帝舉酒，醴泉　觱沸檻泉，寒流淸泚。地不愛寶，其旨如醴。上善至柔，靈休所啓。利澤無疆，允資岱禮。

再舉酒，神芝　彼茁者芝，茂英煌煌。敷秀喬嶽，寔繁其房。適符修貢，封櫓允臧。永言登薦，抑惟舊章。

三舉酒，慶雲　惟帝佑德，卿雲發祥。紛紛郁郁，五色成章。奉日逾麗，回風載翔。歌薦郊廟，播厥無疆。

四舉酒，靈鶴　玄文申錫，嘉祥紹至。偉茲胎禽，羽族之異。翻翰來儀，徘徊嘹唳。祚聖儲休，聿昭天意。

五舉酒，瑞木　天生五材，木曰曲直。維帝順天，厚其生植。連理效祥，成文表德。總萃坤珍，永光祕刻。

熙寧中朝會三首

皇帝初舉酒，慶雲　乾坤順夷，皇有嘉德。爰施慶雲，承日五色。輪囷下乘，萬物皆飾。惟天祚休，長彼無極。

再舉酒，嘉禾　彼美嘉禾，一莖九穗。農疇告祥，史牒書瑞。擊壤歡歌，如京委積。留獻春種，昭錫善類。

三舉酒，靈芝　皇仁溥博，品物蕃滋。慶祥回復，秀發神芝。靈華雙舉，連葉四施。披圖按牒，永享純禧。

元符大朝會三首

皇帝初舉酒，靈芝　嘉瑞降臨，應我皇德。煒煒神芝，不根而植。春秋三秀，晝夜一色。物播詩歌，聲被金石。

再舉酒，壽星　倬彼星象，於昭于天。維南有極，離丙之躔。既明且大，應聖乘乾。誕受景福，億萬斯年。

三舉酒，甘露　泫泫零露，雲英醴溢。和氣凝津，流甘委白。飴泛泮林，珠聯竹柏。天不愛道，聖功允格。

哲宗傳受國寶三首，與大朝會兼用：

永昌　於穆我王，繼序不忘。明昭上帝，上帝是皇。長發其祥，惠我無疆。受命于天，既壽永昌。

神光　惟皇上德，伊嘏我王。將受厥明，載錫之光。於昭于天，曄曄煌煌。緝熙欽止，其永無疆。

翔鶴　彼鳴在陰，亦白其羽。聲聞于天，來集斯所。勉勉我王，咸遂厥宇。播于異物，受天多祜。

紹興朝會十三首

皇帝升坐，乾安　鈎陳肅列，金奏充庭。顒卬南面，如日之昇。垂衣拱手，治無能名。順履獻歲，大安大榮。

公卿入門，正安升降同。　天子當陽，臣工率職。流水朝宗，衆星拱極。環佩鏘鏘，威儀抑抑。上下交欣，同心同德。

上公上壽，和安　八音克諧，萬舞有奕。上公奉觴，率茲百辟。聲效呼嵩，祝聖人壽。億載萬年，天長地久。

皇帝初舉酒，瑞木成文　厚地效珍，嘉木紀瑞。匪刻匪雕，具文見意。三登太平，允協聖治。詩雅詠歌，有光既醉。

再舉酒，滄海澄清　百谷王，符聖治。不揚波，效殊祉。德淪淵，滄海清。應千秋，敍五行。

三舉酒，瑞粟呈祥　至治發聞惟馨香，播厥百穀臻穰穰。農夫之慶歲其有，禾易長畝盈倉箱。時和物阜粟滋茂，嘉生駢穗來呈祥。自今以始大豐美，行旅不用齎餱糧。

羣臣酒行，正安　羣公卿士，咸造在庭。式燕以衎，思均露零。穆穆明明，於斯爲盛。歸

美報上，一人有慶。明明天子，萬福來同。嘉賓式燕，曷不肅雍。燕以示慈，式禮莫愆。樂胥君子，容止可觀。

酒一行，文舞　帝德誕敷，錯爍羣慝。近悅遠來，惟聖時克。玉振金聲，治功興起。韶箾象之，盡善盡美。文物以紀，藻色以明。禮備樂舉，通觀厥成。睿知有臨，誕敷文德。敷雨化風，治此四國。

酒載行，武舞　用戒不虞，誰能去兵。師出以律，動必有名。折彼遐衝，布昭聖武。和衆安民，時惟多助。止戈曰武，惟聖爲能。御得其道，無敢不庭。整我六師，稽諸七德。不吳不揚，有嚴有翼。

皇帝降坐，乾安　帝坐熒煌，廷紳肅穆。對揚天休，各恭爾服。頌聲洋洋，彌文郁郁。禮備樂成，永膺多福。

建隆御樓三首

南郊回仗，駕至樓前，采茨　高煙升太一，明祀達乾坤。天仗回嶢闕，皇輿入應門。簪裳如霧集，車騎若雲屯。兆庶皆翹首，巍巍萬乘尊。

升坐，隆安　禋祀畢圜丘，嘉辰慶澤流。天儀臨觀魏，盛禮藹風猷。洋溢歡聲動，氛氳瑞氣浮。上穹垂眷佑，邦國擁鴻休。

降坐，隆安　華纓就列，左衽來王。帝儀炳煥，大樂鏗鏘。禮成嶢闕，言旋未央。一人有慶，萬壽無疆。

咸平御樓四首

采茨　禮成于郊，迎日之至。時乘六龍，天旋象魏。端門九重，虎賁萬騎。四夷來王，羣后輯瑞。

宋扇，隆安　應門有翼，羽衞斯陳。山龍袞冕，律度聲身。峨峨奉璋，肅肅九賓。清明在躬，志氣如神。

升坐，隆安　圜丘類上帝，六變降天神。禋燔禮云畢，仗衞肅以陳。天顏瞻咫尺，王澤熙陽春。玉帛臻禹會，動植霈堯仁。

降坐，隆安　肆眚云畢，淳熙溥將。雷雨麗澤，雲物效祥。禮容濟濟，天威皇皇。大賚四海，富壽無疆。

咸平籍田回仗御樓二首

采茨　農皇既祀，禮畢躬耕。商輅旋軫，周頌騰聲。觀魏將陟，服御爰更。輿人瞻仰，如日之明。

升坐，隆安　應門斯御，雉扇爰開。人瞻日月，澤動雲雷。同風三代，均禧九垓。歡心允洽，時詠康哉。

乾興御樓二首

升坐，隆安　夾鐘紀月，初吉在辰。眚災流慶，布德推仁〔一〕。采章震耀，典禮具陳。茂昭丕睍，永庇斯民。

降坐，隆安　皇衢赫敞，黼坐穹崇。華纓在列，嚴令發中。王制鉅麗，寶瑞豐融。均禧縣寓，萬壽無窮。

紹興登門肆赦二首

升坐，乾安　拜况于郊，皇哉唐哉！熙事休成，六騑鼎來。天閽以決，地垠以開。蹟祉發祥，如登春臺。

降坐，乾安　鴻霈普洽，言歸端門。蕩蕩巍巍，旋乾轉坤。穆然宣室，儲思垂恩。於萬斯年，敷錫羣元。

寧宗登門肆赦二首

升坐，乾安　帝饗于郊，荷天之休。五福敷錫，皇明燭幽。雲行雨施，仁翔德游。聖人多男，歌頌九州。

中華書局

降坐，乾安　天日清晏，朝野靖安。三靈答祉，萬國騰懽。帝命不違，王業艱難。天子萬年，永迪監觀。

皇帝上尊號一首

册寶入門，正安　於穆元后，天臨紫宸。飛綏星拱，建羽林芬。徽册是奉，鴻名愈新。荷茲介祉，永永無垠。

明道元年章獻明肅皇太后朝會十五首

皇太后升坐，聖安　聖母有子，重光纂禋。聖皇奉母，感極天人。百辟在庭，九儀具陳。禮容之盛，萬國咸賓。

公卿入門，禮安　帝率四海，承顏盡恭。端闈肅設，羣后來同。玉佩鏘鳴，衣冠有容。英、韶節步，磬管雍雍。

皇帝上壽酒，崇安　天子之德，形于四方。尊親立愛，化洽風揚。聖母褘衣，明君黼裳。因時獻壽，克盛朝章。

上壽，福安　盛禮煌煌，六衣有光。千官在位，百福稱觴。坤德慈仁〔二〕，邦斯淑祥。如山之壽，佑聖無疆。

皇太后初舉酒，玉芝　煒煒靈芝，生于殿闥。照映華拱，紛敷玉蕤。感召元和，光符聖期。祥篇協吉，百福咸宜。

再舉酒，壽星　現彼南極，昭然瑞文。騰光丙位，薦壽中宸。太史胼奏，升歌有聞。軒宮就養，億萬斯春。

三舉酒，奇木連理　王化無外，坤珍效靈。旁枝內附，直幹來并。羣分非一，祺祥紹登。至誠攸感，海縣斯寧。

羣臣酒行，禮安　肅肅臨下，有威有容。循循事上，惟信惟忠。盛禮興樂，示慈訓恭。君臣協吉，惟道之從。　湛湛零露，晞于載陽。我有旨酒，羣臣樂康。既飲以德，亦圖祠良。永言修輔，用協天常。　禮均孝慈，樂合韶、武。至德光矣，鴻恩亦溥。上下和濟，嘉奭樂湑。醻舉三行，盛儀斯舉。

酒一行畢，作厚德無疆之舞　堯母之聖，放勛爲子。同心協謀，柔遠能邇。以德康俗，以文興治。斯焉象功，罔不昭濟。　至矣坤元，道符惟聖！就養宸極，助隆善政。翟籥紛舉，笙鏞協應。翺翔有容，表德之盛。

酒再行，四海會同之舞　七德之舞，四朝用康。有如姬、姒，助集周邦。威克厥愛，居安不忘。鳳旋山立，濟濟皇皇。　左秉朱干，右揮玉戚。以象武綏，以明皇德。天子榮養，羣臣述職。四夷賓附，罔不承式。

降坐，聖安　長樂居尊，盛容有煒。文王事親，萬國歸美。朝會之則，邦家之紀。受福于天，克昭隆禮。

治平皇太后、皇后册寶三首

皇帝升坐，乾安　王化之始，治繇內孚。時庸作命，玉簡金書。磬筦在庭，其縱繹如。天臨法扆，禮與誠俱。

太尉等奉册寶入門，正安　睟儀臨拱，丕命明敭。鸞回寶勢，鴻貫瑤光。禮成樂備，德裕名芳。肇基王化，永懋天祥。

皇帝降坐，乾安　袞衣繡裳，嚴威肅莊。八音具張，簨虡龍驤。玉簡瑤章，金書煌煌。壽千萬年，與天比長。

熙寧皇太后册寶三首

出入，正安　煌煌鳳宇，玉氣宛延。天門崛岉，飛驂後先。龍簨四合，奏鼓淵淵。母儀天下，何千萬年。

升坐，乾安　峨峨繡扆，旋佩以登。如彼杲日，淩天而升。玉色下照，亹亹繩繩。猗歟大孝，四海其承！

降坐，乾安　皇帝降席，流雲四開。堯趨舜步，下躡天堦。恭授寶册，翠旄裴回。明明純孝，鴻釐大來。

哲宗上太皇太后册寶五首

皇帝升坐，乾安　大矣孝熙，帥民以躬！奉承寶册，欽明兩宮。萬樂具舉，一人肅雍。化繇上始，四海來同。

降坐，乾安　皇帝仁孝，總臨萬方。褒顯其親，日嚴以莊。龍袞翼翼，玉書煌煌。傳之億世，休有烈光。

太皇太后升坐，乾安　總裁庶政，擁佑嗣皇。金書玉簡，爛其文章。衆歌脊作，筦磬將將。保安四極，降福無疆。

降坐，乾安　塗山之德，渭涘之祥。圖徽寶册，玉色金相。管弦煒煜，鐘鼓喤喤。天之所啓，既壽而昌。

太尉等奉册寶出入門，正安　玉車臨御，鳳蓋棽麗。奉承寶册，彌文盛儀。抗聲極律，助我孝熙。天之所佑，萬壽無期。

紹興十年〔三〕發皇太后册寶八首

皇帝隨册寶降殿，聖安　景祚有開，符天媪昊〔四〕。誕毓聖神，是崇位號。星拱天隨，祇嚴册寶。還御慈寧，增光舜道。

中書令奉册詣皇帝褥位，禮安　聲樂備陳，禮容罔忒。相維辟公，虔奉玉册。皇則受之，慕形於色。既壽且康，與天無極。

侍中奉寶詣皇帝褥位，禮安　祖啓瑤光，誕生明聖。尊極母儀，帝庸作命〔五〕。寶章煌煌，導以笙磬。還燕慈寧，邦家傒慶。

太傅奉册寶出門，聖安　肅肅東朝，帝隆孝治。猗歟丕稱，寶册斯備！皇扉四闢，導迎慶瑞。德邁太任，有周卜世。

太傅奉册寶入門，聖安　靜順坤儀，聖神是育。懿鑠昭陳，鏤文華玉。樂奏既備，禮儀不瀆。導迎善祥，翟車歸轂。

太傅奉册授提點官，禮安　孝奉天儀，信維休德。發越徽音，禮文靡忒。永保嘉祥，時萬時億。歸于東朝，含飴燕息。

太傅奉册授提點官，禮安　肅雍長樂，克篤其慶。河洲茂德，沙麓啓聖。是生睿哲，丕隆丕運。欽稱鴻寶，永膺天命。

册寶升慈寧殿幄，聖安　禮行東朝，樂奏大呂。羽衞森陳，簪紳式序。雲幄邃嚴，宏典是舉。天子萬年，母儀寰宇。

乾道七年恭上太上皇帝、太上皇后尊號十一首

册寶降殿，正安　元祀介福，孰綏孰將。歸于尊親，孝哉君王！載鏤斯牒，載琢斯章。得名得壽，如虞如唐。

中書令、侍中奉册寶詣殿下，正安　宗郊斯成，交舉典册。汝輔汝弼，威儀是力。陳于廣庭，迨此上日。巍巍煌煌，烏覩在昔。

皇帝奉太上皇册寶授太傅，用禮安奉太上皇后同。　儀物陳矣，禮樂明矣。天子戾止，詒爾臣矣。陟降維則，恭且勤矣。茫茫四海，德教形矣。

册寶出門，正安　天門九重，蕩蕩開徹。金支秀華，垂紳佩玦。或導或陪，率履不越。注民耳目，四表胥悅。

册寶入德壽宮門，正安　禮神頌祇，福祿來下。不有榮名，孰緝伊嘏。千乘萬騎，魚魚雅雅。皇扉洞開，鞠躬如也。

太上皇帝升御坐降同。　穆穆聖顏，安安天步。有縟者儀，以莫不舉。天人和同，恩澤洋普。億載萬年，爲衆父父。

太傅奉太上皇帝册寶升殿，用聖安　大哉堯乎，南嚮垂裳！君哉舜也，拜而奉觴！繅藉光華，鼓鐘鏗鏘。三事稽首，宋德無疆。

太傅奉太上皇后册寶升殿，用聖安〔六〕　乾元資始，坤元資生。允也聖德，同實異名。春王三朝，典册並行。咨爾上公，相儀以登。

皇帝從太上皇后册寶詣宮中，用正安　維册伊何？鏤玉垂鴻。維寶伊何？範金紐龍。翊以瞽御，間以笙鏞。誰敢不恭，天子寔從！

太上皇后出閤升御坐，坤安降同。　帝膺永福，功靡專有。既尊聖父，亦燕壽母。怡怡在宮，大典時受。彤管紀之，天長地久。

內侍官舉太上皇后册詣讀册位，用聖安　斂福于郊，逢時之泰。揭名日月，侔德覆載。自我作古，域中有大。永言保之，眉壽無害。

淳熙二年發太上皇帝、太上皇后册寶十一首

册寶降殿，正安　高明者乾，博厚者坤。以清以寧，資始資生。壽胡可度，德胡可評！願言從欲，誕受強名。

中書令、侍中奉册寶詣殿下，正安　受命既長，福祿既康。如日之升，如月之常。追琢其章，金玉其相。君子萬年，保其家邦。

皇帝奉太上皇册寶授太傅，禮安奉太上皇后同。　翠華之旗，靈鼉之鼓。陳于廣宇，相我盛舉。來汝公傅，肅乃儀矩。毋忝于素，以篤多祜。

册寶出門，正安　蚴蟉青龍，婉蟺象輿。其載伊何？煌煌金書。乃由端門，乃行康衢。于以榮親，振古所無。

册寶入德壽宮門，正安　惟天爲大，其德曰誠。惟堯則之，其性曰仁。迺文迺武，得壽得名。於萬斯年，以莫不增。

太上皇帝升御坐，乾安降同。　天行惟健，天步惟安。聖子中立，臣工四環。民無能名，威不違顏。宋德宜頌，漢儀可删。

太傅奉太上皇帝册升殿，聖安奉寶同。　天畀遐福，允彰父慈。維昔曠典，我能舉之。徐爾陟降，敬爾威儀。申錫無疆，永言保之。

太傅奉太上皇后册寶升殿，聖安　乾健坤從，陽剛陰相。迨茲受祉，允也並況。虡業在下，儀物在上。咨時三公，執事無曠。

皇帝從太上皇后册寶詣宮中，用正安　丕顯文王，之德之純。亦有太姒，式揚徽音。維册維寶，迺玉迺金。伊誰從之？一人事親。

太上皇后出閤升御坐，坤安降同。　重翟出房，褘衣被躬。委委佗佗，河潤山容。聖皇臨軒，聖母在宮。並受鴻名，與天無窮。

內侍官舉太上皇后册詣讀册位，用聖安舉寶同。　珉玉玢豳，虞蹏精良。既刻厥文，亦鑄

之章。象德維何？至靜而方。輔我光堯，萬壽無疆。

淳熙十二年加上太上皇帝、太上皇后尊號十一首

大慶殿發册寶降殿，正安　維天蓋高，維地克承。父尊母親，天地難名。彊名廣大，建號安榮。衍登壽嘏，闡繹皇明。

中書令、侍中奉太上皇帝册寶、太上皇后册寶詣殿下，用正安　二儀同尊，兩耀齊光。巍巍煌煌，不顯亦彰。實茂號榮，玉振金相。於萬斯年，既壽且昌。

皇帝奉太上皇帝册寶授太傅太上皇后册寶同。　我尊我親，承天之祉。壽名兼美，家國咸喜。公傅秉禮，寶册有煒。惟千萬祀，令聞不已。

册寶出門，正安　羽衞有嚴，寶書有輝。昭衍尊名，鋪張上儀。出其端闈，由于康逵。比屋延瞻，歌之舞之。

德壽宮册寶入殿門，正安　南山之峯，皇壽無窮。太極之尊，皇名是崇。奉茲寶册，于皇之宮。皇則受之，於昭盛容。

太上皇帝出宮升御坐，乾安降坐同。　聖明太上，天子有尊。玉坐高拱，慈顏睟温。震禁嘉承，朝弁昈分。盛禮縟典，邈古未聞。

太傅、中書令、侍中奉太上皇帝册寶升殿，用聖安　天錫伊嘏，地效其珍。誕作寶典，奉

于尊親。爾公爾相，爾恭爾寅。協舉令儀，遹臻厥成。

太傅、中書令、侍中奉太上皇后册寶升殿，用聖安　坤載有元，乾行是順。施生萬彙，厥德彌盛。翼翼母道，贊我皇訓。相維羣公〔七〕，奉典斯敬。

皇帝從太上皇后册寶詣宮中，用正安　大矣母慈，德備且純！思古齊敬，佐我皇文。明章茂典，金玉其音。帝親奉之，以翼以欽。

太上皇后出閤升御坐，用坤安降坐同。　天相慈皇，慶臻壼闈。徽柔內修，壽與天齊。既承皇歡，載覲母儀。懿典鴻名，永綏多祺。

內侍舉太上皇后册寶詣讀册寶位，用聖安　有美英瑤，於昭祥金。爲策爲章，並著徽音。德聖而尊，備舉彌文。億載萬年，永輔堯勛。

校勘記

〔一〕布德推仁　「布」原作「有」，據宋會要樂七之六改。

〔二〕坤德慈仁　「坤」原作「乾」，據宋會要樂七之七改。

〔三〕紹興十年　「十」下原衍「一」字，據本書卷二九高宗紀、卷一一〇禮志和宋會要樂七之三一刪。

〔四〕符天媲昊　「天」，宋會要樂七之九作「坤」。

〔五〕帝庸作命　「庸」原作「康」，據宋會要樂七之九改。

〔六〕太傅奉太上皇后册寶升殿用聖安　「奉」下原脫「太」字，據宋會要樂七之一一補。

〔七〕相維羣公　「羣」，宋會要樂七之一三作「辟」。

中華書局

宋史卷一百三十九

志第九十二

樂十四 樂章八

恭上皇帝皇太后尊號下　冊立皇后　冊皇太子　皇子冠
鄉飲酒　聞喜宴　鹿鳴宴

紹熙元年恭上壽聖皇太后、至尊壽皇聖帝[一]、壽成皇后尊號冊寶十四首

大慶殿發冊寶降殿，正安　帝受內禪，紀元紹熙。欽崇慈親，孝心肅祗。迺建顯號，迺蕆丕儀。發冊廣庭，聲歌侑之。

中書令、侍中奉三宮冊寶詣東階下，用禮安　鐘鼓交作，文物咸備。彤庭玉階，天子是莅。咨爾輔臣，展采錯事。輔臣稽首，敢不率禮！

冊寶出門，正安　巍巍天宮，洞開閶闔。旗常葳蕤，劍佩雜沓。寶冊啓行，法駕繼發。鑠哉盛典，快覩胥悅！

冊寶入重華宮，正安　仰止皇居，九門載闢。麗日重光，非煙五色。雷動萬乘，雲從百辟。咫尺重霄，鞠躬屏息。

至尊壽皇聖帝升坐，乾安降同。　玉璽瑤編，禮容畢具。穆穆至尊，華殿是御。德配有虞，紹唐授禹。於萬斯年，受天之祜。

太傅、中書令奉至尊壽皇聖帝冊升殿，用聖安　慈皇天臨，晬表怡怡。欽哉聖子，親奉玉卮！鼇抃嵩呼，歡浹華夷。邇臣捧冊，是恪是祗。

太傅、侍中奉至尊壽皇聖帝寶升殿，用聖安　瑟彼華玉，篆魚鈕龍。與冊並登，咨爾上公。詠以歌詩，協之鼓鐘。是陟是降，靡有弗恭。

太傅、中書令、侍中奉壽聖皇太后冊寶升殿，用聖安　天祐皇家，慶集重闈。寶兮揚名，冊兮流徽。金支秀華，盛容寖威。詔我近弼，相禮不違。

太傅、中書令、侍中奉壽成皇后冊寶升殿，用聖安　大哉乾元，既極形容！坤元德至，實與比隆。寶冊並登，勒崇垂鴻。相我縟儀，肅肅雍雍。

皇帝從壽聖皇太后冊寶詣慈福宮，用正安　涓辰協吉，時維春元。上冊三殿，曠古無前。思齊重闈，積慶有源。是尊是崇，帝心載虔。

壽聖皇太后出閤升坐，坤安降同。　丕赫有宋，三聖授受。誰其助之？繄我太母。東朝受冊，飲此春酒。聖子神孫，密侍左右。

內侍官舉壽聖皇太后冊寶詣讀冊寶位，用聖安　坤德益崇，天壽平格。慶流萬世，子孫千億。刻玉範金，鋪張赫奕。惟昔姜、任，則莫我匹。

皇帝詣壽成殿，壽成皇后出閤升坐，坤安降同。　鞠育保護，母道備矣。密贊親傳，德其至矣。綵服來朝，慈容有喜。既受鴻名，又多受祉。

內侍官舉壽成皇后冊寶詣讀冊寶位，用聖安　仰瞻慈闈，登進寶冊。惟時暬御，祗率厥職。曰壽曰名，母兮兼得。儷我尊父，億載無極。

紹熙四年加上壽聖皇太后尊號八首

大慶殿發冊寶降殿，正安　德厚重闈，沖澹粹穆。何以名之？惟慈惟福。寶鏤精鏐，冊鐫華玉。物盛禮崇，丕昭羣目。

中書令、侍中奉壽聖皇太后冊寶詣東階下，禮安　於皇帝室，休運貽孫。重熙疊慶，祗進號榮。爰授茲冊，必躬必親。天子聖孝，萬邦儀刑。

冊寶出門，正安　煌煌冊寶，天子受之。言徐其行，肅展迺儀。其儀維何？劍佩黃麾。鸞

鶬清蹕，聳瞻九逵。

冊寶入慈福宮殿門，正安　熙辰禮備，濟濟雍雍。言奉斯冊，重親之宮。宮帷既敞，協氣感通。皇儀親展，壽祉無窮。

太傅、中書令、侍中奉壽聖皇太后冊寶升殿，聖安　既肅琨庭，載升金戺。迺導迺陪，威儀濟濟。天步繼臨，孝誠備矣。聲容孔昭，中外悅喜。

冊寶詣宮中，正安　珮輿彩仗，祗詣慈宮。寶冊前奉，龍挾雲從。言備茲禮，于宮之中。惟天子孝，於昭禋容。

壽聖皇太后出閤升御坐，坤安降同。　懿典大冊，陳儀邃深。怡怡愉愉，寶坐是臨。重綵儼侍，渠展肅心。三宮協慶，永播徽音。

內侍官舉壽聖皇太后冊寶詣讀冊寶位，用聖安　寶冊既奉，祗誦迺言。仁深慶衍，益顯益尊。和聲協氣，充溢乾坤。並受伊嘏，聖子神孫。

慶元二年恭上太皇太后、皇太后、太上皇帝、太上皇后尊號二十四首

冊寶降殿　天擁帝家，澤流子孫。三宮燕胥，四海崇尊。聲諧韶、濩，輝燭瑤琨。維皇緝熙，耀德乾坤。

冊寶授太傅奉詣東階下　祖后重壽，親闈並崇。駢慶聯休，中景鋪鴻。疊璧交輝，多儀

煥叢。億萬斯年，福祿攸同。

冊寶出門　太任媚姜，塗山翼禹。慈祥曼衍，鴻儀迭舉。寶章奕奕，禊宮俁俁。帝用將之，于彼宮所。

慈福宮寶冊入門　東朝層邃，端闈靖深。列仗節鑾，鏤玉繩金。來奉來崇，載祗載欽。曾孫之慶，世世徽音。

冊寶升殿　純佑我宋，母儀四朝。擁翼孫謀，如虞承堯。仁覃函夏，喜浮慶霄。福祿萬年，金玉孔昭。

冊寶詣宮中　神人和懌，天日淑清。王母來燕，必壽而名。琨庭璈音，五雲佩聲。勉勉我皇，遹昭厥成。

太皇太后出閤升坐　曾孫致養，五福駢臻。太極所運，兩儀三辰。輝光日新，啓佑後人。永翼瑤圖，億萬堯春。

冊寶詣讀冊寶位　徽光宣華，仁聲流文。曠儀合沓，泰和絪縕。慈顏有喜，祚我聖君。珠宮含飴，坐閱來雲。

太皇太后降坐歸閤　縟儀既登，寶冊既膺。喜洽祥流，雲烝川增。天子萬年，鳴玉慈庭。惠我無疆，詵詵繩繩。

壽慈宮冊寶入門　新庭靖安，祖后燕怡。有開聖謀，累崇天基。典章文明，聲容葳蕤。御于邦家，曰壽曰慈。

冊寶升殿　三禮崇容，八鑾警衞。有來辰儀，闡徽嬀汭。璇宮肅雍，藻景澄霽。文子文孫，本支百世。

冊寶詣宮門　堯門疊瑞，姒幄齊輝。重坤靖夷，麗冊華徽。天子仁聖，禮文弗違。福壽康寧，同燕層闈。

皇太后出閤升坐　文母曼壽，載錫之光。總集瑞命，宜君宜王。惠以仁顯，慈以德彰。保佑子孫，受福無疆。

冊寶詣讀冊寶位　華鸞編玉，文螭液金。頌德摛英，揚徽嗣音。紫幄天開，翠華日臨。歲歲年年，如周太任。

皇太后降坐歸閤　宋有明德，天保佑之。以壽繼壽，以慈廣慈。聲文宣昭，福祉茂綏。神孫之休，燕及荓夷。

壽康宮冊寶入門，正安　大安耽耽，興慶崇崇。維皇之尊，與天比隆。非心閒燕，文命延鴻。欲報之恩，禮縟儀豐。

太上皇帝升御坐，乾安　上帝有赫，百靈效祥。儲祉垂恩，錫年降康。皇儀晬溫，帝躬肅莊。三宮齊懽，地久天長。

太上皇帝冊寶升殿，聖安　夏典稽瑞，禹玉含淳。追琢有章，温潤孔純。聖底于安，壽綿於仁。太上立德，自天其申。

太上皇后冊寶升殿，聖安　父尊母親，天涵地育。燕我翼子，景命有僕。得名得壽，如金如玉。子孫千億，成其厚福。

太上皇帝降御坐，乾安　天地清寧，日月華光。歸尊慈極，嵩呼未央。慶函百嘉，壽躋八荒。上皇萬歲，俾熾俾昌。

冊寶詣宮中，正安　晨趨慈幄，佳氣鬱葱。受帝之祉，配天其崇。璧華金精，禮虔樂充。天子是若，懽聲融融。

太上皇后出閤升坐，坤安　文物流彩，鑾輅靖陳。龜瑞薦祉，坤儀效珍。比皇之壽，翼帝以仁。和氣致祥，與物爲春。

讀冊寶，聖安　黼黻其文，金玉其相。永壽於萬，合德無疆。福緒祥源，厥後克昌。天維格斯，祚我聖皇。

太上皇后降坐歸閤，坤安　榮懷之慶，莫盛於斯。三宮四冊，五葉一時。德阜而豐，福大而滋。子子孫孫，于時保之。

嘉泰二年恭上太皇太后尊號八首

冊寶降殿　思齊太任，嬪于周京。至哉坤元，萬物資生！不可儀測，矧可強名。鏤玉繩金，昭哉號榮！

冊寶詣東階　鼓鐘喤喤，儀物載陳。儀物陳矣，爛其璐琨。咨爾上公，相予文孫。勿亟勿徐，奉我重親。

冊寶出門　蕩蕩天門，金鋪玉戶。采旄翠旌，流蘇葆羽。千官影從，迺導迺輔。都人縱觀，塡道呼舞。

壽慈宮冊寶入門　煌煌寶書，玉篆金縷。曷爲來哉？自天子所。自天子所，以燕文母。婉嫕祥雲，日正當午。

冊寶升殿　文物備矣，三事其承。崇牙高張，樂充宮庭。耽耽廣殿，左城右平。敬爾威儀，攝齊以登。

冊寶詣宮中　維壽伊何？聖德日新。維慈伊何？祐于後人。迺范斯金，迺鏤斯珉。皇舉玉趾，從于堯門。

太皇太后升御坐　降同。　侍中版奏，辦外嚴中。出自玉房，禕褕被躬。我龍受之，祲威盛容。皇帝聖孝，其樂融融。

冊寶詣讀冊寶位　麟趾褭蹄，我寶斯刻。碝碱采緻，載備斯冊。眉壽萬年，詒謀燕翼。於赫湯孫，克綿永福。

紹定三年壽明仁福慈睿皇太后冊寶九首

文德殿冊寶降殿　思齊聖母，媲于周任。體乾履坤，博厚洪深。七袠既啓，萬壽自今。肵庭發號，式昭德音。

冊寶詣東階　煌煌儀物，繹繹鼓鐘。奉茲寶冊，至于階東。上公相儀，列辟盡恭。拜手慈宸，福如華、嵩。

冊寶出門　帝闕肅開，天階坦履。霓旌羽蓋，導儀護衞。匪誇雕瑑，匪矜繁麗。茲謂盛儀，億載千歲。

慈明殿冊寶入門　金堅玉純，文郁禮縟。來從帝所，作瑞王國。天開地闢，日熙春燠。茲謂盛事，永燕茀祿。

冊寶升殿　皇儀有煒，綵昇次升。沈沈邃殿，穆穆天廷。坤德架隆，皇圖永寧。咨爾廷臣，攝齊以登。

冊寶詣宮中　壽爲福先，明燭物表。仁沾動植，福齊穹昊。曰慈與睿，並崇丕號。演而申之，萬世永保。

皇太后升御坐　邇臣跪奏，嚴辦必恭。乃御褘褕，升于殿中。慈顏雍穆，和氣沖融。芳流淸史，傳之無窮。

冊寶詣讀冊寶位　徽音孔昭，寶傳斯刻。金昭玉粹，有煒斯冊。載祈載祝，以燕以翼。寶之萬年，與宋無極。

皇太后降御坐　皇文既舉，慶禮告虔。肇自宮闈，格于幅員。子稱母壽，母謂子賢。陟降在茲，隆名際天。

哲宗發皇后冊寶三首

皇帝升坐，乾安　既登乃依，如日之升。有嚴有翼，丕顯丕承。天作之合，家邦其興。朱芾斯皇，子孫繩繩。

降坐，乾安　我禮嘉成，我駕言旋。降坐而蹕，奏鼓淵淵。景命有僕，保佑自天。永錫祚胤，何千萬年。

太尉等奉冊寶出入，正安　宣哲維公，就位肅莊。冊寶具舉，丕顯其光。出于宸闈，鼓鐘喤喤。母儀天下，萬壽無疆。

紹興十三年發皇后冊寶十三首

皇帝升坐，乾安　天地奠位，乾坤以分。夫婦有別，父子相親。聖王之治，禮重婚姻。端冕從事，是正大倫。

使副入門，正安　天子當陽，羣工就列。冊寶既陳，鏞鼓備設。上公奉事，容莊心協。克相盛禮，光昭玉牒。

冊寶出門，正安　穆穆睟容，如天之臨。赫赫明命，如玉之音。虔恭出門，禮容兢兢。塗山生啓，夏道以興。

皇帝降坐，乾安　朝陽巳升，薰風習至。樂奏既成，禮容亦備。玉佩鏘鳴，帝徐舉趾。壼政穆宣，以聽內治。

皇后出閤，乾安〔二〕　猗歟賢后，德本性成！承天致順，遡日爲明。作配儷極，王化以行。萬有千歲，奉祀宗祊。

冊寶入門，宜安　款承祗事，時惟肅雍。跪奉冊寶，陳于法宮。以俯以仰，有儀有容。明神介之，福祿來崇。

皇后降殿，承安　溫惠之德，褘翟之衣。行中采齊，禮無或違。降于丹陛，有容有儀。委委蛇蛇，誰其似之！

皇后受冊寶，成安　鏤蒼玉兮，盛德載揚。鑄南金兮，作鎭椒房。虔受賜兮，有煒有光。宜室家兮，朱芾斯皇。

皇后升坐，和安　禮既行兮，厥位孔安。母儀正兮，容止可觀。奉東朝兮，常得其歡。求淑女兮，豈樂多般。

內命婦入門，惠安　素月澄輝，衆星顯列。炳爲天文，各有攸別。椒房既正，陰教斯設。關雎、麟趾，應如響捷。

外命婦入門，成安　窈窕其容，淑嫕其委。爛其如雲，贍我母儀。曰天之妹，作合惟宜。粲然舞抃，疇不肅祗。

皇后降坐，徽安　寶字煌煌，冊書粲粲。副笄加飾，褘褕有爛。祗若帝休，委蛇樂衎。億萬斯年，永膺宸翰。

皇帝歸閤，泰安　太任徽音，太姒是嗣。則百斯男，周室以熾。天子萬年，受茲女士。如姒事任，從以孫子。

淳熙三年發皇后冊寶十三首

皇帝升坐，乾安　赫赫惟皇，如日之光。肅肅惟后，如月之常。禮行一時，明照無疆。天子莅止，疇敢不莊！

冊寶入門，正安　卜月惟良，練辰斯臧。臣工在庭，劍佩瑲瑲。來汝疑、丞，明命是將。有淑其儀，無或怠遑。

冊寶出門，正安　剡簡以珉，鑄寶以金。持節伊誰？時惟四鄰。自我文德，達之穆清。委蛇委蛇，往迄于成。

皇帝降坐，乾安　冊行何覊？于門東偏。禮備樂成，合扇鳴鞭。皇舉玉趾，如天之旋。燕及家邦，億萬斯年。

皇后出閤，坤安　椒塗蘭馭，河潤山容。副笄在首，褘衣被躬。靜女其姝，實翼實從。自彼西閤，聿來殿中。

冊寶入門，宜安　德隆位尊，禮厚文縟。乃篆斯金，乃鏤斯玉。羣公盈門，執事有肅。願言保之，永鎭坤軸。

皇后降殿，承安　規殿沉沉，叶氣旼旼。明章婦順，表正人倫。躋是左城，蹔于中庭。尙宮顯相，罔有弗欽。

皇后受冊寶，咸安　備物典冊，樂之鼓鐘。拜而受之，極其肅雍。司言司賓，各以職從。行地有慶，與天無窮。

皇后升坐，和安　容典既膺，壼儀既正。羽衞外列，揚顏中映。如帝如天，以莊以靚。六宮承式，二南流詠。

內命婦入門，惠安　葛覃節用，樛木逮下。形爲嬪則，夙巳心化。茲臨長秋，遂正諸夏。以慶以祈，百祥來迓。

外命婦入門，咸安　碩人其頎，公侯之妻。翟茀以朝，象服是宜。如星之共，遡月之輝。母儀既瞻，羣心則夷。

皇后降坐，徽安　窈窕淑女，備六服兮。陟降多儀，聳羣目兮。內治允備，陰教肅兮。宜君宜王，綏有福兮。

皇后歸閤，泰安　天監有周，是生太任。亦有太姒，嗣其徽音。孰如兩宮，慈愛相承！思齊之盛，復見于今。

淳熙十六年皇后冊寶十三首

皇帝升坐，乾安　乾位既正，坤斯順承。日麗于天，月斯遡明。惟帝受命，惟帝並登。黼扆尊臨，典冊是行。

冊寶入門，正安　迺協良辰，維春之宜。迺詔近弼，來汝相儀。九門洞開，文物華輝。聲詩載歌，于以侑之。

冊寶出門，正安　有璽範金，有冊鏤瓊。汝使汝介，持節以行。禮始文德，達于穆清。是恪是虔，依我和聲。

皇帝降坐，乾安　鼓鐘喤喤，磬筦鏘鏘。劍佩充庭，濟濟洋洋。禮典告備，皇心樂康。於萬斯年，受福無疆。

穆清殿受冊寶，皇后出閤，坤安　懿範柔容，如月斯輝。駕厥翟輅，被以褘衣。九御從之，如雲祁祁。典冊是承，心焉肅祗。

冊寶入門，宜安　華袞璧璫，有馨椒殿。備物來陳，多儀式煥。曰冊曰寶，是刻是瑑。並舉以行，皇矣懿典。

皇后降殿，承安　褘褕盛服，有恪其容。是陟是降，相以尙宮。金殿玉陛，聿來于中。展詩應律，載詠肅雍。

皇后受冊寶，咸安　帝有顯命，稟于親慈。后德克承，拜而受之。人倫既正，王化是基。億載萬年，永祚坤儀。

皇后升坐，和安　帝慶三宮，膺受寶冊。御于中闈，載欣載愓。迺孚陰教，迺明內則。翼翼魚貫，罔不承式。

內命婦入門，惠安　掖庭頒官，于位有四。嘒彼小星，撫以德惠。熙焉如春，育焉如地。慶禮聿成，靡弗咸喜。

外命婦入門，咸安　魚軒鼎來，象服是宜。班于內庭，率禮惟祗。化以婦道，時惟母儀。

是慶是類，于胥樂兮。

皇后降坐，徽安　正位長秋，容典備矣。王假有家，人倫至矣。儷極俔天，多受祉矣。蟄蟄螽斯，宜孫子矣。

皇后歸閤，泰安　維天佑宋，盛事相仍。崇號三宮，甫茲浹辰。肇正中闈，縟禮載陳。邦家之慶，曠古無倫。

皇帝升坐，乾安[三]　乾健坤順，羣生首資。日常月升，四時叶熙。帝嗣天歷，后崇母儀。黼黻承暉，王化是基。

使副入門，正安　熛闕蟺蜎，璧門雲龍。烈文維輔，翊奉有容。典章煇明，彝度肅雍。蕆時縟儀，登于瑤宮。

冊寶出門，正安　金晶麗輝，璧葉含春。贊夏之翼，繹虞之嬪。樂序韶亮，禮文藻新。辟公相成，物采彬彬。

皇帝降坐，乾安　帝旒雲舒，金秀充庭。璇衞鑾華，蒨佩垂綎。皇容熙備，柔儀順承。三宮齊懽，萬福昭膺。

皇后出閤，坤安　駿翟崇容，褘鞠陳衣。戾止藺殿，夙興椒闈。淑正宣華，粹明騰煇。欽若有承，嗣音之徽。

册寶入門，宜安　禕帟流光，沙祥增衍。緝玉鏤德，螭金溢篆。粹猷藻獻，徽文華顯。二南聲詩，于時昭闡。

皇后降殿，承安　翬珩煥采，趨節風韶。陟降城陛，奉將英璐。辟道承薰，嬪儀揚翹。是敬是祗，德音孔昭。

皇后受册寶，咸安　帝奉太室，后儀成之。帝養三宮，后志承之。德如關雎，盛如螽斯。宜君宜王，百世本支。

皇后升坐，和安　肅肅壼彝，雍雍陰教。險詖自防，警戒是傚。中闈端委，列御胥告。其思輔順，永翼帝孝。

內命婦入門，惠安　天子九嬪，王宮六寢。有煒令儀，載秩華品。福履綏將，節用躬儉。矢其德音，于以來諗。

外命婦入門，咸安　象服之文，鵲巢之風。化以婦道，覲于內宮。采蘋澗濱，采藻澗中。夙夜在公，贊彼累功。

皇后降坐，和安　光佑晏寧，惠慈燕喜。壽仁並崇，家邦均祉。懿文交舉，壼册嗣美。維億萬年，愛敬惟似。

皇后歸閣，泰安　天心仁佑，坤德世昭。灼有慈範，著于累朝。儉以贊虞，勤以承堯。是用則傚，共勵夙宵。

嘉泰三年皇后册寶十三首

皇帝升坐，乾安　茂建坤極，容典聿新。天命所贊，慈訓是遵。肅涓穀旦，躬御紫宸。鴻禧累福，駢賚翕臻。

使副入門，正安　端門曉闢，瑞氣雲凝。有儼良輔，蹕武造廷。肅肅王命，是將是承。登册穆清，萬歲永膺。

册寶出門，正安　璐册玉寶，爛然瑞輝。旁翼絳節，上承紫微。璆鳴朝佩，徐出獸扉。登進坤極，益彰典徽。

皇帝降坐，乾安　天臨黼扆，雲集弁纓。金石遞奏，典禮備成。玉趾綏步，龍駕翼行。言旋北極，永燕西清。

皇后出閣，乾安〔四〕　日薰椒屋，雲靄壁門。有華瑞節，來自帝閽。統天惟乾，合德者坤。我龍受之，福祿永繁。

册寶入門，宜安　虹輝燦爛，雲篆綢繆。絳節前導，瑞光上浮。璐階玉扉，既集長秋。欽承天寵，永荷帝休。

皇后降殿，承安　璐殿清閟，玉城坦夷。禕衣副珈，陟降不遲。寶册聿至，載肅載祗。禮儀昭備，福履永綏。

皇后受册寶，咸安　日月臨燭，乾坤覆持。明並二曜，德合兩儀。光媲宸極，共恢化基。膺受茂典，億載永宜。

皇后升坐，和安　寶璽璐册，既祗既承。黼袘藻席，載躋載升。柔儀肅穆，瑞命端凝。永膺多福，如川方增。

內命婦入門，惠安　服煥盛儀，班分華緻。九嬪婦職，六寢內治。參差荇菜，求勤寤寐。烝然來思，相禮贊祭。

外命婦入門，咸安　婦榮於室，通籍禁中。班列有次，車服有容。佐我關雎，鵲巢之風。被之僮僮，曷不肅雍！

皇后降坐，徽安　金石具舉，典禮茂明。淑愼其止，遹觀厥成。瓊琚微動，鳳輦翼行。儀光媲極，德邁嬪京。

皇后歸閣，泰安　寶坐既興，鳳輿戒行。奏解嚴蹕，歸燕邃清。問安壽慈，奉齍宗祊。彌千萬年，內助聖明。

嘉定十五年皇帝受「恭膺天命之寶」三首

恭膺天命之曲，太蔟宮　我祖受命，恭膺于天。爰作玉寶，載祗載虔。申錫無疆，神聖有傳。昭茲興運，於萬斯年。

舊疆來歸之曲，太蔟宮　於穆我皇，之德之純。涵濡羣生，矧我遺民。連齊跨晉，輪貢效珍。土宇日闢，一視同仁。

永清四海之曲，太蔟宮　我祖我宗，德厚澤深。於皇繼序，益單厥心。天人協扶，一統有臨。乾坤清夷，振古斯今。

至道元年册皇太子二首

太子出入，正安　主鬯之重，允屬賢明。承華肇啓，上嗣騰英。禮修樂舉，育德開榮。一人元良，萬邦以寧。

羣臣稱賀，正安　皇儲既建，聖祚無疆。鸞旌列敘，雞戟分行。前星有爛，瑞日重光。際天接聖〔五〕，溫文允臧。

天禧三年册皇太子一首

太子出入，明安　明離之象，少陽之位。固邦爲本，體天作貳。儀範克溫，禮章斯備。丕宣令猷，恭守宗器。

乾道元年册皇太子四首

中華書局

皇帝升坐，乾安　宋受天命，聖緒無疆。惟懷永圖，乃登元良。涓選休辰，册書是將。黼
坐天臨，穆穆皇皇。
太子入門，明安　於維皇儲，玉潤金聲。體震之洊，重離之明。册寶具舉，環佩鏘鳴。守
器承祧，惟邦之榮。
太子出門，明安　樂備既奏，和聲沖融。玉簡金書，翔鸞戲鴻。下拜登受，旋于青宮。儀
辰作貳，垂休無窮。
皇帝降坐，乾安　我禮備成，我駕言旋。降坐而蹕，奏鼓淵淵。國本既定，保佑自天。克
昌厥後，何千萬年。
乾道七年册皇太子四首
皇帝升坐，乾安　建儲以賢，闢宮于東。典册既備，筮占既從。濟濟卿士，鏘鏘鼓鏞。天
子戾止，盛哉禮容。
太子入門，明安　琱珉瑳瑳，篆金煌煌。對揚于庭，是承是將。星重其暉，日重其光。覩
瞻以懌，國有元良。
太子出門，明安　淵中象德，玉裕凝姿。進退周旋，有肅其儀。既定國本，益隆慶基。燕
及兩宮，福祿如茨。

皇帝降坐，乾安　儲副豫定，器之公兮。册授孔時，禮之隆兮。天步遲遲，旋九重兮。壽
祉萬年，德無窮兮。
嘉定二年册皇太子四首
皇帝升坐　於皇我宋，受命于天。升儲主鬯，衍慶卜年。典册告備，庭工載虡。萬乘莅
止，端冕邃延。
太子入門受册寶　太極端御，少陽肅祗。珉簡斯鏤，袞服孔宜。式奏備樂，迺陳盛儀。下
拜登受，永言保之。
太子受册寶出門　明兩承曜，作貳宣猷。茂德金昭，令譽川流。豫定厥本，永貽迺謀。三
朝致養，問寢龍樓。
皇帝降坐　震洊體象，我儲明兮。渙揚顯册，我禮成兮。大駕言旋，警蹕鳴兮。燕祉無
疆，邦之榮兮。
寶祐二年皇子冠二十首
皇帝將出文德殿，隆安　於皇帝德，乃聖乃神。本支百世，立愛惟親。敬共冠事，以明人
倫。承天右序，休命用申。
賓贊入門，祗安　豐芑詒謀，建爾元子。揆禮儀年，筮賓敬事。八音克諧，嘉賓至止。于
以冠之，成其福履。
賓贊出門，祗安　禮國之本，冠禮之始。賓升自西，維賓之位。于著於阼，維子之義。
厥惟欽哉，敬以從事。
皇帝降坐，隆安　路寢闢門，黼坐恭己。羣公在庭，所重維禮。正心齊家，以燕翼子。於
萬斯年，王心載喜。
皇子初行　有來振振，月重輪兮。瑜玉在佩，綦組明兮。左徵右羽，德結旌兮。步中采
薺，矩矱循兮。
賓贊入門　我有嘉賓，直大以方。亦既至止，厥德用光。冠而字之，厥義孔彰。表裏純
備，黃耇無疆。
皇子詣受制位　吉圭休成，其日南至。天子有詔，冠爾皇嗣。爲國之本，隆邦之禮。拜
而受之，式共敬止。
皇子升東階　茲惟阼階，厥義有在。歷階而升，敬謹將冠。經訓昭昭，邦儀粲粲。正纚
賓筵，壽考未艾。
皇子升筵　秩秩賓筵，籩豆孔嘉。帝子至止，衿纓振華。周旋陟降，禮行三加。成人有

德，匪驕匪奢。
初加　帝子惟賢，懋昭厥德。跪冠于房，玄冠有特。鼓鐘喤喤，威儀抑抑。百禮既洽，祚
我王國。
初醮　有賓在筵，有尊在戶。磬管將將，醮禮時舉。跪觴祝辭，以永燕譽。寶祚萬年，磐
石鞏固。
再冠　復爻肇祥，震維標德。乃共皮弁，其儀不忒。體正色齊，維民之則。璇霄眷佑，國
壽箕翼。
再醮　冠醮之義，匪酬匪酌。于戶之西，敬共以恪。金石相宜，冠醮相錯。帝祉之受，施
及家國。
三加　善頌善禱，三加爾尊。爵弁峩峩，介珪溫溫。陽德方長，成德允存。燕及君親，厥
祉孔蕃。
三醮　席于賓階，禮義以興。受爵執爵，多福以膺。匪惟服加，德加愈升。匪惟德加，壽
加愈增。
皇子降　命服煌煌，跬步中度。慶輯皇闈，化行海宇。禮具樂成，愓若戒懼。寶璐厥躬，
有秩斯祜。

朝謁皇帝將出　皇王烝哉，令聞不已！燕翼有謀，冠醮有禮。百僚在庭，遹相厥事。頌聲所同，嘉受帝祉。

皇子再拜　青社分封，前星啓餤。繁弱綏章，厥光莫揜。容稱其德，蓄學之驗。芳譽敷華，大圭無玷。

皇子退　玄衮黼裳，垂徽永世。勉勉成德，是在元子。胙土南賓，厥旨孔懿。允一忠字，作百無愧。

皇帝降坐　爰始於親，聖盡倫兮。元子冠字，邦禮成兮。天步舒徐，皇心寧兮。家人之吉，億萬春兮。

淳化鄉飲酒三十三章

鹿鳴呦呦，命侶與儔。宴樂嘉賓，既獻且醻。獻醻有序，休祉無疆。展矣君子，邦家之光。　鹿鳴呦呦，在彼中林。宴樂嘉賓，式昭德音。德音愔愔，既樂且淇。允矣君子，實慰我心。　鹿鳴呦呦，在彼高岡。宴樂嘉賓，吹笙鼓簧。幣帛戔戔，禮儀蹌蹌。樂只君子，利用賓王。　鹿鳴相呼，聚澤之蒲。我樂嘉賓，鼓瑟吹竽。我命旨酒，以燕以娛。何以贈之？玄纁粲如。　鹿鳴相邀，聚場之苗。我美嘉賓，令名

孔昭。我命旨酒，以歌以謠。何以置之？大君之朝。　鹿鳴相應，聚山之荆。我燕嘉賓，鼓簧吹笙。我命旨酒，以逢以迎。何以薦之？揚于王庭。

右鹿鳴六章，章八句。

瞻彼南陔，時物嘉良。有泉清泚，有蘭馨香。晨飲是汲，夕膳是嘗。慈顏未悅，我心靡遑。　嬉嬉南陔，眷眷慈顏。和氣怡色，奉甘與鮮。事親是宜，事君是思。虔勖忠孝，邦家之基。

右南陔二章，章八句。

洋洋嘉魚，佇以美罛。君子有道，嘉賓式燕以娛。　洋洋嘉魚，佇以芳罟。君子有德，嘉賓式歌且舞。　我有宮沼，龜龍擾之。君子有禮，嘉賓式貴表之。　我有宮藪，麟鳳來思。君子有樂，嘉賓式慰勤思。　相彼嘉魚，爰縱之壑。我有旨酒，嘉賓式燕以樂。　相彼嘉魚，在漢之梁。我有旨酒，嘉賓式燕以康。　森森喬木，美蔓縈之。我有旨酒，嘉賓式燕宜之。　喈喈黃鳥，載飛載止。我有旨酒，嘉賓式燕且喜。

右嘉魚八章，章四句。

崇丘峩峩，動植斯屬。高既自遂，大亦自足。和風斯扇，膏雨斯沐。我仁如天，以亭以育。　崇丘巍巍，動植其依。高大之性，各極爾宜。王道坦坦，皇猷熙熙。仁壽之域，烝民允躋。

右崇丘二章，章八句。

關雎于飛，洲渚之湄。自家刑國，樂且有儀。　郁郁芳蘭，幽人擷之。溫溫恭人，哲后求之。　求之無斁，寤寐所屬。罄爾一心，受天百祿。　郁郁芳蘭，雨露滋之。溫溫恭人，圭組縻之。　郁郁芳蘭，佩服珍之。溫溫恭人，福履綏之。　關雎蹌蹌，集水之央。好求賢輔，同揚德光。　蘋蘩芳滋，同誰掇之。願言賢德，靡日不思。　偶其賢德，輔成己職。永配玉音，服之無斁。　潔其粢盛，中心匪寧。薦於宗廟，助君德馨。　賢淑來思，人之表儀。風化天下，何樂如之！

右關雎十章，章四句。

彼鵲成巢，爾類攸處。之子有歸，瓊瑤是祖。　彼鵲成巢，爾類攸匹。之子有行，錦繡是飾。　彼鵲成巢，爾類攸共。之子有從，蘭蓀是奉。　伊鵲成巢，珍禽戾止。婉彼佳人，配于君子。　伊鵲營巢，珍禽攸處。內助賢侯，弼于明主。　伊鵲營巢，珍禽輯睦。均養嘉雛，致于蕃育。

右鵲巢六章，章四句。

大觀聞喜宴六首

狀元以下入門，正安　多士濟濟，于彼西雍。欽肅威儀，亦有斯容。烝然來思，自西自東。天畀爾祿，惟王其崇。

初舉酒，賓興賢能　明明天子，率由舊章。思樂泮水，光于四方。薄采其芹，用賓于王。我有好爵，賓彼周行。

再酌，於樂辟雍　樂只君子，式燕又思。服其命服，攝以威儀。鐘鼓既設，一朝醻之。德音是茂，邦家之基。

三酌，樂育英才　聖謨洋洋，綱紀四方。烝我髦士，觀國之光。遐不作人，而邦其昌。以燕天子，萬壽無疆。

四酌，樂且有儀　我求懿德，烝然來思。籩豆靜嘉，式燕綏之。溫溫其恭，莫不令儀。追琢其章，髦士攸宜。

五酌，正安　思皇多士，揚于王庭。鐘鼓樂之，肅雝和鳴。威儀抑抑，既安且寧。天子萬壽，永觀厥成。

中華書局

政和鹿鳴宴五首

初酌酒，正安　思樂泮水，承流辟雍。思皇多士，賁然來從。雝雝濟濟，四方攸同。登于天府，維王是崇。

再酌，樂育人才　鐘鼓皇皇，磬筦鏘鏘。登降維時，利用賓王。髦士攸宜，邦家之光。媚于天子，事舉言揚。

三酌，賢賢好德　鳴鹿呦呦，載弁俅俅。烝然來思，旨酒思柔。之子言邁，泮渙爾游。于彼西雍，對揚王休。

四酌，烝我髦士　首善京師，灼于四方。烝我髦士，金玉其相。飲酒樂曲，吹笙鼓簧。勉戒徒御，覲國之光。

五酌，利用賓王　遐不作人，天下喜樂。何以況之？鳶飛魚躍。既勸之駕，獻酬交錯。利用賓王，縻以好爵。

校勘記

〔一〕至尊壽皇聖帝　「皇聖」二字原倒。按「至尊壽皇聖帝」係趙惇上趙昚的尊號，據本書卷三五孝宗紀、宋會要帝系一之七改。下文同。

〔二〕皇后出閤乾安　「乾安」，宋會要樂七之二〇作「坤安」。按上下文皇太后、太上皇后、皇后出閤都用坤安，疑宋會要是。

〔三〕皇帝升坐乾安　據上下文及本節標題，自此以下十三首當是另一次冊后所用。按本書卷三七寧宗紀、宋會要后妃一之八至九，慶元二年尚有一次皇后冊禮，疑此十三首即該次冊禮所用。本目前當另有標題。

〔四〕皇后出閤乾安　「乾安」，宋會要樂七之二五作「坤安」，疑是。

〔五〕際天接聖　「際」，宋會要樂七之二六作「繼」。

宋史卷一百四十

志第九十三

樂十五　鼓吹上

鼓吹者，軍樂也。昔黃帝涿鹿有功，命岐伯作凱歌，以建威武、揚德風、厲士諷敵。其曲有靈夔競〔一〕、鵰鶚爭、石墜崖、壯士怒之名，周官所謂「師有功則凱歌」者也。漢有朱鷺等十八曲，短簫鐃歌序戰伐之事，黃門鼓吹爲享宴所用，又有騎吹二曲。說者謂列於殿庭者爲鼓吹，從行者爲騎吹。魏、晉而下，莫不沿尚，始有鼓吹之名。江左太常有鼓吹之樂，梁用十二曲，陳二十四曲，後周亦十五曲。唐制，大駕、法駕、小駕及一品而下皆有焉。

宋初因之，車駕前後部用金鉦、節鼓、掆鼓、大鼓、小鼓、鐃鼓、羽葆鼓、中鳴、大橫吹、小橫吹、觱栗、桃皮觱栗、簫、笳、笛，歌導引一曲。又皇太子及一品至三品，皆有本品鼓吹。凡大駕用一千五百三十人爲五引，司徒六十四人，開封牧、太常卿、御史大夫、兵部尚書各二

十三人。法駕三分減一，用七百六十一人爲二引〔二〕，開封牧、御史大夫各一十六人。小駕用八百一十六人。太常鼓吹署樂工數少，每大禮皆取之於諸軍。一品已下喪葬則給之，亦取於諸軍。又大禮，車駕宿齋所止，夜設警場，用一千二百七十五人。奏嚴用金鉦、大角、大鼓，樂用大小橫吹、觱栗、簫、笳、笛，角手取於近畿諸州，樂工亦取於軍中，或追府縣樂工備數。歌六州、十二時，每更三奏之。大中祥符六年，以其煩擾，詔罷追集，悉以禁兵充，常隸太常閱集。七年，親享太廟，登歌始作，聞廟外奏嚴，遂詔：行禮之次，權罷嚴警；禮畢，仍復故。凡祀前一日，上御青城門觀奏嚴。若車駕巡幸，則夜奏於行宮前，人數減於大禮，凡用八百八十人。眞宗崇奉聖祖，亦設儀衞，別作導引曲，今附之。

兩朝志云：「大駕千七百九十三人，法駕千三百五人，小駕千三十四人，人數多於前。鑾駕九百二十五人。迎奉祖宗御容或神主祔廟，用小鑾駕三百二十五人，上宗廟謚册二百人，其曲卽隨時更製。」

自天聖已來，帝郊祀、躬耕籍田，皇太后恭謝宗廟，悉用正宮降仙臺〔三〕、導引、六州、十二時，凡四曲。景祐二年，郊祀減導引第二曲，增奉禋歌。初，李照等撰警嚴曲，請以振容爲名，帝以其義無取，故更曰奉禋。其後祫享太廟亦用之。大享明堂用黃鐘宮，增合宮歌。凡山陵導引靈駕，章獻、章懿皇后用正平調，仁宗用黃鐘羽，增昭陵歌；神主還宮，用大石

調，增虞神歌。凡迎奉祖宗御容赴宮觀、寺院并神主祔廟，悉用正宮，惟仁宗御容赴景靈宮改用道調，皆止一曲。

皇祐中大饗明堂，帝謂輔臣曰：「明堂直端門，而致齋於內，奏嚴於外，恐失靖恭之意。」詔禮官議之，咸言：「警場本古之鼜鼓〔四〕，所謂夜戒守鼓者也。王者師行、吉行皆用之。今乘輿宿齋，本緣祀事，則警場亦因以警衆，非徒取觀聽之盛，恐不可廢。若以奏嚴之音去明堂近，則請列於宣德門百步之外，俟行禮時，罷奏一嚴，亦足以稱虔恭之意。」帝曰：「既不可廢，則祀前一夕邇於接神，宜罷之。」

熙寧中，親祠南郊，曲五奏，正宮導引、奉禋、降仙臺；祠明堂，曲四奏，黃鐘宮導引、合宮歌：皆以六州、十二時。永厚陵導引、警場及神主還宮，皆四曲，虞主祔廟、奉安慈聖光獻皇后山陵亦如之。諸后告遷、升祔，上仁宗、英宗徽號，迎太一宮神像，亦以一曲導引，率因事隨時定所屬宮調，以律和之。

元豐中，言者以鼓吹害雅樂，欲調治之，令與正聲相得。楊傑言：「正樂者，先王之德音，所以感召和氣、格降上神、移變風俗，而鼓吹者，軍旅之樂耳。蓋鼓角橫吹，起於西域，聖人存四夷之樂，所以一天下也；存軍旅之樂，示不忘武備也。『鞮鞻氏掌夷樂與其聲歌，祭祀則歈而歌之，燕亦如之。』今大祀，車駕所在，則鼓吹與武嚴之樂陳於門而更奏之，以備

警嚴。大朝會則鼓吹列於宮架之外，其器既異先代之器，而施設概與正樂不同。國初以來，奏大樂則鼓吹備而不作，同名爲樂，而用實異。雖其音聲間有符合，而宮調稱謂不可淆混。故大樂以十二律呂名之，鼓吹之樂則曰正宮之類而已。乾德中，設鼓吹十二案，制氍床十二，爲熊羆騰倚之狀。每案設大鼓、羽葆鼓、金錞各一，歌、簫、笳各二〔五〕。又有叉手笛，名曰拱宸管，考驗皆與雅音相應，列於宮縣之籍，編之令式。若以律呂變易夷部宮調〔六〕，則名混同而樂相紊亂矣。」遂不復行。

元符三年七月，學士院奏：「太常寺鼓吹局應奉大行皇帝山陵鹵簿、鼓吹、儀仗，并嚴更、警場歌詞樂章，依例撰成。靈駕發引至陵所，仙呂調導引等九首，已令樂工協比聲律。」從之。

政和七年三月，議禮局言：「古者，鐃歌、鼓吹曲各易其名，以紀功烈。今所設鼓吹，唯備警衞而已，未有鐃歌之曲，非所以彰休德、揚偉績也。乞詔儒臣討論撰述，因事命名，審協聲律，播之鼓吹，俾工師習之。凡王師大獻則令鼓吹具奏，以聳羣聽。」從之。十二月，詔六州改名崇明祀，十二時改名稱吉禮，導引改名熙事備成，六引內者，設而不作。

紹興十六年，臣僚言：「國家大饗、乘輿齋宿必設警場，肅儀衞而嚴祀事。樂工隸太常，歌詞備三疊，累朝以來皆用之。比者，郊廟行事，率代以鉦、鼓，取諸殿司。夫軍旅、祭祀，事既異宜；樂聲清濁，用以殊尙。鉦、鼓、鳴角列於鹵簿中，所以示觀德之盛，宜詔有司更製，兼籍鼓吹樂工以時閱習，遇熙事出而用之。」有司請下軍器所造節鼓一，奏嚴鼓一百二十，鳴角亦如之，金鉦二十有四。太常前後部振作通用一千八百五十七人，而鼓吹益盛。

孝宗隆興二年，兵部言：「奉明詔，大禮乘輿服御，除玉輅、平輦等外，所用人數並從省約。內鼓吹合用八百四十一人，止用五百八十八人；警場合用二百七十五人，止用一百三十人。」淳熙中大閱，帝自祥曦殿戎服而出，皇太子、親王、執政以下並從，諸將皆介胄乘馬導駕，軍器分衞前後，奏隨軍鼓管大樂。上尋易金甲，乘馬升將臺，殿帥舉黃旗，諸軍呼拜，奏發嚴，中軍鳴角。馬步簇隊，連三鼓。至四鼓，舉白旗，中軍鼓聲旗應，乃變方陣。別高一鼓，馬步軍出陣。別高一鼓，各歸部隊。五鼓舉黃旗，變員陣。又鼓，舉赤旗，變銳陣；青旗變直陣。收鼓訖，一金止，重鼓鳴角，簇隊放教。此其凡也。

開寶元年南郊三首

導引

氣和玉燭，睿化著鴻明，緹管一陽生。郊禋盛禮燔柴畢，旋軫鳳凰城。森羅儀衞振華纓，載路溢歡聲。皇圖大業超前古，垂象泰階平。歲時豐衍，九土樂升平，覩寰海澄清。道高堯、舜垂衣治，日月並文明。嘉禾、甘露登歌薦，雲物煥祥經。兢兢惕惕

持謙德，未許禪云、亭。

六州

嚴夜警，銅蓮漏遲遲。清禁肅，森陛戟，羽衞儼皇闈。角聲勵，鉦鼓攸宜。金管成雅奏，逐吹逶迤。薦蒼璧，郊祀神祇，屬景運純禧。京坻豐衍，羣材樂育，諸侯述職，盛德服蠻夷。殊祥萃，九苞丹鳳來儀。膏露降，和氣洽，三秀煥靈芝。鴻猷播，史册相輝。張四維，卜世永固丕基。敷玄化，蕩蕩無爲，合堯、舜文思。混并寰宇，休牛歸馬，銷金偃革，蹈詠慶昌期。

十二時

承寶運，馴致隆平，鴻慶被寰瀛。時淸俗阜，治定功成，遐邇詠由庚。嚴郊祀，文物聲明。會天正，星拱奏嚴更，布羽儀簪纓。宸心虔潔，明德播惟馨。動蒼冥，神降享精誠。燔柴半，萬乘移天仗，肅鑾輅旋衡。千官雲擁，羣后葵傾，玉帛旅明庭。韶、濩薦，金奏諧聲，集休亨。皇澤浹黎庶，普率洽恩榮。仰欽元后，睿聖貫三靈。萬邦寧，景貺福千齡。

眞宗封禪四首

導引

民康俗阜，萬國樂升平，慶海晏河淸。唐堯、虞舜垂衣化，詎比我皇明！九天寶命垂丕貺，雲物效祥英。星羅羽衞登喬嶽，親告禪云、亭。汾陰云：「星羅羽衞臨汾曲，親享答資生。」我皇垂拱，惠化洽文明，盛禮慶重行。登封、降禪燔柴畢，汾陰云：「告虔脽上皇儀畢。」

天仗入神京。雲雷布澤徧寰瀛，遐邇振歡聲。巍巍聖壽南山固，千載賀承平。

六州　良夜永，玉漏正遲遲。丹禁肅，周廬列，羽衞遶皇闈。嚴鼓動，畫角聲齊。金管飄雅韻，遠逐輕颷。薦嘉玉，躬祀神祇，祈福爲黔黎。升中盛禮，增高益厚，登封檢玉，時邁合周詩。汾陰云：「方丘盛禮，精嚴越古，陳牲檢玉，時邁展鴻儀。」玄文錫，慶雲五色相隨。甘露降，醴泉涌，汾陰云：「嘉禾合。」三秀發靈芝。皇猷播，史册光輝〔七〕。受鴻禧，萬年永固丕基。吾君德，蕩蕩巍巍，邁堯、舜文思。從今寰宇，休牛歸馬，耕田鑿井，鼓腹樂昌期。

十二時　聖明代，海縣澄清，惠化洽寰瀛。時康歲足，治定武成，遐邇賀升平。嘉壇上，昭事神靈。薦明誠，報本禪云、亭，汾陰云：「蠲潔答鴻寧。」俎豆列犧牲。宸心蠲潔，明德薦惟馨。紀鴻名，千載播天聲。燔柴畢，汾陰云：「親祀畢。」雲罕回仙仗，慶鑾輅還京。八神扈蹕，四隩來庭，嘉氣覆重城。殊常禮，曠古難行，遇文明。仁恩蘇品彙，沛澤被簪纓。祥符錫祚，武庫永銷兵。育羣生，景運保千齡。

告廟導引　明明我后，至德合高穹，祇翼勵精衷。上眞紫殿回颷馭，示聖胄延鴻。躬承寶訓表欽崇，慶澤布寰中。告虔備物朝清廟，荷景福來同。

奉祀太清宮三首

導引　穹旻錫祐，盛德日章明，見地平天成。垂衣恭己干戈偃，億載祐黎甿。羽旄飾駕

當春候，款謁屆殊庭。精衷昭感膺多福，夷夏保咸寧。聖君御宇，祇翼奉三靈，已偃革休兵。區中海外鴻禧浹，恭館勵虔誠。九斿七萃著聲明，徯后徇輿情。不圖寶緒承繁祉，率土仰隆平。

六州　千載運，寶業正遐昌。欽至道，崇明祀，盛禮邁前王。鑾輅動，萬騎騰驤。馳道紛綵仗，瑞日煌煌。奉秘檢，玉羽翬翔，非霧滿康莊。躬朝眞館，齊心繹思，順風俯拜，奠酒蕭薌。精衷達，颷輪降格昭彰。回羽旆，駐瑀輦，舊地訪睢陽。享清廟，孝德輝光。屆靈場，星羅萬國珪璋。陳牲幣，金石鏘洋，景福降穰穰。垂衣法坐，恩覃羣品，慶均海寓，聖壽保無疆。

十二時　乾坤泰，帝壽遐昌〔八〕，寓縣樂平康。眞遊降格，寶誨昭彰，宸蹕造仙鄉。崇妙道，精意齊莊。款靈場，潔豆薦芬芳，備樂奏鏗鏘。猶龍垂裕，千古播休光。極褒揚，明號洽徽章。朝修展，春豫諧民望，覩文物煌煌。言旋羽衞，肅設壇場，報本達蕭薌。申嚴祀，禮備烝嘗，答穹蒼。純禧霑品彙，慶賚浹窮荒。封人獻壽，德化掩陶唐。保綿長，錫祐永無疆。

亳州迴詣玉清昭應宮一首

導引　祕文鏤玉，金閣奉安時，旌蓋儼仙儀。珠旒俯拜陳章奏，精意達希夷。卿雲郁郁曜晨曦，玉羽拂華枝。靈心報貺垂繁祉，寶祚永隆熙。

親享太廟一首

導引　躬朝太室，列聖大功宣，綵仗耀甘泉。祕文升輅空歌發，一路覆祥煙。珠旒薦獻極精虔，列侍儼貂蟬。穰穰降福均寰宇，垂拱萬斯年。

南郊恭謝三首

導引　重熙累盛，睿化暢眞風，尊祖奉高穹。林棼綵仗明初日，瑞氣滿晴空。玉鑾徐動出環宮，虔犖罄宸衷。禮成均慶人神悅，聖壽保無窮。

六州　承天統，聖主應昌辰。寶籙降，颷游至，瑞命慶惟新。崇大號，仰奉高眞。獻歲當初吉，天下皆春。謁祕宇，藻衞星陳，蕤靄極紛綸。瓊編焜燿，仙衣綷縩，垂旒俯拜，薦獻禮惟寅。芬芳備，精衷上達穹旻。尊道祖，享清廟，助祭萬方臻。升泰畤，縟典彌文。侍羣臣，漢庭儒雅彬彬。煙飛火舉，畢嚴禋，天地降絪氳。高臨華闕，恩覃動植，慶延宗社，聖壽比靈椿。

十二時　亨嘉會，萬寓歡康，聖化邁陶唐。元符錫命，天鑒昭彰，徽號奉琳房。陳縟禮，獻歲惟良。耀旂章，翠輦駐仙鄉，睿意極齊莊。仙衣渥彩，玉册共熒煌。薦芬芳〔九〕，颷馭降靈場。回雲罕，尊祖趨仙宇，金石韻鏘洋。聿朝清廟，躬奠瑤觴，報本國之

陽。執籩豆，列侍貂璫，對穹蒼。洪恩霈夷夏，大慶浹家邦。垂衣紫極，聖壽保遐昌。集祺祥，地久與天長。

天書導引七首

詣泰山　我皇纘位，覆燾合穹旻，祕籙示靈文。齊居紫殿膺玄貺，降寶命絪氳。奉符讓德事嚴禋，檢玉陟天孫。垂鴻紀號光前古，邁八九爲君。汾陰云：「后祇坤德宅河、汾，瘞玉考前聞。垂休紀績超唐、漢，光監格鴻勳。」靈臺偃武，書軌慶同文，奄六合居尊。圓穹錫命垂眞籙，清曉降金門。升中報本禪云云，汾陰云：「方丘報本務精勤。」嚴祀事惟寅。無爲致治臻清淨，見反朴還淳。

詣太清宮　寶圖熙盛，登格聖功全，瑞命集靈篇。欽修祀典成明祭，道祖降雲軿。賴鄉眞館宅眞仙，朝謁帝心虔。尊崇教父膺鴻福，綿亘萬斯年。猶龍勝境，眞宇儼靈姿，肅謁展皇儀。寶符先路，嘉祥應，雲物煥金枝。紛紜紫節間黃麾，藻衞極葳蕤。高穹報貺延休祉，仁壽協昌期。

詣玉清昭應宮　紫霄金闕，重疊降元符，億兆祚皇圖。雲章焜燿傅温玉，寶閣起清都。奉迎綵仗溢天衢，觀者競歡呼。明君欽翼承鴻蔭，億載御中區。寶符錫祚，慶壽命惟新，俄降格颷輪。巍巍帝德增虔奉，懿號薦穹旻。精齊秘館奉嚴禋，文物耀昌辰。

升煙太一修郊報，鴻祉介烝民。

詣南郊　聖神纘緒，赫奕帝圖昌，寶籙降穹蒼。宸心勵翼修郊報，綵仗列康莊。祥煙瑞靄雜天香，筦磬發聲長。升壇禮畢膺繁祉，睿算保無疆。

建安軍迎奉聖像導引四首

玉皇大帝　太霄玉帝，總御冠靈眞，威德聳天人。寶文瑞命符皇運，緜遠慶維新。洞開霞館法虛晨，八景降飇輪。含生普洽平鴻福〔一〇〕，聖壽比仙椿。

聖祖天尊　至眞降鑒，飇馭下皇闈，淸漏正依依。範金肖像申嚴奉，仙館壯翬飛。萬靈拱衞瑞煙披，岸柳映黃麾。九淸祚聖鴻基永，堯德更巍巍。

太祖皇帝　元符錫命，祗受慶誠明，恭館法三淸。開基盛烈垂無極，金像儼天成。奉迎霞布甘泉仗，簫瑟振和聲。靈辰協吉鴻儀畢，萬國保隆平。

太宗皇帝　膺乾撫運，垂慶洽重熙，元聖嗣鴻基。發揮寶緒靈仙降，感吉夢先期。良金璀璨範眞儀，精意答蕃釐。閟宮神館崇嚴配，萬祀播葳蕤。

聖像赴玉淸昭應宮導引四首

玉皇大帝　先天氣祖，魄寶御中宸，列位冠高眞。綠符錫瑞昭元聖，寶曆亘千春。琳宮壯麗俯嚴闥，璇碧照龍津。珍金鑄像靈儀晬，集福庇烝民。

聖祖天尊　僊宗靈祖，御氣降中宸，孚宥慶惟新。國工鎔範成金像，儀炳動威神。玉虛聖境絕纖塵，歡抃洽羣倫。導迎雲駕歸琳館，恭肅奉高眞。

太祖皇帝　石文應瑞，眞主御寰瀛，慈儉撫羣生。巍巍威德超千古，大業保盈成。神皐福地開恭館，靈貺日昭明。鑄金九牧天儀晬，紺殿矗千楹。

太宗皇帝　乘雲英聖，千載仰皇靈，垂法藹朝經。禹金鎔範肖儀刑，日角煥珠庭。琳宮翠殿鳳文屛，迎奉慶安寧。孝思瞻謁薦惟馨，誠慤貫靑冥。

奉寶册導引三首

玉淸昭應宮　太霄垂佑，緜寓洽祺祥，祕檢煥雲章。宸心虔奉崇徽號，茂典邁前王。霞明藻衞列通莊，寶册奉琳房。都人震抃騰謠頌，億載保歡康。

景靈宮　明明道祖，金闕冠仙眞，淸禁降飇輪。遙源始悟垂鴻慶，億兆聳羣倫。虔崇徽號盛儀陳，寶册奉良辰。邦家億載蒙繁祉，聖壽保無垠。

太廟　祖宗垂佑，亨會協重熙，德澤被烝黎。虔崇尊謚陳徽册，藻衞列葳蕤。宸心致孝極孜孜，展禮詔台司。祥煙瑞靄浮淸廟，緜寓被純禧。

治平四年英宗祔廟導引一首

壽原初掩，歸蹕九虞終，仙馭更無蹤。思皇攀慕追來孝，作廟繼三宗。旌旗居外擁千重，延望想威容。寶輿迎引歸新殿，奏享備欽崇。

熙寧二年仁宗、英宗御容赴西京會聖宮、應天禪院奉安導引一首

九淸三境，飇馭杳難追，功烈並巍巍。洛都不及西巡到，猶識晬容歸。三條馳道隱金椎，仙仗共逶迤。珠宮紺宇申嚴奉，億載固皇基。

章惠皇太后神主赴西京導引一首

祥符盛際，二鄙正休兵，瑞應滿寰瀛。東封西祀鳴鑾輅，從幸見升平。仙遊一去上三淸，廟食享隆名。寢園松柏秋風起，簫吹想平生。

中太一宮奉安神像導引一首

九霄仙馭，四紀樂西淸，游衍遍黃庭。雲軿萬里歸眞室，上應泰階平。金輿玉像下瑤京，綵仗擁霓旌。天人感會千年運，福祚永昌明。

四年英宗御容赴景靈宮奉安導引一首

鼎湖龍去，仙仗隔蓬萊，輦路已蒼苔。漢家原廟臨淸渭，還泣玉衣來。鳳簫鸞扇共徘徊，帳殿倚雲開。春風不向天袍動，空繞翠輿回。

十年南郊，皇帝歸青城降仙臺〔一一〕一首

降仙臺　淸都未曉，萬乘並鸞，煌煌擁天行。祥風散瑞靄，華蓋聳旂常，建耀層城。四列

兵衞，爟火映金支翠旌。衆樂奮作充宮廷，皦繹成。紺幄掀，袞冕明。妥帖壇陛，霄升振珩璜，神格至誠。雲車下冥冥，儲祥降嘏莫可名。御端闕，肹號敷榮。澤翔施溥，茂祉均被含生。

元豐二年慈聖光獻皇后發引四首

儀仗內導引一首　駕斑龍，忽催金母，轉仙仗，去瑤宮。絳闕深沉杳無蹤，漸塵空。絲網瓊林，花似怨東風，垂淸露啼紅。猶想舊春中，獻萬壽，寶船空。

警場內三曲

六州　九龍輿，記春暮，幸蓬壺。瓊囿敞，繡仗趨，年華與逝水俱。瑤京遠，信息斷無。寶津池面落花鋪，愁晚容車來禁塗。鳳簫鸞翣，西指昭陵去。舊賞蟠桃熟，又見漲海枯。應共靈眞母，曳霞裾。　宴淸都，恨滿山隅，春城翠柏藏烏。扃戶劍，照燈魚，人間一夢覺餘。泉宮窈窕鏁夜龍，銀江澄澹浴仙鳧，煙冷金爐玉殿虛。綠苔新長，雕輦曾行處。夜夜東朝月，似舊照錦疏，侍女盈盈淚珠。

十二時　治平時，暫垂簾，佑聖子，解危疑。坐安天下，踰歲厭避萬機，退處宸闈。殿開夔，養志入希夷。扶皓日，浴咸池。看神孫撫御，千載重雍累熙，四方欽仰洪慈。陰德遠，仁功積，歡養罄九域，禮無違。事難期，乘霞去，乍覩升仙，詔下九圍。泣血漣如，

中華書局

更鸞車動，春晚霧晴翠旂，路指嵩、伊。薤歌風吹，悠颺逐風悲。珠殿悄，網塵垂。空坐濕，罔極吾皇孝思，鏤玉寫音徽。彤管煒，青編紀，寧更羨周雅播聲詩。

祔陵歌

眞人地，瑞應待聖時。鞏原西，滎、河會，瀍、洛與澗、伊，衆水縈回。嵩高映抱，幾疊屏幃。秀嶺參差，遙山翠鳳隨。共瞻陵寢浮佳氣，非煙朝暮飛，龜筮告前期。奠收玉斝，筵卷時衣。鑾輅曉駕載龍旂，路逶遲。鈴歌怨，畫翣引華芝，霧薄風微。眞游遠，閟寶閣金扉，侍女悲啼。玉堦春草滋，露桃結子靈椿翠，青車何日歸！銜恨望西畿。便一房鑠，夜臺曉無期。

虞主回京四首

儀仗內導引一曲

龍輿春晚，曉日轉三川，鼓吹慘寒煙。清明過後落花天，望池館依然。東風百寶泛樓船，共薦壽當年。如今又到苑西邊，但魂斷香軿。

警場內三曲

六州

慶深恩，寶曆正乾坤。前帝子，後聖孫，援立兩儀軒。西宮大母朝寢門，望椒闈常温。芳時媚景，有三千宮女，相將奉玉輦金根。上林紅英繁，縹緲鈞天奏梨園。望絕瑤池，影斷桃源。恨難論，閉禁闥，春風丹旐翩翩。飛翠蓋，駕琱輻，容衞入西原。管籥動地清喧，陵上柏煙昏。殘霞弄影，孤蟾浮天外，行人觸目是消魂。問蒼天，塵世

光陰去如奔。河、洛潺湲，此恨長存。

十二時

望嵩、邙，永昭陵畔，王氣壓龍岡。鞏、洛靈光，鬱鬱起嘉祥。虛綵帟，轉哀仗，閟幽堂。歎仙鄉路長，景霞飛松上。珠襦宵掩，細扇晨歸，崑閬茫茫。滿目東郊好，紅葩鬭芳，韶景空駘蕩。對春色，倍淒涼。最情傷，從輦嬪嬙，指瑤津路，淚雨泣千行。翠珥明璫，曾憶薦瓊觴。春又至，人何往，事難忘，向斜陽斷腸。聽鈞天嘹亮，清都風細，朱欄花滿，誰奏清商！紫幄重簾外，時飄寶香。環佩珊珊響，問何日，反琱房！

虞主歌

轉紫芝，指東都帝畿。愁霧裏，簫聲宛轉，輦路逶迤。那堪見，郊原芳非，日遲遲。對列鳳翣龍旗，輕陰翳四垂。樓臺綠瓦迮琉璃，仙仗歸。壽原清夜，寒月掩褕禕。翠轆琱輪，空反靈螭。憩長岐，嵩峯遠，伊川渺瀰。此時還帝里，旌旛上下，葆羽葳蕤。天街迥，垂楊依依。過端闈，閶闔正闢金扉，觚稜射暖暉。虞神寶篆散輕絲，空涕洟。望陵宮女，嗟物是人非。萬古千秋，煙慘風悲。

虞主祔廟儀仗內導引一首

輕輿小輦，曾宴玉欄秋，慶賞殿宸遊。傷心處，獸香散盡，一夜入丹丘。翠簾人靜月光浮，但半捲銀鈎。誰知道，桂華今夜，卻照鵲臺幽。

五年景靈宮神御殿成，奉迎導引一首

新宮翼翼，鉅麗冠神京，金虬蟠綵楹。都人瞻望洪紛處，陸海湧蓬、瀛。仙輿縹緲下圓清，彩仗擁天行。熉黃珠幄承靈德，錫羨永升平。

慈孝寺彰德殿遷章獻明肅皇后御容赴景靈宮衍慶殿奉安導引一首

九清雲杳，飈馭邈難追，功化盛當時。保扶仁聖成嘉靖，彤管載音徽。天都左界抗華榱，仙仗下逶迤。寶楹黼帳承神貺，萬壽永無期。

八年神宗靈駕發引四首

導引

金殿晚，注目望宮車，忽聽受遺書。白雲縹緲帝鄉去，抱弓空慕龍湖。瑤津風物勝蓬壺，春色至，望琱輿。花飛人寂寂，淒涼一夢清都。

六州

炎圖盛，六葉正協重光。膺寶瑞，更法度，智勇軼超成湯。昭回雲漢爛文章，震揚威武懾多方，生民怗泰擁殊祥。封人祝頌，萬壽與天長。豈知丹鼎就，龍下五雲旁。飄然眞馭，游衍仙鄉。泣彤裳，伊、洛洋洋，嵩峯、少室相望。藏弓劍，游衣冠，雋功盛德難忘。泉臺寂，魚燭熒煌。銀海深，鳧鴈翱翔。想像平居，謾焚香。望陵人散，翠柏忽成行。獨餘嵩峯月，夜夜照幽堂，千秋陳迹淒涼。

十二時

珍符錫，佑啓眞人，儲思在斯民。勤勞日升，萬物皆入陶鈞。收威柄，更法令，鼎從新。東風吹百卉，上苑正青春。流虹節近，衣冠玉帛，交奏嚴宸，萬壽祝堯仁。忽

聽宮車晚出，但號慕，瞻雲路，企龍鱗。窮天英冠古精神。杳然上僊，人空望屬車巡。霧迷朱服，風搖細扇，觸目悲辛。列嬪嬙，垂紅淚，浥行塵。相將問，何日下青旻？

永裕陵歌

升龍德，當位富春秋。受天球，膺駿命，玉帛走諸侯。寶閣珠樓臨上苑，百卉弄春柔。隱約瀛洲，旦旦想宸遊。那知羽駕忽難留，八馬入丹丘，哀仗出神州。笳聲凝咽，旌旆去悠悠。碧山頭，眞人地，龜洛奧，鳳臺幽。繞伊流，嵩峯岡勢結蛟虬。皇堂一閟威顏杳，寒霧帶天愁。守陵嬪御，想像奉龍輈。牙盤赭案肅神休，何日覲雲裘！紅淚滴衣褠，那堪風點綴柏城秋。

虞主回京四首

導引

上林寒早，仙仗轉郊圻，笳鼓入雲悲。逶迤輦路過西池，樓閣鎖參差。都人瞻望意如疑，猶想翠華歸。玉京傳信杳無期，空掩赭黃衣。

六州

承聖緒，垂意在升平。驅貔虎，策豪英，號令肅天兵。四方無復羽書征，德澤浸羣生。睿謀雄雋，紬漢高狹陋，慕三皇二帝登閎，緝樂綴文明。將升岱嶽告功成，玉牒金繩，騰實飛聲。事難評。軒鼎就，清都一夢俄頃。飛霞佩，乘龍馭，羽衞入高清。祥光浮動五色，迎鸞鳳，雜簫笙。因山功就，同軌人至，銘旌畫翣，行背重城。楚笳凝咽，漢

中華書局

二十四史

儀雄盛，攀慕傷情。惟餘內傳，知向蓬、瀛。

十二時　太平時，御華夷。躬聽斷，破危疑。春秋鼎盛，紬聲樂遊嬉，日昇繁機。長駕遠馭，垂意在軒、羲。恢六典，斥三垂。有殊尤絕迹，盛德旁魄周施，方將綴緝聲詩。擴皇綱，明帝典，紹累聖重熙，高拱無爲。事難知。春色盛，逼千秋嘉節，忽聞憑玉几，頒命彤闈，厭世御雲歸。翊翠鳳，駕文螭，縹緲難追。侍臣宮女，但攀慕號悲。玉輪動，指嵩、伊。龍轜日益遠，空游漢廟冠衣。惟盛德巍巍，鏤玉册，傳靑史，昭示無期。

虞神　復土初，明旌下儲胥。回虛仗，簫笳互奏，旌旆隨驅。豈知颷御在蓬壺，道縈紆。風日慘，六馬躊躇，留恨滿山隅。不堪回首，翠柏已扶疏。帝城漸邇，愁霧鎖天衢。公卿百辟，鱗集雲敷，迓龍輿。端門闢，金碧凌虛，此時還帝都。嚴淸廟，入空時，升文物，燦爛極嘉娛。配三宗，號稱神古所無。帝德協唐、虞，九歌畢奏斐然殊，會軒朱。神具燕喜，錫福集皇居。更千萬祀，佑啓邦圖。

神主祔廟導引一首

歲華婉娩，侍宴玉皇宮，珮輦出房中。豈知軒后丹成去，望絕鼎湖龍。壽原初掩九虞終，歸蹕五雲重。惟餘寶册書鴻烈，淸廟配三宗。

政和三年追册明達皇后導引一首

來嬪初載，令德冠層城，柔範藹徽聲。熊羆夢應芳蘭郁，佳氣擁雕楹。珠宮縹緲泛蓬、瀛，脫屣世緣輕。空餘寶册光瓊玖，千古仰鴻名。

神主祔別廟導引一首

柔容懿範，蚤歲藹層闈，蘭夢結芳時。秋風一夜驚羅幕，鸞扇影空迴。榮追褘翟盛威儀，遺像掩瑤扉。春來只有芭蕉葉，依舊倚晴暉。

景靈西宮坤元殿奉安欽成皇后御容導引一首

雲軿芝蓋，仙路去難攀，海浪濺三山。重迎遺像臨馳道，還似在人間。西宮瑤殿指坤元，璇榜聳飛鸞。移升寶殿從新詔，盛典永流傳。

別廟導引一首

蓬萊邃館，金碧照三山，眞境勝人間。秋風又見芭蕉長，遺迹在人寰。雲軒一去杳難攀，班竹彩輿還。深宮舊監聞簫鼓，悵望慘朱顏。

校勘記

〔一〕靈夔競　舊唐書卷二八音樂志、舊唐書卷八五和新唐書卷一一三唐紹傳、通考卷一四七樂考引陳氏樂書都作「靈夔吼」，疑是。

〔二〕用七百六十一人爲二引　「二」字原脫，據玉海卷一〇六、通考卷一四七樂考補。

〔三〕降仙臺　原脫。通考卷一四七樂考：「本朝鼓吹止有四曲：十二時、導引、降仙臺並六州爲四」據補。

〔四〕警場本古之鼜鼓　「鼜鼓」，通考卷一四七樂考作「鼓鼜」。鼜爲夜戒守之大鼓，疑通考是。

〔五〕歌簫笳各二　宋會要樂三之二作「歌二人簫二人笳二人」。通考卷一四七樂考作「歌工三、簫二、笳二」。

〔六〕若以律呂變易夷部宮調　通考卷一四七樂考「變」字下有「易」字，據文義，通考是，故補。

〔七〕史册光輝　「輝」原作「耀」，據宋會要樂八之八改。

〔八〕帝壽遐昌　「壽」，宋會要樂八之九作「祚」。

〔九〕薦芬芳　「薦」字原脫，據宋會要樂八之十補。

〔一〇〕含生普洽平鴻福　「平」字原是空格，據宋會要樂八之一一補。

〔一一〕皇帝歸靑城降仙臺　「降仙臺」原作「導引」，據下文和宋會要樂八之四、通考卷一四三樂考改。

中華書局

宋史卷一百四十一

志第九十四

樂十六 鼓吹下

高宗郊祀大禮五首

導引 聖皇巡狩，清蹕駐三吳，十世嗣瑤圖。邊塵不動干戈戢，文德溥天敷。灰飛緹室氣潛噓，郊見紫壇初。歸來赦令樓前下，喜氣溢寰區。

六州 雙鳳落，佳氣藹龍山。澄江左，清湖右，日夜海潮翻。因吉地，卜築圜壇。宏基陛級，神位周環。邊陲靜，掛起櫜鞬，奠枕海隅安。三年親祀，一陽初動，虔修大報，高處紫煙燔。看鳴鑾，鉤陳肅，天仗轉，朔風寒。孤竹管，雲和瑟，樂奏徹天關。嘉籩薦，玉奠璵璠，奉神懽。九霄瑞氣起祥煙，來如風馬欻然還，留福巳滋繁。回龍馭，升丹闕，布皇澤，春色滿人間。

十二時 日將旦，陰曀潛消，天宇扇祥飇。邊陲靜謐，夜熄鳴刁，文教普旁昭。興太學，多士舒翹。奉宗祧，新廟榜宸毫，配侑享於郊。慈寧萬壽，四海仰東朝。男女正，中壼致桃夭。年屢稔，漕舟銜尾夥，高廩接楹饒。廟堂自有擎天一柱，功比漢庭蕭。多少羣工同德，俊乂旁招。吉祥諸福集，燮理四時調。三年郊見，六變奏咸、韶。望雲霄，降福與唐堯。

奉禋歌 蒼蒼天色是還非，視下應疑亦若斯。統元氣，覆無私。四時寒暑推移，物蕃滋，造化有誰知！嚴大報，反本始，禮重祀神祇。律管灰吹，黃宮動，陽來復，景長時。車陳法駕，仗列黃麾，帝心祗。紫霄霽，霜華薄，星爛明垂。祥煙起，紛敷浮袞冕，六變笙鏞迭奏，一誠幣玉交持。宮漏聲遲，千官顒相多儀。百神嬉，風馬雲車，來止來綏，誕降純禧。受神策，萬年無極，歌頌昊天成命周詩。

降僊臺 升煙既罷，良夜未曉，天步下神丘。鏘鏘鳴玉佩，煒煒照金蓮，杳靄雲裘。綵仗初轉，回龍馭，旌旆悠悠。星影疎動與天流，漏盡五更籌。大明升，東海頭。杲杲靈曜，倒影射旗旒。輦路具修，鬱葱瑞光浮。歸來雙闕，看御樓，有僊鶴銜書赦囚。萬方喜氣，均祉福，播歌謳。

孝宗郊祀大禮五首

導引 重華天子，長至奉神虞，九奏會軒、朱。星暉雲潤東方曉，拜貺竹宮初。歸來千乘護皇輿，瑞景集金鋪。雞竿高唱恩書下，惠露匝中區。

六州 嚴更永，今夕是何年？玉衡正，鉤陳粲，天宇起祥煙。協風應，江海安瀾。重規仍疊矩，聖主乘乾。舜授禹，盛事光前，稱壽玉巵邊。三年親祀，一陽回律，八鄉承宇，瓠陛紫爲壇。仰天顏，齋居寂，誠心肅，禮容專。鳴鍾石，擁輿衛，五輅列駢闐。聽金鑰，虎旅無眠。儼千官，須期顒相嘉邊。一人儉德動天淵，費減大農錢。神示格，宗祧燕，人民悅，祉福正緜緜。

十二時 庭有燎，疊鼓鳴鼉，更問夜如何？信星彪列，天象森羅。虞且閟宮，畢觴清廟，漿柘欂犧繼猗那，嘉頌可同科。扆聖萬肩摩。飭躬三宿，泰時縟儀多。丘澤合，嶽瀆從羲、和。神光燭，雲車風馬，芝作蓋，玉爲珂。奉瑄成禮，燔柴竣事，休嘉砰隱，丹闕湛恩波。共願乾坤隤祉，邊鄙投戈。覆盂連瀚海，洗甲挽天河。欣欣喜色，長遇六龍過。奏雲和，三春薦嘉禾。

奉禋歌 吹葭緹籥氣潛分，雲采宜書壤效珍。長日至，一陽新。四時玉燭和均，物欣欣，化轉洪鈞。郊之祭，孤竹管，六變舞雲門。自古嚴禋，犧牲具，粢盛潔，豆籩陳。袞龍陟降，幣玉紛綸，徹高閽。靈之斿，神哉沛，排歷昆侖。九歌畢，盈郊瞻槱燎，斗轉參橫將

旦，天開地闢如春。清蹕移輪，闐然鼓吹相聞。籥祥雲，驩臚八陛，鼇逆三神。聖矣吾君！華封祝，慈宮萬壽，椒掖多男，六合同文。

降僊臺 漏殘柝靜，鵷聲遠到，高燎入層霄。雲裘蟠瑞靄，天步下嘉壇，旗旆飄搖。黃麾列仗貔貅整，氣壓江潮。導前從後盛官僚，玉佩間金貂。望扶桑，日漸高，陰霾霜雪，底處不潛消！輦路祥飈，披拂絳紗袍。雲間端闕仰岧嶤，挾春澤，喜浹黎苗。禮成大慶鼇三抃，受昕朝。

寧宗郊祀大禮四首

六州 皇撫極，明德貫乾坤。信星列，卿雲爛，輝亙紫微垣。思報貺，明詔祠官，練時蒐曠典，紫時瓠壇。昭孝德，親御和鑾，振鷺玉珊珊。精純謁款，膋蕭熿煬，黃流湛濇，百末布生蘭。扣天閽，延飛駕，相彷彿，降雲端。神光集，嘉薌應，靄靄萬衣冠。竣熙事，清曉輕寒。悉榮觀，華衣霧縠般般。乾坤並貺慶君歡，翹首聖恩寬。邍皇極，沛天澤，靈心懌，龜鼎永尊安。

十二時 宵景霽，河漢清夷，曠典講明時。合祛升侑，孝德爰熙。陳祼閟宮，濟觴太室，來奏天儀。顒蒼螭，玉輅馭椝綏。瓠陛展躬祠。長梢飾玉，翠羽秀金支。華始倡，雅韻出宮垂。神來下，雲車風馬，繽颻藹，宴棲遲。畢觴流胙，柴煙竣事，棠梨迴謁，宣

室受蕃釐。盛德無心專饗，端爲民祈。雲恩有截，雨澤霈無涯。君王愉樂，龢氣溢瑤巵。壽天齊，長擁神基。

奉禋歌　葭飛璇籥孕初陽，雲絕清臺薦景祥。風應律，日重光。歲功順，底金穰。壽而康，庭壺樂無疆。皇展報，新禮樂，飆陛詠賓鄉，珠幄煜黃。登瑞纁，陳俎豆，濬嘉觴。衮衣煇煥，寶珮琳琅，奠椒漿。慶陰陰，神來下，鳳翥龍驤。靈燕喜，錫符仍降嘏，鏞管琳琅懽亮。神之出，祓蘭堂。聳路天香，輕煙半裊旂常，祉滂洋。受釐宣室，返馭齋房，恩與風翔。華封祝，皇來有慶，八荒同壽，寶歷無疆。

降僊臺　星芒收采，雲容放曉，羲馭漸揚明。飆壇竣事，霽風裊衮衣輕，蹕路塵淸。甘泉鹵簿祲威肅，回軫旋衡。千官導從粲簪纓，鈞奏間韶、英。瞻龍闕，近鳳城。都人雲會，芬苾夾道懽迎。宸極尊榮，巵玉慶熙成，瓊樓天上起和聲。布春澤，洪暢寰瀛。嵩呼萬歲鼇三抃，頌昇平。

明堂大禮四首

合宮歌　聖明朝，曠典乘秋舉，大饗本仁祖。九室八牖四戶，敕躬齊戒格堪輿。盛牲實俎，並侑總稽古。玉露乍肅天宇，冰輪下照金鋪。燎煙噓，鬱尊香，雲門舞。髣髴翔坐，靈心咸嘉娛。衆星俞，美光屬，照煜珠。淸曉御丹鳳，湛恩徧浹率溥，歡聲雷動嶽

鎭呼。徐命法駕，萬騎花盈路。萬姓齊祝，壽同天地，事超唐、虞。看平燕雲，從此興文偃武，待重會諸侯舊東都。

六州　商秋肅，嘉會協中辛。涓路寢，修禋祀，聖德昭淸。端志慮，罄竭齋精。錦繡排天仗，羽衞繽紛。朝太室，返中宸，被衮接神明。時平天地俱淸晏，秉金行萬寶，物盛藹淸馨。瞻煜座，春容姝燕三靈。奠瑤爵，薦量幣，淸思窈冥冥。望崑崙，輪嘉祥，塞絪緼。誠殫禮洽慶休成，潤澤被生民。端門肆眚，昕庭稱賀，俱將戩穀萬壽祝明君。

十二時　炎圖肇，天祚昌期，聖德茂重離。英明經遠，濬哲昭微。寶儉更深慈，覩萬國累洽重熙。對時報禮秩神祇，玉帛湊華夷。肅雍顯相，百辟盡欽祗。奄嘉虞，英璧奠華滋。神安坐，景氣澄虛極，光燄燭長麗。展詩應律，萬舞逶遲，三獻洽皇儀。垂靈祲，慶祐來宜，禮無違。鳴鑾臨帝闕，飛鳳下天倪。淸和寰宇，霈澤一朝馳。醇化無爲，萬祀肇丕基。

導引　合宮親饗，靑女肅長空，精意與天通。后皇臨顧誰爲侑？文祖暨神功。函蒙祉福歲常豐，聲教被華戎。兩宮眉壽同榮樂，戩穀永來崇。

乾道發太上皇帝、太上皇后册寶導引一首

重華眞主，晨夕奉庭闈，禋祀慶成時。乾元坤載同歸美，寶册兩光輝。斑衣何似赭黃衣，此事古今稀。都人歡樂嵩呼震，聖壽總天齊。

淳熙發太上皇帝、太上皇后册寶導引一首

新陽初應，樂事起彤庭，和氣滿吳京。帝家來慶東皇壽，西母共長生。金書玉篆粲龍文，前導沸懽聲。修齡無極名無盡，一歲一回增。

加上太上皇帝、太上皇后册寶導引一首

皇家多慶，親壽與天長，德業播輝光。焜煌寶册來淸禁，玉篆映金相。庭闈尊奉會明昌，佳氣溢康莊。洪禧申錫名增衍，億載頌無疆。

恭上壽聖皇太后、至尊壽皇聖帝、壽成皇后尊號册寶導引一首

皇家盛事，三殿慶重重，聖主極推崇。瑤編寶列相輝映，歸美意何窮。鈞韶九奏度春風，彩仗煥儀容。懽聲和氣彌寰宇，皇壽與天同。

加上壽聖皇太后尊號册寶導引一首

重親萬壽，八帙衍新元，禮典備文孫。溫溫和氣迎長日，寶册煥瑤琨。徽音顯號自堯門，德行已該存。更期昌算齊箕翼，愈久愈崇尊。

嘉泰二年加上壽成太皇太后册寶導引一首

思齊文母，盛德比姜、任，擁佑極恩深。湯孫歸美熙鴻號，鏤玉更繩金。虞廷萬辟

萃華簪，法仗儼天臨。層闈慶典年年舉，千古播徽音。

親耕籍田四首

導引　春融日暖，四野瑞煙浮，柳菀更柔柔。土膏脈起條風扇，宿雪潤田疇。金根轂轉如雷動，羽衞擁貔貅。扶攜老稚康衢滿，延跂望凝旒。斗移星轉，一氣又環周，六府要時修。務農重穀人胥勸，耕籍禮殊尤。壇壝嶽峙文明地，黛耜駕青牛。雍容南畝三推了，玉趾更遲留。

六州　昭聖武，不戰屈人兵。干戈戢，烽燧息，海宇淸寧。民豐業，歌詠昇平。願咸歸畎畝，力穡爲甿。經界正，東作西成。農務軫皇情，躬親耒耜，相勸深耕。人心感悅，擊壤沸歡聲。乘鸞輅，羽旗綵仗鮮明。傳淸蹕，行黃道，緹騎出重城。仰瞻日表映朱紘，環佩更鏘鳴。百執公卿，不辭染屨意專精，準擬奉粢盛。田多稼，風行遐邇，家家給足，胥慶三登。

十二時　臨寰宇，恭己巖廊，屬意在耕桑。愛民利物，德邁陶唐，躋俗盡淳厖。開千畝，帝籍神倉。舉彝章，祗祓壇場，爲農事祈祥。涓辰行禮，節物值春陽。罄齊莊，明德薦馨香。宮禁邃，嬪妃并御侍，穜稑獻君王。中闈表率，陰教遹光。帳殿靄煜黃，梐枑設，翠幕高張，慶雲翔。罇罍陳酒醴，金石奏宮商。神靈感格，歲歲富倉箱。慶明昌，行旅

不齋糧。

奉禋歌　吾皇端立太平基，奉祀肅雍格神祇。撫御耦，降嘉種，何辭手攬洪縻。命太史視日，祇告前期。驗穹象，天田入望更光輝。掌禮陳儀，蒐鉅典，迎春令，頒宣温詔，遍九圜，人盡熙熙。仰明時，儼垂衣，佳氣氤氳表厖禧。豐年屢，大田生異粟，含滋吐秀，九穜傳圖，盡來丹闕，瑞應昌時。亨運正當攝提，佇見詠京坻。躬稼穡，重耘耔。盛禮興行先百姓，崇本業，憂勤如禹、稷，播在聲詩。

顯仁皇后上僊發引三首

導引　長樂晚，綵戲萊衣，奄忽夢報僊期。帝鄉渺渺乘鸞去，啼紅嬪御不勝悲，蒼梧煙水杳難追。暘斷處，過江時。銀濤千萬疊，不知何處是瑤池。

六州　中興運，孝治格昇平。迴驄馭，弭鳳駕，册寶初上鴻名。龍樓問寢候雞鳴，更飜來戲綵衣輕。坤驪夜照老人星，金觴上壽，長願燕慈寧。乘雲何處去！愁斷紫簫聲。追思金殿，椒壁丹楹。又誰知勤儉仁明，風行化被宮庭。佑聖主，底明時，陰功暗及生靈。離宮晚，花卉娉婷。甲觀高，潮海崢嶸。往事回頭，忽飄零。空留嬪御，掩泣望霓旌。會稽山翠，永祐陵高，而今便是蓬、瀛。

十二時　炎圖景運正延鴻，文思坐深宮。慈寧大養，樂事時奏宸聰。皇齡永，恩霈下遍

寰中。君王垂綵服〔一〕，嬪御上瑤鍾。年年誕節，就盈吉月，交慶流虹。懽洽意方濃，不覺僊遊渺邈，但號泣蒼穹。追慕念音容，詩書慈儉，配古追蹤。躬行四德，誰知繼二南風。移眄俄空，寶鑑脂澤塵封。清都遠，帝鄉遙，杳難通。想雲軿還上瀛、蓬。稽山何在？當年禹宅，萬古蔥蔥。最難堪，潮頭定，海波融。

顯仁皇后神主祔太廟導引一首

返虞長樂，猶是憶賓天，何事駕仙軿。簫笳儀衞辭宮闕，移仗入雲煙。於皇清廟儆華筵，昭穆謹承先。千秋長奉烝嘗孝，永享中興年。

欽宗皇帝導引一首

鼎湖龍遠，九祭畢嘉觴，遙望白雲鄉。簫笳淒咽離天闕，千仗儼成行。聖神昭穆盛重光，寶室萬年藏。皇心追慕思無極，孝饗奉烝嘗。

安穆皇后導引一首

鳳簫聲斷，縹緲遡丹丘，猶是憶河洲。熒煌寶册來天上，何處訪僊遊！蔥蔥鬱鬱瑞光浮，嘉酌侑芳羞。琱輿繡幰歸新廟，百世與千秋。

景靈宮奉安神御三首

徽宗皇帝導引　中興復古，孝治日昭鴻，原廟飾瑰宮。金璧千門礌萬碣，楹桷競穹崇。亭童芝蓋擁旌龍〔二〕，列聖儼相從。共錫神孫千萬壽，龜鼎亘衡、嵩。

顯仁皇后導引　坤儀厚載，遺德滿寰中，歸御廣寒宮。玉容如在颷輿遠，長樂起悲風。霓旌絳節下層空，雲闕曉曈曨。眞游千載安原廟，聖孝與天通。

欽宗皇帝導引　深仁厚德，流澤自無窮，仙馭倏賓空。衣冠未返蒼梧遠，遙望鼎湖龍。人間髣髴認天容〔三〕，縹緲五雲中。帝城猶有遺民在，垂淚向西風。

安恭皇后上僊發引一首

金殿晚，愁結坤寧。天下母，忽僊昇。雲山浩浩歸何處？但聞空際綵鸞聲。紫簫斷後無蹤跡，煙靄夜澄澄。曉夢到瑤城，當時花木正冥冥。

高宗梓宮發引三首

導引　寒日短，草露朝晞。僊鶴下，夢雲歸。大椿亭畔蒼蒼柳，悵無由挽住天衣。昭陽深，暝鴉飛。愁帶箭，戀恩栖。笳簫三疊奏，都人悲淚袂成帷。

六州　堯傳舜，盛事千古難幷。回龍馭，辭鳳掖，北內別有蓬、瀛。爲天子父，册鴻名，萬年千歲福康寧，春秋不說楚冥靈。萊衣綵戲，漢殿玉巵輕。宸游今不見，煙外落日明。前回丁未，霧塞神京。正同符光武中興，擎天獨力扶傾。定宗廟，保河山，乾坤整頓庚庚。功成了，脫屣遺榮。訪崆峒，容與丹庭。笑挹塵寰，不留行。吾皇哀戀，淚血灑神

旌。暘斷濤江渡，明日稽山，暮雲東望元陵。

十二時　璧門雙闕轉蒼龍，德壽儼祇宮。軒屏正坐，天子親拜天公。儀紳笏，羅鵷鷺，粲庭中。僊家歡不盡，人世壽無窮。誰知雲路，玉京成就，催返璇穹，轉手萬緣空。見說煙霄好處，不與下方同。塵合霧迷濛，笙簫寥亮，樓閣玲瓏。中興大業，巍巍稽古成功。事去孤鴻，忍聽宵柝晨鍾！靈轝駕，素幃低，杳厖茸。浙江潮，萬神護，川后滋恭。因山祇事，崔嵬禹穴，此日重逢。柏城封，愁長夜，起悲風。歌清廟，千古誦高宗。

虞主赴德壽宮導引一首

上皇天大，華旦煥堯文，鴻福浩無垠。羽龍俄駕靈輴去，空鏁鼎湖雲。稽山翠擁浙江濆，歸旆捲繽紛。僊游指日嚴升祔，萬載頌高勳。

祔廟導引一首

虞觴奉主，僊馭返皇宮，禮典極欽崇。雲旗前導開清廟，龍管咽薰風。巍巍堯父告神功，追慕孝誠通。千秋萬歲中興統，宗祀與天同。

淳熙十六年高宗神御奉安導引一首

中興揖遜，功德仰兼隆，仁澤被華戎。鼎湖俄痛遺弓墮，如日想威容。柔儀懿範與堯同，颷馭儼相從。靈宮眞館借來燕，垂裕永無窮。

紹熙五年孝宗皇帝虞主還宮導引一首

孝宗純孝，前聖更何加！高蹈處重華。丹成僊去龍輴遠，越岸㝱山遐。波臣先爲捲寒沙，來往護靈槎。九虞禮舉神祇樂，萬世佑皇家。

祔廟導引一首

吾皇盡孝，宗廟務崇尊，鉅典備彌文。巍巍東向開基主，七世祔神孫。追思九閏整乾坤，寰宇慕洪恩。從今密邇高宗室，千載事如存。

慶元六年光宗皇帝發引一首

笳鼓發，雲慘寒空。丹旐去，捲悲風。憂勤六載親幾務，有巍巍聖德仁功。褰裳尊處大安宮，荆鼎就，遽遺弓。僊游攀不及，臣民號慟訴蒼穹。

神御奉安導引一首

龜書畀姒，曆數在皇躬，揖遜仰高風。鼎湖龍去遺弓墮，冠劍鎖深宮。塗山齊德翊成功，僊魄早賓空。珍臺閒館棲神地，獻饗永無窮。

寧宗皇帝發引三首

導引

三弄曉，雲黯天低。攀六引，轉悲悽。儉慈孝哲鍾天性，深仁厚澤徧羣黎。東西南北傒商霓。功甫就，別宸闈。臣民千古恨，幾時羽衞帶潮歸！

六州

明天子，昔日丕纂鴻圖。躬道德，崇學問，稽古訓，訪羣儒。日親廣廈論唐、虞，講求政治想都俞，君臣一德志交孚。外夷效順，猶自選車徒。仁恩霑四國，固結滿寰區。千年宗社，萬歲規摹。重新天命出乾符，老癃策杖相扶，願覩德化徧方隅。幸無死須臾，謂宜聖壽等嵩呼。遽登雲輿上龍湖，宸居幽寂紫雲孤。宸章寶畫，但與日星俱。龍帷鳳翣已載塗，忍聽笳鼓嗟吁！

十二時

弋綈革舃最仁賢，儉德自躬全。憂勤庶政，三十餘年。金風肅，秋漸老，攝調愆。忱恂徧羣祀，號泣訴旻天。綴衣將出，神凝玉几，一夜登僊，弓墮隔蒼煙。七月有來同軌，引紼動靈輇。悽愴淚潸然，行號巷哭，薤露聲傳。東城去路，驚濤忍見江船！憔悴山川，不禁簫鼓咽。山陰處，茂林修竹芊芊。望陵宮，應弗遠，金粟堆前。人徒慕戀，百神警侍，盤纛驅先。戴鴻恩，空痛慕，淚珠連。千秋歲，功德寄華編。

神主祔廟導引一首

中興四葉，休德繼昭淸，王度日熙平。氣調玉燭金穰應，八表頌聲騰。中原圖籍入宸廷，列聖慰眞靈。袞龍登廟游仙闕，億萬載尊承。

寶慶三年奉上寧宗徽號導引一首

中興五葉，天子肇明禋，一德格高旻。寧皇至聖功超古，萬國慕深仁。徽稱顯號又還新，功德粲雕珉。乾坤繪畫終難盡，遺澤在斯民。

莊文太子葬導引一首

秋月冷，秋鶴無聲。淸禁曉，動皇情。玉笙忽斷今何在？不知誰報玉樓成。七星授轡驂鸞種，人不見，恨難平。何以返霓旌？一天風露苦淒淸。

景獻太子葬導引一首

霜月苦，宮鼓鼕鼕。霓旐啓，鶴闈空。洞簫聲斷知何處，海山依約五雲東。玉符龍節參神閟，昭聖眷，慘天容。千古恨無窮，徧山松柏撼悲風。

校勘記

〔一〕君王垂紱服　「垂」原作「乘」，據宋會要樂八之二三改。

〔二〕亭童芝蓋擁旌龍　宋會要樂八之二四作「亭童芝蓋擁班龍」。

〔三〕人間髣髴認天容　「認」原作「詔」。據宋會要樂八之二四改；會要「人」誤「雲」。

宋史卷一百四十二

志第九十五

樂十七

詩樂　琴律　燕樂　教坊　雲韶部　鈞容直　四夷樂

詩樂　虞庭言樂，以詩爲本。孔門禮樂之教，自興於詩始。記曰：「十有三年學樂、誦詩。」詠歌以養其性情，舞蹈以養其血脈，此古之成材所以爲易也。宋朝湖學之興，老師宿儒痛正音之寂寥，嘗擇取二南、小雅數十篇，寓之塤籥，使學者朝夕詠歌。自爾聲詩之學，爲儒者稍知所尙。張載嘗慨然思欲講明，作之朝廷，被諸郊廟矣。朱熹述爲詩篇，彙于學禮，將使後之學者學焉。

小雅歌凡六篇：

朱熹曰：「傳曰：『大學始教，宵雅肄三。』謂習小雅鹿鳴、四牡、皇皇者華之三詩也。此皆君臣宴勞之詩，始學者習之，所以取其上下相和厚也。古鄉飲酒及燕禮皆歌此三詩。及笙入，六笙間歌魚麗、南有嘉魚、南山有臺。六笙詩本無辭，其遺聲亦不復傳矣。小雅爲諸侯之樂，大雅、頌爲天子之樂。」

二南國風歌凡六篇：

朱熹曰：「『周南、召南，正始之道，王化之基。』『故用之鄉人焉，用之邦國焉。』鄉飲酒及鄉射禮：『合樂，周南：關雎、葛覃、卷耳；召南：鵲巢、采蘩、采蘋。』燕禮云：『遂歌鄉樂。』卽此六篇也。合樂，謂歌舞與衆聲皆作。周南、召南，古房中之樂歌也。關雎言后妃之志，鵲巢言國君夫人之德，采蘩言夫人之不失職，采蘋言卿大夫妻能循法度。夫婦之道，生民之本，王化之端，此六篇者，其教之原也。故國君與其臣下及四方之賓燕，用之合樂也。」

小雅詩譜：鹿鳴、四牡、皇皇者華、魚麗、南有嘉魚、南山有臺皆用黃鐘清宮。俗呼爲正宮調。

二南國風詩譜：關雎、葛覃、卷耳、鵲巢、采蘩、采蘋皆用無射清商。俗呼爲越調。

朱熹曰：「大戴禮言：雅二十六篇，其八可歌，其八廢不可歌，本文頗有闕誤。漢末杜夔傳舊雅樂四曲：一曰鹿鳴，二曰騶虞，三曰伐檀，又加文王詩，皆古聲辭。其後，新辭作

而舊曲遂廢。唐開元鄉飲酒禮，乃有此十二篇之目，而其聲亦莫得聞。此譜，相傳卽開元遺聲也。古聲亡滅已久，不知當時工師何所考而爲此。竊疑古樂有唱、有歎。唱者，發歌句也；和者，繼其聲也。詩詞之外，應更有疊字、散聲，以歎發其趣。故漢、晉間舊曲既失其傳，則其詞雖存，而世莫能補。如此譜直以一聲協一字，則古詩篇篇可歌。又其以清聲爲調，似亦非古法。然古聲既不可考，姑存此以見聲歌之彷彿，俟知樂者考焉。」

琴律　蹟天地之和者莫如樂，暢樂之趣者莫如琴。八音以絲爲君，絲以琴爲君。衆器之中，琴德最優。白虎通曰：「琴者，禁止於邪，以正人心也。」宜衆樂皆爲琴之臣妾。然八音之中，金、石、竹、匏、土、木六者，皆有一定之聲；革爲燥濕所薄，絲有絃柱緩急不齊，故二者其聲難定。鼓無當於五聲，此不復論。惟絲聲備五聲，而其變無窮。五絃作於虞舜，七絃作於周文、武，此琴制之古者也。厥後增損不一。至宋始製二絃之琴，以象天地，謂之兩儀琴，每絃各六柱。又爲十二絃以象十二律，其倍應之聲靡不畢備。太宗因大樂雅琴加爲九絃，按曲轉入大樂十二律，清濁互相合應。大晟樂府嘗罷一、三、七、九，惟存

五絃，謂其得五音之正，最優於諸琴也。今復俱用。太常琴制，其長三尺六寸，三百六十分，象周天之度也。

姜夔樂議分琴爲三準：自一暉至四暉謂之上準，四寸半，以象黃鍾之半律；自四暉至七暉謂之中準，中準九寸，以象黃鍾之正律；自七暉至龍齦謂之下準，下準一尺八寸，以象黃鍾之倍律。三準各具十二律聲，按絃附木而取。然須轉絃合本律所用之字，若不轉絃，則誤觸散聲，落別律矣。每一絃各具三十六聲，皆自然也。分五、七、九絃琴，各述轉絃合調圖：

五絃琴圖說曰：「琴爲古樂，所用者皆宮、商、角、徵、羽正音，故以五絃散聲配之。其二變之聲，惟用古清商，謂之側弄，不入雅樂。」

七絃琴圖說曰：「七絃散而扣之，則間一絃於第十暉取應聲。假如宮調，五絃十暉應七絃散聲，四絃十暉應六絃散聲，二絃十暉應四絃散聲，大絃十暉應三絃散聲，惟三絃獨退一暉，於十一暉應五絃散聲，古今無知之者。竊謂黃鍾、大呂並用慢角調，故於大絃十一暉應三絃散聲；太簇、夾鍾並用清商調，故於二絃十一暉應四絃散聲；姑洗、仲呂、蕤賓並用宮調，故於三絃十一暉應五絃散聲；林鍾、夷則並用慢宮調，故於四絃十一暉應六絃散聲；南呂、無射、應鍾並用蕤賓調，故於五絃十一暉應七絃散聲。以律長短配絃大小，各有其序。」

九絃琴圖說曰：「絃有七、有九，實即五絃。七絃倍其二，九絃倍其四，所用者五音，亦不以二變爲散聲也。或欲以七絃配五音二變，以餘兩絃爲倍，若七絃分配七音，則是今之十四絃也。聲律訣云：『琴瑟齪四者，律法上下相生也。』若加二變，則於律法不諧矣。或曰：『如此則琴無二變之聲乎？』曰：『附木取之，二變之聲固在也。』合五、七、九絃琴，總述取應聲法，分十二律十二均，每聲取絃暉之應，皆以次列按。」

古者，大琴則有大瑟，中琴則有中瑟，有雅琴、頌琴，則雅瑟、頌瑟實爲之合。夔乃定瑟之制：桐爲背，梓爲腹，長九尺九寸，首尾各九寸，隱間八尺一寸，廣尺有八寸，岳崇寸有八分。中施九梁，皆象黃鍾之數。梁下相連，使其聲沖融；首尾之下爲兩穴，使其聲條達，是傳所謂「大瑟達越」也。四隅刻雲以緣其武，象其出於雲和。漆其壁與首、尾、腹，取椅、桐、梓漆之。全設二十五絃，絃一柱，崇二寸七分。別以五色，五五相次，蒼爲上，朱次之，黃次之，素與黔又次之，使肄習者便於擇絃。絃八十一絲而朱之，是謂朱絃。其尺則用漢尺。凡瑟絃具五聲，五聲爲均，凡五均，其二變之聲，則柱後抑角、羽而取之，五均凡三十五聲。十二律、六十均、四百二十聲，瑟之能事畢矣。夔於琴、瑟之議，其詳如此。

朱熹嘗與學者共講琴法，

其定律之法：十二律並用太史公九分寸法爲準，損益相生，分十二律及五聲，位置各定。按古人以吹管聲傳於琴上，如吹管起黃鍾，則以琴之黃鍾聲合之；聲合無差，然後以次偏合諸聲，則五聲皆正。唐人紀琴，先以管色合字定宮絃，乃以宮絃下生徵，徵上生商，上下相生，終於少商。下生者隔二絃，上生者隔一絃取之。凡絲聲皆當如此。今人苟簡，不復以管定聲，其高下出於臨時，非古法也。

調絃之法：散聲隔四而得二聲；中暉亦如之而得四聲；八暉隔三而得六聲；九暉按上者隔二而得四聲，按下者隔一而得五聲；十暉按上者隔一而得五聲，按下者隔二而得四聲〔二〕。每疑七絃隔一調之，六絃皆應於第十暉，而第三絃獨於第十一暉調之乃應。及思而得之，七絃散聲爲五聲之正，而大絃十二律之位，又衆絃散聲之所取正也。故逐絃之五聲皆自東而西，相爲次第。其六絃會於十暉，則一與三者，角與散角應也；二與四者，徵與散徵應也；四與六者，宮與散少宮應也；五與七者，商與散少商應也；其第三、第五絃會於十一暉，則羽與散羽應也。義各有當，初不相須，故不同會於一暉也。

旋宮諸調之法：旋宮古有「隨月用律」之說，今乃謂不必轉軫促絃，但依旋宮之法而抑按之，恐難如此泛論。當每宮指定，各以何聲取何絃爲唱，各以何絃取何律爲均，乃見詳實。又以禮運正義推之，則每律各爲一宮，每宮各有五調，而其每調用律取聲，亦各有法。此爲琴之綱領，而說者罕及，乃闕典也。當爲一圖，以宮統調，以調統聲，令其次第、賓主各有倫理。仍先作三圖：一、各具琴之形體、暉絃、尺寸、散聲之位；二、附按聲聲律之位；三、附泛聲聲律之位，列于宮調圖前，則覽者曉然，可爲萬世法矣。

觀熹之言，其於琴法本融末粲，至疏達而至縝密，蓋所謂識其大者歟！

燕樂 古者，燕樂自周以來用之。唐貞觀增隋九部爲十部，以張文收所製歌名燕樂，而被之管絃。厥後至坐部伎〔三〕琵琶曲，盛流于時，匪直漢氏上林樂府、縵樂不應經法而已。宋初置教坊，得江南樂，已汰其坐部不用。自後因舊曲創新聲，轉加流麗。政和間，詔以大晟雅樂施於燕饗，御殿按試，補徵、角二調，播之教坊，頒之天下。然當時樂府奏言：樂之諸宮調多不正，皆俚俗所傳。及命劉昺輯燕樂新書，亦惟以八十四調爲宗，非復雅音，而曲燕昵狎，至有援「君臣相說之樂」以藉口者。末俗漸靡之弊，愈不容言矣。紹興中，始蠲省教坊樂，凡燕禮，屏坐伎。乾道繼志述事，間用雜攢以充教坊之號，取具臨時，而廷紳祝頌，務在嚴恭，亦明以更不用女樂，頒旨子孫守之，以爲家法。於是中興燕樂，比前代猶簡，而有關乎君德者良多。

蔡元定嘗爲燕樂一書，證俗失以存古義，今采其略附于下：

黃鍾用「合」字，大呂、太簇用「四」字，夾鍾、姑洗用「一」字，夷則、南呂用「工」字，無射、應鍾用「凡」字，各以上、下分爲清濁。其中呂、蕤賓、林鍾不可以上、下分，中呂用「上」字，蕤賓用「勾」字，林鍾用「尺」字。其黃鍾清用「六」字，大呂、太簇、夾鍾清各用「五」字，而以下、上、緊別之。緊「五」者，夾鍾清聲，俗樂以爲宮。此其取律寸、律數、用字紀聲之略也。

一宮、二商、三角、四變爲宮，五徵、六羽、七閏爲角。五聲之號與雅樂同，惟變徵以於十二律中陰陽易位，故謂之變；變宮以七聲所不及，取閏餘之義，故謂之閏。四變居宮聲之對，故爲宮。俗樂以閏爲正聲，以閏加變，故閏爲角而實非正角。此其七聲高下之略也。

聲由陽來，陽生於子、終於午。燕樂以夾鍾收四聲：曰宮、曰商、曰羽、曰閏。閏爲角，其正角聲、變聲、徵聲皆不收，而獨用夾鍾爲律本。此其夾鍾收四聲之略也。

宮聲七調：曰正宮、曰高宮、曰中呂宮、曰道宮、曰南呂宮、曰僊呂宮、曰黃鍾宮，皆生於黃鍾。商聲七調：曰大食調、曰高大食調、曰雙調、曰小食調、曰歇指調、曰商調、曰越調，皆生於太簇。羽聲七調：曰般涉調、曰高般涉調、曰中呂調、曰正平調、曰南呂調、曰僊呂調、曰黃鍾調，皆生於南呂。角聲七調：曰大食角、曰高大食角、曰雙角、曰小食角、曰歇指角、曰商角、曰越角，皆生於應鍾。此其四聲二十八調之略也。

竊考元定言燕樂大要，其律本出夾鍾，以十二律兼四清爲十六聲，而夾鍾爲最清，此所謂靡靡之聲也。觀其律本，則其樂可知。變宮、變徵既非正聲，而以變徵爲宮，以變宮爲角，反紊亂正聲。若此夾鍾宮謂之中呂宮，林鍾宮謂之南呂宮者，燕樂聲高，實以夾鍾爲黃鍾也。所收二十八調，本萬寶常所謂非治世之音，俗又於七角調各加一聲，流蕩忘反，而祖調亦不復存矣。聲之感人，如風偃草，宜風俗之日衰也！夫姦聲亂色，不留聰明，淫樂慝禮，不接心術。使心知百體，皆由順正以行其義，此正古君子所以爲治天下之本也。紹興、乾道教坊迄弛不復置云。

教坊　自唐武德以來，置署在禁門內。開元後，其人寖多，凡祭祀、大朝會則用太常雅樂，歲時宴享則用教坊諸部樂。前代有宴樂、清樂、散樂，本隸太常，後稍歸教坊，有立、坐二部。宋初循舊制，置教坊，凡四部。其後平荆南，得樂工三十二人；平西川，得一百三

十九人；平江南，得十六人；平太原，得十九人；餘藩臣所貢者八十三人；又太宗藩邸有七十一人。由是，四方執藝之精者皆在籍中。

每春秋聖節三大宴：其第一、皇帝升坐，宰相進酒，庭中吹觱栗，以衆樂和之；賜羣臣酒，皆就坐，宰相飲，作傾盃樂；百官飲，作三臺。第二、皇帝再舉酒，羣臣立於席後，樂以歌起。第三、皇帝舉酒，如第二之制，以次進食。第四、百戲皆作。第五、皇帝舉酒，如第二之制。第六、樂工致辭，繼以詩一章，謂之「口號」，皆述德美及中外蹈詠之情。初致辭，羣臣皆起，聽辭畢，再拜。第七、合奏大曲。第八、皇帝舉酒，殿上獨彈琵琶。第九、小兒隊舞，亦致辭以述德美。第十、雜劇罷，皇帝起更衣。第十一、皇帝再坐，舉酒，殿上獨吹笙。第十二、蹴踘。第十三、皇帝舉酒，殿上獨彈箏。第十四、女弟子隊舞，亦致辭如小兒隊。第十五、雜劇。第十六、皇帝舉酒，如第二之制。第十七、奏鼓吹曲，或用法曲，或用龜茲。第十八、皇帝舉酒，如第二之制，食罷。第十九、用角觝，宴畢。

其御樓賜酺同大宴。崇德殿宴契丹使，惟無後場雜劇及女弟子舞隊。每上元觀燈，樓前設露臺，臺上奏教坊樂、舞小兒隊。臺南設燈山，燈山前陳百戲，山棚上用散樂、女弟子舞。餘曲宴會、賞花、習射、觀稼，凡游幸但奏樂行酒，惟慶節上壽及將相入辭賜酒，則止奏樂。都知、色長二人攝太官令，升殿對立，逡巡周〔三〕，大宴則酒、唱徧，曲宴宰相雖各舉酒，通用慢曲而舞三臺。

所奏凡十八調、四十大曲〔四〕：一曰正宮調，其曲三，曰梁州、瀛府、齊天樂；二曰中呂宮，其曲二，曰萬年歡、劍器；三曰道調宮，其曲三，曰梁州、薄媚、大聖樂；四曰南呂宮，其曲二，曰瀛府、薄媚；五曰仙呂宮，其曲三，曰梁州、保金枝、延壽樂；六曰黃鍾宮，其曲三，曰梁州、中和樂、劍器；七曰越調，其曲二，曰伊州、石州；八曰大石調，其曲二，曰清平樂、大明樂；九曰雙調，其曲三，曰降聖樂、新水調、採蓮；十曰小石調，其曲二，曰胡渭州、嘉慶樂；十一曰歇指調，其曲三，曰伊州、君臣相遇樂、慶雲樂；十二曰林鍾商，其曲三，曰賀皇恩、泛清波、胡渭州；十三曰中呂調，其曲二，曰綠腰、道人歡；十四曰南呂調，其曲二，曰綠腰、罷金鉦；十五曰仙呂調，其曲二，曰綠腰、綵雲歸；十六曰黃鍾羽，其曲一，曰千春樂；十七曰般涉調，其曲二，曰長壽仙、滿宮春；十八曰正平調，無大曲，小曲無定數。不用者有十調：一曰高宮，二曰高大石，三曰高般涉，四曰越角，五曰大石角〔五〕，六曰高大石角，七曰雙角，八曰小石角，九曰歇指角，十曰林鍾角。樂用琵琶、箜篌、五弦琴、箏、笙、觱栗、笛、方響、羯鼓、杖鼓、拍板。

法曲部，其曲二，一曰道調宮望瀛，二曰小石調獻仙音。樂用琵琶、箜篌、五弦、箏、笙、觱栗、方響、拍板。龜茲部，其曲二，皆雙調，一曰宇宙清，二曰感皇恩。樂用觱栗、笛、羯鼓、腰鼓、揩鼓、雞樓鼓、鼗鼓、拍板。鼓笛部，樂用三色笛、杖鼓、拍板。

隊舞之制，其名各十。小兒隊凡七十二人：一曰柘枝隊，衣五色繡羅寬袍，戴胡帽，繫銀帶；二曰劍器隊，衣五色繡羅襦，裹交脚幞頭，紅羅繡抹額，帶器仗；三曰婆羅門隊，紫羅僧衣，緋掛子，執錫鐶拄杖；四曰醉胡騰隊，衣紅錦襦，繫銀鞊鞢〔六〕，戴氈帽；五曰諢臣萬歲樂隊，衣紫緋綠羅寬衫，諢裹簇花幞頭；六曰兒童感聖樂隊，衣青羅生色衫，繫勒帛，總兩角；七曰玉兔渾脫隊，四色繡羅襦，繫銀帶，冠玉兔冠；八曰異域朝天隊，衣錦襖，繫銀束帶，冠夷冠，執寶盤；九曰兒童解紅隊，衣紫緋繡襦，繫銀帶，冠花砌鳳冠，綬帶；十曰射鵰回鶻隊，衣盤鵰錦襦，繫銀鞊鞢，射鵰盤。

女弟子隊凡一百五十三人：一曰菩薩蠻隊，衣緋生色窄砌衣，冠卷雲冠；二曰感化樂隊，衣青羅生色通衣，背梳髻，繫綬帶；三曰拋毬樂隊，衣四色繡羅寬衫，繫銀帶，奉繡毬；四曰佳人剪牡丹隊，衣紅生色砌衣，戴金冠〔七〕，剪牡丹花；五曰拂霓裳隊，衣紅僊砌衣，碧霞帔，戴仙冠，紅繡抹額；六曰採蓮隊，衣紅羅生色綽子，繫暈裙，戴雲鬟髻，乘綵船，執蓮花；七曰鳳迎樂隊，衣紅僊砌衣，戴雲鬟鳳髻；八曰菩薩獻香花隊，衣生色窄砌衣，戴寶冠，執香花盤；九曰綵雲仙隊，衣黃生色道衣，紫霞帔，冠仙冠，執旌節、鶴扇；十曰打毬樂隊，衣四色窄繡羅襦，繫銀帶，裹順風脚簇花幞頭，執毬杖。大抵若此，而復從宜變易。

二十四史　中華書局

百戲有蹴毬、踏蹻、藏擫、雜旋、獅子、弄鎗、鋺瓶、茶盌、氊簇、碎劍、踏索、上竿、筋斗、擎戴、拗腰、透劍門、打彈丸之類。鍚慶院宴會，諸王賜食及宰相筵設時賜樂者，第四部充。

建隆中，敎坊都知李德昇作長春樂曲；乾德元年，又作萬歲升平樂曲。明年，敎坊高班都知郭延美又作紫雲長壽樂鼓吹曲，以奏御焉。太宗洞曉音律，前後親制大小曲及因舊曲創新聲者，總三百九十。凡制大曲十八：

正宮平戎破陣樂，南呂宮平晉普天樂，中呂宮大宋朝歡樂，黃鍾宮宇宙荷皇恩，道調宮垂衣定八方，仙呂宮甘露降龍庭，小石調金枝玉葉春，林鍾商大惠帝恩寬，歇指調大定寰中樂，雙調惠化樂堯風，越調萬國朝天樂，大石調嘉禾生九穗，南呂調〔八〕文興禮樂歡，仙呂調齊天長壽樂，般涉調君臣宴會樂，中呂調一斛夜明珠，黃鍾羽降聖萬年春，平調金觴祝壽春。

曲破二十九：

正宮宴鈞臺，南呂宮七盤樂，仙呂宮王母桃，高宮靜三邊，黃鍾宮採蓮回，中呂宮杏園春，獻玉杯，道調宮折枝花，林鍾商宴朝簪，歇指調九穗禾，高大石調囀春鶯，小石調舞霓裳，越調九霞觴，雙調朝八蠻，大石調清夜遊，林鍾角慶雲見，越角露如珠，小石角龍池柳，高角陽臺雲，歇指角金步搖，大石角念邊功，雙角宴新春，南呂調鳳城春，

仙呂調夢鈞天，中呂調採明珠，平調萬年枝，黃鍾羽賀回鑾，般涉調鬱金香，高般涉調會天仙。

琵琶獨彈曲破十五：

鳳鸞商慶成功，應鍾調九曲清，金石角鳳來儀，芙蓉調蘂宮春，蕤賓調連理枝，正仙呂調朝天樂，蘭陵角奉宸歡，孤鴈調賀昌時，大石調寰海清，玉仙商玉芙蓉，林鍾角泛仙槎，無射宮調帝臺春，龍仙羽宴蓬萊，聖德商美時清，仙呂調壽星見。

小曲二百七十：

正宮十：一陽生、玉𢇁寒、念邊戍、玉如意、瓊樹枝、鷫鸘裘、塞鴻飛、漏丁丁、息鼙鼓、勸流霞。

南呂宮十一：仙盤露、冰盤果、芙蓉園、林下風、風雨調、開月幌、鳳來賓、落梁塵、望陽臺、慶年豐、青騣馬。

中呂宮十三：上林春、春波綠、百樹花、壽無疆、萬年春、擊珊瑚、柳垂絲、醉紅樓、折紅杏、一園花、花下醉、遊春歸、千樹柳。

仙呂宮九：折紅蕖、鵲塡河、紫蘭香、喜堯時、猗蘭殿、步瑤階、千秋樂、百和香、佩珊珊。

黃鍾宮十二：菊花杯、翠幕新、四塞清、滿簾霜、畫屛風、折茱萸、望春雲、苑中鶴、賜征袍、望回戈、稻稼成、泛金英。

高宮九：嘉順成、安邊塞、獵騎還、遊兔園、錦步帳、博山爐、煖寒杯、雲紛紜、待春來。

道調宮九：會夔龍、泛仙杯、披風襟、孔雀扇、百尺樓、金尊滿、奏明庭、拾落花、聲聲好。

越調八：翡翠帷、玉照臺、香旖旎、紅樓夜、朱頂鶴、得賢臣、蘭堂燭、金鏑流。

雙調十六：宴瓊林、汎龍舟、汀洲綠、登高樓、麥隴雉、柳如煙、楊花飛、王澤新、玳瑁簪、玉階曉、喜清和、人歡樂、征戍回、一院香、一片雲、千萬年。

小石調七：滿庭香、七寶冠、玉唾盂、辟塵犀、喜新晴、慶雲飛、太平時。

林鍾商十：採秋蘭、紫絲囊、留征騎、塞鴻度、回鶻朝、汀洲鴈、風入松、蓼花紅、曳珠佩、遵渚鴻。

歇指調九：榆塞清、聽秋風、紫玉簫、碧池魚、鶴盤旋、湛恩新、聽秋蟬、月中歸、千家月。

高大石調九：花下宴、甘雨足、畫秋千、夾竹桃、攀露桃、燕初來、踏青回、拋繡毬、潑火雨。

大石調八：賀元正、待花開、採紅蓮、出谷鶯、遊月宮、望回車、塞雲平、秉燭遊。

小石角〔九〕九：月宮春、折仙枝、春日遲、綺筵春、登春臺、紫桃花、一林紅、喜春雨、汎春池。

雙角九：鳳樓燈、九門開、落梅香、春冰拆、萬年安、催花發、降眞香、迎新春、望蓬島。

高角九：日南至、帝道昌、文風盛、琥珀杯、雪花飛、皂貂裘、征馬嘶、射飛鴈、雪飄飄。

大石角九：紅爐火、翠雲裘、慶成功、冬夜長、金鸚鵡、玉樓寒、鳳戲雛、一爐香、雲中鴈。

歇指角九：玉壺冰、卷珠箔、隨風簾、樹靑葱、紫桂叢、五色雲、玉樓宴、蘭堂宴、千千歲。

越角九：望明堂、華池露、貯香囊、秋氣清、照秋池、曉風度、靖邊塵、聞新鴈、吟風蟬。

林鍾角九：慶時康、上林果、畫簾垂、水精簟、夏木繁、暑氣清、風中琴、轉輕車、清風來。

仙呂調十五：喜清和、芰荷新、清世歡、玉鉤欄、金步搖、金錯落、燕引雛、草芊芊、

中華書局

步玉砌、整華裾、海山青、旋絮綿、風中帆、青絲騎、喜聞聲。

南呂調七：春景麗、牡丹開、展芳茵、紅桃露、囀林鶯、滿林花、風飛花。

中呂調九：宴嘉賓、會羣仙、集百祥、凭朱欄、香煙細、仙洞開、上馬杯、拂長袂、羽觴飛。

高般涉調九：喜秋成、戲馬臺、汎秋菊、芝殿樂、鸂鶒杯、玉芙蓉、偃干戈、聽秋砧、秋雲飛。

般涉調十：玉樹花、望星斗、金錢花、玉聰深、萬民康、瑤林風、隨陽鴈、倒金罍、鴈來賓、看秋月。

黃鍾羽七：宴鄒枚、雲中樹、燎金爐、澗底松、嶺頭梅、玉爐香、瑞雪飛。

平調十：萬國朝、獻春盤、魚上冰、紅梅花、洞中春、春雪飛、翻羅袖、落梅花、夜遊樂、鬥春雞。

因舊曲造新聲者五十八：

正宮、南呂宮、道調宮、越調、南呂調，並傾杯樂、三臺；仙呂宮、高宮、小石調、大石調、高大石調、小石角、雙角、高角、大石角、歇指角、林鍾角、越角[一〇]、高般涉調、黃鍾羽、平調，並傾杯樂；中呂宮傾杯樂[一一]、劍器、感皇化、三臺；黃鍾宮傾杯樂、朝

中措、三臺；雙調傾杯樂、攤破拋毬樂、醉花間、小重山、三臺；林鍾商傾杯樂、洞中仙、望行宮、三臺；歇指調傾杯樂、洞仙歌、三臺；仙呂調傾杯樂、月宮仙、戴仙花、三臺；中呂調傾杯樂、菩薩蠻、瑞鷓鴣、三臺；般涉調傾杯樂、望征人、嘉宴樂、引駕回、拜新月、三臺。

若宇宙賀皇恩、降聖萬年春之類，皆藩邸所作，以述太祖美德，諸曲多祕。而平晉普天樂者，平河東回所製，萬國朝天樂者，又明年所製，每宴享常用之。然帝勤求治道，未嘗自逸，故舉樂有度。雍熙初，教坊使郭守中求外任，止賜束帛。

眞宗不喜鄭聲，而或爲雜詞，未嘗宣布于外。太平興國中，伶官蔚茂多侍大宴，聞雞唱，殿前都虞候崔翰問之曰：「此可被管弦乎？」茂多卽法其聲，製曲曰雞叫子。又民間作新聲者甚衆，而教坊不用也。太宗所製曲，乾興以來通用之，凡新奏十七調，總四十八曲[一二]：黃鍾、道調、仙呂、中呂、南呂、正宮、小石、歇指、高平、般涉、大石、中呂、仙呂、雙越調，黃鍾羽。其急慢諸曲幾千數。又法曲、龜茲、鼓笛三部，凡二十有四曲。

仁宗洞曉音律，每禁中度曲，以賜教坊，或命教坊使撰進，凡五十四曲，朝廷多用之。天聖中，帝嘗問輔臣以古今樂之異同，王曾對曰：「古樂祀天地、宗廟、社稷、山川、鬼神，而聽者莫不和悅。今樂則不然，徒虞人耳目而蕩人心志。自昔人君流連荒亡者，莫不繇此。」帝曰：「朕於聲技固未嘗留意，內外宴遊皆勉強耳。」張知白曰：「陛下盛德，外人豈知之，願備書時政記。」

世號太常爲雅樂，而未嘗施於宴享，豈以正聲爲不美聽哉！夫樂者，樂也，其道雖微妙難知，至於奏之而使人悅豫和平，則不待知音而後能也。今太常樂縣鍾、磬、塤、篪、搏拊之器，與夫舞綴羽、籥、干、戚之制，類皆倣古，逮振作之，則聽者不知爲樂而觀者厭焉，古樂豈眞若此哉！孔子曰「惡鄭聲」，恐其亂雅。亂之云者，似是而非也。孟子亦曰「今樂猶古樂」，而太常乃與教坊殊絕，何哉？昔李照、胡瑗、阮逸改鑄鍾磬，處士徐復笑之曰：「聖人寓器以聲，不先求其聲而更其器，其可用乎！」照、瑗、逸制作久之，卒無所成。蜀人房庶亦深訂其非是，因著書論古樂與今樂本末不遠，其大略以謂：「上古世質，器與聲朴，後世稍變焉。金石，鍾磬也，後世易之爲方響；絲竹，琴簫也，後世變之爲箏笛。匏，笙也，攢之以斗；塤，土也，變而爲甌；革，麻料也，擊而爲鼓；木，柷敔也，貫之爲板。此八音者，於世甚便，而不達者指廟樂鎛鍾、鎛磬、宮軒爲正聲，而概謂夷部、鹵部爲淫聲。殊不知大輅起於椎輪，龍艘生於落葉，其變則然也。古者食以俎豆，後世易以杯盂；簟席以爲安，後世更以榻椅。使聖人復生，不能舍杯盂、榻椅，而復俎豆、簟席之質也。八音之器，豈異此哉！

孔子曰『鄭聲淫』者，豈以其器不若古哉！亦疾其聲之變爾。試使知樂者，由今之器，寄古之聲，去惉懘靡曼而歸之中和雅正，則感人心、導和氣，不曰治世之音乎！然則世所謂雅樂者，未必如古，而教坊所奏，豈盡爲淫聲哉！」當數子紛紛銳意改制之後，庶之論指意獨如此，故存其語，以俟知者。

教坊本隸宣徽院，有使、副使、判官、都色長、色長、高班、大小都知。天聖五年，以內侍二人爲鈐轄。嘉祐中，詔樂工每色額止二人，教頭止三人，有闕卽塡。異時或傳詔增置，許有司論奏。使、副歲閱雜劇，把色人分三等，遇三殿應奉人闕，卽以次補。諸部應奉及二十年、年五十已上，許補廟令或鎭將，官制行，以隸太常寺。同天節，寶慈、慶壽宮生辰，皇子、公主生，凡國之慶事，皆進歌樂詞。

熙寧九年，教坊副使花日新言：「樂聲高，歌者難繼。方響部器不中度，絲竹從之。宜去噍殺之急，歸嘽緩之易，請下一律，改造方響，以爲樂準。絲竹悉從其聲，則音律諧協，以導中和之氣。」詔從之。十一月，奏新樂於化成殿，帝諭近臣曰：「樂聲第降一律，已得寬和之節矣。」增賜方響爲架三十，命太常下法駕、鹵部樂一律，如教坊云。初，熙寧二年五月，罷宗室正任以上借教坊樂人，至八年，復之，許教樂。

中華書局

政和三年五月，詔：「比以大晟樂播之教坊，嘉與天下共之，可以所進樂頒之天下。」八月，尚書省言：「大晟府宴樂已撥歸教坊，所有諸府從來習學之人，元降指揮令就大晟府教習，今當並就教坊習學。」從之。四年正月，禮部奏：「教坊樂，春或用商聲，孟或用季律，甚失四時之序。乞以大晟府十二月所定聲律，令教坊閱習，仍令祕書省撰詞。」

高宗建炎初，省教坊。紹興十四年復置，凡樂工四百六十人，以內侍充鈐轄。紹興末復省。孝宗隆興二年天申節，將用樂上壽，上曰：「一歲之間，只兩宮誕日外，餘無所用，不知作何名色。」大臣皆言：「臨時點集，不必置教坊。」上曰：「善。」乾道後，北使每歲兩至，亦用樂，但呼市人使之，不置教坊，止令修內司先兩旬教習。舊例用樂人三百人，百戲軍百人，百禽鳴二人，小兒隊七十一人，女童隊百三十七人，築毬軍三十二人，起立門行人三十二人，旗鼓四十人，以上並臨安府差。相撲等子二十一人。御前忠佐司差。命罷小兒及女童隊，餘用之。

雲韶部者，黃門樂也。開寶中平嶺表，擇廣州內臣之聰警者，得八十人，令於教坊習樂藝，賜名簫韶部。雍熙初，改曰雲韶，每上元觀燈，上巳、端午觀水嬉，皆命作樂於宮中。遇南至、元正、清明、春秋分社之節，親王內中宴射，則亦用之。奏大曲十三：一曰中呂宮萬年

歡；二曰黃鍾宮中和樂；三曰南呂宮普天獻壽，此曲亦太宗所製；四曰正宮梁州；五曰林鍾商汎清波；六曰雙調大定樂；七曰小石調喜新春；八曰越調胡渭州；九曰大石調清平樂；十曰般涉調長壽仙；十一日高平調罷金鉦；十二日中呂調綠腰；十三日仙呂調綵雲歸。樂用琵琶、箏、笙、觱栗、笛、方響、杖鼓、羯鼓、大鼓、拍板。雜劇用傀儡，後不復補。

鈞容直，亦軍樂也。太平興國三年，詔籍軍中之善樂者，命曰引龍直。每巡省遊幸，則騎導車駕而奏樂；若御樓觀燈、賜酺，則載第一山車。端拱二年，又選捧日、天武、拱聖軍曉暢音律者，增多其數，以中使監視，藩臣以樂工上貢者亦隸之。淳化四年，改名鈞容直，取鈞天之義。初用樂工，同雲韶部。大中祥符五年，因鼓工溫用之請，增龜茲部，如教坊。其奉天書及四宮觀皆用之。有指揮使一人、都知二人、副都知二人、押班三人、應奉文字一人、監領內侍二人。嘉祐元年，係籍三百八十三人。六年，增置四百三十四人，詔以爲額，闕卽補之。七年，詔隸班及二十四年、年五十以上者，聽補軍職，隸軍頭司。其樂舊奏十六調，凡三十六大曲，鼓笛二十一曲，并他曲甚衆。嘉祐二年，監領內侍言，鈞容直與教坊樂並奏，聲不諧。詔罷鈞容舊十六調，取教坊十七調肄習之，雖間有損益，然其大曲、曲破并急慢諸曲，與教坊頗同矣。

紹興中，鈞容直舊管四百人，楊存中請復收補，權以舊管之半爲額，尋鬧其召募騷擾，降詔止之。及其以應奉有勞，進呈推賞，又申諭止於支賜一次，庶杜其日後希望。紹興三十年，復詔鈞容班可蠲省，令殿司比擬一等班直收頓，內老弱癃疾者放停。教坊所嘗援祖宗舊典，點選入教，雖暫從其請，紹興三十一年有詔，教坊卽日蠲罷，各令自便。

東西班樂，亦太平興國中選東西班習樂者，樂器獨用銀字觱栗、小笛、小笙。每騎從車駕而奏樂，或巡方則夜奏於行宮殿庭。

諸軍皆有善樂者，每車駕親祀回，則衣緋綠衣，自青城至朱雀門，列於御道之左右，奏樂迎奉，其聲相屬，聞十數里。或軍宴設亦奏之。

棹刀槍牌翻歌等，不常置。

淸衞軍習樂者，令鈞容直教之，內侍主其事，園苑賜會及館待契丹使人。

又有親從親事樂及開封府衙前樂，園苑又分用諸軍樂，諸州皆有衙前樂。

四夷樂者，元豐六年五月，召見米脂砦所降戎樂四十二人，奏樂於崇政殿，以三班借職王恩等六人差監在京閑慢庫務門及舊城門敢勇三十六人，與茶酒新任殿侍。大晟樂書曰：「前此宮架之外，列熊羆案，所奏皆夷樂也，豈容淆雜大樂！乃奏罷之。然古鞮鞻氏掌四夷樂，韎師、旄人各有所掌，以承祭祀，以供宴享。蓋中天下而立，得四海之歡心，使鼓舞焉，先王之所不廢也。漢律曰：『每大朝會宜設於殿門之外。』天子御樓，則宮架之外列於道側，豈可施於廣庭，與大樂並奏哉！」

校勘記

〔一〕隔二而得四聲　「二」原作「一」，據朱文公文集卷六六琴律說、通考卷一三七樂考改。

〔二〕坐部伎　「部伎」二字原倒，據舊唐書卷二九音樂志、通考卷一四六樂考乙轉。

〔三〕遂巡周　通考同上卷同篇作「告巡周」；宋會要禮五七之一五、太常因革禮卷八八關於慶節上壽皆作「樂送巡周」；本書卷一一六禮志大朝會儀：「凡行酒訖，並太官令奏巡周。」疑志文有誤。

〔四〕四十大曲　「大」原作「六」，據下文十八調大曲總數和通考同上卷同篇改。

〔五〕大石角　原作「商角」。按商角卽新唐書卷二二禮樂志所載二十八調中的林鍾角，此處所載不用的十調別有林鍾角，缺大石角；通考卷一四六樂考載此十調，則有林鍾角、大石角而缺商角，明

此「商角」爲「大石角」之誤，據改。

〔六〕繫銀鞊鞢　「鞊」原作「䩞」，據通考卷一四六改。下文同。

〔七〕戴金冠　通考卷一四六樂考作「戴金鳳冠」，疑是。

〔八〕南呂調　原作「南呂宮調」。按上文已有「南呂宮平晉普天樂」；二十八調中無「南呂宮調」，只有「南呂調」，南呂調卽唐二十八調中的高平調，爲羽調之一；此下六調皆羽調，其前六調爲商調，再前六調爲宮調，共十八調。明「南呂宮調」爲「南呂調」之誤。「宮」字衍，故删。

〔九〕小石角　原作「小石調」。按上文已列舉七宮、七商小曲，其中包括小石調，自此起爲七角小曲，此「小石調」當爲「小石角」之誤，故改。

〔一〇〕越角　原脫，按上文「因舊曲造新聲者五十八」，而所列只二十七調五十七曲，獨缺越角，故補。如此，傾杯樂原爲十四曲者，遂爲十五曲，「五十八曲之數乃足。

〔一一〕中呂宮傾杯樂　「宮」字原脫，按下文有「中呂調傾杯樂」，則此必爲「中呂宮傾杯樂」，故補「宮」字。

〔一二〕凡新奏十七調總四十八曲　按下列調名僅十六調，缺一調名，凌廷堪燕樂考原卷六說：「宋史誤脫商調。」又說：「燕樂二十八調，不用七角及宮、商、羽三高調，七羽中又闕一正平調，故止十七調也。」

中華書局

元　脫脫等撰

宋史

第一一册

卷一四三至卷一六〇（志）

中華書局

宋史卷一百四十三

志第九十六

儀衞一

殿庭立仗

蓋天下之貴，一人而已。是故環拱而居，備物而動，文謂之儀，武謂之衞。一以明制度，示等威；一以愼出入，遠危疑也。書載弁戈、冕劉、虎賁、車輅。周官旅賁，王出入，執盾以夾王車。朝儀之制，固已粲然。降及秦、漢，始有周廬、陛戟、鹵簿、金根、大駕、法駕千乘萬騎之盛。歷代因之，雖或損益，然不過爲尊大而已。宋初，因唐、五代之舊，講究修葺，尤爲詳備。其殿庭之儀，則有黃麾大仗、黃麾半仗、黃麾角仗、黃麾細仗。凡正旦、冬至及五月一日大朝會，大慶、册、受賀、受朝，則設大仗；月朔視朝，則設半仗；外國使來，則設

角仗；發册授寶，則設細仗。其鹵簿之等有四：一曰大駕，郊祀大饗用之；二曰法駕，方澤、明堂、宗廟、籍田用之；三曰小駕，朝陵、封祀、奏謝用之；四曰黃麾仗，親征、省方還京用之。南渡之後，務爲簡省。此其大較也。若夫臨時增損，用置不同，則有國史、會要、禮書具在。今取所載，撮其凡爲儀衞志。

殿庭立仗，本充庭之制。唐禮，殿庭、屯門，皆列諸衞黃麾大仗。宋興，太祖增創錯繡諸旗幷幡氅等，著于通禮，正、至、五月一日，御正殿則陳之。靑龍、白虎旗各一，分左右；五嶽旗五在左，五星旗五在右；五方龍旗二十五在左，五方鳳旗二十五在右；紅門神旗二十八，分左右；朱雀、眞武旗各一，分左右；皁纛十二，分左右。以上金吾。天一、太一旗各一，分左右；攝提旗二，分左右；五辰旗五，北斗旗一，分左右；木、火、北斗在左，金、水、土在右。二十八宿各一，角宿至壁宿在左，奎宿至軫宿在右。風伯、雨師旗各一，分左右；白澤、馴象、仙鹿、玉兔、馴犀、金鸚鵡、瑞麥、孔雀、野馬、犛牛旗各二，分左右；日月合璧旗一在左，五星連珠旗一在右；雷公、電母旗各一，分左右；軍公旗六，分左右；黃鹿、飛麟、兕、騶牙、白狼、蒼烏、辟邪、網子、貔旗各二，分左右；信幡二十二，分左右；傳教、告止幡各十二，分左右；黃麾二，分左右。以上兵部。日旗、月旗各一，分左右；君王萬歲旗一在左，天下太平旗一在右；獅子旗二，分左右；金鸞、金鳳旗各一，分左右；五方龍旗各一。靑、赤在左，黃、白、黑在右。以上龍墀。龍君、虎君旗各五，分左右；赤豹、黃羆旗各五，分左右；小黃龍旗一在左，天馬旗一在右；吏兵、力士旗各五，分左右；天王旗四，分左右；太歲旗十二，分左右；天馬旗六，分左右；排闌旗六十，分左右；左右幡氅各五行，行七十五；大黃龍旗二，分左右；大神旗六，分左右。以上六軍。

神宗元豐二年，詳定所言：「正旦御殿，合用黃麾仗。案唐開元禮，冬至朝會及皇太子受册、加元服，册命諸王大臣，朝宴外國，亦皆用之。故事，皇帝受羣臣上尊號，諸衞各率其屬，勒所部屯門，殿庭列仗衞。今獨修正旦儀注，而餘皆未及。欲乞冬會等儀，悉加詳定。」詔從之。又言：「御殿儀仗，有黃麾幡三而無黃麾。請製大麾一，注旄於干首，以取夏制；黃色，以取漢制；用十二幅，以取唐制；用一旒，以取今龍墀旗之制。建於當御廂之前，以爲表識。其當御廂之後，則建黃麾幡二。」上謂蔡確等曰：「黃麾制度，終有可疑。今鑿而爲植於大庭，夷夏共瞻，或致博聞多識者譏議，非善，宜姑闕之。」乃止。三年，詳定所言：「昨定朝會圖，於大慶殿橫街北止陳大輦、逍遙、平輦，而輿未陳也。當大輦之南，增腰輿一，小輿一。古者扇翣，皆編次雉羽或尾爲之，故於文從『羽』。唐開元改爲孔雀，凡大朝會，陳一

百五十有六，分居左右。國朝復雉尾之名，而四面略爲羽毛之形，中繡雙孔雀，又有雙盤龍扇，皆無所本。」遂改製偏扇、團方扇爲三等，繡雉。凡朝會，平輦、逍遙並陳於東西龍墀上。

徽宗政和三年，議禮局上大慶殿大朝會儀衞：

黃麾大仗五千二十五人。仗首左右廂各二部，絳引幡十。執各一人。第一部，左右領軍衞大將軍各一員，第二部，左右領軍衞折衝〔一〕，掌鼓一人，帥兵官一十人。次執儀刀部十二行，每行持各十人：後部並仗同。第一行，黃雞四角氅；凡氅，皆持以龍頭竿。第二，儀鍠五色幡；第三，靑孔雀五角氅；第四，烏戟；第五，緋鳳六角氅；第六，細弓矢；第七，白鵝四角氅；第八，朱縢絡盾刀；第九，皁鵝六角氅；第十，細弓矢；第十一，矟；第十二，綠縢絡盾刀。揭鼓二，掌鼓二人。後部同。以上排列左右廂。第一部各於軍員之南，居次廂第一部稍前。第二部於第一部之後，並相向。

次廂左右各三部：第一，左右屯衞，第二，左右武衞，並大將軍；第三，左右衞將軍：各一員。第一，果毅；第二、第三，折衝：各一員。於仗首左右廂第一部之南，相向。持黃麾幡二人，在當御廂前分立。當御廂左右各一部，左右衞果毅各一人，於玉輅之前分左右，並北向。

次後廂左右各三部：第一，左右驍衞將軍；第二，左右領軍衞折衝；第三，左右

二十四史　中華書局

領軍衛果毅，各一員。第一部，分於當御廂之左右差後；第二部，左在金輅之後西偏，右在象輅之後東偏；第三部，左在革輅之後西偏，右在木輅之後東偏，並北向。

次左右廂各三部：第一，左右武衛將軍；第二，左右屯衛將軍；第三，左右領軍衛折衝：各一員。各在網子、鶡雞、貔旗之前，東西相向。左右廂各步甲十二隊：第一隊，左右衛果毅；第二，左右衛，第四，左右驍衛，第六，左右武衛，第八，左右屯衛，第十、第十二，左右領軍衛，並折衝；第三，左右驍衛，第五，左右武衛，第七，左右屯衛，第九、第十一，左右領軍衛，並果毅：各一員。每隊旗一，貔、鶡雞、仙鹿、金鸚䳇、瑞麥、孔雀、野馬、犛牛、甘露、網子。內第十二隊旗同第一隊。刀盾、弓矢相間，分十二隊，每隊三十人，五重。第一至第六隊，在仗首第二部北；第七至第十二隊，在仗首第二部南，東西相向。

左右廂後部各十二隊：第一、第二，左右衛；第五至第七〔二〕，左右武衛；第十至第十二〔三〕，左右領軍衛：並折衝。第三、第四，左右驍衛；第八、第九，左右屯衛：並果毅。每隊旗二，角鯿、赤熊、兕、太平、馴犀、鵕鸃、騼騙、騶牙、蒼烏、白狼、龍馬、金牛。次弩五人爲一列，弓矢十人爲二重，䂎二十人爲四重。以上在大慶殿門外，第一至第四隊在前，第五至第八隊在後，第九至第十二隊又在後，東西相向。

眞武隊：金吾折衝都尉一員，仙童、眞武、螣蛇、神龜旗各一，執各一人。犦䂎二人，弩五人爲一列，弓矢二十人爲四重，䂎二十五人爲五重。以上在大慶門外中道，北向排列。

殿中省尙輦陳孔雀扇四十於簾外。執各一人。陳輦輿於龍墀。大輦在東部，押、執、擎人二百二十有二人；腰輿在南，一十有七人；小輿又在南，二十有五人，皆西向。平輦在西，逍遙在南，共三十七人，皆東向。設繖、扇於沙墀：方繖二，分左右；執繖將校四人。團龍扇四，分左右；執扇都將四人。方雉扇一百，分繖、扇之後，爲五行。執扇長行一百人。押當職掌二人，各立團龍扇之北。金吾引駕官二人，分立團扇之南。

文德殿入閤之制，唯殿中省細仗，與兩省供奉官班於庭。太宗淳化三年，增黃麾仗二百五十人。神宗熙寧三年，修閤門儀制宋敏求言：「本朝惟入閤乃御文德殿視朝。今既不用入閤儀，卽文德殿遂闕視朝之禮。乞下兩制及太常禮院，約唐御宣政殿制裁定，以備朔望正衙視朝之禮。」詔學士院詳定。學士韓維等上其儀：朔前一日，有司供張於文德殿庭。東面，左金吾引駕官一人，四色官二人，各帶儀刀。被金甲天武官一人，判殿中省一人，排列官一人。扇二，方繖一。金吾仗碧襴十二，各執儀刀。兵部儀仗排列職掌一人，押隊員倏二人。黃麾幡一，告止幡、傳教幡、信幡各八，龍頭竿、戟各五十。西面，右金吾引駕官以下，皆如東面。天武官東西總百人。門外立仗：其東，青龍旗一，五嶽旗五，五龍旗十；其西，白虎旗一，五星旗五，五鳳旗十。御馬，東西皆五匹，每匹人員二人，御龍官四人。設御幄於殿後閤。其日，左右金吾將軍常服押本衛仗，殿中省官押細仗，東西對列，俟皇帝受朝、降坐、放仗，乃退。

徽宗政和三年，議禮局上文德殿視朝之制：

黃麾半仗，共二千二百六十五人。殿內仗首，左右廂各一部，每部一百二十四人，在金吾仗南，東西相向。絳引幡十，執各一人。分部之南北，爲五重。當御廂左右部同，左部在帥兵官東，右部在帥兵官西，各爲十重。左右領軍衛大將軍各一員，居部之中。次廂左右第一、第二、第三部同。掌鼓一人，次大將軍後。次廂左右第一部幷當御廂左右部，次果毅，次廂左右第二、第三部，次折衝，次後廂左右部，次將軍。帥兵官十人，分部之南北，爲五重，北在絳引幡之南，南在絳引幡之北。次廂左右第一、第二、第三部在部之南北，當御廂、次後廂左部在黃髦東，右部在黃髦西。

執儀刀部十行，行十人，每色兩行，爲五重。次廂左右第一、第二、第三部同。當御廂、次後廂左右部，每色一行，爲十重。左部以東爲首，右部以西爲首，並次帥兵官。第一行，龍頭竿黃雞四角髦；

凡髦皆持以龍頭竿。第二，儀鍠五色幡；第三，青孔雀五角髦；第四，烏戟；第五，緋鳳六角髦；第六，細弓矢；第七，白鵝四角髦；第八，朱縢絡盾刀；第九，阜鵝六角髦；第十，䂎。揭鼓二，掌揭鼓二人。分立緋髦、烏戟後當中，次廂左右第一、第二、第三部同，當御廂、次後廂並一在儀鍠、青髦間，一在弓矢、白髦間，與後行齊。次廂左右各三部，每部一百一十五人，次左右廂仗首之南，東西相向。第一部，左右屯衛大將軍及果毅各一員；第二部，左右武衛大將軍，第三部，左右衛將軍各一員，折衝各一員。黃麾幡二，分立當御左右廂前中間，北向。當御廂左右各一部，每部一百二十四人，在殿門內中道，分東西，並北向。次後廂左右部同。大慶殿列於樂架之南。左右衛果毅各一員。左在部西，右在部東。次後左右廂將軍准此。次後廂左右各一部，每部一百一十四人，次當御廂南，左右驍衛將軍各一員。左右廂各步軍六隊，第一隊，每隊三十三人，第二至第六隊，每隊各二十七人。分東西，在仗隊後。第一，左右衛；第三，左右武衛；第五，左右領軍衛：並果毅，各一員。第二，左右驍衛；第四，左右屯衛；第六，左右領軍衛：並折衝，各一員。每隊旗二，貔、金鸚䳇、瑞麥、犛牛、甘露、鶡雞，執各一人。刀盾、弓矢相間，人數行列同前。左右廂步軍，殿門外左右廂後部各六隊，每隊三十八人，在部下親從後，東西相向。第一隊，左右衛；第三，左右武衛；第五，左右領軍衛：並折衝，各一員。第二，左右驍衛；第四、第六，左右屯衛：

並果毅，各一員。角觽、太平、馴犀、騶牙、白狼、蒼烏等旗各二，弩五人，爲一列，弓矢十人，爲二重，矟二十人，爲四重。

眞武隊五十七人，在端禮門內中道，北向。大慶殿於殿門外。前有金吾折衝都尉一員，仙童、眞武、螣蛇、神龜等旗各一，爆矟二人，弩五人爲一列，弓矢二十人爲四重，矟二十五人爲五重。排列仗隊職掌六人，分立仗隊之間，殿內四人，殿外二人。

殿中省尙輦陳扇二十於簾外，執扇殿侍二十人。陳腰輿、小輿於東西朵殿，腰輿在東，小輿在西，人員、都將各一人，輦官共四十人。陳繖、扇於殿下，方繖二，團龍扇四，並分左右夾繖。執扇各一人，將校或節級。方雉扇六十，作三重，在繖、扇之後。輦官長行各一人，金吾左右將軍各一員，在繖、扇之南，稍前。四色官四人，二人立於將軍之南，與繖、扇一列。宣敕放仗二人，在引駕官南。執儀刀引駕官二人，在親從官後。長行二十四人，在四色官之南。排列官二人，在長行之南〔四〕。次金甲天武官二人，在長行南。以上並分東西相向立。設旗於殿門之外，青龍旗一在左，五嶽神旗各一次之，五方色龍旗各一次之，五方色龍旗各一又次之。白虎旗一在右，五星神旗各一次之，五方色鳳旗各一次之，五方色鳳旗各一又次之。

詔頒行之。大慶殿册命諸王、大臣，黃麾仗準文德殿視朝。

政和中，大祀饗立仗：大黃龍負圖旗一，執綀二百人，陳于闕庭赤龍旗南少西大黃龍旗之北。宣和多祀，陳于大內前。大黃龍旗一，執綀六十人，陳于逐頓宮門外宣德門，次大黃龍負圖旗之南。宣和，此旗下又有日、月、五星連珠、北斗、招搖、蒼龍、白虎、朱雀、玄武、君王萬歲、獅子、金鸞、金鳳、五方龍、天下太平等旗，凡二十一。正、至受朝同。龍墀旗陳於殿庭；太廟，在西櫺星門外路南，次赤龍旗少北；青城，在泰禋門外，夏祭大禮在明禋門外。赤龍旗之南。宗祀祫饗大禮，不設大黃龍負圖旗、大黃龍旗。大神旗六，執綀各九十人，宣德門、泰禋門並陳于大黃龍旗之南，東西相望；太廟陳于西櫺星門外，大黃龍旗之西少南，視赤龍旗爲列，南北相望。龍墀旗執綀各十二人，左右有日、月旗各一。次君王萬歲旗一，宣德門、泰禋門，在路東；太廟，在門外路南。次獅子旗二，左右有金鸞、金鳳旗各一。次五方龍旗各一：靑、黃、赤龍旗，宣德、泰禋門在東，太廟在南；黑、白龍旗，宣德、泰禋門在西，太廟在北。次天下太平旗一，宣德、泰禋門，在路西；太廟，在路北。以上旗皆在車駕前發仗內。執綀人並錦幘、五色絁繡寶相花衫、錦臂韝、革帶。

政和中，遼使朝紫宸殿，用黃麾角仗，共一千五十六人。殿內黃麾幡二，次四色官之南，分左右。仗首左右廂各一部，每部一百四十人，朵殿下稍南〔五〕。絳引幡十，分部之南北，各爲五重。左右領軍衞大將軍各一員，在部中稍南。次廂左右第一、第二部同。掌鼓一人，次大將軍後。次廂左右第一部次果毅，第二部次折衝。帥兵官十人，分部之南北，北在絳引幡之南，南在絳引幡之北。次廂左右第一、第二部在部之南北。各爲五重。執儀刀部九行，每行持各十人。第一，龍頭竿黃雞四角氅；皆持以龍頭竿〔六〕。第二，儀鍠五色幡；第三，青孔雀五角氅；第四，烏戟；第五，緋鳳六角氅；第六，細弓矢；第七，白鵝四角氅；第八，矟；第九，皁鵝六角氅。掌揭鼓一人，在緋氅、烏戟之後。次廂左右第一、第二部同。次廂左右各二部，每部一百五人，次左右廂仗首之南。第一部，左右屯衞大將軍、果毅各一員；第二，左右武衞大將軍、折衝各一員。掌鼓以下至掌揭鼓人數，並同仗首。殿外左右廂各步甲三隊，每隊三十三人。第一，左右衞，第三，左右武衞，並果毅；第二，左右驍衞折衝：並各一員。貔、金鸚鵡、瑞麥旗各二，以次分在三隊。刀盾三十人，爲五重。內第二隊弓矢。左右廂後部各三隊，第一隊每隊三十八人，第二隊每隊三十三人。第一，左右衞，第三，左右武衞，並折衝；第二，左右驍衞果毅。角觽、太平、馴犀旗各二，以次分在三隊。弩五人，爲一列，弓矢十人，爲二重，第二、第三隊爲一列。矟二十人，爲四重。排列仗隊職掌二人，次廂第二部之南，分左右。以上殿內外仗隊〔七〕，東西相向排列。

殿中省尙輦陳輿、輦於東西朵殿，平輦在東，西向；逍遙輦在西，東向。設繖、扇於殿下，方繖二，分左右；團龍扇四，分左右，夾方繖。方雉扇二十四，分左右，各二重，在繖、扇之後。金吾四色官一人。

政和中，文德殿發册，用黃麾細仗，共一千四百二人。設日旗、君王萬歲旗、獅子旗、金鸞旗、青龍旗、赤龍旗各一，在殿東階之東，以西爲上；月旗、天下太平旗、獅子旗、金鳳旗、白龍旗、黑龍旗各一，在殿西階之西，以東爲上；每旗執擔四人。俱北向立。押當職掌二人，分左右立於日、月旗南。次方繖二，團龍扇四，夾方繖。次金吾上將軍二人，將軍四人，引駕官四人。次金甲二人。次四色官六人，內二人執笏，餘執金銅儀刀。次碧襴二十四人，內執金銅儀刀左右各六人，在北。次都押衙二人，立於碧襴之南，少退。次皁纛旗一十二，每旗執擔五人。左右金吾仗司員僚各一人押纛，立於旗南。次青龍旗一在東，白虎旗一在西，每旗執擔六人。員僚二人押旗，在旗之北。以上並分左右，東西向。次五方龍旗在東，五方鳳旗在西，各二十五。每五旗相間，各依方色排列。次五嶽神旗五在東，五星神旗五在西，各依方位排列。每旗執擔三人。次朱雀旗一在東，眞武旗一在西。每旗執擔六人。以上並北向。員僚二人押旗，在旗之南，分左右。次紅門旗二十八，分左右。每旗執擔二人。次寅、卯、辰、巳、

二十四史

中華書局

午、未旗六，在東；申、酉、戌、亥、子、丑旗六，在西。天王旗四，分左右，夾辰旗。次龍君、赤豹、吏兵旗各五，每旗各爲一列在東，每列掩尾天馬旗一，以次在東。每旗執擎三人。次虎君、黃熊、力士旗各五，每旗各爲一列在西〔八〕，每列掩尾天馬旗一，以次在西。每旗執擎三人。員僚六人押仗，各分立旗前。次員僚四人押旗，分左右，東西爲一列。每列一員。左廂第一隊，鶡雞、白澤、玉馬、貔旗、四瀆旗各一，爲一列；下至第九隊旗行列準此。第二隊，角、亢、氐、房、心宿旗各一；第三隊，虛、危、室、壁、奎宿旗各一；第四隊，參、井、鬼、柳宿、駃騠旗各一；第五隊，三角獸、黃鹿、荳文、馴象、飛麟旗各一；第六隊，辟邪、玉兔、吉利、仙鹿、祥雲旗各一；第七隊，花鳳、飛黃、野馬、金鸚鵡、瑞麥旗各一；第八隊，孔雀、兕、甘露、網子、角端旗各一，並各爲一列；第九隊，犛牛旗一，設於孔雀旗後。右廂第一隊，同左廂第一。第二隊，尾、箕、斗、牛、女宿旗各一；第三隊，婁、胃、昴、畢、觜宿旗各一；第四隊，星、張、翼、軫、駃騠旗各一；第五至第八隊，並同左廂第五至第八；第九隊，騶牙旗、蒼烏旗各二，相間爲一列。每旗執擎三人。俱北向。員僚二人，押黃麾立於龍鳳旗之北。左右廂五色龍鳳旗之東西，各設黃麾幡二。次告止幡、傳教幡、信幡各五，次絳麾幡二，次絳引幡五。員僚五人，押黃麾立於龍鳳旗北少東。排闌旗三十，自黃麾幡東西排列，以次於南，每旗執擎三人。俱北向。鐙杖、哥舒各三十，於殿東西兩廂排列。鐙杖起北，哥舒間之，俱東西相向。左右廂執白柯槍各七十五人，東西相

向。又於騶牙旗南設大黃龍旗一，在殿門裏少西，執擎二十人。小黃龍旗一，在大黃龍旗後少西，執擎三人。次大神旗六，分左右。衞尉寺押當儀仗職掌四人，排仗通直官〔九〕二人；大將二人，節級二人，檢察六人，左右金吾仗司押當職掌、排列官各一人。職掌、大將、檢察〔一〇〕。凡大朝會儀衞，有司皆依令式陳設。

初，宋制，有黃麾大仗、半仗、角仗、細仗。南渡後，儀仗尤簡，惟造黃麾半仗、角仗、細仗，而大仗不設。中興大朝會，四朝惟一講，紹興十五年正月朔旦是也。然止以大仗三分減一，用三千三百五十人。自是正旦、冬至俱免大朝賀，以爲定例焉。

黃麾半仗者，大慶殿正旦受朝、兩宮上冊寶之所設也，用二千四百一十五人。其內儀仗官兵等一千八百三人，兵部職掌五人，統制官二人，皆幞頭、公裳、腰帶、靴、笏。金吾司碧襴三十二人，幞頭、碧襴衫、銅革帶，執儀刀。將官二人，幞頭、緋抹額、紫繡羅袍、背膳蛇、銅革帶，執儀刀。旁頭一十人，素帽、紫紬衫、纈衫、黃勒帛，執銅仗子。金銅甲二人，兜鍪、甲衫、錦臂衣，執金銅鉞斧。絳引幡十，告止幡、傳教幡、信幡各二，執幡人皆武弁、緋寶相花衫、勒帛。黃麾幡二，執幡人武弁、黃寶相花衫、銅革帶。小行旗三百人，素帽、五色抹額、緋寶相花衫、勒帛。五色小氅三百人，儀鍠四十人，皆纈帽，五色寶相花衫、勒帛。金節一十二人，武弁、青寶相花衫、銅革帶。殳叉三十人，素帽，五色寶相花衫、勒帛。緣矟二百一十人，素帽，緋寶相花衫、勒帛。烏戟二百一十人，纈帽、緋寶相花衫、勒帛。白柯槍六十人，素帽子、銀褐寶相花衫、勒帛。儀弓二百七十人，纈帽、青寶相花衫、勒帛。儀弩六十人，平巾幘，緋寶相花衫、勒帛。銅仗子二十人，素帽、紫紬衫、黃勒帛。儀刀百八十四人，平巾幘，緋寶相花衫。內大旗下六百一十二人，大旗三十四，龍旗一十，鳳旗一十，五星旗、五嶽旗各五，青龍旗、白虎旗、朱雀旗、玄武旗各一，每旗扶拽一十七人，搭材一名，武弁、五色寶相花衫、勒帛。其外殿中輿輦、繖扇百三十三人，逍遙、平輦各一，每輦人員八人，帽子、宜男纈羅單衫、塗金銀柘枝腰帶。輦官二十七人，幞頭、白獅子纈羅單衫、塗金銀海捷腰帶、紫羅裏夾三襜。中道繖扇六十六，輦官七十人，素方繖四十四人，弓脚幞頭、碧襴衫、塗金銅革帶、烏皮履。繡紫方繖六、花團扇十二、十八人，雉扇二十二人，準備四人，皆武弁、緋寶相花袍、銅革帶。鳳扇二十二人，黃抹額、黃寶相花袍、黃勒帛。編排儀仗職掌五人，立殿下繖扇後，烏皮介幘、緋羅寬衫、白羅大帶。

其黃麾小半仗者，大慶殿冊皇太子及穆清殿皇后受冊之所設也，用一千四百九十九人。其內儀仗官兵等八百八十七人，兵部職掌十二人，金吾司碧襴三十人，絳引幡二、告止幡一、傳教幡一、信幡一，用十五人，黃麾幡一，三人。小行旗百八十人，五色小氅子百

八十人，金節十二人，儀鍠、斧二十三人，緣矟七十五人，烏戟七十五人，白柯槍八十一人，儀弓六十三人，儀弩四十五人，銅仗子一十人，儀刀六十七人。統制官、將官、率頭、金銅甲，皆與前半仗同。內大旗下六百一十二人，殿中輿輦、繖扇百三十二人，皆同前半仗。

其黃麾角仗者，大慶殿冬至受朝、紫宸殿即位、兩宮賀節慶壽、紫宸殿受金使朝之所設也，用一千五十六人。內金吾司放仗官二人，統制官一人，攝大將軍六人，旁頭五人，黃麾幡一，三人，絳引幡八，二十四人，金節十二人，儀弓七十人，儀弩五十人，儀刀七十人，儀鍠、斧一十三人，白柯槍三十人，緣矟七十人，烏戟七十人，小行旗三百人，五色小氅三百人，銅仗子三十人。

其黃麾細仗者，大慶殿、文德殿發冊及進國史之所設也。東都用一千四百二人，中興後或用百人至五百人，隨事增損。而其執仗有四，小行旗、五色小氅、儀刀、銅仗子；其服色有四，纈帽子、素帽子、平巾幘、武弁冠，五色寶相花衫、勒帛。

大朝會之外，有日參、四參、六參、朔參、望參。朔參，用釐務、不釐務通直郎已上。望參，用釐務通直郎已上。宣制、非時慶賀以望參官，餘以朔參官。四參官，謂宰執、侍從、武臣正任、文臣卿監、員郎、監察御史已上。四參遇雨則改日參。在京宮觀奉朝請者赴六參。高宗移蹕臨安，殿無南廊，遇雨雪，則日參官於南閤內起居。宰執、使相立簷下；侍從、兩

省、臺諫官以下立南閤內；卿監、郎官、武功大夫以下立東西廊。紹興十二年十月，有司請行正、至朝賀禮，及講求祖宗故實常朝、視朝、正衙、便殿之儀。乃討論朔日文德殿視朝，紫宸殿日參、望參，垂拱殿日參、四參，假日崇政殿坐，聖節垂拱、紫宸殿上壽之制。請先御正殿視朝。十一月，禮部侍郎王賞言：「正、至及大慶賀受朝，係御大慶殿，與文德、紫宸、垂拱殿禮制不同。月朔視朝，則御文德殿，謂之前殿正衙，設黃麾半仗。其餘紫宸、垂拱皆係別殿，不設儀仗。今大慶殿朝會，禮文繁多，欲先舉行文德殿視朝之制。」時行宮止一殿，乃更作崇政、垂拱二殿。御史臺請以射殿爲崇政殿，朔望權置帳門以爲紫宸殿，宣敕書、德音、麻制以爲文德殿，羣臣拜表、聽御札批答權作文德殿東上閤門。其垂拱殿四參，於殿門外設位版。十三年，始視朝于文德殿，設黃麾半仗二千四百十五人。六月，紫宸殿望參，設黃麾角仗一千五十六人。自是，後殿坐及射殿引呈公事，以日景已高，依舊制設衞士、青涼繖十。淳熙十四年，詔引呈射殿公事，殿門外排立御馬，如後殿之儀。

大朝會儀，舊制，垂拱殿設簾，殿上駐輦，俟起居稱賀班絕，乘輦，樞密、知閤門官、樞密都副承旨、諸房副都承旨前導，管軍引駕至大慶殿後幄降輦，入次更衣。紹興十五年正月朔旦，以二殿經涂與東都異，乃以常御殿爲垂拱殿，免駐輦，設簾帷，設椅子，稱賀畢，過大慶殿後幄。前期，儀鸞司設御榻於大慶殿中，南向，設東西房於御榻左右稍北，設東西閣於

殿後左右，殿上前楹施簾，設香案於殿下。太常展宮架樂於殿庭橫街之南。其日，御輦院陳輿輦、繖扇於殿下，東西相向。兵部陳五輅於皇城南門外，俱北向。騏驥院列御馬於殿門外，東西相向。兵部帥屬設黃麾仗三千三百五十人於殿門內外。以殿狹，輦出房，不鳴鞭。

淳熙十六年正旦，行稱賀禮，比政和五禮月朔視朝儀。皇帝御大慶殿，服鞾袍，卽御坐，皇太子、文武百僚常服稱賀，而設黃麾半仗二千四百十五人。及冬至朝賀，設黃麾角仗一千五十六人。著爲令。而大朝會儀，自紹興十五年以後不設。

校勘記

〔一〕第二部左右領軍衞折衝　據五禮新儀卷二一，此句疑爲注文。

〔二〕第五至第七　「至」字原脫，據五禮新儀卷二一補。

〔三〕第十至第十二　「至」字原脫，據同上書補。

〔四〕在長行之南　「南」，五禮新儀卷二一作「西」。

〔五〕朶殿下稍南　五禮新儀卷二二作「在朶殿下稍南」。

〔六〕皆持以龍頭竿　五禮新儀卷二二，此句上有「凡鷩」二字。

〔七〕以上殿內外仗隊　「外」字原脫，按此處仗隊當指上文殿內、殿外兩部分，「內」下應有「外」字，據五禮新儀卷二二補。

〔八〕在西　二字原脫，據五禮新儀卷二二補。

〔九〕排仗通直官　「仗」原作「列」，據五禮新儀卷二二改。

〔一〇〕職掌大將檢察　按五禮新儀卷二二，此處係敍述職掌等官員服飾；關於仗衞人員服飾，本卷多從略，此六字當刪。

二十四史

中華書局

宋史卷一百四十四

志第九十七

儀衞二

宮中導從　行幸儀衞　太上皇儀衞　后妃儀衞

宮中導從之制，唐已前無聞焉。五代漢乾祐中，始置主輦十六人，捧足一人，掌扇四人，持踏牀一人，並服文綾袍、銀葉弓脚幞頭。尚宮一人，寶省一人，高鬢、紫衣。書省二人，紫衣、弓脚幞頭。新婦二人，高鬢、青袍。大將二人，紫衣、弓脚幞頭。童子執紅絲拂二人，高鬢髻、青衣。執犀盤二人，帶鬅頭、黃衫。執翟尾二人，帶鬅頭、黃衫。雞冠二人，紫衣，分執金灌器、唾壺。女冠二人，紫衣，執香爐、香盤。分左右以次奉引。

太宗太平興國初，增主輦二十四人，改服高脚幞頭；輦頭一人，衣紫繡袍，持金塗銀仗

以督領之。奉珍珠、七寶、翠毛華樹二人，衣緋袍；奉金寶山二人，衣綠繡袍；奉龍腦合二人，衣緋銷金袍，並高脚幞頭。執拂翟四人，鬅頭、衣黃繡袍。舊衣綾袍、紫衣者，悉易以銷金及繡。復增司簿一人，內省一人，司儀一人，司給一人，皆分左右前導，凡一十七行。每正至御殿，祀郊廟，步輦出入至長春殿用之。其乘輦，則屈右足、垂左足而憑几，蓋唐制也。眞宗時，加四面內官周衞。大中祥符三年，內出繪圖以示宰相。

行幸儀衞。宋初，三駕皆以待禮事。車駕近出，止用常從以行。其舊儀，殿前司隨駕馬隊，凡諸班直內，殿前指揮使全班祗應：左班七十六人，二十四人在駕前左邊引駕，五十二人作兩隊隨駕〔一〕；右班七十七人，二十四人在駕前右邊引駕，五十三人在駕後作兩隊隨駕，二十七人第一隊，二十六人第二隊。內殿直五十四人，散員六十四人，散指揮六十四人，散都頭五十四人，散祗候五十四人，金槍五十四人，茶酒班祗應殿侍百五十七人，東第二班長入祗候殿侍十八人，駕後動樂三十一人，馬隊弩手分東西八十五人，招箭班三十五人，散直百七人，鈞容直三百二十人，御龍直百四十二人，御龍骨朵子直二百二十人，並全班祗應。御龍弓箭直百三十三人，御龍弩直百三十三人，寬衣天武指揮二百一十六人。各有都虞候、指揮使、員僚。若隨駕不使馬隊〔二〕，卽減內殿直、散員、散指揮、散都頭、散祗候、金槍

等直，仍減東西班馬隊弩手八十五人，餘並同上。

凡皇城司隨駕人數：崇政殿祗應親從四指揮共二百五十二人，執擊骨朵，充禁衞；崇政殿門外快行、祗候、親從第四指揮五十四人；車駕導從、兩壁隨行親從親事官共九十六人，並於駕前先行，行幸所到之處，充行宮司把門、灑掃祗應。各有正副都頭、節級、十將。

尚書兵部供黃麾仗內法物：罕畢各一。五色繡氅子並龍頭竿挂，第一，青繡孔雀氅；第二，緋繡鳳氅；第三，青繡孔雀氅；第四，皁繡鵝氅；第五，白繡鵝氅；第六，黃繡雞氅。又六軍儀仗司〔三〕供儀仗法物，內獅子旗四口，充門旗二口，各一人執，分左右；二口各十人執擔，分左右，擔人執弓箭。又左金吾引駕仗供牙門旗十四口，十口開五門，每門二口，每口一人執二人夾，計三十人，並騎，夾人執弓箭。監門校尉二十人，每門四人，並帶儀刀，騎。二口係前步甲第七隊前，二口係前部黃麾第一隊前，二口係後部黃麾第一隊前，二口係後步甲第一隊前，二口係後步甲第七隊前。四口開二門，每門二口，每口一人執二人夾，計十二人，並騎。監門校尉六人，並帶儀刀，騎。二口係兵部班劍儀刀隊後，二口係眞武隊前。又右金吾引駕仗供牙門旗十四口，制同左仗。

仁宗康定元年，參知政事宋庠言：「車駕行幸，非郊廟大禮具陳鹵簿外，其常日導從，惟前有駕頭，後擁繖扇而已，殊無禮典所載公卿奉引之盛。其侍從及百司官屬，下至廝

役，皆雜行道中。步輦之後，但以親事官百餘人執檛以殿，謂之禁衞。諸班勁騎，頗與乘輿相遠；士庶觀者，率隨扈從之人，夾道馳走，喧呼不禁。所過旗亭市樓，垂簾外蔽，士民憑高下瞰，莫爲嚴憚。邏司街使，恬不呵止，威令弛闕，玩習爲常。非所謂旄頭先驅，清道後行之愼也。且自黃帝以神功盛德，猶假師兵營衞，則防微御變，古今一體。案漢魏以降，有大駕、小駕之儀。至唐又分殿中諸衞、黃麾等仗，名數次序，各有施設。國朝承五姓荒殘之弊，事從簡略，每鳴鑾游豫，盡去戈戟、旌旗之制，儀衞寡薄，頗同藩鎭。此皆制度放失，憚于改作之咎。宜委一二博學近臣，討繹前代儀注及鹵簿令，以乘輿常時出入之儀，比之三駕諸仗，酌取其中，稍增儀物，具嚴法禁，以示尊極，以防未然。革去因循，其在今日。」詔太常禮院與兩制詳定，參以舊儀，別加新制。

兩制同禮官議，略準小駕制度，添清道馬、罕畢、旗氅等物。別爲常行禁衞儀，加清道馬百匹，並帶器械，分五行，行二十人。請下殿前司，於諸班內差。罕畢各一，分左右，並騎。牙門旗前後各四，分左右，並騎。緋繡鳳氅二十四，分左右，並騎。以上請下殿前司，於諸班內差充。雉扇十二，分左右。請於親從官內差充。以上新添百六十二人。凡天武官舊二百一十六人，空行，今添執哥舒，爲一重。親從官舊百四十五人，今添百五十五人，通爲三百人，爲一重。殿前指揮使舊四十八人，今添百五十二人，通爲二百人，或於近上諸班相兼差充，並騎，爲一

中華書局

重。以上因舊人數添。舊四百九人，新添三百七人，共七百一十六人。

凡駕前殿前指揮使、親從官爲二重，左右相對，各開二門，約二丈，每門並差人員二人押當。第一門與通事舍人相對，第二門與閤門使相對。每有臣僚迎駕起居，並令中道候起居畢，於左右門出。其諸色人止令於牙門旗前道傍起居，不得便入禁衞中。每門外重，令殿前指揮使執旗二面以表門，用轉光錯綵旗，通上計五重，皆掩後圍轉。凡百司祗應人於禁衞內無執掌者，及隨駕臣僚除合將入禁衞隨從人數外，餘並令於殿前指揮使行外左右前後行。凡前牙門旗以後，後牙門旗以前，屬禁衞中，不得輒入。凡中書、樞密院臣僚，並於從內第三重寬衣天武內行馬；其餘隨駕文武臣僚，並在從內第四重殿前指揮使內，分左右依官位行馬。

凡車駕經歷去處，若有樓閣，並不得垂簾障蔽，及止絕士庶不許臨高瞰下，止於街兩傍立觀，即不得夾路喧呼馳走。前牙門以前，後牙門以後，不在此限。凡車駕未出皇城門，宣德、左右掖、東華、拱宸門及已至所幸處，即自有門禁，不用牙門旗約束。凡車駕已在道，前牙門旗雖行，後牙門旗未行，除止絕閑雜行人外，其隨駕臣僚官司人等，並依常例，次第赴合隨從及行馬去處。凡前牙門旗在清道馬後約十步已來，後牙門旗在駕後殿前指揮使之後。凡街巷寬闊處，儀衞並依新圖排列。如遇窄狹街巷，禁衞止用親從官二重，御龍直二重，雉扇隨輦。其殿前指揮使[四]、天武官，並權分於駕前後隨行。後至寬闊處，乘輿徐行，儀仗

依舊排列。或駕幸園苑、宮觀、寺院并臣僚宅，即清道馬、儀仗、殿前指揮使、天武官更不入，惟於外排立。其隨駕臣僚及諸司人，自依常例隨從，候駕行，依次排列。或臣僚宅在巷內，前去不通人行處，其儀仗、殿前指揮使等，各於巷口排立；止絕行人，餘並如故。時詳定閱習既畢，或言新制嚴密，慮違犯者衆，因不果行。

嘉祐六年，先是，幸睦親宅，抱駕頭內臣墜馬，壞駕頭。太常禮院、閤門及整肅禁衞所請自今車駕出，以閤門祗候并內臣各二員，分駕頭左右扇筤後編攔，仍以皇城司親從官二十人隨之。

哲宗紹聖二年，詔：車駕行幸儀衞，駕後東西班殿侍馬兩隊，撥充駕前編攔，分兩壁行於前引行門之前，隨身器械，各別給銀骨朵一。駕後馬隊、殿前指揮使馬，以百人分四隊。不足，據人數均差，仍別差人員六人。內殿直、散員、散指揮、散都頭、散祗候，並增作一百四人，分四隊，內人員各四人。金槍班添一隊，作七十八人，內人員三人。弩手班添兩隊，充填撥過東西班殿侍馬兩隊。禁衞御龍直、弓箭直、弩直、長行，仍各添給銀骨朵。禁衞外，添差編攔天武人員、長行共二百人，揀選有行止舊人充，出入止於宣德門外，至行在所，即止於行宮門外。

南渡後，乘輿出入，初未有儀。高宗將迎韋太后于郊，因製常行儀仗，用黃麾仗二千二百六十五人。孝宗朝德壽宮，減一千人，用殿前司六百二十九人，皇城在內巡檢司三百九十一人，崇政殿四百四十九人，凡一千四百六十九人。四孟詣景靈宮，用殿前司八百七十五人，皇城在內巡檢司五百二十八人，崇政殿五百二十一人，凡一千九百二十四人。九年正月，詔：駕出御後殿坐，宰執、百官、儀衞等赴後殿，起居殿上；登輦，出後殿門，駕回，入祥曦殿門。

太上皇儀衞。隆興元年，孝宗嗣位，詔有司討論德壽宮輿輦儀衞。先是，紹興三十二年六月，詔：「上皇日常朝殿，差御龍直四十三人，執仗排立，并設繖扇，鳴鞭。宰執退朝，仍赴德壽宮起居。如遇行幸，令禁衞所隨以祗應。」兩奉上皇旨，却而不受，故復有是詔。尋有司上言：「漢之未央，唐之興慶，其車輦儀衞不載。今父堯子舜，事親典禮，凡往古來今所未備者，當以義起，極其尊崇，爲萬世法。」遂定宰執、百官詣德壽宮起居，則禁衞所依後殿坐儀排列，禁衞二百九十七人祗應。行幸，則禁衞所差行門、禁衞諸班直、天武親從官及繖扇、鳴鞭、燭罩等合五百人，隨行扈從。前引七十人：內行宮殿前崇政殿親從一十人，都下親從二十人，快行親從二十人，殿前指揮使二十人。中道六十人：編排禁衞行子一十人，執從物御龍直三十人，執繖扇天武一十人，崇政殿親從攔前一十人。禁衞圍子四重四百人：

第一，崇政殿親從一百人；第二，御龍直、骨朵直、弓箭直三十人，東西班七十人；第三，執燭罩都下親從一百人；第四，內殿直一十人，散員、散指揮、散都頭、散祗候、金鎗、銀鎗班各一十人，後從殿前指揮使二十人。

皇太后儀衞。自乾興元年仁宗卽位，章獻太后預政，侍衞始盛。用禮儀院奏，製皇太后所乘輿，名之曰「大安輦」。天聖元年，有司言：「皇太后車駕出，合設護衞：御龍直都虞候一人，都頭二人，副都頭一人，長行五十人，十將已下[五]；骨朵子直都虞候一人，都頭二人，副都頭二人，十將、長行八十人；弓箭直指揮使一人，都頭二人，副都頭二人，十將、長行五十人；弩直指揮使一人，都頭二人，副都頭二人，十將、長行五十人。殿前指揮使兩班：左班都虞候一人，都知一人，行門三人，長行二十人，帶器械；右班指揮使一人，都知一人，行門三人，長行二十人，帶器械。皇城司禁衞二百人，寬衣天武二百人，供御輦官六十二人，寬衣天武百人。餘諸司祗應、鳴鞭、侍衞，如乘輿之儀。」詔依。

嘉祐八年，英宗卽位，太常禮院言：「準詔再詳定皇太后出入儀衞：御龍直都頭二人，長行二十五人；骨朵子直都頭二人，長行四十人；弓箭直都頭二人，長行二十五人；弩直都頭二人，長行二十五人。殿前指揮使兩班，各都知一人，行門各二人，長行各一十人，帶器

中華書局

械。皇城司禁衞一百人，寬衣天武一百五十人，打燈籠子親事官八十人。入內都知、御藥院官各一員，內東門司使臣二員。御輦院短鐙、教駿、攏馬親事官，入內院子，諸司幷入內內侍省祗應內品，人數不定。」詔依。

治平元年，詔皇太后出入唯不鳴鞭〔六〕，他儀衞如章獻明肅故事。四年，神宗嗣位，詔太皇太后儀範已定，皇太后合設儀衞：御龍直、骨朵子直差都虞候、都頭、副都頭各一人，十將、長行各共三十人；弓箭直、弩直差指揮使、都頭、副都頭各一人，十將、長行各共二十人。皇城司親從官一百人，執骨朵寬衣天武官百五十人，充圍子行宮司人員共一百人，入內院子五十人，充圍子皇城司親事官八十人。打燈籠、短鐙馬、攏馬親從官，金銅車、椶車隨車子祗應人，擎檐子供御輦官，執擎從物等供御、次供御幷下都輦直等，人數不定。都知一員，御藥院使臣二員，內東門司使臣二員，內酒坊、御廚、法酒庫、儀鸞司、乳酪院、翰林司、翰林院、車子院、御膳素廚、化成殿果子庫，並從。遇出新城門，添差帶器械內臣。

哲宗即位，元祐元年，詔太皇太后出入儀衞，並依章獻明肅皇后故事。其不可考者，則依慈聖光獻皇后之例。既而又詔：太皇太后出入儀衞，添御龍骨朵子直三十六人，御龍弓箭直四十五人，御龍弩直四十五人，皇城司禁衞五十人，馬隊三百五十人，東西班、茶酒班殿侍共一百人，快行增至二十人。軍頭引見司監官二員，並將帶承局、等子，依隨駕例祗

應；鈞容直并動樂殿侍，則候開樂取旨。

仁、英、哲之世，太后臨朝垂簾，儀從亦不崇侈，止曰儀衞，無鹵簿名也。南渡後尤簡，其車以輿不以輦，餘惟繖、扇而已。紹興奉迎太母，極意備禮，然猶曰太后天性朴素，不敢過飾儀從。器物惟塗金，輿前用黃羅繖扇二，緋黃繡雉扇六，紅黃緋金拂扇二，黃羅暖扇二。朝謁景靈宮、太廟，則用禁衞諸班直、天武親從五百人。其前引、中道、圍子，同上皇儀衞而差省焉。

皇太妃出入儀衞。哲宗紹聖元年，三省、樞密院言：「增崇皇太妃出入儀衞：龍鳳扇二十，侍從官入內省都知或押班一員，內侍省都知或押班一員，皇城司、御藥院、內東門司各一員，帶御器械內侍八員，引喝內侍一員。殿前指揮使三十二人，內人員二人，御龍直三十三人，骨朵子直三十三人，弓箭直二十三人，弩直二十三人，天武官一百五十四人，皇城司禁衞一百人，入內院子五十人，行宮司一百人，輦官供御六十二人，次供御四十九人，下都五十八人，燭籠七十，諸司御燎子、茶牀，快行親從四人。」禮部太常寺又言：「元祐三年，詔皇太妃繖用紅黃羅。參議得皇太后出入繖用紅黃，今皇太妃若亦用黃，則非差降之意。伏請紅黃繖用，從皇太后出入，則止用紅。」

徽宗崇寧元年，臣僚言：「元符皇后，先帝皇后也，其典禮宜極褒崇。」於是約聖瑞皇太妃之制，出入由宣德正門，增龍鳳扇二十，御龍直十二人，御龍骨朵子直十七人，御龍弓箭直十二人，御龍弩直二十二人，殿前指揮十三人，皇城司禁衞二十人，快行親從官四人，執燭、皇城司親從官、金銅車幷椶車，隨時定數供須。行幸藥架一坐，勾當官、吏人二員，封題一員，藥童三人，擡檠藥架輦官十一人，秤、庫子親事官，量差人數祗應。從之。

二年，臣僚又言：「元符皇后，元符末嘗預定策之勳〔七〕，以承神宗、哲宗之志。」禮部太常寺奏：「典禮，準聖瑞皇太妃例，侍從官入內內侍省都知或押班一員，皇城、御藥、內東門司官各一員，御輦院輪官隨從，諸司御燎子、茶牀、帶御器械內侍十人，引喝內侍一人。輿用龍鳳、繖紅黃兼用。出入由宣德東門，今欲出入由宣德正門。龍鳳扇二十柄，今添作三十柄。輦官供御六十二人，次供御四十九人，都下五十八人。御龍直三十三人，今添作四十五人。御龍骨朵子直三十三人，今添作五十人。御龍弓箭直三十三人，今添作四十五人。御龍弩直二十三人，今添作四十五人。殿前指揮三十二人，今添作四十五人。內臣二人。皇城司一百人禁衞，今添作一百二十人。天武官一百五十四人，行宮司一百人，入內院子五十人。快行親從官四人，今添作八人。執燭、皇城司親從官、金銅車並椶車，逐時內中批出合要數供須。行幸藥架一坐，勾當官一員，吏人二員，封題一員，藥童三人，擡檠藥架輦

官十一人，秤、庫子親事官，量差人數祗應。」從之。

皇后儀衞，惟東都政和禮有鹵簿，他無鹵簿之名，惟曰儀衞而已。中興後，皇太后既尚簡素，后尤簡焉。出入朝謁宮廟，用應奉御輦官一員，人吏三人。供應六十三人：內人員十五人，頭帽、紫羅四袴單衫、金塗銀柘枝腰帶；肩擎輦官四十八人，幞頭、緋羅單衫、金塗海捷腰帶，紫羅表夾三襜、緋羅看帶。次供應十四人：內人員一人，服同上，惟海捷帶；輦官一十三人，服同肩擎官，惟行獅帶。都下五十四人：內人員一人，帽服同前；輦官五十三人，服同上，輦官惟雲鶴帶。

校勘記

〔一〕作兩隊隨駕　「隊」下原衍「馬」字，據下文右班「作兩隊隨駕」句和太常因革禮卷八五刪。

〔二〕若隨駕不使馬隊　「駕」原作「馬」。按此處係敍述隨駕馬隊，「馬」當爲「駕」；太常因革禮卷八五正作「駕」，據改。

〔三〕又六軍儀仗司　「又」原作「右」。按宋以左右羽林、龍武、神武爲六軍，掌郊祀、朝會儀仗，見宋會要職官三三之六，「六軍儀仗司」上不當有「右」字。太常因革禮卷八五「右」作「又」，據改。

中華書局

〔四〕殿前指揮使　「殿」原作「後」，據上下文和太常因革禮卷八五改。

〔五〕長行五十人十將已下　本句有誤。按太常因革禮卷八五作：「十將、長行五十人。」和下文敍述一致，疑以因革禮爲是。

〔六〕詔皇太后出入唯不鳴鞭　「皇太后」原作「太皇后」，據宋會要輿服一之一三、長編卷二〇一改。

〔七〕元符末嘗預定策之勳　「末」原作「未」。按宋會要后妃一之二〇，崇寧元年七月八日詔：「元符皇后自今應共須薦獻之物，並依聖瑞皇太妃元符三年體例，以后於元符末嘗參預欽聖援立之謀也。」據改。

宋史卷一百四十五

志第九十八

儀衞三

國初鹵簿

國初鹵簿。太祖建隆四年，將郊祀，大禮使范質與鹵簿使張昭、儀仗使劉温叟，同詳定大駕鹵簿之制，惟得唐長興南郊鹵簿字圖，校以令文〔一〕，頗有闕略違戾者。禮儀使陶穀建議：「金吾及諸衞將軍導駕及押仗，舊服紫衣，請依開元禮各服本色繡袍。金吾以辟邪，左右衞以瑞馬，驍衞以雕虎，威衞以赤豹，武衞以瑞鷹，領軍衞以白澤，監門衞以師子，千牛衞以犀牛，六軍以孔雀爲文。舊，執仗軍士悉衣五色畫衣，隨人數給之，無有準式，請以五行相生之色爲次，黑衣先之，青衣次之，赤、黃、白又次之。大駕五輅，各有副車，近代寖廢，請依

令文增造。又案明宗舊圖，導駕三引而儀仗法物人數多，周太祖鹵簿六引而人數少，請準令文用六引，其鹵簿各依本品以給。」從之。舊清游隊有甲騎具裝，亡其制度，穀以其所記造之。又作大輦，皆率意定其制。穀又取天文大角、攝提列星之象，作攝提旗及北斗旗、二十八宿旗、十二辰旗、龍墀十三旗、五方神旗、五方鳳旗、四瀆旗。時有貢黃鸚鵡、白兔，及馴象自來，又作金鸚鵡、玉兔、馴象旗。太祖又詔別造大黃龍負圖旗一，大神旗六，日旗一，月旗一，君王萬歲旗一，天下太平旗一，師子旗二，金鸞旗一，金鳳旗一，五龍旗五，凡二十一旗〔二〕，皆有架，南郊用之。大黃龍負圖旗陳於明德門前，餘二十旗悉立於宿頓宮前，遇朝會册禮，亦皆陳於殿庭。凡馬步儀仗，共一萬一千二百二十二人，悉用禁軍。大將軍、將軍以軍主、都虞候攝事，中郎將、都尉以指揮使、副指揮使攝事，校尉、主帥以軍使、副兵馬使、都頭、副都頭、十將攝事。

乾德三年，蜀平，命左拾遺孫逢吉收蜀法物，其不中度者悉毀之。是歲，太祖親閱鹵簿。四年，始命改畫衣爲繡衣，至開寶三年而成，謂之「繡衣鹵簿」。其後郊祀皆用之。軍衞羽儀，自是寖甚。每大祀，命大禮、禮儀〔三〕、儀仗、鹵簿、橋道頓遞五使，鹵簿使專掌定字圖排列，儀仗使糾督之，大禮及餘使同按閱，致齋日巡仗。又命殿前大校管勾捧日、奉宸隊，侍衞大校勾當儀仗兵隊，捧日、天武廂主四人，編排捧日、奉宸隊及執仗人，內諸司使、副使

三員同押儀仗，別二員編排導引官。六年，詔節度使已下，除在京巡檢及押儀仗外，並令服袴褶衣導引。

太宗至道中，令有司以絹畫爲圖，圖凡三幅，中幅車輅、六引及導駕官，外兩幅儀衞，其替場青城，又別爲圖，圖成，以藏祕閣。凡仗內自行事官、排列職掌幷捧日、奉宸、散手天武外，步騎一萬九千一百九十八人，此極盛也。

眞宗咸平五年，詔南郊儀仗引駕官，不得多帶從人。宰臣，親王，樞密、宣徽使，參知政事，樞密副使，三司使，各四人。尚書，節度使，翰林學士、侍讀、侍講學士，各三人。給事，諫議，知制誥，大卿監，金吾大將軍，樞密都承旨、副承旨，客省閤門使、副使，諸司使、副使至內殿崇班，各二人。少卿監，諸行郎中已下，閤門祗候已下，各一人。又詔南郊引駕官，中書、樞密院一行在東，親王一行在西，餘依官次。大中祥符元年，改小駕爲鸞駕。

自太祖易繡衣鹵簿後，太宗、眞宗皆增益之。仁宗卽位，儀典多襲前世，宋綬定鹵簿，爲圖記十卷上之，詔以付祕閣。凡大駕，用二萬六十一人，大率以太僕寺主車輅，殿中省主輿輦、繖扇、御馬，金吾主纛、矟、十六騎、引駕細仗、牙門，六軍主槍仗，尚書兵部主六引諸隊、大角、五牛旗，門下省主寶椟，司天臺主鐘漏，太常主鼓吹，朝服法物庫出旗器、名物、衣冠、幰蓋，軍器庫出箙、弩、矢，內弓箭庫出戎裝、雜仗。凡六引導駕、太僕卿、千牛將軍、

殿中侍御史、司天監少府監僚佐局官、乘黃令、大將軍、金吾上將軍、將軍、六統軍，皆以京朝官內諸司使、副使以下攝事。仗內用禁軍諸班直：捧日、天武、拱聖、神勇、宣武、驍騎、武勝、寧朔、虎翼兵。大將軍、將軍以軍主、都虞候攝。中郎將、郎將、都尉以指揮使、副指揮使攝。校尉、主帥、旅帥、隊正以軍使、副兵馬使、都頭、副都頭、十將攝。餘法駕、鸞駕、黃麾仗，則遞減其數。

景祐五年，賈昌朝言儀衞三事：

一曰南郊鹵簿，車駕出宮詣郊廟日，執毬杖供奉官，於導駕官前分列迎引，至於齋宮。夫毬杖非古，蓋唐世尙之，以資玩樂。其執之者皆褻服，錦繡珠玉，過於侈麗，旣不足以昭文物，又不可以備軍容。常時豫游，或宜施用。方今夙夜齋戒，親奉大祀，端冕顒昂，鼓吹不作，而乃陳戲賞之具，參簪紳之列，導迎法駕，入于祠宮。稽諸典儀，未爲允稱。況導駕官兩省員數悉備，何煩更有此色供奉官，謂宜徹去毬杖，俟禮畢還宮，鼓吹振作，卽復使就列。

二曰大駕鹵簿，有羊車前列。臣案羊車本漢、晉之代，乘於後宮。隋大業中，增金寶之飾，駕以小馴，馭以丱童，自是以來，遂爲法從。唐制兼有輦車、副車之名，國朝因循，尙未改革。竊以郊祭天地，廟見祖宗，車服所陳，動必由禮。至於四望、耕根之屬，

兼包歷代，皆或有因，豈容後宮所乘，參陪五輅。欲望大駕不用羊車，所冀肅恭，稽合典禮。

三曰南郊大駕鹵簿，儀衞甚衆，有司雖依典禮，名物次第，兵杖數目，預先分布，及五使量行案閱。其如被差執掌吏員兵伍，素不閑習，行列先後，多失次序；所持名物，亦或差互。押當官但以行事爲名，從便趨進，失其處守。竊謂三載親郊，國之大事，旁陳象物，仰法乾行，四方之人，觀禮於是，宜詳制度，以示光華。請大駕鹵簿前後仗衞次第，於致齋前命儀仗、鹵簿使令有司執簿籍率押當官曁諸衞、諸省〔四〕執仗士卒將領者，自殿門至郊廟分列之處，詳視先後及器仗名品，無令差忒。

詔禮儀使宋綬與太常禮院同詳定以奏。綬奏：「鹵簿內有諸司供奉，蓋資備物，以奉乘輿。今昌朝言宿齋之時，不可陳玩樂之具。請郊祀前一日，應供奉官等令宿幕次，俟皇帝行禮畢降壇，導至青城，由青城前導歸大內。後漢劉熙釋名曰：『羸車、羊車，各以所駕名之也。』隋禮儀志曰：『漢氏或以人牽，或駕果下馬。』此乃漢代已有，晉武偶取乘於後宮，非特爲掖庭制也。況歷代載於輿服志〔五〕，自唐至今，著之禮令，宜且仍舊。其鹵簿儀仗，遇南郊前，五使預閱素備，願依昌朝所奏，下儀仗、鹵簿使加點閱，使之齊肅。」

皇祐二年，將享明堂，鹵簿使奏：「法駕減大駕三分之一，而兵部亡字圖故本，且文牘散

逸，雖粗有名數，較之禮令，未有以裁其中。」詔禮官與兵部加考正，爲圖以奏。及上圖，法駕鹵簿用萬有一千八十八人。嘉祐二年祫享，用禮儀使奏：「南郊仗，金吾上將軍、六統軍、左右千牛，皆服紫繡戎服，珂珮，騎而前；節度使亦衣袴褶導駕，如舊例。」是月，禮官奏：「南郊還，在禮當乘金輅，而或詔乘大輦，宜著于令，常以大輦從。」六年，幸睦親宅，內侍抱駕頭墮馬，駕頭壞。御史中丞韓絳奏請嚴儀衞，事下閤門、太常禮院議。遂合奏：「車駕出，請以閤門祗候及內侍各二員，扶駕頭左右，次扇筤，又以皇城親從兵二十人從其後。」

神宗熙寧七年，詔太常看詳兵部大駕鹵簿字圖，遂奏言：「制器尙象，有其數者，必有其義。後世車駕儀仗，多雜秦、漢制度，當革其尤者。周禮車僕：『凡師，共革車，各以其萃。』萃，副車也。諸輅之副，宜次正輅。羊車，前代宮中所乘；五牛旗，蓋古之五時副車也，以木牛載旗，用人輿之，失其本制：宜除去。」從之。

元豐元年，詳定所言：「大駕輿輦、仗衞儀物，兼取歷代所用，其間情文訛舛甚衆。或規摹苟簡而因循已久；或事出一時而不足爲法。」詔令更定。於是請去二十八宿、五星、攝提旗所繪人形，及龍、虎、仙童、大神、金鸚鵡、黃鸚鵡、網子、螣蛇、神龜等旗。舊制，親祠南郊，皇帝自大次至版位，內侍二人執翟羽前導，號曰「拂翟」。拂翟不出禮典，乃漢乾祐中宮中導從之物，不宜用諸郊廟。詔可。

又禮文所言：

近制，金輅不以金飾諸末，象輅不以象飾諸末，革輅不輓，木輅不漆，請改飾四輅。太常則繪三辰，加升龍、降龍，大旂則繪交龍、大赤鳥隼、大白熊虎、大麾龜蛇而去其雲龍，使之應禮。又古者，五輅皆載旗，謂之「道德之車」。考工記車戟崇於殳，酋矛崇於戟，各四赤，戟矛皆插車騎，謂之「兵車」。戰國尙武，故增插四戟，謂之「闟戟」。則知德車、武車，固異用矣。漢鹵簿，前驅有鳳凰闟戟，猶未施於五輅。江左以來，五輅乃加棨戟於車之右，韜以黼繡之衣。後周司輅，左建旗，右建闟戟，闟戟方六尺，而被之以黼，皆戾於古。請去五輅闟戟，以應「道德」之稱，而建太常於車後之中央，升輅則由左。

又按周禮：「大馭，掌馭玉輅以祀。」則祀乘玉輅也。齋僕掌馭金輅，齋右充金輅之右，則齋乘金輅也。齋祀之車，異用而不相因。國朝親祠太廟，致齋文德殿，翌日卽進玉輅，非制。請進金輅，俟太廟祠畢，翌日，御玉輅詣郊。

又周禮戎右職曰：「會同，充革車。」儀禮曰：「貳車畢乘。」禮記曰：「乘君之乘車，不敢曠左，左必式。」蓋古者後車餘輅，不敢曠空，必使人乘之，所以別曠左之嫌也。自秦兼九國車服，西漢因之，大駕屬車八十一乘。後漢志云：「尙書、御史所載。」揚雄曰：「鴟

夷國器，託於屬車。」則是漢之屬車，非獨載人，又以載物，亦儀禮所謂「畢乘」之義也。請令尙書、御史乘之，或以載乘輿服御。

又言：「法駕之行，必有共輿者，蓋以承淸問。周官有太僕、齋僕、道僕，所以御車，至參乘，則其禮益重。故道德之車則有齋右、道右，武車則有戎右，皆以士大夫爲之。國朝之制，乘輿有太僕而無參乘，請增近臣一員，立車右。」

其後，詔增製五輅及參乘，玉輅建太常，金輅建大旂，象輅建大赤，革輅建大白，木輅建大麾。諸輅之副，各次正輅，仍存闟戟焉。時大駕鹵簿，仗下官一百四十六員，執仗、押引從軍員、職掌諸軍諸司二萬二千二百二十一人。初，玉輅自唐顯慶中傳之，號「顯慶輅」。神宗更製新玉輅，六年正月，御大慶殿受朝，先夕陳諸庭，夜半徹幕屋，壓焉。自是竟乘舊輅。

徽宗建中靖國元年，太常寺狀具南郊儀仗，人兵二萬一千五百七十五人。政和四年，禮制局言：「鹵簿六引儀仗，信幡承以雙龍，大角黑漆畫龍，紫繡龍袋，長鳴、次鳴、大小橫吹、五色衣幡、緋掌畫交龍。按樂令，三品以上緋掌畫蹲豹。蓋唯乘輿器用，並飾以龍。今六引內係羣臣鹵簿，而旗物通畫交龍，非便，合釐正。」七年，兵部尙書蔣猷請令有司取天聖鹵簿圖記，更加考正可否而因革之。詔如其請。宣和元年，蔡攸被旨改修，凡人物器服，盡從古制，飾以丹采，三十有三卷。

高宗初至南京，孟太后以乘輿服御及御輦儀仗來進。建炎初，詔東京所屬起發祭器、法服、儀仗赴行在所。十一月，帝郊於揚州，儀仗用一千三百五十五人。倉卒渡江，皆爲金兵所焚。紹興十二年，有司言：「天子起居，當備法駕，況太母回鑾，將奉郊迎。」遂令工部尙書莫將等檢會本朝文德、大慶殿舊儀，下太常定，用二千二百六十五人，於是始備黃麾仗，慶、冊、親饗皆用焉。是年冬，玉輅成。

明年，郊，準國初大駕之數，一萬一千二百二十二人。內舊用錦襖子者以纈繒代，用銅革帶者以勒帛代。而指揮使、都頭仍舊用錦帽子、錦臂袖者，以方勝練鵲羅代；用絁者以紬代。禁衞班直服色，用錦繡、金銀、眞珠、北珠者七百八十人，以頭帽、銀帶、纈羅衫代。旗物用繡者，以錯采代；車路院香鐙案、衣褥、睥睨，御輦院華蓋、曲蓋及仗內幢角等袋用繡者，以生色代。殿前司仗內金槍、銀槍、旗幹，易以漆飾；而拂扇、坐褥以珠飾者去之。帝曰：「事天貴質，若惟事華麗，非初意矣。」十月，鹵簿器物及金象革木四輅、大安輦皆成。太常又奏，前後六引鼓吹八百八十四人，舊制騎。今路狹擁遏，欲止令步導。從之。十六年，始增捧日、奉宸隊，合一萬五千五十人。鹵簿之制備矣。三十一年九月，行明堂禮，儀物視

郊祀省三之一，用一萬一千五人〔六〕。

孝宗隆興二年正月，以鹵簿勞民，乃令有司條具其可省者。次年郊祀，止用六千八百八十九人，蓋減紹興二十八年人數之半也。乾道六年之郊，雖仍備五輅、大安輦、六象，而人數則如舊焉。自後，終宋之世，雖微有因革，大抵皆如乾道六年之制。若明堂，則四輅、大安輦皆省，止用三千三百十九人。故事，祀前二日詣景靈宮，皆備大駕儀仗、乘輅。中興後，以行都與東都不同，前二日止乘輦。次日，自太廟詣青城，始登輅，設鹵簿。自紹興十三年始也。車駕遇雨，玉輅施障，從駕臣僚賜雨具，中道遇晴則撤。郊壇遇雨，則就青城放御仗，逍遙子還宮，導駕官免步導。

大駕鹵簿。象六，中道，分左右。次六引，中道。第一，開封令；第二，開封牧；駕從餘州縣出者，所在刺史、縣令導駕，準此。第三，太常卿；第四，司徒；第五，御史大夫；第六，兵部尙書。以上各用本品鹵簿。次纛十二。每纛一人持，一人托，四人擔，騎二人押。次犦矟騎八，押衙四人騎引。左右金吾上將軍四人，將軍四人，大將軍各一人，折衝都尉一人。大將軍、都尉並夾以犦矟二，每矟一人執，二人夾，纛矟皆中道。次清游隊。左右道。白澤旗二，一人執，二人引，二人夾，左右金吾折衝都尉各一人領。弩八，弓箭三

二十四史

中華書局

十二，矟四十。次左右金吾十六騎，左右道，主帥各一人分領。弩八，弓箭十二，矟十二。次夾道佽飛，騎。左右金吾果毅都尉各二人分領。虞候佽飛四十八人，鐵甲佽飛二十四人。

次前隊殳仗。左右道。左右領軍衞將軍各一人，犦矟四人，主帥四人，殳八十，叉八十；相間。左右武衞屯衞主帥各四人，殳各五十人，叉各五十人；左右驍衞主帥四人，殳四十，叉四十。次朱雀旗一，中道，一人持，二人引，二人夾。弩四，弓箭十六。次龍旗十二。中道，並一人執，二人引，二人護後；副竿二，皆騎，左右金吾果毅都尉各一人領。風伯、雨師旗各一，雷公、電母旗各一，木、火、土、金、水星旗各一，左、右攝提旗各一，北斗旗一。次指南、記里鼓、白鷺、鸞旗、崇德、皮軒車。左右金吾衞果毅都尉各一人，來往檢校。次引駕十二里(七)。中道，並騎。弩八，弓箭八，矟八。

次太常前部鼓吹。令二人，府史四人從。掆鼓十二在左，主帥四人騎領。金鉦十二在右，主帥四人騎領。大鼓百二十，主帥二十人騎領。長鳴百二十，主帥六人騎領。鐃鼓十二，主帥四人騎領。歌二十四，拱宸管二十四，簫二十四，笳二十四，大橫吹百二十，主帥十人騎領。節鼓二，笛二十四，簫二十四，觱篥二十四，笳二十四，桃皮觱篥二十四；掆鼓十二在左，主帥二人騎領。金鉦十二在右，主帥二人騎領。小鼓百二十，主帥十人騎領。中鳴百二十，主帥六人騎領。羽葆鼓十二，主帥四人騎領。歌二十四，拱宸管二十四，簫二十四，笳二十四。

次司天監一人，騎，引相風、刻漏，中道。令史一人，排列官二人，騎從。相風烏輿一，匠人一。交龍

鉦、鼓各一，司辰、典事各一人騎從。鍾樓、鼓樓各一，行漏輿一，漏刻生四人從。清道二人，十二神輿一。司天官一人押。

次持鈒前隊。中道。左右武衞果毅都尉各一人分領，校尉二人。絳引幡一，金節十二，罕一在左，畢一在右，朱雀幢一，叉一。青龍、白虎幢各一，分左右，叉各一。導蓋一。叉一。稱長一人，鈒戟二百八十人，分左右；左右武衞將軍各一人，校尉四人，分左右。次殿中侍御史二人，黃麾一。騎二，夾。

次前部馬隊。左右隊。第一隊，角宿、亢宿、斗宿、牛宿旗各一，執夾同龍墀旗，角、亢在左，斗、牛在右，餘隊同此。左右金吾衞折衝都尉各一人分領，弩十，弓箭二十，矟四十；並分左右，餘隊皆同。第二隊，氐宿、房宿、女宿、虛宿旗各一，左右領軍衞果毅都尉各三人分領；兼第三、第四隊。第三隊，心宿、危宿旗各一；第四隊尾宿、室宿旗各一；第五隊箕宿、壁宿旗各一，左右領軍衞折衝都尉各一人分領；第六隊奎宿、井宿旗各一，左右屯衞折衝都尉各一人分領；第七隊婁宿、鬼宿旗各一，左右武衞果毅都尉各三人分領；兼第八、第九隊。第八隊胃宿、柳宿旗各一；第九隊昴宿、星宿旗各一；第十隊畢宿、張宿旗各一，左右驍衞折衝都尉各三人分領；兼第十一、十二隊。第十一隊觜宿、翼宿旗各一；第十二隊參宿、軫宿旗各一。

次步甲前隊。左右道。犦矟四，左右領軍衞將軍各一人檢校。第一隊，鶡雞旗二，引、執

同馬隊。左右領軍衞折衝都尉各一人分領，赤甃甲、弓箭六十；第二隊，貔旗二，左右領軍衞果毅都尉各一人分領，赤甃甲、刀盾六十；第三隊，玉馬旗二，左右領軍衞折衝都尉各一人分領，青甃甲、弓箭六十；第四隊，三角獸旗二，左右領軍衞果毅都尉各一人分領，青甃甲、刀盾六十；第五隊，黃鹿旗二，左右屯衞折衝都尉各一人分領，黑甃甲、弓箭六十；第六隊，飛麟旗二，左右屯衞果毅都尉各一人分領，黑甃甲、刀盾六十；第七隊，駃騠旗二，左右武衞折衝都尉各一人分領，白甃甲、弓箭六十；第八隊，鸞旗二，左右武衞果毅都尉各一人分領，白甃甲、刀盾六十；第九隊，麟旗二，左右驍衞折衝都尉各一人分領，黃甃甲、弓箭六十；第十隊，馴象旗二，左右驍衞果毅都尉各一人分領，黃甃甲、刀盾六十；第十一隊，玉兔旗二，左右衞折衝都尉各一人分領，黃甃甲、弓箭六十；第十二隊，辟邪旗二，左右衞果毅都尉各一人分領，黃甃甲、刀盾六十。

次前部黃麾仗。左右道。絳引幡二十；第一部，左右領軍衞大將軍各一人檢校，兼檢校第二部。折衝都尉各一人分領，主帥二人。龍頭竿赤氅二十，揭鼓二，儀鍠五色幢二十，龍頭竿小孔雀氅二十，小戟二十，揭鼓二，龍頭竿五色鵝毛氅二十，弓箭二十，龍頭雞毛氅二十，朱縢盾二十，龍頭竿繡氅二十，弓箭二十，矟二十，揭鼓二，綠縢盾二十；第二部，左右領軍衞折衝都尉各一人分領；主帥及氅鍠等並同第一部，餘準此。第三部，左右屯衞大將軍各一人檢校，果

毅都尉各一人分領；第四部，左右武衞大將軍各一人檢校，折衝都尉各一人分領；第五部，左右驍衞大將軍各一人檢校；兼檢校第六部，折衝都尉各一人分領。第六部，左右衞果毅都尉各一人分領。

次六軍儀仗。中道，在殿中黃麾後。左右神武軍統軍各一人，本軍旗二，一人執，一人引，二人夾；都頭各一人騎押。吏兵、力士旗各五，白幹槍五十，柯舒十，鐙仗八，相間。排闌旗二十，掩尾天馬旗二。左右羽林軍、左右龍武軍，並同神武軍。惟羽林用赤豹、黃熊旗各五，龍武用龍君、虎君旗各五。

次引駕旗十六，中道，執人同六軍旗。十二辰旗各一，天王旗四。排仗通直官二人騎領。次龍墀旗十三，中道，各一人執，二人引，二人夾，排仗將二人騎領。天下太平旗一，青龍、赤龍、黃龍、白龍、黑龍旗各一，金鸞、金鳳旗各一，獅子旗二，日旗、月旗各一，君王萬歲旗一。

次御馬二十四匹，中道，並以天武官二人執轡。尚乘奉御二人從。次日月合璧旗一，次苣文旗二，次五星連珠旗一，次祥雲旗二。以上並一人執，二人引，二人夾，佩橫刀，執弓箭。次長壽幢一。次青龍、白虎旗各一。左右道。左右衞果毅都尉各一人分領七十騎，弩八，弓箭二十二，矟四十。

次班劍儀刀隊。左右道。左右衞將軍各一人，親衞郎將各二人，班劍二百二十，爲第一、第二行；勳衞郎將各二人，班劍二百二十，爲第三、第四行；翊衞郎將各三人，儀刀三百七

十八，爲第五、第六、第七行；左右驍衞翊衞郎將各一人，儀刀一百三十四，爲第八行；左右武衞翊衞郎將各一人，儀刀一百三十八，爲第九行；左右屯衞翊衞郎將各一人，儀刀一百四十二，爲第十行；左右領軍衞翊衞郎將各一人，儀刀一百四十六，爲第十一行；左右金吾衞翊衞郎將各一人，儀刀一百五十，爲第十二行。

次五仗。左右道。左右衞供奉中郎將各二人，親勳翊衞各二十四人，左右衞郎將各一人，散手翊衞各三十人，左右驍衞郎將各一人，翊衞各二十八人。

次左右驍衞、翊衞三隊。第一隊，花鳳旗二，大將軍各一人，弩十，弓箭二十，矟四十；第二隊，飛黃旗二，將軍各一人，弩、弓箭、矟同第一隊，下準此。第三隊，吉利旗二，郎將各一人。

次金吾細仗。殿中繖扇，千牛。中道。青龍、白虎旗各一，一人執，三人引，騎二人押當。五嶽神旗各一，五方神旗各一，五方龍旗二十五，五方鳳旗二十五，四瀆神旗各一。各一人執，二人引，二人夾，四旗屬兵部，每行次五方鳳旗。授寶三十二人，香案一，符寶郎一人，寶案一，寶輿一。輿士十二人。碧襴二十四人，騎，內十四人，執儀刀。方繖二，雉扇四，四色官六人，押仗二人，金甲天武官二人，進馬四人，千牛將軍一人，千牛八人，中郎將二人，長史二人，引駕官四人，天武官三百人。次毬仗供奉官一百人。

次左右衞夾轂隊。左右道。第一、第四隊，朱罄甲、刀盾各六十，折衝都尉各一人檢校；

第二、第五隊，白罄甲、刀盾各六十，果毅都尉各一人檢校；第三、第六隊黑罄甲、刀盾各六十，果毅都尉各一人檢校。

次捧日、奉宸隊。左右道。捧日三十五隊，隊四十人，騎；奉宸二十五隊，隊四十人。並五重相間。

次導駕官。中道。通事舍人八人，分左右；侍御史二人，分左右；御史中丞二人，分左右；正言二人，分左右；司諫二人，分左右；起居郎二人在左，起居舍人二人在右；諫議大夫四人，分左右；給事中四人在左，中書舍人六人在右；散騎四人，分左右；門下侍郎二人在左，中書侍郎二人在右；侍中二人在左，中書令二人在右。次鳴鞭二。中道。次宮苑馬二。中道。

次殿中省仗。大繖二，方雉尾扇四，腰輿一，排列官一人騎領。小雉尾扇四，方雉尾扇十二，華蓋二，香蹬一。

次誕馬二，玉輅。皇帝升輅，則太僕卿御，千牛大將軍二人夾輅，將軍二人陪乘。前有誕馬二，教馬官二人。次諸司隨駕供奉。次大輦，掌輦四人導，尚輦奉御二人騎從。殿中少監二人，騎。本省供奉二人騎從。次御馬二十四。並以天武官二人執轡，尚輦直長二人騎從。

次持鈒後隊。中道。左右武衞旅帥各一人，大繖二，大雉尾扇二夾。大雉尾扇四，小雉尾扇

十二，朱團扇十二，華蓋二，叉二。睥睨十二，御刀六，玄武幢一，叉一。絳麾二，細矟十二。次大角百二十。左右金吾果毅都尉各一人騎從。

次後部鼓吹。中道。鼓吹丞二人，騎。典事四人騎從。羽葆鼓十二，主帥四人騎從。歌二十四，拱宸管二十四，簫二十四，笳二十四；主帥二人騎領。鐃鼓十二，主帥四人騎領。歌二十四，簫二十四，笳二十四；小橫吹百二十，主帥八人騎領。笛二十四，簫二十四，觱篥二十四，笳二十四，桃皮觱篥二十四。

次黃麾幡二，騎二夾。殿中侍御史二人，騎。令史四人騎從。次芳亭輦一，鳳輦一，小輿一，尙輦直長二人，騎，檢校。書令史四人騎從。次五牛旗輿各一，左右屯衞隊正各一人，騎，檢校。並執銀裝長刀。次乘黃令、丞二人。府史四人騎從。次金、象、革、木輅。次五副輅。次耕根車。次進賢、明遠、羊車。次屬車十二。次中書、門下、祕書、殿中省局官各一，騎。次黃鉞、豹尾車。

次後部黃麾仗。左右道，與殿中黃麾相並。第一部，左右驍衞將軍各一人檢校，折衝都尉各一人分領；主帥鼙鍠等並同前部，下皆準此。第二部，左右武衞將軍各一人檢校，折衝都尉各一人分領；第三部，左右屯衞將軍各一人檢校，折衝都尉各一人分領；第四部，左右領軍衞折衝都尉各一人分領；第五部，左右驍衞折衝都尉各一人分領；第六部，左右驍衞折衝都尉

各一人分領，絳引幡二十，護後主帥二十人。

次步甲後隊。左右道。第一隊，貔旗二，執、引並同前。左右衞果毅都尉各一人分領；罄甲、弓盾同前隊第十二。第二隊，鶡雞旗二，左右衞折衝都尉各一人分領；罄甲、弓箭同前隊第十一。第三隊，仙鹿旗二，左右驍衞果毅都尉各一人分領；罄甲、刀盾同前隊第十。第四隊，金鸚鵡旗二，左右驍衞折衝都尉各一人分領；罄甲、弓箭同前隊第九。第五隊，瑞麥旗二，左右武衞果毅都尉各一人分領；罄甲、刀盾同前隊第八。第六隊，孔雀旗二，左右武衞折衝都尉各一人分領；罄甲、弓箭同前隊第七。第七隊，野馬旗二、左右屯衞果毅都尉各一人分領；罄甲、刀盾同前隊第六。第八隊，犛牛旗二，左右屯衞折衝都尉各一人分領；罄甲、弓箭同前隊第五。第九隊，甘露旗二，左右領軍衞果毅都尉各一人分領；罄甲、刀盾同前隊第四。第十隊，網子旗二，左右領軍衞折衝都尉各一人分領；罄甲、弓箭同前隊第三。第十一隊，鶡雞旗二，左右領軍衞果毅都尉各一人分領；罄甲、刀盾同前隊第二。第十二隊，貔旗二，左右領軍衞折衝都尉各一人分領。罄甲、弓箭同前隊第一。

次後部馬隊。左右道。第一隊，角端旗二，左右衞折衝都尉各三人分領；隸第二、第三隊。每隊弩、弓箭、矟並同前隊。第二隊，赤熊旗二；第三隊，兕旗二，左右驍衞果毅都尉各三人分領；隸第四隊。第四隊，太常旗二；第五隊，馴象旗二，左右武衞折衝都尉各三人分領；隸第六、第七隊。第六隊，鵕鸃旗二；第七隊，騼騟旗二；第八隊，騶牙旗二，左右屯衞果毅都尉各二人分

領；第九隊，蒼烏旗二；第十隊，白狼旗二；第十一隊，龍馬旗二，左右領軍折衝都尉各二人分領；第十二隊，金牛旗二。

次後隊殳仗。左右道。左右領軍衞主帥四人，殳八十，叉八十；左右武衞主帥四人，殳五十，叉五十；左右屯衞驍衞主帥各四人，殳四十，叉四十。次掩後隊。中道。左右屯衞折衝都尉各一人，大戟五十，刀盾五十，弓箭五十，矟五十。

次眞武隊。中道。金吾折衝都尉一人，仙童、螣蛇、眞武、神龜旗各一，十人執，二人引，二人夾。矟二十五，弓箭二十，弩五。

車駕至青城，則周衞行宮及壝內外。其青城坐甲布列三百三十六鋪：殿前指揮使二十四鋪，四百七十七人；內殿直一十鋪，一百四十一人；散員一十鋪，一百四十二人；散指揮一十鋪，一百四十一人；散都頭一十鋪，一百四十三人；散祗候一十鋪，一百四十人；金槍一十鋪，一百五十人；銀槍一十鋪，一百五十人；東第一班三鋪，五十二人；東第二班三鋪，五十三人；東第三班六鋪，九十一人；東第四班五鋪，八十四人；東第五班二鋪，二十二人；下茶酒班一鋪，三十一人；散直一十鋪，一百四十九人；鈞容直一十鋪，二百人；御龍直二十二鋪，三百八十五人；御龍骨朵子直一十二鋪，二百一十二人；御龍弓箭

直一十八鋪，二百九十六人；御龍弩直二十二鋪，三百五十六人；把天門天武一鋪，八人；駕頭扇筤天武一鋪，三十二人；禁衞天武六鋪，三百一十人；約攔天武三十鋪，三百一十人；方圍子親從三十四鋪，三百六十人；禁衞崇政殿親從四十鋪，并提舉人員共四百六十三人；行宮司親從一十二鋪，一百八十人；快行親從四鋪，八十六人。行宮殿門崇政殿親從四十六人，行宮殿門親從并提舉人員二百四十人，把街約攔親事官貼諸處鯢門一十隊及提舉人員一百三人，殿前指揮使已下看守馬火甲隊一千一百七十一人，右禁衞諸班共六千七百二十有四人。

圜壇東門外中道夾立諸班直主首引駕人員九人，御龍四直門旗六十人，御龍仗劍六人，天武把門長行八人。

大次前外圍親從四隊三十八人，執燭親從八十六人，行宮殿門一十二人，御龍直四十人。大次後把街約攔執事官五十一人。大次兩壁快行六十九人，於禁衞外排立壝周圍，守踏道。裏圍親從十將、節級二十二人，壝從裏第二重方圍親從三百二十四人。大次及外壝外諸門行宮司共一百六十人，宮架及壇東幄幕、宰臣百官幕次共六十人。右自大次前外圍至百官幕次，共八百六十二人。凡詣小次行禮，不須隨從。大次前裏圍并攔前一百七十一人，執燭一百二十九人，外圍一百八十人，行宮門及快行二十四人。右自裏圍至行宮快行共五

百四人。凡詣小次行禮，隨從祗應。

圜壇從外壝下分作九重：從中第一重，殿前指揮使等七百四十四人；第二重，御龍直等六百九十五人；第三重，散員等六百四十二人；第四重，散都頭等七百一十人；第五重，天武骨朵大劍約攔五百八十一人；第六重，御營四面巡檢下步軍八百六十七人；第七重，御營四面并青城圜壇巡檢下步軍八百六十七人；第八重，御營四面巡檢下馬軍四百三十三人；第九重，御營四面巡檢及青城圜壇巡檢下馬軍四百三十四人。壇四門殿前指揮使行門三十五人，內人員一十五人，壇東門夾立擎鞭長行一十人。右自青城赴壇諸班親從文武及御營圜壇巡檢下，總七千四百六十七人。

駕至太廟，環衞如郊壇，坐甲布列二百六十三鋪。殿前指揮使二十四鋪，四百七十七人；內殿直、散員、散指揮、散都頭、散祗候、散直各一十鋪，一百二十人，共六十鋪七百二十人；金槍一十鋪，一百五十人；銀槍一十鋪，一百五十人；東第一、第二班各二鋪，三十人，共四鋪，六十人；東第三、第四班各四鋪，六十人，共八鋪，一百二十人；東第五班二鋪，二十二人；下茶酒班一鋪，三十一人；御龍直八鋪，三百八十五人；御龍骨朵子直四鋪，二百一十二人，御龍弓箭直六鋪，二百九十六人；御龍弩直八鋪，三百五十六人；把行門天武一鋪，八人；駕頭扇筤天武一鋪，三十二人；禁衞天武六鋪，三百一十人；禁衞

崇政殿親從四十鋪，并提舉人員共四百六十三人；行宮司親從一十二鋪，一百八十人；快行親從四鋪，八十六人；方圍親從二十四鋪，三百六十人；約攔天武三十鋪，三百一十人。

行宮殿門崇政殿親從及提舉人員二百八十六人，把街約攔親事官貼諸處鯢門一十二隊，并提舉人員一百三人，御營四面巡檢六員下步軍九百一十八人，親從四十人。青城內至圜壇巡檢下親從四十人。右禁衞諸班直等御營四面巡檢軍兵，及青城至圜壇巡檢下親從，總六千一百四十五人。左山商氏家藏宋人青城、圜壇、太廟三圖，其布置行列，極爲詳備，因附鹵簿之後，庶覽之者，可以考一代之制云。

凡鹵簿內牙門旗，中道四，分二門；左右道各十，分五門。中道一門在金吾細仗前，一門在掩後隊後。左右廂第一門在步甲前隊第六後，第二門在前部黃麾仗前，第三門在後部黃麾仗前，第四門在黃麾仗後，第五門在步甲後隊第六後。每旗二人執，四人夾，並騎，分左右。每門監門校尉六人領。

又大駕，郊祀、籍田、薦獻玉清昭應景靈宮用之。迎奉聖像亦用大駕，惟不設象及六引導駕官。法駕，減太常卿、司徒、兵部尚書，白鷺、崇德車，大輦、五副輅，進賢、明遠車，又減屬車四，餘並三分減一。泰山下、汾陰行禮，明堂、大慶殿恭謝用之，凡一萬一千八十八人。

鸞駕，又減縣令、州牧、御史大夫，指南、記里、鸞旗、皮軒車，象輅、革輅、木輅，耕根車、羊車、黃鉞車、豹尾車、屬車，小輦、小輿，餘並減半。朝陵，迎泰山天書，東封、西祀，朝謁太清宮，奏告玉清昭應宮〔八〕，奉迎刻玉天書，躬謝太廟，皆用之。鸞駕舊用二千人，大中祥符五年，眞宗告太廟，增至七千人。兵部黃麾仗，用太常鼓吹，太僕寺金玉輅，殿中省大輦，其制無定，然皆減於小駕。御樓、車駕親征或省方還京，迎禁中天書，五嶽上册，建安軍迎奉聖像，太廟上册皆用之。

校勘記

〔一〕校以令文　「令」原作「今」，據太常因革禮卷二七並參考下文改。

〔二〕凡二十一旗　按上文所列旗數只有二十，據宋朝事實卷一一、玉海卷八三所載，疑缺黃龍負圖一旗。

〔三〕禮儀　「禮」字原脫，據本書卷九八禮志、太常因革禮卷三補。

〔四〕諸省　原作「諸有」，據宋會要輿服一之一九、太常因革禮卷二八改。

〔五〕輿服志　原作「輿衞志」，據同上書同卷改。

〔六〕一萬一千五人　「千」原作「十」，據宋會要輿服一之三九、玉海卷八〇改。

〔七〕次引駕十二里　按玉海卷八〇記宋初大駕鹵簿之制，於指南等車後有「引駕十二重」，疑此處「十二里」爲「十二重」之誤。

〔八〕玉清昭應宮　「應」原作「靈」，據上文和通考卷一一八王禮考改。

宋史卷一百四十六

志第九十九

儀衞四

政和大駕鹵簿并宣和增減　小駕附

政和大駕鹵簿。象六，分左右。次六引：開封令、開封牧、大司樂、少傅、御史大夫、兵部尙書。各用本品鹵簿。次金吾纛、矟。左右皂纛各六，執、托各一人，紼四人。押衙四人，並騎。犦矟八，執各一人。本衞上將軍、將軍各四人，本衞大將軍二人，並騎。犦矟四，夾大將軍。執各一人，夾二人，並騎。法駕，犦矟減二，本衞上將軍、將軍各減二人。

次朱雀旗隊。並騎。金吾衞折衝都尉一人引隊，犦矟二，夾都尉；執旗一人，引、夾各二人。凡仗內引、夾、執人數準此。弩四，弓矢十六，矟二十，左右金吾衞果毅都尉二人押隊。法駕，弩減

二，弓矢減六，矟減八。宣和，引隊改天武都指揮使，押隊改天武指揮使。

次龍旗隊。大將軍一員檢校，騎；引旗十二人，並騎。風伯、雨師、雷公、電母旗各一，五星旗五，左、右攝提旗二，北斗旗一，護旗十二人，副竿二。執人並騎。法駕，引旗、護旗人各減四。宣和，檢校改左右衞大將軍，雷公、電母旗去「公」、「母」二字。

次指南、記里鼓車各一，駕馬各四，駕士各三十人；白鷺、鸞旗、崇德、皮軒車各一、駕士各十八人。法駕，無白鷺、崇德車。宣和，有青旌、青雀、鳴鳶、飛鴻、虎皮、貔貅六車，在記里鼓之下、崇德之前；減白鷺、鸞旗、皮軒三車，駕士之數如前。

次金吾引駕，騎；本衞果毅都尉二人〔一〕，儀刀、弩、弓矢、矟各減二。宣和，改都尉爲神勇都指揮使。

次大晟府前部鼓吹。令二人，府史四人，管押指揮使一人，掆鼓、金鉦各十二，帥兵官八人領。大鼓一百二十，帥兵官二十人領。長鳴一百二十，帥兵官六人領。鐃鼓十二，帥兵官四人領。歌工、拱宸管、簫、笳各二十四，大橫吹一百二十，帥兵官十人領。節鼓二，笛、簫、篳篥、笳、桃皮篳篥各二十四；掆鼓、金鉦各十二，帥兵官四人領。小鼓、中鳴各一百二十，帥兵官八人領。羽葆鼓十二，帥兵官四人領。歌工、拱宸管、簫、笳各二十四。法駕，前後掆鼓、金鉦各減四，大鼓減四十，長鳴減四十，鐃鼓減四，拱宸管後簫、笳各減八，大橫吹減四十，節鼓後笛、簫、篳篥、笳、

中華書局

桃皮觱篥各減八，小鼓、中鳴各減四十，羽葆鼓減四，最後簫、笳各減八，帥兵共減十八人。

次太史相風、行漏等輿。太史令及令史各一人，並騎。相風烏輿一，輿士四人。交龍鉦、鼓各一，輿士各六人。司辰、典士各一人，並騎。漏刻生四人，鼓樓、鐘樓、行漏輿各一，輿士各一百人。太史正一人，清道二人，十二神輿一。輿士十四人。法駕，行漏輿一，輿士減四十人〔二〕。神輿一，輿士多大駕二人。宣和，鼓、鐘樓並改爲輿，太史正前有捧日副指揮使二人，捧日節級十人，神輿輿士增十。

次持鈒前隊。左右武衞果毅都尉二人引隊，左右武衞校尉二人。絳引幡一，紼二人。左右有金節十二，執人並騎。罕、畢各一，朱雀幢、叉、導蓋，青龍、白虎幢各一，叉三。執人並騎。稱長一人，鈒戟二百八十八，左右武衞將軍二人檢校，左右武衞校尉四人押隊。法駕，金節減四，鈒戟減七十二。宣和，引隊改驍騎都指揮使，武衞校尉改驍騎軍使，增朱雀旗後之叉一，去龍虎旗後之叉三，檢校改用左右驍騎將軍。

次黃麾幡一。執一人，騎；紼二人。法駕，前有殿中侍御史二員。次六軍儀仗。左右神武軍、左右羽林軍、左右龍武軍，各有統軍二員，都頭二人羽林又有節級二人。押仗，本軍旗各一，排闌旗各二十合有，〔三〕吏兵、力士旗各五，掩尾天馬旗二，羽林有赤豹、黃熊旗，龍武有龍君、虎君旗各一。白柯槍五十，哥舒棒十，鐙仗八。法駕，神武軍減排闌旗十，羽林、龍武軍各減四，吏兵、力

士旗各減一〔四〕。宣和，統軍改軍將，神武軍旗改熊虎，排闌旗改平列，哥舒棒改戈戟，鐙杖改矛戟，羽林隊無節級〔五〕，黃熊旗改黃羆，龍武旗改熊虎。

次引駕旗。天王旗二，排仗通直官二人押旗，十二辰旗各一。法駕，同。次龍墀旗。天下太平旗一，排仗大將二人夾旗，五方龍旗各一，金鸞、金鳳旗各一，師子旗二，君王萬歲旗一〔六〕，日、月旗各一。法駕，減鸞、鳳、師子旗。次御馬二十四。控馬每匹天武二人，御馬直二人，爲十二重。法駕，減八，爲八重。宣和，御馬直改爲習馭。次中道隊。大將軍一員檢校。法駕，同。宣和，大將軍改爲左右驍衞大將軍。次日月合璧旗一，苣文旗二，五星連珠旗一，祥雲旗二，長壽幢二〔七〕。宣和，苣文改慶雲，祥雲改祥光。

次金吾細仗。青龍、白虎旗各一，五嶽神旗、五方神旗、五方龍旗、五方鳳旗各五。已上執各一人，紼各二人。法駕，五方龍、鳳旗各減二。宣和，改校尉爲使臣，五嶽神旗去「神」字。

次八寶。鎭國神寶、皇帝之寶、皇帝行寶、皇帝信寶在左，受命寶、天子之寶、天子行寶、天子信寶在右，爲四重。香案八，各以二列於寶輿之前。碧欄二十四人，符寶郎行於碧欄之間。法駕，減碧欄八人。宣和，增引寶職掌二人〔八〕，香案職掌六人，援衞傳喝親從一百人。奉寶輦官每寶二十八人，節級一人，奉寶一十二人，舁香案、行馬、執燭籠各四人，持席褥、油衣共三人，香案、寶輿各九，燭籠三十六〔九〕，碧欄之數同前。

次方繖二，大雉尾扇四夾。執繖、扇各一人，以下準此。法駕，同。次金吾四色官六人，押仗二人。法駕，減押仗。次金甲二人。宣和，改爲銅甲。次太僕寺進馬四人。並騎。次引駕千牛衞上將軍一員，千牛八人，中郎將二人，並乘珂馬。千牛二人。並騎。宣和，引駕改爲千牛衞大將軍，中郎將改爲捧日都虞候。次長史二人。並騎。宣和，無。

次金吾引駕官四人。並騎。次導駕官。執政以上人從六人，待制、諫議、防禦使以上五人，監察御史、刺史、諸衞將軍以上四人。次繖扇、輿輦。大繖二，中雉尾扇四夾，腰輿一，小雉尾扇四夾，應奉人員一人，十將、將、虞候、節級二人，長行十六人。排列官二人，中雉尾扇十二，華蓋二，執各二人。香鐙一。執輦八人。小輿一，應奉人，逍遙、平輦下人，長行二十四人。逍遙子一，應奉人，十將，將、虞候、節級共九人，長行二十六人。平輦一。應奉人員七人，餘同上。法駕，排列官後中雉尾扇減四。宣和，去小雉尾扇四，腰輿一，添管押人員二人，都將四人，僉押小輿排列官二人。小輿一，奉輿二十四人，都將九人。逍遙子改爲逍遙輦，奉輦一十六人。平輦一，奉輦人同上，後有上輦奉御二人，騎。小輿前又有大輅一。駕馬六，太僕卿御，駕士一百二十人。

次駕前東第五班。開道旗一，皂纛旗十二。引駕六十二人，鈞容直三百人。引駕回作樂。五方色龍旗五，門旗四十，御龍四直步執門旗六十。天武駕頭下一十二人，茶酒班執從物一十一人，御龍直仗劍六人，天武把行門八人。纛旗一，殿前班擊鞭一十人，簇輦龍旗八，

日、月、麟、鳳旗四，青、白、赤、黑龍旗各一。御龍直四十人，踏路馬二，夾輅大將軍二員，進輅職掌二員，部押二人，教馬官二員。法駕，同。宣和，無鈞容直，開道旗內增押班一人，殿侍二人。皂纛旗十二，殿侍十二人執。引駕人員二人，長行六十人。五方色吉字旗，殿侍三人，管押十人。門旗，殿侍二人，管押四十人，叉八，門旗六十，御龍直一十二人，骨朵直十二人，御龍弓箭直、弩直各十八人，御龍直仗劍六人，執纛旗殿侍二人，管押龍旗人員二人，都知、副都知各一人，執骨朵殿侍十六人，內大將軍改爲千牛衞大將軍，朝服步從。將軍二人，朝服陪乘。掌輦四人。

皇帝乘玉輅，駕青馬六，駕士一百二十八人，扶駕八人，骨朵直一百三十四人，行門三十五人，分左右，陪乘將軍二員。法駕，同。宣和，駕士增爲二百三十四人。

次奉宸隊。御龍直，左廂骨朵子直、右廂弓箭直，弩直，御龍四直，並以逐班直所管人數列爲五重。天武骨朵、大劍三百一十人〔一〇〕。次駕後東第五班。大黃龍旗一，鈞容直三十一人。扇筤下天武二十人，茶酒班簇輦三十一人，招箭班三十三人。法駕，同。宣和，止用黃龍旗，餘並無。

次副玉輅一，駕青馬六，駕士四十人。法駕，無。宣和，駕士一百人，內人員二人。次大輦一，掌輦四人，應奉人員十二人，十將、將、虞候、節級共十人，長行三百五十五人。倚

中華書局

輦奉御二人，殿中少監、供奉職官二員，令史四人，書令史四人。法駕，同。宣和增奉輦爲九十人。次太僕御馬二十四，爲十二重。法駕，減八，爲八重。宣和，無太僕。

次持鈒後隊。左右武衞旅帥二人。法駕，同。宣和，改爲神勇都指揮使。次重輪旗二，大繖二，大雉尾扇四，小雉尾扇、朱團扇各十二，華蓋二，叉二，睥睨十二，御刀六，眞武幢一，絳麾二，叉一，細矟十二。法駕，小雉尾扇、朱團扇、睥睨、矟各減四，華蓋減一，御刀減二。宣和，眞武幢改爲玄武。次左右金吾衞果毅都尉二人，並騎。總領大角一百二十。法駕，減四十。宣和，改都尉爲驍騎都指揮使。

次大晟府後部鼓吹。丞二人，典事四人，管轄指揮使一人，羽葆鼓十二，帥兵官四人領。歌工、拱宸管、簫、笳各二十四[一一]，帥兵官二人領。鐃鼓十二，帥兵官四人領。歌工、簫、笳各二十四，小橫吹一百二十，帥兵官八人領。笛、簫、觱篥、笳、桃皮觱篥各二十四。法駕，羽葆鼓減四，簫、笳、笛、觱篥、桃皮觱篥各減八，鐃鼓減四，小橫吹減四十。帥兵官並減二人。宣和，帥兵官改爲天武、神勇、宣武、虎翼四都頭。

次黃麾一，執、紼人數同前部，法駕亦同，有殿中侍御史二員在黃麾前。芳亭輦一，奉輦六十人。鳳輦一，奉輦五十人。法駕，去鳳輦。宣和，芳亭奉輦六十二人。

次金、象、革、木四輅，並有副輅。金輅踏路赤馬二，正副各駕赤馬六，駕士六十人。餘

輅正副駕馬數同而色異，象輅以赭白，革輅以騮，木輅以黑，駕士各四十人。法駕，前副輅[一二]。宣和，駕馬之色又異，金以騮，象以赤，革以赭白，木以烏；駕士正百五十人，副一百人，管押人員各二人。畊根車一，駕青馬六，駕士四十人。法駕，同。宣和，無。進賢車一，駕士二十四人；明遠車一，駕士四人[一三]。法駕，無。宣和，各增駕馬四。次屬車十二乘，每乘駕牛三，駕士十人。法駕，減四乘。宣和，增衙官二人，管押節級一人。次門下、中書、祕書、殿中四省局官各二員。法駕，同。次黃鉞車、豹尾車各一，各駕赤馬二，駕士十五人。法駕，除進賢、明遠車外，並同。宣和，有黃鉞天武副都頭及神勇副都頭各一。

次掩後隊。左右威衞折衝都尉二人領隊，大戟、刀盾、弓矢、矟各五十。法駕，各減十六。宣和，押隊改用宣武都指揮使二人。次眞武隊。金吾衞折衝都尉一人，纛矟二，仙童旗一，眞武旗一，螣蛇、神龜旗各一，矟二十五，弓矢二十，弩五。法駕，矟減六，弓矢減五，弩減一。宣和，改爲玄武隊。改眞武爲玄武，又去仙童、龜、蛇旗，改都尉爲虎翼都指揮使。

政和大駕外仗。清游隊。次第六引外仗，白澤旗二，左右金吾衞折衝都尉二人，弩八，弓矢三十二，矟四十。法駕，次第三引外仗[一四]，弩減二，弓矢減八，矟減十。宣和，改都尉爲捧日都指揮使。左右金吾各十六騎，帥兵官二人，弩八，弓矢、矟各十二。法駕，金吾騎

及弓矢、矟各減四。宣和，改金吾爲天武都頭。

次佽飛隊。左右金吾衞果毅都尉二人分領，並騎。虞候佽飛四十八人，並騎。鐵甲佽飛二十四人。並甲騎。法駕，前減十八人，後減八人。宣和，改金吾衞爲拱聖都指揮使，改都尉爲都指揮使。

次前隊殳仗。左右領軍衞將軍二人檢校，並騎。爆矟四。殳叉分五隊：第一，一百六十人；第二，八十人；第三，一百人；第四、第五各八十人。逐隊有帥兵官左右領軍衞、左右威衞、左右武衞、左右驍衞、左右衞各四人。法駕，殳叉第一隊減六十，第二、第三各減三十，第四、第五各減二十。宣和，改檢校爲左右衞將軍，領軍衞爲天武都頭，威衞爲神勇都頭，武衞爲宣武都頭，驍衞爲虎翼都頭；殳叉第一隊減六十，增第二隊至第五隊爲一百。

次後隊殳仗。殳叉分五隊：第一、第二，八十人；第三，一百人；第四，八十人；第五，一百六十人。帥兵官，左右衞、左右驍衞、左右武衞、左右威衞、左右領軍衞。凡前後隊殳仗，前接中道北斗旗，後盡鹵簿後隊。法駕，殳叉第一、第二隊各減二十四，第三、第四各減三十，第五減六十。宣和，殳叉各一百，天武、神勇、宣武、虎翼、廣勇都頭。

次前部馬隊。凡十二[一五]，皆以都尉二人分領。第一，前左右金吾衞折衝領，角、亢、斗、牛宿旗四，弩十，弓矢二十，矟四十。第二，氐、房、女、虛宿旗四；第三，心、危宿旗，第

四，尾、室宿旗各二。以上四隊[一六]，各以左右領軍衞果毅領。第五，箕、壁宿旗，第六，奎、井宿旗各二，各以左右威衞折衝領。第七，婁、鬼宿旗，第八，胃、柳宿旗，第九，昴、星宿旗各二，各以左右武衞果毅領。第十，畢、張宿旗，第十一，觜、翼宿旗，第十二，參、軫宿旗各二，各以左右驍衞折衝領。弩、弓矢、矟人數，同第一隊。法駕，分二十八宿旗爲十隊，逐隊弩減四，弓矢減六，矟減二十。宣和，捧日、拱聖、神勇、驍衞、宣武五都指揮使[一七]，分領上十隊，以虎翼、廣勇都指揮使，分領下二隊。

次步甲前隊。凡十二，左右領軍衞將軍二人檢校，並騎。爆矟四，逐隊皆有都尉二人分領。第一、第三各以左右領軍衞，第五以左右威衞，第七以左右武衞，第九以左右驍衞，第十一以左右衞，並折衝；第二、第四各以左右領軍衞，第六以左右威衞，第八以左右武衞，第十以左右驍衞，第十二以左右衞，並果毅。內有鶡、貔、玉馬、三角獸、黃鹿、飛麟、駃騠、鸞、麟、馴象、玉兎、辟邪等旗各二，以序居都尉之後。逐隊有弓矢、刀盾相間，各六十人，居旗之後。法駕，止十隊，每隊弓矢各減二十。宣和，檢校改用左右衞將軍，又去爆矟，分領並改爲都指揮使：第一、第二並捧日，第三、第四並天武，第五、第六並拱聖，第七、第八並神勇，第九驍騎，第十宣武，第十一虎翼，第十二廣勇。

次前部黃麾仗。絳引幡二十，下分六部：第一，左右威衞；第二，左右領軍衞；第三，

左右威衞；第四，左右武衞；第五，左右驍衞；第六，左右衞。諸部各有殿中侍御史兩員，本衞大將軍二人檢校，本衞折衝都尉二人分領。又各有帥兵官二十人。龍頭竿六重，重各二十；揭鼓三重，重各二；儀鍠五色幡、小戟、矟各一重，重各二十；弓矢二重，重各二十；朱綠縢絡盾幷刀二重，重各二十。法駕，止五部，絳引幡、帥兵官、龍頭竿、幡、戟、弓矢、盾刀、矟並減六。宣和，六部：驍衞、武衞、屯衞、領軍衞、監門衞、千牛衞，皆左右上將軍；天武、神勇、宣武、虎翼、廣勇，皆都指揮、都頭；逐部上將軍、都頭各一人。

次青龍、白虎旗各一，左右衞果毅都尉二人，分押旗及領後七十騎，弩八，弓矢二十二，矟四十。法駕，減後騎三十，弩減二，弓矢減八，矟減二十。宣和，改都尉爲虎翼都指揮使。

次班劍、儀刀隊。並騎。左右衞將軍二人分領，郎將二十四人，左右親衞、勳衞各四人，每衞班劍二百二十人；諸翊衞左右衞六人，領儀刀四百八人；左右驍衞二人，領儀刀一百三十六人。左右武衞、左右威衞、左右領軍衞、左右金吾衞各二人。法駕，親、勳衞班劍減八十四人，翊衞儀刀減一百三十二人，增左右驍衞四人，班劍、儀刀九十二人。宣和，分領改左右武衞將軍及捧日、天武指揮四人，拱聖六人，神勇、驍騎、驍勝、宣武、虎翼指揮使各二人。

次親勳、散手、驍衞翊衞隊。並騎。左右衞供奉中郎將四人，分領親勳翊衞四十八人；左右衞郎將二人，分領散手翊衞六十人；左右驍衞郎將二人，分領驍衞翊衞五十六人。法駕，親勳減十六人，散手、驍衞各減二十人。宣和，改爲中衞、翊衞、親衞隊，中衞郎四人，分領衞兵四十八人；翊衞郎二人，分領衞兵六十人；親衞郎二人，分領衞兵五十六人。

次左右驍衞翊衞三隊。並騎。各有二人分領，第一本衞大將軍，第二本衞將軍，第三本衞郎將；花鳳、飛黃、吉利旗各二，分爲三隊；逐隊弩十，弓矢二十，矟四十。法駕，弩減四，弓矢、矟各減半。宣和，分領第一、第二隊，左右驍衞大將軍、將軍；第三，廣勇指揮使。改花鳳旗爲雙蓮旗。

次夾轂隊。凡六，逐隊都尉二人檢校，第一、第四左右衞折衝〔一八〕，第二、第三、第五、第六並左右衞果毅。逐隊刀盾各六十人，內第一、第四有寶符旗二。法駕，各減刀盾二十。宣和，檢校改爲捧日、天武、拱聖三指揮使。

次捧日隊。逐隊引一人，押二人，長行殿侍二十八人，旗頭三人，槍手五人，弓箭手二十人，左右廂天武約攔各一百五十五人。法駕，同。

次後部黃麾仗。分六部：左右衞、左右驍衞、左右武衞、左右威衞、左右領軍衞、左右武衞。部內殿中侍御史、大將軍、都尉、帥兵官、絳引幡、龍頭竿等，並同前部。法駕，減第六部，絳引幡減六。宣和，六部：第一改爲左右驍衞大將軍，自二至六改爲天武、神勇、宣武、虎翼、廣勇五指揮。

次步甲後隊。凡十二，皆有都尉二人分領。第一以左右衞，第三以左右驍衞，第五以左右武衞，第七以左右威衞，第九、第十一各以左右領軍衞，以上並果毅；第二以左右衞，第四以左右驍衞，第六以左右武衞，第八以左右威衞，第十、第十二各以左右領軍衞，以上並折衝。內有貔、鵕鷄、仙鹿、金鸚鵡、瑞麥、孔雀、野馬、犛牛、甘露、網子、祥光、翔鶴等旗各二，以序居都尉之後。逐隊有弓矢、刀盾相間，各六十人，居旗之後。法駕，止十隊。宣和，自第七隊以下，分領改用都指揮使，七、八並神勇，九驍騎，十宣武，十一虎翼，十二廣勇。旗亦改其半，七天正堯瑞，八日有戴承，十翔鶴，十一紅光，十二文石。

次後部馬隊。凡十二，皆以都尉二人分領。第一、第二各以左右衞，第五、第六、第七各以左右武衞，第十至十一、十二各以左右領軍衞，並折衝；第三、第四各以左右驍衞，第八、第九各以左右威衞，並果毅。內有角端、赤熊、兕、天下太平、馴犀、鵕鸃、騼䮾、騶牙、蒼烏、白狼、龍、虎、金牛等旗各二，以序居都尉之後。每隊弩十，弓矢二十，矟四十。法駕，止十隊。弩減四，弓矢減六，矟減十二。宣和，改都尉爲指揮使，一、二並以捧日，三、四並以天武，五、六並以拱聖，七、八並以神勇，九以驍騎，十以宣武，十一以虎翼，十二以廣勇。內六有芝禾並秀旗，七有萬年連理木旗。

以上鹵簿，凡門有六，中道之門二：第一門居日月合璧等旗之後，法駕，居龍墀旗之後；第二門居掩後隊之後，法駕，同。各有金吾衞門旗四，監門校尉六人。左右道之門四：第一，居步甲前隊第六隊之後；第二，居第十二隊之後；第三，居夾轂隊之後；第四，居步甲後隊第六隊之後。法駕，同。各有監門校尉四人。宣和，改校尉爲使臣。

政和小駕，減大駕六引及象、木、革輅，五副輅，小輿，小輦，又減指南、記里、白鷺、鸞旗、崇德、皮軒、畊根、進賢、明遠、黃鉞、豹尾、屬車等十一〔一九〕，餘並減大駕之半。

校勘記

〔一〕本衞果毅都尉二人　據通考卷一一八王禮考、宋會要輿服二之八，此處下脫「儀刀、弩、弓矢、矟各八。法駕」十字。

〔二〕輿士減四十人　「減」原作「各」，據宋會要輿服二之九、通考卷一一八王禮考改。

〔三〕排闌旗各二十合有　據宋會要輿服二之一〇：「左右神武軍旗各一，排闌旗二十在仗外分夾本軍旗。」又二之一一：「左右羽林軍旗各一，排闌旗二十在仗外如神武軍分夾。」「左右龍武軍旗各一，排闌旗二十在仗外如羽林軍分夾。」此處「合有」疑爲「分夾」之誤。

〔四〕吏兵力士旗各減一　「各」字原脫，據文義和宋會要輿服二之一一所載事實，此處「旗」下當有「各」字，今補。

〔五〕節級　原作「節級」，據上文和宋會要輿服二之一二、通考卷一一八王禮考改。

〔六〕君王萬歲旗一　「王」原作「皇」，「一」原作「二」，據本書卷一四八儀衞志、宋會要輿服二之一二、通考卷一一八王禮考改。

〔七〕長壽幢二　「幢」原作「旗」，據宋會要輿服二之一三、通考卷一一八王禮考改。

〔八〕增引寶職掌二人　「引」下原脫「寶」字，據通考卷一一八王禮考補。

〔九〕燭籠三十六　「三」原作「二」，宋會要輿服二之一四註引宋史、通考卷一一八王禮考都作「三」，據改。

〔一〇〕並以逐班直所管人數列爲五重天武骨朵大劍三百一十人　本句史文有脫誤。按宋會要輿服二之一七載：「奉宸隊，分左右，充禁衞。從裏第一重，御龍直；第二重，左廂骨朵子直、右廂弓箭直；第三重，弩直；第四重，御龍四直，並以逐班直所管人數列成隊伍。第五重，天武骨朵大劍三百一十人，分左右。」據此，志文此處「五重」當作「四重」，其下又當有「第五重」三字。五禮新

儀卷一四所載與宋會要同。

〔一一〕拱宸管籥笳各二十四　「管籥」二字原倒，據宋會要輿服二之二〇、五禮新儀卷一四改。

〔一二〕前副輅　宋會要輿服二之二一作「無副輅」。

〔一三〕駕士四人　宋會要輿服二之二一、五禮新儀卷一四都作「駕士四十人」，疑此處脫「十」字。

〔一四〕次第三引外仗　「仗」字原脫，據本段標題「政和大駕外仗」，和通考卷一一八王禮考補。

〔一五〕凡十二　「十二」二字原倒。按下文分述各隊時，總數實只十二隊；通考卷一一八王禮考正作「凡十二」，今乙正。

〔一六〕以上四隊　上文已說第一以左右金吾衞折衝領，則此處只能說「以上三隊」；宋會要輿服二之二四、五禮新儀卷一五，以左右領軍衞果毅都尉領的也只三隊，此處「四」字當爲「三」字之訛。

〔一七〕五都指揮使　「五」原作「四」。按上文捧日、拱聖、神勇、驍衞、宣武爲五軍，不得說是「四都指揮使」；通考卷一一八王禮考作「五都指揮使」，據改。

〔一八〕左右衞折衝　「衞」字原脫，據下文和宋會要輿服二之三〇補。

〔一九〕屬車等十一　按上文所列「指南」至「豹尾」十一車都非屬車，此語疑有誤。

宋史卷一百四十七

志第一百

儀衞五

紹興鹵簿　皇太后皇后鹵簿　皇太子鹵簿　妃附　王公以下鹵簿

紹興鹵簿。宋初，大駕用一萬一千二百二十二人。宣和，增用二萬六十一人。建炎初，裁定一千三百三十五人。紹興初，用宋初之數，十六年以後，遂用一萬五千五十人；明堂三分省一，用一萬一十五人。孝宗用六千八百八十九人，明堂用三千三百十九人。以後，並用孝宗之數。

紹興用象六、副象一。乾道用象一，淳熙用象六而不設副，紹熙如乾道，慶元後不設。

六引。第一引，清道二人；孝宗省之。幰弩一人，騎；方繖一，雜花扇二，曲蓋一；外仗青衣二人，車輻棒二，告止、傳教、信幡各二，戟十。第二引，清道二人；孝宗省之。幰弩一人，騎；鼓一，鉦一，大鼓十；節一，矟二，皆騎；方繖一，雜花扇四，孝宗省爲二。曲蓋一，幢一，麾一，皆騎；大角四，鐃一，簫二，笳二，橫吹二，笛一，觱一，鷔栗一，笳一；外仗青衣四人，孝宗省爲二。車輻棒四，孝宗省爲二。告止、傳教、信幡各二，儀刀十，戟二十，弓矢二十，孝宗皆省爲十六。刀盾二十，矟二十。孝宗並省。第三、第四、第五、第六引，並同第二引。內花扇、大角各二，青衣二人。孝宗朝，第三、第四、第五、第六引內大角省爲二，餘並同第二引已省之數。

金吾纛矟隊。纛十二，孝宗省爲六。押纛二人，孝宗省爲一。押衙四人，孝宗省爲二。上將軍四人，將軍四人，孝宗省之。大將軍二人，孝宗省爲一。爆矟十二，並騎。孝宗省爲八。朱雀隊。朱雀旗一，爆矟二，弩四，隊前後引、押各天武都指揮使一人，騎。龍旗隊。引旗一，風師、雨師、雷旗、電旗各一，五星旗五，攝提旗二，北斗旗一，護旗一，左右衞大將軍一人。金吾引駕騎，神勇都指揮使；次弩、弓、矢、矟各四，並騎。

太常前部鼓吹。鼓吹令二，府史四人，管轄指揮使一人，帥兵官三十六人，孝宗省作十四人。㧏鼓十二，金鉦十二，孝宗鼓、鉦並省爲十。大鼓六十，孝宗省作二十四。小鼓六十，孝宗省作三十。節鼓一，鐃鼓六，羽葆鼓六，歌工二十四，拱宸管二十四，孝宗歌工、管並省爲十八。簫、笳各三十

中華書局

六，孝宗朝，簫十八、笳二十四。長鳴六十，中鳴六十，孝宗朝，並省爲十八。大橫吹六十，孝宗省爲二十四。笛十二，孝宗增爲十八。觱栗十二，桃皮觱栗十二。

持鈒前隊。驍騎都指揮使一人，將軍二人，軍使四人，並騎。稱長一人，靈芝旗二，瑞瓜旗二，雙蓮花旗二，太平瑞木旗二，朱雀旗一，甘露旗二，嘉禾旗二，芝草旗二。絳引幡一，孝宗省之。黃麾幡一，青龍、白虎幢各一，金節十二，罕、畢各一，叉一，鈒戟五十。孝宗省爲四十八。

六軍儀仗。第一隊，軍將二，卒長二，騎。熊虎旗二，赤豹旗二，吏兵旗、力士旗二，戈六，矛四，戟四，鉞四，白柯槍五十。平列旗二十，在仗外分夾旗槍。第二隊，軍將二，卒長二，騎。龍君旗、虎君旗各三，黃熊旗四，赤豹旗二，吏兵旗、力士旗各一，戈六，矛四，戟四，鉞四，白柯槍四十。平列旗二十，分夾仗外〔三〕。第三隊，軍將二，卒長二，騎。通直官二，吏兵旗、力士旗各一，熊虎旗二，龍君旗、虎君旗各一，天王旗四，十二辰旗各一，戈六，矛、戟、鉞各四，白柯槍三十。平列旗二十，分夾仗外。孝宗朝，第一隊，軍將、卒長各一，龍虎旗、赤豹旗、吏兵旗、力士旗各二，矛四，戈四，戟二，鉞二，白柯槍三十，平列旗十四，餘同。第二隊軍將、卒長各一，龍君、虎君、黃熊、赤豹旗同。戟六、鉞六、戈四、矛四、白柯槍二十。第三隊，軍將、卒長各一，吏兵、力士、熊虎、龍君、虎君、天王旗並同，十二辰旗十二，通直官二，白柯槍十，平列旗十二。

龍墀旗隊。天下太平旗一，排仗大將二人夾之；五方龍旗各一，爲三重。赤在前，黃在中，黑在後，青左、白右。次金鸞旗一，左，金鳳旗一，右；獅子旗二；君王萬歲旗一；日旗一，左，月旗一，右。御馬十四，分左右，爲五重。中道隊。左右衞大將軍一人檢校，騎。日月合璧旗一，慶雲旗二，五星連珠旗一，祥光旗、長壽幢各一。

金吾牙門第一門。牙門旗四，次監門使臣六，分左右，騎。孝宗省旗爲二，監門爲三。金吾細仗。青龍旗一，左，白虎旗一，右；五嶽神旗五，分前、中、後、左、右，爲三列；五方神旗五，陳列亦如之。五方龍旗二十五，相間爲五隊，每隊赤前、黃中、黑後、青左、白右。五方鳳旗二十五，相間爲五隊，陳列亦如之。五嶽旗在左，五方旗在右；五龍旗在左，五鳳旗在右；四瀆旗，江、淮在左，河、濟在右；押二人，分左右，騎。孝宗五龍、五鳳旗止各一隊，共省四十旗，餘同。

八寶輿。鎭國神寶左，受命之寶右；皇帝之寶左，天子之寶右；皇帝信寶左，天子信寶右；皇帝行寶左，天子行寶右，爲四列。每寶一輿，每輿一香案，輿、案前燭罩三十二。引寶職掌八人，侍寶官一人，內外符寶郎各二人，扈衞一百人。碧襴二十人，夾扈衞之外。孝宗省碧襴爲十二，餘同。

殿中繖扇、輿輦。方繖二，孝宗省一。朱團扇四，孝宗省二。金吾四色官六人，孝宗省爲二。押仗二人，騎，金甲二人，執鉞，進馬官四人，騎，千牛衞大將軍一人，孝宗省之。千牛衞將軍八人，孝宗省爲二。金吾引駕官二人，導駕官四人，並騎導。大繖二，孝宗省一。鳳扇四，孝宗省二。夾繖而行。前同。腰輿一，鳳扇十六，夾輿。孝宗省爲四。華蓋二，排列官一人，香凳一，火燎一，小輿一，逍遙子，平輦。

駕前諸班直。駕頭、鳴鞭、誕馬、燭罩三百三十人。孝宗省爲二百一十人。前驅都下親從官一百五十人，孝宗省爲四十五人。東西班六人，孝宗省爲二十二人約攔。殿前指揮使四十人，東第三班長入祗候五十二人，班直主首九人，孝宗省爲三人。茶酒新舊班一百六人，孝宗省爲四十四人。開道旗一，纛一十二，鈞容直二百七十人，駕回則作樂。孝宗乾道元年省之，乾道六年以後再用。吉利旗五，五方龍旗五，龍旗二十，孝宗省之。門旗六十，孝宗省爲三十。殿前指揮使、引駕骨朵子直四十人。分左右，夾門旗外。駕頭，駕頭下天武官二十二人，孝宗省爲十七人。都下親從一十六人，孝宗省爲八人。茶酒班執從物殿侍二十二人，又都下親從二十二人，孝宗省爲十七人。劍六人，孝宗省爲三人。麾旗一，人員一，孝宗省之。殿前指揮使、行門二十二人，鳴鞭十二人。孝宗增爲一十四人。次御龍直百二十人，孝宗省爲八十六人。快行五十人，日、月、麟、鳳旗各一，青龍、白龍、赤龍、黑龍旗四，人員二，引駕千牛上將軍一人。

玉輅奉宸隊。分左右，充禁衞，團子八重：崇政殿親從團子二百人，爲第一重；從裹數出。御龍直二百五十人，爲第二重；崇政殿親從外團子二百五十人，爲第三重；御龍直、骨

朵子直二百五十人，爲第四重；御龍弓箭直二百五十人，爲第五重；御龍弩直二百五十人，爲第六重；禁衞天武二百五十人，爲第七重；都下親從團子三百人，爲第八重。孝宗以上並同。天武約攔二百人，孝宗省作百八十八人。在禁衞團子外，編排禁衞行子二十一人，快行五十九人，孝宗省爲四十二。管押相視御龍四直八人，孝宗省爲四人。照管行子御龍四直二十四人，孝宗省爲八人。天武六人，孝宗省之。禁衞內攔前崇政殿親從三十二人，孝宗省作二十五人。

駕後部。扇筤，大黃龍旗一。駕後樂：東西班三十六人，鈞容直三十一人，並騎。孝宗此下增招箭班三十四人。扇筤，扇筤下天武二十二人，孝宗省作一十七人。都下親從十六人，孝宗省作八人。茶酒班執從物五十人，騎。孝宗省爲三十人。

大輦。輦下應奉幷人員合六百一十四人，分五番；孝宗乾道元年省之，六年以後復設。御馬十疋，爲五重。

持鈒後隊。神勇都指揮使二人，騎，重輪旗二人，大繖二，孝宗省爲一。朱團扇八，孝宗省爲四。鳳扇二，小雉扇二十二，孝宗省鳳扇，而減雉扇爲六。華蓋二，孝宗省爲一。俾倪十二，孝宗省爲六。御刀六，玄武幢一，絳麾二，叉、細矟十二，孝宗省爲六。驍騎都指揮使一人，騎，總領大角。大角四十。孝宗省爲二十。

太常後部鼓吹。鼓吹丞二人，典吏四人，孝宗省爲三人。管轄指揮使一人，羽葆鼓六，歌

中華書局

工二十四，拱宸管十二，簫三十六，笳二十四，鐃鼓六，小橫吹六十，笛十二，觱栗十二，帥兵官十人。孝宗歌工十八，拱宸管十二，簫十八，笳二十四，鐃鼓六，笛十八，節鼓一，小橫吹三十，觱栗十八，桃皮觱栗十二，羽葆鼓吹六，帥兵官八人。

黃麾幡一，中道。金輅、象輅、革輅、木輅各一，每輅誕馬各六在輅前，駕士各百五十四人。乾道元年省之，六年以後復用。掩後隊。中道。宣武都指揮使二人，大戟、刀盾、弓矢、矟各十五。

金吾牙門第二門。中道。牙門旗四，分左右，孝宗省之。監門使臣六，分左右，騎。孝宗省爲三。玄武隊。並騎。中道。虎翼都指揮使一人，犦矟二，玄武旗一，矟、弓矢各十，孝宗並省爲五。弩五。外仗。分左右道，以夾中道儀仗。清游隊。並騎。白澤旗二，捧日指揮使二，弩四，弓矢十，矟十六，左、右金吾十六，騎。天武都頭二人，弩八，弓矢十二，矟十二。孝宗弩、弓矢、矟並省爲六。佽飛隊。並騎。拱聖指揮使二，虞候佽飛二十，鐵甲佽飛十二。前隊殳仗。都頭六人，騎，殳、叉六十。後隊殳仗。都頭四人，騎，殳、叉四十。

前部馬隊。第一隊，捧日都指揮使二人，角、斗、亢、牛旗各一，弩四，弓矢十，矟八；第二隊，捧日都指揮使二人，氐、女、房、虛旗各一，弩、弓矢、矟如第一隊；第三隊，天武都指揮使二人，心、危旗各一，弩、弓矢、矟如第二隊[三]；第四隊，天武都指揮使二人，尾、室旗各一，弩、弓矢、矟如三隊[三]；第五隊，拱聖指揮使二人，箕、畢旗各一[四]，弩、弓矢、矟如第

四隊；第六隊，拱聖都指揮使二人，奎、井旗各一，弩、弓矢、矟如第五隊；第七隊，神勇都指揮使二人，婁、鬼旗各一，弩、弓矢、矟如第六隊；第八隊，神勇都指揮使二人，胃、柳旗各一，弩、弓矢、矟如第七隊；第九隊，驍騎都指揮使二人，昴、星旗各一，弩、弓矢、矟如第八隊；第十隊，宣武都指揮使二人，畢、張旗各一，弩、弓矢、矟如第九隊；第十一隊，虎翼都指揮使二人，觜、翼旗各一，弩、弓矢、矟如第十隊；第十二隊，廣勇都指揮使二人，參、軫旗各一，弩、弓矢、矟如第十一隊。孝宗省爲七隊，二十八宿旗每隊四，弓矢、矟每隊六，餘同。

步甲前隊。第一隊，捧日指揮使、都頭各二人，騎，下同。鶡鷄旗二，青鍪甲、刀盾二十；孝宗刀盾省爲十二，下並同。第二隊，捧日指揮使、都頭，貔旗，朱鍪甲、刀盾；第三隊，天武指揮使、都頭，萬年連理木旗，黃鍪甲、刀盾；第四隊，天武指揮使、都頭，芝禾並秀旗，白鍪甲、刀盾；第五隊，拱聖指揮使、都頭，祥鶴旗，黑鍪甲、刀盾；第六隊，拱聖指揮使、都頭，犀旗，黃鍪甲、刀盾。孝宗改黃鍪甲爲青鍪甲，餘並同。

金吾左右道牙門第一門。牙門旗四，分左右，監門使臣八人，並騎。孝宗旗省爲二，使臣省爲四人。步甲前隊第七隊，神武指揮使、都頭，鶡鷄旗，青鍪甲、刀盾；第八隊，神武指揮使、都頭，麟旗，朱鍪甲、刀盾；第九隊，驍騎指揮使、都頭，白狼旗，黃鍪甲、刀盾；第十隊，驍騎指揮使、都頭，蒼烏旗，次白鍪甲、刀盾；第十一隊，虎翼指揮使、都頭，鸜鵒旗，黑鍪

甲、刀盾；第十二隊，廣勇指揮使、都頭，太平旗，黃鍪甲、刀盾。自二至十二隊，人、旗、刀盾，數列如第一隊。孝宗內去鶡鷄旗、麟旗而用慶雲旗、瑞麥旗。

金吾左右道牙門第二門。牙門旗四，分左右，監門使臣八人，並騎。孝宗旗省爲二，監門省爲四人。

前部黃麾仗。第一部，殿中侍御史二員，騎，下同。絳引幡二十，孝宗省爲十。犦矟二，捧日指揮使二，都頭五，並騎，下同。黃氅五十，孝宗省爲二十。鼓四，斧十，戟、弓矢二十，矟三十，孝宗省爲二十。弩十；第二部，殿中侍御史，天武指揮使、都頭，青氅，鼓，斧，戟，弓矢，矟，弩；第三部，殿中御史，拱聖指揮使、都頭，緋氅，鼓，斧，戟，弓矢，矟，弩；孝宗省作三部。第四部，殿中御史，神勇指揮使、都頭，黃氅，鼓，斧，戟，弓矢，矟，弩；第五部，殿中御史，驍騎指揮使、都頭，白氅，鼓，斧，戟，弓矢，矟，弩；第六部，殿中御史，廣勇指揮使、都頭，黑氅，鼓，斧，戟，弓矢，矟，弩。自二至六部，數列並如初部。

青龍白虎隊。並騎。青龍旗一，白虎旗一，虎翼都指揮使二，弩四，弓矢十，矟八。班劍、儀刀隊。並騎。武衞將軍二人，捧日、天武、拱聖、神勇指揮使各二人，班劍六十，儀刀六十。次驍騎、驍勝、宣武、虎翼指揮使各二人，班劍六十，儀刀六十[五]。親勳、散手、驍衞翊衞隊。並騎。中衞郎四人，翊衞郎二人，親衞郎二人，衞兵四十，甲

騎四十在衞兵外。左右驍衞、翊衞三隊。並騎。第一隊，左右驍衞大將軍二人，雙蓮花旗二，弩四，弓矢十，孝宗減弓矢爲六，下同。矟十六；孝宗減矟爲八，下同。第二隊，廣勇指揮使二人，吉利旗，弩、弓矢、矟數如初隊。

金吾左右道牙門第三門。牙門旗四，分左右，監門八人，並騎。孝宗旗減爲二，監門減爲四人。捧日隊三十四隊，左右各十七隊，孝宗減爲十隊，左右各五隊。每隊引一人，押一人，旗三人，槍五人，弓箭二十人。

後部黃麾仗。凡六部，第一部至六部，並同前部黃麾仗，惟無絳引幡、犦矟。孝宗減爲三部，仗數亦同前部黃麾已減之數，併去犦矟、絳引幡。絳引幡二十。孝宗減爲十。

金吾左右道牙門第四門。牙門旗四，監門八人，騎。孝宗旗減爲二，監門減爲四人。

步甲後隊。第一隊，捧日指揮使、都頭各二人，騎，鵰旗、鶡鷄旗各二，青鍪甲、刀盾二十；孝宗減刀盾爲十六，逐隊並同。第二隊，天武指揮使、都頭，芝禾並秀旗、萬年連理木旗，朱鍪甲、刀盾；第三隊，拱聖指揮使、都頭，犀旗、鶴旗，黃鍪甲、刀盾；第四隊，神武指揮使、都頭，蒼烏旗、白狼旗，白鍪甲、刀盾；第五隊，驍騎指揮使、都頭，天下太平旗、鸜鵒旗，黑鍪甲、刀盾；第六隊，虎翼指揮使、都頭，鶡鷄旗、鵰旗，黃鍪甲、刀盾。自二至六隊，數列並如初隊。

金吾左右道牙門第五門。牙門旗四，監門八人，騎。孝宗減旗爲二，減監門爲四。後部馬隊。第一隊，捧日都指揮使二，角端旗二，弩四，弓矢十，矟十六；孝宗弓矢減爲六，矟減爲八。第二隊，捧日都指揮使，孝宗更用天武。赤熊旗，弩、弓矢、矟；第三隊，天武都指揮使，孝宗更用拱聖。兕旗，弩、弓矢、矟；第四隊，天武指揮使，孝宗時更神勇。天下太平旗，弩、弓矢、矟；第五隊，拱聖都指揮使，犀旗，孝宗用龍馬旗。弩、弓矢、矟；第六隊，拱聖都指揮使，芝禾並秀旗，孝宗用金牛旗。弩、弓矢、矟；第七隊，神勇都指揮使，萬年連理旗，弩、弓矢、矟；第八隊，神勇都指揮使，騶牙旗，弩、弓矢、矟；第九隊，驍騎都指揮使，蒼烏旗，弩、弓矢、矟；第十隊，宣武都指揮使，白狼旗，弩、弓矢、矟；第十一隊，虎翼都指揮使，龍馬旗，弩、弓矢、矟；第十二隊，廣勇都指揮使，金牛旗，弩、弓矢、矟。自二至十二隊，數列並如初隊。

皇太后、皇后鹵簿，皆如禮令。徽宗政和元年，詔皇后受册排黃麾仗及重翟車，陳小駕鹵簿。后謙避，於是詔延福宮受册仍舊；而小駕鹵簿、端禮門外黃麾仗、紫宸殿臣僚稱賀上禮，並罷。其景靈宮朝謁，則依近例。三年，議禮局上皇后鹵簿之制。

清游隊。旗一。執一人，引二人，夾二人，並騎。金吾衞折衝都尉一員，騎，執㩭矟二人夾。領四十騎，執矟二十人，弩四人，横刀一十六人。次虞候佽飛二十八，騎。次內僕、內僕丞各一

員，各書令史二人，並騎。

次正道黃麾一。執一人，夾二人，並騎。次左右廂黃麾仗，廂各三行，行一百人：第一行，短戟、五色氅；第二行，戈、五色氅；第三行，儀鍠、五色幡。

左右領軍衞、左右威衞、左右武衞、左右驍衞、左右衞等各三行，行二十人，各帥兵官六人領，內左右領軍衞帥兵官各三人，各果毅都尉一員檢校，各一人步從。左右領軍衞絳引旗，引前、掩後各六。

次內謁者監四人，給事、內常侍、內侍各二人，並騎。內給使各一人，步從。次內給使一百二十人。次偏扇、團扇、方扇各二十四。次香鐙一。次執擎內給使四人。在重翟車前。

次重翟車。駕青馬六，駕士二十四人，行障六、坐障三，夾車，並宮人執。次內寺伯二人，騎，領寺人六人，分左右夾重翟車。

次腰輿一，輿士八人。團雉尾扇二，夾輿。次大繖四，大雉尾扇八，錦花蓋二，小雉尾扇、朱畫團扇各十二，錦曲蓋二十，錦六柱八扇。自腰輿以下，並內給使執。次宮人車。次絳麾二。各一人執。

次正道後黃麾一。執一人，夾二人，並騎。次供奉宮人。次厭翟車駕赤騮，翟車駕黃騮，安車駕赤騮，各四，駕士各二十四人。四望車、金根車，各駕牛三，駕士各一十二人。

次左右廂各置牙門二。每門執二人，夾四人，一在前黃麾前，一在後黃麾後。次左右領軍衞，每廂各一百五十人執殳，帥兵官四人檢校。次左右領軍衞折衝都尉各一員，檢校殳仗。各一人騎從〔六〕。

次後殳仗。內正道置牙門一，每門監門校尉二人，騎；每廂各巡檢校尉一員，騎，來往檢校。

前後部鼓吹。金鉦、掆鼓、大鼓、長鳴、中鳴、鐃吹、羽葆、鼓吹、節鼓、御馬，並減大駕之半。

皇太子鹵簿。禮令，三師、詹事、率更令、家令各用本品鹵簿前導。太宗至道中，眞宗升儲，事多謙抑，謁廟日止用東宮鹵簿，六引官，但乘車而不設儀仗。天禧二年，仁宗爲皇太子，亦依此制。政和三年，議禮局上皇太子鹵簿之制。

家令、率更令、詹事各乘輅車，太保、太傅、太師乘輅，各正道，威儀、鹵簿依本品。次清游隊旗，執一人，引二人，夾二人。並正道。清道率府折衝都尉一員，領二十騎，執矟一十八人，弓矢九人，弩三人，二人騎從折衝。次左、右清道率府率各一員，領清道直盪及檢校清游隊龍旗等，執㩭矟各二人。次外清道直盪二十四人，騎。

次正道龍旗各六，執一人，前二人引，後二人護。副竿二。執各一人，騎。次正道細仗引。爲六重，每重二人，自龍旗後均布至細仗，矟與弓箭相間，並騎；每廂各果毅都尉一員領。次率更丞一員。

次正道前部鼓吹。府史二人領鼓吹，並騎。掆鼓、金鉦各二，執各一人，夾二人，以下准此。帥兵官二人；次大鼓三十六，横行，長鳴以下准此。帥兵官八人；長鳴三十六，帥兵官二人；鐃吹一部，鐃鼓二，各執一人，夾二人，後部鐃節鼓准此。簫、笳各六，帥兵官二人；掆鼓、金鉦各二，帥兵官二人；次小鼓三十六，帥兵官四人；中鳴三十六，帥兵官二人。以上並騎。

次誕馬十，每匹二人控，餘准此。廐牧令、丞各一員。各府史二人騎從。次左、右翊府郎將各一員，領班劍，左右翊衞執班劍二十四人，通事舍人四人，司直二人，文學四人，洗馬、司議郎、太子舍人、中允、中舍、左右諭德各二人，左、右庶子四人，並騎。自通事舍人以後，各步從一人。

次左、右衞率府副率各一員，步從，親、勳、翊衞每廂各中郎將、郎將一員，並領六行儀刀：第一行，親衞二十三人，曲折三人；第二行，親衞二十五人，曲折四人；第三行，勳衞二十七人，曲折五人；第四行，勳衞二十九人，曲折六人；第五行，翊衞三十一人，曲折七人；第六行，翊衞三十三人，曲折八人。曲折人並陪後門。以上三衞並騎。

次三衞一十八人，騎；中郎將二人夾輅，在六行儀刀仗內。金輅，駕馬四，僕寺僕馭，

左右率府率一員，騶士二十二人。夾輅左、右衞率府率各一員。各步從一人。

次左、右內率府率各一員，副率各一員，並騎。各步從一人。次千牛〔七〕騎，執細刀、弓矢，三衞儀刀仗，後開牙門。次左右監門率府直長各六人，監後門。並騎。次左右衞率府每廂各翊衞二隊。並騎。次厭角隊各三十人，執旗一人。引二人，夾二人。執矟一十五人，弓矢七人，弩三人，每隊各郎將一員領。

次正道繖二，雉尾扇四，夾繖。次腰輿一，輿士八人，團雉尾扇二、小方雉尾扇八夾。執各一人。次內直郎、令史各二人騎從檢校。次誕馬十，典乘二人，府史二人騎從。

次左右司禦率府校尉各一人，並騎從。領團扇、曲蓋。次朱團扇、紫曲蓋各六，執各一人。次諸司供奉官人。

次左右清道率府校尉各一人，並騎。領大角三十六。鐃鼓二，簫、笳各六，帥兵官二人；橫吹十，節鼓一，笛、簫、觱栗五，帥兵官二人。並騎。次管轄指揮使二人檢校。

次副輅，駕四馬，駕士二十人。軺車，駕一馬，駕士十四人。四望車，駕一馬，駕士一十人。

次左右廂步隊凡十六，每隊各果毅都尉一人領，並騎。隊三十人，執旗一人，引二人，夾二人，並帶弓矢，騎。步二十五人，前一隊執矟，一隊帶弓矢，以次相間。左右司禦率府、左右衞率府廂各

四隊，二在前，二在後。次左右司禦率府副率各一員檢校，步隊各二人，執㯹矟騎從。

次儀仗。左右廂各六色，色九行，行六人。前第一行，戟、赤氅；第二行，弓矢；第三行，儀鋋幷毦；第四行，刀盾；第五行，儀鍠、五色幡；第六行，油戟。次前仗首左右廂各六色，色三行，行六人。左右司禦率府各一員，果毅都尉各一員，帥兵官各六人領。次左右廂各六色，色三行，行六人。左、右衞率府副率各一員，果毅都尉各一員，帥兵官各六人領。次盡後鹵簿左右廂各六色，色三行，行六人，左右司禦率府副率各一員，各一人步從。果毅都尉各一人，帥兵官各六人領，左右司禦率府率兵官各六人護後，並騎。每廂各絳引幡十二，執各一人，引前旗六，引後旗六。揭鼓十二。揭鼓左右司禦率府四重，左右衞率府二重。

次左右廂殳。各一百五十人，左右司禦率府各八十六人，左右衞率府各六十四人。並分前後，在步隊儀仗外、馬隊內，前接六旗，後盡鹵簿，曲折至門，每廂各司禦率府果毅都尉一員檢校，各一人從，每廂各帥兵官七人。並騎，左右司禦率府各四人，左右率府各三人。

次馬隊。左右廂各十隊，每隊帥兵官以下三十一人，旗一，執一人，引二人，夾二人。執矟十六人，弓矢七人，弩三人。前第一隊，左右清道率府果毅都尉各一員領；第二、第三、第四隊，左右司禦率府果毅都尉各一員領；第五、第六、第七隊，左右衞率府果毅都尉各一員領；第八、第九、第十隊，左右司禦率府果毅都尉各一員領。次後拒隊。旗一，執一人，引二人，夾二人。清道率府果毅都尉一員領四十騎，執矟二十人，弓矢十六人，弩四人。又二人，騎從。

次後拒隊前當正道殳仗行內開牙門。次左右廂各開牙門三：前第一門，左右司禦率府步隊後，左右率府步隊前；第二門，左右衞率府步隊後，司禦率府儀仗前；第三門，左右司禦率府儀仗後，左右衞率府步隊前。每開牙門，執旗二人，夾四人，並騎。監門率府直長各二人，並騎；次左右監門率府副率各一員，騎；來往檢校諸門，各一人騎從。次左右清道率府副率各三人，仗內檢校幷糾察，各一人騎從。次少師、少傅、少保，正道乘輅，威儀、鹵簿各依本品次，文武官以次陪從。

皇太子妃鹵簿之制。政和三年，議禮局上。清道率府校尉六人，騎。次青衣十人。次導客舍人四人，內給使六十人，偏扇、團扇、方扇各十八，並宮人執。行障四，坐障二，夾車，宮人執。典內二人，騎，厭翟車，駕三馬，駕士十四人。次閤帥二人，領內給使十八人，夾車，六柱二扇，內給使執。次供奉內人，乘犢車。次繖一，正道。雉尾扇二，團扇四，曲蓋二。執繖、扇各內給使一人。次戟九十。

宋制，臣子無鹵簿名，遇升儲則草具儀注。政和禮雖創具鹵簿，然未及行也。南渡後，雖嘗討論，然皇太子皆沖挹不受，朝謁宮廟及陪祀，及常朝，皆乘馬，止以宮僚導從，有繖、

扇而無圍子。用三接青羅繖一，紫羅障扇四人從，指使二人，直省官二人，客司四人，親事官二十人，輦官二十人，翰林司四人，儀鸞司四人，廚子六人，教駿四人，背印二人，步軍司宣效一十人，步司兵級七十八人，防警兵士四人。朝位在三公上，扈從在駕後方圍子內。

皇太子妃，政和亦有鹵簿，南渡後亦省之。妃出入惟乘檐子，三接青羅繖一，黃紅羅障扇四人從。以皇太子府親事官充輦官，前執從物，檐子前小殿侍一人，抱塗金香毬。先驅，則教駿兵士呵止。

王公以下鹵簿。凡大駕六引，用本品鹵簿，奉册、充使及詔葬皆給之。親王用一品之制，加告止幡、傳教幡、信幡各二。其葬日，用六引內儀仗。眞宗咸平二年，王承衍出葬日，在禁樂，禮官請鹵簿鼓吹備而不作，從之。景德二年，南郊鹵簿使王欽若言：「鄆王欑日所給鹵簿，與南郊儀仗吉凶相參。望依令別制王公車輅，所有鼓吹、儀仗，亦請增置，以備拜官、朔會、婚葬之用。」從之。於是儀服悉以畫，其葬日在塗，以革車代輅。

徽宗政和三年，議禮局上王公鹵簿之制：中道清道六人。次幰弩一騎。次大晟府前部鼓吹。令及職掌、局長、院官各一人，掆鼓、金鉦各一，大鼓、長鳴各一十八，掆鼓、金鉦各一。次引樂官二人，小鼓、中鳴各十。次麾、幢各一，節一，夾矟二，誕馬八，每匹，控馬各二人。革車

一乘，駕赤馬四，駕士二十五人，散扇十，方繖二，朱團扇四夾方繖，曲蓋二〔八〕。次大角八。次後部鼓吹，丞一員，錄事一人。次鐃鼓一，簫四，笳四，大橫吹六，節鼓一，夾色二，笛、簫、觱栗、笳各四。次外仗。青衣十二，車輻棒十二，戟九十，絳引幡六，刀盾、矟、弓矢各八十，儀刀十八，信幡八，告止幡、傳敎幡各四，儀鋋二，儀鍠、斧挂五色幡六，油戟十八，儀矟十二，細矟十二。次左右衞尉寺押當職掌一十一人，騎；部轄步兵、部轄騎兵、太僕寺部押人員各一人，敎馬官一人。押當職掌四人，騎。

公主鹵簿。惟葬日給之。秦國成聖繼明夫人葬日，亦給外命婦一品鹵簿，自餘未嘗用。

一品鹵簿。命婦同。中道清道四人。幰弩一，騎。大晟府前部鼓吹。令一，職掌一人，局長、院官各一人。㭊鼓、金鉦各一，大鼓、長鳴各一十六，麾、幢、節各一，矟二，誕馬六。次革車一乘，駕赤馬四，駕士二十五人。命婦厭翟車，駕士二十三人，二品、三品准此。散扇八，二品減四，三品減六，命婦散扇五十，行障五，行於車前，二品、三品准此。方繖二，朱團扇四，曲蓋二，大角八。命婦屬車六，駕黃牛十八，駕士五十九人，行大角前，二品、三品准此。次後部鼓吹。丞一員，錄事一人，引樂官二員。鐃鼓一，簫、笳、大橫吹各四，節鼓一，笛、簫、觱栗、笳各四。外仗。青衣十人，車輻棒十，戟九十，刀盾、矟各八十，弓矢六十，儀刀三十，信幡八，告止幡、傳敎幡、儀鍠斧挂五色幡各四。次衞尉寺排列、押當職掌一十一人，部轄人員、太僕寺部押人員、敎馬官各一人。押當職掌四人。命婦加二人。

二品鹵簿。命婦同。中道清道二人。幰弩一。大晟府前部鼓吹。令一，及職掌、局長、院官各一人。㭊鼓、金鉦各一，大鼓十四，麾、幢、節各一，夾矟二，誕馬四。次革車一乘，駕赤馬四，駕士二十五人。散扇四，方繖、朱團扇、曲蓋各二。次大角八。次後部鼓吹。丞一，錄事、引樂官各一人。鐃鼓一，簫、笳各二，大橫吹四，笛、簫、觱栗、笳各二。外仗。青衣八人，車輻棒八，戟七十，刀盾、矟、弓矢各六十，儀刀十四，信幡四，告止、傳敎幡各二。次衞尉排列、押當職掌九人，部轄人員、太僕寺部押人員、敎馬官各一人。押當職掌四人。命婦加二人。

三品鹵簿。命婦同。中道清道二。幰弩一。麾、幢各一，節一，夾矟二，誕馬四。次革車一乘，駕赤馬四，駕士二十五人。散扇二，方繖二，曲蓋一，大角四。外仗。青衣八人，車輻棒六，戟六十，刀盾、矟、弓矢各五十，儀刀十二，信幡四，告止、傳敎幡各二。次衞尉排列、押當職掌七人，部轄人員、太僕寺部押人員、敎馬官各一人。押當職掌四人。命婦加二人。

以上皆政和所定也。

校勘記

〔一〕分夾仗外　「夾」字原脫，按上下文和宋會要輿服一之二五，一、三兩隊都有平列旗二十分夾仗外，此處「分」下當缺一「夾」字，據補。

〔二〕弩弓矢矟如第二隊　「矟」字原脫，據上下文和宋會要輿服一之二九補。

〔三〕弩弓矢矟如三隊　「弩」字原脫，據上下文和宋會要輿服一之三〇補。

〔四〕箕畢旗各一　按畢宿旗下文重出，據前卷及通考卷一一八王禮考所列二十八宿旗，箕宿下依次是壁宿，疑此處「畢」當作「壁」。

〔五〕儀刀六十　「刀」原作「劍」，據上文和宋會要輿服一之三一改。

〔六〕各一人騎從　「從」原作「後」，據五禮新儀卷一八、通考卷一一九王禮考改。

〔七〕千牛　「牛」字原脫，據五禮新儀卷一九、通考卷一一九王禮考補。

〔八〕曲蓋二　原作「曲蓋各二」，衍「各」字，據五禮新儀卷二〇、通考卷一一九王禮考刪。

中華書局

宋史卷一百四十八

志第一百一

儀衞六

鹵簿儀服

鹵簿儀服。自漢鹵簿，象最在前。晉平吳後，南越獻馴象，作大車駕之，以載黃門鼓吹數十人，使越人騎之以試橋梁。宋鹵簿，以象居先，設木蓮花坐，金蕉盤，紫羅繡襜絡腦，當胸、後鞦並設銅鈴杏葉，紅犛牛尾拂〔一〕，跋塵。每象，南越軍一人跨其上，四人引，並花脚幞頭、緋繡窄衣、銀帶。太宗太平興國六年，兩莊養象所奏：詔以象十於南郊引駕，開寶九年南郊時，其象止在六引前排列。詔鹵簿使領其事。

旗，皆錯采爲之，漆竿、鏡首、纛頭、錦帶腰、火焰脚。白澤、攝提、金鸞、金鳳、師子、苣

文、天下太平、君王萬歲、仙童、騰蛇、神龜，及在步甲前後隊、後馬隊三隊、六軍儀仗內，並以赤。日、月及合璧、連珠、風、雨、雷、電、五星、二十八宿、祥雲，並以青。北斗以黑。五岳、四瀆、五方、四神、十二辰、五龍、五鳳、龍虎君，並以方色。天王以赤、黃二色。排攔以黃、紫、赤三色。

元豐三年，詳定郊廟奉祀禮文所言：「鹵簿，前用二十八宿、五星、攝提旗，有司乃取方士之說，繪爲人形，於禮無據。伏請改製，各著其象，以則天文。」從之。元祐七年，太常寺言：「二十八宿旗，五星、攝提旗，按鹵簿圖畫人形及牛虎頭、婦人、小兒之類，於禮無據。元豐三年，禮文所上言乞改製，各著其象，以則天文。後有司循舊儀，未曾改正，今欲改造。」從之。

元符二年，徽宗即位，兵部侍郎黃裳言：「南郊大駕諸旗名物，除用典故制號外，餘因時事取名。伏見近者璽授元符，茅山之上日有重輪，太上老君眉間發紅光，武夷君廟有仙鶴，臣請制爲旗號，曰寶符，曰重輪，曰祥光，曰瑞鶴。」從之。

政和四年，禮制局言：「鹵簿，大黃龍負圖旗畫八卦，乞改畫九、一、三、七、二、四、六、八、五之數。仙童、網子、大神三旗無所經見，乞除去。」從之。初，大觀三年，西京潁陽縣大慶觀聖祖殿東，有嘉禾、芝草並生。其嘉禾一本四穗，芝草葉圓而重起。至是，詔製芝禾並秀旗。又以是年二月，日上生青、赤、黃戴氣；後，日下生青、赤、黃承氣，詔製日有戴承旗。又以元符二年武夷君廟有仙鶴迎詔，政和二年延福宮宴輔臣，有羣鶴自西北來，盤旋於睿謨殿上，及奏大晟樂而翔鶴屢至，詔製瑞鶴旗〔二〕。

八年，禮部侍郎張邦昌奏：「太祖時，甘露降於江陵者十日，瑞麥秀於濮陽者六岐，獲金鸚䳇於隴坻，得三玉兎於鄆封，馴象至而五嶺平，瓊管旗而白鹿出，皆命製爲旗章陳之。望詔有司取自祟、觀至今，凡中外所上瑞應，悉掇其尤殊者，增製旗物，上以丕承天貺，下以聳動民瞻。」從之。

初，宋制旗物尤盛，中興後惟務簡約，雖參用舊制，然亦不無因革。其太常，青質夾羅，惟繡日、月、星而無龍，下有網鬉謂之茀，而竿頭爲龍首，銜青結綬，垂青旄綬十二，謂之旒。蓋幅下無斿，而竿首垂旒，抑又取古者「注旄及羽於竿首」之遺制。竿用棡木，護以剖竹，膠以髼，飾以藻，玉輅建之。大旂，黃質九幅，每幅繡升龍一，側幅二，下垂黃絲網綏九，金輅建之。大赤，朱質七幅，每幅繡鳥隼二，側幅如之，下垂朱絲網綏七，象輅建之。大白，素質五幅，每幅繡熊一、虎一，側幅如之，下垂淺黃絲網綏五，革輅建之。大麾，皂質四幅，每幅繡五采龜蛇一，側幅繡龜二，下垂皂絲網綏四，木輅建之。

其黃龍負圖旗，建隆初創爲大制。有架，旗力重，以百九十人維之，今用七十人。其君

王萬歲、天下太平、日月、五星、北斗、招搖、青龍、朱雀、白虎、玄武等十旗，皆以十七人維之。其祥瑞旗八，紹興二十五年所制也。是歲，適當郊祀，而太廟生靈芝九莖，贛州進太平瑞木，道州連理木，遂寧府嘉禾，鎮江府瑞瓜，南安軍雙蓮花，嚴州兜率寺、信州玉山芝草，黎州甘露，禮部侍郎王珉等請繪之華旗，以紀盛美焉。

五牛旗，依方色，皆小輿上刻木爲牛，背插旗。錯采爲牛，旗竿上有小盤，盤衣及輿衣，亦並繡牛形。輿士各四人，服繡五色牛衣。自太祖時詔用之。神宗熙寧七年，太常寺言：「大駕鹵簿羊車，本前代宮中所乘；五牛旗，蓋古之五時副車也，以木牛載旗，用人輿之，失其本制，宜省去。」從之。

牙門旗，古者，天子出建大牙。今制，赤質，錯采爲神人象，中道前後各一門，左右道五門，門二旗，蓋取周制「樹旗表門」及「天子五門」之制。

駕頭，一名寶床，正衙法坐也。香木爲之，四足瑑山，以龍卷之。坐面用藤織雲龍，四圍錯采，繪走龍形，微曲。上加緋羅繡褥，裹以緋羅繡帕。每車駕出幸，則使老內臣馬上擁之，爲前驅焉。不設，則以朱匣韜之。

幡，本幟也，貌幡幡然。有告止、傳敎、信幡，皆絳帛，錯采爲字，上有朱綠小蓋，四角垂羅文佩，繫龍頭竿上。其錯采字下，告止爲雙鳳，傳敎爲雙白虎，信幡爲雙龍。又有絳引

幡，制頗同此，作五色間暈，無字，兩角垂佩。中興爲六角蓋，垂珠佩，下有橫木板，作碾玉文。三幡，亦以錯采篆書「告止」、「傳教」、「信幡」。

幢，制如節而五層，韜以袋，繡四神，隨方色，朱漆柄。取曲禮「行前朱雀而後玄武，左青龍而右白虎」之義。王公所給幢，黑漆柄，紫綾袋。中興，用生色袋。

皂纛，本後魏纛頭之制。唐衞尉器用，纛居其一，蓋旄頭之遺象。制同旗，無文采，去鏦首六腳。後志云：「今制，皂邊皂斿，斿爲火焰之形。」金吾仗主之，每纛一人持，一人拓之。乘輿行，則陳於鹵簿，左右各六。

絳麾，如幢，止三層，紫羅囊蒙之。王公麾，以紫綾袋。

黃麾，古有黃、朱、纁三色，所以指麾也。漢鹵簿有前黃麾護駕御史。宋制，絳帛爲之，如幡，錯采成「黃麾」字，下繡交龍；朱漆竿，金龍首，上垂朱綠小蓋。神宗元豐二年，詳定朝會御殿儀注所言：

按周禮「木輅建大麾，以田」。鄭氏曰：「大麾不在九旗之中。以正色言之，則黑，夏后氏所建。」禮記曰：「有虞氏之旂，夏后氏綏。」鄭氏曰：「綏，謂注旄牛尾於杠首。所謂大麾，書曰『王右秉白旄以麾』。」孔穎達曰：「虞世但注旄，夏世始加旒縿。」西京雜記，漢大駕有前黃麾。崔豹古今注：「麾，所以指麾，乘輿以黃，諸公以朱，刺史二千石以纁。」開元禮義纂曰：「唐太宗法夏后之前制，取中方之正色，故制大麾，色黃。」

今禮有黃麾，其制十二幅。開寶通禮義纂曰：「黃，中央之色。此仗最近車輅，故以應象，取其居中，導達四方，含光大也。」今鹵簿黃麾，以夏制言之，則狀不類旗；以漢制言之，則色又不黃。伏請製大麾一：注麾於竿首，則法夏后氏之制；其色正黃，則用漢制；以十二幅爲旗，則取唐制；以一旒爲之，則取今龍墀旗之制。當元會陳仗衞，建大黃麾一於當御廂之前，以爲表識。其當御廂之後，則建黃麾幡二。

幷上大黃麾、黃麾旛制度。神宗批曰：「黃麾制度，考詳前志，終是可疑。今鑿而爲之，植於大庭中外共瞻之地，或爲博聞多識者所譏。宜且闕之，更俟討求，黃麾幡仍舊。」

氅，本緝鳥毛爲之。唐有六色、孔雀、大小鵝毛、雞毛之制。後志云：「今制有青、緋、皂、白、黃五色，上有朱蓋，下垂帶，帶繡禽羽，末綴金鈴。青則繡以孔雀，五角蓋；緋則繡以鳳，六角蓋；皂則繡以鵝，六角蓋；白亦以鵝，四角蓋；黃則以雞，四角蓋。每角綴垂佩，揭以朱竿，上如戟，加橫木龍首以繫之。」

金節，隋制也。黑漆竿，上施圓盤，周綴紅絲拂八層，黃繡龍袋籠之。王公以下皆有節，制同金節，韜以碧油。

繖，古張帛避雨之制。今有方繖、大繖，皆赤質，紫表朱裏，四角銅螭首。六引內者，其制差小。哲宗元祐七年，太常寺言：開元禮大駕八角紫繖，王公已下四角青繖。今鹵簿圖但引紫繖，而無青繖之文。詔改用。紹興十三年將郊，詔繖、扇如舊制，拂扇等不以珠飾。

蓋，本黃帝時有雲氣爲花蘤之象，因而作也。宋有花蓋、導蓋，皆赤質，如繖而圓，瀝水繡花龍。又有曲蓋，差小，惟乘輿用之。人臣則親王或賜之，而以青繒繡瑞草焉。

睥睨，如華蓋而小。

扇筤，緋羅繡扇二，緋羅繡曲蓋一，並內臣馬上執之。駕頭在細仗前，扇筤在乘輿後。大駕、法駕、鸞駕，常出並用之。扇圓，徑四尺二寸，柄長八尺三寸，黃茸繡團龍，仍用金塗銅飾。扇有朱團及雉尾四等。朱團繡雲鳳或雜花，黑漆柄，金銅飾。雉尾皆方，繡雉尾之狀，有三等：大雉扇長五尺二寸，闊三尺七寸；中扇、小扇遞減二寸。下方上殺，以緋羅繡雉尾之狀，中有雙孔雀雜花，下施黑漆橫木長柄，以金塗銅飾。乘輿出入，必以前持鄣蔽。凡朔望朝賀、行册禮，皇帝升御坐，必合扇，坐定去扇，禮畢駕退，又索扇如初。蓋謂天子升降俯仰，衆人皆得見之，非肅穆之容，故必合扇以鄣焉。

罕、畢，象「畢、昴爲天堦」，故爲前引，皆赤質，金銅飾，朱藤結網，金獸面。罕方，上有二螭首銜紅絲拂；畢圓，如扇。

香鐙，唐制也。朱漆案，緋繡花龍衣，上設金塗香爐、燭臺。長竿二，輿士八人。金塗銀火鐐、香匙副之。

大角，黑漆畫龍，紫繡龍袋。

長鳴、次鳴、大小橫吹，五色衣旛，緋掌畫交龍。樂令，三品已上，緋掌畫蹲豹。

爆矟。爆，擊聲也。一云象爆牛，音闕，字從牛。唐金吾將軍執之。宋制，如節有袋，上加碧油。常置朝堂，車駕鹵簿出，則八枚前導；又四枚夾大將軍者，名衞司爆矟。

矟，長矛也。木刃，黑質，畫雲氣。又有細矟，制同而差小。

戟，有枝兵也。木爲刃，赤質，畫雲氣，上垂交龍掌、五色帶，帶末綴銅鈴。又鈒戟，無掌，而有小橫木；鈒，插也，制本插車旁。又小戟與鈒戟同。

殳、叉，戟之類。殳，無刃而短，黑飾兩末。叉，青飾兩末。並中白，畫雲氣，各綴朱絲拂。

槍，矟也。唐羽林所執，制同矟而鐵刃，上綴朱絲拂。

儀鍠，鉞屬也，秦、漢有之。唐用爲儀仗，刻木如斧，塗以青，柄以黃，上綴小錦幡、五色帶。

班劍，本漢朝服帶劍。晉以木代之，亦曰「象劍」，取裝飾斑斕之義。鞘以黃質，紫斑文，金銅飾，紫絲絛紛錯。

御刀，晉、宋以來有之。黑鞘，金花銀飾，靶軛，紫絲絛紛錯。又儀刀，制同此，悉以銀飾，王公亦給之。

刀盾。刀，本容刀也；盾，旁排也。一人分持。刀以木爲之，無鞘，有環，紫絲條紛錔。盾，赤質，畫異獸。又朱藤絡盾，制悉同，唯綠藤綠質，皆持執之[三]。

鞬弩，漢京尹、司隸前驅，持弓以射窺者。宋制，每弩加箭二，有韣，畫雲氣，仗內弩皆同。

弓箭，每弓加箭二，有韣，同鞬弩。

車輻，棒也，形如車輪輻。宋制，朱漆八稜白斡。

柯舒，黑漆棒也，制同車輻[四]，以金銅釘飾。

鐙杖，黑漆弩柄也。以金銅爲鐙及飾，其末紫絲條繫之。

鳴鞭，唐及五代有之。周官條狼氏執鞭趨辟之遺法也。內侍二人執之，鞭鞘用紅絲而漬以蠟。行幸，則前騎而鳴之，大祀禮畢還宮，亦用焉；視朝、宴會，則用於殿庭。

誕馬，散馬也。加金塗銀鬧裝鞍勒。乘輿以紅繡韉，六鞘，王公以下用紫繡及剜花韉。哲宗元祐七年，太常寺言：「誕馬，按鹵簿圖曰：舊並施鞍韉。景祐五年去之。昨納后，誕馬猶施鞍韉，今欲乞除去，仍依鹵簿圖，用纓、轡、緋屜。」

御馬鞍勒之制，有金、玉、水晶、金塗四等鬧裝，鞊韘促結爲坐龍，碾鈒鏤塵沙面、平

面、窪面、方團、寸節、卷荷校具，皆垂六鞘，金銀裹鞍橋、銜鐙，朱黃絲條轡鞦，緋黃織繡或素圓韉，襜褋用金銀綫織或緋黃絁，鞭用紫竹，紅、黃絲鞘，纓以紅、黃犛牛尾，金爲鈌。每日，馬五匹供奉，鞍用玉及金塗，襜褋皆素。行幸則十四匹，加眞金、水晶之飾。太宗至道二年詔：「先是，御馬以織成帊覆鞍勒，今後以廣絹代之。」

馬珂之制，銅面，鵰翎鼻拂，攀胸，上綴銅杏葉[五]、紅絲拂。又胸前及腹下，皆有攀，綴銅鈴；後有跋塵、錦包尾。獨鹵簿中金吾衛將軍導駕者，皆有之。

甲騎具裝，甲，人鎧也；具裝，馬鎧也。甲以布爲裏，黃絁表之，青綠畫爲甲文，紅錦褖，青絁爲下帬，絳韋爲絡，金銅鈌，長短至膝。前膺爲人面二，自背連膺，纏以錦騰蛇。具裝，如常馬甲，加珂拂於前膺及後鞦。

毬杖，金塗銀裹，以供奉官騎執之，分左右前導。大禮，用百人，花脚幞頭、紫繡袍襖。常出，三十人，公服，皆騎導。

雞竿，附竿爲雞形，金飾，首銜絳旛，承以綵盤，維以絳索，揭以長竿。募衛士先登，爭得雞者，官給以纈襖子，或取絳旛而已。大禮畢，麗正門肆赦則設之。其義則雞爲巽神，巽主號令，故宣號令則象之。陽用事則雞鳴，故布宣陽澤則象之。一曰「天雞星動爲有赦」，故王者以天雞爲度。金雞事，六朝已有之，或謂起于西京。南渡後，則自紹興十三年始也。

大駕鹵簿巾服之制：金吾上將軍、將軍、六統軍、千牛、中郎將，服花脚幞頭、抹額、紫繡袍，佩牙刀，珂馬。諸衛大將軍、將軍、中郎將、折衝、果毅、散手翊衛，服平巾幘、紫繡袍、大口袴、錦縢蛇、銀帶，佩橫刀，執弓箭。千牛將軍，服平巾幘[六]、紫繡袍、大口袴、銀帶、韡鞦，橫刀，執弓箭，珂馬。千牛，服花脚幞頭、緋繡袍、抹額、大口袴、銀帶、韡鞦。前馬隊內折衝及執矟者，服錦帽、緋繡袍、銀帶。監門校尉、六軍押仗，服幞頭、紫繡裲襠。隊正，服平巾幘、緋繡袍、大口袴。諸衛主率都尉，引駕騎，持鈒隊內校尉、旅帥，執衞司殳仗爆矟，金吾十六騎，班劍、儀刀隊，親勳翊衛，執大角人，並服平巾幘、緋繡裲襠、大口袴，佩橫刀，執弓箭。金吾押牙，服金鵝帽、紫繡袍、銀帶，儀刀。金吾持纛者，服烏紗帽、皂衣、袴、韈韈。金吾押纛，服幞頭、皂繡衫、大口袴、銀帶、烏皮韡。執金吾爆矟，服錦袍帽、臂韝、銀帶、烏皮韡。

清遊隊、佽飛，執副仗矟，服甲騎具裝、錦臂韝，橫刀，執弓箭，白袴。朱雀隊執旗及執牙門旗，執絳引旛、黃麾旛者，並服緋繡衫、抹額、大口袴、銀帶。執殳仗，前後步隊、眞武隊執旗，前後部黃麾，執日月合璧等旗，青龍白虎隊、金吾細仗內執旗者，並服五色繡袍、抹額、行縢、銀帶；執白榦棒人，加銀褐捍腰。執龍旗及前馬隊內執旗人，服五色繡袍、銀帶、

行縢、大口袴。執弓箭、執龍旗副竿人，服錦帽、五色繡袍、大口袴、銀帶。執弩、弓箭人，服錦帽、青繡袍、銀帶。前後步隊人，服五色鍪甲、錦臂韝、韈韈、袴、銀帶。朱雀隊內執弓箭、弩、矟，虞候佽飛，執長壽幢、寶輿法物人，並服平巾幘、緋繡袍、大口袴、銀帶。援寶，執絳麾、眞武幢叉人，並服武弁、紫繡衫。持鈒隊、殿中黃麾、繖、扇、腰輿、香鐙、華蓋，指南、進賢等車駕士，相風、鍾漏等輿輿士，並服武弁、緋繡衫。駕羊車童子，服垂耳髻、青頭𧝭、青繡大袖衫、袴、勒帛、青耳履。執引駕龍墀旗、六軍旗者，服錦帽、五色繡衫、錦臂韝、銀帶。引夾旗及執柯舒、鐙仗者，服帖金帽，餘同上。執花鳳、飛黃、吉利旗者，服銀褐繡衣、抹額、銀帶。夾轂隊，服五色質鍪、鎧、錦臂韝、白行縢、紫帶、韈韈。驍衛翊衛三隊，服平巾幘、緋繡袍、大口袴、錦縢蛇。五輅、副輅、耕根車駕士，服平巾幘、青繡衫、青履韈。教馬官，服幞頭、紅繡抹額、紫繡衫、白袴、銀帶。掌輦、主輦，服武弁、黃繡衫、紫繡誕帶。攏御馬者，服帖金帽、紫繡大袖衫、銀帶。執眞武幢者，服武弁、皂繡衫、紫繡誕帶。五牛旗輿士，服武弁、五色繡衫、大口袴、銀帶。掩後隊，服黑鍪甲、錦臂韝、行縢。

鼓吹令、丞，服綠袴褶冠、銀褐裙、金銅革帶、緋白大帶、履韈。太常寺府史、典事、司天令史，服幞頭、綠衫、黃半臂。太常主帥擱鼓、金鉦、節鼓人，服平巾幘、緋繡袍、大口袴，抹帶、錦縢蛇；歌、拱宸管、簫、笳、笛、觱栗，無縢蛇。太常大鼓、長鳴、小鼓、中鳴，服黃畫花

中華書局

袍、袴、抹額、抹帶〔七〕。太常鐃、大橫吹，服緋苣文袍、袴、抹額、抹帶。太常羽葆鼓、小橫吹，服青苣文袍、袴、抹額、抹帶。排列官、令史、府史，服黑介幘、緋衫、白袴、白勒帛。司辰、典事、漏刻生，服青袴褶冠、革帶。殿中少監、奉御、供奉、排列官，引駕仗內排列承直官、大將、金吾引駕，押仗、押旗，服幞頭、紫公服、烏皮韡。尚輦奉御、直長、乘黃令丞、千牛長史、進馬四色官，服幞頭、綠公服、白袴、金銅帶、烏皮韡。殿中職掌執繖扇人，服幞頭、碧襴、金銅帶、烏皮韡。舊衣黃，太平興國六年，并內侍省並改服以碧。

凡繡文：金吾衞以辟邪，左右衞以瑞馬，驍衞以雕虎，屯衞以赤豹，武衞以瑞鷹，領軍衞以白澤，監門衞以師子，千牛衞以犀牛，六軍以孔雀，樂工以鸞，耕根車駕士以鳳銜嘉禾，進賢車以瑞麟，明遠車以對鳳，羊車以瑞羊，指南車以孔雀，記里鼓、黃鉞車以對鵝，白鷺車以翔鷺，鸞旗車以瑞鸞，崇德車以辟邪，皮軒車以虎，屬車以雲鶴，豹尾車以立豹，相風烏輿以烏，五牛旗以五色牛，餘皆以寶相花。

六引內巾服之制：淸道官，服武弁、緋繡衫、革帶。持𢐀弩、車輻棒者，服平巾赤幘、緋繡衫、赤袴、銀帶。靑衣，服平巾靑幘、靑袴褶。持戟、繖、扇、刀盾者，服黃繡衫、抹額、行縢、銀帶。持幡蓋者，服繡衫、抹額、大口袴、銀帶。內告止幡、曲蓋以緋，傳敎幡、信幡、絳引幡以黃。執誕馬轡、儀刀、麾、幢、節、夾矟、大角者，服平巾幘、緋繡衫、大口袴、銀帶。大駕

鹵簿內，執轡，並錦絡衫幘。持弓箭、矟者，服武弁、緋繡衫、白袴。駕士，服錦帽、繡戎服大袍、銀帶。弓箭以靑，矟以紫。持㮰鼓者，服平巾幘、緋繡對鳳袍、大口袴、白抹帶、錦縢蛇。鐃吹部內，服平巾幘、緋繡袍、白抹帶、白袴，餘悉同大駕前後部。

其繡衣文：淸道以雲鶴，𢐀弩以辟邪，車輻以白澤，駕士司徒以瑞馬，牧以隼，御史大夫以獬豸，兵部尙書以虎，太常卿以鳳，縣令以雉，樂工以鸞，餘悉以寶相花。

太祖建隆四年，范質議：按開元禮，武官陪立大仗，加螣蛇裲襠，如袖無身，以覆其膊胳，蓋掖下縫也。從肩領覆臂膊，共一尺二寸。又按釋文、玉篇相傳云：其一當胸，其一當背，謂之「兩當」。今詳裲襠之制〔八〕，其領連所覆膊胳，其一當左膊，其一當右膊，故謂之「起膊」。今請兼存兩說擇而用之，造裲襠，用當胸、當背之制。宣和元年，禮制局言：鼓吹令、丞冠，又名「袴褶冠」。今鹵簿既除袴褶，冠名不當仍舊，請依舊記如三禮圖「委貌冠」製。從之。

校勘記

〔一〕紅犛牛尾拂　「尾」原作「毛」，據宋會要輿服三之一五、通考卷一一七王禮考改。

〔二〕詔製瑞鶴旗　據宋會要輿服三之一至二、瑞異一之二三此是政和六年事。

〔三〕皆持執之　「持」原作「特」，通考卷一一七王禮考作「持」，太常因革禮卷二三本句作「皆執持之」，據改。

〔四〕車輻　原作「車軸」，據通考卷一一七王禮考、太常因革禮卷二三改。

〔五〕杏葉　原作「本葉」，據宋會要輿服六之二五、太常因革禮卷二三改。

〔六〕平巾幘　「巾幘」二字原倒，據本卷上下文和宋會要輿服四之一五乙正。

〔七〕抹帶　原作「袜帶」，據上文并參照宋會要輿服二之四、五禮新儀卷一三改。下文「抹帶」各條同。

〔八〕今詳裲襠之制　「裲襠」，原作「稱襠」，據本卷上下文文義和宋會要輿服四之一八改。

中華書局

宋史卷一百四十九

志第一百二

輿服一

五輅　大輅　大輦　芳亭輦　鳳輦　逍遙輦　平輦　七寶輦

小輿　腰輿　耕根車　進賢車　明遠車　羊車　指南車

記里鼓車　白鷺車　鸞旗車　崇德車　皮軒車　黃鉞車

豹尾車　屬車　五車　涼車　相風烏輿　行漏輿　十二神輿

鉦鼓輿　鍾鼓樓輿

昔者聖人作輿，軫之方以象地，蓋之圓以象天。易傳言：「黃帝、堯、舜，垂衣裳而天下治，蓋取諸乾坤。」夫輿服之制，取法天地，則聖人創物之智，別尊卑，定上下，有大於斯二者

乎！舜命禹曰：「予欲觀古人之象，日、月、星辰、山、龍、華蟲作會，宗彝、藻、火、粉米、黼、黻絺繡，以五采彰施於五色，作服，汝明。」周官之屬，有巾車、典路、司常，有司服、司裘、內司服等職。以是知輿服始於黃帝，成於唐、虞，歷夏及商，而大備於周。周衰，列國肆爲侈汰。秦併之，擥上選以供服御，其次以賜百官，始有大駕、法駕之制；又自天子以至牧守，各有鹵簿焉。漢興，乃不能監古成憲，而傚秦所爲。自是代有變更，志有詳略。東漢至舊唐書皆稱輿服，新唐書改爲車服，鄭樵合諸代爲通志又爲器服。其文雖殊，而攷古制作，無以尚於三代矣。

夫三代制器，所以爲百世法者，以其華質適中也。孔子答顏淵爲邦之問曰：「乘殷之輅，服周之冕。」且禮謂「周人上輿」，而孔子獨取殷輅，是殷之質勝於周也。又言禹「致美乎黻冕」。而論冕以周爲貴，是周之文勝於夏也。蓋已不能無損益於其間焉。不知歷代於秦已還，何所損益乎？

宋之君臣，於二帝、三王、周公、孔子之道，講之甚明。至其規模制度，飾爲聲明，已足粲然，雖不能盡合古制，而於後代庶無愧焉。宋初，袞冕綴飾不用珠玉，蓋存簡儉之風。及爲鹵簿，又熾以旗幟，華以繡衣，褻以毬杖，豈非循襲唐、五季之習，猶未能盡去其陋邪？詒之子孫，殆有甚焉者矣。迄于徽宗，奉身之欲，奢蕩靡極，雖欲不亡得乎？靖康之末，累朝法物，淪沒於金。中興，掇拾散逸，參酌時宜，務從省約。凡服用錦繡，皆易以纈、以羅；旗仗用金銀飾者，皆易以繪、以絫。建炎初，有事郊報，仗內拂扇當用珠飾。高宗曰：「事天貴質，若尚華麗，非禋祀本意也。」是以子孫世守其訓，雖江介一隅，而華質適時，尚足爲一代之法。其儒臣名物度數之學，見諸論議，又有可觀者焉。今取舊史所載，著于篇，作輿服志。

五輅。宋自神宗以降，銳意稽古，禮文之事，招延儒士，折衷同異。元豐有詳定禮文所，徽宗大觀間有議禮局，政和又有禮制局。先是，元豐雖置局造輅，而五輅及副輅，多仍唐舊。

玉輅，自唐顯慶中傳之，至宋曰顯慶輅，親郊則乘之。制作精巧，行止安重，後載太常輿闟戟，分左右以均輕重，世之良工，莫能爲之。其制：箱上置平盤、黃屋，四柱皆油畫刻鏤。左青龍，右白虎，龜文，金鳳翅，雜花，龍鳳，金塗銀裝，間以玉飾。頂輪三層，外施銀耀葉〔一〕，輪衣、小帶、絡帶並青羅繡雲龍，周綴纓帶、羅文佩、銀穗毬、小鈴。平盤上布黃褥，四角勾闌設圓鑑、翟羽。虛匱內貼銀鏤香罨，軾匱銀龍二，銜香囊，銀香爐，香寶，錦帶，下有障塵。青畫輪轅，銀轂乘葉，三轅，銀龍頭，橫木上有銀鳳十二。左建青旗，十有二旒，皆繡升龍；右載闟戟，繡黻文，並青繡綢杠。又設青繡門簾，銀飾梯一，拓叉二，推竿一，銀鎝頭，

銀裝行馬，青繒裹輓索。駕六青馬，馬有金面，插鵰羽，鞶纓，攀胸鈴拂，青繡屜，錦包尾。又誕馬二，在輅前，飾同駕馬。餘輅及副輅皆有之。駕士六十四人。金輅色以赤，駕六赤馬，建大旂，駕士六十四人。象輅色以淺黃，駕六赭白馬，建大赤，駕士四十人。革輅色以黃，駕六騧馬，建大白，駕士四十人。木輅色以黑，駕六黑騮馬，建大麾，駕士四十人。自金輅而下，其制皆同玉輅，惟無玉飾。五副輅並駕六馬，駕士四十人，當用銀飾者，皆以銅，餘制如正輅。

政和三年，議禮局更上皇帝車輅之制，詔頒行。玉輅，箱上平盤、黃屋以下皆如舊。頂輪三層，內一層素，輪頂上施金塗銀山花葉及翟羽，青絲繡雲龍絡帶二，周綴雜色纓帶八、銅佩八、銀穗毬二。平盤上布紅羅繡雲龍褥，曲几、扶几，上下設銀螭首二十四。四角勾闌設圓鑑一十六，青羅繡寶相花帶，火珠二十八。香匱設香鑪，紅羅繡寶相花帶香囊，香寶，銀結綬二，紅羅繡雲龍結綬一，紅錦幟龍鳳門簾一。青畫輪轅，銀轂乘葉。軾匱、橫轅、前轅並飾以金塗銀螭首，橫轅上施銀立鳳一十二。左建太常，十有二旒；右載闟戟，繡黻文。杠絝一，以青繡，杠首飾以銀螭首。金塗銅鈸，青犛牛尾拂，青繒裹索。駕青馬六，馬有銅面，插鵰羽，鞶纓，攀胸鈴拂，青線織屜，紅錦包尾。又踏路馬二，在輅前，飾同駕馬。凡大祭祀乘之。

二十四史

中華書局

金輅以下，並以次列其後。若大朝會、册命皇太子諸王大臣，則設五輅於大慶殿庭，爲充庭之儀。金輅赤質，以金飾諸末，建大旂，餘同玉輅，駕赤馬六；凡玉輅之飾以青者，金輅以緋。象輅淺黃質，金塗銅裝，以象飾諸末，建大赤，餘同玉輅，駕赭白馬六；凡玉輅之飾以靑者，象輅以銀褐。革輅黃質，鞔之以革，建大白，餘同玉輅，駕騧馬六；凡玉輅之飾以靑者，革輅以黃。木輅黑質漆之，建大麾，餘同玉輅，駕黑騮六；凡玉輅之飾以靑者，木輅以皁。凡玉輅用金塗銀裝者，象輅、革輅、木輅及五副輅，並金塗銅裝。

又禮制局言：「玉輅馬纓十二而無采，不應古制，欲以五采罽飾樊纓十有二就。輅衡、軾並無鸞和，乞添置。蓋弓二十有二，不應古制，乞增爲二十八，以象星。又巾車言『玉輅建太常』而不言色，司常注云：『九旗之帛皆用絳，以周尚赤故也。』禮記月令中央『天子乘大輅，載黃旂』，以金、象、木、革四輅及所建之旂，與四時所乘所載皆合。今玉輅所建之旂，以青帛十二副連屬爲之，有升龍而非交龍，又無三辰，皆非古制。如依成周以所尚之色則用赤，依月令兼四代之制則當用黃，仍分縿、斿之制及繡畫三辰於其上。今改制，太常其斿曳地，當依周官以六人維之。又左傳言：『錫鸞和鈴，昭其聲也。』注：『錫在馬額，鈴在旂首。』今旂首無鈴，乞增置。又車蓋周以流蘇及佩各八，無所法象，欲各增爲十二，以應天數。又輅之諸末，盡飾以玉，爲稱其實，而羅紋雜佩乃用塗金，乞改爲玉。又車箱兩轓有金塗龜

文及鶡翅，左龍右虎，迺後代之制，欲改用螭龍，加玉爲飾。」又言：「既建太常當車之後，則自後登車有妨。曲禮言：『君車將駕，則僕執策立於馬前，已駕，僕展軨，効駕，奮衣由右上，取貳綏跪乘，執策分轡，驅之，五步而立，君出就車。』則君升車亦當自右，由前而入。今玉輅前有式匱，不應古制，恐當更易，以便登車及改式之制。又禮記言『車得其式』，周官輿人：『三分其隧，一在前，二在後，以揉其式，以其廣之半爲之式崇。三分軫圍，去一以爲式圍。三分軹圍，去一以爲轛圍。』注：『立者爲轛，橫者爲軹。』今玉輅無式。」

詔：「玉輅用青質，輪轂絡帶，其色如之。四柱、平盤、虛匱則用赤，增蓋弓之數爲二十八，左右建旂、常，並青。太常繡日月、五星、二十八宿，旂上則繡以雲龍。朱杠，青綃，鈴垂十有二就，流蘇及佩各增十二之數。樊纓飾以五采之罽，衡式之上又加鸞和。輅之諸末，耀葉、螭頭、雲龍、垂牙、鎚脚、花版、結綬、羅紋雜佩、羽臺、蕙臺、龎鑪、香寶、壓貼牌字，皆飾以玉。自後而升，式匱不去。既成，高二丈七寸五分，闊一丈五尺。副玉輅，亦用青色，舊駕馬四，增爲六，色亦以青。」

政和四年，詔改修正副輅，討論製造金、象、革、木四輅，並依新修玉輅制度。旂、常並建，各與輅一色。除去闌戟，改車箱兩轓龜文、鶡翅、左龍、右虎之飾，並用螭龍。增蓋弓、博山、流蘇等數，軾衡加和鸞，以合於古。金輅朱質，飾以金塗銀：左右建太常、大旂及輪衣、絡帶等，色皆以黃；龍旂九斿，如周官金輅建大旂之制；駕馬以騮，飾樊纓五采九就。象輅朱質，凡制度、裝綴、名物並同金輅，飾以象及金塗銀銅鍮石；左右建太常、大赤，輪衣、絡帶等，色皆以紅；大赤繡鳥隼七斿，如周官象輅建大赤之制；駕馬以赤，飾樊纓七就。革輅朱質，凡制度、裝綴、名物並同金輅，飾以金塗銅鍮石；左右建太常、大白及輪衣、絡帶等，色皆以淺黃；大白繡熊虎六斿，如周官革輅建大白之制；駕馬以赭白，飾樊纓五就。木輅朱質，凡制度、裝綴、名物皆同金輅，飾以金塗鍮石；左右建太常、大麾及輪衣、絡帶等，色皆以皁；大麾繡龜蛇四斿，如周官木輅建大麾之制；駕馬以烏，飾樊纓三就。四輅駕馬各六。玉輅駕士六十四人，餘皆四十人。

又禮制局增改雅飾諸輅：舊副玉輅色青，飾以金，改用黃而飾以玉；樊纓如正輅之制；建太常，色黃，飾以組，象日月於縿、星辰於斿，其長曳地。舊金輅改用青，飾以金；樊纓以五采罽而九就；建大旂，色青，飾以組，象交龍於縿、升龍於斿，其長齊軫。象輅改用赤，飾以象；樊纓以五采罽而七就；建大赤，色赤，飾以組，象鳥隼於縿、斿，其長齊較。革輅改用白，飾以革；龍勒條纓；建大白，色白，飾以組，象熊虎於縿、斿，其長齊肩。三輅皆維以縷，削幅爲之。木輅依舊色，而飾以漆，其色黑；前樊鵠纓，建大麾，色黑，飾以組，象龜蛇於縿、斿，其長齊首；維以縷，充幅爲之。又詔玉輅身仍用紅，太常、旂、絡帶等用黃，餘常、旂、絡帶，亦隨其輅色。

高宗渡江，鹵簿、儀仗悉燬於兵。紹興十二年，始命工部尚書莫將、戶部侍郎張澄等以天禧、宣和鹵簿圖考究制度，及故內侍工匠省記指說，參酌制度。是年九月，玉輅成；明年，遂作金、象、革、木四輅，副輅不設。玉輅之制，青色，飾以玉，通高十九尺，輪高六十三寸，輻徑三十九寸，軸長十五尺三寸。頂上剡爲輪三層，象天圜也。外施青玉博山八十一，一名耀葉。鏤以金塗龍文，覆以青羅，曰輪衣。綴垂玉佩，間以五色垂氅尾，曰流蘇。一名綏帶。頂四角分垂青羅曰絡帶，表裏繡雲龍。遇雨，則油黃繒覆之。

輅之中四柱，象地方也，前柱卷龍。平槃上布錦褥，前有橫軾，後垂錦軟簾。登車則自後卷簾梯級以登。四面周以闌而闕其中，以備登降。執綏官先自右升，立於右柱下，以備顧問。闌柱頭有玉蹲龍。軾前有牌，鏤曰「玉輅」，以玉篆之，上有玉龍二。中設御坐，純以黃香木爲之，取其黃中之正色也。下有塗金蹲龍十六。在平槃四闌下，又有拓角雲龍，金彩飾之，前後左右各二。前有轅木三，鱗體昂首龍形。轅木上束兩橫竿，在前者名曰鳳轅，馬負之以行；次曰推轅，班直推之以助馬力。橫於轅後者名曰壓轅，以人壓於後，欲取其平。車輪三歲一易，心用楡，圜數尺，圈以鐵，以防折裂。橫貫大木以爲軸，夾以兩輪，輪皆彩畫，此輅下飾也。每新輪成，載鐵萬斤試之。

中華書局

二十四史

左建太常，右建龍旂，插於輅後兩柱之金環前。駕青馬六，馬有鏤鍚，鞶纓，金鈴，紅旄繡屜，金包騣，錦包尾，青絹裹索引之。駕士二百三十二人〔三〕。誕馬十二人，左右索百二十八人，入轅馬十二人，龍頭子二人，前後抱轅各六人，推竿四人，捧輪四人，拓叉四人，淨席四人，前攔人員一人，後攔人員一人，前攔馬八人，後攔馬八人，踏道人員二人，踏道二十人，小拓叉四人，小梯子二人，燭臺二人，香匙剪子二人，左右索人員二人。○又有呵喝人員二人，教馬官二人，捧輪將軍四人，千牛衞將軍二人，推輪軸官健八人，抱太常龍旗官六人，職掌五人，專知官一人，手分一人，庫子八人，裝挂工匠二人，諸作工匠十五人，蓋覆儀鸞司十一人，監官三員。

金輅黃色，飾以金塗銀，制如玉輅，而高減五寸；博山、輪衣、絡帶、轅輻、軸並以黃，建大旂九斿；駕黃馬六，駕士一百五十四人。象輅朱色，飾以象及金塗銅，制如金輅；博山、輪衣、絡帶並以朱，建大赤七斿；駕赤馬六，駕士一百五十四人。革輅淺黃白色，飾以金塗銅，制如象輅；博山、輪衣、絡帶並以淺黃白，建大白六斿；駕黃白馬六，駕士百五十四人。木輅黑色，飾以金塗銀，制如革輅；博山、輪衣、絡帶並以黑，建大麾四斿；駕黑馬六，駕士一百五十四人。五輅駕士服色：平巾幘、青絹抹額、纈絹對花鳳袍、緋纈絹對花寬袖襖、羅抹絹袴、襪、麻鞵，其色各從其輅。

大輅。政和六年，徐秉哲言：「南北郊，皇帝乘玉輅以赴齋宮。自齋宮赴壇，正當祀天

祭地，乃乘大輦，疑非禮意。」下禮制局討論。禮制局請：「造大輅如玉輅之制，唯不飾以玉。所駕之馬，其數如之，唯樊纓一就，以稱尚質之義。仍建大旂十有二旒，龍章日月，以協象天之義。至禮畢還齋宮，則御大輦，於禮無嫌。」從之。

大輦。周官巾車氏有輦車，以人組挽之，宮中從容所乘。唐制，輦有七：一曰大鳳輦，二曰大芳輦，三曰仙遊輦，四曰小輕輦，五曰芳亭輦，六曰大玉輦，七曰小玉輦。

太祖建隆四年，翰林學士承旨陶穀爲禮儀使，創意造爲大輦：赤質，正方，油畫，金塗銀葉，龍鳳裝。其上四面行龍雲氣〔三〕，火珠方鑑，銀絲囊網，珠翠結條，雲龍鈿窠霞子〔四〕。四角龍頭銜香囊，頂輪施耀葉。中有銀蓮花坐龍，紅綾裏〔五〕，碧牙壓帖。內設圓鑑，銀絲香囊，銀飾勾闌、臺坐，紅絲條網，帉錔。中施黃褥，上置御坐，扶几，香鑪，錦結綬。几衣、輪衣、絡帶並緋繡壓金銀綫。長竿四，銀裹鐵鍋龍頭，魚鉤，錦膊褥，銀裝畫梯，拓叉，黃羅緣席、褥、杷，梯杖褥，朱索，緋繒油杷。主輦六十四人。親祀南郊、謁太廟還及具鑾駕黃麾仗、省方還都，則乘之。

眞宗東封，以舊輦太重，遂命別造，凡減七百餘斤，後常用焉。神宗已後，其制：赤質，正方，油畫，金塗銀龍鳳裝，朱漆天輪一，金塗銀頂龍一。四面施行龍一十六，火珠四。四角龍頭四，穗毬一十二。頂輪施耀葉，紅羅輪衣一，綴銀鈴，紅羅絡帶二。中設御坐、曲几、錦褥等，施屏風，香鑪，結綬。長竿四，飾以金塗銀龍頭。祀畢，車駕還內，若不進輅，則乘大輦。

政和之制：黃質，冒以黃衣，紘以黃帶。車箱四圍，於桯之外，高二尺二寸。設軾於前楹，軾高三尺二寸。建大旂於後楹，旂十二斿，其長曳地，其色黃，繪以交龍；素帛爲縿，繪以日月，以弧張幅，以韣韜弧；杠以青錦綢之，注旄於竿首，繫以鈴。

國朝之輦有七，中興後，唯存大輦、平輦、逍遙三輦而已。大輦又曰大安輦，其制：赤質，正方，高十五尺三寸，方十一尺六寸。四柱，平槃，上覆青綠錦。上有天輪三層，外施金塗銀博山八十一。內有圓鏡，金塗銀頂龍一，四面行龍十六，火珠四。輪衣以青，墜以金鈴，頂有青羅十字分垂四角，曰絡帶。四角出龍首，銜犛牛五色尾，曰旒綏。四面拱斗，外施方鏡，九柱圍以朱闌，中設御坐、曲几、屏風、錦褥。下舉以長竿四，攢竹筋膠丹漆之，竿爲龍首。平槃下，四圍結紅絲網。輦官服色：武弁，黃纈對鳳袍，黃絹勒帛，紫生色袒帶，紫絹行縢。

芳亭輦，黑質，頂如幕屋，緋羅衣，裙襴、絡帶皆繡雲鳳。兩面朱綠隐花版，外施紅絲網

網，金銅帉錔，前後垂簾，下設牙牀、勾闌。長竿四，銀龍頭，銀飾梯，行馬。主輦一百二十人。政和之制，簾以紅羅繡鵝爲額，內設御坐，長竿飾以金塗銅螭首，橫竿二。

鳳輦，赤質，頂輪下有二柱，緋羅輪衣，絡帶、門簾皆繡雲鳳。頂有金鳳一，兩壁刻畫龜文、金鳳翅。前有軾匱、香鑪、香寶、結帶，下有勾闌二重，內設紅錦褥。長竿三〔六〕，銀飾梯，行馬。主輦八十人。法駕鹵簿，不設鳳輦。

逍遙輦，以椶櫚爲屋，赤質，金塗銀裝，朱漆扶版二，雲版一，長竿二，飾以金塗銀龍頭。常行幸所御。又魚鉤，帉錔，梅紅條。輦官十二人，春夏服緋羅衫，秋冬服白師子錦襖。東封，別造辟塵逍遙輦，加牕隔，黃繒爲裏，賜名省方逍遙輦。中興之制，赤質，金塗四柱，椶屋上有走脊金龍四，中起火珠凸頂，四面不設牕障，中有御踏子，制甚簡素。祗應人員服帽子、宜男方勝纈衫。

平輦，又名平頭輦，亦曰太平輦，飾如逍遙輦而無屋。輦官十二人，服同逍遙輦。常行幸所御。東封，別造升山天平輦，施機關，賜名曰登封輦。中興之制，赤質，正方，形如一朱

中華書局

龍椅而加長竿二，飾如逍遙輦而不施棚屋，制尤簡素，止施畫雲版而已。

又有七寶輦，隆興二年，爲德壽宮所製也。高五十一寸，闊二十七寸，深三十六寸。比附大輦、平輦制度爲之。上施頂輪、耀葉、角龍、頂龍、滴子、鐸子、結穗毬。下施梅紅絲裙網，加綴七寶。中設香木御坐，引手爲轉身龍，靠背爲龍首，靠枰子織以紅黃藤。舁以長竿二，竿爲螭首，金塗銀飾焉。初，有司言：「東都舊制，輦飾以玉，裙網用七寶，而滴子用眞珠。」帝曰：「上皇意不然，止欲簡素。」遂以塗金易玉，梅紅絲結裙網，間綴七寶，而象牙易眞珠。既而上皇却不受，每至大內，多乘馬，而間有行幸，則用肩輿。自是，重華、壽康兩宮並不別造。

小輿，赤質，頂輪下施曲柄如蓋，緋繡輪衣、絡帶，制如鳳輦而小。下有勾闌，牙牀，繡瀝水。中設方牀，緋繡羅衣，錦褥。上有小案、坐牀，皆繡衣。踏牀緋衣。前後長竿二，銀飾梯，行馬。奉輿二十四人。中興後，去其輪蓋，方四十九寸，高三十一寸。輿上周以勾闌，施翟羽，玉照子，中爲方牀三級。上設御坐、曲几、踏子，曲柄緋羅繡蓋，輿下紅絲結五色花裙網。舁以長竿二，竿爲螭首。宮殿從容所乘，設鹵簿則陳之。

腰輿，前後長竿各二，金銅螭頭，緋繡鳳裙襴，上施錦褥，別設小牀，緋繡花龍衣。奉輿十六人。中興制，赤質，方形，四面曲闌，下結繡裙網。制如小輿，惟無翟尾、玉照子、三級床、曲柄蓋，而上設方御床、曲几，舁竿無螭首，用亦同小輿。

耕根車制，青質，蓋三層，餘如五輅之副。駕六青馬，駕士四十人。親祠具大駕、法駕鹵簿，並列於仗內；若耕藉則乘之。國朝之車，自耕根而下，凡十有五。南渡所存，惟耕根車一而已，其制度並同，惟駕士七十五人。

進賢車，古安車也。太祖乾德元年改赤質，兩壁紗牕，擎耳，虛匱，一轅，緋幰衣，絡帶、門簾皆繡鳳，紅絲網。中設朱漆牀，香案，紫綾案衣，緋繒裹輓索，朱漆行馬。凡車皆有輓索、行馬。駕四馬，駕士二十四人。

明遠車，古四望車也，駕以牛。太祖乾德元年改，仍舊四馬。赤質，制如屋，重檐勾闌，上有金龍，四角垂銅鐸，上層四面垂簾，下層周以花版，三轅。駕士四十人，服繡對鳳。

羊車，古輦車也，亦爲畫輪車，駕以牛。隋駕以果下馬，今亦駕以二小馬。赤質，兩壁畫龜文、金鳳翅，緋幰衣、絡帶、門簾皆繡瑞羊。童子十八人。

指南車，一曰司南車。赤質，兩箱畫青龍、白虎，四面畫花鳥，重臺，勾闌，鏤拱，四角垂香囊。上有仙人，車雖轉而手常南指。一轅，鳳首，駕四馬。駕士舊十八人，太宗雍熙四年，增爲三十人。仁宗天聖五年，工部郎中燕肅始造指南車。肅上奏曰：

黃帝與蚩尤戰于涿鹿之野，蚩尤起大霧，軍士不知所向，帝遂作指南車。周成王時，越裳氏重譯來獻，使者惑失道，周公賜軿車以指南。其後，法俱亡。漢張衡、魏馬鈞繼作之，屬世亂離，其器不存。宋武帝平長安，嘗爲此車，而制不精。祖沖之亦復造之。後魏太武帝使郭善明造，彌年不就，命扶風馬岳造，垂成而爲善明鴆死，其法遂絕。唐元和中，典作官金公立以其車及記里鼓上之，憲宗閱於麟德殿，以備法駕。歷五代至國朝，不聞得其制者，今創意成之。

其法：用獨轅車，車箱外籠上有重構，立木仙人於上，引臂南指。用大小輪九，合齒一百二十。足輪二，高六尺，圍一丈八尺。附足立子輪二，徑二尺四寸，圍七尺二

寸，出齒各二十四，齒間相去三寸。轅端橫木下立小輪二，其徑三寸，鐵軸貫之。左小平輪一，其徑一尺二寸，出齒十二；右小平輪一，其徑一尺二寸，出齒十二。中心大平輪一，其徑四尺八寸，圍一丈四尺四寸，出齒四十八，齒間相去三寸。中立貫心軸一，高八尺，徑三寸。

上刻木爲仙人，其車行，木人指南。若折而東，推轅右旋，附右足子輪順轉十二齒，擊右小平輪一匝，觸中心大平輪左旋四分之一，轉十二齒，車東行，木人交而南指。若折而西，推轅左旋，附左足子輪隨輪順轉十二齒，擊左小平輪一匝，觸中心大平輪右轉四分之一，轉十二齒，車正西行，木人交而南指。若欲北行，或東，或西，轉亦如之。

詔以其法下有司製之。

大觀元年，內侍省吳德仁又獻指南車、記里鼓車之制，二車成，其年宗祀大禮始用之。其指南車身一丈一尺一寸五分，闊九尺五寸，深一丈九寸，車輪直徑五尺七寸，車轅一丈五寸。車箱上下爲兩層，中設屏風，上安仙人一執杖，左右龜鶴各一，童子四各執纓立四角，上設關戾。臥輪一十三，各徑一尺八寸五分，圍五尺五寸五分，出齒三十二，齒間相去一寸八分。中心輪軸隨屏風貫下，下有輪一十三，中至大平輪。其輪徑三尺八寸，圍一丈一尺四寸，出齒一百，齒間相去一寸二分五釐，通上左右起落。二小平輪，各有鐵蹙子一，

中華書局

皆徑一尺一寸，圍三尺三寸，出齒一十七，齒間相去一寸九分。又左右附輪各一，徑一尺五寸五分，圍四尺六寸五分，出齒二十四，齒間相去二寸一分。左右疊輪各二，下輪各徑二尺一寸，圍六尺三寸，出齒三十二，齒間相去二寸一分，上輪各徑一尺二寸，圍三尺六寸，出齒三十二，齒間相去一寸一分。左右車脚上各立輪一，徑二尺二寸，圍六尺六寸，出齒三十二，齒間相去二寸二分五釐。左右後轅各小輪一，無齒，繫竹䈽并索在左右軸上，遇右轉使右轅小輪觸落右輪，若左轉使左轅小輪觸落左輪。行則仙童交而指南。車駕赤馬二，銅面，插羽，鞶纓，攀胸鈴拂，緋絹屜，錦包尾。

記里鼓車，一名大章車。赤質，四面畫花鳥，重臺，勾闌，鏤拱。行一里，則上層木人擊鼓；十里，則次層木人擊鐲。一轅，鳳首，駕四馬。駕士舊十八人，太宗雍熙四年，增為三十人。

仁宗天聖五年，內侍盧道隆上記里鼓車之制：「獨轅雙輪，箱上為兩重，各刻木為人，執木槌。足輪各徑六尺，圍一丈八尺。足輪一周，而行地三步。以古法六尺為步，三百步為里，用較今法五尺為步，三百六十步為里。立輪一，附於左足，徑一尺三寸八分，圍四尺一寸四分，出齒十八，齒間相去二寸三分。下平輪一，其徑四尺一寸四分，圍一丈二尺四寸二

分，出齒五十四，齒間相去與附立輪同。立貫心軸一，其上設銅旋風輪一，出齒三，齒間相去一寸二分。中立平輪一，其徑四尺，圍一丈二尺，出齒百，齒間相去與旋風等。次安小平輪一，其徑三寸少半寸，圍一尺，出齒十，齒間相去一寸半。上平輪一，其徑三尺少半尺，圍一丈，出齒百，齒間相去與小平輪同。其中平輪轉一周，車行一里，下一層木人擊鼓；上平輪轉一周，車行十里，上一層木人擊鐲。凡用大小輪八，合二百八十五齒，遞相鉤鏁，犬牙相制，周而復始。」詔以其法下有司製之。

大觀之制，車箱上下為兩層，上安木人二身，各手執木槌。輪軸共四。內左壁車脚上立輪一，安在車箱內，徑二尺二寸五分，圍六尺七寸五分，二十齒，齒間相去三寸三分五釐。又平輪一，徑四尺六寸五分，圍一丈三尺九寸五分，出齒六十，齒間相去二寸四分。上大平輪一，通軸貫上，徑三尺八寸，圍一丈一尺，出齒一百，齒間相去一寸二分。立軸一，徑二寸二分，圍六寸六分，出齒三，齒間相去二寸二分。外大平輪軸上有鐵撥子二。又木橫軸上關捩、撥子各一。其車脚轉一百遭，通輪軸轉周，木人各一擊鉦、鼓。

白鷺車，隋所制也，一名鼓吹車。赤質，周施花版，上有朱柱，貫五輪相重，輪衣以緋，皂頂及緋絡帶，並繡飛鷺。柱杪刻木為鷺，銜鵝毛筩，紅綬帶。一轅。駕四馬，駕士十八人。

鸞旗車，漢制，為前驅。赤質，曲壁，一轅。上載赤旗，繡鸞鳥。駕四馬，駕士十八人。

崇德車，本秦辟惡車也。上有桃弧棘矢，所以禳卻不祥。太祖乾德元年，改赤質，周施花版，四角刻辟惡獸，中載黃旗，亦繡此獸(七)。太卜署令一人，在車中執旗。駕四馬，駕士十八人。政和之制，建黃羅繡崇德旗一，彩畫刻木辨豸四。宣和元年，禮制局言：「崇德車載太卜令一員，畫辟惡獸於旗。記曰『前巫而後史』，傳曰『桃弧棘矢，以供禦王事』。請以巫易太卜，弧矢易辟惡獸。」從之。

皮軒車，漢前驅車也。冒以虎皮為軒，取曲禮「前有士師，則載虎皮」之義。赤質，曲壁，上有柱，貫五輪相重，畫虎文。駕四馬，駕士十八人。政和之制，用漆柱，貫朱漆皮軒五。

黃鉞車，漢制，乘輿建之，在大駕後。晉鹵簿有黃鉞車。唐初無之，貞觀後始加。赤

質，曲壁，中設金鉞一，錦囊綢杠。左武衞隊正一人，在車中執鉞。駕兩馬，駕士十五人。

豹尾車。古者軍正建豹尾。漢制，最後車一乘垂豹尾，豹尾以前即同禁中。唐貞觀後，始加此車於鹵簿內，制同黃鉞車。上載朱漆竿，首綴豹尾，右武衞隊正一人執之。駕兩馬，駕士十五人。

屬車，一曰副車，一曰貳車，一曰左車。秦制，大駕屬車八十一乘，法駕三十六乘。漢法駕用三十一乘，小駕用十二乘。隋制，大駕三十六，法駕十二，小駕不用。唐大駕唯用十二乘，宋因之。黑質，兩箱牽裝，前有曲闌，金銅飾，上施紫通幰，絡帶，門簾皆繡雲鶴，紫絲網帉錔。每乘駕三牛，駕士十人。

五車。徽宗宣和元年，禮制局言：「舊鹵簿記有白鷺、鸞旗、皮軒三車，其制非古。按曲禮曰：『前有水則載青旌，前有塵埃則載鳴鳶，前有車騎則載飛鴻，前有士師則載虎皮，前有鷙獸則載貔貅。』萬乘一出，五車必載，所以警衆也。青旌、鳴鳶、飛鴻、貔貅乃以白鷺、鸞旗雜陳其間，未為合禮。今欲改五車相次於中道，繼之以崇德車，於是為備。」青旌車，赤質，

曲壓，中載青旌，以絳帛爲之，畫青鳥於其上。鳴鳶車，赤質，曲壓，中載鳴鳶旌，以絳帛爲之，畫鳴鳶於其上。飛鴻車，赤質，曲壓，中載飛鴻旌，以絳帛爲之，畫飛鴻於其上。虎皮車，赤質，曲壓，中載虎皮旌，以絳帛爲之，緣以赤，畫虎皮於上。貔貅車，赤質，曲壓，旌以絳帛爲之，緣以赤，畫貔貅於上。其轅皆一。

涼車，赤質，金塗銀裝，龍鳳五采明金，織以紅黃藤，油壓，緋絲條龍頭，梅紅羅褥，銀螭頭，穗毬，雲朵踏頭，蓮花坐，鴈鈎，火珠，門沓，鉸鉞，頻伽，大小鐶，駕以橐駝。省方在道及校獵迴則乘之。

相風烏輿，上載長竿，竿杪刻木爲烏，垂鵝毛筩，紅絞帶，下承以小盤，周以緋裙，繡烏形。輿士四人。

行漏輿，隋大業行漏車也。制同鍾、鼓樓而大，設刻漏如稱衡。首垂銅鉢，末有銅象，漆匱貯水，渴烏注水入鉢中。長竿四，輿士六十人。

十二神輿，赤質，四門旁刻十二辰神，緋繡輪衣、絡帶。輿士十二人。

交龍鉦、鼓輿各一，皆刻木爲二青龍相交，下有木臺、長竿，一挂畫鼓，一挂金鉦，上皆有緋蓋，亦綉交龍。輿士各二人。中興後，相風、行漏、十二神、鉦鼓四輿，悉省去。

鍾、鼓樓輿各一，本隋大駕鍾車、鼓車也。皆刻木爲屋，中置鍾、鼓，下施木臺、長竿，如鉦、鼓輿。輿士各二十四人。

行漏輿、十二神輿、交龍鉦鼓輿、鍾鼓樓，舊禮無文，皆太祖開寶定禮所增。

校勘記

〔一〕外施銀耀葉　「外」原作「各」。按下文稱政和時玉輅「頂輪三層，內一層素」；又紹興時玉輅「頂上剡爲輪三層」，「外施青山博玉八十一，一名耀葉」。此處「各」亦應爲「外」字之誤。據太常因革禮卷二一、通考卷一一七王禮考改。

〔二〕綱士二百三十二人　按其下註文自「誕馬十二人」至「左右索人員二人」，實數爲二百三十四人；通考卷一一七王禮考作「二百三十八」，而其下註文實數爲二百三十人。

〔三〕其上四面行龍雲氣　「氣」，太常因革禮卷二一、通考卷一一七王禮考都作「朵」。

〔四〕珠翠結條雲龍鈿窠霞子　「條」，太常因革禮卷二一作「絛」；「龍」下，同書同卷有「鳳」字。

〔五〕紅綾裏　「裏」，太常因革禮卷二一作「褁」。

〔六〕長竿三　「三」，太常因革禮卷二一作「二」。

〔七〕亦繡此獸　「亦」原作「赤」，據太常因革禮卷二二、通考卷一一七王禮考及玉海卷七九改。

宋史卷一百五十

志第一百三

輿服二

后妃車輿　皇太子王公以下車輿　繖扇鞍勒　門戟旌節

皇后之車，唐制六等：一曰重翟，二曰厭翟，三曰翟車，四曰安車，五曰四望車，六曰金根車。宋因之，初用厭翟車。其制：箱上有平盤，四角曲闌，盤兩壁紗幰〔二〕，龜文，金鳳翅，前有虛匱、香爐、香寶，緋繡幰衣、絡帶、門簾，三轅鳳首，畫梯，推竿，行馬，緋緢裹索。駕六馬，金銅面，纓轡，鈴攀，緋屜。駕士三十人，武弁、緋繡衫。常出止用正、副金塗銀裝白藤輿各一，上覆椶櫚屋，飾以鳳，輦官服同乘輿平頭輦之制。

徽宗政和三年，議禮局上皇后車輿之制：重翟車，青質，金飾諸末，間以五采。輪金根

朱牙。其箱飾以重翟羽，四面施雲鳳、孔雀，刻鏤龜文。頂輪上施金立鳳、耀葉。青羅幰衣一，紫羅畫雲龍絡帶二，青絲絡網二，紫羅畫帷一，青羅畫雲龍夾幔二。車內設紅褥及坐，橫轅上施立鳳八。香匱設香爐、香寶，香匱飾以螭首。前後施簾，長轅三，飾以鳳頭，青緢裹索。駕青馬六，馬有銅面，插翟羽，鞶纓，攀胸鈴拂，青屜，青包尾。若受册、謁景靈宮，則乘之。

厭翟車，赤質，其箱飾以次翟羽；紫幰衣，紅絲絡網，紅羅畫絡帶，夾幔錦帷，餘如重翟車。駕赤騮四。若親蠶則乘之。翟車，黃質，其車側飾以翟羽；黃幰衣，黃絲絡網，錦帷絡帶，餘如重翟車。駕黃騮四。安車，赤質，金飾，間以五采，刻鏤龜文；紫幰衣，錦帷絡帶，紅絲絡網，前後施簾；車內設褥及坐，長轅三，飾以鳳頭，駕赤騮四。凡駕馬鞶纓之飾，並從車質。四望車，朱質，青幰衣，餘同安車。駕牛三。金根車，朱質，紫幰衣，餘同安車。駕牛三。自重翟車以下，備鹵簿則皆以次陳設。藤輿，金塗銀裝，上覆椶櫚屋，以龍飾，常行之儀則用之。

龍肩輿。一名椶檐子，一名龍檐子，舁以二竿，故名檐子，南渡後所製也。東都，皇后備厭翟車，常乘則白藤輿。中興，以太后用龍輿，后惟用檐子，示有所尊也。其制：方質，椶頂，施走脊龍四，走脊雲子六，朱漆紅黃藤織百花龍爲障；緋門簾，看牕簾，朱漆藤坐椅，踏子，紅羅裀褥，軟屏，夾幔。

隆興二年正月，皇后受册畢，擇日朝謁，有司具儀物，乞乘肩輿龍檐。製造所受給使臣尹肇發，納中宮金塗銀葉椶櫚、朱漆紅黃藤織百花龍杆子、碌牙壓貼、鏤金雕木腰花泥版龍檐子一乘。金塗銀頂子，龍頭六，走脊龍四，走脊雲子六，貼絡龍四十，貼絡雲子三十，鐸子八，插拴坐龍四，環索全，鈒遮那一副，檀香龜背紅紗牕四扇，紅羅緣紅篸門簾一，瀝水全，紅羅看牕簾二，朱漆藤面明金雕木龍頭椅一，脚踏一，紅線絛結一，朱漆小几二，紅羅褥全，紅羅緣肩膊席褥一十六，繫帶全，金塗銀鐵胎杆鞠四，魚鈎四，火踏一，朱漆梯盤全，朱漆衣匣二，金塗銅手把葉段拓叉二，金塗銅叉頭拖泥行馬二，金塗銀葉杠子二，紅茸匾絛四，紅羅夾軟屏風、夾幔各一，襯脚席褥、靠背坐褥及踏床各一，紅絹十字帕一，竿袋四，魚鈎帕二，紅油十字帕、竿袋、魚鈎帕數同上，兜地帕一，圍裙一。

大安輦。眞宗咸平中，爲萬安太后製輿，上設行龍六。乾興元年，詔皇太后御坐檐子，名大安輦。神宗嗣位，尊皇太后爲太皇太后，其行幸依治平元年之制。而皇太后、皇后常出，止用副金塗銀裝白藤輿，覆以椶櫚屋，飾以鳳。輦官服同乘輿平頭輦之制。於是詔太

皇太后出入所乘，如萬安太后輿，上設行龍六，制飾率有加。金銅車，禮典不載，則如舊制。

哲宗紹聖元年，議造皇太后大安輦，中書具治平、元豐中皇太后輿服儀衞以呈，曰：「元豐中，先帝手詔，皇太后行幸儀衞，並依慈聖光獻太皇太后日例，而宣仁謙恭，不乘大安輦。」哲宗曰：「今皇太后獨尊，非宣仁比。」遂詔行幸進大安輦，已而皇太后嫌避，竟不製造。

龍輿。皇太后所乘也。東都，皇太后多垂簾，皆抑損遠嫌，不肯乘輦，止用輿而已。哲宗既嗣位，尊朱貴妃爲皇太妃，出入許乘檐子。有司請用牙魚鳳爲飾，繖用青。元祐三年，太皇太后詔有司尋繹典故，於是檐子飾以龍鳳，繖用紅。九年，羣臣議改檐子爲輿，上設行龍五，出入由宣德東偏門。哲宗以皇太后諭旨，令太妃坐六龍輿出入，進黃繖，由宣德正門。於是三省議，皇太妃坐龍鳳輿，繖紅黃兼用，從皇太后出入，止用紅。紹聖元年，禮部太常寺言：「近奉旨：『皇太后欲令皇太妃坐六龍輿，朕常思皇太妃尊奉之禮，既不敢擬隆於皇太后，又不可不逮於中宮。』今參以人情，再加詳定，伏請供進龍鳳輿。」從之。

及徽宗即位，尊太妃爲聖瑞皇太妃，詔儀物除六龍輿不用，仍進龍鳳輿外，餘悉增崇焉。紹興奉迎皇太后，詔造龍輿，其制：朱質，正方，金塗銀飾，四竿，竿頭螭首，赭牕紅簾，上覆以椶，加走龍六，內設黃花羅帳、裀褥、朱椅、踏子、紅羅黃羅繡巾二。

皇太子車輅之制。唐制三等：一曰金輅，二曰軺車，三曰四望車。太宗至道初，眞宗爲皇太子，謁太廟，乘金輅，常朝則乘馬。眞宗天禧中，仁宗爲皇太子，亦同此制。徽宗政和三年，議禮局上皇太子車輅之制：金輅，赤質，金飾諸末。重較，箱畫苣文鳥獸；黃屋，伏鹿軾，龍輈，金鳳一在軾前。設障塵。朱蓋黃裏。輪畫朱牙。左建旂，九旒，右載闟戟。旂首金龍頭，銜結綬及鈴緌。八鸞在衡，二鈴在軾。駕赤騮四，金鑁方釳，插翟尾，鏤錫，鞶纓九就。從祀、謁太廟、納妃則供之。軺車，金飾諸末，紫油通幰，紫油纁朱裏，駕馬一。四望車，金飾諸末，青油通幰，青油纁朱裏，朱絲絡網，駕馬一。軺車、四望車以次列於鹵簿仗內。皇太子妃，則有厭翟車，駕以三馬。出入亦乘檐子。中興簡儉，惟用藤檐子，頂梁、舁杠皆飾以玄漆，四角刻獸形，素藤織花爲面，如政和之制。

親王羣臣車輅之制。唐制有四：一曰象輅，親王及一品乘之；二曰革輅，二品、三品乘之；三曰木輅，四品乘之；四曰軺車，五品乘之。宋親王、一品、二品奉使及葬，並給革輅，制同乘輿之副，惟改龍飾爲螭。六引內三品以上乘革車，赤質，制如進賢車，無案，駕四赤

馬，駕士二十五人。其緋繡衣、絡帶、旗戟、綢杠繡文：司徒以瑞馬，京牧以隼，御史大夫以獬豸，兵部尚書以虎，太常卿以鳳，駕士衣亦同。縣令乘軺車，黑質，兩壁紗牕，一轅，金銅飾，紫幰衣、絡帶並繡雉銜瑞草，駕二馬，駕士十八人。百官常朝皆乘馬。

眞宗大中祥符四年〔三〕，知樞密院事王欽若言：「王公車輅上並用龍裝，乞下有司檢定制度。」詔下太常禮院詳定。本院言：「按鹵簿令，王公已下，象輅以象飾諸末，朱班輪，八鸞在衡，左建旂畫龍，一升一降，右載闟戟。革輅以革飾諸末，左建旜，餘同象輅。木輅以漆飾之，餘同革輅。軺車，曲壁，青幰碧裏。諸輅皆朱質，朱蓋，朱旂旜，一品九旒，二品八旒，三品七旒，四品六旒，其鞶纓如之。」

神宗元豐三年，詳定禮文所言：「鹵簿記公卿奉引：第一開封令，乘軺車；次開封牧，隼旗；次太常卿，鳳旗；次司徒，瑞馬旗；次御史大夫，獬豸旗；次兵部尚書，虎旗，而乘革車。考之非是。謹按周禮巾車職曰：『孤乘夏篆，卿乘夏縵，大夫乘墨車。』司常職曰：『孤、卿建旜，大夫建物。』請公卿已下奉引，先開封令，乘墨車建物；次開封牧，乘墨車建旗；太常卿、御史大夫、兵部尚書乘夏縵，司徒乘夏篆，並建旜。所以參備九旗之制。」詔從之。

政和議禮局上王公以下車制：象輅以象飾諸末，朱班輪，八鸞在衡，左建旗，右載闟戟，駕馬四，親王昏則用之。革車，赤質，載闟戟，緋羅繡輪衣、簾、旗、韜杠、絡帶，駕赤馬四。大駕鹵簿六引，法駕鹵簿三引，開封牧第乘之。王公、一品、二品、三品備鹵簿，皆供革車一乘。其輪衣、簾、旗、韜杠、絡帶繡文：開封牧以隼，大司樂以鳳，少傅以瑞馬，御史大夫以獬豸，兵部尚書以虎。軺車，黑質，紫幰衣、絡帶並繡雉，施紅錦簾，香爐、香寶結帶，駕赤馬二。鹵簿內第一引官縣令乘之，駕馬皆有銅面，插羽，鞶纓，攀胸鈴拂，緋絹屜，紅錦包尾。

六年，禮制局言：

大觀中，用大司樂代太常卿爲第三引，蓋以大司樂掌鼓吹之事。夫禮樂之官，宗伯爲長，宜改用禮部尚書。又第四引司徒，卽用地官之長，自漢以來爲三公。朝廷近改司徒爲少傅，然六引司徒乃地官之事，宜改用戶部尚書。其府佐依六引諸卿例，改爲僚佐，其鹵簿儀仗，依兵部尚書例給。

古之諸侯出封於外，同姓錫以金輅，異姓錫以象輅。蓋出而制節，則遠君而其道伸；入而謹度，則近君而其勢屈。故其入覲，則不敢乘金輅、象輅，以同于王，當自降而乘墨車也。若公侯采地在天子縣內者，則爲都鄙之長，大司馬所謂「師都建旜」是矣。今開封牧列職于朝，與御史大夫同謂之卿可也，其在周官，則卿大夫之職是矣；又無金輅、象輅之錫，而乃比於古之諸侯入覲而乘墨車，可乎？

成周上公九命，車旗以九爲節，故建常九斿；侯、伯七命，車旗以七爲節，故建常七

斿；子、男五命，車旗以五爲節，故建常五斿；其卿六命，其大夫四命，車旗亦各眂其命之數。則卿之建旜當用六斿，大夫建物當用四斿，至於三斿則上士所建也。其開封令，宜乘墨車而建物四斿；開封牧、御史大夫、戶部兵部禮部尚書皆卿也，宜乘夏縵而建旜六斿。

其年，詳定官蔡攸又言：

六引，開封令乘軺車居前，開封牧、大司樂、司徒、御史大夫、兵部尚書乘革車次之。開封牧建繡隼旗，太常卿建繡鳳旗，司徒繡瑞馬旗，御史大夫繡以獬豸，兵部尚書繡以虎，皆副之以闟戟。其先後之序，所乘之車，所建之旗，揆古則不合，驗今則有戾。且大駕之出，自漢光武時始有三引：先河南尹，次執金吾，次洛陽令，先尊而後卑也。後魏亦三引：先平城令，次司隸校尉，次丞相，先卑而後尊也。唐兼用六引，五代減爲三，後周復增爲六。本朝因之，以開封令居前，終以兵部尚書。然以前爲尊，則大司樂不當次令、牧；以後爲尊，則兵部尚書不當繼御史大夫，此先後之序未正也。

軺車非縣令宜駕，革車非公卿宜用，是所乘之車未稱也。鳳馬之繡，無所經見，闟戟之設，尤爲訛謬，是所建之旗未宜也。司徒，三公論道之官，車徒非其所任，戶部主之可也。奉常掌禮，司樂典樂，皆專於一事，禮樂之容，非其所兼，禮部總之宜也。請

改司徒用戶部尙書，改大司樂用禮部尙書，其僚佐儀制視兵部尙書。御史大夫，位亞三少，秩從二品，又尊於六尙書。其行，宜以兵部次令、牧，禮部、戶部又次之，終以御史大夫，則先後之序正矣。

夏篆者，篆其車而五采畫之也，夏縵則五采畫之而不篆，墨車則漆之而不畫。孤宜乘夏篆，象其文質之備；卿宜乘夏縵，象其文采而不足於篆。開封令秩比大夫，開封牧古之諸侯，其乘皆宜墨車，其駕之馬，令以三，牧以四，御史大夫以六。尙書，卿之任也，其駕亦四，則所乘之車稱矣。司常曰：「孤、卿建旜，大夫、士建物，師都建旗。」蓋通帛爲旜，其色純赤；雜帛爲物，其色赤白；物爲三斿，旜亦如之。開封令秩視大夫，故宜建以物；開封牧率王畿之衆而衞上，師都之任也，故宜建以旗；尙書、御史大夫，古之卿也，故宜建以旜。

從之。

七年，禮制局言：「昨討論大駕六引，開封牧乘墨車，兵部尙書、禮部尙書、戶部尙書、御史大夫乘夏縵。已經冬祀陳設訖，所有駕士衣服，尙循舊六引之制，宜行改正。況天子五輅，駕士之服，各隨其輅之色，則六引駕士之服，當亦如之。請墨車駕士衣皁，夏縵駕士皁質綉五色團花，於禮爲稱。」從之。

肩輿。神宗優待宗室老疾不能騎者，出入聽肩輿。熙寧五年，大宗正司請宗室以病肩輿者，踏引、籠燭不得過兩對。中興後，人臣無乘車之制，從祀則以馬，常朝則以轎。舊制，輿檐有禁。中興東征西伐，以道路阻險，詔許百官乘轎，王公以下通乘之。其制：正方，飾有黃、黑二等，凸蓋無梁，以篾席爲障，左右設牖，前施簾，舁以長竿二，名曰竹轎子，亦曰竹輿。

內外命婦之車。唐制有厭翟車、翟車、安車、白銅飾犢車，而幰網有降差。宋制，銀裝白藤輿檐，內命婦皇親所乘，白藤輿檐、金銅犢車、漆犢車，或覆以氊，或覆以椶，內外命婦通乘。

繖。人臣通用，以青絹爲之。宋初，京城內獨親王得用。太宗太平興國中，宰相、樞密使始用之。其後，近臣及內命婦出入皆用〔三〕。眞宗大中祥符五年，詔除宗室外，其餘悉禁。明年，復許中書、樞密院用焉。京城外，則庶官通用。神宗熙寧之制，非品官禁用青蓋，京

城惟執政官及宗室許用。哲宗紹聖二年，詔在京官不得用涼扇。徽宗政和三年，以燕、越二王出入，百官不避，乃賜三接青羅繖一，紫羅大掌扇二，塗金花鞍韉，茶燎等物皆用塗金，遂爲故事。八年，詔民庶享神，不得造紅黃繖、扇及彩繪，以爲祀神之物。宣和初，又詔諸路奉天神，許用紅黃繖、扇，餘祠廟並禁。其畫壁、塑像儀仗用龍飾者易之。建炎中，初駐蹕杭州，執政張澂〔四〕言：「羣臣扈從兵閑，權免張蓋，俟回鑾仍舊。」詔前宰相到闕，許張蓋〔五〕。

鞍勒之制。宋以賜羣臣，其非賜者皆有令式，而不敢踰越焉。金塗銀鬧裝牡丹花校具八十兩，紫羅繡寶相花雉子方韉，油畫鞍，白銀銜鐙，以賜宰相，親王，樞密使帶使相，曾任宰相觀文殿大學士宮觀使，殿前馬軍步軍都指揮使。金塗銀鬧裝太平花校具七十兩，紫羅繡瑞草方韉，油畫鞍，陷銀銜鐙，以賜使相，樞密副使，參知政事，宣徽使，節度使，宮觀使，殿前馬軍步軍副都指揮使、都虞候。四廂都指揮使，韉以紫羅窼花。若出使，則加紅犛牛纓，金塗銀鈒。使相在外，加紅織成鞍複。步軍都虞候以上賜帶甲馬者，加紅皮鞦轡校具七十兩，青褥圓韉，陷銀銜鐙。金塗銀鬧裝麻葉校具五十兩，紫羅窼花方韉，油畫鞍，陷銀銜鐙，以賜三司使，觀文殿學士，資政殿大學士，翰林學士承旨，翰林學士，資政殿、端明殿、翰林侍讀侍講，龍圖、天章、寶文閣、樞密直學士，御史中丞，兩使留後，觀察、防禦使，軍廂都指揮使。軍廂都指揮使初

出授團練使、刺史者，賜亦同。曾任中書、樞密院後爲學士、中丞者，七十兩，韉以繡瑞草。見任中書、樞密院、宣徽使、使相、節度使出使，曾任中書、樞密院充諸路都總管、安撫使，朝辭日，賜亦如之。金塗銀三環寶相花校具二十五兩，紫羅圓韉，烏漆鞍，銜鐙，以賜團練使、刺史。金塗銀促結洛州花校具三十兩，紫羅圓韉，以賜諸路承受。白成十五兩，以賜諸王宮僚、翰林侍讀侍書；金塗銀寶相花校具四十兩，蠻雲校具十五兩，以賜諸班押班、殿前指揮使以上；白成窪面校具十二兩，以賜諸班，皆藍黃絁圓韉。

其皇親婚嫁，皆給藍黃羅繡方韉，金塗銀花鞍，金塗銀校具自八十兩至十二兩，有六等。宗室女壻繫親，皆賜紫羅繡瑞草方韉，校具自七十兩至五十兩，有二等。其賜契丹使，則金塗銀太平花校具七十兩，紫羅繡寶相花雉子方韉；副使則槲葉校具五十兩，紫羅繡合子地圓韉，皆油畫鞍。射弓則使銀裝，副使銀稜。賜諸蕃進奉大使，則如刺史而用青絛韉；副使則如宮僚。凡京官三品以上外任者，皆許馬以纓飾。

太宗太平興國七年，翰林學士承旨李昉言：「準詔詳定車服制度，請升朝官許乘銀裝絛子鞍勒，六品以下不得鬧裝，其韉皆不得刺繡、金皮飾。餘官及工商庶人，許並乘烏漆素鞍，不得用狨毛暖坐。其藍黃絛子，非宮禁不得乘。士庶、軍校乘白皮韉勒者，悉禁斷。」從之。八年，詔京朝知錄事參軍及知縣者，所乘馬並不得飾纓，後復許帶纓。端拱二年，詔內

二十四史　中華書局

職諸班押班、禁軍指揮使、廂軍都虞候，並許乘銀裝絛子鞍勒。京官任知州、通判，許依六品朝官。眞宗咸平二年，西京留臺上言：「留府羣官、使臣乘馬，不得帶纓。」從之。大中祥符五年，詔繡韉及鬧裝校具，除宗室及恩賜外，悉禁。天禧元年，令兩省諫舍、宗室將軍以上，許乘狨毛暖坐，餘悉禁。凡京官，三班已上外任者，皆許馬以纓飾。

仁宗景祐三年，詔官非五品以上，毋得乘鬧裝銀鞍，其乘金塗銀裝絛子促結鞍轡者，自文武升朝官及內職、禁軍指揮使、諸班押班、廂軍都虞候、防團副使以上，聽之；仍毋得以藍黃爲絛，白皮爲韉轡。民庶止許以氈皮絁紬爲韉。京官爲通判以上職任者，許權依升朝例。

神宗熙寧間，文武升朝官、禁軍都指揮使以上，塗金銀裝盤絛促結；五品以上，復許銀鞍鬧裝。若開花繡韉，惟恩賜乃得乘。餘官及民庶，仍禁銀飾。舊制，諸王視宰相，用繡鞍韉。政和三年，始賜金花鞍韉，諸王不施狨坐。宣和末始賜，中興因之。乾道九年，重修儀制。權侍郎、太中大夫以上及學士、待制，經恩賜，許乘狨坐。三衙、節度使曾任執政官，亦如之。先是，建炎初，駐蹕杭州，詔扈從臣僚合設狨坐者，權宜撤去。故事，宰執、侍從自八月朔搭坐。紹興元年，以江、浙地煗，改爲九月朔，著爲例。乾道元年，乃詔三衙乘馬，賜狨坐。

門戟。木爲之而無刃，門設架而列之，謂之棨戟。天子宮殿門左右各十二，應天數也。宗廟門亦如之。國學、文宣王廟、武成王廟亦賜焉，惟武成王廟左右各八。臣下則諸州公門設焉，私門則府第恩賜者許之。太宗淳化二年，詔諸道州、府、軍、監奏乞鼓角戟矟，如令文合賜，卽下三司指揮。仁宗天聖四年，太常禮院言：「準批狀，詳定知廣安軍范宗古奏，本軍乞降矟。檢會令文，京兆河南太原府、大都督府、都護門十四戟，若中都督、上都護門十二戟，下都督、諸州門各十戟，並官給。所有軍、監門不載，伏請不行。」神宗元豐之制，凡門列戟者，官司則開封、河南、應天、大名、大都督府皆十四，中都督皆十二，下都督皆十。品官恩賜者，正一品十六，二品以上十四。中興仍舊制。

旌節。唐天寶中置，節度使受命日賜之，得以專制軍事，行卽建節，府樹六纛。宋凡命節度使，有司給門旗二，龍、虎各一，旌一，節一，麾槍二，豹尾二。旗以紅繒九幅，上設耀篦、鐵鑽、髹杠、緋纛。旌用塗金銅螭頭，髹杠，綢以紅繒，畫白虎，頂設髹木盤，周用塗金飾。節亦用髹杠，飾以金塗銅葉，上設髹圓盤三層，以紅絲裝釘爲旄，並綢以紫綾複囊，又加碧油絹袋。麾槍設髹木盤，綢以紫繒複囊，又加碧油絹袋。豹尾，製以赤黃布，畫豹文，並髹杠。

神宗熙寧五年，詔新建節并移鎭，並降敕太常寺排比旌節，下左右金吾街仗司、騏驥院，給執擎人員、鞍馬。中興因之。建炎三年，表韓世忠之旗曰「忠勇」。紹興三年，表岳飛之旗曰「精忠」。孝宗詔以其藩邸旌節，迎置天章閣。淳熙中，光宗亦詔奉東宮旌節。其後，寧宗踐祚，有司言安奉皇帝藩邸旌節，宜有推飾。今用朱漆青地金字牌二，其一題曰「太上皇帝藩邸旌節」，其一曰「今上皇帝藩邸旌節」。蓋襲用元豐延安故事云。

校勘記

〔一〕盤兩壁紗籠　宋會要輿服一之三、太常因革禮卷二五都無「盤」字。

〔二〕大中祥符四年　「四年」原作「三年」，按太常因革禮卷二五、長編卷七六、玉海卷七九都作「四年」，據改。

〔三〕出入皆用　「入」原作「外」，當以作「入」爲是，據宋會要輿服六之二六、通考卷一一九王禮考改。

〔四〕張澂　原作「張澄」，按宋會要輿服六之二六，此文上言在建炎三年二月間，上言人爲張澂等。本書卷二一三宰輔表，當時的執政官有張澂，和宋會要合。張澄爲另一人，見上卷。據改。

〔五〕詔前宰相到闕許張蓋　承上文此詔當頒於建炎中，並似因張澂上言而發。按宋會要輿服六之二六，在張澂等上言之後有「從之」二字，此詔則繫於紹興六年十二月；繫年要錄卷一〇七繫此詔年月同。此處失書紹興紀年。

宋史卷一百五十一

志第一百四

輿服三

天子之服　皇太子附　后妃之服　命婦附

天子之服，一曰大裘冕，二曰衮冕，三曰通天冠、絳紗袍，四曰履袍，五曰衫袍，六曰窄袍，天子祀享、朝會、親耕及視事、燕居之服也；七曰御閱服，天子之戎服也，中興之後則有之。

大裘之制。神宗元豐四年，詳定郊廟奉祀禮文所言：「周禮司裘『掌爲大裘，以供王祀天之服』；司服『王祀昊天上帝，則服大裘而冕，祀五帝亦如之。享先王則衮冕』。而禮記

云：『郊祭之日，王被衮以象天，戴冕璪十有二旒，則天數也。』王肅據家語，以爲臨燔柴，脫衮冕，著大裘。則是禮記被衮，與周禮大裘，郊祀並用二服，事不相戾，但服之有先後耳。蓋是以開寶通禮：皇帝服衮冕出赴行宮，祀日，服衮冕至大次；質明，改服大裘而冕出次。蓋衮冕盛服而文之備者，故於郊之前期被之，以至大次。既臨燔柴，則脫衮冕服裘，以明天道至質，故被裘以體之。今儀注，車駕赴青城，服通天冠、絳紗袍。祀之日，乃服鞾袍至大次，服衮冕臨祭，非尙質之義。乞並依開寶通禮。」詔詳定所參議。

又言：「臣等詳大裘之制，本以尙質，而後世反以尙文，故冕之飾大爲不經。而禮書所載，上有垂旒加飾，又異『大裘不裼』之說。今參考諸說，大裘冕無旒，廣八寸，長一尺六寸，前圓後方，前低寸二分，玄表朱裏，以繒爲之。玉笄以朱組爲紘，玉瑱以玄紞垂之。爲裘以黑羔皮，領袖以黑繒，纁裳朱紱而無章飾。佩白玉，玄組綬。革帶，博二寸，玉鉤鰈，以佩紱屬之。素帶，朱裏，絳純其外，上朱下綠。白紗中單，皂領，青褾、襈、裾。朱韈，赤舄，黑絇、繶、純。乞下所屬製造。其當暑奉祠之服，乞降梁陸瑋議以黑繒爲裘，及唐輿服志以黑羔皮爲緣。」詔重詳定。

光祿寺丞、集賢校理陸佃言：「臣詳冕服有六。周官弁師云『掌王之五冕』，則大裘與衮同冕。故禮記云『郊之日，王被衮以象天』。又曰『服之襲也，充，美也』；『禮不盛，服不充，故大裘不裼』。此明王服大裘，以衮衣襲之也。先儒或謂周祀天地皆服大裘，而大裘之冕無旒，非是。蓋古者裘不徒服，其上必皆有衣，故曰『緇衣羔裘』，『黃衣狐裘』，『素衣麑裘』。如郊祀徒服大裘，則是表裘以見天地。表裘不入公門，而乃欲以見天地，可乎？且先王之服，冬裘夏葛，以適寒暑，未有能易之者也。郊祀天地，有裘無衮，則夏祀赤帝與至日祭地祇，亦將被裘乎？然則王者冬祀昊天上帝，中裘而表衮，明矣。至於夏祀天神地祇，則去裘服衮，以順時序。周官曰『凡四時之祭祀，以宜服之』，明夏不必衣裘也。或曰，祭天尙質，故徒服大裘，被衮則非尙質。臣以爲尙質者，明有所尙而已，不皆用質也。今欲冬至禋祀昊天上帝，服裘被衮，其餘祀天及祀地祇，並請服衮去裘，各以其宜服之。」

於是詳定所言：「裘不可徒服。禮記曰『大裘不裼』，則襲可知，所謂大裘之襲者，衮也，與衮同冕。伏請冬祀昊天與黑帝，皆服大裘，被以衮。其餘非冬祀天及夏至祭地，則皆服衮。」

六年，尙書禮部言：「經有大裘而無其制，近世所爲，惟梁、隋、唐爲可考。請緣隋制，以黑羔皮爲裘，黑繒爲領袖及裏、緣，袂廣可運肘，長可蔽膝。按皇侃說，祭服之下有袍繭，袍繭之下有中衣。朝服，裼衣之下有裘，裘之下有中衣。然則今之親郊〔一〕，中單當在大裘之下，其袂之廣狹，衣之長短，皆當如裘。伏乞改製。」於是神宗始服大裘，而加衮冕焉。

哲宗元祐元年，禮部言：「元豐所造大裘，雖用黑羔皮，乃作短袍樣，襲於衮衣之下，仍

與衮服同冕，未合典禮。」下禮部、太常寺共議。上官均、吳安詩、常安民、劉唐老、龔原、姚勔請依元豐新禮，丁隲請循祖宗故事，王愈請倣唐制，朱光庭、周秩請以玄衣襲裘。獨禮部員外郎何洵直在元豐中嘗預詳定，以陸佃所議有可疑者八：

按周禮節服氏「掌祭祀朝覲，衮冕六人，惟王之太常」；「郊祀，裘冕二人」。既云衮冕，又云裘冕，是衮與裘各有冕。乃云裘與衮同冕，當以衮襲之。裘既無冕，又襲於衮，中裘而表衮，何以示裘衮之別哉？古人雖質，不應以裘爲夏服，蓋冬用大裘，當暑則以同色繒爲之。記曰：「郊祭之日，王被衮以象天。」若謂裘上被衮，以被爲襲，則家語亦有「被裘象天」之文。諸儒或言「臨燔柴，脫衮冕，著大裘」，或云「脫裘服衮」，蓋裘衮無同冕兼服之理。今乃以二服合爲一，可乎？

且大裘，天子吉服之最上，若大圭、大路之比，是裘之在表者。記曰：「大裘不裼。」說者曰，無別衣以裼之，蓋他服之裘褻，故表裘不入公門。事天以報本復始，故露質見素，不爲表襮，而冕亦無旒，何必假他衣以藩飾之乎？凡裘上有衣謂之裼，裼上有衣謂之襲，襲者，裘上重二衣也。大裘本不裼，鄭志乃云：「裘上有玄衣，與裘同色。」蓋趙商之徒，附會爲說，不與經合。襲之爲義，本出於重沓，非一衣也。

古者齋祭異冠，齋服降祭服一等。祀昊天上帝、五帝，以裘冕祭，則衮冕齋。故

鄭氏云：「王齋服袞冕。」是袞冕者，祀天之齋服也。唐開元及開寶禮始以袞冕爲齋服，裘冕爲祭服，兼與張融「臨燔柴脫袞服裘」之義合。請從唐制，兼改製大裘，以黑繒爲之。

佃復破其說曰：

夫大裘而冕，謂之裘冕，非大裘而冕，謂之袞冕。則裘冕必服袞，袞冕不必服裘。今特言裘冕者，主冬至言之。周禮司裘：「掌爲大裘，以供王祀天之服。」則祀地不服大裘，以夏日至，不可服裘故也。今謂大裘當暑，以同色繒爲之，尤不經見。

兼裼襲，一衣而已，初無重沓之義。被裘而覆之則曰襲，袒而露裘之美則曰裼。所謂「大裘不裼」，則非袞而何？玉藻曰：「禮不盛，服不充，故大裘不裼。」則明不裼而襲也，充，美也。鄭氏謂大裘之上有玄衣，雖不知覆裘以袞，然尙知大裘不可徒服，必有玄衣以覆之。玉藻有尸襲之義。周禮裘冕注云：「裘冕者，從尸服也。」夫尸服大裘而襲，則王服大裘而襲可知。且裘不可以徒服，故被以袞，豈借袞以爲飾哉？

今謂祭天用袞冕爲齋服，裘冕爲祭服，此乃襲先儒之謬誤。後漢顯宗初服日、月、星辰十二章，以祀天地。自魏以來，皆用袞服。則漢、魏祭天，嘗服袞矣。雖無大裘，未能盡合於禮，固未嘗有表裘而祭者也。且裘，內服也，與袍同。袍褻矣，而欲襌以祭

天，以明示質，是欲衩衣以見上帝也。洵直復欲爲大裘之裳，纁色而無章飾。夫裘安得有裳哉？請從先帝所志。

其後詔如洵直議，去黑羔皮而以黑繒製焉。

政和議禮局上：大裘，青表纁裏，黑羔皮爲領、褾、襈，朱裳，被以袞服。冬至祀昊天上帝服之，立冬祀黑帝、立冬後祭神州地祇亦如之。中興之後，無有存者。

紹興十三年，禮部侍郎王賞等言：「郊祀大禮，合依禮經，皇帝服大裘被袞行禮。據元豐詳定郊廟禮文，何洵直議以黑繒創作大裘如袞，惟領袖用黑羔。乞如洵直議。」詔有司如祖宗舊制，以羔製之。禮部又言：「關西羊羔，係天生黑色。今有司湼白羔爲之，不中禮制，不如權以繒代。又元祐中，有司欲爲大裘，度用百羔。哲宗以爲害物，遂用黑繒。請依太常所言。」從之。遂以袞襲裘，冕亦十二旒焉。

袞冕之制。宋初因五代之舊，天子之服有袞冕，廣一尺二寸，長二尺四寸，前後十二旒，二纊，並貫眞珠。又有翠旒十二，碧鳳銜之，在珠旒外。冕版以龍鱗錦表，上綴玉爲七星，旁施琥珀缾、犀缾各二十四，周綴金絲網，鈿以眞珠、雜寶玉，加紫雲白鶴錦裏。四柱飾以七寶，紅綾裏。金飾玉簪導，紅絲絛組帶。亦謂之平天冠。袞服青色，日、月、星、山、龍、雉、虎蜼七章。紅裙，藻、火、粉米、黼、黻五章。紅蔽膝，升龍二並織成，間以雲朵，飾以金鈒花鈿窠，裝以眞珠、琥珀、雜寶玉。紅羅襦裙，繡五章，青褾、襈、裾。六采綬一，小綬三，結玉環三。素大帶朱裏，青羅四神帶二，繡四神盤結。綬帶飾並同袞服。白羅中單，青羅抹帶，紅羅勒帛。鹿盧玉具劍，玉鏢首，鏤白玉雙佩，金飾貫眞珠。金龍鳳革帶，紅韈赤舄，金鈒花，四神玉鼻。祭天地宗廟、朝太清宮、饗玉清昭應宮景靈宮、受册尊號、元日受朝、册皇太子則服之。

太祖建隆元年，太常禮院言：「準少府監牒，請具袞龍衣、絳紗袍、通天冠制度令式。」袞冕，垂白珠十有二旒，以組爲纓，色如其綬，黈纊充耳，玉簪導。玄衣纁裳，十二章：八章在衣，日、月、星辰、山、龍、華蟲、火、宗彝；四章在裳，藻、粉米、黼、黻。衣褾領如上，爲升龍，皆織就爲之。山、龍以下，每章一行，重以爲等，每行十二。白紗中單，黼領，青褾、襈、裾。蔽膝加龍、山、火三章。革帶，玉鉤䚢。大帶，素帶朱裏，紕其外，上朱下綠，紐約用組。鹿盧玉具劍，大珠鏢首，白玉雙佩，玄組。雙大綬六采，玄、黃、赤、白、縹、綠，純玄質，長二丈四尺五寸，首廣一尺。小雙綬長二尺六寸，色同大綬，而首半之，間施三玉環。朱韈赤舄，加金飾。」詔可。

二年，太子詹事尹拙、工部尙書竇儀議：「謹按周禮：『弁師掌王之五冕，朱裏延紐〔二〕，

五采繅，十有二就，皆五采玉十有二，玉笄朱紘。諸侯之繅旒九就，瑉玉三采，其餘如王之事，繅斿皆就，玉瑱、玉笄。』疏云：『王不言玉瑱，於此言之者，王與諸侯互相見爲義。是以王言玄冕、朱裏延紐及朱紘，明諸侯亦有之。諸公言玉瑱，明王亦有之。』詳此經、疏之文，則是本有充耳。今請令君臣袞冕以下並畫充耳，以合正文。」從之。

乾德元年閏十二月，少府監楊格、少監王處訥等上新造皇帝冠冕。先是，郊祀冠冕，多飾以珠玉，帝以華而且重，故命改製之。

仁宗景祐二年，又以帝后及羣臣冠服，多沿唐舊而循用之，久則有司寖爲繁文，以失法度。詔入內侍省、御藥院與太常禮院詳典故，造冠冕，蠲減珍華，務從簡約，俾圖以進。續詔通天冠、絳紗袍更不修製。由是改製袞冕。天版元闊一尺二寸，長二尺四寸，今製廣八寸，長一尺六寸。減翠旒並鳳子，前後二十四珠旒並合典制。天板頂上，元織成龍鱗錦爲表，紫雲白鶴錦爲裏，今製青羅爲表，采畫出龍鱗，紅羅爲裏，采畫出紫雲白鶴。所有犀缾、琥珀缾各二十四，今減不用。金絲結網子上，舊有金絲結龍八，今減四，亦減絲令細。天板四面花墜子〔三〕、素墜子依舊，減輕造。冠身并天柱，元織成龍鱗錦，今用青羅，采畫出龍鱗；金輪等七寶，元眞玉碾成，今更不用，如補空郤，以雲龍細窠。分旒玉鈎二，今減去之。天河帶、組帶、款幔帶依舊，減輕造。納言，元用玉製，今用青羅，采畫出龍鱗錦。金稜

中華書局

上稜道，依舊用金，即減輕製。黈纊，玉簪。衮服八章，日、月、星辰、山、龍、華蟲、火、宗彝，青羅身，紅羅褾，繡造。所有雲子，相度稀稠補空，更不用細窠，亦不使眞珠裝綴。中單，依舊皂白製造。裙用紅羅，繡出藻、粉米、黼、黻，周回花樣仍舊，減稀製之。蔽膝用紅羅，繡升龍二，雲子補空，減稀製之，周回依舊，細窠不用。六采綬依舊，減絲織造。所有玉環亦減輕。帶頭金葉減去，用銷金。四神帶不用。劍、佩、梁、帶、韈、舄並依舊。

嘉祐元年，王洙奏：「天子法服，冕旒形度重大，華飾稍繁，願集禮官參定。」詔禮院詳典禮上聞，而禮院繪圖以進。因敕御藥院更造，其後，冕服稍增侈如故。

英宗治平二年，知太常禮院李育奏曰：

郊廟之祭，本尙純質，衮冕之飾，皆存法象，非事繁侈、重奇玩也。冕則以周官爲本，凡十二旒，間以采玉，加以紘、綖、笄、瑱之飾。衮則以虞書爲始，凡十二章，首以辰象，別以衣裳繪繡之采。東漢至唐，史官名儒，記述前制，皆無珠翠、犀寶之飾，何則？鷸羽蚌胎，非法服所用；琥珀犀鉼，非至尊所冠；龍錦七星，已列采章之內；紫雲白鶴，近出道家之語，豈被衮戴璪、象天則數之義哉！自大裘之廢，獨用衮冕，古朴稍去，而法度尙存。夫明水大羹，不可以衆味和；雲門咸池，不可以新聲間；衮冕之服，不宜以珍怪累也。若魏明之用珊瑚，江右〔四〕之用翡翠，侈靡衰播之餘，豈足爲聖朝道哉！

且太祖建隆元年，少府監所造冕服，及二年，博士聶崇義所進三禮圖，嘗詔尹拙、竇儀參校之，皆倣虞、周、漢、唐之舊。至四年冬服之，合祭天地於圜丘，用此制也。太宗亦嘗命少府製於禁中，不聞改作。及眞宗封泰山，禮官請服衮冕。帝曰：『前王服羔裘，尙質也。今則無羔裘而有衮冕，可從近制。』是豈有意於繁飾哉。蓋後之有司，率意妄增，未嘗確議，遂相循而用。故仁宗嘗詔禮官章得象等詳議之，其所減過半，然不經之飾，重者多去，輕者尙存，不能盡如詔書之意。故至和三年，王洙復議去繁飾，禮官畫圖以獻，漸還古禮，而有司所造，復如景祐之前。

又按開寶通禮及衣服令，冕服皆有定法，悉無寶錦之飾。夫太祖、太宗富有四海，豈乏寶玩，顧不可施之郊廟也。臣竊謂，陛下肇祀天地，躬饗祖禰，服周之冕，觀古之象，願復先王之制，祖宗之法。其衮冕之服，及韠、綬、佩、舄之類，與通禮、衣服令、三禮圖制度不同者，宜悉改正。

詔太常禮院、少府參定，遂合奏曰：

古者冕服之用，郊廟殊制。唐典〔五〕，天子之服有二等，而大裘尙存。顯慶初，長孫無忌等采郊特牲之說，獻議廢大裘。自是郊廟之祭，一用衮冕，然旒章之數，止以十二爲節，亦未聞有餘飾也。國朝冕服，雖倣古制，然增以珍異巧縟，前世所未嘗有。夫國之大事，莫大於祀，而祭服違經，非以肅祀容、尊神明也。臣等以謂宜如育言，參酌通禮、衣服令、三禮圖及景祐三年減定之制，一切改造之。

孔子曰：「麻冕，禮也，今也純儉，吾從衆。」純者，絲也，變麻用絲，蓋已久矣。則冕服之制，宜依舊以羅爲之。冕廣一尺二寸，長二尺二寸，約以景表尺，前圓後方，黝上朱下，以金飾版側〔六〕，以白玉珠爲旒，貫之以五采絲繩。前後各十二旒，旒各十二珠，相去一寸，長二尺。朱絲組爲纓，黈纊充耳，金飾玉簪導。青衣纁裳，十二章：八章繪之於衣，日、月、星辰、山、龍、華蟲、火、宗彝也；四章繡之於裳，藻、粉米、黼、黻也。錦龍褾、領，織爲升龍。山、龍而下，一章爲一行，重以爲等，行十二。別製大帶，素表朱裏，朱綠終辟。韠、紱、舄，大小綬，亦去珠玉、鈿窠、琥珀、玻瓈之飾。其中單、革帶、玉具劍、玉佩、朱韈之制，已中禮令，無復改爲，則法服有稽，祭禮增重。

復詔禮院再詳以聞。而內侍省奏謂：「景祐中已裁定，可因而用也。」從之。

神宗元豐元年，詳定郊廟禮文所言：

凡冕版廣八寸，長尺六寸，與古制相合，更不復議。今取少府監進樣，如以青羅爲表，紅羅爲裏，則非弁師所謂「玄冕朱裏」者也。上用金稜天板，四周金絲結網，兩旁用

眞珠、花素鑿之類，皆不應禮。伏請改用朱組爲紘，玉笄、玉瑱，以玄紞垂瑱，以五采玉貫於五色藻爲旒，以青、赤、黃、白、黑五色備爲一玉，每一玉長一寸，前後二十四旒，垂而齊肩，以合孔子所謂純儉之義。

又古者祭服、朝服之裳，皆前三幅，後四幅，前爲陽以象奇，後爲陰以象偶。惟深衣、中襌之屬連衣裳，而裳復不殊前後，然以六幅交解爲十二幅，象十二月。其制作莫不有法，故謂之法服。今少府監衮服，其裳乃以八幅爲之，不殊前後，有違古義。伏請改正祭服之裳，以七幅爲之，殊其前後。以今太常周尺度之，幅廣二尺二寸，每幅兩旁各縫殺一寸，謂之削幅，腰間辟積無數。裳側有純，謂之綼；裳下有純，謂之緆。綼、緆之廣各寸半，表裏合爲三寸。羣臣祭服之裳，倣此。

從之。

政和議禮局更上皇帝冕服之制：冕版廣八寸，長一尺六寸，前高八寸五分，後高九寸五分。青表朱裏，前後各十有二旒，五采藻十有二就，就間相去一寸。青碧錦織成天河帶，長一丈二尺，廣二寸。朱絲組帶爲纓，黈纊充耳，金飾玉簪導，長一尺二寸。衮服，青衣八章，繪日、月、星辰、山、龍、華蟲、火、宗彝；纁裳四章，繡藻、粉米、黼、黻。蔽膝隨裳色，繡升龍二。白羅中單，皂褾、襈，紅羅勒帛，青羅袜帶。緋白羅大帶，革帶，白玉雙佩。大綬六采，

赤、黃、黑、白、縹、綠，小綬三色，如大綬，間施玉環三。朱韈，赤舄，緣以黃羅。

中興仍舊制，延、以羅衣木，玄表朱裏，長尺有六寸，前低一寸二分，四旁緣以金，覆於卷武之上，繅以五色絲貫五色玉，前後各十二，凡用二百八十有八。玉笄，充耳用黃綿，紘以朱組，以其一屬於左笄上垂下，又屈而屬於右笄，繫之而垂其餘。衣玄，八章，升龍於山，繪。裳纁，四章，繡。幅前三後四，斷而不屬，兩旁殺縫，腰辟積，紕裼之廣皆如舊。大帶以緋白羅合而紩之，以朱綠飾其側，上朱下綠，其束處以組爲紐約，下垂三尺。通天冠、絳紗袍亦如之。白羅中單，領、褾、𧝓以黻，服袞則以皂。絳紗袍則衣用白紗，領、褾、𧝓以朱。綬大小各一，大綬織以六采，青、黃、黑、白、縹、綠，下垂青絲網，上有結，垂玉環三；小綬制如大綬，惟三色。大裘、絳紗袍皆用之。革帶，博二寸，革爲裏，緋羅爲表，飾以玉銙，鉦以玉鉤鰈。通天冠、絳紗袍亦用之。韍從裳色，上有紕，下有純，去上五寸，繪以山、龍、火，上接革帶繫之。佩有衡，有琚瑀，有衝牙，繫於革帶，左右各一。上設衡，衡下垂三帶，貫以蠙珠。次則中有金獸面，兩旁夾以雙璜，又次設琚瑀。下則衝牙居中央，兩旁有玉滴子，行則擊牙而有聲。舄有絇，有純，有繶，有綦，以緋羅爲之，首加金飾。服通天冠、絳紗袍則用黑舄，以烏皮爲之。常服則用白舄，以絲爲之。韈，羅表繒裏，施勒著綦以繫之，赤舄以朱，黑舄以白，白舄同。

通天冠。二十四梁，加金博山，附蟬十二，高廣各一尺。青表朱裏，首施珠翠，黑介幘，組纓翠緌，玉犀簪導。絳紗袍，以織成雲龍紅金條紗爲之，紅裏，皂褾、𧝓、裾，絳紗裙，蔽膝如袍飾，並皂褾、𧝓。白紗中單，朱領、褾、𧝓、裾。白羅方心曲領。白韈，黑舄，佩綬如袞。大祭祀致齋、正旦冬至五月朔大朝會、大册命、親耕籍田皆服之。

仁宗天聖二年，南郊，禮儀使李維言：「通天冠上一字，準敕迴避。」詔改承天冠。中興之制，冠高九寸，服用並同。

乾道九年，又用履袍。袍以絳羅爲之，折上巾，通犀金玉帶。繫履，則曰履袍；服鞾，則曰鞾袍。履、鞾皆用黑革。四孟朝獻景靈宮、郊祀、明堂，詣宮、宿廟、進胙，上壽兩宮及端門肆赦，並服之。大禮畢還宮，乘平輦，服亦如之。若乘大輦，則服通天、絳紗如常儀。

衫袍。唐因隋制，天子常服赤黃、淺黃袍衫，折上巾，九還帶，六合鞾。宋因之，有赭黃、淡黃袍衫，玉裝紅束帶，皂文鞾，大宴則服之。又有赭黃、淡黃𧛾袍，紅衫袍，常朝則服之。又有窄袍，便坐視事則服之。皆皂紗折上巾，通犀金玉環帶。窄袍或御烏紗帽。中興仍之。初，高宗踐祚於南都，隆祐太后命內臣上乘輿服御，有小冠。太后曰：「祖宗閒居之所服也，自神宗始易以巾。願卽位後，退朝上戴此冠〔七〕，庶幾如祖宗時氣象。」後殿早講，皇帝服帽子，紅袍，玉束帶，講讀官公服繫鞵。晚講，皇帝服頭巾，背子，講官易便服。此嘉定四年講筵之制也。

御閱服。以金裝甲，乘馬大閱則服之。

圭。宋初，凡大祭祀、大朝會，天子皆執圭。元豐二年，詳定儀注所言：「周禮：『王執鎮圭。』釋者曰：『祭天地宗廟及朝日、夕月，則執之。』考工記：『天子執冒四寸，以朝諸侯。』蓋天子以冒圭邪刻之處，冒諸侯之圭，以齊瑞信也。未有臨臣子而執鎮圭者。唐六典殿中監掌服御之事，凡大祭祀，則搢大圭，執鎮圭；若大朝會，止進爵。開寶通禮始著元會執圭，出自西房。淳化中，上壽進酒，又令內侍奉圭，於周制、唐禮皆不合。其元會受朝賀，請不執鎮圭上壽。」詔可。

三年，詔議大圭尺度，詳定所言：「考工記：『鎮圭尺有二寸，天子守之。』『大圭長三尺，杼上終葵首，天子服之。』後魏以降，以白玉爲之，長尺有二寸，西魏以來皆然。方而不折，雖非古制，蓋後世以所得之玉，隨宜爲之。今請揆玉之有無制之。」

又言：「唐禮，親祀天地神祇，皆搢大圭，執鎮圭。有事宗廟，則執鎮圭而已。王涇郊祀錄曰：『大圭，質也，事天地之禮質，故執而搢之。鎮圭，文也，宗廟之禮亦文，故無兼執之義。』不知大圭，天子之笏也，通用於郊廟〔八〕。請自今皇帝親祠郊廟，搢大圭，執鎮圭。

又言：「開元及開寶通禮，皇帝升輅，不言執圭。祀日，質明，至中壝門外，殿中監進大圭，尚衣奉御，又以鎮圭授殿中監以進。於是始搢大圭，執鎮圭。今皇帝乘玉輅，執鎮圭，赴景靈宮及太廟、青城，皆乘輅執圭，殊不應禮。請自今乘輅不執圭，還內御大輦亦如之。」

詳定所又言大圭中必之制，請製薦玉繅藉，以木爲榦，廣袤如玉，以韋衣之。韋上畫五采文，前後垂之。又製約圭繅藉長尺，上玄下絳，爲地五采五就，因以爲飾。每奠圭，則以薦玉之繅陳于地，執圭，則以約圭之繅備失墜，因垂之爲飾。況大圭搢之紳帶之間，不可無中必，明矣。俟明堂服大圭，宜依鎮圭所約之組，令可繫之。

哲宗元祐元年，禮部言：「元豐新禮，皇帝祀天，搢大圭，其制圓首前詘，於禮未合。今欲放西魏、隋、唐玉笏之制，方而不折，上下皆博三寸，長尺二寸，其厚以鎮圭爲約。」從之。

政和二年，宦者譚稹獻玄圭。其制，兩旁刻十二山，若古山尊，上銳下方。上有雷雨之

中華書局

文，下無瑑飾，外黑內赤，中一小好，可容指，其長尺有二寸。詔付廷議。議官以爲周王執鎮圭，緣飾以四鎮之山，其中有好，爲受組之地，其長尺有二寸，周人倣古爲之，而王執以鎮四方也。徽宗乃以是歲冬御大慶殿受圭焉。

三年，又詔曰：「先王以類而求祀，圜丘以象形，蒼玉以象色，冬日以至取其時，大裘而冕法其幽，而未有以體其道，天玄而地黃，今大圭內赤外黑，于以體之。冬祀可搢大圭，執玄圭，永爲定制。」中興仍舊制，大祭祀則執大圭以爲笏，上太上皇、皇太后册寶亦如之。

皇太子之服。一曰袞冕，二曰遠游冠、朱明衣，三曰常服。袞冕：青羅表、緋羅紅綾裏，塗金銀鈒花飾，犀簪導，紅絲組，前後白珠九旒，二纊貫水晶珠。青羅衣，繡山、龍、雉、火、虎蜼五章；紅羅裳，繡藻、粉米、黼、黻四章。紅羅蔽膝，繡山、火二章。白紗中單，青褾、襈、裾。革帶，塗金銀鉤䚢，瑜玉雙佩。四采織成大綬，結二玉環，金塗銀鈒花飾。青羅袜帶，紅羅勒帛。玉具劍，金塗銀鈒花，玉鏢首。白羅韈，朱履，金塗銀釦。從祀則服之。遠游冠：十八梁，青羅表，金塗銀鈒花飾，犀簪導，紅絲組爲纓，博山，政和加附蟬。朱明服：紅花金條紗衣，紅紗裏，皂褾、襈。紅紗裳，紅紗蔽膝，並紅紗裏。白花羅中單，皂褾、襈，白羅方

心曲領。羅韈，黑舄，革帶，劍，佩，綬。餘同袞服。袜帶，勒帛。執桓圭。受册、謁廟、朝會則服之。常服：皂紗折上巾，紫公服，通犀金玉帶。

太宗至道元年，太常禮院言：「南郊，皇太子充亞獻，合著祭祀服。準制度，袞冕以組爲纓，色如其綬，青纊充耳，玄衣纁裳，凡九章，每章一行，重以爲等，皆織爲之。白紗中單，黻領，青褾、襈、裾。革帶，金鉤䚢。大帶，素帶不朱裏，亦紕以朱綠，紐約用組。黻隨裳色，二章。朱組，雙大綬四采，赤白縹紺〔九〕，純朱質，長一丈八尺，三百二十首，廣九寸。小雙綬，長二尺六寸，色同大綬，而首半之，間施二玉環。朱韈赤舄，舄加金飾，餘同舊制。侍從祭祀及謁廟、加元服、納妃則服之。」詔依上製造。政和議禮局更上皇太子服制，袞冕惟青纊充耳，餘並同國初之制。加元服、從祀、納妃，釋奠文宣王服之。中興並同。

其皇子之服，紹興三十二年十月，禮官言：「皇子鄧、慶、恭三王，遇行事服朝服，則七梁額花冠，貂蟬籠巾，金塗銀立筆，眞玉佩，綬，金塗銀革帶，烏皮履。若服祭服，則金塗銀八旒冕，眞玉佩，綬，緋羅履韈。」詔文思院製造。

后妃之服。一曰褘衣，二曰朱衣，三曰禮衣，四曰鞠衣。妃之緣用翟爲章〔10〕，三等。

大帶隨衣色，朱裏，紕其外，上以朱錦，下以綠錦，紐約用青組，革帶以青衣之，白玉雙佩，黑組，雙大綬，小綬三，間施玉環三，青韈、舄，舄加金飾。受册、朝謁景靈宮服之。鞠衣，黃羅爲之，蔽膝、大帶、革舄隨衣色，餘同褘衣，唯無翟文，親蠶服之。妃首飾花九株，小花同，并兩博鬢，冠飾以九翬、四鳳。褕翟，青羅繡爲搖翟之形，編次於衣，青質，五色九等。素紗中單，黼領，羅縠褾襈，蔽膝隨裳色，以緅爲領緣，以搖翟爲章，二等。大帶隨衣色，不朱裏，紕其外。餘倣皇后服之制，受册服之。

皇太子妃首飾花九株，小花同，并兩博鬢。褕翟，青織爲搖翟之形，青質，五色九等。素紗中單，黼領，羅縠褾襈，皆以朱色。蔽膝隨裳色，以緅爲領緣，以搖翟爲章，二等。大帶隨衣色，不朱裏，紕其外，上以朱錦，下以綠錦，紐約用青組。革帶以青衣之，白玉雙佩，純朱雙大綬，章采尺寸與皇太子同。受册、朝會服之。鞠衣，黃羅爲之，蔽膝、大帶、革帶隨衣色，餘與褕翟同，唯無翟，從蠶服之。

中興，仍舊制。其龍鳳花釵冠，大小花二十四株，應乘輿冠梁之數，博鬢，冠飾同皇太后，皇后服之，紹興九年所定也。花釵冠，小大花十八株，應皇太子冠梁之數，施兩博鬢，去龍鳳，皇太子妃服之，乾道七年所定也。其服，后惟備褘衣、禮衣，妃備褕翟，凡三等。其常服，后妃大袖，生色領，長裙，霞帔，玉墜子，背子、生色領皆用絳羅，蓋與臣下不異。

命婦服。政和議禮局上：花釵冠，皆施兩博鬢，寶鈿飾。翟衣，青羅繡爲翟，編次於衣及裳。第一品，花釵九株，寶鈿準花數，翟九等；第二品，花釵八株，翟八等；第三品，花釵七株，翟七等；第四品，花釵六株，翟六等；第五品，花釵五株，翟五等。並素紗中單，黼領，朱褾、襈，通用羅縠，蔽膝隨裳色，以緅爲領緣，加文繡重雉，爲章二等。二品以下準此。大帶，革帶，青韈、舄，佩，綬。受册、從蠶服之。七年，臣僚言：「今文臣九品，殊以三品之服，至於命婦，已釐八等之號，而服制未有名稱。詔有司視其夫之品秩，而定其服飾。」詔送禮制局定之。其儀闕焉。

校勘記

〔一〕親郊　原作「視郊」，據長編卷三三五改。

〔二〕朱裏延紐　按周禮夏官司馬第四，此上有「皆玄冕」三字，疑脫。

〔三〕花墜子　原作「花墮子」，據太常因革禮卷二四、通考卷一一三王禮考改。

〔四〕江右　長編卷二〇六、玉海卷八二、通考卷一一三王禮考都作「江左」。

〔五〕唐典　長編卷二〇六載李育奏疏作「唐典」，和下文顯慶初獻議廢大裘的文義相協，「典」字當是

「輿」字形近之訛。

〔六〕以金飾版側 「側」原作「則」，據聶崇義三禮圖卷二〇冕服、長編卷二〇六、通考卷一一三王禮考改。

〔七〕退朝上戴此冠 按通考卷一一三王禮考作「退朝閒燕止戴此冠」，疑「上」當作「止」。

〔八〕通用於郊廟 「用」字原脫，據通考卷一一五王禮考、玉海卷八七補。

〔九〕赤白褾襈 按此與上文「雙大綬四采」不協，太常因革禮卷二五、宋會要輿服四之一都作「赤白縹紺」，疑是。

〔10〕妃之緣用翟爲章 按本段係敍后妃之服，大體與五禮新儀卷一二皇后冠服條同。該條首敍「首飾花一十二株，小花如大花之數，並兩博鬢。冠飾以九龍四鳳。褘之衣，深青織成，翟文赤質，五色十二等。青紗中單，黼領，羅縠褾襈，蔽膝隨裳色，以緅爲領緣」，下接「用翟爲章」句，句上無「妃之緣」三字；其下文則與此處下文基本相同。疑此處有脫誤。

宋史卷一百五十二

志第一百五

輿服四

諸臣服上

諸臣祭服。唐制，有衮冕九旒，鷩冕八旒，毳冕七旒，絺冕六旒，玄冕五旒。宋初，省八旒、六旒冕。九旒冕：塗金銀花額，犀、玳瑁簪導，青羅衣繡山、龍、雉、火、虎蜼五章，緋羅裳繡藻、粉米、黼、黻四章，緋蔽膝繡山、火二章，白花羅中單，玉裝劍、佩，革帶，暈錦綬，二玉環，緋白羅大帶，緋羅韈、履，親王、中書門下奉祀則服之。其冕無額花者，玄衣纁裳，悉畫，小白綾中單，師子錦綬，二銀環，餘同上，三公奉祀則服之。七旒冕：犀角簪導，衣畫虎蜼、藻、粉米三章〔一〕，裳畫黼、黻二章，銀裝佩、劍，革帶，餘同九旒冕，九卿奉祀則服之。

五旒冕：青羅衣裳，無章，銅裝佩、劍，革帶，餘同七旒冕，四品、五品爲獻官則服之；六品以下無劍、佩、綬；紫檀衣，朱裳，羅爲之，皁大綾綬，銅裝劍、佩，御史、博士服之。平冕無旒，青衣纁裳，無劍、佩、綬，餘同五旒冕，太祝、奉禮服之。

慶曆三年，太常博士余靖言：「周禮司服之職，掌王之吉服，大裘而冕無旒，以祀昊天上帝，祀五帝亦如之。衮冕十有二旒，其服十有二章，以享先王。鷩冕八旒，其服七章，以享先公，亦以饗射。毳冕七旒，其服五章，以祀四望、山川。絺冕六旒，其服三章，以祭社稷、五祀。玄冕五旒，其服無章，以祭小祀。此皆天子親行祠事所服，冕服悉因所祀大小神鬼以爲制度。今大祠、中祠所遣獻官並用上公九旒、九章冕服，以爲初獻，其餘公卿亦皆七旒冕服，全無等降；小祠則公服行事，乖戾舊典。宜詳周禮，因所祭鬼神，以爲獻官冕服之制。」詔下禮官議，奏曰：「聖朝之制，唯皇帝親祠郊廟及朝會大禮服衮冕外，餘冕皆不設。其每歲常祀，遣官行事，攝公則服一品九旒冕，攝卿則服三品七旒冕，自從品制爲服，不以祠之大小爲差。至于小祠獻官，舊以公服行事，則有違典禮。案衣服令，五旒冕，衣裳無章，皁綾綬，銅裝劍、佩，四品以下爲獻官則服之。今小祠獻官，既不攝公、卿，則盡屬四品以下，當有祭服。請除公、卿祭服仍舊從本品外，小祠所遣獻官，並依令文祭服行事。若非時

中華書局

告祭，用香幣禮器行事之處，亦皆準此。」詔施行焉。

皇祐四年，同知太常禮院邵必言：「伏見監祭使、監禮各冠五旒冕，衣裳無章，色以紫檀。案周禮六冕之制，凡有旒者，衣裳皆有章，惟大裘冕無旒，衣裳無章。一命大夫之冕無旒，衣裳亦無章。今監祭、監禮所服冕五旒，侯伯之冕也，而衣無章，深所不稱；色以紫檀，又無經據。竊詳監祭、監禮既非祠官，則御史、博士爾，而服用五等，蓋非所宜，而且有旒無章。況國家南郊大禮，太常卿止服朝服，前導皇帝，明非祠官也。今後監祭者請冠獬豸、監禮者冠進賢爲稱。」詔不允。

元豐元年，詳定禮文所言：「國家服章，視唐尤爲不備。於令文，祀儀有九旒冕、七旒冕、五旒冕，今既無冕名，而有司仍不制七旒冕，乃有四旒冕，其非禮尤甚。又服之者不以官秩上下，故分獻四品官皆服四旒冕，博士、御史則冕五旒而衣紫檀，太祝、奉禮則服平冕而無佩玉，此因循不講之失也〔二〕。且古者朝、祭異服，所以別事神與事君之禮。今皇帝多至及正旦御殿，服通天冠、絳紗袍，則百官皆服朝服，乃禮之稱。至親祠郊、廟，皇帝嚴裘冕以事神，而侍祠之官止以朝服，豈禮之稱哉。至於景靈宮分獻官，皆服朝服，尤爲失禮。伏請親祠郊、廟、景靈宮，除導駕、贊引、扶侍、宿衞之官，其侍祠及分獻者，並服祭服。如所考

制度，修製五冕及爵弁服，各正冕弁之名。又國朝祀儀，祭社稷、朝日、夕月、風師、雨師皆服衮冕，其蜡祭、先蠶、五龍亦如之；祭司命、戶、竈、門、厲、行皆服鷩冕，壽星、靈星、司中、司寒、中霤、馬祭皆服毳冕，皆非是。今天子六服，自鷩冕而下，既不親祠，廢而不用，則諸臣攝事，自當從王所祭之服。伏請依周禮，凡祀四望、山川則以毳冕，祭社稷、五祀則以希冕，朝夕日月、風師、雨師、司命、司中則以玄冕。若七祀、蜡祭百神、先蠶、五龍、靈星、壽星、司寒、馬祭，蓋皆羣小祀之比，當服玄冕。」從之。

哲宗元祐元年，太常寺言：「舊制，大禮行事、執事官並服祭服，餘服朝服。至元豐七年，呂升卿始有行事及陪祠官並服祭服之議。今欲令行事、執事官並服祭服，其贊引、行事、禮儀使、太常卿、太常博士、閤門使、樞密院官進接圭，殿中監止供奉皇帝，其陪位官止導駕、押宿及主管事務，并他處行事官仍服朝服。」從之。

徽宗大觀元年，議禮局言：「太社、太學獻官祝禮，皆以法服奉祠，至郡邑則用常服，乞降祭服。」詔頒制度於州郡，然未明使製造。後政和間，始詔：州縣冠服，形制詭異，令禮制局造樣頒下轉運司，轉運司製以給州縣焉。

二年，議禮局檢討官俞㮚言：「玄以象道，纁以象事，故凡冕皆玄衣纁裳，今太常寺祭服，則衣色青矣。前三幅以象陽，後四幅以象陰，故裳制不相連屬，今之裳則爲六幅而不殊矣。冕玄表而朱裏，今乃青羅爲覆，以金銀飾之。佩用綬以貫玉，今既有玉佩矣，又有錦綬以銀、銅二環，飾之以玉。宗彝，宗廟之彝也，乃爲虎蜼之狀，而不作虎彝、蜼彝。粉米，散利以養人也，乃分爲二章，而以五色圓花爲藉。其餘不合古者甚多。乞下禮局，博考古制，畫太常寺及古者祭服樣二本以進。至於損益裁成，斷自聖學。」詔令議禮局詳議。

四年，議禮局官宇文粹中議改衣服制度曰：「凡冕皆玄衣纁裳，衣則繪而章數皆奇，裳則繡而章數皆偶，陰陽之義也。今衣用深青，非是。欲乞視冕之等，衣色用玄，裳色用纁，以應典禮。古者蔽前而已，芾存此象，以韋爲之。今蔽膝自一品以下，並以緋羅爲表緣，緋絹爲裏，無復上下廣狹及會、紕、純、紃之制，又有山、火、龍章。案明堂位：『有虞氏服韍，夏后氏山，商火，周龍章。』韍者乃黻冕之黻，非赤芾之芾也。且芾在下體，與裳同用，而山、龍、火者，衣之章也。周既繢於上衣，不應又繢於芾。請改芾制，去山、龍、火章，以破諸儒之惑。又祭服有革帶，今不用皮革，而通裹以緋羅，又以銅爲飾。其綬或錦或皁，環或銀或銅，尤無經據，宜依古制除去。至佩玉、中單、赤舄之制，則全取元豐中詳定官所議行之。」

粹中又上所編祭服制度曰：

古者，冕以木版爲中，廣八寸，長尺六寸，後方前圓，後仰前低，染三十升之布，玄表朱裏。後方者不變之體，前圓者無方之用；仰而玄者，升而辨於物，俛而朱者，降而與萬物相見。後世以繒易布，故純儉。今羣臣冕版長一尺二寸，闊六寸二分，非古廣尺之制〔三〕；以青羅爲覆，以金塗銀稜爲飾，非古玄表朱裏之制，乞下有司改正。古者，冕之名雖有五，而繅就、旒玉則視其命數以爲等差。合采絲爲繩，用以貫玉，謂之「繅」。以一玉爲一成，結之使不相并，謂之「就」。就間相去一寸，則九玉者九寸，七玉者七寸，各以旒數長短爲差。今羣臣之冕，用藥玉、青珠，五色茸線，非藻玉三采、二采之義；每旒之長各八寸，非旒數長短爲差之義；又獻官冕服，雜以諸侯之制，而一品服衮冕，臣竊以爲非宜。

元豐中，禮官建言，請資政殿大學士以上侍祠服鷩冕，觀察使以上服毳冕，監察御史以上服絺冕，朝官以上服玄冕，選人以上爵弁。詔許之，而不用爵弁。供奉官以下至選人，盡服玄冕無旒。臣竊謂依此參定，乃合禮制。古者，三公一命衮，則三公在朝，其服當鷩冕。蓋出封則遠君而伸，在朝則近君而屈。今之攝事及侍祠皆在朝之臣也，在朝之臣乃與古之出封者同命數，非先王之意。乞下有司制鷩冕八旒、毳冕六旒、絺冕四旒、玄冕三旒，其次二旒，又其次無旒。依元豐詔旨，參酌等降，爲侍祠及攝祭之服，長短之度、采色之別，皆乞依古制施行。

又案周禮，諸侯爵有五等，而服則三，所謂「公之服自衮冕而下，侯、伯自鷩冕而下，子、男自毳冕而下」是也。古者，諸侯有君之道，故其服以五、七、九爲節。今之郡守，雖曰猶古之侯、伯，其實皆王臣也。欲乞只用羣臣之服，自鷩冕而下，分爲三等：三都、四輔爲一等，初獻鷩冕八旒；經略、安撫、鈐轄爲一等，初獻毳冕六旒，亞獻並玄冕二旒，終獻無旒；節鎮、防、團、軍事爲一等，初獻絺冕四旒，亞、終獻並玄冕無旒。其衣服之制，則各從其冕之等。

又曰：「今之紘組，仍綴兩繒帶而結於頤，冕旁仍垂青纊而不以瑱，以犀爲簪而不以玉笄、象笄，並非古制，乞下有司改正。」從之。

政和議禮局言：「大觀中，所上羣臣祭服制度，已依所奏修定，乞付有司依圖畫製造。」既又上羣臣祭服之制：正一品，九旒冕，金塗銀稜，有額花，犀簪，青衣畫降龍，朱裳，蔽膝，白羅中單，大帶，革帶，玉佩，錦綬，青絲網玉環，朱韈、履。革帶以金塗銀，玉佩以金塗銀裝，綬以天下樂暈。親祠大禮使、亞獻、終獻、太宰、少宰、左丞，每歲大祠宰臣、親王、執政官、郡王充初獻服之。奏告官並依本品服，已下准此。從一品，九旒冕，無額花，白綾中單，紅錦綬，銀環，金塗銀佩，餘如正一品服。親祠吏部、戶部、禮部、兵部、工部尚書，太廟進受幣爵、奉幣爵宗室，每歲大祠捧俎官、大祠中祠初獻官服之。二品，七旒冕，角簪，青衣無降

龍，餘如從一品服。親祠吏部侍郎(四)、殿中監、大司樂、光祿卿、讀册官，太廟薦俎、贊進飲福宗室，七祀、配享功臣分獻官，每歲大祀，謂用宮架者(五)，大司樂、大祠中祠亞終獻、大祠禮官、小祠獻官，朔祭太常卿服之。三品，五旒冕，皁綾綬，銅環，金塗銅革帶，佩，餘如二品服。親祠舉册官、大樂令、光祿丞、奉俎饌籩豆簠簋官、分獻官分獻壇壝從祀(六)，太廟奉瓚盤、薦香燈、安奉神主、奉毛血槃、蕭蒿篚、肝膋豆宗室，每歲祭祠大樂令、大中祠分獻官服之。無旒冕，素青衣，朱裳，蔽膝，無佩綬，餘如三品服。奉禮協律郎、郊社令、太祝太官令、親祠擡鼎官、進搏黍官、太廟供亞終獻金斝、供七祀獻官、執爵官服之。五旒冕，紫檀絁衣，餘如三品服，監察御史服之。

州郡祭服：三都初獻，八旒冕；經略、安撫、鈐轄初獻，六旒冕；亞獻並二旒冕，終獻無旒；節鎮、防、團、軍事初獻四旒冕，亞、終獻並無旒冕。

中興之後，省九旒、七旒、五旒冕，定爲四等：一曰鷩冕，八旒；二曰毳冕，六旒；三曰絺冕，四旒；四曰玄冕，無旒。其義以公、卿、大夫、士皆北面爲臣，又近尊者而屈，故其節以八、以六、以四，從陰數也。先是，紹興四年五月，國子監丞王普奏言：

臣嘗攷諸經傳，具得冕服之制。蓋王之三公八命，鷩冕八旒，衣裳七章，其章各八。孤卿六命，毳冕六旒，衣裳五章，其章各六。大夫四命，絺冕四旒，衣裳三章，其章各四。上士三命，玄冕三旒；中士再命，玄冕二旒；下士一命，玄冕無旒；衣皆無章。裳、韍視其命數，自三而下。其繅至笄、衡、紘、紞、瑱、纊、帶、佩、芾、舄、中衣，皆有等差。

近世冕服制度，沿襲失眞，多不如古。夫後方而前圓，後昂而前俛，玄表而朱裏，此冕之制也；今則方圓俛仰，幾於無辨，且以青爲表，而飾以金銀矣。其衣皆玄，其裳皆纁，裳前三而後四幅，此衣裳之制也；今則衣色以青，裳色以緋，且以六幅而不殊矣。山以章也，今則以隋。火以圜也，今則以銳。宗彝，宗廟虎蜼之彝也，乃畫虎蜼之狀，而不爲虎蜼彝。粉米，米而粉之者也，乃分爲二章，而以五色圓花爲藉。佩有衡、璜、琚、瑀、衝牙而已，乃加以雙滴，而重設二衡。綬以貫佩玉而已，乃別爲錦綬，而間以雙環。以至帶無紐約，芾無肩頸，舄無絇繶，中衣無連裳。

臣伏讀國朝會要郊廟奉祀禮文，祖宗以來，屢嘗講究，第以舊服無有存者。欲乞因茲改作，是正訛謬，一從周制，以合先聖之言。

尋禮部契勘，奏言：

衣服之制，或因時王而爲之損益，事雖變古，要皆一時制作，不無因革。或考之先

王而有繆戾者，雖行之已久，不應承誤襲非，憚於改正。案周官，自上公服衮，王之三公服鷩，以至士服玄冕，凡五等。唐制自一品服衮冕九旒，至五品服玄冕無旒，亦五等。國家承唐之舊，初有五旒之名，其後去三公衮冕及絺冕，但存七旒鷩冕、五旒毳冕與無旒玄冕，凡三等而已。衮服非三公所服，去之可也，乃併絺冕去之，自尚書服毳冕，以至光祿丞亦服焉，貴賤幾無差等。此皆一時制作，不無因革。

今合增鷩冕爲八旒，增毳冕爲六旒，復置絺冕爲四旒，幷及無旒玄冕，共四等，庶幾稍合周制。若冕之方圓低昂至於無辨，則制造之差也。以青爲表，非不用玄也，爲玄而不至者也。以緋爲裳，非不用纁也，爲纁而太過者也。山止而靜者也，今象其隋，是得山之勢而不知其性。火圜而神者也，今象其銳，是得火之形而不得其神也。至於宗彝、粉米、佩綬、帶紐、芾屨之屬，皆宜改正施行。

是時，諸臣奏請討論雖詳，然終以承襲之久，未能盡革也。

鷩冕：八旒，每旒八玉，三采，朱、白、蒼，角笄，青纊，以三色紞垂之，紘以紫羅，屬於武。衣以青黑羅，三章，華蟲、火、虎蜼彝；裳以纁表羅裏，繒七幅，繡四章，藻、粉、黼、黻。大帶，中單，佩以珉，貫以藥珠，綬以絳錦、銀環。韍上紕下純，繪二章，山、火。革帶，緋羅表，金塗銀裝。韈、舄並如舊制。宰相、亞終獻、大禮使服之；前期，景靈宮、太廟亞終獻，明

中華書局

堂滌濯、進玉爵酒官亦如之。

毳冕：六玉，三采，衣三章，繪虎蜼彝、藻、粉米；裳二章，繡黼、黻。佩藥珠、衡、璜等，以金塗銅帶，韍繪以山。革帶以金塗銅。餘如鷩冕。六部侍郎以上服之；前期，景靈宮、太廟進爵酒幣官、奉幣官、受爵酒幣官、薦俎官，明堂受玉爵、受玉幣、奉徹籩豆、進飲福酒、徹俎祝脹、贊引、亞終獻，禮儀使、亞終獻爵幷盥洗官四員，並如之；前二日奏告初獻，社壇九宮壇分祭初獻、亞獻亦如之。

絺冕：四玉，二采，朱、綠。衣一章，繪粉米；裳二章，繡黼、黻。綬以皁綾，銅環。餘如毳冕。光祿卿、監察御史、讀冊官、舉冊官、分獻官以上服之；前期，景靈宮、太廟奏奉神主官，明堂太府卿、光祿卿、沃水舉冊官、讀冊官、押樂太常卿、東朵殿三員、西朵殿二員、東廊二十八員、西廊二十五員、南廊二十七員、皷門祭獻官，前二日奏告亞獻終獻官、監察御史，並如之；社壇九宮壇分祭終獻官、監察御史、兵工部、光祿卿丞亦如之。

玄冕：無旒，無佩綬，衣純黑，無章，裳刺黻而已，韍無刺繡，餘如絺冕。光祿丞、奉禮郎、協律郎、進摶黍官、太社令、良醞令、太官令、奉俎饌等官、供祠執事官內侍以下服之；明堂光祿丞、奉禮郎、良醞令、太祝摶黍官、宮架協律郎、登歌協律郎、奉御官、內侍供祠執事官、武臣奉俎官，皷門祭奉禮郎、太祝令、太官令，社壇九宮壇分祭太社、太祝、太官令、

奉禮郎，並如之。

紫檀冕：四旒，服紫檀衣，博士、御史服之。

外州軍祭服：鷩冕，八旒，三都初獻服之；毳冕，六旒，經略、安撫、鈐轄初獻服之；絺冕，四旒，經略、安撫、鈐轄亞獻服之，節鎮、防、團、軍事初獻亦如之；玄冕，無旒，節鎮、防、團、軍事亞終獻服之。

朝服：一曰進賢冠，二曰貂蟬冠，三曰獬豸冠，皆朱衣朱裳。宋初之制，進賢五梁冠：塗金銀花額，犀、玳瑁簪導，立筆。緋羅袍，白花羅中單，緋羅裙，緋羅蔽膝，並皁縹襈，白羅大帶，白羅方心曲領，玉劍、佩，銀革帶，暈錦綬，二玉環，白綾韈，皁皮履。一品、二品侍祠朝會則服之，中書門下則冠加籠巾貂蟬。三梁冠：犀角簪導，無中單，銀劍、佩，師子錦綬，銀環，餘同五梁冠。諸司三品、御史臺四品、兩省五品侍祠朝會則服之。御史大夫、中丞則冠有獬豸角，衣有中單。兩梁冠：犀角簪導，銅劍、佩，練鵲錦綬，銅環，餘同三梁冠。四品、五品侍祠朝會則服之。六品以下無中單，無劍、佩、綬。御史則冠有獬豸角，衣有中單。袴褶紫、緋、綠，各從本服色，白綾中單，白綾袴，白羅方心曲領，本品官導駕，則騎而服之。

袴褶之制，建隆四年，范質與禮官議：「袴褶制度，先儒無說，惟開元雜禮有五品以上用

細綾及羅，六品以下用小綾之制。注：褶衣，複衣也。又案令文，武弁，金飾平巾幘，簪導，紫褶白袴，玉梁珠寶鈿帶，韡，騎馬服之。金飾，卽附蟬也。詳此，卽是二品、三品所配弁之制也。附蟬之數，蓋一品九，二品八，三品七，四品六，五品五。又侍中、中書令、散騎加貂蟬，侍左者左珥，侍右者右珥。又開元禮導駕官並朱衣，冠履依本品。朱衣，今朝服也。故令文三品以上紫褶，五品以上緋褶，七品以上綠褶，九品以上碧褶，並白大口袴，起梁帶，烏皮韡。今請造袴褶如令文之制，其起梁帶形制，檢尋未是，望以革帶代之。」奏可。是歲，造成而未用。乾德六年，郊禋始服，而冠未造，乃取朝服進賢冠、帶、韈、履參用焉。

康定二年，少府監言：「每大禮，法物庫定百官品位給朝服〔七〕。今兩班內，有官卑品高、官高品卑者，難以裁定，願敕禮院詳其等第。」詔下禮院參酌舊制以聞。奏曰：

準衣服令，五梁冠，一品、二品侍祠大朝會則服之，中書門下則加籠巾貂蟬。準官品令，一品：尙書令，太師，太傅，太保，太尉，司徒，司空，太子太師、太傅、太保；二品：中書令，侍中，左右僕射，太子少師、少傅、少保，諸州府牧，左右金吾衞上將軍。又準閤門儀制，以中書令、侍中、同中書門下平章事爲宰臣，親王、樞密使、留守、節度使、京尹兼中書令、侍中、同中書門下平章事爲使相，樞密使、知樞密院事、參知政事、樞密副使、同知樞密院事、宣徽南北院使、僉書樞密院事並在東宮三司之上。以上品位職

事，宜準前法給朝服。宰臣、使相則加籠巾貂蟬，其散官勳爵不繫品位，止從正官爲之服。

三梁冠，諸司三品、御史臺四品、兩省五品侍祠大朝會則服之。御史中丞則冠獬豸。準官品令，諸司三品，諸衞上將軍，六軍統軍，諸衞大將軍，神武、龍武大將軍，太常、宗正卿，祕書監，光祿、衞尉、太僕、大理、鴻臚、司農、太府卿，國子祭酒，殿中、少府、將作、司天監，諸衞將軍，神武、龍武將軍，下都督，三京府尹，五大都督府長史，親王傅；御史臺三品、四品，御史大夫、中丞；兩省三品、四品、五品，左右散騎常侍，門下、中書侍郎，諫議大夫，給事中，中書舍人；尙書省三品、四品，六尙書，左右丞，諸行侍郎；東宮三品、四品，賓客，詹事，左右庶子，少詹事，左右諭德。節度使，文明殿學士，資政殿大學士，三司使，翰林學士承旨，翰林學士，資政殿學士，端明殿學士，翰林侍讀、侍講學士，龍圖閣學士，樞密直學士，龍圖、天章閣直學士，次中書侍郎；節度觀察留後，次六尙書、侍郎；知制誥，龍圖、天章閣待制，觀察使，次中書舍人；內客省使，次太府卿；客省使，次將作監；引進使，防禦、團練、三司副使，次左右庶子。以上品位職事，宜準前法給朝服。

兩梁冠，四品、五品侍祠大朝會則服之，六品則去劍、佩、綬，御史則冠獬豸。準

官品令，諸司四品，太常、宗正少卿，祕書少監，光祿等七寺少卿，國子司業，殿中、少府、將作、司天少監，三京府少尹，太子率更令、家令、僕、諸衞率府率、副率，諸軍衞中郎將，諸王府長史、司馬，大都督府左右司馬，內侍；尚書省五品，左右司諸行郎中；諸司五品，國子博士，經筵博士，太子中允、左右贊善大夫，都水使者，開封祥符、河南洛陽、宋城縣令，太子中舍、洗馬，內常侍，太常、宗正、祕書、殿中丞，著作郎，殿中省五尚奉御，大理正，諸王友，諸軍衞郎將，諸王府諮議參軍，司天五官正，太史令，內給事；諸升朝官六品以下起居郎，起居舍人，侍御史，尚書省諸行員外郎，殿中侍御史，左右司諫，左右正言，監察御史，太常博士，通事舍人。四方館使，次七寺少卿；諸州刺史，次太子僕；謂正任不帶使職者。東西上閤門使，次司天少監；客省、引進、閤門副使，次諸行員外郎。已上品位職事，據令文，但言四品、五品，亦不分班敍上下。今請自尚書省五品以上及諸州刺史已上，準前法給朝服。其諸司五品已上，實有官高品卑及品高官卑者，宜自諸司五品、國子博士至內給事，並依六品以下例去劍、佩、綬，御史則冠獬豸，衣有中單。其諸司使、副使以下至閤門祗候，如有攝事合請朝服者，並同六品。

詔從所請。

元豐二年，詳定朝會儀注所言：

古者制禮上物，不過十二，天之數也。自上而下，降殺以兩。畿外諸侯，遠於尊者而伸，則以九、以七、以五，從陽奇之數；王朝公卿大夫，近於尊者而屈，則以八、以六、以四，從陰偶之數。本朝衣服令，通天冠二十四梁，爲乘輿服，以應冕旒前後之數。若人臣之冠，則自五梁而下，與漢、唐少異矣。至於綬，則乘輿及皇太子以織成，諸臣用錦爲之。一品、二品冠五梁，中書門下加籠巾貂蟬。諸司三品三梁，四品、五品二梁，御史臺四品、兩省五品亦三梁，而綬有暈錦、黃獅子、方勝、練鵲四等之殊。六品則去劍、佩、綬。

隋、唐冠服皆以品爲定，蓋其時官與品輕重相準故也。今之令式，尚或用品，雖因襲舊文，然以官言之，頗爲舛謬。概舉一二，則太子中允、贊善大夫與御史中丞同品，太常博士品卑於諸寺丞，太子中舍品高於起居郎，內常侍纔比內殿崇班，而在尚書諸司郎中之上，是品不可用也。若以差遣，則有官卑而任要劇者，有官品高而處之冗散者，有一官而兼領數局者，有徒以官奉朝請者，有分局莅職特出於一時隨事立名者，是差遣又不可用也。以此言之，用品及差遣定冠綬之制，則未爲允當。伏請以官爲定，庶名實相副，輕重有準，仍乞分官爲七等，冠綬亦如之。

貂蟬籠巾七梁冠，天下樂暈錦綬，爲第一等。蟬，舊以玳瑁爲蝴蝶狀，今請改爲黃金附蟬，宰相、親王、使相、三師、三公服之。七梁冠，雜花暈錦綬，爲第二等，樞密使、知樞密院至太子太保服之。六梁冠，方勝宜男錦綬，爲第三等，左右僕射至龍圖、天章、寶文閣直學士服之。五梁冠，翠毛錦綬，爲第四等，左右散騎常侍至殿中、少府、將作監服之。四梁冠，簇四鵰錦綬，爲第五等，客省使至諸行郎中服之。三梁冠，黃獅子錦綬，爲第六等，皇城以下諸司使至諸衞率府率服之。內臣自內常侍以上及入內省、內侍省內東西頭供奉官、殿頭前班、東西頭供奉官、左右侍禁、左右班殿直，京官祕書郎至諸寺、監主簿，既預朝會，亦宜朝服從事。今參酌自內常侍以上，冠服各從本等，寄資者如本官，入內、內侍省內東西頭供奉官、殿頭三班使臣、陪位京官爲第七等，皆二梁冠，方勝練鵲錦綬。高品以下服色，依古者韠、韍、舄、履並從裳色。

今制，朝服用絳衣，而錦有十九等。其七等綬，謂宜純用紅錦，以文采高下爲差別。惟法官綬用青地荷蓮錦，以別諸臣。後漢志：「法冠一曰柱後，執法者服之，侍御史、廷尉正監平也，或謂之獬豸冠。」南齊志亦曰：「法冠，廷尉等諸執法者冠之。」今御史臺自中丞而下至監察御史，大理卿、少卿、丞，審刑院、刑部主判官，既正定厥官，眞行執法之事，則宜冠法冠，改服青荷蓮錦綬，其梁數與佩准本品。

從之。

其後，又詔多正朝會，諸軍所服衣冠，廂都軍都指揮使、都虞候、領團練使、刺史服第五等，軍都指揮使、都虞候服第六等，指揮使、副指揮使服第七等，並班於庭。副都頭以上常服，班殿門外。其朝會，執事高品以下，並服介幘，絳服，大帶，革帶，韈，履，方心曲領。

政和議禮局更上羣臣朝服之制：七梁冠，金塗銀稜，貂蟬籠巾，犀簪導，銀立筆，朱衣裳，白羅中單，並皁褾、襈，蔽膝隨裳色，方心曲領，緋白羅大帶，金塗銀革帶，金塗銀裝玉佩，天下樂暈錦綬，青絲網間施三玉環，白韈，黑履；三公，左輔，右弼，三少，太宰，少宰，親王，開府儀同三司服之。七梁冠，無貂蟬籠巾，銀裝玉佩，雜花暈錦綬，餘同三公以下服；執政官，東宮三師服之。六梁冠，白紗中單，銀革帶，佩，方勝宜男錦綬，銀環，餘同七梁冠服；大學士，學士，直學士，東宮三少，御史大夫、中丞，六曹尚書、侍郎，殿中監，大司成，散騎常侍，特進，金紫、銀青光祿大夫，光祿大夫，太尉，節度使，左右金吾衞、左右衞上將軍服之。五梁冠，翠毛錦綬，餘同六梁冠服；太子賓客、詹事，給事中，中書舍人，諫議大夫，待制，九寺卿，大司樂，祕書監，殿中少監，國子祭酒，宣奉、正奉、通奉、通議、太中、中大夫，中奉、中散大夫，上將軍，節度觀察留後，觀察使，通侍大夫，樞密都承旨服之。四梁冠，簇四盤鵰錦綬，餘同五梁冠服；九寺少卿，大晟典樂，祕書少監，國子、辟廱司業，少府、將作、軍器監，都水使者，起居舍人，侍御史，太子左右庶子、少詹事、諭德，尙書左右司郎中、員外；六曹諸司郎中，朝議、奉直、朝請、朝散、朝奉大夫，防禦、團練使，刺史，大將軍，正侍、中侍、中亮、中衞、拱衞、左武、右武大夫，駙馬都尉，帶遙郡武功大夫以下，樞密副都承旨服之。三梁冠，金塗銅革帶，佩，黃獅子錦綬，鍮石環，餘同四梁冠服；殿中侍御史，監察御史，司諫，正言，尙書六曹員外郎，外符寶郎，少府、將作、軍器少監，太子侍讀、侍講，中書舍人〔八〕，親王府翊善、侍讀、侍講，九寺、祕書、殿中監，辟廱丞，大晟樂令，兩赤縣令，大理正、司直、評事，著作郎，祕書郎，著作佐郎，太常、宗學、國子、辟廱博士，太史局令、正、丞，五官正，朝請、朝散、朝奉、承議、奉議、通直郎，中亮、中衞、拱衞、左武、右武郎，諸衞將軍，衞率府率，武功、武德、武顯、武節、武略、武經、武義、武翼大夫郎，醫職翰林醫正以上，內符寶郎，閤門通事舍人，敦武郎，修武郎服之。二梁冠，角簪，方勝練鵲錦綬，餘同三梁冠服；在京職事官，閤門祗候，看班祗候，率府副率，升輦輅立侍內臣服之。御史大夫、中丞，刑部尙書、侍郎，大理卿、少卿，侍御史，刑部郎中，大理寺正、丞、司直、評事並冠獬豸冠，服靑荷蓮綬。詔悉頒行。六年，詔導駕官朝服結佩。七年，詔夏祭百官朝、祭服用紗。

中興，仍舊制。行事、執事官則服祭服，導引、陪祠官則服朝服，從紹興三年太常寺請也。祠畢駕回，若服通天、絳紗袍，乘大輦，則百官從駕服朝服，或服履袍；乘平輦，則百官

從駕服常服，自隆興二年洪适請始也。

進賢冠以漆布爲之，上縷紙爲額花，金塗銀銅飾，後有納言。以梁數爲差，凡七等，以羅爲纓結之：第一等七梁，加貂蟬籠巾、貂鼠尾、立筆；第二等無貂蟬籠巾；第三等六梁，第四等五梁，第五等四梁，第六等三梁，第七等二梁，並如舊制，服同。貂蟬冠一名籠巾，織藤漆之，形正方，如平巾幘。飾以銀，前有銀花，上綴玳瑁蟬，左右爲三小蟬，銜玉鼻，左插貂尾。三公、親王侍祠大朝會，則加于進賢冠而服之。獬豸冠卽進賢冠，其梁上刻木爲獬豸角，碧粉塗之，梁數從本品。立筆，古人臣簪筆之遺象。其制削竹爲幹，裹以緋羅，以黃絲爲毫，拓以銀縷葉，插於冠後。舊令，文官七品以上服朝服者，簪白筆，武官則否，今文武皆簪焉。

校勘記

〔一〕衣畫虎蜼藻粉米三章　「藻」字原脫。按虎蜼，一名宗彝，加粉米僅二章，與「三章」之數不合。下文也稱「毳冕七旒，其服五章。」宋會要輿服四之二六謂其「宗彝、藻、粉米三章在衣，黼、黻二章在裳」。玉海卷八二：「毳冕之章五」，「衣繪虎蜼、藻、粉米，裳繡黼、黻。」據補。

〔二〕此因循不講之失也　「講」原作「謹」，據上下文義和宋會要輿服四之二一、通考卷一一三王禮考改。

〔三〕非古廣尺之制　「尺」，通考卷一一三王禮考作「長」。按上文有關冕版的記述，此處似以作「長」爲是。

〔四〕吏部侍郎　「郎」原作「中」，據五禮新儀卷一二「羣臣祭服」條、宋會要輿服五之一二改。

〔五〕謂用宮架者　按此語同上二書同卷均作小字注文。

〔六〕分獻壇壝從祀　按此語同上二書同卷均作小字注文。

〔七〕法物庫定百官品位給朝服　「物」原作「服」，據本書卷一六四職官志、宋會要輿服四之一一、太常因革禮卷二六改。

〔八〕中書舍人　「書」原作「舍」，據五禮新儀卷一二改。通考卷一一三王禮考作「中舍人」，是其簡稱。

宋史卷一百五十三

志第一百六

輿服五

諸臣服下　士庶人服

公服。凡朝服謂之具服，公服從省，今謂之常服。宋因唐制，三品以上服紫，五品以上服朱，七品以上服綠，九品以上服青。其制，曲領大袖，下施橫襴，束以革帶，幞頭，烏皮鞾。自王公至一命之士，通服之。

太宗太平興國二年，詔朝官出知節鎮及轉運使、副，衣緋、綠者並借紫。知防禦、團練、刺史州，衣綠者借緋，衣緋者借紫；其為通判、知軍監，止借緋。其後，江淮發運使同轉運，提點刑獄同知刺史州。雍熙初，郊祀慶成，始許升朝官服緋、綠二十年者，敍賜緋、紫。

眞宗登極，京朝官亦聽敍，及東封、西祀赦書，京朝官並以十五年為限。後每帝登極，亦如例。景德三年，詔內諸司使以下出入內庭，不得服皂衣，違者論其罪；內職亦許服窄袍。

仁宗景祐元年，詔軍使曾任通判者借緋，曾任知州者借紫。慶曆元年，龍圖閣直學士任布言：「欲望自今贈官至正郎者，其畫像許服緋，至卿監許服紫。」從之。嘉祐三年，詔三品轉運使朝辭上殿日〔一〕，與賜章服；諸路轉運使候及十年，卽與賜章服。

神宗熙寧元年，中書門下奏：「六品以上犯贓濫或私罪徒重者，不得因本品改章服。」從之。元豐元年，去青不用，階官至四品服紫，至六品服緋，皆象笏、佩魚，九品以上則服綠，笏以木。武臣、內侍皆服紫，不佩魚。假版官及伎術若公人之入品者，並聽服綠。官應品而服色未易，與品未及而已易者，或以年格，或以特恩。五年，詔六曹尚書依翰林學士例，六曹侍郎、給事中依直學士例，朝謝日不以行、守、試並賜服佩魚；罷職除他官日，不帶行。

徽宗重和元年，詔禮制局自冠服討論以聞，其見服鞾，先改用履。禮制局奏：「履有絇、繶、純、綦，古者舄履各隨裳之色，有赤舄、白舄、黑舄。今履欲用黑革為之，其絇、繶、純、綦並隨服色用之，以倣古隨裳色之意。」詔以明年正旦改用。禮制局又言：「履隨其服色。武

臣服色一等，當議差別。」詔文武官大夫以上具四飾，朝請郎、武功郎以下去繶，並稱履；從義郎、宣教郎以下至將校、伎術官去繶、純，並稱履。當時議者以鞾不當用之中國，實廢釋氏之漸云。

中興，仍元豐之制，四品以上紫，六品以上緋，九品以上綠。服緋、紫者必佩魚，謂之章服。非官至本品，不以假人。若官卑而職高，則特許者有三：自庶官遷六部侍郎，自庶官為待制，或出奉使者是也。又有以年勞而賜者，有品未及而借者。升朝官服綠，大夫以上服緋，莅事至今日以前及二十年歷任無過者，許磨勘改授章服，此賜者也。或為通判者，許借緋；為知州、監司者，許借紫；任滿還朝，仍服本品，此借者也。又有出於恩賜者焉。紹興十二年九月，以皇太后回鑾，詔承務郎以上服緋、綠，莅事至今日以前十七年者，並改轉服色。

三十二年六月，孝宗卽位，詔承務郎以上服緋、綠及十五年者，並許改轉服色。然計年之法，亦不輕許。無出身人自年二十出官服綠日起理，服緋人亦自年二十服緋日起理，有出身人自賜出身日起理；內並除豁丁憂年、月、日不理外，歷任無過者方許焉。先是，殿中侍御史張震奏：「今日之弊，在於人有僥倖。能革其俗，然後天下可治。且改轉服色，常赦自升朝官以上服綠，大夫以上服緋，莅事及二十年，方得改賜。今赦日承務郎以上〔二〕服緋、綠及十五年，便與改轉。比之常赦，不惟年限已減，而又官品相絕，蓋已為異恩矣。今

竊聞省、部欲自補官日便理歲月，卽是嬰孩授命，年纔十五者今遂服緋；而貴近之子，或初年賜緋，年纔及冠者今遂賜紫。朱、紫紛紛，不亦濫乎？況靖康、建炎恩赦，亦不曾以補官日為始。若始於出官之日，頗為折衷，蓋比之莅事所減已多，而比之初補粗為有節。」帝從其言，故有是命。

又有出於特賜者，旌直臣則賜之，勸循吏則賜之，廣孝治則賜之，優老臣則賜之，此皆非常制焉。內品未至而賜服及借者，並於銜內帶賜及借。

幞頭。一名折上巾，起自後周，然止以軟帛垂脚，隋始以桐木為之，唐始以羅代繒。惟帝服則脚上曲，人臣下垂。五代漸變平直。國朝之制，君臣通服平脚，乘輿或服上曲焉。其初以藤織草巾子為裏，紗為表，而塗以漆。後惟以漆為堅，去其藤裏，前為一折，平施兩脚，以鐵為之。

帶。古惟用革，自曹魏而下，始有金、銀、銅之飾。宋制尤詳，有玉、有金、有銀、有犀，其下銅、鐵、角、石、墨玉之類，各有等差。玉帶不許施於公服。犀非品官、通犀非特旨皆禁。銅、鐵、角、石、墨玉之類，民庶及郡縣吏、伎術等人，皆得服之。

二十四史

其制有金毬路、荔支、師蠻、海捷、寶藏，方團二十五兩；荔支自二十五兩至七兩，有四等；師蠻二十五兩；海捷十五兩；寶藏三十兩。惟毬路方團胯，餘悉方胯。荔支或爲御仙花，束帶亦同。金塗天王、八仙、犀牛、寶瓶、荔支、師蠻、海捷、雙鹿、行虎、窪面。天王、八仙二十五兩；犀牛、寶瓶自二十五兩至十五兩，有二等；荔支自二十兩至十兩，有三等；師蠻自二十兩至十八兩，有二等；海捷自十五兩至十兩，有三等；雙鹿自二十兩至四兩，有九等；行虎七兩；窪面自十五兩至十二兩，有二等。束帶則有金荔支、師蠻、戲童、海捷、犀牛、胡荽、鳳子、寶相花[三]，荔支自二十五兩至十五兩，有三等；師蠻、戲童二十五兩；海捷自二十兩至十兩，有二等；犀牛二十兩；鳳子、寶相花十五兩。金塗犀牛、雙鹿、野馬、胡荽。犀牛、野馬十五兩；雙鹿自二十兩[四]，有三等；胡荽自十五兩至十兩，有三等。犀有上等、次等，以牯牸爲別。出黔南者，在南海之下。

太宗太平興國七年正月，翰林學士承旨李昉等奏曰：「奉詔詳定車服制度，請從三品以上服玉帶，四品以上服金帶，以下升朝官、雖未升朝已賜紫緋、內職諸軍將校，並服紅鞓金塗銀排方。雖升朝着綠者，公服上不得繫銀帶，餘官服黑銀方團胯及犀角帶。貢士及胥吏、工商、庶人服鐵角帶，恩賜者不用此制。荔支帶本是內出以賜將相，在於庶僚，豈合僭服？望非恩賜者，官至三品乃得服之。」景德三年，詔通犀、金、玉帶，除官品合服及恩賜外，餘人不得服用。大中祥符五年，詔曰：「方團金帶，優寵輔臣，今文武庶官及伎術之流，率以金銀放效，甚紊彝制。自今除恩賜外，悉禁之。」端拱中，詔作瑞草地毬路文方團胯帶，

副以金魚，賜中書、樞密院文臣。

仁宗慶曆八年，彰信軍節度使兼侍中李用和言：「伏見張耆授兼侍中日，特賜笏頭金帶以爲榮異，欲望正謝日，準例特賜。」詔如耆例。

神宗熙寧六年，熙河路奏捷，宰臣王安石率羣臣賀紫宸殿，神宗解所服白玉帶賜之。八年，岐王顥、嘉王頵言：「蒙賜方團玉帶，著爲朝儀，乞寶藏于家，不敢服用。」神宗不許，命工別琢玉帶以賜之。顥等固辭，不聽；請加佩金魚以別嫌，詔以玉魚賜之。親王佩玉魚自此始。宗旦、宗諤皆以使相遇郊恩告謝，特賜毬文方團金帶、佩魚，自是宗室節度帶同平章事者，著爲例。宣徽使張方平、郭逵[五]、王拱辰皆嘗特賜。元豐五年，詔：「三師、三公、宰相、執政官、開府儀同三司、節度使嘗任宰相者、觀文殿大學士已上，金毬文方團帶，佩魚。觀文殿學士至寶文閣直學士、節度使、御史大夫、中丞、六曹尚書、侍郎、散騎常侍御仙花帶，內御史大夫、六曹尚書、翰林學士以上及資政殿學士特班翰林學士上者，仍佩魚。」六年，詔：「北使經過處，守臣嘗借朝議大夫者，令權服紫，不繫金帶。其押賜御筵官仍互借，先借朝議大夫者，即借中散大夫，並許繫金帶，不佩魚。」哲宗元祐五年，詔：臣僚嘗賜金帶後至不該繫者，在外許繫。

徽宗崇寧二年，詔：六尚局奉御，今後許服金帶。四年，中書省檢會哲宗元符儀制令：「諸帶，三師、三公、宰相、執政官、使相、節度使、觀文殿大學士毬文，佩魚。節度使非曾任宰相即御仙花，佩魚。觀文殿學士至寶文閣直學士、御史大夫、中丞、六曹尚書、侍郎、散騎常侍並御仙花，權侍郎不同；內御史大夫、六曹尚書、觀文殿學士至翰林學士仍佩魚，資政殿學士特旨班在翰林學士上者同，權尚書不同。其官職未至而特賜者，不拘此令。因任職事官經賜金帶者，雖後任不該賜，亦許服。」看詳：若稱因任六曹侍郎經賜帶，後除知開封府之類，既非職事官，又非在外，皆不許繫，似非元立法之意。蓋立文該舉未盡，其特賜者既不緣官職，自無時不許繫外；因任職事官賜金帶，後任不該者亦許服，即在外與在京非職事官，皆可用。詔申明行下。大觀二年，詔中書舍人、諫議大夫、待制、殿中少監許繫紅鞓犀帶，不佩魚。

中興仍之，其等亦有玉、有金、有銀、有金塗銀、有犀、有通犀、有角。其制，毬文者四方五團，御仙花者排方。凡金帶：三公、左右丞相、三少、使相、執政官、觀文殿大學士、節度使毬文，佩魚；觀文殿學士至華文閣直學士、御史大夫、中丞、六曹尚書、侍郎、散騎常侍、開封尹、給事中並御仙花，內御史大夫、六曹尚書、觀文殿學士至翰林學士仍佩魚；中書舍人、左右諫議大夫、龍圖天章寶文顯謨徽猷敷文煥章華文閣待制、權侍郎服紅鞓排方黑犀帶，仍佩魚；權侍郎以上罷任不帶職者，亦許服之。

魚袋。其制自唐始，蓋以爲符契也。其始曰魚符，左一，右一。左者進內，右者隨身，刻官姓名，出入合之。因盛以袋，故曰魚袋。宋因之，其制以金銀飾爲魚形，公服則繫於帶而垂於後，以明貴賤，非復如唐之符契也。

太宗雍熙元年，南郊後，內出以賜近臣，由是內外升朝文武官皆佩魚。凡服紫者，飾以金；服緋者，飾以銀。庭賜紫，則給金塗銀者；賜緋，亦有特給者。京官、幕職州縣官賜緋紫者，亦佩。親王武官、內職將校皆不佩。眞宗大中祥符六年，詔伎術官未升朝賜緋、紫者，不得佩魚。

仁宗天聖二年，翰林待詔、太子中舍同正王文度因勒碑賜紫章服，以舊佩銀魚，請佩金魚。仁宗曰：「先朝不許伎術人輒佩魚，以別士類，不令混淆，宜卻其請。」景祐三年，詔殿中省尚藥奉御賜紫徐安仁，特許佩魚。至和元年，詔：中書提點五房公事，自今雖無出身，亦聽佩魚。舊制，自選人入爲堂後官，轉至五房提點，始得佩魚。提點五房呂惟和非選人入，援司天監五官正例求佩魚，特許之。

神宗元豐二年，蒲宗孟除翰林學士，神宗曰：「學士職清地近，非它官比，而官儀未寵，自今宜加佩魚。」遂著爲令。三年，詔：自今中書堂後官，並帶賜緋魚袋，餘依舊例。徽宗

中華書局

政和元年，尚書兵部侍郎王詔奏：「今監司、守、倅等，並許借服色而不許佩魚，即是有服而無章，殆與吏無別。乞今後應借緋、紫臣僚，並許隨服色佩魚，仍各許入銜，候回日依舊服色。」從之。中興，並仍舊制。

笏。唐制五品以上用象，上圓下方；六品以下用竹、木，上挫下方。宋文散五品以上用象，九品以上用木。武臣、內職並用象，千牛衣綠亦用象，廷賜緋、綠者給之。中興同。

鞾。宋初沿舊制，朝履用鞾。政和更定禮制，改鞾用履。中興仍之。乾道七年，復改用鞾，以黑革為之，大抵參用履制，惟加靿焉。其飾亦有絇、繶、純、綦，大夫以上具四飾，朝請、武功郎以下去繶，從義、宣教郎以下至將校、伎術官并去純。底用麻再重，革一重。裏用素衲氈，高八寸。諸文武官通服之，惟以四飾為別。服綠者飾以綠，服緋、紫者飾亦如之，做古隨裳色之意。

簪戴。幞頭簪花，謂之簪戴。中興，郊祀、明堂禮畢回鑾，臣僚及扈從並簪花，恭謝日亦如之。大羅花以紅、黃、銀紅三色，欒枝以雜色羅，大絹花以紅、銀紅二色。羅花以賜百官，欒枝，卿監以上有之；絹花以賜將校以下。太上兩宮上壽畢，及聖節、及錫宴、及賜新進士聞喜宴，並如之。

重戴。唐士人多尚之，蓋古大裁帽之遺制，本野夫巖叟之服。以皁羅為之，方而垂簷，紫裏，兩紫絲組為纓，垂而結之頷下。所謂重戴者，蓋折上巾又加以帽焉。宋初，御史臺皆重戴，餘官或戴或否。後新進士亦戴，至釋褐則止。太宗淳化二年，御史臺言：「舊儀，三院御史在臺及出使，並重戴，事已久廢。其御史出臺為省職及在京釐務者，請依舊儀，違者罰俸一月。」從之。又詔兩省及尚書省五品以上皆重戴，樞密三司使、副則不。中興後，御史、兩制、知貢舉官、新進士上三人，許服之。

時服。宋初因五代舊制，每歲諸臣皆賜時服，然止賜將相、學士、禁軍大校。建隆三年，太祖謂侍臣曰：「百官不賜，甚無謂也。」乃徧賜之。歲遇端午、十月一日，文武羣臣將校皆給焉。是歲十月，近臣、軍校增給錦襖袍，中書門下、樞密、宣徽院、節度使及侍衞步軍都虞候以上，皇親大將軍以上，天下樂暈錦；三司使、學士、中丞、內客省使、駙馬、留後、觀察使，皇親將軍、諸司使、廂主以上，簇四盤鵰細錦；三司副使、宮觀判官，黃師子大錦；防禦團練使、刺史，皇親諸司副使，翠毛細錦；權中丞、知開封府、銀臺司、審刑院及待制以上，知檢院鼓院，同三司副使，六統軍、金吾大將軍，紅錦。諸班及諸軍將校，亦賜窄錦袍。有翠毛、宜男、雲鴈細錦，師子、練鵲、寶照大錦，寶照中錦，凡七等。

應給錦袍者，皆五事；公服、錦寬袍、綾汗衫、袴、勒帛，丞郎、給舍、大卿監以上不給錦袍者，加以黃綾繡抱肚。大將軍、少卿監、郎中以上，樞密諸房副承旨以上，諸司使，皇親承制、崇班，皆四事；無錦袍。將軍至副率、知雜御史至大理正、入內都知、內侍都知、皇親殿直以上，皆三事；無袴。通事舍人、承制、崇班、入內押班、內侍副都知押班、內常侍、六尚奉御以下，京官充館閣、宗正寺、刑法官者，皆二事；無勒帛，內職汗衫以綾，文臣以絹。閤門祗候、內供奉官至殿直，京官編修、校勘，止給公服。端午，亦給。應給錦袍者，汗衫以黃縠，別加繡抱肚、小扇。誕聖節所給，如時服。京師禁廂軍校，衞士，內諸司胥史、工巧人，並給服有差。

朝官、京官、內職出為外任通判、監押、巡檢以上者，大藩府監務者，亦或給之。每歲十月時服，開寶中，皆賜窄錦袍。太平興國以後，文官知制誥、武官上將軍、內職諸司使以上，皆賜錦。藩鎮觀察使以上，天下樂暈錦；尚書及步軍都虞候以上及知益州、并州，次暈錦，皆五事。學士、丞郎，簇四盤鵰錦；刺史以上及知廣州，翠毛錦，皆三件。待制以上、橫班諸司使，翠毛錦；知代州，御仙花錦；諸司使領郡，宜男錦；諸司使，雲鴈錦。駙馬，錦如丞郎，增至四事。益州鈐轄，錦從本官，增綾袴。朝官供奉官以上，皆賜紫地皁花

欹正。京官殿直以下，皆賜紫大綾。在外禁軍將校，亦賜窄錦袍，次賜紫綾色絹。景德元年，始詔河北、河東、陝西三路轉運使、副，並給方勝練鵲錦。校獵從官並賜紫羅錦、旋襴、暖鞾。

雍熙四年，令節度使給皁地金線盤雲鳳鹿胎旋襴，侍衞步軍都虞候以上給皁地金線盤花鶯鸂。

親王、宰相、使相生日，並賜衣五事，錦綵百匹，金花銀器百兩，馬二匹，金塗銀鞍勒一。宰相、樞密使、參知政事、樞密副使、宣徽使初拜、加恩中謝日，並賜衣五事，金帶一，舊荔支帶，淳化後，宰相、參知政事、文臣任樞密副使，改賜方團胯毬路金帶，加以金魚。塗金銀鞍勒馬一。三司使、學士、御史中丞初拜中謝日，賜衣五事，荔支金帶一，塗金銀鞍勒馬一。文明學士以下，初賜金裝犀帶，後改賜金帶。中書舍人，賜襲衣，犀帶。宰相以下對御擡賜；樞密直學士、中書舍人謝訖，中使押賜，再入謝于別殿。中書舍人或告謝日已改賜章服，則罷中使押賜。

郊禋禮畢，親王、宰相至龍圖閣直學士、禁軍將校，各賜襲衣、金帶，親王、中書門下、樞密、宣徽、三司使、四廂都指揮使以上，加鞍勒馬一。其後宮觀副使、天書扶侍使，並同學士。同中謝日。雍熙元年，兩省五品以上，御史臺、尚書省四品以上，各賜襲衣、犀帶、魚袋。其為五使，則皆賜金帶，仍各加器幣。文武行事官，各賜金帛。牧伯在外者，遇大禮，不賜。大中祥符元年，詔節度、觀察、防禦、團練使，刺史，

因東封爲諸州部署鈐轄者，並特賜焉。

使相、節度使自鎭來朝入見日，賜衣五事，金帶，鞍馬；朝辭日，賜窄衣六事，金束帶，鞍勒馬一，散馬二；節度使減散馬。爲都部署者，別賜帶甲鞍勒馬一。觀察使爲都部署、副都部署赴本任、知州，賜窄衣三事，金束帶，鞍勒馬。防禦團練使、刺史爲部署、鈐轄，賜窄衣三事，金束帶；赴本任，賜窄衣三事，塗金銀腰帶；爲知州、都監，賜窄衣三事，絹三十匹。諸司爲鈐轄者，賜窄衣、金束帶。文武官內職出爲知州軍、通判、發運、轉運使副、提點刑獄、都監、巡檢、砦主、軍使及任使繁要者，僕射賜窄衣三事，絹五十匹；尙書、丞郎、學士、諫舍、待制、大卿監及統軍、上將軍、諸司使，減絹二十匹；少卿監至五官正、大將軍至副率、諸司副使，減絹一十匹；中郎將、京官內殿承制至借職、內常侍，減衣二事，又減絹一十匹。窄衣，起二月給紫羅衫；起十月給紫欵正綿襖。給公服者，單夾亦然。諸道衙內指揮使、都虞候入貢辭日，賜紫羅窄衫，金塗銀帶。

士庶人車服之制。太宗太平興國七年，詔曰：「士庶之間，車服之制，至于喪葬，各有等差。近年以來，頗成踰僭。宜令翰林學士承旨李昉詳定以聞。」昉奏：「今後富商大賈乘馬，

漆素鞍者勿禁。近年品官綠袍及舉子白襴下皆服紫色，亦請禁之。其私第便服，許紫皂衣、白袍。舊制，庶人服白，今請流外官及貢舉人、庶人通許服皂。工商、庶人家乘檐子，或用四人、八人，請禁斷，聽乘車；兜子，舁不得過二人。」並從之。端拱二年，詔縣鎭場務諸色公人并庶人、商賈、伎術、不係官伶人，只許服皂、白衣，鐵、角帶，不得服紫。文武升朝官及諸司副使、禁軍指揮使、廂軍都虞候之家子弟，不拘此限。幞頭巾子，自今高不過二寸五分。婦人假髻並宜禁斷，仍不得作高髻及高冠。其銷金、泥金、眞珠裝綴衣服，除命婦許服外，餘人並禁。至道元年，復許庶人服紫。

眞宗咸平四年，禁民間造銀鞍瓦、金線、盤蹙金線。大中祥符元年，三司言：「竊惟山澤之寶，所得至難，儻縱銷釋，實爲虛費。今約天下所用，歲不下十萬兩，俾上幣棄於下民。自今金銀箔線，貼金、銷金、泥金、蹙金線裝貼什器土木玩用之物，並請禁斷，非命婦不得以爲首飾。冶工所用器，悉送官。諸州寺觀有以金箔飾尊像者，據申三司，聽自齎金銀工價，就文思院換給。」從之。二年，詔申禁鎔金以飾器服。又太常博士知溫州李邈言：「兩浙僧求丐金銀、珠玉，錯末和泥以爲塔像，有高袤丈者。毀碎珠寶，寖以成俗，望嚴行禁絕，違者重論。」從之。

七年，禁民間服銷金及鈸遮那纈。八年，詔：「內庭自中宮以下，並不得銷金、貼金、間金、戭金、圈金、解金、剔金、陷金、明金、泥金、楞金、背影金、盤金、織金、金線撚絲，裝著衣服，並不得以金爲飾。其外庭臣庶家，悉皆禁斷。臣民舊有者，限一月許回易。爲眞像前供養物，應寺觀裝功德用金箔，須具殿位眞像顯合增修創造數，經官司陳狀勘會，詣實聞奏，方給公憑，詣三司收買。其明金裝假果、花板、樂身之類，應金爲裝彩物，降詔前已有者，更不毀壞，自餘悉禁。違者，犯人及工匠皆坐。」是年，又禁民間服皂班纈衣。

仁宗天聖三年，詔：「在京士庶不得衣黑褐地白花衣服并藍、黃、紫地撮暈花樣，婦女不得將白色、褐色毛段并淡褐色匹帛製造衣服，令開封府限十日斷絕；婦女出入乘騎，在路披毛褐以禦風塵者，不在禁限。」七年，詔士庶、僧道無得以朱漆飾牀榻。九年，禁京城造朱紅器皿。

景祐元年，詔禁錦背、繡背、遍地密花透背采段，其稀花團窠、斜窠雜花不相連者非。二年，詔：市肆造作縷金爲婦人首飾等物者禁。三年，「臣庶之家，毋得採捕鹿胎製造冠子。又屋宇非邸店、樓閣臨街市之處，毋得爲四鋪作鬧鬬八；非品官毋得起門屋；非宮室、寺觀毋得彩繪棟宇及朱黝漆梁柱窗牖、雕鏤柱礎。凡器用毋得表裏朱漆、金漆，下毋得襯朱。非三品以上官及宗室、戚里之家，毋得用金稜器，其用銀者毋得塗金。玳瑁酒食器，非宮禁毋得用。純金器若經賜者，聽用之。凡命婦許以金爲首飾，及爲小兒鈐鑷、釵篸、釧纏、珥環

之屬；仍毋得爲牙魚、飛魚、奇巧飛動若龍形者。非命婦之家，毋得以眞珠裝綴首飾、衣服，及項珠、纓絡、耳墜、頭𩭹、抹子之類。凡帳幔、繳壁、承塵、柱衣、額道、項帕、覆旌、牀裙，毋得用純錦徧繡。宗室戚里茶檐、食合，毋得以緋紅蓋覆。豪貴之族所乘坐車，毋得用朱漆及五彩裝繪，若用黝而間以五彩者聽。民間毋得乘檐子，及以銀骨朵、水罐引喝隨行。」

慶曆八年，詔禁士庶傚契丹服及乘騎鞍轡、婦人衣銅綠兔褐之類。皇祐元年，詔婦人冠高毋得踰四寸，廣毋得踰尺，梳長毋得踰四寸，仍禁以角爲之。先是，宮中尙白角冠梳，人爭傚之，至謂之內樣。冠名曰垂肩等〔六〕，至有長三尺者；梳長亦踰尺。議者以爲服妖，遂禁止之。七年〔七〕，初，皇親與內臣所衣紫，皆再入爲黝色。後士庶寖相效，言者以爲奇袤之服，於是禁天下衣黑紫服者。

神宗熙寧九年，禁朝服紫色近黑者；民庶止令乘犢車，聽以黑飾，間五彩爲飾，不許呵引及前列儀物。哲宗紹聖二年，侍御史翟思言：「京城士人與豪右大姓，出入率以轎自載，四人舁之，甚者飾以棱蓋，徹去簾蔽，翼其左右，旁午於通衢，甚爲僭擬，乞行止絕。」從之。

徽宗大觀元年，郭天信乞中外並罷翡翠裝飾，帝曰：「先王之政，仁及草木禽獸，今取其羽毛，用於不急，傷生害性，非先王惠養萬物之意。宜令有司立法禁之。」政和二年，詔後苑造纈帛。蓋自元豐初，置爲行軍之號，又爲衞士之衣，以辨姦詐，遂禁止民間打造。令

開封府申嚴其禁，客旅不許興販緭板。

七年，臣僚上言：「輦轂之下，奔競侈靡，有未革者。居室服用以壯麗相誇，珠璣金玉以奇巧相勝，不獨貴近，比比紛紛，日益滋甚。臣嘗考之，申令法禁雖具，其罰尙輕，有司玩習，以至於此。如民庶之家不得乘轎，今京城內暖轎，非命官至富民、娼優、下賤，遂以爲常。竊見近日有赴內禁乘以至皇城門者，奉祀乘至宮廟者，坦然無所畏避。臣妄以爲僭禮犯分，禁亦不可以緩。」於是詔，非品官不得乘暖轎。先是，權發遣提舉淮南東路學事丁瓘言：「衣服之制，尤不可緩。今閭閻之卑，倡優之賤，男子服帶犀玉，婦人塗飾金珠，尙多僭侈，未合古制。臣恐禮官所議，止正大典，未遑及此。伏願明詔有司，嚴立法度，酌古便今，以義起禮。俾閭閻之卑，不得與尊者同榮；倡優之賤，不得與貴者並麗。此法一正，名分自明，革澆偷以歸忠厚，豈曰小補之哉。」是歲，又詔敢爲契丹服若氈笠、釣墪之類者，以違御筆論。釣墪，今亦謂之韈袴，婦人之服也。

中興，士大夫之服，大抵因東都之舊，而其後稍變焉。一曰深衣，二曰紫衫，三曰涼衫，四曰帽衫，五曰襴衫。淳熙中，朱熹又定祭祀、冠婚之服，特頒行之。凡士大夫家祭祀、冠婚，則具盛服。有官者幞頭、帶、韡、笏，進士則幞頭、襴衫、帶，處士則幞頭、皁衫、帶，無官

者通用帽子、衫、帶；又不能具，則或深衣，或涼衫。有官者亦通用帽子以下，但不爲盛服。婦人則假髻、大衣、長裙。女子在室者冠子、背子。衆妾則假紒、背子。

冠禮，三加冠服，初加，緇布冠、深衣、大帶、納履；再加，帽子、皁衫、革帶、繫鞵；三加，幞頭、公服、革帶、納韡。其品官嫡庶子初加，折上巾、公服；再加，二梁冠、朝服；三加，平冕服，若以巾帽、折上巾爲三加者，聽之。深衣用白細布，度用指尺，衣全四幅，其長過脅，下屬於裳。裳交解十二幅，上屬於衣，其長及踝。圓袂方領，曲裾黑緣。大帶、緇冠、幅巾、黑履。士大夫家冠昏、祭祀、宴居、交際服之。

紫衫。本軍校服。中興，士大夫服之，以便戎事。紹興九年，詔公卿、長吏服用冠帶，然迄不行。二十六年，再申嚴禁，毋得以戎服臨民，自是紫衫遂廢。士大夫皆服涼衫，以爲便服矣。

涼衫。其制如紫衫，亦曰白衫。乾道初，禮部侍郎王曮奏：「竊見近日士大夫皆服涼衫，甚非美觀，而以交際、居官、臨民，純素可憎，有似凶服。陛下方奉兩宮，所宜革之。且紫衫之設以從戎，故爲之禁，而人情趨簡便，靡而至此。文武並用，本不偏廢，朝章之外，宜有便衣，仍存紫衫，未害大體。」於是禁服白衫，除乘馬道塗許服外，餘不得服。若便服，許用紫衫。自後，涼衫祇用爲凶服矣。

帽衫。帽以烏紗、衫以皁羅爲之，角帶，繫鞵。東都時，士大夫交際常服之。南渡後，一變爲紫衫，再變爲涼衫，自是服帽衫少矣。惟士大夫家冠昏、祭祀猶服焉。若國子生，常服之。

襴衫。以白細布爲之，圓領大袖，下施橫襴爲裳，腰間有辟積。進士及國子生、州縣生服之。

紹興五年，高宗謂輔臣曰：「金翠爲婦人服飾，不惟靡貨害物，而侈靡之習，實關風化。已戒中外，及下令不許入宮門，今無一人犯者。尙恐士民之家未能盡革，宜申嚴禁，仍定銷金及採捕金翠罪賞格。」淳熙二年，孝宗宣示中宮襌衣曰：「珠玉就用禁中舊物，所費不及五萬，革弊當自宮禁始。」因問風俗，龔茂良奏：「由貴近之家，放傚宮禁，以致流傳民間。粥簪珥者，必言內樣。彼若知上崇尙淳朴，必觀感而化矣。臣又聞中宮服澣濯之衣，數年不易。請宣示中外，仍敕有司嚴戢奢僭。」寧宗嘉泰初，以風俗侈靡，詔官民營建室屋，一遵制度，務從簡樸。又以宮中金翠，燔之通衢，貴近之家，犯者必罰。

校勘記

〔一〕三品轉運使 宋會要輿服四之三〇作「三路轉運使」，疑是。下文與此相對的名稱作「諸路轉運

使」，可證。

〔二〕今赦日承務郎以上 「日」，宋會要輿服四之二九作「自」。按上文「常赦自升朝官以上服綠」，此處疑以作「自」爲是。

〔三〕寶相花 「相」字原脫，據本條註文和岳珂愧郯錄卷一二補。

〔四〕雙鹿自二十兩 按本段註文敍例，凡有等別的，都具列其最高和最低數，本條只有最高數而無最低數，當有脫文。

〔五〕郭逵 原作「郭達」，據玉海卷八六、愧郯錄卷一二改。

〔六〕冠名曰垂肩等 按宋會要輿服四之七作「冠名曰垂肩等肩」。長編卷一六七作「冠名曰等肩」。

〔七〕七年 承上文當指皇祐七年。但皇祐無七年，宋會要輿服四之七、長編卷一九七都繫於嘉祐七年，此處失書「嘉祐」紀元。

中華書局

宋史卷一百五十四

志第一百七

輿服六

寶　印　符券　宮室制度　臣庶室屋制度

寶。秦制，天子有六璽，又有傳國璽，歷代因之。唐改爲寶，其制有八。五代亂離，或多亡失。周廣順中，始造二寶：其一曰「皇帝承天受命之寶」，一曰「皇帝神寶」。太祖受禪，傳此二寶，又製「大宋受命之寶」。至太宗，又別製「承天受命之寶」。是後，諸帝嗣服，皆自爲一寶，以「皇帝恭膺天命之寶」爲文。凡上尊號，有司製玉寶，則以所上尊號爲文。

寶用玉，篆文，廣四寸九分，厚一寸二分。填以金盤龍鈕，係以暈錦大綬，赤小綬，連玉環；玉檢高七寸，廣二寸四分，厚四分；玉斗方二寸四分，厚一寸二分：皆飾以紅錦，金

裝，裹以紅縣〔一〕，加紅羅泥金夾帕，納於小盝。盝以金裝，內設金牀，暈錦褥，飾以雜色玻黎、碧石〔二〕、珊瑚、金精石、瑪瑙。又盝二重，皆裝以金，覆以紅羅繡帕，載以腰輿及行馬，並飾以金。又有香爐、寶子、香匙、灰匙、火箸、燭臺、燭刀，皆以金爲之，是所謂緣寶法物也。

別有三印：一曰「天下合同之印」，中書奏覆狀、流內銓歷任三代狀用之；二曰「御前之印」，樞密院宣命及諸司奏狀內用之；三曰「書詔之印」，翰林詔敕用之。皆鑄以金，又以鍮石各鑄其一。雍熙三年，並改爲寶，別鑄以金，舊六印皆毀之。

眞宗卽位，作皇帝受命寶，文曰「皇帝恭膺天命之寶」。大中祥符元年五月，詳定所言：「按玉牒、玉册，用皇帝受命寶印之，納玉匱於石礠，以天下同文之印封之。今封禪泰山，請依舊制，別造玉寶一枚，方寸二分，文同受命寶。其封石礠，用天下同文之印，舊史元無制度，今請用金鑄，大小同御前之寶，以『天下同文之寶』爲文。所有緣寶法物，亦請依式製造。」從之。天禧元年十二月，召輔臣於滋福殿，觀新刻「五嶽聖帝玉寶」及「皇帝昭受乾符之寶」，命擇日迎導赴會靈觀奉安。其寶並金押玉鈕，製作精妙。眞宗以奏章上帝，承前皆用御前之寶，以理未順，故改用昭受乾符之寶。

乾興元年，仁宗卽位，作受命寶，文同眞宗。天聖元年，詔以宮城火，重製受命寶及尊號册寶。慶曆八年十一月，詔刻「皇帝欽崇國祀之寶」。先是，天禧中，眞宗刻昭受乾符之寶，而於醮祠表章用之。後經大內火，寶焚，乃用御前之寶。至是，下學士院定其文，命宰臣陳執中書之。皇祐五年七月，詔作「鎭國神寶」。先是，奉宸庫有良玉，廣尺，厚半之。仁宗以爲希代之珍，不欲爲服玩，因作是寶，命宰臣龐籍篆文。寶成，太常禮院引唐六典次序曰：「一神寶，二受命寶，多至祀南郊，大駕儀仗，請以鎭國神寶先受命寶爲前導。」自是爲定式。至和二年，初，太宗以玉寶二鈕賜太祖之子德芳，其文曰「皇帝信寶」，至是，德芳孫左屯衞大將軍從式上之。

嘉祐八年，仁宗崩，英宗立，翰林學士范鎭言：「伏聞大行皇帝受命寶及緣寶法物，與平生衣冠器用，皆欲舉而葬之，恐非所以稱先帝恭儉之意。其受命寶，伏乞陛下自寶用之，且示有所傳付。若衣冠器玩，則請陳於陵寢及神御殿，歲時展視，以慰思慕。」詔檢討官考索典故，及命兩制、禮官詳議。翰林學士王珪等奏曰：「受命寶者，猶昔傳國璽也，宜爲天子傳器，不當改作。古者藏先王衣服於廟寢，至於平生器玩，則前世既不皆納於方中，亦不盡陳於陵寢。謂今宜從省約，以稱先帝恭儉之實。」帝不用其議，乃別造受命寶，命參知政事歐陽脩篆文八字。至哲宗立，亦作焉，其文並同。

紹聖三年，咸陽縣民段義得古玉印，自言於河南鄉劉銀村修舍，掘地得之，有光照室。

四年，上之，詔禮部、御史臺以下參驗。元符元年三月，翰林學士承旨蔡京及講議官十三員奏：

按所獻玉璽，色綠如藍，温潤而澤，其文曰「受命于天，既壽永昌」。其背螭鈕五盤，鈕間有小竅，用以貫組。又得玉螭首一，白如膏，亦温潤，其背亦螭鈕五盤，鈕間亦有貫組小竅，其面無文，與璽大小相合。篆文工作，皆非近世所爲。

臣等以歷代正史考之，璽之文曰「皇帝壽昌」者，晉璽也；曰「受命於天」者，後魏璽也；「有德者昌」，唐璽也；「惟德允昌」，石晉璽也；則「既壽永昌」者，秦璽可知。今得璽於咸陽，其玉乃藍田之色，其篆與李斯小篆體合。飾以龍鳳鳥魚，乃蟲書鳥跡之法，於今所傳古書，莫可比擬，非漢以後所作明矣。

今陛下嗣守祖宗大寶，而神璽自出，其文曰「受命于天，既壽永昌」，則天之所畀，烏可忽哉？漢、晉以來，得寶鼎瑞物，猶告廟改元，肆眚上壽，况傳國之器乎？其緣寶法物禮儀，乞下所屬施行。

詔禮部、太常寺按故事詳定以聞。禮官言：五月朔，故事當大朝會，宜就行受寶之禮。依上尊號寶册儀，有司豫製緣寶法物，并寶進入。俟降出，權於寶堂安奉。前三日，差官奏告天地、宗廟、社稷。前一日，帝齋于內殿。翌日，御大慶殿，降坐受寶，羣臣上壽稱賀。先期，

又詔龍圖、天章閣齋治平元年耀州所獻受命寶玉檢，赴都堂參議。詔以五月朔受傳國寶，命章惇書玉檢，以「天授傳國受命之寶」爲文。

徽宗崇寧五年，有以玉印獻者。印方寸，以龜爲鈕，工作精巧，文曰「承天福延萬億永無極」。徽宗因次其文，倣李斯蟲魚篆作寶文。其方四寸有奇，螭鈕，方盤，上圓下方，名爲鎭國寶。大觀元年，又得玉工，用元豐中玉琢天子、皇帝六璽，疊篆。初，紹聖間，得漢傳國璽，無檢，螭又不闕〔三〕，疑其一角缺者，乃檢也。有檢傳，攷驗甚詳，傳于世。帝於是取其文而黜其璽不用，自作受命寶，其方四寸有奇，琢以白玉，篆以蟲魚。鎭國、受命二寶，合天子、皇帝六璽，是爲八寶。

詔曰：「自昔皆有尙符璽官。今雖隸門下後省，遇親祠，則臨時具員，訖事復罷。八寶旣備，宜重典司之職。可令尙書省置官，如古之制。」又詔曰：「永惟受命之符，當有一代之製，而尙循秦舊，六璽之用，度越百年之久，或未大備。自天申命，地不愛寶，獲全玉於異域〔四〕，得妙工於編氓，八寶旣成，貸無前比，殆天所授，非人能爲。可以來年元日，御大慶殿恭受八寶。」尙書省言：

請置符寶郎四員，隸門下省，二員以中人充，掌寶於禁中。按唐八寶，車駕臨幸，則符寶郎奉寶以從；大朝會，則奉寶以進。今鎭國寶、受命寶非常用之器，欲臨幸則從

六寶，朝會則陳八寶，皆夕納。內符寶郎奉寶出以授外符寶郎，外符寶郎從寶行於禁衞之內，朝則分進于御坐之前。

鎭國寶、受命寶不常用，唯封禪則用之。皇帝之寶，答鄰國書則用之；皇帝行寶，降御札則用之；皇帝信寶，賜鄰國書及物則用之；天子之寶，答外國書則用之；天子行寶，封册則用之；天子信寶，舉大兵則用之。應合用寶，外符寶郎具奏，請內符寶郎御前請寶，印訖，付外符寶郎承受。

從之。二年，詔受命寶之上，加「鎭國」二字。

政和七年，從于闐得大玉踰二尺，色如截肪。徽宗又制一寶，赤螭鈕，文曰「範圍天地，幽贊神明，保合太和，萬壽無疆」。篆以魚蟲，制作之工，幾於秦璽。其寶九寸，檢亦如之，號曰「定命寶」。合前八寶爲九，詔以九寶爲稱，以定命寶爲首。且曰：「八寶者，國之神器；至於定命寶，乃我所自制也。」於是，應行導排設，定命與受命、天子寶在左，鎭國與皇帝寶在右。又詔：「鎭國、受命寶與天子、皇帝之寶，其數有八，蓋非乾元用九之數。比得寶玉於異域，受定命之符於神霄，乃以『範圍天地，幽贊神明，保合太和，萬壽無疆』爲文。卜云其吉，篆以蟲魚，縱廣之制，其寸亦九，號曰定命寶。來年元日祇受。」又詔差官奏告天地、宗廟、社稷。八年正月一日，御大慶殿，受定命寶，百僚稱賀。其後京城之難，諸寶俱失之，惟大宋受命之寶與定命寶獨存，蓋天意也。

建炎初，始作金寶三：一曰「皇帝欽崇國祀之寶」，祭祀詞表用之；二曰「天下合同之寶」，降付中書門下省用之；三曰「書詔之寶」，發號施令用之。紹興元年，又作玉寶一，文曰「大宋受命中興之寶」。又得舊寶二，歷世寶之，凡上太上皇尊號、册后太子皆用焉。十六年，又作八寶：一曰護國神寶〔五〕，以「承天福延萬億永無極」九字爲文；二曰受命寶，以「受命于天旣壽永昌」爲文；三曰天子之寶；四曰天子信寶；五曰天子行寶；六曰皇帝之寶；七曰皇帝信寶；八曰皇帝行寶。藏之御府，大朝會則陳之；上册寶尊號、册后太子、大禮設鹵簿，亦如之。寶之制，用玉尺度，鈕鼻，大小綬，玉環。檢制，舊制如牌，上刻曰某寶。皆裹以朱縷，加緋羅泥金帕，納於小盝。盝三重，皆飾以金，內設金牀、金寶斗，龍鈕金鏁，覆以緋羅繡帕，載以腰輿、行馬。

孝宗卽位，議上太上皇帝尊號曰光堯壽聖太上皇帝，寶用皇祐中法、黍尺景度。乾道六年，再加十四字尊號，以寶材元係螭龍鈕，止堪改作蹲龍，其鈕高二寸四分五釐，厚一寸一分五釐，竅徑一寸。理宗寶慶三年，加上寧宗皇帝徽號，寶面廣四寸二分，厚一寸二分，蹲龍鈕，通高四寸一分，寶四面鉤碾行龍。

后妃之寶。哲宗元祐元年，詔：天聖中，章獻明肅皇后用玉寶〔六〕，方四寸九分，厚一寸二分，龍鈕。今太皇太后權同處分軍國事，宜依章獻明肅皇后故事。二年，又詔：太皇太后玉寶，以「太皇太后之寶」爲文；皇太后金寶，以「皇太后寶」爲文；皇太妃金寶，以「皇太妃寶」爲文。中興之後，后寶用金，方二寸四分，高下隨宜，鼻紐以龜。斗、檢以銀，塗以金。寶盝三重，鈒百花，塗金盤鳳。輿案、行馬、帕褥亦如之。

皇太子寶。至道元年，製皇太子受册金寶。方二寸，厚五寸，係以朱組大綬，連玉環，金斗。金檢長五寸，闊二寸，厚二分。裹以紅綿，加紅羅泥金帊，納於小盝。盝以金裝，內設金牀。又盝二重，皆覆以紅羅銷金帊。盝及腰輿、行馬皆銀裝金塗。他法物皆銀爲之，鈒花塗金。中興，寶，龜鈕；金塗銀檢，上勒「皇太子寶」四字，金塗銀寶斗。黝漆盝三重，並錦拓裏，外以金塗銀百花鳳葉子五明裝，鑰以金鏁，載以黝漆腰輿、行馬。

册制。用珉玉，簡長一尺二寸，闊一寸二分；簡數從字之多少。聯以金繩，首尾結帶。前後標首四枚，二枚畫神，二枚刻龍鏤金，若奉護之狀。藉以錦褥，覆以緋羅泥金夾帊。册匣長廣取容册，塗以朱漆，金鏤百花凸起行龍，金鏁、帉錔。覆以紅羅繡盤龍蹙金帊，承以

中華書局

金裝長竿床，金龍首，金魚鉤，又以紅絲爲條縈匣。冊案塗朱漆，以銷金紅羅覆之。

后冊，用珉，或以象。褾文以鳳，尺寸制度並同帝冊。

皇太子冊，用珉簡六十枚，乾道中，用七十五枚，每枚高尺二寸，博一寸二分。前後標首四枚，長隨簡，博四寸，其二刻神，其二刻龍，爲奉護狀。貫以金絲，首尾結爲金花，飾以帉錔。襯以紅羅泥金夾帕，藉以錦褥，盛以黝漆匣，錦拓裹，以金塗銀葉段五明裝，隱起百花鳳。覆以緋羅泥金帕，絡以紅絲結絛，襯以錦褥，載以黝漆腰輿，行馬。

亡金國寶。理宗端平元年，命孟珙等以兵從大元兵夾攻金人於蔡州，滅之。其年四月丙戌，大理寺言：

京湖制置司以所獲亡金寶物來上，令金臣參知政事張天綱辨識。其玉寶一，文曰「太祖應乾興運昭德定功睿神莊孝仁明大聖武元皇帝尊謚寶」，乃金人上其祖阿骨打謚寶也。其法物有銷金盤龍紅紵絲袍一；透碾雲龍玉帶一，內方八胯結頭一，褐尾一，並玉塗金結頭一，塗金小結攀一；連珠環玉束帶一，垂頭裹拓，上有金龍，帶上玉事件大小一十八；又玉靶鐵劍一，銷金玉事件二，皮茄袋一，玉事件三。

天綱稱：上項帶，國言謂之「兔鶻」，皆其故主完顏守緒常服之物也。碾玉巾環一，

樺皮龍飾角弓一，金龍環刀一，紅紵絲靠枕一，佩玉大環一，皆非臣庶服用之物。制旨冊一本，舊作聖旨，近侍局平日掌此，以承受內降指揮。壬辰四月，故主援東漢光武故事，令上書者不得言「聖」，故避「聖」字不敢當，因改作「制旨」。

外有臣下虎頭金牌三，銀牌八十四，塗金印三，及諸官署銅印三百一十二顆。法司以守緒函骨及俘囚故寶、法物等，庭引天綱并護尉都尉完顏好海及天綱妻完顏氏烏古論拷栳，小女瓊瓊一一審實，件列以聞。

有旨：「完顏守緒遺骸并故寶、法物等，藏大理寺獄庫。天綱、好海、完顏氏烏古論、瓊瓊拘諸殿前司，候朝旨」云。

印制。兩漢以後，人臣有金印、銀印、銅印。唐制，諸司皆用銅印，宋因之。諸王及中書門下印方二寸一分，樞密、宣徽、三司、尚書省諸司印方二寸。惟尚書省印不塗金，餘皆塗金。節度使印方一寸九分，塗金。餘印並方一寸八分，惟觀察使塗金。諸王、節度、觀察使、州、府、軍、監、縣印，皆有銅牌，長七寸五分，諸王廣一寸九分，餘廣一寸八分。諸王、節度、觀察使牌塗以金，刻文云「牌出印入，印出牌入」。其奉使出入，或本局無印者，皆給奉使印。景德初，別鑄兩京奉使印。又有朱記，以給京城及外處職司及諸軍將校等，其制長一寸七分，廣一寸六分。士庶及寺觀亦有私記。

乾德三年，太祖詔重鑄中書門下、樞密院、三司使印。先是，舊印五代所鑄，篆刻非工。及得蜀中鑄印官祝溫柔，自言其祖思言，唐禮部鑄印官，世習繆篆，卽漢書藝文志所謂「屈曲纏繞，以模印章」者也。思言隨僖宗入蜀，子孫遂爲蜀人。自是，臺、省、寺、監及開封府、興元尹印，悉令溫柔重改鑄焉。

太宗雍熙元年，詔新除漢南國王錢俶印，宜以「漢南國」爲文。四年，詔錢俶新授南陽國王印，宜以「南陽國王之印」爲文。眞宗咸平三年，賜山前後百蠻王諸軀印，以「大渡河南山前後都鬼王之印」爲文。景德四年，鑄交阯郡王印，賜安南旌節，付廣南轉運司就賜之。

大中祥符五年，詔諸寺觀及士庶之家所用私記，今後並方一寸，彫木爲文，不得私鑄。是歲七月，帝覽河西節度使、知許州石普奏狀，用許州觀察使印，以問宰臣王旦。對曰：「節度州有三印：節度印隨本使，使缺則納有司；觀察印，則州長吏用之；州印，晝則付錄事掌用，暮納于長吏。節度使在本鎮，兵仗則節度判官、掌書記、推官書狀，用節度印；田賦則觀察判官、支使、推官書狀，用觀察印；符刺屬縣，則本使判書，用州印。故命帥必曰某軍節度、

某州管內觀察等使、某州刺史。言軍，則專制其兵旅；言管內，則總察其風俗；言刺史，則涖其州事。石普獨書奏章，當用河西節度使印。」

仁宗景祐三年，少府監言：「得篆文官王文盛狀，『在京三司糧料院，頻有人僞造印記，印成旁曆(七)，盜請官物。欲乞鑄造圓印三面，每面闊二寸五分，於外一匝先篆年號及糧料院名，計十二字；次一匝篆寅印十二辰，亦十二字，中心篆正字，上連印鈕，鑄成轉關，以機穴定之。用時逐月分對，年終轉遶十二月，自寅至丑，終始使用。所有轉關正字，次月轉定之時，令本院官封押，選差人行使其印。遇改年號，卽令別鑄。』」詔三司定奪以聞，三司請如文盛奏。後又命知制誥邵必、殿中丞蘇唐卿詳定天下印文，必、唐卿皆通篆籀，然亦無所釐改焉。

神宗熙寧五年，詔內外官及谿洞官合賜牌印，並令少府監鑄造，送禮部給付。元豐三年，廣西經略司言，知南丹州莫世忍貢銀、香、獅子、馬。遂賜以印，以「西南諸道武盛軍德政官家明天國主印」爲文，并以南丹州刺史印賜之，仍詔經略司毀其舊印。六年，舊制貢院專掌貢舉，其印曰「禮部貢舉之印」(八)，以廢貢院，事歸禮部，別鑄「禮部貢舉之印」。是歲十二月，詔自今臣僚所授印，亡歿並賜隨葬，不卽隨葬因而行用者，論如律。

中興仍舊制，惟三省、樞密院用銀印，六部以下用銅印，諸路監司、州縣亦如之。寺監

惟長貳給焉，屬則從其長。若倉庫關涉財用，司存，或給之。監司、州縣長官曰印，僚屬曰記。又下無記者，止令本道給以木朱記，文大方寸。或銜命出境者，以奉使印給之，復命則納于有司。後以朝命出州縣者，亦如之。新進士置團司，亦假奉使印，結局還之。此常制也。

南渡之後，有司印記多亡失，彼遺此得，各自收用。尙方重鑄給之，加「行在」二字，或冠年號以別新舊，然欺僞猶未能革。乾道二年，禮部請郡縣假借印記者，悉毀而更鑄。四年，兵部侍郎陳彌作言：「六部印藏於官，以牌出入，而胥吏用於戶外，或借用於他廳。近有僞爲文符、盜印以支錢糧者，有僞作奏鈔、盜拆御寶而改秩者，皆慢藏有以誨之。」詔三省申嚴戒敕。紹熙元年，禮部侍郎李巘言：「文書有印，以示信防姦，給毀悉經省部，具有條制。然州縣沿循，或以縣佐而用東南將印，以掾曹而用司寇舊章，名既不正，弊亦難防。請令有司製州縣官合用印記，舊印非所當用者，毀之。」

紹興十四年，臣僚又言：「印信事重，凡有官司印記，年深篆文不明，合改鑄者，非進呈取旨，不得改鑄焉。」時更鑄者，成都府錢引，每界以銅朱記給之。行在都茶場會子庫，每界給印二十五：國用印三鈕，各以「三省戶房國用司會子印」爲文；檢察印五鈕，各以「提領會子庫檢察印」爲文；庫印五鈕，各以「會子庫印造會子印」爲文；合同印十二鈕，內一貫文

二鈕，各以「會子庫一貫文合同印」爲文；五百文、二百文準此。

蕃國效順者，給以銅印。安南國王[九]李天祚乞印，以「安南國王之印」六字爲文，方二寸，給牌，皆以銅鑄，金塗。西蕃隴右郡王趙懷恩乞印，以「隴右郡王之印」爲文給之。宜州界外諸蠻乞印，以「宜州管下羈縻某州之印」爲文，凡六十顆給之。其後文武百司節次所鑄，不備載。

朱記，同舊制。紹興二年，始鑄親賢宅、益王府銅朱記。二十七年，改鑄建康戶部大軍庫記。三十年，鑄馬軍司統制、統領官朱記。三十二年，鑄鄧、恭、慶王直講、贊讀朱記。隆興元年，鑄都督府僉廳記，又鑄寄樁庫記。二年，鑄戶部大軍庫勘合庫子記二鈕，湖廣總領所覆印會子記二鈕。乾道二年，鑄成都錢引務朱記。淳熙十六年，鑄建康榷貨務中門大門之記。凡內外官有請於朝，則鑄給焉。用木者，易之以銅。

符券。唐有銀牌，發驛遣使，則門下省給之。其制，闊一寸半，長五寸，面刻隸字曰「敕走馬銀牌」，凡五字。首爲竅，貫以韋帶。其後罷之。宋初，令樞密院給券，謂之「頭子」。太宗太平興國三年，李飛雄詐乘驛謀亂，伏誅。詔罷樞密院券，乘驛者復制銀牌，闊二寸半，長六寸。易以八分書，上鈒二飛鳳，下鈒二麒麟，兩邊年月，貫以紅絲絛。端拱中，以使臣護邊兵多遺失，又罷銀牌，復給樞密院券。

仁宗康定元年五月，翰林學士承旨丁度、翰林學士王堯臣、知制誥葉淸臣等請製軍中傳信牌及兵符事，詔令兩制與端明殿學士李淑詳定奏聞：

軍中符信，切要杜絕姦詐[一〇]，深合機宜。今請下有司造銅兵符，給諸路總管主將，每發兵三百人或全指揮以上卽用。又別造傳信朱漆木牌，給應軍中往來之處，每傳達號令、關報會合及發兵三百人以下卽用。又檢到符彥卿軍律有字驗，亦乞令於移牒、傳信牌上，兩處參驗使用。

一、銅兵符：漢制，銅鑄，上刻虎形。今聞皇城司見有木魚契，乞令有司[一一]用木契形狀，精巧鑄造。陝西五路，每路依漢制各給一至二十，計二十面，更換給用，仍以公牒爲照驗。

二、傳信木牌：先朝舊制，合用堅木朱漆爲之，長六寸，闊三寸，腹背刻字而中分之，字云某路傳信牌。却置池槽，牙縫相合。又鑿二竅，置筆墨，上帖紙，書所傳達事。用印印號上，以皮繫往來軍吏之項。臨陣傳言，應有取索，並以此牌爲言[一二]，寫其上。如已曉會施行訖，復書牌上遣迴。今乞下有司造牌，每路各給一面爲樣，餘令本司依此

製造，分給諸處，更換使用。城砦分屯軍馬，事須往來關會之處，亦如數給與。

三、字驗：凡軍行計會，不免文牒，或主司遺失懼罪，單使被擒，軍中所謀，自然泄露。故每分屯軍馬之時，與主將密定字號，各掌一通，不令左右人知其義理。但於尋常公狀文移內，以此字私爲契約，有所施行，依此參驗。不得字有重疊，及用兇惡嫌疑之語。每用文牒之上，別行寫此字驗，訖，印其上發往。如所請報，到，許，卽依號卻寫印造回；如不許，卽空之。此惟主將自知，他人皆不得測。符彥卿元用四十條，以四十字爲號，今檢得只有三十七條，內亦有不急之事，今減作二十八字。所貴軍中戎旅之人，事簡易記。

詔並從之。嘉祐四年，三司使張方平編驛券則例，凡七十四條，賜名嘉祐驛令。

神宗熙寧五年，詔西作坊鑄造諸門銅符三十四副，令三司給左契付諸門，右契付大內鑰匙庫。今後諸門輪差人員，依時轉銅契入，赴庫勘同。其鐵牌只請人自執，在外仗止宿。本庫依漏刻發鑰匙，付外仗驗請人鐵牌給付，候開門訖，卻執鐵牌納鑰匙，請出銅契。至晚卻依上請納。其開門朝牌六面，亦隨銅契依舊發放。時神宗以京城門禁不嚴，素無符契，命樞密院約舊制，更造銅契，中刻魚形，以門名識之，分左右給納，以戒不虞，而啓閉之法密於舊矣。元豐元年，詳定禮文所言：「舊南郊式，車駕出入宣德門、太廟靈星門、朱雀門、

南薰門，皆勘箭。熙寧中，因參知政事王珪議，已罷勘箭，而勘契之式尙存。春秋之義，不敢以所不信加之尊者；且雷動天行，無容疑貳，必使誰何而後過門，不應典禮。考詳事始，不見於開寶禮。咸平中，初載於儀注，蓋當時禮官之失。請自今車駕出入，罷勘契。」從之。

高宗建炎三年，改鑄虎符，樞密院主之。其制以銅爲之，長六寸，闊三寸，刻篆而中分之，以左契給諸路，右契藏之。

門符制，以縑裹紙版，謂之「號」，皇城司掌之。敕入禁衞號，黃綾八角，三千道；入殿門黃絹以方，一千道；入宮門黃絹以圓，八千道；入皇城門黃絹以長，三千道。紹興二年正月所定也。後更宮門號以緋紅絹方，皇城門以緋紅絹圓，遂久用之。後復盡以黃，或方或圓，各隨其制。

又有檄牌，其制有金字牌、靑字牌、紅字牌。金字牌者，日行四百里，郵置之最速遞也；凡赦書及軍機要切則用之，由內侍省發遣焉。乾道末，樞密院置雌黃靑字牌，日行三百五十里，軍期急速則用之。淳熙末，趙汝愚在樞筦，乃作黑漆紅字牌，奏委諸路提舉官催督，歲校遲速最甚者，以議賞罰。其後尙書省亦踵行之，仍命逐州通判具出入界日時狀申省。久之，稽緩復如故。紹熙末，遂置擺鋪焉。

宮室。汴宋之制，侈而不可以訓。中興，服御惟務簡省，宮殿尤朴。皇帝之居曰殿，總曰大內，又曰南內，本杭州治也。紹興初，創爲之。休兵後，始作崇政、垂拱二殿。久之，又作天章等六閣。寢殿曰福寧殿。淳熙初，孝宗始作射殿，謂之選德殿。八年秋，又改後殿擁舍爲別殿，取舊名，謂之延和殿，便坐視事則御之。他如紫宸、文德、集英、大慶、講武，惟隨時所御，則易其名。紫宸殿，遇朔受朝則御焉；文德殿，降赦則御焉；集英殿，臨軒策士則御焉；大慶殿，行册禮則御焉；講武殿，閱武則御焉。其實垂拱、崇政二殿，權更其號而已。二殿雖曰大殿，其脩廣僅如大郡之設廳。淳熙再修，止循其舊。每殿爲屋五間，十二架，脩六丈，廣八丈四尺。殿南簷屋三間，脩一丈五尺，廣亦如之。兩朵殿各二間，東西廊各二十間，南廊九間。其中爲殿門，三間六架，脩三丈，廣四丈六尺。殿後擁舍七間，卽爲延和，其制尤卑，陛階一級，小如常人所居而已。

奉太上則有德壽宮、重華宮、壽康宮，奉聖母則有慈寧宮、慈福宮、壽慈宮。德壽宮在大內北望僊橋，故又謂之北內，紹興三十二年所造，宮成，詔以德壽宮爲名，高宗爲上皇御之。重華宮卽德壽宮也，孝宗遜位御之。壽康宮卽寧福殿也。初，丞相趙汝愚議以秘書省

爲泰寧宮，已而不果行，以慈懿皇后外第爲之。上皇不欲遷，因以舊寧福殿爲壽康宮，光宗遜位御之。

大內苑中，亭殿亦無增，其名稱可見者，僅有復古殿、損齋、觀堂、芙蓉閣、翠寒堂、清華閣、欏木堂、隱岫、澄碧、倚桂、隱秀、碧琳堂之類，此南內也。北內苑中，則有大池，引西湖水注之，其上疊石爲山，象飛來峯。有樓曰聚遠，禁籞周回，四分之。東則香遠、清深、月臺、梅坡、松菊三徑、清妍、清新、芙蓉岡，南則載忻、欣欣、射廳、臨賦、燦錦、至樂、半丈紅〔三〕、清曠、瀉碧，西則冷泉、文杏館、靜樂、浣溪，北則絳華、旱船、俯翠、春桃、盤松。

皇太子宮曰東宮。其未出閤，但聽讀于資善堂，堂在宮門內。已受册，則居東宮，宮在麗正門內。紹興三十二年始置，孝宗居之；莊文太子立，復居之。光宗爲太子，孝宗謂輔臣曰：「今後東宮不須創建，朕宮中宮殿，多所不御，可移修之。」自是皆不別建。

淳熙二年，始創射堂一，爲游藝之所，圃中有榮觀玉淵清賞等堂、鳳山樓，皆宴息之地也。

幕殿，卽周官大、小次也。東都時，郊壇大次謂之青城，祀前一日宿齋詣焉。其制，中有二殿，外有六門：前曰泰禋，後曰拱極，東曰祥曦，西曰景曜，東偏曰承和，西偏曰迎禧。

大殿曰端誠，便殿曰熙成。中興後，以事天尙質，屢詔郊壇不得建齋宮，惟設幕屋而已。其制，架木而以葦爲障，上下四旁周以幄帟，以象宮室，謂之幕殿。及行事，又於壇所設小次。大、小次之外，又有望祭殿，遇雨則行事於中。東都時爲瓦屋五間，周圍重廊。中興後，惟設葦屋，蓋倣淸廟茅屋之制也。

臣庶室屋制度。宰相以下治事之所曰省、曰臺、曰部、曰寺、曰監、曰院，在外監司、州郡曰衙。在外稱衙而在內之公卿、大夫、士不稱者，按唐制，天子所居曰衙，故臣下不得稱。後在外藩鎭亦僭曰衙，遂爲臣下通稱。今帝居雖不曰衙，而在內省部、寺監之名，則仍唐舊也。然亦在內者爲尊者避，在外者遠君無嫌歟？私居，執政、親王曰府，餘官曰宅，庶民曰家。

諸道府公門得施戟，若私門則爵位穹顯經恩賜者，許之。在內官不設，亦避君也。

凡公宇，棟施瓦獸，門設梐枑。諸州正牙門及城門，並施鴟尾，不得施拒鵲。六品以上宅舍，許作烏頭門。父祖舍宅有者，子孫許仍之。凡民庶家，不得施重栱、藻井及五色文采爲飾，仍不得四鋪飛簷。庶人舍屋，許五架，門一間兩廈而已。

校勘記

〔一〕裹以紅緜 「緜」，宋會要輿服六之八、玉海卷八四都作「錦」。下文「皇太子寶」條「裹以紅綿」句同。

〔二〕碧石 宋會要輿服六之八、通考卷一一五王禮考都作「碧鈿石」。

〔三〕螭又不鬪 「螭」原作「幅」，據長編紀事本末卷一二八、通考卷一一五王禮考改。

〔四〕獲全玉於異域 「全」原作「金」，據長編紀事本末卷一二八、通考卷一一五王禮考改。

〔五〕護國神寶 按上文北宋八寶中作「鎮國寶」，玉海卷八四、通考卷一一五王禮考都作「鎮國神寶」。

〔六〕玉寶 原作「五寶」，據長編卷三九三、玉海卷八四改。

〔七〕印成旁曆 長編卷一一九、通考卷一一五王禮考作「以摹券曆」。

〔八〕禮部貢舉之印 長編卷三三六作「禮部貢舉院之印」，當是。

〔九〕安南國王 原作「南安國王」，據本書卷四八八交阯傳和宋會要蕃夷四之四九、五一改。下文「安南國王」同。

〔一〇〕切要杜絕姦詐 「切要」原作「竊要」，據文義和玉海卷八五改。

〔一一〕有司 原作「省司」，據文義和玉海卷八五改。

〔一二〕並以此牌爲信 玉海卷八五作「並以牌爲信」。

〔一三〕牟文紅 吳自牧夢粱錄卷八、周密武林舊事卷四都作「牟縡紅」。

宋史卷一百五十五

志第一百八

選舉一 科目上

自敷奏以言，明試以功，三載考績，三考黜陟幽明，始于舜典。司徒以鄉三物興賢能，太宰以三歲計吏治，詳於周官。兩漢而下，選舉之制不同，歸于得賢而已。考其大要，不過入仕則有貢舉之科，服官則有銓選之格，任事則有考課之法。然歷代之議貢舉者每曰：「取士以文藝，不若以德行。就文藝而參酌之，賦論之浮華，不若經義之實學。」議銓選者每曰：「以年勞取人，可以絕超躐，而不無賢愚同滯之歎；以薦舉取人，可以拔俊傑，而不無巧佞捷進之弊。」議考課者每曰：「拘吏文，則上下督察，浸成澆風；通譽望，則權貴請託，徒開利路。」於是議論紛紜，莫之一也。

宋初承唐制，貢舉雖廣，而莫重于進士、制科，其次則三學選補。銓法雖多，而莫重于

舉削改官、磨勘轉秩。考課雖密，而莫重于官給曆紙，驗考批書。其他教官、武舉、童子等試，以及遺逸奏薦、貴戚公卿任子親屬與遠州流外諸選，委曲瑣細，咸有品式。其間變更不常，沿革迭見，而三百餘年元臣碩輔，鴻博之儒，清彊之吏，皆自此出，得人爲最盛焉。今輯舊史所錄，臚爲六門：一曰科目，二曰學校試，三曰銓法，四曰補廕，五曰保任，六曰考課。煩簡適中，櫽括歸類，作選舉志。

宋之科目，有進士，有諸科，有武舉。常選之外，又有制科，有童子舉，而進士得人爲盛。神宗始罷諸科，而分經義、詩賦以取士，其後遵行，未之有改。自仁宗命郡縣建學，而熙寧以來，其法浸備，學校之設遍天下，而海內文治彬彬矣。今以科目、學校之制，各著于篇。

初，禮部貢舉，設進士、九經、五經、開元禮、三史、三禮、三傳、學究、明經、明法等科，皆秋取解，冬集禮部，春考試。合格及第者，列名放榜于尚書省。凡進士，試詩、賦、論各一首，策五道，帖論語十帖，對春秋或禮記墨義十條。凡九經，帖書一百二十帖，對墨義六十條。凡五經，帖書八十帖，對墨義五十條。凡三禮，對墨義九十條。凡三傳，一百一十條。

中華書局

凡開元禮，凡三史，各對三百條。凡學究，毛詩對墨義五十條，論語十條，爾雅、孝經共十條，周易、尚書各二十五條。凡明法，對律令四十條，兼經並同毛詩之制。各間經引試，通六爲合格，仍抽卷問律，本科則否。諸州判官試進士，錄事參軍試諸科，不通經義，則別選官考校，而判官監之。試紙，長官印署面給之。試中格者，第其甲乙，具所試經義，朱書通、否，監官、試官署名其下。進士文卷，諸科義卷、帖由，並隨解牒上之禮部。有篤廢疾者不得貢。貢不應法及校試不以實者，監官、試官停任。受賂，則論以枉法，長官奏裁。

凡命士應舉，謂之鎖廳試。所屬先以名聞，得旨而後解。既集，什伍相保，不許有大逆人緦麻以上親，及諸不孝、不悌、隱匿工商異類、僧道歸俗之徒。家狀并試卷之首，署年及舉數、場第、鄉貫，不得增損移易，以仲冬收納，月終而畢。將臨試期，知舉官先引問聯保，與狀僉同而定焉。凡就試，唯詞賦者許持切韻、玉篇，其挾書爲姦，及口相受授者，發覺即黜之。凡諸州長吏舉送，必先稽其版籍，察其行爲；鄉里所推，每十人相保，內有缺行，則連坐不得舉。故事，知舉官將赴貢院，臺閣近臣得薦所知之負藝者，號曰「公薦」。太祖慮其因緣挾私，禁之。

自唐以來，所謂明經，不過帖書、墨義，觀其記誦而已，故賤其科，而「不通」者其罰特重。乾德元年，詔曰：「舊制，九經一舉不第而止，非所以啓迪仕進之路也。」自今依諸科許

再試。」是年〔一〕，諸州所薦士數益多，乃約周顯德之制，定諸州貢舉條法及殿罰之式：進士「文理紕繆」者殿五舉，諸科初場十「不」殿五舉，第二、第三場十「不」殿三舉，第一至第三場九「不」並殿一舉。殿舉之數，朱書于試卷，送中書門下。三年〔二〕，陶穀子邴擢上第，帝曰：「穀不能訓子，安得登第？」乃詔：「食祿之家，有登第者，禮部具姓名以聞，令覆試之。」自是，別命儒臣于中書覆試，合格乃賜第。時川蜀、荊湖內附，試數道所貢士，縣次往還續食。開寶三年，詔禮部閱貢士及十五舉嘗終場者，得一百六人，賜本科出身。特奏名恩例，蓋自此始。

五年，禮部奏合格進士、諸科凡二十八人，上親召對講武殿，而未及引試也。明年，翰林學士李昉知貢舉，取宋準以下十一人，而進士武濟川、三傳劉濬材質最陋，對問失次，上黜之。濟川，昉鄉人也。會有訴昉用情取舍，帝乃籍終場下第人姓名，得三百六十人，皆召見，擇其一百九十五人，并準以下，乃御殿給紙筆，別試詩賦。命殿中侍御史李瑩等爲考官，得進士二十六人，五經四人，開元禮七人，三禮三十八人，三傳二十六人，三史三人，學究十八人，明法五人，皆賜及第，又賜錢二十萬以張宴會。昉等尋皆坐責。殿試遂爲常制。帝嘗語近臣曰：「昔者，科名多爲勢家所取，朕親臨試，盡革其弊矣。」八年，親試進士王式等，乃定王嗣宗第一，王式第四。自是御試與省試名次，始有升降之別。時江南未平，進士林松、雷說試不中格，以其間道來歸，亦賜三傳出身。

太宗即位，思振淹滯，謂侍臣曰：「朕欲博求俊彥於科場中，非敢望拔十得五，止得一二，亦可爲致治之具矣。」太平興國二年，御殿覆試，內出賦題，賦韻平側相間，依次而用。命李昉、扈蒙第其優劣爲三等，得呂蒙正以下一百九人。越二日，覆試諸科，得二百人，並賜及第。又閱貢籍，得十舉以上至十五舉進士、諸科一百八十餘人，並賜出身；九經七人不中格，亦憐其老，特賜同三傳出身。凡五百餘人，皆賜袍笏，錫宴開寶寺，帝自爲詩二章賜之〔三〕。甲、乙第進士及九經，皆授將作監丞、大理評事，通判諸州，其餘亦優等授官。三年九月，廷試舉人。故事，惟春放榜，至是秋試，非常例也。是冬，諸州舉人並集，會將親征北漢，罷之。自是，間一年或二年乃貢舉。

五年，覆試進士。有顏明遠、劉昌言、張觀、樂史四人，以見任官舉進士，特授近藩掌書記。有趙昌國者，求應百篇舉，謂一日作詩百篇。帝出雜題二十，令各賦五篇，篇八句，日旰，僅成數十首，率無可觀。帝以是科久廢，特賜及第，以勸來者。

八年，進士、諸科始試律義十道，進士免帖經。明年，惟諸科試律，進士復帖經。進士始分三甲。自是錫宴就瓊林苑。上因謂近臣曰：「朕親選多士，殆忘飢渴，召見臨問，觀其

才技而用之，庶使田野無遺逸，而朝廷多君子爾。」雍熙二年，廷試初唱名及第，第一等爲節度推官。是年及端拱初，禮部試已，帝慮有遺才，取不中格者再試之，於是由再試得官者數百人。凡廷試，帝親閱卷累日，宰相屢請宜歸有司，始詔歲命官知舉。

舊制，既鎖院，給左藏錢十萬資費用。端拱元年，詔改支尚書祠部，仍倍其數，罷御廚、儀鸞司供帳。知貢舉宋白等定貢院故事：先期三日，進士具都榜引試，借御史臺驅使官一人監門，都堂簾外置案，設銀香爐，唱名給印試紙。及試中格，錄進士之文奏御，諸科惟籍名而上；俟制下，先書姓名散報之，翌日，放榜唱名。既謝恩，詣國學謁先聖先師，進士過堂閤下告名。聞喜宴分爲兩日，宴進士，請丞郎、大兩省；宴諸科，請省郎、小兩省。綴行期集，列敍名氏、鄉貫、三代之類書之，謂之小錄。醵錢爲游宴之資，謂之酺。皆團司主之。制下，而中書省同貢院關黃覆奏之，俟正敕下，關報南曹、都省、御史臺，然後貢院寫春關散給。籍而入選謂之春關。登科之人，例納朱膠綾紙之直，赴吏部南曹試判三道，謂之關試。

淳化三年，諸道貢士凡萬七千餘人。先是，有擊登聞鼓訴校試不公者。蘇易簡知貢舉，受詔即赴貢院，仍糊名考校，遂爲例。既廷試，帝諭多士曰：「爾等各負志業，效官之外，更勵精文采，無墜前功也。」詔刻禮記儒行篇賜之。每科進士第一人，天子寵之以詩，後嘗作箴賜陳堯叟，至是，并賜焉。先是，嘗併學究尚書、周易爲一科，始更定本經日試義十道，

中華書局

尚書、周易各義五道，仍雜問疏義六道，經註四道。明法舊試六場，更定試七場：第一、第二場試律，第三場試令，第四、第五場試小經，第六場試令，第七場試律，仍於試律日雜問疏義六、經註四。凡三禮、三傳、通禮每十道義分經註六道、疏義四道，以六通爲合格。

自淳化末，停貢舉五年；眞宗卽位，復試，而高句麗始貢一人。先是，國子監、開封府所貢士，與舉送官爲姻戚，則兩司更互考試，始命遣官別試。

咸平三年，親試陳堯咨等八百四十人，特奏名者九百餘人，有晉天福中嘗預貢者。凡士貢于鄉而屢絀于禮部，或廷試所不錄者，積前後舉數，參其年而差等之，遇親策士則別籍其名以奏，徑許附試，故曰特奏名。又賜河北進士、諸科三百五十人及第、同出身。既下第，顧試武藝及量才錄用者，又五百餘人，悉賜裝錢慰遣之，命禮部敍爲一舉。較藝之詳，推恩之廣，近代所未有也。

舊制，及第卽命以官。上初復廷試，賜出身者亦免選，於是策名之士尤衆，雖藝不及格，悉賜同出身。迺詔有司，凡賜同出身者並令守選，循用常調，以示甄別。又定令：凡試卷，封印院糊名送知舉官考定高下，復令封之送覆考所，考畢然後參校得失，不合格者，須至覆場方落。諭館閣、臺省官，有請屬舉人者密以聞，隱匿不告者論罪。仍詔諸王、公主、

近臣，毋得以下第親族賓客求賜科名。

景德四年，命有司詳定考校進士程式，送禮部貢院，頒之諸州。士不還鄉里而竊戶他州以應選者，嚴其法。每秋賦，自縣令佐察行義保任之，上于州；州長貳復審察得實，然後上本道使者類試。已保任而有缺行，則州縣皆坐罪；若省試而文理紕繆，坐元考官。諸州解試額多而中者少，則不必足額。

尋又定親試進士條制。凡策士，卽殿兩廡張帟，列几席，標姓名其上。先一日表其次序，揭示闕外，翌旦拜闕下，乃入就席。試卷，內臣收之，付編排官，去其卷首鄉貫狀，別以字號第之；付封彌官謄寫校勘，用御書院印，付考官定等畢，復封彌送覆考官再定等。編排官閱其同異，未同者再考之；如復不同，卽以相附近者爲定。始取鄉貫狀字號合之，卽第其姓名、差次，幷試卷以聞。其考第之制凡五等：學識優長、詞理精絕爲第一；才思該通、文理周率〔四〕爲第二；文理俱通爲第三；文理中平爲第四；文理疏淺爲第五。然後臨軒唱第，上二等曰及第，三等曰出身，四等、五等曰同出身。餘如貢院舊制。

五年〔五〕，詔士曾預南省試者，犯公罪聽贖罰。令禮部取前後詔令經久可行者，編爲條制。諸科三場內有十「不」、進士詞理紕繆者各一人以上，監試、考試官從違制失論，幕職、州縣官得代日殿一選，京朝官降監場務，嘗監當則與遠地；有三人，則監試、考試官亦從違制

失論，幕職、州縣官衝替，京朝官遠地監當；有五人，則監試以下皆停見任，舉送守倅，諸科五十人以上有一人十「不」，卽罰銅與免殿選監當，進士詞理紕繆亦如之。後又詔：「試鏁廳者，州長吏先校試合格，始聽取解；至禮部不及格，停其官，而考試及舉送者，皆重寘罪。」八年，始置謄錄院，令封印官封試卷付之，集書吏錄本，監以內侍二人。詔：「進士第一人，令金吾司給七人導從，聽引兩節。著爲令。」

天聖初，宋興六十有二載，天下乂安。時取才唯進士、諸科爲最廣，名卿鉅公，皆繇此選，而仁宗亦嚮用之，登上第者不數年，輒赫然顯貴矣。其貢禮部而數詘者，得特奏名，或因循不學，乃詔曰：「學猶殖也，不學將落，遜志務時敏，厥修乃來。朕慮天下之士或有遺也，既已臨軒較得失，而憂其屢不中科，則衰邁而無所成，退不能返其里閭，而進不得預于祿仕。故常數之外，特爲之甄采。而狃于寬恩，遂隳素業，苟簡成風，甚可恥也。自今宜篤進厥學，無習僥倖焉。」時晏殊言：「唐明經並試策問，參其所習，以取材識短長。今諸科專記誦，非取士之意，請終場試策一篇。」詔近臣議之，咸謂諸科非所習，議遂寢。舊制，鏁廳試落輒停官，至是始詔免罪。

景祐初，詔曰：「鄉學之士益蕃，而取人路狹，使孤寒棲遲，或老而不得進，朕甚憫之。

其令南省就試進士、諸科，十取其二。凡年五十，進士五舉、諸科六舉；嘗經殿試，進士三舉、諸科五舉；及嘗預先朝御試，雖試文不合格，毋輒黜，皆以名聞。」自此率以爲常。士有親戚仕本州，或爲發解官，及侍親遠宦，距本州二千里，令轉運司類試，以十率之，取三人。於是諸路始有別頭試。其年，詔開封府、國子監及別頭試，封彌、謄錄如禮部。

初，貢士踵唐制，猶用公卷，然多假他人文字，或傭人書之。景德中，嘗限舉人於試紙前親書家狀，如公卷及後所試書體不同，並駁放；其假手文字，辨之得實，卽斥去，永不得赴舉。賈昌朝言：「自唐以來，禮部采名譽，觀素學，故預投公卷；今有封彌、謄錄法，一切考諸試篇，則公卷可罷。」自是不復有公卷。

寶元中，李淑侍經筵，上訪以進士詩、賦、策、論先後，俾以故事對。淑對曰：「唐調露二年，劉思立爲考功員外郎，以進士試策滅裂，請帖經以觀其學，試雜文以觀其才。自此沿以爲常。至永隆二年，進士試雜文二篇，通文律者，始試策。天寶十一年，進士試一經，能通者試文賦，又通而後試策，五條皆通，中第。建中二年，趙贊請試以時務策五篇，箴、論、表贊各一篇，以代詩、賦。大和三年，試帖經，略問大義，取精通者，次試論、議各一篇。八年，禮部試以帖經、口義，次試策五篇，問經義者三，問時務者二。厥後變易，遂以詩賦爲第一場，論第二場，策第三場，帖經第四場。今陛下欲求理道而不以雕琢爲貴，得取士之實矣。

然考官以所試分考，不能通加評校，而每場輒退落，士之中否，殆繫于幸不幸。願約舊制，先策，次論，次賦及詩，次帖經、墨義，而敕有司併試四場，通較工拙，毋以一場得失爲去留。」詔有司議，稍施行焉。

既而知制誥富弼言曰：「國家沿隋、唐設進士科，自咸平、景德以來，爲法尤密，而得人之道，或有未至。且歷代取士，悉委有司，未聞天子親試也。至唐武后始有殿試，何足取哉？使禮部次高下以奏，而引諸殿廷，唱名賜第，則與殿試無以異矣。」遂詔罷殿試。而議者多言其輕上恩，隳故事，復如舊。

時范仲淹參知政事，意欲復古勸學，數言興學校，本行實。詔近臣議，於是宋祁等奏：「教不本于學校，士不察于鄉里，則不能覈名實。有司束以聲病，學者專於記誦，則不足盡人材。參考衆說，擇其便于今者，莫若使士皆土著，而教之于學校，然後州縣察其履行，則學者修飭矣。」乃詔州縣立學，士須在學三百日，乃聽預秋賦，舊嘗充賦者百日而止。試于州者，令相保任，有匿服、犯刑、虧行、冒名等禁。三場：先策，次論，次詩賦，通考爲去取，而罷帖經、墨義，士通經術願對大義者，試十道。仲淹既去，而執政意皆異。是冬，詔罷入學日限。言初令不便者甚衆，以爲詩賦聲病易考，而策論汗漫難知；祖宗以來，莫之有改，且得人嘗多矣。天子下其議，有司請如舊法。乃詔曰：「科舉舊條，皆先朝所定也，宜一切如

故，前所更定令悉罷。」

會張方平知貢舉，言：「文章之變與政通。今設科選才，專取辭藝，士惟道義積于中，英華發于外，然則以文取士，所以叩諸外而質其中之蘊也。言而不度，則何觀焉。邇來文格日失其舊，各出新意，相勝爲奇。朝廷惡其然，屢下詔書戒飭，而學者樂于放逸，罕能自還。今賦或八百字，論或千餘字，策或置所問而妄肆胸臆，漫陳他事，驅扇浮薄，重虧雅俗，豈取賢斂才備治具之意邪？其增習新體，澶漫不合程式，悉已考落，請申前詔，揭而示之。」

初，禮部奏名，以四百名爲限，又諸科雜問大義，僥倖之人，悉以爲不便。知制誥王珪奏曰：「唐自貞觀訖開元，文章最盛，較藝者歲千餘人，而所收無幾。咸亨、上元增其數，亦不及百人。國初取士，大抵唐制，逮興國中，貢舉之路寖廣，無有定數。比年官吏猥衆，故近詔限四百人，以懲其弊。且進士、明經先經義而後試策，三試皆通爲中第，大略與進士等〔六〕，而諸科既不問經義，又無策試，止以誦數精粗爲中否，則其專固不達于理，安足以長民治事哉？前詔諸科終場問本經大義十道，九經、五經科止問義而不責記誦，皆以著于令。言者以爲難於遽更，而圖安于弊也。惟陛下申敕有司，固守是法，毋輕易焉。」

嘉祐二年，親試舉人，凡與殿試者始免黜落。時進士益相習爲奇僻，鉤章棘句，寖失渾淳。歐陽脩知貢舉，尤以爲患，痛裁抑之，仍嚴禁挾書者。既而試榜出，時所推譽，皆不在

選。澆薄之士，候脩晨朝，羣聚詆斥之，街司邏卒不能止，至爲祭文投其家，卒不能求其主名置于法，然自是文體亦少變。待試京師者恆六七千人，一不幸有故不應詔，往往沉淪十數年，以此毀行干進者，不可勝數。

王洙侍邇英閣講周禮，至「三年大比，大考州里，以贊鄉大夫廢興。」上曰：「古者選士如此，今率四五歲一下詔，故士有抑而不得進者，孰若裁其數而屢舉也。」下有司議，咸請：「易以間歲之法，則無滯才之歎。薦舉數既減半，主司易以詳較，得士必精。且人少則有司易於檢察，僞濫自不能容，使寒苦藝學之人得進。」於是下詔：「間歲貢舉，進士、諸科悉解舊額之半。增設明經，試法：凡明兩經或三經、五經，各問大義十條，兩經通八，三經通六，五經通五爲合格，兼以論語、孝經，策時務三條，出身與進士等。而罷說書舉。」

時以科舉既數，而高第之人驟顯，欲稍裁抑。遂詔曰：「朕惟國之取士，與士之待舉，不可曠而冗也。故立間歲之期，以勵其勤；約貢舉之數，以精其選。著爲定式，申敕有司，而高第之人，嘗不次而用。若循舊比，終至濫官，甚無謂也。自今制科入第三等，與進士第一，除大理評事、簽書兩使幕職官；代還，升通判；再任滿，試館職。制科入第四等，與進士第二、第三，除兩使幕職官；代還，改次等京官。制科入第五等，與進士第四、第五，除試銜知縣；代還，遷兩使職官。鏁廳人視此。若夫高才異行，施於有政而功狀較然者，當以異恩

擢焉。」仁宗之朝十有三舉，進士四千五百七十人；其甲第之三人凡三十有九，其後不至于公卿者，五人而已。英宗即位，議者以間歲貢士法不便。迺詔禮部三歲一貢舉，天下解額，取未行間歲之前四之三爲率，明經、諸科毋過進士之數。

神宗篤意經學，深憫貢舉之弊，且以西北人材多不在選，遂議更法。王安石謂：「古之取士俱本于學，請興建學校以復古。其明經、諸科欲行廢罷，取明經人數增進士額。」迺詔曰：「化民成俗，必自庠序；進賢興能，抑繇貢舉。而四方執經藝者專于誦數，趨鄉舉者狃于文辭，與古所謂『三物賓興，九年大成』，亦已盭矣。今下郡國招徠儁賢，其教育之方，課試之格，令兩制、兩省、待制以上、御史、三司、三館雜議以聞。」議者多謂變法便。直史館蘇軾曰：

得人之道，在於知人，知人之法，在於責實。使君相有知人之明，朝廷有責實之政，則胥吏〔七〕、皁隸，未嘗無人，雖用今之法，臣以爲有餘；使無知人之明，無責實之政，則公卿、侍從，常患無人，況學校貢舉乎？雖復古之制，臣以爲不足矣。

時有可否，物有興廢，使三代聖人復生于今，其選舉亦必有道，何必由學乎？且慶曆間嘗立學矣，天下以爲太平可待，至于今惟空名僅存。今陛下必欲求德行道藝之

士，責九年大成之業，則將變今之禮，易今之俗。又當發民力以治宮室，斂民財以養游士，置學立師；以又時簡不帥教者，屛之遠方，徒爲紛紛，其與慶曆之際何異？至於貢舉，或曰鄉舉德行而略文章；或曰專取策論而罷詩賦；或欲舉唐故事，采譽望而罷封彌；或欲變經生帖、墨而考大義，此數者皆非也。

夫欲興德行，在於君人者修身以格物，審好惡以表俗，若欲設科立名以取之，則是教天下相率而爲僞也。上以孝取人，則勇者割股，怯者廬墓。上以廉取人，則弊車、羸馬、惡衣、菲食，凡可以中上意者無所不至。自文章言之，則策論爲有用，詩賦爲無益；自政事言之，則詩賦、論策均爲無用。然自祖宗以來莫之廢者，以爲設法取士，不過如此也。近世文章華麗，無如楊億。使億尚在，則忠清鯁亮之士也。通經學古，無如孫復、石介。使復、介尚在，則迂闊誕謾之士也。矧自唐至今，以詩賦爲名臣者，不可勝數，何負於天下，而必欲廢之。

帝讀軾疏曰：「吾固疑此，得軾議，釋然矣。」他日問王安石，對曰：「今人材乏少，且其學術不一，異論紛然，不能一道德故也。一道德則修學校，欲修學校，則貢舉法不可不變。若謂此科嘗多得人，自緣仕進別無他路，其間不容無賢；若謂科法已善，則未也。今以少壯時，正當講求天下正理，乃閉門學作詩賦，及其入官，世事皆所不習，此科法敗壞人材，致不如古。」

既而中書門下又言：「古之取士，皆本學校，道德一於上，習俗成於下，其人才皆足以有爲於世。今欲追復古制，則患於無漸。宜先除去聲病偶對之文，使學者得專意經術，以俟朝廷興建學校，然後講求三代所以教育選舉之法，施於天下，則庶幾可以復古矣。」於是改法，罷詩賦、帖經、墨義，士各占治易、詩、書、周禮、禮記一經，兼論語、孟子。每試四場，初大經，次兼經，大義凡十道，後改論語、孟子義各三道。次論一首，次策三道，禮部試卽增二道。中書撰大義式頒行。試義者須通經、有文采乃爲中格，不但如明經墨義粗解章句而已。取諸科解名十之三，增進士額，京東西、陝西、河北、河東五路之創試進士者，及府、監、他路之舍諸科而爲進士者，乃得所增之額以試。皆別爲一號攷取，蓋欲優其業，使不至外侵，則常慕向改業也。

又立新科明法，試律令、刑統大義、斷桉，所以待諸科之不能業進士者。未幾，選人、任子，亦試律令始出官。又詔進士自第三人以下試法。或言：「高科任簽判及職官，於習法豈所宜緩。昔試刑法者，世皆指爲俗吏，今朝廷推恩既厚，而應者尙少，若高科不試，則人不以爲榮。」乃詔悉試。帝嘗言：「近世士大夫，多不習法。」吳充曰：「漢陳寵以法律授徒，常數百人。律學在六學之一，後來搢紳，多恥此學。舊明法科徒誦其文，罕通其意，近補官必聚

而試之，有以見恤刑之意。」

熙寧三年，親試進士，始專以策，定著限以千字。舊特奏名人試論一道，至是亦制策焉。帝謂執政曰：「對策亦何足以實盡人材，然愈於以詩賦取人爾。」舊制，進士入謝，進謝恩銀百兩，至是罷之〔六〕。仍賜錢三千，爲期集費。諸州舉送、發解、考試、監試官，凡親戚若門客毋試於其州，類其名上之轉運司，與鎖廳者同試，率七人特立一額。後復令存諸科舊額十之一，以待不能改業者。

元祐初，知貢舉蘇軾、孔文仲言：「每一試，進士、諸科及特奏名約八九百人。舊制，禮部已奏名，至御試而黜者甚多。嘉祐始盡賜出身，近雜犯亦免黜落，皆非祖宗本意。進士升甲，本爲南省第一人，唱名近下，方特升之，皆出一時聖斷。今禮部十人以上，別試、國子、開封解試、武舉第一人，經明行修進士及該特奏而預正奏者，定著于令，遞升一甲。則是法在有司，恩不歸於人主，甚無謂也。今特奏者約已及四百五十人，又許例外遞減一舉，則當復增數百人。此曹垂老無他望，布在州縣，惟務黷貨以爲歸計。前後恩科命官，幾千人矣，何有一人能自奮厲，有聞于時？而殘民敗官者，不可勝數。以此知其無益有損。議者不過謂宜廣恩澤，不知吏部以有限之官待無窮之吏，戶部以有限之財祿無用之人，而所

至州縣，舉罹其害。乃卽位之初，有此過舉，謂之恩澤，非臣所識也。願斷自聖意，止用前命，仍詔考官量取一二十人，誠有學問，卽許出官。其餘皆補文學、長史之類，不理選限，免使積弊增重不已。」遂詔定特奏名攷取數，進士入四等以上、諸科入三等以上，通在試者計之，毋得取過全額之半，是後著爲令。

時方改更先朝之政，禮部請置春秋博士，專爲一經。尙書省請復詩賦，與經義兼行，解經通用先儒傳注及己說。又言：「新科明法中者，吏部卽注司法，敍名在及第進士之上。舊明法最爲下科，然必責之兼經，古者先德後刑之意也。欲加試論語大義，仍裁半額，注官依科目次序。」詔近臣集議。左僕射司馬光曰：「取士之道，當先德行，後文學；就文學言之，經術又當先於詞采。神宗專用經義、論策取士，此乃復先王令典，百王不易之法。但王安石不當以一家私學，令天下學官講解。至於律令，皆當官所須，使爲士者果能知道義，自與法律冥合；何必置明法一科，習爲刻薄，非所以長育人材、敦厚風俗也。」

四年，乃立經義、詩賦兩科，罷試律義。凡詩賦進士，於易、詩、書、周禮、禮記、春秋左傳內聽習一經。初試本經義二道，語、孟義各一道，次試賦及律詩各一首，次論一首，末試子、史、時務策二道。凡專經進士，須習兩經，以詩、禮記、周禮、左氏春秋爲大經，書、易、公羊、穀梁、儀禮爲中經，左氏春秋得兼公羊、穀梁、書，周禮得兼儀禮或易，禮記、詩並兼書，願習

中華書局

二大經者聽，不得偏占兩中經。初試本經義三道，論語義一道，次試本經義三道，孟子義一道，次論策，如詩賦科。並以四場通定高下，而取解額中分之，各占其半。專經者用經義定取舍，兼詩賦者以詩賦爲去留，其名次高下，則於策論參之。自復詩賦，士多鄉習，而專經者十無二三，諸路奏以分額各取非均，其後遂通定去留，經義毋過通額三分之一。

光又請：「立經明行修科，歲委升朝文臣各舉所知，以勉勵天下，使敦士行，以示不專取文學之意。若所舉人違犯名教及贓私罪，必坐舉主，毋有所赦，則自不敢妄舉。而士之居鄉、居家者，立身行己，不敢不謹，惟懼玷缺外聞。所謂不言之教，不肅而成，不待學官日訓月察，立賞告訐，而士行自美矣。」遂立科，許各舉一人。凡試進士者，及中第唱名日，用以升甲。後分路別立額六十一人，州縣保任上之監司，監司考察以聞，無其人則否。預薦者不試于州郡，惟試禮部。不中，許用特奏名格赴廷試，後以爲常。既而詔須特命舉乃舉，毋概以科場年上其名。

六年，詔復通禮科。初，開寶中，改鄉貢開元禮爲通禮，熙寧嘗罷，至是始復。凡禮部試，添知舉官爲四員，罷差參詳官，而置點檢官二十人，分屬四知舉，使協力通攷；諸州點檢官專校襍犯，亦預考試。

八年，中書請御試復用祖宗法，試詩賦、論、策三題。且言：「士子多已改習詩賦，太學

生員總二千一百餘人，而不兼詩賦者纔八十二人。」於是詔：「來年御試，習詩賦人復試三題，專經人且令試策。自後槪試三題。」帝既親政，羣臣多言元祐所更學校、科舉制度非是，帝念宣仁保佑之功，不許改。紹聖初，議者益多，乃詔進士罷詩賦，專習經義，廷對仍試策。初，神宗念字學廢缺，詔儒臣探討，而王安石乃進其說，學者習焉。元祐禁勿用。至是，除其禁。四年，詔禮部，凡內外試題悉集以爲籍，遇試，頒付考官，以防複出。罷春秋科，凡試，優取二禮，兩經許占全額之半，而以其半及他經。既而復立春秋博士，崇寧又罷之。

徽宗設辟雍於國郊，以待士之升貢者。臨幸，加恩博士弟子有差。然州郡猶以科舉取士，不專學校。崇寧三年，遂詔：「天下取士，悉由學校升貢，其州郡發解及試禮部法並罷。」自此，歲試上舍，悉差知舉，如禮部試。五年，詔：「大比歲更參用科舉取士一次，其亟以此意使遠士卽聞之。」時州縣悉行三舍法，得免試入學者，多當官子弟，而在學積歲月，累試乃得應格，其貧且老者甚病之，故詔及此，而未遽廢科舉也。大觀四年五月，星變，凡事多所更定。侍御史毛注言：「養士既有額，而科舉又罷，則不隸學籍者，遂致失職。天之視聽以民，士，其民之秀者，今失職如此，疑天亦譴怒。願以解額之歸升貢者一二分，不絕科舉，亦應天之一也。」遂詔更行科舉一次。臣僚言：「場屋之文，專尚偶麗，題雖無兩意，必欲釐

而爲二，以就對偶；其超詣理趣者，反指以爲澹泊。請擇考官而戒飭之，取其有理致而黜其強爲對偶者，庶幾稍救文弊。」

宣和三年，詔罷天下三舍法，開封府及諸路並以科舉取士；惟太學仍存三舍，以甄序課試，遇科舉仍自發解。六年，禮部試進士萬五千人，詔特增百人額，正奏名賜第者八百餘人，因上書獻頌直令赴試者殆百人。有儲宏等隸大閹梁師成爲使臣或小史，皆賜之第。梁師成者，於大觀三年嘗中甲科。自設科以來，南宮試者，無踰此年之盛。然雜流閹宦，俱玷選舉，而祖宗之良法蕩然矣。凡士不繇科舉若三舍而賜進士第及出身者，其所從得不一。凡遺逸、文學、吏能言事或奏對稱旨，或試法而經律入優，或材武、或童子而皆能文，或邊臣之子以功來奏，其得之雖有當否，大較猶可取也。崇寧、大觀之後，達官貴冑既多得賜，以上書獻頌而得者，又不勝紀。

校勘記

〔一〕是年　承上文指乾德元年，宋會要選舉一四之一三、長編卷五都繫此事於乾德二年。

〔二〕三年　承上文當卽乾德三年。長編卷九繫此事於開寶元年三月，宋會要選舉三之二則繫於乾德六年三月。按乾德六年十一月改元開寶，乾德六年與開寶元年爲同一年。此「三年」，疑是「六

年」之訛。

〔三〕帝自爲詩二章賜之　「二」原作「一」，據宋會要選舉七之二、通考卷三〇選舉考改。

〔四〕文理周率　長編卷七六作「文理周密」。

〔五〕五年　承上文指景德五年，但景德無五年，宋會要選舉三之一〇、通考卷三〇選舉考都繫在大中祥符五年。此「五年」疑是大中祥符五年，志文失書紀元。

〔六〕且進士明經先經義而後試策三試皆通爲中第大略與進士等　文義欠明。按王珪華陽集卷七諸科問經義奏狀：「然當時士選之盛者，惟明經、進士而已。蓋明經先問義而後策試，三試而皆通者爲得第，其大略與進士等。」長編卷一八一：「取士惟進士、明經諸科，明經先經義而後論策，三試皆通爲中第，其大略與進士等。」疑此處有誤。

〔七〕胥吏　原作「胥史」，據蘇東坡奏議集卷一議學校貢舉狀、通考卷三一改。

〔八〕進士入謝進謝恩銀百兩至是罷之　「入」下的「謝」字原脫，據長編卷二四四、通考卷三一選舉考補。承上文此處所稱「至是」當是指熙寧三年；上述兩書都繫此事於熙寧六年，疑志文失書紀年。又「百兩」，長編作「三百兩」。

中華書局

宋史卷一百五十六

志第一百九

選舉二 科目下 舉遺逸附

高宗建炎初，駐蹕揚州，時方用武，念士人不能至行在，下詔：「諸道提刑司選官卽轉運司州、軍引試〔一〕，使副或判官一人董之。河東路附京西轉運司。國子監、開封府人就試於留守司，命御史一人董之。國子監人願就本路試者聽。」二年，定詩賦、經義取士，第一場詩賦各一首，習經義者本經義三道，語、孟義各一道；第二場並論一道；第三場並策三道。殿試策如之。自紹聖後，舉人不習詩賦，至是始復，遂除政和令命官私相傳習詩賦之禁。又詔：「下第進士，年四十以上六舉經御試、八舉經省試，五十以上四舉經御試、五舉經省試者，河北、河東、陝西特各減一舉；元符以前到省，兩舉者不限年，一舉年五十五已上者：諸道轉運司、開封府悉以名聞，許直赴廷試。」

是秋，四方士集行在，帝親策于集英殿，第爲五等，賜正奏名李易以下四百五十一人進士及第、進士出身、同學究出身、同出身。第一人爲左宣教郎，第二、第三人左宣義郎，第四、第五人左儒林郎。第一甲第六名以下並左文林郎，第二甲並左從事郎，第三甲以下並左迪功郎。特奏名第一人附第二甲，賜進士及第，第二、第三人賜同進士出身，餘賜同學究出身。登仕郎、京府助教、上下州文學、諸州助教入五等者，亦與調官。川、陝、河北、京東正奏名不赴者一百三人，以龍飛特恩，卽家賜第。故事，廷試上十名，內侍先以卷奏定高下。帝曰：「取士當務至公，豈容以己意升降，自今勿先進卷。」

三年，詔：「過省進士赴御試不及者，令漕臣據元舉送狀申省，給敕賜同進士出身。其計舉者，賜下州文學，並釋褐焉。」左司諫唐煇言：「舊制，省試用六曹尚書、翰林學士知貢舉，侍郎、給事中同知貢舉，卿監、郎官參詳，館職、學官點檢，御史監視，故能至公厭人心。今諸道類試，顓委憲臣，姦弊滋生，才否貿亂，士論囂然，甚不稱更制設科之意，請並還禮部。」遂罷諸道類試。四年，復川、陝試如故。

紹興元年，當祀明堂，復詔諸道類試，擇憲、漕或帥守中文學之人總其事，使精選考官。於是四川宣撫處置使張浚始以便宜令川、陝舉人，卽置司州試之。會侯延慶言：「兵興，太學既罷，諸生解散，行在職事及釐務官隨行有服親及門客，往往鄉貢隔絕，請立應舉法，以

國子監進士爲名。」令轉運司附試。又詔：「京畿、京東西、河北、陝西、淮南士人轉徙東南者，令於寓戶州軍附試，別號取放。」

時諸道貢籍多燬於兵，乃詔轉運司令舉人具元符以後得解、升貢、戶貫、三代、治經，置籍于禮部，以稽考焉。應該恩免解舉人，値兵燬失公據者，召京官二員委保，所在州軍給據，仍申部注籍。侍御史曾統請取士止用詞賦，未須兼經，高宗亦以古今治亂多載于史，經義登科者類不通史，將從其議。左僕射呂頤浩曰：「經義、詞賦均以言取人，宜如舊。」遂止。

二年，廷試，手詔諭考官，當崇直言，抑諛佞。得張九成以下二百五十九人，凌景夏第二。呂頤浩言景夏詞勝九成，請更寘第一。帝曰：「士人初進，便須別其忠佞，九成所對，無所畏避，宜擢首選。」九成以類試、廷策俱第一，命特進一官。時進士卷有犯御名者，帝曰：「豈以朕名妨人進取邪？」令寘本等。又命應及第人各進一秩。舊制，潛藩州郡舉人，必曾請舉兩到省已上乃得試。帝嘗封蜀國公，是年，蜀州舉人以帝登極恩，徑赴類省試，自是爲例。

五年，初試進士于南省，戒飭有司：「商搉去取，毋以絺繪章句爲工，當以淵源學問爲尙。事關教化、有益治體者，毋以切直爲嫌。言無根柢、肆爲蔓衍者，不在採錄。」「舉人程

文，許通用古今諸儒之說，及出己意，文理優長爲合格。」三月，御試奏名，汪應辰第一。初，考官以有官人黃中第一，帝訪諸沈應求，應求以沈遘與馮京故事對，乃更擢應辰爲魁，遂爲定制。

舊制，御試初考既分等第，印封送覆考定之，詳定所或從初，或從覆，不許別自立等。嘉祐中廢。至是，知制誥孫近奏：「若遵舊制，則高下升黜，盡出詳定官，初、覆考爲虛設。請自今初、覆考皆未當，始許奏稟別置等第。」諫議大夫趙霈請用崇寧令，凡隔二等、累及五人許行奏稟，從之。是年，川、陝進士止試宣撫司，特奏名則置院差官，試時務策一道，禮部具取放分數、推恩等第頒示之。

舊法，隨侍見任守倅等官，在本貫二千里外，曰「滿里子弟」；試官內外有服親及婚姻家，曰「避親」；館于見任門下，曰「門客」。是三等許牒試，否則不預。間有背本宗而竄他譜，飛賕而移試他道者，議者病之。六年，詔牒試應避者，令本司長官、州守倅、縣令委保，詭冒者連坐。

七年，命行在職事、釐務官幷宗子應舉、取應及有官人，並於行在赴國子監試，始命各差詞賦、經義考官。八年，以平江府四經巡幸，其得解舉人援臨安、建康駐蹕例，各免文解一次。時聞徽宗崩，未及大祥，禮部言：故事，因諒闇罷殿試，則省試第一人爲榜首，補兩使職

中華書局

官。帝特命爲左承事郎，自此率以爲常。九年，以陝西舉人久陷北境，理宜優異，非四川比，令禮部別號取放。川、陝分類試額自此始。是歲，以科試、明堂同在嗣歲，省司財計艱於辦給，又患初仕待闕率四五年，若使進士、蔭人同時差注，俱爲不便，增展一年，則合舊制。十年，遂詔諸州依條發解，十二年正月省試，三月御試，後皆準此。

十三年，國子司業高閌言：「取士當先經術。請參合三場，以本經、語、孟義各一道爲首，詩賦各一首次之，子史論一道、時務策一道又次之，庶幾如古試法。又春秋義當於正經出題。」並從之。初立同文館試，凡居行在去本貫及千里已上者，許附試于國子監。十五年，凡特奏名賜同學究出身者，舊京府助教今改將仕郎。是歲，始定依汴京舊制，正奏及特恩分兩日唱名。十七年，申禁程文全用本朝人文集或歌頌及佛書全句者，皆不考[三]。

十八年，以浙漕舉人有勢家行賂、假手濫名者，諭有司立賞格，聽人捕告。十九年，詔：「自今鄉貢，前一歲，州軍屬縣長吏籍定合應舉人，以次年春縣上之州，州下之學，覈實引保，赴鄉飲酒，然後送試院。及期投狀射保者勿受。」自神宗朝程顥、程頤以道學倡于洛，四方師之，中興盛于東南，科舉之文稍用頤說。諫官陳公輔上疏詆頤學，乞加禁絕；秦檜入相，甚至指頤爲「專門」，侍御史汪勃請戒飭攸司，凡專門曲說，必加黜落；中丞曹筠亦請選汰用程說者：並從之。二十一年，御試得正奏名四百人，特奏名五百三十一人，中興以來，得人始盛。

二十二年，以士習周禮、禮記，較他經十無一二，恐其學寖廢，遂命州郡招延明於二禮者，俾立講說以表學校，及令考官優加誘進。舊諸州皆以八月選日試舉人，有趁數州取解者。二十四年，始定試期並用中秋日，四川則用季春，而仲秋類省。初，秦檜專國，其子熺廷試第一，檜陽引降第二名。是歲，檜孫塤舉進士，省試、廷對皆首選，姻黨曹冠等皆居高甲，後降塤第三。二十五年，檜死，帝懲其弊，遂命貢院遵故事，凡合格舉人有權要親族，並令覆試。仍奪塤出身，改冠等七人階官並帶「右」字，餘悉駁放。程、王之學，數年以來，宰相執論不一，趙鼎主程頤，秦檜主王安石。至是，詔自今毋拘一家之說，務求至當之論。道學之禁稍解矣。

自經、賦分科，聲律日盛，帝嘗曰：「向爲士不讀史，遂用詩賦。今則不讀經，不出數年，經學廢矣。」二十七年，詔復行兼經，如十三年之制。內第一場大小經義各減一道，如治二禮文義優長，許侵用諸經分數。時號爲四科。

舊蜀士赴廷試不及者，皆賜同進士出身。帝念其中有俊秀能取高第者，不宜例置下列，至是，遂諭都省寬展試期以待之。及唱名，閻安中第二，梁介第三，皆蜀士也，帝大悅。二十九年，孫道夫在經筵，極論四川類試請託之弊，請盡令赴禮部。帝曰：「後舉但當遣御史監之。」道夫持益堅，事下國子監，祭酒楊椿曰：「蜀去行在萬里，可使士子涉三峽、冒重湖邪？欲革其弊，一監試得人足矣。」遂詔監司、守倅賓客力可行者赴省，餘不在遣中。是歲，四川類省試始從朝廷差官。

初，類試第一人恩數優厚，視殿試第三人，賜進士及第；後以何耕對策忤秦檜，乃改禮部類試蜀士第一等人，並賜進士出身，自是無有不赴御試者。惟遇不親策，則類省試第一人恩數如舊，第二、第三人皆附第一甲，九名以上附第二甲焉。是年詔：「四川等處進士，路遠歸鄉試不及者，特就運司附試一次，仍別行考校，取旨立額。」

三十一年，禮部侍郎金安節言：「熙寧、元豐以來，經義詩賦，廢興離合，隨時更革，初無定制。近合科以來，通經者苦賦體雕刻，習賦者病經旨淵微，心有弗精，智難兼濟。又其甚者，論既併場，策問太寡，議論器識，無以盡人。士守傳注，史學盡廢，此後進往往得志，而老生宿儒多困也。請復立兩科，永爲成憲。」從之。於是士始有定嚮，而得專所習矣。既而建議者以爲兩科既分，解額未定，宜以國學及諸州解額三分爲率，二取經義，一取詩賦。若省試，則以累舉過省中數立爲定額而分之。詔下其議，然竟不果行。

孝宗初，詔川、廣進士之在行都者，令附試兩浙轉運司。隆興元年，御試第一人承事郎、簽書諸州節度判官，第二第三人文林郎、兩使職官，第四第五人從事郎、初等職官，第六人至第四甲並迪功郎、諸州司戶簿尉，第五甲守選。乾道元年，詔四川特奏名第一等第一名賜同學究出身，第二名至本等末補將仕郎，第二等至第四等賜下州文學，第五等諸州助教。二年，御試，始推登極恩，第一名宣義郎，第二名與第一名恩例，第三名承事郎；第一甲賜進士及第並文林郎，第二甲賜進士及第並從事郎，第三、第四甲進士出身，第五甲同進士出身；特奏名第一名賜進士出身，第二、第三名賜同進士出身。

四年，裁定牒試法：文武臣添差官除親子孫外並罷，其行在職事官除監察御史以上，餘並不許牒試。六年，詔諸道試官皆隔一郡選差，後又令歷三郡合符乃聽入院，防私弊也。

帝欲令文士能射御，武臣知詩書，命討論殿最之法。淳熙二年御試，唱第後二日，御殿，引按文士詹騤以下一百三十九人射藝。翌日，又引文士第五甲及特奏名一百五十二人。其日，進士具襴笏入殿起居[三]，易戎服，各給箭六，弓不限斗力，射者莫不振厲自獻，多命中焉。天子甚悅。凡三箭中帖爲上等，正奏第一人轉一官，與通判，餘循一資；二箭中爲中等，減二年磨勘；一箭中帖及一箭上垛爲下等，一任回不依次注官；上四甲能全中者取旨；第五甲射入上等注黃甲，餘升名次而已。特奏名五等人射藝合格與文學，不中者亦賜帛。

四年，罷同文館試。又命省試簾外官同姓異姓親若門客，亦依簾內官避親法，牒送別院。五年，以階、成、西和、鳳州正奏名比附特奏名五路人例，特升一甲。六年，詔特奏名自今三名取一，寘第四等以前，餘並入第五等，其末等納敕者止許一次，潛藩及五路舊升甲者今但升名。其後又許納敕三次，爲定制焉。

十一年，進士廷試不許見燭，其納卷最後者降黜之。舊制，廷試至暮許賜燭，然殿深易闇，日昃已燭出矣。凡賜燭，正奏名降一甲，第五甲降充本甲末名；特奏名降一等，第五等與攝助教。凡試藝于省闈及國子監、兩浙轉運司者，皆禁燭，其他郡國，率達旦乃出。十月，太常博士倪思言：「舉人輕視史學，今之論史者獨取漢、唐混一之事，三國、六朝、五代爲非盛世而恥談之，然其進取之得失，守禦之當否，籌策之疎密，區處兵民之方，形勢成敗之跡，俾加討究，有補國家。請諭春官：凡課試命題，雜出諸史，無所拘忌；考覈之際，稍以論策爲重，毋止以初場定去留。」從之。

十四年，御試正奏名王容第一。時帝策士，不盡由有司，是舉容本第三，親擢爲榜首。翰林學士洪邁言：「貢舉令：賦限三百六十字，論限五百字。今經義、論、策一道有至三千言，賦一篇幾六百言，寸晷之下，唯務貪多，累牘連篇，何由精妙？宜俾各遵體格，以返渾淳。」

時朱熹嘗欲罷詩賦，而分諸經、子、史、時務之年。其私議曰：「古者大學之教，以格物

致知爲先，而其考校之法，又以九年知類通達、強立不反爲大成。今樂經亡而禮經闕，二戴之禮已非正經，而又廢其一。經之爲教已不能備，而治經者類皆捨其所難而就其易，僅窺其一而不及其餘。若諸子之學同出於聖人，諸史則該古今興亡治亂得失之變，皆不可闕者。而學者一旦豈能盡通？若合所當讀之書而分之以年，使之各以三年而共通其三四之一。凡易、詩、書爲一科，而子年、午年試之；周禮、儀禮及二戴記爲一科，而卯年試之；春秋及三傳爲一科，而酉年試之。義各二道，諸經皆兼大學、論語、中庸、孟子義一道。論則分諸子爲四科，而分年以附焉。諸史則左傳、國語、史記、兩漢爲一科，三國、晉書、南北史爲一科，新舊唐書、五代史爲一科。時務則律歷、地理爲一科〔四〕，以次分年如經、子之法，試策各二道。又使治經者各守家法，答義者必通貫經文，條舉衆說而斷以己意，有司命題必依章句，如是則士無不通之經、史，而皆可用於世矣。」其議雖未上，而天下誦之。

光宗初，以省試春淺，天尚寒，遂展至二月朔卜日，殿試于四月上旬。紹熙元年，仍按射，不合格者罷賜帛。舊命官鎖廳及避親舉人同試。三年，始令分場，以革假人試藝者，於是四蜀皆然。

寧宗慶元二年，韓侂冑襲秦檜餘論，指道學爲僞學，臺臣附和之，上章論列。劉德秀在省闈，奏請毀除語錄。既而知貢舉吏部尚書葉翥上言：「士狃於僞學，專習語錄詭誕之說、中庸大學之書，以文其非。有葉適進卷、陳傅良待遇集，士人傳誦其文，每用輒效。請令太學及州軍學，各以月試合格前三名程文，上御史臺考察，太學以月，諸路以季。其有舊習不改，則坐學官、提學司之罪。」是舉，語涉道學者，皆不預選。四年，以經義多用套類，父子兄弟相授，致天下士子不務實學。遂命有司：六經出題，各於本經摘出兩段文意相類者，合爲一題，以杜挾册讎僞之計。

嘉泰元年，起居舍人章良能陳主司三弊：一曰沮抑詞賦太甚，既暗削分數，又多置下陳。二曰假借春秋太過，諸處解榜，多寘首選。三曰國史、實錄等書禁民私藏，惟公卿子弟因父兄得以竊窺，冒禁傳寫，而有司乃取本朝故事，藏匿本末，發爲策問，寒士無繇盡知。命自今詩賦純正者寘之前列，春秋唯卓異者寘高等，餘當雜定，策題則必明白指問。四年，詔：「自今礙格、不礙格人試于漕司者，分院異題，永爲定制。」

開禧元年，詔：「禮部考試，以三場俱優爲上，二場優次之，一場優又次之，俱劣爲下。毋以片言隻字取人。編排既定，從知舉審定高下，永爲通考之法。」二年，以舉人姦弊滋多，命諸道漕司、州府、軍監，凡發解舉人，合格試卷姓名，類申禮部。候省試中，牒發御史臺，

同禮部長貳參對字畫，關御藥院內侍照應，廷試字畫不同者，別榜駁放。

舊制，秋貢春試，皆置別頭場，以待舉人之避親者。自緦麻以上親及大功以上婚姻之家，皆牒送。惟臨軒親試，謂之天子門生，雖父兄爲考官，亦不避。嘉定元年，始因議臣有請，命朝官有親屬赴廷對者，免差充考校。十二年，命國子牒試，禁假託宗枝、遷就服屬，犯者必寘于罰。十五年，祕書郎何淡〔五〕言：「有司出題，強裂句讀，專務斷章，離絕旨意，破碎經文。望令革去舊習，使士子考注疏而辨異同，明綱領而識體要。」從之。

至理宗朝，姦弊愈滋。有司命題苟簡，或執偏見臆說，互相背馳，或發策用事訛舛，故士子眩惑，莫知適從，才者或反見遺。所取之士既不精，數年之後，復俾之主文，是非顚倒逾甚，時謂之繆種流傳。復容情任意，不學之流，往往中第。而舉人之弊凡五：曰傳義，曰換卷，曰易號，曰卷子出外，曰謄錄滅裂。迨寶慶二年，左諫議大夫朱端常奏防戢之策，謂：「試院監大門、中門官，乃一院襟喉切要，乞差有風力者。入試日，一切不許傳遞。門禁既嚴，則數弊自清。士人暮夜納卷，易於散失。宜令封彌官躬親封鎖卷匱，士人親書幕曆投匱中。俟舉人盡出院，然後啓封，分類抄上，卽付謄錄所。明旦，申逐場名數于御史臺檢核。其撰號法，上一字許同，下二字各異，以杜訛易之弊。謄錄人選擇書手充，不許代名，

具姓名字樣，申院覆寫檢實。傳義置窠之人，委臨安府嚴捕。其考官容情任意者，許臺諫風聞彈奏，重眞典憲。及出官錢，立賞格，許告捉懷挾、傳題、傳稿、全身代名入試之人。」帝悉從之，且命精擇考官，毋仍舊習。舊制，凡即位一降科詔，及大比之歲，二月一日一降詔，許發解，然後禮部徧牒諸路及四川州軍。至是，以四川鎖院改用二月二十一日，與降詔日相逼，遂改用正月十五日奏裁降詔。

紹定元年，有言舉人程文雷同，或一字不差。其弊有二：一則考官受賂，或授暗記，或與全篇，一家分傳謄寫；一則老儒賣文場屋，一人傳十，十人傳百，考官不暇參稽。於是命禮部戒飭，前申號三日，監試會聚考官，將合取卷參驗互考，稍涉雷同，即與黜落。或仍前弊，以致覺察，則考官、監試一例黜退。初，省試奉敕差知貢舉一員，同知二員，內差臺諫官一員；參詳官若干員，內差監察御史一員。俾會聚考校，微寓彈壓糾察之意。韓侂胄用事，將鈐制士人，遂於三知舉外，別差同知一員，以諫官爲之，專董試事，不復干預考校，參詳官亦不差察官。於是約束峻切，氣燄薰灼。嘉泰間，更名監試，其失愈甚，製造簿曆，嚴立程限。至是，復舊制，三知舉內差一臺諫，十參詳內差一御史，仍戒飭試官，精加考校，如日力不給，即展期限。

二年，臣僚言考官之弊：詞賦命題不明，致士子上請煩亂；經義不分房別考，致士子多

悖經旨。遂飭考官明示詞賦題意，各房分經考校。凡廷試，唯蜀士到杭最遲，每展日以待。會有言：「蜀士嗜利，多引商貨押船，致留滯關津。」自是，定以四月上旬廷試，更不移展。三年，臣僚請：「學校、場屋，並禁斷章截句，破壞義理，及春秋經越年牽合。其程文，本古注、用先儒說者取之，穿鑿撰說者黜落。」

四年，臣僚甚言科場之弊，乞戒飭漕臣嚴選考官。地多經學，則博選通經者；地多賦學，則廣致能賦者。主文必兼經賦，乃可充其職。監試或倅貳不勝任，必別擇人。仍令有司量展揭封之期，庶考校詳悉，不致失士。於是命徧諭國子監及諸郡，恪意推行約束，違戾者彈劾治罪。初，四川類試，其事雖隸制司，而監試、考官共十員，唯大院別院監試、主文各一員從朝命，餘聽制司選差。自安丙差四員之外，權委成都帥守臨期從近取具。是歲，始仍舊朝命四員，餘從制司分選。

時場屋士子日盛，卷軸如山。有司不能偏覩，迫於日限，去取不能皆當。蓋士人既以本名納卷，或別爲名，或易以字，一人而納二三卷。不禁挾書，又許見燭，閩、浙諸郡又間日引試，中有一日之暇，甚至次日午方出。於是經義可作二三道，詩賦可成五六篇。舉人文章不精，考官困於披閱。幸皆中選，乃以兄弟承之，或轉售同族，姦詐百端，眞僞莫辨。乃命諸郡關防，於投卷之初，責鄉鄰覈實，嚴治虛僞之罪、縱容之罰，其弊稍息。

命官鎖廳及避親舉人，自紹熙分場各試，寒士憚之。緣避親人七人取一，其額太窄，咸以爲窘；而朝士之被差爲大院考官者，恐多妨其親，亦不願差。寒士於鄉舉千百取一之中，得預秋薦，以數千里之遠，辛勤赴省；而省闈差官，乃當相避。遂有隱身匿名不認親戚以求免者，憤懣憂沮狼狽旅邸者，彼此交怨，相視爲讎。至是，言者謂：「除大院收試外，以漕舉及待補國子生到省者，與避親人同試於別院，亦將不下數百。人數既多，其額自寬，寒士可不怨其親戚，朝士可不憚於被差。」從之。既而以諸路轉運司牒試，多營求僞冒之弊，遂罷之。其實有妨嫌者收試，每百人終場取一人，於各路州軍解額窄者量與均添，庶士子各安鄉里，無復詐競。於是臨安、紹興、温、台、福、婺、慶元、處、池、袁、潮、興化及四川諸州府，共增解額一百七十名。未幾，又命止許牒滿里親子孫及門客，召見任官二員委保，與有官礙格人各處收試，五十人取放一人。合牒親子孫別項隔截收試，不及五十人亦取一人。凡涉詐冒，並坐牒官、保官。

初，唐、鄧二州嘗陷于金，金滅，復得其地，命仍舊類試于襄陽，但別號考校，以優新附士子。舊制，光州解額七名，渡江後爲極邊，士子稀少，權赴試鄰州，淳熙間，本州自置科場，權放三名。至是，已五六十年，舉人十倍于前，遂命復還舊額。

端平元年，以牒試已罷，解額既增，命增額州郡措置關防，每人止納一卷，及開貢院添

差考官。時有言：門客及隨侍親子孫五十人取一，臨安府學三年類申人漕試七十取一，又令別試院分項異處收試，已爲煩碎；兼兩項士人習賦習書之外，習他經者差少，難於取放。遂命將兩項混同收試考校，均作六十取一；京學見行食職事生員二百二十四名，別項發號考校，不限經賦，取放一名。

侍御史李鳴復等條列建言，謂：「臺諫充知舉、參詳，既留心考校，不能檢柅姦弊，欲乞仍舊差臺諫爲監試。懷挾之禁不嚴，皆爲具文，欲乞懸賞募人告捉，精選強敏巡按官及八廂等人，謹切巡邏，有犯，則鐫黜官員。考校不精，多緣點檢官不時供卷，及開院日迫，試卷沓至，知舉倉卒不及，遂致遺才，欲乞試院隨房置曆程督，點檢官書所供卷數，逐日押曆考校。試卷不遵舊式，務從簡便，點檢、參詳穿聯爲一，欲乞必如舊制，三場試卷分送三點檢、三參詳、三知舉，庶得詳審。試官互考經賦，未必精熟，欲乞前期約度試卷，經、賦凡若干，則各差試官若干，不至偏重。」並從之。

嘉熙元年，罷諸牒試，應郎官以上監司、守倅之門客及姑姨同宗之子弟，與游士之不便於歸鄉就試者，並混同試于轉運司，各從所寓縣給據，徑赴司納卷，一如鄉舉之法。家狀各書本貫，不問其所從來，而定其名「寓試」，以四十名爲額，就試如滿五十人，則臨時取旨增放。又罷諸路轉運司及諸州軍府所取待補國子生，自明年並許赴國子監混試。以士子數

多，命於禮部及臨安轉運司兩試院外，紹興、安吉各置一院，從朝廷差官前詣，同日引試，分各路士人就試焉。同在京，不許見燭。是年，已失京西諸州軍，士多徙寓江陵、鄂州，命京湖制置司於江陵別立貢院，取德安府、荆門軍、歸峽復三州及隨、郢、均、房等京西七郡士人，別差官混試，用十二郡元額混取以優之。

牒試既罷，又復冒求國子，士大夫爲子弟計者，輒牒外方他族，利爲場屋相資，或公然受價以鬻。命偏諭百官司知雜司等：如已準朝廷辨驗，批書印紙，批下國子監收試，卽報赴試人躬赴監。一姓結爲一保，每保不過十人，責立罪罰，當官書押，遞相委保，各給告示，方許投納試卷。冒牒官降官罷任，或一時失於參照，誤牒他族，許自陳悔牒一次。冒牒中選之人，限主保官、舉人一月自首，舉人駁放，主保官免罪；出限不首者，仍照前條罪之。凡類試卷，封彌作弊不一。至是，命前期於兩浙轉運司、臨安府選見役吏胥共三十人，差近上一名部轄入院，十名專管詩賦，餘分管諸經。各隨所管號，於引試之夕，分尋試卷，各置簿封彌，不許混亂；却別差一吏將號置曆，發過謄錄所書寫。其簿、曆，封彌官收掌，不經吏手，不許謄錄人干預，以革其弊。

二年，省試下第及遊學人，並就臨安府給據，赴兩浙轉運司混試待補太學生。臣僚言：「國子牒試之弊，冒濫滋甚。在朝之士，有強認疎遠之親爲近屬者，有各私親故換易而互

牒者，有爲權勢所軋、人情所牽應命而泛及者，有自揆子弟非才、牒同姓之雋茂利其假手者，有文藝素乏、執格法以求牒轉售同姓以謀利者。今後令牒官各從本職長官具朝典狀保明，先期取本官知委狀，仍立賞格，許人指實陳首。冒牒之官，按劾鐫秩；受牒之人，駁放殿舉；保官亦與連坐。專令御史臺覺察，都省勘會。類申門客、滿里子孫仍前漕試，六十人取一，較之他處雖甚優，而取無定額，士有疑心，就試者少。宜令額寬而試者衆，逾一而取之精。」遂依前例放行寓試，以四十名爲定額，仍前待補；其類申門客、滿里子孫及附試並罷。

淳祐元年，臣僚言：「既復諸路漕試，合國子試、兩項科舉及免舉人，不下千數。宜復撥漕舉、胄舉同避親人並就別院引試，使大院無窘冗之患，小院無額窄之弊。」從之。時淮南諸州郡歲有兵禍，士子不得以時赴鄉試，且漕司分差試官，路梗不可徑達。三年，命淮東州郡附鎭江府秋試，淮西州郡附建康試，蘄黃光三州、安慶府附江州試。三試所各增差試官二員，別項考校，照各州元額取放。是歲，兩浙轉運司寓試終場滿五千人，特命增放二名，後雖多不增，如不及五千人，止依元額。別院之試，大率士子與試官實有親嫌者，紹定間，以漕試、胄試無親可避者亦許試，或謂時相徇於勢要子弟故也；端平初，撥歸大院，寒雋便之；淳祐元年，又復赴別院，是使不應避親之人抑而就此，使天下士子無故析而爲二，殊失

別試之初意。至是，依端平釐正之，復歸大院。

九年，以臣僚言：「士子又有免解僞冒入試者，或父兄沒而竊代其名，或同族物故而塡其籍。」於是令自本貫保明給據，類其姓名先申禮部，各州揭以示衆，犯者許告捉，依鬻舉法治罪。十二年，廣南西路言：「所部二十五郡，科選於春官者僅一二，蓋山林質樸，不能與中土士子同工，請授兩淮、荆襄例別考。」朝廷從其請。自是，廣南分東、西兩路。

寶祐二年，監察御史陳大方言：「士風日薄，文場多弊。乞將發解士人初請舉者，從所司給帖赴省，別給一曆，如命官印紙之法，批書發解之年及本名年貫、保官姓名，執赴禮部，又批赴省之年，長貳印署。赴監試者同。如將來免解、免省，到殿批書亦如之。如無曆則不收試。俟出官日赴吏部繳納，換給印紙。應合免解、免省人，亦從先發解處照此給曆。如省、殿中選，將元曆發下御史臺考察，以憑注闕給告。士子得曆，可爲據證；有司因曆，可加稽驗。日前僞冒之人，可不却而自遁。」遂自明年始行之。

鄉貢、監補、省試皆有覆試，然銓擇猶未精，其間濫名充貢者，不可欺同舉之人，冒選橋門者，不逃於本齋之職事。遂命今後本州審察，必責同舉之聯保，監學簾引，必責長諭之證實，並使結罪，方與放行。中書覆試，凡涉再引，非繫雜犯，並先箚報各處漕司，每遇詔舉，必加稽驗。凡覆試，令宰執出題，不許都司干預，仍日輪臺諫一員，簾外監試。四年，命

在朝之臣，除宰執、侍從、臺諫外，自卿監、郎官以下至釐務官，各具三代宗支圖三本，結立罪狀，申尚書省、御史臺及禮部，所屬各置簿籍，存留照應。遇屬子孫登科、發解、入學、奏補事故，並具申入鑿。後由外任登朝，亦於供職日後，具圖籍記如上法。遇胄試之年，照朝廷限員，於內牒能應舉人就試，以革胄牒冒濫之弊。

景定二年，胄子牒試員：宰執牒緦麻以上親增作四十人，侍從、臺諫、給事中、舍人小功以上親增作二十七人，卿監、郎官、祕書省官、四總領小功以上親增作二十人，寺監丞簿、學官、二令大功以上親增作十五人，六院、四轄、省部門、史館校勘、檢閱大功以上親增作十人，臨安府通判牒大功以上親增作八人，餘應牒親子孫者，一仍舊制。

度宗初，以雷同假手之弊，多由於州郡試院繼燭達旦，或至次日辰、巳猶未出院，其所以間日者，不惟止可以憊不能文之人，適足以害能文之士，遂一遵舊制，連試三日。時諸州郡以鄉貢終場人衆而元額少，自咸淳九年爲始，視終場人多寡，每二百人取放一名。以士子數多，增參詳官二員，點檢試卷官六員。又以臣僚條上科場之弊，以大院別院參詳官、點檢試卷官兼考雷同，又監試兼專一詳定雷同試卷，不預考校。遂罷簾外點檢雷同官，國子監解試雷同官亦罷。

中華書局

先是，州郡鄉貢未有覆試。會言者謂冒濫之弊，惟在鄉貢，遂命漕臣及帥守於解試揭曉之前，點差有出身倅貳或幕官專充覆試。盡一日命題考校，解名多者，斟酌分日。但能行文不繆，說理優通，覺非假手卽取，非才不通就與駁放。如將來省覆不通，罪及元覆試漕守之臣及考校官。十年，省試，命大院、別院監試官於坐圖未定之先，親監分布坐次，嚴禁書鋪等人，不許縱容士子拋離座案，過越廊分，爲傳義假手之地。時成都已歸附我朝，殿試擬五月五日，以蜀士至者絕少，展至末旬。又因覆試特奏名至部猶少，展作六月七日。近臣以隆暑爲請，復命立秋後擇日。七月八日，度宗崩，竟不畢試。嗣君卽位，下禮部討論，援引皆未當，既不可謂之亮陰，又不可不赴廷對，乃倣召試館職之制而行之。

新進士舊有期集，渡江後置局於禮部貢院，特旨賜餐錢，唱第之三日赴焉。上三人得自擇同升之彥，分職有差。朝謝後拜黃甲，其儀設褥于堂上，東西相向，皆再拜。拜已，擇榜中年長者一人，狀元拜之，復擇最少者一人拜狀元。所以侈寵靈，重年好，明長少也。

制舉無常科，所以待天下之才傑，天子每親策之。然宋之得才，多由進士，而以是科應詔者少。惟召試館職及後來博學宏詞，而得忠鯁文學之士。或起之山林，或取之朝著，召

之州縣，多至大用焉。太祖始置賢良方正能直言極諫、經學優深可爲師法、詳閑吏理達於教化凡三科，不限前資、見任職官，黃衣、草澤，悉許應詔，對策三千言，詞理俱優則中選。乾德初，以郡縣亡應令者，慮有司舉賢之道或未至也，迺詔許士子詣闕自薦。四年，有司僅舉直言極諫一人，堪爲師法一人，召陶穀等發策，帝親御殿臨視之，給硯席坐于殿之西隅。及對策，詞理疏闊，不應所問，賜酒饌宴勞而遣之。

開寶八年，詔諸州察民有孝弟力田、奇才異行或文武材幹，年二十至五十可任使者，具送闕下，如無人塞詔，亦以實聞。九年，諸道舉孝弟力田及有才武者凡七百四十人，詔翰林學士李昉等於禮部試其業，一無可采。而濮州以孝悌薦名者三百七十人，帝駭其多，召對講武殿，率不如詔。猶自陳素習武事，復試以騎射，輒顚隕失次。帝紿曰：「是宜隸兵籍。」皆號呼乞免，乃悉罷去。詔劾本部濫舉之罪。

咸平四年，詔學士、兩省御史臺五品、尙書省諸司四品以上〔六〕，於內外京朝幕府州縣官、草澤中，各舉賢良方正一人，不得以見任轉運使及館閣職事人應詔。是年，策祕書丞查道等七人，皆入第四等。景德二年，增置博通墳典達於教化、才識兼茂明於體用、武足安邊、洞明韜略運籌決勝、軍謀宏遠材任邊寄等科，詔中書門下試察其才，具名聞奏，將臨軒親策之。自是應令者寖廣，而得中高等亦少。

太宗以來，凡特旨召試者，於中書學士舍人院，或特遣官專試，所試詩、賦、論、頌、策、制誥，或三篇，或一篇，中格則授以館職。景德後，惟將命爲知制誥者，乃試制誥三道。每道百五十字。東封及祀汾陰時，獻文者多試業得官，蓋特恩也。時言者以爲：「兩漢舉賢良，多因兵荒災變，所以詢訪闕政。今國家受瑞登封，無闕政也，安取此？」迺罷其科，惟吏部設宏詞、拔萃、平判等科如舊制。

仁宗初，詔曰：「朕開數路以詳延天下之士，而制舉獨久不設，意者吾豪傑或以故見遺也，其復置此科。」於是增其名，曰：賢良方正能直言極諫科，博通墳典明於教化科，才識兼茂明於體用科，詳明吏理可使從政科，識洞韜略運籌帷幄科，軍謀宏遠材任邊寄科，凡六，以待京、朝之被舉及起應選者。又置書判拔萃科，以待選人。又置高蹈丘園科，沉淪草澤科，茂材異等科，以待布衣之被舉者。其法先上藝業于有司，有司較之，然後試祕閣，中格，然後天子親策之。

治平三年，命宰執舉館職各五人。先是，英宗謂中書曰：「水潦爲災，言事者云『咎在不能進賢』，何也？」歐陽脩曰：「近年進賢路狹，往時入館有三路，今塞其二矣。進士高科，一路也；大臣薦舉，一路也；因差遣例除，一路也。往年進士五人以上皆得試，第一人及第不十年有至輔相者，今第一人兩任方得試，而第二人以下不復試，是高科路塞矣。往時大

臣薦舉卽召試，今只令上簿候缺人乃試，是薦舉路塞矣。惟有因差遣例除者，半是年勞老病之人。此臣所謂薦舉路狹也。」帝納之，故有是命。韓琦、曾公亮、趙槩等舉蔡延慶以下凡二十人，皆令召試，宰臣以人多難之。帝曰：「既委公等舉之，苟賢，豈患多也？先召試蔡延慶等十人，餘須後時。」神宗以進士試策，與制科無異，遂詔罷之。試館職則罷詩、賦，更以策、論。

元祐二年〔七〕，復制科。凡廷試前一年，舉奏官具所舉者策、論五十首奏上，而次年試論六首，御試策一道，召試、除官、推恩略如舊制〔八〕。右正言劉安世建言：「祖宗之待館職也，儲之英傑之地以飭其名節，觀以古今之書而開益其聰明，稍優其廩，不責以吏事，所以滋長德器，養成名卿賢相也。近歲其選寖輕，或緣世賞，或以軍功，或酬聚斂之能，或徇權貴之薦。未嘗較試，遂獲貼職，多開倖門，恐非祖宗德意。望明詔執政，詳求文學行誼，審其果可長育，然後召試，非試毋得輒命，庶名器重而賢能進。」三年，乃詔：「大臣奏舉館職，並如舊召試、除授，惟朝廷特除，不用此令。」安世復奏曰：「祖宗時入館，鮮不由試。惟其望實素著，治狀顯白，或累持使節，或移鎭大藩，欲示優恩，方令貼職。今旣過聽臣言，追復舊制，又謂『朝廷特除，不在此限』。則是人材高下，資歷深淺，但非奏舉，皆可直除〔九〕，名爲更張，弊源尙在〔一〇〕。願倣故事，資序及轉運使，方可特命除授，庶塞僥倖，以重館職

之選。」

紹聖初，哲宗謂：「制科試策，對時政得失，進士策亦可言。」因詔罷制科。既而三省言：「今進士純用經術。如詔誥、章表、箴銘、賦頌、赦敕、檄書、露布、誡諭，其文皆朝廷官守日用不可闕，且無以兼收文學博異之士。」遂改置宏詞科，歲許進士及第者詣禮部請試，如見守官則受代乃請，率以春試上舍生附試，不自立院也。試章表、露布、檄書用駢儷體，頌、箴銘、誡諭、序記用古體或駢儷，惟詔誥、赦敕不以爲題。凡試二日四題，試者雖多，取毋過五人，中程則上之三省覆試之，分上、中二等，推恩有差；詞藝超異者，奏取旨命官。大觀四年詔：「宏詞科格法未詳，不足以致文學之士，改立詞學兼茂科，歲附貢士院試，取毋過三人。」政和增爲五人。不試檄書，增制誥，以歷代史事借擬爲之，中格則授館職。宰臣執政親屬毋得試。宣和罷試上舍，乃隨進士試于禮部。

紹興元年，初復館職試，凡預召者，學士院試時務策一道，天子親覽焉。然是時校書多不試，而正字或試或否。二年，詔舉賢良方正能直言極諫科，一遵舊制，自尚書兩省諫議大夫以上、御史中丞、學士、待制各舉一人。凡應詔者，先具所著策、論五十篇繳進，兩省侍從參考之，分爲三等，次優以上，召赴祕閣，試論六首，於九經、十七史、七書、國語、荀揚管子文中子內出題，學士兩省官考校，御史監之，四通以上爲合格。仍分五等，入四等以上者，

天子親策之。第三等爲上，恩數視廷試第一人，第四等爲中，視廷試第三人，皆賜制科出身；第五等爲下，視廷試第四人，賜進士出身；不入等者與簿尉差遣，已仕者則進官與升擢。七年，以太陽有異，令中外侍從各舉能直言極諫一人。是多，呂祉舉選人胡銓，汪藻舉布衣劉度，即除銓樞密院編修官，而度不果召。自是詔書數下，未有應者。

孝宗乾道二年，苗昌言奏：「國初嘗立三科，眞宗增至六科，仁宗時並許布衣應詔，於是名賢出焉。請參稽前制，間歲下詔，權於正文出題，不得用僻書註疏，追復天聖十科，開廣薦揚之路，振起多士積年委靡之氣。」遂詔禮部集館職、學官雜議，皆曰：「註疏誠可略，科目不必廣。天下之士，屏處山林，滯跡遐遠，侍從之臣，豈能盡知。」遂如國初之制，止令監司、守臣解送。

七年〔一〕，詔舉制科以六論，增至五通爲合格，始命官、糊名、謄錄如故事。試院言：「文卷多不知題目所出，有僅及二通者。」帝命賜束帛罷之，舉官皆放罪。舊試六題，一明一暗。時考官命題多暗僻，失求言之意，臣僚請遵天聖、元祐故事，以經題爲第一篇，然後雜出九經、語、孟內註疏或子史正文，以見尊經之意。從之。初，制科取士必以三年，十一年，詔〔二〕：「自今有合召試者，舉官即以名聞。」明年春，李巘言：「賢良之舉，本求讜言以裨闕政，未聞責以記誦之學，使才行學識如晁、董之倫，雖註疏未能盡記，於治道何損？」帝以爲

然，乃復罷註疏。

高宗立博學宏詞科，凡十二題，制、誥、詔表、露布、檄、箴銘、記贊、頌序內雜出六題，分爲三場，每場體製一古一今。遇科場年，應命官除歸明、流外、入貲及犯贓人外，公卿子弟之秀者皆得試。先投所業三卷，學士院考之，拔其尤者召試，定爲三等。上等轉一官，選人改秩，無出身人賜進士及第，並免召試，除館職。中等減三年磨勘，與堂除，無出身人賜進士出身；下等減二年磨勘，無出身人賜同進士出身〔三〕；並許召試館職。南渡以來所得之士，多至卿相、翰苑者。

理宗嘉熙三年，臣僚奏：「詞科實代王言，久不取人，日就廢弛。蓋試之太嚴，故習之者少。今欲除博學宏詞科從舊三歲一試外，更降等立科。止試文辭，不貴記問。命題止分兩場，引試須有出身人就禮部投狀，獻所業，如試教官例。每一歲附銓闈引試，惟取合格，不必拘額，中選者與堂除教授，已係教官資序及京官不願就教授者，京官減磨勘，選人循一資。他時北門、西掖、南宮舍人之任，則擇文墨超卓者用之。其科目，則去『宏博』二字，止稱詞學科。」從之。淳祐初，罷。景定二年，復嘉熙之制。

初，內外學官多朝廷特注，後稍令國子監取其舊試藝等格優者用之。熙寧八年，始立教授試法，即舍人院召試大義五道。元豐七年，令諸州無教官，則長吏選在任官上其名，而監學審其可者使兼之。元祐中，罷試法，已而論薦益衆，乃詔須命舉乃得奏。紹聖初，三省立格，中制科及進士甲第、禮部奏名在上三人、府監廣文館第一人、從太學上舍得第，皆不待試，餘召試兩經大義各一道，合格則授教官。元符中，增試三經。政和二年，臣僚言：「元豐召試學官六十人，而所取四人，皆知名之士，故學者厭服。近試率三人取一，今欲十人始取一人，以重其選。」從之。自是或如舊法，中書選注。又嘗員外添置八行應格人爲大藩教官，不以涖職，隨廢。或用元豐試法，更革無常。

高宗初年，復教官試。紹興中，議者謂：「欲爲人師，而自獻以求進，非禮也。」乃罷試而自朝廷選差。已而又復之，凡有出身者許應，先具經義、詩、賦各三首赴禮部，乃下省闈，分兩場試之。初任爲諸州教官，由是爲兩學之選。十五年，從國子監丞文浩所言，於六經中取二經，各出兩題，毋拘義式，以貫穿該贍爲合格。其後，四川制置司遇類省試年，亦倣禮部附試，自嘉泰元年始。

中華書局

凡童子十五歲以下，能通經作詩賦，州升諸朝，而天子親試之。其命官、免舉無常格。眞宗景德二年，撫州晏殊、大名府姜蓋始以童子召試詩賦，賜殊進士出身，蓋同學究出身。尋復召殊試賦、論，帝嘉其敏贍，授祕書正字。後或罷或復。自仁宗即位，至大觀末，賜出身者僅二十人。

建炎二年，用舊制，親試童子，召見朱虎臣，授官賜金帶以寵之。後至者或誦經、史、子、集，或誦御製詩文，或誦兵書、習步射，其命官、免舉，皆臨期取旨，無常格。淳熙中，王克勤始以程文求試。內殿引見，孝宗嘉其警敏，補從事郎，令祕閣讀書。會禮部言：「本朝童子以文稱者，楊億、宋綬、晏殊、李淑，後皆爲賢宰相、名侍從。今郡國舉貢，問其所能，不過記誦，宜稍艱其選。」八年，始分爲三等：凡全誦六經、孝經、語、孟及能文，如六經義三道、語孟義各一道，或賦一道、詩一首爲上等，與推恩；誦書外能通一經，爲中等，免文解兩次；止能誦六經、語、孟爲下等，免文解一次。覆試不合格者，與賜帛。寧宗嘉定十四年，命歲取三人，期以季春集闕下。先試于國子監，而中書覆試之，爲永制焉。理宗後罷此科，須卓絕能文者，許諸郡薦舉。

科目既設，猶慮不能盡致天下之才，或韜晦而不屑就也，往往命州郡搜羅，而公卿得以薦言。若治平之黃君俞，熙寧之王安國，元豐則程頤，元祐則陳師道，元符則徐積，皆卓然較著者也。熙寧三年，諸路搜訪行義爲鄉里推重者，凡二十有九人。至，則館之太學，而劉蒙以下二十二人試舍人院，賜官有差，亦足以見幽隱必達，治世之盛也。其後，應詔者多失實，而朝廷亦厭薄之。

高宗垂意遺逸，首召布衣譙定，而尹焞以處士入講筵。其後束帛之聘，若王忠民之忠節，張志行之高尚，劉勉之、胡憲之力學，則賜出身，俾教授本郡，或賜處士號以寵之。所以振淸節，厲頹俗。如徐庭筠之不出，蘇雲卿之晦跡，世尤稱焉。寧宗慶元間，蔡元定以高明之資，講明一代正學，以尤袤、楊萬里之薦召之，固以疾辭，竟以僞學貶死，衆咸惜之。理、度以後，國勢日迫，賢者肥遯，迄無聞焉。

校勘記

〔一〕諸道提刑司選官即轉運置司州軍引試　「轉運」二字原舛置「提刑」下，據繫年要錄卷一一、通考卷三二選舉考改。

〔二〕中禁程文全用本朝人文集或歌頌及佛書全句者皆不考　「皆不考」三字衍。按通考卷三二選舉考記此事說：「太學博士王之望言：『舉人程文或純用本朝人文集數百言，或歌頌及佛書全句，舊式皆不考，建炎初悉從删去，故犯者多。』詔申嚴行下。」繫年要錄卷一五六所載略同，三字當係從「舊式皆不考」句誤入。

〔三〕進士具襴笏入殿起居　「襴」原作「爛」，據朝野雜記甲集卷一三新進士廷射條改正。

〔四〕時務則律曆地理爲一科　「則」字原脫，據通考卷三二選舉考、朱文公文集卷六九學校貢舉私議補。

〔五〕何淡　原作「何澹」，按何澹是另一人，於慶元二年除參知政事，見本書卷二一三宰輔表，不得於此時反爲祕書郎；本書卷三九四何澹傳未載此事，也未說他做過祕書郎。宋會要選舉六之四一、通考卷三二選舉考都作「何淡」，「淡」與「澹」通而訛。今改。

〔六〕學士兩省御史臺五品尙書省諸司四品以上　「御史臺」、「五品」原倒置，據本書卷六眞宗紀、宋會要選舉一〇之七乙正。

〔七〕元祐二年　「二年」原作「元年」，據本書卷一七哲宗紀、宋會要選舉一一之一五和二〇改。

〔八〕凡廷試前一年舉奏官具所舉者策論五十首奏上而次年試論六首御試策一道召試除官推恩略如舊制　「凡」至「首」十八字原舛置「舊制」下，據宋會要選舉一一之一五移正。

〔九〕但非奏舉皆可直除　「非」字原脫，據長編卷四一二、劉安世盡言集卷一論館職乞依舊召試再奏補。

〔一〇〕弊源尙在　「尙」原作「而」，據同上書同卷改。

〔一一〕七年　承上文當指乾道七年。但據宋會要選舉一一之三三、朝野雜記甲集卷一三，制舉六論以五通爲合格係淳熙四年事，此處疑有誤。

〔一二〕初制科取士必以三年十一年詔　「十一年」三字原舛置「初」上。承上文，此處「十一年」當指乾道十一年，而乾道實只九年，中興聖政卷六一繫此事於淳熙十一年，和本書卷三五孝宗紀合，據以移正。

〔一三〕同進士出身　「同」字原脫，據宋會要選舉一二之一一、朝野雜記甲集卷一三補。

二十四史

中華書局

宋史卷一百五十七

志第一百一十

選舉三 學校試 律學等試附

凡學皆隸國子監。國子生，以京朝七品以上子孫爲之，初無定員，後以二百人爲額。太學生，以八品以下子弟若庶人之俊異者爲之。及三舍法行，則太學始定置外舍生二千人，內舍生三百人，上舍生百人。始入學，驗所隸州公據，試補外舍，齋長、諭月書其行藝于籍。行謂率教不戾規矩，藝謂治經程文。季終考于學諭，次學錄，次正，次博士，後考于長貳。歲終會其高下，書於籍，以俟覆試，參驗而序進之。凡私試，孟月經義，仲月論，季月策。凡公試，初場經義，次場論策。試上舍，如省試法。凡內舍，行藝與所試之業俱優，爲上舍上等，取旨授官；一優一平爲中等，以俟殿試；俱平若一優一否爲下等，以俟省試。

元祐間，置廣文館生二千四百人，以待四方游士試京師者。律學生無定員，他雜學廢

置無常。崇寧建辟雍於郊，以處貢士，而三舍考選法乃遍天下。於是由州郡貢之辟雍，由辟雍升之太學，而學校之制益詳。凡國子以奏蔭恩廣，故學校不預考選，其得入官賜出身者，多由銓試。

初，國子監因周舊制，頗增學舍，以應蔭子孫隸學受業。開寶八年，國子監上言：「生徒舊數七十人，奉詔分習五經，然繫籍者或久不至，而在京進士、諸科，常赴講席肄業，請以補監生之闕。」詔從之。

景德間，許文武升朝官嫡親附國學取解，而遠鄉久寓京師，其文藝可稱，有本鄉命官保任，監官驗之，亦聽附學充貢。

仁宗時，士之服儒術者不可勝數。卽位初，賜兗州學田，已而命藩輔皆得立學。慶曆四年，詔曰：「儒者通天、地、人之理，明古今治亂之原，可謂博矣。然學者不得騁其說，而有司務先聲病章句以拘牽之，則吾豪儁奇偉之士，何以奮焉？士有純明朴茂之美[一]，而無敎學養成之法，使與不肖並進，則夫懿德敏行，何以見焉？此取士之甚敝，而學者自以爲患。夫遇人以薄者，不可責其厚也。今朕建學興善，以尊子大夫之行；更制革敝，以盡學者之才。有司其務嚴訓導、精察舉，以稱朕意。學者其進德修業，無失其時。其令州若縣

皆立學，本道使者選部屬官爲教授，員不足，取於鄉里宿學有道業者。」由是州郡奉詔興學，而士有所勸矣。

天章閣侍講王洙言[二]：「國子監每科場詔下，許品官子役然試藝[三]，給牒充廣文、太學、律學三館學生，多致千餘。就試試已，則生徒散歸，講官倚席，但爲游寓之所，殊無肄習之法。居常聽講者，一二十人爾。」迺限在學滿五百日，舊已嘗充貢者止百日。本授官會其實，京朝官保任，始預秋試，每十人與解三人[四]。凡入學授業，月旦卽親書到曆。如遇私故或疾告、歸寧，皆給假，違程及期月不來參者，去其籍。後諫官余靖極言非便，遂罷聽讀日限。

初立四門學，自八品至庶人子弟充學生，歲一試補。差學官鎖宿、彌封校其藝，疏名上聞而後給牒，不中式者仍聽讀，若三試不中，則出之。未幾，學廢。

時太學之法寬簡，而上之人必求天下賢士，使專敎導規矩之事。安定胡瑗設敎蘇、湖間二十餘年，世方尙詞賦，湖學獨立經義治事齋，以敦實學。皇祐末，召瑗爲國子監直講，數年，進天章閣侍講，猶兼學正。其初人未信服，謗議蜂起，瑗強力不倦，卒以有立。每公私試罷，掌儀率諸生會于首善，雅樂歌詩，乙夜乃散。士或不遠數千里來就師之，皆中心悅服。有司請下湖學，取其法以敎太學。

神宗尤垂意儒學，自京師至郡縣，既皆有學。歲時月各有試，程其藝能，以差次升舍，其最優者爲上舍，免發解及禮部試而特賜之第。遂顓以此取士。

太學生員，慶曆嘗置內舍生二百人。熙寧初，又增百人，尋詔通額爲九百人。四年，盡以錫慶院及朝集院西廡建講書堂四，諸生齋舍、掌事者直廬始僅足用。自主判官外，增置直講爲十員，率二員共講一經，令中書遴選，或主判官奏舉。生員釐爲三等：始入學爲外舍，初不限員，後定額七百人；外舍升內舍，員二百；內舍升上舍，員百。各執一經，從所講官受學，月考試其業，優等上之中書。其正、錄、學諭，以上舍生爲之，經各二員；學行卓異者，主判、直講復薦之中書，奏除官。始命諸州置學官，率給田十頃贍士。初置小學教授。帝嘗謂王安石曰：「今談經者人人殊，何以一道德？卿所著經，其以頒行，使學者歸一。」八年，頒王安石書、詩、周禮義于學官，是名三經新義。

元豐二年，頒學令：太學置八十齋，齋各五楹，容三十人。外舍生二千人，內舍生三百人，上舍生百人。月一私試，歲一公試，補內舍生；間歲一舍試，補上舍生，彌封、謄錄如貢舉法；而上舍試則學官不預考校。公試，外舍生入第一、第二等，升內舍；內舍生試入優、平二等[五]，升上舍：皆參攷所書行藝迺升。上舍分三等。學正增爲五人，學錄增爲十人，

中華書局

二十四史

學錄參以學生爲之。歲賜緡錢至二萬五千，又取郡縣田租、屋課、息錢之類，增爲學費。初，以國子名監，而實未嘗教養國子。詔許淸要官親戚入監聽讀，額二百人，仍盡以開封府解額歸太學，其國子生解額，以太學分數取之，毋過四十人。

哲宗時，初置在京小學，曰「就傅」、「初筮」，凡兩齋。復取太學額百人還開封府。先是，開封解額稍優，四方士子多冒畿縣戶，又隸太學不及一年不該解試者，亦往往冒戶。禮部按舊制，凡試國子監者，先補中廣文館生，乃投牒求試。元祐七年，遂依倣其法，立廣文館生。惟開封府元解百人許自試，其嘗取諸科二百、國子額四十者，皆以爲本館解額。遇貢舉年試館生，中者執牒詣國子監驗試，凡試者十人取一，開封考取亦如之。紹聖元年，罷廣文館，其額悉復還之開封府、國子監。

元祐新令，罷推恩之制。紹聖初，監察御史郭知章言：「先帝立三舍法，以歲月稽其行實，故入上舍而中上等者，得不經禮部試，特命以官。責備而持久，故其得也難，誘掖激勸，莫善於此。宜復元豐法，以廣樂育之德。」又請三學補外舍生，依元豐令一歲四試。於是詔：「太學生悉用元豐制推恩，上等即注官者，歲毋過二人；免禮部試者，每舉五人而止；免解試者二十人而止。仍計數對除省試發解額，其元祐法勿用。諸三舍升補等法，悉推行

舊制。」

三年，三省言：「元祐試補太學生不嚴，苟務多取，後試者無闕可撥，宜遵元豐初制，雖在籍生亦重試。」乃詔在籍生再試，許取三分，創求補者半之；惟上舍生及是年充貢員內舍、外舍先自元豐補入者免再試，餘非再試而中者皆降舍。蔡京上所修內外學制，始頒諸天下。

元符元年，詔許命官補國子生，毋過四十人。凡太學試，令優取二禮，許占全額之半，而以其半及他經。復置春秋博士。二年，初令諸州行三舍法，考選、升補，悉如太學。州許補上舍一人，內舍二人，歲貢之。其上舍附太學外舍，試中補內舍生，三試不升舍，遣還其州。其內舍免試，至則補爲外舍生。諸路選監司一員提舉學校，守貳董幹其事。遇補試上、內舍生，選有出身官一人，同教授考選，須彌封、謄錄。三年，太學試補外舍改用四季，學官自考，不謄錄，仍添試論一場。

崇寧元年，宰臣請：「天下州縣並置學，州置教授二員，縣亦置小學。縣學生選考升諸州學，州學生每三年貢太學。至則附試，別立號。考分三等：入上等補上舍，入中等補下等上舍，入下等補內舍，餘居外舍。諸州軍解額，各以三分之一充貢士。開封府留五十五額，解士人之不入學者，餘盡均給諸州，以爲貢額。外官子弟親戚，許入學一年，給牒至太學，用國子生額解試。州給常平或係省田宅充養士費，縣用地利所出及非係省錢。」三年，始定諸路增養縣學弟子員，大縣五十人，中縣四十人，小縣三十人。凡州縣學生曾經公、私試者復其身，內舍免戶役，上舍仍免借如官戶法。

命將作少監李誡，即城南門外相地營建外學，是爲辟廱。蔡京又奏：「古者國內外皆有學，周成均蓋在邦中，而黨庠、遂序則在國外。臣親承聖詔，天下皆興學貢士，即國南郊建外學以受之，俟其行藝中率，然後升諸太學。凡此聖意，悉與古合。今上其所當行者：太學專處上舍、內舍生，而外學則處外舍生。今貢士盛集，欲增太學上舍至二百人，內舍六百人，外舍三千人。外學爲四講堂、百齋，齋列五楹，一齋可容三十人。士初貢至，皆入外學，經試補入上舍、內舍，始得進處太學。太學外舍，亦令出居外學。其敕、令、格、式，悉用太學見制。國子祭酒總治學事，外學官屬，司業、丞各一人，稍減太學博士、正、錄員歸外學，仍增博士爲十員，正、錄爲五員，學生充學諭者十人，直學二人。」三舍生皆繇升貢，遂罷國子監補試。

又置諸王宮大、小學教授，立考選法，凡奉祠及仕而解官或需次者，悉許入內、外學。任子不係州土，隨所寓入學，仍別齋居處，別號試考。曾升補三舍生，後從獻助得官，其入

學視任子法。凡任子，不問文武，須隸學滿一年，始得求試。迺詔取士悉由學校升貢，其州郡發解及試禮部並罷。自是，歲試上舍，悉差知舉，如禮部試。

五年，著令：

凡縣學生隸學已及三月，不犯上二等罰，聽次年試補州學外舍，是名「歲升」。開封祥符生員，卽辟廱別爲齋，教養、升進如縣學法。願入鄰縣學者聽。惟赤縣校試，主以博士。每歲正月，州以公試上舍及歲升員，一院鎖宿，分爲三試。其公試，上舍率十取其六爲中格；中格已，以其名第自上而下參考察之籍；既在籍，又中選，卽六人之中取其四，以差升舍。其歲升中選者，得補外舍生。開封屬縣附辟廱別試，中者入辟廱充外舍。隸學三年，經兩試不預升貢，卽除其籍，法涉太嚴。今令三年內三經公試不預選，兩經補內舍，貢上舍不及格，且曾犯三等以上罰，若外舍，卽除籍罷歸縣，內舍降外舍，已嘗降而私試不入等，若曾犯罰，亦除籍，再赴歲升試。

凡州學上舍生升舍，以其秋卽貢入辟廱，長吏集闔郡官及提學官，具宴設以禮敦遣，限歲終悉集闕下。自川、廣、福建入貢者，給借職劵，過二千里給大將劵，續其路食，皆以學錢給之。如有孝弟、睦婣、任恤、忠和，若行能尤異爲鄉里所推，縣上之州，免試入學。州守貳若教授詢審無謬，卽保任入貢，具實以聞，不實者坐罪有差。

中華書局

太學試上舍生，本處與科舉相并，試以間歲。今既罷科舉，又諸州歲貢士，其改用歲試。每春季，太學、辟雍生悉公試，同院混取，總五百七十四人〔六〕。以四十七人爲上等，即推恩釋褐；一百四十人爲中等，遇親策士許入試；一百八十七人爲下等，補內舍生。凡上等上舍生暨特舉孝弟行能之士，不待廷試推恩者，許即引見釋褐。上舍仍先以試文卷進入，得可乃引賜。若上舍已該釋褐恩，而貢入在廷試前一年者，須在學又及半年，不犯上二等罰，乃得注官。

凡貢士入辟雍外舍，三經試不與升補，兩經試不入等，仍犯上三等罰者，削籍再赴本州歲升試，是名「退送」。即內舍已降舍，而又一試不與，或兩犯上四等罰者，亦如外舍法退送。太學外舍生已預考察者，許再經一試，以中否爲留遣，餘升降、退送悉如辟雍法。

凡有官人不入學而願試貢士者，不以文、武、雜出身，悉許之，惟贓私罪廢人則否。應試者，隨內外附貢士公試，皆別考，率以七人取一人。即預貢者，與辟雍春試貢士通考。中選入上等者，升差遣兩等，賜上舍出身；文行優者，奏聞而殊擢之。中等俟殿試，下等補內舍，不隸學，需再試。已仕在官而願試者，悉準此制。

凡在外官同居小功以上親，及其親姊妹女之夫，皆得爲隨行親，免試入所任鄰州

郡學。其有官人願學於本州者，亦免試，升補悉如諸生法，混試同考，惟升舍不侵諸生額，自用七人取一。若中者多，即以溢額名次理爲考察。若所親移替，願改籍他州學者聽。

太學上、內舍既由辟雍升入，又已罷科舉，則國子監解額無所用，盡均撥諸府、諸州解額，三分之，以爲三歲貢額，並令有司均定以聞。太學舊制，止分立優、平二等，自今欲令辟雍、太學試上舍中程者，皆參用察考，以差升補。其考察試格，悉分上、中、下三等。貢士則以本州升貢等第，太學內舍則以校定等第。每上舍試考已定，知舉及學官以中試之等參驗于籍，通定升絀高下，兩上爲上，一上一中及兩中爲中，一上一下及一中下、兩下爲下〔七〕。若兩格名次等第適皆齊同，即以試等歷考察之格，餘率以是爲差，仍推其法達之諸州。凡內外私試，始改用仲月，併試三場，試論日仍添律義。凡考察悉準在學人數，每內舍十人取五，外舍十人取六，自上而下分爲三等籍，以俟上舍考定而參用之。

是歲，貢士至辟雍不如令者，凡三十有八人，皆罷歸，而提學官皆罰金。建州浦城縣學生，隸籍者至千餘人，爲一路最，縣丞徐秉哲特遷一官。

初立八行科，詔曰：「學以善風俗，明人倫，而人材所自出也。今法制未立，殆無以厲天下。成周以六行賓興萬民，否則威之以不孝、不弟之刑。近因稽周法：立八行、八刑，頒之學校，兼行懲勸，庶幾於古。士有善父母爲孝，善兄弟爲悌，善內親爲睦，善外親爲婣，信於朋友爲任，仁於州里爲恤，知君臣之義爲忠，達義利之分爲和。凡有八行實狀，鄉上之縣，縣延入學，審考無僞，上其名於州。州第其等，孝、悌、忠、和爲上，睦、婣爲中，任、恤爲下。苟備八行，不俟中歲〔八〕，即奏貢入太學，免試補爲上舍。司成以下審考不誣，申省釋褐，優命之官；不能全備者，爲州學上等上舍，餘有差。」八刑則反八行而麗於罪，各以其罪名之。縣上其名於州，州稽於學，毋得補弟子員。然品目既立，有司必求其迹以應令，遂有牽合瑣細者。自元祐創經明行修科，主德行而略辭藝，間取禮部試黜之士，附賓恩科，當時固已咎其無所甄別。及八行科立，則三舍皆不試而補，往往設爲形迹，求與名格相應。於是兩科相望幾數十年，迺無一人卓然能自著見者，而八行又有甚敝。蓋後世欲追古制，而不知風俗教化之所從出，其難固如此夫。

開封始建府學，立貢士額凡五十，而士子不及三百，盡額而取，則涉太優，欲稍裁之。詔：「王畿立學，若不優誘使進，何以首善？其常解五十勿闕。」

大觀元年，詔願兼他經者，量立升進之法。大抵用本經決去取，而兼經所中等第特爲升貢。每歲附公試院而別異其號，每十五人取一人，分上、中、下等，別榜示之，唱名日，甄

別奏聞，與升甲，皆優於專經者。異時內外學官闕，皆得在選。縣學生三不赴歲升試及三赴歲升試而不能升州學者，皆除其籍。諸路賓興會試辟雍，獨常州中選者多，州守若教授俱遷一官。

政和四年，小學生近一千人，分十齋以處之，自八歲至十二歲，率以誦經書字多少差次補內舍。若能文，從博士試本經、小經義各一道，稍通補內舍，優補上舍。又詔：「學校教養額少，則野有遺士，應諸路學校及百人以上者，三分增一。」七年，試高麗進士權適等四人，皆賜上舍及第，遣歸其國。時宰臣留意學校，因事究覈，有司考閱防閑益密。先是，禮部上維修御試貢士敕令格式，又取舊制凡關學政者，分敕、令、格、式，成書以上。用給事中毛友言，初試補入縣學生，並簾試以別僞冒。徽宗崇尚老氏之學，知兗州王純乞於御注道德經注中出論題，范致虛亦乞用聖濟經出題。

宣和元年，帝親取貢士卷考定，能深通內經者，升之以爲第一。三年，詔：「罷天下州縣學三舍法，惟太學用之課試。開封府及諸路，並以科舉取士。太學官吏及州縣嘗置學官，凡元豐舊制所有者皆如故，其辟雍官屬及宗學并諸路提舉學事官屬並罷，內外學悉遵元豐成憲。」七年，詔：「政和中嘗命學校分治黃、老、莊、列之書，實失專經之旨，其內經等書並罷治。」

崇寧以來，士子各徇其黨，習經義則詆元祐之非，尙詞賦則誚新經之失，互相排斥，羣論紛紛。欽宗卽位，臣僚言：「科舉取士，要當質以史學，詢以時政。今之策問，虛無不根，古今治亂，悉所不曉。詩賦設科，所得名臣，不可勝紀，專試經義亦已五紀。救之之術，莫若遵用祖宗成憲。王安石解經，有不背聖人旨意，亦許采用。至於老、莊之書及字說，並應禁止。」詔禮部詳議。諫議大夫兼祭酒楊時言：「王安石著爲邪說，以塗學者耳目，使蔡京之徒，得以輕費妄用，極侈靡以奉上，幾危社稷。乞奪安石配饗，使邪說不能爲學者惑。」御史中丞陳過庭言：「五經義微，諸家異見，以所是者爲正，所否者爲邪，此一偏之大失也。頃者指蘇軾爲邪學，而加禁甚切；今已弛其禁，許采其長，實爲通論。而祭酒楊時矯枉太過，復詆王氏以爲邪說，此又非也。諸生習用王學，聞時之言，羣起而詆詈之，時引避不出，齋生始散。」詔罷時祭酒。而諫議大夫馮澥、崔鶠等復更相辨論，會國事危，而貢舉不及行矣。

建炎初，卽行在置國子監，立博士二員，以隨幸之士三十六人爲監生。紹興八年，葉琳上書請建學，而廷臣皆以兵興餽運爲辭。十三年，兵事稍寧，始建太學，置祭酒、司業各一員，博士三員，正、錄各一員，養士七百人：上舍生三十員，內舍生百員，外舍生五百七十員。

凡諸道住本州學滿一年，三試中選，不犯第三等以上罰，或不住學而嘗兩預釋奠及齒于鄉飲酒者，聽充弟子員。每歲春秋兩試之，旋命一歲一補，於是多士雲集，至分場試之。俄又詔三年一試，增至千員，中選者皆給綾紙贊詞以寵之。每科場四取其一。

自外舍有月校，而公試入等曰內舍；自內舍有月校，而舍試入等曰上舍；凡升上舍者，皆直赴廷對。二十七年，立定制：春季放補，遇省試年改用孟夏。

舊，太學遇覃恩無免解法，孝宗始創行之。在朝淸要官，許牒期親子弟作待補國子，別號考校。如太學生遇有期親任淸要官，更爲國子生，不預校定、升補及差職事，惟得赴公、私試，科舉則混試焉。

淳熙中，命諸生暇日習射，以斗力爲等差，比類公、私試，別理分數。自中興以來，四方之士，有本貫在學公據，皆得就補。帝始加限節，命諸路州軍以解試終場人數爲準，其薦貢不盡者，令百取六人赴太學，謂之「待補生」；其住本學及游學之類，一切禁止。元豐舊制，內舍生校定，分優、平二等。優等再赴舍試，又入優，則謂之兩優釋褐，中選者卽命以京秩，除學官。至是，始令先注職官，代還，注職事官，恩例視進士第二人。舊校定歲額五六分爲優選者，增爲十分矣。

光宗初，公試始令附省場別院。紹熙三年，禮部侍郎倪思請復混補法；命兩省、臺諫雜議可否。於是吏部尙書趙汝愚等合奏曰：「國家恢儒右文，京師、郡縣皆有學，慶曆以後，文物彬彬。中興以來，建太學于行都，行貢舉於諸郡，然奔競之風勝，而忠信之俗微。亦惟榮辱升沉，不由學校；德行道藝，取決糊名；工雕篆之文，無進修之志；視庠序如傳舍，目師儒如路人；季考月書，盡成文具。今請重教官之選，假守貳之權；倣舍法以育材，因大比以取士；考終場之數，定所貢之員；期以次年，試于太學。其諸州教養、課試、升貢之法，下有司條上。」思議遂寢。四年，詔國子監試中、上等小學生，比類諸州待補中選之額，放補一次。

寧宗慶元、嘉定中，始兩行混補。於是增外舍生爲千四百員，內舍校定，不係上舍試年分，以八分爲優等。又以國子生員多僞濫，命行在職事官期親、釐務官子孫乃得試補。嘉定十四年，詔自今待補百人取三人。舊法，自外舍升內舍，雖有校試，必公試合格，乃許升補。蓋私試皆學官自考，而公試則降敕差官。至是，歲終許取外舍生校最優者一人升內舍。

理宗復百取六人之制。紹定二年，以待補生自外方來參齋者，間有鬻帖僞冒之弊。遂命中選之人，召升朝保官二員批書印紙，仍命州郡守倅結罪保明，比照字跡無僞，方許簾引

注籍；犯者治罪，罰及保官。五年，以省試下第及待補生之羣試于有司者，有請託賄求之弊，學官考文，有親故交通之私，命今後兩學補試，並從廟堂臨時選差，卽令入院；凡用度，則用國子監供給學官事例。未幾，監察御史何處久又言：「宜遵舊制，以武學、宗學補試，併就兩學於大院排日引試，有親嫌人依避房法。且士子試卷頗多，考官頗少，期日既迫，費用不敷。」乃增給用度，仍添差考官五員。寶祐元年，復命分路取放補試員數，以免遠方士子道路往來之費及都城壅併之患。三年，復試於京師。

度宗咸淳二年正月，幸太學，謁先聖，禮成，推恩三學：前廊與免省試，內舍、上舍及已免省試者與升甲；起居學生與泛免一次，內該曾經兩幸人與補上州文學，如願在學者聽。其在籍諸生，地遠不及趁赴起居者，三學申請乞併行泛免一次，命特從之。凡諸生升舍在幸學之前者，方許陳乞恩例。七年正月，以壽和聖福皇太后兩上尊號，推恩三學，在齋生員並特與免解赴省一次。九年，外舍生晏泰亨以七分三釐乞理爲第三優，朝命不許，遂申嚴學法，今後及八分者方許歲校三名，如八分者止有一人，而援次優、三優之例者，亦須止少三、二釐，方可陳乞特放，庶不盡廢學法，當亦不過一人而止。

律學。國初置博士，掌授法律。熙寧六年，始卽國子監設學，置教授四員。凡命官、舉人皆得入學，各處一齋。舉人須得命官二人保任，先入學聽讀而後試補。習斷按，則試按一道，每道敍列刑名五事或七事；習律令，則試大義五道，中格乃得給食。各以所習，月一公試、三私試，略如補試法。凡朝廷有新頒條令，刑部卽送學。其犯降舍殿試者，薄罰金以示辱，餘用太學規矩，而命官聽出宿。尋又置學正一員，有明法應格而守選者，特免試注官，使兼之，月奉視所授官。後以教授一員兼管幹本學規矩，仍從太學例給晚食。元豐六年，用國子司業朱服言，命官在學，如公試律義、斷案俱優，準吏部試法授官；太學生能兼習律學，中公試第一，比私試第二等。

政和間，詔博士、學正依大理寺官除授，不許用無出身人及以恩例陳請。生徒犯罰者，依學規；仍犯不改，書其印曆或補牒，參選則理爲闕失。

建炎三年，復明法新科，進士預薦者聽試。紹興元年，復刑法科。凡問題，號爲假案，其合格分數，以五十五通分作十分，以所通定分數，以分數定等級：五分以上入第二等下，四分半以上入第三等上，四分以上入第三等中。以曾經試法人爲考官。五年，以李洪嘗中刑法入第二等，命與改秩，中書駁之。趙鼎謂：「古者以刑弼教，所宜崇獎。」高宗曰：「刑名

之學久廢，不有以優之，則其學絕矣。」卒如前詔。後議者謂得解人取應，更不兼經，白身得官，反易於有官試法。乃命所試斷案、刑名，全通及粗通以十分爲率，斷及五分、刑統義文理全通爲合格，及雖全通而斷案不及分數者勿取。仍自後舉兼經。十五年，罷明法科，以其額歸進士，惟刑法科如舊。二十五年，四川類省始附試刑法。

淳熙七年，祕書郎李巘言：「漢世儀、律、令同藏于理官，而決疑獄者必傅以古義。本朝命學究兼習律令，而廢明法科；後復明法，而以三小經附。蓋欲使經生明法，法吏通經。今所試止於斷案、律義，斷案稍通、律義雖不成文，亦得中選，故法官罕能知書。宜令習大法者兼習經義，參攷優劣。」帝曰：「古之儒者，以儒術決獄，若用俗吏，必流於刻。」乃從其奏，詔自今第一、第二、第三場試斷案，每場各三道，第四場大經義一道，小經義二道，第五場刑統律義五道。明年，命斷案三場，每場止試一道，每道刑名十件，與經義通取，四十分以上爲合格，經義定去留，律義定高下。

寧宗慶元三年，以議臣言罷經義，五年又復。嘉定二年，臣僚上言：「試法設科，本以六場引試，後始增經義一場，而止試五場，律義又居其一，斷案止三場而已，殊失設科之初意。且考試類多文士，輕視法家，惟以經義定去留，其弊一也。法科欲明憲章，習法令，察舉明比附之精微，識比折出入之錯綜，酌情法於數字之內，決是非於片言之間。比年案題字多，

專尙困人，一日之內，僅能謄寫題目，豈暇深究法意，其弊二也。刑法考官不過會中法科丞、評數人，由是請託之風盛，換易之弊興，其弊三也。今請罷去經義，仍分六場，以五場斷案，一場律義爲定。問題稍減字數，而求精於法律者爲試官，各供五六題，納監試或主文臨時點定。如是，讞議得人矣。」從之。六年，以議者言法科止試刑統，是盡廢理義而專事法律，遂命復用經義一場，以尙書、語、孟題各一篇及刑統大義，通爲五場。所出經題，不必拘刑名倫類，以防預備，以斷案定去留，經義爲高下，仍禁雜流入貲人收試。八年，罷四川類試刑法科。

初，凡試法科者，皆取撰成見義挾入試場。理宗淳祐三年，令刑部措置關防，其考試則選差大理丞、正歷任中外有聲望者，不許止用新科評事未經作縣之人。逮其試中，又當倣省試、中書覆試之法，質以疑獄，觀其讞筆明允，始與差除。時所立等第，文法俱通者爲上，徑除評事；文法粗通者爲次，與檢法；不通者駮放。

度宗咸淳元年，申嚴選試之法，凡引試刑法官，命題一如紹興式。八年，以試法科者少，特命考試命題，務在簡嚴，毋用長語。有過而願試者，照見行條法，除私罪應徒、或入已贓、失入死罪并停替外，餘犯輕罪者，與放行收試。或已經三試終場之人，已歷三考，赴部參注，命本部考覈元試，果有所批分數，不須舉狀，與注外郡刑法獄官差使一次，庶可激厲

誘掖。格法，試法科者，批及八分，方在取放之數。咸淳末，有僅及二分以上者，亦特取一名，授提刑司檢法官，寬以勸之也。

初，宗學廢置無常。凡諸王屬尊者，立小學于其宮。其子孫，自八歲至十四歲皆入學，日誦二十字。其已授環衞官、有學藝得召試遷轉者每有之，然非有司常試，乃特恩也。熙寧十年，始立宗子試法。凡祖宗祖免親已受命者，附鎖廳試；自祖免以外，得試于國子監。禮部別巽其卷而校之，十取其五，舉者雖多，解毋過五十人。廷試亦不與進士同考。年及四十、嘗累舉不中，疏其名以聞而錄用之。其官于外而不願附各路鎖試，許謁告試國子監。崇寧初，疏屬年二十五，以經義、律義試禮部合格，分二等附進士牓，與三班奉職，文優者奏裁。其不能試及試而黜者，讀律於禮部，推恩與三班借職，勿著爲令。及兩京皆置敦宗院，院皆置大、小學教授，立考選法，如熙寧格出官，所涖長貳或監司有二人任之，乃注授。後又許見在任者，於本任附貢士試。大觀三年，宗子釋褐者十二人。宗學官，須宗子中上舍第且有行者，方始爲之。四年，詔：「宗子之升上舍，不經殿試，遽命之官，熙寧法不如是。其依貢士法，俟殿試補入上、中等者，唱名日取裁。」後又定上等賜上舍及第，中等賜

出身，授官有差。凡隸學，有篤疾若親老無兼侍者，大宗正察其實，罷歸。宣和二年，詔罷量試出官之法。

紹興二年，帝初策士及宗子于集英殿。五年，初復南省試。十四年，始建宗學于臨安，生員額百人：大學生五十人，小學生四十人，職事各五人。置諸王宮大、小學教授一員。在學者皆南宮、北宅子孫，若親賢宅近屬，則別選館職教授。初，行在宗室試國子監者，有官鎖廳，七取其三；無官應舉，七取其四；無官祖免親取應，文理通爲合格，不限其數；而外任主宮觀、嶽廟試于轉運司者，取放之額同進士。十五年，命諸路宗室願赴行在試者，依熙寧舊制，並國子監請解；不願者，依崇寧通用貢舉法，所以優國族也。

孝宗登極，凡宗子不以服屬遠近、人數多寡，其曾獲文解兩次者，並直赴廷試，略通文墨者，量試推恩。習經人本經義二道，習賦人詩賦各一首，試論人論一首，仍限二十五歲以上合格。第一名承節郎，餘並承信郎。曾經下省人，免量試，推恩。四川則附試于安撫制置司。於是入仕者驟踰千人。隆興元年，詔量試不中、年四十以上補承信郎，展三年出官，餘並於後舉再試。四月，御射殿引見取應省試第一人，賜同進士出身，第二、第三人補保義郎，餘四十人承節郎，七人承信郎。凡宗室鎖廳得出身者，京官進一秩，選人比類循資；無官應舉得出身者，補修職郎；濮、秀二王下子孫中進士舉者，更特轉一秩。

乾道五年，命宗室職事隨侍子弟許赴國子監補。六年，臣僚上言：「神宗朝，始立教養、選舉宗子之法。保義至秉義，鎖試則與京秩，在末科則升甲，取應不過量試注官，所以寵異同姓，不與寒畯等也。然曩時向學者少，比年儁異者多，或冠多士，或登詞科，幾與寒士齊驅；而入仕寖繁，未知裁抑，非所以示至公也。」於是禮部請鎖廳登第者，舊於元官上轉行兩官，自今止依元資改授，餘准舊制。十二年〔九〕，右正言胡衞請：「自今宗室監試，無官應舉，照鎖廳例七取其二；省試則三舉所放人數如取應例，立爲定額。」從之。

寧宗嘉定四年，詔鎖廳應舉，省試第一名，殿試唱名授官日，於應得恩例外，更遷一秩。九年，以宮學併歸宗庠，教授改爲博士、宗諭。十四年，命前隸宮學近屬，令附宗學公、私試，中選者與正補宗學生，近屬子孫年十五以下者，許試小學生。復置諸王宮大、小學教授一員。宗學解試依太學例取放，每舉附國子監發解所，異題別考。

理宗寶慶二年，以鎖廳宗子第一名若揩學深春秋，秀出譜籍，與補保義郎，特賜同進士出身，仍換修職郎。端平元年，命宗子鎖廳應舉解試，凡在外州軍，或寄居，或見任隨侍，及見寓行在就試者，各召知識官委保正身，國子監取其宗子出身、訓名、生長左驗，以憑保收試，仍於試卷家狀內具保官職位、姓名，以防欺詐。淳祐二年，建內小學，置教授二員，選宗子就學。寶祐元年五月，特、正奏名進士宗子必晄等二人特授保義郎，若璁等二十九人承節郎，敕略曰：「必晄等取應及選，咸補右階，蓋欲誘之進學，而教以入仕也。其毋以是自畫焉。」

度宗咸淳元年，以鎖廳應舉宗子兩請，舉人遇郎位赦恩，並赴類試。其曾經覆試文理通者，照例升等；文理不通及未經覆試者則否；第五等人特與免銓出官。九年，凡無官宗子應舉，初生則用乳名給據，既長則用訓名。其赴諸路漕司之試，有一人前後用兩據、印二卷者。至是，命漕司並索乳名、訓名各項公據，方許收試，以杜姦弊。

武舉、武選。咸平時，令兩制、館閣詳定入官資序故事〔一〇〕，而未及行。仁宗時，嘗置武學，既而中輟。天聖八年，親試武舉十二人，先閱其騎射而試之，以策爲去留，弓馬爲高下。

神宗熙寧五年，樞密請建武學於武成王廟，以尚書兵部郎中韓縝判學，內藏庫副使郭固同判，賜食本錢萬緡。生員以百人爲額，選文武官知兵者爲教授。使臣未參班與門蔭、草澤人召京官保任，人材弓馬應格，聽入學，習諸家兵法。教授纂次歷代用兵成敗、前世忠義之節足以訓者，講釋之。願試陣隊者，量給兵伍。在學三年，具藝業考試等第推恩，未及格者，逾年再試。凡試中，三班使臣與三路巡檢、砦主，未有官人與經略司教隊、差使，

三年無過，則升至大使臣，有兩省、待制或本路鈐轄以上三人保舉堪將領者，並兼諸衞將軍，外任回，歸環衞班。

科場前一年，武臣路分都監、文官轉運判官以上各奏舉一人，聽免試入學。生員及應舉者不過二百人。春秋各一試，步射以一石三斗，馬射以八斗，矢五發中的；或習武伎，副之策略，雖弓力不及，學業卓然：並爲優等，補上舍生，毋過三十人。試馬射以六斗，步射以九斗，策一道，孫、吳、六韜義十道，五通補內舍生。馬步射、馬戰應格，對策精通、士行可稱者，上樞密院審察試用；雖不應格而曉術數、知陣法、智略可用，或累試策優等，悉取旨補上舍；武藝、策略累居下等，復降外舍。

先是，樞密院修武舉試法，不能答策者，答兵書墨義。王安石奏曰：「三路義勇藝入三等以上，皆有旨錄用，陛下又欲推府界保甲法於三路，則武力之人已多。近以學究一科，從誦書不曉理廢之，而武舉復試墨義，則亦學究之流，無補於事。先王收勇力之士，皆屬於車右者，欲以備禦侮之用，則記誦何所施？」於是悉從中書所定。凡武舉，始試義、策於秘閣，武藝則試于殿前司，及殿試，則又試騎射及策于庭。策、武藝俱優爲右班殿直，武藝次優爲三班奉職，又次借職，末等三班差使、減磨勘年。策入平等而武藝優者除奉職，次優借職，又次三班差使、減磨勘年，武藝末等者三班差使。八年，詔武舉與文舉進士同時鎖試於貢

院，以防進士之被黜而改習者，遂罷祕閣試。又以六韜本非全書，止以孫、吳書爲題。

元豐元年，立大小使臣試弓馬藝業出官法：第一等，步射一石，矢十發三中，馬射七斗，馬上武藝五種，孫、吳義十通七，時務邊防策五道文理優長，律令義十通七，中五事以上〔一一〕免短使、減一任監當，三事以上免短使、升半年名次，兩事升半年，一事升一季；第二等，步射八斗，矢十發二中，馬射六斗，馬上武藝三種，孫、吳義十通五，策三道成文理，律令義十通五，中五事免短使、升半年，三事升半年，兩事升一季，一事與出官；第三等，步射六斗，矢十發一中，馬射五斗，馬上武藝兩種，孫、吳義十通三，策三道成文理，律令義十通三，計算錢穀文書五通三，中五事升半年，三事升一季，兩事與出官。其步射並發兩矢，馬射發三矢，皆著爲格。四年，罷試律義。七年，止試孫、吳書大義一場，第一等取四通、次二等三通、三等二通爲中格。元祐四年，詔解試、省試增策一道。

崇寧間，諸州置武學。立考選升貢法，倣儒學制，其武藝絕倫、文又優特者，用文士上舍上等法，歲貢釋褐；中等仍隸學俟殿試。凡試出官使臣，仍赴殿前司呈試。諸州武士試補，不得文士同一場。馬射三上垜，九斗爲五分，八斗爲四分，七斗爲三分。九斗、八斗、七斗再上垜及一上垜，視此爲差，理爲分數。馬射一中帖當兩上垜，一中的當兩中帖。

舊制，武舉三年一試，命官不過三十餘人，後增額，以每貢者三人卽取一以升上舍，積迭增展，遂至百人入流，比文額太優。四年〔一二〕，詔自今貢試上舍者，取十人入上等，四十人入中等，五十人入下等，皆補充武學內舍，人材不足聽闕之，餘不入等者，處之外舍。大抵以弓馬程文兩上一上、兩中一中、兩下一下相參以爲第。凡州教諭，須州郡監乃得兼，吏部取武舉、武士上舍出身者。

政和三年，以隸學者衆，凡經三歲校試而不得一與者，除其籍。宣和二年，尚書省言：「州縣武學既罷，有願隸京城武學者，請用元豐法補試。舊制，不入學而從保舉以試者，附試武學外舍，通取一百人，借上舍生發解。今既罷科舉，請依元豐法奏舉，歲終集闕下，免試補外舍生，赴次年公試。其春選升補推恩，依大觀法。」

靖康元年，詔諸路有習武藝、知兵書者，州長貳以禮遣送詣闕，毋限數，將親策而用之。

建炎三年，詔武舉人先經兵部驗視弓馬于殿前司，仍權就淮南轉運司別場附試七書義五道，兵機策二首。紹興五年，帝御集英殿策武舉進士，翌日閱試騎射，策入優等與保義、承節郎，平等承信郎，其武藝不合格者，與進義校尉。川、陝宣撫司類省試武藝合格人並補官。十二年，御試，正奏名，策入優等承節郎，平等承信郎、進義校尉；特奏名，平等進義校尉，各展磨勘有差。十六年，始建武學。兵部上武士弓馬及選試去留格，凡初補入學，步射弓一石，若公、私試步騎射不中，卽不許試程文，其射格自一石五斗以下至九斗，凡五等。

二十六年，帝見武學頹弊，因論輔臣曰：「文武一道也，今太學就緒，而武學幾廢，恐有遺才。」詔兵部討論典故，參立新制。凡武學生習七書兵法、步騎射，分上、內、外三舍，學生額百人。置博士一員，以文臣有出身或武舉高選人爲之；學諭一員，以武舉補官人爲之。凡補外舍，先類聚五人以上附私試，先試步射一石弓，不合格不得試程文，中格者依文士例試七書義一道。其內舍生私試，程文三在優等，弓馬兩在次優，公試入等，具名奏補。試上舍者，以就試人三取其一，以十分爲率，上等一分，中等二分，下等七分，仍以三年與發解同試。凡內舍補上舍，以上舍試合格入等與行藝相參，兩上者爲上等，一上一中或兩中及一上一下爲中等，一中一下或兩下、一上一否爲下等，仍不犯第三等罰、士行可稱者，具名奏補。二十七年，御試第一名趙應熊武藝絕倫，又省試第一，特與保義郎、閤門祗候。二十九年，修立武舉入官資格〔一三〕；命武舉人自今依府監年數免解。

孝宗隆興元年御試，得正奏名三十七人。殿中侍御史胡沂言：「唐郭子儀以武舉異等，初補右衞長史，歷振遠、橫塞、天德軍使。國初，試中武藝人並赴陝西任使。又武舉中選

者，或除京東捉賊，或三路沿邊，試其效用，或經略司教押軍隊、準備差使，今率授以榷酤之事，是所取非所用，所用非所學也。請取近歲中選人數，量其材品、考任，授以軍職，使之習練邊事，諳曉軍旅，實選用之初意也。」

乾道二年，中書舍人蔣芾亦以爲言，請以武舉登第者悉處之軍中。帝以問洪适，适對曰：「武舉人以文墨進，雜於卒伍非便也。」帝曰：「累經任者，可以將佐處之。」是歲，以登極推恩，武舉進士比文科正奏名例，第一名升一秩爲成忠郎，第二、第三名依第一名恩例。

五年，兵部請外舍有校定人，參考榜上等者，候滿一年，私試四入等及不犯三等以上罰，或有校定而參考在中下等，候再試參考入中等，聽升補外舍生，赴公試。舊，除射親許試五等弓外〔一四〕，步射、馬射止許試第三等以下弓〔一五〕，程文雖優而參考弓馬分數難以對入優等；自今許比上舍法，不以馬、步、射親〔一六〕，並通試五等。

吏部言：「武舉比試、發解、省試三場，依條以策義考定等第，具字號，會封彌所，以武藝并策義參考。今比試自依舊法，其解、省兩場，請依文士例，考定字號，先具奏聞，拆號放牓。」從之。初命武學生該遇登極覃恩，曾升補內舍或在學及五年曾經公、私試中人，並令赴省。是歲廷試，始依文科給黃牒，榜首賜武舉及第，餘並賜武舉出身。其年，頒武舉之法。令四川帥臣、憲、漕、知州軍監及寄居侍從以上各舉武士一員，興元府、利閬金洋階成西和

鳳州各三員，拔其尤者送四川安撫司，解試、類省，並如文科

淳熙元年，議者請：「武學外舍生有校定公試合格，令試五等弓馬，與程文五等相參，入中上等者，據闕升補，餘俟再試入等升補。」從之。帝御幄殿，引見正奏名，呈試武藝。二年，以武科授官與文士不類，詔自今第一人補秉義郎，堂除諸司計議官，序位在機宜之上；第二、第三人保義郎，諸路帥司準備將領，代還，轉忠翊郎；第四、第五人承節郎，諸路兵馬監押，代還，轉保義郎：皆倣進士甲科恩例。

四年，以文科狀元代還，例除館職，亦召武舉榜首爲閤門舍人。五年，始立武學國子額，收補武臣親屬；其文臣親屬，願附補者亦聽。七年，初立武舉絕倫并從軍法：凡願從軍者，殿試第一人與同正將，第二、第三名同副將，五名以上、省試第一名、六名以下並同準備將〔七〕；從軍以後，立軍功及人材出衆者，特旨擢用。帝曰：「武舉本求將帥之材，今前名皆從軍，以七年爲限，則久在軍中，諳練軍政，他日可備委任。」八年，命特奏名補官，展減磨勘有差。九年，議者以爲從軍之人，率多養望，不屑軍旅。詔自今職事勤恪者，從主帥保奏升差，懈惰者按劾。

光宗紹熙元年，武臣試換文資，南渡以前許從官三人薦舉，紹興令敦武郎以下聽召保

官二人，以經義、詩賦求試，其後太學諸生久不第者，多去從武舉，已乃鎖廳應進士第。凡以秉義或忠翊皆換京秩，恩數與第一人等。後以林穎秀言：「武士舍棄弓矢，更習程文，褒衣大袖，專倣舉子。夫科以武名，不得雄健喜功之士，徒啓其僥倖名爵之心。」於是詔罷鎖廳換試。寧宗卽位，復其制。慶元五年，命兩淮、京西、湖北諸郡倣兵部及四川法，於本道安撫司試武士，合格者，赴行在解試，別立字號，分項考校，撥十名爲解額，五名省額。理宗紹定元年，命武舉進士避親及所舉之人止避本廳，令無妨嫌官引試，若合格，則朝廷別遣官覆試。淳祐九年，以北兵屢至，命極邊、次邊一體收試，仍量增解額五名、省額二名。是歲，武舉正奏名王時發已係從軍之人，充殿前司左軍統領，既登第，換授，特命就本職上與帶「同」字，以示優厚勸奬。度宗咸淳六年，命禮部貢院於武舉進士平等每百人內，取放待補十人，絕倫每百人內，取待補十三人。

算學。崇寧三年始建學，生員以二百一十人爲額，許命官及庶人爲之。其業以九章、周髀及假設疑數爲算問，仍兼海島、孫子、五曹、張丘建、夏侯陽〔八〕算法并曆算、三式、天文書爲本科。本科外，人占一小經，願占大經者聽。公私試、三舍法略如太學。上舍三等推恩，以通仕、登仕、將仕郎爲次。大觀四年，以算學生歸之太史局，併書學生入翰林書藝局，畫學生入翰林圖畫局，醫學生入太醫局。

紹興初，命太史局試補，併募草澤人。淳熙元年春，聚局生子弟試曆算崇天、宣明、大衍曆三經，取其通習者。五年，以紀元曆試。九年，以統元曆試。十四年，用崇天、紀元、統元曆三歲一試。紹熙〔九〕二年，命今歲春銓太史局試，應三全通、一粗通，合格者並特收取，時局生多闕故也。嘉定四年，命局生必俟試中，方許轉補。

理宗淳祐十二年，祕書省言：「舊典以太史局隸祕省，今引試局生不經祕書，非也。稽之於令，諸局官應試曆算、天文、三式官，每歲附試，通等則以精熟爲上，精熟等則以習他書多爲上，習書等則以占事有驗爲上。諸局生補及二年以上者，並許就試。一年試曆算一科，二年試天文、三式兩科，每科取一人。諸同知算造官闕有試，翰林天文官闕有試，諸靈臺郎有應試補直長者，諸正名學生有試問景祐新書者，諸判局闕而合差，諸秤漏官五年而轉資者，無不屬於祕書；而局官等人各置脚色，遇有差遣、改補、功過之類，並申祕書。今乃一切自行陳請，殊乖初意。自今有違令補差，及不經祕書公試補中者，中書執奏改正，仍從舊制，申嚴試法。」從之。

書學生，習篆、隸、草三體，明說文、字說、爾雅、博雅、方言，兼通論語、孟子義，願占大經者聽。篆以古文、大小二篆爲法，隸以二王、歐、虞、顏、柳眞行爲法，草以章草、張芝九體爲法。考書之等，以方圓肥瘦適中，鋒藏畫勁，氣淸韻古，老而不俗爲上；方而有圓筆，圓而有方意，瘦而不枯，肥而不濁，各得一體者爲中；方而不能圓，肥而不能瘦，模倣古人筆畫不得其意，而均齊可觀爲下。其三舍補試升降略同算學法，惟推恩降一等。自初置及併罷年數，悉同算學。

畫學之業，曰佛道，曰人物，曰山水，曰鳥獸，曰花竹，曰屋木，以說文、爾雅、方言、釋名教授。說文則令書篆字，著音訓，餘書皆設問答，以所解義觀其能通畫意與否。仍分士流、雜流，別其齋以居之。士流兼習一大經或一小經，雜流則誦小經或讀律。考畫之等，以不倣前人而物之情態形色俱若自然，筆韻高簡爲工。三舍試補、升降以及推恩如前法。惟雜流授官，止自三班借職以下三等。

醫學，初隸太常寺，神宗時始置提舉判局官及教授一人，學生三百人。設三科以教之，曰方脈科、鍼科、瘍科。凡方脈以素問、難經、脈經爲大經，以巢氏病源、龍樹論、千金翼方爲小經，鍼、瘍科則去脈經而增三部鍼灸經。常以春試，三學生願與者聽。崇寧間，改隸國子監，置博士、正、錄各四員，分科教導，糾行規矩。立上舍四十人，內舍六十，外舍二百〔二〇〕，齋各置長、諭一人。其考試：第一場問三經大義五道，次場方脈試脈證、運氣大義各二道；鍼、瘍試小經大義三道，運氣大義二道；三場假令治病法三道。中格高等，爲尙藥局醫師以下職，餘各以等補官，爲本學博士、正、錄及外州醫學教授。紹興中，復置醫學，以醫師主之。翰林局醫生幷奏試人，並試經義一十二道，取六通爲合格。乾道三年，罷局而存御醫諸科，後更不置局而存留醫學科，令每舉附省闈別試所解發，太常寺掌行其事。淳熙十五年，命內外白身醫士，經禮部先附銓闈，試脈義一場三道，取其二通者赴次年省試，經義三場一十二道，以五通爲合格，五取其一補醫生，俟再赴省試升補，八通翰林醫學，六通祇候，其特補、薦補並停。紹熙二年，復置太醫局，銓試依舊格。其省試三場，以第一場定去留，墨義、大義等題倣此。

補道職，舊無試，元豐三年始差官考試，以道德經、靈寶度人經、南華眞經等命題，仍試齋醮科儀祝讀。政和間，卽州、縣學別置齋授道徒。蔡攸上諸州選試道職法，其業以黃帝內經、道德經爲大經，莊子、列子爲小經。提學司訪求精通道經者，不問已命、未仕，皆審驗以聞。其業儒而能慕從道教者聽。每路於見任官內，選有學術者二人爲幹官，分詣諸州檢察教習。內經、道德經置博士，聖濟經兼講。道徒升貢，悉如文士。初入官，補志士道職，賜褐服，藝能高出其徒者，得推恩。道徒術業精退，州守貳有考課殿最罪法。陳州學生慕從道教，踰月而道徒換籍，殆與儒生相半。有宋瑀者，願改道徒內舍，獻神霄玉淸萬壽宮雅一篇，特換志士，俟殿試。由是長倅以下受賞有差，其誘勸之重如此。宣和二年，學罷。

校勘記

〔一〕士有純明朴茂之美　「有」原作「以」，據宋會要選舉三之二九、宋大詔令集卷一五七建學詔改。

〔二〕天章閣侍講王洙言　本句以下一段敍述，據宋會要崇儒一之二九、通考卷四二學校考都繫在慶曆二年，當移置上段「慶曆四年」之前。

〔三〕許品官子役然試藝　文意不明。同上書同卷載此文都作：「許品官子弟投保官家狀量試藝業。」疑「役然」二字乃「投狀」二字之訛。

〔四〕每十人與解三人　「三人」二字原脫，據同上書同卷篇補。

〔五〕內舍生試入優平二等　「內舍生」三字原脫，據宋會要職官二八之九、長編卷三〇一補。

〔六〕總五百七十四人　疑當作「總三百七十四人」。按下文所列：上等四十七人，中等一百四十人，下等一百八十七人，共三百七十四人。

〔七〕一上一下及一中下兩下爲下　原刊「一中下」、「兩下」間有二十三字空格，殿、局本都無空格。

〔八〕不俟中歲　通考卷四六學校考作「不俟終歲」，宋會要選舉一二之三四作「不以時隨奏貢入太學」。

〔九〕十二年　承上文當指乾道十二年，乾道無十二年，疑有誤。

〔一〇〕入官資序故事　「序」字原脫，據宋會要選舉一七之五、通考卷三四選舉考補。

〔一一〕中五事以上　「事」字原脫，據下文「三事」、「兩事」例和長編卷二九五補。

〔一二〕四年　承上文當指崇寧四年，宋會要選舉一七之二〇、一七之二一繫此事於大觀四年，志文當失書「大觀」紀元。

〔一三〕二十九年修立武舉入官資格　「二十九年」原置「資格」下，據宋會要選舉一七之二八、玉海卷一一六移正。

〔一四〕除射親許試五等弓外　「射親」原置「除」字上，據宋會要崇儒三之三八乙正。

〔一五〕止許試第三等以下弓　「下」原作「上」。按宋會要崇儒三之三八：「博士劉敦義言，武學外舍生赴公試，元降指揮除射親許試五等弓外，步射、馬射止許試第三等以下弓。」「其已上兩等弓力，卽無法試設。」「上」當作「下」據改。

〔一六〕不以馬步射親　「馬」原作「爲」。按當時弓馬試分射親、馬射、步射三門，此處「馬步」卽馬射、步射的簡稱。宋會要作「不以馬步射親」，「爲」字誤，據改。

〔一七〕五名以上省試第一名六名以下並同準備將　「準備將」，原作「準補將」。按宋會要選舉一八之三：「第四、第五名並省試第一名堪充兵將官，……同準備將；……第六名以下堪充兵將官，……準備差遣。」朝野雜記甲集卷一三「五名以上及省試魁同準備將。」「補」應作「備」，據改。

〔一八〕夏侯陽　「陽」字原脫，據本書卷二〇七藝文志、通考卷四二學校考補。

〔一九〕紹熙　原作「紹興」，按上文已敍至紹興十四年，此處不當又作「紹興二年」，宋會要職官一八之九七作「紹熙」，據改。

〔二〇〕外舍二百　「二百」原作「二十」。按宋代學制，外舍生員人數最多，次內舍，上舍最少。此處外舍數目不應反少於上舍；宋會要崇儒三之一一作「二百」，據改。

宋史卷一百五十八

志第一百一十一

選舉四 銓法上

太祖設官分職，多襲五代之制，稍損益之。凡入仕，有貢舉、奏廕、攝署、流外、從軍五等。吏部銓惟注擬州縣官、幕職，兩京諸司六品以下官皆無選；文臣少卿、監以上中書主之，京朝官則審官院主之；武臣刺史、副率以上內職，樞密院主之，使臣則三班院主之。其後，典選之職分爲四：文選曰審官東院，曰流內銓，武選曰審官西院，曰三班院。元豐定制而後，銓注之法，悉歸選部：以審官東院爲尚書左選，流內銓爲侍郎左選，審官西院爲尚書右選，三班院爲侍郎右選，於是吏部有四選之法。文臣寄祿官自朝議大夫、職事官自大理正以下，非中書省敕授者，歸尚書左選；武臣升朝官自皇城使、職事官自金吾階衞仗司〔一〕以下，非樞密院宣授者，歸尚書右選；自初仕至州縣幕職官，歸侍郎左選；自借差、監當至

供奉官、軍使，歸侍郎右選。凡應注擬、升移、敍復、廕補、封贈、酬賞，隨所分隸校勘合格，團甲以上尚書省，若中散大夫、閤門使以上，則列選敍之狀上中書省、樞密院，得畫旨，給告身。

凡選人階官爲七等：其一曰三京府判官，留守判官，節度、觀察判官，即後來承直郎。其二曰節度掌書記，觀察支使，防禦、團練判官，即後來儒林郎。其三曰軍事判官，京府、留守、節度、觀察推官，即後來文林郎。其四曰防禦、團練、軍事推官，軍、監判官，即後來從事郎。其五曰縣令、錄事參軍，即後來從政郎。其六曰試銜縣令、知錄事，即後來修職郎。其七曰三京軍巡判官，司理、戶曹、司戶、法曹、司法參軍，主簿，縣尉。即後來迪功郎。七階選人須三任六考，用奏薦及功賞，迺得升改。

凡改官，留守、兩府、兩使判官，進士授太常丞，舊亦授正言、監察或太常博士，後多不除。餘人太子中允；舊亦授殿中丞。支使，掌書記，防禦、團練判官，進士授太子中允，或秘書郎。餘人著作佐郎；兩使推官、軍事判官、令、錄事參軍，進士授著作佐郎，餘人大理寺丞；初等職官知縣，知錄事參軍，防禦、團練、軍事推官，軍、監判官，進士授大理寺丞，餘人衞尉寺丞；惟判、司、主簿、縣尉七考，進士授大理寺丞，餘人衞尉寺丞。自節、察判官至簿、尉，考不及格者遞降等。

凡非登科及特旨者，年二十五方注官。凡三班院，二十以上聽差使，初任皆監當，次任爲監押、巡檢、知縣。凡流外人，三任七考，有舉者六員，移縣令、通判；有班行舉者三員，與磨勘。凡進納人，六考，有職官或縣令舉者四員，移注；四任十考，有改官者五人舉之，與磨勘。

初定四時參選之制：凡本屬發選解，並以四孟月十五日前達省，自千里至五千里外，爲五等日期離本處；若違限及不如式，本判官罰五十直，錄事參軍、本曹官各殿一選；諸州四時具員闕報吏部，踰期及漏誤，判官罰七十直，錄事參軍以下殿一選；在京百司發選解及送闕，違期亦有罰；諸歸司官奏年滿，俟敕下，準格取本司文解赴集，流外銓則據其人自投狀申奏，亦依四時取解參選；凡州縣老疾不任事者，許判官、錄事參軍糾舉以聞，判官、錄事參軍則州長吏糾之。藩郡監牧，每遣朝臣攝守，往往專恣。太祖始削外權，命文臣往涖之；由是內外所授官，多非本職，惟以差遣爲資歷。

建隆四年，詔選朝士分治劇邑，以重其事。大理正奚嶼知館陶，監察御史王祜知魏，楊應夢知永濟，屯田員外郎于繼徽知臨淸，常參官宰縣自此始。舊制，畿內縣赤、次赤；畿外三千戶以上爲望，二千戶以上爲緊，一千戶以上爲上，五百戶以上爲中，不滿五百戶爲中下。有司請據諸道所具板圖之數，升降天下縣，以四千戶以上爲望，三千戶以上爲緊，二

千戶以上爲上，千戶以上爲中，不滿千戶爲中下。自是，注擬以爲資敍。又詔：「周廣順中廢出選門州縣官，於南曹投狀，準格敕考校無礙，與除官；其敍復者，刑部檢勘送銓。」

先是，選格未備。乾德二年，命陶穀等議：

凡拔萃、制舉及進士、九經判中者，並入初等職官，判下者依常選。初入防禦團練軍事推官、軍事判官者，並授將仕郎，試校書郎。周三年得資，即入留守兩府節度推官、軍事判官，並授承奉郎，試大理評事。又周三年得資，即入掌書記、防禦團練判官，並授宣德郎，試大理評事兼監察御史。周二年得資，即入留守、兩府、節度、觀察判官，並授朝散大夫，試大理司直兼監察御史。周一年，入同類職事、諸府少尹。又周一年，送名中書門下，仍依官階，分爲四等。已至兩使判官以上、次任入同類職事者，加檢校官或轉運憲銜〔二〕。凡觀察判官以上，緋十五年乃賜紫。每任以周三年爲限，閏月不預，每周一年，校成一考。其常考，依令錄例，書「中」、「上」；公事闕遺、曾經殿罰者，即降考一等；若校成殊考，則南曹具功績，請行酬獎；或考滿未代，更一周年與成第四考，隨有罷者不赴集；其奏授職事，書校考第，並準新格參選。

自是銓法漸有倫矣。帝又慮銓曹惟用資歷，而才傑或湛滯，乃詔吏部取赴集選人歷任課績多而無闕失、其材可副升擢者，送中書引驗以聞。時仕者愈衆，頗委積不可遣。

中華書局

開寶初，令選人應格者，到京即赴集，不必限四時；及成甲次〔三〕，又給限：南曹八日，銓司旬有五日，門下省七日，自磨勘、注擬及點檢謝詞，總毋踰一月。若別論課績，或負過名須考驗〔四〕，行遣如法；及資考未合注擬者，不在此限。

三年，詔曰：「吏多難以求其治，祿薄未可責其廉，與其冗員重費，不若省官益奉。州縣官宜以戶口爲率，差減其員，舊奉月增給五千。西川管內諸州，凡二萬戶，依舊設曹官三員；戶不滿二萬，置錄事參軍、司法參軍各一員，司法兼司戶；不滿萬戶，止置司法、司戶，司戶兼錄事參軍；戶不滿五千，止置司戶，兼司法及錄事參軍。縣千戶以上，依舊置令、尉、主簿凡三員；戶不滿千，置令、尉，縣令兼主簿事；戶不滿四百，止置主簿、尉，以主簿兼知縣事；戶不滿二百，止置主簿，兼令、尉。」諸道減員亦倣此制。西川官考滿得代，更不守選。

嶺表初平，上以其民久困苛政，思惠養之。令吏部銓自襄、荆以南州縣，選見任年未五十者，移爲嶺南諸州通判，得攜族之官。以廣南僞署官送學士院試書判，稍優則授上佐、令、錄、簿、尉。初，州縣有闕員，差前資官承攝；帝以其紊常制，令所在即上闕員，有司除注。又謂：「諸道攝官或著吏能，悉令罷去，良可惜也。有司按其歷任，三攝無曠敗者以名聞。」

六年，從流內銓之請，復四時選，而引對者每季一時引對之。時國家取荆、衡，克梁、益，下交、廣，闢士既遠，吏多闕，是以歲常放選。選人南曹投狀，判成送銓，依次注擬。其後選部闕官，即特詔免解，非時赴集，謂之「放選」，習以爲常，而取解季集之制漸廢。是冬，迺命參知政事盧多遜等，以見行長定、循資格及泛降制書，乃正違異，削去重複，補其闕漏，參校詳議，取悠久可用者，爲書上之，頒爲永式，而銓綜之職益有敍矣。

先是，選人試判三道，其二全通而文翰俱優爲上，一道全通而文翰稍堪爲中，三道俱不通爲下。判上者職事官加一階，州縣官超一資，判中依資，判下入同類，惟黃衣人降一資。至是〔五〕，增爲四等，三道全次、文翰無取者爲中下，用舊判下格；全不通而文翰又紕繆爲下，殿一選。

太平興國六年，詔京朝官除兩省、御史臺，自少卿、監以下，奉使從政於外受代而歸者，令中書舍人郭贄、膳部郎中兼侍御史知雜事滕中正、戶部郎中雷德驤同考校勞績，論量器材，以中書所下闕員擬定，引對以遣，謂之差遣院。蓋前代朝官，自一品以下皆曰常參官〔六〕，其未常參者曰未常參官；宋目常參者曰朝官，秘書郎而下未常參者曰京官。舊制，京朝官有員數，除授皆云替某官，或云塡見闕。京官皆屬吏部，每任滿三十月，罷任，則歲校其考第，取解赴集〔七〕。太祖以來，凡權知諸州，若通判，若監臨物務官，無定員。月限既滿，有司住給奉料，而見釐務者牒有司復文〔八〕，所釐務罷則已。但不常參，注授皆出中書，不復由吏部。至是，與朝官悉差遣院主之。凡吏部黃衣選人，始許改爲白衣選人。

太宗選用庶僚，皆得引對，觀其敷納可采者超擢之。復慮因緣矯飾，徼幸冒進，迺詔：「應臨軒所選官吏，並送中書門下，考其履歷，審取進止。」舊制，州縣官南曹判成，流內銓注擬，其職事官中書除授。然而歷任功過，須經南曹考驗，遂令幕府官罷任，並歸銓曹，其特除拜者聽朝旨。又詔：「獄官關繫尤重，新及第人爲司理參軍，固未精習，令長吏察視，不勝任者，奏判、司、簿、尉對易其官。」

淳化四年，選人以南郊赦免選，悉集京師。帝曰：「並放選，則負罪者幸矣，無罪者何以勸？」乃令經停殿者守常選。又詔：「司理、司法參軍在任有犯，遇赦及書下考者，止與免選，更勿超資。」工部郎中張知白上言：「唐李嶠嘗云：『安人之方，須擇郡守。朝廷重內官，輕外任，望於臺閣選賢良分典大州，共康庶績。』鳳閣侍郎韋嗣立因而請行，遂以本官出領郡。今江、浙州郡，方切擇人，臣雖不肖，願繼前脩。」帝曰：「知白請重親民之官，良可嘉也。」然不允其請。

淳化以前，資敍未一，及是始定遷秩之制：凡制舉、進士、九經出身者，校書郎、正字、寺監主簿、助教並轉大理評事，評事轉本寺丞，任太祝、奉禮郎者轉諸寺監丞，諸寺監丞轉著作佐郎，或特遷太子中允、秘書郎；由大理寺丞轉殿中丞，由著作佐郎轉秘書監、丞，資淺者或著作郎，優遷者爲太常丞；由太子中允、秘書郎轉太常丞，三丞、著作皆遷太常博士，轉屯田員外郎，優者爲禮部、工部、祠部、主客；由屯田轉都官，優者爲戶部、刑部、度支、金部；由都官轉職方，優者爲吏部、兵部、司封、司勳；其轉郎中亦如之。左右司員外郎，太平興國中有之，後罕除者。左右司郎中，惟待制以上當爲少卿者即爲之。由前行郎中轉太常少卿、秘書少監，由此二官轉右諫議大夫或秘書監、光祿卿；諫議轉給事中，資淺者或右轉左；給事中轉工部、禮部侍郎，至兵部、吏部轉左右丞，由左右丞轉尚書。自侍郎以上，或歷曹，或超曹，皆繫特旨。

諸科及無出身者，校書郎、正字、寺監主簿、助教並轉太祝、奉禮郎，太祝、奉禮郎轉大理評事，評事轉諸寺監丞，諸寺監丞轉大理寺丞，大理寺丞轉中舍，優者爲左右贊善，資淺者爲洗馬。由幕職爲著作佐郎者轉太子中允。由中允、贊善、中舍、洗馬皆轉殿中丞，殿中丞轉國子博士，舊除五經者，至春秋博士則轉國子博士，後罕除。由國子博士轉虞部員外郎，優者爲膳部；由虞部轉比部，優者爲倉部；由比部轉駕部，優者爲考功；或由水部轉司門，司門轉庫部，爲郎中亦如之。至前行郎中轉少卿、監，或一轉，或二三轉，即爲諸寺大卿、監，自大卿、監特恩獎擢，或入給諫焉。

其爲臺省官，則正言、監察比太常博士，殿中、司諫比後行員外郎，起居、侍御史比中行員外郎；起居轉兵部、吏部員外郎，侍御史轉職方員外郎，優者爲兵部、司封、知制誥；由正言以上至郎中，皆敍遷兩資，中行郎中爲左右司郎中，若非次讁勞，有遷三資或止一資者；至左右司郎中爲知制誥若翰林學士者，遷中書舍人，舊亦有自前行郎中除者，後兵、吏部止遷諫議。由中書舍人轉禮部以上侍郎，入丞、郎卽越一資以上。內職、學士、待制亦如之。御史中丞由諫議轉者遷工部侍郎，由給事轉者遷禮部侍郎，由丞、郎改者約本資焉。

其學官，司業視少卿，祭酒視大卿。其法官，大理正視中允、贊善。凡正言、監察以上，皆特恩或被舉方除。其任館閣、三司、王府職事，開封府判官、推官，江淮發運、諸路轉運使、提點刑獄，皆得優遷，或以勤效特獎者亦如之。兩制、龍圖閣、三館皆不帶御史臺官，樞密直學士、三司副使皆不帶御史臺官及兩省官，待制以上不帶少卿、監。

其內職，自借職以上皆循資而遷，至東頭供奉官者轉閤門祗候，閤門祗候轉內殿崇班，崇班轉承制，承制轉諸司副使，自副使以上，或一資，或五資、七資，或直爲正使者，至正使亦如之。至皇城使者轉昭宣使，昭宣使轉宣慶使，宣慶使轉景福殿使。其閤門祗候，特恩轉通事舍人，通事舍人轉西上閤門副使，亦有加諸司副使兼通事者；西上閤門副使轉東

上，東上轉引進，引進轉客省，客省轉西上閤門使；自此以上，亦如副使之遷，惟至東上者又轉四方館使。客省使轉內客省使，內客省使轉宣徽使，或出爲觀察使。自內客省使以上，非特恩不授。

武班副率以上至上將軍，其遷歷軍衞如諸司使副焉。由牧伯內職改授，則觀察使以上爲上將軍，團練使、閤門使以上爲大將軍，刺史、諸司使至崇班爲將軍，閤門祗候、供奉官爲率，殿直以上爲副率。

內侍省、入內內侍省，自小黃門至內供奉官，皆歷級而轉，至內東頭供奉官轉內殿崇班，有轉內侍、常侍者，內常侍亦正轉崇班。

其銓選之制：兩府司錄，次赤令，留守、兩府、節度、觀察判官，少尹，一選；兩府判、司，兩畿令，掌書記，支使，防禦、團練判官，二選；諸府司、錄，次畿令，四赤簿、尉，軍事判官，留守、兩府、節度、觀察、防禦、團練軍事推官，軍、監判官，進士、制舉，三選；諸府司理、判、司，望縣令，九經，四選；輔州、大都督府司理、判、司，緊上州錄事參軍，緊上縣令，次赤兩畿簿、尉，五經、三禮、三傳、三史、通禮、明法，五選；雄望州司理、判、司，中州錄事參軍，中縣令，次畿簿、尉，六選；緊上州司理、判、司，下州、中下州錄事參軍，中下縣、下縣令，緊望縣簿、尉，學究，七選；中州中下州司理、判、司，上縣簿、尉，八選；下州司理、判、司，中縣

簿、尉，九選；中下縣下縣簿、尉，十選。太廟齋郎、室長通理九年，郊社齋郎、掌坐通理十一年。

凡入官，則進士入望州判司，次畿簿尉，九經入緊州判司、望縣簿尉，五經、三禮、通禮[九]、三傳、三史、明法入上州判司、緊縣簿尉，學究有出身人入中州判司、上縣簿尉，太廟齋郎入中下州判司[一〇]、中縣簿尉，郊社齋郎、試銜無出身人入下州判司、中下縣簿尉，諸司入流人入下州判司、下縣簿尉。

仁宗初，吏員猶簡，吏部奏天下幕職、州縣官期滿無代者八百餘員，而川、廣尤多未代。帝曰：「此豈人情之所樂耶？其亟代之。」帝御後殿視事，或至旰食。中書請如天禧舊制，審官、三班院、流內銓日引見毋得過兩人，詔弗許。自眞宗朝，試身、言、書、判者第推恩，迺特詔曰：「國家詳覈吏治，念其或淹常選，而以四事程其能。朕承統緒，循用舊典，爰命從臣，精加詳考。其令翰林學士李諮與吏部流內銓以成資闕爲差擬。」於是咸得遷官，率以爲常。後議者以身、言、書、判爲無益，迺罷。

凡磨勘遷京官，始增四考爲六考，舉者四人爲五人，曾犯過又加一考。舉吏各有等數，得被舉者須有本部監司、長吏按察官，乃得磨勘；須到官一考，方許薦任。凡選人年二十

五以上，遇郊，限半年赴銓試，命兩制三員鎖試于尙書省，糊名謄錄。習辭業者試論、試詩賦，詞理可采、不違程式爲中格，習經業者人專一經，兼試律，十而通五爲中格，聽預選。七選以上經三試至選滿，京朝官保任者三人，補遠地判、司、簿、尉，無舉主者補司士參軍，或不赴試、亦無舉者，永不預選。京官年二十五以上，歲首赴試于國子監，考法如選人，中格者調官。兩任無私罪而有部使、州守倅舉者五人，入親民；舉者三人，惟與下等耋物務官。

初，州郡多闕官，縣令選尤猥下，多爲淸流所鄙薄，每不得調。乃詔吏部選幕職官爲知縣，又立舉任法以重令選，敕諸路察縣之不治者。然被舉者日益衆，有司無闕以待之，中書奏罷舉縣令法。未幾，有言親民之任輕，則有害於治，法不宜廢。復令指劇縣奏舉，舉者二人，必一人本部使，既居任，復有舉者，始得遷，否則如常選，毋輒升補。常參官已授外任，勿奏舉。然銓格煩密，府史姦弊尤多，而磨勘者待次外州，或經三二歲乃得改官，往往因緣薄勞，求截甲引見。有詔自是弗許。

神宗欲更制度，建議之臣以爲唐銓與今選殊異，雖用其制，則有留礙煩紊之弊。始刊削舊條，務從簡便，因廢南曹而併歸之于銓。初，審官西院與東院對掌文武，尋改從吏部，

而左、右選分焉。祖宗以來，中書有堂選，百司、郡縣有奏舉，雖小大殊科，然皆不隸于有司。暨元豐罷奏舉闕，屬之銓曹，而堂選亦不領於中書，一時更制，必欲公天下而詒永久。於是除免選之恩，重出官之試，定賞罰之則，酌資蔭之宜。凡設試以待命士而入之銓注者，自蔭補、銓試之外，有進士律義、武臣呈試及試刑法官等，而銓試所受爲特廣。中書言：「選人守選，有及三年方遇恩放選者，或適歸選而遽遇恩，既爲不均，且蔭補免試注官，以不習事多失職，試者又止試詩，豈足甄才？已受任而無勞績，舉薦及免試恩法，須再試書判三道，然亦虛文。」

熙寧四年，遂定銓試之制：凡守選者，歲以二月、八月試斷按二，或律令大義五，或議三道，後增試經義。法官同銓曹撰式考試〔二〕，第爲三等，上等免選注官，優等升資如判超格，無出身者賜之出身。自是不復試判，仍去免選恩格，若歷任有舉者五人，自與免試注官。任子年及二十，聽赴銓試。其試不中或不能試，選人滿三歲許注官，惟不得入縣令、司理、司法。任子年及三十方許參注，若年及二十授官〔三〕，已及三年，出官亦不用試。若秩入京朝，即展任監當三年，在任有二人薦之，免展。選人應改官，必對便殿。舊制，五日一引，不過二人。至是，待次者多，有踰二年乃得引。帝閔其留滯，詔每甲引四人以便之。

帝因論郡守，謂宰臣曰：「朕每思祖宗百戰得天下，今州郡付之庸人，常切痛心。卿輩

謂何如而得選任之要？」文彥博請擇監司而按察之。陳升之曰：「取難治劇郡，擇審官近臣而責以選才，宜可得也。」

初置審官西院，磨勘武臣，並如審官院格，而舊審官曰東院。御史中丞呂公著言：「英宗時，文臣磨勘，例展一年，至少卿、監止。武臣橫行以上及使臣，猶循舊制，固未嘗如文臣有所節抑也。又仁宗時，嘗著令，正任防禦、團練以上，非邊功不遷。今及十年嘗歷外任，即許轉，亦未如少卿、監之有限止也。」詔兩制詳定。王珪等言：「文武兩選磨勘，已皆均用四年。請今自正任刺史以上，轉官未滿十年，若有顯效者自許特轉，其非次恩惟許改易州鎭，以示旌寵。有過，則比文臣展年。」從之。知審官西院李壽朋言：「皇城使占籍者三十餘員，多領遙郡，而尙得從磨勘，遷刺史、團練防禦使，每進一級，增奉錢五萬，廪粟雜給如之，實爲無名。請於皇城使上別置二使名，視前行郎中，量給奉祿。其遙郡刺史、團練防禦使，並從朝廷賞功擢用，更不序遷。」詔：「遙郡刺史、團練防禦使，並以十年磨勘，至觀察留後止。應官止而有功若特恩遷者，不以法。」

諸司使副，每磨勘皆用常制，雖軍功亦無別異，而閤門內侍輩，轉皆七資。帝謂：「左右近習，非勳勞而得超躐，至嘗立功者乃無優遷，非制也。」使副嘗有軍功應轉，許特超七資，閤門通事舍人、帶御器械、兩省都知押班、管幹御藥院使臣七資超轉法，皆除之。後客省、

引進、四方館各置使二員，東、西上閤門共置使六員，客省、引進、閤門副使共八員。副使磨勘如諸司使法。使有闕，改官及五期者，樞密院檢舉。歷閤門職事有犯事理重者，當遷日除他官；閤門、四方館使七年無私過，未有闕可遷者，加遙郡；特旨與正任者，引進四年轉團練使，客省四年轉防禦使：皆著爲定制焉。

先是，御史乞罷堂選，曾公亮執不可。王安石曰：「中書總庶務，今通判亦該堂選，徒留滯，不能精擇，宜歸之有司。」帝曰：「唐陸贄謂：『宰相當擇百官之長，而百官之長擇百官。』今之審官，苟得其人，安有不能精擇百官者哉？」元豐四年，堂選、堂占悉罷。

初，有司屬職卑者不在吏銓，率命長吏舉奏。都水監主簿李士良言：「沿河幹集使臣，凡百六十餘員，悉從水監奏舉，往往不諳水事，干請得之。」迺詔東、西審官及三班院選差。於是悉罷內外長吏舉官法。明年，令吏部始立定選格，其法：各隨所任職事，以入仕功狀，循格以俟擬注。如選巡檢、捕盜官，則必因武舉、武學，或緣舉薦，或從獻策得出身之人。他皆倣此。

自官制行，以舊少卿、監爲朝議大夫，諸卿、監爲中散大夫，秘書監爲中大夫。故事，兩制不轉卿、監官，每至前行郎中，即超轉諫議大夫。前行郎中，於階官爲朝請大夫；諫議大夫，於階官爲太中大夫。帝謂：「磨勘者，古考績之法，所與百執事共之，而禁近獨超轉，非

法也。」於是詔待制以下，並三年一遷，仍轉朝議、中散、中大夫三官。自是遷敍平允。凡開府儀同三司至通議大夫，無磨勘法；太中大夫至承務郎，皆應磨勘。待制以上六年遷兩官，至太中大夫止；承務郎以上四年遷一官，至朝請大夫止。朝議大夫以七十員爲額，有闕，以次補之。選人磨勘用吏部法，遷京朝官則依新定之制。除授職事官，並以寄祿官品高下爲法：凡高一品以上者爲行，下一品者爲守，二品以下者爲試，品同者不用行、守、試。

哲宗時，御史上官均言：「今仕籍，合文武二萬八千餘員，吏部逆用兩任闕次，而仕者七年乃成一任。當清其源，宜加裁抑。」朝廷下其章議之。司諫蘇轍〔三〕議曰：「祖宗舊法，凡任子，年及二十五方許出官，進士、諸科，初命及已任而應守選者，非逢恩不得放選。先朝患官吏不習律令，欲誘之讀法，乃減任子出官年數，去守選之格，概令試法，通者隨得注官。自是天下爭誦律令，於事不爲無補。然人人習法，則試無不中，故蔭補者例減五年，而選人無復選限。吏部員今年已用後四年夏秋闕，官冗至此亦極矣。宜追復祖宗守選舊法，而選滿之日，兼行試法之科〔四〕，此亦今日之便也。」事報聞。

三省言：「舊經堂除選人，惟嘗歷省府推官、臺諫、寺監長貳、郎官、監司外，悉付吏部銓注，凡格所應入，遞升一等以優之。被邊州軍，其城砦巡檢、都監、監押、砦主、防巡、諸路捕

盜官，及三萬緡以上課息場務，凡舊應舉官，員闕，許仍奏舉。」時通議大夫以上，有以特恩、磨勘轉官，而比之舊格，或實轉兩官至三四官者。右正言王覿謂非所以愛惜名器，請官至太中大夫以上，毋用磨勘遷轉。詔：「待制、太中大夫應磨勘者，止於通議大夫，餘官止中散大夫。中散以上勞績酬獎，合進官者，止許回授子孫。特命特遷，不拘此制。」

初，武臣戰功得賞，凡一資，則從所居官遞遷一級。於是以皇城使驟上遙刺，或入橫行；且閤門使以上，等級相比而輕重絕遠。因樞密院言，乃詔「閤門、左藏庫副使得兩資，客省、皇城使得三資，止許一轉，減年者許回授親屬。」又小使臣磨勘轉崇班者，歲毋過八十人。內臣昭宣使以上無磨勘法，惟押班以上則取裁，餘理五年磨勘。

紹聖初，改定銓試格，凡攝官初歸選，散官、權官歸司，若新賜第，皆免試。每試者百人，惟取一人入優等，中書奏裁，二人爲上等，五人爲中等。崇寧以後，又復元豐制，而蔭補者須隸國學一年無過罰，乃試銓，若在學試嘗再入等，即免試；其公、私試嘗居第一，得比銓試推恩。政和間著爲令。既而臣僚言：「進士中銓格者，每二百人，得優恩不過五七人，又或闕上等不取。而朝廷取隸國子試格，用之銓注，及今五年，而得上等優恩者二百四十人，免試者尚在其外。是蔭補隸學者，優於累試得第之人矣。」於是詔在學嘗魁一試者，許如舊恩，餘止令免試注官。吏部侍郎彭汝礪乞稍責吏部甄別能否，凡京朝官才能事效苟有可

錄，尚書暨郎官銓擇以聞。三省分三年考察之，高則引對，次即試用，下者還之本選；若資歷、舉薦應入高而才行不副，許奏而降其等。凡皆略許出法而加升黜，歲各毋過三人。

初，選人改官，歲以百人爲額。元祐變法，三人爲甲，月三引見，積累至紹聖初，待次者二百八十餘人。詔依元豐五日而引一甲，甲以三人，歲毋過一百四十人，俟待次不及百人，別奏定。又令歷任通及三考，而資序已入幕職、令錄，方許舉之改官。吏部言：「元豐選格，經元祐多所紛更，於是選集後先，路分遠近，資歷功過，悉無區別，踰等超資，惟其所欲。詔旨既復元豐舊制，而辟舉一路尙存，請盡復舊法，以息僥倖。」乃罷辟舉。

崇寧元年，詔吏部講求元豐本制，酌以時宜，刪成彝格，使才能、閥閱兩當其實。吏部言：「堂選窠名及舉官員闕，內外共約三千餘目。元祐法，選人得升資以上賞，及參選射闕，不許遣人代注，今皆罷從元豐法。所當損益者，其知邊近蠻夷州如威、茂、黎、瓊等，及開封府曹掾，平準務，諸路屬官，在京重課場務，京城內外廂官，戶部幹官，麴院，榷貨務，將作監管幹公事，黃河都大，內外榷茶官，凡干刑獄及筦庫繁劇，皆不可罷舉。若御史臺主簿、檢法官、協律郎，豈可泛以格授？諸如此類，仍舊辟舉。」從之。惟諸路毋得直牒差待闕得替官權攝。

初，未改官制，大率以職爲階官。如以吏部尚書爲階官，而同中書門下平章事則其職也。至於選人，則幕職、令錄之屬爲階官，而以差遣爲職，名實混淆甚矣。元豐未及革正。崇寧二年，刑部尚書鄧洵武極言之，遂定選人七階：曰承直郎，曰儒林郎，曰文林郎，曰從事郎，曰通仕郎，曰登仕郎，曰將仕郎。政和間，改通仕爲從政，登仕爲修職，將仕爲迪功，而專用通仕、登仕、將仕三階奏補未出官人，承直至修職須六考，迪功七考，有官保任而職司居其一，乃得磨勘。坐愆犯，則隨輕重加考及舉官有差。

時權姦柄國，僥倖並進，官員益濫，銓法留礙。臣僚言：「吏員增多，蓋因入流日衆。熙寧郊禮，文武奏補總六百一十一員；元豐六年，選人磨勘改京朝官總一百三十有五員。考之吏部，政和六年，郊恩奏補約一千四百六十有畸，選人改官約三百七十有畸。欲節其濫，惟嚴守磨勘舊法。而今之磨勘，有局務減考第，有川遠減舉官，有用酬賞比類，有因大人特舉，有託事到闕不用滿任，有約法違礙許先次而改。凡皆棄法用例，法不能束而例日益繁，苟不裁之，將又倍蓰而未可計也。請詔三省若吏部，舊有止法，自當如故，餘皆毋得用例。」迺詔：「惟川、廣水土惡地，許減舉如制，餘悉用元豐法。」既而又言：「元豐進納官法，多所裁抑。應入令錄及因賞得職官，止與監當，該磨勘者換授降等使臣，仍不免科率，法意深矣。邇者用兵東南，民入金穀皆得補文武官，理選如官戶，與士大夫涇、渭並流，復其戶不

受科輸。是得數千緡於一日，而失數萬斛於無窮也。況大戶得復，則移其科於下戶，下戶重貧，州縣緩急，責辦何人？此又弊之大者。」不聽。

初，宗室無參選法，祖宗時，間選注一二，不爲常制。徽宗欲優宗室，多得出官，一日參選，即在合選名次之上。而膏粱之習，往往貪恣，出任州縣，黷貨虐民，議者頗陳其害。欽宗即位，臣僚復以爲言，始令不注郡守、縣令，仍與在部人通理名次。

高宗建炎初，行都置吏部。時四選散亡，名籍莫攷。始下諸道州、府、軍、監，條具屬吏寓官之爵里、年甲、出身、歷仕功過、舉主、到罷月日，編而籍之。然自兵難以來，典籍散失，吏緣爲私，申明繁苛，承用踳駁，保任滋衆，阻會無期，參選者苦之。迺令凡文字有不應於今，而校牘參照明白，從郎官審覆，長貳予決，小不完者聽行，有狥私挾情，則令御史糾之。又詔京畿、京東、河北、京西、河東士夫在部注授，雖銓未中而年及者，皆聽注官。二年，命京官赴行在者，令吏部審量，非政和以後進書頌及直赴殿試之人，乃聽參選。在部知州軍、通判、僉判及京朝官知縣、監當以三年爲任者，權改爲二年。以赴調者萃東南，選法留滯故也。又詔州縣久無正官者，聽在選人申部，審度牓闕差注。

紹興元年，起居郎胡寅言：「今典章文物，廢墜無幾，百司庶府不可闕者，莫如吏部。

中華書局

姑置侍郎一員，郎官二員，胥吏三十人，則所謂磨勘、封敍、奏薦常程之事，可按而舉矣。」

詔曰：「六官之長，佐王理邦國者，其惟銓衡乎。亂離以來，士大夫流徙，有徒跣而赴行在者。注授牓闕，姦弊日滋，寒士困苦，甚可憫焉。宜令三省議除其弊，嚴立賞禁，仍選能吏以主之，御史臺常加糾察。」於是三省立八事，曰注擬藏闕，申請徼幸，去失問難〔二四〕，刷闕滅裂，闕會淹延，審量疑似，給付邀求，保明退難。令長貳機柅之。又詔館職選人到任及一年，通理四考，並自陳，改京官。

二年，呂頤浩言：「近世堂除，多侵部注，士人失職。宜倣祖宗故事，外自監司、郡守及舊格堂除通判，內自寺官省郎以上、館職、書局編修官外，餘闕并寺監丞、法寺官、六院等，武臣自準備將領、正副將以上，其部將、巡尉、指使以下，並歸部注。」從之。又復文臣銓試，以經義、詩賦、時議、斷案、律義爲五場，願試一場者聽，牓首循一資。武臣呈試合格者並聽參選。

三年，右僕射朱勝非等上吏部七司敕令格式。自渡江後，文籍散佚，會廣東轉運司以所錄元豐、元祐吏部法來上，乃以省記舊法及續降指揮，詳定而成此書。先是，侍御史沈與求言：「今日矯枉太過，賢愚同滯。」帝曰：「果有豪傑之士，雖自布衣擢爲輔相可也；苟未能攷其實，不若姑守資格。」迺命吏部注授縣令，惟用合格之人。

志第一百一十一　選舉四　三七一三

宋史卷一百五十八　三七一四

五年，詔：「凡注擬，並選擇非老疾及未嘗犯贓與非緣民事被罪之人。」時建議者云：「親民莫如縣令，今率限以資格，雖貪懦之人，一或應格，則大官大邑得以自擇。請詔監司、郡守，條上劇邑，遴選清平廉察之人爲之。」既而又詔：「知縣依舊法，止用兩任關升通判資序。」明年，侍御史周祕言：「今有無舉員考第，因近臣薦對，即改官升擢，實長奔競。望詔大臣，自今惟賢德才能之人，餘並依格注擬。」廷臣或請以前宰執所舉改官，易以司馬光十科之目，歲薦五員，中書難之。詔「前宰執所舉京削，不理職司」而已。

三十二年，吏部侍郎淩景夏言：「國家設銓選以聽羣吏之治，其掌於七司，著在令甲，所守者法也。今升降於胥吏之手，有所謂例焉。長貳有遷改，郎曹有替移，來者不可復知，去者不能盡告。索例而不獲，雖有強明健敏之才，不復致議；引例而不當，雖有至公盡理之事，不復可伸。貨賄公行，姦弊滋甚。嘗覩漢之公府有辭訟比，尚書有決事比，比之爲言，猶今之例。今吏部七司宜置例册，凡換給之期限，戰功之定處，去失之保任，書塡之審實，奏薦之限隔，酬賞之用否，凡經申請，或堂白，或取旨者，每一事已，命郎官以次擬定，而長貳書之于册，永以爲例，每半歲上于尚書省，仍關御史臺。如是，則巧吏無所施，而銓敍平允矣。」

有議減任子者，孝宗以祖宗法令難於遽改，令吏部嚴選試之法。自是，初官毋以恩例免試，雖宰執亦不許自陳回授。舊制，任子降等補文學及恩科人皆免，至是悉試焉。凡未經銓中及呈試者，勿堂除；雖墨敕，亦許執奏。舊制，宗室文資與外官文臣參注窠闕，武資則不得與武臣參注，但注添差。至是，始聽注釐務闕。七年〔二六〕，始命銓試不中、年四十，呈試不中、年三十者，令寫家狀，讀律注官。陳師正言：「請令宗室恩任子弟出官日量行銓試，如士夫子弟之法，多立其額而優爲之制。」遂詔：「自今宗室曾經應舉得解者，許參選，餘並行銓試，三人取二。其三試終場不中人，聽不拘年限調官。」

淳熙元年，參知政事龔茂良言：「官人之道，在朝廷則當量人才，在銓部則宜守成法。法本無弊，例實敗之。法者，公天下而爲之者也；例者，因人而立以壞天下之公者也。昔之患在於用例破法，今之患在於因例立法。諺稱吏部爲『例部』。今七司法自晏敦復裁定，不無疏略，然守之亦可以無弊。而徇情廢法，相師成風，蓋用例破法其害小，因例立法其害大。法常靳，例常寬，今法令繁多，官曹冗濫，蓋繇此也。望令裒集參附法及乾道續降申明，重行攷定，非大有牴牾者弗去，凡涉寬縱者悉刊正之。庶幾國家成法，簡易明白，賕謝之姦絕，冒濫之門塞矣。」於是重修焉。既而吏部尚書蔡洸以改官、奏薦、磨勘、差注等條法分門編類，名吏部條法總類。十一月，七司敕令格式申明成書。

志第一百一十一　選舉四　三七一五

宋史卷一百五十八　三七一六

淳熙三年，中書舍人程大昌言：「舊制，選人改秩後兩任關升通判，通判兩任關升知州，知州兩任卽理提刑資序。除授之際，則又有別以知縣資序隔兩等而作州者，謂之『權發遣』，以通判資序隔一等而作州者，謂之『權知』，上而提刑、轉運亦然。隔等而授，是擇材能也；結銜有差，是參用資格也。今得材能、資格俱應選者爲上，其次，則擇第二任知縣以上有課績者許作郡，初任通判以上許作監司，第二任通判以上許作職司，庶幾人法並用。」從之。

寧宗慶元中，重定武臣關升格。先是，初改官人必作令，謂之「須入」。至是，復命除殿試上三名、南省元外，並作邑；後又命大理評事已改官未歷縣人，並令親民一次，著爲令。

紹定元年，臣僚上言：「銓曹之患，員多闕少，注擬甚難。自乾道、嘉定以來，嘗命選部，職官窠闕，各於元出闕年限之上，與展半年用闕。歷年寖久，入仕者多，卽今吏部參注之籍，文臣選人、武臣小使臣校尉以下，不下二萬七千餘員，大率三四人共注一闕，宜其膠滯壅積而不可行。乞命吏部錄參、司理、司法、令、丞、監當酒官，於元展限之上更展半年。」從之。

七年〔二七〕，監察御史陳垓建言，乞申戒飭銓法十弊：一曰添差數多，破法耗財；謂倅貳、幕職、參議、機宜、總戎、鈐轄、監押之類。二曰抽差員衆，州縣廢職；謂監司、帥守幕屬多差見任州縣他官權攝。三曰攝局違法，蠹政害民；謂監司、帥守徇私差權幕屬等職。四曰「須入」不行，徼幸撓法；謂初改官人必作知縣，今多規免，苟圖京局，躐求倅貳，遂使不曾歷縣之人冒當郡寄。五曰奏辟不應，奔競日甚；謂在法未經任人不許奏辟，今或以初任或以闕次遠而改辟見次者。六曰改任巧捷，紊亂官常；謂在法已授差遣人，不得干求換易。今既授是官，復謀他職，辭卑居尊，棄彼就此。七曰薦舉不公，多歸請託；八曰借補繁多，官資泛濫；九曰瘝曠職守，役心外求；十曰匿過居官，藐視國法。謂曾經罪犯，必俟赦宥。今則既遭彈劾，初未經赦者，經營差遣。

舊制，軍功補授之人，自合從軍，非老疾當汰，無參部及就辟之法。比年諸路奏功不實，寅緣竄名，許令到部，及諸司紛然奏辟，實礙銓法。建炎兵興，雜流補授者衆，有曰上書獻策，曰勤王，曰守禦，曰捕盜，曰奉使，其名不一，皆閫帥假便宜承制之權以擅除擢。有進士徑補京官者，有素身冒名卽爲郎、大夫者。乃詔：「從軍應賞者，第補右選，以清流品。」又有民間願習射者，籍其姓名。守令月一試，取藝優者，如三路保甲法區用。

紹興初，嘗以兵革經用不足，有司請募民入貲補官，帝難之。參知政事張守曰：「祖宗時，授以齋郎，今之將仕郎是也。」知樞密院李回曰：「此猶愈科率於民。」乃許補承節郎、承

信郎、諸州文學至進義副尉六等，後又給通直郎、修武郎、秉義郎、承直至迪功郎。其注擬、資考、磨勘、改轉、蔭補、封敍，並依奏補出身法，毋得注令錄及親民官。和議之後，立格購求遺書，亦命以官。凡歿於王事，無遺表致仕格法者，聽奏補本宗異姓親子孫弟姪，文臣將仕郎，武臣承信郎；餘親，上州文學或進武校尉，所以褒恤忠義也。又以兩淮、荆襄，其土廣袤，募民力田。凡白身勸民墾田及七十五頃者與副尉，五伯頃補承信郎。

孝宗卽位，命帥臣、監司、郡守，嘗任兩府及朝官等遣親屬進貢，等第補授登仕郎、將仕郎，推恩理爲選限。淳熙三年，詔罷鬻爵，除歉歲民願入粟賑饑、有裕於衆，聽補官，餘皆停。自是，進納軍功，不理選限，登仕郎、諸州助教不許出官，止於贖罪及就轉運司請解而已。

校勘記

〔一〕金吾階衞仗司　按本書卷一六四職官志，有「左右金吾街司」和「左右金吾仗司」，無金吾階衞仗司。宋會要選舉二三之一記此事作「金吾街仗司」，當是。

〔二〕或轉運憲銜　長編卷五作「或轉憲銜」。按宋代通稱轉運使爲漕臣，提點刑獄公事爲憲臣，疑「運」字衍。

〔三〕甲次　原倒。據下文「求截甲引見」、「三人爲甲，月三引見」，此處當是指將選人編成甲次以待引見而言，長編卷九作「甲次」，據改。

〔四〕負過名須考驗　「過名」，長編卷九作「過咎」，宋會要選舉二四之九作「過尤」，「過咎」與「過尤」同義，疑「名」是「咎」字之訛。

〔五〕至是　「至是」，承上文當指開寶六年，而長編卷一八、宋會要選舉二四之九都繫此事於太平興國二年，此處誤。

〔六〕前代朝官自一品以下皆曰常參官　按宋會要職官五九之三、長編卷二二，「朝官」都作「常參官」，「常參官」都作「京官」。

〔七〕每任滿三十月罷任則歲校其考第取解赴集　「考第」原作「考策」。長編卷二二記此事說：「每任三十月爲滿，歲校其考第，罷任取解赴集。」上文也有「書校考第」之語，作「考第」是，據改。

〔八〕牒有司復文　「復文」，長編卷二二作「復支」，和上下文義較合，疑「文」乃「支」字之訛。

〔九〕通禮　原作「通理」，此是科目名稱，據上文和長編卷一四、通考卷三〇選舉考改。

〔一〇〕入中下州判司　「中」字原脫，據本書卷一六九職官志、考異卷七〇補。

〔一一〕法官同銓曹撰式考試　「法官」，宋會要選舉一三之一四、長編卷二二七都作「差官」，於義爲長，「法」字當爲「差」字之誤。

〔一二〕若年及二十授官　「二十」，宋會要選舉一三之一五、長編卷二二七在敍述選人試法時都作「三十」。長編卷三八六又說：「彼貴遊子弟，……就令屢試不中，年及三十亦得出仕。」疑以作「三十」爲是。

〔一三〕蘇轍　原作「蘇軾」，據長編卷三八六、欒城集卷三九乞復選人選限狀改。

〔一四〕兼行試法之科　「法」原作「守」，據同上書同卷同篇改。

〔一五〕去失問難　「問」，原作「艱」。宋會要職官八之一七：「三、去失之弊，謂見存于照猶問難不已，直待賄賂方肯保奏。」繫年要錄卷六九作「去失問難」，據改。又，承上文，此事繫於紹興元年，據同上書同卷，應爲紹興三年。

〔一六〕七年　據宋會要選舉二六之六，此處失書「乾道」紀元。

〔一七〕七年　承上文此年當爲紹定七年，但紹定無七年；據本書卷四三理宗紀、宋史全文卷三四，此事繫於淳祐七年，此處失書「淳祐」紀元。

宋史卷一百五十九

志第一百一十二

選舉五 銓法下

遠州銓　補蔭　流外補

川峽、閩、廣，阻遠險惡，中州之人，多不願仕其地。初，銓格稍限以法，凡州縣、幕職，每一任近，即一任遠。川峽、廣南及沿邊，不許挈家者爲遠，餘悉爲近。既分川峽爲四路，廣南東、西爲二路，福建一路，後增荆湖南一路，始立八路定差之制，許中州及土著在選者隨意就差，名曰「指射」，行之不廢。

太平興國初，選人孟巒擬賓州錄事參軍，詣匭訴寃，坐流海島。自是，得遠地者不敢辭。既而詔：「川峽、嶺南、福建注授，計程外給兩月期，違則本州不得放上，遣送闕下，除籍

不齒。或被疾，則所至陳牒，長吏按驗，付以公據；廢痼未損，則條狀以聞。」雍熙四年，又詔：「選人年六十，勿注遠地；非土人而願者聽。凡任廣、蜀、福建州縣，並給續食。」初，嶺南闕官，往往差攝。至是，詔州長吏試可者選用之；罷秩，奏送闕下，與出身。淳化間，又詔：「嶺南攝官，各路惟許選二十員以承乏，餘悉罷歸。」

始，令嶺南幕職，許攜族行，受代不得寄留。至道初，申詔：「劍南州縣官，不得以族行。敢有妄稱妻爲女奴，攜以之官，除名。」初，榮州司理判官鄭蛟，冒禁攜妻之任。會蜀賊李順構亂，其黨田子宣攻陷城邑，而蛟捕得之，擢爲推官。至是，知梓州張雍奏其事，上命戮蛟，而有是詔。

咸平間，以新、恩、循、梅四州瘴地，選荆湖、福建人注之。吏部銓擬官，悉標其過犯。自是，凡注惡地，令不須書。又詔：「規避遐遠，違期受代，勘鞫責罰，就移遠地。」

神宗更制，始詔：「川峽、福建、廣南，之官罷任，迎送勞苦，其令轉運司立格就注，免其赴選。」於是七路自常選知州而下[一]，轉運司置員闕籍，具書應代時日，下所部郡衆示之。凡見任距受代半年及已終更者，許用本資序指射。有司受而閱之，定其應格當差者，上之審官東院、流內銓，審覆如令，即奏聞降敕。若占籍本路，或游注此州，皆從其便；惟不許官本貫州縣及鄰境，其參擬銓次悉如銓格。無願注者，上其闕審官，而在選者射之。

武臣之屬西院、三班院者，令樞密院放此具制。後荆湖南亦許就注。或言：「土人知州非便。法應遠近迭居，而川人許連任本路，常獲家便[二]，實太偏濫。」王安石曰：「分遠近，均勞佚也。中州士不願適遠，四路人樂就家便，用新法即兩得所欲；況可以省吏卒將迎、官府浮費邪？」何正臣又言：「蜀人之在仕籍者特衆，今自郡守而下皆得就差，一郡之官，土人太半，寮寀吏民皆其鄉里親信，難於徇公，易以合黨。請收守令闕歸之朝廷，而他官兼用土人，量立分限，庶經久無弊。兼聞差注未至盡公，願許提刑司案察究察之。」奏上，法不爲改，但申嚴提刑司互察之法。

元祐初，御史上官均言：「定差不均之弊有七：諸路赴選中試乃差，八路隨意取射，一也。諸路吏部待試，需次率及七年，方成一任；八路就注，若及七年，已更三任，二也。八路雖坐停罷，隨許射注[三]，其待次者又許權攝，祿無虛日；而吏選無愆犯，亦大率四年方再得祿，四也。士人得射奏名者，免試就注家便，年高力憊，不復望進，往往營私廢職，五也。仕久知識既多，士人[四]就射本路，不無親故請託，六也。八路監司地遠而專，設漫滅功過名次，人亦不敢爭校；故有力者多得優便，而孤寒滯卻，七也。請併八路差盡歸吏部爲便。」既而吏部亦請用常格差除，遂悉歸之銓。

紹聖復行舊制，且許八路人廕補出官，即轉運司試中注闕。重和間，臣僚又言其弊：

「轉運以軍儲、吏祿、供饋、支移爲己責，而視差注爲末務，往往付之主案吏胥定擬，而簽廳視成書判而已。注闕之高下，視賄之厚薄。無賂，則定差之牘，脫漏言詞，隱落節目。及其上部，必致退卻，參會重上，又半歲矣。以是闕多而不調者衆。宜督典領之官，歲終取吏部退難有無、多寡，爲之課而賞罰之，庶可公注擬而絕吏賕。」乃命立考課法。

建炎初，詔福建、二廣闕並歸吏部，惟四川仍舊制。初，累朝以廣南地遠，利入不足以資正官，故使舉人兩與薦選者，試刑法於漕司，以合格者注攝兩路，謂之「待次」。攝官更兩任無過，則錫以眞命。至是，雖歸之吏部，踰年無願就者，復歸漕司。自神宗朝，宗室不許調川陝官；至是宗室多避難入蜀，乃聽於四路注擬。六年[五]，詔：「川陝轉運司每季孟月上旬集注。」爲定法焉。八年，直學士院勾龍如淵上疏謂：「行都去蜀萬里，而比歲窠闕歸之朝廷，寒遠之士，困抑者衆。願參酌前制，稍還漕銓之舊，立爲定格，使與堂除不相侵紊。」遂命以小郡知州、監以下，仍付漕司差注，其選人改官詣司公參，理爲「到部」。人稱便焉。

補蔭之制。凡奏戚屬，太皇太后、皇太后、皇后本服期親，奉禮郎；大功，守監簿；小

功，初等幕職官；元豐前，試大理評事。緦麻，知令、錄。元豐前試校書郎。異服親亦如之。有服女之夫，則本服大功以上女夫，知令、錄；小功，判、司、主簿或尉；緦麻，試監簿。周功女之子，知令、錄；孫及大功女之子，判、司、主簿或尉；曾孫及大功女之孫、小功女之子，並試監簿；其非所生子若孫，各降一等；緦麻女之子，試監簿。

每祀南郊、誕聖節，太皇太后、皇太后並錄親屬四人，皇后二人。非遇推恩而特旨賜官，不用此法。凡諸妃期親守監簿，餘判、司、主簿或尉；異姓親試監簿。婉容以上有服親，才人以上小功親，並試監簿。凡大長公主、長公主、公主夫之期親，判、司、主簿或尉，餘試監簿；子，補殿中丞；孫，光祿寺丞；壻，太常寺太祝；外孫，試銜、知縣。凡親王壻，大理評事；外孫，初等職官；女之子壻，試監簿。宗室緦麻以上女之夫，試銜、知縣；袒免，判、司、主簿或尉。其願補右職，依換官法，奉禮郎卽右侍禁，幕職官卽左班殿直，知令、錄卽右班殿直，判、司、主簿、尉卽奉職，試監簿卽借職。

凡文臣：三公、宰相子，爲諸寺丞；期親，校書郎；餘親，本宗大功至緦麻服者。以屬遠近補試銜。使相、參知政事、樞密院使、副使、宣徽使子，爲太祝、奉禮郎；期親，校書、正字；餘親，補試銜。節度使、僕射、尚書、太子三少、御史大夫、文明殿學士、資政殿大學士子，校書郎、正字；期親，寺、監主簿；餘親，試銜。三司使，翰林、資政殿侍講、龍圖閣學士，樞密直

學士，太常、宗正卿，中丞，丞、郎，留後，觀察使，內客省使子，正字；期親，寺、監主簿；餘親，試銜及齋郎。兩省五品、龍圖閣直學士、待制、三司副使、知雜御史子，寺、監主簿；期親，試銜；餘親，齋郎。諸司大卿、監子，寺監主簿；期親，試銜。小卿、監兼職者子，試銜；期親，齋郎。

凡武臣：宰相子，爲東頭供奉官，使相、知樞密院子，爲西頭供奉官；期親，皆左侍禁；餘屬，自左班殿直以下第官之。樞密使、副使、宣徽節度使子，西頭供奉官；期親，右侍禁；餘屬，自右班殿直以下第官之。六統軍諸衞上將軍、節度觀察留後、觀察使、內客省使子，右侍禁；期親，右班殿直；餘屬，三班奉職以下第官之。客省使、引進防禦使、團練使、四方館使、樞密都承旨、閤門使子，右班殿直；期親，三班奉職；餘屬，爲差使、殿侍。諸衞大將軍、內諸司使、樞密院諸房副承旨子，三班奉職；期親，借職；餘屬，爲下班殿侍。諸衞將軍、內諸司副使、樞密分房副承旨子，爲三班借職。

凡兼職在館閣校理、檢討，王府記室、翊善、侍講，三司主判官，開封府判官、推官，江淮發運，諸路轉運，始許奏及諸親。提點刑獄，惟許奏男。其嘗以贓抵罪，得復故官。文臣至郎中及員外郎任館閣職，武臣至諸司副使、諸衞將軍者，止許廕子若孫一人，倘在謫籍者弗預。

太祖初定任子之法，臺省六品、諸司五品，登朝嘗歷兩任，然後得請。始減歲補千牛、齋郎員額；齋郎須年貌合格，誦書精熟，乃得奏。

太宗踐極，諸州進奏者授以試銜及三班職，初推恩授散試官者，不得赴選。太平興國二年，乃詔授試銜等人特定七選集，遂爲定令。凡誕聖節及三年大祀，皆聽奏一人。而淳化改元恩，文班中書舍人、武班大將軍以上，並許廕補；如遇轉品，許更蔭一子，由是奏薦之恩始廣。每誕聖節，朝臣多請奏疏屬，不報。至道二年，始限以翰林學士、兩省五品、尚書省四品以上，賜一子出身，此聖節奏薦例也。先是，任子得攝太祝、奉禮，未幾卽補正員。帝謂：「膏粱之子，不十年坐致閨籍。」是年，悉授同學究出身赴選集。

眞宗東封，祀汾陰，進奉人已官者進秩，未官者令翰林試藝，與試銜、齋郎、借職。公主、郡縣主以下諸親，外命婦入內者，亦有恩慶。而東封恩，則提點刑獄、朝臣、使臣，皆得奏一人。奏戚屬，舊無定制。有求補閤門祇候者，眞宗以宣贊之職，非可以恩澤授，乃詔：「自今求敍遷者，至殿直止。」大中祥符二年，以門廕授京官，年二十五以上求差使者，令於國學受業，及二年，審官院與判監官考試其業，乃以名聞。內諸司使、副授邊任官者，陛辭時許奏子。詔樞密院定其制，凡妄名孫及從子爲子求蔭者，坐之。七年，帝幸南京，詔臣僚逮事太祖者，賜一子恩澤，令翰林學士李維等定，自給諫、觀察使以上得請。初，轉運使辭日，許

奏一人。天禧後，惟川、廣、福建者聽，餘路再任始得奏。又詔：「承天節恩例所蔭子孫，不許以他親及已食祿者。」特許西京分司官，郊禋奏廕一子。自是分務西洛者得以爲例，南京則否。

仁宗慶曆中，裁損奏補入仕之路，凡選人遇郊赴銓試，其不赴試亦無舉者，永不預選。罷聖節奏蔭恩，學士以下，遇郊恩得奏大功以上親，再遇郊得奏小功以下親。郎中、帶職員外郎，初遇郊蔭子若孫，再郊及期親，四遇郊聽蔭大功以下親。初得奏而年過六十無子孫，廕期親。其皇親大將軍以上妻，再遇郊亦許之。武臣蔭例做此。凡蔭長子孫皆不限年，諸子孫須年過十五；若弟姪須過二十，必五服親乃許。已嘗蔭而物故者，無子孫祿仕，聽再蔭。自是，任子之恩殺矣。

英宗卽位，郡縣致貢奉人，悉命以官。知諫院司馬光建言：「監司、太守，遣親屬奉表京師，不問官職高下、親屬近遠，推恩至班行、幕職、權知州軍，或所遣非親，亦除齋郎及差使、殿侍，此蓋國初承五代姑息藩鎭之弊，因循不革。爵祿本待賢才，今此等受官，誠爲大濫。縱不能盡罷其人，若五服內親，等第受以一官，其無服屬量賜金帛，庶少救濫官之失。」然詔令已行，不從其議。時方患官冗，言者皆謂：「由三歲一磨勘，其進甚亟，易至高位，故獲蔭者衆。」乃令待制以上，自遷官後六歲，無故則復遷之，有過益展年，至諫議大夫止。京朝官

四歲磨勘，至前行郎中止，少卿、監限七十員，員有闕，以前行郎中久次者補之。少卿、監以上遷官，聽旨。

仁宗雖罷聖節恩，而猶行之妃、主。神宗既裁損臣僚奏蔭，以宮掖外戚恩尤濫，故稍抑之。舊，諸妃遇聖節奏親屬一人，間一年許奏二人，郊禮許奏一人。嬪御每遇郊奏一人，兩遇聖節與一奏。後定，諸妃每遇聖節并郊，許奏有服親一人。淑儀、充儀、婕妤、貴人遇郊，許奏小功以上親一人，位號別而資品同者，許比類奏薦。舊，公主每遇聖節、郊禮，奏夫之親屬一人；公主生日，許奏一人。後罷生日恩，所奏須有服親。皇親妻兩遇郊，許奏期親一人，後罷奏。舊，郡、縣主遇郊，許奏親生子右班殿直，若庶子及其夫之親兩遇郊，許奏借職一人。後親子惟注幕職，孫若庶子兩遇郊，方許奏一人，夫之親屬勿奏。舊，臣僚之妻爲國夫人者，得遺表恩，後除之。妃嬪、公主以下，非有服親之壻不許奏。既而曾布等又言：「臣僚陳請恩澤，宜有定制。」乃許見任二府歲乞差遣一人。宰臣、樞密使兼平章事因事罷者，陳乞轉官一人，指射差遣二人。餘執政官，並各一人。待制以上乞差遣遷學士者又一人。三路、廣桂安撫使、知成都府、梓州差遣一人，親孫、子循一資。廣南轉運、提點刑獄奏子孫或期親合入官一人。成都、梓、利、夔路差遣一人，子孫循一資。中書檢正官、樞密院檢詳官至員外郎，在職及二年，遇大禮許補親屬。中書堂後官、提點五房官，雖未至員

外，聽奏補。邕、宜、欽極邊煙瘴知州，聽奏子孫一人。凡因戰陣物故及歿於王事，許官其子孫。又功臣繪像之家，如無食祿人，則許特奏子孫一人入官。既定銓試法，任子中選者得隨銓擬注，其入優等，往往特旨賜進士出身。

元祐元年詔：「諸軍致仕停放人，其遺表恩該及子而過五年自陳者，慮有冒濫，毋推恩。」三年，定宰臣、執政初遇郊，許奏本宗職事官卿、監以下應任子者，須官至朝奉郎，乃許奏。」三年，定宰臣、執政初遇郊，許奏本宗異姓親各一人，次遇郊，奏數如初。願用其恩與有官人，則許轉官并循資，或乞差遣，惟不得轉入朝官、循入支掌。應奏承務郎、殿直以上，許換升一任；不得升入通判。餘官三遇郊，許奏有官人。舊制，應奏兩人止者，次郊，止許奏有官人。其後，遇郊更合補蔭者，並準此爲間隔之次；已致仕而遇大禮應奏補者，再奏而止。宣仁太皇太后諭輔臣曰：「近已裁減入流，本家恩澤，宜減四分之一。」呂公著等曰：「陛下臨朝同聽斷，本殿恩澤，自不當限數。先來所定，止與皇太后同等，豈可更損？」宣仁曰：「裁減恩澤，凡自上而始，則均一矣。」乃詔曰：「官冗之患，實極于今，苟非裁入流之數，無以清取士之原。吾以眇身率先天下，今後每遇聖節、大禮、生辰，合得親屬恩澤，並四分減一，皇太后、皇太妃同之。」

哲宗既親政，詔復舊。凡乞致仕而不願轉官者，中大夫至朝奉郎及諸司使，許奏補本宗有服親一人；自奉議郎、內殿承制以下，許與有服親一人恩例；惟中大夫、中散大夫、諸司使帶遙郡者，蔭補外仍與有服親恩例；若致仕未受敕而身亡者，在外以陳乞至門下省日，在京以得旨日，亦許乞有服親恩例一人。初，任子法以長幼爲序，若應奏者有廢疾，或嘗犯私罪至徒，或不肯難任從仕，許越奏其次。至是，始刪去格令「長幼爲序」四字。

五年，定親王女郡主蔭補法，遇大禮，許奏親屬一人，所生子仍與右班殿直；兩遇，奏子或孫與奉職；即用奏子孫恩迴授外服親之夫，及夫之有服親者，有官人轉一官，毋得升朝，選人循一資，無官者與借職，須期以下親，乃得奏。吏部言：「皇太妃遇大禮，以應奏恩與其親屬，而服行不應法。」詔用皇后緦麻女之子爲比，補借職。舊法，母后之家，十年一奏門客，而太妃未有法。紹聖初，詔皇太妃用興龍節奏親屬恩，迴授門客。自是，太后每及八年、太妃十年，奏門客一名，與假承務郎，許參選。如年數未及，凡恩皆毋回授。

元符後，命婦生皇子許依大禮奏有服親，三品以上三人。宗室緦麻親，許視異姓蔭孫。凡蔭補異姓，惟執政得奏，如簽書樞密院事雖依執政法，而所蔭即不理選限。後因轉官礙止法者，許回授未仕子孫，而貪冒者又請回授異姓，有司每沮止之，然亦多御筆許特補。

政和間，尚書省定回授格，謂無官可轉，或可轉而官高不欲轉，或事大而功效顯著爲一格，許奏補內外白身有服親；官有止法不可轉，功績次著爲一格，許奏本宗白身袒免親；官不甚高、而功績大爲一格，許奏本宗白身有服親；官不甚高、功不甚大爲一格，而分爲

三，一與內外有官有服親，一與有官有服本宗親，一與有官有服者之子孫。凡爲六等。

宣和二年，殿中侍御史張汝舟言：「今法所該補奏，與先朝同。昔之官至大夫，歷官不下三五十年，而今閱三五年，有已至大夫者矣；諸翼將軍至武翼郎，須出官三十年，方許奏補；今文武官奏補，未嘗限年，此太濫也。至若中大夫以下及武功、武翼大夫，已求致仕而不及受敕，乃格其恩，於是有身謝而未受敕者，其家或至匿哀須限；然不及親受而不與霑恩者多矣，此太吝也。欲自今中大夫至帶職朝奉郎以上，雖遇郊恩，入官不及二十年，皆未許蔭補；雖已經奏薦，再遇郊恩年仍未及者，亦寢其奏，庶抑其濫。至於文武官及大夫以上嘗求休致，而身謝在出敕前，欲並許奏蔭，以補其不及。」尚書省文武官致仕〔七〕，雖不及受敕，若無曾受蔭人，自有遺表恩。又寺、監長貳至開封少尹，係用職事蔭補，不合限年。餘從之。

崇寧以來，類多泛賞，如曰「應奉有勞」、「獻頌可采」、「職事修舉」特授特轉者，皆無事狀可名，而直以與之。孟昌齡、朱勔父子、童貫、梁師成、李邦彥等，凡所請求皆有定價，故不三五年，選人有至正郎或員外，帶職小使臣至正、副使或入遙郡橫行者。而蔡京拔用從官，不論途轍，一言合意，即日持橐。又優堂吏，往往至中奉大夫，或換防禦、觀察使。由此任子百倍。欽宗即位，赦恩覃轉，惟許宗室；其文武臣止令回授有官有服親，且詔：「非法

應回授及特許者，毋錄用。」

高宗中興，重定補蔭法，內外臣僚子孫期親大功以下及異姓親隨，文武各有等秩，見職官志。建炎元年，詔：「宰執子弟以恩澤任待制以上者，並罷。」紹興四年詔：「文武太中大夫以上及見帶兩制職名，依舊不限年。內無出身自授官後以及十五年，年及三十、不係宮觀責降之人，聽依條補蔭。」七年，中書舍人趙思誠言：「孤寒之士，名在選部，皆待數年之闕，大率十年不得一任。今親祠之歲，任子約四千人，是十年之後，增萬二千員，科舉取士不與焉。將見寒士有三十年不得調者矣。祖宗時，仕至卿、監者，皆實以年勞、功績得之，年必六十，身不過得恩澤五六人。厥後私謁行，橫恩廣，有年未三十而官至大夫者，員數比祖宗時不知其幾倍，而恩例未嘗少損。有一人而任子至十餘者，此而不革，實蠹政事，望議革其弊。」會思誠去國，議遂格〔七〕。舊法，惟贓罪不許任子，新令併及私罪徒，有司以爲拘礙者多，遂罷新令。又詔：「宰執、侍從致仕遺表，惟補緦麻以上親，毋及異姓。」二十二年，以武臣多出軍中，爵秩高而族姓少，凡有薦奏，同姓皆期功，異姓皆中表，閭巷之徒附會以進。命須經統轄長官結罪保明，詭冒者連坐之。帝於后妃補蔭，每加裁抑，詔后族不得任從官。

孝宗卽位，思革冗官。初詔百官任子遇郊恩權免奏薦，年七十人，遇郊不許奏子。俄又詔，未奏者許一名。隆興元年，以張宋卿言蔭補冗濫，立爲定法。凡員外轉正郎，正郎轉侍從，卿監之至中大夫，每初遇郊，則聽任一子；再經，則不許復請。遺表之恩，各減其一。減年之類，亦去其半。至府史之屬，武功之等，亦倣此差降之。

乾道二年詔：「非泛補官，如宗室、戚里女夫捧香，異姓上書獻頌，隨奉使補官，陣亡女夫，異姓給使減年之類，轉至合奏薦官，候致仕與奏一名，嘗奏者不再奏。」四年，詔：「宗室祖免親諸衞將軍、武功大夫至武翼郎以上，遇大禮奏補親屬，並依外官法，著爲令。」九年，詔：「文臣帶職員外郎及武翼大夫以上，生前未嘗奏薦者，與致仕恩澤一名；卽已嘗奏薦而被蔭人身亡，許再請。應朝奉郎、武翼郎以上補授及三十年者，亦與一名。」又詔：「武臣嘗任執政官，遇郊聽補文資。」於是恩數視執政者亦得之。蓋戚里、宗王與夫攀附之臣，皆爭以文資蔭其子，不可復正矣。自隆興著酬賞實歷對用轉官之法，遷官稍緩。至是，郊恩之奏視爲減半，然猶未大艾也。淳熙九年，始詔：「減任子員數。自宰相、執政、侍從、卿監、正郎、員外郎，分爲五等，每等降殺，以兩酌中定爲止數，武臣如之。宰相十人，執政八人，侍從六人，中散大夫至中大夫四人，帶職朝奉郎至朝議大夫三人，通減三分之一。」於是冗濫漸革。

寧宗慶元中，立補蔭新格，自使相以下有差，文臣中大夫、武臣防禦使以下，不許遺表推恩。嘉泰初，以官冗恩濫，凡宗女夫授官者，依舊法終身止任一子，兩府使相不得以郊恩奏門客，著爲令。

凡流外補選，五省、御史臺、九寺、三監、金吾司、四方館職掌，每歲遣近臣與判銓曹，就尚書同試律三道，中者補正名，理勞考。三館、祕閣楷書，皆本司試書札，中書覆試，補受。後以就試多懷挾傳授，乃鎖院、巡搜、糊名。凡試百司吏人，問律及疏，旣考合格，復令口誦所對，以防其弊。其自敍勞績，臣僚爲之陳請，特免口誦，謂之「優試」。得優試者，率中選。後遂考試百司人，歲以二十人爲額，毋得僥倖求優試。爲職掌者，皆限年，授外州司戶、勒留，有至諸衞長吏、兩省主事者。

學士、審官、審刑院，登聞檢鼓院，糾察刑獄司，皆選取諸司吏人，或以年限，或理本司選。然中書制敕及五院員闕，多卽遣官特試書箚，驗視材質。制敕院須堂後官以下親屬，五院須父祖有官者，樞密院亦如之，惟本院試驗。宣徽院、三司、各省、閤門、三班院，皆本司召補，至其首者出職。

凡出職者，樞密院、三司，皆補借職以上，餘或補州縣。內廷諸司主吏、三司大將，亦有補三班借職者。中書主事以下，三司勾覆官以上，各帶諸州上佐；樞密院主事以上，皆帶同正將軍；餘多帶遠地司戶、簿、尉。

先是，勒留、出官及選限，皆無定制。其隸近司，有裁三二年卽堂除外官者。咸平末，命翰林學士承旨宋白，與兩制、御史中丞同詳定之。白等請令「中書沿堂五院行首、副行首，依舊制補三班；通引、堂門、直省、發敕驗使臣，遇闕，依名次補正名；三年授勒留官，遇恩則一年，授後，七年出官。宣徽院貼房至都勾押官，軍將至知客、押衙各六等，並以次補；至勾押官、押衙，及五年以上出官，補三班或簿、尉。學士院孔目官，補正三年授勒留官，遇恩一年，授後，五年出官；驅使官，補正四年授勒留官，遇恩二年，授後，八年出官。三館孔目官，書直庫表奏、守當官，四年授勒留官，遇恩二年，授後，守當官八年、書直庫表奏官七年、孔目官六年出職；其職遷補者，許通計年考，有奉錢官者，更留三年。典書、楷書五選集，準格三館入流，歲數已少，無得以諸色優勞減選。閤門、客省、承受、驅使官轉次第，並依本司舊例，補正名四年授勒留官，遇恩則二年，授後，七年出授簿、尉；其行首並如舊制。審刑院本無職掌名額，於諸司選差正名，令不以有無勒留。審官五年、審刑三年，出官以前，諸司請自今勒留，並比七選集授官例，赴選日不以州縣地望爲資敍」。從之。後又定寀省承受、行首歲滿補殿直、奉職；御書院、翰林待詔、書藝祗候，十年以上無犯者聽出職。

太祖嘗親閱諸司流外人，勒之歸農者四百人。開寶間，詔：「流外選人經十考入令、錄者，引對，方得注擬。驅使散從官、伎術人，資考雖多，亦不注擬。」堂後官多爲姦贓，欲更用士之在令、錄、簿、尉選者充之；或不屑就，而所選不及數，乃如舊制。雍熙時，以堂後官充職事官，入謝外不赴朝參，見宰相禮同胥吏。端拱初，以河南府法曹參軍梁正辭、楚丘縣主簿喬蔚等五人爲將作監丞，充中書堂後官，拔選人授京官爲堂吏，自此始。

校勘記

〔一〕於是七路自常選知州而下　「七路」原作「八路」。按上文首先提到的八路是川峽四路、廣南東、西路、福建路和荊湖南路，此處所記沒有荊湖南路，實只七路。長編卷二一四作「七路」，據改。

〔二〕常獲家便　「家便」二字原倒，按下文「家便」一詞數見，同上書同卷也作「家便」，「家便」當是當時習用語。今乙正。

〔三〕八路雖坐停罷隨許射注　上文明言「定差不均之弊有七」，敍述中只有「二也」、「四也」而無「三也」，此處當有脫文。按長編卷三八〇所載，有「又八路在任犯罪停替，或體量罷任，並許再指射

差遣，而見在吏部待次之人，至有歷任無過尙須試法，俟及一年方有注擬，此不均之弊三也」之文，此處所云當即此第三事的改寫。此處下當脫「三也」二字，或尙脫有關「見在吏部待次之人」定差情況文字。

〔四〕士人　原作「士人」，據長編卷三八〇、通考卷三八選舉考改。

〔五〕六年　承上文當指建炎六年，而建炎無六年；繫年要錄卷九九繫此事於紹興六年，是，此處失書「紹興」紀元。

〔六〕尙書省文武官致仕　據下文「餘從之」及通考卷三四選舉考「詔除寺、監長貳至開封少尹，係用職事蔭補，不合限年。餘悉從之」等語，疑「尙書省」前脫「詔」字。

〔七〕議遂格　「格」原作「革」，據繫年要錄卷一一五、通考卷三四選舉考改。

宋史卷一百六十

志第一百一十三

選舉六　保任　考課

保任之制。銓注有格，槪拘以法，法可以制平而不可以擇才，故予奪升黜，品式具在，而又責官以保任之。凡改秩遷資，必視舉任有無，以爲應否；至其職任優殊，則又隨事立目，往往特詔公卿、部刺史、牧守長官，卽所部所知，揚其才識而任其能否。上自侍從、臺諫、館學，下暨錢穀、兵武之職，時亦以薦舉命之，蓋不膠於法矣。

國初，保任未立限制。建隆三年始詔：「常參官及翰林學士，舉堪充幕職、令、錄者各一人，條析其實，毋以親爲避。」既而舉者頗因緣爲姦，用知制誥高錫奏：「請許人訐告，得實，則有官者優擢，非仕宦者授以官，或賞緡錢；不實，則反坐之。」自是，或特命陶穀等舉才堪通判者，或詔翰林學士及常參官舉京官、幕職、州縣正員堪升朝者。藩鎭奏掌書記多越資

敍，則詔歷兩任有文學方得奏。又令諸道節度、觀察使，於部內官選才識優茂、德行敦篤者各二人，防禦、團練使各舉一人，遣詣闕庭，觀其器業而進用焉。凡被舉擢官，於誥命署舉主姓名，他日不如舉狀，則連坐之。

太宗尤嚴牧守之任，詔諸道使者察部內履行著聞、政術尤異、文學茂異者，州長吏擇判、司、簿、尉之淸廉明幹者，具名以聞，驛召引對，授之知縣。又令閤屬部司理參軍，廉愼而明於推鞫者，舉之。雍熙二年，舉可升朝者，始令翰林學士、兩省、御史臺、尙書省官舉之。

淳化三年〔一〕，令宰相以下至御史中丞，各舉朝官一人爲轉運使，迺詔曰：「國家詳求幹事之吏，外分主計之司，雖曰轉輸，得兼按察，總覽郡國，職任尤重，物情舒慘，靡不由之。尙慮微功，固當責實。凡轉運使釐革庶務，平反獄訟，漕運金穀，成績居最，及有建置之事，果利於民，令歲終以聞。非殊異者不得條奏。」又詔：「三司、三館職事官已升擢者，不在論薦；其有懷材外任，未爲朝廷所知者，方得奏舉。始令內外官，凡所舉薦有變節踰矩者，自首則原其聯坐之罪。

太宗聽政之暇，每取兩省、兩制淸望官名籍，擇其有德譽者，悉令舉官。所舉之人，須析其爵里及歷任殿最以聞，不得有隱。如舉狀者有賞典，無驗者罪之。又嘗謂宰臣曰：「君

中華書局

子小人，趣向不同。君子畏慎，不欺暗室，名節造次靡渝；小人雖善談忠信，而履行頗僻，在官黷貨，罔畏刑罰。如薛智周以侍御史守婺，政以賄成，聚斂無已，其土產富於羅，州民謂之『羅端公』，則爲治可知矣。卿等職在掄材，今令朝臣舉官，已是逐末，更不擇舉主，何由得人也？」供奉官劉文質嘗入奏，察舉兩浙部內官高輔之、李易直、艾仲孺、梅詢、高鼎、高貽慶、姜嶼、戚綸八人有治迹，並降璽書褒諭。帝曰：「文質所舉，皆良吏也。」特遷文質爲西京作坊副使。

咸平間，祕書丞陳彭年請用唐故事舉官自代。詔祕書直學士[二]馮拯、陳堯叟參詳之。拯等上言：「往制，常參官及節度、觀察、防禦、刺史、少尹、畿赤令幷七品以上清望官，授訖三日內，於四方館上表讓一人以自代。其表付中書門下，每官闕，以見舉多者量而授之。今官品制度沿革不同，請令兩省、御史臺、尚書省六品以上，諸司四品以上，授訖，具表讓一人自代，於閤門投下，方得入謝。在外者，授訖三月內，具表附驛以聞[三]。」遂著爲令。

眞宗初，屢詔舉官，未立常制。大中祥符二年詔：「幕職、州縣官初任，未閑吏事，須三任六考，方得論薦。」三年，始定制。

自翰林學士以下常參官，歲各舉外任京朝官、三班使臣、幕職州縣官一人，著其治行所宜任，令閤門、御史臺歲終會其數。如無舉狀，卽具奏致罰。於冬季以差出，亦須

舉官後乃入辭。諸司使副、承制、崇班曾任西北邊、川、廣鈐轄、親民者，亦做此制。諸路轉運使副、提點刑獄官，知州、通判奏舉部內官屬，則不限人數，具在任勞績，如無可舉及顯有踰濫者，亦須指述，不得顧避。以次年二月二十五日以前到京，違期則都進奏院以名聞，論如不申考帳法。

三司使副舉在京掌事京朝官、使臣。凡被舉者，中書歲置二籍，疏其名銜，下列歷任功過、舉主姓名及薦舉數。一以留中書，一以五月一日進內。明年，籍內仍計向來功過及舉主數，使臣卽樞密院置籍。兩省、尚書省、御史臺官凡出使迴，須採訪所至及經歷鄰近郡官治迹善惡以聞。轉運使副、提點刑獄官、知州、通判赴闕，各具前任部內官治迹能否，如鄰近及所經州縣訪聞善惡，亦許同奏，先於閤門投進，方得入見。

凡朝廷須人才，及欲理州縣弊政劇務，卽籍內視舉任及課績數多而資歷相當者差委，於宣敕內盡列舉主姓名。或任內幹集，特與遷秩，苟不集事，本犯雖不去官，亦移閑慢僻遠地。內外羣臣所舉及三人有成績，仰中書、樞密院具姓名取旨甄獎。如併舉三人俱不集事，坐罪不至去官，亦仰奏裁，當行責降。或得失相參，亦與折當。

天聖六年詔：「審刑院舉常參官在京刑法司者爲詳議官；大理寺詳斷、刑部詳覆法直官，皆舉幕職、州縣曉法令者爲之。自請試律者須五考，有舉者，乃聽試。試律三道，疏二道，又斷中小獄案二道，通者爲中格。」時舉官擢人，不常其制。國子監闕講官，則詔諸路轉運使舉經義通明者；或欲不次用人，嘗詔近臣舉常參官歷通判無贓罪而才任繁劇者；欲官諸邊要，亦嘗詔節度使至閤門使、知州軍、鈐轄、諸司使，舉殿直以上材勇堪邊任者，或令三司使下至天章閣待制舉奏之。邊有警，則詔諸轉運使、提點刑獄舉所部官才堪將帥者；三路知州、通判、縣令，則詔近臣舉廉幹吏選任之，毋拘資格。至于文行之士，錢穀之才，刑名之學，各因時所求而薦焉。

自天聖後，進者頗多，始戒近臣，非受詔毋輒舉官。又下詔風厲，毋以薦舉爲阿私。其任用已至部使者，毋得復薦，失舉而已擢用，聽。自言不實，弗爲負。初，選人四考，有舉者四人，得磨勘遷京官；始詔增爲六考，舉者五人，須有本部使者。御史王端以爲：「法用舉者兩人，得爲縣令。爲令無過譴，遷職事官、知縣；又無過譴，遂得改京官。乃是用舉者兩人，保其三任也。朝廷初無參伍考察之法，偶幸無過，輒信而遷之。是以碌碌之人，皆得自進，因仍弗革，其弊將深。」乃定令：被薦爲令，任內復有舉者始得遷，否則如常選，毋輒升補。

時增設禁限，常參官已授外任，毋得奏舉。京官見任知州、通判，升朝官兵馬都監、諸司副使以上，及在京員外郎嘗任知州、通判，諸司副使嘗任兵馬都監者，乃聽舉，流內銓復

裁。內外臣僚歲舉數，文臣待制至侍御史，武臣自觀察至諸司副使，舉吏各有等數，毋得輒過；而被舉者須有本部監司、長吏、按察官，乃得磨勘。又限到官一考，方得薦。知雜御史、觀察使以上，歲舉京官不得過二人，其常參官毋得復舉，自是舉官之數省矣。定監司以所部州多少劇易之差，爲舉令數，非本部勿舉。其後又增舉主三員。蓋官冗之弊浸極，故保薦之法，大抵初略而後詳也。

英宗時，御史中丞賈黯又言：「今京朝官至卿、監，凡二千八百餘員，而吏部奏舉磨勘選人，未引見者至二百五十餘人。且以先朝事較之：方天聖中，法尙簡，選人以四考改官，而諸路使者薦部吏，未有限數；而在京臺閣及常參官嘗任知州、通判者，雖非部吏皆得薦。時磨勘改官者，歲才數十人，後資考頗增，而知州薦吏，視屬邑多少裁定其數，常參官不許薦士。其條約漸繁，而改官者固已衆矣，然引對猶未有待次者也。皇祐中，始限監司奏舉之數，其法益密，而磨勘待次者已不減六七十人。皇祐及今纔十年耳，而猥多至于三倍。向也，法疏而其數省；今也，法密而其數增，此何故哉？正在薦吏者歲限定員，務充數而已。如郡守歲許薦五人，而歲終不滿其數，則人人以爲遺己。當舉者避謗畏譏，欲止不敢，此薦者所以多[四]，而眞才實廉未免溷於無能也。宜明詔天下，使有人則薦，不必滿所限之數。」天子納其言，下詔申敕。中外臣僚歲得舉京官者，視元數以三分率之，減一分；舉職官，有舉者

三人，任滿選如法。所以分減舉者數，省京官也。

判吏部流內銓蔡抗又言：「奏舉京官人，度二年引對乃可畢，計每歲所舉，無慮千九百員，被舉者既多，則磨勘者愈衆。且今天下員多闕少，率三人而待一闕，若不稍改，除吏愈難。臣以爲可罷知雜御史、觀察使以上歲得舉官法。」從之。自是舉官之數彌省矣。故事，初入二府，舉所知者三人，將以觀大臣之能。後來請謁之說勝，而薦者或不以公。四年，詔：「中書、樞密院舉人，皆明言才業所長，堪任何事，以副朕爲官擇人之意。」

神宗卽位，乃罷兩府初入舉官。凡薦任之法，選人用以進資改秩，京朝官用以升任，舊悉有制。熙寧後，又從而損益之，故舉皆限員，而歲又分舉，制益詳矣。定十六路提點刑獄歲舉京官、縣令額。又詔察訪使者得舉官。選人任中都官者，舊無舉薦，始許其屬有選人六員者，歲得舉三員。既而帝以舊舉官往往緣求請得之，乃革去奏舉，而概以定格。詔內外舉官法皆罷，令吏部審官院參議選格。

元祐初，左司諫王巖叟言：「自罷辟舉而用選格，可以見功過而不可以見人材，中外病之。於是不得已而別爲之名，以用其平日之所信，故有『踏逐申差』之目。『踏逐』實薦舉而不與同罪，且選才薦能而謂之『踏逐』，非雅名也。況委人以權而不容舉其所知，豈爲通術？」遂復內外舉官法。

及司馬光爲相，奏曰：

爲政得人則治。然人之才，或長於此而短於彼，雖皋、夔、稷、契，各守一官，中人安可求備？故孔門以四科論士，漢室以數路得人。若指瑕掩善，則朝無可用之人；苟隨器授任，則世無可棄之士。臣備位宰相，職當選官，而識短見狹，士有恬退滯淹，或孤寒遺逸，豈能周知？若專引知識，則嫌於私；若止循資序，未必皆才。莫若使有位達官，各舉所知，然後克叶至公，野無遺賢矣。

欲乞朝廷設十科舉士：一曰行義純固可爲師表科，有官、無官人，皆可舉。二曰節操方正可備獻納科，舉有官人。三曰智勇過人可備將帥科，舉文武有官人。四曰公正聰明可備監司科，舉知州以上資序。五曰經術精通可備講讀科，有官、無官人，皆可舉。六曰學問該博可備顧問科，同上。七曰文章典麗可備著述科，同上。八曰善聽獄訟盡公得實科，舉有官人。九曰善治財賦公私俱便科，舉有官人。十曰練習法令能斷請讞科。同上。應職事官自尚書至給舍、諫議，寄祿官自開府儀同三司至太中大夫，職自觀文殿大學士至待制，每歲須於十科內舉三人，仍具狀保任，中書置籍記之。異時有事須材，卽執政案籍視其所嘗被舉科格，隨事試之，有勞，又著之籍。內外官闕，取嘗試有效者隨科授職。所賜告命，仍備所舉官姓名，其人任官無狀，坐以繆舉之罪。所貴人人重慎，所舉得才。

光又言：「朝廷執政惟八九人，若非交舊，無以知其行能。不惟涉徇私之嫌，兼所取至狹，豈足以盡天下之賢才？若採訪毀譽，則情僞萬端。與其聽遊談之言，曷若使之結罪保舉？故臣奏設十科以舉士，其『公正聰明可備監司』，誠知請屬挾私所不能無，但有不如所舉，譴責無所寬宥，則不敢妄舉矣。」詔皆從之。

二年，殿中侍御史呂陶言：「郡守提封千里，生聚萬衆，所係休戚，而不察能否，一以資格用之，凡再爲半刺、有薦者三人，則得之矣。不公不明，十郡而居三四，是天下之民，半失其養。」請令內外從臣〔五〕，歲舉可爲守臣者各三人，略資序而採公言，庶其可以擇才芘民也。」詔「內外待制、太中大夫以上，歲舉再歷通判資序、堪任知州者一人，籍于吏部。遇三路及一州而四縣者，其守臣有闕，先差本資序人，」次案籍以所薦者〔六〕。」

頃之，侍御史韓川言：「近太中大夫以上歲舉守臣，而薦所不及，雖課入優等，皆未預選，此倚薦以爲信也。然太中大夫以上，率在京師，唯馳騖請求、因緣宛轉者，常多得之。迹遠地寒，雖歷郡久、治狀著、課入上考，偶以無薦，則反在通判下，不許入三路及四縣州。且州以縣之多少而分簡劇，亦未爲盡。蓋繁簡在事不在縣，固有縣多而事不繁，亦有縣少而事不簡者。願參以考績之實，著爲通令，仍不以縣之多少而爲簡劇。」詔吏部立法以聞。已而歲舉積久，吏部無闕以授。四年，遂罷太中大夫以上歲舉法，惟奉詔乃舉焉。

紹聖元年，右司諫朱勃言：「選人初受任，雖能，法未得舉爲京官。而有挾權善請求者，職官、縣令舉員既足，又併改官舉員求之。」詔：「歷任通及三考，而資序已入幕職、令錄，方許舉之改官。」

初，神宗罷薦舉，惟舉御史法不廢。熙寧二年，王安石言：「舉御史法太密，故難於得人。」帝曰：「豈執政者惡言官得人耶？」於是中書悉具舊法以奏。安石曰：「舊法，凡執政所薦，卽不得爲御史。執政取其平日所畏者薦之，則其人不復得言事矣，蓋法之弊如此。」帝乃令悉除舊法，一委中丞舉之，而稍略其資格。趙抃曰：「用京官恐非體，又不委知雜，專任中丞，亦非舊制。」帝曰：「唐以布衣馬周爲之，用京官何爲不可？知雜，屬也，委長爲是。」侍御史劉述奏曰：「舊制，舉御史必官升京朝，資入通判。衆學士、本臺丞、知雜更互論薦，每一闕上二人而擇用一人。今專委中丞，則愛憎由己，公道廢於私恩；或受權臣之託，引所親厚，擅竊人主威福，此大不便。」弗聽。既改法，著作佐郎程顥、王子韶、謝景禧方爲條例司屬官，中丞呂公著薦之，遂以太子中允權監察御史裏行。

宣仁太后聽政，詔范純仁爲諫議大夫，唐叔問、蘇轍爲司諫，朱光庭、范祖禹爲正言。章惇曰：「故事，諫官皆薦諸侍從，然後大臣稟奏，今得無有近習援引乎？」太后曰：「大臣實皆言之，非左右也。」惇曰：「臺諫所以糾大臣之越法者。故事，執政初除，苟有親戚及嘗被

中華書局

薦引者見爲臺臣，則皆他徙，防壅蔽也。今天子幼沖，太皇太后同聽萬機，故事不可違。」於是呂公著以范祖禹，韓縝、司馬光以范純仁，皆避親嫌。光曰：「純仁、祖禹實宜在諫列，不可以臣故妨賢，寧臣避位。」惇曰：「縝、光、公著必不私，他日有懷姦當國者，例此而引其親黨，蔽塞聰明，恐非國之福。」純仁、祖禹請除他官，仍令侍從以上，各得奏舉。」於是，詔尚書、侍郎、給舍、諫議、中丞、待制各舉諫官二員；純仁改除天章閣待制，祖禹爲著作佐郎。後又命司諫、正言、殿中侍御史、監察御史，並用升朝官通判資序。

元祐六年，御史中丞鄭雍言：「舊御史闕，臺官得自薦，所以正名舉職也。自官制行，御史中丞與兩省分舉，而今之兩省官屬，皆與聞門下、中書政事，其自舉非故事，且有嫌。乞專委臺官，若稍涉私，自有黜典。」詔御史中丞舉殿中侍御史二員，翰林學士、中書舍人同舉監察御史二員，給事中亦舉二員。雍又言：「風憲之地，責任宜專。若臺屬多由他薦，恐非責任之本意。」詔中丞更舉監察御史二員。八年，侍御史楊畏言：「風憲之任，人主寄耳目焉。御史進用，宰執不得預，顧令兩省屬官舉之，非是。」遂寢前命。

武臣薦舉立格，有枚別職任而舉之者，有概名材武而入之銓格者，又其上則「謀略膽勇可備統衆」、「諳練兵事可任邊寄」之類。惟邊要任使隸樞密院，餘則審官西院、三班院按格注之。其後，雖時有更易，而薦舉之所重輕，選用之所隸屬，多規此立制。

建炎兵興多事，以中外有文武材略出倫，或淹布衣，或沉下僚，命侍從、監司、郡守搜訪，各舉所知，州縣禮遣赴行在。又詔舉「忠信寬博可使絕域」與「智謀勇毅能將萬衆」者，不以有無官資，並詣登聞檢院自陳，才謀勇略可使者，赴御營司量材錄用。或命庶僚各舉內外官及布衣隱士才堪大用者，擢爲輔弼，協濟大功；或命侍從舉可爲臺諫者，或舉縣令，或舉宗室；刺史舉忠義之士能恢復土疆保護王室者；帥臣、監司、守令舉所部見任寄居待次文武官有智謀及武藝精熟者；及訪求國初功臣後裔，中興以來忠義死節之家子孫。四年，以朝班多闕，詔：「臺諫、左右司郎官已上，各薦士二人，仍令執政同選。在外侍從雖在謫籍，無大過而政事才學實可用者，亦與召擢。」

紹興二年，廷臣言：「今右武之世，雖二三大將，各立雋功，微賤之中，尚多奇士。願廣加薦舉，延問恢復之計。」帝然其言。詔觀察使以上各薦可爲將帥者二人，樞密籍錄以備選用。又以中原士大夫隔絕滋久，流徙東南者，媒寡援疎，多致沉滯，令侍從搜訪以聞。三年，復司馬光十科，時遣五使宣諭諸道，令訪廉潔清修可以師表吏民者。尋詔宣諭官所薦，並俟終更，令入對升擢，以勸能吏。復用舊制，侍從官受命三日，舉官一員自代，中書、門下省籍記姓名，每闕官，即以舉狀多者進擬。內外武臣，舉忠勇智略可自代者一人，如文臣法。

五年，命自監察御史至侍從官，舉曾經治縣聲績顯著者爲監司、郡守，不限員數，遇闕選除；才堪大縣者，通舉二十人，不限資序。十年，以南渡後人材萃於兩浙，而屬吏薦員甚狹，增部使者薦舉改官之額，歲五員。十四年，命守臣終更入見，各舉所部縣令一人。

二十二年，右諫議大夫林大鼐言：「國初，常參官皆得舉人，不限內外，亦無員數。南渡之初，恩或非泛，人得僥倖，有從軍而改秩者，有捕盜而改秩者，有以登對而改秩者。今朝廷無事，謹惜名器，惟薦舉一路，貪躁者速化，廉靜者陸沉。今欲取考第、員數增減以便之，增一任者減一員，十考者用四〔七〕，十二考者用三，十五考者用二。如減舉法，須實歷縣令，不得仍請嶽祠。其或負犯殿選，自如常坐。士有應此格者，行無玷缺，年亦蹉跎，無非孤寒老練安義分之士。望付有司條上，以弭奔競。」二十五年，命侍從舉知州、通判治跡顯著者，以補監司之闕；仍保任終身，犯贓及不職，與同罪。

二十九年，閩人滋又請：「凡在官歷任及十考以上，無公私罪，雖舉削不及格，許降等升改。或疑其太濫，則取吏部累年改官酌中之數，立爲限隔，舉狀、年勞，參酌並用。」於是下其議，中書舍人洪遵、給事中王晞亮等上議曰：「本朝立薦舉之法，必使歷任六考，所以遲其歲月而責其赴功，必使之舉官五員，所以多其保任而必其可用。今如議臣所請，則有力者惟圖見次，無材者苟冀終更，出官十餘年，可以坐待京秩。此不可一也。今欲減改官分數

以待無舉削者，則當被舉之人，必有失職淹滯之歎。此不可二也。京官易得，驟至郎位，任子之恩，愈不可減，非所以救入流之弊。此不可三也。夫祖宗之法非有大害，未易輕議；今一旦取二百年成法而易之。此不可四也。臣以爲如故便。」滋議遂寢。

三十年，以武臣被薦者衆，命內外大臣所舉統制、統領官各遷一秩，將官以下，所舉者令兩府籍記。右正言何溥言：「比命侍從薦舉縣令，如聞選人不可授大邑，止籍記姓名。夫論人才不拘資格，豈堪爲縣令而有小大之別乎？今所舉者才也，非官也。願無拘劇易，早與選除，歲一行之，十年之後，天下多賢令矣。」乃詔：「薦舉守令，遇見闕依次除授；如已授差遣者，任滿取旨。」帝謂輔臣曰：「朕有一人材薄，臣下有所薦揚，退則記其姓名。遇有選用，搜而得之，無不適當。」

孝宗嘗命內外選在任閑居待次官舉可任監司、郡守之人，以資序分二等，一見今可任，一將來可任，注籍于三省，仍作圖進呈，以憑除擢。又以武選之衆，拔擢未廣，立「謀略沉雄可任大計」、「寬猛適宜可使御衆」、「臨陣驍勇可鼓士氣」、「威信有聞可守邊郡」、「思智精巧可治器械」凡五等科目，令曾歷軍功觀察使以上各舉二人〔八〕。其「通習典章可掌朝儀」、「練達民事可任郡寄」、「諳曉財計可裕民力」、「持身廉潔可律貪鄙」、「詞辨不屈可備奉使」五等，令非軍功觀察使以上舉之。並隨類指陳實跡，毋得別撰褒詞。

紹興二年，廷臣上言，謂：「國朝視文武爲一體，故有武臣以文學換授文資，文臣以材略智謀換右職當邊寄者。蓋文武兩塗，情本參商。若文臣總幹戎事，不換武階，則終以氣習相忌，有不樂從者矣。今兵塵未息，方厲恢復之圖，願博采中外有材智權略可以臨邊，可以制閫者，倣舊制改授。」從之。乾道以後，又選大將之家能世其武勇者，武舉及第武藝絕倫可爲將佐者。會廷臣言曰：「方今國家之兵，東至淮海，西至川蜀，殆百餘萬。其間可爲將帥者，不在其上，則在其下，而朝廷未知振其氣、表其才也。今文臣有三人舉主，則爲之循資再任，五人則爲之改秩，而武臣無有焉。古語曰：『三辰不軌，擢士爲相；蠻夷不恭，拔卒爲將。』宜令都統制視監司者歲舉武臣二人，視郡守者歲舉一人。以智勇俱全爲上，善撫士卒專有膽勇者次之。不拘將校士卒，優以獎擢。被舉人有臨戰不用命者，與文臣犯入己贓者同，併坐舉主。」帝可其奏，仍著爲法。

三年，禮部尚書趙雄請令侍從、臺諫、兩省，於知縣資序以上歲薦堪充郡守，通判資序以上歲薦監司，仍用漢朝雜舉之制，三省詳加考察。詔如所請，仍不以內外，雜舉歲各五人，保舉官及五員以上，列銜共奏。帝曰：「薦舉本欲得人，又恐干請，反長奔競。」龔茂良言：「三代良法，亦不免於弊。今欲精選監司、郡守，非薦舉何由知之。」帝曰：「若令雜舉，則須衆論僉允，又經中書考察而後除授，亦博采遴選之道也。」

吏部請：「武舉軍班武藝特奏名出身，并任巡檢、駐泊、監押、知砦，比附文臣關升條令，並實歷六考，有舉主四人，內監司一人，聽關升親民。正副將，兩任、有舉主二人，內一人監司，亦與關升。凡升副將，視文臣初任通判資序；再關升正將，視文臣次任通判資序；關升路分副都監，視文臣初任知州資序；小郡州鈐轄，視文臣次任知州資序。」孝宗以歲舉京官數濫，於是內外薦舉改官員數，六部、寺、監長貳，戶部右曹郎官等，三分減一；禮部、國子監長貳，如上條外又減半；前宰執，歲各減二員；諸道轉運、提刑、提舉常平茶鹽學事司、總領茶馬、鑄錢司，安撫、制置司，及諸路州軍，並四分減一。通籍之數彌省矣。

光宗時，言者謂：「被薦者衆，朝廷疑其私而不信，病其泛而難從，縱有賢才，不免與僥倖者併棄，請條約之。」乃命帥守、監司毋獨員薦士。時薦舉固多得人，然有或乏廉聲而舉充廉吏，或素昧平生而舉充所知，或不能文而舉可備著述。遂命臣僚自今有人則薦，無人則闕，其尤繆妄者覺察之。

嘉泰二年，令內外舉薦並具實跡以聞，自是濫舉之弊稍革。嘉定十二年，命監司、守臣舉十科政績所知自代，露章列薦，並籍記審察。任滿，則取其舉數多，有政績行誼者，升擢之。

宋初，內外小職任，長吏得自奏辟。熙寧間，悉罷歸選部。然要處職任，如沿邊兵官、防河捕盜、重課額務場之類，尋又立專法聽舉，於是辟置不能全廢也。既出常格，則僉人往往因之以行其私。元祐以來，屢行屢止。蓋處心公明，則得以用其所知，固爲良法；苟徇私昧理，則才不爲用，請屬賄賂，無所不有矣。又孰若付之銓曹而概以公法者哉？

建炎初，詔河北招撫、河東經制及安撫等使，皆得辟置將佐官屬；行在五軍并御營司將領，亦辟大小使臣。諸道郡縣殘破之餘，官吏解散，諸司誘人塡闕，皆先領職而後奏給付身。於是州郡守將，皆假軍興之名，換易官屬，有罪籍未敍復、守選未參部者。朝論患之，乃令釐正，使歸部依格注擬。惟陝西五路、兩河、兩淮、京東等路經略安撫司屬官聽舉辟，餘路並罷。四年，初置諸鎭撫使，管內州縣官並許辟置。言者謂遠方之民，理宜綏撫。如峽州四縣，多用軍功或胥吏補知縣，欄吏補監稅，民被其害。遂命取峽州、江陵府、荊門軍、公安軍州縣官闕，委安撫司奏辟。命御史臺仍舊辟舉承務郎已上官充主簿、檢法官，不限資序。

紹興二年，臣僚又以「比年帥守、監司辟官，攙奪部注，朝廷不能奪，銓曹不能違，又多昇以添差不釐務之闕。上自監司、倅貳，下至掾屬、給使，一郡之中，兵官八九員，一務之中，監當六七員，數倍於前日。存無事之官，食至重之祿，所以重困生民。請裁省其闕，否則以宮廟之祿畀之。」遂命自今已就辟差理資任者，毋得據舊闕以妨下次。六年，詔諸道宣撫司，

僚屬許本司奏辟，內京官以二年爲任，願留再任者，取旨。自兵興，所辟官有經十年不退者，故條約焉。二十六年，詔已注知縣、縣令，不許奏辟。

孝宗初，詔內外有專法，辟闕並仍舊。乾道九年，命監司、帥臣，非有著令，不得創行奏辟；所辟毋得攙已差之闕，違者御史臺察之。淳熙三年，命自今極邊知縣、縣令闕官，專委本州守臣奏辟，毋得仍舊權攝；其見攝官留意民事百姓愛服者，許不以有無拘礙，特行奏辟。七年，詔未中銓、未歷任、初改秩人毋得差辟，著爲令。

理宗寶慶二年，以廣南東、西路通判、幕職、教授等官，法未嘗許辟者，須於各官將滿之前具闕。如未有代者，卽聽申部出闕，滿三月無人注擬，申省下本路。通判以下京官闕，從諸司奏辟。選人闕，從漕司定差。作邑未滿三年、作倅未滿二考，不許預期奏辟他闕。諸司屬官不許輒自辟置，或久闕正官，許令次官暫攝，待朝命方許奏辟。淳祐十一年，以御史臺中嚴銓法，禁監司、郡守辟親戚爲屬吏。又選人無考第、舉主不及三員，及納粟人雖有考第、舉主，並不聽辟爲令。寶祐三年，戒諸路監司、帥閫，不應辟而輒辟者，辟主及受辟之官，並與鐫秩。

中華書局

考課。宋初循舊制，文武常參官各以曹務閑劇爲月限，考滿卽遷。太祖謂非循名責實之道，罷歲月敘遷之制。置審官院，考課中外職事。受代京朝官引對磨勘，非有勞績不進秩。其後立法，文臣五年、武臣七年，無贓私罪始得遷秩。曾犯贓罪，則文臣七年、武臣十年，中書、樞密院取旨。其七階選人，則考第資歷，無過犯或有勞績者遞遷，謂之「循資」。凡考第之法，內外選人，周一歲爲一考，欠日不得成考。三考未替，更周一歲，書爲第四考，已書之績，不得重計。初著令，州縣戶口準見戶十分增一，刺史、縣令進考，若耗一分，降考一等。建隆三年，又以科賦有欠踰十之一，及公事曠違嘗有制受罰者，皆如耗戶口降考。吏部南曹又舉周制，請州縣官益戶增稅，受代日並書於籍。凡千戶以下能增百戶減一選，減及三選以上，令賜章服，主簿升秩進階。能歸復逋亡之民者，亦如之。

是年，縣始置尉，頒捕盜條，給以三限，限各二十日，三限內獲者，令、尉等第議賞；三限外不獲，尉罰一月奉，令半之。尉三罰、令四罰，皆殿一選，三殿停官。令、尉與賊鬭而能盡獲者，賜緋升擢。乾德四年，詔諸縣令、佐有能招攜勸課，以致蕃庶民籍，租額出其元數，減一選，仍進一階。

太宗勵精圖治，遣官分行郡縣，廉察官吏。河南府法曹參軍高丕等，皆以不勝任免官。復詔諸道察舉部內官，第其優劣爲三等：「政績尤異」爲上，「職務粗治」爲中，「臨事弛慢所

涖無狀」者爲下。歲終以聞。先是，諸州掾曹及縣令、簿、尉，皆戶部南曹給印紙、曆子，俾州郡長吏書其績用愆過，秩滿，送有司差其殿最。詔有司申明，其諸州別給公據者罷之。判吏部南曹董淳言：「有司批書印曆，多所闕略，令漏書一事殿一選，三事降一資。」自是職事官依州縣給南曹曆子，天下知州、通判、京朝官釐務於外者，給以御前印紙，令書課績。時蔣元振知白州，爲政清簡，民甚便之；秩滿，衆輒詣部使乞留，凡十有八年，未受代。姚益恭清白有才幹，知鄆州須城縣，鞭朴不施，境內大治。淳化初，採訪使各言其狀，下詔褒嘉，賜元振絹三十匹、粟五十石，賜益恭對衣、銀帶、絹五十匹。

四年，始分置磨勘之司。審官院掌京朝官，考課院掌幕職、州縣官，廢差遣院，令審官總之。乃詔：「郡縣有治行尤異、吏民畏服、居官廉恪、涖事明敏、鬭訟衰息、倉廩盈羨、寇盜剪滅、部內清肅者，本道轉運司各以名聞，當驛置赴闕，親問其狀加旌賞焉。其貪冒無狀、淹延鬭訟、踰越憲度、盜賊競起、部內不治者，亦條其狀以聞，當行貶斥。」

以翰林學士錢若水、樞密直學士劉昌言同知審官院，考覆功過，以定升降；又以判流內銓翰林學士蘇易簡、知制誥王旦等知考課院，重其職也。凡流內銓，主常調選人；考課院，主奏舉及歷任有殿最者。明年，帝親選京朝官三十餘人，自書戒諭之言于印紙曰：「勤政愛民，奉法除姦，方可書爲勞績。」且謂錢若水曰：「奉法除姦之言，恐諸臣未喻，因而生

事，可語之曰：『除姦之要，在乎奉法。』」至道初，罷考課院，併流內銓。二年，遣使廉察諸道長吏，得八人涖事公正、惠愛及民，皆降璽書獎諭。

眞宗卽位，命審官院考京朝官殿最，引對遷秩。京朝官引對磨勘，自此始。先是，每恩慶，百僚多得序進。帝始罷之，惟郊祀恩許加勳、階、爵邑。帝察羣臣有聞望者，得刑部郎中邊肅等二十有四人，令閤門再引對，觀其辭氣文藝，並得優升。景德初，令諸道辨察所部官吏能否，爲三等：公勤廉幹惠及民者爲上，幹事而無廉譽、清白而無治聲者爲次，畏懦貪猥爲下。

仁宗尤矜憐下吏，以銓法選人有私罪，皆未聽磨勘，諭近臣：「凡『門謝弗至』與『對敭失儀』，其毋以爲罪。」又曰：「州縣秩卑，而長吏多鉤摭細故，文致之法，使不得自進，朕甚閔焉。」宰相王曾曰：「引對時，陛下酌其輕重而稍擢之，則下無滯才矣。」其後選人，有束鹿縣尉王得說，歷官寡過，書考最多而無保任者。帝察其孤貧，特擢爲大理寺丞。天聖時，詔：「文武臣僚，非有勳德善狀，不得非時進秩；非次罷免者，毋以轉官帶職爲例。兩省以上，舊法四年一遷官，今具履歷聽旨。京朝官磨勘年限，有私罪及歷任嘗有罪，先以情重輕及勤績與舉者數奏聽旨；若無私犯而著最課及有舉者，皆第遷之。自請釐物務于京師，五年一磨勘，因舉及選差勿拘。凡有善政異績，準事大小遷升，選人視此。」又定監物務入親民、

次升通判，通判升知州，皆用舉者。舉數不足，毋輒關升。

慶曆三年，從輔臣范仲淹等奏定磨勘保任之法：自朝官至郎中、少卿，須清望官五人保任，始得遷。其後，知諫院劉元瑜以爲適長奔競，非所以養廉恥，乃罷之。

八年，詔近臣論時政。翰林學士張方平言：「祖宗之時，文武官不立磨勘年歲，不爲升遷次序〔九〕。有才實者，從下位立見超擢，無才實者，守一官十餘年不轉。其任監當或知縣、通判、知州，至數任不遷。當時人皆自勉，非有勞効，知不得進。祥符之後，朝廷益循寬大，自監當入知縣，知縣入通判，通判入知州，皆以兩任爲限；守官及三年，例得磨勘。先朝始行，未見有弊。及今年深，習以爲常，皆謂分所宜得，無賢不肖，莫知所勸。願陛下稍革此制，其應磨勘敘遷，必有勞績；或特敕擇官保任者，卽與轉遷；如無勞績又不因保任者，更增展年。其保任之法，須選擇清望有才識之人，命之舉官。如此，則是執政之臣舉清望官，委清望官舉親民官。凡官有闕，惟隨員數舉之，庶見急才愛民之意。」

嘉祐六年，下詔曰：「朕觀古者治世，牧民之吏，多稱其官，而百姓安其業。今求材之路非不廣，責善之法非不詳，而吏多失職，非稱所以爲民之意。豈人材獨少而世變殊哉？殆不得久於其官故也。蓋智能才力之士，雖有興利除害、禁姦勸善之意，非假以歲月，則亦媮不爲用，欲終厥功，其路無由。自今諸州縣守令，有清白不擾、政迹尤異而實惠及民者，

本路若州連書同罪保舉，將政迹實狀以聞，中書門下察訪得實，許令再任。」

英宗治平三年，考課院言：「知磁州李田，再考在劣等。」降監淄州鹽酒稅務。坐考劣降等，自田始。考績，舊審定殿最格法〔10〕，自發運使率而下至於知州，皆歸考課院，專以監司所第等級爲據；至考監司，則總其甄別部吏能否，副以採訪才行，合二事爲課，悉書「中等」，無高下。

神宗即位，凡職皆有課，凡課皆責實。監司所上守臣課不占等者，展年降資；而治狀優異者，增秩賜金帛，以璽書獎勵之。若監司以上，則命御史中丞、侍御史考校。凡縣令之課，以斷獄平允、賦入不擾、均役屛盜、勸課農桑、振恤飢窮、導修水利、戶籍增衍、整治簿書爲最，而德義淸謹、公平勤恪爲善，參考治行，分定上、中、下等。至其能否尤殊絕者，別立優劣二等，歲上其狀，以詔賞罰。其入優劣者，賞罰尤峻。繼又令：一路長吏，無甚臧否，不須別爲優劣二等，止因上、中、下三等區別以聞。是時，內外官職，各從所隸司以考覈，而中書皆置之籍。每歲竟，或有除授，則稽差殿最，取其尤甚者而進退之。

熙寧五年，遂罷考課院。間遣使察訪，所至州縣，條其吏課。凡知州、通判上中書，縣令上司農，各注籍以相參考。惟侍從出守郡，聽不以考法，朝廷察其治焉。元豐元年，詔因勞效得酬賞，皆分五等，有司受其等而差進之。初一等，京朝官、大小使臣皆轉一官，選人資歷

深者改京朝官，資淺者循兩資。次二等，隨其官高下升資，或減磨勘年。惟軍功、捕盜皆得改次等。京朝官自三等以下，賞以差減。若一人而該兩賞，許累計其等以遷。三年，詔：「御史臺六察按官，以所糾劾官司稽違失職事多寡爲殿最，中書置簿以時書之，任滿，取旨升黜。」

元祐初，御史中丞劉摯言：「近者，朝廷主察名實，行綜覈之政，下乃承之以刻；主行敎化，擴寬洪之澤，而下乃爲苟簡。先此追罪監司數人，爲其掊斂害民耳；而昧者矯枉過正，乃欲以緩縱委靡爲安靜。請申立監司考績之政，以常賦登耗、郡縣勤惰、刑獄當否、民俗休戚爲之殿最，歲終用此以誅賞。」文彥博又奏：「唐六典所載，以德行、才用、勞效三類察在選之士，參辨能否。今之選格特多，舉主、有軍功，斯爲上矣。然舉主可求，軍功或妄，何可盡據？請委吏依倣三類〔11〕，第其才德功效，送中書門下覆驗，取其應選者，引對而去留之。」詔令近臣議，議者請用元豐考課令，第爲高下，以行升黜，歲毋過五人。後改立縣令課，有「四善」、「五最」之目，及增損監司、轉運課格，守令爲五等減磨勘法。初，元祐嘗立吏、戶、刑三部郎官課。崇寧間，言者乞倣周制，歲終委省、寺、監、六曹之長，各攷其屬，稽其官成，而三年遂校其勤惰，行賞罰焉。

大觀元年詔：「國家休養生民，垂百五十年。生齒日繁，而戶部民籍曾不加益，州縣於進丁、入老，收落失實，以故課役不均，皆守令弛職，可申嚴考課法。」然其考法，因時所尙，以示誘抑。若勸學、墾田、植桑棗、振貸、葬枯、興發坑冶、奉詔無違、誘進道徒、賦稅趣辦、能按贓吏，皆因事而增品目，舊法固不易也。但奉行不皆良吏，以請謁移實者亦多。

紹興二年，初詔監司、守臣舉行考課之法。時郡縣數罹兵燹，又命以「戶口增否」別立守令課，分上、中、下三等，每等分三甲置籍。守倅考縣令，監司考知州，考功會其已成，較其優劣而賞罰之。五年，立縣令四課：曰糾正稅籍，團結民兵，勸課農桑，勸勉孝悌。三歲，就緒者加旌賞，無善狀者汰之。

臣僚上言：「守令之治，其略有七：一曰宣詔令，二曰厚風俗，三曰勸農桑，四曰平獄訟，五曰理財賦，六曰興學校，七曰實戶口。得人，則七者皆舉。今之監司，實古刺史。比年守令姦貪，監司未嘗按發，玩弛之弊日甚。」而戶部侍郞張致遠亦言之。乃下詔戒飭監司，考察守令而舉按焉。頃之，有請令江、淮官久任，而課其功過者。帝曰：「朕昔爲元帥時，見州縣官以三年爲任，猶且一年立威信，二年守規矩，三年則務收人情，以爲去計。今止以二年爲任，雖有葺治之心，蓋亦無暇矣，可如所奏。」是時，歲以十五事考校監司，四善、四最考校縣令，違限不實者有罪。又詔監司，一歲再具所部知縣有無「善政顯著」、「繆懦不職」，上之省。

十三年，詔淮東、京西路州縣，逐考批書，若增添戶口、勸課農桑、增修水利，歲終委監司覆實比較。守臣之條有九，通判之條十有四，令佐而下有差。二十五年，以州縣貪吏爲

虐，監司、郡守不訶察，遂命監司按郡守之縱容，臺諫劾監司之失察，而每歲校其所按之多寡，以爲殿最之課。二十七年，校書郞陳俊卿言：「古人各守一官終身，使易地而居，未必盡其能也。今監司、帥守，小州換大州，東路易西路；朝廷百執事，亦往往計日待遷，視所居之官，有如傳舍。望令有政術優異者，或增秩賜金，或待終秩而後遷。使久於其職，察其勤惰而升黜之。庶幾人安其分，而萬事舉矣。」詔三省行之。

隆興元年，命湖南、北路應守令增闢田疇，自一千頃以下轉磨勘有差，虧者展磨勘、降名次。二年，詔淮南、川陝、京西邊郡守令，能安輯流亡、勸課農桑首就緒者，本道監司以聞。乾道二年，廷臣上言：「國朝盛時，有京朝官考課，有幕職、州縣官考課，其後爲審官院，爲考課院，皆命中書或兩制臣僚校其能否，以施賞罰。望遵故事，應監司郡守朝辭日，別給御前曆子。如薦賢才爲幾人，若爲治錢穀，若爲理獄訟，興某利，除某害，各爲條目，使之黽勉從事。每考，令當職官吏從實批書，代還，使藉手陛見，然後詔執事精加考覈。其風績有聞者，優與增秩；所莅無狀者，罰之無赦。則賢者效職，而中下之才，亦皆強於爲善矣。」帝乃命經筵官參照累朝考課之法，講而行之。

淳熙二年，因臣僚言，沿邊七路，每路以文臣一人充安撫使以治民，武臣一人充都總管以治兵。分舉其職，各奏其功，任必加久，歲考優劣。一年視其規畫，二年視其成效，三年

中華書局

覈其大成，重議誅賞。臧否分爲三等：治效顯著者爲臧，貪刻庸謬者爲否，無功無過者爲平。時天子留意黜陟，諸道莫敢不奉承。於是得實者皆增秩升擢，而監司、牧伯舉按稽緩者輒降黜。行之十餘年，不免有弊，帝因諭輔臣曰：「臧否亦有喜怒之私，如諸司以爲臧，一司以爲否，必從衆爲公，亦在精擇監司，而以臺諫效察之，庶乎其可也。」光宗初，詔罷其令。寧宗以郡國按刺，多徇私情，遂倣舊制，於御史臺別立攷課一司，歲終各以能否之實聞于上，以詔升黜。其貪墨、昏懦致臺諫奏劾者，坐監司、郡守以容庇之罪。

度宗咸淳三年，命參酌舊制，凡文武官一是以公勤、廉恪爲主，而又職事修舉，斯爲上等；公勤、廉恪各有一長爲中等；既無廉聲又多繆政者考下等。其要則以御史臺總帥閫、監司，監司總守倅，守倅總州縣屬官。餘如戎司及屯軍大壘，則總之制司；或無制司，則併各郡總管、鈐轄並總於帥司。以逐路所部州郡多寡之數，分隸轉運、提舉、提刑三司。守倅月一考州縣屬官，監司會所隸守倅，制司會戎司、軍壘，遵照舊制互用文移，會其兵甲、獄訟、金穀之數，及各司屬官書擬公事、拘榷錢物、招軍備器之數，次月置册，各申御史臺上之課籍。俟至半年，類考較前三年定爲三等，中者無所賞罰，上者或轉官、或減磨勘，下者降官、展磨勘，各有等差。

校勘記

〔一〕淳化三年　「三年」原作「元年」，據本書卷五太宗紀、宋會要選舉二七之五改。

〔二〕祕書直學士　按本書卷二八五馮拯傳、卷二八四陳堯叟傳，馮、陳二人於咸平間都官樞密直學士，與宋會要職官六〇之一六、長編卷四八所記同。此處「祕書」當爲「樞密」之誤。

〔三〕授訖三月內具表附驛以聞　「三月」，宋會要職官六〇之一七、長編卷四八此條都作「三日」。當是。

〔四〕此薦者所以多　「薦者」二字原脫，據長編卷二〇四、通考卷三八選舉考補。

〔五〕內外從臣　「臣」字原脫，據通考卷三八選舉考，並參考長編卷三九六呂陶奏疏補。

〔六〕次案籍以所薦者　通考卷三八選舉考作「次案籍以及所薦者」。

〔七〕十考者用四　「十考」，宋會要選舉三〇之二、繫年要錄卷一六三都作「九考」。

〔八〕各舉二人　「二人」，本書卷三三孝宗紀、宋會要選舉三〇之一二都作「三人」。

〔九〕次序　疑當作「資序」，見長編卷一六三張方平條對。

〔一〇〕舊審定殿最格法　通考卷三九選舉考作：「舊無審定殿最格法。」

〔一一〕請委吏依倣三類　據宋會要職官五九之一〇和長編卷三九六、卷四〇一引文彥博奏疏，「請委吏」下當有「部尚書侍郎」五字。

元　脫脫　等撰

宋史

第一二册

卷一六一至卷一七二（志）

中華書局

二十四史

中華書局

宋史卷一百六十一

志第一百一十四

職官一

三師　三公　宰執　門下省　中書省　尚書省

昔武王克商，史臣紀其成功，有曰：「列爵惟五，分土惟三，建官惟賢，位事惟能。」後世曰爵，曰官，曰職，分而任之，其原蓋始乎此。然周初之制已不可考。周公作六典，自天官冢宰而下，小大高下，各帥其屬以任其事，未聞建官而不任以事，位事而不命以官者；至於列爵分土，此封建諸侯之制也，亦未聞以爵以土，如後世虛稱以備恩數者也。秦、漢及魏、晉、南北朝，官制沿革不常，不可殫舉。後周復周禮六典官稱，而參用秦、漢。隋文帝廢周禮之制，惟用近代之法。唐承隋制，至天授中，始有試官之格，又有員外之置，尋爲檢校、試、

攝、判、知之名。其初立法之意，未嘗不善。蓋欲以名器事功甄別能否，又使不肖者絕年勞序遷之覬覦。而世戚勳舊之家，寵之以祿，而不責以猷爲。其居位任事者，不限資格，使得自竭其所長，以爲治效。且黜陟進退之際，權歸於上，而有司若不得預。殊不知名實混殽，品秩貿亂之弊，亦起於是矣。

宋承唐制，抑又甚焉。三師、三公不常置，宰相不專任三省長官，尚書、門下並列于外，又別置中書禁中，是爲政事堂，與樞密對掌大政。天下財賦，內庭諸司，中外筦庫，悉隸三司。中書省但掌册文、覆奏、考帳；門下省主乘輿八寶，朝會板位，流外考較，諸司附奏挾名而已。臺、省、寺、監，官無定員，無專職，悉皆出入分涖庶務。故三省、六曹、二十四司，類以他官主判，雖有正官，非別敕不治本司事，事之所寄，十亡二三。故中書令、侍中、尚書令不預朝政，侍郞、給事不領省職，諫議無言責，起居不記注；中書常闕舍人，門下罕除常侍，司諫、正言非特旨供職亦不任諫諍。至於僕射、尚書、丞、郞、員外，居其官不知其職者，十常八九。其官人受授之別，則有官、有職、有差遣。官以寓祿秩、敍位著，職以待文學之選，而別爲差遣以治內外之事。其次又有階、有勳、有爵。故仕人以登臺閣、升禁從爲顯宦，而不以官之遲速爲榮滯；以差遣要劇爲貴途，而不以階、勳、爵邑有無爲輕重。時人語曰：「寧登瀛，不爲卿；寧抱椠，不爲監。」虛名不足以砥礪天下若此。外官，則懲五代藩鎭專恣，頗用文臣知州，復設通判以貳之。階官未行之先，州縣守令，多帶中朝職事官外補；階官既行之後，或帶或否，視是爲優劣。

大凡一品以下，謂之「文武官」；未常參者，謂之「京官」；樞密、宣徽、三司使副、學士、諸司而下，謂之「內職」；殿前都校以下，謂之「軍職」。外官則有親民、釐務二等，而監軍、巡警亦比親民。此其概也。故自眞宗、仁宗以來，議者多以正名爲請。咸平中，楊億首言：「文昌會府，有名無實，宜復其舊。」既而言者相繼，乞復二十四司之制。至和中，吳育亦言：「尚書省天下之大有司，而廢爲閑所，當漸復之。」然朝論異同，未遑釐正。神宗卽位，慨然欲更其制。熙寧末，始命館閣校唐六典。元豐三年，以摹本賜羣臣，乃置局中書，命翰林學士張璪等詳定。八月，下詔肇新官制，省、臺、寺、監領空名者一切罷去，而易之以階。九月，詳定所上寄祿格。會明堂禮成，近臣遷秩卽用新制，而省、臺、寺、監之官，各還所職矣。五年，省、臺、寺、監法成。六年，尚書新省成，帝親臨幸，召六曹長貳以下，詢以職事，因誡敕焉。初，新階尚少，而轉行者易以混雜（一）。及元祐初，於朝議大夫六階以上始分左右。紹聖中罷之。崇寧初，以議者有請，自承直至將仕郞，凡換選人七階。大觀初，又增宣奉至奉直大夫四階。政和末，自從政至迪功郞，又改選人三階，於是文階始備。而武階亦詔易以新名：正使爲大夫，副使爲

郞，而橫班十二階使、副亦然。故有郞居大夫之上者。繼以新名未具，增置宣正履正大夫、郞，凡十階，通爲橫班，而文武官制益加詳矣。

大抵自元祐以後，漸更元豐之制：二府不分班奏事，樞密加置簽書，戶部則不令右曹專典常平而總於其長，起居郞、舍人則通記起居而不分言動，館職則增置校勘黃本。凡此，皆與元豐稍異也。其後蔡京當國，率意自用。然動以繼志爲言，首更開封守臣爲尹、牧；由是府分六曹，縣分六案。又內侍省職，悉倣機廷之號。已而修六尚局，建三衞郞，又更兩省之長爲左輔、右弼，易端揆之稱爲太宰、少宰。是時員既濫冗，名且紊雜。甚者走馬承受，升擁使華；黃冠道流，亦濫朝品。元豐之制，至此大壞。及宣和末，王黼用事，方且追咎元祐紛更，乃請設局，以修官制格目爲正名，亦何補矣。

建炎中興，參酌潤色，因呂頤浩之請，左右僕射並同中書門下平章事，兩省侍郞改爲參知政事，三省之政合乎一。乾道八年，又改左右僕射爲左右丞相，删去三省長官虛稱，道揆之名遂定。然維時多艱，政尙權宜。御營置使，國用置使，修政局置提舉，軍馬置都督，並以宰相兼之。總制司理財，同都督、督視理兵，並以執政兼之。因事創名，殊非經久。惟樞密本兵，與中書對掌機務，號東、西二府，命宰相兼知院事。建炎四年，實用慶曆故典。其後，兵興則兼樞密使，兵罷則免；至開禧初，始以宰臣兼樞密爲永制。

當多事時，諸部或長貳不並置，或併郎曹使相兼之，惟吏部、戶部不省不併。兵休稍稍增置。其後，詔非曾任監司、守臣，不除郎官，著爲令。又增館閣員，廣環衞官。然紹興務行元祐故事，以「左右」二字分別流品，其後，以人言省去，寧清濁相涵，無絕人遷善之路。橫班以郎居大夫之上，既釐而正之矣，而介冑之士與搢紳同稱，寧名號未正，毋示人以好武之機。陳傅良欲定史官遷次之序，衆論韙之，而未及行。洪邁欲改三衙軍官稱謂，當時嘉之，卒未暇講。考古之制，量今之宜，蓋自元祐以逮政和，已未嘗拘乎元豐之舊；中興若稽成憲，二者並行而不悖。故凡大而分政任事之臣，微而筦庫監局之官，沿襲不革者，皆先後所同便也。或始創而終罷，或欲革而猶因，則有各當其可者焉。類而書之，先後互見，作職官志。以至廩給、傔從，雖微必錄，並從舊述云。

三師　三公　宋承唐制，以太師、太傅、太保爲三師，太尉、司徒、司空爲三公，爲宰相，親王使相加官，其特拜者不預政事，皆赴上於尚書省。凡除授，則自司徒遷太保，自太傅遷太尉；檢校官亦如之。太尉舊在三師下，由唐至宋加重，遂以太尉居太傅之上。若宰臣官至僕射致仕者，以在位久近，或已任司空、司徒，則拜太尉、太傅等官。若太師則爲異

數，自趙普以開國元勳，文彥博以累朝耆德，方特拜焉。雖太傅王旦、司徒呂夷簡各任宰相二十年，止以太尉致仕。

熙寧二年，富弼除守司空兼侍中、平章事，辭司空、侍中。三年，曾公亮除守司空、檢校太師兼侍中，以兩朝定策之功辭相位也。六年，文彥博除守司徒兼侍中。九年，彥博除守太保兼侍中，辭太保。元豐三年，以曹佾檢校太師、守司徒兼中書令。九月，詔檢校官除三公、三師外並罷。又以文彥博落兼侍中，除守太尉，富弼守司徒，皆錄定策之功也。六年，彥博守太師致仕。八年，王安石守司空，曹佾守太保。元祐元年，文彥博落致仕，太師、平章軍國重事，呂公著守司空、同平章軍國重事。崇寧三年，蔡京授司空，行尚書左僕射。大觀元年，京爲太尉；二年，爲太師。政和二年，京落致仕，依前太師，三日一至都堂治事。九月，詔：「以太師、太傅、太保，古三公之官，今爲三師，古無此稱，合依三代爲三公，爲眞相之任。司徒、司空，周六卿之官，太尉，秦主兵之任，皆非三公，並宜罷之。仍考周制，立三孤少師、少傅、少保，亦稱三少，爲三次相之任。」至是，京始以三公任眞相。

三公自國初以來，未嘗備官。獨宣和末，三公至十八人，三少不計也。太師三人：蔡京、童貫、鄭紳；太傅四人：王黼、燕王俁、越王偲、鄆王楷；太保十一人：蔡攸、肅王樞至儀王樸。渡江後，秦檜爲太師，張俊、韓世忠爲太傅，劉光世爲太保。乾道初，楊沂中、吳璘並爲太傅。紹熙初，史浩爲太師，嗣秀王爲太保。自紹熙後，三公未嘗備官。其後，韓侂冑、史彌遠、賈似道專政，皆至太師焉。

宰相之職　佐天子，總百官，平庶政，事無不統。宋承唐制，以同平章事爲眞相之任，無常員；有二人，則分日知印。以丞、郎〔二〕以上至三師爲之。其上相爲昭文館大學士、監修國史，其次爲集賢殿大學士。或置三相，則昭文、集賢二學士並監修國史，各除。唐以來，三大館皆宰臣兼，故仍其制。國初，范質昭文學士，王溥監修國史，魏仁浦集賢學士，此爲三相例也。神宗新官制，於三省置侍中、中書令、尚書令，以官高不除人，而以尚書令之貳左、右僕射爲宰相。左僕射兼門下侍郎，以行侍中之職；右僕射兼中書侍郎，以行中書令之職。政和中，改左、右僕射爲太宰、少宰，仍兼兩省侍郎。靖康中，復改爲左、右僕射。

建炎三年，呂頤浩請參酌三省之制，左、右僕射並加同中書門下平章事，門下、中書二侍郎並改爲參知政事，廢尚書左、右丞。從之。乾道八年，詔尚書左、右僕射可依漢制改爲左、右丞相。詳定敕令所言：「近承詔旨，改左、右僕射爲左、右丞相，令刪去侍中、中書、尚書

令，以左、右丞相充。緣舊左、右僕射非三省長官，故爲從一品。今左、右丞相係充侍中、中書、尚書令之位，卽合爲正一品。」從之。丞相官以太中大夫以上充。

平章軍國重事　元祐中置，以文彥博太師、呂公著守司空相繼爲之，序宰臣上。所以處老臣碩德，特命以寵之也。故或稱「平章軍國重事」，或稱「同平章軍國事」。五日或兩日一朝，非朝日不至都堂。其後，蔡京、王黼以太師總三省事，三日一朝，赴都堂治事。開禧元年，韓侂冑拜平章，討論典禮，乃以「平章軍國事」爲名。蓋省「重」字則所預者廣〔三〕，去「同」字則所任者專。邊事起，乃命一日一朝，省印亦歸其第，宰相不復知印。其後，賈似道專權，竊位日久，尊寵日隆，位皆在丞相上。

使相　親王、樞密使、留守、節度使兼侍中、中書令、同平章事者，皆謂之使相。不預政事，不書敕，惟宣敕除授者，敕尾存其銜而已。乾德二年，范質等三相皆罷，以趙普同平章事，李崇矩樞密使。命下，無宰相書敕，使問翰林陶穀。穀謂：「自昔輔相未嘗虛位。惟唐太和中甘露事，數日無宰相，時左僕射令狐楚等奉行制書。今尚書亦南省長官，可以書敕。」竇儀曰：「穀之所陳，非承平令典。今皇弟開封尹、同平章事，卽宰相之任也，可書敕。」

中華書局

從之。

參知政事　掌副宰相，毗大政，參庶務。乾德二年置，以樞密直學士薛居正、兵部侍郎呂餘慶並本官參知政事。先是，已命趙普爲相，欲置之副，而難其名稱。以問翰林學士陶穀曰：「下宰相一等有何官？」對曰：「唐有參知機務、參知政事。」故以命之。仍令不押班，不知印，不升政事堂，殿廷別設磚位，敕尾署銜降宰相，月奉雜給半之，未欲與普齊也。開寶六年，始詔居正、餘慶於都堂與宰相同議政事。至道元年，詔宰相與參政輪班知印，同升政事堂。押敕齊銜，行則並馬，自寇準始，以後不易。

元豐新官制，廢參知政事，置門下、中書二侍郎，尚書左、右丞以代其任。建炎三年，復以門下、中書侍郎爲參知政事，而省左、右丞。乾道八年，改左、右僕射爲左、右丞相，其參知政事如故，以中大夫以上充，常除二員或一員。嘉泰三年，始除三員。故事，丞相謁告，參預不得進擬。惟丞相未除，則輪日當筆，然多不踰年，少僅旬月。淳熙初，葉衡罷相，龔茂良行相事近三年，亦創見也。

門下省　受天下之成事，審命令，駁正違失，受發通進奏狀，進請寶印。凡中書省畫黃、錄黃，樞密院錄白、畫旨，則留爲底。及尚書省六部所上有法式事，皆奏覆審駁之。給事中讀，侍郎省，侍中審，進入被旨畫聞，則授之尚書省、樞密院。即有舛誤應舉駁者，大則論列，小則改正。凡文書自內降者，著之籍。章奏至，則受而通進，俟頒降，分送所隸官司。凡吏部擬六品以下職事官，則給事中校其仕歷、功狀，侍郎、侍中引驗審察，非其人則論奏。凡遷改爵秩、加敘勳封、四選擬注奏鈔之事，有外誤，退送尚書省。覆刑部大理寺所斷獄，審其輕重枉直，不當罪，則以法駁正之。

國初循舊制，以中書門下平章事爲宰相之職，復用兩制官一員，判門下省事。官制行，始釐正焉。凡官十有一：侍中、侍郎、左散騎常侍各一人，給事中四人，左諫議大夫、起居郎、左司諫、左正言各一人。先是，中書人吏分掌五房：曰孔目房，吏房、戶房、兵禮房、刑房；又有主事、勾銷二房。至是，釐中書爲三省，分兵與禮爲六房，各因其省之事而增益之。門下凡分房十：曰吏房，曰戶房，曰禮房，曰兵房，曰刑房，曰工房，皆視其房之名，而主行尚書省六曹二十四司所上之事；曰開拆房，曰章奏房，曰制敕庫房，亦皆視其名，而受遣文書、表狀，與供閱敕令格式、擬官爵封勳之類，惟班簿、本省雜務則歸吏房。吏四十有九：錄事、主事各三人，令史六人，書令史十有八人，守當官十有九人。而外省吏十有九人：令史一人，書令史二人，守當官六人，守闕守當官十人。元豐八年，以門下、中書外省爲後省，門下外省復置催驅房。元祐三年，詔吏部注通判，赴門下引驗；應省、臺、寺、監諸司人吏四分減一。復置點檢房。四年，又別立吏額。紹聖三年，守闕守當官，門下、中書省各以百人，尚書省百五十人爲額。四年，三省吏員並依元豐七年額。

侍中　掌佐天子議大政，審中外出納之事。大祭祀則版奏中嚴外辦，導輿輅，詔升降之節；皇帝齋則請就齋室。大朝會則承旨宣制、告成禮，祭祀亦如之。冊后則奉寶以授司徒。國朝以秩高罕除。自建隆至熙寧，眞拜侍中纔五人，雖有用他官兼領，而實不任其事。官制行，以左僕射兼門下侍郎行侍中職，別置侍郎以佐之。南渡後，置左、右丞相，省侍中不置。

侍郎　掌貳侍中之職，省中外出納之事。大祭祀則前導輿輅，詔進止。大朝賀則授表以奏祥瑞。冊后則奉節及寶位。與知樞密院、同知樞密院、中書侍郎、尚書左右丞爲執政官。南渡後，復置參知政事，省門下侍郎不置。

左散騎常侍　左諫議大夫　左司諫　左正言　同掌規諫諷諭。凡朝政闕失，大臣至百官任非其人，三省至百司事有違失，皆得諫正。國初雖置諫院，知院官凡六人，以司諫、正言充職；而他官領者，謂之知諫院。正言、司諫亦有領他職而不預諫諍者。官制行，始皆正名。

元豐八年，諫議大夫孫覺言：「據官制格目，諫官之職，凡發令舉事，有不便於時，不合於道，大則廷議，小則上封。若賢良之遺滯於下，忠孝之不聞於上，則以事狀論薦，乞依此以修舉職事。」八月，門下省言：「諫議大夫、司諫、正言合通爲一。」詔並從之。十月，詔倣六典置諫官員。元祐元年二月，詔諫官雖不同省，許二人同上殿。後又從司諫虞策之請，如獨員，許與臺官同對。九月，左、右正言久闕，侍御史王巖叟言：「國家倣近古之制，諫官六員，方之先王，已自爲少，望詔補足，無令久空職。」十月，司諫王覿言：「自今中書舍人闕，勿以諫官兼權。」從之。十一月，巖叟又言：「近降聖旨，兩省諫官各令出入異戶，勿與給事中、中書舍人通。實欲限隔諫官，不使在政事之地，恐知本末，數論列爾。尋詔諫官直舍仍舊。八年，詔執政親戚不除諫官。建中靖國元年，言者謂諫官論事，惟憑詢訪，而百司之事，六曹所報外，皆不得其詳。遂詔諫官案許關臺察。

給事中　四人，分治六房，掌讀中外出納，及判後省之事。若政令有失當，除授非其人，則論奏而駁正之。凡章奏，日錄目以進，考其稽違而糾治之。故事，詔旨皆付銀臺司封駁。官制行，給事中始正其職，而封駁司歸門下。

元豐五年五月，詔給事中許書畫黃，不書草，著爲令。六月，給事中陸佃言：「三省、密院文字，已讀者尙令封駁，慮失之重複。」詔罷封駁房。六年，詔駁正事赴執政稟議。七年，有旨，舉駁事，依中書舍人封還詞頭例。既而令稟議如初，給事中韓忠彥言：「給、舍職位頗均，一則不稟白而聽封還，一則許舉駁而先稟議，於理未允。且朝廷之事執政所行，職當封駁則已與執政異，自當求決於上，尙何稟議之有？」詔從之。紹聖四年，葉祖洽言：「兩省置給、舍，使之互察。今中書舍人兼權封駁，則給事中之職遂廢。」詔特旨書讀不迴避，餘互書判。元符三年，翰林學士曾肇言：「門下之職，所以駁正中書違失。近日給事中封駁中書錄黃，乃令舍人書讀行下，隳壞官制，有損治體。願正紀綱，爲天下後世法。」重和元年〔四〕，給事中張叔夜言：「凡命令之出，中書宣奉，門下審讀，然後付尙書頒行，而密院被旨者，亦錄付門下，此神宗官制也。今急速文字，不經三省，而諸房以空黃先次書讀，則審讀殆成虛設矣，乞立法禁。」從之。

凡分案五：曰上案，主寶禮及朝會所行事；曰下案，主受發文書；曰封駁案，主封駁及

試吏，校其功過；曰諫官案，主關報文書；曰記注案，主錄起居注。其雜務則所分案掌焉。紹興以後，止除二人或一人。

起居郎　一人，掌記天子言動。御殿則侍立，行幸則從，大朝會則與起居舍人對立於殿下螭首之側。凡朝廷命令赦宥、禮樂法度損益因革、賞罰勸懲、羣臣進對、文武臣除授及祭祀宴享、臨幸引見之事，四時氣候、四方符瑞、戶口增減、州縣廢置，皆書以授著作官。

國朝舊置起居院，命三館校理以上修起居注。熙寧四年，詔諫官兼修注者，因後殿侍立，許奏事。元豐二年，兼修注王存乞復起居郎、舍人之職，使得盡聞明天子德音，退而書之。神宗亦謂：「人臣奏對有頗僻讒慝者，若左右有史官書之，則無所肆其奸矣。」然未果行。故事，左、右史雖日侍立，而欲奏事，必稟中書俟旨。存因對及之。八月，迺詔雖不兼諫職，許直前奏事。蓋存發之也。官制行，改修注爲郎、舍人。六年，詔左、右史分記言動；元祐元年，仍詔不分。七年，詔邇英閣講讀罷，有留身奏事者，許侍立。紹聖元年，中丞黃履言：「所奏或干機密，難令旁立，仍依先朝故事。」先是，御後殿則左、右史分日侍立；崇寧三年，詔如前殿之儀，更不分日。大觀元年，詔事有足以勸善懲惡者，雖秩卑亦書之。

紹興二十八年，用起居郎洪遵言，起居郎、舍人自今後許依講讀官奏事。隆興元年，用起居郎兼侍講胡銓言，前殿依後殿輪左、右史侍立。

符寶郎　二人，掌外廷符寶之事。禁中別有內符寶郎。官制行，未嘗除。大觀初，八寶成，詔依唐六典增置。靖康罷之。

通進司　隸給事中，掌受三省、樞密院、六曹、寺監百司奏牘，文武近臣表疏及章奏房所領天下章奏案牘，具事目進呈，而頒布於中外。

進奏院　隸給事中，掌受詔敕及三省、樞密院宣劄，六曹、寺監百司符牒，頒于諸路。凡章奏至，則具事目上門下省。若案牘及申稟文書，則分納諸官司。凡奏牘違戾法式者，貼說以進。

熙寧四年，詔：「應朝廷擢用材能、賞功罰罪事可懲勸者，中書檢正、樞密院檢詳官月以事狀錄付院，謄報天下。」元祐初，罷之。紹聖元年，詔如熙寧舊條。靖康元年二月詔：「諸道監司、帥守文字，應邊防機密急切事，許進奏院直赴通進司投進。」

舊制，通進、銀臺司，知司官二人，兩制以上充。通進司，掌受銀臺司所領天下章奏案牘，及閤門在京百司奏牘、文武近臣表疏，以進御，然後頒布于外。銀臺司，掌受天下奏狀案牘，抄錄其目進御，發付勾檢，糾其違失而督其淹緩。發敕司，掌受中書、樞密院宣敕，著籍以頒下之。

登聞檢院，隸諫議大夫；登聞鼓院，隸司諫、正言　掌受文武官及士民章奏表疏。凡言朝政得失、公私利害、軍期機密、陳乞恩賞、理雪冤濫，及奇方異術、改換文資、改正過名，無例通進者，先經鼓院進狀；或爲所抑，則詣檢院。並置局于闕門之前。

中興後，檢、鼓、糧、審計〔五〕、官告、進奏，謂之六院。例以京官知縣有政績者充；亦有自郡守除者，繼即除郎。恩數略視職事官，而不入雜壓。紹興十一年，胡汝明以料院除監察御史，遂遷侍御史。乾道後，相繼入臺者數人，六院彌重，爲察官之儲。淳熙初，班寺監、丞之上。紹熙二年〔六〕，詔六院官復入雜壓，在九寺簿之下，六院各隨所隸。

中書省　掌進擬庶務，宣奉命令，行臺諫章疏、羣臣奏請興創改革，及中外無法式事

應取旨事。凡除省、臺、寺、監長貳以下，及侍從、職事官，外任監司、節鎮、知州軍、通判，武臣遙郡橫行以上除授，皆掌之。

凡命令之體有七(七)：曰冊書，立后妃，封親王、皇子、大長公主，拜三師、三公、三省長官，則用之。曰制書，處分軍國大事，頒赦宥德音，命尚書左右僕射、開府儀同三司、節度使，凡告廷除授，則用之。曰誥命，應文武官遷改職秩、內外命婦除授及封敘、贈典，應合命詞，則用之。曰詔書，賜待制、大卿監、中大夫、觀察使以上，則用之。曰敕書，賜少卿監、中散大夫、防禦使以下，則用之。曰御札，布告登封、郊祀、宗祀及大號令，則用之。曰敕牓，賜酺及戒勵百官、曉諭軍民，則用之。皆承制畫旨以授門下省。令宣之，侍郎奉之，舍人行之。留其所得旨爲底。大事奏稟得旨者爲「畫黃」，小事擬進得旨者爲「錄黃」。凡事干因革損益，而非法式所載者，論定而上之。諸司傳宣、特旨，承報審覆，然後行下。

設官十有一：令，侍郎，右散騎常侍各一人，舍人四人，右諫議大夫、起居舍人、右司諫、右正言各一人。

分房八：曰吏房，曰戶房，曰兵禮房，曰刑房，曰工房，曰主事房，曰班簿房，曰制敕庫房。元祐以後，析兵、禮爲二，增催驅、點檢，分房十有一，後又改主事房爲開拆。凡吏房，掌行除授、考察、升黜、賞罰、廢置、薦舉、假故，一時差官文書。曰戶房，掌行廢置升降郡

縣，調發邊防軍須，給貸錢物。曰禮房，掌行郊祀陵廟典禮、后妃皇子公主大臣封冊、科舉考官、外夷書詔。曰兵房，掌行除授諸蕃國王爵、官封。曰刑房，掌行赦宥及貶降、敘復。曰工房，掌行營造計度及河防修閉。凡中書省所上奏請、臺諫(八)所陳章疏、內外臣僚官司申請無法式應取旨者，六房各視其名而行之。曰主事房，掌行受發文書。曰班簿房，掌百官名籍具員。曰制敕庫房，掌編錄供檢敕、令、格、式及架閣庫。曰催驅房，督趣稽違。曰點檢房，省察差失。吏四十有五：錄事三人，主事四人，令史七人，書令史十有四人，守當官十有七人。而外省吏十有九人：令史一人，書令史二人，守當官六人，守闕守當官十人。

元豐八年，詔待制以上磨勘，本省進擬。元祐三年，詔應除授從中批付中書省者，並三省行。紹聖五年，詔臣僚上殿箚子，中書省進呈取旨；其承受傳宣、內降，非有司所行者，申中書省或樞密院奏審。

令　掌佐天子議大政，授所行命而宣之。祀大神祇則升壇，享宗廟則升阼階而相其禮。臨軒冊命則讀冊。建儲則升殿宣制，持冊及璽綬以授太子。大朝會則詣御坐前奏方鎮表及祥瑞。國朝未嘗眞拜，以他官兼領者不預政事，然止曹佾一人，餘皆贈官。官制行，以右僕射兼中書侍郎行令之職，別置侍郎以佐之。中興後，置左、右丞相，省令不置。

侍郎　掌貳令之職，參議大政，授所宣詔旨而奉之。凡大朝會則押表及祥瑞案。臨軒冊命則押冊引案，以所奏文及冊書授令。四夷來朝則奏其表疏，以贄幣付有司。南渡後，復置參知政事，省中書侍郎不置。

舍人　四人，舊六人。掌行命令爲制詞，分治六房，隨房當制，事有失當及除授非其人，則論奏封還詞頭。國初，爲所遷官，實不任職，復置知制誥及直舍人院，主行詞命，與學士對掌內外制。凡有除拜，中書吏赴院納詞頭。其大除拜，亦有宰相召舍人面授詞頭者。若大誥命，中書并敕進入，從中而下，餘則發敕官受而出之。及修官制，遂以實正名，而判後省之事。分案五：曰上案，掌冊禮及朝會所行事；曰下案，掌受付文書；曰制誥案，掌書錄制詞及試吏，校其功過；曰諫官案，掌受諸司關報文書；曰記注案，掌錄記注。其雜務則隨所分案掌之。

元豐六年，詔中書省置點檢房，令舍人通領。元祐元年，詔舍人各簽諸房文字，其命詞則輪日分草。九月，詔時暫闕官，依門下、尚書省例，送本省官兼權。紹聖四年，蹇序辰請自今命詞，以元行遣文書同檢送當制舍人(九)。從之。建炎後，同他官兼攝者則稱權舍人，資淺者爲直舍人院。

起居舍人　一人，掌同門下省起居郎。侍立修注官，元豐前，以起居郎、舍人寄祿(一〇)，而更命他官領其事，謂之同修起居注。官制行，以郎、舍人爲職任。淳熙十五年，羅點自戶部員外郎爲起居舍人，避其祖諱，乃以爲太常少卿兼侍立修注官。其後兩史或闕而用資淺者，則降旨以某人權侍立修注官。

右散騎常侍　右諫議大夫　右司諫　右正言　與門下省同，但左屬門下，右屬中書，皆附兩省班籍，通謂之兩省官。元豐既新官制，職事官未有不經除授者，惟御史大夫、左右散騎常侍，始終未嘗一除人。蓋兩官爲臺諫之長，無有啓之者。中興初，詔諫院不隸兩省。紹興二年，詔並依舊赴三省元置局處。淳熙十五年，用林栗言，置左右補闕、拾遺，專任諫正，不任糾劾之事。踰年減罷。法司令史、書令史、守當官各一人，守闕守當官三人，乾道六年減二人。

檢正官　五房各一人，掌糾正省務。熙寧三年置，以京朝官充，選人卽爲習學公

事。官制行，罷之，而其職歸左右司。建炎三年，中書門下省言：「軍興以來，天下多事，中書別無屬官。元豐以前，有檢正官，後因置左右司，遂不差，致朝廷及應報四方行移稽留，無檢舉催促。今欲差官兩員充中書門下省檢正諸房公事。內一員檢正吏、禮、兵房，一員檢正戶、刑、工房。」從之。至次年，詔並罷。紹興二年，詔中書門下省復置檢正官一員。

建炎三年指揮，中書門下省併爲一。中書省錄事、主事、令史、書令史、守當官共四十三人；門下省錄事、主事、令史、書令史、守當官共四十六人，依祖額以八十九人爲額。守闕守當官兩省各一百人，共存留一百五十人，中書省六分，門下省四分。

尚書省　掌施行制命，舉省內綱紀程式，受付六曹文書，聽內外辭訴，奏御史失職，考百官庶府之治否，以詔廢置、賞罰。曰吏部，曰戶部，曰禮部，曰兵部，曰刑部，曰工部，皆隸焉。凡天下之務，六曹所不能與奪者，總決之；應取裁者，隨所隸送中書省、樞密院。事有成法，則六曹準式具鈔，令、僕射、丞檢察簽書，送門下省畫聞。審察吏部注擬文武官及封爵承襲、賜勳定賞之事。朝廷有疑事，則集百官議其可否。凡更改申明敕令格式、一司

條法，則議定以奏覆，太常、考功謚議亦如之。季終，具賞罰勸懲事付進奏院，頒行于天下。大祭祀則誓戒執事官[11]。

設官九：尚書令、左右僕射、左右丞、左右司郎中、員外郎各一人。分房十：曰吏房，曰戶房，曰禮房，曰兵房，曰刑房，曰工房，各視其名而行六曹諸司所上之事；曰開拆房，主受遣文書；曰都知雜房，主行進制敕目、班簿具員，考察都事以下功過遷補；曰催驅房，主考督文牘稽違；曰制敕庫房，主編檢敕、令、格、式，簡納架閣文書。置吏六十有四：都事三人，主事六人，令史十有四人，書令史三十有五人，守當官六人。元豐四年，詔尚書都省及六曹，各輪郎官一員宿直。五年，詔得旨行下並用劄子。紹聖元年，詔在京官司所受傳宣、內降，隨事申尚書省或樞密院覆奏。二月[12]，詔尚書都省彈奏六察御史，糾不當者。

令　掌佐天子議大政，奉所出命令而行之。其屬有六曹，凡庶務皆會而決之。凡官府之紀綱程式，無不總焉。大事三省通議，則同執政官合班；小事尚書省獨議，則同僕射、丞分班論奏。若事由中書、門下而有失當應奏者，亦如之。與三師、三公、侍中、中書令俱以册拜。自建隆以來不除，惟親王元佐、元儼以使相兼領，不與政事。政和二年，詔：「尚書令、太宗皇帝曾任，今宰相之官已多，不須置。」然是時說者以謂爲令者唐太宗也，熙陵未嘗

任此，蓋時相蔡京不學之過。宣和七年，詔復置令，亦虛設其名，無有除者。南渡後，並省不置。

左僕射　右僕射　掌佐天子議大政，貳令之職，與三省長官皆爲宰相之任。大祭祀則掌百官之誓戒，視滌濯告潔，贊玉幣爵玷之事。自官制行，不置侍中、中書令，以左僕射兼門下侍郎，右僕射兼中書侍郎，行侍中、中書令職事。政和中，詔曰：「昔我神考，訓迪厥官，有司不能奉承，仰惟前代以僕臣之賤，充宰相之任，可改左僕射爲太宰，右僕射爲少宰。」靖康元年，詔依元豐舊制，復爲左、右僕射。南渡後，置左、右丞相，省僕射不置。

左丞　右丞　掌參議大政，通治省事，以貳令、僕射之職。僕射輪日當筆，遇假故，則以丞權當筆、知印。大祭祀酌獻，薦饌進熟，則受爵酒以授僕射。舊班六曹尚書下，官制行，升其秩爲執政。元豐五年五月，詔左右僕射、丞合治省事。是月，御史言：「左、右丞蒲宗孟、王安禮於都堂下馬，違法犯分。」安禮爭論帝前，神宗是之。今左、右丞於都堂上下馬，自此始。南渡後，復置參知政事，省左、右丞不置。

左司郎中　右司郎中　左司員外郎　右司員外郎　各一人，掌受付六曹之事[13]，而舉正文書之稽失，分治省事：左司治吏、戶、禮、奏鈔、班簿房，右司治兵、刑、工、案鈔房，而開拆、制敕、御史、元豐六年，都司置御史房，主行彈糾御史案察失職。催驅、封樁、印房[14]，則通治之，有稽滯，則以期限舉催。初，於都司置吏設案，而議者謂臺郎宰掾不當自爲官司[15]。遂隨省房分治所領之事，惟置手分、書奏各四人，主行校定省吏都事以下功過及遷補之事。

元豐七年，都司御史房置簿，以書御史、六曹官糾察之多寡當否爲殿最，歲終取旨升黜。紹聖元年，詔都司以歲終點檢六曹稽違最多者，具郎官姓名上省取旨。二年，詔御史臺察六曹稽緩違失者，送左司籍記。宣和二年，左司員外郎王蕃奏：「都司以彌綸省闥爲職，事無不預。今宰、丞入省，諸房文字塡委，次第呈覆，自朝至于日中，或昏暮僅絕，其勢不暇一一檢閱細故，而省吏徑稟宰、丞請筆，以草檢令承從官齎赴郎官廳落日押字。」謂「宜遵守元豐及崇寧舊法，諸房各具簽帖，先都事自點檢，次郎官押訖，赴宰、丞請筆行下。」於是詔曰：「先帝肇正三省，詔給舍、都司以贊省務。今都司寖以曠官，緣省吏強悍，敢肆侵侮。自今違法事，其左右司官、尚書具事舉劾。」

建炎三年，詔減左、右司郎官兩員，置中書門下省檢正諸房公事二員。至次年，檢正省

中華書局

罷，其左、右司郎官依舊四員。紹興三十二年，詔尚書省吏房、兵房，三省、樞密院機速房，尚書省刑房、戶房、工房，三省、樞密院看詳賞功房，尚書省禮房，令左、右司郎官四員從上分房書擬。隆興元年，詔左、右司郎官各差一員。乾道六年，詔榷貨務都茶場依建炎三年指揮，委都司官提領措置。乾道七年，復添置右司郎官二人〔一六〕。

榷貨務都茶場都司提領。　提轄官一員，京朝官充。監場官二員，京選通差。掌鹺、茗、香、礬鈔引之政令，以通商賈、佐國用。舊制，置務以通榷易。建炎中興，又置都茶場，給賣茶引，隨行在所榷貨務置場。雖分兩司，而提轄官、監官並通銜管幹。外置建康、鎮江務場，並冠以行在爲名，以都司提領，不係戶部經費。建康、鎮江續分隸總領所。開禧初，以總領所侵用儲積錢，令徑隸提領所。乾道七年，提領所置幹辦官一員。

右提轄官與雜買務雜賣場、文思院、左藏東西庫提轄，並稱四轄。外補則爲州，內還則爲寺、監丞簿，亦有徑爲雜監司，或入三館。乾道間，榷務王漚除市舶，左藏王揖〔一七〕除坑冶鑄錢司，淳熙間，熊克自文思除校書郎。紹熙以後，往往更遷六院官，或出爲添倅，有先後輕重之異焉。

左藏封樁庫都司提領。　監官一員，監門官一員。淳熙九年，以都司提領。初創，非

奉親與軍須不支。後或撥入內庫，或以供宮廷諸費，亦以備振恤之用。

提舉修敕令　自熙寧初，編修三司令式，命宰臣王安石提舉，是後，皆以宰執爲之。刪定詳定官，以侍從之通法令者充，舊制二員；宣和中，增至七員；靖康初，減爲三員。刪定官，無常員。先是，嘗別修一司敕命。大觀三年，詔六曹刪定官併入詳定一司敕令所，爲一局。

制置三司條例司　掌經畫邦計，議變舊法以通天下之利。熙寧二年置，以知樞密院陳升之、參知政事王安石爲之，而蘇轍、程顥等亦皆爲屬官。未幾，升之相，乃言：「條例者有司事爾，非宰相之職，宜罷之。」帝欲併歸中書，安石請以樞密副使韓絳代升之焉。三年，判大名府韓琦言：「條例司雖大臣所領，然止是定奪之所。今不關中書而徑自行下，則是中書之外又有一中書也。」五月，罷歸中書。

三司會計司　熙寧七年，置於中書，以宰相韓絳提舉。先是，絳言總天下財賦，而無考較盈虛之法，乃置是司。既而事多濡滯，八年，絳坐此罷相，局亦尋廢。

編修條例司　熙寧初置。八年，罷。

經撫房　專治邊事。宣和四年，宰臣王黼主伐燕之議〔一八〕，置于三省，不復以關樞密院。六年，罷。

提舉講議司　崇寧元年七月，詔如熙寧條例司故事，都省置講議司。以宰相蔡京提舉，侍從爲詳定官，卿監爲參詳官；又置檢討官，凡宗室、冗官、國用、商旅、鹽鐵、賦調、尹牧，每一事各三人主之。時又分武備一房，別爲樞密院講議司。三年三月，知樞密院事蔡卞奏罷。三年四月結局。宣和六年，又於尚書省置講議司。十二月，命太師致仕蔡京兼領，聽就私第裁處，仍免簽書。

議禮局〔一九〕　大觀元年，詔於尚書省置，以執政兼領；詳議官二員，以兩制充。應凡禮制本末，皆議定取旨。政和三年，五禮儀注〔二〇〕成，罷局。

禮制局　討論古今宮室、車服、器用、冠昏、喪祭沿革制度。政和二年，置於編類御筆所，有詳議、同詳議官〔二一〕，宣和二年，詔與大晟府製造所協聲律官並罷。

校勘記

〔一〕而轉行者易以混雜　「混雜」二字原脫，文義未完，通考卷四七職官考作「轉行者易以混雜」，據補。

〔二〕丞郎　原作「承郎」，據宋會要職官一之一六、通考卷四九職官考改。

〔三〕省重字則所預者廣　「字」原作「事」。按朝野雜記乙集卷一三平章軍國事條「蓋侂胄繫銜，比申公（按即呂公著）省『同』字，則其體尤尊；比潞公（按即文彥博）省『重』字，則所與者廣。」據改。

〔四〕重和元年　古今合璧事類備要（以下簡稱合璧事類）後集卷二〇、通考卷五〇職官考都作「宣和元年」。疑「重和」爲「宣和」之誤。

〔五〕審計　原作「審官」，按朝野雜記甲集卷一〇六院官條，六院官爲「檢、鼓、糧料、審計、官告、進奏」；通考卷六〇職官考所記六院，也是有審計而無審官。據改。

〔六〕紹熙二年　「二」原作「五」，據本書卷三六光宗紀及續宋編年通鑑卷一一改。

〔七〕凡命令之體有七　「體」原作「禮」，據文義和通考卷五一職官考改。

中華書局

〔八〕臺諫　「諫」上原缺一字，據上文中書省職掌「行臺諫章疏」句和宋會要職官三之五補。

〔九〕常制舍人　原作「兩制舍人」，據宋會要職官三之一六、長編卷四八七改。

〔一〇〕寄祿　原作「寄錄」，據上文和朝野雜記乙集卷一三侍立修注官條改。

〔一一〕大祭祀則誓戒執事官　「誓戒」原作「警戒」，據宋會要職官四之四、通考卷五一職官考、職官分紀卷八改。下文「左僕射、右僕射」條之「誓戒」同。

〔一二〕二月　承上文此指紹聖元年二月。據長編卷三二一、宋會要職官四之六，此二月下所記之事都繫於元豐四年十二月。

〔一三〕掌受付六曹之事　「付」字原脫，據宋會要職官四之一九、通考卷五一職官考補。

〔一四〕印房　宋會要職官四之一九、合璧事類後集卷一八「印」上都有「知雜」二字。

〔一五〕臺郎宰掾不當自爲官司　「掾」原作「椽」，「自」原作「目」。據宋會要職官四之一九、通考卷五一職官考改。

〔一六〕復添置右司郎官二人　「二」當作「一」。宋會要職官四之二五作：「復置右司郎官一員。」合璧事類後集卷一八隆興元年：「詔左、右司郎官各差一員。」又說：「後以右司掌刑房，任事爲劇，乃置二員。」則此處添置者實只一人。

〔一七〕王揖　宋會要職官四三之一六七、宋史全文卷二五及通考卷六〇職官考都作「王楫」。

〔一八〕王黼主伐燕之議　「伐」原作「代」。按本書卷四七〇王黼傳說，王黼力主攻燕，「於三省置經撫房，專治邊事，不關之樞密。」「代」字顯爲「伐」字之誤，據改。

〔一九〕議禮局　原作「儀禮局」，據本書卷二〇徽宗紀、宋會要職官五之二一改。

〔二〇〕五禮儀注　「儀注」原作「議注」。按傳本政和五禮新儀卷首、宋會要職官五之二一都說：「議禮局新修五禮儀注宜以政和五禮新儀爲名。」據改。

〔二一〕同詳議官　「同」原作「司」，據宋會要職官五之二三改。長編紀事本末卷一三四也有「同詳議官」的名稱。

宋史卷一百六十二

志第一百一十五

職官二

樞密院　宣徽院　三司使　翰林學士院　侍讀侍講　崇政殿說書　諸殿學士　諸閣學士　諸修撰直閣　東宮官　王府官

樞密院　掌軍國機務、兵防、邊備、戎馬之政令，出納密命，以佐邦治。凡侍衞諸班直、內外禁兵招募、閱試、遷補、屯戍、賞罰之事，皆掌之。以升揀、廢置揭帖兵籍；有調發更戍，則遣使給降兵符。除授內侍省官及武選官，將領路分都監、緣邊都巡檢使以上。大事則稟奏，其付授者用宣；小事則擬進，其付授者用劄。先具所得旨，關門下省審覆。面得旨者爲錄白，批奏得畫者爲畫旨，並留爲底。惟以白紙錄送，皆候報施行。其被御寶批

旨者，卽送門下省繳覆。應給誥者，關中書省命詞。卽事干大計，造作、支移軍器，及除都副承旨、三衙管軍、三路沿邊帥臣、太僕寺官，文臣換右職，仍同三省取旨。

宋初，循唐、五代之制，置樞密院，與中書對持文武二柄，號爲「二府」。院在中書之北，印有「東院」、「西院」之文，共爲一院，但行東院印。而職事條目頗多。神宗初政，酒省其務之細者歸之有司，而增置審官西院，專領閤門祗候以上至諸司使差遣。官制行，隨事分隸六曹，專以本兵爲職，而國信、民兵、牧馬總領，仍舊隸焉。舊分四房，曰兵，曰吏，曰戶，曰禮，至是釐正，凡分房十；其後，又增支馬、小吏二房。

凡房十有二：曰北面房，掌行河北、河東路吏卒，北界邊防、國信事。曰河西房，掌行陝西路、麟府豐嵐石隰州、保德軍吏卒，西界邊防、蕃官。曰支差房，掌行調發軍，湖北路邊防及京東、京西、江、淮、廣南東路吏卒，遷補殿侍，選親事官。曰在京房，掌行殿前步軍司事，支移兵器，川陝路邊防及畿內、福建路吏卒，軍頭、皇城司衞兵。曰教閱房，掌行中外校習，封樁闕額請給，催督驛遞及湖南路邊防。曰廣西房，掌行招軍捕盜賞罰，廣南西路邊防及兩浙路吏卒。而禁軍轉員，則各隨其房之所領兵額治之。曰兵籍房，掌行諸路將官差發禁兵、選補衞軍文書。曰民兵房，掌行三路保甲、弓箭手。曰吏房，掌行差將領武臣知州軍、路分都監以上及差內侍官文書。曰知雜房，掌行雜務。曰支馬房，掌行內外馬政幷坊

院監牧吏卒、牧馬、租課。曰小吏房，掌行兩省內臣磨勘功過敍用，大使臣已上歷任事狀及校尉以上改轉遷遣。吏三十有八：逐房副承旨三人，主事五人，守闕主事二人，令史十三人，書令史十五人。元祐既創支馬、小吏二房，增令史爲十四人，書令史十九人，創正名貼房十八人。大觀增逐房副承旨爲五人，創守闕書令史三人，增正名二十八人。

中書、密院既稱二府，每朝奏事，與中書先後上殿。慶曆中，二邊用兵，知制誥富弼建言，邊事係國安危，不當專委樞密。仁宗以爲然，卽詔中書同議。諫官張方平亦言中書宜知兵事，乃以宰相呂夷簡、章得象並兼樞密使。熙寧初，滕甫言：「中書、密院議邊事，多不合。趙明與西人戰，中書賞功，而密院降約束；郭逵修堡柵，密院方詰之，而中書以下褒詔。願大臣凡戰守、除帥，議同而後下。」神宗善之。元祐四年，知樞密院安燾以母憂去職，樞密院官偶獨員。諫議大夫梁燾、司諫劉安世言：「國朝革五代之弊，文武二柄，未嘗專付一人，乞依故事命大臣兼領。」靖康元年，知樞密院事李綱言：「在祖宗之時，樞密掌兵籍、虎符，三衙管諸軍，率臣主兵柄，各有分守，所以維持軍政，萬世不易之法。自童貫以領樞密院事爲宣撫使，既主兵權，又掌兵籍、虎符，今日不可不戒。乞將團結到勤王正兵並付制置使，行營司兵付三衙。」從之。

樞密使　知院事　同知院事　樞密副使　簽書院事　同簽書院事　樞密使、知院事，佐天子執兵政，而同知、副使、簽書爲之貳。凡邊防軍旅之常務，與三省分班稟奏；事干國體，則宰相、執政官合奏；大祭祀則迭爲獻官。

國初，官無定制，有使則置副，有知院則置同知院，資淺則用直學士簽書院事。熙寧元年，文彥博、呂公弼爲使，韓維、邵亢爲副使。時陳升之三至樞府，神宗欲稍異其禮，乃以爲知院事。於是知院與使、副並置〔一〕。元豐五年，將改官制，議者欲廢密院歸兵部。帝曰：「祖宗不以兵柄歸有司，故專命官以統之，互相維制，何可廢也？」於是得不廢。帝又以樞密聯職輔弼，非出使之官，乃定置知院、同知院二人，使、副悉罷。元祐初，復置簽書院事，仍以樞密直學士充。同簽書樞密院事，治平末，以殿前都虞候郭逵爲之，又以逵判渭州。帝初卽位，中丞王陶、御史呂景等皆言之。逵歸，改除宣徽南院使、知鄆州，自是不復置。政和六年，以內侍童貫權簽書樞密院河西、北面房事。七年，貫宣撫陝西、河東北三路，帶同簽書樞密院。既而詔元豐官制卽無同簽書樞密院事，改爲權領樞密院。然簽書院事，元豐亦未嘗置。宣和元年，詔童貫領樞密院事，後復以鄭居中爲之。

建炎初，置御營司，以宰相爲之使。四年，罷，以其事歸樞密院機速房，命宰相范宗尹兼知樞密院。紹興七年詔：「樞密，本兵之地，事權宜重。可依故事置樞密使，以宰相張浚兼之。」又詔立班序立依宰相例。其後或兼或否。至開禧，以宰臣兼使，遂爲永制。使與知院，同知、副使，亦或並除，其簽書、同簽書並爲端明殿學士，恩數特依執政；或以武臣爲之，亦異典也。

都承旨　副都承旨　掌承宣旨命，通領院務。若便殿侍立，閱試禁衞兵校，則隨事敷奏，承所得旨以授有司；蕃國入見亦如之。檢察主事以下功過及遷補之事。都承旨，舊用院吏遞遷。熙寧三年，始以東上閤門使李評爲之，又以皇城使李綬爲之副，更用士人〔二〕自評、綬始。是月，詔都承旨、副都承旨見樞密使、副如閤門使禮〔三〕。五年，以同修起居注曾孝寬兼都承旨，參用儒臣自孝寬始。元豐四年，客省使張誠一爲都承旨。都承旨復用武臣，自誠一始。元祐初，復以文臣爲都承旨。其後以待制充。元符三年，王師約爲都承旨，左司諫陳瓘言：「神考以文臣爲都承旨，其副則參求外戚武臣之可用者。今師約未歷邊任，擢置樞屬掾文臣之位，甚非神考設官之意。」至崇寧以後，專用武臣。

建炎四年，高宗在會稽，以武臣辛道宗爲都承旨，頗用事。紹興元年，道宗既免，乃詔依元祐職制，都承旨以兩制爲之。如未曾任侍從之人，卽依權侍郎法，又或加學士、待制、修撰貼職。乾道初，再用武臣，自張說始。淳熙九年，都承旨復用士人，自蕭燧始。副都承

旨文武通除。

檢詳官　熙寧四年置，視中書檢正官。元豐初，定以三員；及改官制，罷之〔四〕。建炎三年，復置檢詳兩員，敍位在左右司之下。紹興二年減一員。

計議官　四員。建炎四年，罷御營使司，併歸樞密院爲機速房。隨司減罷屬官，置幹辦官四員，詔並改爲計議官。至紹興十一年減罷。

編修官　隨事置，無定員，以本院官兼者，不入銜〔五〕。熙寧三年，以王存、顧臨等同編修經武要略，兼删定諸房例册。初擬都、副承旨提舉，神宗謂存等皆館職，不欲令承旨提舉，詔改爲管幹。紹聖四年，編修刑部、軍馬司事，令都、副承旨兼領。政和七年，編修北邊條例，又別置詳覆官。

講議司　崇寧元年，以尙書省講議武備房歸樞密院置，以知院蔡卞提舉。三年，卞奏武備本院諸房可行，不必專局，乃罷之。紹興置編修官二員。

監三省、樞密院門　舊係差小使臣及內侍官充。嘉定六年，詔以曾經作縣、通判資序人充。小使臣省罷，內侍官改以三省、樞密院門機察官繫銜。

主管三省、樞密院架閣文字　一員，嘉定八年置，以選人、京朝官通差。

三省、樞密院激賞庫　三省、樞密院激賞酒庫　監官各二人。初以武臣，嘉泰末，始易以選人。二庫並因紹興用兵，創以備邊；後兵罷，專以備堂、東兩廚應干宰執支遣。若朝廷軍期急速錢物金帶，以備激犒；諸軍將帥告命綾紙，以備科撥調遣等用；省院府吏胥之給，亦取具焉。

御營使　提舉修政局　制國用使　都督諸路軍馬　中興多以宰相兼領兵政、財用之事，而執政同預焉。因事創名，未久遄罷，可以不書；以其關宰相設施，因記其名稱本末附見焉。

建炎元年，置御營司，以宰相爲之使，仍以執政官兼副使。其屬有參贊軍事，以侍從官

兼；提舉一行事務，以大將兼。其將佐有都統制及五軍統制以下官。初以總齊行在軍中之政。三年，詔御營使司止管行在五軍營砦事務，其餘應干邊防措置等事，鼇正歸三省、樞密院。四年，詔自今宰相兼知樞密院事，罷御營使。時臣僚言：「宰相之職，無所不統。本朝沿五代之制，政事分爲兩府，兵權付於樞密，比年又置御營使，是政出於三也。請罷御營司，以兵權付之密院，而以宰相兼知，庶幾可以漸議兵政。」故罷使及官屬，以其事歸密院，爲機速房。至紹興二十九年九月，詔：「祖宗舊制，樞密院卽無機速房，合行減罷。」紹興三十一年，金主亮來攻，帝將臨江視師。其冬，以和義郡王楊存中爲御營宿衞使，兵罷復免。明年，孝宗卽位，又以御營使命之。然但自名一司，掌殿前忠勇等軍，非復建炎之比，未幾而罷。存中非宰執，附見于此。

紹興二年，詔置修政局，令百官條具修車馬、備器械，命右相秦檜提舉，參知政事同領之。其下有參詳官一人，侍從爲之；參議官二人，檢討官四人，卿、郎爲之；如講議司故事。三月而罷局。

乾道二年，詔：「理財之要，裕財爲重，自今宰相可帶兼制國用使，參政可同知國用事。」先是，臣僚言：「近以宰相兼樞密使，蓋欲使宰相知兵也。宰相今雖知兵，而財谷出入之原，宰相猶未知也。望法李唐之制，委宰相兼領三司使職事，財谷出納之大綱，宰相領之於上，而戶部治其凡。」故有是命。五年二月，罷國用司。八年，詔：「官制已定，丞相事無不統，所有國用一司，與參知政事並不兼帶。」嘉泰四年，詔遵孝宗典故，宰相兼國用使，參知政事同知國用事，仍於侍從、卿監中擇二人充屬官。右丞相陳自強兼國用使〔六〕，參知政事兼知樞密院事費士寅、參知政事張巖兼同知國用事。以兵部侍郎薛叔似兼參計官，太府卿陳景思同參計官。先是，臣僚言：「今日財計，非錢穀不足可憂，而滲漏日滋之爲可慮者。周家以冢宰制國用，而唐亦以宰相兼領度支，是知財賦國家之大計，其出入之數有餘、不足，爲大臣者皆所當知，庶可節以制度，關防欺隱。宜略倣祖宗遺意，命大臣兼提領天下財賦。」從之。陳自強罷，亦廢。

紹興五年，制以左通議大夫、尚書左僕射、同中書門下平章事兼知樞密院事趙鼎，左政奉大夫、尚書右僕射〔七〕、同中書門下平章事兼知樞密院事張浚都督諸路軍馬。未幾，浚暫往江上措置邊防，至七年秋廢罷。其餘宰臣、執政開府于外者，別載于篇。

編修敕令所　提舉宰相兼。　同提舉執政兼。　詳定侍從官兼。　删定官就職事官內差兼。掌裒集詔旨，纂類成書。紹興十二年罷。乾道六年，復置詳定一司敕令所〔八〕，以右丞相虞允文提舉，參知政事梁克家同提舉。淳熙十五年省罷，紹熙二年復置局。慶元二年，復置提舉，以右丞相余端禮兼，同提舉以參知政事京鏜兼，仍以編修敕令所爲名。

宣徽院　宣徽南院使　北院使　掌總領內諸司及三班內侍之籍，郊祀、朝會、宴饗供帳之儀，應內外進奉，悉檢視其名物。舊制，以檢校爲使，或領節度及兩使留後，闕，則樞密副使一人兼領二使，亦有兼樞密副使、簽書樞密院者。南院資望比北院頗優，然皆通掌，止用南院印，二使共院而各設廳事。其吏史則有都勾押官、勾押官各一人，前行三人，後行十二人，分掌四案：一曰兵案，二曰騎案，主賜羣臣新史，及掌諸司使至崇班、內侍供奉官、諸司工匠兵卒之名籍，及三班而下遷補、假故、鞠劾之事。三曰倉案，掌春秋及聖節大宴、節度使迎授恩賜、上元張燈、四時祠祭及契丹朝貢、內廷學士赴上，並督其供帳，內外進奉視其名物，教坊伶人歲給衣帶，專其奏覆。四曰冑案。掌郊祀、御殿、朝謁聖容、賜酺、國忌供帳之事，諸司使副、三班使臣別籍分產，司其條制，頒諸司工匠休假之口〔九〕。故事，與參知政事、樞密副使、同知樞密院事以先後入敍位。熙寧四年，詔位參政、樞副、同知下，著爲令。九年，詔：「今後遇以職事侍殿上，或中書、樞密院合班問聖體，及非次慶賀，並特序二府班。」官制行，罷宣徽院，以職事分隸省、寺，而使號猶存。

初，吏部尚書王拱辰治平中知大名府，神宗卽位，拜太子少保；明年，檢校太傅，改宣徽北院使，尋遷南院，立班序位視簽樞。元豐六年，拱辰除武安軍節度使，再任，自此遂罷使名不復除。獨太子少師張方平許依舊領南院使致仕。哲宗卽位，始還太子太保而罷使名。元祐三年，復置南、北院使，儀品恩數如舊制。六年，以馮京爲南院使，而方平亦復使

名。中書舍人韓川言：「祖宗設此官，禮均二府，以待勳舊，未嘗帶以致仕。且宣徽，武官也；宮保，文官也，不宜混幷。」不聽。紹聖三年，方平亦固辭不拜。七年，馮京亦以使致仕。議者言官名雖復，而無所治之事，乃罷之。南渡以後，不復再置。

三司使　使　副使　判官　鹽鐵使　度支使　戶部使　三部副使　三部判官

三司之職，國初沿五代之制，置使以總國計，應四方貢賦之入，朝廷不預，一歸三司。通管鹽鐵、度支、戶部，號曰計省，位亞執政，目爲計相。其恩數廩祿，與參、樞同。太平興國八年，分置三使。淳化四年，復置使一員，總領三部。又分天下爲十道：曰河南，河東，關西，劍南，淮南，江南東、西，兩浙，廣南。在京東曰左計，京西曰右計[一〇]，置使二員分掌。俄又置總計使判左、右計事，左、右計使判十道事，凡干涉計度者，三使通議之。五年，罷十道左右計使，復置三部使。咸平六年，罷三部使，復置三司使一員。闕正使，則以給、諫以上權使事。

使　一人，以兩省五品以上及知制誥、雜學士、學士充。亦有輔臣罷政出外，召還充使者。使闕，則有權使事；又闕，則有權發遣公事。掌邦國財用之大計，總鹽鐵、度支、戶部

之事，以經天下財賦而均其出入焉。凡奏事及大事悉置案，奏牒常事止署案。太平興國初，以賈琰爲三司副使，七年，以侯陟、王明同判三司，遂省副使。鹽鐵，掌天下山澤之貨，關市、河渠、軍器之事，以資邦國之用。度支，掌天下財賦之數，每歲均其有無，制其出入，以計邦國之用。戶部，掌天下戶口、稅賦之籍，榷酒、工作、衣儲之事，以供邦國之用。

副使　以員外郎以上歷三路轉運及六路發運使充。

判官　以朝官以上曾歷諸路轉運使、提點刑獄充。

三部副使　各一人，通簽逐部之事。舊以員外郎以上充。端拱初，省。淳化三年復置，又省。至道初，又置。眞宗即位，副使還官，遂罷之。咸平六年復置。

三部判官　各三人，分掌逐案之事。舊以朝官充。國初承舊制，每部判官一人。乾德四年，三部各置推官一人。太平興國三年，諸案置推官或巡官，以朝官充。四年，三司止置判官一人，推官三人。及分十道，二計各置判官一人。五年，廢十道，三部各置判官二人。三部各有孔目官一人，都勾押官一人，勾覆官四人。

鹽鐵分掌七案：一曰兵案，掌衙司軍將、大將、四排岸司兵卒之名籍，及庫務月帳，吉凶儀制，官吏宿直，諸州衙吏、胥吏之遷補，本司官吏功過，三部胥吏之名帳及刑獄，造船、捕盜、亡逃絕戶資產、禁錢。景德二年，併度支案爲刑案。二曰胄案，掌修護河渠、給造軍器之名物，及軍器作坊、弓弩院諸務諸季料籍。三曰商稅案，四曰都鹽案，五曰茶案，六曰鐵案，掌金、銀、銅、鐵、朱砂、白礬、綠礬、石炭、錫、鼓鑄。七曰設案。掌旬設、節料、齋錢、餐錢、羊豕、米麪、薪炭、陶器等物。

度支分掌八案：一曰賞給案，掌諸給賜、賻贈例物、口食、內外春冬衣、時服、綾、羅、紗、縠、緋、布、鞋、席、紙、染料，市舶、榷物務[一一]、三府公吏。二曰錢帛案，掌軍中春冬衣、百官奉祿、左藏錢帛、香藥榷易。三曰糧料案，掌三軍糧料、諸州芻粟給受、諸軍校口食、御河漕運、商人飛錢。四曰常平案，掌諸州平糴。大中祥符七年，置主吏七人。五曰發運案，掌汴河廣濟蔡河漕運、橋梁、折斛、三稅。六曰騎案，掌諸坊監院務飼養牛羊、馬畜及市馬等。七曰斛斗案，掌兩京倉廩廥積，計度東京糧料、百官祿粟廚料。八曰百官案。掌京朝幕職官奉料、祠祭禮物、諸州驛料。

戶部分掌五案：一曰戶稅案，掌夏稅。二曰上供案，掌諸州上供錢帛。三曰修造案，掌京城工作及陶瓦八作、排岸作坊、諸庫簿帳，勾校諸州營壘、官廨、橋梁、竹木、簰筏。四曰麴案，掌榷酤、官麴[一二]。五曰衣糧案。掌勾校百官諸軍諸司奉料、春冬衣、祿粟、茶、鹽、鞵、醬、傔糧等。三部諸案，並與本部都孔目官以下分掌。

三部勾院判官各一人，以朝官充。掌勾稽天下所申三部金穀百物出納帳籍，以察其差殊而關防之。鹽鐵院、度支院、戶部院勾覆官各一人。

都磨勘司，端拱九年置。判司官一人，以朝官充。掌覆勾三部帳籍，以驗出入之數。

都主轄支收司，淳化三年置。判司官[一三]以判磨勘司官兼。掌官物已支未除之數，候至所受之處，附籍報所由司而對除之。天下上供物至京，即日奏之，納畢，取其鈔以還本州。

拘收司，咸平四年置。以判磨勘司兼掌。凡支收財利未結絕者，籍其名件而督之。

都理欠司，雍熙二年，三部各置理欠，有勾簿司，景德四年廢。判司官一人，以朝官充。掌理在京及天下欠負官物之籍，皆立限以促之。

都憑由司，以判都理欠司官兼，掌在京官物支破之事。凡部支官物，皆覆視無虛謬，則印署而還之，支訖，復據數送勾而銷破之。

開拆司，判司官一人，以朝官充。掌受宣敕及諸州申牒之籍，發放以付三部，兼掌發放、勾鑿、催驅、受事。

發放司，掌受三司帖牒而下之。太平興國年中置。

勾鑿司，掌勾校三部公事簿帳。

催驅司，掌督京城諸司庫務末帳，京畿倉場庫務月帳憑由送勾，及三部支訖內外奉祿之事。

受事司，掌諸處解送諸色名籍，以發付三部。

衙司管轄官二人，以判開拆司官及內侍都知、押班充。掌大將、軍將名籍，第其勞而均

其役使。

勾當公事官二員，以朝官充。掌分左右廂檢計、定奪、點檢、覆驗、估剝之事。

三司推勘公事一人，以京朝官充。掌推劾諸部公事。

勾當諸司、馬步軍糧料院官各一人，以京朝官充。掌文武官諸司、諸軍給受奉料，批書券曆，諸倉庫案驗而稟賦之。

勾當馬步軍專勾司官一人，以京朝官充。舊以三班。掌諸軍兵馬逃亡收併之籍，諸司庫務給受之數，審校其欺詐，批曆以送糧料院。

以上並屬三司使。元豐官制行，罷三司使並歸戶部。

翰林學士院　翰林學士承旨　翰林學士　知制誥　直學士院　翰林權直　學士院權直

掌制、誥、詔、令撰述之事。凡立后妃，封親王，拜宰相、樞密使、三公、三少，除開府儀同三司、節度使，加封，加檢校官，並用制；賜大臣太中大夫、觀察使以上，用批答及詔書；餘官用敕書；布大號令用御札；戒勵百官、曉諭軍民用敕牓；遣使勞問臣下，口宣。凡降大赦、曲赦、德音，則先進草；大詔命及外國書，則具本取旨，得畫亦如之。

凡拜宰相及事重者，晚漏上，天子御內東門小殿，宣召面諭，給筆札書所得旨。稟奏歸院，內侍鎖院門，禁止出入。夜漏盡，具詞進入；遲明，白麻出，閤門使引授中書，中書授舍人宣讀。其餘除授并御札，但用御寶封，遣內侍送學士院鎖門而已。至於赦書、德音，則中書遣吏持送本院，內侍鎖院如除授焉。凡撰述皆寫畫進入，請印署而出，中書省熟狀亦如之。若已畫旨而未盡及舛誤，則論奏貼正。凡宮禁所用文詞皆掌之。乘輿行幸，則侍從以備顧問，有獻納則請對，仍不隔班。凡奏事用榜子，關白三省、樞密院用諮報，不名。

凡初命爲學士，皆遣使就第宣詔旨召入院。上日，敕設會從官，宥以樂。元豐中，始命佩魚，自蒲宗孟始。見執政議事則繫鞋，蓋與侍從異禮也。政和三年，強淵明請以前後所被旨及案例，修爲本院敕、令、格、式。五年，御書「摛文堂」榜賜學士院。靖康元年，吳幵等奏：「大禮鎖院，廂三道以上，係雙學士宿直分撰[四]，乞依故事。」從之。

承旨，不常置，以學士久次者爲之。凡他官入院未除學士，謂之直院；學士俱闕，他官暫行院中文書，謂之權直。自國初至元豐官制行，百司事失其實，多所釐正，獨學士院承唐舊典不改。乾道九年，崔敦詩初以秘書省正字兼翰林權直。淳熙五年，敦詩再入院，議者以翰林乃應奉之所，非專掌制誥之地，更爲學士院權直。後復稱翰林權直，然亦互除不廢，權、正或至三人。

翰林侍讀學士　太宗初，以著作佐郎呂文仲爲侍讀。眞宗咸平二年，以楊徽之、夏侯嶠並爲翰林侍讀學士，始建學士之職。其後，馮元爲翰林侍讀，不帶學士；又以高若訥爲侍讀，不加別名，但供職而已。天禧三年，張知白爲刑部侍郎，充翰林侍讀學士、知天雄軍府，侍讀學士外使自知白始。元豐官制，廢翰林侍讀、侍講學士不置，但以爲兼官。然必侍從以上，乃得兼之，其秩卑資淺則爲說書。歲春二月至端午日，秋八月至長至日，遇隻日入侍邇英閣，輪官講讀。元祐七年，復增學士之號，元符元年省去。建炎元年，詔可特差侍從官四員充講讀官，遇萬機之暇，令三省取旨，就內殿講讀。

充宮觀兼侍讀：元豐八年五月，資政殿大學士呂公著兼侍讀，提舉中太乙宮兼集禧觀公事。七月，韓維兼侍讀，提舉中太乙宮。元祐元年，端明殿學士范鎭致仕，提舉中太乙宮兼集禧觀公事，兼侍讀，不赴。六年，馮京兼侍讀，充太乙宮使。未幾，乞致仕，不允，仍免經筵進讀。中興以來，如朱勝非、張浚、謝克家、趙鼎、万俟卨並以萬壽觀使兼侍讀。隆興元年，張燾以萬壽觀、湯思退以醴泉觀並侍讀。乾道五年，劉章以佑神觀兼焉。

臺諫兼侍讀：自慶曆以來，臺丞多兼侍讀，諫長未有兼者。紹興十二年春，万俟卨以中丞、羅汝楫以諫議始兼侍讀，自後每除言路，必兼經筵矣。

翰林侍講學士　咸平二年，國子祭酒邢昺爲侍講學士。其後，又以馬宗元爲侍講，不加別名，但供職而已。景德四年，以翰林侍講學士邢昺知曹州，侍講學士外使自昺始。故事，自兩省、臺端以上兼侍講，元祐中，司馬康以著作佐郎兼侍講，時朝議以文正公之賢，故特有是命。紹興五年，范沖以宗卿、朱震以祕少並兼[五]，蓋殊命也。乾道六年，張栻始以吏部員外郎兼。蓋中興後，庶官兼侍講者，惟此三人。若紹興二十五年張扶以祭酒、隆興二年王佐以檢正、乾道七年林憲以宗卿入經筵，亦兼侍講者。蓋扶本以言路兼說書就升其秩，佐時攝版曹，憲嘗爲右史且有舊例，故稍優之。

臺諫兼侍講：慶曆二年，召御史中丞賈昌朝侍講邇英閣。故事，臺丞無在經筵者，仁宗以昌朝長於講說，特召之。神宗用呂正獻，亦止命時赴講筵，去學士職。中興後，王賓爲御史中丞，見請復開經筵，遂命兼講。自後十五年間，繼之者惟王唐[六]、徐俯二人，皆出上意。紹興十二年，則万俟卨、羅汝楫，紹興二十五年，則正言王珉、殿中侍御史董德元，並兼侍講。非臺丞、諫長而以侍講爲稱，又自此始。其後，猶或兼說書，臺官自尹穡，隆興二年五月；諫官自詹元宗，乾道九年十二月。後並以侍講爲稱，不復兼說書矣。

宮觀兼侍講：國初自元豐以來，多以宮觀兼侍讀。乾道七年，寶文待制胡銓除提舉佑神觀兼侍講。是日，以宰執進呈，虞允文奏曰：「胡銓早歲一節甚高，不宜令其遽去朝廷。」帝曰：「銓固非他人比，且除在京宮觀，留侍經筵。」故有是命。

崇政殿說書　掌進讀書史，講釋經義，備顧問應對。學士侍從有學術者爲侍講、侍讀，其秩卑資淺而可備講說者則爲說書。仁宗景祐元年正月，命賈昌朝、趙希言、王宗道、楊安國並爲崇政殿說書，日輪二員祗候。初，侍講學士孫奭年老乞外，因薦昌朝等。至是，特置此職以命之。慶曆二年，以趙師民預講官，復爲崇政殿說書，不兼侍講。元祐間，程頤以布衣爲之。然范祖禹乃以著作佐郎兼侍講，司馬康又嘗以著作佐郎兼侍講，前此未有也。崇寧中，初除說書二人，皆以隱逸起，蔡崈、呂璀，仍遂其性，詔以士服隨班朝謁入侍[七]。

渡江後，尹焞初以祕書兼之，中間王十朋、范成大皆以郎官兼，亦殊命也。近事，侍從以上兼經筵則曰侍講，庶官則曰崇政殿說書，故左史兼亦曰侍講。紹興十二年，万俟禼、羅汝檝並兼講讀。蓋秦梓時已兼說書，便於傳道，秦熺復繼之。每除言路，必預經筵，檜死始罷。慶元後，臺丞、諫長暨副端、正言、司諫以上，無不預經筵者。正言兼說書自端明巫伋始，副端兼說書自端明余堯弼始，察官兼說書自少卿陳夔始，修注兼說書自朱震始。

修注官多得兼侍講。開禧三年十一月，王簡卿知諫院爲左史，仍兼崇政殿說書。言者以爲不可，罷之。

觀文殿大學士　學士之職，資望極峻，無吏守，無職掌，惟出入侍從備顧問而已。觀文殿卽舊延恩殿，慶曆七年更名。皇祐元年，詔：「置觀文殿大學士，寵待舊相，今後須曾任宰相，乃得除授。」時賈昌朝由使相右僕射、觀文殿大學士判尚書都省。觀文殿置大學士，自昌朝始。三年，詔班在觀文殿學士之前、六尚書之上。自是曾任宰相者，出必爲大學士。熙寧中，韓絳宣撫陝西、河東，得罪罷守本官。四年，用明堂赦，授觀文殿學士。宰相不爲大學士，自絳始。中興後，非宰相而除者，自紹興二十年秦熺始。熺知樞密院、郊祀大禮使，禮成，以學士遷，且視儀揆路，非典故也。乾道四年，汪澈舊以樞密使爲學士遷。九年，王炎以樞密使爲西川安撫使除。至慶元間，趙彥逾自工部尚書爲端明殿學士，直以序遷至焉。

觀文殿學士　觀文殿本隋煬帝殿名，國初，爲文明殿學士。慶曆七年，宋庠言：「文明殿學士稱呼正同眞宗謚號，兼禁中無此殿額，其學士理自當罷，乞擇見今正朝或祕殿以名學士易之。」乃詔改爲紫宸殿學士，以參知政事丁度爲之。時學士多以殿名爲官稱，丁遂稱曰「丁紫宸」。八年，御史何郯以爲紫宸不可爲官稱，於是改延恩殿爲觀文殿，卽殿名置學士，仍以度爲之。自後非曾任執政者弗除。熙寧中，王韶以熙河功，元豐中，王陶以宮僚，雖未歷二府，亦除是職，蓋異恩也。然韶猶兼端明殿、龍圖學士云。

資政殿大學士　資政殿在龍圖閣之東序。景德二年，王欽若罷參政，眞宗特置資政殿學士以寵之，在翰林學士下。十二月，復以欽若爲資政殿大學士，班文明殿學士之下，翰林學士承旨之上。資政殿置大學士，自欽若始。自欽若班翰林承旨上，一時以爲殊寵。祥符初，向敏中以前宰相再入爲東京留守，復加此職。自是訖天聖末，二十餘年不以除人。明道元年，李迪知河陽。召還，始再命之。景祐四年，王曾罷相，復除。三十年間[八]除三人，皆前宰相也。宋庠罷參知政事，仁宗眷之厚，因加此職。自欽若後，非宰相而除者，惟庠一人。康定二年，右正言梁適請遵先朝故事，定以員數。於是詔大學士置二員，學士三員。紹興十年，鄭億年歸自僞齊，除資政殿；二年加大學士，許出入如二府儀。億年未嘗秉政。十五年，秦熺自翰林學士承旨爲資政，詔立班恩數同執政。十六年，秦檜弟梓以端明卒于湖州，進大資致仕，恤典同參政。是後，從臣自端明視政府而序進者，遂爲常矣。

端明殿學士　端明殿卽西京正衙殿也。後唐天成元年，明宗卽位之初，四方書奏，

命樞密使安重誨進讀，懵於文義。孔循獻議，始置端明殿學士，命馮道、趙鳳俱以翰林學士充，班在翰林學士上。後有轉改，止於翰林學士內選任。初如三館例，職在官下；趙鳳轉侍郎，諷任圜特移職在官上，後遂爲故事。宋太宗初，以程羽爲之，後隨殿名改爲文明殿學士。慶曆中，改爲紫宸，後又改爲觀文。明道二年，改承明殿爲端明殿，復置端明殿學士，以翰林侍讀學士宋綬爲之，在翰林學士之下。自明道訖元豐，無前執政爲之者，僅以待學士之久次者[九]。元豐中，以前執政爲之，自曾孝寬始；以見任執政爲之，自王安禮始。政和中，嘗改爲延康殿。建炎二年，都省言：延康殿學士舊係端明殿學士。詔依舊。後拜簽樞者多領焉。

總閣學士　直學士　宋朝庶官之外，別加職名，所以厲行義、文學之士。高以備顧問；其次與論議，典校讎。得之爲榮，選擇尤精。元豐中，修三省、寺監之制，其職並罷，滿歲補外，然後加恩兼職。直龍圖閣、省、寺監掌貳補外[一〇]，或領監司、帥臣則除之；待制、雜學士、給諫以上補外則除之。係一時恩旨，非有必得之理。元祐二年，詔復增館職及職事官並許帶職，尙待[一一]二年加直學士，中丞、侍郎、給舍、諫議通及一年加待制。紹聖三年，詔職事官罷帶職，非職事之官仍舊。中興後，學士率以授中司、列曹尙書、翰林學士之

中華書局

補外者，權尚書、給諫、侍郎則帶直學士、待制焉。

龍圖閣學士　直學士　待制　大中祥符中建。在會慶殿西偏，北連禁中，閣東曰資政殿，西曰述古殿。閣上以奉太宗御書、御製文集及典籍、圖畫、寶瑞之物，及宗正寺所進屬籍、世譜。有學士、直學士、待制、直閣等官。　學士，大中祥符三年置，以杜鎬爲之，班在樞密直學士上。六年，詔結銜在本官之上。　直學士，景德四年置，以杜鎬爲之，班在樞密直學士下。祥符六年，詔結銜在本官之上。　待制，景德元年置，以杜鎬、戚綸〔三〕爲之，並依舊充職。四年，詔班在知制誥下，並赴內殿起居。自改官制，爲學士初復之職，或知制誥平出除之。

天章閣學士　直學士　待制　天禧四年建。在會慶殿之西，龍圖閣之北。明年，仁宗即位，修天章閣畢，以奉安眞宗御製。東曰羣玉殿，西曰蘂珠殿，北曰壽昌殿，南曰延康殿。內以桃花文石爲流桮之所。以在位受天書祥符，改曰天章，取爲章于天之義。天聖八年置待制。慶曆七年，又置學士、直學士。又有侍講。　學士，慶曆七年初置，在龍圖閣學士之下。學士罕以命人，迄仁宗世，纔王贄一人。秦堪自顯謨閣進直天章閣，以稱呼非便辭。詔改龍圖，自是天章不爲帶職。　直學士，慶曆七年，初置天章閣直學士，在龍圖閣直學士之下。　待制，天聖八年初置。寓直於祕閣，與龍圖遞宿，尋命范諷、鞠詠充

職。中興後，圖籍、符瑞、寶玩之物，若國史、宗正寺所進屬籍，獨藏于天章閣，祖宗御容、潛邸旌節亦安奉焉。

寶文閣學士　直學士　待制　閣在天章閣之東西序，羣玉、蘂珠殿之北。即舊壽昌閣，慶曆改曰寶文。嘉祐八年，英宗即位，詔以仁宗御書、御集藏于閣，命王珪撰記立石。治平四年，神宗即位，始置學士、直學士、待制，恩賜如龍圖。英宗御書附于閣。　學士，治平四年初置，以呂公著兼。　直學士，治平四年初置，以邵必爲之。　待制，治平四年初置。

顯謨閣學士　直學士　待制　元符元年，曾布、鄧洵仁各申請建閣。詔翰林學士、中書舍人撰閣名五以聞，遂建閣藏神宗御集，以顯謨爲名。徽宗建中靖國元年，詔以顯謨閣爲熙明閣，仍置學士、直學士、待制；續奉旨，仍以顯謨爲額。崇寧元年，詔顯謨閣學士、直學士、待制如三閣故事，序位在寶文閣學士、直學士、待制之下。學士、直學士、待制，並建中靖國元年置。

徽猷閣學士　直學士　待制　大觀二年，初建徽猷閣，以藏哲宗御集。置學士、直學士、待制等官。

敷文閣學士　直學士　待制　紹興十年置。藏徽宗聖製，置學士等官。

煥章閣學士　直學士　待制　淳熙初建。藏高宗御製。十五年，置學士等官。

華文閣學士　直學士　待制　慶元二年置。藏孝宗御製，置學士等官。

寶謨閣學士　直學士　待制　嘉泰二年置。藏光宗御製，置學士等官。

寶章閣學士　直學士　待制　寶慶二年置。藏寧宗御製，置學士等官。

顯文閣學士　直學士　待制　咸淳元年置。藏理宗御製，置學士等官。

集英殿修撰　國初，有集賢殿修撰、直龍圖閣、直祕閣三等。政和六年，始置集英殿修撰、右文殿修撰、祕閣修撰。舊制，貼職無雜壓，至是因增置，乃定爲雜壓。其集英修撰，中興後以寵六曹權侍郎之補外者，下待制一等。

右文殿修撰　元祐元年，許內外官帶貼職。紹聖二年，詔職事官罷帶職，易集賢殿學士爲修撰。政和六年，以集賢院無此名，其見任集賢院修撰並改爲右文殿修撰，次於集英殿修撰，爲貼職之高等。

祕閣修撰　政和六年置，以待館閣之資深者，仍多由直龍圖閣遷焉。

直龍圖閣　祥符九年，以馮元爲太子中允、直龍圖閣，直閣之名始此。凡館閣之久次者，必選直龍圖閣，皆爲擢待制之基也。中興後，凡直閣爲庶官任藩閫、監司者貼職，各

隨高下而等差之。

直天章閣至直顯文閣並同。

直祕閣　國初，以史館、昭文館、集賢院爲三館，皆寓崇文院。太宗端拱元年，詔就崇文院中堂建祕閣，擇三館眞本書籍萬餘卷及內出古畫、墨跡藏其中，以右司諫直史館宋泌爲直祕閣。直館、直院則謂之館職，以他官兼者謂之貼職。元豐以前，凡狀元、制科一任還，即試詩賦各一而入，否則用大臣薦而試，謂之入館。官制行，廢崇文院爲祕書監，建祕閣於中，自監少至正字列爲職事官。罷直館、直院之名，獨以直祕閣爲貼職，皆不試而除，蓋特以爲恩數而已。故事，外官除館職如祕閣校理、直祕閣者，必先移書在省執事，敍同僚之好，乃即館設盛會宴之。自崇寧以來，外官除館職既多，此禮寖廢。

東宮官　太子太師　太傅　太保　太子少師　少傅　少保　國初，師傅不常設。仁宗升儲，置三少各一人。參政李昉兼掌賓客，及升首相，遂進少傅，此宰相兼宮僚之始也。丁謂兼少師，馮拯兼少傅，曹利用兼少保，是時實爲東宮官，餘多以前宰執爲致仕官。若太子太師、太傅、太保，以待宰相官未至僕射者，及樞密使致仕，亦隨本官高下除授。

太子少師、少傅、少保，以待前執政，惟少師非經顧命不除。若因遷轉，則遞進一官，至太師卽遷司空。天禧末，皇太子同聽政，乃以首相兼少師。自後神宗、欽宗、孝宗、光宗在東宮，皆不置。開禧三年，史彌遠自詹事入樞府，乃進兼賓客。已而太子侍立，遂以丞相錢象祖兼太子少傅。明年，景獻太子[33]立，象祖兼少師，彌遠以右相兼少傅。未幾，彌遠丁內艱，象祖亦去位。又明年，彌遠起復，遂兼進少師[34]。景定元年，度宗升儲，以賈似道爲少師。

太子賓客　至道元年建儲，初置賓客二人，以他官兼。天禧四年，參政任中正、樞副錢惟演、參政王曾並兼太子賓客，執政兼東宮官始此。中興後不置。開禧三年，景獻太子立，始以執政兼賓客，後復省。景定元年，度宗升儲，以朱熠、皮龍榮、沈炎並兼賓客。

太子詹事　仁宗升儲，置詹事二人。神宗、欽宗升儲，並置二人，皆以他官兼，登位後省。乾道元年，莊文太子立，置詹事二人。踰月，詔太子詹事遇東宮講讀日[35]，並往陪侍。七年，光宗正儲位，以數文閣直學士王十朋、數文閣待制陳良翰爲太子詹事，不兼他官，非常制也。景定元年，度宗升儲，以楊棟兼詹事。

太子左庶子　右庶子　左諭德　右諭德　舊制不常設。儲闈之建，隨宜制官，以備僚寀，多以他官兼領。仁宗、神宗升儲，庶子、諭德各置二人。欽宗升儲，置一人。紹興三十二年，孝宗以建王立爲皇太子，置庶子、諭德各一人，除右虛左。乾道元年及七年，各置

一人。開禧三年，景獻太子立，初除左虛右，明年，左右始並置。

太子侍讀　侍講　神宗升儲，始置各一人。乾道、淳熙、開禧，各依故事並置。乾道七年，禮部太常寺言：「討論東宮開講并節朔賀慶、辭謝禮儀。宮僚講讀，無已行故事，當依放講筵，少殺其禮。每遇講讀，詹事以下至講讀官上堂，並用賓禮參見，依官職序坐。皇太子正席，講讀官迭起如延英儀，講罷復位。節朔不受宮僚參賀；元日、冬至，詹事以下牋賀。謝辭，初如常見之禮。後離位致詞，復位就坐，茶湯罷。詹事初上，參見皇太子，拜，皇太子答拜。庶子等初上，參見，皇太子受拜。庶子、諭德及講讀官雖有坐受之禮，止是五禮新儀所載；兼逐日致拜之禮，近例皆已不行，或遇合致拜日，更合參酌天禧、至道故事施行。」按天禧二年九月五日，左庶子張士遜等言：「臣等日詣資善堂參見皇太子，得令升階列拜，然後跪受，望令皇太子坐受參見。」詔不許。至道元年，皇太子每見太子賓客，必先拜，迎送常降階及門。並從之。

太子中舍人　舍人　至道、天禧各置一人。神宗、欽宗升儲，並如舊置。嘉定初，除二人。慶元以中舍人在舍人上。

資善堂　翊善　贊讀　直講　說書　皇太子宮小學教授　資善堂小學教授　翊善、贊讀、直講皆舊制。說書而下，中興以後增置。資善堂自仁宗爲皇子時，爲肄業之所，每皇子出就外傅，選官兼領。元豐八年，哲宗初開講筵，詔講讀官日赴資善堂，以雙日講讀，仍輪一員宿直。又詔三省、樞密院、講讀、修注官錫宴於資善堂。政和元年，定王、嘉王出就資善堂聽讀，詔宰執就見。靖康元年，詔皇太子出就外傅，就資善堂置學舍，令國子監供監書。紹興五年，孝宗封建國公，出就資善堂聽講。先是，宰臣趙鼎得旨於宮門內造書院，至是始成，以爲資善堂。命儒臣爲直講、翊善，悉如資善故事。尋用趙鼎言，以左史范沖充翊善，右史朱震充贊讀，時稱極選。帝曰：「朕令國公見沖、震必設拜，蓋尊重師傅，不得不如此。」紹興十二年，建國公出就外第。及紹興三十年，由普安郡王爲皇子，進封建王。時皇孫皆就傅，以校書郎王十朋爲小學教授。紹興三十二年，孝宗卽位，詔三皇子位各置說書官一員，又置贊讀、直講一員。淳熙七年，皇孫英國公始就傅，詔置皇太子宮小學教授一員。十六年，光宗卽位，皇子進封嘉王，置王府贊讀、翊善、直講各一員。慶元六年，景獻太子爲福州觀察使，詔令資善堂授書，置小學教授二員。開禧元年，進封榮王，仍開資善堂，置贊讀、直講、說書官各一員，又置翊善一員。度宗升儲，並置翊善、贊讀等官。

主管左、右春坊事　二人，以內臣兼；同主管左、右春坊事二人，以武臣兼；承受官

一人，以內侍充。仁宗、神宗升儲，並置。中興後，置官並同。

太子左、右衞　率府率　副率　左、右司禦　率府率　副率　左、右清道　率府率　副率　左、右監門　率府率　副率　左、右內　率府率　副率　官存而無職司。至道元年，東宮置左清道率府率、副率兼左春坊謁者，主贊引。三年，眞宗卽位而省。天禧二年，又以左清道率郭承慶、左右監門副率夏元亨兼左右春坊謁者，仁宗卽位復省。中興後不置，惟以監門率府副率爲環衞階官。

親王府　傅　長史　司馬　諮議參軍　友　記室參軍　王府教授　小學教授　傅及長史、司馬，有其官而未嘗除。太平興國八年，諸王出閤，楚王府置諮議參軍二員，翊善一員；陳王府置諮議、翊善各一員；韓王、冀王、益王置翊善各一員。後又置記室及諸王府侍講一員。並以常參官兼充。其後，多不置諮議，翊善、記室或止一員。大中祥符九年，仁宗初封壽春郡王，置友二員，亦以常參官兼充。天禧二年，進封昇王，友遷諮議，仍置記室一員。又皇姪皇孫侍教、南北伴讀無定數。至道初，太宗以皇親子孫就講學，欲置侍講之職，中書言：「按唐太宗改

諸王侍讀爲率諸王講讀，今皇孫、皇姪皆環衛之職，請以教授爲名。」從之。選京朝官通經者充。其後又令王府記室、翊善、侍講分兼南北宅教授。大中祥符二年，又有侍教之名，自是南北院或有伴讀。凡諸宮皆有教授，初無定員。是年〔二六〕，英宗以宗室自率府副率已上八百餘人，奉朝請者四百餘人，而教官纔六員，乃詔增置教授官：凡皇族年三十已上者百一十三人，置講書四員；年十五以上者百十三人，置講書四員；年十五已上者〔二七〕三百九人，增置教授五員；年十四已下者，別置小學教授十二員；并舊六，爲二十七員，以分教之。其子弟不率教，俾教授官、本位尊長具名申大宗正司，量行戒責。教授官不職，大宗正司密訪以聞。舊制，親賢宅置講書，紹興十二年，改爲府教授，掌教親賢宅南班宗子。淳熙十二年，詔建魏惠憲王府，置小學教授二員，以館職兼充，掌訓皇孫。既長，趨朝謁，則不以小學名，而講習如故。自後皇姪、皇孫皆置教授。

校勘記

〔一〕於是知院與使副並置　「使副」二字原倒，按上文所記，陳升之在除知院前，樞密院已有使和副使；已除後則是使、副、知院同置，不應但說副使。合璧事類後集卷一六、通考卷五八職官考都作「使副」，據改。下文「使副悉罷」句同改。

〔二〕更用士人　「士」原作「四」，據長編卷二一四、通考卷五八職官考改。

〔三〕是月詔都承旨副都承旨見樞密使副如閤門使禮　據長編卷二一五，此處「是月」指「九月」。「使副」二字原倒，據長編同卷、宋會要職官六之四乙正。

〔四〕罷之　原作「置之」。按上文已說熙寧四年置，中間未曾廢罷，此處「置之」不應複出。合璧事類後集卷一七、通考卷五八職官考都說：及改官制，檢詳尋罷。「置」當爲「罷」之訛，據改。

〔五〕入銜　原作「入御」，據同上書同卷改。

〔六〕國用使　「使」原作「事」，據上文和本書卷三八寧宗紀、兩朝綱目卷八改。

〔七〕右僕射　原作「左僕射」，據本書卷二一三宰輔表、繫年要錄卷八五改。

〔八〕詳定一司敕令所　「令」原作「命」，宋會要職官四之四七所載乾道六年十二月五日事、七年七月十五日所載虞允文和梁克家職銜，都作「詳定一司敕令」，據改。

〔九〕休假之□　「之」下一字原作「大」，筆畫漫漶，不辨其爲何字。

〔一〇〕在京東曰左計京西曰右計　「京東」、「京西」疑倒。編年綱目卷四淳化四年：「三司置二使，分領左右計。」「分郡縣爲十道，兩京爲左右計，中分以隸焉。」孫逢吉職官分紀卷一三：「東京爲左計，西京爲右計，各置判官領之。」

〔一一〕榷物務　疑當作「榷貨務」。

〔一二〕掌榷酤官麴　「官麴」原作「官麪」。按本條旨在說明麴案的職掌，是管理酒的專賣事務。官賣酒麴是宋代在三京的榷政措施，本書卷一八五食貨志：「三京官造麴，聽民納直以取。」宋會要食貨一九之一有「東京官造麴」、「西京官造麴」、「南京官造麴」的記載，「麪」字當爲「麴」字之訛，據改。

〔一三〕判司官　原作「判官司」。按本卷同目各條都作「判司官」，「官司」二字蓋倒，據改。

〔一四〕係雙學士宿直分撰　「雙學士」，宋會要職官六之五三、通考卷五四職官考皆作「雙宣學士」；又鴻慶居士集卷三〇翰林莫公內外制序記：「翰林故事以學士二員分直，朝廷有大除拜過二制而上則併召二員者，謂之雙宣。」當以「雙宣」爲是。

〔一五〕朱震以祕少並兼　「祕少」原作「秩少」。按本書卷四三五朱震傳：「遷祕書少監，兼侍經筵。」朝野雜記乙集卷一三：「朱子發以祕少並兼之。」「祕少」是祕書少監的簡稱，據改。

〔一六〕王唐　朝野雜記乙集卷一三、通考卷五四職官考皆作「王唐公」，是。

〔一七〕詔以士服隨班朝謁入侍　「士」原作「仕」。合璧事類後集卷二三、通考卷五四職官考都作「士」，據改。

〔一八〕三十年間　「三」原作「二」，按上文說景德二年（公元一〇〇五年）王欽若爲資政殿學士，至景祐四年（公元一〇三七年）王曾罷相，中間已超過三十年。合璧事類後集卷五六、通考卷五四職官考都作「三十年」，據改。

〔一九〕僅以待學士之久次者　「待」原作「侍」，據合璧事類後集卷五六、通考卷五四職官考改。

〔二〇〕直龍圖閣省寺監掌貳補外　「掌」當作「長」，「省」下脫一「郎」字。合璧事類後集卷五七、通考卷五四職官考此句都作：「直龍圖閣、省郎、寺監長貳補外」，是。

〔二一〕倘待　疑當據同上書同卷作「倘書」。

〔二二〕戚綸　原作「戚繪」，據本書卷三〇六戚綸傳、職官分紀卷一五改。

〔二三〕景獻太子　「獻」原作「憲」。據本書卷二四六景獻太子詢傳和下文「太子左庶子」條改。下文「太子賓客」條同改。

〔二四〕遂兼進少師　「兼進」，當從朝野雜記乙集卷一三、通考卷六〇職官考作「進兼」。

〔二五〕遇東宮講讀日　「遇」原作「過」，據宋會要職官七之二六、通考卷六〇職官考改。

〔二六〕是年　承上文當指天禧二年，天禧是宋眞宗的年號，而所記實英宗時事，顯有錯誤。長編卷二〇二、合璧事類後集卷四八都繫此事於治平元年，志文失書紀年。

〔二七〕百十三人置講書四員年十五已上者　按此處「年十五已上」同上文重複；所記「講者四員」與上下文敎官相加，適超過下文「并舊六爲二十七員」之數四員，亦疑爲重出。長編卷二〇二、合璧事類後集卷四八記此事都無此十五字，疑是。殿、局本將上文之「年十五以上者」改爲「年二十以上者」，不知何據。

二十四史

中華書局

宋史卷一百六十三

志第一百一十六

職官三

吏部 戸部 禮部 兵部 刑部 工部 六部監門 六部架閣

吏部　掌文武官吏選試、擬注、資任、遷敍、蔭補、考課之政令，封爵、策勳、賞罰殿最之法。凡文階官之等三十，武選官之等五十有六，幕職州縣官之等七，散官之等九，皆以左右高下分屬於四選。曰尚書左選，文臣京朝官以上及職任非中書省除授者悉掌之。自初任至幕職州縣官，侍郎左選掌之。曰尚書右選，武臣升朝官以上及職任非樞密院除授者悉掌之。自副尉以上至從義郎，侍郎右選掌之。若文武官雖不隸左右選，而職任係中書省、樞密院除授者，其制命誥敕，皆本部奉行。凡應注擬、升移、敍復、蔭補及酬賞、封贈

者，所隸審驗格法上尚書省，法例可否不決應取裁者，亦如之。若中散大夫、左右武大夫以上合命詞者，列其遷敍資級、歲月、功過上中書省、樞密院，畫旨給告，通書本部長貳及所隸郎官。其屬有曰司封，曰司勳，曰考功。凡官十有三：尚書一人；侍郎一人〔一〕；郎中、員外郎，尚書選二人，侍郎選各一人，司封、司勳、考功各一人。

舊制有三司，尚書主其一，侍郎二員各主其一，分銓注擬事。其後，但存尚書銓，餘東西銓印存而事廢。淳化中，又置考課院，磨勘幕府州縣功過，引對黜陟。至道二年，以其事歸流內銓。判流內銓事二人，以御史知雜以上充。掌節度判官以下州府判司、諸縣令佐擬注對揚、磨勘功過之事。判部事二人，以帶職京朝官或無職事朝官充。凡文吏班秩品命一出於中書，而小選院既不復置，本曹但掌京朝官敍服章、申請攝官、訃吊祠祭，及幕府州縣官格式、闕簿、辭謝，拔萃舉人兼南曹甲庫之事。流外銓，掌考試附奏諸司人吏而已。南曹掌考驗選人殿最成狀，而送流內銓關試、勾黃、給曆之事。甲庫掌受制敕黃，關給籤符優牒，選人改名廢置之事。初，淳化三年，置磨勘京朝官院。四年，改。太平興國中，置差遣院，至是併入審官院。置知院二人，以御史知雜以上充。舊以朝官充。掌考校京朝官殿最，敍其爵秩而詔於朝，分擬內外任使而奏之。

元豐官制行，六曹尚書、侍郎爲長貳，郎官理郡守以上資任者爲郎中，通判以下資序者

爲員外郎。除授皆視寄祿官，高一品以上者爲「行」，下一品者爲「守」，下二品以下者爲「試」，品同者不用行、守、試，餘職準此。元祐初，置權尚書，奉賜依守侍郎，班序在試尚書之下，雜壓在左、右常侍之下。又置權侍郎，如未歷給事中、中書舍人及待制以上者，並帶「權」字，祿賜比諫議大夫。郎官雖理知州資序，未曾實歷知州及監司、開封府推官者〔二〕，止除員外郎。又詔，職事官除去「行」字一等。又以六曹職事閑劇不等，減定員數，事簡者他司兼領，司封、司勳各減郎官一員。紹聖初，詔元豐法以行、守、試制祿三等。元符元年，吏部言：「元祐法，小使臣只降宣劄，但務從簡，於理未安，請自借職而上依元豐法給告。」從之。崇寧元年，詔：「大宗正丞，大理正，諸寺監丞，太學、武學、律學博士，太學正、錄，諸宮院、諸州教授，堂除外，其吏部闕不許占差已授未赴及初到任人。」二年，詔：「十年不到部者，依長定格與降一官；二十年以上，則除其籍。」靖康元年七月，詔以吏部四選逐曹條例編集板行。八月，臣僚言：「祖宗時未有宗室參部之法，神宗時，始選擇差注一二。崇寧初，立法大優，宗室參選之日在本部名次之上，既歷年月深遠勞効顯著之人，復著名州大郡優便豐厚之處。議者頗欲懲革，不注郡守、縣令，與在部人通理名次。」從之。

尚書　掌文武二選之法而奉行其制命。凡序位有品，寓祿有階，列爵有等，賜勳有

給〔三〕，分任有職，選官有格，考其功過，計其歲月，辨其位秩，而以序進之。凡文臣自京朝官，武臣自大使臣以上，舊內殿崇班以上。選授、封爵、功賞、課最之事，所隸官分掌其事，兼總於尚書，驗實而後判成。以天下職事員闕具注於籍，月取其應選者揭而書之，集官注擬，考閥閱以定其可否。若有疑不能決，小事則申請，大事則稟議於尚書省，應論奏者與郎官同請對。大祭祀則奉玉幣以授左僕射，執爵以授左丞。舊，尚書爲所遷官名，班左丞上。自釐正百司，吏部以金紫光祿大夫，戶、禮、兵、刑、工部以銀青光祿大夫換授，而任六曹尚書者，始實領職事。左選分案八，置吏三十；右選分案六，置吏十有六。曰主事、令史，曰書令史，曰守當官。二十四司亦如之。南渡初，諸曹長貳互置，惟吏部備官。紹興八年，依元祐制，六曹皆置權尚書，以處未應資格之人。其屬有侍郎二人，分左、右選。尚書左、右選各置郎中一人，侍郎左、右選各置郎中一人，司封、司勳、考功各一人。郎官分掌其事，而兼總於尚書。左選，掌考校京朝官以上殿最，敍其爵秩，擬內外任使而奏授之。分案十二：曰六品，曰七品，曰八品，曰九品，曰注擬，曰名籍，曰掌闕，曰催驅，曰甲庫，曰檢法，曰知雜，曰奏薦賞功司。吏額，主事一人，令史二人，書令史九人，守當官一十一人，正貼司一十六人，私名一十二人，楷書二人〔四〕，法司一人。官告院六部監門隸焉。右選，掌大使臣以上差注，材武人有格二十一，及破格出闕，較量功過，奏薦諸軍賞功。分案十：曰大夫，曰副使，曰修

武，曰注擬掌闕，曰奏薦賞功，曰開拆，曰名籍，曰甲庫，曰法司，曰知雜。吏額，主事一人，令史二人，書令史九人，守當官一十二人，正貼司八人，私名一十人，法司一人。紹熙三年，左司諫謝源明言：「乾道九年詔旨：『六部應承三省、密院批送勘當文字，並令本部郎官、長貳按法裁決可否，申上朝廷施行。』即不得持兩端。如或事有疑難，及生創無條例者，令長貳據所見申明將上取旨。乞明詔六曹遵守。」從之。

侍郎　分左右選：左選，掌文臣之未改官者。凡始命而未應參部者，皆試而後選。若應格，則具歲月歷任功罪及所舉官員數，同郎官引見於便殿，稟奏改官。右選，掌武臣之未升朝者。舊自供奉官以上。其職任自親民官至部隊將、監當官，皆掌其選授注擬之法。凡初仕而試不中等，及已入官而未應選者，皆勿注正闕。官制行，尙書、侍郎通治曹事，奏事則同班，惟吏部分領四選。大祭祀則舉玉幣置諸案，薦饌則進搏黍，進熟則執匏爵以授右丞，飲福則奉爵，視朝則執文武班簿對立，以待顧問。左選分案十五，置吏四十有三，右選分案八，置吏四十有七。紹興四年，吏部侍郎葉祖洽言：「侍郎左選，準元豐朝旨，類姓置簿。左右選理宜一體，右選亦乞置簿拘轄功過。」從之。建炎四年五月，詔六曹復置權侍郎，如元祐故事，滿二年爲眞。補外者除待制，未滿，除修撰。左選，掌承直郎以下擬注州府判司、諸縣令佐、監當及磨勘功過之事，分案十三。乾道裁減吏額，共置五十五人。右選，掌校副尉以上較試、擬官、行賞、換官，考其殿

最，分案十五。乾道裁減吏額，共置四十八人。舊制，吏部除侍郎二員，分典左、右選，總稱吏部侍郎。間命官兼攝，惟稱左選侍郎或右選而已。紹熙三年〔五〕，謝深甫、張叔椿兼攝，始有侍左侍郎、侍右侍郎之稱。既而林大中、沈揆擢貳尙書，則「侍左」「侍右」徑入除目，相承不改。

郎中　員外郎　尙左　尙右　侍左　侍右　舊主判二人，以朝官充。元豐官制行，置吏部郎中，主管尙書左、右選及侍郎左、右選各一員，參掌選事而分治之。凡郎官，並用知府資序以上人充，未及者爲員外郎。建炎四年，詔權攝、添差郎官並罷。初進擬，第云吏部郎官；及擬告身細銜，始直書尙書吏部郎中或員外郎，主管尙書某選，主管侍郎某選。紹興八年，呂希常以監六部門兼權侍右郎官。紹興三十一年，李端明正除尙右郎官，既而何俌、楊倓、費行之除吏部郎官，皆有侍左、侍右、尙左、尙右之稱。自此相承不改。淳熙十六年，光宗卽位，詔四選通差，用尙書顏師魯之請也。先是，乾道元年詔：「今後非曾任監司、守臣，不除郎官，著爲令。」自是館學、寺監臣〔六〕，拘礙資格，遷除不行。郎曹闕員，但得兼攝，旋卽外補；間有不次擢用者，則自二著躐升二史，以至從列。其自外召至爲郎，則資級已高，曾不數月，必序進卿、少，而郎有正員者益少矣。

司封郎中　員外郎　掌官封、敍贈、承襲之事。凡三師、三公以下至升朝官褒贈祖

考、母妻，親王、郡王、內外命婦以下保任宗屬、封爵諸親，皆因其位敍而爲之等。凡宗室當賜名訓，具抄擬官。凡庶姓孔氏、柴氏、折氏之後應承襲者，辨其嫡庶。列爵九等：曰王，曰郡王，曰國公，曰郡公，曰縣公，曰侯，曰伯，曰子，曰男。分國三等：大國二十七，次國二十，小國二百二十。內命婦之品五：曰貴妃、淑妃、德妃、賢妃，曰大儀、貴儀、淑儀、淑容、順儀、順容、婉儀、婉容、昭儀、昭容、昭媛、修儀、修容、修媛、充儀、充容、充媛，曰婕妤，曰美人，曰才人、貴人。外內命婦之號十有四〔七〕：曰大長公主，曰長公主，曰公主，曰郡主，曰縣主，曰國夫人，曰郡夫人，曰淑人，曰碩人，曰令人，曰恭人，曰宜人，曰安人，曰孺人。敍贈之制：三公、宰臣、執政、節度使三代，金紫、銀靑光祿大夫二代，餘官一代，皆辨其位序以進之。加食邑實封，則視其品之高下，以爲戶數多寡之節。凡事之可否，與司勳通決於長貳。分案三，設吏六。元祐元年，中書後省言：「臣僚封贈父母，依舊制命詞，太中大夫、觀察使以上用專詞，餘用海詞。」二年，詔：「父及嫡母存，不得請所生母封贈。所生母未封，亦不許先及其妻。」紹聖元年，詔：「宗室換授文官身亡者，通直郎以上贈三官。」元符元年，以元祐間封贈紊前制，詔並依元豐法。二年，詔：「寺監官雜壓在通直郎之上者，雖係宣教郎，遇大禮封贈。」政和二年，詔：「封母則隨所封五等，謂如封南陽縣開國男，則隨其爵稱南陽縣男令人，封魏國公，則稱魏國公夫人之類。應婦人不因夫、子得封號，謂命官非升朝而母年九十以上，或士庶人婦女年百歲，幷特旨若回授者。或因子

孫得封贈，其夫至升朝或非升朝應封贈者，並孺人。」宣和二年，臣僚言：「近年有京官任校書郎、正字者得封贈，今則監丞未升朝者亦乞依例，蓋緣監丞雜壓在校書郎之上，故引以爲請，甚無謂也。不獨此爾，又有小使臣偶因薄勞或磨勘轉官，遂乞回授封贈父母，實爲太濫。望降旨，今後封贈並依舊法，敢有擅更陳乞紊亂典章者，寘之典刑，庶幾僥倖者息而名分正矣。」從之。建炎以後並同。

司勳郎中　員外郎　參掌勳賞之事。凡勳級十有二：曰上柱國，正二品；曰柱國，從二品；曰上護軍，正三品；曰護軍，從三品；曰上輕車都尉，正四品；曰輕車都尉，從四品；曰上騎都尉，正五品；曰騎都尉，從五品；曰驍騎尉，正六品；曰飛騎尉，從六品；曰雲騎尉，正七品；曰武騎尉，從七品。率三歲一遷，必因其除授以加之。凡賞有格。若事應賞，從其所隸之司考實以報，則必審核其狀，以格覆之，謂之「有法酬賞」；非格所載，參酌輕重擬定，以上尙書省，謂之「無法酬賞」。若功賞未酬而賞格改易者，輕從舊格，重從新格。錄用前代帝系及勳臣之後，則考其族系而奉行其制命。分案四，置吏十有九。

元祐元年，吏部言：「諸色人援引徼求，入流太冗。應工匠伎藝之屬無法入官者，雖有勞績，並止比類支賜，未經酬獎者亦如之。」紹聖二年，戶部言：「元豐官制，司勳覆有法式酬賞，無法式者定之。元祐中，有法式者止令所屬勘驗，自後應干錢穀，本部指定關司勳，則是戶

部兼司勳之職，請依舊制。」從之。四年，應川峽人任本路差遣者，酬獎減半。政和四年，詔：「司勳行下所屬，將一司一路條制，參照酬獎格法，類集參用。」又詔以詳定國朝勳德臣僚職位姓名送吏部。用工部尚書鄭允中所編傳也。淳熙元年，復以司農寺丞范仲芭兼司勳，未幾改除，復省。隆興元年省併，以司封郎官兼領。裁減吏額，主事一人，令史一人，書令史四人，守當官三人，正貼司四人，私名三人。

考功郎中　員外郎　掌文武官選敍、磨勘、資任、考課之政令。凡命官，隨所隸遷，以其職事具注於曆〔八〕，給之於其屬州若司，歲書其功過。應升遷授者，驗曆按法而敍進之；有負殿，則正其罪罰。以七事考監司：一曰舉官當否，二曰勸課農桑、增墾田疇，三曰戶口增損，四曰興利除害，五曰事失案察，六曰較正刑獄，七曰盜賊多寡。以四善、三最考守令：德義有聞、清謹明著、公平可稱、恪勤匪懈為四善；獄訟無冤、催科不擾為治事之最，農桑墾殖、水利興修為勸課之最，屏除姦盜、人獲安處、振恤困窮、不致流移為撫養之最。通善、最分三等：五事為上，二事為中〔九〕，餘為下。若能否尤著，則別為優劣，以詔黜陟。凡內外官，計在官之日，滿一歲為一考，三考為一任。

磨勘之法，文選官之等四：銀青光祿大夫至朝議大夫，進士理八年，非進士理十年；通直郎至太中大夫充諫議大夫、待制以上職任者，理三年；朝散大夫至承務郎，理四年。武選官之等六：遙郡團練使刺史、閤門舍人轉左武、右武郎，理十年；武功大夫以下，理七年；橫行武德大夫以下至校尉，理五年；閤門祗候初補從義郎以下至承節郎、承信郎充隨行指使，理四年；承信郎以功補授及宗室觀察使以下祗應校尉，理三年；宗室承宣使以下祗應校尉，理二年。幕職州縣官之等三：進士第一、第二、第三名及第者，一任回改京官；自留守、府判官至縣令，理六考；自軍巡判官至縣尉，理七考。率以法計其歷任歲月、功過而序遷之。凡改服色者以年勞計之〔一〇〕。執政官、節度使、銀青光祿大夫以上應謚者，覆太常所定行狀，報尚書省官集議以聞。紹聖四年，河東提刑司徐君平奏：「乞凡將集議，前期三日，持考功狀徧示當議之官，使先紬繹而後集于都堂以詢之，庶幾有所見者得以自申，以稱朝廷博謀盡下之意。」從之。凡立碑碣名額之事，掌之。舊制，考課院其定殿最皆有考辭。元豐官制行，悉罷。分案十有七，置吏六十有八。

元祐三年，詔：「知州考課法，吏部上其事于尚書省，送中書省取旨賞罰。劣等應罰而已衝降者，仍從衝降法。縣令以下，本部專行。」六年，樞密院言：「元豐末，堂除知州軍三年為任，武任依此。元祐初，以成資為任，武臣未曾立法。」詔武臣任六等差遣，川廣成資，餘並三十箇月為任。建炎以後並同。應文武臣磨勘、關升、資任、較考，定其殿最，別其優劣，以詔黜陟予奪；沒則謚，審覆而參定之。凡特恩賜謚，命詞給告，餘給敕〔一一〕。分案十一：曰六品，曰七品，曰八品，曰曹掾，曰令丞，曰從義，曰成忠，曰資任，曰檢法，曰知雜，曰開拆。裁減吏額，主事二人，令史四人，書令史八人，守當官十三人，正貼司三人，私名一十人。淳熙十三年，再共減三人。

官告院　主管官一員，以京朝官充。舊制，提舉一人，以知制誥充；判院一人，以帶職京朝官充。掌吏、兵、勳、封官告，以給妃嬪、王公、文武品官、內外命婦及封贈者，各以本司告身印印之。文臣用吏部，武臣用兵部，王公及命婦用司封，加勳用司勳。官制行，四選皆用吏部印，惟蕃官則用兵部印記。凡綾紙幅數、褾軸名色，皆視其品之高下，應奏鈔畫聞者給之。令史十五人。

元豐五年，官制所重定制授敕授奏授告身式。從之。紹聖元年，吏部言：「元豐法，凡入品者給告身，無品者給黃牒。元祐中，以內外差遣并職事官本等內改易或再任者，並給黃牒，乃與無品人等。」詔：「今後帥臣、監司、待制以上知州，並給告，餘依舊。」三年，詔：「職事官監察御史以上因事罷，並給告。」元符元年，吏部言：「元祐法，小使臣只降宣箚，乞自承信郎而上依舊給告。」宣和元年，詔：「官告院立條，凡製造告身法物，應用綾錦，私輒放效織造及買販服用者，立賞許告。」

大抵官告之制，自乾德四年，詔定告身綾紙褾軸，其制闕略。咸平、景德中，兩加潤澤，至皇祐始備。神宗即位，循用皇祐舊格，逮元豐改制，名號雖異，品秩則同，故亦未遑別定。徽宗大觀初，乃著為新格，凡褾帶、網軸等飾，始加詳矣。

凡文武官綾紙五種，分十二等：

色背銷金花綾紙二等。一等一十八張，滴粉縷金花大犀軸，八荅暈錦褾韜，色帶。三公、三少、侍中、中書令用之。一等一十七張，滴粉縷金花中犀軸，天下樂錦褾犀軸〔一二〕，色帶。左右僕射、使相、王用之。

白背五色綾紙二等。一等一十七張，滴粉縷金花，翠毛獅子錦褾韜，玳瑁軸，色帶〔一三〕。知樞密院，兩省侍郎，尚書左、右丞，同知、簽書樞密院事，嗣王，郡王，特進，觀文殿大學士，太尉，東宮三少，冀、兗、青、徐、揚、荊、豫、梁、雍州牧，御史大夫，宗室節度使至率府副率之帶皇字者用之。一等一十七張，暈錦褾韜，玳瑁軸，色帶。觀文殿學士，資政殿大學士，六尚書，金紫光祿、銀青光祿、光祿大夫，左、右金吾衛，左、右衛上將軍，節度，承宣，觀察，並用之。

大綾紙四等。一等一十五張，暈錦褾，兩面撥花穗草大牙軸，色帶。宣奉、正奉大夫，翰林學士，資政、端明殿學士，龍圖、天章、寶文、顯謨、徽猷閣學士，左、右散騎常侍，御史中丞，開封尹，六曹侍郎，樞密直學士，龍圖、天章、寶文、顯謨、徽猷閣直學士，正議、通奉大夫，諸衛上將軍，太子賓客，詹事，侯，用之。一等十二張，法錦褾，兩面撥花細牙軸，色帶。給事中，中書舍人，通議大夫，司成，左、右諫議大夫，龍圖、天章、寶文、顯謨、徽猷閣待制，太中大夫，秘書、殿中監，伯，用之。一等一十張，法錦褾，撥花常使大牙軸，色帶。中大夫，七寺卿，京畿、三路轉運使，發運使，中奉、中散大夫，通侍大夫，樞密都承旨，祭酒，太常、宗正少卿，秘書、殿中少監，正侍、中侍大夫，入內內侍省、內侍省都知，諸州刺史，中亮、中衞大夫，防禦、團練使，太子左、右庶子，諸衞大將軍，駙馬都尉，典樂，子，用之。一等八張，盤毬錦褾，大牙軸，色帶。七寺少卿，朝議、奉直大夫，左、右司郎中，司業，開封少尹，少府、將作、軍器監，都水使者，拱衞大夫，太子詹事，左、右諭德，左武、右武大夫，入內內侍省、內侍省副都知，樞密承旨、副都承旨，諸房副承旨，起居郎、舍人，侍御史，左、右司員外郎，六曹郎中，朝請、朝散、朝奉大夫，京畿、三路轉運副使，諸路轉運使、副使，知上州，提舉三路保甲〔一四〕，入內內侍省、內侍省押班，武功至武翼大夫，開封左、右司錄事，蕃官使臣，殿中侍御史，左右司諫、正言，監察御史，和安大夫至翰林良醫，男，用之。內殿中侍御史、監察御史用九張，蕃官使臣用大錦褾，背帶〔一五〕，此其小異者也。

中綾紙二等。一等七張，中錦褾，中牙軸，青帶。諸司員外郎，朝請、朝散、朝奉郎，少府、將作、軍器少監，諸衞將軍，太子侍讀、侍講，中亮、中衞、左武、右武郎中，知下州，諸路提點刑獄，發運判官，提點鑄錢，承議郎，武功至武翼郎，太子中允、舍人，親王府翊善、贊讀、侍讀，符寶郎，太常、中正〔一六〕，秘書、殿中丞，六尚奉御，大理正，著作郎，通事舍人，太子諸率府率，直龍圖閣，開封府諸曹事，大晟府樂令，直秘閣，崇政殿說書，和安郎至翰林醫正，用之。一等六張，中錦褾，中牙軸，青帶。奉議郎，七寺丞，秘書郎，太常博士，著作佐郎，國子、少府、將作、軍器、都水監丞，國子博士，大理司直、評事，修武、敦武郎，通直郎，內常侍，轉運判官，提舉學士〔一七〕，諸州通判，御史

臺檢法官、主簿，九寺主簿，親王記室，閤門祗候，樞密院逐房副承旨，從義、秉義郎，太學、武學博士，開封諸曹掾，陵臺令，兩赤縣令，忠訓、忠翊郎，節度、防禦、團練副使，行軍司馬，太醫正，太史局令、正、丞、五官正，翰林醫官，辟廱博士，太子諸率府副率，用之。

小綾紙二等。一等五張，黃花錦褾，角軸，青帶。校書郎，正字，宣教郎，太常寺協律、奉禮郎，太祝，郊社、太官令，律學博士，國子、少府、將作、軍器、都水監主簿，宣義郎，保義、成忠郎，太學正、錄，律學，承事、承奉、承務、承信、承節郎，門下、中書省錄事，尚書省都事，三省、樞密院主事，辟廱正、錄，用之。一等五張，黃花錦褾，次等角軸，青帶。幕職，州縣官，三省樞密院令史、書史，流外官，諸州別駕、長史、司馬、文學，司士，助教，技術官，用之。

凡宮掖至外命婦羅紙七種，分十等：

遍地銷金龍五色羅紙二等。一等一十八張，韜帶，兩面銷金雲鳳褾，紅絲網子，金樣鈒花塗紛鐠，滴粉縷金花鳳大犀軸。大長公主、長公主、公主用之。一等一十七張，韜帶，兩面銷金雲鳳褾，紅絲網子，金樣鈒花塗紛鐠，滴粉縷金花鳳子中犀軸。貴儀、淑儀、淑容、順儀、順容、婉儀、婉容、內宰用之。

遍地銷金鳳子五色羅紙二等。一等一十五張，韜帶，銷金鳳子褾，紅絲網子，金塗銀紛鐠，滴粉縷金雲鳳玳瑁軸。昭儀、昭容、昭媛、修儀、修容、修媛、充儀、充容、充媛、副宰用之。一等一十二張，韜帶，銷金盤鳳褾，紅絲網子，金塗銀紛鐠，滴粉金雲鳳玳瑁軸。婕妤、才人、貴人、美人用之。

銷金團窠花五色羅紙二等。一等一十張，八荅暈錦褾韜，色帶，紫絲網子，銀紛鐠，滴粉縷金葵花玳瑁褾軸。尚儀，尚服，尚食，尚寢，尚功，宮正，內史，宰相曾祖母、祖母、母、妻，親王妻，用之。一等八張，翠色獅子錦褾韜，色帶，紫絲網子，銀紛鐠，滴粉縷金梔子花玳瑁軸。郡主，縣主，國夫人，內命婦，郡夫人，執政官祖母、母、妻，用之。

銷金大花五色羅紙一等。七張，雲鴈錦褾韜，色帶，紫絲網子，銀紛鐠，滴粉縷金玳瑁軸。寶林御女，采女，二十四司典掌，尚書省掌籍、掌樂，主管仙韶，用之。

金花五色羅紙一等。七張，法錦褾韜，色帶，紫絲網子，銀紛鐠，縷金玳瑁軸。郡夫人，郡君，宗室妻，朝奉大夫、遙郡刺史以上母妻，升朝官母，諸班直都虞候、指揮使、禁軍都虞候、軍都虞候、御前忠佐母，蕃官母妻，諸神廟夫人，用之。

五色素羅紙一等。七張，錦褾韜，色帶，紫絲網子，銀紛鐠，大牙軸。宗室女，升朝官妻，諸班直都虞候、指揮使、禁軍都虞候、軍都指揮使、忠佐妻，用之。

凡內外軍校封贈綾紙三種，分四等：

大綾紙二等。一等七張，法錦褾，大牙軸，青帶。遙郡刺史以上用之。一等七張，大錦褾，大牙軸，青帶。蕃方指揮使、御前忠佐馬步軍都副都軍頭〔一八〕、馬步軍都軍頭、蕃方馬步軍都指揮使用之。內帶遙郡者，法錦褾，色帶。

中綾紙一等。五張，中錦褾，中牙軸，青帶。都虞候以上諸班指揮使，御前忠佐馬步軍副都軍頭，蕃方馬步軍副都指揮使、都虞候，用之。內加至爵邑者，用大綾紙，大牙軸，大錦褾。

小綾紙一等。五張，黃花錦褾，次等角軸，青帶。諸軍指揮使以下用之。如加至爵邑者，同上。

凡封蠻夷酋長及蕃長綾紙兩種，各一等：

五色銷金花綾紙一等。一十八張，翠色獅子錦褾，法錦韜，紫絲網子，銀紛鐠，滴粉縷金牡丹花玳瑁軸，色帶。南平、占城、真臘、闍婆國王用之。

中綾紙一等。七張，法錦褾，中牙軸，青帶。蕃蠻官承襲、轉官用之。

大觀併歸尚書省，政和仍歸吏部。差主管官。建炎元年，詔：「文臣太中大夫、武臣正任觀察使及宗室南班官以上給告，以下並給敕。」三年，詔逐等依舊給告。紹興二年，詔：四品以下官及職事官監察御史以上，官告並用錦褾外，其餘官并封贈權用纈羅代充。十四年，始盡用錦。其後，又詔內外命婦、郡夫人以上，乃得用網袋及銷金，其餘則否。至二十六年，詔內外文武臣僚告敕，並依大觀格式製造。裁減吏額，共置二十九人。淳熙十三年，又減五人。

戶部　國初以天下財計歸之三司，本部無職掌，止置判部事一人，以兩制以上充，以

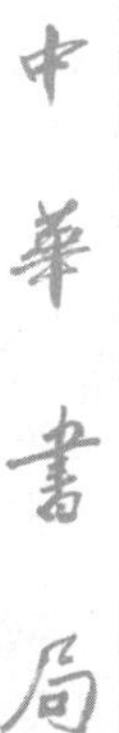

受天下上貢，元會陳于庭。元豐正官名，始並歸戶部。掌天下人戶、土地、錢穀之政令，貢賦、征役之事。以版籍考戶口之登耗，以稅賦持軍國之歲計，以土貢辨郡縣之物宜，以征榷抑兼并而佐調度，以孝義婚姻繼嗣之道和人心，以田務券責之理直民訟，凡此歸於左曹。以常平之法平豐凶、時斂散，以免役之法通貧富、均財力，以伍保之法聯比閭、察盜賊，以義倉振濟之法救饑饉、恤艱阸，以農田水利之政治荒廢、務稼穡，以坊場河渡之課酬勤勞、省科率，凡此歸於右曹。尙書置都拘轄司，總領內外財賦之數，凡錢穀帳籍，長貳選吏鈎考。其屬三：曰度支，曰金部，曰倉部。

熙寧中，以知樞密院陳升之、參知政事王安石制置條例，建官設屬，取三司條例看詳，具所行事付之。三年，罷歸中書，以常平、免役、農田、水利新法歸司農，以胄案歸軍器監，修造歸將作監，推勘公事歸大理寺，帳司、理欠司歸比部，衙司歸都官，坑冶歸虞部，而三司之權始分矣。元豐官制行，罷三司歸戶部左、右曹，而三司之名始泯矣。凡官十有三：尙書一人，侍郎二人，郎中、員外郎，左右曹各二人，度支、金部、倉部各二人。

元祐初，門下侍郎司馬光言：「天下錢穀之數，五曹各得支用，戶部不知出納見在，無以量入爲出。乞令尙書兼領左、右曹，錢穀財用事有散在五曹、寺監者，並歸戶部，使尙書周知其數，則利權歸一；若選用得人，則天下之財庶幾可理。」詔尙書省立法。三年，三省言：

「大理寺右治獄並罷，依三司舊例，戶部置推勘檢法官，治在京官司凡錢穀事，增置幹當公事二員。」紹聖元年，罷戶部幹當公事，置提舉、管幹官，復行免役、義倉，釐正左、右曹職，依元定官制。三年，右曹令侍郎專領，尙書不與。建中靖國元年，復幹當公事官二員。政和二年五月，詔依神宗官制，委右曹侍郎專主行常平，自今許本部直達奏裁。又詔依熙、豐舊制，本部置都拘轄司，總領戶、度、金、倉四部財賦。宣和六年，詔戶部辟官依元豐法。

尙書　侍郎　掌軍國用度，以周知其出入盈虛之數。凡州縣廢置，戶口登耗，則稽其版籍；若貢賦征稅，斂散移用，則會其數而頒其政令焉。凡四司所治之事，侍郎爲之貳，郎中、員外郎參領之，獨右曹事專隸所掌侍郎。若事屬本曹，郡縣監司不能直者，受其訟焉。大饗祀薦饌，則尙書奉俎，飮福則徹之。朝會則奏貢物。左曹分案五，置吏四十；右曹分案五，置吏五十有六。建炎兵興，嘗以知樞密院張慤提領措置戶部財用，後遷中書侍郎，仍兼之。五年[二九]，復以參知政事孟庾提領措置。後罷，專委戶部長貳。左曹分案三：曰戶口，掌凡諸路州縣戶口升降，民間立戶分財，科差人丁，典賣屋業，陳告戶絕，索取妻男之訟。曰農田，掌農田及田訟務限，奏豐稔，驗水旱蟲蝗，勸課農桑，請佃地土，令佐任滿賞罰，繳奏諸州雨雪，檢按災傷逃絕人戶。曰檢法，掌凡本部檢法之事，設科有三：曰二稅，掌受納、驅磨、隱匿、支移、折變。曰房地，掌諸州樓店務房廊課利，僧道免丁錢及土貢獻物。曰課利，掌諸軍酒課，比較增虧，知、通等職位姓名，人戶買撲鹽場酒務租額[三〇]酒息，賣田投納牙契。外有開拆、知雜司。右曹分案六：曰常平，掌常平、農田水利及義倉振濟，戶絕田產，居養鰥、寡、孤、獨之事。曰免役，曰坊場，曰平準，各隨其名而任其事。曰檢法，曰知雜。裁減吏額，左曹四十人，右曹三十人。淳熙十年，詔左藏南庫撥隸戶部。舊制，戶部侍郎二員，中興初，止除長貳各一員，或止除尙書若侍郎一員。紹興四年七月，詔戶部侍郎二員，通治左、右曹，自此相承不改。

郎中　左曹　右曹　員外郎　掌分曹治事。建炎三年，詔省併郎曹，惟戶部五司以職事煩劇不併，仍各置一員。紹興中，專置提舉帳司，總天下帳狀，以戶部左曹郎官兼之。右曹歲具常平錢物總數，每秋季具册以聞。初置主管左、右曹，總稱戶部郎官。紹興七年，閻彥昭以太府寺丞兼左曹郎官。紹興三十二年，徐康正除左曹郎官，自是相承不改。是年，又詔：「戶部事有可疑難裁決者，許長貳與衆郎官聚議，文字皆令連書，有定議，然後付本曹行遣。」

度支郎中　員外郎　參掌計度軍國之用，量貢賦稅租之入以爲出。凡軍須邊備，會其盈虛而通其有無。若中外祿賜及大禮賞給，皆前期以辦。歲終，則會諸路財用出入之數

奏于上，而以其副申尙書省。凡小事則擬畫，大事諮其長貳；應申請更改舉行勘審者，則先檢詳供具。分案六，置吏五十有一。凡上供有額，封樁有數，科買有期，皆掌之。有所漕運，則計程而給其直。凡內外支供及奉給驛券，賞賜衣物錢帛，先期擬度，時而予之。分案五：曰度支，曰發運，曰支供，曰賞賜，曰知雜。乾道四年，置會稽都籍，度支掌之。裁減吏額，置五十人。淳熙十三年，又減四人。

金部郎中　員外郎　參掌天下給納之泉幣[三一]，計其歲之所輸，歸于受藏之府，以待邦國之用。勾考平準、市舶、榷易、商稅、香茶、鹽礬之數，以周知其登耗，視歲額增虧而爲之賞罰。凡綱運濡滯及負折者，計程帳催理。凡造度、量、權、衡，則頒其法式。合同取索及奉給、時賜，審覆而供給之。分案六：曰左藏，曰右藏，曰錢帛，曰榷易，曰請給，曰知雜。裁減吏額，共置六十人。淳熙十三年，又減四人。

倉部郎中　員外郎　參掌國之倉庾儲積及其給受之事。凡諸路收糴折納，以時舉行；漕運上供封樁，以時催理；應供輸中都而有登耗，則比較以聞。歲以應用芻粟前期報度支，均定支移、折變之數。其在河北、陝西、河東路者，書其所支歲月，季一會之。若內外倉場帳籍供申愆期，則以法究治。分案六，置吏二十有四。元祐元年四月，省郎官一員，十月復置。分案六：曰倉場[三二]，曰上供，曰糶糴，曰給納，曰知雜，曰開拆。建炎三年，罷司農

寺歸倉部。紹興四年復舊。裁減吏額，共置二十五人，續又減二人。

禮部　掌國之禮樂、祭祀、朝會、宴饗、學校、貢舉之政令。祭之名有三：天神曰祀，地祇曰祭，宗廟曰饗。又有大祀、中祀、小祀之別。幣玉、牲牢、器服，各從其等。凡雅樂，以六律、六同合陰陽之聲爲樂律，金、石、絲、竹、匏、土、革、木爲樂器，宮架八佾，特架六佾，分武文先後之序爲樂舞，其所歌爲樂章。若有事於南北郊、明堂，籍田、禘祫太廟，薦享景靈宮，酌獻陵園，及行朝貢、慶賀、宴樂之禮，前期飭有司辦具，閱所定儀注，以舊章參考其當否，上尚書省；册寶及封册命禮亦如之。凡禮樂制度有所損益，小事則同太常寺，大事則集侍從官、祕書省長貳或百官，議定以聞。凡天下選士，具注於籍；三歲貢舉，與夫學校試補三舍生。掌后妃、親王以下推恩，公主下嫁〔三〕，宗室冠、婚、喪、葬之制，及賜旌節、章服、冠帔、門戟，旌表孝行之法。若印記、圖書、表疏之事，皆掌焉。大祥瑞，則朝參官以上詣閤門表賀，餘於歲終條奏。

舊屬禮儀院，判院一人，以樞密院使、參知政事充；知院，以諸司三品以上充。主吏無定數，擇三司京朝百司胥史充。禮部止設判部一人，掌科舉，補奏太廟郊社齋郎、室長、掌

坐〔四〕，都省集議，百官謝賀章表，諸州申祥瑞，出入內外牌印之事。兼領貢院，掌受諸州解發進士、諸科名籍及其家保狀、文卷，考驗戶籍、舉數、年齒而藏之。若朝廷遣官知舉，則主判官罷，事畢，以知舉官卑者一員主判。元豐官制行，悉歸禮部。其屬三：曰祠部，曰主客，曰膳部。設官十：尚書、侍郎各一人，郎中、員外郎四司各一人。元祐初，省祠部郎官一員，以主客兼膳部。紹聖改元，主客、膳部互置郎官兼領。建炎以後並同。

尚書　掌禮樂、祭祀、朝會、宴享、學校、貢舉之政令，侍郎爲之貳，郎中、員外郎參領之。凡講議制度，損益儀物，則審覆有司所定之式，以次諸決，而質於尚書省。大祭祀則省牲，鼎鑊視滌濯，薦腥則奉籩豆、簠簋，及飲福徹之，祼則奉瓚臨鬯。凡天地、宗廟、陵園之祀，后妃、親王、將相封册之命，皇子加封，公主降嫁，稽其彝章以詔上下而舉行之。朝廷慶會宴樂，宗室冠、婚、喪、祭，蕃使去來宴賜，與夫經筵、史館、賜書、修書之禮，例皆同奉常講求參酌，而定其儀節。三歲貢舉，學校試補諸生，皆總其政。旌節章服之頒，祥瑞表奏之進，凡關於禮樂者，皆掌之。建炎三年，詔鴻臚、光祿寺併歸于禮部，太常、國子監亦隸焉。分案五：曰禮樂，曰貢舉，曰宗正奉使帳，曰封册表奏，曰檢法。各隨其名而治其事。裁減吏額，四十五人。續又減四人。

侍郎　奏中嚴外辦，同省牲及視饌腥熟之節；祼，受瓚奉槃。歲祀昊天上帝，祭皇地祇，與尚書迭爲亞獻。祭太社、太稷、神州地祇，則迭爲初獻。祀九宮貴神、五帝、感生帝、朝日、夕月、蜡祭東西方亦如之。大朝會，則尚書奏藩國貢物。凡慶賀若謝，則郎中、員外郎分撰表文。祠事，與太常少卿、祠部官迭爲終獻或亞獻。親郊，自景靈宮朝獻、太廟朝享至望燎禮畢，乘輿還內，皆奏解嚴。分案十，置吏三十有五。南渡，諸曹長貳互置。紹興七年，禮部置侍郎二員。隆興元年，詔：「除尚書不常置外，禮部侍郎置一員。」

郎中　員外郎　元豐，郎官、員外郎參領禮樂、祭祀、朝會、宴享、學校、貢舉之事。有所損益，則審訂以次諸決。凡慶會若謝，掌撰表文。與祠部、主客、膳部並列爲四。建炎三年，併省郎曹，禮部領主客，祠部領膳部。隆興元年，復詔禮部、祠部一員兼領，自是併行四司之事矣。通置吏五十四人。

祠部郎中　員外郎　掌天下祀典、道釋、祠廟、醫藥之政令。月奏祠祭、國忌、休暇之日。每歲大祀、忌日，大忌前一日，皆不坐。元日、冬至、寒食假各七日。天慶、先天、降聖節各五日。誕聖節、正七月望、夏至、臘各三日。天祺、天貺節、人日、中和、二社、上巳、端午、三伏、七夕、授衣、重九、四立、春秋分及每旬假各一日。若神祠封進爵號，則覆太常所定以上尚書省。凡宮觀、寺院道釋，籍其名額，應給度牒，若空名者毋越常數。初補醫

生，令有司試藝業，歲終校全失而賞罰之。分案五，置吏二十有一。

主客郎中　員外郎　掌以賓禮待四夷之朝貢。凡郊勞、授館、宴設、賜予，辨其等而以式頒之。至則圖其衣冠，書其山川風俗。有封爵禮命，則承詔頒付。掌嵩、慶、懿陵祭享，崇義公承襲之事。分案四，置吏七。元祐六年七月，兵部言：「兵部格，掌蕃夷官授官；主客令，蕃國進奉人陳乞轉授官職者取裁。即舊應除轉官者，報所屬看詳。舊來無例，創有陳乞，曹部職掌未一，久遠互失參驗，自今不以曾未貢及例有無，應緣進奉人陳乞，授官加恩，令主客關報兵部。」從之。

膳部郎中　員外郎　掌牲牢、酒醴、膳羞之事。凡所用物，前期計度，以關度支。若祭祀、朝會、宴享，則同光祿寺官視其善否，酒成則嘗而後進。季冬命藏冰，春分啓之，以待供賜。分案七，置吏九。

兵部　掌兵衞、儀仗、鹵簿、武舉、民兵、廂軍、土軍、蕃軍，四夷官封承襲之事，輿馬、器械之政，天下地土之圖。凡儀衞，大朝會用黃麾大仗；文德殿視朝及册命王公大臣，用黃麾半仗；紫宸殿受外國使朝，用黃麾角仗；文德殿發册，用黃麾細仗。鹵簿有大駕、法駕、小駕，皆掌其數及行列先後之儀，爲圖以授有司。凡武選之制，做貢舉之法。凡聯其什

伍而教之以戰爲民兵〔三五〕，材不中禁衞而足以執役爲廂軍，就其鄉井募以禦盜爲土軍，以老疾而裁其功力之半爲剩員。團結以禦戎爲洞丁，爲義軍、弩手；屬羌分隸邊將爲蕃兵。籍其名數而頒其禁令。大將出征，奏捷則告于廟，破賊則露布以聞。凡招置廂、禁軍及州郡屯營，三衙遷補，守戍軍吏轉補，文武官白直、宣借，皆掌之。其屬三：曰職方，曰駕部，曰庫部。舊判部事一人，以兩制充。掌三駕儀仗、鹵簿圖、春秋釋奠武成王廟及武舉，歲終以義軍、弓箭手戶數上于朝。國初，掌千牛備身，殿中省進馬籍。元豐設官十，尚書、侍郎各一，四司郎中、員外郎各一。元祐初，省駕部郎中一員，以職方兼庫部。紹興改元，詔職方、庫部互置郎官一員兼。

尚書　掌兵衞、武選、車輦、甲械、廐牧之政令。以天下郡縣之圖而周知其地域。凡陳鹵簿，設仗衞，飭官吏整肅，蕃夷除授，奉行其制命。凡軍兵以名籍統隸者，閱習按試，遷募遷補，及武舉、校試之事，皆總之。侍郎爲之貳，郎中、員外郎參掌之。大禮，則尚書充鹵簿使；大祀，奉魚牲及俎；視朝，則侍郎執班簿對立；小祀，則郎中、員外郎薦俎幷徹。分案九，置吏四十有七。凡蕃夷屬戶授官、封襲之事皆掌之。建炎三年，併衞尉寺隸焉。分案十：曰賞功，曰民兵衞，曰廂兵，曰人從看詳，曰帳籍告身，曰武舉，曰蕃官，曰開拆，曰

知雜，曰檢法。乾道裁減吏額，共置三十人。續詔：「將下班祗應幷進義校尉、守闕進義副尉、進武校尉、守闕進武副尉並隸兵部，許於殿前司抽差下班祗應，文字人吏六名，赴部行遣。」

侍郎　掌貳尚書之事。南渡，長貳互置，續置侍郎二員，紹興常置一員〔三六〕。

郎中　員外郎　參掌本部長貳之事。建炎三年，詔兵部兼職方，駕部兼庫部。隆興元年，詔駕部、兵部郎官共一員兼領，自是四司合爲一矣。厥後間或並置，若從軍或將命于外，則假以爲寵焉。

職方郎中　員外郎　掌天下圖籍，以周知方域之廣袤，及郡邑、鎮砦道里之遠近。凡土地所產，風俗所尚，具古今興廢之因，州爲之籍，遇閏歲造圖以進。四夷歸附，則分隸諸州，度田屋錢糧之數以給之。分案三，置吏五。舊判司事一人，以無職事朝官充，掌受閏年圖經。國初，令天下每閏年造圖納儀鸞司。淳化四年，令再閏一造；咸平四年，令上職方。轉運畫本路諸州圖，十年一上。紹熙三年，職方、駕部吏額通入兵部、庫部，併作四十二人。

駕部郎中　員外郎　掌輿輦、車馬、驛置、廐牧之事。大禮，戒有司具五輅。凡奉使之官赴闕，視其職治給馬如格。官文書則量其遲速以附步馬急遞。總內外監牧，籍其租入多寡、孳產登耗。凡市馬於四夷者，溢歲額則賞之。分案六，置吏十有三。建炎三年，併太僕寺隸焉。

庫部郎中　員外郎　掌鹵簿、儀仗、戎器、供帳之事，國之武庫隸焉。凡內外甲仗器械，造作繕修，皆有法式。若御大慶、文德殿，應用鹵簿名數，前期以戒有司。祭祀、喪葬，則給以等差。總衞尉寺金吾仗司兵匠之數，考其功罪、歲月而以法升降之。分案四，置吏九。

刑部　掌刑法、獄訟、奏讞、赦宥、敍復之事。凡斷獄本於律，律所不該，以敕、令、格、式定之。凡律之名十有二：曰名例，曰禁衞，曰職制，曰戶婚，曰廐庫，曰擅興，曰盜賊，曰鬥訟，曰詐僞，曰雜律，曰捕亡，曰斷獄。禁於未然之謂令，施於已然之謂敕，設於此而使彼至之之謂格，設於此而使彼效之之謂式。其一司一路海行所不該者，折而爲專法。若情可矜憫而法不中情者讞之，皆閱其案狀，傳例擬進。應詔獄及案劾命官，追命姦盜，以程督之。審覆京都辟囚，在外已論決者，摘案檢察。凡大理、開封、殿前馬步司獄，糾正其當否；有辯訴，以情法與奪、赦宥、降放、敍雪。若命官牽復，則以朞數定之。其屬三：曰都

官，曰比部，曰司門。設官十有三〔三七〕：尚書一人，侍郎二人；郎中、員外郎，刑部各二人，都官、比部、司門各一人。

國初，以刑部覆大辟案。淳化二年，增置審刑院，知院事一人，以郎官以上至兩省充，詳議官以京朝官充，掌詳讞大理所斷案牘而奏之。凡獄具上，先經大理，斷讞既定，報審刑，然後知院與詳議官定成文草，奏記上中書，中書以奏天子論決。大中祥符二年〔三八〕，置糾察刑獄司，糾察官二人，以兩制以上充。凡在京刑禁，徒以上即時以報；若理有未盡或置淹恤，追覆其案，詳正而駁奏之。凡大辟，皆錄問。熙寧三年，詔：「詳議、詳斷、詳覆官〔三九〕，初入以三年爲任，次以三十月爲任，欲出者聽前任滿半年指闕注官，滿三任者堂除。」八年，罷詳議、詳斷官親書節案，止令節略付吏〔四〇〕，仍減議官一、斷官二。元豐二年，知院安燾言：「天下奏案，益多於往時。自熙寧八年減議官、斷官，力既不足，故事多疎謬。」增詳議官一，刑部增詳斷官一。三年八月，詔：「省審刑院歸刑部。以知院官判刑部，掌詳議、詳覆司事。刑部主判官爲同判刑部，掌詳斷司事，審刑議官爲刑部詳議官。」官制行，悉罷歸刑部。

元祐元年，省比部郎官一員，以都官兼司門。五月，三省言：「舊制，糾察在京刑獄以察違慢，自罷歸刑部，無復申明糾舉之制，請以御史臺刑察兼領。其御史臺刑獄，令尚書省右

司糾察。」從之。刑部舊有詳覆案，自官制行，歸諸路提刑司，至是復置。四年，併制勘、體量爲一案〔三〕。紹聖元年，詔都官、司門互置郎官一員。崇寧二年十二月，詔：「刑部尚書通治左右曹，侍郎一治左曹，一治右曹，如獨員，即通治，餘並依官制格令。」

尚書　掌天下刑獄之政令。凡麗于法者，審其輕重，平其枉直，而侍郎爲之貳。應定奪、審覆、除雪、敍復、移放，則尚書專領之；制勘、體量、奏讞、糾察、錄問，則長貳治之；而郎中、員外郎分掌其事。有司更定條法，則覆議其當否。凡聽訟獄或輕重失中，有能駮正，詔其賞罰。若頒赦宥，則糾官吏之稽違者；大祀，則尚書涖誓，薦熟則奉牲；大禮肆赦，則侍郎授赦書付有司宣讀，承旨釋囚。分案十二，置吏五十有二。紹興後，分案十三：曰制勘，掌凡根勘諸路公事；曰體量，掌凡體究之事；曰定奪，掌訴雪除落過名；曰舉敍，掌命官敍復；曰糾察，掌審問大辟；曰檢法，掌供檢條法；曰頒降，掌頒條法降赦；曰追毀，掌斷罰追毀宣敕；曰會問，掌批會過犯；曰詳覆，掌諸路大辟帳狀；曰捕盜；曰帳籍，掌行在庫務、理欠帳籍；曰進擬，掌進斷案刑名文書。裁減吏額，置三十五人。

侍郎　舊制，應定奪、審覆、除雪、敍復、移放，尚書專領之。若制勘、體量、奏讞、糾察、錄問，長貳通治之。南渡，長貳互置。隆興常置一員。淳熙十六年，依崇寧專法，奏獄

及法令事，請大理寺官赴部共議之，用侍郎吳博古之說也。

郎中　員外郎　各二人，分左右廳，掌詳覆、敍雪之事。建炎三年，刑部郎官以二員爲額，關掌職事，初無分異。紹興二十六年，詔依元豐舊法，分廳治事。先是右司汪應辰言：「刑部郎官分爲左右，左以詳覆，右以敍雪，同僚異事，祖宗有深意。倘初無分異，則有不當于理者，孰爲追改？乞遵用舊制，要使官各有守，人各有見，參而用之，以稱欽恤之意。」從之，仍令今後倣此。

都官郎中　員外郎　掌徒流、配隸。凡天下役人與在京百司吏職皆有籍，以攷其役放及增損廢置之數。若定差副尉，舊爲軍大將。則計其所歷，而以役之輕重均其勞逸，給印紙書其功過，展減磨勘歲月。元祐八年，以綱運差使關歸吏部，省副尉員三百。紹聖間，復其額，及元豐押綱法，歸都官。崇寧二年二月，復配隸案。先是，元豐中，都官有吏籍、配隸案，元祐中，罷之。因刑部有請，乃詔如舊。六月，侍郎劉賡奏：「副尉差遣有立定優重等第，都官條雖特旨亦許執奏，乞申嚴其禁。」從之。分案四，置吏十有八。建炎三年，詔比部兼司門。隆興元年，詔都官、比部共置一員。自此都官兼比部、司門之事。分案五：曰差攽，曰磨勘，曰吏籍，曰配隸，曰知雜，各因其名而治其事。裁減吏額，置十二人。淳熙十三年，減三人。

比部郎中　員外郎　掌勾覆中外帳籍。凡場務、倉庫出納在官之物，皆月計、季考、歲會，從所隸監司檢察以上比部，至則審覆其多寡登耗之數，有陷失，則理納。鈎考百司經費，有隱昧，則會問同否而理其侵負。舊帳案隸三司，自治平中至熙寧初，凡四年帳未鈎考者已踰十有二萬，錢帛、芻粟積壓不可勝計。五年十一月，曾布奏，以四方財賦當有簿書文籍，以鈎考其給納登耗多寡。遂置提舉帳司，選人吏二百人，驅磨天下帳籍，并選官吏審覆。七年二月，詔帳司每歲具天下財用日出入數以聞。元豐初年，詔：「諸路財賦出入，自今三年一供，著爲令。」官制行，釐其事歸比部。元祐元年七月，用司馬光奏，悉總於戶部。三年，釐正倉部，勾覆、理欠、憑由案及印發鈔引事歸比部。政和六年，詔：「寺監先期檢舉，如庫務監官所造文帳委無未備，方許批書，違者御史臺奏劾。」用郎官梅執禮之請也。分案五，置吏百有一。建炎以後，或以都官兼比部、司門之事。

司門郎中　員外郎　掌門關、津梁、道路之禁令，及其廢置移復之事。應官吏、軍民、輦道商販，譏察其冒僞違縱者。凡諸門啓閉之節及關梁餘禁，以時舉行。分案二，置吏五。

工部　掌天下城郭、宮室、舟車、器械、符印、錢幣、山澤、苑囿、河渠之政。凡營繕，歲計所用財物，關度支和市；其工料，則飭少府、將作監檢計其所用多寡之數。凡百工，其役有程，而善否則有賞罰。兵匠有闕，則隨以緩急招募。籍坑冶歲入之數，若改用錢寶，先具模製進御請書。造度、量、權、衡則關金部。印記則關禮部。凡道路、津梁，以時修治。舊制，判部事一人，以兩制以上充。元豐並歸工部。其屬三：曰屯田，曰虞部，曰水部。設官十。尚書、侍郎各一人，工部、屯田、虞部、水部郎中員外郎各一人。元祐元年，省水部郎官一員。紹聖元年，詔屯田、虞部互置郎官一員兼領。

尚書　掌百工水土之政令，稽其功緒以詔賞罰。總四司之事，侍郎爲之貳。若制作、營繕、計置、採伐所用財物，按其程式以授有司，郎中、員外郎參掌之。應官吏、兵民緣本曹事有功賞罪罰，則審實以上尚書省。大祭祀，則尚書薦俎與徹。若諸監鼓鑄錢寶，按年額而課其數，因其登耗以詔賞罰。凡車輦、飭器、印記之造，則少府監、文思院隸焉。甲兵器械之制，則軍器所隸焉。有合支物料工價，則申于朝，以屬戶部。建炎併將作、少府、軍器監並歸工部。是時，營繕未遑，惟戎器方急。紹興二年，詔於行在別置作院造器甲，令工部長貳提點，郎官逐旬點檢。少府監既歸工部，文思院上下界監官並從本部辟差。又詔御前

二十四史

中華書局

軍器所隸工部，自是營造稍廣。宰臣議：「戶部以給財爲務，工部以辦事爲能，誠非一體。」欲令戶、工部兼領其事，卒未能合。隆興以後，宮室、器甲之造寖稀，且各分職掌，部務益簡，特提其綱要焉。分案六：曰工作，曰營造，曰材料，曰兵匠，曰檢法，曰知雜。又專立一案，以御前軍器案爲名。裁減吏額，共置四十二人。

侍郎　掌貳尚書之事。南渡初，長貳互置，隆興詔各置一員。

郎中　員外郎　舊制，凡制作、營繕、計置、採伐材物，按程式以授有司，則參掌之。建炎三年，詔：「工部郎官兼虞部，屯田郎官兼水部。」隆興元年，詔工部、屯田共一員兼領，自此四司合爲一矣。淳熙九年，以趙公廙爲屯田員外郎，自是不復省。

屯田郎中　員外郎　掌屯田、營田、職田、學田、官莊之政令，及其租入、種刈、興修、給納之事。凡塘濼以時增減，堤堰以時修葺，并有司修葺種植之事，以賞罰詔其長貳而行之。分案三，置吏八。

虞部郎中　員外郎　掌山澤、苑囿、場冶之事，辨其地產而爲之厲禁。凡金、銀、銅、鐵、鉛、錫、鹽、礬，皆計其所入登耗以詔賞罰。分案四，置吏七。

水部郎中　員外郎　掌溝洫、津梁、舟楫、漕運之事。凡堤防決溢，疏導壅底，以時約束而計度其歲用之物。修治不如法者，罰之；規畫措置爲民利者，賞之。分案六，置吏

十有三。紹興累減吏額，四司通置三十三人。

軍器所隸工部。　提點官二員，紹興三十二年，詔於邊臣內差。提轄、監造官各二員，幹辦、受給、監門官各一員。掌鳩工聚材，製造戎器之政令。舊就軍器監置，別差提舉官，以內侍領之。紹興中，改隸工部，罷提舉官，日輪工部郎官、軍器監官前去本所點驗監視；後復以中人典領。工部侍郎黃中以爲言，請復隸屬。從之。孝宗卽位，有旨增置提點官，以內省都知李綽爲之，改稱提舉，免隸工部。後以御史張震力爭，復隸工部。後改隸步軍司，尋復舊。紹熙元年，減省員額，如上制。

文思院隸工部。　提轄官一員，監官三員，內侍一員，文臣京朝官充。監門官一員。掌金銀、犀玉工巧及采繪、裝鈿之飾。凡儀物、器仗、權量、輿服所以供上方、給百司者，於是出焉。沿革附見榷貨務都茶場提轄官。

六部監門　六部監門官一員，掌司門鑰。紹興二年置。選升朝文臣有才力人充，仍令六部踏逐奏差。序位、請給依寺、監丞，郎官有闕得兼之。初從吏部尚書沈與求之請也。

主管架閣庫　掌儲藏帳籍文案以備用。擇選人有時望者爲之。舊有管幹架閣庫官，宣和罷之，紹興十五年復置，吏、戶部各差一員，禮、兵部共差一員，刑、工部共差一員，以主管尚書某部架閣庫爲名，從大理寺丞周林請也。嘉定八年，又置三省、樞密院架閣官。

校勘記

〔一〕侍郎一人　按下文和宋會要職官八之一、八之五，元豐改制前和改制後，侍郎都是二人。

〔二〕開封府推官者　合璧事類後集卷二六作「開封府推、判官」，章如愚羣書考索後集卷七同，按本書卷一六六職官志「開封府」條：「其屬有判官、推官四人。」疑此處脫「判」字。

〔三〕賜勳有給　按合璧事類後集卷二七作「賜勳有級」，從文義看，當以作「級」字爲是。

〔四〕楷書二人　宋會要職官一一之五五、選舉二三之一八都作「楷書三人」，疑志文「二」爲「三」字之誤。

〔五〕紹熙三年　「紹熙」原作「紹興」，據本書卷三九四謝深甫傳、通考卷五二職官考改。

〔六〕自是館學寺監臣　「臣」，通考卷五二職官考作「丞」，疑是。

〔七〕外內命婦之號十有四　按宋會要職官九之一七，內命婦之品五，與文全同；外命婦之號九，自

「郡夫人」而下爲「郡君」、「縣君」。又據蔡絛鐵圍山叢談卷一，政和三年後「改郡、縣君號爲七等，郡君者爲淑人、碩人、令人、恭人，縣君者室人、安人、孺人，俄又避太室之目，改室人曰宜人」。與志文所列十四命婦之號正同，可知自大長公主以下，是外命婦之號，此處「內」字蓋涉上文而衍。

〔八〕以其職事具注於曆　「具注」原作「其法」，據宋會要職官一〇之二〇、合璧事類後集卷二七改。

〔九〕二事爲中　按宋會要職官一〇之二一作「三事爲中」，疑此處「二」爲「三」字之誤。

〔一〇〕凡改服色者以年勞計之　「年勞」二字原倒，據合璧事類後集卷二七、通考卷五二職官考乙正。

〔一一〕餘給敕　「餘」原作「除」，據宋會要禮五八之六改。

〔一二〕天下樂錦褾犀軸　按「犀軸」二字疑衍，或爲「韜」字之誤。

〔一三〕滴粉縷金花翠毛獅子錦褾韜玳瑁軸色帶　按下文有「滴粉縷金牡丹花玳瑁軸」等，疑此處「滴粉縷金花」係「玳瑁軸」定語，應相屬爲文。

〔一四〕提舉三路保甲　「甲」原作「中」。按本書卷一六七職官志「提舉保甲司」條，「元豐初，置于開封府界，遂下其法河北、河東、陝西三路，既而悉置提舉官如府界焉」。此處所云當指此三路保甲，「中」蓋「甲」字之訛，據改。

〔一五〕審官使臣用大錦褾背帶　按下文所記有「青帶」，宋會要職官一一之六一、一一之六二也記有

中華書局

「青帶」，不見有「背帶」，疑此處「背」爲「青」字之誤。

〔一六〕中正　按本書職官志無「中正丞」，而有宗正寺，有丞，此處「中正」當爲「宗正」之誤。

〔一七〕提舉學士　按本書卷一六七職官志有提舉學事司，此處「學士」當是「學事」之誤。

〔一八〕御前忠佐馬步軍都副都軍頭　「御」下原衍「史」字。按下文作「御前忠佐」，宋會要職官三六之七七，端拱二年「改軍頭司爲御前忠佐軍頭司」，據刪。

〔一九〕五年　據本書卷二八高宗紀、繫年要錄卷八六，以孟庾提領措置財用，事在紹興五年。此處失書紀元。

〔二〇〕租額　原作「祖額」，據宋會要食貨五六之四一、通考卷五二職官考改。

〔二一〕參掌天下給納之泉幣　合璧事類後集卷二八、羣書考索後集卷八均作「參掌給納天下之泉幣」，當是。

〔二二〕倉場　「倉」原作「會」，據上文及合璧事類後集卷二八、羣書考索後集卷八改。

〔二三〕公主下嫁　原作「公主以下嫁」。按下文作「公主降嫁」，宋會要職官一三之二、合璧事類後集卷二九作「公主下嫁」，均無「以」字。「以」字衍，據刪。

〔二四〕補奏太廟郊社齋郎室長掌坐　「長掌」，二字原倒，據宋會要職官一三之一、二二之二〇乙正。

〔二五〕凡聯其什伍而教之以戰爲民兵　「凡」原作「先」，據宋會要職官一四之二、合璧事類後集卷

三〇改。

〔二六〕紹興常置一員　「紹興」，通考卷五二職官考作「隆興」。按宋會要職官一四之八，隆興元年「詔六部長貳除尚書不常置外，置兵部侍郎一員」。此處「紹興」疑爲「隆興」之誤。

〔二七〕設官十有三　「三」原作「一」。按下文所列人數，設官應是十三人，宋會要職官十五之六正作「凡官十有三」。「一」字誤，據改。

〔二八〕大中祥符二年　「二年」原作「三年」，據本書卷七眞宗紀、宋會要職官一五之五、長編卷七二改。

〔二九〕詳議詳斷詳覆官　「詳斷」原作「評斷」，據下文和宋會要職官一五之七改。

〔三〇〕止令節略付吏　「令」原作「合」，據宋會要職官一五之八、長編卷二六七改。

〔三一〕併制勘體量爲一案　「體」字原脫，據下文和宋會要職官一五之一三、一五之一四，長編卷四三四補。

宋史卷一百六十四

志第一百一十七

職官四

御史臺　祕書省　殿中省　太常寺　宗正寺　大宗正司附
光祿寺　衞尉寺　太僕寺

御史臺　掌糾察官邪，肅正綱紀。大事則廷辨，小事則奏彈。其屬有三院：一曰臺院，侍御史隸焉；二曰殿院，殿中侍御史隸焉；三曰察院，監察御史隸焉。凡祭祀、朝會，則率其屬正百官之班序。咸平四年，以御史二人充左右巡使，分糾不如法者。文官，右巡主之，武官，左巡主之；分其職掌，糾其違失，常參班簿、祿料、假告皆主之。祭祀則兼監祭使，掌受誓戒致齋，檢視糾劾。又有廊下使，專掌入閤監食；又有監香使，掌國忌行香，二

使臨時充。通稱曰五使。元豐正官名，於是使名悉罷。

御史大夫　宋初不除正員，止爲加官。檢校官帶憲銜，有至檢校御史大夫者。元豐官制行，亦並除去。

中丞　一人，爲臺長，舊兼理檢使。凡除中丞而官未至者，皆除右諫議大夫權。熙寧五年，以知雜御史鄧綰爲中丞，初除諫議大夫，王安石言礙近制，止以綰爲龍圖閣待制權，御史中丞不遷諫議大夫自綰始。九年，鄧潤甫自正言知制誥爲中丞，以宰相屬官不可長憲府，於是復遷右諫議大夫權。元豐五年，以承議郎徐禧爲知制誥權中丞。禧言：「中丞糾彈之任，赴舍人院行詞，疑若未安。」會官制行，罷知制誥職，乃以本官試中丞。南渡初除官最多，隆興後被擢寖少。淳熙十年，始除黃洽，又三年再除蔣繼周。臺諫例不兼講讀，神宗命呂正獻，亦止命時赴講筵。中興兼者三人，万俟卨、羅汝檝皆以秦檜意。慶元後，司諫以上無不預經筵者矣。

侍御史　一人，掌貳臺政。

殿中侍御史　二人，掌以儀法糾百官之失。凡大朝會及朔望、六參，則東西對立，彈其失儀者。

監察御史　六人，掌分察六曹及百司之事，糾其謬誤，大事則奏劾，小事則舉正。迭監祠祭。歲詣三省、樞密院以下輪治。凡六察之事，稽其多寡當否，歲終條具殿最，以詔黜陟。百官應赴臺參謝辭者，以拜跪、書札體驗其老疾。凡事經郡縣、監司、省曹不能直者，直牒閣門，上殿論奏。官卑而入殿中監察御史者，謂之「裏行」。治平四年，中丞王陶言：「奉詔舉臺官，而才行可舉者多以資淺不應格。」乃詔舉三任以上知縣爲裏行〔一〕。熙寧二年詔：「御史闕，委中丞奏舉，毋拘官職高下兼權。」三年，孫覺薦秀州軍事推官李定，對稱旨，爲太子中允權監察御史裏行〔二〕，由選人爲御史自定始。於是知制誥宋敏求、蘇頌、李大臨以定資淺，封還詞頭，不草制，相繼罷去。元豐八年，裁減察官兩員，餘許盡兼言事。紹聖二年復置。元祐元年，詔臺諫官許二人同上殿。又令六曹差除更改事，晝黃到，卽報臺。又改六察旬奏爲季奏。四年，詔：「應臺察事已彈舉而稽違踰月者，遇赦不得原減。」元符二年詔吏部：「守令課績最優者闢臺考察，不

實者重行黜責。」崇寧二年，都省申明：「臺官職在繩愆糾謬，自宰臣至百官，三省至百司，不循法守，有罪當劾，皆得糾正。」政和六年，詔在京職事官與外任按察官，雖未升朝，並赴臺參謝辭。七年，中丞王安石〔三〕奏：「以本臺覺察彈奏事刊爲一書，殿中侍御史以上錄本給付。」從之。

靖康元年，監察御史胡舜陟言：「監察御史自唐至本朝，皆論政事、擊官邪，元豐、紹聖著于甲令，崇寧大臣欲其便己，遂更成憲。乞令本臺增入監察御史言事之文。」詔依祖宗法。又詔宰執不得薦舉臺諫官。舊臺令，御史上下半年分詣三省、樞密院點檢諸房文字，輪詣尚書六曹按察；奉行稽違，付受差失，咸得彈糾。渡江後，稍闊不舉。紹興三年，始復其舊。是年十一月，殿中侍御史常同言：「元豐始置六察，上自諸部、寺監，下至廪庫、場務，無不分隸，以詔廢置。而乃有寅緣申請，乞不隸臺察者，恐非法意，宜遵舊制。」從之。乾道二年詔：「自今非曾經兩任縣令，不得除監察御史。」慶元二年，侍御史黃黼言：「監察御史高宗時嘗置六員，孝宗時置三員，今分按之任止二人，乞增置一員。」自後常置三員。

檢法一人，掌檢詳法律。主簿一人，掌受事發辰，勾稽簿書。宋初置推直官二人，專治獄事。凡推直有四：曰臺一推，曰臺二推，曰殿一推，曰殿二推。咸平中，置推勘官十員。元豐官制行，定員分職，裏行、推直等官悉罷。紹興初，詔檢法、主簿特令殿中侍御史奏辟。紹熙中，侍御史林大中以論事不合去，所奏辟檢法官李謙、主簿彭龜年亦乞同罷。嘉定元年，劉榘除檢法官，范之柔除主簿，以後二職皆闕。乾道併省吏額，前司主管班次二人，正副引贊官二人，入品知班三人，知班五人，書令史四人，驅使官四人，法司二人，六察書吏九人，貼司五人，通引官三人。

三京留司御史臺　管勾臺事各一人，舊曰判臺。以朝官以上充。掌拜表行香，糾舉違失。令史二人，知班、驅使官、書吏各一人，中興以後不置。

祕書省　監　少監　丞各一人，監掌古今經籍圖書、國史實錄、天文曆數之事，少監爲之貳，而丞參領之。其屬有五：著作郎一人，著作佐郎二人，掌修纂日曆；祕書郎二人，掌集賢院、史館、昭文館、祕閣圖籍，以甲、乙、丙、丁爲部，各分其類；校書郎四人，正字二人，掌校讎典籍，判正訛謬，各以其職隸於長貳。惟日曆非編修官不預。歲於仲夏曝書，則給酒食費，尚書、學士、侍郎、待制、兩省諫官、御史並赴。遇庚伏，則前期遣中使諭旨，聽

以早歸。大典禮，則長貳預集議。所以待遇儒臣，非他司比。宴設錫予，率循故事。

宋初，置三館長慶門北，謂之西館。太平興國初，於昇龍門東北，創立三館書院。三年，賜名崇文院，遷西館書貯焉。東廊爲集賢書庫〔四〕，西廊分四部，爲史館書庫。大中祥符八年，創外院於右掖門外。天禧初，令以三館爲額，置檢討、校勘等員。檢討以京朝官充，校勘自京朝、幕職至選人皆得備選。以內侍二人爲勾當官，通掌三館圖籍事，孔目官、表奏官、掌舍各一人。又有監書庫內侍一人，兼監祕閣圖籍孔目官一人。

祕閣　係端拱元年〔五〕就崇文院中堂建閣，以三館書籍眞本并內出古畫墨迹等藏之。淳化元年，詔次三館置直閣、以朝官充。校理，以京朝官充。以諸司三品、兩省五品以上官一人判閣事。直閣、校理通掌閣事，掌繕寫祕閣所藏。供御人、裝裁匠十二人。元豐五年，職事官貼職悉罷，以崇文院爲祕書省官屬，始立爲定員，分案四，置吏八。崇文院，太平興國三年置。端拱元年，建祕閣於院中。昭文館、史館、集賢院皆沿唐制立名，但有書庫寓於崇文院廡下。三館、祕閣、崇文院各置貼職官。又有集賢殿修撰、直龍圖閣、校勘，通謂之館職。初，英宗謂輔臣曰：「館閣所以育儁材，比選數人出使，無可者，豈乏材耶？」歐陽脩曰：「今取材路狹，館閣止用選人編校書籍，故進用稍遲。」上曰：「卿等各舉數人，雖親戚世家勿避。」於是宰相琦、公亮，參知政事脩、槩各薦五人，未及試，神宗登極，先召十人試以詩賦，而開封府界提點陳汝羲別以奏

對稱旨預試〔六〕。於是御史吳申言：「試館職者請策以經史及世務，毋用辭賦。」遂詔：「自今試館職專用策論。」熙寧二年，置崇文校書，始除河南府永安主簿邢恕。乃詔自今應選舉可用人並除校書，俟二年取旨除館職官。五年，以隸祕書省。

元祐初，復置直集賢院、校理。自校理而上，職有六等，內外官並許帶，恩數仍舊。又立試中人館職法，選人除正字，京官除校書郎。校書郎供職二年，除集賢校理。祕書郎、著作佐郎比集賢校理。著作郎比直集賢院〔七〕、直祕閣。丞及三年除祕閣校理。三年二月，詔御試唱名日，祕書丞至正字升殿侍立。九月，復試賢良于閣下。五年，置集賢院學士并校對黃本書籍官員。紹聖初，罷校對，以編修日曆還本省〔八〕，易集賢院學士爲殿修撰，直院爲直祕閣，集賢校理爲祕書校理〔九〕。十二月，詔禮部，本省長貳定校讐之課，月終具奏。入伏午時減半，過渡伏依舊，從蘇軾之請。又罷本省官任滿除館職法。元符二年，詔職事官罷帶館職，悉復元豐官制。崇寧五年，詔館閣並除進士出身人。政和五年四月，詔祕書省殿以右文爲名，改集賢殿修撰爲右文殿修撰。是月，駕詣景靈宮朝獻，還幸祕書省。詔曰：「延見多士，歷覽藏書之府，祖宗遺文在焉，屋室淺狹，甚非稱太平右文之盛，宜重行修展。」八月，詔祕書省移於新左藏庫，以其地爲堂。七年，詔類集所訪遺書，名曰祕書總目。宣和二年，立定祕書省員額：監、少監、丞並依元豐舊制，著作郎以四員爲額〔一〇〕，校書郎二員，正字四員。

渡江後，制作未遑。紹興元年，始詔置祕書省，權以祕監或少監一員，丞、著作郎佐各

一員，校書、正字各二員爲額。續又參酌舊制，校書郎、正字召試學士院而後命之。自是採求闕文，補綴漏逸，四庫書略備。卽祕書省復建史館，以修神宗、哲宗實錄，選本省官兼檢討、校勘，以侍從官充修撰。五年，倣唐人十八學士之制，監、少、丞外，置著作郎佐、祕書郎各二人，校書郎、正字通十二人。又移史館於省之側，別爲一所，以增重其事。九年，詔著作局惟修日曆，遇修國史則開國史院，遇修實錄則開實錄院，以正名實。十三年，詔復每歲曝書會。是冬，新省成，少監游操援政和故事，乞置提舉官，遂以授禮部侍郎秦熺，令掌求遺書，仍鑄印以賜。置編定書籍官二人，以校書郎、正字充。

孝宗卽位，詔館職儲養人才，不可定員。乾道九年，正字止六員；淳熙二年，監、少並置，皆前所未有。除少監、丞外，以七員爲額，尋復詔不立額。紹熙二年，館職闕人，上令召試二員，謹加審擇，取學問議論平正之人。自是，監、少、丞外，多止除二員。是時，陳傅良上言：「請以右文、祕閣修撰并舊館閣校勘三等爲史官。自校勘供職，稍遷祕閣修撰，又遷右文，在院三五年，如有勞績，就遷次對，庶幾有專官之効，無冷局之嫌。」時論韙之，然不果行。中興分案四：曰經籍，曰祝版，曰知雜，曰太史。吏額：都、副孔目官二人，四庫書直官二人，表奏官、書庫官各一人，守當官二人，正名楷書五人，守闕一人，正貼司及守闕各六人，監門官一人以武臣充，專知官一人。

日曆所　隸祕書省，以著作郎、著作佐郎掌之。以宰執時政記、左右史起居注所書會集修撰，爲一代之典。舊於門下省置編修院，專掌國史、實錄，修纂日曆。元豐元年詔：「宣徽院等供報修注事，自今更不供起居院，直供編修院日曆所。」四年十一月，廢編修院歸史館。官制行，屬祕書省國史案。六年，詔祕書省長貳毋得預著作修纂日曆事，進書郎繫銜，以防漏洩，如舊編修院法焉。八年，詔吏部郎中曾肇、禮部郎中林希兼著作。職事官兼職自此始。

元祐五年，移國史案置局，專掌國史、實錄，編修日曆，以國史院爲名，隸門下省，更不隸祕書省。紹聖二年，詔日曆還祕書省。宣和二年，詔罷在京修書諸局，惟祕書省日曆所係元豐國史案，除著作郎官專管修纂日曆之事無定員外，其分案編修日曆書庫官吏，並依元豐法。紹興元年，初修皇帝日曆，詔以修日曆所爲名，本省長貳通行修纂。三年，詔宰臣提舉，侍從官修撰。十一月，詔以修國史日曆所爲名。四年，詔以史館爲名。十年，詔依舊制併歸祕書省國史案，以著作郎、佐修纂，舊史館官罷歸元官。尋復詔以國史日曆所爲名，續併修神宗、哲宗寶訓。隆興元年，詔編類聖政所併歸日曆所，依舊宰臣提領，仍令日曆所吏充行遣。

會要所　以省官通任其事。紹興九年，詔祕書省官讐校國朝會要，逐官添給茶湯

錢。乾道四年，詔尚書右僕射陳俊卿兼提舉編修國朝會要，每遇提舉官開院過局，就本省道山堂聚呈文字，提舉諸司官、承受官、主管諸司官，並令國史日曆所官兼。五年，令本省再加刪定，以續修國朝會要爲名。九年，祕書少監陳騤言：「編類建炎以後會要成書，以中興會要爲名。」並從之。其後接續修纂，並隸祕書省。

國史實錄院　提舉國史　提舉實錄院　修國史　同修國史　史館修撰、同修撰　實錄院修撰、同修撰　直史館　編修官　檢討官　校勘、檢閱、校正、編校官。

初，紹興三年，詔置國史院，重修神宗、哲宗實錄，以從官充修撰，續以左僕射呂頤浩提舉國史，右僕射朱勝非監修國史。四年，置直史館及檢討、校勘各一員。五年，置修撰官二員，校勘官無定員。是時，國史、實錄皆寓史館，未有置此廢彼之分。九年，修徽宗實錄，詔以實錄院爲名，仍以宰臣提舉，以從官充修撰、同修撰，餘官充檢討，無定員。明年，以未修正史，詔罷史館官吏併歸實錄院。二十八年，實錄書成，詔修三朝正史，復置國史院，以宰臣監修，侍從官兼同修，餘官充編修。明年，詔國史院以宰臣提舉，置修國史、同修國史共二員，編修官二員，又置都大提舉諸司官、承受官、諸司官各一員，以內侍省官充。隆興元年，以編類聖政所併歸國史院，命起居郎胡銓同修國史。二年，參政錢端禮

中華書局

權監修國史；乾道元年，參政虞允文權提舉國史：皆前所未有。二年，詔置實錄院，修欽宗實錄，其修撰、檢討官以史院官兼領。四年，實錄告成，詔修欽宗正史。以右僕射蔣芾提舉四朝國史，詔增置編修官二員，續又增置三員。淳熙三年，特命李燾以祕書監權同修國史、權實錄院同修撰。四年，罷實錄院，專置史院。十五年，四朝國史成書，詔罷史院，復開實錄院修高宗實錄。慶元元年，開實錄院修纂孝宗實錄。六年，詔實錄院同修撰以四員、檢討官以六員爲額。嘉泰元年，開實錄院修纂光宗實錄。二年，復開國史院，自是國史與實錄院並置矣。實錄院吏兼行國史院事，點檢文字一人，書庫官八人，楷書四人。

太史局　掌測驗天文，考定曆法。凡日月、星辰、風雲、氣候、祥眚之事，日具所占以聞。歲頒曆于天下，則預造進呈。祭祀、冠昏及大典禮，則選所用日。其官有令，有正，有春官、夏官、中官、秋官、冬官正，有丞，有直長，有靈臺郎，有保章正〔一〕。其判局及同判，則選五官正以上業優考深者充。保章正五年、直長至令十年一遷，惟靈臺郎試中乃遷，而挈壺正無遷法。其別局有天文院、測驗渾儀刻漏所，掌渾儀臺晝夜測驗辰象。鐘鼓院，掌文德殿鐘鼓樓刻漏進牌之事。印曆所，掌雕印曆書。南渡後，並同隸祕書省，長、貳、丞、郎輪季點檢。

算學　元豐七年，詔四選命官通算學者，許于吏部就試，其合格者，上等除博士，中次爲學諭。元祐元年初，議者謂：「本監雖準朝旨造算學，元未興工，其試選學官亦未有應格。竊慮徒有煩費，乞罷修建。」崇寧三年，遂將元豐算學條制修成敕令。五年，罷算學，令附於國子監。十一月，從薛昂請，復置算學。大觀三年，太常寺考究，以黃帝爲先師，自常先、力牧至周王朴以上從祀，凡七十人。四年，以算學生併入太史局。宣和二年，詔並罷官吏。

殿中省　監　少監　丞〔二〕各一人，監掌供奉天子玉食、醫藥、服御、幄帟、輿輦、舍次之政令，少監爲之貳，丞參領之。凡總六局：曰尚食，掌膳羞之事；曰尚藥，掌和劑診候之事；曰尚醞，掌酒醴之事；曰尚衣，掌衣服冠冕之事；曰尚舍，掌次舍幄帟之事；曰尚輦，掌輿輦之事。六尚各有典御二人，奉御六人或四人，監門二人或一人。又尚食有膳工，尚藥有醫師，尚醞有酒工，尚衣有衣徒，尚舍有幕士，尚輦有正供等，皆分隸其局。又置提舉六尚局及管幹官一員。舊殿中省判省事一人，以無職事朝官充。雖有六尚局，名別而事存〔三〕，凡官隨局而移，不領於本省。所掌唯郊祀、元日、冬至天子御殿，及禘祫后廟、神主赴太廟，供具繖扇；而殿中監視祕書監，爲寄祿官而已。元豐中，神宗欲復建此官，而度禁中未有其地，但詔御輦院不隸省寺，令專達焉。初，權太府卿林顏因按內藏庫，見乘輿服御雜貯百物中，乃乞復殿中省六尚，以嚴奉至尊。於是徽宗乃出先朝所度殿中省圖，命三省行之，而其法皆左正言姚祐所裁定，是歲崇寧二年也。三年〔四〕，蔡京上修成殿中省六尚局供奉庫務敕令格式并看詳凡六十卷，仍冠以「崇寧」爲名。政和元年，殿中省高伸上編定六尚供奉式。靖康元年，詔六尚局並依祖宗法。又詔：「六尚局既罷，格內歲貢品物萬數，尚爲民害，非祖宗舊制，其並除之。」

御藥院　勾當官無常員，以入內內侍充。掌按驗祕方，以時劑和藥品，以進御及供奉禁中之用。舊制，勾當御藥院遷官至遙領團練、防禦者謂之暗轉，干冒恩澤，浸不可止。嘉祐五年，詔御藥院內臣如當轉出而特留者，俟其出，計所留歲月優遷之，更不許累計所遷資序。非勾當御藥院而留者，其出更不推恩。典八人，藥童十一人，匠七人。崇寧二年，併入殿中省。

尚衣庫使　副使　舊曰內衣庫〔五〕，大中祥符二年改。監官二人，以內侍、三班充，掌駕頭服御繖扇之名物。凡御殿、大禮前一日，請乘輿袞冕、鎮圭、袍服於禁中以待進御，事

已復還內庫。典一人，匠四人，掌庫十人。

內衣物庫　在文德殿後，太平興國二年，置受納匹段庫，受納綾、錦，西川〔六〕鹿胎、綾、羅、絹、匹段。大中祥符元年併入。監官二人，以京朝官并內侍充，舊三人，以諸司使、副及三班、內侍充。掌受納錦綺、綾羅、色帛、銀器、腰束帶料。造年支，準備衣服，以待頒賜諸王、宗室、文武近臣、禁軍將校時服，并給宰臣、親王、皇親、使相生日器幣，兩府臣僚、百官、皇親轉官中謝、朝辭特賜，及大遼諸外國人使辭見銀器、射弓、衣帶。典八人，掌庫三十一人。

新衣庫　在太平坊。監官二人，以諸司使副、三班及內侍充。掌受錦綺、雜帛、衣服之物，以備給賜及邦國儀注之用，并受納衣服以賜諸司丁匠、諸軍。監門二人，以三班使臣充。典十人，掌庫五十五人。

朝服、法物庫　太平興國二年置，後分三庫：一在天安殿後，一在右掖門內北廊，一在正陽門外。監官二人，以諸司使、副及三班、內侍充，掌百官朝服、諸司儀仗之名物。典三人，掌庫三十人。已上，崇寧二年併入殿中省。舊有裁造院、針線院、雜賣場，後省併之。

太常寺　卿　少卿　丞各一人　博士四人　主簿、協律郎、奉禮郎、太祝各一人。

中華書局

卿掌禮樂、郊廟、社稷、壇壝、陵寢之事，少卿爲之貳，丞參領之。禮之名有五：曰吉禮，曰賓禮，曰軍禮，曰嘉禮，曰凶禮。皆掌其制度儀式。祭祀有大祠，有小祠。其犧牲、幣玉、酒醴、薦獻、器服各辨其等；掌樂律、樂舞、樂章以定宮架、特架之制，祭祀享則分樂而序之。凡親祠及四孟月朝獻景靈宮、郊祀告享太廟，掌贊相禮儀升降之節。歲時朝拜陵寢，則視法式辨具以授祠官。凡祠事，差官、卜日、齋戒皆檢舉以聞。初獻用執政官，則卿爲終獻；用卿，則少卿爲亞獻，博士爲終獻；闕則以次互攝。郊祀已，頒御札則撰儀以進。宮架、鼓吹、警場，率前期按閱肄習。餘祀及朝會、宴享、上壽、封册之儀物亦如之。若禮樂有所損益，及祀典、神祇、爵號與封襲、繼嗣之事當考定者，擬上於禮部。凡太醫之政令，以時頒行。

宋初，舊置判寺無常員，以兩制以上充，丞一人，以禮官久次官高者充。別置太常禮院，雖隸本寺，其實專達。有判院、同知院四人，寺與禮院事不相兼。康定元年，置判寺、同判寺，始並兼禮院事。元豐正名，始專其職。分案五，置吏十有一。元祐三年，詔太常寺置長貳，他寺監則互置。紹聖中，復舊制。大觀元年，應太常寺所被旨及施行典禮事，季輪博士銓次成籍，以備討論。政和四年令，祠事監察御史闕，則以六曹郎官及館職攝充。宣和三年，令本寺因革禮五年一檢舉，接續編修。建炎初，併省冗職，惟太常、大理不能。詔

太常少卿一員兼宗正少卿，罷丞、簿，惟置博士一員。紹興三年，復置丞。九年，臣僚言：「元豐正名，太常主議論者博士四人，乞參稽舊典，添置博士，以稱朝廷蒐補闕軼、緝熙彌文之意。」詔添博士一員。十年，置簿一員。十五年，詔太常討論置籍田令，續置太社令。隆興元年，併省博士一員、主簿一員，又以光祿寺併歸太常，罷丞。明年，詔丞、簿並依舊制。

分案九：曰禮儀，掌討論大慶典禮、神祠道釋、襲封定謚、檢舉忌辰。曰祠祭，掌大中小祠祀差行事官并酒齊、幣帛、蠟燭、禮料。曰壇廟，掌行室壇、廟域、陵寢。曰大樂，掌大樂教習樂舞、鼓吹、警場。曰法物，掌給納朝、祭服。曰廩犧，掌歲中祠祭牲牢羊豕滌室。曰太醫，掌臣僚陳乞醫人，補充太醫助教等。曰掌法，曰知雜，並掌本寺條制雜務。裁減吏額，贊引使二人，正禮直官二人，副禮直官二人，正名贊者七人，守闕贊者七人，私名贊者七人，胥吏一人，胥佐四人，貼司一人，書表司一人，祠祭局供官十二人，祭器司供官十人，樂正三人，鼓吹令一人，本寺天樂祭器庫專知官一人、庫子二人，圜壇大樂禮器庫專知官一人、庫子一人。

博士，掌講定五禮儀式，有改革則據經審議。凡於法應謚者，考其行狀，撰定謚文。有祠事，則監視儀物，掌凡贊導之事。主簿，掌稽考簿書。協律郎，掌律、呂以和陰陽之

聲，正宮架、特架樂舞之位。大祭祀享宴用樂，則執麾以詔作止之節，舉麾、鼓柷而樂作；偃麾、戛敔而樂止。凡樂，掌其序事。奉禮郎，掌奉幣帛授初獻官，大禮則設親祠板位。太祝，掌讀册辭，授搢黍以嘏告，飲福則進爵，酌酒受其虛爵。郊社令，掌巡視四郊及社稷壇壝，掌凡掃除之事，祭祀則省牲。太廟令，掌宗廟薦新七祀及功臣從享之禮。籍田令，掌帝籍耕耨出納之事，植五穀蔬果，藏冰以待用。宮闈令，率其屬以汛灑廟庭，凡修治潔除之事。

提點管幹郊廟祭器所　南郊太廟祭器庫　提點朝服法物庫所　朝服法物庫　南郊什物庫　太廟什物庫　掌藏其器服，以待祭祀、朝會之用。凡冠服，視其等而頒於執事之臣。

教坊及鈐轄教坊所　掌宴樂閱習，以待宴享之用，考其藝而進退之。

諸陵祠墳所　掌先世后妃之墳園而以時獻享。

太醫局　有丞，有教授，有九科醫生額三百人。歲終則會其全失而定其賞罰。太醫局，熙寧九年置，以知制誥熊本提舉，大理寺丞單驤管幹。後詔勿隸太常寺，置提舉一、判局二，判局選知醫事者爲之。科置教授一，選翰林醫官以下與上等學生及在外良醫爲之。學生常以春試，取合格者三百人爲額。太學、律學、武學

生〔一七〕、諸營將士疾病，輪往治之。各給印紙，書其狀，歲終稽其功緒，爲三等第補之：上等月給錢十五千，毋過二十人；中等十千，毋過三十人；下等五千，毋過五十人。失多者罰黜之。受兵校錢物者，論如監臨強乞取法。三學生願預者聽受，而禁邀求者。又官制行，隸太常禮部，自政和以後，隸醫學，詳見選舉志。孝宗隆興元年，省併醫官而罷局生。續以虞允文請，依舊存留醫學科，逐舉附試省試別試所〔一八〕，更不置局，權令太常寺掌行。紹熙二年，復置太醫局，局生以百員爲額，餘並依未罷局前體例，仍隸太常寺。

大晟府　以大司樂爲長，典樂爲貳。次曰大樂令，秩比丞。次曰主簿、協律郎。又有按協聲律、製撰文字、運譜等官，以京朝官、選人或白衣士人通樂律者爲之。又以武臣監府門及大樂法物庫，以侍從及內省近侍官提舉。所典六案：曰大樂，曰鼓吹，曰宴樂〔一九〕，曰法物，曰知雜，曰掌法。國朝禮、樂掌于奉常。崇寧初，置局議大樂；樂成，置府建官以司之，禮、樂始分爲二。五年二月，因省冗員，併之禮官；九月，復舊。大觀四年，以官徒廩給繁厚，省樂令一員、監官二員，吏祿並視太常格。宣和二年，詔以大晟府近歲添置冗濫徼幸，並罷，不復再置。

宗正寺 卿 少卿 丞 主簿各一人。卿掌敍宗派屬籍，以別昭穆而定其親疏，少卿爲之貳，丞參領之。凡修纂牒、譜、圖、籍，其別有五：曰玉牒，以編年之體敍帝系而記其歷數，凡政令賞罰、封域戶口、豐凶祥瑞之事載焉。曰屬籍，序同姓之親而第其服紀之戚疏遠近。曰宗藩慶系錄，辨譜系之所自出，序其子孫而列其名位品秩。曰僊源積慶圖，考定世次枝分派別而系以本宗。曰僊源類譜，序男女宗婦族姓婚姻及官爵遷敍而著其功罪、生死。凡錄以一歲，圖以三歲，牒、譜、籍以十歲修纂以進。宋初，舊置判寺事二人，以宗姓兩制以上充，闕則以宗姓朝官以上知丞事。掌奉諸廟諸陵薦享之事，司皇族之籍。主簿一員，以京官充。舊自丞、簿以上，皆宗姓爲之，通署寺事。初置卿、少，率命常參官判寺事。大中祥符八年，以兵部侍郎趙安易〔三〇〕兼卿，判寺趙世長改爲知寺事。九年，始定丞、郎以上兼卿，給、舍以下兼少卿，郎中以下兼丞，京官兼主簿〔三一〕。其卿闕，則丞以下行寺事而無知、判之名。元豐官制行，詔宗正長貳不專用國姓，蓋自有大宗正司以統皇族也。渡江後，卿不常置，少卿一人，以太常兼。紹興三年，復置少卿一人。五年，復置丞；十年，置主簿；隆興元年併省。次年，詔丞、簿復舊制。嘉定九年，詔以宗學改隸宗正寺，自此寺官又預校試之事。分案二：曰屬籍，曰知雜。吏額，胥長一人，胥史一人，胥佐二人，楷書二人，貼書二人。

大宗正司 景祐三年始制司，以皇兄寧江軍節度使濮王知大宗正事，皇姪彰化軍節度觀察留後守節同知大宗正事。元豐正名，仍置知及同知官各一人，選宗室團練、觀察使以上有德望者充；丞二人，以文臣京朝官以上充。掌糾合族屬而訓之以德行、道藝，受其詞訟而糾正其愆違，有罪則先劾以聞；法例不能決者，同上殿取裁。若宮邸官因事出入，日書于籍，季終類奏。歲錄存亡之數報宗正寺。凡宗室服屬遠近之數及其賞罰規式，皆總之。

官屬有記室一人，掌牋奏；講書、教授十有二人，分位講授，兼領小學之事。舊制，擇宗室賢者爲知大宗正事，次一人爲同知；其後，位高屬尊者爲判。熙寧三年，始以異姓朝臣二員知丞事，置局爲睦親、廣親宅。是歲省管幹睦親、廣親宅及提舉郡、縣主等宅官，以其事歸宗正。自熙寧中置丞，始以都官員外郎張稚圭爲之。神宗疑用異姓，王安石言：前代宗正固有用庶姓者，乃錄春秋時公侯大夫事。神宗曰：「此雖無前代故事，行之何害。」安石曰：「聖人創法，不必皆循前代所已行者。」於是召稚圭對而命之。分案五，置吏十有一。元豐五年，詔大宗正司不隸六曹，其丞屬中書省奏差。元祐四年，詔宗室越本司訴事者罪之。六年，詔宗正按熙寧敕諸院建小學，自八歲至十四歲，首檢舉入學。紹聖元年，詔祖免外兩世孤遺貧乏者，驗實廩給之。四年，詔宗室若婦女自外還京，並報宗正。崇寧三年，詔大宗正及外宗正司將條貫事迹關宗正寺，修纂圖牒。

政和三年，詔以知大宗正事仲忽提舉宗子學事。

崇寧三年，置南外宗正司于南京，西外宗正司于西京，各置敦宗院。初，講議司言：「宗室疏屬願居兩京輔郡者，各置敦宗院，其兩京各置外宗正司。」從之。仍詔各擇宗室之賢者一人爲知宗，掌外居宗室，詔復定宗學博士、正錄員數。大觀四年罷，政和二年復舊。又詔敦宗院宗子有文藝、行實衆所共知者，許外宗正官考察以聞。

中興後，以位高屬尊者爲判大宗正事，其知及同知如舊制。又置知大宗正丞一員，以文臣充，掌糾合宗室而檢防訓飭之。凡南班宗室磨勘、遷轉、襲封、請給，覈其當否；嫁娶房奩，分析財產，酌厚薄多寡而訂其議。凡宗室除合該賜名外，皆大宗正定名而後報宗正寺。其餘遷授官資、支給錢米，考覈以詔予奪。其不率教者以法拘之，歲久知悔，則除其過名。復置南外宗正司、西外宗正司，以處宗室之在外者。各仍舊制設敦宗院，皆設知宗，所在通判職官兼丞、簿，其糾合、檢防、訓飭如大宗正司〔三二〕。西、南外兩司闕知宗，間令大宗正司選擇保明而後授之。又各置教授以課其行藝。南渡初，先徙宗室於江、淮，於是大宗正司移江寧，南外移鎭江，西外移揚州。其後屢徙，後西外止於福州，南外止於泉州；又置紹興府宗正司〔三三〕，蓋初隨其所寓而分管轄之。乾道七年，嘗欲移紹興府宗司於蜀，不果，後併歸行在。嘉定間，用臣僚言，乞凡除授知宗，須擇老成更練之人。詔知宗正丞照百司例每日入局所，以示增重宗盟之意。

玉牒所 淳化六年，始設局置官，詔以皇宋玉牒爲名，建玉牒殿。咸平初，命趙安易、梁周翰編屬籍，始創規制。大中祥符九年〔三四〕，以知制誥劉筠、夏竦爲修玉牒官，自後置一員或二員。元豐官制行，分隸宗正寺官。寺丞王鞏奏：「玉牒十年一進，並以學士典領。自熙寧中范鎭進書之後，神宗玉牒至今未修。僊源類譜自慶曆中張方平修進之後，僅五十年，並無成書。乞別立法，其修玉牒及類譜官，每二年一具草繳進。」從之。紹聖三年，應宗室賜名，三祖下各隨祖宗之支子而下，雖兄弟數多，並爲一字相連。南渡後，紹興十二年，始建玉牒所。提舉一人或二人，以宰相執政爲之，以侍從官一人兼修，宗正卿、少而下同修纂。先是，宗正寺丞邵大受奏：「講求宗正寺舊掌之書，曰皇帝玉牒，曰仙源積慶圖，曰宗藩慶系錄，曰宗支屬籍。南渡四書散失，今重加修纂仙源慶系屬籍總要，合圖、錄、屬籍三者而一之，既無愧於昔矣；獨玉牒一書未修，宜搜訪討論，以正九族，以壯本支。」於是始置官如舊制，分案五，置吏十。乾道八年，詔玉牒殿主管香火，差內侍三員、武臣一員充，並改作幹辦玉牒所殿。

光祿寺　卿　少卿　丞　主簿各一人。卿掌祭祀、朝會、宴饗酒醴膳羞之事，修其儲備而謹其出納之政，少卿爲之貳，丞參領之。凡祭祀，共五齊、三酒、牲牢、鬱鬯及尊彝、籩豆、簠簋、鼎俎、鉶登之實，前期飭有司辨具牲鑊，視滌濯，奉牲則告充告備，共其明水火焉。禮畢，進胙于天子而頒于百執事之人。分案五，置吏十。元祐三年，詔長貳互置。政和六年二月，監察御史王桓奏：「祭祀牢醴之具掌於光祿，而寺官未嘗臨視，請大祠以長貳、朔祭及中祠以丞簿監視宰割，禮畢頒胙，有故及小祠，聽以其屬攝。」從之。舊置判寺事一人，以朝官以上充。光祿卿、少，皆爲寄祿。元豐制行，始歸本寺。中興後，廢併入禮部。

太官令　掌膳羞割烹之事。凡供進膳羞，則辨其名物，而視食之宜，謹其水火之齊。祭祀共明水、明火，割牲取毛血牲體，以爲鼎俎之實。朝會宴享，則供其酒膳。凡給賜，視其品秩而爲之等。元祐初，罷太官令。二年復置。崇寧三年，置尚食局，太官令惟掌祠事。

法酒庫　內酒坊　掌以式法授酒材，視其厚薄之齊，而謹其出納之政。若造酒以待供進及祭祀、給賜，則法酒庫掌之；凡祭祀，供五齊三酒，以實尊罍。內酒坊惟造酒，以待餘用。

太官物料庫　掌預備膳食薦羞之物，以供太官之用，辨其名數而會其出入。

翰林司　掌供果實及茶茗湯藥[三五]。

牛羊司、牛羊供應所　掌供大中小祀之牲牷及太官宴享膳羞之用。

乳酪院　掌供造酥酪。

油醋庫　掌供油及鹽藏。

外物料庫　掌收儲米、鹽、雜物以待膳食之須。凡百司頒給者取具焉。

衞尉寺　卿　少卿　丞　主簿各一人。卿掌儀衞兵械、甲冑之政令，少卿爲之貳，丞參領之。凡內外作坊輸納兵器，則辨其名數、驗其良窳以歸于武庫，不如式者罰之。時其曝涼而封籍其數，若進御及頒給，則按籍而出之。每季委官檢視，歲終上計帳于兵部。掌凡幄帟之事，大禮設帷宮，張大次、小次，陳鹵簿儀仗。長貳晝夜巡徼，察其不如儀者。押仗官則前期稟差。凡仗衞，供羽儀、節鉞、金鼓、棨戟，朝宴亦如之。宴享賓客，供幕帟、茵席，視其敝者移少府、軍器監修焉。舊制，判寺事一人，以郎官以上充。凡武庫、武器歸內庫，守宮歸儀鸞司，本寺無所掌。元豐官制行，始歸本寺。分案四，置吏十。元祐三年，詔長貳互置。所隸官司十有三：內弓箭庫、南外庫[三六]、軍器弓槍庫、軍器弩劍箭庫，掌藏兵仗、器械、甲冑，以備軍國之用。儀鸞司，掌供幕帟供帳之事。軍器什物庫、宣德樓什物庫，掌收貯什物，給用則按籍而頒之。左右金吾街司、左右金吾仗司、六軍儀仗司，掌清道、徼巡、排列，奉引儀仗以肅禁衞。凡儀物以時修飭，選募人兵而校其遷補之事。

中興後，衞尉寺廢，併入工部。

太僕寺　卿　少卿　丞　主簿各一人。卿掌車輅、廐牧之令[三七]，少卿爲之貳，丞參領之。國有大禮，供其輦輅、屬車，前期戒有司教閱象馬。凡儀仗既陳，則巡視其行列。后妃、親王、公主、執政官應給車乘者，視品秩而頒之。總國之馬政，籍京都坊監、畿甸牧地畜馬之數，謹其飼養，察其治療，考蕃息損耗之實，而定其賞罰焉。死則斂其鬉尾、筋革入于官府。凡閱馬，差次其高下，應給賜則如格。歲終鉤覆帳籍，以上駕部。若有事于南北郊，侍中請降輿升輅[三八]，則卿授綏。舊置判寺事一人，以朝官以上充。凡邦國廐牧、車輿之政令，分隸羣牧司、騏驥院諸坊監，本寺但掌天子五輅、屬車，后妃、王公車輅，給大中小祀羊。元豐官制行，始歸本寺。分案五，置吏十有八，總局十有二。元祐二年詔：「外監事，令本寺依羣牧司舊法施行；應內外馬事專隸太僕[三九]，直達樞密院，更不經尚書省及駕部。」三年，

詔省主簿一員。崇寧二年，詔太僕寺依舊制不治外事，歸尚書駕部；應馬事，上樞密院所隸官司。

車輅院　掌乘輿、法物，凡大駕、法駕、小駕供輦輅及奉引屬車，辨其名數與陳列先後之序。

左、右騏驥院　左、右天駟監　掌國馬，別其駑良以待軍國之用。

鞍轡庫　應奉御馬鞍勒，及以轡轡給賜臣下。

養象所　掌調御馴象。

駝坊　車營　致遠務　掌分養雜畜以供負載般運。

牧養上下監　掌治療病馬及申駒數，有耗失則送皮剝所。元豐末，廢畿內牧馬監。元祐初，置左右天廐坊，聽民間承佃牧地。紹聖元年，依元豐法置孳生監。

中興後，廢太僕寺，併入兵部。

羣牧司　制置使一人，景德四年置，以樞密使、副爲之。至道三年[四〇]，罷而復置。使一人，咸平三年置，以兩省以上官充；副使一人，以閤門以上及內侍都知充。都監二人，以諸司使以上充。判官二人，以京朝官充。掌內外廐牧之事，周知國馬之政，而察其登耗

中華書局

焉。凡受宣詔、文牒，即以時下於院、監。大事則制置使同簽署，小事則專遣其副使。都監多不備置，判官、都監每歲更出諸州巡坊監，點印國馬之蕃息者。又有左右廂提點，隸本司。都勾押官一人，勾押官一人，押司官一人。

鞍轡庫　使　副使　監官二人，以諸司副使及三班使臣、內侍充。掌御馬金玉鞍勒，及給賜王公、羣臣、外國使并國信鞴轡之名物。勾管一人，典五人，掌庫十四人。元豐併入太僕寺。

校勘記

〔一〕乃詔舉三任以上知縣爲裏行　「任」原作「丞」。按長編卷二〇九，王陶言：「欲乞許舉三任以上知縣資序人爲御史裏行。」從之。「丞」字蓋爲「任」字之訛，據改。

〔二〕權監察御史裏行　「權」字原脫，據職官分紀卷一四、長編卷二一〇補。

〔三〕王安石　按本書卷三二七王安石傳，安石未嘗爲御史中丞，政和七年安石去世已三十餘年，也不能有所上奏；本書卷三五二王安中傳載安中於政和間擢御史中丞，疑此爲「王安中」之訛。

〔四〕東廊爲集賢書庫　宋會要職官一八之五〇「東廊」下有「爲昭文書庫南廊」等七字，長編卷一九所載略同，疑志文有脫誤。

〔五〕端拱元年　「元年」原作「二年」。據下文和宋會要職官一八之四七改。

〔六〕別以奏對稱旨預試　「奏對」原作「奏封」，據宋會要職官一八之三、宋朝事實卷九改。

〔七〕直集賢院　「直」字原脫，據長編卷三八九、宋朝事實卷九補。

〔八〕以編修日曆還本省　按下文「日曆所」條記：「紹聖二年，詔日曆還祕書省。」合璧事類後集卷四三、羣書考索後集卷一一所載同，疑此處「選」字爲「還」字之訛。

〔九〕祕書校理　本書卷一八哲宗紀、宋會要職官一八之一三都作「祕閣校理」，疑此處「書」字爲「閣」字之訛。

〔一〇〕著作郎以四員爲額　按宋會要職官一八之二一，「著作郎」下尚有「佐郎」二字，疑此處有脫誤。

〔一一〕有保章正　「有」上原衍「郎」字，據宋會要職官一八之八二、通考卷五六職官考刪。

〔一二〕丞　「丞」上原衍「監」字。按本書卷一六八、一六九職官志，殿中丞之名屢見，本省官屬別無「監丞」，據通考卷五七職官考刪。

〔一三〕名別而事存　「而」原作「有」，據宋會要職官一九之一、通考卷五七職官考改。

〔一四〕三年　原作「二年」，據宋會要職官一九之一、一九之九和通考卷五七職官考改。

〔一五〕內衣庫　原作「倘衣庫」，據宋會要職官一九之二、長編卷七二改。

〔一六〕西川　原作「西州」，按本書地理志宋代境內無西州，宋會要職官一九之二作「西川」，據改。

〔一七〕武學生　原作「武舉生」，據宋會要職官二二之三七、長編卷二七五改。

〔一八〕逐舉附試省試別試所　「逐」原作「遂」，宋會要職官二二之四一本句作：「可令逐舉附試。」本書卷一五七選舉志作：「令每舉赴省闈別試所解發。」「遂」字當爲「逐」字之訛，據改。

〔一九〕宴樂　「宴」下原衍「安」字，據宋會要職官二二之二五、通考卷五五職官考刪。

〔二〇〕趙安易　當作「趙安仁」。按本書卷二五七趙安易傳，安易死於景德二年（公元一〇〇五年），此處所記乃大中祥符八年（公元一〇一五年）事，安易死已十年；本書卷二八七趙安仁傳，安仁於大中祥符八年兼宗正卿，與志文合；宋會要職官二〇之三職官分紀卷一八作「趙安仁」，「易」字當爲「仁」字之誤。

〔二一〕京官兼主簿　「兼」字原脫，據宋會要職官二〇之四、職官分紀卷一八補。

〔二二〕大宗正司　「大」下原重一「宗」字，按本志上下文大宗正司之名屢見，通考卷五五職官考作：「其糾合、檢防、訓飭如大宗正司。」據刪。

〔二三〕紹興府宗正司　「司」原作「寺」，據宋會要職官二〇之三三、通考卷五五職官考改。

〔二四〕大中祥符九年　「九年」原作「六年」，據宋會要職官二〇之五五、長編卷八六改。

〔二五〕茶茗湯藥　宋會要職官二一之八作「酒茗湯果」，同書職官二一之二又說：「供酒及茶、果宴則歸翰林司。」「藥」字疑以作「果」爲是。

〔二六〕南外庫　按上文說「所隸官司十有三」，但綜計所列「內弓箭庫」以下等官署僅十二，與上述數目不符。宋會要職官二二之一、通考卷五五職官考「南外庫」下還有「軍器衣甲庫」，此處當有脫漏。

〔二七〕卿掌車輅廄牧之令　「卿」字原脫，據本卷文例和通考卷五六職官考補。

〔二八〕侍中請降輿升輅　「輿」原作「與」，據本書卷九九禮志、宋會要禮之三九改。

〔二九〕應內外馬事專隸太僕　「馬事」原作「馬軍」，按本書卷一九八兵志作：「時又有旨，內外馬事並隸太僕寺。」長編卷三九三作：「詔應緣內外馬事舊係羣牧司管勾者，專隸太僕寺。」據改。

〔三〇〕至道三年　宋會要職官二三之七、職官分紀卷一九都作「明道二年」，當是。

宋史卷一百六十五

志第一百一十八

職官五

大理寺　鴻臚寺　司農寺　太府寺　國子監　少府監　將作監　軍器監　都水監　司天監

大理寺　舊置判寺一人，兼少卿事一人。建隆二年，以工部尚書竇儀判寺事。凡獄訟之事，隨官司決劾，本寺不復聽訊，但掌斷天下奏獄，送審刑院詳訖，同署以上于朝。詳斷官八人，以京官充；國初，大理正、丞、評事皆有定員，分掌斷獄。其後，擇他官明法令者，若常參官則兼正，未常參則兼丞，謂之詳斷官。舊六人，後加至十一人，又去兼正、丞之名。咸平二年始定置。法直官二人，以幕府、州縣官充，改京官則爲檢法官。

元豐官制行，置卿一人，少卿二人，正二人，推丞四人，斷丞六人，司直六人，評事十有二人，主簿二人。卿掌折獄、詳刑、鞫讞之事。凡職務分左右：天下奏劾命官、將校及大辟囚以下以疑請讞者，隸左斷刑，則司直、評事詳斷，丞議之，正審之；若在京百司事當推治，或特旨委勘及係官之物應追究者，隸右治獄，則丞專推鞫。蓋少卿分領其事，而卿總焉。凡刑獄應審議者，上刑部；被旨推鞫及情犯重者，卿同所隸官請對奏裁。若獄空或斷絕，則御史按實以聞。分案十有一，置吏六十有九。

先是舊制，大理寺讞天下奏案而不治獄。熙寧五年，增詳斷官二爲十員。七年，置詳斷習學官十四，詳覆習學官六。九年，詔以「京師官寺，凡有獄皆繫開封府司錄司及左右軍巡三院，囚逮猥多，難於隔訊，又暑多瘐死，因緣流滯，動涉歲時。稽參故事，宜屬理官，可復置大理獄。」始命崔台符爲知卿事，蹇周輔、楊汲爲少卿，各舉丞及檢法官。初，神宗謂國初廢大理獄非是，以問孫洙，洙對合旨，至是，命官起寺，十七日而成。元豐二年手詔：「大理寺近舉墜典，俾治獄事，推輪規摹〔一〕，皆以義起，不少寬假，必懷顧忌，稽留弊害，無異前日。宜依推制院及御史臺例，不供報糾察司。」三年，詔依舊供報。凡官屬依御史臺例，謁有禁。又詔糾察司察訪本寺斷徒以上出入不當者，索案點檢。五年，詔毋以大理寺官爲試官。六年，又詔：「凡斷公案，先上正看詳當否，論難改正，簽印注日，然後過議司覆議；如有批駁，具記改正，長貳更加審定，然後判成錄奏。」又刑部言：「應吏部補授大理寺左斷刑官，先與刑部、大理寺長貳同議可否，然後注擬。仍取經試得循資以上人充，正闕以丞補，丞闕以評事補。」詔刑部、吏部同著爲令。八年，詔大理寺推斷事應奏及上尚書省者，更不先申本曹。

元祐元年，以右治獄勘斷公事全少，併左右兩推爲一司。三年，三省請罷右治獄，依三司舊例置推勘檢法官于戶部，從之。又詔大理寺並置長貳。四年，從刑部請，改本寺條，任大理官失斷徒已上五人或死罪二人，不在選限。舊條，失斷徒已上三人或死罪一人。紹聖元年，詔斷刑獄官依元豐元年選試法。二年，復置右治獄，置官屬如元豐制。左右推事有飜異者互送，再有異者朝廷委官審問，或送御史臺治之。元符元年，應大理寺、開封府承受內降公事，不得奏請移送。又詔應奏斷公事，依開封府專條，不許諸處取索。

崇寧四年，詔大理寺官諸司輒奏辟者，以違制論。政和二年，詔法官任滿，擇職事修舉、人材可錄者奏舉再任，仍許就任關升，理本等資序。五年，依熙、豐故事，復置習學公事四員，長、貳立課程，正、丞同指教。宣和七年，評事以上並差試中刑法人。又詔大理寺、開封府承受公事，依法斷遣，不得乞降特旨。中興併省官寺，惟大理寺不併。

紹興初，詔正與丞並堂除。評事闕，則委本寺長貳選擇應格人赴刑部議定，中朝廷差

塡；如無應格，卽選諳習刑法人權充。又立比較法以懲差失。隆興二年，評事鞏衍言：「評事檢斷，躬自節案，親書斷語，最爲勞苦。」詔增置，以八員爲額。淳熙末，嚴寺官出謁之禁，以防請託、漏泄之弊。紹熙初，除試中刑法評事八員外，司直、主簿選用有出身曾歷任人，各兼評事繫銜。將八評事已擬斷文字，分兩廳點檢，或有未安，則述所見與長貳商量。慶元四年，定逐季仲月定日斷絕之法。嘉定八年，申嚴紹熙指揮，重司直、主簿之選，增選試取人數以勸法科。

左斷刑分案三：曰磨勘，掌批會吏部等處改官事；曰宣黃，掌凡斷訖命官指揮；曰分簿，掌行分探諸案文字。設司有四：曰表奏議，掌拘催詳斷案八房斷議獄案，兼旬申月奏；曰開拆；曰知雜；曰法司。又有詳斷案八房，專定斷諸路申奏獄案等。又有敕庫，掌收管架閣文書。吏額：胥長一人，胥史三人，胥佐三十人，貼書六人，楷書十四人。隆興共減七人。右治獄分案有四：曰左右寺案，掌斷訖公事案後收理追贓等；曰驅磨，掌驅磨兩推官錢、官物、文書；曰檢法，掌檢斷左右推獄案併供檢應用條法；曰知雜。又有開拆、表奏二司；有左右推，主鞫勘諸處送下公事及定奪等。吏額：前司胥史一人、胥佐九人，表奏司一人、貼書三人，左右推胥史二人、胥佐八人、般押推司四人、貼書四人。隆興共減五人。

中華書局

鴻臚寺　舊置判寺事一人，以朝官以上充。元豐官制行，置卿一人，少卿一人，丞、主簿各一人。卿掌四夷朝貢、宴勞、給賜、送迎之事，及國之凶儀、中都祠廟、道釋籍帳除附之禁令，少卿爲之貳，丞參領之。凡四夷君長、使价朝見，辨其等位，以賓禮待之，授以館舍而頒其見辭、賜予、宴設之式，戒有司先期辦具；有貢物，則具其數報四方館，引見以進。諸蕃封册，卽行其禮命。若崇義公承襲，則辨其嫡庶，具名上尙書省。其周嵩、慶、懿陵廟，命官以時致享。若凶儀之節，宗室以服，臣僚以品，辨其喪紀而詔奠臨賻贈之制。禮應成服，則卿掌贊導之儀，葬則預戒有司具鹵簿儀物。分案四，置吏九。其官屬十有二：往來國信所，掌大遼使介交聘之事。都亭西驛及管幹所，掌河西蕃部貢奉之事。禮賓院，掌回鶻、吐蕃、党項、女眞等國朝貢館設，及互市譯語之事。懷遠驛，掌南蕃交州，西蕃龜茲、大食、于闐、甘、沙、宗哥等國貢奉之事。中太一宮、建隆觀等各置提點所，掌殿宇齋宮、器用儀物、陳設錢幣之事。在京寺務司及提點所，掌諸寺葺治之事。傳法院，掌譯經潤文。左、右街僧錄司，掌寺院僧尼帳籍及僧官補授之事。同文館及管勾所，掌高麗使命。已上並屬鴻臚寺。中興後，廢鴻臚不置，併入禮部。

司農寺　舊置判寺事二人，以兩制、朝官以上充；主簿一人，以選人充。掌供藉田九種，大中小祀供豕及蔬果、明房油，與平糴、利農之事。元豐官制行，始正職掌，置卿、少卿、丞、主簿各一人。卿掌倉儲委積之政令，總苑囿庫務之事而謹其出納，少卿爲之貳，丞參領之。凡京都官吏祿廩，辨其精粗而爲之等；諸路歲運至京師，遣官閱其名色而分納于倉庾，藁秸則歸諸場，歲具封樁、月具見存之數奏聞；給兵食則進呈糧樣，因出納而受賂刻取者，嚴其禁；有負失者，計其虧數上于倉部。凡諸路奏雨雪之闕與過多者，皆籍之。凡苑囿行幸排比及薦饗進御、頒賜植藏之物，戒有司先期辦具，造麴蘗、儲薪炭以待給用。天子親耕藉田，有事于先農，則卿奉耒耜，少卿率屬及庶人以終千畝。分案六，置吏十有八。

初，熙寧二年，置制置條例司，立常平斂散法，遣諸路提舉官推行之。三年五月，詔制置司均通天下之財，以常平新法付司農寺，增置丞、簿，而農田水利、免役、保甲等法，悉自司農講行。初以太子中允呂惠卿判司農寺，改同判寺胡宗愈爲兼判。四年，以御史知雜鄧綰判寺，曾布同判。詔諸路提舉常平官課績，田寺考校升絀〔二〕，管幹官令提舉司保明，計功賞之。六年，以司農閒遣屬官出視諸路，力有不給，乃置幹當公事官，以葉康直等四人爲之。七年，本寺言：「所主行農田水利、免役、保甲之法，措置未盡，官吏推行多違法意，欲榜諭官私，使人陳述，有司違法，從寺按察。」九年，以幹當公事官所至輒用喜怒，罷之，從熊本請也。元豐四年，減丞一，主簿三。官制行，寺監不治外事，司農事舊職務悉歸戶部右曹。

元祐三年，詔司農寺置長貳。五年，以本寺主簿兼檢法。八年，復置提轄修倉所；紹聖元年，詔罷官屬，以其事歸將作監〔三〕。四年，罷主簿，添丞一員。

政和六年，浙西諸州各置排岸一員，從兩浙運副應安道請也。所隸官屬凡五十：倉二十有五，掌九穀廩藏之事，以給官吏、軍兵祿食之用。凡綱運受納及封樁支用，月具數以報司農。草場十有二，掌受京畿芻稭，以給牧監飼秣。排岸司四，掌水運綱船輸納雇直之事。園苑四：玉津、瑞聖、宜春、瓊林苑，掌種植蔬蒔以待供進，修飭亭宇以備游幸宴設。下卸司，掌受納綱運。都麴院，掌造麴，以供內酒庫酒醴之用，及出鬻以收其直。水磨務，掌水磑磨麥，以供尙食及內外之用。內柴炭庫，掌諸薪炭，以給宮城及宿衞班直軍士薪炭席薦之物。炭場，掌儲炭以供百司之用。

建炎三年，罷司農寺，以事務併隸倉部。紹興三年，復置丞二員。凡有合行事務，申戶部施行。四年，復置寺，仍置卿、少。十年，復置簿。隆興元年，併省主簿一員，明年，詔如

舊制。乾道三年，詔糧綱有欠，從本寺斷遣監納，情理重者，大理寺推勘。分案五，南北省倉、草料場、和糴場隸焉。監倉官分上中下界，司其出納。諸場皆置監官。外有監門官，交量則有檢察斛面官，綱運下卸有排岸司官，各分其事以佐本寺。豐儲倉所，置監官二員，監門官一員。初，紹興以上供米餘數，樁管別廩，以爲水旱之助，後又增廣收糴。淳熙間，命右司爲之提領，後以屬檢正，非奉朝廷指揮不許支撥。別置赤曆，提領官結押，不許衮同司農寺收支經常米數。凡外州軍起到樁管米，從司農寺差官盤量，據納到數報本所樁管。監官、監門官遇考任滿，所屬批書外，仍于本所批書，視其有無欠折，以定其功過。在外，則鎭江、建康亦置倉焉。

太府寺　舊置判寺事一人，以兩制或帶職朝官充；同判寺一人，以京朝官充。凡廩藏貿易、四方貢賦、百官奉給，時皆隸三司，本寺但掌供祠祭香幣、帨巾、神席，及校造斗升衡尺而已。

元豐官制行，始正職掌，置卿、少卿各一人，丞、主簿各二人。卿掌邦國財貨之政令，及庫藏、出納、商稅、平準、貿易之事，少卿爲之貳，丞參領之。凡四方貢賦之輸于京師者，辨

中華書局

其名物，視其多寡，別而受之。儲於內藏者，以待非常之用；頒于左藏者，以供經常之費。凡官吏、軍兵奉祿賜予，以法式頒之，先給曆，從有司檢察，書其名數，鈎覆而後給焉。供奉之物，則承旨以進，審奏得畫，乃聽除之。若春秋授軍衣，則前期進樣，定其頒日，畿內將校營兵支請，月具其數以聞。凡商賈之賦，小賈卽門征之，大賈則輸於務。貨之不售者，平其價鬻於平準，乘時賒貸以濟民用；若貿販於官，則給用多寡，各從其抵。歲以香、茶、鹽鈔募人入豆穀實邊。卽京都闕用物，預報度支。凡課入，以盈虧定課最，行賞罰。大祀，晨祼則卿置幣，奠玉則入陳玉帛，餘祀供其帨巾。分案九，置吏六十有五。

元祐初，以倉部郎官印發文鈔，三年，復歸本寺。又詔太府置長貳。五年，令長貳每月分巡所轄庫務。元符元年，增置丞一員。三年，改市易案爲平準，其市易務亦如之。崇寧中，置藥局七所，添丞一員點檢。宣和三年減罷。靖康元年，詔內外官司局所，依熙寧法，錢物並納左藏庫，凡省一百五所。又詔戶部、太府寺長貳當職官及本庫官吏俸錢，候在京官吏支散並足，方許支給，從戶部尚書梅執禮之請也。

所隸官司二十有五：左藏東西庫，掌受四方財賦之入，以待邦國之經費，給官吏、軍兵奉祿賜予。舊分南北兩庫，政和六年修建新庫，以東西庫爲名。西京、南京、北京各置左藏庫。內藏庫，掌受歲計之餘積，以待邦國非常之用。奉宸庫，掌供內庭，凡金玉、珠寶、

良貨賄藏焉。祗候庫，掌受錢帛、器皿、衣服，以備傳詔頒給及殿庭賜予。元豐庫，掌受諸路積剩及常平錢物，凡封樁者皆入焉。神宗常憤契丹倔彊，慨然有恢復幽燕之志，聚金帛內帑，自製四言詩一章，曰：「五季失國，玁狁孔熾，藝祖造邦，思有懲艾。爰設內府，基以募士，曾孫保之，敢忘厥志。」每庫以詩一字目之；儲積皆滿。又別置庫，賦詩二十字，分揭於庫，曰：「每虔夕惕心，妄意遵遺業，顧予不武姿，何日成戎捷。」徽宗朝，又有崇寧庫、大觀庫。布庫，掌受諸道輸納之布，辨其名物以待給用。茶庫，掌受江、浙、荊湖、建、劍茶茗，以給翰林諸司及賞賚、出鬻。雜物庫，掌受內外雜輸之物，以備支用。糧料院，掌以法式頒廩祿，凡文武百官、諸司、諸軍奉料，以券準給。審計司，掌審其給受之數，以法式驅磨。都商稅務，掌收京城商旅之算，以輸于左藏。汴河上下鎖、蔡河上下鎖，掌收舟船木筏之征。都提舉市易司，掌提點貿易貨物，其上下界及諸州市易務、雜買務、雜賣場皆隸焉。市易上界，掌斂市之不售、貨之滯於民用者，乘時貿易，以平百物之直。市易下界，掌飛錢給券，以通邊糴。雜買務，掌和市百物，凡宮禁、官府所需，以時供納。雜賣場，掌受內外幣餘之物，計直以待出貨，或準折支用。榷貨務，掌折博斛斗、金帛之屬。交引庫，掌給印出納交引錢鈔之事。抵當所，掌以官錢聽民質取而濟其緩急。和劑局、惠民局，掌修合良藥，出賣以濟民疾。店宅務，掌管官屋及邸店，計置出僦及修造之事。石炭場，掌受納出賣石炭。香藥庫，掌出納外國貢獻及市舶香藥、寶石之事。

建炎詔罷太府寺，以其所掌職務撥隸金部。紹興元年，復以章億守太府寺丞，措置印給茶鹽鈔引，續添置丞二員。四年，復置卿、少各一員。十年，復置主簿。十一年，詔交引庫書押鈔引寺丞兩員，遇合推賞，各與減磨勘二年。尋詔三丞一體行之。隆興元年，併省主簿一員，明年如舊制。設案七，以序次分管。監交案，隨逐丞簿赴左藏庫監交看驗綱運錢物。中興後，所隸惟有糧料院、審計司、左藏東西庫、交引庫、祗候庫、和劑局〔四〕、惠民局如前制所置。左藏南庫，係樁管御前激賞庫改。以侍從官提領，又置提轄檢察官一員。編估局、打套局，二局係揀選市舶香藥雜物等第，會其直以待貿易。寄樁庫，掌發賣香藥、匹帛，拘其直歸于左藏南庫。置監官提領二人。

國子監 舊置判監事二人，以兩制或帶職朝官充，凡監事皆總之。直講八人，以京官、選人充，掌以經術教授諸生。舊以講書爲名，無定員。淳化五年，判監李至奏爲直講，以京朝官充。其後，又有講書、說書之名，並以幕職、州縣官充。其熟於講說而秩滿者，稍遷京官。皇祐中，始以八人爲額，每員各專一經，並選擇進士并九經及第之人，相參薦舉。丞一人，以京朝官或選人充，掌錢穀出納之事。主簿一人，以京官或選人充，掌文簿以勾考其出納。舊制，祭酒闕，始置判監事。監生無定員。並有蔭及京畿人，初

隸監授業，後補監生；或隨屬游官，以久離本貫，不克赴鄉薦，而文藝可稱，亦許隸補試。廣文教進士，太學教九經、五經、三禮、三傳學究，律學館教明律，餘不常置。元豐官制行，始置祭酒、司業、丞、主簿各一人，太學博士十人，舊係國子監直講，元豐三年，詔改爲太學博士，每經二人。正、錄各五人，武學博士二人，律學博士、正各一人。

祭酒 掌國子、太學、武學、律學、小學之政令，司業爲之貳，丞參領監事。凡諸生之隸于太學者，分三舍。始入學，驗所隸州公據，以試補中者充外舍。齋長、諭月書其行藝于籍，行謂率教不戾規矩，藝謂治經程文。季終考于學諭，次學錄，次學正，次博士，然後考于長貳。歲終校定，具注于籍以俟覆試，視其校定之數，參驗而序進之。凡私試，孟月經義，仲月論，季月策。公試，初場以經義，次場以論、策。試上舍如省試法。凡內舍行藝與所試之等俱優者，爲上舍上等，取旨命官；一優一平爲中，以俟殿試；一優一否或俱平爲下，以俟省試。唯國子生不預考選。凡課試、升黜、教導之事，長貳皆總焉。車駕幸學，則率官屬諸生班迎，卽行在距學百步亦如之。凡釋奠于先聖、先師及武成王，則率官屬諸生共薦獻之禮。歲計所隸三舍生升降多寡之數，以爲學官之殿最賞罰。

博士，掌分經講授，考校程文，以德行道藝訓導學者。正、錄，掌舉行學規，凡諸生之戾規矩者，待以五等之罰，考校訓導如博士之職。職事學錄五人，掌與正、錄通掌學規。學諭二十人，掌以所授經傳諭諸生。直學四人，掌諸生之籍及幾察出入。凡八十齋，齋置長、諭各一人，掌表率齋生，凡戾規矩者，糾以齋規五等之罰，仍月考齋生行藝，著于籍。武學博士、學諭各二人，掌以兵書、弓馬、武藝訓誘學者。律學博士二人，掌傳授法律及校試之事。小學，置職事教諭二人，掌訓導及考校責罰。學長二人，掌序齒位、糾不如儀者。集正二人，掌籍諸生名氏，糾程課不逮者。

熙寧初，詔用經術取士，廣闢黌舍，分爲三學，增置生徒，總二千八百人。隸籍有數，給食有等，庫書有官，治疾有醫。分案八，置吏十。元豐三年，詔自今奏舉太學博士，先以所業進呈。五年，詔國子監官差承務郎以上，闕卽差選人充正官，立行、守、試請奉法〔五〕。八年，詔罷太學保任同罪法。

元祐元年，詔太學每歲公試，以司業、博士主之，如春秋補試法。左司諫王巖叟言：「太學生補中人，乞並許應舉，罷一年之限。」詔國子監立法。又詔給事中孫覺、祕書少監顧臨、崇政殿說書程頤、國子監長貳看詳修立國子監條例。又詔置春秋博士一員。二年，增司業

一員。又詔內外學官選年三十以上歷任人充。三年，詔國子監置長貳。四年，詔太學正、錄依熙寧法，選上舍生充，闕則以內舍生。五年，殿中侍御史岑象求言：「國子監無叩問師資之益，學官不以訓導爲己任，補試伺察不嚴，有假手之弊。」詔禮部相度以聞。本部言：「生員遇有請益，許見長貳。仍詔生員以所納齋課於講堂上指諭，并委博士逐月巡所隸齋，詢考生員所業。凡私試不鎖宿，欲令不罷講說。」從之。

紹聖元年，監察御史劉拯言：「太學復行元豐中三舍推恩注官、免省試、免解試之制。夫舊法欲行，必先嚴考察。請自今太學長貳、博士、正錄，選學行純備、衆所推服者爲之，有弛慢不公，考察不實，則重加譴責；差職掌長諭改正如元豐舊制。」從之。又詔：「內外學官非制科、進士出身及上舍生入官者，並罷。」又詔：「太學正、錄依元豐舊制，各置五人。」又詔：「太學三舍生並依元豐學制，重行考察，依舊條推恩。」左司諫翟思言：「元豐太學令訓迪糾禁亦具矣，今追復經義取士，乞令有司看詳，依舊頒行。」詔送國子監。又詔：「內外學官選進士出身及經明行修人。」又詔學官並召試，國子監長貳、臺諫官、外監司皆許薦舉。三年，司業龔原言：「公試依元豐舊制，以長貳監試，輪差博士五員考試，乞朝廷更差官五員參考。」從之。元符元年，詔有官人許入太學充監生，毋過四十人。三年，復置春秋博士。崇寧元年省罷。

崇寧元年，宰臣蔡京言：「有詔天下皆興學貢士，以三舍考選法遍行天下，聽每三年貢入太學。上舍試仍別爲考，分爲三等，若試中上等，補充太學上舍，試中中等、下等者，補充內舍；餘爲外舍生。仍建外學于國之南，待其歲考行藝，升之太學。其外學官屬：司業一人，丞一人，博士十人，學正五人，學錄五人；職事人係學生充〔六〕：學錄五人，學諭十人，直學二人，齋長、齋諭各一人。外舍生三千人，太學上舍一百人，內舍三百人，候將來貢試到合格者，卽上舍以二百人、內舍以六百人爲額。處上舍、內舍于太學，處外舍于外學。外學置齋一百，講堂四，每齋三十人。太學自訟齋移於外學。諸路貢士並入外學，候依法考選校試合格，升之太學爲上舍、內舍生。見爲太學外舍生，依舊在太學，候外學成日取旨。外學並依太學敕、令、格、式。」從之。二年，罷春秋博士。三年，詔辟雍置司成、司業各一員。四年，詔：「辟雍待四方貢士，在國之郊，太學敎養上舍生，在王城之內，內外旣殊，高下未倫；辟雍有司成在侍郎之次，國子有祭酒、司業列於卿、少，事體不順，合行釐正。」改辟雍司成爲太學司成，總國子監及內外學事，凡學之事，皆許專達。仍立學官謁禁。

大觀元年，置國子博士四員，國子正、錄各二員，太學、辟雍博士共置二十員，國子、太學每經一員，辟雍二員。從薛昂之請也。三年，詔諸路贍學餘錢並起發充在京學事支用。四年，詔省國子、辟雍博士五員，太學命官學錄一員，辟雍二員，國子命官正、錄及命官直

學、國子監書庫官等官，並省罷，依紹聖格，毋用謄錄。政和元年，詔兩學博士、正、錄依舊制選試，朝廷除授。七年，新提舉河東路學事王格言：「崇寧初，建辟雍于郊，以處貢士及外舍生，立太學于國，以處上舍、內舍。由州、郡而貢之辟雍，由辟雍而升之太學。法行之初，上、內舍之選未衆，故外舍有校定者留太學，無校定者出辟雍。比年上、內舍人日增，而太學又有國子隨行親及小學生，人數已多，居處迫隘，乞以外舍生有無校定，並居辟雍，升補上、內舍乃入太學。」從之。八年，詔兩學博士、正、錄并諸州教授兼用元豐試法，仍止試一經。吏部具到元豐法：進士第一甲，或省試十名內，或府、監發解五名內，或太學公、私試三名內，或季試兩次爲第一人，或上舍、內舍生，或曾充經諭〔七〕以上職掌，或投所業乞試，並聽試，入上等注博士，中下等注正、錄，卽人多闕少，願注諸州教授者聽。

宣和三年，詔罷天下三舍，太學以三舍考選，開封府及諸路以科舉取士。州學未行三舍以前，應置學官〔八〕及養士去處，依元豐舊制。太學生並撥塡舊額，辟雍正額入太學者，撥入額外，依舊制遇闕塡〔九〕。諸內舍上等校定人願入太學者，與免補試。辟雍官屬並罷。又詔國子博士、正、錄改充太學正、錄〔一〇〕。七年，臣僚言：「熙、豐間，博士未嘗除代，近年以來，席未暖而代者已至，當從正、錄第進。新除太學博士胡世將、周利建乞改除正、錄，候將來升爲博士。」從之。

靖康元年，諫議大夫馮澥言：「朝廷罷元祐學術之禁，不專王氏之學，六經之旨，其說是者取之。今學校或主一偏之說，執一偏之見，願詔有司考校，敢私好惡去取，重行黜責。」又詔太學博士替成資闕。

建炎三年，詔國子監併歸禮部。未幾，詔復養生徒，置博士。紹興十二年，置祭酒、司業各一人。十三年〔二〕，太學成，增置博士、正、錄。參用元祐、紹聖監學法，修立監學新法。詔國子博士、正、錄通治諸齋。學官闕，從本監選舉。其後，監學博士、正、錄增減不齊，兼攝並置不一。至隆興以後，正、錄不兼權，祭酒、司業並置，復書庫官；又定國子博士一員，太學博士三員，正、錄共四員，學官之制始定。淳熙四年，置監門官一員，兼管石經閣，以不釐務使臣充，以後相承不改。

武學　慶曆三年，詔置武學于武成王廟，以阮逸爲教授。八月，罷武學，以議者言「古名將如諸葛亮、羊祜、杜預等，豈專學孫、吳」故也。熙寧五年，樞密院言：「古者出師受成於學，文武弛張，其道一也，乞復置武學。」詔于武成王廟置學。元豐官制行，改教授爲博士。紹興十六年，詔修建武學，武博、武諭以兵書、弓馬、武藝誘誨學者。紹興二十六年，詔武學博士、學諭各置一員，內博士於文臣有出身或武舉出身曾預高選充，其學諭差武學

人，後又除文臣之有出身者。

宗學　元豐六年，宗室令鑠乞建宗學，詔從之，既而中輟，建中靖國元年復置。崇寧初，立月書、季考法〔三〕。南渡初，建學。嘉定更新置四齋，後再增三齋。宗學博士，舊諸王宮大小學教授也。至道元年，太宗將爲皇姪等置師傅，執政謂環衞之官非親王比，當有降，乃以教授爲名。咸平初，遂命諸王府官分兼南、北宅教授。南宮者，太祖、太宗諸王之子孫處之，所謂睦親宅也。崇寧五年，又改稱某王宮宗子博士，位國子博士之上。靖康之亂，宗學遂廢。紹興四年，始復置諸王宮大小學教授二員，隆興省其一。嘉定九年十二月，始復置宗學，改教授爲博士，又置宗學諭一員，並隸宗正寺，在太常博士之下，諭在國子正之上，奉給、賞典依國子博士及正例，於是宗室疏遠者皆得就學。旋有旨復存諸王宮大小學教授一員。

書庫官　淳化五年，判國子監李志〔三〕言：「國子監舊有印書錢物所，名爲近俗，乞改爲國子監書庫官。」始置書庫官，以京朝官充。掌印經史羣書，以備朝廷宣索賜予之用，及出鬻而收其直以上於官。元豐三年省。中興後，併國子監入禮部。紹興十三年，復置一

員；三十一年，罷。隆興初，詔主簿兼書庫。乾道七年，復置一員。

少府監　舊制，判監事一人，以朝官充。凡進御器玩、后妃服飾、雕文錯綵工巧之事，分隸文思院、後苑造作所，本監但掌造門戟、神衣、旌節，郊廟諸壇祭玉、法物，鑄牌印朱記，百官拜表案、褥之事。凡祭祀，則供祭器、爵、瓚、照燭。

元豐官制行，始置監、少監、丞、主簿各一人〔四〕。監掌百工伎巧之政令，少監爲之貳，丞參領之。凡乘輿服御、寶册、符印、旌節、度量權衡之制，與夫祭祀、朝會展采備物，皆率其屬以供焉。庀其工徒，察其程課、作止勞逸及寒暑早晚之節，視將作匠法，物勒工名，以法式察其良窳。凡金玉、犀象、羽毛、齒革、膠漆、材竹，辨其名物而攷其制度，事當損益，則審其可否，議定以聞。

熙寧中，已釐歸有司，官制行，皆復舊。元豐元年，工部言：「文思院上下界諸作工料條格，該說不盡，功限例各寬剩，乞委官檢照前後料例功限，編爲定式。」從之。又詔：「文思監官除內侍外，令工部、少府監同議選差。」崇寧三年詔：「文思院兩界監官，立定文臣一員、武臣二員，並朝廷選差，其內侍幹當官並罷。」

分案四，置吏八。所隸官屬五：文思院，掌造金銀、犀玉工巧之物，金采、繪素裝鈿之飾，以供輿輦、册寶、法物凡器服之用。綾錦院，掌織絍錦繡，以供乘輿凡服飾之用。染院，掌染絲枲幣帛。裁造院，掌裁製服飾。文繡院，掌纂繡，以供乘輿服御及賓客祭祀之用。崇寧三年置，招繡工三百人。

舊置南郊祭器庫監官二人，太廟祭器法物庫監官二人，掌祠祭器服之名物，各有專典。

旌節官二人，鑄印篆文官二人。諸州鑄錢監監官各一人。以上並屬少府監。

將作監　舊制，判監事一人，以朝官以上充。凡土木工匠之政、京都繕修隸三司修造案；本監但掌祠祀供省牲牌、鎮石、炷香、盥手、焚版幣之事。

元豐官制行，始正職掌。置監、少監各一人，丞、主簿各二人。監掌宮室、城郭、橋梁、舟車營繕之事，少監爲之貳，丞參領之。凡土木工匠板築造作之政令總焉。辨其才幹器物之所須，乘時儲積以待給用，庀其工徒而授以法式；寒暑蚤暮，均其勞逸作止之節。凡營造有計帳，則委官覆視，定其名數，驗實以給之。歲以二月治溝渠，通壅塞。乘輿行幸，則預戒有司潔除，均布黃道。凡出納籍帳，歲受而會之，上于工部。熙寧初，以嘉慶院爲監，

二十四史

中華書局

其官屬職事，稽用舊典，已而盡追復之。元祐七年，詔頒將作監修成營造法式。八年，又詔本監營造檢計畢，長貳隨事給限，丞、簿覆檢。元符元年，三省言：「將作監主簿二員，乞將先到任一員改充幹當公事，候成資替罷。」從之。崇寧五年，詔將作監，應承受前後特旨應副外，路并府、監修造差撥人工物料，遵執元豐條格，不得應副。宣和五年，詔罷營繕所歸將作監。

分案五，置吏二十有七。所隸官屬十：修內司，掌宮城、太廟繕修之事。東西八作司，掌京城內外繕修之事。竹木務，掌修諸路水運材植〔二五〕及抽算諸河商販竹木，以給內外營造之用。事材場，掌計度材物，前期樸斲，以給內外營造之用。麥䴬場，掌受京畿諸縣夏租麲䴬，以給圬墁之用。窰務，掌陶爲塼瓦，以給繕營及缾缶之器。丹粉所，掌燒變丹粉，以供繪飾。作坊物料庫第三界，掌儲積材物，以備給用。退材場，掌受京城內外退棄材木，掄其長短有差，其曲直中度者以給營造，餘備薪爨。簾箔場，掌抽算竹木、蒲葦，以供簾箔內外之用。

建炎三年，詔將作監併歸工部。紹興三年，復置丞，仍兼總少府之事。十年，置主簿一員。十一年，詔依司農、太府寺，置長貳一員。隆興初，宮室無所營繕，職務簡省，百工器用屬之文思院，以隸工部；本監惟置丞一員，餘官虛而不除。乾道以後，人材甚多，監、少、丞、

簿無闕，凡臺省之久次與郡邑之有聲者，悉寄徑于此，自是號爲儲才之地，而營繕之事，多俾府尹、畿漕分任其責焉。

軍器監　國初，戎器之職領于三司胄案〔二六〕，官無專職。熙寧六年，廢胄案，乃按唐令置監，以從官總判。元豐正名，始置監、少監各一人，丞二人，主簿一人。監掌監督繕治兵器什物，以給軍國之用，少監爲之貳，丞參領之。凡利器以法式授工徒，其弓矢、干戈、甲胄、劍戟戰守之具，因其能而分任之，量用給材，旬會其數以考程課，而輸于武庫，委遣官詣所隸檢察。凡用膠漆、筋革、材物必以時，課百工造作，勞逸必均，歲終閱其良否多寡之數，以詔賞罰。器成則進呈便殿，俟閱試而頒其樣式于諸道。即要會州建都作院分造器械，從本監比較而進退其官吏焉。元祐三年，省丞一員，紹聖中復置。政和三年，應御前軍器監所頒降軍器樣製，非長貳當職官不得省閱，及傳寫漏洩，論以違制。

分案五，置吏十有三。所隸官屬四：東西作坊，掌造兵器、旗幟、戎帳、什物，辨其名色，謹其繕作，以輸于受藏之府。兵校工匠，其役有程，視精麤利鈍以爲之賞罰。作坊物料庫，掌收鐵錫、羽箭、油漆之屬。皮角場，掌收皮革、筋角，以供作坊之用。南渡置御前軍器所。建炎三年，詔軍器監併歸工部，東西作坊、都作院併入軍器所。紹興三年，復置丞一員，令工部相度合管職事歸之。十一年，詔復置長貳各一員。十四年，以朝奉大夫趙子厚守軍器監，宗室爲寺監長貳自此始。

隆興初，詔置造軍器，已有軍器所隸工部，本監惟置丞一員。乾道五年，復置少監及簿。六年，以少監韓玉往建康點檢物馬，以奉使軍器少監爲名。是年，復置監一員。淳熙初元，詔戎器非進入毋輒出所，由是呈驗寖省。二年，錢良臣以少監總領淮東財賦；八年，沈揆復以監長行。諸監長貳自是始許總餉外帶，然二人實初兼版曹職事。嘉定十四年，岳珂獨以軍器監總餉淮東。是後，戎所、作坊已備官于下，宥府、起部並提綱于上，監居其間，事務稀簡，特爲儲才之所焉。

都水監　舊隸三司河渠案，嘉祐三年，始專置監以領之。判監事一人，以員外郎以上充；同判監事一人，以朝官以上充；丞二人，主簿一人，並以京朝官充。輪遣丞一人出外治河埽之事，或一歲再歲而罷，其有諳知水政，或至三年。置局于澶州，號曰外監。元豐正名，置使者一人，丞二人，主簿一人。使者掌中外川澤、河渠、津梁、堤堰疏鑿浚

治之事，丞參領之。凡治水之法，以防止水，以溝蕩水，以澮寫水，以陂池瀦水。凡江、河、淮、海所經郡邑，皆頒其禁令。視汴、洛水勢漲涸增損而調節之。凡河防謹其法禁，歲計茭揵之數，前期儲積，以時頒用，各隨其所治地而任其責。興役以後月至十月止，民功則隨其先後毋過一月。若導水溉田及疏治壅積爲民利者，定其賞罰。凡修堤岸、植榆柳，則視其勤惰多寡以爲殿最。南、北外都水丞各一人，都提舉官八人，監埽官百三十有五人，皆分職涖事；即干機速，非外丞所能治，則使者行視河渠事。

元豐八年〔二七〕，詔提舉汴河堤岸司隸本監。先是，導洛入汴，專置堤岸司；至是，亦歸之有司。元祐四年，復置外都水使者。五年，詔南、北外都水丞並以三年爲任。七年，方議回河東流，乃詔河北、京西漕臣〔二八〕及開封府界提點，各兼南、北外都水事；紹聖元年罷。元符三年，詔罷北外都水丞，以河事委之漕臣；三年，復置。重和元年，工部尚書王詔言，乞選差曾任水官諳練者爲南、北兩外丞，從之。宣和三年，詔罷南、北外都水丞司，依元豐法，通差文武官一員。

分案七，置吏三十有七。所隸有：街道司，掌轄治道路人兵，若車駕行幸，則前期修治，有積水則疏導之。

建炎三年，詔都水監置使者一員。紹興九年，復置南、北外都水丞各一員，南丞于應天

中華書局

府，北丞于東京置司。十年，詔都水事歸于工部，不復置官。

司天監　監　少監　丞　主簿　春官正　夏官正　中官正　秋官正　冬官正　靈臺郎　保章正　挈壺正各一人。掌察天文祥異，鍾鼓漏刻，寫造曆書，供諸壇祀祭告神名版位畫日[一九]。監及少監闕，則置判監事二人。以五官正充。禮生四人，曆生四人，掌測驗渾儀，同知算造、三式[二〇]。元豐官制行，罷司天監，立太史局，隸祕書省。

校勘記

[一]推輪規摹　「推輪」，當誤。長編卷二九六作「椎輪」，宋會要職官二四之七作「推論」。

[二]考校升絀　「絀」原作「出」，據宋會要職官四三之五改。

[三]將作監　「作」字原脫。按宋會要職官二六之一六：「至紹聖元年三省言：自復修倉所，所修屋宇較未置以前不甚相遠。詔罷所置官屬，事歸將作監。」將作監掌修繕營造之事，見下文。據補。

[四]和劑局　原作「和劑庫」。按繫年要錄卷九七說：「初置行在和劑局。」宋會要職官二七之六六也說：「內將藥局一所，以和劑局爲名。」上文也作「和劑局」，據改。

[五]行守試請奉法　按宋會要職官二八之一〇、長編卷三二六都作「行、守、試請受法」。

[六]職事人係學生充　「係」原作「保」。按本書卷一五七選舉志：「學生充學諭者十人，直學二人。」宋會要職官二八之一五作「係」，是，據改。

[七]經論　宋會要職官二八之二一作「經諭」，疑「論」是「諭」字形近之訛。

[八]學宮　宋會要職官二八之二二作「學官」，疑「宮」字係「官」字形近之訛。

[九]遇闕塡　「遇」原作「過」，「闕塡」二字原倒。同上書同條作「遇闕塡」，是，據改。

[一〇]詔國子博士正錄改充太學正錄　文義不協，按宋會要職官二八之二二作：「詔國子博士、正、錄改充太學博士、正、錄。」此處「太學」下當脫「博士」二字。

[一一]十三年　原作「十二年」，據宋會要職官二八之二三、二四和繫年要錄卷一四九改。

[一二]月書季考法　「考」字原脫，據宋會要崇儒一之一、通考卷五七職官考補。

[一三]李志　疑當作「李至」，按上文記淳化五年判國子監的是李至，本書卷二六六李至傳同，「志」字當是「至」字之訛。

[一四]始置監少監丞主簿各一人　「置」原作「制」，「監」字原脫。按下文說：「監掌百工伎巧之政令，少監爲之貳，丞參領之。」則當時所置長官當有監。通考卷五七職官考作「置監、少監、丞、主簿各一人」，據改。

[一五]掌修諸路水運材植　「修」，通考卷五七職官考作「受」，疑是。

[一六]三司冑案　「冑」下原衍「曹」字，據下文和本書卷一六二職官志、通考卷五七職官考刪。

[一七]元豐八年　「元豐」原作「元祐」。按此事長編卷三五六、通考卷五七職官考都繫於元豐八年，據改。

[一八]河北京西漕臣　「京西」原作「東西」。本書卷九二河渠志作「河北、京西轉運使、副、判官」，通考卷五七職官考作「河北、京西漕臣」，據改。

[一九]晝日　原作「書日」，據宋會要職官三一之三、職官分紀卷一七改。

[二〇]三式　原作「王式」，據本書卷一五七選舉志算學條、宋會要職官三一之四改。

宋史卷一百六十六

志第一百一十九

職官六

殿前司　侍衞親軍　環衞官　皇城司　三衙官(一)　客省引進　四方館　東西上閤門　帶御器械　入內內侍省　內侍省　開封府　臨安府　河南應天府　次府　節度使　承宣觀察防禦等使

殿前司　都指揮使、副都指揮使、都虞候各一人。掌殿前諸班直及步騎諸指揮之名籍，凡統制、訓練、番衞(二)、戍守、遷補、賞罰，皆總其政令。而有都點檢、副都點檢之名，在都指揮之上，後不復置。入則侍衞殿陛，出則扈從乘輿，大禮則提點編排，整肅禁衞鹵簿儀仗，掌宿衞之事。都指揮使以節度使爲之，而副都指揮使、都虞候以刺史以上充，資序

淺則主管本司公事，馬步軍亦如之。備則通治，闕則互攝。凡軍事皆行以法，而治其獄訟，若情不中法，則稟奏聽旨。

騎軍有殿前指揮使、內殿直、散員、散指揮、散都頭、散祗候、金鎗班、東西班、散直、鈞容直及捧日以下諸軍指揮。步軍有御龍直、骨朶子直、弓箭直、弩直及天武以下諸軍指揮。諸班有都虞候指揮使(三)、都軍使、都知、副都知、押班。御龍諸直，有四直都虞候，本直各有都虞候、指揮使、副指揮使、都頭、副都頭、十將、將虞候。騎軍、步軍，有捧日、天武左右四廂都指揮使，捧日、天武左右廂各有都指揮使。每軍有都指揮使、都虞候，每指揮有指揮使、副指揮使，每都有軍使、副兵馬使、十將、將虞候、承局、押官，各以其職隸于殿前司。

元祐七年，簽書樞密院王巖叟言：「祖宗以來，三帥不曾闕兩人，若殿帥闕，難於從下超補，姚麟係殿前都虞候，合升作步軍副都指揮使。」紹聖三年，詔：「殿前指揮使金鎗弩手班、龍旗直所減人額及排定班分，並依元豐詔旨。」政和四年，詔：「殿前都指揮使在節度使之上，殿前副都指揮使在正任承宣使之上，殿前都虞候在正任防禦使之上。」

渡江後，都指揮闕虛不除，則以主管殿前司一員任其事。其屬有幹辦公事、主管禁衞二員，準備差遣、準備差使、點檢醫藥飯食各一員，書寫機宜文字一員。本司掌諸班直禁旅扈衞之事，捧日、天武四廂隸焉。訓齊其衆，振飭其藝，通輪內宿，併宿衞親兵並聽節制。其

下有統制、統領、將佐等分任其事。凡諸軍班直功賞、轉補，行門拍試、換官，閱實排連以詔于上；諸殿侍差使年滿出職，祗應參班，覈其名籍；以時教閱，則謹鞍馬、軍器、衣甲之出入；軍兵有獄訟，則以法鞫治。初，渡江草創，三衙(四)之制未備，稍稍招集，填置三帥(五)，資淺者，各有主管某司公事之稱。又別置御營司，擢王淵爲都統制。其後外州駐箚，又有御前諸軍都統制之名。又併入神武軍，以舊統制、統領改充殿前司統制、統領官。

乾道中，臣僚言：「三衙軍制名稱不正。以舊制論之，軍職大者凡八等，除都指揮使或不常置外，曰殿前副都指揮使、馬軍副都指揮使、步軍副都指揮使，次各有都虞候，次有捧日、天武四廂都指揮使，龍、神衞四廂都指揮使，秩秩有序，若登第然；降此而下，則分營、分廂各置副都指揮使。邊境有事，命將討捕，則旋立總管、鈐轄、都監之名，使各將其所部以出，事已復初。今以宿衞虎士而與在外諸軍同其名，以統制、統領爲之長，又使遙帶外路總管、鈐轄，皆非舊典。所當法祖宗之舊，正三衙之名，改諸軍爲諸廂，改統制以下爲都虞候、指揮使，要使宿衞之職，預有差等，士卒之心，明有所係，異時拜將，必無一軍皆驚之舉。」時不果行。淳熙以後，四廂之職多虛，而殿司職司有權管幹，有時暫照管之號，愈非乾道以前之比矣。

侍衞親軍馬軍　都指揮使、副都指揮使、都虞候各一人，掌馬軍諸指揮之名籍，凡統制、訓練、番衞、戍守、遷補、賞罰，皆總其政令；侍衞扈從，及大禮宿衞，所掌如殿前司官。所領馬軍，自龍衞而下有左右四廂都指揮使(六)，龍衞左右廂各有都指揮使。每軍有都指揮使、都虞候，每指揮有指揮使、副指揮使(七)，每都有軍使、副兵馬使、十將、將虞候、承勾、押官，各以其職隸于馬軍司。政和四年，詔以馬軍都指揮使、馬軍副都指揮使在正任觀察使之上，馬軍都虞候在正任防禦使之上。

中興後，置主管侍衞馬軍司一員，其屬有幹辦公事、準備差遣、點檢醫藥飯食各一員，掌出戍建康(八)，差主管機宜文字一員，掌馬軍之政令。凡出入扈衞、守宿以奉上，開收閱習，轉補以勵下，如殿前司。凡名籍覈其在亡，過則以法繩之，有巡防救應，則糾率差撥龍衞四廂隸焉。

侍衞親軍步軍　都指揮使、副都指揮使、都虞候各一人，掌步軍諸指揮之名籍，凡統制、訓練、番衞、戍守、遷補、賞罰，皆總其政令；侍衞扈從，及大禮宿衞，如殿前司。所領步軍，自神衞而下有左右四廂都指揮使(九)，左右廂各有都指揮使。每軍有都指揮使、都虞

候，每指揮有指揮使、副指揮使，每都有都頭、副都頭、十將、將虞候、承勾、押官，各以其職隸于步軍司。政和四年，詔以步軍都指揮使、步軍副都指揮使在正任觀察使之上，都虞候[10]在正任防禦使之上。

中興後，置主管侍衞步軍司一員，其屬有幹辦公事二員，準備差遣、點檢醫藥飯食各一員，掌步軍之政令。凡出入扈衞、守宿以奉上，開收閱習、轉補以勵下，如殿前司。凡名籍校其在亡，過則以法繩之，有巡防敎應，則糾率差撥神衞四廂隸焉。

環衞官　左、右金吾衞上將軍　大將軍　將軍　中郎將　郎將

左、右衞上將軍　大將軍　將軍　中郎將　郎將

左、右驍衞上將軍　大將軍　將軍

左、右武衞上將軍　大將軍　將軍

左、右屯衞上將軍　大將軍　將軍

左、右領軍衞[11]上將軍　大將軍　將軍

左、右監門衞上將軍　大將軍　將軍

左、右千牛衞上將軍　大將軍　將軍　中郎將　郎將

諸衞上將軍、大將軍、將軍，並爲環衞官，無定員，皆命宗室爲之，亦爲武臣之贈典；大將軍以下，又爲武官責降散官。政和中，改武臣官制，而環衞如故，蓋雖有四十八階，別無所領故也。靖康元年，詔以武安軍節度使錢景臻等爲左金吾衞上將軍，保信軍節度使劉敷等爲右金吾衞上將軍，用御史中丞陳過庭言，遵藝祖開寶初罷王彥超、武行德等歸環衞故事也。其禁兵分隸殿前及侍衞兩司，所稱十二衞將軍，皆空官無實，中興多不除授。隆興中，始命學士洪遵等討論典故，復置十六衞，號環衞官。其法：節度使則領左、右金吾衞上將軍，承宣使則領左、右衞上將軍，在內則兼帶，在外則不帶；正任爲上將軍，遙郡爲大將軍，正親兄弟子孫試充[12]。又詔祖宗諸后自明肅至欽慈諸后及后妃嬪御之家，各具本宗堪充諸衞官以名銜聞。又詔三衞郎爲三衞侍郎。又詔博士並差文臣。崇寧四年二月置，五年正月罷。

皇城司　幹當官七人，以武功大夫以上及內侍都知、押班充。掌宮城出入之禁令，凡周廬宿衞之事、宮門啓閉之節皆隸焉。每門給銅符二、鐵牌一，左符留門，右符請鑰，鐵牌則請鑰者自隨，以時參驗而啓閉之。總親從、親事官名籍，辨其宿衞之地，以均其番直；人物僞冒不應法，則譏察以聞。凡臣僚朝覲，上下馬有定所，自宰相、親王以下，所帶人從有定數，揭牓以止其喧閧。元豐六年，詔幹當皇城司，除兩省都知、押班外，取年深者減罷，止留十員。元祐元年，詔幹當官閱三年無過者遷秩一等，再任滿者減磨勘二年。元符元年，詔：「應宮城出入請納官物，呈稟公事，傳送文書，并御廚、翰林、儀鸞司非次祗應，聽於便門出入，卽不由所定門者，論如闌入律。應差辦人物入內，及內諸司差人往他所應奉，並前一日具名數與經歷諸門報皇城司。」二年，詔皇城司任滿酬獎依熙寧五年指揮，再任滿無遺闕，取旨。政和五年，詔皇城司可創置親從弟五指揮，以七百人爲額，親從官舊有四指揮，元額共二千二百七十人。仍以五尺九寸一分六釐[13]使爲將軍，副使爲中郎將，使臣以下爲左、右郎將，通以十員爲額。宗室不在此例。除管軍則解，或領閤門、皇城之類則仍帶，雖戚里子弟，非戰功人不除。批書印紙屬殿前司。是時，帝諭宰相，以爲如文臣館閣儲才之地。紹熙初，嘗欲留闕以儲將才，循初意也。嘉泰中，復申明隆興之詔，屏除貪得妄進，以重環尹之官。嘉定二年，復因臣僚言，專以曾爲兵將有功績[14]及名將子孫之有才略者充。通前後觀之，可以見環衞儲才之意。

三衞官　三衞郎一員，秩比太中大夫；中郎爲之貳，文武各一員，秩比朝議大夫。博士二員，主簿一員。親衞府郎十員，中郎十員；勳衞府郎十員，中郎十員；翊衞府郎二十員，中郎二十員；文武各四十員。三衞郎治其府之事，率其屬日直于殿陛，長在左，立起居郎之前；貳分左右，文東武西，立都承旨之後；仗退，治事于府。博士掌敎道，校試三衞所習文武之藝。親衞立于殿上兩旁，勳衞立于朵殿，翊衞立于兩階衞士之前。三衞郎依給、舍，中郎依少卿，餘依寺丞。親衞官以后妃嬪御之家有服親，及翰林學士并管軍正任觀察使以上子孫；勳衞官以勳臣之世、賢德之後有服親，太中大夫以上及正任團練使、遙郡觀察使以上；翊衞官以卿監、正任刺史、遙郡團練使以上，並以爲等[15]。其將校、十將、節級等應合行事件，比第四指揮及見行條貫。六年三月，應臣僚輒帶售雇人入宮門，罪賞並依宗室法，將帶過數止坐本官，若兼領外局，所定人從非隨本官輒入者，依闌入法。十一月，詔嘉王楷差提舉皇城司整肅隨駕禁衞所。靖康元年，詔應入皇城門，依法服本色，輒衣便服及不裹頭帽入出者並科罪。所隸官屬一：冰井務，掌藏冰以薦獻宗廟、供奉禁庭及邦國之用，若賜予臣下，則以法式頒之。

中興初，爲行營禁衞所，差主管官，掌出入皇城宮殿門等敕號，察其假冒，車駕行幸則

糾察導從。紹興元年，改稱行在皇城司。提舉官一員，提點官二員，幹當官五員，以諸司副使、內侍都知押班充。掌皇城宮殿門，給三色牌號，稽驗出入。凡親從、親事官五指揮，入內院子、守闕入內院子指揮，總其名籍，均其勞役，察其功過而賞罰之。凡諸門必謹所守；蠲潔齋肅，郊祀大禮，則差撥隨從守衞；有宴設，則守門約闌。每年春秋，按賞親從逐指揮、親事官第一指揮、長行三色武藝、弓弩槍手。皇城周回或有墊陷，移文修整。嘉定間，臣僚言：「皇城一司，總率親從，嚴護周廬，參錯禁旅，權亞殿巖，乞專以知閤、御帶兼領。仍立定親從員額，以革泛濫。」並從之。

客省、引進使　客省使、副使各二人。掌國信使見辭宴賜，及四方進奉、四夷朝覲貢獻之儀，受其幣而賓禮之，掌其饔餼飲食，還則頒詔書，授以賜予；宰臣以下節物，則視其品秩以為等。若文臣中散大夫、武臣橫行刺史以上還闕朝覲，掌賜酒饌。使闕，則引進、四方館、閤門使副互權。大觀元年，詔客省、四方館不隸臺察。政和二年，改定武選新階，乃詔客省、四方館、引進司、東西上閤門所掌職務格法，並令尚書省具上。又詔高麗已稱國信，改隸客省。靖康元年，詔客省、引進司、四方館、西上閤門為殿庭應奉，與東上閤門一同

隸中書省，不隸臺察。

引進司使、副各二人。掌臣僚、蕃國進奉禮物之事，班四方館上。使闕，則客省、四方館互兼。

四方館使　二人。掌進章表，凡文武官朝見辭謝、國忌賜香，及諸道元日、冬至、朔旦慶賀起居章表，皆受而進之；郊祀大朝會，則定外國使命及致仕、未升朝官父老陪位之版，進士、道釋亦如之。掌凡護葬、賻贈、朝拜之事。客省、四方館，建炎初併歸東上閤門，皆知閤總之。

東、西上閤門　東上閤門、西上閤門使各三人，副使各二人，宣贊舍人十人，舊名通事舍人，政和中改。祗候十有二人。掌朝會宴幸、供奉贊相禮儀之事，使、副承旨稟命，舍人傳宣贊謁，祗候分佐舍人。凡文武官自宰臣、宗室自親王、外國自契丹使以下朝見謝辭皆掌之，視其品秩以為引班、敍班之次，贊其拜舞之節而糾其違失。若慶禮奉表，則東上閤門掌之；慰禮進名，則西上閤門掌之。月進班簿，歲終一易，分東西班揭貼以進。自客省而下，因事建官，皆有定員，遂立積考序遷之法，聽其領職居外，增置看班祗候六人，由看班遷至使皆五年，使以上七年，遇闕乃遷，無闕則加遙郡。

元豐七年，詔客省、四方館使副領本職外，官最高者一員兼領閤門事。元祐元年，詔客省、四方館、閤門並以橫行通領職事。紹聖三年，詔看班祗候有闕，令吏部選定，尚書省呈人材，中書省取旨差。崇寧四年，詔宣贊播告，直誦其辭。大觀元年，詔閤門依殿中省例，不隸臺察。政和六年，詔閤門依元豐法隸門下省。靖康元年，詔閤門並立員額。監察御史胡舜陟奏：「閤門之職，祖宗所重，宣贊不過三五人，熙寧間，通事舍人十三員，祗候六人，當時議者猶以為多。今舍人一百八員，祗候七十六員，看班四員，內免職者二百三員，由宦侍恩倖以求財，朱勔父子交賣尤多〔一六〕，富商豪子往往得之。真宗時，諸王夫人因聖節乞補閤門，帝曰：『此職非可以恩澤授。』不許。神宗即位之初，用宮邸直省官鄭昭選為閤門祗候，司馬光言：『此祖宗以蓄養賢才，在文臣為館職〔一七〕。』其重如此，今豈可賣以求財，乞賜裁省。」故有是詔。

舊制有東、西上閤門，多以處外戚勳貴。建炎初元，併省為一，其引進司、四方館併歸閤門，客省循舊法，非橫行不許知閤門。紹興元年，帝以宋錢孫藩邸舊人，稍習儀注，命轉行橫行一官，主管閤門。又曰：「藩邸舊人，自內侍及使臣皆不與行在職任，止與外任，錢孫以閤門無諳練人，故留之。」五年，詔右武大夫以上並稱知閤門事兼客省、四方館事，官未至

者，卽稱同知閤門事同兼客省、四方館事，以除授為序，稱同知者在知閤門之下。宣贊舍人任傳宣引贊之事，與閤門祗候並為閤職，間帶點檢閤門簿書公事。紹興中，許令供職，注授內外合入差遣，闕到然後免供職。其後供職舍人員數稍冗，裁定以四十員為額。

乾道六年，上欲清閤門之選，除宣贊舍人、閤門祗候仍舊通掌贊引之職外，置閤門舍人十員，以待武舉之入官者。掌諸殿覺察失儀兼侍立，駕出行幸亦如之；六參、常朝，後殿引親王起居。倣儒臣館閣之制，召試中書省，然後命之。又許轉對如職事官〔一八〕，供職滿二年與邊郡。淳熙間，置看班祗候，令忠訓郎以下充，秉義郎以上，始除閤門祗候。又增重薦舉閤門祗候之制，必廉幹有方略、善弓馬、兩任親民無遺闕及曾歷邊任者充。紹熙以來，立定員額。慶元初，申嚴閤門長官選擇其屬之令，非右科前名之士不預召試，蓋以為右列清選云。

帶御器械　宋初，選三班以上武幹親信者佩櫜鞬、御劍，或以內臣為之，止名「御帶」；咸平元年，改為帶御器械。景祐二年，詔自今無得過六人。慶曆元年，詔遇闕員，曾歷邊任有功者補之。中興初，諸將在外多帶職，蓋假禁近之名，為軍旅之重。紹興七年，樞密

院言：「帶御器械官當帶插。」帝曰：「此官本以衞不虞，今乃佩數笴歆箭，不知何用。方承平時，至飾以珠玉，車駕每出，爲觀美而已。他日恢復，此等事當盡去之。」二十九年，詔中外舉薦武臣，無闕可處，增置帶御器械四員。然近侍亦或得之。乾道以來，詔立班樞密院檢詳文字之上[二九]。淳熙間，凡正除軍中差遣或外任者，不許銜內帶行，又須供職一年，方與解帶恩例，於是屬鞬之職益加重焉。

入內內侍省　內侍省　宋初，有內中高品班院，淳化五年，改入內內班院，又改入內黃門班院，又改內侍省入內內侍班院。景德三年，詔：「東門取索司可併隸內東門司，餘入內都知司；內東門都知司、內侍省入內內侍班院可立爲入內內侍省，以諸司隸之。」宋初，有內班院，淳化五年，改爲黃門；九月，又改內侍省。

入內內侍省與內侍省號爲前後省，而入內省尤爲親近。通侍禁中、役服褻近者，隸入內內侍省。拱侍殿中、備洒掃之職、役使雜品者，隸內侍省。入內內侍省有都都知、都知、副都知、押班、內東頭供奉官、內西頭供奉官、內侍殿頭、內侍高品、內侍高班、內侍黃門。內侍省有左班都知、副都知、右班都知、副都知、押班、內東頭供奉官、內西頭供奉官、內侍

殿頭、內侍高品、內侍高班、內侍黃門。自供奉官至黃門，以一百八十人[三〇]爲定員。凡內侍初補曰小黃門，經恩遷補則爲內侍黃門。後省官闕，則以前省官補。押班次遷副都知，次遷都都知，遂爲內臣之極品。

熙寧中，入內內侍省內侍省都知、押班遂省，各以轉入先後相壓，永爲定式。其官稱，則有內客省使、延福宮使、宣政使、宣慶使、昭宣使。元豐議改官制，張誠一欲易都知、押班之名，置殿中監以易內侍省。既而宰執進呈，神宗曰：「祖宗爲此名有深意，豈可輕議？」政和二年，始遂改焉。以通侍大夫易內客省使，正侍大夫易延福宮使，中侍大夫易景福殿使，中亮大夫易宣慶使，中衞大夫易宣政使，拱衞大夫易昭宣使，供奉官易內東頭供奉官，左侍禁易內西頭供奉官，右侍禁易內侍殿頭，左班殿直易內侍高品，右班殿直易內侍高班，而黃門之名如故。

其屬有：御藥院勾當官四人，以入內內侍充[三一]，掌按驗方書，修合藥劑，以待進御及供奉禁中之用。內東門司勾當官四人，以入內內侍充[三二]，掌宮禁人物出入，周知其名數而譏察之。合同憑由司監官二人，掌禁中宣索之物，給其要驗，凡特旨賜予，皆具名數憑由，付有司準給。管勾往來國信所管勾官二人，以都知、押班充，掌契丹使介交聘之事。後苑勾當官無定員，以內侍充，掌苑囿、池沼、臺殿種蓺雜飾，以備游幸。造作所，掌造作禁中及皇屬婚娶之名物。龍圖、天章、寶文閣勾當四人，以入內內侍充，掌藏祖宗文章、圖籍及符瑞寶玩之物，而安像設以崇奉之。軍頭引見司勾當官五人，以內侍省都知、押班及閤門宣贊舍人以上充，掌供奉便殿禁衞諸軍入見之事，及馬步兩直軍員之名。翰林院勾當官一員，以內侍押班、都知充，總天文、書藝、圖畫、醫官四局，凡執伎以事上者皆在焉。

中興以來，深懲內侍用事之弊，嚴前後省使臣與兵將官往來之禁，著內侍官不許出謁及接見賓客之令。紹興三十年，詔內侍省所掌職務不多，徒有冗費，可廢併歸入內內侍省。舊制，內侍遇聖節許進子，年十二試以墨義，卽中程者，候三年引見供職。三十二年，殿中侍御史張震言宦者員衆，孝宗卽命內侍省具見在人數，免會慶節進子，仍定以二百人爲額。乾道間，以差赴德壽宮應奉闕人，增置二百五十人。紹熙三年，依宰臣奏，中官只令承受宮禁中事，不許預聞他事。嘉定初，詔內侍省陳乞恩例，親屬充寄班祗候，以十年爲限。

開封府　牧、尹不常置，權知府一人，以待制以上充。掌尹正畿甸之事，以教法導民而勸課之。中都之獄訟皆受而聽焉，小事則專決，大事則稟奏，若承旨已斷者，刑部、御史

臺無輒糾察。屛除寇盜，有姦伏則戒所隸官捕治。凡戶口、賦役、道釋之占京邑者，頒其禁令，會其帳籍。大禮，橋道頓遞則爲之使，仗內奉引則差官攝牧。

其屬有判官、推官四人，日視推鞫，分事以治，而佐其長。領南司者一人，督察使院，非刑獄訟訴則主行之。司錄參軍一人，折戶婚之訟，而通書六曹之案牒。功曹、倉曹、戶曹、兵曹、法曹、士曹參軍各一人，視其官曹分職莅事。左右軍巡使、判官各二人，分掌京城爭鬥及推鞫之事。左右廂公事幹當官四人，掌檢覆推問，凡鬥訟事輕者聽論決。領縣十有八，鎭二十有四，令佐、訓練、征榷、監臨、巡警之官，知府事者率統隸焉。分案六，置吏六百。

開封典司轂下，自建隆以來，爲要劇之任。至熙寧間，增給吏祿，禁其受賕，省衙前役以寬民力，釐折獄訟歸於廂官，而治事視前日損去十四。元祐元年，詔府界捕盜官吏隸本府，與都大提舉司同管轄而掌其賞罰。置新城內左右二廂。三年，以罷大理寺獄，置軍巡院判官一員。四年，罷新置二廂。六年，王巖叟言：「左右廳推官公事詞狀，初無通治明文，請事繫朝省及奏請通治外，餘並據號分治。」從之。紹聖元年，知府事錢勰言：「自祖宗以來，並分左右廳置推官各一員，近年止除推官，元祐中，並令分治。請依故事分左右廳，各除推官一員，作兩廳共治職事。」又言：「熙寧中，置舊城左右廂，元祐初，增置于新城內，四

中華書局

年，罷增置兩廂，今請復置。」從之。三年，詔開封、祥符知縣事自今選秩通判人充。四年，詔開封府所薦推、判官，並召對取旨。

崇寧三年，蔡京奏：「乞罷權知府，置牧一員、尹一員，專總府事；少尹二員，分左右，貳府之政事。牧以皇子領之。尹以文臣充，在六曹尚書之下、侍郎之上。少尹在左右司郎官之下、列曹郎官之上。以士、戶、儀、兵、刑、工爲六曹次序，司錄二員，六曹各二員，參軍事八員。開封、祥符兩縣置案倣此。易胥吏之稱，略依唐六典制度。」又請移開封府治所於舊尚書省，從之。太宗、眞宗嘗任府尹，自至道後，知府者必帶「權」字，蔡京乃以潛邸之號處臣下，建置曹官以上凡十六員，比舊增要官十一員。五年，詔開封府屬官參軍等並依舊員額。大觀元年，李孝壽乞增置府學博士一員。從之。詔：「開封六職閑劇不同，如士曹之官，唯主到罷批書，而刑、戶事繁，自今凡士之婚田門訟皆在士曹，餘曹倣此。」二年，詔皇子領牧，祿令如執政官。又詔天下州郡並依開封府分曹置掾。政和二年，復置開封府學錢粮官一員。五年，盛章奏，乞依尚書六部置架閣主管官一員。宣和元年聶山奏，司錄、六曹官乞依省部少監封敍。詔修入條令。

臨安府　舊爲杭州，領浙西兵馬鈐轄，建炎三年，詔改爲臨安府，其守臣令帶浙西同安撫使。時置帥在鎭江府，紹興駐驆臨安，遂正稱安撫使。置知府一員，通判二員，簽書節度判官廳公事、節度推官、觀察推官、觀察判官、錄事參軍、左司理參軍、右司理參軍、司戶參軍、司法參軍各一員。

本府掌畿甸之事，籍其戶口，均其賦役，頒其禁令。城外內分南北左右廂，各置廂官，以聽民之訟訴。廂官許奏辟京朝官親民資序人充，後以臣僚言，罷城內兩廂官，惟城外置焉。分使臣十員，以緝捕在城盜賊。立五酒務，置監官以裕財。分六都監界分，差兵一百四十八鋪以巡防煙火。置兩總轄，承受御前朝旨文字。凡御寶、御批、實封有所取索，則供進；凡省、臺、寺、監、監司符牒及管下諸縣及倉場等申到公事，則受而理之；凡大禮及國信，隨事應辦，祠祭共其禮料，會聚陳其幄帟，人使往來，辨其舟楫，皆先期飭于有司。

領縣九，分士、戶、儀、兵、刑、工六案。內戶案分上中下案，外有免役案、常平案、上下開拆司、財賦司、大禮局、國信司、排辦司、修造司，各治其事。置吏：點檢文字、都孔目官、副孔目官、節度孔目官、觀察孔目官各一名，磨勘司主押官、正開拆官、副開拆官各一人，下名開拆官二名，押司官八人，前後行守分二十一人，貼司三十人。

乾道七年，皇太子領尹事，廢臨安府通判、簽判職官。置少尹一員，日受民詞以白太子，間日率僚屬詣宮稟事。置判官二員、推官三員。有旨，少尹比倣知府，判官比通判，推官比幕職官，其統臨職分，並照從來條例。九年，皇太子解尹事，臨安府知、通、簽判、推判官並依舊置。既據保義郎趙禮之狀：「臨安府依條合置兵馬監押一員，經任監當闕一員，昨皇太子領府尹更不差注，今既辭免，乞將宗室添差員闕依舊。」從之。淳熙三年，詔罷備擕官，惟緝捕使臣十二員、聽候差使六員許令辟置。嘉泰四年，詔臨安府添差不釐務總管路鈐二十員，州鈐轄、路分都監、副都監二十員，正、副將十五員，安撫司準備將領十五員，州都監以下十員，共以八十員爲額。尋減總管路鈐五員。開禧三年，復省罷總管、路分共六員。

河南應天府　牧　尹　少尹　司錄　戶曹　法曹　士曹　尹以下掌同開封府，尹闕則置知府事一人，以郎中以上充，二品以上曰判府。次府及節度州準此。通判一人，以朝官充。判官、推官各一人，或以京朝官簽書。使院牙職、左右軍巡悉同開封，而主典以下差減其數。戶曹通掌府院戶籍、考課、稅賦，法曹專掌讞議，士曹或廕敍起家，不常置。諸州府同。至道初，罷司理院，州置司士，取官吏強慢者爲，給籌、厨率。助教有特恩而受者，不釐務。

次府　牧　尹　少尹　司錄　戶曹　法曹　士曹　司理　文學　助教　牧、尹以下所掌並同開封，大中祥符八年，以楚王爲興元牧，其後又爲京兆、江陵牧，自餘無爲者。尹闕則知府事一人，以朝官及刺史以上或諸司使充。通判一人，以京朝官充。乾德初，諸州置通判，統治軍、州之政，事得專達，與長吏均禮。大藩或置兩員，戶少事簡有不置者，正刺史以上州知州，雖小處亦特置〔三〕。使院牙職事並同前。

節度使　宋初無所掌，其事務悉歸本州知州、通判兼總之，亦無定員，恩數與執政同。初除，鎖院降麻，其禮尤異，以待宗室近屬、外戚、國壻年勞久次者；若外任，除殿帥始授此官，亦止於一員；或有功勳顯著，任帥守於外，及前宰執拜者，尤不輕授。又遵唐制，以節度使兼中書令、或侍中、或中書門下平章事，皆謂之使相，以待勳賢故老及宰相久次罷政者；隨其舊職或檢校官加節度使出判大藩，通謂之使相。元豐以新制，始改爲開府儀同三司。舊制，敕出中書門下，故事之大者使相繫衘。至是，皆南省奉行，而開府不預。八年，鎭江軍節度使、檢校太傅韓絳爲開府儀同三司、判大名府。元祐五年，太師、平章軍國重事文彥博爲開府儀同三司、守太師、充護國軍山南西道節度使致仕。自崇寧五年司空、左僕射蔡京爲開府儀同三司、安遠軍節度使、中太一宮使，其後故相而除則有劉正夫、余深，前執政則有蔡攸、梁子美，外戚則有向宗回宗良、鄭紳、錢景臻，殿帥則有高俅，內侍則有童貫、梁師成。宣和末，節度使至六十人〔二四〕，議者以爲濫。親王、皇子二十六人，宗室十一人，前執政二人，大將四人，外戚十人，宦者恩澤計七人。

中興，諸州升改節鎭凡十有二〔二五〕。是時，諸將勳名有兼兩鎭、三鎭者，實爲希闊之典。宋朝元臣拜兩鎭節度使者才三人：韓琦、文彥博、中興後呂頤浩是也。三公卒辭之。而諸大將若韓、張、吳、岳、楊、劉〔二六〕之流，率至兩鎭節度使，其後加至三鎭者三人：韓世忠鎭南、武安、寧國，張俊靜江、寧武、靜海，劉錡〔二七〕護國、寧武、保靜。其後相承，宰執從官及后妃之族拜者不一。然自建炎至嘉泰，宰相特拜者六人，呂頤浩、張浚〔二八〕、虞允文皆以勳，史浩以舊，趙雄、葛邲以恩。執政一人，葉右丞夢得。從官二人而已。張端明澄、楊敷學炎。惟紹興中曹勛、韓公裔，乾道中曾覿，嘉泰中姜特立、譙令雍，皆以攀附恩澤，亦褁官至焉，非常制也。

承宣使　無定員，舊名節度觀察留後。政和七年，詔：「觀察留後乃五季藩鎭官以所

親信留充後務之稱，不可循用，可冠以軍名，改爲承宣使。」唐有留後，五代因之，宋初，留後、觀察皆不得本州刺史。大中祥符七年，令有司檢討故事，始復帶之。

觀察使　無定員。初沿唐制置諸州觀察使，凡諸衞將軍及使遙領者，資品並止本官敍。政和中，詔承宣、觀察使仍不帶持節等。

防禦使　團練使　諸州刺史　無定員。靖康元年，臣僚言：「遙郡、正任恩數遼絕，自遙郡遷正任者，合次第轉行。今自遙郡與落階官而授正任，直超轉本等正官，是皆姦巧希進躐取。乞應遙郡承宣使有功勞除正任者，止除正任刺史。」從之。凡未落階官者爲遙郡，除落階官者爲正任。朝謁御宴，惟正任預焉。遙郡並止本官敍，正任復次第轉行，考之舊制，梯級有差。中興以後，節度移鎭寖少，後有一定不易徑遷太尉；承宣、觀察徑作一官，及遙郡落階官又就除正任。紹興末，臣僚以爲言，雖復置檢校官，餘未盡改。

校勘記

〔一〕三衞官　原脫標目，據正文內容補。下文「入內內侍省」同。

〔二〕番衞　原作「蕃衞」，據下文和宋會要職官三二之四改。

〔三〕都都虞候指揮使　本書卷一八七兵志作「都虞候、指揮使」；宋會要職官三二之四、通考卷五八職官考作「都虞候、都虞候指揮使」。

〔四〕三衞　原作「三衞」，按三衞官指親、勳、翊衞，見下文；此處乃指殿、馬、步三衙。據下文和通考卷五八職官考、合璧事類後集卷五四改。

〔五〕塡置三師　「置」原作「制」，據通考卷五八職官考改。下文乾道中臣僚言「除都指揮使或不常置外」句同。

〔六〕左右四廂都指揮使　「使」字原脫，據宋會要職官三二之四、通考卷五八職官考補。

〔七〕副指揮使　「副」下原衍「使」字，據同上書同卷刪。

〔八〕掌出戍建康　通考卷五八職官考、合璧事類後集卷五四皆謂侍衞馬軍司「中興後常出戍建康」，疑此處「掌」爲「常」字之誤。

〔九〕有左右四廂都指揮使　「有」字原脫，據上文「自龍衞而下有左右四廂都指揮使」例、宋會要職官三二之五補。

〔一〇〕在正任觀察使之上都虞候　十一字原脫，據羣書考索後集卷一二引四朝志、合璧事類後集卷五四補。

〔一一〕左右領軍衞　「領」原作「衞官」。按本書卷一六八職官志元豐以後合班之制，諸衞上將軍排列次序爲「左右驍衞、武衞、屯衞、領軍衞、監門衞、千牛衞上將軍」；宋朝事實卷八宗室轉官資級圖諸衞大將軍排列次序同，都無「左右衞官軍衞」之名。宋會要職官三三之七所載諸衞大將軍，也有左右領軍衞，而無「左右衞官軍衞」，據改。

〔一二〕正親兄弟子孫試充　「正」字下史文有錯簡。據通考卷五八職官考，此下應接「皇城司」條「使爲將軍」句下至「可以見環衞儲才之意」一段。又下文「親兄弟子孫試充」下至「五年正月罷」一段，應移至下文「三衞官」條「遙郡團練使以上並以」之下，參考校勘記〔一五〕。

〔一三〕仍以五尺九寸一分六釐　「釐」字下史文有錯簡。據宋會要職官三四之三二至三四之三四，此下應接「三衞官」條「爲等」句下至「並從之」一段。又下文「使爲將軍」句下至「可以見環衞儲才之意」一段，應移至「環衞官」條「遙郡爲大將軍正」之下，參考校勘記〔一二〕。

〔一四〕曾爲兵將有功績　「有」原作「其」，宋會要職官三三之五作「曾爲兵將而有功績」，語意明確，「其」字當爲「有」字之訛，據改。

〔一五〕並以爲等　「以」字下史文有錯簡。據宋會要職官三三之九至三三之一一，此下應接「環衞官」條「親兄弟子孫試充」下至「五年正月罷」一段。又下文「爲等」句下至「並從之」一段，應移至上文「皇城司」條「仍以五尺九寸一分六釐」之下，參考校勘記〔一三〕。

〔一六〕交賣尤多　「賣」原作「買」，據靖康要錄卷七、通考卷五八職官考改。

〔一七〕在文臣爲館職　「文臣」原作「文武」，據司馬光溫國文正司馬公文集卷三七郭昭選劄子、通考卷五八職官考改。

〔一八〕又許轉對如職事官　「許」原作「詳」，據通考卷五八職官考、朝野雜記甲集卷一〇改。

〔一九〕乾道以來詔立班樞密院檢詳文字之上　按宋會要職官三四之一二：「孝宗乾道六年九月十四日，中書門下省勘會已降指揮，帶御器械立班在樞密院檢詳諸房文字之下，其雜壓敍位亦合一體。」又：「十月五日，帶御器械雜壓敍位依近降指揮，令在樞密院檢詳諸房文字之下。」疑此處「上」字當作「下」。本書卷一六八職官志紹興以後合班之制，帶御器械立位卻在樞密院檢詳諸房文字之上，疑是乾道以前之制。

〔二〇〕一百八十人　「一」原作「二」，據宋會要職官三六之一、通考卷五七職官考改。

〔二一〕以入內內侍充　「侍」下原衍「省」字，據宋會要職官一九之一三、合璧事類後集卷五三刪。

〔二二〕以入內內侍充　「侍」下原衍「省」字，據同上書及宋會要職官三六之二八刪。

〔二三〕正刺史以上州知州雖小處亦特置　按宋會要職官四七之五八，作「正刺史以上及諸司使、副使知州，雖小郡亦特置」。合璧事類後集卷七六同。

〔二四〕節度使至六十人　「至」原作「五」，據朝野雜記甲集卷一二、通考卷五九職官考改。

〔二五〕諸州升改節鎮凡十有二　「節」下原衍「政」字，據通考卷五九職官考刪。

〔二六〕韓張吳岳楊劉　「吳」原作「呂」，據朝野雜記甲集卷一二、通考卷五九職官考改。

〔二七〕劉錡　朝野雜記甲集卷一二作「劉安城王」，通考卷五九職官考作「劉安城」。劉安城乃劉光世，非劉錡。按本書卷三六六劉錡傳，錡未嘗兼領三鎮；卷三六九劉光世傳，光世曾領護國等三鎮節度使，追封安城郡王，此「劉錡」當作「劉光世」。

〔二八〕張浚　原作「張俊」，朝野雜記甲集卷一二、通考卷五九職官考都作「張忠獻」。按忠獻乃張浚謚號，且自宰相特拜者也是張浚，而非張俊，見本書卷三六一張浚傳。張俊並未作宰相，「俊」字當爲「浚」字之誤，據改。

宋史卷一百六十七

志第一百二十

職官七

大都督府　制置使　宣諭使　宣撫使　總領　留守　經略安撫使　發運使　都轉運使　招討使　招撫使　撫諭使　鎮撫使　提點刑獄　提舉常平茶馬市舶等職　提舉學事　提點開封府界公事　提舉河北糴便司〔一〕　經制邊防財用　提舉解鹽保甲三白渠弓箭手等職　府州軍監　諸軍通判　幕職諸曹等官　諸縣令丞簿尉　鎮砦官　廟令丞簿　總管鈐轄　路分都監　諸軍都統制　巡檢司　監當官

大都督府　都督府　長史　左右司馬　錄事參軍　司戶、司法、司士、司理、文學參軍　助教　大都督及長史掌同牧、尹，親王爲節度則大都督領之；庶姓爲節度則長史領之。端拱初，越王爲威武軍節度、福州大都督府長史。淳化五年，吳王爲淮南節度、揚州大都督府長史，翰林學士張洎草制，再表援引典故，宰相言：「越王已爲長史。」上曰：「業已差悞，異日有除，并改正之。」至道後，因移鎮，遂爲大都督。闕則置知府事一人，同次府。通判一人，京朝官充。司馬不釐務。舊制，凡都督州建官如上。南渡後，以見任宰相充都督，次有同都督，有督視軍馬，多執政爲之，雖名稱略同，然掌總諸路軍馬，督護諸將，非舊制比也。

初，紹興二年，呂頤浩首以左僕射出都督江、淮、兩浙、荊湖諸軍事，置司鎮江。其後，趙鼎、張浚、湯思退皆以宰相兼之。頤浩還朝，孟庾始以參知政事爲權同都督代，後落「權」字。趙鼎先以知樞密院事爲都督川陝、荊襄諸軍事。其後與浚並相，並帶兼都督諸路軍馬入銜。未幾，浚獨被旨江上視師，置都督行府，行移文字，並依三省體式，其召赴行在，以其事分隸三省、樞密院。思退初以左相出都督，時楊存中卽以太傅、寧遠軍節度使同都督，思退不行，就以楊存中充都督，非宰執而爲都督自存中始。

三十一年，葉義問以知樞密院事督視江、淮、荊襄軍馬，明年，汪澈以參知政事、湖北、京西路督視軍馬〔二〕，執政爲督視於是見焉。王之望辭同都督，有曰：「朝廷於兩淮，前以二大將爲招撫使，後以二從臣爲宣諭使，憂其不相統攝，則以宰相爲都督，欲事權歸一也，此可以見朝廷開府之意。」凡簽廳文字，並依尚書左右司、樞密院檢詳房體式。設屬：諮議軍事、參謀、參議，並以從官充；書寫機宜文字、幹辦官、準備差遣，前後員數不一。開禧用兵，或以簽樞督視，或以元樞代之，或以參知政事督視四川軍馬，然皆未有底績而罷。

制置使　不常置，掌經畫邊鄙軍旅之事。政和中，熙、秦用兵，以內侍童貫爲之，仍兼經略使。靖康初，會諸路兵解太原之圍，姚古、解潛相繼爲河東、河北制置使，皆無功而罷。中興以後，置使，掌本路諸州軍馬屯防扞禦，多以安撫大使兼之，亦以統兵馬官充；地重秩高者加制置大使，位宣撫副使上，紹興三年〔三〕，趙鼎始爲江西制置大使。其後，席益帥潭，李綱帥江西，呂頤浩帥湖南〔四〕，皆領制置大使。開禧，丘崈、何澹亦然。或置副使以貳之。呂頤浩充江、浙制置使，陳彥文、程千秋副使。胡舜陟除沿江都制置使，王羲叔〔五〕副使。趙鼎爲江西制置大使，岳飛爲制置使，每事會議，或急速則施行，許報大使照應。

初，建炎元年，詔令安撫使、發運、監司、州軍官，並聽制置司節制。其後，議者以守臣既帶安撫，又兼制置，及許便宜，權之要重，擬於朝廷〔六〕，於是詔止許便宜制置軍事，其他

刑獄、財賦付提刑、轉運。後又詔諸路帥臣並罷制置使之名，惟統兵官如故。隆興以後，或置或省。開禧間，江、淮、四川並置大使。休兵後，獨成都守臣帶四川安撫、制置使，掌節制御前軍馬、官員升改放散、類省試舉人、銓量郡守、舉辟邊州守貳，其權略視宣撫司，惟財計、茶馬不預。又有沿海制置使，以明州守臣領之，然其職止肅清海道，節制水軍，非四川比。大使置屬參謀、參議、主管機宜、書寫文字各一員，幹辦公事三員，準備將領、差遣、差使各五員，餘隨時勢輕重而增損焉。

宣諭使　掌宣諭德意，不預他事，歸即結罷。紹興元年，詔祕書少監傅崧卿〔七〕充淮南東路宣諭使，此其始也。二年，分遣御史五人，宣諭東南諸路，戒其興獄，責其不當，督捕盜賊，皆欲專一布惠以爲民。其後，右司范直方宣諭川、陝，察院方庭實宣諭三京，均此意。及新復陝西，樓炤以簽書樞密院事往永興宣諭，就令招撫盜賊，鄭剛中爲川、陝宣諭使，許按察官吏，汪澈爲湖北、京西宣諭使，仍節制兩路軍馬，自是使權益重，而使事始不專。三十二年，虞允文、王之望相繼充川、陝宣諭使，皆預軍政，其權任殆亞於宣撫。其後，錢端禮、吳芾皆以侍從出膺斯寄，事畢結局；官屬軍兵，視其所任事之輕重，爲賞之厚薄焉。開禧〔八〕間，薛叔似、鄧友龍、吳獵皆因饑荒盜賊及平逆亂後，往敷德意，亦並以從官行。

宣撫使　不常置，掌宣布威靈、撫綏邊境及統護將帥、督視軍旅之事，以二府大臣充。治平末，命同簽書樞密院郭逵宣撫陝西。三年〔九〕，夏兵犯順，以參知政事韓絳爲陝西宣撫使，繼卽軍中拜相，仍舊領使。政和中，遣內侍童貫爲陝西、河東宣撫使，又兼河北。宣和三年，睦寇方臘作亂，移貫宣撫淮、浙，賊平依舊。靖康初，种師道提兵入衞京城，爲京畿、河東北宣撫使，凡勤王之師屬焉。及會諸道兵救太原，又以知樞密院李綱宣撫河東、北兩路。中興初，張浚以知樞密院事、孟庾以參知政事、李綱以前宰相，皆出宣撫，浚又加「處置」二字入銜。時爲川、陝、京西、湖北路。

紹興元年，詔以淮南守臣多闕，百姓未能復業，分命呂頤浩、朱勝非、劉光世皆以安撫大使兼宣撫使。武臣非執政而爲宣撫使，實自光世始。二年，李光又以吏部尚書加端明殿學士，爲壽春等州宣撫使。自是韓世忠、張俊〔一〇〕、吳玠、岳飛、吳璘皆以武臣充使，王似亦以從官由副使而升正使焉。三十二年，張浚復以少傅依前觀文殿大學士充江淮東、西路宣撫使。乾道三年，虞允文依舊知樞密院事充四川宣撫使。五年，王炎除四川宣撫使，依舊參知政事。開禧間，以從官出宣撫江、淮、湖北、京西等處不一。其屬有參謀官，係知州資序人，與提刑敍官；參議官，係知州資序人，與轉運判官敍官；機宜幹辦公事，並依發運司

主管文字敍官。凡宰執帶三省、樞密院事出使，行移文字箚六部，六部行移卽具申狀。如從官任使、副，合申六部，六部行移卽用公牒。

宣撫副使　不常置，掌貳使事。宣和末，王師伐燕，命少保蔡攸充。靖康初，會兵救太原，又以資政殿學士劉鞈爲之。建炎三年，周望宣撫兩浙，以太尉郭仲荀副之。其後，福建韓世忠、川陝吳玠皆有此授。紹興間，張浚宣撫川、陝，將召歸，命從臣王似、盧法原爲之副；王似除使，盧法原仍副之。亦有不置使而置副，如胡世將之於川、陝，岳飛之於荆、襄，楊沂中之於淮北，皆止以副使爲名。飛後以功始落「副」字。亦有身爲正使兼領副使，如開禧三年，安丙充利州西路宣撫使兼四川宣撫副使。

宣撫判官　不常置，掌贊使務。熙寧中，命直舍人呂大防爲之，實上幕也。紹興中，張浚初以便宜命劉子羽爲副，其後張宗元、呂祉亦爲之。十年，楊沂中以太尉爲淮北宣撫副使，劉錡以節度使爲判官，禮抗權均，猶轉運使、副、判官之比。詔行移文字同其繫銜，宣判之名同，而先後輕重異焉。

總領　四人。掌措置移運應辦諸軍錢糧，以朝臣充，仍帶幹階、戶部等官。朝廷科撥州軍上供錢米，則以時拘催，歲較諸州所納之盈虧，以聞于上而賞罰之。初，建炎間，

中華書局

張浚出使川、陝，用趙開總領四川財賦，置所繫銜，總領名官自此始。其後大軍在江上，間遣版曹或太府、司農卿少卿調其錢糧，皆以總領爲名。

紹興十一年，收諸帥之兵改爲御前軍，分屯諸處，乃置三總領，以朝臣爲之，仍帶專一報發御前軍馬文字。蓋又使之預聞軍政，不獨職餉饋而已。其序位在轉運副使之上。鎭江諸軍錢糧，淮東總領掌之；鄂州、荆南、江州諸軍錢糧，湖廣總領掌之；建康、池州諸軍錢糧，淮西總領掌之。十五年，復置四川總領，凡興元、興州、金州諸軍錢糧，四川總領掌之。其官屬有幹辦公事、準備差遣〔二〕。四川又有主管文字二員。淮東西有分差糧料院、審計司、審計以通判權。榷貨務、都茶場、御前封椿甲仗庫、大軍倉、大軍庫、贍軍酒庫、市易抵當庫、惠民藥局。湖廣有給納場、屬官兼。分差糧料院、審計院、通判兼。御前封椿甲仗庫、大軍倉庫、贍軍酒庫。四川有分差糧料院、審計院、屬官兼。大軍倉庫、撥發船運官、贖藥庫、糴買場。

淳熙元年，詔委諸路州軍通判，專一主管拘催逐州錢米，起發赴所，本所每半年比較，以行賞罰。紹熙二年，以淮西總領所言，定知州、通判展減磨勘法：十分欠二展二年，數足減二年。吏額：淮東九人，淮西、湖廣十人，四川二十人。

留守　副留守　舊制，天子巡守、親征，則命親王或大臣總留守事。建隆元年，親征澤、潞，以樞密使吳廷祚爲東京留守，其西、南、北京留守各一人，以知府兼之。西京河南，南京應天，北京大名。留司管掌宮鑰及京城守衞、修葺、彈壓之事，畿內錢穀、兵民之政皆屬焉。政和三年，資政殿大學士鄧洵武言：「河南、應天、大名府號陪京，乞依開封制，正尹、少之名。」從之。宣和三年，詔河南、大名少尹依熙寧舊制，分左右廳治事；應天少尹一員，及三京司錄，通管府事。南渡初，其東京、北京並置留守，以開封、大名知府兼，又以掌兵官爲副留守。其後，河南復，南京、西京置留守。紹興四年，帝將親征，以參知政事孟庾爲行宮留守，奏差主管書寫機宜文字官一員，幹辦官二員，準備差遣、差使各三員，使臣五十員，又置留司臺官一員。五年，罷局。其後，秦檜爲行宮留守，援例置官。

經略安撫司　經略安撫使一人，以直祕閣以上充，掌一路兵民之事；皆帥其屬而聽其獄訟，頒其禁令，定其賞罰，稽其錢穀、甲械出納之名籍而行以法。若事難專決，則具可否具奏；即干機速、邊防及士卒抵罪者，聽以便宜裁斷。帥臣任河東、陝西、嶺南路，職在綏御戎夷，則爲經略安撫使兼都總管以統制軍旅，有屬官典領要密文書，奏達機事。河北及近地，則使事止於安撫而已，其屬有幹當公事、主管機宜文字、準備將領、準備差使。元祐元年，詔陝西河東經略安撫、都總管司，自元豐四年後，應緣軍興添置官屬並罷。又詔罷經略安撫司幹當官。二年，詔沿邊臣僚奏請事，並先赴經略司詳度以聞。元符元年，詔經略司遇軍興差發軍馬，具數關報走馬承受。崇寧二年，熙河蘭會經略王厚奏：「溪哥城乃古積石軍，今當爲州，乞以李忠爲守，置河南安撫司。」從之。四年，置河東、陝西諸路招納司，並隸經略司。五年，詔河東同管幹沿邊安撫司公事，許歲赴闕奏事一次。政和四年，詔移京西路安撫於河南府，京東路安撫於應天府。宣和二年，詔瀘州守臣帶潼川府、夔州路兵馬都鈐轄、瀘南沿邊路兵馬都鈐轄、瀘南沿邊安撫使。又詔罷置輔郡內潁昌府帶京西路安撫使。三年，詔杭越州、江寧府、洪州守臣並帶安撫使。六年，詔瀘州止帶主管瀘南沿邊安撫司公事，仍差守臣。七年，詔河陽、開德守臣並帶管內安撫使。

舊制，安撫總一路兵政，以知州兼充，太中大夫以上，或曾歷侍從乃得之，品卑者止稱主管某路安撫司公事。中興以後，職名稍高者出守，皆可兼使，如係二品以上，即稱安撫大使。廣東西、荆南、襄陽仍舊制加「經略」二字。凡帥府皆帶馬步軍都總管。建炎初，李綱請於沿河、沿淮、沿江置帥府，以文臣爲安撫使帶馬步軍都總管，武臣一員爲之副，許便宜行事，辟置僚屬，將佐，措置調發，惟轉輸屬之漕使。其後，沿江三大使司辟置過多，邊報稍寧，詔加裁定。參謀、參議官、主管機宜文字、主管書寫機宜文字各一員，幹辦公事二員，文臣準備差遣、武臣準備差使、準備將領各以五員爲額，其餘諸路或隨地輕重而損益焉。餘從省罷。後以諸路申請，或置或省不一。

淳熙二年，詔揚州、廬州、荆南、襄陽、金州、興元、興州分爲七路，每路委文臣一員充安撫使以治民，武臣一人充都總管以治兵，其逐路都總管職事，且令帥臣依舊帶行，俟正官到日交割。慶元二年，詔利州西路安撫司於興州置司，令都統制兼。五年，臣僚言：「遴選帥才，除嘗任執政外，兩制從官必曾經作郡，庶官必曾任憲漕實有治績者。」從之。惟廣南東、西兩路則帶經略、安撫使。紹興五年〔三〕，令襄陽守臣、湖北帥司各帶經略、安撫使，後罷，惟二廣如故。

走馬承受　諸路各一員，隸經略安撫總管司，無事歲一入奏，有邊警則不時馳驛上聞。然居是職者惡有所隸，乃潛去「總管司」字，冀以擅權。熙寧五年，帝命正其名，鑄銅記給之，仍收還所用奉使印。崇寧中，始詔不隸帥司而輒預邊事，則論以違制。大觀中，詔許風聞言事。政和五年詔：「諸路走馬承受體均使華，邇來皆貪賄賂，類不舉職，是豈設官之意？其各自勵，以稱任使，或蹈前失，罰不汝赦。」明年七月，改爲廉訪使者。宣和五年詔：「近者諸路廉訪官，循習違越，附下罔上，凡邊機皆先申後奏，且侵監司、凌州縣而預軍旅、刑獄之事，復彊買民物，不償其直，招權怙勢，至與監司表裏爲惡。自今猶爾，必加貶竄。」靖康初，罷之，依祖宗舊制，復爲走馬承受。

發運使　副　判官　掌經度山澤財貨之源，漕淮、浙、江、湖六路儲廩以輸中都，而兼制茶鹽、泉寶之政，及專舉刺官吏之事。熙寧初，輔臣陳升之、王安石領制置三司條例，建言：「發運使實總六路之出入，宜假以錢貨，繼其用之不給，使周知六路之有無而移用之。凡上供之物，皆得徙貴就賤，用近易遠，令預知在京倉庫之數所當辦者，得以便宜蓄買以待上令，稍收輕重斂散之權歸於公上，則國用可足，民財不匱矣。」從之。既又詔六路轉運使弗協力者宜改擇，且許發運使辟向自辟其屬。又令舉眞、楚、泗守臣及兼提舉九路坑冶、市舶之事。元祐中，詔發運使兼制置茶事。至崇寧三年，始別差官提舉茶鹽。

政和二年，罷轉般倉，六路上供米徑從本路直達中都，以發運司所拘綱船均給六路。宣和初，詔：「發運司視六路豐歉和糴上供，乃祖宗舊制，曩緣姦吏侵用糴本，遂壞良法。自今每歲加糴一百萬石，同年額輸京。」三年，方臘初平，江、浙諸郡皆未有常賦，乃詔陳亨伯以大漕之職經制七路財賦，許得移用，監司聽其按察。於是亨伯收民間印契及鬻糟醋之類爲錢凡七色，是後州縣有所謂經制錢，自亨伯始。

六年，詔復轉般倉，命發運判官盧宗原措置，尋以靖康之難，迄不能復。渡江後，惟領給降糴本，收糴米斛，廣行儲積，以備國用。紹興二年，用臣僚言省罷，以其職事分委漕臣。

八年，戶部復言廣糴儲積之便，再置經制發運使，（併理經制司財賦，故名。）以徽猷閣待制程邁充使，專掌糴事。邁上疏，以租庸、常平、鹽鐵、鼓鑄各分于諸司而總於戶部，發運使無所用之，固辭不行。九年，遂廢發運司，以戶部侍郎梁汝嘉爲經制使，檢察中外失陷錢物，與催未到綱運，措置糴買，總領常平爲職。未幾，復以臣僚言，分其責於逐路監司。乾道六年復置，以戶部侍郎史正志爲兩浙、京、湖、淮、廣、福建等路都大發運使。是冬，以奏課誕謾貶，併廢其職。

都轉運使　轉運使　副使　判官　掌經度一路財賦，而察其登耗有無，以足上供及郡縣之費；歲行所部，檢察儲積，稽考帳籍，凡吏蠹民瘼，悉條以上達，及專舉刺官吏之事。熙寧初，詔河東、河北、陝西三路漕臣許乘傳赴闕，留毋過浹日。既又詔三路漕臣，令自辟屬各二員，以京朝官曾歷知縣者爲之。二年，詔川、陝、閩、廣七路除堂選守臣外，委轉運司依四選例立格就注，免赴選，具爲令。元豐初，詔河北、淮南、京東、京西及陝右雖各析爲兩路，許依未析時通治兩路之事，錢穀聽其移用。元祐初，司馬光請漕臣除三路外，餘路毋得過二員，其屬官溢員亦省之。紹聖中，詔淮、浙、江、湖六路上供米，計其近遠分三限，自季冬至明年八月，以次輸足。大觀中，陝西漕臣以四員爲額。政和中，又詔陝西以三員，熙、秦

兩路各二員。宣和初，又詔陝西以都漕兩員總治于長安，而漕臣三員分領六路。

中興後，置官掌一路財賦之入，按歲額錢物斛斗之多寡，而察其稽違，督其欠負，以供于上；間詣所部，則財用之豐欠，民情之休戚，官吏之勤惰，皆訪問而奏陳之；有軍旅之事，則供餽錢糧，或令本官隨軍移運，或別置隨軍轉運使一員，或諸路事體當合一，則置都轉運使以總之。（江東、西路分置三帥，置都轉運使一員，張公濟爲江、浙、荊湖、廣南、福建都運，趙開爲四川都運。）隨軍及都運廢置不常，而正使不廢。若副使，若判官，皆隨資之淺深稱焉。其屬有主管文字、幹辦官各一員，文臣準備差遣、武臣準備差使，員多寡不一。

招討使　掌收招討殺盜賊之事，不常置。建炎四年，以檢校少保、定江昭慶軍[一三]節度使張俊充江南路招討使，定位在宣撫使之下、制置使之上，著爲定制。軍中急速事宜，待報不及，許以便宜行事。差隨軍轉運使一員、參議官一員、幹辦官三員、隨軍幹辦官四員、書寫機宜文字一員，並聽奏辟。紹興五年，岳飛爲湖北、襄陽招討使，請州縣不法害民者，許一面對移，或放罷以聞。從之。十年，金人犯三京，以韓世忠、岳飛、張俊並兼河南、北招討使以禦之。三十一年，陝西、河東北、京東西等路皆置招討使，蓋又特遣領其地而已。

招撫使　不常置。建炎初，李綱秉政，以張所爲河北招撫使，未及出師而廢。紹興十年，劉光世爲三京招撫使，踰年而罷。三十二年，孝宗即位，以成閔、張子蓋、李顯忠三大將爲湖北、京西、淮東西招撫使。子蓋死，劉寶代之，未幾結局，官吏並罷。開禧二年，山東及京東西北路並置使招撫，後皆罷之。

撫諭使　掌慰安存問，採民之利病，條奏而罷行之，亦不常置。建炎元年，帝謂輔臣曰：「京城士庶，自金人退師，人情未安，可差官撫諭。」於是以路允迪、耿延禧爲京城撫諭使，此置使初意也。是年八月，又令學士院降詔，且命江端友等奉詔撫諭諸路。其後，李正民以中書舍人爲江、浙、湖南撫諭使，且令按察官吏，伸民冤抑。傅崧卿以吏部侍郎爲淮東撫諭使，採訪民間利病，及措置營田等事。或不以使名，則稱撫諭官，所至以某州撫諭司爲名，具宣恩言，俾民知德意，初無二致。乾道元年，知閤門事龍大淵差充兩淮撫諭軍馬，回日結局，是又特爲軍馬出云。

鎭撫使　舊所無有，中興，假權宜以收羣盜。初，建炎四年，范宗尹爲參知政事，議：羣盜併力以拒官軍，莫若析地以處之，盜有所歸，則可漸制，乃請稍復藩鎭之制。是年五

月，宗尹爲右僕射，於是請以淮南、京東西、湖南北諸路並分爲鎭，除茶鹽之利仍歸朝廷置官提舉外，他監司並罷。上供財賦權免三年，餘聽帥臣移用，更不從朝廷應副，軍興聽從便宜。時劇盜李成在舒、蘄，桑仲在襄、鄧，郭仲威在揚州，薛慶〔一四〕在高郵，皆即以爲鎭撫使，其餘或以處歸朝之人，分畫不一，許以能扞禦外寇，顯立大功，特與世襲。官屬有參議官、書寫機宜文字各一員，幹辦公事二員，並聽奏辟。久之，諸鎭或戰死，或北降，但餘荆南解潛。及趙鼎爲相，召潛主管馬軍，遂罷弗置焉。

提點刑獄公事　掌察所部之獄訟而平其曲直，所至審問囚徒，詳覆案牘，凡禁繫淹延而不決，盜竊逋竄而不獲，皆劾以聞，及舉刺官吏之事。舊制，參用武臣。熙寧初，神宗以武臣不足以察所部人材，罷之。六年，置諸路提刑司檢法官。紹聖初，以提刑兼坑冶事。宣和初，詔江西、廣東增置武提刑一員，然遇闕帥，不許武憲兼攝。中興，以盜賊未衰，諸路無武臣提刑處，權添置一員；建炎四年罷。紹興初，兩浙路以疆封闊遠，差提刑二員；淮南東路罷提刑，令提舉茶鹽官兼領，蓋因事之煩簡而損益焉。乾道六年，詔諸路分置武臣提刑一員，須選差公廉曉習法令、民事之人，如無聽闕。其後稍橫，遂不復除。八年，用臣僚言，諸路經總制錢併委提點刑獄官督責。嘉定十五年，臣僚言：「廣西所部州軍最多，

提刑合照元降指揮，分上下半年，就鬱林州與靜江府兩處置司，無使僻地貧民有寃莫吐。」從之。其屬有檢法官、幹辦官。

提舉常平司　掌常平、義倉、免役、市易、坊場、河渡、水利之法，視歲之豐歉而爲之斂散，以惠農民。凡役錢，產有厚薄則輸有多寡；及給吏祿，亦視其執役之重輕難易以爲之等。商有滯貨，則官爲斂之，復售於民，以平物價。皆總其政令，仍專舉刺官吏之事。熙寧初，先遣官提舉河北、陝西路常平。未幾，諸路悉置提舉官。元祐初罷之，併其職于提點刑獄司。紹聖初復置，元符以後因之。

提舉茶鹽司　掌摘山煮海之利，以佐國用。皆有鈔法，視其歲額之登損，以詔賞罰。凡給之不如期，鬻之不如式，與州縣之不加恤者，皆劾以聞。政和改元，詔江、淮、荆、浙六路共置一員，既而諸路皆置。中興後，通置提舉常平茶鹽司，掌常平、義倉、免役之政令。凡官田產及坊場、河渡之入，按額拘納；收糴儲積，時其斂散以便民；視產高下以平其役。建炎元年，常平職事併歸提刑司，錢歸行在。二年，始復置常平官，還其糴本，未幾復罷。紹興二年，復置主管。係提刑司，委通判或幕職官充。其後，置經制司，改常平官爲經制某路幹辦常平等公事。未幾，經制司罷，復爲常平官。十五年，戶部侍郎王鈇〔一五〕言：「常平之設，科條實繁，其利不一，豈一主管官能勝其任？」乃詔諸路提舉茶鹽官改充提舉常平茶鹽公事。如四川無茶鹽去處，仍以提刑兼充，主管官改充常平司幹辦公事。是年冬，詔提舉官依舊法爲監司，與轉運判官敍官，歲舉升改，官員有不職，則按以聞。其後，常平錢多取以贍軍，所掌特義倉、水利、役法〔一六〕、振濟之事。茶鹽司置官提舉，本以給賣鈔引，通商阜財，時詣所部州縣巡歷覺察，禁止私販，按劾不法。其屬有幹辦官，既與常平合一，遂並行兩司之事焉。

都大提舉茶馬司　掌榷茶之利，以佐邦用。凡市馬於四夷，率以茶易之。應產茶及市馬之處，官屬許自辟置，視其數之登耗，以詔賞罰。舊制，於原、渭、德順三郡市馬。熙寧七年，初復熙、河，經略使王韶言：「西人頗以善馬至邊，其所嗜唯茶，而乏茶與之爲市，請趣買茶司〔一七〕買之。」乃命三司幹當公事李杞運蜀茶至熙、河，置買馬場〔一八〕六，而原、渭、德順更不買馬，於是杞言：「買茶買馬，一事也，乞同提舉買馬。」杞遂兼馬政，然分合不常。至元豐六年，羣牧判官提舉買馬郭茂恂又言：「茶司既不兼買馬，遂立法以害馬政，恐悞國事，乞併茶場買馬爲一司。」從之。先是，市馬于邊，有司倖賞，率以駑充數。紹聖中，都大茶馬程之邵始精揀汰，仍以八月至四月爲限，又以羨茶轉入熙、秦市戰騎，故馬多而茶息厚，二法著爲令。元符末，程之邵召對，徽宗詢以馬政，之邵言：「戎俗食肉飲酪，故貴茶，而病於難得，願禁沿邊鬻茶，專以蜀產易上乘。」詔可。未幾，獲馬萬匹。宣和中，以茶馬兩司吏員猥衆，於是朝奉大夫何漸請遵豐、熙成憲，稱其事之繁

簡而定以員數，從之。紹興四年，初命四川宣撫司支茶博馬。七年，復置茶馬官，凡買馬州縣黎、文、敍、長寧、南平〔一九〕、珍皆與知州、通判同措置任責。通判許茶馬司辟置，視買馬額數之盈虧而賞罰之。歲發馬綱應副屯駐諸軍及三衙之用。舊有主管茶馬、同提舉茶馬、都大提舉茶馬，皆考其資歷授之。乾道初，用臣僚言省罷，委各郡知州、通判，監押任責；尋復置。紹熙三年，茶馬司拖欠馬數過多，詔將本年分馬綱錢價，責茶馬司撥付湖廣總領所，勞付軍官自買土馬。嘉泰三年〔二〇〕，以所發綱馬不及格式，詔茶馬官各差一員，遂分爲兩司。文臣成都主茶，武臣興元主馬。其屬共有幹辦公事四員、準備差使二員。

提舉坑冶司　掌收山澤之所產及鑄泉貨，以給邦國之用。歲有定數，視其登耗而賞罰之。舊制一員，元豐初，以其通領九路，歲不能周歷所部，始增爲二員，分置兩司：在饒者領江東、淮、浙、福建等路，在虔者領江西、湖、廣等路。至元祐，復併爲一員。紹興五年，以責任不專，職任廢弛，詔將饒州司官吏除留屬官一員外，並減罷，併歸虔州司〔二一〕，又加「都大」二字於「提點」之上。或病其事權太重，省併歸逐路轉運司措置，仍置提領諸路鑄錢官一員於行在，以侍從官充，自此或復或罷不一。乾道六年，併歸發運司；發運司罷，復置提點兩司如初。淳熙二年，併贛歸饒，復加「都大」二字，與提刑序官。其屬有幹辦公事二員、檢踏官六員，稱銅官、催綱官各一員。

提舉市舶司　掌蕃貨海舶征榷貿易之事，以來遠人，通遠物。元祐初，詔福建路於泉州置司。大觀元年，復置浙、廣、福建三路市舶提舉官。明年，御史中丞石公弼請以諸路提舉市舶歸之轉運司，不報。建炎初，罷閩、浙市舶司歸轉運司，未幾復置。紹興二十九年，臣僚言：「福建、廣南各置務於一州，兩浙市舶乃分建於五所。」乾道初，臣僚又言兩浙提舉市舶一司抽解搔擾之弊，且言福建、廣南皆有市舶，物貨浩瀚，置官提舉實宜，惟兩浙冗蠹可罷。從之。仍委逐處知州、通判、知縣、監官同檢視，而轉運司總之。

提舉學事司　掌一路州縣學政，歲巡所部以察師儒之優劣、生員之勤惰，而專舉刺之事。崇寧二年置，宣和三年罷。

提點開封府界諸縣鎮公事　掌察畿內縣鎮刑獄、盜賊、場務、河渠之事。

提舉河北糴便司　糴便糧以供邊儲之用。

提舉制置解鹽司　掌鹽澤之禁令，使民入粟塞下，予鈔給鹽，以足民用而實邊備。

凡鹽價高下及文鈔出納多寡之數，皆掌之。

經制邊防財用司　掌經畫錢帛、芻糧以供邊費，凡榷易貨物、根括耕地及邊部弓箭手等事，皆奏而行之。熙寧末，以熙、河連歲用兵，仰給支度，費用不貲，始置是司。元祐初，罷。崇寧中，復置提舉兵馬、提轄兵甲，皆守臣兼之。掌按練軍旅，督捕盜賊，以清境內；凡諸營之名籍，較其壯怯而賞罰之。

提舉保甲司　掌什伍其民，敎之武藝，視其優劣而進退之。元豐初，置于開封府界，遂下其法河北、河東、陝西三路，既而悉置提舉官，如府界焉。

提舉三白渠公事　掌瀦泄三白渠，以給關中灌溉之利。

撥發司　掌以時起發綱運而督其滯留，以供京師之用。

提舉弓箭手　掌沿邊郡縣射地弓箭手之籍，及團結、訓練、賞罰之事。政和五年，復以所招弓箭手之數爲殿最。

府　州　軍　監　宋初革五季之患，召諸鎮節度會于京師，賜第以留之，分命朝臣出守列郡，號權知軍州事，軍謂兵，州謂民政焉。其後，文武官參爲知州軍事，二品以上及帶中書、樞密院、宣徽使職事，稱判某府、州、軍、監。諸府置知府事一人，州、軍、監亦如之。掌總理郡政，宣布條教，導民以善而糾其姦慝；歲時勸課農桑[三三]，旌別孝悌；其賦役、錢穀、獄訟之事，兵民之政皆總焉。凡法令條制，悉意奉行，以率所屬；有赦宥則以時宣讀，而班告于治境；舉行祀典；察郡吏德義材能而保任之，若疲軟不任事，或姦貪冒法，則按劾以聞；遇水旱，以法振濟，安集流亡，無使失所。若河南、應天、大名府則兼留守司公事。太原府、延安府、慶州、渭州、熙州、秦州則兼經略安撫使、馬步軍都總管。定州、眞定府、瀛州、大名府、京兆府則兼安撫使、馬步軍都總管。瀘州、潭州、廣州、桂州、雄州則兼安撫使、兵馬鈐轄。潁昌府、青州、鄆州、許州、鄧州則兼安撫使、兵馬巡檢。其餘大藩府或沿邊州郡，或當一道衝要者，並兼兵馬鈐轄、巡檢，或帶沿邊安撫、提轄兵甲、沿邊溪洞都巡檢。餘州、軍，則別其地望之高下與職務之繁簡而置之。分曹以理之，而總其綱要。凡屬縣之事皆統焉。

建炎初，詔：「河北、京東西路除帥司外，舊差文臣知州去處，許通差武臣一次。」又：「要郡文臣一員帶本路兵馬鈐轄，武臣一員充副鈐轄；次要郡文臣一員帶本路兵馬都監，武臣一員充副都監。」紹興三年，詔守臣帶路分鈐轄、都監去處並罷。五年，帝以守、令皆帶勸

農公事，多不奉職，自今有治效顯著者，可令中書省籍記姓名，特加擢用。凡從官出知郡者，特許不避本貫。初，除授見闕及自外罷任赴闕，並令引見上殿。九年，詔應守臣以二年爲任。又以武臣作郡，往往不曉民事，且多恣橫，詔新復州郡只差文臣。續因臣僚言，極邊控扼去處，仍差武臣；其不係極邊，文武臣通差。詔：「守臣到任半年以上，具民間利病，或邊防五條聞奏，委都司看詳，有便於民者，卽與施行。」續又詔不拘五條之數。十三年，詔依舊制帶提舉或主管學事。從官以上稱提舉，餘知、通主管，淳熙中罷。乾道二年，令非曾任守臣不得爲郎官[三四]，諸郡合文武臣通差去處，並依舊制。

通判　宋初懲五代藩鎭之弊，乾德初，下湖南，始置諸州通判，命刑部郎中賈玭等充。建隆四年，詔知府公事並須長吏[三五]、通判簽議連書，方許行下。時大郡置二員，餘置一員，州不及萬戶不置，武臣知州，小郡亦特置焉。其廣南小州，有試秩通判兼知州者。職掌倅貳郡政，凡兵民、錢穀、戶口、賦役、獄訟聽斷之事，可否裁決，與守臣通簽書施行。所部官有善否及職事修廢，得刺舉以聞。元祐元年，詔知州係帥臣，其將下公事不許通判同管。

南渡後，設官如舊，入則貳政，出則按縣；有軍旅之事，則專任錢糧之責，經制、總制錢

額，與本郡協力拘催，以入于戶部。既而諸州通判有兩員處減一員，凡軍監之小者不置。又詔更不添差。其後，或以廢事請，或以控扼去處請。紹興五年以後旋添置之〔三四〕。除潭廣洪州、鎮江建康成都府見係兩員外，凡帥府通判並以兩員爲額，餘置一員。乾道元年，詔買馬州、軍通判，令茶馬司依舊法奏辟，餘堂除差人。淳熙十四年，利州路提刑言：「關外四州通判，乞自制置司奏辟，所有金、洋、興、利、文、龍等州通判，乞送轉運司擬差。」並從之。

幕職官　簽書判官廳公事　兩使、防、團、軍事推判官　節度掌書記　觀察支使

掌裨贊郡政，總理諸案文移，斟酌可否，以白于其長而罷行之。凡員數多寡，視郡小大及職務之煩簡。初，政和改簽書判官廳公事爲司錄，建炎初復舊。凡節度推、判官從軍額，察推及支使從州、府名。凡諸州減罷通判處，則升判官爲簽判以兼之。小郡推、判官不並置，或以判官兼司法，或以推官兼支使，亦有併判官窠闕省罷，則令錄參兼管。凡要郡簽判及推官皆堂除，餘吏部使闕，二廣間許監司辟差。紹熙元年，臣僚言：「廣西奏擬簽判，多恩科癃老，乞行下轉運司，不許差年六十以上昏眊之人。」嘉定二年，臣僚言：「監司有幹官，州郡有職官，以供簽廳之職，或非才不勝任，則按刺易置可也。今乃差兼簽廳者動輒三兩員，或四

五員，其爲冗費〔三六〕，與添差何異？乞將諸州郡所差兼簽廳官並行住罷。」從之。

諸曹官　舊制，錄事參軍掌州院庶務，糾諸曹稽違；戶曹參軍掌戶籍賦稅、倉庫受納；司法參軍掌議法斷刑；司理參軍掌訟獄勘鞫之事。中興，詔曹掾官依舊，惟司理、司法並注經任及試中刑法人。乾道以來，間以司戶兼司法，知錄亦或兼職。六年，汪大猷言：「司戶初官，令專主倉庫，知錄依司理例以獄事爲重，不兼他職。」從之。仍依知縣格法銓量，如有老疾昏眊難任事者，卽從本州知通於判、司、簿、尉內選經一考以上無罪犯曉法人對換。紹熙元年，詔不曾銓試人不許注授司法。慶元五年，臣僚言：「司理獄事煩重，宜優其舉主，照提刑司合舉主三員以上許間歲舉獄官一員。」嘉定中，申明年滿六十不許爲獄官之令，仍不許恩科人注授。

教授　景祐四年，詔藩鎭始立學，他州勿聽。慶曆四年，詔諸路州、軍、監各令立學，學者二百人以上，許更置縣學。自是州郡無不有學。始置教授，以經術行義訓導諸生，掌其課試之事，而糾正不如規者。委運司及長史於幕職、州縣內薦，或本處舉人有德藝者充〔三七〕。熙寧六年，詔諸路學官委中書門下選差，至是，始命于朝廷。元豐元年，州、府學官共五十三員，諸路惟大郡有之，軍、監未盡置。元祐元年，詔齊、廬、宿、常等州各置教授一員，自是列郡各置敎官。建炎三年，敎授並罷。紹興三年，復置四十二州。十二年，詔無教授官州、

軍，令吏部申尚書省選差。二十六年，詔並不許兼他職，令提舉司常切遵守。若試教官，則始於元豐；添差教授，則始於政和。

縣令　建隆元年，令天下諸縣除赤、畿外，有望、緊、上、中、下。掌總治民政、勸課農桑、平決獄訟，有德澤禁令，則宣布于治境。凡戶口、賦役、錢穀、振濟、給納之事皆掌之，以時造戶版及催理二稅。有水旱則有災傷之訴，以分數蠲免；民以水旱流亡，則撫存安集之，無使失業。有孝悌行義聞于鄉閭者，具事實上于州，激勸以勵風俗。若京、朝、幕官則爲知縣事，有戍兵則兼兵馬都監或監押。宣教郎以下帶監押。

初，建炎多差武臣，紹興詔專用文臣，然沿邊溪洞處，仍許武臣指射。邑大事煩則堂除，仍借緋、章服〔三八〕，嚴差出之禁，任滿有政績，則與升擢。乾道以後，定以三年爲任，仍非兩任不除監察御史。初改官人必作縣，謂之「須入」。十六年，詔知縣在任不成兩考，卽不合理爲實歷。嘉定十二年詔：「兩經作令滿替者，實歷九考、有政聲無過犯、舉員及格，改官人特免再作知縣，許受簽判或幹官，以當知縣履歷。」

縣丞　初不置，天聖中因蘇耆請，開封兩縣始各置丞一員，在簿、尉之上，仍於有出身幕職、令錄內選充。皇祐中，詔赤縣丞並除新改官人。熙寧四年，編修條例所言：「諸路

州、軍繁劇縣，令戶二萬已上增置丞一員，以幕職官或縣令人充。」元祐元年詔：「應因給納常平、免役置丞，並行省罷；如委事務繁劇難以省罷處，令轉運司存留。」崇寧二年，宰相蔡京言：「熙寧之初，修水土之政，行市易之法，興山澤之利，皆王政之大。請縣並置丞一員，以掌其事。」大觀三年，詔：「昨增置縣丞內，除舊額及萬戶以上縣事務繁冗，及雖非萬戶實有山澤、坑冶之利可以修興去處，依舊存留外，餘皆減罷。」建炎元年，詔縣丞係嘉祐以前員闕并萬戶處存留一員，餘並罷。紹興三年，以淮東累經兵火，權罷縣丞。十八年，置海陵丞一員。嘉定後，小邑不置丞，以簿兼。

主簿　開寶三年，詔諸縣千戶以上置令、簿、尉；四百戶以上置令、尉，令知主簿事；四百戶以下置簿、尉，以主簿兼知縣事。咸平四年，王欽若言：「川峽縣五千戶以上請並置簿，自餘仍以尉兼。」從之。自後川蜀及江南諸縣，各增置主簿。中興後，置簿掌出納官物、銷注簿書，凡縣不置丞，則簿兼丞之事。凡批銷必親書押，不許用手記，仍不許差出，以防銷注。

尉　建隆三年，每縣置尉一員，在主簿之下，奉賜並同。至和二年，開封、祥符兩縣各增置一員，掌閱習弓手，戢姦禁暴。凡縣不置簿，則尉兼之。中興，沿邊諸縣間以武臣爲尉，並帶兼巡捉私茶、鹽、礬，亦或文武通差。隆興，詔不許差癃老疾病年六十以上之人。

邑大事煩則置二尉。紹熙中，詔恩科人年及六十不差。嘉定十三年，詔極邊縣尉，獲盜酬賞班改，歲以二員爲額。

鎭砦官　諸鎭置於管下人煙繁盛處，設監官，管火禁或兼酒稅之事。砦置於險扼控禦去處，設砦官，招收土軍，閱習武藝，以防盜賊。凡杖罪以上並解本縣，餘聽決遣。

廟令　丞　主簿　舊制，五岳、四瀆、東海、南海諸廟各置令、丞。廟之政令多統於本縣令。京朝知縣者稱管勾廟事，或以令、錄老耄不治者爲廟令，判、司、簿、尉爲廟簿，掌葺治修飾之事。凡以財施於廟者，籍其名數而掌之。

總管　鈐轄司　掌總治軍旅屯戍、營防〔三九〕守禦之政令。凡將兵隸屬官〔四〇〕訓練、教閱、賞罰之事，皆掌之。守臣帶提舉兵馬巡檢、都監及提轄兵甲者，掌統治軍旅訓練、教閱，以督捕盜賊而肅淸治境。凡諸營名籍、賞罰之事，皆掌之。崇寧四年，蔡京奏：「京畿四輔置輔郡屛衞京師，以潁昌府〔四一〕爲南輔，襄邑縣升爲拱州爲東輔，鄭州爲西輔，澶州爲北輔。以太中大夫以上知州，置副總管、鈐轄各一員，知州爲都總管，餘依三路帥臣法。」從之。

大觀三年，詔東南帥府總管，依三路都總管法。靖康元年，詔四道副總管並通差文武臣。其諸路將官，掌統所隸禁旅，以行陣隊伍、金鼓旗幟、弓矢擊刺之法而敎習訓練之，別其武藝強者，待次遷補，以激勸士卒。凡兵仗器甲之數，廩祿犒設、賞罰約束之禁令皆掌焉，副將爲之貳。若屯戍防邊，則受帥司節制；遇寇敵，則審其戰守應援之事；若師有功，則具馘數、籍用命而旌賞之。

路分都監　掌本路禁旅屯戍、邊防、訓練之政令，以肅淸所部。州府以下都監，皆掌其本城屯駐、兵甲、訓練、差使之事，資淺者爲監押。紹聖三年，詔諸路將副序位在路分都監之下。大觀三年，詔帥府無路分鈐轄、望郡無路分都監者，許置一員，其餘添置處，任滿不差人。宣和二年，虔州添置都監一員。

建炎初，分置帥府，以諸路帥臣兼。要郡守臣帶兵馬鈐轄，次要郡帶兵馬都監；並以武臣爲之副，稱副總管、副鈐轄、副都監，許以便宜行軍馬事，辟置僚屬，依帥臣法。屯兵皆有等差。遇朝廷起兵，則副總管爲帥，副鈐轄、都監各以兵從，聽其節制。其後，益、瀘、夔、廣、桂五州牧又皆以都鈐轄爲稱。四年，詔建康府、江州路又置副都總管一員，於見置帥司處駐劄。紹興三年，詔要郡、次要郡守臣罷帶兵職，其逐路副總管依舊格，改充路分都監，

爲一路掌兵之官。其各州鈐轄或省或置不一。又有逐路兵馬都監、兵馬監押，掌煙火公事、捉捕盜賊。淳熙十六年，詔諸路訓練鈐轄，並須年六十以下曾經從軍有才武人充。紹熙元年指揮，雜流出身之人，不得過路分州鈐；諸州軍兵馬都監，獨員處專注才武及曾任主兵官之人。慶元中，詔總管下至將副等，年七十以上許自陳，與宮觀差遣。初，守臣罷帶兵職，惟江西贛州以多盜，仍帶江西兵馬鈐轄。其後，武臣爲路鈐者，亦無尺籍伍符，每歲諸州按閱，特存故事，間有得旨葺治軍器或訓練禁軍，則仍帶入銜。

諸軍都統制　副都統制　統制　統領　舊制，出師征討，諸將不相統一，則拔一人爲都統制以總之，未爲官稱也。建炎初，置御營司，擢王淵爲都統制，名官自此始。其後，神武五軍及川陝宣撫司、都督府、樞密院皆置。紹興十一年，三大將兵罷，諸軍皆冠以「御前」二字，擢其偏裨爲御前統領官，以統制御前軍馬入銜，秩高者爲御前諸軍都統制，且令仍舊駐劄，以屯駐州名冠軍額之上。其後，興元、江陵、建康、鎭江府、興、金、鄂、江、池州及平江許浦水軍，皆除都統制，恩數略視三衙，權任在帥臣右，官卑者稱副都統制。設屬有計議、機宜、幹辦公事、準備差遣，省置不一。次有副都統制。乾道三年，帝諭輔臣：「欲今後江上諸軍各置副都統一員，兼領軍事，豈惟儲帥，亦使主將顧忌，不敢專擅。」因言：「都、

副統制禮有隆殺，且爲條約。」上曰：「如此，他日不致爭權越禮。」遂行之。然其後都、副鮮有並除者。初，渡江後，大軍又有統制、同統制、副統制、統領、同統領、副統領，其下有正將、準備將〔四二〕、訓練官、部將、隊將等名，皆偏裨也。舊制，準備將而上，皆主帥升差，仍先申樞密院審察。乾道七年，詔訓練官、部隊將而下，許軍中徑差，申朝廷照會。紹熙間，詔諸軍升差統制至準備將者，主帥解發三人，赴總領所選一名，諸將不以爲便。慶元三年，詔主帥選擇，總領所或屯軍處守臣審覈保明，申樞密院。

巡檢司　有沿邊溪峒都巡檢，或蕃漢都巡檢，或數州數縣管界、或一州一縣巡檢，掌訓治甲兵、巡邏州邑、擒捕盜賊事；又有刀魚船戰棹巡檢，江、河、淮、海置捉賊巡檢，及巡馬遞鋪、巡河、巡捉私茶鹽等，各視其名以修舉職業，皆掌巡邏幾察之事。中興以後，分置都巡檢使、都巡檢、巡檢、州縣巡檢，掌土軍、禁軍招塡敎習之政令，以巡防扞禦盜賊。凡沿江沿海招集水軍，控扼要害及地分闊遠處，皆置巡檢一員，往來接連合相應援處，則置都巡檢以總之，皆以材武大小使臣充。各隨所在，聽州縣守令節制，本砦事並申取州縣指揮。若海南瓊管及歸、峽、荊門等處跨連數郡，控制溪峒，又置水陸都巡檢使或三州都巡檢使，以增重之。

二十四史

中華書局

監當官　掌茶、鹽、酒稅場務征輸及冶鑄之事。諸州軍隨事置官，其征榷場務〔三三〕歲有定額，歲終課其額之登耗以爲舉刺。凡課利所入，日具數以申于州。建炎初，詔監當官闕，許轉運司具名奏辟一次，以二年爲任，實有六考，方許關升。煩劇去處，許添差一員。凡交割必置曆以稽其剩欠，合選差文臣處，更不差武臣。淳熙二年，詔二萬貫以下庫分，選有才幹存留一員，指揮、諸班直、親從親事官、保義郎以下差充。建炎四年，詔每州每以五員爲額。

校勘記

〔一〕提舉河北糴便司　「糴便」原作「雜紀」，據本卷正文標目改。河北糴便司之名，見宋會要職官四四之三五。

〔二〕督視軍馬　「督」上原衍「都」字，據通考卷五九職官考、繫年要錄卷二〇〇刪。

〔三〕紹興三年　「三年」原作「元年」，據本書卷二七高宗紀、宋會要職官四〇之五改。

〔四〕湖南　「南」字原脫，據本書卷三六二呂頤浩傳、繫年要錄卷九四補。

〔五〕王羲叔　「羲」原作「義」，據本書卷二五高宗紀、宋會要職官四〇之二改。

〔六〕擬於朝廷　「擬」原作「議」。宋會要職官四〇之二，此句作「可擬朝廷」，作「擬」是，據改。

〔七〕傅崧卿　「卿」原作「年」，據本書卷二六高宗紀、嘉泰會稽志卷一五傅崧卿傳改。

〔八〕開禧　原作「開熙」，按宋寧宗年號開禧不作「開熙」，據宋會要職官四一之一二改。

〔九〕三年　按韓絳爲陝西宣撫使及同中書門下平章事，本書卷一五神宗紀、卷三一五本傳都載在熙寧三年，志文失書「熙寧」紀元。

〔一〇〕張俊　原作「張浚」。按張浚在此以前已官至知樞密院事，不應與韓、吳等武臣並列，而名次反敍韓世忠之下。據本書卷三六九張俊傳、朝野雜記甲集卷一一宣撫使條，此「浚」字應作「俊」，今改。

〔一一〕準備差遣　原作「準備差使」，據宋會要職官四一之四四、合璧事類後集卷六七改。

〔一二〕紹興五年　羣書考索後集卷一三、合璧事類後集卷六九同。宋會要職官四一之一〇八和繫年要錄卷一〇一、卷一〇二都繫於紹興六年。疑以六年爲是。

〔一三〕昭慶軍　原作「招慶軍」，按昭慶是湖州節度軍額，「昭」不作「招」，見本書卷八八地理志；本書卷三六九張俊傳正作「昭慶」，據改。

〔一四〕薛慶　原作「許慶」，據宋會要職官四二之七五、繫年要錄卷三三改。

〔一五〕王鈇　原作「王鐵」。按本書卷一七三食貨志、宋會要食貨六之四〇、咸淳臨安志卷五〇、玉海卷一七六紹興經界法條所載的王鈇，都是此人；王明清揮麈錄後錄卷一一：「王鈇，字承可，會之舅氏。」據改。今本繫年要錄卷一五四作「王鐵」，當因「鈇」「鐵」形近轉訛爲「鐵」。

〔一六〕役法　原作「設法」，據上文「掌常平、義倉、免役之政令」句，和朝野雜記甲集卷一一改。

〔一七〕買茶司　原作「賣茶司」，按宋會要職官四三之四七，熙寧七年「十一月，權發遣三司鹽鐵判官公事提舉成都府利州路買茶公事李杞、同提舉成都府利州路買茶公事蒲宗閔，……」羣書考索後集卷一三：「熙寧七年，差李杞、蒲宗閔成都府買茶熙河路博馬。」「賣」字當爲「買」字之訛。

〔一八〕買馬場　原作「賣馬場」，據長編卷二五九、通考卷六二職官考改。長編卷二五四同年六月辛卯條正作「買茶司」，據改。下文「買茶買馬」句同。

〔一九〕長寧南平　「寧南」二字原倒，據朝野雜記甲集卷一八、通考卷六二職官考乙正。

〔二〇〕嘉泰三年　「嘉泰」原作「嘉定」，據兩朝綱目卷八、朝野雜記乙集卷一四改。

〔二一〕紹興五年以責任不專職任廢弛詔將饒州司官吏除留屬官一員外並減罷併歸虔州司　按上文已說至元祐饒、虔二司復併爲一，中間未說恢復，此處即不得謂紹興五年又有兩司。按合璧事類後集卷六八、通考卷六二職官考有紹興二年從王喚乞請復置虔州提點司的記載，則五年又將饒州司事務歸併，實有所本，此事失書。

〔二二〕勸課農桑　「勸」原作「勤」，據合璧事類後集卷七三、通考卷六三職官考改。

〔二三〕郎官　原作「郎定」，據宋會要職官四七之三五、通考卷六三職官考改。

〔二四〕長吏　原作「長史」，據宋會要職官四七之五八、合璧事類後集卷七六改。

〔二五〕紹興五年以後旋添置之　「紹興」二字原脫。按宋會要職官四七之六七、合璧事類後集卷七六都說帥府通判並以兩員爲額，事在紹興五年而非南渡後五年，今補。

〔二六〕其爲冗費　「爲」原作「餘」，據宋會要職官四八之一四、通考卷六二職官考改。

〔二七〕委運司及長吏於幕職州縣內薦或本處舉人有德藝者充　通考卷六三職官考、合璧事類後集卷七六於「州縣」下有「官」字，「舉人」下有「舉」字。疑是。

〔二八〕仍借緋章服　「借」原作「備」，宋會要職官四八之三四、通考卷六三職官考作「借」。按本書卷一五三輿服志，四品以下至六品以上官服緋、章服，有品未及而服者爲借；又卷一六八職官志，知縣爲正八品或從八品。當以作「借」爲是，據改。

〔二九〕營防　原作「營房」，據合璧事類後集卷七五改。

〔三〇〕凡將兵隸屬官　合璧事類後集卷七五引哲宗正史職官志，「官」字作「者」，疑是。

〔三一〕潁昌府　原作「潁川府」，據本書卷二〇徽宗紀、卷八五地理志改。

〔三二〕正將準備將　按朝野雜記甲集卷一一、通考卷五九職官考「正將」下有「副將」二字，疑此處脫。

〔三三〕場務　原作「提務」，據合璧事類後集卷八一改。

中華書局

宋史卷一百六十八

志第一百二十一

職官八 合班之制

建隆以後合班之制

中書令 侍中 同中書門下平章事已上爲宰相。 親王、樞密使、留守、節度、京尹兼中書令、侍中、同中書門下平章事已上並爲使相。 尚書令 太師 太尉 太傅 太保 司徒 司空舊儀，太師、太傅、太保爲三師。太尉、司徒、司空爲三公。太尉在太保下。國朝以來，自太傅除太尉，今依此次序。其三師、三公之稱如舊儀制。 樞密使 知樞密院事 參知政事舊在樞密使下。 樞密副使舊在知院之上。 同知樞密院事 宣徽南院、北院使 簽書樞密院事參政以下班位臨時取奏裁。 太子太師、太傅、太保 左、右僕射 太子少師、少傅、少保 諸府牧開封、河南、應天、大名、江陵、興元、眞定、江寧、京兆、鳳翔、河中。又有大都督、大都護，今皆領使，無特爲者。 御史大夫 觀文殿大學士

舊無此位。 六尚書吏、兵、戶、刑、禮、工。 左、右金吾衞 左、右衞上將軍 門下、中書侍郎舊在尚書下。 節度使泰寧、武寧、彰信、鎭海、天平、安化、武成、忠武、鎭海、河陽、山南東道、武勝、崇信、昭化、保康、天雄、成德、鎭寧、彰德、永清、安國、威德、靜難、彰化、雄武、保大〔一〕、淮南、忠正、保信、保靜、集慶、建康、寧國、鎭南、昭信、荆南、寧海、武昌、安遠、武安、鎭東、平江、鎭江、宣德、保寧、康國〔二〕、威武、建寧、益州、安靜、武信、山南西道、昭武、安德、武定、寧海〔三〕、寧江、武康、清海、靜江、寧遠、建武、高州定南、密州靜海〔四〕、涼州西河、沙州歸義、洮州保順、應州彰國〔五〕、威城〔六〕、昌化〔七〕、豐州天德、朔州振武、雲州大同。 觀文殿學士舊曰文明殿，若學士官尚書者自從本班。 資政殿大學士 三司使與觀文、資政班位臨時取裁。 玉清昭應宮、景靈宮、會靈觀副使與三司使、翰林學士班位臨時取裁。 翰林學士承旨 翰林學士 資政殿學士 翰林侍讀、侍講學士 龍圖閣學士 天章閣學士 樞密直學士 龍圖直學士 天章直學士 左、右散騎常侍舊在諸衞上將軍下。 六統軍左、右龍武 左、右羽林 左、右神武。 諸衞上將軍左、右驍衞 左、右武衞 左、右屯衞 左、右領軍衞 左、右千牛衞。 太子賓客 太常、宗正卿 御史中丞權中丞立中丞塼位，內殿起居日止立本官班。 左、右丞 諸行侍郎 節度觀察留後 給事中 左、右諫議大夫 中書舍人 知制誥 龍圖閣待制 天章閣待制 觀察使 秘書監 光祿、衞尉、太僕、大理、鴻臚、司農、太府卿 內客省使 國子祭酒 殿中、少府、將作監 景福殿使〔八〕 延福宮使 客省使 開封、河南、

應天、大名尹 太子詹事 諸王傅 司天監 諸衞大將軍 太子左右庶子 引進使 防禦使齊、濟、沂、登、萊、鄭、汝、蔡、潁、均、郢、懷、衞、溥、磁、洺、棣、深、瀛、雄、霸、莫、代、絳、解、龍〔九〕、和、蘄、舒、復、眉、象、陸〔一〇〕、果。 團練使單、濮、濰、唐、祁、冀、隰、忻、成、鳳、海、鼎。 三司鹽鐵、度支、戶部副使官至諫議大夫已上，從本官。 玉清昭應宮、景靈宮、會靈觀判官 太常寺、宗正少卿 秘書少監 光祿等寺七寺少卿 宣慶使 四方館使 國子司業 殿中、少府、將作少監 開封、河南、應天、大名少尹 太子少詹事、左右諭德 太子家令 太子率更令 太子僕 諸州刺史淄、趙、德、濱、保、幷、汾、澤、遂、憲、嵐、石、虢、坊、丹、階、乾、商、寧、原、慶、渭、儀、環、楚、泰、泗、濠、光、滁、通、黃、眞、舒〔一一〕、江、池、饒、信、太平、吉、袁、撫、筠、岳、澧、峽、歸、辰、衡、永、全、郴、邵、常、秀、溫、台、衢、睦、處、南劍、汀、漳、綿、漢、彭、邛、蜀、嘉、簡、黎、雅、維、茂、資、榮、昌、普、渠、合、戎、瀘、興、劍、文、集、壁、巴、蓬、龍、施、萬、開、達、涪、渝、昭、循、潮、連、梅、英、賀、封、南雄、端、新、康、恩、春、惠、韶、梧、藤、龔、象〔一二〕、潯、貴、賓、橫、融、化、竇、高、雷、南儀、欽、鬱林、廉、瓊、崖、儋、萬安。 諸王府長史、司馬 司天少監 樞密都承旨如客省使以下充者，依本職同班。如閤門使充，即在閤門使之上。如自見任內客省使以下轉南班官充，亦與同班，仍在舊職之上。如自客省副使以下轉南班官充者，並在閤門使之上。 宣政使 昭宣使 東上、西上閤門使 樞密承旨 樞密副都承旨 諸軍衞將軍 起居郎 起居舍人 知雜御史 侍御史 諸行郎中左右司 吏部 兵部 司封 司勳 考功 職方 駕部 庫部 度支 戶部 金部 倉部 刑部 都官 比部 司門 禮部 工部 祠

部 主客 膳部 屯田 虞部 水部。 皇城以下諸司使皇城 洛苑 右騏驥 尚食 左騏驥 御廚 內藏庫 軍器 左藏 儀鸞 南作坊 弓箭庫 北作坊 衣庫 莊宅 六宅 文思 東作坊 內苑 牛羊 如京 東綾錦 香藥 崇儀 榷易 西京左、右藏 氈毯 西綾錦 西京作坊 鞍轡庫 東染院 酒坊 西染院 法酒庫 禮賓 翰林 醫官 供備庫。 樞密院副承旨、諸房副承旨如帶南班官者，在諸司使之下；不帶南班官者，在皇城副使之上。 殿中侍御史 左、右司諫 諸行員外郎 客省引進、閤門副使 左、右正言 監察御史 太常博士 皇城以下諸司副使 諸次府少尹 大都督府左、右司馬兗、徐、潞、陝、揚、杭、越、福。 通事舍人 國子博士 春秋、禮記、毛詩、尚書、周易博士 都水使者 開封、祥符、河南、洛陽、宋城縣令 太常、宗正、秘書丞 著作郎 殿中丞 內殿承制 殿中省尚食、尚藥、尚衣、尚舍、尚乘、尚輦奉御 大理正 太子中允、左右贊善大夫 內殿崇班 閤門祗候 太子中舍、洗馬 太子諸率府率左、右衞 左、右監門 左、右清道 左、右司禦。 樞密院兵房、吏房、戶房、禮房副承旨 東頭、西頭供奉官 太子諸率府副率 諸衞中郎將左、右金吾 左、右衞 左、右千牛 左、右羽林。 郎將左、右金吾 左、右衞。 左、右侍禁 諸王友 諸王府諮議參軍官高者從本官。 司天春官、夏官、中官、秋官、冬官正 節度行軍司馬、副使 秘書郎 左、右班殿直 著作佐郎 大理寺丞 諸寺、監丞 大理評事 太學、廣文博士 太常太祝、奉禮郎 秘書省校書郎、正字 御史臺、諸寺、監主簿 國子助教 廣文、太學、四

門、書學、算學博士、律學助教書、算學無助教。　司天靈臺郎、保章正、挈壺正　三班奉職、借職　防禦、團練副使　留守、京府、節度、觀察判官　節度掌書記　觀察支使　防禦、團練判官　留守、京府、節度、觀察推官　軍事判官　防禦、團練、軍事推官　軍、監判官　諸軍別駕、長史、司馬　司錄、錄事參軍　司理參軍三京府軍巡判官在諸曹參軍之下。　諸州諸司參軍　軍巡判官　諸縣令　赤縣丞　諸縣主簿、尉　諸軍文學、參軍、助教

元豐以後合班之制

諸太師、舊制，太尉爲三公，在太傅上，政和改爲三少。太傅、太保　侍中　中書令政和二年，改左輔右弼，靖康後復。　尚書令　少師　少傅　少保舊太尉、司徒、司空，政和二年改。　尚書左、右僕射政和二年，改太宰、少宰，靖康復舊，元豐令王在左右僕射下。　開府儀同三司　知樞密院事　門下、中書侍郎　尚書左、右丞　同知樞密院事　簽書樞密院事元豐罷，元祐復置，政和入雜壓。　太子太師、太傅、太保　特進　觀文殿大學士　太尉舊爲三公，政和二年，改爲三少，復以太尉爲武選一品，位節度使上。　太子少師、少傅、少保　冀、兗、青、徐、揚、荆、豫、梁、雍州牧元祐復置，政和入雜壓。　御史大夫　觀文殿學士　資政、元豐令在節度使下。保和政和五年，置宣和殿大學士、學士，宣和元年，改爲

保和學士〔一三〕。待制同。　殿大學士　吏部、戶部、禮部、兵部、刑部、工部尚書　金紫、銀青光祿大夫　左、右金吾衞上將軍　節度使　翰林學士承旨　翰林學士　資政、保和、端明政和四年，改爲延康。　殿學士　龍圖、天章、寶文、元豐二年，增置直學士，待制同。顯謨、元豐元年增置。徽猷崇寧二年增置。閣學士　左、右散騎常侍　御史中丞舊在直學士下，元豐八年升。　開封尹崇寧三年升。　尚書列曹侍郎　樞密直學士政和四年，改爲述古殿直學士。　龍圖、天章、寶文、顯謨、徽猷閣直學士　宣奉、元祐，左光祿大夫。正奉、元祐，右光祿大夫，並大觀二年改置。正議、通奉大夫　殿中監舊在秘書監下，崇寧二年升。　大司成崇寧二年增置。　左右驍衞、武衞、屯衞、領軍衞、監門衞、千牛衞上將軍　太子賓客、詹事　給事中　中書舍人　通議大夫　承宣使舊節度觀察留後，政和七年始改。　左、右諫議大夫　保和殿待制　龍圖、天章、寶文、顯謨、徽猷閣待制　太中大夫　太常卿　大司樂崇寧二年增置。　宗正卿　秘書監　殿中少監崇寧二年升。　觀察使　中大夫　光祿、衞尉、太僕、大理、鴻臚、司農、太府卿　中奉、元祐，左中散大夫，大觀二年改。中散、通侍大夫舊內客省使，政和二年改，橫行、正使、副使、大使臣、小使臣並改。　樞密都承旨　國子祭酒　太常少卿　典樂崇寧二年增置。　宗正少卿　秘書少監　正侍、舊延福宮使，政和二年改。宣正、履正、協忠、三階係政和六年增置。中侍、中亮大夫舊客省使。　太子左、右庶子　中衞、舊引進使。翊衞、親衞大夫政和六年增置。　防禦、團練使　諸州刺史　左、右金吾以下諸衞大將軍　駙馬都尉

集英殿修撰政和八年置。　七寺少卿　朝議、奉直大夫元祐，右朝議大夫，大觀二年改置。　尚書左、右司郎中　右文殿修撰舊集賢殿修撰，不入雜壓，政和六年改，增入。　國子、辟雍司業崇寧元年增置。　少府、將作、軍器監　都水使者　入內內侍省都都知政和，改知入內內侍省事。　內侍省都都知政和，改知內侍省事。　拱衞大夫舊四方館使。　太子少詹事、左右諭德　入內內侍省副都知　內侍省副都知政和並改同知省事。　左武、右武大夫舊東、西上閤門使。　入內內侍省押班　內侍省押班政和並改簽書省事。　管幹殿中省尚舍、尚藥、尚醞、尚輦、尚衣、尚食局崇寧二年增置。　樞密副都承旨　起居郎　起居舍人　侍御史　尚書左、右司員外郎　祕閣修撰政和六年增置。　開封少尹崇寧三年升。　尚書吏部、司封、司勳、考功、戶部、度支、金部、倉部、禮部、祠部、主客、膳部、兵部、職方、庫部、駕部、刑部、都官、比部、司門、工部、屯田、虞部、水部郎中　開封府司錄事舊錄參軍事在兩赤縣令之上，崇寧三年升改。　直龍圖閣元豐、元祐令，並不入雜壓，政和增入，餘同。　朝請、朝散、朝奉大夫　直天章閣政和六年增入。　殿中侍御史　左、右司諫　左、右正言舊在監察御史上，政和升。　符寶郎大觀元年增置。　殿中省尚食、尚藥、尚醞、尚輦、尚衣、尚舍典御崇寧三年增置。　內符寶郎大觀元年增置。　樞密副承旨元豐令，有知上州在此下，元祐以後並去。　武功、舊皇城使，自此以下，並政和六年改。武德、舊宮苑、左右騏驥、內藏庫使。和安、成和、成安、成全、舊翰林、尚食、軍器、儀鸞使。武顯、舊左藏、東西作坊使。武節、舊莊宅、六宅、文思使。平和、舊綾錦使，初改保

和，政和五年，以犯殿名，改保痊；宣和六年，又改爲平和。武略、舊內園、洛苑、如京、崇儀使。保安、舊權易使。武經、舊西京左藏庫使。武義大夫舊西京作坊、東西染院、禮賓使。　翰林良醫舊翰林醫官使。　武翼大夫舊供備庫使。　尚書諸司員外郎　直寶文閣政和六年增置。　開封府司六曹事崇寧三年增置。　樞密院諸房副承旨　朝請、朝散、朝奉郎　直顯謨閣政和六年增入。　少府、將作、軍器少監　諸衞將軍　太子侍讀、侍講　正侍、宣正、履正、協忠、自宣正至協忠，並政和六年增置。中侍、中亮、中衞、翊衞、親衞、拱衞、左武、右武郎，舊橫行，副使，政和六年改。　監察御史元豐令，有知中州在此下。　殿中丞舊祕書丞下，崇寧二年升。　直徽猷閣政和六年置。　承議郎　武功至武義郎　翰林醫正　武翼郎諸司副使。　太子中舍　太子舍人　親王府翊善、贊讀、直講舊侍讀、侍講，政和改。　太常丞　大晟樂令崇寧二年增置。　太醫令　宗正、大宗正　祕書丞　直祕閣政和六年置，元豐令，知下州在此下。　奉議郎　大理正　著作郎　太史局令　直翰林醫官局　殿中省六尚奉御舊在大理正之上，政和改。　太醫丞元祐增置。　閤門宣贊舍人舊閤門通事舍人，政和六年改。　兩赤縣令　太子左右衞、司禦、清道、監門、內率府率　七寺丞　祕書郎　太常博士　陵臺令元祐中增置。　著作佐郎　殿中省主簿崇寧二年增置。　國子監丞　辟雍丞崇寧二年增置。　宗子、崇寧元年增置。　國子博士　大理司直、評事　敦武、舊內殿承制，政和六年改，下同。通直郎　修武郎內殿崇班。　內常侍元豐令，上州通判在此下。　太史局正　少府、將作、軍器、都水監丞　開封府參軍事崇寧

中華書局

三年增置。　太醫局正　祕書省校書郎、正字　親王府記室元豐、元祐令，有「參軍」字，政和三年除去。
太史局五官正　御史臺檢法官、主簿元豐令在監丞上，元祐令在監丞下。　九寺、大晟府崇寧三年增置。　主簿　閤門祗候　樞密院逐房副承旨元豐令，中下州通判在此下。　供奉官舊內東頭供奉官，政和六年改，下同。　從義郎東頭供奉官。　左侍禁內西頭供奉官。　秉義郎西頭供奉官。　太子諸率府副率　幹當左、右廂公事崇寧中增入。　右侍禁　左班殿直殿頭高品。　忠訓、忠翊、左、右侍禁。
宣教郎舊宣德郎，政和四年改。　太學、辟雍、崇寧元年增置。　武學、律學、開封府大觀元年置。博士　太常寺奉禮郎　大晟府協律郎崇寧二年增置。　太常寺太祝、郊社、籍田令　光祿寺太官令元豐、元祐令，在太學博士上。　五監、辟雍崇寧元年增置。　主簿　宣義郎　成忠、保義、左右班殿直。　承事、承奉、承務郎　宗子、崇寧元年增置。　國子、太學、辟雍正　武學諭崇寧元年置。　律學正崇寧元年置。　太醫局丞　京府、諸州司錄事　承直郎崇寧三年，以留守節度判官改，凡選人七階，儒林至迪功。　京畿縣令　兩赤縣丞　三京赤縣令　右班殿直高班。　黃門內品　承節、承信郎舊三班奉職、借職。　京府、諸州司六曹事元豐、元祐令，並六曹參軍。政和三年，除去「參軍」字，爲司錄事，司儀曹事，餘曹放此。　儒林、舊掌書記。　文林、從事郎　三京畿縣令　京畿縣丞　三京赤縣、畿縣丞　兩赤縣主簿、尉　諸州上、中、下縣令丞　從政郎舊司錄事參軍、縣令。　京府、諸州掾官
修職郎舊知錄事參軍、知縣事。　京畿縣主簿、尉　諸州上、中、下縣主簿尉　城砦主簿　馬監

主簿　迪功郎舊巡判官、司理、司法、司戶。　諸州司士　文學　助教舊參軍事。

唐令，定流內一品至九品，有正從上下階之制。其後，升侍中、中書令爲正二品，御史大夫、散騎常侍、兩省侍郎爲正三品，御史中丞正四品。諫議大夫分左、右，改將作大匠爲監，太史局爲司天監，置大監正三品，少監正四品上，丞正六品上，寺簿正七品上，主事正八品下，五官正五品上，副正正六品，靈臺郎正七品下，保章正從七品上，挈壺正八品上，五官監候正八品下，司曆從八品上，司辰正九品上。又置國子、五經博士爲正五品上，左、右金吾衞上將軍爲從二品，左、右龍武、神武軍大將軍爲正三品，將軍爲從三品。又置內侍監爲正三品，少監從四品，改諸州府學博士爲文學，在參軍上。五代復置尙書令爲一品，升右丞爲正四品上，降諫議在給事之下。

宋初，並因其制，唯升宗正卿爲正四品，丞爲從五品。其軍器監、少監，甲弩坊署令、丞、監作、錄事，昭文館校書郎，司辰、司曆、監候，殿中諸署監事、計官，太常諸陵廟、太醫、太公廟署令丞，醫針博士、助教，按摩、呪禁博士，卜正，卜博士，宗正崇玄署令、丞，大理獄丞，鴻臚典客，太府寺平準、左右藏、常平署令丞，都水監舟檝、河渠署令丞，宮苑總副監牧

監副、丞、主簿，諸園苑司并百工等監、副監及丞，諸倉、諸冶、諸屯、温湯監及丞，掌漕，諸軍衞錄事諸曹參軍、司階、中候、司戈、執戟、校尉、旅帥、隊正、隊副、正直長、長上、備身、左右備身，左右親、勳、翊衞府中郎將，兵曹三衞，折衝、果毅、別將、長史、兵曹參軍、校尉、旅帥、隊正、隊副，鎮軍司馬、判司，太子詹事府丞、主簿、司直，司議郎，舍人，文學，校書，正字，崇文館校書，侍醫，通事舍人，左、右春坊錄事、主事，三寺丞、主簿，諸署令、丞，典倉署園丞，廄牧典乘，內坊典內及丞、典直，率府長史、錄事諸曹參軍、司階、中候、司戈、執戟、校尉、旅帥、隊正、隊副、直長、千牛備身，親、勳、翊府中郎將，兵曹三衞，王府文學，東西閤祭酒，掾、屬、主簿、錄事諸曹參軍、行參軍、典籤，典軍、執杖執乘親事，校尉、旅帥、隊正、隊副，國令，大農尉、丞，公主邑令丞、邑司錄事，河南應天及諸次府都督都府功曹、倉、兵曹參軍，諸州司功、司倉、司兵參軍，諸縣丞，京縣錄事，諸鎮倉曹、兵曹參軍，戍主、戍副，關津令丞，并門下省城門、符寶郎，太常寺協律郎，軍器監丞、主簿，太常寺郊社、太卜、廩犧，光祿寺太官〔四〕、珍羞、良醞、掌醢，衞尉寺武器、守宮，太僕寺乘黃、典廄、典牧、車府，鴻臚寺典客、司儀，司農寺上林、太倉、鉤盾、導官，太府寺諸市，少府監中尙、左尙、右尙、織染、掌冶，將作監左校、中校、甄官署令丞、監膳〔五〕，殿中省六局直長、食醫、侍御、醫司、醫佐、掌輦、奉乘、司廩，太子典膳、典藥、內直、典設、宮門郎幷局丞，皆存其名而罕除者，皆不錄，

惟常命官者載之。諸司主事、錄事皆存，而無士人爲之。別置中書、樞密、宣徽院、三司及內庭諸司，沿舊制而損益焉。

建隆三年三月，有司上合班儀：「太師，太傅，太保，太尉，司徒，司空，東宮三太，嗣王，郡王，僕射，三少，三京牧，大都督，大都護，御史大夫，六尙書，常侍，門下、中書侍郎，太子賓客，太常、宗正卿，御史中丞，左、右諫議大夫，給事中，中書舍人，左、右丞〔六〕，諸行侍郎，祕書監，光祿、衞尉、太僕、大理、鴻臚、司農、太府卿，國子祭酒，殿中、少府、將作監，前任、見任節度使，開封、河南、太原尹，詹事，諸王傅，司天監，五府尹，國公，郡公，中都督，上都護，下都督，庶子，五大都督府長史，中都護，副都護，太常、宗正少卿，祕書少監，光祿等七少卿，司業，三少監，三少尹，少詹事，諭德，家令，率更令、僕，諸王府長史、司馬，司天少監，起居郎、舍人，侍御史，殿中侍御史，補闕，拾遺，監察御史，郎中，員外郎，太常博士，五府少尹，五大都督府司馬，通事舍人，國子、五經博士，都水使者，四赤縣令，太常、宗正、祕書丞，著作郎，殿中丞，六尙奉御，大理正，中允，贊善，中舍，洗馬，諸王友，諸議參軍，司天五官正，凡雜坐之次，以此爲準。」

詔曰：「尙書中臺，萬事之本，而班位率比兩省官；節度使出總方面，其檢校官多至師傅、三公者，而位居九寺卿監之下，甚無謂也。其給事中、諫議、舍人，宜降於六曹侍郎之

下；補闕次郎中、拾遺，監察次員外郎、節度使，升於中書侍郎之下。」乾德五年正月朔，乾元殿受朝，升節度使班在龍墀內金吾將軍之上。

淳化三年八月，有司重定合班儀，詔升尚書令三師之上。四年，節度使升常侍之上，觀察使在祕書監之上，防禦、團練使在庶子之下，刺史在太子僕之下，又升諸行郎中于殿中侍御史之上。至道三年七月，令節度觀察留後在給事中之上。大中祥符元年八月，升兩省侍郎班常侍之上。

天禧三年十一月，令節度使班中書侍郎之下。其序班及視品之制：樞密使、副使、參知政事、宣徽使並班宰相後。樞密使不兼平章事者，立參知政事前，在宣徽使下。至道三年升在上。大中祥符九年九月，詔自今參知政事、樞密副使並以先後爲次。宣徽使同。資政殿大學士立文明殿學士之上。舊文明殿學士在樞密副使之上，太平興國五年移在下。資政殿學士、翰林侍讀學士在翰林學士下。建隆三年，令翰林學士班諸行侍郎下，官至丞、郎者在常侍上，至尚書者依本班。淳化五年，升丞、郎之上。樞密直學士同。龍圖閣學士在樞密直學士上，龍圖直學士在其下，仍少退。待制在知制誥之下。景德元年，初置待制，赴內朝，其五日起居，止敘本班。大中祥符二年，升侍知制誥(一七)，仍在其下。權三司使立知制誥上。帶學士職者從本班。三司副使立少卿、監上。官高者從本班，並爲內品職。宮觀副使立學士班。在翰林學士上，其學士爲者，止本班。判官立三司副使之下。知制誥以上爲者，從本班。給、諫權御史

中丞者，令正衙立中丞塼位。餘就本班。凡起復，皆如初授，在本官之末，亦有特旨令敘舊班者。內客省使視七寺大卿，景福殿使、客省使視將作監，引進使視庶子。宣慶使、四方館使視少卿，宣政、昭宣、閤門使視少監。客省等副使視員外郎。皇城使以下諸司使視郎中，副使視太常博士。內殿承制視殿中丞，崇班及閤門祗候視贊善大夫。供奉官視諸衛率，侍禁視副率。殿直視著作佐郎，奉職、借職在諸州幕官上。樞密都承旨在閤門使下，副承旨、諸房副承旨在諸司使下，逐房副承旨在洗馬下。金吾衞、左右衞上將軍並在節度使上，六統軍、諸衞上將軍在常侍下，乾德二年，令上將軍在中書侍郎之下。淳化四年，升金吾、左右衞在尚書之下，仍於節度使之上敘。大將軍在大監下，將軍在少監下。仍在閤門使之下。金吾立本班上。嗣中郎將。

諸衞率、副率在洗馬下。凡內職，視朝官者在其下，視京官者在其上。

皇親之制：開寶六年，詔：「晉王位望俱崇，親賢莫二，宜位在宰相之上。」太平興國八年，楚王、廣平郡王出閤，令宰相立親王之上。天禧四年七月先天節，羣臣上壽，宰相闕，命涇王元儼攝太尉。景德中，皇姪武信軍節度惟吉加同平章事。時駙馬都尉石保吉先爲使相，史館引唐制，宗室在同品官上，遂升惟吉焉。大中祥符元年正月，有司上都亭驛酺宴位圖，皇從姪孫內殿崇班守節與從姪右衞將軍惟叙等同一班。上曰：「族子諸父，安可同列？」乃命重行設位。九年正月，興州團練使(一八)德文言：「男侍禁承顯赴起居，請在惟忠子從恪之上。」時從恪雖

姪行，而拜職在前，遂詔宗正寺定宗室班圖以聞。宗正言：「按公式令，朝參行立，職事同者先爵，爵又同者先齒。今請宗子官同而兄叔次弟姪者，並虛一位而立。」天禧四年五月，左正言、知制誥張師德言：「奉詔知潁州，緣皇弟德雍見任本州防禦使，其署銜望降規式。」中書門下言：「據御史臺稱，每大朝會立班，皇親防禦、團練、刺史次節度使下，稍退序立。」詔師德序署位德雍之下。其外官制置、發運、轉運使副使，不限官品，著位並在提點刑獄之上。舊止從官，大中祥符七年，詔定其制。朝官知令、錄在判官之上，京官在判官之下、推官之上。長史、司馬、別駕在幕府官下、錄事參軍上，見長史庭參。監當朝官殿直以下，在通判、都監之下，判官之上。其通判與都監並依官次。京官奉職、借職監當者，依知令、錄列在判官之下。元豐制行，參以寄祿官品高下，更革既多，別爲班序。其後元祐、崇寧、大觀、政和，復有增益更革者，別附於其下云。

至道二年，祠部員外郎主判都省郎官事王炳上言曰：

尚書省，國家藏載籍、典治敎之府，所以周知天下地理廣袤、風土所宜、民俗利害之事。當成周之世，治定制禮，首建六官，漢、唐因之。自唐末亂雜，急於經營，不遑治敎，故金穀之政主於三司，曹名雖存，而其實亡矣。謹按：吏部四司，天官之職，掌文官選舉，周知天下吏功過能否，考定陞降之類；戶部四司，司徒之職，掌邦五敎，周知天

下戶口之數；禮部四司，宗伯之職，掌國五禮，辨儀式制度，周知天下祠典祠祀之類；兵部四司，司馬之職，掌武人選舉，周知天下兵馬器械之數；刑部四司，司寇之職，掌國法令，周知天下獄訟刑名徒隸之數；工部四司，司空之職，掌國百工，周知天下封疆、城圻、山澤、草木、川瀆、津渡、橋船、陂池之數。凡此二十四司所掌事務，各封圖書，具載名數，藏之本曹，謂之載籍；所以周知天下事，由中制外，如指諸掌。

今職司久廢，載籍散亡，惟吏部四司官曹小具，祠部有諸州僧道文帳，職方有諸州閏年圖經，刑部有詳覆諸州已決大辟案牘及勾禁奏狀(一九)，此外多無舊式。欲望令諸州，每年造戶口稅租實行簿帳，寫以長卷者，別寫一本送尚書省，藏於戶部。以此推之，其餘天下官吏、民口、廢置、祠廟、甲兵、徒隸、百工、疆畎、封洫之類，亦可以籍其名數，送尚書省，分配諸司，俾之緘掌；候期歲之後，文籍大備，然後可以振舉官守，興崇治敎。望選大僚數人博通治體者，參取古今禮典及諸令式，與三司所受金穀、器械、簿帳之類，仍詳定諸州供送二十四司載籍之式。如此，則尚書省備藏天下事物名數之籍，如祕閣藏圖書，太學藏經典，三館藏史傳，皆其職也。

太宗覽奏嘉之，詔尚書丞、郎及五品以上集議。

吏部尚書宋琪等上奏曰：「王者六官，法天地四時之柄，百官之本，典敎所出。望委崇

文院檢討六曹所掌圖籍，自何年不繫都省，詳其廢置之始，究其損益之源，以期恢復。」既而其議亦寢。

大中祥符九年，眞宗與宰相語及尚書省制，言事者屢請復二十四司之制。楊礪嘗言：「行之不難，但以郎官、諸司使同領一職，則漸可改作。」王旦曰：「唐設內諸司使，悉擬尚書省：如京，倉部也；莊宅，屯田也；皇城，司門也；禮賓，主客也。雖名品可效，而事任不同。唐朝諸司所領，惟京邑內外耳，諸道兵賦各歸藩鎭，非南宮一郎中、員外所能制也。朝廷所得三分之一，名曰上供，其他留州、留使之名，皆藩臣所有。今之三司卽尚書省，故事盡在，但一毫所賦皆歸於縣官而仰給焉，故獨放則澤及下，予賜則恩歸上，此聖朝不易之制也。」

咸平四年，左司諫、知制誥楊億上疏曰：

國家遵舊制，並建羣司，然徒有其名，不舉其職。只如尚書會府，上法文昌，治本是資，政典攸出，條目皆具，可舉而行。今之存者，但吏部銓擬，秩曹詳覆。自餘租庸筦榷，由別使以總領；尺籍伍符，非本司所校定。職守雖在，或事有所分；綱領雖存，或政非自出。丞轄之名空設而無違可糾，端揆之任雖重而無務可親。周之六官，於是廢矣。且如寺、監素司於掌執，臺、閣咸著於規程，昭然軌儀，布在方册。國家慮銓擬

之不允，故置審官之司；憂議讞之或濫，故設審刑之署；恐命令之或失，故建封駁之局。臣以爲在於紀綱植立，不在於琴瑟更張。若辨論官材歸於相府，卽審官之司可廢矣；詳評刑辟屬於司寇，卽審刑之署可去矣；出納詔命關於給事中，卽封駁之局可罷矣。至於尚書二十四司各揚其職，寺、監、臺、閣悉復其舊，按六典之法度，振百官之遺墜，在我而已，夫豈爲難。如此則朝廷益尊，堂陛益嚴，品流益清，端拱而天下治者，由茲道也。

又以唐、虞之時，建官惟百，夏、商官倍，秦、漢益繁。施及有唐，六策咸在，自三公之極貴，九品之至微，著於令文，皆有員數。傳云：「官不必備，惟其人。」蓋闕之，斯可矣。若乃員外加置，苟非其材，故「竈下」、「羊頭」，形於嘲詠，「斗量車載」，播厥風謠，國體所先，尤須愼重。竊覩班簿，員外郎及三百餘人，郎中亦及百數，自餘太常國子博士、殿中丞、舍人、洗馬，俱不下數百人，率爲常參，皆著引籍，不知職業之所守，多由恩澤而序遷。欲乞按唐制，應九品以上官並定員數。

又念昔者秦之開郡置守，漢以天下爲十三部，命刺史以領之。自後因郡爲州，以太守爲刺史，降及唐氏，亦嘗變更，曾未數年，又仍舊貫。今多命省署之職出爲知州，又設通判之官以爲副貳，此權宜之制耳，豈可爲經久之訓哉？臣欲乞諸州並置刺史，以戶口多少置其奉祿，分下、中、上、緊、望、雄之等級，品秩之制率如舊章，與常參官比視階資，出入更踐，省去通判之目，但置從事之員，建廉察之府以統臨，按輿地之圖而區處。昔者興國初，詔廢支郡，出於一時；十國爲連，周法斯在，一道署使，唐制可尋。至若號令之行，風教之出，先及於府，府以及州，州以及縣，縣及鄉里。自上而下，由近及遠，譬如身之使臂，臂之使指，提綱而衆目張，振領而羣毛理。由是言之，支郡之不可廢也明矣。臣欲乞復置支郡，隸於大府，畫地里而分割，如漕運之統臨，名分有倫，官業自舉。

又覩唐制內外官奉錢之外，有祿米、職田，又給防閤、庶僕、親事、帳內、執衣、白直、門夫，各以官品差定其數，歲收其課以資於家。本司又有公廨田、食本錢，以給公用。自唐末離亂，國用不充，百官奉錢並減其半，自餘別給一切權停。今羣官〔一〇〕於半奉之中已是除陌，又於半奉三分之內，其二以他物給之，鬻於市廛十裁得其一二，曾餬口之不及，豈代耕之足云？昔漢宣帝下詔云：「吏能勤事而奉祿薄，欲其無侵漁百姓難矣。」遂加吏奉，著於策書。竊見今之結髮登朝，陳力就列，其奉也不能致九人之飽，不及周之上農；其祿也未嘗有百石之入，不及漢之小吏。若乃左、右僕射，百僚之師長，位莫崇焉，月奉所入，不及軍中千夫之帥，豈稽古之意哉？欲乞今後百官奉祿雜

給，並循舊制，既豐其稍入，可責以廉隅。官且限以常員，理當減於舊費，乃唐、虞之制也。

凡預品官，各設資考，課其殿最，歸于有司，或歷階以升，或越次而補。國朝多以郊祀覃慶而稍遷官，考功之黜陟不行，士流之清濁無辨。陛下深鑒其弊，始務惟新。昨有事於明禋，但徧加於階爵；雖矯前失，未振舊規。並乞依舊內外官各立考限，復令考功修舉其職，每歲置使考校，以表盡公，資秩改遷，賞罰懲勸，一遵典故，以振滯淹。

又西漢以來，用秦武功之爵，惟列侯啓封，或踰萬戶，至關內侯，或有食邑，不過數百家。自是因循，以至唐室，但食邑者率爲虛設，言實封者歲入有差。迨及聖朝，並無所給，至於除拜之際，猶名數未移，空有食采之稱，眞同畫餠之妄。欲乞依元和中所定實封條貫支給，削去虛邑，但行實食，以寵勳臣。又國家每屬嚴禋，卽覃大慶，叙封追贈，罔限彝章。乃至太醫之微，司曆之賤，率荷蓼蕭之澤，亦疏石窌之封，恩雖出於殊常，職不循於經制。

又官勳之設，名品實繁，今朝散、銀青，猶闕命服，護軍、柱國，全是虛名。欲乞自今常參官，勳、散俱至五品者許封贈〔一一〕，官、勳俱至三品者許立戟。又五等之爵，施于賢

中華書局

才，雖有啓封之稱，曾無胙土之實。苴茅建社，固不可以遽行，翼子詒孫，亦足稽於舊典。內外官封至伯、子、男者，許蔭子；至公、侯者，許蔭孫；封國公者許嫡子、嫡孫一人襲封〔二二〕。

又當今功臣之稱，始於德宗，扈蹕將士並加「奉天定難功臣」之號，因一時之賞典，爲萬世之通規。近代以來，將相大臣有加至十餘字者，尤非經據〔二三〕，不可遵行，所宜削除，以明憲度。昔者講求典禮，晉國以淸，考覈名實，漢朝稱治。當文化誕敷之際，是舊章咸秩之時，跂見太平，正在今日矣。

論者嘉之。然以因襲既久，難於驟革。

既而言者繼請復二十四司之制。神宗即位，始命館閣校唐六典，以摹本賜羣臣，而置局詳定之。於是凡省、臺、寺、監領空名者，一切易之以階。元豐三年〔二四〕，詳定所上寄祿格，會明堂禮成，即用新制，遷近臣秩。初，新階尙少，而轉行者得以易。及元祐初，朝議大夫六階以上始分左、右，紹聖中，罷之。崇寧初，自承直至將仕郎，凡換選人七階，又增宣奉至奉直大夫四階。政和末，自從政至迪功郎，又改選人三階，文階始備；而武階亦易正使爲大夫，副使爲郎。其橫班十二階使、副亦然。繼又增置宣正、履正大夫、郎，凡十階，通爲橫班。其後，復更開封守臣爲尹牧，而內侍省悉倣機廷之號，六尙局之修，三衞郎之建，及左

輔、右弼、太宰、少宰之稱，員既濫冗，名益紊雜，由是官有視秩，元豐之制，至此大壞。及宣和末，王黼復請修官制格目，而邊事起，訖不果成。

初，太平興國八年五月，太宗作戒諭百官辭二通，以付閤門。一戒京朝官受任於外者，一戒幕職、州縣官，朝辭對別日，令舍人宣示之，各繕寫歸所治，奉以爲訓焉。大中祥符元年，眞宗以祥符降錫，述大中清淨爲治之道，申誡百官，又作誡諭辭二道，易舊辭，賜出使京朝官及幕職、州縣官。其後，又作文、武七條。文，賜京朝官任轉運使、提點刑獄、知州府軍監、通判、知縣者：一曰清心，謂平心待物，不爲喜怒愛憎之所遷，則庶事自正。二曰奉公，謂公直潔己，則民自畏服。三曰修德，謂以德化人，不必專尙威猛。四曰責實，勿競虛譽。五曰明察，謂勤察民情，勿使賦役不均，刑罰不中。六曰勸課，謂勸諭下民，勤於孝悌之行，農桑之務。七曰革弊，謂求民疾苦而釐革之。武條，賜牧伯洎諸司使而下任部署、鈐轄、知州軍縣、都監、監押、駐泊巡檢者：一曰修身，謂修飭其身，使士卒有所法則。二曰守職，謂不越其職，侵撓州縣民政。三曰公平，謂均撫士卒，無有偏黨。四曰訓習，謂訓教士卒，勤習武藝。五曰簡閱，謂察視士卒，識其勤惰勇怯。六曰存恤，謂安撫士卒，甘苦皆同，當使齊心，無令失所。七曰威嚴，謂制馭士卒，無使越禁。仍許所在刊石或書廳壁，奉以爲法。又以禮記儒行篇賜親民釐務文臣，其幕職、州縣官使臣賜敕戒礪，令崇文院刻板模印，送閤

門，辭日分給之。

淳化元年，國子祭酒孔維上言：「中外文、武官稱呼假借，踰越班制，伏請一切禁斷。」太宗命翰林學士宋白等議之。白等請：「自今文武臺省官及卿、監、郎中、員外並呼本官，太常博士、大理評事並不得呼『郎中』，諸司使、諸衞將軍未領刺史者、及諸司副使不得呼『太保』，供奉官以下不得呼『司徒』，校書郎以下令、錄事不得呼『員外郎』，判、司、簿、尉不得呼『侍御』，待詔、醫官不得呼『奉御』，其文武職事州縣官，如有檢校、兼、試、同正官者，稱之。」

太宗時，郊祀行慶，羣官率多進改。眞宗初，右司諫孫何上言曰：「伏見國家撫有多方，並建衆職。外則郡將、通守，朝士代行；關征、榷酤，使者兼掌；下至幕府職掾之微，或自朝廷選補而授。用人既廣，推擇難精。貢部上名，動踰千計；門資入仕，亦及百人。稍著職勞，即升京秩；將命而出，冗長尤多。每歲祀圓丘，誕敷霈澤，無賢不肖，並許叙遷。至使評事、寺丞，纔數載而通閨籍；贊善、洗馬，不十年而登臺郎。竊計今之班簿，臺、省、宮、寺凡八百員，玉石混淆，名品猥濫。異夫虞書考績、周官計治之法也。有唐舊制，郊禋慶宥，但進階、勳而已，今若十年之內，肆赦相仍，必恐京僚過於胥徒，朝臣多於州縣，豈惟連車平斗之刺，亦有敗財假器之失。況祿廩所賦，皆自地征所來，須從民力，何必空竭公藏，附益

私人。已授者朘削既難，未遷者防閑宜峻，古人所謂『損無用之費，罷不急之官』，正在此也。伏願特降詔書，自今郊祀，羣官一例不得遷陟，必若績用有聞，才名夙著，自可待之不次，豈俟歷階而升。至於省倂吏員，上繫與奪。」時左司諫耿望亦以爲然，故咸平二年親郊，止加階、勳，命有司考其殿最而黜陟之。然三年差遣受代，率皆考課引對，多獲進改，罕有退黜，而官籍浸增矣。

紹興以後合班之制

諸太師、太傅、太保　左丞相、右丞相　少師、少傅、少保　王　樞密使　開府儀同三司　知樞密院事　參知政事　同知樞密院事　樞密副使　簽書樞密院事　太子太師、太傅、太保　特進　觀文殿大學士　太尉　太子少師、少傅、少保　冀、兗、靑、徐、揚、荆、豫、梁、雍州牧　御史大夫　觀文殿學士　資政、保和殿大學士　吏部、戶部、禮部、兵部、刑部、工部尙書　金紫、銀青光祿大夫　光祿大夫　左、右金吾衞上將軍　左、右衞上將軍　殿前都指揮使　節度使　翰林學士承旨　翰林學士　資政、保和、端明殿學士　龍圖、天章、寶文、顯謨、徽猷、敷文閣學士　左、右散騎常侍　權六曹尙書　御史中丞　開封

尹　尚書列曹侍郎　樞密直學士　龍圖、天章、寶文、顯謨、徽猷、敷文閣直學士　宣奉、正奉、正議、通奉大夫　左、右驍衞、武衞〔三五〕、屯衞、領軍衞、監門衞、千牛衞上將軍　太子賓客、詹事　給事中　承宣使　中書舍人　通議大夫　殿前副都指揮使　左、右諫議大夫　保和殿待制　龍圖、天章、寶文、顯謨、徽猷、敷文閣待制　權六曹侍郎　太中大夫　觀察使　太常卿　宗正卿　祕書監　馬軍都指揮使　步軍都指揮使　馬、步副都指揮使　中大夫　光祿、衞尉、太僕、大理、鴻臚、司農、太府卿　中奉、中散大夫　內客省使　通侍大夫　樞密都承旨　國子祭酒　太常少卿　宗正少卿　祕書少監　正侍、宣正、履正、協忠大夫　中侍、中亮大夫　太子左、右庶子　中衞、翊衞、親衞大夫　知閤門事　殿前都虞候　馬軍都虞候　步軍都虞候　防禦使　捧日、天武四廂都指揮使　龍、神衞四廂都指揮使　團練使　諸州刺史　左、右金吾以下諸衞大將軍　駙馬都尉　集英殿修撰　七寺少卿　朝議、奉直大夫　中書門下省檢正諸房公事　尚書左、右司郎中　右文殿修撰　國子司業　少府、將作、軍器監　都水使者　入內內侍省、內侍省都知　宣政使　拱衞大夫　太子少詹事、左右諭德　入內內侍省、內侍省副都知　昭宣使　左武大夫　同知閤門事　右武大夫　入內內侍省、內侍省押班　樞密承旨〔三六〕　樞密副都承旨　起居郎　起居舍人　侍御史　帶御器械　尚書左、右司員外郎　樞密院檢詳諸房文字　祕閣修撰　開封少尹

太子侍讀、侍講　尚書吏部、司封、司勳、考功、戶部、度支、金部、倉部、禮部、祠部、主客、膳部、兵部、職方、駕部、庫部、刑部、都官、比部、司門、工部、屯田、虞部、水部郎中　開封府判官、推官　直龍圖閣　朝請、朝散、朝奉大夫　直天章閣　殿中侍御史　左、右司諫　左、右正言　符寶郎　內符寶郎　樞密副承旨　武功、武德、和安、春官、成和、夏官、成安、中官、成全、秋官、武顯、武節、平和、冬官、武略、保安、武經、武義、武翼大夫〔三七〕　尚書諸司員外郎　直寶文閣　開封府司錄參軍事　樞密院諸房副承旨　朝請、朝散、朝奉郎　直顯謨閣　少府、將作、軍器少監　諸衞將軍　正侍、宣正、履正、協忠、中侍、中亮、中衞、翊衞、親衞、拱衞、左武、右武郎　監察御史　直徽猷、敷文閣　承議郎　中郎將　翰林良醫　武功、武德、和安、成和、成安、成全、武顯、武節、平和、武略、保安、武經、武義、武翼郎　太子中舍人　太子舍人　親王府翊善、贊讀、直講　太常丞　判太醫局　宗正、大宗正丞　祕書丞　直祕閣　左右郎將　奉議郎　大理正　著作郎　閤門舍人　宣贊舍人　翰林醫官　翰林醫效　翰林醫痊　兩赤縣令　太子左右衞、司禦、清道、監門、內率府率　七寺丞　祕書郎　太常博士　樞密院計議、編修官　敕令所删定官　陵臺令　著作佐郎　國子監丞　諸王宮大小學教授　國子博士　大理司直、評事　訓武、通直、修武郎　內常侍　少府、將作、軍器、都水監丞　監尚書六部門　開封府功曹倉曹戶曹兵曹法曹士

曹參軍事、左右軍巡使、判官　主管太醫局　祕書省校書郎〔三八〕、正字　親王府記室　太史局五官正　御史臺檢法官、主簿　九寺主簿　閤門祗候　樞密院逐房副承旨　從義、秉義郎　太子諸率府副率　幹辦左、右廂公事　忠訓、忠翊、宣教郎　太學、武學、律學博士　太常寺奉禮郎、太祝、郊社令、籍田令　光祿寺太官令　五監主簿　宣義、成忠、保義、承事、承奉、承務郎　國子、太學正　武學諭　國子、太學錄　律學正　太醫局丞　京府判官　京府司錄參軍　承直郎　京畿縣令　兩赤縣丞　三京赤縣令　承節、承信郎　節度、觀察判官　節度掌書記　觀察支使　防禦、團練判官　京府、節度、觀察推官　軍事判官　防禦、團練、軍事推官　軍、監判官　節鎭錄事參軍　京府諸曹參軍事　軍巡判官　儒林、文林、從事郎　京畿縣丞〔三九〕　三京赤縣丞　上、中、下州錄事參軍事　三京畿縣丞　兩赤縣主簿、尉　諸州上中下縣令、丞　從政郎　諸府司理、諸曹參軍事　節鎭、上中下州司理、司戶、司法參軍　修職郎　京畿縣主簿、尉　三京赤縣、畿縣主簿、尉　諸州上中下縣簿、尉　城砦主簿　馬監主簿　迪功郎　諸州司士、文學、助教

——爲官職雜壓之序。

官品　紹興、乾道、慶元，先後修定，間有官、勳已從罷省，而令仍不廢，今具載焉。

諸太師，太傅，太保，左、右丞相，少師，少傅，少保，王，爲正一品。

諸樞密使，開府儀同三司，特進，太子太師、太傅、太保，嗣王，郡王，國公，爲從一品。

諸金紫光祿大夫，知樞密院事，參知政事，同知樞密院事，太尉，開國郡公，上柱國，爲正二品。

諸銀青光祿大夫，簽書樞密院事，觀文殿大學士，太子少師、少傅、少保，御史大夫，吏部、戶部、禮部、兵部、刑部、工部尚書，左右金吾衞、左右衞上將軍，冀、兗、靑、徐、揚、荆、豫、梁、雍州牧，殿前都指揮使，節度使，開國縣公，柱國，爲從二品。

諸宣奉、正奉大夫，觀文殿學士，資政、保和殿大學士〔四〇〕，翰林學士承旨，翰林學士，資政、保和、端明殿學士，龍圖、天章、寶文、顯謨、徽猷、敷文閣學士，樞密直學士，左、右散騎常侍，權六曹尚書，上護軍，爲正三品。

諸正議、通奉大夫，龍圖、天章、寶文、顯謨、徽猷、敷文閣直學士，御史中丞，開封尹，尚書列曹侍郎，諸衞上將軍，太子賓客、詹事，開國侯，護軍，爲從三品。

諸通議大夫，給事中，中書舍人，太常卿，宗正卿，祕書監，諸衞大將軍，殿前副都指揮使，承宣使，開國伯，上輕車都尉，爲正四品。

諸太中大夫，保和殿、龍圖、天章、寶文、顯謨、徽猷、敷文閣待制，左、右諫議大夫，權六曹侍郎，七寺卿，國子祭酒，少府、將作監，諸衞將軍，輕車都尉，爲從四品。

諸中大夫，馬、步軍都指揮使，副都指揮使，觀察使，通侍、正侍、宣正、履正、協忠、中侍大夫，開國子，上騎都尉，爲正五品。

諸中奉、中散大夫，太常、宗正少卿，祕書少監，內客省使，延福宮使，景福殿使，太子左、右庶子，樞密都承旨，中亮、中衞、翊衞、親衞大夫，殿前馬、步軍都虞候，防禦使，捧日、天武、龍神衞四廂都指揮使，團練使，諸州刺史，駙馬都尉，開國男，騎都尉，爲從五品。

諸朝議、奉直大夫，集英殿修撰，七寺少卿，中書門下省檢正諸房公事，尚書左、右司郎中，國子司業，軍器監，都水使者，太子少詹事、左右諭德，入內內侍省、內侍省都知副都知，宣慶、宣政〔一二〕、昭宣使，拱衞、左武、右武大夫，入內內侍省、內侍省押班，樞密承旨、副承旨，驍騎尉，爲正六品。

諸朝請、朝散、朝奉大夫，起居郎，起居舍人，侍御史，尚書省左、右司員外郎，樞密院檢詳諸房文字，右文殿、祕閣修撰，開封少尹，尚書諸司郎中，開封府判官、推官，少府、將作、軍器少監，和安、成和、成安大夫，陵臺令，飛騎尉，爲從六品。

諸朝請、朝散、朝奉郎，殿中侍御史，左、右司諫，尚書諸司員外郎，侍講，直龍圖、天章、

寶文閣，開封府司錄參軍事，樞密副承旨，樞密院諸房副承旨，武功至武翼大夫，成全、平和、保安大夫，翰林良醫，太子侍讀、侍講，兩赤縣令，雲騎尉，爲正七品。

諸承議郎，左、右正言，符寶郎，監察御史，直顯謨、徽猷、敷文閣，太常、宗正、祕書丞，大理正，著作郎，崇政殿說書，內符寶郎，正侍至右武郎，武功至武翼郎，和安至保安郎，翰林醫官，閤門宣贊舍人，太子中舍人、舍人，諸率府率，親王府翊善、贊讀、直講，判太醫局令〔一三〕，翰林醫効、醫痊，武騎尉，爲從七品。

諸奉議、通直郎，七寺丞，祕書郎，太常博士，樞密院計議官、編修官，敕令所删定官，直祕閣，著作佐郎，國子監丞，諸王宮大小學教授，國子博士，大理司直、評事，訓武、修武郎，內常侍，開封府諸曹參軍事，軍巡使，判官，京府判官，京畿縣令，兩赤縣丞，三京赤縣、畿縣令，太史局五官正，中書、門下省錄事，尚書省都事，爲正八品。

諸宣教、宣議郎，御史臺檢法官，主簿，少府、將作、軍器、都水監丞，寺、監主簿，祕書省校書郎、正字，太常寺奉禮郎、太祝，太學、武學、律學博士，主管太醫局，閤門祗候，樞密院逐房副承旨，東、西頭供奉官，從義、秉義郎，太子諸率府副率，親王府記室，節度、觀察、防禦、團練、軍事、監判官，節度掌書記，觀察支使，京府、節度、觀察、防禦、團練、軍事推官，諸州簽判，節鎭，上中下州錄事參軍，京府諸曹參軍事，軍巡判官，承直、儒林、文林、從事、從政、修職郎，京畿縣丞，三京赤縣、畿縣丞，諸州上中下縣令、丞，兩赤縣主簿、尉，諸府諸曹，節鎭、上州諸司參軍事，節度副使，行軍司馬，防禦、團練副使，太史局丞、直長，靈臺郎、保章正，翰林醫愈、醫證、醫診、醫候，三省樞密院主事、守闕主事、令史、書令史，爲從八品。

諸承事、承奉郎，理親民資序者，從八品，承務郎準此。殿頭高品，郊社、籍田、太官令，國子太學正、錄，武學諭，律學正，太醫局丞，忠訓、忠翊、成忠、保義郎，挈壺正，京畿縣主簿、尉，三京赤縣主簿、尉，諸州別駕、長史、司馬，樞密院守闕書令史，爲正九品。

諸承務郎，高班，黃門內品，承節、承信、迪功郎，中、下州諸司參軍，諸州上中下縣主簿、尉，城砦、馬監主簿，諸州司士、文學、助教，翰林醫學，爲從九品。

校勘記

〔一〕保大 原作「保泰」，按宋無保泰軍。本書卷八七地理志載：鄜州，保大軍節度，職官分紀卷四〇同。志文因「泰」、「大」義通而誤，據改。

〔二〕康國 按本書地理志、職官分紀卷四〇諸路節鎭無康國軍，而本表排列「康國」在兩浙路諸鎭之後，此鎭似應是明州奉國軍節度，州見本書卷八八地理志。該軍建立於宋初，本表不應失載，疑「康」是「奉」字之誤。

〔三〕寧海 按上文已有「寧海」，此處二字重出，疑有誤。

〔四〕密州靜海 按本書卷四八交阯傳，開寶八年，以權交州節度使丁璉以檢校太師充靜海軍節度使、安南都護；職官分紀卷四〇化外承襲節鎭條，有「靜海軍安南都護」。疑此即「靜海軍節度」，「密州」爲「交州」之誤。

〔五〕應州彰國 「彰」原作「鄣」，據本書卷九〇地理志、職官分紀卷四〇改。

〔六〕威城 按宋代無此節度軍額，據本表排列順序，此當爲一「化外節鎭」，職官分紀卷四〇所載「化外」節度使以「威」字爲名的，有「威塞軍新州」，九域志卷一〇同，今本表別無威塞軍，疑此或即「威塞」之誤。

〔七〕昌化 按宋代無此節度軍額，據本表排列順序，此當爲一「化外節鎭」，職官分紀卷四〇所載「化外」節度使以「化」字爲名的，有「昭化軍愼州」，宋會要方域五之八也稱「化外州」愼州爲昭化軍節度；疑「昌化」或即「昭化」之誤。

〔八〕景福殿使 「福」原作「德」，據下文「官品」條、宋會要儀制三之一七改。

〔九〕龍 按本書卷八九地理志載，龍州爲軍事州，無升防禦州之記載；職官分紀卷四〇、九域志卷三有隴州，爲防禦州，今本表別無隴州，疑此或爲「隴」字之誤。

〔一〇〕陸 按通考卷三二三輿地考「陸州」條下說：「宋無此州。」本書卷九〇地理志廣南西路也未載，

疑此有誤。

〔一一〕舒　按本書卷八八地理志，舒州本團練州，建隆元年升防禦。今上文已將舒州列入「防禦使」條，此處不應列爲諸州刺史，疑有誤。

〔一二〕象　按本書卷九〇地理志，象州於景德四年升防禦，今本表上文已將象州列入「防禦使」條，此處卽不當重見。志文當有誤。

〔一三〕保和學士　據上下文義、本條正文和宋會要職官七之一〇保和殿學士條，疑「保和」下脫「殿大學士」四字。

〔一四〕太官　原作「太常」，據新唐書卷四八百官志、通典卷二六職官改。

〔一五〕監膳　唐代將作監無此官，新唐書卷四八百官志左右校署、甄官署丞下有監作，中校署有監事；舊唐書卷四四職官志同。「膳」字疑爲「作」字之誤。

〔一六〕左右丞　「丞」字原脫，據宋會要儀制三之一補。上文建隆以後合班之制「諸行侍郎」前亦作「左右丞」。

〔一七〕升侍知制誥　據長編卷七一、宋會要職官七之一四，此處「升侍」疑爲「升覼」之誤。

〔一八〕興州團練使　「興」下原衍「利」字，據宋會要儀制三之一〇、長編卷八六刪。

〔一九〕刑部有詳覆諸州已決大辟案牘及勾禁奏狀　「有」字原脫，「勾」原作「旬」，據上文文義和長編卷

三九補改。

〔二〇〕羣官　原作「郡官」，據文義和楊億武夷新集卷一六次對奏狀改。

〔二一〕勳散俱至五品者許封贈　「贈」字原脫，據同上書同卷同篇補。

〔二二〕嫡子嫡孫一人襲封　「嫡子」二字原脫，「嫡孫」上原衍「蔭」字，據同上書同卷同篇刪補。

〔二三〕尤非經據　「經據」原作「輕遽」，據同上書同卷同篇改。

〔二四〕元豐三年　「三」原作「九」。按本書卷一六一職官志序，元豐三年「九月，詳定所上寄祿格」。長編卷三〇八所載同，據改。

〔二五〕武衞　原脫，據上文建隆、元豐以後合班之制及合璧事類後集卷六一補。

〔二六〕樞密承旨　「密」下原衍「都」字，按上文已有樞密都承旨，此處不當重出；上文建隆以後合班之制「樞密副都承旨」上有「樞密承旨」，和合璧事類後集卷六一所載南宋官職雜壓之制相合，據刪。

〔二七〕武經武義武翼大夫　「武經」原置「武義」下，據本書卷一六九職官志、通考卷六四職官考武階次序移正。

〔二八〕祕書省校書郎　「省」字原脫，據上文建隆、元豐以後合班之制及合璧事類後集卷六一補。

〔二九〕京畿縣丞　此上原衍「三」字，和下文「三京畿縣丞」重複；合璧事類後集卷六一官職雜壓條此處作「京畿縣丞」，而其上又衍「三京赤縣令」五字，和上文重出。按合璧事類同卷官品條，此處亦作「京畿縣丞」。蓋以官品言之，三京赤縣令爲正八品，故與京畿縣令、兩赤縣丞同列；京畿縣丞爲從八品，故與三京赤縣、畿縣丞同列。因刪「三」字。

〔三〇〕資政保和殿大學士　此上原衍「翰林」二字。按宋無翰林大學士官稱，而下文又另有翰林學士，據上文建隆、元豐以後合班之制及合璧事類後集卷六一刪。

〔三一〕宣政　原作「宣正」，按本書卷一六六職官志「入內內侍省」條、卷一六九同志「內臣遷轉」條都作「宣政使」，據改。

〔三二〕判太醫局令　按合璧事類後集卷六一官品條作「判太醫局、太史局令」，疑此有脫文。

宋史卷一百六十九

志第一百二十二

職官九 敍遷之制

羣臣敍遷　流內銓　流外出官　文散官　武散官　爵　勳

功臣　檢校官　兼官　試秩　紹興以後階官

文臣京官至三師敍遷之制

諸寺、監主簿，祕書省校書郎，祕書省正字有出身轉大理評事，無出身轉太常寺奉禮郎。內帶館職同有出身，后族、兩府之家轉太祝。

太常寺太祝，奉禮郎有出身轉諸寺、監丞，無出身轉大理評事。內帶館職同有出身。

大理評事有出身轉大理寺丞，第一人及第轉著作佐郎；無出身轉諸寺、監丞。內帶館職同有出身。后族、兩府之

家，審刑院詳讞，刑部詳覆、詳斷、檢法、法直官，轉光祿寺丞。

諸寺、監丞有出身轉著作佐郎，無出身轉大理寺丞。內帶館職同有出身。

大理寺丞有出身轉殿中丞，無出身轉太子中舍。內帶館職同有出身，或轉太子中允。后族、兩府之家，審刑院詳讞，刑部詳覆、詳斷，中書堂後官，轉太子右贊善大夫。

著作佐郎有出身轉祕書丞，內第一人及第太常丞；無出身轉太子左贊善大夫。內帶館職同有出身。特旨轉祕書郎、著作郎、宗正丞。

太子左右贊善大夫、中舍、洗馬轉殿中丞。內帶館職轉太常丞。

太子中允轉太常丞，特旨轉祕書郎、著作郎、宗正丞。

太常、宗正、祕書丞，著作郎，祕書郎轉太常博士，特旨轉左、右正言，監察御史。宗正丞，無出身轉國子博士。

殿中丞有出身轉太常博士，無出身轉國子監博士。內帶館職同有出身。

太常、國子博士轉後行員外郎，特旨轉左、右司諫，殿中侍御史。

左、右正言轉左、右司諫，帶待制已上職轉起居舍人。

監察御史轉殿中侍御史。

後行員外郎轉中行員外郎，特旨轉起居舍人、侍御史。

左、右司諫轉起居郎、起居舍人，帶待制已上職轉吏部員外郎。

殿中侍御史轉侍御史。

中行員外郎轉前行員外郎。

起居郎，起居舍人轉兵部員外郎，帶待制已上職轉禮部郎中。

侍御史轉司封員外郎。

前行員外郎轉後行郎中。

後行郎中轉中行郎中。

中行郎中轉前行郎中。

右常調轉員外郎者，轉右曹。內有出身自屯田，無出身自虞部，贓罪敍復人自水部轉。水部　司門　庫部　虞部　比部　駕部　屯田　都官　職方

任發運、轉運使副，三司、開封府判官，侍讀，侍講，天章閣侍講，崇政殿說書，開封府推官、府界提點，三司子司主判官，大理少卿，提點刑獄，提點鑄錢監，諸王府翊善、侍講、記室，中書提點五房公事堂後官，轉左曹。內有出身自祠部，無出身自主客，堂後官自膳部轉。膳部　倉部　考功　主客　金部　司勳　祠部　度支　司封

任發運、轉運使副，三司、開封府判官，左曹轉左名曹。內無出身只轉祠部、度支、司封，有出身

合轉右名曹，準此。任三司副使，知雜，修撰，修起居注，直舍人院，轉左名曹。工部　刑部　兵部

帶待制已上職，左右曹、右名曹轉左名曹，仍隔一資超轉。中行郎中轉左、右司郎中。戶部轉左司，刑部、度支、金部、倉部、都官、比部、司門轉右司。禮部　戶部　吏部

前行郎中有出身轉太常少卿，無出身轉司農少卿。內見任左曹衞尉少卿，帶待制已上職轉右諫議大夫。

左、右司郎中帶待制已上職轉諫議大夫。左司轉左諫議，右司轉右諫議。帶翰林學士者，轉中書舍人。

衞尉、司農少卿轉光祿少卿，帶館職轉光祿卿。

光祿少卿轉司農卿，帶館職轉光祿卿。

太常少卿轉光祿卿，任三司副使、修撰，取旨。

司農卿轉少府監，帶館職轉光祿卿。

少府監轉衞尉卿，帶館職轉光祿卿。

衞尉轉光祿卿。

光祿卿轉祕書監。

祕書監轉太子賓客。

中書舍人轉禮部侍郎。

諫議大夫轉給事中。

給事中轉工部侍郎，帶翰林學士已上職轉禮部侍郎。

太子賓客轉工部侍郎。

工部侍郎轉刑部侍郎，兩府轉戶部侍郎，宰相轉兵部侍郎。

禮部侍郎轉戶部侍郎，宰相轉吏部侍郎。

刑部侍郎轉兵部侍郎，兩府轉吏部侍郎，宰相轉禮部尚書。

戶部侍郎轉吏部侍郎，宰相轉禮部尚書。

兵部侍郎轉右丞，兩府轉左丞，宰相轉禮部尚書。

吏部侍郎轉左丞，宰相轉禮部尚書。

左、右丞轉工部尚書，兩府轉禮部尚書。

工部尚書轉禮部尚書，兩府轉刑部尚書。

禮部尚書轉刑部尚書，兩府轉戶部尚書。

刑部尚書轉戶部尚書，兩府轉兵部尚書。

戶部尚書轉兵部尚書，兩府轉吏部尚書。

兵部尚書轉吏部尚書，兩府轉太子少保，宰相轉右僕射。

吏部尚書轉太子少保，宰相轉左僕射。

太子少保轉太子少傅。

右僕射轉左僕射。

太子少傅轉太子少師。

左僕射轉司空。

司空轉司徒。

太子少師轉太子太保。

司徒轉太保。

太子太保轉太子太傅。

太子太傅轉太子太師。

太子太師轉太保。

太保轉太傅。

太傅轉太尉。

太尉轉太師。

太師太師、太傅、太保謂之三師，太尉、司徒、司空謂之三公。凡除授，則自司徒遷太保，自太傅遷太尉，檢校亦如之。

治平二年，翰林學士賈黯奏：「近者皇子封拜，並除檢校太傅。臣按官儀，自後魏以來，以太師、太傅、太保爲三師，太尉、司徒、司空爲三公，國朝因之。六典曰：『三師，訓導之官也(一)。』蓋天子之所師法。今皇太子以師傅名官，於義弗安，莫甚於此。蓋前世因循，失於釐正。臣愚以謂自今皇子及宗室卑者除官，並不可帶師傅之名，隨其敍遷改授三公之官。」詔：「候將來，因加改正。」自此，皇子及宗室卑行，遂不除三師官。

宋初，臺、省、寺、監官猶多涖本司，亦各有員額資考之制，各以曹署閑劇著爲月限，考滿則遷，慶恩止轉階、勳、爵、邑。建隆二年，始以右監門衞將軍魏仁滌爲右神武將軍，水部員外郎朱洞爲都官員外郎，監察御史李鑄爲殿中侍御史，以仁滌等掌麴蘗、領關征外有羨也。自是，廢歲滿敍遷之典。是後，多掌事于外，諸司互以他官領之，雖有正官，非別受詔亦不領本司之務。又官有其名而不除者甚衆，皆無定員無月限，不計資品，任官者但常食其奉而已。時議以近職爲貴，中外又以差遣別輕重焉。

武臣三班借職至節度使敍遷之制三班借職以下，亦有磨勘轉官法，緣未受眞命，今不具錄。

三班借職轉三班奉職。

三班奉職轉右班殿直。

右班殿直轉左班殿直。

左班殿直轉右侍禁。

右侍禁轉左侍禁。

左侍禁轉西頭供奉官。

西頭供奉官轉東頭供奉官。

東頭供奉官轉內殿崇班。

內殿崇班轉內殿承制。

內殿承制轉供備庫使，有戰功轉禮賓副使，特旨東西染院、西京作坊副使。有戰功，並謂曾經轉官酬獎。

供備庫使轉西京左藏庫副使，有戰功轉如京副使。

禮賓副使轉崇儀副使，有戰功轉洛苑副使。

西染院副使轉如京副使，有戰功轉內園副使。

東染院副使轉洛苑副使，有戰功轉文思副使。

西染院使轉如京使，有戰功轉內園使。

東染院使轉洛苑使，有戰功轉文思使。

西京作坊使轉內園使，有戰功轉六宅使。

西京左藏庫使轉文思使，有戰功轉莊宅使。

崇儀使轉六宅使，有戰功轉西作坊使。

如京使轉莊宅使，有戰功轉東作坊使。

洛苑使轉西作坊使，有戰功轉左藏庫使。

內園使轉東作坊使，有戰功轉內藏庫使。

文思使轉左藏庫使，有戰功轉右騏驥使。

六宅使轉內藏庫使，有戰功轉左騏驥使。

莊宅使轉右騏驥使，有戰功轉宮苑使。

西作坊使轉左騏驥使，有戰功轉宮苑使。

東作坊使轉宮苑使。

左藏、內藏、左右騏驥、宮苑使並轉皇城使。

皇城使轉遙郡刺史。凡已上使、副，除皇城係東班，餘並西班。其東班翰林以下十九司使、副，雖有見在官及遷轉法，並授伎術官。

遙郡刺史轉遙郡團練使，特旨轉正刺史。

遙郡團練使轉遙郡防禦使，特旨轉正團練使。

刺史轉團練使。

團練使，遙郡防禦使轉防禦使。

防禦使轉觀察使。

觀察使轉節度觀察留後。

節度觀察留後轉節度使。

節度使

武臣自通事舍人轉橫班例

通事舍人轉西上閤門副使。其東上閤門副使，非特恩不遷。

東、西上閤門副使轉引進副使。

引進副使轉客省副使。

客省副使轉西上閤門使。

西上閤門使轉東上閤門使。

東上閤門使轉四方館使。

四方館使轉引進使。

引進使轉客省使。

客省使

右內客省使至閤門使謂之橫班，皇城使以下二十名謂之東班，洛苑使以下二十名謂之西班，初猶有正官充者，其後但以檢校官爲之，或領觀察使、防禦使、團練使、刺史。景祐元年詔：「副使自今改正使，於本額下五資遷之。」舊無定員，慶曆四年詔：「客省、引進、四方館使各一人，東、西上閤門使共四人，閤門、引進、客省副使共六人，閤門通事舍人八人。」治平二年，樞密院奏：「嘉祐三年詔：『非軍職當罷、横行歲滿當遷及有戰功殊績，皆不得除正任。當遷，則改州名，或加檢校官、勳、封、食邑。』自降詔以來，正任刺史以上絕升進之望。今欲因知藩要州郡，或路分總管，如再經改州名或加檢校官、勳、封、食邑已及十年者，與遷官，至節度觀察留後止。又客省、引進、四方館舊置使三員，東、西上閤門舊置使四員，今並增爲六員。閤門、引進、客省，舊制副使六員，今並增爲八員。閤門舊通事舍人八員，今增爲十員。凡所增置，須見任官當遷及有闕乃補。其皇城使改官及七年，如曾歷邊任、有本路監司總管五人已上共薦者，欲除遙郡刺史至遙郡防禦使止。」詔：「自今皇城、宮苑副使當磨勘者，各於本班使額自下升五資改諸司使。其自左藏庫副使已上因酬獎及非次改官者，聽如舊。餘皆從樞密院之請。」初，英宗謂執政曰：「諸司副使改轉使，當從供備庫使始，今對行升五資，太優。」於是合議條奏而爲此例。

宗室自率府副率至侍中敍遷之制

太子右內率府副率轉太子右監門率府率。

太子右監門率府率轉右千牛衞將軍。

右千牛衞將軍轉右監門衞大將軍。

右監門衞大將軍轉遙郡刺史。

遙郡刺史轉遙郡團練使。繼諸王後、見封國公及特旨，即轉正刺史。

遙郡團練使轉遙郡防禦使。繼諸王後、見封國公及特旨，即轉正團練使。

刺史轉團練使。

團練使轉防禦使。

防禦使轉觀察使。

觀察使轉節度觀察留後。

節度觀察留後轉節度使，特旨轉左、右衞上將軍。

左、右衞上將軍節度使轉節度使同中書門下平章事。

節度使同中書門下平章事轉節度使兼侍中。

節度使兼侍中

內臣自皇城使特恩遷轉例合該磨勘，並臨時用例，取旨改轉。

皇城使轉昭宣使。國朝亦有外官爲昭宣使者。

昭宣使轉宣政使。

宣政使轉宣慶使。

宣慶使轉景福殿使。

景福殿使轉延福宮使。

延福宮使凡不轉昭宣已上五使者，並轉遙郡。

入內內侍省內臣敘遷之制

祗候班雖有轉官法，近年無遷轉之人，惟敘官者一級當一官，內侍省同。

北班內品轉後苑散內品。

後苑散內品轉後苑勾當事內品。

後苑勾當事內品轉後苑內品。

後苑內品轉把門內品。

把門內品轉入內內品。

入內內品轉貼祗候內品。

貼祗候內品轉祗候小內品。

祗候小內品轉祗候內品。

祗候內品轉祗候高班內品。

祗候高班內品轉祗候高品。

祗候高品轉祗候殿頭。

祗候殿頭

右係責降及責降人保引。

內侍班轉黃門。

黃門轉高班。

高班轉高品。

高品轉殿頭。

內侍殿頭轉內西頭供奉官。

內西頭供奉官轉內東頭供奉官。

內東頭供奉官東頭供奉官已上轉官，依外官。

內侍省內臣敘遷之制

祗候班

後苑散內品轉散內品。

散內品轉北班內品。

北班內品轉後苑勾當事內品。

後苑勾當事內品轉後苑內品。

把門內品、後苑內品轉內品。

內品轉貼祗候內品。

貼祗候內品轉祗候內品。

祗候內品轉祗候高班內品。

祗候高班內品轉祗候高品。

祗候高品

右係責降及責降人保引亦有非責降由蔭薦而除者。入內內侍省同。

內侍班

黃門轉高班。

高班轉高品。

高品轉殿頭。

殿頭轉內西頭供奉官。

內西頭供奉官轉內東頭供奉官。

內東頭供奉官東頭供奉官已上轉官，依外官例。

右宋初以來，內侍未嘗磨勘轉官，唯有功乃遷。至景祐中，詔：「內臣入仕三十年，累有勤勞，經十年未嘗遷者，奏聽旨。」猶無磨勘定格也。慶曆以後，其制漸壞。黃門有勞至減十五年，而入仕纔五七年有勞至高品已上者，兩省因著十年磨勘之例，而減年復在其中。嘉祐六年，樞密院始議釐革。乃詔：「內臣入仕並三十年磨勘，已磨勘者，其以勞得減年者毋得過五年。」

選人選京官之制

有出身：

判、司、簿、尉，七考除大理寺丞。不及七考，光祿寺丞。不及五考，大理評事。不及三考，奉禮郎。

初等職官，知令、錄，六考除大理寺丞。不及六考，光祿寺丞。不及三考，大理評事。

兩使職官，知令、錄，六考除著作佐郎。不及六考，大理寺丞。不及三考，光祿寺丞。

支、掌、防、團判官，六考除太子中允。不及六考，著作佐郎。

節、察判官，六考除太常丞。不及六考，太子中允。

無出身：

判、司、簿、尉，七考除衛尉寺丞。不及七考，大理評事。不及五考，奉禮郎。不及三考，守將作監主簿。

初等職官，知令、錄，六考除衛尉寺丞。不及六考，大理評事。不及三考，奉禮郎。

兩使職官，知令、錄，六考除大理寺丞。不及六考，衛尉寺丞。不及三考，大理評事。

支、掌、防、團判官，六考除著作佐郎。不及六考，大理寺丞。

節、察判官，六考除太子中允。不及六考，著作佐郎。

吏部流內銓諸色入流及循資磨勘選格入流

有出身：

進士、明經入望州判、司，次畿簿、尉。

九經入緊州判、司，望縣簿、尉。

諸科，五經、三禮、三史、三傳，今雖無此科，緣見有逐色人。明法入上州判、司，緊縣簿、尉。

學究、武舉得班行人換授，入中州判、司，上縣簿、尉。

無出身：

太廟齋郎舊室長同。入中下州判、司，中縣簿、尉。

郊社齋郎、舊掌坐(二)同。試銜白衣送銓注官，司士、文學、參軍、長史、司馬、助教得正官，并班行試換文資，入下州判、司(三)，中下縣簿、尉。

三色人：

攝官入小縣簿、尉。

進納授試銜，入下州判、司，中下縣簿、尉；授太廟齋郎，入中州判、司，中縣簿、尉。

流外入下縣簿、尉。

已上並許超折地望注授。

循資

常調：

判、司、簿、尉有出身兩任四考，無出身兩任五考，攝官出判、司三任七考，並入錄事參軍。但有舉主四人或有合使舉主二人，並許通注縣令。流外出身四任十考，入錄事參軍。內係驅使官、沿堂五院人，只注大郡判、司，大縣簿、尉。進納出身三任七考，曾省試下第二任五考，入下州令、錄，仍差監當。

酬獎：

判、司、簿、尉初任循一資入知令、錄，次任二考已上入正令、錄。

知令、錄循一資入初等職官，正令錄入兩使職官。

初等職官循一資入兩使職官，兩資入支、掌、防、團判官，三資入節、察判官。

恩例：

判、司、簿、尉用祖父五路及廣、桂知州帶安撫，并知成都府、梓州及川、廣轉運提刑等恩例陳乞，循入試銜知縣，仍差監當。

奏薦：

判、司、簿、尉。

舉職官，有出身四考、有舉主三人，移初等職官，仍差知縣。有出身四考、無出身六考注初等職官。有出身六考、無出身七考注兩使職官。

舉縣令，有出身三考、無出身四考，攝官出身六考、有舉主三人，進納出身六考、有舉主四

人，流外出身三任七考，有舉主六人，並移縣令。內流外人入錄事參軍。

令、錄係舉人入，任內有京官舉主二人，循兩使職官(四)、知縣。

磨勘：

初等職官，知縣係舉人入，任內有京官職舉主二人，循兩使職官，如願知縣者聽。

判、司、簿、尉七考，知令、錄、職官六考，有京官舉主五人，內一員轉運使、副或提刑，並磨勘引見，轉合入京朝官。

兩使職官、知縣係舉人入，併因舉循入，任內有京官舉主二人，磨勘引見，轉合入京官。

令、錄流外出身，係舉人入，任內有班行舉主三人，磨勘引見，改換班行。

差攝：

長史、文學　兩舉進士　三舉諸科　特恩與攝官

已上，廣南東路長史、文學與舉人，中半差攝；西路長史、文學七分，舉人二分，特恩攝官一分。

試補：

正額及額外攝官並試公案，以合格名次高下差攝。內試不中及不能就試者，並在試中人之下。

解發：

入額人一任實滿四年與解發。如差監當、監稅，即以二年爲一任，理兩攝，並解發赴銓。海北攝官差往海南，減一年。犯公罪展攝二年，監當虧少課利罰半月奉者，添攝一任，罰一月奉者添攝兩任。

流外出官法

尚書省書令史、都省二十四司、禮部貢院、吏部流內銓、官誥院七選，都省敕庫、兵部甲庫八選，諸司驅使官、都省散官十九選，貢院散官十八選：並補正名後理，或酬獎，減一等出簿、尉。

門下省白院令史七選，畫頭、書院、甲庫令史贊者八選，並補正名後理；驅使官九選，授勒留官後理：並出簿、尉。

中書省白院令史七選，甲庫令史八選，並補正名後理；驅使官九選，授勒留後理：並出簿、尉。

學士院錄事補正名後理，三年出奉職。孔目官遇大禮，從上出一名，不遇大禮七選；驅使官遇大禮，從上三人並出簿、尉，不遇恩十選：並授勒留官後理。

御史臺令史七選補正名，驅使官九選授勒留官，並出簿、尉。引贊官補正名後，遇大禮出錄事參軍。試中刑法人充主推，五年出奉職。書史五年，出借職。係諸處取到人充主推，八年出借職。書史出三班差使。

三司三部都孔目官三年出西頭供奉官；前、後行入仕三十年已上，遇大禮，從上各出二人，前行出奉職，後行出借

職；子司勾覆、開拆官五年出左、右班殿直，前、後行出二人。同三部衙司都押衙三年出奉職，衙佐三年出借職；通引官行首司五年出奉職：並補正名後理。

開封府孔目官補正名後理，五年出右班殿直。左知客押衙六年、通引官左番行首七年出奉職，並補正名後理。支計官、勾覆官、開拆官、接押官出奉職，諸司行首前行出借職，並遇大禮，以入仕及三十年已上者三人出職。

殿前司孔目官五年出右侍禁，通引官行首三年出奉職，並補正名後理。

馬步軍司孔目官五年出右班殿直，通引官行首三年出借職，並補正名後理。

入內、內侍兩省前、後行補正名後理，三年出奉職。

大宗正司勾押官補正名後理，三年出借職。

三班院勾押官補正名後理，五年出奉職。

審官院令史授勒留官後理，七年出簿、尉。

九寺府史，太常、大理寺七選；宗正、光祿、太府、太僕、衞尉、鴻臚、司農寺十選；驅使官十九選；宗正司楷書八選：並補正名後理，出簿、尉。

諸監都水監勾押官補正名後理，三年出奉職。少府、將作監府史十選，國子監八選，司天監禮生、曆生選〔五〕，少府、將作監驅使官十九選：並補正名後理，出簿、尉。

羣牧司都勾押官補正名後理，三年出奉職。

客省行首補正名後理三年，勾押官五年，並出奉職。承受並驅使官授勒留官後理，七選出簿、尉。

四方館書令史補正名後理，八選；表奏官、驅使官授勒留官後理，九選：並出簿、尉。

閤門行首補正名後理，三年出右侍禁。承受授勒留官後理，七選出簿、尉。

太常禮院禮直官自補副禮直官後，六經大禮，出西頭供奉官。禮生補正名後理，六選出簿、尉。

審刑院充本院書令史後理，六選出簿、尉。

祕書殿中省令史、楷書並補正名後理，八選出簿、尉。

起居院楷書八選，驅使官十九選，並補正名後理，出簿、尉。

崇文院孔目官補正名後理，遇大禮，出奉職。

三館孔目官、四庫書直官八選，楷書七選，書直、書庫、表奏官九選，守當官十選，並授勒留官後理；楷書補正名後理：並出簿、尉。

祕閣典書、楷書並補正名後理，七選出簿、尉。

軍頭引見司勾押官補正名後理，五年出右班殿直。

皇城司勾押官補正名後理，三年出奉職。

內東門司押司官補正名後理，三年出借職。

管勾往來國信所勾押官補正名後理，三年出奉職。

翰林司專知官三年界滿，大將，出奉職〔六〕。

內藏庫專知官三年界滿，出借職。

御藥院押司官補正名後理，三年出借職。

御書院待詔五年出左班殿直，書藝十年出右班殿直，御書祗候十五年出借職，並補正名後理。

進奏院進奏官補正名後理，十五年遇大禮，無過犯，從上五人出職。有過犯經洗雪，曾經決責，出借職。人數無定限。

御廚勾押官補正名後理，三年出職。

金吾街司、仗司孔目官，表奏、勾押、驅使官，並補正名後理，十九選出簿、尉。

文臣換右職之制

祕書監換防禦使。

大卿、監換團練使。

祕書少監，太常、光祿少卿換刺史。

少卿、監換皇城使、遙郡刺史。

帶職郎中換閤門使。

中華書局

前行郎中換宮苑使。
中行郎中換內藏庫使。
後行郎中換莊宅使。
帶職前行員外郎
前行員外郎並換洛苑使。
帶職中行員外郎，起居舍人，侍御史，中行員外郎並換西京作坊使。
帶職後行員外郎，左、右司諫，殿中侍御史，後行員外郎並換供備庫使。已上並帶遙郡刺史。
帶職博士，左、右正言，監察御史換閤門副使。
太常博士換內藏庫副使。
國子博士換左藏庫副使。
太常丞換莊宅副使。
祕書丞換六宅副使。
殿中丞，著作郎換文思副使。
太子中允換禮賓副使。
太子左右贊善大夫、中舍、洗馬換供備庫副使。

祕書郎，著作佐郎換內殿承旨。
大理寺丞換內殿崇班。
諸司監丞，節度、觀察判官換東頭供奉官。
大理評事，節度掌書記，觀察支使換西頭供奉官。
太常寺太祝，奉禮郎換左侍禁。
初等職官，知令、錄并兩使職官，防禦、團練判官，令、錄未及三考換左班殿直。
初等職官，知令、錄未及三考換右班殿直。
判、司、簿、尉換三班奉職。
試銜齋郎并判、司、簿、尉未及三考換三班借職。已上京官至太常丞帶職，加一資換。

右文官換右職者，除流外、進納及犯私罪情重并贓罪外，年四十以下並許試換右職。三班使臣補換及三年、差使及五年，方許試換。已上並召京朝官或使臣二人委保。其文臣待制、武臣觀察使已上願換官，取旨。

紹興復修試換之令，淳熙增廣尙左、尙右、侍左、侍右換官之格，列而書之，以見新式。若中大夫而下文臣換官，仍政和舊制，則不書。

諸訓武郎至進武校尉，不曾犯贓私罪及笞刑經決而願換文資者，聽召保官二員，具家狀連保狀二本，詣登聞鼓院投進乞試。外任人候替罷就試，文資換武者聽。準此，即授小使臣後未及三年，授進武校尉後未及五年，三省、樞密院書令史以下授使臣、進武校尉，若保甲及試武藝并進納、流外出身，不用此令。諸武臣試換文資，於易、詩、周禮、禮記各專一經，仍兼論、孟；願試詩賦及依法官條試斷案、刑統大義者，聽。

換官：尙右，訓武、修武郎換宣教郎。侍左，承直郎換從義郎。文林、從政郎奏舉職官、知縣同，換忠翊郎，未滿三考成忠郎。從事、修職換成忠郎，未滿三考保義郎。迪功郎換成節郎，未滿三考承信郎。將仕郎換承信郎。侍右，從義郎換宣義郎。秉義郎換承事郎。忠訓郎換承奉郎。忠翊郎換承務郎。成忠郎換從事郎。保義郎換修職郎。承節、承信郎換迪功郎。進武校尉、進義校尉換將仕郎。蔭補換使臣。承奉郎換忠翊郎。承務郎換成忠郎。文林郎換保義郎。從事、從政、迪功、通事郎換成節郎。登仕、將仕郎換承信郎。

文散官二十九

開府儀同三司從一　特進正二　光祿大夫從二
金紫光祿大夫正三　銀青光祿大夫從三　正奉大夫正四上階

中奉大夫正四　太中大夫從四上階　中大夫從四
中散大夫正五上　朝奉大夫正五　朝散大夫從五上
朝請大夫從五　朝奉郎正六上　承直郎正六
奉直郎從六上　通直郎從六　朝請郎正七上
宣德郎正七　朝散郎從七上　宣奉郎從七
給事郎正八上　承事郎正八　承奉郎從八上
承務郎從八　儒林郎正九上　登仕郎正九
文林郎從九上　將仕郎從九

右朝官階、勳高，遇恩加八大夫。

武散官三十一

驃騎大將軍從一　輔國大將軍正二　鎭國大將軍從二
冠軍大將軍正三上　懷化大將軍正三　雲麾將軍從三上
歸德將軍從三　忠武將軍正四上　壯武將軍正四

二十四史

宣威將軍從四上
明威將軍從四
定遠將軍正五上
寧遠將軍正五
游騎將軍從五上
游擊將軍從五
昭武校尉正六上
昭武副尉正六
振威校尉從六上
振威副尉從六
致果校尉正七上
致果副尉正七
翊麾校尉從七上
翊麾副尉從七
宣節校尉正八上
宣節副尉正八
禦武校尉〔七〕從八上
禦武副尉從八
仁勇校尉正九上
仁勇副尉正九
陪戎校尉從九上
陪戎副尉從九

右文散官階上〔八〕經恩加一階，郎階上京朝官加五階，選人加一階。武散官冠軍大將軍、使相、節度使起復，改授游擊將軍。雖中書主事、諸司吏人加授，亦無累加法，餘不常授。

已上文武三品已上服紫，五品已上服緋，九品已上服綠。

元豐寄祿格以階易官，雜取唐及國朝舊制，自開府儀同三司至將仕郎，定爲二十四階。崇寧初，因刑部尚書鄧洵武請，又換選人七階。大觀初又增宣奉、正奉、中奉、奉直等階。政和末，又改從政、修職、迪功，而寄祿之格始備。自開府至迪功凡三十七階。

新官	舊官
開府儀同三司	使相謂節度使兼侍中、中書令、或同平章事。
特進	左、右僕射
金紫光祿大夫	吏部尚書
銀青光祿大夫	五曹尚書
光祿大夫	左、右丞
宣奉大夫大觀新置。	
正奉大夫大觀新置。	
正議大夫	六曹侍郎
通奉大夫大觀新置。	
通議大夫	給事中
太中大夫	左、右諫議大夫
中大夫	祕書監
中奉大夫大觀新置。	
中散大夫	光祿卿至少府監

新官	舊官
朝議大夫	太常卿、少卿，左、右司郎中〔九〕
奉直大夫大觀新置。	
朝請大夫	前行郎中
朝散大夫	中行郎中
朝奉大夫	後行郎中
朝請郎	前行員外郎，侍御史
朝散郎	中行員外郎，起居舍人
朝奉郎	後行員外郎，左、右司諫
承議郎	左、右正言，太常、國子博士
奉議郎	太常、祕書、殿中丞，著作郎
通直郎	太子中允、贊善大夫、洗馬
宣教郎元豐本「宣德」，政和避宣德門改。	著作佐郎，大理寺丞
宣義郎	光祿衞尉寺、將作監丞
承事郎	大理評事
承奉郎	太祝，奉禮郎

新官	舊官
承務郎	校書郎，正字，將作監主簿
承直郎	留守、節察判官
儒林郎	節察掌書記，支使，防、團判官
文林郎	留守、節察推官，軍、監判官
從事郎承直至此四階，並崇寧初換。	防、團推官，監判官
從政郎崇寧通仕，政和再換。	錄事參軍，縣令
修職郎崇寧登仕，政和再換。	知錄事參軍，知縣令
迪功郎崇寧將仕，政和再換。	軍巡判官，司理，司法，司戶，主簿，尉

國朝武選，自內客省至閤門使，副爲橫班，自皇城至供備庫使爲諸司正使，副爲諸司副使，自內殿承制至三班借職爲使臣。元豐未及更，政和二年，乃詔易以新名，正使爲大夫，副使爲郎，橫班十二階使，副亦然。六年，及增置宣正、履正、協忠、翊衞、親衞大夫郎，凡十階，通爲橫班。自太尉至下班祗應，凡五十二階〔一〇〕。

新官	舊官
太尉政和新置，以太尉本秦之主兵官，遂定爲武階之首。	

中華書局

通侍大夫	內客省使
正侍大夫	延福宮使
宣正大夫	
履正大夫	
協忠大夫並政和新置。	
中侍大夫	景福殿使
中亮大夫	客省使
中衞大夫	引進使
翊衞大夫	
親衞大夫	
拱衞大夫並政和增置(二)。	
左武大夫	東上閤門使
右武大夫	西上閤門使
正侍郎	
宣正郎	

履正郎	
協忠郎	
中侍郎並政和增置。	
中亮郎	客省副使
中衞郎	引進副使
翊衞郎	
拱衞郎(三)並政和增置。	
左武郎	東上閤門副使
右武郎	西上閤門副使
武功大夫	皇城使
武德大夫	宮苑、左右騏驥、內藏庫使
武顯大夫	左藏庫、東西作坊使
武節大夫	莊宅、六宅、文思使
武略大夫	內園(四)、洛苑、如京、崇儀使
武經大夫	西京左藏庫使

武義大夫	西京作坊、東西染院、禮賓使(五)
武翼大夫	供備庫使
武功郎	皇城副使
武德郎	宮苑、左右騏驥、內藏庫副使
武顯郎	左藏庫、東西作坊副使
武節郎	莊宅、六宅、文思副使
武略郎	內園、洛苑、如京、崇儀副使
武經郎	西京左藏庫副使
武義郎	西京作坊、東西染院、禮賓副使
武翼郎	供備庫副使
敦武郎	內殿承制
修武郎	內殿崇班
從義郎	東頭供奉官
秉義郎	西頭供奉官
忠訓郎	左侍禁

忠翊郎	右侍禁
成忠郎	左班殿直
保義郎	右班殿直
承節郎	三班奉職
承信郎	三班借職
下班祗應	殿侍

元豐官制定，有請併易內侍官名者。神宗曰：「祖宗爲此名，有深意，豈可輕議？」政和二年，始遂改焉。凡十有二階。

新官	舊官
供奉官	內東頭供奉官
左侍禁	內西頭供奉官
右侍禁	殿頭
左班殿直	高品
右班殿直	高班

黃門　　黃門
祗候侍禁　　祗候殿頭
祗候殿直　　祗候高品
祗候黃門　　祗候高班內品
內品
祗候內品
貼祗候內品已上三名仍舊不改。

政和初，既易武階，遂改醫官之名，凡十有四階。

新官　　舊官
和安、成和、成安、成全大夫〔四〕　　軍器庫使
保和大夫　　西綾錦使
保安大夫　　榷易使
翰林良醫　　翰林醫官使
和安、成和、成安、成全郎　　軍器庫副使

保和郎　　西綾錦副使
保安郎　　榷易副使
翰林醫正　　翰林醫官副使

凡除職事官，以寄祿官品之高下爲準：高一品已上爲行，下一品爲守，下二品已下爲試，品同者否。紹聖三年，戶部侍郎吳居厚言：「神宗官制，凡臺、省、寺、監之制，有行、守、試三等之別。元祐中，裁減冗費，而職事官帶行者第存虛名而已。請付有司講復舊制。」從之。四年，翰林學士蔣之奇言：「所謂試，則非正官也。今尚書、侍郎皆正官，而謂之試，失之矣。如以其階卑，則謂之守可也。臣請凡爲正官者皆改試爲守。」崇寧中，吏部授選人差遣，亦用資序高下分行、守、試三等。政和三年，詔選人在京職事官〔五〕，依品序帶行、守、試，其外任則否。宣和以後，官高而仍舊職者謂之領，官卑而職高者謂之視，故有庶官視從官，從官視執政〔六〕，執政視宰相。凡道官亦視文階云。

爵一十二

王　嗣王　郡王　國公　郡公　開國公
開國郡公　開國縣公　開國侯　開國伯　開國子　開國男

右封爵，皇子、兄弟封國，謂之親王。親王之子承嫡者爲嗣王。宗室近親承襲，特旨者封郡王。遇恩及宗室祖宗後承襲及特旨者封國公。餘宗室近親並封郡公。其開國公、侯、伯、子、男皆隨食邑：二千戶已上封公，一千戶已上封侯，七百戶已上封伯，五百戶已上封子，三百戶已上封男。見任、前任宰相食邑、實封共萬戶。嗣王、開國郡公、縣公後不封。

勳一十二

上柱國　柱國　上護軍　護軍　上輕車都尉　輕車都尉　上騎都尉
騎都尉　驍騎尉　飛騎尉　雲騎尉　武騎尉

右騎都尉已上，兩府并武臣正任已上經恩加兩轉，文武朝官加一轉。武騎尉已上，京官加一轉，朝官雖未至驍騎尉，經恩亦便加騎都尉。

功臣

推忠　佐理　協謀　同德　守正　亮節
翊戴　贊治　崇仁　保運　經邦

右賜中書、樞密臣僚。宰相初加六字，餘官初加四字，其次並加兩字，舊有功臣者改賜。

推忠〔七〕　保德　翊戴　守正　亮節　同德
佐運　崇仁　協恭　贊治　宣德　純誠
保節　保順　忠亮　竭誠　奉化　效順
順化

右賜皇子、皇親、文武臣僚、外臣初加四字，次加兩字。

拱衞　翊衞　衞聖　保順　忠勇　拱極
護聖　奉慶　果毅　肅衞

右賜諸班直將士禁軍初加二字，再加亦如之。

檢校官一十九

二十四史

中華書局

太師〔二八〕　太尉　太傅　太保　司徒

司空　左僕射　右僕射　吏部尚書　兵部尚書

戶部尚書　刑部尚書　禮部尚書　工部尚書　左散騎常侍

右散騎常侍　太子賓客　國子祭酒　水部員外郎

右皇子初授官加太尉，初授樞密使、使相及曾任宰相、樞密使除節度使加太傅，初除宣徽、節度加太保。宗室初除使相加尚書左僕射，特除并換授諸司使已上加工部尚書，諸司副使加右散騎常侍。除通事舍人、內殿崇班已上，初授加太子賓客，副率已上并三班及吏職、蕃官軍員，該恩加國子祭酒。四廂都指揮使止於司徒，諸軍都指揮使、忠佐馬步都軍頭止於司空，軍班都虞候、忠佐副都軍頭已上止於左、右僕射，諸軍指揮使止於吏部尚書。其官止，遇恩則或加階、爵、功臣。

兼官四〔二九〕

御史大夫　侍御史　殿中侍御史　監察御史

右通事舍人、內殿崇班已上，初除加兼御史大夫，宗室副率已上，初授軍頭等，經恩加

兼監察御史，餘經恩以次遷入。

試秩

大理司直　大理評事　祕書省校書郎　正字　寺、監主簿　助教

右幕職初授則試祕書省校書郎，再任至兩使推官，則試大理評事。掌書記、支使、防禦、團練判官則試大理司直、評事，又加則兼監察御史。亦有解褐試大理評事、校書郎、正字、寺監主簿、助教者，謂之試銜。有選集，同出身例。

紹興以後階官

元豐新制以階易官，定爲二十四階。崇寧、大觀、政和相繼潤色之。紹興舉行元祐之法，分置左右：文臣爲左，餘人爲右。淳熙初，因宗室善俊建言，階官並去「左」、「右」字，今任子、雜流，惟紐轉通直郎、奉直中散二大夫如故，若帶貼職，則超資。自開府至迪功，序次于后。

文階

開府儀同三司

特進

金紫光祿大夫　銀青光祿大夫

光祿大夫　宣奉大夫大觀新置。

正奉大夫　正議大夫

通奉大夫大觀新置。　通議大夫

太中大夫以上舊爲侍從官。　中大夫

中奉大夫大觀新置。　中散大夫

朝議大夫以上係卿、監。　奉直大夫大觀新置。

朝請大夫　朝散大夫

朝奉大夫以上係正郎。　朝請郎

朝散郎　朝奉郎以上係員外郎〔三〇〕。

承議郎　奉議郎

通直郎〔三一〕　宣教郎

宣義郎　承事郎

承奉郎　承務郎以上係京官。

右四年一轉，無出身人逐資轉，有出身人超資轉，至奉議並逐資轉，至朝議大夫有止法，仍七年一轉。內奉直、中散二大夫有出身人不轉。

承直郎　儒林郎

文林郎　從事郎以上崇寧新置。

從政郎　修職郎

迪功郎以上政和更定，並係選人用舉狀及功賞改官。　通仕郎

登仕郎　將仕郎以上係奏補未出身官人。

武階

武階舊有橫行正使、橫行副使，有諸司正使、諸司副使，有使臣。政和易以新名，正使爲大夫，副使爲郎，橫行正、副亦然，於是有郎居大夫之上。至紹興，始釐正其序。

太尉

通侍大夫　正侍大夫

宣正大夫政和新置。　履正大夫政和新置。

協忠大夫政和新置。　中侍大夫

中亮大夫　中衞大夫

翊衞大夫　親衞大夫

拱衞大夫自翊衞至此，並政和新置。　左武大夫

右武大夫以上爲橫行十三階。

右並政和新置。內通侍大夫舊爲內客省使，國朝未嘗除人，自易武階，不遷通侍，沿初意也。轉至中侍，無磨勘，特旨除。

武功大夫　武德大夫

武顯大夫　武節大夫

武略大夫　武經大夫

武義大夫　武翼大夫以上，係舊諸司正使，八階。

正侍郎　宣正郎

履正郎　協忠郎

中侍郎自正侍至此，並政和新置。　中亮郎

中衞郎　翊衞郎

親衞郎　拱衞郎自翊衞至此，並政和新置。

左武郎　右武郎以上，舊爲橫行副使，政和更新，增益共十二階

右自正侍至右武，舊在右武大夫之下，武功大夫之上，今從紹興釐正書。

武功郎　武德郎

武顯郎　武節郎

武略郎　武經郎

武義郎　武翼郎以上舊諸司副使，八階。

訓武郎　修武郎以上爲大使臣。

從義郎　秉節郎

忠訓郎　忠翊郎

成忠郎　保義郎

承節郎　承信郎以上爲小使臣。

右並五年一轉，至武功大夫，有止法。

進武校尉　進義校尉

下班祗應　進武副尉

進義副尉　守闕進義副尉〔二二〕

進勇副尉　守闕進勇副尉〔二三〕以上無品，二校尉參吏部，下班參兵部，以下並參刑部。

內侍官十二階，並政和舊制。

醫官　政和既易武階，而醫官亦更定焉。紹興因之，特損其額。舊額和安大夫至良醫二十員，紹興置五員；和安郎至醫官三十員，置四員；醫效十員，置二員；醫痊十員，置一員；醫愈至祗候、大方脈一百五十員，置十五員。

和安、成和、成安、成全大夫　保安大夫

翰林良醫　和安、成和、成安、成全郎

保和郎　保安郎

翰林醫正　翰林醫官

翰林醫效　翰林醫痊

翰林醫愈　翰林醫證

翰林醫診　翰林醫候

翰林醫學

右醫正而止，十四階，並政和制，餘續增焉。

校勘記

〔一〕三師訓導之官也　「三師」下原重出「三師」二字，據唐六典卷一、長編卷二〇五刪。

〔二〕掌坐　原作「長坐」，據宋會要職官一三之一、一三之二〇改。參考本書卷一六三職官志校勘記〔四〕。

〔三〕入下州判司　「司」原作「官」，按本書卷一五八選舉志：「郊社齋郎、試銜無出身人入下州判、司，中下縣簿、尉。」據改。

〔四〕兩使職官　原脫「官」字，合璧事類後集卷六二：「崇寧新制，留守節察推官、軍事推官爲文林郎，謂之兩使職官。」據補。

〔五〕司天監禮生曆生選　「曆生」下脫所理選限數。

〔六〕大將出奉職　文義不明，疑有衍誤。

(七) 禦武校尉 按新唐書卷四六百官志、職官分紀卷四九都作「禦侮校尉」，「武」字當爲「侮」字之誤。下文「禦武副尉」同。

(八) 右文散官階上 「散」原作「朝」。按本卷首子目和本條標題都作「文散官」，「文朝官」當爲「文散官」之誤，據改。

(九) 太常卿少卿左右司郎中 按合璧事類後集卷六二：「朝議大夫，舊爲太常少卿、左右司郎中、光祿少卿。」通考卷六四職官考：「宋元豐更官制，以朝議大夫換左右司郎中、太常少卿、光祿少卿。」此處疑有誤。

(一〇) 凡五十二階 通考卷六四職官考作「凡五十三階」，是。

(一一) 並政和增置 據上文，政和增置橫班十階，有親衞大夫無拱衞大夫；據宋會要職官五六之三六、長編紀事本末卷一二五，拱衞大夫乃舊官四方館使之改稱。此注當移置於親衞大夫之下。

(一二) 拱衞郎 案政和增置橫班十階，有親衞郎；此條前當有親衞郎一階。

(一三) 內園 原作「內苑」，據下文及職官分紀卷四四、合璧事類後集卷六二改。

(一四) 禮賓使 「禮賓」二字原脫，據本書卷一六八職官志、宋大詔令集卷一六三改武選官名詔補。

(一五) 和安成和成安成全大夫 「成和」原置「成全」下，據同上書同卷同篇改。

(一六) 職事官 原作「執事官」。據本段內容和上文「凡除職事官，以寄祿官之高下爲準」、「而職事官

帶行者第存虛名而已」等語，此處「執」字顯爲「職」字之誤，通考卷六四職官考正作「職事官」，據改。

(一七) 庶官祇從官親執政 原刊脫「從官」二字，據文義和通考卷六四職官考補。

(一八) 推忠 按本書卷一七〇職官志說：「中書、樞密則『推忠』、『協謀』，親王則『崇仁』、『佐運』，餘官則『推誠』、『保德』、『翊戴』。」職官分紀卷四九所載略同。此係賜給皇子皇親及臣僚的功臣號，但有「推忠」而無「推誠」，疑「忠」字當爲「誠」字之誤。

(一九) 兼官四 「兼」原作「憲」，與卷首子目不符，據本書卷一七〇引三朝志「兼官」條、職官分紀卷四九改。

(二〇) 員外郎 「外」字原脫，據通考卷六四職官考補。

(二一) 通直郎 據通考卷六四職官考和本條文例，此下當有「以上係陞朝官」六字注文。

(二二) 守闕進義副尉 「尉」原作「使」，據宋會要職官五六之三七、宋大詔令集卷一六三改武選官名詔改。

(二三) 守闕進勇副尉 「尉」原作「使」，據通考卷六四職官考改。宋會要兵一九之二：「白身人與補守闕進勇副尉。」

宋史卷一百七十

志第一百二十三

職官十 雜制

贊引 導從 賜 食邑 實封 使職 宮觀 贈官 敍封 致仕 蔭補

贊引

舊中書門下、翰林學士、御史中丞並緋衣雙引，仍傳呼。開寶中，學士止令一吏前導，亦罷傳呼，惟謝恩初上日，雙引傳呼云。使相、僕射、兩省五品已上，一吏前引。樞密使兼相者，二吏，不贊引。大中祥符五年，止令於本廳贊引。不帶相及副使，止令本院紫衣吏前贊引之。淳化四年，令東宮三少、尚書、丞、郎入朝以緋衣吏前導，並通官呵止。二品已上用朝

堂驅使官，餘用本司驅使官，宰臣、親王仍令紫衣二吏引馬。

導從

中書、樞密、宣徽院、御史臺、開封府、金吾司皆有常從。景德三年詔：「諸行尚書、文明殿學士、資政殿大學士，給從七人；學士、丞郎(一)，六人；給事、諫議、舍人，五人；諸司三品，四人。於開封府、金吾司差借，每季代之。」中書先差金吾從人，自今亦令參用開封府散從官。宰臣、參知政事、僕射、御史大夫、中丞、知雜，皆通官呵止行人。淳化四年，令東宮三少、尚書、丞、郎，並通官呵止。大中祥符五年，以羣官導從不合品式，命翰林學士李宗諤、龍圖直學士陳彭年與禮官詳定。宗諤等請：自今除中書、樞密、宣徽使、御史中丞、知雜御史、金吾丼攝事清道如舊制呵導外，僕射已上及三司使、知開封府，止四節；尚書、文明殿學士、資政殿大學士，三節；丞郎已上、三司副使，兩節；大兩省、卿、監，一節；小兩制(二)、御史、郎中、員外、諸司四品，三司、開封府判官推官，二人前行引，不得過五步。合於金吾借從人者，以諸軍剩員代之。又外任節鎮知州、都監(三)，從軍士七十人；通判，十五人；防、團、軍事知州都監(四)，

中華書局

五十人；通判，十人；河北、河東、陝西駐泊兵處，節鎮知州、都監百人，防、團、軍事知州都監七十人。轉運使，三十人；咸平二年，詔節度、觀察、防、團、刺史，或別鎮、他鎮，其給使者，止令本使給之。景德六年，令牧守以州兵隨行者以一年爲限。副使，二十五人；提點刑獄官，亦給軍士；副留守、節度行軍副使、留守兩使判官，給散從官十五人；小尹、掌書記、支使、防禦、團練副使、兩使推官，十人；兩浙推官、防團軍事判官推官、軍監判官，七人；錄事諸曹，給承符人；縣令、簿、尉、手力、弓手，其代還者，給人護送有差。

賜六

劍履上殿　詔書不名　贊拜不名　入朝不趨　紫金魚袋　緋魚袋

右升朝官該恩，著緣二十周年賜緋魚袋，着緋及二十周年賜紫金魚袋。特旨者，係臨時指揮。

食邑

一萬戶　八千戶　七千戶　六千戶　五千戶　四千戶　三千戶　二千戶　一千戶　七百戶　五百戶　四百戶　三百戶　二百戶

右宰相、親王、樞密使經恩加一千戶，兩府、使相、節度使七百戶。宣徽、三司使，觀文殿大學士以下至直學士，文臣侍郎、武臣觀察使、宗室正任以上、皇子上將軍、駙馬都尉加五百戶。宗室大將軍以上加四百戶。知制誥、待制并文臣少卿監、武臣諸司副使、宗室副率已上，并承制、崇班、軍員等，初該恩加三百戶；承制、崇班、軍員再該恩二百戶。二千戶以上雖有加例，緣無定法。親王、重臣特加有至萬戶者。

食實封

一千戶　八百戶　五百戶　四百戶　三百戶　二百戶　一百戶

右宰臣、親王、樞密使經恩加四百戶。兩府、使相、節度、宣徽使、皇子上將軍、并宗室駙馬都尉任觀察使已上加三百戶。觀文殿學士并宗室正任已上、騎都尉加二百戶。武臣崇班、宗室副率已上加一百戶。五百戶已上雖有加例，緣無定法。親王、重臣有特加至數千戶者。

三朝志云：檢校、兼、試官之制，檢校則三師、三公、僕射、尚書、散騎常侍、賓客、祭酒、卿、監、諸行郎中、員外郎之類，兼官則御史大夫、中丞、侍御、殿中、監察御史，試秩則大理司直、評事、祕書省校書郎。凡武官內職、軍職及刺史已上，皆有檢校官、兼官。內殿崇班初授檢校祭酒兼御史大夫。三班及吏職、蕃官、諸軍副都頭加恩，初授檢校太子賓客兼監察御史，自此累加焉。廂軍都指揮使止於司徒，軍都指揮使、忠佐馬步都頭止於司空，親軍都虞候、忠佐副都頭以上止於僕射，諸軍指揮使止於吏部尚書。其官止，若遇恩例，則或加階、爵、功臣。幕職初授則試校書郎，再任如至兩使推官，則試大理評事。掌書記、支使、防禦團練判官以上試大理司直、評事，又加則兼監察御史，亦有至檢校員外郎已上者。行軍副使皆檢校員外已上。朝官階、勳高，遇恩亦有加檢校官，郎中則卿、監、少監，員外郎則郎中，太常博士以下則員外郎，並無兼官。其解褐評事、校書郎、正字、寺監主簿、助教者，謂之試銜。有選集，同出身例。

使職

兼領者：親祀南郊，則有大禮、禮儀、儀仗、鹵簿、橋道頓遞五使，藉田、泰山封禪、汾陰奉祀、恭上寶册、南郊恭謝皆如之。自餘行禮，或止有大禮、禮儀使。建隆中，南郊置儀仗都部署、

副都署。經始大禮，則有經度制置使、副。巡幸，有行宮都部署，行宮有三司使、副使、判官、行宮使、都監。舊，南郊止有御營使，咸平中，置行宮使。又有車駕前後、行宮四面、闌前收後、郊壇巡檢巡闌儀仗勾當，編排鹵簿。其百司皆有行在之名。舊巡幸，百司皆稱隨駕。大中祥符初，並同行在某司。京師居留，則有大內都部署、皇城都點檢，巡檢及增新舊巡檢。大閱亦置。征行，則有招討使、招安使、或云捉賊、招安、安撫使名者。排陣使、都監，前軍、先鋒、大陣、行營、壕砦、頭車、洞子、招收部署，鈐轄、都監，策應之名。又有拐子馬、無地名馬，選武幹者別領之。親征，則冠以駕前之號。廉訪民瘼，則有巡撫大使、副大使，安撫使、副使、都監，採訪使、副使。或官卑者止云巡撫、安撫，無使字。加禮外國，則有國信、接伴、送伴使副；弔祭，大帥若是；又有翻譯經潤文使。宰相爲使，以翰林學士爲潤文官。伸達寃濫，則有理檢使。勸課農桑，則有勸農使。講修馬政，則有羣牧制置使。最後明堂給饗，置五使，如南郊。其一時特置者，則各具志傳。或臨事更制者，事畢卽停。內外名務繁細者，猶不具載。

敍階之法

開府儀同三司至將仕郎爲文散官，驃騎大將軍至陪戎副尉爲武散官。太平興國元年，改正議大夫爲正奉，通議大夫爲朝奉，朝議郎爲朝奉，承議郎爲承直，奉議郎爲奉直，宣義郎爲通直。京朝官、幕職自將仕郎至朝奉郎，每加五階，至朝散大夫已上，每加一階。朝散、銀青者須已服緋紫者。入令錄、判司簿尉，每加一階；并幕職計考當服緋紫者，皆奏加朝散、銀青階。諸

司使已上，如使額高者加金紫階。內殿崇班初授則銀青階。三班軍職、使職遇恩檢校、兼官，並除銀青階。丁憂者起復，使相則授雲麾將軍。使相仍加金吾上將軍，同正節度使，大將軍同正留後，以下無之。其胥吏掌事而至衣緋者，則授游擊將軍。千牛備身則授陪戎副尉以上。

改賜功臣勳官，自上柱國至武騎尉。五代以來，初敍勳官，即授柱國。淳化元年詔：「自今京官、幕職州縣官始武騎尉，朝官始騎都尉，三班及軍員、吏職經恩並授武騎尉。」又詔：「古之勳爵，悉有職奉之蔭贖，宜以今之所授與散官等，不得用以蔭勳。」封爵之差，唐制：王，食邑五千戶；郡王、國公，三千戶；開國郡公，二千戶；縣公，千五百戶；縣侯，千戶；伯，七百戶；子，五百戶；男，三百戶。又有食實封者，戶給縑帛，每賜爵，遞加一級。唐末及五代始有加邑特戶，而罷去實封之給，又去縣公之名，封侯以郡。宋初沿其制，文臣少監、少卿以上，武臣副率以上，內職崇班以上，有封爵；丞、郎、學士、刺史、大將軍、諸司使以上，有實封。但以增戶數爲差，不係爵級。邑過其爵，則并進爵焉，止於郡公。每加食邑，自千戶至二百戶，實封自六百戶至百戶。親王、重臣或特加，有踰千戶者。郡公食邑有累加至萬餘，實封至數千戶者。皇屬特封郡公、縣公或贈侯者，無「開國」字。侯亦在開國郡公之上。又采秦制賜爵曰「公士」。端拱二年，賜諸州高年一百二十七人爵公士。景德中，福建民有擒獲強盜者，當授鎮將，以遠俗非所樂，並賜公士，自後率爲例。

功臣者，唐開元間賜號「開元功臣」，代宗時有「寶應功臣」，德宗時有「奉天定難元從功臣」之號，僖宗將相多加功臣美名。五代寖增其制。宋初因之，凡宣制而授者，多賜焉。參知政事、樞密副使、刺史以上階、勳高者，亦賜之。中書、樞密則「推忠」、「協謀」，親王則「崇仁」、「佐運」，餘官則「推誠」、「保德」、「翊戴」，掌兵則「忠果」、「雄勇」、「宣力」，外臣則「純誠」、「順化」。宰相初加即六字，餘並四字，其累加則二字。中書、樞密所賜，若罷免或出鎮，則改之。其諸班直將士禁軍，則賜「拱衞」、「翊衞」等號，遇恩累加，但改其名，不過兩字。

宮觀

宋制，設祠祿之官，以佚老優賢。先時員數絕少，熙寧以後乃增置焉。在京宮觀，舊制以宰相、執政充使，或丞、郎、學士以上充副使，兩省或五品以上爲判官，內侍官或諸司使、副政和改武臣官制，以使爲大夫，以副使爲郎。爲都監，又有提舉、提點、主管。其戚里、近屬及前宰執留京師者，多除宮觀，以示優禮。時朝廷方經理時政，患疲老不任事者廢職，欲悉罷之，乃使任宮觀，以食其祿。王安石亦欲以此處異議者，遂詔：「宮觀毋限員，並差知州資序人，以三十月爲任。」又詔：「杭州洞霄宮、亳州明道宮、華州雲臺觀、建州武夷觀、台州崇道觀、成都玉局觀、建昌軍仙都觀、江州太平觀、洪州玉隆觀、五嶽廟自今並依嵩山崇福宮、舒州靈仙觀置管幹或提舉、提點官。」「奉給，大兩省、卿、監及職司資序人視小郡知州，知州資序人視小郡通判，武臣倣此。」四年，詔：「宮觀、嶽廟留官一員，餘聽如分司、致仕例，從便居住。」六年，詔：「卿、監、職司以上提舉，餘官管幹。」又有以京官爲幹當者。又詔：「年六十以上者乃聽差，毋過兩任。」又詔：「兼用執政恩例者，通不得過三任。」元豐中，王安石以左僕射、觀文殿大學士爲集禧觀使，呂公著、韓維以資政殿學士兼侍讀，仍提舉中太一宮兼集禧觀公事。元祐間，馮京以觀文殿學士、梁燾以資政殿學士爲中太一宮、醴泉觀使。范鎮落致仕，以端明殿學士提舉中太一宮兼集禧觀公事。三年，詔：「橫行使、副無兼領者，許兼宮觀一處。」六年，詔：「橫行狄諮、宋球既領皇城司，罷提點醴泉觀。」元符元年，高遵固年八十一，乞再任宮觀，高遵禮年七十六，乞再任亳州太清宮，又從其再任之請，以待遇宣仁親屬故也。大觀元年，趙挺之以觀文殿大學士爲佑神觀使。政和六年詔：「措置宮觀，如萬壽、醴泉近百員，更不立額。」靖康元年，詔內外官見帶提舉、主管神霄玉清萬壽宮並罷。大抵祠館之設，均爲佚老優賢，而有內外之別。京祠以前宰相、見任使相充使，次充提舉；餘則爲提點，爲主管，皆隨官之高下，處以外祠。選人爲監嶽廟，非自陳而朝廷特差者，如黜降之例。

紹興以來，士大夫多流離，困厄之餘，未有闕以處之。於是許以承務郎以上權差宮觀一次，續又有選人在部無闕可入與破格嶽廟者，亦有以宰執恩例陳乞而與之者，月破供給，非責降官並月破供給，依資序降二等支。理爲資任，意至厚也。然初將以撫安不調之人，末乃重僥求泛與之弊。於是臣僚交章，欲罷供給以絕干請，變理任以抑僥倖，嚴按格以去泛濫。上並從之。自是以後，稍復祖宗條法之舊。又有年及七十，耄昏不堪牧養而不肯自陳宮觀者，復申明舊法，著爲定令以律之。舊制，六十以上知州資序人，本部長官體量精神不致昏昧堪釐務者，許差一任，兼用執政官陳乞者加一任。紹興三十二年，臣僚言：「郡守之職，其任至重，昨朝廷以年及七十，令吏部與自陳宮觀，乞將前項指揮永爲著令。」從之。蓋不當請而請，則冗瑣者流競竊優閑廩稍；或當請而不請，則知進而不知退，識者羞焉。一祠館之與奪，不可不謹如是。故重內祠，專使職，所以崇大臣之體貌，一次以定法，再任以示恩，紹熙五年慶壽赦，應文武臣宮觀、嶽廟已滿不應再陳者，該今來慶壽恩，年八十以上，特許更陳一次。京官以上二年，選人三年，凡待庶僚者，皆於優厚之中寓閑制之意焉。

中華書局

贈官

建隆已來，凡有恩例，文武朝官、諸司使副、禁軍及藩方馬步都指揮使以上，父亡皆贈官。親王贈三官，可贈者贈二官，追加大國。皇屬近親如之，追加封爵。服疎及諸親之服近者贈一官。宰相、樞密使贈二官。使相、參知政事、樞密副使、尚書已上、三司使、節度使、留後、觀察使、統軍上將軍、內臣任都知副都知者，贈一官。此皇族及臣僚薨卒贈官之法也。其官秩未至，而因勳舊褒錄或沒王事，雖卑秩皆贈官加等者，並係臨時取旨。至於母后、后族、臣僚，錄其先世，各有等差。太皇太后、皇太后、皇后並贈三世，婕妤二世，貴人止贈其父而已。宰相、三師、三公、王、尚書令、中書令、侍中、樞密使副、知院、同知院事、參知政事、宣徽使、簽書同簽書樞密院事、觀文殿大學士、節度使，並贈三世。東宮三師、僕射、留守、節度使、三司使、觀文殿學士、資政殿大學士，並贈二世。餘官或見任，或致仕，並贈一世。有兄弟同贈者，贈官加一等，父在止一資。文臣有出身，贈至祕書監，無出身，至光祿卿。武臣至金吾衞上將軍止。

凡贈官至三世者，初贈東宮三少，次東宮三太，次三公，次中書令，次尚書令，次封小國，自小國升次國，自次國升大國，已大國者移國名而已。亦有不移者。若父、祖舊官已高者，自從舊官加贈。凡追封，不得至王爵。兩省官及待制、大卿監、諸衞上將軍、觀察使、正任

防禦使、遙郡觀察使、景福殿使、客省使，若子見任或父曾任此官，並贈至三公止。父子官俱不至者，文臣贈至諸行尚書止，武臣贈至節度使、諸衞上將軍止。卽父曾任中書、樞密使、使相、節度使並一品官者，無止限。待制已上持服經恩，服闋亦許封贈。

尙藥奉御至醫官使曾任文資，許換南班官。司天監官贈不得過大卿、監，仍不許換南班官。凡贈至正郎，許以所贈官換朝散大夫階，大卿、監以上許換銀青階，贈至二世者卽除朝散大夫階，三世則金紫階。咸平四年，詔舍人院詳定。知制誥李宗諤等請：「追贈三世如舊。其東宮一品以下雖曾任宰相，止從本品。文武羣臣功隆位極者，特恩追封王爵亦如舊。若因子孫封贈，雖任將相，並不許封王，仍須歷品而贈，勿得超越。」從之。宰相初拜，有卽贈三世者。其後簽書樞密以上皆卽時贈，他官須經恩，學士及刺史以上，內侍都知、押班皆中書奉行，餘則有司奏請。

敍封

唐制，視本官階爵。建隆三年，詔定文武羣臣母妻封號：太皇太后皇太后皇后曾祖母、祖母、母並封國太夫人；諸妃曾祖母、祖母、母並封郡太夫人，婕妤祖母、母並封郡太君；貴人母封縣太君。宰相、使相、三師、三公、王、侍中、中書令，舊有尚書令。曾祖母、祖母、母封

國太夫人；妻，國夫人。樞密使副、知院、同知、參知政事、宣徽節度使，曾祖母、祖母、母封郡太夫人；妻，郡夫人。簽書樞密院事曾祖母、祖母、母封郡太君；妻，郡君。同知樞密院以上至樞密使、參知政事再經恩及再除者，曾祖母、祖母、母加國太夫人。三司使祖母、母封郡太君；妻，郡君。東宮三太、文武二品、御史大夫、六尚書、兩省侍郎、太常卿、留守、節度使、諸衞上將軍、嗣王、郡王、國公、郡公、縣公，母，郡太夫人；妻，郡夫人。常侍、賓客、中丞、左右丞、侍郎、翰林學士至龍圖閣直學士、給事中、諫議大夫、中書舍人、卿、監、祭酒、詹事、諸王傅、大將軍、都督、中都護、副都護、觀察留後、觀察使、防禦使、團練使，並母郡太君；妻，郡君。庶子、少卿監、司業、郎中、京府少尹、赤縣令、少詹事、諭德、將軍、刺史、下都督、下都護、家令、率更令、僕，母封縣太君；妻，縣君。其餘升朝官已上遇恩，並母封縣太君；妻，縣君。雜五品官至三任與敍封，官當敍封者不復論階爵。致仕同見任。亡母及亡祖母當封者並如之。父亡無嫡、繼母，聽封所生母。伎術官不得敍封。自宰相至簽書樞密院敍封與三世同，他官惟品至者卽時擬封，餘皆俟恩乃封。咸平四年，從舍人院詳定羣臣母、妻所封郡縣，依本姓望封。天禧元年，令文武升朝官無嫡母者聽封生母〔五〕，曾任升朝而致仕，卽許敍封。令給諫、舍人母並封郡太君，妻，郡君〔六〕。四年，又令翰林學士至龍圖閣直學士如給、舍例。

封贈之典，舊制有三代、二代、一代之等，因其官之高下而次第焉。凡初除及每遇大禮

封贈三代者，太師、太傅、太保、左右丞相、少師、少傅、少保、樞密使、開府儀同三司、知樞密院事、參知政事、同知樞密院事、樞密副使、簽書樞密院事。凡遇大禮封贈三代者，節度使。簽書樞密院事降一等，謂如父與朝散郎之類。凡三代初封，曾祖，朝奉郎；祖，朝散郎；父，朝請郎。封父、祖係武臣者，視文武臣封贈對換格，封贈一代亦如之。初贈，曾祖，太子少保；祖，太子少傅；父，太子少師。封贈曾祖母、祖母、母、妻國夫人。執政官、簽書樞密院事，郡夫人。凡遇大禮封贈二代者，太子太師、太子太傅、太子太保、特進、觀文殿大學士、太子少師、太子少傅、太子少保、御史大夫、觀文殿學士、資政保和殿大學士、金紫光祿大夫、銀青光祿大夫、光祿大夫、左右金吾衞上將軍、左右衞上將軍。二代初封，祖，通直郎；父，奉議郎。初贈，祖，朝奉郎；父，朝散郎。封贈祖母、母、妻郡夫人。觀文殿學士、資政、保和殿大學士，並淑人。凡遇大禮封贈一代者，文臣通直郎以上，武臣修武郎以上。一代初封贈父，文臣承事郎，武臣、內侍、伎術官、將校並忠訓郎，母、妻孺人。

凡文臣贈官

通直郎以上，寺、監官以上未升朝者，雜壓在通直郎之上同。每贈兩官，至奉直大夫一官。有出身不贈奉直大夫、中散大夫。太子太師、太子太傅、太子太保、特進、觀文殿大學士、太子少師、太子少傅、太子少保、御史大夫、觀文殿學士、資政保和殿大學士、六曹尚書、金紫光祿大夫、

二十四史

中華書局

銀青光祿大夫、光祿大夫、翰林學士承旨、翰林學士、資政保和端明殿學士、龍圖天章寶文顯謨徽猷敷文閣學士、左右散騎常侍、權六曹尚書、御史中丞、開封尹、六曹侍郎、樞密直學士、龍圖天章寶文顯謨徽猷敷文閣直學士，每贈三官，至奉直大夫二官，至通議大夫一官。有出身人不贈奉直、中散二大夫。

凡文武臣封贈對換諸文武臣封贈對換，以所加官準格對換，並聽從高。

承事郎換忠訓郎，宣義郎換從義、秉義郎，宣教郎換訓武、修武郎，通直郎換武義、武翼郎，奉議郎換武節、武略、武經郎，承議郎換武功、武德、武顯郎。朝奉郎換武義、武翼大夫，朝散郎換武節、武略、武經大夫，朝請郎換武功、武德、武顯大夫。朝奉大夫換遙郡刺史，朝散大夫換遙郡團練使，朝請大夫換遙郡防禦使。奉直、朝議大夫換刺史，中散、中奉大夫換團練使，中大夫換防禦使，太中大夫、通議、通奉大夫換觀察使，正議、正奉、宣奉大夫換承宣使，光祿大夫、銀青、金紫光祿大夫換節度使。

凡文武官父任承直郎以下贈官

承直郎，留守、節察判官——留守府判官、節度判官，承議郎。儒林郎，支、掌、防、團判官——節度掌書記、觀察支使、防禦判官、團練判官，奉議郎。文林郎、從事郎、從政郎，兩使初等職官、令、錄——留守推官、觀察推官、軍事判官、軍事推官、司錄參軍、錄事參軍，團

練推官、軍監判官、防禦判官，縣令，通直郎。修職郎，知令、錄——知司錄參軍、知錄事參軍、縣丞，宣教郎。迪功郎，判、司、簿、尉——軍巡判官、司理參軍、司法參軍、司戶參軍、主簿、縣尉，宣義郎。

致仕

凡文武朝官、內職引年辭疾者，多增秩從其請，或加恩其子孫。乾德元年，太子太師致仕侯益來預郊祀，太祖優待之，因詔曰：「羣官列位，自有通規，舊德來朝，所宜加禮，且表優賢之意，用敦尚齒之風。自今一品致仕官曾帶平章事者，每遇朝會，宜綴中書門下班。」二年，令藩鎮帶平章事求休致者亦如之。

咸平五年，詔文武官年七十以上求退者〔七〕，許致仕，因疾及有贓犯者聽從便。牧伯、內職、三班皆換環衞、幕職、州縣外官。景德元年三月，詔三班使臣七十以上視聽未衰者與釐務，其老昧不任及年七十五以上者，借職授支郡上佐，奉職、殿直授節鎮上佐，不願者聽歸鄉里。凡升朝官遇慶恩，父在者授致仕官，其不在者，文官始大理評事，武官始副率，再經恩累加焉。祖在而求回授者亦聽。皆不給奉，亦有子居要近加賜章服者。

天聖、明道間，員外郎已上致仕者，錄其子試祕書省校書郎。三丞已上爲太廟齋郎。無子，聽降等官其嫡孫若弟姪一。景祐三年詔曰：「致仕官舊皆給半奉，而未嘗爲顯官者或貧不能自給，豈所以遇高年養廉恥也？其大兩省、大卿監、正刺史、閤門使以上致仕者，自今給奉並如分司官例，仍歲時賜羊酒、米麪，令所在長吏常加存問。」其後，又許致仕官子孫免選除近官。四年，臣僚有請致仕，未及錄其子孫而遽亡者，命既出，輔臣皆謂法當追收，仁宗憫之，竟官其後。侍御史知雜事司馬池言：「文武官年七十以上不自請致仕者，許御史臺糾劾以聞。」慶曆中，權御史中丞賈昌朝又言：「臣僚年七十而筋力衰者，並優與改官致仕；雖七十而未衰及別有功狀、朝廷固留任使者，勿拘此令。在京若尚書工部侍郎俞獻卿、少府監畢世長、太常少卿李孝若、尚書駕部郎中李士良，在外若給事中盛京、光祿卿王盤、太常少卿張傚、尚書兵部郎中張億，皆耄昏不可任事，並請除致仕。」詔：「在京者令中書體量，在外者下諸處曉諭之。」

皇祐中，知諫院包拯、吳奎亦言：「願令御史臺檢察年七十已上，移文趣其請老不即自陳者，直除致仕。」朝廷未行。奎復言：「國家謹禮法以維君子，明威罰以御小人。君子所顧者，禮法也；小人所畏者，威罰也。縉文武二選爲士大夫，是皆君子之地也，儻不以禮法待之，則是廢名器而輕爵祿。七十致仕，學者所知，而臣下引年自陳，分之常也。人君好賢樂

善而留之，仁之至也。自三代以來，用此以塞貪墨、聳廉隅，近者句希仲、陸軫等，皆以年高特與分司，初欲風動羣臣，而在位殊未有引去者，是臣言未效也。請詳前奏施行。」於是詔：「少卿監以下年七十不任釐務者，外任令監司、在京委御史臺及所屬以狀聞。嘗任館閣、臺諫官及提點刑獄者，令中書裁處。待制已上能自引年，則優加恩禮。」

然是時言事之人，競欲擊劾大臣，有高年者俱不自安。仁宗手詔曰：「老臣，朕之所眷禮也，進退體貌，恩意豈不有異哉！凡嘗預政事之臣，自今毋或遽求引去，臺諫官勿以爲言。」其風動勸勵之方又如此。至於因事責降分司，或老病不任官職之事，或居官犯法，或以不治爲所部劾奏，銜替而求致仕者，子孫更不推恩，雖或推恩，其除官例皆降等。若耆老舊臣，體貌優異，賞或延于子孫，奉或全給半給，歲時問勞，皆有禮意。

治平四年，神宗卽位，龍圖閣直學士兼侍讀李柬之〔八〕、李受相繼致仕。舊制，閤門無謝辭例，帝特召柬之對延和殿，命坐賜茶；以受先朝藩府舊僚，升其子一任差遣，并錄其孫。皆宴餞資善堂，命講讀官賦詩，御製詩序以寵其行，示異數也。是歲，又以果州團練使何誠用、惠州防禦使馮承用、嘉州團練使劉保吉、昭州刺史鄧保壽皆年七十以上至八十餘，並特令致仕，以樞密院言，致仕雖有著令，臣僚鮮能自陳故也。熙寧元年，以定國軍節度使李端愿爲太子少保致仕。故事，多除上將軍，帝令討閱唐制，優加是命。二年，以觀文殿

學士、吏部尚書趙槩為太子少師致仕。故事，再請則許；槩三乞始從，優耆舊也。三年，編修中書條例所言：

人臣非有罪惡，致仕而去，人君遇之如在位時，禮也。近世致仕並與轉官，蓋以昧利者多，知退者少，欲加優恩，以示勸獎。推行既久，姑從舊例。若兩省正言以上官，三班使臣、大使臣、橫行、正任等，並不除為致仕官。致仕帶職者，皆落職而後優遷其官。看詳別無義理，但致仕恩例不均。如諫議大夫不可改給事中，並轉工部侍郎，乃是超轉兩資；工部尚書並除太子少保，乃是超轉六資。若知制誥、待制官卑者除卿監，緣知制誥、待制待遇非與卿監比，今他官致仕皆得遷官，此獨因致仕更見退抑。供奉官、侍禁八品，除率府副率，蓋六品。諸司副使、承制、崇班七品，除將軍，乃三品。至於節度使除上將軍，防禦、團練、刺史並除大將軍，緣諸衞名額不一，至有刺史除官高於防禦使者。今若令文武官帶職致仕人許仍舊職，止轉一官，及文臣正言、武臣借職以上皆得除為致仕官，則無輕重不等之患。

若選人令、錄以上並除朝官，經恩皆得封贈，蔭及數世，旁支例得贖罪、免役。又京官致仕亦止遷一官，若光祿寺丞致仕，有出身除祕書省著作郎，無出身除大理寺丞，而令、錄職官乃除太子中允或中舍，殊未為當。若進納出身人例除京官，至有經

覃恩遷至升朝官者，類多兼并有力之家，皆免州縣色役及封贈父母。如京官七品，除衞前外，亦免餘色役，尤為僥倖。條例繁雜，無所適從。如錄事參軍或除衞尉寺丞，或除大理評事，或除奉禮郎，恩例不同，可以因緣生弊。

今定：凡文臣京朝官以上各轉一官，帶職仍舊不轉官，乞親屬恩澤者依舊條。選人依本資序轉合入京朝官；進納及流外人判、司、簿、尉除司馬，令、錄除別駕。在京諸司勒留官依簿、尉以上，親賢勞舊合別推恩者取旨。歷任有入己贓，不得乞親戚恩澤，仍不遷官。其致仕官除中書、樞密院外，並在見任官之上。致仕及三年之上，元非因過犯，年未及七十，不曾經敍封及陳乞親戚恩澤，却願仕宦，並許進狀敍述。若有薦舉者，各依元資序授官。其才行為衆所知，朝廷特任使者，不拘此法。

從之。自此宰相以下並帶職致仕。

四年，以端明殿學士、尚書右丞王素為工部尚書，端明殿學士致仕，觀文殿學士、兵部尚書歐陽脩為太子少師、觀文殿學士致仕。帶職致仕，自素始也。五年，守司空兼侍中曾公亮遷守太傅致仕，特許入謝。以公亮逮事三朝，既加優禮，仍給見任支賜。十月，詔兩省以上致仕官毋得因大禮用子升朝敍封遷官。先是，王安石言，李端愿、李東之敍封，中書失檢舊例，法當改正。帝曰：「如此，則獨不被恩。」安石曰：「敍封初無義理，今既未能遽革，庸可承誤為例？如三師、三公官，因子孫郊恩敍授，尤非宜也。」帝從之。

元豐三年，詔：「自今致仕官遇誕節及大禮，許綴舊班。」以禮部侍郎范鎮居都城外，遇同天節，乞隨散官班上壽，帝令鎮班見任翰林學士上，故有是詔。又詔：「致仕官朝失儀，勿劾，並著為令。」又詔：「自今致仕官領職事者，許帶致仕，該遷轉者轉寄祿官，若止係寄祿官，即以本官致仕。其見任致仕官，除三師、三公、東宮三師三少外，餘並易之。」六年，以守太尉、開府儀同三司、知河南府文彥博為河東、永興節度使、守太師致仕。彥博辭兩鎮，止以河東舊鎮貼麻行下。彥博又言：「前辭闕下之日，嘗奏得致仕後，當親辭天陛，今既得請，欲赴闕廷。」降詔從之。

元祐元年，樞密院奏：「諸軍年七十，若以疾假滿百日不堪醫治差使者，諸廂都指揮使除諸衞大將軍致仕，諸軍都指揮使、諸班直都虞候帶遙郡除諸衞將軍致仕，諸班直上四軍除屯衞，拱聖以下除領軍衞，並有功勞者為左，無則為右。」從之。四年，詔：「應乞致仕而不願轉官者，受敕後，所屬保明以聞，當與推恩。中大夫至朝奉郎及諸司使，本宗有服親一人蔭補恩澤。橫行、諸司副使見有身自蔭補人，及內殿承制、崇班、閤門祗候見理親民，并承議、奉議郎，許陳乞有服親一人恩例。中大夫、中散大夫、諸司使帶遙郡者，蔭補外準此。即朝奉郎以上及諸司使，雖未授敕而身亡，在外者以乞致仕狀到門下省日，在京以得旨日，

亦許陳乞有服親一人恩例。」六年，監察御史徐君平言：「文臣致仕以年七十為斷，而使臣年七十猶與近地監當，至八十乃致仕，願許其致仕之年如文臣法，而給其奉。」從之。三省言：「張方平元係宣徽南院使、檢校太傅、太子少師致仕，元豐官制行，廢宣徽使，元祐三年復置，儀品恩數如舊制，方平依舊帶宣徽南院使致仕。」紹聖三年，詔：「文武官該轉官致仕，依舊出告外，其餘守本官致仕者，並降敕，更不給告。內因致仕合該乞恩澤人更不具鈔，令尚書省通書三日入熟狀，仍不候印畫。」又詔：「應臣僚丁憂中不許陳乞致仕。」

建中靖國元年，尚書省言：「臣僚在憂制中不得陳乞致仕，其間有官序合得致仕恩澤之人，合行立法。」詔：「臣僚丁憂中遇疾病危篤，其官序合該致仕恩澤者，聽以前官經所屬自陳。」大觀二年，詔致仕官年八十以上應給奉者，以緡錢充。政和六年，提舉廣東學事孫璘言：「諸州致仕官居鄉者，乞許令赴貢士宴，擇其年彌高者而惇事之，使長幼有序，獻酬有禮，人知里選之法，孝悌之義。」從之。宣和四年，詔六曹尚書致仕遺表恩澤，共與四人，其餘侍從官三人，立為定制。

建炎間，嘗詔：「文武官陳乞致仕，朝廷不從，致有身亡之人，許依條陳乞致仕恩澤。及陳乞致仕而道路不通，不曾被受敕命，亦許州、軍保明推恩。」時強行父博學清修，不緣事故疾病，慨然請老，葉份言之，許令再仕。王次翁年未六十，浩然休退，呂祉言之，落致仕，特

令再仕。凡類此者，蓋因其材而挽留之也。直祕閣致仕鄭南掛冠已久，年德俱高，大臣言之，詔除祕閣修撰，仍舊致仕。優其恩不奪其志也。呂頤浩以少保乞除一寄祿官致仕，詔除少傅，依前鎮南軍節度使、成國公致仕；韓世忠以太傅、鎮南武安寧國軍節度使充醴泉觀使、咸安郡王乞身，詔除太師致仕。因將相之知止而優其歸也。楊惟忠、邢煥皆以節度致仕。臣僚言：「祖宗時，節將、臣僚得謝，不以文武，並納節除一官，以今日不復納節換官爲非。」詔今後依祖宗典故。蓋不以私恩勝公法也。昭慶軍節度使、開府儀同三司、充萬壽觀使韋淵乞守本官致仕，詔免赴朝參，仍依兩府例，合破請給人從。優親之恩而異之也。

隆興以後，因臣僚言年七十不陳乞致仕者，除合得致仕或遺表恩澤外，並不許遇郊奏薦。已而復詔，郊祀在近，未致仕人更許陳乞奏薦一次。可以不予而予之，示厚恩也。執政在謫籍者陳乞致仕，雖許敍復而褫混合得恩澤，只據見存階官蔭補。淳熙十六年，寧武軍承宣使、提舉佑神觀王友直復奉國軍節度使致仕，臣僚論列，仍守本官職致仕。可以予而不予，嚴公法也。抑揚輕重間，可以見優老恤賢之意，可以識制情抑倖之術，故備錄于篇。

文臣蔭補

太師至開府儀同三司：子，承事郎；孫及期親，承奉郎；大功以下及異姓親，登仕郎，門客，登仕郎。不理選限。

知樞密院事至同知樞密院事：子，承奉郎；孫及期親，承務郎；大功以下及異姓親，登仕郎；門客，登仕郎。不理選限。

太子太師至保和殿大學士：子，承奉郎；孫及期親，承務郎；大功以下，登仕郎；異姓親，將仕郎。

太子少師至通奉大夫：子孫及期親，承務郎；大功親，登仕郎；異姓親，登仕郎；小功以下親，將仕郎。

御史中丞至侍御史：子，承務郎；孫及期親，登仕郎；大功，將仕郎；小功以下及異姓親，將仕郎。

中大夫至中散大夫：子，通仕郎；孫及期親，登仕郎；大功，將仕郎；小功以下，將仕郎。

太常卿至奉直大夫：子，登仕郎；孫及期親，將仕郎；大功小功親，將仕郎。

國子祭酒至開封少尹：子孫及小功以上，將仕郎。

朝請大夫、帶職朝奉郎以上：理職司資序及不帶職致仕者同。子，將仕郎；小功以上親，將仕郎；緦麻，上州文學。注權官一任，回注正官，謂帶職朝奉郎以上亡歿應蔭補者。

廣南東、西路轉運副使：子，登仕郎；孫及期親，將仕郎。提點刑獄：子，將仕郎；孫及期親，將仕郎。

武臣蔭補

樞密使、開府儀同三司：子，秉義郎；孫及期親，忠翊郎；大功以下親，承節郎；異姓親，承信郎。

知樞密院事、同知樞密院事、樞密副使、太尉、節度使：子，忠訓郎；孫及期親，成忠郎；大功，承節郎；小功以下及異姓親，承信郎。

諸衛上將軍、承宣使、觀察使、通侍大夫：子，成忠郎；孫及期親，保義郎；大功以下，承信郎；及異姓親，承信郎。

樞密都承旨、正侍大夫至右武大夫、防禦使、團練使、延福宮使至昭宣使(九)任入內內侍省都知以上：子，保義郎；孫及期親，承節郎；大功以下親，內各奏異姓親者同。承信郎。

刺史：子，承節郎；孫及期親，承信郎；大功以下，進武校尉。

諸衛大將軍、武功至武翼大夫、樞密承旨至諸房副承旨：子，承節郎；孫及期親，承信郎；大功以下，進武校尉。

諸衛將軍、正侍至右武郎、武功至武翼郎：子，承信郎；孫，進武校尉；期親，進義校尉。

樞密院逐房副承旨：子，承信郎。

訓武、修武郎及閤門祗候：子，進義校尉。

忠佐帶遙郡者，每兩遇大禮蔭補，子，刺史，進武校尉，團練使、防禦使，承信郎。

臣僚大禮蔭補

宰相、執政官：本宗、異姓、門客、醫人各一人。東宮三師、三少至諫議大夫：權六曹侍郎、侍御史同。本宗一人。

寺長貳、監長貳、祕書少監、國子司業、起居郎舍人、中書門下省檢正、尚書省左右司郎官、樞密院檢詳、若六曹郎中、殿中侍御史、左右司諫、開封少尹：子或孫一人。

中華書局

二十四史

致仕蔭補

曾任宰相及見任三少、使相：三人。曾任三少、使相、執政官、見任節度使：二人。太中大夫及曾任尚書侍郎及右武大夫以上，并曾任諫議大夫以上及侍御史：一人。

遺表蔭補

曾任宰相及見任三少、使相：五人。曾任執政官、見任節度使：四人。太中大夫以上，一人。諸衞上將軍、承宣使：四人。觀察使：三人。

校勘記

〔一〕丞郎 原作「承節」，據長編卷六二、宋會要儀制四之一三改。

〔二〕小兩制 按宋會要儀制五之八作「小兩省」。合璧事類後集卷六一：「國朝沿唐制，起居郎隸門下，起居舍人隸中書，號小兩省」。疑「制」爲「省」字之誤。

〔三〕又外任節鎭知州都監 「節鎭」原作「節制」，據宋會要儀制四之一三改。

〔四〕防團軍事知州都監 「軍」字原脫。按長編卷四五：「詔定節鎭防團軍事州都監通判常從軍士人數有差。」宋會要儀制四之一三：「詔諸路節鎭知州都監給供身當直軍士各七十人，通判十五人，

防團軍使(「使」，當爲「事」之誤)知州都監各五十人。」此處當有「軍」字，據補。

〔五〕令文武升朝官無嫡母者聽封生母 按上文：「父亡無嫡、繼母，聽封所生母。」又宋會要儀制一〇之八、長編卷九〇敍此事「嫡母」下都有「繼母」二字，此處「嫡」下當脫「繼」字。

〔六〕令給諫舍人母並封郡太君妻郡君 按長編卷九四、宋會要儀制一〇之八此事俱繫于天禧三年十一月，此上當有「三年」二字。

〔七〕詔文武官年七十以上求退者 「七十」下原衍「一」字，據長編卷五二、宋會要職官七七之三二刪。

〔八〕李東之 原作「李東之」，據宋會要職官七七之五四、東都事略卷五一李東之傳改。參考本書卷三一〇本傳校勘記。下文同。

〔九〕昭宣使 原作「招宣使」，據本書卷一六八職官志、宋會要職官三四之二五及二九改。

宋史卷一百七十一

志第一百二十四

職官十一 奉祿制上

奉祿匹帛 職錢 祿粟 傔人衣粮 厨料 薪炭諸物

奉祿自宰臣而下至岳瀆廟令，凡四十一等。

宰相，樞密使，月三百千。春、冬服各綾二十匹，絹三十匹，冬綿百兩。樞密使帶使相，侍中樞密使，春、冬衣同宰相。節度使同中書門下平章事已上及帶宣徽使，并前兩府除節度使及節度使移鎭，樞密使、副、知院帶節度使，四百千。

參知政事，樞密副使，知樞密院事，同知樞密院事，及宣徽使不帶節度使，或檢校太保簽書樞密院事，三司使，二百千。春、冬各綾十匹，春絹十匹，冬二十匹，綿五十兩。自宰相而下，春各加羅一匹。

檢校太保簽書者，春、冬絹二十匹，綿五十兩。節度觀察留後知樞密院事及充樞密副使、同知樞密院事，并帶宣徽使簽書樞密院事，三百千。綾、絹、羅、綿同參知政事。

觀文殿大學士，料錢、衣賜隨本官。資政殿大學士，料錢、衣賜隨本官。翰林學士承旨、學士，龍圖、天章閣直學士，知制誥，龍圖、天章閣學士，綾各五匹，絹十七匹，自承旨而下加羅一匹，綿五十兩。已上率隨本官，衣賜如本官例，大即依本官例，小即依逐等。三師，三公，百二十千。綾各十匹，絹三十匹。東宮三師〔一〕，僕射，九十千。綾各五匹，絹二十匹。東宮三少，御史大夫，尚書，六十千。門下、中書侍郎，太常、宗正卿，左、右丞，諸行侍郎，御史中丞，五十五千〔二〕。春、冬各綾五匹，絹十七匹，惟中丞綾七匹，絹二十匹。權御史中丞者給本官俸。太子賓客，四十五千。綾、絹同中丞。左、右散騎常侍，六十千。給事中，中書舍人，大卿、監，國子祭酒，太子詹事，四十五千。諫議，四十千。春、冬綾各三匹，絹十五匹。舊志：太常宗正卿、左右丞、侍郎充翰林承旨及侍讀、侍講，各綾七匹，絹二十匹；中書舍人若充翰林學士，綾五匹，絹十七匹；他官充龍圖閣學士、樞密直學士，並準此。龍圖閣學士知制誥，同諫議之數。權三司使，并權發遣使公事，料錢、衣賜並同本官。副使，五十千。春綾三匹，冬綾五匹，春、冬絹各十五匹。自三師以下，春各加羅一匹，冬綿五十兩，權者同。判官并權及發遣，以至子司主判，河渠勾當公事，同管勾河渠公事，料錢、衣賜並同本官數。

左、右諭德，少卿、監，司業，郎中，三十五千。左、右庶子，起居郎、舍人，侍御史，知雜事

中華書局

同。如正郎知雜，即支本官奉料。左、右司諫，殿中侍御史，員外郎，赤令，三十千；丞，十五千。如京朝官願請本官衣奉者，仍支米麥。少詹事，二十九千。春、冬絹各十三匹，惟赤縣令衣賜隨本官。左、右正言，監察御史，太常博士，通事舍人，國子五經博士，太常、宗正、祕書、殿中丞，著作郎，大理正，二十千。太子率更令，中允，贊善，中舍，洗馬，殿中省六尚奉御〔三〕，十八千。太常博士以上春、冬絹各十匹，諭德以下春加羅一匹，冬綿三十兩，餘各絹七匹。太常博士、著作、洗馬舊各有增減。

司天五官正〔四〕，十三千。春、冬絹各五匹，冬綿十五兩。祕書郎，著作佐郎，十七千〔五〕。春、冬絹各六匹，冬綿各二十兩。五官正以下春羅各一匹。祕書郎〔六〕舊無奉，兼三館職事者給八十千〔七〕；至道二年，令同著作佐郎給之〔八〕。大理寺丞，十四千。諸寺、監丞，十二千。春、冬絹各五匹。大理評事，十千。春、冬各絹三匹。自大理寺丞以下冬綿各加十五兩。諸寺、監丞，大理評事，舊有增損不同。太祝，奉禮，八千。司天監丞，五千。春、冬絹各五匹。主簿，五千。春、冬絹各三匹，丞、簿各綿十五兩。靈臺郎，三千。保章正，二千。春、冬絹各三匹，惟靈臺郎冬隨衣錢三千。

節度使，四百千。管軍同。如皇子充節度使兼侍中、帶諸王，皇族節度使同中書門下平章事，并散節度使及帶王爵，奉同節度使。惟春、冬加絹各百匹，大綾各二十匹，小綾各三十匹，羅各十匹，綿各五百兩。節度觀察留後，官制行，改承宣使。三百千。管軍同。兩省都知押班、諸司使遙領者準此。如皇族充留後及帶郡王同，惟春加絹二十匹，冬三十匹，大小綾各十匹，春羅一匹，冬綿百兩。觀察使，二百千。管軍同。兩省都知押班、諸司使并橫

行遙領者，奉準此。春、冬加絹各十匹，綿五十兩。如皇族充觀察者，即三百千，仍春、冬加絹各十五匹，綾十匹，春羅一匹，冬綿五十兩。防禦使，三百千〔九〕。管軍、皇族同。其皇族及兩省都知押班、諸司使并橫行、諸衞大將軍將軍遙領者，百五十千。皇族春、冬加絹各十五匹，綾十匹，春羅一匹，綿五十兩。兩省都知押班并橫行，諸衞大將軍領者，春、冬絹各十匹，綿五十兩。團練使，百五十千。管軍及皇族并軍班除充者同。其皇族及兩省都知押班、諸司使并橫行、諸衞大將軍遙領者，百千。皇族春、冬加絹各十五匹，綾十匹，春羅一匹，綿五十兩。兩省都知押班并橫行、諸衞大將軍將軍領者，春、冬絹各十匹，冬綿五十兩。

六軍統軍，百千。諸衞上將軍，六十千。春、冬綾各五匹，絹十匹，綿五十兩。如皇子充諸衞上將軍，二百千，春、冬綾各十匹，春絹十匹，羅一匹，冬絹二十匹，綿五十兩。左、右金吾衞大將軍，三十五千。諸衞大將軍，二十五千。春、冬綾各三匹，絹七匹，冬綿三十兩。將軍，二十千；春、冬綾各二匹，絹五匹，綿二十兩。率府率、副，中郎將，十三千。春、冬絹各五匹，冬綿十五兩。自諸衞上將軍以下，春衣羅一匹。

內客省使，六十千。客省使，三十七千。延福宮、景福殿、宣慶、引進、四方館、宣政、昭宣、閤門使，二十七千。皇城以下諸司使，二十五千。春絹各十匹，冬十匹，綿三十兩。惟客省使春、冬絹各一十匹。

客省及皇城以下諸司副使，二十千。內殿承制，十七千。崇班，十四千。春絹各五匹，冬十匹，綿三十兩。帶閤門祗候並同。供奉官，十千。帶閤門祗候者，十二千。春絹四匹，冬五匹，綿二十兩。侍

禁，七千。帶閤門祗候者，一十千。殿直，五千。帶閤門祗候者，九千。並春、冬絹各四匹，冬綿十五兩。三班奉職、借職，四千。春、冬絹各三匹，錢二千。下茶酒班殿侍，一千。春、冬絹七匹，冬綿十五兩。下班殿侍，七百。春、冬絹各五匹，二項並蕃官并土人補充者。

皇親任諸衞大將軍領刺史，八千〔一〇〕；將軍刺史，六十千。春、冬綾七匹，春絹十二匹，冬十三匹，綿五十兩。舊志：春、冬綾十匹，絹十五匹，各加羅一匹。將軍，三十千。春、冬綾二匹，絹五匹，羅一匹，冬綿四十兩。率府率，二十千；副率，十五千。春、冬綾各二匹，絹五匹，羅一匹，綿四十兩。

舊志：諸衞將軍有五十千、四十千、三十千三等。一等春、冬各綾五匹，絹十匹；一等綾二匹，絹五匹。春並加羅一匹，冬並綿二十兩。諸司使有四十千、三十千二等。副使以下與異姓同〔一一〕，並給實錢。自諸司使至殿直，春、冬各羅一匹，綾二匹，絹各五匹，冬綿各四十兩。

入內內侍省都知、副都知、押班，不帶遙郡諸司使充者，二十五千。春絹七匹，冬十匹，綿三十兩。副使充者，二十千。春絹五匹，冬七匹，綿二十兩。入內內侍省供奉官，十二千。春絹五匹，冬七匹，綿三十兩。殿頭，七千。高品，高班，五千。春絹各五匹，冬六匹，綿二十兩。黃門，三千。春、冬絹各五匹，綿十五兩。祗候殿頭，祗候高品，祗候高班內品，祗候內品，祗候小內品，貼祗候內品，入內內品，後苑內品，後苑散內品，七百。春、冬絹各五匹，綿十五兩。雲韶部內品，七百。春、冬絹各四匹，綿十五兩。入內內品管勾，二千。奉輦祗應，一千五百。打牧祗應，一千。春、冬

絹各五匹，綿各十五兩。

內侍省內常侍，供奉官，十千。春、冬絹各五匹，內常侍春加羅一匹，冬綿十五兩。供奉官冬止加綿二十兩。殿頭，五千。高品，高班，三千。春、冬絹各四匹，冬綿各二十兩。黃門，二千。春、冬絹各四匹，冬綿十五兩。殿頭內侍，入內高品，二千。春、冬絹各三匹，錢二千。高班內品，一千五百。衣糧帶舊。黃門內品在京人事，一千。春、冬各碧羅、碧綾半匹，黃絹、生白絹各一匹，綿八兩。寄班小底，二千。春、冬絹各十匹。入內小黃門，前殿祗候內品，北班內品，外處揀來并城北班、後苑、把門內品，掃洒院子及西京內品依北班內品，依舊在西京收管，七百。西京內品，五百。春、冬絹各五匹，綿各十五兩。惟入內小黃門、前殿祗候內品，春、冬絹各四匹。郢、唐、復州內品，三百。春、冬絹各二匹，布半匹，錢一千。舊志載內官不詳，奉料皆減少。

樞密都承旨，四十千。副都承旨，副承旨，樞密院諸房副承旨，逐房副承旨，已上如帶南班官同。中書堂後官提點五房公事，三十千。都承旨以下春、冬絹各十五匹，春羅一匹；逐房副承旨絹各十三匹。都承旨、承旨春加綾三匹，冬五匹，綿五十兩。副都承旨以下，綿各三十兩。中書堂後官，二十千；特支五千。已上如帶京朝官同。中書、樞密主事，二十千。錄事、令史，十千。春、冬絹各十匹，春羅一匹，主事已上，冬綿五十兩，錄事、令史三十兩。主書，七千。守當官，書令史，五千。春、冬絹各二匹。主書、書令史春錢三千，冬綿十二兩，錢一千，守當官春錢一千。

中華書局

自中書、樞密幷會任兩府，雖不帶職，會任兩府而致仕同。宣徽，三司，觀文、資政、翰林、端明、翰林侍讀侍講、龍圖、天章學士，樞密、龍圖、天章直學士，知制誥，中書舍人，待制，御史臺，開封府，節度使至刺史，三館，祕閣，審刑院，刑部，大理寺，諸王府記室、翊善以下至諸王宮教授，知審官院，勾當三班院，糾察刑獄，判吏部銓、南曹，登聞檢院、鼓院，司農寺及國子監直講、丞、簿，河北、河東、陝西轉運使，皇子親王，諸衞大將軍至率府副率，兩省都知、押班，不帶遙郡諸司使、副，兩府供奉官以下至內品，惟內品特給一分見錢。及樞密都承旨以下，並給見錢。餘官幷防禦使以下諸衞將軍、橫行、諸司使遙領者，悉一分見錢，二分他物。其兩省都知、副都知遙領刺史以上者，即給一半見錢。

三司檢法官，十千。春、冬絹各五匹，冬綿十五兩。願請前任請受者聽。若轉京朝官，隨本官料錢、衣賜。權知開封府幷判官、推官，料錢、衣賜並隨本官。舊志云：判官三十千，推官二十千，並給見錢。司錄，二十千。如差員外郎已上充，隨本官料錢、衣賜。功曹，法曹，十二千。倉、戶、士、兵四曹，十千。差京朝官充，隨本官料錢、衣賜。刑部檢法官、法直官，大理寺法直官、副法直官，十千。春、冬絹各五匹，冬綿十五兩。如轉京朝官，隨本官料錢、衣賜。西京軍巡判官，十五千。內開封府轉至京官，支本官衣奉。

西京、南京、北京留守判官，河南、應天、大名府判官，三十千。春、冬絹各十二匹，冬綿二十兩。節度、觀察判官，二十五千。春、冬絹各六匹，冬綿十二兩半。節度副使，三十千。行軍司馬，二

十五千。如簽書本州公事，衣奉依節、察判官。若監當即給一半折支，衣賜、廚料不給。節度掌書記，觀察支使，二十千。綿、絹如推官。留守推官，府推官，節度、觀察推官，十五千。春、冬絹各五匹，冬綿十兩。防禦、團練副使，二十千。如監當即給一半折支。防禦、團練判官，十五千。兩朝志云：奉給依本州錄事參軍，如無，依倚郭縣令。防禦、團練軍事推官，軍、監判官，七千。軍事判官如本州錄事參軍之數。

京府司錄參軍，二十千。諸曹參軍，十千。以京官知者奉從多給。景德三年，詔司錄、六曹悉給春、冬衣。五萬戶已上州三京同。錄事參軍，二十千；司理，司法，十二千；司戶，十千。三萬戶已上州錄事，十八千；司理，司法，十二千；司戶，九千。一萬戶已上州錄事，十五千；司理，司法，十千；司戶，八千。五千戶已上州錄事，十二千；司理，司法，十千；司戶，七千。不滿五千戶州錄事，司理，司法，十千；司戶，七千。別駕，長史〔一二〕，司馬，司士參軍，如授士曹，依司士。文學參軍，七千。

東京畿縣七千戶已上知縣，朝官二十二千，京官二十千；五千戶已上知縣，朝官二十千，京官十八千；三千戶已上知縣，朝官十八千，京官十五千；三千戶已下知縣，止命京官，十二千。已上衣賜並隨本官。主簿，尉，十二千至七千，有四等。並給見錢。

河南府河南、洛陽縣令，三十千。諸路州軍萬戶已上縣令，二十千；簿，尉，十二千。

七千戶已上令，十八千；簿，尉，十千。五千戶已上令，十五千；簿，尉，八千。三千戶已上令，十二千；簿，尉，七千。不滿三千戶令，十千；簿，尉，六千。京朝官及三班知縣者，亦許給縣令奉。本官奉多者，以從多給。兼監兵者，止請本奉添給。嶽瀆廟令，十千。丞，主簿，七千。全折。

幕職、州縣料錢，諸路支一半見錢，一半折支。縣尉全給見錢。廣東、川峽並給見錢。

元豐制行：宰相，三百千。衣賜綾、絹、綿皆如舊制。然以左、右僕射爲宰相。政和中，以三公爲眞相。靖康依舊制。樞密使帶使相，侍中，樞密使，節度使同中書門下平章事以上及帶宣徽使，幷前兩府除節度使移鎭〔一三〕，樞密使、副知院帶節度使，四百千。自治平末至元豐四年，如文彥博、呂公弼、馮京、吳充先後爲使、副，是年十一月，始詔樞密院置知院、同知院，餘並罷。至是，既罷使、副，只置知院、同知院，直至靖康不改。

知樞密院，門下、中書侍郎，尚書左、右丞，同知樞密院事，二百千。衣賜如舊。元祐中，復置簽書樞密院事，紹聖中罷。

太師，太傅，太保，少師，少傅，少保，四百千。春服羅三匹，小綾三十匹，絹四十匹，冬服小綾三十匹，絹四十匹，綿二百兩。舊制，奉錢百二十千，春服小綾十匹，絹三十匹，羅一匹，冬服小綾十匹，絹三十匹，綿五十兩。大觀間增改。

開府儀同三司，百二十千。春、冬各小綾十匹，絹三十匹，春羅一匹，冬綿五十兩。大觀二年，以無特任者，遂删去。特進，九十千。春、冬各小綾十匹，絹二十五匹，春羅一匹，冬綿五十兩。

金紫光祿大夫，銀青光祿大夫，光祿大夫，六十千。春、冬各小綾七匹，絹二十匹，春羅一匹，綿五十兩。宣奉、正奉、正議、通奉大夫，五十五千。春、冬各小綾五匹，絹十七匹，春羅一匹，冬綿五十兩。通議、太中大夫，五十千。元豐令，太中大夫以上丁憂解官，給舊官料錢。中大夫，中奉、中散大夫，四十五千。春、冬各小綾三匹，絹十五匹，春羅一匹，冬綿五十兩。朝議、奉直、朝請、朝散、朝奉大夫，三十五千。春、冬絹各十三匹，春羅一匹，冬綿三十兩。

朝請、朝散、朝奉郎，三十千。春、冬服同正郎。承議、奉議、通直郎，二十千。承議春、冬絹各十匹，春羅一匹，冬綿三十兩。奉議、通直，春、冬各絹七匹。宣教郎，十七千。春、冬絹各六匹，春羅一匹，冬綿二十兩。元豐格有出身十七千，無出身十四千。六年，敕不以資考有無出身，並十五千，衣無羅。宣義郎，十二千。春、冬各絹五匹，冬綿十五兩。承事郎，十千。春、冬絹各三匹，冬綿十五兩。承奉郎，八千。承務郎，七千。元豐以來，釐務止支驛料。大觀二年，定支。

承直郎，二十五千。春、冬絹各六匹，綿十二兩半。元豐，留守判官、府判官，奉錢三十千，春、冬絹各十二匹，綿二十兩；節度、觀察判官，奉錢二十五千，春、冬絹各六匹，綿十二兩半，凡二等。崇寧二年，改從一等。儒林郎，二十千。春、冬絹各五匹，綿十兩。元豐，節度掌書記、觀察支使，奉錢衣賜如上；防、團軍事判官考任合入令錄者，奉

二十四史

中華書局

錢十五千，凡二等。崇寧改從一等。文林郎，十五千。春、冬服同儒林。從事、從政、修職郎，十五千。從事郎，元豐舊制，考第合入令錄者，視令錄支，未合入令錄者，視判、司、簿、尉支。從政郎，元豐，三京、州、府、軍、監司錄、錄事參軍，五萬戶以上二十千，三萬戶以上十八千，一萬戶以上十五千，五千戶以上十二千，不滿五千戶十千。縣令，一萬戶以上二十千，七千戶以上十八千，五千戶以上十五千，三千戶以上十二千，不滿二千戶十千，凡二等。崇寧改從一等。迪功郎，十二千。元豐，四京軍巡判官，十五千。三京、州、府、軍、監司法參軍，五萬、三萬戶以上十二千，一萬戶及不滿五千戶七千。三京、州、府、軍、監司戶參軍，及五萬戶以上十千，三萬戶以上九千，一萬戶以上八千，不滿五千戶七千，凡三等。崇寧改。初，熙寧四年，中書門下言：「天下選人奉薄而多少不均，不足以勸廉吏。今欲月增料錢：縣令、錄事參軍三百六十七員，舊請十千、十二千者，增至十五千；司理、司法、司戶參軍，主簿、縣尉二千一百五十三員，舊請七千、八千、十千者，增至十二千；防、團軍事推官，軍、監判官一百七十二員，舊請七千者，增至十二千。月通增奉錢一萬二千餘貫，米麥亦有增數。」從之。

太尉，一百千。春、冬各小綾十匹，春羅一匹，絹十匹，冬絹二十匹，綿五十兩。帶節度使依本格。

節度使，四百千。曾任執政以上除、及移鎮，初除、及管軍，並同舊制。承宣使，三百千。即節度觀察留後。觀察使，防禦使，二百千。團練使，百五十千。刺史，一百千。自節度使以下至諸衛中郎將，並如舊制。

通侍大夫，三十七千。正侍、宣正、協忠、中侍、中亮、中衛、翊衛、親衛、拱衛、左武、右

武大夫，二十七千。武功、武德、武顯、武節、武略、武經、武義、武翼大夫，二十五千。春、冬絹各十匹，綿二十兩。惟通侍大夫，十二匹。

正侍、宣正、履正、協忠、中侍、中亮、中衛、翊衛、親衛、拱衛、左武、右武、武功、武德、武顯、武節、武略、武經、武義、武翼郎，二十千。敦武郎，十七千。修武郎，十四千。春絹五匹，冬七匹，綿二十兩。帶閤門祗候並同。從義、秉義郎，十千。帶閤門祗候十二千。成忠、保義郎，五千。帶閤門祗候者九千，並春、冬絹各四匹，冬綿十五兩。承節、承信郎，四千。春、冬絹各三匹，錢二千。

進武校尉，三千。進義校尉，二千。春、冬絹各三匹。進武副尉，三千。守闕進武副尉、進義副尉、守闕進義副尉，一千。

凡文武官料錢，並支一分見錢，二分折支。曾任兩府雖不帶職，料錢亦支見錢。

職錢

御史大夫，六曹尚書，行，六十千。守，五十五千；試，五十千。翰林學士承旨，翰林學士，五十千。衣賜，本官例。官小，春、冬服小綾各三匹，絹各十五匹，綿五十兩。左、右散騎常侍，御史中丞，開封尹，行，一百千。守，九十千；試，八十千。崇寧四年重定。六曹侍郎，元祐中，置權六曹尚書，奉給依守侍郎，紹聖中，罷。行，五十五千。守，五十千；試，四十五千。太子賓客、詹事，行，五十千。守，四十七千；試，四十五千。給事中，中書舍人，行，五十千。守，四十五千；試，四十千。左、右諫議大夫，元祐中，置權六曹侍郎，奉給依諫議大夫，紹聖中，罷。行，四十五千。守，四十千；試，三十七千。太常、宗正卿，行，三十八千。守，三十五千；試，三十二千。祕書監，行，四十二千。守，三十八千；試，三十五千。七寺卿，國子祭酒，太常、宗正少卿，祕書少監，行，三十五千。守，三十二千；試，三十千。太子左、右庶子，行，四十千。守，三十七千；試，三十五千。七寺少卿，行，三十二千。守，三十千；試，二十八千。中書、門下省檢正諸房公事，尚書左、右司郎中，行，四十千。守，三十七千；試，三十四千。國子司業，少府、將作、軍器監，行，三十二千。守，三十千；試，二十八千。太子少詹事，行，三十五千。守，三十二千；試，三十千。太子左、右諭德，行，三十二千。守，三十千；試，二十九千。起居郎，起居舍人，侍御史，左、右司員外郎，樞密院檢詳諸房文字，尚書六曹郎中，行，三十七千。守，三十五千；試，三十二千。殿中侍御史，左、右司諫，行，三十五千。守，三十二千；試，三十千。左、右正言，行，三十二千。守，三十千；試，二十七千。諸司員外郎，行，三十五千。守，三十二千；試，三十千。少府、將作、軍器少監，行，三十千。守，二十八千；試，二十五千。太子侍讀、侍講，行，二十五千。守，二十二千；試，二十千。監察御史，行，三十二千。守，三十千；試，二十七千。太子中舍，太子舍人，行，二十二千。守，二十千；試，十八千。太常、宗正、知大宗正，祕書丞，大理正，著作郎，太醫令，

行，二十五千。守，二十二千；試，二十千。七寺丞，行，二十二千。守，二十千；試，十八千。祕書郎，行，二十二千。守，二十千；試，十八千。太常博士，著作佐郎，行、守，二十千。試，十八千。國子監丞，行，二十二千。守，二十千；試，十八千。大理司直、評事，行，二十二千。守，二十千；試，十八千。少府、將作、軍器、都水監丞，行，二十千。守，十八千。祕書省校書郎，行，十八千。守，十六千；試，十四千。祕書省正字，行，十六千。守，十五千；試，十四千。御史檢法官，主簿，行，二十千。守，十八千。宗學、太學、武學博士，行，二十千。守，十八千；試，十六千。律學博士，行，十八千。守，十七千；試，十六千。太常寺奉禮郎，行，十六千。太常寺太祝、郊社令，行，十八千。守，十六千。太學正、錄，武學諭，行，十八千。守，十七千；試，十六千。律學正，行，十六千。守，十五千；試，十四千。

凡職事官職錢，不言「行」、「守」、「試」者，準「行」給，衣隨寄祿官例支；及無立定例者，並隨寄祿官給料錢，米麥計實數給；應兩給者，謂職錢、米麥。從多給。承直郎以下充職事官，謂大理司直、評事，祕書省正字，太學博士、正、錄，武學博士、諭，律學博士、正。聽支階官請給。衣及廚料、米麥不支。

唐貞元四年，定百官月俸。僖、昭亂離，國用窘闕，至天祐中，止給其半。梁開平三年，始令全給。後唐同光初，租庸使以軍儲不充，百官奉錢雖多，而折支非實，請減半數而支實錢。是後所支半奉，復從虛折。周顯德三年，復給實錢。

宋初之制，大凡約後唐所定之數。乾德四年七月，詔曰：「州縣官奉皆給他物，頗聞貨鬻不充其直，責以廉隅，斯亦難矣。至有賦於廛肆，重增煩擾，且復抵冒公憲，自罹刑辟，甚無謂也。漢乾祐中，置州縣官奉戶，除二稅外，蠲其他役；周顯德始革其制。自今宜逐處置回易料錢戶，每本官所受物，凡一千，分納兩戶，恣其貿易，戶輸錢五百，蠲役之令，悉如漢詔；所賦官物，令諸州計度充一歲所給之數，與蠶鹽同時併給之。其萬戶縣令、五萬戶州錄事、兩京司錄，舊月奉錢二萬者，給四十戶，率是爲差；簿、尉及戶、法掾，舊月奉六千者，增一千，如其所增之數，給與奉戶。」是歲，令西川官全給實錢。開寶三年，令西川州縣官常奉外別給鐵錢五千。四年十二月，詔：「節、察、防、團副使權知州事，節度掌書記自朝廷除授及判別廳公事者，亦給之；副使非知州、掌書記奏授而不釐務者，悉如故，給以折色。」

太平興國元年詔曰：「耕織之家，農桑爲本，奉戶月輸緡錢，蠹茲細民，不易營置，罷天下奉戶。其本官奉錢，並給以官物，令貨鬻及七分，仍依顯德五年十二月詔，增給米麥。」二年二月，詔：「諸道所給幕職、州縣官奉，頗聞官估價高，不能充七分之數。宜令三分給一分見錢，二分折色，令通判面估定官物，不得虧損其價。」四月，令西川諸州幕職官奉外，更增給錢五千。雍熙三年，文武官折支奉錢，舊以二分者，自今並給以實價。端拱元年六月，詔曰：「州郡從事之職，皆參贊郡畫，助宣條教；而州縣之任，並飭躬涖政，以綏吾民。廩祿之

制，宜從優異，庶幾豐泰，責之廉隅。除川峽、嶺南已給見錢外，其諸州府幕職、州縣官料錢，舊三分之二給以他物，自今半給緡錢，半給他物。」淳化元年五月，詔：「致仕官有曾歷外職任者給半奉，以他物充。」三年十一月，令京東西、河北、河東、陝西幕職州縣官料錢，當給以他物者，每千給錢七百。初，川峽、廣南、福建幕職州縣，並許預借奉錢。大中祥符間，又詔江、浙、荊湖遠地，麟、府等州，河北、河東緣邊州軍，自今許預借兩月，近地一月奉錢。至道二年詔：先是，京官滿三十月罷給，自今續給之。

眞宗即位，以三司估百官奉給折支直，率增數倍，詔有司重定，率優其數。咸平元年六月，詔：「文武羣臣有分奉他所而身沒，未聞訃已給者，例追索，可憫。自今川峽、廣南、福建一季，餘處兩月，悉蠲之。」大中祥符七年詔：「三班使臣自今父母亡，勿住奉。」三年九月，詔羣臣月奉折支物，無收其算。五年七月，增川峽路朝官使臣等月給添支。景德四年九月，上以承平既久，賦斂至薄，軍國用度之外，未嘗廣費自奉，且以庶官食貧勸事，遂詔：「自今掌事文武官月奉給折支，京師每一千給實錢六百，在外四百，願給他物者聽。」大中祥符五年，詔文武官並增奉。三師、三公、東宮三師、僕射各增二十千。三司、御史大夫、六尚書中丞、郎、兩省侍郎、太常宗正卿、內客省使、上將軍各增十千。橫班諸司各增五千。朝官五品正、中郎將已上、諸司使、副各增三千。京官、內殿承制、崇班、閤門祇候各增二千。供奉官各增一千五百。奉職、借職增一千。餘如舊。自乾興以後，更革爲多。至嘉祐始著祿令。

元豐一新官制，職事官職錢以寄祿官高下分行、守、試三等。大率官以祿令爲準，而在京官司供給之數，皆併爲職錢。如大夫爲郎官，既請大夫奉，又給郎官職錢，視嘉祐爲優矣。至崇寧間，蔡京秉政，吳居厚、張康國輩，於奉錢、職錢外，復增供給食料等錢。如京，僕射奉外，又請司空奉，其餘傔從錢米並支本色，餘執政皆然，視元豐制祿復倍增矣。

武臣奉給

殿前司，自宣武都指揮使三十千，差降至歸明神武、開封府馬步軍都指揮使十五千，凡二等。殿前左、右班虞候三十千，至天武、剩員都虞候十九千，凡四等。殿前班指揮使二十千，至揀中、剩員僚直、廣德指揮使十千，凡三等。殿前班都知十三千，至招箭班都知四千，凡七等。殿前班副都知十千，至招箭班副都知三千，凡五等。殿前押班七千，至招箭押班二千，凡五等。散指揮都頭復有押班之名者，如押班給焉。兵士內員僚直復有副指揮使、行首、副行首，招箭班亦有行，七千至三千，凡三等。御龍直副指揮使、都頭、副都頭、十將、虞候十千至三千，凡五等。殿前指揮使五千，至殿侍一千，凡五等。捧日、天武指揮使十千，至揀中、廣德指揮使四千，凡四等。捧日、天武副指揮使七千，至擒戎副指揮使三千，凡五

等。捧日軍使、天武都頭五千，至擒戎軍使千五百，凡五等。捧日副兵馬使三千，至擒戎副兵馬使一千，凡四等。天武副都頭二千，至廣德副都頭千五百，凡二等。捧日軍將二千，至龍猛、驍騎、帶甲剩員軍頭、十將三百，凡八等。天武將虞候而下五百，至飛猛、驍雄將虞候已下三百，凡六等。此奉錢之差也。

其外，月給粟：自殿前班都頭、虞候十五石，至廣建副都頭、吐渾十將二石五斗，凡六等。殿前指揮使五石，鞭箭、清朔二石，凡五等。殿前班都虞候已下至軍士，歲給春、冬服三十匹至油絹六匹，而加綿布錢有差，復月給傔糧自十人以至一人。諸班、諸直至捧日、天武、拱聖、龍猛、驍騎、吐渾、歸明渤海、契丹歸明神武、契丹直、寧朔、飛猛、宣武、虎翼、神騎、驍雄、威虎、衞聖、清朔、擒戎軍士，皆給傔一人以至半分，餘軍不給焉。

侍衞馬軍、步軍司，自員僚直、龍神衞都虞候月給二十千，至有馬勁勇員七千，凡五等。指揮使自員僚直、龍神衞十千，至順化三千，凡五等。副指揮使自員僚直、龍神衞七千，至順化二千，凡七等。軍使、都頭自龍、神衞五千，至看船神衞一千，凡七等。副兵馬使、副都頭自龍、神衞三千，至順化一千，凡五等。軍頭、十將自龍、神衞千三百，至順化三百，凡五等。此外員僚直有行首、副行首、押番軍頭、都知、副都知之名，自行首五千，至副都知一千，凡六等。而高陽關有驍捷左、右廂都指揮使，月給三十千。開封府有馬步軍都虞候，月

給二十千。六軍復有都虞候，月給五千。

員僚直、龍神衞而下，皆月給粟，自都虞候五石，至順化、忠勇軍士二石，凡五等。自都虞候以下至軍士，皆歲給春冬服，自絹三十匹至油絹五匹，又加綿布錢有差。復有給傔糧，自十人至一人。其員僚直、龍神衞、雲騎、驍捷、橫塞，及神衞上將、虎翼、清衞、振武、忠猛軍士，皆給傔一人至半分，他軍不給焉。宣徽院、軍頭司，自員僚至軍士，咸月給錢粟及春冬服有差。

諸道州府廂軍，自馬步軍都指揮使至牢城副都頭，凡五等，月給奉錢凡十五千至五百，凡十有二等。自河南府等五十州、府，鄧州等三十四州，萊州等一百四十四州、軍，廣濟軍等三十九軍、監，所給之數，差而減焉，咸著有司之籍。外有給司馬芻秣，歲給春、冬服加紬、綿、錢、布，亦各有差。

祿粟自宰相至入內高品十八等。

宰相，參知政事，樞密使同中書門下平章事，樞密使、副使、知院事、同知院事，及宣徽使簽書樞密院事，節度觀察留後知樞密院事及充樞密副使、同知樞密院事，并帶宣徽使簽書，檢校太保簽書，及三司使，中書、門下侍郎，尚書左、右丞，太尉，月各一百石。

樞密使帶使相，節度使同中書門下平章事已上及帶宣徽使，并前兩府除節度使，樞密使、副、知院事帶節度使，月各給二百石。

三公、三少，一百五十石。權三司使公事，七十石。權發遣使，三十五石。內客省使，二十五石。

節度使，一百五十石。管軍同。如皇族節度使同中書門下平章事已上，并散節度使及帶王爵者，並一百石。留後改承宣使，觀察、防禦使，一百石。管軍并兩省都知押班、諸衞大將軍、橫行遙領者同。惟皇族遙領防禦使七十石。團練使，七十石。管軍并皇族及軍班除充者同。其餘正任並五十石。若皇族并兩省都知押班、諸衞大將軍、將軍、橫行遙領者同。刺史，五十石。皇族並軍班除充者同。其餘正任并管軍三十石。兩省都知押班、通侍大夫遙領者二十五石。諸衞大將軍、將軍遙領者十石。橫行遙領者全分二十五石，減定十石。捧日、天武左右廂都指揮使，龍衞、神衞右廂都指揮使帶遙郡團練使五十石。殿前諸班直、都虞候、龍衞、神衞及諸軍都指揮使帶遙郡刺史二十五石。凡一石給六斗，米麥各半。管軍支六分米，四分麥。

赤令，七石；丞，四石。京府司錄，五石。諸曹參軍，四石至三石，有二等。畿縣知縣六石至三石，有四等。主簿、尉米麥三石至二石，有二等。諸州錄事，五石至三石，有三等。司理、司法，四石至三石，有二等。司戶，三石、二石，有二等。諸縣令，五石至三石，有三等。惟河南洛陽縣〔四〕令隨戶口支。簿、尉，三石、二石，有二等。四京軍巡、判官，四石。軍、監判官，防、團推官，二石。司天監丞，四石。主簿，靈臺郎，保章正，二石。已上並給米麥。

入內內侍省供奉官，四石。殿頭〔五〕，高品，三石。高班，黃門，入內內品，管勾奉輦祗應，入輦祗應，二石。打牧祗應，一石五斗。已上並給粳米。祗候殿頭，祗候高品，祗候高班內品，祗候內品，祗候小內品，貼祗候內品，入內內品，後苑內品，後苑散內品，三石。雲韶部內品，一石。已上並給月糧。惟雲韶內品給細色。

內侍省供奉官，三石。殿頭，高品，高班，二石。黃門，一石五斗。已上並給粳米。黃門內品在京入事，二石五斗。北班內品，前殿祗候內品，外處揀來并城北班、後苑、把門內品，掃灑院子及西京內品與北班內品〔六〕，依舊在西京收管，西京內品，鄆、唐、復州內品，二石。入內小黃門，一石。寄班小底，四石。已上並給月糧。惟入內小黃門給細色。殿頭內侍，入內高班，一石。米麥各半。

熙寧四年〔七〕，中書門下言：「天下選人奉薄，多少不一，不足以勸廉吏。欲月增米麥、料錢。縣令、錄事參軍三百七十六員，舊請米麥三石者，並增至四石。司理、司法、司戶、主簿、縣尉二千五百一十三員，舊請米麥兩石者，並增至三石。防、團軍事推官，軍、監判官一百七十二員，舊請米麥二石者，並增至三石。每月通增米麥三千七十餘石。」從之。

元隨傔人衣糧任宰相執政者有隨身，任使相至正任刺史已上者有隨身，餘止傔人。

宰相，并文臣充樞密使同中書門下平章事，及樞密使，七十人。宰相舊五十人衣糧，二十人日食，後加。

樞密使帶使相，侍中樞密使，節度使同中書門下平章事已上及帶宣徽使，并前兩府除節度使及節度使移鎮，樞密使、副、知院事帶節度使，一百人。

參知政事，文臣充樞密副使、知院事、同知院事，及宣徽使不帶節度使簽書樞密院事，節度觀察留後知樞密院事并充樞密副使、同知樞密院事，并帶宣徽使簽書樞密院事，三司使，門下侍郎，中書侍郎，尚書左、右丞，五十人。檢校太保簽書樞密院事，三十五人。權三司使，三十人。權發遣公事，十五人。副使，判官，判子司，五人。副使、判官權并權發遣同。

觀文殿大學士，二十人。觀文殿學士，資政殿大學士，十人。資政、端明、翰林侍讀侍講，龍圖、天章學士，樞密直學士，保和、宣和、延康殿學士，寶文、顯謨、徽猷閣學士，七人。舊止給日食，政和月糧二石。

玉清昭應宮、景靈宮、會靈觀三副使，十人；判官，五人。

節度使，留後改承宣使，觀察使，五十人。管軍同。如皇族節度使同中書門下平章事已上，并散節度使帶王爵，及節度觀察留後帶郡王，並五十人。觀察使，二十人。兩省都知、押班帶諸司使領節度觀察留後，五十人。兩省都知、押班并橫行領觀察使，十五人。防禦使，三十人。管軍同。皇族并遙領，並二十人。兩省都知、押班帶諸司使，并諸衞大將軍，及橫行遙領，並十五人。團練使，三十人。管軍及軍班除充者同。其餘除授者，二十人。皇族充及帶領，十五人。兩省都知、押班帶諸司使，并橫行遙領者，十人。刺史，二十人。軍班除充者同。其餘除授并管軍，十人。皇族充，十五人。兩省都知、押班帶諸司使，五人。橫行遙領全分者，五人。減定者不給。內客省使，舊有景福殿使。二十人。

樞密都承旨，十人。副都承旨，副承旨，諸房副承旨，中書堂後官提點五房公事，七人。逐房副承旨，五人。中書堂後官至樞密院主事已上，各二人。錄事，令史，寄班小底，各一人。

傔人餐錢中書、樞密、宣徽、三司及正刺史已上，皆有衣糧，餘止給餐錢。

自判三館、祕書監、兩制、兩省帶修撰，五千。郎中以下帶修撰者三千。直館閣，校理，史館檢討，校勘，各三千。直龍圖閣，審刑院詳議官，國子監書庫官，五千。自修撰已上又有職錢五千，校勘已上三千。

京畿諸司庫、務、倉、場監官，朝官自二十千至五千，凡七等。京官自十五千至三千，凡

八等。諸司使、副，閤門通事舍人，承制，崇班，二十千至五千，凡九等。閤門祇候及三班，十五千至三千，凡十等。內侍，十七千至三千，凡九等。寄班，八千至五千，凡三等。舊志訛舛，今並從兩朝志。

茶、酒、廚料之給

學士、權三司使以上兼祕書監，日給酒自五升至一升，有四等，法、糯酒自一升至二升，有二等。又宮觀副使，文明殿學士，卽觀文。資政殿大學士，龍圖、樞密直學士，並有給茶。節度使、副以下，各給廚料米六斗〔八〕，麪一石二斗。

薪、蒿、炭、鹽諸物之給宰相舊無，後加。

宰相，樞密使，月給薪千二百束。參知政事，樞密副使，宣徽使，簽書樞密院事，三司使，三部使，權三司使，四百束。三部副使，樞密都承旨，一百五十束。樞密副都承旨，中書提點五房，一百束。開封判官，節度判官，薪二十束，蒿四十束。開封推官，掌書記，支使，留守、節度推官，防、團軍事判官，薪十五束，蒿三十束。留守判官，薪二十束，蒿三十束。防、團軍事推官，薪十束，蒿二十束。

宰相，樞密使，歲給炭自十月至正月二百秤，餘月一百秤。參知政事，樞密副使，宣徽使，簽書樞密院事，三司使，三部使，三十秤。文明殿學士，資政殿大學士，龍圖閣學士，十五秤。都承旨，二十秤。

給鹽：宰相，樞密使，七石。參知政事，樞密副使，簽書院事，宣徽使，三司使，三部使，權三司使，二石。節度使，七石。掌兵遙領，五石。留後，觀察，防禦，團練，刺史，五石。掌兵、遙領皆不給。

給馬芻粟者，自二十四至一四，凡七等。其軍職，內侍，三班〔九〕，伎術，中書，樞密，宣徽院，侍衞，殿前司，皇城司，內侍省，入內內侍省吏屬借官馬者，其本廐馬芻粟隨給焉。

給紙者，中書，樞密，宣徽，三司，宮觀副使，判官，諫官，皆月給焉。自給茶、酒而下，兩朝志無，三朝志雖不詳備，亦足以見一代之制云。

校勘記

〔一〕東宮三師　「師」原作「司」，據下文注和宋會要職官五七之一、職官分紀卷五〇改。

〔二〕五十五千　「十」下「五」字原脫，據宋會要職官五七之一、宋大詔令集卷一七八定百官俸詔補。

〔三〕六尙奉御　「六尙」原作「五尙」。按本書卷一六四職官志，殿中省凡總局六：尙食、尙藥、尙醞、尙衣、尙舍、尙輦。宋大詔令集卷一七八定百官俸詔作「六尙」，據改。

〔四〕司天五官正　「天」下原衍「十」字，「官」原誤作「千」。按本書卷一六五職官志，司天監有春、夏、中、秋、冬五官正。下文夾注和宋會要職官五七之一、職官分紀卷五〇都作「五官正」，據改。

〔五〕祕書郎著作佐郎十七千　「十七千」原脫，據宋會要職官五七之一、職官分紀卷五〇補。

〔六〕祕書郎　「郎」字原脫，據上文正文、宋會要職官五七之一補。

〔七〕兼三館職事者給八十千　宋會要職官五七之一作「八千」，似近是。

〔八〕令同著作佐郎給之　「佐」字原脫，據上文正文和同上書同卷補。

〔九〕三百千　宋會要職官五七之三作「二百千」，防禦使比觀察使官小，俸給不應反比觀察使多；又兩官都列五品而有正、從之別，疑作「二百千」是。

〔一〇〕八千　「八」下疑脫一「十」字。宋會要職官五七之二作「八十千」，似是。下文將軍刺史已領六十千，此處大將軍反領八千，似不合。

〔一一〕副使以下與異姓同　「以」下原衍「上」字，據同上書同卷刪。

〔一二〕長史　原作「掌史」，按本條別駕、長史、司馬，都是宋代幕職官名，見本書卷一六七職官志。

「掌」當爲「長」之訛，據宋會要職官五七之四改。

〔二三〕前兩府除節度使移鎭　按上文「奉祿」條與下文「元隨傔人衣糧」條都作「前兩府除節度使及節度使移鎭」，疑此處「移鎭」上當有「及節度使」四字。

〔二四〕洛陽縣　「陽」字原脫，據上文「奉祿」條、宋會要職官五七之八補。

〔二五〕殿頭　原作「殿前」，據下文和宋會要職官五七之八改。

〔二六〕西京內品與北班內品　按上文已有「北班內品」，下文又有「西京內品」，此語疑誤，當從「奉祿」條，「與」作「依」。

〔二七〕熙寧四年　「四年」原作「二年」，據上文「迪功郎」條注、長編卷二二六、宋會要職官五七之四〇改。又此年下所記「縣令、錄事參軍三百七十六員」，「司理、司法、司戶、主簿、縣尉二千五百一十三員」，宋會要分別作「五百七十六員」，「二千五百一十三員」，都與「迪功郎」條注異。

〔二八〕各給廚料米六斗　「米」字原脫，據宋會要職官五七之一六補。

〔二九〕三班　宋會要職官五七之一七作「寄班」，又職官分紀卷二六內侍省條說：「熙寧中，定寄班祗候以一十五人爲額。」疑作「寄班」是。

宋史卷一百七十二

志第一百二十五

職官十二 奉祿制下

增給　公用錢　給券　職田

增給〔一〕

權三司使，知開封府，百千。權發遣三司使，五十千。玉清昭應宮、景靈宮、會靈觀三副使，觀文殿大學士，三十千。觀文殿學士，資政殿大學士，元豐添保和殿大學士。宮觀、三司判官，判子司，權及權發遣同。開封府判官，提舉諸司庫務，管轄三司軍大將，提點內弓箭庫，二十千。宮觀都監、勾當官，十七千。任都知、押班者，二十千。資政、端明、翰林侍讀、元祐復置翰林侍讀、侍講學士，紹聖中，罷。龍圖、天章學士，元豐添保和、延康、寶文、顯謨、徽猷學士。樞密直、後改述古殿。

龍圖、天章直學士，元豐添寶文、顯謨、徽猷直學士，保和、龍圖、天章、寶文、顯謨、徽猷待制。十五千。春、冬綾各五匹，絹十七匹，羅一匹，綿五十兩。已上大學士至待制，牽隨本官，衣賜如本官例，大即依本官例，小即依逐等。大觀二年，戶部尚書左睿言：「見編修祿格，學士添支比正任料錢相去遼邈，如觀文殿大學士、節度使從二品，大學士添支三十千而已，節度使料錢乃四百千，傔從、粟帛等稱是。或謂大學士有寄祿官料錢，故添支數少。今以銀青光祿大夫任觀文殿大學士較之，則通料錢不及節度使之半，其厚薄不均明矣。自餘學士視諸正任，率皆不等。欲將職錢改作貼職錢以別之。正任料錢、公使爲率，參酌立定。自學士至直閣以上貼職錢，不以內外，並給。觀文殿大學士，百千。觀文學士，資政大學士，八十千。端明後改延康殿學士，五十千。前執政加二十千。龍圖、天章、寶文、顯謨、徽猷學士，樞密直改述古學士，四十千。龍圖、天章、寶文、顯謨、徽猷直學士，三十千。待制，二十千。集賢改集英殿修撰，十五千。直龍圖閣至直祕閣，十千。」詔從之。宣和三年，戶部尚書沈積中、侍郎王蕃言：「元豐法，帶職人依嘉祐祿令，該載觀文殿大學士以下至直學士，添支錢三等，自二十千至十五千。大觀中，因敕令所啓請，改作貼職錢，觀文大學士至直祕閣，自百千至十千，凡九等。兼增添在京供職米麥，觀文殿大學士至待制，自五十石至二十五石四等，比舊法增多數倍。」又奏：「學士提舉在京官，除本身請給外，更請貼職，并差遣添支，比六曹尚書、翰林學士承旨幾及一倍以上，非稱事制祿之意。」詔並依元豐法，御史中丞二十千，察案御史十千，籍田令七千；並依元豐三年詔，司農寺丞十五千，主簿京朝官十二千，選人十千。熙寧三年，詔廣親、睦親宅記室、講書十五千，教授十二千，軍巡使十七千，權使及判官七千。已上並元豐制，已下惟增散官而已。羣牧使、副使，開封推官，三司河渠勾當公事、同管勾河渠案公事，十五千。羣牧都監，十三千。銀臺司，審官院，三班院，吏部銓，登聞檢院、鼓院，太常禮院主判官，糾察在京刑獄，羣牧判官，監察使，十千。判司農寺，七千。

其知判諸路州、軍、府，有六十千至七千，凡八等。有以官者：三師，三公，六十千。僕射，東宮三師，并曾任中書、樞密，特進，五十千。尚書并左、右丞，東宮三少，金紫光祿大夫至光祿大夫，學士，給事中，諫議，舍人，待制已上，并橫班使、副，三十千。橫班有二十千者。待制已上充益、梓、利、夔州路知州，給鐵錢二百千。橫班副使知夔州，一百五十千，知諸州、軍者，八十千。大卿監，諸司使、副至供奉官，中大夫至中散大夫，武功郎至秉義郎，閤門祗候已上，十五千。十五千已上有從州、府地望給者。不係大卿，充益、梓、利、夔知州，給鐵錢一百五十千。諸司副使至供奉官、閤門祗候已上知四州同。若知諸州、軍，八十千。惟諸司使一百千。朝官忠翊郎，侍禁，閤門祗候，十千。朝官權知軍、州、府者同。若知四路諸州、府，給鐵錢八十千，知軍六十千。侍禁、閤門祗候、知諸軍、州同。保義郎，殿直，閤門祗候，八千。若知四路諸州、軍者，給鐵錢五十千。京官十千至七千，有二等。知四路州、府，給鐵錢六十千；知軍，五十千。試銜及州縣官，職官兼知春州，七千。有以州望者：河南、大名、荆南、永興、江寧，杭、揚、潭，并、代州，三十千。應天、眞定、鳳翔、陝府，秦、青、洪州，二十千。河中，鄆、許、襄、孟、滑、鄭、滄、邢、澶、貝、相、華、晉、潞、廬、壽、宿、泗、楚、蘇、越、潤、常州，十五千。廣州知州，歲七百千，逐月均給。舊月給百千，大中祥符六年，令歲取五百千，餘充添給。益州給鐵錢三百千，梓州二百千，夔州百五十

千，餘州約銅錢數而給之。

有都總管、經略安撫等使者：河北四路，眞定、瀛州、定州、大名。陝西逐路，永興、秦州、渭州、慶州、延州。河東路，太原。前任兩府，並五十千；諫議、舍人、待制、太中大夫已上，三十千。知大名府帶河北路安撫使同。知并州帶學士即五十千，而無特給。三路管勾機宜文字，朝官十千，京官七千。知桂州充廣南西路都鈐轄、經略安撫使，自諫議、舍人、待制及大卿監、太中大夫、中散大夫已上，三十千。朝臣充廣西路兵馬都鈐轄兼本路安撫管勾經略司公事，即二十千。河北沿邊安撫副使、都監以橫行使充者，三十千。自橫行副使并諸司使、副至崇班、武功大夫、敦武郎以上充者，二十千。供奉官、秉義郎、閤門祗候充都監，十五千。同管勾河東緣邊安撫司公事，以橫行副使至內殿崇班、敦武郎以上，二十千。

通判，大藩有二十千至十五千者。餘州、軍，朝官有十千至七千者，京官七千。朝官通判益州，給鐵錢八十千，京官六十千。朝官通判益、梓、利、夔路州、軍、府，給鐵錢七十千，京官五十千。簽判，朝官十千，京官七千。朝官簽判益、梓州，給鐵錢七十千，京官五十千。

三路轉運使，淮南、江浙、荆湖制置茶鹽等稅都大發運使，諫議、待制、大卿監以下，太中、中散以上，三十千。朝官充發運使、副，二十千。武功大夫至武翼郎、諸司使副充發運使副、都監，同朝官；充判官，十千。三門、白波發運使，朝官二十千；朝官充判官，十千，京官七千。諸路轉運使、副，朝官宣德郎以下，二十千，任四路者，給鐵錢一百五十千。判官十千。任福建、廣南東西路，十五千。任益、梓、利、夔四路，給鐵錢八十千。諸路提點刑獄，勸農使、副，開封府界提點諸縣鎮公事，二十千。忠翊郎、侍禁、閤門祗候以下任諸路提點刑獄、勸農使副并府界同提點，敦武郎、內殿崇班已上者，十五千。朝官并秉義郎、供奉官、閤門祗候已上任四路提點刑獄，給鐵錢一百五十千。忠翊郎、侍禁、閤門祗候以下，一百千。

諸路副都總管，權總管，都鈐轄，路分鈐轄，州鈐轄，路分都監，有五十千至八千，凡六等。任四路，給鐵錢有二百千至一百千，凡三等。府界及諸路州、府、軍、監、縣、鎮都監、巡檢、砦主、監押，自諸司使以下至三班借職，武功大夫至承信郎已上，十五千至五千，凡六等。任四路，給鐵錢有一百千至五十千，凡四等。陝西、河東沿邊諸族蕃官巡檢，自十五千至四千，凡六等。諸路走馬承受公事，自從義郎至保義郎，供奉官至殿直，并兩省自供奉官至黃門，自十千至五千，凡四等。任四路，給鐵錢自六十千至四十千，凡三等。府界并諸路州、府、軍、監、縣、鎮監當，朝官七千，京官五千至四千，凡二等。武功大夫以下至進義校尉，諸司使以下至三班使臣(三)，自十千至三千，凡七等。朝官任川峽州、府、軍、監，給鐵錢五十千，京官三十千至二十五千，凡二等。三班使臣任四路者，自六十千至二十五千，凡五等。

朝官充陝西及江、浙、荆湖、福建、廣南提舉、提點鑄錢等公事，自二十千至十五千，凡二等。朝官充都大提舉河渠司，勾當及提舉宮觀，并催遣輦運、催綱，諸州監物務等，自十

五千至七千，凡三等。任四路，給鐵錢七十千。京官充催促輦運、催裝斛斗綱船，并諸州監物務等，自七千至五千，凡二等。任四路，給鉄錢五十千。都大提舉修護黃河堤埽岸，諸處巡檢，并監北京大內軍器庫，并蔡河撥發催綱等，並以兩省供奉官以下至內品充，自十千至三千，凡七等。舊志有諸路都部署、鈐轄，有五十千至十五千，凡四等。駐泊都監、兵馬都監，有二十千至十五千，凡六等。諸州監場務，朝官供奉以上七千，京官殿直五千，奉職內品三千，內課頭大者，京朝官與京官同，使臣與兵馬監押同。

大中祥符二年，詔外任官不得挈家屬赴任者，許分添給錢贍本家。添給羊，凡外任給羊有二十口至二口，凡六等。給米，有二十石至二石，凡七等。給麪，有三十石至二石，凡七等。傔從，有二十人至二人，凡七等。馬，有十四至一匹，凡六等。舊志數不同，今從四朝志。

建炎南渡以後，奉祿之制，參用嘉祐、元豐、政和之舊，少所增損。惟兵興之始，宰執請受權支三分之一，或支三分之二，或支賜一半，隆興及開禧自陳損半支給，皆權宜也。其後，內外官有添支料錢，職事官有職錢、廚食錢，職纂修者有折食錢，在京釐務官有添支錢、添支米，選人、使臣職田不及者有茶湯錢，其餘祿粟、傔人，悉還疇昔。今合新舊制而參記之。

元豐定制，以官寄祿。南渡重加修定：開府儀同三司，料錢一百貫。特進，九十貫。金紫光祿大夫，銀青光祿大夫。料錢各六十貫，春、冬衣絹各二十五匹，小綾一十匹，春羅一匹，冬綿五十兩。

春、冬絹各二十匹，小綾七匹，春羅一匹，冬綿五十兩。宣奉大夫，正奉大夫，正議大夫，通奉大夫。料錢各五十貫，春、冬絹各十七匹，小綾五匹，春羅一匹，冬綿五十兩。通議大夫，太中大夫，中大夫，中奉大夫，中散大夫。料錢各四十五貫，春、冬絹各二十五匹〔三〕，小綾三匹，春羅一匹，冬綿五十兩。朝議大夫，奉直大夫，朝請大夫，朝散大夫，朝奉大夫。以上料錢各三十五貫，春、冬絹各一十五匹，春羅一匹，冬綿三十兩。朝請郎，朝散郎，朝奉郎。以上料錢各三十貫，春、冬絹各一十三匹，春羅一匹，綿三十兩。承議郎。料錢二十貫，春、冬絹各一十四匹，春羅一匹，冬綿三十兩。奉議郎。料錢二十貫，春、冬絹各十匹，春羅一匹，冬綿三十兩。通直郎。料錢十八貫，春、冬絹各七匹，春羅一匹，冬綿三十兩。宣教郎。料錢十五貫，春、冬絹各五匹，冬綿十五兩。宣議郎。料錢十二貫，春、冬絹各五匹，冬綿十五兩。承事郎。料錢十貫，春、冬絹各五匹，冬綿十五兩。承奉郎。料錢八貫。承務郎。料錢七貫，元豐以來，監務止支驛料，大觀二年定支。以上料錢，一分見錢，二分折支。每貫折錢，在京六百文，在外四百文。到任添給驛料。

承直郎。料錢二十五貫，茶湯錢一十貫，廚料米六斗，麪一石五斗，藁四十束，柴二十束，馬一匹，春、冬絹六匹，綿一十二兩。儒林郎。料錢二十貫，茶湯錢一十貫，廚料米六斗，麪一石五斗，藁三十束，柴一十五束，春、冬絹各五匹，冬綿十兩。文林郎。料錢一十五貫，茶湯錢十貫，廚料米六斗，麪一石五斗，藁三十束，柴十五束，春、冬絹各五匹，綿十兩。從事郎，從政郎，修職郎。已上料錢各一十五貫，茶湯錢一十貫，米麥各二石。迪功郎。料錢一十二貫，茶湯錢一十貫，米麥各一石五斗。以上錢折支中給一半見錢，一半折支。每貫折見錢七百文。監務日給，滿替日住。

武臣請奉：太尉。料錢一百貫，春服羅一匹，小綾及絹各十匹，冬服小綾十匹，絹二十匹，綿五十兩。正任節度使。在光祿大夫之下，初授及帶管軍同，料錢四百貫，祿粟一百五十石。承宣使。在通議大夫之下，料錢三百貫，祿粟一百石。觀察使。在中大夫之下，料錢各二百貫，祿粟一百石，米麥十五石。防禦使。在中散大夫之下，料錢二百貫，祿粟一百石，米麥各十二石五斗。團練使。在中散大夫之下，料錢一百五十貫，祿粟七十石，米麥各九石。諸州刺史。在中散大夫之下，料錢一百貫，祿粟五十石，米麥各七石五斗。自承宣使以下，不帶階官者爲正任，帶階官者爲遙郡，遙郡各在正任之下，請奉與次任、正任一同。靖康指揮：遙郡以上奉錢、衣賜、傔人、奉馬，權支三分之二。

殿前三衙四廂、捧日、天武左右廂都指揮使遙郡團練使。料錢一百貫文，春、冬服絹各十匹。殿前諸班直都虞候，諸軍都指揮使遙郡刺史。料錢五十貫，衣同前。龍衛、神衛右廂都指揮使遙郡團練使。同捧日、天武。龍、神衛諸軍都指揮使遙郡刺史。同殿前。

左、右金吾衛上將軍，左、右衛上將軍，在光祿大夫之下。諸衛上將軍。在通奉大夫之下。以上料錢各六十貫，春、冬綾各五匹，絹各一十匹，春羅一匹，冬綿五十兩。左、右金吾衛大將軍。在中散大夫之下，料錢三十五貫，春、冬綾三匹，絹七匹，春羅一匹，綿三十兩。諸衛大將軍。在中散大夫之下，料錢二十五貫，春、冬綾各二匹，絹各七匹，春羅一匹，冬綿二十兩。諸衛將軍。在朝奉郎之下，料錢二十五貫〔四〕，春、冬綾各二匹，絹各七匹，春羅一匹，冬綿十五兩。率府率，在奉議郎之下。率府副率。在通直郎之下。料錢十三貫，春、冬絹各五匹，春羅一匹，冬綿一十五兩。

通侍大夫。在中散大夫之下。料錢五十貫，祿粟二十五石，春絹七匹，冬絹十匹，綿三十兩，傔二十人，馬三匹。正侍大夫，宣正大夫，履正大夫，協忠大夫，中侍大夫。以上在中散大夫之下。料錢各三十七貫，祿粟二十五石，春絹七匹，冬絹十匹，綿三十兩，傔二十人，馬三匹。中亮大夫。在中散大夫之下。料錢三十七貫，祿粟二十五石，春絹七匹，冬絹十匹，綿三十兩，傔二十人，馬三匹。中衞大夫，翊衞大夫，親衞大夫，在中散大夫之下，防禦使之上。拱衞大夫，左武大夫，右武大夫。並在奉直大夫之下，諸司正使之上。以上料錢並二十七貫，春絹七匹，冬絹十匹，綿三十兩。武功大夫，武德大夫，武顯大夫，武節大夫，武略大夫，武經大夫，武義大夫，武翼大夫。並在朝奉大夫之下。以上各料錢二十五貫，廚料米一石，麪二石，春絹七匹，冬絹十匹，綿三十兩。

正侍郎，宣正郎，履正郎，協忠郎，中侍郎，中亮郎，中衞郎，翊衞郎，親衞郎，拱衞郎，左武郎，右武郎。以上並在朝奉郎之下。錢各二十貫，春絹五匹，冬絹七匹，綿二十兩。武功郎，武德郎，武顯郎，武節郎，武略郎，武翼郎，武義郎。並在承議郎之下。以上各料錢二十貫，廚料米、麪各一石，春絹五匹，冬絹七匹，綿二十兩。訓武郎。料錢一十七貫，春絹五匹，冬絹七匹，綿二十兩。修武郎。料錢一十七貫，春絹五匹，冬絹七匹，綿二十兩。從義郎，秉義郎。並料錢十貫，帶職錢十二貫，春絹四匹，冬絹五匹，綿一十兩。忠訓郎，忠翊郎。並料錢七貫，帶職錢十貫，春、冬絹各四匹，冬綿一十五兩。成忠郎，保義郎。並料錢五貫，帶職錢七貫，春、冬絹各四匹，綿一十五兩。承節郎，承信郎。並料錢四貫，春、冬絹各三匹，錢二貫文。進武校尉。料錢三貫，春、冬絹各三匹。進義校尉。料錢二貫，春、冬絹各三匹。下班祗應。各隨差使理年不等。自三年至十二月〔五〕，料錢七百文，糧二石五斗，春、冬絹各五匹。進武副尉。料錢三貫。進義副尉。料錢一貫。守闕進義副尉。料錢二貫。

料錢、職錢，紹興仍政和之舊：宰相，樞密使，料錢月三百貫。政和左輔、右弼爲宰相，紹興左右僕射同中書門下平章事爲宰相。舊制，春、冬服小綾各二十匹，絹各三十匹，春羅一匹，冬綿一百兩。初，建炎元年指揮，宰執請受並權支三分之二，支賜支一半。知樞密院事，參知政事，樞密副使，同知樞密院事，簽書樞密院事。料錢二百貫，春、冬服小綾各十匹，絹各二十匹，春羅一匹，冬綿五十兩。太師，太傅，太保，少師，少傅，少保。料錢三百貫，春服羅三匹，權支一匹；小綾三十匹，支二十匹；絹四十匹，支三十匹，冬服綾、絹同。綿二百兩，支一百兩。

以下職事官並支職錢：開封牧，錢一百貫。春服羅一匹，小綾、絹各十匹，冬服小綾十匹，絹二十匹，綿五十兩。太子太師，太傅，太保，職錢二百貫。春服羅一匹，小綾十匹，絹二十五匹，冬服綾、絹同，綿五十兩。少師，少傅，少保，百五十貫。春、冬服小綾各七匹，絹各二十匹，春羅一匹，冬綿五十兩。御史大夫，六部尚書。行，六十貫；守，五十五貫；試，五十貫。春服羅一匹，小綾五匹，絹十七匹，冬服綾、絹同，綿五十兩。

翰林學士承旨，翰林學士，五十貫。春服同上。左、右散騎常侍。行，五十五貫；守，五十貫；試，四十五貫。春服小綾三匹，絹十五匹，羅一匹，冬綾、絹同，綿五十兩。權六曹尚書，御史中丞，六曹侍郎並同常侍，太子賓客。行，五十貫；守，四十七貫；試，四十五貫。春服小綾七匹，絹二十匹，羅一匹，冬綾、絹同，綿三十兩。太子詹事。錢、衣同賓客，小綾各止三匹。給事中，中書舍人。行，五十貫；守，四十五貫；試，四十貫。服同詹事。左、右諫議大夫。行，四十五貫；守，四十貫；試，三十七貫。餘同舍人。權六曹侍郎。職錢四十貫，絹同上〔六〕。太常、宗正卿。行，三十八貫；守，三十五貫；試，三十二貫。春、冬衣隨官序。祕書監。行，四十二貫；守，三十八貫；試，三十五貫。七寺卿，國子祭酒。行，三十五貫；守，三十二貫；試，三十貫。太常、宗正少卿，祕書少監。行，三十二貫；守，三十貫；試，二十八貫。中書門下省檢正諸房公事，左、右司郎中。行，四十貫；守，三十七貫；試，三十五貫。國子司業，少府、將作、軍器監。行，三十二貫；守，三十貫；試，二十八貫。太子少詹事。行，三十五貫；守，三十二貫；試，三十貫。太子左、右諭德。行，三十三貫；守，三十貫；試，二十九貫。起居郎，起居舍人，侍御史。行，三十七貫；守，三十五貫；試，三十二貫。左、右司員外郎，六曹郎中。同上。殿中侍御史，左、右司諫。行，三十五貫；守，三十二貫；試，三十貫。

左、右正言。行，三十二貫；守，三十貫；試，二十七貫。諸司員外郎。同司諫。少府、將作、軍器少監。行，三十貫；守，二十八貫；試，二十五貫。太子侍讀、侍講。行，二十五貫；守，二十二貫；試，二十貫。

監察御史。同正言。太子中舍人，太子舍人。行，二十貫；守，十九貫；試，十八貫。太常丞，太醫令，宗正丞，知大宗正丞，祕書丞，大理正，著作郎〔七〕。行，二十五貫；守，二十二貫；試，二十貫。紹興元年指揮，宣教郎任館職，寺監丞、簿，評事，臺法、主簿，寺簿、正，司直，添給職錢一十六貫，指揮每月特支米三石。七寺丞。行，二十二貫；守，二十貫。祕書郎。行，二十二貫；守，二十貫；試，一十八貫。太常博士。同七寺丞。著作佐郎。同祕書郎。國子監丞。同七寺丞。大理司直、評事。同著作郎。少府、將作、都水監丞。行，二十貫；守，十八貫。祕書省校書郎；行，十八貫；守，十六貫；試，十四貫。正字。行，十六貫；守，十五貫；試，十四貫。御史臺檢法、主簿，九寺簿，行，二十貫；守，十八貫。諸王宮大小學教授，太學、武學博士。行，二十貫；守，十八貫；試，十六貫。今諸王府翊善、贊讀、直講、記室料錢，並支見錢。律學博士。行，十八貫；守，十七貫；試，十六貫。太常寺奉禮郎。十六貫。太常寺太祝、郊社令；行，十八貫；守，十六貫。太官令。十六貫〔八〕。五監主簿。行，十八貫；守，十六貫。太學正、錄，武學諭。行，十八貫；守，十七貫；試，十六貫。律學正。行，十六貫；守，十五貫；試，十四貫。

樞密院官屬：都承旨，承旨。料錢四十貫，職錢三十貫，承旨二十五貫。春服羅一匹，小綾三匹，絹十五匹，冬服小綾五匹，絹十五匹，綿五十兩。副都承旨。料錢三十貫，職錢二十貫，副承旨、諸房副承旨十五貫，若諸房副承旨同主管承旨司公事，加五貫。春衣羅一匹，絹十五匹，冬絹同，綿三十兩。檢詳諸房文字。職錢三十五貫，廚食錢每日五百。計議、編修官。添支錢十貫，第三等折食錢二十五貫，廚食錢每日五百。

凡諸職事官職錢不言「行」、「守」、「試」者，準「行」給。職事官衣，如寄祿官例，及無立定則例者，隨寄祿官給。職料錢、米麥計實數給，兩應給者，從多給。謂職錢、米麥。諸承直以下充職事官，謂大理司直、評事，祕書省正字，太學博士、正、錄，武學博士、諭，律學博士、正。聽支階官請受、添給。諸稱請受者，謂衣糧、料錢，餘並爲添給。

舊制，觀文殿大學士，三十貫。米三石，麪五石。觀文殿學士，資政、保和殿大學士，二十貫。米三石，麪五石。資政、保和殿學士，十五貫。米三石，麪五石，同上。春、冬小綾各五匹，絹各十七匹，春羅一匹，冬綿五十兩。龍圖、天章、寶文、顯謨、徽猷、敷文閣學士、直學士，十五貫。春、冬小綾各三匹，絹各十五匹，春羅一匹，冬綿五十兩。保和殿，龍圖、天章、寶文、顯謨、徽猷、敷文閣待制同。

先是，大觀，或言添支厚薄不均，其後，自學士而下改名貼職錢：觀文殿大學士；貼職錢一百貫文，米麥各二十五石，添支米三石，麪五石，萬字茶二斤。觀文殿學士，資政、保和殿大學士；貼職錢八十貫，米麥同，添支錢十貫，添支米麪同。資政、保和殿學士；貼職錢七十貫，米麥同，添支米麪同，萬字茶二斤，春、冬綾五匹，絹一十七匹，綿五十兩，羅一匹。端明殿學士；貼職錢五十貫，米麥二十石，添支米三石，麪五石，萬字茶二斤，春、冬綾五匹，絹一十七匹，羅一匹，冬綿五十兩。龍圖、天章、寶文、顯謨、徽猷、敷文閣學士，樞密直學士；正三品，貼職錢四十貫，米麥各一十石，添支米二石，麪五石，萬字茶二斤，春、冬綾五匹，絹一十七匹，春羅一匹，冬綿五十兩。龍圖、天章、寶文、徽猷、敷文閣直學士，保和殿待制；貼職錢三十貫，米麥各

一十七石五斗，春、冬綾各三匹，絹一十五匹，春羅一匹，冬綿五十兩。龍圖、天章、寶文、顯謨、徽猷、敷文閣待制；貼職錢二十貫，米麥各一十二石五斗，春、冬綾各三匹，絹一十五匹，春羅一匹，冬綿五十兩。集英殿修撰，右文殿修撰，祕閣修撰；以上貼職錢各一十五貫。直龍圖、天章、寶文閣，直顯謨、徽猷、敷文閣，直祕閣。以上貼職錢各一十貫。

宣和間，罷支貼職錢，仍舊制添支。紹興因之，令諸觀文殿大學士至保和殿大學士料錢、春冬服隨本官；資政殿學士至待制料錢隨本官，春、冬服從一多給。又諸學士添支錢，曾任執政官以上者，在京、外任並支；其餘在京支，外任不支。米、麪、茶、炭、奉馬、傔人衣糧，內外任並給。酒、添支、馬草料，外任勿給。外此，有依祖例添支，如六部尙書而下職事官，分等第支廚食錢，自十五貫至九貫，凡四等，並依宣和指揮。修書官折食錢，監修國史四十千，史館修撰、直史館、本省長貳三十七貫五百，檢討、著作三十五貫，並依自來體例。有特旨添支。如紹興元年指揮：館職，寺監丞、簿，評事，臺法、主簿，寺正，司直，博士，添職錢一十貫。六年指揮：五寺、三監，祕書、大宗正丞，太常博士，著作、祕書、校書郎，著作佐郎，正字，大理寺正，司直、評事，臺簿，刪定官，檢、鼓、奏告院，特支米三石，計議、編修官二石〔九〕。

祿粟及隨身、傔人：宰相，一百石，紹興：三公，侍中，中書、尙書令，左、右僕射同平章事，並爲宰相。隨身七十人。知樞密院事，參知政事，樞密副使，同知樞密院事，一百石，隨身五十人。太師，太傅，太保，少師，少傅，少保，一百石，舊制百五十石。隨身一百人。太尉，一百石，隨身五十

人。節度使，祿粟已具奉祿類。元隨五十人。承宣使，元隨五十人。觀察使，防禦使，元隨三十人。團練使，已上並具奉祿類。元隨三十人。諸州刺史，同上。元隨二十人。通侍大夫，正侍大夫，宣正大夫，履正、協忠、中侍、中亮大夫，祿粟、傔人並具奉祿類。捧日、天武左右廂都指揮使遙郡團練使，五十石，傔十人。龍、神衛右廂都指揮使帶遙郡團練使同〔10〕。殿前諸班直都虞候，諸軍都指揮使遙郡刺史，二十五石，傔五人。龍、神衛諸軍都指揮使帶遙郡刺史同。

諸學士添支米已附于前，今載：觀文殿大學士，傔二十人。觀文殿學士，資政、保和殿大學士，傔十人。資政、保和殿學士，龍圖、天章、寶文、顯謨、徽猷、敷文閣學士，傔七人。樞密都承旨，傔十人；副都承旨、諸房副承旨，七人。其餘京畿守令、幕職曹官，自十石、七石、五石至于二石各有等。中書堂後官提點五房公事，逐房副承旨，自七人、五人至于一人各有數。因仍前制，舊史已書。凡任宰相、執政有隨身，太尉至刺史有元隨，餘止傔人。

紹興折色：凡祿粟每石細色六斗。米麥中支。管軍給米六分，麥四分。隨身、元隨、傔人糧，每斗折錢三十文，衣紬絹每匹一貫，布每匹三百五十文，綿每兩四十文。

公用錢

自節度使兼使相，有給二萬貫者。其次，萬貫至七千貫，凡四等。節度使，萬貫至三千貫，凡四等。節度觀察留後，五千貫至二千貫，凡四等。觀察使，三千貫至二千五百貫，凡二等。防禦使，三千貫至千五百貫，凡四等。團練使，二千貫至千貫，凡三等。刺史，千五百貫至五百貫，凡三等。亦有不給者。觀察使以下在禁軍校者，皆不給。京守在邊要或加錢給者，罷者如故，皆隨月給受，如祿奉焉。咸平五年，令河北、河東、陝西諸州，皆逐季給。

京師月給者：玉清昭應宮使，百千。景靈宮使，崇文院，七十千。會靈觀使，六十千。祥源觀都大管勾，五十千。御史臺，三百千。大理寺，二百五十三千。刑部，九十六千。舍人院，二十千。太常寺，二十五千。祕閣，二十千。宗正寺，十五千。太常禮院，起居院，十千。門下省，登聞檢院、鼓院，官誥院，三班院，各五十千。

歲給者：尚書都省，銀臺司，審刑院，提舉諸司庫務司，每給三十千，用盡續給，不限年月；餘文武常參官內職知州者，歲給五千至百千，凡十三等，皆長吏與通判署籍連署以給用；少卿監以上，有增十千至百千者。淳化元年九月，詔諸州、軍、監、縣無公使處，遇誕降節給茶宴錢，節度州百千，防、團、刺史州五十千，監、三泉縣三十千，嶺南州、軍以幕府州縣官權知州十千。

給券

文武羣臣奉使於外，藩郡入朝，皆往來備饔餼，又有賓幕、軍將、隨身、牙官，馬驢、橐駝之差：節、察俱有賓幕以下；中書、樞密、三司使有隨身而無牙官、軍將隨；諸司使以上有軍將、橐駝。餘皆有牙官，馬驢，惟節、察有賓幕。諸州及四夷貢奉使，諸司職掌祗事者，亦有給焉。四夷有譯語、通事、書狀、換醫、十券頭、首領、部署、子弟之名，貢奉使有廳頭、子將、推船、防授之名，職掌有傔。

京朝官、三班外任無添給者，止續給之。京府按事畿內，幕職、州縣出境比較錢穀，覆按刑獄，並給券。其赴任川峽者，給驛券，赴福建、廣南者，所過給倉券，入本路給驛券，皆至任則止。車駕巡幸，羣臣扈從者，中書、樞密、三司使給館券，餘官給倉券。

職田

周自卿以下有圭田不稅，晉有芻槀田，後魏宰人之官有公田，北齊一品以下公田有差，唐制內外官各給職田，五代以來遂廢。咸平中，令館閣檢校故事，申定其制，以官莊及遠年逃亡田充，悉免租稅，佃戶以浮客充，所得課租均分，如鄉原例。州縣長吏給十之五，自餘

差給。其兩京、大藩府四十頃，次藩鎮三十五頃，防禦、團練州三十頃，中、上刺史州二十頃，下州及軍、監十五頃，邊遠小州、上縣十頃，中縣八頃，下縣七頃，轉運使、副十頃，兵馬都監押、砦主、釐務官、錄事參軍、判司等，比通判、幕職之數而均給之。

景德二年七月，詔諸州職田如有災傷，準例蠲課。大中祥符九年，殿中侍御史王奇上言，請天下納職田以助振貸。帝曰：「奇未曉給納之理。然朕每覽法寺奏款，外官占田多踰往制，不能自備牛種，水旱之際又不蠲省，致民無告。」遂罷奇奏，因下詔戒飭之。

天聖中，上患職田有無不均，吏或多取以病民；詔罷天下職田，悉以歲入租課送官，具數上三司，計直而均給之。朝廷方議措置未下，仁宗閱具獄，見吏以賄敗者多，惻然傷之；詔復給職田，毋多占佃戶，及無田而配出所租，違者以枉法論。

又十餘年，至慶曆中，詔限職田，有司始申定其數。凡大藩長吏二十頃，通判八頃，判官五頃，幕職官四頃。凡節鎮長吏十五頃，通判七頃，判官四頃，幕職官三頃五十畝。凡防、團以下州軍長吏十頃，通判六頃，判官三頃五十畝，幕職官三頃。其餘軍、監長吏七頃，判官、幕官，並同防、團以下州軍。凡縣令，萬戶以上六頃，五千戶以上五頃，不滿五千戶並四頃。凡簿、尉，萬戶以上三頃，五千戶以上二頃五十畝，不滿五千戶二頃。錄事參軍比本判官。曹官比倚郭簿、尉。發運制置、轉運使副，武臣總管，比節鎮長吏。發運制置判官，比

大藩府通判。安撫都監，路分都監，比節鎮通判。大藩府都監，比本府判官。黃汴河、許汝石塘河都大催綱，比節鎮判官。節鎮以下至軍監，諸路走馬承受幷砦主，都同巡檢，提舉捉賊，提點馬監，都大巡河，不得過節鎮判官。在州監當及催綱、撥發，巡捉私茶鹽賊盜，駐泊捉賊，不得過簿、尉。自此人有定制，士有定限，吏以職田抵罪者，視昔爲庶幾焉。

至熙寧間，復詔詳定：

凡知大藩府三京、京兆、成都、太原、荆南、江寧府、延、秦、揚、杭、潭、廣州。二十頃，節鎮〔一一〕十五頃，餘州及軍淮陽、無爲、臨江、廣德、興國、南康、南安、建昌、邵武、興化。並十頃，餘小軍、監七頃。通判，藩府八頃，節鎮七頃，餘州六頃。留守、節度、觀察判官，藩府五頃，節鎮四頃。掌書記以下幕職官三頃五十畝。防禦、團練軍事推官，軍監判官三頃。令、丞、簿、尉，萬戶以上，縣令六頃，丞四頃；不滿萬戶，令五頃，丞三頃；不滿五千戶，令四頃，丞二頃五十畝。簿、尉減令之半。藩府、節鎮錄參，視本州判官，餘視幕職官。藩府、節鎮曹官，視萬戶縣簿、尉，餘視不滿萬戶者。

發運、轉運使副，視節鎮知州。開封府界提點，視餘州〔一二〕。發運、轉運判官，常平倉司提舉官，視藩府通判。同提舉，視萬戶縣令。發運司幹當公事，視節鎮通判。轉運司管幹文字，提刑司檢法官，提舉常平倉司幹當公事，視不滿萬戶縣令。蔡河、許汝

石塘河都大催綱，管幹機宜文字，府界提點司幹當公事，視節鎮判官。

總管，視節鎮知州。路分鈐轄，視餘州知州。安撫、路分都監，州鈐轄，視節鎮通判。藩府都監，視本州判官。諸路正將，視路分都監；副將，視藩府都監。走馬承受，諸州都監，都同巡，都大巡河，並視節鎮判官。巡檢，堡砦都監，砦主，在州監當及催綱、撥發，巡捉私茶鹽賊盜，駐泊捉賊，並視幕職官。巡轄馬遞鋪，監堰幷縣、鎮、砦監當，並視本縣簿、尉。諸路州學教授，京朝視本州判官〔一三〕，選人視本州曹官。

又詔：「成都府路提點刑獄司，以本路職田令逐州軍歲以子利稻麥等拘收變錢，從本司以一路所收錢數，又紐而爲斛斗價直，然後等第均給。」自熙寧三年始，知成都府，一千石。轉運使，六百石。鈐轄二員，各五百石。轉運判官，視鈐轄。通判二員，各四百五十石。簽判，節推，察推，知錄，幹當糧料院，監軍資庫，都監，都巡檢，巡檢，係大使臣〔一四〕。走馬承受，京朝官知縣，各二百石。內職官係兩使支掌以上資序者同。如係初等及權入者，各一百五十石。監商稅、市買院〔一五〕、交子務，係京朝官或大使臣充者。視職官。城外巡檢，監排岸〔一六〕，十縣巡檢，係三班使臣者。各一百五十石。司理，司戶，司法，府學教授，係敕劄正授者。監甲仗庫，各一百石。知眉、蜀、彭、雅、邛、嘉、簡、陵州，永康軍〔一七〕，視成都通判。其通判減三之一。知威、黎、茂州，視眉、蜀通判。其都監，監押，駐泊，都巡檢，係大使臣者。簽判，推、判官，係兩使職官幷支掌

以上資序。知錄，京朝官幷職官知縣，監棚口鎮〔一八〕，係京朝官。視成都職官。監押，巡檢，同巡檢，駐泊，係三班使臣。初等職官或權入職官，錄事參軍，縣令，試銜知縣，視成都城外巡檢。司理，司戶，司法，諸縣主簿、尉，應監當場務選人監稅、監鹽，巡轄馬鋪，係三班使臣。視成都曹官。應諸縣令佐係職員權攝者不給。歲有豐凶，則數有少剩，皆隨時等級爲之增減。初，權御史中丞呂誨、御史知雜劉述奉詔同均定成都、梓、利、夔四路職田。誨等以成都路歲收子利稻麥、桑絲、麻竹等物逐處不同，遂計價直紐作稻穀一色，每斗中價百有二十，自知成都府以下官屬等第均定〔一九〕。及再詔詳定，而三路數少，均分不足，用定到成都路數目以聞，中書再行詳定，而有是詔。

元豐中，詔熙河、涇原、蘭州路州軍官屬職田，每頃歲給錢鈔十千。以其元給田及新造之區，募弓箭手及留其地以爲營田。元符三年，朝散郎杜子民奏：「職田之法，每患不均。神宗首變兩川之法，均給上下，一路便之。元祐中，推廣此意，以限月之法，變而均給。士大夫貪冒者，或窮日之力以赴期會，或交書請屬以倖權攝，奔競之風長，廉耻之節喪。乞復元豐均給之法，以養士廉節。」從之。

建中靖國元年，知延安府范純粹奏：「昨帥河東日，聞晉州守臣所得職田，因李君卿爲州，諭意屬邑增廣租入，比舊數倍。後襄陵縣令周汲力陳其弊，郡守時彥歲減所入十七八，佃戶始脫苛斂之苦。而晉、絳、陝三州圭腴，素號優厚，多由違法所致。或改易種色，或遣

子弟公皁監穫，貪汚猥賤，無所不有。乞下河東、陝西監司，悉令改正。」從之。

大觀四年，臣僚言：「圭田欲以養廉，無法制以防之，則貪者奮矣。姦吏挾肥瘠之議，以逞其私，給田有限，課入無算，祖宗深慮其弊，以提點刑獄官察之，而未嘗給以圭租，庶不同其利而公其心也。近歲提點刑獄所受圭租，同於他司，故積年利病，壅於上聞。元豐舊制，檢法官，其屬也，當視其長。自元祐初併提舉常平司職事入提刑司，兼領編敕，遂將提舉官合給之數撥與提刑司，參詳修立，而檢法官亦預焉。」詔依舊法。

政和八年，臣僚言：「尙書省以縣令之選輕，措置自不滿五千戶至滿萬戶遞增給職田一頃。夫天下圭租，多寡不均久矣，縣令所得，亦復不齊。多至九百斛，如淄州高苑；八百斛，如常之江陰；六百斛，常之宜興。亦六百斛〔二〇〕。自是而降，或四五百，或三二百。凡在河北、京東、京西、荆湖之間，少則有至三二十斛者；二廣、福建有自來無圭租處；川峽四路自守倅至簿、尉，又以一路歲入均給，令固不得而獨有。今欲一概增給一頃，豈可得哉？」詔應縣令職田頃畝未及條格者，催促摽撥。

宣和元年〔二一〕詔：「諸路職官各有職田，所以養廉也。縣召客戶、稅戶，租佃分收，災傷檢覆減放，所以防貪也。諸縣多踰法抑都保正長，及中上戶分佃認納。不問所收厚薄，使之必輸，甚至不知田畝所在，虛認租課。聞之惻然。應違法抑勒及詭名委保者，以違詔

二十四史

中華書局

論；災傷檢放不盡者，計贓以枉法論；入已者以自盜論。」

靖康元年，詔諸路職田租存田亡者，並與落租額。紹興間，懼其不均，則詔諸路提刑司依法摽撥，官多田少，即於鄰近州縣通融，須管數足。又詔將空閑之田爲他司官屬所占者，撥以足之，仍先自簿、尉始。其有無職田，選人并親民小使臣，每員月支茶湯錢一十貫文。內雖有職田，每月不及十貫者，皆與補足，所以厚其養廉之利。懼其病民，則委通判、縣令覈實，除其不可力耕之田，損其已定過多之額。凡職租不許輒令保正催納，或抑令折納見錢，或無田平白監租，或以虛數勒民代納，或額外過數多取，皆申嚴禁止之令。察以監司，坐以贓罪，所以防其不廉之害。罷廢未幾而復舊，拘借未久而給還，移充糴本，轉收馬料，旋復免行，皆所以示優恩、厲清操也。

若其頃畝多寡，具有成式：知藩府，謂三京、潁昌、京兆、成都、太原、建康、江陵、延安、興仁、隆德、開德、臨安府，秦、揚、潭、廣州。二十頃。發運、轉運使副，總管，副總管，知節鎮，一十五頃。知餘州及廣濟、淮陽、無爲、臨江、廣德、興國、南康、南安、建昌、邵武、興化、漢陽、永康軍，拌路分鈐轄，一十頃。發運、轉運判官，提舉淮南、兩浙、江南、荆湖東西、河北路鹽事官，通判藩府，八頃。知餘軍及監，拌通判節鎮州，鈐轄，安撫副使，都監，路分都監，將官，發運司幹辦公事，七頃。通判餘州及軍，滿萬戶縣令，六頃。藩府判官，錄事參軍，州學教授，並謂承務郎以

上者。都監，發運、轉運司主管文字，滿五千戶縣令，副將官，五頃〔三〕。節鎮判官，錄事參軍，州學教授，並謂承務郎以上者。轉運司主管帳司，不滿五千戶縣令，滿萬戶縣丞，餘州都監，走馬承受公事，主管機宜文字，同巡檢，都大巡河，提點馬監，四頃。節度掌書記，觀察支使，藩府及節鎮推官，巡檢，縣、鎮、砦都監，砦主，巡捉私茶鹽，駐泊捉賊，在城監當，餘州判官、學教授，並謂承務郎以上者。軍、監都監，三頃五十畝。軍、監判官，餘州推官，餘州及軍、監錄事參軍，巡檢，縣、鎮、砦都監，砦主，巡捉私茶鹽，駐泊捉賊，在城監當，藩府及節鎮曹官，州學教授，謂承直郎以下。滿五千戶縣丞，滿萬戶縣簿、尉，巡轄馬遞鋪，縣、鎮、砦監當及監堰，三頃。餘州及軍、監曹官，州學教授，謂承直郎以下。不滿五千戶縣丞，滿五千戶縣簿、尉，巡轄馬遞鋪，縣、鎮、砦監當及監堰，二頃五十畝。不滿五千戶縣簿、尉，巡轄馬遞鋪，縣、鎮、砦監當及監堰，二頃。

校勘記

〔一〕增給　原脫，據本卷所列子目增補。

〔二〕諸司使以下至三班使臣　「以下至」原作「至下以」。按上句爲「武功大夫以下至進義校尉」，上文又有「自諸司使以下至三班借職」語，當作「以下至」是，今改。

〔三〕二十五匹　通考卷六五職官考作「十五疋」。按上文宣奉至通奉大夫春、冬絹爲各十七匹，此處通議大夫等絹數當較少，似應從通考作「一十五匹」。

〔四〕二十五貫　通考卷六五職官考作「二十貫」。按上文諸衞大將軍料錢爲二十五貫，此處諸衞將軍錢數當較少，似應從通考作「二十貫」。

〔五〕自三年至十二月　「十二月」，通考卷六五職官考作「十二年」。按上文說「各隨差使理年不等」，則「月」字當以作「年」爲是。

〔六〕絹同上　通考卷六五職官考作「餘同上」，疑是。

〔七〕著作郎　「郎」字原脫，據下文和同上書同卷補。

〔八〕十六貫　通考卷六五職官考作「十八貫」。

〔九〕二石　原作「一石」，據宋會要職官五七之七二、通考卷六五職官考改。

〔一〇〕帶遙郡團練使同　「帶」上原衍「遙」字，據下文夾注「龍、神衞諸軍都指揮使帶遙郡刺史」例，和通考卷六五職官考删。

〔一一〕節鎮　原作「節領」，據宋會要職官五八之一二、長編卷二四三改。

〔一二〕視餘州　宋會要職官五八之一三、長編卷二四三此下都有「知州」二字。

〔一三〕京朝視本州判官　「京朝」下當有「官」字，見下文和同上書同卷。

〔一四〕係大使臣　原作「以大使臣」，爲正文。按宋會要職官五八之一一作「係大使臣」，爲夾注，據改。

〔一五〕市買院　「買」原作「賈」。宋會要職官五八之一一作「市買院」；永樂大典册一五六卷一四六二二轉載吏部條法，有「監成都府商稅兼市買院二員」的記載，據改。

〔一六〕監排岸　「監」字原脫，宋會要職官五八之一二「排岸」上有「監」字；永樂大典册一五六卷一四六二二轉載吏部條法，也有「監排岸」一闕，據補。

〔一七〕永康軍　「康」原作「嘉」，據本書卷八九地理志、宋會要職官五八之一二改。

〔一八〕棚口鎮　疑當作「堋口鎮」，見本書卷八九地理志、九域志卷七。

〔一九〕知成都府以下官屬等第均定　「下」字原脫，據宋會要職官五八之一二補。

〔二〇〕亦六百斛　按宋會要職官五八之一八：「其多有至九百斛者，如淄州高苑是也；有至八百斛者，如常州之江陰是也；有至六百斛者，如常州之宜興是也。」羣書考索後集卷一七所記同。此處於「六百斛，常之宜興」下復出「亦六百斛」四字，當係衍文。

〔二一〕宣和元年　「元」原作「九」。宣和無九年，宋會要職官五八之一八及羣書考索後集卷一七均作「宣和元年」，據改。

〔二二〕五頃　原脫，按在六頃和四頃之間，當有五頃一級；而藩府判官與節鎮判官，滿五千戶縣令與不滿五千戶縣令，自有等級差異，不應同占四頃。通考卷六五職官考此處有「五頃」二字，據補。

二十四史

宋史

元 脫脫等撰

第一三册

卷一七三至卷一八六（志）

中華書局

中華書局

宋史卷一百七十三

志第一百二十六

食貨上一

農田

昔武王克商，訪箕子以治道，箕子爲之陳洪範九疇，五行五事之次，卽曰「農用八政」，八政之目，卽以食貨爲先。五行，天道也；五事，人道也。天人之道治，而國家之政興焉。是故食貨而下，五卿之職備擧於是矣：宗伯掌邦禮，祀必有食貨而後儀物備，賓必有食貨而後委積豐；司空掌邦土，民必有食貨而後可奠於厥居；司徒掌邦教，民必有食貨而後可興於禮義；司寇掌邦禁，民必有食貨而後可遠於刑罰；司馬掌邦政，兵必有食貨而後可用於征戍。其曰「農用八政」，農，食貨之本也。唐杜佑作通典，首食貨而先田制，其能推本洪範八政之意歟。

宋承唐、五季之後，太祖興，削平諸國，除藩鎭留州之法，而粟帛錢幣咸聚王畿；嚴守令勸農之條，而稻、粱、桑、枲務盡地力。至於太宗，國用殷實，輕賦薄斂之制，日與羣臣講求而行之。傳至眞宗，內則升中告成之事擧，外則和戎安邊之事滋，由是食貨之議，日盛一日。仁宗之世，契丹增幣，夏國增賜，養兵西陲，費累百萬；然帝性恭儉寡慾，故取民之制，不至掊克。神宗欲伸中國之威，革前代之弊，王安石之流進售其強兵富國之術，而青苗、保甲之令行，民始罹其害矣。哲宗元祐更化，斯民稍望休息；紹聖而後，章惇倡紹述之謀，秕政復作。徽宗旣立，蔡京爲豐亨豫大之言，苛征暴斂，以濟多慾，自速禍敗。高宗南渡，雖失舊物之半，猶席東南地產之饒，足以裕國。然百五十年之間，公私粗給而已。

考其祖宗立國初意，以忠厚仁恕爲基，向使究其所爲，勉而進於王道，亦孰能禦之哉？然終宋之世，享國不爲不長，其租稅征榷，規橅節目，煩簡疏密，無以大異於前世，何哉？內則牽於繁文，外則撓於強敵，供億旣多，調度不繼，勢不得已，徵求於民；謀國者處乎其間，又多伐異而黨同，易動而輕變。殊不知大國之制用，如巨商之理財，不求近效而貴遠利。宋臣於一事之行，初議不審，行之未幾，卽區區然較其失得，尋議廢格。後之所議未有以瘉於前，其後數人者，又復訾之如前。使上之爲君者莫之適從，下之爲民者無自信守，因革紛紜，非是貿亂，而事弊日益以甚矣。世謂儒者論議多於事功，若宋人之言食貨，大率然也。又謂漢文、景之殷富，得諸黃、老之清靜，爲黃、老之學者，大忌於紛更，宋法果能然乎？時有古今，世有升降，天地生財，其數有限，國家用財，其端無窮，歸於一是，則「生之者衆，食之者寡，爲之者疾，用之者舒」之外，無他技也。

宋舊史志食貨之法，或驟試而輒已，或亟言而未行。仍之則徒重篇帙，約之則不見其始末，姑去其泰甚，而存其可爲鑒者焉。篇次離爲上下：其一曰農田，二曰方田，三曰賦稅，四曰布帛，五曰和糴，六曰漕運，七曰屯田，八曰常平義倉，九曰課役，十曰振恤。或出或入，動關民生；國以民爲本，故列之上篇焉。其一曰會計，二曰銅鐵錢，三曰會子，四曰鹽，五曰茶，六曰酒，七曰阬冶，八曰礬，九曰商稅，十曰市易，十一曰均輸，十二曰互市舶法。或損或益，有係國體；國不以利爲利，故列之下篇焉。各疏其事，二十有二目，通爲十有四卷云。

農田之制　自五代以兵戰爲務，條章多闕，周世宗始遣使均括諸州民田。太祖卽位，循用其法，建隆以來，命官分詣諸道均田，苛暴失實者輒譴黜。申明周顯德三年之令，

課民種樹，定民籍爲五等，第一等種雜樹百，每等減二十爲差，桑棗半之〔一〕；男女十歲以上〔二〕種韭一畦，闊一步，長十步；乏井者，鄰伍爲鑿之；令、佐春秋巡視，書其數，秩滿，第其課爲殿最。又詔所在長吏諭民，有能廣植桑棗、墾闢荒田者，止輸舊租；縣令、佐能招徠勸課，致戶口增羨、野無曠土者，議賞。諸州各隨風土所宜，量地廣狹，土壤瘠埆不宜種藝者，不須責課。遇豐歲，則諭民謹蓋藏，節費用，以備不虞。民伐桑棗爲薪者罪之：剝桑三工以上，爲首者死，從者流三千里；不滿三工者減死配役，從者徒三年。

太宗太平興國中，兩京、諸路許民共推練土地之宜、明樹藝之法者一人，縣補爲農師，令相視田畝肥瘠及五種所宜，某家有種，某戶有丁男，某人有耕牛；卽同鄉三老、里胥召集餘夫，分畫曠土，勸令種蒔，候歲熟共取其利。爲農師者蠲稅免役。民有飲博怠於農務者，農師謹察之，白州縣論罪，以警游惰。所墾田卽爲永業，官不取其租。其後以煩擾罷。初，農時，太宗嘗令取畿內青苗觀之，聽政之次，出示近臣。是歲，畿內菽粟苗皆長數尺。帝顧謂左右曰：「朕每念耕稼之勤，苟非兵食所資，固當盡復其租稅。」

端拱初，親耕籍田，以勸農事。然畿甸民苦稅重，兄弟既壯乃析居，其田畝聚稅於一家，卽棄去；縣歲按所棄地除其租，已而匿他舍，冒名佃作。帝聞而思革其弊，會知封丘縣

竇玭言之，乃詔賜緋魚，絹百匹；擢太子中允、知開封府司錄事，俾按察京畿諸縣田租。玭專務苛刻以求課最，民實逃亡者，亦搜索於鄰里親戚之家，益造新籍，甚爲勞擾，數月罷之。時州縣之吏多非其人，土地之利不盡出，租稅減耗，賦役不均，上下相蒙，積習成敝。乃詔：「諸知州、通判具如何均平賦稅，招輯流亡，惠恤孤貧，窒塞姦幸，凡民間未便事，限一月附疾置以聞。」而比年多稼不登，富者操奇贏之資，貧者取倍稱之息，一或小稔，富家責償愈急，稅調未畢，資儲罄然。遂令州縣戒里胥、鄉老察視，有取富民穀麥貲財，出息不得踰倍，未輸稅毋得先償私逋，違者罪之。

言者謂江北之民雜植諸穀，江南專種秔稻，雖土風各有所宜，至於參植以防水旱，亦古之制。於是詔江南、兩浙、荆湖、嶺南、福建諸州長吏，勸民益種諸穀，民乏粟、麥、黍、豆種者，於淮北州郡給之；江北諸州，亦令就水廣種秔稻，並免其租。淳化五年，宋、亳數州牛疫，死者過半，官借錢令就江、淮市牛。未至，屬時雨霑足，帝慮其耕稼失時，太子中允武允成獻踏犂，運以人力，卽分命祕書丞、直史館陳堯叟等卽其州依式製造給民。

凡州縣曠土，許民請佃爲永業，蠲三歲租，三歲外，輸三分之一。官吏勸民墾田，悉書于印紙，以俟旌賞。至道二年，太常博士、直史館陳靖上言：

先王之欲厚生民，莫先於積穀而務農，鹽鐵榷酤斯爲末矣。按天下土田，除江淮、

湖湘、兩浙、隴蜀、河東諸路地里夐遠，雖加勸督，未遽獲利。今京畿周環二十三州，幅員數千里，地之墾者十纔二三，稅之入者又十無五六。復有匿里舍而稱逃亡，棄耕農而事游惰，賦額歲減，國用不充。

詔書累下，許民復業，蠲其租調，寬以歲時。然鄉縣擾之，每一戶歸業，則刺報所由。朝耕尺寸之田，暮入差徭之籍，追胥責問，繼踵而來，雖蒙蠲其常租，實無補於捐瘠。況民之流徙，始由貧困，或避私債，或逃公稅。亦既亡遯，則鄉里檢其資財，至於室廬、什器、桑棗、材木，咸計其直，或鄉官用以輸稅，或債主取以償逋；生計蕩然，還無所詣，以玆浮蕩，絕意歸耕。

如授以閑曠之田，廣募游惰，誘之耕墾，未計賦租，許令別置版圖，便宜從事；酌民力豐寡、農畝肥磽，均配督課，令其不倦。其逃民歸業，丁口授田，煩碎之事，並取大司農裁決。耕桑之外，令益樹雜木蔬果，孳畜羊犬雞豚。給授桑土，潛擬井田，營造室居，使立保伍，養生送死之具，慶弔問遺之資，並立條制。俟至三五年間，生計成立，卽計戶定征，量田輸稅。若民力不足，官借糴錢，或以市餱糧，或以營耕具。凡此給受，委於司農，比及秋成，乃令償直，依時價折納，以其成數關白戶部。

帝覽之喜，令靖條奏以聞。

靖又言：「逃民復業及浮客請佃者，委農官勘驗，以給受田土，收附版籍，州縣未得議其差役。乏糧種、耕牛者，令司農以官錢給借。其田制爲三品：以膏沃而無水旱之患者爲上品，雖沃壤而有水旱之患、埆瘠而無水旱之慮者爲中品，既埆瘠復患於水旱者爲下品。上田人授百畝，中田百五十畝，下田二百畝，並五年後收其租，亦只計百畝，十收其三。一家有三丁者，請加授田，如丁數，五丁者從三丁之制，七丁者給五丁，十丁給七丁；至二十、三十丁者，以十丁爲限。若寬鄉田多，卽委農官裁度以賦之。其室廬、蔬韭及桑棗、榆柳種藝之地，每戶十丁者給百五十畝，七丁者百畝，五丁者七十畝，三丁者五十畝，不及三丁者三十畝。除桑功五年後計其租，餘悉蠲其課。」

宰相呂端謂靖所立田制，多改舊法，又大費資用，以其狀付有司。詔鹽鐵使陳恕等共議，請如靖奏。乃以靖爲京西勸農使，按行陳、許、蔡、潁、襄、鄧、唐、汝等州，勸民墾田，以大理寺丞皇甫選、光祿寺丞何亮副之。選、亮上言功難成，願罷其事。帝志在勉農，猶詔靖經度。未幾，三司以費官錢數多，萬一水旱，恐致散失，事遂寢。

眞宗景德初，詔諸州不堪牧馬閑田，依職田例招主客戶多方種蒔，以沃瘠分三等輸課。河朔戎寇之後，耕具頗闕，牛多瘠死。二年，內出踏犂式，詔河北轉運使詢於民間，如可用，

則官造給之；且令有司議市牛送河北。又以兵罷，民始務農創什器，遂權除生熟鐵渡河之禁。是歲，命權三司使丁謂取戶稅條敕及臣民所陳農田利害〔三〕，與鹽鐵判官張若谷、戶部判官王曾等參詳刪定，成景德農田敕五卷，三年正月上之。謂等又取唐開元中宇文融請置勸農判官〔四〕，檢戶口、田土僞濫；且慮別置官煩擾，而諸州長吏職當勸農，乃請少卿、監爲刺史、閤門使以上知州者，並兼管內勸農使，餘及通判並兼勸農事〔五〕，諸路轉運使、副兼本路勸農使。詔可。

大中祥符四年，詔曰：「火田之禁，著在禮經，山林之間，合順時令。其或昆蟲未蟄，草木猶蕃，輒縱燎原，則傷生類。諸州縣人畬田，並如鄉土舊例，自餘焚燒野草，須十月後方得縱火。其行路野宿人，所在檢察，毋使延燔。」帝以江、淮、兩浙稍旱卽水田不登，遣使就福建取占城稻三萬斛，分給三路爲種，擇民田高仰者蒔之，蓋旱稻也〔六〕。內出種法，命轉運使揭榜示民。後又種於玉宸殿，帝與近臣同觀；畢刈，又遣內侍持於朝堂示百官。稻比中國者穗長而無芒，粒差小，不擇地而生。六年，免諸路農器之稅。明年，諸州牛疫，又詔民買賣耕牛勿算；繼令羣牧司選醫牛古方，頒之天下。

天禧初，詔諸路自今候登熟方奏豐稔，或已奏豐稔而非時災沴者，卽須上聞，違者重置其罪。先是，民訴水旱者，夏以四月，秋以七月，荆湖、淮南、江浙、川峽、廣南水田不得過期，過期者吏勿受；令佐受訴，卽分行檢視，白州遣官覆檢，三司定分數蠲稅，亦有朝旨特增免數及應輸者許其倚格，京畿則特遣官覆檢。太祖時，亦或遣官往外州檢視，不爲常制；傷甚，有免覆檢者。至是，又以覆檢煩擾，止遣官就田所閱視，卽定蠲數。時久罷畋遊，令開封府諭民，京城四面禁圍草地，許其耕牧。二年〔七〕，詔民有孝弟力田、儲蓄歲計者，長吏倍存恤之。

初，朝議置勸農之名，然無職局。四年，始詔諸路提點刑獄朝臣爲勸農使、使臣爲副使，所至，取民籍視其差等，不如式者懲革之；勸恤農民，以時耕墾，招集逃散，檢括陷稅，凡農田事悉領焉。置局案，鑄印給之。凡奏舉親民之官，悉令條析勸農之績，以爲殿最黜陟。

自景德以來，四方無事，百姓康樂，戶口蕃庶，田野日闢。仁宗繼之，益務約己愛人。卽位之初，下詔曰：「今宿麥既登，秋種向茂，其令州縣諭民，務謹蓋藏，無或妄費。」上書者言賦役未均，田制不立，因詔限田：公卿以下毋過三十頃，牙前將吏應復役者毋過十五頃，止一州之內，過是者論如違制律，以田賞告者。既而三司言：限田一州，而卜葬者牽於陰陽之說，至不敢舉事。又聽數外置墓田五頃。而任事者終以限田不便，未幾卽廢。

時又禁近臣置別業京師及寺觀毋得市田。初，眞宗崩，內遣中人持金賜玉泉山僧寺市田，言爲先帝植福，後毋以爲例。繇是寺觀稍益市田。明道二年，殿中侍御史段少連言：「頃歲中人至漣水軍，稱詔市民田給僧寺，非舊制。」詔還民田，收其直入官。後承平寖久，勢官富姓，占田無限，兼并冒僞，習以成俗，重禁莫能止焉。

帝敦本務農，屢詔勸劭，觀稼於郊，歲一再出；又躬耕籍田，以先天下。景祐初，患百姓多去農爲兵，詔大臣條上兵農得失，議更其法。遣尚書職方員外郎沈厚載出懷、衞、磁、相、邢、洺、鎭、趙等州，教民種水田。京東轉運司亦言：「濟、兗間多閑田，而青州兵馬都監郝仁禹知田事，請命規度水利，募民耕墾。」從之。是秋，詔曰：「仍歲饑歉，民多失職。今秋稼甫登，方事斂穫，州縣毋或追擾，以妨農時。刑獄須證逮者速決之。」

帝每以水旱爲憂，寶元初，詔諸州旬上雨雪，著爲令。慶曆三年，詔民犯法可矜者別爲贖令，鄉民以穀麥，市人以錢帛。謂民重穀帛，免刑罰，則農桑自勸，然卒不果行。參知政事范仲淹言：「古者三公兼六卿之職，唐命相判尚書六曹，或兼諸道鹽鐵、轉運使。請於職事中擇其要者，以輔臣兼領。」於是以賈昌朝領農田，未及施爲而仲淹罷，事遂止。皇祐中，於苑中作寶岐殿，每歲召輔臣觀刈穀麥，自是罕復出郊矣。

帝聞天下廢田尚多，民罕土著，或棄田流徙爲閑民。天聖初，詔民流積十年者，其田聽

人耕，三年而後收賦〔八〕，減舊額之半；後又詔流民能自復者，賦亦如之。既而又與流民限，百日復業，蠲賦役，五年減舊賦十之八；期盡不至，聽他人得耕。至是，每下赦令，輒以招輯流亡、募人耕墾爲言。民被災而流者，又優其蠲復，緩其期招之。詔諸州長吏、令佐能勸民修陂池、溝洫之久廢者，及墾闢荒田、增稅二十萬已上，議賞；監司能督責部吏經畫，賞亦如之。

久之，天下生齒益蕃，闢田益廣。獨京西唐、鄧間尚多曠土，入草莽者十八九，或請徙戶實之，或議置屯田，或欲遂廢唐州爲縣。嘉祐中，唐守趙尚寬言土曠可闢，民希可招，而州不可廢。得漢邵信臣〔九〕故陂渠遺跡而修復之，假牛犂、種食以誘耕者，勸課勞來。歲餘，流民自歸及淮南、湖北之民至者二千餘戶；引水溉田幾數萬頃，變磽瘠爲膏腴。監司上其狀，三司使包拯亦以爲言，遂留再任。治平中，歲滿當去。英宗嘉其勤，且倚以興輯，特進一官，賜錢二十萬，復留再任。時患守令數易，詔察其有實課者增秩再任，而尚寬應詔爲天下倡。後太守高賦繼之，亦以能勸課被奬，留再任。

天下墾田：景德中，丁謂著會計錄云，總得一百八十六萬餘頃。以是歲七百二十二萬餘戶〔一〇〕計之，是四戶耕田一頃，繇是而知天下隱田多矣。又川峽、廣南之田，頃畝不備，第

以五賦約之。至天聖中，國史則云：開寶末，墾田二百九十五萬二千三百二十頃六十畝；至道二年，三百一十二萬五千二百五十一頃二十五畝；天禧五年，五百二十四萬七千五百八十四頃三十二畝。而開寶之數乃倍於景德，則謂之所錄，固未得其實。皇祐、治平，三司皆有會計錄，而皇祐中墾田二百二十八萬餘頃，治平中四百四十萬餘頃，其間相去不及二十年，而墾田之數增倍。以治平數視天禧則猶不及，而敍治平錄者以謂此特計其賦租以知頃畝之數，而賦租所不加者十居其七。率而計之，則天下墾田無慮三千餘萬頃。是時，累朝相承，重於擾民，未嘗窮按，故莫得其實，而廢田見於籍者猶四十八萬頃。

治平四年，詔曰：「歲比不登，今春時雨，農民桑蠶、穀麥，衆作勤勞，一歲之功，併在此時。其委安撫、轉運司敕戒州縣吏，省事息民，無奪其時。」「諸路逃田三十年者除其稅十四，四十年以上十五，五十年以上六分，百年以上七分；佃及十年輸五分，二十年輸七分，著爲令。」

神宗熙寧元年，襄州宜城令朱紘復修木渠，溉田六千頃，詔遷一官。權京西轉運使謝景溫言：「在法，請田戶五年內科役皆免。今汝州四縣客戶，不一二年便爲舊戶糾抉，與之同役，因此卽又逃竄，田土荒萊。欲乞置墾田務，差官專領，籍四縣荒田，召人請射。更

不以其人隸屬諸縣版籍，須五年乃撥附，則五年內自無差科。如招及千戶以上者，優奬。」詔不置務，餘從所請。

明年，分遣諸路常平官，使專領農田水利。吏民能知土地種植之法，陂塘、圩垾、堤堰、溝洫利害者，皆得自言；行之有效，隨功利大小酬賞。民占荒逃田若歸業者，責相保任，逃稅者保任爲輸之。已行新法縣分，田土頃畝、川港陂塘之類，令、佐受代，具墾闢開修之數授諸代者，令照籍有實乃代。

中書議勸民栽桑。帝曰：「農桑，衣食之本。民不敢自力者，正以州縣約以爲貲，升其戶等耳。宜申條禁。」於是司農寺請立法，先行之開封，視可行，頒於天下。民種桑柘毋得增賦。安肅廣信順安軍、保州，令民卽其地植桑楡或所宜木，因可限閡戎馬。官計其活茂多寡，得差減在戶租數，活不及數者罰，責之補種。

興修水利田，起熙寧三年至九年，府界及諸路凡一萬七百九十三處，爲田三十六萬一千一百七十八頃有奇。神宗元豐元年，詔開廢田，興水利〔一一〕，民力不能給役者，貸以常平錢穀，京西南路流民買耕牛者免征。五年，都水使者范子淵奏：「自大名抵乾寧，跨十五州，河徙地凡七千頃，乞募人耕種。」從之。

哲宗卽位，宣仁太后臨朝，首起司馬光爲門下侍郎，委之以政。詔天下臣民皆得以封事言民間疾苦。光抗疏曰：「四民之中，惟農最苦，寒耕熱耘，霑體塗足，戴日而作〔一二〕，戴星而息；蠶婦治繭、績麻、紡緯，縷縷而積之，寸寸而成之，其勤極矣。而又水旱、霜雹、蝗蜮間爲之災，幸而收成，公私之債，交爭互奪。穀未離場，帛未下機，已非己有，所食者糠籺而不足，所衣者綈褐而不完。直以世服田畝，不知舍此之外有何可生之路耳。而況聚斂之臣，於租稅之外，巧取百端，以邀功賞。青苗則彊散重斂，給陳納新；免役則刻剝窮民，收養浮食；保甲則勞於非業之作；保馬則困於無益之費，可不念哉！今者濬發德音，使畎畝之民得上封事。雖其言辭鄙雜，皆身受實患，直貢其誠，不可忽也。」

初，熙寧六年，立法勸民栽桑，有不趨令，則倣屋粟、里布爲之罰。然長民之吏不能究宣德意，民以爲病。至是，楚丘民胡昌等言其不便，詔罷之，且蠲所負罰金。興平縣抑民田爲牧地，民亦自言，詔悉還之。元祐四年，詔：「瀕河州縣，積水冒田。在任官能爲民經畫疏導溝畎，退出良田自百頃至千頃，第賞。」

崇寧中，廣南東路轉運判官王覺，以開闢荒田幾及萬頃，詔遷一官。其後，知州、部使者以能課民種桑棗者，率優其第秩焉。政和六年，立管幹圩岸、圍岸官法，在官三年，無隳

損堙塞者賞之。京畿提點刑獄王本言：「前任提舉常平，根括諸縣天荒瘠鹵地一萬二千餘頃入稻田務，已佃者五千三百餘頃，倘慮令、佐不肯究心。」詔比開墾轆地格推賞。平江府興修圍田二千餘頃，令、佐而下以差減磨勘年。

八年，權淮南、江、浙、荆湖制置發運使任諒奏：「高郵軍有逃田四百四十六頃，楚州九百七十四頃，泰州五百二十七頃，平江府四百九十七頃，以六路計之，何可勝數。欲諸縣專選官按籍根括。」詔逃田可專委縣丞(三)，無丞處委他官，餘並從之。

宣和二年，臣僚上言：「監司、守令官帶勸農，莫副上意，欲立四證驗之：按田萊荒治之迹，較戶產登降之籍，驗米穀貴賤之價，考租賦盈虧之數。四證具，則其實著矣。」命中書審定取旨。五年，詔：「江東轉運司根括到逃田一百六十頃一十六畝，兩浙根括到四百五十六頃，召人出租，專充今年增屯戍兵衣糧。」初，政和中，品官限田，一品百頃，以差降殺，至九品爲十頃(四)；限外之數，並同編戶差科。七年，又詔：「內外宮觀捨置田，在京不得過五十頃，在外不得過三十頃，不免科差、徭役、支移。」雖奉御筆，許執奏不行。

建炎元年五月，高宗卽位，命有司招誘農民，歸業者振貸之，蠲欠租，免耕牛稅。三年，廣州州學教授林勳獻本政書十三篇，大略謂：「國朝兵農之政，大抵因唐末之故。今農貧而

多失職，兵驕而不可用，是以饑民竄卒，類爲盜賊。宜倣古井田之制，使民一夫占田五十畝，其有羨田之家毋得市田；其無田與游惰末作者，皆使爲隸農，以耕田之羨者(五)。雜紐錢穀，以爲什一之稅。本朝二稅之數，視唐增至七倍。今本政之制，每十六夫爲一井，提封百里，爲三千四百井，率稅米五萬一千斛，錢萬二千緡。每井賦二兵一馬，率爲兵六千八百人，馬三千四百匹。此方百里之縣所出賦稅之數。歲取五之一以爲上番之額，以給征役；無事則又分爲四番，以直官府，以給守衞。是民凡三十五年，而役始一徧也。悉上則歲食米萬九千餘斛，錢三千六百餘緡，無事則減四分之三，皆以一同之租稅供之。匹婦之貢，絹三尺，綿一兩，百里之縣，歲收絹四千餘匹，綿三千四百斤(六)；非蠶鄉則布六尺，麻二兩，所收視綿絹倍之。行之十年，則民之口算，官之酒酤，與凡茶、鹽、香、礬之榷，皆可弛以予民。」其說甚備。尋以勳爲桂州節度掌書記。

建炎以來，內外用兵，所在多逃絕之田。紹興二年四月，詔兩浙路收買牛具，貸淮東人戶。七月，詔：知興國軍王綯、知永興縣陳升率先奉詔誘民墾田，各增一秩。三年九月，戶部言：「百姓棄產，已詔二年外許人請射，十年內雖已請射及充職田者，並聽歸業。孤幼及親屬應得財產者，守令驗實給還，冒占者論如律。州縣奉行不虔，監司按劾。」從之。先是，臣僚言：「近詔州縣拘籍被虜百姓稅賦，而苛酷之吏不考其實，其間有父母被虜兒女存者，有中道脫者，有全家被虜而親屬偶歸者，一概籍沒，人情皇皇。」故有是命。十月，募佃江東、西閑田，三等定租：上田畝輸米一斗五升，中田一斗，下田七升。四年，貸廬州民錢萬緡，以買耕牛。

五年五月，立守令墾田殿最格，殘破州縣墾田增及一分，郡守升三季名次，增及九分，遷一官；虧及一分，降三季名次，虧及九分，鐫一官。縣令差減之。增虧各及十分者，取旨賞罰。其後以兩淮、荆湖等路民稍復業，而曠土尚多，戶部復立格上之：每州增墾田千頃，縣半之，守宰各進一秩；州虧五百頃，縣虧五之一，皆展磨勘年。詔頒之諸路。增，謂荒田開墾者；虧，謂熟田不因災傷而致荒者。又令縣具歸業民數及墾田多寡，月上之州，州季上轉運，轉運歲上戶部，戶部置籍以考之。七月，都督行府言：「潭、鼎、岳、澧、荆南歸業之民，其田已佃者，以附近閑田與之，免三年租稅；無產願受閑田者，亦與之。」上諭輔臣曰：「淮北之民襁負而至，亦可給田，以廣招徠之意。」

六年，減江東諸路逃田稅額。知平江府章誼言：「民所甚苦者，催科無法，稅役不均。強宗巨室阡陌相望，而多無稅之田，使下戶爲之破產。乞委通判一員均平賦役。」九年，宗正少卿方庭實言：「中原士民奔迸南州，十有四年，出違十年之限及流徙僻遠卒未能歸者，望詔有司別立限年。」戶部議：「自新復降赦日爲始(七)，再期五年，如期滿無理認者，見佃人依舊承佃。中原士民流寓東南，往往有墳墓，或官拘籍，或民冒占，便行給還。」從之。十一年，復買牛貸淮南農戶。

十二年，左司員外郎李椿年言經界不正十害，且言：「平江歲入昔七十萬有奇，今按籍雖三十九萬斛(八)，然實入纔二十萬耳。詢之士人，皆欺隱也。望考按覈實，自平江始，然後施之天下，則經界正而仁政行矣。」上謂宰執曰：「椿年之論，頗有條理。」秦檜亦言其說簡易可行。程克俊曰：「比年百姓避役，正緣經界不正，行之，乃公私之利。」以椿年爲兩浙路轉運副使，措置經界。椿年請先往平江諸縣，俟就緒卽往諸州，要在均平，爲民除害，不增稅額。十三年，以提舉洪州玉隆觀胡思、直顯謨閣徐林議沮經界，停官遠徙。以民田不上稅簿者沒官，稅簿不謹書者罪官吏。時量田不實者，罪至徒、流，江山尉汪大猷白椿年曰：「法峻，民未喻，固有田少而供多者，願許陳首追正。」椿年爲之輕刑，省費甚衆。

十四年，以椿年權戶部侍郎，措置經界。尋以母憂去，以兩浙轉運副使王鈇權戶部侍郎措置。十五年，詔戶部及所遣官委曲措置，務使賦稅均而無擾。又因興國軍守臣宋時言，詔諸州縣違期歸業者，其田已佃及官賣者，卽以官田之可耕者給還。十六年，王鈇以疾罷。十七年，復以李椿年權戶部侍郎，措置經界。先是，眞州兵燼之餘，瘡痍未復，洪興祖爲守，請復租一年(九)，明年又請復之，自是流民寖歸。十八年，墾荒田至七萬餘畝。

十九年，詔敕令所刪定官鄭克行四川經界法。克頗峻責州縣，所謂「省莊田」者，雖蔬

中華書局

果、桑柘莫不有征，而邛、蜀民田至什稅其伍。通判嘉州楊承曰：「仁政而虐行之，非法意也。上不違令，下不擾民，則仁政得矣。」召諸邑令謂曰：「平易近民，美成在久，其謹行之。無愧於心，何畏焉？」事迄成，爲列郡最。其後，民有訴不均者，殿中侍御史曹筠劾椿年，罷之。上謂秦檜曰：「若下田受重稅，將無以輸。」檜曰：「臣已諭戶部侍郎宋貺，有未均處亟與改正。」二十年，詔：「兩淮沃壤宜穀，置力田科，募民就耕，以廣官莊。」知賨州楊師錫言：有司奉行失當，田畝不分腴瘠，市居丈尺隙田，亦充稅產。於是降詔曰：「椿年乞行經界，去民十害，今聞寖失本意。凡便民者依已行，害民者與追正。」二十一年四月，宋貺罷。二十六年正月，上謂輔臣曰：「經界事李椿年主之，若推行就緒，不爲不善。今諸路往往中輟，願得一通曉經界者款曲議之。」會潼川府轉運判官王之望上書，言蜀中經界利害甚悉。明年，以之望提點刑獄，畢經界事。

三月，戶部言：「蜀地狹人夥，而京西、淮南膏腴官田尚多，乞許人承佃[30]，官貸牛、種，八年乃償。並邊免租十年，次邊半之，滿三年與其業。願往者給據津發。」上曰：「善。但貧民乍請荒田，安能便得牛、種？若不從官貸，未免爲虛文，可令相度支給。」四月，通判安豐軍王時升言：「淮南土皆膏腴，然地未盡闢，民不加多者，緣豪強虛占良田，而無徧耕之力；流民襁負而至，而無開耕之地。望凡荒閑田許人刬佃。」戶部議：期以二年，未墾者即

如所請；京西路如之。詔以時升爲司農寺丞。十月，用御史中丞湯鵬舉言，離軍添差之人，授以江、淮、湖南荒田，人一頃，爲世業。所在郡以一歲奉充牛、種費，仍免租稅十年，丁役二十年。

二十八年，王之望言：「去年分遣官詣經界不均縣裁正，今已迄事。此後吏民尚敢扇搖以疑百姓者，乞重寘于法。」從之。二十九年，知潭州魏良臣言：「本州歸業之民，以熟田爲荒，不輸租。今令結甲輸稅，自明年始，不實，許人告，以其田賞之。」戶部議：「期踰百日，依匿稅法。」詔可。三十年，初令純州平江縣民實田輸稅，畝輸米二升四合。

孝宗隆興元年，詔：「凡百姓逃棄田宅，出二十年無人歸認者，依戶絕法。」乾道元年正月，都省言：「淮民復業，宜先勸課農桑。令、丞植桑三萬株至六萬株，守、倅部內植二十萬株以上，並論賞有差。」二月，三省、樞密院言：「歸正人貧乏者散居兩淮，去冬淮民種麥甚廣，逃亡未歸，無人收穫。」詔諸郡量口均給，其已歸業者毋例擾之。四年，知鄂州李椿奏：「州雖在江南，荒田甚多，請佃者開墾未幾，便起毛稅，度田追呼，不任其擾，旋即逃去。今欲召人請射，免稅三年；三年之後爲世業，三分爲率，輸苗一分，更三年增一分，又三年全輸。歸業者別以荒田給之。」又詔楚州給歸正人田及牛具、種糧錢五萬緡。

六年二月，詔曰：「朕深惟治不加進，思有以正其本者。今欲均役法，嚴限田，抑游手，務農桑。凡是數者，卿等二三大臣爲朕任之。」十有二月，監進奏院李結獻治田三議：一曰務本，二曰協力，三曰因時。大略謂：「浙西低田恃堤爲固，若堤岸高厚，則水不能入。乞於蘇、湖、常、秀諸州水田塘浦要處，官以錢米貸田主，乘此農隙，作堰增令高闊，則堤成而水不爲患。方此饑饉，俾食其力，因其所利而利之。秋冬旱涸，涇浜斷流，車畎修築，尤爲省力。」詔令胡堅常相度以聞。其後，戶部以三議切當，但工力浩瀚，欲曉有田之家，各依鄉原畝步出錢米與租田之人，更相修築，庶官無所費，民不告勞。從之。

七年二月，知揚州晁公武奏：「朝廷以沿淮荒殘之久，未行租稅，民復業與創戶者，雖阡陌相望，然聞之官者十纔二三，咸懼後來稅重。昔晚唐民務稼穡則增其租，故播種少；吳越民墾荒田而不加稅，故無曠土。望詔兩淮更不增賦，庶民知勸。」詔可。十月，司馬伋請勸民種麥，爲來春之計。於是詔江東西、湖南北、淮東西路帥漕，官爲借種及諭大姓假貸農民廣種，依賑濟格推賞，仍上已種頃畝，議賞罰。九年，王之奇奏增定力田賞格，募人開耕荒田，給官告綾紙以備書塡，及官會十萬緡充農具等用。以種糧不足，又詔淮東總領所借給稻三萬石。

淳熙五年，詔：「湖北佃戶開墾荒田，止輸舊稅。若包占頃畝，未悉開耕，詔下之日，期以

二年，不能徧耕者拘作營田，其增稅、刬佃之令勿行。」六年五月，提舉浙西常平茶鹽顏師魯奏：「設勸課之法，欲重農桑、廣種植也。今鄉民於己田連接閑曠磽确之地，墾成田園，用力甚勤。或以未陳起稅，爲人所訟，即以盜耕罪之，何以勸力田哉？止宜實田起稅，非特可戢告訐之風，亦見盛世重農之意。」詔可。十有一月，臣僚奏：「比令諸路帥、漕督守令勸諭種麥，歲上所增頃畝。然土有宜否，湖南一路唯衡、永等數郡宜麥，餘皆文具。望止諭民以時播種，免其歲上增種之數，庶得勸課之實。」

七年，復詔兩浙、江、淮、湖南、京西路帥、漕臣督守令勸民種麥，務要增廣。自是每歲如之。八年五月，詔曰：「迺者得天之時，蠶麥既登，及命近甸取而視之，則穟短繭薄，非種植風厲之功有所未至歟？朕將稽勤惰而詔賞罰焉。」是歲連雨，下田被浸，詔兩浙諸州軍與常平司措置，再借種糧與下戶播種，毋致失時。十有一月，輔臣奏：「田世雄言，民有麥田，雖墾無種，若貸與貧民，猶可種春麥。臣僚亦言，江、浙旱田雖已耕，亦無麥種。」於是詔諸路帥、漕、常平司，以常平麥貸之。

先是，知揚州鄭良嗣言：「兩淮民田，廣至包占，多未起稅。朝廷累限展首，今限滿適旱，乞更展一年。」詔如其請。九年，著作郎袁樞振兩淮還，奏：「豪民占田不知其數[31]，二稅既免，止輸穀帛之課。力不能墾，則廢爲荒地；他人請佃，則以疆界爲詞，官無稽考。是

以野不加闢，戶不加多，而郡縣之計益窘。望詔州縣畫疆立券，占田多而輸課少者，隨畝增之；其餘閑田，給與佃人，庶幾流民有可耕之地，而田萊不至多荒。」

紹熙元年，初，朱熹爲泉之同安簿，知三郡經界不行之害。至是，知漳州。會臣僚請行閩中經界，詔監司條具，事下郡。熹訪問講求，纖悉備至。乃奏言：「經界最爲民間莫大之利，紹興已推行處，公私兩利，獨泉、漳、汀未行。臣不敢先一身之勞逸，而後一州之利病，切獨任其必可行也。然必推擇官吏，委任責成；度量步畝，算計精確；畫圖造帳，費從官給；隨產均稅，特許過鄉通縣均紐，庶幾百里之內，輕重齊同。今欲每畝隨九等高下定計產錢，而合一州租稅錢米之數，以產錢爲母，每文輸米幾何，錢幾何，止於一倉一庫受納。既輸之後，却視元額分隸爲省計，爲職田，爲學糧，爲常平，各撥入諸倉庫。版圖一定，則民業有經矣。但此法之行，貧民下戶固所深喜，然不能自達其情；豪家猾吏實所不樂，皆善爲說辭，以惑羣聽；賢士大夫之喜安靜、厭紛擾者，又或不深察而望風沮怯，此則不能無慮。」輔臣請行于漳州。明年春，詔漕臣陳公亮同熹協力奉行。會農事方興，熹益加講究，冀來歲行之。細民知其不擾而利於己，莫不鼓舞，而貴家豪右占田隱稅、侵漁貧弱者，胥爲異論以搖之，前詔遂格。熹請祠去。五年，瀘州旱傷百姓貸稻種三萬二千一百石。

慶元元年二月，上以歲凶，百姓飢病，詔曰：「朕德非薄，饑饉荐臻，使民阽於死亡，夙夜慘怛，寧敢諉過於下耶？顧使者、守令所與朕分寄而共憂也，乃涉春以來，聞一二郡老稚乏食，去南畝，捐溝壑，咎安在耶？豈振給不盡及民歟？得粟者未必饑，饑者未必得歟？偏聚於所近，不能均濟歟？官吏視成而不自省歟？其各悉意措畫，務使實惠不壅，毋以虛文蒙上，則朕汝嘉。」

寧宗開禧元年，夔路轉運判官范蓀言：「本路施、黔等州荒遠，綿亘山谷，地曠人稀，其占田多者須人耕墾，富豪之家誘客戶舉室遷去。乞將皇祐官莊客戶逃移之法校定：凡爲客戶者，許役其身，毋及其家屬；凡典賣田宅，聽其離業，毋就租以充客戶；凡貸錢，止憑文約交還，毋抑勒以爲地客；凡客戶身故、其妻改嫁者，聽其自便，女聽其自嫁。庶使深山窮谷之民，得安生理。」刑部以皇祐逃移舊法輕重適中，可以經久，淳熙比附略人之法太重，今後凡理訴官莊客戶，並用皇祐舊法。從之。

嘉定八年，左司諫黃序奏：「雨澤愆期，地多荒白。知餘杭縣趙師恕請勸民雜種麻、粟、豆、麥之屬，蓋種稻則費少利多，雜種則勞多獲少。慮收成之日，田主欲分，官課責輸，則非徒無益；若使之從便雜種，多寡皆爲己有，則不勸而勸，民可無饑。望如所陳，下兩浙、兩淮、江東西等路，凡有耕種失時者並令雜種，主毋分其地利，官毋取其秋苗，庶幾農民得以續食，官免振救之費。」從之。

知婺州趙悳夫行經界於其州，整有倫緒，而悳夫報罷。士民相率請于朝，乃命趙師嵒繼之。後二年，魏豹文代師嵒爲守，行之益力。於是向之上戶析爲貧下之戶，實田隱爲逃絕之田者，粲然可考。凡結甲冊、戶產簿、丁口簿、魚鱗圖、類姓簿二十三萬九千有奇，創庫匱以藏之，歷三年而後上其事于朝。

淳祐二年九月，敕曰：「四川累經兵火，百姓棄業避難，官以其曠土權耕屯以給軍食，及民歸業，占據不還。自今凡民有契券，界至分明，所在州縣屯官隨即歸還。其有違戾，許民越訴，重罪之。」

六年，殿中侍御史兼侍講謝方叔言：

豪強兼并之患，至今日而極，非限民名田有所不可，是亦救世道之微權也。國朝駐蹕錢塘，百有二十餘年矣。外之境土日荒，內之生齒日繁，權勢之家日盛，兼并之習日滋，百姓日貧，經制日壞，上下煎迫，若有不可爲之勢。所謂富貴操柄者，若非人主之所得專，識者懼焉。夫百萬生靈資生養之具，皆本於穀粟，而穀粟之產，皆出於

田。今百姓膏腴皆歸貴勢之家，租米有及百萬石者；小民百畝之田，頻年差充保役，官吏誅求百端，不得已，則獻其產於巨室，以規免役。小民田日減而保役不休，大官田日增而保役不及。以此弱之肉，彊之食，兼并浸盛，民無以遂其生。於斯時也，可不嚴立經制以爲之防乎？

去年，諫官嘗以限田爲說，朝廷付之悠悠。不知今日國用邊餉，皆仰和糴。然權勢多田之家，和糴不容以加之，保役不容以及之。敵人睥睨於外，盜賊窺伺於內，居此之時，與其多田厚貲不可長保，曷若捐金助國共紓目前？在轉移而開導之耳。乞諭二三大臣，撫臣僚論奏而行之，使經制以定，兼并以塞，于以尊朝廷，于以裕國計。陛下勿牽貴近之言以搖初意，大臣勿避仇怨之多而廢良策，則天下幸甚。

從之。

十一年九月，敕曰：「監司、州縣不許非法估籍民產，戒非不嚴，而貪官暴吏，往往不問所犯輕重，不顧同居有分財產，壹例估籍，殃及平民。或戶絕之家不與命繼；或經陳訴許以給還，輒假他名支破，竟成乾沒；或有典業不聽收贖，遂使產主無辜失業。違戾官吏，重寘典憲。」是歲，信常饒州、嘉興府舉行經界。

景定元年九月，敕曰：「州縣檢校孤幼財產，往往便行侵用，洎至年及陳乞，多稱前官用

中華書局

過，不即給還。自今如尚違戾，以吏業估償，官論以違制，不以去官、赦、降原減。」

咸淳元年，監察御史趙順孫言：「經界將以便民，雖窮閻下戶之所深願，而未必豪宗大姓之所盡樂。自非有以深服其心，則亦何以使其情意之悉孚哉？且今之所謂推排，非昔之所謂自實也。推排者，委之鄉都，則徑捷而易行；自實者，責之於人戶，則散漫而難集。嘉定以來之經界，時至近也，官有正籍，鄉都有副籍，彪列昈分，莫不具在，爲鄉都者不過按成牘而更業主之姓名。若夫紹興之經界，其時則遠矣，其籍之存者寡矣。因其鱗差櫛比而求焉，由一而至百，由百而至千，由千而至萬，稽其畝步，訂其主佃，亦莫如鄉都之便也。朱熹所以主經界而闢自實者，正謂是也。州縣能守朝廷鄉都任責之令，又隨諸州之便宜而爲之區處，當必人情之悉孚，不令而行矣。」從之。

三年，司農卿兼戶部侍郎季鏞言：「夫經界嘗議修明矣，而修明卒不行；嘗令自實矣，而自實卒不竟。豈非上之任事者每欲避理財之名，下之不樂其成者又每倡爲擾民之說。故寧坐視邑政之壞，而不敢詰猾吏姦民之欺；寧忍取下戶之苛，而不敢受豪家大姓之怨。蓋經界之法，必多差官吏，必悉集都保，必徧走阡陌，必盡量步畝，必審定等色，必紐折計等，姦弊轉生，久不迄事。乃若推排之法，不過以縣統都，以都統保，選任才富公平者，訂田畝稅色，載之圖册，使民有定產，產有定稅，稅有定籍而已。臣守吳門，已嘗見之施行。今聞紹興亦漸就緒，湖南漕臣亦以一路告成。竊謂東南諸郡，皆奉行惟謹。其或田畝未實，則令鄉局釐正之；圖册未備，則令縣局程督之。又必郡守察縣之稽違，監司察郡之怠弛，嚴其號令，信其賞罰，期之秋冬以竟其事，責之年歲以課其成，如周官日成、月要、歲會以綜核之。」於是詔諸路漕、帥施行焉。

大抵南渡後水田之利，富於中原，故水利大興。而諸籍沒田募民耕者，皆仍私租舊額，每失之重，輸納之際，公私事例迥殊。私租額重而納輕，承佃猶可；公租額重而納重，則佃不堪命。州縣胥吏與倉庾百執事之人，皆得爲侵漁之道於耕者也。季世金人乍和乍戰，戰則軍需浩繁，和則歲幣重大，國用常苦不繼，於是因民苦官租之重，命有司括賣官田以給用。其初弛其力役以誘之，其終不免於抑配，此官田之弊也。嘉定以後，又有所謂安邊所田，收其租以助歲幣。至其將亡，又限民名田，買其限外所有，謂之公田。初議欲省和糴以紓民力，而其弊極多，其租尤重；宋亡，遺患猶不息也。凡水田、官田之法，公田見於史者，彙其始末而悉載于篇，有足鑒者焉。

紹興元年，詔宣州、太平州守臣修圩。二年，以修圩錢米及貸民種糧，並於宣州常平、義倉米撥借。三年，定州縣圩田租額充軍儲。建康府永豐圩租米，歲以三萬石爲額。圩四至相去皆五六十里，有田九百五十餘頃，近歲墾田不及三之一。至是，始立額。

五年，江東帥臣李光言：「明、越之境，皆有陂湖，大抵湖高於田，田又高於江、海。旱則放湖水溉田，澇則決田水入海，故無水旱之災。本朝慶曆、嘉祐間，始有盜湖爲田者，其禁甚嚴。政和以來，創爲應奉，始廢湖爲田。自是兩州之民，歲被水旱之患。餘姚、上虞每縣收租不過數千斛，而所失民田常賦，動以萬計。莫若先罷兩邑湖田。其會稽之鑑湖、鄞之廣德湖、蕭山之湘湖等處尚多，望詔漕臣盡廢之。其江東、西圩田，蘇、秀圍田，令監司守令條上。」於是詔諸路漕臣議之。其後議者雖稱合廢，竟仍其舊。

初，五代馬氏於潭州東二十里，因諸山之泉，築堤瀦水，號曰龜塘，溉田萬頃。其後堤壞，歲旱，民皆阻飢。七年，守臣呂頤浩始募民修復，以廣耕稼。十六年，知袁州張成己言：「江西良田，多占山岡，望委守令講陂塘灌溉之利。」其後比部員外郎李泳〔二〕言，淮西高原處舊有陂塘，請給錢米，以時修濬。知江陰軍蔣及祖亦請濬治本軍五卸溝以洩水，修復橫河支渠以溉旱。乃並詔諸路常平司行之，每季以施行聞。

二十三年，諫議大夫史才言：「浙西民田最廣，而平時無甚害者，太湖之利也。近年瀕湖之地，多爲兵卒侵據，累土增高，長堤彌望，名曰壩田。旱則據之以溉，而民田不沾其利；澇則遠近泛濫，不得入湖，而民田盡沒。望盡復太湖舊迹，使軍民各安，田疇均利。」從之。二十四年，大理寺丞周環〔三〕言：「臨安、平江、湖、秀四州下田，多爲積水所浸。緣溪山諸水併歸太湖，自太湖分二派：東南一派由松江入于海，東北一派由諸浦注之江。其沿江泄水，惟白茅一浦最大。今泥沙淤塞，宜決浦故道，俾水勢分派流暢，實四州無窮之利。」詔兩浙漕臣視之。

二十八年，兩浙轉運副使趙子潚、知平江府蔣璨言：「太湖者，數州之巨浸，而獨洩以松江之一川，宜其勢有所不逮。是以昔人於常熟之北開二十四浦，疏而導之江；又於崑山之東開一十二浦，分而納之海。三十六浦後爲潮汐沙積，而開江之卒亦廢，於是民田有淹沒之患。天聖間，漕臣張綸嘗於常熟、崑山各開衆浦；景祐間，郡守范仲淹亦親至海浦，濬開五河；政和間提舉官趙霖復嘗開濬。今諸浦湮塞，又非前比，計用工三百三十餘萬，錢三十三萬餘緡，米十萬餘斛。」於是詔監察御史任古復視之。既而古至平江言：「常熟五浦通江誠便，若依所請，以五千功，月餘可畢。」詔以激賞庫錢、平江府上供米如數給之。二十九年，子潚又言：「父老稱福山塘與丁涇地勢等，若不濬福山塘，則水必倒注于丁涇。」乃命併濬之。

中華書局

隆興二年八月，詔：「江、浙水利，久不講修，勢家圍田，堙塞流水。諸州守臣按視以聞。」於是知湖州鄭作肅、知宣州許尹、知秀州姚憲、知常州劉唐稽並乞開圍田，濬港瀆。詔湖州委朱夏卿，秀州委曾愔，平江府委陳彌作，常州、江陰軍委葉謙亨，宣州、太平州委沈樞措置。九月，刑部侍郎吳芾言：「昨守紹興，嘗請開鑑湖廢田二百七十頃，復湖之舊，水無泛溢，民田九千餘頃，悉獲倍收。今尚有低田二萬餘畝，本亦湖也，百姓交佃，畝直纔兩三緡。欲官給其半，盡廢其田，去其租。」戶部請符浙東常平司同紹興府守臣審細標遷。從之。

乾道二年四月，詔漕臣王炎開浙西勢家新圍田，草蕩、荷蕩、菱蕩及陂湖溪港岸際旋築塍畦、圍裹耕種者，所至守令同共措置。炎既開諸圍田，凡租戶貸主家種糧債負，並奏蠲之。六月，知秀州孫大雅代還，言：「州有柘湖、澱山湖、當湖、陳湖，支港相貫，西北可入于江，東南可達于海。旁海農家作壩以却鹹潮，雖利及一方，而水患實害鄰郡；設疏導之，則又害及旁海之田。若於諸港浦置牐啓閉，不惟可以洩水，而旱亦獲利。然工力稍大，欲率大姓出錢，下戶出力，於農隙修治之。」於是以兩浙轉運副使姜詵與守臣視之，詵尋與秀常州、平江府、江陰軍條上利便。詔：「秀州華亭縣張涇牐并澱山東北通陂塘港淺處，俟今年十一

月興修；江陰軍、常州蔡涇牐及申港，明年春興修；利港俟休役一年興修；平江府姑緩之。」三年三月，詵使還，奏：「開濬畢功，通洩積水，久浸民田露出塍岸。臣已諭民趁時耕種。恐下戶闕本，良田復荒，望令浙西常平司貸給種糧。」又奏措置、提督、監修等官知江陰軍徐藏等減磨勘年有差。

四年，以彭州守臣梁介修復三縣一十餘堰，灌溉之利及於鄰邦，詔介直祕閣、利路轉運判官。七年，王炎言：「興元府山河堰世傳漢蕭、曹所作。本朝嘉祐中，提舉史炤上堰法，獲降敕書刻石堰上。紹興以來，戶口凋疏，堰事荒廢，遂委知興元府吳拱修復，發卒萬人助役。宣撫司及安撫、都統司共用錢三萬一千餘緡，盡修六堰，濬大小渠六十五里，凡溉南鄭、褒城田二十三萬三千畝有奇。」詔獎諭拱。

九年[三四]，戶部侍郎兼樞密都承旨葉衡言：「奉詔覈實寧國府、太平州圩岸，內寧國府惠民、化成舊圩四十餘里，新築九里餘；太平州黃池鎮福定圩周四十餘里，延福[三五]等五十四圩周一百五十餘里，包圍諸圩在內，蕪湖縣圩周二百九十餘里，通當塗圩共四百八十餘里。並高廣堅緻，瀕水一岸種植榆柳，足捍風濤，詢之農民，實爲永利。」於是詔獎諭判寧國府魏王愷，略曰：「大江之壖，其地廣袤，使水之蓄洩不病而皆爲膏腴者，圩之爲利也。然水土門齧，從昔善壞。卿聿修稼政，巨防屹然，有懷勤止，深用歎嘉。」

九年八月，臣僚言江西連年荒旱，不能預興水利爲之備。於是乃降詔曰：「朕惟旱乾、水溢之災，堯、湯盛時，有不能免。民未告病者，備先具也。豫章諸郡縣，但阡陌近水者，苗秀而實；高卬之地，雨不時至，苗輒就槁。意水利不修，失所以爲旱備乎？唐韋丹爲江西觀察使，治陂塘五百九十八所，灌田萬二千頃。此特施之一道，其利如此，矧天下至廣也。農爲生之本也，泉流灌溉，所以毓五穀也。今諸道名山，川原甚衆，民未知其利。然則通溝瀆，豬陂澤，監司、守令，顧非其職歟？其爲朕相丘陵原隰之宜，勉農桑，盡地利，平繇行水，勿使失時。雖有豐凶，而力田者不至拱手受弊，亦天人相因之理也。朕將卽勤惰而寓賞罰焉。」

淳熙二年，兩浙轉運判官陳峴言：「昨奉詔徧走平江府、常州、江陰軍，諭民併力開濬利港諸處，並已畢功。始欲官給錢米，歲不下數萬，今皆百姓相率效力而成。」詔常熟知縣劉穎特增一秩，餘論賞有差。三年，賜皇子判明州魏王愷詔曰：「陂湖川澤之利，或通或塞，存乎其人。四明爲州實治鄮，鄮之鄉東西凡十四，而錢湖之水實溉其東之七。吏惰不虔，葑茭蕪翳，利失其舊，農人病焉。卿臨是邦，乃能講求利便而濬治之，遂使並湖七鄉之田，無異時旱乾之患，其爲澤豈淺哉。剡奏徹聞，不忘嘉歎。」

十年，大理寺丞張抑言：「陂澤湖塘，水則資之瀦洩，旱則資之灌溉。近者浙西豪宗，每

遇旱歲，占湖爲田，築爲長堤，中植榆柳，外捍茭蘆，於是舊爲田者，始隔水之出入。蘇、湖、常、秀昔有水患，今多旱災，蓋出於此。乞責縣令毋給據，尉警捕，監司覺察。有圍裹者，以違制論；給據與失察者，併坐之。」既而漕臣錢沖之請每圍立石以識之，共一千四百八十九所，令諸郡遵守焉。

紹熙二年，詔守令到任半年後，具水源湮塞合開修處以聞；任滿日，以興修水利圖進，擇其勞效著明者賞之。慶元二年，戶部尚書袁說友等言：「浙西圍田相望，皆千百畝，陂塘漊瀆，悉爲田疇，有水則無地可瀦，有旱則無水可戽。不嚴禁之，後將益甚，無復稔歲矣。」嘉泰元年，以大理司直留佑賢、宗正寺主簿李澄措置，自淳熙十一年立石之後，凡官民圍裹者盡開之。又令知縣並以「點檢圍田事」入銜，每歲三四月，同尉點檢有無姦民圍裹狀，上于州，州聞于朝。三年遣官審視，及委臺諫察之。二年二月，佑賢、澄使還，奏追毀臨安、平江、嘉興、湖、常開掘戶元給佃據。三月，右正言施康年言：「近屬貴戚不體九重愛民之心，止爲一家營私之計，公然投牒以汨成法，乞戒飭；自今有陳狀者，指名奏劾，必罰無赦。」

開禧二年，以淮農流移，無田可耕，詔兩浙州縣已開圍田，許元主復圍，專召淮農租種。

嘉定三年，臣僚言：「竊聞豪民巨室並緣爲姦，加倍圍裹，又影射包占水蕩，有妨農民灌溉。」於是復詔浙西提舉司俟農隙開掘。七年，復臨安府西湖舊界，盡蠲歲增租錢。十七年，臣僚言：「越之鑑湖，溉田幾半會稽，興化之木蘭陂，民田萬頃，歲飲其澤。今官豪侵占，塡淤益狹。宜戒有司每歲省視，厚其瀦蓄，去其壅底，毋容侵占，以妨灌溉。」皆次第行之。

寶慶元年，以右諫議大夫朱端常奏，除嘉泰間已開浙西圍田租錢，蓋稅額尙存，州縣迫民白納故也。寶祐元年，史館校勘黃國面對：「圍田自淳熙十一年識石者當存之，復圍者合權其利害輕重而爲之存毀，其租或歸總所，或隸安邊所，或分隸諸郡。」上曰：「安邊所田，近已撥歸本所。」國又奏：「自丁未已來創圍之田，始因殿司獻草蕩，任事者欲因以爲功，凡旱乾處悉圍之，利少害多，宜開掘以通水道。」上然之。咸淳十年，以江東水傷，除九年圩田租，減四分。

紹興二十七年，趙子瀟奉詔措置鎭江府沙田，欲輕立租課，令見佃者就耕；如勢家占吝，追日前所收租利。詔速拘其田措置，蠲其冒佃之租。二十八年正月，詔戶部員外郎

莫濛同浙西、江東、淮南漕臣趙子潚、鄧根、孫藎視諸路沙田、蘆場。先是，言者謂江、淮間沙田、蘆場爲人冒占，歲失官課至多，故以命濛等。既而殿中侍御史葉義問言：「奉行者不恤百姓，名爲經量，實逼縣官按圖約紐，惟務增數，以希進用。有力之家初無加損，貧民下戶已受其害。因小利擾之，必致逃移，坐失稅額。」因極論之。二月，詔：「沙田、蘆場止爲勢家詭名冒占，其三等以下戶勿例根括。」六月，以孫藎措置沙田滅裂，罷之。詔：「浙西江東沙田、蘆場，官戶十頃、民戶二十頃以上並增租，餘如舊。罷提領官田所掌之，不隸戶部。」二十九年，以莫濛經量沙田、蘆場失實，責監饒州景德鎭稅，遂詔盡罷所增租。

三十二年九月，趙子潚言：「浙西、江東、淮東沙田，往年經量，有不盡不實處，爲人戶包占。期以今冬自陳，給爲己業，與免租稅之半；過期許人告，以全戶所租田賞之。其蘆場量立輕租。」詔以馮方措置。十有一月，方滋疏論沙田。上問：「沙田或以爲可取，或以爲可捐。」陳康伯等奏：「君子小人，各從其類。小人樂於生事，不惜爲國斂怨；君子務存大體，唯恐有傷仁政，所以不同。」上然之，命止前詔勿行。

乾道元年，臣僚言：「浙西、江東、淮東路沙田蘆場，頃畝浩瀚，宜立租稅，補助軍食。」詔復令梁俊彥與張津等措置。二年，輔臣奏：「俊彥所上沙田、蘆場之稅，或十取其一，或取其二，或取其三，皆不分主客。」朝廷疑之。六年，以俊彥所括沙田、蘆場二百八十餘萬畝，其間或已充己業，起稅不一，及包占未起租者，乞並估賣、立租。詔蔡洸(三六)、梁俊彥行在置司措置。八年七月，詔提領官田所所催三路沙田、蘆場租錢併歸戶部。十月，遣官實江、淮沙田、蘆場頃畝，悉追正之。

建炎元年，籍蔡京、王黼等莊以爲官田，詔見佃者就耕，歲減租二分。三年，凡天下官田，令民依鄉例自陳輸租。紹興元年，以軍興用度不足，詔盡鬻諸路官田。五年，詔諸官田比鄰田租，召人請買，佃人願買者聽，佃及三十年以上者減價十之二。六年，詔諸路總領論民投買戶絕、沒官、賊徒田舍(三七)及江漲沙田、海退泥田。七年，以賊徒田舍及逃田充官莊，其沒官田依舊出賣。二十年，凡沒官田、城空田、戶絕房廊及田，並撥隸常平司；轉運、提刑、茶鹽司沒入田亦如之。

二十一年，以大理寺主簿丁仲京言，凡學田爲勢家侵佃者，命提學官覺察；又命撥僧寺常住絕產以贍學。戶部議併撥無敕額庵院田，詔可。初，閩以福建六郡之田分三等：膏腴者給僧寺、道院，中下者給土著、流寓。自劉夔爲福州，始貿易取貲。迨張守帥閩，紹興二

年秋。上倚以拊循凋瘵，存上等四十餘刹以待高僧，餘悉令民請買，歲入七八萬緡以助軍衣，餘寬百姓雜科，民皆便之。

二十六年，以諸路賣官田錢七分上供，三分充常平司糴本。初，盡鬻官田，議者恐佃人失業，未賣者失租。侍御史葉義問言：「今盡鬻其田，立爲正稅，田既歸民，稅又歸官，不獨絕欺隱之弊，又可均力役之法。」浙東刑獄使者邵大受亦乞承買官田者免物力三年至十年。一千貫以下免三年，一千貫以上五年，五千貫以上十年。於是詔所在常平沒官、戶絕田，已佃未佃、已添租未添租，並拘賣。二十九年，初，兩浙轉運司官莊田四萬二千餘畝，歲收稻、麥等四萬八千餘斛；營田九十二萬六千餘畝，歲收稻、麥、雜豆等十六萬七千餘斛，充行在馬料及糴錢。四月，詔令出賣。七月，詔諸路提舉常平官督察欺弊，申嚴賞罰。分水令張升佐、宜興令陳迟以賣田稽違，各貶秩罷任。九月，浙東提舉常平都絜以賣田最多，增一秩。三十年，詔承買荒田者免三年租。

乾道二年，戶部侍郎曾懷言：「江西路營田四千餘頃，已佃一千九百餘頃，租錢五萬五百餘貫，若出賣，可得六萬五千餘貫；及兩浙轉運司所括已佃九十餘萬畝，合而言之，爲數浩瀚。今欲遵元詔，見佃願買者減價二分。」詔曾懷等提領出賣，其錢輸左藏南庫別貯之。

中華書局

四年四月，江東路營田亦令見佃者減價承買，期以三月賣絕，八月住賣；諸路未賣營田，轉運司收租。七年，提舉浙西常平李結乞以見管營田撥歸本司，同常平田立官莊。梁克家亦奏：「戶部賣營田，率爲有力者下價取之，稅入甚微，不如置官莊，歲可得五十萬斛。」八年，以大理寺主簿薛季宣於黄岡、麻城立官莊二十二所。九年，以司農寺丞葉翥等出賣浙東、西路諸官田，以監登聞檢院〔二八〕張孝貢等出賣江東、西路諸官田，以郎官薛元鼎拘催江、浙、閩、廣賣官田錢四百餘萬緡。

淳熙元年，臣僚言：「出賣官田，二年之間，三省、戶部困於文移，監司、州郡疲於出賣。上下督責，不爲不至，始限一季，繼限一年，已賣者纔十三，已輸者纔十二。蓋買產之家，無非大姓。估價之初，以上色之產，輕立價貫，揭榜之後，率先投狀；若中下之產，無人屬意，所立之價，輕重不均。莫若且令元佃之家著業輸租，歲猶可得數十萬斛。」從之。六年，詔諸路轉運、常平司，凡沒官田、營田、沙田、沙蕩之類，復括數賣之。紹熙四年，以臣僚言住賣。慶元元年八月，江東轉運提舉司以紹熙四年住賣以後續沒官田，依鄉價復召人承買，以其錢充常平糴本。十有一月，余端禮、鄭僑言，福建地狹人稠，無以贍養，生子多不舉。福建提舉宋之瑞乞免鬻建、劍、汀、邵沒官田，收其租助民舉子之費，詔從之。四年，詔諸路召賣不行田，覆實減價，其沙礫不可耕處除之。

開禧三年〔二九〕，韓侂胄既誅，金人講解。明年，用廷臣言，置安邊所，凡侂胄與其他權倖沒入之田，及圍田、湖田之在官者皆隸焉。輸米七十二萬二千七百斛有奇，錢一百三十一萬五千緡有奇，藉以給行人金、繒之費。迨與北方絕好，軍需邊用每於此取之。

景定四年，殿中侍御史陳堯道、右正言曹孝慶、監察御史虞虙、張晞顏等言廩兵、和糴、造楮之弊，「乞依祖宗限田議，自兩浙、江東西官民戶踰限之田，抽三分之一買充公田。得一千萬畝之田，則歲有六七百萬斛之入，可以餉軍，可以免糴，可以重楮，可以平物而安富，一舉而五利具矣。」有旨從其言。朝士有異議者，丞相賈似道奏：「救楮之策莫切於住造楮，住造楮莫切於免和糴，免和糴莫切於買踰限田。」因歷詆異議者之非，帝曰：「當一意行之。」浙西安撫魏克愚言：「取四路民田立限回買，所以免和糴而益邦儲，議者非不自以爲公且忠也。然未見其利，而適見其害。近給事中徐經孫奏記丞相，言江西買田之弊甚詳，若浙西之弊，則尤有甚於經孫所言者。」因歷述其爲害者八事，疏奏不省。

六郡回買公田，畝起租滿石者償二百貫，九斗者償一百八十貫，八斗者償一百六十貫，七斗者償一百四十貫，六斗者償一百二十貫。五千畝以上，以銀半分、官告五分、度牒二分、會子二分半；五千畝以下，以銀半分、官告三分、度牒三分、會子三分半；千畝以下，度

牒、會子各半；五百畝至三百畝，全以會子。是歲，田事成，每石官給止四十貫，而半是告、牒，民持之而不得售，六郡騷然。所遣劉良貴、陳訔、趙與訔、廖邦傑、成公策等推賞有差。邦傑之在常州，害民特甚，民至有本無田而以歸併抑買自經者。分置莊官催租，州縣督莊官及時交收運發。

五年，選官充官田所分司，平江、嘉興、安吉各一員，常州、江陰、鎭江共一員，凡公田事悉以委之。是歲七月，彗見于東方。下詔求言，京學生蕭規、葉李等三學六館皆上封章；前祕書監高斯得亦應詔馳驛上封事，力陳買田之失人心、致天變；謝枋得校文江東運司，方山京校文天府，皆指陳得失。未幾，蕭規等眞決黥隸，枋得、山京相繼被劾，斯得雖予郡，尋罷之。

咸淳三年，京師糴貴，勒平江、嘉興上戶運米入京，鞭笞囚繫，死於非命者十七八。太常寺簿陸逵謂：買田本以免和糴，今勒其運米，害甚於前。似道怒，出逵知台州，未至，怖死。四年，以差置莊官弊甚，盡罷之。令諸郡公租以三千石爲一莊，聽民於分司承佃，盜易者以盜賣官田論。其租於先減二分上更減一分。德祐元年三月，詔：「公田最爲民害，稔怨召禍，十有餘年。自今並給佃主，令率其租戶爲兵。」而宋祚訖矣。

校勘記

〔一〕桑棗半之　「桑」原作「梨」，據下文和通考卷四田賦考、太平治蹟統類卷二改。

〔二〕男女十歲以上　長編卷二作「十七歲以上」，太平治蹟統類卷二作「十五以上」，宋刑統卷一二以「十五以下爲小，二十以下爲中」，疑當作「男女十五歲以上」。

〔三〕農田利害　「農田」原作「田農」，據宋會要刑法一之三、長編卷六一改。

〔四〕勸農判官　「官」原作「田」，據長編卷六二、玉海卷一七八改。

〔五〕職當勸農乃請少卿監爲刺史閤門使以上知州者並兼管內勸農使餘及通判並兼勸農事　「職」原作「除」，「管內勸農使」原作「管內勸農事」，「餘」字原脫，據長編卷六二、宋會要職官四二之二改補。

〔六〕蓋旱稻也　「旱」原作「早」，據宋會要食貨一之一八、長編卷七七改。

〔七〕二年　原作「三年」，據本書卷八眞宗紀、宋大詔令集卷一八二令儲蓄戒奢僭詔注改。

〔八〕三年而後收賦　「賦」字原脫，據通考卷四田賦考、長編卷一九二補。

〔九〕邵信臣　按「邵」或作「召」，漢書卷八九本傳、本書卷四二六趙尙寬傳、長編卷一九二都作「召」。

〔一〇〕七百二十二萬餘戶　按宋會要食貨六九之七八、長編卷六六都作「七百四十一萬七千五百七十

中華書局

戶」，玉海卷一八五作「七百四十一萬餘戶」，疑此處數字有誤。

〔一一〕詔開廢田興水利　「興」字原脫，據宋會要食貨六三之一八八、長編卷二八九補。

〔一二〕戴日而作　「日」，司馬光溫國文正司馬公集卷四八乞省覽農民封事劄子、長編卷三五九作「星」。

〔一三〕詔逃田可專委縣丞　「詔」下七字原脫，據宋會要食貨一之三三補。

〔一四〕至九品爲十頃　「頃」原作「畝」。按宋會要食貨六之一，品官限田，每降一品減十頃，以此爲率，降至九品應爲十頃。據改。

〔一五〕其有羨田之家毋得市田其無田與游惰末作者皆使爲隸農以耕田之羨者　「有」、「隸」和句末「者」字原脫，據本書卷四二二林勳傳、繫年要錄卷二六補。

〔一六〕綿三千四百斤　「三」原作「二」，據本書卷四二二林勳傳、繫年要錄卷二六改。

〔一七〕自新復降赦日爲始　「新」字原脫，據宋會要食貨六九之五七補。本書卷二九高宗紀紹興九年正月條：「以金國通和，大赦河南新復州軍。」卽指此。

〔一八〕昔七十萬有奇今按籍雖三十九萬斛　「七十」二字原倒，「九」字原脫。據宋會要食貨六之三七、繫年要錄卷一四七補正。

〔一九〕請復租一年　「一」原作「二」。按下文說：「明年又請復之。」知前所復應只一年。據繫年要錄卷

一五八改。

〔二〇〕乞許人承佃　「乞」字原脫，據繫年要錄卷一七二補。

〔二一〕豪民占田不知其數　「豪」字原脫，宋會要食貨六之二八說：「豪民所占之數，不知其幾。」據補。

〔二二〕李泳　原作「李詠」，據宋會要食貨七之四八、繫年要錄卷一六三改。

〔二三〕周環　繫年要錄卷一六七、中興小紀卷三八都作「環周」。

〔二四〕九年　原作「八年」，據宋會要食貨八之四、通考卷六田賦考改。會要「乾道」誤作「乾元」。

〔二五〕延福　原作「廷福」，據同上書同卷同篇改。

〔二六〕蔡洸　原作「蔡光」，據本書卷三九〇本傳、宋會要食貨一之四五改。

〔二七〕投買戶絕沒官賊徒田舍　「官」下四字原脫，按宋會要食貨五之二五、繫年要錄卷九八都有此四字；下文也有「以賊徒田舍及逃田充官莊」句，據補。

〔二八〕監登聞檢院　「監」字原脫。宋會要食貨五之三六作「監登聞檢院」，與宋代登聞檢院置有監官之制合，據補。

〔二九〕開禧三年　「開禧」原作「開熙」。按宋代無「開熙」年號，本書卷三八寧宗紀載開禧三年誅韓侂胄，據改。

宋史卷一百七十四

志第一百二十七

食貨上二

方田　賦稅

方田　神宗患田賦不均，熙寧五年，重修定方田法，詔司農以方田均稅條約并式〔一〕頒之天下。以東西南北各千步，當四十一頃六十六畝一百六十步，爲一方；歲以九月，縣委令、佐分地計量，隨陂原平澤而定其地，因赤淤黑壚而辨其色；方量畢，以地及色參定肥瘠而分五等，以定稅則；至明年三月畢，揭以示民，一季無訟，卽書戶帖，連莊帳付之，以爲地符。

均稅之法，縣各以其租額〔二〕稅數爲限，舊嘗收蹙奇零，如米不及十合而收爲升，絹不

滿十分而收爲寸之類，今不得用其數均攤增展，致溢舊額，凡越額增數皆禁。若瘠鹵不毛，及衆所食利山林、陂塘、溝路、墳墓，皆不立稅。凡田方之角，立土爲埄〔三〕，植其野之所宜木以封表之。有方帳，有莊帳，有甲帖，有戶帖；其分煙析產、典賣割移，官給契，縣置簿，皆以今所方之田爲正。令既具，乃以濟州鉅野尉王曼爲指教官，先自京東路行之，諸路倣焉。六年，詔土色分五等，疑未盡，下郡縣物其土宜，多爲等以期均當〔四〕，勿拘以五。七年，京東十七州選官四員，各主其方，分行郡縣，以三年爲任。每方差大甲頭二人、小甲頭三人，同集方戶，令各認步畝，方田官驗地色，更勒甲頭、方戶同定。諸路及開封府界秋田災傷三分以上縣權罷，餘候農隙。河北西路提舉司乞通一縣災傷不及一分勿罷。

元豐五年，開封府言：「方田法，取稅之最不均縣先行，卽一州而及五縣〔五〕，歲不過兩縣，今府界十九縣，准此行之，十年乃定。請歲方五縣。」從之。其後歲稔農隙乃行，而縣多山林者或行或否。八年，帝知官吏擾民，詔罷之。天下之田已方而見於籍者，至是二百四十八萬四千三百四十有九頃云。

崇寧三年，宰臣蔡京等言：「自開阡陌，使民得以田私相貿易，富者恃其有餘，厚立價以規利，貧者迫於不足，薄移稅以速售，而天下之賦調不平久矣。神宗講究方田利害，作法而

中華書局

推行之，方爲之帳，而步畝高下丈尺不可隱；戶給之帖，而升合尺寸無所遺；以賣買，則民不能容其巧；以推收，則吏不能措其姦。今文籍具在，可舉而行。」詔諸路提舉常平官選官習熟其法，諭州縣官吏各以豐稔日推行，自京西、河北兩路始〔六〕。四年，指教官每三縣加一員，點檢官每路二員。未幾，詔諸路添置指教官不得過三員，又不專差點檢官，從提舉司於本路見任人內選差。五年，詔罷方田。大觀二年，復詔行之，四年罷，其稅賦依未方舊則輸納。十一月，詔：「方田官吏非特妄增田稅，又兼不食之山方之，俾出芻草之直，民戶因時廢業失所。監司其悉改正，毋失其舊。」

政和三年，河北西路提舉常平司奏：「所在地色極多，不下百數，及至均稅，不過十等。第一等雖出十分之稅〔七〕，地土肥沃，尚以爲輕；第十等只均一分，多是瘠鹵，出稅雖少，猶以爲重。若不入等，則積多而至一頃，止以柴蒿之直，爲錢自一百而至五百，比次十等，全不受稅；既收入等，但可耕之地便有一分之稅，其間下色之地與柴蒿之地不相遠，乃一例每畝均稅一分，上輕下重。欲乞土色十等如故外，即十等之地再分上、中、下三等，折畝均數。謂如第十等地每十畝合折第一等一畝，即十等之上〔八〕，受稅十一，不改元則；十等之中，數及十五畝，十等之下〔九〕，數及二十畝，方比上等受一畝之稅，庶幾上下輕重皆均。」詔諸路概行其法。五年，福建、利路茶戶山園，如鹽田例免方量均稅。

宣和元年，臣僚言：「方量官憚於跋履，並不躬親，行纏拍埄、驗定土色，一付之胥吏。致御史臺受訴，有二百餘畝方爲二十畝者，有二頃九十六畝方爲一十七畝者，虔之瑞金縣是也。有租稅十有三錢而增至二貫二百者，有租稅二十七錢則增至一貫四百五十者，虔之會昌縣者是也。望詔常平使者檢察。」二年，遂詔罷之。民因方量流徙者，守令招誘歸業；荒閑田土，召人請佃。自今諸司毋得起請方田。諸路已方量者，賦稅不以有無訴論，悉如舊額輸納；民逃移歸業，已前逋欠稅租，並與除放。

賦稅

自唐建中初變租庸調法作年支兩稅，夏輸毋過六月，秋輸毋過十一月，遣使分道按率。其弊也，先期而苛斂，增額而繁征，至于五代極矣。

宋制歲賦，其類有五：曰公田之賦，凡田之在官，賦民耕而收其租者是也。曰民田之賦，百姓各得專之者是也。曰城郭之賦，宅稅、地稅之類是也。曰丁口之賦，百姓歲輸身丁錢米是也。曰雜變之賦，牛革、蠶鹽之類，隨其所出，變而輸之是也。歲賦之物，其類有四：曰穀，曰帛，曰金、鐵，曰物產是也。穀之品七：一曰粟，二曰稻，三曰麥，四曰黍，五曰穄，六曰菽，七曰雜子。帛之品十：一曰羅，二曰綾，三曰絹，四曰紗，五曰絁，六曰紬，七曰雜折，八曰絲線，九曰綿，十曰布葛。金鐵之品四：一曰金，二曰銀，三曰鐵、鑞，四曰銅、鐵錢。物產之品六：一曰六畜，二曰齒、革、翎毛，三曰茶、鹽，四曰竹木、麻草、芻菜，五曰果、藥、油、紙、薪、炭、漆、蠟，六曰雜物。其輸有常處，而以有餘補不足，則移此輸彼，移近輸遠，謂之「支移」。其入有常物，而一時所須〔一〇〕則變而取之，使其直輕重相當，謂之「折變」。其輸之遲速，視收成早暮而寬爲之期，所以紓民力。諸州歲奏戶帳，具載其丁口，男夫二十爲丁，六十爲老。兩稅折科物〔一一〕，非土地所宜而抑配者，禁之。

五代以來，常檢視見墾田以定歲租。吏緣爲姦，稅不均適，繇是百姓失業，田多荒蕪。太祖即位，詔許民闢土，州縣毋得檢括，止以見佃爲額。選官分涖京畿倉庾，及詣諸道，受民租調，有增羨者輒得罪，多入民租者或至棄市。

舊諸州收稅畢，符屬縣追吏會鈔，縣吏厚斂里胥以賂州之吏，里胥復率於民，民甚苦之。建隆四年〔一二〕，乃下詔禁止。令諸州受租籍不得稱分、毫、合、龠、銖、釐、絲、忽，錢必成文，絹帛成尺，粟成升，絲綿成兩，薪蒿成束，金銀成錢。紬不滿半疋、絹不滿一疋者，許計丈尺輸直，無得三戶、五戶聚合成疋，送納煩擾。民輸夏稅，所在遣縣尉部弓手於要路巡護，後閔擾民，罷之，止令鄉耆、壯丁防援。

諸州稅籍，錄事參軍按視，判官振舉。形勢戶立別籍，通判專掌督之，二稅須於三限前

半月畢輸。歲起納二稅，前期令縣各造稅籍，具一縣戶數、夏秋稅、苗畝、桑功〔一三〕及緣科物爲帳一，送州覆校定，用州印，藏長吏廳，縣籍亦用州印，給付令佐。造夏稅籍以正月一日，秋稅籍以四月一日，並限四十五日畢。

開封府等七十州夏稅，舊以五月十五日起納，七月三十日畢。河北、河東諸州氣候差晚，五月十五日起納，八月五日畢。潁州等一十三州及淮南、江南、兩浙、福建、廣南、荊湖、川峽五月一日起納，七月十五日畢。秋稅自九月一日起納，十二月十五日畢，後又並加一月。或值閏月，其田蠶亦有早晚不同，有司臨時奏裁。繼而以河北、河東諸州秋稅多輸邊郡，常限外更加一月。江南、兩浙、荊湖、廣南、福建土多秔稻，須霜降成實，自十月一日始收租。掌納官吏以限外欠數差定其罰，限前畢，減選、升資。民逋租踰限，取保歸辦，毋得禁繫。中國租二十石輸牛革一，準錢千。川蜀尚循舊制，牛驢死，革盡入官，乃詔蠲之，定民租二百石輸牛革一，準錢千五百〔一四〕。

太平興國二年，江西轉運使言：「本路蠶桑數少，而金價頗低。今折徵，絹估少而傷民，金估多而傷官。金上等舊估兩十千，今請估八千；絹上等舊估匹一千，今請估一千三百，餘以次增損。」從之。

中華書局

咸平三年，以刑部員外、直史館陳靖爲京畿均田使，聽自擇京朝官，分縣據元額定稅，不得增收剩數；逃戶別立籍，令本府招誘歸業；桑功更不均檢，民戶廣令種植。尋聞居民弗諭朝旨，翦伐桑柘，卽詔罷之。六年，廣南西路轉運使馮湛上言：「廉、橫、賓、白州民雖墾田，未嘗輸送，已命官檢括，令盡出常租。」帝曰：「遠方之民，宜省徭賦。」亟命停罷。知袁州何蒙請以金折本州二稅，眞宗曰：「若是，將盡廢耕農矣。」不許。

大中祥符初，連歲豐稔，邊儲有備，河北諸路稅賦，並聽於本州軍輸納。二年，頒幕職州縣官招徠戶口旌賞條制。舊制，縣吏能招增戶口者，縣卽升等，乃加其奉；至有析客戶爲主戶者，雖登于籍，而賦稅無所增。四年，詔禁之。雍熙初，嘗詔荊湖等路民輸丁錢，未成丁、已入老幷身有廢疾者，免之。至是，又除兩浙、福建、荊湖、廣南舊輸身丁錢，歲凡四十五萬四百貫。九年，詔諸路支移稅賦勿至兩次，仍許以粟、麥、蕎、菽互相折輸。

凡歲賦，穀以石計，錢以緡計，帛以匹計，金銀、絲綿以兩計，藁秸、薪蒸以圍計，他物各以其數計。至道末，總七千八十九萬三千；天禧五年，視至道之數有增有減，總六千四百五十三萬。其折變及移輸比壤者，則視當時所須焉。

宋克平諸國，每以恤民爲先務，累朝相承，凡無名苛細之斂，常加剗革，尺縑斗粟，未聞

有所增益。一遇水旱徭役，則蠲除倚格，殆無虛歲，倚格者後或凶歉，亦輒蠲之。而又田制不立，甽畝轉易，丁口隱漏，兼幷冒僞，未嘗考按，故賦入之利視前代爲薄。丁謂嘗言：「二十而稅一者有之，三十而稅一者有之。」仁宗嗣位，首寬畿縣田賦，詔三等以下戶毋遠輸。河中府、同華州請免支移，帝以問輔臣，對曰：「西鄙宿兵，非移用民賦則軍食不足。」特詔量減支移。

福州王氏時有田千餘頃，謂之「官莊」，自太平興國中授券予民耕，歲使輸賦。至是，發運使方仲荀言：「此公田也，鬻之可得厚利。」遣尙書屯田員外郎幸惟慶領其事，凡售錢三十五萬餘緡，詔減緡錢三之一，期三年畢償。監察御史朱諫以爲傷民，不可。既而期盡，未償者猶十二萬八千餘緡，詔悉蠲之。後又詔公田重復取賦者皆罷。天聖時，貝州言：「民析居者例加稅，謂之『罰稅』，他州無此比。」詔除之。自是，州縣有言稅之苛細無名者，蠲損甚衆。

自唐以來，民計田輸賦外，增取他物，復折爲賦，謂之「雜變」，亦謂之「沿納」。而名品煩細，其類不一。官司歲附帳籍，並緣侵擾，民以爲患。明道中，帝躬耕籍田，因詔三司以類幷合。於是悉除諸名品，幷爲一物，夏秋歲入，第分粗細二色，百姓便之。

州縣賦入有籍，歲一置，謂之空行簿，以待歲中催科；閏年別置，謂之實行簿，以藏有司。天聖初，或言實行簿無用，而率民錢爲擾，罷之。景祐元年，侍御史韓瀆言：「天下賦入之繁，但存催科一簿，一有散亡，則耗登之數無從鉤考。請復置實行簿。」詔再閏一造。至慶曆中復故。

時患州縣賦役之煩，詔諸路上其數，俾二府大臣合議蠲減。又詔曰：「稅籍有僞書逃徙，或因推割，用倖走移，若請占公田而不輸稅。如此之類，縣令、佐能究見其弊，以增賦入，量數議賞。」既而諫官王素言：「天下田賦輕重不等，請均定。」而歐陽脩亦言：「秘書丞孫琳嘗往洺州肥鄉縣，與大理寺丞郭諮以千步方田法括定民田，願詔二人者任之。」三司亦以爲然，且請於亳、壽、蔡、汝四州擇尤不均者均之。於是遣諮蔡州。諮首括一縣，得田二萬六千九百三十餘頃，均其賦於民。既而諮言州縣多逃田，未可盡括，朝廷亦重勞人，遂罷。

陝西、河東用兵，民賦率多支移，因增取地里脚錢，民不能堪。五年，詔陝西特蠲之，且令後勿復取。既而詔河東亦然。又令諸路轉運司：「支移、折變，前期半歲書于榜以諭民，有未便者聽自言，主者裁之。」皇祐中，詔：「廣西賦布，匹爲錢二百。如聞有司擅損其價，重困遠人，宜令復故。」州郡歲常先奏雨足歲豐，後雖災害，不敢上聞，故民賦罕得蠲者，乃下詔申飭之。又損開封諸縣田賦，視舊額十之三，命著于法。

支移、折變，貧弱者尤以爲患。景祐初，嘗詔戶在第九等免之，後孤獨戶亦皆免。至是，因下赦書，責轉運司裁損，歲終條上。其後赦書數以爲言，又令折科爲平估，毋得害農。久之，復詔曰：「如聞諸路比言折科民賦，多以所折復變他物，或增取其直，重困良農。雖屢戒敕，莫能奉宣詔令。自今有此，州長吏卽時上聞。」然有司規聚斂，罕能承帝意焉。

初，湖、廣、閩、浙因舊制歲斂丁身錢米，大中祥符間，詔除丁錢，而米輸如故。至天聖中，始幷除婺、秀二州丁錢。後龐籍請罷漳、泉、興化軍丁米，有司持不可。皇祐三年，帝命三司首減郴永州、桂陽監丁米，以最下數一歲爲準，歲減十餘萬石。既而漳、泉、興化亦第損之。嘉祐四年，復命轉運司裁定郴、永、桂陽、衡、道州所輸丁米及錢絹雜物，無業者弛之，有業者減半；後雖進丁，勿復增取。時廣南猶或輸丁錢，亦命轉運司條上。自是所輸無幾矣。

自郭諮均稅之法罷，論者謂朝廷徒恤一時之勞，而失經遠之慮。至皇祐中，天下墾田視景德增四十一萬七千餘頃，而歲入九穀迺減七十一萬八千餘石，蓋田賦不均，其弊如此。後田京知滄州，均無棣田，蔡挺知博州，均聊城、高唐田；歲增賦穀帛之類，無棣總一千一百五十二，聊城、高唐總萬四千八百四十七，而滄州之民不以爲便，詔輸如舊。嘉祐五年，復詔均定，遣官分行諸路，而秘書丞高本在遣中，獨以爲不可均，纔均數郡田而止。

中華書局

二十四史

景德中，賦入之數總四千九百一十六萬九千九百，至皇祐中，增四百四十一萬八千六百六十五，治平中，又增一千四百一十七萬九千三百六十四。其以赦令蠲除以便於民，若逃移、户絕不追者，景德中總六百八十二萬九千七百，皇祐中三十三萬八千四百五十七，治平中一千二百二十九萬八千七百。每歲以災害蠲除者，又不在是焉。

神宗留意農賦，湖、廣之民舊歲輸丁米，大中祥符以後屢裁損，猶不均，熙寧四年，乃遣屯田員外郎周之純往廣東相度均之。元豐三年，詔：諸路支移折稅，並具所行月日，上之中書。初，熙寧八年，詔支移二稅於起納前半歲諭民〔二五〕，使民宿辦，無倉卒勞費。時有司往往緩期，故中約之。州縣又或令民輸錢，謂之「折斛錢」，而糴賤頗用傷農。海南四州軍稅籍殘缺，吏多增損，輒移稅入他戶，代輸者類不能自明。瓊州、昌化軍丁稅米，歲移輸朱崖軍，道遠，民以爲苦。至是，用體量安撫朱初平等議，根括四州軍稅賦舊額，存其正數；二州丁稅米止令輸錢於朱崖自糴以便民。

權發遣三司戶部判官李琮〔二六〕根究逃絕稅役，江、浙所得逃戶凡四十萬一千三百有奇，爲書上之。明年，除琮淮南轉運副使。兩路凡得逃絕、詭名挾佃、簿籍不載并闕丁凡四十七萬五千九百有奇，正稅并積負凡九十二萬二千二百貫、石、匹、兩有奇。琮蓋用貫石萬

數立賞，以誘所委之吏，增加浩大，三路之民，大被其害。而唐州亦增民賦，人情騷然。六年，御史翟思言：「始，趙尙寬爲唐守，勸民墾田，高賦繼之，流民自占者衆，凡百畝起稅四畝而已。稅輕而民樂輸，境內殆無曠土。近聞轉運司闢土百畝增至二十畝，恐其勢再致轉徙。望戒飭使者，量加以寬民。」帝每遇水旱，輒輕弛賦租；或因赦宥，又蠲放、倚閣未嘗絕；賦輸遠方不均，皆遣使按之，率以爲常。

哲宗嗣位，宣仁太后同聽政，務行裕民之政，凡民有負，多所寬減。患天下積欠名目煩多，法令不一，王巖叟爲開封，請隨等第立貫百爲催法。兗州鄒令張文仲議其不便，遂令十分爲率，歲隨夏秋料帶納一分，是爲五年十料之法。

陝西轉運使呂大忠令農戶支移，斗輸脚錢十八。御史劾之，下提刑司體量，均其輕重之等。以稅賦戶籍在第一等、第二等者支移三百里，三等、四等者二百里，五等一百里。不願支移而願輸道里脚價者，亦酌度分爲三等，以從其便。河東助軍糧草，支移毋得踰三百里。災傷五分以上者免折變，折變皆循舊法。

紹聖中，嘗詔郡縣貨物用足錢、省陌不等，折變宜用中等。俄以所在時估實値多寡不齊，難概立法，命仍舊焉。言者謂：「欲民不流，不若多積穀；欲多積穀，不若推行折納糶糴之法。今常平雖有折納之法，止用中價，故民不樂輸。若依和糴以實價折之，則無損於民。」

崇寧二年，諸路歲稔，遂行增價折納之法，支移、折變、科率、配買，皆以熙寧法從事，民以穀菽、物帛輸積負零稅者聽之。大觀二年詔：「天下租賦科撥支折，當先富後貧，自近及遠。迺者漕臣失職，有不均之患，民或受害，其定爲令。」支移本以便邊餉，內郡罕用焉。間有移用，則任民以所費多寡自擇〔二七〕，故或輸本色於支移之地，或輸脚費於所居之邑。而折變之法，以納月初旬估中價準折，仍視歲之豐歉，以定物之低昂，俾官吏毋得私其輕重。七月，詔曰：「比聞慢吏廢期，凡輸官之物，違期促限，蠶者未絲，農者未穫，追胥旁午，民無所措。自今前期督輸者，加一等坐之；致民逃徙者，論更加等。」舊凡以赦令蠲賦，雖多不過三分。四年，乃詔：「天下逋賦，五年外戶口不存者，悉蠲之。」

京西舊不支移，崇寧中，將漕者忽令民曰：「支移所宜同，今特免；若地里脚費，則宜輸。」自是歲以爲常。脚費，斗爲錢五十六，比元豐既當正稅之數，而反覆紐折，數倍於昔。民至鬻牛易產猶不能繼，轉運司乃用是以取辦理之譽，言者極論其害。政和元年，遂詔應支移而所輸地里脚錢不及斗者，免之。尋詔五等戶稅不及斗者，支移皆免。

時天下戶口類多不實，雖嘗立法比較鉤考，歲終會其數，按籍鑿括脫漏，定賞罰之格，然蔡攸等計德、霸二州戶口之數，率三戶四口，則戶版詭隱，不待校而知。乃詔諸路凡奏戶口，令提刑司及提舉常平司參攷保奏。而終莫能拯其弊，故租稅亦不得而均焉。

是時，內外之費浸以不給，中官楊戩主後苑作，有言汝州地可爲稻田者，因用其言，置務掌之，號「稻田務」。復行於府畿，易名公田。南暨襄、唐，西及澠池，北踰大河，民田有溢於初券步畝者，輒使輸公田錢。政和末，又置營繕所，亦爲公田。久之，後苑、營繕所公田皆併於西城所，盡山東、河朔天荒逃田與河堤退灘租稅舉入焉，皆內侍主其事。所括爲田三萬四千三百餘頃，民輸公田錢外，正稅不復能輸。

重和元年，獻言者曰：「物有豐匱，價有低昂，估豐賤之物，俾民輸送，折價既賤，輸官必多，則公私之利也。而州縣之吏，但計一方所乏，不計物之有無，責民所無，其費無量。至於支移，徙豐就歉，理則宜然。豪民賕吏，故徙歉以就豐，齎挾輕貨，以賤價輸官，其利自倍；而貧下戶各免支移，估直既高，更益脚費，視富戶反重。因之逋負，困於追胥。」詔申戒焉。

宣和初，州縣主吏催科失職，逋租數廣，令轉運司察守貳勤惰，聽專達於內侍省。浙西逃田、天荒、草田、葑茭蕩、湖濼退灘等地，皆計籍召佃立租，以供應奉。置局命官，有「措置

中華書局

水利農田」之名，部使者且自督御前租課。

三年，言者論西蜀折科之弊，其略謂：「西蜀初稅錢三百折絹一疋，草十圍計錢二十。今本路絹不用本色，疋折草百五十圍，圍估錢百五十，稅錢三百輸至二十三千。東蜀如之。仍支移新邊，謂之遠倉，民破產者衆。」七年，言者又論：「非法折變，旣以絹折錢，又以錢折麥。以絹較錢，錢倍於絹；以錢較麥，麥倍於錢。展轉增加，民無所訴。」

唐、鄧、襄、汝等州，自治平後，開墾歲增，然未定稅額。元豐中，以所墾新田差爲五等輸稅，元祐元年罷之。大觀三年，用轉運副使張徽言之請，復元豐舊制，俄又以訴者而罷。政和三年，轉運使王璹復言官失租賦，詔依元豐法，第折以見錢，凡得三十萬緡。欽宗立，詔蠲焉。舊稅租加耗，轉運司有拋椿明耗，州縣有暗椿暗耗之名，諸倉場受納，又令民輸頭子錢。熙寧以後，給納並收，其數益增焉，至是悉罷。

高宗建炎元年五月庚寅，詔二稅並依舊法，凡百姓欠租、閣賦及應天府夏稅，悉蠲之。庚子，詔被虜之家蠲夏秋租稅及科配。

紹興元年五月詔：「民力久困，州縣因緣爲姦，今頒式諸路，凡因軍期不得已而貸於民者，並許計所用之多寡，度物力之輕重，依式開具，使民通知，毋得過數科率。」八月，減大觀

稅額三分之一。十有一月，言者論：「浙西科斂之害，農末殆不聊生。鬻田而償，則無受者；棄之而遁，則質其妻孥。上下相蒙，民無所措手足。利歸貪吏，而怨歸陛下。願重科斂之罪，嚴貪墨之刑。」詔漕司究實以聞。二年正月，知紹興府陳汝錫違詔科率，謫潭州。四月，建盜范汝爲平，詔蠲本路今年二稅及夏料役錢。旣而手詔：「訪聞州縣以爲著令不過三分，甚非所以稱朕惠恤之意，可以赦並免。」十有一月，焚州縣已蠲稅簿，示民以不疑也。五年二月，詔諸路轉運司以增收租數上戶部，課賞罰。

六年八月，預借江、浙來年夏稅紬絹之半，盡令折米：兩浙紬絹各折七千，江南六千有半，每疋折米二石。九月，右司諫王縉〔二八〕言：「諸寺院之多產者，類請求貴臣改爲墳院，冀免科敷，則所科歸之下戶。」詔戶部申嚴禁之。十有二月，詔淮西殘破州縣更免租稅二年。是月戊申，詔曰：「朕惟養兵之費，皆取於民，吾民甚苦，而吏莫之恤，貪緣軍須，掊斂無藝，朕甚悼之。監司郡守，朕所委寄以惠養元元者也，今漫不加省，復何賴焉！其各勤乃職，察吏之侵漁納賄者〔二九〕，按劾以聞。茍庇覆弗治，朕不汝貸。」是歲，兩浙轉運李迨取婺秀湖州、平江府歲計寬剩錢二十二萬八千緡有奇，依折帛錢限起發。自是以爲例。

七年三月，詔：駐蹕及所過州縣欠紹興五年以前稅賦，並蠲之。七月，詔：新復州軍請佃官田，輸租外免輸正稅〔三〇〕。已田謂之稅，佃田謂之租，舊不併納，劉豫嘗並取之，至是，乃從舊法。九年，

蠲新復州軍稅租及土貢、大禮銀絹三年，差徭五年。初，劉豫之僭，凡民間蔬圃皆令三季輸稅。宣諭官方庭實言其不便，起居舍人程克俊言：「河南父老苦豫煩苛久矣，賦斂及於絮縷，割剝至於果蔬。」於是詔新復州縣，取劉豫重斂之法焚之通衢。

十三年，淮東宣撫使韓世忠請以賜田及私產自昔未輸之稅併歸之官，詔獎諭而可之。初，神武右軍都統制張俊〔三一〕乞蠲所置產凡和買、科敷，詔特從之。後，三省言：「國家兵革未息，用度至廣，陛下哀憫元元，俾士大夫及勳戚之家與編戶等敷，蓋欲寬民力，均有無。今俊獨得免，則當均在餘戶，是使民爲俊代輸也。方今大將不止俊一人，使各援例求免，何以拒之？望收還前詔。」詔從之。越數年間，俊復乞免歲輸和買絹，三省擬歲賜俊絹五千疋，庶免起例。上以示俊，因諭之曰：「朕固不惜，但恐公議不可。」俊惶悚，力辭賜絹。

十五年，戶部議：「准法，輸官物用四鈔，曰戶鈔，付民執憑；曰縣鈔，關縣司銷簿；曰監鈔，納官掌之；曰住鈔，倉庫藏之。所以防僞冒、備毀失也。毀失縣鈔者，以監、住鈔銷鑿；若輒取戶鈔，或追驗於人戶者，科杖。」

二十三年，知池州黃子游言：「青陽縣苗稅〔三二〕七八倍於諸縣，因南唐嘗以縣爲宋齊丘食邑，畝輸三斗，後遂爲額。」詔減苗稅二分有半，租米二分。是時，兩浙州縣合輸綿、紬、稅

絹、茶絹、雜錢、米六色，皆以市價折錢，却別科米麥，有畝輸四五斗者。京西括田，租加於舊。湖南有土戶錢、折絁錢、醋息錢、麴引錢，名色不一。荆南戶口十萬，寇亂以來，幾無人跡。議者希朝廷意，謂流民已復，可使歲輸十二，頻歲復增，積逋至二十餘萬緡。曹泳爲戶部侍郎，責償甚急。蓋自檜再相，密諭諸路暗增民稅七八，故民力重困，餓死者衆，皆檜之爲也。

二十六年，先是，右承議郎魯沖上書論郡邑之弊：「以臣前任宜興一縣言之，漕計合收窠名，有丁鹽、坊場課利錢，租地錢，租絲租紵錢，歲入不過一萬五千餘緡。其發納之數，有大軍錢、上供錢、糴本錢、造船錢、軍器物料錢、天申節銀絹錢之類，歲支不啻三萬四千餘緡。又有見任、寄居官請奉、過往官兵批券、與非泛州郡督索拖欠，略無虛日。今之爲令者，茍以寬恤爲意，而拙於催科，旋踵以不職罷；能迎合上司，慘刻聚斂，則以稱職聞。是使爲令者惴惴惟財賦是念，朝不謀夕，亦何暇爲陛下奉行寬恤詔書、承流宣化者哉？」吏部侍郎許興古議：「今銓曹有知縣、令二百餘闕，無願就者，正緣財賦督迫被罪，所以畏避如此。若罷獻羨餘，蠲民積欠，謹擇守臣，戒飭監司，則吏稱民安矣。」乃詔行之。

二十九年，上聞江西盜賊，謂輔臣曰：「輕徭薄賦，所以息盜。歲之水旱，所不能免，儻不寬恤而惟務科督，豈使民不爲盜之意哉？」於是詔諸路州縣，紹興二十七年以前積欠官

中華書局

錢三百九十七萬餘緡及四等以下戶官欠〔三三〕，悉除之。九月，詔：兩浙、江東西水，浙東、江東西螟，其租稅盡蠲之。自是水旱、經兵，時有蠲減，不盡書也。

三十二年六月戊寅，孝宗受禪赦：「凡官司債負、房賃、租賦、和買、役錢及坊場、河渡等錢，自紹興三十年以前並除之。諸路或假貢奉爲名，漁奪民利，使所在居民以土物爲苦，太上皇帝已嘗降詔禁約。自今州軍條上土貢之物，當議參酌天地、祖宗陵寢薦獻及德壽宮甘旨之奉，止許長吏修貢，其餘並罷。州縣因緣多取，以違制坐之。」七月，諸縣受民已輸稅租等鈔，不即銷簿者，當職官吏並科罪；民齎戶鈔不爲使，而抑令重輸者，以違制論，不以赦免，著爲令。八月，詔：「州縣受納秋苗，官吏多收加耗，肆爲姦欺。方時艱虞，用度未足，欲減常賦而未能，豈忍使貪贓之徒重爲民蠹？自今違犯官吏，並置重典，仍沒其家。」此孝宗初詔也。

先是，常州宜興縣無稅產百姓，丁輸鹽錢二百文。下戶有墓地者，謂之墓戶，經界之時均紐正稅，又令帶輸丁鹽絹作折帛錢。至隆興元年，始用知縣姜詔言，令與晉陵、武進、無錫三縣一例隨產均輸。二年四月，知贛州趙公偁以寬剩錢十萬緡爲民代輸夏稅，是後守臣時有代輸者。五月，詔：「温、台、處、徽不通水路，其二稅物帛，許依折法以銀折輸，數外

妄有科折，計贓定罪。」

乾道元年，蠲興化軍「猶剩米」之半。以知軍張允蹈言「自建炎三年，本軍秋稅，歲餘軍儲外，猶剩米二萬四千四百餘石，供給福州，謂之『猶剩米』。四十年間，水旱相仍，不復減損」，故有是命。至八年，乃并其半蠲之。三年六月，減臨安府新城縣進際稅賦之半。以知縣耿秉言，曩錢氏以進際爲名，虛額太重故也。十有一月，蠲臨安府屬縣欠乾道元年二稅〔三四〕、坊場課利、折帛、免丁等錢。七年，敕令所修輸苗乞取法，受納官比犯人減一等，州縣長官不覺察與同罪。暨上三等及形勢戶逋賦，雖遇赦不除。八年，蠲紹興府增起苗米四萬九千餘石。

淳熙三年，臣僚言：「湖北百姓廣占官田，量輸常賦，似爲過優，比議者欲從實起稅而開陳首之門。殊不思朝廷往年經界，獨兩淮、京西、湖北依舊。蓋以四路被邊，土廣人稀，誘之使耕，猶懼不至，若履畝而稅，孰肯遠徙力耕，以供公上之賦哉？今湖北惟鼎、澧地接湖南，墾田稍多，自荆南、安、復、岳、鄂、漢、沔汙萊彌望，戶口稀少，且皆江南狹鄉百姓，扶老攜幼，遠來請佃，以田畝寬而稅賦輕也。若從議者之言，恐於公家無一毫之益，而良民有無窮之擾矣。如臣所見，且當誘以開耕，不宜恐以增稅。使田疇盡闢，歲收滋廣，一遇豐稔，平糴以實邊，則所省漕運亦博。望且依紹興十六年詔旨，以十分爲率，年增輸一分，不願開墾者，即許退田別佃。期限稍寬，取之有漸，遠民安業，一路幸甚。」詔戶部議之。

四年，臣僚言：「屢赦蠲積欠，以蘇疲民，州縣不能仰承德意，至變易名色以取之。宜下漕司，如合除者毋更取之於州，州毋取之於縣，縣銷民欠籍，書其名數，諭民通知。」詔可。五年八月，詔曰：「比年以來，五穀屢登，蠶絲盈箱，嘉與海內共享阜康之樂，尚念耕夫蠶婦終歲勤動，價賤不足以償其勞。郡邑兩稅，除折帛、折變自有常制，當輸正色者，毋以重價強之折錢。若有故違，重置于法。臨安府刻石，徧賜諸路。」六年，以諫議大夫謝廓然言：「州縣違法科斂，侵漁日甚，其咎雖在縣令，而督迫實由郡守。縣令按劾，而郡守自如。」詔：「自今凡有過需橫取，監司悉行按劾，無詳於小而略於大。」

七年夏，大旱。知南康軍朱熹應詔上封事言：「今民間二稅之入，朝廷盡取以供軍，州縣無復贏餘，於是別立名色巧取。今民貧賦重，惟有覈兵籍，廣屯田，練民兵，可以漸省列屯坐食之兵，稍損州郡供軍之數。使州縣之力寖紓，然後禁其苛斂，責其寬恤，庶幾窮困之民得保生業，無流移漂蕩之患。」八年，詔監司、太守察所部催科不擾者薦之，煩擾害民者劾之。十一年，戶部奏：諸路州軍檢放旱傷米數近六十萬石。上諭王淮曰：「若盡令覈實，恐他年郡縣懷疑，不復檢放。惟寧國數最多，可令漕司覈實而蠲之。」

紹熙元年，臣僚言：「古者賦租出於民之所有，不強其所無。今之爲絹者，一倍折而爲

錢，再倍折而爲銀。銀愈貴，錢愈艱得，穀愈不可售，使民賤糶而貴折，則大熟之歲反爲民害。願詔州郡：凡多取而多折者，重置于罰；民有糶不售者，令常平就糴，異時歲歉，平價以糶。庶於民無傷，於國有補。」詔從之。

祕書監楊萬里奏：「民輸粟於官謂之苗，舊以一斛輸一斛，今以二斛輸一斛矣。輸帛於官謂之稅，舊以正絹爲稅絹，今正絹外有和買矣。舊和買官給其直，或以錢，或以鹽，今皆無之，又以絹估直而倍折其錢矣。舊稅畝一錢輸免役一錢，今歲增其額，不知所止矣。既一倍其粟，數倍其帛，又數倍其錢，而又有月樁錢、版帳錢，不知幾倍於祖宗之舊，又幾倍於漢、唐之制乎。此猶東南之賦可知也，至於蜀賦之額外無名者，不可得而知也。陛下欲薄賦斂，當節用度。用節而後財可積，財積而後國可足，國足而後賦可減，賦減而後民可富，民富而後邦可寧。不然，日復日，歲復歲，臣未知其所終也。」時金主璟新立，萬里迓使客于淮，聞其蠲民間房園地基錢，罷鄉村官酒坊，減鹽價，除田租，使虛譽達於吾境，故因轉對而有是言也。

二年，詔曰：「朕惟爲政之道，莫先於養民。故自即位以來，蠲除甚賦，頒宣寬條，嘉與四方臻於安富。郡守、縣令，最近民者也。誠能拊循惠愛，以承休德，庶幾政平訟理之效。今采之人言，乃聞科斂先期，競務辦集，而民之虛實不問；追呼相繼，敢爲椎剝，而民之安否不恤。財計之外，治理蔑聞，甚不稱朕委屬之意。國用有常，固在經理，而非掊克督趣以

為能也。知本末先後之誼，此朕所貴於守令者。繼自今以軫恤為心，以牧養為務，俾民安業，時予汝嘉。」

慶元二年，詔浙江東、西夏稅、和買紬絹並依紹興十六年詔旨折納。紹興十六年詔旨：絹三分折錢，七分本色；紬八分折錢，二分本色。

嘉熙二年臣僚言：「陛下自登大寶以來，蠲賦之詔無歲無之，而百姓未霑實惠。蓋民輸率先期歸於吏胥、攬戶，及遇詔下，則所放者吏胥之物，所倚閣者攬戶之錢，是以寬恤之詔雖頒，愁歎之聲如故。嘗觀漢史恤民之詔，多減明年田租。今宜倣漢故事，如遇朝廷行大惠，則以今年下詔，明年減租，示民先知減數，則吏難為欺，民拜實賜矣。」從之。

淳祐八年，監察御史兼崇政殿說書陳求魯奏：「本朝仁政有餘，而王制未備。今之兩稅，本大曆之弊法也。常賦之入尚為病，況預借乎？預借一歲未已也，至于再，至于三；預借三歲未已也，至于四，至于五。竊聞今之州縣，有借淳祐十四年者矣。以百畝之家計之，罄其永業，豈足支數年之借乎？操縱出於權宜，官吏得以簸弄，上下為姦，公私俱困。臣愚謂今日救弊之策，其大端有四焉：宜採夏侯太初併省州郡之議，俾縣令得以直達於朝廷；用宋元嘉六年為斷之法，俾縣令得以究心於撫字；法藝祖出朝紳為令之典，以重其權；遴

光武擢卓茂為三公之意，以激其氣。然後為之正其經界，明其版籍，約其妄費，裁其橫斂，則預借可革，民瘼有瘳矣。」

咸淳十年，侍御史陳堅、殿中侍御史陳過等奏：「今東南之民力竭矣，西北之邊患棘矣，諸葛亮所謂危急存亡之時也。而邸第戚畹、御前寺觀，田連阡陌，亡慮數千萬計，皆巧立名色，盡蠲二稅。州縣乏興，鞭撻黎庶，鬻妻賣子〔三〕，而鐘鳴鼎食之家，蒼頭廬兒，漿酒藿肉；琳宮梵宇之流，安居暇食，優游死生。安平無事之時尤且不可，而況艱難多事之際乎？今欲寬邊患，當紓民力；欲紓民力，當紓州縣，則邸第、寺觀之常賦，不可姑息而不加釐正也。望與二三大臣亟議行之。」詔可。

建炎二年，初復鈔旁定帖錢，命諸路提刑司掌之。紹興二年，詔偽造券旁者並依軍法。五年三月，詔諸州勘合錢貫收十文足。勘合錢，即所謂鈔旁定帖錢也。初令諸州通判印賣田宅契紙，自今民間爭田，執白契者勿用。十有一月，以調度不足，詔諸路州縣出賣戶帖，令民具田宅之數而輸其直。既而以苛擾稽緩，乃立價：凡坊郭鄉村出等戶皆三十千，鄉村五等、坊郭九等戶皆一千，凡六等，惟閩、廣下戶差減；期三月足輸送行在，旱傷及四分以上者聽旨。

三十一年，先是，諸州人戶典賣田宅契稅錢所收窠名，七分隸經、總制，三分屬係省。至是，總領四川財賦王之望言，請從本所措置拘收，以供軍用，詔從之。凡嫁資、遺囑及民間葬地，皆令投契納稅，一歲中得錢四百六十七萬餘引，而極邊所捐八郡及瀘、夔〔三〕等未輸者十九郡不與焉。乾道五年，戶部尚書曾懷言：「四川立限拘錢數百萬緡，婺州亦得錢三十餘萬緡，他路恬不加意。」詔：「百姓白契，期三月自陳，再期百日輸稅，通判拘入總制帳。輸送及十一萬緡者，知、通推賞；違期不首，及輸錢違期者，許人告，論如律。」淳熙六年，敕令所進重修淳熙法，有收舟、驢、駝、馬契書之稅，帝命刪之，曰：「恐後世有算及舟車之言。」

建炎三年，張浚節制川、陝，承制以同主管川、秦茶馬趙開為隨軍轉運使，總領四川財賦。自蜀有西師，益、利諸司已用便宜截三路上供錢。川峽布絹之給陝西、河東、京西者。四年秋，遂盡起元豐以來諸路常平司坊場錢，元豐以來封樁者。次科激賞絹，是年初科三十三萬疋，俟邊事寧即罷。紹興十六年，減利、夔三萬疋，惟東、西川三十萬疋至今不減。次奇零絹估錢，即上三路綱也，歲三十萬疋。西川疋理十一引，東川十引。自紹興二十五年至慶元初，兩川並減至六引。次布估錢，成都崇慶府、彭漢邛州、永康六

郡，自天聖間，官以三百錢市布一疋，民甚便之，後不復予錢。至是，宣撫司又令民疋輸估錢三引，歲七十餘萬疋，為錢二百餘萬引。慶元初，累減至一百三十餘萬引。次常平司積年本息，此熙、豐以來所謂青苗錢者。建炎元年，遣駕部員外郎喻汝礪括得八百餘萬緡，至是，取以贍軍矣。次對糴米，謂如戶當輸稅百石，則又科糴百石，故謂之對糴。及他名色錢。如酒、鹽等。大抵於先朝常賦外，歲增錢二千六十八萬緡，而茶不預焉。自是軍儲稍充，而蜀民始困矣。

紹興五年，浚召拜尚書右僕射，以席益為四川安撫制置大使，趙開為四川都轉運使。益頗侵用軍期錢，開愬于朝，又數增錢引，而軍計猶不給。六年，以龍圖閣直學士李迨代開為都轉運使。都官員外郎馮康國言：「四川地狹民貧，祖宗時，正稅重者折科稍輕，正稅輕者折科稍重，二者平準，所以無偏重偏輕之患。百有餘年，民甚安之。近年，漕、總二司輒更舊法，反覆紐折，取數務多，致民棄業逃移。望並罷之，一遵舊制。」詔如所請，令憲臣察其不如法者。

七年三月，迨以贍軍錢粮令四路漕臣分認，而榷茶錢不用，蜀人不以為是。九月，浚罷，趙鼎為尚書左僕射。十有一月，以直祕閣張深主管四川茶馬，迨請祠。八年二月，命深及宣撫司參議官陳遠猷並兼四川轉運副使。席益以憂去，樞密直學士胡世將代之。十月，鼎罷，秦檜獨相。九年，和議成。簽書樞密院事樓炤宣諭陝西還，以金四千兩、銀二十萬兩

中華書局

輸激賞庫，皆取諸蜀者。會吳玠卒，以世將爲宣撫副使，以吏部尚書張燾知成都府兼本路安撫使。上諭輔臣曰：「燾可付以便宜。如四川前日橫斂，宜令減以紓民。」成都帥行民事，自燾始。世將奏以宣撫司參議官井度兼四川轉運副使。

十一年正月，趙開卒。自金人犯陝、蜀，開職饋餉者十年，軍用無乏，一時賴之。其後計臣屢易，於開經畫無敢變更。然茶、鹽、榷酤、奇零絹布之征〔三七〕，自是爲蜀之常賦，雖屢經蠲減而害不去，議者不能無咎開之作俑焉。

十月，以鄭剛中爲川、陝宣諭使。十二年，世將卒，改宣撫使。十三年，剛中獻黃金萬兩。十五年正月，剛中奏減成都路對糴米三之一。四月，省四川都轉運使，以其事歸宣撫司。剛中尋以事忤秦檜，於是置四川總領所錢糧官，以太府少卿趙不棄爲之。又改命不棄總領四川宣撫司錢糧。十六年，剛中奏減兩川米脚錢三十二萬緡，激賞絹二萬疋，免創增酒錢三萬四千緡。以四川總制錢五十萬緡充邊費。十七年，以戶部員外郎符行中總領四川宣撫司錢糧，召剛中赴行在，不棄權工部侍郎，知成都府李璆權四川宣撫司事。

先是，剛中奏：「本司舊貯備邊歲入錢引五百八十一萬五千道，如撥供歲計，卽可對減增添，寬省民力。」詔李璆、符行中參酌減放。於是減四川科敷虛額錢歲二百八十五萬緡，兩川布估錢三十六萬五千緡，夔路鹽錢七萬六千緡，坊場、河渡淨利抽貫稅錢四萬六千餘

緡，又減兩川米脚錢四十二萬緡。時宣撫司降賜庫貯米一百萬石，乃命行中酌度對糴分數均減。

十八年，罷四川宣撫司，以璆爲四川安撫制置使兼知成都府，太府少卿汪召嗣總領四川財賦軍馬錢粮。宣撫司降賜庫錢，除制置司取撥二十萬緡，餘令總領所貯之。二十二年，總領所奏蠲諸路欠紹興十七年以前折估糴本等錢一百二十九萬餘緡，米九萬八千七百餘石，綾、絹一萬四千餘疋。先是，自講和後，歲減錢四百六十二萬緡有奇，朝廷猶以爲重。二十四年，遣戶部員外郎鍾世明同四川制、總兩司措置裕民。二十五年，以符行中等言，減兩川絹估錢二十八萬緡，潼川府秋稅脚錢四萬緡，利路科斛脚錢十二萬緡，兩川米脚錢四十萬緡，鹽酒重額錢七十四萬緡，激賞絹九千餘疋，合一百六十餘萬緡；蠲州縣紹興十九年至二十三年折估糴本等逋欠二百九十二萬緡。

是時，朝廷雖蠲民舊逋，而符行中督責猶峻，蜀人怨之。於是以蕭振爲四川安撫制置使兼知成都府，行中提舉江州太平興國宮。二十六年，上以蜀民久困供億，詔制置蕭振、總領湯允恭、主管茶馬李潤、成都轉運判官許尹、潼川轉運判官王之望措置寬恤，於是之望奏減四川上供之半。二十七年，用蕭振等言，減三川對糴米十六萬九千餘石，夔路激賞絹五萬疋，兩川絹估錢二十八萬緡有奇，潼川、成都奇零折帛疋一千；又減韓球所增茶額四百六十二萬餘斤，茶司引息虛額錢歲九十五萬餘緡。

初，利州舊宣撫司有積緡二百萬，守者密獻之朝，下制置司取撥。振曰：「此所以備水旱軍旅也，一旦有急，又將取諸民乎？請留其半。」是歲振卒，李文會代之。二十八年，文會卒，中書舍人王剛中代之。二十九年，蠲四川折估糴本積欠錢三百四十萬緡。

乾道二年，蠲奇欠白契稅錢三十七萬餘緡〔三八〕。三年，蠲川、秦茶馬兩司紹興十九年至三十二年州縣侵用及民積欠六十六萬四千九百餘緡。四年，又詔：四川諸州欠紹興三十一年至隆興二年贍軍諸窠名錢物，暨退剝虧分之數，及漏底折欠等錢，並蠲之。蠲成都人戶理運對糴米脚錢三十五萬緡。淳熙十六年詔：「四川歲發湖、廣總領所綱運百三十五萬六千餘貫，自明年始，與免三年。當議對減鹽酒之額，制置、總領同諸路轉運、提刑司條上。其湖、廣歲計，朝廷當自給之。」

紹熙三年，蠲潼川府去年被水州縣租稅，資普榮敍州、富順監凡夏輸亦如之。尋又詔：「本路旱傷州縣租稅，官爲代輸及民已輸者，悉理今年之數。」四年，蠲紹熙三年成都、潼川兩路奇零絹估錢引四十七萬一千四百五十餘道，潼川府激賞絹一十六萬六千九百七十五疋〔三九〕。又詔：四川州縣鹽、酒課額，自明年更放三年。

嘉定七年，再蠲四川州縣鹽、酒課額三年，其合輸湖、廣總領所綱運亦免三年。十一

年，蠲天水軍今年租役差科，西和州蠲十之七，成州蠲十之六，將利、河池兩縣各蠲十之五，以紓兵也。

校勘記

〔一〕方田均稅條約並式　「方田」二字原脫，據長編卷二三七、編年綱目卷一九補。

〔二〕租額　長編卷二三七、通考卷四田賦考同。編年綱目卷一九作「祖額」，按宋制茶鹽酒稅有祖額之規定（參考本書卷一七九校勘記〔一〕），田賦或亦如此，疑以「祖額」爲是。

〔三〕立土爲埄　「埄」原作「峰」，據長編卷二三七、通考卷四田賦考、宋史全文卷一二上改。下文「行纏拍峰」句同。

〔四〕以期均當　「期」原作「其」，據文義和通考卷四田賦考改。

〔五〕卽一州而及五縣　「及」原作「定」，據宋會要食貨四之九、長編卷三二三改。

〔六〕自京西河北兩路始　「河」字原脫。長編紀事本末卷一三八載此事作「京西、河北兩路」，據補。

〔七〕第一等雖出十分之稅　「第一等」三字原脫，據宋會要食貨四之一二、通考卷五田賦考補。

〔八〕卽十等之上　「卽」原作「折」，據同上書同卷同篇改。

〔九〕十等之下　「十」原作「一」，據同上書同卷同篇改。

〔一〇〕一時所須　「須」原作「輸」，據通考卷四田賦考改。

〔一一〕兩稅折科物　「稅」原作「物」，據宋會要食貨七〇之三、長編卷一一改。

〔一二〕建隆四年　「建隆」原作「建炎」，據長編卷四、通考卷四田賦考改。

〔一三〕夏秋稅苗畝桑功　「秋稅」二字原倒，據長編卷三八乙正。

〔一四〕定民租二百石輸牛革一準錢千五百　長編卷一三，「二百」作「二十」，無「千」字。

〔一五〕於起納前半歲諭民　「前」原作「錢」，據宋會要食貨七〇之一四、長編卷三〇〇改。

〔一六〕權發遣三司戶部判官李琮　「遣」字原脫，據宋會要食貨七〇之一三、長編卷三〇〇補。長編繫此事於元豐二年九月。

〔一七〕則任民以所費多寡自擇　「任」原作「賃」，據通考卷五田賦考改。

〔一八〕王籍　原作「王播」，據宋會要食貨九之三、繫年要錄卷一〇五改。

〔一九〕蔡吏之侵漁納賄者　「吏」原作「民」，據繫年要錄卷一〇七改。

〔二〇〕七月詔新復州軍請佃官田輸租外免輸正稅　繫年要錄卷一三〇繫此事於九年七月，在宋、金議和之後，是。按編年順序，本句和句下的注文應移置下文「焚之通衢」後。

〔二一〕神武右軍都統制張俊　「都」字原脫，據宋會要食貨九之二五、繫年要錄卷七八補。

〔二二〕青陽縣苗稅　「稅」字原脫，據宋會要食貨一〇之一、繫年要錄卷一六五補。

〔二三〕四等以下戶官欠　「戶」字原脫，據繫年要錄卷一八一、通考卷二七國用考補。

〔二四〕二稅　原作「三稅」，據宋會要食貨六三之二九改。

〔二五〕鬻妻賣子　「賣」原作「買」，據文義改。

〔二六〕瀘夔　「瀘」原作「盧」，按宋無「盧州」而四川有瀘州；繫年要錄卷一九四本條作「瀘州」，據改。

〔二七〕奇零絹布之征　按繫年要錄卷一三九，「奇零」上有「激賞」二字；上文建炎三年條也說：「次科激賞絹。」朝野雜記甲集卷一四兩川激賞絹條也有記載。

〔二八〕蠲奇欠白契稅錢三十七萬餘緡　按宋會要食貨六三之二六記述此事，所蠲者僅是成都府路，又「奇欠」，會要作「畸零殘欠」。

〔二九〕一十六萬六千九百七十五疋　本書卷三六光宗紀作「六萬六千疋」。

宋史卷一百七十五

志第一百二十八

食貨上三

布帛　和糴　漕運

布帛　宋承前代之制，調絹、紬、布、絲、綿以供軍須，又就所產折科、和市。其纖麗之物，則在京有綾錦院，西京、眞定、青益梓州場院主織錦綺、鹿胎、透背，江寧府、潤州有織羅務，梓州有綾綺場，亳州市縐紗，大名府織縐縠，青、齊、鄆、濮、淄、濰、沂、密、登、萊、衡、永、全州市平絁。東京榷貨務歲入中平羅、小綾各萬匹，以供服用及歲時賜與。諸州折科、和市，皆無常數，唯內庫所須，則有司下其數供足。自周顯德中，令公私織造並須幅廣二尺五分，民所輸絹匹重十二兩，疏薄短狹、塗粉入藥者禁之；河北諸州軍重十兩，各長四

十二尺。宋因其舊。

開寶三年，令天下諸州凡絲、綿、紬、絹、麻布等物，所在約支二年之用，不得廣科市以煩民。初，蓬州請以租絲配民織綾，給其工直，太祖不許。太宗太平興國中，停湖州織綾務，女工五十八人悉縱之。詔川峽市買場、織造院，自今非供軍布帛，其錦綺、鹿胎、透背、六銖、欹正、龜殼等段匹，不須買織，民間有織賣者勿禁。馬元方爲三司判官，建言：「方春乏絕時，預給庫錢貸民，至夏秋令輸絹於官。」大中祥符三年，河北轉運使李士衡又言：「本路歲給諸軍帛七十萬，民間罕有緡錢，常預假於豪民，出倍稱之息，至期則輸賦之外，先償逋欠，以是工機之利愈薄。請預給帛錢，俾及時輸送，則民獲利而官亦足用。」詔優予其直。自是諸路亦如之。或蠶事不登，許以大小麥折納，仍免倉耗及頭子錢。

天聖中，詔減兩蜀歲輸錦綺、鹿胎、透背、欹正之半，罷作綾花紗。明道中，又減兩蜀歲輸錦綺、綾羅、透背、花紗三之二，命改織紬、絹以助軍。景祐初，遂詔罷輸錦背、繡背、遍地密花透背段，自掖庭以及閭巷皆禁用。其後歲輒增益梓路紅錦、鹿胎，慶曆四年復減半。既而又減梓路歲輸絹三之一，紅錦、鹿胎半之。先是，咸平初，廣南西路轉運使陳堯叟言：「準詔課植桑棗，嶺外唯產苧麻，許令折數，仍聽織布赴官場博市，匹爲錢百五十至二百。」

至是，三司請以布償緡直，登、萊端布爲錢千三百六十，沂布千一百，仁宗以取直過厚，命差減其數。自西邊用兵，軍須紬絹，多出益、梓、利三路，歲增所輸之數；兵罷，其費乃減。嘉祐三年，始詔寬三路所輸數。治平中，歲織十五萬三千五百餘匹。

神宗卽位，京師米有餘蓄，命發運司損和糴數五十萬石，市金帛上京，儲之榷貨務，備三路軍須。京東轉運司請以錢三十萬二千二百貫給貸於民，令次年輸絹，匹爲錢千，隨夏稅初限督之。詔運其錢于河北，聽商人入中。

熙寧三年，御史程顥言：「京東轉運司和買紬絹，增數抑配，率千錢課絹一匹，其後和買并稅絹，匹皆輸錢千五百。」時王廣淵爲轉運使，謂和買如舊，無抑配。顥言其迎合朝廷意。王安石謂廣淵在京東盡力以赴事功，不宜罪以迎合。乃詔所給內帑別額紬絹錢五十萬緡，隨收其本儲之北京，息歸之內帑。右正言李常亦言：「廣淵以陳汝義所進羨餘錢五十萬緡，隨和買絹錢分配，於常稅折科放買外，更取二十五萬緡，請以顥言付有司。」定州安撫司又言：「轉運司配紬、絹、綿、布於州鎭軍砦等坊郭戶，易錢數多，乞憫其災傷，又居極邊，特蠲損之。」詔提刑司別估，民不願市，令官自賣，已給而抑配者正之。自王安石秉政，專以取息爲富國之務，故當時言利小人如王廣淵輩，假和買紬絹之名，配以錢而取其五分之息，其刻

又甚於青苗。然安石右廣淵，顥、常言卒不行。二月，詔移巴蜀羨財，市布帛儲於陝西以備邊，省蜀人輸送及中都漕輓之費。

七年，兩浙察訪沈括言：「本路歲上供帛九十八萬，民苦備償，而發運司復以移用財貨爲名，增預買紬絹十二萬。」詔罷其所增之數。八年，韓琦奏倚閣預買紬絹等，雖稍豐稔，猶當五七歲帶輸。安石以爲不然，言於神宗曰：「預買紬絹，祖宗以來未嘗倚閣，往歲李稷有請，因從之。近方鎭監司爭以寬恤爲事，不計有無，異日國用闕，當復刻剝於民爾。」

元豐以來，諸路預買紬絹，許假封樁錢或坊場錢，少者數萬緡，多者至數十萬緡。其假提舉司寬剩錢者，又或令以絹帛入常平庫，俟轉運司以價錢易取。三年，京東轉運司請增預買數三十萬，卽本路移易，從之。四年，遣李元輔變運川峽四路司農物帛。中書言：物帛至陝西，擇省樣不合者貿易，糴糧儲於邊，期以一年畢。五年，戶部上其數凡八百十六萬一千七百八十四兩，三百四十六萬二千緡有奇。

紹聖元年，兩浙絲蠶薄收，和買并稅紬絹，令四等下戶輸錢，易左帑紬絹；又令轉運司以所輸錢市金銀，遇蠶絲多，兼市紗、羅、紬、絹上供。元符元年，雄州榷場輸布不如樣，監司、通判貶秩，展磨勘年有差；令損其直，後似此者勿受。

尙書省言：「民多願請預買錢，宜視歲例增給，來歲市紬絹計綱赴京。」左司員外郎陳瓘言：「預買之息，重於常平數倍，人皆以爲苦，何謂願請？今復創增，雖名濟乏，實聚斂之術。」提點京東刑獄程堂亦言：「京東、河北災民流未復，今轉運司東西路歲額無慮二百萬匹兩，又於例外增買，請罷之。」乃詔諸路提舉司勿更給錢，俟蠶麥多，選官置場。崇寧中，諸路預買，令所產州縣鄉民及城郭戶並準貲力高下差等均給。川峽路取元豐數最多一年爲額，舊不給者如故。

江西和買紬絹歲五十萬匹，舊以錢、鹽三七分預給。自鹽鈔法行，不復給鹽，令轉運司盡給以錢，而卒無有，逮今五年，循以爲常，民重傷困。大觀初，詔假本路諸司封樁錢及鄰路所掌封樁鹽各十萬緡給之。其後提舉常平張根復言：「本路和買，未嘗給錢，請盡給一歲鹽，許轉運司移運或民戶至場自請。」而江西十郡和買數多，法一匹給鹽二十斤，比錢九百，歲預於十二月前給之。轉運司得鹽不足，更下發運司會積歲所負給償。

尙書省言大觀庫物帛不足，令兩浙、京東、淮南、江東西、成都、梓州、福建路市羅、綾、紗一千至三萬匹各有差。二年，又令京東、淮南、兩浙市絹帛五萬及三萬匹，並輸大觀庫；又四川各二萬，輸元豐庫。江東西如四川之數，輸崇寧庫。而州縣和買，有以鹽一席折錢六千，令民至期輸紬絹六匹，又前期督促，致多逃徙，詔遞加其罪。坊郭戶預買有家至四五

百匹，興仁府萬延嗣戶業錢十四萬二千緡，歲均千餘匹，乃令減半均之。

兩浙和買并稅紬絹布帛，頭子錢外，又收市例錢四十，例外約增數萬緡，以分給人吏。政和初，詔罷市例錢。諸路紬絹布帛比價高數倍，而給直猶用舊法，言者請稍增之，度支以元豐例定，沮抑不行，令如期給散而已。江東和買，弊如江西，比年纔給二百，轉運司又以重十三兩爲則，不及則，準絲價補納以錢，兩率二百有餘。宣和三年，詔提刑司釐正以聞。先是，成都、河北預買，官戶許減半，四年，令舊嘗全科者如舊。既又以兩浙多官戶，令預買通數。七年冬，郊祀，河北、京東和買科取物帛絲綿等數並免，以供奉物給降，其所蠲貸，幾數百萬。

初，預買紬絹務優直以利民，然猶未免煩民，後或令民折輸錢，或物重而價輕，民力寖困，其終也，官不給直，而賦取益甚矣。十二月，詔令轉運司各會一路之數，分下州縣經畫，不以錢以他物、不以正月以他月給者，並論以違制。然有司鮮能承順焉。靖康元年，命轉運司以常平錢前一季預備，如正月之期給之，毋貸以他物而損其數。京東州縣勿以逃移戶舊數科著業人，仍先除其數，俟流民歸業均數。餘路亦如之。

建炎三年春，高宗初至杭州，朱勝非爲相。兩浙轉運副使王琮言：「本路上供、和買、夏

稅紬絹，歲爲匹一百一十七萬七千八百，每匹折輸錢二千以助用。」詔許之。東南折帛錢自此始。五月，詔每歲預買綿絹，令登時給其直。又詔江、浙和預買絹減四分之一，仍給見錢，違者寘之法。紹興元年，初賦鼎州和買折帛錢六萬緡，以贍蔡兵。以兩浙夏稅及和買紬絹一百六十餘萬匹，半令輸錢，匹二千。二年，以諸路上供絲、帛並半折錢如兩浙例，江、淮、閩、廣、荆湖折帛錢自此始。時江、浙、湖北、夔路歲額紬三十九萬匹，江南、川、廣、湖南、兩浙絹二百七十三萬匹，東川、湖南綾羅絁七萬匹，西川、廣西布七十七萬匹，成都錦綺千八百餘匹，皆有奇。

三年三月，以兩浙和買物帛，下戶艱於得錢，聽以七分輸正色，三分折見緡。初，洪州和買，八分輸正色，二分折省錢，匹三千。四年，帥臣胡世將請以三分匹折六千省。又言絹直踴貴，請匹增爲五千足。戶部定爲六千足。殿中侍御史張致遠言：「江西殘破之餘，和預買絹請折輸錢，朝廷從之，是欲少寬民力。匹輸錢五千省，比舊直已增其半，較之兩浙時直，匹多一千五百，戶部又令折六貫文足，是欲乘民之急而倍其歛也。物不常貴，則絹有時而易辦；錢額既定，則價無時而可減。」於是詔江西和買絹匹折輸錢六千省，願輸正色者聽。是冬，初令江、浙民戶悉輸折帛錢。當是時，行都月費錢百餘萬緡，重以征戍之費，令民輸紬者全折，輸絹者半折，匹五千二百省。折帛錢由此愈重。

九年正月，復河南，減折帛錢匹一千，未幾又增之。十七年，減折帛錢：江南匹爲六千，兩浙七千，和買六千五百；綿，江南兩爲三百，兩浙四百。二十年，詔：「廣西折布錢因張浚增至兩倍以上，今減作一貫文折輸。」二十九年，中書省奏：江、浙四路所起折帛錢，地里遙遠，宜就近儲之。詔除徽、處、廣德舊折輕貨，餘州當折銀者輸錢，願輸銀者聽，浙西提刑司、三總領所主之。先是，江、浙路折帛錢歲爲錢五百七十三萬餘緡，並輸行都，至是，始外儲之以備軍用。

乾道四年，減兩浙、江東西路〔一〕乾道五年夏稅、和買折帛錢之半。六年，知徽州郟升卿代還，奏：「州自五代時陶雅守郡，妄增民賦，至今二百餘年，比鄰境諸縣之稅獨重數倍，而雜錢之稅科折尤重，請賜蠲免。」九年，詔徽州額外創科雜錢一萬二千一百八十餘緡，及元認江東、兩浙運司諸處絹一萬六千六百餘匹，並蠲之。

紹熙五年，詔兩浙、江東西和買紬絹折帛錢太重，可自來年匹減錢一貫五百文，三年後別聽旨。所減之錢，令內藏、封樁兩庫撥還。

慶元元年，戶部侍郎袁說友言臨安、餘杭二縣和買科取之弊：「乞將餘杭縣經界元科之額配以絹數，不分等則，以二十四貫定數一匹，衮科而下，足額而止，捐其餘以惠末產之民。如此則吏不得而制民，民無資於詭戶，救弊之良策也。」說友又奏：「貫頭均科之法行，則縣

邑無由多取，鄉司無所走弄，而詭挾者不能以幸免，是以姦民頑吏立爲異論以搖之。」詔令集議。二年，吏部尚書葉翥等議請如帥漕所奏推行之，詔可。

建炎元年，知越州翟汝文奏：「浙東和預買絹歲九十七萬六千匹，而越乃六十萬五百匹〔二〕，以一路計之，當十之三。望將三等以上戶減半，四等以下戶權罷。」尋以杭之和買絹偏重，均十二萬匹於兩浙。乾道九年，祕書郎趙粹中言：「兩浙和買，莫重於紹興，而會稽爲最重。緣田薄稅重，詭名隱寄，多分子戶。自經界後至乾道五年，累經推排，減落物力，走失愈重，民力困竭。若據畝均輸，可絕詭戶之弊。」淳熙八年，詔兩淮漕臣吳琚與帥臣張子顏措置。子顏等言：「勢家豪民分析版籍以自託於下戶，是不可不抑。然弊必有原，謂如浙東七州，和買凡二十八萬一千七百三十有八；溫州本無科額，合台、明、衢、處、婺之數，不滿一十三萬；而紹興一郡獨當一十四萬六千九百三十有八，則是以一郡視五郡之輸而又贏一萬有奇，此重額之弊也。又如貲牛物力，以其有資民用，不忍科配；酒坊、鹽亭戶，以其嘗趁官課，難令再敷；至於坍江落海之田，壞地漂沒；僧道寺觀之產，或奉詔蠲免；而省額未除，不免陰配民戶，此暗科之弊也。二弊相乘，民不堪命，於是規避之心生，而詭戶之患起。舊例物力三十八貫五百爲第四等，降一文以下即爲第五等，爲詭戶者志於

規避，往往止就二三十貫之間立爲砧基。今若自有產有丁係眞五等依舊不科，其有產無丁之戶，將實管田產錢一十五貫以上並科和買，其一十五貫以下則存而不敷，庶幾僞五等不可逃，眞五等不受困。」於是詔：「紹興府攢宮田園、諸寺觀、延祥莊并租牛耕牛合蠲和買，並於省額除之；坊場、鹽亭戶見敷和買物力，及坍江田、放生池合減租稅物力，並覈實取旨。」

十一年，臣僚言兩浙、江東西四路和買不均之弊，送戶部、給舍等官詳議。鄭丙、丘密議，畝頭均科之說至公至平，詔施行之。十六年，知紹興府王希呂言：「均敷和買，曩者亟於集事，不暇覈實，一切以爲詭戶而科之，於是物力自百文以上皆不免於和買，貧民始不勝其困。乞將創科和買二萬五十七匹有奇盡放，則民被實惠矣。」於是詔下戶和買二萬五十餘匹住催一年，又減元額四萬四千匹有奇；均敷一節，令知紹興府洪邁從長施行。紹熙元年，邁定其法上之，詔依所措置推行，於是紹興貧民下戶稍寬矣。

和糴　宋歲漕以廣軍儲、實京邑。河北、河東、陝西三路及內郡，又自糴買，以息邊民飛輓之勞，其名不一。建隆初，河北連歲大稔，命使置場增價市糴，自是率以爲常。咸平中，嘗出內府綾、羅、錦、綺計直緡錢百八十萬、銀三十萬兩，付河北轉運使糴粟實邊。繼而

詔：「凡邊州積穀可給三歲卽止。」大中祥符初，三路歲豐，仍令增糴廣蓄，毋限常數。後又時出內庫緡錢，或數十萬，或百萬，別遣官經畫市糴，中等戶以下免之。

初，河東既下，減其租賦。有司言其地沃民勤，頗多積穀，請每歲和市，隨常賦輸送，其直多折色給之。京東西、陝西、河北闕兵食，州縣括民家所積糧市之，謂之推置；取上戶版籍，酌所輸租而均糴之，謂之對糴，皆非常制。麟、府州以轉餉道遠，遣常參官就置場和糴。河北又募商人輸芻粟於邊，以要券取鹽及緡錢、香藥、寶貨於京師或東南州軍，陝西則受鹽於兩池，謂之入中。陝西糴穀，又歲預給青苗錢，天聖以來，罷不復給，然發內藏金帛以助糴者，前後不可勝數。寶元中，出內庫珠直緡錢三十萬，付三司售之，收其直以助邊費。歐陽脩奉使河東還，言：「河東禁並邊地不許人耕，而私糴北界粟麥爲兵儲，最爲大患。」遂詔嵐、火山軍閑田並邊壕十里外者聽人耕，然竟無益邊備，歲糴如故。大抵入中利厚而商賈趨之，罷三路入中，悉以見錢和糴，縣官之費省矣。

熙寧五年，詔以銀絹各二十萬賜河東經略安撫司，聽人賒買，收本息封樁備邊。自是三路封樁，所給甚廣，或取之三司，或取之市易務，或取之他路轉運司，或賜常平錢，或鬻爵、給度牒，而出內藏錢帛不與焉。

七年，以岷州入中者寡，令三司具東南及西鹽鈔法經久通行利病以聞。知熙州王韶建議：「依沿邊和糴例，以一分見緡、九分西鈔，別約價，募入中者。凡邊部入中有闕，則多出京鈔或饒益誘之，以紓用度。」是歲，河東並邊大稔，詔都轉運使李師中與劉庠廣糴，積五年之蓄。復命輔臣議，更以陝西並塞芻糧之法，令轉運司增舊糴三分，以所糴虧羨爲賞罰，仍遣吏按視。而陝西和糴，或以錢、茶、銀、紬、絹糴於弓箭手。

八年，河東察訪使李承之言：「太原路二稅外有和糴糧草，官雖量予錢、布，而所得細微，民無所濟，遇歲凶不蠲，最爲弊法。」繼而知太原韓絳復請和糴於元數省三分，罷支錢、布，乞精選才臣講求利害。詔委陳安石。元豐元年，安石奏：「河東十三州二稅，以石計凡三十九萬二千有餘，而和糴數八十二萬四千有餘，所以歲凶仍輸者，以稅輕、軍儲不可闕故也。舊支錢、布相半，數既奇零，以鈔貿易，略不收半，公家實費，百姓乃得虛名。欲自今罷支糴錢，歲以其錢令並邊州郡和市封樁，卽歲災以塡所蠲數，年豐則三歲一免其輸。」朝廷以爲然，始詔河東歲給和糴錢八萬餘緡並罷，以其錢付漕司，如安石議。因用安石爲河東轉運使。其後經略使呂惠卿復請別議立法，除河外三州理爲邊郡宜免，餘十一州可概均糴。下有司議，以歲和糴見數十分之，裁其二，用八分爲額，隨戶色高下裁定，毋更給錢；歲災同秋稅蠲放，以轉運司應給錢補之，災不及五分，聽以久例支移。遂易和糴之名爲助軍糧草。

元豐四年，以度支副使蹇周輔兼措置河北糴便司。明年，詔以開封府界、諸路闕額禁軍及淮、浙、福建等路剩鹽息錢，並輸糴便司爲本。令瀛、定、澶等州各置倉，凡封樁，三司毋關預，委周輔專其任，司農寺市易、淤田、水利等司所計置封樁糧草並歸之。六年，詔提點河北西路王子淵兼同措置。未幾，手詔周輔：今河朔豐成，宜廣收糴。是歲，大名東、西濟勝二倉，定州衍積、寶盈二倉與瀛之州倉皆成，周輔召拜戶部侍郎，以左司郎中吳雍代之。明年，雍言河北倉廩皆充實，見儲糧料總千一百七十六萬石。詔賜同措置王子淵三品服。宣和中，罷畿內和糴。

自熙寧以來，和糴、入中之外，又有坐倉、博糴、結糴、俵糴、兌糴、寄糴、括糴、勸糴、均糴等名。其曰坐倉：熙寧二年，令諸軍餘糧願糴入官者，計價支錢，復儲其米於倉。王珪奏曰：「外郡用錢四十可致斗米於京師，今京師乏錢，反用錢百坐倉糴斗米，此極非計。」司馬光曰：「坐倉之法，蓋因小郡乏米而庫有餘錢，故反就軍人糴米以給次月之糧，出於一時急計耳。今京師有七年之儲，而府庫無錢，更糴軍人之米，使積久陳腐，其爲利害非臣所知。」呂惠卿曰：「今坐倉得米百萬石，則減東南歲漕百萬石，轉易爲錢以供京師，何患無

錢？」光曰：「臣聞江、淮之南，民間乏錢，謂之錢荒。而土宜秔稻，彼人食之不盡。若官不糴取以供京師，則無所發泄，必甚賤傷農矣。且民有米而官不用米，民無錢而官必使之出錢，豈通財利民之道乎？」不從。明年，又慮元價賤，神、龍衞及諸司每石等第增錢收糴，仍聽行於河北、河東、陝西諸路。元符以後，有低價抑糴之弊，詔禁止之。

其曰博糴：熙寧七年，詔河北轉運、提舉司置場，以常平及省倉歲用餘糧，減直聽民以絲、綿、綾、絹增價博買，俟秋成博糴。崇寧五年，又詔陝西錢重物輕，委轉運司措置，以銀、絹、絲、紬之類博糴斛斗，以平物價。

其曰結糴：熙寧八年，劉佐體量川茶，因便結糴熙河路軍儲，得七萬餘石，詔運給焉。未幾，商人王震言：結糴多散官或浮浪之人，有經年方輸者。詔措置熙河財用孫迥究治以聞。迥奏總管王君萬負熙、河兩州結糴錢十四萬六百三十餘緡、銀三百餘兩。乃遣蔡確馳往本路劾之，君萬及高遵裕皆坐借結糴違法市易，降黜有差。崇寧初，蔡京行於陝西，盡括民財以充數。五年，以星變講修闕政，罷陝西、河東結糴、對糴。

其曰俵糴：熙寧八年，令中書計運米百萬石費約三十七萬緡，帝怪其多。王安石因言：「俵糴非特省六七十萬緡歲漕之費，且河北入中之價，權之在我，遇斗斛貴住糴，卽百姓米無所糶，自然價損，非惟實邊，亦免傷農。」乃詔歲以末鹽錢鈔、在京粳米六十萬貫石，付都

提舉市易司貿易。度民田入多寡，豫給錢物，秋成於澶州、北京及緣邊入米麥粟封樁。即物價踴，權止入中，聽糴便司兌用，須歲豐補償。紹聖三年，呂大忠之言〔三〕，召農民相保，豫貸官錢之半，循稅限催科，餘錢至夏秋用時價隨所輸貼納。崇寧中，蔡京令坊郭、鄉村以等第給錢，俟收，以時價入粟，邊郡弓箭手、青唐蕃部皆然。用俵多寡爲官吏賞罰。

其曰兌糴：熙寧九年，詔淮南常平司於麥熟州郡及時兌糴。元祐二年，嘗以麥熟下諸路廣糴，詔後價若與本相當，即許變轉兌糴。

其曰寄糴：元豐二年，糴便糧草王子淵論綱舟利害，因言：「商人入中，歲小不登，必邀厚價，故設內郡寄糴之法，以權輕重。」七年，詔河北瀛、定二州所糴數以鉅萬，而散於諸郡寄糴，恐緩急不相及，不若致商人自運。李南公、王子淵俱言：「寄糴法行已久，且近都倉，緩急運致非難。」於是寄糴卒不罷。

其曰括糴：元符元年，涇原經略使章楶請並邊糴買；豫榜諭民，毋得與公家爭糴，即官儲有乏，括索贏糧之家，量存其所用，盡糴入官。

其曰勸糴、均糴：政和元年，童貫宣撫陝西議行之。鄜延經略使錢即言：「勸糴非可以久行。均糴先入其斛斗乃給其直，於有斛斗之家未有害也。坊郭之人，素無斛斗，必須外糴，轉有煩費。」疏奏，坐貶。時又詔河北、河東倣陝西均糴，知定州王漢之坐沮格奪職罷。

未幾，遂立均糴法。三年，以歲稔，諸路推行均糴。五年，言者謂：「均糴法嚴，然已糴而不償其直，或不度州縣之力，敷數過多，有一戶而糴數百石者。」乃詔諸路毋輒均糴。既而州縣以和糴爲名，低裁其價，轉運司程督愈峻，科率倍於均糴，詔約止之。宣和三年，方臘平，兩浙亦量官戶輕重均糴。明年，荆湖南、北均糴，以家業爲差。勸糴之法，其後寖及於新邊，鄯廓州、積石軍蕃部患之。

自熙寧以來，王韶開熙河，章惇營溪洞，沈起、劉彝啓交阯之隙，韓存寶、林廣窮乞弟之役，費用科調益繁。陝西宿兵既多，元豐四年，六路大舉西討，軍費最甚於他路。帝先慮科役擾民，令趙卨廉問，頗得其事。又以糧餉麤惡，欲械斬河東、涇原漕臣，以厲其餘，卒以師興役衆，鮮克辦給。又李稷爲鄜延漕臣督運，詔許斬知州以下乏軍興者，民苦摺運，多散走，所殺至數千人，道斃者不在焉。於是文彥博奏言：「關陝人戶，昨經調發，不遺餘力，死亡之餘，疲瘵已甚。爲今之計，正當勞來將士，安撫百姓，全其瘡痍，使得蘇息。」明年，優詔嘉答。初，西師無功，議者慮朝廷再舉，自是，帝大感悟，申飭邊臣固境息兵，關中以蘇。

哲宗即位，諸老大臣維持初政，益務綏靜，邊郡類無調發，第令諸路廣糴以備蓄積，及詔陝西、麟府州計五歲之糧而已。紹聖初，乃詔河北鎮、定、瀛州糴十年之儲，餘州七年。

其後陝西諸路又連歲興師，及進築鄯、湟等州，費資糧不可勝計。元符二年，涇原經略使章楶諫曰：「伏見興師以來，陝西府庫倉廩儲蓄，內外一空，前後資貸內藏金帛，不知其幾千萬數。即今所在糧草盡乏，漕臣計無所出，文移指空而已。今者，正休兵息民、淸心省事之時，唯深察臣言，裁決斯事。若更詢主議大臣，竊恐專務興師，上誤聖聽。」主議大臣，指章惇也。時內藏空乏，陝西諸路以軍賞銀絹數寡，請給於內藏庫，詔以絹五十萬匹予之。帝謂近臣曰：「內庫絹才百萬，已輟其半矣。」

蔡京用事，復務拓土，勸徽宗招納青唐，用王厚經置，費錢億萬，用大兵凡再，始克之，而湟州戍兵費錢一千二十四萬九千餘緡。五年〔四〕，熙河蘭湟運使洪中孚言：「本道青稞畝收五石，粒當大麥之三。異時人糧給精米，馬料給青稞，率皆八折，不惟人馬之食自足，而價亦相當。今邊臣不燭事情，精米、青稞與糙米、大麥一例抵斗給散，即公有一分之耗，私有一分之贏。會計一路歲費斛斗一百八十萬，雜色五十萬外，青稞一百三十萬，抵斗歲費二十六萬石，石三十緡，計七百八十萬。」帝慮其米仍麤，將士或有饑色，乃命九折。明年，復令計斗給散，竟罷九折。又於陝西建四都倉：平夏城曰裕財，鎭戎軍曰裕國，通峽砦曰裕民，西安州曰裕邊。自夏人叛命，諸路皆謀進築，陝以西保甲皆運糧。後童貫又自將兵築

靖夏、制戎、伏羌等城，窮討深入，凡六七年。至宣和末，饋餉空乏，鄜延至不能支旬月。時邊臣爭務開邊，夔、峽、嶺南不毛之地，草創郡邑，調取於民，費出於縣官，不可勝計。最後有燕山之役，雄、霸等州倉廩皆竭，兵士饑忿，有擲瓦石擊守貳、刃將官者。燕山郭藥師所將常勝一軍，計口給錢廩，月費米三十萬石、錢一百萬緡。河北之民力不能給，於是免夫之議興。

初，黃河歲調夫修築埽岸，其不即役者輸免夫錢。熙、豐間，淮南科黃河夫，夫錢十千，富戶有及六十夫者，劉誼蓋嘗論之。及元祐中，呂大防等主回河之議，力役既大，因配夫出錢。大觀中，修滑州魚池埽，始盡令輸錢。帝謂事易集而民不煩，乃詔凡河隄合調春夫，盡輸免夫之直，定爲永法。及是，王黼建議，乃下詔曰：「大兵之後，非假諸路民力，其克有濟？諭民國事所當竭力，天下並輸免夫錢，夫二十千，淮、浙、江、湖、嶺、蜀夫三十千。」凡得一千七百餘萬緡，河北羣盜因是大起。

南渡，三邊饋餉，糴事所不容已。紹興間，於江、浙、湖南博糴，多者給官告，少者給度牒，或以鈔引，類多不售，而吏緣爲姦，人情大擾。於是減其價以誘積粟之家，初不拘於官、編之戶。凡降金銀錢帛而州縣阻節不即還者，官吏並徙二年。廣東轉運判官周綱糴米十五萬石，無擾及無陳腐，撫州守臣劉汝翼〔五〕餉兵不匱，及勸誘賑糶流離，皆轉一官。七年，

以饒州之糴石取耗四斗，罪其郡守。自是和糴者計剩科罪。十三年，荆湖歲稔，米斗六七錢，乃就糴以寬江、浙之民。十八年，免和糴，命三總領所置場糴之。舊制：兩浙、江、湖歲當發米四百六十九萬斛，兩浙一百五十萬，江東九十三萬，江西百二十六萬，湖南六十五萬，湖北三十五萬。至是，欠百萬斛有奇。乃詔臨安、平江府及淮東西、湖廣三計司，歲糴米百二十萬斛：浙西凡糴七十六萬〔六〕，淮西十六萬五千，湖廣、淮東皆十五萬。二十八年，除二浙以三十五萬斛折錢，諸路綱米及糴場歲收四百五十二萬斛。二十九年，糴二百三十萬石以備振貸，石降錢二千，以關子、茶引及銀充其數。

孝宗乾道三年秋，江、浙、淮、閩淫雨，詔州縣以本錢坐倉收糴，毋強配於民。四年，糴本給會子及錢銀，石錢二貫五百文。淳熙三年，詔廣西運司，糴錢以歲豐歉市直高下增減給之。寶慶三年，監察御史汪剛中言：「和糴之弊，其來非一日矣，欲得其要而革之，非禁科抑不可。夫禁科抑，莫如增米價，此已試而有驗者，望飭所司奉行。」有旨從之。紹定元年，錫銀、會、度牒於湖廣總所，令和糴米七十萬石餉軍。五年，臣僚言：「若將民間合輸緡錢使輸斛斗，免令賤糶輸錢，在農人亦甚有利，此廣糴之良法也。」從之。開慶元年，沿江制置司招糴米五十萬石，湖南安撫司糴米五十萬石，兩浙轉運司五十萬石，淮、浙發運司二百萬石，江東提舉司三十萬石，江西轉運司五十萬石，湖南轉運司二十萬石，太平州一十萬石，

淮安州三十萬石，高郵軍五十萬石，漣水軍一十萬石，廬州一十萬石，並視時以一色會子發下收糴，以供軍餉。

咸淳六年，都省言：「咸淳五年和糴米，除浙西永遠住糴及四川制司就糴二十萬石椿充軍餉外，京湖制司、湖南、江西、廣西共糴一百四十八萬石，凡遇和糴年分皆然。」

漕運

宋都大梁，有四河以通漕運：曰汴河，曰黃河，曰惠民河，曰廣濟河，而汴河所漕爲多。太祖起兵間，有天下，懲唐季五代藩鎮之禍，蓄兵京師，以成彊幹弱支之勢，故於兵食爲重。建隆以來，首浚三河，令自今諸州歲受稅租及筦榷貨利、上供物帛，悉官給舟車，輸送京師，毋役民妨農。開寶五年，率汴、蔡兩河公私船，運江、淮米數十萬石以給兵食。是時京師歲費有限，漕事尚簡。至太平興國初，兩浙既獻地，歲運米四百萬石。所在雇民挽舟，吏並緣爲姦，運舟或附載錢帛、雜物輸京師，又回綱轉輸外州，主藏吏給納邀滯，於是擅貿易官物者有之。八年，乃擇幹彊之臣，在京分掌水陸路發運事。凡一綱計其舟車役人之直，給付主綱吏雇募，舟車到發、財貨出納，並關報而催督之，自是調發邀滯之弊遂革。

初，荆湖、江、浙、淮南諸州，擇部民高貲者部送上供物，民多質魯，不能檢御舟人，舟人侵盜官物，民破產不能償。乃詔牙吏部送，勿復擾民。大通監輸鐵偫方鑄兵器，鍛鍊用之，十裁得四五；廣南貢藤，去其麤者，斤僅得三兩。遂令鐵就冶鄣淬治之，藤取堪用者，無使負重致遠，以勞民力。汴河挽舟卒多饑凍，太宗令中黃門求得百許人，藍縷枯瘠，詢其故，乃主糧吏率取其口食。帝怒，捕鞫得實，斷腕徇河上三日而後斬之，押運者杖配商州。雍熙四年，併水陸路發運爲一司。主綱吏卒盜用官物，及用水土雜糅官米，故毀敗舟船致沈溺者，棄市，募告者厚賞之；山河、平河實因灘磧風水所敗，以收救分數差定其罪。端拱元年，罷京城水陸發運，以其事分隸排岸司及下卸司。先是，四河所運未有定制，太平興國六年，汴河歲運江、淮米三百萬石，菽一百萬石；黃河粟五十萬石，菽三十萬石；惠民河粟四十萬石，菽二十萬石；廣濟河粟十二萬石：凡五百五十萬石。非水旱蠲放民租，未嘗不及其數。至道初，汴河運米五百八十萬石。大中祥符初，至七百萬石。

江南、淮南、兩浙、荆湖路租糴，於眞、揚、楚、泗州置倉受納，分調舟船泝流入汴，以達京師，置發運使領之。諸州錢帛、雜物、軍器上供亦如之。陝西諸州菽粟，自黃河三門沿流入汴，以達京師，亦置發運司領之。粟帛自廣濟河而至京師者，京東之十七州；由石塘、惠民河而至京師者，陳、潁、許、蔡、光、壽六州，皆有京朝官廷臣督之。河北衞州東北有御河達乾寧軍，其運物亦廷臣主之。廣南金銀、香藥、犀象、百貨，陸運至虔州而後水運。

川益諸州金帛及租、市之布，自劍門列傳置，分輦負檐至嘉州，水運達荆南，自荆南遣綱吏運送京師，咸平中，定歲運六十六萬匹，分爲十綱。天禧末，水陸運上供金帛、緡錢二十三萬一千餘貫、兩、端、匹，珠寶、香藥二十七萬五千餘斤。諸州歲造運船，至道末三千二百三十七艘，天禧末減四百二十一。先是，諸河漕數歲久益增，景德四年，定汴河歲額六百萬石。天聖四年，荆湖、江、淮州縣和糴上供，小民闕食，自五年後權減五十萬石。慶曆中，又減廣濟河二十萬石。後黃河歲漕益減耗，纔運菽三十萬石，歲創漕船，市材木，役牙前，勞費甚廣；嘉祐四年，罷所運菽，減漕船三百艘。自是歲漕三河而已。

江、湖上供米，舊轉運使以本路綱輸眞、楚、泗州轉般倉，載鹽以歸，舟還其郡，卒還其家。汴舟詣轉般倉運米輸京師，歲摺運者四。河冬涸，舟卒亦還營，至春復集，名曰放凍。卒得番休，逃亡者少；汴船不涉江路，無風波沉溺之患。後發運使權益重，六路上供米團綱發船，不復委本路，獨專其任。文移坌併，事目繁夥，不能檢察。操舟者賕諸吏，得詣富饒郡市賤貿貴，以趨京師。自是江、汴之舟，混轉無辨，挽舟卒有終身不還其家、老死河路者。籍多空名，漕事大弊。

皇祐中，發運使許元奏：「近歲諸路因循，糧綱法壞，遂令汴綱至冬出江，爲他路轉漕，

兵不得息。宜敕諸路增船，載米輸轉般倉充歲計如故事。」於是牟利者多以元說爲然，詔如元奏。久之，諸路綱不集。嘉祐三年，下詔切責有司以格詔不行，及發運使不能總綱條，轉運使不能斡歲入。預敕江、湖、兩浙轉運司(七)，期以朞年，各造船補卒，團本路綱，自嘉祐五年汴船不得復出江。至期，諸路船猶不足。汴船既不至江外，江外船不得至京師，失商販之利；而汴船工卒訖多坐食，恆苦不足，皆盜毀船材，易錢自給，船愈壞而漕額愈不及矣。論者初欲漕卒得歸息，而近歲汴船多傭丁夫，每船卒不過一二人，至冬當留守船，實無得歸息者。時元罷已久，後至者數奏請出汴船，執政不許。治平三年，始詔出汴船七十綱，未幾，皆出江復故。

治平二年，漕粟至京師，汴河五百七十五萬五千石，惠民河二十六萬七千石，廣濟河七十四萬石。又漕金帛緡錢入左藏、內藏庫者，總其數一千一百七十三萬，而諸路轉移相給者不預焉。繇京西、陝西、河東運薪炭至京師，薪以斤計一千七百一十三萬，炭以秤計一百萬。是歲，諸路創漕船二千五百四十艘。治平四年，京師杭米支五歲餘。是時，漕運吏卒，上下共爲侵盜貿易，甚則託風水沉沒以滅迹。官物陷折，歲不減二十萬斛。熙寧二年，薛向爲江、淮等路發運使，始募客舟與官舟分運，互相檢察，舊弊乃去。歲漕常數既足，募商舟運至京師者又二十六萬餘石而未已，請充明年歲計之數。

三司使吳充言：「宜自明年減江、淮漕米二百萬石，令發運司易輕貨二百萬緡，計五年所得，無慮緡錢千萬，轉儲三路平糴備邊。」王安石謂：「驟變米二百萬石，米必陡賤；驟致輕貨二百萬貫，貨必陡貴。當令發運司度米貴州郡，折錢變爲輕貨，儲之河東、陝西要便州軍，用常平法糶糴爲便。」詔如安石議。七年，京東路察訪鄧潤甫等言：「山東沿海州郡地廣，豐歲則穀賤，募人爲海運，山東之粟可轉之河朔，以助軍食。」詔京東、河北路轉運司相度，卒不果行。是歲，江、淮上供穀至京師者三分不及一，令督發運使張頡亟辦來歲漕計。

宣徽南院使張方平言：「今之京師，古所謂陳留，天下四衝八達之地，利漕運而贍師旅。國初，浚河渠三道以通漕運，立上供年額，汴河六百萬石，廣濟河六十二萬石，惠民河六十萬石。廣濟河所運，止給太康、咸平、尉氏等縣軍糧，唯汴河運米麥，乃太倉蓄積之實。近罷廣濟河，而惠民河斛斗不入太倉，大衆所賴者汴河。議者屢作改更，必致汴河日失其舊。」十二月，詔濬廣濟河，增置漕舟。其後河成，歲漕京東穀六十萬石。東南諸路上供雜物舊陸運者，增舟水運。押汴河江南、荆湖綱運，七分差三班使臣，三分軍大將、殿侍。又令眞、楚、泗州各造淺底舟百艘，分爲十綱入汴。

元豐五年，罷廣濟河輦運司及京北排岸司，移上供物於淮陽計置入汴，以清河輦運司爲名。御史言廣濟安流而上，與清河泝流入汴，遠近險易不同。詔轉運、提點刑獄比較利害以聞。江、淮等路發運副使蔣之奇、都水監丞陳祐甫開龜山運河，漕運往來，免風濤百年沉溺之患。詔各遷兩官，餘官減年循資有差。八年，罷歲運百萬石赴西京。先是，導洛入汴，運東南粟實洛下，至是，戶部奏罷之。是年，立汴河糧綱賞罰，歲終檢察。紹聖二年，置汴綱，通作二百綱。在部進納官銓試不中者，注押上供糧斛，不用衙前、土人、軍將。未幾，復募土人押諸路綱如故。

政和七年，立東南六路州軍知州、通判裝發上供糧斛任滿賞格，自一萬石至四十萬石升名次減年有差。張根爲江南西路轉運副使，歲漕米百二十萬石給中都。江南州郡僻遠，官吏艱於督趣，根常存三十萬石爲轉運之本，以寬諸郡，時甚稱之。宣和二年，詔：「六路米麥綱運依法募官，先募未到部小使臣及非泛補授校尉以上未許參部人幷進納人管押；淮南以五運，兩浙及江東二千里內以四運，江東二千里外及江西三運，湖南、北二運，各欠不及五釐，依格推賞外，仍許在外指射合入差遣一次。召募土人並罷。」七年，詔結絕應奉司江淮諸局、所及罷花石綱，令逐路漕臣速拘舟船裝發綱運備邊。靖康初，汴河決口有至百步者，塞之，工久未訖，乾涸月餘，綱運不通，南京及京師皆乏糧。責都水使者陳求道等，命提舉京師所陳良弼同措置。越兩旬，水復舊，綱運沓至，兩京糧乃足。

河北、河東、陝西三路租稅薄，不足以供兵費，屯田、營田歲入無幾，糴買入中之外，歲出內藏庫金帛及上京榷貨務緡錢，皆不翅數百萬。選使臣、軍大將，河北船運至乾寧軍，河東、陝西船運至河陽，措置陸運，或用鋪兵廂軍，或發義勇保甲，或差雇夫力，車載馱行，隨道路所宜。河北地里差近，西路回遠，又涉磧險，運致甚艱。熙寧六年，詔鄜延路經略司支封樁錢於河東買橐駞三百，運沿邊糧草。

元豐四年，河東轉運司調夫萬一千人隨軍，坊郭上戶有差夫四百人者，其次一二百人。願出驢者三驢當五夫，五驢別差一夫驅喝。一夫雇直約三十千以上，一驢約八千，加之期會迫趣，民力不能勝。軍須調發煩擾，又多不急之務，如絳州運棗千石往麟、府，每石止直四百，而雇直乃約費三十緡。涇原路轉運判官張大寧言：「餽運之策，莫若車便。自熙寧砦(八)至磨哆口皆大川，通車無礙，自磨哆至兜嶺下道路亦然。嶺以北即山險少水，車乘難行。可就嶺南相地利建一城砦，使大車自鎭戎軍載糧草至彼，隨軍馬所在，以軍前夫畜往來短運。更於中路量度遠近，以遣回空夫築立小堡應接，如此則省民力之半。」神宗嘉之。京西轉運司調均、鄧州夫三萬，每五百人差一官部押，赴鄜延饋運。其本路程塗日支錢米外，轉運司計自入陝西界至延州程數，日支米錢三十、柴菜錢十文，並先併給。陝西都轉運

中華書局

司於諸州差雇車乘人夫，所過州交替，人日支米二升、錢五十，至沿邊止。運糧出界，止差廂軍。六年，詔熙河蘭會經略制置司，計置蘭州人萬馬二千糧草[九]，於次路州軍劃刮官私橐駝二千與經制司，自熙、河摺運。事力不足，發義勇保甲。給河東、陝西邊用非機速者，並作小綱數排日遞送。

大觀二年，京畿都轉運使吳擇仁言：「西輔軍糧，發運司歲撥八萬石貼助，於滎澤下卸，至州尚四五十里，擺置車三鋪，每鋪七十人，月可運八千四百石。所運漸多，據數增添鋪兵。」靖康元年十月，詔曰：「一方用師，數路調發，軍功未成，民力先困。京西運糧，每名六斗，用錢四十貫；陝西運糧，民間倍費百餘萬緡，聞之駭異。今歲四方豐稔，粒米狼戾，但可逐處增價收糴，不得輕議般運[一〇]，以稱恤民之意。若般綱水運及諸州支移之類仍舊。」三路陸運以給兵費，大略如此，其他州縣運送或軍興調發以給一時之用，此皆不著。

轉般，自熙寧以來，其法始變，歲運六百萬石給京師外，諸倉常有餘蓄。州郡告歉，則折收上價，謂之額斛。計本州歲額，以倉儲代輸京師，謂之代發。復於豐熟以中價收糴，穀賤則官糴，不至傷農；饑歉則納錢，民以爲便。本錢歲增，兵食有餘。崇寧初，蔡京爲相，始求羨財以供侈費，用所親胡師文爲發運使，以糴本數百萬緡充貢，入爲戶部侍郎。來者倣

尤，時有進獻，而本錢竭矣；本錢既竭，不能增糴，而儲積空矣；儲積既空，無可代發，而轉般之法壞矣。

崇寧三年，戶部尚書曾孝廣言：「往年，南自眞州江岸，北至楚州淮堤，以堰瀦水，不通重船，般剝勞費。遂於堰旁置轉般倉，受逐州所輸，更用運河船載之入汴，以達京師。雖免推舟過堰之勞，然侵盜之弊由此而起。天聖中，發運使方仲荀奏請度眞、楚州堰爲水牐，自是東南金帛、茶布之類直至京師，惟六路上供斛斗，猶循用轉般法，吏卒糜費與在路折閱，動以萬數。欲將六路上供斛斗，並依東南雜運直至京師或南京府界卸納，庶免侵盜乞貸之弊。」自是六路郡縣各認歲額，雖湖南、北至遠處，亦直抵京師，號直達綱，豐不加糴，歉不代發。方綱米之來，立法峻甚，船有損壞，所至修整，不得踰時。州縣欲其速過，但令供狀，以錢給之，沿流鄉保悉致騷擾，公私橫費百出。又鹽法已壞，迴舟無所得，舟人逃散，船亦隨壞，本法盡廢。

大觀三年，詔直達綱自來年並依舊法復行轉般，令發運司督修倉廒，荊湖北路提舉常平王瓌措置諸路運糧舟船。政和二年，復行直達綱，毀拆轉般諸倉。譚稹上言：「祖宗建立眞、楚、泗州轉般倉，一以備中都緩急，二以防漕渠阻節，三則綱船裝發，資次運行，更無虛日。自其法廢，河道日

益淺澀，遂致中都糧儲不繼，淮南三轉般倉不可不復。乞自泗州爲始，次及眞、楚，既有瓦木，順流而下，不甚勞費。俟歲豐計置儲蓄，立法轉般。」淮南路轉運判官向子諲奏：「轉般之法，寓平糴之意，江、湖有米，可糴於眞，兩浙有米，可糴於揚，宿、亳有麥，可糴於泗。坐視六路豐歉，有不登處，則以錢折斛，發運司得以斡旋之，不獨無歲額不足之憂，因可以寬民力。運渠旱乾，則有汴口倉。今所患者，向來糴本歲五百萬緡，支移殆盡。」

宣和五年，乃降度牒及香、鹽鈔各一百萬貫，令呂淙、盧宗原均糴斛斗，專備轉般。江西轉運判官蕭序辰言：「轉般道里不加遠，而人力不勞卸納，年豐可以廣糴厚積，以待中都之用。自行直達，道里既遠，情弊尤多，如大江東西、荊湖南北有終歲不能行一運者，有押米萬石欠七八千石，有拋失舟船、兵梢逃散、十不存一二者。折欠之弊生於稽留，而沿路官司多端阻節，至有一路漕司不自置舟船，截留他路回綱，尤爲不便。」詔發運司措置。六年，以無額上供錢物并六路舊欠發斛斗錢，貯爲糴本，別降三百萬貫付盧宗原，將湖南所起年額，並隨正額預起拋欠斛斗於轉般倉下卸，卻將已卸均糴斗斛轉運上京，所有直達，候轉般斛斗有次第日罷之。靖康元年，令東南六路上供額斛，除淮南、兩浙依舊直達外，江、湖四路並措置轉般。

高宗建炎元年，詔諸路綱米以三分之一輸送行在，餘輸京師。二年，詔二廣、湖南北、江東西綱運輸送江寧府，福建、兩浙路輸送[一一]平江府，京畿、淮南、京東西、河北、陝西及川綱輸送行在。又詔二廣、湖南北綱運如過兩浙，許輸送平江府；福建綱運過江東、西，亦許輸送江寧府。三年，又詔諸路綱運見錢并糧輸送建康府戶部，其金銀、絹帛並輸送行在。紹興初，因地之宜，以兩浙之粟供行在，以江東之粟餉淮東，以江西之粟餉淮西，荊湖之粟餉鄂、岳、荊南。量所用之數，責漕臣將輸，而歸其餘於行在，錢帛亦然。雇舟差夫，不勝其弊，民間有自毀其舟、自廢其田者。

紹興四年，川、陝宣撫吳玠調兩川夫運米一十五萬斛至利州，率四十餘千致一斛，饑病相仍，道死者衆，蜀人病之。漕臣趙開聽民以粟輸內郡，募舟輓之，人以爲便。總領所遣官就糴於沿流諸郡，復就興、利、閬州置場，聽商人入中。然猶慮民之勞且憊也，又減成都水運對糴米。紹興十六年。

三十年，科撥諸路上供米：鄂兵歲用米四十五萬餘石，於全、永、郴、邵、道、衡、潭、鄂、鼎科撥；荊南兵歲用米九萬六千石，於德安、荊南、澧、純、潭、復、荊門、漢陽科撥；池州兵歲用米十四萬四千石，於吉、信、南安科撥；建康兵歲用米五十五萬石[一二]，於洪、江、池、宣、太平、臨江、興國、南康、廣德科撥；行在合用米一百十二萬石，就用兩浙米外，於建康、

太平、宣科撥；其宣州見屯殿前司牧馬歲用米，幷折輸馬料三萬石，於本州科撥；並諸路轉運司樁發。時內外諸軍歲費米三百萬斛，而四川不預焉。

嘉定兵興，揚、楚間轉輸不絕，濠、廬、安豐舟楫之通亦便矣，而浮光之屯，仰饋於齊安、舒、蘄之民，遠者千里，近者亦數百里。至於京西之儲，襄、郢猶可徑達，獨棗陽陸運，夫皆調於湖北鼎、澧等處，道路遼邈，夫運不過八斗，而資糧屝屨與夫所在邀求，費常十倍。中產之家雇替一夫，爲錢四五十千；單弱之人一夫受役，則一家離散，至有斃於道路者。

至於部送綱運，並差見任官，闕則選募得替待闕及寄居官有材幹者，其責繁難，人以爲憚。故自紹興以來優立賞格，其有欠者亦多方而憫之。乾道初，蠲欠五十石以下者；三年，蠲欠百石以下者。九年，初，綱運欠及一分者送有司究弊，至是，臣僚申明綱運欠及一分者亦許其補足。淳熙元年，詔：「不以所欠多寡，並與除放。其有因綱欠追降官資者，如本非侵盜，且補輸已足，許敍復。」自是綱運欠失雖責償於官吏，然以其山川險遠，非一人所能究，亦時寓於蠲放焉。

校勘記

〔一〕江東西路　原脫，據本書卷三四孝宗紀、通考卷二〇市糴考補。

〔二〕六十萬五百四　本書卷三七二翟汝文傳、繫年要錄卷六都作「二十萬五百四」。依下文「以一路計之當十之三」推算，此處所舉數字相差甚大，本傳和繫年要錄所舉數字近是。

〔三〕呂大忠之言　句首當脫一「用」字或「以」字。

〔四〕五年　按本書卷二〇徽宗紀、十朝綱要卷一六，熙河蘭湟路建於崇寧四年；又宋羅願新安志卷七洪尙書傳，洪中孚於崇寧間移漕熙河蘭湟路。此上失書崇寧紀元。

〔五〕劉汝翼　宋會要食貨四〇之二一、繫年要錄卷九九都作「劉子翼」。

〔六〕浙西凡糴七十六萬　原脫，據上文歲糴百二十萬斛之數和繫年要錄卷一五八補。

〔七〕江湖兩浙轉運司　「江湖」原作「江淮」，據宋會要食貨四六之一六、宋大詔令集卷一八四令江南荆湖兩浙造船團綱般起赴眞楚泗轉般倉發運司不得撥綱往諸道詔改。

〔八〕熙寧砦　「砦」字原脫，據宋會要食貨四三之二、長編卷三一九補。

〔九〕糧草　「糧」上原衍「般運」二字，據宋會要食貨四八之一八、長編卷三三三刪。

〔一〇〕不得輕議般運　「議」字原脫，據宋會要食貨四八之一九、靖康要錄卷一一補。

〔一一〕江寧府福建兩浙路輸送　原脫，據宋會要食貨四七之一四、通考卷二五國用考補。

〔一二〕建康兵歲用米五十五萬石　按繫年要錄卷一八四，此下尙有「於吉、撫、饒、建昌科撥；鎭江兵歲用米六十萬石」之文。

宋史卷一百七十六

志第一百二十九

食貨上四

屯田　常平　義倉

前代軍師所在，有地利則開屯田、營田，以省餽饟。宋太宗伐契丹，規取燕薊，邊隙一開，河朔連歲繹騷，耕織失業，州縣多閑田，而緣邊益增戍兵。自雄州東際于海，多積水，契丹患之，不得肆其侵突；順安軍西至北平二百里，其地平曠，歲常自此而入。議者謂宜度地形高下，因水陸之便，建阡陌，濬溝洫，益樹五稼，可以實邊廩而限戎馬。端拱二年，分命左諫議大夫陳恕、右諫議大夫樊知古爲河北東、西路招置營田使，恕對極言非便。行數日，有詔令修完城堡，通導溝瀆，而營田之議遂寢。時又命知代州張齊賢制置河東諸州營田，尋亦罷。

六宅使何承矩請於順安砦西引易河築堤爲屯田。既而河朔連年大水，及承矩知雄州，又言宜因積潦蓄爲陂塘，大作稻田以足食。會滄州臨津令閩人黃懋上書言：「閩地惟種水田，緣山導泉，倍費功力。今河北州軍多陂塘，引水溉田，省功易就，三五年間，公私必大獲其利。」詔承矩按視，還，奏如懋言。遂以承矩爲制置河北沿邊屯田使，懋爲大理寺丞充判官，發諸州鎭兵一萬八千人給其役。凡雄莫霸州、平戎順安等軍興堰六百里，置斗門，引淀水灌溉。初年種稻，值霜不成。懋以晚稻九月熟，河北霜早而地氣遲，江東早稻七月卽熟，取其種課令種之，是歲八月，稻熟。初，承矩建議，沮之者頗衆；武臣習攻戰，亦耻於營葺。既種稻不成，羣議愈甚，事幾爲罷。至是，承矩載稻穗數車，遣吏送闕下，議者乃息。而莞蒲、蜃蛤之饒，民賴其利。

度支判官陳堯叟等亦言：「漢、魏、晉、唐於陳、許、鄧、潁暨蔡、宿、亳至于壽春，用水利墾田，陳迹具在。請選官大開屯田，以通水利，發江、淮下軍散卒及募民充役。給官錢市牛、置耕具，導溝瀆，築防堰。每屯千人〔一〕，人給一牛，治田五十畝，雖古制一夫百畝，今且墾其半，俟久而古制可復也。畝約收三斛，歲可收十五萬斛，七州之間置二十屯，可得三百萬斛，因而益之，數年可使倉廩充實，省江、淮漕運。民田未闢，官爲種植，公田未墾，募民墾之，歲登所取，並如民間主客之例。傳子曰：『陸田命懸於天，人力雖修，苟水旱不時，則一年之功棄矣。水田之制由人力，人力苟修，則地利可盡。』且蟲災之害亦少於陸田，水田既修，其利兼倍。」帝覽奏嘉之，遣大理寺丞皇甫選、光祿寺丞何亮乘傳按視經度，然不果行。

至咸平中，大理寺丞黃宗旦〔三〕請募民耕潁州陂塘荒地凡千五百頃。部民應募者三百餘戶，詔令未出租稅，免其徭役。然無助於功利。而汝州舊有洛南務，內園兵種稻，雍熙二年罷，賦予民，至是復置，命京朝官專掌。募民戶二百餘，自備耕牛，立團長，墾地六百頃，導汝水溉灌，歲收二萬三千石。襄陽縣淳河，舊作堤截水入官渠，溉民田三千頃；宜城縣蠻河，溉田七百頃；又有屯田三百餘頃。知襄州耿望請於舊地兼括荒田，置營田上、中、下三務，調夫五百，築堤堰，仍集鄰州兵每務二百人，荊湖市牛七百分給之。是歲，種稻三百餘頃。

四年，陝西轉運使劉綜亦言：「宜於古原州建鎭戎軍置屯田。今本軍一歲給芻糧四十餘萬石、束，約費茶鹽五十餘萬，儻更令遠民輸送，其費益多。請於軍城四面立屯田務，開田五百頃，置下軍二千人、牛八百頭耕種之；又於軍城前後及北至木峽口，各置堡砦，分居

其人，無寇則耕，寇來則戰。就命知軍爲屯田制置使，自擇使臣充四砦監押，每砦五百人充屯戍。」從之。既而原、渭州亦開方田，戎人內屬者皆依之得安其居。

是時兵費浸廣，言屯、營田者，輒詔邊臣經度行之。順安軍兵馬都監馬濟請於靜戎軍〔三〕東壅鮑河，開渠入順安、威虜二軍，置水陸營田於其側。命莫州部署石普護其役，踰年而畢。知保州趙彬復奏決雞距泉，自州西至滿城縣〔四〕，分徐河水南流注運渠，廣置水陸屯田，詔駐泊都監王昭遜共成之。自是定州亦置屯田。五年，罷襄州營田下務。六年，耿望又請於唐州赭陽陂置務如襄州，歲種七十餘頃，方城縣令佐掌之，調夫耘耨。

景德初，從京西轉運使張巽之請，詔止役務兵。二年，令緣邊有屯、營田州軍，長吏並兼制置諸營田、屯田事，舊兼使者如故。大中祥符九年，改定保州、順安軍營田務爲屯田務，凡九州軍皆遣官監務，置吏屬。淮南、兩浙舊皆有屯田，後多賦民而收其租，第存其名。在河北者雖有其實，而歲入無幾，利在蓄水以限戎馬而已。天禧末，諸州屯田總四千二百餘頃，河北歲收二萬九千四百餘石，而保州最多，逾其半焉。

襄、唐二州營田既廢，景德中，轉運使許逖復之。初，耿望借種田人牛及調夫耨穫，歲入甚廣。後張巽改其法，募水戶分耕，至逖又參以兵夫，久之無大利。天聖四年，遣尚書屯

田員外郎劉漢傑往視，漢傑言：「二州營田自復至今，襄州得穀三十三萬餘石，爲緡錢九萬餘；唐州得穀六萬餘石，爲緡錢二萬餘。所給吏兵俸廩、官牛雜費，襄州十三萬餘緡，唐州四萬餘緡，得不補失。」詔廢以給貧民，頃收半稅。

其後陝西用兵，詔轉運司度隙地置營田以助邊計，又假同州沙苑監牧地爲營田，而知永興軍范雍括諸郡牛頗煩擾，未幾遂罷。右正言田況言：「鎭戎、原、渭，地方數百里，舊皆民田，今無復農事，可即其地大興營田，以保捷兵不習戰者分耕，五百人爲一堡，三兩堡置營田官一領之，播種以時，農隙則習武事。」疏奏，不用。後乃命三司戶部副使夏安期等議並邊置屯田，迄不能成。

治平三年，河北屯田三百六十七頃，得穀三萬五千四百六十八石。熙寧初，以內侍押班李若愚同提點制置河北屯田事。三年，王韶言：「渭源城〔五〕而下至秦州成紀，旁河五六百里，良田不耕者無慮萬頃，治千頃，歲可得三十萬斛。」知秦州李師中論：「韶指極邊見招弓箭手地，恐秦州益多事。」詔遣王克臣等按視，復奏與師中同。再下沈起，起奏：「不見韶所指何地，雖實有之，恐召人耕種，西蕃驚疑。」侍御史謝景溫言：「聞沈起妄指甘谷城弓箭手地以塞詔妄。」而竇舜卿奏：「實止有閑田一頃四十三畝。」中書言：「起未嘗指甘谷城地以

實韶奏，而師中前在秦州與韶更相論奏，互有曲直。」韶遂以妄指閑田自著作佐郎責保平軍節度推官，師中亦落待制。其後韓縝知秦州，乃言：「實有古渭砦弓箭手未請空地四千餘頃。」遂復韶故官，從其所請行之。明年，河北屯田司奏：「豐歲屯田，入不償費。」於是詔罷緣邊水陸屯田務，募民租佃，收其兵爲州廂軍。

時陝西曠土多未耕，屯戍不可撤，遠方有輸送之勤，知延州趙卨請募民耕以紓朝廷憂，詔下其事。經略安撫使郭逵言：「懷寧砦所得地百里，以募弓箭手，無閑田。」卨又言之，遂括地得萬五千餘頃，募漢蕃兵幾五千人，爲八指揮，詔遷卨官，賜金帛。而熙州王韶又請以河州蕃部近城川地招弓箭手，以山坡地招蕃兵弓箭手，每砦五指揮，以二百五十人爲額，人給地一頃，蕃官二頃，大蕃官三頃。熙河多良田，七年，詔委提點秦鳳路刑獄鄭民憲興營田，許奏辟官屬以集事。

樞密使吳充上疏曰：「今之屯田，誠未易行。古者一夫百畝，又受田十畝爲公田，莫若因弓箭手做古助田法行之。熙河四州田無慮萬五千頃，十分取一以爲公田，大約中歲畝一石，則公田所得十五萬石。官無屯營牛具廩給之費，借用衆力而民不勞，大荒不收而官無所損，省轉輸，平糴價，如是者其便有六。」而提點刑獄鄭民憲言：「祖宗時屯、營田皆置務，屯田以兵，營田以民，固有異制。然襄州營田既調夫矣，又取鄰州之兵，是營田不獨以民

也；邊州營屯，不限兵民，皆取給用，是屯田不獨以兵也；至於招弓箭手不盡之地，復以募民，則兵民參錯，固無異也。而前後施行，或侵占民田，或差借耨夫，或諸郡括牛，或兵民雜耕，或諸州廂軍不習耕種、不能水土，頗致煩擾。至於歲之所入，不償其費，遂又報罷。惟因弓箭手爲助田法，一夫受田百畝，別以十畝爲公田，俾之自備種糧功力，歲畝收一石，水旱三分除一，官無廩給之費，民有耕鑿之利，若可以爲便。然弓箭手之招至，未安其業，而種糧無所仰給，又責其借力於公田，慮人心易搖，乞候稍稔推行。」九年，詔：「熙河弓箭手耕種不及之田，經略安撫司點廂軍田之，官置牛具農器，人一頃，歲終參較弓箭手、廂軍所種優劣爲賞罰。弓箭手逃地幷營田召佃租課，許就近於本城砦輸納，仍免折變、支移。」

元豐二年，改定州屯田司爲水利司。及章惇築沅州，亦爲屯田務，其後遂罷之，募民租佃，役兵各還所隸。五年，詔提舉熙河等路弓箭手、營田、蕃部共爲一司，隸涇原路制置司。提舉熙河營田康識言：「新復土地，乞命官分畫經界，選知田廂軍，人給一頃耕之，餘悉給弓箭手，人加一頃，有馬者又加五十畝，每五十頃爲一營。」「四砦堡見缺農作廂軍，許於秦鳳、涇原、熙河三路選募廂軍及馬遞鋪卒，願行者人給裝錢二千。」詔皆從之。

知太原府呂惠卿嘗上營田疏曰：「今葭蘆、米脂裏外良田，不啻一二萬頃，夏人名爲『眞珠山』、『七寶山』，言其多出禾粟也。若耕其半，則兩路新砦兵費，已不盡資內地，況能盡闢

之乎？前此所不敢進耕者，外無捍衞也。今於葭蘆、米脂相去一百二十里間，各建一砦，又其間置小堡鋪相望，則延州之義合、白草與石州之吳堡、尅胡〔六〕以南諸城砦，千里邊面皆爲內地，而河外三州荒閑之地，皆可墾闢以贍軍用。凡昔爲夏人所侵及蘇安靖棄之以爲兩不耕者，皆可爲法耕之。於是就糴河外，而使河內之民被支移者，量出脚乘之直，革百年遠輸貴糴，以免困公之弊。財力稍豐，又通葭蘆之道於麟州之神木，其通堡砦亦如葭蘆、米脂之法，而橫山膏腴之地，皆爲我有矣。」

七年，惠卿雇五縣耕牛，發將兵外護，而耕新疆葭蘆、吳堡間膏腴地號木瓜原者，凡得地五百餘頃，麟、府、豐州地七百三十頃，弓箭手與民之無力及異時兩不耕者又九百六十頃。惠卿自謂所得極厚，可助邊計，乞推之陝西。八年，樞密院奏：「去年耕種木瓜原，凡用將兵萬八千餘人，馬二千餘匹，費錢七千餘緡，穀近九千石，糗糒近五萬斤，草萬四千餘束；又保甲守禦費緡錢千三百，米石三千二百，役耕民千五百，雇牛千具，皆彊民爲之；所收禾粟、蕎麥萬八千石，草十萬二千，不償所費。又借轉運司錢穀以爲子種，至今未償，增入人馬防拓之費，仍在年計之外。慮經略司來年再欲耕種，乞早約束。」詔諭惠卿毋蹈前失。

河東進築堡砦，自麟石、鄜延南北近三百里，及涇原、環慶、熙河蘭會新復城砦地土，悉募廂軍配卒耕種免役。已而營田司言諸路募發廂軍皆不閑田作，遂各遣還其州。

紹興元年，知荊南府解潛奏辟宗綱、樊賓措置屯田，詔除宗綱充荊南府、歸峽州、荊門公安軍鎭撫使司措置五州營田官，樊賓副之。渡江後營田蓋始於此。其後荊州軍食仰給，省縣官之半焉。二年〔七〕，德安府、復州、漢陽軍鎭撫使陳規放古屯田，凡軍士：相險隘，立堡砦，且守且耕，耕必給費，斂復給糧，依鋤田法，餘並入官。凡民：水田畝賦秔米一斗，陸田豆麥夏秋各五升，滿二年無欠，給爲永業。兵民各處一方，流民歸業寖衆，亦置堡砦屯聚之。凡屯田事，營田司兼之；營田事，府、縣兼之。廷臣因規奏推廣，謂一夫授田百畝，古制也，今荒田甚多，當聽百姓請射。其有闕耕牛者，宜用人耕之法，以二人曳一犂。凡授田，五人爲甲，別給蔬地五畝爲廬舍場圃。兵屯以大使臣主之，民屯以縣令主之，以歲課多少爲殿最。下諸鎭推行之。

詔江東、西宣撫使韓世忠措置建康營田，如陝西弓箭手法。世忠言：「沿江荒田雖多，大半有主，難如陝西例，乞募民承佃。」都督府奏如世忠議，仍蠲三年租，滿五年，田主無自陳者，給佃者爲永業。詔湖北、浙西、江西皆如之，其徭役科配並免。五年，詔淮南、川陝、荊襄屯田。

六年，都督張浚奏改江、淮屯田爲營田，凡官田逃田並拘籍，以五頃爲一莊，募民承佃。

其法五家爲保，共佃一莊，以一人爲長，每莊給牛五具，耒耜及種副之，別給十畝爲蔬圃，貸錢七十千，分五年償〔八〕。命樊賓、王弗行之。尋命五大將劉光世、韓世忠、張俊、岳飛、吳玠及江、淮、荊、襄、利路帥悉領營田使。遷賓司農少卿，提舉江、淮營田，置司建康，弗屯田員外郎副之。官給牛、種，撫存流移，一歲中收穀三十萬石有奇。殿中侍御史石公揆、監中嶽李寀及王弗皆言營田之害，張浚亦覺其擾，請罷司，以監司領之，於是詔帥臣兼領營田。

九月〔九〕，以川陝宣撫吳玠治廢堰營田六十莊，計田八百五十四頃，歲收二十五萬石以助軍儲，賜詔獎諭焉。三十二年，督視湖北、京西軍馬汪澈言：「荊、鄂〔一〇〕兩軍屯守襄、漢，糧餉浩瀚。襄陽古有二渠，長渠溉田七千頃，木渠溉田三千頃，兵後堙廢。今先築堰開渠，募邊民或兵之老弱耕之，其耕牛、耒耜、種糧，令湖北、京西轉運司措置，既省餽運，又可安集流亡。」從之。

隆興元年，臣僚言州縣營田之實，其說有十，曰：擇官必審，募人必廣，穿渠必深，鄉亭必修，器用必備，田處必利，食用必充，耕具必足，定稅必輕，賞罰必行。且欲立賞格以募人，及住廣西馬綱三年以市牛。會有訴襄陽屯田之擾者，上欲罷之。工部尚書張闡言：「今

日荆襄屯田之害，以其無耕田之民而課之游民，游民不足而強之百姓，於是百姓舍己熟田而耕官生田，或遠數百里徵呼以來，或名雙丁而役其強壯，老稚無養，一方騷然，罷之誠是也。然自去歲以來，置耕牛農器，修長、木二渠，費已十餘萬，一旦舉而棄之，則荆襄之地終不可耕也。比見兩淮歸正之民，動以萬計，官不能續食，則老弱饑死，強者轉而之他。若使之就耕荆襄之田，非惟可免流離，抑使中原之民聞之，知朝廷有以處我，率皆繈負而至矣。異時墾闢既廣，取其餘以輸官，實爲兩便。」詔除見耕者依舊，餘令虞允文同王玨措置。二年，江、淮都督府參贊陳俊卿言：「欲以不披帶人，擇官荒田，標旗立砦，多買牛犂，縱耕其中，官不收租，人自樂從。數年之後，墾田必多，穀必賤。所在有屯，則村落無盜賊之憂；軍食既足，則饋餉無轉運之勞。此誠經久守淮之策。」詔從之。

乾道五年三月〔二〕，四川宣撫使鄭剛中撥軍耕種，以歲收租米對減成都路對糴米一十二萬石贍軍。然兵民雜處村疃，爲擾百端；又數百里外差民保甲教耕，有二三年不代者，民甚苦之。知興元府晁公武欲以三年所收最高一年爲額，等第均數〔三〕召佃，放兵及保甲以護邊。從之。八月，詔鎮江都統司及武鋒軍三處屯田兵並拘收入隊教閱。六年，罷和、揚州屯田。八年，復罷廬州兵屯田。

淳熙十年，鄂州、江陵府駐劄副都統制郭杲言：「襄陽屯田，興置二十餘年，未能大有益

於邊計。非田之不良，蓋人力有所未至。今邊陲無事，正宜修舉，爲實邊之計。本司有荒熟田七百五十頃，乞降錢三萬緡，收買耕牛農具，便可施功。如將來更有餘力，可括荒田接續開墾。」從之。

紹熙元年，知和州劉煒以剩田募民充萬弩手分耕。嘉定七年，以京西屯田募人耕種。十三年，四川宣撫安丙、總領任處厚言：「紹興十五年，諸州共墾田二千六百五十餘頃，夏秋輸租米一十四萬一千餘石，餉所屯將兵，罷民和糴，爲利可謂博矣。乾道四年以後，屯兵歸軍教閱，而營田付諸州募佃，遂致租利陷失，驕將豪民乘時占據，其弊不可概舉。今豪強移徙，田土荒閑，正當拘種之秋，合自總領所與宣撫司措置。其逃絕之田，關內外亦多有之，爲數不貲，其利不在營田之下，乞併括之。」初，玠守蜀，以軍儲不繼，治褒城堰爲屯田，民不以爲便。因漕臣郭大中言，約中其數，使民自耕。民皆歸業，而歲入多於屯田。

端平元年八月，以臣僚言，屯五萬人於淮之南北，且田且守，置屯田判官一員經紀其事，暇則教以騎射。初弛田租三年，又三年則取其半。十月，知大寧監邵潛言：「昔鄭剛中嘗於蜀之關隘雜兵民屯田，歲收粟二十餘萬石。是後屯田之利既廢，粮運之費益增，宜詔帥臣縱兵民耕之，所收之粟計直以償之，則總所無轉輸之苦，邊關有儲峙之豐，戰有餘勇，守有餘備矣。」從之。

嘉熙四年，令流民於邊江七十里內分田以耕，遇警則用以守江；於邊城三五十里內亦分田以耕，遇警則用以守城；在砦者則耕四野之田，而用以守砦。田在官者免其租，在民者以所收十之一二歸其主，俟三年事定則各還元業。

咸淳三年，詔曰：「淮、蜀、湖、襄之民所種屯田，既困重額，又困苛取，流離之餘，口體不充，及遇水旱，收租不及，而催輸急於星火，民何以堪！其日前舊欠並除之，復催者以違制論。」

常平、義倉，漢、隋利民之良法，常平以平穀價，義倉以備凶災。周顯德中，又置惠民倉，以雜配錢分數折粟貯之，歲歉，減價出以惠民。宋兼存其法焉。

太祖承五季之亂，海內多事，義倉寖廢。乾德初，詔諸州於各縣置義倉，歲輸二稅，石別收一斗。民饑欲貸充種食者，縣具籍申州，州長吏卽計口貸訖，然後奏聞。其後以輸送煩

勞，罷之。淳化三年，京畿大穰，分遣使臣於四城門置場，增價以糴，虛近倉貯之，命曰常平，歲饑卽下其直予民。

咸平中，庫部員外郎成肅請福建增置惠民倉，因詔諸路申淳化惠民之制。景德三年，言事者請於京東西、河北、河東、陝西、江南、淮南、兩浙皆立常平倉，計戶口多寡，量留上供錢自二三千貫至一二萬貫，令轉運使每州擇清幹官主之，領於司農寺，三司無輒移用。歲夏秋視市價量增以糴，糶減價亦如之，所減不得過本錢。而沿邊州郡不置。詔三司集議，請如所奏。於是增置司農官吏，創廨舍，藏籍帳，度支別置常平案。大率萬戶歲糴萬石，戶雖多，止五萬石。三年以上不糶，卽回充糧廩，易以新粟。災傷州郡糶粟〔四〕，斗毋過百錢。後又詔當職官於元約數外增糴及一倍已上者，並與理爲勞績。天禧四年，荆湖、川峽、廣南皆增置常平倉。五年，諸路總糴數十八萬三千餘斛，糶二十四萬三千餘斛。

景祐中，淮南轉運副使吳遵路言：「本路丁口百五十萬，而常平錢粟纔四十餘萬，歲饑不足以救恤。願自經畫增爲二百萬，他毋得移用。」許之。後又詔：天下常平錢粟，三司轉運司皆毋得移用。不數年間，常平積有餘而兵食不足，乃命司農寺出常平錢百萬緡助三司給

中華書局

軍費。久之，移用數多，而蓄藏無幾矣。

自景祐初畿內饑，詔出常平粟貸中下戶，戶一斛。慶曆中，發京西常平粟振貧民，而聚斂者或增舊價糴粟〔一四〕，欲以市恩；皇祐三年，詔誡之。淮南、兩浙體量安撫陳升之等言：「災傷州軍乞糴〔一五〕常平倉粟，令於元價上量添十文、十五文，殊非恤民之意。」乃詔止於元糴價出糶。五年，詔曰：「比者湖北歲儉，發常平以濟饑者，如聞司農寺復督取，豈朝廷振恤意哉？其悉除之。」

明道二年，詔議復義倉，不果。景祐中，集賢校理王琪請復置：「令五等已上戶，隨夏秋二稅，二斗別輸一升，水旱減稅則免輸。州縣擇便地置倉貯之，領於轉運使。計以一中郡正稅歲入十萬石，則義倉可得五千石，推而廣之，則利博矣。明道中，饑歉，國家欲盡貸饑民則軍食不足，故民有流轉之患。是時，兼并之家出粟數千石則補吏，是豈以官爵爲輕歟？特愛民濟物，不獲已爲之爾。且兼并之家占田常廣，則義倉所入常多；中下之家占田常狹，則義倉所入常少。及水旱振濟，則兼并之家未必待此而濟，中下之民實先受其賜矣。」事下有司會議，議者異同而止。慶曆初，琪復上其議，仁宗納之，命天下立義倉，詔上三等戶輸粟，已而復罷。

其後賈黯又言：「今天下無事，年穀豐熟，民人安樂，父子相保。一遇水旱，則流離死

亡，捐棄道路，發倉廩振之則粮不給，課粟富人則力不贍，轉輸千里則不及事，移民就粟則遠近交困。朝廷之臣，郡縣之吏，倉卒不知所出，則民饑而死者過半矣。願放隋制立民社義倉，詔天下州軍遇年穀豐登，立法勸課蓄積，以備凶災。此所謂『樂歲粒米狼戾，多取之而不爲虐』者也，況取之以爲民耶？」下其說諸路以度可否，以爲可行纔四路，餘或謂賦稅之外兩重供輸，或謂恐招盜賊，或謂已有常平足以振給，或謂置倉煩擾。

於是黯復上奏曰：「臣嘗判尙書刑部，見天下歲斷死刑多至四千餘人，其間盜賊率十六七，蓋愚民迫於饑寒，因之水旱，枉陷重辟。故臣請復民社義倉，以備凶歲。今諸路所陳，類皆妄議。若謂賦稅之外兩重供輸，則義倉之意，乃教民儲積以備水旱，官爲立法，非以自利，行之既久，民必樂輸。若謂恐招盜賊，盜賊利在輕貨，不在粟麥，今鄉村富室有貯粟數萬石者，不聞有劫掠之虞。且盜賊之起，本由貧困。臣建此議，欲使民有貯積，雖遇水旱，不憂乏食，則人人自愛而重犯法，此正消除盜賊之原也。若謂有常平足以振給，則常平之設，蓋以準平穀價，使無甚貴甚賤之傷。或遇凶饑，發以振捄，既已失其本意，而費又出公帑，今國用頗乏，所蓄不厚。近歲非無常平，小有水旱，輒流離餓莩，起爲盜賊，則是常平果不足仰以振給也。若謂置倉廩，斂材木，恐有煩擾，則今州縣修治郵傳驛舍，皆斂於民，豈於義倉獨畏煩擾？人情可與樂成，不可與謀始，願自朝廷斷而行之。」然當時牽於衆論，終不果行。

嘉祐二年，詔天下置廣惠倉。初，天下沒入戶絕田，官自鬻之。樞密使韓琦請留勿鬻，募人耕，收其租別爲倉貯之，以給州縣郭內之老幼貧疾不能自存者，領以提點刑獄，歲終具出內之數上之三司。戶不滿萬，留田租千石，萬戶倍之，戶二萬留三千石，三萬留四千石，四萬留五千石，五萬留六千石，七萬留八千石，十萬留萬石。田有餘，則鬻如舊。四年，詔改隸司農寺，州選官二人主出納，歲十月遣官驗視，應受米者書名于籍。自十一月始，三日一給，人米一升，幼者半之，次年二月止。有餘乃及諸縣，量大小均給之。其大略如此。治平三年，常平入五十萬一千四十八石，出四十七萬一千一百五十七石。

熙寧二年，制置三司條例司言：「諸路常平、廣惠倉錢穀，略計貫石可及千五百萬以上，斂散未得其宜，故爲利未博。今欲以見在斛斗，遇貴量減市價糶，遇賤量增市價糴，可通融轉運司苗稅及錢斛就便轉易者，亦許兌換。仍以見錢，依陝西青苗錢例，願預借者給之。隨稅輸納斛斗，半爲夏料，半爲秋料，內有請本色或納時價貴願納錢者，皆從其便。如遇災傷，許展至次料豐熟日納。非惟足以待凶荒之患，民既受貸，則兼并之家不得乘新陳不接以邀倍息。又常平、廣惠之物，收藏積滯，必待年儉物貴然後出糶，所及者不過城市游手之

人。今通一路有無，貴發賤斂，以廣蓄積，平物價，使農人有以赴時趨事，而兼并不得乘其急。凡此皆以爲民，而公家無所利其入，是亦先王散惠興利、以爲耕斂補助之意也。欲量諸路錢穀多寡，分遣官提舉，每州選通判幕職官一員，典幹轉移出納，仍先自河北、京東、淮南三路施行，俟有緒推之諸路。其廣惠倉除量留給老疾貧窮人外，餘並用常平倉轉移法。」詔可。

既而條例司又言：「常平、廣惠倉條約，先行於河北、京東、淮南三路，訪問民間多願支貸，乞遍下諸路轉運司施行，當議置提舉官。」時天下常平錢穀見在一千四百萬貫石。詔諸路各置提舉官二員，以朝官爲之，管當一員，京官爲之，或共置二員，開封府界一員，凡四十一人。

初，神宗既用王安石爲參知政事，安石爲帝言天下財利所當開闔斂散者，帝然其說，遂創立制置三司條例司。安石因請以著作佐郎編校集賢書籍呂惠卿爲制置司檢詳文字，自是專一講求立爲新制，欲行青苗之法。蘇轍自大名推官上書，召對，亦除條例司檢詳文字。安石出青苗法示之，轍曰：「以錢貸民，使出息二分，本非爲利。然出納之際，吏緣爲奸，雖有法不能禁；錢入民手，雖良民不免非理費用；及其納錢，雖富民不免違限。如此則鞭笞必用，州縣多事矣。唐劉晏掌國計，未嘗有所假貸。有尤之者，晏曰：『使民僥倖得錢，非

國之福；使吏倚法督責，非民之便。吾雖未嘗假貸，而四方豐凶貴賤，知之未嘗逾時。有賤必糴，有貴必糶，以此四方無甚貴甚賤之病，安用貸爲？』晏之言，漢常平法耳，公誠能行之，晏之功可立俟也。」安石自此逾月不言青苗。

會河北轉運司幹當公事王廣廉召議事，廣廉嘗奏乞度僧牒數千道爲本錢，於陝西轉運司私行青苗法，春散秋斂，與安石意合。至是，請施行之河北，於是安石決意行之，而常平、廣惠倉之法遂變而爲青苗矣。蘇轍以議不合罷。而諸路提舉官往往迎合安石之意，務以多散爲功。富民不願取，貧者乃欲得之，即令隨戶等高下品配，又令貧富相兼，十人爲保，以富者爲保首〔七〕。王廣廉在河北，一等戶給十五千，等而下之，至五等猶給一千，民間喧然不以爲便。廣廉入奏謂民皆歡呼感德，然言不便者甚衆。右正言李常、孫覺乞詔有司毋以彊民。時提舉府界常平事侯叔獻覆督提點府界縣鎮呂景散錢，景以畿縣各有屯兵，歲入課利僅能贍給；又民戶嘗貸糧五十餘萬石，倘悉以閣；今條例司又以買陝西鹽鈔錢五十萬緡爲青苗錢給散，恐民力不堪。詔送條例司，召提舉司官至中書戒諭之。王安石言：「若此，諸路必顧望，不敢推行新法，第令條例司指揮。」從之。

三年，判大名府韓琦言：

臣準散青苗詔書，務在惠小民，不使兼并乘急以要倍息，而公家無所利其入。今

所立條約，乃自鄉戶一等而下皆立借錢貫陌，三等以上更許增借，坊郭戶有物業勝質當者，亦依鄉戶例支借。且鄉村上等戶幷坊郭有物業者，乃從來兼并之家，今令多借之錢，一千令納一千三百，則是官自放錢取息，與初詔絕相違戾。又條約雖禁抑勒，然須得上戶爲甲頭以任之，民愚不慮久遠，請時甚易，納時甚難。故自制下以來，上下惶惑，皆謂若不抑散，則上戶必不願請；近下等第與無業客戶雖或願請，必難催納。將來必有行刑督索，及勒干係書手、典押、耆戶長同保均陪之患。

去歲河朔豐稔，米斗不過七八十錢，若乘時多斂，俟貴而糶，不唯合古制，無失陷，兼民被實惠，亦足收其羨贏。今諸倉方糴而提舉司已亟止之，意在移此糴本盡爲青苗錢，則三分之息可爲己功，豈暇更恤斯民久遠之患？若謂陝西嘗行其法，官有所得而民以爲便，此乃轉運司因軍儲有闕，適自冬及春雨雪及時，麥苗滋盛，定見成熟，行於一時可也。今乃建官置司，以爲每歲常行之法，而取利三分，豈陝西權宜之比哉？兼初詔且於京東、淮南、河北三路試行，俟有緒方推之他路。今三路未集，而遽盡於諸路置使，非陛下憂民、祖宗惠下之意。乞盡罷提舉官，第委提點刑獄官依常平舊法施行。

帝袖出琦奏示執政曰：「琦眞忠臣，朕始謂可以利民，不意乃害民如此。且坊郭安得青苗，而使者亦彊與之？」安石勃然進曰：「苟從其所欲，雖坊郭何害？」因難琦奏，曰：「陛下修常平法以助民，至於收息，亦周公遺法也。如桑弘羊籠天下貨財以奉人主私用，乃可謂興利之臣。今抑兼并，振貧弱，置官理財，非所以佐私欲，安可謂興利之臣乎？」曾公亮、陳升之皆言坊郭不當俵錢，與安石論難久之而罷。帝終以琦說爲疑，安石遂稱疾不出。帝諭執政罷青苗法，公亮、升之欲即奉詔，趙抃獨欲俟安石出自罷之，連日不決。帝更以爲疑，因令呂惠卿諭旨起安石，安石入謝。旣視事，志氣愈悍，面責公亮等，由是持新法益堅。詔以琦奏付制置條例司，條例司疏列琦奏而辨析其不然。琦復上疏曰：

制置司多刪去臣元奏要語，唯舉大概，用偏辭曲難，及引周禮「國服爲息」之說，文其謬妄，上以欺罔聖聽，下以愚弄天下。臣竊以爲周公立太平之法，必無剝民取利之理，但漢儒解釋或有異同。周禮「園廛二十而稅一，唯漆林之征二十而五」，鄭康成乃約此法，謂：「從官貸錢若受園廛之地，貸萬錢者出息五百。」賈公彥廣其說，謂：「如此則近郊十一者，萬錢期出息一千，遠郊二十而三者，萬錢期出息一千五百，甸、稍、縣、都之民，萬錢期出息二千。」如此，則須漆林之戶取貸，方出息二千五百，當時未必如此。今放青苗錢，凡春貸十千，半年之內便令納利二千，秋再放十千，至歲終又令納利二千，則是貸萬錢者，不問遠近，歲令出息四千。周禮至遠之地止出息二千，今青苗取息過

周禮一倍，制置司言比周禮取息已不爲多，是欺罔聖聽，且謂天下之人不能辨也。

且古今異宜，周禮所載有不可施於今者，其事非一。若謂泉府一職今可施行，則制置司何獨舉注疏貸錢取息一事，以詆天下之公言哉？康成又注云：「王莽時貸以治產業者，但計所贏受息，無過歲什一。」公彥疏云：「莽時雖計本多少爲定，及其催科，唯所贏多少。假令萬錢歲贏萬錢催一千，贏五千催五百，餘皆據利催什一。」若贏錢更少，則納息更薄，比今青苗取利尤爲寬少。而王莽之外，上自兩漢，下及有唐，更不聞有貸錢取利之法。今制置司遇堯、舜之主，不以二帝、三王之道上裨聖政，而貸錢取利更過莽時，此天下不得不指以爲非，而老臣不可以不辨也。

況今天下田稅已重，固非周禮什一之法，更有農具、牛皮、鹽麴、鞵錢之類，凡十餘目，謂之雜錢。每夏秋起納，官中更以紬絹斛斗低估，令民以此雜錢折納。又歲散官鹽與民，謂之蠶鹽，折納絹帛。更有預買、和買紬絹，如此之類，不可悉舉，皆周禮田稅什一之外加斂之物，取利已厚，傷農已深，奈何又引周禮「國服爲息」之說，謂放青苗錢取利乃周公太平已試之法？此則誣汙聖典，蔽惑睿明，老臣得不太息而慟哭也！

制置司又謂常平舊法亦糶與坊郭之人。坊郭有物力戶未嘗零糴常平倉斛斗，此蓋欲多借錢與坊郭有業之人，以望收利之多，妄稱周禮以爲無都邑鄙野之限，以文其

曲說，唯陛下詳之。

樞密使文彥博亦數言不便，帝曰：「吾遣二中使親問民間，皆云甚便。」彥博曰：「韓琦三朝宰相，不信，而信二宦者乎？」先是，王安石陰結入內副都知張若水、押班藍元震，帝因使二人潛察府界俵錢事，還言民皆情願，無抑配者，故帝益信之。初，羣臣進讀邇英閣，帝問：「朝廷每更一事，舉朝洶洶，何也？」司馬光曰：「青苗出息，平民爲之，尚能以蠶食下戶至饑寒流離，況縣官法度之威乎？」呂惠卿曰：「青苗法願則取之，不願不彊也。」光曰：「愚民知取債之利，不知還債之害，非獨縣官不彊，富民亦不彊也。」帝曰：「陝西行之久，民不以爲病。」光曰：「臣陝西人也，見其病不見其利。朝廷初不許，有司尚能以病民，況法許之乎！」及拜官樞密副使，光上章力辭至六七，曰：「帝誠能罷制置條例司，追還提舉官，不行青苗、助役等法，雖不用臣，臣受賜多矣。不然，終不敢受命。」竟出知永興軍。

當是時，爭青苗錢者甚衆，翰林學士范鎮言：「陛下初詔云公家無所利其入，今提舉司以戶等給錢，皆令出三分之息，物議紛紜，皆云自古未有天子開課場者。民雖至愚，不可不畏。」後以言不行致仕。臺諫官呂公著、孫覺、李常、張戩、程顥等皆以論青苗罷黜。知亳州富弼、知青州歐陽脩繼韓琦論青苗之害，且持之不行，亦坐移鎮。知陳留縣姜潛之官才數月，青苗令下，潛即榜於縣門，又移之鄉村，各三日無人至，遂撤榜付吏曰：「民不願矣！」

府、寺疑潛壅令，使其屬按驗，無違令者。潛知不免，即移疾去。

知山陰縣陳舜俞不肯奉行，移狀自劾曰：「方今小民匱乏，願貸之人往往有之。譬如孺子見飴蜜，孰不染指爭食？然父母疾止之，恐其積甘足以生病。故耆老戒其鄉黨，父兄誨其子弟，未嘗不以貸貰爲不善治生。今乃官自出舉，誘以便利，督以威刑，非王道之舉也。況正月放夏料，五月放秋料，而所斂亦在當月，百姓得錢便出息輸納，實無所利。是使民一取青苗錢，終身以及世世一歲常兩輸息錢，乃別爲一賦以弊生民也。」坐謫監南康軍鹽酒稅〔七〕。陝西轉運副使陳繹止環、慶等六州毋散青苗錢，且留常平倉物以備用，條例司劾其罪，詔釋之。五月，制置三司條例司罷歸中書，以常平新法付司農寺，命集賢校理呂惠卿同判寺，兼領田役水利。七年，帝患俵常平官吏多違法，王安石請縣專置一主簿，主給納役錢及常平，不過五百員，費錢三十萬貫耳。從之。

帝以久旱爲憂，翰林學士承旨韓維言：「畿縣近督青苗甚急，往往鞭撻取足，民至伐桑爲薪以易錢。旱災之際，重罹此苦。」帝頗感悟。太皇太后亦嘗爲帝言：「聞民間甚苦青苗、助役錢，盍罷之！」會百姓流離，帝憂見顏色，益疑新法不便，欲罷之。安石不悅，屢求去，四月，出知江寧府。然安石薦韓絳代相，仍以呂惠卿佐之，於安石所爲遵守不變。既而詔諸路常平錢穀常留一半外，方得給散。兩經倚閣常平錢人戶，不得支借。民間非時闕乏，

許以物產爲抵，依常平限輸納。當輸錢而願輸穀若金帛者，官立中價示民。物不盡其錢，足以錢；錢不盡其物者，還其餘直。又聽民以金帛易穀，而有司少加金帛之直。

六年〔八〕，戶部言：「準詔諸路常平可酌三年斂散中數，取一年爲格，歲終較其增虧。今以錢銀穀帛貫、石、匹、兩定年額：散一千一百三萬七千七百七十二，斂一千三百九十六萬五千四百五十九。比元豐三年散增二百一十四萬八千三百四十二，斂增一百三萬四千九百六十三；四年散增二百七十九萬九千九百六十四，斂虧一百九十八萬六千五百一十五。」詔三年四年散多斂少及散斂俱少之處，戶部下提舉司具析以聞。

十年，詔開封府界先自豐稔畿縣立義倉法。明年，提點府界諸縣鎮公事蔡承禧言：「義倉之法，以二石而輸一斗，至爲輕矣，乞今年夏稅之始，悉令舉行。」詔可，仍以義倉隸提舉司。京東西、淮南、河東、陝西路義倉以今年秋料爲始，民輸稅不及斗免輸，頒其法於川峽四路。元豐二年，詔威、茂、黎三州罷行義倉法，以夷夏雜居，歲賦不多故也。八年，并罷諸路義倉。

元祐元年，詔：「提舉官累年積蓄錢穀財物，盡椿作常平錢物，委提點刑獄交管，依舊常平倉法行之。罷各縣專置主簿。」四月，再立常平錢穀給斂出息之法，限二月或正月以散及

一半爲額，民間絲麥豐熟，隨夏稅先納所輸之半，願併納者〔九〕止出息一分。左司諫王巖叟、監察御史上官均、右正言王覿、右司諫蘇轍、御史中丞劉摯交章論復行青苗之非。八月，司馬光奏：「先朝散青苗，本爲利民，並取情願。後提舉官速要見功，務求多散，或舉縣追呼，或排門抄箚；亦有無賴子弟謾昧尊長，錢不入家；亦有他人冒名詐請，莫知爲誰，及至追催，皆歸本戶。今朝廷深知其弊，故悉罷提舉官，不復立額考校，訪聞人情安便。欲下諸路提點刑獄，申嚴州縣抑配之禁。」詔從之。

中書舍人蘇軾不書錄黃，奏曰：「熙寧之法，未嘗不禁抑配，而其害至此。民家量入爲出，雖貧亦足，若令分外得錢，則費用自廣。況子弟欺謾父兄，人戶冒名詐請，似此本非抑配。臣謂以散及一半爲額，與熙寧無異。今許人願請，未免設法罔民，使快一時非理之用，而不慮後日催納之患。二者皆非良法，相去無幾。今已行常平糶糴之法，惠民之外，官亦稍利，何用二分之息，以賈無窮之怨？」於是王巖叟、蘇轍、朱光庭、王覿等復言：「臣等屢有封事，乞罷青苗，皆不蒙付外。願盡付三省，公議得失。」初，同知樞密院范純仁以國用不足，建請復散青苗錢，四月之詔，蓋純仁意也。時司馬光以疾在告，已而臺諫皆言其非，不報。光尋奏乞約束州縣抑配，蘇軾又繳奏，乞盡罷之。光始大悟，遂力疾入對。尋詔：「常平錢穀，止令州縣依舊法趁時糴糶，青苗錢更不支俵。除舊欠二分之息，元支本錢驗見欠

多少，分料次隨二稅輸納。」

紹聖元年，詔除廣南東、西路外，並復置義倉，自來歲始，放稅二分已上免輸，所貯專充振濟，輒移用者論如法。二年，戶部尚書蔡京首言：「承詔措置財利，乞檢會熙、豐青苗條約，參酌增損，立爲定制。」淮南轉運司副使莊公岳謂：「自元祐罷提舉官後，錢穀爲他司侵借，所存無幾。欲乞追還給散，隨夏秋稅償納，勿立定額，自無抑民失財之患。」奉議郎鄭僅、朝奉郎郭時亮、承議郎許幾董遵等皆言：「青苗最爲便民，願戒抑配，止收一分之息。」詔並送詳定重修敕令所。三年，舊欠常平錢斛人戶，仍許請給。

宣和五年，令州縣歲散常平錢穀畢，即揭示請人名數，逾月斂之，庶革僞冒之弊。先是，諸路災傷，截撥上供年額米斛數多，致闕中都歲計，令京東、江南、兩浙、荊湖路義倉穀各留三分，餘並起發赴京，補還截撥之數。六年，詔罷之。

高宗紹興元年〔二〇〕，併提舉常平司於提刑司。明年，以臣僚言復常平官，講補助之政以廣儲蓄。九年，用宗正丞鄭鬲言，以常平錢於民輸賦未畢之時，悉數和糴。二十八年，以趙令詪請，糶州縣義倉米之陳腐者。

孝宗隆興二年，遣司農少卿陳良弼點檢浙東常平等倉。乾道六年，知衢州胡堅奏廣糴常平。福建轉運副使沈樞奏，水旱州郡請留轉運司和糴米以續常平，上卽爲之施行。八年，戶部侍郎楊倓奏：「義倉在法夏秋正稅斗輸五合，不及斗者免輸，凡豐熟縣九分以上卽輸一升。今諸路州縣歲收苗米六百餘萬石，其合收義倉米數不少，間有災傷，支給不多。訪聞諸州軍皆擅用，請稽之。」

寧宗慶元元年，詔戶部右曹專領義倉。十一年〔二一〕，臣僚言：「紹興初，臺臣嘗請通一縣之數，截留下戶苗米，輸之於縣，別儲以備振濟，使窮民不至於艱食；惟負郭義倉，則就州輸送。至於屬縣之義倉，則令、丞同主之，每歲終，令、丞合諸鄉所入之數上之守、貳，守、貳合諸縣所入之數上之提舉常平，提舉常平合一道之數上之朝廷，考其盈虧，以議殿最。」從之。

寶慶三年，侍御史李知孝言：「郡縣素無蓄積，緩急止仰朝廷，非立法本意。曩淮東總領岳珂任江東轉運判官，以所積經常錢糴米五萬石，樁留江東九郡，以時濟、糶〔二二〕，諸郡皆蠹其利。其後史彌忠知饒州，趙彥悈知廣德軍，皆自積錢糴米五千石。以是推之，監司、州郡苟能節用愛民，卽有贏羨。若立之規繩，加以黜陟，所糴至萬石者旌擢，其不收糴與擾民及不實者鐫罰，庶幾郡縣趨事，蓄積歲增，實爲經久之利。」有旨從之。

景定元年九月，赦曰：「諸路已糴義米價錢，州郡以低價抑令上戶補糴，正稅逃閣，義米用虧，常平司責縣道陪納，縣道遂敷吏貼、保正長、攬戶等人均納。自今視時收糴，見繫吏貼等人陪納之錢並與除放。」五年，監察御史程元岳奏：「隨秔帶義，法也。今秔糯帶義之外，又有所謂外義焉者，絹、紬、豆也，豈有絹、紬、豆而可加之義乎？縱使違法加義，則絹加絹，紬加紬，豆加豆，猶可言也；州縣一意椎剝，一切理苗而加一分之義，甚者赦恩已蠲二稅，義米依舊追索。貧民下戶所欠不過升合，星火追呼，費用不知幾百倍。破家蕩產，鬻妻子，怨嗟之聲，有不忍聞。望嚴督監司，止許以秔帶義，其餘盡罷。其有循習病民者重其罰。」從之。咸淳二年，以諸路景定三年以前常平義倉米二百餘萬石，減時直糶之。

校勘記

〔一〕每屯千人　「千」原作「十」，據宋會要食貨七之一、長編卷三七改。

〔二〕黃宗旦　原作「王宗旦」，據宋會要食貨一之一七、長編卷五四改。

〔三〕靜戎軍　原作「靖戎軍」，據宋會要食貨二之二、長編卷五一改。

〔四〕滿城縣　原作「蒲城縣」，據宋會要食貨四之二、長編卷五五改。

〔五〕渭源城　原作「渭原城」，據宋會要食貨二之三、長編卷二一六改。

〔六〕尅胡　原作「尅明」，據本書卷八六地理志、武經總要前集卷一七改。長編卷三四四作「尅烏」，乃同音異字。

〔七〕二年　原作「三年」，據宋會要食貨二之九、玉海卷一七七、宋史全文卷一八上改。

〔八〕分五年償　「五年」，宋會要食貨二之一五、繫年要錄卷九八、宋史全文卷一九下都作「二年」。

〔九〕九月　按宋會要食貨二之二〇、繫年要錄卷一一四都繫此事於紹興七年九月，此上應有「七年」二字。

〔一〇〕荊鄂　原作「荊湖」，據宋會要食貨三之八、繫年要錄卷二〇〇、宋史全文卷二三下改。

〔一一〕乾道五年三月　按此下有脫文。鄭剛中任川陝宣撫使，在紹興十二年至十七年間，本條所載，據宋會要食貨三之一八、六三之一四六，乃四川宣撫使虞允文奏中追述鄭剛中事。

〔一二〕均數　原作「均數」，據宋會要食貨三之一八、六三之一四六改。

〔一三〕糴粟　原作「糴粟」，據文義和長編卷六二改。

〔一四〕糴粟　原作「糴粟」，據文義和長編卷一七一、通考卷二一市糴考改。

中華書局

〔一五〕糴 原作「糶」，據文義和宋會要食貨五三之七改。

〔一六〕以富者爲保首 「首」上五字原脫，據宋會要食貨四之二一補。

〔一七〕監南康軍鹽酒稅 「監」字原脫，據本書卷三三一陳舜俞傳、通考卷二一市糴考補。

〔一八〕六年 據宋會要食貨五三之一三、長編卷三三二，「六年」上失書「元豐」紀元。按編年順序，本段應移置下文「十年」段之後。

〔一九〕願佯納者 「佯納」，宋會要食貨五三之一四、長編卷三七六都作「併納」。

〔二〇〕紹興元年 本書卷一六七職官志、中興小紀卷二、繫年要錄卷七都繫此事於建炎元年，此處「紹興」應是「建炎」之誤。本段下文的「九年」和「二十八年」則是紹興紀年。

〔二一〕十一年 承上文此指慶元十一年。按慶元無十一年，通考卷二一市糴考繫此事於嘉定十一年，此處失書「嘉定」紀元。

〔二二〕以時濟糴 「糴」原作「糶」，據文義和續通考卷二七市糴考改。

宋史卷一百七十七

志第一百三十

食貨上五

役法上

役法 役出於民，州縣皆有常數。宋因前代之制，以衙前主官物，以里正、戶長、鄉書手課督賦稅，以耆長、弓手、壯丁逐捕盜賊，以承符、人力、手力、散從官給使令；縣曹司至押、錄，州曹司至孔目官，下至雜職、虞候、揀、掐等人，各以鄉戶等第定差。京百司補吏，須不礙役乃聽。

建隆中，詔文武官、內諸司、臺省、寺監、諸軍、諸使，不得占州縣課役戶，州縣不得役道路居民爲遞夫。後又詔諸州職官不得私占役戶供課。京西轉運使程能請定諸州戶爲九

等，著于籍，上四等量輕重給役，餘五等免之，後有貧富，隨時升降。詔加裁定。淳化五年，始令諸縣以第一等戶爲里正，第二等戶爲戶長，勿冒名以給役。自餘衆役，多調廂軍。大中祥符五年，提點刑獄府界段惟幾發中牟縣夫二百修馬監倉，羣牧制置使代以廐卒，因下詔禁之。惟詔令有大興作而後調丁夫。

然役有輕重勞佚之不齊，人有貧富疆弱之不一，承平既久，姦僞滋生。命官、形勢占田無限，皆得復役，衙前將吏得免里正、戶長；而應役之戶，困於繁數，僞爲券售田於形勢之家，假佃戶之名，以避徭役。乾興初，始立限田法，形勢敢挾他戶田者聽人告，予所挾田三之一。

時州縣既廣，徭役益衆，太常博士范諷知廣濟軍，因言：「軍地方四十里，戶口不及一縣，而差役與諸郡等，願復爲縣。」轉運司執不可，因詔裁損役人。自是數下詔書，督州縣長吏與轉運使議蠲冗役，以寬民力。又令州縣錄丁產及所產役使，前期揭示，不實者民得自言。役之重者，自里正、鄉戶爲衙前，主典府庫或輦運官物，往往破產。景祐中，稍欲寬其法，乃命募人充役。初，官八品以下死者，子孫役同編戶；至是，詔特蠲之。民避役者，或竄名浮圖籍，號爲出家，趙州至千餘人，詔出家者須落髮爲僧，乃聽免役。禁諸縣非捕盜毋

中華書局

擅役壯丁。慶曆中，令京東西、河北、陝西、河東裁損役人，即給使不足，益以廂兵。既而詔諸路轉運司條析州縣差徭賦斂之數，委二府大臣裁減，科役不均，以鄉村、坊郭戶均差。時范仲淹執政，謂天下縣多，故役蕃而民瘠，首廢河南諸縣，欲以次及他州。當時以爲非，未幾悉復。王逵爲荆湖轉運使，率民輸錢免役，得緡錢三十萬，進爲羨餘，蒙詔獎。繇是他路競爲掊克以市恩。皇祐中，詔州縣里正、押司、錄事既代而令輸錢免役者，論如違制律。又禁役鄉戶爲長名衙前。

初，知并州韓琦上疏曰：「州縣生民之苦，無重於里正衙前。有孀母改嫁，親族分居，或棄田與人，以免上等，或非命求死，以就單丁，規圖百端，苟免溝壑之患。每鄉被差疎密，與貲力高下不均。假有一縣甲乙二鄉，甲鄉第一等戶十五戶，計貲爲錢三百萬，乙鄉第一等戶五戶，計貲爲錢五十萬；番休遞役，即甲鄉十五年一周，乙鄉五年一周。富者休息有餘，貧者敗亡相繼，豈朝廷爲民父母意乎？請罷里正衙前，命轉運司以州軍見役人數爲額，令、佐視五等簿，通一縣計之，籍皆在第一等，選貲最高者一户爲鄉户衙前，後差人放此。即甲縣戶少而役蕃，聽差乙縣戶多而役簡者。簿書未盡實，聽換取他戶。里正主督租賦，請以戶長代之，二年一易。」下其議京畿、河北、河東、陝西、京東西轉運司度利害，皆以爲便。而知制誥韓絳、蔡襄極論江南、福建里正衙前之弊，絳請行鄉戶五則之法，襄請以產錢多少定役

重輕。至和中，命絳、襄與三司置司參定，繼遣尚書都官員外郎吳幾復趨江東，殿中丞蔡稟趨江西，與長吏、轉運使議可否。因請行五則法，凡差鄉戶衙前，視貲產多寡置籍，分爲五則，又第其役輕重放此。假有第一等重役十，當役十人，列第一等戶百；第二等重役五，當役五人，列第二等戶五十，以備十番役使。藏其籍通判治所，遇差人，長吏以下同按視之，轉運使、提點刑獄察其違慢。遂更著淮南、江南、兩浙、荆湖、福建之法，下三司頒焉。

自罷里正衙前，民稍休息。又詔諸路轉運司、開封府界訪衙前之役有重爲害者條奏之；能件悉便利、大去勞弊者議賞。置寬恤民力司，遣使四出。自是州縣力役多所裁損，凡二萬三千六百二十二人。

治平四年，詔曰：「農，天下之大本也，間因水旱，頗致流離，殆州郡差役之法甚煩，其詔中外臣庶條陳利害以聞。」先是，三司使韓絳言：「聞京東民有父子二丁將爲衙前役者，其父告其子曰『吾當求死，使汝曹免於凍餒』，遂自縊而死。又聞江南有嫁其祖母及與母析居以避役者，又有鬻田減其戶等者。田歸官戶不役之家，而役并於同等見存之戶。望博訪利害，集議裁定，使力役無偏重之害。」役法更議始此。

熙寧元年，知諫院吳充言：「今鄉役之中，衙前爲重。民間規避重役，土地不敢多耕，而避戶等；骨肉不敢義聚，而憚人丁。故近年上戶寖少，中下戶寖多，役使頻仍，生資不給，則轉爲工商，不得已而爲盜賊。宜早定鄉役利害，以時施行。」後帝閱內藏庫奏，有衙前越千里輸金七錢，庫吏邀乞，踰年不得還者。帝重傷之，乃詔制置條例司講立役法。二年，遣劉彝、謝卿材、侯叔獻、程顥、盧秉、王汝翼、曾伉、王廣廉八人行諸路，相度農田水利、稅賦科率、徭役利害。

條例司檢詳文字蘇轍言：「役人之不可不用鄉戶，猶官吏之不可不用士人也。今遂欲兩稅之外別立一科，謂之庸錢，以備官雇，不問戶之高低，例使出錢，上戶則便，下戶實難。」轍以議不合罷。

條例司言：「使民出泉雇役，即先王致民財以祿庶人在官者之意，願以條目遣官分行天下，博盡衆議。」於是條諭諸路曰：「衙前既用重難分數，凡買撲酒稅坊場，舊以酬衙前者，從官自賣，以其錢同役錢隨分數給之。其廂鎮場務之類，舊酬獎衙前、不可令民買占者，即用舊定分數爲投名衙前酬獎。如部水陸運及領倉驛、場務、公使庫之類，其舊煩擾且使陪備者，今當省使毋費。承符、散從官等舊苦重役償欠者，今當改法除弊，庶使無困。凡有產業物力而舊無役者，今當出泉以助役。」久之，司農寺言：「今立役條，所寬優者，皆村鄉朴惷不

能自達之窮甿；所裁取者，乃仕宦兼并能致人言之豪右。若經制一定，則衙司縣吏無以施誅求巧舞之姦，故新法之行尤所不便。欲先自一兩州爲始，候其成就，即令諸州軍傚視施行，若實便百姓，當特獎之。」詔可。

於是提點府界公事趙子幾奏上府界所在條目，下之司農，詔判寺鄧綰、曾布更議之。綰、布言：「畿內鄉戶，計產業若家資之貧富，上下分爲五等。歲以夏秋隨等輸錢，鄉戶自四等、坊郭自六等以下勿輸。兩縣有產業者，上等各隨縣，中等併一縣輸。析居者隨所析而定，降其等。若官戶、女戶、寺觀、未成丁，減半輸。皆用其錢募三等以上稅戶代役，隨役重輕制祿。開封縣戶二萬二千六百有奇，歲輸錢萬二千九百緡。以萬二百爲祿，贏其二千七百，以備凶荒欠閣，他縣傚此。」然輸錢計等高下，而戶等著籍，昔緣巧避失實。乃詔責郡縣，坊郭三年，鄉村五年，農隙集衆，稽其物產，考其貧富，察其詐偽，爲之升降；若故爲高下者，以違制論。

募法：三人相任，衙前仍供物產爲抵；弓手試武藝，典吏試書計；以三年或二年乃更。爲法既具，揭示一月，民無異辭，著爲令。令下，募者執役，被差者得散去。開封一府罷衙前八百三十人，畿縣鄉役數千，遂頒其法於天下。

天下土俗不同，役重輕不一，民貧富不等，從所便爲法。凡當役人戶，以等第出錢，名

二十四史

中華書局

免役錢。其坊郭等第戶及未成丁、單丁、女戶、寺觀、品官之家，舊無色役而出錢者，名助役錢。凡敷錢，先視州若縣應用雇直多少，隨戶等均取；雇直既已用足，又率其數增取二分，以備水旱欠閣，雖增毋得過二分，謂之免役寬剩錢。

三年，命集賢校理呂惠卿同判司農寺，已而林旦、曾布相繼典主其事。四年，罷許州衙前幹公使庫，以軍校主之，月給食錢三千。後行於諸路，人皆便之。

兩浙提點刑獄王庭老、提舉常平張靚率民助役錢至七十萬。薛向爲帝言，帝問王安石，安石曰：「提舉官據數取之，朝廷以恩惠科減，於體爲順。」御史中丞楊繪亦言：「靚等科配民輸錢，多者一戶至三百千，乞少裁損，以安民心。」五月，東明縣民數百詣開封府訴超升等第，不受；遂突入王安石私第，安石諭以相府不知；訴之御史臺，臺不受訴，諭令散去。楊繪又言：「司農寺不用舊則，自據戶數創立助役錢等第，下縣令著之籍，如酸棗縣升戶等皆失實。」帝乃命提點司究所從升降，仍嚴升降之法，畿民不願輸錢免役，縣案所當供役歲月，如期役之，與免輸錢。先是，帝既知東明事，及聞繪言，兩降手敕問王安石曰：「酸棗既有自下戶升入上戶，則四等有免輸役錢之名，而無其實。」安石力言嘗取諸縣新舊籍對覆升降，聞外間扇搖役法者，謂輸多必有贏餘，若羣訴必可免，彼既聚衆僥倖，苟受其訴，與免輸

錢，當仍役之。帝乃盡用其言。

中書孫迪、張景温體量不願出錢之民，欲困以重役，楊繪復論之。而監察御史劉摯謂：「昨者團結保甲，民方驚擾，又作法使人均出緡錢，非時升降戶等，期會急迫，人情惶駭。」因陳新法十害，其要曰：「上戶常少，中下戶常多，故舊法上戶之役類皆數而重，下戶之役率常簡而輕；今不問上下戶，概視物力以差出錢，故上戶以爲幸，而下戶苦之。歲有豐凶，而役人有定數，助錢歲不可闕，則是賦稅有時減閣，而助錢更無蠲損也。役人必用鄉戶，爲其有常產則自重，今既招雇，恐止得浮浪姦僞之人，則帑庾、場務、綱運不惟不能典幹，竊恐不勝其盜用而冒法者衆；至於弓手、耆、壯、承符、散從、手力、胥史之類，恐遇寇則有縱逸，因事輒爲搔擾也。司農新法，衙前不差鄉戶，其舊嘗願爲長名者，聽仍其舊，却用官自召賣酒稅坊場并州縣坊郭人戶助役錢數，酬其重難，惟此一法，有若可行；然坊郭十等戶，緩急科率，郡縣賴之，難更使之均出助錢。乞詔有司，若坊場錢可足衙前雇直，則詳究條目，徐行而觀之。」帝因安石進呈役錢文字，謂之曰：「民供稅斂已重，坊郭及官戶等不須減，稅戶升等事更與少裁之。」安石曰：「朝廷制法，當斷以義，豈須規規恤淺近之人議論耶？」

於是提點趙子幾怒知東明縣賈蕃不能禁遏縣民來訟，雜摭他事致蕃於理。又使子幾自鞫之。楊繪謂是希安石意指，而致縣令於罪也。即疏辨之曰：「子幾若劾蕃五月十日前事，臣固無言；若所劾後乎此日，是以威脅令佐使民不得赴愬，得爲便乎？」又言：「助役之利一，而難行有五。請先言其利：假如民田有一家而百頃者，亦有戶纔三頃者，其等乃俱在第一，以百頃而較三頃，則已三十倍矣，而受役月日，均齊無異；況如官戶，則除耆長外皆應無役，今例使均出雇錢，則百頃所輸必三十倍於三頃者，而又永無決射之訟，此其利也。然難行之說亦有五：民惟種田，而責其輸錢，錢非田之所出，一也。近邊州軍，就募者非土著，姦細難防，二也。逐處田稅，多少不同，三也。耆長雇人，則盜賊難止，四也。衙前雇人，則失陷官物，五也。乞先議防此五害，然後著爲定制，仍先戒農寺無欲速就以祈恩賞，提舉司無得多取於民以自爲功，如此則誰復妄議。」

劉摯亦言：「趙子幾以他事捃摭賈蕃爲過，且變更役法，意欲便民，民苟以爲有利害也，安可禁其所欲言！今因畿民有訴，而刻薄之人，反怒縣官不能禁遏。臣恐四遠人情，必疑朝廷欲鉗天下之口，而職在主民者，必皆視蕃爲戒，則天下休戚，陛下何由知之？子幾挾情之罪，伏請付吏部施行。」

於是同判司農寺曾布摭繪、摯所言而條奏辨詰之，其略曰：

畿內上等戶盡罷昔日衙前之役，故今所輸錢比舊受役時，其費十減四五；中等人戶舊充弓手、手力、承符、戶長之類，今使上等及坊郭、寺觀、單丁、官戶皆出錢以助之，

故其費十減六七；下等人戶盡除前日冗役，而專充壯丁，且不輸一錢，故其費十減八九。大抵上戶所減之費少，下戶所減之費多。言者謂優上戶而虐下戶，得聚斂之謗，臣所未論也。

提舉司以諸縣等第不實，故首立品量升降之法，開封府、司農寺方奏議時，蓋不知已嘗增減舊數。然舊敕每三年一造簿書，等第嘗有升降，則今品量增減亦未爲非；又況方曉諭民戶，苟有未便，皆與釐正，則凡所增減，實未嘗行。言者則以謂品量立等者，蓋欲多斂雇錢，升補上等以足配錢之數。至於祥符等縣，以上等人戶數多減充下等，乃獨掩而不言，此臣所未論也。

凡州縣之役，無不可募人之理。今投名衙前半天下，未嘗不典主倉庫、場務、綱運；而承符、手力之類，舊法皆許雇人，行之久矣；惟耆長、壯丁，以今所措置最爲輕役，故但輪差鄉戶，不復募人。言者則以謂衙前雇人，則失陷官物；耆長雇人，則盜賊難止；又以謂近邊姦細之人應募，則焚燒倉庫，或守把城門，則恐潛通外境，此臣所未論也。

免役或輸見錢，或納斛斗，皆從民便，爲法至此，亦已周矣。言者則謂直使輸錢，則絲帛粟麥必賤，若用他物準直爲錢，則又退揀乞索，且爲民害。如此則當如何而可？此臣所未論也。

中華書局

昔之徭役皆百姓所爲，雖凶荒饑饉，未嘗罷役；今役錢必欲稍有餘羨，乃所以爲凶年蠲減之備，其餘又專以興田利、增吏祿。言者則以謂助錢非如稅賦有倚閣減放之期，臣不知昔之衙前、弓手、承符、手力之類，亦嘗倚閣減放否？此臣所未諭也。

兩浙一路，戶一百四十餘萬，所輸緡錢七十萬爾；而畿內戶十六萬，率緡錢亦十六萬。是兩浙所輸纔半畿內，然畿內用以募役，所餘亦自無幾。言者則以謂吏緣法意，廣收大計，如兩浙欲以羨錢徼幸，司農欲以出剩爲功，此臣所未諭也。

買蓄爲令，不受民訴，使趨京師諠譁，其意必有謂也。誠令用心無他，亦可謂不職矣。蓄之不職不法，其狀甚衆，皆趙子幾所不得不問；御史之言，欲舍蓄而治子幾，是不顧陛下之法、陛下之民，宜莫如蓄與御史也。

於是下其疏於綰、摯，使各言狀。

綰錄前後四奏以自辨。摯言：「助役斂錢之法，有大臣及御史主之於內，有大臣親黨爲監司、提舉官而行之於諸路，其勢順易矣；然曠日彌年，終未有定論，爲不順乎民心而已。雖復使臣言之，陛下以司農爲是耶，則事盡前奏，可以覆視；以臣言爲非耶，則貶黜而已。雖復使臣言之，亦不過所謂十害者，而風憲之官，豈當與有司較是非勝負耶？」詔綰知鄭州；摯落館閣校勘、監察御史裏行，監衡州鹽倉。

遣察訪使徧行諸路，促成役書，改助役爲免役，不願就募而強之者論如律。初，詔監司各定所部助役錢數，利路轉運使李瑜欲定四十萬，判官鮮于侁曰：「利路民貧，二十萬足矣。」議不合，遂各爲奏。帝是侁議。侍御史鄧綰言利路役歲須緡錢九萬餘，而李瑜率取至三十三萬有奇，提點刑獄周約亦占名無異辭。詔責瑜、約，而擢侁爲副使。

諸路役書既上之司農，乃頒募役法于天下，用免役錢祿內外胥吏，有祿而贓者，用倉法重其坐。初，京師賦吏祿，歲僅四千緡。至八年，計緡錢三十八萬有奇，京師吏舊有祿及外路吏祿又不在是焉。時知長葛縣樂京稱助役之法不可久行，常平司詢其故，不答，遂罷。京西使者召知湖陽縣劉蒙會議，蒙不肯議，退而條上利害，即投劾去。而權江西提刑提舉金君卿首募受代官部錢帛綱趨京，不差鄉戶衙前，而費減十五六。賜詔獎諭，仍落權爲眞。

免役剩錢，詔州縣用常平法給散收息〔一〕，添給吏人餐錢，仍立爲法。京東免役錢以秋料起催，若雇直多少、役使重輕有未究者，命監司詳具來上，仍須熙寧七年乃行。永興、秦鳳比之他路，民貧役重，詔提舉司併省冗役，次第蠲減，常留二分寬剩，以爲水旱閣放之備。

七年，詔：「役錢千別納頭子五錢，凡修官舍，作什器，夫力輦運之類，皆許取以供費；不給，以情輕贖銅錢足之。諸路公人如弓箭手法，給田募人爲之。凡逃、絕、監牧之田籍於轉運司者，不許射買請佃。提刑司以其田給應募者，而覈其所直，準一年雇役爲錢幾何，而歸其直於轉運司。」衢州西安縣用緡錢十二萬買田，始足募一縣之役。司農寺言，不獨兩浙如此，他路宜亦如之。費多難贍，乃欲改法。遂詔自今用寬剩錢買募役田，須先參會餘錢可以枝梧災傷，方許給買，若田價翔貴之地，則已之。

時免役出錢或未均，參知政事呂惠卿及其弟曲陽縣尉和卿皆請行手實法。其法：官爲定立田產中價，使民各以田畝多少高下，隨價自占；仍并屋宅分有無蕃息立等，凡居錢五當蕃息之錢一。非用器、田穀而輒隱落者許告，有實，以三分之一充賞。將造簿，預具式示民，令依式爲狀，縣受而籍之。以其價列定高下，分爲五等。既該見一縣之民物產錢數，乃參會通縣役錢本額而定所當輸，明書其數，示衆兩月，使悉知之。詔從其請。

司農寺乞廢戶長、坊正，令州縣坊郭擇相鄰戶三二十家，排比成甲，迭爲甲頭，督輸稅賦苗役，一稅一替。其後，諸路皆言甲頭催稅未便，遂詔耆戶長、壯丁仍舊募充，其保正、甲頭、承帖法並罷。

王安石言給田募役，有害十餘。八年，罷給田募役法，已就募人如舊，闕者勿補。官戶輸役錢免其半，所免雖多，各無過二十千。兩縣以上有物產者通計之，兩州兩縣以上有物產者隨所在輸錢〔二〕，等第不及者從一多處併之。

初，手實法行，言者多論其長告訐，增煩擾。至是，惠卿罷政，御史中丞鄧綰言其法不便，罷之，委司農寺再詳定以聞。

九年，以荊湖兩路斂役錢太重，較一歲入出，寬剩錢數多，詔權減二年。尋詔自今寬剩役錢及買撲坊場錢，更不以給役人，歲具羨數上之司農，餘物凡籍之常平司者，常留一半。侍御史周尹言：「募役錢數外留寬剩一分，聞州縣希提舉司風旨，廣斂民錢，省役額，損雇直，而民間輸數一切如舊，寬剩數多。募直輕而倉法重，役人多不願就募。天下皆謂朝廷設法聚斂，不無疑怨。乞募耆長、戶長及役人不可過減者悉復舊額，約募錢足用，其寬剩止留二分。」

是歲，諸路上司農寺歲收免役錢一千四十一萬四千五百五十三貫、石、匹、兩：金銀錢斛匹帛一千四十一萬四千三百五十二貫、石、匹、兩，絲綿二百一兩；支金銀錢斛六百四十八萬七千六百八十八兩、貫、石、匹；應在銀錢斛匹帛二百六十九萬三千二十貫、匹、石、兩，見在八十七萬九千二百六十七貫、石、匹、兩。

十年，知彭州呂陶奏：「朝廷欲寬力役，立法召募，初無過斂民財之意，有司奉行過當，增添科出，謂之寬剩。自熙寧六年施行役法，至今四年，臣本州四縣，已有寬剩錢四萬八千七百餘貫，今歲又須科納一萬餘貫。以成都一路計之，無慮五六十萬，推之天下，見今約有六七百萬貫寬剩在官。歲歲如此，泉幣絕乏，貨法不通，商旅農夫，最受其弊。臣恐朝廷不知免役錢外有此寬剩數目，乞契勘見在約支幾歲不至闕乏，霈發德音，特免數年；或逐年限定，不得過十分之一。所貴民不重困。」不報。

王安石去位，吳充爲相，沈括獻議莫若稍變役法，雜以差徭爲便。御史知雜蔡確言括反覆，貶括知宣州。

役錢立額，浙東多以田稅錢數爲則，浙西多用物力。至是，詔令通物力、稅錢互紐爲數，從便輸納。淮東路估定物產，如其實直，以均敷取。初，許兩浙坊郭戶家產不及二百千，鄉村戶不及五十千，毋輸役錢，已而鄉戶不及五十千亦不免輸。元豐二年，提舉司言坊郭戶免輸法太優，乃詔如鄉戶法裁定所敷錢數。提舉廣西常平劉誼言：「廣西一路戶口二十萬，而民出役錢至十九萬緡，先用稅錢敷出；稅數不足，又敷之田米；田米不足，復算於身丁。夫廣西之民，身之有丁，既稅以錢，又算以米，是一身而輸二稅，殆前世弊法。今既未能蠲除，而又益以役錢，甚可憫也。至於廣東西監司、提舉司吏一月之給，上同令錄，下倍攝官，乞裁損其數，則兩路身丁米亦可少寬。」遂詔吏祿月給錢遞減二千，歲遂減役錢一千二百餘緡。三年，司農寺丞吳雍言：「議定淮、浙役書，減冗占千三百餘人，裁省緡錢近二十九萬，會定歲用，寬剩錢一百四萬餘緡，諸路役書多若此類。乞先自近京三兩路修定，下之諸路。」從之。

七年，天下免役緡錢歲計一千八百七十二萬九千三百，場務錢五百五十五萬九千，穀帛石匹九十七萬六千六百五十七，役錢較熙寧所入多三之一。

帝之力主免役也，知民間通苦差役，而衙投〔三〕之任重行遠者尤甚，特創免役。雖均敷雇直，不能不取之民；然民得一意田畝，實解前日困弊。故羣議雜起，意不爲變。顧其間采王安石策，不正用雇直爲額，而展敷二分以備吏祿、水旱之用。羣臣每以爲言，屢疑屢詰，而安石持之益堅。此其爲法既不究終防弊，而聚斂小人又乘此增取，帝雖數詔禁戒，而不能盡止。至是，雇役不加多，而歲入比前增廣，則安石不能將順德意，其流弊已見矣。

哲宗立，宣仁后垂簾同聽政，門下侍郎司馬光言：

按因差役破產者，惟鄉戶衙前。蓋山野愚戇之人，不能幹事，或因水火損敗官物，或爲上下侵欺乞取，是致欠折，備償不足，有破產者。至於長名衙前，在公精熟，每經重難，別得優輕場務酬獎，往往致富，何破產之有？又鄉者役人皆上等戶爲之，其下等、單丁、女戶及品官、僧道，本來無役，今使之一概輸錢，則是賦斂愈重。自行免役法以來，富室差得自寬，貧者困窮日甚，監司、守令之不仁者，於雇役人之外多取羨餘，或一縣至數萬貫，以冀恩賞。又青苗、免役，賦斂多責見錢。錢非私家所鑄，要須貿易，豐歲追限，尙失半價，若値凶年，無穀可糶，賣田不售，遂致殺牛賣肉，伐桑鬻薪，來年生計，不暇復顧，此農民所以重困也。

臣愚以爲宜悉罷免役錢，諸色役人，並如舊制定差，見雇役人皆罷遣之。衙前先募人投充長名，召募不足，然後差鄉村人戶，每經歷重難差遣，依舊以優輕場務充酬獎。所有見在役錢，撥充州縣常平本錢，以戶口爲率，存三年之蓄，有餘則歸轉運司。凡免役之法，縱富彊應役之人，征貧弱不役之戶，利於富不利於貧。及今耳目相接，猶可復舊名，若更年深，富者安之，民不可復差役矣。

於是始詔修定役書，凡役錢，惟元定額及額外寬剩二分已下許著爲準，餘並除之。若寬剩元不及二分者，自如舊則。尋詔耆戶長、壯丁皆仍舊募人供役，保正、甲頭、承帖人並罷。

元祐元年，侍御史劉摯言：「率戶賦錢，有從來不預差役而概被斂取者，有一戶而輸數百以至千緡者。昔惟衙前一役，有至破產者爾。今天下坊場，官收而官賣之，歲計緡錢無慮數百萬，自可足衙前雇募支酬之直，則役之重者已無所事于農民矣。外惟散從、承符、弓手、手力、耆戶長、壯丁之類，無大勞費，宜並用祖宗差法，自第一等而下通任之。」監察御史

王巖叟請於衙前大役立本等相助法，以盡變通之利。借如一邑之中當應大役者百家，而歲取十人，則九十家出力爲助，明年易十戶，復如之，則大役無偏重之弊；其於百色無名之差占，一切非理之資陪，悉用熙寧新法禁之，雖不助猶可爲也。

殿中侍御史劉次莊言：「近制許雇耆戶長須三等已上戶。不知三等已上戶不願受雇，既無願者，則郡縣必陽循雇名，陰用差法，不若立法明差之爲便。」戶部言：「詔凡耆戶長、壯丁並募人供役，竊慮耆戶長雇錢數少〔四〕，無應募者。兼四等以下戶舊不敷役錢，惟輪差壯丁，今悉雇募，用錢額廣，提舉司必從人戶增敷。蓋舊法役不盡雇，亦有輪差輪募之處，欲且如本法。」

中書舍人蘇軾言：「先帝初行役法，取寬剩錢不得過二分，以備災傷。有司奉行過當，行之幾十六七年，積而不用，至三千餘萬貫石。熙寧中，行給田募役法，大略如邊郡弓箭手。臣知密州，先募弓手，民甚便之，曾未半年，此法復罷。」因列其五利。王巖叟言：「蘇軾乞買田募役，其五利難信，而有十弊。」大指謂：「官市民田，慮不當價；民受田就募，既非永業，則鹵莽其耕，又將轉而他之。」而其六弊特詳，曰：「弓箭手雖名應募，實與家居農民無異，雖或番上及緩急不免點集，實不廢田業，非如州縣色役長在官寺，則弓箭手之擾可知矣。然猶闕額常難補招，已就招者又時時竄去，引以爲比，不切事情。」其七弊曰：「戶及

二十四史

三等以上，皆能自足，必不肯佃田供役。今立法須二等以上戶方充弓手，三等以上方得供散從官以下色役，乃是用給田募役之名，行揭簿定差之實。既云百姓樂於應募，何以戶降四等必須上二等戶保任？任之而逃，則勒任者就供田役，此豈得云樂應也耶？」上官均亦陳五不可行，軾議遂格。

司馬光復奏：

今免役之法，其害有五：上戶舊充役，固有陪備，而得番休，今出錢比舊費特多，年年無休息。下戶元不充役，今例使出錢。舊日所差皆土著良民，今皆浮浪之人應募，無顧藉，受賕，侵陷官物。又農民出錢難於出力，若遇凶年，則賣莊田、牛具、桑柘，以錢納官。提舉常平倉司惟務多斂役錢，廣積寬剩。此五害也。

今莫若直降敕命，盡罷天下免役錢，其諸色役人，並依熙寧元年以前舊法人數，委本縣令佐揭簿定差。其人不願身自供役，許擇可任者雇代，有逋逃失陷，雇者任之。惟衙前一役，最號重難，固有因而破產者，爲此始作助役法。自後色色優假，禁止陪備，別募命官將校部押遠綱，遂不聞更有破產之人；若今衙前仍行差法，陪備既少，當不至破家。若猶矜其力難獨任，卽乞如舊法，於官戶、寺觀、單丁、女戶有屋產月收僦直可及十五千、莊田中熟所收及百石以上者，並隨貧富以差出助役錢，自餘物產，約此

爲準。每州椿收，候有重難役使，卽以支給。

倘慮役人利害，四方不能齊同。乞許監司、守令審其可否，可則亟行，如未究盡，縣許五日具措畫上之州，州一月上轉運司，轉運司季以聞。朝廷委執政審定，隨一路一州各爲之敕，務要曲盡。然免役行之近二十年，富戶習於優利，一旦變更，不能不懷異同。又差役復行，州縣不能不有小擾，提舉官專以多斂役錢爲功，必競言免役錢不可罷。當此之際，願勿以人言輕壞良法。

知樞密院章惇取光所奏疏略未盡者駁奏之。尚書左丞呂公著言惇專欲求勝，不顧命令大體，望選差近臣詳定。右正言王覿奏：「光議初上，惇嘗同奏，待旣施行，方列光短，其資小人，不當寘腹心地。」於是詔以資政殿大學士韓維、給事中范純仁等專切詳定以聞。

王覿又言：「近制改募爲差，用舊法人數爲則，而熙寧元年以後，募數屢經裁減，則舊數不可復用，請悉準見額定差。」先是，差法既復，知開封府蔡京如敕五日內盡用開封、祥符兩縣舊役人數，差一千餘人以足舊額。右司諫蘇轍言：「開封府亟用舊額盡差，如壕子之類，近例率用剩員，今悉改差民戶，故爲煩擾以搖成法，乞正其罪。」

司馬光之始議差役，中書舍人范百祿言于光曰：「熙寧免役法行，百祿爲咸平縣，開封罷遣衙前數百人，民皆欣幸。其後有司求羨餘，務刻剝，乃以法爲病。今第減助免錢額以寬民力可也。」光雖不從，及議州縣吏因差役受賕從重法加等配流，百祿押刑房，固執不可曰：「鄉民因徭爲吏，今日執事而受賕，明日罷役，復以財遺人，若盡以重法繩之，將見黥面赭衣充塞道路矣。」光曰：「微公言，幾爲民害。」遂已之。

蘇轍又言：

差役復行，應議者有五：其一曰舊差鄉戶爲衙前，破敗人家，甚如兵火。自新法行，天下不復知有衙前之患；然而天下反以爲苦者，農家歲出役錢爲難，及許人添刬見賣坊場，遂有輸納不給者爾。向使止用官賣坊場課入以雇衙前，自可足辦，而他色役人止如舊法，則爲利較然矣。初疑衙前多是浮浪投雇，不如鄉差稅戶可託。然行之十餘年，投雇者亦無大敗闕，不足以易鄉差衙前之害。今略計天下坊場錢，一歲可得四百二十餘萬貫，若立定中價，不許添刬，三分減一，尚有二百八十餘萬貫。而衙前支費及召募非泛綱運，一歲共不過一百五十餘萬緡，則是坊場之直，自可了辦衙前百費，何用更差鄉戶？今制盡復差役，知衙前若無陪備[5]，故以鄉戶爲之；至於坊場，元無明降處分，不知官自出賣耶，抑仍用以酬獎衙前也？若仍用以酬獎，卽召募部綱以何錢應用？若不與之錢，卽舊名重難，鄉戶衙前仍前自備，爲害不小。

其二，坊郭人戶舊苦科配，新法令與鄉戶並出役錢，而免科配，其法甚便。但數錢

太重，未爲經久之法。乞取坊郭、官戶、寺觀、單丁、女戶，酌今役錢減定中數，與坊場錢用以支雇衙前及召募非泛綱運外，却令椿備募雇諸色役人之用。

其三，乞用見今在役人數定差，熙寧未減定前，其數實冗，不可遵用。

其四，熙寧以前，散從、弓手、手力諸役人常苦逆送，自新法以來，官吏皆請雇錢，役人既便，官亦不至闕事，乞仍用雇法。

其五，州縣胥吏並量支雇錢募充，仍罷重法，亦許以坊場、坊郭錢爲用；不足用，方差鄉戶，鄉戶所出雇錢，不得過官雇本數。

詔送看詳役法所詳定，擇其要者先奏以行。

於是役人悉用見數爲額，惟衙前用坊場、河渡錢雇募，不足，方許揭簿定差。其餘役人，惟該募者得募，餘悉定差。遂罷官戶、寺觀、單丁、女戶出助役法[6]，其今夏役錢卽免輸。尋以衙前不皆有雇直，遂改雇募爲招募。凡熙、豐嘗立法禁以衙前及役人非理役使及令陪備圓融之類，悉申行之，耆壯依保正長法。坊場河渡錢、量添酒錢之類，名色不一，惟於法許用者支用外，並椿備招募衙前、支酬重難及應緣役事之用。如一州錢不供用，許移別州錢用之，一路不足，許從戶部通他路移用；其或有餘，毋得妄用，其或不足，毋得減募增置[7]。衙前最爲重役，若已招募足額，上一等戶有虛閑不差者，令供次等色役。鄉差役

中華書局

人，在職官如敢抑令別雇承符、散從承代其役者，轉運司劾奏重責。時提舉常平司已罷置，凡役事改隸提刑司。

殿中侍御史呂陶言：「天下版籍不齊，或以稅錢貫百，或以田地頃畝，或以家之積財，或以田之受種。雖皆別爲五等，然有稅錢一貫〔八〕、占田一頃、積財千緡、受種十石而入之一等，一等之上，無等可加，遂至稅緡、田畝、積財、受種十倍於此，亦不過同在一等。憑此差役，必不均平，雖無今日納錢之勞，反有昔時偏頗陪費之害。莫若裁量新舊，著爲條約：如稅錢一貫爲第一等，合於本等中差一役，稅錢兩倍於一役者併差二役，又倍即差三役；雖稅錢更多，不過三役，並聽雇人。或本縣戶多役少，則上戶之役不須併差，但可次敍休役年月遠近而均其勞逸。假令甲充役後可閑五年，乙稅錢兩倍於甲，可閑三年，丙又倍於乙，可閑一年。其以田土頃畝之類爲等并其餘同等多少不侔者，並倣此。又成、梓兩路差役，舊專以戶稅爲差等，熙寧初，別定坊郭戶營運錢以助免役。乃在稅產之外，州縣抑認成額，至今不減，至有停閑居業移避鄉村，猶不得免。今方議法，坊郭等第固不可偏廢，然須參究虛實，別行排定，以寬民力。」並送詳定所。

蘇轍又言：「雇募衙前改爲招募，既非明以錢雇，必無肯就招者，勢須差撥，不知歲收坊場、河渡緡錢四百二十餘萬，欲於何地用之？熙寧以前，諸路衙前多雇長名當役，如西川全

是長名，淮南、兩浙長名太半以上，餘路亦不減半。今坊場官既自賣，必無願充長名，則衙前並是鄉戶。雖號招募，而上戶利於免役，方肯占名，與差無異。上戶既免衙前重役，則凡役皆當均及以次人戶，如此則下戶充役，多如熙寧前矣。」

校勘記

〔一〕給散收息　「收息」原作「休息」，據宋會要食貨六五之一三、長編卷二三一改。

〔二〕隨所在輸錢　「在」字原脫，據長編卷二六七補。

〔三〕衙投　通考卷一二職役考作「衙役」，疑是。

〔四〕竊慮耆戶長雇錢數少　「耆」字原脫，據上文及宋會要食貨六五之二七、長編卷三六四補。

〔五〕知衙前若無陪備　「若」原作「苦」，欒城集卷三六論差役五事：「衙前若無差遣，不聞有破產之人，以此欲差鄉戶。」宋會要食貨六五之四三同，據改。

〔六〕出助役法　宋會要食貨六五之四六、長編卷三七一全句作：「官戶、僧道、寺觀、單丁、女戶出錢助役指揮勿行。」疑「出」下脫一「錢」字。

〔七〕毋得減募增置　通考卷一三職役考作「毋得減募增差」。

〔八〕稅錢一貫　「稅」下原衍「賦」字，據宋會要食貨六五之五〇、長編卷三七六刪。

宋史卷一百七十八

志第一百三十一

食貨上六

役法下　振恤

役法　中書舍人蘇軾在詳定役法所，極言役法可雇不可差，第不當於雇役實費之外，多取民錢，若量入爲出，不至多取，則自足以利民。司馬光不然之，光言：「差役已行，續聞有命：雇募不足，方許定差。屢有更張，號令不一。又轉運使欲合一路共爲一法，不令州縣各從其宜，或已受差却釋役使去，或已辭雇却復拘之入役，或仍舊用錢招雇，或不用錢白招，紛紜不定，寖違本意。」遂條舉始奏之文，嘗許州縣、監司陳列宜否。「自今外官苟見利否，縣許直上轉運司，州許直奏，使下情無壅。詳定所第當稽閱監司、州縣所陳，詳定可

否；非其任職而務出奇論、不切事情者勿用，亦不可以一路、一州、一縣土風利害概行天下。」從之。

未幾，詔：「諸路坊郭五等以上，及單丁、女戶、官戶、寺觀第三等以上，舊輸免役錢者並減五分，餘戶等下此者悉免輸，仍自元祐二年始。凡支酬衙前重難及綱運公皁迓送飱錢，用坊場、河渡錢給賦。不足，方得於此六色錢助用；而有餘，封樁以備不時之須。」

臣僚上言：「朝廷雖立差法，而明許民戶雇代，州縣多已施行。近命弓手須正身，恐公私未便。」詔：「不願身自任役，許募嘗爲弓手而有勞效者，雇直雖多，毋踰元募之數。」御史中丞劉摯言：「弓手不可不用差法者，蓋鄉人在役，則不獨有家丁子弟之助，至於族姻鄉黨，莫不與爲耳目，有捕輒獲；又土著自重，無逃亡之患。自行雇募，盜寇充斥，蓋浮惰不能任責故也。如五路弓手，熙寧未變法前，身自執役，最號彊勁，其材藝捕緝勝於他路。近日復差，不聞有不樂而願出錢雇人。惟是川蜀、江、浙等路，昨升差上一等戶，皆習於驕脆，不肯任察捕之責。欲乞五路必差正身，餘路即用新敕，釐爲三色：舊有戶等已嘗受差者，曾有戰門勞效應留者，願雇人代己者。立此三色，所冀新舊相兼，漸習禦捕。」侍御史王巖叟亦言雇代恐不能任事，略與摯同。

監察御史上官均言：「役之最重，莫如衙前，其次弓手。今東南長名衙前招募既足，所

差不及上戶，上戶必差弓手，則是以上戶就中戶之役，實爲優幸。上戶產厚而役輕，下戶產薄而無役，然則所當補恤，正在中戶。今若增上戶役年，使中戶番休稍久，則補除相均矣。」又言：「近許當差弓手戶役得雇人爲代[一]，此法最便。議者謂『身任其役，則自愛而重犯法』。熙寧募法久行，何嘗聞盜賊充斥？彼自愛之民，承符帖追逮則可，俾之與賊角死，豈其能哉？兩浙諸路[二]以法案差弓手，必責正身，至有涕泣辭免者。此豈可恃以爲用哉？今既立法許雇嘗爲弓手而有勞效之人，比之泛募，宜有間矣。」

殿中侍御史呂陶謁告歸成都，因令與轉運司議定役法。後議立增減役年之法曰：「戶多之鄉以十二年，戶少以九年，而應差之戶通輪一周。以一周月日而參之戶等，戶稅多者占役之日多，少者以率減下，則均適無頗矣。雖以等周差，皆許募人爲代，如此則四等往往少差，而五等差所不及矣。衙前悉令招募，以坊場錢支酬重難，此法爲允。」

當是時，議役法者皆下之詳定所，久不能決。於是文彥博言：「差役之法，置局衆議，命令雜下，致久不決。」於是詔罷詳定局，役法專隸戶部。

諫議大夫鮮于侁言：「開封府多官戶，祥符縣至闔鄉止有一戶應差，請裁其濫。凡保甲之授班行者，如進納人例，須至升朝，方免色役。」舊法，戶賦免役錢及三百緡者，令仍輸錢免役。侍御史王巖叟謂：「此法不見其利。借如兩戶，其一輸錢及三百千，其一及二百八九

十千，相去幾何，而應差者三年五年即得休息，其應輸助者畢世入錢，無有已時，非至破家，終不得免。此其勢必巧爲免計，有弟兄則析居，不則減賣其業，但少降三百千之數，則遂可免。不出二三年，高彊戶皆成中戶。」其後又詔[三]：舊輸免役錢戶及百千以上，令如六色戶輸錢助役。蓋欲以其錢廣雇，使番休優久。凡戶少之鄉，應差不及三番者，許以六色錢募州役；尚不及兩番，則申戶部，移用他州錢，以紓差期。鄉戶衙前受役，當休無代，即如募法給雇食之直；若願就投募者，仍免本戶身役，不願者，速募人代之。

元祐三年，翰林學士兼侍讀蘇軾言：「差役之法，天下皆云未便。昔日雇役，中戶歲出幾何，今者差役，中戶歲費幾何，更以幾年一役較之，約見其數，則利害灼然。而況農民在官，官吏百端蠶食，比之雇人，苦樂十倍。五路百姓朴拙，間遇差爲胥吏，又須轉雇慣習之人，尤爲患苦。」尋詔郡縣各具差役法利害，條析以聞。

四年，右正言劉安世言，御史中丞李常請復雇募，懷姦害政。先是，常言：「差法詔下，民知更不輸錢，讙呼相慶，行之既久，始覺不輸錢爲害。何也？差法廢久，版籍不明，重輕無準，鄉寬戶多者僅得更休，鄉狹戶窄者頻年在役。上戶極等昔有歲輸百千至三百千者，今止差爲弓手，雇人代役，歲不過用錢三四十千。中下戶舊輸錢不過三二千，而今所雇

承符、散從之類，不下三十千。然則今法徒能優便上戶，而三等四等戶困苦日甚。望詔一二練事臣僚，使與賦臣取差雇二法便於百姓者行之。無牽新書，無執舊說，民以爲善，斯善矣。」而安世則以責民出錢爲非，乞固守差役初議，故以常爲罪。

知杭州蘇軾亦言：

改行差法，則上戶之害皆去[四]。獨有三等人戶，方雇役時，戶歲出錢極不過三四千，而今一役二年，當費七十餘千。休閑不過六年，則是八年之中，昔者徐出三十餘千，而今者併出七十餘千，苦樂可知。

朝廷既取六色錢，許用雇役以代中戶，頗除一害，以全二利。今惟狹鄉戶少，役者替閑不及三番，方得用六色錢募人以代州役，此法未允。何者？百姓出錢本爲免役，今乃限以番次，不許盡用[五]。留錢在官，其名不正，又所雇者少，未足以紓中戶之勞。

又投名衙前不足元額，而鄉差衙前又當更代，即又別差，更不支錢；若願就長名，則支酬重難盡以給之，仍計日月除其戶役及免助役錢二十千；及州役惟吏人、衙前得皆雇募，此外悉用差法，如休役未及三年，即以助役錢支募，此法尤爲未通。自元豐前，不聞天下有闕額衙前者，豈嘗抑勒，直以重難月給可以足用故也。當時奉使如

李承之之徒，所至已輒減刻，元祐改法，又行減削，既多不支月給，如何肯就招募？今不循其本，乃欲重困鄉差，全不支錢，而應募之人盡數支給，又放免役錢二十貫，欲以誘脅盡令應募，何如直添重難月給，令招募得行。乞促招闕額長名衙前，刻期須足，如合增錢雇募，上之監司，議定即行。

役率以二年爲一番，向來尚許一戶歇役不及三番，則令雇募，是欲百姓空閑六年。今忽減作三年[六]。幸六色錢足用有餘，正可加添番數，而乃減番添役，農民皆紛然妄謂朝廷移此錢他之。雖云量留一分備用，若有餘剩數，却量減下無丁戶及女戶所敷役錢，此乃空言無實。丁口、產稅開收增減，年年不同，如何前知來年應用而預爲樁科？若亟行減下，臨期不足，又須增取，吏緣爲姦，不可勝防矣。大抵六色錢以免役取，當於雇役乎盡之，然後名正而人服。惟有一事不得不慮：州縣六色錢多少不同，若各隨多少以爲之用，則敷錢多處，役戶優閑太久，六色人戶反覺敷錢數多。欲乞今後六色錢常存一年備用之數，而會計歲所當用，以贏餘而通一路，酌人戶貧富、色役多少預行品配，以一路六色錢通融分給，令州縣盡用雇人，以本處色役輕重爲先後。如此則錢均而無弊，雇人稍廣，中戶漸蘇，則差役良法可以久行而不變矣。

是時，論役法未便者甚衆。五年，再詔中書舍人王巖叟、樞密都承旨韓川、諫議大夫點

檢戶曹文字劉安世同看詳利害。戶部請：「河北、河東、陝西鄉差衙前，以投募人所得雇直爲則，而減半給之。投名衙前惟差耆長，他役皆免〔七〕。」

六年，三省擬三路投募衙前役例，概行他路。詔：「凡投募人免其戶二等已下色役，鄉差人戶悉用投名人代之，願長投募者聽。」又詔：「諸州衙前已許量支雇直、餐錢，盧費廣難支，轉運、提刑司其隨土俗參酌立定優重分數及月給餐錢，用支酬額錢給之，不得過舊法元數。」州役之應鄉差者，若一鄉人戶役皆未及四年，許以助役錢募人爲之。總計一州雇直，其助役錢不足用，即於戶狹役煩鄉分先與雇代一役，役竟按籍復差如初。諸州歲計助役錢常留一分外，以雇直對計，或闕或剩，提刑司通一路移用。應差諸縣手力，合一鄉休役皆不及三年者，亦許用助役錢雇募；既終一役，別有閑及三年者，復行差法。諸州縣置差役都鼠尾簿，取民戶稅產、物力高下差取，分五等排定，而疏其色役年月及其更代人姓名於逐戶之下。每遇差役，即按籍自上而下，吏毋得移竄先後。坊場、河渡錢以雇衙前而有寬剩，亦令補助其餘役人。

三省言：

朝廷審定民役，差募兼行，斟酌補除，極爲詳備；而州縣不盡用助役錢募人，以補頻役之地。今括具綱目，下之州縣，使恪承之。

其一曰：應差之戶，三等以上許休役四年，四等以下許休役六年。若戶少無與更代，卸役不及應閑年數，即用助役錢募人代役以足之。其二曰：狹鄉之縣役人，除衙前州胥許雇、壯丁直差不雇外，凡州縣役人皆許招募，以就募月日補除應差而閑不及四年、六年之人，使及年數。每縣通計應差、應募役數若干，立定二額，差者訖役，以應差人承之；雇者有闕，別募人充數。二額悉已立定，如戶力應升應降，須俟三年造簿日按籍別定，未應造簿，止憑定額爲準。若本等戶少，不充州縣合役之數，即用次等戶之物力及本等七分者爲之。其三曰：寬鄉之縣，除已雇衙前、州胥外，餘役皆以序按差。其四曰：官雇弓手，先雇嘗充弓手之人，如不足，以武勇有雇籍者充。他役人願就雇，其選受亦如之。其五曰：壯丁皆按戶版簿名次實輪充役，半年而更。其六曰：一州一路有狹鄉役頻縣分，募錢不足，提刑司以一路助役寬剩錢通融移用；又不足，以坊場、河渡寬剩錢給之。仍通紐一歲應用支酬衙前之類費錢若干，而十分率之，每年於寬剩數內更留二分，以備支酬衙前之類，樁留至五年，通迭一全年寬剩總額，即止不樁；又不足，戶部以別路逐色寬剩錢移用以補足之。其七曰：助錢歲歲樁留一分，每及五分止，或時支用，即隨撥補，使常足五分之數。其八曰：軍人應差迓送者，本以代有雇錢役人，其沿迓送軍人有費，提刑司計數歸之轉運司。其九曰：重役人應替而願仍就募者，許給雇錢受役。其十曰：役人須有稅產乃得就募。其有蔭應贖及曾犯徒刑，雖願募不雇。若工藝人，須有貲產人二戶任之。雇直雖多，皆不得加于舊法已募之數。其十一曰：陝西鎮戎德順軍、熙州衙前，皆受田于官以當募直，內地戶願如其法應田募者聽之，仍以坊場、河渡錢〔八〕補還轉運司合輸租課。

凡縣，歲具色役輕重、鄉分寬狹、凡役雇直有無餘欠，各以其實枚別而上之州。州上監司，監司聚議，連書上戶部。仍別具一路移用及寬剩縣分錢數，致之戶部。

先是，收到官田，嘗令：田已籍于官及見佃人逃亡，悉拘入之，留充雇募衙前。至是，遂參行田募之法。

八年，詔：「耆長、壯丁役期已足，不許連續爲之。」蓋知其利於肆請，不願更罷故也。民有執父母喪而應在役者，三等以下戶除之，二等以上戶令量納役錢，在戶錢十分止責輸三分，服除日仍舊。

哲宗始親政，三省言役法尚未就緒，帝曰：「第行元豐舊法，而減去寬剩錢，百姓何有不便？」范純仁曰：「四方異宜，須因民立法，乃可久也。」遂令戶部議之。右司諫朱勃〔九〕言：「輸錢免役，有過數多斂者；用錢雇役，有立直太重者；役色之內，又有優便而願自投募，

不必給雇者。請詳爲裁省。」中書言：「自行差法十年，民間苦於差擾，前後議者紛紜，更變不一，未有底止。」

於是詔：「復免役法，凡條約悉用元豐八年見制。鄉差役人，有應募者可以更代，即罷遣之。許借坊場、河渡及封樁錢以爲雇直，須有役錢日補足其數。所輸免役錢，自今年七月始。耆戶長、壯丁召雇，不得已保正、保長、保丁充代〔一〇〕，其他役色應雇者放此。所斂寬剩錢，不得過一分，昔常過數、今應減下者，先自下五等人戶始。路置提舉官一員，視提刑置司之州爲治。如方俗利害不同，事有未盡未便而應更改增損舊法者，畫一條疏，與轉運、提刑司連奏。」

又詔：用舊法取量添酒錢贏數，給推法司吏餐錢；不足，則抵當息錢亦許貼用。先嘗以七月起輸，其後又自來年始。土俗差雇不一，姑仍其舊，俟起輸，至五月盡行雇法，凡因差在役者悉罷遣之。舊免役法行，壯丁間有差而不募者，其毋斂役錢如故。凡錢額所斂，取三年雇直實支，而酌一年中數，立爲歲額，以均斂取。此外所取寬餘，不得過通額十分之一。免役錢方復未輸，且以助役錢給雇直，不足，雖免役寬剩錢亦許給用。

七月，戶部看詳役法所言：「幕職監當官之官、罷官，依元豐制，悉用雇役人迓送而差定其數，凡元祐溢額所添廂軍皆罷減。其有抑鄉差之人仍舊在役，或改易名字就便應募，

悉計其在役月日應得更代者，以次躅遣之。諸路舊立出等高彊戶，戶力轉高，數取雜勝，應出免役錢百千以上，每累及百千，悉與減免三分。凡人戶匿寄財產，假借戶貫，冒名官戶苟可避免等第科配者，各以違制論；許人陳告，以其半給之。元豐令：在籍宗子及太皇太后、皇后緦麻親得免役。皇太妃宜亦如之。」詔皆如請。

舊戶等簿，如略可憑即用之，若漫滅等第，即雖未及應造之年，亦令改造。戶部舉行元豐條制，以保正長代耆長，甲頭代戶長，承帖人代壯丁。二年，申詔諸路：「役人額數，雇直，並依元豐舊制，仍依已命，寬剩錢不得過一分。常平免役，元豐止用提舉官專領，轉運、提刑司自今毋預其事。」

舊置重修編敕所看詳中外文字本，以去年所差鄉役未盡善，遂入議曰：「都、副保正比耆長事責已輕，又有承帖人受行文書，即大保長苦無公事。元豐本制，一都之內，役者十人，副正之外，八保各差一大長。今若常輪二大長分催十保稅租、常平錢物，一稅一替，則自不必更輪保丁充甲頭矣。凡都保所雇承帖人，必選家於本保者，而雇直皆從官給，一年一替，則自無浮浪稽留符移之弊。承帖雇直固有舊數，其今所雇保正之直賦耆長，保長之直則賦戶長；若應此三役不願替代者，自從其願。壯丁元不斂雇直處，聽如其舊。承帖雇錢許以舊寬剩錢通融支募，如土俗有不願就保正長雇役者，許募本土有產稅戶，使爲耆長、

壯丁以代之。其所雇耆、戶長，已立法不得抑勒矣，若保正、長不願就雇而輒差雇者，從徒二年坐罪。」詔皆從之。

三年，左正言孫諤言：「役法之行，在官之數，元豐多，元祐省，雖省未嘗廢事，則多不若省；雇役之直，元豐重，元祐輕，雖輕未嘗不應募，則重不若輕。今役法優下戶使弗輸，而盡取諸上戶，意則美矣，而法未善也。夫先帝建免役之法，而熙寧、元豐有異論，元祐有更變，正惟不能無弊爾。願無以元豐、元祐爲間，期至於均平便民而止，則善矣。」翰林學士蔡京言：「諤之論多省、輕重，明有抑揚，謂元豐不若元祐明矣。諤於陛下追紹之日，敢爲此言，臣竊駭之。免役法復行將及一年，天下吏習而民安之，而諤指以爲弊，則所詆者熙寧、元豐也。且元豐，雇法也；元祐，差法也，雇與差不可並行。元祐固嘗兼雇，已紛然無紀矣，而諤欲不間熙、祐，是欲伸元祐之姦，惑天下之聽。」詔罷諤正言，黜知廣德軍。

後又詔：「諸縣無得以催稅比磨追甲頭、保長，無得以雜事追保正、副。在任官以承帖爲名，占破當直者，坐贓論。所管催督租賦，州縣官輒令陪備輸物者，以違制論。」

是歲，以常平、免役、農田、水利、保甲，類著其法，總爲一書，名常平免役敕令，頒之天下。詔翰林學士承旨兼詳定役法蔡京依舊詳定重修敕令。侍御史董敦逸言：「京在元祐初知開封府，附司馬光行差法，祥符一縣，數日間差至一千一百人。乞以役法專委戶部。」詔令疏析。京奏上，復令敦逸自辨，京無責焉。

元符二年，以蕭世京、張行爲郎。二人在元祐中，皆嘗言免役法爲是，帝出其疏擢之。既而詔河北東西、淮南運司，府界提點司，如人戶已嘗差充正夫，其免夫錢皆罷催。後又詔：「雖因邊事起差夫丁，須以應差雇實數上之朝廷，未得輒差。其河防并溝河歲合用一十六萬八千餘夫，聽人戶納錢以免。」

建中靖國元年，戶部奏：「京西北路鄉書手、雜職、斗子、所由、庫秤、揀、掐之類，土人願就募，不須給之雇直，他路亦須詳度施行。」詔從之。知延安府范純粹言：「比年衙前公盜官錢，事發即逃。乞許輪差上等鄉戶使供衙役。」殿中侍御史彭汝霖劾純粹所言有害良法，宜加黜責。詔純粹所乞不行。其後，知襄州俞㮚以襄州總受他州布綱而轉致他州，是衙前重役併在一州，事理不均。臣僚謂㮚輒毀紹聖成法，請重黜。㮚坐責授散官，安置太平州。

崇寧元年，尚書省言：「前令大保長催稅而不給雇直，是爲差役，非免役也。」詔提舉司以元輪雇錢如舊法均給。永興軍路州縣官乞復行差役；湖南、江西提舉司以物賤乞減吏胥雇直，罷給役人雇錢，皆害法意，應改從其舊。詔戶部並遵奉紹聖常平免役敕令格式及先降紹聖簽貼役法，行之天下。

二年，臣僚言：「常平之息，歲取二分，則五年有一倍之數；免役剩錢，歲取一分，則十年有一年之備。故紹聖立法，常平息及一倍，免役寬剩及三料，取旨蠲免，以明朝廷取於民者，非以爲利也。而集賢殿修撰、知鄆州呂仲甫前爲戶部侍郎，輒以狀申都省，乞刪去上條。」詔黜仲甫，落職知海州。後又詔：「常平司候豐衍有餘日，具此制奏蠲之。」

大觀元年，詔〔一〕：「諸州縣召募吏人，如有非四等以上戶及在州縣五犯杖罪，悉從罷遣，不得再占諸處名役，別募三等以上人充。」於是舊胥既盡罷，而弊根未革，老姦巨猾，匿身州縣，舞法擾民，蓋甚前日。其後，又不許上三等人戶投充弓手，所募皆浮浪，無所顧藉，盜賊公行，爲害四方。至是，復詔州縣募役依元豐舊法。

政和元年，臣僚言：「元豐中，鞏州歲斂役錢止四百千，今累斂至緡錢近三萬。又元豐八年，命存留寬剩錢毋得過二分，紹聖再加裁定，止許存留一分。此時考詳法意，非取寬剩，遂改名準備錢，而嚴立禁約，若擅增斂歲額及椿留準備過數者，並以違制論。今乞飭提舉常平官檢察，及覈究鞏州取贏之因以聞。」從之。

宣和元年，言者謂：「役錢一事，神宗首防官戶免多，特責半輸。今比戶稱官，州縣募役之類既不可減，顧令官戶所減之數均入下戶，下戶於常賦之外，又代官戶減半之輸，豈不重困？」詔：「自今二等以上戶，因直降指揮非泛補官者，輸賦、差科、免役並不得賦官戶法減

免，已免者改之。進納人自如本法。」保長月給雇錢，督催稅賦。比年諸縣或每稅戶一二十家，又差一人充甲頭及催稅人，十日一進，赴官比磨，求取決責，有害良民，詔禁之。七年，詔：「州縣昨因儆察私鑄，令五家爲保。城郭亦差坊正、副領受文書，由此追呼陪費，或析居、逃移以避差使。其所置坊正、副可罷。」

自紹聖復雇役，而建炎初罷之。已而討論其法之不可廢也，參政李回言於高宗曰：「常平法本於漢耿壽昌，豈可以王安石而廢之？」且當時招射士無以供庸直，詔官戶役錢勿減半，民戶役錢概增三分。後復減之。兼官舊給庸錢以募戶長，及立保甲，則儲庸錢以助經費。未幾，廢保甲，復戶長，而庸錢不復給，遂爲總制窠名焉。

然役起於物力，物力升降不殺，則役法公。是以紹興以來，講究推割、推排之制：凡百姓典賣產業〔二〕，稅賦與物力一併推割。至於推排，則因其貲產之進退爲之升降，三歲而一行之〔三〕。然當時之弊，或以小民粗有米粟，僅存室廬，凡耕耨刀斧之器，雞豚犬彘之畜，纖微細瑣皆得而籍之。吏視賂之多寡，爲物力之低昂。上之人憂之，於是又爲之限制，除質庫房廊、停塌店鋪、租牛、賃船等外，不得以豬羊雜色估計，其後并耕牛租牛以免之。若江之東西，以畝頭計稅，亦有不待推排者。

保正、長之立也，五家相比，五五爲保，十大保爲都保，有保長，有都、副保正；餘及三保亦置長，五大保亦置都保正，其不及三保、五大保者，或爲之附庸，或爲之均幷，不一也。戶則以物力之高下爲役次之久近。

若夫品官之田，則有限制，死亡，子孫減半；蔭盡，差役同編戶。一品五十頃，二品四十五頃，三品四十頃，四品三十五頃，五品三十頃，六品二十五頃，七品二十頃，八品十頃，九品五頃。封贈官子孫差役，亦同編戶。謂父母生前無官，因伯叔或兄弟封贈者。凡非泛及七色補官，不在限田免役之數；其奏薦弟姪子孫，原自非泛、七色而來者，仍同差役。進納、軍功、捕盜、宰執給使、減年補授，轉至升朝官，即爲官戶；身亡，子孫並同編戶。太學生及得解及經省試者，雖無限田，許募人充役。

單丁、女戶及孤幼戶，並免差役。凡無夫無子，則爲女戶。女適人，以奩錢置產，仍以夫爲戶。其合差保正、長，以家業錢數多寡爲限，以限外之數與官、編戶輪差。總首、部將免保正、長差役。文州義士已免之田，不許典賣，老疾身亡，許承襲。

凡募人充役，並募土著之人，其放停兵及嘗爲公人者，並不許募。既有募人，官不得復追正身。募人憑藉官勢，姦害善人，斷罪外，坐募之者。高宗在河朔，親見閭閻之苦，嘗歎知縣不得人，一充役次，即便破家，是以講究役法甚備。

乾道五年，處州松陽縣倡爲義役，衆出田穀，助役戶輪充，自是所在推行。十一年〔四〕，御史謝諤言：「義役之行，當從民便，其不願者，乃行差役。」上然之。朱熹謂義役有未盡善者四事。蓋始倡義役者，惟恐議之未詳，慮之未周，而踵之者不能皆善人，於是其弊日開，其流日甚。或以材智把握，而專義役之利；或以氣力凌駕，而私差役之權。是以虐貧優富〔五〕，凌寡暴孤。義役之名立，而役戶不得以安其業；雇役之法行，而役戶不得以安其居，信乎所謂未盡善之弊也。淳熙五年，臣僚奏令提舉官歲考屬邑差役當否，以詞訟多寡爲殿最；令役戶輪管以提其役，置募人以奉官之行移，則公私便而義役立矣。慶元二年，吏部尙書許及之因淳熙陳居仁所奏，取祖宗免役舊法及紹興十七年以後續降旨符，修爲一書，名曰役法撮要。五年，書成，左丞相京鏜上之。其法可以悠久，其或未久而輒弊者，人也。

振恤

水旱、蝗螟、饑疫之災，治世所不能免，然必有以待之，周官「以荒政十有二聚萬民」是也。宋之爲治，一本於仁厚，凡振貧恤患之意，視前代尤爲切至。諸州歲歉，必發常平、惠民諸倉粟，或平價以糶，或貸以種食，或直以振給之，無分於主客戶。不足，則遣使

馳傳發省倉，或轉漕粟於他路；或募富民出錢粟，酬以官爵，勸諭官吏，許書曆爲課；若舉放以濟貧乏者，秋成，官爲理償。又不足，則出內藏或奉宸庫金帛，鬻祠部度僧牒；東南則留發運司歲漕米，或數十萬石，或百萬石濟之。賦租之未入、入未備者，或縱不取，或寡取之，或倚閣以須豐年。寬逋負，休力役，賦入之有支移、折變者省之，應給蠶鹽若和糴及科率追呼不急、妨農者罷之。薄關市之征，鬻牛者免算，運米舟車除沿路力勝錢。利有可與民共者不禁，水鄉則蠲蒲、魚、果、蓏之稅。選官分路巡撫，緩囚繫，省刑罰。饑民劫囷窖者，薄其罪；民之流亡者，關津毋責渡錢；道京師者，諸城門振以米，所至舍以官第或寺觀，爲淖糜食之，或人日給糧。可歸業者，計日併給遣歸；無可歸者，或賦以閑田，或聽隸軍籍，或募少壯興修工役。老疾幼弱不能存者，聽官司收養。水災州縣具船栰拯民，置之水不到之地，運薪糧給之。因饑疫〔六〕若厭溺死者，官爲埋祭，厭溺死者加賜其家錢粟。京師苦寒，或物價翔踊，置場出米及薪炭，裁其價予民。蝗爲害，又募民撲捕，易以錢粟，蝗子一升至易菽粟三升或五升。詔州郡長吏優恤其民，間遣內侍存問，戒監司俾察官吏之老疾、罷愞不任職者。

初，建隆三年，戶部郎中沈義倫使吳越還，言：「揚、泗饑民多死，郡中軍儲尙百餘萬

斛〔一七〕，宜以貸民。」有司沮之曰：「若來歲不稔〔一八〕，誰任其咎？」義倫曰：「國家以廩粟濟民，自當召和氣，致豐年，寧憂水旱耶？」太祖悅而從之。四年，詔州縣興復義倉，歲收二稅，石別收一斗，貯以備凶歉。平廣南、江南，輒詔振其饑，其勤恤遠人，德意深厚。

太宗恭儉仁愛，諄諄勸民務農重穀，毋或妄費。是時惠民所積，不爲無備，又置常平倉，乘時增糴，唯恐其不足。眞宗繼之，益務行養民之政，於是推廣淳化之制，而常平、惠民倉殆遍天下矣。

仁宗、英宗一遇災變，則避朝變服，損膳徹樂。恐懼修省，見於顏色；惻怛哀矜，形於詔旨。慶曆初，詔天下復立義倉。嘉祐二年，又詔天下置廣惠倉，使老幼貧疾者皆有所養。累朝相承，其慮於民也既周，其施於民也益厚。而又一時牧守，亦多得人，如張詠之治蜀，歲糴米六萬石，著之皇祐甲令。富弼之移青州，擇公私廬舍十餘萬區，散處流民以廩之，凡活五十餘萬人，募而爲兵者又萬餘人，天下傳以爲法。知鄆州劉夔發廩振飢，民賴全活者甚衆，盜賊衰止，賜詔褒美。知越州趙抃揭牓於通衢，令民有米增價以糶，於是米商輻湊，越之米價頓減，民無飢死。若是之政，不可悉書，故於先王救荒之法爲略具焉。

神宗即位以來，河北諸路水旱荐臻，兼發糴便司、廣惠倉粟以振民。熙寧二年，賜判北京韓琦詔曰：「河北歲比不登，水溢地震。方春東作，民攜老幼，棄田廬，日流徙于道。中

夜以興，慘怛不安。其經制之方，聽便宜從事，有可以左右吾民者，宜爲朕撫輯而振全之，毋使後時，以重民困。」而王安石秉政，改貸糧法而爲借助，移常平、廣惠倉錢斛而爲青苗，皆令民出息，言不便者輒得罪，而民遂不聊生。又詔賣天下廣惠倉田。自是先朝良法美意，所存無幾。哲宗雖詔復廣惠倉，既而章惇用事，又罷之，賣其田如熙寧法。常平量留錢斛，不足以供振給，義倉不足，又令通一路兌撥。於是紹聖、大觀之間，直給空名告敕、補牒賜諸路，政日以隳，民日以困，而宋業遂衰。

先是，仁宗在位，哀病者乏方藥，爲頒慶曆善救方。知雲安軍王端請官爲給錢和藥予民，遂行於天下。嘗因京師大疫，命太醫和藥，內出犀角二本，析而視之。其一通天犀，內侍李舜舉請留供帝服御。帝曰：「吾豈貴異物而賤百姓？」竟碎之。又蠲公私僦舍錢十日。令太醫擇善察脈者，即縣官授藥，審處其疾狀予之，無使貧民爲庸醫所誤，夭閼其生。天禧中，於京畿近郊佛寺買地，以瘞死之無主者。瘞尸，一棺給錢六百，幼者半之；後不復給，死者暴露於道。嘉祐末，復詔給焉。

京師舊置東、西福田院，以廩老疾孤窮丐者，其後給錢粟者纔二十四人。英宗命增置南、北福田院，并東、西各廣官舍，日廩三百人。歲出內藏錢五百萬給其費，後易以泗州施

利錢，增爲八百萬。又詔：「州縣長吏遇大雨雪，蠲僦舍錢三日，歲毋過九日，著爲令。」熙寧二年，京師雪寒，詔：「老幼貧疾無依丐者，聽於四福田院額外給錢收養，至春稍暖則止。」九年，知太原韓絳言：「在法，諸老疾自十一月一日州給米豆，至次年三月終。河東地寒，乞自十月一日起支，至次年二月終止；如有餘，即至三月終。」從之。凡鰥、寡、孤、獨、癃老、疾廢、貧乏不能自存應居養者，以戶絕屋居之；無，則居以官屋，以戶絕財產充其費，不限月。依乞丐法給米豆；不足，則給以常平息錢。崇寧初，蔡京當國，置居養院、安濟坊。給常平米，厚至數倍。差官卒充使令，置火頭，具飲膳，給以衲衣絮被。州縣奉行過當，或具帷帳，雇乳母、女使，糜費無藝，不免率斂，貧者樂而富者擾矣。

三年，又置漏澤園。初，神宗詔：「開封府界僧寺旅寄棺柩，貧不能葬，令畿縣各度官不毛地三五頃，聽人安厝，命僧主之。葬及三千人以上，度僧一人，三年與紫衣；有紫衣，與師號，更使領事三年，願復領者聽之。」至是，蔡京推廣爲園，置籍，瘞人並深三尺，毋令暴露，監司巡歷檢察。安濟坊亦募僧主之，三年醫愈千人，賜紫衣、祠部牒各一道。醫者人給手曆，以書所治痊失，歲終考其數爲殿最。諸城、砦、鎮、市戶及千以上有知監者，依各縣增置居養院、安濟坊、漏澤園。道路遇寒僵仆之人及無衣丐者，許送近便居養院，給錢米救濟。孤貧小兒可教者，令入小學聽讀，其衣襴於常平頭子錢內給造，仍免入齋之用。遺棄小兒，雇

人乳養，仍聽宮觀、寺院養爲童行。宣和二年，詔：「居養、安濟、漏澤可參考元豐舊法，裁立中制。應居養人日給秔米〔一九〕或粟米一升，錢十文省，十一月至正月加柴炭，五文省，小兒減半。安濟坊錢米依居養法，醫藥如舊制。漏澤園除葬埋依見行條法外，應資給若齋醮等事悉罷。」

高宗南渡，民之從者如歸市。既爲之衣食以振其飢寒，又爲之醫藥以救其疾病；其有隕於戈甲、斃於道路者，則給度牒瘞埋之。若丐者育之於居養院；其病也，療之於安濟坊；其死也，葬之於漏澤園，歲以爲常。紹興以來，歲有水旱，發常平義倉，或濟或糶或貸，如恐不及。然當艱難之際，兵食方急，儲蓄有限，而振給無窮，復以爵賞誘富人相與補助，亦權宜不得已之策也。

元年，詔出粟濟糶者賞各有差。糶及三千石以上，與守闕進義副尉；一萬五千石以上，與進武校尉〔二〇〕；二萬石以上，取旨優賞；已有官蔭不願補授者，比類施行。六年，湖、廣、江西旱，詔撥上供米振之。婺民有遏糴致盜者，詔閉糴者斷遣。殿中侍御史周祕言：「發廩勸分，古之道也，許以斷遣，恐貪吏懷私，善良被害。望戒守令多方勸諭，務令樂從，或有擾害，提舉司劾奏。」從之。是歲，潼川守臣景興宗、廣安軍守臣李瞻、果州守臣王鷙、漢州守臣王梅活飢民甚衆，前吏部郎中

馮檝亦出米以助振給，興宗升一職，贍、鷺、梅、檝各轉一官。十年，通判婺州陳正同振濟有方，窮谷深山之民，無不霑惠，以其法下諸路。

二十八年夏，浙東、西田損於風水。在法，水旱及七分以上者振濟，詔自今及五分處亦振之。二十九年，詔諸處守臣撥常平義倉米二分振糶，臨安府撥樁積之米。三十一年正月，雪寒，民多艱食。詔臨安府并屬縣以常平米減時價之半〔三一〕，振糶十日；臨安府城內外貧乏之家，人給錢二百、米一斗〔三二〕及柴炭錢，並於內藏給之；凡遇寒、遇暑、遇雨、遇火、遇赦及祈禱、即位、生辰、上尊號、生皇子、晏駕、大酺之類，臨安之民暨三衙諸軍時有振恤，及放商稅、公私房賃。輔郡之民，令諸州以常平錢依臨安府振之。

孝宗隆興二年秋，霖雨害稼，出內帑銀四十萬兩，變糴以濟民。乾道六年夏，振浙西被水貧民。七年八月，湖南、江西旱，立賞格以勸積粟之家。無官人：一千五百石補進義校尉，願補不理選限將仕郎〔三三〕者聽；二千石補進武校尉，進士與免文解一次；四千石補承信郎，進士與補上州文學；五千石補承節郎，進士補迪功郎。文臣：一千石減二年磨勘，選人轉一官；二千石減三年磨勘，選人循一資，各與占射差遣一次；三千石轉一官，選人循兩資，各與占射差遣一次。武臣：一千石減二年磨勘，選人轉一資；二千石減三年磨勘，選人循一資，各與占射差遣一次；三千石轉一官，選人循兩資，各與占射差遣一次。五千石以上，文武臣並取旨優與推恩。九月，臣僚言：「諸路旱傷，請以檢放展閣責之運司，糶給借貸責之常平〔三四〕，覺察妄濫責之提刑，

體量措置責之安撫。」上諭宰執曰：「轉運司止令檢放，恐他日振濟不肯任責。」虞允文奏曰：「轉運司主一路財賦，謂之省計。凡州郡有餘、不足，通融相補，正其責也。」淳熙八年，詔：「去歲江、浙、湖北、淮西旱傷處已行振糶，其鰥寡孤獨貧不自存、無錢收糴者，濟以義米。」寧宗慶元元年，以兩浙轉運副使沈詵言米價翔踊，凡商販之家盡令出糶，而告藏之令設矣。嘉定十六年，詔於楚州所儲米撥二萬石濟山東、西。

淳熙八年，浙東提舉朱熹言：「乾道四年民艱食，熹請於府，得常平米六百石振貸，夏受粟於倉，多則加息計米以償。自後隨年斂散，歉，蠲其息之半；大饑，卽盡蠲之。凡十有四年，得息米造倉三間，及以元數六百石還府。見儲米三千一百石，以爲社倉，不復收息，每石只收耗米三升。以故一鄉四五十里間，雖遇凶年，人不闕食。請以是行於倉司。」時陸九淵在敕令局，見之歎曰：「社倉幾年矣，有司不復舉行，所以遠方無知者。」遂編入振恤。凡借貸者，十家爲甲，甲推其人爲之首；五十家則擇一通曉者爲社首。其有逃軍及無行之人，與有稅錢衣食不闕者，並不得入甲。其應入甲者，又問其願與不願。願者，開具一家大小口若干，大口一石，小口減半，五歲以下不預請。甲首加請一倍。社首審訂虛實，取人人手書持赴本倉，再審無弊，然後排定。甲首附都簿載某人借若干石，依正簿分兩時給：初當下田時，次當耘耨時。秋成還穀不過八月三十日足，濕惡不實者罰。嘉定末，

眞德秀帥長沙行之，凶年饑歲，人多賴之。然事久而弊，或移用而無可給，或拘催無異正賦，良法美意，胥此焉失。

寶慶三年，監察御史汪剛中言：「豐穰之地，穀賤傷農，凶歉之地，濟糶無策，惟以其所有餘濟其所不足，則飢者不至於貴糴，而農民亦可以得利。乞申嚴遏糴之禁，凡兩浙、江東西、湖南北州縣有米處，並聽販鬻流通；違，許被害者越訴，官按劾，吏決配，庶幾令出惟行，不致文具。」從之。端平元年六月，臣僚奏：「建陽、邵武羣盜嘯聚，變起於上戶閉糴。若專倚兵威以圖殄滅，固無不可；然振救之政一切不講，饑饉所迫，恐人懷等死之心，附之者日衆。欲望朝廷厲兵選士，遏定已竊發之寇；發粟振饑，懷來未從賊者之心，庶人知避害，賊勢自孤，可一舉而滅矣。此成周荒政散利除盜之說也。」八月，以河南州軍新復，令江、淮制置大使司科降米麥一百萬石振濟。淳熙十一年〔三五〕，福建諸郡旱，錫米二十五萬石振糶，一萬石振貧乏細民。

景定元年，臨安府平糴倉舊貯米數十萬石，糶補循環，其後用而不補，所存無幾。有旨令臨安府收糴米四十萬石，用平糴倉錢三百四萬七千八百五十九貫，封樁庫十七界會子一千九十五萬二千一百餘貫，共湊十七界一千四百萬貫，充糴本錢。二年，以都城全仰浙西米斛，誘人入京販糶，賞格比乾道七年加優。

咸淳元年，有旨豐儲倉撥公田米五十萬石付平糴倉，遇米貴平價出糶。二年，監察御史趙順孫言：「今日急務，莫過於平糴。乾道間，郡有米斗直五六百錢者，孝宗聞之，卽罷其守，更用賢守，此今日所當法者。今粒食翔踊，未知所屆，市井之間見楮而不見米。推原其由，實富家大姓所至閉廩，所以糴價愈高而楮價愈減。陛下念小民之艱食，爲之發常平義倉，然爲數有限，安得人人而濟之？願陛下課官吏，使之任牛羊芻牧之責；勸富民，使之無秦、越肥瘠之視。糴價一平，則楮價不因之而輕，物價不因之而重矣。」七年，以咸淳三年以前諸路義米一百一十二萬九千餘石減價發糶，薄收郡縣聽民不拘關、會，見錢收糴。

校勘記

〔一〕得雇人爲代　「雇」原作「差」，據長編卷三八九，并參照下文「今既立法許雇」句改。

〔二〕兩浙諸路　長編同上卷作「兩浙諸邑」，似是。

〔三〕其後又詔　自此起至「速募人代之」一段，係概括元祐二年十二月、三年二月及六月前后三個詔書的內容，原文見宋會要食貨六五之五七及長編卷四一〇、卷四一二。

〔四〕則上戶之𢑥皆去　據蘇軾蘇東坡集奏議卷六論役法差雇利害起請畫一狀和長編卷四三五所引文字，此處「上」下當脫一「下」字。

中華書局

〔五〕不許盡用　「許」原作「用」，據同上二書同卷同篇改。

〔六〕今忽減作三年　「三」原作「二」，據同上二書同卷同篇改。

〔七〕他役皆免　「役」原作「投」，據宋會要食貨六五之六〇、長編卷四四八改。

〔八〕坊場河渡錢　「錢」字原脫，據長編卷四七七、太平治蹟統類卷二一補。

〔九〕右司諫朱勃　「勃」原作「紱」，據太平治蹟統類卷二一、通考卷一三職役考改。

〔一〇〕不得已保正保長保丁充代　按宋會要食貨六五之六四、通考卷一三職役考「已」都作「以」。

〔一一〕大觀元年詔　自此以下至「依元豐舊法」一段，據宋會要食貨六五之七五，係概述三年間事。除大觀元年事外，其中「其後又不許上三等人戶投充弓手」，係政和六年事；「至是復詔州縣募役依元豐舊法」，則係宣和二年事，志文失書政和、宣和時間。

〔一二〕凡百姓典賣產業　「產」原作「典」，據通考卷一三職役考改。

〔一三〕三歲而一行之　「一」原作「下」，據同上書同卷同篇改。

〔一四〕十一年　承上文當指乾道十一年，但乾道只有九年。宋會要食貨六六之二一、中興聖政卷六一都繫謝諤此奏於淳熙十一年，此處失書淳熙紀元。按編年順序，應移置於下文淳熙五年之後。

〔一五〕虐貧優富　「優」原作「擾」，據通考卷一三職役考，并參考朱熹朱文公文集卷一八奏義役利害狀所論義役未盡善四事條改。

〔一六〕饑疫　「疫」原作「役」，按上文，振恤的主要事項爲「水旱蝗螟饑疫之災」，據改。

〔一七〕軍儲尙百餘萬斛　「百」字原脫，據本書卷二六四沈倫傳、長編卷三補。沈倫卽沈義倫。

〔一八〕若來歲不稔　「不」字原脫，據通考卷二六國用考補。本書卷二六四沈倫傳作「若歲薦饑無徵」。

〔一九〕日給秔米　「秔」原作「稅」，據宋會要食貨六〇之七、六八之一三六改。

〔二〇〕糴及三千石以上與守闕進義副尉一萬五千石以上與進武校尉　「副尉」原作「校尉」，「進武」原作「進義」。按南宋武階有守闕進義副尉而無守闕進義校尉。宋會要食貨五九之二二、六八之五六都作：糴及三千石以上與守闕進義副尉，一萬二千石以上始與進義校尉，一萬五千石以上則與進武校尉。據改。

〔二一〕減時價之半　「價」字原脫，據宋會要食貨五九之三六補。又會要「半」下多一「分」字。

〔二二〕給錢二百米一斗　「斗」，同上書作「升」。

〔二三〕不理選限將仕郎　「限」字原脫，據宋會要食貨五九之四八、通考卷二六國用考補。

〔二四〕糴給借貸責之常平　「糴」原作「糶」，據文義及宋會要食貨五九之四九改。

〔二五〕淳熙十一年　按此年繫於端平之後、景定之前，疑「淳熙」是「淳祐」之訛。

宋史卷一百七十九

志第一百三十二

食貨下一

會計

宋貨財之制，多因於唐。自天寶以後，天下多事，戶口凋耗，租稅日削，法既變而用不給，故興利者進，而征斂名額繁矣。方鎮握重兵，皆留財賦自贍，其上供殊鮮。五代疆境偪蹙，藩鎮益彊，率令部曲主場、院，其屬三司者，補大吏以臨之，輸額之外亦私有焉。

太祖周知其弊，及受命，務恢遠略，修建法程，示之以漸。建隆中，牧守來朝，猶不貢奉以助軍實。乾德三年，始詔諸州支度經費外，凡金帛悉送闕下，毋或占留。時藩郡有闕，稍命文臣權知所在場務，或遣京朝官廷臣監臨。於是外權始削，而利歸公上，條禁文簿漸爲

精密。諸州通判官到任，皆須躬閱帳籍所列官物，吏不得以售其姦。主庫吏三年一易。市征、地課、鹽麴之類，通判官、兵馬都監、縣令等並親臨之，見月籍供三司，秩滿較其殿最，欺隱者寘於法，募告者，賞錢三十萬。而小民求財報怨，訴訟煩擾，未幾，除募告之禁。

先是，茶鹽榷酤課額少者，募豪民主之。民多增額求利，歲更荒儉，商旅不行，至虧常課，乃籍其貲產以償。太宗始詔以開寶八年爲額，旣又慮其未均，乃遣使分詣諸州，同長吏裁定。凡左藏及諸庫受納諸州上供均輸金銀、絲帛暨他物，令監臨官謹視之。欺而多取，主稱、藏吏皆斬，監臨官亦重寘其罪。罷三司大將及軍將主諸州榷課，命使臣分掌。掌務官吏虧課當罰，長吏以下分等連坐。雍熙二年，令三司勾院糾本部陷失官錢，及百千賞以十之一，至五千貫者遷其職。

淳化元年詔曰：「周設司會之職，以一歲爲準；漢制上計之法，以三年爲期。所以詳知國用之盈虛，大行羣吏之誅賞，斯乃舊典，其可廢乎？三司自今每歲具見管金銀、錢帛、軍儲等簿以聞。」四年，改三司爲總計司，左右大計分掌十道財賦。令京東西南北各以五十州爲率，每州軍歲計金銀、錢、繒帛、芻粟等費，逐路關報總計司，總計司置簿，左右計使通計置裁給，餘州亦如之。未幾，復爲三部。

宋聚兵京師，外州無留財，天下支用悉出三司，故其費寖多。太宗孜孜庶務，或親爲裁決。有司嘗言油衣、帟幕損破者數萬段，帝令煑之，染以雜色，制旗幟數千。調退材給窰務爲薪，俾擇其可用者造什物數千事。其愛民惜費類此。

眞宗嗣位，詔三司經度茶、鹽、酒稅以充歲用，勿增賦斂以困黎元。是時條禁愈密，較課以祖額〔一〕前界遞年相參。景德初，榷務連歲增羨，三司即取多收者爲額，帝慮或致掊克，詔凡增額比奏。上封者言：「諸路歲課增羨，知州、通判皆書曆爲課最，有虧者則無罰。」乃令諸路茶、鹽、酒稅及諸場務，自今總一歲之課，合爲一，以額較之。有虧則計分數，知州、通判減監官一等科罰，州司典吏減專典一等論，大臣及武臣知州軍者止罰通判以下。

至道末，天下總入緡錢二千二百二十四萬五千八百。三歲一親祀郊丘，計緡錢常五百餘萬，大半以金銀、綾綺、絁紬平其直給之。天禧末，上供惟錢帛增多，餘以移用頗減舊數，而天下總入一萬五千八十五萬一百，出一萬二千六百七十七萬五千二百，而贏數不預焉。景德郊祀七百餘萬，東封八百餘萬，祀汾陰、上寶册又增二十萬。丁謂爲三司使，著景德會計錄以獻，林特領使，亦繼爲之。凡舉大禮，有司皆籍當時所費以聞，必優詔奬之。

初，吳、蜀、江南、荆湖、南粵皆號富強，相繼降附，太祖、太宗因其蓄藏，守以恭儉簡易。

天下生齒尚寡，而養兵未甚蕃，任官未甚冗，佛老之徒未甚熾；外無金繒之遺，百姓亦各安其生，不爲巧僞放侈，故上下給足，府庫羨溢。承平既久，戶口歲增，兵籍益廣，吏員益衆。佛老、外國耗蠹中土，縣官之費數倍於昔，百姓亦稍縱侈，而上下始困於財矣。

仁宗承之，經費寖廣。天聖初，首命有司取景德一歲用度，較天禧所出，省其不急者。自祥符天書一出，齋醮糜費甚衆，京城之內，一夕數處，至是，始大裁損。京師營造，多內侍傳旨呼索，費無藝極。帝與太后知其弊，詔自今營造所須，先下三司度功費然後給。又減內外宮觀清衞卒及工匠，分隸諸軍、八作司。舊殿直已上，雖幼未任朝謁，遇乾元、長寧節皆賜服，至是亦罷給。故事，上尊號、謚號，隨册寶物並用黃金。帝曰：「先帝、太后用黃金，若朕所御，止用塗金。」時洞眞宮、壽寧觀相繼災，宰相張知白請罷不急營造，以答天戒。及滑州塞決河，御史知雜王曙復以爲言。既而玉淸昭應宮災，遂詔諭中外，不復繕修。自是道家之奉有節，土木之費省矣。

帝天資恭儉，尤務約己以先天下，有司言利者，多擯不取。閔民之有疾苦，雖厚利，舍之無所愛。貢獻珍異，故事有者，或罷之。山林、川澤、陂池之利，久與民共者，屢勑有司毋輒禁止。至於州縣征取苛細，蠲減蓋不可勝數。

至寶元中，陝西用兵，調度百出，縣官之費益廣。天章閣侍講賈昌朝言：「臣嘗治畿邑，邑有禁兵三千，而留萬戶賦輸，僅能取足，郊祀慶賞，乃出自內府。計江、淮歲運糧六百餘萬石，以一歲之入，僅能充期月之用，三分二在軍旅，一在冗食，先所蓄聚，不盈數載。天下久無事，而財不藏於國，又不在民，儻有水旱軍戎之急，計將安出？」於是議省冗費。右司諫韓琦言：「省費當自掖庭始。請詔三司取先朝及近歲賜予支費之數〔二〕，裁爲中制，無名者一切罷之。」乃令入內內侍省、御藥院、內東門司裁定，有司不預焉。

議者或欲損吏兵奉賜。帝謂：「祿廩皆有定制，毋遽變更以搖人心。」尹洙在陝西，請爲鬻爵之法，亦不果行。其後西兵久不解，財用益屈，內出詔書：「減皇后至宗室婦郊祠半賜，著爲式。」皇后、嬪御進奉乾元節回賜物皆減半，宗室、外命婦回賜權罷。」於是皇后、嬪御各上奉錢五月以助軍費，宗室刺史已上，亦納公使錢之半。荆王元儼盡納公使錢，詔給其半，後以元儼叔父，全給如故。帝亦命罷左藏庫月進錢一千二百緡。公卿、近臣以次減郊祠所賜銀絹，舊四千、三千者損一千，千損三百，三百損百，百損二十，皆著爲式。

三司使王堯臣取陝西、河北、河東三路未用兵及用兵後歲出入財用之數，會計以聞。寶元元年未用兵，三路出入錢帛糧草：陝西入一千九百七十八萬，出二千一百五十一萬〔三〕；河北入二千一十四萬，出一千八百二十三萬；河東入一千三十八萬，出八百五十

九萬。用兵後，陝西入三千三百九十萬，出三千三百六十三萬，蓋視河東、北尤劇，以兵屯陝西特多故也。又計京師出入金帛：寶元元年，入一千九百五十萬，出二千一百八十五萬；是歲郊祠，故出入之數視常歲爲多；慶曆二年，入二千九百二十九萬，出二千六百一十七萬，而奇數皆不預焉。

會元昊請臣，朝廷亦已厭兵，屈意撫納，歲賜繒、茶增至二十五萬，而契丹邀割地，復增歲遺至五十萬，自是歲費彌有所加。西兵既罷，而調用無所減，乃下詔切責邊臣及轉運司趣議裁節，稍徙戍兵還內地。命三司戶部副使包拯行河北，與邊臣、轉運司議罷省冗官，汰軍士之不任役者。詔翰林學士承旨王堯臣等較近歲天下財賦出入之數，相參耗登。堯臣等爲書七卷上之，遂三司，取一歲中數以爲定式。初，眞宗時，內外兵九十一萬二千，宗室、吏員受祿者九千七百八十五。寶元以後，募兵益廣，宗室蕃衍，吏員歲增。至是，兵一百二十五萬九千，宗室、吏員受祿者萬五千四百四十三，祿廩奉賜從而增廣。又景德中，祀南郊，內外賞賚金帛、緡錢總六百一萬。至是，饗明堂，增至一千二百餘萬，故用度不得不屈。

至和中，諫官范鎭上疏曰：「陛下每遇水旱之災，必露立仰天，痛自刻責，而吏不稱職，陛下憂勤于上，人民愁歎于下。今歲無麥，朝廷爲放稅免役及發倉廩拯貸，存恤之恩不爲

不至。然人民流離，父母妻子不相保者，平居無事時，不少寬其力役，輕其租賦；歲大熟，民不得終歲之飽；及有小歉，雖加重放，已不及事。此無他，重斂之政在前也。國家自陝西用兵以來，賦役煩重。及近年，轉運使復於常賦外進羨錢以助南郊，其餘無名斂率不可勝計。」

又言：「古者冢宰制國用，今中書主民，樞密主兵，三司主財，各不相知。故財已匱而樞密院益兵不已，民已困而三司取財不已。中書視民之困，而不知使樞密減兵、三司寬財者，制國用之職不在中書也。願使中書、樞密通知兵民財利大計，與三司量其出入，制爲國用，則天下民力庶幾少寬。」然自天聖以來，帝以經費爲慮，屢命官裁節，而有司不能承上之意，卒無所建明。

治平中，兵數少損，隸籍者猶百十六萬二千，宗室、吏員視皇祐無慮增十之三。英宗以勤儉自飭，然享國日淺，於經紀法度所未暇焉。治平二年，內外入一億一千六百十三萬八千四百五，出一億二千三十四萬三千一百七十四，非常出者又一千一百五十二萬一千二百七十八。是歲，諸路積一億六千二十九萬二千九十三，而京師不預焉。

神宗嗣位，尤先理財。熙寧初，命翰林學士司馬光等置局看詳裁減國用制度，仍取慶曆二年數，比今支費不同者，開析以聞。後數日，光登對言：「國用不足，在用度大奢，賞賜不節，宗室繁多，官職冗濫，軍旅不精。必須陛下與兩府大臣及三司官吏，深思救弊之術，磨以歲月，庶幾有效，非愚臣一朝一夕所能裁減。」帝遂罷裁減局，但下三司共析。

王安石執政，議置三司條例司，講修錢穀之法。帝因論措置之宜，言：「今財賦非不多，但用不節，何由給足？宮中一私身之奉有及八十千者，嫁一公主至費七十萬緡，沈貴妃料錢月八百緡。聞太宗時宮人惟繫皂紬襜，元德皇后嘗用金線緣襜，太宗怒其奢。仁宗初定公主奉料，以問獻穆，再三始言初僅得五貫爾，異時中宮月有止七百錢者。」時天下承平，帝方經略四夷，故每以財用不給爲憂。日與大臣講求其故，命官考三司簿籍，商量經久廢置之宜，凡一歲用度及郊祀大費，皆編著定式。

有司請造龍圖、天章閣覆闌檻青氈四百九十。帝謂：「禁中諸殿闌檻率故弊，不必覆也。」既而幷延福宮覆檻氈罷之。後呂嘉問復建議省儀鸞司供禁中綵帛。是歲，詔內外勿給土木工作，非兩宮、倉廩、武庫，皆罷省。三年，儀鸞司闕氈三千，三司請命河東製之。帝曰：「牛羊司積毛數萬斤，皆同糞壤，三司不取於此，而欲勤遠民乎？」全州歲貢班竹簾，簡州歲貢綿紬，安州市紅花萬斤，梓州市絲二千斤，帝皆以道遠擾民，亟命停罷。

制置司言：「諸路科買上供羊[四]，民費錢幾倍，而河北榷場博買契丹羊歲數萬，路遠，抵京皆瘦惡耗死，公私費錢四十餘萬緡。」詔著作佐郎程博文訪利害。博文募民有保任者，以產爲抵，官預給錢，約期限、口數、斤重以輸。民多樂從，歲計充足。凡供御膳及祀祭與泛用者，皆別其牢棧，以三千爲額，所裁省冗費十之四。其後，又用呂嘉問、劉永淵之言，治窨藏冰，以省工費。

帝嘗患增置官司費財。王安石謂增置官司，所以省費。帝曰：「古者什一而稅，今取財百端。」安石謂古非特什一而已。帝又以倉吏給軍食，多侵盜，詔足其概量，嚴立諸倉丐取法。中書因請增諸倉主典、役人祿至一萬八千九百緡，且盡增選人之祿，均其多寡。令、錄[五]增至十五千；司理至簿、尉，防團軍監推、判官增至十二千。其後又增中書、審官東西、三班院、樞密院、三司、吏部流內銓、南曹、開封府吏祿，受財者以倉法論。安石蓋欲盡祿天下之吏，帝以役法未就，緩其議。三司上新增吏祿數：京師歲增四十一萬三千四百餘緡，監司、諸州六十八萬九千八百餘緡。時主新法者皆謂吏祿既厚，則人知自重，不敢冒法，可以省刑。然良吏實寡，賕取如故，往往陷重辟，議者不以爲善。

初，陝西用兵，凡費緡錢七百餘萬。帝以問王安石，安石曰：「楚建中考沈起簿書，計一道半歲費錢銀紬絹千二百萬貫、匹、兩。」帝因欲知陝西歲用錢穀、金帛及增虧凡數，乃詔

薛向條上。王安石以爲擾，力請罷之，止詔三司帳司會計熙寧六年天下財用出入之數以聞。

韓絳既相，建言：「三司總天下財賦，請選官置司，以天下戶口、人丁、稅賦、場務、坑冶、河渡、房園之類租額年課，及一路錢穀出入之數，去其重複，歲比較增虧、廢置及羨餘、橫費。計贏闕之處，使有無相通，而以任職能否爲黜陟，則國計大綱可以省察。」三司使章惇亦以爲言，乃詔置三司會計司，以絳提舉。其後一州一路會計式成，上之，餘未就緒，未幾遂罷。

元豐官制既行，三司所掌職務散於六曹、諸寺監。元祐初，司馬光言：「今戶部尚書，舊三司使之任，左曹隸尚書，右曹不隸焉。天下之財分而爲二，視彼有餘，視此不足，不得移用。宜令尚書兼領左右曹，侍郎分職而治，舊三司所掌錢穀財用事，有散於五曹及諸寺、監者，並歸戶部。」遂詔尚書省立法。

有司請以府界、諸路在京庫務及常平等文帳悉歸戶部。初，熙寧五年，患天下文帳之繁，命曾布刪定法式。布因請選吏於三司額爲一司，帳司之置始此。至元豐三年，首尾七八年，所設官吏僅六百人，費錢三十九萬緡，而勾磨出失陷錢止萬緡。朝廷知其無益，遂罷

帳司，使州郡應上省帳皆歸轉運司，惟錢帛、糧草、酒麴、商稅等別爲計帳上戶部。至是，令戶部盡收諸路文帳。蘇轍時爲諫官，謂徒益紛紛，請如舊爲便。不行。

三年，戶部尚書韓忠彥、侍郎蘇轍、韓宗道言：「文武百官、宗室之蕃，一倍皇祐，四倍景德，班行、選人、胥吏率皆增益，而兩稅、征榷〔六〕、山澤之利，與舊無以相過。治平、熙寧之間，因時立政，凡改官者自三歲而爲四歲，任子者自一歲一人而爲三歲一人，自三歲一人而爲六歲一人，宗室自袒免以上漸殺恩禮，此則今日之成法。乞檢會寶元、慶曆、嘉祐故事，置司選官共議。」詔戶部取應干財用，除諸班諸軍料錢、衣賜、賞給、特支如舊外，餘費並裁省。又詔：「方將裁損入流，以清取士之路。命今後遇聖節、大禮、生辰，太皇太后、皇太后、皇太妃所得恩澤，並四分減一。」於是上自宗室貴近，下至官曹胥吏，旁及宮室械器，皆命裁損。久之，事未就。議者謂裁減浮費所細碎苛急，甚損國體。於是已議未行者一切寢之。後乃詔：「元祐裁損除授正任以下奉祿，失朝廷優禮，見條悉除之，循元豐舊制。」

元豐鈎考隱漏官錢，督及一分者賞三釐。自元祐改法，賞薄而吏怠，遂復其舊。時議裁損吏祿，隸省、曹、寺、監者，止以元豐三年錢數爲額，而吏三省者，凡兼領因事別給并舊請並罷。劉摯遂乞悉罷創增吏祿，詔韓維等究度，然不果罷。其後有司計中都吏祿，歲費緡錢三十二萬，詔以坊場稅錢給之。於是吏祿之冗濫者，率多革去矣。然三省吏猶有人受

三奉而不改者，故孫升、傅堯俞皆以爲言。至紹聖、元符，務反元祐之政，下至六曹吏，亦詔皆給見緡，如元豐之制。

先是，既罷導洛、堆垛等局，又罷熙河蘭會經制財用司，減放市易欠負及積欠租輸，選官體量茶鹽之法。使者之刻剝害民，如吳居厚、呂孝廉、王子京、李琮，內臣之生事斂怨，如李憲、宋用臣等，皆相繼正其罪。既而稍復講修財利。李清臣因白帝，今中外錢穀艱窘，戶部給百官奉，常無數月之備。章惇遂以財用匱乏，專指爲司馬光、呂公著、呂大防、蘇轍諸人之罪。左司諫翟思亦奏疏詆：「元祐以理財爲諱，利入名額類多廢罷，督責之法不加於在職之臣，財利既多散失，且借貸百出，而熙、豐餘積，用之幾盡。方今內外財用，月計歲會，所入不足給所出。願下諸路會元祐以前所儲金穀及異時財利名額、歲入經數，著爲成式。」

建中靖國元年，詔諸路轉運司以歲入財用置都籍，定諸州祖額，且計一路凡數；即有贏縮，書其籍。崇寧元年，又令：「歲以錢穀出入名數報提刑司保驗，以上戶部；戶部歲條諸路轉運使財賦虧贏，以行賞罰。諸路無額錢物，立式下提刑司，括三年外未發數，期以一季聞奏。」二年，官吏違負上供錢物，以分數爲科罪之等，不及九分者罪以徒，多者更加之。歲首則列次年之數，聞於漕司，考實申部。又以督限未嚴，更一季爲一月。然國之經費，往

往不給。

五年，詔省罷官局，命戶部侍郎許幾專切提舉措置。裁罷開封府重祿通引官客司并街道司額外兵士，及罷在京料次錢三十八處。

大觀三年，罷諸路州軍見貢六尙局供奉物名件四百四十餘，存者才十一二，減數十一，停貢六。戶部侍郎范坦言：「戶部歲入有限，支用無窮，一歲之入，僅了三季，餘仰朝廷應付。今歲支遣，較之去年又費百萬。」有詔鐫減財賦，命御史中丞張克公與吳居厚、許幾等置局論議。克公抗言：「官冗者汰，奉厚者減，今官較之元祐已多十倍，國用安得不乏。乞將節度使下至遙郡刺史，除軍功轉授者，各減奉半，然後閑慢局務、工伎末作，亦宜減省。自貴及賤，自近及遠，行之公當，人自無詞。」時論韙之。

時諸路轉運司類以乏告，詔戶部編次一歲財用出納之數，諸路州縣各爲都籍，以待考較；工部金、銀、銅、鉛、水銀、朱砂等，亦嚴帳籍之法；令諸路各條三十年以還一歲出入及泛用之數。初，比部掌勾稽天下文帳，吏習媮惰，自崇寧至政和，稽違積數凡二千六百七十有餘。於是申敕六曹，以拘督一歲多寡爲寺、監賞罰。

政和七年，命戶部參稽熙、豐及今財用有餘不足之數，又立旁通格，令諸路漕司各條元豐、紹聖、崇寧、政和一歲財用出入多寡來上。淮南漕臣張根言：「天下之費，莫大於土木之功。其次如人臣賜第，一第無慮數十萬緡，稍增雄麗，非百萬不可。佐命如趙普，定策如

韓琦，不聞峻宇雕牆，僭擬宮省，奈何剝民膏髓，爲廝役之奉乎？其次如田產、房廊，雖不若賜第之多，然日削月朘，所在無幾。又如金帛以供一時之好賜，有不可已者，而亦不可不節。至如賜帶，其直雖不過數百緡，然天下金寶靡費日久，夫豈易得？今乃賚及僕隸，使混淆公卿間，貴賤、賢不肖，莫之辨也。如以爲左右趨走之人，不欲其墨綬，當別爲制度，以示等威。」疏奏，不省。

重和初，罷講畫經費局。有司議勾收白地，禁榷鐵貨，方田增稅，榷酤增價，量收醋息，河北添折稅米〔七〕等。俄慮騷擾，悉罷之，併焚其條約。未幾，又置裕民局，命蔡京提舉，徐處仁詳定。京大不悅，尋亦罷。宣和元年，以左藏庫虧沒一百七十九萬有奇，乃別造都籍，催轄司、太府寺、左藏庫互相鈎考，以絕姦弊。

帝初卽位，思節冗費，中都吏重複增給及泛濫員額，並詔裁損。後苑嘗計增葺殿宇，計用金箔五十六萬七千。帝曰：「用金爲箔，以飾土木，一壞不可復收，甚亡謂也。」令內侍省罰請者。及蔡京爲相，增修財利之政，務以侈靡惑人主，動以周官惟王不會爲說，每及前朝惜財省費者，必以爲陋。至於土木營造，率欲度前規而侈後觀。元豐改官制，在京官司供給之數，皆併爲職錢，視嘉祐、治平時賦祿優矣。京更增供給、食料等錢，於是宰執皆然。

京既罷相，帝惡其變亂法度，將盡更革。命戶部侍郎許幾裁損浮費及百官濫祿，悉循元豐之舊，宰執亦聽辭所增奉。京不便，與其黨倡言：「減奉非治世事。司馬光請聽宰臣辭南郊給賜，神宗卒不允，且增選人及庶人在官者之奉。帝以繼述爲事，當奉承神宗。」由是官吏奉給並仍舊，而宰執亦增如故。初，宰執堂食亦皆有常數。至是，品目猥多，有公使、泛支之別，臺、省、寺、監又增廚錢。侍御史毛注嘗奏論之，不行。蔡京復得政，言者遂以裁損祿廩爲幾罪，幾坐奪職。

于時天下久平，吏員冗溢，節度使至八十餘員，留後、觀察下及遙郡刺史多至數千員，學士、待制中外百五十員。京又專用豐亨豫大之說，諛悅帝意，始廣茶利，歲以一百萬緡進御，以京城所主之。其後又有應奉司、御前生活所、營繕所、蘇杭造作局、御前人船所，其名雜出，大率爭以奇侈爲功。歲運花石綱，一石之費，民間至用三十萬緡。姦吏旁緣，牟取無藝，民不勝弊。用度日繁，左藏庫異時月費緡錢三十六萬，至是，衍爲一百二十萬。

又三省、密院吏員猥雜，有官至中大夫，一身而兼十餘奉，故當時議者有「奉入超越從班，品秩幾於執政」之言。又增置兼局，禮制、明堂，詳定國朝會要、九域圖志、一司敕令之類，職秩繁委，廩給無度。侍御史黃葆光論其弊，帝善之而未行；俄而詔云「當豐亨豫大之時，爲衰亂減損之計」，自是罕敢言者。然吏祿泛冒已極，以史院言之，供檢吏三省幾千

人。蔡京又勳以筆帖於榷貨務支賞給，有一紙至萬緡者。京所侵私，以千萬計，朝論喧然。乃詔三省、樞密院吏額用元豐法，其歲賜悉裁之，時翕然以爲快。臣僚上言：「諸州遇天寧節，除公使外，別給係省錢，充錫宴之用。獨諸路監司許支逐司錢物，一筵之饌，有及數百千者，浮侈相誇，無有藝極。」自是詔：「遇天寧節宴，舊應給錢者，發運、監司每司不得過三百貫，餘每司不得過二百貫，以上舊給數少者，止依舊。」

自崇寧以來，言利之臣殆析秋毫，沿汴州縣創增鎮柵以牟稅利。官賣石炭增二十餘場，而天下市易務，炭皆官自賣。名品瑣碎，則有四脚鋪牀、榨磨、水磨、廟圖、淘沙金等錢，不得而盡記也。宣和以後，王黼專主應奉，掊剝橫賦，以羨爲功。嶺南、川蜀農民陂罰錢，罷學制學事司贍學錢，皆歸應奉司。所入雖多，國用日匱。

六年，尚書左丞宇文粹中言：

近歲南伐蠻獠，北贍幽燕，關陝、綿、茂邊事日起，山東、河北寇盜竊發。賦斂歲入有限，支梧繁夥，一切取足於民。陝西上戶多棄產而居京師，河東富人多棄產而入川蜀。河北衣被天下，而蠶織皆廢；山東頻遭大水，而耕稼失時。他路取辦目前，不務存恤。穀麥未登，已先俵糴；歲賦已納，復理欠負。託應奉而買珍異奇寶，欠民積者一路至數十萬計；假上供而織文繡錦綺，役工女者一郡至百餘人。

陛下勤恤民隱，詔令數下，悉爲虛文。民不聊生，不惟寇盜繁滋，竊恐災異數起。祖宗之時，國計所仰，皆有實數。有額上供四百萬，無額上供二百萬，京師商稅、店宅務、抵當所諸處雜收錢一百餘萬。三司以七百萬之入，供一年之費，而儲其餘以待不測之用。又有解池鹽鈔、晉礬、市舶遺利，內贍京師，外實邊鄙，間遇水旱，隨以振濟，蓋量入爲出，沛然有餘。近年諸局務、應奉等司截撥上供，而繁富路分一歲所入，亦不敷額。然創置書局者比職事官之數爲多，檢計修造者比實用之物增倍，其他妄耗百出，不可勝數。若非痛行裁減，慮智者無以善其後。

久之，乃詔蔡攸等就尚書省置講議財利司，除茶法已有定制，餘並講究條上。攸請：內侍職掌，事干宮禁，應裁省者，委童貫取旨。時貫以廣陽郡王領右府故也。於是不急之務，無名之費，悉議裁省。帝亦自罷諸路應奉官吏，省六尚歲貢。

七年，詔諸路帥臣、監司各條所部當裁省凡目以聞。後苑書藝局等月省十九萬緡，歲可省二百二十萬。應奉司所管諸色窠名錢數內：兩浙路鈔旁定帖息錢〔八〕，湖、常、溫、秀州無額上供錢，淮南路添酒錢等，並行截節，更不充應奉支用。十二月，詔曰：「比年寬大之詔數下，裁省之令屢行。有司便文而實惠不至，蓋緣任用非人，興作事端，蠹耗邦財。假享上之名，濟營私之欲，漁奪百姓，無所不至。朕夙夜痛悼，思有以撫循慰安之。應茶鹽立額結

絕。應奉司兩浙諸路置局及花石綱等，諸路非泛上供拋降物色，延福宮西城所租課，內外修造諸處採斫木植、製造局所，並罷。諸局及西城所見管錢物並付有司，其拘收到百姓地土，並給還舊佃人。減掖庭用度，減侍從官以上月廩，及罷諸兼局，以上並令有司據所得數撥充諸路糴本，及椿充募兵賞軍之用。應齋醮道場，除舊法合有外，並罷道官及撥賜宮觀等房錢、田土之類。六尚，並依祖宗法。罷大晟府，罷教樂所，罷教坊額外人。罷行幸局，罷採石所，罷待詔額外人。罷都茶場，依舊歸朝廷。河坊非危急泛科、免夫錢並罷。」

是時天下財用歲入，有御前錢物、朝廷錢物、戶部錢物，其措置裒斂、取索支用，各不相知。天下財賦多爲禁中私財，上溢下漏，而民重困。言者請令戶部周知大數，而不失盈虛緩急之宜。上至宮禁所須，下逮吏卒廩餼，一切付之有司，格以法度，示天下以至公。詔可。戶部尚書聶山亦請以熙、豐後增置添給，如額外醫官、內中諸閤分位次主管文字等使臣、福源靈應諸觀清衞卒、后妃戚里及文武臣僚之家母妻封國太夫人郡太夫人等請給，并添給食料、茶湯等錢四十萬八千九百餘緡，凡熙、豐無法該載者罷之。

靖康元年，詔曰：「朕託於兆庶之上，永念民惟邦本，思所以閔恤安定之。乃者，減乘輿服御，放宮女，罷苑囿，焚玩好之物，務以率先天下；減冗官，澄濫賞，汰貪吏，爲民除害。

方詔減上供收買之額，蠲有司煩苛之令，輕刑薄賦，務安元元，而田里之間，愁痛未蘇，儻不蠲革，何以靖民！今詢酌庶言，疏剔衆弊，舉其綱目，以授四方。詔到，監司、郡守其悉力奉行；應民所疾苦，不在此詔，許推類聞奏。」於是凡當時苛刻煩細、一切不便於民者皆罷。

高宗建炎元年，詔：「諸路無額上供錢，依舊法，更不立額。」三年二月，減婺州上供額羅二萬八千匹，著爲定制。閏八月〔九〕，減福建、廣南路歲買上供銀三分之一。紹興二年，罷鎭江府御服羅，省錢七萬緡，助劉光世軍。四年二月，詔：「諸路州縣天申節禮物，並置場和買，毋得抑配於民。」十有一月，免淮南州軍大禮絹。五年，以四川上供錢帛依舊留以贍軍。十一年，始命四川上供羅復輸內藏，其後綾、紗、絹悉如之。四路天申節大禮絹及上供紬、綾、錦、綺，共九萬五千八百匹。

淳熙五年，湖北漕臣劉焞言：「鄂、岳、漢陽自紹興九年所收賦財，十分爲率，儲一分充上供始，十三年年增二分。鄂州元儲一分，錢一萬九千五百七十緡，今已增至一十二萬九千餘緡；岳州五千八百餘緡，今增至四萬二千一百餘緡；漢陽三千七百緡，今增至二萬二千三百餘緡。民力凋弊，無所從出。」於是以見增錢數立額，已後權免遞增。詔夔州路九州

百姓科買上供金、銀、絹，自淳熙六年爲始盡免。十六年，蠲兩淮州軍合發上供諸窠名錢物，極邊全免，次邊展免一年。

紹定元年，江、浙諸州軍折輸上供物帛錢數，除合起輕貨，並用錢、會中半；路不通水，願以銀折輸者聽，兩不過三貫三百文。兩浙、江東共四百一十三萬八千六百一十二貫有奇，並輸送左藏西庫。

咸淳六年，都省言：「南渡以來，諸路上供數重，自嘉定至嘉熙，起截之數雖減，而州縣猶以大數拘催，害及百姓。」有旨：「自咸淳七年爲始，銀、錢、關、會用咸淳三年起截中數拘催，紬、絹、絲、綿、綾、羅用咸淳二年起截中數拘催。錢、關、會子二千四百九十五萬八千七百四十八貫，銀一十六萬九千六百四十三兩，紬四萬一千四百三十八匹，絹七十三萬七千八百六十四匹，絲九萬五千三百三十三兩，綿一百五萬七千九百二十五兩，綾五千一百七十九匹，羅七千三百五十五匹，戶部徧牒諸路，視今所減定額起催。」

所謂經總制錢者，宣和末，陳亨伯以發運兼經制使，因以爲名。建炎二年，高宗在揚州，四方貢賦不以期至，戶部尙書呂頤浩、翰林學士葉夢得等言：「亨伯以東南用兵，嘗設經制司，取量添酒錢及增一分稅錢，頭子、賣契等錢，斂之於細，而積之甚衆。及爲河北轉運使，又行於京東西、河北路〔一〇〕，一歲得錢近二百萬緡，所補不細。今若行於諸路州軍，歲入無慮數百萬計，邊事未寧，苟不出此，緩急必致暴斂。與其斂於倉卒，曷若積於細微。」於是以添酒錢、添賣糟錢、典賣田宅增牙稅錢、官員等請給頭子錢、樓店務增三分房錢，令兩浙、江東西、荆湖南北、福建、二廣收充經制錢，以憲臣領之，通判斂之，季終輸送。紹興五年，參政孟庾提領措置財用，請以總制司爲名，又因經制之額增析而爲總制錢，而總制錢自此始矣。

財用司言：「諸路州縣出納係省錢所收頭子錢，貫收錢二十三文省，內一十文省作經制起發上供，餘一十三文充本路郡縣并漕司用。今欲令諸路州縣雜稅出納錢貫收頭子錢上，量增作二十三文足。除漕司及州舊合得一十三文省，餘盡入經制窠名帳內，起發助軍。」江西提舉司言：「常平錢物，舊法貫收頭子錢五文足。今當依諸色錢例，增作二十三文足，除五文依舊法支用，餘增到錢與經制司別作窠名輸送。」

九年，諫議大夫曾統上疏言：「經制使本戶部之職，更置一司，無益於事。如創供給酒庫，亦是陰奪省司之利。若謂監司、郡縣違法廢令，別建此司按之，則又不然。夫朝廷置監

司以轄州郡，立省部以轄監司，祖宗制也。稅賦失實，當問轉運司；常平錢穀失陷，當問提舉司。若使經制司能事事檢察，則雖戶部版曹，亦可廢矣。且自置司以來，漕司之移用，憲司之贓罰，監司之妄支，固未嘗少革其弊。罷之便。」疏奏，不省。十六年，以諸路歲取經總制錢，本路提刑并檢法幹辦官拘催，歲終通紐以課殿最。二十一年，以守、倅同檢察。二十九年，詔專以通判主之。

乾道元年，詔：「諸路州縣出納，貫添收錢一十三文省，充經總制錢，以所增錢別輸左藏西庫，補助經費。」自是經總制錢每千收五十六文矣。然遇兵凶，亦時有蠲免。三年，復以守、倅共掌之。

淳熙十六年，光宗卽位，減江東西、福建、淮東、浙西經總制錢一十七萬一千緡。紹熙二年，詔平江府合發經總制錢歲減二萬緡。嘉定十七年，詔蠲嘉定十五年終以前所虧錢數。端平三年，詔：「諸路州軍因災傷檢放苗米，毋收經總制頭子、勘合朱墨等錢；自今已放苗米，隨苗帶納錢並與除放。」

所謂月樁錢者，始於紹興之二年。時韓世忠駐軍建康，宰相呂頤浩、朱勝非議令江東

漕臣月樁發大軍錢十萬緡，以朝廷上供經制及漕司移用等錢供億。當時漕司不量州軍之力，一例均科，既有偏重之弊，上供經制，無額添酒錢，并淨利錢，贍軍酒息錢，常平錢，及諸司封樁不封樁、係省不係省錢，皆是朝廷窠名也。於是郡縣橫斂，銖積絲累，江東、西之害尤甚。十七年，詔州郡以寬剩錢充月樁，以寬民力，遂減江東、西之錢二十七萬七千緡有奇。

又有所謂板帳錢者，亦軍興後所創也。如輸米則增收耗剩，交錢帛則多收縻費，幸富人之犯法而重其罰，恣胥吏之受財而課其入，索盜贓則不償失主，檢財產則不及卑幼，亡僧、絕戶不俟覈實而入官，逃產、廢田不與消除而抑納，他如此類，不可徧舉。州縣之吏固知其非法，然以版帳錢額太重，雖欲不橫取於民，不可得已。

凡貨財不領於有司者，則有內藏庫，蓋天子之別藏也。縣官有鉅費，左藏之積不足給，則發內藏佐之。宋初，諸州貢賦皆輸左藏庫，及取荆湖，定巴蜀，平嶺南、江南，諸國珍寶、金帛盡入內府。初，太祖以帑藏盈溢，又於講武殿後別爲內庫，嘗謂：「軍旅、饑饉當預爲之備，不可臨事厚斂於民。」

太宗嗣位，漳泉、吳越相次獻地，又下太原，儲積益厚，分左藏庫爲內藏庫，令內藏庫使翟裔等於左藏庫擇上綾羅等物別造帳籍，月申樞密院；改講武殿後庫爲景福殿庫，俾隸內藏。其後迺令揀納諸州上供物，具月帳於內東門進入，外庭不得預其事。帝因謂左右曰：「此蓋慮司計之臣不能節約，異時用度有闕，復賦率於民，朕不以此自供嗜好也。」

自乾德、開寶以來，用兵及水旱振給、慶澤賜賚，有司計度之所闕者，必籍其數以貸於內藏，俟課賦有餘，卽償之。淳化後二十五年間，歲貸百萬，有至三百萬者。累歲不能償，則除其籍。

景德四年，又以新衣庫爲內藏西庫。初，劉承珪嘗掌庫，經制多其所置，又推究置庫以來出納，造都帳及須知，屢加賞焉。眞宗再臨幸，作銘刻石。大中祥符五年，重修庫屋，增廣其地。既而又以香藥庫、儀鸞司屋益之，分爲四庫：金銀一庫，珠玉、香藥一庫，錦帛一庫，錢一庫。金銀、珠寶有十色，錢有新舊二色，錦帛十三色，香藥七色。天禧二年，又出內藏緡錢二百萬給三司。

天聖以後，兵師、水旱費無常數：三歲一賚軍士，出錢百萬緡，紬絹百萬匹，銀三十萬兩，錦綺、鹿胎、透背、綾羅紗縠合五十萬匹，以佐三司。又歲入饒、池、江、建新鑄緡錢一百七萬，而斥舊蓄緡錢六十萬於左藏庫，率以爲常。異時三司用度不足，必請貸於內藏，輒得之，其名爲貸，實罕能償。景祐中，內藏庫主者言：「歲斥緡錢六十萬助三司，自天禧三年始。計明道二年距今纔四年，而所貸錢帛九百一十七萬。」在太宗時三司所貸甚衆，久不能償，至慶曆中，詔悉蠲之。蓋內藏歲入金帛，皇祐中，二百六十五萬七千一十一；治平一百九十三萬三千五百五十四。其出以助經費，前後不可勝數，至於儲積贏縮，則有司莫得詳焉。

神宗臨御之初，詔立歲輸內藏錢帛之額，視慶曆上供爲數。嘗謂輔臣曰：「比閱內藏庫籍，文具而已，財貨出入，初無關防。舊以龍腦、珍珠鬻於榷貨務，數年不輸直，亦不鉤考。嘗聞太宗時內藏財庫，每千計用一牙錢記之。凡名物不同，所用錢色亦異，他人莫能曉，匣而置之御閣，以參驗帳籍中定數。晚年，出其錢示眞宗曰：『善保此足矣。』今守藏內臣，皆不曉帳籍關防之法。」卽命幹當御藥李舜舉領其事。繼詔諸路金銀輸內藏庫者，歲以帳上三司拘催。元豐以來，又詔諸路金帛、緡錢輸內庫者，委提點刑獄司督趣，若三司、發運司擅留者，坐之。起發坊場錢勿寄市易務，直赴內藏庫寄帳封樁。當輸內庫金帛、緡錢，踰期或他用者，如擅用封樁錢法。

初，藝祖嘗欲積縑帛二百萬易敵人首，又別儲於景福殿。元豐初，乃更景福殿庫名，自製詩以揭之曰：「五季失圖，玁狁孔熾，藝祖造邦，思有懲艾，爰設內府，基以募士，曾孫保之，敢忘厥志。」一字一庫以號之，凡三十二庫。後積羨贏爲二十庫，又揭詩曰：「每虔夕惕心，妄意遵遺業，顧予不武姿，何日成戎捷。」

元祐元年，監察御史上官均言：「自新官制，蓋有意合理財之局總于一司，故以金部右曹主行內藏受納，而奉宸內藏庫受納又隸太府寺。然按其所領，不過關通所入名數，爲之拘催而已，支用多寡，不得轉質。總領之者，止中官數十人，彼惟知謹局鑰、塗窗牖，以爲固密爾，又安能鉤考其出入多少，與夫所蓄之數哉？宜因官制之意，令戶部、太府寺，於內藏諸庫皆得檢察。」明年，詔內藏庫物聽以多寡相除。置庫百餘年，至是始編閱云。

崇寧元年，詔：「祖宗置內藏庫貯經費餘財，所以募士威敵，振乏固本，皆有成法。比歲官司懈弛，侵蠹耗減，務在協力遵守，無令偏廢。」於是命倉部郎中丘括行諸路驅磨。三年，中書奏：「熙寧之制，江南諸路金銀課利並輸內帑。元祐中，戶部尙書李常於中以三分助轉運司，致內帑漸以虧減。」乃詔諸路新舊坑冶所收課利金銀並輸內帑，如熙寧之舊。後又入於大觀東庫。尋命仍舊以七分輸內帑，餘給轉運司。宣和六年，申截留、借兌內帑錢物之制。

時又有元豐庫，則雜儲諸司羨餘錢。諸道榷酤場，舊以酹衙前之陪備官費者，熙寧役法行，乃聽民增直以售，取其價給衙前。久之，坊場錢益多，司農請歲發百萬緡輸中都。元豐三年，遂於司農寺南作元豐庫貯之，以待非常之用。

中華書局

元祐元年，右司諫蘇轍論河北保甲之害，因言：「元豐及內庫財物山委，皆先帝多方蓄藏，以備緩急。若積而不用，與東漢西園錢，唐之瓊林、大盈二庫何異？願以三十萬緡募保甲爲軍。」尋用其議。元祐三年，改封椿錢物庫爲元祐庫。未幾，分元豐庫爲元豐南、北庫。數月，以北庫爲司空呂公著廨，封椿幷附南庫仍舊。元豐六年，詔歲以內藏庫緡錢五十萬椿元豐庫，補助軍費。崇寧以後，諸路封椿禁軍闕額給三路外，與常平、坊場、免役、紬絹、貼輸東北鹽錢，及鬻賣在官田屋錢，應前收椿管封椿權添酒錢、侵占房廊白地錢、公使庫遺利等錢，並輸元豐庫。別又置大觀庫，制同元豐，但分東西之別。最後，建宣和庫，有泉貨、幣餘、服御、玉食、器貢等名，蓋蔡條欲效王黼以應奉司貢獻要寵，事不足紀。

靖康元年，詔諸路公使庫及神霄宮金銀器皿，所在盡輸元豐庫。戶部尙書聶山輒取元豐庫北珠，宰相吳敏白帝，言：「朝廷有元豐、大觀庫，猶陛下有內藏庫。朝廷有闕用，需於內藏，必得旨然後敢取，戶部豈可擅取朝廷庫務物哉？若人人得擅取庫物，則綱紀亂矣。」欽宗然之。

南渡，內藏諸庫貨財之數雖不及前，然兵興用乏，亦時取以爲助。其籍帳之詳莫得而考，則以後宋史多闕云。

校勘記

〔一〕祖額　原作「租額」。按宋制茶、鹽、酒稅，各地都有定額，叫做祖額。如宋會要食貨三〇之七載范雍言：「淮南十三山場並六榷貨務，買賣茶課，各有祖額。」通考卷一六征榷考引止齋陳氏曰：「咸平四年五月四日勅：諸州麴務自今後將一年都收到錢，仍取端拱至淳化元年三年內中等錢數，立爲祖額，比較科罰。」長編卷六〇載此事也作「祖額」，據改。

〔二〕賜予支費之數　「支」原作「日」，據長編卷一二三、玉海卷一八六改。

〔三〕出二千一百五十一萬　長編卷一四〇作「出一千五百五十一萬」，通考卷二四國用考作「出一千一百五十一萬」。

〔四〕諸路科買上供羊　「買」原作「置」，據宋會要職官二一之一二改。

〔五〕令錄　「錄」原作「祿」，據宋會要職官五七之四、長編卷二二六改。

〔六〕征榷　原作「征推」，據蘇轍欒城集卷四一乞裁損浮費箚子、長編卷四一九改。

〔七〕折稅米　本書卷二一徽宗紀、編年綱目卷二八都作「折耗米」，疑是。

〔八〕鈔旁定帖息錢　「鈔」原作「錢」，據宋會要食貨三五之二、編年綱目卷二八改。

〔九〕閏八月　「閏」字原脫，據本書卷二五高宗紀、繫年要錄卷二七補。

〔一〇〕河北路　原脫，據宋會要食貨六四之八五、繫年要錄卷一八補。

宋史卷一百八十

志第一百三十三

食貨下二

錢幣

錢幣　錢有銅、鐵二等，而折二、折三、當五、折十，則隨時立制。行之久者，唯小平錢。夾錫錢最後出，宋之錢法至是而壞。蓋自五代以來，相承用唐舊錢，其別鑄者殊鮮。太祖初鑄錢，文曰「宋通元寶」。凡諸州輕小惡錢及鐵鑞錢悉禁之，詔到限一月送官，限滿不送官者罪有差，其私鑄者皆棄市。銅錢闌出江南、塞外及南蕃諸國，差定其法，至二貫者徒一年，五貫以上棄市，募告者賞之。江南錢不得至江北。

蜀平，聽仍用鐵錢。開寶中，詔雅州百丈縣置監冶鑄，禁銅錢入兩川。太平興國四年，始開其禁，而鐵錢不出境，令民輸租及榷利，鐵錢十納銅錢一。時銅錢已竭，民甚苦之。商賈爭以銅錢入川界與民互市，銅錢一得鐵錢十四。

明年，轉運副使張謂言：「川峽鐵錢十直銅錢一，輸租卽十取二。舊用鐵錢千易銅錢四百，自平蜀，沈倫等悉取銅錢上供，及增鑄鐵錢易民銅錢，益買金銀裝發，頗失裁制，物價滋長，鐵錢彌賤。請市夷人銅，斤給鐵錢千，可以大獲銅鑄錢。民租當輸錢者，許且輸銀絹，候銅錢多，卽漸令輸之。」詔令市夷人銅，斤給鐵錢五百，餘皆從之。然銅卒難得，而轉運副使聶詠、轉運判官范祥皆言：民樂輸銅錢，請歲遞增一分，後十歲則全取銅錢。詔如所請。詠、祥等因以月俸所得銅錢市與民，厚取其直，於是增及三分，民益以爲苦，或發古冢、毀佛像器用，纔得銅錢四五，坐罪者甚衆。知益州辛仲甫具言其弊，詔使臣吳承勳馳傳審度。仲甫集諸縣令、佐問之，多潛持兩端，莫敢正言。仲甫以大誼責之，乃皆言其不便。承勳復命。七年，遂令川峽輸租榷利勿復徵銅錢。詠、祥等皆坐罪免。既而又從西川轉運使劉度之請，官以鐵錢四百易銅錢一百，後竟罷之。

平廣南、江南，亦聽權用舊錢，如川蜀法。初，南唐李氏鑄錢，一工爲錢千五百，得三十萬貫。太宗卽位，詔昇州置監鑄錢，令轉運使按行所部，凡山川之出銅者悉禁民采，並以給

中華書局

官鑄焉。太平興國二年，樊若水言：「江南舊用鐵錢，於民非便。今諸州銅錢尚六七十萬緡，虔、吉等州未有銅錢，各發六七萬緡，俾市金帛輕貨上供及博糴穀麥。於昇、鄂、饒等州產銅之地，大鑄銅錢，銅錢既不渡江，益以新錢，則民間錢愈多，鐵錢自當不用，悉鎔鑄爲農器什物，以給江北流民之歸附者。除銅錢渡江之禁。」從之。

自唐天祐中，兵亂窘乏，以八十五錢爲百，後唐天成中，減五錢，漢乾祐初，復減三錢。宋初，凡輸官者亦用八十或八十五爲百，然諸州私用則各隨其俗，至有以四十八錢爲百者。至是，詔所在用七十七錢爲百。

西北邊內屬戎人，多齎貨帛於秦、階州易銅錢出塞，銷鑄爲器。乃詔吏民闌出銅錢百已上論罪，至五貫以上送闕下。

舊饒州永平監歲鑄錢六萬貫，平江南，增爲七萬貫，而銅、鉛、錫常不給。轉運使張齊賢訪求得南唐承旨丁釗，能知饒、信等州〔一〕山谷產銅、鉛、錫，乃便宜調民采取；且詢舊鑄法，惟永平用唐開元錢料最善，即詣闕面陳。八年，詔增市鉛、錫、炭價，於是得銅八十一萬斤〔二〕、鉛三十六萬斤、錫十六萬斤，歲鑄錢三十萬貫。補釗殿前承旨，領三州銅山。然民間猶雜用舊大小錢。是時，以福建銅錢數少，令建州鑄大鐵錢並行，尋罷鑄，而官私所有鐵錢十萬貫，不出州境，每千錢與銅錢七百七十等，外邑鄰兩浙者亦不用。

雍熙初，令江南諸州官庫所貯雜錢，每貫及四斤半者送闕下，不及者銷毀。民間惡錢尚多，復申乾德之禁，稍峻其法。京城居民蓄銅器者，限兩月悉送官。端拱元年，內侍蕭延皓使嶺南還，以民間私鑄三等錢來上，且言多與蠻人貿易，使敗禁法。因詔察民私鑄及銷鎔好錢作薄惡錢者，並棄市；輒以新惡錢與蠻人博易者，抵罪。

江北諸州所用錢非甚薄惡者，新舊大小兼用。江南雖用舊大錢，淳化四年，乃詔每貫及前詔斤數、有官監字號者皆許用，不分新舊。

先是，淳化二年，宗正少卿趙安易言：嘗使蜀，見所用鐵錢至輕，市羅一匹，爲錢二萬。堅請改鑄一當十大錢，御書錢式，遣詣川峽路諸州冶鑄，所在並爲御書錢監；諸州舊貯小鐵錢悉輦送官，民間小錢許送監，計數給以大錢，若改鑄未集，許民大小兼用。既而一歲纔成三千餘貫，衆皆以爲不便。會安易入奏事，因留不遣，遂罷冶鑄。五年，安易復請，不許，第令川峽仍以銅錢一當鐵錢十。

荊湖、嶺南民輸稅須大錢，民以小錢二或三易大錢一，官屬以奉錢易於民以規利。詔自今吏受民輸，但常所通行錢勿却，官吏毋得以奉錢換易。至道二年，始禁道、賀州錫，官益其價市之，以給諸路鑄錢。

咸平初，又申新小錢之禁，令官置場盡市之。舊犯銅禁，七斤以上處死，奏裁多蒙減斷，然待報常淹緩。四年，詔滿五十斤以上取裁，餘從第減。

景德四年，詔曰：「鼓鑄錢刀，素有程限，憫其勞苦，特示矜寬。自今五月一日至八月一日止收半功。本司每歲量支率分錢以備醫藥。」十二月，令鑄匠每旬停作一日。天禧三年，詔：犯銅、鍮石，悉免極刑。

時銅錢有四監：饒州曰永平，池州曰永豐，江州曰廣寧，建州曰豐國。京師、昇鄂杭州、南安軍舊皆有監，後廢之。凡鑄錢用銅三斤十兩，鉛一斤八兩，錫八兩，得錢千，重五斤。唯建州增銅五兩，減鉛如其數。至道中，歲鑄八十萬貫；景德中，增至一百八十三萬貫。大中祥符後，銅坑多不發，天禧末，鑄一百五萬貫。

鐵錢有三監：邛州曰惠民，嘉州曰豐遠，興州曰濟衆。益州、雅州舊亦有監，後並廢。大錢貫十二斤十兩，以準銅錢。嘉、邛二州所鑄錢，貫二十五斤八兩，銅錢一當小鐵錢十兼用。後以鐵重，多盜鎔爲器，每二十五斤鬻之直二千。大中祥符七年，知益州凌策言：「錢輕則易齎，鐵少則鎔者鮮利。」於是詔減景德之制，其見使舊錢仍用如故。歲鑄總二十一萬貫，諸路錢歲輸京師，四方由此錢重而貨輕。

景祐初，詔三司以江東、福建、廣南歲輸緡錢合三十餘萬易爲金帛，錢流民間。許申爲三司度支判官，建議以藥化鐵與銅雜鑄，輕重如銅錢法，銅居三分，鐵六分，皆有奇羸，亦得錢千，費省而利厚。詔申用其法鑄於京師。大率鑄錢雜鉛、錫，則其液流速而易成，申雜以鐵，流澀而多不就，工人苦之。初命申鑄萬緡，逾月裁得萬錢。申性詭譎，少成事，自度言無効，乃求爲江東轉運使，欲用其法於江州。朝廷從之，因詔申即江州鑄百萬緡，毋漏其法。中外知其非是，而宰相主之，卒無成功。

初，太宗改元太平興國，更鑄「太平通寶」，淳化改鑄，又親書「淳化元寶」，作眞、行、草三體。後改元更鑄，皆曰「元寶」，而冠以年號，至是改元寶元，文當曰「寶元元寶」，仁宗特命以「皇宋通寶」爲文，慶曆以後，復冠以年號如舊。

自天聖以來，毀錢鑄鍾及爲銅器，皆有禁。慶曆初，闌出銅錢，視舊法第加其罪，錢千，爲首者抵死。

五年，泉州青陽鐵冶大發，轉運使高易簡不俟詔，置鐵錢務于泉，欲移銅錢于內地；梓州路轉運使崔輔、判官張固亦請即廣安軍魚子鐵山采礦炭，置監於合州，並銷舊小錢以鑄減輕大錢，未得報，先移合州相地置監。州以上聞，朝廷以易簡、輔、固爲擅鑄錢，皆坐貶。

軍興，陝西移用不足，始用知商州皮仲容議，采洛南縣紅崖山、虢州青水冶青銅，置阜民、朱陽二監鑄錢。既而陝西都轉運使張奎、知永興軍范雍請鑄大銅錢與小錢兼行，大錢一當小錢十；又請因晉州積鐵鑄小錢。及奎徙河東，又鑄大鐵錢於晉、澤二州，亦以一當十，助關中軍費。未幾，三司奏罷河東鑄大鐵錢，而陝西復采儀州竹尖嶺黃銅，置博濟監鑄大錢。因敕江南鑄大銅錢，而江、池、饒、儀、虢又鑄小鐵錢〔三〕，悉輦致關中。數州錢雜行，大約小銅錢三可鑄當十大銅錢一，以故民間盜鑄者衆，錢文大亂，物價翔踊，公私患之。於是奎復奏晉、澤、石三州及威勝軍日鑄小鐵錢，獨留用河東。河東鐵錢既行，盜鑄獲利什六，錢輕貨重，患如陝西。知并州鄭戩請河東鐵錢以二當銅錢一，行之一年，又以三當一或以五當一，罷官爐日鑄，且行舊錢。而契丹亦鑄鐵錢，易並邊銅錢。

慶曆末，葉清臣爲三司使，與學士張方平等上陝西錢議，曰：「關中用大錢，本以縣官取利太多，致姦人盜鑄，其用日輕。比年以來，皆虛高物估，始增直於下，終取償於上，縣官雖有折當之虛名，乃受虧損之實害。救弊不先自損，則法未易行。請以江南、儀商等州大銅錢一當小錢三，小鐵錢三當銅錢一，河東小鐵錢如陝西，亦以三當一，且罷官所置爐。」自是姦人稍無利，猶未能絕濫錢。其後，詔商州罷鑄青黃銅錢，又令陝西大銅錢、大鐵錢皆以一

當二，盜鑄乃止。然令數變，兵民耗于資用，類多咨怨，久之始定。方大錢之行，有劉羲叟者語人曰：「是於周景王所鑄無異，上其感心腹之疾乎。」已而果然，語在本傳。

時興元府西縣增置濟遠監，而韶州天興銅大發，歲采二十五萬斤，詔卽其州置永通監。後濟遠監廢，儀州博濟監既廢復置。

皇祐中，饒、池、江、建、韶五州鑄錢百四十六萬緡，嘉、邛、興三州鑄大鐵錢二十七萬緡。至治平中，饒、池、江、建、韶、儀六州鑄錢百七十萬緡，而嘉、邛以率買鐵炭爲擾，自嘉祐四年停鑄十年，以休民力，至是，獨興州鑄錢三萬緡。

熙寧初，同、華二州積小鐵錢凡四十萬緡，詔賜河東，以鐵償之。四年，陝西轉運副使皮公弼奏：「自行當二錢，銅費相當，盜鑄衰息。請以舊銅鉛盡鑄。」詔聽之。自是折二錢遂行於天下。京西轉運使吳幾復建議：郢、唐、均、房、金五州多林木，而銅鉛積於淮南，若由襄、郢轉致郢、唐等州置監鑄錢，可以紓錢重之弊。神宗是之，而王安石沮之，其議遂寢。後乃詔京西、淮南、兩浙、江西、荊湖五路各置鑄錢監，江西、湖南十五萬緡、餘路十萬緡爲額，仍申熟錢斤重之限。又以興國軍、睦衡舒鄂惠州既置監六，通舊十六監，水陸回遠，增提點之官。

時諸路大率務於增額：韶州永通、阜民監〔四〕舊額八十萬，至七年，增三十萬，及折二凡五十萬；後衞州黎陽監歲增折二凡五萬緡，西京阜財監歲增市易本錢凡十萬緡，興州濟衆監歲增七萬二千餘緡，陝西三銅錢監各歲增五萬緡。而睦州則置神泉，徐州則置寶豐，梧州以鉛錫易得，萬州以多鐵礦，皆置監。又詔秦鳳等路卽鳳翔府斜谷置監，已而所鑄錢青銅夾錫，脆惡易毀，罷之。然私錢往往雜用，不能禁，至是法弊，乃詔禁私錢，在官惡錢不堪用者，別爲模以鑄。商、虢、洛南增三監，耀、鄜權置兩監，通永興、華、河中、陝舊監爲九，以給改鑄。永興、鄜、耀、河中、陝去鐵冶遠，聽改鑄一年罷；商、洛南、華、虢最近鐵冶，聽久置；鄜州等五監候罷改鑄，并其工作歸永興等四監，專鑄大錢，所鑄大鐵錢約補及所廢僞錢，及可以待交子所用而止。

八年，詔河東鑄錢七十萬緡外，增鑄小錢三十萬緡。於是知太原韓絳請倣陝西令本重模精，以息私鑄之弊。

初，薛向鑄鐵錢於陝西，後許彥先鑄於廣南。既而民不便用，神宗欲遂罷之，王安石固爭，乃詔京師畿內並罷，其行於四方蓋如故。元豐以後，西師大舉，邊用匱闕，徐州置寶豐下監，歲鑄折二錢二十萬緡，轉移陝府。

于時，同、渭、秦、隴等州錢監，廢置移徙不一，銅鐵官多建言鑄錢，事不盡行，而又自弛

錢禁，民之銷毀與夫闌出境外者爲多。張方平嘗極諫曰：「禁銅造幣，盜鑄者抵罪至死，示不與天下共其利也。故事，諸監所鑄錢悉入于王府，歲出其奇羨給之三司，方流布于天下。然自太祖平江南，江、池、饒、建置爐，歲鼓鑄至百萬緡。積百年所入，宜乎貫朽於中藏，充足於民間矣。比年公私上下並苦乏錢，百貨不通，人情窘迫，謂之錢荒。不知歲所鑄錢，今將安在。夫鑄錢禁銅之法舊矣，令敕具載，而自熙寧七年頒行新敕，刪去舊條，削除錢禁，以此邊關重車而出，海舶飽載而回，聞沿邊州軍錢出外界，但每貫收稅錢而已。錢本中國寶貨，今乃與四夷共用，又自廢罷銅禁，民間銷毀無復可辨。銷鎔十錢得精銅一兩，造作器用，獲利五倍。如此則逐州置鑪，每鑪增數，是猶畎澮之益，而供尾閭之泄也。」

元豐八年，哲宗嗣位，復申錢幣闌出之禁，如嘉祐編敕；罷徐州寶豐鼓鑄；詔戶部條諸監之可減者，凡增置鑄錢監十四皆罷之。

陝西行鐵錢，至陝府以東卽銅錢地，民以鐵錢換易，有輕重不等之患。元祐六年，乃議限東行，有稅物者以十分率之，止許易二分，人毋得過五千。八年，命公私給納、貿易並專用鐵錢，而官帑銅錢以時計置，運致內郡，商旅願於陝西內郡入便銅錢，給據請於別路者聽。仍定加饒之數，每百緡，河東、京西加饒三千，在京、餘路四千。

中華書局

先是，太祖時取唐飛錢故事，許民入錢京師，於諸州便換。其法：商人入錢左藏庫，先經三司投牒，乃輸於庫。開寶三年，置便錢務，令商人入錢詣務陳牒，即輦致左藏庫，給以券，仍敕諸州凡商人齎券至，當日給付，違者科罰。至道末，商人入便錢一百七十餘萬貫，天禧末，增一百一十三萬貫。至是，乃復增定加饒之數行焉。

折二銅錢又定鈎致之法。初欲復舊，止行於本路。議者謂：「關東諸路既已通行，奪彼予此，理亦非便。且陝右所用折二鐵錢，止當一小銅錢，即折二銅錢盡歸陝西，不直般運費廣，猝難鈎致，且與鐵錢一等，慮鐵錢轉更加輕。」乃令折二銅錢寬所行地，聽行於陝西一路，及河東晉、絳、石、慈、隰州，京西西京、河陽、許、汝、鄭、金、房、均、鄧等州，餘路則禁。仍限二年毋更用，在民間者聽以輸買納，在官帑者以輸上供，即非沿流地或素無上供者，所隸運司移發輸京師。尋詔更鑄小銅錢。河東安撫、提刑司言：「頃絳州垣曲縣置監鼓鑄銅錢，費且不給，今已廢監，又禁折二銅錢不通行，非便。」乃聽行使如舊。

供備庫使鄭价使契丹還，言其給與箱者錢，皆中國所鑄。乃增嚴三路闌出之法。

熙、豐間銅鐵錢嘗並行，銅錢千易鐵錢千五百，未聞輕重之弊。及後銅錢日少，鐵錢滋多，紹聖初，銅錢千遂易鐵錢二千五百，鐵錢寖輕。元符二年，下陝西諸路安撫司博究利害。於是詔陝西悉禁銅錢，在民間者令盡送官，而官銅悉取就京西置監。永興帥臣陸師閔

言：「既揀毀私錢，禁銅罷冶，則物價當減。願下陝西州縣，凡有市買，並準度銅錢之直，以平其價。」詔用其言，而豪賈蓄家多不便。

徽宗嗣位，通判鳳州馬景夷言：「陝西自去年罷使銅錢，續遣官措置錢法，未聞有深究錢幣輕重灼見利害者。銅錢流注天下，雖千百年未嘗有輕重之患。獨鐵錢局於一路，所可通交易有無者，限以十州之地，欲無滯礙，安可得乎？又諸州錢監鼓鑄不已，歲月增多，以鼓鑄無窮之錢，而供流轉有限之用，更數十年，積滯一隅，暴如丘山，公私爲害，又倍於今日矣。謂宜弛其禁界，許鄰近陝西、河東等路特不入京城外，凡解鹽地州縣並許通行折二鐵錢。如此則流注無窮，久遠自無輕重之患。」繼而言者謂：「鐵錢重滯，難以齎遠，民間皆願復用銅錢。當公私匱乏之時，諸路州縣官私銅錢積貯萬數，反無所用。」乃詔銅鐵錢聽民間通行，而銅錢止用糴買。

建中靖國元年，陝西轉運副使孫傑以鐵錢多而銅錢少，請復鑄銅錢，候銅鐵錢輕重稍均，即聽兼鑄。崇寧元年，前陝西轉運判官都貺復請權罷陝西鑄鐵錢。戶部尚書吳居厚言：「江、池、饒、建錢額不敷，議減銅增鉛、錫，歲可省銅五十餘萬斤，計增鑄錢十五萬九千餘緡。所鑄光明堅韌，與見行錢不異。」詔可。然課猶不登。二年，居厚乃請檢用前後上供鑄

錢條約，視其登耗之數，別定勸沮之法。

會蔡京當政，將以利惑人主，託假紹述，肆爲紛更。有許天啓者，京之黨也，時爲陝西轉運副使，迎合京意，請鑄當十錢。五月，始令陝西及江、池、饒、建州，以歲所鑄小平錢增料改鑄當五大銅錢，以「聖宋通寶」爲文，繼而并令舒、睦、衡、鄂錢監，用陝西式鑄折十錢，限今歲鑄三十萬緡，鐵錢二百萬緡。募私鑄人丁爲官匠，并其家設營以居之，號鑄錢院，謂得昔人招天下亡命即山鑄錢之意。所鑄銅錢通行諸路，而陝西、河東、四川係鐵錢地者禁之，第鑄於陝西鐵錢地而已。

自熙寧以來，折二錢雖行民間，法不許運致京師，故諸州所積甚多。至是，發運司因請以官帑所有折二錢改鑄折十錢。三年，遂罷鑄小平錢及折五錢。置監於京城所，復徐州寶豐、衞州黎陽監，並改鑄折二錢爲折十，舊折二錢期一歲勿用。大嚴私鑄之令，民間所用鍮石器物，並官造鬻之，輒鑄者依私有法加二等。命諸路轉運司於沿流順便地，隨宜增置錢監，俾民以所有折二錢換納於官，運致所增監改鑄折十錢。二廣產鐵，令鼓鑄小鐵錢，止行於兩路；其公私銅錢兌換運輸元豐庫，仍於潯州置鐵錢監，依陝西料例鑄當二錢。

四年，立錢綱驗樣法。崇寧監以所鑄御書當十錢來上，緡用銅九斤七兩有奇，鉛半之，錫居三之一。詔頒其式於諸路，令赤仄烏背，書畫分明。時趙挺之爲門下侍郎，繼拜右僕

射，與蔡京議多不合，因極言當十錢不便，私鑄寖廣。乃令提刑司歲較巡捕官一路所獲多寡，繼令福建、廣南毋行用，第鑄以上供及給他路。凡爲人附帶若封識影庇私鑄錢者，悉論以法，毋得蔭贖。其置鑄錢院，蓋將以盡收所在亡命盜鑄之人，然犯法者不爲止。乃命荆湖南北、江南東西、兩浙並以折十錢爲折五，舊折二錢仍舊。慮冒法入東北也，令以江爲界，淮南重寶錢亦作當五用焉。

五年，兩浙盜鑄尤甚，小平錢益少，市易濡滯。遂命以折五、折十上供，小平錢留本路；江、池、饒、建、韶州錢監，歲課以八分鑄小平錢，二分鑄當十錢。俄詔廣南、江南、福建、兩浙、荆湖、淮南用折二錢改鑄折十錢皆罷，其創置鑄錢院及招置錢戶並停。繼復罷鑄當十二分之令，盡鑄小平錢。荆湖、江南、兩浙、淮南重寶錢作當三，在京、京畿、京東西、河東、河北、陝西、熙河作當五。通寶錢所鑄未多，在官者悉封樁，在民間者以小平錢納換。旋復詔京畿、京東西、河北、河東、陝西、熙河當十錢仍舊，兩浙作當三，江南、淮南、荆湖作當五。

時錢幣苦重，條序不一，私鑄日甚。御史沈畸奏曰：「小錢便民久矣，古者軍興，錫賞不繼，或以一當百，或以一當千，此權時之宜，豈可行於太平無事之日哉？當十鼓鑄，有數倍之息，雖日斬之，其勢不可遏。」未幾，詔當十錢止行於京師、陝西、河東、河北，俄并畿內

用之。餘路悉禁，期一季送官，償以小錢，換納到者輸於元豐、崇寧庫，而私錢亦限一季自致，計銅直增二分，償以小錢，隱藏者論如法。尋詔鄭州、西京亦聽用折十錢，禁貿易爲二價者。東南諸監增鑄小平錢，以待償錢，而私錢亦改鑄焉。

折十錢爲幣既重，一旦更令，則民驟失厚利，又諸路或用或否，往往不盡輸於官，冒法私販。始令四輔、畿內、開封府許搜索舟車，賞視舊法增倍。水陸所由，官司失察者皆停替，而受納不揀選、容私錢其間者，以差定罪法。又以私錢猥多，不能悉禁，乃令外路每一私錢，計小平錢三，以小錢易於官，在京以四小平錢易之。京師出納及民間貿易，並大小錢參用，而私鑄小平錢輒行用。立搜索告捕罪賞，越江、淮入汴錢至京者，一依當十錢法。御史張茂直請嚴私販當十之令，綱舟載卸，皆選官監察，保無藏匿，舟車兜擔，卽疑慮私販者，並聽搜索；而福建民或私鑄轉入淮、浙、京東等路者，所由州縣官司皆治漏逸之罪，不以赦免。法滋密矣。

大觀元年，張茂直復言：「州縣督捕加峻，私小黃錢投委江河，不敢復出。請令東南州縣置木匱封鍵於闤闠中，聽民以私錢自投，如自首法。當三、當五錢，舟船附帶者，亦多棄之江河，請下諸路撈漉。」

時蔡京復相，再主用折十錢。二月，首鑄御書當十錢，以京畿錢監所得私錢改鑄，尋興

復京畿兩監，以轉運使宋喬年領之，用提舉京畿鑄錢司爲名。喬年鑄烏背漉銅錢來上，詔以漉銅式頒行諸路。

京之初爲折十錢，人不以爲便，帝亦知之。故崇寧四年以後，稍更其法，及京去位，遂詔諭中外。京再得政復行之，知盜鑄者必衆，將威以刑。會有告蘇州章綖盜鑄數千萬緡，遂興大獄。初遣李孝壽，又遣沈畸、蕭服，末以命知蘇州孫傑、發運副使吳擇仁。綖坐刺流海島，連坐者十餘人，時皆寃之。於是頒行大觀新修錢法於天下，申命開封府尹少、外路監司，各分州郡舉行，按舉能否，月檢會法令，使民知禁。用孫傑言，盜鑄依淮東重法地，囊橐強盜之家，籍其財以待賞，居停鄰保並均備告驗；私錢依私茶法，給隨行物；州常椿盜鑄賞錢五千緡，州縣稽於施行，監司失察，不以赦原。是歲，京畿既置錢監，乃專鑄當十大錢，而小平錢則鑄於諸路。既而當十錢少，復置眞州鑄錢監，以本路所換錢不依式者及諸司當二見緡，用舊式改鑄當十錢。

明年，令江、池、饒、建州錢監，自來歲以鑄當十五分鑄小平錢。申嚴私鑄之法，卽託權要事勢，度越關津，拒捍搜索者，雖輕以違制論，載御物者同之。初，崇寧五年，始禁陝西鐵錢行於興元府等界。至是，又以鐵錢猥多，禁陝西鐵錢入蜀。有董奎者，爲走馬承受，遂令以鐵錢三折銅錢一，事聞，責奎以妄肆胸臆，致幣輕物重，奎遂卽罪。

三年，申當十錢行使之令，益以京東、京西，而河北並邊州縣鎮砦、四榷場及登、萊、密州〔五〕緣海縣鎮等皆禁。時蔡京復罷政矣。四年，詔：「鼓鑄當十錢多，盧法隨以弊，其止鑄舊額小平錢。」張商英爲相，奏言：「當十錢爲害久矣。舊小平錢有出門之禁，故四方客旅之貨，交易得錢，必太半入中末鹽鈔，收買告牒，而餘錢又流布在市井，此上下內外交相養。自當十錢行，以一夫而負八十千，小車載四百千，錢旣爲輕齎之物，則告牒爲滯貨，鹽鈔非得虛擡之息則不行。臣今欲借內庫幷密院諸司封樁紬絹、金銀幷鹽鈔，下令折十錢限民半年所在送官，十千給銀絹各一匹兩，限竟毋更用。俟錢入官，擇其惡者鑄小平錢，存其好者折三行用。如此則錢法、鈔法不相低昂，可以復舊。」

利州路提刑司言：「舊銅鐵錢輕重相尋，以大鐵錢一折小銅錢二，今大鐵錢五止當一銅錢，比舊輕十倍。又流入川界，錢輕物重，頗類陝西。欲將折二大鐵錢以一折一，雖稍減錢數，錢必稍重。」詔許陝西鐵錢入蜀仍舊，盡釋其禁，且命以今物價量宜裁之。

政和元年詔：「錢重則物輕，錢輕則物重，其勢然也。今諸路所鑄小平錢，行之久而無弊，多而不壅，爲利博矣。往歲圖利之臣鼓鑄當十錢，苟濟目前，不究悠久，公私爲害，用之幾十年，其法日弊而不勝。姦猾之民規利冒法，銷毀當二、小平錢，所在盜鑄，濫錢益多，百物增價。若不早革，卽弊無已時。其官私見在當十錢，可並作當三，以爲定制。尚慮豪

猾憚於折閱，胥動浮言，可內自京尹，外逮監司、郡縣，悉心開諭。」

自當十錢行，抵冒者多。大觀四年，星變，赦天下。凡以私錢得罪，有司上名數，亡慮十餘萬人，蔡京罔上毒民，可謂烈矣。時御府之用日廣，東南錢額不敷，宣和以後尤甚。乃令饒、贛錢監鑄小平錢，每緡用鐵三兩，而倍損其銅，稍損其鉛。繼又令江、池、饒錢監，盡以小平錢改鑄當二錢，以紓用度，然有司猶數告乏。靖康元年，罷政和敕陝西路用銅錢斷徒二年配千里法。

初，蔡京主行夾錫錢，詔鑄於陝西，亦命轉運副使許天啓推行。其法以夾錫錢一折銅錢二，每緡用銅八斤，黑錫半之，白錫又半之。既而河東轉運使洪中孚請通行於天下，京欲用其言，會罷政。大觀元年，京復相，遂降錢式及錫母於鑄錢之路，鑄錢院專用鼓鑄，若產銅地始聽兼鑄小平錢。復命轉運司及提刑司參領其事，衡州熙寧、鄂州寶泉、舒州同安監暨廣南皆鑄焉。二年，江南東西、福建、兩浙許鑄使鐵錢。三年，京復罷政，詔以兩浙鑄夾錫錢擾民，凡東南所鑄皆罷。明年，幷河北、河東、京東等路罷之，所在監、院皆廢。唯河東三路聽存舊監，以鑄銅、鐵錢；產銅郡縣聽存，用改鑄小平錢。

政和元年，錢輕物重，細民艱食，詔：「應陝西舊行使鐵錢地，並依元豐年大鐵錢折二，

公私通行，夾錫錢同之，毋得分別。見存鐵錢，毋改更鑄夾錫，河東官私折二、夾錫錢同之。」

童貫宣撫陝西，以詔平物價，帥臣徐處仁切責其非，坐貶。錢即經略鄜延，抗疏言：「詳考詔旨，謂鐵錢復行，與夾錫並用。慮姦民妄作輕重，欲維持推行，俾錢物相直，非欲以威力脅制百姓，頓減物價於一兩月之間。今宣撫司裁損米糓、布帛、金銀之價，殆非人情。徐處仁言雖未盡，所見爲長，望速詢其實。如臣言乖謬，願同處仁貶。」詔即妄有建明，毀辱使命，謫置偏州。尋亦罷行夾錫錢，且禁裁物價，民商貿易，各從其便。繼而童貫復請與舊法鐵錢並折二通行。知閿鄉縣論九齡俄坐以銅錢一估夾錫錢七八，并知州王寀、轉運副使張深俱被劾。時關中錢甚輕，夾錫欲以重之，其實與鐵錢等，物價日增，患甚於當十。

二年，蔡京復得政，條奏廣、惠、康、賀、衡、鄂、舒州昨鑄夾錫錢精善，請復鑄如故，廣西、湖北、淮東如之，且命諸路以銅錢監復改鑄夾錫，遂以政和錢頒式焉。夾錫錢既復推行，錢輕不與銅等，而法必欲其重，乃嚴擅易擡減之令。凡以金銀、絲帛等物貿易，有弗受夾錫、須要銅錢者，聽人告論，以法懲治。市井細民朝夕鬻餅餌熟食以自給者，或不免於告罰。未幾，以夾錫錢不以何路所鑄，並聽通行。

陝西用「政和通寶」舊大鐵錢，與夾錫錢雜。慮流轉諸路，四年，詔毋更行用，致令諸監改鑄夾錫錢，在民間者赴官換納。鄭居中、劉正夫爲相，以爲不便，令淮南夾錫錢期三日

官私俱禁不用，仍罷鼓鑄，夾錫錢悉輦椿關中。尋詔河東、陝西外，餘路並罷；俄詔并河東罷鑄夾錫錢，止用舊法鼓鑄。重和元年，權罷京西鑄夾錫錢，繼以關中糴買，用之通流，復命鼓鑄，專給關中。夾錫行，小民往往以藥點染，與銅錢相亂，河北漕臣張翬等嘗坐貶焉。

先是，江池饒州、建寧府四監，歲鑄錢百三十四萬緡，充上供；衡、舒、嚴、鄂、韶、梧州六監，歲鑄錢百五十六萬緡，充逐路支用。建炎經兵，鼓鑄皆廢。紹興初，併廣寧監於虔州，併永豐監於饒州，歲鑄纔及八萬緡。以銅、鐵、鉛、錫之入，不及於舊，而官吏稍廩工作之費，視前日自若也，每鑄錢一千，率用本錢二千四百文。時范汝爲作亂，權罷建州鼓鑄，尋復舊，泉司供給銅、錫六十五萬餘斤。

六年，歛民間銅器，詔民私鑄銅器者徒二年。贛、饒二監新額錢四十萬緡，提點官趙伯瑜以爲得不償費，罷鼓鑄，盡取木炭銅鉛本錢及官吏闕額衣糧水脚之屬，湊爲年計。十三年，韓球爲使，復鑄新錢，興廢坑冶，至於發冢墓，壞廬舍，籍冶戶姓名，以膽水盛時浸銅之數爲額。浸銅之法：以生鐵鍛成薄片，排置膽水槽中浸漬數日，鐵片爲膽水所薄，上生赤煤，取刮鐵煤入爐，三煉成銅。大率用鐵二斤四兩，得銅一斤。饒州興利場、信州鉛山場各有歲額，所謂膽銅也。無銅可輸者，至鎔

錢爲銅，然所鑄亦纔及十萬緡。

二十四年，罷鑄錢司歸之漕司。二十七年，出版曹錢[六]八萬緡爲鑄本，歲權以十五萬緡爲額。復饒、贛、韶鑄錢監，以漕臣往來措置，通判主之。殿中侍御史王珪言泉司不可廢，復以戶部侍郎榮嶷提領，許置官屬二員。二十八年，出御府銅器千五百事付泉司，大索民間銅器，得銅二百餘萬斤，寺觀鐘、磬、鐃、鈸既籍定投稅外，不得添鑄。二十九年，令命官之家留見錢二萬貫，民庶半之，餘限二年聽轉易金銀，算請茶、鹽、香、礬鈔引之類，越數寄隱，許人告。

以李植提點鑄錢公事，植言：「歲額內藏庫二十三萬緡，右藏庫[七]七十餘萬緡，皆至道以後數也。紹興以來，歲收銅二十四萬斤，鉛二十萬斤，錫五萬斤[八]，僅可鑄錢一十萬緡。諸道拘到銅器二百萬斤，附以鉛、錫，可鑄六十萬緡。然拘者不可以常，唯當據坑冶所產。」下工部，權以五十萬緡爲額。又明年，纔鑄及十萬緡。今泉司歲額增至十五萬緡，小平錢一萬八千緡，折二錢六萬六千緡。歲費鑄本及起綱糜費約二十六萬緡，司屬之費又約二萬緡。東南十一路一百一十八州之所供，有坑冶課利錢、木炭錢、錫本錢，約二十一萬緡，比歲所收不過十五六萬緡耳。歲額：金一百二十八兩，銀無額[九]，以七分入內庫，三分歸本司，銅三十九萬五千八百斤，鉛三十七萬七千九百斤，錫一萬九千八百七十五斤，鐵二百

三十二萬八千斤，比歲所榷十無二三。每當二錢千，重四斤五兩，小平錢千，重四斤十三兩，視舊制，銅少鉛多，錢愈鍥薄矣。

孝宗隆興元年，詔鑄當二、小平錢，如紹興之初。乾、淳迄于嘉泰、開禧皆如之。乾道六年，併鑄錢司歸發運司，尋復置。八年，饒州、贛州復各置提點官。以新鑄錢殽雜，提點鑄錢及永平監官、左藏西庫監官、戶部工部長貳官責降有差。九年，大江之西及湖、廣間多毀錢，夾以沙泥重鑄，號「沙毛錢」[10]，詔嚴禁之。淳熙二年，併贛司歸饒州。慶元三年，復禁銅器，期兩月鬻于官，每兩三十。湖州舊鬻監，至是官自鑄之。二年，禁銷錢爲銅器者，以違制論，爐戶決配海外。復神泉監，以所括銅器鑄當三大錢，隸工部。

舊額，內帑歲收新錢一百五萬，江、池、饒、建四監。而每年退卻六十萬，三年一郊，又以一百萬輸三司，是內帑年纔得十一萬六千餘緡，而左藏得九十三萬三千餘緡。今歲額止十五萬，而隸封樁者半，內藏者半，左藏咸無焉。

又自置市舶于浙、于閩、于廣，舶商往來，錢寶所由以泄，是以自臨安出門，下江海，皆有禁。淳熙九年，詔廣、泉、明、秀漏泄銅錢，坐其守臣。嘉定元年，三省言：「自來有市舶處，不許私發番船。紹興末，臣僚言：泉、廣二舶司及西、南二泉司，遣舟回易，悉載金錢。

二十四史

中華書局

四司既自犯法，郡縣巡尉其能誰何？至於淮、楚屯兵，月費五十萬，見緡居其半，南北貿易緡錢之入敵境者，不知其幾。於是沿邊皆用鐵錢矣。」

淮南舊鑄銅錢，乾道初，詔兩淮、京西悉用鐵錢，荆門隸湖北，以地接襄、峴，亦用鐵錢。六年，先是，以和州舊有錢監，舒州山口鎭亦有古監，詔司農丞許子中往淮西措置。於是子中以舒、蘄、黃皆產鐵，請各置監，舒州同安監，蘄州蘄春監〔二〕，黃州齊安監。且鑄折二錢。以發運司通領四監。江之廣寧監，興國之大冶監，臨江之豐餘監，撫之裕國監。子中所領三監，歲各認三十萬貫，其大小鐵錢，令兩淮通行。七年，舒、蘄守臣皆以鑄錢增羨遷官，然淮民爲之大擾。八年，以江州、興國軍鐵冶額虧，守貳及大冶知縣各降一官。

淳熙五年，詔舒州歲增鑄十萬貫，以三十萬貫爲額，蘄州增鑄五萬貫，以十五萬貫爲額，如更增鑄，優與推賞。御史黃洽言：「興天下之利者，不窮天下之力。舒、蘄歲鑄四十五萬，不易爲也。又有增鑄之賞，恐其難繼。」詔除之。八年，以舒州水遠，薪炭不便，減額五萬貫。明年，又減十萬貫，與蘄州並以十五萬貫爲額。十年，併舒州之宿城監入同安監。十二年，詔舒、蘄鑄鐵錢，並增五萬貫，以「淳熙通寶」爲文。

光宗紹熙二年，減蘄春、同安兩監歲鑄各十萬貫。嘉泰三年，罷舒、蘄鼓鑄；開禧三年，

復之。

嘉定五年，臣僚言江北以銅錢一折鐵錢四，禁之。時銅錢之在江北者，自乾道以來，悉以鐵錢易之，或以會子一貫易銅錢一貫。其銅錢輸送行在及建康、鎭江府。凡沿江私渡及邊徑嚴禁漏泄，及於邊界三里內立堠，如出界法；其易京西銅錢，如兩淮例。京西、湖北之鐵錢，則取給於漢陽監及興國富民監，後併富民監於漢陽監，以二十萬爲額。

前宋時，川、陝皆行鐵錢，益、利、夔皆即山冶鑄。紹興九年，詔陝西諸路復行鐵錢。十五年，置利州紹興監，歲鑄錢十萬緡〔三〕以救錢引。二十二年，復嘉之豐遠、邛之惠民二監，鑄小平錢。二十三年，詔利州並鑄折二錢，後又鑄折三錢。淳熙十五年，四川餉臣言：「諸州行使兩界錢引，全籍鐵錢稱提，止有利州紹興監歲鑄折三錢三萬四千五百貫有奇，邛州惠民監歲鑄折三錢一萬二千五百貫。今大安軍淳熙、新興、迎恩三爐，出生鐵四十九萬五千斤，利之昭化、嘉川縣亦有爐，新產鐵三十餘萬斤。乞從鼓鑄。」嘉定元年，即利州鑄當五大錢。三年，制司欲盡收舊引，又於紹興、惠民二監歲鑄三十萬貫，其料並同當三錢。若四川銅錢，淳熙間易送湖廣總所儲之，後又交卸於江陵。

寶慶元年，新錢以「大宋元寶」爲文。端平元年，以膽銅所鑄之錢不耐久，舊錢之精緻者泄於海舶，申嚴下海之禁。嘉熙元年，新錢當二并小平錢並以「嘉熙通寶」爲文，當三錢以「嘉熙重寶」爲文。

淳祐四年，右諫議大夫劉晉之言：「巨家停積，猶可以發洩，銅器鉟銷，猶可以止遏，唯一入海舟，往而不返。」於是復申嚴漏泄之禁。

八年，監察御史陳求魯言：「議者謂楮便於運轉，故錢廢於蟄藏；自稱提之屢更，故圜法爲無用。急於扶楮者，至嗾盜賊以窺人之閫奧，峻刑法以發人之窖藏，然不思患在於錢之荒，而不在於錢之積。夫錢貴則物宜賤，今物與錢俱重，此一世之所共憂也。蕃舶巨艘，形若山嶽，乘風駕浪，深入遐陬。販於中國者皆浮靡無用之異物，而泄於外夷者乃國家富貴之操柄。所得幾何，所失者不可勝計矣。京城之銷金，衢、信之鍮器，醴、泉之樂具，皆出於錢。臨川、隆興、桂林之銅工，尤多於諸郡。姑以長沙一郡言之，烏山銅爐之所六十有四，麻潭鵝羊山銅戶數百餘家，錢之不壞於器物者無幾。今京邑鍮銅器用之類，鬻賣公行於都市。畿甸之近，一繩以法，由內及外，觀聽聿新，則鉟銷之姦知畏矣。香、藥、象、犀之類異物之珍奇可悅者，本無適用之實，服御之間昭示儉德，自上化下，風俗丕變，則漏泄之弊少息矣。此端本澄原之道也。」有旨從之。

十年，以會價低減，復申嚴下海之禁。十二年，申嚴鉟銷之禁及僞造之法。咸淳元年，復申嚴鉟銷、漏泄

之禁。寶祐元年，新錢以「皇宋元寶」爲文。

校勘記

〔一〕饒信等州　按下文說「領三州銅山」，長編卷二四、玉海卷一八〇，饒、信之外多一虔州，疑此處「信」下脫「虔」字。

〔二〕得銅八十一萬斤　宋會要食貨一一之四、長編卷二四、玉海卷一八〇都作「得銅八十五萬斤」。

〔三〕又鑄小鐵錢　「鐵」原作「錢」，據宋會要食貨一一之六、長編卷一六四、通考卷九錢幣考改。

〔四〕韶惠州永通阜民監　「韶」原作「詔」。按永通監在韶州，見本書卷九〇地理志，編年綱目卷一八作「韶」，據改。

〔五〕登萊密州　長編紀事本末卷一三六作「登萊潍密州」。

〔六〕版曹錢　「曹」原作「漕」。朝野雜記甲集卷一六鑄錢諸監條作「版曹錢」，繫年要錄卷一七七作「戶部錢」。按戶部亦稱版曹，諸家著述屢見。據改。

〔七〕右藏庫　按玉海卷一八三，太宗時曾設左右二藏庫，但旋即合一爲左藏。此處「右藏」當爲「左藏」之誤。

〔八〕錫五萬斤　「萬」原作「百」，據繫年要錄卷一八五、熊克中興小紀卷三九改。

〔九〕歲額金一百二十八兩銀無額　朝野雜記甲集卷一六鑄錢諸監條作「其歲羡課金一百三十八兩二錢，銀元額」。

〔一〇〕沙毛錢　「毛」原作「尾」。按本書卷三五孝宗紀有「禁砂毛錢」的記載，中興聖政目錄有「禁私鑄沙毛錢」條，羣書考索後集卷六〇有淳熙九年詔江西諸路州軍「並不得用沙毛」之文。據改。

〔一一〕蘄春監　「蘄」原作「新」，據玉海卷一八〇、通考卷九錢幣考並參照下文「減蘄春、同安兩監歲鑄各十萬貫」句改。

〔一二〕歲鑄錢十萬緡　「歲」字原脫，據繫年要錄卷一五四補。

宋史卷一百八十一

志第一百三十四

食貨下三

會子　鹽上

會子、交子之法，蓋有取於唐之飛錢。真宗時，張詠鎮蜀，患蜀人鐵錢重，不便貿易，設質劑之法，一交一緡，以三年爲一界而換之。六十五年爲二十二界，謂之交子，富民十六戶主之。後富民貲稍衰，不能償所負，爭訟不息。轉運使薛田、張若谷請置益州交子務，以榷其出入，私造者禁之。仁宗從其議。界以百二十五萬六千三百四十緡爲額。

神宗熙寧初，立僞造罪賞如官印文書法。河東運鐵錢勞費，公私苦之。二年，乃詔置交子務于潞州。轉運司以其法行則鹽、礬不售，有害入中糧草，遂奏罷之。四年，復行於陝西，

而罷永興軍鹽鈔場，文彥博言其不便；會張景憲出使延州還，亦謂可行於蜀不可行於陝西，未幾竟罷。五年，交子二十二界將易，而後界給用已多，詔更造二十五界者百二十五萬，以償二十三界之數，交子有兩界自此始。時交子給多而錢不足，致價太賤，既而竟無實錢，法不可行。而措置熙河財利孫迥言：「商人買販，牟利於官，且損鈔價。」於是罷陝西交子法。

紹聖以後，界率增造，以給陝西沿邊糴買及募兵之用，少者數十萬緡，多者或至數百萬緡；而成都乏用，又請印造，故每歲書放亦無定數。

崇寧三年，置京西北路專切管幹通行交子所，倣川峽路立僞造法。通情轉用并鄰人不告者，皆罪之；私造交子紙者，罪以徒配。四年，令諸路更用錢引，準新樣印製，四川如舊法。罷在京并永興軍交子務，在京官吏，併歸買鈔所。時錢引通行諸路，惟閩、浙、湖、廣不行，趙挺之以爲閩乃蔡京鄉里，故得免焉。明年，尚書省言：「錢引本以代鹽鈔，而諸路行之不通，欲權罷印製。在官者，如舊法更印解鹽鈔；民間者，許貿易，漸赴買鈔所如鈔法分數計給。」從之。

大觀元年，詔改四川交子務爲錢引務。自用兵取湟、鄯、西寧，藉其法以助邊費，較天聖一界逾二十倍，而價愈損。及更界年，新交子一當舊者四，故更張之。以四十三界引準書放數，仍用舊印行之，使人不疑擾，自後並更爲錢引。二年，而陝西、河東皆以舊錢引

入成都換易，故四川有壅遏之弊，河、陝有道途之艱，豪家因得以損直斂取。乃詔永興軍更置務納換陝西、河東引，仍遣文臣二人監之。八月，知威州張持奏：「本路引一千者今僅直十之一，若出入無弊，可直八百，流通用之，官吏奉舊並用引，請稍給錢便用。」擢持爲成都路轉運判官，提舉川引。後引價益賤，不可用，持復別用印押以給官吏，他無印押者皆棄無用。言者論其非法，持坐遠謫。三年，詔錢引四十一界至四十三界毋收易，自後止如天聖額書放，銅錢地內勿用。四年，假四川提舉諸司封樁錢五十萬緡爲成都務本，侵移者準常平法。

政和元年，戶部言成都漕司奏：「昨令輸官之引，以十分爲率，三分用民戶所有，而七分赴官場買納，由是人以七分爲疑。請自今無計以三七分之數，並許通用，願買納者聽。民間舊以本錢未至，引價大損，故州官官錢亦減數收市；今本錢已足，請勿減數以祛民惑。又請四十三界引俟界滿勿換給，自四十四界爲改法之首。」而戶部詳度欲止行四十四界，其四十五界勿印。若通行及乏用，聽於界內續增其新引給換之，餘如舊鬻之，或於給錢之所易錢儲以爲本，移用者如擅支封樁錢法。詔可。靖康元年，令川引並如舊即成都府務納換。以置務成都，便利歲久，至諸州則有料次交雜之弊，故有是詔。

大凡舊歲造一界，備本錢三十六萬緡，新舊相因。大觀中，不蓄本錢而增造無藝，至引

一緡當錢十數。及張商英秉政，奉詔復循舊法。宣和中，商英錄奏當時所行，以爲自舊法之用，至今引價復平。

高宗紹興元年，有司因婺州屯兵，請樁辦合用錢，而路不通舟，錢重難致。乃造關子付婺州，召商人入中，執關於榷貨務請錢，願得茶、鹽、香貨鈔引者聽。於是州縣以關子充糴本，未免抑配，而榷貨務又止以日輸三分之一償之，人皆嗟怨。六年，詔置行在交子務。臣僚言：「朝廷措置見錢關子，有司寖失本意，改爲交子，官無本錢，民何以信？」於是罷交子務，令榷貨務儲見錢印造關子。二十九年，印公據、關子，付三路總領所：淮西、湖廣關子各八十萬緡，淮東公據四十萬緡，皆自十千至百千，凡五等。內關子作三年行使，公據二年，許錢銀中半入納。

三十年，戶部侍郎錢端禮被旨造會子，儲見錢，於城內外流轉，其合發官錢，並許兌會子輸左藏庫。明年，詔會子務隸都茶場。三十二年，定僞造會子法。犯人處斬，賞錢千貫，不願受者補進義校尉。若徒中及庇匿者能告首，免罪受賞，願補官者聽。當時會紙取於徽、池，續造於成都，又造於臨安。會子初行，止於兩浙，後通行於淮、浙、湖北、京西。除亭戶鹽本用錢，其路不通舟處上供等錢，許盡輸會子；其沿流州軍，錢、會中半；民間典賣田宅、馬牛、舟車等如之，全用會子者聽。

孝宗隆興元年，詔會子以「隆興尙書戶部官印會子之印」爲文，更造五百文會，又造二百、三百文會。置江州會子務。乾道二年，以會子之弊，出內庫及南庫銀一百萬收之。三年，以民間會子破損，別造五百萬換給。又詔損會貫百錢數可驗者，並作上供錢入輸，巨室以低價收者坐之。四年，以取到舊會毀抹付會子局重造，三年立爲一界，界以一千萬貫爲額，隨界造新換舊。以戶部尙書曾懷同共措置，鑄「提領措置會子庫」印。每道收靡費錢二十足，零百半之，凡舊會破損，貫百字存、印文可驗者，即與兌換。五年，令行在榷貨務、都茶場將請算茶、鹽、香、礬鈔引，權許收換第一界，自後每界收換如之。其州縣諸色綱錢，以七分收錢，三分收會。九年，定捕造僞會之賞。

淳熙元年，詔左藏南上庫給會子二十五萬，收買臨安、平江、紹興、明秀州額外浮鹽，其齎到鈔錢，令榷貨務月終輸封樁庫，以備循環換易會子。三年，詔第三界、四界各展限三年，令都茶場會子庫以第四界續印會子二百萬貯南庫。當時戶部歲入一千二百萬，其半爲會子，而南庫以金銀換收者四百萬，流行於外者纔二百萬耳。光宗紹熙元年，詔第七、第八界會子各展三年。臣僚言：「會子界以三年爲限，今展至再，則爲九年，何以示信？」於是詔造第十界立定年限。

慶元元年，詔會子界以三千萬爲額。嘉定二年，以三界會子數多，稱提無策，會十一界除已收換，尙有一千三百六十萬餘貫，十二界、十三界除燒毀尙有一萬二百餘萬貫。十二界四千七百萬餘貫，十三界五千五百萬餘貫。詔封樁庫撥金一十五萬兩，兩爲錢四十貫。度牒七千道，每道爲錢一千貫。官告綾紙、乳香，乳香每套一貫六百文。湊成二千餘〔一〕，添貼臨安府官局，收易舊會，品搭入輸。十一界會子二分，十二、十三界會子各四分。以舊會之二，易新會之一。泉州守臣宋均、南劍州守臣趙崇亢、陳宓，皆以稱提失職，責降有差。

紹定五年，兩界會子已及二億二千九百餘萬。端平二年，臣僚言：「兩界會子，遠者曾未數載，近者甫及朞年，非有破壞塗汙之弊，今當以所收之會付封樁庫貯之，脫有緩急，或可濟事。」有旨從之。淳祐二年，宗正丞韓祥奏：「壞楮幣者只緣變更，救楮幣者無如收減。自去年至今，楮價粗定，不至折閱者，不變更之力也。今已罷諸造紙局及諸州科買楮皮，更多方收減，則楮價有可增之理。」上曰：「善。」三年，臣僚言：「今官印之數雖損，而僞造之券愈增；且以十五、十六界會子言之，其所入之數，宜減於所出之數。今收換之際，元額既溢，來者未已，若非僞造，其何能致多如是？大抵前之二界，盡用川紙，物料既精，工製不苟，民欲爲僞，尙或難之。迨十七界之更印，已雜用川、杜之紙，至十八界則全用杜紙矣。紙既可以自造，價且五倍於前，故昔之爲僞者難，今之爲僞者易。人心循利，甚於畏法，況利可立

致，而刑未即加者乎？臣愚以爲抄撩之際，增添紙料，寬假工程，務極精緻，使人不能爲僞者，上也；禁捕之法，厚爲之勸，厲爲之防，使人不敢爲僞者，次也。」七年，以十八界與十七界會子更不立限，永遠行使。十一年，以會價增減課其官吏。景定四年，以收買逾限之田，復日增印會子一十五萬貫。

咸淳四年，以近頒見錢關子，貫作七百七十文足，十八界每道作二百五十七文足，三道準關子一貫，同見錢轉使，公私擅減者，官以贓論，吏則配籍。五年，復申嚴關子減落之禁。七年，以行在紙局所造關子紙不精，命四川制司抄造輸送，每歲以二千萬作四綱。

川引自張浚開宣府，趙開爲總餉，以供糴本，以給軍需，增印日多，莫能禁止。七年[二]，川、陝副帥吳玠請置銀會於河池，不許。蓋前宋時，蜀交出放兩界，每界一百二十餘萬。今三界通行，爲三千七百八十餘萬，至紹興末，積至四千一百四十七萬餘貫；所貯鐵錢，僅及七十萬貫，以鹽酒等陰爲稱提。是以餉臣王之望亦謂添印錢引以救目前，不得不爲朝廷遠慮。詔添印三百萬，之望止添印一百萬。孝宗隆興二年，餉臣趙沂添印二百萬。淳熙五年，以蜀引增至四千五百餘萬，立額不令再增。光宗紹熙二年，詔川引展界行使。寧宗嘉泰末，兩界出放凡五千三百餘萬緡，通三界出放益多矣。

開禧末，餉臣陳咸以歲用不足，嘗爲小會，卒不能行。嘉定初，每緡止直鐵錢四百以下，咸乃出金銀、度牒一千三百萬，收回半界，期以歲終不用。然四川諸州，去總所遠者千數百里，期限已逼，受給之際，吏復爲姦。於是商賈不行，民皆嗟怨，一引之直，僅售百錢。制司乃諭人除易一千三百萬引，三界依舊通行，又檄總所取金銀就成都置場收兌，民心稍定。自後引直鐵錢五百有奇，若關外用銅錢，引直百七十錢而已。

嘉定三年春，制、總司收換九十一界二千九百餘萬緡；其千二百萬緡，以茶馬司羨餘錢及制司空名官告，總所椿金銀、度牒對鑿，餘以九十三界錢引收兌；又造九十四界錢引五百萬緡，以收前宣撫程松所增之數；凡民間輸者，每引百貼八千。其金銀品搭，率用新引七分，金銀三分，其金銀品色官稱，不無少虧，每舊引百，貼納二十引。蓋自元年、三年兩收舊引，而引直遂復如故。昔高宗因論四川交子，最善沈該稱提之說，謂官中常有錢百萬緡，如交子價減，官用錢買之，方得無弊。

九年[三]，四川安撫制置大使司言：「川引每界舊例三年一易。自開禧軍興以後，用度不給，展年收兌，遂至兩界、三界通使；然率以三年界滿，方出令展界，以致民聽惶惑。今欲以十年爲一界，著爲定令，則民旅不復懷疑。」從之。

寶祐四年臺臣奏：「川引、銀會之弊，皆因自印自用，有出無收。今當拘其印造之權，歸之朝廷，倣十八界會子造四川會子，視淳祐之令，作七百七十陌，於四川州縣公私行使。兩料川引並毀，見在銀會姑存。舊引既清，新會有限，則楮價不損，物價自平，公私俱便矣。」有旨從之。咸淳五年，復以會板發下成都運司掌之，從制司抄紙發往運司印造畢功，發回制司，用總所印行使，歲以五百萬爲額。

紹興末，會子未有兩淮、湖廣之分，其後會子太多而本錢不足，遂致有弊。乾道二年，詔別印二百、三百、五百、一貫交子三百萬，止行用於兩淮，其舊會聽對易。凡入輸買賣，並以交子及錢中半。如往來不便，詔給交子、會子各二十萬，付鎮江、建康府榷貨務，使淮人之過江、江南人之渡淮者，皆得對易循環以用。然自紹興末年，銅錢禁用於淮而易以鐵錢，會子既用於淮而易以交子，於是商賈不行，淮民以困。右司諫陳良祐言交子不便，詔兩淮郡守、漕臣條其利害，皆謂所降交子數多，而銅錢并會子不過江，是致民旅未便。於是詔銅錢并會子依舊過江行用，民間交子許作見錢輸官，凡官交，盡數輸行在左藏庫。

三年，詔造新交子一百三十萬，付淮南漕司分給州軍對換行使，不限以年；其運司見儲交子，先付南庫交收。紹熙三年，詔新造交子三百萬貫，以二百萬付淮東，一百萬付淮西，每貫準鐵錢七百七十文足，以三年爲界。慶元四年，詔兩淮第二界會子限滿，明年六

月，更展一界。嘉定十一年，造兩淮交子二百萬，增印三百萬。十三年，印二百萬，增印一百五十萬。十四年、十五年，皆及三百萬。自是其數日增，價亦日損，稱提無術，但屢與展界而已。

初，襄、郢等處大軍支請，以錢銀品搭。孝宗隆興元年，始措置於大軍庫儲見錢，印造五百并一貫直便會子，發赴軍前，並當見錢流轉。印造之權既專，印造之數日益；且總所所給止行於本路，而荆南水陸要衝，商賈必由之地，流通不便。乾道三年，收其會子印板。四年，以淮西總所關子二十萬，都茶場鈔引八十萬，付湖北漕司收換，輸左藏庫，又命降銀錢收之。五年，詔戶部給行在會子五十萬，付荆南府兌換。淳熙七年，詔會子庫先造會子一百萬，降付湖廣總所收換破會。十一年，臣僚言：「湖北會子創於隆興初，迄今二十二年，不曾兌易，稱提不行。」詔湖廣總領同帥、漕議經久利便。帥、漕、總領言：「乞印給一貫、五百例湖北會子二百萬貫，收換舊會，庶幾流轉通快，經久可行。」從之。

十三年，詔湖廣會子仍以三年爲界。紹熙元年，詔湖廣總所將見行及椿貯新舊會取數，倣行在例立界收換。餉臣梁總奏：「自來不曾立界，但破損者卽行換易，除累易外，尚有五百四十餘萬，見在民間行用。乞別樣制作兩界，印造收換。」從之。

中華書局

嘉定五年，湖廣餉臣王釜，請以度牒、茶引兌第五界舊會，每度牒一道，價千五百緡，又貼搭茶引一千五百緡，方許收買，期以一月。然京湖二十一州止置三場，不便。制臣劉光祖乃會總所以第六界新會五萬緡，令軍民以舊楮二而易其一；繼又令軍民以一楮半而易其一；又請于朝添給新楮十萬，軍民賴之。十四年，造湖廣會子三十萬易破會。十七年，造湖廣第六界會子二百萬。嘉熙二年，撥第七界湖會九百萬付督視參政行府。寶祐二年，撥第八界湖會三百萬貫付湖廣總所，易兩界破會，自後因仍行之。

鹽之類有二：引池而成者，曰顆鹽，周官所謂盬鹽也；鬻海、鬻井、鬻鹻而成者，曰末鹽，周官所謂散鹽也。宋自削平諸國，天下鹽利皆歸縣官。官鬻、通商，隨州郡所宜，然亦變革不常，而尤重私販之禁。

引池爲鹽，曰解州解縣、安邑兩池。墾地爲畦，引池水沃之，謂之種鹽，水耗則鹽成。籍民戶爲畦夫，官廩給之，復其家。募巡邏之兵百人，目爲護寶都。歲二月一日墾畦，四月始種，八月乃止。安邑池每歲歲種鹽千席〔四〕，解池減二十席，以給本州及三京，京東之濟、

兗曹濮單鄆州、廣濟軍，京西之滑、鄭、陳、潁、汝、許、孟州，陝西之河中府、陝虢州、慶成軍，河東之晉、絳、慈、隰州，淮南之宿、亳州，河北之懷州及澶州諸縣之在河南者。凡禁榷之地，官立標識、候望以曉民。其通商之地，京西則蔡襄鄧隨唐金房均郢州、光化信陽軍，陝西則京兆鳳翔府、同華耀乾商涇原邠寧儀渭鄜坊丹延環慶秦隴鳳階成州、保安鎭戎軍，及澶州諸縣之在河北者。顆、末鹽皆以五斤爲斗，顆鹽之直每斤自四十四至三十四錢，有三等。至道二年，兩池得鹽三十七萬三千五百四十五席，席一百一十六斤半。三年，鬻錢七十二萬八千餘貫。

咸平中，度支使梁鼎言：「陝西沿邊解鹽請勿通商，官自鬻之。」詔以鼎爲陝西制置使，又以內殿崇班杜承睿同制置陝西青白鹽事。承睿言：「鄜、延、環、慶、儀、渭等州洎禁青鹽之後，令商人入芻粟〔五〕，運解鹽於邊貨鬻，其直與青鹽不至相懸，是以民食賤鹽，須至畏法，而蕃部青鹽難售。今聞運解鹽於邊，欲與內地同價，邊民必冒法圖利，卻入蕃界私販青鹽，是助寇資而結民怨矣。」繼又有上疏言其不便者，鼎請候至邊部幹運，及乘傳至解池卽禁止商販。旋運鹽赴邊，公私大有煩費，而邊民頓無入中〔六〕，物論紛擾。於是命判鹽鐵勾院林特、知永興軍張詠詳議，以爲公私非便，請復舊商販。詔切責鼎，罷度支使。大中祥符九年，陝西轉運使張象中言：「兩池所貯鹽計直二千一百七十六萬一千八十貫，慮尙有遺

利，望行條約。」眞宗曰：「地利之阜，此亦至矣，過求增羨，慮有時而闕。」不許。

先是，五代時鹽法太峻。建隆二年，始定官鹽闌入法，禁地貿易至十斤、鬻鹻鹽至三斤者乃坐死，民所受蠶鹽以入城市三十斤以上者，上請。三年，增闌入至三十斤、鬻鹻至十斤坐死，蠶鹽入城市百斤以上，奏裁。自乾德四年後，每詔優寬。太平興國二年，乃詔闌入至二百斤以上，鬻鹻及主吏盜販至百斤以上，蠶鹽入城市五百斤以上，並黥面送闕下。至淳化五年，改前所犯者止配本州牢城。代州寶興軍之民私市契丹骨堆渡及桃山鹽，雍熙四年，詔犯者自一斤論罪有差，五十斤加役流，百斤以上部送闕下。

天聖以來，兩池畦戶總三百八十，以本州及旁州之民爲之，戶歲出夫二人，人給米日二升，歲給戶錢四萬。爲鹽歲百五十二萬六千四百二十九石，石五十斤，以席計，爲六十五萬五千一百二十席，席百一十六斤。禁榷之地，皆官役鄉戶衙前及民夫，謂之帖頭，水陸漕運。而通商州軍並邊秦、延、環、慶、渭、原、保安、鎭戎、德順，又募人入中芻粟，以鹽償之。

凡通商州軍，在京西者爲南鹽，在陝西者爲西鹽，若禁鹽地則爲東鹽，各有經界，以防侵越。天聖初，計置司議茶鹽利害，因言：「兩池舊募商人售南鹽者，入錢京師榷貨務。乾興元年，歲入纔二十三萬緡，視天禧三年數損十四萬。請一切罷之，專令入中並邊芻粟，及爲

之增約束，申防禁，以絕私販之弊。」久之，復詔入錢京師，從商人所便。

三京、二十八州軍，官自鬻鹽，百姓困於轉輸。天聖八年，上書者言：「縣官禁鹽，得利微而爲害博，兩池積鹽爲阜，其上生木合抱，數莫可較。宜聽通商，平估以售，可以寬民力。」詔翰林學士盛度、御史中丞王隨議更其制度。因畫通商五利上之曰：「方禁商時，伐木造船輦運，兵民不勝疲勞，今去其弊，一利也；陸運既差帖頭，又役車戶，貧人懼役，連歲逋逃，今悉罷之，二利也；船運有沉溺之患，綱吏侵盜，雜以泥沙硝石，其味苦惡，疾生重腿，今皆得食眞鹽，三利也；錢幣國之貨泉，欲使通流，富家多藏鏹不出，民用益蹙，今歲得商人出緡錢六十餘萬助經費，四利也；歲減監官、兵卒、畦夫傭作之給，五利也。」十月，詔罷三京、二十八州軍榷法，聽商人入錢若金銀京師榷貨務，受鹽兩池。行之一年，視天聖七年，增緡錢十五萬。其後歲課減耗，命翰林學士宋庠等以天聖九年至寶元二年新法較之，視乾興至天聖八年舊法，歲課損二百三十六萬緡。康定元年，詔京師、南京及京東州軍、淮南宿、亳州，皆禁如舊。未幾，復弛京師榷法，并詔三司議通淮南鹽給京東等八州，於是兗、鄆、宿、亳皆食淮南鹽矣。

自元昊反，聚兵西鄙，並邊入中芻粟者寡。縣官急於兵食，調發不足，因聽入中芻粟，予券趨京師榷貨務受錢若金銀；入中它貨，予券償以池鹽。繇是羽毛、筋角、膠漆、鐵炭、

瓦木之類，一切以鹽易之。猾商貪吏，表裏爲姦，至入椽木二，估錢千，給鹽一大席，爲鹽二百二十斤。虛費池鹽，不可勝計，鹽直益賤，販者不行，公私無利。慶曆二年，復京師榷法，凡商人虛估受券及已受鹽未鬻者，皆計直輸虧官錢。內地州軍民間鹽，悉收市入官，官爲置場增價出之。復禁永興、同、華、耀、河中、陝、虢、解、晉、絳、慶成十一州軍商鹽，官自輦運，以衙前主之。又禁商鹽私入蜀，置折博務於永興、鳳翔，聽人入錢若蜀貨，易鹽趨蜀中以售。久之，東、南鹽地悉復禁榷，兵民輦運，不勝其苦，州郡騷然。所得鹽利，不足以佐縣官之急。並邊務誘人入中芻粟，皆爲虛估，騰踊至數倍，大耗京師錢幣，帑藏益虛。

太常博士范祥，關中人也，熟其利害，常謂兩池之利甚博，而不能少助邊計者，公私侵漁之害也；儻一變法，歲可省度支緡錢數十百萬。乃畫策以獻。是時韓琦爲樞密副使，與知制誥田況皆請用祥策。四年，詔祥馳傳與陝西都轉運使程戡議之，而戡議與祥不合，祥尋亦遭喪去。八年，祥復申其說，乃以爲陝西提點刑獄兼制置解鹽事，使推行之。其法：舊禁鹽地一切通商，聽鹽入蜀；罷九州軍入中芻粟，令入實錢，償以鹽，視入錢州軍遠近及所指東、西、南鹽，第優其直；東、南鹽又聽入錢永興、鳳翔、河中；歲課入錢總爲鹽三十七萬五千大席，授以要券，卽池驗券，按數而出，盡弛兵民輦運之役。又以延、慶、環、渭、原、保安、鎭戎、德順地近烏、白池，姦人私以青白鹽入塞，侵利亂法。乃募人入中池鹽，予券優

其估，還，以池鹽償之；以所入鹽官自出鬻，禁人私售，峻青白鹽之禁。並邊舊令入中鐵、炭、瓦、木之類，皆重爲法以絕之。其先以虛估受券及已受鹽未鬻者，悉計直使輸虧官錢。又令三京及河中、河陽、陝、虢、解、晉、絳、濮、慶成、廣濟官仍鬻鹽，須商賈流通乃止。以所入緡錢市並邊九州軍芻粟，悉留榷貨務錢幣以實中都。行之數年，黠商貪賈，無所僥倖，關內之民，得安其業，公私便之。

皇祐元年，侍御史知雜何郯復言改法非是。明年，遣三司戶部副使包拯馳視，還言行之便，第請商人入錢及延、環等八州軍鬻鹽，皆重損其直〔七〕，卽入鹽八州軍者，增直以售，三京及河中等處禁官鬻鹽。而三司謂京師商賈罕至則鹽貴，請得公私並貿，餘禁止。皆聽之。田況爲三司使，請久任祥，俾專其事。擢祥權陝西轉運使，賜金紫服。祥初言歲入緡錢可得二百三十萬，皇祐三年〔八〕，入緡錢二百二十一萬；四年，二百一十五萬。以四年數視慶曆六年，增六十八萬；視七年，增二十萬。又舊歲出榷貨務緡錢，慶曆二年，六百四十七萬；六年，四百八十萬。至是，榷貨務錢不復出。其後，歲入雖贏縮不常，至五年，猶及百七十八萬；至和元年，百六十九萬。時祥已坐它罪貶，命轉運使李參代之。三年，遂以元年入錢爲歲課定率，量入計出，可助邊費十分之八。

久之，並邊復聽入芻粟以當實錢，而虛估之弊滋長，券直亦從而賤，歲損官課，無慮百

萬。嘉祐三年，三司使張方平及包拯請復用祥，於是復以祥總鹽事。祥請重禁入芻粟者，其券在嘉祐三年已前，每券別請輸錢一千，然後予鹽。又言商人持券若鹽鬻京師，皆虧失本錢。請置官京師，蓄錢二十萬緡，以待商人至者，券若鹽估賤，則官爲售之。券紙六千，鹽席十千，毋輒增損，所以平其市估，使不得爲輕重。詔以都鹽院監官兼領，自是稍復舊。未幾祥卒，以轉運副使薛向繼之。治平二年，歲入百六十七萬。

初，祥以法既通商，恐失州縣征算，乃計所歷所至合輸算錢，倂率以爲入中之數。自後州縣猶算如舊。嘉祐六年，向悉罷之，并奏減八州軍鬻鹽價。兩池畦戶，歲役解、河中、陝、虢、慶成之民，官司旁緣侵剝，民以爲苦，乃詔三歲一代。嘗積逋課鹽至三百三十七萬餘席，遂蠲其半。中間以積鹽多，特罷種鹽一歲或二歲三歲，以寬其力。後又減畦戶之半，稍以傭夫代之，五州之民始安。

青白鹽出烏、白兩池，西羌擅其利。自李繼遷叛，禁毋入塞，未幾罷，已而復禁。乾興初，嘗詔河東邊人犯青白鹽禁者如陝西法。慶曆中，元昊納款，請歲入十萬石售縣官，仁宗以其亂法，不許。自范祥議禁八州軍商鹽，重青白鹽禁，而官鹽估貴，土人及蕃部販青白鹽者益衆，往往犯法抵死而莫肯止。至和中，詔蕃部販青白鹽抵死者，止投海島，羣黨爲民害者，上請。嘉祐赦書，稍遷配徒者於近地，自是禁法稍寬。熙寧初，詔淮南轉運使張靖究

陝西鹽、馬得失。靖指向欺隱狀，王安石右向，靖竟得罪，擢向爲江、淮等路發運使。諫官范純仁言賞罰失當，因數向五罪，向任如初。乃請卽永興軍置賣鹽場，又以邊費錢十萬緡，儲永興軍爲鹽鈔本，繼又增二十萬。

四年，詔陝西行蜀交子法，罷市鈔；或論其不便，復舊。七年，中書議陝西鹽鈔，出多虛鈔，而鹽益輕，以鈔折兌糧草，有虛擡邊糴之患。請用交子法，使其數與見錢相當，可濟緩急。詔以皮公弼、熊本、宋迪分領其事，趙瞻制置。又以內藏錢二百萬緡假三司，遣市易吏行四路請買鹽引，仍令秦鳳、永興鹽鈔，歲以百八十萬爲額。八年，中書奏陝西鹽鈔利害及立法八事，大抵謂買鈔本錢有限，而出鈔過多，買不盡則鈔賤而糴貴，故出鈔不可無限。然商人欲變易見錢，而官不爲買，卽爲兼幷所抑，則鈔價益賤；而邊境有急，鈔未免多出，故當置場以市價平之。今當定買兩路實賣鹽二百二十萬緡，以當用鈔數立額，永興路八十一萬五千，秦鳳路一百三十八萬五千，內熙河路五十三萬七千〔九〕；永興軍遣官買鈔，歲支轉運司錢十萬緡買西鹽鈔，又用市易務賒請法募人賒鈔變易，卽民間鈔多而滯，則送解池毀之。詔從其請，然有司給鈔溢額，猶視其故。九年，乃詔御史劾陝西官吏，止三司額外出鈔。

十年，三司言：「鹽法之弊，由熙河鈔溢額，故價賤而芻糧貴。又東、西、南三路通商郡邑

榷賣官鹽，故商旅不行。今鹽法當改，官賣當罷。請先收舊鈔，印識之舊鹽〔一〇〕，行加納之法。官盡買舊鈔，其已出鹽，約期聽商人自言，準新價增之，印鹽席，給符驗。東、南舊法鹽鈔，席纔三千五百，西鹽鈔席減一千，官盡買。先令解州場院驗商人鈔書之，乃許賣。已請鹽，立限告賞，聽商人自陳，東、南鹽席加錢二千五百，西鹽席加三千，爲易舊符，立期令賣。罷兩處禁榷官賣，提舉司賣鹽並用新價，錢承買舊鈔，商人願對行算請者聽，官爲印識如法。應通商地各舉官一員，其鹽席限十日自言，乃令加納錢，爲印識，給新引，聽以舊鈔當加納錢。」皆行之。而別定官賣鹽地，市易司已買鹽，亦加納錢。

舊制，河南北曹、濮以西，秦、鳳以東，皆食解鹽。自仁宗時，解鹽通商，官不復榷；熙寧中，市易司始榷開封、曹濮等州。八年，大理寺丞張景溫提舉出賣解鹽，於是開封府界陽武、酸棗、封丘、考城、東明、白馬、中牟、陳留、長垣、胙城、韋城，曹濮澶懷濟單解州、河中府等州縣，皆官自賣。未幾，復用商人議，以唐鄧襄均房商蔡郢隨金晉絳虢陳許汝潁隰州、西京、信陽軍通商，畿縣及澶、曹、濮、懷、衞、濟、單、解、同、華、陝、河中府、南京、河陽，令提舉解鹽司運鹽賣，仍詔三司講求利害。

鹽價既增，民不肯買，乃課民買官鹽，隨貧富作業爲多少之差。買賣私鹽，聽人告，重給賞，以犯人家財給之。買官鹽食不盡，留經宿者，同私鹽法。於是民間騷怨。鹽鈔舊法

每席六緡，至是二緡有餘，商不入粟，邊儲失備。召陝西轉運使皮公弼入議，公弼極言官賣不便，沈括爲三司使，不能奪。王安石主景溫，括希安石意，言通商歲失官賣緡錢二十餘萬。安石去位，括在三司，乃言官賣當罷。於是河陽、同華解州、河中、陝府、陳留、雍丘、襄邑、中牟、管城、尉氏、鄢陵、扶溝、太康、咸平、新鄭聽通商，其入不及官賣者，官復自賣；澶、濮、濟、單、曹、懷州，南京，陽武、酸棗、封丘、考城、東明、白馬、長垣、胙城、韋城九縣，官賣如故。詔商鹽入京，悉賣之市易務，每席毋得減千；民鹽皆買之市易務，私與商人爲市，許告，沒其鹽。

皮公弼鹽法，酌前後兩池所支鹽數，歲以二百三十萬緡爲額〔一一〕。又令京師置七場，買東、南鹽鈔，市易務計爲錢五十九萬三千餘緡，三司闕錢，請頗還其鈔，令賣之於西，買者其三給錢，其七準沿邊價給新引；庶得民間舊鈔，而新引易於變易。詔用其議。公弼請復范祥舊法平市價，詔假三司錢三十萬緡，市鈔於京師。先是，解鹽分東西，西鹽賣有分域；又並邊州軍市芻糧，給鈔過多，故鈔及鹽甚賤，官價自分爲二。於是增西鹽價比東鹽，以平鈔法，歲約增十二萬緡，毋復分東西，悉廢西鹽約束。解池鹽鈔舊以二百二十萬緡爲額，轉運使皮公弼請增十萬，以助邊糴，至是，又爲二百四十二萬。商人已請西鹽，令加納錢，使與新法價平。元豐三年，三司舉張景溫賣解鹽息羨，進官賜帛。

明年，權陝西轉運使李稷言：「自新法未行，鈔之貴賤，視有司出之多寡。新法已後，鈔有定數，起熙寧十年冬，盡元豐三年，通印給一百七十七萬餘席，而鹽池所出纔一百一十七萬五千餘席，餘鈔五十九萬有餘，流布官私，其勢不得不賤。」遂下三司住給。五年，戶部猶以鈔多難售，歲給陝西軍儲鈔二百萬，裁其半，然鈔多，卒不能平價。

元祐元年，戶部及制置解鹽司議：「延、慶、渭、原、環、鎮戎、保安、德順等八州軍，皆官自鬻，以萬五千五百席爲額，聽商旅入納於八州軍折博務，算給交引，如范祥舊法。鹽價錢應償者，以轉運司年額鹽鈔給之，所鬻鹽錢，以待轉運司糴買。仍舉承務郎以上一員，於在京置場，以鹽鈔鬻見錢而輸之都鹽院庫，遇給解鹽額鈔盡歸之本司，毋更給轉運司。他司皆毋得販易，雖有專旨，聽執奏。其已買鈔，自本司拘之，若民間鈔少或給本路緡錢，即上戶部議鬻其鈔。」詔皆從之。既而又以商人入納解鹽減年額賣鹽費錢〔一二〕二萬七千餘緡，增在京買鈔之本。入中解鹽，並効熙河鈔，而價隨事增損以折，澶懷滑州、陽武鹽價，定爲錢八千二百。時，陝西民多以朴硝私煉成顆，謂之倒硝，頗與解鹽相亂。紹聖三年，制置使孫路以聞，詔犯者減私鹽法一等坐之。

初，神宗時，官賣解鹽，京西則通商。有沈希顏者爲轉運使，更爲榷法，請假常平錢二十萬緡，自買解鹽，賣之本路，民已買解鹽盡買入官，掊克牟利，商旅苦之。哲宗即位，殿中

侍御史黃降劾希顏罪，元祐元年，京西始復舊制通商，然猶官賣，元符元年乃罷之。永興軍渭河北〔一三〕高陵、櫟陽、涇陽等縣〔一四〕，如同、華等六州軍，官仍自賣鹽，而禁官司於折博務買解鹽販易規利。俄以水壞解池，聽河中府解州小池鹽、同華等州私土鹽、階州石鹽、通遠軍岷州官井鹽鬻於本路，而京東、河北鹽亦通行焉。三年，詔陝西轉運副使兼制置解鹽使馬城，提舉措置催促陝西、河東木栰薛嗣昌，提舉開修解州鹽池。

崇寧元年，解州賈瓦南北圍池修治畦眼〔一五〕，拍磨布種，通得鹽百七十八萬二千七百餘斤。初，解梁東有大鹽澤，綿亘百餘里，歲得億萬計。自元符初，霖潦池壞，至是，乃議修復；四年，池成。凡開二千四百餘畦，百官皆賀。內侍王仲千者董其役，以課額敷溢爲功。然議者謂解池灌水盈尺，暴以烈日，鼓以南風，須臾成鹽，其利固博；苟欲溢額，不俟風日之便，厚灌以水，積水而成，味苦不適口。

崇寧初，言事者以鈔法屢變，民聽疑惑，公家失輕重之權，商旅困往來之費，乞復范祥舊法，謹守而力行之，無庸輕改。雖可其請，未幾，蔡京建言：「河北、京東末鹽，客運至京及京西，袋輸官錢六千，而鹽本不及一千，施行未久，收息及二百萬緡。如通至陝西，其利必倍。」議遣韓敦立等分路提舉。及鹽池已復，京仍欲舊解鹽地客算東北末鹽，令榷貨務入納見緡無窮，以收已功，乃令解鹽新鈔止行陝西。五年，詔：「鈔法用之，民信已久，飛錢裕國、

其利甚大，比考前後法度，頗究利害，其別爲號驗，給解鹽換請新鈔。先以五百萬緡赴陝西、河東，止給糴買，聽商旅赴榷貨務換請東南鹽鈔。貼輸見緡四分者在舊三分之上，五分者在四分之上。且帶行舊鈔，輸四分者帶五分，輸五分者帶六分；若不願貼輸錢者，依舊鈔價減二分。」先是，患豪商擅利源輕重之柄，率減鈔直，使並邊糴價增高，乃裁限之。崇寧四年，以鈔價雖裁，其入中州郡，復增糴價，客持鈔算請，坐牟大利。乃詔陝西舊鈔易東南末鹽，每百緡用見錢三分，舊鈔七分。後又詔減落鈔價踰五千者，論以法。

及大觀四年，張商英爲相，議復通行解鹽如舊法，而東北鹽毋得與解鹽地相亂。繼而有司議解池已復，依舊法印鈔請。商旅已買東北鹽，隨處官司期三日盡籍，輸官償其價，隱匿者如私鹽法。解鹽未到，官鬻所得東北鹽，解鹽到卽止。已請鈔已支者悉毀，已支未請者聽別議。在京仍通行，其經由州縣鄭州、中牟、開封府祥符、陽武縣境內，亦許通放。而王仲千所請通入京西北路陳潁蔡州、信陽軍，權止之。商旅已算請東北鹽，元指定東京，未至者，止令所至州軍批引；其已入京未貨者，都鹽院全袋拘買鬻之，許坐買請買碎賣。

政和元年，詔陝西鈔依鈔面實價，輒增減者，以違制論。未幾，復以陝西通行鹽鈔，舊雖約以銅錢六千爲鈔面，然鈔貴則入粟增多，鈔平則入穀減少。若限以六千，陝西唯行鐵錢，是鹽鈔一席得六千鐵錢斛斗矣，深損公家，其隨時增減聽之。二年，蔡京復用事，法仍

變改，鈔不可用者悉同敗楮。六年，兩池漫生鹽，募人倍力採取，且議加賞；繼生紅鹽，百官皆賀，制置解鹽使李百祿等第賞有差。七年，議復行解鹽，時童貫宣撫關、河，實主之。詔解鹽地見行東北鹽，復盡收入官，官給其直，在京於平貨、在外於市易務椿管，如解鹽法鬻之；不自陳，如私鹽法。重和元年，詔復行解鹽舊法。踰年，榷貨歲虧數百萬貫，又鈔價減落，糴買不行，三省趣講畫以聞，貫遂請罷領解鹽。俄而三省條奏，舊東北鹽地客販解鹽，立限盡鬻，限竟鬻未盡者，運往解鹽地，踰者論如私鹽法。京畿、京西復置官提舉。初崇寧中，以鹽各利一方，故解鹽止行本路，東南鬻海利博，行於數路。既復行解鹽，商旅苦於折閱，卽改如舊，慮商旅疑惑，遂詔諭諸路[二六]，鈔法更不改易，扇搖者論如法，仍倍之。

靖康元年，解鹽鈔入納算請，並參照熙寧、元豐以前舊法，又增改解鹽及東北鹽地，卽商旅不願鹽，則用鈔面請錢如舊法。繼定每席鈔爲八貫省，盡收入鈔面，其入納糧草者，許直赴池請鹽，省復入京批鈔之擾。

鬻海爲鹽，曰京東、河北、兩浙、淮南、福建、廣南，凡六路。其鬻鹽之地曰亭場，民曰亭戶，或謂之竈戶。戶有鹽丁，歲課入官，受錢或折租賦，皆無常數，兩浙又役軍士定課鬻焉。

諸路鹽場廢置，皆視其利之厚薄，價之贏縮，亦未嘗有一定之制。末鹽之直，斤自四十七至八錢[二七]，有二十一等。至道三年，鬻錢總一百六十三萬三千餘貫。

其在京東曰密州濤洛場，一歲鬻三萬二千餘石，以給本州及沂、濰州，唯登、萊州則通商，後增登州四場。舊南京及曹、濮、濟、兗、單、鄆、廣濟七州軍食池鹽，餘皆食二州鹽，官自鬻之。慶曆元年冬，以淄、濰、青、齊、沂、密、徐、淮陽八州軍仍歲凶蝗，乃詔弛禁，聽人貿易，官收其算，而罷密、登歲課，第令戶輸租錢。其後兗、鄆皆以壤地相接，罷食池鹽，得通海鹽，收算如淄、濰等州。自是諸州官不貯鹽，而百姓鬻鹽歲皆罷給，然使輸錢如故。至和中，始詔百姓輸錢以十分爲率，聽減三分。

元豐三年，京東轉運副使李察言：「南京、濟、濮、曹、單行解鹽；餘十有二州行海鹽，請用今稅法置買賣鹽場。」其法，盡竈戶所鬻鹽而官自賣，重禁私爲市者，歲收錢二十七萬三千餘緡，而息幾半之。吳居厚爲轉運判官，承察後治鹽法，利入益多。六年，較本路及河北買賣鹽場，自改法抵今一年有半，得息錢三十六萬緡。察、居厚皆進官，加賜居厚三品服。詔運賣鹽錢儲之北京，令河北都轉運使蹇周輔、判官李南公受法于居厚，行之河北。

其在河北曰濱州場，一歲鬻二萬一千餘石，以給本州及棣、祁州雜支，并京東之青、淄、齊州，若大名、眞定府，貝、冀、相、衞、邢、洺、深、趙、滄、磁、德、博、濱、棣、祁、定、保、瀛、莫、雄、霸州，德清[二八]、通利、永靜、乾寧、定遠[二九]、保定、廣信、永定、安肅軍則通商。後濱州分四務，又增滄州三務，歲課九千一百四十五石，以給一路，而京東之淄、青、齊旣通商，乃不復給。

自開寶以來，河北鹽聽人貿易，官收其算，歲額爲錢十五萬緡。上封者嘗請禁榷以收遺利，余靖時爲諫官，亟言：「前歲軍興，河北點義勇強壯及諸科率，數年之間，未得休息。臣嘗痛燕薊之地，陷入契丹幾百年，而民忘南顧心者，大率契丹之法簡易，鹽麴俱賤，科役不煩故也。昔太祖推恩河朔，故許通商，今若榷之，價必騰踊，民苟懷怨，悔將何及。河朔土多鹽鹵，小民稅地不生五穀，惟刮鹻煎鹽以納二稅，禁之必至逃亡。鹽價若高，犯法亦衆，邊民怨望，非國之福，乞且仍舊通商。」其議遂寢。

慶曆六年，三司使王拱辰復建議悉榷二州鹽入官，以專其利。都轉運使魚周詢以爲不可，且言：「商人販鹽，與所過州縣吏交通爲弊，所算十無二三。請敕州縣以十分算之，聽商人至所鬻州軍併輸算錢，歲可得緡錢七十餘萬[三〇]。」三司奏用其策，仁宗曰：「使人頓食貴鹽，豈朕意哉？」於是三司更立榷法而未下，張方平見上問曰：「河北再榷鹽何也？」上曰：

中華書局

「始議立法，非再榷。」方平曰：「周世宗榷河北鹽，犯輒處死。世宗北伐，父老遮道泣訴，願以鹽課均之兩稅，而弛其禁，許之，今兩稅鹽錢是也。豈非再榷乎？且今未榷，而契丹盜販不已，若榷則鹽貴，契丹之鹽益售，是爲我斂怨而使契丹獲福也。契丹鹽入益多，非用兵莫能禁，邊隙一開，所得鹽利能補用兵之費乎？」上大悟曰：「其語宰相立罷之。」方平曰：「法雖未下，民已戶知之，當直以手詔罷，不可自下出也。」上喜，命方平密撰手詔下之。河朔父老相率拜迎，於澶州爲佛老會七日，以報上恩，且刻詔北京。後父老過其下，必稽首流涕。

久之，緡錢所入益耗，皇祐中，視舊額幾亡其半。陝州錄事參軍王伯瑜監滄州鹽山務，獻議商人受鹽滄、濱二州，以囊貯之，囊毋過三石三斗，斗爲鹽六斤，除三斗爲耗勿算，餘算其半。予券爲驗，州縣驗券縱之，聽至所鬻州軍併輸算錢；即所貯過數，予及受者皆罰，商人私挾它鹽，并沒其貲。時知滄州田京，與伯瑜合議上聞，詔試行之，踰年，歲課增三萬餘緡，遂以爲定制。熙寧八年，三司使章惇又請榷河北鹽，召提舉河北、京東鹽稅周革入議，將施行焉。文彥博論其不便，乃詔仍舊。

校勘記

〔一〕湊成二千餘　按兩朝綱目卷一二、朝野雜記乙集卷一六東南收兌會子條，都說是年以諸色名件

拘回舊會，合計二千四百九十九萬餘緡。此處下當有「萬」字。

〔二〕七年　按繫年要錄卷一〇九，紹興七年二月丙午：「川、陝宣撫副使吳玠初置銀會子於河池，𠃧今不改。」此處失書「紹興」紀元。

〔三〕九年　按宋史全文卷三四上淳祐九年九月甲子條說：「四川制臣余玠請交引以十年爲界，詔從之。」此處失書「淳祐」紀元。

〔四〕安邑池每歲歲種鹽千席　此處所列數字，同下文兩池年產量相差很遠，通考卷一五征榷考上一「歲」字作「戶」，似近是。

〔五〕令商人入芻粟　「令」原作「今」，據本書卷三〇四梁鼎傳改。

〔六〕而邊民頓無入中　「入中」原作「入市」，據長編卷五四改。

〔七〕皆重損其直　「重」，長編卷一六七作「量」。

〔八〕皇祐三年　「三年」原作「初年」，據長編卷一八七、編年綱目卷一四改。

〔九〕內熙河路五十三萬七千　「內」字原脫，據宋會要食貨二四之八、長編卷二六三補。

〔一〇〕印識之舊鹽　宋會要食貨二四之一三、長編卷二八〇都作「點印舊鹽」；而長編注引國史食貨志則作「印識舊鹽」，此處「之」字疑衍。

〔一一〕皮公弼鹽法酌前後兩池所支鹽數歲以二百三十萬緡爲額　宋會要食貨二四之一五、長編卷二八一都作：「三司言，相度皮公弼鹽法，今參酌前後兩池所支鹽數，歲入以二百三十萬緡爲額。」

〔一二〕減年額賣鹽費錢　「賣」原作「買」，據宋會要食貨二四之二八、長編卷三九六改。

〔一三〕永興軍渭河北　「渭」下原衍「州」字，據文義和長編卷四九四刪。

〔一四〕高陵櫟陽涇陽等縣　「陵」字原脫，「涇」下「陽」字原置「高」字下。按永興軍路無高陽和涇縣，其高陵、涇陽縣都正在渭北。據本書卷八七地理志、九域志卷三補改。

〔一五〕修治畦眼　「治」原誤作「沼」，據通考卷一六征榷考改。

〔一六〕詔諭諸路　「諭」原作「輸」。按宋會要食貨二五之一一宣和二年三月十二日詔：「可下諸路曉諭，今來鈔法更不可改革。」編年綱目卷二八略同。「輸」字當爲「諭」字之訛。據改。

〔一七〕斤自四十七至八錢　「斤」下原衍「至」字，據通考卷一五征榷考刪。

〔一八〕德清　原作「德河」，據本書卷八六地理志、通考卷一五征榷考改。

〔一九〕定遠　按九域志卷二，永靜軍本周定遠軍，景德元年改。上文已有永靜軍，此處不應又書定遠軍，「定遠」二字複出。

〔二〇〕七十餘萬　「七」原作「之」，據長編卷一五九、通考卷一六征榷考改。

宋史卷一百八十二

志第一百三十五

食貨下四

鹽中

元豐七年，知滄州趙瞻請自大名府、澶、恩、信安、雄、霸、瀛、莫、冀等州盡榷賣以增其利，纔半歲，獲息錢十有六萬七千緡。哲宗即位，監察御史王巖叟言：「河北二年以來新行鹽法，所在價增一倍，既奪商賈之利，又增居民之價以爲息，聞貧家至以鹽比藥。伏惟河朔天下根本，祖宗推此爲惠，願陛下不以損民爲利，而以益民爲利，復鹽法如故，以爲河北數百萬生靈無窮之賜。」會河北轉運使范子奇奏，鹽稅欲收以十分，遣范鍔商度。巖叟復言：「臣在河北，亦知商賈有自請於官，乞罷榷買，願輸倍稅。主計者但知於商賈倍得稅緡以爲

利，不知商賈將於民間復增賣價以爲害也。慶曆六年，既不行三司榷買之法，又不從轉運司增稅之請，仁宗直謂朕慮河北軍民驟食貴鹽，可令依舊。是時計歲增幾六十萬緡，仁宗豈不知爲公家之利？意謂藏之官不若藏之民。今陛下即位之始，宜法仁宗之意，不宜以小利失人心也。」明年，遂罷河北榷法，仍舊通商。六年，提舉河北鹽稅司請令商賈販鹽，於場務輸稅，以及等戶保任，給小引，量道里爲限，即非官監鎭店，聽以便鬻之，鹽稅舊額五分者，增爲七分。則鹽稅蓋已行焉。

紹聖中，河北官復賣鹽，繼詔如京東法。元符三年，崇儀使林豫言：「河北榷鹽，未必數前日稅額，且契丹鹽益售，慮啓邊隙。」明年，給事中上官均亦以爲言，皆不果行。宣和元年，京畿、四輔及滑州、河陽所產鹻地，悉墾爲田，革盜刮煎鹽之弊，知河陽王序以勸誘推賞。三年，大改鹽法，舊稅鹽並易爲鈔鹽。凡未賣稅鹽鈔引及已請算或到倉已投暨未投者，並赴榷貨務改給新法鈔引，許通販；已請舊法稅鹽貨賣者，自陳，更買新鈔帶賣，已請鈔引，毋得帶支。初，茶鹽用換鈔對帶之法，民旅皆病，然河北猶未及也；至是，併河北、京東行之。

其在兩浙曰杭州場，歲鬻七萬七千餘石，明州昌國東、西兩監二十萬一千餘石，秀州場二十萬八千餘石，溫州天富南北監、密鸚永嘉二場，七萬四千餘石，台州黃巖監一萬五千餘石，以給本州及越、處、衢、婺州。天聖中，杭、秀、溫、台、明各監一，溫州又領場三，而一路歲課視舊減六萬八千石，以給本路及江東之歙州。

慶曆初，制置司言：比年河流淺涸，漕運艱阻，靡費益甚，請量增江、淮、兩浙、荆湖六路糶鹽錢。下三司議，三司奏荆湖已嘗增錢，餘四路三十八州軍，請斤增二錢或四錢。詔俟河流通運復故。既而江州置轉般倉，益置漕船及傭客舟以運，制置司因請六路五十一州軍斤增五錢。民苦官鹽估高，無以爲食，諸路皆言其不便。久之，韓絳安撫江南還，亦極言之。其後兩浙轉運使沈立、李肅之奏：「本路鹽課緡錢歲七十九萬，嘉祐三年，纔及五十三萬，而一歲之內，私販坐罪者三千九十九人，弊在於官鹽估高，故私販不止，而官課益虧。請裁官估，罷鹽綱，令鋪戶衙前自趨山場取鹽，如此則鹽善而估平，人不肯冒禁私售，官課必溢。」發運司難之，立、肅之固請試用其法二三年，可見利害，詔可。

立嘗論東鹽利害，條亭戶、倉場、漕運之弊，謂：「愛恤亭戶使不至困窮，休息漕卒使有以爲生，防制倉場使不爲掊克率斂，絕私販，減官估，果能行此五者，歲可增緡錢一二百萬。」集鹽策二十卷以進，其言亭戶困乏尤甚。然自皇祐以來，屢下詔書輒及之，命給亭戶官本，皆以實錢；其售額外鹽者，給粟帛必良；亭戶逋歲課久不能輸者，悉蠲之。所以存

恤之意甚厚，而有司罕有承順焉。

熙寧以來，杭、秀、溫、台、明五州共領監六、場十有四，然鹽價苦高，私販者衆，轉爲盜賊，課額大失。二年，有萬奇者獻言欲撲兩浙鹽而與民，乃遣奇從發運使薛向詢度利害。神宗以問王安石，對曰：「趙抃言衢州撲鹽，所收課敵兩浙路，抃但見衢、湖可撲，不知衢鹽侵饒、信，湖鹽侵廣德、昇州，故課可增，如蘇、常則難比衢、湖。今宜制置煎鹽亭戶及茬鹽地人戶督捕私販，般運以時，嚴察拌和，則鹽法自舉，毋事改制。」

五年，以盧秉權發遣兩浙提點刑獄，仍專提舉鹽事。秉前與著作佐郎曾默行淮南、兩浙，詢究利害。異時竈戶鬻鹽，與官爲市，鹽場不時償其直，竈戶益困。秉先請儲發運司錢及雜錢百萬緡以待償，而諸場皆定分數：錢塘縣楊村場上接睦、歙等州，與越州錢清場等，水勢稍淡[一]，以六分爲額；楊村下接仁和之湯村爲七分；鹽官場爲八分；並海而東爲越州餘姚縣石堰場、明州慈溪縣鳴鶴場皆九分；至岱山、昌國，又東南爲溫州雙穗、南天富、北天富場爲十分；蓋其分數約得鹽多寡而爲之節。自岱山以及二天富煉以海水，所得爲最多。由鳴鶴西南及湯村則刮鹻淋鹵，十得六七。鹽官、湯村用鐵盤，故鹽色青白；楊村及錢清場織竹爲盤，塗以石灰，故色少黃；石堰以東近海水鹹，故雖用竹盤，而鹽色尤白。秉因定伏火盤數以絕私鬻，自三竈至十竈爲一甲，而鬻鹽地什伍其民，以相幾察；及

中華書局

募酒坊戶願占課額，取鹽於官賣之，月以錢輸官，毋得越所酤地；而又嚴捕盜販者，罪不至配，雖杖者皆同妻子遷五百里。仍益開封府界、京東兵各五百人防捕。

時惟杭、越、湖三州格新法不行，發運司劾奏虧課，皆獄治。王安石爲神宗言捕鹽法急，可以止刑。久之，乃詔兩浙提舉鹽事司，諸州虧課者未得遽劾，以增虧及違法輕重分三等以聞。七年，以盧秉鹽課雖增，刑獄實繁，慮無辜卽罪者衆，徙其職淮南，以江東漕臣張靚代之，且體量其事。靚言秉在事，越州監催鹽償至有母殺子者，詔劾其罪，然竟免，仍以增課擢太常博士，升一資。歲餘，三司言兩浙漕司寬弛，鹽息大虧，命著作佐郎翁仲通更議措置。元祐初，言者論秉推行浙西鹽法，務誅利以增課，所配流者至一萬二千餘人，秉坐降職。兩浙鹽亭戶計丁輸鹽，逋負滋廣，二年，詔蠲之。後更積負無以償，元符初，察訪使以狀聞，有司乃以朝旨不行，右正言鄒浩嘗極疏其害。

明州鳴鶴場鹽課弗登，撥隸越州，宣和元年〔二〕，樓异爲明州，請仍舊，且於接近台州給舊鹽五七萬囊。詔曰：「明州鹽場三，昨以施置不善，以鳴鶴一場隸越，客始輻湊。猶有二場積鹽以百萬計，未見功緒，此而不圖，東欲取於越，西欲取於台，改令害法，動搖衆情。」令狀析以聞。

其在淮南曰楚州鹽城監，歲鬻四十一萬七千餘石，通州利豐監〔三〕四十八萬九千餘石，泰州海陵監如皐倉小海場六十五萬六千餘石，各給本州及淮南之廬和舒蘄黃州、無爲軍，江南之江寧府、宣洪袁吉筠江池太平饒信歙撫州、廣德臨江軍，兩浙之常、潤、湖、睦州，荊湖之江陵府、安復潭鼎鄂岳衡永州、漢陽軍。海州板浦、惠澤、洛要三場歲鬻四十七萬七千餘石，漣水軍海口場十一萬五千餘石，各給本州軍及京東之徐州，淮南之光、泗、濠、壽州，兩浙之杭蘇湖常潤州、江陰軍。天聖中，通、楚州場各七，泰州場八，海州場二，漣水軍場一，歲鬻視舊減六十九萬七千五百四十餘石，以給本路及江南東西、荊湖南北四路，舊并給兩浙路，天聖七年始罷。

凡鹽之入，置倉以受之，通、楚州各一，泰州三，以受三州鹽。又置轉般倉二，一於眞州，以受通、泰、楚五倉鹽；一於漣水軍，以受海州漣水鹽。江南、荊湖歲漕米至淮南，受鹽以歸。東南鹽利，視天下爲最厚。鹽之入官，淮南、福建、兩浙之溫台明斤爲錢四，杭、秀爲錢六，廣南爲錢五。其出，視去鹽道里遠近而上下其估，利有至十倍者。

咸平四年，祕書丞直史館孫冕請：「令江南、荊湖通商賣鹽，緣邊折中糧草，在京入納金銀錢帛，則公私皆便，爲利實多。設慮淮南因江南、荊湖通商，或至年額稍虧，則國家折中糧草，足贍邊兵，中納金銀，實之官庫，且免和雇車乘，差擾民戶，冒寒涉遠。借如荊湖運錢萬貫，淮南運米千石，以地里脚力送至窮邊，則官費民勞，何啻數倍。」詔吏部侍郎陳恕等議。恕等謂：「江、湖官賣鹽，蓋近鬻海之地，欲息犯禁之人，今若通商，住賣官鹽，立乏一年課額。」冕議遂寢。至天禧初，始募人入緡錢粟帛京師及淮、浙、江南、荊湖州軍易鹽。乾興元年，入錢貨京師總爲緡錢一百十四萬。會通、泰鬻鹽歲損，所在貯積無幾，因罷入粟帛，第令入錢，久之，積鹽復多。

明道二年，參知政事王隨建言：「淮南鹽初甚善。自通、泰、楚運至眞州，自眞州運至江、浙、荊湖，綱吏舟卒，侵盜販鬻，從而雜以沙土。涉道愈遠，雜惡殆不可食，吏卒坐鞭笞，徒配相繼而莫能止。比歲運河淺涸，漕輓不行，遠州村民，頓乏鹽食，而淮南所積一千五百萬石，至無屋以貯，則露積苫覆，歲以損耗。又亭戶輸鹽，應得本錢或無以給，故亭戶貧困，往往起爲盜賊，其害如此。願權聽通商三五年，使商人入錢京師，又置折博務於揚州，使輸錢及粟帛，計直予鹽。鹽一石約售錢二千，則一千五百萬石可得緡錢三千萬〔四〕以資國用，一利也；江、湖遠近皆食白鹽，二利也；歲罷漕運縻費，風水覆溺，舟人不陷刑辟，三利也；昔時漕鹽舟可移以漕米，四利也；商人入錢，可取以償亭戶，五利也。」

時范仲淹安撫江、淮，亦以疏通鹽利爲言，卽詔知制誥丁度等與三司使、江淮制置使同議。皆謂聽通商恐私販肆行，侵蠹縣官，請敕制置司益漕船運至諸路，使皆有二三年之

蓄；復天禧元年制，聽商人入錢粟京師及淮、浙、江南、荊湖州軍易鹽；在通、楚、泰、海、眞、揚、漣水、高郵貿易者毋得出城，餘州聽詣縣鎭，毋至鄉村；其入錢京師者增鹽予之，并敕轉運司經畫本錢以償亭戶。詔皆施行。景祐二年，諸路博易無利，遂罷，而入錢京師如故。

康定元年，詔商人入芻粟陝西並邊，願受東南鹽者加數與之。會河北穀賤，三司因請內地諸州行三說法，亦以鹽代京師所給緡錢，糴二十萬石止。慶曆二年，又詔：「入中陝西、河東者〔五〕持券至京師，償以錢及金帛各半之，不願受金帛者予茶鹽、香藥，惟其所欲。」而東南鹽利厚，商旅皆願得鹽。八年，河北行四說法，鹽居其一，而並邊芻粟，皆有虛估，騰踊至數倍。券至京師，反爲蓄賈所抑，鹽百八斤舊售錢十萬〔六〕，至是六萬，商人以賤估售券取鹽，不復入錢京師，帑藏益乏。皇祐二年，復入錢京師法，視舊錢數稍增予鹽，而並邊入中先得券受鹽者，河東、陝西入芻粟直錢十萬，止給鹽直七萬，河北又損爲六萬五千，且令入錢十萬於京師，迺聽兼給，謂之對貼，自是入錢京師稍復故。

初，天聖九年，三司請榷貨務入錢售東南鹽，以百八十萬三千緡爲額，後增至四百萬緡。嘉祐中，諸路漕運不足，榷貨務課益不登，於是卽發運司置官專領運鹽公事。治平中，京師入緡錢二百二十七萬，而淮南、兩浙、福建、江南、荊湖、廣南六路歲售緡錢，皇祐中二

百七十三萬，治平中三百二十九萬。

江、湖運鹽既雜惡，官估復高，故百姓利食私鹽，而並海民以魚鹽爲業，用工省而得利厚。繇是不逞無賴盜販者衆，捕之急則起爲盜賊，江、淮間雖衣冠士人，狃於厚利，或以販鹽爲事。江西則虔州地連廣南，而福建之汀州亦與虔接，虔鹽弗善，汀故不產鹽，二州民多盜販廣南鹽以射利。每歲秋冬，田事纔畢，恆數十百爲羣，持甲兵旗鼓，往來虔、汀、漳、潮、循、梅、惠、廣八州之地。所至劫人穀帛，掠人婦女，與巡捕吏卒鬥格，至殺傷吏卒，則起爲盜，依阻險要，捕不能得，或赦其罪招之。歲月浸淫滋多，而虔州官糶鹽〔七〕歲纔及百萬斤。

慶曆中，廣東轉運使李敷、王繇請運廣州鹽於南雄州，以給虔、吉，未報，卽運四百餘萬斤於南雄，而江西轉運司不以爲便，不往取。後三司戶部判官周湛等八人復請運廣鹽入虔州，江西亦請自具本錢取之。詔尚書屯田員外郎施元長等會議，皆請如湛等議，而發運使許元以爲不可，遂止。

嘉祐以來，或請商販廣南鹽入虔、汀，所過州縣收算；或請放虔、汀、漳、循、梅、潮、惠七州鹽通商；或謂第歲運淮南鹽七百萬斤至虔，二百萬斤至汀，民間足鹽，寇盜自息；或請

官自置鋪役兵卒，運廣南、福建鹽至虔、汀州，論者不一。先嘗遣職方員外郎黃炳乘傳會所屬監司及知州、通判議，謂虔州食淮南鹽已久，不可改，第損近歲所增官估，斤爲錢四十，以十縣五等戶夏秋稅率百錢令糴鹽二斤，隨夏稅入錢償官。繼命提點鑄錢沈扶覆視可否，扶等請選江西漕船團爲十綱，以三班使臣部之，直取通、泰、楚都倉鹽。詔用炳等策，然歲纔增糶六十餘萬斤。

江西提點刑獄蔡挺制置鹽事，乃令民首納私藏兵械給巡捕吏卒，而販黃魚籠挾鹽不及二十斤、徒不及五人、不以甲兵自隨者，止輸算勿捕。淮南既團新綱漕鹽，挺增爲十二綱，綱二十五艘，鑠栿至州迺發。輸官有餘，以畀漕舟吏卒，官復以半價取之，繇是減侵盜之弊，鹽遂差善。又損糶價，歲課視舊增至三百餘萬斤，乃罷炳等議所率糴鹽錢。異時，汀州人欲販鹽，輒先伐鼓山谷中，召願從者與期日，率常得數十百人已上，與俱行。至是，州縣督責耆保，有伐鼓者輒捕送，盜販者稍稍畏縮。朝廷以挺爲能，留之江西，積數年乃徙。久之，江西鹽皆團綱運致如虔州焉。

初，荊湖亦病鹽惡，且歲漕常不足，治平二年，纔及二十五萬餘石。三年，撥淮西二十四綱及傭客舟載鹽以往，是歲運及四十萬石。四年，至五十三萬餘石。

慶曆初，判戶部勾院王琪言：「天禧初，嘗以荊湖鹽估高，詔斤減三錢或二錢，自後利入寖損。請復舊估，可歲增緡錢四萬。」許之。治平中，淮南轉運使李復圭、張芻、蘇頌，三司度支判官韓縝，相繼請減淮南鹽價，然卒不果行。

熙寧初，江西鹽課不登，三年，提點刑獄張頡言：「虔州官鹽鹵濕雜惡，輕不及斤，而價至四十七錢。嶺南盜販入虔，以斤半當一斤，純白不雜，賣錢二十，以故虔人盡食嶺南鹽。乃議稍減虔鹽價，更擇壯舟〔八〕，團爲十綱，以使臣部押。後蔡挺以贛江道險，議令鹽船三歲一易，仍以鹽純雜增虧爲綱官、舟人殿最，鹽課遂數，盜販衰止。自挺去，法十廢五六，請復之便。」詔從之。仍定歲運淮鹽十二綱至虔州。及章惇察訪湖南，符本路提點刑獄朱初平措置般運廣鹽，添額出賣，然未及行。元豐三年，惇既參政，有郟亶者，邪險銳進，素爲惇所喜，迎合惇意，推倣湖南之法，乞運廣鹽於江西。卽遣蹇周輔往江西相度。周輔承望惇意，奏言：「虔州運路險遠，淮鹽至者不能多，人苦淡食，廣東鹽不得輒通，盜販公行。淮鹽官以九錢致一斤，若運廣鹽，盡會其費，減淮鹽一錢，而其鹽更善，運路無阻。請罷運淮鹽，通般廣鹽一千萬斤於江西虔州、南安軍，復均淮鹽六百一十六萬斤於洪、吉、筠、袁、撫、臨江、建昌、興國軍，以補舊額。」詔周輔立法以聞。周輔具鹽法并總目條上，大率峻剝於民，民被其害。舊，江西鹽場許民買撲，周輔悉籍於官賣之。遂以周輔遙領提舉江西、廣東鹽事，卽司農寺置局。

四年，周輔改漕河北。明年，提舉常平劉誼言道途洶洶，以賣鹽爲患。詔江東提點刑獄范峋體量，未報，誼坐言役法等事罷。及峋奏至，但以州縣違法塞詔，竟無更張。未幾，周輔奏：「虔州、南安軍推行鹽法方半年，已收息十四萬緡。」自以爲功。詔命發運副使李琮體訪利害，琮知周輔方被獎用，止謂鹽法宜變通而已，不敢斥言其害。六年，周輔爲戶部侍郎，復奏湖南郴、道州隣接韶、連，可以通運廣鹽數百萬，卻均舊賣淮鹽於潭、衡、永、全、邵等州，並準江西、廣東見法，仍舉郟亶初議，郴、全、道三州亦賣廣鹽。詔委提舉常平張士澄、轉運判官陳偲措置。明年，士澄等具條約來上，詔施行之，額利增加，一方騷然。于時淮西亦推行周輔鹽法，發運使蔣之奇奏立知州、通判、鹽事官賞罰，下戶部著爲令。

紹聖三年，發運司言淮南亭戶貧瘠，官賦本錢六十四萬緡，皆倚辦諸路，以故不時至，民無所得錢，必舉倍稱之息。欲以糴本錢十萬緡給之，不足，畀以憑由，卽欲貿於官，與平之七〔九〕，而蠲其息，鹽本集，復給其三分，憑由毀棄。

崇寧元年，蔡京議更鹽法，乃言東南鹽本或闕，滯於客販，請增給度牒及給封樁坊場錢通三十萬緡。并列七條：一、許客用私船運致，仍嚴立輒踰疆至夾帶私鹽之禁；二、鹽場官吏槩量不平或支鹽失倫次者，論以徒；三、鹽商所繇官司、場務、堰牐、津渡等輒加苛留者，如上法；四、禁命吏、廕家、貢士、胥史爲買區請鹽；五、議貸亭戶；六、鹽價太低者議增

之；七、令措置官博盡利害以聞。明年，詔鹽舟力勝錢勿輸，用絕阻遏，且許舟行越次取疾，官綱等舟輒攔阻者坐之。遂變鈔法，置買鈔所於榷貨務。凡以鈔至者，並以末鹽、乳香、茶鈔并東北一分及官告、度牒、雜物等換給。末鹽鈔換易五分，餘以雜物，而舊鈔止許易末鹽、官告。仍以十分率之，止聽算三分，其七分兼新鈔。定民間買鈔之價，以抑豪強，以平邊糴。在河北買者，率百緡毋得下五千，東南末鹽鈔毋得下十千，陝西鹽鈔毋得下五千五百，私減者坐徒徙之罪，官吏留難、文鈔展限等條皆備。

四年，又以算請鹽價輕重不等，載定六路鹽價，舊價二十錢以上皆遞增以十錢，四十五者如舊；算請東南末鹽，願折以金銀、物帛者聽其便。而亭戶貸錢，舊輸息二分者蠲之。五年，詔算請不貼納見錢，以十分率之，毋過二分。大觀元年，乃令算請東南末鹽貼輸及帶舊鈔如見條外，更許帶日前貼輸三分錢鈔，輸四分者帶二分，五分者帶三分。後又貼輸四分者帶三分，五分者帶四分，而東南鹽並收見緡換請新鈔者，如四分五分法貼輸。其換請新鈔及見錢算東南末鹽，如不帶六等舊鈔者，聽先給；如止帶五等舊鈔，其給鹽之敘，在崇寧四年十月前所帶不貼輸舊鈔之上。六等者，謂貼三、貼四、貼五、當十鈔、并河北公據、免貼納錢是也。

時鈔法紛易，公私交弊。四年，侍御史毛注言：「崇寧以來，鹽法頓易元豐舊制，不許諸

路以官船迴載爲轉運司之利，許人任便用鈔請鹽，般載於所指州縣販易，而出賣州縣用爲課額。提舉鹽事司苛責郡縣，以賣鹽多寡爲官吏殿最，一有循職養民不忍侵克，則指爲沮法，必重奏劾譴黜，州縣孰不望風畏威，競爲刻虐？由是東南諸州每縣三等以上戶，俱以物產高下，勒認鹽數之多寡。上戶歲限有至千緡，第三等末戶不下三五十貫，籍爲定數，使依數販易，以足歲額；稍或愆期，鞭撻隨之。一縣歲額有三五萬緡，今用爲常額，實爲害之大者。」

又言：

朝廷自昔謹三路之備，糧儲豐溢，其術非他，惟鈔法流通，上下交信。東南末鹽錢爲河北之備，東北鹽爲河東之備，解池鹽爲陝西之備，其錢並積於京師，隨所積多寡給鈔於三路。如河北糧草鈔至京，並支見錢，號飛錢法；河東三路至京，半支見錢，半支銀、紬、絹；陝西解鹽鈔則支請解鹽，或有泛給鈔，亦以京師錢支給。惟錢積於京師，鈔行於三路，至則給錢，不復滯留。當時商旅皆悅，爭運糧草，入於邊郡。商賈既通，物價亦平，官司上下，無有二價，斗米止百餘錢，束草不過三十，邊境倉廩，所在盈滿。

自崇寧來鈔法屢更，人不敢信，京師無見錢之積，而給鈔數倍於昔年。鈔至京師，無錢可給，遂至鈔直十不得一，邊郡無人入中，糴買不敷，乃以銀絹、見錢品搭文鈔，爲糴買之直。民間中糴，不復會算鈔直，惟計銀絹、見錢，須至高擡糧草之價，以就虛數。致使官價幾倍於民間，斗米有至四百，束草不下百三十餘錢，軍儲不得不闕，財用不得不匱。如解鹽鈔每紙六千，今可直三千，商旅凡入東南末鹽鈔，乃以見錢四分、鹽引六分，榷貨務惟得七十千之入，而東南支鹽，官直百千，則鹽本已暗有所損矣。

臣謂鈔法不循復熙、豐，則物價無由可平，邊儲無由可積，方今大計，無急於此。薛向昔講究於嘉祐中，行之未幾，穀價遽損，邊備有餘，逮及熙、豐，其法始備。比年榷貨務不顧鈔法屢變，有誤邊計，惟冀貼納見錢，專買東南鹽鈔，圖增錢數，以僥冒榮賞。前鈔方行，而後鈔又復變易，特令先次支鹽，則前鈔遂爲廢紙，罔人攘利，商旅怨嗟。臣願明詔執政大臣，精擇能吏，推明鈔法，無以見行爲有妨，無以既往爲不可復，如薛向之法已效於昔者，可舉而行之。

今之練政事、通鈔法，不患無人；在京三庫之積，皆四方郡縣所入，不患無備。如以三四百萬緡樁留京師，隨數以給鈔引，使鈔至給錢，不復邀阻，上下交信，則人以鈔引爲輕齎，轉相貿易。或支請多，惟轉廊就給東南末鹽鈔或度牒之類，如東南末鹽鈔或度牒敕牒唯許以鈔引就給外，餘並令在京以見錢入易，樁留以爲鈔引之資，亦計之

得者。若舊出文鈔，亦當體究立法，量爲分數，支鹽償之。自昔立法之難，非特造始，修復既廢，亦爲非易。欲興經久之利，則目前微害，宜亦可略，惟詳酌可否施行之。

未幾，張商英爲相，乃議變通損益，復熙、豐之舊，令內府錢別樁一千五百萬緡，餘悉移用，以革錢、鈔、物三等偏重之弊。陝西給鈔五百萬緡，江、淮發運司給見錢文據或截兌上供錢三百萬緡。以左司員外郎張察措置東南鹽事，提舉江西常平張根管幹運淮鹽於江西，罷提舉鹽香，諸路鹽事各歸提刑司。議定五等舊鈔，商旅已換請新鈔及見錢鈔不對帶，聽先給東南末鹽諸路貨易。仍下淮、浙鹽場，以鹽十分率之，樁留五分，以待支發官綱，備三路商旅轉廊算請，餘五分以待算請新鈔及見錢鈔與不帶舊鈔當先給者。於是推行舊法，以商旅五色舊鈔，若用換請新鈔對帶，方許支鹽，慮伺候歲月，欲給無由，乃立增納之法。貼三鈔許於榷貨務更貼見緡七分，貼四鈔更貼六分，貼五、當十鈔貼七分，河北見錢文據貼五分算請。

有司議，三路鈔法如熙、豐舊法，全仰東南末鹽爲本，若許將舊鈔貼納算請，正與推行三路熙、豐鈔法相戾；即不令貼納算還，又鈔無所歸。議將河北見錢文據減增納二分，餘各減二分，以告敕、度牒、香藥、雜物、東南鹽算請給償。帝詔：「東南六路元豐年額賣鹽錢，以緡計之，諸路各不下數十萬。自行鈔鹽，漕計窘匱，以江西言之，和、豫買欠民價不少，何

以副仁民愛物之意？」令東南諸路轉運司協力措置般運。

政和元年，詔商旅願依熙、豐法轉廊者，許先次用三路新鈔算請，往他所定價給賣。優存兩浙亭戶額外中鹽，斤增價三分。已而張察均定鹽價，視紹聖斤增二錢，詔從其說，仍斤增一錢。議者謂：「異時鹽商於榷貨務入納轉廊，惟視東南諸郡積鹽多寡，鹽多則請鈔者衆，所入亦倍，其闕鹽地，客不肯往。在元豐時遠地須豫備二年或三年，次遠一年至二年，最近亦半年及一年，謂之準備鹽，而後鈔法乃通。紹聖間遵用舊制，廣有準備，故均價之後，課利增倍。謂宜嚴責轉運司般運準備鹽外，更及元豐準備之數，則鈔法始通，課利且羨。亭戶煎鹽，官爲買納，比舊既增矣，止用元豐舊價自可，況用新價，而有本錢，復加借貸，何慮不增？若斤更增一錢，虛費亦大。」詔施行之。六路通置提舉鹽事官，置司於揚州，未幾罷。

議者復謂：「客人在京榷貨務買東南末鹽者，其法有二：一曰見錢入納，二曰鈔面轉廊。今既許三路文鈔得以轉廊，若更循舊制，許以見錢入納，則客旅之錢，當入於榷貨，而不入於兼并，見錢留於京師，客旅走於東南。」詔采用焉。又有謂：「舊法聽以物貨及官鈔引抵當，所以扶持鈔價，不大減損，昨禁之非是。其舊轉廊鹽鈔，販致東南，轉運司乃專以見錢爲務，致多壅閼。」於是復鈔引抵當，一如其舊。末鹽以十分率之，限以八分給末鈔，二分許

鬻見緡，後又增見緡爲三分。

二年，江寧府、廣德軍、太平州斤更增錢二，宣、歙、饒、信州斤增錢三，池江州、南康軍斤增錢四，各以去產鹽地遠近爲差。是歲，蔡京復用事，大變鹽法。五月，罷官般賣，令商旅赴場請販，已般鹽并封樁。商旅赴榷貨務算請，先至者增支鹽以示勸。前轉廊已算鈔未支者，率百緡別輸見緡三分，仍用新鈔帶給舊鈔三分；已算支者，所在抄數別輸帶賣如上法。其算請悉用見緡，而給鹽倫次，以全用見緡不帶舊鹽者爲上，帶舊鹽者次之，帶舊鈔者又次之。三路糴買文鈔，算給七分東南末鹽者，聽對見緡支算二分，東北鹽亦如之。自餘文鈔，毋得一例對算。復置諸路提舉官。於是詔書褒美京功，然商旅終以法令不信爲疑，算請者少，乃申扇搖之令，增賞錢五百緡。

三年，以商人承前先即諸州投勾，乃請鹽於場，留滯，罷之。若請鹽大帶斤重者，官爲秤驗，乃輸錢給鈔。時法既屢變，蔡京更欲巧籠商賈之利，乃議措置十六條，裁定買官鹽價，囊以三百斤，價以十千，其鬻者聽增損隨時，舊加饒脚耗並罷。客鹽舊止船貯，改依東北鹽用囊，官製鬻之，書印及私造貼補，並如茶籠篰法，仍禁再用。受鹽、支鹽官司，析而二之，受於場者管秤盤囊封，納於倉者管察視引據、合同號簿。囊二十，則以一拆驗合同遞牒給商人外，東南末鹽諸場，仍給鈔引號簿，有欲改指別場者，並批銷號簿及鈔引，仍用合同

遞牒報所指處給隨鹽引，即已支鹽，關所指處籍記。中路改指者倣此。其引繳納，限以一年，有故展毋得踰半年，限竟，鹽未全售者毀引，以見鹽籍于官，止聽鬻其處，毋得翻改。大抵皆視茶法而多爲節目，欺奪民利，故以免究盜販、私煎、大帶斤重爲名，而專用對帶之法。客負鈔請鹽，往往阨不即畀，必對元數再買新鈔，方聽帶給舊鈔之半。慮令之不行也，嚴避免之禁，申沮壞之制，重扇搖之法，季輒比較，務峻督責以取辦。

四年，以遠地商販者稀，鹽倉以地遠近爲敍，先給遠者。繼令大搭帶正鹽，期一月不買新鈔，沒官，而剩鹽卽沒納。五年，僞造引者並依川錢引定罪。六年，以產鹽州軍大商弗肯止留，其用小袋住賣者聽輸錢二十給鈔，毋得輒出州界。

宣和二年，詔六路封樁舊鹽數踰億萬，其聽商旅般販，與淮、浙鹽倉卽今鹽鈔對算。四年，榷貨務建議：「古有斗米斤鹽之說，熙、豐以前，米石不過六七百，時鹽價斤爲錢六七十，今米價石兩千五百至三千，而鹽仍舊六十。崇寧曾定鹽價，買鈔折算，酌以中價，斤爲錢四十，今一斤三十七錢，虧公稍多。欲囊增爲十三千入納，而亭戶所輸並增價，庶克自贍，盜販衰止。」於是舊鹽盡禁住賣，而籍記、貼輸、帶賣之令復用焉。

初，鹽鈔法之行，積鹽于解池，積錢于京師榷貨務，積鈔于陝西沿邊諸郡，商賈以物斛至邊入中，請鈔以歸。物斛至邊有數倍之息，惟患無回貨，故極利於得鈔，徑請鹽於解池，

而解鹽通行地甚寬；或請錢于京師，每鈔六千二百，登時給與，但輸頭子等錢數十而已。以此所由州縣，貿易者甚衆。崇寧間，蔡京始變法，俾商人先輸錢請鈔，赴產鹽郡授鹽，欲囊括四方之錢，盡入中都，以進羨要寵，鈔法遂廢，商賈不通，邊儲失備；東南鹽禁加密，犯法被罪者多，民間食鹽，雜以灰土，解池天產美利，乃與糞壤俱積矣。大概常使見行之法售給才通，輒復變易，名對帶法，季年又變對帶爲循環。循環者，已賣鈔，未授鹽，復更鈔；已更鈔，鹽未給，復貼輸錢，凡三輸錢，始獲一直之貨。民無貲更鈔，已輸錢悉乾沒，數十萬券一夕廢棄，朝爲豪商，夕儕流丐，有赴水投繯而死者。

時有魏伯芻者，本省大胥〔10〕，蔡京委信之，專主榷貨務。政和六年，鹽課通及四千萬緡，官吏皆進秩。七年，又以課羨第賞。伯芻年除歲遷，積官通議大夫、徽猷閣待制，既而黨附王黼，京惡而黜之。伯芻非有心計，但與交引戶關通，凡商旅算請，率尅留十分之四以充入納之數，務入納數多，以昧人主而張虛最。初，政和再更鹽法，伯芻方爲蔡京所倚信，建言：「朝廷所以開闔利柄，馳走商賈，不煩號令，億萬之錢輻湊而至，御府須索，百司支費，歲用之外沛然有餘，則榷鹽之入可謂厚矣。頃年，鹽法未有一定之制，隨時變革以便公私，防閑未定，姦弊百出。自政和立法之後，頓絕弊源，公私兼利。異時一日所收不過二萬緡，則已詫其太多，今日之納乃常及四五萬貫。以歲計之，有一郡而客鈔錢及五十餘萬貫者，

處州是也；有一州倉而客人請鹽及四十萬袋者，泰州是也。新法於今纔二年，而所收已及四千萬貫，雖傳記所載貫朽錢流者，實未足爲今日道也。伏乞以通收四千萬貫之數，宣付史館，以示富國裕民之政。」小人得時騁志，無所顧忌，遂至於此。

于時御府用度日廣，課入欲豐，再申歲較季比之令，在職而暫取告，其月日皆毋得計折，害法者不以官廕並處極坐，微至於鹽袋鯗鹽，莫不有禁，州縣惟務歲增課以避罪法，上下程督加厲。七年，乃詔：「昨改鹽法，立賞至重，抑配者多，計口數及嬰孩，廣數下逮駝畜，使良民受弊，比屋愁嘆。悉從初令，以利百姓。三省其申嚴近制，改奉新鈔。」然有司不能承守，故比較已罷而復用，抄箚既免而復行，鹽囊既增而復止，一囊之價裁爲十一千，既又復爲十三千，民力因以擾匱，而盜賊滋焉。

靖康元年，詔未降新鈔前已給見錢公據文鈔，並給還商賈，以示大信。時鹽盡給新鈔，亦用帶賣舊鹽立限之法。言者論：「王黼當國，循用蔡京弊法，改行新鈔，舊鹽貼錢對帶，方許出賣，初限兩月，再限一月。是時黼方用事，專務害民，剝下益上，改易鈔法，甚於盜賊。然今不改覆車之轍，又促限止半月，反不及王黼之時，商賈豈得不怨？」詔申限焉。

南渡，淮、浙亭戶，官給本錢。諸州置倉，令商人買鈔，五十斤爲石，六石爲袋，輸鈔錢

十八千。紹興元年，詔臨安府、秀州亭戶二稅，依皇祐法輸鹽，立監官不察亭戶私煎及巡捕漏泄之法。二年九月，詔淮、浙鹽令商人袋貼輸通貨錢三千，已算請而未售者亦如之，十日不自陳，如私鹽律。時呂頤浩用提轄張純議〔三〕，峻更鹽法。十有一月，詔淮、浙鹽以十分爲率，四分支今降旨符以後文鈔〔三〕，四分支建炎渡江以後文鈔。先是呂頤浩以對帶法不可用，令商人貼輸錢，至是復以分數如對帶法，於是始加嚴酷矣。三年，減民間蠶鹽錢。四年正月，詔淮、浙鹽鈔錢每袋增貼輸錢三貫，並計綱輸行在，尋命廣鹽亦如之。九月，以入輸遲細，減所添錢。然自建炎三年改鈔法，及今所改，凡五變，而建炎舊鈔支尚未絕，乃命以先後併支焉。

孝宗乾道六年，戶部侍郎葉衡奏：「今日財賦，鬻海之利居其半，年來課入不增，商賈不行，皆私販害之也。且以淮東、二浙鹽出入之數言之，淮東鹽竈四百一十二所，歲額鹽二百六十八萬三千餘石，去年兩務場賣淮鹽六十七萬二千三百餘袋，收錢二千一百九十六萬三千餘貫；二浙課額一百九十七萬餘石，去年兩務場賣浙鹽二十萬二千餘袋，收錢五百一萬二千餘貫，而鹽竈乃計二千四百餘所。以鹽額論之，淮東之數多於二浙五之一，以去歲賣鹽錢數論之，淮東多於二浙三之二，及以竈之多寡論之，兩浙反多淮東四之三，蓋二浙無非私販故也。欲望遣官分路措置。」

淳熙八年，詔住賣帶賣積鹽，以朝廷徒有帶賣之名，總所未免有借撥之弊故也。十年，先是湖北鹽商吳傳言：「國家鬻海之利，以三分爲率，淮東居其二。通、泰、楚隸買鹽場十六，催煎場十二，竈四百十二。紹興初，竈煎鹽多止十一籌，籌爲鹽一百斤；淳熙初，亭戶得嘗試鹵水之法，竈煎至二十五籌至三十籌，增舊額之半。緣此，鹽場買亭戶鹽，籌增稱鹽二十斤至三十斤爲浮鹽。日買鹽一萬餘籌，其浮鹽止以二十斤爲則，有二十萬斤，爲二千籌，籌爲錢一貫八百三十文，內除船脚錢二百文，有一貫六百三十文。其鹽並再中入官，爲鈔錢四百五十一萬七千五百餘緡。又綱取鹽一袋幷諸窠名等，及賣又多稱斤兩，亭戶饑寒，不免私賣。若朝廷嚴究，還其本錢，而後可以盡革私賣之弊。」至是，詔還通、泰等州諸鹽場欠亭戶鹽本錢一百一十萬貫。

寧宗慶元初，詔罷循環鹽鈔，改增剩鈔名爲正支文鈔給算，與已投倉者通理先後支散。以淮東提舉陳損之言循環鈔多弊，故有是命，於是富商巨賈有頓爲貧民者矣。開禧二年，詔自今新鈔一袋，搭支舊鈔一袋，如新鈔多於舊鈔，或願全以新鈔支鹽，及無舊鈔而願全買新鈔者聽，以新鈔理資次。嘉定二年，詔淮東貼輸鹽錢免二分交子，止用錢會中半。三年詔：「停塌鈔引之家〔三〕，增長舊鈔價直，袋賣官會百貫以上。自今令到日，鹽鈔官錢袋增收會子二十貫，三務場朱印於鈔面，作『某年某月新鈔』，俟通賣及一百萬袋，卽免增收。其日

前已未支鹽鈔並爲舊鈔，期以一年持赴倉場支鹽，袋貼輸官會一十貫，出限更不行用。」此淮、浙鹽之大略也。

唐乾元初，第五琦爲鹽鐵使，變鹽法，劉晏代之，當時舉天下鹽利，歲纔四十萬緡。至大曆，增至六百餘萬緡，天下之賦，鹽利居半。元祐間，淮鹽與解池等歲四百萬緡，比唐舉天下之賦已三分之二。紹興末年以來，泰州海陵一監〔四〕，支鹽三十餘萬席，爲錢六七百萬緡，則是一州之數，過唐舉天下之數矣。

寶慶二年，監察御史趙至道言：「夫產鹽固藉於鹽戶，鬻鹽實賴於鹽商，故鹽戶所當存恤，鹽商所當優潤。慶元之初，歲爲錢九百九十萬八千有奇，寶慶元年，止七百四十九萬九千有奇，乃知鹽課之虧，實鹽商之無所贏利。爲今之計，莫若寬商旅，減征稅，庶幾慶元鹽課之盛，復見於今日矣。」從之。紹定元年，以侍御史李知孝言，罷上虞、餘姚海塗地創立鹽竈。端平二年，都省言：「淮、浙歲額鹽九十七萬四千餘袋，近二三年積虧一百餘萬袋，民食貴鹽，公私俱病。」有旨，三路提舉茶鹽司各置主管文字一員，專以興復鹽額、收買散鹽爲務，歲終尚書省課其殿最。淳祐元年，臣僚奏：「南渡立國，專仰鹽鈔，紹興、淳熙，率享其利。嘉定以來，二三十年之間，鈔法或行或罷，而浮鹽之說牢不可破，其害有不可勝言者。望付有司集議，孰爲可行，孰爲可罷，天地之藏與官民共之，豈不甚盛？」從之。五年，申嚴私販苛征

中華書局

之禁。

寶祐元年，都省言：「行在榷貨務都茶場上本務場淳祐十二年收趁到茶鹽等錢一萬一千八百一十五萬六千八百三十三貫有奇〔一五〕，比今新額四千萬貫增一倍以上，合視淳祐九年、十年、十一年例倍賞之，以勸其後。」有旨依所上推賞。四年五月，以行在務場比新額增九千一百七十三萬五千九百一十二貫有奇，本務場并三省、戶部、太府寺、交引庫，凡通管三務場職事之人，視例推賞，後以爲常。十有二月，殿中侍御史朱熠言：「近者課額頓虧，日甚一日，姑以眞州分司言之，見虧二千餘萬，皆由臺閫及諸軍帥興販規利之由。」於是復申嚴私販之禁。

五年，朱熠復言：「鹽之爲利博矣。以蜀、廣、浙數路言之，皆不及淮鹽額之半。蓋以斥鹵瀰望，可以供煎烹，蘆葦阜繁，可以備燔燎。故環海之湄，有亭戶，有鍋戶，有正鹽，有浮鹽。正鹽出於亭戶，歸之公上者也；浮鹽出於鍋戶，鬻之商販者也，正鹽居其四，浮鹽居其一。端平之初，朝廷不欲使浮鹽之利散而歸之於下，於是分置十局，以收買浮鹽，以歲額計之，二千七百九十三萬斤。十數年來，鈔法屢更，公私俱困，眞、揚、通、泰四州六十五萬袋之正鹽，視昔猶不及額，尙何暇爲浮鹽計耶？是以貪墨無恥之士大夫，知朝廷住買浮鹽，龍斷而籠其利；梟梟竈戶，列處沙洲，日藉銖兩之鹽，以延旦夕之命，今商賈既不得私販，朝

廷又不與收買，則是絕其衣食之源矣。爲今之計，莫若遵端平之舊式，收鍋戶之浮鹽。所給鹽本，當過於正鹽之價，則人皆與官爲市，卻以此鹽售於上江，所得鹽息，徑輸朝廷，一則可以絕戎閫爭利之風，二則可以續鍋戶烹煎之利。」有旨從之。

校勘記

〔一〕水勢稍淡 「淡」原作「淺」。按長編卷二三〇熙寧五年二月戊辰條注作「水勢稍淡」，姚寬西溪叢語卷上同。從下文文義言，作「淡」是，據改。

〔二〕宣和元年 「年」原作「州」。據延祐四明志卷二職官考、宋會要職官六〇之二五，宣和元年時樓异知明州。是「州」字實係「年」字之誤，據改。

〔三〕利豐監 「利豐」二字原倒，據本書卷八八地理志、寰宇記卷一三〇乙正。

〔四〕可得緡錢三千萬 「三千萬」原作「三十萬」，和上文一石約售錢二千之數不合，據長編卷一一三改。

〔五〕入中陝西河東者 「陝西」原作「陝東」，據長編卷一六八改。

〔六〕鹽百八斤舊售錢十萬 長編卷一六八、編年綱目卷一四均作：「鹽八百斤舊售錢十萬，至是止六萬。」

〔七〕而虔州官糶鹽 「虔」字原脫，據長編卷一九六、通考卷一六征榷考補。

〔八〕更擇壯舟 長編卷二一三作「更擇北舟」。

〔九〕與平之七 按宋會要食貨二四之三一，此句作「則據遞由與十之七」。此處「平」似應作「十」。

〔一〇〕本省大胥 按通考卷一六征榷考作「本三省大胥也」，疑此處脫「三」字。

〔一一〕用提轄張純議 「議」原作「儀」，據繫年要錄卷五八、中興聖政卷一二改。

〔一二〕四分支今降旨符以後文鈔 按繫年要錄卷六〇、中興聖政卷一二，此句下有「二分支今年九月甲申以後文鈔」之文。

〔一三〕停塌鈔引之家 「塌」字原脫，據宋會要食貨二八之五一補。

〔一四〕泰州海陵一監 「海陵」原作「海寧」，據上文和本書卷八八地理志改。

〔一五〕茶鹽等錢一萬一千八百一十五萬六千八百三十三貫有奇 「一萬一千」原作「一十一千」，據續通考卷一九征榷考改。

二十四史 中華書局

宋史卷一百八十三

志第一百三十六

食貨下五

鹽下　茶上

其在福建曰福州長清場，歲鬻十萬三百石，以給本路。天聖以來，福漳泉州、興化軍皆鬻鹽，歲視舊額增四萬八千九百八石。

熙寧十年，有廖恩者起爲盜，聚黨掠州郡。恩既平，御史中丞鄧潤甫言：「閩越山林險阻，連亘數千里，無賴姦民比他路爲多，大抵盜販鹽耳。恩平，遂不爲備，安知無躡恩之跡而起者？」乃詔福建路蹇周輔度利害，周輔言：「建劍汀州、邵武軍官賣鹽價苦高，漳泉福州、興化軍鬻鹽價賤，故盜多販賣於鹽貴之地。異時建州嘗計民產賦錢買鹽，而民憚求

有司，徒出錢或不得鹽。今請罷去，頗減建、劍、汀、邵武鹽價，募上戶爲鋪戶，官給券，定月所賣，從官場買之，如是則民易得鹽，盜販不能規厚利。又稍興復舊倉，選吏增兵。立法：若盜販、知情囊橐之者，不以赦原；三犯，杖、編管鄰州；已編管復犯者，杖、配犯處本城。」皆行之，歲增賣二十三萬餘斤，而鹽官數外售者不預焉。

元豐二年，提舉鹽事賈青請自諸州改法酌三年之中數立額。又請捕盜官獲私鹽多者，論賞不限常法。三年，青上所部賣鹽官吏歲課，比舊額增羨。詔曰：「周輔承命創法，青相繼奉行，期年有成，課增盜止，東南賴之。」時周輔已擢三司副使，監司已次被賞者凡二十人。

哲宗即位，御史中丞黃履奏福建多以鹽抑民，詔：「去歲先帝已立分遣御史、郎官察舉監司之法，福建遣御史黃降，江西遣御史陳次升按之。」繼又以命吏部郎中張汝賢併察舉周輔所立鹽法。降言：「福州緣王氏之舊，每產錢一當餘州之十，其科納以此爲率，餘隨均定，鹽額亦當五倍，而實減半焉。咋王子京奏立產鹽法，失於詳究，遂概以額增，多寡之間，遼遠絕殊，遠民久無以伸。」詔付汝賢。明年，按察司盡以所察事狀聞，於是福建轉運副使賈青、王子京皆坐掊克，謫監湖南鹽酒稅；刑部侍郎蹇周輔坐議江西鹽法，掊克誕謾，削職知和州；郟亶坐倡議運廣鹽江西，張士澄坐附會推行周輔之法，肆志抑擾，並黜官；閩清縣

尹徐壽獨用鹽法初行，能守官不撓，民以故不多受課，言於朝加賞焉。汝賢請定福建產賣鹽額，詔從其請；凡抑民爲鹽戶及願退不爲行者，以徒一年坐之，提舉鹽事官知而不舉，論如其罪。

已而殿中侍御史呂陶奏：「朝廷以福建、江西、湖南等路鹽法之弊，流毒生靈，遣使按視，譴黜聚斂之吏，以慰困窮之民，天下皆知公議之不可廢也。然湖南、江西運賣廣鹽添額之害，京東、河北榷鹽，皆章惇所倡，願付有司根治其罪，使賊民罔上之臣，少知所畏。」監察御史孫升繼言：「江西、湖南鹽法之害，兩路之民，殘虐塗炭，甚於兵火，獨提舉官劉誼乃能上言極其利害，誼坐奪官勒停。」詔復誼官，起守韶州。

崇寧以後，蔡京用事，鹽法屢變，獨福建鹽於政和初斤增錢七，用熙寧法聽商人轉廊算請，依六路所算末鹽錢每百千留十之一，輸請鹽處爲鹽本錢。

建炎間，淮、浙之商不通，而閩、廣之鈔法行；未幾，淮、浙之商既通，而閩、廣之鈔法遂罷。舊法，閩之上四州建、劍、汀、邵行官賣鹽法，閩之下四州福、泉、漳、化行產鹽法。隨稅輸鹽也。官賣之法既革，產鹽之法亦弊，鈔法一行，弊若可革，而民俗又有不便。故當時轉運、提舉司請上四州依上法，下四州且令從舊。及鈔法既罷，歲令漕司認鈔錢二十萬緡輸行在所榷貨務，自後或減或增，卒爲二十二萬緡。

二十七年[一]，常平提舉張汝楫復申明鈔法，上以問宰執。陳誠之奏曰：「建、劍山溪之險，細民冒法私販，雖官賣鹽猶不能革，若使民自賣，其能免私販乎？私販既多，鈔額必虧。」上曰：「中間嘗用鈔法，未幾復罷，若可行，祖宗已行之矣。大抵法貴從俗，不然不可經久。」淳熙五年，詔泰寧、尤溪兩縣計產買鹽之令，更不施行。

八年[二]，福建市舶陳峴言：「福建自元豐二年轉運使王子京建運鹽之法，不免有侵盜科擾之弊，且天下州縣皆行鈔法，獨福建膺運鹽之害。紹興初，趙不已嘗措置鈔法，而終不可行者，蓋漕司則藉鹽綱爲增鹽錢，州縣則藉鹽綱以爲歲計，官員則有賣鹽食錢、縻費錢，胥吏則有發遣交納常例錢，公私齟齬，無怪乎不可行也。鈔法未成倫序，而綱運遽罷，百姓率無食鹽，故漕運乘此以爲不便，請抱引錢而罷鈔法。鈔法罷而綱運興，官價高，私價賤，民多食私鹽而官不售，科抑之弊生矣。」於是詔峴措置。峴請從榷貨務自五千斤至百斤[三]，分爲五等，造大小鈔給買，仍預措置賣鈔，先以本錢界三倉買鹽，以備商旅請買。九年正月，以福建鹽自來運賣，近爲鈔法數擾害民，於是詔福建轉運司，諸州鹽綱依舊官般官賣。三月，詔轉運傅自得、楊由義廉察官賣鹽未便者，措置以聞。

淳熙十三年，四川安撫制置趙汝愚言：「汀州民貧，而官鹽抑配視他州尤甚，乞以汀州爲客鈔。」事下提舉應孟明及汀州守臣議，孟明等言：「上四州軍有去產鹽之地甚遠者，官不

賣鹽則私禁不嚴，民食私鹽則客鈔不售，既無翻鈔之地則客賣銷折，所以鈔法屢行而屢罷。四川闊遠，猶不可翻鈔，汀州將何所往？故鈔法雖良，不可行於汀州，惟裁減本州幷諸縣合輸內錢，而嚴科鹽之禁，庶幾汀民有瘳矣。」復下轉運趙彥操等措置裁減，以歲運二百萬四千斤會之，總減三萬九千三十八緡有奇，又免其分隸諸司，則汀州六邑歲減於民者三萬九千緡有奇，減於官者一萬緡有奇，所補州用又在外。蓋上四州財賦絕少，所恃者官賣鹽耳。

又瀕海諸郡計產輸錢，官給之鹽以供食，其後遂爲常賦，而民不復請鹽矣，此又下四州產鹽之弊也。寧宗嘉定六年，臣僚嘗極言之，於是下轉運司，將福之下四州軍凡二十文產以下合輸鹽五斤之家盡免，其析戶產錢僅及二十文者不輸鹽錢。

寶慶二年，監察御史梁成大言：「福建州縣半係瀕海產鹽之地，利權專屬漕臣，乃其職也。鹽產於福州、興化，而運於劍、建、汀、邵，四郡二十二縣之民食焉。福建提舉司主常平茶事而鹽不預，漕司與認淨鏹以助用，近來越職營利，多取綱運，分委屬縣。縣邑既爲漕司措辦鹽課，今又增提舉司之額，其勢必盡敷於民，殆甚於青苗之害。望將運鹽盡歸漕司，提舉司不得越職，庶幾事權歸一，民瘼少蘇矣。」從之。

景定元年九月，明堂赦曰：「福建上四州縣倚鹽爲課，其間有招趁失時，月解拖欠，其欠

在寶祐五年以前者，並與除放，倘敢違法計口科抑者，監司按劾以聞。」三年，臣僚言：「福建上四州山多田少，稅賦不足，州縣上供等錢銀、官吏宗子官兵支遣，悉取辦於賣鹽，轉運司雖拘榷鹽綱，實不自賣。近年創例自運鹽兩綱，後或歲運十綱至二十綱，與上四州縣所運歲額相妨，而綱吏搭帶之數不預焉。州縣被其攙奪，發泄不行，上供常賦，無從趁辦，不免敷及民戶，其害有不可勝言者。」有旨：「福建轉運司視自來鹽法，毋致違戾；建寧府、南劍州、汀州、邵武軍依此施行。」

廣州東莞靜康等十三場，歲鬻二萬四千餘石，以給本路及西路之昭桂州、江南之南安軍。廉州白石、石康二場，歲鬻三萬石，以給本州及容、白、欽、化、蒙、龔、藤、象、宜、柳、邕、潯、貴、賓、梧、橫、南儀、鬱林州。又高、竇、春、雷、融、瓊、崖、儋、萬安州各鬻以給本州，無定額。天聖以後，東、西海場十三皆領於廣州，歲鬻五十一萬三千六百八十六石，以給東、西二路。而瓊、崖諸州，其地荒阻，賣鹽不售，類抑配衙前。前後官此者，或擅增鹽數，煎鹽戶力不給，有破產者。元豐三年，朱初平奏瓊鹽之不售者，又約所賣數定爲煎額，以惠遠民。久之，廣西漕司奏民戶逋鹽稅，其縣令監官雖已代，並住奉勒催，須足乃罷。而廣東漕臣復奏嶺外依六路法，以逐州管幹官爲鹽官，提點刑獄兼提舉鹽事，考較賞罰如之。

瓊、崖等州復請賦鹽於民，斤重視其戶等，而民滋困矣。

南渡，二廣之鹽皆屬於漕司，量諸州歲用而給之鹽。然廣東俗富，猶可通商；廣西地廣莫而彫瘁，食鹽有限，商賈難行。自東廣而出，乘大水無灘磧，其勢甚易；自西廣而出，水小多灘磧，其勢甚難。建炎末鬻鈔，未幾復止，然官般、客鈔，亦屢有更革，東、西兩漕，屢有分合。

紹興元年三月，南恩州陽江縣土生鹹，募民墾之，置竈六十七，產鹽七十萬八千四百斤，收息錢三萬餘緡。十有二月，復置廣西茶鹽司。八年，詔廣西鹽歲以十分爲率，二分令欽、廉、雷、化、高五州官賣，餘八分行鈔法。尋又詔廣東鹽九分行鈔法，一分產鹽州縣出賣。廣南去中州絕遠，土曠民貧，賦入不給，故漕司鬻鹽，以其息什四爲州用，可以粗給，而民無加賦。昭州歲收買鹽錢三萬六千緡，以七千緡代潯、貴州上供赴經略司買馬，餘爲州用。及罷官賣，遂科七千緡於民戶，謂之縻費錢焉。九年，罷廣東官賣，行客鈔法，以其錢助鄂兵之費。

孝宗乾道四年，罷鹽鈔，令廣西漕司自認漕錢二十萬。且廣西之鹽乃漕司出賣，自乾道元年因曾連請併歸廣東，於是度支唐瑑言：「廣西鹽引錢欠幾八千萬緡〔四〕，緣向來二廣鹽事分東西兩司，而西路鹽常爲東路所侵，昔廣西自作一司，故鹽課不至於虧減〔五〕，

今既罷西司併入東路，則廣東之鹽無復禁止，廣西坐失一路所入。」故有是命。既而宰執進蔣芾之奏：「鹽利舊屬漕司，給諸州歲計〔六〕，自賣鈔鹽之後，漕司遂以苗米高價折錢。今朝廷更不降鹽鈔，只令漕司認發歲額〔七〕，則漕司自獲鹽息，折米招糴之弊皆去矣。」九年，詔廣州復行官般官賣法。

淳熙三年，詔廣西轉運司歲收官鹽息錢三分撥諸州，七分充漕計，從經略張栻請也。栻去而漕臣趙公澥增鹽直斤百錢爲百六十，欽州歲賣鹽千斛而五增之。六年，侍御史江溥以爲言，上黜公澥，詔閩、廣賣鹽自有舊額定直，自今毋得擅增。

九年，詔遣浙西撫幹胡庭直訪求利害，與帥、漕、提舉詳議以聞。使還，尋以庭直提舉廣東同措置廣西鹽事。十年〔八〕，詔曰：「廣南在數千里外，疾痛艱於上聞，朕憫之尤切。蓋鹽者，民資以食，向也官利其贏，轉而自鬻，久爲民疾。朕爲之更令，俾通販而杜官鬻，民固以爲利矣；然利於民者官不便焉，必胥動以浮言，且朕知恤民而已，浮言奚恤？矧置監司、守令以爲民，朕有美意，弗廣其推，顧撓而壞之，可乎？自今如或有此，必寘之法。」於是命詹儀之知靜江府，併廣東、西鹽事爲一司，其兩路賣鹽，歲以十六萬五千籮爲額。儀之等言：「兩路鹽且以十萬籮爲額〔九〕，俟三數年，視其增虧，乃增其額。所有客鈔東西路通貨錢與免，以便商販。」

十六年，經略廳孟明言：「廣中自行鈔法，五六年間，州縣率以鈔抑售於民，其害有甚於官般。」詔孟明、朱晞顏與提舉廣南鹽事王光祖從長措置經久利便，毋致再有科抑之弊。寶慶元年，以廣州安撫司水軍大爲興販，罷其統領尹椿、統轄黃受，各降一官。

鬻鹻爲鹽，曰并州永利監，歲鬻十二萬五千餘石，以給本州及忻、代、石、嵐、憲、遼、澤、潞、麟、府州，威勝、岢嵐、火山、平定、寧化、保德軍，許商人販鬻，不得出境。仁宗時，分永利東、西兩監，東隸并州，西隸汾州。籍州民之有鹻土者爲鐺戶，戶歲輸鹽於官，謂之課鹽，餘則官以錢售之，謂之中賣。鹽法亦與海鹽同，歲鬻視舊額減三千四百三十七石。河東唯晉、絳、慈、隰食池鹽，餘皆食永利鹽。其入官，斤爲八錢或六錢，出爲錢三十六，歲課緡錢十八萬九千有奇。

自咸平以來，聽商人輦鹽過河西麟府州、濁輪砦貿易，官爲下其價予之。後積鹽益多，康定初，罷東監鬻鹽三年。皇祐中，又榷麟西監鬻鹽，俟鹽少復故。時議者請募商人入芻粟麟府州、火山軍，予券償以鹽，從之。既而芻粟虛估高，券直千錢，爲鹽商所抑，纔售錢四百有餘，而出官鹽五十斤，蠹耗縣官。或請罷入芻粟，第令入實錢，轉運司議以爲非便而止。大抵鹻土或厚或薄，薄則利微，鐺戶破產不能足其課。至和初，韓琦請戶滿三歲，地利

盡，得自言，摘他戶代之。明年，又詔鐺戶輸歲課以分數爲率，蠲復有差，遇水災，又聽摘他戶代役，百姓便之。河北、陝西亦有鬻鹻爲鹽者，然其利薄。明道初，嘗詔廢河中府、慶成軍鹻場，禁民鬻鹽以侵池鹽之利。

熙寧八年，三司使章惇言：「兩監舊額歲課二十五萬餘緡，自許商人並邊入中糧草〔一〇〕，歲增饒給鈔支鹽，商人得鈔千錢，售價半之，縣官陰有所亡，坐賈獲利不貲。又私鹽不禁，歲課日減，今纔十萬四千餘緡，若計糧草虛估，官纔得實錢五萬餘緡，視舊虧十之八。請如解鹽例，募商人入錢請買，或官自運，鬻於本路，重私販之禁，歲課且大增，並邊市糧草，一用見錢。」詔如所奏，官自運鬻於本路。

元豐元年，三司戶部副使陳安石言：「永利東、西監鹽，請如慶曆前商人輸錢於麟、府、豐、代、嵐、憲、忻、岢嵐、寧化、保德、火山等州軍，本州軍給券於東、西監請鹽，以除加饒折糴之弊。仍令商人自占所賣地，即鹽已運至場務者，商人買之加運費。如是則官鹽價平而商販通。」遂行其說，用安石爲河東都轉運使。安石請犯西北青白鹽者，以皇祐敕論罪，首從皆編配；又青白入河東，犯者罪至流，所歷官司不察者罪之。四年，安石自言治鹽歲有羨餘，及增收忻州鹻地鐺戶，馬城池鹽課，詔安石遷官，賞其屬。

元祐元年，右司諫蘇轍言：「異時河東除食解鹽，餘仰東、西永利鹽，未嘗闕。元豐三年後，前宰相蔡確，兄礪等始議創增河東忻州馬城池鹽，夾硝味苦，民不願買。乞下轉運司，苟無妨闕，即止勿收。」詔從之。

四年，陳安石坐爲河東轉運使附會時論，興置鹽井，害及一路，降知鄭州。先是，熙寧中，議收熙河蕃部包順鹽井，或以爲非宜，王安石謂邊將苟自以情得之，何害？議者不能奪焉。

六年，詔代州賣鹽年額酌以中數，以八十五萬斤爲額，部內多少均裁之。紹聖元年，河東復行官賣法。崇寧三年，以河東三路鈔無定估，本路尤賤，害於糴買，罷給三路鈔，止給見錢鈔，他如河北新降鈔法。四年，詔河東永利兩監土鹽仍官收，見緡鬻之，聽商人入納算請，定往河東州軍，罷客販東北鹽入河東者。

鬻井爲鹽，曰益、梓、夔、利，凡四路。益州路一監九十八井，歲鬻八萬四千五百二十二石；梓州路二監三百八十五井，十四萬一千七百八十石；夔州路三監二十井，八萬四千八百八十石；利州路一百二十九井，一萬二千二百石；各以給本路。大爲監，小爲井，監則官掌，井則土民幹鬻，如其數輸課，聽往旁境販賣，唯不得出川峽。初，川峽承舊制，官自鬻鹽。開寶七年，詔斤減十錢，令幹鬻者有羨利但輸十之九。

太平興國二年〔一一〕，右拾遺郭泌上言：「劍南諸州官糶鹽，斤爲錢七十。鹽井浚深，鬻鹽極苦，樵薪益貴，輦之甚艱，加之風水之虞，或至漂喪；豪民黠吏，相與爲姦，賤市於官，貴糶於民，至有斤獲錢數百，官虧歲額，民食貴鹽。望稍增舊價爲百五十文，則豪猾無以規利，民有以給食。」從之。有司言：「昌州歲收虛額鹽萬八千五百餘斤，乃開寶中知州李佩掊斂以希課最，廢諸井薪錢，歲額外課部民鬻鹽，民不習其事，甚以爲苦，至破產不能償其數，多流入他部，而積年之征不可免。」詔悉除之，其舊額二萬七千六十斤如故。端拱元年七月，西川食鹽不足，許商販階、文州青白鹽，峽路井鹽，永康軍崖鹽；勿收算。

川峽諸州自李順叛後，增屯兵，乃募人入粟，以鹽償之。景德二年，權三司使丁謂言：「川峽糧儲充足，請以鹽易絲帛。」詔諸州軍食及二年、近溪洞州三年者，從其請。大中祥符元年，詔瀘州南井竈戶遇正、至、寒食各給假三日，所收日額，仍與除放。三年，減瀘州淯井監課鹽三之一。

仁宗時，成都、梓、夔三路六監與宋初同，而成都增井三十九，歲課減五萬六千五百九十七石；梓州路增井二十八，歲課減十一萬一十九石；利州路井增十四，歲課減四百九十二石三斗有奇；夔州路井增十五，歲課減三千一百八十四石。各以給一路，夔州則井給諸

中華書局

鬻，計所入鹽直，歲輸緡錢五分，銀、紬絹五分。又募人入錢貨諸州，即產鹽厚處取鹽，而施、黔並邊諸州，幷募人入米。

康定元年，淮南提點刑獄郭維言：「川峽素不產銀，而募人以銀易鹽，又鹽酒場主者亦以銀折歲課，故販者趨京師及陝西市銀以歸，而官得銀復輦置京師，公私勞費。請聽入銀京師榷貨務或陝西並邊州軍，給券受鹽於川峽，或以折鹽酒歲課，願入錢，二千當銀一兩。」詔行之。既而入銀陝西者少，議鹽百斤加二十斤予之，幷募入中鳳翔、永興。會西方用兵，軍食不足，又詔入芻粟並邊，俟有備而止。芻粟虛估高，鹽直賤，商賈利之，西方既無事，猶入中如故。夔州轉運使蔣貴以爲入中十餘年，虛費夔鹽計直二十餘萬緡，今陝西用池鹽之利，軍儲有備，請如初。詔許之。

先是，益、利鹽入最薄，故幷食大寧監、解池鹽，商賈轉販給之。慶曆中，令商人入錢貨益州以射大寧監鹽者，萬斤增小錢千緡，小錢十當大錢一。販者滋少，蜀中鹽踊貴，斤爲小錢二千二百，知益州文彥博以爲言，詔皆復故。

四路鹽課，縣官之所仰給，然井源或發或微，而積課如舊，任事者多務增課爲功，往往貽患後人。時方切於除民疾苦，尤以遠人爲意，有司上言，輒爲蠲減。初，鹽課聽以五分折銀、紬、絹，鹽一斤計錢二十至三十，銀一兩、紬絹一匹折錢六百至一千二百，後詔以課利折

金帛者從時估。荊湖之歸、峽二州，州二井，歲課二千八百二十石，亦各以給本州。

熙寧中，蜀鹽私販者衆，禁不能止。欲盡實私井，運解鹽以足之，議未決。神宗以問修起居注沈括，對曰：「私井既容其撲買，則不得無私易，一切實之而運解鹽，使一出於官售，此亦省刑罰籠遺利之一端；然忠、萬、戎、瀘間夷界小井尤多，止之實難，若列候加警，恐所得不酬所費。」議遂寢。九年，劉佐入蜀經度茶事，嘗歲運解鹽十萬席。侍御史周尹奏：「成都府路素仰東川產鹽，昨轉運司商度賣陵井場，遂止東鹽及閉卓筒井，失業者衆，言利之臣，復運解鹽，道險續運甚艱；成都鹽踊貴，東川鹽賤，驅民冒法。乞東鹽仍入成都，勿閉卓筒井，罷官運解鹽。」詔商販仍舊，賣解鹽依客商例，禁抑配於民。未幾，官運解鹽竟罷。

元祐元年，詔委成都提點刑獄郭槩體量鹽事。右司諫蘇轍劾槩觀望阿附，奏不以實，且言：「四川數州賣邛州蒲江井官鹽，斤爲錢百二十，近歲鹹泉減耗，多雜沙土，而梓、夔路客鹽及民間販小井白鹽，價止七八十，官司遂至抑配，槩不念民朝夕食此貴鹽。」詔遂罷槩，令黃廉體量以聞。上封事者言：「有司於稅課外，歲令井輸五十緡，謂之官溪錢。」詔付廉悉蠲之。詔自今溪有鹽井輸課利鹽稅外，毋得更增以租。

崇寧二年，川峽利、洋、興、劍、蓬、閬、巴、綿、漢、興元府等州，並通行東北鹽。四年，

梓、遂、夔、綿、漢州〔三〕、大寧監等鹽仍鬻於蜀，惟禁侵解鹽地。

紹興二年，四川總領趙開初變鹽法，倣大觀法置合同場，收引稅錢，大抵與茶法相類，而嚴密過之。斤輸引錢二十有五，土產稅及增添約九錢四分，所過稅錢七分，住稅一錢有半，引別輸提勘錢六十，其後又增貼輸等錢。凡四川四千九百餘井，歲產鹽約六千餘萬斤，引法初行，百斤爲一檐，又許增十斤勿算以優之，其後遞增至四百餘萬緡。二十九年，減西和州賣鹽直之半。

孝宗淳熙六年，四川制置胡元質、總領程价言：「推排四路鹽井二千三百七十五、場四百五，除井一千一百七十四、場一百五十依舊額煎輸，其自陳或糾決增額者井一百二十五、場二十四，幷今渲淘舊井亦願入籍者四百七十九，其無鹽之井，即與刬除，不敷而抱輸者，即與量減，共減錢引四十萬九千八百八十八道，而增收錢引十三萬七千三百四十九道，庶井戶免困重額。」七年，元質又言：「鹽井推排，所以增有餘減不足〔四〕，有司務求贏餘，盈者過取，涸者略減，盡出私心。今後凡遇推排，以增補虧，不得踰已減之數。」十一年，以京西轉運副使江溥言金州帥司置場拘買商鹽，高價科賣，致商旅坐困，民食貴鹽，詔金州依法聽商人從便買賣，不得置場拘催。

初，趙開之立榷法也，令商人入錢請引，井戶但如額鬻鹽，輸土產稅而已。然鹹脈有盈

縮，月額有登耗，間以虛鈔付之，而收其算，引法由是大壞。井戶既爲商人所要，因增其斤重予之，每檐有增至百六十斤者。又逃絕之井，許增額承認，小民利於得井，界增其額，而不能售，其引息土產之輸，無所從出，由是刎縊相尋，公私病之。

光宗紹熙三年，吏部尙書趙汝愚言：「紹興間趙開所議鹽法，諸井皆不立額，惟禁私賣，而諸州縣鎭皆置合同場，以招商販，其鹽之斤重，遠近皆平準之，使彼此均一而無相傾奪，貴賤以時而爲之翕張。今其法盡廢，宜下四川總所視舊法施行。」時楊輔爲總計，去虛額，閉廢井，申嚴合同場法，禁斤重之踰格者，而重私販之罰，鹽直於是頓昂。輔又請罷利州東路安撫司所置鹽店六，及津渡所收鹽錢，與西路興州鹽店。後總領陳曄又盡除官井所增之額焉。

五年，戶部言：「潼川府鹽、酒爲蜀重害。鹽既收其土產錢給賣官引，又從而征之，矧州縣額外收稅，如買酒錢、到岸錢、榻地錢之類，皆是創增。」於是申禁成都、潼川、利路諸司。寧宗嘉定七年，詔四川鹽井專隸總所，既而宣撫使安丙言防秋藉此以助軍興，乃復奪之。

中華書局

茶　宋榷茶之制，擇要會之地，曰江陵府，曰眞州，曰海州，曰漢陽軍，曰無爲軍，曰蘄州之蘄口，爲榷貨務六。初，京城、建安、襄復州皆置務，後建安、襄復州務廢，京城務雖存，但會給交鈔往還，而不積茶貨。在淮南則蘄、黃、廬、舒、光、壽六州，官自爲場，置吏總之，謂之山場者十三；六州采茶之民皆隸焉，謂之園戶。歲課作茶輸租，餘則官悉市之。其售於官者，皆先受錢而後入茶，謂之本錢；又民歲輸稅願折茶者，謂之折稅茶。總爲歲課八百六十五萬餘斤，其出鬻皆就本場。在江南則宣、歙、江、池、饒、信、洪、撫、筠、袁十州，廣德、興國、臨江、建昌、南康五軍；兩浙則杭、蘇、明、越、婺、處、温、台、湖、常、衢、睦十二州；荊湖則江陵府、潭澧鼎鄂岳歸峽七州、荊門軍；福建則建、劍二州，歲如山場輸租折稅。總爲歲課江南千二十七萬餘斤，兩浙百二十七萬九千餘斤，荊湖二百四十七萬餘斤，福建三十九萬三千餘斤，悉送六榷務鬻之。

茶有二類，曰片茶，曰散茶。片茶蒸造，實棬模中串之，唯建、劍則既蒸而研，編竹爲格，置焙室中，最爲精潔，他處不能造。有龍、鳳、石乳、白乳之類十二等，以充歲貢及邦國之用。其出虔袁饒池光歙潭岳辰澧州、江陵府、興國臨江軍，有仙芝、玉津、先春、綠芽之類二十六等，兩浙及宣、江、鼎州又以上中下或第一至第五爲號。散茶出淮南、歸州、江南、

荊湖，有龍溪、雨前、雨後之類十一等，江、浙又有以上中下或第一至第五爲號者。買臘茶斤自二十錢至一百九十錢有十六等，片茶大片自六十五錢至二百五錢有五十五等，散茶斤自十六錢至三十八錢五分有五十九等；鬻臘茶斤自四十七錢至四百二十錢有十二等，片茶自十七錢至九百一十七錢有六十五等，散茶自十五錢至一百二十一錢有一百九等。

民之欲茶者售於官，其給日用者，謂之食茶，出境則給券。商賈貿易，入錢若金帛京師榷貨務，以射六務、十三場茶，給券隨所射與之，願就東南入錢若金帛者聽，計直予茶如京師。至道末，鬻錢二百八十五萬二千九百餘貫，天禧末，增四十五萬餘貫。天下茶皆禁，唯川峽、廣南聽民自買賣，禁其出境。

凡民茶折稅外，匿不送官及私販鬻者沒入之，計其直論罪。園戶輒毀敗茶樹者，計所出茶論如法。舊茶園荒薄，采造不充其數者，蠲之。當以茶代稅而無茶者，許輸他物。主吏私以官茶貿易，及一貫五百者死。自後定法，務從輕減。太平興國二年，主吏盜官茶販鬻錢三貫以上，黥面送闕下；淳化三年，論直十貫以上，黥面配本州牢城，巡防卒私販茶，依本條加一等論。凡結徒持仗販易私茶、遇官司擒捕抵拒者，皆死。太平興國四年，詔鬻僞茶一斤杖一百，二十斤以上棄市。雍熙二年，民造温桑僞茶，比犯眞茶計直十分論二分之罪。淳化五年，有司以侵損官課言加犯私茶一等，非禁法州縣者，如太平興國詔條論決。

茶之爲利甚博，商賈轉致於西北，利嘗至數倍。雍熙後用兵，切於饋餉，多令商人入芻糧塞下，酌地之遠近而爲其直，取市價而厚增之，授以要券，謂之交引，至京師給以緡錢，又移文江、淮、荊湖給以茶及顆、末鹽。端拱二年，置折中倉，聽商人輸粟京師，優其直，給茶鹽于江、淮。

淳化三年，監察御史薛映、祕書丞劉式等請罷諸榷務，令商人就出茶州軍官場算買，既大省輦運，又商人皆得新茶。詔以三司鹽鐵副使雷有終爲諸路茶鹽制置使，左司諫張觀與映副之。四年二月，廢沿江八務，大減茶價。詔下，商人頗以江路回遠非便，有司又以損直虧課爲言。七月，復置八務，罷制置使、副。至道初，劉式猶固執前議，西京作坊使楊允恭言商人市諸州茶，新陳相糅，兩河、陝西諸州，風土各有所宜，非參以多品則少利，罷榷務令就茶山買茶不可行。太宗欲究其利害之說，命宰相召鹽鐵使陳恕等與式、允恭定議，召問商人，皆願如淳化所減之價，不然，卽望仍舊。有司職出納，難於減損，皆同允恭之說，式議

遂寢。卽以允恭爲江南、淮南、兩浙發運兼制置茶鹽使。二年，從允恭等請，禁淮南十二州軍鹽，官鬻之，商人先入金帛京師及揚州折博務者，悉償以茶。自是鬻鹽得實錢，茶無滯積，歲課增五十萬八千餘貫，允恭等皆被賞。

初，商人以鹽爲急，趨者甚衆，及禁江、淮鹽，又增用茶，如百千又有官耗，增十千場耗，隨所在饒益。其輸邊粟者，持交引詣京師，有坐賈置鋪，隸名榷貨務，懷交引者湊之。若行商，則鋪賈爲保任，詣京師榷務給錢，南州給茶；若非行商，則鋪賈自售之，轉鬻與茶賈。及南北和好罷兵，邊儲稍緩，物價差減，而交引虛錢未改。既以茶代鹽，而買茶所入不補其給，交引停積，故商旅所得茶，指期於數年之外，京師交引愈賤，至有裁得所入芻粟之實價，官私俱無利。是年，定監買官虧額自一釐以上罰奉、降差遣之制。

景德二年，命鹽鐵副使林特、崇儀副使李溥等就三司悉索舊制詳定，而召茶商論議，別爲新法。其於京師入金銀、綿帛實直錢五十千者，給百貫實茶，若須海州茶者，入見緡五十五千；河北緣邊入金帛、芻粟，如京師之制，而茶增十千，次邊增五千；河東緣邊次邊亦然，而所增有八千六千之差；陝西緣邊亦如之，而增十五千，須海州茶者，納物實直五十二千，次邊所增如河北緣邊之制。其三路近地所入所給，皆如京師。河北次邊、河東緣邊次

邊，皆不得射海州茶。茶商所過，當輸算，令記錄，候至京師併輸之。仍約束山場，謹其出納。議奏，三司皆以爲便。五月，以溥爲淮南制置發運副使，委成其事。行之一年，眞宗慮未盡其要，三年，命樞密直學士李濬等比較新舊法利害。時新法方行，商人頗眩惑，特等請罷比較，從之。

有司上歲課：元年用舊法，得五百六十九萬貫〔四〕，二年用新法，得四百一十萬貫，三年二百八萬貫〔五〕。特言「所增益官本少而有利〔六〕」，乃實課也，所虧虛錢耳。四年秋，特等皆遷官，仍詔三司行新法，不得輒有改更。大中祥符二年，特、溥等上編成茶法條貫幷課利總數二十三策。

自新法之行，舊有交引而未給者，已給而未至京師者，已至而未磨者，悉差定分數，折納入官。大約商人有舊引千貫者，令依新法歲入二百千〔七〕，候五歲則新舊皆給足。官府有以茶充公費者〔八〕，慮其價賤亂法，悉改以他物。山場節其出耗，所過商稅嚴其覺舉。諸榷務所受茶，皆均第配給場務，以交引至先後爲次。大商刺知精好之處，日夜走僮使齎券詣官，率多先焉。初，禁淮南鹽，小商已困，至是，益不能行。

六年，申監買官賞罰之式，凡買到入算茶，及租額遞年送榷務交足而有羨餘者，卽理爲課績，其不入算者，雖多不在此限。大中祥符五年，歲課二百餘萬貫，六年至三百萬貫，七

年又增九十萬貫，八年纔百六十萬貫。

是時數年間，有司以京師切須錢，商人舊執交引至場務卽付物，時或特給程限，踰限未至者，每十分復令別輸二分見緡，謂之貼納。豪商率能及限，小商或不卽知，或無貼納，則賤鬻於豪商。有司徒知移用之便，至有一歲之內文移小改至十數者，商人惑之，顧望不進。乃詔刑部尙書馮拯、翰林學士王曾詳定，拯等深以愼重敦信爲言，而上封者猶競陳改法之弊。九年，乃命翰林學士李迪、權御史中丞淩策、侍御史知雜呂夷簡與三司同議條制。時以茶多不精，給商人罕有饒益，行商利薄，陝西交引愈賤，鬻於市纔八千。知秦州曹瑋請於永興、鳳翔、河中府官出錢市之，詔可。迪等以入中緡錢、金帛，舊從商人所有受之，至是請令十分輸緡錢四五，又定加饒貼納之差。然凡有條奏，多令李溥裁酌，溥務執前制，罕所變革。

天禧二年，太常博士李垂請放行茶貨，左諫議大夫孫奭言：「茶法屢改，商人不便，非示信之道，望重定經久之制。」卽詔奭與三司詳定，務從寬簡。未幾，奭出知河陽，事遂止。三司言：「陝西入中芻糧，請依河北例，斗束量增其直，計實錢給鈔，入京以見錢買之，願受茶貨交引，給依實錢數，令榷貨務並依時價納緡錢支茶，不得更用芻糧文鈔貼納茶貨。」詔每入百千，增五千茶與之，餘從其請。時陝西交引益賤，京師裁直五千，有司惜其費茶。五

年，出內庫錢五十萬貫，令閤門祗候李德明於京師市而毀之。

乾興以來，西北兵費不足，募商人入中芻粟如雍熙法給券，以茶償之。後又益以東南緡錢、香藥、犀齒，謂之三說；而塞下急於兵食，欲廣儲偫，不愛虛估，入中者以虛錢得實利，人競趨焉。及其法旣敝，則虛估日益高，茶日益賤，入實錢金帛日益寡。而入中者非盡行商，多其土人，旣不知茶利厚薄，且急於售錢，得券則轉鬻於茶商或京師交引鋪，獲利無幾；茶商及交引鋪或以券取茶，或收蓄貿易，以射厚利。由是虛估之利皆入豪商巨賈，券之滯積，雖二三年茶不足以償，而入中者以利薄不趨，邊備日蹙，茶法大壞。初，景德中丁謂爲三司使，嘗計其得失，以謂邊糴纔及五十萬，而東南三百六十餘萬茶利盡歸商賈。當時以爲至論，厥後雖屢變法以救之，然不能亡敝。

天聖元年，命三司使李諮等較茶、鹽、礬稅歲入登耗，更定其法。遂置計置司，以樞密副使張士遜、參知政事呂夷簡、魯宗道總之。首考茶法利害，奏言：「十三場茶歲課緡錢五十萬，天禧五年纔及緡錢二十三萬，每券直錢十萬，鬻之售錢五萬五千，總爲緡錢實十三萬，除九萬餘緡爲本錢，歲纔得息錢三萬餘緡，而官吏廩給雜費不預，是則虛數多而實利寡，請罷三說，行貼射法。」其法以十三場茶買賣本息倂計其數，罷官給本錢，使商人與園戶

自相交易，一切定爲中估，而官收其息。如鬻舒州羅源場茶，斤售錢五十有六，其本錢二十有五，官不復給，但使商人輸息錢三十有一而已。然必輦茶入官，隨商人所指予之，給券爲驗，以防私售〔九〕，故有貼射之名。若歲課貼射不盡，或無人貼射，則官市之如舊。園戶過期而輸不足者，計所負數如商人入息。舊輸茶百斤，益以二十斤至三十五斤，謂之耗茶，亦皆罷之。其入錢以射六務茶者如舊制。

先是，天禧中，詔京師入錢八萬，給海州、荊南茶，入錢七萬四千有奇，給眞州、無爲、蘄口、漢陽并十三場茶，皆直十萬，所以饒裕商人；而海州、荊南茶善而易售，商人願得之，故入錢之數厚於他州。其入錢者，聽輸金帛十之六。至是，旣更爲十三場法，又募入錢六務，而海州、荊南增爲八萬六千，眞州、無爲、蘄口、漢陽增爲八萬。商人入芻粟塞下者，隨所在實估，度地里遠近，量增其直。以錢一萬爲率，遠者增至七百，近者三百，給券至京，一切以緡錢償之，謂之見錢法；願得金帛、若他州錢、或茶鹽、香藥之類者聽。大率使茶與邊糴，各以實錢出納，不得相爲輕重，以絕虛估之敝。朝廷皆用其說。

行之期年，豪商大賈不能爲輕重，而論者謂邊糴償以見錢，恐京師府藏不足以繼，爭言其不便。會江、淮制置司〔一〇〕言茶有滯積壞敗者，請一切焚棄。朝廷疑變法之敝，下書責計置司，又遣官行視茶積。諮等因條上利害，且言：「嘗遣官視陝西、河北，以鎭戎軍、定州爲

率，鎮戎軍入粟直二萬八千，定州入粟直四萬五千，給茶皆直十萬。以蘄州市茶本錢視鎮戎軍粟直，反亡本錢三之一，得不償失，敝在茶與邊糴相須爲用，故更今法。以新舊二法較之，乾興元年用三說法，每券十萬，茶售錢五萬一千至六萬二千，香藥、象齒售錢四萬一千有奇，東南緡錢售錢八萬三千，而京師實入緡錢五十七萬有奇，邊儲芻二百五萬餘圍，粟二百九十八萬石。天聖元年用新法，至二年，茶及香藥、東南緡錢每給直十萬，茶入實錢七萬四千有奇至八萬，香藥、象齒入錢七萬二千有奇，東南緡錢入錢十萬五百，而京師實入緡錢增一百四萬有奇，邊儲芻增一千一百六十九萬餘圍，粟增二百一十三萬餘石。舊以虛估給券者，至京師爲出錢售之，或折爲實錢給茶，貴賤從其市估。其先賤售於茶商者，券錢十萬，使別輸實錢五萬〔二〕，共給天禧五年茶直十五萬，小商百萬以下免輸錢，每券十萬，給茶直七萬至七萬五千；天禧茶盡，則給乾興以後茶，仍增別輸錢五萬者爲七萬，並給耗如舊，俟舊券盡而止。如此又省合給茶及香藥、象齒、東南緡錢總直緡錢一百七十一萬。」二府大臣亦言：「所省及增收計爲緡錢六百五十餘萬。時邊儲有不足以給一歲者，至是，多者有四年，少者有二年之蓄，而東南茶亦無滯積之弊。其制置司〔三〕請焚棄者，特累年壞敗不可用者爾。推行新法，功緒已見。蓋積年侵蠹之源一朝閉塞，商賈利於復故，欲有以動搖，而論者不察其實，助爲游說。願力行之，毋爲流言所易。」於是詔有司牓諭商賈以推行不變之意，賜典吏銀絹有差，然論者猶不已。

校勘記

〔一〕二十七年　據宋會要食貨二六之三六，趙構與宰執議福建鹽法事在紹興二十七年，此處失書「紹興」紀元。

〔二〕八年　按宋會要食貨二七之三八，陳峴上言是乾道八年事；下文九年正月、三月兩條亦爲乾道九年事。此處失書「乾道」紀元。

〔三〕自五千斤至百斤　「自」下原衍「立」字，據宋會要食貨二七之四〇刪；又「百斤」，同上書同卷作「五百斤」。

〔四〕廣西鹽引錢欠幾八千萬緡　「千」，宋會要食貨二七之二四作「十」。按周去非嶺外代答卷五，廣西鹽歲額八萬籮，每籮鈔錢五緡，歲得四十萬緡。今所欠鹽引錢至八千萬緡，數字過大，疑有訛誤。

〔五〕故鹽課不至於虧減　「課」字原脫，據宋會要食貨二七之二四補。

〔六〕給諸州歲計　「計」字原脫。按同上書同卷載蔣芾奏，「鹽利舊屬漕司，應副諸州歲計。」「歲」下當有「計」字，據補。

〔七〕只令漕司認發歲額　「令」原作「今」，據同上書同卷改。

〔八〕十年　「十」下原衍「五」字，據宋會要食貨二八之一七、中興聖政卷六〇刪。

〔九〕十萬籮爲額　「十萬」，宋會要食貨二八之二五作「十五萬」。

〔一〇〕並邊入中糧草　「入」字原脫，據長編卷二六五、通考卷一六征榷考補。

〔一一〕太平興國二年　「二」原作「三」。宋會要食貨三三之二一、長編卷一八都繫郭泌上言事於太平興國二年，據改。

〔一二〕梓遂夔綿漢州　「夔」下原衍「路」字。按宋代四川無路州，通考卷一六征榷考此處無「路」字，據刪。

〔一三〕增有餘減不足　「減」原作「補」。按下文說：「盈者過取，涸者略減。」「補」似當作「減」；宋會要食貨二八之一一正作「減」。

〔一四〕五百六十九萬貫　「萬」字原脫，按下文所上二年、三年歲課，單位都作「萬貫」，此處「九」下亦當有「萬」字；長編卷六六本句正有「萬」字，據補。

〔一五〕二百八萬貫　長編卷六六景德四年八月己酉條作「二百八十五萬貫」。

〔一六〕所增盆官本少而有利　「盆」原作「蓋」，據文義及長編卷六六改。

〔一七〕令依新法歲入二百千　「依」字原脫，據長編卷八五補。

〔一八〕有以茶充公費者　「以」字原脫，據長編卷八五補。

〔一九〕以防私售　「售」原作「害」，據長編卷一〇〇改。

〔二〇〕江淮制置司　「制置」原作「計置」。按計置司之名見上文，當係只設於東京。其在江、淮，則由淮南、江、浙、荆湖制置茶鹽司，或由發運使兼領茶事，分別見宋會要食貨三〇之七至八、本書卷一六七職官志。長編卷一〇二記此事作「制置司」，「計」字當爲「制」字之誤，據改。

〔二一〕別輸實錢五萬　「輸」原作「諭」，據上下文和長編卷一〇二改。

〔二二〕制置司　原作「計直司」，據上文和長編卷一〇二改。參考本卷校勘記〔二〇〕。

中華書局

宋史卷一百八十四

志第一百三十七

食貨下六

茶下

茶　天聖三年八月，詔翰林侍講學士孫奭等同究利害，奭等言：「十三場茶積而未售者六百一十三萬餘斤，蓋許商人貼射，則善者皆入商人，其入官者皆粗惡不時，故人莫肯售。又園戶輸歲課不足者，使如商人入息，而園戶皆細民，貧弱力不能給，煩擾益甚。又姦人倚貼射爲名，強市盜販，侵奪官利，其弊不可不革。」十月，遂罷貼射法，官復給本錢市茶。商人入錢以售茶者，奭等又欲優之，請凡入錢京師售海州、荆南茶者，損爲七萬七千，售眞州等四務十三場茶者，又第損之，給茶皆直十萬。自是，河北入中復用三說法，舊給東南

緡錢者，以京師榷貨務錢償之。

奭等議既用，益以李諮等變法爲非。明年，摭計置司所上天聖二年比視增虧數差謬，詔令官典議官張士遜等條析。夷簡言：「天聖初，環慶等路數奏芻糧不給，京師府藏常闕緡錢，吏兵月奉僅能取足。自變法以來，京師積錢多，邊計不聞告乏，中間蕃部作亂，調發兵馬，仰給有司，無不足之患。以此推之，頗有成效。三司比視數目差互不同，非執政所能親自較計。」然士遜等猶被罰，諮罷三司使。初，園戶負歲課者如商人入息，後不能償。至四年，太湖等九場凡逋息錢十三萬緡，詔悉蠲之。然自奭等改制，而茶法寖壞。

景祐中，三司吏孫居中等言：「自天聖三年變法，而河北入中虛估之敝，復類乾興以前，蠹耗縣官，請復行見錢法。」時諮已執政矣。三年，河北轉運使楊偕亦陳三說法十二害，見錢法十二利，以謂止用三說所支一分緡錢，足以贍一歲邊計。遂命諮與參知政事蔡齊等合議，且令詔商人訪其利害。是歲三月，諮等請罷河北入中虛估，以實錢償芻粟，實錢售茶，皆如天聖元年之制。又以北商持券至京師，舊必得交引鋪爲之保任，并得三司符驗，然後給錢，以是京師坐賈率多邀求，三司吏稽留爲姦，乃悉罷之，命商持券徑趣榷貨務驗實，立償之錢。初，奭等雖增商人入錢之數，而猶以爲利薄，故競市虛估之券，以射厚利，而入錢者寡，縣官日以侵削，京師少蓄藏。至是，諮等請視天聖三年入錢數第損一千有奇，入中增直亦視天聖元年數第加三百。詔皆可之。前已用虛估給券者，給茶如舊，仍給景祐二年已前茶。

既而諮等又言：「天聖四年，嘗許陝西入中願得茶者，每錢十萬，所在給券，徑趣東南受茶十一萬一千。茶商獲利，爭欲售陝西券，故不復入錢京師，請禁止之。」并言商人所不便者，其事甚悉，請爲更約束，重私販之禁，聽商人輸錢五分，餘爲置籍召保，期半年悉償，失期者倍其數。事皆施行。諮等復言：「自奭等變法，歲損財利不可勝計，且以天聖九年至景祐二年較之，五年之間，河北入中虛費緡錢五百六十八萬；今一旦復用舊法，恐豪商不便，依託權貴，以動朝廷，請先期申諭。」於是帝爲下詔戒敕，而縣官濫費自此少矣。

久之，上書者復言：「自變法以來，歲輦京師金帛，易芻粟於河北，配擾居民，內虛府庫，外困商旅，非便。」寶元元年，命御史中丞張觀等與三司議之。觀等復請入錢京師以售眞州等四務十三場茶，直十萬者，又視景祐三年數損之，爲錢六萬七千，入中河北願售茶者，又損一千。既而詔又第損二千，於是入錢京師止爲錢六萬五千，入中河北爲錢六萬四千而已。

康定元年，葉淸臣爲三司使，是歲河北穀賤，因請內地諸州行三說法，募人入中，且以東南鹽代京師實錢。詔糴止二十萬石〔二〕。慶曆二年，又請募人入芻粟如康定元年法，數

足而止，自是三說稍復用矣。八年，三司鹽鐵判官董沔亦請復三說法，三司以爲然，因言：「自見錢法行，京師錢入少出多，慶曆七年，榷貨務緡錢入百十九萬，出二百七十六萬，以此較之，恐無以贍給，請如沔議，以茶、鹽、香藥、緡錢四物予之。」於是有四說之法。初，詔止行於並邊諸州，而內地諸州有司蓋未嘗請，即以康定元年詔書從事。自是三說、四說二法並行於河北，不數年間，茶法復壞。芻粟之直，大約虛估居十之八，米斗七百，甚者千錢。券至京師，爲南商所抑，茶每直十萬，止售錢三千，富人乘時收蓄，轉取厚利。三司患之，請行貼買之法，每券直十萬，比市估三千，倍爲六千，復入錢四萬四千，貼爲五萬，給茶直十萬。詔又損錢一萬，然亦不足以平其直。久之，券比售錢三千者，纔得二千，往往不售，北商無利，入中者寡，公私大弊。

皇祐二年，知定州韓琦及河北轉運司皆以爲言，下三司議。三司奏：「自改法至今，凡得穀二百二十八萬餘石，芻五十六萬餘圍，而費緡錢一百九十五萬有奇，茶、鹽、香藥又爲緡錢一千二百九十五萬有奇。茶、鹽、香藥，民用有限，榷貨務歲課不過五百萬緡，今散於民間者既多，所在積而不售，故券直亦從而賤。茶直十萬，舊售錢六萬五千，今止二千，以至香一斤，舊售錢三千八百，今止五六百，公私兩失其利。請復行見錢法，一用景祐三年約束。」乃下詔曰：「比食貨法壞，芻粟價益倍，縣官之費日長，商賈不行，豪富之家，乘時牟利，吏緣

爲姦。自今有議者，須究厥理，審可施用，若事已上而驗問無狀者，寘之重罰。」

是時雖改見錢法，而京師積錢少，恐不足以支入中之費，帝又出內藏庫錢帛百萬以賜三司。久之，入中者寖多，京師帑藏益乏，商人持券以俟，動彌歲月，至損其直以售於蓄賈之家。言利者請出內藏庫錢稍增價售之，歲可得遺利五十萬緡。既行，而諫官范鎭謂內藏庫、榷貨務皆領縣官，豈有榷貨務故稽商人，而令內藏乘時射利？傷體壞法，莫斯爲甚。詔卽罷之，然自此並邊虛估之弊復起。

至和三年〔二〕，河北提舉糴便糧草薛向建議：「並邊十七州軍，歲計粟百八十萬石，爲錢百六十萬緡，豆六十五萬石，芻三百七十萬圍，並邊租賦歲可得粟、豆、芻五十萬，其餘皆商人入中。請罷並邊入粟，自京輦錢帛至河北，專以見錢和糴。」時楊察爲三司使，請用其說。因輦絹四十萬匹當緡錢七十萬，又蓄見錢及擇上等茶場八，總爲緡錢百五十萬，儲之京師，而募商人入錢並邊，計其道里遠近，優增其直，以是償之，且省輦運之費，唯入中芻豆計直償以茶如舊。行未數年，論者謂輦運科折，煩擾居民，且商人入錢者少，芻豆虛估益高，茶益賤。詔翰林學士韓絳等卽三司經度。絳等言：「自改法以來，邊儲有備，商旅頗通，未宜輕變。唯輦運之費，悉從官給，而本路舊輸稅絹者，毋得折爲見錢，入中芻豆罷勿給茶，所在平其市估，至京償以銀、紬、絹。」自是茶法不復爲邊糴所須〔三〕，而通商之議起矣。

初，官既榷茶，民私蓄盜販皆有禁，臘茶之禁又嚴於他茶，犯者其罪尤重，凡告捕私茶皆有賞。然約束愈密而冒禁愈繁，歲報刑辟，不可勝數。園戶困於征取，官司並緣侵擾，因陷罪戾至破產逃匿者，歲比有之。又茶法屢變，歲課日削。至和中，歲市茶淮南纔四百二十二萬餘斤，江南三百七十五萬餘斤，兩浙二十三萬餘斤，荊湖二百六萬餘斤，唯福建天聖末增至五十萬斤，詔特損五萬，至是增至七十九萬餘斤，歲售錢并本息計之，纔百六十七萬二千餘緡。官茶所在陳積，縣官獲利無幾，論者皆謂宜弛禁便。

先是，天聖中，有上書者言茶、鹽課虧，帝謂執政曰：「茶鹽民所食，而強設法以禁之，致犯者衆。顧經費尙廣，未能弛禁爾！」景祐中，葉淸臣上疏曰：

山澤有產，天資惠民。兵食不充，財臣兼利，草芽木葉，私不得專，封園置吏，隨處立筦。一切官禁，人犯則刑，既奪其資，又加之罪，黥流日報，踰冒不悛。誠有厚利重貲，能濟國用，聖仁恤隱，矜赦非辜，猶將弛禁緩刑，爲民除害。度支費用甚大，榷易所收甚薄，刳剝園戶，資奉商人，使朝廷有聚斂之名，官曹滋虐濫之罰，虛張名數，刻蠹黎元。

建國以來，法斂輒改，載詳改法之由，非有爲國之實，皆商吏協計，倒持利權，幸在更張，倍求奇羨。富人豪族，坐以賈贏，薄販下估，日皆朘削，官私之際，俱非遠策。臣竊嘗校計茶利所入，以景祐元年爲率，除本錢外，實收息錢五十九萬餘緡，又天下所售食茶，并本息歲課亦祇及三十四萬緡，而茶商見通行六十五州軍，所收稅錢已及五十七萬緡。若令天下通商，祇收稅錢，自及數倍，卽榷務、山場及食茶之利，盡可籠取。又況不費度支之本，不置榷易之官，不興輦運之勞，不濫徒黥之辟。

臣意生民之弊，有時而窮，盛德之事，俟聖不惑。議者謂榷賣有定率，征稅無彝準，通商之後，必虧歲計。臣按管氏鹽鐵法，計口受賦，茶爲人用，與鹽鐵均，必令天下通行，以口定賦，民獲善利，又去嚴刑，口數出錢，人不厭取。景祐元年，天下戶千二十九萬六千五百六十五，丁二千六百二十萬五千四百四十一，三分其一爲產茶州軍，內外郭鄉又居五分之一，丁賦錢三十，村鄉丁賦二十，不產茶州軍郭鄉村鄉如前計之，又第損十錢，歲計已及緡錢四十萬。榷茶之利，凡止九十餘萬緡，通商收稅，且以三倍舊稅爲率，可得一百七十餘萬緡，更加口賦之入，乃有二百一十餘萬緡，或更於收稅則例，微加增益，卽所增至寡，所聚逾厚，比於官自榷易，驅民就刑，利病相須，炳然可察。

時下三司議，皆以爲不可行。

至嘉祐中，著作佐郎何鬲、三班奉職王嘉麟又皆上書請罷給茶本錢，縱園戶貿易，而

官收租錢與所在征算，歸榷貨務以償邊糴之費，可以疏利源而寬民力。嘉麟爲登平致頌書十卷、隆衍視成策二卷上之，淮南轉運副使沈立亦集茶法利害爲十卷，陳通商之利。時富弼、韓琦、曾公亮執政，決意嚮之，力言於帝。三年九月，命韓絳、陳升之、呂景初卽三司置局議之。十月，三司言：「茶課緡錢歲當入二百二十四萬八千，嘉祐二年纔及一百二十八萬，又募人入錢，皆有虛數，實爲八十六萬，而三十九萬有奇是爲本錢，纔得子錢四十六萬九千，而輦運糜耗喪失，與官吏、兵夫廩給雜費，又不預焉。至於園戶輸納，侵擾日甚，小民趨利犯法，刑辟益繁，獲利至少，爲弊甚大。宜約至和以後一歲之數，以所得息錢均賦茶民，恣其買賣，所在收算，請遣官詢察利害以聞。」詔遣官分行六路，還言如三司使議便。

四年二月，詔曰：「古者山澤之利，與民共之，故民足於下，而君裕於上，國家無事，刑罰以淸。自唐建中時，始有茶禁，上下規利，垂二百年。如聞比來爲患益甚，民被誅求之困，日惟咨嗟，官受濫惡之入，歲以陳積，私藏盜販，犯者實繁，嚴刑重誅，情所不忍，是於江湖之間幅員數千里，爲陷穽以害吾民也。朕心惻然，念此久矣，間遣使者往就問之，而皆驩然願弛其禁，歲入之課以時上官。一二近臣，條析其狀，朕猶若慊然，又於歲輸裁減其數，使得饒阜，以相爲生，俾通商利。歷世之斂，一旦以除，著爲經常，弗復更制，損上益下，以休吾民。尙慮喜於立異之人、緣而爲姦之黨，妄陳奏議，以惑官司，必寘明刑，無或有貸。」

中華書局

初，所遣官既議弛禁，因以三司歲課均賦茶戶，凡爲緡錢六十八萬有奇，使歲輸縣官。比輸茶時，其出幾倍，朝廷難之，爲損其半，歲輸緡錢三十三萬八千有奇，謂之租錢，與諸路本錢悉儲以待邊糴。自是唯臘茶禁如舊，餘茶肆行天下矣。論者猶謂朝廷志於恤人，欲省刑罰，其意良善；然茶戶困於輸錢，而商賈利薄，販鬻者少，州縣征稅日蹙，經費不充，學士劉敞、歐陽脩頗論其事。敞疏大要以謂先時百姓之摘山者，受錢於官，而今也顧使之納錢於官，受納之間，利害百倍；先時百姓冒法販茶者被罰耳，今悉均賦於民，賦不時入，刑亦及之，是良民代冒法者受罪；先時大商富賈爲國懋遷，而州郡收其稅，今大商富賈不行，則稅額不登，且乏國用。脩言新法之行，一利而有五害，大略與敞意同。時朝廷方排衆論而行之，敞等雖言，不聽也。

治平中，歲入臘茶四十八萬九千餘斤，散茶二十五萬五千餘斤，茶戶租錢三十二萬九千八百五十五緡，又儲本錢四十七萬四千三百二十一緡，而內外總入茶稅錢四十九萬八千六百緡，推是可見茶法得失矣。自天聖以來，茶法屢易，嘉祐始行通商，雖議者或以爲不便，而更法之意則主於優民。

熙寧四年，神宗與大臣論昔茶法之弊，文彥博、吳充、王安石各論其故，然於茶法未有所變。及王韶建開湟之策，委以經略。七年，始遣三司幹當公事李杞入蜀經畫買茶，於秦鳳、熙河博馬。而韶言西人頗以善馬至邊，所嗜唯茶，乏茶與市。即詔趣杞據見茶計水陸運致，又以銀十萬兩、帛二萬五千、度僧牒五百付之，假常平及坊場餘錢，以著作佐郎蒲宗閔同領其事。初，蜀之茶園，皆民兩稅地，不殖五穀，唯宜種茶。賦稅一例折輸，蓋爲錢三百，折輸紬絹皆一匹；若爲錢十，則折輸綿一兩；爲錢二，則折輸草一圍。役錢亦視其賦。民賣茶資衣食，與農夫業田無異，而稅額總三十萬。杞被命經度，又詔得調舉官屬，迺即蜀諸州創設官場，歲增息爲四十萬，而重禁榷之令。其輸受之際，往往壓其斤重，侵其價直，法既加急矣。八年，杞以疾去。

先是，杞等歲增十萬之息，既而運茶積滯，歲課不給，即建畫於彭、漢二州歲買布各十萬匹，以折腳費，實以布息助茶利，然茶亦未免積滯。都官郎中劉佐復議歲易解鹽十萬席，雇運回車船載入蜀，而禁商販，蓋恐布亦難皷也。詔既以佐代杞，未幾，鹽法復難行，遂罷佐。而宗閔乃議川峽路民茶息收十之三，盡賣於官場，更嚴私交易之令，稍重至徒刑，仍沒緣身所有物，以待賞給。於是蜀茶盡榷，民始病焉。

十年，知彭州呂陶言：「川峽四路所出茶，比東南十不及一，諸路既許通商，兩川却爲禁地，虧損治體。如解州有鹽池，民間煎者乃是私鹽，晉州有礬山，民間煉者乃是私礬，今川蜀茶園，皆百姓己物，與解鹽、晉礬不同。又市易司籠制百貨，歲出息錢不過十之二，然必以一年爲率；今茶場司務重立法，盡榷民茶，隨買隨賣，取息十之三，或今日買十千之茶，明日即作十三千賣之，變轉不休，比至歲終，豈止三分？」因奏劉佐、李杞、蒲宗閔等苟希進用，必欲出息三分，致茶戶被害。始詔息止收十之一，佐坐措置乖方罷，以國子博士李稷代之，而陶亦得罪。稷依李杞例兼三司判官，仍委權不限員舉劾。

侍御史周尹論蜀中榷茶爲民害，罷爲提點湖北刑獄。利州路漕臣張宗諤、張升卿議廢茶場司，依舊通商，詔付稷，稷方以茶利要功，言宗諤等所陳皆疏謬，罪當無赦。雖會赦，猶皆坐貶秩二等。於是稷建議賣茶官非材，許對易，如闕員，於前資待闕官差；茶場司事，州郡毋得越職聽治。又以茶價增減或不一，裁立中價，定歲入課額，及設酬賞以待官吏，而三路三十六場大小使臣並不限員。重園戶採造黃老秋葉茶之禁，犯者沒官。蒲宗閔亦援稷比，許舉劾官吏，以重其權，二人皆務浚利刻急。茶場監官買茶精良及滿五千馱以及萬馱，第賞有差，而所買粗惡僞濫者，計虧坐贓論。凡茶場州軍知州、通判並兼提舉，經略使所在，即委通判。又禁南茶入熙河、秦鳳、涇原路〔四〕，如私販臘茶法。

自熙寧十年冬推行茶法，至元豐元年秋〔三〕，凡一年，通課利及舊界息稅七十六萬七千

六十餘緡。帝謂稷能推原法意，日就事功，宜速遷擢，以勸在位，遂落權發遣，以爲都大提舉茶場，而用永興軍等路提舉常平范純粹同提舉。久之，用稷言徙司秦州，而錄李杞前勞，以子玨試將作監主簿。蒲宗閔更請巴州等處產茶並用榷法。

五年，李稷死永樂城，詔以陸師閔代之。師閔言稷治茶五年，百費外獲淨息四百二十八萬餘緡，詔賜田十頃。而師閔榷利，尤刻於前，建言：「文、階州接連，而茶法不同，階爲禁地，有博馬、賣茶場，文獨爲通商地。乞文、龍二州並禁榷；仍許川路餘羡茶貨入陝西變賣，於成都府置博賣都茶場。」事皆施行。初，群牧判官郭茂恂言，賣茶買馬，事實相須，詔茂恂同提舉茶場。至是，師閔以買馬司兼領茶場，茶法不能自立，詔罷買馬司兼領；令茶場都大提舉視轉運使，同管幹視轉運判官，以重其任。買種民更立茶法，師閔論奏茶場與他場務不同，詔並用舊條。初，李杞增諸州茶場，自熙寧七年至元豐八年，蜀道茶場四十一，京西路金州爲場六，陝西賣茶爲場三百三十二，稅息至稷加爲五十萬，及師閔爲百萬。

元祐元年，侍御史劉摯奏疏曰：「蜀茶之出，不過數十州，人賴以爲生，茶司盡榷而市之。園戶有茶一本，而官市之，額至數十斤。官所給錢，靡耗於公者，名色不一，給借保任，輸入視驗，皆牙儈主之，故費於牙儈者又不知幾何。是官於園戶名爲平市，而實奪之。園戶有逃而免者，有投死以免者，而其害猶及鄰伍。欲伐茶則有禁，欲增植則加市，故其俗論

謂地非生茶也，實生禍也。願選使者，考茶法之敝，以蘇蜀民。」右司諫蘇轍繼言：「呂陶嘗奏改茶法，止行長引，令民自販，每緡長引錢百，詔從其請，民方有息肩之望。孫迥、李稷入蜀商度，盡力掊取，息錢、長引並行，民間始不易矣。且盜賊贓及二貫，止徒一年，出賞五千，今民有以錢八百私買茶四十斤者，輒徒一年，賞三十千，立法苟以自便，不顧輕重之宜。蓋造立茶法，皆傾險小人，不識事體。」且備陳五害。呂陶亦條上利害，詔付黃廉體量；未至，摯又言陸師閔恣爲不法，不宜仍任事。詔即罷之。先是，師閔提舉榷茶，所行職務，他司皆不得預聞，事權震灼，爲患深密。及黃廉就領茶事，乃請凡緣茶事有侵損戾法，或措置未當及有訴訟，依元豐令，聽他司關送。十一月，蒲宗閔亦以附會李稷賣茶罷。

明年，熙河、秦鳳、涇原三路茶仍官爲計置，永興、鄜延、環慶許通商，凡以茶易穀者聽仍舊，毋得踰轉運司和糴價，其所博斛斗勿取息。七年，詔成都等路茶事司，以三百萬緡爲額本。

紹聖元年，復以陸師閔都大提舉成都等路茶事，而陝西復行禁榷。師閔乃奏龍州仍爲禁茶地，凡茶法並用元豐舊條。師閔自復用，以訖哲宗之世，其掊克之迹，不若前日之著，故建明亦罕見焉。

茶之在諸路者，神宗、哲宗朝無大更革。熙寧八年，嘗詔都提舉市易司歲買商茶，以三

百萬斤爲額。元祐五年，立六路茶稅租錢諸州通判轉運司月暨歲終比較都數之法。七年，以茶隸提刑司，稅務毋得更易爲雜稅收受。紹聖四年，戶部言：「商旅茶稅五分，治平條立輸送之限既寬，復慮課入無準，故定以限約，毋得更展。元祐中，輒展以季，課入漏失。且茶稅歲計七十萬緡，積十年未嘗檢察，請內外委官，期一年驅算以聞。」詔聽其議，展限令出一時，毋承用。

崇寧元年，右僕射蔡京言：「祖宗立禁榷法，歲收淨利凡三百二十餘萬貫，而諸州商稅七十五萬貫有奇，食茶之算不在焉，其盛時幾五百餘萬緡。慶曆之後，法制寖壞，私販公行，遂罷禁榷，行通商之法。自後商旅所至，與官爲市，四十餘年，利源寖失。謂宜荊湖、江、淮、兩浙、福建七路所產茶，仍舊禁榷官買，勿復科民，即產茶州郡隨所置場，申商人園戶私易之禁，凡置場地園戶租折稅仍舊。產茶州軍許其民赴場輸息，量限斤數，給短引，於旁近郡縣便鬻；餘悉聽商人於榷貨務入納金銀、緡錢或並邊糧草，即本務給鈔，取便算請於場，別給長引，從所指州軍鬻之。商稅自場給長引，沿道登時批發，至所指地，然後計稅盡輸，則在道無苛留。買茶本錢以度牒、末鹽鈔、諸色封樁、坊場常平剩錢通三百萬緡爲率，給諸路，諸路措置，各分命官。」詔悉聽焉。

俄定諸路措置茶事官置司：湖南於潭州，湖北於荊南，淮南於揚州，兩浙於蘇州，江東於江寧府，江西於洪州。其置場所在：蘄州即其州及蘄水縣，壽州以霍山、開順，光州以光山、固始，舒州即其州及羅源、太湖，黃州以麻城，廬州以舒城，常州以宜興，湖州即其州及長興、德清、安吉、武康，睦州即其州及青溪、分水、桐廬、遂安，婺州即其州及東陽、永康、浦江，處州即其州及遂昌、青田，蘇、杭、越各即其州，而越之上虞、餘姚、諸暨、新昌、剡縣皆置焉，衢、台各即其州，而溫州以平陽。大法既定，其制置節目，不可毛舉。四年，京復議更革，遂罷官置場，商旅並即所在州縣或京師給長短引，自買於園戶。茶貯以籠篰，官爲抽盤，循第敍輸息訖，批引販賣，茶事益加密矣。

大觀元年，議提舉茶事司須保驗一路所產茶色高下、價直低昂，而請茶短引以地遠近程以三等之期。復慮商旅影挾舊引，冒詐規利，官吏因得擾動，以御筆申飭之。又以諸路再定茶息，多寡或不等，令斤各增錢十。三年，計七路一歲之息一百二十五萬一千九百餘緡，榷貨務再歲一百十有八萬五千餘緡。京專用是以舞智固權，自是歲以百萬緡輸京師所供私奉，掊息益厚，盜販公行，民滋病矣。

政和二年，大增損茶法。凡請長引再行者，輸錢百緡，即往陝西，加二十，茶以百二十斤；短引輸緡錢二十，茶以二十五斤。私造引者如川錢引法。歲春茶出，集民戶約三歲實

直及今價上戶部。茶籠篰並皆官製，聽客買，定大小式，嚴封印之法。長短引輒竄改增減及新舊對帶、繳納申展、住賣轉鬻科條悉具。初，客販茶用舊引者，未嚴斤重之限，影帶者衆。於是又詔凡販長引斤重及三千斤者，須更買新引對賣，不及三千斤者，即用新引以一斤帶二斤鬻之，而合同場之法出矣。場置於產茶州軍，而簿給於都茶場。凡不限斤重茶，委官司秤製，毋得止憑批引爲定，有贏數即沒官，別定新引限程及重商旅規避秤製之禁，凡十八條，若避匿抄箚及擅賣，皆坐以徒。復慮茶法猶輕，課入不羨，定園戶私賣及有引而所賣踰數，保內有犯不告，並如煎鹽亭戶法。短引及食茶關子輒出本路，坐以二千里流，賞錢百萬。

重和元年，詔：「客販輸稅，檢括抵保，吏因擾民，其蠲之」。未幾，復輸稅如舊。大抵茶、鹽之法，主於蔡京，務巧掊利，變改法度，前後相踰，民聽眩惑。初，令茶戶投狀籍於官，非在籍者，禁與商旅貿易，未幾即罷。初，限計斤重，令買新引，茶有贏者，即及一千五百斤，須用新引貼販，或止願販新茶帶賣者聽；未幾，以帶賣者多，又罷其令。

陝西舊通蜀茶，崇寧二年，始通東南茶。政和中，陝西沒官茶令估賣，繼以妨商旅，下令焚棄。俄令正茶沒官者聽興販，引外剩茶及私茶數以給告者。長引限以一年，短引限以半歲繳納。久之，令已買引而未得於園戶者，期七年，許民間同見緡流轉，長引聽即本路住

中華書局

賣，以二浙鹽香司有言而止。其科條纖悉紛更，不可勝記，慮商旅疑豫，茶貨不通，迺重扇搖之令。於時掊克之吏，爭以贏羨爲功，朝廷亦嚴立比較之法。州郡樂賞畏刑，惟恐負課，優假商人，陵轢州郡，蓋莫有言者。獨邠州通判張益謙奏：「陝西非產茶地，奉行十年，未經立額，歲歲比較，第務增益，稍或虧少，程督如星。州縣懼殿，多前路招誘豪商，增價以幸其來，故陝西茶價，斤有至五六緡者，或稍裁之，則批改文引，轉之他郡。及配之鋪戶，安能盡售？均及稅農，民實受害，徒令豪商坐享大利。」言竟不行。

然自茶法更張，至政和六年，收息一千萬緡，茶增一千二百八十一萬五千六百餘斤。及方臘竊發，乃詔榷罷比較。臘誅，有司議招集園戶，借貸優恤，止於文具，姦臣仍用事，蠹國害民，又慮人言，扇搖之令復出矣。靖康元年，詔川茶侵客茶地者，以多寡差定其罪。

初，熙寧五年，以福建茶陳積，乃詔福建茶在京、京東西、淮南、陝西、河東仍禁榷，餘路通商。元豐七年，王子京爲福建轉運副使，言「建州臘茶，舊立榷法，自熙寧權聽通商，自此茶戶售客人茶甚良，官中所得惟常茶，稅錢極微，南方遺利，無過於此，乞仍舊行榷法。建州歲出茶不下三百萬斤，南劍州亦不下二十餘萬斤，欲盡買入官，度逐州軍民戶多少及約鄰路民用之數計置，即官場賣，嚴立告賞禁。建州賣私末茶，借豐國監錢十萬緡爲本。」

並從之；所請均入諸路榷賣，委轉運司官提舉：福建王子京，兩浙許懋，江東杜偉，江西朱彥博，廣東高鎛，然子京蓋未免抑配於民。

時遠方若桂州修仁諸縣、夔州路達州有司皆議榷茶，言利者踵相躡，然神宗聞鄂州失催茶稅，輒黜之。建州園戶等以茶粗濫當剝納，爲錢三萬六千餘緡，慮其不能償，令準輸茶。初，成都帥司蔡延慶言邛部川蠻主苴剋等願賣馬，即詔延慶以茶招來，後聞邊計蠻情非便，即罷之。哲宗嗣位，御史安惇首劾王子京買臘茶抑民，詔罷子京事任，令福建禁榷州軍視其舊，餘並通商。桂州修仁等縣禁榷及陝西碎賣芽茶皆罷。

崇寧二年，尚書省言：「建、劍二州茶額七十餘萬斤，近歲增盛，而本錢多不繼。」詔更給度牒四百，仍給以諸色封樁。繼詔商旅販臘茶蠲其稅，私販者治元售之家，如元豐之制。大觀三年，措置茶事，始收焉。四年，私販勿治元售之家，如元符令。政和初，復增損爲新法。三年，詔免輸短引，許依長引於諸路住賣，後末骨茶每長引增五百斤，短引倣此；諸路監司、州郡公使食茶禁私買，聽依商旅買引。六年，詔福建茶園如鹽田，量土地產茶多寡，依等第均稅。重和元年，以改給免稅新引，重定福建骨茶斤重，長引以六百斤爲率。

元豐中，宋用臣都提舉汴河隄岸，創奏修置水磨，凡在京茶戶擅磨末茶者有禁，並許赴官請買，而茶鋪入米豆雜物揉和者募人告，一兩賞三千，及一斤十千，至五十千止。商賈販茶應往府界及在京，須令產茶山場州軍給引，並赴京場中賣，犯者依私販臘茶法。諸路末茶入府界者，復嚴爲之禁。訖元豐末，歲獲息不過二十萬，商旅病焉。

元祐初，寬茶法，議者欲罷水磨。戶部侍郎李定以失歲課，持不可廢，侍御史劉摯、右司諫蘇轍等相繼論奏，遂罷。紹聖初，章惇等用事，首議修復水磨。乃詔即京、索、天源等河爲之，以孫迥提舉，復命兼提舉汴河隄岸。四年，場官錢景逢獲息十六萬餘緡，呂安中二十一萬餘緡，以差議賞。元符元年，戶部上凡獲私末茶并雜和者，即犯者未獲，估價給賞，並如私臘茶獲犯人法。雜和茶宜棄者，斤特給二十錢，至十緡止。

初，元豐中修置水磨，止於在京及開封府界諸縣，未始行於外路。及紹聖復置，其後遂於京西鄭、滑、潁昌府，河北澶州皆行之，又將即濟州山口營置。崇寧二年，提舉京城茶場所奏：「紹聖初，興復水磨，歲收二十六萬餘緡。四年，於長葛等處京、索、潩水河增修磨二百六十餘所，自輔郡榷法罷，遂失其利，請復舉行。」從之。尋詔商販臘茶入京城者，本場盡買之，其翻引出外者，收堆垛錢。裁元豐制更立新額，歲買山場草茶以五百萬斤爲率。客茶至京者，許官場買十之三，即索價故高，驗元引買價量增。三年，詔罷之。

明年，改令磨戶承歲課視酒戶納麴錢法。五年，復罷民戶磨茶，官用水磨仍依元豐法，應緣茶事併隸都提舉汴河堤岸司。大觀元年，改以提舉茶事司爲名，尋命茶場、茶事通爲一司。三年，復撥隸京城所，一用舊法。政和元年，京城所請商旅販茶起引定入京住賣者，即許借江入汴，如元豐舊制；其借江入汴却指他路住賣者禁，已請引者並令赴京。二年，以課入不登，商賈留滯，詔以其事歸尚書省。於是尚書省言：「水磨茶自元豐創立，止行於近畿，昨乃分配諸路，以故致弊，欲止行於京城，仍通行客販，餘路水磨並罷。」從之。四年，收息四百萬貫有奇，比舊三倍，遂創月進。

高宗建炎初，於眞州印鈔，給賣東南茶鹽。當是時，茶之產於東南者，浙東西、江東西、湖南北、福建、淮南、廣東西，路十，州六十有六，縣二百四十有二。霅川顧渚生石上者謂之紫筍，毗陵之陽羨，紹興之日鑄，婺源之謝源，隆興之黃龍、雙井，皆絕品也。建炎三年，置行在都茶場，罷合同場十有八，惟洪、江、興國、潭、建各置場一，監官一。罷食茶小引，捕私茶法視捕私鹽。二十一年，秦檜等始進茶鹽法。先是，臣僚或因事建明，朝廷亦因時損益，至是審訂成書，上之。

孝宗隆興二年，淮東宣諭錢端禮言：「商販長引茶，水路不許過高郵，陸路不許過天長，

二十四史　中華書局

如願往楚州及盱眙界，引貼輸翻引錢十貫五百文，如又過淮北，貼輸亦如之。」當是時，商販自榷場轉入虜中，其利至博，幾禁雖嚴，而民之犯法者自若也。乾道二年，戶部言：「商販至淮北榷場折博，除輸翻引錢，更輸通貨儈息錢十一緡五百文。」八年，減輸翻引錢止七緡，通貨儈息錢止八緡。淳熙二年，以長短茶引權以半依元引斤重錢數，分作四緡小引印給，而翻引貼輸錢隨小引輸送。光宗紹熙初，潭州守臣朱熹奏除屬邑科茶七千餘緡。臣僚申明長短小引相兼，從人之便。戶部言給賣小引，除金銀、會子分數入輸，餘願專以會子算請者聽。

寧宗嘉泰四年，知隆興府韓邈奏請：「隆興府惟分寧縣產茶，他縣無茶，而豪民武斷者乃請引，窮索一鄉，使認茶租，非便。」於是禁非產茶縣不許民擅認茶租。

建寧臘茶，北苑爲第一，其最佳者曰社前，次曰火前，又曰雨前，所以供玉食，備賜予。太平興國始置，大觀以後製愈精，數愈多，胯式屢變，而品不一，歲貢片茶二十一萬六千斤。建炎以來，葉濃、楊勍等相因爲亂，園丁亡散，遂罷之。紹興二年，蠲未起大龍鳳茶一千七百二十八斤。五年，復減大龍鳳及京鋌之半。十二年，興榷場，遂取臘茶爲榷場本，凡胯、截、片、鋌，不以高下多少，官盡榷之，申嚴私販入海之禁。議者請鬻建茶於臨安，移茶事司於建州買發〔六〕，明年，以失陷引錢，復令通商。自是上供龍鳳、京鋌茶料，凡製作之費、

篚笥之式，令漕司專之。

蜀茶之細者，其品視南方已下，惟廣漢之趙坡，合州之水南，峨眉之白牙，雅安之蒙頂，土人亦珍之，但所產甚微，非江、建比也。舊無榷禁，熙寧間，始置提舉司，收歲課三十萬；至元豐中，累增至百萬。建炎元年，成都轉運判官趙開言榷茶、買馬五害，請「用嘉祐故事盡罷榷茶，而令漕司買馬。或未能然，亦當減額以蘇園戶，輕價以惠行商，如此則私販衰而盜賊息」。遂以開同主管川、秦茶馬。二年，開至成都，大更茶法，倣蔡京都茶場法，以引給茶商，卽園戶市茶，百斤爲一大引，除其十勿算。置合同場以譏其出入，重私商之禁，爲茶市以通交易。每斤引錢春七十、夏五十，市利頭子錢不預焉。所過征一錢，所止一錢五分。自後引息錢至一百五萬緡。至十七年，都大茶馬韓球盡取園戶加饒之茶爲額，茶司歲收二百萬，而買馬之數不加多。

乾道末年，青羌作亂，茶司增長細馬名色等錢歲三十萬。淳熙六年以後，累減園戶重額錢十六萬，又減引息錢十六萬。至紹熙初，楊輔爲使，遂定爲法。成都府、利州路二十三場，歲產茶二千一百二萬斤，通博馬物帛歲收錢二百四十九萬三千餘緡。朝廷歲以一百一十三萬緡隸總領所贍軍，然茶馬司率多難之；乾道以後，歲撥止一二十萬緡，至淳熙十年，遂以五十萬緡爲準。

自熙、豐以來，茶司官權出諸司之上。初，元豐開川、秦茶場，園戶既輸二稅，又輸土產，隆安縣園戶二稅、土產兼輸外，又催理茶課估錢，建炎元年立爲額，至寧宗慶元初，始除之。六年，詔四川產茶處歲輸經總制頭子錢五千四十一道有奇，又科租錢三千一百四十道有奇。

宋初，經理蜀茶，置互市于原、渭、德順三郡，以市蕃夷之馬；熙寧間，又置場于熙河。南渡以來，文、黎、珍、敍、南平、長寧、階、和凡八場，其間盧甘蕃馬歲一至焉，洮州蕃馬或一月或兩月一至焉，疊州蕃馬或半年或三月一至焉，皆良馬也。其他諸蕃馬多駑，大率皆以互市爲利，宋朝曲示懷遠之恩，亦以是羈縻之。紹興二十四年，復黎州及雅州碉門靈西砦易馬場，乾道初，川、秦八場馬額九千餘匹，淳熙以來，爲額萬二千九百九十四匹，自後所市未嘗及焉。

校勘記

〔一〕詔糴止二十萬石 「十」原作「百」，據本書卷一八二食貨志、長編卷一二九改。

〔二〕至和三年 按行並邊見錢和糴法事編年綱目卷一五、長編卷一八一均繫於至和二年十一月；長編卷一八四嘉祐元年（卽至和三年）十月亦載薛向建議，但屬追敍。此處「三年」當爲「二年」

之誤。

〔三〕自是茶法不復爲邊糴所須 編年綱目卷一六、長編卷一八八，「須」均作「傾」。

〔四〕又禁南茶入熙河秦鳳涇原路 「茶」字原脫，據宋會要食貨三〇之一五、長編卷二八九補。

〔五〕自熙寧十年冬推行茶法至元豐元年秋 「至」字原脫，據長編卷二九七補。

〔六〕移茶事司於建州買發 「事司」二字原倒，據宋會要食貨三一之六、朝野雜記甲集卷一四乙正。

宋史卷一百八十五

志第一百三十八

食貨下七

酒　阬冶　礬　香附

酒　宋榷酤之法：諸州城內皆置務釀酒，縣、鎮、鄉、閭或許民釀而定其歲課，若有遺利，所在多請官酤。三京官造麴，聽民納直以取。

陳滑蔡潁隨郢鄧金房州、信陽軍舊皆不榷。太平興國初，京西轉運使程能請榷之，所在置官吏局署，取民租米麥給釀，以官錢市薪槱及吏工奉料。歲計獲無幾，而主吏規其盈羨，及醞齊不良，酒多醨薄，至課民婚葬，量戶大小令酤，民甚被其害。歲儉物貴，殆不償其

費。太宗知其弊，淳化五年，詔募民自釀，輸官錢減常課三之二，使其易辦；民有應募者，檢視其貲產，長吏及大姓共保之，後課不登則均償。是歲，取諸州歲課錢少者四百七十二處，募民自酤，或官賣麴收其直。其後民應募者寡，猶多官釀。

陝西雖榷酤，而尚多遺利。咸平五年，度支員外郎李士衡請增課以助邊費，乃歲增十一萬餘貫。兩浙舊募民掌榷，雍熙初，以民多私釀，遂蠲其禁，其榷酤歲課如麴錢之制，附兩稅均率。二年，詔曰：「有司請罷杭州榷酤，乃使豪舉之家坐專其利，貧弱之戶歲責所輸，本欲惠民，乃成侵擾。宜仍舊榷酒，罷納所均錢。」天禧四年，轉運副使方仲荀言：「本道酒課舊額十四萬貫，遺利尚多。」乃歲增課九萬八千貫。

川峽承舊制，賣麴價重，開寶二年，詔減十之二。既而頗興榷酤，言事者多陳其非便，太平興國七年罷，仍舊賣麴。自是，惟夔達開施瀘黔涪黎威州、梁山雲安軍，及河東之麟府州，荊湖之辰州，福建之福泉汀漳州、興化軍，廣南東、西路不禁。

自春至秋，醞成即鬻，謂之「小酒」，其價自五錢至三十錢，有二十六等；臘釀蒸鬻，候夏而出，謂之「大酒」，自八錢至四十八錢，有二十三等。凡醞用秔、糯、粟、黍、麥等及麴法、酒式，皆從水土所宜。諸州官釀所費穀麥，準常糴以給，不得用倉儲。酒匠、役人當受糧者給錢。凡官麴，麥一斗爲麴六斤四兩。賣麴價：東京、南京斤直錢百五十五，西京減五。

咸平末，江、淮制置增榷酤錢，頗爲煩刻。景德二年，詔毋增榷，自後制置使不得兼領酒榷。四年，又詔中外不得更議增課以圖恩獎。天禧初，著作郎張師德使淮南，上言：「鄉村酒戶年額少者，望並停廢。」從之。

至道二年，兩京諸州收榷課銅錢一百二十一萬四千餘貫、鐵錢一百五十六萬五千餘貫，京城賣麴錢四十八萬餘貫。天禧末，榷課銅錢增七百七十九萬六千餘貫，鐵錢增一百三十五萬四千餘貫，麴錢增三十九萬一千餘貫。

五代漢初，犯私麴者並棄市(一)；周，至五斤者死。建隆二年，以周法太峻，犯私麴至十五斤、以私酒入城至三斗者始處極刑，餘論罪有差；私市酒、麴者減造人罪之半。三年，再下酒、麴之禁，凡私造差定其罪：城郭二十斤、鄉閭三十斤，棄市；民持私酒入京城五十里、西京及諸州城二十里者，至五斗處死；所定里數外，有官署酤酒而私酒入其地一石，棄市。乾德四年，詔比建隆之禁第減之：凡至城郭五十斤以上、鄉閭百斤以上、私酒入禁地二石三石以上、至有官署處四石五石以上者，乃死。法益輕而犯者鮮矣。

端拱二年令：民買麴釀酒酤者，縣鎮十里如州城二十里之禁。天聖以後，北京售麴如三京法，官售酒、麴亦畫疆界，戒相侵越，犯皆有法。其不禁之地，大概與宋初同，唯增永興軍、大通監、川峽之茂州、富順監。

時天下承平既久，戶口寖蕃，爲酒醪以靡穀者益衆。乾興初，言者謂：「諸路酒課，月比歲增，無有藝極，非古者禁羣飲、教節用之義。」遂詔：「鄉村毋得增置酒場，已募民主之者，期三年；他人雖欲增課以售，勿聽；主者自欲增課，委官吏度異時不至虧額負課，然後上聞。」既而御史中丞晏殊請酒場利薄者悉禁增課。

天聖七年，詔：「民間有吉凶事酤酒，舊聽自便，毋抑配，而江、淮、荊湖、兩浙酒戶往往豪制良民，至出引目，抑使多售。其嚴禁止，犯者聽人告，募人代之。」慶曆初，三司言：「陝西用兵，軍費不給，尤資榷酤之利。請較監臨官歲課，增者第賞之。」繼令蕭定基、王琪等商度利害。

初，酒場歲課不登，州縣多責衙前或伍保輸錢以充其數，嘉祐、治平中，數戒止之。治平四年，手詔蠲京師酒戶所負麴錢十六萬緡，又江南比歲所增酒場，強率人酤酒者禁止。皇祐中，酒麴歲課合緡錢一千四百九十八萬六千一百九十六，至治平中，減二百一十二

中華書局

萬三千七百三；而皇祐中，又入金帛、絲纊、芻粟、材木之類，總其數四百萬七百六十，治平中，乃增一百九十九萬一千九百七十五。

熙寧三年，詔諸郡遇節序毋得以酒相饋。初，知渭州蔡挺言：「陝西有醞公使酒交遺，至踰二十驛，道路煩苦。」詔禁之。至是，都官郎中沈衡復言：「知莫州柴貽範饋他州酒至九百餘瓶，用兵夫踰二百人。」故并諸路禁焉。

四年，三司承買酒麴坊場錢率千錢稅五十，儲以祿吏。六月，令式所删定官周直孺言：「在京麴院酒戶鬻酒虧額，原於麴數多則酒亦多，多則價賤，賤則人戶損其利。爲今之法，宜減數增價，使酒有限而必售，則人無耗折之患，而官額不虧。請以百八十萬斤爲定額，閏年增十五萬斤。舊直，斤百六十八，百以八十五爲數，請增爲二百[二]，百用省數，以便入出。」七年，諸郡舊不釀酒者許釀，以公使錢率百緡爲十石，溢額者以違制論。在京酒戶歲用糯三十萬石，九年，江、浙災傷，米直騰貴，詔選官至所產地預給錢，俟成稔折輸於官。未幾，詔勿行，止以所糴在京新米與已糴米半用之。

元豐元年，增在京酒戶麴錢，較年額損麴三十萬斤，閏年益造萬斤。二年，詔：「在京鬻麴，歲以百二十萬斤爲額，斤直錢二百五十，俟鬻及舊額，令復舊價。酒戶負糟、糯錢，更期以二年帶輸，并蠲未請麴數十萬斤。」先是，京師麴法，自熙寧四年更定後，多不能償，雖屢

閣未請麴數，及損歲額爲百五十萬斤，斤增錢至二百四十，未免逋負。至是，命畢仲衍與周直孺講求利病，請：「損額增直，均給七十店，令月輸錢[三]，周歲而足，月輸不及數，計所負倍罰；其炊醞非時、擅益器量及用私麴，皆立告賞法。」悉施行之，而裁其價。三年，詔：「帶輸舊麴錢及倍罰錢，仍寬以半歲，未經免罰者蠲三之一。」五年，外居宗室酒，止許於舊宮院尊長及近屬寄醞。增永興軍乾祐縣十酒場。酒戶負糟、糯錢，更令三年之內均月限以輸，並除限內罰息，其倍罰麴錢已蠲三之一，下戶更免一分。

元祐元年，删監司鬻酒及三路饋遺條。紹聖二年，左司諫翟思言：「諸郡釀酒，非沿邊並復熙寧之數。」詔：「熙寧五年以前，諸郡不釀酒、及有公使錢而無酒者，所釀並依熙寧編敕數，仍令諸郡所減勿逾百石，舊不及數者如舊，毋得於例外供饋。」後又以陝西沿邊官監酒務課入不足，乃令邊郡非帥府並酌條制定釀酒數，諸將并城砦止許於官務寄釀。

崇寧二年，知漣水軍錢景允言建立學舍，請以承買醋坊錢給用。詔常平司計無害公費如所請，仍令他路準行之。初，元祐臣僚請罷榷醋，戶部謂本無禁文。後翟思請以諸郡醋坊日息用餘悉歸常平，至是，景允有請，故令常平計之。十月，諸路官監酒直，上者升增錢二，中下增一，以充學費，餘裨轉運司歲用。

大觀四年，以兩浙轉運司之請，官監鬻糟錢別立額比較。又詔：「諸郡榷酒之地，入出酒米，並別遣倉官。賣醋毋得越郡城五里外，凡縣、鎭、村並禁，其息悉歸轉運司，舊屬常平者如故。

政和二年，淮南發運副使董正封言：「杭州都酒務甲於諸路，治平前歲課三十萬緡，今不過二十萬。請令分務爲三，更置比較務二，毋增官吏兵匠，仍請本路諸郡並增務比較。」從之。四年，兩浙轉運司亦請置務比較，定課額釀酒收息，以增虧爲賞罰。詔：「酒務官二員者分兩務，三員者復增其一，員雖多毋得過四務。內有官雖多而課息不廣者，聽如舊。」是歲，以湖南路諸務糟酵錢分入提舉司，令斤增錢三，爲直達糧綱水工之費。立酒匠闕聽選試淸務廂軍之法。淸務者，本州選刺供踏麴釀蒸之役，闕則募人以充。

宣和二年，公使庫假用米麴及因耗官課者，以坐贓罪之，監官移替。三年，發運使陳遘奏：「江、淮等路官監酒直，上者升權增錢五，次增三，爲江、浙新復州縣之用。」其後尚書省請令他路悉行之。詔如其請，所收率十之三以給漕計，餘輸大觀庫。五年，罷夔路榷酤，未幾復舊，以轉運司言新邊城砦藉以供億故也。六年，在任官以奉酒抑賣坊戶轉鬻者，論以違制律。先是，政和末，嘗詔毋得令人置肆以鬻，今併禁之。諸路增酒錢，如元豐法，悉充上供，爲戶部用，毋入轉運司。七年，諸路鬻醋息，率十五爲公使，餘如鈔旁法，令提刑司季具儲備之數，毋得移用。靖康元年，兩浙路酒價屢增，較熙、豐幾倍，而歲稔米麴直賤，民規

利，輕冒法，遂令罷所增價。

渡江後，屈於養兵，隨時增課，名目雜出，或主於提刑，或領於漕司，或分隸於經、總制司，惟恐軍資有所未裕。建炎三年，總領四川財賦趙開遂大變酒法：自成都始，先罷公帑賣供給酒[四]，卽舊撲買坊場所置隔釀，設官主之，民以米入官自釀，斛輸錢三十，頭子錢二十二。明年，徧下其法於四路，歲遞增至六百九十餘萬緡，凡官槽四百所，私店不預焉，於是東南之酒額亦日增矣。四年，以米麴價高，詔上等升增二十文，下等升增十八文，俟米麴價平依舊。

紹興元年，兩浙酒坊於買撲上添淨利錢五分，季輸送戶部。又增諸酒錢上升二十文，下十文。其諸州軍賣酒虧折，隨宜增價，一分州用，一分漕計，一分隸經制司。先是，酒有定價，每增須上請。是後，郡縣始自增，而價不一矣。五年，令諸州酒不以上下，升增五文，隸總制司[五]。六年，以紹興二年以後三年中一年中數立額，其增羨給郡縣用。罷四川州、軍、縣、鎭酒官百七員，其酒息微處並罷之。

七年，以戶部尙書章誼等言，行在置贍軍酒庫。四川制置使胡世將卽成都、潼川、資、普、廣安立淸酒務，許民買撲，歲爲錢四萬八千餘緡。自趙開行隔槽法，增至十四萬六千餘

緡，紹興元年。及世將改官監，所入又倍，自後果增至五十四萬八千餘緡，紹興二十五年。而外邑及民戶坊場又爲三十九萬緡。淳熙二年。然隔槽之法始行，聽就務分槽醞賣，官計所入之米而收其課，若未病也。行之既久，醞賣虧欠，則責入米之家認輸，不復覈其米而第取其錢，民始病矣。

十年，罷措置贍軍酒庫所，官吏悉歸戶部，以左曹郎中兼領，以點檢贍軍酒庫爲名，與本路漕臣共其事。十五年，弛夔路酒禁。以南北十一庫並充贍軍激賞酒庫，隸左右司。十七年，省四川清酒務監官，成都府二員，興元遂寧府、漢綿邛蜀彭簡果州、富順監并漢州綿竹縣〔六〕各一員。

二十一年，詔諸軍買撲酒坊監官賞格依舊。四萬、三萬貫已上場務：增及一倍，減一年磨勘，二倍減二年磨勘，三倍減三年磨勘，四倍減四年磨勘。二萬、一萬貫已上場務：增及一倍，減三季磨勘，二倍減一年磨勘，三倍減三年磨勘。七千貫以上場務：增及一倍，升三季名次，二倍減一年磨勘，三倍減一年半磨勘，四倍減二年磨勘。七千貫以下場務：增及一萬貫，減一年磨勘，二萬貫減二年磨勘，三萬貫減三年磨勘，四萬貫減四年磨勘。二十五年，罷諸路漕司寄造酒。二十七年，以隔槽酒擾民，許買撲以便民。罷官監，後復置之。三十年，以點檢措置贍軍酒庫改隸戶部。既而戶部侍郎邵大受等言：「歲計賴經、總制，窠名至多，今諸路歲虧二百萬，皆緣諸州公使庫廣造，別置店酤賣，以致酒務例皆敗

壞。」詔罷諸州別置酒庫，如軍糧酒庫、防月庫〔七〕、月椿庫之類，并省務寄造酒及帥司激賞酒庫〔八〕，凡未分隸經、總制錢處，並立額分隸，補趁虧額。三十一年，殿帥趙密以諸軍酒坊六十六歸之戶部，見九年。同安郡王楊存中罷殿帥，復以私撲酒坊九上之；歲通收息六十萬緡有奇，以十分爲率，七分輸送行在，三分給漕計。蓋自軍興以來，諸帥擅榷酤之利，由是，縣官始得資之以佐經費焉。

孝宗乾道元年，以浙東、西犒賞庫六十四隸三衙，輸課於左藏南庫，餘錢充隨年贍軍及造軍器。二年，詔：「臨安府安撫司酒庫悉歸贍軍；并贍軍諸庫及臨安府安撫司酒務，令戶部取三年所收一年中數立額。」日售錢萬緡，歲收本錢一百四十萬，息錢一百六十萬，麴錢二萬，羨餘獻以內藏者又二十萬，其後增爲五十萬。四年，立場務官賞格。七年，以淮西總領周闕言，總所庫四，安撫司庫五，都統司庫十八，馬軍司庫一，增置行宮庫一，共爲庫二十九，以三年最高年爲額；其行宮新庫息錢，除分認諸處錢及糜費，以淨息三分爲率，一分輸御前酒庫；以提領建康府戶部贍軍酒庫爲名，遂鑄印及改庫名。八年，知常德府劉邦翰言：「湖北之民困於酒坊〔九〕，至貧之家，不捐萬錢則不能舉一吉凶之禮。」乃檢乾道重修敕令，申嚴抑買之禁。淳熙三年詔：「四川酒課折估困弊，可減額錢四十七萬三千五百餘緡，令禮部給降度牒六百六十一道，補還今歲減數，明年於四川合給湖廣總所錢補之。」

寧宗開禧元年，知臨安府兼點檢贍軍激賞庫趙善防、轉運判官提領戶部犒賞酒庫詹徽之言，官吏冗費，請諸司官屬兼管。明年，又以都省言課額失陷，依舊辟置。

初，趙開之立隔釀法也，蓋以紓一時之急，其後行之諸郡，國家贍兵，郡縣經費，率取給於此。故雖罷行、增減，不一而足，而其法卒不可廢云。

阬冶　凡金、銀、銅、鐵、鉛、錫監冶場務二百有一：金產商、饒、歙、撫四州，南安軍。銀產鳳、建、桂陽三州，有三監；饒、信、虔、越、衢、處、道、福、汀、漳、南劍、韶、廣、英、連、恩、春十七州，建昌、邵武、南安三軍，有五十一場；秦、隴、興元三州，有三務。銅產饒、處、建、英、信、汀、漳、南劍八州，南安、邵武二軍，有三十五場；梓州有一務。鐵產徐、兗、相三州，有四監；河南、鳳翔、同、虢、儀、蘄、黃、袁、英九州，興國軍，有十二冶；晉、磁、鳳、澧、道、渠、合、梅、陝、耀、坊、虔、汀、吉十四州，有二十務；信、鄂、連、建、南劍五州，邵武軍，有二十五場。鉛產越、建、連、英、春、韶、衢、汀、漳、南劍十州，南安、邵武二軍，有三十六場、務。錫產河南、南康、虔、道、賀、潮、循七州，南安軍，有九場。水銀產秦、階、商、鳳四州，有四場。朱砂產商、宜二州，富順監，有三場。

開寶三年，詔曰：「古者不貴難得之貨，後代賦及山澤，上加侵削，下益彫弊，每念茲事，深疚于懷，未能捐金於山，豈忍奪人之利。自今桂陽監歲輸課銀，宜減三分之一。」民鑄銅爲佛像、浮圖及人物之無用者禁之，銅鐵不得闌出蕃界及化外。

至道二年，有司言：「定州諸山多銀礦，而鳳州山銅礦復出，採鍊大獲，而皆良焉。請置官署掌其事。」太宗曰：「地不愛寶，當與衆庶共之。」不許。東、西川鹽酒商稅課半輸銀帛外，有司請令二分入金。景德三年，詔以非土產罷之。

天聖中，登、萊採金，歲益數千兩。仁宗命獎勸官吏，宰相王曾曰：「採金多則背本趨末者衆，不宜誘之。」景祐中，登、萊饑，詔弛金禁，聽民採取，俟歲豐復故。然是時海內承平已久，民間習俗日漸侈靡，糜金以飾服器者不可勝數，重禁莫能止焉。景祐、慶曆中，屢下詔申敕之，語在輿服志。大率山澤之利有限，或暴發輒竭，或採取歲久，所得不償其費，而歲課不足，有司必責主者取盈。仁宗、英宗每降赦書，輒委所在視冶之不發者，或廢之，或蠲主者所負歲課，率以爲常；而有司有請，亦輒從之，無所吝。故冶之興廢不常，而歲課增損隨之。

中華書局

皇祐中，歲得金萬五千九十五兩，銀二十一萬九千八百二十九兩，銅五百一十萬八百三十四斤，鐵七百二十四萬一千斤，鉛九萬八千一百五十一斤，錫三十三萬六百九十五斤，水銀二千二百斤。

其後，以赦書從事或有司所請，廢冶百餘。既而山澤興發，至治平中，或增冶或復故者六十有八，而諸州阬冶總二百七十一：登、萊、商、饒、汀、南恩六州，金之冶十一；登、虢、秦、鳳、商、隴、越、衢、饒、信、虔、郴、衡、潭、汀、泉、建、福、南劍、英、韶、連、春二十三州，南安、建昌、邵武三軍，桂陽監，銀之冶八十四；饒、信、虔、建、潭、汀、南劍、泉、韶、英、梓十一州，邵武軍，銅之冶四十六；登、萊、徐、兗、鳳翔、陝、儀、邢、虢、磁、虔、吉、袁、信、澧、汀、泉、建、南劍、英、韶、渠、合、資二十四州，興國、邵武二軍，鐵之冶七十七；越、衢、信、汀、南劍、英、韶、春、連九州，邵武軍，鉛之冶三十；商、虢、虔、道、賀、潮、循七州，錫之冶十六；而水銀、丹砂州冶，與至道、天禧之時則一，皆置吏主之。是歲，視皇祐金減九千六百五十六，銀增九萬五千三百八十四，銅增一百八十七萬，鐵、錫增百餘萬，鉛增二百萬，又得丹砂二千八百餘斤，獨水銀無增損焉。

熙寧元年，詔：「天下寶貨阬冶，不發而負歲課者蠲之。」八年，令近阬冶坊郭鄉村并淘採烹鍊，人並相爲保；保內及於阬冶有犯，知而不糾或停盜不覺者，論如保甲法。

元豐元年，諸阬冶金總收萬七百一十兩，銀二十一萬五千三百八十五兩，銅千四百六十萬五千九百六十九斤，鐵五百五十萬一千九十七斤，鉛九百十九萬七千三百三十五斤，錫二百三十二萬一千八百九十八斤，水銀三千三百五十六斤，朱砂三千六百四十六斤十四兩有奇。

先是，熙寧七年，廣西經略司言：「邕州右江塡乃洞產金，請以鄧闢監金場。」後五年，凡得金爲錢二十五萬緡，闢遷官者再焉。元豐四年，始以所產薄罷貢，而虔、吉州界鉛悉禁之。七年，戶部尚書王存等請復開銅禁〔一〇〕，各展磨勘年有差。是歲，阬冶凡一百三十六所，領於虞部。

紹聖元年，戶部尚書蔡京奏：「岑水場銅額寖虧，而商、虢間苗脉多，陝民不習烹採，久廢不發。請募南方善工詣陝西經畫，擇地興冶。」於是以許天啓同管幹陝西阬冶事。元符三年，天啓罷領阬冶，以其事歸之提刑司。初，新舊阬冶合爲一司，而漕司兼領。天啓爲同管幹，欲專其事，慮有所牽制，乃請川、陝、京西路阬冶自爲一司，許檢束州縣，刺舉官吏，而漕司不復兼阬冶。至是，中書奏天啓所領，首末六歲，總新舊銅止收二百六萬餘斤，而兵匠等費繁多，故罷之。

崇寧元年，提舉江、淮等路銅事游經言：「信州膽銅古阬二：一爲膽水浸銅，工少利多，

其水有限；一爲膽土煎銅，土無窮而爲利寡〔一一〕。計置之初，宜增本損息，浸銅斤以錢五十爲本，煎銅以八十。」詔用其言。諸路阬冶，自川、陝、京西之外，並令常平司同管幹。所收息薄而煩官監者，如元符、紹聖敕立額，許民封狀承買。四年，湖北旺溪金場，以歲收金千兩，乃置監官。廣東漕臣王覺自言嘗領常平，講求山澤之利，岑水一場去年收銅，比祖額增三萬九千一百斤，較之常年亦增六十六萬一千斤。遂增其秩。是歲，山澤阬冶名數，令監司置籍，非所當收者別籍之，若弛興、廢置、移併，亦令具注，上於虞部。

大觀二年，詔：「金銀阬發，雖告言而方檢視，私開淘取者以盜論。阬冶舊不隸知縣、縣丞者，並令兼監，賞罰減正官一等。」有冶地，知縣月一行點閱。言者論其職在宣導德澤，平征賦獄訟，不宜爲課利走山谷間，遂已之。八月，提舉陝西阬冶司改併入轉運司。

政和元年，張商英言：「湖北產金，非止辰、沅、靖溪峒，其峽州夷陵、宜都縣，荆南府枝江、江陵縣赤湖城至鼎州，皆商人淘採之地。漕司既乏本錢，提舉司買止千兩，且無專司定額。請置專切提舉買金司，有金苗無官監者，許遣部內州縣官及使臣掌幹。」詔提舉官措畫以聞，仍於荆南置司。廣東漕司復奏：「端州高明、惠州信上立溪場皆宜停閉；韶州曹峒場、英州銀岡場皆併入英之清溪場，惟黃阬場欲權存，俟歲終會所入別奏；惠州楊梅東阬、康州雲烈〔一二〕、潮州豐政、連州元魚銅阬黃田白寶、廣州大利宜祿、韶州伍注岑水

銅岡、循州大佐羅翊、英州鍾峒〔一三〕凡十六場，請並如舊；循之夜明、英之竹溪、韶之恩溪、連之同安請更遣攝官。」從之。

三年，尚書省言：「陝西路阬冶已遣官提轄措置，川路金銀阬冶興發，慮失利源。」詔：「令陝西措置官兼行川路事。阬冶所收金、銀、銅、鉛、錫、鐵、水銀、朱砂物數，令工部置籍籤注，歲半消補，上之尚書省。」自是，戶工部、尚書省皆有籍鉤考，然所憑唯帳狀，至有有額而無收，有收而無額，乃責之縣丞、監官及曹、部奉行者，而更督遞年違負之數。九月，措置陝西阬冶蔣彝奏：本路阬冶收金千六百兩，他物有差。詔輸大觀西庫，彝增秩，官屬各減磨勘年。四年，令監司遣官同諸縣丞遍視阬冶之利，爲圖籍籤注，監司覆實保奏，議遣官再覆，酌重輕加賞，異同、脫漏者罪之。六年，川、陝路各置提轄措置。阬冶官劉芭計置萬、永州產金，一歲收二千四百餘兩，特與增秩。十二月，廣東漕司言：「本路鐵場阬冶九十二所，歲額收鐵二百八十九萬餘斤，浸銅之餘無他用。」詔令官悉市以廣浸，仍以諸司及常平錢給本。尚書省奏：「五路阬冶已有提轄措置專司，淮南、湖北、廣東西亦監司兼領，其餘路請並令監司領之。」於是江東西、福建、兩浙漕臣皆領阬冶。

七年，提舉東南九路阬冶徐禋奏：「太平瑞應，史不絕書。今部內山澤、阬冶，若獲希世珍物及古寶器，請赴書藝局上進。」蓋自政和初，京西漕臣王璹奏太和山產水精，知桂州

王覺奏枕門等處產金及生花金田，提轄京西阬冶王景文奏汝州青嶺鎮界蕃官結彪地內金阬千餘，收生熟金四等，凡百三十四兩有奇。蔡京請宣付史館，帥百官表賀，故禋復有是請焉。是時，河北、京東西及徐禋所領九路興修阬冶，類鑿空擾下，抑州縣承額，於是降黜河北提轄官，遣廉訪使者鄭諶并諸路廉訪悉究陳利病眞僞。八月，中書奏阬冶寖已卽緒，詔京東西、河北路并提舉東南九路阬冶並罷。十一月，尚書省言：「徐禋以東南黑鉛留給鼓鑄之餘，悉造丹粉，鬻以濟用。」詔諸路常平司以三十萬輸大觀西庫，餘從所請。

明年，令諸路鐵倣茶鹽法榷鬻，置鑪冶收鐵，給引召人通市。苗脈微者聽民出息承買，以所收中賣於官，私相貿易者禁之。先是，元豐六年，京東漕臣吳居厚奏：「徐、鄆、青等州歲製軍器及上供簡鐵之類數多，而利國、萊蕪二監鐵少不能給。請鐵從官興煽，所獲可多數倍。」自是，官榷鐵造器用以鬻於民，至元祐罷之。其後大觀初，入內皇城使裴絢爲涇原幹當，奏上渭州通判苗沖淑之言：「石河鐵冶既令民自採鍊，中賣於官，請禁民私相貿易。農具、器用之類，悉官爲鑄造，其冶坊已成之物，皆以輸官而償其直。」乃禁毋得私相貿易，農具、器用勿禁，官自賣鐵唯許鑄瀉戶市之。

政和初，臣僚言：「鹽鐵利均，今鹽筴推行已備，而鐵貨尚未講畫。請卽冶戶未償之錢，

收其已鍊之鐵，爲器鬻之。兼京東二監所出尤多，河北固鎮等冶並官監，其利不貲，而河東鐵、炭最盛，若官榷爲器，以贍一路，旁及陝、雍，利入甚廣，且以銷盜鑄之弊。又夏人茶山鐵冶既入中國，乏鐵爲器，聞以鹽易鐵錢於邊，若官自爲器，則鐵與錢俱重，可伐其謀。請權諸路鐵，擇其最盛者，可置監設官總之，概諸路不越數十處，餘止爲鑄瀉之地，屬之都監或監當官兼領。凡農具、器用皆官鑄造，表以字號，官本之餘，取息二分以上，仍置鐵引以通諸路，儲其錢助三路鈔本。」詔戶部下諸路漕臣詳度。會次年，廣東路請以可監之地如舊法收其淨利，苗脈微者召人承買，官不榷取，遂并諸路詳度之旨不行。至是，臣僚復以爲言，故嚴貿易之禁，而鐵利盡榷於官，然農具、器用從民鑄造，卒如舊法。

四月，廣東廉訪黃烈等言：「廣惠英康韶州、興慶府，政和中，寶貨司立阬冶金銀等歲額，或苗脈微，或無人承買，而浮冗之人虛託其名，發毀民田，騷動邀賂。」詔：「政和六年所立額並罷，舊有苗脈可給歲課者如故。」十一月，復諸路元罷提舉阬冶官，其江南路仍令江西漕臣劉蒙同措置。

宣和元年，石泉軍江溪沙磧麩金，許民隨金脈淘採，立課額，或以分數取之。十月，復置相州安陽縣銅冶村監官。先是，詔留邢州綦村、磁州固鎮兩冶，餘創置冶並罷，而常平司謂銅冶村近在河北，得利多，故有是命。六年，詔：「阬冶之利，二廣爲最，比歲所入，稽之

熙、豐，十不逮一。令漕臣鄭良提舉經畫，分任官屬典掌計置，取元豐以來歲入多數立額，定爲常賦，阬冶司毋預焉。」時江、淮、荆、浙等九路，阬冶凡二百四十五，鑄錢院監十八，歲額三百餘萬緡。五月，詔：「阬冶舊隸轉運司者，如熙、豐、紹聖法；崇寧以後隸常平司者，如崇寧法；其江、淮等路阬冶官屬，如熙、豐員數，餘路官屬並罷，仍令中書選提點官。」

靖康元年，諸路阬冶苗礦既微，或舊有今無，悉令蠲損，凡民承買金場並罷。宋初，舊有阬冶，官置場監，或民承買以分數中賣於官。初隸諸路轉運司，本錢亦資焉，其物悉歸之內帑。崇寧已後，廣搜利穴，榷賦益備。凡屬之提舉司者，謂之新阬冶，用常平息錢與剩利錢爲本，金銀等物往往皆積之大觀庫，自蔡京始。政和間數罷數復，然告發之地多壞民田，承買者立額重，或舊有今無，而額不爲損。欽宗卽位，詔悉罷之。

南渡，阬冶廢興不常，歲入多寡不同。今以紹興三十二年金、銀、銅、鐵、鉛、錫之冶廢興之數一千一百七十，及乾道二年鑄錢司比較所入之數附之：

湖南、廣東、江東西金冶二百六十七，廢者一百四十二；湖南、廣東、福建、浙東、廣西、江東西銀冶一百七十四，廢者八十四；潼川、湖南、利州、廣東、浙東、廣西、江東西、福建銅冶一百九，廢者四十五。舊額歲七百五萬七千二百六十斤有奇，乾道歲入二十六萬三千一

百六十斤有奇。

淮西、夔州、成都、利州、廣東、福建、浙東、廣西、江東西鐵冶六百三十八，廢者二百五十一，舊額歲二百一十六萬二千一百四十斤有奇，乾道歲入八十八萬三百斤有奇。

淮西、湖南、廣東、福建、浙東、江西鉛冶五十二，廢者一十五，舊額歲三百二十一萬三千六百二十斤有奇，乾道歲入一十九萬一千二百四十斤有奇。

湖南、廣東、江西錫冶一百一十八，廢者四十四，舊額歲七十六萬一千二百斤有奇，乾道歲入二萬四百五十斤有奇。

宋初，諸冶外隸轉運司，內隸金部；崇寧二年，始隸右曹；建炎元年，復隸金部、轉運司。隆興二年，阬冶監官歲收買金及四千兩、銀及十萬兩、銅錫及四十萬斤、鉛及一百二十萬斤者，轉一官；守倅部內歲比祖額增金一萬兩、銀十萬兩、銅一百萬斤，亦轉一官；令丞歲收買及監官格內之數，減半推賞。

慶元二年，宰執言：「封樁銀數比淳熙末年虧額幾百五十萬。今務場所入歲不滿三十萬，而歲奉三宮及冊寶費約四十萬，恐愈侵銀額。欲權以三分爲率，一分支銀，二分支會子。」上曰：「善。」

端平三年，赦曰：「諸路州縣阬冶興發，在觀寺、祠廟、公宇、居民墳地及近墳園林地者，

在法不許人告，亦不得受理。訪聞官司利於告發，更不究實，多致擾害。自今許人戶越訴，官吏并訟者重寘典憲。及有阬冶停閉、苗脉不發之所，州縣勒令阬戶虛認歲額，提點鑄錢司覈實追正。」

礬　唐於晉州置平陽院以收其利，開成三年，度支奏罷之，乃以礬山歸之州縣。五代以來，復創務置官吏，宋因之。

白礬出晉慈坊州、無爲軍及汾州之靈石縣，綠礬出慈、隰州及池州之銅陵縣，皆設官典領，有鑊戶鬻造入官市。晉、汾、慈州礬，以一百四十斤爲一馱，給錢六千。隰州礬馱減三十斤，給錢八百。博賣白礬價：晉州每馱二十一貫五百，慈州又增一貫五百；綠礬：汾州每馱二十四貫五百，慈州又增五百，隰州每馱四貫六百。散賣白礬：坊州斤八十錢，汾州百九十二錢，無爲軍六十錢；綠礬，斤七十錢。

建隆中，詔：「商人私販幽州礬，官司嚴捕沒入之。」繼定私販河東幽州礬一兩以上、私

鬻礬三斤、及盜官礬至十斤者，棄市。開寶三年，增私販至十斤、私鬻及盜滿五十斤者死，餘論罪有差。太平興國初，以歲鬻不充，迺詔私販化外礬一兩以上、及私鬻至十斤，並如律論決，再犯者悉配流，還復犯者死。淳化元年，有司言：「慈礬滯積，小民多於山谷僻奧之地私鬻侵利，而綠礬價賤，不宜與晉礬均法。」詔同犯私茶罪賞。

先是，建隆二年，命左諫議大夫〔四〕劉熙古詣晉州制置礬，許商人輸金銀、布帛、絲綿、茶及緡錢，官償以礬，凡歲增課八十萬貫。太平興國初，歲博緡錢、金銀計一十二萬餘貫，茶計三萬餘貫。端拱初，銀、絹帛二萬餘貫，茶計十四萬貫。至是，言者謂：「礬直酬以見錢，商人以陳茶入博，有利豪商，無資國用。」詔今後惟聽金銀、見錢入博。

至道中，白礬歲課九十七萬六千斤，綠礬四十萬五千餘斤，鬻錢一十七萬餘貫。眞宗末，白礬增二十萬一千餘斤，綠礬增二萬三千餘斤，鬻錢增六萬九千餘貫。天聖以來，晉、慈二州礬募民鬻之，季鬻礬一盆，多者千五六百斤，少者六七百斤，四分輸一入官，餘則官市之。無爲軍亦置務鬻礬，後聽民自鬻，官置場售之，私售礬禁如私售茶法。六年，詔弛兩蜀榷礬之禁。

時河東礬積益多，復聽入金帛、芻粟。芻粟虛估高，商人利於入中。麟州粟斗實直錢百，虛估增至三百六十，礬之出官爲錢二萬一千五百，纔易粟六石，計粟實直錢纔六千，而礬一馱已費本錢六千。縣官徒有榷礬之名，其實無利。嘉祐六年，罷入芻粟，復令入緡錢。礬以百四斤爲一馱，入錢京師榷貨務者，爲錢十萬七千；入錢麟、府州者，又減三千。自是商賈不得專其利矣。皇祐中，晉、慈入礬二百二十七萬三千八百斤，以易芻粟之類，爲緡錢十三萬六千六百；無爲軍礬售緡錢三萬三千一百。治平中，晉、慈礬損一百九萬六千五百四斤；無爲軍礬售錢歲有常課，發運使領之，視皇祐數無增損；隰州礬至是入三十九萬六千斤，亦以易緡錢助河東歲糴。

熙寧元年，命河東轉運司經畫礬、鹽遺利。李師中言：「官積礬三百斤，走鹵消耗，恐後爲棄物。」詔令商人入中糧草，即以償之。三年，罷潞州交子務，以妨中納糧草、算請礬鹽故也。知慶州王廣淵言：「河東，礬爲利源之最，請河東、京東、河北、陝西別立礬法，專置提舉官。」詔遣光祿丞楊蟠會議以聞。蟠言：「坊州產礬，官雖置場，而商多私售。請置鑊戶，定其數，許於陝西北界黃河，東限潼關，南及京西均房襄鄧金州、光化軍，令鑊戶遞相保察。或私賣越界，禁如私白礬法，仍增官獲私礬輒以夾雜減斤重之法。」從之。

元豐元年，定畿內及京東、西五路許賣晉、隰礬；陝西自潼關以西、黃河以南，達于京西均、房、襄、鄧、金州則售坊州礬；礬之出於西山、保霸州者，售於成都、梓州路；出無爲軍者，餘路售之。私鬻與越界者，如私礬法。

自熙寧初，礬法始變。歲課所入，元年爲錢三萬六千四百緡有奇，併增者五年，乃取熙寧六年中數，定以十八萬三千一百緡有奇爲新額；至元豐六年，課增至三十三萬七千九百緡，而無爲軍礬歲課一百五十萬斤，用本錢萬八千緡；自治平至元豐數無增損。

元祐元年，戶部言：「商旅販礬，舊聽其便，迺者發運司請用河東例，令染肆鋪戶連保豫買，頗致抑擾。」詔如舊制。元符三年，崇儀使林像奏：「禁河北土礬非便。若即河北產礬地置場官買，增價出之，罷運晉礬，則官獲淨利，無運載之勞，民資地產，省犯法之弊。」詔下戶部。

初，熙、豐間，東南九路官自賣礬，發運司總之。元祐初通商，紹聖復熙、豐之制。大觀元年，定河北、河東礬額各二十四萬緡，淮南九萬緡，罷官賣，從商販，而河東、河北、淮南各置提舉官。政和初，復官鬻，罷商販如舊制。淮南礬事司罷歸發運司，上供礬錢責以三萬三千一百緡爲額。三年，有司奏減河北、河東并淮南礬額，計十六萬緡。四年，礬額復循大觀之制。五年，河北、河東綠礬聽客販於東南九路，民間見用者，依通商地籍之，聽買新引帶賣，大率循倣鹽法。宣和中，舉比較增虧賞罰，未幾，以擾民罷。

建炎三年，措置財用黃潛厚奏許商人販淮南礬入東南諸路，聽輸錢行在，而持引據赴

場支礬。

紹興十一年，以鑄錢司韓球言，撫州青膽礬斤錢一百二十文，土礬斤三十文省，鉛山場所產品高於撫，青膽礬斤作一百五十文，黃礬斤作八十文。二十九年，以淮西提舉司言，取紹興二十四年至二十八年所收礬錢一年中數四萬一千五百八十五緡爲定額。其他產礬之所，若潭州瀏陽之永興場、韶州之岑水場，皆置場給引，歲有常輸。惟潭州之東，去海甚邇，大山深阻，雖有采礬之利，而潮、梅、汀、贛四州之姦民聚焉，其魁傑者號大洞主、小洞主，土著與負販者，皆盜賊也。

香　宋之經費，茶、鹽、礬之外，惟香之爲利博，故以官爲市焉。建炎四年，泉州抽買乳香一十三等，八萬六千七百八十斤有奇。詔取赴榷貨務打套給賣，陸路以三千斤、水路以一萬斤爲一綱。

紹興元年，詔：「廣南市舶司抽買到香，依行在品答成套，召人算請，其所售之價，每五萬貫易以輕貨輸行在。」六年，知泉州連南夫奏請，諸市舶綱首能招誘舶舟、抽解物貨、累價及五萬貫十萬貫者，補官有差。大食蕃客囉辛販乳香直三十萬緡，綱首蔡景芳招誘舶貨，收

息錢九十八萬緡，各補承信郎。閩、廣舶務監官抽買乳香每及一百萬兩，轉一官；又招商入蕃興販，舟還在罷任後，亦依此推賞。然海商入蕃，以興販爲招誘，僥倖者甚衆。

淳熙二年，郴、桂寇起，以科買乳香爲言。詔：「湖南路見有乳香並輸行在榷貨務，免科降。」十二年，分撥榷貨務乳香於諸路給賣，每及一萬貫，輸送左藏南庫。十五年，以諸路分賣乳香擾民，令止就榷貨務招客算請。

紹熙三年，以福建舶司乳香虧數，詔依前博買。開禧三年，住博買。嘉定十二年，臣僚言以金銀博買，洩之遠夷爲可惜。乃命有司止以絹帛、錦綺、瓷漆之屬博易，聽其來之多寡，若不至則任之，不必以爲重也。

校勘記

〔一〕犯私麴者並棄市　「私」字原脫，據羣書考索後集卷五八、通考卷一七征榷考補。

〔二〕請增爲二百　「請」原作「後」，據宋會要食貨二〇之九、長編卷二二四改。

〔三〕令月輸錢　「月」原作「日」，據宋會要食貨二〇之一〇、長編卷二九九改。

〔四〕先罷公帑賣供給酒　「賣」原作「實」，據朝野雜記甲集卷一四、通考卷一七征榷考改。

〔五〕總制司　「總制」二字原倒。按通考卷一七征榷考引止齋陳氏說：「（五年）六月五日，令州縣見賣酒務，不以上下每升各增五文隸總制，而總制錢始於此。」朝野雜記甲集卷一五：「五年春，高宗在平江，命宮文提領措置財用。宮文請以總制司爲名，專察內外官司隱漏遺欠。從之。」據改。

〔六〕漢州綿竹縣　「綿竹」原作「綿州」，據本書卷八九地理志、宋會要食貨二〇之一九改。

〔七〕防月庫　通考卷一七征榷考作「防椿庫」。

〔八〕帥司激賞酒庫　「賞」原作「買」，據宋會要食貨二〇之二三和上文「贍軍激賞酒庫」例改。

〔九〕湖北之民困於酒坊　「湖北」原作「江北」，據宋會要食貨二一之一〇、通考卷一七征榷考改。

〔一〇〕戶部尙書王存等請復開銅禁　按長編卷三五〇，王存等各展磨勘年是因「坐言乞復銅禁，不知增錢監用銅多」。

〔一一〕土無窮而爲利寡　「土」字原脫。按宋會要食貨三四之二五說：「贍土煎銅，工多利少，其土無窮。」「無」字上當有「土」字，據補。

〔一二〕雲烈　原作「雲列」，據本書卷九〇地理志、宋會要食貨三三之一七改。

〔一三〕鍾峒　「峒」原作「銅」，據本書卷九〇地理志、宋會要食貨三三之一六改。

〔一四〕左諫議大夫　「議」字原脫，據本書卷二六三本傳補。

宋史卷一百八十六

志第一百三十九

食貨下八

商稅　市易　均輸　互市舶法

商稅　凡州縣皆置務，關鎭亦或有之，大則專置官監臨，小則令、佐兼領，諸州仍令都監、監押同掌。行者齎貨，謂之「過稅」，每千錢算二十；居者市鬻，謂之「住稅」，每千錢算三十，大約如此。然無定制，其名物各隨地宜而不一焉。行旅齎裝，非有貨幣當算者，無得發篋搜索。凡販夫販婦細碎交易，嶺南商賈齎生藥及民間所織縑帛，非鬻於市者皆勿算。常稅名物，令有司件析頒行天下，揭于版，置官署屋壁，俾其遵守。應算物貨而輒藏匿，爲官司所捕獲，沒其三分之一，以半畀捕者。販鬻而不由官路者罪之。有官須者十取

其一，謂之「抽稅」。

自唐室藩鎭多便宜從事，擅其征利，以及五季，諸國益務掊聚財貨以自贍，故征算尤繁。宋興，所下之國，必詔蠲省，屢敕官吏毋事煩苛、規羨餘以徼恩寵。大中祥符六年，始免諸路州軍農器之稅。

諸州津渡舊皆有算，或水涸改置橋梁，有司猶責主者備償。建隆初，詔除滄、德、棣、淄、齊、鄆乾渡三十九處算錢，水漲聽民置渡，勿收其算。自是，有類此者多因恩宥蠲除。其餘橘園、魚池、水磑、社酒、蓮藕、鵝鴨、螺蚌、柴薪、地鋪、枯牛骨、溉田水利等名，皆因諸國舊制，前後屢詔廢省。緣河州縣民船載粟亦輸算，三年，始罷。陳州私置蔡河鎖，民船勝百斛者取百錢，有所載倍其征，太平興國三年，乃悉除之。至道元年詔：「江南溪渡，多公吏豪民典其事，量輸官課而厚算行旅。州縣宜加嚴禁，所輸年額錢五千以下者並免，不係色役近便人戶掌船濟渡，毋得擾人。」至道中，歲入稅課錢四百萬貫；天禧末，增八百四萬貫。

天聖以來，國用寖廣，有請算緡錢以助經費者。仁宗曰：「貨泉之利，欲流天下通有無，何可算也？」一日，內出蜀羅一端，爲印朱所漬者數重，因詔天下稅務，毋輒汚壞商人物帛。康定元年，西邊兵費不給，州縣或增所算名物，朝廷知之，悉命蠲去。既而下詔敕勵，且戒毋搜索行者家屬，歲儉則免算耕牛，水鄉又或弛蒲、魚、果、蓏之稅，民流而渡河者亦爲之免算。應算而匿不自言者，雖聽人捕告，抵罪如舊法，然須物皆見在乃聽，以防誣罔。至於歲課贏縮，屢詔有司裁定，前後以詔蠲放者，不可勝數。皇祐中，歲課緡錢七百八十六萬三千九百。嘉祐以後，弛茶禁，所歷州縣收算錢。至治平中，歲課增六十餘萬，而茶稅錢居四十九萬八千六百。

熙寧以來，河北、河東、陝西三路支移，民以租賦齎貨至邊貿易以輸官者，勿稅；河北流民復業者所過免算。後以歲稔，盧逸歲課，復舊。五年，以在京商稅院隸提舉市易務。七年，減國門之稅數十種，錢不滿三十者蠲之。其先，外城二十門皆責以課息，近令隨閑、要分等，以檢捕獲失之數爲賞罰；既而以歲旱，復有是命。

元豐元年，濱、棣、滄州竹木、魚果、炭箔稅不及百錢者蠲之。二年，熙河路制置邊防財用李憲擅榷本路商貨，令漕臣蔣之奇劾其罪。導洛通汴司請置堆垛場於泗州，貫物至者，先入官場，官以船運至京，稍輸船算。明年，詔：近京以通津水門外順成倉爲場。非導洛司

船而載商人稅物入汴者〔一〕，許糾告，雖自請稅，猶如私載法。惟日用物非販易，若蘼箔〔二〕、柴草、竹木之類勿禁。瓊管奏：「海南收稅，較船之丈尺，謂之『格納』。其法分三等，有所較無幾，而輸錢多寡十倍。買物自泉、福、兩浙、湖、廣至者，皆金銀物帛，直或至萬餘緡；自高、化至者，唯米包、瓦器、牛畜之類，直纔百一，而概收以丈尺。故高、化商人不至，海南遂乏牛米。請自今用物貴賤多寡計稅，官給文憑，聽鬻於部內，否則許糾告，以船貨給賞。」詔如所奏。六年，京東漕臣吳居厚言：「商人負正稅七萬六千餘緡，倍稅十五萬二千餘緡。」詔蠲其倍稅，納正稅，百千以下期以三年，百千以上五年。

元祐元年，戶部請令在京商稅院，酌取元豐八年錢五十五萬二千二百六十一緡有奇，以爲新額，自明年始。三年，又以天聖歲課爲額，蓋戶部用五年併增之法，立額既重，歲課不登，故言者論而更之。七年，罷諸路承買土產稅場。初，罷江南路承買，而河東轉運司以爲較元祐六年官監額增三萬餘緡〔三〕，遂行之諸路。

八年，權蠲商人載米入京糶賣力勝之稅。先是，熙寧六年，蘇、湖歲稔，穀價比淮南十五，而商船以力勝稅不至，嘗命權蠲。惠止一方，未爲定法。及汴泗堆垛場法行，穀船毋得增置，而力勝之稅益三之一。至是，蘇軾言：「法不稅五穀，請削去力勝錢之條，而行天聖免

稅之制。」既而尚書省亦言在京穀貴，欲平其直，復榷鬻之。後徽宗宣和中，以州縣災傷并贍給都下，亦一再免，旋復如舊；惟兩浙并東北鹽，以鹽事司之請，遂不復征。

自哲宗即位，罷導洛物貨場。紹聖四年，藍從熙提舉京城所，欲復其事，令泗州及京師洛口各置棄場，并請復麵市、牛羊圈。詔下尚書省，久之遂寢。至是，提舉汴河隄岸王憲復言之，且請假溫、明州運船給用。命太府少卿鄭僅同詳度〔四〕，明年，竟詔勿行。五年，令戶部取天下稅務五年所收之數，酌多寡爲中制，頒諸路揭版示之，率十年一易；其增名額及多稅者，並論以違制。

大觀元年，凡典買牛畜、舟車之類未印契者，更期以百日，免倍稅。二年，詔在京諸門，凡民衣屨、穀菽、鷄魚、蔬果、柴炭、瓷瓦器之類，並蠲其稅；歲終計所蠲數，令大觀庫給償。宣和二年，宮觀、寺院、臣僚之家商販，令關津搜閱，如元豐法輸稅，歲終以次數報轉運司取旨。初，元符令，品官供家服用物免稅。至建中靖國初，馬、牛、駝、驢、騾已不入服用例，而比年臣僚營私牟利者衆，宮觀寺院多有專降免稅之旨，皆以船艘買販，故有是詔。漕臣劉既濟起應奉物，兩浙、淮南等路稅例外，增一分以供費；三年，詔罷之。凡以蠶織農具、耕牛至兩浙、江東者，給文憑蠲稅一年。四年，令諸路近歲所增稅錢，悉歸應奉司。七年，

以歲歉之後，用物少而民艱食，在京及畿內油、炭、麵、布、絮稅并力勝錢並權免。提舉京東常平楊連奏：「本路牛價貴，田多荒萊，請令販牛至本路者，仍給文憑蠲稅，俟二年足如舊。」從之。

靖康元年詔：「都城物價未平，凡稅物，權更蠲稅一年。」臣僚上書：「祖宗舊制并政和新令，場務立額之法，並以五年增虧數較之，併增者取中數，併虧者取最高數，以爲新額，故課息易給而商旅可通。近諸路轉運司不循其法，有益無損，致物價騰踴，官課愈負。請令諸路提刑下諸郡，準舊法釐正立額。」詔依所奏。

高宗建炎元年詔，販貨上京者免稅。明年又詔，販糧草入京抑稅者罪之；凡殘破州縣免竹木、磚瓦稅，北來歸正人及兩淮復業者亦免路稅。紹興三年，臨安火，免竹木稅。然當時都邑未奠，兵革未息，四方之稅，間有增置，及於江灣浦口量收海船稅，凡官司回易亦並收稅；而寬弛之令亦錯見焉，如諸路增置之稅場，山間迂僻之縣鎮，經理未定之州郡，悉罷而免之。又以稅網太密，減併者一百三十四，罷者九，免過稅者五，至於牛、米、薪、麵民間日用者並罷。

孝宗繼志，凡高宗省罷之未盡者，悉推行之；又以臨安府物價未平，免淳熙七年稅一年〔五〕。光、寧以降，亦屢興放免商稅，或一年，或五月，或三月。凡遇火，放免竹木之稅亦然。光、寧嗣服，諸郡稅額皆累有放免。然當是時，雖寬大之旨屢頒，關市之征迭放，而貪吏並緣，苛取百出。私立稅場，算及緡錢、斗米、束薪、菜茹之屬，擅用稽察措置，添置專欄收檢。虛市有稅，空舟有稅，以食米爲酒米，以衣服爲布帛，皆有稅。遇士夫行李則搜囊發篋，目以興販。甚者貧民貿易瑣細于村落，指爲漏稅，輒加以罪。空身行旅，亦白取百金，方紆路避之，則攔截叫呼；或有貨物，則抽分給賞，斷罪倍輸，倒囊而歸矣。聞者咨嗟，指爲大小法場，與斯民相刃相劘，不啻讎敵，而其弊有不可勝言矣。

市易之設，本漢平準，將以制物之低昂而均通之。其弊也，以官府作賈區，公取牙儈之利，而民不勝其煩矣。

熙寧三年，保平軍節度推官王韶倡爲緣邊市易之說，丐假官錢爲本。詔秦鳳路經略司以川交子易物貨給之，因命韶爲本路帥司幹當兼領市易事。時欲移司於古渭城，李若愚等以爲多聚貨以啓戎心，又妨秦州小馬、大馬私貿易，不可。文彥博、曾公亮、馮京皆韙之；

韓絳亦以去秦州爲非，唯王安石曰：「古渭置市易利害，臣雖不敢斷，然如若愚奏，必無可慮。」七月，詔轉運司詳度，復問陳升之。升之謂古渭極邊，恐啓羣羌窺覦心。安石乃言：「今蕃戶富者，往往蓄緡錢二三十萬，彼尚不畏劫奪，豈朝廷威靈，乃至衰弱如此？今欲連生羌，則形勢欲張，應接欲近。古渭邊砦〔六〕，便於應接，商旅並集，居者愈多，因建爲軍，增兵馬，擇人守之，則形勢張矣。且蕃部得與官市，邊民無復逋負，足以懷來其心，因收其贏以助軍費，更闢荒土，異日可以聚兵。」時王安石爲政，汲汲焉以財利兵革爲先，其市易之說，已見於熙寧二年建議立均輸平準法之時，故王韶首迎合其意，而安石力主之，雖以李若愚、陳升之、韓絳諸人之議，而卒不可回。五年，遂詔出內帑錢帛，置市易務于京師。

先是，有魏繼宗者，自稱草澤，上言：「京師百貨無常價，貴賤相傾，富能奪，貧能與，乃可以爲天下。今富人大姓，乘民之亟，牟利數倍，財既偏聚，國用亦屈。請假榷貨務錢，置常平市易司，擇通財之官任其責，求良賈爲之轉易。使審知市物之價，賤則增價市之，貴則損價鬻之，因收餘息，以給公上。」於是中書奏在京置市易務官。凡貨之可市及滯於民而不售者，平其價市之，願以易官物者聽。若欲市於官，則度其抵而貸之錢，責期使償，半歲輸息十一，及歲倍之。凡諸司配率，並仰給焉。以呂嘉問爲提舉，賜內庫錢百萬緡、京東路錢八十七萬緡爲本。三司請立市易條，有「兼并之家，較固取利，有害新法，本務覺察，三司

按治」之文，帝削去之。

七月，以榷貨務爲市易西務下界，市易務爲東務上界，以在京商稅院、雜買務、雜賣場隸焉。又賜錢帛五十萬，于鎭洮軍置司。市易極苛細，道路怨謗者籍籍。上以諭安石，請宣示事實，帝以鬻冰、市梳樸等數事語之，安石皆辯解。後帝復言：「市易鬻果太煩碎，罷之如何？」安石謂：「立法當論有害於人與否，不當以煩碎廢也。」自是諸州上供簾席、黃蘆之類六十色，悉令計直，從民願鬻者市之以給用。

六年，詔在京市易幹當公事孫迪同兩浙、淮東轉運司，議置杭州市易務利病以聞〔七〕。其後以市易上界所償內帑錢三十萬緡假之爲本。又賜夔州路轉運司度僧牒五百，置市易于黔州，選本路在任已替官監之，仍以知州或通判提舉。令在京市易務及開封府司錄同詳度諸行利病，於是詳定所請：「約諸行利入薄厚，輸免行錢以祿吏，蠲其供官之物。禁中所須，並下雜賣場、雜買務。置市司估物價低昂，凡內外官司欲占物價，悉於是乎取決。」從之。改提舉在京市易務爲都提舉市易司，諸州市易務皆隸焉。又詔三司幹當公事李杞等同詳度成都置市易務。

七年，帝與輔臣論及成都市易事。馮京曰：「曩因榷市物，致王小波之亂，今頗以市易爲言。」安石曰：「彼以饑民衆，官不之恤，相聚爲盜耳。」帝問：「李杞行邪？」安石曰：「未也。

然保市易必不能致亂。」帝猶慮蜀人騷擾，安石謂：「已遣使乃遽罷，豈不爲四方笑？」乃已。然其後竟罷杞等詳度。

三月，詔權三司使曾布、翰林學士呂惠卿同究詰市易事。先是，帝出手詔付布，謂市易司市物，頗害小民之業，衆言喧譁。布乃引監市易務魏繼宗之言，以爲呂嘉問多取息以干賞，商旅所有者盡收，市肆所無者必索，率賤市貴鬻，廣裒贏餘，是挾官府爲兼并也。王安石具奏，明其不然。乃更令惠卿偕布究詰之。帝尋復以手札賜布，令求對，布即上行人所訴，并疏惠卿姦欺狀，且言：「臣自立朝以來，每聞德音，未嘗不欲以王道治天下，今市易之爲虐，凜凜乎間架、除陌之事矣。嘉問奏：『近遣官往湖南販茶，陝西販鹽，兩浙販紗，皆未敢計息。』臣以謂如此政事，書之簡牘，不獨唐、虞、三代所無，歷觀秦、漢以來衰亂之世，恐未之有也。」四月，布復陳薛向罪茶儈不當，帝惻然咨嗟；及言三司決責商人多濫，時帝猶必欲按治，而安石主用惠卿不可去，蓋謀變其事也，帝疑焉，故仍以屬布。

既而中書奏事已，帝論及市易，且曰：「朝廷設此，本欲爲平準之法以便民，今正爾相反，使中下之民失業若此，宜修補其法。」令元詳定呂嘉問、吳安持同韓維、孫永問行人輸錢免行利病。參知政事馮京曰：「開封祥符縣給民錢，有出息抵當銀絹米麥、緩急喪葬之目七八種，其初給錢，往往願請，積數既多，實艱輸送。」帝曰：「如此，吾民安得泰然也。」時

布與惠卿方究市易事，率數日一對，帝初是布言，已而從惠卿之請，拘魏繼宗於開封府。既而布與惠卿即東府再詰行人，所訴狀如前不變。而安石懇求去位，引惠卿執政。

提舉楚州市易蔣之奇奏：「監務王景彰榷市商人物非法，及虛作中糴入務，立詭名糴之，白輸息錢，謂之『乾息』；又抑賈販毋得至他郡，多爲留難〔八〕。」帝謂輔臣曰：「景彰違法害人，宜即治其罪。」時呂惠卿已參朝政，而究詰市易未竟，詔促之，惠卿請令中書悉取桉牘異同以奏。後二日，布對延和殿，條析先後所陳，并較治平、熙寧入出錢物數以聞。帝方慮歲費寖廣，令布送中書。五月，乃詔章惇、曾孝寬即軍器監鞫布所究市易事，又令戶房會財賦數，與布所陳異；而呂嘉問亦以雜買務多入月息不覺，皆從公坐有差。未幾，布褫職，與嘉問俱出守郡，魏繼宗仍奪秩勒停。初，市易之建，布實預之。後揣上意有疑，遂急治嘉問，而惠卿與布有夙怨，故卒擠之，而市易如故。

三司使章惇請假內藏錢五百萬緡，令市易司有幹局者，分四路入中，計見鹽引及乘賤糴買。詔假二百萬緡。八年，復呂嘉問提舉市易。二月，鳳翔、大名、眞定府，永興、安肅軍，秦、瀛、定、越、眞州，並置市易司。以惠州阜民監錢十萬緡給廣州市易務，司農寺坊場錢三十萬緡給鄆州市易。九年，又以在京市易司物貨十五萬緡給熙河市易司。九月，中書言：市易息錢并市例錢，總收百三十三萬二千緡有奇。詔嘉問、安持等推恩有差。自後凡二年

一較。十年，定上界本錢以七百萬緡爲額，不足，以歲所收息益之；其貸內帑錢，歲償以息二十萬緡。

元豐元年，以都提舉王居卿請，令貸市易錢貨者，許用金帛等爲抵，收息毋過一分二釐，不及年者月計之，願皆得錢或欲以物貨兼給者聽。市易司請遣官以物貨至諸路貿易，十萬緡以上期以二年，二十萬緡以上三年，斂及三分者比遞年推恩，八分者理爲任，期盡不及者勿賞，官吏廩給並罷。

二年，經制熙河路邊防財用李憲言：蕃賈與牙儈私市，其貨皆由他路避稅入秦州，乃令秦熙河岷州、通遠軍五市易務，募牙儈引蕃貨赴市易務中賈，私市者許糾告，賞倍所告之數。以田宅抵市易錢久不償者，估實直，如賣坊場、河渡法；若未輸錢者，官收其租息，在京市易務亦如之。

三年，詔免行月納錢不及百者皆免，凡除八千六百五十四人。九月，王居卿又言：「市易法有三：結保貸請，一也；契要金銀爲抵，二也；貿遷物貨，三也。三者惟保貸法行之久，負失益多，往歲罷貸錢而物貨如故。請自今所貸歲約毋過二百萬緡，聽舊戶貸請以相濟續，非舊戶惟用抵當、貿遷之法。」詔中書立法以聞。於是中書奏：「在京物貨，許舊戶貸

中華書局

請，斂而復散，通所負毋過三百萬緡，諸路毋過四之一。」詔如所奏。是歲，經制熙河邊防財用司會其置司以來所收息：元豐初四十一萬四千六百二十六緡、石，次年六十八萬四千九十九緡、石。四年，從都提舉賈青請，於新舊城外內置四抵當所〔九〕，遣官掌之，罷市易上界等處抵當以便民。

五年，詔外內市易務所負錢，寬以三歲，均月限以輸，限內罰息並除之。先是，王安禮在開封日，有負市易錢者，累訴於庭。安禮既執政，言於帝曰：「市易法行，取息滋多，而輸官不時者有罰息，民至窮困。願詔蠲之。」帝曰：「羣臣未有爲朕言者，其令民以限輸，免其罰息。」安禮退，批詔加「內外」字。蔡確曰：「方帝有旨，無外內字，公欲增詔邪？」安禮曰：「亦不止言內字。」卒加之。八月，置饒州景德鎮瓷窰博易務。

六年，蘭州增置市易務，以通蕃漢貿易。七年，改市易下界爲榷貨務。令諸州旬估物價既定，報提舉司，提舉司下所部州，州下所屬，募民出抵或錢以市，收息毋過二分。詔諸路常平司錢留其半，以二分爲市易抵當。蓋自五年賈青以平準物價與金銀之類，行抵當於畿縣，次年行之諸路，以常平、市易賖貸及寬剩錢爲本，五路各十萬緡，餘路五萬緡。至是，復有是詔。若無抵當而物貨宜易者，亦聽變鬻。八年，罷諸鎮砦市易抵當。八月，詔諸郡抵當，有取息薄、可濟民乏者存之，其餘抵當并州縣市易並罷。

元祐元年，內外監督市易及坊場淨利錢，許以所入息并罰錢比計，若及官本者，並釋之。紹聖四年，三省言熙寧興置市易，元祐一切罷去，不原立法之意。詔戶部、太府寺詳度，復置市易務，惟以錢交市，收息毋過二分，勿令貸請。元符三年，改市易務爲平準務，戶部、太府寺市易案改爲平準案。尚書省言：「平準務官吏等給費多，并遣官市物，搔動于外，近官鬻石炭，市直遽增，皆不便民。」詔罷平準務及官鬻石炭，其在官物貨，令有司轉易錢鈔，償元給之所。

崇寧元年，戶部奏：「平準務錢物毋得他司移用。」二年，以平準爲南北兩務，如舊分置官吏。歲終考察能否，行勸沮法。五年，郡縣應置市易者，凡歲收息，官吏用度之餘，及千緡以上置官監，五百緡以上令場務兼領，餘並罷。先是，嘗詔府界萬戶縣及路在衝要，市易抵當已設官置局；其不及萬戶、非衝要，并諸鎮有官監而商販所會，並如元豐令監當官兼領。至是，戶部復詳度以聞，遂行其議。建炎二年，言者以爲得不償費，遂罷之，而以其錢輸左藏庫，惟抵當庫仍舊。

紹興元年，罷諸州軍免行錢及行戶供應，見任官買賣並依時直〔一〇〕，違者以盜論。四年，兩浙轉運司檄婺州市御爐炭，須胡桃紋、鵓鳩色，守臣王居正以爲言，上曰：「隆冬附火，取溫煖而已，豈問炭之紋色乎？」命罷之，諸類此者並禁止焉。十三年，蠲雷、化、高、融、宜、廉、邕、欽、賀、貴免行錢。十四年，以開州兩縣在夔部尤爲僻遠，減免行錢之半。十五年，以知漢陽軍韓昕言，諸路收免行錢，定數外多取一文以上，以擅增稅賦法罪之。十七年，蠲百姓見輸免行錢三分之一。十九年，南郊赦，盡蠲百姓免行錢欠。是後凡赦皆然。二十五年，罷見輸免行錢，禁下行買物，以害及小商、敷於鄉村故也。

淳熙元年，罷市令司。詔臨安府及屬縣交易儈保錢減十之五。七年，諸路州縣交易儈保錢，亦以十分爲率，與減五分。

嘉定二年，以臣僚言，輦轂之下，買物於鋪戶，無從得錢。凡臨安府未支物價，令即日盡數給還，是後買物須給見錢，違許陳訴於臺。

嘉熙三年，臣僚言：「今官司以官價買物，行鋪以時直計之，什不得二三。重以遷延歲月而不償，胥卒並緣之無藝，積日既久，類成白著，至有遷居以避其擾、改業以逃其害者。甚而蔬菜魚肉，日用所需瑣瑣之物，販夫販婦所資錐刀以營斗升者，亦皆以官價強取之。

終日營營，而錢本俱成乾沒。商旅不行，衣食路絕。望特降睿旨，凡諸路州縣官司買物，並以時直，不許輒用官價，違者以贓定罪。」從之。

均輸之法，所以通天下之貨，制爲輕重斂散之術，使輸者既便，而有無得以懋遷焉。熙寧二年，制置三司條例司言：「天下財用無餘，典領之官拘於弊法，內外不相知，盈虛不相補。諸路上供，歲有常數。豐年便道，可以多致而不能贏；年儉物貴，難於供億而不敢不足。遠方有倍蓰之輸，中都有半價之鬻，徒使富商大賈乘公私之急，以擅輕重斂散之權。今發運使實總六路賦入，其職以制置茶、鹽、礬、酒稅爲事，軍儲國用，多所仰給。宜假以錢貨，資其用度，周知六路財賦之有無而移用之。凡糴買稅斂上供之物，皆得徙貴就賤，用近易遠。令預知中都帑藏年支見在之定數，所當供辦者，得以從便變易蓄買，以待上令。稍收輕重斂散之權歸之公上，而制其有無，以便轉輸，省勞費，去重斂，寬農民。庶幾國用可足，民財不匱。」詔本司具條例以聞，而以發運使薛向領均輸平準事，賜內藏錢五百萬緡、上供米三百萬石。時議慮其爲擾，多以爲非。向既董其事，乃請設置官屬，神宗使自擇之。向於是辟劉忱、衞琪、孫珪、張穆之、陳倩爲屬，又請有司具六路歲當上供數、中都歲用及見儲度可支歲月，凡當計置幾何，皆預降有司。從之。

八月，侍御史劉琦、侍御史裹行錢顗等言：「向小人，假以貨泉，任其變易，縱有所入，不免奪商賈之利。」琦、顗皆坐貶。條例司檢詳文字蘇轍言：「昔漢武外事四夷，內興宮室，財用匱竭，力不能支，用賈人桑弘羊之說，買賤賣貴，謂之均輸。雖曰民不加賦而國用饒足，然法術不正，吏緣爲姦，掊克日深，民受其病。孝昭既立，學者爭排其說，霍光順民所欲，從而予之，天下歸心，遂以無事。今此論復興，衆口紛然，皆謂其患必甚於漢。何者？方今聚斂之臣，材智方略，未見有桑弘羊比；而朝廷破壞規矩，解縱繩墨，使得馳騁自由，唯利是嗜，其害必有不可勝言者矣。」轍亦坐去官。

於是知諫院范純仁〔二〕言：「向儉巧刻薄，不可爲發運使。人主當務農桑、節用，不當言利。」自後，罷純仁諫職，而諫官李常復論均輸不便，權開封府推官蘇軾亦言：「均輸徙貴就賤，用近易遠。然廣置官屬，多出緡錢，豪商大賈皆疑而不敢動，以爲雖不明言販賣，既已許之變易，變易既行，而不與商賈爭利，未之聞也。夫商賈之事，曲折難行，其買也先期而予錢，其賣也後期而取直，多方相濟，委曲相通，倍稱之息，由此而得。今先設官置吏，簿書廩祿，爲費已厚，非良不售，非賄不行。是官買之價比民必貴，及其賣也，弊復如前，商賈之利，何緣而得？朝廷不知慮此，乃捐五百萬緡以予之，此錢一出，恐不可復。縱使其間薄有

所獲，而征商之額所損必多矣。」

帝方惑於安石之說，言皆不行。乃以向爲天章閣待制，遣太常少卿羅拯爲使，手詔賜向曰：「政事之先，理財爲急。朕托卿以東南賦入，皆得消息盈虛、翕張斂散之。而卿忠誠內固，能倡舉職業，導揚朕意，底于成績，朕甚嘉之。覽奏慮流言致惑，朕心匪石，豈易轉也？卿其濟之以彊，終之以不倦，以稱朕意。」然均輸後迄不能成。

互市舶法　自漢初與南越通關市，而互市之制行焉。後漢通交易於烏桓、北單于、鮮卑，北魏立互市於南陲，隋、唐通貿易于西北。開元定令，載其條目，後唐亦然。而高麗、回鶻、黑水諸國，又各以風土所產與中國交易。

宋初，循周制，與江南通市。乾德二年，禁商旅毋得渡江，於建安、漢陽、蘄口置三榷署，通其交易；內外羣臣輒遣人往江、浙販易者，沒入其貨。緣江百姓及煎鹽亭戶，恣其樵漁，所造屨席之類，榷署給券，聽渡江販易。開寶三年，徙建安榷署於揚州。江南平，榷署雖存，止掌茶貨。四年，置市舶司于廣州，後又於杭、明州置司。凡大食、古邏、闍婆、占城、勃泥、麻逸、三佛齊諸蕃並通貨易，以金銀、緡錢、鉛錫、雜色帛、瓷器，市香藥、犀象、珊瑚、琥珀、珠琲、鑌鐵、鼊皮、瑇瑁、瑪瑙、車渠、水精、蕃布、烏樠、蘇木等物。

太宗時，置榷署于京師，詔諸蕃香藥寶貨至廣州、交阯、兩浙、泉州，非出官庫者，無得私相貿易。其後乃詔：「自今惟珠貝、玳瑁、犀象、鑌鐵、鼊皮、珊瑚、瑪瑙、乳香禁榷外，他藥官市之餘，聽市於民。」

雍熙中，遣內侍八人齎敕書金帛，分四路招致海南諸蕃。商人出海外蕃國販易者，令並詣兩浙市舶司〔三〕請給官券，違者沒入其寶貨。淳化二年〔四〕，詔廣州市舶，除榷貨外，他貨之良者止市其半。大抵海舶至，十先征其一，價直酌蕃貨輕重而差給之，歲約獲五十餘萬斤、條、株、顆。太平興國初，私與蕃國人貿易者，計直滿百錢以上論罪，十五貫以上黥面流海島，過此送闕下。淳化五年申其禁，至四貫以上徒一年，稍加至二十貫以上，黥面配本州爲役兵。

天聖以來，象犀、珠玉、香藥、寶貨充牣府庫，嘗斥其餘以易金帛、芻粟，縣官用度實有助焉。而官市貨數，視淳化則微有所損。皇祐中，總歲入象犀、珠玉、香藥之類，其數五十三萬有餘。至治平中，又增十萬。

熙寧五年，詔發運使薛向曰：「東南之利，舶商居其一。比言者請置司泉州，其創法講求之。」七年，令舶船遇風至諸州界，亟報所隸，送近地舶司榷賦分買；泉、福瀕海舟船未經賦買者，仍赴司勘驗。時廣州市舶虧歲課二十萬緡，或以爲市易司擾之，故海商不至，令提舉司究詰以聞。既而市易務呂邈入舶司闌取蕃商物，詔提舉司劾之。九年，集賢殿修撰程師孟請罷杭、明州市舶，諸舶皆隸廣州一司。令師孟與三司詳議之。是年，杭、明、廣三司市舶，收錢、糧、銀、香、藥等五十四萬一百七十三緡、匹、斤、兩、段、條、箇、顆、臍、隻、粒，支二十三萬八千五十六緡、匹、斤、兩、段、條、箇、顆、臍、隻、粒。

元豐二年，賈人入高麗，貲及五千緡者，明州籍其名，歲責保給引發船，無引者如盜販法。先是，禁人私販，然不能絕；至是，復通中國，故明立是法。

三年，中書言，廣州市舶已修定條約，宜選官推行。詔廣東以轉運使孫迥，廣西以陳倩，兩浙以副使周直孺，福建以判官王子京，罷廣東帥臣兼領。五年，廣西漕臣吳潛言：「雷、化州與瓊島對境，而發船請引於廣州舶司，約五千里。乞令廣西瀕海郡縣，土著商人載米穀、牛酒、黃魚及非舶司賦取之物，免至廣州請引。」詔孫迥詳度行之。

知密州范鍔言：「板橋瀕海，東則二廣、福建、淮、浙，西則京東、河北、河東三路，商

賈所聚，海舶之利顓於富家大姓。宜卽本州置市舶司，板橋鎮置抽解務。」六年，詔都轉運使吳居厚條析以聞。

元祐三年，鍔等復言：「廣南、福建、淮、浙賈人，航海販物至京東、河北、河東等路，運載錢帛絲綿貿易，而象犀、乳香珍異之物，雖嘗禁榷，未免欺隱。若板橋市舶法行，則海外諸物積於府庫者，必倍於杭、明二州。使商舶通行，無冒禁罹刑之患，而上供之物，免道路風水之虞。」乃置密州板橋市舶司。而前一年，亦增置市舶司於泉州。

賈人由海道往外蕃[四]，令以物貨名數并所詣之地，報所在州召保，毋得參帶兵器或可造兵器及違禁之物，官給以券。擅乘船由海入界河及往高麗、新羅、登萊州境者，罪以徒，往北界者加等。

崇寧元年，復置杭、明市舶司，官吏如舊額。三年，令蕃商欲往他郡者，從舶司給券，毋雜禁物、姦人。初，廣南舶司言，海外蕃商至廣州貿易，聽其往還居止，而大食諸國商亦丐通入他州及京東販易，故有是詔。凡海舶欲至福建、兩浙販易者，廣南舶司給防船兵仗，如詣諸國法。廣南舶司鬻所市物貨，取息毋過二分。政和三年，詔如至道之法，凡知州、通判、官吏并舶司、使臣等，毋得市蕃商香藥、禁物。

宣和元年，秀州開修青龍江浦，舶船輻輳，請復置監官。先是，政和中，置務設官於

華亭縣，後江浦湮塞，蕃舶鮮至，止令縣官兼掌。至是，復設官專領焉。四年，蕃國進奉物，如元豐法，令舶司卽其地鬻之，毋發至京師，違者論罪。

契丹在太祖時，雖聽緣邊市易，而未有官署。太平興國二年，始令鎮、易、雄、霸、滄州各置榷務，輦香藥、犀象及茶與交易。後有范陽之師，罷不與通。雍熙三年，禁河北商民與之貿易。時累年興師，千里饋糧，居民疲乏，太宗亦頗有厭兵之意。端拱元年，詔曰：「朕受命上穹，居尊中土，惟思禁暴，豈欲窮兵？至於幽薊之民，皆吾赤子，宜許邊疆互相市易。自今緣邊戍兵，不得輒恣侵略。」未幾復禁，違者抵死，北界商旅輒入內地販易，所在捕斬之。淳化二年，令雄霸州、靜戎軍、代州鴈門砦置榷署如舊制，所鬻物增蘇木，尋復罷。

咸平五年，契丹求復置署，朝議以其翻覆，不許。知雄州何承矩繼請，乃聽置於雄州；六年，罷。景德初，復通好，請商賈卽新城貿易。詔北商齎物貨至境上則許之。二年，令雄霸州、安肅軍置三榷場，北商趨他路者，勿與爲市。遣都官員外郎孔揆等乘傳詣三榷場，與轉運使劉綜并所在長吏平互市物價，稍優其直予之。又於廣信軍置場，皆廷臣專掌，通判兼領焉。三年，詔民以書籍赴沿邊榷場博易者，非九經書疏悉禁之。凡官鬻物如舊，而增繒帛、漆器、秔糯，所入者有銀錢、布、羊馬、橐駝，歲獲四十餘萬。

天聖中，知雄州張昭遠請歲會入中金錢，仁宗曰：「先朝置互市以通有無，非以計利。」不許。終仁宗、英宗之世，契丹固守盟好，互市不絕。

熙寧八年，市易司請假奉宸庫象、犀、珠直總二十萬緡，於榷場貿易，明年終償之。詔許。九年，立與化外人私貿易罪賞法。河北四榷場，自治平四年，其貨物專掌於三司之催轄司，而度支賞給案判官置簿督計之。至是，以私販者衆，故有是命。未幾，又禁私市硫黃、焰硝及以盧甘石入他界者，河東亦如之。元豐元年，復申賣書北界告捕之法。

西夏自景德四年，於保安軍置榷場，以繒帛、羅綺易駝馬、牛羊、玉、氈毯、甘草，以香藥、瓷漆器、薑桂等物易蜜蠟、麝臍、毛褐、羱羚角、硇砂、柴胡、蓯蓉、紅花、翎毛，非官市者聽與民交易，入貢至京者縱其爲市。

天聖中，陝西榷場二，并代路亦請置場和市，許之。及元昊反，卽詔陝西、河東絕其互市，廢保安軍榷場；後又禁陝西並邊主兵官與屬羌交易。久之，元昊請臣，數遣使求復互市。慶曆六年，復爲置場于保安、鎮戎二軍。繼言驅馬羊至，無放牧之地，爲徙保安軍榷場于順寧砦。既而蕃商卒無至者。嘉祐初，西人侵耕屈野河地，知并州龐籍謂：「非絕其互市，則內侵不已。且聞出兀臧訛龐之謀，若互市不通，其國必歸罪訛龐，年歲間，然後可與

計議。」從之。初，第禁陝西四路私與西人貿易，未幾，乃悉絕之。

治平四年，河東經略司言，西界乞通和市。自夏人攻慶州大順城，詔罷歲賜，嚴禁邊民無得私相貿易。至是，上章謝罪，乃復許之。後二年，令涇原熟戶及河東、陝西邊民勿與通市。又二年，因回使議立和市，而私販不能止，遂申詔諸路禁絕。既而河東轉運司請罷吳堡，於寧星和市如舊。而麟州復奏夏人之請，乃令鬻銅、錫以市馬，而纖縞與急須之物皆禁。西北歲入馬，事具兵志。

楚、蜀、南粵之地，與蠻獠溪峒相接者，以及西州沿邊羌戎，皆聽與民通市。熙寧三年，王韶置市易司於秦鳳路古渭砦，六年，增置市易於蘭州。自後，於熙、河、蘭、湟、慶、渭、延等州，又各置折博務。湖北路及沅、錦、黔江口，蜀之黎、雅州皆置博易場。重和元年，燕瑛言交人服順久，毋令阻其貿易。初，廣西帥曾布請卽欽、廉州各創驛，令交人就驛博買。至是，卽用瑛兼廣西轉運副使，同王蕃計畫焉。

建炎四年三月，宣撫使張浚奏，大食國遣人進珠玉寶貝。上曰：「大觀、宣和間，川茶不以博馬，惟市珠玉，故武備不修，遂致危弱如此。今復捐數十萬緡易無用之物，曷若惜財以養戰士乎？」諭張浚勿受，量賜予以答之。六月，罷宜州歲市朱砂二萬兩。

紹興三年，邕州守臣言大理請入貢。上諭大臣，止令賣馬，不許其進貢。四年，詔川、陝即永興軍、威茂州置博易場；移廣西買馬司于邕管，歲捐金帛，倍酬其直。然言語不通，一聽譯者高下其手，吏得因緣爲姦。六年，大理國獻象及馬五百匹，詔償其馬直，卻象勿受，而賜書勞遣之。十二年，盱眙軍置榷場官監，與北商博易，淮西、京西、陝西榷場亦如之。十九年，罷國信所博易。二十六年，罷廉州貢珠，散蜑丁。蓋珠池之在廉州凡十餘，接交阯者水深百尺，而大珠生焉。蜑往採之，多爲交人所取，又爲大魚所害。至是，罷之。二十九年，存盱眙軍榷場，餘並罷。

乾道元年，襄陽鄧城鎮、壽春花靨鎮、光州光山縣中渡市皆置榷場，以守臣措置，通判提轄。五年，省提轄官。淳熙二年，臣僚言：溪峒緣邊州縣置博易場，官主之。七年，塞外諸戎販珠玉入黎州，官常邀市之。臣僚言其黷貨啓釁，非便，止合聽商賈、百姓收買。詔從之。

建炎元年，詔：「市舶多以無用之物費國用，自今有博買篤耨香環、瑪瑙、猫兒眼睛之類，皆寘于法；惟宣賜臣僚象笏、犀帶，選可者輸送。」胡人謂三百斤爲一婆蘭，凡舶舟最大者曰獨檣，載一千婆蘭。次者曰牛頭，比獨檣得三之一。又次曰木舶，曰料河，遞得三之一。

隆興二年，臣僚言：「熙寧初，立市舶以通物貨。舊法抽解有定數，而取之不苛，輸稅寬其期，而使之待價，懷遠之意實寓焉。邇來抽解既多，又迫使之輸，致貨滯而價減〔一五〕。擇其良者，如犀角、象齒十分抽二，又博買四分；珠十分抽一，又博買六分。舶戶懼抽買數多，止販麤色雜貨。若象齒、珠犀比他貨至重，乞十分抽一，更不博買。」

乾道二年，罷兩浙路提舉，以守倅及知縣、監官共事，轉運司提督之。三年，詔廣南、兩浙市舶司所發舟還，因風水不便、船破檣壞者，即不得抽解。七年，詔見任官以錢附綱首商旅過蕃買物者有罰，舶至除抽解和買，違法抑買者，許蕃商越訴，計贓罪之。

舊法，細色綱龍腦、珠之類，每一綱五千兩，其餘犀象、紫礦、乳檀香之類，爲麤色，每綱一萬斤。凡起一綱，遣衙前一名部送，支脚乘贍家錢一百餘緡。大觀以後，張大其數，象犀、紫礦皆作細色起發，以舊日一綱分爲三十二綱，多費脚乘贍家錢三千餘貫。至于乾道七年，詔廣南起發麤色香藥物貨，每綱二萬斤，加耗六百斤，依舊支破水脚錢一千六百六十二貫有奇。淳熙二年，戶部言：「福建、廣南市舶司麤細物貨，並以五萬斤爲一全綱。」

南渡，三路舶司歲入固不少，然金銀銅鐵，海舶飛運，所失良多，而銅錢之泄尤甚。法禁雖嚴，姦巧愈密，商人貪利而貿遷，黠吏受賕而縱釋，其弊卒不可禁。

校勘記

〔一〕戢商人稅物入汴者　「人」「物」二字原脫，據宋會要食貨一七之二五、長編卷三〇三補。

〔二〕蠶箔　原作「發箔」，據長編三〇三改。

〔三〕較元祐六年官監額增三萬餘緡　「監」原作「鹽」。按長編卷四七五元祐七年七月戊子詔作「今比較元祐六年一路官監所收稅額已增三萬餘貫。」此處「鹽」字爲「監」字之訛，據改。

〔四〕至是提舉汴河隄岸王憲復言之且請假溫明州運船給用命太府少卿鄭僅同詳度　據宋會要食貨一七之二八，本條係崇寧元年事，下文「明年」、「五年」條係崇寧二年和五年事。此處失書崇寧紀年。

〔五〕免淳熙七年稅一年　「一年」原作「一半」，據宋會要食貨一八之一〇淳熙六年十二月二十八日詔改。本書卷三五孝宗紀所載也大致與會要同。

〔六〕古渭　原作「古謂」，據上文文義和長編卷二一三改。

〔七〕議置杭州市易務利病以聞　據長編卷二四二熙寧六年正月丁卯詔，「杭州」下多「楚州」二字。按楚州屬淮東，此事既委淮東轉運司共同計議，又下文有「提舉楚州市易務之奇奏」云云，長編似可信。

〔八〕多爲留難　「多」原作「名」。長編卷二五二作「多爲留難以阻抑之」，據改。

〔九〕置四抵當所　「所」字原脫，據宋會要食貨三七之三〇、長編卷三二一補。

〔一〇〕見任官買賣並依時直　「直」字原脫。按繫年要錄卷四三紹興元年三月甲寅詔作「州縣官市買方物如民間之直」，又下文亦有「凡諸路州縣官司買物並以時直」語。據補。

〔一一〕知諫院范純仁　按東都事略卷五九下、編年綱目卷一八都作「同知諫院」，本書卷三一四本傳同，此處疑脫「同」字。

〔一二〕兩浙市舶司　「兩浙」下原衍「司」字，據宋會要職官四四之二刪。

〔一三〕淳化二年　「淳化」原作「淳熙」。按本段是敍述宋太宗時事，「雍熙」之後、「淳化五年」之前，不應插入「淳熙」紀年。宋會要職官四四之二作「淳化二年」。

〔一四〕買人由海道往外蕃　本句以下至「往北界者加等」一段事實，宋會要職官四四之八、通考卷二〇市糴考都繫於元祐五年，此處「買人」上應有「五年」二字。

〔一五〕致貨滯而價減　按通考卷二〇市糴考，本句下有「所得無幾，恐商旅不行，乞下市舶司約束。從之。既而市舶司條具利害，謂抽解舊法十五取一，其後十取其一。又後，」一段文字，才接下文「擇其良者」。又據宋會要職官四四之二七，下文「擇其良者」云云是另一件事，疑此下有脫文。